新民事案件案由规定

适用指引

2023年版

〔上〕

人民法院出版社 编

相关规范 · 指导案例 · 典型案例

人 民 法 院 出 版 社

图书在版编目（CIP）数据

新民事案件案由规定适用指引 / 人民法院出版社编
. -- 北京 : 人民法院出版社, 2023.3
ISBN 978-7-5109-3370-7

Ⅰ. ①新… Ⅱ. ①人… Ⅲ. ①民事诉讼法－法律解释－中国②民事诉讼法－法律适用－中国 Ⅳ. ①D925.105

中国版本图书馆CIP数据核字(2021)第260713号

新民事案件案由规定适用指引
人民法院出版社 编

责任编辑 王 婷 李 瑞
出版发行 人民法院出版社
地 址 北京市东城区东交民巷27号（100745）
电 话 （010）67550607（责任编辑） 67550558（发行部查询）
65223677（读者服务部）
客服QQ 2092078039
网 址 http://www.courtbook.com.cn
E-mail courtpress@sohu.com
印 刷 天津嘉恒印务有限公司
经 销 新华书店

开 本 787毫米×1092毫米 1/16
字 数 1740千字
印 张 65
版 次 2023年3月第1版 2024年10月第4次印刷
书 号 ISBN 978-7-5109-3370-7
定 价 218.00元（上下册）

编写说明

民事案件案由是民事案件名称的重要组成部分，反映案件所涉及的民事法律关系的性质，是对当事人诉争的法律关系性质进行的概括，是人民法院进行民事案件管理的重要手段，是统一民事案件法律适用的科学标准。

为深入践行司法为民宗旨、贯彻实施《民法典》，2020 年 12 月，最高人民法院对 2011 年《民事案件案由规定》进行了修改，修改后的《民事案件案由规定》自 2021 年 1 月 1 日起与《民法典》同步施行。2021 年《民事案件案由规定》结合《民法典》等民事立法及审判实践，将案由的编排体系划分为人格权纠纷，婚姻家庭、继承纠纷，物权纠纷，合同、准合同纠纷，劳动争议与人事争议，知识产权与竞争纠纷，海事海商纠纷，与公司、证券、保险、票据等有关的民事纠纷，侵权责任纠纷，非讼程序案件案由，特殊诉讼程序案件案由，共计十一大部分，作为第一级案由；在第一级案由项下，细分为五十四类案由，作为第二级案由；在第二级案由项下列出了四百七十三个案由，作为第三级案由；在部分第三级案由项下又列出了第四级案由。其中，第三级案由是司法实践中最为常见和广泛使用的案由。

就此，我们推出《新民事案件案由规定适用指引》（2023 年版），为法院干警和相关法律从业人员开展民事立案、诉讼等工作提供参照指引。本书的编写主要基于人民法院当前司法实践经验，对照《民法典》《民事诉讼法》及其司法解释，全面覆盖了 2021 年《民事案件案由规定》中四百七十三个第三级案由，充分吸收了截至 2023 年 2 月的最新法律规范、司法政策和案例，重点梳理汇总新增制度项下涉及案由的新类型案件，基本展现了人民法院当前受理民事纠纷案件类型的全貌。如本书根据 2022 年修改后的最新《民事诉讼法》及其司法解释所规定的诉讼制度，对案由规定中涉及的特别程序、督促程序、公示催告程序、公司清算、破产程序等非讼程序，以及公益诉讼、第三人撤销之诉、执行程序中的异议之诉等特殊诉讼程序的有关内容，进行了科学合理的编排，方便读者开展诉讼工作。

《新民事案件案由规定适用指引》（2023 年版）具有如下特点：

1. 内容权威、更新及时

近年来，多部重要法律出台、修改，最高人民法院对标《民法典》立法精神和法律规定，陆续完成对五百九十一件司法解释及相关规范性文件、一百三十九个指导性案例的清理工作，其中废止一百一十六件，修改一百一十一件，不再参照适用指导性案例两件；开展了《民法典》总则、物权、担保、人格权、婚姻家庭继承、时间效力等配套司法解释制定工作，有针对性地出台了多批司法政策。这不仅扩充了民事法律关系的调整内容，也调整了各类诉争案件的裁判规则，对当事人的利益衡量产生了重要影响。本书密切关注立案审判实践中遇到的新情况、新问题，既注重解决新旧规范衔接适用问题，汇集了体现新制度、新规则的各类规范政策，又梳理了现行有效的司法规范及案例中的裁判依据。

2. 编排完善、科学准确

本书体系科学，操作性强，通过为四百七十三个第三级案由设置【相关规范】【指导案例】【典型案例】栏目，重点梳理汇总了应予适用和参照的最新法律法规、司法解释、政策精神、有关案例等，使读者迅速查找到相关法律依据，并可参照最高人民法院公布的指导性案例、典型案例。

本书内容简洁明了，查询方便快捷，在编排上力求全面、新颖、务实；为方便更新使用，还将按照年度陆续推出新版，以飨读者。但疏漏之处在所难免，敬请读者批评指正。

编　者

二〇二三年三月十八日

总目录

上册目录

上篇　条文文本

下篇　适用指引

第一部分　人格权纠纷

第二部分　婚姻家庭、继承纠纷

第六部分　劳动争议、人事争议

下册目录

第七部分　海事海商纠纷

第十部分　非讼程序案件案由

上篇　条文文本

最高人民法院
关于印发修改后的《民事案件案由规定》的通知

2020 年 12 月 29 日　　　　法〔2020〕347 号

各省、自治区、直辖市高级人民法院，解放军军事法院，新疆维吾尔自治区高级人民法院生产建设兵团分院：

为切实贯彻实施民法典，最高人民法院对 2011 年 2 月 18 日第一次修正的《民事案件案由规定》（以下简称 2011 年《案由规定》）进行了修改，自 2021 年 1 月 1 日起施行。现将修改后的《民事案件案由规定》（以下简称修改后的《案由规定》）印发给你们，请认真贯彻执行。

2011 年《案由规定》施行以来，在方便当事人进行民事诉讼，规范人民法院民事立案、审判和司法统计工作等方面，发挥了重要作用。近年来，随着民事诉讼法、邮政法、消费者权益保护法、环境保护法、反不正当竞争法、农村土地承包法、英雄烈士保护法等法律的制定或者修订，审判实践中出现了许多新类型民事案件，需要对 2011 年《案由规定》进行补充和完善。特别是民法典将于 2021 年 1 月 1 日起施行，迫切需要增补新的案由。经深入调查研究，广泛征求意见，最高人民法院对 2011 年《案由规定》进行了修改。现就各级人民法院适用修改后的《案由规定》的有关问题通知如下：

一、高度重视民事案件案由在民事审判规范化建设中的重要作用，认真学习掌握修改后的《案由规定》

民事案件案由是民事案件名称的重要组成部分，反映案件所涉及的民事法律关系的性质，是对当事人诉争的法律关系性质进行的概括，是人民法院进行民事案件管理的重要手段。建立科学、完善的民事案件案由体系，有利于方便当事人进行民事诉讼，有利于统一民事案件的法律适用标准，有利于对受理案件进行分类管理，有利于确定各民事审判业务庭的管辖分工，有利于提高民事案件司法统计的准确性和科学性，从而更好地为创新和加强民事审判管理、为人民法院司法决策服务。

各级人民法院要认真学习修改后的《案由规定》，理解案由编排体系和具体案由制定的背景、法律依据、确定标准、具体含义、适用顺序以及变更方法等问题，准确选择适用具体案由，依法维护当事人诉讼权利，创新和加强民事审判管理，不断推进民事审判工作规范化建设。

二、关于《案由规定》修改所遵循的原则

一是严格依法原则。本次修改的具体案由均具有实体法和程序法依据，符合民事诉讼法关于民事案件受案范围的有关规定。

二是必要性原则。本次修改是以保持案由运行体系稳定为前提，对于必须增加、调整的案由作相应修改，尤其是对照民法典的新增制度和重大修改内容，增加、变更部分具体案由，并根据现行立法和司法实践需要完善部分具体案由，对案由编排体系不作大的调整。民法典施行后，最高人民法院将根据工作需要，结合司法实践，继续细化完善民法典新增制度案由，特别是第四级案由。对本次未作修改的部分原有案由，届时一并修改。

三是实用性原则。案由体系是在现行有效的法律规定基础上，充分考虑人民法院民事立案、审判实践以及司法统计的需要而编排的，本次修改更加注重案由的简洁明了、方便实用，既便于当事人进行民事诉讼，也便于人民法院进行民事立案、审判和司法统计工作。

三、关于案由的确定标准

民事案件案由应当依据当事人诉争的民事法律关系的性质来确定。鉴于具体案件中当事人的诉讼请求、争议的焦点可能有多个，争议的标的也可能是多个，为保证案由的高度概括和简洁明了，修改后的《案由规定》仍沿用2011年《案由规定》关于案由的确定标准，即对民事案件案由的表述方式原则上确定为“法律关系性质”加“纠纷”，一般不包含争议焦点、标的物、侵权方式等要素。但是，实践中当事人诉争的民事法律关系的性质具有复杂多变性，单纯按照法律关系标准去划分案由体系的做法难以更好地满足民事审判实践的需要，难以更好地满足司法统计的需要。为此，修改后的《案由规定》在坚持以法律关系性质作为确定案由的主要标准的同时，对少部分案由也依据请求权、形成权或者确认之诉、形成之诉等其他标准进行确定，对少部分案由的表述也包含了争议焦点、标的物、侵权方式等要素。另外，为了与行政案件案由进行明显区分，本次修改还对个别案由的表述进行了特殊处理。

对民事诉讼法规定的适用特别程序、督促程序、公示催告程序、公司清算、破产程序等非讼程序审理的案件案由，根据当事人的诉讼请求予以直接表述；对公益诉讼、第三人撤销之诉、执行程序中的异议之诉等特殊诉讼程序案件的案由，根据修改后民事诉讼法规定的诉讼制度予以直接表述。

四、关于案由体系的总体编排

1. 关于案由纵向和横向体系的编排设置。修改后的《案由规定》以民法学理论对民事法律关系的分类为基础，以法律关系的内容即民事权利类型来编排案由的纵向体系。在纵向体系上，结合民法典、民事诉讼法等民事立法及审判实践，将案由的编排体系划分为人格权纠纷，婚姻家庭、继承纠纷，物权纠纷，合同、准合同纠纷，劳动争议与人事争议，知识产权与竞争纠纷，海事海商纠纷，与公司、证券、保险、票据等有关的民事纠纷，侵权责任纠纷，非讼程序案件案由，特殊诉讼程序案件案由，共计十一大部分，作为第一级案由。

在横向体系上，通过总分式四级结构的设计，实现案由从高级（概括）到低级（具体）的演进。如物权纠纷（第一级案由）→所有权纠纷（第二级案由）→建筑物区分所有权纠纷（第三级案由）→业主专有权纠纷（第四级案由）。在第一级案由项下，细分为五十四类案由，作为第二级案由（以大写数字表示）；在第二级案由项下列出了473个案由，作为第三级案由（以阿拉伯数字表示）。第三级案由是司法实践中最常见和广泛使用的案由。基于审判工作指导、调研和司法统计的需要，在部分第三级案由项下又列出了391个第四级案由［以阿拉伯数字加（）表示］。基于民事法律关系的复杂性，不可能穷尽所有第四级案由，目前所列的第四级案由只是一些典型的、常见的或者为了司法统计需要而设立的案由。

修改后的《案由规定》采用纵向十一个部分、横向四级结构的编排设置，形成了网状结构体系，基本涵盖了民法典所涉及的民事纠纷案件类型以及人民法院当前受理的民事纠纷案件类型，有利于贯彻落实民法典等民事法律关于民事权益保护的相关规定。

2. 关于物权纠纷案由与合同纠纷案由的编排设置。修改后的《案由规定》仍然沿用2011年《案由规定》关于物权纠纷案由与合同纠纷案由的编排体系。按照物权变动原因与结果相区分的原则，对于涉及物权变动的原因，即债权性质的合同关系引发的纠纷案件的案由，修改后的《案由规定》将其放在合同纠纷项下；对于涉及物权变动的结果，即物权设立、权属、效力、使用、收益等物权关系产生的纠纷案件的案由，修改后的《案由规定》将其放在物权纠纷项下。前者如第三级案由“居住权合同纠纷”列在第二级案由“合同纠纷”项下；后者如第三级案由“居住权纠纷”列在第二级案由“物权纠纷”项下。

具体适用时，人民法院应根据当事人诉争的法律关系的性质，查明该法律关系涉及的是物权变动的原因关系还是物权变动的结果关系，以正确确定案由。当事人诉争的法律关系性质涉及物权变动原因的，即因债权性质的合同关系引发的纠纷案件，应当选择适用第二级案由“合同纠纷”项下的案由，如“居住权合同纠纷”案由；当事人诉争的法律关系性质涉及物权变动结果的，即因物权设立、权属、效力、使用、收益等物权关系引发的纠纷案件，应当选择第二级案由“物权纠纷”项下的案由，如“居住权纠纷”案由。

3. 关于第三部分“物权纠纷”项下“物权保护纠纷”案由与“所有权纠纷”“用益物权纠纷”“担保物权纠纷”案由的编排设置。修改后的《案由规定》仍然沿用2011年《案由规定》关于物权纠纷案由的编排设置。“所有权纠纷”“用益物权纠纷”“担保物权纠纷”案由既包括以上三种类型的物权确认纠纷案由，也包括以上三种类型的侵害物权纠纷案由。民法典物权编第三章“物权的保护”所规定的物权请求权或者债权请求权保护方法，即“物权保护纠纷”，在修改后的《案由规定》列举的每个物权类型（第三级案由）项下都可能部分或者全部适用，多数都可以作为第四级案由列举，但为避免使整个案由体系冗长繁杂，在各第三级案由下并未一一列出。实践中需要确定具体个案案由时，如果当事人的诉讼请求只涉及“物权保护纠纷”项下的一种物权请求权或者债权请求权，则可以选择适用“物权保护纠纷”项下的六种第三级案由；如果当事人的诉讼请求涉及“物权保护纠纷”项下的两种或者两种以上物权请求权或者债权请求权，则应按照所保护的权利种类，选择适用“所有权纠纷”“用益物权纠纷”“担保物权纠纷”项下的第三级案由（各种物权类型纠纷）。

4. 关于侵权责任纠纷案由的编排设置。修改后的《案由规定》仍然沿用2011年《案由规定》关于侵权责任纠纷案由与其他第一级案由的编排设置。根据民法典侵权责任编的相关规定，该编的保护对象为民事权益，具体范围是民法典总则编第五章所规定的人身、财产权益。这些民事权益，又分别在人格权编、物权编、婚姻家庭编、继承编等予以了细化规定，而这些民事权益纠纷往往既包括权属确认纠纷也包括侵权责任纠纷，这就为科学合理编排民事案件案由体系增加了难度。为了保持整个案由体系的完整性和稳定性，尽可能避免重复交叉，修改后的《案由规定》将这些侵害民事权益侵权责任纠纷案由仍旧分别保留在“人格权纠纷”“婚姻家庭、继承纠纷”“物权纠纷”“知识产权与竞争纠纷”等第一级案由体系项下，对照侵权责任编新规定调整第一级案由“侵权责任纠纷”项下案由；同时，将一些实践中常见的、其他第一级案由不便列出的侵权责任纠纷案由也列在第一级案由“侵权责任纠纷”项下，如“非机动车交通事故责任纠纷”。从“兜底”考虑，修改后的《案由规定》将第一级案由“侵权责任纠纷”列在其他八个民事权益纠纷类型之后，作为第九部分。

具体适用时，涉及侵权责任纠纷的，为明确和统一法律适用问题，应当先适用第九部分“侵权责任纠纷”项下根据侵权责任编相关规定列出的具体案由；没有相应案由的，再适用“人格权纠纷”“物权纠纷”“知识产权与竞争纠纷”等其他部分项下的具体案由。如环境污染、高度危险行为均可能造成人身损害和财产损害，确定案由时，应当适用第九部分“侵权责任纠纷”项下“环境污染责任纠纷”“高度危险责任纠纷”案由，而不应适用第一部分“人格权纠纷”项下的“生命权、身体权、健康权纠纷”案由，也不应适用第三部分“物权纠纷”项下的“财产损害赔偿纠纷”案由。

五、适用修改后的《案由规定》应当注意的问题

1. 在案由横向体系上应当按照由低到高的顺序选择适用个案案由。确定个案案由时，应当优先适用第四级案由，没有对应的第四级案由的，适用相应的第三级案由；第三级案由中没有规定的，适用相应的第二级案由；第二级案由没有规定的，适用相应的第一级案由。这样处理，有利于更准确地反映当事人诉争的法律关系的性质，有利于促进分类管理科学化和提高司法统计准确性。

2. 关于个案案由的变更。人民法院在民事立案审查阶段，可以根据原告诉讼请求涉及的法律关系性质，确定相应的个案案由；人民法院受理民事案件后，经审理发现当事人起诉的法律关系与实际诉争的法律关系不一致的，人民法院结案时应当根据法庭查明的当事人之间实际存在的法律关系的性质，相应变更个案案由。当事人在诉讼过程中增加或者变更诉讼请求导致当事人诉争的法律关系发生变更的，人民法院应当相应变更个案案由。

3. 存在多个法律关系时个案案由的确定。同一诉讼中涉及两个以上的法律关系的，应当根据当事人诉争的法律关系的性质确定个案案由；均为诉争的法律关系的，则按诉争的两个以上法律关系并列确定相应的案由。

4. 请求权竞合时个案案由的确定。在请求权竞合的情形下，人民法院应当按照当事人自主选择行使的请求权所涉及的诉争的法律关系的性质，确定相应的案由。

5. 正确认识民事案件案由的性质与功能。案由体系的编排制定是人民法院进行民事审判管理的手段。各级人民法院应当依法保障当事人依照法律规定享有的起诉权利，不得将修改后的《案由规定》等同于民事诉讼法第一百一十九条规定的起诉条件，不得以当事人的诉请在修改后的《案由规定》中没有相应案由可以适用为由，裁定不予受理或者驳回起诉，损害当事人的诉讼权利。

6. 案由体系中的选择性案由（即含有顿号的部分案由）的使用方法。对这些案由，应当根据具体案情，确定相应的个案案由，不应直接将该案由全部引用。如“生命权、身体权、健康权纠纷”案由，应当根据具体侵害对象来确定相应的案由。

本次民事案件案由修改工作主要基于人民法院当前司法实践经验，对照民法典等民事立法修改完善相关具体案由。2021 年 1 月 1 日民法典施行后，修改后的《案由规定》可能需要对标民法典具体施行情况作进一步调整。地方各级人民法院要密切关注民法典施行后立案审判中遇到的新情况、新问题，重点梳理汇总民法典新增制度项下可以细化规定为第四级案由的新类型案件，及时层报最高人民法院。

附：

民事案件案由规定

（2007年10月29日最高人民法院审判委员会第1438次会议通过　根据2011年2月18日《最高人民法院关于修改〈民事案件案由规定〉的决定》第一次修正　根据2020年12月14日最高人民法院审判委员会第1821次会议通过的《最高人民法院关于修改〈民事案件案由规定〉的决定》第二次修正）

为了正确适用法律，统一确定案由，根据《中华人民共和国民法典》《中华人民共和国民事诉讼法》等法律规定，结合人民法院民事审判工作实际情况，对民事案件案由规定如下：

第一部分　人格权纠纷

一、人格权纠纷

1. 生命权、身体权、健康权纠纷
2. 姓名权纠纷
3. 名称权纠纷
4. 肖像权纠纷
5. 声音保护纠纷
6. 名誉权纠纷
7. 荣誉权纠纷
8. 隐私权、个人信息保护纠纷

（1）隐私权纠纷

（2）个人信息保护纠纷

9. 婚姻自主权纠纷
10. 人身自由权纠纷
11. 一般人格权纠纷

（1）平等就业权纠纷

第二部分　婚姻家庭、继承纠纷

二、婚姻家庭纠纷

12. 婚约财产纠纷
13. 婚内夫妻财产分割纠纷
14. 离婚纠纷
15. 离婚后财产纠纷
16. 离婚后损害责任纠纷
17. 婚姻无效纠纷
18. 撤销婚姻纠纷
19. 夫妻财产约定纠纷
20. 同居关系纠纷

（1）同居关系析产纠纷

（2）同居关系子女抚养纠纷

21. 亲子关系纠纷

（1）确认亲子关系纠纷

（2）否认亲子关系纠纷

22. 抚养纠纷

（1）抚养费纠纷

（2）变更抚养关系纠纷

23. 扶养纠纷

（1）扶养费纠纷

（2）变更扶养关系纠纷

24. 赡养纠纷

（1）赡养费纠纷

（2）变更赡养关系纠纷

25. 收养关系纠纷

（1）确认收养关系纠纷

（2）解除收养关系纠纷

26. 监护权纠纷
27. 探望权纠纷
28. 分家析产纠纷

三、继承纠纷

29. 法定继承纠纷

（1）转继承纠纷

（2）代位继承纠纷

30. 遗嘱继承纠纷
31. 被继承人债务清偿纠纷

32. 遗赠纠纷
33. 遗赠扶养协议纠纷
34. 遗产管理纠纷

第三部分　物权纠纷

四、不动产登记纠纷
35. 异议登记不当损害责任纠纷
36. 虚假登记损害责任纠纷
五、物权保护纠纷
37. 物权确认纠纷
（1）所有权确认纠纷
（2）用益物权确认纠纷
（3）担保物权确认纠纷
38. 返还原物纠纷
39. 排除妨害纠纷
40. 消除危险纠纷
41. 修理、重作、更换纠纷
42. 恢复原状纠纷
43. 财产损害赔偿纠纷
六、所有权纠纷
44. 侵害集体经济组织成员权益纠纷
45. 建筑物区分所有权纠纷
（1）业主专有权纠纷
（2）业主共有权纠纷
（3）车位纠纷
（4）车库纠纷
46. 业主撤销权纠纷
47. 业主知情权纠纷
48. 遗失物返还纠纷
49. 漂流物返还纠纷
50. 埋藏物返还纠纷
51. 隐藏物返还纠纷
52. 添附物归属纠纷
53. 相邻关系纠纷
（1）相邻用水、排水纠纷
（2）相邻通行纠纷
（3）相邻土地、建筑物利用关系纠纷
（4）相邻通风纠纷
（5）相邻采光、日照纠纷
（6）相邻污染侵害纠纷
（7）相邻损害防免关系纠纷
54. 共有纠纷
（1）共有权确认纠纷
（2）共有物分割纠纷
（3）共有人优先购买权纠纷
（4）债权人代位析产纠纷
七、用益物权纠纷
55. 海域使用权纠纷
56. 探矿权纠纷
57. 采矿权纠纷
58. 取水权纠纷
59. 养殖权纠纷
60. 捕捞权纠纷
61. 土地承包经营权纠纷
（1）土地承包经营权确认纠纷
（2）承包地征收补偿费用分配纠纷
（3）土地承包经营权继承纠纷
62. 土地经营权纠纷
63. 建设用地使用权纠纷
64. 宅基地使用权纠纷
65. 居住权纠纷
66. 地役权纠纷
八、担保物权纠纷
67. 抵押权纠纷
（1）建筑物和其他土地附着物抵押权纠纷
（2）在建建筑物抵押权纠纷
（3）建设用地使用权抵押权纠纷
（4）土地经营权抵押权纠纷
（5）探矿权抵押权纠纷
（6）采矿权抵押权纠纷
（7）海域使用权抵押权纠纷
（8）动产抵押权纠纷
（9）在建船舶、航空器抵押权纠纷
（10）动产浮动抵押权纠纷
（11）最高额抵押权纠纷
68. 质权纠纷
（1）动产质权纠纷
（2）转质权纠纷
（3）最高额质权纠纷
（4）票据质权纠纷
（5）债券质权纠纷

（6）存单质权纠纷
（7）仓单质权纠纷
（8）提单质权纠纷
（9）股权质权纠纷
（10）基金份额质权纠纷
（11）知识产权质权纠纷
（12）应收账款质权纠纷
69. 留置权纠纷

九、占有保护纠纷

70. 占有物返还纠纷
71. 占有排除妨害纠纷
72. 占有消除危险纠纷
73. 占有物损害赔偿纠纷

第四部分　合同、准合同纠纷

十、合同纠纷

74. 缔约过失责任纠纷
75. 预约合同纠纷
76. 确认合同效力纠纷
（1）确认合同有效纠纷
（2）确认合同无效纠纷
77. 债权人代位权纠纷
78. 债权人撤销权纠纷
79. 债权转让合同纠纷
80. 债务转移合同纠纷
81. 债权债务概括转移合同纠纷
82. 债务加入纠纷
83. 悬赏广告纠纷
84. 买卖合同纠纷
（1）分期付款买卖合同纠纷
（2）凭样品买卖合同纠纷
（3）试用买卖合同纠纷
（4）所有权保留买卖合同纠纷
（5）招标投标买卖合同纠纷
（6）互易纠纷
（7）国际货物买卖合同纠纷
（8）信息网络买卖合同纠纷
85. 拍卖合同纠纷
86. 建设用地使用权合同纠纷
（1）建设用地使用权出让合同纠纷
（2）建设用地使用权转让合同纠纷
87. 临时用地合同纠纷
88. 探矿权转让合同纠纷
89. 采矿权转让合同纠纷
90. 房地产开发经营合同纠纷
（1）委托代建合同纠纷
（2）合资、合作开发房地产合同纠纷
（3）项目转让合同纠纷
91. 房屋买卖合同纠纷
（1）商品房预约合同纠纷
（2）商品房预售合同纠纷
（3）商品房销售合同纠纷
（4）商品房委托代理销售合同纠纷
（5）经济适用房转让合同纠纷
（6）农村房屋买卖合同纠纷
92. 民事主体间房屋拆迁补偿合同纠纷
93. 供用电合同纠纷
94. 供用水合同纠纷
95. 供用气合同纠纷
96. 供用热力合同纠纷
97. 排污权交易纠纷
98. 用能权交易纠纷
99. 用水权交易纠纷
100. 碳排放权交易纠纷
101. 碳汇交易纠纷
102. 赠与合同纠纷
（1）公益事业捐赠合同纠纷
（2）附义务赠与合同纠纷
103. 借款合同纠纷
（1）金融借款合同纠纷
（2）同业拆借纠纷
（3）民间借贷纠纷
（4）小额借款合同纠纷
（5）金融不良债权转让合同纠纷
（6）金融不良债权追偿纠纷
104. 保证合同纠纷
105. 抵押合同纠纷
106. 质押合同纠纷
107. 定金合同纠纷
108. 进出口押汇纠纷
109. 储蓄存款合同纠纷
110. 银行卡纠纷

（1）借记卡纠纷
（2）信用卡纠纷
111. 租赁合同纠纷
（1）土地租赁合同纠纷
（2）房屋租赁合同纠纷
（3）车辆租赁合同纠纷
（4）建筑设备租赁合同纠纷
112. 融资租赁合同纠纷
113. 保理合同纠纷
114. 承揽合同纠纷
（1）加工合同纠纷
（2）定作合同纠纷
（3）修理合同纠纷
（4）复制合同纠纷
（5）测试合同纠纷
（6）检验合同纠纷
（7）铁路机车、车辆建造合同纠纷
115. 建设工程合同纠纷
（1）建设工程勘察合同纠纷
（2）建设工程设计合同纠纷
（3）建设工程施工合同纠纷
（4）建设工程价款优先受偿权纠纷
（5）建设工程分包合同纠纷
（6）建设工程监理合同纠纷
（7）装饰装修合同纠纷
（8）铁路修建合同纠纷
（9）农村建房施工合同纠纷
116. 运输合同纠纷
（1）公路旅客运输合同纠纷
（2）公路货物运输合同纠纷
（3）水路旅客运输合同纠纷
（4）水路货物运输合同纠纷
（5）航空旅客运输合同纠纷
（6）航空货物运输合同纠纷
（7）出租汽车运输合同纠纷
（8）管道运输合同纠纷
（9）城市公交运输合同纠纷
（10）联合运输合同纠纷
（11）多式联运合同纠纷
（12）铁路货物运输合同纠纷
（13）铁路旅客运输合同纠纷
（14）铁路行李运输合同纠纷
（15）铁路包裹运输合同纠纷
（16）国际铁路联运合同纠纷
117. 保管合同纠纷
118. 仓储合同纠纷
119. 委托合同纠纷
（1）进出口代理合同纠纷
（2）货运代理合同纠纷
（3）民用航空运输销售代理合同纠纷
（4）诉讼、仲裁、人民调解代理合同纠纷
（5）销售代理合同纠纷
120. 委托理财合同纠纷
（1）金融委托理财合同纠纷
（2）民间委托理财合同纠纷
121. 物业服务合同纠纷
122. 行纪合同纠纷
123. 中介合同纠纷
124. 补偿贸易纠纷
125. 借用合同纠纷
126. 典当纠纷
127. 合伙合同纠纷
128. 种植、养殖回收合同纠纷
129. 彩票、奖券纠纷
130. 中外合作勘探开发自然资源合同纠纷
131. 农业承包合同纠纷
132. 林业承包合同纠纷
133. 渔业承包合同纠纷
134. 牧业承包合同纠纷
135. 土地承包经营权合同纠纷
（1）土地承包经营权转让合同纠纷
（2）土地承包经营权互换合同纠纷
（3）土地经营权入股合同纠纷
（4）土地经营权抵押合同纠纷
（5）土地经营权出租合同纠纷
136. 居住权合同纠纷
137. 服务合同纠纷
（1）电信服务合同纠纷
（2）邮政服务合同纠纷
（3）快递服务合同纠纷

（4）医疗服务合同纠纷
（5）法律服务合同纠纷
（6）旅游合同纠纷
（7）房地产咨询合同纠纷
（8）房地产价格评估合同纠纷
（9）旅店服务合同纠纷
（10）财会服务合同纠纷
（11）餐饮服务合同纠纷
（12）娱乐服务合同纠纷
（13）有线电视服务合同纠纷
（14）网络服务合同纠纷
（15）教育培训合同纠纷
（16）家政服务合同纠纷
（17）庆典服务合同纠纷
（18）殡葬服务合同纠纷
（19）农业技术服务合同纠纷
（20）农机作业服务合同纠纷
（21）保安服务合同纠纷
（22）银行结算合同纠纷
138. 演出合同纠纷
139. 劳务合同纠纷
140. 离退休人员返聘合同纠纷
141. 广告合同纠纷
142. 展览合同纠纷
143. 追偿权纠纷

十一、不当得利纠纷

144. 不当得利纠纷

十二、无因管理纠纷

145. 无因管理纠纷

第五部分　知识产权与竞争纠纷

十三、知识产权合同纠纷

146. 著作权合同纠纷
（1）委托创作合同纠纷
（2）合作创作合同纠纷
（3）著作权转让合同纠纷
（4）著作权许可使用合同纠纷
（5）出版合同纠纷
（6）表演合同纠纷
（7）音像制品制作合同纠纷
（8）广播电视播放合同纠纷
（9）邻接权转让合同纠纷
（10）邻接权许可使用合同纠纷
（11）计算机软件开发合同纠纷
（12）计算机软件著作权转让合同纠纷
（13）计算机软件著作权许可使用合同纠纷
147. 商标合同纠纷
（1）商标权转让合同纠纷
（2）商标使用许可合同纠纷
（3）商标代理合同纠纷
148. 专利合同纠纷
（1）专利申请权转让合同纠纷
（2）专利权转让合同纠纷
（3）发明专利实施许可合同纠纷
（4）实用新型专利实施许可合同纠纷
（5）外观设计专利实施许可合同纠纷
（6）专利代理合同纠纷
149. 植物新品种合同纠纷
（1）植物新品种育种合同纠纷
（2）植物新品种申请权转让合同纠纷
（3）植物新品种权转让合同纠纷
（4）植物新品种实施许可合同纠纷
150. 集成电路布图设计合同纠纷
（1）集成电路布图设计创作合同纠纷
（2）集成电路布图设计专有权转让合同纠纷
（3）集成电路布图设计许可使用合同纠纷
151. 商业秘密合同纠纷
（1）技术秘密让与合同纠纷
（2）技术秘密许可使用合同纠纷
（3）经营秘密让与合同纠纷
（4）经营秘密许可使用合同纠纷
152. 技术合同纠纷
（1）技术委托开发合同纠纷
（2）技术合作开发合同纠纷
（3）技术转化合同纠纷
（4）技术转让合同纠纷
（5）技术许可合同纠纷
（6）技术咨询合同纠纷
（7）技术服务合同纠纷

(8) 技术培训合同纠纷
(9) 技术中介合同纠纷
(10) 技术进口合同纠纷
(11) 技术出口合同纠纷
(12) 职务技术成果完成人奖励、报酬纠纷
(13) 技术成果完成人署名权、荣誉权、奖励权纠纷
153. 特许经营合同纠纷
154. 企业名称(商号)合同纠纷
(1) 企业名称(商号)转让合同纠纷
(2) 企业名称(商号)使用合同纠纷
155. 特殊标志合同纠纷
156. 网络域名合同纠纷
(1) 网络域名注册合同纠纷
(2) 网络域名转让合同纠纷
(3) 网络域名许可使用合同纠纷
157. 知识产权质押合同纠纷

十四、知识产权权属、侵权纠纷

158. 著作权权属、侵权纠纷
(1) 著作权权属纠纷
(2) 侵害作品发表权纠纷
(3) 侵害作品署名权纠纷
(4) 侵害作品修改权纠纷
(5) 侵害保护作品完整权纠纷
(6) 侵害作品复制权纠纷
(7) 侵害作品发行权纠纷
(8) 侵害作品出租权纠纷
(9) 侵害作品展览权纠纷
(10) 侵害作品表演权纠纷
(11) 侵害作品放映权纠纷
(12) 侵害作品广播权纠纷
(13) 侵害作品信息网络传播权纠纷
(14) 侵害作品摄制权纠纷
(15) 侵害作品改编权纠纷
(16) 侵害作品翻译权纠纷
(17) 侵害作品汇编权纠纷
(18) 侵害其他著作财产权纠纷
(19) 出版者权权属纠纷
(20) 表演者权权属纠纷
(21) 录音录像制作者权权属纠纷
(22) 广播组织权权属纠纷
(23) 侵害出版者权纠纷
(24) 侵害表演者权纠纷
(25) 侵害录音录像制作者权纠纷
(26) 侵害广播组织权纠纷
(27) 计算机软件著作权权属纠纷
(28) 侵害计算机软件著作权纠纷
159. 商标权权属、侵权纠纷
(1) 商标权权属纠纷
(2) 侵害商标权纠纷
160. 专利权权属、侵权纠纷
(1) 专利申请权权属纠纷
(2) 专利权权属纠纷
(3) 侵害发明专利权纠纷
(4) 侵害实用新型专利权纠纷
(5) 侵害外观设计专利权纠纷
(6) 假冒他人专利纠纷
(7) 发明专利临时保护期使用费纠纷
(8) 职务发明创造发明人、设计人奖励、报酬纠纷
(9) 发明创造发明人、设计人署名权纠纷
(10) 标准必要专利使用费纠纷
161. 植物新品种权权属、侵权纠纷
(1) 植物新品种申请权权属纠纷
(2) 植物新品种权权属纠纷
(3) 侵害植物新品种权纠纷
(4) 植物新品种临时保护期使用费纠纷
162. 集成电路布图设计专有权权属、侵权纠纷
(1) 集成电路布图设计专有权权属纠纷
(2) 侵害集成电路布图设计专有权纠纷
163. 侵害企业名称(商号)权纠纷
164. 侵害特殊标志专有权纠纷
165. 网络域名权属、侵权纠纷
(1) 网络域名权属纠纷
(2) 侵害网络域名纠纷
166. 发现权纠纷
167. 发明权纠纷
168. 其他科技成果权纠纷
169. 确认不侵害知识产权纠纷

（1）确认不侵害专利权纠纷
（2）确认不侵害商标权纠纷
（3）确认不侵害著作权纠纷
（4）确认不侵害植物新品种权纠纷
（5）确认不侵害集成电路布图设计专用权纠纷
（6）确认不侵害计算机软件著作权纠纷
170. 因申请知识产权临时措施损害责任纠纷
（1）因申请诉前停止侵害专利权损害责任纠纷
（2）因申请诉前停止侵害注册商标专用权损害责任纠纷
（3）因申请诉前停止侵害著作权损害责任纠纷
（4）因申请诉前停止侵害植物新品种权损害责任纠纷
（5）因申请海关知识产权保护措施损害责任纠纷
（6）因申请诉前停止侵害计算机软件著作权损害责任纠纷
（7）因申请诉前停止侵害集成电路布图设计专用权损害责任纠纷
171. 因恶意提起知识产权诉讼损害责任纠纷
172. 专利权宣告无效后返还费用纠纷

十五、不正当竞争纠纷

173. 仿冒纠纷
（1）擅自使用与他人有一定影响的商品名称、包装、装潢等相同或者近似的标识纠纷
（2）擅自使用他人有一定影响的企业名称、社会组织名称、姓名纠纷
（3）擅自使用他人有一定影响的域名主体部分、网站名称、网页纠纷
174. 商业贿赂不正当竞争纠纷
175. 虚假宣传纠纷
176. 侵害商业秘密纠纷
（1）侵害技术秘密纠纷
（2）侵害经营秘密纠纷
177. 低价倾销不正当竞争纠纷
178. 捆绑销售不正当竞争纠纷
179. 有奖销售纠纷
180. 商业诋毁纠纷
181. 串通投标不正当竞争纠纷
182. 网络不正当竞争纠纷

十六、垄断纠纷

183. 垄断协议纠纷
（1）横向垄断协议纠纷
（2）纵向垄断协议纠纷
184. 滥用市场支配地位纠纷
（1）垄断定价纠纷
（2）掠夺定价纠纷
（3）拒绝交易纠纷
（4）限定交易纠纷
（5）捆绑交易纠纷
（6）差别待遇纠纷
185. 经营者集中纠纷

第六部分　劳动争议、人事争议

十七、劳动争议

186. 劳动合同纠纷
（1）确认劳动关系纠纷
（2）集体合同纠纷
（3）劳务派遣合同纠纷
（4）非全日制用工纠纷
（5）追索劳动报酬纠纷
（6）经济补偿金纠纷
（7）竞业限制纠纷
187. 社会保险纠纷
（1）养老保险待遇纠纷
（2）工伤保险待遇纠纷
（3）医疗保险待遇纠纷
（4）生育保险待遇纠纷
（5）失业保险待遇纠纷
188. 福利待遇纠纷

十八、人事争议

189. 聘用合同纠纷
190. 聘任合同纠纷
191. 辞职纠纷
192. 辞退纠纷

第七部分　海事海商纠纷

十九、海事海商纠纷

193. 船舶碰撞损害责任纠纷
194. 船舶触碰损害责任纠纷
195. 船舶损坏空中设施、水下设施损害责任纠纷
196. 船舶污染损害责任纠纷
197. 海上、通海水域污染损害责任纠纷
198. 海上、通海水域养殖损害责任纠纷
199. 海上、通海水域财产损害责任纠纷
200. 海上、通海水域人身损害责任纠纷
201. 非法留置船舶、船载货物、船用燃油、船用物料损害责任纠纷
202. 海上、通海水域货物运输合同纠纷
203. 海上、通海水域旅客运输合同纠纷
204. 海上、通海水域行李运输合同纠纷
205. 船舶经营管理合同纠纷
206. 船舶买卖合同纠纷
207. 船舶建造合同纠纷
208. 船舶修理合同纠纷
209. 船舶改建合同纠纷
210. 船舶拆解合同纠纷
211. 船舶抵押合同纠纷
212. 航次租船合同纠纷
213. 船舶租用合同纠纷

（1）定期租船合同纠纷

（2）光船租赁合同纠纷

214. 船舶融资租赁合同纠纷
215. 海上、通海水域运输船舶承包合同纠纷
216. 渔船承包合同纠纷
217. 船舶属具租赁合同纠纷
218. 船舶属具保管合同纠纷
219. 海运集装箱租赁合同纠纷
220. 海运集装箱保管合同纠纷
221. 港口货物保管合同纠纷
222. 船舶代理合同纠纷
223. 海上、通海水域货运代理合同纠纷
224. 理货合同纠纷
225. 船舶物料和备品供应合同纠纷
226. 船员劳务合同纠纷
227. 海难救助合同纠纷
228. 海上、通海水域打捞合同纠纷
229. 海上、通海水域拖航合同纠纷
230. 海上、通海水域保险合同纠纷
231. 海上、通海水域保赔合同纠纷
232. 海上、通海水域运输联营合同纠纷
233. 船舶营运借款合同纠纷
234. 海事担保合同纠纷
235. 航道、港口疏浚合同纠纷
236. 船坞、码头建造合同纠纷
237. 船舶检验合同纠纷
238. 海事请求担保纠纷
239. 海上、通海水域运输重大责任事故责任纠纷
240. 港口作业重大责任事故责任纠纷
241. 港口作业纠纷
242. 共同海损纠纷
243. 海洋开发利用纠纷
244. 船舶共有纠纷
245. 船舶权属纠纷
246. 海运欺诈纠纷
247. 海事债权确权纠纷

第八部分　与公司、证券、保险、票据等有关的民事纠纷

二十、与企业有关的纠纷

248. 企业出资人权益确认纠纷
249. 侵害企业出资人权益纠纷
250. 企业公司制改造合同纠纷
251. 企业股份合作制改造合同纠纷
252. 企业债权转股权合同纠纷
253. 企业分立合同纠纷
254. 企业租赁经营合同纠纷
255. 企业出售合同纠纷
256. 挂靠经营合同纠纷
257. 企业兼并合同纠纷
258. 联营合同纠纷
259. 企业承包经营合同纠纷

（1）中外合资经营企业承包经营合同纠纷

（2）中外合作经营企业承包经营合同纠纷

（3）外商独资企业承包经营合同纠纷

（4）乡镇企业承包经营合同纠纷

260. 中外合资经营企业合同纠纷

261. 中外合作经营企业合同纠纷

二十一、与公司有关的纠纷

262. 股东资格确认纠纷

263. 股东名册记载纠纷

264. 请求变更公司登记纠纷

265. 股东出资纠纷

266. 新增资本认购纠纷

267. 股东知情权纠纷

268. 请求公司收购股份纠纷

269. 股权转让纠纷

270. 公司决议纠纷

（1）公司决议效力确认纠纷

（2）公司决议撤销纠纷

271. 公司设立纠纷

272. 公司证照返还纠纷

273. 发起人责任纠纷

274. 公司盈余分配纠纷

275. 损害股东利益责任纠纷

276. 损害公司利益责任纠纷

277. 损害公司债权人利益责任纠纷

（1）股东损害公司债权人利益责任纠纷

（2）实际控制人损害公司债权人利益责任纠纷

278. 公司关联交易损害责任纠纷

279. 公司合并纠纷

280. 公司分立纠纷

281. 公司减资纠纷

282. 公司增资纠纷

283. 公司解散纠纷

284. 清算责任纠纷

285. 上市公司收购纠纷

二十二、合伙企业纠纷

286. 入伙纠纷

287. 退伙纠纷

288. 合伙企业财产份额转让纠纷

二十三、与破产有关的纠纷

289. 请求撤销个别清偿行为纠纷

290. 请求确认债务人行为无效纠纷

291. 对外追收债权纠纷

292. 追收未缴出资纠纷

293. 追收抽逃出资纠纷

294. 追收非正常收入纠纷

295. 破产债权确认纠纷

（1）职工破产债权确认纠纷

（2）普通破产债权确认纠纷

296. 取回权纠纷

（1）一般取回权纠纷

（2）出卖人取回权纠纷

297. 破产抵销权纠纷

298. 别除权纠纷

299. 破产撤销权纠纷

300. 损害债务人利益赔偿纠纷

301. 管理人责任纠纷

二十四、证券纠纷

302. 证券权利确认纠纷

（1）股票权利确认纠纷

（2）公司债券权利确认纠纷

（3）国债权利确认纠纷

（4）证券投资基金权利确认纠纷

303. 证券交易合同纠纷

（1）股票交易纠纷

（2）公司债券交易纠纷

（3）国债交易纠纷

（4）证券投资基金交易纠纷

304. 金融衍生品种交易纠纷

305. 证券承销合同纠纷

（1）证券代销合同纠纷

（2）证券包销合同纠纷

306. 证券投资咨询纠纷

307. 证券资信评级服务合同纠纷

308. 证券回购合同纠纷

（1）股票回购合同纠纷

（2）国债回购合同纠纷

（3）公司债券回购合同纠纷

（4）证券投资基金回购合同纠纷

（5）质押式证券回购纠纷

309. 证券上市合同纠纷
310. 证券交易代理合同纠纷
311. 证券上市保荐合同纠纷
312. 证券发行纠纷
(1) 证券认购纠纷
(2) 证券发行失败纠纷
313. 证券返还纠纷
314. 证券欺诈责任纠纷
(1) 证券内幕交易责任纠纷
(2) 操纵证券交易市场责任纠纷
(3) 证券虚假陈述责任纠纷
(4) 欺诈客户责任纠纷
315. 证券托管纠纷
316. 证券登记、存管、结算纠纷
317. 融资融券交易纠纷
318. 客户交易结算资金纠纷

二十五、期货交易纠纷

319. 期货经纪合同纠纷
320. 期货透支交易纠纷
321. 期货强行平仓纠纷
322. 期货实物交割纠纷
323. 期货保证合约纠纷
324. 期货交易代理合同纠纷
325. 侵占期货交易保证金纠纷
326. 期货欺诈责任纠纷
327. 操纵期货交易市场责任纠纷
328. 期货内幕交易责任纠纷
329. 期货虚假信息责任纠纷

二十六、信托纠纷

330. 民事信托纠纷
331. 营业信托纠纷
332. 公益信托纠纷

二十七、保险纠纷

333. 财产保险合同纠纷
(1) 财产损失保险合同纠纷
(2) 责任保险合同纠纷
(3) 信用保险合同纠纷
(4) 保证保险合同纠纷
(5) 保险人代位求偿权纠纷
334. 人身保险合同纠纷
(1) 人寿保险合同纠纷
(2) 意外伤害保险合同纠纷
(3) 健康保险合同纠纷
335. 再保险合同纠纷
336. 保险经纪合同纠纷
337. 保险代理合同纠纷
338. 进出口信用保险合同纠纷
339. 保险费纠纷

二十八、票据纠纷

340. 票据付款请求权纠纷
341. 票据追索权纠纷
342. 票据交付请求权纠纷
343. 票据返还请求权纠纷
344. 票据损害责任纠纷
345. 票据利益返还请求权纠纷
346. 汇票回单签发请求权纠纷
347. 票据保证纠纷
348. 确认票据无效纠纷
349. 票据代理纠纷
350. 票据回购纠纷

二十九、信用证纠纷

351. 委托开立信用证纠纷
352. 信用证开证纠纷
353. 信用证议付纠纷
354. 信用证欺诈纠纷
355. 信用证融资纠纷
356. 信用证转让纠纷

三十、独立保函纠纷

357. 独立保函开立纠纷
358. 独立保函付款纠纷
359. 独立保函追偿纠纷
360. 独立保函欺诈纠纷
361. 独立保函转让纠纷
362. 独立保函通知纠纷
363. 独立保函撤销纠纷

第九部分　侵权责任纠纷

三十一、侵权责任纠纷

364. 监护人责任纠纷
365. 用人单位责任纠纷
366. 劳务派遣工作人员侵权责任纠纷
367. 提供劳务者致害责任纠纷

368. 提供劳务者受害责任纠纷

369. 网络侵权责任纠纷

（1）网络侵害虚拟财产纠纷

370. 违反安全保障义务责任纠纷

（1）经营场所、公共场所的经营者、管理者责任纠纷

（2）群众性活动组织者责任纠纷

371. 教育机构责任纠纷

372. 性骚扰损害责任纠纷

373. 产品责任纠纷

（1）产品生产者责任纠纷

（2）产品销售者责任纠纷

（3）产品运输者责任纠纷

（4）产品仓储者责任纠纷

374. 机动车交通事故责任纠纷

375. 非机动车交通事故责任纠纷

376. 医疗损害责任纠纷

（1）侵害患者知情同意权责任纠纷

（2）医疗产品责任纠纷

377. 环境污染责任纠纷

（1）大气污染责任纠纷

（2）水污染责任纠纷

（3）土壤污染责任纠纷

（4）电子废物污染责任纠纷

（5）固体废物污染责任纠纷

（6）噪声污染责任纠纷

（7）光污染责任纠纷

（8）放射性污染责任纠纷

378. 生态破坏责任纠纷

379. 高度危险责任纠纷

（1）民用核设施、核材料损害责任纠纷

（2）民用航空器损害责任纠纷

（3）占有、使用高度危险物损害责任纠纷

（4）高度危险活动损害责任纠纷

（5）遗失、抛弃高度危险物损害责任纠纷

（6）非法占有高度危险物损害责任纠纷

380. 饲养动物损害责任纠纷

381. 建筑物和物件损害责任纠纷

（1）物件脱落、坠落损害责任纠纷

（2）建筑物、构筑物倒塌、塌陷损害责任纠纷

（3）高空抛物、坠物损害责任纠纷

（4）堆放物倒塌、滚落、滑落损害责任纠纷

（5）公共道路妨碍通行损害责任纠纷

（6）林木折断、倾倒、果实坠落损害责任纠纷

（7）地面施工、地下设施损害责任纠纷

382. 触电人身损害责任纠纷

383. 义务帮工人受害责任纠纷

384. 见义勇为人受害责任纠纷

385. 公证损害责任纠纷

386. 防卫过当损害责任纠纷

387. 紧急避险损害责任纠纷

388. 驻香港、澳门特别行政区军人执行职务侵权责任纠纷

389. 铁路运输损害责任纠纷

（1）铁路运输人身损害责任纠纷

（2）铁路运输财产损害责任纠纷

390. 水上运输损害责任纠纷

（1）水上运输人身损害责任纠纷

（2）水上运输财产损害责任纠纷

391. 航空运输损害责任纠纷

（1）航空运输人身损害责任纠纷

（2）航空运输财产损害责任纠纷

392. 因申请财产保全损害责任纠纷

393. 因申请行为保全损害责任纠纷

394. 因申请证据保全损害责任纠纷

395. 因申请先予执行损害责任纠纷

第十部分　非讼程序案件案由

三十二、选民资格案件

396. 申请确定选民资格

三十三、宣告失踪、宣告死亡案件

397. 申请宣告自然人失踪

398. 申请撤销宣告失踪判决

399. 申请为失踪人财产指定、变更代管人

400. 申请宣告自然人死亡

401. 申请撤销宣告自然人死亡判决

三十四、认定自然人无民事行为能力、限制民事行为能力案件

402. 申请宣告自然人无民事行为能力
403. 申请宣告自然人限制民事行为能力
404. 申请宣告自然人恢复限制民事行为能力
405. 申请宣告自然人恢复完全民事行为能力

三十五、指定遗产管理人案件

406. 申请指定遗产管理人

三十六、认定财产无主案件

407. 申请认定财产无主
408. 申请撤销认定财产无主判决

三十七、确认调解协议案件

409. 申请司法确认调解协议
410. 申请撤销确认调解协议裁定

三十八、实现担保物权案件

411. 申请实现担保物权
412. 申请撤销准许实现担保物权裁定

三十九、监护权特别程序案件

413. 申请确定监护人
414. 申请指定监护人
415. 申请变更监护人
416. 申请撤销监护人资格
417. 申请恢复监护人资格

四十、督促程序案件

418. 申请支付令

四十一、公示催告程序案件

419. 申请公示催告

四十二、公司清算案件

420. 申请公司清算

四十三、破产程序案件

421. 申请破产清算
422. 申请破产重整
423. 申请破产和解
424. 申请对破产财产追加分配

四十四、申请诉前停止侵害知识产权案件

425. 申请诉前停止侵害专利权
426. 申请诉前停止侵害注册商标专用权
427. 申请诉前停止侵害著作权
428. 申请诉前停止侵害植物新品种权
429. 申请诉前停止侵害计算机软件著作权
430. 申请诉前停止侵害集成电路布图设计专用权

四十五、申请保全案件

431. 申请诉前财产保全
432. 申请诉前行为保全
433. 申请诉前证据保全
434. 申请仲裁前财产保全
435. 申请仲裁前行为保全
436. 申请仲裁前证据保全
437. 仲裁程序中的财产保全
438. 仲裁程序中的证据保全
439. 申请执行前财产保全
440. 申请中止支付信用证项下款项
441. 申请中止支付保函项下款项

四十六、申请人身安全保护令案件

442. 申请人身安全保护令

四十七、申请人格权侵害禁令案件

443. 申请人格权侵害禁令

四十八、仲裁程序案件

444. 申请确认仲裁协议效力
445. 申请撤销仲裁裁决

四十九、海事诉讼特别程序案件

446. 申请海事请求保全

（1）申请扣押船舶

（2）申请拍卖扣押船舶

（3）申请扣押船载货物

（4）申请拍卖扣押船载货物

（5）申请扣押船用燃油及船用物料

（6）申请拍卖扣押船用燃油及船用物料

447. 申请海事支付令
448. 申请海事强制令
449. 申请海事证据保全
450. 申请设立海事赔偿责任限制基金
451. 申请船舶优先权催告
452. 申请海事债权登记与受偿

五十、申请承认与执行法院判决、仲裁裁决案件

453. 申请执行海事仲裁裁决

454. 申请执行知识产权仲裁裁决

455. 申请执行涉外仲裁裁决

456. 申请认可和执行香港特别行政区法院民事判决

457. 申请认可和执行香港特别行政区仲裁裁决

458. 申请认可和执行澳门特别行政区法院民事判决

459. 申请认可和执行澳门特别行政区仲裁裁决

460. 申请认可和执行台湾地区法院民事判决

461. 申请认可和执行台湾地区仲裁裁决

462. 申请承认和执行外国法院民事判决、裁定

463. 申请承认和执行外国仲裁裁决

第十一部分　特殊诉讼程序案件案由

五十一、与宣告失踪、宣告死亡案件有关的纠纷

464. 失踪人债务支付纠纷

465. 被撤销死亡宣告人请求返还财产纠纷

五十二、公益诉讼

466. 生态环境保护民事公益诉讼

（1）环境污染民事公益诉讼

（2）生态破坏民事公益诉讼

（3）生态环境损害赔偿诉讼

467. 英雄烈士保护民事公益诉讼

468. 未成年人保护民事公益诉讼

469. 消费者权益保护民事公益诉讼

五十三、第三人撤销之诉

470. 第三人撤销之诉

五十四、执行程序中的异议之诉

471. 执行异议之诉

（1）案外人执行异议之诉

（2）申请执行人执行异议之诉

472. 追加、变更被执行人异议之诉

473. 执行分配方案异议之诉

下篇　适用指引

第一部分 人格权纠纷

一、人格权纠纷

1. 生命权、身体权、健康权纠纷

相关规范

》《中华人民共和国民法典》（2020 年）

第一千零二条 【生命权】 自然人享有生命权。自然人的生命安全和生命尊严受法律保护。任何组织或者个人不得侵害他人的生命权。

第一千零三条 【身体权】 自然人享有身体权。自然人的身体完整和行动自由受法律保护。任何组织或者个人不得侵害他人的身体权。

第一千零四条 【健康权】 自然人享有健康权。自然人的身心健康受法律保护。任何组织或者个人不得侵害他人的健康权。

第一千零五条 【法定救助义务】 自然人的生命权、身体权、健康权受到侵害或者处于其他危难情形的，负有法定救助义务的组织或者个人应当及时施救。

第一千零六条 【人体捐献】 完全民事行为能力人有权依法自主决定无偿捐献其人体细胞、人体组织、人体器官、遗体。任何组织或者个人不得强迫、欺骗、利诱其捐献。

完全民事行为能力人依据前款规定同意捐献的，应当采用书面形式，也可以订立遗嘱。

自然人生前未表示不同意捐献的，该自然人死亡后，其配偶、成年子女、父母可以共同决定捐献，决定捐献应当采用书面形式。

第一千零七条 【禁止人体买卖】 禁止以任何形式买卖人体细胞、人体组织、人体器官、遗体。

违反前款规定的买卖行为无效。

第一千零八条 【人体临床试验】 为研制新药、医疗器械或者发展新的预防和治疗方法，需要进行临床试验的，应当依法经相关主管部门批准并经伦理委员会审查同意，向受试者或者受试者的监护人告知试验目的、用途和可能产生的风险等详细情况，并经其书面同意。

进行临床试验的，不得向受试者收取试验费用。

第一千零九条 【从事人体基因、人体胚胎等有关的医学和科研活动时的义务】 从事与人体基因、人体胚胎等有关的医学和科研活动，应当遵守法律、行政法规和国家有

关规定，不得危害人体健康，不得违背伦理道德，不得损害公共利益。

《中华人民共和国铁路法》（2015 年修正）

第五十八条 因铁路行车事故及其他铁路运营事故造成人身伤亡的，铁路运输企业应当承担赔偿责任；如果人身伤亡是因不可抗力或者由于受害人自身的原因造成的，铁路运输企业不承担赔偿责任。

违章通过平交道口或者人行过道，或者在铁路线路上行走、坐卧造成的人身伤亡，属于受害人自身的原因造成的人员伤亡。

《中华人民共和国民用航空法》（2021 年修正）

第一百五十七条 因飞行中的民用航空器或者从飞行中的民用航空器上落下的人或者物，造成地面（包括水面，下同）上的人身伤亡或者财产损害的，受害人有权获得赔偿；但是，所受损害并非造成损害的事故的直接后果，或者所受损害仅是民用航空器依照国家有关的空中交通规则在空中通过造成的，受害人无权要求赔偿。

前款所称飞行中，是指自民用航空器为实际起飞而使用动力时起至着陆冲程终了时止；就轻于空气的民用航空器而言，飞行中是指自其离开地面时起至其重新着地时止。

《中华人民共和国妇女权益保障法》（2022 年修订）

第十八条 国家保障妇女享有与男子平等的人身和人格权益。

第二十一条 妇女的生命权、身体权、健康权不受侵犯。禁止虐待、遗弃、残害、买卖以及其他侵害女性生命健康权益的行为。

禁止进行非医学需要的胎儿性别鉴定和选择性别的人工终止妊娠。

医疗机构施行生育手术、特殊检查或者特殊治疗时，应当征得妇女本人同意；在妇女与其家属或者关系人意见不一致时，应当尊重妇女本人意愿。

《最高人民法院关于审理人身损害赔偿案件适用法律若干问题的解释》（2022 年 4 月 24 日修正）

第一条 因生命、身体、健康遭受侵害，赔偿权利人起诉请求赔偿义务人赔偿物质损害和精神损害的，人民法院应予受理。

本条所称“赔偿权利人”，是指因侵权行为或者其他致害原因直接遭受人身损害的受害人以及死亡受害人的近亲属。

本条所称“赔偿义务人”，是指因自己或者他人的侵权行为以及其他致害原因依法应当承担民事责任的自然人、法人或者非法人组织。

典型案例

宋某祯诉周某身体权纠纷案［《人民法院贯彻实施民法典典型案例（第一批）》案例十 2022 年 2 月 25 日］

【典型意义】

本案是民法典施行后，首例适用民法典第一千一百七十六条“自甘冒险”规定作出判决的案件。民法典施行前，由于法律规定不明确，人民法院在处理文体活动中身体受伤引发的民事纠纷时，容易出现认识分歧，进而引发争议。民法典确立“自甘冒险”规则，既统一了思想认识，也统一了裁判尺度。本案审理法院结合具体案情，适用“自甘冒险”规则，明确判决对损害发生无故意、无重大过失的文体活动参加者，不承担赔偿责任，亮明了拒绝“和稀泥”的司法态度，宣示了冒险者须对自己行为负责的规则，不仅弘扬了社会主义核心价值观，促进了文体活动的健康有序发展，也为民法典新规则的实施提供了有益的司法经验。

【基本案情】

宋某祯、周某均为羽毛球业余爱好者，自 2015 年起自发参加羽毛球比赛。2020 年 4 月 28 日上午，宋某祯、周某与案外四人在北京市朝阳区红领巾公园内露天场地进行羽毛球 3 对 3 比赛。运动中，宋某祯站在发球线位置接对方网前球后，将球回挑到周某方中场，周某迅速杀球进攻，宋某祯直立举拍防守未果，被羽毛球击中右眼。事发后，宋某祯至北京大学人民医院就诊治疗，术后 5 周余验光提示右眼最佳矫正视力为 0.05。宋某祯遂诉至法院，要求周某赔偿医疗费、护理费、住院伙食补助费、营养费等各项费用。

【裁判结果】

生效裁判认为，竞技体育运动不同于一般的生活领域，主要目的即为争胜，此类运动具有对抗性、人身危险性的特点，参与者均处于潜在危险中，既是危险的潜在制造者，也是危险的潜在承担者。羽毛球运动系典型的对抗性体育竞赛，除扭伤、拉伤等常规风险外，更为突出的风险即在于羽毛球自身体积小、密度大、移动速度快，运动员如未及时作出判断即会被击中，甚至击伤。宋某祯作为多年参与羽毛球运动的爱好者，对于自身和其他参赛者的能力以及此项运动的危险和可能造成的损害，应当有所认知和预见，而宋某祯仍自愿参加比赛，将自身置于潜在危险之中，属于自甘冒险的行为。依照民法典第一千一百七十六条第一款，在此情形下，只有周某对宋某祯受伤的损害后果存在故意或重大过失时，才需承担侵权损害赔偿责任。本案中，周某杀球进攻的行为系该类运动的正常技术动作，周某并不存在明显违反比赛规则的情形，不应认定其存在重大过失，且现行法律未就本案所涉情形适用公平责任予以规定，故宋某祯无权主张周某承担赔偿责任或分担损失。2021 年 1 月 4 日，一审法院判决驳回宋某祯的全部诉讼请求。二审法院判决驳回上诉，维持原判。

2. 姓名权纠纷

相关规范

》《中华人民共和国民法典》（2020 年）

第一百一十条　【民事主体的人格权】自然人享有生命权、身体权、健康权、姓名权、肖像权、名誉权、荣誉权、隐私权、婚姻自主权等权利。

法人、非法人组织享有名称权、名誉权和荣誉权。

第一百一十二条　【因婚姻、家庭关系等产生的人身权利受保护】自然人因婚姻家庭关系等产生的人身权利受法律保护。

第一百八十五条　【侵害英烈等的姓名、肖像、名誉、荣誉的民事责任】侵害英雄烈士等的姓名、肖像、名誉、荣誉，损害社会公共利益的，应当承担民事责任。

第一千零一十二条　【姓名权】自然人享有姓名权，有权依法决定、使用、变更或者许可他人使用自己的姓名，但是不得违背公序良俗。

第一千零一十三条　【名称权】法人、非法人组织享有名称权，有权依法决定、使用、变更、转让或者许可他人使用自己的名称。

第一千零一十四条　【姓名权或名称权不得被非法侵害】任何组织或者个人不得以干涉、盗用、假冒等方式侵害他人的姓名权或者名称权。

第一千零一十五条　【自然人选取姓氏】自然人应当随父姓或者母姓，但是有下列情形之一的，可以在父姓和母姓之外选取姓氏：

（一）选取其他直系长辈血亲的姓氏；

（二）因由法定扶养人以外的人扶养而选取扶养人姓氏；

（三）有不违背公序良俗的其他正当理由。

少数民族自然人的姓氏可以遵从本民族的文化传统和风俗习惯。

第一千零一十七条 【笔名、艺名等的保护】具有一定社会知名度，被他人使用足以造成公众混淆的笔名、艺名、网名、译名、字号、姓名和名称的简称等，参照适用姓名权和名称权保护的有关规定。

第一千零二十三条 【姓名许可和声音保护的参照适用】对姓名等的许可使用，参照适用肖像许可使用的有关规定。

对自然人声音的保护，参照适用肖像权保护的有关规定。

第一千零五十六条 【夫妻姓名权】夫妻双方都有各自使用自己姓名的权利。

《中华人民共和国英雄烈士保护法》(2018年)

第二十二条 禁止歪曲、丑化、亵渎、否定英雄烈士事迹和精神。

英雄烈士的姓名、肖像、名誉、荣誉受法律保护。任何组织和个人不得在公共场所、互联网或者利用广播电视、电影、出版物等，以侮辱、诽谤或者其他方式侵害英雄烈士的姓名、肖像、名誉、荣誉。任何组织和个人不得将英雄烈士的姓名、肖像用于或者变相用于商标、商业广告，损害英雄烈士的名誉、荣誉。

公安、文化、新闻出版、广播电视、电影、网信、市场监督管理、负责英雄烈士保护工作的部门发现前款规定行为的，应当依法及时处理。

第二十三条 网信和电信、公安等有关部门在对网络信息进行依法监督管理工作中，发现发布或者传输以侮辱、诽谤或者其他方式侵害英雄烈士的姓名、肖像、名誉、荣誉的信息的，应当要求网络运营者停止传输，采取消除等处置措施和其他必要措施；对来源于中华人民共和国境外的上述信息，应当通知有关机构采取技术措施和其他必要措施阻断传播。

网络运营者发现其用户发布前款规定的信息的，应当立即停止传输该信息，采取消除等处置措施，防止信息扩散，保存有关记录，并向有关主管部门报告。网络运营者未采取停止传输、消除等处置措施的，依照《中华人民共和国网络安全法》的规定处罚。

第二十四条 任何组织和个人有权对侵害英雄烈士合法权益和其他违反本法规定的行为，向负责英雄烈士保护工作的部门、网信、公安等有关部门举报，接到举报的部门应当依法及时处理。

第二十五条 对侵害英雄烈士的姓名、肖像、名誉、荣誉的行为，英雄烈士的近亲属可以依法向人民法院提起诉讼。

英雄烈士没有近亲属或者近亲属不提起诉讼的，检察机关依法对侵害英雄烈士的姓名、肖像、名誉、荣誉，损害社会公共利益的行为向人民法院提起诉讼。

负责英雄烈士保护工作的部门和其他有关部门在履行职责过程中发现第一款规定的行为，需要检察机关提起诉讼的，应当向检察机关报告。

英雄烈士近亲属依照第一款规定提起诉讼的，法律援助机构应当依法提供法律援助服务。

第二十六条 以侮辱、诽谤或者其他方式侵害英雄烈士的姓名、肖像、名誉、荣誉，损害社会公共利益的，依法承担民事责任；构成违反治安管理行为的，由公安机关依法给予治安管理处罚；构成犯罪的，依法追究刑事责任。

《最高人民法院关于确定民事侵权精神损害赔偿责任若干问题的解释》(2020年12月23日修正)

第一条 因人身权益或者具有人身意义的特定物受到侵害，自然人或者其近亲属向人民法院提起诉讼请求精神损害赔偿的，人民法院应当依法予以受理。

第五条 精神损害的赔偿数额根据以下因素确定：

（一）侵权人的过错程度，但是法律另有规定的除外；

（二）侵权行为的目的、方式、场合等具体情节；

（三）侵权行为所造成的后果；

（四）侵权人的获利情况；

（五）侵权人承担责任的经济能力；

（六）受理诉讼法院所在地的平均生活水平。

《最高人民法院关于审理利用信息网络侵害人身权益民事纠纷案件适用法律若干问题的规定》（2020年12月23日修正）

第一条 本规定所称的利用信息网络侵害人身权益民事纠纷案件，是指利用信息网络侵害他人姓名权、名称权、名誉权、荣誉权、肖像权、隐私权等人身权益引起的纠纷案件。

第二条 原告依据民法典第一千一百九十五条、第一千一百九十七条的规定起诉网络用户或者网络服务提供者的，人民法院应予受理。

原告仅起诉网络用户，网络用户请求追加涉嫌侵权的网络服务提供者为共同被告或者第三人的，人民法院应予准许。

原告仅起诉网络服务提供者，网络服务提供者请求追加可以确定的网络用户为共同被告或者第三人的，人民法院应予准许。

《最高人民法院关于适用〈中华人民共和国民法典〉时间效力的若干规定》（法释〔2020〕15号 2020年12月29日）

第六条 《中华人民共和国民法总则》施行前，侵害英雄烈士等的姓名、肖像、名誉、荣誉，损害社会公共利益引起的民事纠纷案件，适用民法典第一百八十五条的规定。

典型案例

刘某某诉某景观工程公司、李某某姓名权纠纷案（《最高人民法院、中国残疾人联合会残疾人权益保护十大典型案例》案例二 2021年12月2日）

【基本案情】

刘某某系听力一级、言语一级多重残疾人，享受农村五保供养待遇。2018年，某景观工程公司与李某某签订制作冰灯协议，约定由李某某为其制作冰灯4组。2019年，李某某承包的工程完工，某景观工程公司告知李某某以工人工资的形式结算工程款。因李某某雇佣的工人工资不能达到工程款数额，李某某便盗用刘某某身份信息，冒充自己雇佣的工人。后某景观工程公司做工资账目时，使用了刘某某的身份信息，同时向税务部门进行了个人所得税明细申报。

2019年，民政部门对城乡低保人员复审工作期间，发现刘某某收入超标，于2019年7月开始终止对刘某某的特困人员救助供养。刘某某以侵害姓名权为由，起诉请求某景观工程公司、李某某赔偿损失。

【裁判结果】

北京市延庆区人民法院经审理认为，李某某未经刘某某同意，私自盗用其身份证复印件，某景观工程公司做工资账目时，使用了刘某某的身份信息，并用作纳税申报，导致民政部门终止对刘某某的特困人员救助供养。对因此给刘某某造成的损失，某景观工程公司、李某某应当承担赔偿责任。遂判决某景观工程公司、李某某连带赔偿刘某某2019年7月至同年12月的基本生活费9900元、生活照料费7680元、物价临时补贴300元、电价补贴42.92元、2019年的采暖补贴1800元、2019年7月至2020年1月3日的医疗费3847.44元、精神抚慰金5000元、交通费及误工费5000元。

【典型意义】

如《残疾人权利公约》序言第十三款所指出的，残疾人对其社区的全面福祉和多样性作出了宝贵贡献。残疾人作为特殊困难的群体，更需要给予特别的保护。保护残疾人合法权益是整个社会的义务和责任，也是社会文明进步的重要标志。随着个人信息领域的立法完善，社会普遍提高了对个人信息的保护力度。残疾人作为社会公众中的一员，其姓名作为个人信息的重要组成部分，是个体区分的主要标志，承载着经济意义和社会意义。侵犯残疾人个人信息的行为应当承担相应的法律责任。本案判决较好地保护了残疾人的人格权益，向社会彰显残疾人权益应当得到全方位保障的价值理念。

3. 名称权纠纷

相关规范

》《中华人民共和国民法典》（2020 年）

第一百一十条　【民事主体的人格权】 自然人享有生命权、身体权、健康权、姓名权、肖像权、名誉权、荣誉权、隐私权、婚姻自主权等权利。

法人、非法人组织享有名称权、名誉权和荣誉权。

第九百九十条　【人格权定义】 人格权是民事主体享有的生命权、身体权、健康权、姓名权、名称权、肖像权、名誉权、荣誉权、隐私权等权利。

除前款规定的人格权外，自然人享有基于人身自由、人格尊严产生的其他人格权益。

第一千零一十三条　【名称权】 法人、非法人组织享有名称权，有权依法决定、使用、变更、转让或者许可他人使用自己的名称。

第一千零一十四条　【姓名权或名称权不得被非法侵害】 任何组织或者个人不得以干涉、盗用、假冒等方式侵害他人的姓名权或者名称权。

第一千零一十七条　【笔名、艺名等的保护】 具有一定社会知名度，被他人使用足以造成公众混淆的笔名、艺名、网名、译名、字号、姓名和名称的简称等，参照适用姓名权和名称权保护的有关规定。

》《中华人民共和国公司法》（2018 年修正）

第八条　依照本法设立的有限责任公司，必须在公司名称中标明有限责任公司或者有限公司字样。

依照本法设立的股份有限公司，必须在公司名称中标明股份有限公司或者股份公司字样。

》《企业名称登记管理规定》（2020 年修订）

第六条　企业名称由行政区划名称、字号、行业或者经营特点、组织形式组成。跨省、自治区、直辖市经营的企业，其名称可以不含行政区划名称；跨行业综合经营的企业，其名称可以不含行业或者经营特点。

》《中华人民共和国市场主体登记管理条例》（2021 年）

第十条　市场主体只能登记一个名称，经登记的市场主体名称受法律保护。

市场主体名称由申请人依法自主申报。

4. 肖像权纠纷

相关规范

》《中华人民共和国民法典》（2020 年）

第一百一十条第一款　【民事主体的人格权】 自然人享有生命权、身体权、健康权、姓名权、肖像权、名誉权、荣誉权、隐私权、婚姻自主权等权利。

第一百八十五条　【侵害英烈等的姓名、肖像、名誉、荣誉的民事责任】 侵害英雄烈士等的姓名、肖像、名誉、荣誉，损害社会公共利益的，应当承担民事责任。

第九百九十三条　【人格标识许可使用】民事主体可以将自己的姓名、名称、肖像等许可他人使用，但是依照法律规定或者根据其性质不得许可的除外。

第九百九十四条　【死者人格利益保护】死者的姓名、肖像、名誉、荣誉、隐私、遗体等受到侵害的，其配偶、子女、父母有权依法请求行为人承担民事责任；死者没有配偶、子女且父母已经死亡的，其他近亲属有权依法请求行为人承担民事责任。

第九百九十九条　【人格权的合理使用】为公共利益实施新闻报道、舆论监督等行为的，可以合理使用民事主体的姓名、名称、肖像、个人信息等；使用不合理侵害民事主体人格权的，应当依法承担民事责任。

第一千零一十八条　【肖像权】自然人享有肖像权，有权依法制作、使用、公开或者许可他人使用自己的肖像。

肖像是通过影像、雕塑、绘画等方式在一定载体上所反映的特定自然人可以被识别的外部形象。

第一千零一十九条　【肖像权消极权能】任何组织或者个人不得以丑化、污损，或者利用信息技术手段伪造等方式侵害他人的肖像权。未经肖像权人同意，不得制作、使用、公开肖像权人的肖像，但是法律另有规定的除外。

未经肖像权人同意，肖像作品权利人不得以发表、复制、发行、出租、展览等方式使用或者公开肖像权人的肖像。

第一千零二十条　【肖像权的合理使用】合理实施下列行为的，可以不经肖像权人同意：

（一）为个人学习、艺术欣赏、课堂教学或者科学研究，在必要范围内使用肖像权人已经公开的肖像；

（二）为实施新闻报道，不可避免地制作、使用、公开肖像权人的肖像；

（三）为依法履行职责，国家机关在必要范围内制作、使用、公开肖像权人的肖像；

（四）为展示特定公共环境，不可避免地制作、使用、公开肖像权人的肖像；

（五）为维护公共利益或者肖像权人合法权益，制作、使用、公开肖像权人的肖像的其他行为。

第一千零二十一条　【肖像许可使用合同解释规则】当事人对肖像许可使用合同中关于肖像使用条款的理解有争议的，应当作出有利于肖像权人的解释。

第一千零二十二条　【肖像许可使用合同解除权】当事人对肖像许可使用期限没有约定或者约定不明确的，任何一方当事人可以随时解除肖像许可使用合同，但是应当在合理期限之前通知对方。

当事人对肖像许可使用期限有明确约定，肖像权人有正当理由的，可以解除肖像许可使用合同，但是应当在合理期限之前通知对方。因解除合同造成对方损失的，除不可归责于肖像权人的事由外，应当赔偿损失。

》《中华人民共和国英雄烈士保护法》

（2018 年）

第二十二条　禁止歪曲、丑化、亵渎、否定英雄烈士事迹和精神。

英雄烈士的姓名、肖像、名誉、荣誉受法律保护。任何组织和个人不得在公共场所、互联网或者利用广播电视、电影、出版物等，以侮辱、诽谤或者其他方式侵害英雄烈士的姓名、肖像、名誉、荣誉。任何组织和个人不得将英雄烈士的姓名、肖像用于或者变相用于商标、商业广告，损害英雄烈士的名誉、荣誉。

公安、文化、新闻出版、广播电视、电影、网信、市场监督管理、负责英雄烈士保护工作的部门发现前款规定行为的，应当依法及时处理。

》《最高人民法院关于确定民事侵权精神损害赔偿责任若干问题的解释》

（2020 年 12 月 23 日修正）

第一条　因人身权益或者具有人身意义的特定物受到侵害，自然人或者其近亲属向人民法院提起诉讼请求精神损害赔偿的，人民法院应当依法予以受理。

第三条 死者的姓名、肖像、名誉、荣誉、隐私、遗体、遗骨等受到侵害，其近亲属向人民法院提起诉讼请求精神损害赔偿的，人民法院应当依法予以支持。

《最高人民法院关于审理利用信息网络侵害人身权益民事纠纷案件适用法律若干问题的规定》（2020年12月23日修正）

第一条 本规定所称的利用信息网络侵害人身权益民事纠纷案件，是指利用信息网络侵害他人姓名权、名称权、名誉权、荣誉权、肖像权、隐私权等人身权益引起的纠纷案件。

第二条 原告依据民法典第一千一百九十五条、第一千一百九十七条的规定起诉网络用户或者网络服务提供者的，人民法院应予受理。

原告仅起诉网络用户，网络用户请求追加涉嫌侵权的网络服务提供者为共同被告或者第三人的，人民法院应予准许。

原告仅起诉网络服务提供者，网络服务提供者请求追加可以确定的网络用户为共同被告或者第三人的，人民法院应予准许。

《最高人民法院关于适用〈中华人民共和国民法典〉时间效力的若干规定》（法释〔2020〕15号 2020年12月29日）

第六条 《中华人民共和国民法总则》施行前，侵害英雄烈士等的姓名、肖像、名誉、荣誉，损害社会公共利益引起的民事纠纷案件，适用民法典第一百八十五条的规定。

典型案例

楼某熙诉杜某峰、某网络技术有限公司肖像权纠纷案［《人民法院贯彻实施民法典典型案例（第一批）》案例七 2022年2月25日］

【典型意义】

本案是人民法院依法打击网络侵权行为，保护自然人人格权益的典型案件。本案中，行为人于“七七事变”纪念日在微博上发表不当言论，并附有他人清晰脸部和身体特征的图片，意图达到贬低、丑化祖国和中国人的效果。该行为不仅侵犯了他人的肖像权，而且冲击了社会公共利益和良好的道德风尚。审理法院在本案判决中依法适用民法典的规定保护他人的肖像权，同时结合案情，将“爱国”这一社会主义核心价值观要求融入裁判说理，既依法维护了当事人的合法权益，也充分发挥了司法裁判的引领示范作用，突出弘扬了爱国主义精神的鲜明价值导向，有利于净化网络环境，维护网络秩序。

【基本案情】

2021年7月7日，杜某峰通过其名为“西格隆咚锵的隆”的新浪微博账号发布一条微博（某网络技术有限公司系该平台经营者），内容为“日本地铁上的小乘客，一个人上学，那眼神里充满自信和勇气，太可爱了”，并附有楼某熙乘坐杭州地铁时的照片，引起网友热议。次日，楼某熙的母亲在新浪微博发布辟谣帖：“我是地铁小女孩的妈妈，网传我家孩子是日本小孩！在此特此申明：我家孩子是我大中华儿女，并深深热爱着我们的祖国！……”广大网友也纷纷指出其错误。杜某峰对此仍不删除案涉微博，还在该微博下留言，继续发表贬低祖国和祖国文化的言论。后该微博账号“西格隆咚锵的隆”由于存在其他不当言论被新浪微博官方关闭，所有发布的内容从新浪微博平台清除。楼某熙以杜某峰、某网络科技有限公司侵害其肖像权为由，提起诉讼。

【裁判结果】

生效裁判认为，自然人享有肖像权，有权依法制作、使用、公开或者许可他人使用自己的肖像；任何组织或者个人不得以丑化、污损，或者利用信息技术手段伪造等方式侵害他人的肖像权；未经肖像权人同意，不得制作、使用、公开肖像权人的肖像，但是法律另有规定的除外。本案中，杜某峰发布的案涉微博中使用的图片含有小女孩的清晰面部、体貌状态等外部身体形象，通过比对楼某熙本人的肖像，以社会一般人的认知标准，能够清楚确认案涉微博中的肖像为楼某熙的形象，故楼某熙对该图片再现的肖像享有肖像权。杜某峰在"七七事变"纪念日这一特殊时刻，枉顾客观事实，在众多网友留言指出其错误、楼某熙母亲发文辟谣的情况下，仍拒不删除案涉微博，还不断留言，此种行为严重损害了包括楼某熙在内的社会公众的国家认同感和民族自豪感，应认定为以造谣传播等方式歪曲使用楼某熙的肖像，严重侵害了楼某熙的肖像权。楼某熙诉请杜某峰赔礼道歉，有利于恢复其人格状态的圆满，有利于其未来的健康成长，依法应获得支持。遂判决杜某峰向楼某熙赔礼道歉，并赔偿楼某熙精神损害抚慰金、合理维权费用等损失。

5. 声音保护纠纷

相关规范

»《中华人民共和国民法典》（2020 年）

第一千零二十三条　【姓名许可和声音保护的参照适用】对姓名等的许可使用，参照适用肖像许可使用的有关规定。

对自然人声音的保护，参照适用肖像权保护的有关规定。

»《最高人民法院关于确定民事侵权精神损害赔偿责任若干问题的解释》

（2020 年 12 月 23 日修正）

第一条　因人身权益或者具有人身意义的特定物受到侵害，自然人或者其近亲属向人民法院提起诉讼请求精神损害赔偿的，人民法院应当依法予以受理。

第三条　死者的姓名、肖像、名誉、荣誉、隐私、遗体、遗骨等受到侵害，其近亲属向人民法院提起诉讼请求精神损害赔偿的，人民法院应当依法予以支持。

6. 名誉权纠纷

相关规范

»《中华人民共和国民法典》（2020 年）

第一千零二十四条　【名誉权】民事主体享有名誉权。任何组织或者个人不得以侮辱、诽谤等方式侵害他人的名誉权。

名誉是对民事主体的品德、声望、才能、信用等的社会评价。

第一千零二十五条　【名誉权的限制】行为人为公共利益实施新闻报道、舆论监督等行为，影响他人名誉的，不承担民事责任，但是有下列情形之一的除外：

（一）捏造、歪曲事实；

（二）对他人提供的严重失实内容未尽到合理核实义务；

（三）使用侮辱性言辞等贬损他人名誉。

第一千零二十七条　【作品侵害名誉权】行为人发表的文学、艺术作品以真人真事或者特定人为描述对象，含有侮辱、诽谤内容，侵害他人名誉权的，受害人有权依法请求该行为人承担民事责任。

行为人发表的文学、艺术作品不以特定人为描述对象，仅其中的情节与该特定人的情况相似的，不承担民事责任。

第一千零二十八条　【媒体报道内容失实侵害名誉权的补救】民事主体有证据证明

报刊、网络等媒体报道的内容失实，侵害其名誉权的，有权请求该媒体及时采取更正或者删除等必要措施。

《中华人民共和国英雄烈士保护法》（2018 年）

第二十二条 禁止歪曲、丑化、亵渎、否定英雄烈士事迹和精神。

英雄烈士的姓名、肖像、名誉、荣誉受法律保护。任何组织和个人不得在公共场所、互联网或者利用广播电视、电影、出版物等，以侮辱、诽谤或者其他方式侵害英雄烈士的姓名、肖像、名誉、荣誉。任何组织和个人不得将英雄烈士的姓名、肖像用于或者变相用于商标、商业广告，损害英雄烈士的名誉、荣誉。

公安、文化、新闻出版、广播电视、电影、网信、市场监督管理、负责英雄烈士保护工作的部门发现前款规定行为的，应当依法及时处理。

《中华人民共和国反不正当竞争法》（2019 年修正）

第二条 经营者在生产经营活动中，应当遵循自愿、平等、公平、诚信的原则，遵守法律和商业道德。

本法所称的不正当竞争行为，是指经营者在生产经营活动中，违反本法规定，扰乱市场竞争秩序，损害其他经营者或者消费者的合法权益的行为。

本法所称的经营者，是指从事商品生产、经营或者提供服务（以下所称商品包括服务）的自然人、法人和非法人组织。

第八条 经营者不得对其商品的性能、功能、质量、销售状况、用户评价、曾获荣誉等作虚假或者引人误解的商业宣传，欺骗、误导消费者。

经营者不得通过组织虚假交易等方式，帮助其他经营者进行虚假或者引人误解的商业宣传。

第十一条 经营者不得编造、传播虚假信息或者误导性信息，损害竞争对手的商业信誉、商品声誉。

《中华人民共和国军人地位和权益保障法》（2021 年）

第二十六条 军人经军队单位批准可以接受地方人民政府、群团组织和社会组织等授予的荣誉，以及国际组织和其他国家、军队等授予的荣誉。

第三十二条 军人的荣誉和名誉受法律保护。

军人获得的荣誉由其终身享有，非因法定事由、非经法定程序不得撤销。

任何组织和个人不得以任何方式诋毁、贬损军人的荣誉，侮辱、诽谤军人的名誉，不得故意毁损、玷污军人的荣誉标识。

《最高人民法院关于确定民事侵权精神损害赔偿责任若干问题的解释》（2020 年 12 月 23 日修正）

第一条 因人身权益或者具有人身意义的特定物受到侵害，自然人或者其近亲属向人民法院提起诉讼请求精神损害赔偿的，人民法院应当依法予以受理。

第三条 死者的姓名、肖像、名誉、荣誉、隐私、遗体、遗骨等受到侵害，其近亲属向人民法院提起诉讼请求精神损害赔偿的，人民法院应当依法予以支持。

第四条 法人或者非法人组织以名誉权、荣誉权、名称权遭受侵害为由，向人民法院起诉请求精神损害赔偿的，人民法院不予支持。

《最高人民法院关于审理利用信息网络侵害人身权益民事纠纷案件适用法律若干问题的规定》（2020 年 12 月 23 号修正）

第一条 本规定所称的利用信息网络侵害人身权益民事纠纷案件，是指利用信息网络侵害他人姓名权、名称权、名誉权、荣誉权、肖像权、隐私权等人身权益引起的纠纷案件。

《最高人民法院关于适用〈中华人民共和国民法典〉时间效力的若干规定》（法释〔2020〕15 号　2020 年 12 月 29 日）

第六条　《中华人民共和国民法总则》施行前，侵害英雄烈士等的姓名、肖像、名誉、荣誉，损害社会公共利益引起的民事纠纷案件，适用民法典第一百八十五条的规定。

指导案例

北京兰世达光电科技有限公司、黄晓兰诉赵敏名誉权纠纷案（最高人民法院指导案例 143 号　2020 年 10 月 9 日发布）

【关键词】　民事　名誉权　网络侵权　微信群　公共空间

【裁判要点】

1. 认定微信群中的言论构成侵犯他人名誉权，应当符合名誉权侵权的全部构成要件，还应当考虑信息网络传播的特点并结合侵权主体、传播范围、损害程度等具体因素进行综合判断。

2. 不特定关系人组成的微信群具有公共空间属性，公民在此类微信群中发布侮辱、诽谤、污蔑或者贬损他人的言论构成名誉权侵权，应当依法承担法律责任。

【基本案情】

原告北京兰世达光电科技有限公司（以下简称兰世达公司）、黄晓兰诉称：黄晓兰系兰世达公司员工，从事机器美容美甲业务。自 2017 年 1 月 17 日以来，被告赵敏一直对二原告进行造谣、诽谤、诬陷，多次污蔑、谩骂，称黄晓兰有精神分裂，污蔑兰世达公司的仪器不正规、讹诈客户，并通过微信群等方式进行散布，造成原告名誉受到严重损害，生意受损，请求人民法院判令：一、被告对二原告赔礼道歉，并以在北京市顺义区 X 号张贴公告、北京当地报纸刊登公告的方式为原告消除影响、恢复名誉；二、赔偿原告兰世达公司损失 2 万元；三、赔偿二原告精神损害抚慰金各 5 千元。

被告赵敏辩称：被告没有在小区微信群里发过损害原告名誉的信息，只与邻居、好朋友说过与二原告发生纠纷的事情，且此事对被告影响亦较大。兰世达公司仪器不正规、讹诈客户非被告一人认为，其他人也有同感。原告的美容店经常不开，其损失与被告无关。故请求驳回原告的诉讼请求。

法院经审理查明：兰世达公司在北京市顺义区某小区一层开有一家美容店，黄晓兰系该公司股东兼任美容师。2017 年 1 月 17 日 16 时许，赵敏陪同住小区的另一业主到该美容店做美容。黄晓兰为顾客做美容，赵敏询问之前其在该美容店祛斑的事情，后二人因美容服务问题发生口角。后公安部门对赵敏作出行政处罚决定书，给予赵敏行政拘留 3 日的处罚。

原告主张赵敏的微信昵称为 X 郡主（微信号 X－－－calm），且系小区业主微信群群主，双方发生纠纷后赵敏多次在业主微信群中对二原告进行造谣、诽谤、污蔑、谩骂，并将黄晓兰从业主群中移出，兰世达公司因赵敏的行为生意严重受损。原告提供微信聊天记录及张某某的证人证言予以证明。微信聊天记录来自两个微信群，人数分别为 345 人和 123 人，记载有昵称 X 郡主发送的有关黄晓兰、兰世达公司的言论，以及其他群成员询问情况等的回复信息；证人张某某是兰世达公司顾客，也是小区业主，其到庭陈述看到的微信群内容并当庭出示手机微信，群主微信号为 X－－－calm。

赵敏对原告陈述及证据均不予认可，并表示其 2016 年在涉诉美容店做激光祛斑，黄晓兰承诺保证全部祛除掉，但做过两次后，斑越发严重，多次沟通，对方不同意退钱，事发当日其再次咨询此事，黄晓兰却否认赵敏在此做过祛斑，双方发生口角；赵敏只有一个微信号，且经常换名字，现在业主群里叫X果，自己不是群主，不清楚群主情况，没有加过黄晓兰为好友，也没有在微信群里发过损害原告名誉的信息，只与邻居、朋友说过与原告的纠纷，兰世达公司仪器不正规、讹诈客户，其他人也有同感，公民有言论自由。

经原告申请，法院自深圳市腾讯计算机系统有限公司调取了微信号X－－－calm的实名认证信息，确认为赵敏，同时确认该微信号与黄晓兰微信号X－HL互为好友时间为2016年3月4日13：16：18。赵敏对此予以认可，但表示对于微信群中发送的有关黄晓兰、兰世达公司的信息其并不清楚，现已经不用该微信号了，也退出了其中一个业主群。

【裁判结果】

北京市顺义区人民法院于2017年9月19日作出（2017）京0113民初5491号民事判决：一、被告赵敏于本判决生效之日起七日内在顺义区X房屋门口张贴致歉声明，向原告黄晓兰、北京兰世达光电科技有限公司赔礼道歉，张贴时间为七日，致歉内容须经本院审核；如逾期不执行上述内容，则由本院在上述地址门口全文张贴本判决书内容；二、被告赵敏于本判决生效之日起七日内赔偿原告北京兰世达光电科技有限公司经济损失三千元；三、被告赵敏于本判决生效之日起七日内赔偿原告黄晓兰精神损害抚慰金二千元；四、驳回原告黄晓兰、北京兰世达光电科技有限公司的其他诉讼请求。宣判后，赵敏提出上诉。北京市第三中级人民法院于2018年1月31日作出（2018）京03民终725号民事判决：驳回上诉，维持原判。

【裁判理由】

法院生效裁判认为：名誉权是民事主体依法享有的维护自己名誉并排除他人侵害的权利。民事主体不仅包括自然人，也包括法人及其他组织。《中华人民共和国民法通则》第一百零一条规定，公民、法人享有名誉权，公民的人格尊严受法律保护，禁止用侮辱、诽谤等方式损害公民、法人的名誉。

本案的争议焦点为，被告赵敏在微信群中针对原告黄晓兰、兰世达公司的言论是否构成名誉权侵权。传统名誉权侵权有四个构成要件，即受害人确有名誉被损害的事实、行为人行为违法、违法行为与损害后果之间有因果关系、行为人主观上有过错。对于微信群中的言论是否侵犯他人名誉权的认定，要符合传统名誉权侵权的全部构成要件，还应当考虑信息网络传播的特点并结合侵权主体、传播范围、损害程度等具体因素进行综合判断。

本案中，赵敏否认其微信号X－－－calm所发的有关涉案信息是其本人所为，但就此未提供证据证明，且与已查明事实不符，故就该抗辩意见，法院无法采纳。根据庭审查明情况，结合微信聊天记录内容、证人证言、法院自深圳市腾讯计算机系统有限公司调取的材料，可以认定赵敏在与黄晓兰发生纠纷后，通过微信号在双方共同居住的小区两个业主微信群发布的信息中使用了“傻X”“臭傻X”“精神分裂”“装疯卖傻”等明显带有侮辱性的言论，并使用了黄晓兰的照片作为配图，而对于兰世达公司的“美容师不正规”“讹诈客户”“破仪器”“技术和产品都不灵”等贬损性言辞，赵敏未提交证据证明其所发表言论的客观真实性；退一步讲，即使有相关事实发生，其亦应通过合法途径解决。赵敏将上述不当言论发至有众多该小区住户的两个微信群，其主观过错明显，从微信群的成员组成、对其他成员的询问情况以及网络信息传播的便利、广泛、快捷等特点来看，涉案言论确易引发对黄晓兰、兰世达公司经营的美容店的猜测和误解，损害小区公众对兰世达公司的信赖，对二者产生负面认识并造成黄晓兰个人及兰世达公司产品或者服务的社会评价降低，赵敏的损害行为与黄晓兰、兰世达公司名誉受损之间存在因果关系，故赵敏的行为符合侵犯名誉权的要件，已构成侵权。

行为人因过错侵害他人民事权益，应当承担侵权责任。不特定关系人组成的微信群具有公共空间属性，公民在此类微信群中发布侮辱、诽谤、污蔑或者贬损他人的言论构成名誉权侵权，应当依法承担法律责任。公民、法人的名誉权受到侵害，有权要求停止侵害，恢复名誉，消除影响，赔礼道歉，并可以要求赔偿损失。现黄晓兰、兰世达公司要求赵敏基于侵犯名誉权之行为赔礼道歉，符合法律规定，应予以支持，赔礼道歉的具体方式由法院酌情确定。关于兰世达公司名誉权被侵犯产生的经济损失，兰世达公司提供的证据不能证明实际经济损失数额，但兰世达公司在涉诉小区经营美容店，赵敏在有众多该小区住户的微信群中发表不当言论势必会给兰世达公司的经营造成不良影响，故对兰世达公司的该项请求，综合考虑赵敏的过错程度、侵权行为内容与造成的影响、侵权持续时间、兰世达公司实际营业情况等因素酌情确定。关于黄晓兰主张的精神损害抚慰金，亦根据上述因素酌情确定具体数额。关于兰世达公司主张的精神损害抚慰金，缺乏法律依据，故不予支持。

典型案例

》微信群发表不当言论名誉侵权案——某公司、黄某诉邵某名誉权纠纷案（《人民法院大力弘扬社会主义核心价值观十大典型民事案例》案例五　2020 年 5 月 13 日）

核心价值：社会公德、文明交往

【基本案情】

某公司在某小区开有一家美容店，黄某系该公司股东兼任美容师，邵某系该小区业主，邵某因美容服务问题在美容店内与黄某发生口角。邵某利用其小区业主微信群群主的身份，在双方发生纠纷后多次在业主微信群中散布谣言，对某公司、黄某进行造谣、诽谤、污蔑、谩骂，并将黄某从业主微信群中移出，某公司因邵某的行为生意严重受损。为此，某公司、黄某向法院起诉请求邵某赔礼道歉、消除影响、恢复名誉，同时要求赔偿损失及精神抚慰金共计 3 万元。

【裁判结果】

北京市顺义区人民法院认为，公民、法人享有名誉权，公民、法人的人格尊严受法律保护，禁止用侮辱、诽谤等方式损害公民、法人的名誉。本案中，邵某在与黄某发生纠纷后，在双方共同居住的小区业主微信群中针对某公司、黄某发表言论并使用黄某照片作为配图，其对某公司、黄某使用了贬损性言辞，但其未提交证据证明其所发表涉案言论的客观真实性，造成不当言论的传播，邵某在主观上具有过错。网络信息传播迅速，从微信群中其他用户反映情况看，涉案言论确易引发对某公司经营的美容店的猜测和误解，导致对某公司、黄某的负面认识，造成原告社会评价降低，故邵某的行为侵犯了某公司和黄某的名誉权，邵某应当就此承担民事侵权责任。一审法院酌情支持了黄某要求赔礼道歉、赔偿精神损失以及某公司要求赔礼道歉、赔偿经济损失的主张。邵某不服一审判决，提起上诉。北京市第三中级人民法院终审判决：驳回上诉，维持原判。

【典型意义】

在“互联网 +”时代，微信虽为网络虚拟空间，但已成为与人们生活密不可分的交往工具。微信群、朋友圈不是法外之地，公民在微信群和朋友圈等网络空间同样需要遵守国家的法律法规，不能为所欲为、不加节制。在微信群、朋友圈中损毁他人名誉，构成网络名誉侵权，应承担相应的法律责任。本案对于规范公民网络空间行为、树立文明交往风尚、构建良好网络社会秩序具有积极意义。

7. 荣誉权纠纷

相关规范

《中华人民共和国民法典》（2020 年）

第一千零三十一条　【荣誉权】民事主体享有荣誉权。任何组织或者个人不得非法剥夺他人的荣誉称号，不得诋毁、贬损他人的荣誉。

获得的荣誉称号应当记载而没有记载的，民事主体可以请求记载；获得的荣誉称号记载错误的，民事主体可以请求更正。

《中华人民共和国国家勋章和国家荣誉称号法》（2015 年）

第十七条　国家勋章和国家荣誉称号获得者，应当珍视并保持国家给予的荣誉，模范地遵守宪法和法律，努力为人民服务，自觉维护国家勋章和国家荣誉称号的声誉。

第十八条　国家勋章和国家荣誉称号获得者因犯罪被依法判处刑罚或者有其他严重违法、违纪等行为，继续享有国家勋章、国家荣誉称号将会严重损害国家最高荣誉的声誉的，由全国人民代表大会常务委员会决定撤销其国家勋章、国家荣誉称号并予以公告。

《中华人民共和国英雄烈士保护法》（2018 年）

第二十二条　禁止歪曲、丑化、亵渎、否定英雄烈士事迹和精神。

英雄烈士的姓名、肖像、名誉、荣誉受法律保护。任何组织和个人不得在公共场所、互联网或者利用广播电视、电影、出版物等，以侮辱、诽谤或者其他方式侵害英雄烈士的姓名、肖像、名誉、荣誉。任何组织和个人不得将英雄烈士的姓名、肖像用于或者变相用于商标、商业广告，损害英雄烈士的名誉、荣誉。

公安、文化、新闻出版、广播电视、电影、网信、市场监督管理、负责英雄烈士保护工作的部门发现前款规定行为的，应当依法及时处理。

《中华人民共和国军人地位和权益保障法》（2021 年）

第二十六条　军人经军队单位批准可以接受地方人民政府、群团组织和社会组织等授予的荣誉，以及国际组织和其他国家、军队等授予的荣誉。

第三十二条　军人的荣誉和名誉受法律保护。

军人获得的荣誉由其终身享有，非因法定事由、非经法定程序不得撤销。

任何组织和个人不得以任何方式诋毁、贬损军人的荣誉，侮辱、诽谤军人的名誉，不得故意毁损、玷污军人的荣誉标识。

《最高人民法院关于确定民事侵权精神损害赔偿责任若干问题的解释》（2020 年 12 月 23 日修正）

第一条　因人身权益或者具有人身意义的特定物受到侵害，自然人或者其近亲属向人民法院提起诉讼请求精神损害赔偿的，人民法院应当依法予以受理。

第三条　死者的姓名、肖像、名誉、荣誉、隐私、遗体、遗骨等受到侵害，其近亲属向人民法院提起诉讼请求精神损害赔偿的，人民法院应当依法予以支持。

第四条　法人或者非法人组织以名誉权、荣誉权、名称权遭受侵害为由，向人民法院起诉请求精神损害赔偿的，人民法院不予支持。

《最高人民法院关于审理利用信息网络侵害人身权益民事纠纷案件适用法律若干问题的规定》（2020 年 12 月 23 日修正）

第一条　本规定所称的利用信息网络侵害人身权益民事纠纷案件，是指利用信息网络侵害他人姓名权、名称权、名誉权、荣誉权、肖像权、隐私权等人身权益引起的纠纷案件。

《最高人民法院关于适用〈中华人民共和国民法典〉时间效力的若干规定》（法释〔2020〕15号　2020年12月29日）

第六条　《中华人民共和国民法总则》施行前，侵害英雄烈士等的姓名、肖像、名誉、荣誉，损害社会公共利益引起的民事纠纷案件，适用民法典第一百八十五条的规定。

指导案例

葛长生诉洪振快名誉权、荣誉权纠纷案（最高人民法院指导案例99号　2018年12月19日发布）

【关键词】　民事　名誉权　荣誉权　英雄烈士　社会公共利益

【裁判要点】

1. 对侵害英雄烈士名誉、荣誉等行为，英雄烈士的近亲属依法向人民法院提起诉讼的，人民法院应予受理。

2. 英雄烈士事迹和精神是中华民族的共同历史记忆和社会主义核心价值观的重要体现，英雄烈士的名誉、荣誉等受法律保护。人民法院审理侵害英雄烈士名誉、荣誉等案件，不仅要依法保护相关个人权益，还应发挥司法彰显公共价值功能，维护社会公共利益。

3. 任何组织和个人以细节考据、观点争鸣等名义对英雄烈士的事迹和精神进行污蔑和贬损，属于歪曲、丑化、亵渎、否定英雄烈士事迹和精神的行为，应当依法承担法律责任。

【基本案情】

原告葛长生诉称：洪振快发表的《小学课本〈狼牙山五壮士〉有多处不实》一文以及《“狼牙山五壮士”的细节分歧》一文，以历史细节考据、学术研究为幌子，以细节否定英雄，企图达到抹黑“狼牙山五壮士”英雄形象和名誉的目的，请求判令洪振快停止侵权、公开道歉、消除影响。

被告洪振快辩称：案涉文章是学术文章，没有侮辱性的言辞，关于事实的表述有相应的根据，不是凭空捏造或者歪曲，不构成侮辱和诽谤，不构成名誉权的侵害，不同意葛长生的全部诉讼请求。

法院经审理查明：1941年9月25日，在易县狼牙山发生了著名的狼牙山战斗。在这场战斗中，“狼牙山五壮士”英勇抗敌的基本事实和舍生取义的伟大精神，赢得了全中国人民的高度认同和广泛赞扬。中华人民共和国成立后，五壮士的事迹被编入义务教育教科书，五壮士被人民视为当代中华民族抗击外敌入侵的民族英雄。

2013年9月9日，时任《炎黄春秋》杂志社执行主编的洪振快在财经网发表《小学课本〈狼牙山五壮士〉有多处不实》一文。文中写道：据《南方都市报》2013年8月31日报道，广州越秀警方于8月29日晚间将一位在新浪微博上“污蔑狼牙山五壮士”的网民抓获，以虚构信息、散布谣言为由予以行政拘留7日。所谓“污蔑狼牙山五壮士”的“谣言”原本就有。据媒体报道，该网友实际上是传播了2011年12月14日百度贴吧里一篇名为《狼牙山五壮士真相原来是这样!》的帖子的内容，该帖子说五壮士“5个人中有3个是当场被打死的，后来清理战场把尸体丢下悬崖。另两个当场被活捉，只是后来不知道什么原因又从日本人手上逃了出来”。2013年第11期《炎黄春秋》杂志刊发洪振快撰写的《“狼牙山五壮士”的细节分歧》一文，亦发表于《炎黄春秋》杂志网站。该文分为“在何处跳崖”“跳崖是怎么跳的”“敌我双方战斗伤亡”“‘五壮士’是否拔了群众的萝卜”等部分。文章通过援引不同来源、不同内容、不同时期的报刊资料等，对“狼牙山五壮士”事迹中的细节提出质疑。

【裁判结果】

北京市西城区人民法院于 2016 年 6 月 27 日作出（2015）西民初字第 27841 号民事判决：一、被告洪振快立即停止侵害葛振林名誉、荣誉的行为；二、本判决生效后三日内，被告洪振快公开发布赔礼道歉公告，向原告葛长生赔礼道歉，消除影响。该公告须连续刊登五日，公告刊登媒体及内容需经本院审核，逾期不执行，本院将在相关媒体上刊登判决书的主要内容，所需费用由被告洪振快承担。一审宣判后，洪振快向北京市第二中级人民法院提起上诉，北京市第二中级人民法院于 2016 年 8 月 15 日作出（2016）京 02 民终 6272 号民事判决：驳回上诉，维持原判。

【裁判理由】

法院生效裁判认为：1941 年 9 月 25 日，在易县狼牙山发生的狼牙山战斗，是被大量事实证明的著名战斗。在这场战斗中，“狼牙山五壮士”英勇抗敌的基本事实和舍生取义的伟大精神，赢得了全国人民高度认同和广泛赞扬，是五壮士获得“狼牙山五壮士”崇高名誉和荣誉的基础。“狼牙山五壮士”这一称号在全军、全国人民中已经赢得了普遍的公众认同，既是国家及公众对他们作为中华民族的优秀儿女在反抗侵略、保家卫国中作出巨大牺牲的褒奖，也是他们应当获得的个人名誉和个人荣誉。“狼牙山五壮士”是中国共产党领导的八路军在抵抗日本帝国主义侵略伟大斗争中涌现出来的英雄群体，是中国共产党领导的全民抗战并取得最终胜利的重要事件载体。“狼牙山五壮士”的事迹经由广泛传播，已成为激励无数中华儿女反抗侵略、英勇抗敌的精神动力之一；成为人民军队誓死捍卫国家利益、保障国家安全的军魂来源之一。在和平年代，“狼牙山五壮士”的精神，仍然是我国公众树立不畏艰辛、不怕困难、为国为民奋斗终身的精神指引。这些英雄烈士及其精神，已经获得全民族的广泛认同，是中华民族共同记忆的一部分，是中华民族精神的内核之一，也是社会主义核心价值观的重要内容。而民族的共同记忆、民族精神乃至社会主义核心价值观，无论是从我国的历史看，还是从现行法上看，都已经是社会公共利益的一部分。

案涉文章对于“狼牙山五壮士”在战斗中所表现出的英勇抗敌的事迹和舍生取义的精神这一基本事实，自始至终未作出正面评价。而是以考证“在何处跳崖”“跳崖是怎么跳的”“敌我双方战斗伤亡”以及“‘五壮士’是否拔了群众的萝卜”等细节为主要线索，通过援引不同时期的材料、相关当事者不同时期的言论，全然不考虑历史的变迁，各个材料所形成的时代背景以及各个材料的语境等因素。在无充分证据的情况下，案涉文章多处作出似是而非的推测、质疑乃至评价。因此，尽管案涉文章无明显侮辱性的语言，但通过强调与基本事实无关或者关联不大的细节，引导读者对“狼牙山五壮士”这一英雄烈士群体英勇抗敌事迹和舍生取义精神产生质疑，从而否定基本事实的真实性，进而降低他们的英勇形象和精神价值。洪振快的行为方式符合以贬损、丑化的方式损害他人名誉和荣誉权益的特征。

案涉文章通过刊物发行和网络传播，在全国范围内产生了较大影响，不仅损害了葛振林的个人名誉和荣誉，损害了葛长生的个人感情，也在一定范围和程度上伤害了社会公众的民族和历史情感。在我国，由于“狼牙山五壮士”的精神价值已经内化为民族精神和社会公共利益的一部分，因此，也损害了社会公共利益。洪振快作为具有一定研究能力和熟练使用互联网工具的人，应当认识到案涉文章的发表及其传播将会损害“狼牙山五壮士”的名誉及荣誉，也会对其近亲属造成感情和精神上的伤害，更会损害到社会公共利益。在此情形下，洪振快有能力控制文章所可能产生的损害后果而未控制，仍以既有的状态发表，在主观上显然具有过错。

8. 隐私权、个人信息保护纠纷

（1）隐私权纠纷

（2）个人信息保护纠纷

相关规范

》《中华人民共和国民法典》（2020 年）

第一千零三十二条　【隐私权】 自然人享有隐私权。任何组织或者个人不得以刺探、侵扰、泄露、公开等方式侵害他人的隐私权。

隐私是自然人的私人生活安宁和不愿为他人知晓的私密空间、私密活动、私密信息。

第一千零三十三条　【隐私权侵害行为】 除法律另有规定或者权利人明确同意外，任何组织或者个人不得实施下列行为：

（一）以电话、短信、即时通讯工具、电子邮件、传单等方式侵扰他人的私人生活安宁；

（二）进入、拍摄、窥视他人的住宅、宾馆房间等私密空间；

（三）拍摄、窥视、窃听、公开他人的私密活动；

（四）拍摄、窥视他人身体的私密部位；

（五）处理他人的私密信息；

（六）以其他方式侵害他人的隐私权。

第一千零三十四条　【个人信息的定义】 自然人的个人信息受法律保护。

个人信息是以电子或者其他方式记录的能够单独或者与其他信息结合识别特定自然人的各种信息，包括自然人的姓名、出生日期、身份证件号码、生物识别信息、住址、电话号码、电子邮箱、健康信息、行踪信息等。

个人信息中的私密信息，适用有关隐私权的规定；没有规定的，适用有关个人信息保护的规定。

第一千零三十六条　【处理个人信息免责事由】 处理个人信息，有下列情形之一的，行为人不承担民事责任：

（一）在该自然人或者其监护人同意的范围内合理实施的行为；

（二）合理处理该自然人自行公开的或者其他已经合法公开的信息，但是该自然人明确拒绝或者处理该信息侵害其重大利益的除外；

（三）为维护公共利益或者该自然人合法权益，合理实施的其他行为。

第一千零三十七条　【个人信息主体的权利】 自然人可以依法向信息处理者查阅或者复制其个人信息；发现信息有错误的，有权提出异议并请求及时采取更正等必要措施。

自然人发现信息处理者违反法律、行政法规的规定或者双方的约定处理其个人信息的，有权请求信息处理者及时删除。

第一千零三十八条　【信息处理者的信息安全保障义务】 信息处理者不得泄露或者篡改其收集、存储的个人信息；未经自然人同意，不得向他人非法提供其个人信息，但是经过加工无法识别特定个人且不能复原的除外。

信息处理者应当采取技术措施和其他必要措施，确保其收集、存储的个人信息安全，防止信息泄露、篡改、丢失；发生或者可能发生个人信息泄露、篡改、丢失的，应当及时采取补救措施，按照规定告知自然人并向有关主管部门报告。

第一千零三十九条　【国家机关、承担行政职能的法定机构及其工作人员的保密义务】 国家机关、承担行政职能的法定机构及其工作人员对于履行职责过程中知悉的自然人的隐私和个人信息，应当予以保密，不得泄露或者向他人非法提供。

》《中华人民共和国网络安全法》（2016 年）

第四十一条　网络运营者收集、使用个人信息，应当遵循合法、正当、必要的原则，公开收集、使用规则，明示收集、使用信息的目的、方式和范围，并经被收集者同意。

网络运营者不得收集与其提供的服务无关的个人信息，不得违反法律、行政法规的规定和双方的约定收集、使用个人信息，并应当依照法律、行政法规的规定和与用户的约定，处理其保存的个人信息。

第四十二条 网络运营者不得泄露、篡改、毁损其收集的个人信息；未经被收集者同意，不得向他人提供个人信息。但是，经过处理无法识别特定个人且不能复原的除外。

网络运营者应当采取技术措施和其他必要措施，确保其收集的个人信息安全，防止信息泄露、毁损、丢失。在发生或者可能发生个人信息泄露、毁损、丢失的情况时，应当立即采取补救措施，按照规定及时告知用户并向有关主管部门报告。

第四十三条 个人发现网络运营者违反法律、行政法规的规定或者双方的约定收集、使用其个人信息的，有权要求网络运营者删除其个人信息；发现网络运营者收集、存储的其个人信息有错误的，有权要求网络运营者予以更正。网络运营者应当采取措施予以删除或者更正。

第四十四条 任何个人和组织不得窃取或者以其他非法方式获取个人信息，不得非法出售或者非法向他人提供个人信息。

第四十五条 依法负有网络安全监督管理职责的部门及其工作人员，必须对在履行职责中知悉的个人信息、隐私和商业秘密严格保密，不得泄露、出售或者非法向他人提供。

》《中华人民共和国电子商务法》（2018年）

第五条 电子商务经营者从事经营活动，应当遵循自愿、平等、公平、诚信的原则，遵守法律和商业道德，公平参与市场竞争，履行消费者权益保护、环境保护、知识产权保护、网络安全与个人信息保护等方面的义务，承担产品和服务质量责任，接受政府和社会的监督。

第二十三条 电子商务经营者收集、使用其用户的个人信息，应当遵守法律、行政法规有关个人信息保护的规定。

第二十五条 有关主管部门依照法律、行政法规的规定要求电子商务经营者提供有关电子商务数据信息的，电子商务经营者应当提供。有关主管部门应当采取必要措施保护电子商务经营者提供的数据信息的安全，并对其中的个人信息、隐私和商业秘密严格保密，不得泄露、出售或者非法向他人提供。

第三十二条 电子商务平台经营者应当遵循公开、公平、公正的原则，制定平台服务协议和交易规则，明确进入和退出平台、商品和服务质量保障、消费者权益保护、个人信息保护等方面的权利和义务。

第八十七条 依法负有电子商务监督管理职责的部门的工作人员，玩忽职守、滥用职权、徇私舞弊，或者泄露、出售或者非法向他人提供在履行职责中所知悉的个人信息、隐私和商业秘密的，依法追究法律责任。

》《中华人民共和国基本医疗卫生与健康促进法》（2019年）

第三十三条第一款 公民接受医疗卫生服务，应当受到尊重。医疗卫生机构、医疗卫生人员应当关心爱护、平等对待患者，尊重患者人格尊严，保护患者隐私。

》《中华人民共和国未成年人保护法》（2020年修订）

第一百零三条 公安机关、人民检察院、人民法院、司法行政部门以及其他组织和个人不得披露有关案件中未成年人的姓名、影像、住所、就读学校以及其他可能识别出其身份的信息，但查找失踪、被拐卖未成年人等情形除外。

《中华人民共和国个人信息保护法》（2021 年）

第五条　处理个人信息应当遵循合法、正当、必要和诚信原则，不得通过误导、欺诈、胁迫等方式处理个人信息。

第六条　处理个人信息应当具有明确、合理的目的，并应当与处理目的直接相关，采取对个人权益影响最小的方式。

收集个人信息，应当限于实现处理目的的最小范围，不得过度收集个人信息。

第七条　处理个人信息应当遵循公开、透明原则，公开个人信息处理规则，明示处理的目的、方式和范围。

第八条　处理个人信息应当保证个人信息的质量，避免因个人信息不准确、不完整对个人权益造成不利影响。

第九条　个人信息处理者应当对其个人信息处理活动负责，并采取必要措施保障所处理的个人信息的安全。

第十条　任何组织、个人不得非法收集、使用、加工、传输他人个人信息，不得非法买卖、提供或者公开他人个人信息；不得从事危害国家安全、公共利益的个人信息处理活动。

第十一条　国家建立健全个人信息保护制度，预防和惩治侵害个人信息权益的行为，加强个人信息保护宣传教育，推动形成政府、企业、相关社会组织、公众共同参与个人信息保护的良好环境。

《中华人民共和国妇女权益保障法》（2022 年修订）

第二十八条　妇女的姓名权、肖像权、名誉权、荣誉权、隐私权和个人信息等人格权益受法律保护。

媒体报道涉及妇女事件应当客观、适度，不得通过夸大事实、过度渲染等方式侵害妇女的人格权益。

禁止通过大众传播媒介或者其他方式贬低损害妇女人格。未经本人同意，不得通过广告、商标、展览橱窗、报纸、期刊、图书、音像制品、电子出版物、网络等形式使用妇女肖像，但法律另有规定的除外。

《最高人民法院关于确定民事侵权精神损害赔偿责任若干问题的解释》（2020 年 12 月 23 日修正）

第三条　死者的姓名、肖像、名誉、荣誉、隐私、遗体、遗骨等受到侵害，其近亲属向人民法院提起诉讼请求精神损害赔偿的，人民法院应当依法予以支持。

《最高人民法院关于审理利用信息网络侵害人身权益民事纠纷案件适用法律若干问题的规定》（2020 年 12 月 23 日修正）

第一条　本规定所称的利用信息网络侵害人身权益民事纠纷案件，是指利用信息网络侵害他人姓名权、名称权、名誉权、荣誉权、肖像权、隐私权等人身权益引起的纠纷案件。

《最高人民法院关于审理使用人脸识别技术处理个人信息相关民事案件适用法律若干问题的规定》（法释〔2021〕15 号　2021 年 7 月 27 日）

第一条　因信息处理者违反法律、行政法规的规定或者双方的约定使用人脸识别技术处理人脸信息、处理基于人脸识别技术生成的人脸信息所引起的民事案件，适用本规定。

人脸信息的处理包括人脸信息的收集、存储、使用、加工、传输、提供、公开等。

本规定所称人脸信息属于民法典第一千零三十四条规定的“生物识别信息”。

第二条　信息处理者处理人脸信息有下列情形之一的，人民法院应当认定属于侵害自然人人格权益的行为：

（一）在宾馆、商场、银行、车站、机场、体育场馆、娱乐场所等经营场所、公共场所违反法律、行政法规的规定使用人脸识别别技术进行人脸验证、辨识或者分析；

（二）未公开处理人脸信息的规则或者未明示处理的目的、方式、范围；

（三）基于个人同意处理人脸信息的，未征得自然人或者其监护人的单独同意，或者未按照法律、行政法规的规定征得自然人或者其监护人的书面同意；

（四）违反信息处理者明示或者双方约定的处理人脸信息的目的、方式、范围等；

（五）未采取应有的技术措施或者其他必要措施确保其收集、存储的人脸信息安全，致使人脸信息泄露、篡改、丢失；

（六）违反法律、行政法规的规定或者双方的约定，向他人提供人脸信息；

（七）违背公序良俗处理人脸信息；

（八）违反合法、正当、必要原则处理人脸信息的其他情形。

第七条 多个信息处理者处理人脸信息侵害自然人人格权益，该自然人主张多个信息处理者按照过错程度和造成损害结果的大小承担侵权责任的，人民法院依法予以支持；符合民法典第一千一百六十八条、第一千一百六十九条第一款、第一千一百七十条、第一千一百七十一条等规定的相应情形，该自然人主张多个信息处理者承担连带责任的，人民法院依法予以支持。

信息处理者利用网络服务处理人脸信息侵害自然人人格权益的，适用民法典第一千一百九十五条、第一千一百九十六条、第一千一百九十七条等规定。

第八条 信息处理者处理人脸信息侵害自然人人格权益造成财产损失，该自然人依据民法典第一千一百八十二条主张财产损害赔偿的，人民法院依法予以支持。

自然人为制止侵权行为所支付的合理开支，可以认定为民法典第一千一百八十二条规定的财产损失。合理开支包括该自然人或者委托代理人对侵权行为进行调查、取证的合理费用。人民法院根据当事人的请求和具体案情，可以将合理的律师费用计算在赔偿范围内。

第九条 自然人有证据证明信息处理者使用人脸识别技术正在实施或者即将实施侵害其隐私权或者其他人格权益的行为，不及时制止将使其合法权益受到难以弥补的损害，向人民法院申请采取责令信息处理者停止有关行为的措施的，人民法院可以根据案件具体情况依法作出人格权侵害禁令。

《最高人民法院关于为促进消费提供司法服务和保障的意见》（法发〔2022〕35号 2022年12月26日）

9. 加强消费者个人信息保护。经营者处理敏感个人信息、跨境转移个人信息等行为应当取得消费者单独同意，经营者以其获得消费者概括同意为由进行免责抗辩的，人民法院对其抗辩不予支持。经营者过度收集消费者个人信息、在消费者撤回同意后未停止处理或者未及时删除消费者个人信息、未取得未成年消费者父母或者其他监护人的同意处理不满十四周岁未成年消费者个人信息，消费者请求经营者承担停止侵害等民事责任的，人民法院应当依法支持。经营者以消费者不同意处理个人信息为由拒绝提供商品或者服务，致使消费者被迫同意经营者处理个人信息，消费者请求经营者承担停止侵害等民事责任的，人民法院应当依法支持。经营者处理个人信息侵害个人信息权益造成损害，不能证明自己没有过错的，应当承担损害赔偿等侵权责任。

典型案例

付某某诉某网络公司、某教育中心名誉权、隐私权纠纷案（《最高人民法院发布利用互联网侵害未成年人权益的典型案例》第10号 2018年6月1日）

【基本案情】

2014年2月至同年6月，路透社经与某教育中心联系，某教育中心口头同意路透社前往该中心进行采访。路透社与某网络公司签订协议，某网络公司于2014年7月1日至2015年6月30日期间可转载其文件。2014年7月7日，某网络公司旗下的某网站刊出一组《探访北京戒网瘾学校》相关内容的照片和文章，相关网页第一张照片为付某某正面全身照，该图片为付某某坐在汽车后排座中间，左右各有一名成年人。付某某头微微低下，目光朝下，但图片没有打马赛克或者做其他模糊处理。该图片配有说明："北京某教育中心是一所戒网瘾学校，学校通过军事化管理帮助青少年戒除网瘾。目前，类似这样的戒网瘾学校在中国已经多达250所。为了帮助孩子戒除网瘾，很多父母将孩子送到戒网瘾学校，让他们接受心理测验和军事化训练。"另，付某某全身照还出现在第二十一张照片中，该图片中付某某身穿便装，在沙发上与另外两名身着迷彩服的同龄女生交谈。付某某手托下巴，头朝向另外两名女生。该照片配有说明："5月22日，北京某教育中心，一名刚到中心的女孩子正与其他学生交谈，在父母的要求下，这名女孩到这里戒瘾。"

【裁判结果】

人民法院经审理后认为，网络服务提供者在刊载网络信息时，应特别注意对未成年人个人隐私和个人信息的保护。某网络公司旗下的某网站作为网络服务提供者，转载《探访北京戒网瘾学校》相关内容的照片和文章中，未经法定代理人同意使用未成年人付某某的正面全身照且对其面部图像未进行模糊处理。两张照片均可清晰地辨认出是付某某本人，并配有"一名上网成瘾的女孩"和"这名女孩到这里戒瘾"等文字，侵犯了未成年人隐私权。因某网络公司在国内的影响力，该组照片和文章被大量点击和转载，造成了付某某名誉权受到侵害的事实。依据民法有关规定，判决某网络公司在其某网站上发布向付某某赔礼道歉声明，赔偿付某某精神损害抚慰金一万元、公证费二千五百元、律师费三万元。

【典型意义】

本案中，某网络公司转载的是其他新闻从业机构的新闻成果，并非亲自采访所得，此时新闻转载者也要对新闻内容进行合理审查，确保真实性。某网络公司虽与路透社签订有转载新闻的协议，具有合法转载路透社新闻的权利，但这不能免除其对新闻内容进行合理审查的义务。某网络公司没有尽到善良管理人必要的注意审查义务，所转载的新闻存在基本事实错误，同时还将未成年人个人隐私予以公开，不仅侵害了未成年人的名誉权，也侵害了其隐私权，给未成年人成长带来不利影响。本案警示：新闻自由并非毫无边界，网络服务提供者在转载新闻时，应承担法律规定的审慎义务，特别是在关涉未成年人或重大敏感事件时要更加慎重，不能侵害他人的合法权益。

庞理鹏诉中国东方航空股份有限公司、北京趣拿信息技术有限公司隐私权纠纷案（《最高人民法院发布第一批涉互联网典型案例》第5号　2018年8月16日）

【基本案情】

2014年10月11日，庞理鹏委托鲁超通过北京趣拿信息技术有限公司（以下简称趣拿公司）下辖网站去哪儿网平台（www.qunar.com）订购了中国东方航空股份有限公司（以下简称东航）机票1张，所选机票代理商为长沙星旅票务代理公司（以下简称星旅公司）。去哪儿网订单详情页面显示该订单登记的乘机人信息为庞理鹏姓名及身份证号，联系人信息、报销信息均为鲁超及其尾号××58的手机号。2014年10月13日，庞理鹏尾号××49手机号收到来源不明号码发来短信称由于机械故障，其所预订航班已经取消。该号码来源不明，且未向鲁超发送类似短信。鲁超拨打东航客服电话进行核实，客服人员确认该次航班正常，并提示庞理鹏收到的短信应属诈骗短信。2014年10月14日，东航客服电话向庞理鹏手机号码发送通知短信，告知该航班时刻调整。19：43，鲁超再次拨打东航客服电话确认航班时刻，被告知该航班已取消。庭审中，鲁超证明其代庞理鹏购买本案机票并沟通后续事宜，认可购买本案机票时未留存庞理鹏手机号。东航称庞理鹏可能为东航常旅客，故东航掌握庞理鹏此前留存的号码。庞理鹏诉至法院，主张趣拿公司和东航泄露的隐私信息包括其姓名、尾号××49手机号及行程安排（包括起落时间、地点、航班信息），要求趣拿公司和东航承担连带责任。

【裁判结果】

北京市海淀区人民法院于2016年1月20日作出（2015）海民初字第10634号民事判决：驳回庞理鹏的全部诉讼请求。庞理鹏向北京市第一中级人民法院提出上诉。北京市第一中级人民法院于2017年3月27日作出（2017）京01民终509号民事判决：一、撤销北京市海淀区人民法院（2015）海民初字第10634号民事判决；二、北京趣拿信息技术有限公司于本判决生效后十日内在其官方网站首页以公告形式向庞理鹏赔礼道歉，赔礼道歉公告的持续时间为连续三天；三、中国东方航空股份有限公司于本判决生效后十日内在其官方网站首页以公告形式向庞理鹏赔礼道歉，赔礼道歉公告的持续时间为连续三天；四、驳回庞理鹏的其他诉讼请求。

【典型意义】

随着科技的飞速发展和信息的快速传播，现实生活中出现大量关于个人信息保护的问题，个人信息的不当扩散与不当利用已经逐渐发展成为危害公民民事权利的一个社会性问题。本案是由网络购票引发的涉及航空公司、网络购票平台侵犯公民隐私权的纠纷，各方当事人立场鲜明，涉及的焦点问题具有代表性和典型性。公民的姓名、电话号码及行程安排等事项属于个人信息。在大数据时代，信息的收集和匹配成本越来越低，原来单个的、孤立的、可以公示的个人信息一旦被收集、提取和综合，就完全可以与特定的个人相匹配，从而形成某一特定个人详细准确的整体信息。此时，这些全方位、系统性的整体信息，就不再是单个的可以任意公示的个人信息，这些整体信息一旦被泄露扩散，任何人都将没有自己的私人空间，个人的隐私将遭受威胁。因此，基于合理事由掌握上述整体信息的组织或个人应积极地、谨慎地采取有效措施防止信息泄露。任何人未经权利人的允许，都不得扩散和不当利用能够指向特定个人的整体信息，而整体信息也因包含了隐私而整体上成为隐私信息，可以通过隐私权纠纷而寻求救济。

本案中，庞理鹏被泄露的信息包括姓名、尾号××49手机号、行程安排等，其行程安排无疑属于私人活动信息，应该属于隐私信息，可以通过本案的隐私权纠纷主张救济。从收集证据的资金、技术等成本上看，作为普通人的庞理鹏根本不具备对东航、趣拿公司内部数据信息管理是否存在漏洞等情况进行举证证明的能力。因此，客观上，法律不能也不应要求庞理鹏证明必定是东航或趣拿公司泄露了其隐私信息。东航和趣拿公司均未证明涉案信息泄露归因于他人，或黑客攻击，抑或是庞理鹏本人。法院在排除其他泄露隐私信息可能性的前提下，结合本案证据认定上述两公司存在过错。东航和趣拿公司作为各自行业的知名企业，一方面因其经营性质掌握了大量的个人信息，另一方面亦有相应的能力保护好消费者的个人信息免受泄露，这既是其社会责任，也是其应尽的法律义务。本案泄露事件的发生，是由于航空公司、网络购票平台疏于防范导致的结果，因而可以认定其具有过错，应承担侵权责任。综上所述，本案的审理对个人信息保护以及隐私权侵权的认定进行了充分论证，兼顾了隐私权保护及信息传播的衡平。

9. 婚姻自主权纠纷

相关规范

»《中华人民共和国民法典》（2020 年）

第一百一十条第一款 【民事主体的人格权】 自然人享有生命权、身体权、健康权、姓名权、肖像权、名誉权、荣誉权、隐私权、婚姻自主权等权利。

第一百一十二条 【因婚姻、家庭关系等产生的人身权利受保护】 自然人因婚姻家庭关系等产生的人身权利受法律保护。

第一千零四十一条 【基本原则】 婚姻家庭受国家保护。

实行婚姻自由、一夫一妻、男女平等的婚姻制度。

保护妇女、未成年人、老年人、残疾人的合法权益。

第一千零四十二条 【婚姻家庭的禁止性规定】 禁止包办、买卖婚姻和其他干涉婚姻自由的行为。禁止借婚姻索取财物。

禁止重婚。禁止有配偶者与他人同居。

禁止家庭暴力。禁止家庭成员间的虐待和遗弃。

»《中华人民共和国老年人权益保障法》（2018 年修正）

第二十一条 老年人的婚姻自由受法律保护。子女或者其他亲属不得干涉老年人离婚、再婚及婚后的生活。

赡养人的赡养义务不因老年人的婚姻关系变化而消除。

第七十六条 干涉老年人婚姻自由，对老年人负有赡养义务、扶养义务而拒绝赡养、扶养，虐待老年人或者对老年人实施家庭暴力的，由有关单位给予批评教育；构成违反治安管理行为的，依法给予治安管理处罚；构成犯罪的，依法追究刑事责任。

»《中华人民共和国妇女权益保障法》（2022 年修订）

第六十条 国家保障妇女享有与男子平等的婚姻家庭权利。

第六十一条 国家保护妇女的婚姻自主权。禁止干涉妇女的结婚、离婚自由。

10. 人身自由权纠纷

相关规范

»《中华人民共和国宪法》（2018 年修正）

第三十七条 中华人民共和国公民的人身自由不受侵犯。

任何公民，非经人民检察院批准或者决定或者人民法院决定，并由公安机关执行，不受逮捕。

禁止非法拘禁和以其他方法非法剥夺或者限制公民的人身自由，禁止非法搜查公民的身体。

»《中华人民共和国民法典》（2020 年）

第一百零九条 【人身自由、人格尊严受法律保护】 自然人的人身自由、人格尊严受法律保护。

第九百九十条 【人格权定义】 人格权是民事主体享有的生命权、身体权、健康权、姓名权、名称权、肖像权、名誉权、荣誉权、隐私权等权利。

除前款规定的人格权外，自然人享有基于人身自由、人格尊严产生的其他人格权益。

第一千零一十一条 【侵害行动自由和非法搜查身体】 以非法拘禁等方式剥夺、限制他人的行动自由，或者非法搜查他人身体的，受害人有权依法请求行为人承担民事责任。

》《中华人民共和国消费者权益保护法》（2013年修正）

第二十七条 经营者不得对消费者进行侮辱、诽谤，不得搜查消费者的身体及其携带的物品，不得侵犯消费者的人身自由。

第五十条 经营者侵害消费者的人格尊严、侵犯消费者人身自由或者侵害消费者个人信息依法得到保护的权利的，应当停止侵害、恢复名誉、消除影响、赔礼道歉，并赔偿损失。

第五十一条 经营者有侮辱诽谤、搜查身体、侵犯人身自由等侵害消费者或者其他受害人人身权益的行为，造成严重精神损害的，受害人可以要求精神损害赔偿。

》《最高人民法院关于确定民事侵权精神损害赔偿责任若干问题的解释》（2020年12月23日修正）

第一条 因人身权益或者具有人身意义的特定物受到侵害，自然人或者其近亲属向人民法院提起诉讼请求精神损害赔偿的，人民法院应当依法予以受理。

11. 一般人格权纠纷

（1）平等就业权纠纷

相关规范

》《中华人民共和国民法典》（2020年）

第一百零九条 【人身自由、人格尊严受法律保护】 自然人的人身自由、人格尊严受法律保护。

第一百一十二条 【因婚姻、家庭关系等产生的人身权利受保护】 自然人因婚姻家庭关系等产生的人身权利受法律保护。

第九百九十五条 【人格权请求权】 人格权受到侵害的，受害人有权依照本法和其他法律的规定请求行为人承担民事责任。受害人的停止侵害、排除妨碍、消除危险、消除影响、恢复名誉、赔礼道歉请求权，不适用诉讼时效的规定。

》《中华人民共和国就业促进法》（2015年修正）

第三条 劳动者依法享有平等就业和自主择业的权利。

劳动者就业，不因民族、种族、性别、宗教信仰等不同而受歧视。

第二十六条 用人单位招用人员、职业中介机构从事职业中介活动，应当向劳动者提供平等的就业机会和公平的就业条件，不得实施就业歧视。

第二十七条 国家保障妇女享有与男子平等的劳动权利。

用人单位招用人员，除国家规定的不适合妇女的工种或者岗位外，不得以性别为由拒绝录用妇女或者提高对妇女的录用标准。

用人单位录用女职工，不得在劳动合同中规定限制女职工结婚、生育的内容。

第二十八条 各民族劳动者享有平等的劳动权利。

用人单位招用人员，应当依法对少数民族劳动者给予适当照顾。

第三十一条 农村劳动者进城就业享有与城镇劳动者平等的劳动权利，不得对农村劳动者进城就业设置歧视性限制。

》《中华人民共和国劳动法》（2018年修正）

第三条 劳动者享有平等就业和选择职业的权利、取得劳动报酬的权利、休息休假的权利、获得劳动安全卫生保护的权利、接受职业技能培训的权利、享受社会保险和福利的权利、提请劳动争议处理的权利以及法律规定的其他劳动权利。

劳动者应当完成劳动任务，提高职业技能，执行劳动安全卫生规程，遵守劳动纪律和职业道德。

第十二条 劳动者就业，不因民族、种族、性别、宗教信仰不同而受歧视。

第十三条　妇女享有与男子平等的就业权利。在录用职工时，除国家规定的不适合妇女的工种或者岗位外，不得以性别为由拒绝录用妇女或者提高对妇女的录用标准。

《中华人民共和国残疾人保障法》(2018年修正)

第三十条　国家保障残疾人劳动的权利。

各级人民政府应当对残疾人劳动就业统筹规划，为残疾人创造劳动就业条件。

第三十一条　残疾人劳动就业，实行集中与分散相结合的方针，采取优惠政策和扶持保护措施，通过多渠道、多层次、多种形式，使残疾人劳动就业逐步普及、稳定、合理。

第四十条　任何单位和个人不得以暴力、威胁或者非法限制人身自由的手段强迫残疾人劳动。

《中华人民共和国妇女权益保障法》(2022年修订)

第四十一条　国家保障妇女享有与男子平等的劳动权利和社会保障权利。

第四十五条　实行男女同工同酬。妇女在享受福利待遇方面享有与男子平等的权利。

第四十六条　在晋职、晋级、评聘专业技术职称和职务、培训等方面，应当坚持男女平等的原则，不得歧视妇女。

第四十七条　用人单位应当根据妇女的特点，依法保护妇女在工作和劳动时的安全、健康以及休息的权利。

妇女在经期、孕期、产期、哺乳期受特殊保护。

第四十八条　用人单位不得因结婚、怀孕、产假、哺乳等情形，降低女职工的工资和福利待遇，限制女职工晋职、晋级、评聘专业技术职称和职务，辞退女职工，单方解除劳动（聘用）合同或者服务协议。

女职工在怀孕以及依法享受产假期间，劳动（聘用）合同或者服务协议期满的，劳动（聘用）合同或者服务协议期限自动延续至产假结束。但是，用人单位依法解除、终止劳动（聘用）合同、服务协议，或者女职工依法要求解除、终止劳动（聘用）合同、服务协议的除外。

用人单位在执行国家退休制度时，不得以性别为由歧视妇女。

《最高人民法院关于为加快建设全国统一大市场提供司法服务和保障的意见》(法发〔2022〕22号　2022年7月14日)

18. 依法保护劳动者权益。妥善审理平等就业权纠纷等案件，推动消除户籍、地域、身份、性别等就业歧视，促进劳动力、人才跨地区顺畅流动。加强跨境用工司法保护，准确认定没有办理就业证件的港澳台居民与内地用人单位签定的劳动合同效力。出台服务保障国家新型城镇化建设的司法政策，依法保护进城务工人员合法权益。研究出台涉新业态民事纠纷司法解释，加强新业态从业人员劳动权益保障。积极开展根治欠薪专项行动，依法严惩拒不支付劳动报酬违法犯罪行为，加大欠薪案件审执力度。推动完善劳动争议解决体系。

《最高人民法院关于为稳定就业提供司法服务和保障的意见》(法发〔2022〕36号　2022年12月26日)

5. 依法支持高校毕业生就业，促进多渠道灵活就业。妥善审理平等就业权纠纷案件，依法纠正用人单位因性别歧视、地域歧视等不予招录、拒绝签订劳动合同的行为，破除各种不合理限制，推动高校毕业生平等就业、多渠道灵活就业创业。依法打击“黑职介”、虚假招聘、售卖简历等违法犯罪活动，依法审理涉就业见习纠纷案件，妥善认定涉就业见习用工法律关系，维护高校毕业生合法就业权益。对因受疫情影响不能按时离校的应届毕业生，在处理相关案件时要引导用人单位推迟签约时间，相应延长报到接收、档案转递、落户办理时限。高校毕业生在试用期内因受疫情影响不能返岗的，可以引导用人单位采取灵活的试用考察方式考核其是否符合录用条件；无法采取灵活考察方式实现试用期考核目的的，无法实施考察实现试用期考核目的的期间可以协商不计算在原约定试用期内，用人单位通过顺延试用期变相突破法定试用期上限的，人民法院不予支持。科学设置司法辅助岗位，深化落实基层法官助理规范便捷招录机制，畅通政法专业高校毕业生进入基层人民法院就业渠道。

指导案例

闫佳琳诉浙江喜来登度假村有限公司平等就业权纠纷案（最高人民法院指导案例185号　2022年7月4日发布）

【关键词】　民事　平等就业权　就业歧视　地域歧视

【裁判要点】

用人单位在招用人员时，基于地域、性别等与“工作内在要求”无必然联系的因素，对劳动者进行无正当理由的差别对待的，构成就业歧视，劳动者以平等就业权受到侵害，请求用人单位承担相应法律责任的，人民法院应予支持。

【相关法条】

《中华人民共和国就业促进法》第3条、第26条

【基本案情】

2019年7月，浙江喜来登度假村有限公司（以下简称喜来登公司）通过智联招聘平台向社会发布了一批公司人员招聘信息，其中包含有“法务专员”“董事长助理”两个岗位。2019年7月3日，闫佳琳通过智联招聘手机App软件针对喜来登公司发布的前述两个岗位分别投递了求职简历。闫佳琳投递的求职简历中，包含有姓名、性别、出生年月、户口所在地、现居住城市等个人基本信息，其中户口所在地填写为“河南南阳”，现居住城市填写为“浙江杭州西湖区”。据杭州市杭州互联网公证处出具的公证书记载，公证人员使用闫佳琳的账户、密码登录智联招聘App客户端，显示闫佳琳投递的前述“董事长助理”岗位在2019年7月4日14点28分被查看，28分时给出岗位不合适的结论，“不合适原因：河南人”；“法务专员”岗位在同日14点28分被查看，29分时给出岗位不合适的结论，“不合适原因：河南人”。闫佳琳因案涉公证事宜，支出公证费用1000元。闫佳琳向杭州互联网法院提起诉讼，请求判令喜来登公司赔礼道歉、支付精神抚慰金以及承担诉讼相关费用。

【裁判结果】

杭州互联网法院于2019年11月26日作出（2019）浙0192民初6405号民事判决：一、被告喜来登公司于本判决生效之日起十日内赔偿原告闫佳琳精神抚慰金及合理维权费用损失共计10000元。二、被告喜来登公司于本判决生效之日起十日内，向原告闫佳琳进行口头道歉并在《法制日报》公开登报赔礼道歉（道歉声明的内容须经本院审核）；逾期不履行，本院将在国家级媒体刊登判决书主要内容，所需费用由被告喜来登公司承担。三、驳回原告闫佳琳其他诉讼请求。宣判后，闫佳琳、喜来登公司均提起上诉。杭州市中级人民法院于2020年5月15日作出（2020）浙01民终736号民事判决：驳回上诉，维持原判。

【裁判理由】

法院生效裁判认为：平等就业权是劳动者依法享有的一项基本权利，既具有社会权利的属性，亦具有民法上的私权属性，劳动者享有平等就业权是其人格独立和意志自由的表现，侵害平等就业权在民法领域侵害的是一般人格权的核心内容——人格尊严，人格尊严重要的方面就是要求平等对待，就业歧视往往会使人产生一种严重的受侮辱感，对人的精神健康甚至身体健康造成损害。据此，劳动者可以在其平等就业权受到侵害时向人民法院提起民事诉讼，寻求民事侵权

救济。

闫佳琳向喜来登公司两次投递求职简历，均被喜来登公司以“河南人”不合适为由予以拒绝，显然在针对闫佳琳的案涉招聘过程中，喜来登公司使用了主体来源的地域空间这一标准对人群进行归类，并根据这一归类标准而给予闫佳琳低于正常情况下应当给予其他人的待遇，即拒绝录用，可以认定喜来登公司因“河南人”这一地域事由要素对闫佳琳进行了差别对待。

《中华人民共和国就业促进法》第三条在明确规定民族、种族、性别、宗教信仰四种法定禁止区分事由时使用“等”字结尾，表明该条款是一个不完全列举的开放性条款，即法律除认为前述四种事由构成不合理差别对待的禁止性事由外，还存在与前述事由性质一致的其他不合理事由，亦为法律所禁止。何种事由属于前述条款中“等”的范畴，一个重要的判断标准是，用人单位是根据劳动者的专业、学历、工作经验、工作技能以及职业资格等与“工作内在要求”密切相关的“自获因素”进行选择，还是基于劳动者的性别、户籍、身份、地域、年龄、外貌、民族、种族、宗教等与“工作内在要求”没有必然联系的“先赋因素”进行选择，后者构成法律禁止的不合理就业歧视。劳动者的“先赋因素”，是指人们出生伊始所具有的人力难以选择和控制的因素，法律作为一种社会评价和调节机制，不应该基于人力难以选择和控制的因素给劳动者设置不平等条件；反之，应消除这些因素给劳动者带来的现实上的不平等，将与“工作内在要求”没有任何关联性的“先赋因素”作为就业区别对待的标准，根本违背了公平正义的一般原则，不具有正当性。

本案中，喜来登公司以地域事由要素对闫佳琳的求职申请进行区别对待，而地域事由属于闫佳琳乃至任何人都无法自主选择、控制的与生俱来的“先赋因素”，在喜来登公司无法提供客观有效的证据证明，地域要素与闫佳琳申请的工作岗位之间存在必然的内在关联或存在其他的合法目的的情况下，喜来登公司的区分标准不具有合理性，构成法定禁止事由。故喜来登公司在案涉招聘活动中提出与职业没有必然联系的地域事由对闫佳琳进行区别对待，构成对闫佳琳的就业歧视，损害了闫佳琳平等地获得就业机会和就业待遇的权益，主观上具有过错，构成对闫佳琳平等就业权的侵害，依法应承担公开赔礼道歉并赔偿精神抚慰金及合理维权费用的民事责任。

第二部分 婚姻家庭、继承纠纷

二、婚姻家庭纠纷

12. 婚约财产纠纷

相关规范

》《中华人民共和国民法典》（2020年）

第一千零四十二条 【婚姻家庭的禁止性规定】禁止包办、买卖婚姻和其他干涉婚姻自由的行为。禁止借婚姻索取财物。

禁止重婚。禁止有配偶者与他人同居。

禁止家庭暴力。禁止家庭成员间的虐待和遗弃。

》《中华人民共和国未成年人保护法》（2020年修订）

第十七条 未成年人的父母或者其他监护人不得实施下列行为：

……

（九）允许、迫使未成年人结婚或者为未成年人订立婚约；

……

》《最高人民法院关于适用〈中华人民共和国民法典〉婚姻家庭编的解释（一）》（法释〔2020〕22号 2020年12月29日）

第五条 当事人请求返还按照习俗给付的彩礼的，如果查明属于以下情形，人民法院应当予以支持：

（一）双方未办理结婚登记手续；

（二）双方办理结婚登记手续但确未共同生活；

（三）婚前给付并导致给付人生活困难。

适用前款第二项、第三项的规定，应当以双方离婚为条件。

13. 婚内夫妻财产分割纠纷

相关规范

》《中华人民共和国民法典》（2020年）

第一千零六十六条 【婚姻关系存续期间夫妻共同财产的分割】婚姻关系存续期间，有下列情形之一的，夫妻一方可以向人民法院请求分割共同财产：

（一）一方有隐藏、转移、变卖、毁损、挥霍夫妻共同财产或者伪造夫妻共同债务等严重损害夫妻共同财产利益的行为；

（二）一方负有法定扶养义务的人患重大疾病需要医治，另一方不同意支付相关医疗费用。

»《最高人民法院关于适用〈中华人民共和国民法典〉婚姻家庭编的解释（一）》（法释〔2020〕22号　2020年12月29日）

第三十八条　婚姻关系存续期间，除民法典第一千零六十六条规定情形以外，夫妻一方请求分割共同财产的，人民法院不予支持。

14. 离婚纠纷

相关规范

»《中华人民共和国民法典》（2020年）

第一千零七十六条　【协议离婚】夫妻双方自愿离婚的，应当签订书面离婚协议，并亲自到婚姻登记机关申请离婚登记。

离婚协议应当载明双方自愿离婚的意思表示和对子女抚养、财产以及债务处理等事项协商一致的意见。

第一千零七十七条　【离婚冷静期】自婚姻登记机关收到离婚登记申请之日起三十日内，任何一方不愿意离婚的，可以向婚姻登记机关撤回离婚登记申请。

前款规定期限届满后三十日内，双方应当亲自到婚姻登记机关申请发给离婚证；未申请的，视为撤回离婚登记申请。

第一千零七十八条　【离婚登记】婚姻登记机关查明双方确实是自愿离婚，并已经对子女抚养、财产以及债务处理等事项协商一致的，予以登记，发给离婚证。

第一千零七十九条　【诉讼离婚】夫妻一方要求离婚的，可以由有关组织进行调解或者直接向人民法院提起离婚诉讼。

人民法院审理离婚案件，应当进行调解；如果感情确已破裂，调解无效的，应当准予离婚。

有下列情形之一，调解无效的，应当准予离婚：

（一）重婚或者与他人同居；

（二）实施家庭暴力或者虐待、遗弃家庭成员；

（三）有赌博、吸毒等恶习屡教不改；

（四）因感情不和分居满二年；

（五）其他导致夫妻感情破裂的情形。

一方被宣告失踪，另一方提起离婚诉讼的，应当准予离婚。

经人民法院判决不准离婚后，双方又分居满一年，一方再次提起离婚诉讼的，应当准予离婚。

»《中华人民共和国涉外民事关系法律适用法》（2010年）

第二十三条　夫妻人身关系，适用共同经常居所地法律；没有共同经常居所地的，适用共同国籍国法律。

第二十四条　夫妻财产关系，当事人可以协议选择适用一方当事人经常居所地法律、国籍国法律或者主要财产所在地法律。当事人没有选择的，适用共同经常居所地法律；没有共同经常居所地的，适用共同国籍国法律。

第二十五条　父母子女人身、财产关系，适用共同经常居所地法律；没有共同经常居所地的，适用一方当事人经常居所地法律或者国籍国法律中有利于保护弱者权益的法律。

第二十六条　协议离婚，当事人可以协议选择适用一方当事人经常居所地法律或者国籍国法律。当事人没有选择的，适用共同经常居所地法律；没有共同经常居所地的，适用共同国籍国法律；没有共同国籍的，适用办理离婚手续机构所在地法律。

第二十七条　诉讼离婚，适用法院地法律。

《中华人民共和国军人地位和权益保障法》（2021 年）

第四十一条 国家对军人的婚姻给予特别保护，禁止任何破坏军人婚姻的行为。

《最高人民法院关于适用〈中华人民共和国民法典〉时间效力的若干规定》（法释〔2020〕15 号 2020 年 12 月 29 日）

第二十二条 民法典施行前，经人民法院判决不准离婚后，双方又分居满一年，一方再次提起离婚诉讼的，适用民法典第一千零七十九条第五款的规定。

《最高人民法院关于适用〈中华人民共和国民法典〉婚姻家庭编的解释（一）》（法释〔2020〕22 号 2020 年 12 月 29 日）

第一条 持续性、经常性的家庭暴力，可以认定为民法典第一千零四十二条、第一千零七十九条、第一千零九十一条所称的“虐待”。

第二条 民法典第一千零四十二条、第一千零七十九条、第一千零九十一条规定的“与他人同居”的情形，是指有配偶者与婚外异性，不以夫妻名义，持续、稳定地共同居住。

第三条 当事人提起诉讼仅请求解除同居关系的，人民法院不予受理；已经受理的，裁定驳回起诉。

当事人因同居期间财产分割或者子女抚养纠纷提起诉讼的，人民法院应当受理。

第六十二条 无民事行为能力人的配偶有民法典第三十六条第一款规定行为，其他有监护资格的人可以要求撤销其监护资格，并依法指定新的监护人；变更后的监护人代理无民事行为能力一方提起离婚诉讼的，人民法院应予受理。

第六十三条 人民法院审理离婚案件，符合民法典第一千零七十九条第三款规定“应当准予离婚”情形的，不应当因当事人有过错而判决不准离婚。

《第八次全国法院民事商事审判工作会议（民事部分）纪要》（法〔2016〕399 号 2016 年 11 月 21 日）

1. 在审理婚姻家庭案件中，应注重对未成年人权益的保护，特别是涉及家庭暴力的离婚案件，从未成年子女利益最大化的原则出发，对于实施家庭暴力的父母一方，一般不宜判决其直接抚养未成年子女。

4. 婚姻关系存续期间以夫妻共同财产投保，投保人和被保险人同为夫妻一方，离婚时处于保险期内，投保人不愿意继续投保的，保险人退还的保险单现金价值部分应按照夫妻共同财产处理；离婚时投保人选择继续投保的，投保人应当支付保险单现金价值的一半给另一方。

5. 婚姻关系存续期间，夫妻一方作为被保险人依据意外伤害保险合同、健康保险合同获得的具有人身性质的保险金，或者夫妻一方作为受益人依据以死亡为给付条件的人寿保险合同获得的保险金，宜认定为个人财产，但双方另有约定的除外。

婚姻关系存续期间，夫妻一方依据以生存到一定年龄为给付条件的具有现金价值的保险合同获得的保险金，宜认定为夫妻共同财产，但双方另有约定的除外。

指导案例

雷某某诉宋某某离婚纠纷案（最高人民法院指导案例 66 号 2016 年 9 月 19 日发布）

【关键词】 民事 离婚 离婚时擅自处分共同财产

【裁判要点】

一方在离婚诉讼期间或离婚诉讼前，隐藏、转移、变卖、毁损夫妻共同财产，或伪造债务企图侵占另一方财产的，离婚分割夫妻共同财产时，依照《中华人民共和国婚姻法》第四十七条的规定可以少分或不分财产。

【基本案情】

原告雷某某（女）和被告宋某某于2003年5月19日登记结婚，双方均系再婚，婚后未生育子女。双方婚后因琐事感情失和，于2013年上半年产生矛盾，并于2014年2月分居。雷某某曾于2014年3月起诉要求与宋某某离婚，经法院驳回后，双方感情未见好转。2015年1月，雷某某再次诉至法院要求离婚，并依法分割夫妻共同财产。宋某某认为夫妻感情并未破裂，不同意离婚。

雷某某称宋某某名下在中国邮政储蓄银行的账户内有共同存款37万元，并提交存取款凭单、转账凭单作为证据。宋某某称该37万元，来源于婚前房屋拆迁补偿款及养老金，现尚剩余20万元左右（含养老金14322.48元），并提交账户记录、判决书、案款收据等证据。

宋某某称雷某某名下有共同存款25万元，要求依法分割。雷某某对此不予认可，一审庭审中其提交在中国工商银行尾号为4179账户自2014年1月26日起的交易明细，显示至2014年12月21日该账户余额为262.37元。二审审理期间，应宋某某的申请，法院调取了雷某某上述中国工商银行账号自2012年11月26日开户后的银行流水明细，显示雷某某于2013年4月30日通过ATM转账及卡取的方式将该账户内的195000元转至案外人雷某齐名下。宋某某认为该存款是其婚前房屋出租所得，应归双方共同所有，雷某某在离婚之前即将夫妻共同存款转移。雷某某提出该笔存款是其经营饭店所得收益，开始称该笔款项已用于夫妻共同开销，后又称用于偿还其外甥女的借款，但雷某某对其主张均未提供相应证据证明。另，雷某某在庭审中曾同意各自名下存款归各自所有，其另行支付宋某某10万元存款，后雷某某反悔，不同意支付。

【裁判结果】

北京市朝阳区人民法院于2015年4月16日作出（2015）朝民初字第04854号民事判决：准予雷某某与宋某某离婚；雷某某名下中国工商银行尾号为4179账户内的存款归雷某某所有，宋某某名下中国邮政储蓄银行账号尾号为7101、9389及1156账户内的存款归宋某某所有，并对其他财产和债务问题进行了处理。宣判后，宋某某提出上诉，提出对夫妻共同财产雷某某名下存款分割等请求。北京市第三中级人民法院于2015年10月19日作出（2015）三中民终字第08205号民事判决：维持一审判决其他判项，撤销一审判决第三项，改判雷某某名下中国工商银行尾号为4179账户内的存款归雷某某所有，宋某某名下中国邮政储蓄银行尾号为7101账户、9389账户及1156账户内的存款归宋某某所有，雷某某于本判决生效之日起七日内支付宋某某12万元。

【裁判理由】

法院生效裁判认为：婚姻关系以夫妻感情为基础。宋某某、雷某某共同生活过程中因琐事产生矛盾，在法院判决不准离婚后，双方感情仍未好转，经法院调解不能和好，双方夫妻感情确已破裂，应当判决准予双方离婚。

本案二审期间双方争议的焦点在于雷某某是否转移夫妻共同财产和夫妻双方名下的存款应如何分割。《中华人民共和国婚姻法》第十七条第二款规定："夫妻对共同所有的财产，有平等的处理权。"第四十七条规定："离婚时，一方隐藏、转移、变卖、毁损夫妻共同财产，或伪造债务企图侵占另一方财产的，分割夫妻共同财产时，对隐藏、转移、变卖、毁损夫妻共同财产或伪造债务的一方，可以少分或不分。离婚后，另一方发现有上述行为的，可以向人民法院提起诉讼，请求再次分割夫妻共同财产。"这就是说，一方在离婚诉讼期间或离婚诉讼前，隐藏、转移、变卖、毁损夫妻共同财产，或伪造债务企图侵占另一方财产的，侵害了夫妻对共同财产的平等处理权，离婚分割夫妻共同财产时，应当依照《中华人民共和国婚姻法》第四十七条的规定少分或不分财产。

本案中，关于双方名下存款的分割，结合相关证据，宋某某婚前房屋拆迁款转化的存款，应归宋某某个人所有，宋某某婚后所得养老保险金，应属夫妻共同财产。雷某某名下中国工商银行尾号为4179账户内的存款为夫妻关系存续期间的收入，应作为夫妻共同财产予以分割。雷某某于2013年4月30日通过ATM转账及卡取的方式，将尾号为4179账户内的195000元转至案外人名下。雷某某始称该款用于家庭开销，后又称用于偿还外债，前后陈述明显矛盾，对其主张亦未提供证据证明，对钱款的去向不能作出合理的解释和说明。结合案件事实及相关证据，认定雷某某存在转移、隐藏夫妻共同财产的情节。根据上述法律规定，对雷某某名下中国工商银行尾号4179账户内的存款，雷某某可以少分。宋某某主张对雷某某名下存款进行分割，符合法律规定，予以支持。故判决宋某某婚后养老保险金14322.48元归宋某某所有，对于雷某某转移的19.5万元存款，由雷某某补偿宋某某12万元。

15. 离婚后财产纠纷

相关规范

》《中华人民共和国民法典》（2020年）

第一千零九十二条　【一方侵害夫妻共同财产的法律后果】夫妻一方隐藏、转移、变卖、毁损、挥霍夫妻共同财产，或者伪造夫妻共同债务企图侵占另一方财产的，在离婚分割夫妻共同财产时，对该方可以少分或者不分。离婚后，另一方发现有上述行为的，可以向人民法院提起诉讼，请求再次分割夫妻共同财产。

》《最高人民法院关于适用〈中华人民共和国民法典〉婚姻家庭编的解释（一）》（法释〔2020〕22号　2020年12月29日）

第六十九条　当事人达成的以协议离婚或者到人民法院调解离婚为条件的财产以及债务处理协议，如果双方离婚未成，一方在离婚诉讼中反悔的，人民法院应当认定该财产以及债务处理协议没有生效，并根据实际情况依照民法典第一千零八十七条和第一千零八十九条的规定判决。

当事人依照民法典第一千零七十六条签订的离婚协议中关于财产以及债务处理的条款，对男女双方具有法律约束力。登记离婚后当事人因履行上述协议发生纠纷提起诉讼的，人民法院应当受理。

第七十条　夫妻双方协议离婚后就财产分割问题反悔，请求撤销财产分割协议的，人民法院应当受理。

人民法院审理后，未发现订立财产分割协议时存在欺诈、胁迫等情形的，应当依法驳回当事人的诉讼请求。

第七十一条　人民法院审理离婚案件，涉及分割发放到军人名下的复员费、自主择业费等一次性费用的，以夫妻婚姻关系存续年限乘以年平均值，所得数额为夫妻共同财产。

前款所称年平均值，是指将发放到军人名下的上述费用总额按具体年限均分得出的数额。其具体年限为人均寿命七十岁与军人入伍时实际年龄的差额。

第七十二条　夫妻双方分割共同财产中的股票、债券、投资基金份额等有价证券以及未上市股份有限公司股份时，协商不成或者按市价分配有困难的，人民法院可以根据数量按比例分配。

第七十三条　人民法院审理离婚案件，涉及分割夫妻共同财产中以一方名义在有限责任公司的出资额，另一方不是该公司股东的，按以下情形分别处理：

（一）夫妻双方协商一致将出资额部分

或者全部转让给该股东的配偶，其他股东过半数同意，并且其他股东均明确表示放弃优先购买权的，该股东的配偶可以成为该公司股东；

（二）夫妻双方就出资额转让份额和转让价格等事项协商一致后，其他股东半数以上不同意转让，但愿意以同等条件购买该出资额的，人民法院可以对转让出资所得财产进行分割。其他股东半数以上不同意转让，也不愿意以同等条件购买该出资额的，视为其同意转让，该股东的配偶可以成为该公司股东。

用于证明前款规定的股东同意的证据，可以是股东会议材料，也可以是当事人通过其他合法途径取得的股东的书面声明材料。

第七十四条　人民法院审理离婚案件，涉及分割夫妻共同财产中以一方名义在合伙企业中的出资，另一方不是该企业合伙人的，当夫妻双方协商一致，将其合伙企业中的财产份额全部或者部分转让给对方时，按以下情形分别处理：

（一）其他合伙人一致同意的，该配偶依法取得合伙人地位；

（二）其他合伙人不同意转让，在同等条件下行使优先购买权的，可以对转让所得的财产进行分割；

（三）其他合伙人不同意转让，也不行使优先购买权，但同意该合伙人退伙或者削减部分财产份额的，可以对结算后的财产进行分割；

（四）其他合伙人既不同意转让，也不行使优先购买权，又不同意该合伙人退伙或者削减部分财产份额的，视为全体合伙人同意转让，该配偶依法取得合伙人地位。

第七十五条　夫妻以一方名义投资设立个人独资企业的，人民法院分割夫妻在该个人独资企业中的共同财产时，应当按照以下情形分别处理：

（一）一方主张经营该企业的，对企业资产进行评估后，由取得企业资产所有权一方给予另一方相应的补偿；

（二）双方均主张经营该企业的，在双方竞价基础上，由取得企业资产所有权的一方给予另一方相应的补偿；

（三）双方均不愿意经营该企业的，按照《中华人民共和国个人独资企业法》等有关规定办理。

第七十六条　双方对夫妻共同财产中的房屋价值及归属无法达成协议时，人民法院按以下情形分别处理：

（一）双方均主张房屋所有权并且同意竞价取得的，应当准许；

（二）一方主张房屋所有权的，由评估机构按市场价格对房屋作出评估，取得房屋所有权的一方应当给予另一方相应的补偿；

（三）双方均不主张房屋所有权的，根据当事人的申请拍卖、变卖房屋，就所得价款进行分割。

第七十七条　离婚时双方对尚未取得所有权或者尚未取得完全所有权的房屋有争议且协商不成的，人民法院不宜判决房屋所有权的归属，应当根据实际情况判决由当事人使用。

当事人就前款规定的房屋取得完全所有权后，有争议的，可以另行向人民法院提起诉讼。

第七十八条　夫妻一方婚前签订不动产买卖合同，以个人财产支付首付款并在银行贷款，婚后用夫妻共同财产还贷，不动产登记于首付款支付方名下的，离婚时该不动产由双方协议处理。

依前款规定不能达成协议的，人民法院可以判决该不动产归登记一方，尚未归还的贷款为不动产登记一方的个人债务。双方婚后共同还贷支付的款项及其相对应财产增值部分，离婚时应根据民法典第一千零八十七条第一款规定的原则，由不动产登记一方对另一方进行补偿。

第七十九条　婚姻关系存续期间，双方用夫妻共同财产出资购买以一方父母名义参加房改的房屋，登记在一方父母名下，离婚时另一方主张按照夫妻共同财产对该房屋进行分割的，人民法院不予支持。购买该房屋时的出资，可以作为债权处理。

第八十条 离婚时夫妻一方尚未退休、不符合领取基本养老金条件，另一方请求按照夫妻共同财产分割基本养老金的，人民法院不予支持；婚后以夫妻共同财产缴纳基本养老保险费，离婚时一方主张将养老金账户中婚姻关系存续期间个人实际缴纳部分及利息作为夫妻共同财产分割的，人民法院应予支持。

第八十一条 婚姻关系存续期间，夫妻一方作为继承人依法可以继承的遗产，在继承人之间尚未实际分割，起诉离婚时另一方请求分割的，人民法院应当告知当事人在继承人之间实际分割遗产后另行起诉。

第八十二条 夫妻之间订立借款协议，以夫妻共同财产出借给一方从事个人经营活动或者用于其他个人事务的，应视为双方约定处分夫妻共同财产的行为，离婚时可以按照借款协议的约定处理。

第八十三条 离婚后，一方以尚有夫妻共同财产未处理为由向人民法院起诉请求分割的，经审查该财产确属离婚时未涉及的夫妻共同财产，人民法院应当依法予以分割。

第八十四条 当事人依据民法典第一千零九十二条的规定向人民法院提起诉讼，请求再次分割夫妻共同财产的诉讼时效期间为三年，从当事人发现之日起计算。

16. 离婚后损害责任纠纷

相关规范

》《中华人民共和国民法典》（2020年）

第一千零九十一条 【离婚损害赔偿】 有下列情形之一，导致离婚的，无过错方有权请求损害赔偿：

（一）重婚；

（二）与他人同居；

（三）实施家庭暴力；

（四）虐待、遗弃家庭成员；

（五）有其他重大过错。

》《最高人民法院关于适用〈中华人民共和国民法典〉婚姻家庭编的解释（一）》（法释〔2020〕22号 2020年12月29日）

第八十六条 民法典第一千零九十一条规定的“损害赔偿”，包括物质损害赔偿和精神损害赔偿。涉及精神损害赔偿的，适用《最高人民法院关于确定民事侵权精神损害赔偿责任若干问题的解释》的有关规定。

第八十七条 承担民法典第一千零九十一条规定的损害赔偿责任的主体，为离婚诉讼当事人中无过错方的配偶。

人民法院判决不准离婚的案件，对于当事人基于民法典第一千零九十一条提出的损害赔偿请求，不予支持。

在婚姻关系存续期间，当事人不起诉离婚而单独依据民法典第一千零九十一条提起损害赔偿请求的，人民法院不予受理。

第八十八条 人民法院受理离婚案件时，应当将民法典第一千零九十一条等规定中当事人的有关权利义务，书面告知当事人。在适用民法典第一千零九十一条时，应当区分以下不同情况：

（一）符合民法典第一千零九十一条规定的无过错方作为原告基于该条规定向人民法院提起损害赔偿请求的，必须在离婚诉讼的同时提出。

（二）符合民法典第一千零九十一条规定的无过错方作为被告的离婚诉讼案件，如果被告不同意离婚也不基于该条规定提起损害赔偿请求的，可以就此单独提起诉讼。

（三）无过错方作为被告的离婚诉讼案件，一审时被告未基于民法典第一千零九十一条规定提出损害赔偿请求，二审期间提出的，人民法院应当进行调解；调解不成的，告知当事人另行起诉。双方当事人同意由第二审人民法院一并审理的，第二审人民法院可以一并裁判。

第八十九条 当事人在婚姻登记机关办理离婚登记手续后，以民法典第一千零九十一条规定为由向人民法院提出损害赔偿请求的，人民法院应当受理。但当事人在协议离婚时已经明确表示放弃该项请求的，人民法院不予支持。

第九十条 夫妻双方均有民法典第一千零九十一条规定的过错情形，一方或者双方向对方提出离婚损害赔偿请求的，人民法院不予支持。

17. 婚姻无效纠纷

相关规范

»《中华人民共和国民法典》（2020 年）

第一千零五十一条 【婚姻无效的情形】 有下列情形之一的，婚姻无效：

（一）重婚；

（二）有禁止结婚的亲属关系；

（三）未到法定婚龄。

第一千零五十四条 【婚姻无效和被撤销的法律后果】 无效的或者被撤销的婚姻自始没有法律约束力，当事人不具有夫妻的权利和义务。同居期间所得的财产，由当事人协议处理；协议不成的，由人民法院根据照顾无过错方的原则判决。对重婚导致的无效婚姻的财产处理，不得侵害合法婚姻当事人的财产权益。当事人所生的子女，适用本法关于父母子女的规定。

婚姻无效或者被撤销的，无过错方有权请求损害赔偿。

»《中华人民共和国涉外民事关系法律适用法》（2010 年）

第二十一条 结婚条件，适用当事人共同经常居所地法律；没有共同经常居所地的，适用共同国籍国法律；没有共同国籍，在一方当事人经常居所地或者国籍国缔结婚姻的，适用婚姻缔结地法律。

第二十二条 结婚手续，符合婚姻缔结地法律、一方当事人经常居所地法律或者国籍国法律的，均为有效。

»《最高人民法院关于适用〈中华人民共和国民法典〉婚姻家庭编的解释（一）》（法释〔2020〕22 号 2020 年 12 月 29 日）

第九条 有权依据民法典第一千零五十一条规定向人民法院就已办理结婚登记的婚姻请求确认婚姻无效的主体，包括婚姻当事人及利害关系人。其中，利害关系人包括：

（一）以重婚为由的，为当事人的近亲属及基层组织；

（二）以未到法定婚龄为由的，为未到法定婚龄者的近亲属；

（三）以有禁止结婚的亲属关系为由的，为当事人的近亲属。

第十条 当事人依据民法典第一千零五十一条规定向人民法院请求确认婚姻无效，法定的无效婚姻情形在提起诉讼时已经消失的，人民法院不予支持。

第十一条 人民法院受理请求确认婚姻无效案件后，原告申请撤诉的，不予准许。

对婚姻效力的审理不适用调解，应当依法作出判决。

涉及财产分割和子女抚养的，可以调解。调解达成协议的，另行制作调解书；未达成调解协议的，应当一并作出判决。

第十二条 人民法院受理离婚案件后，经审理确属无效婚姻的，应当将婚姻无效的情形告知当事人，并依法作出确认婚姻无效的判决。

第十三条 人民法院就同一婚姻关系分别受理了离婚和请求确认婚姻无效案件的，对于离婚案件的审理，应当待请求确认婚姻无效案件作出判决后进行。

第十四条 夫妻一方或者双方死亡后，生存一方或者利害关系人依据民法典第一千零五十一条的规定请求确认婚姻无效的，人民法院应当受理。

第十五条 利害关系人依据民法典第一千零五十一条的规定，请求人民法院确认婚姻无效的，利害关系人为原告，婚姻关系当事人双方为被告。

夫妻一方死亡的，生存一方为被告。

第十六条 人民法院审理重婚导致的无效婚姻案件时，涉及财产处理的，应当准许合法婚姻当事人作为有独立请求权的第三人参加诉讼。

第十七条 当事人以民法典第一千零五十一条规定的三种无效婚姻以外的情形请求确认婚姻无效的，人民法院应当判决驳回当事人的诉讼请求。

当事人以结婚登记程序存在瑕疵为由提起民事诉讼，主张撤销结婚登记的，告知其可以依法申请行政复议或者提起行政诉讼。

18. 撤销婚姻纠纷

相关规范

》《中华人民共和国民法典》（2020年）

第一千零五十二条 【胁迫婚姻】 因胁迫结婚的，受胁迫的一方可以向人民法院请求撤销婚姻。

请求撤销婚姻的，应当自胁迫行为终止之日起一年内提出。

被非法限制人身自由的当事人请求撤销婚姻的，应当自恢复人身自由之日起一年内提出。

第一千零五十三条 【隐瞒疾病的可撤销婚姻】 一方患有重大疾病的，应当在结婚登记前如实告知另一方；不如实告知的，另一方可以向人民法院请求撤销婚姻。

请求撤销婚姻的，应当自知道或者应当知道撤销事由之日起一年内提出。

第一千零五十四条 【婚姻无效和被撤销的法律后果】 无效的或者被撤销的婚姻自始没有法律约束力，当事人不具有夫妻的权利和义务。同居期间所得的财产，由当事人协议处理；协议不成的，由人民法院根据照顾无过错方的原则判决。对重婚导致的无效婚姻的财产处理，不得侵害合法婚姻当事人的财产权益。当事人所生的子女，适用本法关于父母子女的规定。

婚姻无效或者被撤销的，无过错方有权请求损害赔偿。

》《最高人民法院关于适用〈中华人民共和国民法典〉时间效力的若干规定》（法释〔2020〕15号 2020年12月29日）

第二十六条 当事人以民法典施行前受胁迫结婚为由请求人民法院撤销婚姻的，撤销权的行使期限适用民法典第一千零五十二条第二款的规定。

》《最高人民法院关于适用〈中华人民共和国民法典〉婚姻家庭编的解释（一）》（法释〔2020〕22号 2020年12月29日）

第十八条 行为人以给另一方当事人或者其近亲属的生命、身体、健康、名誉、财产等方面造成损害为要挟，迫使另一方当事人违背真实意愿结婚的，可以认定为民法典第一千零五十二条所称的“胁迫”。

因受胁迫而请求撤销婚姻的，只能是受胁迫一方的婚姻关系当事人本人。

第十九条 民法典第一千零五十二条规定的“一年”，不适用诉讼时效中止、中断或者延长的规定。

受胁迫或者被非法限制人身自由的当事人请求撤销婚姻的，不适用民法典第一百五十二条第二款的规定。

第二十条 民法典第一千零五十四条所规定的“自始没有法律约束力”，是指无效婚姻或者可撤销婚姻在依法被确认无效或者被撤销时，才确定该婚姻自始不受法律保护。

第二十一条 人民法院根据当事人的请求，依法确认婚姻无效或者撤销婚姻的，应当收缴双方的结婚证书并将生效的判决书寄送当地婚姻登记管理机关。

第二十二条　被确认无效或者被撤销的婚姻，当事人同居期间所得的财产，除有证据证明为当事人一方所有的以外，按共同共有处理。

19. 夫妻财产约定纠纷

相关规范

»《中华人民共和国民法典》（2020 年）

第一千零六十三条　【夫妻个人财产】 下列财产为夫妻一方的个人财产：

（一）一方的婚前财产；

（二）一方因受到人身损害获得的赔偿或者补偿；

（三）遗嘱或者赠与合同中确定只归一方的财产；

（四）一方专用的生活用品；

（五）其他应当归一方的财产。

第一千零六十五条　【夫妻约定财产制】 男女双方可以约定婚姻关系存续期间所得的财产以及婚前财产归各自所有、共同所有或者部分各自所有、部分共同所有。约定应当采用书面形式。没有约定或者约定不明确的，适用本法第一千零六十二条、第一千零六十三条的规定。

夫妻对婚姻关系存续期间所得的财产以及婚前财产的约定，对双方具有法律约束力。

夫妻对婚姻关系存续期间所得的财产约定归各自所有，夫或者妻一方对外所负的债务，相对人知道该约定的，以夫或者妻一方的个人财产清偿。

»《最高人民法院关于适用〈中华人民共和国民法典〉婚姻家庭编的解释（一）》（法释〔2020〕22 号　2020 年 12 月 29 日）

第三十一条　民法典第一千零六十三条规定为夫妻一方的个人财产，不因婚姻关系的延续而转化为夫妻共同财产。但当事人另有约定的除外。

20. 同居关系纠纷

（1）同居关系析产纠纷

（2）同居关系子女抚养纠纷

相关规范

»《中华人民共和国民法典》（2020 年）

第一千零五十四条　【婚姻无效和被撤销的法律后果】 无效的或者被撤销的婚姻自始没有法律约束力，当事人不具有夫妻的权利和义务。同居期间所得的财产，由当事人协议处理；协议不成的，由人民法院根据照顾无过错方的原则判决。对重婚导致的无效婚姻的财产处理，不得侵害合法婚姻当事人的财产权益。当事人所生的子女，适用本法关于父母子女的规定。

婚姻无效或者被撤销的，无过错方有权请求损害赔偿。

第一千零七十一条　【非婚生子女的权利】 非婚生子女享有与婚生子女同等的权利，任何组织或者个人不得加以危害和歧视。

不直接抚养非婚生子女的生父或者生母，应当负担未成年子女或者不能独立生活的成年子女的抚养费。

»《婚姻登记条例》（2003 年）

第四条　内地居民结婚，男女双方应当共同到一方当事人常住户口所在地的婚姻登记机关办理结婚登记。

中国公民同外国人在中国内地结婚的，内地居民同香港居民、澳门居民、台湾居民、华侨在中国内地结婚的，男女双方应当共同到内地居民常住户口所在地的婚姻登记机关办理结婚登记。

第八条 男女双方补办结婚登记的，适用本条例结婚登记的规定。

»《最高人民法院关于适用〈中华人民共和国民法典〉婚姻家庭编的解释（一）》（法释〔2020〕22号 2020年12月29日）

第二条 民法典第一千零四十二条、第一千零七十九条、第一千零九十一条规定的“与他人同居”的情形，是指有配偶者与婚外异性，不以夫妻名义，持续、稳定地共同居住。

第三条 当事人提起诉讼仅请求解除同居关系的，人民法院不予受理；已经受理的，裁定驳回起诉。

当事人因同居期间财产分割或者子女抚养纠纷提起诉讼的，人民法院应当受理。

第四条 当事人仅以民法典第一千零四十三条为依据提起诉讼的，人民法院不予受理；已经受理的，裁定驳回起诉。

第七条 未依据民法典第一千零四十九条规定办理结婚登记而以夫妻名义共同生活的男女，提起诉讼要求离婚的，应当区别对待：

（一）1994年2月1日民政部《婚姻登记管理条例》公布实施以前，男女双方已经符合结婚实质要件的，按事实婚姻处理。

（二）1994年2月1日民政部《婚姻登记管理条例》公布实施以后，男女双方符合结婚实质要件的，人民法院应当告知其补办结婚登记。未补办结婚登记的，依据本解释第三条规定处理。

第八条 未依据民法典第一千零四十九条规定办理结婚登记而以夫妻名义共同生活的男女，一方死亡，另一方以配偶身份主张享有继承权的，依据本解释第七条的原则处理。

21. 亲子关系纠纷

（1）确认亲子关系纠纷

（2）否认亲子关系纠纷

相关规范

»《中华人民共和国民法典》（2020年）

第一千零七十三条 【亲子关系异议之诉】 对亲子关系有异议且有正当理由的，父或者母可以向人民法院提起诉讼，请求确认或者否认亲子关系。

对亲子关系有异议且有正当理由的，成年子女可以向人民法院提起诉讼，请求确认亲子关系。

»《最高人民法院关于适用〈中华人民共和国民法典〉婚姻家庭编的解释（一）》（法释〔2020〕22号 2020年12月29日）

第三十九条 父或者母向人民法院起诉请求否认亲子关系，并已提供必要证据予以证明，另一方没有相反证据又拒绝做亲子鉴定的，人民法院可以认定否认亲子关系一方的主张成立。

父或者母以及成年子女起诉请求确认亲子关系，并提供必要证据予以证明，另一方没有相反证据又拒绝做亲子鉴定的，人民法院可以认定确认亲子关系一方的主张成立。

第四十条 婚姻关系存续期间，夫妻双方一致同意进行人工授精，所生子女应视为婚生子女，父母子女间的权利义务关系适用民法典的有关规定。

第四十一条 尚在校接受高中及其以下学历教育，或者丧失、部分丧失劳动能力等非因主观原因而无法维持正常生活的成年子女，可以认定为民法典第一千零六十七条规定的“不能独立生活的成年子女”。

22. 抚养纠纷

（1）抚养费纠纷
（2）变更抚养关系纠纷

相关规范

》《中华人民共和国民法典》（2020 年）

第一千零六十七条第一款　【父母的抚养义务和子女的赡养义务】父母不履行抚养义务的，未成年子女或者不能独立生活的成年子女，有要求父母给付抚养费的权利。

第一千零七十一条第二款　【非婚生子女的权利】不直接抚养非婚生子女的生父或者生母，应当负担未成年子女或者不能独立生活的成年子女的抚养费。

第一千零七十二条　【继父母与继子女间的权利义务关系】继父母与继子女间，不得虐待或者歧视。

继父或者继母和受其抚养教育的继子女间的权利义务关系，适用本法关于父母子女关系的规定。

第一千零七十四条第一款　【祖孙之间的抚养赡养义务】有负担能力的祖父母、外祖父母，对于父母已经死亡或者父母无力抚养的未成年孙子女、外孙子女，有抚养的义务。

第一千零七十五条第一款　【兄弟姐妹间的扶养义务】有负担能力的兄、姐，对于父母已经死亡或者父母无力抚养的未成年弟、妹，有扶养的义务。

第一千零八十四条　【离婚后的父母子女关系】父母与子女间的关系，不因父母离婚而消除。离婚后，子女无论由父或者母直接抚养，仍是父母双方的子女。

离婚后，父母对于子女仍有抚养、教育、保护的权利和义务。

离婚后，不满两周岁的子女，以由母亲直接抚养为原则。已满两周岁的子女，父母双方对抚养问题协议不成的，由人民法院根据双方的具体情况，按照最有利于未成年子女的原则判决。子女已满八周岁的，应当尊重其真实意愿。

第一千零八十五条　【离婚后子女抚养费的负担】离婚后，子女由一方直接抚养的，另一方应当负担部分或者全部抚养费。负担费用的多少和期限的长短，由双方协议；协议不成的，由人民法院判决。

前款规定的协议或者判决，不妨碍子女在必要时向父母任何一方提出超过协议或者判决原定数额的合理要求。

第一千一百一十一条　【收养效力】自收养关系成立之日起，养父母与养子女间的权利义务关系，适用本法关于父母子女关系的规定；养子女与养父母的近亲属间的权利义务关系，适用本法关于子女与父母的近亲属关系的规定。

养子女与生父母以及其他近亲属间的权利义务关系，因收养关系的成立而消除。

》《最高人民法院关于适用〈中华人民共和国民法典〉婚姻家庭编的解释（一）》（法释〔2020〕22 号　2020 年 12 月 29 日）

第三条　当事人提起诉讼仅请求解除同居关系的，人民法院不予受理；已经受理的，裁定驳回起诉。

当事人因同居期间财产分割或者子女抚养纠纷提起诉讼的，人民法院应当受理。

第四十一条　尚在校接受高中及其以下学历教育，或者丧失、部分丧失劳动能力等非因主观原因而无法维持正常生活的成年子女，可以认定为民法典第一千零六十七条规定的“不能独立生活的成年子女”。

第四十二条　民法典第一千零六十七条所称“抚养费”，包括子女生活费、教育费、医疗费等费用。

第四十三条　婚姻关系存续期间，父母双方或者一方拒不履行抚养子女义务，未成年子女或者不能独立生活的成年子女请求支付抚养费的，人民法院应予支持。

第四十九条 抚养费的数额，可以根据子女的实际需要、父母双方的负担能力和当地的实际生活水平确定。

有固定收入的，抚养费一般可以按其月总收入的百分之二十至三十的比例给付。负担两个以上子女抚养费的，比例可以适当提高，但一般不得超过月总收入的百分之五十。

无固定收入的，抚养费的数额可以依据当年总收入或者同行业平均收入，参照上述比例确定。

有特殊情况的，可以适当提高或者降低上述比例。

第五十条 抚养费应当定期给付，有条件的可以一次性给付。

第五十一条 父母一方无经济收入或者下落不明的，可以用其财物折抵抚养费。

第五十三条 抚养费的给付期限，一般至子女十八周岁为止。

十六周岁以上不满十八周岁，以其劳动收入为主要生活来源，并能维持当地一般生活水平的，父母可以停止给付抚养费。

第五十四条 生父与继母离婚或者生母与继父离婚时，对曾受其抚养教育的继子女，继父或者继母不同意继续抚养的，仍应由生父或者生母抚养。

第五十五条 离婚后，父母一方要求变更子女抚养关系的，或者子女要求增加抚养费的，应当另行提起诉讼。

第五十六条 具有下列情形之一，父母一方要求变更子女抚养关系的，人民法院应予支持：

（一）与子女共同生活的一方因患严重疾病或者因伤残无力继续抚养子女；

（二）与子女共同生活的一方不尽抚养义务或有虐待子女行为，或者其与子女共同生活对子女身心健康确有不利影响；

（三）已满八周岁的子女，愿随另一方生活，该方又有抚养能力；

（四）有其他正当理由需要变更。

第五十七条 父母双方协议变更子女抚养关系的，人民法院应予支持。

第五十八条 具有下列情形之一，子女要求有负担能力的父或者母增加抚养费的，人民法院应予支持：

（一）原定抚养费数额不足以维持当地实际生活水平；

（二）因子女患病、上学，实际需要已超过原定数额；

（三）有其他正当理由应当增加。

第五十九条 父母不得因子女变更姓氏而拒付子女抚养费。父或者母擅自将子女姓氏改为继母或继父姓氏而引起纠纷的，应当责令恢复原姓氏。

《第八次全国法院民事商事审判工作会议（民事部分）纪要》（法〔2016〕399 号 2016 年 11 月 21 日）

（一）关于未成年人保护问题

1. 在审理婚姻家庭案件中，应注重对未成年人权益的保护，特别是涉及家庭暴力的离婚案件，从未成年子女利益最大化的原则出发，对于实施家庭暴力的父母一方，一般不宜判决其直接抚养未成年子女。

典型案例

江某诉钟某变更抚养关系案——依法保障未成年人的受教育权（《保护未成年人权益十大优秀案例》第 10 号 2019 年 5 月 31 日）

【基本案情】

原告江某与被告钟某于 2009 年 3 月 10 日登记结婚，婚后育有一子，取名江某俊。2011 年 9 月 20 日，双方因感情不和，经法院调解协议离婚，约定儿子江某俊由母亲钟某抚养，江某每月支付抚养费 600 元，直到孩子独立生活为止。

离婚后，钟某将婚姻的不幸转嫁到孩子身上，以种种理由拒绝让父子相见。更为严重的是，钟某无工作，租住在廉租房内靠亲人接济为生，常年闭门不出，也不让江某俊上学读书。江某曾于 2015 年 6 月 8 日向法院起诉要求变更抚养权，后撤回起诉。为了孩子的成长，2016 年 10 月 11 日江某再次向法院提起诉讼要求变更江某俊抚养关系，后经法院主持调解，江某与钟某达成和解协议，江某俊抚养权依然归钟某，江某俊的生活、教育所需费用均由江某承担。江某按约履行了调解书约定的义务，但是钟某拒不履行调解书约定义务。江某俊年满 8 周岁，已达到适学年龄，经法院多次执行，钟某仍拒绝送孩子上学，严重影响了孩子的健康成长，而江某俊爷爷奶奶为了孩子上学，频繁越级上访，导致矛盾激化。

2018 年 3 月，原告江某再次向法院起诉，要求变更儿子抚养关系。为了化解矛盾，法院联合该市未成年保护办公室，妇联、团委、家调委、社区、教育等部门工作人员积极配合，多次上门调解，钟某仍拒绝送孩子上学。经与孩子沟通，孩子表示愿意上学读书上，未成年保护办公室和市妇联联合取证，并作为未成年保护组织出庭支持诉讼。

【裁判结果】

法院经审理认为，适龄儿童接受义务教育是家长的义务，根据市团委、妇联作为未成年人保护组织为江某俊调取的大量证据材料，证明钟某作为法定监护人，剥夺江某俊的受教育权，严重影响了孩子的身心健康发展，侵犯了未成年人的合法权益。为保护江某俊的受教育权，保障其健康成长，法院在事实证据充分的情况下，依法变更江某俊的抚养关系。

【典型意义】

父母或者其他监护人应当尊重未成年人受教育的权利，必须使适龄未成年人依法入学接受并完成义务教育，不得使接受义务教育的未成年人辍学。与子女共同生活的一方不尽抚养义务，另一方要求变更子女抚养关系的，人民法院应予支持。本案中，江某俊随钟某生活期间，钟某不履行监护义务，拒绝送江某俊上学，不让孩子接受义务教育，严重侵犯了孩子的受教育权利。钟某无工作，无住房，无经济来源，无法保障孩子生活、学习所需，且侵犯孩子受教育权，本着儿童利益最大化原则，法官判决支持江某变更抚养关系的诉求。

子女的成长是一个长期的动态过程，随着时间的推移，离婚时协商或判决所依据的父母双方的抚养能力和抚养条件可能会在子女成长过程中产生很大的变化，所以法律出于保证子女的健康成长考虑，允许离婚夫妇以协议或诉讼的方式变更与子女的抚养关系。在抚养的过程中，不光要给予生活保障，学习教育权利更应当得到保障，如果一方怠于履行义务，人民法院将依法进行抚养关系变更。

» 某妇联诉胡某、姜某某抚养纠纷案

——父母应当履行对未成年子女的抚养义务（《未成年人司法保护典型案例》第 5 号　2021 年 3 月 2 日）

胡某某（2003 年 3 月 6 日出生）系胡某与姜某某非婚生女儿，后因胡某与姜某某解除恋爱关系，遂由胡某父母负责照顾、抚养、教育。2016 年 11 月 8 日，经西南医科大学附属医院诊断，胡某某患有抑郁症、分离转换性障碍。胡某、姜某某长期未履行对胡某某的抚养义务，胡某父母年老多病，无力继续照顾胡某某，多次要求户籍所在地的村社、政府解决困难。该地妇联了解情况后，向法院提起诉讼，请求胡某、姜某某全面履行对胡某某的抚养义务。

法院经审理认为，本案的适格原告胡某某系限制民事行为能力人，本应由其父母作为法定代理人代为提起诉讼，但胡某某的父母均是本案被告，不能作为其法定代理人参加诉讼。综合考虑二被告的婚姻状况、经济条件和胡某某本人的生活习惯、意愿，判决胡某某由胡某直接抚养，随胡某居住生活；姜某某从 2017 年 6 月起每月 15 日前支付抚养费 500 元；胡某某的教育费、医疗费实际

产生后凭正式票据由胡某、姜某某各承担50%，直至胡某某独立生活时止。

本案是一起典型的父母怠于履行抚养义务的案例。审判实践中存在大量与本案类似的留守儿童抚养问题，这些未成年人的父母虽未直接侵害未成年人合法权益，但怠于履行监护义务，把未成年子女留给年迈的老人照顾，子女缺乏充分的经济和安全保障，缺乏父母关爱和教育，导致部分未成年人轻则心理失衡，重则误入歧途，甚至走向犯罪的深渊。本案中，法院参照最高人民法院、最高人民检察院、公安部、民政部联合发布的《关于依法处理监护人侵害未成年人合法权益的意见》的有关精神，积极探索由妇联组织、未成年人保护组织等机构直接作为原告代未成年人提起诉讼的模式，为督促未成年人父母履行抚养义务，解决父母不履行监护职责的现实问题提供了有益参考。

23. 扶养纠纷

（1）扶养费纠纷

（2）变更扶养关系纠纷

相关规范

»《中华人民共和国民法典》（2020年）

第一千零五十九条　【夫妻相互扶养义务】夫妻有相互扶养的义务。

需要扶养的一方，在另一方不履行扶养义务时，有要求其给付扶养费的权利。

第一千零七十五条　【兄弟姐妹间的扶养义务】有负担能力的兄、姐，对于父母已经死亡或者父母无力抚养的未成年弟、妹，有扶养的义务。

由兄、姐扶养长大的有负担能力的弟、妹，对于缺乏劳动能力又缺乏生活来源的兄、姐，有扶养的义务。

»《中华人民共和国涉外民事关系法律适用法》（2010年）

第二十九条　扶养，适用一方当事人经常居所地法律、国籍国法律或者主要财产所在地法律中有利于保护被扶养人权益的法律。

»《中华人民共和国老年人权益保障法》（2018年修正）

第二十三条　老年人与配偶有相互扶养的义务。

由兄、姐扶养的弟、妹成年后，有负担能力的，对年老无赡养人的兄、姐有扶养的义务。

第二十四条　赡养人、扶养人不履行赡养、扶养义务的，基层群众性自治组织、老年人组织或者赡养人、扶养人所在单位应当督促其履行。

»《最高人民法院关于适用〈中华人民共和国民事诉讼法〉的解释》（2022年3月22日修正）

第二百一十八条　赡养费、扶养费、抚育费案件，裁判发生法律效力后，因新情况、新理由，一方当事人再行起诉要求增加或者减少费用的，人民法院应作为新案受理。

24. 赡养纠纷

（1）赡养费纠纷

（2）变更赡养关系纠纷

相关规范

»《中华人民共和国民法典》（2020年）

第二十六条第二款　【父母子女之间的法律义务】成年子女对父母负有赡养、扶助和保护的义务。

第一千零六十七条第二款　【父母的抚养义务和子女的赡养义务】成年子女不履行

赡养义务的，缺乏劳动能力或者生活困难的父母，有要求成年子女给付赡养费的权利。

第一千零六十九条　【子女应尊重父母的婚姻权利】子女应当尊重父母的婚姻权利，不得干涉父母离婚、再婚以及婚后的生活。子女对父母的赡养义务，不因父母的婚姻关系变化而终止。

第一千零七十二条　【继父母与继子女间的权利义务关系】继父母与继子女间，不得虐待或者歧视。

继父或者继母和受其抚养教育的继子女间的权利义务关系，适用本法关于父母子女关系的规定。

第一千零七十四条第二款　【祖孙之间的抚养赡养义务】有负担能力的孙子女、外孙子女，对于子女已经死亡或者子女无力赡养的祖父母、外祖父母，有赡养的义务。

》《中华人民共和国老年人权益保障法》（2018年修正）

第十四条　赡养人应当履行对老年人经济上供养、生活上照料和精神上慰藉的义务，照顾老年人的特殊需要。

赡养人是指老年人的子女以及其他依法负有赡养义务的人。

赡养人的配偶应当协助赡养人履行赡养义务。

第十五条　赡养人应当使患病的老年人及时得到治疗和护理；对经济困难的老年人，应当提供医疗费用。

对生活不能自理的老年人，赡养人应当承担照料责任；不能亲自照料的，可以按照老年人的意愿委托他人或者养老机构等照料。

第十六条　赡养人应当妥善安排老年人的住房，不得强迫老年人居住或者迁居条件低劣的房屋。

老年人自有的或者承租的住房，子女或者其他亲属不得侵占，不得擅自改变产权关系或者租赁关系。

老年人自有的住房，赡养人有维修的义务。

第十七条　赡养人有义务耕种或者委托他人耕种老年人承包的田地，照管或者委托他人照管老年人的林木和牲畜等，收益归老年人所有。

第十八条　家庭成员应当关心老年人的精神需求，不得忽视、冷落老年人。

与老年人分开居住的家庭成员，应当经常看望或者问候老年人。

用人单位应当按照国家有关规定保障赡养人探亲休假的权利。

第十九条　赡养人不得以放弃继承权或者其他理由，拒绝履行赡养义务。

赡养人不履行赡养义务，老年人有要求赡养人付给赡养费等权利。

赡养人不得要求老年人承担力不能及的劳动。

第二十条　经老年人同意，赡养人之间可以就履行赡养义务签订协议。赡养协议的内容不得违反法律的规定和老年人的意愿。

基层群众性自治组织、老年人组织或者赡养人所在单位监督协议的履行。

第二十一条　老年人的婚姻自由受法律保护。子女或者其他亲属不得干涉老年人离婚、再婚及婚后的生活。

赡养人的赡养义务不因老年人的婚姻关系变化而消除。

》《最高人民法院关于适用〈中华人民共和国民法典〉继承编的解释（一）》（法释〔2020〕23号　2020年12月29日）

第十九条　对被继承人生活提供了主要经济来源，或者在劳务等方面给予了主要扶助的，应当认定其尽了主要赡养义务或主要扶养义务。

》《最高人民法院关于适用〈中华人民共和国民事诉讼法〉的解释》（2022年3月22日修正）

第九条　追索赡养费、抚育费、扶养费案件的几个被告住所地不在同一辖区的，可以由原告住所地人民法院管辖。

第二百一十八条 赡养费、扶养费、抚育费案件，裁判发生法律效力后，因新情况、新理由，一方当事人再行起诉要求增加或者减少费用的，人民法院应作为新案受理。

《最高人民法院关于为实施积极应对人口老龄化国家战略提供司法服务和保障的意见》（法发〔2022〕15号 2022年3月29日）

4. 依法妥善审理涉老年人婚姻家庭纠纷案件。依法审理赡养纠纷案件，保障老年人基本生活需要。加强老年人精神赡养类案件调解力度，增进对老年人的精神关爱。注重法院的职权调查，强化依法裁量，依法保护老年人的婚姻自由。对于老年人同居析产纠纷，要综合考量共同生活时间、各自付出等因素，兼顾双方利益，实现公平公正。

典型案例

陈某某赡养费纠纷案（《人民法院老年人权益保护十大典型案例》案例四 2021年2月24日）

【关键词】“常回家看看” 精神赡养

【基本案情】

陈某某与妻子1952年结婚，婚后育有二子、三女，妻子及两个儿子均已去世。现陈某某同小女儿生活。陈某某年事已高且体弱多病，希望女儿常回家探望照顾自己，因女儿不同意负担陈某某的医药费及赡养费，故诉请判令长女和次女每月探望其不少于一次，患病期间三女儿必须轮流看护；三女儿共同给付陈某某医疗费、赡养费。

【裁判结果】

黑龙江省佳木斯市前进区人民法院认为，子女对父母有赡养扶助的义务，子女不履行赡养义务时，无劳动能力或生活困难的父母，有要求子女给付赡养费的权利。子女不能因为父母有退休收入或者有一定的经济来源就完全将父母置之不顾，这不仅违反法律规定，也不符合中华民族“百善孝为先”的传统美德。子女对于不在一起生活的父母，应根据其实际生活需要、实际负担能力、当地一般生活水平，给付一定的赡养费用。本案陈某某年事已高且身患疾病，三个女儿作为赡养人，应当履行对其经济上供养、生活上照料和精神上慰藉的义务，故判决长女和次女每月探望陈某某不少于一次，并给付陈某某赡养费，三女儿共同负担陈某某医疗费用。

【典型意义】

近年来，随着生活水平的不断提高，老人对子女经济供养方面的要求越来越少，越来越多的老人更加注重精神层面的需求，涉及“精神赡养”的案件数量也有所上升，该类案件执行情况远比给付金钱的案件要难得多，且强制执行远不及主动履行效果好，希望“常回家看看”是子女们发自内心的行为，而不是强制执行的结果。“精神赡养”和“物质赡养”同样重要。老人要求子女定期探望的诉求，是希望子女能够承欢膝下，符合法律规定，体现中华民族传统的孝道，应当得到支持。“百善孝为先”，对老人的赡养绝不是一纸冷冰冰的判决就可以完成的，希望所有子女能够常回家看看，多关注老年人的精神需求。

刘某芽赡养纠纷案（《人民法院老年人权益保护十大典型案例》案例五 2021年2月24日）

【关键词】子女赡养义务 检察院支持起诉

【基本案情】

刘某芽与妻子共生育四子女，均已成年并结婚。刘某如系其子，与刘某芽相邻而居。2010年，刘某如意外受伤，认为父母在其受伤休养期间未对其进行照料，产生矛盾，此后矛盾日益加剧，刘某如长期不支付父母的生活费，亦未照顾父母生活起居。2019年，母亲因病去世，刘某如拒绝操办丧葬事宜，亦未支付相关费用，有关丧葬事宜由刘某芽与其他三子女共同操办。经村干部调解，刘某如仍拒绝支付赡养费及照顾刘某芽的生活起居。因刘某芽年迈且患有心脏病，行动不便，新干县检察院指派检察员出庭支持起诉，认为刘某芽现年 80 岁，已无劳动能力，生活来源仅靠其他子女接济，尚不足以负担生活及医疗费用，子女有赡养老人的义务，刘某芽要求刘某如支付赡养费及丧葬费的诉请应得到支持。

【裁判结果】

江西省新干县人民法院认为，孝敬父母是中华民族的优良传统，子女应当履行赡养义务，不应附加任何条件。刘某芽年事已高，身患疾病，无生活来源、无劳动能力，刘某如应依法对其承担赡养义务。同时，赡养父母的义务不仅包含给予父母经济供养及生活照料，还应给予父母精神上的慰藉，也应当在父母百年之后及时妥善地办理丧葬事宜，刘某如拒绝支付丧葬费，不符合法律规定，亦违背伦理道德。故判决刘某如每年支付刘某芽赡养费，并支付其母亲办理丧葬事宜的费用。

【典型意义】

子女赡养父母不仅是德之根本，也是法律明确规定的义务。在家庭生活中，家庭成员之间虽有矛盾，但赡养父母是法定义务，子女应当对老年人经济上供养、生活上照料、精神上慰藉，以及为经济困难的父母承担医疗费用等，不得以任何理由和借口拒绝履行赡养义务。关心关爱老年人，让老年人感受到司法的温暖是司法义不容辞的责任。民事诉讼在一般情况下只能由民事权益受到侵害或者发生争议的主体提出，无须其他组织或个人干预。在特殊情况下，受到损害的单位或个人不敢或不能独立保护自己的合法权益，需要有关组织给予支持，运用社会力量帮助弱势群体实现诉讼权利。支持起诉原则打破了民事主体之间的相对性，允许无利害关系的人民检察院介入到诉讼中，能够在弱势群体的利益受到侵害时切实为其维护权益。

25. 收养关系纠纷

（1）确认收养关系纠纷

（2）解除收养关系纠纷

相关规范

››《中华人民共和国民法典》（2020 年）

第一千零九十五条　【监护人送养未成年人的特殊规定】未成年人的父母均不具备完全民事行为能力且可能严重危害该未成年人的，该未成年人的监护人可以将其送养。

第一千零九十七条　【生父母送养】生父母送养子女，应当双方共同送养。生父母一方不明或者查找不到的，可以单方送养。

第一千零九十八条　【收养人的条件】收养人应当同时具备下列条件：

（一）无子女或者只有一名子女；

（二）有抚养、教育和保护被收养人的能力；

（三）未患有在医学上认为不应当收养子女的疾病；

（四）无不利于被收养人健康成长的违法犯罪记录；

（五）年满三十周岁。

第一千零九十九条　【收养三代以内旁系同辈血亲子女的特殊规定】收养三代以内旁系同辈血亲的子女，可以不受本法第一千零九十三条第三项、第一千零九十四条第三项和第一千一百零二条规定的限制。

华侨收养三代以内旁系同辈血亲的子女，还可以不受本法第一千零九十八条第一项规定的限制。

第一千一百条　【收养子女的人数】无子女的收养人可以收养两名子女；有子女的收养人只能收养一名子女。

收养孤儿、残疾未成年人或者儿童福利机构抚养的查找不到生父母的未成年人，可以不受前款和本法第一千零九十八条第一项规定的限制。

第一千一百零一条　【共同收养】有配偶者收养子女，应当夫妻共同收养。

第一千一百零二条　【无配偶者收养异性子女】无配偶者收养异性子女的，收养人与被收养人的年龄应当相差四十周岁以上。

第一千一百零三条　【继父母收养继子女的特殊规定】继父或者继母经继子女的生父母同意，可以收养继子女，并可以不受本法第一千零九十三条第三项、第一千零九十四条第三项、第一千零九十八条和第一千一百条第一款规定的限制。

第一千一百零四条　【收养送养自愿】收养人收养与送养人送养，应当双方自愿。收养八周岁以上未成年人的，应当征得被收养人的同意。

第一千一百零五条　【收养登记、收养公告、收养协议、收养公证、收养评估】收养应当向县级以上人民政府民政部门登记。收养关系自登记之日起成立。

收养查找不到生父母的未成年人的，办理登记的民政部门应当在登记前予以公告。

收养关系当事人愿意签订收养协议的，可以签订收养协议。

收养关系当事人各方或者一方要求办理收养公证的，应当办理收养公证。

县级以上人民政府民政部门应当依法进行收养评估。

第一千一百零六条　【被收养人户口登记】收养关系成立后，公安机关应当按照国家有关规定为被收养人办理户口登记。

第一千一百零七条　【抚养】孤儿或者生父母无力抚养的子女，可以由生父母的亲属、朋友抚养；抚养人与被抚养人的关系不适用本章规定。

第一千一百零八条　【抚养优先权】配偶一方死亡，另一方送养未成年子女的，死亡一方的父母有优先抚养的权利。

第一千一百零九条　【涉外收养】外国人依法可以在中华人民共和国收养子女。

外国人在中华人民共和国收养子女，应当经其所在国主管机关依照该国法律审查同意。收养人应当提供由其所在国有权机构出具的有关其年龄、婚姻、职业、财产、健康、有无受过刑事处罚等状况的证明材料，并与送养人签订书面协议，亲自向省、自治区、直辖市人民政府民政部门登记。

前款规定的证明材料应当经收养人所在国外交机关或者外交机关授权的机构认证，并经中华人民共和国驻该国使领馆认证，但是国家另有规定的除外。

第一千一百一十一条　【收养效力】自收养关系成立之日起，养父母与养子女间的权利义务关系，适用本法关于父母子女关系的规定；养子女与养父母的近亲属间的权利义务关系，适用本法关于子女与父母的近亲属关系的规定。

养子女与生父母以及其他近亲属间的权利义务关系，因收养关系的成立而消除。

第一千一百一十三条　【无效收养行为】有本法第一编关于民事法律行为无效规定情形或者违反本编规定的收养行为无效。

无效的收养行为自始没有法律约束力。

第一千一百一十四条　【当事人协议解除及因违法行为而解除】收养人在被收养人成年以前，不得解除收养关系，但是收养人、送养人双方协议解除的除外。养子女八周岁以上的，应当征得本人同意。

收养人不履行抚养义务，有虐待、遗弃等侵害未成年养子女合法权益行为的，送养人有权要求解除养父母与养子女间的收养关系。送养人、收养人不能达成解除收养关系协议的，可以向人民法院提起诉讼。

第一千一百一十五条　【关系恶化而协议解除】养父母与成年养子女关系恶化、无法共同生活的，可以协议解除收养关系。不能达成协议的，可以向人民法院提起诉讼。

第一千一百一十六条　【解除收养关系登记】当事人协议解除收养关系的，应当到民政部门办理解除收养关系登记。

第一千一百一十七条　【解除收养关系

后的身份效力】收养关系解除后，养子女与养父母以及其他近亲属间的权利义务关系即行消除，与生父母以及其他近亲属间的权利义务关系自行恢复。但是，成年养子女与生父母以及其他近亲属间的权利义务关系是否恢复，可以协商确定。

第一千一百一十八条　【解除收养关系后的财产效力】收养关系解除后，经养父母抚养的成年养子女，对缺乏劳动能力又缺乏生活来源的养父母，应当给付生活费。因养子女成年后虐待、遗弃养父母而解除收养关系的，养父母可以要求养子女补偿收养期间支出的抚养费。

生父母要求解除收养关系的，养父母可以要求生父母适当补偿收养期间支出的抚养费；但是，因养父母虐待、遗弃养子女而解除收养关系的除外。

》《中华人民共和国涉外民事关系法律适用法》（2010 年）

第二十八条　收养的条件和手续，适用收养人和被收养人经常居所地法律。收养的效力，适用收养时收养人经常居所地法律。收养关系的解除，适用收养时被收养人经常居所地法律或者法院地法律。

》《最高人民法院关于适用〈中华人民共和国民法典〉继承编的解释（一）》（法释〔2020〕23 号　2020 年 12 月 29 日）

第十二条　养子女与生子女之间、养子女与养子女之间，系养兄弟姐妹，可以互为第二顺序继承人。

被收养人与其亲兄弟姐妹之间的权利义务关系，因收养关系的成立而消除，不能互为第二顺序继承人。

26. 监护权纠纷

相关规范

》《中华人民共和国民法典》（2020 年）

第二十七条　【未成年人的监护人】父母是未成年子女的监护人。

未成年人的父母已经死亡或者没有监护能力的，由下列有监护能力的人按顺序担任监护人：

（一）祖父母、外祖父母；

（二）兄、姐；

（三）其他愿意担任监护人的个人或者组织，但是须经未成年人住所地的居民委员会、村民委员会或者民政部门同意。

第二十八条　【无、限制民事行为能力的成年人的监护人】无民事行为能力或者限制民事行为能力的成年人，由下列有监护能力的人按顺序担任监护人：

（一）配偶；

（二）父母、子女；

（三）其他近亲属；

（四）其他愿意担任监护人的个人或者组织，但是须经被监护人住所地的居民委员会、村民委员会或者民政部门同意。

第二十九条　【遗嘱指定监护人】被监护人的父母担任监护人的，可以通过遗嘱指定监护人。

第三十条　【协议确定监护人】依法具有监护资格的人之间可以协议确定监护人。协议确定监护人应当尊重被监护人的真实意愿。

第三十一条　【监护争议解决程序】对监护人的确定有争议的，由被监护人住所地的居民委员会、村民委员会或者民政部门指定监护人，有关当事人对指定不服的，可以向人民法院申请指定监护人；有关当事人也可以直接向人民法院申请指定监护人。

居民委员会、村民委员会、民政部门或

者人民法院应当尊重被监护人的真实意愿，按照最有利于被监护人的原则在依法具有监护资格的人中指定监护人。

依据本条第一款规定指定监护人前，被监护人的人身权利、财产权利以及其他合法权益处于无人保护状态的，由被监护人住所地的居民委员会、村民委员会、法律规定的有关组织或者民政部门担任临时监护人。

监护人被指定后，不得擅自变更；擅自变更的，不免除被指定的监护人的责任。

第三十二条　【公职监护人】没有依法具有监护资格的人的，监护人由民政部门担任，也可以由具备履行监护职责条件的被监护人住所地的居民委员会、村民委员会担任。

第三十三条　【意定监护】具有完全民事行为能力的成年人，可以与其近亲属、其他愿意担任监护人的个人或者组织事先协商，以书面形式确定自己的监护人，在自己丧失或者部分丧失民事行为能力时，由该监护人履行监护职责。

第三十四条　【监护人的职责与权利及临时生活照料措施】监护人的职责是代理被监护人实施民事法律行为，保护被监护人的人身权利、财产权利以及其他合法权益等。

监护人依法履行监护职责产生的权利，受法律保护。

监护人不履行监护职责或者侵害被监护人合法权益的，应当承担法律责任。

因发生突发事件等紧急情况，监护人暂时无法履行监护职责，被监护人的生活处于无人照料状态的，被监护人住所地的居民委员会、村民委员会或者民政部门应当为被监护人安排必要的临时生活照料措施。

第三十五条　【监护人履行职责的原则与要求】监护人应当按照最有利于被监护人的原则履行监护职责。监护人除为维护被监护人利益外，不得处分被监护人的财产。

未成年人的监护人履行监护职责，在作出与被监护人利益有关的决定时，应当根据被监护人的年龄和智力状况，尊重被监护人的真实意愿。

成年人的监护人履行监护职责，应当最大程度地尊重被监护人的真实意愿，保障并协助被监护人实施与其智力、精神健康状况相适应的民事法律行为。对被监护人有能力独立处理的事务，监护人不得干涉。

》《中华人民共和国涉外民事关系法律适用法》(2010 年)

第三十条　监护，适用一方当事人经常居所地法律或者国籍国法律中有利于保护被监护人权益的法律。

》《中华人民共和国反家庭暴力法》(2015 年)

第二十一条　监护人实施家庭暴力严重侵害被监护人合法权益的，人民法院可以根据被监护人的近亲属、居民委员会、村民委员会、县级人民政府民政部门等有关人员或者单位的申请，依法撤销其监护人资格，另行指定监护人。

被撤销监护人资格的加害人，应当继续负担相应的赡养、扶养、抚养费用。

》《最高人民法院关于适用〈中华人民共和国民法典〉总则编若干问题的解释》(法释〔2022〕6 号　2022 年 2 月 24 日)

第六条　人民法院认定自然人的监护能力，应当根据其年龄、身心健康状况、经济条件等因素确定；认定有关组织的监护能力，应当根据其资质、信用、财产状况等因素确定。

第七条　担任监护人的被监护人父母通过遗嘱指定监护人，遗嘱生效时被指定的人不同意担任监护人的，人民法院应当适用民法典第二十七条、第二十八条的规定确定监护人。

未成年人由父母担任监护人，父母中的一方通过遗嘱指定监护人，另一方在遗嘱生效时有监护能力，有关当事人对监护人的确定有争议的，人民法院应当适用民法典第二十七条第一款的规定确定监护人。

第八条　未成年人的父母与其他依法具有监护资格的人订立协议，约定免除具有监护能力的父母的监护职责的，人民法院不予支持。协议约定在未成年人的父母丧失监护能力时由该具有监护资格的人担任监护人的，人民法院依法予以支持。

依法具有监护资格的人之间依据民法典第三十条的规定，约定由民法典第二十七条第二款、第二十八条规定的不同顺序的人共同担任监护人，或者由顺序在后的人担任监护人的，人民法院依法予以支持。

第九条　人民法院依据民法典第三十一条第二款、第三十六条第一款的规定指定监护人时，应当尊重被监护人的真实意愿，按照最有利于被监护人的原则指定，具体参考以下因素：

（一）与被监护人生活、情感联系的密切程度；

（二）依法具有监护资格的人的监护顺序；

（三）是否有不利于履行监护职责的违法犯罪等情形；

（四）依法具有监护资格的人的监护能力、意愿、品行等。

人民法院依法指定的监护人一般应当是一人，由数人共同担任监护人更有利于保护被监护人利益的，也可以是数人。

第十条　有关当事人不服居民委员会、村民委员会或者民政部门的指定，在接到指定通知之日起三十日内向人民法院申请指定监护人的，人民法院经审理认为指定并无不当，依法裁定驳回申请；认为指定不当，依法判决撤销指定并另行指定监护人。

有关当事人在接到指定通知之日起三十日后提出申请的，人民法院应当按照变更监护关系处理。

第十一条　具有完全民事行为能力的成年人与他人依据民法典第三十三条的规定订立书面协议事先确定自己的监护人后，协议的任何一方在该成年人丧失或者部分丧失民事行为能力前请求解除协议的，人民法院依法予以支持。该成年人丧失或者部分丧失民事行为能力后，协议确定的监护人无正当理由请求解除协议的，人民法院不予支持。

该成年人丧失或者部分丧失民事行为能力后，协议确定的监护人有民法典第三十六条第一款规定的情形之一，该条第二款规定的有关个人、组织申请撤销其监护人资格的，人民法院依法予以支持。

第十二条　监护人、其他依法具有监护资格的人之间就监护人是否有民法典第三十九条第一款第二项、第四项规定的应当终止监护关系的情形发生争议，申请变更监护人的，人民法院应当依法受理。经审理认为理由成立的，人民法院依法予以支持。

被依法指定的监护人与其他具有监护资格的人之间协议变更监护人的，人民法院应当尊重被监护人的真实意愿，按照最有利于被监护人的原则作出裁判。

第十三条　监护人因患病、外出务工等原因在一定期限内不能完全履行监护职责，将全部或者部分监护职责委托给他人，当事人主张受托人因此成为监护人的，人民法院不予支持。

典型案例

某民政局诉刘某监护权纠纷案——遗弃未成年子女可依法撤销监护权（《未成年人司法保护典型案例》第6号　2021年3月2日）

【基本案情】

2018年7月22日，刘某在医院生育一名女婴后，于同月24日将该女婴遗弃在医院女更衣室内。女婴被发现后由民政局下属的某儿童福利院代为抚养。公安局经调查发现，刘某还曾在2015年1月29日，将其所生的一名男婴遗弃在居民楼内。民政局向法院提起诉讼，以刘某犯遗弃罪，已不适合履行监护职责，申请撤销刘某的监护权，民政局愿意承担该女婴的监护责任，指定其下属的某儿童福利院抚养女婴。

【裁判结果】

法院经审理认为，刘某将出生三天的未成年子女遗弃，拒绝抚养，严重侵害被监护人的合法权益，符合撤销监护人资格的情形。被监护人自被生母刘某遗弃以来，某儿童福利院代为抚养至今，综合考虑被监护人生父不明、刘某父母年龄和经济状况、村民委员会的具体情况，由民政部门取得被监护人的监护权，更有利于保护被监护人的生存、医疗、教育等合法权益。综上，法院判决撤销刘某的监护权，指定民政局作为该名女婴的监护人。其后，刘某被法院以遗弃罪判处刑罚。

【典型意义】

父母是未成年子女的法定监护人，有保护被监护人的身体健康，照顾被监护人的生活，管理和教育被监护人的法定职责。监护权既是一种权利，更是法定义务。父母不依法履行监护职责，严重侵害被监护人合法权益的，有关个人或组织可以依法申请撤销其监护人资格，并依法指定监护人。在重新指定监护人时，如果没有依法具有监护资格的人，一般由民政部门担任监护人，也可以由具备履行监护职责条件的被监护人住所地的居民委员会、村民委员会担任。国家机关和社会组织兜底监护是家庭监护的重要补充，是保护未成年人合法权益的坚强后盾。未成年人的健康成长不仅需要司法及时发挥防线作用，更需要全社会协同发力，建立起全方位的权益保障体系，为国家的希望和未来保驾护航。

27. 探望权纠纷

相关规范

»《中华人民共和国民法典》（2020年）

第一千零八十六条　【父母的探望权】 离婚后，不直接抚养子女的父或者母，有探望子女的权利，另一方有协助的义务。

行使探望权利的方式、时间由当事人协议；协议不成的，由人民法院判决。

父或者母探望子女，不利于子女身心健康的，由人民法院依法中止探望；中止的事由消失后，应当恢复探望。

»《最高人民法院关于适用〈中华人民共和国民法典〉婚姻家庭编的解释（一）》（法释〔2020〕22号　2020年12月29日）

第六十五条　人民法院作出的生效的离婚判决中未涉及探望权，当事人就探望权问题单独提起诉讼的，人民法院应予受理。

第六十六条　当事人在履行生效判决、裁定或者调解书的过程中，一方请求中止探望的，人民法院在征询双方当事人意见后，认为需要中止探望的，依法作出裁定；中止探望的情形消失后，人民法院应当根据当事人的请求书面通知其恢复探望。

第六十七条　未成年子女、直接抚养子女的父或者母以及其他对未成年子女负担抚养、教育、保护义务的法定监护人，有权向人民法院提出中止探望的请求。

第六十八条　对于拒不协助另一方行使探望权的有关个人或者组织，可以由人民法院依法采取拘留、罚款等强制措施，但是不能对子女的人身、探望行为进行强制执行。

28. 分家析产纠纷

相关规范

»《中华人民共和国民法典》（2020年）

第二百九十七条　【共有及其类型】 不动产或者动产可以由两个以上组织、个人共有。共有包括按份共有和共同共有。

第二百九十八条　【按份共有】 按份共

有人对共有的不动产或者动产按照其份额享有所有权。

第二百九十九条　【共同共有】共同共有人对共有的不动产或者动产共同享有所有权。

第三百零三条　【共有物的分割】共有人约定不得分割共有的不动产或者动产，以维持共有关系的，应当按照约定，但是共有人有重大理由需要分割的，可以请求分割；没有约定或者约定不明确的，按份共有人可以随时请求分割，共同共有人在共有的基础丧失或者有重大理由需要分割时可以请求分割。因分割造成其他共有人损害的，应当给予赔偿。

第三百零四条　【共有物的分割方式】共有人可以协商确定分割方式。达不成协议，共有的不动产或者动产可以分割且不会因分割减损价值的，应当对实物予以分割；难以分割或者因分割会减损价值的，应当对折价或者拍卖、变卖取得的价款予以分割。

共有人分割所得的不动产或者动产有瑕疵的，其他共有人应当分担损失。

第三百零七条　【因共有财产产生的债权债务关系的对外、对内效力】因共有的不动产或者动产产生的债权债务，在对外关系上，共有人享有连带债权、承担连带债务，但是法律另有规定或者第三人知道共有人不具有连带债权债务关系的除外；在共有人内部关系上，除共有人另有约定外，按份共有人按照份额享有债权、承担债务，共同共有人共同享有债权、承担债务。偿还债务超过自己应当承担份额的按份共有人，有权向其他共有人追偿。

第三百零八条　【按份共有的推定】共有人对共有的不动产或者动产没有约定为按份共有或者共同共有，或者约定不明确的，除共有人具有家庭关系等外，视为按份共有。

三、继承纠纷

29. 法定继承纠纷

（1）转继承纠纷

（2）代位继承纠纷

相关规范

»《中华人民共和国民法典》（2020年）

第十六条　【胎儿利益的特殊保护】涉及遗产继承、接受赠与等胎儿利益保护的，胎儿视为具有民事权利能力。但是，胎儿娩出时为死体的，其民事权利能力自始不存在。

第一百二十四条　【继承权】自然人依法享有继承权。

自然人合法的私有财产，可以依法继承。

第九百九十二条　【人格权禁止性规定】人格权不得放弃、转让或者继承。

第一千零六十一条　【夫妻相互继承权】夫妻有相互继承遗产的权利。

第一千一百二十条　【继承权受国家保护】国家保护自然人的继承权。

第一千一百二十一条　【继承开始的时间及死亡先后的推定】继承从被继承人死亡时开始。

相互有继承关系的数人在同一事件中死

亡，难以确定死亡时间的，推定没有其他继承人的人先死亡。都有其他继承人，辈份不同的，推定长辈先死亡；辈份相同的，推定同时死亡，相互不发生继承。

第一千一百二十二条　【遗产的定义】遗产是自然人死亡时遗留的个人合法财产。

依照法律规定或者根据其性质不得继承的遗产，不得继承。

第一千一百二十三条　【法定继承、遗嘱继承、遗赠和遗赠扶养协议的效力】继承开始后，按照法定继承办理；有遗嘱的，按照遗嘱继承或者遗赠办理；有遗赠扶养协议的，按照协议办理。

第一千一百二十四条　【继承的接受和放弃】继承开始后，继承人放弃继承的，应当在遗产处理前，以书面形式作出放弃继承的表示；没有表示的，视为接受继承。

受遗赠人应当在知道受遗赠后六十日内，作出接受或者放弃受遗赠的表示；到期没有表示的，视为放弃受遗赠。

第一千一百二十五条　【继承权的丧失和恢复】继承人有下列行为之一的，丧失继承权：

（一）故意杀害被继承人；

（二）为争夺遗产而杀害其他继承人；

（三）遗弃被继承人，或者虐待被继承人情节严重；

（四）伪造、篡改、隐匿或者销毁遗嘱，情节严重；

（五）以欺诈、胁迫手段迫使或者妨碍被继承人设立、变更或者撤回遗嘱，情节严重。

继承人有前款第三项至第五项行为，确有悔改表现，被继承人表示宽恕或者事后在遗嘱中将其列为继承人的，该继承人不丧失继承权。

受遗赠人有本条第一款规定行为的，丧失受遗赠权。

第一千一百二十六条　【男女平等享有继承权】继承权男女平等。

第一千一百二十七条　【法定继承人的范围及继承顺序】遗产按照下列顺序继承：

（一）第一顺序：配偶、子女、父母；

（二）第二顺序：兄弟姐妹、祖父母、外祖父母。

继承开始后，由第一顺序继承人继承，第二顺序继承人不继承；没有第一顺序继承人继承的，由第二顺序继承人继承。

本编所称子女，包括婚生子女、非婚生子女、养子女和有扶养关系的继子女。

本编所称父母，包括生父母、养父母和有扶养关系的继父母。

本编所称兄弟姐妹，包括同父母的兄弟姐妹、同父异母或者同母异父的兄弟姐妹、养兄弟姐妹、有扶养关系的继兄弟姐妹。

第一千一百二十八条　【代位继承】被继承人的子女先于被继承人死亡的，由被继承人的子女的直系晚辈血亲代位继承。

被继承人的兄弟姐妹先于被继承人死亡的，由被继承人的兄弟姐妹的子女代位继承。

代位继承人一般只能继承被代位继承人有权继承的遗产份额。

第一千一百二十九条　【丧偶儿媳、丧偶女婿的继承权】丧偶儿媳对公婆，丧偶女婿对岳父母，尽了主要赡养义务的，作为第一顺序继承人。

第一千一百三十条　【遗产分配的原则】同一顺序继承人继承遗产的份额，一般应当均等。

对生活有特殊困难又缺乏劳动能力的继承人，分配遗产时，应当予以照顾。

对被继承人尽了主要扶养义务或者与被继承人共同生活的继承人，分配遗产时，可以多分。

有扶养能力和有扶养条件的继承人，不尽扶养义务的，分配遗产时，应当不分或者少分。

继承人协商同意的，也可以不均等。

第一千一百三十一条　【酌情分得遗产权】对继承人以外的依靠被继承人扶养的人，或者继承人以外的对被继承人扶养较多的人，可以分给适当的遗产。

第一千一百三十二条　【继承处理方式】 继承人应当本着互谅互让、和睦团结的精神，协商处理继承问题。遗产分割的时间、办法和份额，由继承人协商确定；协商不成的，可以由人民调解委员会调解或者向人民法院提起诉讼。

第一千一百五十四条　【法定继承的适用范围】 有下列情形之一的，遗产中的有关部分按照法定继承办理：

（一）遗嘱继承人放弃继承或者受遗赠人放弃受遗赠；

（二）遗嘱继承人丧失继承权或者受遗赠人丧失受遗赠权；

（三）遗嘱继承人、受遗赠人先于遗嘱人死亡或者终止；

（四）遗嘱无效部分所涉及的遗产；

（五）遗嘱未处分的遗产。

第一千一百五十五条　【胎儿预留份】 遗产分割时，应当保留胎儿的继承份额。胎儿娩出时是死体的，保留的份额按照法定继承办理。

第一千一百五十六条　【遗产分割的原则和方法】 遗产分割应当有利于生产和生活需要，不损害遗产的效用。

不宜分割的遗产，可以采取折价、适当补偿或者共有等方法处理。

第一千一百五十七条　【再婚时对所继承遗产的处分权】 夫妻一方死亡后另一方再婚的，有权处分所继承的财产，任何组织或者个人不得干涉。

第一千一百五十九条　【遗产分割时的义务】 分割遗产，应当清偿被继承人依法应当缴纳的税款和债务；但是，应当为缺乏劳动能力又没有生活来源的继承人保留必要的遗产。

第一千一百六十一条　【被继承人税款、债务清偿的原则】 继承人以所得遗产实际价值为限清偿被继承人依法应当缴纳的税款和债务。超过遗产实际价值部分，继承人自愿偿还的不在此限。

继承人放弃继承的，对被继承人依法应当缴纳的税款和债务可以不负清偿责任。

第一千一百六十二条　【清偿被继承人税款、债务优先于执行遗赠的原则】 执行遗赠不得妨碍清偿遗赠人依法应当缴纳的税款和债务。

第一千一百六十三条　【既有法定继承又有遗嘱继承、遗赠时税款和债务的清偿】 既有法定继承又有遗嘱继承、遗赠的，由法定继承人清偿被继承人依法应当缴纳的税款和债务；超过法定继承遗产实际价值部分，由遗嘱继承人和受遗赠人按比例以所得遗产清偿。

»《中华人民共和国涉外民事关系法律适用法》（2010 年）

第三十一条　法定继承，适用被继承人死亡时经常居所地法律，但不动产法定继承，适用不动产所在地法律。

»《最高人民法院关于军事法院管辖民事案件若干问题的规定》（2020 年 12 月 23 日修正）

第二条　下列民事案件，地方当事人向军事法院提起诉讼或者提出申请的，军事法院应当受理：

……

（四）民事诉讼法第三十三条规定的不动产所在地、港口所在地、被继承人死亡时住所地或者主要遗产所在地在营区内，且当事人一方为军人或者军队单位的案件；

»《最高人民法院关于适用〈中华人民共和国民法典〉时间效力的若干规定》（法释〔2020〕15 号　2020 年 12 月 29 日）

第十三条　民法典施行前，继承人有民法典第一千一百二十五条第一款第四项和第五项规定行为之一，对该继承人是否丧失继承权发生争议的，适用民法典第一千一百二十五条第一款和第二款的规定。

民法典施行前，受遗赠人有民法典第一千一百二十五条第一款规定行为之一，对受遗赠人是否丧失受遗赠权发生争议的，适用民法典第一千一百二十五条第一款和第三款的规定。

第十四条 被继承人在民法典施行前死亡，遗产无人继承又无人受遗赠，其兄弟姐妹的子女请求代位继承的，适用民法典第一千一百二十八条第二款和第三款的规定，但是遗产已经在民法典施行前处理完毕的除外。

》《最高人民法院关于适用〈中华人民共和国民法典〉继承编的解释（一）》（法释〔2020〕23号 2020年12月29日）

第十条 被收养人对养父母尽了赡养义务，同时又对生父母扶养较多的，除可以依照民法典第一千一百二十七条的规定继承养父母的遗产外，还可以依照民法典第一千一百三十一条的规定分得生父母适当的遗产。

第十一条 继子女继承了继父母遗产的，不影响其继承生父母的遗产。

继父母继承了继子女遗产的，不影响其继承生子女的遗产。

第十二条 养子女与生子女之间、养子女与养子女之间，系养兄弟姐妹，可以互为第二顺序继承人。

被收养人与其亲兄弟姐妹之间的权利义务关系，因收养关系的成立而消除，不能互为第二顺序继承人。

第十三条 继兄弟姐妹之间的继承权，因继兄弟姐妹之间的扶养关系而发生。没有扶养关系的，不能互为第二顺序继承人。

继兄弟姐妹之间相互继承了遗产的，不影响其继承亲兄弟姐妹的遗产。

第十四条 被继承人的孙子女、外孙子女、曾孙子女、外曾孙子女都可以代位继承，代位继承人不受辈数的限制。

第十五条 被继承人的养子女、已形成扶养关系的继子女的生子女可以代位继承；被继承人亲生子女的养子女可以代位继承；被继承人养子女的养子女可以代位继承；与被继承人已形成扶养关系的继子女的养子女也可以代位继承。

第十六条 代位继承人缺乏劳动能力又没有生活来源，或者对被继承人尽过主要赡养义务的，分配遗产时，可以多分。

第十七条 继承人丧失继承权的，其晚辈直系血亲不得代位继承。如该代位继承人缺乏劳动能力又没有生活来源，或者对被继承人尽赡养义务较多的，可以适当分给遗产。

第十八条 丧偶儿媳对公婆、丧偶女婿对岳父母，无论其是否再婚，依照民法典第一千一百二十九条规定作为第一顺序继承人时，不影响其子女代位继承。

第十九条 对被继承人生活提供了主要经济来源，或者在劳务等方面给予了主要扶助的，应当认定其尽了主要赡养义务或主要扶养义务。

第二十条 依照民法典第一千一百三十一条规定可以分给适当遗产的人，分给他们遗产时，按具体情况可以多于或者少于继承人。

第二十一条 依照民法典第一千一百三十一条规定可以分给适当遗产的人，在其依法取得被继承人遗产的权利受到侵犯时，本人有权以独立的诉讼主体资格向人民法院提起诉讼。

第二十二条 继承人有扶养能力和扶养条件，愿意尽扶养义务，但被继承人因有固定收入和劳动能力，明确表示不要求其扶养的，分配遗产时，一般不应因此而影响其继承份额。

第二十三条 有扶养能力和扶养条件的继承人虽然与被继承人共同生活，但对需要扶养的被继承人不尽扶养义务，分配遗产时，可以少分或者不分。

》《最高人民法院关于适用〈中华人民共和国民法典〉总则编若干问题的解释》（法释〔2022〕6号 2022年2月24日）

第四条 涉及遗产继承、接受赠与等胎儿利益保护，父母在胎儿娩出前作为法定代理人主张相应权利的，人民法院依法予以支持。

《第八次全国法院民事商事审判工作会议（民事部分）纪要》（法〔2016〕399 号　2016 年 11 月 21 日）

25. 被继承人死亡后遗产未分割，各继承人均未表示放弃继承，依据继承法第二十五条规定应视为均已接受继承，遗产属各继承人共同共有；当事人诉请享有继承权、主张分割遗产的纠纷案件，应参照共有财产分割的原则，不适用有关诉讼时效的规定。

典型案例

汪某红诉汪某华继承纠纷案（《最高人民法院、中国残疾人联合会残疾人权益保护十大典型案例》案例一　2021 年 12 月 2 日）

【基本案情】

汪某红为持证智力残疾人，残疾等级二级，经当地民政局审核，符合农村居民最低生活保障政策有关规定，享受最低生活保障。汪某富系汪某红之父，汪某华系汪某富养子。1988 年，汪某富将汪某华、汪某红共同居住的房屋翻新重建。1996 年因洪水冲毁部分房屋，汪某华重新建设了牛栏等附属房屋；后又建设厨房、洗澡间各一间，并对房屋进行了修缮。汪某富去世后，2019 年，案涉房屋被列入拆迁范围，汪某华与某某人民政府签订《房屋拆迁安置补偿协议》，约定含主体房屋、附属房及简易房、附属物在内的拆迁补偿价款共 490286. 7 元，汪某华实际领取。汪某红认可其中部分房屋由汪某华建设，扣除相应补偿款后剩余款项为 314168 元。汪某红起诉请求汪某华返还其中的 230000 元。

【裁判结果】

安徽省宁国市人民法院经审理认为，汪某华作为养子，对汪某富进行赡养并承担了汪某富的丧葬事宜。汪某红享有低保且生活困难，分配遗产时亦应对其进行照顾。综合考虑涉案房屋及部分附属设施的建造、管理以及继承人赡养汪某富等实际情况，酌定汪某红继承的财产份额为 30%，即 94250 元（314168 元 × 30%）。遂判决汪某华支付汪某红 94250 元。

安徽省宣城市中级人民法院经审理认为，汪某红系智力残疾人，其家庭为享受最低生活保障的特殊家庭。依据继承法第十三条第二款有关“对生活有特殊困难的缺乏劳动能力的继承人，分配遗产时，应当予以照顾”的规定，人民法院在确定遗产继承份额时应给予汪某红特殊照顾及倾斜保护。汪某华应向汪某红支付拆迁补偿款 157084 元（314168 元 × 50%）。遂撤销一审判决，改判汪某华支付汪某红拆迁补偿款 157084 元。

【典型意义】

通常情况下，同一顺序的各个法定继承人，在生活状况、劳动能力和对被继承人所尽的赡养义务等方面条件基本相同或相近时，继承份额均等。一审法院认定汪某华对被继承人履行了较多的赡养义务，同时对于遗产有较大贡献，进而认定其有权继承遗产的 70%。从法律层面分析，似乎并无不当。但是，继承法同时规定，对于生活有特殊困难、缺乏劳动能力的继承人，分配遗产时应当予以照顾。本案中，汪某红及其配偶均身有残疾，其家庭经区民政局审核享受最低生活保障。汪某红生活具有特殊困难，符合继承法关于遗产分配时照顾有困难的特殊人群的规定。鉴于此，二审法院在遗产分配时，从照顾汪某红生活需要的角度出发，在一审判决的基础上，对遗产分配比例进行了调整，较好地实现了法理与情理的有机统一。

苏某甲诉李某田等法定继承纠纷案［《人民法院贯彻实施民法典典型案例（第一批）》案例八　2022 年 2 月 25 日］

【典型意义】

本案是适用民法典关于侄甥代位继承制度的典型案例。侄甥代位继承系民法典新设立的制度，符合我国民间传统，有利于保障财产在血缘家族内部的流转，减少产生遗产无人继承的状况，同时促进亲属关系的发展，引导人们重视亲属亲情，从而减少家族矛盾、促进社会和谐。本案中，审理法院还适用了遗产的酌给制度，即对继承人以外的对被继承人扶养较多的人适当分给遗产，体现了权利义务相一致原则，弘扬了积极妥善赡养老人的传统美德，充分体现了社会主义核心价值观的要求。

【基本案情】

被继承人苏某泉于2018年3月死亡，其父母和妻子均先于其死亡，生前未生育和收养子女。苏某泉的姐姐苏某乙先于苏某泉死亡，苏某泉无其他兄弟姐妹。苏某甲系苏某乙的养女。李某田是苏某泉堂姐的儿子，李某禾是李某田的儿子。苏某泉生前未立遗嘱，也未立遗赠扶养协议。上海市徐汇区华泾路某弄某号某室房屋的登记权利人为苏某泉、李某禾，共同共有。苏某泉的梅花牌手表1块及钻戒1枚由李某田保管。苏某甲起诉请求，依法继承系争房屋中属于被继承人苏某泉的产权份额，以及梅花牌手表1块和钻戒1枚。

【裁判结果】

生效裁判认为，当事人一致确认苏某泉生前未立遗嘱，也未立遗赠扶养协议，故苏某泉的遗产应由其继承人按照法定继承办理。苏某甲系苏某泉姐姐苏某乙的养子女，在苏某乙先于苏某泉死亡且苏某泉的遗产无人继承又无人受遗赠的情况下，根据《最高人民法院关于适用〈中华人民共和国民法典〉时间效力的若干规定》（以下简称《时间效力规定》）第十四条，适用民法典第一千一百二十八条第二款和第三款的规定，苏某甲有权作为苏某泉的法定继承人继承苏某泉的遗产。另外，李某田与苏某泉长期共同居住，苏某泉生病在护理院期间的事宜由李某田负责处理，费用由李某田代为支付，苏某泉的丧葬事宜也由李某田操办，相较苏某甲，李某田对苏某泉尽了更多的扶养义务，故李某田作为继承人以外对被继承人扶养较多的人，可以分得适当遗产且可多于苏某甲。对于苏某泉名下系争房屋的产权份额和梅花牌手表1块及钻戒1枚，法院考虑到有利于生产生活、便于执行的原则，判归李某田所有并由李某田向苏某甲给付房屋折价款人民币60万元。

30. 遗嘱继承纠纷

相关规范

《中华人民共和国民法典》（2020年）

第一百二十四条　【继承权】自然人依法享有继承权。

自然人合法的私有财产，可以依法继承。

第一千一百三十三条　【遗嘱处分个人财产】自然人可以依照本法规定立遗嘱处分个人财产，并可以指定遗嘱执行人。

自然人可以立遗嘱将个人财产指定由法定继承人中的一人或者数人继承。

自然人可以立遗嘱将个人财产赠与国家、集体或者法定继承人以外的组织、个人。

自然人可以依法设立遗嘱信托。

第一千一百三十四条　【自书遗嘱】自书遗嘱由遗嘱人亲笔书写，签名，注明年、月、日。

第一千一百三十五条　【代书遗嘱】代书遗嘱应当有两个以上见证人在场见证，由其中一人代书，并由遗嘱人、代书人和其他见证人签名，注明年、月、日。

第一千一百三十六条　【打印遗嘱】打印遗嘱应当有两个以上见证人在场见证。遗嘱人和见证人应当在遗嘱每一页签名，注明年、月、日。

第一千一百三十七条　【录音录像遗嘱】以录音录像形式立的遗嘱，应当有两个以上见证人在场见证。遗嘱人和见证人应当在录音录像中记录其姓名或者肖像，以及年、月、日。

第一千一百三十八条　【口头遗嘱】 遗嘱人在危急情况下，可以立口头遗嘱。口头遗嘱应当有两个以上见证人在场见证。危急情况消除后，遗嘱人能够以书面或者录音录像形式立遗嘱的，所立的口头遗嘱无效。

第一千一百三十九条　【公证遗嘱】 公证遗嘱由遗嘱人经公证机构办理。

第一千一百四十条　【遗嘱见证人资格的限制性规定】 下列人员不能作为遗嘱见证人：

（一）无民事行为能力人、限制民事行为能力人以及其他不具有见证能力的人；

（二）继承人、受遗赠人；

（三）与继承人、受遗赠人有利害关系的人。

第一千一百四十一条　【必留份】 遗嘱应当为缺乏劳动能力又没有生活来源的继承人保留必要的遗产份额。

第一千一百四十二条　【遗嘱的撤回、变更以及遗嘱效力顺位】 遗嘱人可以撤回、变更自己所立的遗嘱。

立遗嘱后，遗嘱人实施与遗嘱内容相反的民事法律行为的，视为对遗嘱相关内容的撤回。

立有数份遗嘱，内容相抵触的，以最后的遗嘱为准。

第一千一百四十三条　【遗嘱的实质要件】 无民事行为能力人或者限制民事行为能力人所立的遗嘱无效。

遗嘱必须表示遗嘱人的真实意思，受欺诈、胁迫所立的遗嘱无效。

伪造的遗嘱无效。

遗嘱被篡改的，篡改的内容无效。

第一千一百四十四条　【附义务遗嘱】 遗嘱继承或者遗赠附有义务的，继承人或者受遗赠人应当履行义务。没有正当理由不履行义务的，经利害关系人或者有关组织请求，人民法院可以取消其接受附义务部分遗产的权利。

》《中华人民共和国涉外民事关系法律适用法》（2010年）

第三十二条　遗嘱方式，符合遗嘱人立遗嘱时或者死亡时经常居所地法律、国籍国法律或者遗嘱行为地法律的，遗嘱均为成立。

第三十三条　遗嘱效力，适用遗嘱人立遗嘱时或者死亡时经常居所地法律或者国籍国法律。

第三十四条　遗产管理等事项，适用遗产所在地法律。

第三十五条　无人继承遗产的归属，适用被继承人死亡时遗产所在地法律。

》《最高人民法院关于适用〈中华人民共和国民法典〉时间效力的若干规定》（法释〔2020〕15号　2020年12月29日）

第十五条　民法典施行前，遗嘱人以打印方式立的遗嘱，当事人对该遗嘱效力发生争议的，适用民法典第一千一百三十六条的规定，但是遗产已经在民法典施行前处理完毕的除外。

第十六条　民法典施行前，受害人自愿参加具有一定风险的文体活动受到损害引起的民事纠纷案件，适用民法典第一千一百七十六条的规定。

第十七条　民法典施行前，受害人为保护自己合法权益采取扣留侵权人的财物等措施引起的民事纠纷案件，适用民法典第一千一百七十七条的规定。

第十八条　民法典施行前，因非营运机动车发生交通事故造成无偿搭乘人损害引起的民事纠纷案件，适用民法典第一千二百一十七条的规定。

第十九条　民法典施行前，从建筑物中抛掷物品或者从建筑物上坠落的物品造成他人损害引起的民事纠纷案件，适用民法典第一千二百五十四条的规定。

第二十条　民法典施行前成立的合同，依照法律规定或者当事人约定该合同的履行持续至民法典施行后，因民法典施行前履行合同发生争议的，适用当时的法律、司法解释的规定；因民法典施行后履行合同发生争议的，适用民法典第三编第四章和第五章的相关规定。

第二十一条 民法典施行前租赁期限届满，当事人主张适用民法典第七百三十四条第二款规定的，人民法院不予支持；租赁期限在民法典施行后届满，当事人主张适用民法典第七百三十四条第二款规定的，人民法院依法予以支持。

第二十二条 民法典施行前，经人民法院判决不准离婚后，双方又分居满一年，一方再次提起离婚诉讼的，适用民法典第一千零七十九条第五款的规定。

第二十三条 被继承人在民法典施行前立有公证遗嘱，民法典施行后又立有新遗嘱，其死亡后，因该数份遗嘱内容相抵触发生争议的，适用民法典第一千一百四十二条第三款的规定。

》《最高人民法院关于适用〈中华人民共和国民法典〉继承编的解释（一）》（法释〔2020〕23号 2020年12月29日）

第二十四条 继承人、受遗赠人的债权人、债务人，共同经营的合伙人，也应当视为与继承人、受遗赠人有利害关系，不能作为遗嘱的见证人。

第二十五条 遗嘱人未保留缺乏劳动能力又没有生活来源的继承人的遗产份额，遗产处理时，应当为该继承人留下必要的遗产，所剩余的部分，才可参照遗嘱确定的分配原则处理。

继承人是否缺乏劳动能力又没有生活来源，应当按遗嘱生效时该继承人的具体情况确定。

第二十六条 遗嘱人以遗嘱处分了国家、集体或者他人财产的，应当认定该部分遗嘱无效。

第二十七条 自然人在遗书中涉及死后个人财产处分的内容，确为死者的真实意思表示，有本人签名并注明了年、月、日，又无相反证据的，可以按自书遗嘱对待。

第二十八条 遗嘱人立遗嘱时必须具有完全民事行为能力。无民事行为能力人或者限制民事行为能力人所立的遗嘱，即使其本人后来具有完全民事行为能力，仍属无效遗嘱。遗嘱人立遗嘱时具有完全民事行为能力，后来成为无民事行为能力人或者限制民事行为能力人的，不影响遗嘱的效力。

第二十九条 附义务的遗嘱继承或者遗赠，如义务能够履行，而继承人、受遗赠人无正当理由不履行，经受益人或者其他继承人请求，人民法院可以取消其接受附义务部分遗产的权利，由提出请求的继承人或者受益人负责按遗嘱人的意愿履行义务，接受遗产。

》《最高人民法院关于适用〈中华人民共和国民法典〉总则编若干问题的解释》（法释〔2022〕6号 2022年2月24日）

第四条 涉及遗产继承、接受赠与等胎儿利益保护，父母在胎儿娩出前作为法定代理人主张相应权利的，人民法院依法予以支持。

指导案例

》李某、郭某阳诉郭某和、童某某继承纠纷案（最高人民法院指导案例50号 2015年4月15日发布）

【关键词】 民事 继承 人工授精 婚生子女

【裁判要点】

1. 夫妻关系存续期间，双方一致同意利用他人的精子进行人工授精并使女方受孕后，男方反悔，而女方坚持生出该子女的，不论该子女是否在夫妻关系存续期间出生，都应视为夫妻双方的婚生子女。

2. 如果夫妻一方所订立的遗嘱中没有为胎儿保留遗产份额，因违反《中华人民共和国继承法》第十九条规定，该部分遗嘱内容无效。分割遗产时，应当依照《中华人民共和国继承法》第二十八条规定，为胎儿保留继承份额。

【基本案情】

原告李某诉称：位于江苏省南京市某住宅小区的306室房屋，是其与被继承人郭某顺的夫妻共同财产。郭某顺因病死亡后，其儿子郭某阳出生。郭某顺的遗产，应当由妻子李某、儿子郭某阳与郭某顺的父母即被告郭某和、童某某等法定继承人共同继承。请求法院在析产继承时，考虑郭某和、童某某有自己的房产和退休工资，而李某无固定收入还要抚养幼子的情况，对李某和郭某阳给予照顾。

被告郭某和、童某某辩称：儿子郭某顺生前留下遗嘱，明确将306室赠与二被告，故对该房产不适用法定继承。李某所生的孩子与郭某顺不存在血缘关系，郭某顺在遗嘱中声明他不要这个人工授精生下的孩子，他在得知自己患癌症后，已向李某表示过不要这个孩子，是李某自己坚持要生下孩子。因此，应该由李某对孩子负责，不能将孩子列为郭某顺的继承人。

法院经审理查明：1998年3月3日，原告李某与郭某顺登记结婚。2002年，郭某顺以自己的名义购买了涉案建筑面积为45.08平方米的306室房屋，并办理了房屋产权登记。2004年1月30日，李某和郭某顺共同与南京军区南京总医院生殖遗传中心签订了人工授精协议书，对李某实施了人工授精，后李某怀孕。2004年4月，郭某顺因病住院，其在得知自己患了癌症后，向李某表示不要这个孩子，但李某不同意人工流产，坚持要生下孩子。5月20日，郭某顺在医院立下自书遗嘱，在遗嘱中声明他不要这个人工授精生下的孩子，并将306室房屋赠与其父母郭某和、童某某。郭某顺于5月23日病故。李某于当年10月22日产下一子，取名郭某阳。原告李某无业，每月领取最低生活保障金，另有不固定的打工收入，并持有夫妻关系存续期间的共同存款18705.4元。被告郭某和、童某某系郭某顺的父母，居住在同一个住宅小区的305室，均有退休工资。2001年3月，郭某顺为开店，曾向童某某借款8500元。

南京大陆房地产估价师事务所有限责任公司受法院委托，于2006年3月对涉案306室房屋进行了评估，经评估房产价值为19.3万元。

【裁判结果】

江苏省南京市秦淮区人民法院于2006年4月20日作出一审判决：涉案的306室房屋归原告李某所有；李某于本判决生效之日起30日内，给付原告郭某阳33442.4元，该款由郭某阳的法定代理人李某保管；李某于本判决生效之日起30日内，给付被告郭某和33442.4元、给付被告童某某41942.4元。一审宣判后，双方当事人均未提出上诉，判决已发生法律效力。

【裁判理由】

法院生效裁判认为：本案争议焦点主要有两方面：一是郭某阳是否为郭某顺和李某的婚生子女？二是在郭某顺留有遗嘱的情况下，对306室房屋应如何析产继承？

关于争议焦点一。《最高人民法院关于夫妻离婚后人工授精所生子女的法律地位如何确定的复函》中指出："在夫妻关系存续期间，双方一致同意进行人工授精，所生子女应视为夫妻双方的婚生子女，父母子女之间权利义务关系适用《中华人民共和国婚姻法》的有关规定。"郭某顺因无生育能力，签字同意医院为其妻子即原告李某施行人工授精手术，该行为表明郭某顺具有通过人工授精方法获得其与李某共同子女的意思表示。只要在夫妻关系存续期间，夫妻双方同意通过人工授精生育子女，所生子女均应视为夫妻双方的婚生子女。《中华人民共和国民法通则》第五十七条规定："民事法律行为从成立时起具有法律约束力。行为人非依法律规定或者取得对方同意，不得擅自变更或者解除。”因此，郭某顺在遗嘱中否认其与李某所怀胎儿的亲子关系，是无效民事行为，应当认定郭某阳是郭某顺和李某的婚生子女。

关于争议焦点二。《中华人民共和国继承法》（以下简称《继承法》）第五条规定：“继承开始后，按照法定继承办理；有遗嘱的，按照遗嘱继承或者遗赠办理；有遗赠扶养协议的，按照协议办理。”被继承人郭某顺死亡后，继承开始。鉴于郭某顺留有遗嘱，本案应当按照遗嘱继承办理。《继承法》第二十六条规定：“夫妻在婚姻关系存续期间所得的共同所有的财产，除有约定的以外，如果分割遗产，应当先将共同所有的财产的一半分出为配偶所有，其余的为被继承人的遗产。”《最高人民法院关于贯彻执行〈中华人民共和国继承法〉若干问题的意见》第38条规定：“遗嘱人以遗嘱处分了属于国家、集体或他人所有的财产，遗嘱的这部分，应认定无效。”登记在被继承人郭某顺名下的306室房屋，已查明是郭某顺与原告李某夫妻关系存续期间取得的夫妻共同财产。郭某顺死亡后，该房屋的一半应归李某所有，另一半才能作为郭某顺的遗产。郭某顺在遗嘱中，将306室全部房产处分归其父母，侵害了李某的房产权，遗嘱的这部分应属无效。此外，《继承法》第十九条规定：“遗嘱应当对缺乏劳动能力又没有生活来源的继承人保留必要的遗产份额。”郭某顺在立遗嘱时，明知其妻子腹中的胎儿而没有在遗嘱中为胎儿保留必要的遗产份额，该部分遗嘱内容无效。《继承法》第二十八条规定：“遗产分割时，应当保留胎儿的继承份额。”因此，在分割遗产时，应当为该胎儿保留继承份额。综上，在扣除应当归李某所有的财产和应当为胎儿保留的继承份额之后，郭某顺遗产的剩余部分才可以按遗嘱确定的分配原则处理。

典型案例

自愿赡养老人继承遗产案——高某翔诉高甲、高乙、高丙继承纠纷案（《人民法院大力弘扬社会主义核心价值观十大典型民事案例》案例九　2020年5月13日）

核心价值：中华孝道

【基本案情】

高某启与李某分别系高某翔的祖父母，高某翔没有工作，专职照顾高某启与李某生活直至二人去世，高某启与李某后事由高某翔出资办理。高某启与李某去世前立下代书遗嘱，主要内容为因高某翔照顾老人，二人去世后将居住的回迁房屋送给高某翔。高甲、高乙、高丙为高某启与李某的子女，案涉回迁房屋系高某启、李某与高甲交换房产所得。高甲、高乙、高丙认为案涉代书遗嘱的代书人是高某翔的妻子，且没有见证人在场，遗嘱无效。高某翔以上述三人为被告提起诉讼，请求确认高某启、李某所立案涉遗嘱合法有效，以及确认其因继承取得案涉回迁房屋的所有权。

【裁判结果】

鞍山市中级人民法院认为，高某翔提供的代书遗嘱因代书人是高某翔的妻子，在代书遗嘱时双方是恋爱关系，这种特殊亲密的关系与高某翔取得遗产存在身份和利益上的利害关系，属于《继承法》第十八条规定的禁止代书人，因此其代书行为不符合代书遗嘱的法定形式要求，应属无效。本案应当按照法定继承进行处理。高某翔虽然不是法定第一顺序继承人，但其自愿赡养高某启、李某并承担了丧葬费用，根据《继承法》第十四条的规定，继承人以外的对被继承人扶养较多的人，可以分配给他们适当的遗产，高某翔可以视为第一顺序继承人。

《继承法》第十四条所规定的“适当分配遗产”，是指与非继承人所行扶养行为相适应，和其他有赡养义务的继承人所尽赡养义务相比较的适当比例。高某翔虽没有赡养祖父母的法定义务，但其能专职侍奉生病的祖父母多年直至老人病故，使老人得以安享晚年，高某翔几乎尽到了对高某启、李某两位被继承人生养死葬的全部扶养行为，这正是良好社会道德风尚的具体体现，并足以让社会、家庭给予褒奖。而本案其他继承人有能力扶养老人，但仅是在老人患病期间轮流护理，与高某翔之后数年对患病老人的照顾相比，高甲、高乙、高丙的行为不能认为尽到了扶养义务。据此，高某翔有权获得与其巨大付出相适应的继承案涉回迁房屋的权利。

【典型意义】

遗产继承处理的不仅是当事人之间的财产关系，还关系到家庭伦理和社会道德风尚，继承人应当本着互谅互让、和睦团结的精神消除误会，积极修复亲情关系，共促良好家风。本案中，高某翔虽没有赡养祖父母的法定义务，但其能专职侍奉生病的祖父母多年直至老人病故，是良好社会道德风尚的具体体现，应当予以鼓励。本案裁判结合《继承法》的规定对高某翔的赡养行为给予高度肯定，确定了其作为非法定继承人享有第一顺位的继承权利，并结合其赡养行为对高某翔适当继承遗产的范围进行合理认定，实现了情理法的有机融合，弘扬了团结友爱、孝老爱亲的中华民族传统美德。

31. 被继承人债务清偿纠纷

相关规范

»《中华人民共和国民法典》（2020 年）

第六百七十四条　【借款人支付利息的期限】借款人应当按照约定的期限支付利息。对支付利息的期限没有约定或者约定不明确，依据本法第五百一十条的规定仍不能确定，借款期间不满一年的，应当在返还借款时一并支付；借款期间一年以上的，应当在每届满一年时支付，剩余期间不满一年的，应当在返还借款时一并支付。

第一千一百六十一条　【被继承人税款、债务清偿的原则】继承人以所得遗产实际价值为限清偿被继承人依法应当缴纳的税款和债务。超过遗产实际价值部分，继承人自愿偿还的不在此限。

继承人放弃继承的，对被继承人依法应当缴纳的税款和债务可以不负清偿责任。

第一千一百六十二条　【清偿被继承人税款、债务优先于执行遗赠的原则】执行遗赠不得妨碍清偿遗赠人依法应当缴纳的税款和债务。

32. 遗赠纠纷

相关规范

»《中华人民共和国民法典》（2020 年）

第一千一百二十三条　【法定继承、遗嘱继承、遗赠和遗赠扶养协议的效力】继承开始后，按照法定继承办理；有遗嘱的，按照遗嘱继承或者遗赠办理；有遗赠扶养协议的，按照协议办理。

第一千一百二十四条　【继承的接受和放弃】继承开始后，继承人放弃继承的，应当在遗产处理前，以书面形式作出放弃继承的表示；没有表示的，视为接受继承。

受遗赠人应当在知道受遗赠后六十日内，作出接受或者放弃受遗赠的表示；到期没有表示的，视为放弃受遗赠。

第一千一百三十三条　【遗嘱处分个人财产】自然人可以依照本法规定立遗嘱处分个人财产，并可以指定遗嘱执行人。

自然人可以立遗嘱将个人财产指定由法定继承人中的一人或者数人继承。

自然人可以立遗嘱将个人财产赠与国家、集体或者法定继承人以外的组织、个人。

自然人可以依法设立遗嘱信托。

第一千一百六十二条　【清偿被继承人税款、债务优先于执行遗赠的原则】执行遗赠不得妨碍清偿遗赠人依法应当缴纳的税款和债务。

《最高人民法院关于适用〈中华人民共和国民法典〉时间效力的若干规定》（法释〔2020〕15号 2020年12月29日）

第十三条 民法典施行前，继承人有民法典第一千一百二十五条第一款第四项和第五项规定行为之一，对该继承人是否丧失继承权发生争议的，适用民法典第一千一百二十五条第一款和第二款的规定。

民法典施行前，受遗赠人有民法典第一千一百二十五条第一款规定行为之一，对受遗赠人是否丧失受遗赠权发生争议的，适用民法典第一千一百二十五条第一款和第三款的规定。

《最高人民法院关于适用〈中华人民共和国民法典〉继承编的解释（一）》（法释〔2020〕23号 2020年12月29日）

第二十四条 继承人、受遗赠人的债权人、债务人，共同经营的合伙人，也应当视为与继承人、受遗赠人有利害关系，不能作为遗嘱的见证人。

第二十五条 遗嘱人未保留缺乏劳动能力又没有生活来源的继承人的遗产份额，遗产处理时，应当为该继承人留下必要的遗产，所剩余的部分，才可参照遗嘱确定的分配原则处理。

继承人是否缺乏劳动能力又没有生活来源，应当按遗嘱生效时该继承人的具体情况确定。

第二十六条 遗嘱人以遗嘱处分了国家、集体或者他人财产的，应当认定该部分遗嘱无效。

第二十七条 自然人在遗书中涉及死后个人财产处分的内容，确为死者的真实意思表示，有本人签名并注明了年、月、日，又无相反证据的，可以按自书遗嘱对待。

第二十八条 遗嘱人立遗嘱时必须具有完全民事行为能力。无民事行为能力人或者限制民事行为能力人所立的遗嘱，即使其本人后来具有完全民事行为能力，仍属无效遗嘱。遗嘱人立遗嘱时具有完全民事行为能力，后来成为无民事行为能力人或者限制民事行为能力人的，不影响遗嘱的效力。

第二十九条 附义务的遗嘱继承或者遗赠，如义务能够履行，而继承人、受遗赠人无正当理由不履行，经受益人或者其他继承人请求，人民法院可以取消其接受附义务部分遗产的权利，由提出请求的继承人或者受益人负责按遗嘱人的意愿履行义务，接受遗产。

33. 遗赠扶养协议纠纷

相关规范

《中华人民共和国民法典》（2020年）

第一千一百二十三条 【法定继承、遗嘱继承、遗赠和遗赠扶养协议的效力】 继承开始后，按照法定继承办理；有遗嘱的，按照遗嘱继承或者遗赠办理；有遗赠扶养协议的，按照协议办理。

第一千一百五十八条 自然人可以与继承人以外的组织或者个人签订遗赠扶养协议。按照协议，该组织或者个人承担该自然人生养死葬的义务，享有受遗赠的权利。

《最高人民法院关于适用〈中华人民共和国民法典〉继承编的解释（一）》（法释〔2020〕23号 2020年12月29日）

第三条 被继承人生前与他人订有遗赠扶养协议，同时又立有遗嘱的，继承开始后，如果遗赠扶养协议与遗嘱没有抵触，遗产分别按协议和遗嘱处理；如果有抵触，按协议处理，与协议抵触的遗嘱全部或者部分无效。

第四十条　继承人以外的组织或者个人与自然人签订遗赠扶养协议后，无正当理由不履行，导致协议解除的，不能享有受遗赠的权利，其支付的供养费用一般不予补偿；遗赠人无正当理由不履行，导致协议解除的，则应当偿还继承人以外的组织或者个人已支付的供养费用。

34. 遗产管理纠纷

相关规范

>>《中华人民共和国民法典》（2020 年）

第一千一百四十五条　【遗产管理人的选任】继承开始后，遗嘱执行人为遗产管理人；没有遗嘱执行人的，继承人应当及时推选遗产管理人；继承人未推选的，由继承人共同担任遗产管理人；没有继承人或者继承人均放弃继承的，由被继承人生前住所地的民政部门或者村民委员会担任遗产管理人。

第一千一百四十六条　【遗产管理人的指定】对遗产管理人的确定有争议的，利害关系人可以向人民法院申请指定遗产管理人。

第一千一百四十七条　【遗产管理人的职责】遗产管理人应当履行下列职责：

（一）清理遗产并制作遗产清单；

（二）向继承人报告遗产情况；

（三）采取必要措施防止遗产毁损、灭失；

（四）处理被继承人的债权债务；

（五）按照遗嘱或者依照法律规定分割遗产；

（六）实施与管理遗产有关的其他必要行为。

第一千一百四十八条　【遗产管理人未尽职责的民事责任】遗产管理人应当依法履行职责，因故意或者重大过失造成继承人、受遗赠人、债权人损害的，应当承担民事责任。

第一千一百四十九条　【遗产管理人的报酬】遗产管理人可以依照法律规定或者按照约定获得报酬。

>>《最高人民法院关于适用〈中华人民共和国民法典〉继承编的解释（一）》（法释〔2020〕23 号　2020 年 12 月 29 日）

第三十三条　继承人放弃继承应当以书面形式向遗产管理人或者其他继承人表示。

>>《最高人民法院关于为实施积极应对人口老龄化国家战略提供司法服务和保障的意见》（法发〔2022〕15 号　2022 年 3 月 29 日）

5. 依法妥善审理涉老年人继承纠纷案件。落实民法典遗产管理人制度，依法确定遗产管理人，保障遗产妥善管理、顺利分割。要依法保护各类遗嘱形式，切实尊重老年人立遗嘱时的真实意愿，保障老年人遗产处分权。依法认定各类遗赠扶养协议效力，满足养老形式多样化需求。

第三部分　物权纠纷

四、不动产登记纠纷

35. 异议登记不当损害责任纠纷

相关规范

《中华人民共和国民法典》（2020 年）

第二百二十条　【更正登记与异议登记】权利人、利害关系人认为不动产登记簿记载的事项错误的，可以申请更正登记。不动产登记簿记载的权利人书面同意更正或者有证据证明登记确有错误的，登记机构应当予以更正。

不动产登记簿记载的权利人不同意更正的，利害关系人可以申请异议登记。登记机构予以异议登记，申请人自异议登记之日起十五日内不提起诉讼的，异议登记失效。异议登记不当，造成权利人损害的，权利人可以向申请人请求损害赔偿。

《不动产登记暂行条例》（2019 年修订）

第二条　本条例所称不动产登记，是指不动产登记机构依法将不动产权利归属和其他法定事项记载于不动产登记簿的行为。

本条例所称不动产，是指土地、海域以及房屋、林木等定着物。

第三条　不动产首次登记、变更登记、转移登记、注销登记、更正登记、异议登记、预告登记、查封登记等，适用本条例。

《最高人民法院关于适用〈中华人民共和国民法典〉物权编的解释（一）》（法释〔2020〕24 号　2020 年 12 月 29 日）

第二条　当事人有证据证明不动产登记簿的记载与真实权利状态不符、其为该不动产物权的真实权利人，请求确认其享有物权的，应予支持。

第三条　异议登记因民法典第二百二十条第二款规定的事由失效后，当事人提起民事诉讼，请求确认物权归属的，应当依法受理。异议登记失效不影响人民法院对案件的实体审理。

第六条　转让人转让船舶、航空器和机动车等所有权，受让人已经支付合理价款并取得占有，虽未经登记，但转让人的债权人主张其为民法典第二百二十五条所称的“善意第三人”的，不予支持，法律另有规定的除外。

第八条 依据民法典第二百二十九条至第二百三十一条规定享有物权，但尚未完成动产交付或者不动产登记的权利人，依据民法典第二百三十五条至第二百三十八条的规定，请求保护其物权的，应予支持。

第十五条 具有下列情形之一的，应当认定不动产受让人知道转让人无处分权：

（一）登记簿上存在有效的异议登记；

（二）预告登记有效期内，未经预告登记的权利人同意；

（三）登记簿上已经记载司法机关或者行政机关依法裁定、决定查封或者以其他形式限制不动产权利的有关事项；

（四）受让人知道登记簿上记载的权利主体错误；

（五）受让人知道他人已经依法享有不动产物权。

真实权利人有证据证明不动产受让人应当知道转让人无处分权的，应当认定受让人具有重大过失。

第十七条 民法典第三百一十一条第一款第一项所称的"受让人受让该不动产或者动产时"，是指依法完成不动产物权转移登记或者动产交付之时。

当事人以民法典第二百二十六条规定的方式交付动产的，转让动产民事法律行为生效时为动产交付之时；当事人以民法典第二百二十七条规定的方式交付动产的，转让人与受让人之间有关转让返还原物请求权的协议生效时为动产交付之时。

法律对不动产、动产物权的设立另有规定的，应当按照法律规定的时间认定权利人是否为善意。

36. 虚假登记损害责任纠纷

相关规范

《中华人民共和国民法典》（2020年）

第二百二十二条 【不动产登记错误的赔偿】 当事人提供虚假材料申请登记，造成他人损害的，应当承担赔偿责任。

因登记错误，造成他人损害的，登记机构应当承担赔偿责任。登记机构赔偿后，可以向造成登记错误的人追偿。

《中华人民共和国城市房地产管理法》（2019年修正）

第六十一条 以出让或者划拨方式取得土地使用权，应当向县级以上地方人民政府土地管理部门申请登记，经县级以上地方人民政府土地管理部门核实，由同级人民政府颁发土地使用权证书。

在依法取得的房地产开发用地上建成房屋的，应当凭土地使用权证书向县级以上地方人民政府房产管理部门申请登记，由县级以上地方人民政府房产管理部门核实并颁发房屋所有权证书。

房地产转让或者变更时，应当向县级以上地方人民政府房产管理部门申请房产变更登记，并凭变更后的房屋所有权证书向同级人民政府土地管理部门申请土地使用权变更登记，经同级人民政府土地管理部门核实，由同级人民政府更换或者更改土地使用权证书。

法律另有规定的，依照有关法律的规定办理。

第七十一条 房产管理部门、土地管理部门工作人员玩忽职守、滥用职权，构成犯罪的，依法追究刑事责任；不构成犯罪的，给予行政处分。

房产管理部门、土地管理部门工作人员利用职务上的便利，索取他人财物，或者非法收受他人财物为他人谋取利益，构成犯罪的，依法追究刑事责任；不构成犯罪的，给予行政处分。

》《中华人民共和国土地管理法》（2019年修正）

第七十七条 未经批准或者采取欺骗手段骗取批准，非法占用土地的，由县级以上人民政府自然资源主管部门责令退还非法占用的土地，对违反土地利用总体规划擅自将农用地改为建设用地的，限期拆除在非法占用的土地上新建的建筑物和其他设施，恢复土地原状，对符合土地利用总体规划的，没收在非法占用的土地上新建的建筑物和其他设施，可以并处罚款；对非法占用土地单位的直接负责的主管人员和其他直接责任人员，依法给予处分；构成犯罪的，依法追究刑事责任。

超过批准的数量占用土地，多占的土地以非法占用土地论处。

》《不动产登记暂行条例》（2019年修订）

第二十九条 不动产登记机构登记错误给他人造成损害，或者当事人提供虚假材料申请登记给他人造成损害的，依照《中华人民共和国物权法》的规定承担赔偿责任。

第三十条 不动产登记机构工作人员进行虚假登记，损毁、伪造不动产登记簿，擅自修改登记事项，或者有其他滥用职权、玩忽职守行为的，依法给予处分；给他人造成损害的，依法承担赔偿责任；构成犯罪的，依法追究刑事责任。

》《最高人民法院关于审理房屋登记案件若干问题的规定》（法释〔2010〕15号 2010年11月5日）

第十二条 申请人提供虚假材料办理房屋登记，给原告造成损害，房屋登记机构未尽合理审慎职责的，应当根据其过错程度及其在损害发生中所起作用承担相应的赔偿责任。

第十三条 房屋登记机构工作人员与第三人恶意串通违法登记，侵犯原告合法权益的，房屋登记机构与第三人承担连带赔偿责任。

》《最高人民法院关于适用〈中华人民共和国民法典〉物权编的解释（一）》（法释〔2020〕24号 2020年12月29日）

第一条 因不动产物权的归属，以及作为不动产物权登记基础的买卖、赠与、抵押等产生争议，当事人提起民事诉讼的，应当依法受理。当事人已经在行政诉讼中申请一并解决上述民事争议，且人民法院一并审理的除外。

第二条 当事人有证据证明不动产登记簿的记载与真实权利状态不符、其为该不动产物权的真实权利人，请求确认其享有物权的，应予支持。

第五条 预告登记的买卖不动产物权的协议被认定无效、被撤销，或者预告登记的权利人放弃债权的，应当认定为民法典第二百二十一条第二款所称的“债权消灭”。

第六条 转让人转让船舶、航空器和机动车等所有权，受让人已经支付合理价款并取得占有，虽未经登记，但转让人的债权人主张其为民法典第二百二十五条所称的“善意第三人”的，不予支持，法律另有规定的除外。

第八条 依据民法典第二百二十九条至第二百三十一条规定享有物权，但尚未完成动产交付或者不动产登记的权利人，依据民法典第二百三十五条至第二百三十八条的规定，请求保护其物权的，应予支持。

五、物权保护纠纷

37. 物权确认纠纷

（1）所有权确认纠纷
（2）用益物权确认纠纷
（3）担保物权确认纠纷

相关规范

》《中华人民共和国民法典》（2020 年）

第二百三十四条 【物权确认请求权】 因物权的归属、内容发生争议的，利害关系人可以请求确认权利。

》《中华人民共和国涉外民事关系法律适用法》（2010 年）

第三十六条 不动产物权，适用不动产所在地法律。

第三十七条 当事人可以协议选择动产物权适用的法律。当事人没有选择的，适用法律事实发生时动产所在地法律。

第三十八条 当事人可以协议选择运输中动产物权发生变更适用的法律。当事人没有选择的，适用运输目的地法律。

》《最高人民法院关于适用〈中华人民共和国民法典〉物权编的解释（一）》（法释〔2020〕24 号 2020 年 12 月 29 日）

第一条 因不动产物权的归属，以及作为不动产物权登记基础的买卖、赠与、抵押等产生争议，当事人提起民事诉讼的，应当依法受理。当事人已经在行政诉讼中申请一并解决上述民事争议，且人民法院一并审理的除外。

第十七条 民法典第三百一十一条第一款第一项所称的“受让人受让该不动产或者动产时”，是指依法完成不动产物权转移登记或者动产交付之时。

当事人以民法典第二百二十六条规定的方式交付动产的，转让动产民事法律行为生效时为动产交付之时；当事人以民法典第二百二十七条规定的方式交付动产的，转让人与受让人之间有关转让返还原物请求权的协议生效时为动产交付之时。

法律对不动产、动产物权的设立另有规定的，应当按照法律规定的时间认定权利人是否为善意。

第十八条 民法典第三百一十一条第一款第二项所称“合理的价格”，应当根据转让标的物的性质、数量以及付款方式等具体情况，参考转让时交易地市场价格以及交易习惯等因素综合认定。

第十九条 转让人将民法典第二百二十五条规定的船舶、航空器和机动车等交付给受让人的，应当认定符合民法典第三百一十一条第一款第三项规定的善意取得的条件。

第二十条 具有下列情形之一，受让人主张依据民法典第三百一十一条规定取得所有权的，不予支持：

（一）转让合同被认定无效；

（二）转让合同被撤销。

38. 返还原物纠纷

相关规范

《中华人民共和国民法典》（2020 年）

第一百七十九条 【承担民事责任的方式】 承担民事责任的方式主要有：

……

（四）返还财产；

……

第二百三十五条 【返还原物请求权】 无权占有不动产或者动产的，权利人可以请求返还原物。

第二百三十七条 【物权复原请求权】 造成不动产或者动产毁损的，权利人可以依法请求修理、重作、更换或者恢复原状。

第二百三十八条 【物权损害赔偿请求权】 侵害物权，造成权利人损害的，权利人可以依法请求损害赔偿，也可以依法请求承担其他民事责任。

《最高人民法院关于适用〈中华人民共和国民法典〉物权编的解释（一）》（法释〔2020〕24 号 2020 年 12 月 29 日）

第八条 依据民法典第二百二十九条至第二百三十一条规定享有物权，但尚未完成动产交付或者不动产登记的权利人，依据民法典第二百三十五条至第二百三十八条的规定，请求保护其物权的，应予支持。

39. 排除妨害纠纷

相关规范

《中华人民共和国民法典》（2020 年）

第一百七十九条 【承担民事责任的方式】 承担民事责任的方式主要有：

……

（二）排除妨碍；

……

第二百三十六条 【排除妨害、消除危险请求权】 妨害物权或者可能妨害物权的，权利人可以请求排除妨害或者消除危险。

第二百四十条 【所有权的定义】 所有权人对自己的不动产或者动产，依法享有占有、使用、收益和处分的权利。

《最高人民法院关于适用〈中华人民共和国民法典〉物权编的解释（一）》（法释〔2020〕24 号 2020 年 12 月 29 日）

第八条 依据民法典第二百二十九条至第二百三十一条规定享有物权，但尚未完成动产交付或者不动产登记的权利人，依据民法典第二百三十五条至第二百三十八条的规定，请求保护其物权的，应予支持。

40. 消除危险纠纷

相关规范

《中华人民共和国民法典》（2020 年）

第一百七十九条 【承担民事责任的方式】 承担民事责任的方式主要有：

……

（三）消除危险；

……

第二百三十六条 【排除妨害、消除危险请求权】妨害物权或者可能妨害物权的，权利人可以请求排除妨害或者消除危险。

41. 修理、重作、更换纠纷

相关规范

》《中华人民共和国民法典》（2020年）

第一百七十九条 【承担民事责任的方式】承担民事责任的方式主要有：

……

（六）修理、重作、更换；

……

第二百三十七条 【物权复原请求权】造成不动产或者动产毁损的，权利人可以依法请求修理、重作、更换或者恢复原状。

》《最高人民法院关于适用〈中华人民共和国民法典〉物权编的解释（一）》（法释〔2020〕24号 2020年12月29日）

第八条 依据民法典第二百二十九条至第二百三十一条规定享有物权，但尚未完成动产交付或者不动产登记的权利人，依据民法典第二百三十五条至第二百三十八条的规定，请求保护其物权的，应予支持。

42. 恢复原状纠纷

相关规范

》《中华人民共和国民法典》（2020年）

第一百七十九条 【承担民事责任的方式】承担民事责任的方式主要有：

……

（五）恢复原状；

……

第二百三十七条 【物权复原请求权】造成不动产或者动产毁损的，权利人可以依法请求修理、重作、更换或者恢复原状。

43. 财产损害赔偿纠纷

相关规范

》《中华人民共和国民法典》（2020年）

第一百七十九条 【承担民事责任的方式】承担民事责任的方式主要有：

……

（八）赔偿损失；

……

第二百三十八条 【物权损害赔偿请求权】侵害物权，造成权利人损害的，权利人可以依法请求损害赔偿，也可以依法请求承担其他民事责任。

》《最高人民法院关于适用〈中华人民共和国民法典〉物权编的解释（一）》（法释〔2020〕24号 2020年12月29日）

第八条 依据民法典第二百二十九条至第二百三十一条规定享有物权，但尚未完成动产交付或者不动产登记的权利人，依据民法典第二百三十五条至第二百三十八条的规定，请求保护其物权的，应予支持。

六、所有权纠纷

44. 侵害集体经济组织成员权益纠纷

相关规范

》《中华人民共和国民法典》（2020年）

第二百六十一条 【农民集体所有财产归属及重大事项集体决定】农民集体所有的不动产和动产，属于本集体成员集体所有。

下列事项应当依照法定程序经本集体成员决定：

（一）土地承包方案以及将土地发包给本集体以外的组织或者个人承包；

（二）个别土地承包经营权人之间承包地的调整；

（三）土地补偿费等费用的使用、分配办法；

（四）集体出资的企业的所有权变动等事项；

（五）法律规定的其他事项。

第二百六十二条 【集体所有的不动产所有权行使】对于集体所有的土地和森林、山岭、草原、荒地、滩涂等，依照下列规定行使所有权：

（一）属于村农民集体所有的，由村集体经济组织或者村民委员会依法代表集体行使所有权；

（二）分别属于村内两个以上农民集体所有的，由村内各该集体经济组织或者村民小组依法代表集体行使所有权；

（三）属于乡镇农民集体所有的，由乡镇集体经济组织代表集体行使所有权。

第二百六十三条 【城镇集体所有的财产权利行使】城镇集体所有的不动产和动产，依照法律、行政法规的规定由本集体享有占有、使用、收益和处分的权利。

第二百六十四条 【集体成员对集体财产的知情权】农村集体经济组织或者村民委员会、村民小组应当依照法律、行政法规以及章程、村规民约向本集体成员公布集体财产的状况。集体成员有权查阅、复制相关资料。

第二百六十五条 【集体所有财产保护及农村集体成员合法权益保护】集体所有的财产受法律保护，禁止任何组织或者个人侵占、哄抢、私分、破坏。

农村集体经济组织、村民委员会或者其负责人作出的决定侵害集体成员合法权益的，受侵害的集体成员可以请求人民法院予以撤销。

45. 建筑物区分所有权纠纷

（1）业主专有权纠纷

（2）业主共有权纠纷

（3）车位纠纷

（4）车库纠纷

相关规范

》《中华人民共和国民法典》（2020年）

第二百七十五条 【车位、车库的归

属】建筑区划内，规划用于停放汽车的车位、车库的归属，由当事人通过出售、附赠或者出租等方式约定。

占用业主共有的道路或者其他场地用于停放汽车的车位，属于业主共有。

第二百七十六条 【车位、车库的首要用途】建筑区划内，规划用于停放汽车的车位、车库应当首先满足业主的需要。

第二百七十九条 【业主改变住宅用途的限制条件】业主不得违反法律、法规以及管理规约，将住宅改变为经营性用房。业主将住宅改变为经营性用房的，除遵守法律、法规以及管理规约外，应当经有利害关系的业主一致同意。

第二百八十条 【业主大会、业主委员会决定的效力】业主大会或者业主委员会的决定，对业主具有法律约束力。

业主大会或者业主委员会作出的决定侵害业主合法权益的，受侵害的业主可以请求人民法院予以撤销。

第二百八十一条 【建筑物及其附属设施维修资金的归属和处分】建筑物及其附属设施的维修资金，属于业主共有。经业主共同决定，可以用于电梯、屋顶、外墙、无障碍设施等共有部分的维修、更新和改造。建筑物及其附属设施的维修资金的筹集、使用情况应当定期公布。

紧急情况下需要维修建筑物及其附属设施的，业主大会或者业主委员会可以依法申请使用建筑物及其附属设施的维修资金。

第二百八十二条 【共有部分的收入分配】建设单位、物业服务企业或者其他管理人等利用业主的共有部分产生的收入，在扣除合理成本之后，属于业主共有。

第二百八十三条 【建筑物及其附属设施的费用分担和收益分配】建筑物及其附属设施的费用分摊、收益分配等事项，有约定的，按照约定；没有约定或者约定不明确的，按照业主专有部分面积所占比例确定。

》《最高人民法院关于审理建筑物区分所有权纠纷案件适用法律若干问题的解释》（2020年12月23日修正）

第十四条 建设单位、物业服务企业或者其他管理人等擅自占用、处分业主共有部分、改变其使用功能或者进行经营性活动，权利人请求排除妨害、恢复原状、确认处分行为无效或者赔偿损失的，人民法院应予支持。

属于前款所称擅自进行经营性活动的情形，权利人请求建设单位、物业服务企业或者其他管理人等将扣除合理成本之后的收益用于补充专项维修资金或者业主共同决定的其他用途的，人民法院应予支持。行为人对成本的支出及其合理性承担举证责任。

指导案例

》上海市虹口区久乐大厦小区业主大会诉上海环亚实业总公司业主共有权纠纷案（最高人民法院指导案例65号 2016年9月19日发布）

【关键词】 民事 业主共有权 专项维修资金 法定义务 诉讼时效

【裁判要点】

专项维修资金是专门用于物业共用部位、共用设施设备保修期满后的维修和更新、改造的资金，属于全体业主共有。缴纳专项维修资金是业主为维护建筑物的长期安全使用而应承担的一项法定义务。业主拒绝缴纳专项维修资金，并以诉讼时效提出抗辩的，人民法院不予支持。

【基本案情】

2004年3月，被告上海环亚实业总公司（以下简称环亚公司）取得上海市虹口区久乐大厦底层、二层房屋的产权，底层建筑面积691.36平方米、二层建筑面积910.39平方米。环亚公司未支付过上述房屋的专项维修资金。2010年9月，原告久乐大厦小区业主大会（以下简称久乐业主大会）经征求业主表决意见，决定由久乐业主大会代表业主提起追讨维修资金的诉讼。久乐业主大会向法院起诉，要求环亚公司就其所有的久乐大厦底层、二层的房屋向原告缴纳专项维修资金 57566.9 元。被告环亚公司辩称，其于 2004 年获得房地产权证，至本案诉讼有 6 年之久，原告从未主张过维修资金，该请求已超过诉讼时效，不同意原告诉请。

【裁判结果】

上海市虹口区人民法院于 2011 年 7 月 21 日作出（2011）虹民三（民）初字第 833 号民事判决：被告环亚公司应向原告久乐业主大会缴纳久乐大厦底层、二层房屋的维修资金 57566.9 元。宣判后，环亚公司向上海市第二中级人民法院提起上诉。上海市第二中级人民法院于 2011 年 9 月 21 日作出（2011）沪二中民二（民）终字第 1908 号民事判决：驳回上诉，维持原判。

【裁判理由】

法院生效裁判认为：《中华人民共和国物权法》（以下简称《物权法》）第七十九条规定："建筑物及其附属设施的维修资金，属于业主共有。经业主共同决定，可以用于电梯、水箱等共有部分的维修。"《物业管理条例》第五十四条第二款规定："专项维修资金属于业主所有，专项用于物业保修期满后物业共用部位、共用设施设备的维修和更新、改造，不得挪作他用。"《住宅专项维修资金管理办法》（建设部、财政部令第 165 号，以下简称《办法》）第二条第二款规定，"本办法所称住宅专项维修资金，是指专项用于住宅共用部位、共用设施设备保修期满后的维修和更新、改造的资金。"依据上述规定，维修资金性质上属于专项基金，系为特定目的，即为住宅共用部位、共用设施设备保修期满后的维修和更新、改造而专设的资金。它在购房款、税费、物业费之外，单独筹集、专户存储、单独核算。由其专用性所决定，专项维修资金的缴纳并非源于特别的交易或法律关系，而是为了准备应急性地维修、更新或改造区分所有建筑物的共有部分。由于共有部分的维护关乎全体业主的共同或公共利益，所以维修资金具有公共性、公益性。

《物业管理条例》第七条第四项规定，"业主在物业管理活动中，应当履行按照国家有关规定交纳专项维修资金的义务。"第五十四条第一款规定，"住宅物业、住宅小区内的非住宅物业或者与单幢住宅楼结构相连的非住宅物业的业主，应当按照国家有关规定交纳专项维修资金。"依据上述规定，缴纳专项维修资金是为特定范围的公共利益，即建筑物的全体业主共同利益而特别确立的一项法定义务，这种义务的产生与存在仅仅取决于义务人是否属于区分所有建筑物范围内的住宅或非住宅所有权人。因此，缴纳专项维修资金的义务是一种旨在维护共同或公共利益的法定义务，其只存在补缴问题，不存在因时间经过而可以不缴的问题。

业主大会要求补缴维修资金的权利，是业主大会代表全体业主行使维护小区共同或公共利益之职责的管理权。如果允许某些业主不缴纳维修资金而可享有以其他业主的维修资金维护共有部分而带来的利益，其他业主就有可能在维护共有部分上支付超出自己份额的金钱，这违背了公平原则，并将对建筑物的长期安全使用，对全体业主的共有或公共利益造成损害。

基于专项维修资金的性质和业主缴纳专项维修资金义务的性质，被告环亚公司作为久乐大厦的业主，不依法自觉缴纳专项维修资金，并以业主大会起诉追讨专项维修资金已超过诉讼时效进行抗辩，该抗辩理由不能成立。原告根据被告所有的物业面积，按照同期其他业主缴纳专项维修资金的计算标准算出的被告应缴纳的数额合理，据此判决被告应当按照原告诉请支付专项维修资金。

46. 业主撤销权纠纷

相关规范

《中华人民共和国民法典》（2020 年）

第二百七十八条 【业主共同决定事项及表决】下列事项由业主共同决定：

（一）制定和修改业主大会议事规则；

（二）制定和修改管理规约；

（三）选举业主委员会或者更换业主委员会成员；

（四）选聘和解聘物业服务企业或者其他管理人；

（五）使用建筑物及其附属设施的维修资金；

（六）筹集建筑物及其附属设施的维修资金；

（七）改建、重建建筑物及其附属设施；

（八）改变共有部分的用途或者利用共有部分从事经营活动；

（九）有关共有和共同管理权利的其他重大事项。

业主共同决定事项，应当由专有部分面积占比三分之二以上的业主且人数占比三分之二以上的业主参与表决。决定前款第六项至第八项规定的事项，应当经参与表决专有部分面积四分之三以上的业主且参与表决人数四分之三以上的业主同意。决定前款其他事项，应当经参与表决专有部分面积过半数的业主且参与表决人数过半数的业主同意。

第二百七十九条 【业主改变住宅用途的限制条件】业主不得违反法律、法规以及管理规约，将住宅改变为经营性用房。业主将住宅改变为经营性用房的，除遵守法律、法规以及管理规约外，应当经有利害关系的业主一致同意。

第二百八十条 【业主大会、业主委员会决定的效力】业主大会或者业主委员会的决定，对业主具有法律约束力。

业主大会或者业主委员会作出的决定侵害业主合法权益的，受侵害的业主可以请求人民法院予以撤销。

《物业管理条例》（2018 年修订）

第八条 物业管理区域内全体业主组成业主大会。

业主大会应当代表和维护物业管理区域内全体业主在物业管理活动中的合法权益。

第九条 一个物业管理区域成立一个业主大会。

物业管理区域的划分应当考虑物业的共用设施设备、建筑物规模、社区建设等因素。具体办法由省、自治区、直辖市制定。

第十条 同一个物业管理区域内的业主，应当在物业所在地的区、县人民政府房地产行政主管部门或者街道办事处、乡镇人民政府的指导下成立业主大会，并选举产生业主委员会。但是，只有一个业主的，或者业主人数较少且经全体业主一致同意，决定不成立业主大会的，由业主共同履行业主大会、业主委员会职责。

第十二条 业主大会会议可以采用集体讨论的形式，也可以采用书面征求意见的形式；但是，应当有物业管理区域内专有部分占建筑物总面积过半数的业主且占总人数过半数的业主参加。

业主可以委托代理人参加业主大会会议。

业主大会决定本条例第十一条第（五）项和第（六）项规定的事项，应当经专有部分占建筑物总面积 2/3 以上的业主且占总人数 2/3 以上的业主同意；决定本条例第十一条规定的其他事项，应当经专有部分占建筑物总面积过半数的业主且占总人数过半数的业主同意。

业主大会或者业主委员会的决定，对业主具有约束力。

业主大会或者业主委员会作出的决定侵害业主合法权益的，受侵害的业主可以请求人民法院予以撤销。

第十五条 业主委员会执行业主大会的

决定事项，履行下列职责：

（一）召集业主大会会议，报告物业管理的实施情况；

（二）代表业主与业主大会选聘的物业服务企业签订物业服务合同；

（三）及时了解业主、物业使用人的意见和建议，监督和协助物业服务企业履行物业服务合同；

（四）监督管理规约的实施；

（五）业主大会赋予的其他职责。

第十七条 管理规约应当对有关物业的使用、维护、管理，业主的共同利益，业主应当履行的义务，违反管理规约应当承担的责任等事项依法作出约定。

管理规约应当尊重社会公德，不得违反法律、法规或者损害社会公共利益。

管理规约对全体业主具有约束力。

第十九条 业主大会、业主委员会应当依法履行职责，不得作出与物业管理无关的决定，不得从事与物业管理无关的活动。

业主大会、业主委员会作出的决定违反法律、法规的，物业所在地的区、县人民政府房地产行政主管部门或者街道办事处、乡镇人民政府，应当责令限期改正或者撤销其决定，并通告全体业主。

》《最高人民法院关于审理建筑物区分所有权纠纷案件适用法律若干问题的解释》（2020年12月23日修正）

第一条 依法登记取得或者依据民法典第二百二十九条至第二百三十一条规定取得建筑物专有部分所有权的人，应当认定为民法典第二编第六章所称的业主。

基于与建设单位之间的商品房买卖民事法律行为，已经合法占有建筑物专有部分，但尚未依法办理所有权登记的人，可以认定为民法典第二编第六章所称的业主。

第十二条 业主以业主大会或者业主委员会作出的决定侵害其合法权益或者违反了法律规定的程序为由，依据民法典第二百八十条第二款的规定请求人民法院撤销该决定的，应当在知道或者应当知道业主大会或者业主委员会作出决定之日起一年内行使。

47. 业主知情权纠纷

相关规范

》《中华人民共和国民法典》（2020年）

第二百八十一条 【建筑物及其附属设施维修资金的归属和处分】 建筑物及其附属设施的维修资金，属于业主共有。经业主共同决定，可以用于电梯、屋顶、外墙、无障碍设施等共有部分的维修、更新和改造。建筑物及其附属设施的维修资金的筹集、使用情况应当定期公布。

紧急情况下需要维修建筑物及其附属设施的，业主大会或者业主委员会可以依法申请使用建筑物及其附属设施的维修资金。

》《最高人民法院关于审理建筑物区分所有权纠纷案件适用法律若干问题的解释》（2020年12月23日修正）

第十三条 业主请求公布、查阅下列应当向业主公开的情况和资料的，人民法院应予支持：

（一）建筑物及其附属设施的维修资金的筹集、使用情况；

（二）管理规约、业主大会议事规则，以及业主大会或者业主委员会的决定及会议记录；

（三）物业服务合同、共有部分的使用和收益情况；

（四）建筑区划内规划用于停放汽车的车位、车库的处分情况；

（五）其他应当向业主公开的情况和资料。

48. 遗失物返还纠纷

相关规范

》《中华人民共和国民法典》（2020 年）

第三百一十二条　【遗失物的善意取得】所有权人或者其他权利人有权追回遗失物。该遗失物通过转让被他人占有的，权利人有权向无处分权人请求损害赔偿，或者自知道或者应当知道受让人之日起二年内向受让人请求返还原物；但是，受让人通过拍卖或者向具有经营资格的经营者购得该遗失物的，权利人请求返还原物时应当支付受让人所付的费用。权利人向受让人支付所付费用后，有权向无处分权人追偿。

第三百一十三条　【善意取得的动产上原有权利的消灭】善意受让人取得动产后，该动产上的原有权利消灭。但是，善意受让人在受让时知道或者应当知道该权利的除外。

第三百一十四条　【拾得遗失物的返还】拾得遗失物，应当返还权利人。拾得人应当及时通知权利人领取，或者送交公安等有关部门。

第三百一十五条　【有关部门收到遗失物的处理】有关部门收到遗失物，知道权利人的，应当及时通知其领取；不知道的，应当及时发布招领公告。

第三百一十六条　【拾得人及有关部门妥善保管遗失物义务】拾得人在遗失物送交有关部门前，有关部门在遗失物被领取前，应当妥善保管遗失物。因故意或者重大过失致使遗失物毁损、灭失的，应当承担民事责任。

第三百一十七条　【权利人在领取遗失物时应尽义务】权利人领取遗失物时，应当向拾得人或者有关部门支付保管遗失物等支出的必要费用。

权利人悬赏寻找遗失物的，领取遗失物时应当按照承诺履行义务。

拾得人侵占遗失物的，无权请求保管遗失物等支出的费用，也无权请求权利人按照承诺履行义务。

第三百一十八条　【公告期满无人认领的遗失物归属】遗失物自发布招领公告之日起一年内无人认领的，归国家所有。

49. 漂流物返还纠纷

相关规范

》《中华人民共和国民法典》（2020 年）

第三百一十九条　【拾得漂流物、发现埋藏物或隐藏物】拾得漂流物、发现埋藏物或者隐藏物的，参照适用拾得遗失物的有关规定。法律另有规定的，依照其规定。

50. 埋藏物返还纠纷

相关规范

》《中华人民共和国民法典》（2020 年）

第三百一十九条　【拾得漂流物、发现埋藏物或隐藏物】拾得漂流物、发现埋藏物或者隐藏物的，参照适用拾得遗失物的有关规定。法律另有规定的，依照其规定。

》《中华人民共和国文物保护法》（2017 年修正）

第五条　中华人民共和国境内地下、内水和领海中遗存的一切文物，属于国家所有。

古文化遗址、古墓葬、石窟寺属于国家所有。国家指定保护的纪念建筑物、古建筑、石刻、壁画、近代现代代表性建筑等不可移动文物，除国家另有规定的以外，属于国家所有。

国有不可移动文物的所有权不因其所依附的土地所有权或者使用权的改变而改变。

下列可移动文物，属于国家所有：

（一）中国境内出土的文物，国家另有规定的除外；

（二）国有文物收藏单位以及其他国家机关、部队和国有企业、事业组织等收藏、保管的文物；

（三）国家征集、购买的文物；

（四）公民、法人和其他组织捐赠给国家的文物；

（五）法律规定属于国家所有的其他文物。

属于国家所有的可移动文物的所有权不因其保管、收藏单位的终止或者变更而改变。

国有文物所有权受法律保护，不容侵犯。

第三十一条 凡因进行基本建设和生产建设需要的考古调查、勘探、发掘，所需费用由建设单位列入建设工程预算。

第三十二条 在进行建设工程或者在农业生产中，任何单位或者个人发现文物，应当保护现场，立即报告当地文物行政部门，文物行政部门接到报告后，如无特殊情况，应当在二十四小时内赶赴现场，并在七日内提出处理意见。文物行政部门可以报请当地人民政府通知公安机关协助保护现场；发现重要文物的，应当立即上报国务院文物行政部门，国务院文物行政部门应当在接到报告后十五日内提出处理意见。

依照前款规定发现的文物属于国家所有，任何单位或者个人不得哄抢、私分、藏匿。

51. 隐藏物返还纠纷

相关规范

»《中华人民共和国民法典》（2020年）

第三百一十九条 【拾得漂流物、发现埋藏物或隐藏物】 拾得漂流物、发现埋藏物或者隐藏物的，参照适用拾得遗失物的有关规定。法律另有规定的，依照其规定。

»《中华人民共和国文物保护法》（2017年修正）

第五条 中华人民共和国境内地下、内水和领海中遗存的一切文物，属于国家所有。

古文化遗址、古墓葬、石窟寺属于国家所有。国家指定保护的纪念建筑物、古建筑、石刻、壁画、近代现代代表性建筑等不可移动文物，除国家另有规定的以外，属于国家所有。

国有不可移动文物的所有权不因其所依附的土地所有权或者使用权的改变而改变。

下列可移动文物，属于国家所有：

（一）中国境内出土的文物，国家另有规定的除外；

（二）国有文物收藏单位以及其他国家机关、部队和国有企业、事业组织等收藏、保管的文物；

（三）国家征集、购买的文物；

（四）公民、法人和其他组织捐赠给国家的文物；

（五）法律规定属于国家所有的其他文物。

属于国家所有的可移动文物的所有权不因其保管、收藏单位的终止或者变更而改变。

国有文物所有权受法律保护，不容侵犯。

52. 添附物归属纠纷

相关规范

»《中华人民共和国民法典》（2020年）

第三百二十二条 【添附取得物的归属】 因加工、附合、混合而产生的物的归属，有约定的，按照约定；没有约定或者约定不明确的，依照法律规定；法律没有规定的，按照充分发挥物的效用以及保护无过错当事人的原则确定。因一方当事人的过错或者确定物的归属造成另一方当事人损害的，应当给予赔偿或者补偿。

》《最高人民法院关于适用〈中华人民共和国民法典〉有关担保制度的解释》（法释〔2020〕28号 2020年12月31日）

第四十一条 抵押权依法设立后，抵押财产被添附，添附物归第三人所有，抵押权人主张抵押权效力及于补偿金的，人民法院应予支持。

抵押权依法设立后，抵押财产被添附，抵押人对添附物享有所有权，抵押权人主张抵押权的效力及于添附物的，人民法院应予支持，但是添附导致抵押财产价值增加的，抵押权的效力不及于增加的价值部分。

抵押权依法设立后，抵押人与第三人因添附成为添附物的共有人，抵押权人主张抵押权的效力及于抵押人对共有物享有的份额的，人民法院应予支持。

本条所称添附，包括附合、混合与加工。

53. 相邻关系纠纷

（1）相邻用水、排水纠纷
（2）相邻通行纠纷
（3）相邻土地、建筑物利用关系纠纷
（4）相邻通风纠纷
（5）相邻采光、日照纠纷
（6）相邻污染侵害纠纷
（7）相邻损害防免关系纠纷

相关规范

》《中华人民共和国民法典》（2020年）

第二百八十八条 【处理相邻关系的原则】不动产的相邻权利人应当按照有利生产、方便生活、团结互助、公平合理的原则，正确处理相邻关系。

第二百八十九条 【处理相邻关系的法律依据】法律、法规对处理相邻关系有规定的，依照其规定；法律、法规没有规定的，可以按照当地习惯。

第二百九十条 【用水、排水相邻关系】不动产权利人应当为相邻权利人用水、排水提供必要的便利。

对自然流水的利用，应当在不动产的相邻权利人之间合理分配。对自然流水的排放，应当尊重自然流向。

第二百九十一条 【通行相邻关系】不动产权利人对相邻权利人因通行等必须利用其土地的，应当提供必要的便利。

第二百九十二条 【相邻土地的利用】不动产权利人因建造、修缮建筑物以及铺设电线、电缆、水管、暖气和燃气管线等必须利用相邻土地、建筑物的，该土地、建筑物的权利人应当提供必要的便利。

第二百九十三条 【相邻通风、采光和日照】建造建筑物，不得违反国家有关工程建设标准，不得妨碍相邻建筑物的通风、采光和日照。

第二百九十四条 【相邻不动产之间不可量物侵害】不动产权利人不得违反国家规定弃置固体废物，排放大气污染物、水污染物、土壤污染物、噪声、光辐射、电磁辐射等有害物质。

第二百九十五条 【维护相邻不动产安全】不动产权利人挖掘土地、建造建筑物、铺设管线以及安装设备等，不得危及相邻不动产的安全。

第二百九十六条 【使用相邻不动产避免造成损害】不动产权利人因用水、排水、通行、铺设管线等利用相邻不动产的，应当尽量避免对相邻的不动产权利人造成损害。

典型案例

》孟筠、李曰福诉云南铜业房地产开发有限公司相邻采光、日照纠纷案（《2019年度人民法院环境资源典型案例》第十一号 2020年5月8日）

【基本案情】

孟筠、李曰福系案涉房屋的共有权人。

云南铜业房地产开发有限公司（以下简称铜业公司）于2011年8月取得案涉地块土地使用权，在该地块上建设楼盘。孟筠、李曰福诉至法院，请求铜业公司赔偿因建盖楼盘，侵害其通风、采光、日照时间而造成的损失。一审审理中，经鉴定确认，案涉建设行为对鉴定对象通风无影响；对日照、采光有影响，该影响不符合《城市居住区规划设计规范》（GBJ50180 - 93）、《住宅设计规范》（GB50096 - 2011）、《民用建筑设计通则》（GB50352 - 2005）和《昆明市城乡规划管理技术规定》（2016版）的要求。

【裁判结果】

云南省昆明市盘龙区人民法院一审认为，在建筑物相邻关系制度中，判断是否构成采光、日照妨碍，应以是否违反国家有关工程建设标准为依据。鉴定结论显示，案涉建设行为对鉴定对象通风无影响，对鉴定对象采光、日照有影响。一审判决铜业公司赔偿孟筠、李曰福采光、日照损失16.50万元；并支付鉴定费5500元。云南省昆明市中级人民法院二审维持原判。

【典型意义】

本案系相邻关系中日照、采光侵权纠纷案件。在土地之上建造建筑物，是土地的所有权人或者使用权人利用土地实现土地效益最为通常的形式，但日照、采光和通风，也是人类需要共同分享的资源。我国《物权法》中规定，建造建筑物，不得违反国家有关工程建设标准，妨碍相邻建筑物的通风、采光和日照。本案判决按照鉴定结论，以是否违反国家有关工程建设标准为判断依据，认定铜业公司的日照、采光、通风妨碍行为是否超出必要容忍限度，符合法律规定和有利生产、方便生活、团结互助、公平合理原则，有助于相邻不动产权利人之间的利益平衡，促进社会和谐安宁。

中国生物多样性保护与绿色发展基金会诉贵州宏德置业有限公司相邻通行权纠纷案（《2019年度人民法院环境资源典型案例》第三十二号 2020年5月8日）

【基本案情】

贵州宏德置业有限公司（以下简称宏德公司）修建乐湾国际房开项目，项目配套建设高尔夫球场。该球场沿当地一条自然河流两岸建设，将河流圈入球场范围，且将球场周边封堵，妨碍当地群众生活自由通行及沿河游览观赏。绿发会提起环境民事公益诉讼，请求宏德公司立即停止侵害，消除危险，排除妨碍并赔礼道歉。本案审理过程中，宏德公司拆除了案涉区域围栏，委托第三方机构编制了《贵阳市乐湾国际开放空间规划》，对整个片区进行了统一规划，规划方案设计了公众自由通行通道，能够沿河观赏。

【裁判结果】

经贵州省清镇市人民法院主持调解，双方达成如下和解协议：绿发会尊重行政机关的处理意见，同意德宏公司按照行政机关要求完成整改；德宏公司按照行政机关审批的规划进行整改，保证案涉区域成为开放的公共空间。同时邀请绿发会或第三方组织对上述整改情况进行监督；绿发会放弃要求德宏公司在国家级媒体向全社会公开赔礼道歉的诉讼请求；德宏公司自愿承担绿发会因本次诉讼支出的差旅费、专家费、调查费、律师费等合理费用合计26万元；德宏公司自愿承担本案受理费5200元。上述调解协议已经依法公示、确认。

【典型意义】

本案系建设项目影响公众通行、游览、观赏等环境权益引发的民事公益诉讼案件。案涉项目系贵州省重点招商引资项目，在项目建设过程中虽存在不规范行为，但未构成根本性违法。人民法院组织双方达成和解协议，在力促建设单位进行整改保障公众环境权益的同时，利用环境司法手段保护营商环境，在企业经济发展和生态环境保护之间实现利益衡平，为改善投资环境、推动经济高质量发展发挥了积极作用。本案的受理，解决了对侵占公共资源的司法救济路径，保护了公众享受美好生活环境的权益，为环境公益诉讼范围的扩展提供了鲜活的司法案例。

王某祥、王某进诉某某村民委员会、高某等相邻通行纠纷案（《最高人民法院、中国残疾人联合会残疾人权益保护十大典型案例》案例三　2021 年 12 月 2 日）

【基本案情】

王某祥、王某进均为盲人，二人系父子关系，与本村其他农户分离，单独居住在本村在某某寨的集体所有土地上，与某某村某组农户相邻。2003 年，二人利用自己的土地和从某某村某组调换而来的土地修建了一条与从某某寨经水库大坝通向国道（某某寨与外界相通的唯一公路）的便道用于通行。2012 年，高某经流转取得某某村某组 524 亩土地用于生产经营，并受某某村某组委托在某某寨集中修建居民点。居民点修建过程中，王某祥、王某进修建的便道被挖断，致便道尽头与居民点地平面形成约 20 米高落差，便道现不能通行，也无法恢复。王某祥、王某进起诉请求由某某村民委员会、高某等另开通道恢复便道通行，赔偿交通、误工损失 5602 元。

【裁判结果】

重庆市梁平区人民法院经审理认为，不动产相邻权利人应当按照有利生产、方便生活、团结互助、公平合理原则处理相邻关系，为因通行等必须利用其土地的相邻权利人提供必要的便利。本案中，无论从哪个方向修建机动车便道从某某寨至主路相连，均需经过某某村某组的土地，某某村某组应当提供土地供王某祥、王某进通行。遂判决某某村民委员会、高某等从王某祥、王某进原修建便道被挖断处另开通道，修建一条宽 3 米的便道通向某某寨前寨门水泥路，赔偿王某祥、王某进交通、误工等损失费 5602 元。

【典型意义】

修建居民点是为了改善人民群众生活条件，具有积极意义，但不能以损害他人的合法权益为代价，特别是王某祥、王某进为老年人且身有残疾，其合法权益更应得到充分保护。切实依法保障残疾人的合法权益，是贯彻习近平新时代中国特色社会主义思想的重要举措，也是认真落实禁止歧视残疾人法律规定的具体表现。该判决充分发挥司法裁判对社会的重要示范引领作用，鼓励和支持残疾人自立、自强，让残疾人更多感受到全社会的温暖，树立残疾人生活的信心，使其对美好生活充满希望。

54. 共有纠纷

（1）共有权确认纠纷
（2）共有物分割纠纷
（3）共有人优先购买权纠纷
（4）债权人代位析产纠纷

相关规范

《中华人民共和国民法典》（2020 年）

第二百九十八条　【按份共有】按份共有人对共有的不动产或者动产按照其份额享有所有权。

第二百九十九条　【共同共有】共同共有人对共有的不动产或者动产共同享有所有权。

第三百条　【共有人对共有物的管理权】共有人按照约定管理共有的不动产或者动产；没有约定或者约定不明确的，各共有人都有管理的权利和义务。

第三百零一条　【共有物的处分、重大修缮和性质、用途变更】处分共有的不动产或者动产以及对共有的不动产或者动产作重大修缮、变更性质或者用途的，应当经占份额三分之二以上的按份共有人或者全体共同共有人同意，但是共有人之间另有约定的除外。

第三百零二条　【共有物管理费用的分担】共有人对共有物的管理费用以及其他负担，有约定的，按照其约定；没有约定或者约定不明确的，按份共有人按照其份额负担，共同共有人共同负担。

第三百零三条　【共有物的分割】共有人约定不得分割共有的不动产或者动产，以维持共有关系的，应当按照约定，但是共有人有重大理由需要分割的，可以请求分割；没有约定或者约定不明确的，按份共有人可以随时请求分割，共同共有人在共有的基础丧失或者有重大理由需要分割时可以请求分割。因分割造成其他共有人损害的，应当给予赔偿。

第三百零四条　【共有物的分割方式】共有人可以协商确定分割方式。达不成协议，共有的不动产或者动产可以分割且不会因分割减损价值的，应当对实物予以分割；难以分割或者因分割会减损价值的，应当对折价或者拍卖、变卖取得的价款予以分割。

共有人分割所得的不动产或者动产有瑕疵的，其他共有人应当分担损失。

第三百零五条　【按份共有人的份额处分权和其他共有人的优先购买权】按份共有人可以转让其享有的共有的不动产或者动产份额。其他共有人在同等条件下享有优先购买的权利。

第三百零六条　【优先购买权的实现方式】按份共有人转让其享有的共有的不动产或者动产份额的，应当将转让条件及时通知其他共有人。其他共有人应当在合理期限内行使优先购买权。

两个以上其他共有人主张行使优先购买权的，协商确定各自的购买比例；协商不成的，按照转让时各自的共有份额比例行使优先购买权。

第三百零七条　【因共有财产产生的债权债务关系的对外、对内效力】因共有的不动产或者动产产生的债权债务，在对外关系上，共有人享有连带债权、承担连带债务，但是法律另有规定或者第三人知道共有人不具有连带债权债务关系的除外；在共有人内部关系上，除共有人另有约定外，按份共有人按照份额享有债权、承担债务，共同共有人共同享有债权、承担债务。偿还债务超过自己应当承担份额的按份共有人，有权向其他共有人追偿。

第三百零八条　【按份共有的推定】共有人对共有的不动产或者动产没有约定为按份共有或者共同共有，或者约定不明确的，除共有人具有家庭关系等外，视为按份共有。

第三百零九条　【按份共有人份额的确定】按份共有人对共有的不动产或者动产享有的份额，没有约定或者约定不明确的，按照出资额确定；不能确定出资额的，视为等额享有。

第三百一十条　【用益物权、担保物权共有的参照适用】两个以上组织、个人共同享有用益物权、担保物权的，参照适用本章的有关规定。

第一千零六十二条　【夫妻共同财产】夫妻在婚姻关系存续期间所得的下列财产，为夫妻的共同财产，归夫妻共同所有：

（一）工资、奖金、劳务报酬；

（二）生产、经营、投资的收益；

（三）知识产权的收益；

（四）继承或者受赠的财产，但是本法第一千零六十三条第三项规定的除外；

（五）其他应当归共同所有的财产。

夫妻对共同财产，有平等的处理权。

第一千零六十三条　【夫妻个人财产】下列财产为夫妻一方的个人财产：

（一）一方的婚前财产；

（二）一方因受到人身损害获得的赔偿或者补偿；

（三）遗嘱或者赠与合同中确定只归一方的财产；

（四）一方专用的生活用品；

（五）其他应当归一方的财产。

第一千零六十四条　【夫妻共同债务】

夫妻双方共同签名或者夫妻一方事后追认等共同意思表示所负的债务，以及夫妻一方在婚姻关系存续期间以个人名义为家庭日常生活需要所负的债务，属于夫妻共同债务。

夫妻一方在婚姻关系存续期间以个人名义超出家庭日常生活需要所负的债务，不属于夫妻共同债务；但是，债权人能够证明该债务用于夫妻共同生活、共同生产经营或者基于夫妻双方共同意思表示的除外。

第一千零六十五条　【夫妻约定财产制】男女双方可以约定婚姻关系存续期间所得的财产以及婚前财产归各自所有、共同所有或者部分各自所有、部分共同所有。约定应当采用书面形式。没有约定或者约定不明确的，适用本法第一千零六十二条、第一千零六十三条的规定。

夫妻对婚姻关系存续期间所得的财产以及婚前财产的约定，对双方具有法律约束力。

夫妻对婚姻关系存续期间所得的财产约定归各自所有，夫或者妻一方对外所负的债务，相对人知道该约定的，以夫或者妻一方的个人财产清偿。

第一千零六十六条　【婚姻关系存续期间夫妻共同财产的分割】婚姻关系存续期间，有下列情形之一的，夫妻一方可以向人民法院请求分割共同财产：

（一）一方有隐藏、转移、变卖、毁损、挥霍夫妻共同财产或者伪造夫妻共同债务等严重损害夫妻共同财产利益的行为；

（二）一方负有法定扶养义务的人患重大疾病需要医治，另一方不同意支付相关医疗费用。

》《最高人民法院关于人民法院民事执行中查封、扣押、冻结财产的规定》

（2020年12月23日修正）

第十二条　对被执行人与其他人共有的财产，人民法院可以查封、扣押、冻结，并及时通知共有人。

共有人协议分割共有财产，并经债权人认可的，人民法院可以认定有效。查封、扣押、冻结的效力及于协议分割后被执行人享有份额内的财产；对其他共有人享有份额内的财产的查封、扣押、冻结，人民法院应当裁定予以解除。

共有人提起析产诉讼或者申请执行人代位提起析产诉讼的，人民法院应当准许。诉讼期间中止对该财产的执行。

》《最高人民法院关于适用〈中华人民共和国民法典〉物权编的解释（一）》

（法释〔2020〕24号　2020年12月29日）

第七条　人民法院、仲裁机构在分割共有不动产或者动产等案件中作出并依法生效的改变原有物权关系的判决书、裁决书、调解书，以及人民法院在执行程序中作出的拍卖成交裁定书、变卖成交裁定书、以物抵债裁定书，应当认定为民法典第二百二十九条所称导致物权设立、变更、转让或者消灭的人民法院、仲裁机构的法律文书。

第九条　共有份额的权利主体因继承、遗赠等原因发生变化时，其他按份共有人主张优先购买的，不予支持，但按份共有人之间另有约定的除外。

第十条　民法典第三百零五条所称的“同等条件”，应当综合共有份额的转让价格、价款履行方式及期限等因素确定。

第十一条　优先购买权的行使期间，按份共有人之间有约定的，按照约定处理；没有约定或者约定不明的，按照下列情形确定：

（一）转让人向其他按份共有人发出的包含同等条件内容的通知中载明行使期间的，以该期间为准；

（二）通知中未载明行使期间，或者载明的期间短于通知送达之日起十五日的，为十五日；

（三）转让人未通知的，为其他按份共有人知道或者应当知道最终确定的同等条件之日起十五日；

（四）转让人未通知，且无法确定其他按份共有人知道或者应当知道最终确定的同等条件的，为共有份额权属转移之日起六个月。

第十二条 按份共有人向共有人之外的人转让其份额，其他按份共有人根据法律、司法解释规定，请求按照同等条件优先购买该共有份额的，应予支持。其他按份共有人的请求具有下列情形之一的，不予支持：

（一）未在本解释第十一条规定的期间内主张优先购买，或者虽主张优先购买，但提出减少转让价款、增加转让人负担等实质性变更要求；

（二）以其优先购买权受到侵害为由，仅请求撤销共有份额转让合同或者认定该合同无效。

第十三条 按份共有人之间转让共有份额，其他按份共有人主张依据民法典第三百零五条规定优先购买的，不予支持，但按份共有人之间另有约定的除外。

»《第八次全国法院民事商事审判工作会议（民事部分）纪要》（法〔2016〕399号 2016年11月21日）

25. 被继承人死亡后遗产未分割，各继承人均未表示放弃继承，依据继承法第二十五条规定应视为均已接受继承，遗产属各继承人共同共有；当事人诉请享有继承权、主张分割遗产的纠纷案件，应参照共有财产分割的原则，不适用有关诉讼时效的规定。

七、用益物权纠纷

55. 海域使用权纠纷

相关规范

»《中华人民共和国民法典》（2020年）

第三百二十八条 【海域使用权的法律保护】 依法取得的海域使用权受法律保护。

»《中华人民共和国海域使用管理法》（2001年）

第十九条 海域使用申请经依法批准后，国务院批准用海的，由国务院海洋行政主管部门登记造册，向海域使用申请人颁发海域使用权证书；地方人民政府批准用海的，由地方人民政府登记造册，向海域使用申请人颁发海域使用权证书。海域使用申请人自领取海域使用权证书之日起，取得海域使用权。

第二十条 海域使用权除依照本法第十九条规定的方式取得外，也可以通过招标或者拍卖的方式取得。招标或者拍卖方案由海洋行政主管部门制订，报有审批权的人民政府批准后组织实施。海洋行政主管部门制订招标或者拍卖方案，应当征求同级有关部门的意见。

招标或者拍卖工作完成后，依法向中标人或者买受人颁发海域使用权证书。中标人或者买受人自领取海域使用权证书之日起，取得海域使用权。

第二十二条 本法施行前，已经由农村集体经济组织或者村民委员会经营、管理的养殖用海，符合海洋功能区划的，经当地县级人民政府核准，可以将海域使用权确定给该农村集体经济组织或者村民委员会，由本集体经济组织的成员承包，用于养殖生产。

第二十三条　海域使用权人依法使用海域并获得收益的权利受法律保护，任何单位和个人不得侵犯。

海域使用权人有依法保护和合理使用海域的义务；海域使用权人对不妨害其依法使用海域的非排他性用海活动，不得阻挠。

第二十四条　海域使用权人在使用海域期间，未经依法批准，不得从事海洋基础测绘。

海域使用权人发现所使用海域的自然资源和自然条件发生重大变化时，应当及时报告海洋行政主管部门。

第二十五条　海域使用权最高期限，按照下列用途确定：

（一）养殖用海十五年；

（二）拆船用海二十年；

（三）旅游、娱乐用海二十五年；

（四）盐业、矿业用海三十年；

（五）公益事业用海四十年；

（六）港口、修造船厂等建设工程用海五十年。

第二十七条　因企业合并、分立或者与他人合资、合作经营，变更海域使用权人的，需经原批准用海的人民政府批准。

海域使用权可以依法转让。海域使用权转让的具体办法，由国务院规定。

海域使用权可以依法继承。

第二十八条　海域使用权人不得擅自改变经批准的海域用途；确需改变的，应当在符合海洋功能区划的前提下，报原批准用海的人民政府批准。

第二十九条　海域使用权期满，未申请续期或者申请续期未获批准的，海域使用权终止。

海域使用权终止后，原海域使用权人应当拆除可能造成海洋环境污染或者影响其他用海项目的用海设施和构筑物。

第三十条　因公共利益或者国家安全的需要，原批准用海的人民政府可以依法收回海域使用权。

依照前款规定在海域使用权期满前提前收回海域使用权的，对海域使用权人应当给予相应的补偿。

第三十一条　因海域使用权发生争议，当事人协商解决不成的，由县级以上人民政府海洋行政主管部门调解；当事人也可以直接向人民法院提起诉讼。

在海域使用权争议解决前，任何一方不得改变海域使用现状。

第三十二条　填海项目竣工后形成的土地，属于国家所有。

海域使用权人应当自填海项目竣工之日起三个月内，凭海域使用权证书，向县级以上人民政府土地行政主管部门提出土地登记申请，由县级以上人民政府登记造册，换发国有土地使用权证书，确认土地使用权。

》《海域使用权管理规定》（2006 年）

第五章　海域使用权招标、拍卖

第二十九条　海域使用权招标、拍卖应当遵循公开、公平、公正和诚实信用的原则，有计划地进行。

第三十条　同一海域有两个或者两个以上用海意向人的，应当采用招标、拍卖方式出让海域使用权。

除下列情形外，海洋行政主管部门可以采取招标、拍卖方式出让海域使用权：

（一）国务院或国务院投资主管部门审批、核准的建设项目；

（二）国防建设项目；

（三）传统赶海区、海洋保护区、有争议的海域或涉及公共利益的海域；

（四）法律法规规定的其他情形。

第三十一条　海洋行政主管部门根据海洋功能区划、海域使用论证结论、海域评估结果等，制定海域使用权招标、拍卖方案，报有审批权的人民政府批准。涉及有关部门和单位的，应当征求意见。

第三十二条　有审批权的人民政府海洋行政主管部门或者其委托的单位，应当根据批准的招标、拍卖方案编制招标、拍卖文件，发布招标拍卖公告。

第三十三条 标底、底价应当根据海域评估结果等确定，不得低于按海域使用金征收标准确定的海域使用金、海域使用论证费、海域测量费和海域评估费等费用总和。

标底、底价在招标、拍卖活动过程中应当保密，且不能变更。

第三十四条 以招标、拍卖方式确定中标人、买受人后，海洋行政主管部门和中标人、买受人签署成交确认书，并按规定签订海域使用权出让合同。

中标人、买受人应当持价款缴纳凭证和海域使用权出让合同，办理海域使用权登记，领取海域使用权证书。

第三十五条 中标人、买受人支付的履约保证金，抵作成交价款；未按成交确认书的要求缴纳成交价款的，履约保证金不予退还，成交确认书无效。

其他投标人、竞买人支付的履约保证金，海洋行政主管部门应当在招标、拍卖活动结束后五日内退还。

第三十六条 海洋行政主管部门应当在海域使用权招标、拍卖活动结束后十日内公布招标、拍卖结果。

第六章 海域使用权转让、出租和抵押

第三十七条 海域使用权有出售、赠与、作价入股、交换等情形的，可以依法转让。

第三十八条 转让海域使用权应当具备下列条件：

（一）开发利用海域满一年；

（二）不改变海域用途；

（三）已缴清海域使用金；

（四）除海域使用金以外，实际投资已达计划投资总额百分之二十以上；

（五）原海域使用权人无违法用海行为，或违法用海行为已依法处理。

第三十九条 转让海域使用权的，转让双方应当向原批准用海的人民政府海洋行政主管部门提交以下材料：

（一）海域使用权转让申请；

（二）转让协议；

（三）海域使用权证书；

（四）用海设施所有权的合法证明材料；

（五）受让方资信证明材料；

（六）海洋行政主管部门要求的其他书面材料。

第四十条 海洋行政主管部门收到转让申请材料后，十五日内予以批复。

批准的，转让双方应当在十五日内办理海域使用权变更登记，领取海域使用权证书。不予批准的，海洋行政主管部门依法告知转让双方。

海域使用权转让时，其固定附属用海设施随之转让。固定附属用海设施转让时，其使用范围内的海域使用权随之转让。法律法规另有规定的，从其规定。

第四十一条 海域使用权出租的，承租人应当按照海域使用权证书确定的面积、年限和用途使用海域。

海域使用权出租、抵押时，其固定附属用海设施随之出租、抵押，固定附属用海设施出租、抵押时，其使用范围内的海域使用权随之出租、抵押。法律法规另有规定的，从其规定。

海域使用权取得时免缴或者减缴海域使用金的，补缴海域使用金后方可出租、抵押。

第四十二条 有下列情形之一的，海域使用权不得出租、抵押：

（一）权属不清或者权属有争议的；

（二）未按规定缴纳海域使用金、改变海域用途等违法用海的；

（三）油气及其他海洋矿产资源勘查开采的；

（四）海洋行政主管部门认为不能出租、抵押的。

第四十三条 海域使用权出租、抵押的，双方当事人应当到原登记机关办理登记手续。

56. 探矿权纠纷

相关规范

《中华人民共和国民法典》（2020 年）

第三百二十九条　【合法探矿权等权利的法律保护】依法取得的探矿权、采矿权、取水权和使用水域、滩涂从事养殖、捕捞的权利受法律保护。

《中华人民共和国矿产资源法》（2009 年修正）

第三条　矿产资源属于国家所有，由国务院行使国家对矿产资源的所有权。地表或者地下的矿产资源的国家所有权，不因其所依附的土地的所有权或者使用权的不同而改变。

国家保障矿产资源的合理开发利用。禁止任何组织或者个人用任何手段侵占或者破坏矿产资源。各级人民政府必须加强矿产资源的保护工作。

勘查、开采矿产资源，必须依法分别申请、经批准取得探矿权、采矿权，并办理登记；但是，已经依法申请取得采矿权的矿山企业在划定的矿区范围内为本企业的生产而进行的勘查除外。

国家保护探矿权和采矿权不受侵犯，保障矿区和勘查作业区的生产秩序、工作秩序不受影响和破坏。

从事矿产资源勘查和开采的，必须符合规定的资质条件。

第四条　国家保障依法设立的矿山企业开采矿产资源的合法权益。

国有矿山企业是开采矿产资源的主体。国家保障国有矿业经济的巩固和发展。

第五条　国家实行探矿权、采矿权有偿取得的制度；但是，国家对探矿权、采矿权有偿取得的费用，可以根据不同情况规定予以减缴、免缴。具体办法和实施步骤由国务院规定。

开采矿产资源，必须按照国家有关规定缴纳资源税和资源补偿费。

第六条　除按下列规定可以转让外，探矿权、采矿权不得转让：

（一）探矿权人有权在划定的勘查作业区内进行规定的勘查作业，有权优先取得勘查作业区内矿产资源的采矿权。探矿权人在完成规定的最低勘查投入后，经依法批准，可以将探矿权转让他人。

（二）已取得采矿权的矿山企业，因企业合并、分立，与他人合资、合作经营，或者因企业资产出售以及有其他变更企业资产产权的情形而需要变更采矿权主体的，经依法批准可以将采矿权转让他人采矿。

前款规定的具体办法和实施步骤由国务院规定。

禁止将探矿权、采矿权倒卖牟利。

《最高人民法院关于审理矿业权纠纷案件适用法律若干问题的解释》（2020 年 12 月 23 日修正）

第三条　受让人请求自矿产资源勘查许可证、采矿许可证载明的有效期起始日确认其探矿权、采矿权的，人民法院应予支持。

矿业权出让合同生效后、矿产资源勘查许可证或者采矿许可证颁发前，第三人越界或者以其他方式非法勘查开采，经出让人同意已实际占有勘查作业区或者矿区的受让人，请求第三人承担停止侵害、排除妨碍、赔偿损失等侵权责任的，人民法院应予支持。

第十八条　当事人约定在自然保护区、风景名胜区、重点生态功能区、生态环境敏感区和脆弱区等区域内勘查开采矿产资源，违反法律、行政法规的强制性规定或者损害环境公共利益的，人民法院应依法认定合同无效。

第十九条　因越界勘查开采矿产资源引发的侵权责任纠纷，涉及自然资源主管部门批准的勘查开采范围重复或者界限不清的，人民法院应告知当事人先向自然资源主管部门申请解决。

第二十条 因他人越界勘查开采矿产资源，矿业权人请求侵权人承担停止侵害、排除妨碍、返还财产、赔偿损失等侵权责任的，人民法院应予支持，但探矿权人请求侵权人返还越界开采的矿产品及收益的除外。

第二十一条 勘查开采矿产资源造成环境污染，或者导致地质灾害、植被毁损等生态破坏，国家规定的机关或者法律规定的组织提起环境公益诉讼的，人民法院应依法予以受理。

国家规定的机关或者法律规定的组织为保护国家利益、环境公共利益提起诉讼的，不影响因同一勘查开采行为受到人身、财产损害的自然人、法人和非法人组织依据民事诉讼法第一百一十九条的规定提起诉讼。

第二十二条 人民法院在审理案件中，发现无证勘查开采，勘查资质、地质资料造假，或者勘查开采未履行生态环境修复义务等违法情形的，可以向有关行政主管部门提出司法建议，由其依法处理；涉嫌犯罪的，依法移送侦查机关处理。

57. 采矿权纠纷

相关规范

»《中华人民共和国民法典》（2020年）

第三百二十九条 【合法探矿权等权利的法律保护】 依法取得的探矿权、采矿权、取水权和使用水域、滩涂从事养殖、捕捞的权利受法律保护。

»《中华人民共和国矿产资源法》（2009年修正）

第三条 矿产资源属于国家所有，由国务院行使国家对矿产资源的所有权。地表或者地下的矿产资源的国家所有权，不因其所依附的土地的所有权或者使用权的不同而改变。

国家保障矿产资源的合理开发利用。禁止任何组织或者个人用任何手段侵占或者破坏矿产资源。各级人民政府必须加强矿产资源的保护工作。

勘查、开采矿产资源，必须依法分别申请、经批准取得探矿权、采矿权，并办理登记；但是，已经依法申请取得采矿权的矿山企业在划定的矿区范围内为本企业的生产而进行的勘查除外。

国家保护探矿权和采矿权不受侵犯，保障矿区和勘查作业区的生产秩序、工作秩序不受影响和破坏。

从事矿产资源勘查和开采的，必须符合规定的资质条件。

第四条 国家保障依法设立的矿山企业开采矿产资源的合法权益。

国有矿山企业是开采矿产资源的主体。国家保障国有矿业经济的巩固和发展。

第五条 国家实行探矿权、采矿权有偿取得的制度；但是，国家对探矿权、采矿权有偿取得的费用，可以根据不同情况规定予以减缴、免缴。具体办法和实施步骤由国务院规定。

开采矿产资源，必须按照国家有关规定缴纳资源税和资源补偿费。

第六条 除按下列规定可以转让外，探矿权、采矿权不得转让：

（一）探矿权人有权在划定的勘查作业区内进行规定的勘查作业，有权优先取得勘查作业区内矿产资源的采矿权。探矿权人在完成规定的最低勘查投入后，经依法批准，可以将探矿权转让他人。

（二）已取得采矿权的矿山企业，因企业合并、分立，与他人合资、合作经营，或者因企业资产出售以及有其他变更企业资产产权的情形而需要变更采矿权主体的，经依法批准可以将采矿权转让他人采矿。

前款规定的具体办法和实施步骤由国务院规定。

禁止将探矿权、采矿权倒卖牟利。

《矿业权出让转让管理暂行规定》（2000 年）

第二条　在中华人民共和国领域及其管辖海域出让、转让矿业权适用本办法。

第三条　探矿权、采矿权为财产权，统称为矿业权，适用于不动产法律法规的调整原则。

依法取得矿业权的自然人、法人或其他经济组织称为矿业权人。

矿业权人依法对其矿业权享有占有、使用、收益和处分权。

《探矿权采矿权转让管理办法》（2014 年修订）

第三条　除按照下列规定可以转让外，探矿权、采矿权不得转让：

（一）探矿权人有权在划定的勘查作业区内进行规定的勘查作业，有权优先取得勘查作业区内矿产资源的采矿权。探矿权人在完成规定的最低勘查投入后，经依法批准，可以将探矿权转让他人。

（二）已经取得采矿权的矿山企业，因企业合并、分立，与他人合资、合作经营，或者因企业资产出售以及有其他变更企业资产产权的情形，需要变更采矿权主体的，经依法批准，可以将采矿权转让他人采矿。

第四条　国务院地质矿产主管部门和省、自治区、直辖市人民政府地质矿产主管部门是探矿权、采矿权转让的审批管理机关。

国务院地质矿产主管部门负责由其审批发证的探矿权、采矿权转让的审批。

省、自治区、直辖市人民政府地质矿产主管部门负责本条第二款规定以外的探矿权、采矿权转让的审批。

第六条　转让采矿权，应当具备下列条件：

（一）矿山企业投入采矿生产满 1 年；

（二）采矿权属无争议；

（三）按照国家有关规定已经缴纳采矿权使用费、采矿权价款、矿产资源补偿费和资源税；

（四）国务院地质矿产主管部门规定的其他条件。

国有矿山企业在申请转让采矿权前，应当征得矿山企业主管部门的同意。

《最高人民法院关于审理矿业权纠纷案件适用法律若干问题的解释》（2020 年 12 月 23 日修正）

第三条　受让人请求自矿产资源勘查许可证、采矿许可证载明的有效期起始日确认其探矿权、采矿权的，人民法院应予支持。

矿业权出让合同生效后、矿产资源勘查许可证或者采矿许可证颁发前，第三人越界或者以其他方式非法勘查开采，经出让人同意已实际占有勘查作业区或者矿区的受让人，请求第三人承担停止侵害、排除妨碍、赔偿损失等侵权责任的，人民法院应予支持。

第十八条　当事人约定在自然保护区、风景名胜区、重点生态功能区、生态环境敏感区和脆弱区等区域内勘查开采矿产资源，违反法律、行政法规的强制性规定或者损害环境公共利益的，人民法院应依法认定合同无效。

第十九条　因越界勘查开采矿产资源引发的侵权责任纠纷，涉及自然资源主管部门批准的勘查开采范围重复或者界限不清的，人民法院应告知当事人先向自然资源主管部门申请解决。

第二十条　因他人越界勘查开采矿产资源，矿业权人请求侵权人承担停止侵害、排除妨碍、返还财产、赔偿损失等侵权责任的，人民法院应予支持，但探矿权人请求侵权人返还越界开采的矿产品及收益的除外。

第二十一条　勘查开采矿产资源造成环境污染，或者导致地质灾害、植被毁损等生态破坏，国家规定的机关或者法律规定的组织提起环境公益诉讼的，人民法院应依法予以受理。

国家规定的机关或者法律规定的组织为保护国家利益、环境公共利益提起诉讼的，不影响因同一勘查开采行为受到人身、财产损害的自然人、法人和非法人组织依据民事诉讼法第一百一十九条的规定提起诉讼。

第二十二条 人民法院在审理案件中，发现无证勘查开采，勘查资质、地质资料造假，或者勘查开采未履行生态环境修复义务等违法情形的，可以向有关行政主管部门提出司法建议，由其依法处理；涉嫌犯罪的，依法移送侦查机关处理。

58. 取水权纠纷

相关规范

》《中华人民共和国民法典》（2020年）

第三百二十九条 【合法探矿权等权利的法律保护】 依法取得的探矿权、采矿权、取水权和使用水域、滩涂从事养殖、捕捞的权利受法律保护。

》《中华人民共和国水法》（2016年修正）

第三条 水资源属于国家所有。水资源的所有权由国务院代表国家行使。农村集体经济组织的水塘和由农村集体经济组织修建管理的水库中的水，归各该农村集体经济组织使用。

第六条 国家鼓励单位和个人依法开发、利用水资源，并保护其合法权益。开发、利用水资源的单位和个人有依法保护水资源的义务。

第七条 国家对水资源依法实行取水许可制度和有偿使用制度。但是，农村集体经济组织及其成员使用本集体经济组织的水塘、水库中的水除外。国务院水行政主管部门负责全国取水许可制度和水资源有偿使用制度的组织实施。

第二十八条 任何单位和个人引水、截（蓄）水、排水，不得损害公共利益和他人的合法权益。

》《取水许可和水资源费征收管理条例》（2017年修订）

第二条 本条例所称取水，是指利用取水工程或者设施直接从江河、湖泊或者地下取用水资源。

取用水资源的单位和个人，除本条例第四条规定的情形外，都应当申请领取取水许可证，并缴纳水资源费。

本条例所称取水工程或者设施，是指闸、坝、渠道、人工河道、虹吸管、水泵、水井以及水电站等。

第五条 取水许可应当首先满足城乡居民生活用水，并兼顾农业、工业、生态与环境用水以及航运等需要。

省、自治区、直辖市人民政府可以依照本条例规定的职责权限，在同一流域或者区域内，根据实际情况对前款各项用水规定具体的先后顺序。

第六条 实施取水许可必须符合水资源综合规划、流域综合规划、水中长期供求规划和水功能区划，遵守依照《中华人民共和国水法》规定批准的水量分配方案；尚未制定水量分配方案的，应当遵守有关地方人民政府间签订的协议。

第七条 实施取水许可应当坚持地表水与地下水统筹考虑，开源与节流相结合、节流优先的原则，实行总量控制与定额管理相结合。

流域内批准取水的总耗水量不得超过本流域水资源可利用量。

行政区域内批准取水的总水量，不得超过流域管理机构或者上一级水行政主管部门下达的可供本行政区域取用的水量；其中，批准取用地下水的总水量，不得超过本行政区域地下水可开采量，并应当符合地下水开发利用规划的要求。制定地下水开发利用规划应当征求国土资源主管部门的意见。

》《取水许可管理办法》（2017年修正）

第二条 取用水资源的单位和个人以及从事取水许可管理活动的水行政主管部门和

流域管理机构及其工作人员，应当遵守本办法。

第四十七条　水行政主管部门和流域管理机构及其工作人员，违反本办法规定的，按照《中华人民共和国水法》和《取水条例》的有关规定予以处理。

第四十八条　取水单位或者个人违反本办法规定的，按照《中华人民共和国水法》和《取水条例》的有关规定予以处罚。

59. 养殖权纠纷

相关规范

››《中华人民共和国民法典》（2020 年）

第三百二十九条　【合法探矿权等权利的法律保护】依法取得的探矿权、采矿权、取水权和使用水域、滩涂从事养殖、捕捞的权利受法律保护。

››《中华人民共和国渔业法》（2013 年修正）

第十一条　国家对水域利用进行统一规划，确定可以用于养殖业的水域和滩涂。单位和个人使用国家规划确定用于养殖业的全民所有的水域、滩涂的，使用者应当向县级以上地方人民政府渔业行政主管部门提出申请，由本级人民政府核发养殖证，许可其使用该水域、滩涂从事养殖生产。核发养殖证的具体办法由国务院规定。

集体所有的或者全民所有由农业集体经济组织使用的水域、滩涂，可以由个人或者集体承包，从事养殖生产。

››《渔业资源增殖保护费征收使用办法》（2011 年修订）

第二条　凡在中华人民共和国的内水、滩涂、领海以及中华人民共和国管辖的其他海域采捕天然生长和人工增殖水生动植物的单位和个人，必须依照本办法缴纳渔业资源增殖保护费（以下简称“渔业资源费”）。

第三条　渔业资源费的征收和使用，实行取之于渔、用之于渔的原则。

››《中华人民共和国渔业法实施细则》（2020 年修订）

第十条　使用全民所有的水面、滩涂，从事养殖生产的全民所有制单位和集体所有制单位，应当向县级以上地方人民政府申请养殖使用证。

全民所有的水面、滩涂在一县行政区域内的，由该县人民政府核发养殖使用证；跨县的，由有关县协商核发养殖使用证，必要时由上级人民政府决定核发养殖使用证。

第十一条　领取养殖使用证的单位，无正当理由未从事养殖生产，或者放养量低于当地同类养殖水域平均放养量 60% 的，应当视为荒芜。

第十二条　全民所有的水面、滩涂中的鱼、虾、蟹、贝、藻类的自然产卵场、繁殖场、索饵场及重要的洄游通道必须予以保护，不得划作养殖场所。

第十三条　国家建设征用集体所有的水面、滩涂，按照国家土地管理法规办理。

60. 捕捞权纠纷

相关规范

››《中华人民共和国民法典》（2020 年）

第三百二十九条　【合法探矿权等权利的法律保护】依法取得的探矿权、采矿权、取水权和使用水域、滩涂从事养殖、捕捞的权利受法律保护。

››《中华人民共和国渔业法》（2013 年修正）

第二十三条　国家对捕捞业实行捕捞许可证制度。

到中华人民共和国与有关国家缔结的协

定确定的共同管理的渔区或者公海从事捕捞作业的捕捞许可证，由国务院渔业行政主管部门批准发放。海洋大型拖网、围网作业的捕捞许可证，由省、自治区、直辖市人民政府渔业行政主管部门批准发放。其他作业的捕捞许可证，由县级以上地方人民政府渔业行政主管部门批准发放；但是，批准发放海洋作业的捕捞许可证不得超过国家下达的船网工具控制指标，具体办法由省、自治区、直辖市人民政府规定。

捕捞许可证不得买卖、出租和以其他形式转让，不得涂改、伪造、变造。

到他国管辖海域从事捕捞作业的，应当经国务院渔业行政主管部门批准，并遵守中华人民共和国缔结的或者参加的有关条约、协定和有关国家的法律。

第二十四条 具备下列条件的，方可发给捕捞许可证：

（一）有渔业船舶检验证书；

（二）有渔业船舶登记证书；

（三）符合国务院渔业行政主管部门规定的其他条件。

县级以上地方人民政府渔业行政主管部门批准发放的捕捞许可证，应当与上级人民政府渔业行政主管部门下达的捕捞限额指标相适应。

第二十五条 从事捕捞作业的单位和个人，必须按照捕捞许可证关于作业类型、场所、时限、渔具数量和捕捞限额的规定进行作业，并遵守国家有关保护渔业资源的规定，大中型渔船应当填写渔捞日志。

》《最高人民法院关于审理发生在我国管辖海域相关案件若干问题的规定（一）》（法释〔2016〕16 号 2016 年 8 月 1 日）

第二条 中国公民或组织在我国与有关国家缔结的协定确定的共同管理的渔区或公海从事捕捞等作业的，适用本规定。

第六条 在我国管辖海域内，因海上航运、渔业生产及其他海上作业造成污染，破坏海洋生态环境，请求损害赔偿提起的诉讼，由管辖该海域的海事法院管辖。

污染事故发生在我国管辖海域外，对我国管辖海域造成污染或污染威胁，请求损害赔偿或者预防措施费用提起的诉讼，由管辖该海域的海事法院或采取预防措施地的海事法院管辖。

》《最高人民法院关于审理发生在我国管辖海域相关案件若干问题的规定（二）》（法释〔2016〕17 号 2016 年 8 月 1 日）

第一条 当事人因船舶碰撞、海洋污染等事故受到损害，请求侵权人赔偿渔船、渔具、渔货损失以及收入损失的，人民法院应予支持。

当事人违反渔业法第二十三条，未取得捕捞许可证从事海上捕捞作业，依照前款规定主张收入损失的，人民法院不予支持。

61. 土地承包经营权纠纷

（1）土地承包经营权确认纠纷

（2）承包地征收补偿费用分配纠纷

（3）土地承包经营权继承纠纷

相关规范

》《中华人民共和国民法典》（2020 年）

第二百四十三条 【征收】为了公共利益的需要，依照法律规定的权限和程序可以征收集体所有的土地和组织、个人的房屋以及其他不动产。

征收集体所有的土地，应当依法及时足额支付土地补偿费、安置补助费以及农村村民住宅、其他地上附着物和青苗等的补偿费用，并安排被征地农民的社会保障费用，保障被征地农民的生活，维护被征地农民的合法权益。

征收组织、个人的房屋以及其他不动产，应当依法给予征收补偿，维护被征收人的合法权益；征收个人住宅的，还应当保障被征收人的居住条件。

任何组织或者个人不得贪污、挪用、私分、截留、拖欠征收补偿费等费用。

第二百四十四条 【耕地保护】国家对耕地实行特殊保护，严格限制农用地转为建设用地，控制建设用地总量。不得违反法律规定的权限和程序征收集体所有的土地。

第三百三十一条 【土地承包经营权的定义】土地承包经营权人依法对其承包经营的耕地、林地、草地等享有占有、使用和收益的权利，有权从事种植业、林业、畜牧业等农业生产。

第三百三十二条 【土地承包期】耕地的承包期为三十年。草地的承包期为三十年至五十年。林地的承包期为三十年至七十年。

前款规定的承包期限届满，由土地承包经营权人依照农村土地承包的法律规定继续承包。

第三百三十三条 【土地承包经营权的设立和登记】土地承包经营权自土地承包经营权合同生效时设立。

登记机构应当向土地承包经营权人发放土地承包经营权证、林权证等证书，并登记造册，确认土地承包经营权。

第三百三十四条 【土地承包经营权的互换、转让】土地承包经营权人依照法律规定，有权将土地承包经营权互换、转让。未经依法批准，不得将承包地用于非农建设。

第三百三十五条 【土地承包经营权互换、转让的登记】土地承包经营权互换、转让的，当事人可以向登记机构申请登记；未经登记，不得对抗善意第三人。

第三百三十六条 【承包地的调整】承包期内发包人不得调整承包地。

因自然灾害严重毁损承包地等特殊情形，需要适当调整承包的耕地和草地的，应当依照农村土地承包的法律规定办理。

第三百三十七条 【承包地的收回】承包期内发包人不得收回承包地。法律另有规定的，依照其规定。

第三百三十八条 【承包地的征收补偿】承包地被征收的，土地承包经营权人有权依据本法第二百四十三条的规定获得相应补偿。

第三百三十九条 【土地经营权的流转】土地承包经营权人可以自主决定依法采取出租、入股或者其他方式向他人流转土地经营权。

第三百四十条 【土地经营权人的基本权利】土地经营权人有权在合同约定的期限内占有农村土地，自主开展农业生产经营并取得收益。

第三百四十一条 【土地经营权的设立及登记】流转期限为五年以上的土地经营权，自流转合同生效时设立。当事人可以向登记机构申请土地经营权登记；未经登记，不得对抗善意第三人。

第三百四十二条 【其他方式承包的土地经营权流转】通过招标、拍卖、公开协商等方式承包农村土地，经依法登记取得权属证书的，可以依法采取出租、入股、抵押或者其他方式流转土地经营权。

第三百四十三条 【国有农用地实行承包经营的参照适用】国家所有的农用地实行承包经营的，参照适用本编的有关规定。

》《中华人民共和国农村土地承包法》

（2018 年修正）

第九条 承包方承包土地后，享有土地承包经营权，可以自己经营，也可以保留土地承包权，流转其承包地的土地经营权，由他人经营。

第十条 国家保护承包方依法、自愿、有偿流转土地经营权，保护土地经营权人的合法权益，任何组织和个人不得侵犯。

第三十条 承包期内，承包方可以自愿将承包地交回发包方。承包方自愿交回承包地的，可以获得合理补偿，但是应当提前半年以书面形式通知发包方。承包方在承包期内交回承包地的，在承包期内不得再要求承包土地。

第三十二条 承包人应得的承包收益，依照继承法的规定继承。

林地承包的承包人死亡，其继承人可以在承包期内继续承包。

第三十三条 承包方之间为方便耕种或者各自需要，可以对属于同一集体经济组织的土地的土地承包经营权进行互换，并向发包方备案。

第三十六条 承包方可以自主决定依法采取出租（转包）、入股或者其他方式向他人流转土地经营权，并向发包方备案。

第三十八条 土地经营权流转应当遵循以下原则：

（一）依法、自愿、有偿，任何组织和个人不得强迫或者阻碍土地经营权流转；

（二）不得改变土地所有权的性质和土地的农业用途，不得破坏农业综合生产能力和农业生态环境；

（三）流转期限不得超过承包期的剩余期限；

（四）受让方须有农业经营能力或者资质；

（五）在同等条件下，本集体经济组织成员享有优先权。

《中华人民共和国森林法》（2019 年修订）

第十七条 集体所有和国家所有依法由农民集体使用的林地（以下简称集体林地）实行承包经营的，承包方享有林地承包经营权和承包林地上的林木所有权，合同另有约定的从其约定。承包方可以依法采取出租（转包）、入股、转让等方式流转林地经营权、林木所有权和使用权。

第十八条 未实行承包经营的集体林地以及林地上的林木，由农村集体经济组织统一经营。经本集体经济组织成员的村民会议三分之二以上成员或者三分之二以上村民代表同意并公示，可以通过招标、拍卖、公开协商等方式依法流转林地经营权、林木所有权和使用权。

第十九条 集体林地经营权流转应当签订书面合同。林地经营权流转合同一般包括流转双方的权利义务、流转期限、流转价款及支付方式、流转期限届满林地上的林木和固定生产设施的处置、违约责任等内容。

受让方违反法律规定或者合同约定造成森林、林木、林地严重毁坏的，发包方或者承包方有权收回林地经营权。

第二十条 国有企业事业单位、机关、团体、部队营造的林木，由营造单位管护并按照国家规定支配林木收益。

农村居民在房前屋后、自留地、自留山种植的林木，归个人所有。城镇居民在自有房屋的庭院内种植的林木，归个人所有。

集体或者个人承包国家所有和集体所有的宜林荒山荒地荒滩营造的林木，归承包的集体或者个人所有；合同另有约定的从其约定。

其他组织或者个人营造的林木，依法由营造者所有并享有林木收益；合同另有约定的从其约定。

《中华人民共和国草原法》（2021 年修正）

第十四条 承包经营草原，发包方和承包方应当签订书面合同。草原承包合同的内容应当包括双方的权利和义务、承包草原四至界限、面积和等级、承包期和起止日期、承包草原用途和违约责任等。承包期届满，原承包经营者在同等条件下享有优先承包权。

承包经营草原的单位和个人，应当履行保护、建设和按照承包合同约定的用途合理利用草原的义务。

第十五条 草原承包经营权受法律保护，可以按照自愿、有偿的原则依法转让。

草原承包经营权转让的受让方必须具有

从事畜牧业生产的能力，并应当履行保护、建设和按照承包合同约定的用途合理利用草原的义务。

草原承包经营权转让应当经发包方同意。承包方与受让方在转让合同中约定的转让期限，不得超过原承包合同剩余的期限。

第三十三条 草原承包经营者应当合理利用草原，不得超过草原行政主管部门核定的载畜量；草原承包经营者应当采取种植和储备饲草饲料、增加饲草饲料供应量、调剂处理牲畜、优化畜群结构、提高出栏率等措施，保持草畜平衡。

草原载畜量标准和草畜平衡管理办法由国务院草原行政主管部门规定。

第三十四条 牧区的草原承包经营者应当实行划区轮牧，合理配置畜群，均衡利用草原。

》《最高人民法院关于审理涉及农村土地承包纠纷案件适用法律问题的解释》（2020年12月23日修正）

第一条 下列涉及农村土地承包民事纠纷，人民法院应当依法受理：

（一）承包合同纠纷；

（二）承包经营权侵权纠纷；

（三）土地经营权侵权纠纷；

（四）承包经营权互换、转让纠纷；

（五）土地经营权流转纠纷；

（六）承包地征收补偿费用分配纠纷；

（七）承包经营权继承纠纷；

（八）土地经营权继承纠纷。

农村集体经济组织成员因未实际取得土地承包经营权提起民事诉讼的，人民法院应当告知其向有关行政主管部门申请解决。

农村集体经济组织成员就用于分配的土地补偿费数额提起民事诉讼的，人民法院不予受理。

第三条 承包合同纠纷，以发包方和承包方为当事人。

前款所称承包方是指以家庭承包方式承包本集体经济组织农村土地的农户，以及以其他方式承包农村土地的组织或者个人。

第五条 承包合同中有关收回、调整承包地的约定违反农村土地承包法第二十七条、第二十八条、第三十一条规定的，应当认定该约定无效。

第六条 因发包方违法收回、调整承包地，或者因发包方收回承包方弃耕、撂荒的承包地产生的纠纷，按照下列情形，分别处理：

（一）发包方未将承包地另行发包，承包方请求返还承包地的，应予支持；

（二）发包方已将承包地另行发包给第三人，承包方以发包方和第三人为共同被告，请求确认其所签订的承包合同无效、返还承包地并赔偿损失的，应予支持。但属于承包方弃耕、撂荒情形的，对其赔偿损失的诉讼请求，不予支持。

前款第（二）项所称的第三人，请求受益方补偿其在承包地上的合理投入的，应予支持。

第七条 承包合同约定或者土地承包经营权证等证书记载的承包期限短于农村土地承包法规定的期限，承包方请求延长的，应予支持。

第八条 承包方违反农村土地承包法第十八条规定，未经依法批准将承包地用于非农建设或者对承包地造成永久性损害，发包方请求承包方停止侵害、恢复原状或者赔偿损失的，应予支持。

第九条 发包方根据农村土地承包法第二十七条规定收回承包地前，承包方已经以出租、入股或者其他形式将其土地经营权流转给第三人，且流转期限尚未届满，因流转价款收取产生的纠纷，按照下列情形，分别处理：

（一）承包方已经一次性收取了流转价款，发包方请求承包方返还剩余流转期限的流转价款的，应予支持；

（二）流转价款为分期支付，发包方请求第三人按照流转合同的约定支付流转价款的，应予支持。

第十条 承包方交回承包地不符合农村土地承包法第三十条规定程序的，不得认定其为自愿交回。

第十一条 土地经营权流转中，本集体经济组织成员在流转价款、流转期限等主要内容相同的条件下主张优先权的，应予支持。但下列情形除外：

（一）在书面公示的合理期限内未提出优先权主张的；

（二）未经书面公示，在本集体经济组织以外的人开始使用承包地两个月内未提出优先权主张的。

第十二条 发包方胁迫承包方将土地经营权流转给第三人，承包方请求撤销其与第三人签订的流转合同的，应予支持。

发包方阻碍承包方依法流转土地经营权，承包方请求排除妨碍、赔偿损失的，应予支持。

第十三条 承包方未经发包方同意，转让其土地承包经营权的，转让合同无效。但发包方无法定理由不同意或者拖延表态的除外。

第十四条 承包方依法采取出租、入股或者其他方式流转土地经营权，发包方仅以该土地经营权流转合同未报其备案为由，请求确认合同无效的，不予支持。

第十五条 因承包方不收取流转价款或者向对方支付费用的约定产生纠纷，当事人协商变更无法达成一致，且继续履行又显失公平的，人民法院可以根据发生变更的客观情况，按照公平原则处理。

第十六条 当事人对出租地流转期限没有约定或者约定不明的，参照民法典第七百三十条规定处理。除当事人另有约定或者属于林地承包经营外，承包地交回的时间应当在农作物收获期结束后或者下一耕种期开始前。

对提高土地生产能力的投入，对方当事人请求承包方给予相应补偿的，应予支持。

第十七条 发包方或者其他组织、个人擅自截留、扣缴承包收益或者土地经营权流转收益，承包方请求返还的，应予支持。

发包方或者其他组织、个人主张抵销的，不予支持。

《最高人民法院关于审理森林资源民事纠纷案件适用法律若干问题的解释》（法释〔2022〕16号 2022年6月13日）

第二条 当事人因下列行为，对林地、林木的物权归属、内容产生争议，依据民法典第二百三十四条的规定提起民事诉讼，请求确认权利的，人民法院应当依法受理：

（一）林地承包；

（二）林地承包经营权互换、转让；

（三）林地经营权流转；

（四）林木流转；

（五）林地、林木担保；

（六）林地、林木继承；

（七）其他引起林地、林木物权变动的行为。

当事人因对行政机关作出的林地、林木确权、登记行为产生争议，提起民事诉讼的，人民法院告知其依法通过行政复议、行政诉讼程序解决。

第三条 当事人以未办理批准、登记、备案、审查、审核等手续为由，主张林地承包、林地承包经营权互换或者转让、林地经营权流转、林木流转、森林资源担保等合同无效的，人民法院不予支持。

因前款原因，不能取得相关权利的当事人请求解除合同、由违约方承担违约责任的，人民法院依法予以支持。

第四条 当事人一方未依法经林权证等权利证书载明的共有人同意，擅自处分林地、林木，另一方主张取得相关权利的，人民法院不予支持。但符合民法典第三百一十一条关于善意取得规定的除外。

第五条 当事人以违反法律规定的民主议定程序为由，主张集体林地承包合同无效的，人民法院应予支持。但下列情形除外：

（一）合同订立时，法律、行政法规没

有关于民主议定程序的强制性规定的；

（二）合同订立未经民主议定程序讨论决定，或者民主议定程序存在瑕疵，一审法庭辩论终结前已经依法补正的；

（三）承包方对村民会议或者村民代表会议决议进行了合理审查，不知道且不应当知道决议系伪造、变造，并已经对林地大量投入的。

第六条　家庭承包林地的承包方转让林地承包经营权未经发包方同意，或者受让方不是本集体经济组织成员，受让方主张取得林地承包经营权的，人民法院不予支持。但发包方无法定理由不同意或者拖延表态的除外。

第七条　当事人就同一集体林地订立多个经营权流转合同，在合同有效的情况下，受让方均主张取得林地经营权的，由具有下列情形的受让方取得：

（一）林地经营权已经依法登记的；

（二）林地经营权均未依法登记，争议发生前已经合法占有使用林地并大量投入的；

（三）无前两项规定情形，合同生效在先的。

未取得林地经营权的一方请求解除合同、由违约方承担违约责任的，人民法院依法予以支持。

第八条　家庭承包林地的承包方以林地经营权人擅自再流转林地经营权为由，请求解除林地经营权流转合同、收回林地的，人民法院应予支持。但林地经营权人能够证明林地经营权再流转已经承包方书面同意的除外。

62. 土地经营权纠纷

》《中华人民共和国民法典》（2020 年）

第三百三十九条　【土地经营权的流转】土地承包经营权人可以自主决定依法采取出租、入股或者其他方式向他人流转土地经营权。

第三百四十条　【土地经营权的定义】土地经营权人有权在合同约定的期限内占有农村土地，自主开展农业生产经营并取得收益。

第三百四十一条　【土地经营权的设立及登记】流转期限为五年以上的土地经营权，自流转合同生效时设立。当事人可以向登记机构申请土地经营权登记；未经登记，不得对抗善意第三人。

第三百四十二条　【其他方式承包的土地经营权流转】通过招标、拍卖、公开协商等方式承包农村土地，经依法登记取得权属证书的，可以依法采取出租、入股、抵押或者其他方式流转土地经营权。

》《中华人民共和国农村土地承包法》

（2018 年修正）

第三十六条　承包方可以自主决定依法采取出租（转包）、入股或者其他方式向他人流转土地经营权，并向发包方备案。

第三十七条　土地经营权人有权在合同约定的期限内占有农村土地，自主开展农业生产经营并取得收益。

第三十八条　土地经营权流转应当遵循以下原则：

（一）依法、自愿、有偿，任何组织和个人不得强迫或者阻碍土地经营权流转；

（二）不得改变土地所有权的性质和土地的农业用途，不得破坏农业综合生产能力和农业生态环境；

（三）流转期限不得超过承包期的剩余期限；

（四）受让方须有农业经营能力或者资质；

（五）在同等条件下，本集体经济组织成员享有优先权。

第三十九条　土地经营权流转的价款，应当由当事人双方协商确定。流转的收益归承包方所有，任何组织和个人不得擅自截留、扣缴。

第四十条　土地经营权流转，当事人双方应当签订书面流转合同。

土地经营权流转合同一般包括以下条款：

（一）双方当事人的姓名、住所；

（二）流转土地的名称、坐落、面积、质量等级；

（三）流转期限和起止日期；

（四）流转土地的用途；

（五）双方当事人的权利和义务；

（六）流转价款及支付方式；

（七）土地被依法征收、征用、占用时有关补偿费的归属；

（八）违约责任。

承包方将土地交由他人代耕不超过一年的，可以不签订书面合同。

第四十一条 土地经营权流转期限为五年以上的，当事人可以向登记机构申请土地经营权登记。未经登记，不得对抗善意第三人。

第四十二条 承包方不得单方解除土地经营权流转合同，但受让方有下列情形之一的除外：

（一）擅自改变土地的农业用途；

（二）弃耕抛荒连续两年以上；

（三）给土地造成严重损害或者严重破坏土地生态环境；

（四）其他严重违约行为。

第四十三条 经承包方同意，受让方可以依法投资改良土壤，建设农业生产附属、配套设施，并按照合同约定对其投资部分获得合理补偿。

第四十四条 承包方流转土地经营权的，其与发包方的承包关系不变。

第四十五条 县级以上地方人民政府应当建立工商企业等社会资本通过流转取得土地经营权的资格审查、项目审核和风险防范制度。

工商企业等社会资本通过流转取得土地经营权的，本集体经济组织可以收取适量管理费用。

具体办法由国务院农业农村、林业和草原主管部门规定。

第四十六条 经承包方书面同意，并向本集体经济组织备案，受让方可以再流转土地经营权。

第四十七条 承包方可以用承包地的土地经营权向金融机构融资担保，并向发包方备案。受让方通过流转取得的土地经营权，经承包方书面同意并向发包方备案，可以向金融机构融资担保。

担保物权自融资担保合同生效时设立。当事人可以向登记机构申请登记；未经登记，不得对抗善意第三人。

实现担保物权时，担保物权人有权就土地经营权优先受偿。

土地经营权融资担保办法由国务院有关部门规定。

《最高人民法院关于审理涉及农村土地承包纠纷案件适用法律问题的解释》（2020年12月23日修正）

第一条 下列涉及农村土地承包民事纠纷，人民法院应当依法受理：

（一）承包合同纠纷；

（二）承包经营权侵权纠纷；

（三）土地经营权侵权纠纷；

（四）承包经营权互换、转让纠纷；

（五）土地经营权流转纠纷；

（六）承包地征收补偿费用分配纠纷；

（七）承包经营权继承纠纷；

（八）土地经营权继承纠纷。

农村集体经济组织成员因未实际取得土地承包经营权提起民事诉讼的，人民法院应当告知其向有关行政主管部门申请解决。

农村集体经济组织成员就用于分配的土地补偿费数额提起民事诉讼的，人民法院不予受理。

63. 建设用地使用权纠纷

《中华人民共和国民法典》（2020 年）

第三百四十四条　【建设用地使用权的定义】建设用地使用权人依法对国家所有的土地享有占有、使用和收益的权利，有权利用该土地建造建筑物、构筑物及其附属设施。

第三百四十五条　【建设用地使用权的分层设立】建设用地使用权可以在土地的地表、地上或者地下分别设立。

第三百四十六条　【建设用地使用权的设立原则】设立建设用地使用权，应当符合节约资源、保护生态环境的要求，遵守法律、行政法规关于土地用途的规定，不得损害已经设立的用益物权。

第三百四十七条　【建设用地使用权的设立方式】设立建设用地使用权，可以采取出让或者划拨等方式。

工业、商业、旅游、娱乐和商品住宅等经营性用地以及同一土地有两个以上意向用地者的，应当采取招标、拍卖等公开竞价的方式出让。

严格限制以划拨方式设立建设用地使用权。

第三百四十八条　【建设用地使用权出让合同】通过招标、拍卖、协议等出让方式设立建设用地使用权的，当事人应当采用书面形式订立建设用地使用权出让合同。

建设用地使用权出让合同一般包括下列条款：

（一）当事人的名称和住所；

（二）土地界址、面积等；

（三）建筑物、构筑物及其附属设施占用的空间；

（四）土地用途、规划条件；

（五）建设用地使用权期限；

（六）出让金等费用及其支付方式；

（七）解决争议的方法。

第三百四十九条　【建设用地使用权的登记】设立建设用地使用权的，应当向登记机构申请建设用地使用权登记。建设用地使用权自登记时设立。登记机构应当向建设用地使用权人发放权属证书。

第三百五十条　【土地用途管制制度】建设用地使用权人应当合理利用土地，不得改变土地用途；需要改变土地用途的，应当依法经有关行政主管部门批准。

第三百五十一条　【建设用地使用权人支付出让金等费用的义务】建设用地使用权人应当依照法律规定以及合同约定支付出让金等费用。

第三百五十二条　【建设用地使用权人建造的建筑物等设施的权属】建设用地使用权人建造的建筑物、构筑物及其附属设施的所有权属于建设用地使用权人，但是有相反证据证明的除外。

第三百五十三条　【建设用地使用权的流转方式】建设用地使用权人有权将建设用地使用权转让、互换、出资、赠与或者抵押，但是法律另有规定的除外。

第三百五十四条　【处分建设用地使用权的合同形式和期限】建设用地使用权转让、互换、出资、赠与或者抵押的，当事人应当采用书面形式订立相应的合同。使用期限由当事人约定，但是不得超过建设用地使用权的剩余期限。

第三百五十五条　【建设用地使用权流转后变更登记】建设用地使用权转让、互换、出资或者赠与的，应当向登记机构申请变更登记。

第三百五十六条　【建筑物等设施随建设用地使用权的流转而一并处分】建设用地使用权转让、互换、出资或者赠与的，附着于该土地上的建筑物、构筑物及其附属设施一并处分。

第三百五十七条　【建设用地使用权随建筑物等设施的流转而一并处分】建筑物、构筑物及其附属设施转让、互换、出资或者赠与的，该建筑物、构筑物及其附属设施占用范围内的建设用地使用权一并处分。

第三百五十八条 【建设用地使用权提前收回及其补偿】 建设用地使用权期限届满前，因公共利益需要提前收回该土地的，应当依据本法第二百四十三条的规定对该土地上的房屋以及其他不动产给予补偿，并退还相应的出让金。

第三百五十九条 【建设用地使用权的续期】 住宅建设用地使用权期限届满的，自动续期。续期费用的缴纳或者减免，依照法律、行政法规的规定办理。

非住宅建设用地使用权期限届满后的续期，依照法律规定办理。该土地上的房屋以及其他不动产的归属，有约定的，按照约定；没有约定或者约定不明确的，依照法律、行政法规的规定办理。

《中华人民共和国土地管理法》（2019年修正）

第五十四条 建设单位使用国有土地，应当以出让等有偿使用方式取得；但是，下列建设用地，经县级以上人民政府依法批准，可以以划拨方式取得：

（一）国家机关用地和军事用地；

（二）城市基础设施用地和公益事业用地；

（三）国家重点扶持的能源、交通、水利等基础设施用地；

（四）法律、行政法规规定的其他用地。

第五十五条 以出让等有偿使用方式取得国有土地使用权的建设单位，按照国务院规定的标准和办法，缴纳土地使用权出让金等土地有偿使用费和其他费用后，方可使用土地。

自本法施行之日起，新增建设用地的土地有偿使用费，百分之三十上缴中央财政，百分之七十留给有关地方人民政府。具体使用管理办法由国务院财政部门会同有关部门制定，并报国务院批准。

第五十六条 建设单位使用国有土地的，应当按照土地使用权出让等有偿使用合同的约定或者土地使用权划拨批准文件的规定使用土地；确需改变该幅土地建设用途的，应当经有关人民政府自然资源主管部门同意，报原批准用地的人民政府批准。其中，在城市规划区内改变土地用途的，在报批前，应当先经有关城市规划行政主管部门同意。

第五十七条 建设项目施工和地质勘查需要临时使用国有土地或者农民集体所有的土地的，由县级以上人民政府自然资源主管部门批准。其中，在城市规划区内的临时用地，在报批前，应当先经有关城市规划行政主管部门同意。土地使用者应当根据土地权属，与有关自然资源主管部门或者农村集体经济组织、村民委员会签订临时使用土地合同，并按照合同的约定支付临时使用土地补偿费。

临时使用土地的使用者应当按照临时使用土地合同约定的用途使用土地，并不得修建永久性建筑物。

临时使用土地期限一般不超过二年。

第五十八条 有下列情形之一的，由有关人民政府自然资源主管部门报经原批准用地的人民政府或者有批准权的人民政府批准，可以收回国有土地使用权：

（一）为实施城市规划进行旧城区改建以及其他公共利益需要，确需使用土地的；

（二）土地出让等有偿使用合同约定的使用期限届满，土地使用者未申请续期或者申请续期未获批准的；

（三）因单位撤销、迁移等原因，停止使用原划拨的国有土地的；

（四）公路、铁路、机场、矿场等经核准报废的。

依照前款第（一）项的规定收回国有土地使用权的，对土地使用权人应当给予适当补偿。

《中华人民共和国城市房地产管理法》（2019年修正）

第九条 城市规划区内的集体所有的土地，经依法征收转为国有土地后，该幅国有土地的使用权方可有偿出让，但法律另有规定的除外。

第十三条　土地使用权出让，可以采取拍卖、招标或者双方协议的方式。

商业、旅游、娱乐和豪华住宅用地，有条件的，必须采取拍卖、招标方式；没有条件，不能采取拍卖、招标方式的，可以采取双方协议的方式。

采取双方协议方式出让土地使用权的出让金不得低于按国家规定所确定的最低价。

第十四条　土地使用权出让最高年限由国务院规定。

第十五条　土地使用权出让，应当签订书面出让合同。

土地使用权出让合同由市、县人民政府土地管理部门与土地使用者签订。

第十六条　土地使用者必须按照出让合同约定，支付土地使用权出让金；未按照出让合同约定支付土地使用权出让金的，土地管理部门有权解除合同，并可以请求违约赔偿。

第十七条　土地使用者按照出让合同约定支付土地使用权出让金的，市、县人民政府土地管理部门必须按照出让合同约定，提供出让的土地；未按照出让合同约定提供出让的土地的，土地使用者有权解除合同，由土地管理部门返还土地使用权出让金，土地使用者并可以请求违约赔偿。

第十八条　土地使用者需要改变土地使用权出让合同约定的土地用途的，必须取得出让方和市、县人民政府城市规划行政主管部门的同意，签订土地使用权出让合同变更协议或者重新签订土地使用权出让合同，相应调整土地使用权出让金。

第十九条　土地使用权出让金应当全部上缴财政，列入预算，用于城市基础设施建设和土地开发。土地使用权出让金上缴和使用的具体办法由国务院规定。

第二十条　国家对土地使用者依法取得的土地使用权，在出让合同约定的使用年限届满前不收回；在特殊情况下，根据社会公共利益的需要，可以依照法律程序提前收回，并根据土地使用者使用土地的实际年限和开发土地的实际情况给予相应的补偿。

第二十一条　土地使用权因土地灭失而终止。

第二十二条　土地使用权出让合同约定的使用年限届满，土地使用者需要继续使用土地的，应当至迟于届满前一年申请续期，除根据社会公共利益需要收回该幅土地的，应当予以批准。经批准准予续期的，应当重新签订土地使用权出让合同，依照规定支付土地使用权出让金。

土地使用权出让合同约定的使用年限届满，土地使用者未申请续期或者虽申请续期但依照前款规定未获批准的，土地使用权由国家无偿收回。

第二十三条　土地使用权划拨，是指县级以上人民政府依法批准，在土地使用者缴纳补偿、安置等费用后将该幅土地交付其使用，或者将土地使用权无偿交付给土地使用者使用的行为。

依照本法规定以划拨方式取得土地使用权的，除法律、行政法规另有规定外，没有使用期限的限制。

第二十六条　以出让方式取得土地使用权进行房地产开发的，必须按照土地使用权出让合同约定的土地用途、动工开发期限开发土地。超过出让合同约定的动工开发日期满一年未动工开发的，可以征收相当于土地使用权出让金百分之二十以下的土地闲置费；满二年未动工开发的，可以无偿收回土地使用权；但是，因不可抗力或者政府、政府有关部门的行为或者动工开发必需的前期工作造成动工开发迟延的除外。

第三十二条　房地产转让、抵押时，房屋的所有权和该房屋占用范围内的土地使用权同时转让、抵押。

》《中华人民共和国城镇国有土地使用权出让和转让暂行条例》（2020 年修订）

第二条　国家按照所有权与使用权分离

的原则，实行城镇国有土地使用权出让、转让制度，但地下资源、埋藏物和市政公用设施除外。

前款所称城镇国有土地是指市、县城、建制镇、工矿区范围内属于全民所有的土地（以下简称土地）。

第三条 中华人民共和国境内外的公司、企业、其他组织和个人，除法律另有规定者外，均可依照本条例的规定取得土地使用权，进行土地开发、利用、经营。

第四条 依照本条例的规定取得土地使用权的土地使用者，其使用权在使用年限内可以转让、出租、抵押或者用于其他经济活动，合法权益受国家法律保护。

第五条 土地使用者开发、利用、经营土地的活动，应当遵守国家法律、法规的规定，并不得损害社会公共利益。

第六条 县级以上人民政府土地管理部门依法对土地使用权的出让、转让、出租、抵押、终止进行监督检查。

第七条 土地使用权出让、转让、出租、抵押、终止及有关的地上建筑物、其他附着物的登记，由政府土地管理部门、房产管理部门依照法律和国务院的有关规定办理。

登记文件可以公开查阅。

》《中华人民共和国土地管理法实施条例》（2021 年修订）

第二条 国家建立国土空间规划体系。

土地开发、保护、建设活动应当坚持规划先行。经依法批准的国土空间规划是各类开发、保护、建设活动的基本依据。

已经编制国土空间规划的，不再编制土地利用总体规划和城乡规划。在编制国土空间规划前，经依法批准的土地利用总体规划和城乡规划继续执行。

第三条 国土空间规划应当细化落实国家发展规划提出的国土空间开发保护要求，统筹布局农业、生态、城镇等功能空间，划定落实永久基本农田、生态保护红线和城镇开发边界。

国土空间规划应当包括国土空间开发保护格局和规划用地布局、结构、用途管制要求等内容，明确耕地保有量、建设用地规模、禁止开垦的范围等要求，统筹基础设施和公共设施用地布局，综合利用地上地下空间，合理确定并严格控制新增建设用地规模，提高土地节约集约利用水平，保障土地的可持续利用。

第四十四条 国家自然资源督察机构根据授权对省、自治区、直辖市人民政府以及国务院确定的城市人民政府下列土地利用和土地管理情况进行督察：

（一）耕地保护情况；

（二）土地节约集约利用情况；

（三）国土空间规划编制和实施情况；

（四）国家有关土地管理重大决策落实情况；

（五）土地管理法律、行政法规执行情况；

（六）其他土地利用和土地管理情况。

》《最高人民法院关于审理涉及国有土地使用权合同纠纷案件适用法律问题的解释》（2020 年 12 月 23 日修正）

一、土地使用权出让合同纠纷

第一条 本解释所称的土地使用权出让合同，是指市、县人民政府自然资源主管部门作为出让方将国有土地使用权在一定年限内让与受让方，受让方支付土地使用权出让金的合同。

第二条 开发区管理委员会作为出让方与受让方订立的土地使用权出让合同，应当认定无效。

本解释实施前，开发区管理委员会作为出让方与受让方订立的土地使用权出让合同，起诉前经市、县人民政府自然资源主管部门追认的，可以认定合同有效。

第三条 经市、县人民政府批准同意以协议方式出让的土地使用权，土地使用权出让金低于订立合同时当地政府按照国家规定确定的最低价的，应当认定土地使用权出让合同约定的价格条款无效。

当事人请求按照订立合同时的市场评估价格交纳土地使用权出让金的，应予支持；受让方不同意按照市场评估价格补足，请求解除合同的，应予支持。因此造成的损失，由当事人按照过错承担责任。

第四条　土地使用权出让合同的出让方因未办理土地使用权出让批准手续而不能交付土地，受让方请求解除合同的，应予支持。

第五条　受让方经出让方和市、县人民政府城市规划行政主管部门同意，改变土地使用权出让合同约定的土地用途，当事人请求按照起诉时同种用途的土地出让金标准调整土地出让金的，应予支持。

第六条　受让方擅自改变土地使用权出让合同约定的土地用途，出让方请求解除合同的，应予支持。

二、土地使用权转让合同纠纷

第七条　本解释所称的土地使用权转让合同，是指土地使用权人作为转让方将出让土地使用权转让于受让方，受让方支付价款的合同。

第八条　土地使用权人作为转让方与受让方订立土地使用权转让合同后，当事人一方以双方之间未办理土地使用权变更登记手续为由，请求确认合同无效的，不予支持。

第九条　土地使用权人作为转让方就同一出让土地使用权订立数个转让合同，在转让合同有效的情况下，受让方均要求履行合同的，按照以下情形分别处理：

（一）已经办理土地使用权变更登记手续的受让方，请求转让方履行交付土地等合同义务的，应予支持；

（二）均未办理土地使用权变更登记手续，已先行合法占有投资开发土地的受让方请求转让方履行土地使用权变更登记等合同义务的，应予支持；

（三）均未办理土地使用权变更登记手续，又未合法占有投资开发土地，先行支付土地转让款的受让方请求转让方履行交付土地和办理土地使用权变更登记等合同义务的，应予支持；

（四）合同均未履行，依法成立在先的合同受让方请求履行合同的，应予支持。

未能取得土地使用权的受让方请求解除合同、赔偿损失的，依照民法典的有关规定处理。

第十条　土地使用权人与受让方订立合同转让划拨土地使用权，起诉前经有批准权的人民政府同意转让，并由受让方办理土地使用权出让手续的，土地使用权人与受让方订立的合同可以按照补偿性质的合同处理。

第十一条　土地使用权人与受让方订立合同转让划拨土地使用权，起诉前经有批准权的人民政府决定不办理土地使用权出让手续，并将该划拨土地使用权直接划拨给受让方使用的，土地使用权人与受让方订立的合同可以按照补偿性质的合同处理。

三、合作开发房地产合同纠纷

第十二条　本解释所称的合作开发房地产合同，是指当事人订立的以提供出让土地使用权、资金等作为共同投资，共享利润、共担风险合作开发房地产为基本内容的合同。

第十三条　合作开发房地产合同的当事人一方具备房地产开发经营资质的，应当认定合同有效。

当事人双方均不具备房地产开发经营资质的，应当认定合同无效。但起诉前当事人一方已经取得房地产开发经营资质或者已依法合作成立具有房地产开发经营资质的房地产开发企业的，应当认定合同有效。

第十四条　投资数额超出合作开发房地产合同的约定，对增加的投资数额的承担比例，当事人协商不成的，按照当事人的违约情况确定；因不可归责于当事人的事由或者当事人的违约情况无法确定的，按照约定的投资比例确定；没有约定投资比例的，按照约定的利润分配比例确定。

第十五条　房屋实际建筑面积少于合作开发房地产合同的约定，对房屋实际建筑面积的分配比例，当事人协商不成的，按照当事人的违约情况确定；因不可归责于当事人的事由或者当事人违约情况无法确定的，按照约定的利润分配比例确定。

第十六条 在下列情形下，合作开发房地产合同的当事人请求分配房地产项目利益的，不予受理；已经受理的，驳回起诉：

（一）依法需经批准的房地产建设项目未经有批准权的人民政府主管部门批准；

（二）房地产建设项目未取得建设工程规划许可证；

（三）擅自变更建设工程规划。

因当事人隐瞒建设工程规划变更的事实所造成的损失，由当事人按照过错承担。

第十七条 房屋实际建筑面积超出规划建筑面积，经有批准权的人民政府主管部门批准后，当事人对超出部分的房屋分配比例协商不成的，按照约定的利润分配比例确定。对增加的投资数额的承担比例，当事人协商不成的，按照约定的投资比例确定；没有约定投资比例的，按照约定的利润分配比例确定。

第十八条 当事人违反规划开发建设的房屋，被有批准权的人民政府主管部门认定为违法建筑责令拆除，当事人对损失承担协商不成的，按照当事人过错确定责任；过错无法确定的，按照约定的投资比例确定责任；没有约定投资比例的，按照约定的利润分配比例确定责任。

第十九条 合作开发房地产合同约定仅以投资数额确定利润分配比例，当事人未足额交纳出资的，按照当事人的实际投资比例分配利润。

第二十条 合作开发房地产合同的当事人要求将房屋预售款充抵投资参与利润分配的，不予支持。

第二十一条 合作开发房地产合同约定提供土地使用权的当事人不承担经营风险，只收取固定利益的，应当认定为土地使用权转让合同。

第二十二条 合作开发房地产合同约定提供资金的当事人不承担经营风险，只分配固定数量房屋的，应当认定为房屋买卖合同。

第二十三条 合作开发房地产合同约定提供资金的当事人不承担经营风险，只收取固定数额货币的，应当认定为借款合同。

第二十四条 合作开发房地产合同约定提供资金的当事人不承担经营风险，只以租赁或者其他形式使用房屋的，应当认定为房屋租赁合同。

»《最高人民法院关于适用〈中华人民共和国民法典〉物权编的解释（一）》（法释〔2020〕24号 2020年12月29日）

第四条 未经预告登记的权利人同意，转让不动产所有权等物权，或者设立建设用地使用权、居住权、地役权、抵押权等其他物权的，应当依照民法典第二百二十一条第一款的规定，认定其不发生物权效力。

»《最高人民法院关于为加快建设全国统一大市场提供司法服务和保障的意见》（法发〔2022〕22号 2022年7月14日）

8. 支持健全城乡统一的土地市场。妥善审理涉农村土地“三权分置”纠纷案件，促进土地经营权有序流转。依法审理农村集体经营性建设用地入市纠纷，支持加快建设同权同价、流转顺畅、收益共享的城乡统一建设用地市场。以盘活利用土地为目标，妥善审理涉及国有企事业单位改革改制土地资产处置、存量划拨土地资产产权确定、上市交易等案件。依法审理建设用地使用权转让、出租、抵押等纠纷案件，保障建设用地规范高效利用。适应土地供给政策调整，统一国有土地使用权出让、转让合同纠纷案件裁判尺度。

64. 宅基地使用权纠纷

相关规范

»《中华人民共和国民法典》（2020年）

第三百六十二条 【宅基地使用权的定义】 宅基地使用权人依法对集体所有的土地

享有占有和使用的权利，有权依法利用该土地建造住宅及其附属设施。

第三百六十三条 【宅基地使用权取得、行使和转让的法律适用】宅基地使用权的取得、行使和转让，适用土地管理的法律和国家有关规定。

第三百六十四条 【宅基地的灭失和重新分配】宅基地因自然灾害等原因灭失的，宅基地使用权消灭。对失去宅基地的村民，应当依法重新分配宅基地。

第三百六十五条 【宅基地使用权变更和注销登记】已经登记的宅基地使用权转让或者消灭的，应当及时办理变更登记或者注销登记。

》《中华人民共和国村民委员会组织法》（2018 年修正）

第二十四条 涉及村民利益的下列事项，经村民会议讨论决定方可办理：

……

（六）宅基地的使用方案；

……

村民会议可以授权村民代表会议讨论决定前款规定的事项。

法律对讨论决定村集体经济组织财产和成员权益的事项另有规定的，依照其规定。

》《中华人民共和国土地管理法》（2019 年修正）

第六十二条 农村村民一户只能拥有一处宅基地，其宅基地的面积不得超过省、自治区、直辖市规定的标准。

人均土地少、不能保障一户拥有一处宅基地的地区，县级人民政府在充分尊重农村村民意愿的基础上，可以采取措施，按照省、自治区、直辖市规定的标准保障农村村民实现户有所居。

农村村民建住宅，应当符合乡（镇）土地利用总体规划、村庄规划，不得占用永久基本农田，并尽量使用原有的宅基地和村内空闲地。编制乡（镇）土地利用总体规划、村庄规划应当统筹并合理安排宅基地用地，改善农村村民居住环境和条件。

农村村民住宅用地，由乡（镇）人民政府审核批准；其中，涉及占用农用地的，依照本法第四十四条的规定办理审批手续。

农村村民出卖、出租、赠与住宅后，再申请宅基地的，不予批准。

国家允许进城落户的农村村民依法自愿有偿退出宅基地，鼓励农村集体经济组织及其成员盘活利用闲置宅基地和闲置住宅。

国务院农业农村主管部门负责全国农村宅基地改革和管理有关工作。

》《中华人民共和国妇女权益保障法》（2022 年修订）

第五十五条 妇女在农村集体经济组织成员身份确认、土地承包经营、集体经济组织收益分配、土地征收补偿安置或者征用补偿以及宅基地使用等方面，享有与男子平等的权利。

申请农村土地承包经营权、宅基地使用权等不动产登记，应当在不动产登记簿和权属证书上将享有权利的妇女等家庭成员全部列明。征收补偿安置或者征用补偿协议应当将享有相关权益的妇女列入，并记载权益内容。

》《第八次全国法院民事商事审判工作会议（民事部分）纪要》（法〔2016〕399 号 2016 年 11 月 21 日）

19. 在国家确定的宅基地制度改革试点地区，可以按照国家政策及相关指导意见处理宅基地使用权因抵押担保、转让而产生的纠纷。

在非试点地区，农民将其宅基地上的房屋出售给本集体经济组织以外的个人，该房屋买卖合同认定为无效。合同无效后，买受人请求返还购房款及其利息，以及请求赔偿翻建或者改建成本的，应当综合考虑当事人过错等因素予以确定。

20. 在涉及农村宅基地或农村集体经营性建设用地的民事纠纷案件中，当事人主张利润分配等合同权利的，应提供政府部门关于土地利用规划、建设用地计划及优先满足集体建设用地等要求的审批文件或者证明。未提供上述手续或者虽提供了上述手续，但在一审法庭辩论终结前土地性质仍未变更为国有土地的，所涉及的相关合同应按无效处理。

65. 居住权纠纷

相关规范

》《中华人民共和国民法典》（2020 年）

第三百六十六条 【居住权的定义】 居住权人有权按照合同约定，对他人的住宅享有占有、使用的用益物权，以满足生活居住的需要。

第三百六十七条 【居住权合同】 设立居住权，当事人应当采用书面形式订立居住权合同。

居住权合同一般包括下列条款：

（一）当事人的姓名或者名称和住所；

（二）住宅的位置；

（三）居住的条件和要求；

（四）居住权期限；

（五）解决争议的方法。

第三百六十八条 【居住权的设立】 居住权无偿设立，但是当事人另有约定的除外。设立居住权的，应当向登记机构申请居住权登记。居住权自登记时设立。

第三百六十九条 【居住权的转让、继承和设立居住权的住宅出租】 居住权不得转让、继承。设立居住权的住宅不得出租，但是当事人另有约定的除外。

第三百七十条 【居住权的消灭】 居住权期限届满或者居住权人死亡的，居住权消灭。居住权消灭的，应当及时办理注销登记。

第三百七十一条 【以遗嘱方式设立居住权的参照适用】 以遗嘱方式设立居住权的，参照适用本章的有关规定。

》《最高人民法院关于适用〈中华人民共和国民法典〉物权编的解释（一）》（法释〔2020〕24 号 2020 年 12 月 29 日）

第四条 未经预告登记的权利人同意，转让不动产所有权等物权，或者设立建设用地使用权、居住权、地役权、抵押权等其他物权的，应当依照民法典第二百二十一条第一款的规定，认定其不发生物权效力。

66. 地役权纠纷

相关规范

》《中华人民共和国民法典》（2020 年）

第三百七十二条 【地役权的定义】 地役权人有权按照合同约定，利用他人的不动产，以提高自己的不动产的效益。

前款所称他人的不动产为供役地，自己的不动产为需役地。

第三百七十三条 【地役权合同】 设立地役权，当事人应当采用书面形式订立地役权合同。

地役权合同一般包括下列条款：

（一）当事人的姓名或者名称和住所；

（二）供役地和需役地的位置；

（三）利用目的和方法；

（四）地役权期限；

（五）费用及其支付方式；

（六）解决争议的方法。

第三百七十四条 【地役权的设立与登记】 地役权自地役权合同生效时设立。当事人要求登记的，可以向登记机构申请地役权登记；未经登记，不得对抗善意第三人。

第三百七十五条 【供役地权利人的义务】 供役地权利人应当按照合同约定，允许地役权人利用其不动产，不得妨害地役权人行使权利。

第三百七十六条 【地役权人的义务】

地役权人应当按照合同约定的利用目的和方法利用供役地，尽量减少对供役地权利人物权的限制。

第三百七十七条　【地役权期限】 地役权期限由当事人约定；但是，不得超过土地承包经营权、建设用地使用权等用益物权的剩余期限。

第三百七十八条　【地役权的承继】 土地所有权人享有地役权或者负担地役权的，设立土地承包经营权、宅基地使用权等用益物权时，该用益物权人继续享有或者负担已经设立的地役权。

第三百七十九条　【在先用益物权对地役权的限制】 土地上已经设立土地承包经营权、建设用地使用权、宅基地使用权等用益物权的，未经用益物权人同意，土地所有权人不得设立地役权。

第三百八十条　【地役权的转让】 地役权不得单独转让。土地承包经营权、建设用地使用权等转让的，地役权一并转让，但是合同另有约定的除外。

第三百八十一条　【地役权的抵押】 地役权不得单独抵押。土地经营权、建设用地使用权等抵押的，在实现抵押权时，地役权一并转让。

第三百八十二条　【地役权对需役地及其上权利的不可分性】 需役地以及需役地上的土地承包经营权、建设用地使用权等部分转让时，转让部分涉及地役权的，受让人同时享有地役权。

第三百八十三条　【地役权对供役地及其上权利的不可分性】 供役地以及供役地上的土地承包经营权、建设用地使用权等部分转让时，转让部分涉及地役权的，地役权对受让人具有法律约束力。

第三百八十四条　【供役地权利人单方解除地役权合同的法定事由】 地役权人有下列情形之一的，供役地权利人有权解除地役权合同，地役权消灭：

（一）违反法律规定或者合同约定，滥用地役权；

（二）有偿利用供役地，约定的付款期限届满后在合理期限内经两次催告未支付费用。

第三百八十五条　【已登记地役权的变更、转让或消灭手续】 已经登记的地役权变更、转让或者消灭的，应当及时办理变更登记或者注销登记。

»《最高人民法院关于适用〈中华人民共和国民法典〉物权编的解释（一）》（法释〔2020〕24 号　2020 年 12 月 29 日）

第四条　未经预告登记的权利人同意，转让不动产所有权等物权，或者设立建设用地使用权、居住权、地役权、抵押权等其他物权的，应当依照民法典第二百二十一条第一款的规定，认定其不发生物权效力。

八、担保物权纠纷

67. 抵押权纠纷

（1）建筑物和其他土地附着物抵押权纠纷
（2）在建建筑物抵押权纠纷
（3）建设用地使用权抵押权纠纷
（4）土地经营权抵押权纠纷
（5）探矿权抵押权纠纷
（6）采矿权抵押权纠纷
（7）海域使用权抵押权纠纷
（8）动产抵押权纠纷
（9）在建船舶、航空器抵押权纠纷
（10）动产浮动抵押权纠纷
（11）最高额抵押权纠纷

相关规范

《中华人民共和国民法典》（2020 年）

第二百二十一条　【预告登记】当事人签订买卖房屋的协议或者签订其他不动产物权的协议，为保障将来实现物权，按照约定可以向登记机构申请预告登记。预告登记后，未经预告登记的权利人同意，处分该不动产的，不发生物权效力。

预告登记后，债权消灭或者自能够进行不动产登记之日起九十日内未申请登记的，预告登记失效。

第三百九十四条　【抵押权的定义】为担保债务的履行，债务人或者第三人不转移财产的占有，将该财产抵押给债权人的，债务人不履行到期债务或者发生当事人约定的实现抵押权的情形，债权人有权就该财产优先受偿。

前款规定的债务人或者第三人为抵押人，债权人为抵押权人，提供担保的财产为抵押财产。

第三百九十五条　【抵押财产的范围】债务人或者第三人有权处分的下列财产可以抵押：

（一）建筑物和其他土地附着物；

（二）建设用地使用权；

（三）海域使用权；

（四）生产设备、原材料、半成品、产品；

（五）正在建造的建筑物、船舶、航空器；

（六）交通运输工具；

（七）法律、行政法规未禁止抵押的其他财产。

抵押人可以将前款所列财产一并抵押。

第三百九十六条　【浮动抵押】企业、个体工商户、农业生产经营者可以将现有的以及将有的生产设备、原材料、半成品、产品抵押，债务人不履行到期债务或者发生当事人约定的实现抵押权的情形，债权人有权就抵押财产确定时的动产优先受偿。

第三百九十七条　【建筑物与建设用地使用权同时抵押规则】以建筑物抵押的，该建筑物占用范围内的建设用地使用权一并抵押。以建设用地使用权抵押的，该土地上的建筑物一并抵押。

抵押人未依据前款规定一并抵押的，未

抵押的财产视为一并抵押。

第三百九十八条　【乡镇、村企业的建设用地使用权抵押限制】乡镇、村企业的建设用地使用权不得单独抵押。以乡镇、村企业的厂房等建筑物抵押的，其占用范围内的建设用地使用权一并抵押。

第三百九十九条　【禁止抵押的财产范围】下列财产不得抵押：

（一）土地所有权；

（二）宅基地、自留地、自留山等集体所有土地的使用权，但是法律规定可以抵押的除外；

（三）学校、幼儿园、医疗机构等为公益目的成立的非营利法人的教育设施、医疗卫生设施和其他公益设施；

（四）所有权、使用权不明或者有争议的财产；

（五）依法被查封、扣押、监管的财产；

（六）法律、行政法规规定不得抵押的其他财产。

第四百条　【抵押合同】设立抵押权，当事人应当采用书面形式订立抵押合同。

抵押合同一般包括下列条款：

（一）被担保债权的种类和数额；

（二）债务人履行债务的期限；

（三）抵押财产的名称、数量等情况；

（四）担保的范围。

第四百零一条　【流押】抵押权人在债务履行期限届满前，与抵押人约定债务人不履行到期债务时抵押财产归债权人所有的，只能依法就抵押财产优先受偿。

第四百零二条　【不动产抵押登记】以本法第三百九十五条第一款第一项至第三项规定的财产或者第五项规定的正在建造的建筑物抵押的，应当办理抵押登记。抵押权自登记时设立。

第四百零三条　【动产抵押的效力】以动产抵押的，抵押权自抵押合同生效时设立；未经登记，不得对抗善意第三人。

第四百零四条　【动产抵押权无追及效力】以动产抵押的，不得对抗正常经营活动中已经支付合理价款并取得抵押财产的买受人。

第四百零五条　【抵押权与租赁权的关系】抵押权设立前，抵押财产已经出租并转移占有的，原租赁关系不受该抵押权的影响。

第四百零六条　【抵押财产的处分】抵押期间，抵押人可以转让抵押财产。当事人另有约定的，按照其约定。抵押财产转让的，抵押权不受影响。

抵押人转让抵押财产的，应当及时通知抵押权人。抵押权人能够证明抵押财产转让可能损害抵押权的，可以请求抵押人将转让所得的价款向抵押权人提前清偿债务或者提存。转让的价款超过债权数额的部分归抵押人所有，不足部分由债务人清偿。

第四百零七条　【抵押权处分的从属性】抵押权不得与债权分离而单独转让或者作为其他债权的担保。债权转让的，担保该债权的抵押权一并转让，但是法律另有规定或者当事人另有约定的除外。

第四百零八条　【抵押权的保护】抵押人的行为足以使抵押财产价值减少的，抵押权人有权请求抵押人停止其行为；抵押财产价值减少的，抵押权人有权请求恢复抵押财产的价值，或者提供与减少的价值相应的担保。抵押人不恢复抵押财产的价值，也不提供担保的，抵押权人有权请求债务人提前清偿债务。

第四百零九条　【抵押权及其顺位的处分】抵押权人可以放弃抵押权或者抵押权的顺位。抵押权人与抵押人可以协议变更抵押权顺位以及被担保的债权数额等内容。但是，抵押权的变更未经其他抵押权人书面同意的，不得对其他抵押权人产生不利影响。

债务人以自己的财产设定抵押，抵押权人放弃该抵押权、抵押权顺位或者变更抵押权的，其他担保人在抵押权人丧失优先受偿权益的范围内免除担保责任，但是其他担保人承诺仍然提供担保的除外。

第四百一十条　【抵押权的实现】债务人不履行到期债务或者发生当事人约定的实

现抵押权的情形，抵押权人可以与抵押人协议以抵押财产折价或者以拍卖、变卖该抵押财产所得的价款优先受偿。协议损害其他债权人利益的，其他债权人可以请求人民法院撤销该协议。

抵押权人与抵押人未就抵押权实现方式达成协议的，抵押权人可以请求人民法院拍卖、变卖抵押财产。

抵押财产折价或者变卖的，应当参照市场价格。

第四百一十一条　【浮动抵押财产的确定】依据本法第三百九十六条规定设定抵押的，抵押财产自下列情形之一发生时确定：

（一）债务履行期限届满，债权未实现；

（二）抵押人被宣告破产或者解散；

（三）当事人约定的实现抵押权的情形；

（四）严重影响债权实现的其他情形。

第四百一十二条　【抵押权对抵押财产孳息的效力】债务人不履行到期债务或者发生当事人约定的实现抵押权的情形，致使抵押财产被人民法院依法扣押的，自扣押之日起，抵押权人有权收取该抵押财产的天然孳息或者法定孳息，但是抵押权人未通知应当清偿法定孳息义务人的除外。

前款规定的孳息应当先充抵收取孳息的费用。

第四百一十三条　【抵押财产变价后的处理】抵押财产折价或者拍卖、变卖后，其价款超过债权数额的部分归抵押人所有，不足部分由债务人清偿。

第四百一十四条　【数个抵押权的清偿顺序】同一财产向两个以上债权人抵押的，拍卖、变卖抵押财产所得的价款依照下列规定清偿：

（一）抵押权已经登记的，按照登记的时间先后确定清偿顺序；

（二）抵押权已经登记的先于未登记的受偿；

（三）抵押权未登记的，按照债权比例清偿。

其他可以登记的担保物权，清偿顺序参照适用前款规定。

第四百一十五条　【抵押权与质权的清偿顺序】同一财产既设立抵押权又设立质权的，拍卖、变卖该财产所得的价款按照登记、交付的时间先后确定清偿顺序。

第四百一十六条　【动产购买价款抵押担保的优先权】动产抵押担保的主债权是抵押物的价款，标的物交付后十日内办理抵押登记的，该抵押权人优先于抵押物买受人的其他担保物权人受偿，但是留置权人除外。

第四百一十七条　【抵押权对新增建筑物的效力】建设用地使用权抵押后，该土地上新增的建筑物不属于抵押财产。该建设用地使用权实现抵押权时，应当将该土地上新增的建筑物与建设用地使用权一并处分。但是，新增建筑物所得的价款，抵押权人无权优先受偿。

第四百一十八条　【集体所有土地使用权抵押权的实行效果】以集体所有土地的使用权依法抵押的，实现抵押权后，未经法定程序，不得改变土地所有权的性质和土地用途。

第四百一十九条　【抵押权存续期间】抵押权人应当在主债权诉讼时效期间行使抵押权；未行使的，人民法院不予保护。

第四百二十条　【最高额抵押权的定义】为担保债务的履行，债务人或者第三人对一定期间内将要连续发生的债权提供担保财产的，债务人不履行到期债务或者发生当事人约定的实现抵押权的情形，抵押权人有权在最高债权额限度内就该担保财产优先受偿。

最高额抵押权设立前已经存在的债权，经当事人同意，可以转入最高额抵押担保的债权范围。

第四百二十一条　【最高额抵押权担保的债权转让】最高额抵押担保的债权确定前，部分债权转让的，最高额抵押权不得转让，但是当事人另有约定的除外。

第四百二十二条　【最高额抵押合同条款变更】最高额抵押担保的债权确定前，抵押权人与抵押人可以通过协议变更债权确定的期间、债权范围以及最高债权额。但是，变更的内容不得对其他抵押权人产生不利影响。

第四百二十三条 【最高额抵押权所担保的债权确定】有下列情形之一的，抵押权人的债权确定：

（一）约定的债权确定期间届满；

（二）没有约定债权确定期间或者约定不明确，抵押权人或者抵押人自最高额抵押权设立之日起满二年后请求确定债权；

（三）新的债权不可能发生；

（四）抵押权人知道或者应当知道抵押财产被查封、扣押；

（五）债务人、抵押人被宣告破产或者解散；

（六）法律规定债权确定的其他情形。

第四百二十四条 【最高额抵押权的法律适用】最高额抵押权除适用本节规定外，适用本章第一节的有关规定。

第五百四十七条 【债权转让时从权利一并变动】债权人转让债权的，受让人取得与债权有关的从权利，但是该从权利专属于债权人自身的除外。

受让人取得从权利不因该从权利未办理转移登记手续或者未转移占有而受到影响。

»《中华人民共和国海商法》（1992 年）

第十三条 设定船舶抵押权，由抵押权人和抵押人共同向船舶登记机关办理抵押权登记；未经登记的，不得对抗第三人。

船舶抵押权登记，包括下列主要项目：

（一）船舶抵押权人和抵押人的姓名或者名称、地址；

（二）被抵押船舶的名称、国籍、船舶所有权证书的颁发机关和证书号码；

（三）所担保的债权数额、利息率、受偿期限。

船舶抵押权的登记状况，允许公众查询。

»《中华人民共和国矿产资源法》（2009 年修正）

第六条 除按下列规定可以转让外，探矿权、采矿权不得转让：

（一）探矿权人有权在划定的勘查作业区内进行规定的勘查作业，有权优先取得勘查作业区内矿产资源的采矿权。探矿权人在完成规定的最低勘查投入后，经依法批准，可以将探矿权转让他人。

（二）已取得采矿权的矿山企业，因企业合并、分立，与他人合资、合作经营，或者因企业资产出售以及有其他变更企业资产产权的情形而需要变更采矿权主体的，经依法批准可以将采矿权转让他人采矿。

前款规定的具体办法和实施步骤由国务院规定。

禁止将探矿权、采矿权倒卖牟利。

»《中华人民共和国农村土地承包法》（2018 年修正）

第四十七条 承包方可以用承包地的土地经营权向金融机构融资担保，并向发包方备案。受让方通过流转取得的土地经营权，经承包方书面同意并向发包方备案，可以向金融机构融资担保。

担保物权自融资担保合同生效时设立。当事人可以向登记机构申请登记；未经登记，不得对抗善意第三人。

实现担保物权时，担保物权人有权就土地经营权优先受偿。

土地经营权融资担保办法由国务院有关部门规定。

»《中华人民共和国城市房地产管理法》（2019 年修正）

第四十七条 房地产抵押，是指抵押人以其合法的房地产以不转移占有的方式向抵押权人提供债务履行担保的行为。债务人不履行债务时，抵押权人有权依法以抵押的房地产拍卖所得的价款优先受偿。

第四十八条 依法取得的房屋所有权连同该房屋占用范围内的土地使用权，可以设定抵押权。

以出让方式取得的土地使用权，可以设定抵押权。

第四十九条 房地产抵押，应当凭土地使用权证书、房屋所有权证书办理。

第五十一条 设定房地产抵押权的土地使用权是以划拨方式取得的，依法拍卖该房地产后，应当从拍卖所得的价款中缴纳相当于应缴纳的土地使用权出让金的款额后，抵押权人方可优先受偿。

第五十二条 房地产抵押合同签订后，土地上新增的房屋不属于抵押财产。需要拍卖该抵押的房地产时，可以依法将土地上新增的房屋与抵押财产一同拍卖，但对拍卖新增房屋所得，抵押权人无权优先受偿。

》《中华人民共和国民用航空法》（2021年修正）

第十六条 设定民用航空器抵押权，由抵押权人和抵押人共同向国务院民用航空主管部门办理抵押权登记；未经登记的，不得对抗第三人。

》《动产抵押登记办法》（2019年修订）

第二条 企业、个体工商户、农业生产经营者以《中华人民共和国物权法》第一百八十条第一款第四项、第一百八十一条规定的动产抵押的，应当向抵押人住所地的县级市场监督管理部门（以下简称登记机关）办理登记。抵押权自抵押合同生效时设立；未经登记，不得对抗善意第三人。

第三条 动产抵押登记的设立、变更和注销，可以由抵押合同一方作为代表到登记机关办理，也可以由抵押合同双方共同委托的代理人到登记机关办理。

当事人应当保证其提交的材料内容真实准确。

第四条 当事人设立抵押权符合本办法第二条所规定情形的，应当持下列文件向登记机关办理设立登记：

（一）抵押人、抵押权人签字或者盖章的《动产抵押登记书》；

（二）抵押人、抵押权人主体资格证明或者自然人身份证明文件；

（三）抵押合同双方指定代表或者共同委托代理人的身份证明。

第十一条 当事人有证据证明登记机关的动产抵押登记信息与其提交材料内容不一致的，有权要求登记机关予以更正。

登记机关发现其登记的动产抵押登记信息与当事人提交材料内容不一致的，应当对有关信息进行更正。

第十二条 经当事人或者利害关系人申请，登记机关可以根据人民法院、仲裁委员会生效的法律文书或者人民政府生效的决定等，对相关的动产抵押登记进行变更或者撤销。动产抵押登记变更或者撤销后，登记机关应当告知原抵押合同双方当事人。

》《最高人民法院关于审理矿业权纠纷案件适用法律若干问题的解释》（2020年12月23日修正）

第十四条 矿业权人为担保自己或者他人债务的履行，将矿业权抵押给债权人的，抵押合同自依法成立之日起生效，但法律、行政法规规定不得抵押的除外。

当事人仅以未经主管部门批准或者登记、备案为由请求确认抵押合同无效的，人民法院不予支持。

第十五条 当事人请求确认矿业权之抵押权自依法登记时设立的，人民法院应予支持。

颁发矿产资源勘查许可证或者采矿许可证的自然资源主管部门根据相关规定办理的矿业权抵押备案手续，视为前款规定的登记。

第十六条 债务人不履行到期债务或者发生当事人约定的实现抵押权的情形，抵押权人依据民事诉讼法第一百九十六条、第一百九十七条规定申请实现抵押权的，人民法院可以拍卖、变卖矿业权或者裁定以矿业权抵债，但矿业权竞买人、受让人应具备相应的资质条件。

第十七条　矿业权抵押期间因抵押人被兼并重组或者矿床被压覆等原因导致矿业权全部或者部分灭失，抵押权人请求就抵押人因此获得的保险金、赔偿金或者补偿金等款项优先受偿或者将该款项予以提存的，人民法院应予支持。

>>《最高人民法院关于适用〈中华人民共和国民法典〉时间效力的若干规定》（法释〔2020〕15 号　2020 年 12 月 29 日）

第七条　民法典施行前，当事人在债务履行期限届满前约定债务人不履行到期债务时抵押财产或者质押财产归债权人所有的，适用民法典第四百零一条和第四百二十八条的规定。

>>《最高人民法院关于适用〈中华人民共和国民法典〉物权编的解释（一）》（法释〔2020〕24 号　2020 年 12 月 29 日）

第四条　未经预告登记的权利人同意，转让不动产所有权等物权，或者设立建设用地使用权、居住权、地役权、抵押权等其他物权的，应当依照民法典第二百二十一条第一款的规定，认定其不发生物权效力。

>>《最高人民法院关于审理建设工程施工合同纠纷案件适用法律问题的解释（一）》（法释〔2020〕25 号　2020 年 12 月 29 日）

第三十六条　承包人根据民法典第八百零七条规定享有的建设工程价款优先受偿权优于抵押权和其他债权。

>>《最高人民法院关于适用〈中华人民共和国民法典〉有关担保制度的解释》（法释〔2020〕28 号　2020 年 12 月 31 日）

第三十七条　当事人以所有权、使用权不明或者有争议的财产抵押，经审查构成无权处分的，人民法院应当依照民法典第三百一十一条的规定处理。

当事人以依法被查封或者扣押的财产抵押，抵押权人请求行使抵押权，经审查查封或者扣押措施已经解除的，人民法院应予支持。抵押人以抵押权设立时财产被查封或者扣押为由主张抵押合同无效的，人民法院不予支持。

以依法被监管的财产抵押的，适用前款规定。

第三十八条　主债权未受全部清偿，担保物权人主张就担保财产的全部行使担保物权的，人民法院应予支持，但是留置权人行使留置权的，应当依照民法典第四百五十条的规定处理。

担保财产被分割或者部分转让，担保物权人主张就分割或者转让后的担保财产行使担保物权的，人民法院应予支持，但是法律或者司法解释另有规定的除外。

第三十九条　主债权被分割或者部分转让，各债权人主张就其享有的债权份额行使担保物权的，人民法院应予支持，但是法律另有规定或者当事人另有约定的除外。

主债务被分割或者部分转移，债务人自己提供物的担保，债权人请求以该担保财产担保全部债务履行的，人民法院应予支持；第三人提供物的担保，主张对未经其书面同意转移的债务不再承担担保责任的，人民法院应予支持。

第四十条　从物产生于抵押权依法设立前，抵押权人主张抵押权的效力及于从物的，人民法院应予支持，但是当事人另有约定的除外。

从物产生于抵押权依法设立后，抵押权人主张抵押权的效力及于从物的，人民法院不予支持，但是在抵押权实现时可以一并处分。

第四十一条 抵押权依法设立后，抵押财产被添附，添附物归第三人所有，抵押权人主张抵押权效力及于补偿金的，人民法院应予支持。

抵押权依法设立后，抵押财产被添附，抵押人对添附物享有所有权，抵押权人主张抵押权的效力及于添附物的，人民法院应予支持，但是添附导致抵押财产价值增加的，抵押权的效力不及于增加的价值部分。

抵押权依法设立后，抵押人与第三人因添附成为添附物的共有人，抵押权人主张抵押权的效力及于抵押人对共有物享有的份额的，人民法院应予支持。

本条所称添附，包括附合、混合与加工。

第四十二条 抵押权依法设立后，抵押财产毁损、灭失或者被征收等，抵押权人请求按照原抵押权的顺位就保险金、赔偿金或者补偿金等优先受偿的，人民法院应予支持。

给付义务人已经向抵押人给付了保险金、赔偿金或者补偿金，抵押权人请求给付义务人向其给付保险金、赔偿金或者补偿金的，人民法院不予支持，但是给付义务人接到抵押权人要求向其给付的通知后仍然向抵押人给付的除外。

抵押权人请求给付义务人向其给付保险金、赔偿金或者补偿金的，人民法院可以通知抵押人作为第三人参加诉讼。

第四十三条 当事人约定禁止或者限制转让抵押财产但是未将约定登记，抵押人违反约定转让抵押财产，抵押权人请求确认转让合同无效的，人民法院不予支持；抵押财产已经交付或者登记，抵押权人请求确认转让不发生物权效力的，人民法院不予支持，但是抵押权人有证据证明受让人知道的除外；抵押权人请求抵押人承担违约责任的，人民法院依法予以支持。

当事人约定禁止或者限制转让抵押财产且已经将约定登记，抵押人违反约定转让抵押财产，抵押权人请求确认转让合同无效的，人民法院不予支持；抵押财产已经交付或者登记，抵押权人主张转让不发生物权效力的，人民法院应予支持，但是因受让人代替债务人清偿债务导致抵押权消灭的除外。

第四十四条 主债权诉讼时效期间届满后，抵押权人主张行使抵押权的，人民法院不予支持；抵押人以主债权诉讼时效期间届满为由，主张不承担担保责任的，人民法院应予支持。主债权诉讼时效期间届满前，债权人仅对债务人提起诉讼，经人民法院判决或者调解后未在民事诉讼法规定的申请执行时效期间内对债务人申请强制执行，其向抵押人主张行使抵押权的，人民法院不予支持。

主债权诉讼时效期间届满后，财产被留置的债务人或者对留置财产享有所有权的第三人请求债权人返还留置财产的，人民法院不予支持；债务人或者第三人请求拍卖、变卖留置财产并以所得价款清偿债务的，人民法院应予支持。

主债权诉讼时效期间届满的法律后果，以登记作为公示方式的权利质权，参照适用第一款的规定；动产质权、以交付权利凭证作为公示方式的权利质权，参照适用第二款的规定。

第四十五条 当事人约定当债务人不履行到期债务或者发生当事人约定的实现担保物权的情形，担保物权人有权将担保财产自行拍卖、变卖并就所得的价款优先受偿的，该约定有效。因担保人的原因导致担保物权人无法自行对担保财产进行拍卖、变卖，担保物权人请求担保人承担因此增加的费用的，人民法院应予支持。

当事人依照民事诉讼法有关"实现担保物权案件"的规定，申请拍卖、变卖担保财产，被申请人以担保合同约定仲裁条款为由主张驳回申请的，人民法院经审查后，应当按照以下情形分别处理：

（一）当事人对担保物权无实质性争议且实现担保物权条件已经成就的，应当裁定准许拍卖、变卖担保财产；

（二）当事人对实现担保物权有部分实

质性争议的，可以就无争议的部分裁定准许拍卖、变卖担保财产，并告知可以就有争议的部分申请仲裁；

（三）当事人对实现担保物权有实质性争议的，裁定驳回申请，并告知可以向仲裁机构申请仲裁。

债权人以诉讼方式行使担保物权的，应当以债务人和担保人作为共同被告。

（二）不动产抵押

第四十六条　不动产抵押合同生效后未办理抵押登记手续，债权人请求抵押人办理抵押登记手续的，人民法院应予支持。

抵押财产因不可归责于抵押人自身的原因灭失或者被征收等导致不能办理抵押登记，债权人请求抵押人在约定的担保范围内承担责任的，人民法院不予支持；但是抵押人已经获得保险金、赔偿金或者补偿金等，债权人请求抵押人在其所获金额范围内承担赔偿责任的，人民法院依法予以支持。

因抵押人转让抵押财产或者其他可归责于抵押人自身的原因导致不能办理抵押登记，债权人请求抵押人在约定的担保范围内承担责任的，人民法院依法予以支持，但是不得超过抵押权能够设立时抵押人应当承担的责任范围。

第四十七条　不动产登记簿就抵押财产、被担保的债权范围等所作的记载与抵押合同约定不一致的，人民法院应当根据登记簿的记载确定抵押财产、被担保的债权范围等事项。

第四十八条　当事人申请办理抵押登记手续时，因登记机构的过错致使其不能办理抵押登记，当事人请求登记机构承担赔偿责任的，人民法院依法予以支持。

第四十九条　以违法的建筑物抵押的，抵押合同无效，但是一审法庭辩论终结前已经办理合法手续的除外。抵押合同无效的法律后果，依照本解释第十七条的有关规定处理。

当事人以建设用地使用权依法设立抵押，抵押人以土地上存在违法的建筑物为由主张抵押合同无效的，人民法院不予支持。

第五十条　抵押人以划拨建设用地上的建筑物抵押，当事人以该建设用地使用权不能抵押或者未办理批准手续为由主张抵押合同无效或者不生效的，人民法院不予支持。抵押权依法实现时，拍卖、变卖建筑物所得的价款，应当优先用于补缴建设用地使用权出让金。

当事人以划拨方式取得的建设用地使用权抵押，抵押人以未办理批准手续为由主张抵押合同无效或者不生效的，人民法院不予支持。已经依法办理抵押登记，抵押权人主张行使抵押权的，人民法院应予支持。抵押权依法实现时所得的价款，参照前款有关规定处理。

第五十一条　当事人仅以建设用地使用权抵押，债权人主张抵押权的效力及于土地上已有的建筑物以及正在建造的建筑物已完成部分的，人民法院应予支持。债权人主张抵押权的效力及于正在建造的建筑物的续建部分以及新增建筑物的，人民法院不予支持。

当事人以正在建造的建筑物抵押，抵押权的效力范围限于已办理抵押登记的部分。当事人按照担保合同的约定，主张抵押权的效力及于续建部分、新增建筑物以及规划中尚未建造的建筑物的，人民法院不予支持。

抵押人将建设用地使用权、土地上的建筑物或者正在建造的建筑物分别抵押给不同债权人的，人民法院应当根据抵押登记的时间先后确定清偿顺序。

第五十二条　当事人办理抵押预告登记后，预告登记权利人请求就抵押财产优先受偿，经审查存在尚未办理建筑物所有权首次登记、预告登记的财产与办理建筑物所有权首次登记时的财产不一致、抵押预告登记已经失效等情形，导致不具备办理抵押登记条件的，人民法院不予支持；经审查已经办理建筑物所有权首次登记，且不存在预告登记失效等情形的，人民法院应予支持，并应当认定抵押权自预告登记之日起设立。

当事人办理了抵押预告登记，抵押人破

产，经审查抵押财产属于破产财产，预告登记权利人主张就抵押财产优先受偿的，人民法院应当在受理破产申请时抵押财产的价值范围内予以支持，但是在人民法院受理破产申请前一年内，债务人对没有财产担保的债务设立抵押预告登记的除外。

（三）动产与权利担保

第五十三条 当事人在动产和权利担保合同中对担保财产进行概括描述，该描述能够合理识别担保财产的，人民法院应当认定担保成立。

第五十四条 动产抵押合同订立后未办理抵押登记，动产抵押权的效力按照下列情形分别处理：

（一）抵押人转让抵押财产，受让人占有抵押财产后，抵押权人向受让人请求行使抵押权的，人民法院不予支持，但是抵押权人能够举证证明受让人知道或者应当知道已经订立抵押合同的除外；

（二）抵押人将抵押财产出租给他人并移转占有，抵押权人行使抵押权的，租赁关系不受影响，但是抵押权人能够举证证明承租人知道或者应当知道已经订立抵押合同的除外；

（三）抵押人的其他债权人向人民法院申请保全或者执行抵押财产，人民法院已经作出财产保全裁定或者采取执行措施，抵押权人主张对抵押财产优先受偿的，人民法院不予支持；

（四）抵押人破产，抵押权人主张对抵押财产优先受偿的，人民法院不予支持。

第五十五条 债权人、出质人与监管人订立三方协议，出质人以通过一定数量、品种等概括描述能够确定范围的货物为债务的履行提供担保，当事人有证据证明监管人系受债权人的委托监管并实际控制该货物的，人民法院应当认定质权于监管人实际控制货物之日起设立。监管人违反约定向出质人或者其他人放货、因保管不善导致货物毁损灭失，债权人请求监管人承担违约责任的，人民法院依法予以支持。

在前款规定情形下，当事人有证据证明监管人系受出质人委托监管该货物，或者虽然受债权人委托但是未实际履行监管职责，导致货物仍由出质人实际控制的，人民法院应当认定质权未设立。债权人可以基于质押合同的约定请求出质人承担违约责任，但是不得超过质权有效设立时出质人应当承担的责任范围。监管人未履行监管职责，债权人请求监管人承担责任的，人民法院依法予以支持。

第五十六条 买受人在出卖人正常经营活动中通过支付合理对价取得已被设立担保物权的动产，担保物权人请求就该动产优先受偿的，人民法院不予支持，但是有下列情形之一的除外：

（一）购买商品的数量明显超过一般买受人；

（二）购买出卖人的生产设备；

（三）订立买卖合同的目的在于担保出卖人或者第三人履行债务；

（四）买受人与出卖人存在直接或者间接的控制关系；

（五）买受人应当查询抵押登记而未查询的其他情形。

前款所称出卖人正常经营活动，是指出卖人的经营活动属于其营业执照明确记载的经营范围，且出卖人持续销售同类商品。前款所称担保物权人，是指已经办理登记的抵押权人、所有权保留买卖的出卖人、融资租赁合同的出租人。

第五十七条 担保人在设立动产浮动抵押并办理抵押登记后又购入或者以融资租赁方式承租新的动产，下列权利人为担保价款债权或者租金的实现而订立担保合同，并在该动产交付后十日内办理登记，主张其权利优先于在先设立的浮动抵押权的，人民法院应予支持：

（一）在该动产上设立抵押权或者保留所有权的出卖人；

（二）为价款支付提供融资而在该动产上设立抵押权的债权人；

（三）以融资租赁方式出租该动产的出租人。

买受人取得动产但未付清价款或者承租人以融资租赁方式占有租赁物但是未付清全部租金，又以标的物为他人设立担保物权，前款所列权利人为担保价款债权或者租金的实现而订立担保合同，并在该动产交付后十日内办理登记，主张其权利优先于买受人为他人设立的担保物权的，人民法院应予支持。

同一动产上存在多个价款优先权的，人民法院应当按照登记的时间先后确定清偿顺序。

»《最高人民法院关于印发〈全国法院民商事审判工作会议纪要〉的通知》

（法〔2019〕254 号　2019 年 11 月 8 日）

60.【**未办理登记的不动产抵押合同的效力**】不动产抵押合同依法成立，但未办理抵押登记手续，债权人请求抵押人办理抵押登记手续的，人民法院依法予以支持。因抵押物灭失以及抵押物转让他人等原因不能办理抵押登记，债权人请求抵押人以抵押物的价值为限承担责任的，人民法院依法予以支持，但其范围不得超过抵押权有效设立时抵押人所应当承担的责任。

61.【**房地分别抵押**】根据《物权法》第 182 条之规定，仅以建筑物设定抵押的，抵押权的效力及于占用范围内的土地；仅以建设用地使用权抵押的，抵押权的效力亦及于其上的建筑物。在房地分别抵押，即建设用地使用权抵押给一个债权人，而其上的建筑物又抵押给另一个人的情况下，可能产生两个抵押权的冲突问题。基于“房地一体”规则，此时应当将建筑物和建设用地使用权视为同一财产，从而依照《物权法》第 199 条的规定确定清偿顺序：登记在先的先清偿；同时登记的，按照债权比例清偿。同一天登记的，视为同时登记。应予注意的是，根据《物权法》第 200 条的规定，建设用地使用权抵押后，该土地上新增的建筑物不属于抵押财产。

62.【**抵押权随主债权转让**】抵押权是从属于主合同的从权利，根据“从随主”规则，债权转让的，除法律另有规定或者当事人另有约定外，担保该债权的抵押权一并转让。受让人向抵押人主张行使抵押权，抵押人以受让人不是抵押合同的当事人、未办理变更登记等为由提出抗辩的，人民法院不予支持。

63.【**流动质押的设立与监管人的责任**】在流动质押中，经常由债权人、出质人与监管人订立三方监管协议，此时应当查明监管人究竟是受债权人的委托还是受出质人的委托监管质物，确定质物是否已经交付债权人，从而判断质权是否有效设立。如果监管人系受债权人的委托监管质物，则其是债权人的直接占有人，应当认定完成了质物交付，质权有效设立。监管人违反监管协议约定，违规向出质人放货、因保管不善导致质物毁损灭失，债权人请求监管人承担违约责任的，人民法院依法予以支持。

如果监管人系受出质人委托监管质物，表明质物并未交付债权人，应当认定质权未有效设立。尽管监管协议约定监管人系受债权人的委托监管质物，但有证据证明其并未履行监管职责，质物实际上仍由出质人管领控制的，也应当认定质物并未实际交付，质权未有效设立。此时，债权人可以基于质押合同的约定请求质押人承担违约责任，但其范围不得超过质权有效设立时质押人所应当承担的责任。监管人未履行监管职责的，债权人也可以请求监管人承担违约责任。

64.【**浮动抵押的效力**】企业将其现有的以及将有的生产设备、原材料、半成品及产品等财产设定浮动抵押后，又将其中的生产设备等部分财产设定了动产抵押，并都办理了抵押登记的，根据《物权法》第 199 条的规定，登记在先的浮动抵押优先于登记在后的动产抵押。

65.【**动产抵押权与质权竞存**】同一动产上同时设立质权和抵押权的，应当参照适用《物权法》第 199 条的规定，根据是否完成公示以及公示先后情况来确定清偿顺序：质权有效设立、抵押权办理了抵押登记的，按照公示先后确定清偿顺序；顺序相同的，按照债权比例清偿；质权有效设立，抵押权未办理抵押登记的，质权优先于抵押权；质权未有效设立，抵押权未办理抵押登记的，因此时抵押权已经有效设立，故抵押权优先受偿。

根据《物权法》第178条规定的精神，担保法司法解释第79条第1款不再适用。

指导案例

温州银行股份有限公司宁波分行诉浙江创菱电器有限公司等金融借款合同纠纷案（最高人民法院指导案例57号 2016年5月20日发布）

【关键词】 民事 金融借款合同 最高额担保

【裁判要点】

在有数份最高额担保合同情形下，具体贷款合同中选择性列明部分最高额担保合同，如债务发生在最高额担保合同约定的决算期内，且债权人未明示放弃担保权利，未列明的最高额担保合同的担保人也应当在最高债权限额内承担担保责任。

【基本案情】

原告浙江省温州银行股份有限公司宁波分行（以下简称温州银行）诉称：其与被告宁波婷微电子科技有限公司（以下简称婷微电子公司）、岑建锋、宁波三好塑模制造有限公司（以下简称三好塑模公司）分别签订了“最高额保证合同”，约定三被告为浙江创菱电器有限公司（以下简称创菱电器公司）一定时期和最高额度内借款，提供连带责任担保。创菱电器公司从温州银行借款后，不能按期归还部分贷款，故诉请判令被告创菱电器公司归还原告借款本金250万元，支付利息、罚息和律师费用；岑建锋、三好塑模公司、婷微电子公司对上述债务承担连带保证责任。

被告创菱电器公司、岑建锋未作答辩。

被告三好塑模公司辩称：原告诉请的律师费不应支持。

被告婷微电子公司辩称：其与温州银行签订的最高额保证合同，并未被列入借款合同所约定的担保合同范围，故其不应承担保证责任。

法院经审理查明：2010年9月10日，温州银行与婷微电子公司、岑建锋分别签订了编号为温银9022010年高保字01003号、01004号的最高额保证合同，约定婷微电子公司、岑建锋自愿为创菱电器公司在2010年9月10日至2011年10月18日期间发生的余额不超过1100万元的债务本金及利息、罚息等提供连带责任保证担保。

2011年10月12日，温州银行与岑建锋、三好塑模公司分别签署了编号为温银9022011年高保字00808号、00809号最高额保证合同，约定岑建锋、三好塑模公司自愿为创菱电器公司在2010年9月10日至2011年10月18日期间发生的余额不超过550万元的债务本金及利息、罚息等提供连带责任保证担保。

2011年10月14日，温州银行与创菱电器公司签署了编号为温银9022011企贷字00542号借款合同，约定温州银行向创菱电器公司发放贷款500万元，到期日为2012年10月13日，并列明担保合同编号分别为温银9022011年高保字00808号、00809号。贷款发放后，创菱电器公司于2012年8月6日归还了借款本金250万元，婷微电子公司于2012年6月29日、10月31日、11月30日先后支付了贷款利息31115.3元、53693.71元、21312.59元。截至2013年4月24日，创菱电器公司尚欠借款本金250万元、利息141509.01元。另查明，温州银行为实现本案债权而发生律师费用95200元。

【裁判结果】

浙江省宁波市江东区人民法院于2013年12月12日作出（2013）甬东商初字第1261号民事判决：一、创菱电器公司于本判决生效之日起十日内归还温州银行借款本金250

万元，支付利息 141509.01 元，并支付自 2013 年 4 月 25 日起至本判决确定的履行之日止按借款合同约定计算的利息、罚息；二、创菱电器公司于本判决生效之日起十日内赔偿温州银行为实现债权而发生的律师费用 95200 元；三、岑建锋、三好塑模公司、婷微电子公司对上述第一、二项款项承担连带清偿责任，其承担保证责任后，有权向创菱电器公司追偿。宣判后，婷微电子公司以其未被列入借款合同，不应承担保证责任为由，提起上诉。浙江省宁波市中级人民法院于 2014 年 5 月 14 日作出（2014）浙甬商终字第 369 号民事判决：驳回上诉，维持原判。

【裁判理由】

法院生效裁判认为：温州银行与创菱电器公司之间签订的编号为温银 9022011 企贷字 00542 号借款合同合法有效，温州银行发放贷款后，创菱电器公司未按约还本付息，已经构成违约。原告要求创菱电器公司归还贷款本金 250 万元，支付按合同约定方式计算的利息、罚息，并支付原告为实现债权而发生的律师费 95200 元，应予支持。岑建锋、三好塑模公司自愿为上述债务提供最高额保证担保，应承担连带清偿责任，其承担保证责任后，有权向创菱电器公司追偿。

本案的争议焦点为，婷微电子公司签订的温银 9022010 年高保字 01003 号最高额保证合同未被选择列入温银 9022011 企贷字 00542 号借款合同所约定的担保合同范围，婷微电子公司是否应当对温银 9022011 企贷字 00542 号借款合同项下债务承担保证责任。对此，法院经审理认为，婷微电子公司应当承担保证责任。理由如下：第一，民事权利的放弃必须采取明示的意思表示才能发生法律效力，默示的意思表示只有在法律有明确规定及当事人有特别约定的情况下才能发生法律效力，不宜在无明确约定或者法律无特别规定的情况下，推定当事人对权利进行放弃。具体到本案，温州银行与创菱电器公司签订的温银 9022011 企贷字 00542 号借款合同虽未将婷微电子公司签订的最高额保证合同列入，但原告未以明示方式放弃婷微电子公司提供的最高额保证，故婷微电子公司仍是该诉争借款合同的最高额保证人。第二，本案诉争借款合同签订时间及贷款发放时间均在婷微电子公司签订的编号温银 9022010 年高保字 01003 号最高额保证合同约定的决算期内（2010 年 9 月 10 日至 2011 年 10 月 18 日），温州银行向婷微电子公司主张权利并未超过合同约定的保证期间，故婷微电子公司应依约在其承诺的最高债权限额内为创菱电器公司对温州银行的欠债承担连带保证责任。第三，最高额担保合同是债权人和担保人之间约定担保法律关系和相关权利义务关系的直接合同依据，不能以主合同内容取代从合同的内容。具体到本案，温州银行与婷微电子公司签订了最高额保证合同，双方的担保权利义务应以该合同为准，不受温州银行与创菱电器公司之间签订的温州银行非自然人借款合同约束或变更。第四，婷微电子公司曾于 2012 年 6 月、10 月、11 月三次归还过本案借款利息，上述行为也是婷微电子公司对本案借款履行保证责任的行为表征。综上，婷微电子公司应对创菱电器公司的上述债务承担连带清偿责任，其承担保证责任后，有权向创菱电器公司追偿。

68. 质权纠纷

（1）动产质权纠纷
（2）转质权纠纷
（3）最高额质权纠纷
（4）票据质权纠纷
（5）债券质权纠纷
（6）存单质权纠纷
（7）仓单质权纠纷
（8）提单质权纠纷
（9）股权质权纠纷
（10）基金份额质权纠纷

（11）知识产权质权纠纷
（12）应收账款质权纠纷

相关规范

《中华人民共和国民法典》（2020 年）

第四百二十五条 【动产质权的定义】 为担保债务的履行，债务人或者第三人将其动产出质给债权人占有的，债务人不履行到期债务或者发生当事人约定的实现质权的情形，债权人有权就该动产优先受偿。

前款规定的债务人或者第三人为出质人，债权人为质权人，交付的动产为质押财产。

第四百二十六条 【禁止质押的动产范围】 法律、行政法规禁止转让的动产不得出质。

第四百二十七条 【质押合同】 设立质权，当事人应当采用书面形式订立质押合同。

质押合同一般包括下列条款：

（一）被担保债权的种类和数额；

（二）债务人履行债务的期限；

（三）质押财产的名称、数量等情况；

（四）担保的范围；

（五）质押财产交付的时间、方式。

第四百二十八条 【流质】 质权人在债务履行期限届满前，与出质人约定债务人不履行到期债务时质押财产归债权人所有的，只能依法就质押财产优先受偿。

第四百二十九条 【质权生效时间】 质权自出质人交付质押财产时设立。

第四百三十条 【质权人孳息收取权及孳息首要清偿用途】 质权人有权收取质押财产的孳息，但是合同另有约定的除外。

前款规定的孳息应当先充抵收取孳息的费用。

第四百三十一条 【质权人擅自使用、处分质押财产的责任】 质权人在质权存续期间，未经出质人同意，擅自使用、处分质押财产，造成出质人损害的，应当承担赔偿责任。

第四百三十二条 【质权人的保管义务和赔偿责任】 质权人负有妥善保管质押财产的义务；因保管不善致使质押财产毁损、灭失的，应当承担赔偿责任。

质权人的行为可能使质押财产毁损、灭失的，出质人可以请求质权人将质押财产提存，或者请求提前清偿债务并返还质押财产。

第四百三十三条 【质权的保护】 因不可归责于质权人的事由可能使质押财产毁损或者价值明显减少，足以危害质权人权利的，质权人有权请求出质人提供相应的担保；出质人不提供的，质权人可以拍卖、变卖质押财产，并与出质人协议将拍卖、变卖所得的价款提前清偿债务或者提存。

第四百三十四条 【责任转质】 质权人在质权存续期间，未经出质人同意转质，造成质押财产毁损、灭失的，应当承担赔偿责任。

第四百三十五条 【质权的放弃】 质权人可以放弃质权。债务人以自己的财产出质，质权人放弃该质权的，其他担保人在质权人丧失优先受偿权益的范围内免除担保责任，但是其他担保人承诺仍然提供担保的除外。

第四百三十六条 【质物返还及质权实现】 债务人履行债务或者出质人提前清偿所担保的债权的，质权人应当返还质押财产。

债务人不履行到期债务或者发生当事人约定的实现质权的情形，质权人可以与出质人协议以质押财产折价，也可以就拍卖、变卖质押财产所得的价款优先受偿。

质押财产折价或者变卖的，应当参照市场价格。

第四百三十七条 【质权的及时行使】 出质人可以请求质权人在债务履行期限届满后及时行使质权；质权人不行使的，出质人可以请求人民法院拍卖、变卖质押财产。

出质人请求质权人及时行使质权，因质权人怠于行使权利造成出质人损害的，由质权人承担赔偿责任。

第四百三十八条 【质押财产变价后的处理】 质押财产折价或者拍卖、变卖后，其价款超过债权数额的部分归出质人所有，不足部分由债务人清偿。

第四百三十九条　【最高额质权】 出质人与质权人可以协议设立最高额质权。

最高额质权除适用本节有关规定外，参照适用本编第十七章第二节的有关规定。

第四百四十条　【权利质权的范围】 债务人或者第三人有权处分的下列权利可以出质：

（一）汇票、本票、支票；

（二）债券、存款单；

（三）仓单、提单；

（四）可以转让的基金份额、股权；

（五）可以转让的注册商标专用权、专利权、著作权等知识产权中的财产权；

（六）现有的以及将有的应收账款；

（七）法律、行政法规规定可以出质的其他财产权利。

第四百四十一条　【有价证券出质的质权的设立】 以汇票、本票、支票、债券、存款单、仓单、提单出质的，质权自权利凭证交付质权人时设立；没有权利凭证的，质权自办理出质登记时设立。法律另有规定的，依照其规定。

第四百四十二条　【有价证券出质的质权的特别实现方式】 汇票、本票、支票、债券、存款单、仓单、提单的兑现日期或者提货日期先于主债权到期的，质权人可以兑现或者提货，并与出质人协议将兑现的价款或者提取的货物提前清偿债务或者提存。

第四百四十三条　【以基金份额、股权出质的质权设立及转让限制】 以基金份额、股权出质的，质权自办理出质登记时设立。

基金份额、股权出质后，不得转让，但是出质人与质权人协商同意的除外。出质人转让基金份额、股权所得的价款，应当向质权人提前清偿债务或者提存。

第四百四十四条　【以知识产权中的财产权出质的质权的设立及转让限制】 以注册商标专用权、专利权、著作权等知识产权中的财产权出质的，质权自办理出质登记时设立。

知识产权中的财产权出质后，出质人不得转让或者许可他人使用，但是出质人与质权人协商同意的除外。出质人转让或者许可他人使用出质的知识产权中的财产权所得的价款，应当向质权人提前清偿债务或者提存。

第四百四十五条　【以应收账款出质的质权的设立及转让限制】 以应收账款出质的，质权自办理出质登记时设立。

应收账款出质后，不得转让，但是出质人与质权人协商同意的除外。出质人转让应收账款所得的价款，应当向质权人提前清偿债务或者提存。

第四百四十六条　【权利质权的法律适用】 权利质权除适用本节规定外，适用本章第一节的有关规定。

»《中华人民共和国涉外民事关系法律适用法》（2010 年）

第三十九条　有价证券，适用有价证券权利实现地法律或者其他与该有价证券有最密切联系的法律。

第四十条　权利质权，适用质权设立地法律。

»《著作权质权登记办法》（2010 年）

第二条　国家版权局负责著作权质权登记工作。

第三条　《中华人民共和国著作权法》规定的著作权以及与著作权有关权利（以下统称“著作权”）中的财产权可以出质。

以共有的著作权出质的，除另有约定外，应当取得全体共有人的同意。

第四条　以著作权出质的，出质人和质权人应当订立书面质权合同，并由双方共同向登记机构办理著作权质权登记。

出质人和质权人可以自行办理，也可以委托代理人办理。

第五条　著作权质权的设立、变更、转让和消灭，自记载于《著作权质权登记簿》时发生效力。

《应收账款质押登记办法》（2019 年）

第二条 本办法所称应收账款是指权利人因提供一定的货物、服务或设施而获得的要求义务人付款的权利以及依法享有的其他付款请求权，包括现有的和未来的金钱债权，但不包括因票据或其他有价证券而产生的付款请求权，以及法律、行政法规禁止转让的付款请求权。

本办法所称的应收账款包括下列权利：

（一）销售、出租产生的债权，包括销售货物，供应水、电、气、暖，知识产权的许可使用，出租动产或不动产等；

（二）提供医疗、教育、旅游等服务或劳务产生的债权；

（三）能源、交通运输、水利、环境保护、市政工程等基础设施和公用事业项目收益权；

（四）提供贷款或其他信用活动产生的债权；

（五）其他以合同为基础的具有金钱给付内容的债权。

第三条 本办法所称应收账款质押是指《中华人民共和国物权法》第二百二十三条规定的应收账款出质，具体是指为担保债务的履行，债务人或者第三人将其合法拥有的应收账款出质给债权人，债务人不履行到期债务或者发生当事人约定的实现质权的情形，债权人有权就该应收账款及其收益优先受偿。

前款规定的债务人或者第三人为出质人，债权人为质权人。

《专利权质押登记办法》（2021 年）

第二条 国家知识产权局负责专利权质押登记工作。

第三条 以专利权出质的，出质人与质权人应当订立书面合同。

质押合同可以是单独订立的合同，也可以是主合同中的担保条款。

出质人和质权人应共同向国家知识产权局办理专利权质押登记，专利权质权自国家知识产权局登记时设立。

第四条 以共有的专利权出质的，除全体共有人另有约定的以外，应当取得其他共有人的同意。

《最高人民法院关于适用〈中华人民共和国民法典〉有关担保制度的解释》（法释〔2020〕28 号 2020 年 12 月 31 日）

第一条 因抵押、质押、留置、保证等担保发生的纠纷，适用本解释。所有权保留买卖、融资租赁、保理等涉及担保功能发生的纠纷，适用本解释的有关规定。

第二条 当事人在担保合同中约定担保合同的效力独立于主合同，或者约定担保人对主合同无效的法律后果承担担保责任，该有关担保独立性的约定无效。主合同有效的，有关担保独立性的约定无效不影响担保合同的效力；主合同无效的，人民法院应当认定担保合同无效，但是法律另有规定的除外。

因金融机构开立的独立保函发生的纠纷，适用《最高人民法院关于审理独立保函纠纷案件若干问题的规定》。

第三条 当事人对担保责任的承担约定专门的违约责任，或者约定的担保责任范围超出债务人应当承担的责任范围，担保人主张仅在债务人应当承担的责任范围内承担责任的，人民法院应予支持。

担保人承担的责任超出债务人应当承担的责任范围，担保人向债务人追偿，债务人主张仅在其应当承担的责任范围内承担责任的，人民法院应予支持；担保人请求债权人返还超出部分的，人民法院依法予以支持。

第四条 有下列情形之一，当事人将担保物权登记在他人名下，债务人不履行到期债务或者发生当事人约定的实现担保物权的情形，债权人或者其受托人主张就该财产优先受偿的，人民法院依法予以支持：

（一）为债券持有人提供的担保物权登记在债券受托管理人名下；

（二）为委托贷款人提供的担保物权登

记在受托人名下；

（三）担保人知道债权人与他人之间存在委托关系的其他情形。

第五十五条 债权人、出质人与监管人订立三方协议，出质人以通过一定数量、品种等概括描述能够确定范围的货物为债务的履行提供担保，当事人有证据证明监管人系受债权人的委托监管并实际控制该货物的，人民法院应当认定质权于监管人实际控制货物之日起设立。监管人违反约定向出质人或者其他人放货、因保管不善导致货物毁损灭失，债权人请求监管人承担违约责任的，人民法院依法予以支持。

在前款规定情形下，当事人有证据证明监管人系受出质人委托监管该货物，或者虽然受债权人委托但是未实际履行监管职责，导致货物仍由出质人实际控制的，人民法院应当认定质权未设立。债权人可以基于质押合同的约定请求出质人承担违约责任，但是不得超过质权有效设立时出质人应当承担的责任范围。监管人未履行监管职责，债权人请求监管人承担责任的，人民法院依法予以支持。

第五十六条 买受人在出卖人正常经营活动中通过支付合理对价取得已被设立担保物权的动产，担保物权人请求就该动产优先受偿的，人民法院不予支持，但是有下列情形之一的除外：

（一）购买商品的数量明显超过一般买受人；

（二）购买出卖人的生产设备；

（三）订立买卖合同的目的在于担保出卖人或者第三人履行债务；

（四）买受人与出卖人存在直接或者间接的控制关系；

（五）买受人应当查询抵押登记而未查询的其他情形。

前款所称出卖人正常经营活动，是指出卖人的经营活动属于其营业执照明确记载的经营范围，且出卖人持续销售同类商品。前款所称担保物权人，是指已经办理登记的抵押权人、所有权保留买卖的出卖人、融资租赁合同的出租人。

第五十七条 担保人在设立动产浮动抵押并办理抵押登记后又购入或者以融资租赁方式承租新的动产，下列权利人为担保价款债权或者租金的实现而订立担保合同，并在该动产交付后十日内办理登记，主张其权利优先于在先设立的浮动抵押权的，人民法院应予支持：

（一）在该动产上设立抵押权或者保留所有权的出卖人；

（二）为价款支付提供融资而在该动产上设立抵押权的债权人；

（三）以融资租赁方式出租该动产的出租人。

买受人取得动产但未付清价款或者承租人以融资租赁方式占有租赁物但是未付清全部租金，又以标的物为他人设立担保物权，前款所列权利人为担保价款债权或者租金的实现而订立担保合同，并在该动产交付后十日内办理登记，主张其权利优先于买受人为他人设立的担保物权的，人民法院应予支持。

同一动产上存在多个价款优先权的，人民法院应当按照登记的时间先后确定清偿顺序。

第五十八条 以汇票出质，当事人以背书记载“质押”字样并在汇票上签章，汇票已经交付质权人的，人民法院应当认定质权自汇票交付质权人时设立。

第五十九条 存货人或者仓单持有人在仓单上以背书记载“质押”字样，并经保管人签章，仓单已经交付质权人的，人民法院应当认定质权自仓单交付质权人时设立。没有权利凭证的仓单，依法可以办理出质登记的，仓单质权自办理出质登记时设立。

出质人既以仓单出质，又以仓储物设立担保，按照公示的先后确定清偿顺序；难以确定先后的，按照债权比例清偿。

保管人为同一货物签发多份仓单，出质人在多份仓单上设立多个质权，按照公示的先后确定清偿顺序；难以确定先后的，按照债权比例受偿。

存在第二款、第三款规定的情形，债权人举证证明其损失系由出质人与保管人的共同行为所致，请求出质人与保管人承担连带赔偿责任的，人民法院应予支持。

第六十条 在跟单信用证交易中，开证行与开证申请人之间约定以提单作为担保的，人民法院应当依照民法典关于质权的有关规定处理。

在跟单信用证交易中，开证行依据其与开证申请人之间的约定或者跟单信用证的惯例持有提单，开证申请人未按照约定付款赎单，开证行主张对提单项下货物优先受偿的，人民法院应予支持；开证行主张对提单项下货物享有所有权的，人民法院不予支持。

在跟单信用证交易中，开证行依据其与开证申请人之间的约定或者跟单信用证的惯例，通过转让提单或者提单项下货物取得价款，开证申请人请求返还超出债权部分的，人民法院应予支持。

前三款规定不影响合法持有提单的开证行以提单持有人身份主张运输合同项下的权利。

第六十一条 以现有的应收账款出质，应收账款债务人向质权人确认应收账款的真实性后，又以应收账款不存在或者已经消灭为由主张不承担责任的，人民法院不予支持。

以现有的应收账款出质，应收账款债务人未确认应收账款的真实性，质权人以应收账款债务人为被告，请求就应收账款优先受偿，能够举证证明办理出质登记时应收账款真实存在的，人民法院应予支持；质权人不能举证证明办理出质登记时应收账款真实存在，仅以已经办理出质登记为由，请求就应收账款优先受偿的，人民法院不予支持。

以现有的应收账款出质，应收账款债务人已经向应收账款债权人履行了债务，质权人请求应收账款债务人履行债务的，人民法院不予支持，但是应收账款债务人接到质权人要求向其履行的通知后，仍然向应收账款债权人履行的除外。

以基础设施和公用事业项目收益权、提供服务或者劳务产生的债权以及其他将有的应收账款出质，当事人为应收账款设立特定账户，发生法定或者约定的质权实现事由时，质权人请求就该特定账户内的款项优先受偿的，人民法院应予支持；特定账户内的款项不足以清偿债务或者未设立特定账户，质权人请求折价或者拍卖、变卖项目收益权等将有的应收账款，并以所得的价款优先受偿的，人民法院依法予以支持。

第六十六条 同一应收账款同时存在保理、应收账款质押和债权转让，当事人主张参照民法典第七百六十八条的规定确定优先顺序的，人民法院应予支持。

在有追索权的保理中，保理人以应收账款债权人或者应收账款债务人为被告提起诉讼，人民法院应予受理；保理人一并起诉应收账款债权人和应收账款债务人的，人民法院可以受理。

应收账款债权人向保理人返还保理融资款本息或者回购应收账款债权后，请求应收账款债务人向其履行应收账款债务的，人民法院应予支持。

69. 留置权纠纷

相关规范

》《中华人民共和国民法典》（2020 年）

第四百四十七条 【留置权的定义】 债务人不履行到期债务，债权人可以留置已经合法占有的债务人的动产，并有权就该动产优先受偿。

前款规定的债权人为留置权人，占有的动产为留置财产。

第四百四十八条 【留置财产与债权的关系】 债权人留置的动产，应当与债权属于同一法律关系，但是企业之间留置的除外。

第四百四十九条 【留置权适用范围限制】 法律规定或者当事人约定不得留置的动

产，不得留置。

第四百五十条　【留置财产为可分物的特殊规定】留置财产为可分物的，留置财产的价值应当相当于债务的金额。

第四百五十一条　【留置权人的保管义务】留置权人负有妥善保管留置财产的义务；因保管不善致使留置财产毁损、灭失的，应当承担赔偿责任。

第四百五十二条　【留置权人收取孳息的权利】留置权人有权收取留置财产的孳息。

前款规定的孳息应当先充抵收取孳息的费用。

第四百五十三条　【实现留置权的一般规定】留置权人与债务人应当约定留置财产后的债务履行期限；没有约定或者约定不明确的，留置权人应当给债务人六十日以上履行债务的期限，但是鲜活易腐等不易保管的动产除外。债务人逾期未履行的，留置权人可以与债务人协议以留置财产折价，也可以就拍卖、变卖留置财产所得的价款优先受偿。

留置财产折价或者变卖的，应当参照市场价格。

第四百五十四条　【留置权债务人的请求权】债务人可以请求留置权人在债务履行期限届满后行使留置权；留置权人不行使的，债务人可以请求人民法院拍卖、变卖留置财产。

第四百五十五条　【留置权的实现】留置财产折价或者拍卖、变卖后，其价款超过债权数额的部分归债务人所有，不足部分由债务人清偿。

第四百五十六条　【留置权、抵押权与质权竞合时的顺位原则】同一动产上已经设立抵押权或者质权，该动产又被留置的，留置权人优先受偿。

第四百五十七条　【留置权消灭的特殊情形】留置权人对留置财产丧失占有或者留置权人接受债务人另行提供担保的，留置权消灭。

》《最高人民法院关于适用〈中华人民共和国民法典〉有关担保制度的解释》（法释〔2020〕28号　2020年12月31日）

第一条　因抵押、质押、留置、保证等担保发生的纠纷，适用本解释。所有权保留买卖、融资租赁、保理等涉及担保功能发生的纠纷，适用本解释的有关规定。

第二条　当事人在担保合同中约定担保合同的效力独立于主合同，或者约定担保人对主合同无效的法律后果承担担保责任，该有关担保独立性的约定无效。主合同有效的，有关担保独立性的约定无效不影响担保合同的效力；主合同无效的，人民法院应当认定担保合同无效，但是法律另有规定的除外。

因金融机构开立的独立保函发生的纠纷，适用《最高人民法院关于审理独立保函纠纷案件若干问题的规定》。

第三条　当事人对担保责任的承担约定专门的违约责任，或者约定的担保责任范围超出债务人应当承担的责任范围，担保人主张仅在债务人应当承担的责任范围内承担责任的，人民法院应予支持。

担保人承担的责任超出债务人应当承担的责任范围，担保人向债务人追偿，债务人主张仅在其应当承担的责任范围内承担责任的，人民法院应予支持；担保人请求债权人返还超出部分的，人民法院依法予以支持。

第四条　有下列情形之一，当事人将担保物权登记在他人名下，债务人不履行到期债务或者发生当事人约定的实现担保物权的情形，债权人或者其受托人主张就该财产优先受偿的，人民法院依法予以支持：

（一）为债券持有人提供的担保物权登记在债券受托管理人名下；

（二）为委托贷款人提供的担保物权登记在受托人名下；

（三）担保人知道债权人与他人之间存在委托关系的其他情形。

第三十八条　主债权未受全部清偿，担保物权人主张就担保财产的全部行使担保物权的，人民法院应予支持，但是留置权人行使留置权的，应当依照民法典第四百五十条的规定处理。

担保财产被分割或者部分转让，担保物权人主张就分割或者转让后的担保财产行使担保物权的，人民法院应予支持，但是法律或者司法解释另有规定的除外。

第四十四条 主债权诉讼时效期间届满后，抵押权人主张行使抵押权的，人民法院不予支持；抵押人以主债权诉讼时效期间届满为由，主张不承担担保责任的，人民法院应予支持。主债权诉讼时效期间届满前，债权人仅对债务人提起诉讼，经人民法院判决或者调解后未在民事诉讼法规定的申请执行时效期间内对债务人申请强制执行，其向抵押人主张行使抵押权的，人民法院不予支持。

主债权诉讼时效期间届满后，财产被留置的债务人或者对留置财产享有所有权的第三人请求债权人返还留置财产的，人民法院不予支持；债务人或者第三人请求拍卖、变卖留置财产并以所得价款清偿债务的，人民法院应予支持。

主债权诉讼时效期间届满的法律后果，以登记作为公示方式的权利质权，参照适用第一款的规定；动产质权、以交付权利凭证作为公示方式的权利质权，参照适用第二款的规定。

第六十二条 债务人不履行到期债务，债权人因同一法律关系留置合法占有的第三人的动产，并主张就该留置财产优先受偿的，人民法院应予支持。第三人以该留置财产并非债务人的财产为由请求返还的，人民法院不予支持。

企业之间留置的动产与债权并非同一法律关系，债务人以该债权不属于企业持续经营中发生的债权为由请求债权人返还留置财产的，人民法院应予支持。

企业之间留置的动产与债权并非同一法律关系，债权人留置第三人的财产，第三人请求债权人返还留置财产的，人民法院应予支持。

九、 占有保护纠纷

70. 占有物返还纠纷

相关规范

》《中华人民共和国民法典》（2020 年）

第一百七十九条 【承担民事责任的方式】 承担民事责任的方式主要有：

（一）停止侵害；

（二）排除妨碍；

（三）消除危险；

（四）返还财产；

（五）恢复原状；

（六）修理、重作、更换；

（七）继续履行；

（八）赔偿损失；

（九）支付违约金；

（十）消除影响、恢复名誉；

（十一）赔礼道歉。

法律规定惩罚性赔偿的，依照其规定。

本条规定的承担民事责任的方式，可以单独适用，也可以合并适用。

第四百六十条 【权利人的返还请求权

和占有人的费用求偿权】不动产或者动产被占有人占有的，权利人可以请求返还原物及其孳息；但是，应当支付善意占有人因维护该不动产或者动产支出的必要费用。

第四百六十二条 【占有保护请求权】占有的不动产或者动产被侵占的，占有人有权请求返还原物；对妨害占有的行为，占有人有权请求排除妨害或者消除危险；因侵占或者妨害造成损害的，占有人有权依法请求损害赔偿。

占有人返还原物的请求权，自侵占发生之日起一年内未行使的，该请求权消灭。

»《第八次全国法院民事商事审判工作会议（民事部分）纪要》（法〔2016〕399号 2016年11月21日）

24. 已经合法占有转让标的物的受让人请求转让人办理物权变更登记，登记权利人请求无权占有人返还不动产或者动产，利害关系人请求确认物权的归属或内容，权利人请求排除妨害、消除危险，对方当事人以超过诉讼时效期间抗辩的，均应不予支持。

71. 占有排除妨害纠纷

相关规范

»《中华人民共和国民法典》（2020年）

第四百六十二条 【占有保护请求权】占有的不动产或者动产被侵占的，占有人有权请求返还原物；对妨害占有的行为，占有人有权请求排除妨害或者消除危险；因侵占或者妨害造成损害的，占有人有权依法请求损害赔偿。

占有人返还原物的请求权，自侵占发生之日起一年内未行使的，该请求权消灭。

»《第八次全国法院民事商事审判工作会议（民事部分）纪要》（法〔2016〕399号 2016年11月21日）

24. 已经合法占有转让标的物的受让人请求转让人办理物权变更登记，登记权利人请求无权占有人返还不动产或者动产，利害关系人请求确认物权的归属或内容，权利人请求排除妨害、消除危险，对方当事人以超过诉讼时效期间抗辩的，均应不予支持。

72. 占有消除危险纠纷

相关规范

»《中华人民共和国民法典》（2020年）

第四百六十二条 【占有保护请求权】占有的不动产或者动产被侵占的，占有人有权请求返还原物；对妨害占有的行为，占有人有权请求排除妨害或者消除危险；因侵占或者妨害造成损害的，占有人有权依法请求损害赔偿。

占有人返还原物的请求权，自侵占发生之日起一年内未行使的，该请求权消灭。

»《第八次全国法院民事商事审判工作会议（民事部分）纪要》（法〔2016〕399号 2016年11月21日）

24. 已经合法占有转让标的物的受让人请求转让人办理物权变更登记，登记权利人请求无权占有人返还不动产或者动产，利害关系人请求确认物权的归属或内容，权利人请求排除妨害、消除危险，对方当事人以超过诉讼时效期间抗辩的，均应不予支持。

73. 占有物损害赔偿纠纷

相关规范

》《中华人民共和国民法典》（2020 年）

第一百七十九条 【承担民事责任的方式】 承担民事责任的方式主要有：

（一）停止侵害；

（二）排除妨碍；

（三）消除危险；

（四）返还财产；

（五）恢复原状；

（六）修理、重作、更换；

（七）继续履行；

（八）赔偿损失；

（九）支付违约金；

（十）消除影响、恢复名誉；

（十一）赔礼道歉。

法律规定惩罚性赔偿的，依照其规定。

本条规定的承担民事责任的方式，可以单独适用，也可以合并适用。

第四百六十二条 【占有保护请求权】 占有的不动产或者动产被侵占的，占有人有权请求返还原物；对妨害占有的行为，占有人有权请求排除妨害或者消除危险；因侵占或者妨害造成损害的，占有人有权依法请求损害赔偿。

占有人返还原物的请求权，自侵占发生之日起一年内未行使的，该请求权消灭。

第四部分　合同、准合同纠纷

十、合同纠纷

74. 缔约过失责任纠纷

相关规范

»《中华人民共和国民法典》（2020年）

第一百五十七条　【民事法律行为无效、被撤销或确定不发生效力的法律后果】 民事法律行为无效、被撤销或者确定不发生效力后，行为人因该行为取得的财产，应当予以返还；不能返还或者没有必要返还的，应当折价补偿。有过错的一方应当赔偿对方由此所受到的损失；各方都有过错的，应当各自承担相应的责任。法律另有规定的，依照其规定。

第五百条　【缔约过失责任】 当事人在订立合同过程中有下列情形之一，造成对方损失的，应当承担赔偿责任：

（一）假借订立合同，恶意进行磋商；

（二）故意隐瞒与订立合同有关的重要事实或者提供虚假情况；

（三）有其他违背诚信原则的行为。

第五百零一条　【当事人保密义务】 当事人在订立合同过程中知悉的商业秘密或者其他应当保密的信息，无论合同是否成立，不得泄露或者不正当地使用；泄露、不正当地使用该商业秘密或者信息，造成对方损失的，应当承担赔偿责任。

»《最高人民法院关于适用〈中华人民共和国民法典〉总则编若干问题的解释》（法释〔2022〕6号　2022年2月24日）

第十八条　当事人未采用书面形式或者口头形式，但是实施的行为本身表明已经作出相应意思表示，并符合民事法律行为成立条件的，人民法院可以认定为民法典第一百三十五条规定的采用其他形式实施的民事法律行为。

第十九条　行为人对行为的性质、对方当事人或者标的物的品种、质量、规格、价格、数量等产生错误认识，按照通常理解如果不发生该错误认识行为人就不会作出相应意思表示的，人民法院可以认定为民法典第一百四十七条规定的重大误解。

行为人能够证明自己实施民事法律行为时存在重大误解，并请求撤销该民事法律行为的，人民法院依法予以支持；但是，根据交易习惯等认定行为人无权请求撤销的除外。

第二十条 行为人以其意思表示存在第三人转达错误为由请求撤销民事法律行为的，适用本解释第十九条的规定。

第二十一条 故意告知虚假情况，或者负有告知义务的人故意隐瞒真实情况，致使当事人基于错误认识作出意思表示的，人民法院可以认定为民法典第一百四十八条、第一百四十九条规定的欺诈。

第二十二条 以给自然人及其近亲属等的人身权利、财产权利以及其他合法权益造成损害或者以给法人、非法人组织的名誉、荣誉、财产权益等造成损害为要挟，迫使其基于恐惧心理作出意思表示的，人民法院可以认定为民法典第一百五十条规定的胁迫。

第二十三条 民事法律行为不成立，当事人请求返还财产、折价补偿或者赔偿损失的，参照适用民法典第一百五十七条的规定。

第二十四条 民事法律行为所附条件不可能发生，当事人约定为生效条件的，人民法院应当认定民事法律行为不发生效力；当事人约定为解除条件的，应当认定未附条件，民事法律行为是否失效，依照民法典和相关法律、行政法规的规定认定。

75. 预约合同纠纷

相关规范

»《中华人民共和国民法典》（2020年）

第四百九十五条 【预约合同】 当事人约定在将来一定期限内订立合同的认购书、订购书、预订书等，构成预约合同。

当事人一方不履行预约合同约定的订立合同义务的，对方可以请求其承担预约合同的违约责任。

»《最高人民法院关于审理商品房买卖合同纠纷案件适用法律若干问题的解释》（2020年12月23日修正）

第四条 出卖人通过认购、订购、预订等方式向买受人收受定金作为订立商品房买卖合同担保的，如果因当事人一方原因未能订立商品房买卖合同，应当按照法律关于定金的规定处理；因不可归责于当事人双方的事由，导致商品房买卖合同未能订立的，出卖人应当将定金返还买受人。

76. 确认合同效力纠纷

（1）确认合同有效纠纷
（2）确认合同无效纠纷

相关规范

»《中华人民共和国民法典》（2020年）

第一百五十三条 【违反强制性规定及违背公序良俗的民事法律行为的效力】 违反法律、行政法规的强制性规定的民事法律行为无效。但是，该强制性规定不导致该民事法律行为无效的除外。

违背公序良俗的民事法律行为无效。

第一百五十四条 【恶意串通的民事法律行为的效力】 行为人与相对人恶意串通，损害他人合法权益的民事法律行为无效。

第一百五十五条 【无效、被撤销的民事法律行为自始无效】 无效的或者被撤销的民事法律行为自始没有法律约束力。

第一百五十七条 【民事法律行为无效、被撤销或确定不发生效力的法律后果】 民事法律行为无效、被撤销或者确定不发生效力后，行为人因该行为取得的财产，应当予以返还；不能返还或者没有必要返还的，应当折价补偿。有过错的一方应当赔偿对方由此所受到的损失；各方都有过错的，应当各自承担相应的责任。法律另有规定的，依照其规定。

第一百五十八条 【附条件的民事法律行为】民事法律行为可以附条件，但是根据其性质不得附条件的除外。附生效条件的民事法律行为，自条件成就时生效。附解除条件的民事法律行为，自条件成就时失效。

第一百五十九条 【条件成就和不成就的拟制】附条件的民事法律行为，当事人为自己的利益不正当地阻止条件成就的，视为条件已经成就；不正当地促成条件成就的，视为条件不成就。

第一百六十条 【附期限的民事法律行为】民事法律行为可以附期限，但是根据其性质不得附期限的除外。附生效期限的民事法律行为，自期限届至时生效。附终止期限的民事法律行为，自期限届满时失效。

第一百七十一条 【无权代理】行为人没有代理权、超越代理权或者代理权终止后，仍然实施代理行为，未经被代理人追认的，对被代理人不发生效力。

相对人可以催告被代理人自收到通知之日起三十日内予以追认。被代理人未作表示的，视为拒绝追认。行为人实施的行为被追认前，善意相对人有撤销的权利。撤销应当以通知的方式作出。

行为人实施的行为未被追认的，善意相对人有权请求行为人履行债务或者就其受到的损害请求行为人赔偿。但是，赔偿的范围不得超过被代理人追认时相对人所能获得的利益。

相对人知道或者应当知道行为人无权代理的，相对人和行为人按照各自的过错承担责任。

第一百七十二条 【表见代理】行为人没有代理权、超越代理权或者代理权终止后，仍然实施代理行为，相对人有理由相信行为人有代理权的，代理行为有效。

第五百零二条 【合同生效时间】依法成立的合同，自成立时生效，但是法律另有规定或者当事人另有约定的除外。

依照法律、行政法规的规定，合同应当办理批准等手续的，依照其规定。未办理批准等手续影响合同生效的，不影响合同中履行报批等义务条款以及相关条款的效力。应当办理申请批准等手续的当事人未履行义务的，对方可以请求其承担违反该义务的责任。

依照法律、行政法规的规定，合同的变更、转让、解除等情形应当办理批准等手续的，适用前款规定。

第五百零四条 【越权订立的合同效力】法人的法定代表人或者非法人组织的负责人超越权限订立的合同，除相对人知道或者应当知道其超越权限外，该代表行为有效，订立的合同对法人或者非法人组织发生效力。

第五百零七条 【争议解决条款效力】合同不生效、无效、被撤销或者终止的，不影响合同中有关解决争议方法的条款的效力。

第五百六十二条 【合同约定解除】当事人协商一致，可以解除合同。

当事人可以约定一方解除合同的事由。解除合同的事由发生时，解除权人可以解除合同。

第五百六十三条 【合同法定解除】有下列情形之一的，当事人可以解除合同：

（一）因不可抗力致使不能实现合同目的；

（二）在履行期限届满前，当事人一方明确表示或者以自己的行为表明不履行主要债务；

（三）当事人一方迟延履行主要债务，经催告后在合理期限内仍未履行；

（四）当事人一方迟延履行债务或者有其他违约行为致使不能实现合同目的；

（五）法律规定的其他情形。

以持续履行的债务为内容的不定期合同，当事人可以随时解除合同，但是应当在合理期限之前通知对方。

第五百六十六条 【合同解除的效力】合同解除后，尚未履行的，终止履行；已经履行的，根据履行情况和合同性质，当事人可以请求恢复原状或者采取其他补救措施，并有权请求赔偿损失。

合同因违约解除的，解除权人可以请求违约方承担违约责任，但是当事人另有约定的除外。

主合同解除后，担保人对债务人应当承担的民事责任仍应当承担担保责任，但是担保合同另有约定的除外。

《中华人民共和国电子商务法》（2018年）

第四十八条 电子商务当事人使用自动信息系统订立或者履行合同的行为对使用该系统的当事人具有法律效力。

在电子商务中推定当事人具有相应的民事行为能力。但是，有相反证据足以推翻的除外。

第四十九条 电子商务经营者发布的商品或者服务信息符合要约条件的，用户选择该商品或者服务并提交订单成功，合同成立。当事人另有约定的，从其约定。

电子商务经营者不得以格式条款等方式约定消费者支付价款后合同不成立；格式条款等含有该内容的，其内容无效。

第五十一条 合同标的为交付商品并采用快递物流方式交付的，收货人签收时间为交付时间。合同标的为提供服务的，生成的电子凭证或者实物凭证中载明的时间为交付时间；前述凭证没有载明时间或者载明时间与实际提供服务时间不一致的，实际提供服务的时间为交付时间。

合同标的为采用在线传输方式交付的，合同标的进入对方当事人指定的特定系统并且能够检索识别的时间为交付时间。

合同当事人对交付方式、交付时间另有约定的，从其约定。

第五十二条 电子商务当事人可以约定采用快递物流方式交付商品。

快递物流服务提供者为电子商务提供快递物流服务，应当遵守法律、行政法规，并应当符合承诺的服务规范和时限。快递物流服务提供者在交付商品时，应当提示收货人当面查验；交由他人代收的，应当经收货人同意。

快递物流服务提供者应当按照规定使用环保包装材料，实现包装材料的减量化和再利用。

快递物流服务提供者在提供快递物流服务的同时，可以接受电子商务经营者的委托提供代收货款服务。

《最高人民法院关于适用〈中华人民共和国民法典〉总则编若干问题的解释》（法释〔2022〕6号 2022年2月24日）

第十八条 当事人未采用书面形式或者口头形式，但是实施的行为本身表明已经作出相应意思表示，并符合民事法律行为成立条件的，人民法院可以认定为民法典第一百三十五条规定的采用其他形式实施的民事法律行为。

第十九条 行为人对行为的性质、对方当事人或者标的物的品种、质量、规格、价格、数量等产生错误认识，按照通常理解如果不发生该错误认识行为人就不会作出相应意思表示的，人民法院可以认定为民法典第一百四十七条规定的重大误解。

行为人能够证明自己实施民事法律行为时存在重大误解，并请求撤销该民事法律行为的，人民法院依法予以支持；但是，根据交易习惯等认定行为人无权请求撤销的除外。

第二十条 行为人以其意思表示存在第三人转达错误为由请求撤销民事法律行为的，适用本解释第十九条的规定。

第二十一条 故意告知虚假情况，或者负有告知义务的人故意隐瞒真实情况，致使当事人基于错误认识作出意思表示的，人民法院可以认定为民法典第一百四十八条、第一百四十九条规定的欺诈。

第二十二条 以给自然人及其近亲属等的人身权利、财产权利以及其他合法权益造成损害或者以给法人、非法人组织的名誉、荣誉、财产权益等造成损害为要挟，迫使其基于恐惧心理作出意思表示的，人民法院可以认定为民法典第一百五十条规定的胁迫。

第二十三条　民事法律行为不成立，当事人请求返还财产、折价补偿或者赔偿损失的，参照适用民法典第一百五十七条的规定。

第二十四条　民事法律行为所附条件不可能发生，当事人约定为生效条件的，人民法院应当认定民事法律行为不发生效力；当事人约定为解除条件的，应当认定未附条件，民事法律行为是否失效，依照民法典和相关法律、行政法规的规定认定。

指导案例

瑞士嘉吉国际公司诉福建金石制油有限公司等确认合同无效纠纷案（最高人民法院指导案例33号　2014年12月18日发布）

【关键词】　民事　确认合同无效　恶意串通　财产返还

【裁判要点】

1. 债务人将主要财产以明显不合理低价转让给其关联公司，关联公司在明知债务人欠债的情况下，未实际支付对价的，可以认定债务人与其关联公司恶意串通、损害债权人利益，与此相关的财产转让合同应当认定为无效。

2.《中华人民共和国合同法》第五十九条规定适用于第三人为财产所有权人的情形，在债权人对债务人享有普通债权的情况下，应当根据《中华人民共和国合同法》第五十八条的规定，判令因无效合同取得的财产返还给原财产所有人，而不能根据第五十九条规定直接判令债务人的关联公司因“恶意串通，损害第三人利益”的合同而取得的债务人的财产返还给债权人。

【基本案情】

瑞士嘉吉国际公司（Cargill International SA，简称嘉吉公司）与福建金石制油有限公司（以下简称福建金石公司）以及大连金石制油有限公司、沈阳金石豆业有限公司、四川金石油粕有限公司、北京珂玛美嘉粮油有限公司、宜丰香港有限公司（该六公司以下统称金石集团）存在商业合作关系。嘉吉公司因与金石集团买卖大豆发生争议，双方在国际油类、种子和脂类联合会仲裁过程中于2005年6月26日达成《和解协议》，约定金石集团将在五年内分期偿还债务，并将金石集团旗下福建金石公司的全部资产，包括土地使用权、建筑物和固着物、所有的设备及其他财产抵押给嘉吉公司，作为偿还债务的担保。2005年10月10日，国际油类、种子和脂类联合会根据该《和解协议》作出第3929号仲裁裁决，确认金石集团应向嘉吉公司支付1337万美元。2006年5月，因金石集团未履行该仲裁裁决，福建金石公司也未配合进行资产抵押，嘉吉公司向福建省厦门市中级人民法院申请承认和执行第3929号仲裁裁决。2007年6月26日，厦门市中级人民法院经审查后裁定对该仲裁裁决的法律效力予以承认和执行。该裁定生效后，嘉吉公司申请强制执行。

2006年5月8日，福建金石公司与福建田源生物蛋白科技有限公司（以下简称田源公司）签订一份《国有土地使用权及资产买卖合同》，约定福建金石公司将其国有土地使用权、厂房、办公楼和油脂生产设备等全部固定资产以2569万元人民币（以下未特别注明的均为人民币）的价格转让给田源公司，其中国有土地使用权作价464万元、房屋及设备作价2105万元，应在合同生效后30日内支付全部价款。王晓琪和柳锋分别作为福建金石公司与田源公司的法定代表人在合同上签名。福建金石公司曾于2001年12月31日以482.1万元取得本案所涉32138平方米国有土地使用权。2006年5月10日，福建金石公司与田源公司对买卖合同项下的标的物进行了交接。同年6月15日，田源公司通过在中国农业银行漳州支行的账户向福建金石公司在同一银行的账户转入2500万元。福建金石公司当日从该账户汇出1300万元、1200万元两笔款项至金石集团旗下大连金石制油有限公司账户，用途为往来款。同年6月19日，田源公司取得上述国有土地使用权证。

2008年2月21日，田源公司与漳州开发区汇丰源贸易有限公司（以下简称汇丰源公司）签订《买卖合同》，约定汇丰源公司购买上述土地使用权及地上建筑物、设备等，总价款为2669万元，其中土地价款603万元、房屋价款334万元、设备价款1732万元。汇丰源公司于2008年3月取得上述国有土地使用权证。汇丰源公司仅于2008年4月7日向田源公司付款569万元，此后未付其余价款。

田源公司、福建金石公司、大连金石制油有限公司及金石集团旗下其他公司的直接或间接控制人均为王政良、王晓莉、王晓琪、柳锋。王政良与王晓琪、王晓莉是父女关系，柳锋与王晓琪是夫妻关系。2009年10月15日，中纺粮油进出口有限责任公司（以下简称中纺粮油公司）取得田源公司80%的股权。2010年1月15日，田源公司更名为中纺粮油（福建）有限公司（以下简称中纺福建公司）。

汇丰源公司成立于2008年2月19日，原股东为宋明权、杨淑莉。2009年9月16日，中纺粮油公司和宋明权、杨淑莉签订《股权转让协议》，约定中纺粮油公司购买汇丰源公司80%的股权。同日，中纺粮油公司（甲方）、汇丰源公司（乙方）、宋明权和杨淑莉（丙方）及沈阳金豆食品有限公司（丁方）签订《股权质押协议》，约定：丙方将所拥有汇丰源公司20%的股权质押给甲方，作为乙方、丙方、丁方履行“合同义务”之担保；“合同义务”系指乙方、丙方在《股权转让协议》及《股权质押协议》项下因“红豆事件”而产生的所有责任和义务；“红豆事件”是指嘉吉公司与金石集团就进口大豆中掺杂红豆原因而引发的金石集团涉及的一系列诉讼及仲裁纠纷以及与此有关的涉及汇丰源公司的一系列诉讼及仲裁纠纷。还约定，下述情形同时出现之日，视为乙方和丙方的“合同义务”已完全履行：1. 因“红豆事件”而引发的任何诉讼、仲裁案件的全部审理及执行程序均已终结，且乙方未遭受财产损失；2. 嘉吉公司针对乙方所涉合同可能存在的撤销权因超过法律规定的最长期间（五年）而消灭。2009年11月18日，中纺粮油公司取得汇丰源公司80%的股权。汇丰源公司成立后并未进行实际经营。

由于福建金石公司已无可供执行的财产，导致无法执行，嘉吉公司遂向福建省高级人民法院提起诉讼，请求：一是确认福建金石公司与中纺福建公司签订的《国有土地使用权及资产买卖合同》无效；二是确认中纺福建公司与汇丰源公司签订的国有土地使用权及资产《买卖合同》无效；三是判令汇丰源公司、中纺福建公司将其取得的合同项下财产返还给财产所有人。

【裁判结果】

福建省高级人民法院于2011年10月23日作出（2007）闽民初字第37号民事判决，确认福建金石公司与田源公司（后更名为中纺福建公司）之间的《国有土地使用权及资产买卖合同》、田源公司与汇丰源公司之间的《买卖合同》无效；判令汇丰源公司于判决生效之日起三十日内向福建金石公司返还因上述合同而取得的国有土地使用权，中纺福建公司于判决生效之日起三十日内向福建金石公司返还因上述合同而取得的房屋、设备。宣判后，福建金石公司、中纺福建公司、汇丰源公司提出上诉。最高人民法院于2012年8月22日作出（2012）民四终字第1号民事判决，驳回上诉，维持原判。

【裁判理由】

最高人民法院认为：因嘉吉公司注册登记地在瑞士，本案系涉外案件，各方当事人对适用中华人民共和国法律审理本案没有异议。本案源于债权人嘉吉公司认为债务人福建金石公司与关联企业田源公司、田源公司与汇丰源公司之间关于土地使用权以及地上建筑物、设备等资产的买卖合同，因属于《中华人民共和国合同法》第五十二条第二项“恶意串通，损害国家、集体或者第三人利益”的情形而应当被认定无效，并要求返还原物。本案争议的焦点问题是：福建金石公司、田源公司（后更名为中纺福建公司）、汇丰源公司相互之间订立的合同是否构成恶意串通、损害嘉吉公司利益的合同？本案所涉合同被认定无效后的法律后果如何？

一、关于福建金石公司、田源公司、汇丰源公司相互之间订立的合同是否构成“恶意串通，损害第三人利益”的合同

首先，福建金石公司、田源公司在签订和履行《国有土地使用权及资产买卖合同》的过程中，其实际控制人之间系亲属关系，且柳锋、王晓琪夫妇分别作为两公司的法定代表人在合同上签署。因此，可以认定在签署以及履行转让福建金石公司国有土地使用权、房屋、设备的合同过程中，田源公司对福建金石公司的状况是非常清楚的，对包括福建金石公司在内的金石集团因“红豆事件”被仲裁裁决确认对嘉吉公司形成1337万美元债务的事实是清楚的。

其次，《国有土地使用权及资产买卖合同》订立于2006年5月8日，其中约定田源公司购买福建金石公司资产的价款为2569万元，国有土地使用权作价464万元、房屋及设备作价2105万元，并未根据相关会计师事务所的评估报告作价。一审法院根据福建金石公司2006年5月31日资产负债表，以其中载明固定资产原价44042705.75元、扣除折旧后固定资产净值为32354833.70元，而《国有土地使用权及资产买卖合同》中对房屋及设备作价仅2105万元，认定《国有土地使用权及资产买卖合同》中约定的购买福建金石公司资产价格为不合理低价是正确的。在明知债务人福建金石公司欠债权人嘉吉公司巨额债务的情况下，田源公司以明显不合理低价购买福建金石公司的主要资产，足以证明其与福建金石公司在签订《国有土地使用权及资产买卖合同》时具有主观恶意，属恶意串通，且该合同的履行足以损害债权人嘉吉公司的利益。

第三，《国有土地使用权及资产买卖合同》签订后，田源公司虽然向福建金石公司在同一银行的账户转账2500万元，但该转账并未注明款项用途，且福建金石公司于当日将2500万元分两笔汇入其关联企业大连金石制油有限公司账户；又根据福建金石公司和田源公司当年的财务报表，并未体现该笔2500万元的入账或支出，而是体现出田源公司尚欠福建金石公司“其他应付款”121224155.87元。一审法院据此认定田源公司并未根据《国有土地使用权及资产买卖合同》向福建金石公司实际支付价款是合理的。

第四，从公司注册登记资料看，汇丰源公司成立时股东构成似与福建金石公司无关，但在汇丰源公司股权变化的过程中可以看出，汇丰源公司在与田源公司签订《买卖合同》时对转让的资产来源以及福建金石公司对嘉吉公司的债务是明知的。《买卖合同》约定的价款为2669万元，与田源公司从福建金石公司购入该资产的约定价格相差不大。汇丰源公司除已向田源公司支付569万元外，其余款项未付。一审法院据此认定汇丰源公司与田源公司签订《买卖合同》时恶意串通并足以损害债权人嘉吉公司的利益，并无不当。

综上，福建金石公司与田源公司签订的《国有土地使用权及资产买卖合同》、田源公司与汇丰源公司签订的《买卖合同》，属于恶意串通、损害嘉吉公司利益的合同。根据合同法第五十二条第二项的规定，均应当认定无效。

二、关于本案所涉合同被认定无效后的法律后果

对于无效合同的处理，人民法院一般应当根据合同法第五十八条“合同无效或者被撤销后，因该合同取得的财产，应当予以返还；不能返还或者没有必要返还的，应当折价补偿。有过错的一方应当赔偿对方因此所受到的损失，双方都有过错的，应当各自承担相应的责任”的规定，判令取得财产的一方返还财产。本案涉及的两份合同均被认定无效，两份合同涉及的财产相同，其中国有土地使用权已经从福建金石公司经田源公司

变更至汇丰源公司名下，在没有证据证明本案所涉房屋已经由田源公司过户至汇丰源公司名下、所涉设备已经由田源公司交付汇丰源公司的情况下，一审法院直接判令取得国有土地使用权的汇丰源公司、取得房屋和设备的田源公司分别就各自取得的财产返还给福建金石公司并无不妥。

合同法第五十九条规定："当事人恶意串通，损害国家、集体或者第三人利益的，因此取得的财产收归国家所有或者返还集体、第三人。"该条规定应当适用于能够确定第三人为财产所有权人的情况。本案中，嘉吉公司对福建金石公司享有普通债权，本案所涉财产系福建金石公司的财产，并非嘉吉公司的财产，因此只能判令将系争财产返还给福建金石公司，而不能直接判令返还给嘉吉公司。

典型案例

贵州省清镇市流长苗族乡人民政府诉黄启发等确认合同无效纠纷案

（《最高人民法院发布人民法院服务保障新时代生态文明建设典型案例》第7号 2018年6月4日）

【基本案情】

2009年2月15日，贵州省清镇市人民政府颁发林权证，确定清镇市流长苗族乡对冒井村木叶高坡115.4亩防护林林地、森林或林木享有所有权和使用权。2013年12月6日，流长乡政府与黄启发签订《贵州省清镇市流长苗族乡木叶高坡林场经营权转包合同》，约定"流长乡政府将前述林地、林木发包给黄启发从事农业项目（特色经果林）种植生产经营，转包经营权期限为65年，转包价格20万元"。黄启发与王洁合伙共同经营，将转包林地中约14亩用于栽种折耳根，其余大部分用于栽种天麻。2016年2月5日，王洁将部分林木卖与周兵，周兵砍伐林木78株，被林业部门处以罚款并被责令补种林木。2017年1月9日，流长乡政府向法院提起诉讼，请求确认其与黄启发签订的林场经营权转包合同无效，黄启发、王洁返还林场。黄启发、王洁提起反诉，请求判令流长乡政府返还转包费20万元及资金占用损失138493.13元，补偿损失753644元。

【裁判结果】

贵州省清镇市人民法院一审认为，流长乡政府与黄启发签订合同，约定将作为防护林的木叶高坡林场转包与黄启发从事农业项目种植生产经营，将防护林的用途更改为商品林，违反了《森林法》第十五条第三款的强制性规定，依法应认定为无效合同。流长乡政府主张该合同无效的诉讼请求依法应予支持。流长乡政府与黄启发签订合同后，从黄启发处取得的转包款扣除已经履行的部分后应当返还。黄启发因该合同取得案涉林地使用权应当返还流长乡政府。鉴于黄启发、王洁在该地上栽种的经济作物尚未收获，综合考虑生态保护与当事人损失之间的关系，以及黄启发、王洁栽种的经济作物收获问题，酌定返还期限为2017年12月31日前。黄启发、王洁在返还之前应当对林地内的植被妥善保护，在收获天麻和折耳根作物时应当采取最有利于生态保护的收获方法，流长乡政府应当对此进行监督。流长乡政府与黄启发所签合同无效，流长乡政府作为国家机关，对相关法律规定的掌握程度明显高于黄启发，确定流长乡政府对合同无效承担70%的过错责任，黄启发承担30%的过错责任。一审法院判决：确认案涉转包合同无效，黄启发、王洁返还防护林，流长乡政府返还转包款并赔偿70%资金占用损失和经济损失。一审判决已发生法律效力。

【典型意义】

本案系林地转包合同纠纷。依据《森林法》第十五条的规定，除用材林、经济林、薪炭林及其林地使用权、采伐迹地、火烧迹地的林地使用权，国务院规定的其他森林、林木和其他林地使用权可以依法转让或者作价入股外，其他森林、林木和林地使用权不得转让。本案中，合同当事人约定转包防护林林木、林地，将防护林地用于从事农业项目种植生产经营，更改了防护林的性质。本案判决认定转包合同违反法律的强制性规定，既符合《森林法》“发挥森林蓄水保土、调节气候、改善环境和提供林产品的作用”的立法目的，亦符合《森林法》关于防护林为“以防护为主要目的的森林、林木和灌木丛”的分类界定，对于同类案件认定林木、林地发包、承包、转包等合同的法律效力具有参考意义。本案判决在认定合同无效的同时，考虑到案涉林地已栽种经济作物的实际情况，判令承包人收获后返还，在返还林地前对林地内的植被妥善保护，在收获时应当采取最有利于生态保护的收获方法，兼顾了保护当事人利益与保护生态环境的关系，对处理类似案件具有较好的借鉴意义。

» 开发商“自我举报”无证卖房毁约案——某房地产公司诉李某某确认合同无效案（《人民法院大力弘扬社会主义核心价值观十大典型民事案例》案例七 2020年5月13日）

核心价值：诚实守信、契约严守

【基本案情】

某房地产公司与李某某签订了商品房内部认购合同书，该认购合同约定了双方的名称、住所、房屋的基本情况、单价、总价款、付款方式、付款时间等内容。合同签订当日，李某某即向某房地产公司交纳全部购房款。其后，该房地产公司在案涉开发项目已经取得土地使用证、建设用地规划许可证、建设工程规划许可证与建筑工程施工许可证的情况下，以案涉房屋未取得商品房预售许可证为由，将李某某起诉至法院，请求确认双方签订的内部认购合同无效。

【裁判结果】

西安市中级人民法院认为，李某某在签订认购合同当日即支付了全额购房款，某房地产公司作为销售方的合同目的已经实现，但其不积极履行己方合同义务，在房地产市场出现价格大幅上涨的情况下提起本案诉讼主张合同无效，违背诚实信用原则。某房地产公司签约时未取得商品房预售许可证，虽然违反了商品房预售许可制度，但案涉楼盘在一审诉讼前已经取得了除预售许可证之外的“四证”，工程主体已经建成，在李某某上诉过程中，案涉楼盘也取得了商品房预售许可证，预售制度所欲避免的风险在本案中已经不存在。因此，该公司签约时未取得商品房预售许可证的事实，并不必然导致其签订认购合同的民事法律行为无效。该公司为获取超出合同预期的更大利益，违背合同约定，提起本案诉讼主张合同无效，显然与社会价值导向和公众认知相悖，人民法院不予支持。

【典型意义】

本案不因开发商签约时未取得商品房预售许可证而机械认定房屋认购合同无效，而是结合合同目的、合同履行、商品房预售制度的立法目的等因素，认定商品房预售制度所欲避免的风险在本案中已经不存在，开发商提起本案诉讼是为获取超出合同利益的恶意违约行为，故而对开发商违背诚信的行为给予否定性评价，依法保护了消费者合法权益，维护了房地产交易的稳定性，引导市场交易主体诚信经营、严守契约，是一份有温度、有力量的公正判决。

77. 债权人代位权纠纷

相关规范

» 《中华人民共和国民法典》（2020年）

第五百三十五条 【债权人代位权】因债务人怠于行使其债权或者与该债权有关的从权利，影响债权人的到期债权实现的，债权人可以向人民法院请求以自己的名义代位行使债务人对相对人的权利，但是该权利专属于债务人自身的除外。

代位权的行使范围以债权人的到期债权为限。债权人行使代位权的必要费用，由债务人负担。

相对人对债务人的抗辩，可以向债权人主张。

第五百三十六条　【债权人代位权的提前行使】债权人的债权到期前，债务人的债权或者与该债权有关的从权利存在诉讼时效期间即将届满或者未及时申报破产债权等情形，影响债权人的债权实现的，债权人可以代位向债务人的相对人请求其向债务人履行、向破产管理人申报或者作出其他必要的行为。

第五百三十七条　【债权人代位权行使效果】人民法院认定代位权成立的，由债务人的相对人向债权人履行义务，债权人接受履行后，债权人与债务人、债务人与相对人之间相应的权利义务终止。债务人对相对人的债权或者与该债权有关的从权利被采取保全、执行措施，或者债务人破产的，依照相关法律的规定处理。

»《最高人民法院关于印发〈全国法院贯彻实施民法典工作会议纪要〉的通知》（法〔2021〕94 号　2021 年 4 月 6 日）

8. 民法典第五百三十五条规定的“债务人怠于行使其债权或者与该债权有关的从权利，影响债权人的到期债权实现的”，是指债务人不履行其对债权人的到期债务，又不以诉讼方式或者仲裁方式向相对人主张其享有的债权或者与该债权有关的从权利，致使债权人的到期债权未能实现。相对人不认为债务人有怠于行使其债权或者与该债权有关的从权利情况的，应当承担举证责任。

78. 债权人撤销权纠纷

相关规范

»《中华人民共和国民法典》（2020 年）

第一百四十七条　【基于重大误解实施的民事法律行为的效力】基于重大误解实施的民事法律行为，行为人有权请求人民法院或者仲裁机构予以撤销。

第一百四十八条　【以欺诈手段实施的民事法律行为的效力】一方以欺诈手段，使对方在违背真实意思的情况下实施的民事法律行为，受欺诈方有权请求人民法院或者仲裁机构予以撤销。

第一百四十九条　【受第三人欺诈的民事法律行为的效力】第三人实施欺诈行为，使一方在违背真实意思的情况下实施的民事法律行为，对方知道或者应当知道该欺诈行为的，受欺诈方有权请求人民法院或者仲裁机构予以撤销。

第一百五十条　【以胁迫手段实施的民事法律行为的效力】一方或者第三人以胁迫手段，使对方在违背真实意思的情况下实施的民事法律行为，受胁迫方有权请求人民法院或者仲裁机构予以撤销。

第一百五十一条　【显失公平的民事法律行为的效力】一方利用对方处于危困状态、缺乏判断能力等情形，致使民事法律行为成立时显失公平的，受损害方有权请求人民法院或者仲裁机构予以撤销。

第一百五十二条　【撤销权的消灭】有下列情形之一的，撤销权消灭：

（一）当事人自知道或者应当知道撤销事由之日起一年内、重大误解的当事人自知道或者应当知道撤销事由之日起九十日内没有行使撤销权；

（二）当事人受胁迫，自胁迫行为终止之日起一年内没有行使撤销权；

（三）当事人知道撤销事由后明确表示或者以自己的行为表明放弃撤销权。

当事人自民事法律行为发生之日起五年内没有行使撤销权的，撤销权消灭。

第五百三十五条　【债权人代位权】因债务人怠于行使其债权或者与该债权有关的从权利，影响债权人的到期债权实现的，债权人可以向人民法院请求以自己的名义代位行使债务人对相对人的权利，但是该权利专属于债务人自身的除外。

代位权的行使范围以债权人的到期债权为限。债权人行使代位权的必要费用，由债务人负担。

相对人对债务人的抗辩，可以向债权人主张。

第五百三十八条　【无偿处分时的债权人撤销权行使】债务人以放弃其债权、放弃债权担保、无偿转让财产等方式无偿处分财产权益，或者恶意延长其到期债权的履行期限，影响债权人的债权实现的，债权人可以请求人民法院撤销债务人的行为。

第五百三十九条　【不合理价格交易时的债权人撤销权行使】债务人以明显不合理的低价转让财产、以明显不合理的高价受让他人财产或者为他人的债务提供担保，影响债权人的债权实现，债务人的相对人知道或者应当知道该情形的，债权人可以请求人民法院撤销债务人的行为。

第五百四十条　【债权人撤销权行使范围以及必要费用承担】撤销权的行使范围以债权人的债权为限。债权人行使撤销权的必要费用，由债务人负担。

第五百四十一条　【债权人撤销权除斥期间】撤销权自债权人知道或者应当知道撤销事由之日起一年内行使。自债务人的行为发生之日起五年内没有行使撤销权的，该撤销权消灭。

第五百四十二条　【债权人撤销权行使效果】债务人影响债权人的债权实现的行为被撤销的，自始没有法律约束力。

»《最高人民法院关于印发〈全国法院贯彻实施民法典工作会议纪要〉的通知》（法〔2021〕94 号　2021 年 4 月 6 日）

2. 行为人因对行为的性质、对方当事人、标的物的品种、质量、规格和数量等的错误认识，使行为的后果与自己的意思相悖，并造成较大损失的，人民法院可以认定为民法典第一百四十七条、第一百五十二条规定的重大误解。

3. 故意告知虚假情况，或者故意隐瞒真实情况，诱使当事人作出错误意思表示的，人民法院可以认定为民法典第一百四十八条、第一百四十九条规定的欺诈。

4. 以给自然人及其亲友的生命、身体、健康、名誉、荣誉、隐私、财产等造成损害或者以给法人、非法人组织的名誉、荣誉、财产等造成损害为要挟，迫使其作出不真实的意思表示的，人民法院可以认定为民法典第一百五十条规定的胁迫。

8. 民法典第五百三十五条规定的“债务人怠于行使其债权或者与该债权有关的从权利，影响债权人的到期债权实现的”，是指债务人不履行其对债权人的到期债务，又不以诉讼方式或者仲裁方式向相对人主张其享有的债权或者与该债权有关的从权利，致使债权人的到期债权未能实现。相对人不认为债务人有怠于行使其债权或者与该债权有关的从权利情况的，应当承担举证责任。

9. 对于民法典第五百三十九条规定的明显不合理的低价或者高价，人民法院应当以交易当地一般经营者的判断，并参考交易当时交易地的物价部门指导价或者市场交易价，结合其他相关因素综合考虑予以认定。

转让价格达不到交易时交易地的指导价或者市场交易价百分之七十的，一般可以视为明显不合理的低价；对转让价格高于当地指导价或者市场交易价百分之三十的，一般可以视为明显不合理的高价。当事人对于其所主张的交易时交易地的指导价或者市场交易价承担举证责任。

79. 债权转让合同纠纷

相关规范

»《中华人民共和国民法典》（2020 年）

第五百四十五条　【债权转让】债权人可以将债权的全部或者部分转让给第三人，

但是有下列情形之一的除外：

（一）根据债权性质不得转让；

（二）按照当事人约定不得转让；

（三）依照法律规定不得转让。

当事人约定非金钱债权不得转让的，不得对抗善意第三人。当事人约定金钱债权不得转让的，不得对抗第三人。

第五百四十六条　【债权转让通知】债权人转让债权，未通知债务人的，该转让对债务人不发生效力。

债权转让的通知不得撤销，但是经受让人同意的除外。

第五百四十七条　【债权转让时从权利一并变动】债权人转让债权的，受让人取得与债权有关的从权利，但是该从权利专属于债权人自身的除外。

受让人取得从权利不因该从权利未办理转移登记手续或者未转移占有而受到影响。

第五百四十八条　【债权转让时债务人抗辩权】债务人接到债权转让通知后，债务人对让与人的抗辩，可以向受让人主张。

第五百四十九条　【债权转让时债务人抵销权】有下列情形之一的，债务人可以向受让人主张抵销：

（一）债务人接到债权转让通知时，债务人对让与人享有债权，且债务人的债权先于转让的债权到期或者同时到期；

（二）债务人的债权与转让的债权是基于同一合同产生。

第五百五十条　【债权转让增加的履行费用的负担】因债权转让增加的履行费用，由让与人负担。

80. 债务转移合同纠纷

相关规范

»《中华人民共和国民法典》（2020年）

第五百五十一条　【债务转移】债务人将债务的全部或者部分转移给第三人的，应当经债权人同意。

债务人或者第三人可以催告债权人在合理期限内予以同意，债权人未作表示的，视为不同意。

第五百五十二条　【并存的债务承担】第三人与债务人约定加入债务并通知债权人，或者第三人向债权人表示愿意加入债务，债权人未在合理期限内明确拒绝的，债权人可以请求第三人在其愿意承担的债务范围内和债务人承担连带债务。

第五百五十三条　【债务转移时新债务人抗辩权】债务人转移债务的，新债务人可以主张原债务人对债权人的抗辩；原债务人对债权人享有债权的，新债务人不得向债权人主张抵销。

第五百五十四条　【债务转移时从债务一并转移】债务人转移债务的，新债务人应当承担与主债务有关的从债务，但是该从债务专属于原债务人自身的除外。

81. 债权债务概括转移合同纠纷

相关规范

»《中华人民共和国民法典》（2020年）

第五百五十五条　【合同权利义务一并转让】当事人一方经对方同意，可以将自己在合同中的权利和义务一并转让给第三人。

第五百五十六条　【合同权利义务一并转让的法律适用】合同的权利和义务一并转让的，适用债权转让、债务转移的有关规定。

82. 债务加入纠纷

相关规范

»《中华人民共和国民法典》（2020年）

第五百五十二条　【并存的债务承担】

第三人与债务人约定加入债务并通知债权人，或者第三人向债权人表示愿意加入债务，债权人未在合理期限内明确拒绝的，债权人可以请求第三人在其愿意承担的债务范围内和债务人承担连带债务。

第五百五十三条　【债务转移时新债务人抗辩权】债务人转移债务的，新债务人可以主张原债务人对债权人的抗辩；原债务人对债权人享有债权的，新债务人不得向债权人主张抵销。

第五百五十四条　【债务转移时从债务一并转移】债务人转移债务的，新债务人应当承担与主债务有关的从债务，但是该从债务专属于原债务人自身的除外。

第五百五十五条　【合同权利义务一并转让】当事人一方经对方同意，可以将自己在合同中的权利和义务一并转让给第三人。

第五百五十六条　【合同权利义务一并转让的法律适用】合同的权利和义务一并转让的，适用债权转让、债务转移的有关规定。

83. 悬赏广告纠纷

相关规范

》《中华人民共和国民法典》（2020 年）

第四百七十二条　【要约的定义及构成要件】要约是希望与他人订立合同的意思表示，该意思表示应当符合下列条件：

（一）内容具体确定；

（二）表明经受要约人承诺，要约人即受该意思表示约束。

第四百七十六条　【要约不得撤销情形】要约可以撤销，但是有下列情形之一的除外：

（一）要约人以确定承诺期限或者其他形式明示要约不可撤销；

（二）受要约人有理由认为要约是不可撤销的，并已经为履行合同做了合理准备工作。

第四百八十条　【承诺的方式】承诺应当以通知的方式作出；但是，根据交易习惯或者要约表明可以通过行为作出承诺的除外。

第四百九十九条　【悬赏广告】悬赏人以公开方式声明对完成特定行为的人支付报酬的，完成该行为的人可以请求其支付。

第五百七十九条　【金钱债务实际履行责任】当事人一方未支付价款、报酬、租金、利息，或者不履行其他金钱债务的，对方可以请求其支付。

84. 买卖合同纠纷

（1）分期付款买卖合同纠纷

（2）凭样品买卖合同纠纷

（3）试用买卖合同纠纷

（4）所有权保留买卖合同纠纷

（5）招标投标买卖合同纠纷

（6）互易纠纷

（7）国际货物买卖合同纠纷

（8）信息网络买卖合同纠纷

相关规范

》《中华人民共和国民法典》（2020 年）

第五百九十五条　【买卖合同定义】买卖合同是出卖人转移标的物的所有权于买受人，买受人支付价款的合同。

第五百九十六条　【买卖合同条款】买卖合同的内容一般包括标的物的名称、数量、质量、价款、履行期限、履行地点和方式、包装方式、检验标准和方法、结算方式、合同使用的文字及其效力等条款。

第五百九十七条　【无权处分效力】因出卖人未取得处分权致使标的物所有权不能转移的，买受人可以解除合同并请求出卖人承担违约责任。

法律、行政法规禁止或者限制转让的标

的物，依照其规定。

第五百九十八条 【出卖人基本义务】出卖人应当履行向买受人交付标的物或者交付提取标的物的单证，并转移标的物所有权的义务。

第五百九十九条 【出卖人交付有关单证和资料义务】出卖人应当按照约定或者交易习惯向买受人交付提取标的物单证以外的有关单证和资料。

第六百条 【知识产权归属】出卖具有知识产权的标的物的，除法律另有规定或者当事人另有约定外，该标的物的知识产权不属于买受人。

第六百零一条 【标的物交付期限】出卖人应当按照约定的时间交付标的物。约定交付期限的，出卖人可以在该交付期限内的任何时间交付。

第六百零二条 【标的物交付期限不明时的处理】当事人没有约定标的物的交付期限或者约定不明确的，适用本法第五百一十条、第五百一十一条第四项的规定。

第六百零三条 【标的物交付地点】出卖人应当按照约定的地点交付标的物。

当事人没有约定交付地点或者约定不明确，依据本法第五百一十条的规定仍不能确定的，适用下列规定：

（一）标的物需要运输的，出卖人应当将标的物交付给第一承运人以运交给买受人；

（二）标的物不需要运输，出卖人和买受人订立合同时知道标的物在某一地点的，出卖人应当在该地点交付标的物；不知道标的物在某一地点的，应当在出卖人订立合同时的营业地交付标的物。

第六百零四条 【标的物毁损、灭失风险负担的基本规则】标的物毁损、灭失的风险，在标的物交付之前由出卖人承担，交付之后由买受人承担，但是法律另有规定或者当事人另有约定的除外。

第六百零五条 【迟延交付标的物的风险负担】因买受人的原因致使标的物未按照约定的期限交付的，买受人应当自违反约定时起承担标的物毁损、灭失的风险。

第六百零六条 【路货买卖中的标的物风险负担】出卖人出卖交由承运人运输的在途标的物，除当事人另有约定外，毁损、灭失的风险自合同成立时起由买受人承担。

第六百零七条 【需要运输的标的物风险负担】出卖人按照约定将标的物运送至买受人指定地点并交付给承运人后，标的物毁损、灭失的风险由买受人承担。

当事人没有约定交付地点或者约定不明确，依据本法第六百零三条第二款第一项的规定标的物需要运输的，出卖人将标的物交付给第一承运人后，标的物毁损、灭失的风险由买受人承担。

第六百零八条 【买受人不收取标的物的风险负担】出卖人按照约定或者依据本法第六百零三条第二款第二项的规定将标的物置于交付地点，买受人违反约定没有收取的，标的物毁损、灭失的风险自违反约定时起由买受人承担。

第六百零九条 【未交付单证、资料不影响风险转移】出卖人按照约定未交付有关标的物的单证和资料的，不影响标的物毁损、灭失风险的转移。

第六百一十条 【出卖人根本违约的风险负担】因标的物不符合质量要求，致使不能实现合同目的的，买受人可以拒绝接受标的物或者解除合同。买受人拒绝接受标的物或者解除合同的，标的物毁损、灭失的风险由出卖人承担。

第六百一十一条 【买受人承担风险与出卖人违约责任关系】标的物毁损、灭失的风险由买受人承担的，不影响因出卖人履行义务不符合约定，买受人请求其承担违约责任的权利。

第六百一十二条 【出卖人权利瑕疵担保义务】出卖人就交付的标的物，负有保证第三人对该标的物不享有任何权利的义务，但是法律另有规定的除外。

第六百一十三条 【出卖人权利瑕疵担保义务免除】买受人订立合同时知道或者应

当知道第三人对买卖的标的物享有权利的，出卖人不承担前条规定的义务。

第六百一十四条　【买受人的中止支付价款权】买受人有确切证据证明第三人对标的物享有权利的，可以中止支付相应的价款，但是出卖人提供适当担保的除外。

第六百一十五条　【标的物的质量要求】出卖人应当按照约定的质量要求交付标的物。出卖人提供有关标的物质量说明的，交付的标的物应当符合该说明的质量要求。

第六百一十六条　【标的物质量要求不明时的处理】当事人对标的物的质量要求没有约定或者约定不明确，依据本法第五百一十条的规定仍不能确定的，适用本法第五百一十一条第一项的规定。

第六百一十七条　【质量瑕疵担保责任】出卖人交付的标的物不符合质量要求的，买受人可以依据本法第五百八十二条至第五百八十四条的规定请求承担违约责任。

第六百一十八条　【减轻或者免除瑕疵担保责任的例外】当事人约定减轻或者免除出卖人对标的物瑕疵承担的责任，因出卖人故意或者重大过失不告知买受人标的物瑕疵的，出卖人无权主张减轻或者免除责任。

第六百一十九条　【标的物包装方式】出卖人应当按照约定的包装方式交付标的物。对包装方式没有约定或者约定不明确，依据本法第五百一十条的规定仍不能确定的，应当按照通用的方式包装；没有通用方式的，应当采取足以保护标的物且有利于节约资源、保护生态环境的包装方式。

第六百二十条　【买受人的检验义务】买受人收到标的物时应当在约定的检验期限内检验。没有约定检验期限的，应当及时检验。

第六百二十一条　【买受人的通知义务】当事人约定检验期限的，买受人应当在检验期限内将标的物的数量或者质量不符合约定的情形通知出卖人。买受人怠于通知的，视为标的物的数量或者质量符合约定。

当事人没有约定检验期限的，买受人应当在发现或者应当发现标的物的数量或者质量不符合约定的合理期限内通知出卖人。买受人在合理期限内未通知或者自收到标的物之日起二年内未通知出卖人的，视为标的物的数量或者质量符合约定；但是，对标的物有质量保证期的，适用质量保证期，不适用该二年的规定。

出卖人知道或者应当知道提供的标的物不符合约定的，买受人不受前两款规定的通知时间的限制。

第六百二十二条　【检验期限过短时的处理】当事人约定的检验期限过短，根据标的物的性质和交易习惯，买受人在检验期限内难以完成全面检验的，该期限仅视为买受人对标的物的外观瑕疵提出异议的期限。

约定的检验期限或者质量保证期短于法律、行政法规规定期限的，应当以法律、行政法规规定的期限为准。

第六百二十三条　【检验期限未约定时的处理】当事人对检验期限未作约定，买受人签收的送货单、确认单等载明标的物数量、型号、规格的，推定买受人已经对数量和外观瑕疵进行检验，但是有相关证据足以推翻的除外。

第六百二十四条　【向第三人履行情形下的检验标准】出卖人依照买受人的指示向第三人交付标的物，出卖人和买受人约定的检验标准与买受人和第三人约定的检验标准不一致的，以出卖人和买受人约定的检验标准为准。

第六百二十五条　【出卖人回收义务】依照法律、行政法规的规定或者按照当事人的约定，标的物在有效使用年限届满后应予回收的，出卖人负有自行或者委托第三人对标的物予以回收的义务。

第六百二十六条　【买受人支付价款的数额和方式】买受人应当按照约定的数额和支付方式支付价款。对价款的数额和支付方式没有约定或者约定不明确的，适用本法第五百一十条、第五百一十一条第二项和第五项的规定。

第六百二十七条　【买受人支付价款的地点】买受人应当按照约定的地点支付价款。对支付地点没有约定或者约定不明确，依据本法第五百一十条的规定仍不能确定的，买受人应当在出卖人的营业地支付；但是，约定支付价款以交付标的物或者交付提取标的物单证为条件的，在交付标的物或者交付提取标的物单证的所在地支付。

第六百二十八条　【买受人支付价款的时间】买受人应当按照约定的时间支付价款。对支付时间没有约定或者约定不明确，依据本法第五百一十条的规定仍不能确定的，买受人应当在收到标的物或者提取标的物单证的同时支付。

第六百二十九条　【出卖人多交标的物的处理】出卖人多交标的物的，买受人可以接收或者拒绝接收多交的部分。买受人接收多交部分的，按照约定的价格支付价款；买受人拒绝接收多交部分的，应当及时通知出卖人。

第六百三十条　【标的物孳息的归属】标的物在交付之前产生的孳息，归出卖人所有；交付之后产生的孳息，归买受人所有。但是，当事人另有约定的除外。

第六百三十一条　【从物与合同解除】因标的物的主物不符合约定而解除合同的，解除合同的效力及于从物。因标的物的从物不符合约定被解除的，解除的效力不及于主物。

第六百三十二条　【数物同时出卖时的合同解除】标的物为数物，其中一物不符合约定的，买受人可以就该物解除。但是，该物与他物分离使标的物的价值显受损害的，买受人可以就数物解除合同。

第六百三十三条　【分批交付标的物的合同解除】出卖人分批交付标的物的，出卖人对其中一批标的物不交付或者交付不符合约定，致使该批标的物不能实现合同目的的，买受人可以就该批标的物解除。

出卖人不交付其中一批标的物或者交付不符合约定，致使之后其他各批标的物的交付不能实现合同目的的，买受人可以就该批以及之后其他各批标的物解除。

买受人如果就其中一批标的物解除，该批标的物与其他各批标的物相互依存的，可以就已经交付和未交付的各批标的物解除。

第六百三十四条　【分期付款买卖合同】分期付款的买受人未支付到期价款的数额达到全部价款的五分之一，经催告后在合理期限内仍未支付到期价款的，出卖人可以请求买受人支付全部价款或者解除合同。

出卖人解除合同的，可以向买受人请求支付该标的物的使用费。

第六百三十五条　【凭样品买卖合同】凭样品买卖的当事人应当封存样品，并可以对样品质量予以说明。出卖人交付的标的物应当与样品及其说明的质量相同。

第六百三十六条　【凭样品买卖合同的隐蔽瑕疵处理】凭样品买卖的买受人不知道样品有隐蔽瑕疵的，即使交付的标的物与样品相同，出卖人交付的标的物的质量仍然应当符合同种物的通常标准。

第六百三十七条　【试用买卖的试用期限】试用买卖的当事人可以约定标的物的试用期限。对试用期限没有约定或者约定不明确，依据本法第五百一十条的规定仍不能确定的，由出卖人确定。

第六百三十八条　【试用买卖的效力】试用买卖的买受人在试用期内可以购买标的物，也可以拒绝购买。试用期限届满，买受人对是否购买标的物未作表示的，视为购买。

试用买卖的买受人在试用期内已经支付部分价款或者对标的物实施出卖、出租、设立担保物权等行为的，视为同意购买。

第六百三十九条　【试用买卖使用费的负担】试用买卖的当事人对标的物使用费没有约定或者约定不明确的，出卖人无权请求买受人支付。

第六百四十条　【试用期间标的物灭失风险的承担】标的物在试用期内毁损、灭失的风险由出卖人承担。

第六百四十一条　【所有权保留】当事

人可以在买卖合同中约定买受人未履行支付价款或者其他义务的，标的物的所有权属于出卖人。

出卖人对标的物保留的所有权，未经登记，不得对抗善意第三人。

第六百四十二条 【出卖人的取回权】 当事人约定出卖人保留合同标的物的所有权，在标的物所有权转移前，买受人有下列情形之一，造成出卖人损害的，除当事人另有约定外，出卖人有权取回标的物：

（一）未按照约定支付价款，经催告后在合理期限内仍未支付；

（二）未按照约定完成特定条件；

（三）将标的物出卖、出质或者作出其他不当处分。

出卖人可以与买受人协商取回标的物；协商不成的，可以参照适用担保物权的实现程序。

第六百四十三条 【买受人的回赎权】 出卖人依据前条第一款的规定取回标的物后，买受人在双方约定或者出卖人指定的合理回赎期限内，消除出卖人取回标的物的事由的，可以请求回赎标的物。

买受人在回赎期限内没有回赎标的物，出卖人可以以合理价格将标的物出卖给第三人，出卖所得价款扣除买受人未支付的价款以及必要费用后仍有剩余的，应当返还买受人；不足部分由买受人清偿。

第六百四十四条 【招标投标买卖】 招标投标买卖的当事人的权利和义务以及招标投标程序等，依照有关法律、行政法规的规定。

第六百四十五条 【拍卖】 拍卖的当事人的权利和义务以及拍卖程序等，依照有关法律、行政法规的规定。

第六百四十六条 【买卖合同准用于有偿合同】 法律对其他有偿合同有规定的，依照其规定；没有规定的，参照适用买卖合同的有关规定。

第六百四十七条 【互易合同】 当事人约定易货交易，转移标的物的所有权的，参照适用买卖合同的有关规定。

》《中华人民共和国招标投标法》（2017年修正）

第三条 在中华人民共和国境内进行下列工程建设项目包括项目的勘察、设计、施工、监理以及与工程建设有关的重要设备、材料等的采购，必须进行招标：

（一）大型基础设施、公用事业等关系社会公共利益、公众安全的项目；

（二）全部或者部分使用国有资金投资或者国家融资的项目；

（三）使用国际组织或者外国政府贷款、援助资金的项目。

前款所列项目的具体范围和规模标准，由国务院发展计划部门会同国务院有关部门制订，报国务院批准。

法律或者国务院对必须进行招标的其他项目的范围有规定的，依照其规定。

第四条 任何单位和个人不得将依法必须进行招标的项目化整为零或者以其他任何方式规避招标。

第五条 招标投标活动应当遵循公开、公平、公正和诚实信用的原则。

》《中华人民共和国电子商务法》（2018年）

第四十九条 电子商务经营者发布的商品或者服务信息符合要约条件的，用户选择该商品或者服务并提交订单成功，合同成立。当事人另有约定的，从其约定。

电子商务经营者不得以格式条款等方式约定消费者支付价款后合同不成立；格式条款等含有该内容的，其内容无效。

第五十二条 电子商务当事人可以约定采用快递物流方式交付商品。

快递物流服务提供者为电子商务提供快递物流服务，应当遵守法律、行政法规，并应当符合承诺的服务规范和时限。快递物流服务提供者在交付商品时，应当提示收货人当面查验；交由他人代收的，应当经收货人同意。

快递物流服务提供者应当按照规定使用环保包装材料，实现包装材料的减量化和再利用。

快递物流服务提供者在提供快递物流服务的同时，可以接受电子商务经营者的委托提供代收货款服务。

第五十三条 电子商务当事人可以约定采用电子支付方式支付价款。

电子支付服务提供者为电子商务提供电子支付服务，应当遵守国家规定，告知用户电子支付服务的功能、使用方法、注意事项、相关风险和收费标准等事项，不得附加不合理交易条件。电子支付服务提供者应当确保电子支付指令的完整性、一致性、可跟踪稽核和不可篡改。

电子支付服务提供者应当向用户免费提供对账服务以及最近三年的交易记录。

第五十四条 电子支付服务提供者提供电子支付服务不符合国家有关支付安全管理要求，造成用户损失的，应当承担赔偿责任。

《最高人民法院关于审理买卖合同纠纷案件适用法律问题的解释》（2020年12月23日修正）

第一条 当事人之间没有书面合同，一方以送货单、收货单、结算单、发票等主张存在买卖合同关系的，人民法院应当结合当事人之间的交易方式、交易习惯以及其他相关证据，对买卖合同是否成立作出认定。

对账确认函、债权确认书等函件、凭证没有记载债权人名称，买卖合同当事人一方以此证明存在买卖合同关系的，人民法院应予支持，但有相反证据足以推翻的除外。

第二条 标的物为无需以有形载体交付的电子信息产品，当事人对交付方式约定不明确，且依照民法典第五百一十条的规定仍不能确定的，买受人收到约定的电子信息产品或者权利凭证即为交付。

第三条 根据民法典第六百二十九条的规定，买受人拒绝接收多交部分标的物的，可以代为保管多交部分标的物。买受人主张出卖人负担代为保管期间的合理费用的，人民法院应予支持。

买受人主张出卖人承担代为保管期间非因买受人故意或者重大过失造成的损失的，人民法院应予支持。

第四条 民法典第五百九十九条规定的“提取标的物单证以外的有关单证和资料”，主要应当包括保险单、保修单、普通发票、增值税专用发票、产品合格证、质量保证书、质量鉴定书、品质检验证书、产品进出口检疫书、原产地证明书、使用说明书、装箱单等。

第五条 出卖人仅以增值税专用发票及税款抵扣资料证明其已履行交付标的物义务，买受人不认可的，出卖人应当提供其他证据证明交付标的物的事实。

合同约定或者当事人之间习惯以普通发票作为付款凭证，买受人以普通发票证明已经履行付款义务的，人民法院应予支持，但有相反证据足以推翻的除外。

第六条 出卖人就同一普通动产订立多重买卖合同，在买卖合同均有效的情况下，买受人均要求实际履行合同的，应当按照以下情形分别处理：

（一）先行受领交付的买受人请求确认所有权已经转移的，人民法院应予支持；

（二）均未受领交付，先行支付价款的买受人请求出卖人履行交付标的物等合同义务的，人民法院应予支持；

（三）均未受领交付，也未支付价款，依法成立在先合同的买受人请求出卖人履行交付标的物等合同义务的，人民法院应予支持。

第七条 出卖人就同一船舶、航空器、机动车等特殊动产订立多重买卖合同，在买卖合同均有效的情况下，买受人均要求实际履行合同的，应当按照以下情形分别处理：

（一）先行受领交付的买受人请求出卖人履行办理所有权转移登记手续等合同义务的，人民法院应予支持；

（二）均未受领交付，先行办理所有权转移登记手续的买受人请求出卖人履行交付标的物等合同义务的，人民法院应予支持；

（三）均未受领交付，也未办理所有权转移登记手续，依法成立在先合同的买受人请求出卖人履行交付标的物和办理所有权转移登记手续等合同义务的，人民法院应予支持；

（四）出卖人将标的物交付给买受人之一，又为其他买受人办理所有权转移登记，已受领交付的买受人请求将标的物所有权登记在自己名下的，人民法院应予支持。

第八条　民法典第六百零三条第二款第一项规定的“标的物需要运输的”，是指标的物由出卖人负责办理托运，承运人系独立于买卖合同当事人之外的运输业者的情形。标的物毁损、灭失的风险负担，按照民法典第六百零七条第二款的规定处理。

第九条　出卖人根据合同约定将标的物运送至买受人指定地点并交付给承运人后，标的物毁损、灭失的风险由买受人负担，但当事人另有约定的除外。

第十条　出卖人出卖交由承运人运输的在途标的物，在合同成立时知道或者应当知道标的物已经毁损、灭失却未告知买受人，买受人主张出卖人负担标的物毁损、灭失的风险的，人民法院应予支持。

第十一条　当事人对风险负担没有约定，标的物为种类物，出卖人未以装运单据、加盖标记、通知买受人等可识别的方式清楚地将标的物特定于买卖合同，买受人主张不负担标的物毁损、灭失的风险的，人民法院应予支持。

第十二条　人民法院具体认定民法典第六百二十一条第二款规定的“合理期限”时，应当综合当事人之间的交易性质、交易目的、交易方式、交易习惯、标的物的种类、数量、性质、安装和使用情况、瑕疵的性质、买受人应尽的合理注意义务、检验方法和难易程度、买受人或者检验人所处的具体环境、自身技能以及其他合理因素，依据诚实信用原则进行判断。

民法典第六百二十一条第二款规定的“二年”是最长的合理期限。该期限为不变期间，不适用诉讼时效中止、中断或者延长的规定。

第十三条　买受人在合理期限内提出异议，出卖人以买受人已经支付价款、确认欠款数额、使用标的物等为由，主张买受人放弃异议的，人民法院不予支持，但当事人另有约定的除外。

第十四条　民法典第六百二十一条规定的检验期限、合理期限、二年期限经过后，买受人主张标的物的数量或者质量不符合约定的，人民法院不予支持。

出卖人自愿承担违约责任后，又以上述期限经过为由翻悔的，人民法院不予支持。

第十五条　买受人依约保留部分价款作为质量保证金，出卖人在质量保证期未及时解决质量问题而影响标的物的价值或者使用效果，出卖人主张支付该部分价款的，人民法院不予支持。

第十六条　买受人在检验期限、质量保证期、合理期限内提出质量异议，出卖人未按要求予以修理或者因情况紧急，买受人自行或者通过第三人修理标的物后，主张出卖人负担因此发生的合理费用的，人民法院应予支持。

第十七条　标的物质量不符合约定，买受人依照民法典第五百八十二条的规定要求减少价款的，人民法院应予支持。当事人主张以符合约定的标的物和实际交付的标的物按交付时的市场价值计算差价的，人民法院应予支持。

价款已经支付，买受人主张返还减价后多出部分价款的，人民法院应予支持。

第十八条　买卖合同对付款期限作出的变更，不影响当事人关于逾期付款违约金的约定，但该违约金的起算点应当随之变更。

买卖合同约定逾期付款违约金，买受人以出卖人接受价款时未主张逾期付款违约金为由拒绝支付该违约金的，人民法院不予支持。

买卖合同约定逾期付款违约金，但对账单、还款协议等未涉及逾期付款责任，出卖人根据对账单、还款协议等主张欠款时请求买受人依约支付逾期付款违约金的，人民法院应予支持，但对账单、还款协议等明确载有本金及逾期付款利息数额或者已经变更买卖合同中关于本金、利息等约定内容的除外。

买卖合同没有约定逾期付款违约金或者该违约金的计算方法，出卖人以买受人违约为由主张赔偿逾期付款损失，违约行为发生在2019年8月19日之前的，人民法院可以中国人民银行同期同类人民币贷款基准利率为基础，参照逾期罚息利率标准计算；违约行为发生在2019年8月20日之后的，人民法院可以违约行为发生时中国人民银行授权全国银行间同业拆借中心公布的一年期贷款市场报价利率（LPR）标准为基础，加计30—50%计算逾期付款损失。

第十九条 出卖人没有履行或者不当履行从给付义务，致使买受人不能实现合同目的，买受人主张解除合同的，人民法院应当根据民法典第五百六十三条第一款第四项的规定，予以支持。

第二十条 买卖合同因违约而解除后，守约方主张继续适用违约金条款的，人民法院应予支持；但约定的违约金过分高于造成的损失的，人民法院可以参照民法典第五百八十五条第二款的规定处理。

第二十一条 买卖合同当事人一方以对方违约为由主张支付违约金，对方以合同不成立、合同未生效、合同无效或者不构成违约等为由进行免责抗辩而未主张调整过高的违约金的，人民法院应当就法院若不支持免责抗辩，当事人是否需要主张调整违约金进行释明。

一审法院认为免责抗辩成立且未予释明，二审法院认为应当判决支付违约金的，可以直接释明并改判。

第二十二条 买卖合同当事人一方违约造成对方损失，对方主张赔偿可得利益损失的，人民法院在确定违约责任范围时，应当根据当事人的主张，依据民法典第五百八十四条、第五百九十一条、第五百九十二条、本解释第二十三条等规定进行认定。

第二十三条 买卖合同当事人一方因对方违约而获有利益，违约方主张从损失赔偿额中扣除该部分利益的，人民法院应予支持。

第二十四条 买受人在缔约时知道或者应当知道标的物质量存在瑕疵，主张出卖人承担瑕疵担保责任的，人民法院不予支持，但买受人在缔约时不知道该瑕疵会导致标的物的基本效用显著降低的除外。

第二十五条 买卖合同当事人主张民法典第六百四十一条关于标的物所有权保留的规定适用于不动产的，人民法院不予支持。

第二十六条 买受人已经支付标的物总价款的百分之七十五以上，出卖人主张取回标的物的，人民法院不予支持。

在民法典第六百四十二条第一款第三项情形下，第三人依据民法典第三百一十一条的规定已经善意取得标的物所有权或者其他物权，出卖人主张取回标的物的，人民法院不予支持。

第二十七条 民法典第六百三十四条第一款规定的“分期付款”，系指买受人将应付的总价款在一定期限内至少分三次向出卖人支付。

分期付款买卖合同的约定违反民法典第六百三十四条第一款的规定，损害买受人利益，买受人主张该约定无效的，人民法院应予支持。

第二十八条 分期付款买卖合同约定出卖人在解除合同时可以扣留已受领价金，出卖人扣留的金额超过标的物使用费以及标的物受损赔偿额，买受人请求返还超过部分的，人民法院应予支持。

当事人对标的物的使用费没有约定的，人民法院可以参照当地同类标的物的租金标准确定。

第二十九条 合同约定的样品质量与文字说明不一致且发生纠纷时当事人不能达成

合意，样品封存后外观和内在品质没有发生变化的，人民法院应当以样品为准；外观和内在品质发生变化，或者当事人对是否发生变化有争议而又无法查明的，人民法院应当以文字说明为准。

第三十条　买卖合同存在下列约定内容之一的，不属于试用买卖。买受人主张属于试用买卖的，人民法院不予支持：

（一）约定标的物经过试用或者检验符合一定要求时，买受人应当购买标的物；

（二）约定第三人经试验对标的物认可时，买受人应当购买标的物；

（三）约定买受人在一定期限内可以调换标的物；

（四）约定买受人在一定期限内可以退还标的物。

第三十一条　出卖人履行交付义务后诉请买受人支付价款，买受人以出卖人违约在先为由提出异议的，人民法院应当按照下列情况分别处理：

（一）买受人拒绝支付违约金、拒绝赔偿损失或者主张出卖人应当采取减少价款等补救措施的，属于提出抗辩；

（二）买受人主张出卖人应支付违约金、赔偿损失或者要求解除合同的，应当提起反诉。

第三十二条　法律或者行政法规对债权转让、股权转让等权利转让合同有规定的，依照其规定；没有规定的，人民法院可以根据民法典第四百六十七条和第六百四十六条的规定，参照适用买卖合同的有关规定。

权利转让或者其他有偿合同参照适用买卖合同的有关规定的，人民法院应当首先引用民法典第六百四十六条的规定，再引用买卖合同的有关规定。

》《最高人民法院关于审理食品药品纠纷案件适用法律若干问题的规定》

（2020年12月23日修正）

第九条　消费者通过网络交易第三方平台购买食品、药品遭受损害，网络交易第三方平台提供者不能提供食品、药品的生产者或者销售者的真实名称、地址与有效联系方式，消费者请求网络交易第三方平台提供者承担责任的，人民法院应予支持。

网络交易第三方平台提供者承担赔偿责任后，向生产者或者销售者行使追偿权的，人民法院应予支持。

网络交易第三方平台提供者知道或者应当知道食品、药品的生产者、销售者利用其平台侵害消费者合法权益，未采取必要措施，给消费者造成损害，消费者要求其与生产者、销售者承担连带责任的，人民法院应予支持。

》《最高人民法院关于适用〈中华人民共和国民法典〉有关担保制度的解释》

（法释〔2020〕28号　2020年12月31日）

第一条　因抵押、质押、留置、保证等担保发生的纠纷，适用本解释。所有权保留买卖、融资租赁、保理等涉及担保功能发生的纠纷，适用本解释的有关规定。

第六十四条　在所有权保留买卖中，出卖人依法有权取回标的物，但是与买受人协商不成，当事人请求参照民事诉讼法“实现担保物权案件”的有关规定，拍卖、变卖标的物的，人民法院应予准许。

出卖人请求取回标的物，符合民法典第六百四十二条规定的，人民法院应予支持；买受人以抗辩或者反诉的方式主张拍卖、变卖标的物，并在扣除买受人未支付的价款以及必要费用后返还剩余款项的，人民法院应当一并处理。

第六十七条　在所有权保留买卖、融资租赁等合同中，出卖人、出租人的所有权未经登记不得对抗的“善意第三人”的范围及其效力，参照本解释第五十四条的规定处理。

《最高人民法院关于适用〈中华人民共和国民法典〉总则编若干问题的解释》（法释〔2022〕6号 2022年2月24日）

第十八条 当事人未采用书面形式或者口头形式，但是实施的行为本身表明已经作出相应意思表示，并符合民事法律行为成立条件的，人民法院可以认定为民法典第一百三十五条规定的采用其他形式实施的民事法律行为。

第十九条 行为人对行为的性质、对方当事人或者标的物的品种、质量、规格、价格、数量等产生错误认识，按照通常理解如果不发生该错误认识行为人就不会作出相应意思表示的，人民法院可以认定为民法典第一百四十七条规定的重大误解。

行为人能够证明自己实施民事法律行为时存在重大误解，并请求撤销该民事法律行为的，人民法院依法予以支持；但是，根据交易习惯等认定行为人无权请求撤销的除外。

第二十条 行为人以其意思表示存在第三人转达错误为由请求撤销民事法律行为的，适用本解释第十九条的规定。

第二十一条 故意告知虚假情况，或者负有告知义务的人故意隐瞒真实情况，致使当事人基于错误认识作出意思表示的，人民法院可以认定为民法典第一百四十八条、第一百四十九条规定的欺诈。

第二十二条 以给自然人及其近亲属等的人身权利、财产权利以及其他合法权益造成损害或者以给法人、非法人组织的名誉、荣誉、财产权益等造成损害为要挟，迫使其基于恐惧心理作出意思表示的，人民法院可以认定为民法典第一百五十条规定的胁迫。

第二十三条 民事法律行为不成立，当事人请求返还财产、折价补偿或者赔偿损失的，参照适用民法典第一百五十七条的规定。

第二十四条 民事法律行为所附条件不可能发生，当事人约定为生效条件的，人民法院应当认定民事法律行为不发生效力；当事人约定为解除条件的，应当认定未附条件，民事法律行为是否失效，依照民法典和相关法律、行政法规的规定认定。

《最高人民法院关于审理网络消费纠纷案件适用法律若干问题的规定（一）》（法释〔2022〕8号 2022年3月1日）

第一条 电子商务经营者提供的格式条款有以下内容的，人民法院应当依法认定无效：

（一）收货人签收商品即视为认可商品质量符合约定；

（二）电子商务平台经营者依法应承担的责任一概由平台内经营者承担；

（三）电子商务经营者享有单方解释权或者最终解释权；

（四）排除或者限制消费者依法投诉、举报、请求调解、申请仲裁、提起诉讼的权利；

（五）其他排除或者限制消费者权利、减轻或者免除电子商务经营者责任、加重消费者责任等对消费者不公平、不合理的内容。

第二条 电子商务经营者就消费者权益保护法第二十五条第一款规定的四项除外商品做出七日内无理由退货承诺，消费者主张电子商务经营者应当遵守其承诺的，人民法院应予支持。

第三条 消费者因检查商品的必要对商品进行拆封查验且不影响商品完好，电子商务经营者以商品已拆封为由主张不适用消费者权益保护法第二十五条规定的无理由退货制度的，人民法院不予支持，但法律另有规定的除外。

第四条 电子商务平台经营者以标记自营业务方式或者虽未标记自营但实际开展自营业务所销售的商品或者提供的服务损害消费者合法权益，消费者主张电子商务平台经营者承担商品销售者或者服务提供者责任的，人民法院应予支持。

电子商务平台经营者虽非实际开展自营业务，但其所作标识等足以误导消费者使消费者相信系电子商务平台经营者自营，消费者主张电子商务平台经营者承担商品销售者或者服务提供者责任的，人民法院应予支持。

第五条　平台内经营者出售商品或者提供服务过程中，其工作人员引导消费者通过交易平台提供的支付方式以外的方式进行支付，消费者主张平台内经营者承担商品销售者或者服务提供者责任，平台内经营者以未经过交易平台支付为由抗辩的，人民法院不予支持。

第六条　注册网络经营账号开设网络店铺的平台内经营者，通过协议等方式将网络账号及店铺转让给其他经营者，但未依法进行相关经营主体信息变更公示，实际经营者的经营活动给消费者造成损害，消费者主张注册经营者、实际经营者承担赔偿责任的，人民法院应予支持。

第七条　消费者在二手商品网络交易平台购买商品受到损害，人民法院综合销售者出售商品的性质、来源、数量、价格、频率、是否有其他销售渠道、收入等情况，能够认定销售者系从事商业经营活动，消费者主张销售者依据消费者权益保护法承担经营者责任的，人民法院应予支持。

第八条　电子商务经营者在促销活动中提供的奖品、赠品或者消费者换购的商品给消费者造成损害，消费者主张电子商务经营者承担赔偿责任，电子商务经营者以奖品、赠品属于免费提供或者商品属于换购为由主张免责的，人民法院不予支持。

第九条　电子商务经营者与他人签订的以虚构交易、虚构点击量、编造用户评价等方式进行虚假宣传的合同，人民法院应当依法认定无效。

第十条　平台内经营者销售商品或者提供服务损害消费者合法权益，其向消费者承诺的赔偿标准高于相关法定赔偿标准，消费者主张平台内经营者按照承诺赔偿的，人民法院应依法予以支持。

第十一条　平台内经营者开设网络直播间销售商品，其工作人员在网络直播中因虚假宣传等给消费者造成损害，消费者主张平台内经营者承担赔偿责任的，人民法院应予支持。

第十八条　网络餐饮服务平台经营者违反食品安全法第六十二条和第一百三十一条规定，未对入网餐饮服务提供者进行实名登记、审查许可证，或者未履行报告、停止提供网络交易平台服务等义务，使消费者的合法权益受到损害，消费者主张网络餐饮服务平台经营者与入网餐饮服务提供者承担连带责任的，人民法院应予支持。

第十九条　入网餐饮服务提供者所经营食品损害消费者合法权益，消费者主张入网餐饮服务提供者承担经营者责任，入网餐饮服务提供者以订单系委托他人加工制作为由抗辩的，人民法院不予支持。

»《最高人民法院关于印发〈全国法院贯彻实施民法典工作会议纪要〉的通知》（法〔2021〕94号　2021年4月6日）

6. 当事人对于合同是否成立发生争议，人民法院应当本着尊重合同自由，鼓励和促进交易的精神依法处理。能够确定当事人名称或者姓名、标的和数量的，人民法院一般应当认定合同成立，但法律另有规定或者当事人另有约定的除外。

对合同欠缺的当事人名称或者姓名、标的和数量以外的其他内容，当事人达不成协议的，人民法院依照民法典第四百六十六条、第五百一十条、第五百一十一条等规定予以确定。

11. 民法典第五百八十五条第二款规定的损失范围应当按照民法典第五百八十四条规定确定，包括合同履行后可以获得的利益，但不得超过违约一方订立合同时预见到或者应当预见到的因违约可能造成的损失。

当事人请求人民法院增加违约金的，增加后的违约金数额以不超过民法典第五百八十四条规定的损失为限。增加违约金以后，当事人又请求对方赔偿损失的，人民法院不予支持。

当事人请求人民法院减少违约金的，人民法院应当以民法典第五百八十四条规定的损失为基础，兼顾合同的履行情况、当事人的过错程度等综合因素，根据公平原则和诚信原则予以衡量，并作出裁判。约定的违约金超过根据民法典第五百八十四条规定确定的损失的百分之三十的，一般可以认定为民法典第五百八十五条第二款规定的“过分高于造成的损失”。当事人主张约定的违约金过高请求予以适当减少的，应当承担举证责任；相对人主张违约金约定合理的，也应提供相应的证据。

《最高人民法院关于为促进消费提供司法服务和保障的意见》（法发〔2022〕35号 2022年12月26日）

4. 加强预付式消费中消费者权益保护。经营者以打折、低价吸引消费者预存费用、办卡消费后，不兑现承诺，随意扣费、任意加价、降低商品或者服务质量，消费者请求经营者承担违约责任的，人民法院应当依法支持。经营者收取消费者预付款后未与消费者签订书面合同，导致双方对合同内容产生争议的，可依据交易习惯和民法典第五百一十一条规定认定合同内容。经营者收取预付款后，终止营业却不通知消费者退款，导致消费者既无法继续获得商品或者服务也无法申请退款，构成欺诈的，对消费者请求经营者承担惩罚性赔偿责任的诉讼请求，人民法院应当依法支持。经营者的行为构成犯罪的，依法追究刑事责任。

5. 依法整治消费领域“霸王条款”。提供格式条款的经营者未依法履行提示或者说明义务，致使消费者没有注意或者理解与其有重大利害关系的条款的，消费者有权主张该条款不成为合同的内容。消费者主张经营者提供的排除或者不合理地限制消费者主要权利的格式条款，以及不合理地免除或者减轻经营者责任的格式条款无效的，人民法院应当依法支持。对格式条款的理解发生争议，消费者主张依照民法典第四百九十八条规定进行解释，经营者以其享有最终解释权为由进行抗辩的，人民法院对其抗辩不予支持。

6. 妥善审理直播电商、平台纠纷案件。结合直播间运营者是否尽到标明义务以及交易外观、直播间运营者与经营者的约定、与经营者的合作模式、交易过程以及消费者认知等因素认定直播间运营者责任。网络餐饮服务平台经营者未尽实名登记、审查许可证等法定义务，消费者主张网络餐饮服务平台经营者与入网餐饮服务提供者承担连带责任的，人民法院应当依法支持。综合销售者出售商品的性质、来源、数量、价格、频率、是否有其他销售渠道、收入等因素，能够认定销售者系从事商业经营活动，在二手商品网络交易平台购买商品受到损害的消费者主张销售者依据消费者权益保护法承担经营者责任的，人民法院应当依法支持。

7. 加强新业态下消费者权益保护。消费者通过网络购买商品，有权依法自收到商品之日起七日内退货，无需说明理由，但是法律另有规定的除外。消费者因检查商品的必要对商品进行拆封查验且不影响商品完好，电子商务经营者不得以商品已拆封为由主张不适用七日无理由退货制度。电子商务经营者作出更优承诺的，应当遵守。收到商品七日后符合法定或者约定的合同解除条件，消费者主张及时退货的，人民法院应当依法支持。

12. 妥善处理涉疫情消费购物纠纷。经营者明知口罩、护目镜、防护服、消毒液等防疫物品属于假冒伪劣商品仍然经营，构成欺诈，消费者请求经营者承担惩罚性赔偿责任的，人民法院应当依法支持。经营者的行为构成犯罪的，依法追究刑事责任。疫情期间，经营者利用消费者处于危困状态、缺乏判断能力等情形，哄抬物价、收取高额快递费等费用，致使所订立合同显失公平，消费者请求撤销合同的，人民法院应当依法支持。合同被撤销后，消费者不能返还或者没有必要返还合同标的物的，人民法院可根据相关法律规定、交易习惯和公平原则认定消费者应折价补偿的价款。

指导案例

张莉诉北京合力华通汽车服务有限公司买卖合同纠纷案（最高人民法院指导案例17号　2013年11月8日发布）

【关键词】　民事　买卖合同　欺诈　家用汽车

【裁判要点】

1. 为家庭生活消费需要购买汽车，发生欺诈纠纷的，可以按照《中华人民共和国消费者权益保护法》处理。

2. 汽车销售者承诺向消费者出售没有使用或维修过的新车，消费者购买后发现系使用或维修过的汽车，销售者不能证明已履行告知义务且得到消费者认可的，构成销售欺诈，消费者要求销售者按照消费者权益保护法赔偿损失的，人民法院应予支持。

【基本案情】

2007年2月28日，原告张莉从被告北京合力华通汽车服务有限公司（简称合力华通公司）购买上海通用雪佛兰景程轿车一辆，价格138000元，双方签有《汽车销售合同》。该合同第七条约定："……卖方保证买方所购车辆为新车，在交付之前已作了必要的检验和清洁，车辆路程表的公里数为18公里且符合卖方提供给买方的随车交付文件中所列的各项规格和指标……"合同签订当日，张莉向合力华通公司交付了购车款138000元，同时支付了车辆购置税12400元、一条龙服务费500元、保险费6060元。同日，合力华通公司将雪佛兰景程轿车一辆交付张莉，张莉为该车办理了机动车登记手续。2007年5月13日，张莉在将车辆送合力华通公司保养时，发现该车曾于2007年1月17日进行过维修。

审理中，合力华通公司表示张莉所购车辆确曾在运输途中造成划伤，于2007年1月17日进行过维修，维修项目包括右前叶子板喷漆、右前门喷漆、右后叶子板喷漆、右前门钣金、右后叶子板钣金、右前叶子板钣金，维修中更换底大边卡扣、油箱门及前叶子板灯总成。送修人系该公司业务员。合力华通公司称，对于车辆曾进行维修之事已在销售时明确告知张莉，并据此予以较大幅度优惠，该车销售定价应为151900元，经协商后该车实际销售价格为138000元，还赠送了部分装饰。为证明上述事实，合力华通公司提供了车辆维修记录及有张莉签字的日期为2007年2月28日的车辆交接验收单一份，在车辆交接验收单备注一栏中注有"加1/4油，此车右侧有钣喷修复，按约定价格销售"。合力华通公司表示该验收单系该公司保存，张莉手中并无此单。对于合力华通公司提供的上述两份证据，张莉表示对于车辆维修记录没有异议，车辆交接验收单中的签字确系其所签，但合力华通公司在销售时并未告知车辆曾有维修，其在签字时备注一栏中没有"此车右侧有钣喷修复，按约定价格销售"字样。

【裁判结果】

北京市朝阳区人民法院于2007年10月作出（2007）朝民初字第18230号民事判决：一、撤销张莉与合力华通公司于2007年2月28日签订的《汽车销售合同》；二、张莉于判决生效后七日内将其所购的雪佛兰景程轿车退还合力华通公司；三、合力华通公司于判决生效后七日内退还张莉购车款十二万四千二百元；四、合力华通公司于判决生效后七日内赔偿张莉购置税一万二千四百元、服务费五百元、保险费六千零六十元；五、合力华通公司于判决生效后七日内加倍赔偿张莉购车款十三万八千元；六、驳回张莉其他诉讼请求。宣判后，合力华通公司提出上诉。北京市第二中级人民法院于2008年3月13日作出（2008）二中民终字第00453号民事判决：驳回上诉，维持原判。

【裁判理由】

法院生效裁判认为：原告张莉购买汽车系因生活需要自用，被告合力华通公司没有证据证明张莉购买该车用于经营或其他非生活消费，故张莉购买汽车的行为属于生活消费需要，应当适用《中华人民共和国消费者权益保护法》。

根据双方签订的《汽车销售合同》约定，合力华通公司交付张莉的车辆应为无维修记录的新车，现所售车辆在交付前实际上经过维修，这是双方共同认可的事实，故本案争议的焦点为合力华通公司是否事先履行了告知义务。

车辆销售价格的降低或优惠以及赠送车饰是销售商常用的销售策略，也是双方当事人协商的结果，不能由此推断出合力华通公司在告知张莉汽车存在瑕疵的基础上对其进行了降价和优惠。合力华通公司提交的有张莉签名的车辆交接验收单，因系合力华通公司单方保存，且备注一栏内容由该公司不同人员书写，加之张莉对此不予认可，该验收单不足以证明张莉对车辆以前维修过有所了解。故对合力华通公司抗辩称其向张莉履行了瑕疵告知义务，不予采信，应认定合力华通公司在售车时隐瞒了车辆存在的瑕疵，有欺诈行为，应退车还款并增加赔偿张莉的损失。

孙银山诉南京欧尚超市有限公司江宁店买卖合同纠纷案（最高人民法院指导案例23号　2014年1月26日发布）

【关键词】　民事　买卖合同　食品安全　十倍赔偿

【裁判要点】

消费者购买到不符合食品安全标准的食品，要求销售者或者生产者依照食品安全法规定支付价款十倍赔偿金或者依照法律规定的其他赔偿标准赔偿的，不论其购买时是否明知食品不符合安全标准，人民法院都应予支持。

【基本案情】

2012年5月1日，原告孙银山在被告南京欧尚超市有限公司江宁店（简称欧尚超市江宁店）购买"玉兔牌"香肠15包，其中价值558.6元的14包香肠已过保质期。孙银山到收银台结账后，即径直到服务台索赔，后因协商未果诉至法院，要求欧尚超市江宁店支付14包香肠售价十倍的赔偿金5586元。

【裁判结果】

江苏省南京市江宁区人民法院于2012年9月10日作出（2012）江宁开民初字第646号民事判决：被告欧尚超市江宁店于判决发生法律效力之日起10日内赔偿原告孙银山5586元。宣判后，双方当事人均未上诉，判决已发生法律效力。

【裁判理由】

法院生效裁判认为：关于原告孙银山是否属于消费者的问题。《中华人民共和国消费者权益保护法》第二条规定："消费者为生活消费需要购买、使用商品或者接受服务，其权益受本法保护；本法未作规定的，受其他有关法律、法规保护。"消费者是相对于销售者和生产者的概念。只要在市场交易中购买、使用商品或者接受服务是为了个人、家庭生活需要，而不是为了生产经营活动或者职业活动需要的，就应当认定为"为生活消费需要"的消费者，属于消费者权益保护法调整的范围。本案中，原被告双方对孙银山从欧尚超市江宁店购买香肠这一事实不持异议，据此可以认定孙银山实施了购买商品的行为，且孙银山并未将所购香肠用于再次销售经营，欧尚超市江宁店也未提供证据证明其购买商品是为了生产经营。孙银山因购买到超过保质期的食品而索赔，属于行使法定权利。因此欧尚超市江宁店认为孙银山"买假索赔"不是消费者的抗辩理由不能成立。

关于被告欧尚超市江宁店是否属于销售明知是不符合食品安全标准食品的问题。《中华人民共和国食品安全法》（以下简称《食品安全法》）第三条规定："食品生产经营者应当依照法律、法规和食品安全标准从事生产经营活动，对社会和公众负责，保证食品安全，接受社会监督，承担社会责任。"该法第二十八条第（八）项规定，超过保质期的食品属于禁止生产经营的食品。食品销售者负有保证食品安全的法定义务，应当对不符合安全标准的食品自行及时清理。欧尚超市江宁店作为食品销售者，应当按照保障食品安全的要求储存食品，及时检查待售食品，清理超过保质期的食品，但欧尚超市江宁店仍然摆放并销售货架上超过保质期的“玉兔牌”香肠，未履行法定义务，可以认定为销售明知是不符合食品安全标准的食品。

关于被告欧尚超市江宁店的责任承担问题。《食品安全法》第九十六条第一款规定：“违反本法规定，造成人身、财产或者其他损害的，依法承担赔偿责任。”第二款规定：“生产不符合食品安全标准的食品或者销售明知是不符合食品安全标准的食品，消费者除要求赔偿损失外，还可以向生产者或者销售者要求支付价款十倍的赔偿金。”当销售者销售明知是不符合安全标准的食品时，消费者可以同时主张赔偿损失和支付价款十倍的赔偿金，也可以只主张支付价款十倍的赔偿金。本案中，原告孙银山仅要求欧尚超市江宁店支付售价十倍的赔偿金，属于当事人自行处分权利的行为，应予支持。关于被告欧尚超市江宁店提出原告明知食品过期而购买，希望利用其错误谋求利益，不应予以十倍赔偿的主张，因前述法律规定消费者有权获得支付价款十倍的赔偿金，因该赔偿获得的利益属于法律应当保护的利益，且法律并未对消费者的主观购物动机作出限制性规定，故对其该项主张不予支持。

» 中化国际（新加坡）有限公司诉蒂森克虏伯冶金产品有限责任公司国际货物买卖合同纠纷案（最高人民法院指导案例107号　2019年2月25日发布）

【关键词】　民事　国际货物买卖合同　联合国国际货物销售合同公约　法律适用　根本违约

【裁判要点】

1. 国际货物买卖合同的当事各方所在国为《联合国国际货物销售合同公约》的缔约国，应优先适用公约的规定，公约没有规定的内容，适用合同中约定适用的法律。国际货物买卖合同中当事人明确排除适用《联合国国际货物销售合同公约》的，则不应适用该公约。

2. 在国际货物买卖合同中，卖方交付的货物虽然存在缺陷，但只要买方经过合理努力就能使用货物或转售货物，不应视为构成《联合国国际货物销售合同公约》规定的根本违约的情形。

【基本案情】

2008年4月11日，中化国际（新加坡）有限公司（以下简称中化新加坡公司）与蒂森克虏伯冶金产品有限责任公司（以下简称德国克虏伯公司）签订了购买石油焦的《采购合同》，约定本合同应当根据美国纽约州当时有效的法律订立、管辖和解释。中化新加坡公司按约支付了全部货款，但德国克虏伯公司交付的石油焦HGI指数仅为32，与合同中约定的HGI指数典型值为36－46之间不符。中化新加坡公司认为德国克虏伯公司构成根本违约，请求判令解除合同，要求德国克虏伯公司返还货款并赔偿损失。

【裁判结果】

江苏省高级人民法院一审认为，根据《联合国国际货物销售合同公约》的有关规定，德国克虏伯公司提供的石油焦HGI指数远低于合同约定标准，导致石油焦难以在国内市场销售，签订买卖合同时的预期目的无法实现，故德国克虏伯公司的行为构成根本违约。江苏省高级人民法院于2012年12月19日作出（2009）苏民三初字第0004号民事判决：一、宣告蒂森克虏伯冶金产品有限责任公司与中化国际（新加坡）有限公司于2008年4月11日签订的《采购合同》无效。二、蒂森克虏伯冶金产品有限责任公司于本判决生效之日起三十日内返还中化国际（新加坡）有限公司货款2684302.9美元并支付自2008年9月25日至本判决确定的给付之日的利息。三、蒂森克虏伯冶金产品有限责任公司于本判决生效之日起三十日内赔偿中化国际（新加坡）有限公司损失520339.77美元。

宣判后，德国克虏伯公司不服一审判决，向最高人民法院提起上诉，认为一审判决对本案适用法律认定错误。最高人民法院认为一审判决认定事实基本清楚，但部分法律适用错误，责任认定不当，应当予以纠正。最高人民法院于2014年6月30日作出（2013）民四终字第35号民事判决：一、撤销江苏省高级人民法院（2009）苏民三初字第0004号民事判决第一项。二、变更江苏省高级人民法院（2009）苏民三初字第0004号民事判决第二项为蒂森克虏伯冶金产品有限责任公司于本判决生效之日起三十日内赔偿中化国际（新加坡）有限公司货款损失1610581.74美元并支付自2008年9月25日至本判决确定的给付之日的利息。三、变更江苏省高级人民法院（2009）苏民三初字第0004号民事判决第三项为蒂森克虏伯冶金产品有限责任公司于本判决生效之日起三十日内赔偿中化国际（新加坡）有限公司堆存费损失98442.79美元。四、驳回中化国际（新加坡）有限公司的其他诉讼请求。

【裁判理由】

最高人民法院认为，本案为国际货物买卖合同纠纷，双方当事人均为外国公司，案件具有涉外因素。《最高人民法院关于适用〈中华人民共和国涉外民事关系法律适用法〉若干问题的解释（一）》第二条规定："涉外民事关系法律适用法实施以前发生的涉外民事关系，人民法院应当根据该涉外民事关系发生时的有关法律规定确定应当适用的法律；当时法律没有规定的，可以参照涉外民事关系法律适用法的规定确定。"案涉《采购合同》签订于2008年4月11日，在《中华人民共和国涉外民事关系法律适用法》实施之前，当事人签订《采购合同》时的《中华人民共和国民法通则》第一百四十五条规定："涉外合同的当事人可以选择处理合同争议所适用的法律，法律另有规定的除外。涉外合同的当事人没有选择的，适用与合同有最密切联系的国家的法律。"本案双方当事人在合同中约定应当根据美国纽约州当时有效的法律订立、管辖和解释，该约定不违反法律规定，应认定有效。由于本案当事人营业地所在国新加坡和德国均为《联合国国际货物销售合同公约》缔约国，美国亦为《联合国国际货物销售合同公约》缔约国，且在一审审理期间双方当事人一致选择适用《联合国国际货物销售合同公约》作为确定其权利义务的依据，并未排除《联合国国际货物销售合同公约》的适用，江苏省高级人民法院适用《联合国国际货物销售合同公约》审理本案是正确的。而对于审理案件中涉及的问题《联合国国际货物销售合同公约》没有规定的，应当适用当事人选择的美国纽约州法律。《〈联合国国际货物销售合同公约〉判例法摘要汇编》并非《联合国国际货物销售合同公约》的组成部分，其不能作为审理本案的法律依据。但在如何准确理解《联合国国际货物销售合同公约》相关条款的含义方面，其可以作为适当的参考资料。

双方当事人在《采购合同》中约定的石油焦HGI指数典型值在36－46之间，而德国克虏伯公司实际交付的石油焦HGI指数为32，低于双方约定的HGI指数典型值的最低值，不符合合同约定。江苏省高级人民法院认定德国克虏伯公司构成违约是正确的。

关于德国克虏伯公司的上述违约行为是否构成根本违约的问题。首先，从双方当事人在合同中对石油焦需符合的化学和物理特性规格约定的内容看，合同对石油焦的受潮率、硫含量、灰含量、挥发物含量、尺寸、热值、硬度（HGI值）等七个方面作出了约定。而从目前事实看，对于德国克虏伯公司交付的石油焦，中化新加坡公司仅认为HGI指数一项不符合合同约定，而对于其他六项指标，中化新加坡公司并未提出异议。结合当事人提交的证人证言以及证人出庭的陈述，HGI指数表示石油焦的研磨指数，指数越低，石油焦的硬度越大，研磨难度越大。但中化新加坡公司一方提交的上海大学材料科学与工程学院出具的说明亦不否认 HGI 指数为 32 的石油焦可以使用，只是认为其用途有限。故可以认定虽然案涉石油焦 HGI 指数与合同约定不符，但该批石油焦仍然具有使用价值。其次，本案一审审理期间，中化新加坡公司为减少损失，经过积极的努力将案涉石油焦予以转售，且其在就相关问题致德国克虏伯公司的函件中明确表示该批石油焦转售的价格“未低于市场合理价格”。这一事实说明案涉石油焦是可以以合理价格予以销售的。第三，综合考量其他国家裁判对《联合国国际货物销售合同公约》中关于根本违约条款的理解，只要买方经过合理努力就能使用货物或转售货物，甚至打些折扣，质量不符依然不是根本违约。故应当认为德国克虏伯公司交付 HGI 指数为 32 的石油焦的行为，并不构成根本违约。江苏省高级人民法院认定德国克虏伯公司构成根本违约并判决宣告《采购合同》无效，适用法律错误，应予以纠正。

典型案例

销售已过保质期的食品，构成经营者“明知”——李某与某购物广场买卖合同纠纷案（《食品安全民事纠纷典型案例》案例一　2020 年 12 月 9 日）

【裁判要点】

食品已过标明的保质期，但经营者仍然销售，消费者主张食品经营者构成食品安全法第一百四十八条第二款规定的经营者“明知”的，人民法院应予支持。

【简要案情】

2018 年 10 月 22 日，李某在某购物广场购买“呛面馒头”一袋，该商品外包装载明该食品保质期至 2018 年 10 月 20 日。购买后发现该食品为过期食品。李某认为该购物广场的销售行为违反《食品安全法》第三十四条关于“禁止生产经营下列食品、食品添加剂、食品相关产品：……（十）标注虚假生产日期、保质期或者超过保质期的食品、食品添加剂”的规定，遂提起诉讼，请求判令被告退还货款并给予原告赔偿金 1000 元。

【判决理由】

人民法院认为，原告李某为主张其与被告存在买卖合同关系，向法院提交了购物发票、照片、商品实物，原告证据已经形成锁链，作为消费者其已完成了相应的举证责任。根据相关法律规定，食品销售者负有保证食品安全的法定义务，应当对不符合安全标准的食品及时清理下架。现案涉商品出售的日期已经超过保质期，应当认定某购物广场销售了明知是不符合食品安全标准的食品。根据《食品安全法》第一百四十八条第二款规定，生产不符合食品安全标准的食品或者经营明知是不符合食品安全标准的食品，消费者除要求赔偿损失外，还可以向生产者或者经营者要求支付价款十倍或者损失三倍的赔偿金；增加赔偿的金额不足一千元的，为一千元。但是，食品的标签、说明书存在不影响食品安全且不会对消费者造成误导的瑕疵的除外。原告主张赔偿款 1000 元的诉讼请求，符合法律规定，依法应予支持。判决某购物广场退还李某货款并支付李某赔偿金 1000 元。

经营者不能仅以进口食品已经过出入境检验检疫为由主张免责——江某诉某信息技术有限公司网络购物合同纠纷一案（《食品安全民事纠纷典型案例》案例五　2020 年 12 月 9 日）

【裁判要点】

进口食品必须符合我国食品安全国家标准。如果进口食品不符合我国食品安全国家标准，进口食品经营者仅以进口食品已经过出入境检验检疫为由提出免责抗辩的，对其抗辩人民法院不应当支持。

【简要案情】

某信息技术有限公司在某电子商务平台开设网店，出售进口维生素胶囊食品。江某在该网店购买 30 瓶维生素胶囊食品，共支付货款8000元。根据原食品药品监管总局《关于含非普通食品原料的食品定性等相关问题的复函》和《食品安全国家标准 食品添加剂使用标准》（GB2760－2011）的规定，该维生素胶囊食品违法添加了食品添加剂。江某遂以某信息技术有限公司在网店上出售的维生素胶囊食品违反我国食品安全国家标准为由，起诉该公司承担惩罚性赔偿责任。

【法院裁判】

人民法院认为，虽然该进口食品已经过我国出入境检验检疫机构检验检疫，但这并不代表进口食品必然符合我国食品安全国家标准。原国家食品药品监督管理总局《关于含非普通食品原料的食品定性等相关问题的复函》和《食品安全国家标准 食品添加剂使用标准》（GB2760－2011）规定的相关食品添加剂的使用范围，并不包括该维生素胶囊食品。某信息技术有限公司亦不能举证证明行政主管部门已许可其在该进口食品上使用案涉添加剂。某信息技术有限公司销售的进口维生素胶囊食品在配料中使用案涉食品添加剂，该进口食品属于不符合我国食品安全国家标准的食品。某信息技术有限公司以其销售的进口食品经过我国出入境检验检疫机构检验检疫为由提出免责抗辩，对该抗辩法院不予支持。故，对江某的诉讼请求，人民法院予以支持。

罗某某诉前海通利华公司、天津启隆公司买卖合同纠纷案（《人民法院服务保障自由贸易试验区建设典型案例》案例七　2022年2月28日）

【基本案情】

罗某某委托他人向天津启隆公司购车，支付购车款107万元。涉案车辆由KIMBERLY ANN MURPHY从美国4S店购买，后出售给美国环球公司，美国环球公司又销售给中信港通公司，之后转运到前海通利华公司仓库。罗某某提车后不久，发现所购车辆是事故车。经鉴定，涉案车辆的后备箱覆盖件、钣金件有焊接、修复痕迹。罗某某遂提起本案诉讼。

【裁判结果】

深圳前海合作区人民法院一审判决天津启隆公司退还罗某某购车款107万元及利息，赔偿罗某某购买涉案车辆价款的三倍金额321万元。天津启隆公司不服，提起上诉。深圳市中级人民法院二审判决驳回上诉，维持原判。

【典型意义】

本案买卖标的物为平行进口汽车，是汽车经销商未经品牌厂商授权，直接从海外市场购买并进入国内市场销售的产品。平行进口汽车是自贸试验区探索性政策的重要内容之一，拓宽了消费者选择渠道，但在售后保障、质量保证方面需加强对消费者权益的保护。本案中，人民法院依照消费者权益保护法的规定，认定经销商的行为构成欺诈，并适用惩罚性赔偿，对经销商施以严格的说明义务，督促经销商严格把关汽车质量、认真审核车辆来源，彰显了司法对自贸试验区平行进口汽车产业健康发展的引导和保障功能。

准确适用《联合国国际货物销售合同公约》依法保护当事人合法权益

——波兰INDECO股份公司与广东澳美铝业有限公司国际货物买卖合同纠纷案（《最高人民法院第三批涉“一带一路”建设典型案例》案例四　2022年2月28日）

【基本案情】

2006年8月10日和2010年6月10日，INDECO公司作为买方、澳美公司作为卖方，签订了两份《铝型材供货合同》，由澳美公司向INDECO公司出售铝合金挤压型材。2010年10月21日，双方召开协调会，INDECO公司同意解除于2010年6月10日签订的合同，暂时终止双方的合作关系，同意就上述合同向澳美公司发出的订单约90吨货物不再生产。2011年12月19日，INDECO公司以澳美公司为被告提起诉讼，请求宣告

《铝型材供货合同》无效并由澳美公司赔偿损失。2012年3月19日，澳美公司以INDECO公司为被告提起起诉，请求INDECO公司赔偿铝型材加工费、铝型材回炉处理损失，支付已经收货但未付货款。

【裁判结果】

佛山市中级人民法院审理认为，无论是按照《联合国国际货物销售合同公约》的规定还是按照合同的约定，澳美公司均应先履行供货义务，INDECO公司在付款条件成就后再向澳美公司付款。澳美公司没有履行关于供货的先义务，构成违约。双方当事人协议终止合同后，INDECO公司不得以根本违约致合同无效的理由请求澳美公司赔偿损失，但可以主张违约赔偿责任。故判决澳美公司向INDECO公司赔偿利润损失、模具费、法律服务费，返还保证金；INDECO公司向澳美公司支付货款。

【典型意义】

本案是中国企业与“一带一路”沿线国企业之间发生的国际货物买卖合同纠纷。一审法院根据《联合国国际货物销售合同公约》规定，正确认定合同权利义务、厘清双方各自权责，并对涉及双方交易习惯和合同文本中不同法律术语的解释作出了准确的认定。双方均撤回上诉，服从一审判决。本案提醒企业要注意遵守契约精神，防范商业及法律风险。

85. 拍卖合同纠纷

相关规范

»《中华人民共和国民法典》（2020年）

第五百六十三条　【合同法定解除】 有下列情形之一的，当事人可以解除合同：

（一）因不可抗力致使不能实现合同目的；

（二）在履行期限届满前，当事人一方明确表示或者以自己的行为表明不履行主要债务；

（三）当事人一方迟延履行主要债务，经催告后在合理期限内仍未履行；

（四）当事人一方迟延履行债务或者有其他违约行为致使不能实现合同目的；

（五）法律规定的其他情形。

以持续履行的债务为内容的不定期合同，当事人可以随时解除合同，但是应当在合理期限之前通知对方。

第九百三十三条　【委托合同解除】 委托人或者受托人可以随时解除委托合同。因解除合同造成对方损失的，除不可归责于该当事人的事由外，无偿委托合同的解除方应当赔偿因解除时间不当造成的直接损失，有偿委托合同的解除方应当赔偿对方的直接损失和合同履行后可以获得的利益。

»《中华人民共和国拍卖法》（2015年修正）

第六条　拍卖标的应当是委托人所有或者依法可以处分的物品或者财产权利。

第七条　法律、行政法规禁止买卖的物品或者财产权利，不得作为拍卖标的。

第八条　依照法律或者按照国务院规定需经审批才能转让的物品或者财产权利，在拍卖前，应当依法办理审批手续。

委托拍卖的文物，在拍卖前，应当经拍卖人住所地的文物行政管理部门依法鉴定、许可。

第四十一条　委托人委托拍卖物品或者财产权利，应当提供身份证明和拍卖人要求提供的拍卖标的的所有权证明或者依法可以处分拍卖标的的证明及其他资料。

第四十二条　拍卖人应当对委托人提供的有关文件、资料进行核实。拍卖人接受委托的，应当与委托人签订书面委托拍卖合同。

第四十三条　拍卖人认为需要对拍卖标的进行鉴定的，可以进行鉴定。

鉴定结论与委托拍卖合同载明的拍卖标的状况不相符的，拍卖人有权要求变更或者解除合同。

第四十四条 委托拍卖合同应当载明以下事项：

（一）委托人、拍卖人的姓名或者名称、住所；

（二）拍卖标的的名称、规格、数量、质量；

（三）委托人提出的保留价；

（四）拍卖的时间、地点；

（五）拍卖标的交付或者转移的时间、方式；

（六）佣金及其支付的方式、期限；

（七）价款的支付方式、期限；

（八）违约责任；

（九）双方约定的其他事项。

86. 建设用地使用权合同纠纷

（1）建设用地使用权出让合同纠纷

（2）建设用地使用权转让合同纠纷

相关规范

》《中华人民共和国民法典》（2020年）

第三百四十四条 【建设用地使用权的定义】 建设用地使用权人依法对国家所有的土地享有占有、使用和收益的权利，有权利用该土地建造建筑物、构筑物及其附属设施。

第三百四十五条 【建设用地使用权的分层设立】 建设用地使用权可以在土地的地表、地上或者地下分别设立。

第三百四十六条 【建设用地使用权的设立原则】 设立建设用地使用权，应当符合节约资源、保护生态环境的要求，遵守法律、行政法规关于土地用途的规定，不得损害已经设立的用益物权。

第三百四十七条 【建设用地使用权的设立方式】 设立建设用地使用权，可以采取出让或者划拨等方式。

工业、商业、旅游、娱乐和商品住宅等经营性用地以及同一土地有两个以上意向用地者的，应当采取招标、拍卖等公开竞价的方式出让。

严格限制以划拨方式设立建设用地使用权。

第三百四十八条 【建设用地使用权出让合同】 通过招标、拍卖、协议等出让方式设立建设用地使用权的，当事人应当采用书面形式订立建设用地使用权出让合同。

建设用地使用权出让合同一般包括下列条款：

（一）当事人的名称和住所；

（二）土地界址、面积等；

（三）建筑物、构筑物及其附属设施占用的空间；

（四）土地用途、规划条件；

（五）建设用地使用权期限；

（六）出让金等费用及其支付方式；

（七）解决争议的方法。

第三百四十九条 【建设用地使用权的登记】 设立建设用地使用权的，应当向登记机构申请建设用地使用权登记。建设用地使用权自登记时设立。登记机构应当向建设用地使用权人发放权属证书。

第三百五十条 【土地用途管制制度】 建设用地使用权人应当合理利用土地，不得改变土地用途；需要改变土地用途的，应当依法经有关行政主管部门批准。

第三百五十一条 【建设用地使用权人支付出让金等费用的义务】 建设用地使用权人应当依照法律规定以及合同约定支付出让金等费用。

第三百五十二条 【建设用地使用权人建造的建筑物等设施的权属】 建设用地使用权人建造的建筑物、构筑物及其附属设施的所有权属于建设用地使用权人，但是有相反证据证明的除外。

第三百五十三条 【建设用地使用权的流转方式】 建设用地使用权人有权将建设用

地使用权转让、互换、出资、赠与或者抵押，但是法律另有规定的除外。

第三百五十四条　【处分建设用地使用权的合同形式和期限】建设用地使用权转让、互换、出资、赠与或者抵押的，当事人应当采用书面形式订立相应的合同。使用期限由当事人约定，但是不得超过建设用地使用权的剩余期限。

第三百五十五条　【建设用地使用权流转后变更登记】建设用地使用权转让、互换、出资或者赠与的，应当向登记机构申请变更登记。

第三百五十六条　【建筑物等设施随建设用地使用权的流转而一并处分】建设用地使用权转让、互换、出资或者赠与的，附着于该土地上的建筑物、构筑物及其附属设施一并处分。

第三百五十七条　【建设用地使用权随建筑物等设施的流转而一并处分】建筑物、构筑物及其附属设施转让、互换、出资或者赠与的，该建筑物、构筑物及其附属设施占用范围内的建设用地使用权一并处分。

第三百五十八条　【建设用地使用权提前收回及其补偿】建设用地使用权期限届满前，因公共利益需要提前收回该土地的，应当依据本法第二百四十三条的规定对该土地上的房屋以及其他不动产给予补偿，并退还相应的出让金。

第三百五十九条　【建设用地使用权的续期】住宅建设用地使用权期限届满的，自动续期。续期费用的缴纳或者减免，依照法律、行政法规的规定办理。

非住宅建设用地使用权期限届满后的续期，依照法律规定办理。该土地上的房屋以及其他不动产的归属，有约定的，按照约定；没有约定或者约定不明确的，依照法律、行政法规的规定办理。

第三百六十条　【建设用地使用权注销登记】建设用地使用权消灭的，出让人应当及时办理注销登记。登记机构应当收回权属证书。

第三百六十一条　【集体所有土地作为建设用地的法律适用】集体所有的土地作为建设用地的，应当依照土地管理的法律规定办理。

》《中华人民共和国土地管理法》（2019年修正）

第九条　城市市区的土地属于国家所有。

农村和城市郊区的土地，除由法律规定属于国家所有的以外，属于农民集体所有；宅基地和自留地、自留山，属于农民集体所有。

第十条　国有土地和农民集体所有的土地，可以依法确定给单位或者个人使用。使用土地的单位和个人，有保护、管理和合理利用土地的义务。

第十一条　农民集体所有的土地依法属于村农民集体所有的，由村集体经济组织或者村民委员会经营、管理；已经分别属于村内两个以上农村集体经济组织的农民集体所有的，由村内各该农村集体经济组织或者村民小组经营、管理；已经属于乡（镇）农民集体所有的，由乡（镇）农村集体经济组织经营、管理。

第十二条　土地的所有权和使用权的登记，依照有关不动产登记的法律、行政法规执行。

依法登记的土地的所有权和使用权受法律保护，任何单位和个人不得侵犯。

第十三条　农民集体所有和国家所有依法由农民集体使用的耕地、林地、草地，以及其他依法用于农业的土地，采取农村集体经济组织内部的家庭承包方式承包，不宜采取家庭承包方式的荒山、荒沟、荒丘、荒滩等，可以采取招标、拍卖、公开协商等方式承包，从事种植业、林业、畜牧业、渔业生产。家庭承包的耕地的承包期为三十年，草地的承包期为三十年至五十年，林地的承包期为三十年至七十年；耕地承包期届满后再延长三十年，草地、林地承包期届满后依法相应延长。

国家所有依法用于农业的土地可以由单位或者个人承包经营，从事种植业、林业、畜牧业、渔业生产。

发包方和承包方应当依法订立承包合同，约定双方的权利和义务。承包经营土地的单位和个人，有保护和按照承包合同约定的用途合理利用土地的义务。

第十四条 土地所有权和使用权争议，由当事人协商解决；协商不成的，由人民政府处理。

单位之间的争议，由县级以上人民政府处理；个人之间、个人与单位之间的争议，由乡级人民政府或者县级以上人民政府处理。

当事人对有关人民政府的处理决定不服的，可以自接到处理决定通知之日起三十日内，向人民法院起诉。

在土地所有权和使用权争议解决前，任何一方不得改变土地利用现状。

《中华人民共和国城市房地产管理法》（2019 年修正）

第三十九条 以出让方式取得土地使用权的，转让房地产时，应当符合下列条件：

（一）按照出让合同约定已经支付全部土地使用权出让金，并取得土地使用权证书；

（二）按照出让合同约定进行投资开发，属于房屋建设工程的，完成开发投资总额的百分之二十五以上，属于成片开发土地的，形成工业用地或者其他建设用地条件。

转让房地产时房屋已经建成的，还应当持有房屋所有权证书。

《最高人民法院关于审理涉及国有土地使用权合同纠纷案件适用法律问题的解释》（2020 年 12 月 23 日修正）

第二条 开发区管理委员会作为出让方与受让方订立的土地使用权出让合同，应当认定无效。

本解释实施前，开发区管理委员会作为出让方与受让方订立的土地使用权出让合同，起诉前经市、县人民政府自然资源主管部门追认的，可以认定合同有效。

第三条 经市、县人民政府批准同意以协议方式出让的土地使用权，土地使用权出让金低于订立合同时当地政府按照国家规定确定的最低价的，应当认定土地使用权出让合同约定的价格条款无效。

当事人请求按照订立合同时的市场评估价格交纳土地使用权出让金的，应予支持；受让方不同意按照市场评估价格补足，请求解除合同的，应予支持。因此造成的损失，由当事人按照过错承担责任。

第四条 土地使用权出让合同的出让方因未办理土地使用权出让批准手续而不能交付土地，受让方请求解除合同的，应予支持。

第五条 受让方经出让方和市、县人民政府城市规划行政主管部门同意，改变土地使用权出让合同约定的土地用途，当事人请求按照起诉时同种用途的土地出让金标准调整土地出让金的，应予支持。

第六条 受让方擅自改变土地使用权出让合同约定的土地用途，出让方请求解除合同的，应予支持。

第八条 土地使用权人作为转让方与受让方订立土地使用权转让合同后，当事人一方以双方之间未办理土地使用权变更登记手续为由，请求确认合同无效的，不予支持。

第九条 土地使用权人作为转让方就同一出让土地使用权订立数个转让合同，在转让合同有效的情况下，受让方均要求履行合同的，按照以下情形分别处理：

（一）已经办理土地使用权变更登记手续的受让方，请求转让方履行交付土地等合同义务的，应予支持；

（二）均未办理土地使用权变更登记手续，已先行合法占有投资开发土地的受让方请求转让方履行土地使用权变更登记等合同义务的，应予支持；

（三）均未办理土地使用权变更登记手续，又未合法占有投资开发土地，先行支付土地转让款的受让方请求转让方履行交付土地和办理土地使用权变更登记等合同义务的，应予支持；

（四）合同均未履行，依法成立在先的合同受让方请求履行合同的，应予支持。

未能取得土地使用权的受让方请求解除合同、赔偿损失的，依照民法典的有关规定处理。

第十条　土地使用权人与受让方订立合同转让划拨土地使用权，起诉前经有批准权的人民政府同意转让，并由受让方办理土地使用权出让手续的，土地使用权人与受让方订立的合同可以按照补偿性质的合同处理。

第十一条　土地使用权人与受让方订立合同转让划拨土地使用权，起诉前经有批准权的人民政府决定不办理土地使用权出让手续，并将该划拨土地使用权直接划拨给受让方使用的，土地使用权人与受让方订立的合同可以按照补偿性质的合同处理。

》《第八次全国法院民事商事审判工作会议（民事部分）纪要》（法〔2016〕399 号　2016 年 11 月 21 日）

13. 城市房地产管理法第三十九条第一款第二项规定并非效力性强制性规定，当事人仅以转让国有土地使用权未达到该项规定条件为由，请求确认转让合同无效的，不予支持。

87. 临时用地合同纠纷

相关规范

》《中华人民共和国土地管理法》（2019 年修正）

第五十七条　建设项目施工和地质勘查需要临时使用国有土地或者农民集体所有的土地的，由县级以上人民政府自然资源主管部门批准。其中，在城市规划区内的临时用地，在报批前，应当先经有关城市规划行政主管部门同意。土地使用者应当根据土地权属，与有关自然资源主管部门或者农村集体经济组织、村民委员会签订临时使用土地合同，并按照合同的约定支付临时使用土地补偿费。

临时使用土地的使用者应当按照临时使用土地合同约定的用途使用土地，并不得修建永久性建筑物。

临时使用土地期限一般不超过二年。

88. 探矿权转让合同纠纷

相关规范

》《中华人民共和国矿产资源法》（2009 年修正）

第六条　除按下列规定可以转让外，探矿权、采矿权不得转让：

（一）探矿权人有权在划定的勘查作业区内进行规定的勘查作业，有权优先取得勘查作业区内矿产资源的采矿权。探矿权人在完成规定的最低勘查投入后，经依法批准，可以将探矿权转让他人。

（二）已取得采矿权的矿山企业，因企业合并、分立，与他人合资、合作经营，或者因企业资产出售以及有其他变更企业资产产权的情形而需要变更采矿权主体的，经依法批准可以将采矿权转让他人采矿。

前款规定的具体办法和实施步骤由国务院规定。

禁止将探矿权、采矿权倒卖牟利。

》《探矿权采矿权转让管理办法》（2014 年修订）

第三条　除按照下列规定可以转让外，探矿权、采矿权不得转让：

（一）探矿权人有权在划定的勘查作业区内进行规定的勘查作业，有权优先取得勘查作业区内矿产资源的采矿权。探矿权人在完成规定的最低勘查投入后，经依法批准，可以将探矿权转让他人。

（二）已经取得采矿权的矿山企业，因企业合并、分立，与他人合资、合作经营，或者因企业资产出售以及有其他变更企业资产产权的情形，需要变更采矿权主体的，经依法批准，可以将采矿权转让他人采矿。

第四条　国务院地质矿产主管部门和省、自治区、直辖市人民政府地质矿产主管部门是探矿权、采矿权转让的审批管理机关。

国务院地质矿产主管部门负责由其审批发证的探矿权、采矿权转让的审批。

省、自治区、直辖市人民政府地质矿产主管部门负责本条第二款规定以外的探矿权、采矿权转让的审批。

第五条　转让探矿权，应当具备下列条件：

（一）自颁发勘查许可证之日起满2年，或者在勘查作业区内发现可供进一步勘查或者开采的矿产资源；

（二）完成规定的最低勘查投入；

（三）探矿权属无争议；

（四）按照国家有关规定已经缴纳探矿权使用费、探矿权价款；

（五）国务院地质矿产主管部门规定的其他条件。

《最高人民法院关于审理矿业权纠纷案件适用法律若干问题的解释》（2020年12月23日修正）

第二条　县级以上人民政府自然资源主管部门作为出让人与受让人签订的矿业权出让合同，除法律、行政法规另有规定的情形外，当事人请求确认自依法成立之日起生效的，人民法院应予支持。

第三条　受让人请求自矿产资源勘查许可证、采矿许可证载明的有效期起始日确认其探矿权、采矿权的，人民法院应予支持。

矿业权出让合同生效后、矿产资源勘查许可证或者采矿许可证颁发前，第三人越界或者以其他方式非法勘查开采，经出让人同意已实际占有勘查作业区或者矿区的受让人，请求第三人承担停止侵害、排除妨碍、赔偿损失等侵权责任的，人民法院应予支持。

第四条　出让人未按照出让合同的约定移交勘查作业区或者矿区、颁发矿产资源勘查许可证或者采矿许可证，受让人请求解除出让合同的，人民法院应予支持。

受让人勘查开采矿产资源未达到自然资源主管部门批准的矿山地质环境保护与土地复垦方案要求，在自然资源主管部门规定的期限内拒不改正，或者因违反法律法规被吊销矿产资源勘查许可证、采矿许可证，或者未按照出让合同的约定支付矿业权出让价款，出让人解除出让合同的，人民法院应予支持。

第五条　未取得矿产资源勘查许可证、采矿许可证，签订合同将矿产资源交由他人勘查开采的，人民法院应依法认定合同无效。

第六条　矿业权转让合同自依法成立之日起具有法律约束力。矿业权转让申请未经自然资源主管部门批准，受让人请求转让人办理矿业权变更登记手续的，人民法院不予支持。

当事人仅以矿业权转让申请未经自然资源主管部门批准为由请求确认转让合同无效的，人民法院不予支持。

第七条　矿业权转让合同依法成立后，在不具有法定无效情形下，受让人请求转让人履行报批义务或者转让人请求受让人履行协助报批义务的，人民法院应予支持，但法律上或者事实上不具备履行条件的除外。

人民法院可以依据案件事实和受让人的请求，判决受让人代为办理报批手续，转让人应当履行协助义务，并承担由此产生的费用。

第八条　矿业权转让合同依法成立后，转让人无正当理由拒不履行报批义务，受让人请求解除合同、返还已付转让款及利息，并由转让人承担违约责任的，人民法院应予支持。

第九条　矿业权转让合同约定受让人支付全部或者部分转让款后办理报批手续，转让人在办理报批手续前请求受让人先履行付款义务的，人民法院应予支持，但受让人有确切证据证明存在转让人将同一矿业权转让给第三人、矿业权人将被兼并重组等符合民法典第五百二十七条规定情形的除外。

第十条　自然资源主管部门不予批准矿业权转让申请致使矿业权转让合同被解除，受让人请求返还已付转让款及利息，采矿权人请求受让人返还获得的矿产品及收益，或者探矿权人请求受让人返还勘查资料和勘查中回收的矿产品及收益的，人民法院应予支持，但受让人可请求扣除相关的成本费用。

当事人一方对矿业权转让申请未获批准有过错的，应赔偿对方因此受到的损失；双方均有过错的，应当各自承担相应的责任。

第十一条　矿业权转让合同依法成立后、自然资源主管部门批准前，矿业权人又将矿业权转让给第三人并经自然资源主管部门批准、登记，受让人请求解除转让合同、返还已付转让款及利息，并由矿业权人承担违约责任的，人民法院应予支持。

89. 采矿权转让合同纠纷

相关规范

»《中华人民共和国矿产资源法》（2009年修正）

第六条　除按下列规定可以转让外，探矿权、采矿权不得转让：

（一）探矿权人有权在划定的勘查作业区内进行规定的勘查作业，有权优先取得勘查作业区内矿产资源的采矿权。探矿权人在完成规定的最低勘查投入后，经依法批准，可以将探矿权转让他人。

（二）已取得采矿权的矿山企业，因企业合并、分立，与他人合资、合作经营，或者因企业资产出售以及有其他变更企业资产产权的情形而需要变更采矿权主体的，经依法批准可以将采矿权转让他人采矿。

前款规定的具体办法和实施步骤由国务院规定。

禁止将探矿权、采矿权倒卖牟利。

»《探矿权采矿权转让管理办法》（2014年修订）

第三条　除按照下列规定可以转让外，探矿权、采矿权不得转让：

（一）探矿权人有权在划定的勘查作业区内进行规定的勘查作业，有权优先取得勘查作业区内矿产资源的采矿权。探矿权人在完成规定的最低勘查投入后，经依法批准，可以将探矿权转让他人。

（二）已经取得采矿权的矿山企业，因企业合并、分立，与他人合资、合作经营，或者因企业资产出售以及有其他变更企业资产产权的情形，需要变更采矿权主体的，经依法批准，可以将采矿权转让他人采矿。

第四条　国务院地质矿产主管部门和省、自治区、直辖市人民政府地质矿产主管部门是探矿权、采矿权转让的审批管理机关。

国务院地质矿产主管部门负责由其审批发证的探矿权、采矿权转让的审批。

省、自治区、直辖市人民政府地质矿产主管部门负责本条第二款规定以外的探矿权、采矿权转让的审批。

第五条　转让探矿权，应当具备下列条件：

（一）自颁发勘查许可证之日起满2年，或者在勘查作业区内发现可供进一步勘查或者开采的矿产资源；

（二）完成规定的最低勘查投入；

（三）探矿权属无争议；

（四）按照国家有关规定已经缴纳探矿权使用费、探矿权价款；

（五）国务院地质矿产主管部门规定的其他条件。

»《最高人民法院关于审理矿业权纠纷案件适用法律若干问题的解释》（2020年12月23日修正）

第二条　县级以上人民政府自然资源主管部门作为出让人与受让人签订的矿业权出让合同，除法律、行政法规另有规定的情形外，当事人请求确认自依法成立之日起生效的，人民法院应予支持。

第三条 受让人请求自矿产资源勘查许可证、采矿许可证载明的有效期起始日确认其探矿权、采矿权的，人民法院应予支持。

矿业权出让合同生效后、矿产资源勘查许可证或者采矿许可证颁发前，第三人越界或者以其他方式非法勘查开采，经出让人同意已实际占有勘查作业区或者矿区的受让人，请求第三人承担停止侵害、排除妨碍、赔偿损失等侵权责任的，人民法院应予支持。

第四条 出让人未按照出让合同的约定移交勘查作业区或者矿区、颁发矿产资源勘查许可证或者采矿许可证，受让人请求解除出让合同的，人民法院应予支持。

受让人勘查开采矿产资源未达到自然资源主管部门批准的矿山地质环境保护与土地复垦方案要求，在自然资源主管部门规定的期限内拒不改正，或者因违反法律法规被吊销矿产资源勘查许可证、采矿许可证，或者未按照出让合同的约定支付矿业权出让价款，出让人解除出让合同的，人民法院应予支持。

90. 房地产开发经营合同纠纷

（1）委托代建合同纠纷
（2）合资、合作开发房地产合同纠纷
（3）项目转让合同纠纷

相关规范

》《中华人民共和国土地管理法》（2019年修正）

第九条 城市市区的土地属于国家所有。

农村和城市郊区的土地，除由法律规定属于国家所有的以外，属于农民集体所有；宅基地和自留地、自留山，属于农民集体所有。

第十条 国有土地和农民集体所有的土地，可以依法确定给单位或者个人使用。使用土地的单位和个人，有保护、管理和合理利用土地的义务。

第十一条 农民集体所有的土地依法属于村农民集体所有的，由村集体经济组织或者村民委员会经营、管理；已经分别属于村内两个以上农村集体经济组织的农民集体所有的，由村内各该农村集体经济组织或者村民小组经营、管理；已经属于乡（镇）农民集体所有的，由乡（镇）农村集体经济组织经营、管理。

第十二条 土地的所有权和使用权的登记，依照有关不动产登记的法律、行政法规执行。

依法登记的土地的所有权和使用权受法律保护，任何单位和个人不得侵犯。

第十三条 农民集体所有和国家所有依法由农民集体使用的耕地、林地、草地，以及其他依法用于农业的土地，采取农村集体经济组织内部的家庭承包方式承包，不宜采取家庭承包方式的荒山、荒沟、荒丘、荒滩等，可以采取招标、拍卖、公开协商等方式承包，从事种植业、林业、畜牧业、渔业生产。家庭承包的耕地的承包期为三十年，草地的承包期为三十年至五十年，林地的承包期为三十年至七十年；耕地承包期届满后再延长三十年，草地、林地承包期届满后依法相应延长。

国家所有依法用于农业的土地可以由单位或者个人承包经营，从事种植业、林业、畜牧业、渔业生产。

发包方和承包方应当依法订立承包合同，约定双方的权利和义务。承包经营土地的单位和个人，有保护和按照承包合同约定的用途合理利用土地的义务。

第十四条 土地所有权和使用权争议，由当事人协商解决；协商不成的，由人民政府处理。

单位之间的争议，由县级以上人民政府处理；个人之间、个人与单位之间的争议，由乡级人民政府或者县级以上人民政府处理。

当事人对有关人民政府的处理决定不服的，可以自接到处理决定通知之日起三十日内，向人民法院起诉。

在土地所有权和使用权争议解决前，任何一方不得改变土地利用现状。

第四十四条　建设占用土地，涉及农用地转为建设用地的，应当办理农用地转用审批手续。

永久基本农田转为建设用地的，由国务院批准。

在土地利用总体规划确定的城市和村庄、集镇建设用地规模范围内，为实施该规划而将永久基本农田以外的农用地转为建设用地的，按土地利用年度计划分批次按照国务院规定由原批准土地利用总体规划的机关或者其授权的机关批准。在已批准的农用地转用范围内，具体建设项目用地可以由市、县人民政府批准。

在土地利用总体规划确定的城市和村庄、集镇建设用地规模范围外，将永久基本农田以外的农用地转为建设用地的，由国务院或者国务院授权的省、自治区、直辖市人民政府批准。

》《中华人民共和国城市房地产管理法》（2019年修正）

第十五条　土地使用权出让，应当签订书面出让合同。

土地使用权出让合同由市、县人民政府土地管理部门与土地使用者签订。

第十六条　土地使用者必须按照出让合同约定，支付土地使用权出让金；未按照出让合同约定支付土地使用权出让金的，土地管理部门有权解除合同，并可以请求违约赔偿。

第十七条　土地使用者按照出让合同约定支付土地使用权出让金的，市、县人民政府土地管理部门必须按照出让合同约定，提供出让的土地；未按照出让合同约定提供出让的土地的，土地使用者有权解除合同，由土地管理部门返还土地使用权出让金，土地使用者并可以请求违约赔偿。

第十八条　土地使用者需要改变土地使用权出让合同约定的土地用途的，必须取得出让方和市、县人民政府城市规划行政主管部门的同意，签订土地使用权出让合同变更协议或者重新签订土地使用权出让合同，相应调整土地使用权出让金。

第十九条　土地使用权出让金应当全部上缴财政，列入预算，用于城市基础设施建设和土地开发。土地使用权出让金上缴和使用的具体办法由国务院规定。

第二十条　国家对土地使用者依法取得的土地使用权，在出让合同约定的使用年限届满前不收回；在特殊情况下，根据社会公共利益的需要，可以依照法律程序提前收回，并根据土地使用者使用土地的实际年限和开发土地的实际情况给予相应的补偿。

第二十二条　土地使用权出让合同约定的使用年限届满，土地使用者需要继续使用土地的，应当至迟于届满前一年申请续期，除根据社会公共利益需要收回该幅土地的，应当予以批准。经批准准予续期的，应当重新签订土地使用权出让合同，依照规定支付土地使用权出让金。

土地使用权出让合同约定的使用年限届满，土地使用者未申请续期或者虽申请续期但依照前款规定未获批准的，土地使用权由国家无偿收回。

第四十一条　房地产转让，应当签订书面转让合同，合同中应当载明土地使用权取得的方式。

第四十二条　房地产转让时，土地使用权出让合同载明的权利、义务随之转移。

第四十三条　以出让方式取得土地使用权的，转让房地产后，其土地使用权的使用年限为原土地使用权出让合同约定的使用年限减去原土地使用者已经使用年限后的剩余年限。

第四十四条　以出让方式取得土地使用权的，转让房地产后，受让人改变原土地使用权出让合同约定的土地用途的，必须取得原出让方和市、县人民政府城市规划行政主管部门的同意，签订土地使用权出让合同变更协议或者重新签订土地使用权出让合同，相应调整土地使用权出让金。

《最高人民法院关于审理涉及国有土地使用权合同纠纷案件适用法律问题的解释》(2020年12月23日修正)

第十二条 本解释所称的合作开发房地产合同，是指当事人订立的以提供出让土地使用权、资金等作为共同投资，共享利润、共担风险合作开发房地产为基本内容的合同。

第十三条 合作开发房地产合同的当事人一方具备房地产开发经营资质的，应当认定合同有效。

当事人双方均不具备房地产开发经营资质的，应当认定合同无效。但起诉前当事人一方已经取得房地产开发经营资质或者已依法合作成立具有房地产开发经营资质的房地产开发企业的，应当认定合同有效。

第十四条 投资数额超出合作开发房地产合同的约定，对增加的投资数额的承担比例，当事人协商不成的，按照当事人的违约情况确定；因不可归责于当事人的事由或者当事人的违约情况无法确定的，按照约定的投资比例确定；没有约定投资比例的，按照约定的利润分配比例确定。

第十五条 房屋实际建筑面积少于合作开发房地产合同的约定，对房屋实际建筑面积的分配比例，当事人协商不成的，按照当事人的违约情况确定；因不可归责于当事人的事由或者当事人违约情况无法确定的，按照约定的利润分配比例确定。

第十六条 在下列情形下，合作开发房地产合同的当事人请求分配房地产项目利益的，不予受理；已经受理的，驳回起诉：

（一）依法需经批准的房地产建设项目未经有批准权的人民政府主管部门批准；

（二）房地产建设项目未取得建设工程规划许可证；

（三）擅自变更建设工程规划。

因当事人隐瞒建设工程规划变更的事实所造成的损失，由当事人按照过错承担。

第十七条 房屋实际建筑面积超出规划建筑面积，经有批准权的人民政府主管部门批准后，当事人对超出部分的房屋分配比例协商不成的，按照约定的利润分配比例确定。对增加的投资数额的承担比例，当事人协商不成的，按照约定的投资比例确定；没有约定投资比例的，按照约定的利润分配比例确定。

第十八条 当事人违反规划开发建设的房屋，被有批准权的人民政府主管部门认定为违法建筑责令拆除，当事人对损失承担协商不成的，按照当事人过错确定责任；过错无法确定的，按照约定的投资比例确定责任；没有约定投资比例的，按照约定的利润分配比例确定责任。

第十九条 合作开发房地产合同约定仅以投资数额确定利润分配比例，当事人未足额交纳出资的，按照当事人的实际投资比例分配利润。

第二十条 合作开发房地产合同的当事人要求将房屋预售款充抵投资参与利润分配的，不予支持。

第二十一条 合作开发房地产合同约定提供土地使用权的当事人不承担经营风险，只收取固定利益的，应当认定为土地使用权转让合同。

第二十二条 合作开发房地产合同约定提供资金的当事人不承担经营风险，只分配固定数量房屋的，应当认定为房屋买卖合同。

第二十三条 合作开发房地产合同约定提供资金的当事人不承担经营风险，只收取固定数额货币的，应当认定为借款合同。

第二十四条 合作开发房地产合同约定提供资金的当事人不承担经营风险，只以租赁或者其他形式使用房屋的，应当认定为房屋租赁合同。

91. 房屋买卖合同纠纷

（1）商品房预约合同纠纷
（2）商品房预售合同纠纷
（3）商品房销售合同纠纷
（4）商品房委托代理销售合同纠纷
（5）经济适用房转让合同纠纷
（6）农村房屋买卖合同纠纷

相关规范

》《中华人民共和国民法典》（2020 年）

第四百九十五条 【预约合同】 当事人约定在将来一定期限内订立合同的认购书、订购书、预订书等，构成预约合同。

当事人一方不履行预约合同约定的订立合同义务的，对方可以请求其承担预约合同的违约责任。

请求权基础条款参见本法第一百五十三条、第一百五十四条、第一百六十八条、第五百零六条、第五百四十九条、第五百六十二条、第五百六十三条、第五百六十六条、第五百六十八条、第五百七十七条、第五百七十八条。

》《城市房地产开发经营管理条例》（2020 年修订）

第二十三条 房地产开发企业申请办理商品房预售登记，应当提交下列文件：

（一）本条例第二十二条第（一）项至第（三）项规定的证明材料；

（二）营业执照和资质等级证书；

（三）工程施工合同；

（四）预售商品房分层平面图；

（五）商品房预售方案。

第二十六条 房地产开发企业预售商品房时，应当向预购人出示商品房预售许可证明。

房地产开发企业应当自商品房预售合同签订之日起 30 日内，到商品房所在地的县级以上人民政府房地产开发主管部门和负责土地管理工作的部门备案。

第二十七条 商品房销售，当事人双方应当签订书面合同。合同应当载明商品房的建筑面积和使用面积、价格、交付日期、质量要求、物业管理方式以及双方的违约责任。

第二十八条 房地产开发企业委托中介机构代理销售商品房的，应当向中介机构出具委托书。中介机构销售商品房时，应当向商品房购买人出示商品房的有关证明文件和商品房销售委托书。

第三十一条 商品房交付使用后，购买人认为主体结构质量不合格的，可以向工程质量监督单位申请重新核验。经核验，确属主体结构质量不合格的，购买人有权退房；给购买人造成损失的，房地产开发企业应当依法承担赔偿责任。

第三十二条 预售商品房的购买人应当自商品房交付使用之日起 90 日内，办理土地使用权变更和房屋所有权登记手续；现售商品房的购买人应当自销售合同签订之日起 90 日内，办理土地使用权变更和房屋所有权登记手续。房地产开发企业应当协助商品房购买人办理土地使用权变更和房屋所有权登记手续，并提供必要的证明文件。

》《最高人民法院关于审理商品房买卖合同纠纷案件适用法律若干问题的解释》（2020 年 12 月 23 日修正）

第二条 出卖人未取得商品房预售许可证明，与买受人订立的商品房预售合同，应当认定无效，但是在起诉前取得商品房预售许可证明的，可以认定有效。

第三条 商品房的销售广告和宣传资料为要约邀请，但是出卖人就商品房开发规划范围内的房屋及相关设施所作的说明和允诺具体确定，并对商品房买卖合同的订立以及房屋价格的确定有重大影响的，构成要约。该说明和允诺即使未载入商品房买卖合同，亦应当为合同内容，当事人违反的，应当承担违约责任。

第四条 出卖人通过认购、订购、预订等方式向买受人收受定金作为订立商品房买卖合同担保的，如果因当事人一方原因未能订立商品房买卖合同，应当按照法律关于定金的规定处理；因不可归责于当事人双方的事由，导致商品房买卖合同未能订立的，出卖人应当将定金返还买受人。

第五条 商品房的认购、订购、预订等协议具备《商品房销售管理办法》第十六条规定的商品房买卖合同的主要内容，并且出卖人已经按照约定收受购房款的，该协议应当认定为商品房买卖合同。

第六条 当事人以商品房预售合同未按照法律、行政法规规定办理登记备案手续为由，请求确认合同无效的，不予支持。

当事人约定以办理登记备案手续为商品房预售合同生效条件的，从其约定，但当事人一方已经履行主要义务，对方接受的除外。

第七条 买受人以出卖人与第三人恶意串通，另行订立商品房买卖合同并将房屋交付使用，导致其无法取得房屋为由，请求确认出卖人与第三人订立的商品房买卖合同无效的，应予支持。

第八条 对房屋的转移占有，视为房屋的交付使用，但当事人另有约定的除外。

房屋毁损、灭失的风险，在交付使用前由出卖人承担，交付使用后由买受人承担；买受人接到出卖人的书面交房通知，无正当理由拒绝接收的，房屋毁损、灭失的风险自书面交房通知确定的交付使用之日起由买受人承担，但法律另有规定或者当事人另有约定的除外。

第九条 因房屋主体结构质量不合格不能交付使用，或者房屋交付使用后，房屋主体结构质量经核验确属不合格，买受人请求解除合同和赔偿损失的，应予支持。

第十条 因房屋质量问题严重影响正常居住使用，买受人请求解除合同和赔偿损失的，应予支持。

交付使用的房屋存在质量问题，在保修期内，出卖人应当承担修复责任；出卖人拒绝修复或者在合理期限内拖延修复的，买受人可以自行或者委托他人修复。修复费用及修复期间造成的其他损失由出卖人承担。

第十一条 根据民法典第五百六十三条的规定，出卖人迟延交付房屋或者买受人迟延支付购房款，经催告后在三个月的合理期限内仍未履行，解除权人请求解除合同的，应予支持，但当事人另有约定的除外。

法律没有规定或者当事人没有约定，经对方当事人催告后，解除权行使的合理期限为三个月。对方当事人没有催告的，解除权人自知道或者应当知道解除事由之日起一年内行使。逾期不行使的，解除权消灭。

第十二条 当事人以约定的违约金过高为由请求减少的，应当以违约金超过造成的损失30%为标准适当减少；当事人以约定的违约金低于造成的损失为由请求增加的，应当以违约造成的损失确定违约金数额。

第十三条 商品房买卖合同没有约定违约金数额或者损失赔偿额计算方法，违约金数额或者损失赔偿额可以参照以下标准确定：

逾期付款的，按照未付购房款总额，参照中国人民银行规定的金融机构计收逾期贷款利息的标准计算。

逾期交付使用房屋的，按照逾期交付使用房屋期间有关主管部门公布或者有资格的房地产评估机构评定的同地段同类房屋租金标准确定。

第十四条 由于出卖人的原因，买受人在下列期限届满未能取得不动产权属证书的，除当事人有特殊约定外，出卖人应当承担违约责任：

（一）商品房买卖合同约定的办理不动产登记的期限；

（二）商品房买卖合同的标的物为尚未建成房屋的，自房屋交付使用之日起90日；

（三）商品房买卖合同的标的物为已竣

工房屋的，自合同订立之日起 90 日。

合同没有约定违约金或者损失数额难以确定的，可以按照已付购房款总额，参照中国人民银行规定的金融机构计收逾期贷款利息的标准计算。

第十五条　商品房买卖合同约定或者《城市房地产开发经营管理条例》第三十二条规定的办理不动产登记的期限届满后超过一年，由于出卖人的原因，导致买受人无法办理不动产登记，买受人请求解除合同和赔偿损失的，应予支持。

第十六条　出卖人与包销人订立商品房包销合同，约定出卖人将其开发建设的房屋交由包销人以出卖人的名义销售的，包销期满未销售的房屋，由包销人按照合同约定的包销价格购买，但当事人另有约定的除外。

第十七条　出卖人自行销售已经约定由包销人包销的房屋，包销人请求出卖人赔偿损失的，应予支持，但当事人另有约定的除外。

第十八条　对于买受人因商品房买卖合同与出卖人发生的纠纷，人民法院应当通知包销人参加诉讼；出卖人、包销人和买受人对各自的权利义务有明确约定的，按照约定的内容确定各方的诉讼地位。

第十九条　商品房买卖合同约定，买受人以担保贷款方式付款、因当事人一方原因未能订立商品房担保贷款合同并导致商品房买卖合同不能继续履行的，对方当事人可以请求解除合同和赔偿损失。因不可归责于当事人双方的事由未能订立商品房担保贷款合同并导致商品房买卖合同不能继续履行的，当事人可以请求解除合同，出卖人应当将收受的购房款本金及其利息或者定金返还买受人。

第二十条　因商品房买卖合同被确认无效或者被撤销、解除，致使商品房担保贷款合同的目的无法实现，当事人请求解除商品房担保贷款合同的，应予支持。

第二十一条　以担保贷款为付款方式的商品房买卖合同的当事人一方请求确认商品房买卖合同无效或者撤销、解除合同的，如果担保权人作为有独立请求权第三人提出诉讼请求，应当与商品房担保贷款合同纠纷合并审理；未提出诉讼请求的，仅处理商品房买卖合同纠纷。担保权人就商品房担保贷款合同纠纷另行起诉的，可以与商品房买卖合同纠纷合并审理。

商品房买卖合同被确认无效或者被撤销、解除后，商品房担保贷款合同也被解除的，出卖人应当将收受的购房贷款和购房款的本金及利息分别返还担保权人和买受人。

第二十二条　买受人未按照商品房担保贷款合同的约定偿还贷款，亦未与担保权人办理不动产抵押登记手续，担保权人起诉买受人，请求处分商品房买卖合同项下买受人合同权利的，应当通知出卖人参加诉讼；担保权人同时起诉出卖人时，如果出卖人为商品房担保贷款合同提供保证的，应当列为共同被告。

第二十三条　买受人未按照商品房担保贷款合同的约定偿还贷款，但是已经取得不动产权属证书并与担保权人办理了不动产抵押登记手续，抵押权人请求买受人偿还贷款或者就抵押的房屋优先受偿的，不应当追加出卖人为当事人，但出卖人提供保证的除外。

》《第八次全国法院民事商事审判工作会议（民事部分）纪要》（法〔2016〕399 号　2016 年 11 月 21 日）

15. 审理一房数卖纠纷案件时，如果数份合同均有效且买受人均要求履行合同的，一般应按照已经办理房屋所有权变更登记、合法占有房屋以及合同履行情况、买卖合同成立先后等顺序确定权利保护顺位。但恶意办理登记的买受人，其权利不能优先于已经合法占有该房屋的买受人。对买卖合同的成立时间，应综合主管机关备案时间、合同载明的签订时间以及其他证据确定。

16. 当事人达成以房抵债协议，并要求制作调解书的，人民法院应当严格审查协议是否在平等自愿基础上达成；对存在重大误解或显失公平的，应当予以释明；对利用协议损害其他债权人利益或者规避公共管理政策的，不能制作调解书；对当事人行为构成虚假诉讼的，严格按照民事诉讼法第一百一十二条和《最高人民法院关于适用〈中华人民共和国民事诉讼法〉的解释》第一百九十条、第一百九十一条的规定处理；涉嫌犯罪的，移送刑事侦查机关处理。

17. 当事人在债务清偿期届满后达成以房抵债协议并已经办理了产权转移手续，一方要求确认以房抵债协议无效或者变更、撤销，经审查不属于合同法第五十二条、第五十四条规定情形的，对其主张不予支持。

《最高人民法院关于为促进消费提供司法服务和保障的意见》（法发〔2022〕35号 2022年12月26日）

10. 加强住房消费者权益保护。严格保护依法成立生效的房屋买卖合同，维护市场秩序，助力实施房地产市场平稳健康发展长效机制，积极保护居民合理自住需求，遏制投资投机性需求，促进居住消费健康发展，推动实现稳地价、稳房价、稳预期。对当事人逾期付款、逾期交房、逾期办证等违约行为引起的商品房买卖合同纠纷，人民法院要加强调解，引导当事人协商解决纠纷；当事人请求违约方承担逾期付款、逾期交房、逾期办证的违约责任的，人民法院应当依照合同约定或者商品房买卖合同司法解释第十三条和第十四条规定处理。出卖人出售房屋后又与第三人恶意串通，另行订立商品房买卖合同并将已出售房屋交付第三人使用，导致原来的买受人无法取得房屋的，人民法院应当依法认定出卖人与第三人订立的商品房买卖合同无效。

指导案例

汤龙、刘新龙、马忠太、王洪刚诉新疆鄂尔多斯彦海房地产开发有限公司商品房买卖合同纠纷案（最高人民法院指导案例72号 2016年12月28日发布）

【关键词】 民事 商品房买卖合同 借款合同 清偿债务 法律效力 审查

【裁判要点】

借款合同双方当事人经协商一致，终止借款合同关系，建立商品房买卖合同关系，将借款本金及利息转化为已付购房款并经对账清算的，不属于《中华人民共和国物权法》第一百八十六条规定禁止的情形，该商品房买卖合同的订立目的，亦不属于《最高人民法院关于审理民间借贷案件适用法律若干问题的规定》第二十四条规定的“作为民间借贷合同的担保”。在不存在《中华人民共和国合同法》第五十二条规定情形的情况下，该商品房买卖合同具有法律效力。但对转化为已付购房款的借款本金及利息数额，人民法院应当结合借款合同等证据予以审查，以防止当事人将超出法律规定保护限额的高额利息转化为已付购房款。

【基本案情】

原告汤龙、刘新龙、马忠太、王洪刚诉称：根据双方合同约定，新疆鄂尔多斯彦海房地产开发有限公司（以下简称彦海公司）应于2014年9月30日向四人交付符合合同约定的房屋。但至今为止，彦海公司拒不履行房屋交付义务。故请求判令：一、彦海公司向汤龙、刘新龙、马忠太、王洪刚支付违约金6000万元；二、彦海公司承担汤龙、刘新龙、马忠太、王洪刚主张权利过程中的损失费用41.63万元；三、彦海公司承担本案的全部诉讼费用。

彦海公司辩称：汤龙、刘新龙、马忠太、王洪刚应分案起诉。四人与彦海公司没有购买和出售房屋的意思表示，双方之间房屋买卖合同名为买卖实为借贷，该商品房买卖合同系为借贷合同的担保，该约定违反了《中华人民共和国担保法》第四十条、《中华人民共和国物权法》第一百八十六条的规定无效。双方签订的商品房买卖合同存在显失公平、乘人之危的情况。四人要求的违约金及损失费用亦无事实依据。

法院经审理查明：汤龙、刘新龙、马忠太、王洪刚与彦海公司于2013年先后签订多份借款合同，通过实际出借并接受他人债权转让，取得对彦海公司合计2.6亿元借款的债权。为担保该借款合同履行，四人与彦海公司分别签订多份商品房预售合同，并向当地房屋产权交易管理中心办理了备案登记。该债权陆续到期后，因彦海公司未偿还借款本息，双方经对账，确认彦海公司尚欠四人借款本息361398017.78元。双方随后重新签订商品房买卖合同，约定彦海公司将其名下房屋出售给四人，上述欠款本息转为已付购房款，剩余购房款38601982.22元，待办理完毕全部标的物产权转移登记后一次性支付给彦海公司。汤龙等四人提交与彦海公司对账表显示，双方之间的借款利息系分别按照月利率3%和4%、逾期利率10%计算，并计算复利。

【裁判结果】

新疆维吾尔自治区高级人民法院于2015年4月27日作出（2015）新民一初字第2号民事判决，判令：一、彦海公司向汤龙、马忠太、刘新龙、王洪刚支付违约金9275057.23元；二、彦海公司向汤龙、马忠太、刘新龙、王洪刚支付律师费416300元；三、驳回汤龙、马忠太、刘新龙、王洪刚的其他诉讼请求。上述款项，应于判决生效后十日内一次性付清。宣判后，彦海公司以双方之间买卖合同系借款合同的担保，并非双方真实意思表示，且欠款金额包含高利等为由，提起上诉。最高人民法院于2015年10月8日作出（2015）民一终字第180号民事判决：一、撤销新疆维吾尔自治区高级人民法院（2015）新民一初字第2号民事判决；二、驳回汤龙、刘新龙、马忠太、王洪刚的诉讼请求。

【裁判理由】

法院生效裁判认为：本案争议的商品房买卖合同签订前，彦海公司与汤龙等四人之间确实存在借款合同关系，且为履行借款合同，双方签订了相应的商品房预售合同，并办理了预购商品房预告登记。但双方系争商品房买卖合同是在彦海公司未偿还借款本息的情况下，经重新协商并对账，将借款合同关系转变为商品房买卖合同关系，将借款本息转为已付购房款，并对房屋交付、尾款支付、违约责任等权利义务作出了约定。民事法律关系的产生、变更、消灭，除基于法律特别规定，需要通过法律关系参与主体的意思表示一致形成。民事交易活动中，当事人意思表示发生变化并不鲜见，该意思表示的变化，除为法律特别规定所禁止外，均应予以准许。本案双方经协商一致终止借款合同关系，建立商品房买卖合同关系，并非为双方之间的借款合同履行提供担保，而是借款合同到期彦海公司难以清偿债务时，通过将彦海公司所有的商品房出售给汤龙等四位债权人的方式，实现双方权利义务平衡的一种交易安排。该交易安排并未违反法律、行政法规的强制性规定，不属于《中华人民共和国物权法》第一百八十六条规定禁止的情形，亦不适用《最高人民法院关于审理民间借贷案件适用法律若干问题的规定》第二十四条规定。尊重当事人嗣后形成的变更法律关系性质的一致意思表示，是贯彻合同自由原则的题中应有之义。彦海公司所持本案商品房买卖合同无效的主张，不予采信。

但在确认商品房买卖合同合法有效的情况下，由于双方当事人均认可该合同项下已付购房款系由原借款本息转来，且彦海公司提出该欠款数额包含高额利息。在当事人请求司法确认和保护购房者合同权利时，人民法院对基于借款合同的实际履行而形成的借款本金及利息数额应当予以审查，以避免当事人通过签订商品房买卖合同等方式，将违法高息合法化。经审查，双方之间借款利息的计算方法，已经超出法律规定的民间借贷利率保护上限。对双方当事人包含高额利息的欠款数额，依法不能予以确认。由于法律保护的借款利率明显低于当事人对账确认的借款利率，故应当认为汤龙等四人作为购房人，尚未足额支付合同约定的购房款，彦海公司未按照约定时间交付房屋，不应视为违约。汤龙等四人以彦海公司逾期交付房屋构成违约为事实依据，要求彦海公司支付违约金及律师费，缺乏事实和法律依据。一审判决判令彦海公司承担支付违约金及律师费的违约责任错误，本院对此予以纠正。

92. 民事主体间房屋拆迁补偿合同纠纷

相关规范

《中华人民共和国民法典》（2020年）

第四百六十三条 【合同编的调整范围】本编调整因合同产生的民事关系。

第四百六十四条 【合同的定义和身份关系协议的法律适用】合同是民事主体之间设立、变更、终止民事法律关系的协议。

婚姻、收养、监护等有关身份关系的协议，适用有关该身份关系的法律规定；没有规定的，可以根据其性质参照适用本编规定。

第四百六十五条 【依法成立的合同效力】依法成立的合同，受法律保护。

依法成立的合同，仅对当事人具有法律约束力，但是法律另有规定的除外。

第四百六十八条 【非因合同产生的债权债务关系的法律适用】非因合同产生的债权债务关系，适用有关该债权债务关系的法律规定；没有规定的，适用本编通则的有关规定，但是根据其性质不能适用的除外。

第四百九十七条 【格式条款无效的情形】有下列情形之一的，该格式条款无效：

（一）具有本法第一编第六章第三节和本法第五百零六条规定的无效情形；

（二）提供格式条款一方不合理地免除或者减轻其责任、加重对方责任、限制对方主要权利；

（三）提供格式条款一方排除对方主要权利。

《中华人民共和国土地管理法》（2019年修正）

第四十七条 国家征收土地的，依照法定程序批准后，由县级以上地方人民政府予以公告并组织实施。

县级以上地方人民政府拟申请征收土地的，应当开展拟征收土地现状调查和社会稳定风险评估，并将征收范围、土地现状、征收目的、补偿标准、安置方式和社会保障等在拟征收土地所在的乡（镇）和村、村民小组范围内公告至少三十日，听取被征地的农村集体经济组织及其成员、村民委员会和其他利害关系人的意见。

多数被征地的农村集体经济组织成员认为征地补偿安置方案不符合法律、法规规定的，县级以上地方人民政府应当组织召开听证会，并根据法律、法规的规定和听证会情况修改方案。

拟征收土地的所有权人、使用权人应当在公告规定期限内，持不动产权属证明材料办理补偿登记。县级以上地方人民政府应当组织有关部门测算并落实有关费用，保证足额到位，与拟征收土地的所有权人、使用权人就补偿、安置等签订协议；个别确实难以达成协议的，应当在申请征收土地时如实说明。

相关前期工作完成后，县级以上地方人民政府方可申请征收土地。

第四十八条 征收土地应当给予公平、合理的补偿，保障被征地农民原有生活水平不降低、长远生计有保障。

征收土地应当依法及时足额支付土地补偿费、安置补助费以及农村村民住宅、其他地上附着物和青苗等的补偿费用，并安排被征地农民的社会保障费用。

征收农用地的土地补偿费、安置补助费标准由省、自治区、直辖市通过制定公布区片综合地价确定。制定区片综合地价应当综合考虑土地原用途、土地资源条件、土地产值、土地区位、土地供求关系、人口以及经济社会发展水平等因素，并至少每三年调整或者重新公布一次。

征收农用地以外的其他土地、地上附着物和青苗等的补偿标准，由省、自治区、直辖市制定。对其中的农村村民住宅，应当按照先补偿后搬迁、居住条件有改善的原则，尊重农村村民意愿，采取重新安排宅基地建房、提供安置房或者货币补偿等方式给予公平、合理的补偿，并对因征收造成的搬迁、临时安置等费用予以补偿，保障农村村民居住的权利和合法的住房财产权益。

县级以上地方人民政府应当将被征地农民纳入相应的养老等社会保障体系。被征地农民的社会保障费用主要用于符合条件的被征地农民的养老保险等社会保险缴费补贴。被征地农民社会保障费用的筹集、管理和使用办法，由省、自治区、直辖市制定。

»《中华人民共和国民事诉讼法》（2021年修正）

第三十五条　合同或者其他财产权益纠纷的当事人可以书面协议选择被告住所地、合同履行地、合同签订地、原告住所地、标的物所在地等与争议有实际联系的地点的人民法院管辖，但不得违反本法对级别管辖和专属管辖的规定。

»《最高人民法院关于印发〈全国法院贯彻实施民法典工作会议纪要〉的通知》（法〔2021〕94号　2021年4月6日）

2. 行为人因对行为的性质、对方当事人、标的物的品种、质量、规格和数量等的错误认识，使行为的后果与自己的意思相悖，并造成较大损失的，人民法院可以认定为民法典第一百四十七条、第一百五十二条规定的重大误解。

3. 故意告知虚假情况，或者故意隐瞒真实情况，诱使当事人作出错误意思表示的，人民法院可以认定为民法典第一百四十八条、第一百四十九条规定的欺诈。

4. 以给自然人及其亲友的生命、身体、健康、名誉、荣誉、隐私、财产等造成损害或者以给法人、非法人组织的名誉、荣誉、财产等造成损害为要挟，迫使其作出不真实的意思表示的，人民法院可以认定为民法典第一百五十条规定的胁迫。

93. 供用电合同纠纷

相关规范

»《中华人民共和国民法典》（2020年）

第六百五十条　【供用电合同履行地】供用电合同的履行地点，按照当事人约定；当事人没有约定或者约定不明确的，供电设施的产权分界处为履行地点。

第六百五十一条　【供电人的安全供电义务】供电人应当按照国家规定的供电质量标准和约定安全供电。供电人未按照国家规定的供电质量标准和约定安全供电，造成用电人损失的，应当承担赔偿责任。

第六百五十二条　【供电人中断供电时的通知义务】供电人因供电设施计划检修、临时检修、依法限电或者用电人违法用电等原因，需要中断供电时，应当按照国家有关规定事先通知用电人；未事先通知用电人中断供电，造成用电人损失的，应当承担赔偿责任。

第六百五十三条　【供电人的抢修义务】因自然灾害等原因断电，供电人应当按照国家有关规定及时抢修；未及时抢修，造成用电人损失的，应当承担赔偿责任。

第六百五十四条　【用电人的交付电费义务】用电人应当按照国家有关规定和当事

人的约定及时支付电费。用电人逾期不支付电费的，应当按照约定支付违约金。经催告用电人在合理期限内仍不支付电费和违约金的，供电人可以按照国家规定的程序中止供电。

供电人依据前款规定中止供电的，应当事先通知用电人。

第六百五十五条 【用电人的安全用电义务】用电人应当按照国家有关规定和当事人的约定安全、节约和计划用电。用电人未按照国家有关规定和当事人的约定用电，造成供电人损失的，应当承担赔偿责任。

》《中华人民共和国电力法》（2018年修正）

第二十六条 供电营业区内的供电营业机构，对本营业区内的用户有按照国家规定供电的义务；不得违反国家规定对其营业区内申请用电的单位和个人拒绝供电。

申请新装用电、临时用电、增加用电容量、变更用电和终止用电，应当依照规定的程序办理手续。

供电企业应当在其营业场所公告用电的程序、制度和收费标准，并提供用户须知资料。

第二十七条 电力供应与使用双方应当根据平等自愿、协商一致的原则，按照国务院制定的电力供应与使用办法签订供用电合同，确定双方的权利和义务。

第二十八条 供电企业应当保证供给用户的供电质量符合国家标准。对公用供电设施引起的供电质量问题，应当及时处理。

用户对供电质量有特殊要求的，供电企业应当根据其必要性和电网的可能，提供相应的电力。

》《电力供应与使用条例》（2019年修订）

第三十二条 供电企业和用户应当在供电前根据用户需要和供电企业的供电能力签订供用电合同。

第三十三条 供用电合同应当具备以下条款：

（一）供电方式、供电质量和供电时间；

（二）用电容量和用电地址、用电性质；

（三）计量方式和电价、电费结算方式；

（四）供用电设施维护责任的划分；

（五）合同的有效期限；

（六）违约责任；

（七）双方共同认为应当约定的其他条款。

第三十四条 供电企业应当按照合同约定的数量、质量、时间、方式，合理调度和安全供电。

用户应当按照合同约定的数量、条件用电，交付电费和国家规定的其他费用。

第三十五条 供用电合同的变更或者解除，应当依照有关法律、行政法规和本条例的规定办理。

》《最高人民法院关于为加快建设全国统一大市场提供司法服务和保障的意见》（法发〔2022〕22号 2022年7月14日）

3. 助力实行统一的市场准入。依法审理建设工程、房地产、矿产资源以及水、电、气、热力等要素配置和市场准入合同纠纷案件，准确把握自然垄断行业、服务业等市场准入放宽对合同效力的影响，严格落实“非禁即入”政策。依法审理涉市场准入行政案件，支持分级分类推进行政审批制度改革，遏制不当干预经济活动特别是滥用行政权力排除、限制竞争行为。加强市场准入负面清单、涉企优惠政策目录清单等行政规范性文件的附带审查，推动行政机关及时清理废除含有地方保护、市场分割、指定交易等妨碍统一市场和公平竞争的规范性文件，破除地方保护和区域壁垒。

94. 供用水合同纠纷

相关规范

》《中华人民共和国民法典》（2020 年）

第六百五十六条　【供用水、供用气、供用热力合同的参照适用】供用水、供用气、供用热力合同，参照适用供用电合同的有关规定。

》《城市供水条例》（2020 年修订）

第十九条　城市自来水供水企业和自建设施对外供水的企业，经工商行政管理机关登记注册后，方可从事经营活动。

第二十条　城市自来水供水企业和自建设施对外供水的企业，应当建立、健全水质检测制度，确保城市供水的水质符合国家规定的饮用水卫生标准。

第二十一条　城市自来水供水企业和自建设施对外供水的企业，应当按照国家有关规定设置管网测压点，做好水压监测工作，确保供水管网的压力符合国家规定的标准。

禁止在城市公共供水管道上直接装泵抽水。

第二十二条　城市自来水供水企业和自建设施对外供水的企业应当保持不间断供水。由于工程施工、设备维修等原因确需停止供水的，应当经城市供水行政主管部门批准并提前 24 小时通知用水单位和个人；因发生灾害或者紧急事故，不能提前通知的，应当在抢修的同时通知用水单位和个人，尽快恢复正常供水，并报告城市供水行政主管部门。

第二十三条　城市自来水供水企业和自建设施对外供水的企业应当实行职工持证上岗制度。具体办法由国务院城市建设行政主管部门会同人事部门等制定。

第二十四条　用水单位和个人应当按照规定的计量标准和水价标准按时缴纳水费。

》《最高人民法院关于为加快建设全国统一大市场提供司法服务和保障的意见》（法发〔2022〕22 号　2022 年 7 月 14 日）

3. 助力实行统一的市场准入。依法审理建设工程、房地产、矿产资源以及水、电、气、热力等要素配置和市场准入合同纠纷案件，准确把握自然垄断行业、服务业等市场准入放宽对合同效力的影响，严格落实“非禁即入”政策。依法审理涉市场准入行政案件，支持分级分类推进行政审批制度改革，遏制不当干预经济活动特别是滥用行政权力排除、限制竞争行为。加强市场准入负面清单、涉企优惠政策目录清单等行政规范性文件的附带审查，推动行政机关及时清理废除含有地方保护、市场分割、指定交易等妨碍统一市场和公平竞争的规范性文件，破除地方保护和区域壁垒。

95. 供用气合同纠纷

相关规范

》《中华人民共和国民法典》（2020 年）

第六百五十六条　【供用水、供用气、供用热力合同的参照适用】供用水、供用气、供用热力合同，参照适用供用电合同的有关规定。

》《城镇燃气管理条例》（2016 年修订）

第十四条　政府投资建设的燃气设施，应当通过招标投标方式选择燃气经营者。

社会资金投资建设的燃气设施，投资方可以自行经营，也可以另行选择燃气经营者。

第十五条　国家对燃气经营实行许可证制度。从事燃气经营活动的企业，应当具备下列条件：

（一）符合燃气发展规划要求；

（二）有符合国家标准的燃气气源和燃

气设施；

（三）有固定的经营场所、完善的安全管理制度和健全的经营方案；

（四）企业的主要负责人、安全生产管理人员以及运行、维护和抢修人员经专业培训并考核合格；

（五）法律、法规规定的其他条件。

符合前款规定条件的，由县级以上地方人民政府燃气管理部门核发燃气经营许可证。

第十六条 禁止个人从事管道燃气经营活动。

个人从事瓶装燃气经营活动的，应当遵守省、自治区、直辖市的有关规定。

第十七条 燃气经营者应当向燃气用户持续、稳定、安全供应符合国家质量标准的燃气，指导燃气用户安全用气、节约用气，并对燃气设施定期进行安全检查。

燃气经营者应当公示业务流程、服务承诺、收费标准和服务热线等信息，并按照国家燃气服务标准提供服务。

第十八条 燃气经营者不得有下列行为：

（一）拒绝向市政燃气管网覆盖范围内符合用气条件的单位或者个人供气；

（二）倒卖、抵押、出租、出借、转让、涂改燃气经营许可证；

（三）未履行必要告知义务擅自停止供气、调整供气量，或者未经审批擅自停业或者歇业；

（四）向未取得燃气经营许可证的单位或者个人提供用于经营的燃气；

（五）在不具备安全条件的场所储存燃气；

（六）要求燃气用户购买其指定的产品或者接受其提供的服务；

（七）擅自为非自有气瓶充装燃气；

（八）销售未经许可的充装单位充装的瓶装燃气或者销售充装单位擅自为非自有气瓶充装的瓶装燃气；

（九）冒用其他企业名称或者标识从事燃气经营、服务活动。

》《最高人民法院关于为加快建设全国统一大市场提供司法服务和保障的意见》（法发〔2022〕22号 2022年7月14日）

3. 助力实行统一的市场准入。依法审理建设工程、房地产、矿产资源以及水、电、气、热力等要素配置和市场准入合同纠纷案件，准确把握自然垄断行业、服务业等市场准入放宽对合同效力的影响，严格落实“非禁即人”政策。依法审理涉市场准入行政案件，支持分级分类推进行政审批制度改革，遏制不当干预经济活动特别是滥用行政权力排除、限制竞争行为。加强市场准入负面清单、涉企优惠政策目录清单等行政规范性文件的附带审查，推动行政机关及时清理废除含有地方保护、市场分割、指定交易等妨碍统一市场和公平竞争的规范性文件，破除地方保护和区域壁垒。

96. 供用热力合同纠纷

相关规范

》《中华人民共和国民法典》（2020年）

第六百四十八条 【供用电合同定义及强制缔约义务】 供用电合同是供电人向用电人供电，用电人支付电费的合同。

向社会公众供电的供电人，不得拒绝用电人合理的订立合同要求。

第六百四十九条 【供用电合同内容】 供用电合同的内容一般包括供电的方式、质量、时间，用电容量、地址、性质，计量方式，电价、电费的结算方式，供用电设施的维护责任等条款。

第六百五十条 【供用电合同履行地】 供用电合同的履行地点，按照当事人约定；当事人没有约定或者约定不明确的，供电设施的产权分界处为履行地点。

第六百五十一条 【供电人的安全供电

义务】供电人应当按照国家规定的供电质量标准和约定安全供电。供电人未按照国家规定的供电质量标准和约定安全供电，造成用电人损失的，应当承担赔偿责任。

第六百五十二条 【供电人中断供电时的通知义务】供电人因供电设施计划检修、临时检修、依法限电或者用电人违法用电等原因，需要中断供电时，应当按照国家有关规定事先通知用电人；未事先通知用电人中断供电，造成用电人损失的，应当承担赔偿责任。

第六百五十三条 【供电人的抢修义务】因自然灾害等原因断电，供电人应当按照国家有关规定及时抢修；未及时抢修，造成用电人损失的，应当承担赔偿责任。

第六百五十四条 【用电人的交付电费义务】用电人应当按照国家有关规定和当事人的约定及时支付电费。用电人逾期不支付电费的，应当按照约定支付违约金。经催告用电人在合理期限内仍不支付电费和违约金的，供电人可以按照国家规定的程序中止供电。

供电人依据前款规定中止供电的，应当事先通知用电人。

第六百五十五条 【用电人的安全用电义务】用电人应当按照国家有关规定和当事人的约定安全、节约和计划用电。用电人未按照国家有关规定和当事人的约定用电，造成供电人损失的，应当承担赔偿责任。

第六百五十六条 【供用水、供用气、供用热力合同的参照适用】供用水、供用气、供用热力合同，参照适用供用电合同的有关规定。

»《最高人民法院关于为加快建设全国统一大市场提供司法服务和保障的意见》（法发〔2022〕22号 2022年7月14日）

3. 助力实行统一的市场准入。依法审理建设工程、房地产、矿产资源以及水、电、气、热力等要素配置和市场准入合同纠纷案件，准确把握自然垄断行业、服务业等市场准入放宽对合同效力的影响，严格落实“非禁即入”政策。依法审理涉市场准入行政案件，支持分级分类推进行政审批制度改革，遏制不当干预经济活动特别是滥用行政权力排除、限制竞争行为。加强市场准入负面清单、涉企优惠政策目录清单等行政规范性文件的附带审查，推动行政机关及时清理废除含有地方保护、市场分割、指定交易等妨碍统一市场和公平竞争的规范性文件，破除地方保护和区域壁垒。

97. 排污权交易纠纷

相关规范

»《中华人民共和国大气污染防治法》（2018年修正）

第二十一条 国家对重点大气污染物排放实行总量控制。

重点大气污染物排放总量控制目标，由国务院生态环境主管部门在征求国务院有关部门和各省、自治区、直辖市人民政府意见后，会同国务院经济综合主管部门报国务院批准并下达实施。

省、自治区、直辖市人民政府应当按照国务院下达的总量控制目标，控制或者削减本行政区域的重点大气污染物排放总量。

确定总量控制目标和分解总量控制指标的具体办法，由国务院生态环境主管部门会同国务院有关部门规定。省、自治区、直辖市人民政府可以根据本行政区域大气污染防治的需要，对国家重点大气污染物之外的其他大气污染物排放实行总量控制。

国家逐步推行重点大气污染物排污权交易。

»《排污权出让收入管理暂行办法》（2015年）

第二条 经财政部、环境保护部、国家发展改革委确认及有关省、自治区、直辖市自行确定开展排污权有偿使用和交易试点地区（以下简称试点地区）的排污权出让收入征收、使用和管理，适用本办法。

第三条 本办法所称污染物，是指国家作为约束性指标进行总量控制的污染物，以及试点地区选择对本地区环境质量有突出影响的其他污染物。

试点地区要严格按照国家确定的污染物减排要求，将污染物总量控制指标分解到企事业单位，不得突破总量控制上限。

第四条 本办法所称排污权，是指排污单位按照国家或者地方规定的污染物排放标准，以及污染物排放总量控制要求，经核定允许其在一定期限内排放污染物的种类和数量。

排污权由试点地区县级以上地方环境保护主管部门（以下简称地方环境保护部门）按照污染源管理权限核定，并以排污许可证形式予以确认。

第五条 本办法所称排污权出让收入，是指政府以有偿出让方式配置排污权取得的收入，包括采取定额出让方式出让排污权收取的排污权使用费和通过公开拍卖等方式出让排污权取得的收入。

第六条 本办法所称现有排污单位，是指试点地区核定初始排污权以及排污权有效期满后重新核定排污权时，已建成投产并通过环保验收的排污单位。

第七条 排污权出让收入属于政府非税收入，全额上缴地方国库，纳入地方财政预算管理。

第八条 排污权出让收入的征收、使用和管理应当接受财政、价格、审计部门和上级环境保护部门的监督检查。

98. 用能权交易纠纷

相关规范

》《中华人民共和国环境保护法》（2014年修订）

第四十条 国家促进清洁生产和资源循环利用。

国务院有关部门和地方各级人民政府应当采取措施，推广清洁能源的生产和使用。

企业应当优先使用清洁能源，采用资源利用率高、污染物排放量少的工艺、设备以及废弃物综合利用技术和污染物无害化处理技术，减少污染物的产生。

第四十一条 建设项目中防治污染的设施，应当与主体工程同时设计、同时施工、同时投产使用。防治污染的设施应当符合经批准的环境影响评价文件的要求，不得擅自拆除或者闲置。

第四十二条 排放污染物的企业事业单位和其他生产经营者，应当采取措施，防治在生产建设或者其他活动中产生的废气、废水、废渣、医疗废物、粉尘、恶臭气体、放射性物质以及噪声、振动、光辐射、电磁辐射等对环境的污染和危害。

排放污染物的企业事业单位，应当建立环境保护责任制度，明确单位负责人和相关人员的责任。

重点排污单位应当按照国家有关规定和监测规范安装使用监测设备，保证监测设备正常运行，保存原始监测记录。

严禁通过暗管、渗井、渗坑、灌注或者篡改、伪造监测数据，或者不正常运行防治污染设施等逃避监管的方式违法排放污染物。

第四十三条 排放污染物的企业事业单位和其他生产经营者，应当按照国家有关规定缴纳排污费。排污费应当全部专项用于环境污染防治，任何单位和个人不得截留、挤占或者挪作他用。

依照法律规定征收环境保护税的，不再征收排污费。

第四十四条　国家实行重点污染物排放总量控制制度。重点污染物排放总量控制指标由国务院下达，省、自治区、直辖市人民政府分解落实。企业事业单位在执行国家和地方污染物排放标准的同时，应当遵守分解落实到本单位的重点污染物排放总量控制指标。

对超过国家重点污染物排放总量控制指标或者未完成国家确定的环境质量目标的地区，省级以上人民政府环境保护主管部门应当暂停审批其新增重点污染物排放总量的建设项目环境影响评价文件。

第四十五条　国家依照法律规定实行排污许可管理制度。

实行排污许可管理的企业事业单位和其他生产经营者应当按照排污许可证的要求排放污染物；未取得排污许可证的，不得排放污染物。

第四十六条　国家对严重污染环境的工艺、设备和产品实行淘汰制度。任何单位和个人不得生产、销售或者转移、使用严重污染环境的工艺、设备和产品。

禁止引进不符合我国环境保护规定的技术、设备、材料和产品。

》《国家发展改革委关于开展用能权有偿使用和交易试点工作的函》（2016年）

（六）科学合理确定用能权指标。试点地区要根据国家下达的能源消费总量控制目标，结合本地区经济社会发展水平和阶段、产业结构和布局、节能潜力和资源禀赋等因素，合理确定各地市能源消费总量控制目标。在能源消费总量控制目标的“天花板”下，合理确定用能单位初始用能权。制定科学的初始用能权确权方法，区分产能过剩行业和其他行业、高耗能行业和非高耗能行业、重点用能单位和非重点用能单位、现有产能和新增产能，实施分类指导。产能严重过剩行业、高耗能行业可采用基准法，即结合近几年产量、行业能效“领跑者”水平以及化解过剩产能目标任务，确定初始用能权；其他用能单位可采取历史法，即近几年综合能源消费量平均值确定初始用能权；结合节能评估审查制度，从严确定新增产能的初始用能权。鼓励可再生能源生产和使用，用能单位自产自用可再生能源不计入其综合能源消费量。规范初始用能权确权行为，做到公平、公开、透明、有序，减少自由裁量权，建立争端解决机制。

（七）推进用能权有偿使用。用能权有偿使用的主体为试点地区用能单位特别是重点用能单位。设计用能权有偿使用制度应兼顾公平和效益，平衡现有产能和新增产能的利益，既有利于鼓励先进，推进结构调整，推动能源要素高效配置，又不大幅增加现有企业负担。配额内的用能权以免费为主，超限额用能有偿使用。用能权有偿使用的收入应专款专用，主要用于本地区节能减排的投入以及相关工作。

（八）建立能源消费报告、审核和核查制度。试点地区要制定发布能源消费报告、审核、核查指南、标准等技术规范，明确能源消费统计、计量、计算的范围、方法、流程和操作规范，确保能源消费数据的准确性和可追溯、可核查。制定审核机构管理办法，公告机构名单，规范机构行为，建立用能单位能源消费数据平台。用能单位年综合能源消费量通过自我报告、第三方审核、政府抽查（核查）等方式予以确认。用能单位、审核机构对出具的能源消费报告、第三方审核报告的准确性和真实性负责。

（九）明确交易要素。交易主体一般为试点地区用能单位，也可以选择其他能源消耗总量和强度“双控”目标责任主体作为交易主体。交易主体可以将所持有的用能权指标在交易市场中进行交易。交易标的为用能权指标，以吨标准煤为单位。用能权指标每年清算一次，卖出的用能权从当年或上一年度用能权指标中扣除，但不影响下一年度的用能权指标；买入的用能权计入当年或上一年度用能权指标，但不计入下一年度；剩余的用能权指标不计入下一年度。

（十）完善交易系统。交易实施登记注册制，交易主体需在交易所开设交易账户。不断完善交易活动所需的登记、交易和结算系统和软硬件设施，确保交易活动安全、可靠、便捷。研究推动用能权交易平台与统一的公共资源交易平台有效对接。

（十一）构建公平有序的市场环境。试点地区要制定用能权交易管理办法，明确交易规则及流程等，完善交易争议解决机制。建立公平、公开、透明的市场环境，及时发布用能权供需信息，建立预测预警机制。完善价格形成机制，用能权初始交易价格由试点地区确定，伴随市场发展，逐步过渡到由交易方集合竞价方式形成交易价格。探索研究设立交易调节基金，用于引导市场预期，交易初期驱动市场，平抑市场价格异常波动，维护市场秩序。

（十二）落实履约机制。试点地区要建立奖惩机制，确保责任主体及时履行履约义务。公布用能单位履约情况，树立履约单位履行社会责任的良好形象，曝光拒不履约单位名单。加大处罚力度，将拒不履约的单位纳入失信企业黑名单，纳入当地信用信息共享平台，并与全国信用信息共享平台对接。探索对严重失信主体实施跨部门联合惩戒，维护制度的权威性和公信力。

99. 用水权交易纠纷

相关规范

»《中华人民共和国环境保护法》（2014年修订）

第三十二条 国家加强对大气、水、土壤等的保护，建立和完善相应的调查、监测、评估和修复制度。

第三十三条 各级人民政府应当加强对农业环境的保护，促进农业环境保护新技术的使用，加强对农业污染源的监测预警，统筹有关部门采取措施，防治土壤污染和土地沙化、盐渍化、贫瘠化、石漠化、地面沉降以及防治植被破坏、水土流失、水体富营养化、水源枯竭、种源灭绝等生态失调现象，推广植物病虫害的综合防治。

县级、乡级人民政府应当提高农村环境保护公共服务水平，推动农村环境综合整治。

第四十九条 各级人民政府及其农业等有关部门和机构应当指导农业生产经营者科学种植和养殖，科学合理施用农药、化肥等农业投入品，科学处置农用薄膜、农作物秸秆等农业废弃物，防止农业面源污染。

禁止将不符合农用标准和环境保护标准的固体废物、废水施入农田。施用农药、化肥等农业投入品及进行灌溉，应当采取措施，防止重金属和其他有毒有害物质污染环境。

畜禽养殖场、养殖小区、定点屠宰企业等的选址、建设和管理应当符合有关法律法规规定。从事畜禽养殖和屠宰的单位和个人应当采取措施，对畜禽粪便、尸体和污水等废弃物进行科学处置，防止污染环境。

县级人民政府负责组织农村生活废弃物的处置工作。

第五十条 各级人民政府应当在财政预算中安排资金，支持农村饮用水水源地保护、生活污水和其他废弃物处理、畜禽养殖和屠宰污染防治、土壤污染防治和农村工矿污染治理等环境保护工作。

第五十一条 各级人民政府应当统筹城乡建设污水处理设施及配套管网，固体废物的收集、运输和处置等环境卫生设施，危险废物集中处置设施、场所以及其他环境保护公共设施，并保障其正常运行。

»《中华人民共和国水法》（2016年修正）

第五十六条 不同行政区域之间发生水事纠纷的，应当协商处理；协商不成的，由上一级人民政府裁决，有关各方必须遵照执行。在水事纠纷解决前，未经各方达成协议或者共同的上一级人民政府批准，在行政区域交界线两侧一定范围内，任何一方不得修建排水、阻水、取水和截（蓄）水工程，不得单方面改变水的现状。

第五十七条　单位之间、个人之间、单位与个人之间发生的水事纠纷，应当协商解决；当事人不愿协商或者协商不成的，可以申请县级以上地方人民政府或者其授权的部门调解，也可以直接向人民法院提起民事诉讼。县级以上地方人民政府或者其授权的部门调解不成的，当事人可以向人民法院提起民事诉讼。

在水事纠纷解决前，当事人不得单方面改变现状。

《最高人民法院行政审判庭关于用水单位从水库取水应否缴纳水资源费问题的答复》（〔2004〕行他字第24号 2004年4月25日）

水法对水资源属于国有和水资源实行有偿使用只作了原则性规定，在国务院制定水资源费征收办法前，除法律、行政法规明确规定不得征收水资源费的情况外，水资源费征收范围应暂按省、自治区、直辖市的规定执行。目前水库分为设计有供水功能的水库和没有供水功能的水库。有供水功能的水库，且水库管理单位已向水行政主管部门申请取水许可证并缴纳水资源费的，用水户仅需按用水量和水利工程供水价格向水库管理单位支付水利工程水费，无需再向国家缴纳水资源费；没有供水功能的水库，则用水户应当依法直接向水行政主管部门申请取水许可并缴纳水资源费。

100. 碳排放权交易纠纷

相关规范

《中华人民共和国环境保护法》（2014年修订）

第四十条　国家促进清洁生产和资源循环利用。

国务院有关部门和地方各级人民政府应当采取措施，推广清洁能源的生产和使用。

企业应当优先使用清洁能源，采用资源利用率高、污染物排放量少的工艺、设备以及废弃物综合利用技术和污染物无害化处理技术，减少污染物的产生。

第四十五条　国家依照法律规定实行排污许可管理制度。

实行排污许可管理的企业事业单位和其他生产经营者应当按照排污许可证的要求排放污染物；未取得排污许可证的，不得排放污染物。

《温室气体自愿减排交易管理暂行办法》（2012年）

第二十三条　温室气体自愿减排量应在经国家主管部门备案的交易机构内，依据交易机构制定的交易细则进行交易。

经备案的交易机构的交易系统与国家登记簿连接，实时记录减排量变更情况。

第二十四条　交易机构通过其所在省、自治区和直辖市发展改革部门向国家主管部门申请备案，并提交以下材料：

（一）机构的注册资本及股权结构说明；

（二）章程、内部监管制度及有关设施情况报告；

（三）高层管理人员名单及简历；

（四）交易机构的场地、网络、设备、人员等情况说明及相关地方或行业主管部门出具的意见和证明材料；

（五）交易细则。

第二十五条 国家主管部门对交易机构备案申请进行审查，审查时间不超过6个月，并于审查完成后对符合以下条件的交易机构予以备案：

（一）在中国境内注册的中资法人机构，注册资本不低于1亿元人民币；

（二）具有符合要求的营业场所、交易系统、结算系统、业务资料报送系统和与业务有关的其他设施；

（三）拥有具备相关领域专业知识及相关经验的从业人员；

（四）具有严格的监察稽核、风险控制等内部监控制度；

（五）交易细则内容完整、明确，具备可操作性。

第二十六条 对自愿减排交易活动中有违法违规情况的交易机构，情节较轻的，国家主管部门将责令其改正；情节严重的，将公布其违法违规信息，并通告其原备案无效。

《碳排放权交易管理办法（试行）》（2020年）

第二十条 全国碳排放权交易市场的交易产品为碳排放配额，生态环境部可以根据国家有关规定适时增加其他交易产品。

第二十一条 重点排放单位以及符合国家有关交易规则的机构和个人，是全国碳排放权交易市场的交易主体。

第二十二条 碳排放权交易应当通过全国碳排放权交易系统进行，可以采取协议转让、单向竞价或者其他符合规定的方式。

全国碳排放权交易机构应当按照生态环境部有关规定，采取有效措施，发挥全国碳排放权交易市场引导温室气体减排的作用，防止过度投机的交易行为，维护市场健康发展。

第二十三条 全国碳排放权注册登记机构应当根据全国碳排放权交易机构提供的成交结果，通过全国碳排放权注册登记系统为交易主体及时更新相关信息。

第二十四条 全国碳排放权注册登记机构和全国碳排放权交易机构应当按照国家有关规定，实现数据及时、准确、安全交换。

《最高人民法院关于为加快建设全国统一大市场提供司法服务和保障的意见》（法发〔2022〕22号 2022年7月14日）

11. 支持建设全国统一的能源和生态环境市场。依法审理涉油气期货产品、天然气、电力、煤炭交易等纠纷案件，依法严惩油气、天然气、电力、煤炭非法开采开发、非法交易等违法犯罪行为，推动资源合法有序开发利用。研究发布司法助力实现碳达峰碳中和目标的司法政策，妥善审理涉碳排放配额、核证自愿减排量交易、碳交易产品担保以及企业环境信息公开、涉碳绿色信贷、绿色金融等纠纷案件，助力完善碳排放权交易机制。全面准确适用民法典绿色原则、绿色条款，梳理碳排放领域出现的新业态、新权属、新问题，健全涉碳排放权、用水权、排污权、用能权交易纠纷裁判规则。研究适用碳汇认购、技改抵扣等替代性赔偿方式，引导企业对生产设备和生产技术进行绿色升级。

101. 碳汇交易纠纷

相关规范

《中华人民共和国环境保护法》（2014年修订）

第四十条 国家促进清洁生产和资源循环利用。

国务院有关部门和地方各级人民政府应当采取措施，推广清洁能源的生产和使用。

企业应当优先使用清洁能源，采用资源利用率高、污染物排放量少的工艺、设备以及废弃物综合利用技术和污染物无害化处理技术，减少污染物的产生。

第四十一条 建设项目中防治污染的设

施，应当与主体工程同时设计、同时施工、同时投产使用。防治污染的设施应当符合经批准的环境影响评价文件的要求，不得擅自拆除或者闲置。

第四十二条　排放污染物的企业事业单位和其他生产经营者，应当采取措施，防治在生产建设或者其他活动中产生的废气、废水、废渣、医疗废物、粉尘、恶臭气体、放射性物质以及噪声、振动、光辐射、电磁辐射等对环境的污染和危害。

排放污染物的企业事业单位，应当建立环境保护责任制度，明确单位负责人和相关人员的责任。

重点排污单位应当按照国家有关规定和监测规范安装使用监测设备，保证监测设备正常运行，保存原始监测记录。

严禁通过暗管、渗井、渗坑、灌注或者篡改、伪造监测数据，或者不正常运行防治污染设施等逃避监管的方式违法排放污染物。

第四十三条　排放污染物的企业事业单位和其他生产经营者，应当按照国家有关规定缴纳排污费。排污费应当全部专项用于环境污染防治，任何单位和个人不得截留、挤占或者挪作他用。

依照法律规定征收环境保护税的，不再征收排污费。

》《最高人民法院关于为加快建设全国统一大市场提供司法服务和保障的意见》（法发〔2022〕22号　2022年7月14日）

11. 支持建设全国统一的能源和生态环境市场。依法审理涉油气期货产品、天然气、电力、煤炭交易等纠纷案件，依法严惩油气、天然气、电力、煤炭非法开采开发、非法交易等违法犯罪行为，推动资源合法有序开发利用。研究发布司法助力实现碳达峰碳中和目标的司法政策，妥善审理涉碳排放配额、核证自愿减排量交易、碳交易产品担保以及企业环境信息公开、涉碳绿色信贷、绿色金融等纠纷案件，助力完善碳排放权交易机制。全面准确适用民法典绿色原则、绿色条款，梳理碳排放领域出现的新业态、新权属、新问题，健全涉碳排放权、用水权、排污权、用能权交易纠纷裁判规则。研究适用碳汇认购、技改抵扣等替代性赔偿方式，引导企业对生产设备和生产技术进行绿色升级。

102. 赠与合同纠纷

（1）公益事业捐赠合同纠纷
（2）附义务赠与合同纠纷

相关规范

》《中华人民共和国民法典》（2020年）

第六百五十七条　【赠与合同定义】赠与合同是赠与人将自己的财产无偿给予受赠人，受赠人表示接受赠与的合同。

第六百五十八条　【赠与人任意撤销权及其限制】赠与人在赠与财产的权利转移之前可以撤销赠与。

经过公证的赠与合同或者依法不得撤销的具有救灾、扶贫、助残等公益、道德义务性质的赠与合同，不适用前款规定。

第六百五十九条　【赠与财产办理有关法律手续】赠与的财产依法需要办理登记或者其他手续的，应当办理有关手续。

第六百六十条　【受赠人的交付请求权以及赠与人的赔偿责任】经过公证的赠与合同或者依法不得撤销的具有救灾、扶贫、助残等公益、道德义务性质的赠与合同，赠与人不交付赠与财产的，受赠人可以请求交付。

依据前款规定应当交付的赠与财产因赠与人故意或者重大过失致使毁损、灭失的，赠与人应当承担赔偿责任。

第六百六十一条　【附义务赠与合同】赠与可以附义务。

赠与附义务的，受赠人应当按照约定履行义务。

第六百六十二条　【赠与人瑕疵担保责任】赠与的财产有瑕疵的，赠与人不承担责任。附义务的赠与，赠与的财产有瑕疵的，赠与人在附义务的限度内承担与出卖人相同的责任。

赠与人故意不告知瑕疵或者保证无瑕疵，造成受赠人损失的，应当承担赔偿责任。

第六百六十三条　【赠与人的法定撤销权及其行使期间】受赠人有下列情形之一的，赠与人可以撤销赠与：

（一）严重侵害赠与人或者赠与人近亲属的合法权益；

（二）对赠与人有扶养义务而不履行；

（三）不履行赠与合同约定的义务。

赠与人的撤销权，自知道或者应当知道撤销事由之日起一年内行使。

第六百六十四条　【赠与人继承人或者法定代理人的撤销权】因受赠人的违法行为致使赠与人死亡或者丧失民事行为能力的，赠与人的继承人或者法定代理人可以撤销赠与。

赠与人的继承人或者法定代理人的撤销权，自知道或者应当知道撤销事由之日起六个月内行使。

第六百六十五条　【撤销赠与的法律后果】撤销权人撤销赠与的，可以向受赠人请求返还赠与的财产。

第六百六十六条　【赠与人穷困抗辩】赠与人的经济状况显著恶化，严重影响其生产经营或者家庭生活的，可以不再履行赠与义务。

《中华人民共和国公益事业捐赠法》（1999年）

第九条　自然人、法人或者其他组织可以选择符合其捐赠意愿的公益性社会团体和公益性非营利的事业单位进行捐赠。捐赠的财产应当是其有权处分的合法财产。

第十条　公益性社会团体和公益性非营利的事业单位可以依照本法接受捐赠。

本法所称公益性社会团体是指依法成立的，以发展公益事业为宗旨的基金会、慈善组织等社会团体。

本法所称公益性非营利的事业单位是指依法成立的，从事公益事业的不以营利为目的的教育机构、科学研究机构、医疗卫生机构、社会公共文化机构、社会公共体育机构和社会福利机构等。

第十一条　在发生自然灾害时或者境外捐赠人要求县级以上人民政府及其部门作为受赠人时，县级以上人民政府及其部门可以接受捐赠，并依照本法的有关规定对捐赠财产进行管理。

县级以上人民政府及其部门可以将受赠财产转交公益性社会团体或者公益性非营利的事业单位；也可以按照捐赠人的意愿分发或者兴办公益事业，但是不得以本机关为受益对象。

第十二条　捐赠人可以与受赠人就捐赠财产的种类、质量、数量和用途等内容订立捐赠协议。捐赠人有权决定捐赠的数量、用途和方式。

捐赠人应当依法履行捐赠协议，按照捐赠协议约定的期限和方式将捐赠财产转移给受赠人。

第十三条　捐赠人捐赠财产兴建公益事业工程项目，应当与受赠人订立捐赠协议，对工程项目的资金、建设、管理和使用作出约定。

捐赠的公益事业工程项目由受赠单位按照国家有关规定办理项目审批手续，并组织施工或者由受赠人和捐赠人共同组织施工。工程质量应当符合国家质量标准。

捐赠的公益事业工程项目竣工后，受赠单位应当将工程建设、建设资金的使用和工程质量验收情况向捐赠人通报。

《中华人民共和国慈善法》（2016年）

第三十五条　捐赠人可以通过慈善组织捐赠，也可以直接向受益人捐赠。

第三十六条　捐赠人捐赠的财产应当是其有权处分的合法财产。捐赠财产包括货币、实物、房屋、有价证券、股权、知识产权等有形和无形财产。

捐赠人捐赠的实物应当具有使用价值，符合安全、卫生、环保等标准。

捐赠人捐赠本企业产品的，应当依法承担产品质量责任和义务。

第三十七条　自然人、法人和其他组织开展演出、比赛、销售、拍卖等经营性活动，承诺将全部或者部分所得用于慈善目的的，应当在举办活动前与慈善组织或者其他接受捐赠的人签订捐赠协议，活动结束后按照捐赠协议履行捐赠义务，并将捐赠情况向社会公开。

第三十八条　慈善组织接受捐赠，应当向捐赠人开具由财政部门统一监（印）制的捐赠票据。捐赠票据应当载明捐赠人、捐赠财产的种类及数量、慈善组织名称和经办人姓名、票据日期等。捐赠人匿名或者放弃接受捐赠票据的，慈善组织应当做好相关记录。

第三十九条　慈善组织接受捐赠，捐赠人要求签订书面捐赠协议的，慈善组织应当与捐赠人签订书面捐赠协议。

书面捐赠协议包括捐赠人和慈善组织名称，捐赠财产的种类、数量、质量、用途、交付时间等内容。

103. 借款合同纠纷

（1）金融借款合同纠纷
（2）同业拆借纠纷
（3）民间借贷纠纷
（4）小额借款合同纠纷
（5）金融不良债权转让合同纠纷
（6）金融不良债权追偿纠纷

相关规范

》《中华人民共和国民法典》（2020 年）

第六百六十八条　【借款合同形式和内容】借款合同应当采用书面形式，但是自然人之间借款另有约定的除外。

借款合同的内容一般包括借款种类、币种、用途、数额、利率、期限和还款方式等条款。

第六百六十九条　【借款人应当提供真实情况义务】订立借款合同，借款人应当按照贷款人的要求提供与借款有关的业务活动和财务状况的真实情况。

第六百七十条　【借款利息不得预先扣除】借款的利息不得预先在本金中扣除。利息预先在本金中扣除的，应当按照实际借款数额返还借款并计算利息。

第六百七十一条　【贷款人未按照约定提供借款以及借款人未按照约定收取借款的后果】贷款人未按照约定的日期、数额提供借款，造成借款人损失的，应当赔偿损失。

借款人未按照约定的日期、数额收取借款的，应当按照约定的日期、数额支付利息。

第六百七十二条　【贷款人的监督、检查权】贷款人按照约定可以检查、监督借款的使用情况。借款人应当按照约定向贷款人定期提供有关财务会计报表或者其他资料。

第六百七十三条　【借款人未按照约定用途使用借款的责任】借款人未按照约定的借款用途使用借款的，贷款人可以停止发放借款、提前收回借款或者解除合同。

第六百七十四条　【借款人支付利息的期限】借款人应当按照约定的期限支付利息。对支付利息的期限没有约定或者约定不明确，依据本法第五百一十条的规定仍不能确定，借款期间不满一年的，应当在返还借款时一并支付；借款期间一年以上的，应当在每届满一年时支付，剩余期间不满一年的，应当在返还借款时一并支付。

第六百七十五条　【借款人返还借款的期限】借款人应当按照约定的期限返还借款。对借款期限没有约定或者约定不明确，依据本法第五百一十条的规定仍不能确定的，借款人可以随时返还；贷款人可以催告借款人在合理期限内返还。

第六百七十六条 【借款人逾期返还借款的责任】借款人未按照约定的期限返还借款的，应当按照约定或者国家有关规定支付逾期利息。

第六百七十七条 【借款人提前返还借款】借款人提前返还借款的，除当事人另有约定外，应当按照实际借款的期间计算利息。

第六百七十八条 【借款展期】借款人可以在还款期限届满前向贷款人申请展期；贷款人同意的，可以展期。

第六百七十九条 【自然人之间借款合同的成立时间】自然人之间的借款合同，自贷款人提供借款时成立。

第六百八十条 【禁止高利放贷以及对借款利息的确定】禁止高利放贷，借款的利率不得违反国家有关规定。

借款合同对支付利息没有约定的，视为没有利息。

借款合同对支付利息约定不明确，当事人不能达成补充协议的，按照当地或者当事人的交易方式、交易习惯、市场利率等因素确定利息；自然人之间借款的，视为没有利息。

》《中华人民共和国商业银行法》（2015年修正）

第三十五条 商业银行贷款，应当对借款人的借款用途、偿还能力、还款方式等情况进行严格审查。

商业银行贷款，应当实行审贷分离、分级审批的制度。

第三十六条 商业银行贷款，借款人应当提供担保。商业银行应当对保证人的偿还能力，抵押物、质物的权属和价值以及实现抵押权、质权的可行性进行严格审查。

经商业银行审查、评估，确认借款人资信良好，确能偿还贷款的，可以不提供担保。

第三十七条 商业银行贷款，应当与借款人订立书面合同。合同应当约定贷款种类、借款用途、金额、利率、还款期限、还款方式、违约责任和双方认为需要约定的其他事项。

第三十八条 商业银行应当按照中国人民银行规定的贷款利率的上下限，确定贷款利率。

第三十九条 商业银行贷款，应当遵守下列资产负债比例管理的规定：

（一）资本充足率不得低于百分之八；

（二）流动性资产余额与流动性负债余额的比例不得低于百分之二十五；

（三）对同一借款人的贷款余额与商业银行资本余额的比例不得超过百分之十；

（四）国务院银行业监督管理机构对资产负债比例管理的其他规定。

本法施行前设立的商业银行，在本法施行后，其资产负债比例不符合前款规定的，应当在一定的期限内符合前款规定。具体办法由国务院规定。

第四十条 商业银行不得向关系人发放信用贷款；向关系人发放担保贷款的条件不得优于其他借款人同类贷款的条件。

前款所称关系人是指：

（一）商业银行的董事、监事、管理人员、信贷业务人员及其近亲属；

（二）前项所列人员投资或者担任高级管理职务的公司、企业和其他经济组织。

第四十一条 任何单位和个人不得强令商业银行发放贷款或者提供担保。商业银行有权拒绝任何单位和个人强令要求其发放贷款或者提供担保。

第四十二条 借款人应当按期归还贷款的本金和利息。

借款人到期不归还担保贷款的，商业银行依法享有要求保证人归还贷款本金和利息或者就该担保物优先受偿的权利。商业银行因行使抵押权、质权而取得的不动产或者股权，应当自取得之日起二年内予以处分。

借款人到期不归还信用贷款的，应当按照合同约定承担责任。

第四十六条 同业拆借，应当遵守中国人民银行的规定。禁止利用拆入资金发放固定资产贷款或者用于投资。

拆出资金限于交足存款准备金、留足备付金和归还中国人民银行到期贷款之后的闲置资金。拆入资金用于弥补票据结算、联行汇差头寸的不足和解决临时性周转资金的需要。

《最高人民法院关于审理民间借贷案件适用法律若干问题的规定》（2020年12月23日修正）

第一条　本规定所称的民间借贷，是指自然人、法人和非法人组织之间进行资金融通的行为。

经金融监管部门批准设立的从事贷款业务的金融机构及其分支机构，因发放贷款等相关金融业务引发的纠纷，不适用本规定。

第二条　出借人向人民法院提起民间借贷诉讼时，应当提供借据、收据、欠条等债权凭证以及其他能够证明借贷法律关系存在的证据。

当事人持有的借据、收据、欠条等债权凭证没有载明债权人，持有债权凭证的当事人提起民间借贷诉讼的，人民法院应予受理。被告对原告的债权人资格提出有事实依据的抗辩，人民法院经审查认为原告不具有债权人资格的，裁定驳回起诉。

第三条　借贷双方就合同履行地未约定或者约定不明确，事后未达成补充协议，按照合同相关条款或者交易习惯仍不能确定的，以接受货币一方所在地为合同履行地。

第四条　保证人为借款人提供连带责任保证，出借人仅起诉借款人的，人民法院可以不追加保证人为共同被告；出借人仅起诉保证人的，人民法院可以追加借款人为共同被告。

保证人为借款人提供一般保证，出借人仅起诉保证人的，人民法院应当追加借款人为共同被告；出借人仅起诉借款人的，人民法院可以不追加保证人为共同被告。

第五条　人民法院立案后，发现民间借贷行为本身涉嫌非法集资等犯罪的，应当裁定驳回起诉，并将涉嫌非法集资等犯罪的线索、材料移送公安或者检察机关。

公安或者检察机关不予立案，或者立案侦查后撤销案件，或者检察机关作出不起诉决定，或者经人民法院生效判决认定不构成非法集资等犯罪，当事人又以同一事实向人民法院提起诉讼的，人民法院应予受理。

第六条　人民法院立案后，发现与民间借贷纠纷案件虽有关联但不是同一事实的涉嫌非法集资等犯罪的线索、材料的，人民法院应当继续审理民间借贷纠纷案件，并将涉嫌非法集资等犯罪的线索、材料移送公安或者检察机关。

第七条　民间借贷纠纷的基本案件事实必须以刑事案件的审理结果为依据，而该刑事案件尚未审结的，人民法院应当裁定中止诉讼。

第八条　借款人涉嫌犯罪或者生效判决认定其有罪，出借人起诉请求担保人承担民事责任的，人民法院应予受理。

第九条　自然人之间的借款合同具有下列情形之一的，可以视为合同成立：

（一）以现金支付的，自借款人收到借款时；

（二）以银行转账、网上电子汇款等形式支付的，自资金到达借款人账户时；

（三）以票据交付的，自借款人依法取得票据权利时；

（四）出借人将特定资金账户支配权授权给借款人的，自借款人取得对该账户实际支配权时；

（五）出借人以与借款人约定的其他方式提供借款并实际履行完成时。

第十条　法人之间、非法人组织之间以及它们相互之间为生产、经营需要订立的民间借贷合同，除存在民法典第一百四十六条、第一百五十三条、第一百五十四条以及本规定第十三条规定的情形外，当事人主张民间借贷合同有效的，人民法院应予支持。

第十一条　法人或者非法人组织在本单位内部通过借款形式向职工筹集资金，用于本单位生产、经营，且不存在民法典第一百四十四条、第一百四十六条、第一百五十三条、第一百五十四条以及本规定第十三条规定的情形，当事人主张民间借贷合同有效的，人民法院应予支持。

第十二条 借款人或者出借人的借贷行为涉嫌犯罪，或者已经生效的裁判认定构成犯罪，当事人提起民事诉讼的，民间借贷合同并不当然无效。人民法院应当依据民法典第一百四十四条、第一百四十六条、第一百五十三条、第一百五十四条以及本规定第十三条之规定，认定民间借贷合同的效力。

担保人以借款人或者出借人的借贷行为涉嫌犯罪或者已经生效的裁判认定构成犯罪为由，主张不承担民事责任的，人民法院应当依据民间借贷合同与担保合同的效力、当事人的过错程度，依法确定担保人的民事责任。

第十三条 具有下列情形之一的，人民法院应当认定民间借贷合同无效：

（一）套取金融机构贷款转贷的；

（二）以向其他营利法人借贷、向本单位职工集资，或者以向公众非法吸收存款等方式取得的资金转贷的；

（三）未依法取得放贷资格的出借人，以营利为目的向社会不特定对象提供借款的；

（四）出借人事先知道或者应当知道借款人借款用于违法犯罪活动仍然提供借款的；

（五）违反法律、行政法规强制性规定的；

（六）违背公序良俗的。

第十四条 原告以借据、收据、欠条等债权凭证为依据提起民间借贷诉讼，被告依据基础法律关系提出抗辩或者反诉，并提供证据证明债权纠纷非民间借贷行为引起的，人民法院应当依据查明的案件事实，按照基础法律关系审理。

当事人通过调解、和解或者清算达成的债权债务协议，不适用前款规定。

第十五条 原告仅依据借据、收据、欠条等债权凭证提起民间借贷诉讼，被告抗辩已经偿还借款的，被告应当对其主张提供证据证明。被告提供相应证据证明其主张后，原告仍应就借贷关系的存续承担举证责任。

被告抗辩借贷行为尚未实际发生并能作出合理说明的，人民法院应当结合借贷金额、款项交付、当事人的经济能力、当地或者当事人之间的交易方式、交易习惯、当事人财产变动情况以及证人证言等事实和因素，综合判断查证借贷事实是否发生。

第十六条 原告仅依据金融机构的转账凭证提起民间借贷诉讼，被告抗辩转账系偿还双方之前借款或者其他债务的，被告应当对其主张提供证据证明。被告提供相应证据证明其主张后，原告仍应就借贷关系的成立承担举证责任。

第十七条 依据《最高人民法院关于适用〈中华人民共和国民事诉讼法〉的解释》第一百七十四条第二款之规定，负有举证责任的原告无正当理由拒不到庭，经审查现有证据无法确认借贷行为、借贷金额、支付方式等案件主要事实的，人民法院对原告主张的事实不予认定。

第十八条 人民法院审理民间借贷纠纷案件时发现有下列情形之一的，应当严格审查借贷发生的原因、时间、地点、款项来源、交付方式、款项流向以及借贷双方的关系、经济状况等事实，综合判断是否属于虚假民事诉讼：

（一）出借人明显不具备出借能力；

（二）出借人起诉所依据的事实和理由明显不符合常理；

（三）出借人不能提交债权凭证或者提交的债权凭证存在伪造的可能；

（四）当事人双方在一定期限内多次参加民间借贷诉讼；

（五）当事人无正当理由拒不到庭参加诉讼，委托代理人对借贷事实陈述不清或者陈述前后矛盾；

（六）当事人双方对借贷事实的发生没有任何争议或者诉辩明显不符合常理；

（七）借款人的配偶或者合伙人、案外人的其他债权人提出有事实依据的异议；

（八）当事人在其他纠纷中存在低价转让财产的情形；

（九）当事人不正当放弃权利；

（十）其他可能存在虚假民间借贷诉讼的情形。

第十九条　经查明属于虚假民间借贷诉讼，原告申请撤诉的，人民法院不予准许，并应当依据民事诉讼法第一百一十二条之规定，判决驳回其请求。

诉讼参与人或者其他人恶意制造、参与虚假诉讼，人民法院应当依据民事诉讼法第一百一十一条、第一百一十二条和第一百一十三条之规定，依法予以罚款、拘留；构成犯罪的，应当移送有管辖权的司法机关追究刑事责任。

单位恶意制造、参与虚假诉讼的，人民法院应当对该单位进行罚款，并可以对其主要负责人或者直接责任人员予以罚款、拘留；构成犯罪的，应当移送有管辖权的司法机关追究刑事责任。

第二十条　他人在借据、收据、欠条等债权凭证或者借款合同上签名或者盖章，但是未表明其保证人身份或者承担保证责任，或者通过其他事实不能推定其为保证人，出借人请求其承担保证责任的，人民法院不予支持。

第二十一条　借贷双方通过网络贷款平台形成借贷关系，网络贷款平台的提供者仅提供媒介服务，当事人请求其承担担保责任的，人民法院不予支持。

网络贷款平台的提供者通过网页、广告或者其他媒介明示或者有其他证据证明其为借贷提供担保，出借人请求网络贷款平台的提供者承担担保责任的，人民法院应予支持。

第二十二条　法人的法定代表人或者非法人组织的负责人以单位名义与出借人签订民间借贷合同，有证据证明所借款项系法定代表人或者负责人个人使用，出借人请求将法定代表人或者负责人列为共同被告或者第三人的，人民法院应予准许。

法人的法定代表人或者非法人组织的负责人以个人名义与出借人订立民间借贷合同，所借款项用于单位生产经营，出借人请求单位与个人共同承担责任的，人民法院应予支持。

第二十三条　当事人以订立买卖合同作为民间借贷合同的担保，借款到期后借款人不能还款，出借人请求履行买卖合同的，人民法院应当按照民间借贷法律关系审理。当事人根据法庭审理情况变更诉讼请求的，人民法院应当准许。

按照民间借贷法律关系审理作出的判决生效后，借款人不履行生效判决确定的金钱债务，出借人可以申请拍卖买卖合同标的物，以偿还债务。就拍卖所得的价款与应偿还借款本息之间的差额，借款人或者出借人有权主张返还或者补偿。

第二十四条　借贷双方没有约定利息，出借人主张支付利息的，人民法院不予支持。

自然人之间借贷对利息约定不明，出借人主张支付利息的，人民法院不予支持。除自然人之间借贷的外，借贷双方对借贷利息约定不明，出借人主张利息的，人民法院应当结合民间借贷合同的内容，并根据当地或者当事人的交易方式、交易习惯、市场报价利率等因素确定利息。

第二十五条　出借人请求借款人按照合同约定利率支付利息的，人民法院应予支持，但是双方约定的利率超过合同成立时一年期贷款市场报价利率四倍的除外。

前款所称“一年期贷款市场报价利率”，是指中国人民银行授权全国银行间同业拆借中心自 2019 年 8 月 20 日起每月发布的一年期贷款市场报价利率。

第二十六条　借据、收据、欠条等债权凭证载明的借款金额，一般认定为本金。预先在本金中扣除利息的，人民法院应当将实际出借的金额认定为本金。

第二十七条　借贷双方对前期借款本息结算后将利息计入后期借款本金并重新出具债权凭证，如果前期利率没有超过合同成立时一年期贷款市场报价利率四倍，重新出具的债权凭证载明的金额可认定为后期借款本金。超过部分的利息，不应认定为后期借款本金。

按前款计算，借款人在借款期间届满后应当支付的本息之和，超过以最初借款本金与以最初借款本金为基数、以合同成立时一年期贷款市场报价利率四倍计算的整个借款期间的利息之和的，人民法院不予支持。

第二十八条 借贷双方对逾期利率有约定的，从其约定，但是以不超过合同成立时一年期贷款市场报价利率四倍为限。

未约定逾期利率或者约定不明的，人民法院可以区分不同情况处理：

（一）既未约定借期内利率，也未约定逾期利率，出借人主张借款人自逾期还款之日起参照当时一年期贷款市场报价利率标准计算的利息承担逾期还款违约责任的，人民法院应予支持；

（二）约定了借期内利率但是未约定逾期利率，出借人主张借款人自逾期还款之日起按照借期内利率支付资金占用期间利息的，人民法院应予支持。

第二十九条 出借人与借款人既约定了逾期利率，又约定了违约金或者其他费用，出借人可以选择主张逾期利息、违约金或者其他费用，也可以一并主张，但是总计超过合同成立时一年期贷款市场报价利率四倍的部分，人民法院不予支持。

第三十条 借款人可以提前偿还借款，但是当事人另有约定的除外。

借款人提前偿还借款并主张按照实际借款期限计算利息的，人民法院应予支持。

第三十一条 本规定施行后，人民法院新受理的一审民间借贷纠纷案件，适用本规定。

2020年8月20日之后新受理的一审民间借贷案件，借贷合同成立于2020年8月20日之前，当事人请求适用当时的司法解释计算自合同成立到2020年8月19日的利息部分的，人民法院应予支持；对于自2020年8月20日到借款返还之日的利息部分，适用起诉时本规定的利率保护标准计算。

本规定施行后，最高人民法院以前作出的相关司法解释与本规定不一致的，以本规定为准。

》《最高人民法院关于新民间借贷司法解释适用范围问题的批复》（法释〔2020〕27号 2020年12月29日）

广东省高级人民法院：

你院《关于新民间借贷司法解释有关法律适用问题的请示》（粤高法〔2020〕108号）收悉。经研究，批复如下：

一、关于适用范围问题。经征求金融监管部门意见，由地方金融监管部门监管的小额贷款公司、融资担保公司、区域性股权市场、典当行、融资租赁公司、商业保理公司、地方资产管理公司等七类地方金融组织，属于经金融监管部门批准设立的金融机构，其因从事相关金融业务引发的纠纷，不适用新民间借贷司法解释。

二、其他两问题已在修订后的司法解释中予以明确，请遵照执行。

三、本批复自2021年1月1日起施行。

》《最高人民法院关于适用〈中华人民共和国民法典〉有关担保制度的解释》（法释〔2020〕28号 2020年12月31日）

第十六条 主合同当事人协议以新贷偿还旧贷，债权人请求旧贷的担保人承担担保责任的，人民法院不予支持；债权人请求新贷的担保人承担担保责任的，按照下列情形处理：

（一）新贷与旧贷的担保人相同的，人民法院应予支持；

（二）新贷与旧贷的担保人不同，或者旧贷无担保新贷有担保的，人民法院不予支持，但是债权人有证据证明新贷的担保人提供担保时对以新贷偿还旧贷的事实知道或者应当知道的除外。

主合同当事人协议以新贷偿还旧贷，旧贷的物的担保人在登记尚未注销的情形下同意继续为新贷提供担保，在订立新的贷款合同前又以该担保财产为其他债权人设立担保物权，其他债权人主张其担保物权顺位优先于新贷债权人的，人民法院不予支持。

《最高人民法院关于审理涉及金融不良债权转让案件工作座谈会纪要》

（法发〔2009〕19号　2009年3月30日）

三、关于债权转让生效条件的法律适用和自行约定的效力

会议认为，不良债权成立在合同法施行之前，转让于合同法施行之后的，该债权转让对债务人生效的条件应适用合同法第八十条第一款的规定。

金融资产管理公司受让不良债权后，自行与债务人约定或重新约定诉讼管辖的，如不违反法律规定，人民法院应当认定该约定有效。金融资产管理公司在不良债权转让合同中订有禁止转售、禁止向国有银行、各级人民政府、国家机构等追偿、禁止转让给特定第三人等要求受让人放弃部分权利条款的，人民法院应认定该条款有效。国有银行向金融资产管理公司转让不良债权，或者金融资产管理公司收购、处置不良债权的，担保债权同时转让，无须征得担保人的同意，担保人仍应在原担保范围内对受让人继续承担担保责任。担保合同中关于合同变更需经担保人同意或者禁止转让主债权的约定，对主债权和担保权利转让没有约束力。

四、关于地方政府等的优先购买权

会议认为，为了防止在通过债权转让方式处置不良债权过程中发生国有资产流失，相关地方人民政府或者代表本级人民政府履行出资人职责的机构、部门或者持有国有企业债务人国有资本的集团公司可以对不良债权行使优先购买权。

金融资产管理公司向非国有金融机构法人转让不良债权的处置方案、交易条件以及处置程序、方式确定后，单笔（单户）转让不良债权的，金融资产管理公司应当通知国有企业债务人注册登记地的优先购买权人。以整体“资产包”的形式转让不良债权的，如资产包中主要债务人注册登记地属同一辖区，应当通知该辖区的优先购买权人；如资产包中主要债务人注册登记地属不同辖区，应当通知主要债务人共同的上级行政区域的优先购买权人。

按照确定的处置方案、交易条件以及处置程序、方式，上述优先购买权人在同等条件下享有优先购买权。优先购买权人收到通知后明确表示不予购买或者在收到通知之日起三十日内未就是否行使优先购买权做出书面答复，或者未在公告确定的拍卖、招标日之前做出书面答复或者未按拍卖公告、招标公告的规定时间和条件参加竞拍、竞标的，视为放弃优先购买权。

金融资产管理公司在《纪要》发布之前已经完成不良债权转让，上述优先购买权人主张行使优先购买权的，人民法院不予支持。

债务人主张优先购买不良债权的，人民法院不予支持。

五、关于国有企业的诉权及相关诉讼程序

会议认为，为避免当事人滥用诉权，在受让人向国有企业债务人主张债权的诉讼中，国有企业债务人以不良债权转让行为损害国有资产等为由，提出不良债权转让合同无效抗辩的，人民法院应告知其向同一人民法院另行提起不良债权转让合同无效的诉讼；国有企业债务人不另行起诉的，人民法院对其抗辩不予支持。国有企业债务人另行提起不良债权转让合同无效诉讼的，人民法院应中止审理受让人向国有企业债务人主张债权的诉讼，在不良债权转让合同无效诉讼被受理后，两案合并审理。国有企业债务人在二审期间另行提起不良债权转让合同无效诉讼的，人民法院应中止审理受让人向国有企业债务人主张债权的诉讼，在不良债权转让合同无效诉讼被受理且做出一审裁判后再行审理。

国有企业债务人提出的不良债权转让合同无效诉讼被受理后，对于受让人的债权系直接从金融资产管理公司处受让的，人民法院应当将金融资产管理公司和受让人列为案件当事人；如果受让人的债权系金融资产管理公司转让给其他受让人后，因该受让人再次转让或多次转让而取得的，人民法院应当将金融资产管理公司和该转让人以及后手受让人列为案件当事人。

六、关于不良债权转让合同无效和可撤销事由的认定

会议认为，在审理不良债权转让合同效力的诉讼中，人民法院应当根据合同法和《金融资产管理公司条例》等法律法规，并参照国家相关政策规定，重点审查不良债权的可转让性、受让人的适格性以及转让程序的公正性和合法性。金融资产管理公司转让不良债权存在下列情形的，人民法院应当认定转让合同损害国家利益或社会公共利益或者违反法律、行政法规强制性规定而无效。

（一）债务人或者担保人为国家机关的；

（二）被有关国家机关依法认定为涉及国防、军工等国家安全和敏感信息的以及其他依法禁止转让或限制转让情形的；

（三）与受让人恶意串通转让不良债权的；

（四）转让不良债权公告违反《金融资产管理公司资产处置公告管理办法（修订）》规定，对依照公开、公平、公正和竞争、择优原则处置不良资产造成实质性影响的；

（五）实际转让的资产包与转让前公告的资产包内容严重不符，且不符合《金融资产管理公司资产处置公告管理办法（修订）》规定的；

（六）根据有关规定应经合法、独立的评估机构评估，但未经评估的；或者金融资产管理公司与评估机构、评估机构与债务人、金融资产管理公司和债务人以及三方之间恶意串通，低估、漏估不良债权的；

（七）根据有关规定应当采取公开招标、拍卖等方式处置，但未公开招标、拍卖的；或者公开招标中的投标人少于三家（不含三家）的；或者以拍卖方式转让不良债权时，未公开选择有资质的拍卖中介机构的；或者未依照《中华人民共和国拍卖法》的规定进行拍卖的；

（八）根据有关规定应当向行政主管部门办理相关报批或者备案、登记手续而未办理，且在一审法庭辩论终结前仍未能办理的；

（九）受让人为国家公务员、金融监管机构工作人员、政法干警、金融资产管理公司工作人员、国有企业债务人管理人员、参与资产处置工作的律师、会计师、评估师等中介机构等关联人或者上述关联人参与的非金融机构法人的；

（十）受让人与参与不良债权转让的金融资产管理公司工作人员、国有企业债务人或者受托资产评估机构负责人员等有直系亲属关系的；

（十一）存在其他损害国家利益或社会公共利益的转让情形的。

在金融资产管理公司转让不良债权后，国有企业债务人有证据证明不良债权根本不存在或者已经全部或部分归还而主张撤销不良债权转让合同的，人民法院应当撤销或者部分撤销不良债权转让合同；不良债权转让合同被撤销或者部分撤销后，受让人可以请求金融资产管理公司承担相应的缔约过失责任。

七、关于不良债权转让无效合同的处理

会议认为，人民法院认定金融不良债权转让合同无效后，对于受让人直接从金融资产管理公司受让不良债权的，人民法院应当判决金融资产管理公司与受让人之间的债权转让合同无效；受让人通过再次转让而取得债权的，人民法院应当判决金融资产管理公司与转让人、转让人与后手受让人之间的系列债权转让合同无效。债权转让合同被认定无效后，人民法院应当按照合同法的相关规定处理；受让人要求转让人赔偿损失，赔偿损失数额应以受让人实际支付的价金之利息损失为限。相关不良债权的诉讼时效自金融不良债权转让合同被认定无效之日起重新计算。

金融资产管理公司以整体“资产包”的形式转让不良债权中出现单笔或者数笔债权无效情形、或者单笔或数笔不良债权的债务人为非国有企业，受让人请求认定合同全部无效的，人民法院应当判令金融资产管理公司与转让人之间的资产包债权转让合同无效；受让人请求认定已履行或已清结部分有效的，人民法院应当认定尚未履行或尚未清结部分无效，并判令受让人将尚未履行部分或尚未清结部分返还给金融资产管理公司，金融资产管理公司不再向受让人返还相应价金。

《最高人民法院关于印发〈全国法院民商事审判工作会议纪要〉的通知》

（法〔2019〕254 号　2019 年 11 月 8 日）

人民法院在审理借款合同纠纷案件过程中，要根据防范化解重大金融风险、金融服务实体经济、降低融资成本的精神，区别对待金融借贷与民间借贷，并适用不同规则与利率标准。要依法否定高利转贷行为、职业放贷行为的效力，充分发挥司法的示范、引导作用，促进金融服务实体经济。要注意到，为深化利率市场化改革，推动降低实体利率水平，自 2019 年 8 月 20 日起，中国人民银行已经授权全国银行间同业拆借中心于每月 20 日（遇节假日顺延）9 时 30 分公布贷款市场报价利率（LPR），中国人民银行贷款基准利率这一标准已经取消。因此，自此之后人民法院裁判贷款利息的基本标准应改为全国银行间同业拆借中心公布的贷款市场报价利率。应予注意的是，贷款利率标准尽管发生了变化，但存款基准利率并未发生相应变化，相关标准仍可适用。

51.【变相利息的认定】金融借款合同纠纷中，借款人认为金融机构以服务费、咨询费、顾问费、管理费等为名变相收取利息，金融机构或者由其指定的人收取的相关费用不合理的，人民法院可以根据提供服务的实际情况确定借款人应否支付或者酌减相关费用。

52.【高利转贷】民间借贷中，出借人的资金必须是自有资金。出借人套取金融机构信贷资金又高利转贷给借款人的民间借贷行为，既增加了融资成本，又扰乱了信贷秩序，根据民间借贷司法解释第 14 条第 1 项的规定，应当认定此类民间借贷行为无效。人民法院在适用该条规定时，应当注意把握以下几点：一是要审查出借人的资金来源。借款人能够举证证明在签订借款合同时出借人尚欠银行贷款未还的，一般可以推定为出借人套取信贷资金，但出借人能够举反证予以推翻的除外；二是从宽认定“高利”转贷行为的标准，只要出借人通过转贷行为牟利的，就可以认定为是“高利”转贷行为；三是对该条规定的“借款人事先知道或者应当知道的”要件，不宜把握过苛。实践中，只要出借人在签订借款合同时存在尚欠银行贷款未还事实的，一般可以认为满足了该条规定的“借款人事先知道或者应当知道”这一要件。

53.【职业放贷人】未依法取得放贷资格的以民间借贷为业的法人，以及以民间借贷为业的非法人组织或者自然人从事的民间借贷行为，应当依法认定无效。同一出借人在一定期间内多次反复从事有偿民间借贷行为的，一般可以认定为是职业放贷人。民间借贷比较活跃的地方的高级人民法院或者经其授权的中级人民法院，可以根据本地区的实际情况制定具体的认定标准。

《最高人民法院、国家发展和改革委员会关于为新时代加快完善社会主义市场经济体制提供司法服务和保障的意见》（法发〔2020〕25 号　2020 年 7 月 20 日）

13. 促进金融和民间资本为实体经济服务。依法支持能够降低交易成本、实现普惠金融、合法合规的交易模式，为解决中小微企业融资难、融资贵问题提供司法保障。统筹兼顾利率市场化改革与维护正常金融秩序的关系，对于借贷合同中一方主张的利息、复利、罚息、违约金和其他费用总和超出司法保护上限的，不予支持。对于当事人以预扣利息、租金、保证金或加收中介费、服务费等方式变相提高实体经济融资成本、规避民间借贷利率司法保护上限的行为，按照实际形成的借款关系确定各方权利义务。规范、遏制国有企业贷款通道业务，引导其回归实体经济。抓紧修改完善关于审理民间借贷案件适用法律问题的司法解释，大幅度降低民间借贷利率的司法保护上限，坚决否定高利转贷行为、违法放贷行为的效力，维护金融市场秩序，服务实体经济发展。

《最高人民法院关于为稳定就业提供司法服务和保障的意见》（法发〔2022〕36号　2022年12月26日）

3. 推动落实金融支持政策，增强服务行业就业吸纳能力。依法审理金融借款合同纠纷案件，充分考虑延期还本付息、加大普惠小微贷款支持等金融支持政策，对金融机构违反金融支持政策提出的借款提前到期、解除合同等诉讼请求，人民法院不予支持。批发零售、住宿餐饮、物流运输、文化旅游等服务行业企业、个体工商户等，因受疫情影响生产经营、复工复产暂时困难、无力还款，主张延期还款、分期还款、减免逾期利息、降低利率的，应当积极引导当事人双方协商解决纠纷；协商解决不成，借款人的主张依据充分或者符合政策条件的，人民法院应当依法支持。

指导案例

中国工商银行股份有限公司宣城龙首支行诉宣城柏冠贸易有限公司、江苏凯盛置业有限公司等金融借款合同纠纷案（最高人民法院指导案例95号　2018年6月20日发布）

【关键词】　民事　金融借款合同　担保　最高额抵押权

【裁判要点】

当事人另行达成协议将最高额抵押权设立前已经存在的债权转入该最高额抵押担保的债权范围，只要转入的债权数额仍在该最高额抵押担保的最高债权额限度内，即使未对该最高额抵押权办理变更登记手续，该最高额抵押权的效力仍然及于被转入的债权，但不得对第三人产生不利影响。

【基本案情】

2012年4月20日，中国工商银行股份有限公司宣城龙首支行（以下简称工行宣城龙首支行）与宣城柏冠贸易有限公司（以下简称柏冠公司）签订《小企业借款合同》，约定柏冠公司向工行宣城龙首支行借款300万元，借款期限为7个月，自实际提款日起算，2012年11月1日还100万元，2012年11月17日还200万元。涉案合同还对借款利率、保证金等作了约定。同年4月24日，工行宣城龙首支行向柏冠公司发放了上述借款。

2012年10月16日，江苏凯盛置业有限公司（以下简称凯盛公司）股东会决议决定，同意将该公司位于江苏省宿迁市宿豫区江山大道118号的宿迁红星凯盛国际家居广场（房号：B－201、产权证号：宿豫字第201104767号）房产，抵押与工行宣城龙首支行，用于亿荣达公司商户柏冠公司、闽航公司、航嘉公司、金亿达公司四户企业在工行宣城龙首支行办理融资抵押，因此产生的一切经济纠纷均由凯盛公司承担。同年10月23日，凯盛公司向工行宣城龙首支行出具一份房产抵押担保的承诺函，同意以上述房产为上述四户企业在工行宣城龙首支行融资提供抵押担保，并承诺如该四户企业不能按期履行工行宣城龙首支行的债务，上述抵押物在处置后的价值又不足以偿还全部债务，凯盛公司同意用其他财产偿还剩余债务。该承诺函及上述股东会决议均经凯盛公司全体股东签名及加盖凯盛公司公章。2012年10月24日，工行宣城龙首支行与凯盛公司签订

《最高额抵押合同》，约定凯盛公司以宿房权证宿豫字第201104767号房地产权证项下的商铺为自2012年10月19日至2015年10月19日期间，在4000万元的最高余额内，工行宣城龙首支行依据与柏冠公司、闽航公司、航嘉公司、金亿达公司签订的借款合同等主合同而享有对债务人的债权，无论该债权在上述期间届满时是否已到期，也无论该债权是否在最高额抵押权设立之前已经产生，提供抵押担保，担保的范围包括主债权本金、利息、实现债权的费用等。同日，双方对该抵押房产依法办理了抵押登记，工行宣城龙首支行取得宿房他证宿豫第201204387号房地产他项权证。2012年11月3日，凯盛公司再次经过股东会决议，并同时向工行宣城龙首支行出具房产抵押承诺函，股东会决议与承诺函的内容及签名盖章均与前述相同。当日，凯盛公司与工行宣城龙首支行签订《补充协议》，明确双方签订的《最高额抵押合同》担保范围包括2012年4月20日工行宣城龙首支行与柏冠公司、闽航公司、航嘉公司和金亿达公司签订的四份贷款合同项下的债权。

柏冠公司未按期偿还涉案借款，工行宣城龙首支行诉至宣城市中级人民法院，请求判令柏冠公司偿还借款本息及实现债权的费用，并要求凯盛公司以其抵押的宿房权证宿豫字第201104767号房地产权证项下的房地产承担抵押担保责任。

【裁判结果】

宣城市中级人民法院于2013年11月10日作出（2013）宣中民二初字第00080号民事判决：一、柏冠公司于判决生效之日起五日内给付工行宣城龙首支行借款本金300万元及利息。……四、如柏冠公司未在判决确定的期限内履行上述第一项给付义务，工行宣城龙首支行以凯盛公司提供的宿房权证宿豫字第201104767号房地产权证项下的房产折价或者以拍卖、变卖该房产所得的价款优先受偿……宣判后，凯盛公司以涉案《补充协议》约定的事项未办理最高额抵押权变更登记为由，向安徽省高级人民法院提起上诉。该院于2014年10月21日作出（2014）皖民二终字第00395号民事判决：驳回上诉，维持原判。

【裁判理由】

法院生效裁判认为：凯盛公司与工行宣城龙首支行于2012年10月24日签订《最高额抵押合同》，约定凯盛公司自愿以其名下的房产作为抵押物，自2012年10月19日至2015年10月19日期间，在4000万元的最高余额内，为柏冠公司在工行宣城龙首支行所借贷款本息提供最高额抵押担保，并办理了抵押登记，工行宣城龙首支行依法取得涉案房产的抵押权。2012年11月3日，凯盛公司与工行宣城龙首支行又签订《补充协议》，约定前述最高额抵押合同中述及抵押担保的主债权及于2012年4月20日工行宣城龙首支行与柏冠公司所签《小企业借款合同》项下的债权。该《补充协议》不仅有双方当事人的签字盖章，也与凯盛公司的股东会决议及其出具的房产抵押担保承诺函相印证，故该《补充协议》应系凯盛公司的真实意思表示，且所约定内容符合《中华人民共和国物权法》（以下简称《物权法》）第二百零三条第二款的规定，也不违反法律、行政法规的强制性规定，依法成立并有效，其作为原最高额抵押合同的组成部分，与原最高额抵押合同具有同等法律效力。由此，本案所涉2012年4月20日《小企业借款合同》项下的债权已转入前述最高额抵押权所担保的最高额为4000万元的主债权范围内。就该《补充协议》约定事项，是否需要对前述最高额抵押权办理相应的变更登记手续，《物权法》没有明确规定，应当结合最高额抵押权的特点及相关法律规定来判定。

根据《物权法》第二百零三条第一款的规定，最高额抵押权有两个显著特点：一是最高额抵押权所担保的债权额有一个确定的最高额度限制，但实际发生的债权额是不确定的；二是最高额抵押权是对一定期间内将要连续发生的债权提供担保。由此，最高额抵押权设立时所担保的具体债权一般尚未确定，基于尊重当事人意思自治原则，《物权法》第二百零三条第二款对前款作了但书规定，即允许经当事人同意，将最高额抵押权设立前已经存在的债权转入最高额抵押担保的债权范围，但此并非重新设立最高额抵押权，也非《物权法》第二百零五条规定的最高额抵押权变更的内容。同理，根据《房屋登记办法》第五十三条的规定，当事人将最高额抵押权设立前已存在债权转入最高额抵押担保的债权范围，不是最高抵押权设立登记的他项权利证书及房屋登记簿的必要记载事项，故亦非应当申请最高额抵押权变更登记的法定情形。

本案中，工行宣城龙首支行和凯盛公司仅是通过另行达成补充协议的方式，将上述最高额抵押权设立前已经存在的债权转入该最高额抵押权所担保的债权范围内，转入的涉案债权数额仍在该最高额抵押担保的4000万元最高债权额限度内，该转入的确定债权并非最高抵押权设立登记的他项权利证书及房屋登记簿的必要记载事项，在不会对其他抵押权人产生不利影响的前提下，对于该意思自治行为，应当予以尊重。此外，根据商事交易规则，法无禁止即可为，即在法律规定不明确时，不应强加给市场交易主体准用严格交易规则的义务。况且，就涉案2012年4月20日借款合同项下的债权转入最高额抵押担保的债权范围，凯盛公司不仅形成了股东会决议，出具了房产抵押担保承诺函，且和工行宣城龙首支行达成了《补充协议》，明确将已经存在的涉案借款转入前述最高额抵押权所担保的最高额为4000万元的主债权范围内。现凯盛公司上诉认为该《补充协议》约定事项必须办理最高额抵押权变更登记才能设立抵押权，不仅缺乏法律依据，也有悖诚实信用原则。

综上，工行宣城龙首支行和凯盛公司达成《补充协议》，将涉案2012年4月20日借款合同项下的债权转入前述最高额抵押权所担保的主债权范围内，虽未办理最高额抵押权变更登记，但最高额抵押权的效力仍然及于被转入的涉案借款合同项下的债权。

典型案例

苏州资产管理有限公司诉苏州德威系关联企业金融借款纠纷系列案

［《全国法院服务保障疫情防控期间复工复产民商事典型案例（第一批）》第6号 2020年3月24日］

【案情简介】

德威投资集团有限公司及其关联企业是集高分子线缆用材料研发、生产和销售于一体的高新技术民营企业，企业产品广泛应用于国家电网、电子通信、建筑工程等领域，具有良好的市场口碑和发展前景。2020年春节之后，受疫情影响，整个德威系企业无法按时复工复产，造成大量订单无法及时完成。债权人苏州资产公司考虑到其3.2亿元金融债权的安全，在借款出现逾期后，于2020年2月4日将德威系企业一并起诉到江苏省苏州市中级人民法院，同时申请法院冻结被告企业全部银行账户3.2亿元资金及相应价值的财产。该四起关联案件受理后，苏州市中级人民法院通过到德威生产厂区实地走访、与企业负责人座谈，了解到德威系企业厂区生产已经逐步恢复，产能已经达到年前的50%，国内订单开始陆续正常交货。鉴于德威系企业具有良好的市场口碑和发展前景，就其暂时资金周转的困难，法院与苏州资产公司反复进行沟通，引导其充分考虑当前疫情影响和民企的实际困难，给予民企宽限期和降低逾期还款的违约金，并且考虑查封措施对企业复工复产的重大影响，共同帮助企业渡过难关。3月6日，经过法院三个小时的互联网庭审和在线调解，双方当事人达成调解协议：苏州资产公司保证不抽贷，并给予德威系企业充分的宽限期；德威系企业承诺将销售利润优先保障案涉贷款的清偿，并且增加担保。法院当庭出具调解书，并依据双方调解方案，解除了对被告企业的全部银行账户查封。

【典型意义】

人民法院金融审判工作在疫情防控期间，应当坚持维护金融债权安全和保障企业生存发展并重的审判理念。对于具有良好发展前景但暂时资金受困的企业所涉金融融资纠纷，应当切实加大案件调解力度，充分协调各方利益；在维护金融安全的同时，有效降低民营企业因疫情引发的逾期还款的违约成本，真正帮助企业纾难解困，为企业复工复产提供有力支撑。

》福建晋江农村商业银行股份有限公司诉福建晋江市越峰鞋塑有限公司等金融借款合同纠纷案［《全国法院服务保障疫情防控期间复工复产民商事典型案例（第一批）》第 7 号　2020 年 3 月 24 日］

【案情简介】

2016 年 5 月，晋江越峰鞋塑公司以土地使用权抵押向晋江农商行贷款总计 752 万元，尚欠借款本金 300 万元及相应利息。2019 年 10 月，晋江农商行诉至福建省晋江市人民法院，要求晋江越峰鞋塑公司依约还本付息。案件审理期间，晋江越峰鞋塑公司同意还款，但表示因受新冠疫情的影响，公司资金周转存在困难。受诉法院根据疫情防控和复工复产实际，以分期还款的方案多次组织双方当事人进行在线调解。2020 年 2 月 28 日，双方在互谅互让的基础上就本案还款期限、罚息等问题达成调解协议，最终调解结案。

【典型意义】

本案被告晋江越峰鞋塑公司系外资企业。在新冠疫情的特殊背景下，若本案简单一判了之，可能导致实体企业无法正常经营，还将牵连与此相关的供应商、企业员工、消费者等多方主体的利益，不利于复工复产及恢复生活秩序。受诉法院在依法保护金融债权的同时，在金融机构与实体企业之间加强协调和解工作，有效平衡了金融债权与企业复工复产之间的利益关系，为促进企业健康发展创造了良好条件。

104. 保证合同纠纷

相关规范

》《中华人民共和国民法典》（2020 年）

第六百八十四条　【保证合同内容】保证合同的内容一般包括被保证的主债权的种类、数额，债务人履行债务的期限，保证的方式、范围和期间等条款。

第六百八十五条　【保证合同形式】保证合同可以是单独订立的书面合同，也可以是主债权债务合同中的保证条款。

第三人单方以书面形式向债权人作出保证，债权人接收且未提出异议的，保证合同成立。

第六百八十六条　【保证方式】保证的方式包括一般保证和连带责任保证。

当事人在保证合同中对保证方式没有约定或者约定不明确的，按照一般保证承担保证责任。

第六百八十七条　【一般保证人先诉抗辩权】当事人在保证合同中约定，债务人不能履行债务时，由保证人承担保证责任的，为一般保证。

一般保证的保证人在主合同纠纷未经审判或者仲裁，并就债务人财产依法强制执行仍不能履行债务前，有权拒绝向债权人承担保证责任，但是有下列情形之一的除外：

（一）债务人下落不明，且无财产可供执行；

（二）人民法院已经受理债务人破产案件；

（三）债权人有证据证明债务人的财产不足以履行全部债务或者丧失履行债务能力；

（四）保证人书面表示放弃本款规定的权利。

第六百八十八条　【连带责任保证】当事人在保证合同中约定保证人和债务人对债

务承担连带责任的，为连带责任保证。

连带责任保证的债务人不履行到期债务或者发生当事人约定的情形时，债权人可以请求债务人履行债务，也可以请求保证人在其保证范围内承担保证责任。

第六百九十条　【最高额保证合同】保证人与债权人可以协商订立最高额保证的合同，约定在最高债权额限度内就一定期间连续发生的债权提供保证。

最高额保证除适用本章规定外，参照适用本法第二编最高额抵押权的有关规定。

第六百九十一条　【保证范围】保证的范围包括主债权及其利息、违约金、损害赔偿金和实现债权的费用。当事人另有约定的，按照其约定。

第六百九十二条　【保证期间】保证期间是确定保证人承担保证责任的期间，不发生中止、中断和延长。

债权人与保证人可以约定保证期间，但是约定的保证期间早于主债务履行期限或者与主债务履行期限同时届满的，视为没有约定；没有约定或者约定不明确的，保证期间为主债务履行期限届满之日起六个月。

债权人与债务人对主债务履行期限没有约定或者约定不明确的，保证期间自债权人请求债务人履行债务的宽限期届满之日起计算。

第六百九十三条　【保证责任免除】一般保证的债权人未在保证期间对债务人提起诉讼或者申请仲裁的，保证人不再承担保证责任。

连带责任保证的债权人未在保证期间请求保证人承担保证责任的，保证人不再承担保证责任。

第六百九十四条　【保证债务诉讼时效】一般保证的债权人在保证期间届满前对债务人提起诉讼或者申请仲裁的，从保证人拒绝承担保证责任的权利消灭之日起，开始计算保证债务的诉讼时效。

连带责任保证的债权人在保证期间届满前请求保证人承担保证责任的，从债权人请求保证人承担保证责任之日起，开始计算保证债务的诉讼时效。

第六百九十五条　【主合同变更对保证责任影响】债权人和债务人未经保证人书面同意，协商变更主债权债务合同内容，减轻债务的，保证人仍对变更后的债务承担保证责任；加重债务的，保证人对加重的部分不承担保证责任。

债权人和债务人变更主债权债务合同的履行期限，未经保证人书面同意的，保证期间不受影响。

第六百九十六条　【债权转让对保证责任影响】债权人转让全部或者部分债权，未通知保证人的，该转让对保证人不发生效力。

保证人与债权人约定禁止债权转让，债权人未经保证人书面同意转让债权的，保证人对受让人不再承担保证责任。

第六百九十七条　【债务承担对保证责任影响】债权人未经保证人书面同意，允许债务人转移全部或者部分债务，保证人对未经其同意转移的债务不再承担保证责任，但是债权人和保证人另有约定的除外。

第三人加入债务的，保证人的保证责任不受影响。

第六百九十八条　【一般保证人保证责任免除】一般保证的保证人在主债务履行期限届满后，向债权人提供债务人可供执行财产的真实情况，债权人放弃或者怠于行使权利致使该财产不能被执行的，保证人在其提供可供执行财产的价值范围内不再承担保证责任。

第六百九十九条　【共同保证】同一债务有两个以上保证人的，保证人应当按照保证合同约定的保证份额，承担保证责任；没有约定保证份额的，债权人可以请求任何一个保证人在其保证范围内承担保证责任。

第七百条　【保证人追偿权】保证人承担保证责任后，除当事人另有约定外，有权在其承担保证责任的范围内向债务人追偿，享有债权人对债务人的权利，但是不得损害债权人的利益。

第七百零一条 【保证人抗辩权】 保证人可以主张债务人对债权人的抗辩。债务人放弃抗辩的，保证人仍有权向债权人主张抗辩。

第七百零二条 【保证人拒绝履行权】 债务人对债权人享有抵销权或者撤销权的，保证人可以在相应范围内拒绝承担保证责任。

》《最高人民法院关于适用〈中华人民共和国民法典〉时间效力的若干规定》（法释〔2020〕15号 2020年12月29日）

第二十七条 民法典施行前成立的保证合同，当事人对保证期间约定不明确，主债务履行期限届满至民法典施行之日不满二年，当事人主张保证期间为主债务履行期限届满之日起二年的，人民法院依法予以支持；当事人对保证期间没有约定，主债务履行期限届满至民法典施行之日不满六个月，当事人主张保证期间为主债务履行期限届满之日起六个月的，人民法院依法予以支持。

》《最高人民法院关于适用〈中华人民共和国民法典〉有关担保制度的解释》（法释〔2020〕28号 2020年12月31日）

第二十五条 当事人在保证合同中约定了保证人在债务人不能履行债务或者无力偿还债务时才承担保证责任等类似内容，具有债务人应当先承担责任的意思表示的，人民法院应当将其认定为一般保证。

当事人在保证合同中约定了保证人在债务人不履行债务或者未偿还债务时即承担保证责任、无条件承担保证责任等类似内容，不具有债务人应当先承担责任的意思表示的，人民法院应当将其认定为连带责任保证。

第二十六条 一般保证中，债权人以债务人为被告提起诉讼的，人民法院应予受理。债权人未就主合同纠纷提起诉讼或者申请仲裁，仅起诉一般保证人的，人民法院应当驳回起诉。

一般保证中，债权人一并起诉债务人和保证人的，人民法院可以受理，但是在作出判决时，除有民法典第六百八十七条第二款但书规定的情形外，应当在判决书主文中明确，保证人仅对债务人财产依法强制执行后仍不能履行的部分承担保证责任。

债权人未对债务人的财产申请保全，或者保全的债务人的财产足以清偿债务，债权人申请对一般保证人的财产进行保全的，人民法院不予准许。

第二十七条 一般保证的债权人取得对债务人赋予强制执行效力的公证债权文书后，在保证期间内向人民法院申请强制执行，保证人以债权人未在保证期间内对债务人提起诉讼或者申请仲裁为由主张不承担保证责任的，人民法院不予支持。

第二十八条 一般保证中，债权人依据生效法律文书对债务人的财产依法申请强制执行，保证债务诉讼时效的起算时间按照下列规则确定：

（一）人民法院作出终结本次执行程序裁定，或者依照民事诉讼法第二百五十七条第三项、第五项的规定作出终结执行裁定的，自裁定送达债权人之日起开始计算；

（二）人民法院自收到申请执行书之日起一年内未作出前项裁定的，自人民法院收到申请执行书满一年之日起开始计算，但是保证人有证据证明债务人仍有财产可供执行的除外。

一般保证的债权人在保证期间届满前对债务人提起诉讼或者申请仲裁，债权人举证证明存在民法典第六百八十七条第二款但书规定情形的，保证债务的诉讼时效自债权人知道或者应当知道该情形之日起开始计算。

第二十九条 同一债务有两个以上保证人，债权人以其已经在保证期间内依法向部分保证人行使权利为由，主张已经在保证期间内向其他保证人行使权利的，人民法院不予支持。

同一债务有两个以上保证人，保证人之

间相互有追偿权，债权人未在保证期间内依法向部分保证人行使权利，导致其他保证人在承担保证责任后丧失追偿权，其他保证人主张在其不能追偿的范围内免除保证责任的，人民法院应予支持。

第三十条 最高额保证合同对保证期间的计算方式、起算时间等有约定的，按照其约定。

最高额保证合同对保证期间的计算方式、起算时间等没有约定或者约定不明，被担保债权的履行期限均已届满的，保证期间自债权确定之日起开始计算；被担保债权的履行期限尚未届满的，保证期间自最后到期债权的履行期限届满之日起开始计算。

前款所称债权确定之日，依照民法典第四百二十三条的规定认定。

第三十一条 一般保证的债权人在保证期间内对债务人提起诉讼或者申请仲裁后，又撤回起诉或者仲裁申请，债权人在保证期间届满前未再行提起诉讼或者申请仲裁，保证人主张不再承担保证责任的，人民法院应予支持。

连带责任保证的债权人在保证期间内对保证人提起诉讼或者申请仲裁后，又撤回起诉或者仲裁申请，起诉状副本或者仲裁申请书副本已经送达保证人的，人民法院应当认定债权人已经在保证期间内向保证人行使了权利。

第三十二条 保证合同约定保证人承担保证责任直至主债务本息还清时为止等类似内容的，视为约定不明，保证期间为主债务履行期限届满之日起六个月。

第三十三条 保证合同无效，债权人未在约定或者法定的保证期间内依法行使权利，保证人主张不承担赔偿责任的，人民法院应予支持。

第三十四条 人民法院在审理保证合同纠纷案件时，应当将保证期间是否届满、债权人是否在保证期间内依法行使权利等事实作为案件基本事实予以查明。

债权人在保证期间内未依法行使权利的，保证责任消灭。保证责任消灭后，债权人书面通知保证人要求承担保证责任，保证人在通知书上签字、盖章或者按指印，债权人请求保证人继续承担保证责任的，人民法院不予支持，但是债权人有证据证明成立了新的保证合同的除外。

第三十五条 保证人知道或者应当知道主债权诉讼时效期间届满仍然提供保证或者承担保证责任，又以诉讼时效期间届满为由拒绝承担保证责任或者请求返还财产的，人民法院不予支持；保证人承担保证责任后向债务人追偿的，人民法院不予支持，但是债务人放弃诉讼时效抗辩的除外。

第三十六条 第三人向债权人提供差额补足、流动性支持等类似承诺文件作为增信措施，具有提供担保的意思表示，债权人请求第三人承担保证责任的，人民法院应当依照保证的有关规定处理。

第三人向债权人提供的承诺文件，具有加入债务或者与债务人共同承担债务等意思表示的，人民法院应当认定为民法典第五百五十二条规定的债务加入。

前两款中第三人提供的承诺文件难以确定是保证还是债务加入的，人民法院应当将其认定为保证。

第三人向债权人提供的承诺文件不符合前三款规定的情形，债权人请求第三人承担保证责任或者连带责任的，人民法院不予支持，但是不影响其依据承诺文件请求第三人履行约定的义务或者承担相应的民事责任。

105. 抵押合同纠纷

相关规范

》《中华人民共和国民法典》（2020年）

第三百九十四条 **【抵押权的定义】** 为担保债务的履行，债务人或者第三人不转移财产的占有，将该财产抵押给债权人的，债务人不履行到期债务或者发生当事人约定的实现抵押权的情形，债权人有权就该财产优先受偿。

前款规定的债务人或者第三人为抵押人，债权人为抵押权人，提供担保的财产为抵押财产。

第三百九十五条　【抵押财产的范围】债务人或者第三人有权处分的下列财产可以抵押：

（一）建筑物和其他土地附着物；

（二）建设用地使用权；

（三）海域使用权；

（四）生产设备、原材料、半成品、产品；

（五）正在建造的建筑物、船舶、航空器；

（六）交通运输工具；

（七）法律、行政法规未禁止抵押的其他财产。

抵押人可以将前款所列财产一并抵押。

第三百九十六条　【浮动抵押】企业、个体工商户、农业生产经营者可以将现有的以及将有的生产设备、原材料、半成品、产品抵押，债务人不履行到期债务或者发生当事人约定的实现抵押权的情形，债权人有权就抵押财产确定时的动产优先受偿。

第三百九十七条　【建筑物与建设用地使用权同时抵押规则】以建筑物抵押的，该建筑物占用范围内的建设用地使用权一并抵押。以建设用地使用权抵押的，该土地上的建筑物一并抵押。

抵押人未依据前款规定一并抵押的，未抵押的财产视为一并抵押。

第三百九十八条　【乡镇、村企业的建设用地使用权抵押限制】乡镇、村企业的建设用地使用权不得单独抵押。以乡镇、村企业的厂房等建筑物抵押的，其占用范围内的建设用地使用权一并抵押。

第三百九十九条　【禁止抵押的财产范围】下列财产不得抵押：

（一）土地所有权；

（二）宅基地、自留地、自留山等集体所有土地的使用权，但是法律规定可以抵押的除外；

（三）学校、幼儿园、医疗机构等为公益目的成立的非营利法人的教育设施、医疗卫生设施和其他公益设施；

（四）所有权、使用权不明或者有争议的财产；

（五）依法被查封、扣押、监管的财产；

（六）法律、行政法规规定不得抵押的其他财产。

第四百条　【抵押合同】设立抵押权，当事人应当采用书面形式订立抵押合同。

抵押合同一般包括下列条款：

（一）被担保债权的种类和数额；

（二）债务人履行债务的期限；

（三）抵押财产的名称、数量等情况；

（四）担保的范围。

第四百零一条　【流押】抵押权人在债务履行期限届满前，与抵押人约定债务人不履行到期债务时抵押财产归债权人所有的，只能依法就抵押财产优先受偿。

第四百零二条　【不动产抵押登记】以本法第三百九十五条第一款第一项至第三项规定的财产或者第五项规定的正在建造的建筑物抵押的，应当办理抵押登记。抵押权自登记时设立。

第四百零三条　【动产抵押的效力】以动产抵押的，抵押权自抵押合同生效时设立；未经登记，不得对抗善意第三人。

第四百零四条　【动产抵押权无追及效力】以动产抵押的，不得对抗正常经营活动中已经支付合理价款并取得抵押财产的买受人。

第四百零五条　【抵押权与租赁权的关系】抵押权设立前，抵押财产已经出租并转移占有的，原租赁关系不受该抵押权的影响。

第四百零六条　【抵押财产的处分】抵押期间，抵押人可以转让抵押财产。当事人另有约定的，按照其约定。抵押财产转让的，抵押权不受影响。

抵押人转让抵押财产的，应当及时通知

抵押权人。抵押权人能够证明抵押财产转让可能损害抵押权的，可以请求抵押人将转让所得的价款向抵押权人提前清偿债务或者提存。转让的价款超过债权数额的部分归抵押人所有，不足部分由债务人清偿。

第四百零七条　【抵押权处分的从属性】抵押权不得与债权分离而单独转让或者作为其他债权的担保。债权转让的，担保该债权的抵押权一并转让，但是法律另有规定或者当事人另有约定的除外。

第四百零八条　【抵押权的保护】抵押人的行为足以使抵押财产价值减少的，抵押权人有权请求抵押人停止其行为；抵押财产价值减少的，抵押权人有权请求恢复抵押财产的价值，或者提供与减少的价值相应的担保。抵押人不恢复抵押财产的价值，也不提供担保的，抵押权人有权请求债务人提前清偿债务。

第四百零九条　【抵押权及其顺位的处分】抵押权人可以放弃抵押权或者抵押权的顺位。抵押权人与抵押人可以协议变更抵押权顺位以及被担保的债权数额等内容。但是，抵押权的变更未经其他抵押权人书面同意的，不得对其他抵押权人产生不利影响。

债务人以自己的财产设定抵押，抵押权人放弃该抵押权、抵押权顺位或者变更抵押权的，其他担保人在抵押权人丧失优先受偿权益的范围内免除担保责任，但是其他担保人承诺仍然提供担保的除外。

第四百一十条　【抵押权的实现】债务人不履行到期债务或者发生当事人约定的实现抵押权的情形，抵押权人可以与抵押人协议以抵押财产折价或者以拍卖、变卖该抵押财产所得的价款优先受偿。协议损害其他债权人利益的，其他债权人可以请求人民法院撤销该协议。

抵押权人与抵押人未就抵押权实现方式达成协议的，抵押权人可以请求人民法院拍卖、变卖抵押财产。

抵押财产折价或者变卖的，应当参照市场价格。

第四百一十一条　【浮动抵押财产的确定】依据本法第三百九十六条规定设定抵押的，抵押财产自下列情形之一发生时确定：

（一）债务履行期限届满，债权未实现；

（二）抵押人被宣告破产或者解散；

（三）当事人约定的实现抵押权的情形；

（四）严重影响债权实现的其他情形。

第四百一十二条　【抵押权对抵押财产孳息的效力】债务人不履行到期债务或者发生当事人约定的实现抵押权的情形，致使抵押财产被人民法院依法扣押的，自扣押之日起，抵押权人有权收取该抵押财产的天然孳息或者法定孳息，但是抵押权人未通知应当清偿法定孳息义务人的除外。

前款规定的孳息应当先充抵收取孳息的费用。

第四百一十三条　【抵押财产变价后的处理】抵押财产折价或者拍卖、变卖后，其价款超过债权数额的部分归抵押人所有，不足部分由债务人清偿。

第四百一十四条　【数个抵押权的清偿顺序】同一财产向两个以上债权人抵押的，拍卖、变卖抵押财产所得的价款依照下列规定清偿：

（一）抵押权已经登记的，按照登记的时间先后确定清偿顺序；

（二）抵押权已经登记的先于未登记的受偿；

（三）抵押权未登记的，按照债权比例清偿。

其他可以登记的担保物权，清偿顺序参照适用前款规定。

第四百一十五条　【抵押权与质权的清偿顺序】同一财产既设立抵押权又设立质权的，拍卖、变卖该财产所得的价款按照登记、交付的时间先后确定清偿顺序。

第四百一十六条　【动产购买价款抵押担保的优先权】动产抵押担保的主债权是抵押物的价款，标的物交付后十日内办理抵押登记的，该抵押权人优先于抵押物买受人的其他担保物权人受偿，但是留置权人除外。

第四百一十七条 【抵押权对新增建筑物的效力】建设用地使用权抵押后，该土地上新增的建筑物不属于抵押财产。该建设用地使用权实现抵押权时，应当将该土地上新增的建筑物与建设用地使用权一并处分。但是，新增建筑物所得的价款，抵押权人无权优先受偿。

第四百一十八条 【集体所有土地使用权抵押权的实行效果】以集体所有土地的使用权依法抵押的，实现抵押权后，未经法定程序，不得改变土地所有权的性质和土地用途。

第四百一十九条 【抵押权存续期间】抵押权人应当在主债权诉讼时效期间行使抵押权；未行使的，人民法院不予保护。

第四百二十条 【最高额抵押权的定义】为担保债务的履行，债务人或者第三人对一定期间内将要连续发生的债权提供担保财产的，债务人不履行到期债务或者发生当事人约定的实现抵押权的情形，抵押权人有权在最高债权额限度内就该担保财产优先受偿。

最高额抵押权设立前已经存在的债权，经当事人同意，可以转入最高额抵押担保的债权范围。

第四百二十一条 【最高额抵押权担保的债权转让】最高额抵押担保的债权确定前，部分债权转让的，最高额抵押权不得转让，但是当事人另有约定的除外。

第四百二十二条 【最高额抵押合同条款变更】最高额抵押担保的债权确定前，抵押权人与抵押人可以通过协议变更债权确定的期间、债权范围以及最高债权额。但是，变更的内容不得对其他抵押权人产生不利影响。

第四百二十三条 【最高额抵押权所担保的债权确定】有下列情形之一的，抵押权人的债权确定：

（一）约定的债权确定期间届满；

（二）没有约定债权确定期间或者约定不明确，抵押权人或者抵押人自最高额抵押权设立之日起满二年后请求确定债权；

（三）新的债权不可能发生；

（四）抵押权人知道或者应当知道抵押财产被查封、扣押；

（五）债务人、抵押人被宣告破产或者解散；

（六）法律规定债权确定的其他情形。

第四百二十四条 【最高额抵押权的法律适用】最高额抵押权除适用本节规定外，适用本章第一节的有关规定。

》《中华人民共和国城市房地产管理法》（2019 年修正）

第四十八条 依法取得的房屋所有权连同该房屋占用范围内的土地使用权，可以设定抵押权。

以出让方式取得的土地使用权，可以设定抵押权。

第四十九条 房地产抵押，应当凭土地使用权证书、房屋所有权证书办理。

第五十一条 设定房地产抵押权的土地使用权是以划拨方式取得的，依法拍卖该房地产后，应当从拍卖所得的价款中缴纳相当于应缴纳的土地使用权出让金的款额后，抵押权人方可优先受偿。

第五十二条 房地产抵押合同签订后，土地上新增的房屋不属于抵押财产。需要拍卖该抵押的房地产时，可以依法将土地上新增的房屋与抵押财产一同拍卖，但对拍卖新增房屋所得，抵押权人无权优先受偿。

》《中华人民共和国民用航空法》（2021 年修正）

第十六条 设定民用航空器抵押权，由抵押权人和抵押人共同向国务院民用航空主管部门办理抵押权登记；未经登记的，不得对抗第三人。

》《动产抵押登记办法》（2019 年修订）

第二条 企业、个体工商户、农业生产经营者以《中华人民共和国物权法》第一百八十条第一款第四项、第一百八十一条规定的动产抵押的，应当向抵押人住所地的县级市场监督管理部门（以下简称登记机关）办理登记。抵押权自抵押合同生效时设立；未经登记，不得对抗善意第三人。

第三条 动产抵押登记的设立、变更和注销，可以由抵押合同一方作为代表到登记机关办理，也可以由抵押合同双方共同委托的代理人到登记机关办理。

当事人应当保证其提交的材料内容真实准确。

第四条 当事人设立抵押权符合本办法第二条所规定情形的，应当持下列文件向登记机关办理设立登记：

（一）抵押人、抵押权人签字或者盖章的《动产抵押登记书》；

（二）抵押人、抵押权人主体资格证明或者自然人身份证明文件；

（三）抵押合同双方指定代表或者共同委托代理人的身份证明。

第十一条 当事人有证据证明登记机关的动产抵押登记信息与其提交材料内容不一致的，有权要求登记机关予以更正。

登记机关发现其登记的动产抵押登记信息与当事人提交材料内容不一致的，应当对有关信息进行更正。

第十二条 经当事人或者利害关系人申请，登记机关可以根据人民法院、仲裁委员会生效的法律文书或者人民政府生效的决定等，对相关的动产抵押登记进行变更或者撤销。动产抵押登记变更或者撤销后，登记机关应当告知原抵押合同双方当事人。

》《最高人民法院关于审理矿业权纠纷案件适用法律若干问题的解释》（2020年12月23日修正）

第十四条 矿业权人为担保自己或者他人债务的履行，将矿业权抵押给债权人的，抵押合同自依法成立之日起生效，但法律、行政法规规定不得抵押的除外。

当事人仅以未经主管部门批准或者登记、备案为由请求确认抵押合同无效的，人民法院不予支持。

第十五条 当事人请求确认矿业权之抵押权自依法登记时设立的，人民法院应予支持。

颁发矿产资源勘查许可证或者采矿许可证的自然资源主管部门根据相关规定办理的矿业权抵押备案手续，视为前款规定的登记。

第十六条 债务人不履行到期债务或者发生当事人约定的实现抵押权的情形，抵押权人依据民事诉讼法第一百九十六条、第一百九十七条规定申请实现抵押权的，人民法院可以拍卖、变卖矿业权或者裁定以矿业权抵债，但矿业权竞买人、受让人应具备相应的资质条件。

第十七条 矿业权抵押期间因抵押人被兼并重组或者矿床被压覆等原因导致矿业权全部或者部分灭失，抵押权人请求就抵押人因此获得的保险金、赔偿金或者补偿金等款项优先受偿或者将该款项予以提存的，人民法院应予支持。

》《最高人民法院关于适用〈中华人民共和国民法典〉有关担保制度的解释》（法释〔2020〕28号 2020年12月31日）

三、关于担保物权

（一）担保合同与担保物权的效力

第三十七条 当事人以所有权、使用权不明或者有争议的财产抵押，经审查构成无权处分的，人民法院应当依照民法典第三百一十一条的规定处理。

当事人以依法被查封或者扣押的财产抵押，抵押权人请求行使抵押权，经审查查封或者扣押措施已经解除的，人民法院应予支持。抵押人以抵押权设立时财产被查封或者扣押为由主张抵押合同无效的，人民法院不予支持。

以依法被监管的财产抵押的，适用前款规定。

第三十八条　主债权未受全部清偿，担保物权人主张就担保财产的全部行使担保物权的，人民法院应予支持，但是留置权人行使留置权的，应当依照民法典第四百五十条的规定处理。

担保财产被分割或者部分转让，担保物权人主张就分割或者转让后的担保财产行使担保物权的，人民法院应予支持，但是法律或者司法解释另有规定的除外。

第三十九条　主债权被分割或者部分转让，各债权人主张就其享有的债权份额行使担保物权的，人民法院应予支持，但是法律另有规定或者当事人另有约定的除外。

主债务被分割或者部分转移，债务人自己提供物的担保，债权人请求以该担保财产担保全部债务履行的，人民法院应予支持；第三人提供物的担保，主张对未经其书面同意转移的债务不再承担担保责任的，人民法院应予支持。

第四十条　从物产生于抵押权依法设立前，抵押权人主张抵押权的效力及于从物的，人民法院应予支持，但是当事人另有约定的除外。

从物产生于抵押权依法设立后，抵押权人主张抵押权的效力及于从物的，人民法院不予支持，但是在抵押权实现时可以一并处分。

第四十一条　抵押权依法设立后，抵押财产被添附，添附物归第三人所有，抵押权人主张抵押权效力及于补偿金的，人民法院应予支持。

抵押权依法设立后，抵押财产被添附，抵押人对添附物享有所有权，抵押权人主张抵押权的效力及于添附物的，人民法院应予支持，但是添附导致抵押财产价值增加的，抵押权的效力不及于增加的价值部分。

抵押权依法设立后，抵押人与第三人因添附成为添附物的共有人，抵押权人主张抵押权的效力及于抵押人对共有物享有的份额的，人民法院应予支持。

本条所称添附，包括附合、混合与加工。

第四十二条　抵押权依法设立后，抵押财产毁损、灭失或者被征收等，抵押权人请求按照原抵押权的顺位就保险金、赔偿金或者补偿金等优先受偿的，人民法院应予支持。

给付义务人已经向抵押人给付了保险金、赔偿金或者补偿金，抵押权人请求给付义务人向其给付保险金、赔偿金或者补偿金的，人民法院不予支持，但是给付义务人接到抵押权人要求向其给付的通知后仍然向抵押人给付的除外。

抵押权人请求给付义务人向其给付保险金、赔偿金或者补偿金的，人民法院可以通知抵押人作为第三人参加诉讼。

第四十三条　当事人约定禁止或者限制转让抵押财产但是未将约定登记，抵押人违反约定转让抵押财产，抵押权人请求确认转让合同无效的，人民法院不予支持；抵押财产已经交付或者登记，抵押权人请求确认转让不发生物权效力的，人民法院不予支持，但是抵押权人有证据证明受让人知道的除外；抵押权人请求抵押人承担违约责任的，人民法院依法予以支持。

当事人约定禁止或者限制转让抵押财产且已经将约定登记，抵押人违反约定转让抵押财产，抵押权人请求确认转让合同无效的，人民法院不予支持；抵押财产已经交付或者登记，抵押权人主张转让不发生物权效力的，人民法院应予支持，但是因受让人代替债务人清偿债务导致抵押权消灭的除外。

第四十四条　主债权诉讼时效期间届满后，抵押权人主张行使抵押权的，人民法院不予支持；抵押人以主债权诉讼时效期间届满为由，主张不承担担保责任的，人民法院应予支持。主债权诉讼时效期间届满前，债权人仅对债务人提起诉讼，经人民法院判决或者调解后未在民事诉讼法规定的申请执行时效期间内对债务人申请强制执行，其向抵押人主张行使抵押权的，人民法院不予支持。

主债权诉讼时效期间届满后，财产被留置的债务人或者对留置财产享有所有权的第三人请求债权人返还留置财产的，人民法院不予支持；债务人或者第三人请求拍卖、变卖留置财产并以所得价款清偿债务的，人民法院应予支持。

主债权诉讼时效期间届满的法律后果，以登记作为公示方式的权利质权，参照适用第一款的规定；动产质权、以交付权利凭证作为公示方式的权利质权，参照适用第二款的规定。

第四十五条 当事人约定当债务人不履行到期债务或者发生当事人约定的实现担保物权的情形，担保物权人有权将担保财产自行拍卖、变卖并就所得的价款优先受偿的，该约定有效。因担保人的原因导致担保物权人无法自行对担保财产进行拍卖、变卖，担保物权人请求担保人承担因此增加的费用的，人民法院应予支持。

当事人依照民事诉讼法有关"实现担保物权案件"的规定，申请拍卖、变卖担保财产，被申请人以担保合同约定仲裁条款为由主张驳回申请的，人民法院经审查后，应当按照以下情形分别处理：

（一）当事人对担保物权无实质性争议且实现担保物权条件已经成就的，应当裁定准许拍卖、变卖担保财产；

（二）当事人对实现担保物权有部分实质性争议的，可以就无争议的部分裁定准许拍卖、变卖担保财产，并告知可以就有争议的部分申请仲裁；

（三）当事人对实现担保物权有实质性争议的，裁定驳回申请，并告知可以向仲裁机构申请仲裁。

债权人以诉讼方式行使担保物权的，应当以债务人和担保人作为共同被告。

（二）不动产抵押

第四十六条 不动产抵押合同生效后未办理抵押登记手续，债权人请求抵押人办理抵押登记手续的，人民法院应予支持。

抵押财产因不可归责于抵押人自身的原因灭失或者被征收等导致不能办理抵押登记，债权人请求抵押人在约定的担保范围内承担责任的，人民法院不予支持；但是抵押人已经获得保险金、赔偿金或者补偿金等，债权人请求抵押人在其所获金额范围内承担赔偿责任的，人民法院依法予以支持。

因抵押人转让抵押财产或者其他可归责于抵押人自身的原因导致不能办理抵押登记，债权人请求抵押人在约定的担保范围内承担责任的，人民法院依法予以支持，但是不得超过抵押权能够设立时抵押人应当承担的责任范围。

第四十七条 不动产登记簿就抵押财产、被担保的债权范围等所作的记载与抵押合同约定不一致的，人民法院应当根据登记簿的记载确定抵押财产、被担保的债权范围等事项。

第四十八条 当事人申请办理抵押登记手续时，因登记机构的过错致使其不能办理抵押登记，当事人请求登记机构承担赔偿责任的，人民法院依法予以支持。

第四十九条 以违法的建筑物抵押的，抵押合同无效，但是一审法庭辩论终结前已经办理合法手续的除外。抵押合同无效的法律后果，依照本解释第十七条的有关规定处理。

当事人以建设用地使用权依法设立抵押，抵押人以土地上存在违法的建筑物为由主张抵押合同无效的，人民法院不予支持。

第五十条 抵押人以划拨建设用地上的建筑物抵押，当事人以该建设用地使用权不能抵押或者未办理批准手续为由主张抵押合同无效或者不生效的，人民法院不予支持。抵押权依法实现时，拍卖、变卖建筑物所得的价款，应当优先用于补缴建设用地使用权出让金。

当事人以划拨方式取得的建设用地使用权抵押，抵押人以未办理批准手续为由主张抵押合同无效或者不生效的，人民法院不予支持。已经依法办理抵押登记，抵押权人主张行使抵押权的，人民法院应予支持。抵押权依法实现时所得的价款，参照前款有关规定处理。

第五十一条 当事人仅以建设用地使用

权抵押，债权人主张抵押权的效力及于土地上已有的建筑物以及正在建造的建筑物已完成部分的，人民法院应予支持。债权人主张抵押权的效力及于正在建造的建筑物的续建部分以及新增建筑物的，人民法院不予支持。

当事人以正在建造的建筑物抵押，抵押权的效力范围限于已办理抵押登记的部分。当事人按照担保合同的约定，主张抵押权的效力及于续建部分、新增建筑物以及规划中尚未建造的建筑物的，人民法院不予支持。

抵押人将建设用地使用权、土地上的建筑物或者正在建造的建筑物分别抵押给不同债权人的，人民法院应当根据抵押登记的时间先后确定清偿顺序。

第五十二条 当事人办理抵押预告登记后，预告登记权利人请求就抵押财产优先受偿，经审查存在尚未办理建筑物所有权首次登记、预告登记的财产与办理建筑物所有权首次登记时的财产不一致、抵押预告登记已经失效等情形，导致不具备办理抵押登记条件的，人民法院不予支持；经审查已经办理建筑物所有权首次登记，且不存在预告登记失效等情形的，人民法院应予支持，并应当认定抵押权自预告登记之日起设立。

当事人办理了抵押预告登记，抵押人破产，经审查抵押财产属于破产财产，预告登记权利人主张就抵押财产优先受偿的，人民法院应当在受理破产申请时抵押财产的价值范围内予以支持，但是在人民法院受理破产申请前一年内，债务人对没有财产担保的债务设立抵押预告登记的除外。

（三）动产与权利担保

第五十三条 当事人在动产和权利担保合同中对担保财产进行概括描述，该描述能够合理识别担保财产的，人民法院应当认定担保成立。

第五十四条 动产抵押合同订立后未办理抵押登记，动产抵押权的效力按照下列情形分别处理：

（一）抵押人转让抵押财产，受让人占有抵押财产后，抵押权人向受让人请求行使抵押权的，人民法院不予支持，但是抵押权人能够举证证明受让人知道或者应当知道已经订立抵押合同的除外；

（二）抵押人将抵押财产出租给他人并移转占有，抵押权人行使抵押权的，租赁关系不受影响，但是抵押权人能够举证证明承租人知道或者应当知道已经订立抵押合同的除外；

（三）抵押人的其他债权人向人民法院申请保全或者执行抵押财产，人民法院已经作出财产保全裁定或者采取执行措施，抵押权人主张对抵押财产优先受偿的，人民法院不予支持；

（四）抵押人破产，抵押权人主张对抵押财产优先受偿的，人民法院不予支持。

第五十五条 债权人、出质人与监管人订立三方协议，出质人以通过一定数量、品种等概括描述能够确定范围的货物为债务的履行提供担保，当事人有证据证明监管人系受债权人的委托监管并实际控制该货物的，人民法院应当认定质权于监管人实际控制货物之日起设立。监管人违反约定向出质人或者其他人放货、因保管不善导致货物毁损灭失，债权人请求监管人承担违约责任的，人民法院依法予以支持。

在前款规定情形下，当事人有证据证明监管人系受出质人委托监管该货物，或者虽然受债权人委托但是未实际履行监管职责，导致货物仍由出质人实际控制的，人民法院应当认定质权未设立。债权人可以基于质押合同的约定请求出质人承担违约责任，但是不得超过质权有效设立时出质人应当承担的责任范围。监管人未履行监管职责，债权人请求监管人承担责任的，人民法院依法予以支持。

第五十六条 买受人在出卖人正常经营活动中通过支付合理对价取得已被设立担保物权的动产，担保物权人请求就该动产优先受偿的，人民法院不予支持，但是有下列情形之一的除外：

（一）购买商品的数量明显超过一般买

受人；

（二）购买出卖人的生产设备；

（三）订立买卖合同的目的在于担保出卖人或者第三人履行债务；

（四）买受人与出卖人存在直接或者间接的控制关系；

（五）买受人应当查询抵押登记而未查询的其他情形。

前款所称出卖人正常经营活动，是指出卖人的经营活动属于其营业执照明确记载的经营范围，且出卖人持续销售同类商品。前款所称担保物权人，是指已经办理登记的抵押权人、所有权保留买卖的出卖人、融资租赁合同的出租人。

第五十七条 担保人在设立动产浮动抵押并办理抵押登记后又购入或者以融资租赁方式承租新的动产，下列权利人为担保价款债权或者租金的实现而订立担保合同，并在该动产交付后十日内办理登记，主张其权利优先于在先设立的浮动抵押权的，人民法院应予支持：

（一）在该动产上设立抵押权或者保留所有权的出卖人；

（二）为价款支付提供融资而在该动产上设立抵押权的债权人；

（三）以融资租赁方式出租该动产的出租人。

买受人取得动产但未付清价款或者承租人以融资租赁方式占有租赁物但是未付清全部租金，又以标的物为他人设立担保物权，前款所列权利人为担保价款债权或者租金的实现而订立担保合同，并在该动产交付后十日内办理登记，主张其权利优先于买受人为他人设立的担保物权的，人民法院应予支持。

同一动产上存在多个价款优先权的，人民法院应当按照登记的时间先后确定清偿顺序。

《最高人民法院关于印发〈全国法院民商事审判工作会议纪要〉的通知》

（法〔2019〕254号 2019年11月8日）

60. **【未办理登记的不动产抵押合同的效力】**不动产抵押合同依法成立，但未办理抵押登记手续，债权人请求抵押人办理抵押登记手续的，人民法院依法予以支持。因抵押物灭失以及抵押物转让他人等原因不能办理抵押登记，债权人请求抵押人以抵押物的价值为限承担责任的，人民法院依法予以支持，但其范围不得超过抵押权有效设立时抵押人所应当承担的责任。

61. **【房地分别抵押】**根据《物权法》第182条之规定，仅以建筑物设定抵押的，抵押权的效力及于占用范围内的土地；仅以建设用地使用权抵押的，抵押权的效力亦及于其上的建筑物。在房地分别抵押，即建设用地使用权抵押给一个债权人，而其上的建筑物又抵押给另一个人的情况下，可能产生两个抵押权的冲突问题。基于"房地一体"规则，此时应当将建筑物和建设用地使用权视为同一财产，从而依照《物权法》第199条的规定确定清偿顺序：登记在先的先清偿；同时登记的，按照债权比例清偿。同一天登记的，视为同时登记。应予注意的是，根据《物权法》第200条的规定，建设用地使用权抵押后，该土地上新增的建筑物不属于抵押财产。

62. **【抵押权随主债权转让】**抵押权是从属于主合同的从权利，根据"从随主"规则，债权转让的，除法律另有规定或者当事人另有约定外，担保该债权的抵押权一并转让。受让人向抵押人主张行使抵押权，抵押人以受让人不是抵押合同的当事人、未办理变更登记等为由提出抗辩的，人民法院不予支持。

63. **【流动质押的设立与监管人的责任】**在流动质押中，经常由债权人、出质人与监管人订立三方监管协议，此时应当查明监管人究竟是受债权人的委托还是受出质人的委托监管质物，确定质物是否已经交付债权人，从而判断质权是否有效设立。如果监管人系受债权人的委托监管质物，则其是债权人的直接占有人，应当认定完成了质物交付，质权有效设立。监管人违反监管协议约定，违规向出质人放货、因保管不善导致质物毁损灭失，债权人请求监管人承担违约责任的，人民法院依法予以支持。

如果监管人系受出质人委托监管质物，表明质物并未交付债权人，应当认定质权未有效设立。尽管监管协议约定监管人系受债权人的委托监管质物，但有证据证明其并未履行监管职责，质物实际上仍由出质人管领控制的，也应当认定质物并未实际交付，质权未有效设立。此时，债权人可以基于质押合同的约定请求质押人承担违约责任，但其范围不得超过质权有效设立时质押人所应当承担的责任。监管人未履行监管职责的，债权人也可以请求监管人承担违约责任。

64.**【浮动抵押的效力】**企业将其现有的以及将有的生产设备、原材料、半成品及产品等财产设定浮动抵押后，又将其中的生产设备等部分财产设定了动产抵押，并都办理了抵押登记的，根据《物权法》第 199 条的规定，登记在先的浮动抵押优先于登记在后的动产抵押。

65.**【动产抵押权与质权竞存】**同一动产上同时设立质权和抵押权的，应当参照适用《物权法》第 199 条的规定，根据是否完成公示以及公示先后情况来确定清偿顺序：质权有效设立、抵押权办理了抵押登记的，按照公示先后确定清偿顺序；顺序相同的，按照债权比例清偿；质权有效设立，抵押权未办理抵押登记的，质权优先于抵押权；质权未有效设立，抵押权未办理抵押登记的，因此时抵押权已经有效设立，故抵押权优先受偿。

根据《物权法》第 178 条规定的精神，担保法司法解释第 79 条第 1 款不再适用。

106. 质押合同纠纷

相关规范

》《中华人民共和国民法典》（2020 年）

第四百二十七条　【质押合同】设立质权，当事人应当采用书面形式订立质押合同。

质押合同一般包括下列条款：

（一）被担保债权的种类和数额；

（二）债务人履行债务的期限；

（三）质押财产的名称、数量等情况；

（四）担保的范围；

（五）质押财产交付的时间、方式。

第四百二十八条　【流质】质权人在债务履行期限届满前，与出质人约定债务人不履行到期债务时质押财产归债权人所有的，只能依法就质押财产优先受偿。

第四百二十九条　【质权生效时间】质权自出质人交付质押财产时设立。

第四百三十条　【质权人孳息收取权及孳息首要清偿用途】质权人有权收取质押财产的孳息，但是合同另有约定的除外。

前款规定的孳息应当先充抵收取孳息的费用。

第四百三十一条　【质权人擅自使用、处分质押财产的责任】质权人在质权存续期间，未经出质人同意，擅自使用、处分质押财产，造成出质人损害的，应当承担赔偿责任。

第四百三十二条　【质权人的保管义务和赔偿责任】质权人负有妥善保管质押财产的义务；因保管不善致使质押财产毁损、灭失的，应当承担赔偿责任。

质权人的行为可能使质押财产毁损、灭失的，出质人可以请求质权人将质押财产提存，或者请求提前清偿债务并返还质押财产。

第四百三十三条　【质权的保护】因不可归责于质权人的事由可能使质押财产毁损或者价值明显减少，足以危害质权人权利的，质权人有权请求出质人提供相应的担保；出质人不提供的，质权人可以拍卖、变卖质押财产，并与出质人协议将拍卖、变卖所得的价款提前清偿债务或者提存。

第四百三十四条　【责任转质】质权人在质权存续期间，未经出质人同意转质，造成质押财产毁损、灭失的，应当承担赔偿责任。

第四百三十五条　【质权的放弃】质权人可以放弃质权。债务人以自己的财产出质，质权人放弃该质权的，其他担保人在质权人丧失优先受偿权益的范围内免除担保责任，但是其他担保人承诺仍然提供担保的除外。

>>《最高人民法院关于适用〈中华人民共和国民法典〉有关担保制度的解释》（法释〔2020〕28号　2020年12月31日）

第一条　因抵押、质押、留置、保证等担保发生的纠纷，适用本解释。所有权保留买卖、融资租赁、保理等涉及担保功能发生的纠纷，适用本解释的有关规定。

第二条　当事人在担保合同中约定担保合同的效力独立于主合同，或者约定担保人对主合同无效的法律后果承担担保责任，该有关担保独立性的约定无效。主合同有效的，有关担保独立性的约定无效不影响担保合同的效力；主合同无效的，人民法院应当认定担保合同无效，但是法律另有规定的除外。

因金融机构开立的独立保函发生的纠纷，适用《最高人民法院关于审理独立保函纠纷案件若干问题的规定》。

第三条　当事人对担保责任的承担约定专门的违约责任，或者约定的担保责任范围超出债务人应当承担的责任范围，担保人主张仅在债务人应当承担的责任范围内承担责任的，人民法院应予支持。

担保人承担的责任超出债务人应当承担的责任范围，担保人向债务人追偿，债务人主张仅在其应当承担的责任范围内承担责任的，人民法院应予支持；担保人请求债权人返还超出部分的，人民法院依法予以支持。

第四条　有下列情形之一，当事人将担保物权登记在他人名下，债务人不履行到期债务或者发生当事人约定的实现担保物权的情形，债权人或者其受托人主张就该财产优先受偿的，人民法院依法予以支持：

（一）为债券持有人提供的担保物权登记在债券受托管理人名下；

（二）为委托贷款人提供的担保物权登记在受托人名下；

（三）担保人知道债权人与他人之间存在委托关系的其他情形。

第五十五条　债权人、出质人与监管人订立三方协议，出质人以通过一定数量、品种等概括描述能够确定范围的货物为债务的履行提供担保，当事人有证据证明监管人系受债权人的委托监管并实际控制该货物的，人民法院应当认定质权于监管人实际控制货物之日起设立。监管人违反约定向出质人或者其他人放货、因保管不善导致货物毁损灭失，债权人请求监管人承担违约责任的，人民法院依法予以支持。

在前款规定情形下，当事人有证据证明监管人系受出质人委托监管该货物，或者虽然受债权人委托但是未实际履行监管职责，导致货物仍由出质人实际控制的，人民法院应当认定质权未设立。债权人可以基于质押合同的约定请求出质人承担违约责任，但是不得超过质权有效设立时出质人应当承担的责任范围。监管人未履行监管职责，债权人请求监管人承担责任的，人民法院依法予以支持。

第五十八条　以汇票出质，当事人以背书记载“质押”字样并在汇票上签章，汇票已经交付质权人的，人民法院应当认定质权自汇票交付质权人时设立。

第五十九条　存货人或者仓单持有人在仓单上以背书记载“质押”字样，并经保管人签章，仓单已经交付质权人的，人民法院应当认定质权自仓单交付质权人时设立。没有权利凭证的仓单，依法可以办理出质登记的，仓单质权自办理出质登记时设立。

出质人既以仓单出质，又以仓储物设立担保，按照公示的先后确定清偿顺序；难以确定先后的，按照债权比例清偿。

保管人为同一货物签发多份仓单，出质人在多份仓单上设立多个质权，按照公示的先后确定清偿顺序；难以确定先后的，按照债权比例受偿。

存在第二款、第三款规定的情形，债权人举证证明其损失系由出质人与保管人的共同行为所致，请求出质人与保管人承担连带赔偿责任的，人民法院应予支持。

第六十六条　同一应收账款同时存在保理、应收账款质押和债权转让，当事人主张参照民法典第七百六十八条的规定确定优先顺序的，人民法院应予支持。

在有追索权的保理中，保理人以应收账款债权人或者应收账款债务人为被告提起诉讼，人民法院应予受理；保理人一并起诉应收账款债权人和应收账款债务人的，人民法院可以受理。

应收账款债权人向保理人返还保理融资款本息或者回购应收账款债权后，请求应收账款债务人向其履行应收账款债务的，人民法院应予支持。

指导案例

福建海峡银行股份有限公司福州五一支行诉长乐亚新污水处理有限公司、福州市政工程有限公司金融借款合同纠纷案（最高人民法院指导案例53号　2015年11月19日发布）

【关键词】　民事　金融借款合同　收益权质押　出质登记　质权实现

【裁判要点】

1. 特许经营权的收益权可以质押，并可作为应收账款进行出质登记。

2. 特许经营权的收益权依其性质不宜折价、拍卖或变卖，质权人主张优先受偿权的，人民法院可以判令出质债权的债务人将收益权的应收账款优先支付质权人。

【基本案情】

原告福建海峡银行股份有限公司福州五一支行（以下简称海峡银行五一支行）诉称：原告与被告长乐亚新污水处理有限公司（以下简称长乐亚新公司）签订单位借款合同后向被告贷款3000万元。被告福州市政工程有限公司（以下简称福州市政公司）为上述借款提供连带责任保证。原告海峡银行五一支行、被告长乐亚新公司、福州市政公司、案外人长乐市建设局四方签订了《特许经营权质押担保协议》，福州市政公司以长乐市污水处理项目的特许经营权提供质押担保。因长乐亚新公司未能按期偿还贷款本金和利息，故诉请法院判令：长乐亚新公司偿还原告借款本金和利息；确认《特许经营权质押担保协议》合法有效，拍卖、变卖该协议项下的质物，原告有优先受偿权；将长乐市建设局支付给两被告的污水处理服务费优先用于清偿应偿还原告的所有款项；福州市政公司承担连带清偿责任。

被告长乐亚新公司和福州市政公司辩称：长乐市城区污水处理厂特许经营权，并非法定的可以质押的权利，且该特许经营权并未办理质押登记，故原告诉请拍卖、变卖长乐市城区污水处理厂特许经营权，于法无据。

法院经审理查明：2003年，长乐市建设局为让与方、福州市政公司为受让方、长乐市财政局为见证方，三方签订《长乐市城区污水处理厂特许建设经营合同》，约定：长乐市建设局授予福州市政公司负责投资、建设、运营和维护长乐市城区污水处理厂项目及其附属设施的特许权，并就合同双方权利义务进行了详细约定。2004年10月22日，长乐亚新公司成立。该公司系福州市政公司为履行《长乐市城区污水处理厂特许建设经营合同》而设立的项目公司。

2005年3月24日，福州市商业银行五一支行与长乐亚新公司签订《单位借款合同》，约定：长乐亚新公司向福州市商业银行五一支行借款3000万元；借款用途为长乐市城区污水处理厂BOT项目；借款期限为13年，自2005年3月25日至2018年3月25日；还就利息及逾期罚息的计算方式作了明确约定。福州市政公司为长乐亚新公司的上述借款承担连带责任保证。

同日，福州市商业银行五一支行与长乐亚新公司、福州市政公司、长乐市建设局共同签订《特许经营权质押担保协议》，约定：福州市政公司以《长乐市城区污水处理厂特许建设经营协议》授予的特许经营权为长乐亚新公司向福州市商业银行五一支行的借款提供质押担保，长乐市建设局同意该担保；福州市政公司同意将特许经营权收益优先用于清偿借款合同项下的长乐亚新公司的债务，长乐市建设局和福州市政公司同意将污水处理费优先用于清偿借款合同项下的长乐亚新公司的债务；福州市商业银行五一支行未受清偿的，有权依法通过拍卖等方式实现质押权利等。

上述合同签订后，福州市商业银行五一支行依约向长乐亚新公司发放贷款3000万元。长乐亚新公司于2007年10月21日起未依约按期足额还本付息。

另查明，福州市商业银行五一支行于2007年4月28日名称变更为福州市商业银行股份有限公司五一支行；2009年12月1日其名称再次变更为福建海峡银行股份有限公司五一支行。

【裁判结果】

福建省福州市中级人民法院于2013年5月16日作出（2012）榕民初字第661号民事判决：一、长乐亚新污水处理有限公司应于本判决生效之日起十日内向福建海峡银行股份有限公司福州五一支行偿还借款本金28714764.43元及利息（暂计至2012年8月21日为2142597.6元，此后利息按《单位借款合同》的约定计至借款本息还清之日止）；二、长乐亚新污水处理有限公司应于本判决生效之日起十日内向福建海峡银行股份有限公司福州五一支行支付律师代理费人民币123640元；三、福建海峡银行股份有限公司福州五一支行于本判决生效之日起有权直接向长乐市建设局收取应由长乐市建设局支付给长乐亚新污水处理有限公司、福州市政工程有限公司的污水处理服务费，并对该污水处理服务费就本判决第一、二项所确定的债务行使优先受偿权；四、福州市政工程有限公司对本判决第一、二项确定的债务承担连带清偿责任；五、驳回福建海峡银行股份有限公司福州五一支行的其他诉讼请求。宣判后，两被告均提起上诉。福建省高级人民法院于2013年9月17日作出福建省高级人民法院（2013）闽民终字第870号民事判决，驳回上诉，维持原判。

【裁判理由】

法院生效裁判认为：被告长乐亚新公司未依约偿还原告借款本金及利息，已构成违约，应向原告偿还借款本金，并支付利息及实现债权的费用。福州市政公司作为连带责任保证人，应对讼争债务承担连带清偿责任。本案争议焦点主要涉及污水处理项目特许经营权质押是否有效以及该质权如何实现问题。

一、关于污水处理项目特许经营权能否出质问题

污水处理项目特许经营权是对污水处理厂进行运营和维护，并获得相应收益的权利。污水处理厂的运营和维护，属于经营者的义务，而其收益权，则属于经营者的权利。由于对污水处理厂的运营和维护，并不属于可转让的财产权利，故讼争的污水处理项目特许经营权质押，实质上系污水处理项目收益权的质押。

关于污水处理项目等特许经营的收益权能否出质问题，应当考虑以下方面：其一，本案讼争污水处理项目《特许经营权质押担保协议》签订于2005年，尽管当时法律、行政法规及相关司法解释并未规定污水处理项目收益权可质押，但污水处理项目收益权与公路收益权性质上相类似。《最高人民法院关于适用〈中华人民共和国担保法〉若干问题的解释》第九十七条规定，“以公路桥梁、

公路隧道或者公路渡口等不动产收益权出质的，按照担保法第七十五条第（四）项的规定处理"，明确公路收益权属于依法可质押的其他权利，与其类似的污水处理收益权亦应允许出质。其二，国务院办公厅 2001 年 9 月 29 日转发的《国务院西部开发办〈关于西部大开发若干政策措施的实施意见〉》（国办发〔2001〕73 号）中提出，"对具有一定还贷能力的水利开发项目和城市环保项目（如城市污水处理和垃圾处理等），探索逐步开办以项目收益权或收费权为质押发放贷款的业务"，首次明确可试行将污水处理项目的收益权进行质押。其三，污水处理项目收益权虽系将来金钱债权，但其行使期间及收益金额均可确定，其属于确定的财产权利。其四，在《中华人民共和国物权法》（以下简称《物权法》）颁布实施后，因污水处理项目收益权系基于提供污水处理服务而产生的将来金钱债权，依其性质亦可纳入依法可出质的"应收账款"的范畴。因此，讼争污水处理项目收益权作为特定化的财产权利，可以允许其出质。

二、关于污水处理项目收益权质权的公示问题

对于污水处理项目收益权的质权公示问题，在《物权法》自 2007 年 10 月 1 日起施行后，因收益权已纳入该法第二百二十三条第六项的"应收账款"范畴，故应当在中国人民银行征信中心的应收账款质押登记公示系统进行出质登记，质权才能依法成立。由于本案的质押担保协议签订于 2005 年，在《物权法》施行之前，故不适用《物权法》关于应收账款的统一登记制度。因当时并未有统一的登记公示的规定，故参照当时公路收费权质押登记的规定，由其主管部门进行备案登记，有关利害关系人可通过其主管部门了解该收益权是否存在质押之情况，该权利即具备物权公示的效果。

本案中，长乐市建设局在《特许经营权质押担保协议》上盖章，且协议第七条明确约定"长乐市建设局同意为原告和福州市政公司办理质押登记出质登记手续"，故可认定讼争污水处理项目的主管部门已知晓并认可该权利质押情况，有关利害关系人亦可通过长乐市建设局查询了解讼争污水处理厂的有关权利质押的情况。因此，本案讼争的权利质押已具备公示之要件，质权已设立。

三、关于污水处理项目收益权的质权实现方式问题

我国担保法和物权法均未具体规定权利质权的具体实现方式，仅就质权的实现作出一般性的规定，即质权人在行使质权时，可与出质人协议以质押财产折价，或就拍卖、变卖质押财产所得的价款优先受偿。但污水处理项目收益权属于将来金钱债权，质权人可请求法院判令其直接向出质人的债务人收取金钱并对该金钱行使优先受偿权，故无需采取折价或拍卖、变卖之方式。况且收益权均附有一定之负担，且其经营主体具有特定性，故依其性质亦不宜拍卖、变卖。因此，原告请求将《特许经营权质押担保协议》项下的质物予以拍卖、变卖并行使优先受偿权，不予支持。

根据协议约定，原告海峡银行五一支行有权直接向长乐市建设局收取污水处理服务费，并对所收取的污水处理服务费行使优先受偿权。由于被告仍应依约对污水处理厂进行正常运营和维护，若无法正常运营，则将影响到长乐市城区污水的处理，亦将影响原告对污水处理费的收取，故原告在向长乐市建设局收取污水处理服务费时，应当合理行使权利，为被告预留经营污水处理厂的必要合理费用。

典型案例

长城控股公司与中德西拉子公司担保合同纠纷案（《人民法院服务保障自由贸易试验区建设典型案例》案例 1 2022 年 2 月 28 日）

【基本案情】

2017 年，中德西拉子公司与香港长城控

股公司、华西银行成都分行签订《监管协议》。约定以中德西拉子公司名义在华西银行成都分行开立监管账户，进入监管账户的全部资金将进行封闭管理，用于清偿中德西拉子公司的德国子公司欠付香港长城控股公司的债务，账户监管期限于债务清偿完毕之日止。协议签订后，香港长城控股公司与中德西拉子公司的德国子公司签订《借款合同》，向该子公司出借 1.7 亿欧元。其后，中德西拉子公司在华西银行成都分行开立专门账户，向该账户划入监管资金共计人民币 25000 万元。香港长城控股公司提起诉讼，要求确认其对涉案专门账户中的 8100 万元存款享有优先受偿权，中德西拉子公司在 8100 万元范围内承担质押担保责任。

【裁判结果】

四川省高级人民法院一审认为，中德西拉子公司和华西银行成都分行均设立在成都自贸试验区内，本案纠纷因中德西拉子公司为其境外子公司外币借款提供担保产生，涉案担保合同依法有效，判决确认香港长城控股公司对涉案账户中的 8100 万元存款享有质权。中德西拉子公司不服，提起上诉。最高人民法院二审判决驳回上诉，维持原判。

【典型意义】

涉外担保是自贸试验区商事活动的常见形态。2014 年国家外汇管理局发布施行的《跨境担保外汇管理规定》，明确外汇管理部门对跨境担保合同的核准、登记、备案等外汇管理要求，不构成涉外担保合同的生效要件。本案判决明确了涉外担保合同效力的认定规则，依法保障国际贸易自由化、便利化，对促进自贸试验区开放型经济发展具有重要意义。

107. 定金合同纠纷

相关规范

»《中华人民共和国民法典》（2020 年）

第五百八十六条　【定金担保】当事人可以约定一方向对方给付定金作为债权的担保。定金合同自实际交付定金时成立。

定金的数额由当事人约定；但是，不得超过主合同标的额的百分之二十，超过部分不产生定金的效力。实际交付的定金数额多于或者少于约定数额的，视为变更约定的定金数额。

第五百八十七条　【定金罚则】债务人履行债务的，定金应当抵作价款或者收回。给付定金的一方不履行债务或者履行债务不符合约定，致使不能实现合同目的的，无权请求返还定金；收受定金的一方不履行债务或者履行债务不符合约定，致使不能实现合同目的的，应当双倍返还定金。

第五百八十八条　【违约金与定金竞合时的责任】当事人既约定违约金，又约定定金的，一方违约时，对方可以选择适用违约金或者定金条款。

定金不足以弥补一方违约造成的损失的，对方可以请求赔偿超过定金数额的损失。

108. 进出口押汇纠纷

目前我国没有关于进出口押汇的专门法律规范，处理进出口押汇纠纷的法律依据主要是《中华人民共和国民法典》物权编、合同编的相关规定。

109. 储蓄存款合同纠纷

相关规范

>>《中华人民共和国商业银行法》（2015 年修正）

第二十九条 商业银行办理个人储蓄存款业务，应当遵循存款自愿、取款自由、存款有息、为存款人保密的原则。

对个人储蓄存款，商业银行有权拒绝任何单位或者个人查询、冻结、扣划，但法律另有规定的除外。

第三十条 对单位存款，商业银行有权拒绝任何单位或者个人查询，但法律、行政法规另有规定的除外；有权拒绝任何单位或者个人冻结、扣划，但法律另有规定的除外。

第三十一条 商业银行应当按照中国人民银行规定的存款利率的上下限，确定存款利率，并予以公告。

第三十三条 商业银行应当保证存款本金和利息的支付，不得拖延、拒绝支付存款本金和利息。

>>《储蓄管理条例》（2011 年修订）

第二十四条 未到期的定期储蓄存款，全部提前支取的，按支取日挂牌公告的活期储蓄存款利率计付利息；部分提前支取的，提前支取的部分按支取日挂牌公告的活期储蓄存款利率计付利息，其余部分到期时按存单开户日挂牌公告的定期储蓄存款利率计付利息。

第二十五条 逾期支取的定期储蓄存款，其超过原定存期的部分，除约定自动转存的外，按支取日挂牌公告的活期储蓄存款利率计付利息。

第二十六条 定期储蓄存款在存期内遇有利率调整，按存单开户日挂牌公告的相应的定期储蓄存款利率计付利息。

第二十七条 活期储蓄存款在存入期间遇有利率调整，按结息日挂牌公告的活期储蓄存款利率计付利息。全部支取活期储蓄存款，按清户日挂牌公告的活期储蓄存款利率计付利息。

第二十八条 储户认为储蓄存款利息支付有错误时，有权向经办的储蓄机构申请复核；经办的储蓄机构应当及时受理、复核。

第二十九条 未到期的定期储蓄存款，储户提前支取的，必须持存单和存款人的身份证明办理；代储户支取的，代支取人还必须持其身份证明。

第三十条 存单、存折分为记名式和不记名式。记名式的存单、存折可以挂失，不记名式的存单、存折不能挂失。

第三十一条 储户遗失存单、存折或者预留印鉴的印章的，必须立即持本人身份证明，并提供储户的姓名、开户时间、储蓄种类、金额、账号及住址等有关情况，向其开户的储蓄机构书面申请挂失。在特殊情况下，储户可以用口头或者函电形式申请挂失，但必须在五天内补办书面申请挂失手续。

储蓄机构受理挂失后，必须立即停止支付该储蓄存款；受理挂失前该储蓄存款已被他人支取的，储蓄机构不负赔偿责任。

第三十二条 储蓄机构及其工作人员对储户的储蓄情况负有保密责任。

储蓄机构不代任何单位和个人查询、冻结或者划拨储蓄存款，国家法律、行政法规另有规定的除外。

第三十三条 储蓄存款的所有权发生争议，涉及办理过户的，储蓄机构依据人民法院发生法律效力的判决书、裁定书或者调解书办理过户手续。

>>《最高人民法院关于审理存单纠纷案件的若干规定》（2020 年 12 月 23 日修正）

第五条 对一般存单纠纷案件的认定和处理

（一）认定

当事人以存单或进账单、对账单、存款

合同等凭证为主要证据向人民法院提起诉讼的存单纠纷案件和金融机构向人民法院提起的确认存单或进账单、对账单、存款合同等凭证无效的存单纠纷案件，为一般存单纠纷案件。

（二）处理

人民法院在审理一般存单纠纷案件中，除应审查存单、进账单、对账单、存款合同等凭证的真实性外，还应审查持有人与金融机构间存款关系的真实性，并以存单、进账单、对账单、存款合同等凭证的真实性以及存款关系的真实性为依据，作出正确处理。

1. 持有人以上述真实凭证为证据提起诉讼的，金融机构应当对持有人与金融机构间是否存在存款关系负举证责任。如金融机构有充分证据证明持有人未向金融机构交付上述凭证所记载的款项的，人民法院应当认定持有人与金融机构间不存在存款关系，并判决驳回原告的诉讼请求。

2. 持有人以上述真实凭证为证据提起诉讼的，如金融机构不能提供证明存款关系不真实的证据，或仅以金融机构底单的记载内容与上述凭证记载内容不符为由进行抗辩的，人民法院应认定持有人与金融机构间存款关系成立，金融机构应当承担兑付款项的义务。

3. 持有人以在样式、印鉴、记载事项上有别于真实凭证，但无充分证据证明系伪造或变造的瑕疵凭证提起诉讼的，持有人应对瑕疵凭证的取得提供合理的陈述。如持有人对瑕疵凭证的取得提供了合理陈述，而金融机构否认存款关系存在的，金融机构应当对持有人与金融机构间是否存在存款关系负举证责任。如金融机构有充分证据证明持有人未向金融机构交付上述凭证所记载的款项的，人民法院应当认定持有人与金融机构间不存在存款关系，判决驳回原告的诉讼请求；如金融机构不能提供证明存款关系不真实的证据，或仅以金融机构底单的记载内容与上述凭证记载内容不符为由进行抗辩的，人民法院应认定持有人与金融机构间存款关系成立，金融机构应当承担兑付款项的义务。

4. 存单纠纷案件的审理中，如有充足证据证明存单、进账单、对账单、存款合同等凭证系伪造、变造，人民法院应在查明案件事实的基础上，依法确认上述凭证无效，并可驳回持上述凭证起诉的原告的诉讼请求或根据实际存款数额进行判决。如有本规定第三条中止审理情形的，人民法院应当中止审理。

110. 银行卡纠纷

（1）借记卡纠纷

（2）信用卡纠纷

相关规范

《中华人民共和国商业银行法》（2015年修正）

第三条 商业银行可以经营下列部分或者全部业务：

（一）吸收公众存款；

（二）发放短期、中期和长期贷款；

（三）办理国内外结算；

（四）办理票据承兑与贴现；

（五）发行金融债券；

（六）代理发行、代理兑付、承销政府债券；

（七）买卖政府债券、金融债券；

（八）从事同业拆借；

（九）买卖、代理买卖外汇；

（十）从事银行卡业务；

（十一）提供信用证服务及担保；

（十二）代理收付款项及代理保险业务；

（十三）提供保管箱服务；

（十四）经国务院银行业监督管理机构批准的其他业务。

经营范围由商业银行章程规定，报国务院银行业监督管理机构批准。

商业银行经中国人民银行批准，可以经

营结汇、售汇业务。

第四条 商业银行以安全性、流动性、效益性为经营原则，实行自主经营，自担风险，自负盈亏，自我约束。

商业银行依法开展业务，不受任何单位和个人的干涉。

商业银行以其全部法人财产独立承担民事责任。

《中国人民银行银行卡业务管理办法》(1999 年)

第五十一条 发卡银行的权利：

（一）发卡银行有权审查申请人的资信状况、索取申请人的个人资料，并有权决定是否向申请人发卡及确定信用卡持卡人的透支额度。

（二）发卡银行对持卡人透支有追偿权。对持卡人不在规定期限内归还透支款项的，发卡银行有权申请法律保护并依法追究持卡人或有关当事人的法律责任。

（三）发卡银行对不遵守其章程规定的持卡人，有权取消其持卡人资格，并可授权有关单位收回其银行卡。

（四）发卡银行对储值卡和 IC 卡内的电子钱包可不予挂失。

第五十二条 发卡银行的义务：

（一）发卡银行应当向银行卡申请人提供有关银行卡的使用说明资料，包括章程、使用说明及收费标准。现有持卡人亦可索取上述资料。

（二）发卡银行应当设立针对银行卡服务的公平、有效的投诉制度，并公开投诉程序和投诉电话。发卡银行对持卡人关于账务情况的查询和改正要求应当在 30 天内给予答复。

（三）发卡银行应当向持卡人提供对账服务。按月向持卡人提供账户结单，在下列情况下发卡银行可不向持卡人提供账户结单：

1. 已向持卡人提供存折或其他交易记录；

2. 自上一份月结单后，没有进行任何交易，账户没有任何未偿还余额；

3. 已与持卡人另行商定。

（四）发卡银行向持卡人提供的银行卡对账单应当列出以下内容：

1. 交易金额、账户余额（贷记卡还应列出到期还款日、最低还款额、可信用额度）；

2. 交易金额记入有关账户或自有关账户扣除的日期；

3. 交易日期与类别；

4. 交易记录号码；

5. 作为支付对象的商户名称或代号（异地交易除外）；

6. 查询或报告不符账务的地址或电话号码。

（五）发卡银行应当向持卡人提供银行卡挂失服务，应当设立 24 小时挂失服务电话，提供电话和书面两种挂失方式，书面挂失为正式挂失方式。并在章程或有关协议中明确发卡银行与持卡人之间的挂失责任。

（六）发卡银行应当在有关卡的章程或使用说明中向持卡人说明密码的重要性及丢失的责任。

（七）发卡银行对持卡人的资信资料负有保密的责任。

第五十三条 持卡人的权利：

（一）持卡人享有发卡银行对其银行卡所承诺的各项服务的权利，有权监督服务质量并对不符服务质量进行投诉。

（二）申请人、持卡人有权知悉其选用的银行卡的功能、使用方法、收费项目、收费标准、适用利率及有关的计算公式。

（三）持卡人有权在规定时间内向发卡银行索取对账单，并有权要求对不符账务内容进行查询或改正。

（四）借记卡的挂失手续办妥后，持卡人不再承担相应卡账户资金变动的责任，司法机关、仲裁机关另有判决的除外。

（五）持卡人有权索取信用卡领用合约，并应妥善保管。

第五十四条 持卡人的义务：

（一）申请人应当向发卡银行提供真实

的申请资料并按照发卡银行规定向其提供符合条件的担保。

（二）持卡人应当遵守发卡银行的章程及《领用合约》的有关条款。

（三）持卡人或保证人通讯地址、职业等发生变化，应当及时书面通知发卡银行。

（四）持卡人不得以和商户发生纠纷为由拒绝支付所欠银行款项。

第五十五条 商业银行发展受理银行卡的商户，应当与商户签订受理合约，受理合约不得包括排他性条款。受理合约中的手续费率标准低于本办法规定标准的不受法律保护。

《最高人民法院关于审理银行卡民事纠纷案件若干问题的规定》（法释〔2021〕10号 2021年5月24日）

第一条 持卡人与发卡行、非银行支付机构、收单行、特约商户等当事人之间因订立银行卡合同、使用银行卡等产生的民事纠纷，适用本规定。

本规定所称银行卡民事纠纷，包括借记卡纠纷和信用卡纠纷。

第二条 发卡行在与持卡人订立银行卡合同时，对收取利息、复利、费用、违约金等格式条款未履行提示或者说明义务，致使持卡人没有注意或者理解该条款，持卡人主张该条款不成为合同的内容、对其不具有约束力的，人民法院应予支持。

发卡行请求持卡人按照信用卡合同的约定给付透支利息、复利、违约金等，或者给付分期付款手续费、利息、违约金等，持卡人以发卡行主张的总额过高为由请求予以适当减少的，人民法院应当综合考虑国家有关金融监管规定、未还款的数额及期限、当事人过错程度、发卡行的实际损失等因素，根据公平原则和诚信原则予以衡量，并作出裁决。

第三条 具有下列情形之一的，应当认定发卡行对持卡人享有的债权请求权诉讼时效中断：

（一）发卡行按约定在持卡人账户中扣划透支款本息、违约金等；

（二）发卡行以向持卡人预留的电话号码、通讯地址、电子邮箱发送手机短信、书面信件、电子邮件等方式催收债权；

（三）发卡行以持卡人恶意透支存在犯罪嫌疑为由向公安机关报案；

（四）其他可以认定为诉讼时效中断的情形。

第四条 持卡人主张争议交易为伪卡盗刷交易或者网络盗刷交易的，可以提供生效法律文书、银行卡交易时真卡所在地、交易行为地、账户交易明细、交易通知、报警记录、挂失记录等证据材料进行证明。

发卡行、非银行支付机构主张争议交易为持卡人本人交易或者其授权交易的，应当承担举证责任。发卡行、非银行支付机构可以提供交易单据、对账单、监控录像、交易身份识别信息、交易验证信息等证据材料进行证明。

第五条 在持卡人告知发卡行其账户发生非因本人交易或者本人授权交易导致的资金或者透支数额变动后，发卡行未及时向持卡人核实银行卡的持有及使用情况，未及时提供或者保存交易单据、监控录像等证据材料，导致有关证据材料无法取得的，应承担举证不能的法律后果。

第六条 人民法院应当全面审查当事人提交的证据，结合银行卡交易行为地与真卡所在地距离、持卡人是否进行了基础交易、交易时间和报警时间、持卡人用卡习惯、银行卡被盗刷的次数及频率、交易系统、技术和设备是否具有安全性等事实，综合判断是否存在伪卡盗刷交易或者网络盗刷交易。

第七条 发生伪卡盗刷交易或者网络盗刷交易，借记卡持卡人基于借记卡合同法律关系请求发卡行支付被盗刷存款本息并赔偿损失的，人民法院依法予以支持。

发生伪卡盗刷交易或者网络盗刷交易，信用卡持卡人基于信用卡合同法律关系请求发卡行返还扣划的透支款本息、违约金并赔偿损失的，人民法院依法予以支持；发卡行请求信用卡持卡人偿还透支款本息、违约金等的，人民法院不予支持。

前两款情形，持卡人对银行卡、密码、验证码等身份识别信息、交易验证信息未尽妥善保管义务具有过错，发卡行主张持卡人承担相应责任的，人民法院应予支持。

持卡人未及时采取挂失等措施防止损失扩大，发卡行主张持卡人自行承担扩大损失责任的，人民法院应予支持。

第八条　发卡行在与持卡人订立银行卡合同或者在开通网络支付业务功能时，未履行告知持卡人银行卡具有相关网络支付功能义务，持卡人以其未与发卡行就争议网络支付条款达成合意为由请求不承担因使用该功能而导致网络盗刷责任的，人民法院应予支持，但有证据证明持卡人同意使用该网络支付功能的，适用本规定第七条规定。

非银行支付机构新增网络支付业务类型时，未向持卡人履行前款规定义务的，参照前款规定处理。

第九条　发卡行在与持卡人订立银行卡合同或者新增网络支付业务时，未完全告知某一网络支付业务持卡人身份识别方式、交易验证方式、交易规则等足以影响持卡人决定是否使用该功能的内容，致使持卡人没有全面准确理解该功能，持卡人以其未与发卡行就相关网络支付条款达成合意为由请求不承担因使用该功能而导致网络盗刷责任的，人民法院应予支持，但持卡人对于网络盗刷具有过错的，应当承担相应过错责任。发卡行虽然未尽前述义务，但是有证据证明持卡人知道并理解该网络支付功能的，适用本规定第七条规定。

非银行支付机构新增网络支付业务类型时，存在前款未完全履行告知义务情形，参照前款规定处理。

第十条　发卡行或者非银行支付机构向持卡人提供的宣传资料载明其承担网络盗刷先行赔付责任，该允诺具体明确，应认定为合同的内容。持卡人据此请求发卡行或者非银行支付机构承担先行赔付责任的，人民法院应予支持。

因非银行支付机构相关网络支付业务系统、设施和技术不符合安全要求导致网络盗刷，持卡人请求判令该机构承担先行赔付责任的，人民法院应予支持。

第十一条　在收单行与发卡行不是同一银行的情形下，因收单行未尽保障持卡人用卡安全义务或者因特约商户未尽审核持卡人签名真伪、银行卡真伪等审核义务导致发生伪卡盗刷交易，持卡人请求收单行或者特约商户承担赔偿责任的，人民法院应予支持，但持卡人对伪卡盗刷交易具有过错，可以减轻或者免除收单行或者特约商户相应责任。

持卡人请求发卡行承担责任，发卡行申请追加收单行或者特约商户作为第三人参加诉讼的，人民法院可以准许。

发卡行承担责任后，可以依法主张存在过错的收单行或者特约商户承担相应责任。

第十二条　发卡行、非银行支付机构、收单行、特约商户承担责任后，请求盗刷者承担侵权责任的，人民法院应予支持。

第十三条　因同一伪卡盗刷交易或者网络盗刷交易，持卡人向发卡行、非银行支付机构、收单行、特约商户、盗刷者等主体主张权利，所获赔偿数额不应超过其因银行卡被盗刷所致损失总额。

第十四条　持卡人依据其对伪卡盗刷交易或者网络盗刷交易不承担或者不完全承担责任的事实，请求发卡行及时撤销相应不良征信记录的，人民法院应予支持。

第十五条　本规定所称伪卡盗刷交易，是指他人使用伪造的银行卡刷卡进行取现、消费、转账等，导致持卡人账户发生非基于本人意思的资金减少或者透支数额增加的行为。

本规定所称网络盗刷交易，是指他人盗取并使用持卡人银行卡网络交易身份识别信息和交易验证信息进行网络交易，导致持卡人账户发生非因本人意思的资金减少或者透支数额增加的行为。

111. 租赁合同纠纷

（1）土地租赁合同纠纷
（2）房屋租赁合同纠纷
（3）车辆租赁合同纠纷
（4）建筑设备租赁合同纠纷

相关规范

》《中华人民共和国民法典》（2020年）

第七百零三条　【租赁合同定义】租赁合同是出租人将租赁物交付承租人使用、收益，承租人支付租金的合同。

第七百零四条　【租赁合同主要内容】租赁合同的内容一般包括租赁物的名称、数量、用途、租赁期限、租金及其支付期限和方式、租赁物维修等条款。

第七百零五条　【租赁最长期限】租赁期限不得超过二十年。超过二十年的，超过部分无效。

租赁期限届满，当事人可以续订租赁合同；但是，约定的租赁期限自续订之日起不得超过二十年。

第七百零六条　【租赁合同的登记备案手续对合同效力影响】当事人未依照法律、行政法规规定办理租赁合同登记备案手续的，不影响合同的效力。

第七百零七条　【租赁合同形式】租赁期限六个月以上的，应当采用书面形式。当事人未采用书面形式，无法确定租赁期限的，视为不定期租赁。

第七百零八条　【出租人交付租赁物义务和适租义务】出租人应当按照约定将租赁物交付承租人，并在租赁期限内保持租赁物符合约定的用途。

第七百零九条　【承租人按约定使用租赁物的义务】承租人应当按照约定的方法使用租赁物。对租赁物的使用方法没有约定或者约定不明确，依据本法第五百一十条的规定仍不能确定的，应当根据租赁物的性质使用。

第七百一十条　【承租人按约定使用租赁物的免责义务】承租人按照约定的方法或者根据租赁物的性质使用租赁物，致使租赁物受到损耗的，不承担赔偿责任。

第七百一十一条　【租赁人未按约定使用租赁物的责任】承租人未按照约定的方法或者未根据租赁物的性质使用租赁物，致使租赁物受到损失的，出租人可以解除合同并请求赔偿损失。

第七百一十二条　【出租人维修义务】出租人应当履行租赁物的维修义务，但是当事人另有约定的除外。

第七百一十三条　【出租人不履行维修义务的法律后果】承租人在租赁物需要维修时可以请求出租人在合理期限内维修。出租人未履行维修义务的，承租人可以自行维修，维修费用由出租人负担。因维修租赁物影响承租人使用的，应当相应减少租金或者延长租期。

因承租人的过错致使租赁物需要维修的，出租人不承担前款规定的维修义务。

第七百一十四条　【承租人妥善保管租赁物义务】承租人应当妥善保管租赁物，因保管不善造成租赁物毁损、灭失的，应当承担赔偿责任。

第七百一十五条　【承租人对租赁物进行改善或增设他物】承租人经出租人同意，可以对租赁物进行改善或者增设他物。

承租人未经出租人同意，对租赁物进行改善或者增设他物的，出租人可以请求承租人恢复原状或者赔偿损失。

第七百一十六条　【承租人对租赁物转租】承租人经出租人同意，可以将租赁物转租给第三人。承租人转租的，承租人与出租人之间的租赁合同继续有效；第三人造成租赁物损失的，承租人应当赔偿损失。

承租人未经出租人同意转租的，出租人可以解除合同。

第七百一十七条　【超过承租人剩余租赁期限的转租期间效力】 承租人经出租人同意将租赁物转租给第三人，转租期限超过承租人剩余租赁期限的，超过部分的约定对出租人不具有法律约束力，但是出租人与承租人另有约定的除外。

第七百一十八条　【推定出租人同意转租】 出租人知道或者应当知道承租人转租，但是在六个月内未提出异议的，视为出租人同意转租。

第七百一十九条　【次承租人代位求偿权】 承租人拖欠租金的，次承租人可以代承租人支付其欠付的租金和违约金，但是转租合同对出租人不具有法律约束力的除外。

次承租人代为支付的租金和违约金，可以充抵次承租人应当向承租人支付的租金；超出其应付的租金数额的，可以向承租人追偿。

第七百二十条　【租赁物收益归属】 在租赁期限内因占有、使用租赁物获得的收益，归承租人所有，但是当事人另有约定的除外。

第七百二十一条　【租金支付期限】 承租人应当按照约定的期限支付租金。对支付租金的期限没有约定或者约定不明确，依据本法第五百一十条的规定仍不能确定，租赁期限不满一年的，应当在租赁期限届满时支付；租赁期限一年以上的，应当在每届满一年时支付，剩余期限不满一年的，应当在租赁期限届满时支付。

第七百二十二条　【承租人违反支付租金义务的法律后果】 承租人无正当理由未支付或者迟延支付租金的，出租人可以请求承租人在合理期限内支付；承租人逾期不支付的，出租人可以解除合同。

第七百二十三条　【出租人权利瑕疵担保责任】 因第三人主张权利，致使承租人不能对租赁物使用、收益的，承租人可以请求减少租金或者不支付租金。

第三人主张权利的，承租人应当及时通知出租人。

第七百二十四条　【非承租人构成根本性违约承租人可以解除合同】 有下列情形之一，非因承租人原因致使租赁物无法使用的，承租人可以解除合同：

（一）租赁物被司法机关或者行政机关依法查封、扣押；

（二）租赁物权属有争议；

（三）租赁物具有违反法律、行政法规关于使用条件的强制性规定情形。

第七百二十五条　【所有权变动不破租赁】 租赁物在承租人按照租赁合同占有期限内发生所有权变动的，不影响租赁合同的效力。

第七百二十六条　【房屋承租人优先购买权】 出租人出卖租赁房屋的，应当在出卖之前的合理期限内通知承租人，承租人享有以同等条件优先购买的权利；但是，房屋按份共有人行使优先购买权或者出租人将房屋出卖给近亲属的除外。

出租人履行通知义务后，承租人在十五日内未明确表示购买的，视为承租人放弃优先购买权。

第七百二十七条　【委托拍卖情况下房屋承租人优先购买权】 出租人委托拍卖人拍卖租赁房屋的，应当在拍卖五日前通知承租人。承租人未参加拍卖的，视为放弃优先购买权。

第七百二十八条　【房屋承租人优先购买权受到侵害的法律后果】 出租人未通知承租人或者有其他妨害承租人行使优先购买权情形的，承租人可以请求出租人承担赔偿责任。但是，出租人与第三人订立的房屋买卖合同的效力不受影响。

第七百二十九条　【不可归责于承租人的租赁物毁损、灭失的法律后果】 因不可归责于承租人的事由，致使租赁物部分或者全部毁损、灭失的，承租人可以请求减少租金或者不支付租金；因租赁物部分或者全部毁损、灭失，致使不能实现合同目的的，承租人可以解除合同。

第七百三十条　【租赁期限没有约定或约定不明确时的法律后果】 当事人对租赁期

限没有约定或者约定不明确，依据本法第五百一十条的规定仍不能确定的，视为不定期租赁；当事人可以随时解除合同，但是应当在合理期限之前通知对方。

第七百三十一条　【租赁物质量不合格时承租人解除权】租赁物危及承租人的安全或者健康的，即使承租人订立合同时明知该租赁物质量不合格，承租人仍然可以随时解除合同。

第七百三十二条　【房屋承租人死亡的租赁关系的处理】承租人在房屋租赁期限内死亡的，与其生前共同居住的人或者共同经营人可以按照原租赁合同租赁该房屋。

第七百三十三条　【租赁期限届满承租人返还租赁物】租赁期限届满，承租人应当返还租赁物。返还的租赁物应当符合按照约定或者根据租赁物的性质使用后的状态。

第七百三十四条　【租赁期限届满承租人继续使用租赁物及房屋承租人的优先承租权】租赁期限届满，承租人继续使用租赁物，出租人没有提出异议的，原租赁合同继续有效，但是租赁期限为不定期。

租赁期限届满，房屋承租人享有以同等条件优先承租的权利。

»《中华人民共和国城市房地产管理法》（2019 年修正）

第五十三条　房屋租赁，是指房屋所有权人作为出租人将其房屋出租给承租人使用，由承租人向出租人支付租金的行为。

第五十四条　房屋租赁，出租人和承租人应当签订书面租赁合同，约定租赁期限、租赁用途、租赁价格、修缮责任等条款，以及双方的其他权利和义务，并向房产管理部门登记备案。

第五十五条　住宅用房的租赁，应当执行国家和房屋所在城市人民政府规定的租赁政策。租用房屋从事生产、经营活动的，由租赁双方协商议定租金和其他租赁条款。

第五十六条　以营利为目的，房屋所有权人将以划拨方式取得使用权的国有土地上建成的房屋出租的，应当将租金中所含土地收益上缴国家。具体办法由国务院规定。

»《城镇国有土地使用权出让和转让暂行条例》（2020 年修订）

第二十八条　土地使用权出租是指土地使用者作为出租人将土地使用权随同地上建筑物、其他附着物租赁给承租人使用，由承租人向出租人支付租金的行为。

未按土地使用权出让合同规定的期限和条件投资开发、利用土地的，土地使用权不得出租。

第二十九条　土地使用权出租，出租人与承租人应当签订租赁合同。

租赁合同不得违背国家法律、法规和土地使用权出让合同的规定。

第三十条　土地使用权出租后，出租人必须继续履行土地使用权出让合同。

第三十一条　土地使用权和地上建筑物、其他附着物出租，出租人应当依照规定办理登记。

»《最高人民法院关于审理城镇房屋租赁合同纠纷案件具体问题应用法律若干问题的解释》（2020 年 12 月 23 日修正）

第一条　本解释所称城镇房屋，是指城市、镇规划区内的房屋。

乡、村庄规划区内的房屋租赁合同纠纷案件，可以参照本解释处理。但法律另有规定的，适用其规定。

当事人依照国家福利政策租赁公有住房、廉租住房、经济适用住房产生的纠纷案件，不适用本解释。

第二条　出租人就未取得建设工程规划许可证或者未按照建设工程规划许可证的规定建设的房屋，与承租人订立的租赁合同无效。但在一审法庭辩论终结前取得建设工程规划许可证或者经主管部门批准建设的，人民法院应当认定有效。

第三条　出租人就未经批准或者未按照批准内容建设的临时建筑，与承租人订立的租赁合同无效。但在一审法庭辩论终结前经主管部门批准建设的，人民法院应当认定有效。

租赁期限超过临时建筑的使用期限，超过部分无效。但在一审法庭辩论终结前经主管部门批准延长使用期限的，人民法院应当认定延长使用期限内的租赁期间有效。

第四条　房屋租赁合同无效，当事人请求参照合同约定的租金标准支付房屋占有使用费的，人民法院一般应予支持。

当事人请求赔偿因合同无效受到的损失，人民法院依照民法典第一百五十七条和本解释第七条、第十一条、第十二条的规定处理。

第五条　出租人就同一房屋订立数份租赁合同，在合同均有效的情况下，承租人均主张履行合同的，人民法院按照下列顺序确定履行合同的承租人：

（一）已经合法占有租赁房屋的；

（二）已经办理登记备案手续的；

（三）合同成立在先的。

不能取得租赁房屋的承租人请求解除合同、赔偿损失的，依照民法典的有关规定处理。

第六条　承租人擅自变动房屋建筑主体和承重结构或者扩建，在出租人要求的合理期限内仍不予恢复原状，出租人请求解除合同并要求赔偿损失的，人民法院依照民法典第七百一十一条的规定处理。

第七条　承租人经出租人同意装饰装修，租赁合同无效时，未形成附合的装饰装修物，出租人同意利用的，可折价归出租人所有；不同意利用的，可由承租人拆除。因拆除造成房屋毁损的，承租人应当恢复原状。

已形成附合的装饰装修物，出租人同意利用的，可折价归出租人所有；不同意利用的，由双方各自按照导致合同无效的过错分担现值损失。

第八条　承租人经出租人同意装饰装修，租赁期间届满或者合同解除时，除当事人另有约定外，未形成附合的装饰装修物，可由承租人拆除。因拆除造成房屋毁损的，承租人应当恢复原状。

第九条　承租人经出租人同意装饰装修，合同解除时，双方对已形成附合的装饰装修物的处理没有约定的，人民法院按照下列情形分别处理：

（一）因出租人违约导致合同解除，承租人请求出租人赔偿剩余租赁期内装饰装修残值损失的，应予支持；

（二）因承租人违约导致合同解除，承租人请求出租人赔偿剩余租赁期内装饰装修残值损失的，不予支持。但出租人同意利用的，应在利用价值范围内予以适当补偿；

（三）因双方违约导致合同解除，剩余租赁期内的装饰装修残值损失，由双方根据各自的过错承担相应的责任；

（四）因不可归责于双方的事由导致合同解除的，剩余租赁期内的装饰装修残值损失，由双方按照公平原则分担。法律另有规定的，适用其规定。

第十条　承租人经出租人同意装饰装修，租赁期间届满时，承租人请求出租人补偿附合装饰装修费用的，不予支持。但当事人另有约定的除外。

第十一条　承租人未经出租人同意装饰装修或者扩建发生的费用，由承租人负担。出租人请求承租人恢复原状或者赔偿损失的，人民法院应予支持。

第十二条　承租人经出租人同意扩建，但双方对扩建费用的处理没有约定的，人民法院按照下列情形分别处理：

（一）办理合法建设手续的，扩建造价费用由出租人负担；

（二）未办理合法建设手续的，扩建造价费用由双方按照过错分担。

第十三条　房屋租赁合同无效、履行期限届满或者解除，出租人请求负有腾房义务的次承租人支付逾期腾房占有使用费的，人民法院应予支持。

第十四条　租赁房屋在承租人按照租赁

合同占有期限内发生所有权变动，承租人请求房屋受让人继续履行原租赁合同的，人民法院应予支持。但租赁房屋具有下列情形或者当事人另有约定的除外：

（一）房屋在出租前已设立抵押权，因抵押权人实现抵押权发生所有权变动的；

（二）房屋在出租前已被人民法院依法查封的。

第十五条 出租人与抵押权人协议折价、变卖租赁房屋偿还债务，应当在合理期限内通知承租人。承租人请求以同等条件优先购买房屋的，人民法院应予支持。

《最高人民法院关于适用〈中华人民共和国民法典〉时间效力的若干规定》（法释〔2020〕15号 2020年12月29日）

第二十一条 民法典施行前租赁期限届满，当事人主张适用民法典第七百三十四条第二款规定的，人民法院不予支持；租赁期限在民法典施行后届满，当事人主张适用民法典第七百三十四条第二款规定的，人民法院依法予以支持。

《最高人民法院关于为促进消费提供司法服务和保障的意见》（法发〔2022〕35号 2022年12月26日）

22. 妥善处理房屋租赁合同纠纷。疫情或者疫情防控措施导致小微企业、个体工商户等承租人没有收入或者收入明显减少，造成支付租金困难，出租人请求解除房屋租赁合同、由承租人承担违约责任的，人民法院应当加强调解，引导出租人和承租人合理分担损失，共克时艰。对国有房屋租金数额发生争议，承租人请求按照有关政府机关的规定减免租金的，人民法院应当依法支持。出租人减免租金后主张税务机关按照相关规定减免当年房产税、城镇土地使用税，符合法律规定或者国家税收政策的，人民法院应当依法支持。

《最高人民法院关于为稳定就业提供司法服务和保障的意见》（法发〔2022〕36号 2022年12月26日）

2. 推动落实阶段性减免房产租金等助企纾困政策，支持中小微企业稳就业规模。依法妥善审理房屋租赁合同纠纷等案件，推动落实阶段性减免国有房产租金等政策，引导出租人减免或者缓收租金，依法减轻中小微企业、个体工商户等负担，稳住中小微企业就业规模。承租国有企业房屋或者行政事业单位房屋用于经营，符合政策条件的服务业中小微企业、个体工商户等请求按照国家有关政策减免一定期限内租金的，人民法院应当依法支持。承租非国有房屋的承租人请求减免或者延期支付租金的，可以引导当事人参照有关租金减免政策、条件进行和解；和解不成的，结合案件实际情况，依照民法典有关规定处理。

典型案例

某公租房公司诉马某某房屋租赁合同纠纷案（《最高人民法院、中国残疾人联合会残疾人权益保护十大典型案例》案例七 2021年12月2日）

【基本案情】

某公租房公司与马某某于2014年签订公租房租赁合同，约定某公租房公司将一套公租房租赁给马某某，租期12个月，每6个月交纳一次租金，逾期2个月不交租金的，某公租房公司可解除合同。合同签订后，马某某拖欠9个月租金。某公租房公司起诉请求解除双方之间签订的《房屋租赁合同》，马某某给付自2020年8月4日至实际退还房屋之日的租金，并腾退其租住的房屋。

【裁判结果】

青海省西宁市城东区人民法院在案件审理过程中，了解到马某某系行动不便残疾人，主要生活来源是政府低保，年近花甲，没有子女，长期一人独居生活。因其外出未按政策规定按时提交低保申请信息，低保被暂时取消，导致未能按时缴纳房租。考虑到马某某的实际情况，经主持调解，双方自愿达成调解协议，马某某可以继续租住，并于2022年2月10日前一次性给付某公租房公司2020年8月5日至2021年8月4日期间所欠租金4802.08元。

【典型意义】

公共租赁住房是党和政府为困难群众提供的生活保障，本案如单纯判决解除租赁合同，将难以避免地造成不可逆的影响，导致残疾老人无房可住。人民法院充分释法，耐心说理，劝说某公租房公司充分考量马某某的困境，给予8个月的宽限期，劝告马某某再次申请低保，同时调解暂时不解除租赁合同，避免马某某面临无房可住的困境。既保障了政府公租房政策通过合同的形式得到落实，同时又切实保障了残疾人的居住权，在具体案例中落实了司法为民的宗旨。

112. 融资租赁合同纠纷

相关规范

»《中华人民共和国民法典》（2020年）

第七百三十六条　【融资租赁合同内容和形式】融资租赁合同的内容一般包括租赁物的名称、数量、规格、技术性能、检验方法，租赁期限，租金构成及其支付期限和方式、币种，租赁期限届满租赁物的归属等条款。

融资租赁合同应当采用书面形式。

第七百三十七条　【融资租赁合同无效】当事人以虚构租赁物方式订立的融资租赁合同无效。

第七百三十八条　【租赁物经营许可对合同效力影响】依照法律、行政法规的规定，对于租赁物的经营使用应当取得行政许可的，出租人未取得行政许可不影响融资租赁合同的效力。

第七百三十九条　【融资租赁标的物交付】出租人根据承租人对出卖人、租赁物的选择订立的买卖合同，出卖人应当按照约定向承租人交付标的物，承租人享有与受领标的物有关的买受人的权利。

第七百四十条　【承租人拒绝受领标的物的条件】出卖人违反向承租人交付标的物的义务，有下列情形之一的，承租人可以拒绝受领出卖人向其交付的标的物：

（一）标的物严重不符合约定；

（二）未按照约定交付标的物，经承租人或者出租人催告后在合理期限内仍未交付。

承租人拒绝受领标的物的，应当及时通知出租人。

第七百四十一条　【承租人行使索赔权】出租人、出卖人、承租人可以约定，出卖人不履行买卖合同义务的，由承租人行使索赔的权利。承租人行使索赔权利的，出租人应当协助。

第七百四十二条　【承租人行使索赔权不影响支付租金义务】承租人对出卖人行使索赔权利，不影响其履行支付租金的义务。但是，承租人依赖出租人的技能确定租赁物或者出租人干预选择租赁物的，承租人可以请求减免相应租金。

第七百四十三条　【索赔失败的责任承担】出租人有下列情形之一，致使承租人对出卖人行使索赔权利失败的，承租人有权请求出租人承担相应的责任：

（一）明知租赁物有质量瑕疵而不告知承租人；

（二）承租人行使索赔权利时，未及时提供必要协助。

出租人怠于行使只能由其对出卖人行使的索赔权利，造成承租人损失的，承租人有权请求出租人承担赔偿责任。

第七百四十四条　【出租人不得擅自变更买卖合同内容】出租人根据承租人对出卖人、租赁物的选择订立的买卖合同，未经承租人同意，出租人不得变更与承租人有关的合同内容。

第七百四十五条 【租赁物的所有权】出租人对租赁物享有的所有权，未经登记，不得对抗善意第三人。

第七百四十六条 【融资租赁合同租金的确定】融资租赁合同的租金，除当事人另有约定外，应当根据购买租赁物的大部分或者全部成本以及出租人的合理利润确定。

第七百四十七条 【租赁物质量瑕疵担保责任】租赁物不符合约定或者不符合使用目的的，出租人不承担责任。但是，承租人依赖出租人的技能确定租赁物或者出租人干预选择租赁物的除外。

第七百四十八条 【出租人保证承租人占有和使用租赁物】出租人应当保证承租人对租赁物的占有和使用。

出租人有下列情形之一的，承租人有权请求其赔偿损失：

（一）无正当理由收回租赁物；

（二）无正当理由妨碍、干扰承租人对租赁物的占有和使用；

（三）因出租人的原因致使第三人对租赁物主张权利；

（四）不当影响承租人对租赁物占有和使用的其他情形。

第七百四十九条 【租赁物致人损害的责任承担】承租人占有租赁物期间，租赁物造成第三人人身损害或者财产损失的，出租人不承担责任。

第七百五十条 【承租人对租赁物的保管、使用和维修义务】承租人应当妥善保管、使用租赁物。

承租人应当履行占有租赁物期间的维修义务。

第七百五十一条 【租赁物毁损、灭失对租金给付义务的影响】承租人占有租赁物期间，租赁物毁损、灭失的，出租人有权请求承租人继续支付租金，但是法律另有规定或者当事人另有约定的除外。

第七百五十二条 【承租人支付租金义务】承租人应当按照约定支付租金。承租人经催告后在合理期限内仍不支付租金的，出租人可以请求支付全部租金；也可以解除合同，收回租赁物。

第七百五十三条 【出租人解除融资租赁合同】承租人未经出租人同意，将租赁物转让、抵押、质押、投资入股或者以其他方式处分的，出租人可以解除融资租赁合同。

第七百五十四条 【出租人或承租人解除融资租赁合同】有下列情形之一的，出租人或者承租人可以解除融资租赁合同：

（一）出租人与出卖人订立的买卖合同解除、被确认无效或者被撤销，且未能重新订立买卖合同；

（二）租赁物因不可归责于当事人的原因毁损、灭失，且不能修复或者确定替代物；

（三）因出卖人的原因致使融资租赁合同的目的不能实现。

第七百五十五条 【承租人承担赔偿责任】融资租赁合同因买卖合同解除、被确认无效或者被撤销而解除，出卖人、租赁物系由承租人选择的，出租人有权请求承租人赔偿相应损失；但是，因出租人原因致使买卖合同解除、被确认无效或者被撤销的除外。

出租人的损失已经在买卖合同解除、被确认无效或者被撤销时获得赔偿的，承租人不再承担相应的赔偿责任。

第七百五十六条 【租赁物意外毁损灭失】融资租赁合同因租赁物交付承租人后意外毁损、灭失等不可归责于当事人的原因解除的，出租人可以请求承租人按照租赁物折旧情况给予补偿。

第七百五十七条 【租赁期限届满租赁物归属】出租人和承租人可以约定租赁期限届满租赁物的归属；对租赁物的归属没有约定或者约定不明确，依据本法第五百一十条的规定仍不能确定的，租赁物的所有权归出租人。

第七百五十八条 【租赁物价值返还及租赁物无法返还】当事人约定租赁期限届满租赁物归承租人所有，承租人已经支付大部分租金，但是无力支付剩余租金，出租人因此解除合同收回租赁物，收回的租赁物的价值超过承租人欠付的租金以及其他费用的，承租人可以请求相应返还。

当事人约定租赁期限届满租赁物归出租人所有，因租赁物毁损、灭失或者附合、混合于他物致使承租人不能返还的，出租人有权请求承租人给予合理补偿。

第七百五十九条　【支付象征性价款后租赁物归属】当事人约定租赁期限届满，承租人仅需向出租人支付象征性价款的，视为约定的租金义务履行完毕后租赁物的所有权归承租人。

第七百六十条　【融资租赁合同无效租赁物归属】融资租赁合同无效，当事人就该情形下租赁物的归属有约定的，按照其约定；没有约定或者约定不明确的，租赁物应当返还出租人。但是，因承租人原因致使合同无效，出租人不请求返还或者返还后会显著降低租赁物效用的，租赁物的所有权归承租人，由承租人给予出租人合理补偿。

《中华人民共和国民用航空法》（2021年修正）

第二十六条　民用航空器租赁合同，包括融资租赁合同和其他租赁合同，应当以书面形式订立。

第二十七条　民用航空器的融资租赁，是指出租人按照承租人对供货方和民用航空器的选择，购得民用航空器，出租给承租人使用，由承租人定期交纳租金。

第二十八条　融资租赁期间，出租人依法享有民用航空器所有权，承租人依法享有民用航空器的占有、使用、收益权。

第二十九条　融资租赁期间，出租人不得干扰承租人依法占有、使用民用航空器；承租人应当适当地保管民用航空器，使之处于原交付时的状态，但是合理损耗和经出租人同意的对民用航空器的改变除外。

第三十条　融资租赁期满，承租人应当将符合本法第二十九条规定状态的民用航空器退还出租人；但是，承租人依照合同行使购买民用航空器的权利或者为继续租赁而占有民用航空器的除外。

第三十一条　民用航空器融资租赁中的供货方，不就同一损害同时对出租人和承租人承担责任。

第三十二条　融资租赁期间，经出租人同意，在不损害第三人利益的情况下，承租人可以转让其对民用航空器的占有权或者租赁合同约定的其他权利。

第三十三条　民用航空器的融资租赁和租赁期限为六个月以上的其他租赁，承租人应当就其对民用航空器的占有权向国务院民用航空主管部门办理登记；未经登记的，不得对抗第三人。

《最高人民法院关于审理融资租赁合同纠纷案件适用法律问题的解释》

（2020年12月23日修正）

第一条　人民法院应当根据民法典第七百三十五条的规定，结合标的物的性质、价值、租金的构成以及当事人的合同权利和义务，对是否构成融资租赁法律关系作出认定。

对名为融资租赁合同，但实际不构成融资租赁法律关系的，人民法院应按照其实际构成的法律关系处理。

第二条　承租人将其自有物出卖给出租人，再通过融资租赁合同将租赁物从出租人处租回的，人民法院不应仅以承租人和出卖人系同一人为由认定不构成融资租赁法律关系。

第三条　承租人拒绝受领租赁物，未及时通知出租人，或者无正当理由拒绝受领租赁物，造成出租人损失，出租人向承租人主张损害赔偿的，人民法院应予支持。

第四条　出租人转让其在融资租赁合同项下的部分或者全部权利，受让方以此为由请求解除或者变更融资租赁合同的，人民法院不予支持。

第五条　有下列情形之一，出租人请求解除融资租赁合同的，人民法院应予支持：

（一）承租人未按照合同约定的期限和数额支付租金，符合合同约定的解除条件，经出租人催告后在合理期限内仍不支付的；

（二）合同对于欠付租金解除合同的情形没有明确约定，但承租人欠付租金达到两期以上，或者数额达到全部租金百分之十五以上，经出租人催告后在合理期限内仍不支付的；

（三）承租人违反合同约定，致使合同目的不能实现的其他情形。

第六条 因出租人的原因致使承租人无法占有、使用租赁物，承租人请求解除融资租赁合同的，人民法院应予支持。

第七条 当事人在一审诉讼中仅请求解除融资租赁合同，未对租赁物的归属及损失赔偿提出主张的，人民法院可以向当事人进行释明。

第八条 租赁物不符合融资租赁合同的约定且出租人实施了下列行为之一，承租人依照民法典第七百四十四条、第七百四十七条的规定，要求出租人承担相应责任的，人民法院应予支持：

（一）出租人在承租人选择出卖人、租赁物时，对租赁物的选定起决定作用的；

（二）出租人干预或者要求承租人按照出租人意愿选择出卖人或者租赁物的；

（三）出租人擅自变更承租人已经选定的出卖人或者租赁物的。

承租人主张其系依赖出租人的技能确定租赁物或者出租人干预选择租赁物的，对上述事实承担举证责任。

第九条 承租人逾期履行支付租金义务或者迟延履行其他付款义务，出租人按照融资租赁合同的约定要求承租人支付逾期利息、相应违约金的，人民法院应予支持。

第十条 出租人既请求承租人支付合同约定的全部未付租金又请求解除融资租赁合同的，人民法院应告知其依照民法典第七百五十二条的规定作出选择。

出租人请求承租人支付合同约定的全部未付租金，人民法院判决后承租人未予履行，出租人再行起诉请求解除融资租赁合同、收回租赁物的，人民法院应予受理。

第十一条 出租人依照本解释第五条的规定请求解除融资租赁合同，同时请求收回租赁物并赔偿损失的，人民法院应予支持。

前款规定的损失赔偿范围为承租人全部未付租金及其他费用与收回租赁物价值的差额。合同约定租赁期间届满后租赁物归出租人所有的，损失赔偿范围还应包括融资租赁合同到期后租赁物的残值。

第十二条 诉讼期间承租人与出租人对租赁物的价值有争议的，人民法院可以按照融资租赁合同的约定确定租赁物价值；融资租赁合同未约定或者约定不明的，可以参照融资租赁合同约定的租赁物折旧以及合同到期后租赁物的残值确定租赁物价值。

承租人或者出租人认为依前款确定的价值严重偏离租赁物实际价值的，可以请求人民法院委托有资质的机构评估或者拍卖确定。

第十三条 出卖人与买受人因买卖合同发生纠纷，或者出租人与承租人因融资租赁合同发生纠纷，当事人仅对其中一个合同关系提起诉讼，人民法院经审查后认为另一合同关系的当事人与案件处理结果有法律上的利害关系的，可以通知其作为第三人参加诉讼。

承租人与租赁物的实际使用人不一致，融资租赁合同当事人未对租赁物的实际使用人提起诉讼，人民法院经审查后认为租赁物的实际使用人与案件处理结果有法律上的利害关系的，可以通知其作为第三人参加诉讼。

承租人基于买卖合同和融资租赁合同直接向出卖人主张受领租赁物、索赔等买卖合同权利的，人民法院应通知出租人作为第三人参加诉讼。

第十四条 当事人因融资租赁合同租金欠付争议向人民法院请求保护其权利的诉讼时效期间为三年，自租赁期限届满之日起计算。

《最高人民法院关于适用〈中华人民共和国民法典〉有关担保制度的解释》（法释〔2020〕28号　2020年12月31日）

第五十七条　担保人在设立动产浮动抵押并办理抵押登记后又购入或者以融资租赁方式承租新的动产，下列权利人为担保价款债权或者租金的实现而订立担保合同，并在该动产交付后十日内办理登记，主张其权利优先于在先设立的浮动抵押权的，人民法院应予支持：

（一）在该动产上设立抵押权或者保留所有权的出卖人；

（二）为价款支付提供融资而在该动产上设立抵押权的债权人；

（三）以融资租赁方式出租该动产的出租人。

买受人取得动产但未付清价款或者承租人以融资租赁方式占有租赁物但是未付清全部租金，又以标的物为他人设立担保物权，前款所列权利人为担保价款债权或者租金的实现而订立担保合同，并在该动产交付后十日内办理登记，主张其权利优先于买受人为他人设立的担保物权的，人民法院应予支持。

同一动产上存在多个价款优先权的，人民法院应当按照登记的时间先后确定清偿顺序。

第六十五条　在融资租赁合同中，承租人未按照约定支付租金，经催告后在合理期限内仍不支付，出租人请求承租人支付全部剩余租金，并以拍卖、变卖租赁物所得的价款受偿的，人民法院应予支持；当事人请求参照民事诉讼法"实现担保物权案件"的有关规定，以拍卖、变卖租赁物所得价款支付租金的，人民法院应予准许。

出租人请求解除融资租赁合同并收回租赁物，承租人以抗辩或者反诉的方式主张返还租赁物价值超过欠付租金以及其他费用的，人民法院应当一并处理。当事人对租赁物的价值有争议的，应当按照下列规则确定租赁物的价值：

（一）融资租赁合同有约定的，按照其约定；

（二）融资租赁合同未约定或者约定不明的，根据约定的租赁物折旧以及合同到期后租赁物的残值来确定；

（三）根据前两项规定的方法仍然难以确定，或者当事人认为根据前两项规定的方法确定的价值严重偏离租赁物实际价值的，根据当事人的申请委托有资质的机构评估。

第六十七条　在所有权保留买卖、融资租赁等合同中，出卖人、出租人的所有权未经登记不得对抗的"善意第三人"的范围及其效力，参照本解释第五十四条的规定处理。

113. 保理合同纠纷

相关规范

《中华人民共和国民法典》（2020年）

第五百四十五条　【债权转让】债权人可以将债权的全部或者部分转让给第三人，但是有下列情形之一的除外：

（一）根据债权性质不得转让；

（二）按照当事人约定不得转让；

（三）依照法律规定不得转让。

当事人约定非金钱债权不得转让的，不得对抗善意第三人。当事人约定金钱债权不得转让的，不得对抗第三人。

第五百四十六条　【债权转让通知】债权人转让债权，未通知债务人的，该转让对债务人不发生效力。

债权转让的通知不得撤销，但是经受让人同意的除外。

第五百四十七条　【债权转让时从权利一并变动】债权人转让债权的，受让人取得与债权有关的从权利，但是该从权利专属于债权人自身的除外。

受让人取得从权利不因该从权利未办理转移登记手续或者未转移占有而受到影响。

第五百四十八条　【债权转让时债务人

抗辩权】债务人接到债权转让通知后，债务人对让与人的抗辩，可以向受让人主张。

第五百四十九条　【债权转让时债务人抵销权】有下列情形之一的，债务人可以向受让人主张抵销：

（一）债务人接到债权转让通知时，债务人对让与人享有债权，且债务人的债权先于转让的债权到期或者同时到期；

（二）债务人的债权与转让的债权是基于同一合同产生。

第五百五十条　【债权转让增加的履行费用的负担】因债权转让增加的履行费用，由让与人负担。

第七百六十一条　【保理合同定义】保理合同是应收账款债权人将现有的或者将有的应收账款转让给保理人，保理人提供资金融通、应收账款管理或者催收、应收账款债务人付款担保等服务的合同。

第七百六十二条　【保理合同内容和形式】保理合同的内容一般包括业务类型、服务范围、服务期限、基础交易合同情况、应收账款信息、保理融资款或者服务报酬及其支付方式等条款。

保理合同应当采用书面形式。

第七百六十三条　【虚构应收账款的法律后果】应收账款债权人与债务人虚构应收账款作为转让标的，与保理人订立保理合同的，应收账款债务人不得以应收账款不存在为由对抗保理人，但是保理人明知虚构的除外。

第七百六十四条　【保理人表明身份义务】保理人向应收账款债务人发出应收账款转让通知的，应当表明保理人身份并附有必要凭证。

第七百六十五条　【无正当理由变更或者终止基础交易合同行为对保理人的效力】应收账款债务人接到应收账款转让通知后，应收账款债权人与债务人无正当理由协商变更或者终止基础交易合同，对保理人产生不利影响的，对保理人不发生效力。

第七百六十六条　【有追索权保理】当事人约定有追索权保理的，保理人可以向应收账款债权人主张返还保理融资款本息或者回购应收账款债权，也可以向应收账款债务人主张应收账款债权。保理人向应收账款债务人主张应收账款债权，在扣除保理融资款本息和相关费用后有剩余的，剩余部分应当返还给应收账款债权人。

第七百六十七条　【无追索权保理】当事人约定无追索权保理的，保理人应当向应收账款债务人主张应收账款债权，保理人取得超过保理融资款本息和相关费用的部分，无需向应收账款债权人返还。

第七百六十八条　【多重保理的清偿顺序】应收账款债权人就同一应收账款订立多个保理合同，致使多个保理人主张权利的，已经登记的先于未登记的取得应收账款；均已经登记的，按照登记时间的先后顺序取得应收账款；均未登记的，由最先到达应收账款债务人的转让通知中载明的保理人取得应收账款；既未登记也未通知的，按照保理融资款或者服务报酬的比例取得应收账款。

第七百六十九条　【适用债权转让规定】本章没有规定的，适用本编第六章债权转让的有关规定。

》《最高人民法院关于适用〈中华人民共和国民法典〉时间效力的若干规定》（法释〔2020〕15号　2020年12月29日）

第十二条　民法典施行前订立的保理合同发生争议的，适用民法典第三编第十六章的规定。

》《最高人民法院关于适用〈中华人民共和国民法典〉有关担保制度的解释》（法释〔2020〕28号　2020年12月31日）

第六十六条　同一应收账款同时存在保理、应收账款质押和债权转让，当事人主张参照民法典第七百六十八条的规定确定优先顺序的，人民法院应予支持。

在有追索权的保理中，保理人以应收账款债权人或者应收账款债务人为被告提起诉讼，人民法院应予受理；保理人一并起诉应收账款债权人和应收账款债务人的，人民法院可以受理。

应收账款债权人向保理人返还保理融资款本息或者回购应收账款债权后，请求应收账款债务人向其履行应收账款债务的，人民法院应予支持。

《最高人民法院关于印发〈全国法院民商事审判工作会议纪要〉的通知》

（法〔2019〕254 号　2019 年 11 月 8 日）

54.【**独立担保**】从属性是担保的基本属性，但由银行或者非银行金融机构开立的独立保函除外。独立保函纠纷案件依据《最高人民法院关于审理独立保函纠纷案件若干问题的规定》处理。需要进一步明确的是：凡是由银行或者非银行金融机构开立的符合该司法解释第 1 条、第 3 条规定情形的保函，无论是用于国际商事交易还是用于国内商事交易，均不影响保函的效力。银行或者非银行金融机构之外的当事人开立的独立保函，以及当事人有关排除担保从属性的约定，应当认定无效。但是，根据“无效法律行为的转换”原理，在否定其独立担保效力的同时，应当将其认定为从属性担保。此时，如果主合同有效，则担保合同有效，担保人与主债务人承担连带保证责任。主合同无效，则该所谓的独立担保也随之无效，担保人无过错的，不承担责任；担保人有过错的，其承担民事责任的部分，不应超过债务人不能清偿部分的三分之一。

55.【**担保责任的范围**】担保人承担的担保责任范围不应当大于主债务，是担保从属性的必然要求。当事人约定的担保责任的范围大于主债务的，如针对担保责任约定专门的违约责任、担保责任的数额高于主债务、担保责任约定的利息高于主债务利息、担保责任的履行期先于主债务履行期届满，等等，均应当认定大于主债务部分的约定无效，从而使担保责任缩减至主债务的范围。

56.【**混合担保中担保人之间的追偿问题**】被担保的债权既有保证又有第三人提供的物的担保的，担保法司法解释第 38 条明确规定，承担了担保责任的担保人可以要求其他担保人清偿其应当分担的份额。但《物权法》第 176 条并未作出类似规定，根据《物权法》第 178 条关于“担保法与本法的规定不一致的，适用本法”的规定，承担了担保责任的担保人向其他担保人追偿的，人民法院不予支持，但担保人在担保合同中约定可以相互追偿的除外。

57.【**借新还旧的担保物权**】贷款到期后，借款人与贷款人订立新的借款合同，将新贷用于归还旧贷，旧贷因清偿而消灭，为旧贷设立的担保物权也随之消灭。贷款人以旧贷上的担保物权尚未进行涂销登记为由，主张对新贷行使担保物权的，人民法院不予支持，但当事人约定继续为新贷提供担保的除外。

58.【**担保债权的范围**】以登记作为公示方式的不动产担保物权的担保范围，一般应当以登记的范围为准。但是，我国目前不动产担保物权登记，不同地区的系统设置及登记规则并不一致，人民法院在审理案件时应当充分注意制度设计上的差别，作出符合实际的判断：一是多数省区市的登记系统未设置“担保范围”栏目，仅有“被担保主债权数额（最高债权数额）”的表述，且只能填写固定数字。而当事人在合同中又往往约定担保物权的担保范围包括主债权及其利息、违约金等附属债权，致使合同约定的担保范围与登记不一致。显然，这种不一致是由于该地区登记系统设置及登记规则造成的该地区的普遍现象。人民法院以合同约定认定担保物权的担保范围，是符合实际的妥当选择。二是一些省区市不动产登记系统设置与登记规则比较规范，担保物权登记范围与合同约定一致在该地区是常态或者普遍现象，人民法院在审理案件时，应当以登记的担保范围为准。

59.【**主债权诉讼时效届满的法律后果**】抵押权人应当在主债权的诉讼时效期间内行使抵押权。抵押权人在主债权诉讼时效届满前未行使抵押权，抵押人在主债权诉讼时效届满后请求涂销抵押权登记的，人民法院依法予以支持。

以登记作为公示方法的权利质权，参照适用前款规定。

66.【**担保关系的认定**】当事人订立的具有担保功能的合同，不存在法定无效情形的，应当认定有效。虽然合同约定的权利义务关系不属于物权法规定的典型担保类型，但是其担保功能应予肯定。

67.【**约定担保物权的效力**】债权人与担保人订立担保合同，约定以法律、行政法规未禁止抵押或者质押的财产设定以登记作为公示方法的担保，因无法定的登记机构而未能进行登记的，不具有物权效力。当事人请求按照担保合同的约定就该财产折价、变卖或者拍卖所得价款等方式清偿债务的，人民法院依法予以支持，但对其他权利人不具有对抗效力和优先性。

114. 承揽合同纠纷

（1）加工合同纠纷
（2）定作合同纠纷
（3）修理合同纠纷
（4）复制合同纠纷
（5）测试合同纠纷
（6）检验合同纠纷
（7）铁路机车、车辆建造合同纠纷

相关规范

》**《中华人民共和国民法典》**（2020年）

第七百七十条　【承揽合同定义和承揽主要类型】承揽合同是承揽人按照定作人的要求完成工作，交付工作成果，定作人支付报酬的合同。

承揽包括加工、定作、修理、复制、测试、检验等工作。

第七百七十一条　【承揽合同主要内容】承揽合同的内容一般包括承揽的标的、数量、质量、报酬，承揽方式，材料的提供，履行期限，验收标准和方法等条款。

第七百七十二条　【承揽工作主要完成人】承揽人应当以自己的设备、技术和劳力，完成主要工作，但是当事人另有约定的除外。

承揽人将其承揽的主要工作交由第三人完成的，应当就该第三人完成的工作成果向定作人负责；未经定作人同意的，定作人也可以解除合同。

第七百七十三条　【承揽辅助工作转交】承揽人可以将其承揽的辅助工作交由第三人完成。承揽人将其承揽的辅助工作交由第三人完成的，应当就该第三人完成的工作成果向定作人负责。

第七百七十四条　【承揽人提供材料时的义务】承揽人提供材料的，应当按照约定选用材料，并接受定作人检验。

第七百七十五条　【定作人提供材料时双方当事人的义务】定作人提供材料的，应当按照约定提供材料。承揽人对定作人提供的材料应当及时检验，发现不符合约定时，应当及时通知定作人更换、补齐或者采取其他补救措施。

承揽人不得擅自更换定作人提供的材料，不得更换不需要修理的零部件。

第七百七十六条　【定作人要求不合理时双方当事人的义务】承揽人发现定作人提供的图纸或者技术要求不合理的，应当及时通知定作人。因定作人怠于答复等原因造成承揽人损失的，应当赔偿损失。

第七百七十七条　【定作人变更工作要求的法律后果】定作人中途变更承揽工作的要求，造成承揽人损失的，应当赔偿损失。

第七百七十八条 【定作人协助义务】 承揽工作需要定作人协助的，定作人有协助的义务。定作人不履行协助义务致使承揽工作不能完成的，承揽人可以催告定作人在合理期限内履行义务，并可以顺延履行期限；定作人逾期不履行的，承揽人可以解除合同。

第七百七十九条 【定作人监督检验】 承揽人在工作期间，应当接受定作人必要的监督检验。定作人不得因监督检验妨碍承揽人的正常工作。

第七百八十条 【承揽人工作成果交付】 承揽人完成工作的，应当向定作人交付工作成果，并提交必要的技术资料和有关质量证明。定作人应当验收该工作成果。

第七百八十一条 【工作成果不符合质量要求时的违约责任】 承揽人交付的工作成果不符合质量要求的，定作人可以合理选择请求承揽人承担修理、重作、减少报酬、赔偿损失等违约责任。

第七百八十二条 【定作人支付报酬的期限】 定作人应当按照约定的期限支付报酬。对支付报酬的期限没有约定或者约定不明确，依据本法第五百一十条的规定仍不能确定的，定作人应当在承揽人交付工作成果时支付；工作成果部分交付的，定作人应当相应支付。

第七百八十三条 【定作人未履行付款义务时承揽人权利】 定作人未向承揽人支付报酬或者材料费等价款的，承揽人对完成的工作成果享有留置权或者有权拒绝交付，但是当事人另有约定的除外。

第七百八十四条 【承揽人保管义务】 承揽人应当妥善保管定作人提供的材料以及完成的工作成果，因保管不善造成毁损、灭失的，应当承担赔偿责任。

第七百八十五条 【承揽人保密义务】 承揽人应当按照定作人的要求保守秘密，未经定作人许可，不得留存复制品或者技术资料。

第七百八十六条 【共同承揽人连带责任】 共同承揽人对定作人承担连带责任，但是当事人另有约定的除外。

第七百八十七条 【定作人任意解除权】 定作人在承揽人完成工作前可以随时解除合同，造成承揽人损失的，应当赔偿损失。

典型案例

陕西西安西电变压器有限责任公司与鹤壁国龙物流有限公司承揽合同纠纷案（《人民法院助推民营经济高质量发展典型民商事案例》案例 6 2021 年 9 月 3 日）

【基本案情】

2011 年 1 月，鹤壁国龙物流有限公司（简称国龙公司）与西安西电变压器有限责任公司（简称西电公司）签订《购销合同》，约定国龙公司向西电公司购买两台电力变压器，单价 749.5 万元，共计 1499 万元，交货时间 2011 年 6 月 15 日。2011 年 7 月，西电公司向国龙公司发函称："恰逢国家重点工程 1000kV、750kV 可控电抗器也在近期交货，造成了交货期的冲突，由于以上与国家重点项目的冲突，加之我司生产能力的局限，造成贵司项目产品交货时间推迟。"最终国龙公司确认实际交货时间为 2011 年 10 月 16 日，实际迟延履行 123 天。2019 年 1 月，西电公司在河南省鹤壁市淇县人民法院提起诉讼，要求国龙公司支付剩余货款 105.6 万元。经一、二审法院审理，该案支持了西电公司的诉请。国电公司遂提起本案诉讼，要求西电公司支付逾期交货的违约金 134.91 万元。

【裁判结果】

西安市莲湖区人民法院认为，西电公司主张其延迟交货属于不可抗力的理由不能成立，该行为属于违约行为，应当承担相应的违约责任。莲湖区法院判令西电公司支付国龙公司违约金 134.91 万元。

西安市中级人民法院二审维持了一审判决。陕西省高级人民法院再审审查驳回了西电公司的再审申请。

【典型意义】

平等保护各类市场主体合法权益是民商事审判的基本要求，不允许因为市场主体的身份不同而区别对待。本案西电公司隶属大型国有中央企业，国龙公司为河南省中小微民营企业。购销合同的订立和履行早在2011年，西电公司迟至2019年才诉请主张支付剩余货款。该案获得支持后，国龙公司提起本案诉讼，要求西电公司支付当年逾期交货的违约金。对此，西电公司虽承认逾期交货的事实，但抗辩主张其是因为需要提前履行其他合同才导致本案合同延迟交货。西电公司认为，需要提前履行的其他合同涉及国家重点工程暨公共利益，属于不可抗力，因此西电公司不应承担违约责任。对此，法院认为，西电公司作为市场经济主体，应当根据其生产能力，按照订单难易程度等科学合理地安排生产，其对于合同的正常履约应在合同签订时即有预见，出现不同订单之间的时间冲突也并非完全不能避免和不能克服，其完全可以通过其他市场经济手段（如追加投入扩大产能、进行延期谈判合理变更合同、支付违约金等方式）予以规避，而不能将市场经营风险等同于不可抗力进而试图逃避违约责任。因此，法院认定西电公司迟延履行交货义务的行为构成违约行为，应当承担违约责任。该判决既保护了中小微企业的合法利益，又引导企业尊重市场规则和合同约定，彰显了法院在民商事案件审理中坚持依法平等、全面保护各类市场主体的合法权益，优化了市场化法治化营商环境。

115. 建设工程合同纠纷

（1）建设工程勘察合同纠纷

（2）建设工程设计合同纠纷

（3）建设工程施工合同纠纷

（4）建设工程价款优先受偿权纠纷

（5）建设工程分包合同纠纷

（6）建设工程监理合同纠纷

（7）装饰装修合同纠纷

（8）铁路修建合同纠纷

（9）农村建房施工合同纠纷

相关规范

》《中华人民共和国民法典》（2020年）

第七百八十八条　【建设工程合同定义和种类】建设工程合同是承包人进行工程建设，发包人支付价款的合同。

建设工程合同包括工程勘察、设计、施工合同。

第七百八十九条　【建设工程合同的形式】建设工程合同应当采用书面形式。

第七百九十条　【建设工程招投标活动的原则】建设工程的招标投标活动，应当依照有关法律的规定公开、公平、公正进行。

第七百九十一条　【建设工程的发包、承包、分包】发包人可以与总承包人订立建设工程合同，也可以分别与勘察人、设计人、施工人订立勘察、设计、施工承包合同。发包人不得将应当由一个承包人完成的建设工程支解成若干部分发包给数个承包人。

总承包人或者勘察、设计、施工承包人经发包人同意，可以将自己承包的部分工作交由第三人完成。第三人就其完成的工作成果与总承包人或者勘察、设计、施工承包人向发包人承担连带责任。承包人不得将其承包的全部建设工程转包给第三人或者将其承包的全部建设工程支解以后以分包的名义分别转包给第三人。

禁止承包人将工程分包给不具备相应资质条件的单位。禁止分包单位将其承包的工程再分包。建设工程主体结构的施工必须由承包人自行完成。

第七百九十二条　【订立国家重大建设工程合同】国家重大建设工程合同，应当按照国家规定的程序和国家批准的投资计划、可行性研究报告等文件订立。

第七百九十三条　【建设工程合同无效、验收不合格的处理】建设工程施工合同无效，但是建设工程经验收合格的，可以参照合同关于工程价款的约定折价补偿承包人。

建设工程施工合同无效，且建设工程经验收不合格的，按照以下情形处理：

（一）修复后的建设工程经验收合格的，发包人可以请求承包人承担修复费用；

（二）修复后的建设工程经验收不合格的，承包人无权请求参照合同关于工程价款的约定折价补偿。

发包人对因建设工程不合格造成的损失有过错的，应当承担相应的责任。

第七百九十四条　【勘察、设计合同的内容】勘察、设计合同的内容一般包括提交有关基础资料和概预算等文件的期限、质量要求、费用以及其他协作条件等条款。

第七百九十五条　【施工合同的内容】施工合同的内容一般包括工程范围、建设工期、中间交工工程的开工和竣工时间、工程质量、工程造价、技术资料交付时间、材料和设备供应责任、拨款和结算、竣工验收、质量保修范围和质量保证期、相互协作等条款。

第七百九十六条　【建设工程监理】建设工程实行监理的，发包人应当与监理人采用书面形式订立委托监理合同。发包人与监理人的权利和义务以及法律责任，应当依照本编委托合同以及其他有关法律、行政法规的规定。

第七百九十七条　【发包人的检查权】发包人在不妨碍承包人正常作业的情况下，可以随时对作业进度、质量进行检查。

第七百九十八条　【隐蔽工程】隐蔽工程在隐蔽以前，承包人应当通知发包人检查。发包人没有及时检查的，承包人可以顺延工程日期，并有权请求赔偿停工、窝工等损失。

第七百九十九条　【建设工程的竣工验收】建设工程竣工后，发包人应当根据施工图纸及说明书、国家颁发的施工验收规范和质量检验标准及时进行验收。验收合格的，发包人应当按照约定支付价款，并接收该建设工程。

建设工程竣工经验收合格后，方可交付使用；未经验收或者验收不合格的，不得交付使用。

第八百条　【勘察人、设计人对勘察、设计的责任】勘察、设计的质量不符合要求或者未按照期限提交勘察、设计文件拖延工期，造成发包人损失的，勘察人、设计人应当继续完善勘察、设计，减收或者免收勘察、设计费并赔偿损失。

第八百零一条　【施工人对建设工程质量承担的民事责任】因施工人的原因致使建设工程质量不符合约定的，发包人有权请求施工人在合理期限内无偿修理或者返工、改建。经过修理或者返工、改建后，造成逾期交付的，施工人应当承担违约责任。

第八百零二条　【合理使用期限内质量保证责任】因承包人的原因致使建设工程在合理使用期限内造成人身损害和财产损失的，承包人应当承担赔偿责任。

第八百零三条　【发包人未按约定的时间和要求提供相关物资的违约责任】发包人未按照约定的时间和要求提供原材料、设备、场地、资金、技术资料的，承包人可以顺延工程日期，并有权请求赔偿停工、窝工等损失。

第八百零四条　【因发包人原因造成工程停建、缓建所应承担责任】因发包人的原因致使工程中途停建、缓建的，发包人应当采取措施弥补或者减少损失，赔偿承包人因此造成的停工、窝工、倒运、机械设备调迁、材料和构件积压等损失和实际费用。

第八百零五条 【因发包人原因造成勘察、设计的返工、停工或者修改设计所应承担责任】因发包人变更计划，提供的资料不准确，或者未按照期限提供必需的勘察、设计工作条件而造成勘察、设计的返工、停工或者修改设计，发包人应当按照勘察人、设计人实际消耗的工作量增付费用。

第八百零六条 【合同解除及后果处理的规定】承包人将建设工程转包、违法分包的，发包人可以解除合同。

发包人提供的主要建筑材料、建筑构配件和设备不符合强制性标准或者不履行协助义务，致使承包人无法施工，经催告后在合理期限内仍未履行相应义务的，承包人可以解除合同。

合同解除后，已经完成的建设工程质量合格的，发包人应当按照约定支付相应的工程价款；已经完成的建设工程质量不合格的，参照本法第七百九十三条的规定处理。

第八百零七条 【发包人未支付工程价款的责任】发包人未按照约定支付价款的，承包人可以催告发包人在合理期限内支付价款。发包人逾期不支付的，除根据建设工程的性质不宜折价、拍卖外，承包人可以与发包人协议将该工程折价，也可以请求人民法院将该工程依法拍卖。建设工程的价款就该工程折价或者拍卖的价款优先受偿。

第八百零八条 【适用承揽合同】本章没有规定的，适用承揽合同的有关规定。

»《中华人民共和国铁路法》(2015 年修正)

第三十三条 铁路发展规划应当依据国民经济和社会发展以及国防建设的需要制定，并与其他方式的交通运输发展规划相协调。

第三十四条 地方铁路、专用铁路、铁路专用线的建设计划必须符合全国铁路发展规划，并征得国务院铁路主管部门或者国务院铁路主管部门授权的机构的同意。

第三十五条 在城市规划区范围内，铁路的线路、车站、枢纽以及其他有关设施的规划，应当纳入所在城市的总体规划。

铁路建设用地规划，应当纳入土地利用总体规划。为远期扩建、新建铁路需要的土地，由县级以上人民政府在土地利用总体规划中安排。

第三十六条 铁路建设用地，依照有关法律、行政法规的规定办理。

有关地方人民政府应当支持铁路建设，协助铁路运输企业做好铁路建设征收土地工作和拆迁安置工作。

第三十七条 已经取得使用权的铁路建设用地，应当依照批准的用途使用，不得擅自改作他用；其他单位或者个人不得侵占。

侵占铁路建设用地的，由县级以上地方人民政府土地管理部门责令停止侵占、赔偿损失。

»《中华人民共和国建筑法》(2019 年修正)

第十五条 建筑工程的发包单位与承包单位应当依法订立书面合同，明确双方的权利和义务。

发包单位和承包单位应当全面履行合同约定的义务。不按照合同约定履行义务的，依法承担违约责任。

第十八条 建筑工程造价应当按照国家有关规定，由发包单位与承包单位在合同中约定。公开招标发包的，其造价的约定，须遵守招标投标法律的规定。

发包单位应当按照合同的约定，及时拨付工程款项。

第二十条 建筑工程实行公开招标的，发包单位应当依照法定程序和方式，发布招标公告，提供载有招标工程的主要技术要求、主要的合同条款、评标的标准和方法以及开标、评标、定标的程序等内容的招标文件。

开标应当在招标文件规定的时间、地点公开进行。开标后应当按照招标文件规定的评标标准和程序对标书进行评价、比较，在具备相应资质条件的投标者中，择优选定中标者。

第二十五条　按照合同约定，建筑材料、建筑构配件和设备由工程承包单位采购的，发包单位不得指定承包单位购入用于工程的建筑材料、建筑构配件和设备或者指定生产厂、供应商。

第二十七条　大型建筑工程或者结构复杂的建筑工程，可以由两个以上的承包单位联合共同承包。共同承包的各方对承包合同的履行承担连带责任。

两个以上不同资质等级的单位实行联合共同承包的，应当按照资质等级低的单位的业务许可范围承揽工程。

第二十八条　禁止承包单位将其承包的全部建筑工程转包给他人，禁止承包单位将其承包的全部建筑工程肢解以后以分包的名义分别转包给他人。

第二十九条　建筑工程总承包单位可以将承包工程中的部分工程发包给具有相应资质条件的分包单位；但是，除总承包合同中约定的分包外，必须经建设单位认可。施工总承包的，建筑工程主体结构的施工必须由总承包单位自行完成。

建筑工程总承包单位按照总承包合同的约定对建设单位负责；分包单位按照分包合同的约定对总承包单位负责。总承包单位和分包单位就分包工程对建设单位承担连带责任。

禁止总承包单位将工程分包给不具备相应资质条件的单位。禁止分包单位将其承包的工程再分包。

》《最高人民法院关于审理建设工程施工合同纠纷案件适用法律问题的解释（一）》（法释〔2020〕25号　2020年12月29日）

第一条　建设工程施工合同具有下列情形之一的，应当依据民法典第一百五十三条第一款的规定，认定无效：

（一）承包人未取得建筑业企业资质或者超越资质等级的；

（二）没有资质的实际施工人借用有资质的建筑施工企业名义的；

（三）建设工程必须进行招标而未招标或者中标无效的。

承包人因转包、违法分包建设工程与他人签订的建设工程施工合同，应当依据民法典第一百五十三条第一款及第七百九十一条第二款、第三款的规定，认定无效。

第二条　招标人和中标人另行签订的建设工程施工合同约定的工程范围、建设工期、工程质量、工程价款等实质性内容，与中标合同不一致，一方当事人请求按照中标合同确定权利义务的，人民法院应予支持。

招标人和中标人在中标合同之外就明显高于市场价格购买承建房产、无偿建设住房配套设施、让利、向建设单位捐赠财物等另行签订合同，变相降低工程价款，一方当事人以该合同背离中标合同实质性内容为由请求确认无效的，人民法院应予支持。

第三条　当事人以发包人未取得建设工程规划许可证等规划审批手续为由，请求确认建设工程施工合同无效的，人民法院应予支持，但发包人在起诉前取得建设工程规划许可证等规划审批手续的除外。

发包人能够办理审批手续而未办理，并以未办理审批手续为由请求确认建设工程施工合同无效的，人民法院不予支持。

第四条　承包人超越资质等级许可的业务范围签订建设工程施工合同，在建设工程竣工前取得相应资质等级，当事人请求按照无效合同处理的，人民法院不予支持。

第五条　具有劳务作业法定资质的承包人与总承包人、分包人签订的劳务分包合同，当事人请求确认无效的，人民法院依法不予支持。

第六条　建设工程施工合同无效，一方当事人请求对方赔偿损失的，应当就对方过错、损失大小、过错与损失之间的因果关系承担举证责任。

损失大小无法确定，一方当事人请求参

照合同约定的质量标准、建设工期、工程价款支付时间等内容确定损失大小的，人民法院可以结合双方过错程度、过错与损失之间的因果关系等因素作出裁判。

第七条 缺乏资质的单位或者个人借用有资质的建筑施工企业名义签订建设工程施工合同，发包人请求出借方与借用方对建设工程质量不合格等因出借资质造成的损失承担连带赔偿责任的，人民法院应予支持。

第八条 当事人对建设工程开工日期有争议的，人民法院应当分别按照以下情形予以认定：

（一）开工日期为发包人或者监理人发出的开工通知载明的开工日期；开工通知发出后，尚不具备开工条件的，以开工条件具备的时间为开工日期；因承包人原因导致开工时间推迟的，以开工通知载明的时间为开工日期。

（二）承包人经发包人同意已经实际进场施工的，以实际进场施工时间为开工日期。

（三）发包人或者监理人未发出开工通知，亦无相关证据证明实际开工日期的，应当综合考虑开工报告、合同、施工许可证、竣工验收报告或者竣工验收备案表等载明的时间，并结合是否具备开工条件的事实，认定开工日期。

第九条 当事人对建设工程实际竣工日期有争议的，人民法院应当分别按照以下情形予以认定：

（一）建设工程经竣工验收合格的，以竣工验收合格之日为竣工日期；

（二）承包人已经提交竣工验收报告，发包人拖延验收的，以承包人提交验收报告之日为竣工日期；

（三）建设工程未经竣工验收，发包人擅自使用的，以转移占有建设工程之日为竣工日期。

第十条 当事人约定顺延工期应当经发包人或者监理人签证等方式确认，承包人虽未取得工期顺延的确认，但能够证明在合同约定的期限内向发包人或者监理人申请过工期顺延且顺延事由符合合同约定，承包人以此为由主张工期顺延的，人民法院应予支持。

当事人约定承包人未在约定期限内提出工期顺延申请视为工期不顺延的，按照约定处理，但发包人在约定期限后同意工期顺延或者承包人提出合理抗辩的除外。

第十一条 建设工程竣工前，当事人对工程质量发生争议，工程质量经鉴定合格的，鉴定期间为顺延工期期间。

第十二条 因承包人的原因造成建设工程质量不符合约定，承包人拒绝修理、返工或者改建，发包人请求减少支付工程价款的，人民法院应予支持。

第十三条 发包人具有下列情形之一，造成建设工程质量缺陷，应当承担过错责任：

（一）提供的设计有缺陷；

（二）提供或者指定购买的建筑材料、建筑构配件、设备不符合强制性标准；

（三）直接指定分包人分包专业工程。

承包人有过错的，也应当承担相应的过错责任。

第十四条 建设工程未经竣工验收，发包人擅自使用后，又以使用部分质量不符合约定为由主张权利的，人民法院不予支持；但是承包人应当在建设工程的合理使用寿命内对地基基础工程和主体结构质量承担民事责任。

第十五条 因建设工程质量发生争议的，发包人可以以总承包人、分包人和实际施工人为共同被告提起诉讼。

第十六条 发包人在承包人提起的建设工程施工合同纠纷案件中，以建设工程质量不符合合同约定或者法律规定为由，就承包人支付违约金或者赔偿修理、返工、改建的合理费用等损失提出反诉的，人民法院可以合并审理。

第十七条 有下列情形之一，承包人请求发包人返还工程质量保证金的，人民法院应予支持：

（一）当事人约定的工程质量保证金返还期限届满；

（二）当事人未约定工程质量保证金返还期限的，自建设工程通过竣工验收之日起满二年；

（三）因发包人原因建设工程未按约定期限进行竣工验收的，自承包人提交工程竣工验收报告九十日后当事人约定的工程质量保证金返还期限届满；当事人未约定工程质量保证金返还期限的，自承包人提交工程竣工验收报告九十日后起满二年。

发包人返还工程质量保证金后，不影响承包人根据合同约定或者法律规定履行工程保修义务。

第十八条　因保修人未及时履行保修义务，导致建筑物毁损或者造成人身损害、财产损失的，保修人应当承担赔偿责任。

保修人与建筑物所有人或者发包人对建筑物毁损均有过错的，各自承担相应的责任。

第十九条　当事人对建设工程的计价标准或者计价方法有约定的，按照约定结算工程价款。

因设计变更导致建设工程的工程量或者质量标准发生变化，当事人对该部分工程价款不能协商一致的，可以参照签订建设工程施工合同时当地建设行政主管部门发布的计价方法或者计价标准结算工程价款。

建设工程施工合同有效，但建设工程经竣工验收不合格的，依照民法典第五百七十七条规定处理。

第二十条　当事人对工程量有争议的，按照施工过程中形成的签证等书面文件确认。承包人能够证明发包人同意其施工，但未能提供签证文件证明工程量发生的，可以按照当事人提供的其他证据确认实际发生的工程量。

第二十一条　当事人约定，发包人收到竣工结算文件后，在约定期限内不予答复，视为认可竣工结算文件的，按照约定处理。承包人请求按照竣工结算文件结算工程价款的，人民法院应予支持。

第二十二条　当事人签订的建设工程施工合同与招标文件、投标文件、中标通知书载明的工程范围、建设工期、工程质量、工程价款不一致，一方当事人请求将招标文件、投标文件、中标通知书作为结算工程价款的依据的，人民法院应予支持。

第二十三条　发包人将依法不属于必须招标的建设工程进行招标后，与承包人另行订立的建设工程施工合同背离中标合同的实质性内容，当事人请求以中标合同作为结算建设工程价款依据的，人民法院应予支持，但发包人与承包人因客观情况发生了在招标投标时难以预见的变化而另行订立建设工程施工合同的除外。

第二十四条　当事人就同一建设工程订立的数份建设工程施工合同均无效，但建设工程质量合格，一方当事人请求参照实际履行的合同关于工程价款的约定折价补偿承包人的，人民法院应予支持。

实际履行的合同难以确定，当事人请求参照最后签订的合同关于工程价款的约定折价补偿承包人的，人民法院应予支持。

第二十五条　当事人对垫资和垫资利息有约定，承包人请求按照约定返还垫资及其利息的，人民法院应予支持，但是约定的利息计算标准高于垫资时的同类贷款利率或者同期贷款市场报价利率的部分除外。

当事人对垫资没有约定的，按照工程欠款处理。

当事人对垫资利息没有约定，承包人请求支付利息的，人民法院不予支持。

第二十六条　当事人对欠付工程价款利息计付标准有约定的，按照约定处理。没有约定的，按照同期同类贷款利率或者同期贷款市场报价利率计息。

第二十七条　利息从应付工程价款之日开始计付。当事人对付款时间没有约定或者约定不明的，下列时间视为应付款时间：

（一）建设工程已实际交付的，为交付之日；

（二）建设工程没有交付的，为提交竣工结算文件之日；

（三）建设工程未交付，工程价款也未

结算的，为当事人起诉之日。

第二十八条 当事人约定按照固定价结算工程价款，一方当事人请求对建设工程造价进行鉴定的，人民法院不予支持。

第二十九条 当事人在诉讼前已经对建设工程价款结算达成协议，诉讼中一方当事人申请对工程造价进行鉴定的，人民法院不予准许。

第三十条 当事人在诉讼前共同委托有关机构、人员对建设工程造价出具咨询意见，诉讼中一方当事人不认可该咨询意见申请鉴定的，人民法院应予准许，但双方当事人明确表示受该咨询意见约束的除外。

第三十一条 当事人对部分案件事实有争议的，仅对有争议的事实进行鉴定，但争议事实范围不能确定，或者双方当事人请求对全部事实鉴定的除外。

第三十二条 当事人对工程造价、质量、修复费用等专门性问题有争议，人民法院认为需要鉴定的，应当向负有举证责任的当事人释明。当事人经释明未申请鉴定，虽申请鉴定但未支付鉴定费用或者拒不提供相关材料的，应当承担举证不能的法律后果。

一审诉讼中负有举证责任的当事人未申请鉴定，虽申请鉴定但未支付鉴定费用或者拒不提供相关材料，二审诉讼中申请鉴定，人民法院认为确有必要的，应当依照民事诉讼法第一百七十条第一款第三项的规定处理。

第三十三条 人民法院准许当事人的鉴定申请后，应当根据当事人申请及查明案件事实的需要，确定委托鉴定的事项、范围、鉴定期限等，并组织当事人对争议的鉴定材料进行质证。

第三十四条 人民法院应当组织当事人对鉴定意见进行质证。鉴定人将当事人有争议且未经质证的材料作为鉴定依据的，人民法院应当组织当事人就该部分材料进行质证。经质证认为不能作为鉴定依据的，根据该材料作出的鉴定意见不得作为认定案件事实的依据。

第三十五条 与发包人订立建设工程施工合同的承包人，依据民法典第八百零七条的规定请求其承建工程的价款就工程折价或者拍卖的价款优先受偿的，人民法院应予支持。

第三十六条 承包人根据民法典第八百零七条规定享有的建设工程价款优先受偿权优于抵押权和其他债权。

第三十七条 装饰装修工程具备折价或者拍卖条件，装饰装修工程的承包人请求工程价款就该装饰装修工程折价或者拍卖的价款优先受偿的，人民法院应予支持。

第三十八条 建设工程质量合格，承包人请求其承建工程的价款就工程折价或者拍卖的价款优先受偿的，人民法院应予支持。

第三十九条 未竣工的建设工程质量合格，承包人请求其承建工程的价款就其承建工程部分折价或者拍卖的价款优先受偿的，人民法院应予支持。

第四十条 承包人建设工程价款优先受偿的范围依照国务院有关行政主管部门关于建设工程价款范围的规定确定。

承包人就逾期支付建设工程价款的利息、违约金、损害赔偿金等主张优先受偿的，人民法院不予支持。

第四十一条 承包人应当在合理期限内行使建设工程价款优先受偿权，但最长不得超过十八个月，自发包人应当给付建设工程价款之日起算。

第四十二条 发包人与承包人约定放弃或者限制建设工程价款优先受偿权，损害建筑工人利益，发包人根据该约定主张承包人不享有建设工程价款优先受偿权的，人民法院不予支持。

第四十三条 实际施工人以转包人、违法分包人为被告起诉的，人民法院应当依法受理。

实际施工人以发包人为被告主张权利的，人民法院应当追加转包人或者违法分包人为本案第三人，在查明发包人欠付转包人或者违法分包人建设工程价款的数额后，判决发包人在欠付建设工程价款范围内对实际施工人承担责任。

第四十四条　实际施工人依据民法典第五百三十五条规定，以转包人或者违法分包人怠于向发包人行使到期债权或者与该债权有关的从权利，影响其到期债权实现，提起代位权诉讼的，人民法院应予支持。

116. 运输合同纠纷

（1）公路旅客运输合同纠纷
（2）公路货物运输合同纠纷
（3）水路旅客运输合同纠纷
（4）水路货物运输合同纠纷
（5）航空旅客运输合同纠纷
（6）航空货物运输合同纠纷
（7）出租汽车运输合同纠纷
（8）管道运输合同纠纷
（9）城市公交运输合同纠纷
（10）联合运输合同纠纷
（11）多式联运合同纠纷
（12）铁路货物运输合同纠纷
（13）铁路旅客运输合同纠纷
（14）铁路行李运输合同纠纷
（15）铁路包裹运输合同纠纷
（16）国际铁路联运合同纠纷

相关规范

»《中华人民共和国民法典》（2020年）

第八百一十条　**【承运人强制缔约义务】**从事公共运输的承运人不得拒绝旅客、托运人通常、合理的运输要求。

第八百一十一条　**【承运人安全运输义务】**承运人应当在约定期限或者合理期限内将旅客、货物安全运输到约定地点。

第八百一十二条　**【承运人合理运输义务】**承运人应当按照约定的或者通常的运输路线将旅客、货物运输到约定地点。

第八百一十三条　**【支付票款或者运输费用】**旅客、托运人或者收货人应当支付票款或者运输费用。承运人未按照约定路线或者通常路线运输增加票款或者运输费用的，旅客、托运人或者收货人可以拒绝支付增加部分的票款或者运输费用。

第八百一十四条　**【客运合同成立时间】**客运合同自承运人向旅客出具客票时成立，但是当事人另有约定或者另有交易习惯的除外。

第八百一十五条　**【旅客乘运义务的一般规定】**旅客应当按照有效客票记载的时间、班次和座位号乘坐。旅客无票乘坐、超程乘坐、越级乘坐或者持不符合减价条件的优惠客票乘坐的，应当补交票款，承运人可以按照规定加收票款；旅客不支付票款的，承运人可以拒绝运输。

实名制客运合同的旅客丢失客票的，可以请求承运人挂失补办，承运人不得再次收取票款和其他不合理费用。

第八百一十六条　**【旅客办理退票或者变更乘运手续】**旅客因自己的原因不能按照客票记载的时间乘坐的，应当在约定的期限内办理退票或者变更手续；逾期办理的，承运人可以不退票款，并不再承担运输义务。

第八百一十七条　**【行李携带及托运要求】**旅客随身携带行李应当符合约定的限量和品类要求；超过限量或者违反品类要求携带行李的，应当办理托运手续。

第八百一十八条　**【禁止旅客携带危险物品、违禁物品】**旅客不得随身携带或者在行李中夹带易燃、易爆、有毒、有腐蚀性、有放射性以及可能危及运输工具上人身和财产安全的危险物品或者违禁物品。

旅客违反前款规定的，承运人可以将危

险物品或者违禁物品卸下、销毁或者送交有关部门。旅客坚持携带或者夹带危险物品或者违禁物品的，承运人应当拒绝运输。

第八百一十九条 【承运人的告知义务和旅客的协助义务】承运人应当严格履行安全运输义务，及时告知旅客安全运输应当注意的事项。旅客对承运人为安全运输所作的合理安排应当积极协助和配合。

第八百二十条 【承运人按照约定运输的义务】承运人应当按照有效客票记载的时间、班次和座位号运输旅客。承运人迟延运输或者有其他不能正常运输情形的，应当及时告知和提醒旅客，采取必要的安置措施，并根据旅客的要求安排改乘其他班次或者退票；由此造成旅客损失的，承运人应当承担赔偿责任，但是不可归责于承运人的除外。

第八百二十一条 【承运人擅自降低或者提高服务标准的后果】承运人擅自降低服务标准的，应当根据旅客的请求退票或者减收票款；提高服务标准的，不得加收票款。

第八百二十二条 【承运人救助义务】承运人在运输过程中，应当尽力救助患有急病、分娩、遇险的旅客。

第八百二十三条 【旅客人身伤亡责任】承运人应当对运输过程中旅客的伤亡承担赔偿责任；但是，伤亡是旅客自身健康原因造成的或者承运人证明伤亡是旅客故意、重大过失造成的除外。

前款规定适用于按照规定免票、持优待票或者经承运人许可搭乘的无票旅客。

第八百二十四条 【旅客随身携带物品毁损、灭失的责任承担】在运输过程中旅客随身携带物品毁损、灭失，承运人有过错的，应当承担赔偿责任。

旅客托运的行李毁损、灭失的，适用货物运输的有关规定。

第八百二十五条 【托运人如实申报义务】托运人办理货物运输，应当向承运人准确表明收货人的姓名、名称或者凭指示的收货人，货物的名称、性质、重量、数量，收货地点等有关货物运输的必要情况。

因托运人申报不实或者遗漏重要情况，造成承运人损失的，托运人应当承担赔偿责任。

第八百二十六条 【托运人提交有关文件义务】货物运输需要办理审批、检验等手续的，托运人应当将办理完有关手续的文件提交承运人。

第八百二十七条 【托运人货物包装义务】托运人应当按照约定的方式包装货物。对包装方式没有约定或者约定不明确的，适用本法第六百一十九条的规定。

托运人违反前款规定的，承运人可以拒绝运输。

第八百二十八条 【运输危险货物】托运人托运易燃、易爆、有毒、有腐蚀性、有放射性等危险物品的，应当按照国家有关危险物品运输的规定对危险物品妥善包装，做出危险物品标志和标签，并将有关危险物品的名称、性质和防范措施的书面材料提交承运人。

托运人违反前款规定的，承运人可以拒绝运输，也可以采取相应措施以避免损失的发生，因此产生的费用由托运人负担。

第八百二十九条 【托运人变更或者解除运输合同权利】在承运人将货物交付收货人之前，托运人可以要求承运人中止运输、返还货物、变更到达地或者将货物交给其他收货人，但是应当赔偿承运人因此受到的损失。

第八百三十条 【提货】货物运输到达后，承运人知道收货人的，应当及时通知收货人，收货人应当及时提货。收货人逾期提货的，应当向承运人支付保管费等费用。

第八百三十一条 【收货人检验货物】收货人提货时应当按照约定的期限检验货物。对检验货物的期限没有约定或者约定不明确，依据本法第五百一十条的规定仍不能确定的，应当在合理期限内检验货物。收货人在约定的期限或者合理期限内对货物的数量、毁损等未提出异议的，视为承运人已经按照运输单证的记载交付的初步证据。

第八百三十二条　【运输过程中货物毁损、灭失的责任承担】承运人对运输过程中货物的毁损、灭失承担赔偿责任。但是，承运人证明货物的毁损、灭失是因不可抗力、货物本身的自然性质或者合理损耗以及托运人、收货人的过错造成的，不承担赔偿责任。

第八百三十三条　【确定货物赔偿额】货物的毁损、灭失的赔偿额，当事人有约定的，按照其约定；没有约定或者约定不明确，依据本法第五百一十条的规定仍不能确定的，按照交付或者应当交付时货物到达地的市场价格计算。法律、行政法规对赔偿额的计算方法和赔偿限额另有规定的，依照其规定。

第八百三十四条　【相继运输】两个以上承运人以同一运输方式联运的，与托运人订立合同的承运人应当对全程运输承担责任；损失发生在某一运输区段的，与托运人订立合同的承运人和该区段的承运人承担连带责任。

第八百三十五条　【货物因不可抗力灭失的运费处理】货物在运输过程中因不可抗力灭失，未收取运费的，承运人不得请求支付运费；已经收取运费的，托运人可以请求返还。法律另有规定的，依照其规定。

第八百三十六条　【承运人留置权】托运人或者收货人不支付运费、保管费或者其他费用的，承运人对相应的运输货物享有留置权，但是当事人另有约定的除外。

第八百三十七条　【承运人提存货物】收货人不明或者收货人无正当理由拒绝受领货物的，承运人依法可以提存货物。

第八百三十八条　【多式联运经营人应当负责履行或者组织履行合同】多式联运经营人负责履行或者组织履行多式联运合同，对全程运输享有承运人的权利，承担承运人的义务。

第八百三十九条　【多式联运合同责任制度】多式联运经营人可以与参加多式联运的各区段承运人就多式联运合同的各区段运输约定相互之间的责任；但是，该约定不影响多式联运经营人对全程运输承担的义务。

第八百四十条　【多式联运单据】多式联运经营人收到托运人交付的货物时，应当签发多式联运单据。按照托运人的要求，多式联运单据可以是可转让单据，也可以是不可转让单据。

第八百四十一条　【托运人承担过错责任】因托运人托运货物时的过错造成多式联运经营人损失的，即使托运人已经转让多式联运单据，托运人仍然应当承担赔偿责任。

第八百四十二条　【多式联运经营人赔偿责任的法律适用】货物的毁损、灭失发生于多式联运的某一运输区段的，多式联运经营人的赔偿责任和责任限额，适用调整该区段运输方式的有关法律规定；货物毁损、灭失发生的运输区段不能确定的，依照本章规定承担赔偿责任。

》《中华人民共和国海商法》（1992 年）

第一百零二条　本法所称多式联运合同，是指多式联运经营人以两种以上的不同运输方式，其中一种是海上运输方式，负责将货物从接收地运至目的地交付收货人，并收取全程运费的合同。

前款所称多式联运经营人，是指本人或者委托他人以本人名义与托运人订立多式联运合同的人。

第一百零三条　多式联运经营人对多式联运货物的责任期间，自接收货物时起至交付货物时止。

第一百零四条　多式联运经营人负责履行或者组织履行多式联运合同，并对全程运输负责。

多式联运经营人与参加多式联运的各区段承运人，可以就多式联运合同的各区段运输，另以合同约定相互之间的责任。但是，此项合同不得影响多式联运经营人对全程运输所承担的责任。

第一百零五条　货物的灭失或者损坏发生于多式联运的某一运输区段的，多式联运经营人的赔偿责任和责任限额，适用调整该区段运输方式的有关法律规定。

第一百零六条 货物的灭失或者损坏发生的运输区段不能确定的，多式联运经营人应当依照本章关于承运人赔偿责任和责任限额的规定负赔偿责任。

》《中华人民共和国铁路法》（2015 年修正）

第十一条 铁路运输合同是明确铁路运输企业与旅客、托运人之间权利义务关系的协议。

旅客车票、行李票、包裹票和货物运单是合同或者合同的组成部分。

第十二条 铁路运输企业应当保证旅客按车票载明的日期、车次乘车，并到达目的站。因铁路运输企业的责任造成旅客不能按车票载明的日期、车次乘车的，铁路运输企业应当按照旅客的要求，退还全部票款或者安排改乘到达相同目的站的其他列车。

第十三条 铁路运输企业应当采取有效措施做好旅客运输服务工作，做到文明礼貌、热情周到，保持车站和车厢内的清洁卫生，提供饮用开水，做好列车上的饮食供应工作。

铁路运输企业应当采取措施，防止对铁路沿线环境的污染。

第十四条 旅客乘车应当持有效车票。对无票乘车或者持失效车票乘车的，应当补收票款，并按照规定加收票款；拒不交付的，铁路运输企业可以责令下车。

》《中华人民共和国民用航空法》（2021 年修正）

第一百零七条 本法所称国内航空运输，是指根据当事人订立的航空运输合同，运输的出发地点、约定的经停地点和目的地点均在中华人民共和国境内的运输。

本法所称国际航空运输，是指根据当事人订立的航空运输合同，无论运输有无间断或者有无转运，运输的出发地点、目的地点或者约定的经停地点之一不在中华人民共和国境内的运输。

第一百零八条 航空运输合同各方认为几个连续的航空运输承运人办理的运输是一项单一业务活动的，无论其形式是以一个合同订立或者数个合同订立，应当视为一项不可分割的运输。

》《国内水路运输管理条例》（2017 年修订）

第十七条 水路运输经营者应当在依法取得许可的经营范围内从事水路运输经营。

第十八条 水路运输经营者应当使用符合本条例规定条件、配备合格船员的船舶，并保证船舶处于适航状态。

水路运输经营者应当按照船舶核定载客定额或者载重量载运旅客、货物，不得超载或者使用货船载运旅客。

第十九条 水路运输经营者应当依照法律、行政法规和国务院交通运输主管部门关于水路旅客、货物运输的规定、质量标准以及合同的约定，为旅客、货主提供安全、便捷、优质的服务，保证旅客、货物运输安全。

水路旅客运输业务经营者应当为其客运船舶投保承运人责任保险或者取得相应的财务担保。

第二十条 水路运输经营者运输危险货物，应当遵守法律、行政法规以及国务院交通运输主管部门关于危险货物运输的规定，使用依法取得危险货物适装证书的船舶，按照规定的安全技术规范进行配载和运输，保证运输安全。

第二十八条 船舶管理业务经营者接受委托提供船舶管理服务，应当与委托人订立书面合同，并将合同报所在地海事管理机构备案。

船舶管理业务经营者应当按照国家有关规定和合同约定履行有关船舶安全和防止污染的管理义务。

第二十九条 水路运输经营者可以委托船舶代理、水路旅客运输代理、水路货物运输代理业务的经营者，代办船舶进出港手续等港口业务，代为签订运输合同，代办旅客、货物承揽业务以及其他水路运输代理业务。

第三十条　船舶代理、水路旅客运输代理业务的经营者应当自企业设立登记之日起15个工作日内，向所在地设区的市级人民政府负责水路运输管理的部门备案。

第三十一条　船舶代理、水路旅客运输代理、水路货物运输代理业务的经营者接受委托提供代理服务，应当与委托人订立书面合同，按照国家有关规定和合同约定办理代理业务，不得强行代理，不得为未依法取得水路运输业务经营许可或者超越许可范围的经营者办理代理业务。

《最高人民法院关于国内水路货物运输纠纷案件法律问题的指导意见》

（法发〔2012〕28号　2012年12月24日）

3. 根据《国内水路运输管理条例》和《国内水路运输经营资质管理规定》的有关规定，从事国内水路运输的企业和个人，应当达到并保持相应的经营资质条件，并在核定的经营范围内从事水路运输经营活动。没有取得国内水路运输经营资质的承运人签订的国内水路货物运输合同，人民法院应当根据合同法第五十二条第（五）项的规定认定合同无效。

4. 国内水路货物运输合同无效，但是承运人已经按照运输合同的约定将货物安全运输到约定地点，承运人请求托运人或者收货人参照合同的约定支付运费，人民法院可以适当予以保护。

国内水路货物运输合同无效，而且运输过程中货物发生了毁损、灭失，托运人或者收货人向承运人主张损失赔偿的，人民法院可以综合考虑托运人或者收货人和承运人对合同无效和货物损失的过错程度，依法判定相应的民事责任。

5. 人民法院审理国内水路货物运输纠纷案件过程中发现从事国内水路货物运输的承运人没有取得相应的运输经营资质，应及时向相关行政主管机关发出司法建议。

7. 国内水路货物运输合同履行完毕，托运人或者收货人没有按照约定支付运费、保管费或者其他运输费用，依照合同法第三百一十五条的规定，承运人对相应的运输货物享有留置权。人民法院在审查承运人的留置权时，应当重点审查承运人留置货物的数量是否是在合理的限度之内，以及承运人留置的货物是否是其合法占有的货物。债务人对留置货物是否具有所有权并不必然影响承运人留置权的行使，除非运输合同当事人对承运人的留置权另有特殊约定。

8. 没有运营资质的个体运输船舶的实际所有人，为了进入国内水路货物运输市场，规避国家有关水路运输经营资质的管理规定，将船舶所有权登记在具有水路运输经营资质的船舶运输企业名下，向该运输企业交纳管理费，并以该运输企业的名义从事国内水路货物运输活动，是国内水路货物运输中普遍存在的一种挂靠经营方式。这种挂靠经营方式导致挂靠船舶的所有权登记形同虚设，船舶管理混乱，被挂靠企业对挂靠船舶疏于安全管理，严重冲击了航运市场的安全秩序，导致大量国内水路货物运输纠纷的产生。人民法院在审理与船舶挂靠有关的合同纠纷时，应当严格依照现行船舶管理的法律规范确定法律关系，坚持合同相对性的基本原则，根据合同的签订主体和合同的履行等基本事实，准确认定合同当事人。

9. 挂靠船舶的实际所有人以自己的名义签订运输合同，应当认定其为运输合同承运人，承担相应的合同责任。

10. 挂靠船舶的实际所有人以被挂靠企业的名义签订运输合同，被挂靠企业亦签章予以确认，应当认定被挂靠企业为运输合同承运人，承担相应的合同责任。

11. 在没有签订水路货物运输合同的情形下，可以依照运单上承运人的记载判断运输合同的承运人。如果运单上仅仅加盖了承运船舶的船名章，应当认定该承运船舶的登记所有人为运输合同的承运人，承担相应的合同责任。

12. 挂靠船舶因侵权行为造成他人财产、

人身损害，依据民法通则、侵权责任法、海商法和有关司法解释的规定，挂靠船舶的实际所有人和被挂靠企业应当承担连带赔偿责任。

《最高人民法院关于为促进消费提供司法服务和保障的意见》（法发〔2022〕35号　2022年12月26日）

11. 妥善处理消费者出行纠纷。疫情或者疫情防控措施导致消费者不能履行旅游、客运、住宿等合同，消费者请求解除合同、退还定金和价款等费用的，人民法院应当依法支持。消费者请求变更经营者提供服务的时间等合同内容的，人民法院应当加强调解；调解不成的，人民法院可综合考虑交易习惯、合同目的、案件具体情况等因素作出裁判。经营者仅以消费者超出其公布的退款时间为由，主张拒退、少退定金和价款等费用的，人民法院不予支持。充分发挥旅游巡回法庭作用，就地、快速解决旅游纠纷，方便消费者景区维权。

指导案例

阿卜杜勒·瓦希德诉中国东方航空股份有限公司航空旅客运输合同纠纷案（最高人民法院指导案例51号　2015年4月15日发布）

【关键词】　民事　航空旅客运输合同　航班延误　告知义务　赔偿责任

【裁判要点】

1. 对航空旅客运输实际承运人提起的诉讼，可以选择对实际承运人或缔约承运人提起诉讼，也可以同时对实际承运人和缔约承运人提起诉讼。被诉承运人申请追加另一方承运人参加诉讼的，法院可以根据案件的实际情况决定是否准许。

2. 当不可抗力造成航班延误，致使航空公司不能将换乘其他航班的旅客按时运抵目的地时，航空公司有义务及时向换乘的旅客明确告知到达目的地后是否提供转签服务，以及在不能提供转签服务时旅客如何办理旅行手续。航空公司未履行该项义务，给换乘旅客造成损失的，应当承担赔偿责任。

3. 航空公司在打折机票上注明“不得退票，不得转签”，只是限制购买打折机票的旅客由于自身原因而不得退票和转签，不能据此剥夺旅客在支付票款后享有的乘坐航班按时抵达目的地的权利。

【基本案情】

2004年12月29日，ABDUL WAHEED（阿卜杜勒·瓦希德，以下简称阿卜杜勒）购买了一张由香港国泰航空公司（以下简称国泰航空公司）作为出票人的机票。机票列明的航程安排为：2004年12月31日上午11点，上海起飞至香港，同日16点香港起飞至卡拉奇；2005年1月31日卡拉奇起飞至香港，同年2月1日香港起飞至上海。其中，上海与香港间的航程由中国东方航空股份有限公司（以下简称东方航空公司）实际承运，香港与卡拉奇间的航程由国泰航空公司实际承运。机票背面条款注明，该合同应遵守华沙公约所指定的有关责任的规则和限制。该机票为打折票，机票上注明“不得退票、不得转签”。

2004年12月30日15时起上海浦东机场下中雪，导致机场于该日22点至23点被迫关闭1小时，该日104个航班延误。31日，因飞机除冰、补班调配等原因，导致该日航班取消43架次、延误142架次，飞机出港正常率只有24.1%。东方航空公司的MU703航班也因为天气原因延误了3小时22分钟，导致阿卜杜勒及其家属到达香港机场后未能赶上国泰航空公司飞卡拉奇的衔接航班。东方航空公司工作人员告知阿卜杜勒只有两种处理方案：其一是阿卜杜勒等人在机场里等候3天，然后搭乘国泰航空公司的下一航班，3天费用自理；其二是阿卜杜勒等人出资，另行购买其他航空公司的机票至卡拉奇，费用为25000港元。阿卜杜勒当即表示无法接受该两种方案，其妻子杜琳打电话给东方航空公司，但该公司称有关工作人员已下班。杜琳对东方航空公司的处理无法接受，且因携带婴儿而焦虑、激动。最终由香港机场工作人员交涉，阿卜杜勒及家属共支付17000港元，购买了阿联酋航空公司的机票及行李票，搭乘该公司航班绕道迪拜，到达卡拉奇。为此，阿卜杜勒支出机票款4721港元、行李票款759港元，共计5480港元。

阿卜杜勒认为，东方航空公司的航班延误，又拒绝重新安排航程，给自己造成了经济损失，遂提出诉讼，要求判令东方航空公司赔偿机票款和行李票款，并定期对外公布航班的正常率、旅客投诉率。

东方航空公司辩称，航班延误的原因系天气条件恶劣，属不可抗力；其已将此事通知了阿卜杜勒，阿卜杜勒亦明知将错过香港的衔接航班，其无权要求东方航空公司改变航程。阿卜杜勒称，其明知会错过衔接航班仍选择登上飞往香港的航班，系因为东方航空公司对其承诺会予以妥善解决。

【裁判结果】

上海市浦东新区人民法院于2005年12月21日作出（2005）浦民一（民）初字第12164号民事判决：一、中国东方航空股份有限公司应在判决生效之日起十日内赔偿阿卜杜勒损失共计人民币5863.60元；二、驳回阿卜杜勒的其他诉讼请求。宣判后，中国东方航空股份有限公司提出上诉。上海市第一中级人民法院于2006年2月24日作出（2006）沪一中民一（民）终字第609号民事判决：驳回上诉，维持原判。

【裁判理由】

法院生效裁判认为：原告阿卜杜勒是巴基斯坦国公民，其购买的机票，出发地为我国上海，目的地为巴基斯坦卡拉奇。《中华人民共和国民法通则》第一百四十二条第一款规定："涉外民事关系的法律适用，依照本章的规定确定。"第二款规定："中华人民共和国缔结或者参加的国际条约同中华人民共和国的民事法律有不同规定的，适用国际条约的规定，但中华人民共和国声明保留的条款除外。"我国和巴基斯坦都是《经1955年海牙议定书修订的1929年华沙统一国际航空运输一些规则的公约》（以下简称《1955年在海牙修改的华沙公约》）和1961年《统一非立约承运人所办国际航空运输的某些规则以补充华沙公约的公约》（以下简称《瓜达拉哈拉公约》）的缔约国，故这两个国际公约对本案适用。《1955年在海牙修改的华沙公约》第二十八条（1）款规定："有关赔偿的诉讼，应该按原告的意愿，在一个缔约国的领土内，向承运人住所地或其总管理处所在地或签订契约的机构所在地法院提出，或向目的地法院提出。"第三十二条规定："运输合同的任何条款和在损失发生以前的任何特别协议，如果运输合同各方借以违背本公约的规则，无论是选择所适用的法律或变更管辖权的规定，都不生效力。"据此，在阿卜杜勒持机票起诉的情形下，中华人民共和国上海市浦东新区人民法院有权对这起国际航空旅客运输合同纠纷进行管辖。

《瓜达拉哈拉公约》第一条第二款规定："'缔约承运人'指与旅客或托运人，或与旅客或托运人的代理人订立一项适用华沙公约的运输合同的当事人。"第三款规定："'实际承运人'指缔约承运人以外，根据缔约承运人的授权办理第二款所指的全部或部分运输的人，但对该部分运输此人并非华沙公约所指的连续承运人。在没有相反的证据时，上述授权被推定成立。"第七条规定："对实际承运人所办运输的责任诉讼，可以由原告选择，对实际承运人或缔约承运人提起，或者同时或分别向他们提起。如果只对其中的一个承运人提起诉讼，则该承运人应有权要求另一承运人参加诉讼。这种参加诉讼的效力以及所适用的程序，根据受理案件的法院的法律决定。"阿卜杜勒所持机票，是由国泰航空公司出票，故国际航空旅客运输合同关系是在阿卜杜勒与国泰航空公司之间设立，国泰航空公司是缔约承运人。东方航空公司与阿卜杜勒之间不存在直接的国际航空旅客运输合同关系，也不是连续承运人，只是推定其根据国泰航空公司的授权，完成该机票确定的上海至香港间运输任务的实际承运人。阿卜杜勒有权选择国泰航空公司或东方航空公司或两者同时为被告提起诉讼；在阿卜杜勒只选择东方航空公司为被告提起的诉讼中，东方航空公司虽然有权要求国泰航空公司参加诉讼，但由于阿卜杜勒追究的航班延误责任发生在东方航空公司承运的上海至香港段航程中，与国泰航空公司无关，根据本案案情，衡量诉讼成本，无需追加国泰航空公司为本案的当事人共同参加诉讼。故东方航空公司虽然有权申请国泰航空公司参加诉讼，但这种申请能否被允许，应由受理案件的法院决定。一审法院认为国泰航空公司与阿卜杜勒要追究的航班延误责任无关，根据本案旅客维权的便捷性、担责可能性、诉讼的成本等情况，决定不追加香港国泰航空公司为本案的当事人，并无不当。

《1955 年在海牙修改的华沙公约》第十九条规定："承运人对旅客、行李或货物在航空运输过程中因延误而造成的损失应负责任。"第二十条（1）款规定："承运人如果证明自己和他的代理人为了避免损失的发生，已经采取一切必要的措施，或不可能采取这种措施时，就不负责任。"2004 年 12 月 31 日的 MU703 航班由于天气原因发生延误，对这种不可抗力造成的延误，东方航空公司不可能采取措施来避免发生，故其对延误本身无需承担责任。但还需证明其已经采取了一切必要的措施来避免延误给旅客造成的损失发生，否则即应对旅客因延误而遭受的损失承担责任。阿卜杜勒在浦东机场时由于预见到 MU703 航班的延误会使其错过国泰航空公司的衔接航班，曾多次向东方航空公司工作人员询问怎么办。东方航空公司应当知道国泰航空公司从香港飞往卡拉奇的衔接航班三天才有一次，更明知阿卜杜勒一行携带着婴儿，不便在中转机场长时间等候，有义务向阿卜杜勒一行提醒中转时可能发生的不利情形，劝告阿卜杜勒一行改日乘机。但东方航空公司没有这样做，却让阿卜杜勒填写《续航情况登记表》，并告知会帮助解决，使阿卜杜勒对该公司产生合理信赖，从而放心登机飞赴香港。鉴于阿卜杜勒一行是得到东方航空公司的帮助承诺后来到香港，但是东方航空公司不考虑阿卜杜勒一行携带婴儿要尽快飞往卡拉奇的合理需要，向阿卜杜勒告知了要么等待三天乘坐下一航班且三天中相关费用自理，要么自费购买其他航空公司机票的"帮助解决"方案。根据查明的事实，东方航空公司始终未能提供阿卜杜勒的妻子杜琳在登机前填写的《续航情况登记表》，无法证明阿卜杜勒系在明知飞往香港后会发生对己不利的情况仍选择登机，故法院认定"东方航空公司没有为避免损失采取了必要的措施"是正确的。东方航空公司没有采取一切必要的措施来避免因航班延误给旅客造成的损失发生，不应免责。阿卜杜勒迫于无奈自费购买其他航空公司的机票，对阿卜杜勒购票支出的 5480 港元损失，东方航空公司应承担赔偿责任。

在延误的航班到达香港机场后，东方航空公司拒绝为阿卜杜勒签转机票，其主张阿卜杜勒的机票系打折票，已经注明了"不得退票，不得转签"，其无须另行提醒和告知。法院认为，即使是航空公司在打折机票上注明"不得退票，不得转签"，只是限制购买打折机票的旅客由于自身原因而不得退票和转签；旅客购买了打折机票，航空公司可以相应地取消一些服务，但是旅客支付了足额票款，航空公司就要为旅客提供完整的运输服务，并不能剥夺旅客在支付了票款后享有的乘坐航班按时抵达目的地的权利。本案中的航班延误并非由阿卜杜勒自身的原因造成。阿卜杜勒乘坐延误的航班到达香港机场后肯定需要重新签转机票，东方航空公司既未能在始发机场告知阿卜杜勒在航班延误时机票仍不能签转的理由，在中转机场亦拒绝为其办理签转手续。因此，东方航空公司未能提供证据证明损失的产生系阿卜杜勒自身原因所致，也未能证明其为了避免损失扩大采取了必要的方式和妥善的补救措施，故判令东方航空公司承担赔偿责任。

117. 保管合同纠纷

相关规范

>>《中华人民共和国民法典》（2020 年）

第八百八十八条　【保管合同定义】保管合同是保管人保管寄存人交付的保管物，并返还该物的合同。

寄存人到保管人处从事购物、就餐、住宿等活动，将物品存放在指定场所的，视为保管，但是当事人另有约定或者另有交易习惯的除外。

第九百条　【返还保管物及其孳息】保管期限届满或者寄存人提前领取保管物的，保管人应当将原物及其孳息归还寄存人。

第九百零二条　【保管费支付期限】有偿的保管合同，寄存人应当按照约定的期限向保管人支付保管费。

当事人对支付期限没有约定或者约定不明确，依据本法第五百一十条的规定仍不能确定的，应当在领取保管物的同时支付。

118. 仓储合同纠纷

相关规范

>>《中华人民共和国民法典》（2020 年）

第九百零六条　【危险物品和易变质物品的储存】储存易燃、易爆、有毒、有腐蚀性、有放射性等危险物品或者易变质物品的，存货人应当说明该物品的性质，提供有关资料。

存货人违反前款规定的，保管人可以拒收仓储物，也可以采取相应措施以避免损失的发生，因此产生的费用由存货人负担。

保管人储存易燃、易爆、有毒、有腐蚀性、有放射性等危险物品的，应当具备相应的保管条件。

第九百零七条　【保管人验收义务以及损害赔偿】保管人应当按照约定对入库仓储物进行验收。保管人验收时发现入库仓储物与约定不符合的，应当及时通知存货人。保管人验收后，发生仓储物的品种、数量、质量不符合约定的，保管人应当承担赔偿责任。

第九百零八条　【保管人出具仓单、入库单义务】存货人交付仓储物的，保管人应当出具仓单、入库单等凭证。

第九百零九条　【仓单】保管人应当在仓单上签名或者盖章。仓单包括下列事项：

（一）存货人的姓名或者名称和住所；

（二）仓储物的品种、数量、质量、包装及其件数和标记；

（三）仓储物的损耗标准；

（四）储存场所；

（五）储存期限；

（六）仓储费；

（七）仓储物已经办理保险的，其保险金额、期间以及保险人的名称；

（八）填发人、填发地和填发日期。

第九百一十条　【仓单性质和转让】仓单是提取仓储物的凭证。存货人或者仓单持有人在仓单上背书并经保管人签名或者盖章的，可以转让提取仓储物的权利。

第九百一十一条　【存货人或者仓单持有人有权检查仓储物或者提取样品】保管人根据存货人或者仓单持有人的要求，应当同意其检查仓储物或者提取样品。

第九百一十二条　【保管人危险通知义务】保管人发现入库仓储物有变质或者其他损坏的，应当及时通知存货人或者仓单持有人。

第九百一十三条　【保管人危险催告义务和紧急处置权】保管人发现入库仓储物有变质或者其他损坏，危及其他仓储物的安全和正常保管的，应当催告存货人或者仓单持有人作出必要的处置。因情况紧急，保管人可以作出必要的处置；但是，事后应当将该情况及时通知存货人或者仓单持有人。

第九百一十四条　【储存期限不明确时仓储物提取】当事人对储存期限没有约定或者约定不明确的，存货人或者仓单持有人可以随时提取仓储物，保管人也可以随时请求存货人或者仓单持有人提取仓储物，但是应当给予必要的准备时间。

第九百一十五条　【储存期限届满仓储物提取】储存期限届满，存货人或者仓单持有人应当凭仓单、入库单等提取仓储物。存货人或者仓单持有人逾期提取的，应当加收仓储费；提前提取的，不减收仓储费。

第九百一十六条　【逾期提取仓储物】储存期限届满，存货人或者仓单持有人不提取仓储物的，保管人可以催告其在合理期限内提取；逾期不提取的，保管人可以提存仓储物。

第九百一十七条　【保管人的损害赔偿责任】储存期内，因保管不善造成仓储物毁损、灭失的，保管人应当承担赔偿责任。因仓储物本身的自然性质、包装不符合约定或者超过有效储存期造成仓储物变质、损坏的，保管人不承担赔偿责任。

第九百一十八条　【适用保管合同】本章没有规定的，适用保管合同的有关规定。

119. 委托合同纠纷

（1）进出口代理合同纠纷

（2）货运代理合同纠纷

（3）民用航空运输销售代理合同纠纷

（4）诉讼、仲裁、人民调解代理合同纠纷

（5）销售代理合同纠纷

相关规范

》《中华人民共和国民法典》（2020年）

第九百二十条　【委托权限】委托人可以特别委托受托人处理一项或者数项事务，也可以概括委托受托人处理一切事务。

第九百二十一条　【委托费用的预付和垫付】委托人应当预付处理委托事务的费用。受托人为处理委托事务垫付的必要费用，委托人应当偿还该费用并支付利息。

第九百二十二条　【受托人应当按照委托人的指示处理委托事务】受托人应当按照委托人的指示处理委托事务。需要变更委托人指示的，应当经委托人同意；因情况紧急，难以和委托人取得联系的，受托人应当妥善处理委托事务，但是事后应当将该情况及时报告委托人。

第九百二十三条　【受托人亲自处理委托事务】受托人应当亲自处理委托事务。经委托人同意，受托人可以转委托。转委托经同意或者追认的，委托人可以就委托事务直接指示转委托的第三人，受托人仅就第三人的选任及其对第三人的指示承担责任。转委托未经同意或者追认的，受托人应当对转委托的第三人的行为承担责任；但是，在紧急情况下受托人为了维护委托人的利益需要转委托第三人的除外。

第九百二十四条　【受托人的报告义务】受托人应当按照委托人的要求，报告委托事务的处理情况。委托合同终止时，受托人应当报告委托事务的结果。

第九百二十五条　【委托人介入权】受托人以自己的名义，在委托人的授权范围内与第三人订立的合同，第三人在订立合同时知道受托人与委托人之间的代理关系的，该合同直接约束委托人和第三人；但是，有确切证据证明该合同只约束受托人和第三人的除外。

第九百二十六条　【委托人对第三人的权利和第三人选择权】受托人以自己的名义与第三人订立合同时，第三人不知道受托人与委托人之间的代理关系的，受托人因第三人的原因对委托人不履行义务，受托人应当向委托人披露第三人，委托人因此可以行使受托人对第三人的权利。但是，第三人与受托人订立合同时如果知道该委托人就不会订立合同的除外。

受托人因委托人的原因对第三人不履行义务，受托人应当向第三人披露委托人，第三人因此可以选择受托人或者委托人作为相对人主张其权利，但是第三人不得变更选定的相对人。

委托人行使受托人对第三人的权利的，第三人可以向委托人主张其对受托人的抗辩。第三人选定委托人作为其相对人的，委托人可以向第三人主张其对受托人的抗辩以及受托人对第三人的抗辩。

第九百二十七条　【受托人转移利益】 受托人处理委托事务取得的财产，应当转交给委托人。

第九百二十八条　【委托人支付报酬】 受托人完成委托事务的，委托人应当按照约定向其支付报酬。

因不可归责于受托人的事由，委托合同解除或者委托事务不能完成的，委托人应当向受托人支付相应的报酬。当事人另有约定的，按照其约定。

第九百二十九条　【受托人的赔偿责任】 有偿的委托合同，因受托人的过错造成委托人损失的，委托人可以请求赔偿损失。无偿的委托合同，因受托人的故意或者重大过失造成委托人损失的，委托人可以请求赔偿损失。

受托人超越权限造成委托人损失的，应当赔偿损失。

第九百三十条　【委托人的赔偿责任】 受托人处理委托事务时，因不可归责于自己的事由受到损失的，可以向委托人请求赔偿损失。

第九百三十一条　【委托人另行委托他人处理事务】 委托人经受托人同意，可以在受托人之外委托第三人处理委托事务。因此造成受托人损失的，受托人可以向委托人请求赔偿损失。

第九百三十二条　【共同委托】 两个以上的受托人共同处理委托事务的，对委托人承担连带责任。

第九百三十三条　【委托合同解除】 委托人或者受托人可以随时解除委托合同。因解除合同造成对方损失的，除不可归责于该当事人的事由外，无偿委托合同的解除方应当赔偿因解除时间不当造成的直接损失，有偿委托合同的解除方应当赔偿对方的直接损失和合同履行后可以获得的利益。

第九百三十四条　【委托合同终止】 委托人死亡、终止或者受托人死亡、丧失民事行为能力、终止的，委托合同终止；但是，当事人另有约定或者根据委托事务的性质不宜终止的除外。

第九百三十五条　【受托人继续处理委托事务】 因委托人死亡或者被宣告破产、解散，致使委托合同终止将损害委托人利益的，在委托人的继承人、遗产管理人或者清算人承受委托事务之前，受托人应当继续处理委托事务。

第九百三十六条　【受托人的继承人等的义务】 因受托人死亡、丧失民事行为能力或者被宣告破产、解散，致使委托合同终止的，受托人的继承人、遗产管理人、法定代理人或者清算人应当及时通知委托人。因委托合同终止将损害委托人利益的，在委托人作出善后处理之前，受托人的继承人、遗产管理人、法定代理人或者清算人应当采取必要措施。

»《中华人民共和国仲裁法》（2017 年修正）

第二十九条　当事人、法定代理人可以委托律师和其他代理人进行仲裁活动。委托律师和其他代理人进行仲裁活动的，应当向仲裁委员会提交授权委托书。

»《中华人民共和国民事诉讼法》（2021 年修正）

第六十一条　当事人、法定代理人可以委托一至二人作为诉讼代理人。

下列人员可以被委托为诉讼代理人：

（一）律师、基层法律服务工作者；

（二）当事人的近亲属或者工作人员；

（三）当事人所在社区、单位以及有关社会团体推荐的公民。

《最高人民法院关于适用〈中华人民共和国民法典〉总则编若干问题的解释》（法释〔2022〕6号 2022年2月24日）

第二十五条 数个委托代理人共同行使代理权，其中一人或者数人未与其他委托代理人协商，擅自行使代理权的，依据民法典第一百七十一条、第一百七十二条等规定处理。

第二十六条 由于急病、通讯联络中断、疫情防控等特殊原因，委托代理人自己不能办理代理事项，又不能与被代理人及时取得联系，如不及时转委托第三人代理，会给被代理人的利益造成损失或者扩大损失的，人民法院应当认定为民法典第一百六十九条规定的紧急情况。

第二十七条 无权代理行为未被追认，相对人请求行为人履行债务或者赔偿损失的，由行为人就相对人知道或者应当知道行为人无权代理承担举证责任。行为人不能证明的，人民法院依法支持相对人的相应诉讼请求；行为人能够证明的，人民法院应当按照各自的过错认定行为人与相对人的责任。

第二十八条 同时符合下列条件的，人民法院可以认定为民法典第一百七十二条规定的相对人有理由相信行为人有代理权：

（一）存在代理权的外观；

（二）相对人不知道行为人行为时没有代理权，且无过失。

因是否构成表见代理发生争议的，相对人应当就无权代理符合前款第一项规定的条件承担举证责任；被代理人应当就相对人不符合前款第二项规定的条件承担举证责任。

第二十九条 法定代理人、被代理人依据民法典第一百四十五条、第一百七十一条的规定向相对人作出追认的意思表示的，人民法院应当依据民法典第一百三十七条的规定确认其追认意思表示的生效时间。

120. 委托理财合同纠纷

（1）金融委托理财合同纠纷

（2）民间委托理财合同纠纷

相关规范

《中华人民共和国民法典》（2020年）

第九百二十条 【委托权限】委托人可以特别委托受托人处理一项或者数项事务，也可以概括委托受托人处理一切事务。

《中华人民共和国信托法》（2001年）

第二十六条 受托人除依照本法规定取得报酬外，不得利用信托财产为自己谋取利益。

受托人违反前款规定，利用信托财产为自己谋取利益的，所得利益归入信托财产。

第二十七条 受托人不得将信托财产转为其固有财产。受托人将信托财产转为其固有财产的，必须恢复该信托财产的原状；造成信托财产损失的，应当承担赔偿责任。

第二十八条 受托人不得将其固有财产与信托财产进行交易或者将不同委托人的信托财产进行相互交易，但信托文件另有规定或者经委托人或者受益人同意，并以公平的市场价格进行交易的除外。

受托人违反前款规定，造成信托财产损失的，应当承担赔偿责任。

第二十九条 受托人必须将信托财产与其固有财产分别管理、分别记帐，并将不同委托人的信托财产分别管理、分别记帐。

第三十条 受托人应当自己处理信托事务，但信托文件另有规定或者有不得已事由的，可以委托他人代为处理。

受托人依法将信托事务委托他人代理的，应当对他人处理信托事务的行为承担责任。

第三十一条　同一信托的受托人有两个以上的，为共同受托人。

共同受托人应当共同处理信托事务，但信托文件规定对某些具体事务由受托人分别处理的，从其规定。

共同受托人共同处理信托事务，意见不一致时，按信托文件规定处理；信托文件未规定的，由委托人、受益人或者其利害关系人决定。

第三十二条　共同受托人处理信托事务对第三人所负债务，应当承担连带清偿责任。第三人对共同受托人之一所作的意思表示，对其他受托人同样有效。

共同受托人之一违反信托目的处分信托财产或者因违背管理职责、处理信托事务不当致使信托财产受到损失的，其他受托人应当承担连带赔偿责任。

《中华人民共和国证券法》（2019 年修订）

第一百三十三条　证券公司接受证券买卖的委托，应当根据委托书载明的证券名称、买卖数量、出价方式、价格幅度等，按照交易规则代理买卖证券，如实进行交易记录；买卖成交后，应当按照规定制作买卖成交报告单交付客户。

证券交易中确认交易行为及其交易结果的对账单必须真实，保证账面证券余额与实际持有的证券相一致。

第一百三十四条　证券公司办理经纪业务，不得接受客户的全权委托而决定证券买卖、选择证券种类、决定买卖数量或者买卖价格。

证券公司不得允许他人以证券公司的名义直接参与证券的集中交易。

第一百三十五条　证券公司不得对客户证券买卖的收益或者赔偿证券买卖的损失作出承诺。

第一百三十六条　证券公司的从业人员在证券交易活动中，执行所属的证券公司的指令或者利用职务违反交易规则的，由所属的证券公司承担全部责任。

证券公司的从业人员不得私下接受客户委托买卖证券。

《最高人民法院关于适用〈中华人民共和国民法典〉总则编若干问题的解释》（法释〔2022〕6 号　2022 年 2 月 24 日）

第二十五条　数个委托代理人共同行使代理权，其中一人或者数人未与其他委托代理人协商，擅自行使代理权的，依据民法典第一百七十一条、第一百七十二条等规定处理。

第二十六条　由于急病、通讯联络中断、疫情防控等特殊原因，委托代理人自己不能办理代理事项，又不能与被代理人及时取得联系，如不及时转委托第三人代理，会给被代理人的利益造成损失或者扩大损失的，人民法院应当认定为民法典第一百六十九条规定的紧急情况。

第二十七条　无权代理行为未被追认，相对人请求行为人履行债务或者赔偿损失的，由行为人就相对人知道或者应当知道行为人无权代理承担举证责任。行为人不能证明的，人民法院依法支持相对人的相应诉讼请求；行为人能够证明的，人民法院应当按照各自的过错认定行为人与相对人的责任。

第二十八条　同时符合下列条件的，人民法院可以认定为民法典第一百七十二条规定的相对人有理由相信行为人有代理权：

（一）存在代理权的外观；

（二）相对人不知道行为人行为时没有代理权，且无过失。

因是否构成表见代理发生争议的，相对人应当就无权代理符合前款第一项规定的条件承担举证责任；被代理人应当就相对人不符合前款第二项规定的条件承担举证责任。

第二十九条　法定代理人、被代理人依据民法典第一百四十五条、第一百七十一条的规定向相对人作出追认的意思表示的，人民法院应当依据民法典第一百三十七条的规定确认其追认意思表示的生效时间。

《最高人民法院关于印发〈全国法院民商事审判工作会议纪要〉的通知》

（法〔2019〕254 号　2019 年 11 月 8 日）

72. **【适当性义务】**适当性义务是指卖方机构在向金融消费者推介、销售银行理财产品、保险投资产品、信托理财产品、券商集合理财计划、杠杆基金份额、期权及其他场外衍生品等高风险等级金融产品，以及为金融消费者参与融资融券、新三板、创业板、科创板、期货等高风险等级投资活动提供服务的过程中，必须履行的了解客户、了解产品、将适当的产品（或者服务）销售（或者提供）给适合的金融消费者等义务。卖方机构承担适当性义务的目的是为了确保金融消费者能够在充分了解相关金融产品、投资活动的性质及风险的基础上作出自主决定，并承受由此产生的收益和风险。在推介、销售高风险等级金融产品和提供高风险等级金融服务领域，适当性义务的履行是“卖者尽责”的主要内容，也是“买者自负”的前提和基础。

73. **【法律适用规则】**在确定卖方机构适当性义务的内容时，应当以合同法、证券法、证券投资基金法、信托法等法律规定的基本原则和国务院发布的规范性文件作为主要依据。相关部门在部门规章、规范性文件中对高风险等级金融产品的推介、销售，以及为金融消费者参与高风险等级投资活动提供服务作出的监管规定，与法律和国务院发布的规范性文件的规定不相抵触的，可以参照适用。

74. **【责任主体】**金融产品发行人、销售者未尽适当性义务，导致金融消费者在购买金融产品过程中遭受损失的，金融消费者既可以请求金融产品的发行人承担赔偿责任，也可以请求金融产品的销售者承担赔偿责任，还可以根据《民法总则》第 167 条的规定，请求金融产品的发行人、销售者共同承担连带赔偿责任。发行人、销售者请求人民法院明确各自的责任份额的，人民法院可以在判决发行人、销售者对金融消费者承担连带赔偿责任的同时，明确发行人、销售者在实际承担了赔偿责任后，有权向责任方追偿其应当承担的赔偿份额。

金融服务提供者未尽适当性义务，导致金融消费者在接受金融服务后参与高风险等级投资活动遭受损失的，金融消费者可以请求金融服务提供者承担赔偿责任。

75. **【举证责任分配】**在案件审理过程中，金融消费者应当对购买产品（或者接受服务）、遭受的损失等事实承担举证责任。卖方机构对其是否履行了适当性义务承担举证责任。卖方机构不能提供其已经建立了金融产品（或者服务）的风险评估及相应管理制度、对金融消费者的风险认知、风险偏好和风险承受能力进行了测试、向金融消费者告知产品（或者服务）的收益和主要风险因素等相关证据的，应当承担举证不能的法律后果。

76. **【告知说明义务】**告知说明义务的履行是金融消费者能够真正了解各类高风险等级金融产品或者高风险等级投资活动的投资风险和收益的关键，人民法院应当根据产品、投资活动的风险和金融消费者的实际情况，综合理性人能够理解的客观标准和金融消费者能够理解的主观标准来确定卖方机构是否已经履行了告知说明义务。卖方机构简单地以金融消费者手写了诸如“本人明确知悉可能存在本金损失风险”等内容主张其已经履行了告知说明义务，不能提供其他相关证据的，人民法院对其抗辩理由不予支持。

77. **【损失赔偿数额】**卖方机构未尽适当性义务导致金融消费者损失的，应当赔偿金融消费者所受的实际损失。实际损失为损失的本金和利息，利息按照中国人民银行发布的同期同类存款基准利率计算。

金融消费者因购买高风险等级金融产品或者为参与高风险投资活动接受服务，以卖方机构存在欺诈行为为由，主张卖方机构应当根据《消费者权益保护法》第 55 条的规定承担惩罚性赔偿责任的，人民法院不予支持。卖方机构的行为构成欺诈的，对金融消费者提出赔偿其支付金钱总额的利息损失请求，应当注意区分不同情况进行处理：

（1）金融产品的合同文本中载明了预期收益率、业绩比较基准或者类似约定的，可以将其作为计算利息损失的标准；

（2）合同文本以浮动区间的方式对预期收益率或者业绩比较基准等进行约定，金融消费者请求按照约定的上限作为利息损失计算标准的，人民法院依法予以支持；

（3）合同文本虽然没有关于预期收益率、业绩比较基准或者类似约定，但金融消费者能够提供证据证明产品发行的广告宣传资料中载明了预期收益率、业绩比较基准或者类似表述的，应当将宣传资料作为合同文本的组成部分；

（4）合同文本及广告宣传资料中未载明预期收益率、业绩比较基准或者类似表述的，按照全国银行间同业拆借中心公布的贷款市场报价利率计算。

78. **【免责事由】** 因金融消费者故意提供虚假信息、拒绝听取卖方机构的建议等自身原因导致其购买产品或者接受服务不适当，卖方机构请求免除相应责任的，人民法院依法予以支持，但金融消费者能够证明该虚假信息的出具系卖方机构误导的除外。卖方机构能够举证证明根据金融消费者的既往投资经验、受教育程度等事实，适当性义务的违反并未影响金融消费者作出自主决定的，对其关于应当由金融消费者自负投资风险的抗辩理由，人民法院依法予以支持。

121. 物业服务合同纠纷

相关规范

»《中华人民共和国民法典》（2020 年）

第二百八十二条　【共有部分的收入分配】 建设单位、物业服务企业或者其他管理人等利用业主的共有部分产生的收入，在扣除合理成本之后，属于业主共有。

第二百八十三条　【建筑物及其附属设施的费用分担和收益分配】 建筑物及其附属设施的费用分摊、收益分配等事项，有约定的，按照约定；没有约定或者约定不明确的，按照业主专有部分面积所占比例确定。

第二百八十四条　【建筑物及其附属设施的管理主体】 业主可以自行管理建筑物及其附属设施，也可以委托物业服务企业或者其他管理人管理。

对建设单位聘请的物业服务企业或者其他管理人，业主有权依法更换。

第二百八十五条　【业主和物业服务企业或其他管理人的关系】 物业服务企业或者其他管理人根据业主的委托，依照本法第三编有关物业服务合同的规定管理建筑区划内的建筑物及其附属设施，接受业主的监督，并及时答复业主对物业服务情况提出的询问。

物业服务企业或者其他管理人应当执行政府依法实施的应急处置措施和其他管理措施，积极配合开展相关工作。

第二百八十六条　【业主的相关义务及责任】 业主应当遵守法律、法规以及管理规约，相关行为应当符合节约资源、保护生态环境的要求。对于物业服务企业或者其他管理人执行政府依法实施的应急处置措施和其他管理措施，业主应当依法予以配合。

业主大会或者业主委员会，对任意弃置垃圾、排放污染物或者噪声、违反规定饲养动物、违章搭建、侵占通道、拒付物业费等损害他人合法权益的行为，有权依照法律、法规以及管理规约，请求行为人停止侵害、排除妨碍、消除危险、恢复原状、赔偿损失。

业主或者其他行为人拒不履行相关义务的，有关当事人可以向有关行政主管部门报告或者投诉，有关行政主管部门应当依法处理。

第二百八十七条　【业主合法权益的保护】 业主对建设单位、物业服务企业或者其他管理人以及其他业主侵害自己合法权益的行为，有权请求其承担民事责任。

第九百三十七条 【物业服务合同定义】物业服务合同是物业服务人在物业服务区域内，为业主提供建筑物及其附属设施的维修养护、环境卫生和相关秩序的管理维护等物业服务，业主支付物业费的合同。

物业服务人包括物业服务企业和其他管理人。

第九百三十八条 【物业服务合同内容和形式】物业服务合同的内容一般包括服务事项、服务质量、服务费用的标准和收取办法、维修资金的使用、服务用房的管理和使用、服务期限、服务交接等条款。

物业服务人公开作出的有利于业主的服务承诺，为物业服务合同的组成部分。

物业服务合同应当采用书面形式。

第九百三十九条 【物业服务合同的效力】建设单位依法与物业服务人订立的前期物业服务合同，以及业主委员会与业主大会依法选聘的物业服务人订立的物业服务合同，对业主具有法律约束力。

第九百四十条 【前期物业服务合同法定终止条件】建设单位依法与物业服务人订立的前期物业服务合同约定的服务期限届满前，业主委员会或者业主与新物业服务人订立的物业服务合同生效的，前期物业服务合同终止。

第九百四十一条 【物业服务转委托的条件和限制性条款】物业服务人将物业服务区域内的部分专项服务事项委托给专业性服务组织或者其他第三人的，应当就该部分专项服务事项向业主负责。

物业服务人不得将其应当提供的全部物业服务转委托给第三人，或者将全部物业服务支解后分别转委托给第三人。

第九百四十二条 【物业服务人的一般义务】物业服务人应当按照约定和物业的使用性质，妥善维修、养护、清洁、绿化和经营管理物业服务区域内的业主共有部分，维护物业服务区域内的基本秩序，采取合理措施保护业主的人身、财产安全。

对物业服务区域内违反有关治安、环保、消防等法律法规的行为，物业服务人应当及时采取合理措施制止、向有关行政主管部门报告并协助处理。

第九百四十三条 【物业服务人信息公开义务】物业服务人应当定期将服务的事项、负责人员、质量要求、收费项目、收费标准、履行情况，以及维修资金使用情况、业主共有部分的经营与收益情况等以合理方式向业主公开并向业主大会、业主委员会报告。

第九百四十四条 【业主支付物业费义务】业主应当按照约定向物业服务人支付物业费。物业服务人已经按照约定和有关规定提供服务的，业主不得以未接受或者无需接受相关物业服务为由拒绝支付物业费。

业主违反约定逾期不支付物业费的，物业服务人可以催告其在合理期限内支付；合理期限届满仍不支付的，物业服务人可以提起诉讼或者申请仲裁。

物业服务人不得采取停止供电、供水、供热、供燃气等方式催交物业费。

第九百四十五条 【业主告知、协助义务】业主装饰装修房屋的，应当事先告知物业服务人，遵守物业服务人提示的合理注意事项，并配合其进行必要的现场检查。

业主转让、出租物业专有部分、设立居住权或者依法改变共有部分用途的，应当及时将相关情况告知物业服务人。

第九百四十六条 【业主合同任意解除权】业主依照法定程序共同决定解聘物业服务人的，可以解除物业服务合同。决定解聘的，应当提前六十日书面通知物业服务人，但是合同对通知期限另有约定的除外。

依据前款规定解除合同造成物业服务人损失的，除不可归责于业主的事由外，业主应当赔偿损失。

第九百四十七条 【物业服务合同的续订】物业服务期限届满前，业主依法共同决定续聘的，应当与原物业服务人在合同期限届满前续订物业服务合同。

物业服务期限届满前，物业服务人不同

意续聘的，应当在合同期限届满前九十日书面通知业主或者业主委员会，但是合同对通知期限另有约定的除外。

第九百四十八条　【不定期物业服务合同】物业服务期限届满后，业主没有依法作出续聘或者另聘物业服务人的决定，物业服务人继续提供物业服务的，原物业服务合同继续有效，但是服务期限为不定期。

当事人可以随时解除不定期物业服务合同，但是应当提前六十日书面通知对方。

第九百四十九条　【物业服务人的移交义务及法律责任】物业服务合同终止的，原物业服务人应当在约定期限或者合理期限内退出物业服务区域，将物业服务用房、相关设施、物业服务所必需的相关资料等交还给业主委员会、决定自行管理的业主或者其指定的人，配合新物业服务人做好交接工作，并如实告知物业的使用和管理状况。

原物业服务人违反前款规定的，不得请求业主支付物业服务合同终止后的物业费；造成业主损失的，应当赔偿损失。

第九百五十条　【物业服务人的后合同义务】物业服务合同终止后，在业主或者业主大会选聘的新物业服务人或者决定自行管理的业主接管之前，原物业服务人应当继续处理物业服务事项，并可以请求业主支付该期间的物业费。

》《物业管理条例》（2018 年修订）

第二条　本条例所称物业管理，是指业主通过选聘物业服务企业，由业主和物业服务企业按照物业服务合同约定，对房屋及配套的设施设备和相关场地进行维修、养护、管理，维护物业管理区域内的环境卫生和相关秩序的活动。

第六条　房屋的所有权人为业主。

业主在物业管理活动中，享有下列权利：

（一）按照物业服务合同的约定，接受物业服务企业提供的服务；

（二）提议召开业主大会会议，并就物业管理的有关事项提出建议；

（三）提出制定和修改管理规约、业主大会议事规则的建议；

（四）参加业主大会会议，行使投票权；

（五）选举业主委员会成员，并享有被选举权；

（六）监督业主委员会的工作；

（七）监督物业服务企业履行物业服务合同；

（八）对物业共用部位、共用设施设备和相关场地使用情况享有知情权和监督权；

（九）监督物业共用部位、共用设施设备专项维修资金（以下简称专项维修资金）的管理和使用；

（十）法律、法规规定的其他权利。

第十五条　业主委员会执行业主大会的决定事项，履行下列职责：

（一）召集业主大会会议，报告物业管理的实施情况；

（二）代表业主与业主大会选聘的物业服务企业签订物业服务合同；

（三）及时了解业主、物业使用人的意见和建议，监督和协助物业服务企业履行物业服务合同；

（四）监督管理规约的实施；

（五）业主大会赋予的其他职责。

第二十一条　在业主、业主大会选聘物业服务企业之前，建设单位选聘物业服务企业的，应当签订书面的前期物业服务合同。

第二十五条　建设单位与物业买受人签订的买卖合同应当包含前期物业服务合同约定的内容。

第二十六条　前期物业服务合同可以约定期限；但是，期限未满、业主委员会与物业服务企业签订的物业服务合同生效的，前期物业服务合同终止。

第二十九条　在办理物业承接验收手续时，建设单位应当向物业服务企业移交下列资料：

（一）竣工总平面图，单体建筑、结构、设备竣工图，配套设施、地下管网工程竣工图等竣工验收资料；

（二）设施设备的安装、使用和维护保养等技术资料；

（三）物业质量保修文件和物业使用说明文件；

（四）物业管理所必需的其他资料。

物业服务企业应当在前期物业服务合同终止时将上述资料移交给业主委员会。

第三十四条 业主委员会应当与业主大会选聘的物业服务企业订立书面的物业服务合同。

物业服务合同应当对物业管理事项、服务质量、服务费用、双方的权利义务、专项维修资金的管理与使用、物业管理用房、合同期限、违约责任等内容进行约定。

第三十五条 物业服务企业应当按照物业服务合同的约定，提供相应的服务。

物业服务企业未能履行物业服务合同的约定，导致业主人身、财产安全受到损害的，应当依法承担相应的法律责任。

第三十八条 物业服务合同终止时，物业服务企业应当将物业管理用房和本条例第二十九条第一款规定的资料交还给业主委员会。

物业服务合同终止时，业主大会选聘了新的物业服务企业的，物业服务企业之间应当做好交接工作。

第四十条 物业服务收费应当遵循合理、公开以及费用与服务水平相适应的原则，区别不同物业的性质和特点，由业主和物业服务企业按照国务院价格主管部门会同国务院建设行政主管部门制定的物业服务收费办法，在物业服务合同中约定。

第四十一条 业主应当根据物业服务合同的约定交纳物业服务费用。业主与物业使用人约定由物业使用人交纳物业服务费用的，从其约定，业主负连带交纳责任。

已竣工但尚未出售或者尚未交给物业买受人的物业，物业服务费用由建设单位交纳。

第四十五条 对物业管理区域内违反有关治安、环保、物业装饰装修和使用等方面法律、法规规定的行为，物业服务企业应当制止，并及时向有关行政管理部门报告。

有关行政管理部门在接到物业服务企业的报告后，应当依法对违法行为予以制止或者依法处理。

第六十四条 违反物业服务合同约定，业主逾期不交纳物业服务费用的，业主委员会应当督促其限期交纳；逾期仍不交纳的，物业服务企业可以向人民法院起诉。

》《最高人民法院关于审理物业服务纠纷案件适用法律若干问题的解释》

（2020年12月23日修正）

第一条 业主违反物业服务合同或者法律、法规、管理规约，实施妨碍物业服务与管理的行为，物业服务人请求业主承担停止侵害、排除妨碍、恢复原状等相应民事责任的，人民法院应予支持。

第二条 物业服务人违反物业服务合同约定或者法律、法规、部门规章规定，擅自扩大收费范围、提高收费标准或者重复收费，业主以违规收费为由提出抗辩的，人民法院应予支持。

业主请求物业服务人退还其已经收取的违规费用的，人民法院应予支持。

第三条 物业服务合同的权利义务终止后，业主请求物业服务人退还已经预收，但尚未提供物业服务期间的物业费的，人民法院应予支持。

第四条 因物业的承租人、借用人或者其他物业使用人实施违反物业服务合同，以及法律、法规或者管理规约的行为引起的物业服务纠纷，人民法院可以参照关于业主的规定处理。

》《最高人民法院关于审理建筑物区分所有权纠纷案件适用法律若干问题的解释》（2020年12月23日修正）

第十三条 业主请求公布、查阅下列应当向业主公开的情况和资料的，人民法院应予支持：

（一）建筑物及其附属设施的维修资金的筹集、使用情况；

（二）管理规约、业主大会议事规则，以及业主大会或者业主委员会的决定及会议记录；

（三）物业服务合同、共有部分的使用和收益情况；

（四）建筑区划内规划用于停放汽车的车位、车库的处分情况；

（五）其他应当向业主公开的情况和资料。

第十四条　建设单位、物业服务企业或者其他管理人等擅自占用、处分业主共有部分、改变其使用功能或者进行经营性活动，权利人请求排除妨害、恢复原状、确认处分行为无效或者赔偿损失的，人民法院应予支持。

属于前款所称擅自进行经营性活动的情形，权利人请求建设单位、物业服务企业或者其他管理人等将扣除合理成本之后的收益用于补充专项维修资金或者业主共同决定的其他用途的，人民法院应予支持。行为人对成本的支出及其合理性承担举证责任。

第十五条　业主或者其他行为人违反法律、法规、国家相关强制性标准、管理规约，或者违反业主大会、业主委员会依法作出的决定，实施下列行为的，可以认定为民法典第二百八十六条第二款所称的其他“损害他人合法权益的行为”：

（一）损害房屋承重结构，损害或者违章使用电力、燃气、消防设施，在建筑物内放置危险、放射性物品等危及建筑物安全或者妨碍建筑物正常使用；

（二）违反规定破坏、改变建筑物外墙面的形状、颜色等损害建筑物外观；

（三）违反规定进行房屋装饰装修；

（四）违章加建、改建，侵占、挖掘公共通道、道路、场地或者其他共有部分。

第十六条　建筑物区分所有权纠纷涉及专有部分的承租人、借用人等物业使用人的，参照本解释处理。

专有部分的承租人、借用人等物业使用人，根据法律、法规、管理规约、业主大会或者业主委员会依法作出的决定，以及其与业主的约定，享有相应权利，承担相应义务。

122. 行纪合同纠纷

相关规范

》《中华人民共和国民法典》（2020 年）

第九百五十二条　【行纪人承担费用的义务】行纪人处理委托事务支出的费用，由行纪人负担，但是当事人另有约定的除外。

第九百五十三条　【行纪人的保管义务】行纪人占有委托物的，应当妥善保管委托物。

第九百五十四条　【行纪人处置委托物的义务】委托物交付给行纪人时有瑕疵或者容易腐烂、变质的，经委托人同意，行纪人可以处分该物；不能与委托人及时取得联系的，行纪人可以合理处分。

第九百五十五条　【行纪人依照委托人指定价格买卖的义务】行纪人低于委托人指定的价格卖出或者高于委托人指定的价格买入的，应当经委托人同意；未经委托人同意，行纪人补偿其差额的，该买卖对委托人发生效力。

行纪人高于委托人指定的价格卖出或者低于委托人指定的价格买入的，可以按照约定增加报酬；没有约定或者约定不明确，依据本法第五百一十条的规定仍不能确定的，该利益属于委托人。

委托人对价格有特别指示的，行纪人不得违背该指示卖出或者买入。

第九百五十六条　【行纪人的介入权】行纪人卖出或者买入具有市场定价的商品，除委托人有相反的意思表示外，行纪人自己可以作为买受人或者出卖人。

行纪人有前款规定情形的，仍然可以请求委托人支付报酬。

第九百五十七条 【委托人及时受领、取回和处分委托物及行纪人提存委托物】行纪人按照约定买入委托物，委托人应当及时受领。经行纪人催告，委托人无正当理由拒绝受领的，行纪人依法可以提存委托物。

委托物不能卖出或者委托人撤回出卖，经行纪人催告，委托人不取回或者不处分该物的，行纪人依法可以提存委托物。

第九百五十八条 【行纪人的直接履行义务】行纪人与第三人订立合同的，行纪人对该合同直接享有权利、承担义务。

第三人不履行义务致使委托人受到损害的，行纪人应当承担赔偿责任，但是行纪人与委托人另有约定的除外。

第九百五十九条 【行纪人的报酬请求权及留置权】行纪人完成或者部分完成委托事务的，委托人应当向其支付相应的报酬。委托人逾期不支付报酬的，行纪人对委托物享有留置权，但是当事人另有约定的除外。

第九百六十条 【参照适用委托合同】本章没有规定的，参照适用委托合同的有关规定。

123. 中介合同纠纷

相关规范

»《中华人民共和国民法典》（2020年）

第九百六十一条 【中介合同定义】中介合同是中介人向委托人报告订立合同的机会或者提供订立合同的媒介服务，委托人支付报酬的合同。

第九百六十二条 【中介人报告义务】中介人应当就有关订立合同的事项向委托人如实报告。

中介人故意隐瞒与订立合同有关的重要事实或者提供虚假情况，损害委托人利益的，不得请求支付报酬并应当承担赔偿责任。

第九百六十三条 【中介人报酬请求权】中介人促成合同成立的，委托人应当按照约定支付报酬。对中介人的报酬没有约定或者约定不明确，依据本法第五百一十条的规定仍不能确定的，根据中介人的劳务合理确定。因中介人提供订立合同的媒介服务而促成合同成立的，由该合同的当事人平均负担中介人的报酬。

中介人促成合同成立的，中介活动的费用，由中介人负担。

第九百六十四条 【中介人必要费用请求权】中介人未促成合同成立的，不得请求支付报酬；但是，可以按照约定请求委托人支付从事中介活动支出的必要费用。

第九百六十五条 【委托人私下与第三人订立合同后果】委托人在接受中介人的服务后，利用中介人提供的交易机会或者媒介服务，绕开中介人直接订立合同的，应当向中介人支付报酬。

第九百六十六条 【参照适用委托合同】本章没有规定的，参照适用委托合同的有关规定。

»《中华人民共和国城市房地产管理法》（2019年修正）

第五十七条 房地产中介服务机构包括房地产咨询机构、房地产价格评估机构、房地产经纪机构等。

第五十八条 房地产中介服务机构应当具备下列条件：

（一）有自己的名称和组织机构；

（二）有固定的服务场所；

（三）有必要的财产和经费；

（四）有足够数量的专业人员；

（五）法律、行政法规规定的其他条件。

设立房地产中介服务机构，应当向工商行政管理部门申请设立登记，领取营业执照后，方可开业。

第五十九条 国家实行房地产价格评估人员资格认证制度。

《最高人民法院关于审理期货纠纷案件若干问题的规定》（2020 年 12 月 23 日修正）

第十条　公民、法人受期货公司或者客户的委托，作为居间人为其提供订约的机会或者订立期货经纪合同的中介服务的，期货公司或者客户应当按照约定向居间人支付报酬。居间人应当独立承担基于居间经纪关系所产生的民事责任。

指导案例

上海中原物业顾问有限公司诉陶德华居间合同纠纷案（最高人民法院指导案例 1 号　2011 年 12 月 20 日发布）

【关键词】　民事　居间合同　二手房买卖　违约

【裁判要点】

房屋买卖居间合同中关于禁止买方利用中介公司提供的房源信息却绕开该中介公司与卖方签订房屋买卖合同的约定合法有效。但是，当卖方将同一房屋通过多个中介公司挂牌出售时，买方通过其他公众可以获知的正当途径获得相同房源信息的，买方有权选择报价低、服务好的中介公司促成房屋买卖合同成立，其行为并没有利用先前与之签约中介公司的房源信息，故不构成违约。

【基本案情】

原告上海中原物业顾问有限公司（简称中原公司）诉称：被告陶德华利用中原公司提供的上海市虹口区株洲路某号房屋销售信息，故意跳过中介，私自与卖方直接签订购房合同，违反了《房地产求购确认书》的约定，属于恶意“跳单”行为，请求法院判令陶德华按约支付中原公司违约金 1.65 万元。

被告陶德华辩称：涉案房屋原产权人李某某委托多家中介公司出售房屋，中原公司并非独家掌握该房源信息，也非独家代理销售。陶德华并没有利用中原公司提供的信息，不存在“跳单”违约行为。

法院经审理查明：2008 年下半年，原产权人李某某到多家房屋中介公司挂牌销售涉案房屋。2008 年 10 月 22 日，上海某房地产经纪有限公司带陶德华看了该房屋；11 月 23 日，上海某房地产顾问有限公司（简称某房地产顾问公司）带陶德华之妻曹某某看了该房屋；11 月 27 日，中原公司带陶德华看了该房屋，并于同日与陶德华签订了《房地产求购确认书》。该《确认书》第 2.4 条约定，陶德华在验看过该房地产后六个月内，陶德华或其委托人、代理人、代表人、承办人等与陶德华有关联的人，利用中原公司提供的信息、机会等条件但未通过中原公司而与第三方达成买卖交易的，陶德华应按照与出卖方就该房地产买卖达成的实际成交价的 1%，向中原公司支付违约金。当时中原公司对该房屋报价 165 万元，而某房地产顾问公司报价 145 万元，并积极与卖方协商价格。11 月 30 日，在某房地产顾问公司居间下，陶德华与卖方签订了房屋买卖合同，成交价 138 万元。后买卖双方办理了过户手续，陶德华向某房地产顾问公司支付佣金 1.38 万元。

【裁判结果】

上海市虹口区人民法院于 2009 年 6 月 23 日作出（2009）虹民三（民）初字第 912 号民事判决：被告陶德华应于判决生效之日起十日内向原告中原公司支付违约金 1.38 万元。宣判后，陶德华提出上诉。上海市第二中级人民法院于 2009 年 9 月 4 日作出（2009）沪二中民二（民）终字第 1508 号民事判决：一、撤销上海市虹口区人民法院（2009）虹民三（民）初字第 912 号民事判决；二、中原公司要求陶德华支付违约金 1.65 万元的诉讼请求，不予支持。

【裁判理由】

法院生效裁判认为：中原公司与陶德华签订的《房地产求购确认书》属于居间合同性质，其中第 2.4 条的约定，属于房屋买卖居间合同中常有的禁止“跳单”格式条款，其本意是为防止买方利用中介公司提供的房源信息却“跳”过中介公司购买房屋，从而使中介公司无法得到应得的佣金，该约定并不存在免除一方责任、加重对方责任、排除对方主要权利的情形，应认定有效。根据该条约定，衡量买方是否“跳单”违约的关键，是看买方是否利用了该中介公司提供的房源信息、机会等条件。如果买方并未利用该中介公司提供的信息、机会等条件，而是通过其他公众可以获知的正当途径获得同一房源信息，则买方有权选择报价低、服务好的中介公司促成房屋买卖合同成立，而不构成“跳单”违约。本案中，原产权人通过多家中介公司挂牌出售同一房屋，陶德华及其家人分别通过不同的中介公司了解到同一房源信息，并通过其他中介公司促成了房屋买卖合同成立。因此，陶德华并没有利用中原公司的信息、机会，故不构成违约，对中原公司的诉讼请求不予支持。

124. 补偿贸易纠纷

目前尚无法律、行政法规、司法解释层面关于补偿贸易的专门规定，审理补偿贸易纠纷案件，可参考有关部门规章和一些地方性法规。

125. 借用合同纠纷

相关规范

》《中华人民共和国民法典》（2020年）

第四百六十七条　【非典型合同及涉外合同的法律适用】本法或者其他法律没有明文规定的合同，适用本编通则的规定，并可以参照适用本编或者其他法律最相类似合同的规定。

在中华人民共和国境内履行的中外合资经营企业合同、中外合作经营企业合同、中外合作勘探开发自然资源合同，适用中华人民共和国法律。

》《中华人民共和国文物保护法》（2017年修正）

第四十条　文物收藏单位应当充分发挥馆藏文物的作用，通过举办展览、科学研究等活动，加强对中华民族优秀的历史文化和革命传统的宣传教育。

国有文物收藏单位之间因举办展览、科学研究等需借用馆藏文物的，应当报主管的文物行政部门备案；借用馆藏一级文物，应当同时报国务院文物行政部门备案。

非国有文物收藏单位和其他单位举办展览需借用国有馆藏文物的，应当报主管的文物行政部门批准；借用国有馆藏一级文物，应当同时报国务院文物行政部门备案。

文物收藏单位之间借用文物的最长期限不得超过三年。

第四十三条　依法调拨、交换、借用国有馆藏文物，取得文物的文物收藏单位可以对提供文物的文物收藏单位给予合理补偿，具体管理办法由国务院文物行政部门制定。

国有文物收藏单位调拨、交换、出借文物所得的补偿费用，必须用于改善文物的收藏条件和收集新的文物，不得挪作他用；任何单位或者个人不得侵占。

调拨、交换、借用的文物必须严格保管，不得丢失、损毁。

第四十九条　文物行政部门和国有文物收藏单位的工作人员不得借用国有文物，不得非法侵占国有文物。

》《中华人民共和国文物保护法实施条例》（2017年修订）

第三十条　文物收藏单位之间借用馆藏文物，借用人应当对借用的馆藏文物采取必要的保护措施，确保文物的安全。

借用的馆藏文物的灭失、损坏风险，除当事人另有约定外，由借用该馆藏文物的文物收藏单位承担。

第三十一条　国有文物收藏单位未依照文物保护法第三十六条的规定建立馆藏文物

档案并将馆藏文物档案报主管的文物行政主管部门备案的，不得交换、借用馆藏文物。

126. 典当纠纷

相关规范

»《中华人民共和国民法典》（2020 年）

第一百五十三条　【违反强制性规定及违背公序良俗的民事法律行为的效力】 违反法律、行政法规的强制性规定的民事法律行为无效。但是，该强制性规定不导致该民事法律行为无效的除外。

违背公序良俗的民事法律行为无效。

第一百五十四条　【恶意串通的民事法律行为的效力】 行为人与相对人恶意串通，损害他人合法权益的民事法律行为无效。

第五百零六条　【免责条款效力】 合同中的下列免责条款无效：

（一）造成对方人身损害的；

（二）因故意或者重大过失造成对方财产损失的。

第五百六十六条　【合同解除的效力】 合同解除后，尚未履行的，终止履行；已经履行的，根据履行情况和合同性质，当事人可以请求恢复原状或者采取其他补救措施，并有权请求赔偿损失。

合同因违约解除的，解除权人可以请求违约方承担违约责任，但是当事人另有约定的除外。

主合同解除后，担保人对债务人应当承担的民事责任仍应当承担担保责任，但是担保合同另有约定的除外。

第五百八十五条　【违约金】 当事人可以约定一方违约时应当根据违约情况向对方支付一定数额的违约金，也可以约定因违约产生的损失赔偿额的计算方法。

约定的违约金低于造成的损失的，人民法院或者仲裁机构可以根据当事人的请求予以增加；约定的违约金过分高于造成的损失的，人民法院或者仲裁机构可以根据当事人的请求予以适当减少。

当事人就迟延履行约定违约金的，违约方支付违约金后，还应当履行债务。

»《典当管理办法》（2005 年）

第三十条　当票是典当行与当户之间的借贷契约，是典当行向当户支付当金的付款凭证。

典当行和当户就当票以外事项进行约定的，应当补充订立书面合同，但约定的内容不得违反有关法律、法规和本办法的规定。

第三十二条　典当行和当户不得将当票转让、出借或者质押给第三人。

第三十三条　典当行和当户应当真实记录并妥善保管当票。

当票遗失，当户应当及时向典当行办理挂失手续。未办理挂失手续或者挂失前被他人赎当，典当行无过错的，典当行不负赔偿责任。

第三十五条　办理出当与赎当，当户均应当出具本人的有效身份证件。当户为单位的，经办人员应当出具单位证明和经办人的有效身份证件；委托典当中，被委托人应当出具典当委托书、本人和委托人的有效身份证件。

除前款所列证件外，出当时，当户应当如实向典当行提供当物的来源及相关证明材料。赎当时，当户应当出示当票。

典当行应当查验当户出具的本条第二款所列证明文件。

第三十六条　当物的估价金额及当金数额应当由双方协商确定。

房地产的当金数额经协商不能达成一致的，双方可以委托有资质的房地产价格评估机构进行评估，估价金额可以作为确定当金数额的参考。

典当期限由双方约定，最长不得超过 6 个月。

第三十八条　典当综合费用包括各种服务及管理费用。

动产质押典当的月综合费率不得超过当金的42‰。

房地产抵押典当的月综合费率不得超过当金的27‰。

财产权利质押典当的月综合费率不得超过当金的24‰。

当期不足5日的，按5日收取有关费用。

第三十九条 典当期内或典当期限届满后5日内，经双方同意可以续当，续当一次的期限最长为6个月。续当期自典当期限或者前一次续当期限届满日起算。续当时，当户应当结清前期利息和当期费用。

第四十条 典当期限或者续当期限届满后，当户应当在5日内赎当或者续当。逾期不赎当也不续当的，为绝当。

当户于典当期限或者续当期限届满至绝当前赎当的，除须偿还当金本息、综合费用外，还应当根据中国人民银行规定的银行等金融机构逾期贷款罚息水平、典当行制定的费用标准和逾期天数，补交当金利息和有关费用。

第四十一条 典当行在当期内不得出租、质押、抵押和使用当物。

质押当物在典当期内或者续当期内发生遗失或者损毁的，典当行应当按照估价金额进行赔偿。遇有不可抗力导致质押当物损毁的，典当行不承担赔偿责任。

第四十二条 典当行经营房地产抵押典当业务，应当和当户依法到有关部门先行办理抵押登记，再办理抵押典当手续。

典当行经营机动车质押典当业务，应当到车辆管理部门办理质押登记手续。

典当行经营其他典当业务，有关法律、法规要求登记的，应当依法办理登记手续。

》《最高人民法院关于印发〈全国法院贯彻实施民法典工作会议纪要〉的通知》（法〔2021〕94号 2021年4月6日）

11. 民法典第五百八十五条第二款规定的损失范围应当按照民法典第五百八十四条规定确定，包括合同履行后可以获得的利益，但不得超过违约一方订立合同时预见到或者应当预见到的因违约可能造成的损失。

当事人请求人民法院增加违约金的，增加后的违约金数额以不超过民法典第五百八十四条规定的损失为限。增加违约金以后，当事人又请求对方赔偿损失的，人民法院不予支持。

当事人请求人民法院减少违约金的，人民法院应当以民法典第五百八十四条规定的损失为基础，兼顾合同的履行情况、当事人的过错程度等综合因素，根据公平原则和诚信原则予以衡量，并作出裁判。约定的违约金超过根据民法典第五百八十四条规定确定的损失的百分之三十的，一般可以认定为民法典第五百八十五条第二款规定的“过分高于造成的损失”。当事人主张约定的违约金过高请求予以适当减少的，应当承担举证责任；相对人主张违约金约定合理的，也应提供相应的证据。

127. 合伙合同纠纷

相关规范

》《中华人民共和国民法典》（2020年）

第九百六十七条 【合伙合同定义】 合伙合同是两个以上合伙人为了共同的事业目的，订立的共享利益、共担风险的协议。

第九百六十八条 【合伙人履行出资义务】 合伙人应当按照约定的出资方式、数额和缴付期限，履行出资义务。

第九百六十九条 【合伙财产】 合伙人的出资、因合伙事务依法取得的收益和其他财产，属于合伙财产。

合伙合同终止前，合伙人不得请求分割合伙财产。

第九百七十条 【合伙事务的执行】 合伙人就合伙事务作出决定的，除合伙合同另有约定外，应当经全体合伙人一致同意。

合伙事务由全体合伙人共同执行。按照合伙合同的约定或者全体合伙人的决定，可以委托一个或者数个合伙人执行合伙事务；其他合伙人不再执行合伙事务，但是有权监督执行情况。

合伙人分别执行合伙事务的，执行事务合伙人可以对其他合伙人执行的事务提出异议；提出异议后，其他合伙人应当暂停该项事务的执行。

第九百七十一条　【执行合伙事务报酬】合伙人不得因执行合伙事务而请求支付报酬，但是合伙合同另有约定的除外。

第九百七十二条　【合伙的利润分配与亏损分担】合伙的利润分配和亏损分担，按照合伙合同的约定办理；合伙合同没有约定或者约定不明确的，由合伙人协商决定；协商不成的，由合伙人按照实缴出资比例分配、分担；无法确定出资比例的，由合伙人平均分配、分担。

第九百七十三条　【合伙人的连带责任及追偿权】合伙人对合伙债务承担连带责任。清偿合伙债务超过自己应当承担份额的合伙人，有权向其他合伙人追偿。

第九百七十四条　【合伙人转让其财产份额】除合伙合同另有约定外，合伙人向合伙人以外的人转让其全部或者部分财产份额的，须经其他合伙人一致同意。

第九百七十五条　【合伙人权利代位】合伙人的债权人不得代位行使合伙人依照本章规定和合伙合同享有的权利，但是合伙人享有的利益分配请求权除外。

第九百七十六条　【合伙期限】合伙人对合伙期限没有约定或者约定不明确，依据本法第五百一十条的规定仍不能确定的，视为不定期合伙。

合伙期限届满，合伙人继续执行合伙事务，其他合伙人没有提出异议的，原合伙合同继续有效，但是合伙期限为不定期。

合伙人可以随时解除不定期合伙合同，但是应当在合理期限之前通知其他合伙人。

第九百七十七条　【合伙合同终止】合伙人死亡、丧失民事行为能力或者终止的，合伙合同终止；但是，合伙合同另有约定或者根据合伙事务的性质不宜终止的除外。

第九百七十八条　【合伙剩余财产分配顺序】合伙合同终止后，合伙财产在支付因终止而产生的费用以及清偿合伙债务后有剩余的，依据本法第九百七十二条的规定进行分配。

»《中华人民共和国合伙企业法》（2006年修订）

第三条　国有独资公司、国有企业、上市公司以及公益性的事业单位、社会团体不得成为普通合伙人。

第十一条　合伙企业的营业执照签发日期，为合伙企业成立日期。

合伙企业领取营业执照前，合伙人不得以合伙企业名义从事合伙业务。

第十六条　合伙人可以用货币、实物、知识产权、土地使用权或者其他财产权利出资，也可以用劳务出资。

合伙人以实物、知识产权、土地使用权或者其他财产权利出资，需要评估作价的，可以由全体合伙人协商确定，也可以由全体合伙人委托法定评估机构评估。

合伙人以劳务出资的，其评估办法由全体合伙人协商确定，并在合伙协议中载明。

第十七条　合伙人应当按照合伙协议约定的出资方式、数额和缴付期限，履行出资义务。

以非货币财产出资的，依照法律、行政法规的规定，需要办理财产权转移手续的，应当依法办理。

第二十二条　除合伙协议另有约定外，合伙人向合伙人以外的人转让其在合伙企业中的全部或者部分财产份额时，须经其他合伙人一致同意。

合伙人之间转让在合伙企业中的全部或者部分财产份额时，应当通知其他合伙人。

第二十三条　合伙人向合伙人以外的人转让其在合伙企业中的财产份额的，在同等条件下，其他合伙人有优先购买权；但是，合伙协议另有约定的除外。

第二十四条 合伙人以外的人依法受让合伙人在合伙企业中的财产份额的，经修改合伙协议即成为合伙企业的合伙人，依照本法和修改后的合伙协议享有权利，履行义务。

第二十五条 合伙人以其在合伙企业中的财产份额出质的，须经其他合伙人一致同意；未经其他合伙人一致同意，其行为无效，由此给善意第三人造成损失的，由行为人依法承担赔偿责任。

第三十三条 合伙企业的利润分配、亏损分担，按照合伙协议的约定办理；合伙协议未约定或者约定不明确的，由合伙人协商决定；协商不成的，由合伙人按照实缴出资比例分配、分担；无法确定出资比例的，由合伙人平均分配、分担。

合伙协议不得约定将全部利润分配给部分合伙人或者由部分合伙人承担全部亏损。

第三十九条 合伙企业不能清偿到期债务的，合伙人承担无限连带责任。

128. 种植、养殖回收合同纠纷

相关规范

»《中华人民共和国民法典》（2020年）

第八百四十三条 【技术合同定义】 技术合同是当事人就技术开发、转让、许可、咨询或者服务订立的确立相互之间权利和义务的合同。

第八百四十四条 【技术合同订立的目的】 订立技术合同，应当有利于知识产权的保护和科学技术的进步，促进科学技术成果的研发、转化、应用和推广。

»《烟叶种植收购合同管理暂行办法》（2007年）

第二条 合同是烟草公司与种植烟叶（指生产烟草制品所需的烤烟和名晾晒烟，包括白肋烟和香料烟，下同）的农户签订的、明确双方权利义务的书面形式合同。合同须经双方盖章或签字后方能生效。

第三条 本办法适用于合同签订与履行全过程的管理与监督。

第四条 合同签订依据。

国家发展和改革委员会下达年度烟叶收购计划（以下简称国家计划），国家烟草专卖局以正式文件形式将国家计划转发到各省级烟草公司。

1. 省、地市、县级烟草公司要严格按照国家计划，以正式文件形式逐级分解落实烟叶收购计划，安排指导性种植面积。

2. 地市级烟草公司（或被授权的县级烟草公司）在上级烟草公司分解的国家计划和安排的指导性种植面积总量内，与符合条件的种烟农户户主签订合同。

第五条 合同签订原则。地市级烟草公司（或被授权的县级烟草公司）为合同甲方，种烟农户为合同乙方，双方本着平等、自愿的原则协商签订合同。

第六条 合同签订程序。

1. 农户申请。种烟农户需向地市级烟草公司（或被授权的县级烟草公司）提出种烟申请，填写《种烟农户基本情况登记表》。《种烟农户基本情况登记表》由地市级烟草公司统一印制。

2. 资格审核。地市级烟草公司（或被授权的县级烟草公司）要认真核实申请种烟农户的土地条件、基础设施、技术水平及往年合同履约率等基本情况，建立种烟农户基础信息档案。

3. 签订合同。地市级烟草公司（或被授权的县级烟草公司）与通过资格审核的种烟农户签订合同，约定烟叶收购数量、种植面积及种植株数。

4. 建立档案。地市级烟草公司（或被授权的县级烟草公司）要将合同录入烟叶信息管理基础软件，建立合同档案。合同档案内容要包括户主姓名、身份证号、合同编码、

IC 卡号、种植面积、种植株数、收购数量、生产投入补贴标准等信息。

第七条　合同格式。国家烟草专卖局统一制定合同式样（见附件 1、附件 2），省级烟草公司（或地市级烟草公司）统一组织印制本辖区合同。

第八条　合同编码。国家烟草专卖局统一制定合同编码规则，合同编码共 15 位，格式为：

（年度编码 4 位）＋（省级编码 2 位）＋（地市级编码 2 位）＋（县级编码 2 位）＋（流水号编码 5 位）。

省级编码号、地市级编码号、县级编码号执行《烟草行业组织机构代码编制规则》（YC/T190—2005），年际间不变；流水号在县级烟草公司范围内统一编码，按签订合同的顺序从 00001 开始，上限为 99999。

合同签订时要保证合同编码号的连续性。未签与错签的合同编码号要统一注销。

第九条　合同主要内容。

1. 收购数量。根据上级烟草公司分解的当年收购计划及种烟农户条件，确定每个种烟农户的烟叶收购数量（其中包括出口备货数量）。

2. 指导性种植面积、种植株数。按照约定的收购数量和实际单产水平确定。

3. 种植品种。根据客户需求，从全国或省级烟草品种审定委员会审定的品种资源中确定。

4. 种烟地块所属基本烟田编号。根据基本烟田规划，按国家烟草专卖局确定的基本烟田编码规则对烟田进行编号。

5. 调制设施编号及其容量。根据基础设施建设规划，按国家烟草专卖局确定的烟叶基础设施编码规则对在用调制设施进行编号。

6. 收购烟叶的烟叶工作站名称及收购时间。约定种烟农户交售烟叶的烟叶工作站名称和交售时间。

7. 收购价格。执行国家发展改革委会同国家烟草专卖局制订的当年烟叶收购价格。

8. 烟叶生产投入补贴政策。省级烟草公司根据国家烟草专卖局的批复，制订具体补贴项目、补贴标准。地市级烟草公司根据省级烟草公司有关规定和本辖区烟叶生产实际情况，确定生产投入补贴兑现时间、兑现方式。

第十条　双方责任。

1. 甲方责任：向乙方有偿（或无偿）供应烟叶生产物资；兑现本年度烟叶生产投入补贴政策；提供生产技术培训和技术咨询服务；执行国家烟叶标准和收购价格，按合同收购烟叶；以现金方式、委托金融部门付款或电子结算方式支付乙方烟叶货款。

2. 乙方责任：按技术方案要求使用烟叶生产物资；按技术方案要求进行农事操作；按技术指导进行烟叶分级；按照约定的时间、地点、等级和数量向甲方出售烟叶，不跨站交售烟叶，不倒买倒卖烟叶，不转借合同或 IC 卡。

第十一条　违约责任。

1. 甲方未履行合同规定的相关条款，乙方有权如实向上一级烟草专卖局举报。甲方是地市级烟草公司，合同中要公布省级烟草专卖局举报电话；甲方是地市级烟草公司授权的县级烟草公司，合同中要公布地市级烟草专卖局举报电话。

2. 甲方不履行合同，要视后果适当赔偿乙方经济损失。

3. 乙方不履行合同，要返还甲方提供的本年度烟叶生产投入补贴物资或资金。

4. 乙方无正当理由，连续两年违约弃种，甲方将不再与之签订合同。

»《中华人民共和国烟草专卖法实施条例》（2021 年修订）

国务院烟草专卖行政主管部门按照合理布局的要求，会同有关省、自治区、直辖市人民政府依据国家计划，根据良种化、区域化、规范化的原则制定烟叶种植规划。

第十六条　烟叶由烟草公司或其委托单位依法统一收购。烟草公司或其委托单位根据需要，可以在国家下达烟叶收购计划的地区设立烟叶收购站（点）收购烟叶。设立烟叶收购站（点），应当经设区的市级烟草专卖行政主管部门批准。未经批准，任何单位和个人不得收购烟叶。

第十七条 地方烟草专卖行政主管部门组织同级有关部门和烟叶生产者的代表组成烟叶评级小组，协调烟叶收购等级评定工作。

第十八条 国家储备、出口烟叶的计划和烟叶调拨计划，由国务院计划部门下达。

129. 彩票、奖券纠纷

相关规范

»《中华人民共和国民法典》（2020年）

第四百六十七条 【非典型合同及涉外合同的法律适用】 本法或者其他法律没有明文规定的合同，适用本编通则的规定，并可以参照适用本编或者其他法律最相类似合同的规定。

在中华人民共和国境内履行的中外合资经营企业合同、中外合作经营企业合同、中外合作勘探开发自然资源合同，适用中华人民共和国法律。

»《彩票管理条例》（2009年）

第二条 本条例所称彩票，是指国家为筹集社会公益资金，促进社会公益事业发展而特许发行、依法销售，自然人自愿购买，并按照特定规则获得中奖机会的凭证。

彩票不返还本金、不计付利息。

第八条 彩票发行机构申请开设彩票品种，应当经国务院民政部门或国务院体育行政部门审核同意，向国务院提交下列申请材料：

（一）申请书；

（二）彩票品种的规则；

（三）发行方式，发行范围；

（四）市场分析报告及技术可行性分析报告；

（五）开奖、兑奖操作规程；

（六）风险控制方案。

国务院财政部门应当自受理申请之日起90个工作日内，通过专家评审、听证会等方式对开设彩票品种听取社会意见，对申请进行审查并作出书面决定。

第十四条 彩票发行机构、彩票销售机构应当建立风险管理体系和可疑资金报告制度，保障彩票发行、销售的安全。

彩票发行机构、彩票销售机构负责彩票销售系统的数据管理、开奖兑奖管理以及彩票资金的归集管理，不得委托他人管理。

第十五条 彩票发行机构、彩票销售机构可以委托单位、个人代理销售彩票。彩票发行机构、彩票销售机构应当与接受委托的彩票代销者签订彩票代销合同。福利彩票、体育彩票的代销合同示范文本分别由国务院民政部门、体育行政部门制定。

彩票代销者不得委托他人代销彩票。

第二十五条 彩票中奖者应当自开奖之日起60个自然日内，持中奖彩票到指定的地点兑奖彩票品种的规则规定需要出示身份证件的，还应当出示本人身份证件。逾期不兑奖的视为弃奖。

禁止使用伪造、变造的彩票兑奖。

第二十六条 彩票发行机构、彩票销售机构、彩票代销者应当按照彩票品种的规则和兑奖操作规程兑奖。

彩票中奖奖金应当以人民币现金或者现金支票形式一次性兑付。

不得向未成年人兑奖。

第二十七条 彩票发行机构、彩票销售机构、彩票代销者以及其他因职务或者业务便利知悉彩票中奖者个人信息的人员，应当对彩票中奖者个人信息予以保密。

130. 中外合作勘探开发自然资源合同纠纷

相关规范

《中华人民共和国民法典》(2020年)

第四百六十七条 【非典型合同及涉外合同的法律适用】本法或者其他法律没有明文规定的合同，适用本编通则的规定，并可以参照适用本编或者其他法律最相类似合同的规定。

在中华人民共和国境内履行的中外合资经营企业合同、中外合作经营企业合同、中外合作勘探开发自然资源合同，适用中华人民共和国法律。

《中华人民共和国矿产资源法》(2009年修正)

第五十条 外商投资勘查、开采矿产资源，法律、行政法规另有规定的，从其规定。

《对外合作开采海洋石油资源条例》(2013年修订)

第七条 中国海洋石油总公司就对外合作开采石油的海区、面积、区块，通过组织招标，确定合作开采海洋石油资源的外国企业，签订合作开采石油合同或者其他合作合同，并向中华人民共和国商务部报送合同有关情况。

第八条 中国海洋石油总公司通过订立石油合同同外国企业合作开采海洋石油资源，除法律、行政法规另有规定或者石油合同另有约定外，应当由石油合同中的外国企业一方（以下称外国合同者）投资进行勘探，负责勘探作业，并承担全部勘探风险；发现商业性油（气）田后，由外国合同者同中国海洋石油总公司双方投资合作开发，外国合同者并应负责开发作业和生产作业，直至中国海洋石油总公司按照石油合同规定在条件具备的情况下接替生产作业。外国合同者可以按照石油合同规定，从生产的石油中回收其投资和费用，并取得报酬。

第九条 外国合同者可以将其应得的石油和购买的石油运往国外，也可以依法将其回收的投资、利润和其他正当收益汇往国外。

《对外合作开采陆上石油资源条例》(2013年修订)

第八条 中方石油公司在国务院批准的对外合作开采陆上石油资源的区域内，按划分的合作区块，通过招标或者谈判，确定合作开采陆上石油资源的外国企业，签订合作开采石油合同或者其他合作合同，并向中华人民共和国商务部报送合同有关情况。

第九条 对外合作区块公布后，除中方石油公司与外国企业进行合作开采陆上石油资源活动外，其他企业不得进入该区块内进行石油勘查活动，也不得与外国企业签订在该区块内进行石油开采的经济技术合作协议。

对外合作区块公布前，已进入该区块进行石油勘查（尚处于区域评价勘查阶段）的企业，在中方石油公司与外国企业签订合同后，应当撤出。该企业所取得的勘查资料，由中方石油公司负责销售，以适当补偿其投资。该区块发现有商业开采价值的油（气）田后，从该区块撤出的企业可以通过投资方式参与开发。

国务院指定的部门应当根据合同的签订和执行情况，定期对所确定的对外合作区块进行调整。

第十条 对外合作开采陆上石油资源，应当遵循兼顾中央与地方利益的原则，通过吸收油（气）田所在地的资金对有商业开采价值的油（气）田的开发进行投资等方式，适当照顾地方利益。

有关地方人民政府应当依法保护合作区域内正常的生产经营活动，并在土地使用、道路通行、生活服务等方面给予有效协助。

131. 农业承包合同纠纷

相关规范

《中华人民共和国农村土地承包法》(2018 年修正)

第十三条 农民集体所有的土地依法属于村农民集体所有的，由村集体经济组织或者村民委员会发包；已经分别属于村内两个以上农村集体经济组织的农民集体所有的，由村内各该农村集体经济组织或者村民小组发包。村集体经济组织或者村民委员会发包的，不得改变村内各集体经济组织农民集体所有的土地的所有权。

国家所有依法由农民集体使用的农村土地，由使用该土地的农村集体经济组织、村民委员会或者村民小组发包。

第十四条 发包方享有下列权利：

（一）发包本集体所有的或者国家所有依法由本集体使用的农村土地；

（二）监督承包方依照承包合同约定的用途合理利用和保护土地；

（三）制止承包方损害承包地和农业资源的行为；

（四）法律、行政法规规定的其他权利。

第十五条 发包方承担下列义务：

（一）维护承包方的土地承包经营权，不得非法变更、解除承包合同；

（二）尊重承包方的生产经营自主权，不得干涉承包方依法进行正常的生产经营活动；

（三）依照承包合同约定为承包方提供生产、技术、信息等服务；

（四）执行县、乡（镇）土地利用总体规划，组织本集体经济组织内的农业基础设施建设；

（五）法律、行政法规规定的其他义务。

第十六条 家庭承包的承包方是本集体经济组织的农户。

农户内家庭成员依法平等享有承包土地的各项权益。

第十七条 承包方享有下列权利：

（一）依法享有承包地使用、收益和土地承包经营权流转的权利，有权自主组织生产经营和处置产品；

（二）承包地被依法征用、占用的，有权依法获得相应的补偿；

（三）法律、行政法规规定的其他权利。

第十八条 承包方承担下列义务：

（一）维持土地的农业用途，未经依法批准不得用于非农建设；

（二）依法保护和合理利用土地，不得给土地造成永久性损害；

（三）法律、行政法规规定的其他义务。

第二十二条 发包方应当与承包方签订书面承包合同。

承包合同一般包括以下条款：

（一）发包方、承包方的名称，发包方负责人和承包方代表的姓名、住所；

（二）承包土地的名称、坐落、面积、质量等级；

（三）承包期限和起止日期；

（四）承包土地的用途；

（五）发包方和承包方的权利和义务；

（六）违约责任。

《中华人民共和国土地管理法》(2019 年修正)

第十三条 农民集体所有和国家所有依法由农民集体使用的耕地、林地、草地，以及其他依法用于农业的土地，采取农村集体经济组织内部的家庭承包方式承包，不宜采取家庭承包方式的荒山、荒沟、荒丘、荒滩等，可以采取招标、拍卖、公开协商等方式承包，从事种植业、林业、畜牧业、渔业生产。家庭承包的耕地的承包期为三十年，草地的承包期为三十年至五十年，林地的承包期为三十年至七十年；耕地承包期届满后再延长三十年，草地、林地承包期届满后依法相应延长。

国家所有依法用于农业的土地可以由单位或者个人承包经营，从事种植业、林业、畜牧业、渔业生产。

发包方和承包方应当依法订立承包合同，约定双方的权利和义务。承包经营土地的单位和个人，有保护和按照承包合同约定的用途合理利用土地的义务。

《最高人民法院关于审理涉及农村土地承包纠纷案件适用法律问题的解释》（2020 年 12 月 23 日修正）

第一条 下列涉及农村土地承包民事纠纷，人民法院应当依法受理：

（一）承包合同纠纷；

（二）承包经营权侵权纠纷；

（三）土地经营权侵权纠纷；

（四）承包经营权互换、转让纠纷；

（五）土地经营权流转纠纷；

（六）承包地征收补偿费用分配纠纷；

（七）承包经营权继承纠纷；

（八）土地经营权继承纠纷。

农村集体经济组织成员因未实际取得土地承包经营权提起民事诉讼的，人民法院应当告知其向有关行政主管部门申请解决。

农村集体经济组织成员就用于分配的土地补偿费数额提起民事诉讼的，人民法院不予受理。

第二条 当事人自愿达成书面仲裁协议的，受诉人民法院应当参照《最高人民法院关于适用〈中华人民共和国民事诉讼法〉的解释》第二百一十五条、第二百一十六条的规定处理。

当事人未达成书面仲裁协议，一方当事人向农村土地承包仲裁机构申请仲裁，另一方当事人提起诉讼的，人民法院应予受理，并书面通知仲裁机构。但另一方当事人接受仲裁管辖后又起诉的，人民法院不予受理。

当事人对仲裁裁决不服并在收到裁决书之日起三十日内提起诉讼的，人民法院应予受理。

第三条 承包合同纠纷，以发包方和承包方为当事人。

前款所称承包方是指以家庭承包方式承包本集体经济组织农村土地的农户，以及以其他方式承包农村土地的组织或者个人。

第四条 农户成员为多人的，由其代表人进行诉讼。

农户代表人按照下列情形确定：

（一）土地承包经营权证等证书上记载的人；

（二）未依法登记取得土地承包经营权证等证书的，为在承包合同上签名的人；

（三）前两项规定的人死亡、丧失民事行为能力或者因其他原因无法进行诉讼的，为农户成员推选的人。

132. 林业承包合同纠纷

相关规范

《中华人民共和国农村土地承包法》（2018 年修正）

第十三条 农民集体所有的土地依法属于村农民集体所有的，由村集体经济组织或者村民委员会发包；已经分别属于村内两个以上农村集体经济组织的农民集体所有的，由村内各该农村集体经济组织或者村民小组发包。村集体经济组织或者村民委员会发包的，不得改变村内各集体经济组织农民集体所有的土地的所有权。

国家所有依法由农民集体使用的农村土地，由使用该土地的农村集体经济组织、村民委员会或者村民小组发包。

第十四条 发包方享有下列权利：

（一）发包本集体所有的或者国家所有依法由本集体使用的农村土地；

（二）监督承包方依照承包合同约定的用途合理利用和保护土地；

（三）制止承包方损害承包地和农业资源的行为；

（四）法律、行政法规规定的其他权利。

第十五条 发包方承担下列义务：

（一）维护承包方的土地承包经营权，不得非法变更、解除承包合同；

（二）尊重承包方的生产经营自主权，不得干涉承包方依法进行正常的生产经营活动；

（三）依照承包合同约定为承包方提供生产、技术、信息等服务；

（四）执行县、乡（镇）土地利用总体规划，组织本集体经济组织内的农业基础设施建设；

（五）法律、行政法规规定的其他义务。

第十六条 家庭承包的承包方是本集体经济组织的农户。

农户内家庭成员依法平等享有承包土地的各项权益。

第十七条 承包方享有下列权利：

（一）依法享有承包地使用、收益和土地承包经营权流转的权利，有权自主组织生产经营和处置产品；

（二）承包地被依法征用、占用的，有权依法获得相应的补偿；

（三）法律、行政法规规定的其他权利。

第十八条 承包方承担下列义务：

（一）维持土地的农业用途，未经依法批准不得用于非农建设；

（二）依法保护和合理利用土地，不得给土地造成永久性损害；

（三）法律、行政法规规定的其他义务。

第二十二条 发包方应当与承包方签订书面承包合同。

承包合同一般包括以下条款：

（一）发包方、承包方的名称，发包方负责人和承包方代表的姓名、住所；

（二）承包土地的名称、坐落、面积、质量等级；

（三）承包期限和起止日期；

（四）承包土地的用途；

（五）发包方和承包方的权利和义务；

（六）违约责任。

第二十三条 承包合同自成立之日起生效。承包方自承包合同生效时取得土地承包经营权。

第二十四条 国家对耕地、林地和草地等实行统一登记，登记机构应当向承包方颁发土地承包经营权证或者林权证等证书，并登记造册，确认土地承包经营权。

土地承包经营权证或者林权证等证书应当将具有土地承包经营权的全部家庭成员列入。

登记机构除按规定收取证书工本费外，不得收取其他费用。

第二十五条 承包合同生效后，发包方不得因承办人或者负责人的变动而变更或者解除，也不得因集体经济组织的分立或者合并而变更或者解除。

第二十六条 国家机关及其工作人员不得利用职权干涉农村土地承包或者变更、解除承包合同。

第四十条 土地经营权流转，当事人双方应当签订书面流转合同。

土地经营权流转合同一般包括以下条款：

（一）双方当事人的姓名、住所；

（二）流转土地的名称、坐落、面积、质量等级；

（三）流转期限和起止日期；

（四）流转土地的用途；

（五）双方当事人的权利和义务；

（六）流转价款及支付方式；

（七）土地被依法征收、征用、占用时有关补偿费的归属；

（八）违约责任。

承包方将土地交由他人代耕不超过一年的，可以不签订书面合同。

第四十八条 不宜采取家庭承包方式的荒山、荒沟、荒丘、荒滩等农村土地，通过招标、拍卖、公开协商等方式承包的，适用本章规定。

第四十九条 以其他方式承包农村土地的，应当签订承包合同，承包方取得土地经营权。当事人的权利和义务、承包期限等，由双方协商确定。以招标、拍卖方式承包的，承包费通过公开竞标、竞价确定；以公开协商等方式承包的，承包费由双方议定。

《最高人民法院关于审理森林资源民事纠纷案件适用法律若干问题的解释》（法释〔2022〕16号　2022年6月13日）

第一条　人民法院审理涉及森林、林木、林地等森林资源的民事纠纷案件，应当贯彻民法典绿色原则，尊重自然、尊重历史、尊重习惯，依法推动森林资源保护和利用的生态效益、经济效益、社会效益相统一，促进人与自然和谐共生。

第二条　当事人因下列行为，对林地、林木的物权归属、内容产生争议，依据民法典第二百三十四条的规定提起民事诉讼，请求确认权利的，人民法院应当依法受理：

（一）林地承包；

（二）林地承包经营权互换、转让；

（三）林地经营权流转；

（四）林木流转；

（五）林地、林木担保；

（六）林地、林木继承；

（七）其他引起林地、林木物权变动的行为。

当事人因对行政机关作出的林地、林木确权、登记行为产生争议，提起民事诉讼的，人民法院告知其依法通过行政复议、行政诉讼程序解决。

第三条　当事人以未办理批准、登记、备案、审查、审核等手续为由，主张林地承包、林地承包经营权互换或者转让、林地经营权流转、林木流转、森林资源担保等合同无效的，人民法院不予支持。

因前款原因，不能取得相关权利的当事人请求解除合同、由违约方承担违约责任的，人民法院依法予以支持。

第四条　当事人一方未依法经林权证等权利证书载明的共有人同意，擅自处分林地、林木，另一方主张取得相关权利的，人民法院不予支持。但符合民法典第三百一十一条关于善意取得规定的除外。

第五条　当事人以违反法律规定的民主议定程序为由，主张集体林地承包合同无效的，人民法院应予支持。但下列情形除外：

（一）合同订立时，法律、行政法规没有关于民主议定程序的强制性规定的；

（二）合同订立未经民主议定程序讨论决定，或者民主议定程序存在瑕疵，一审法庭辩论终结前已经依法补正的；

（三）承包方对村民会议或者村民代表会议决议进行了合理审查，不知道且不应当知道决议系伪造、变造，并已经对林地大量投入的。

第六条　家庭承包林地的承包方转让林地承包经营权未经发包方同意，或者受让方不是本集体经济组织成员，受让方主张取得林地承包经营权的，人民法院不予支持。但发包方无法定理由不同意或者拖延表态的除外。

第七条　当事人就同一集体林地订立多个经营权流转合同，在合同有效的情况下，受让方均主张取得林地经营权的，由具有下列情形的受让方取得：

（一）林地经营权已经依法登记的；

（二）林地经营权均未依法登记，争议发生前已经合法占有使用林地并大量投入的；

（三）无前两项规定情形，合同生效在先的。

未取得林地经营权的一方请求解除合同、由违约方承担违约责任的，人民法院依法予以支持。

第八条　家庭承包林地的承包方以林地经营权人擅自再流转林地经营权为由，请求解除林地经营权流转合同、收回林地的，人民法院应予支持。但林地经营权人能够证明林地经营权再流转已经承包方书面同意的除外。

第九条　本集体经济组织成员以其在同等条件下享有的优先权受到侵害为由，主张家庭承包林地经营权流转合同无效的，人民法院不予支持；其请求赔偿损失的，依法予以支持。

第十条 林地承包期内，因林地承包经营权互换、转让、继承等原因，承包方发生变动，林地经营权人请求新的承包方继续履行原林地经营权流转合同的，人民法院应予支持。但当事人另有约定的除外。

第十一条 林地经营权流转合同约定的流转期限超过承包期的剩余期限，或者林地经营权再流转合同约定的流转期限超过原林地经营权流转合同的剩余期限，林地经营权流转、再流转合同当事人主张超过部分无效的，人民法院不予支持。

第十二条 林地经营权流转合同约定的流转期限超过承包期的剩余期限，发包方主张超过部分的约定对其不具有法律约束力的，人民法院应予支持。但发包方对此知道或者应当知道的除外。

林地经营权再流转合同约定的流转期限超过原林地经营权流转合同的剩余期限，承包方主张超过部分的约定对其不具有法律约束力的，人民法院应予支持。但承包方对此知道或者应当知道的除外。

因前两款原因，致使林地经营权流转合同、再流转合同不能履行，当事人请求解除合同、由违约方承担违约责任的，人民法院依法予以支持。

第十三条 林地经营权流转合同终止时，对于林地经营权人种植的地上林木，按照下列情形处理：

（一）合同有约定的，按照约定处理，但该约定依据民法典第一百五十三条的规定应当认定无效的除外；

（二）合同没有约定或者约定不明，当事人协商一致延长合同期限至轮伐期或者其他合理期限届满，承包方请求由林地经营权人承担林地使用费的，对其合理部分予以支持；

（三）合同没有约定或者约定不明，当事人未能就延长合同期限协商一致，林地经营权人请求对林木价值进行补偿的，对其合理部分予以支持。

林地承包合同终止时，承包方种植的地上林木的处理，参照适用前款规定。

第十四条 人民法院对于当事人为利用公益林林地资源和森林景观资源开展林下经济、森林旅游、森林康养等经营活动订立的合同，应当综合考虑公益林生态区位保护要求、公益林生态功能及是否经科学论证的合理利用等因素，依法认定合同效力。

当事人仅以涉公益林为由主张经营合同无效的，人民法院不予支持。

第十五条 以林地经营权、林木所有权等法律、行政法规未禁止抵押的森林资源资产设定抵押，债务人不履行到期债务或者发生当事人约定的实现抵押权的情形，抵押权人与抵押人协议以抵押的森林资源资产折价，并据此请求接管经营抵押财产的，人民法院依法予以支持。

抵押权人与抵押人未就森林资源资产抵押权的实现方式达成协议，抵押权人依据民事诉讼法第二百零三条、第二百零四条的规定申请实现抵押权的，人民法院依法裁定拍卖、变卖抵押财产。

第十六条 以森林生态效益补偿收益、林业碳汇等提供担保，债务人不履行到期债务或者发生当事人约定的实现担保物权的情形，担保物权人请求就担保财产优先受偿的，人民法院依法予以支持。

第十七条 违反国家规定造成森林生态环境损害，生态环境能够修复的，国家规定的机关或者法律规定的组织依据民法典第一千二百三十四条的规定，请求侵权人在合理期限内以补种树木、恢复植被、恢复林地土壤性状、投放相应生物种群等方式承担修复责任的，人民法院依法予以支持。

人民法院判决侵权人承担修复责任的，可以同时确定其在期限内不履行修复义务时应承担的森林生态环境修复费用。

第十八条 人民法院判决侵权人承担森林生态环境修复责任的，可以根据鉴定意见，或者参考林业主管部门、林业调查规划设计单位、相关科研机构和人员出具的专业意见，合理确定森林生态环境修复方案，明确侵权人履行修复义务的具体要求。

第十九条　人民法院依据民法典第一千二百三十五条的规定确定侵权人承担的森林生态环境损害赔偿金额，应当综合考虑受损森林资源在调节气候、固碳增汇、保护生物多样性、涵养水源、保持水土、防风固沙等方面的生态环境服务功能，予以合理认定。

第二十条　当事人请求以认购经核证的林业碳汇方式替代履行森林生态环境损害赔偿责任的，人民法院可以综合考虑各方当事人意见、不同责任方式的合理性等因素，依法予以准许。

第二十一条　当事人请求以森林管护、野生动植物保护、社区服务等劳务方式替代履行森林生态环境损害赔偿责任的，人民法院可以综合考虑侵权人的代偿意愿、经济能力、劳动能力、赔偿金额、当地相应工资标准等因素，决定是否予以准许，并合理确定劳务代偿方案。

第二十二条　侵权人自愿交纳保证金作为履行森林生态环境修复义务担保的，在其不履行修复义务时，人民法院可以将保证金用于支付森林生态环境修复费用。

133. 渔业承包合同纠纷

相关规范

»《中华人民共和国农村土地承包法》（2018年修正）

第十四条　发包方享有下列权利：

（一）发包本集体所有的或者国家所有依法由本集体使用的农村土地；

（二）监督承包方依照承包合同约定的用途合理利用和保护土地；

（三）制止承包方损害承包地和农业资源的行为；

（四）法律、行政法规规定的其他权利。

第十五条　发包方承担下列义务：

（一）维护承包方的土地承包经营权，不得非法变更、解除承包合同；

（二）尊重承包方的生产经营自主权，不得干涉承包方依法进行正常的生产经营活动；

（三）依照承包合同约定为承包方提供生产、技术、信息等服务；

（四）执行县、乡（镇）土地利用总体规划，组织本集体经济组织内的农业基础设施建设；

（五）法律、行政法规规定的其他义务。

第十六条　家庭承包的承包方是本集体经济组织的农户。

农户内家庭成员依法平等享有承包土地的各项权益。

第十七条　承包方享有下列权利：

（一）依法享有承包地使用、收益和土地承包经营权流转的权利，有权自主组织生产经营和处置产品；

（二）承包地被依法征用、占用的，有权依法获得相应的补偿；

（三）法律、行政法规规定的其他权利。

第十八条　承包方承担下列义务：

（一）维持土地的农业用途，未经依法批准不得用于非农建设；

（二）依法保护和合理利用土地，不得给土地造成永久性损害；

（三）法律、行政法规规定的其他义务。

第二十二条　发包方应当与承包方签订书面承包合同。

承包合同一般包括以下条款：

（一）发包方、承包方的名称，发包方负责人和承包方代表的姓名、住所；

（二）承包土地的名称、坐落、面积、质量等级；

（三）承包期限和起止日期；

（四）承包土地的用途；

（五）发包方和承包方的权利和义务；

（六）违约责任。

第二十三条　承包合同自成立之日起生效。承包方自承包合同生效时取得土地承包经营权。

第二十四条 国家对耕地、林地和草地等实行统一登记，登记机构应当向承包方颁发土地承包经营权证或者林权证等证书，并登记造册，确认土地承包经营权。

土地承包经营权证或者林权证等证书应当将具有土地承包经营权的全部家庭成员列入。

登记机构除按规定收取证书工本费外，不得收取其他费用。

134. 牧业承包合同纠纷

相关规范

《中华人民共和国农村土地承包法》（2018年修正）

第十六条 家庭承包的承包方是本集体经济组织的农户。

农户内家庭成员依法平等享有承包土地的各项权益。

第二十三条 承包合同自成立之日起生效。承包方自承包合同生效时取得土地承包经营权。

135. 土地承包经营权合同纠纷

（1）土地承包经营权转让合同纠纷

（2）土地承包经营权互换合同纠纷

（3）土地经营权入股合同纠纷

（4）土地经营权抵押合同纠纷

（5）土地经营权出租合同纠纷

相关规范

《中华人民共和国民法典》（2020年）

第三百三十四条 【土地承包经营权的互换、转让】 土地承包经营权人依照法律规定，有权将土地承包经营权互换、转让。未经依法批准，不得将承包地用于非农建设。

第三百三十五条 【土地承包经营权互换、转让的登记】 土地承包经营权互换、转让的，当事人可以向登记机构申请登记；未经登记，不得对抗善意第三人。

《中华人民共和国农村土地承包经营纠纷调解仲裁法》（2009年）

第二条 农村土地承包经营纠纷调解和仲裁，适用本法。

农村土地承包经营纠纷包括：

（一）因订立、履行、变更、解除和终止农村土地承包合同发生的纠纷；

（二）因农村土地承包经营权转包、出租、互换、转让、入股等流转发生的纠纷；

（三）因收回、调整承包地发生的纠纷；

（四）因确认农村土地承包经营权发生的纠纷；

（五）因侵害农村土地承包经营权发生的纠纷；

（六）法律、法规规定的其他农村土地承包经营纠纷。

因征收集体所有的土地及其补偿发生的纠纷，不属于农村土地承包仲裁委员会的受理范围，可以通过行政复议或者诉讼等方式解决。

《中华人民共和国农村土地承包法》（2018年修正）

第十三条 农民集体所有的土地依法属于村农民集体所有的，由村集体经济组织或者村民委员会发包；已经分别属于村内两个以上农村集体经济组织的农民集体所有的，由村内各该农村集体经济组织或者村民小组发包。村集体经济组织或者村民委员会发包的，不得改变村内各集体经济组织农民集体所有的土地的所有权。

国家所有依法由农民集体使用的农村土地，由使用该土地的农村集体经济组织、村民委员会或者村民小组发包。

第十四条 发包方享有下列权利：

（一）发包本集体所有的或者国家所有依法由本集体使用的农村土地；

（二）监督承包方依照承包合同约定的用途合理利用和保护土地；

（三）制止承包方损害承包地和农业资源的行为；

（四）法律、行政法规规定的其他权利。

第十五条 发包方承担下列义务：

（一）维护承包方的土地承包经营权，不得非法变更、解除承包合同；

（二）尊重承包方的生产经营自主权，不得干涉承包方依法进行正常的生产经营活动；

（三）依照承包合同约定为承包方提供生产、技术、信息等服务；

（四）执行县、乡（镇）土地利用总体规划，组织本集体经济组织内的农业基础设施建设；

（五）法律、行政法规规定的其他义务。

第十六条 家庭承包的承包方是本集体经济组织的农户。

农户内家庭成员依法平等享有承包土地的各项权益。

第十七条 承包方享有下列权利：

（一）依法享有承包地使用、收益和土地承包经营权流转的权利，有权自主组织生产经营和处置产品；

（二）承包地被依法征用、占用的，有权依法获得相应的补偿；

（三）法律、行政法规规定的其他权利。

第三十六条 承包方可以自主决定依法采取出租（转包）、入股或者其他方式向他人流转土地经营权，并向发包方备案。

第三十九条 土地经营权流转的价款，应当由当事人双方协商确定。流转的收益归承包方所有，任何组织和个人不得擅自截留、扣缴。

第四十条 土地经营权流转，当事人双方应当签订书面流转合同。

土地经营权流转合同一般包括以下条款：

（一）双方当事人的姓名、住所；

（二）流转土地的名称、坐落、面积、质量等级；

（三）流转期限和起止日期；

（四）流转土地的用途；

（五）双方当事人的权利和义务；

（六）流转价款及支付方式；

（七）土地被依法征收、征用、占用时有关补偿费的归属；

（八）违约责任。

承包方将土地交由他人代耕不超过一年的，可以不签订书面合同。”第三十八条土地承包经营权采取互换、转让方式流转，当事人要求登记的，应当向县级以上地方人民政府申请登记。未经登记，不得对抗善意第三人。

第四十九条 以其他方式承包农村土地的，应当签订承包合同，承包方取得土地经营权。当事人的权利和义务、承包期限等，由双方协商确定。以招标、拍卖方式承包的，承包费通过公开竞标、竞价确定；以公开协商等方式承包的，承包费由双方议定。

第五十三条 通过招标、拍卖、公开协商等方式承包农村土地，经依法登记取得权属证书的，可以依法采取出租、入股、抵押或者其他方式流转土地经营权。

》《中华人民共和国农村土地承包经营权证管理办法》（2003 年）

第二条 农村土地承包经营权证是农村土地承包合同生效后，国家依法确认承包方享有土地承包经营权的法律凭证。

农村土地承包经营权证只限承包方使用。

第五条 农村土地承包经营权证所载明的权利有效期限，应与依法签订的土地承包合同约定的承包期一致。

第六条 农村土地承包经营权证应包括以下内容：

（一）名称和编号；

（二）发证机关及日期；

（三）承包期限和起止日期；

（四）承包土地名称、坐落、面积、用途；

（五）农村土地承包经营权变动情况；

（六）其他应当注明的事项。

第七条 实行家庭承包的，按下列程序颁发农村土地承包经营权证：

（一）土地承包合同生效后，发包方应在30个工作日内，将土地承包方案、承包方及承包土地的详细情况、土地承包合同等材料一式两份报乡（镇）人民政府农村经营管理部门。

（二）乡（镇）人民政府农村经营管理部门对发包方报送的材料予以初审。材料符合规定的，及时登记造册，由乡（镇）人民政府向县级以上地方人民政府提出颁发农村土地承包经营权证的书面申请；材料不符合规定的，应在15个工作日内补正。

（三）县级以上地方人民政府农业行政主管部门对乡（镇）人民政府报送的申请材料予以审核。申请材料符合规定的，编制农村土地承包经营权证登记簿，报同级人民政府颁发农村土地承包经营权证；申请材料不符合规定的，书面通知乡（镇）人民政府补正。

第八条 实行招标、拍卖、公开协商等方式承包农村土地的，按下列程序办理农村土地承包经营权证：

（一）土地承包合同生效后，承包方填写农村土地承包经营权证登记申请书，报承包土地所在乡（镇）人民政府农村经营管理部门。

（二）乡（镇）人民政府农村经营管理部门对发包方和承包方的资格、发包程序、承包期限、承包地用途等予以初审，并在农村土地承包经营权证登记申请书上签署初审意见。

（三）承包方持乡（镇）人民政府初审通过的农村土地承包经营权登记申请书，向县级以上地方人民政府申请农村土地承包经营权证登记。

（四）县级以上地方人民政府农业行政主管部门对登记申请予以审核。申请材料符合规定的，编制农村土地承包经营权证登记簿，报请同级人民政府颁发农村土地承包经营权证；申请材料不符合规定的，书面通知申请人补正。

第九条 农村土地承包经营权证登记簿记载农村土地承包经营权的基本内容。农村土地承包经营权证、农村土地承包合同、农村土地承包经营权证登记簿记载的事项应一致。

第十条 农村土地承包经营权证登记簿、承包合同登记及其他登记材料，由县级以上地方农业行政主管部门管理。

农村土地承包方有权查阅、复制农村土地承包经营权证登记簿和其他登记材料。县级以上农业行政主管部门不得限制和阻挠。

》《最高人民法院关于审理涉及农村土地承包纠纷案件适用法律问题的解释》（2020年12月23日修正）

第一条 下列涉及农村土地承包民事纠纷，人民法院应当依法受理：

（一）承包合同纠纷；

（二）承包经营权侵权纠纷；

（三）土地经营权侵权纠纷；

（四）承包经营权互换、转让纠纷；

（五）土地经营权流转纠纷；

（六）承包地征收补偿费用分配纠纷；

（七）承包经营权继承纠纷；

（八）土地经营权继承纠纷。

农村集体经济组织成员因未实际取得土地承包经营权提起民事诉讼的，人民法院应当告知其向有关行政主管部门申请解决。

农村集体经济组织成员就用于分配的土地补偿费数额提起民事诉讼的，人民法院不予受理。

第四条　农户成员为多人的，由其代表人进行诉讼。

农户代表人按照下列情形确定：

（一）土地承包经营权证等证书上记载的人；

（二）未依法登记取得土地承包经营权证等证书的，为在承包合同上签名的人；

（三）前两项规定的人死亡、丧失民事行为能力或者因其他原因无法进行诉讼的，为农户成员推选的人。

第七条　承包合同约定或者土地承包经营权证等证书记载的承包期限短于农村土地承包法规定的期限，承包方请求延长的，应予支持。

第八条　承包方违反农村土地承包法第十八条规定，未经依法批准将承包地用于非农建设或者对承包地造成永久性损害，发包方请求承包方停止侵害、恢复原状或者赔偿损失的，应予支持。

第九条　发包方根据农村土地承包法第二十七条规定收回承包地前，承包方已经以出租、入股或者其他形式将其土地经营权流转给第三人，且流转期限尚未届满，因流转价款收取产生的纠纷，按照下列情形，分别处理：

（一）承包方已经一次性收取了流转价款，发包方请求承包方返还剩余流转期限的流转价款的，应予支持；

（二）流转价款为分期支付，发包方请求第三人按照流转合同的约定支付流转价款的，应予支持。

第十条　承包方交回承包地不符合农村土地承包法第三十条规定程序的，不得认定其为自愿交回。

第十一条　土地经营权流转中，本集体经济组织成员在流转价款、流转期限等主要内容相同的条件下主张优先权的，应予支持。但下列情形除外：

（一）在书面公示的合理期限内未提出优先权主张的；

（二）未经书面公示，在本集体经济组织以外的人开始使用承包地两个月内未提出优先权主张的。

第十二条　发包方胁迫承包方将土地经营权流转给第三人，承包方请求撤销其与第三人签订的流转合同的，应予支持。

发包方阻碍承包方依法流转土地经营权，承包方请求排除妨碍、赔偿损失的，应予支持。

第十三条　承包方未经发包方同意，转让其土地承包经营权的，转让合同无效。但发包方无法定理由不同意或者拖延表态的除外。

第十四条　承包方依法采取出租、入股或者其他方式流转土地经营权，发包方仅以该土地经营权流转合同未报其备案为由，请求确认合同无效的，不予支持。

第十七条　发包方或者其他组织、个人擅自截留、扣缴承包收益或者土地经营权流转收益，承包方请求返还的，应予支持。

发包方或者其他组织、个人主张抵销的，不予支持。

第十九条　发包方就同一土地签订两个以上承包合同，承包方均主张取得土地经营权的，按照下列情形，分别处理：

（一）已经依法登记的承包方，取得土地经营权；

（二）均未依法登记的，生效在先合同的承包方取得土地经营权；

（三）依前两项规定无法确定的，已经根据承包合同合法占有使用承包地的人取得土地经营权，但争议发生后一方强行先占承包地的行为和事实，不得作为确定土地经营权的依据。

典型案例

黑龙江省讷河市通江街道五一村村民委员会诉苏廷祥农村土地承包合同纠纷案（《2019 年度人民法院环境资源典型案例》第十七号　2020 年 5 月 8 日）

【基本案情】

2006 年 3 月，黑龙江省讷河市通江街道五一村村民委员会（以下简称五一村委会）与苏廷祥签订一份《草原承包合同书》，将草原 104 亩发包给苏廷祥，期限 30 年，收取承包费 7020 元。2007 年 2 月 6 日，经行政主管部门批准，黑龙江省讷河市雨亭国家湿地公园被列为国家城市湿地公园，苏廷祥承包的草原包含在内。2019 年 2 月 1 日，讷河市自然资源局对五一村委会下发通知，要求其将包含湿地的发包合同解除、迁出承包户，恢复土地原始地貌，做好湿地环境保护。五一村委会诉至法院，要求解除《草原承包合同书》，苏廷祥迁出湿地。

【裁判结果】

黑龙江省讷河市人民法院一审认为，《草原承包合同书》合法有效，合同履行过程中，因案涉地块被划归为国家湿地公园范围内，客观情况发生了当事人在订立合同时无法预见的、非不可抗力造成的不属于商业风险的重大变化，合同目的不能实现，应予解除。五一村委会应将剩余期限的承包费退还给苏廷祥。苏廷祥应迁出湿地，其因迁出湿地受有损失的，可另行主张。一审判决，解除《草原承包合同书》，五一村委会退还苏廷祥土地承包费 2250 元，苏廷祥迁出湿地。黑龙江省齐齐哈尔市中级人民法院二审维持原判。

【典型意义】

本案系草原承包合同纠纷。国家湿地公园是以保护湿地生态系统、合理利用湿地资源、开展湿地宣传教育和科学研究为目的，按照有关规定予以保护和管理的特定区域，具有显著的生态、文化、美学和生物多样性价值。根据《国家湿地公园管理办法》第十九条规定，禁止在湿地公园内擅自放牧、捕捞、取土、取水、排污、放生。案涉《草原承包合同》所涉草地被划入国家湿地公园范围，继续履行将违反法律规定，破坏湿地及其生态功能。人民法院在确认合同解除、发包人退还剩余承包费、承包人迁出湿地的同时，释明承包人因此受到损失的，可另行主张，兼顾了当事人合法利益与生态环境保护的关系，对类案审理具有较好的借鉴意义。

江苏镇江市丹徒区宝堰镇前隍村委会与镇江山水湾生态农业开发有限公司土地承包经营权纠纷案（《人民法院助推民营经济高质量发展典型民商事案例》案例 5　2021 年 9 月 3 日）

【基本案情】

2007 年，经江苏省镇江市丹徒区人民政府招商引资，镇江山水湾生态农业开发有限公司（简称山水湾公司）与该区前隍村村民委员会签订多份土地承包经营权转让协议，先期承包该村近 900 亩土地，计划投资 4.45 亿元用于特色农业生产开发。合同签订后，山水湾公司介绍已先后投入 3 亿余元用于拆迁、道路、机耕道、土地整形、生态沟渠、日光温室、苗木栽培等项目建设。后由于山水湾公司法定代表人遭遇交通事故等原因，山水湾公司自 2015 年起开始拖延支付土地流转使用费。2016 年度的土地承包使用费由前隍村村委会提供担保，山水湾公司向他人借款后支付给村委会，再由村委会发放给各农户；2017 年度土地承包使用费由山水湾公司向前隍村村委会借款 70 万元向各农户发放；2017 年年底起，前隍村村委会又多次向山水湾公司催要 2018 年度的土地租金未果，遂诉至法院要求解除合同，返还所承租的近 900 亩土地。

【裁判结果】

镇江市丹徒区人民法院一审认定山水湾公司违约，判令解除合同并返还土地。镇江市中级人民法院二审认为，山水湾公司在本案争议发生前，已经取得了相关部门的项目规划许可，并投入大量资金和人力用于项目建设。本案山水湾公司的违约并未根本影响合同目的的实现，如果判令解除合同将造成社会资源的巨大浪费。二审法院积极与前隍村村委会沟通，分析山水湾公司运营给村集体带来的经济利益，最终村委会同意就合同继续履行与山水湾公司进行协商。之后，法院又积极联系山水湾公司，提出改善经营的意见建议。经过多次耐心细致工作，最终村委会与山水湾公司双方达成了调解协议，土地承包协议继续履行，山水湾公司限期支付土地承包费。

【典型意义】

实施乡村振兴战略，是以习近平同志为核心的党中央从党和国家事业全局出发，从实现中华民族伟大复兴着眼，顺应亿万农民对美好生活向往作出的重大决策。人民法院积极服务乡村振兴战略，精准对接脱贫地区司法需求，鼓励引导民营企业投身乡村振兴，实现民营企业“万企帮万村”精准扶贫和乡村振兴阶段“万企兴万村”的有效衔接。本案山水湾公司开发项目包括田园综合体、文旅、康养等，为附近村民提供了更多的就业机会，支付给村委会的租金增加了部分农户收入，并带动整个乡村生态环境和基础设施的改善。但由于该公司法定代表人遭遇交通事故等原因，未能按时足额缴纳土地承包费，以致产生诉讼。二审法院镇江中院从振兴乡村经济出发，深入乡村考察、积极组织双方在庭外进行协商调解，为企业经营建言献策、解决后顾之忧，既化解了双方之间的矛盾，又推动了当地特色农业项目继续推进。

136. 居住权合同纠纷

相关规范

»《中华人民共和国民法典》（2020 年）

第三百六十六条　【居住权的定义】居住权人有权按照合同约定，对他人的住宅享有占有、使用的用益物权，以满足生活居住的需要。

第三百六十七条　【居住权合同】设立居住权，当事人应当采用书面形式订立居住权合同。

居住权合同一般包括下列条款：

（一）当事人的姓名或者名称和住所；

（二）住宅的位置；

（三）居住的条件和要求；

（四）居住权期限；

（五）解决争议的方法。

第三百六十八条　【居住权的设立】居住权无偿设立，但是当事人另有约定的除外。设立居住权的，应当向登记机构申请居住权登记。居住权自登记时设立。

第三百六十九条　【居住权的转让、继承和设立居住权的住宅出租】居住权不得转让、继承。设立居住权的住宅不得出租，但是当事人另有约定的除外。

第三百七十条　【居住权的消灭】居住权期限届满或者居住权人死亡的，居住权消灭。居住权消灭的，应当及时办理注销登记。

第三百七十一条　【以遗嘱方式设立居住权的参照适用】以遗嘱方式设立居住权的，参照适用本章的有关规定。

137. 服务合同纠纷

（1）电信服务合同纠纷
（2）邮政服务合同纠纷
（3）快递服务合同纠纷
（4）医疗服务合同纠纷
（5）法律服务合同纠纷
（6）旅游合同纠纷
（7）房地产咨询合同纠纷
（8）房地产价格评估合同纠纷
（9）旅店服务合同纠纷
（10）财会服务合同纠纷
（11）餐饮服务合同纠纷
（12）娱乐服务合同纠纷
（13）有线电视服务合同纠纷
（14）网络服务合同纠纷
（15）教育培训合同纠纷
（16）家政服务合同纠纷
（17）庆典服务合同纠纷
（18）殡葬服务合同纠纷
（19）农业技术服务合同纠纷
（20）农机作业服务合同纠纷
（21）保安服务合同纠纷
（22）银行结算合同纠纷

相关规范

》《中华人民共和国民法典》（2020年）

第九百三十七条　【物业服务合同定义】物业服务合同是物业服务人在物业服务区域内，为业主提供建筑物及其附属设施的维修养护、环境卫生和相关秩序的管理维护等物业服务，业主支付物业费的合同。

物业服务人包括物业服务企业和其他管理人。

第九百三十八条　【物业服务合同内容和形式】物业服务合同的内容一般包括服务事项、服务质量、服务费用的标准和收取办法、维修资金的使用、服务用房的管理和使用、服务期限、服务交接等条款。

物业服务人公开作出的有利于业主的服务承诺，为物业服务合同的组成部分。

物业服务合同应当采用书面形式。

第九百四十九条　【物业服务人的移交义务及法律责任】物业服务合同终止的，原物业服务人应当在约定期限或者合理期限内退出物业服务区域，将物业服务用房、相关设施、物业服务所必需的相关资料等交还给业主委员会、决定自行管理的业主或者其指定的人，配合新物业服务人做好交接工作，并如实告知物业的使用和管理状况。

原物业服务人违反前款规定的，不得请求业主支付物业服务合同终止后的物业费；造成业主损失的，应当赔偿损失。

第九百五十条　【物业服务人的后合同义务】物业服务合同终止后，在业主或者业主大会选聘的新物业服务人或者决定自行管理的业主接管之前，原物业服务人应当继续处理物业服务事项，并可以请求业主支付该期间的物业费。

》《中华人民共和国农业技术推广法》
（2012年修正）

第十条　农业技术推广，实行国家农业技术推广机构与农业科研单位、有关学校、农民专业合作社、涉农企业、群众性科技组织、农民技术人员等相结合的推广体系。

国家鼓励和支持供销合作社、其他企业事业单位、社会团体以及社会各界的科技人员，开展农业技术推广服务。

第十一条　各级国家农业技术推广机构属于公共服务机构，履行下列公益性职责：

（一）各级人民政府确定的关键农业技

术的引进、试验、示范；

（二）植物病虫害、动物疫病及农业灾害的监测、预报和预防；

（三）农产品生产过程中的检验、检测、监测咨询技术服务；

（四）农业资源、森林资源、农业生态安全和农业投入品使用的监测服务；

（五）水资源管理、防汛抗旱和农田水利建设技术服务；

（六）农业公共信息和农业技术宣传教育、培训服务；

（七）法律、法规规定的其他职责。

《中华人民共和国消费者权益保护法》（2013 年修正）

第二十四条　经营者提供的商品或者服务不符合质量要求的，消费者可以依照国家规定、当事人约定退货，或者要求经营者履行更换、修理等义务。没有国家规定和当事人约定的，消费者可以自收到商品之日起七日内退货；七日后符合法定解除合同条件的，消费者可以及时退货，不符合法定解除合同条件的，可以要求经营者履行更换、修理等义务。

依照前款规定进行退货、更换、修理的，经营者应当承担运输等必要费用。

《中华人民共和国注册会计师法》（2014 年修正）

第十六条　注册会计师承办业务，由其所在的会计师事务所统一受理并与委托人签订委托合同。

会计师事务所对本所注册会计师依照前款规定承办的业务，承担民事责任。

第十七条　注册会计师执行业务，可以根据需要查阅委托人的有关会计资料和文件，查看委托人的业务现场和设施，要求委托人提供其他必要的协助。

第十八条　注册会计师与委托人有利害关系的，应当回避；委托人有权要求其回避。

第十九条　注册会计师对在执行业务中知悉的商业秘密，负有保密义务。

第四十二条　会计师事务所违反本法规定，给委托人、其他利害关系人造成损失的，应当依法承担赔偿责任。

《中华人民共和国邮政法》（2015 年修正）

第四十六条　邮政企业对平常邮件的损失不承担赔偿责任。但是，邮政企业因故意或者重大过失造成平常邮件损失的除外。

第四十七条　邮政企业对给据邮件的损失依照下列规定赔偿：

（一）保价的给据邮件丢失或者全部损毁的，按照保价额赔偿；部分损毁或者内件短少的，按照保价额与邮件全部价值的比例对邮件的实际损失予以赔偿。

（二）未保价的给据邮件丢失、损毁或者内件短少的，按照实际损失赔偿，但最高赔偿额不超过所收取资费的三倍；挂号信件丢失、损毁的，按照所收取资费的三倍予以赔偿。

邮政企业应当在营业场所的告示中和提供给用户的给据邮件单据上，以足以引起用户注意的方式载明前款规定。

邮政企业因故意或者重大过失造成给据邮件损失，或者未履行前款规定义务的，无权援用本条第一款的规定限制赔偿责任。

第四十八条　因下列原因之一造成的给据邮件损失，邮政企业不承担赔偿责任：

（一）不可抗力，但因不可抗力造成的保价的给据邮件的损失除外；

（二）所寄物品本身的自然性质或者合理损耗；

（三）寄件人、收件人的过错。

《中华人民共和国律师法》（2017 年修正）

第五十四条　律师违法执业或者因过错给当事人造成损失的，由其所在的律师事务所承担赔偿责任。律师事务所赔偿后，可以向有故意或者重大过失行为的律师追偿。

《中华人民共和国旅游法》（2018 年修正）

第二条 在中华人民共和国境内的和在中华人民共和国境内组织到境外的游览、度假、休闲等形式的旅游活动以及为旅游活动提供相关服务的经营活动，适用本法。

第五十七条 旅行社组织和安排旅游活动，应当与旅游者订立合同。

第五十九条 旅行社应当在旅游行程开始前向旅游者提供旅游行程单。旅游行程单是包价旅游合同的组成部分。

第六十条 旅行社委托其他旅行社代理销售包价旅游产品并与旅游者订立包价旅游合同的，应当在包价旅游合同中载明委托社和代理社的基本信息。

旅行社依照本法规定将包价旅游合同中的接待业务委托给地接社履行的，应当在包价旅游合同中载明地接社的基本信息。

安排导游为旅游者提供服务的，应当在包价旅游合同中载明导游服务费用。

《中华人民共和国电子商务法》（2018 年）

第四十八条 电子商务当事人使用自动信息系统订立或者履行合同的行为对使用该系统的当事人具有法律效力。

在电子商务中推定当事人具有相应的民事行为能力。但是，有相反证据足以推翻的除外。

第四十九条 电子商务经营者发布的商品或者服务信息符合要约条件的，用户选择该商品或者服务并提交订单成功，合同成立。当事人另有约定的，从其约定。

电子商务经营者不得以格式条款等方式约定消费者支付价款后合同不成立；格式条款等含有该内容的，其内容无效。

《中华人民共和国食品安全法》（2021 年修正）

第二条 在中华人民共和国境内从事下列活动，应当遵守本法：

（一）食品生产和加工（以下称食品生产），食品销售和餐饮服务（以下称食品经营）；

（二）食品添加剂的生产经营；

（三）用于食品的包装材料、容器、洗涤剂、消毒剂和用于食品生产经营的工具、设备（以下称食品相关产品）的生产经营；

（四）食品生产经营者使用食品添加剂、食品相关产品；

（五）食品的贮存和运输；

（六）对食品、食品添加剂、食品相关产品的安全管理。

供食用的源于农业的初级产品（以下称食用农产品）的质量安全管理，遵守《中华人民共和国农产品质量安全法》的规定。但是，食用农产品的市场销售、有关质量安全标准的制定、有关安全信息的公布和本法对农业投入品作出规定的，应当遵守本法的规定。

第三十五条 国家对食品生产经营实行许可制度。从事食品生产、食品销售、餐饮服务，应当依法取得许可。但是，销售食用农产品和仅销售预包装食品的，不需要取得许可。仅销售预包装食品的，应当报所在地县级以上地方人民政府食品安全监督管理部门备案。

县级以上地方人民政府食品安全监督管理部门应当依照《中华人民共和国行政许可法》的规定，审核申请人提交的本法第三十三条第一款第一项至第四项规定要求的相关资料，必要时对申请人的生产经营场所进行现场核查；对符合规定条件的，准予许可；对不符合规定条件的，不予许可并书面说明理由。

第三十六条 食品生产加工小作坊和食品摊贩等从事食品生产经营活动，应当符合本法规定的与其生产经营规模、条件相适应的食品安全要求，保证所生产经营的食品卫生、无毒、无害，食品安全监督管理部门应当对其加强监督管理。

县级以上地方人民政府应当对食品生产加工小作坊、食品摊贩等进行综合治理，加强服务和统一规划，改善其生产经营环境，鼓励和支持其改进生产经营条件，进入集中交易市场、店铺等固定场所经营，或者在指定的临时经营区域、时段经营。

食品生产加工小作坊和食品摊贩等的具体管理办法由省、自治区、直辖市制定。

第五十五条 餐饮服务提供者应当制定并实施原料控制要求，不得采购不符合食品安全标准的食品原料。倡导餐饮服务提供者公开加工过程，公示食品原料及其来源等信息。

餐饮服务提供者在加工过程中应当检查待加工的食品及原料，发现有本法第三十四条第六项规定情形的，不得加工或者使用。

第五十六条 餐饮服务提供者应当定期维护食品加工、贮存、陈列等设施、设备；定期清洗、校验保温设施及冷藏、冷冻设施。

餐饮服务提供者应当按照要求对餐具、饮具进行清洗消毒，不得使用未经清洗消毒的餐具、饮具；餐饮服务提供者委托清洗消毒餐具、饮具的，应当委托符合本法规定条件的餐具、饮具集中消毒服务单位。

《有线电视基本收视维护费管理暂行办法》（2004 年）

第四条 有线电视基本收视维护费是有线电视网络经营者通过电缆、光缆等方式，向有线电视用户提供经国家广播电视行政部门批准的基本收视频道传送服务，按价格主管部门制定的收费标准向用户收取的费用。

第五条 有线电视网络经营者对用户遵循入网自愿、退网自由的原则。

第六条 有线电视网络经营者应按照国家广播电视行政部门制定的有线电视服务标准和规范向有线电视用户提供服务。

第十一条 有线电视网络经营者采用新技术，应充分考虑技术的可行性，并与当地的经济发展水平和社会承受能力相适应。有线电视网络经营者采用新技术和提高服务质量导致经营成本或支出发生明显变化的，可以申请调整有线电视基本收视维护费的收费标准。因采用新技术和提高服务质量需要调整有线电视基本收视维护费收费标准，有线电视网络经营者应采取妥善过渡措施保护有线电视用户的权益。

《殡葬管理条例》（2012 年修订）

第七条 省、自治区、直辖市人民政府民政部门应当根据本行政区域的殡葬工作规划和殡葬需要，提出殡仪馆、火葬场、骨灰堂、公墓、殡仪服务站等殡葬设施的数量、布局规划，报本级人民政府审批。

第八条 建设殡仪馆、火葬场，由县级人民政府和设区的市、自治州人民政府的民政部门提出方案，报本级人民政府审批；建设殡仪服务站、骨灰堂，由县级人民政府和设区的市、自治州人民政府的民政部门审批；建设公墓，经县级人民政府和设区的市、自治州人民政府的民政部门审核同意后，报省、自治区、直辖市人民政府民政部门审批。

利用外资建设殡葬设施，经省、自治区、直辖市人民政府民政部门审核同意后，报国务院民政部门审批。

农村为村民设置公益性墓地，经乡级人民政府审核同意后，报县级人民政府民政部门审批。

第十二条 殡葬服务单位应当加强对殡葬服务设施的管理，更新、改造陈旧的火化设备，防止污染环境。

殡仪服务人员应当遵守操作规程和职业道德，实行规范化的文明服务，不得利用工作之便索取财物。

第二十三条 殡仪服务人员利用工作之便索取财物的，由民政部门责令退赔；构成犯罪的，依法追究刑事责任。

《中华人民共和国电信条例》（2016 年修订）

第三十条 电信业务经营者应当按照国家规定的电信服务标准向电信用户提供服务。

电信业务经营者提供服务的种类、范围、资费标准和时限，应当向社会公布，并报省、自治区、直辖市电信管理机构备案。

电信用户有权自主选择使用依法开办的各类电信业务。

第三十一条 电信用户申请安装、移装电信终端设备的，电信业务经营者应当在其公布的时限内保证装机开通；由于电信业务经营者的原因逾期未能装机开通的，应当每日按照收取的安装费、移装费或者其他费用数额1%的比例，向电信用户支付违约金。

第三十二条 电信用户申告电信服务障碍的，电信业务经营者应当自接到申告之日起，城镇48小时、农村72小时内修复或者调通；不能按期修复或者调通的，应当及时通知电信用户，并免收障碍期间的月租费用。但是，属于电信终端设备的原因造成电信服务障碍的除外。

第三十三条 电信业务经营者应当为电信用户交费和查询提供方便。电信用户要求提供国内长途通信、国际通信、移动通信和信息服务等收费清单的，电信业务经营者应当免费提供。

电信用户出现异常的巨额电信费用时，电信业务经营者一经发现，应当尽可能迅速告知电信用户，并采取相应的措施。

前款所称巨额电信费用，是指突然出现超过电信用户此前3个月平均电信费用5倍以上的费用。

《物业管理条例》（2018年修订）

第三十五条 物业服务企业应当按照物业服务合同的约定，提供相应的服务。

物业服务企业未能履行物业服务合同的约定，导致业主人身、财产安全受到损害的，应当依法承担相应的法律责任。

第三十八条 物业服务合同终止时，物业服务企业应当将物业管理用房和本条例第二十九条第一款规定的资料交还给业主委员会。

物业服务合同终止时，业主大会选聘了新的物业服务企业的，物业服务企业之间应当做好交接工作。

《快递暂行条例》（2019年修订）

第二十一条 经营快递业务的企业在寄件人填写快递运单前，应当提醒其阅读快递服务合同条款、遵守禁止寄递和限制寄递物品的有关规定，告知相关保价规则和保险服务项目。

寄件人交寄贵重物品的，应当事先声明；经营快递业务的企业可以要求寄件人对贵重物品予以保价。

第二十二条 寄件人交寄快件，应当如实提供以下事项：

（一）寄件人姓名、地址、联系电话；

（二）收件人姓名（名称）、地址、联系电话；

（三）寄递物品的名称、性质、数量。

除信件和已签订安全协议用户交寄的快件外，经营快递业务的企业收寄快件，应当对寄件人身份进行查验，并登记身份信息，但不得在快递运单上记录除姓名（名称）、地址、联系电话以外的用户身份信息。寄件人拒绝提供身份信息或者提供身份信息不实的，经营快递业务的企业不得收寄。

第二十四条 经营快递业务的企业应当规范操作，防止造成快件损毁。

法律法规对食品、药品等特定物品的运输有特殊规定的，寄件人、经营快递业务的企业应当遵守相关规定。

第二十五条 经营快递业务的企业应当将快件投递到约定的收件地址、收件人或者收件人指定的代收人，并告知收件人或者代收人当面验收。收件人或者代收人有权当面验收。

《保安服务管理条例》（2020年修订）

第二十一条 保安服务公司提供保安服务应当与客户单位签订保安服务合同，明确规定服务的项目、内容以及双方的权利义务。保安服务合同终止后，保安服务公司应当将保安服务合同至少留存 2 年备查。

保安服务公司应当对客户单位要求提供的保安服务的合法性进行核查，对违法的保安服务要求应当拒绝，并向公安机关报告。

第二十四条　保安服务公司应当按照保安服务业服务标准提供规范的保安服务，保安服务公司派出的保安员应当遵守客户单位的有关规章制度。客户单位应当为保安员从事保安服务提供必要的条件和保障。

第二十五条　保安服务中使用的技术防范产品，应当符合有关的产品质量要求。保安服务中安装监控设备应当遵守国家有关技术规范，使用监控设备不得侵犯他人合法权益或者个人隐私。

保安服务中形成的监控影像资料、报警记录，应当至少留存 30 日备查，保安从业单位和客户单位不得删改或者扩散。

》《娱乐场所管理条例》（2020 年修订）

第十四条　娱乐场所及其从业人员不得实施下列行为，不得为进入娱乐场所的人员实施下列行为提供条件：

（一）贩卖、提供毒品，或者组织、强迫、教唆、引诱、欺骗、容留他人吸食、注射毒品；

（二）组织、强迫、引诱、容留、介绍他人卖淫、嫖娼；

（三）制作、贩卖、传播淫秽物品；

（四）提供或者从事以营利为目的的陪侍；

（五）赌博；

（六）从事邪教、迷信活动；

（七）其他违法犯罪行为。

娱乐场所的从业人员不得吸食、注射毒品，不得卖淫、嫖娼；娱乐场所及其从业人员不得为进入娱乐场所的人员实施上述行为提供条件。

第十八条　娱乐场所使用的音像制品或者电子游戏应当是依法出版、生产或者进口的产品。

歌舞娱乐场所播放的曲目和屏幕画面以及游艺娱乐场所的电子游戏机内的游戏项目，不得含有本条例第十三条禁止的内容；歌舞娱乐场所使用的歌曲点播系统不得与境外的曲库联接。

第十九条　游艺娱乐场所不得设置具有赌博功能的电子游戏机机型、机种、电路板等游戏设施设备，不得以现金或者有价证券作为奖品，不得回购奖品。

第二十条　娱乐场所的法定代表人或者主要负责人应当对娱乐场所的消防安全和其他安全负责。

娱乐场所应当确保其建筑、设施符合国家安全标准和消防技术规范，定期检查消防设施状况，并及时维护、更新。

娱乐场所应当制定安全工作方案和应急疏散预案。

》《最高人民法院关于审理旅游纠纷案件适用法律若干问题的规定》（2020 年 12 月 23 日修正）

第二条　以单位、家庭等集体形式与旅游经营者订立旅游合同，在履行过程中发生纠纷，除集体以合同一方当事人名义起诉外，旅游者个人提起旅游合同纠纷诉讼的，人民法院应予受理。

第三条　因旅游经营者方面的同一原因造成旅游者人身损害、财产损失，旅游者选择请求旅游经营者承担违约责任或者侵权责任的，人民法院应当根据当事人选择的案由进行审理。

第四条　因旅游辅助服务者的原因导致旅游经营者违约，旅游者仅起诉旅游经营者的，人民法院可以将旅游辅助服务者追加为第三人。

第七条　旅游经营者、旅游辅助服务者未尽到安全保障义务，造成旅游者人身损害、财产损失，旅游者请求旅游经营者、旅游辅助服务者承担责任的，人民法院应予支持。

因第三人的行为造成旅游者人身损害、财产损失，由第三人承担责任；旅游经营者、旅游辅助服务者未尽安全保障义务，旅游者请求其承担相应补充责任的，人民法院应予支持。

《最高人民法院关于审理物业服务纠纷案件适用法律若干问题的解释》（2020年12月23日修正）

第一条 业主违反物业服务合同或者法律、法规、管理规约，实施妨碍物业服务与管理的行为，物业服务人请求业主承担停止侵害、排除妨碍、恢复原状等相应民事责任的，人民法院应予支持。

第二条 物业服务人违反物业服务合同约定或者法律、法规、部门规章规定，擅自扩大收费范围、提高收费标准或者重复收费，业主以违规收费为由提出抗辩的，人民法院应予支持。

业主请求物业服务人退还其已经收取的违规费用的，人民法院应予支持。

第三条 物业服务合同的权利义务终止后，业主请求物业服务人退还已经预收，但尚未提供物业服务期间的物业费的，人民法院应予支持。

第四条 因物业的承租人、借用人或者其他物业使用人实施违反物业服务合同，以及法律、法规或者管理规约的行为引起的物业服务纠纷，人民法院可以参照关于业主的规定处理。

《最高人民法院关于审理侵害信息网络传播权民事纠纷案件适用法律若干问题的规定》（2020年12月23日修正）

第三条 网络用户、网络服务提供者未经许可，通过信息网络提供权利人享有信息网络传播权的作品、表演、录音录像制品，除法律、行政法规另有规定外，人民法院应当认定其构成侵害信息网络传播权行为。

通过上传到网络服务器、设置共享文件或者利用文件分享软件等方式，将作品、表演、录音录像制品置于信息网络中，使公众能够在个人选定的时间和地点以下载、浏览或者其他方式获得的，人民法院应当认定其实施了前款规定的提供行为。

第四条 有证据证明网络服务提供者与他人以分工合作等方式共同提供作品、表演、录音录像制品，构成共同侵权行为的，人民法院应当判令其承担连带责任。网络服务提供者能够证明其仅提供自动接入、自动传输、信息存储空间、搜索、链接、文件分享技术等网络服务，主张其不构成共同侵权行为的，人民法院应予支持。

第五条 网络服务提供者以提供网页快照、缩略图等方式实质替代其他网络服务提供者向公众提供相关作品的，人民法院应当认定其构成提供行为。

前款规定的提供行为不影响相关作品的正常使用，且未不合理损害权利人对该作品的合法权益，网络服务提供者主张其未侵害信息网络传播权的，人民法院应予支持。

《最高人民法院关于为加快建设全国统一大市场提供司法服务和保障的意见》（法发〔2022〕22号　2022年7月14日）

20. 支持提升消费服务质量。完善扩大内需司法政策支撑体系，积极营造有利于全面促进消费的法治环境。严惩预付消费诈骗犯罪，妥善处理住房、教育培训、医疗卫生、养老托育等重点民生领域消费者权益保护纠纷案件，提高群众消费安全感和满意度。完善网络消费、服务消费等消费案件审理规则，服务保障消费升级和消费新模式新业态发展。优化消费纠纷案件审理机制，探索建立消费者权益保护集体诉讼制度，完善消费公益诉讼制度，推动建立消费者权益保护工作部门间衔接联动机制，促进消费纠纷源头治理。

《最高人民法院关于为促进消费提供司法服务和保障的意见》（法发〔2022〕35 号　2022 年 12 月 26 日）

8. 加强快递服务消费者权益保护。因快递人员擅自使用快递商品、违规打开快递包装、暴力分拣快递等故意或者重大过失行为导致快递商品丢失、毁损，消费者请求赔偿损失，快递服务提供者依据免责条款提出免责抗辩的，人民法院对其抗辩不予支持。经营者向消费者盲发快递，消费者请求无条件退货的，人民法院应当依法支持。

11. 妥善处理消费者出行纠纷。疫情或者疫情防控措施导致消费者不能履行旅游、客运、住宿等合同，消费者请求解除合同、退还定金和价款等费用的，人民法院应当依法支持。消费者请求变更经营者提供服务的时间等合同内容的，人民法院应当加强调解；调解不成的，人民法院可综合考虑交易习惯、合同目的、案件具体情况等因素作出裁判。经营者仅以消费者超出其公布的退款时间为由，主张拒退、少退定金和价款等费用的，人民法院不予支持。充分发挥旅游巡回法庭作用，就地、快速解决旅游纠纷，方便消费者景区维权。

14. 加强未成年消费者权益保护。妥善处理生育、托育、教育等服务合同纠纷，促进育幼服务消费发展，助力提升教育服务质量。学校、托幼机构等单位的食堂未严格遵守法律、行政法规和食品安全标准，未从取得食品生产经营许可的企业订餐，或者未按照要求对订购的食品进行查验，导致提供的食品不符合食品安全标准，消费者请求其承担赔偿责任的，人民法院应当依法支持。依法办理危害食品安全刑事案件，将“危害专供婴幼儿的主辅食品安全”作为加重处罚情节，加强对未成年人食品安全的特殊保护。网络游戏、网络直播服务提供者违反法律规定向未成年人提供网络游戏、网络直播服务，收取充值费用、接受直播打赏，消费者请求返还游戏充值费、打赏费的，人民法院应当依法支持。限制民事行为能力人未经其监护人同意，通过参与网络付费游戏或者网络直播平台打赏等方式支出与其年龄、智力不相适应的款项，消费者请求返还该款项的，人民法院应当依法支持。加大对网络违法行为整治力度，积极营造健康、清朗、有利于未成年人成长的网络环境。

指导案例

刘超捷诉中国移动通信集团江苏有限公司徐州分公司电信服务合同纠纷案（最高人民法院指导案例 64 号　2016 年 6 月 30 日发布）

【关键词】　民事　电信服务合同　告知义务　有效期限　违约

【裁判要点】

1. 经营者在格式合同中未明确规定对某项商品或服务的限制条件，且未能证明在订立合同时已将该限制条件明确告知消费者并获得消费者同意的，该限制条件对消费者不产生效力。

2. 电信服务企业在订立合同时未向消费者告知某项服务设定了有效期限限制，在合同履行中又以该项服务超过有效期限为由限制或停止对消费者服务的，构成违约，应当承担违约责任。

【基本案情】

2009 年 11 月 24 日，原告刘超捷在被告中国移动通信集团江苏有限公司徐州分公司（以下简称移动徐州分公司）营业厅申请办理“神州行标准卡”，手机号码为 1590520 × × × ×，付费方式为预付费。原告当场预付话费 50 元，并参与移动徐州分公司充 50 元送 50 元的活动。在业务受理单所附《中国移动通信客户入网服务协议》中，双方对各自的权利和义务进行了约定，其中第四项特殊情况的承担中的第 1 条为：在下列情况下，乙方有权暂停或限制甲方的移动通信服务，由此给甲方造成的损失，乙方不承担责任：（1）甲方银行账户被查封、冻结或余额不足等非乙方原因造成的结算时扣划不成功的；

（2）甲方预付费使用完毕而未及时补交款项（包括预付费账户余额不足以扣划下一笔预付费用）的。

2010年7月5日，原告在中国移动官方网站网上营业厅通过银联卡网上充值50元。2010年11月7日，原告在使用该手机号码时发现该手机号码已被停机，原告到被告的营业厅查询，得知被告于2010年10月23日因话费有效期到期而暂停移动通信服务，此时账户余额为11.70元。原告认为被告单方终止服务构成合同违约，遂诉至法院。

【裁判结果】

徐州市泉山区人民法院于2011年6月16日作出（2011）泉商初字第240号民事判决：被告中国移动通信集团江苏有限公司徐州分公司于本判决生效之日起十日内取消对原告刘超捷的手机号码为1590520××××的话费有效期的限制，恢复该号码的移动通信服务。一审宣判后，被告提出上诉，二审期间申请撤回上诉，一审判决已发生法律效力。

【裁判理由】

法院生效裁判认为：电信用户的知情权是电信用户在接受电信服务时的一项基本权利，用户在办理电信业务时，电信业务的经营者必须向其明确说明该电信业务的内容，包括业务功能、费用收取办法及交费时间、障碍申告等。如果用户在不知悉该电信业务的真实情况下进行消费，就会剥夺用户对电信业务的选择权，达不到真正追求的电信消费目的。

依据《中华人民共和国合同法》第三十九条的规定，采用格式条款订立合同的，提供格式条款的一方应当遵循公平原则确定当事人之间的权利和义务，并采取合理的方式提请对方注意免除或者限制其责任的条款，按照对方的要求，对该条款予以说明。电信业务的经营者作为提供电信服务合同格式条款的一方，应当遵循公平原则确定与电信用户的权利义务内容，权利义务的内容必须符合维护电信用户和电信业务经营者的合法权益、促进电信业的健康发展的立法目的，并有效告知对方注意免除或者限制其责任的条款并向其释明。业务受理单、入网服务协议是电信服务合同的主要内容，确定了原被告双方的权利义务内容，入网服务协议第四项约定有权暂停或限制移动通信服务的情形，第五项约定有权解除协议、收回号码、终止提供服务的情形，均没有因有效期到期而中止、解除、终止合同的约定。而话费有效期限制直接影响到原告手机号码的正常使用，一旦有效期到期，将导致停机、号码被收回的后果，因此被告对此负有明确如实告知的义务，且在订立电信服务合同之前就应如实告知原告。如果在订立合同之前未告知，即使在缴费阶段告知，亦剥夺了当事人的选择权，有违公平和诚实信用原则。被告主张"通过单联发票、宣传册和短信的方式向原告告知了有效期"，但未能提供有效的证据予以证明。综上，本案被告既未在电信服务合同中约定有效期内容，亦未提供有效证据证实已将有效期限制明确告知原告，被告暂停服务、收回号码的行为构成违约，应当承担继续履行等违约责任，故对原告主张"取消被告对原告的话费有效期的限制，继续履行合同"的诉讼请求依法予以支持。

典型案例

"暗刷流量"合同无效案——常某某诉许某网络服务合同纠纷案（《人民法院大力弘扬社会主义核心价值观十大典型民事案例》案例六 2020年5月13日）

核心价值：诚实守信　网络秩序

【基本案情】

许某通过微信向常某某寻求"暗刷的流量资源"，双方协商后确认常某某为许某提供网络暗刷服务，许某共向常某某支付三次服务费共计一万余元。常某某认为，根据许某指定的第三方CNZZ后台数据统计，许某还应向常某某支付流量服务费30743元。许某以流量掺假、常某某提供的网络暗刷服务本身违反法律禁止性规定为由，主张常某某无权要求支付对价，不同意支付上述款项。常某某将许某诉至北京互联网法院，请求判令许某支付服务费30743元及利息。

【裁判结果】

北京互联网法院认为，“暗刷流量”的行为违反商业道德底线，使得同业竞争者的诚实劳动价值被减损，破坏正当的市场竞争秩序，侵害了不特定市场竞争者的利益，同时也会欺骗、误导网络用户选择与其预期不相符的网络产品，长此以往，会造成网络市场“劣币驱逐良币”的不良后果，最终减损广大网络用户的利益。常某某与许某之间“暗刷流量”的交易行为侵害广大不特定网络用户的利益，进而损害了社会公共利益、违背公序良俗，其行为应属绝对无效。

“暗刷流量”的交易无效，双方当事人不得基于合意行为获得其所期待的合同利益。虚假流量业已产生，如以互相返还的方式进行合同无效的处理，无异于纵容当事人通过非法行为获益，违背了任何人不得因违法行为获益的基本法理，故对双方希望通过分担合同收益的方式，来承担合同无效后果的主张，一审法院不予支持。常某某与许某在合同履行过程中的获利，应当予以收缴。一审法院判决驳回原告常某某要求许某支付服务费30743元及利息的诉讼请求；并作出决定书，收缴常某某、许某的非法获利。一审判决作出后，双方当事人均未提起上诉，一审判决已发生法律效力。

【典型意义】

此案是全国首例涉及“暗刷流量”虚增网站点击量的案件。网络产品的真实流量能够反映出网络产品的受欢迎度及质量优劣程度，流量成为网络用户选择网络产品的重要因素。“暗刷流量”的行为违反商业道德，违背诚实信用原则，对行业正常经营秩序以及消费者的合法权益均构成侵害，有损社会公共利益。本案对“暗刷流量”交易行为的效力予以否定性评价，并给予妥当的制裁和惩戒，对治理互联网领域内的乱象有积极推动作用。

郗某某、周某四人与凌海市某老人之家、中国人民财产保险股份有限公司某分公司服务合同纠纷案（《人民法院老年人权益保护十大典型案例》案例六 2021年2月24日）

【关键词】人口老龄化 养老机构的合理注意义务

【基本案情】

郗某某系周某某妻子，周某四人系郗某某与周某某子女。2017年1月17日，近80岁的周某某及其儿子与凌海市某老人之家签订养老服务合同，周某某当日入住。入住评估表记载：老人刚出院，此前在家中走丢，因冻伤住院治疗合并有脑血栓，入院时手脚均存在冻伤，护理等级为半自理。2017年1月27日，周某某自居住的房屋内走出，通过未上锁的防火通道门至餐厅，从南门走出楼房，后走到养老院东侧道路。凌海市某老人之家于2017年1月28日报警，民警在凌海市大凌河桥下发现周某某已死亡。郗某某、周某四人为此诉请凌海市某老人之家赔偿经济损失199954元。

【裁判结果】

辽宁省凌海市人民法院认为，养老院明知周某某有离家走丢的经历且安全防火通道门不允许上锁的情况下，仍未能增加安全防护措施，无提示、警示措施，虽安装有监控设施，值班人员也未能及时发现并有效防止老人在夜间走丢。养老院未能尽到相应的注意义务，应承担经济损失的60%责任，即116972.4元。凌海市养老院在保险公司投有养老服务机构责任保险，该公司应在责任限额内赔偿损失。故判决中国人民财产保险股份有限公司某分公司一次性赔偿郗某某、周某四人116972.4元，凌海市某老人之家一次性返还郗某某、周某四人养老服务费用及押金合计2000元。

【典型意义】

由于我国人口老龄化，老年人数量增多，且老年人选择在养老院生活、居住的情况亦有增加趋势，如何保障老年人的权益成为整个社会必须关心和思考的问题。养老院未尽到相应的注意和照管义务，致使老人发生意外死亡，应当承担相应的损害赔偿责任。本案裁判对社会上的养老机构敲响了警钟，养老机构应当尽到责任，排除危害老人生命健康的安全隐患，提高管理水平、提升护理从业人员素质和护理服务能力，充分保障老年人人身、财产安全。本案对于促进养老机构规范化、标准化运行，全面提升养老院服务质量，保证老年人晚年生活幸福具有积极意义。

>> 于某某诉北京某旅行社及其分公司旅游合同纠纷案（《人民法院老年人权益保护十大典型案例》案例八 2021年2月24日）

【关键词】 老年人旅游　团体性维权

【基本案情】

2019年12月，20位老年人与案外人张某某协商组团前往福建旅游事宜，张某某负责安排签订合同及对接，于某某作为老年人团体的代表，通过微信转账向其交付旅游费用。后收到旅行社发送的电子合同，因参团人员变动多次发生修改，旅行社数次向其发送的电子合同均带有合同专用章。次年1月，旅行社再次发送电子合同后，原告代表20人签字予以确认。合同对签约双方、旅游产品名称、旅游日期、旅游费用等进行约定，并附有游客身份信息和旅游行程单。后因疫情未能出行。于某某与张某某沟通退款事宜，张某某以公司未向其退款为由拒绝退还，20位老人均诉至法院。旅行社辩称，张某某并非其员工，与于某某沟通签约并非经其授权履行的职务行为，无权代理及收取旅游费用。

【裁判结果】

上海市静安区人民法院认为，本案中，于某某所代表的20位老年人向张某某支付旅游费用及多次修改合同后，均及时收到电子合同，合同均有旅行社的签章，张某某承诺减免的旅游费用也与合同一致，于某某等人有理由相信张某某系旅行社员工，其签订旅游合同及交付旅游款项系善意且无过失。张某某的行为具有已被授予代理权的外观，致使于某某等人相信其有权而支付旅游费用，应发生与有权代理同样的法律效力，故判决旅行社向张某某返还上述费用。

【典型意义】

本案系老年人在无代理人情况下涉复杂法律问题的团体性维权类案件，具有典型示范意义。随着社会的发展，老龄团体追求愉悦生活的愿望强烈，退休后，老年人闲暇时间较多，约上好友外出旅游成为常态，而在旅游中遭受损失投诉无门时只能走法律途径，维权困难成为此类案件特点。此类案件及时、妥善处理，有利于切实保护老年人权益。此案也能有效引导旅游机构依法订立合同，规范签约行为，自觉遵守市场交易秩序。同时提醒老年人在签订旅游合同时，要注意审查相对人是否有相应的代理权和签约资质，并及时通过诉讼途径维护自身权益，对老年人维权、规范旅游行业具有积极的引导作用。

138. 演出合同纠纷

相关规范

>>《营业性演出管理条例》（2020年修订）

第二十五条　营业性演出不得有下列情形：

（一）反对宪法确定的基本原则的；

（二）危害国家统一、主权和领土完整，危害国家安全，或者损害国家荣誉和利益的；

（三）煽动民族仇恨、民族歧视，侵害民族风俗习惯，伤害民族感情，破坏民族团结，违反宗教政策的；

（四）扰乱社会秩序，破坏社会稳定的；

（五）危害社会公德或者民族优秀文化传统的；

（六）宣扬淫秽、色情、邪教、迷信或

者渲染暴力的；

（七）侮辱或者诽谤他人，侵害他人合法权益的；

（八）表演方式恐怖、残忍，摧残演员身心健康的；

（九）利用人体缺陷或者以展示人体变异等方式招徕观众的；

（十）法律、行政法规禁止的其他情形。

第二十七条　参加营业性演出的文艺表演团体、主要演员或者主要节目内容等发生变更的，演出举办单位应当及时告知观众并说明理由。观众有权退票。

演出过程中，除因不可抗力不能演出的外，演出举办单位不得中止或者停止演出，演员不得退出演出。

第四十七条　有下列行为之一的，对演出举办单位、文艺表演团体、演员，由国务院文化主管部门或者省、自治区、直辖市人民政府文化主管部门向社会公布；演出举办单位、文艺表演团体在 2 年内再次被公布的，由原发证机关吊销营业性演出许可证；个体演员在 2 年内再次被公布的，由工商行政管理部门吊销营业执照：

（一）非因不可抗力中止、停止或者退出演出的；

（二）文艺表演团体、主要演员或者主要节目内容等发生变更未及时告知观众的；

（三）以假唱欺骗观众的；

（四）为演员假唱提供条件的。

有前款第（一）项、第（二）项和第（三）项所列行为之一的，观众有权在退场后依照有关消费者权益保护的法律规定要求演出举办单位赔偿损失；演出举办单位可以依法向负有责任的文艺表演团体、演员追偿。

有本条第一款第（一）项、第（二）项和第（三）项所列行为之一的，由县级人民政府文化主管部门处 5 万元以上 10 万元以下的罚款；有本条第一款第（四）项所列行为的，由县级人民政府文化主管部门处 5000 元以上 1 万元以下的罚款。

第四十九条　演出举办单位或者其法定代表人、主要负责人及其他直接责任人员在募捐义演中获取经济利益的，由县级以上人民政府文化主管部门依据各自职权责令其退回并交付受捐单位；构成犯罪的，依法追究刑事责任；尚不构成犯罪的，由县级以上人民政府文化主管部门依据各自职权处违法所得 3 倍以上 5 倍以下的罚款，并由国务院文化主管部门或者省、自治区、直辖市人民政府文化主管部门向社会公布违法行为人的名称或者姓名，直至由原发证机关吊销演出举办单位的营业性演出许可证。

文艺表演团体或者演员、职员在募捐义演中获取经济利益的，由县级以上人民政府文化主管部门依据各自职权责令其退回并交付受捐单位。

》《营业性演出管理条例实施细则》

（2017 年修订）

第十六条　申请举办营业性演出，应当在演出日期 3 日前将申请材料提交负责审批的文化主管部门。

申请举办营业性涉外或者涉港澳台演出，应当在演出日期 20 日前将申请材料提交负责审批的文化主管部门。

第十七条　申请举办营业性演出，应当持营业性演出许可证或者备案证明，向文化主管部门提交符合《条例》第十六条规定的文件。

申请举办临时搭建舞台、看台的营业性演出，还应当提交符合《条例》第二十条第（二）（三）项规定的文件。

对经批准的临时搭建舞台、看台的演出活动，演出举办单位还应当在演出前向演出所在地县级文化主管部门提交符合《条例》第二十条第（一）项规定的文件，不符合规定条件的，演出活动不得举行。

《条例》第二十条所称临时搭建舞台、看台的营业性演出是指符合《大型群众性活动安全管理条例》规定的营业性演出活动。

《条例》第二十条第（一）项所称演出场所合格证明，是指由演出举办单位组织有关承建单位进行竣工验收，并作出的验收合格证明材料。

申请举办需要未成年人参加的营业性演出，应当符合国家有关规定。

第十八条 申请举办营业性涉外或者涉港澳台演出，除提交本实施细则第十七条规定的文件外，还应当提交下列文件：

（一）演员有效身份证明复印件；

（二）2年以上举办营业性演出经历的证明文件；

（三）近2年内无违反《条例》规定的书面声明。

文化主管部门审核涉外或者涉港澳台营业性演出项目，必要时可以依法组织专家进行论证。

第十九条 经省级文化主管部门批准的营业性涉外演出，在批准的时间内增加演出地的，举办单位或者与其合作的具有涉外演出资格的演出经纪机构，应当在演出日期10日前，持省级文化主管部门批准文件和本实施细则第十七条规定的文件，到增加地省级文化主管部门备案，省级文化主管部门应当出具备案证明。

第二十条 经批准到艺术院校从事教学、研究工作的外国或者港澳台艺术人员从事营业性演出的，应当委托演出经纪机构承办。

第二十一条 歌舞娱乐场所、旅游景区、主题公园、游乐园、宾馆、饭店、酒吧、餐饮场所等非演出场所经营单位需要在本场所内举办营业性演出的，应当委托演出经纪机构承办。

在上述场所举办驻场涉外演出，应当报演出所在地省级文化主管部门审批。

第二十二条 申请举办含有内地演员和香港特别行政区、澳门特别行政区、台湾地区演员以及外国演员共同参加的营业性演出，可以报演出所在地省级文化主管部门审批，具体办法由省级文化主管部门制定。

国家另有规定的，从其规定。

第二十三条 在演播厅外从事电视文艺节目的现场录制，符合本实施细则第二条规定条件的，应当依照《条例》和本实施细则的规定办理审批手续。

第二十四条 举办募捐义演，应当依照《条例》和本实施细则的规定办理审批手续。

参加募捐义演的演职人员不得获取演出报酬；演出举办单位或者演员应当将扣除成本后的演出收入捐赠给社会公益事业，不得从中获取利润。

演出收入是指门票收入、捐赠款物、赞助收入等与演出活动相关的全部收入。演出成本是指演职员食、宿、交通费用和舞台灯光音响、服装道具、场地、宣传等费用。

募捐义演结束后10日内，演出举办单位或者演员应当将演出收支结算报审批机关备案。

举办其他符合本实施细则第二条所述方式的公益性演出，参照本条规定执行。

第二十五条 营业性演出经营主体举办营业性演出，应当履行下列义务：

（一）办理演出申报手续；

（二）安排演出节目内容；

（三）安排演出场地并负责演出现场管理；

（四）确定演出票价并负责演出活动的收支结算；

（五）依法缴纳或者代扣代缴有关税费；

（六）接受文化主管部门的监督管理；

（七）其他依法需要承担的义务。

139. 劳务合同纠纷

相关规范

》《中华人民共和国民法典》（2020年）

第一千一百七十九条 【人身损害赔偿范围】 侵害他人造成人身损害的，应当赔偿医疗费、护理费、交通费、营养费、住院伙食补助费等为治疗和康复支出的合理费用，以及因误工减少的收入。造成残疾的，还应当赔偿辅助器具费和残疾赔偿金；造成死亡的，还应当赔偿丧葬费和死亡赔偿金。

第一千一百九十二条　【个人劳务关系中的侵权责任】个人之间形成劳务关系，提供劳务一方因劳务造成他人损害的，由接受劳务一方承担侵权责任。接受劳务一方承担侵权责任后，可以向有故意或者重大过失的提供劳务一方追偿。提供劳务一方因劳务受到损害的，根据双方各自的过错承担相应的责任。

140. 离退休人员返聘合同纠纷

相关规范

»《中华人民共和国民法典》（2020 年）

第一千一百七十九条　【人身损害赔偿范围】侵害他人造成人身损害的，应当赔偿医疗费、护理费、交通费、营养费、住院伙食补助费等为治疗和康复支出的合理费用，以及因误工减少的收入。造成残疾的，还应当赔偿辅助器具费和残疾赔偿金；造成死亡的，还应当赔偿丧葬费和死亡赔偿金。

第一千一百九十二条　【个人劳务关系中的侵权责任】个人之间形成劳务关系，提供劳务一方因劳务造成他人损害的，由接受劳务一方承担侵权责任。接受劳务一方承担侵权责任后，可以向有故意或者重大过失的提供劳务一方追偿。提供劳务一方因劳务受到损害的，根据双方各自的过错承担相应的责任。

»《中华人民共和国劳动合同法》（2012 年修正）

第四十四条　有下列情形之一的，劳动合同终止：

（一）劳动合同期满的；

（二）劳动者开始依法享受基本养老保险待遇的；

（三）劳动者死亡，或者被人民法院宣告死亡或者宣告失踪的；

（四）用人单位被依法宣告破产的；

（五）用人单位被吊销营业执照、责令关闭、撤销或者用人单位决定提前解散的；

（六）法律、行政法规规定的其他情形。

141. 广告合同纠纷

相关规范

»《中华人民共和国广告法》（2021 年修正）

第二条　在中华人民共和国境内，商品经营者或者服务提供者通过一定媒介和形式直接或者间接地介绍自己所推销的商品或者服务的商业广告活动，适用本法。

本法所称广告主，是指为推销商品或者服务，自行或者委托他人设计、制作、发布广告的自然人、法人或者其他组织。

本法所称广告经营者，是指接受委托提供广告设计、制作、代理服务的自然人、法人或者其他组织。

本法所称广告发布者，是指为广告主或者广告主委托的广告经营者发布广告的自然人、法人或者其他组织。

本法所称广告代言人，是指广告主以外的，在广告中以自己的名义或者形象对商品、服务作推荐、证明的自然人、法人或者其他组织。

第三十条　广告主、广告经营者、广告发布者之间在广告活动中应当依法订立书面合同。

第三十一条　广告主、广告经营者、广告发布者不得在广告活动中进行任何形式的不正当竞争。

第三十二条　广告主委托设计、制作、发布广告，应当委托具有合法经营资格的广告经营者、广告发布者。

典型案例

北京易车互动广告有限公司等与北京新意互动数字技术有限公司广告合同纠纷案（《人民法院助推民营经济高质量发展典型民商事案例》案例7 2021年9月3日）

【具体举措】

北京易车互动广告有限公司（简称易车公司）等因与北京新意互动数字技术有限公司（简称新意公司）合同纠纷案，向法院提出7871万元诉前财产保全，要求新意公司支付42份广告合同款。新意公司收到保全裁定书及起诉书后提出复议申请，称涉案42份合同款项大部分已经支付。北京市海淀区人民法院就诉前财产保全组织听证，充分了解争议焦点和双方实际诉求，虽冻结了新意公司款项7871万元，但经过法院充分释明经营及法律风险，双方当事人达成调解意向。在调解款项支付环节，出现了易车公司坚持先付款再解封而新意公司因大额资金被冻结无力筹措应付款项的僵局。海淀区法院根据新意公司支付情况，以566万元为单元、共计14次逐笔解封，相应解封款逐笔支付至易车公司账户，前期保全资金顺利转化为和解款。

【典型意义】

司法实践中，大额资金被冻结对企业生产经营会产生非常明显的影响，特别是资金链脆弱的中小微民营企业，冻结大额资金有可能对被保全企业产生颠覆性的影响，造成原被告双方两败俱伤。本案海淀区法院虽然也对大额资金采取了保全措施，但创新了“以保促调，滚动解封”的工作机制，畅通保全、调解、执行衔接机制，加速盘活执行资金、以细致及时的司法工作助力民营企业发展。其中，“滚动解封”既保障了债权人的权利，又给债务人偿还债务的喘息机会，有效解决了大标的额被执行人无流动资金还款与申请执行人不愿承担先行解封风险的困境。

142. 展览合同纠纷

相关规范

《国务院办公厅关于对在我国境内举办对外经济技术展览会加强管理的通知》（1997年）

二、对外经济技术展览会的主办和承办单位，必须具有外经贸主管部门批准的主办和承办资格；境外机构在华举办经济技术展览会，必须联合或委托我国境内有主办资格的单位进行。

（一）境内主办单位：

1. 具有组织招商招展能力和承担举办展览的民事责任能力，设有专门从事办展的部门或机构并有相应的展览专业（包括策划、设计、组织、管理及外语）人员，具有完善的办展规章制度，曾参与协办或承办5个以上较大规模的国际性展览会的展览公司或外经贸公司，省级经济贸易促进机构或行业（专业）协会、商会可获得主办资格。

对外贸易经济合作部应会同有关部门，近期内重新清理审核主办单位，对符合条件的单位授予主办资格，并分期公布名单。工商行政管理机关凭对外贸易经济合作部的批准文件，重新核定有关单位的经营范围。

2. 省级、副省级市人民政府，或省级外经贸主管部门可以主办对外经济贸易洽谈会和出口商品交易会。

3. 国务院部门可以部门名义主办与其主管业务有关的国际性展览会。

（二）来华办展的境外主办单位应是具有相当规模和办展实力，在国际上影响良好的展览机构、大型跨国公司、经济团体或组织（包括经济贸易促进机构、商会、行业协会等）。

（三）主办单位主要负责制定并实施展览方案和计划，组织招商招展。

（四）承办单位主要负责布展、安全保

卫及会务事项。具有主办资格的单位均具有相应的承办资格；受主办单位委托，有关公司可以承办展览的单项业务（包括设计、布展、展览施工、广告）。

（五）国家间双边、多边及国内外友好省市间的展览（含交流展），按对等原则和实际需要由相应单位主办和承办。

》《建设部关于展览会管理若干规定》（2000年）

第二条　本规定所指的展览会，包括由部机关、直属单位及部属社团组织在境内外主办、协办、合办和支持的各种类型的展览会、展销会、洽谈会、博览会等。

第六条　展览会的举办单位应具有法人资格，能够独立承担民事责任。

举办单位应具有制定并组织实施展览会的方案、组织招展、布展及财务管理的能力和条件。

第十条　未经批准，任何单位不得擅自以部指导、支持、赞助的名义进行招展；展览过程中，不得进行各种名目的评比活动；不得转包展览会。

对违反上述规定的，部将视情节作出处理。

143. 追偿权纠纷

相关规范

》《中华人民共和国民法典》（2020年）

第三百九十二条　【人保和物保并存时担保权的实行规则】被担保的债权既有物的担保又有人的担保的，债务人不履行到期债务或者发生当事人约定的实现担保物权的情形，债权人应当按照约定实现债权；没有约定或者约定不明确，债务人自己提供物的担保的，债权人应当先就该物的担保实现债权；第三人提供物的担保的，债权人可以就物的担保实现债权，也可以请求保证人承担保证责任。提供担保的第三人承担担保责任后，有权向债务人追偿。

第六百九十九条　【共同保证】同一债务有两个以上保证人的，保证人应当按照保证合同约定的保证份额，承担保证责任；没有约定保证份额的，债权人可以请求任何一个保证人在其保证范围内承担保证责任。

第七百条　【保证人追偿权】保证人承担保证责任后，除当事人另有约定外，有权在其承担保证责任的范围内向债务人追偿，享有债权人对债务人的权利，但是不得损害债权人的利益。

》《中华人民共和国合伙企业法》（2006年修订）

第四十条　合伙人由于承担无限连带责任，清偿数额超过本法第三十三条第一款规定的其亏损分担比例的，有权向其他合伙人追偿。

十一、不当得利纠纷

144. 不当得利纠纷

相关规范

》《中华人民共和国民法典》（2020年）

第一百二十二条　【不当得利】因他人没有法律根据，取得不当利益，受损失的人有权请求其返还不当利益。

第九百八十五条　【不当得利定义】得利人没有法律根据取得不当利益的，受损失的人可以请求得利人返还取得的利益，但是有下列情形之一的除外：

（一）为履行道德义务进行的给付；

（二）债务到期之前的清偿；

（三）明知无给付义务而进行的债务清偿。

第九百八十六条　【善意得利人返还义务免除】得利人不知道且不应当知道取得的利益没有法律根据，取得的利益已经不存在的，不承担返还该利益的义务。

第九百八十七条　【恶意得利人返还义务】得利人知道或者应当知道取得的利益没有法律根据的，受损失的人可以请求得利人返还其取得的利益并依法赔偿损失。

第九百八十八条　【第三人返还义务】得利人已经将取得的利益无偿转让给第三人的，受损失的人可以请求第三人在相应范围内承担返还义务。

》《中华人民共和国涉外民事关系法律适用法》（2010年）

第四十七条　不当得利、无因管理，适用当事人协议选择适用的法律。当事人没有选择的，适用当事人共同经常居所地法律；没有共同经常居所地的，适用不当得利、无因管理发生地法律。

》《最高人民法院关于审理民事案件适用诉讼时效制度若干问题的规定》（2020年12月23日修正）

第六条　返还不当得利请求权的诉讼时效期间，从当事人一方知道或者应当知道不当得利事实及对方当事人之日起计算。

十二、无因管理纠纷

145. 无因管理纠纷

相关规范

》《中华人民共和国民法典》（2020年）

第一百二十一条　【无因管理】没有法定的或者约定的义务，为避免他人利益受损失而进行管理的人，有权请求受益人偿还由此支出的必要费用。

第四百六十八条　【非因合同产生的债权债务关系的法律适用】非因合同产生的债权债务关系，适用有关该债权债务关系的法律规定；没有规定的，适用本编通则的有关规定，但是根据其性质不能适用的除外。

第九百七十九条　【无因管理定义】管理人没有法定的或者约定的义务，为避免他人利益受损失而管理他人事务的，可以请求受益人偿还因管理事务而支出的必要费用；管理人因管理事务受到损失的，可以请求受益人给予适当补偿。

管理事务不符合受益人真实意思的，管理人不享有前款规定的权利；但是，受益人的真实意思违反法律或者违背公序良俗的除外。

第九百八十条　【受益人享有管理利益时的法律适用】管理人管理事务不属于前条规定的情形，但是受益人享有管理利益的，受益人应当在其获得的利益范围内向管理人承担前条第一款规定的义务。

第九百八十一条　【管理人适当管理义务】管理人管理他人事务，应当采取有利于受益人的方法。中断管理对受益人不利的，无正当理由不得中断。

第九百八十二条　【管理人通知义务】管理人管理他人事务，能够通知受益人的，应当及时通知受益人。管理的事务不需要紧急处理的，应当等待受益人的指示。

第九百八十三条　【管理人报告和交付义务】管理结束后，管理人应当向受益人报告管理事务的情况。管理人管理事务取得的财产，应当及时转交给受益人。

第九百八十四条　【受益人追认的法律效果】管理人管理事务经受益人事后追认的，从管理事务开始时起，适用委托合同的有关规定，但是管理人另有意思表示的除外。

》《中华人民共和国涉外民事关系法律适用法》（2010年）

第四十七条　不当得利、无因管理，适用当事人协议选择适用的法律。当事人没有选择的，适用当事人共同经常居所地法律；没有共同经常居所地的，适用不当得利、无因管理发生地法律。

第五部分　知识产权与竞争纠纷

十三、知识产权合同纠纷

146. 著作权合同纠纷

（1）委托创作合同纠纷
（2）合作创作合同纠纷
（3）著作权转让合同纠纷
（4）著作权许可使用合同纠纷
（5）出版合同纠纷
（6）表演合同纠纷
（7）音像制品制作合同纠纷
（8）广播电视播放合同纠纷
（9）邻接权转让合同纠纷
（10）邻接权许可使用合同纠纷
（11）计算机软件开发合同纠纷
（12）计算机软件著作权转让合同纠纷
（13）计算机软件著作权许可使用合同纠纷

相关规范

》《中华人民共和国民法典》（2020年）

第一百二十三条　【知识产权的定义】 民事主体依法享有知识产权。

知识产权是权利人依法就下列客体享有的专有的权利：

（一）作品；

（二）发明、实用新型、外观设计；

（三）商标；

（四）地理标志；

（五）商业秘密；

（六）集成电路布图设计；

（七）植物新品种；

（八）法律规定的其他客体。

第八百七十六条　【其他知识产权的转让和许可】 集成电路布图设计专有权、植物新品种权、计算机软件著作权等其他知识产权的转让和许可，参照适用本节的有关规定。

》《中华人民共和国著作权法》（2020年修正）

第十条　著作权包括下列人身权和财产权：

（一）发表权，即决定作品是否公之于

众的权利；

（二）署名权，即表明作者身份，在作品上署名的权利；

（三）修改权，即修改或者授权他人修改作品的权利；

（四）保护作品完整权，即保护作品不受歪曲、篡改的权利；

（五）复制权，即以印刷、复印、拓印、录音、录像、翻录、翻拍、数字化等方式将作品制作一份或者多份的权利；

（六）发行权，即以出售或者赠与方式向公众提供作品的原件或者复制件的权利；

（七）出租权，即有偿许可他人临时使用视听作品、计算机软件的原件或者复制件的权利，计算机软件不是出租的主要标的的除外；

（八）展览权，即公开陈列美术作品、摄影作品的原件或者复制件的权利；

（九）表演权，即公开表演作品，以及用各种手段公开播送作品的表演的权利；

（十）放映权，即通过放映机、幻灯机等技术设备公开再现美术、摄影、视听作品等的权利；

（十一）广播权，即以有线或者无线方式公开传播或者转播作品，以及通过扩音器或者其他传送符号、声音、图像的类似工具向公众传播广播的作品的权利，但不包括本款第十二项规定的权利；

（十二）信息网络传播权，即以有线或者无线方式向公众提供，使公众可以在其选定的时间和地点获得作品的权利；

（十三）摄制权，即以摄制视听作品的方法将作品固定在载体上的权利；

（十四）改编权，即改变作品，创作出具有独创性的新作品的权利；

（十五）翻译权，即将作品从一种语言文字转换成另一种语言文字的权利；

（十六）汇编权，即将作品或者作品的片段通过选择或者编排，汇集成新作品的权利；

（十七）应当由著作权人享有的其他权利。

著作权人可以许可他人行使前款第五项至第十七项规定的权利，并依照约定或者本法有关规定获得报酬。

著作权人可以全部或者部分转让本条第一款第五项至第十七项规定的权利，并依照约定或者本法有关规定获得报酬。

第二十六条　使用他人作品应当同著作权人订立许可使用合同，本法规定可以不经许可的除外。

许可使用合同包括下列主要内容：

（一）许可使用的权利种类；

（二）许可使用的权利是专有使用权或者非专有使用权；

（三）许可使用的地域范围、期间；

（四）付酬标准和办法；

（五）违约责任；

（六）双方认为需要约定的其他内容。

第二十七条　转让本法第十条第一款第五项至第十七项规定的权利，应当订立书面合同。

权利转让合同包括下列主要内容：

（一）作品的名称；

（二）转让的权利种类、地域范围；

（三）转让价金；

（四）交付转让价金的日期和方式；

（五）违约责任；

（六）双方认为需要约定的其他内容。

第二十九条　许可使用合同和转让合同中著作权人未明确许可、转让的权利，未经著作权人同意，另一方当事人不得行使。

第三十条　使用作品的付酬标准可以由当事人约定，也可以按照国家著作权主管部门会同有关部门制定的付酬标准支付报酬。当事人约定不明确的，按照国家著作权主管部门会同有关部门制定的付酬标准支付报酬。

第三十一条　出版者、表演者、录音录像制作者、广播电台、电视台等依照本法有关规定使用他人作品的，不得侵犯作者的署名权、修改权、保护作品完整权和获得报酬的权利。

《中华人民共和国著作权法实施条例》（2013 年修订）

第二十三条 使用他人作品应当同著作权人订立许可使用合同，许可使用的权利是专有使用权的，应当采取书面形式，但是报社、期刊社刊登作品除外。

第二十四条 著作权法第二十四条规定的专有使用权的内容由合同约定，合同没有约定或者约定不明的，视为被许可人有权排除包括著作权人在内的任何人以同样的方式使用作品；除合同另有约定外，被许可人许可第三人行使同一权利，必须取得著作权人的许可。

第二十五条 与著作权人订立专有许可使用合同、转让合同的，可以向著作权行政管理部门备案。

第二十八条 图书出版合同中约定图书出版者享有专有出版权但没有明确其具体内容的，视为图书出版者享有在合同有效期限内和在合同约定的地域范围内以同种文字的原版、修订版出版图书的专有权利。

第二十九条 著作权人寄给图书出版者的两份订单在 6 个月内未能得到履行，视为著作权法第三十一条所称图书脱销。

《计算机软件保护条例》（2013 年修订）

第八条 软件著作权人享有下列各项权利：

（一）发表权，即决定软件是否公之于众的权利；

（二）署名权，即表明开发者身份，在软件上署名的权利；

（三）修改权，即对软件进行增补、删节，或者改变指令、语句顺序的权利；

（四）复制权，即将软件制作一份或者多份的权利；

（五）发行权，即以出售或者赠与方式向公众提供软件的原件或者复制件的权利；

（六）出租权，即有偿许可他人临时使用软件的权利，但是软件不是出租的主要标的的除外；

（七）信息网络传播权，即以有线或者无线方式向公众提供软件，使公众可以在其个人选定的时间和地点获得软件的权利；

（八）翻译权，即将原软件从一种自然语言文字转换成另一种自然语言文字的权利；

（九）应当由软件著作权人享有的其他权利。

软件著作权人可以许可他人行使其软件著作权，并有权获得报酬。

软件著作权人可以全部或者部分转让其软件著作权，并有权获得报酬。

《信息网络传播权保护条例》（2013 年修订）

第二条 权利人享有的信息网络传播权受著作权法和本条例保护。除法律、行政法规另有规定的外，任何组织或者个人将他人的作品、表演、录音录像制品通过信息网络向公众提供，应当取得权利人许可，并支付报酬。

第三条 依法禁止提供的作品、表演、录音录像制品，不受本条例保护。

权利人行使信息网络传播权，不得违反宪法和法律、行政法规，不得损害公共利益。

第四条 为了保护信息网络传播权，权利人可以采取技术措施。

任何组织或者个人不得故意避开或者破坏技术措施，不得故意制造、进口或者向公众提供主要用于避开或者破坏技术措施的装置或者部件，不得故意为他人避开或者破坏技术措施提供技术服务。但是，法律、行政法规规定可以避开的除外。

第五条 未经权利人许可，任何组织或者个人不得进行下列行为：

（一）故意删除或者改变通过信息网络向公众提供的作品、表演、录音录像制品的权利管理电子信息，但由于技术上的原因无法避免删除或者改变的除外；

（二）通过信息网络向公众提供明知或

者应知未经权利人许可被删除或者改变权利管理电子信息的作品、表演、录音录像制品。

》《最高人民法院关于审理著作权民事纠纷案件适用法律若干问题的解释》（2020 年 12 月 23 日修正）

第一条　人民法院受理以下著作权民事纠纷案件：

（一）著作权及与著作权有关权益权属、侵权、合同纠纷案件；

（二）申请诉前停止侵害著作权、与著作权有关权益行为，申请诉前财产保全、诉前证据保全案件；

（三）其他著作权、与著作权有关权益纠纷案件。

第二十二条　著作权转让合同未采取书面形式的，人民法院依据民法典第四百九十条的规定审查合同是否成立。

第二十三条　出版者将著作权人交付出版的作品丢失、毁损致使出版合同不能履行的，著作权人有权依据民法典第一百八十六条、第二百三十八条、第一千一百八十四条等规定要求出版者承担相应的民事责任。

147. 商标合同纠纷

（1）商标权转让合同纠纷

（2）商标使用许可合同纠纷

（3）商标代理合同纠纷

相关规范

》《中华人民共和国民法典》（2020 年）

第一百二十三条　【知识产权的定义】民事主体依法享有知识产权。

知识产权是权利人依法就下列客体享有的专有的权利：

……

（三）商标；

……

》《中华人民共和国商标法》（2019 年修正）

第四十二条　转让注册商标的，转让人和受让人应当签订转让协议，并共同向商标局提出申请。受让人应当保证使用该注册商标的商品质量。

转让注册商标的，商标注册人对其在同一种商品上注册的近似的商标，或者在类似商品上注册的相同或者近似的商标，应当一并转让。

对容易导致混淆或者有其他不良影响的转让，商标局不予核准，书面通知申请人并说明理由。

转让注册商标经核准后，予以公告。受让人自公告之日起享有商标专用权。

第四十三条　商标注册人可以通过签订商标使用许可合同，许可他人使用其注册商标。许可人应当监督被许可人使用其注册商标的商品质量。被许可人应当保证使用该注册商标的商品质量。

经许可使用他人注册商标的，必须在使用该注册商标的商品上标明被许可人的名称和商品产地。

许可他人使用其注册商标的，许可人应当将其商标使用许可报商标局备案，由商标局公告。商标使用许可未经备案不得对抗善意第三人。

》《中华人民共和国商标法实施条例》（2014 年修订）

第五条　当事人委托商标代理机构申请商标注册或者办理其他商标事宜，应当提交代理委托书。代理委托书应当载明代理内容及权限；外国人或者外国企业的代理委托书还应当载明委托人的国籍。

外国人或者外国企业的代理委托书及与其有关的证明文件的公证、认证手续，按照对等原则办理。

申请商标注册或者转让商标，商标注册申请人或者商标转让受让人为外国人或者外国企业的，应当在申请书中指定中国境内接收人负责接收商标局、商标评审委员会后继商标业务的法律文件。商标局、商标评审委员会后继商标业务的法律文件向中国境内接收人送达。

商标法第十八条所称外国人或者外国企业，是指在中国没有经常居所或者营业所的外国人或者外国企业。

第三十一条 转让注册商标的，转让人和受让人应当向商标局提交转让注册商标申请书。转让注册商标申请手续应当由转让人和受让人共同办理。商标局核准转让注册商标申请的，发给受让人相应证明，并予以公告。

转让注册商标，商标注册人对其在同一种或者类似商品上注册的相同或者近似的商标未一并转让的，由商标局通知其限期改正；期满未改正的，视为放弃转让该注册商标的申请，商标局应当书面通知申请人。

第三十二条 注册商标专用权因转让以外的继承等其他事由发生移转的，接受该注册商标专用权的当事人应当凭有关证明文件或者法律文书到商标局办理注册商标专用权移转手续。

注册商标专用权移转的，注册商标专用权人在同一种或者类似商品上注册的相同或者近似的商标，应当一并移转；未一并移转的，由商标局通知其限期改正；期满未改正的，视为放弃该移转注册商标的申请，商标局应当书面通知申请人。

商标移转申请经核准的，予以公告。接受该注册商标专用权移转的当事人自公告之日起享有商标专用权。

》《最高人民法院关于审理商标民事纠纷案件适用法律若干问题的解释》（2020年12月23日修正）

第十九条 商标使用许可合同未经备案的，不影响该许可合同的效力，但当事人另有约定的除外。

第二十条 注册商标的转让不影响转让前已经生效的商标使用许可合同的效力，但商标使用许可合同另有约定的除外。

148. 专利合同纠纷

（1）专利申请权转让合同纠纷

（2）专利权转让合同纠纷

（3）发明专利实施许可合同纠纷

（4）实用新型专利实施许可合同纠纷

（5）外观设计专利实施许可合同纠纷

（6）专利代理合同纠纷

相关规范

》《中华人民共和国民法典》（2020年）

第一百二十三条 【知识产权的定义】 民事主体依法享有知识产权。

知识产权是权利人依法就下列客体享有的专有的权利：

……

（二）发明、实用新型、外观设计；

……

第八百六十二条 【技术转让合同和技术许可合同定义】 技术转让合同是合法拥有技术的权利人，将现有特定的专利、专利申请、技术秘密的相关权利让与他人所订立的合同。

技术许可合同是合法拥有技术的权利人，将现有特定的专利、技术秘密的相关权利许可他人实施、使用所订立的合同。

技术转让合同和技术许可合同中关于提供实施技术的专用设备、原材料或者提供有关的技术咨询、技术服务的约定，属于合同的组成部分。

第八百六十三条　【技术转让合同和技术许可合同类型和形式】 技术转让合同包括专利权转让、专利申请权转让、技术秘密转让等合同。

技术许可合同包括专利实施许可、技术秘密使用许可等合同。

技术转让合同和技术许可合同应当采用书面形式。

第八百六十四条　【技术转让合同和技术许可合同的限制性条款】 技术转让合同和技术许可合同可以约定实施专利或者使用技术秘密的范围，但是不得限制技术竞争和技术发展。

第八百六十五条　【专利实施许可合同限制】 专利实施许可合同仅在该专利权的存续期限内有效。专利权有效期限届满或者专利权被宣告无效的，专利权人不得就该专利与他人订立专利实施许可合同。

第八百六十六条　【专利实施许可合同许可人主要义务】 专利实施许可合同的许可人应当按照约定许可被许可人实施专利，交付实施专利有关的技术资料，提供必要的技术指导。

第八百六十七条　【专利实施许可合同被许可人主要义务】 专利实施许可合同的被许可人应当按照约定实施专利，不得许可约定以外的第三人实施该专利，并按照约定支付使用费。

第八百六十八条　【技术秘密让与人和许可人主要义务】 技术秘密转让合同的让与人和技术秘密使用许可合同的许可人应当按照约定提供技术资料，进行技术指导，保证技术的实用性、可靠性，承担保密义务。

前款规定的保密义务，不限制许可人申请专利，但是当事人另有约定的除外。

第八百六十九条　【技术秘密受让人和被许可人主要义务】 技术秘密转让合同的受让人和技术秘密使用许可合同的被许可人应当按照约定使用技术，支付转让费、使用费，承担保密义务。

第八百七十条　【技术转让合同让与人和技术许可合同许可人保证义务】 技术转让合同的让与人和技术许可合同的许可人应当保证自己是所提供的技术的合法拥有者，并保证所提供的技术完整、无误、有效，能够达到约定的目标。

第八百七十一条　【技术转让合同受让人和技术许可合同被许可人保密义务】 技术转让合同的受让人和技术许可合同的被许可人应当按照约定的范围和期限，对让与人、许可人提供的技术中尚未公开的秘密部分，承担保密义务。

第八百七十二条　【许可人和让与人违约责任】 许可人未按照约定许可技术的，应当返还部分或者全部使用费，并应当承担违约责任；实施专利或者使用技术秘密超越约定的范围的，违反约定擅自许可第三人实施该项专利或者使用该项技术秘密的，应当停止违约行为，承担违约责任；违反约定的保密义务的，应当承担违约责任。

让与人承担违约责任，参照适用前款规定。

第八百七十三条　【被许可人和受让人违约责任】 被许可人未按照约定支付使用费的，应当补交使用费并按照约定支付违约金；不补交使用费或者支付违约金的，应当停止实施专利或者使用技术秘密，交还技术资料，承担违约责任；实施专利或者使用技术秘密超越约定的范围的，未经许可人同意擅自许可第三人实施该专利或者使用该技术秘密的，应当停止违约行为，承担违约责任；违反约定的保密义务的，应当承担违约责任。

受让人承担违约责任，参照适用前款规定。

第八百七十四条　【受让人和被许可人侵权责任】 受让人或者被许可人按照约定实施专利、使用技术秘密侵害他人合法权益的，由让与人或者许可人承担责任，但是当事人另有约定的除外。

第八百七十五条　【后续技术成果的归属与分享】 当事人可以按照互利的原则，在合同中约定实施专利、使用技术秘密后续改进的技术成果的分享办法；没有约定或者约定不明确，依据本法第五百一十条的规定仍不能确定的，一方后续改进的技术成果，其他各方无权分享。

第八百七十六条　【其他知识产权的转让和许可】集成电路布图设计专有权、植物新品种权、计算机软件著作权等其他知识产权的转让和许可，参照适用本节的有关规定。

第八百七十七条　【技术进出口合同或者专利、专利申请合同法律适用】法律、行政法规对技术进出口合同或者专利、专利申请合同另有规定的，依照其规定。

》《中华人民共和国专利法》（2020年修正）

第十条　专利申请权和专利权可以转让。

中国单位或者个人向外国人、外国企业或者外国其他组织转让专利申请权或者专利权的，应当依照有关法律、行政法规的规定办理手续。

转让专利申请权或者专利权的，当事人应当订立书面合同，并向国务院专利行政部门登记，由国务院专利行政部门予以公告。专利申请权或者专利权的转让自登记之日起生效。

第十二条　任何单位或者个人实施他人专利的，应当与专利权人订立实施许可合同，向专利权人支付专利使用费。被许可人无权允许合同规定以外的任何单位或者个人实施该专利。

第十九条　任何单位或者个人将在中国完成的发明或者实用新型向外国申请专利的，应当事先报经国务院专利行政部门进行保密审查。保密审查的程序、期限等按照国务院的规定执行。

中国单位或者个人可以根据中华人民共和国参加的有关国际条约提出专利国际申请。申请人提出专利国际申请的，应当遵守前款规定。

国务院专利行政部门依照中华人民共和国参加的有关国际条约、本法和国务院有关规定处理专利国际申请。

对违反本条第一款规定向外国申请专利的发明或者实用新型，在中国申请专利的，不授予专利权。

》《中华人民共和国专利法实施细则》（2010年修订）

第十四条　除依照专利法第十条规定转让专利权外，专利权因其他事由发生转移的，当事人应当凭有关证明文件或者法律文书向国务院专利行政部门办理专利权转移手续。

专利权人与他人订立的专利实施许可合同，应当自合同生效之日起3个月内向国务院专利行政部门备案。

以专利权出质的，由出质人和质权人共同向国务院专利行政部门办理出质登记。

》《专利代理条例》（2018修订）

第十三条　专利代理机构可以接受委托，代理专利申请、宣告专利权无效、转让专利申请权或者专利权以及订立专利实施许可合同等专利事务，也可以应当事人要求提供专利事务方面的咨询。

第十四条　专利代理机构接受委托，应当与委托人订立书面委托合同。专利代理机构接受委托后，不得就同一专利申请或者专利权的事务接受有利益冲突的其他当事人的委托。

专利代理机构应当指派在本机构执业的专利代理师承办专利代理业务，指派的专利代理师本人及其近亲属不得与其承办的专利代理业务有利益冲突。

第十五条　专利代理机构解散或者被撤销、吊销执业许可证的，应当妥善处理各种尚未办结的专利代理业务。

第十六条　专利代理师应当根据专利代理机构的指派承办专利代理业务，不得自行接受委托。

专利代理师不得同时在两个以上专利代理机构从事专利代理业务。

专利代理师对其签名办理的专利代理业务负责。

第十七条　专利代理机构和专利代理师对其在执业过程中了解的发明创造的内容，除专利申请已经公布或者公告的以外，负有保守秘密的义务。

》《最高人民法院关于审理技术合同纠纷案件适用法律若干问题的解释》
（2020 年 12 月 23 日修正）

第二十三条　专利申请权转让合同当事人以专利申请被驳回或者被视为撤回为由请求解除合同，该事实发生在依照专利法第十条第三款的规定办理专利申请权转让登记之前的，人民法院应当予以支持；发生在转让登记之后的，不予支持，但当事人另有约定的除外。

专利申请因专利申请权转让合同成立时即存在尚未公开的同样发明创造的在先专利申请被驳回，当事人依据民法典第五百六十三条第一款第（四）项的规定请求解除合同的，人民法院应当予以支持。

第二十四条　订立专利权转让合同或者专利申请权转让合同前，让与人自己已经实施发明创造，在合同生效后，受让人要求让与人停止实施的，人民法院应当予以支持，但当事人另有约定的除外。

让与人与受让人订立的专利权、专利申请权转让合同，不影响在合同成立前让与人与他人订立的相关专利实施许可合同或者技术秘密转让合同的效力。

第二十六条　专利实施许可合同许可人负有在合同有效期内维持专利权有效的义务，包括依法缴纳专利年费和积极应对他人提出宣告专利权无效的请求，但当事人另有约定的除外。

第二十七条　排他实施许可合同许可人不具备独立实施其专利的条件，以一个普通许可的方式许可他人实施专利的，人民法院可以认定为许可人自己实施专利，但当事人另有约定的除外。

第二十八条　民法典第八百六十四条所称“实施专利或者使用技术秘密的范围”，包括实施专利或者使用技术秘密的期限、地域、方式以及接触技术秘密的人员等。

当事人对实施专利或者使用技术秘密的期限没有约定或者约定不明确的，受让人、被许可人实施专利或者使用技术秘密不受期限限制。

第二十九条　当事人之间就申请专利的技术成果所订立的许可使用合同，专利申请公开以前，适用技术秘密许可合同的有关规定；发明专利申请公开以后、授权以前，参照适用专利实施许可合同的有关规定；授权以后，原合同即为专利实施许可合同，适用专利实施许可合同的有关规定。

人民法院不以当事人就已经申请专利但尚未授权的技术订立专利实施许可合同为由，认定合同无效。

149. 植物新品种合同纠纷

（1）植物新品种育种合同纠纷
（2）植物新品种申请权转让合同纠纷
（3）植物新品种权转让合同纠纷
（4）植物新品种实施许可合同纠纷

相关规范

》《中华人民共和国民法典》（2020 年）

第一百二十三条　**【知识产权的定义】**民事主体依法享有知识产权。

知识产权是权利人依法就下列客体享有的专有的权利：

……

（七）植物新品种；

……

第八百七十六条　【其他知识产权的转让和许可】集成电路布图设计专有权、植物新品种权、计算机软件著作权等其他知识产权的转让和许可，参照适用本节的有关规定。

《中华人民共和国植物新品种保护条例》（2014年修订）

第七条　执行本单位的任务或者主要是利用本单位的物质条件所完成的职务育种，植物新品种的申请权属于该单位；非职务育种，植物新品种的申请权属于完成育种的个人。申请被批准后，品种权属于申请人。

委托育种或者合作育种，品种权的归属由当事人在合同中约定；没有合同约定的，品种权属于受委托完成或者共同完成育种的单位或者个人。

第九条　植物新品种的申请权和品种权可以依法转让。

中国的单位或者个人就其在国内培育的植物新品种向外国人转让申请权或者品种权的，应当经审批机关批准。

国有单位在国内转让申请权或者品种权的，应当按照国家有关规定报经有关行政主管部门批准。

转让申请权或者品种权的，当事人应当订立书面合同，并向审批机关登记，由审批机关予以公告。

《最高人民法院关于审理侵害植物新品种权纠纷案件具体应用法律问题的若干规定》（2020年12月23日修正）

第一条　植物新品种权所有人（以下称品种权人）或者利害关系人认为植物新品种权受到侵害的，可以依法向人民法院提起诉讼。

前款所称利害关系人，包括植物新品种实施许可合同的被许可人、品种权财产权利的合法继承人等。

独占实施许可合同的被许可人可以单独向人民法院提起诉讼；排他实施许可合同的被许可人可以和品种权人共同起诉，也可以在品种权人不起诉时，自行提起诉讼；普通实施许可合同的被许可人经品种权人明确授权，可以提起诉讼。

第二条　未经品种权人许可，生产、繁殖或者销售授权品种的繁殖材料，或者为商业目的将授权品种的繁殖材料重复使用于生产另一品种的繁殖材料的，人民法院应当认定为侵害植物新品种权。

被诉侵权物的特征、特性与授权品种的特征、特性相同，或者特征、特性的不同是因非遗传变异所致的，人民法院一般应当认定被诉侵权物属于生产、繁殖或者销售授权品种的繁殖材料。

被诉侵权人重复以授权品种的繁殖材料为亲本与其他亲本另行繁殖的，人民法院一般应当认定属于为商业目的将授权品种的繁殖材料重复使用于生产另一品种的繁殖材料。

《最高人民法院关于审理植物新品种纠纷案件若干问题的解释》（2020年12月23日修正）

第一条　人民法院受理的植物新品种纠纷案件主要包括以下几类：

（一）植物新品种申请驳回复审行政纠纷案件；

（二）植物新品种权无效行政纠纷案件；

（三）植物新品种权更名行政纠纷案件；

（四）植物新品种权强制许可纠纷案件；

（五）植物新品种权实施强制许可使用费纠纷案件；

（六）植物新品种申请权权属纠纷案件；

（七）植物新品种权权属纠纷案件；

（八）植物新品种申请权转让合同纠纷案件；

（九）植物新品种权转让合同纠纷案件；

（十）侵害植物新品种权纠纷案件；

（十一）假冒他人植物新品种权纠纷案件；

（十二）植物新品种培育人署名权纠纷

案件；

（十三）植物新品种临时保护期使用费纠纷案件；

（十四）植物新品种行政处罚纠纷案件；

（十五）植物新品种行政复议纠纷案件；

（十六）植物新品种行政赔偿纠纷案件；

（十七）植物新品种行政奖励纠纷案件；

（十八）其他植物新品种权纠纷案件。

第五条　关于植物新品种申请驳回复审行政纠纷案件、植物新品种权无效或者更名行政纠纷案件，应当以植物新品种审批机关为被告；关于植物新品种强制许可纠纷案件，应当以植物新品种审批机关为被告；关于实施强制许可使用费纠纷案件，应当根据原告所请求的事项和所起诉的当事人确定被告。

第六条　人民法院审理侵害植物新品种权纠纷案件，被告在答辩期间内向植物新品种审批机关请求宣告该植物新品种权无效的，人民法院一般不中止诉讼。

»《最高人民法院关于审理侵害植物新品种权纠纷案件具体应用法律问题的若干规定》（二）（法释〔2021〕14号　2021年7月5日）

第一条　植物新品种权（以下简称品种权）或者植物新品种申请权的共有人对权利行使有约定的，人民法院按照其约定处理。没有约定或者约定不明的，共有人主张其可以单独实施或者以普通许可方式许可他人实施的，人民法院应予支持。

共有人单独实施该品种权，其他共有人主张该实施收益在共有人之间分配的，人民法院不予支持，但是其他共有人有证据证明其不具备实施能力或者实施条件的除外。

共有人之一许可他人实施该品种权，其他共有人主张收取的许可费在共有人之间分配的，人民法院应予支持。

150. 集成电路布图设计合同纠纷

（1）集成电路布图设计创作合同纠纷

（2）集成电路布图设计专有权转让合同纠纷

（3）集成电路布图设计许可使用合同纠纷

相关规范

»《中华人民共和国民法典》（2020年）

第一百二十三条　【知识产权的定义】民事主体依法享有知识产权。

知识产权是权利人依法就下列客体享有的专有的权利：

……

（六）集成电路布图设计；

……

第八百七十六条　【其他知识产权的转让和许可】集成电路布图设计专有权、植物新品种权、计算机软件著作权等其他知识产权的转让和许可，参照适用本节的有关规定。

»《集成电路布图设计保护条例》（2001年）

第十条　两个以上自然人、法人或者其他组织合作创作的布图设计，其专有权的归属由合作者约定；未作约定或者约定不明的，其专有权由合作者共同享有。

第十一条　受委托创作的布图设计，其专有权的归属由委托人和受托人双方约定；未作约定或者约定不明的，其专有权由受托人享有。

第二十二条　布图设计权利人可以将其专有权转让或者许可他人使用其布图设计。转让布图设计专有权的，当事人应当订立书面合同，并向国务院知识产权行政部门登记，由国务院知识产权行政部门予以公告。布图设计专有权的转让自登记之日起生效。

许可他人使用其布图设计的，当事人应当订立书面合同。

《集成电路布图设计保护条例实施细则》（2001 年）

第四条 中国单位或者个人在国内申请布图设计登记和办理其他与布图设计有关的事务的，可以委托专利代理机构办理。

在中国没有经常居所或者营业所的外国人、外国企业或者外国其他组织在中国申请布图设计登记和办理其他与布图设计有关的事务的，应当委托国家知识产权局指定的专利代理机构办理。

第十条 布图设计是 2 个以上单位或者个人合作创作的，创作者应当共同申请布图设计登记；有合同约定的，从其约定。

涉及共有的布图设计专有权的，每一个共同布图设计权利人在没有征得其他共同布图设计权利人同意的情况下，不得将其所持有的那一部分权利进行转让、出质或者与他人订立独占许可合同或者排他许可合同。

第十一条 中国单位或者个人向外国人转让布图设计专有权的，在向国家知识产权局办理转让登记时应当提交国务院有关主管部门允许其转让的证明文件。

布图设计专有权发生转移的，当事人应当凭有关证明文件或者法律文书向国家知识产权局办理著录项目变更手续。

《最高人民法院关于审理技术合同纠纷案件适用法律若干问题的解释》（2020 年 12 月 23 日修正）

第四十六条 计算机软件开发等合同争议，著作权法以及其他法律、行政法规另有规定的，依照其规定；没有规定的，适用民法典第三编第一分编的规定，并可以参照民法典第三编第二分编第二十章和本解释的有关规定处理。

151. 商业秘密合同纠纷

（1）技术秘密让与合同纠纷

（2）技术秘密许可使用合同纠纷

（3）经营秘密让与合同纠纷

（4）经营秘密许可使用合同纠纷

相关规范

《中华人民共和国民法典》（2020 年）

第一百二十三条 【知识产权的定义】 民事主体依法享有知识产权。

知识产权是权利人依法就下列客体享有的专有的权利：

……

（五）商业秘密；

……

第八百六十八条 【技术秘密让与人和许可人主要义务】 技术秘密转让合同的让与人和技术秘密使用许可合同的许可人应当按照约定提供技术资料，进行技术指导，保证技术的实用性、可靠性，承担保密义务。

前款规定的保密义务，不限制许可人申请专利，但是当事人另有约定的除外。

第八百六十九条 【技术秘密受让人和被许可人主要义务】 技术秘密转让合同的受让人和技术秘密使用许可合同的被许可人应当按照约定使用技术，支付转让费、使用费，承担保密义务。

第八百七十条 【技术转让合同让与人和技术许可合同许可人保证义务】 技术转让合同的让与人和技术许可合同的许可人应当保证自己是所提供的技术的合法拥有者，并保证所提供的技术完整、无误、有效，能够达到约定的目标。

第八百七十一条 【技术转让合同受让

人和技术许可合同被许可人保密义务】技术转让合同的受让人和技术许可合同的被许可人应当按照约定的范围和期限，对让与人、许可人提供的技术中尚未公开的秘密部分，承担保密义务。

第八百七十二条　【许可人和让与人违约责任】许可人未按照约定许可技术的，应当返还部分或者全部使用费，并应当承担违约责任；实施专利或者使用技术秘密超越约定的范围的，违反约定擅自许可第三人实施该项专利或者使用该项技术秘密的，应当停止违约行为，承担违约责任；违反约定的保密义务的，应当承担违约责任。

让与人承担违约责任，参照适用前款规定。

第八百七十三条　【被许可人和受让人违约责任】被许可人未按照约定支付使用费的，应当补交使用费并按照约定支付违约金；不补交使用费或者支付违约金的，应当停止实施专利或者使用技术秘密，交还技术资料，承担违约责任；实施专利或者使用技术秘密超越约定的范围的，未经许可人同意擅自许可第三人实施该专利或者使用该技术秘密的，应当停止违约行为，承担违约责任；违反约定的保密义务的，应当承担违约责任。

受让人承担违约责任，参照适用前款规定。

第八百七十四条　【受让人和被许可人侵权责任】受让人或者被许可人按照约定实施专利、使用技术秘密侵害他人合法权益的，由让与人或者许可人承担责任，但是当事人另有约定的除外。

第八百七十五条　【后续技术成果的归属与分享】当事人可以按照互利的原则，在合同中约定实施专利、使用技术秘密后续改进的技术成果的分享办法；没有约定或者约定不明确，依据本法第五百一十条的规定仍不能确定的，一方后续改进的技术成果，其他各方无权分享。

第八百七十七条　【技术进出口合同或者专利、专利申请合同法律适用】法律、行政法规对技术进出口合同或者专利、专利申请合同另有规定的，依照其规定。

》《中华人民共和国反不正当竞争法》

（2019 年修正）

第九条　经营者不得实施下列侵犯商业秘密的行为：

（一）以盗窃、贿赂、欺诈、胁迫、电子侵入或者其他不正当手段获取权利人的商业秘密；

（二）披露、使用或者允许他人使用以前项手段获取的权利人的商业秘密；

（三）违反保密义务或者违反权利人有关保守商业秘密的要求，披露、使用或者允许他人使用其所掌握的商业秘密；

（四）教唆、引诱、帮助他人违反保密义务或者违反权利人有关保守商业秘密的要求，获取、披露、使用或者允许他人使用权利人的商业秘密。

经营者以外的其他自然人、法人和非法人组织实施前款所列违法行为的，视为侵犯商业秘密。

第三人明知或者应知商业秘密权利人的员工、前员工或者其他单位、个人实施本条第一款所列违法行为，仍获取、披露、使用或者允许他人使用该商业秘密的，视为侵犯商业秘密。

本法所称的商业秘密，是指不为公众所知悉、具有商业价值并经权利人采取相应保密措施的技术信息、经营信息等商业信息。

》《最高人民法院关于审理侵犯商业秘密民事案件适用法律若干问题的规定》（法释〔2020〕7 号　2020 年 9 月 10 日）

第一条　与技术有关的结构、原料、组分、配方、材料、样品、样式、植物新品种繁殖材料、工艺、方法或其步骤、算法、数据、计算机程序及其有关文档等信息，人民法院可以认定构成反不正当竞争法第九条第四款所称的技术信息。

与经营活动有关的创意、管理、销售、

财务、计划、样本、招投标材料、客户信息、数据等信息，人民法院可以认定构成反不正当竞争法第九条第四款所称的经营信息。

前款所称的客户信息，包括客户的名称、地址、联系方式以及交易习惯、意向、内容等信息。

》《最高人民法院关于审理技术合同纠纷案件适用法律若干问题的解释》

（2020年12月23日修正）

第九条 当事人一方采取欺诈手段，就其现有技术成果作为研究开发标的与他人订立委托开发合同收取研究开发费用，或者就同一研究开发课题先后与两个或者两个以上的委托人分别订立委托开发合同重复收取研究开发费用，使对方在违背真实意思的情况下订立的合同，受损害方依照民法典第一百四十八条规定请求撤销合同的，人民法院应当予以支持。

第十条 下列情形，属于民法典第八百五十条所称的“非法垄断技术”：

（一）限制当事人一方在合同标的技术基础上进行新的研究开发或者限制其使用所改进的技术，或者双方交换改进技术的条件不对等，包括要求一方将其自行改进的技术无偿提供给对方、非互惠性转让给对方、无偿独占或者共享该改进技术的知识产权；

（二）限制当事人一方从其他来源获得与技术提供方类似技术或者与其竞争的技术；

（三）阻碍当事人一方根据市场需求，按照合理方式充分实施合同标的技术，包括明显不合理地限制技术接受方实施合同标的技术生产产品或者提供服务的数量、品种、价格、销售渠道和出口市场；

（四）要求技术接受方接受并非实施技术必不可少的附带条件，包括购买非必需的技术、原材料、产品、设备、服务以及接收非必需的人员等；

（五）不合理地限制技术接受方购买原材料、零部件、产品或者设备等的渠道或者来源；

（六）禁止技术接受方对合同标的技术知识产权的有效性提出异议或者对提出异议附加条件。

第十一条 技术合同无效或者被撤销后，技术开发合同研究开发人、技术转让合同让与人、技术许可合同许可人、技术咨询合同和技术服务合同的受托人已经履行或者部分履行了约定的义务，并且造成合同无效或者被撤销的过错在对方的，对其已履行部分应当收取的研究开发经费、技术使用费、提供咨询服务的报酬，人民法院可以认定为因对方原因导致合同无效或者被撤销给其造成的损失。

技术合同无效或者被撤销后，因履行合同所完成新的技术成果或者在他人技术成果基础上完成后续改进技术成果的权利归属和利益分享，当事人不能重新协议确定的，人民法院可以判决由完成技术成果的一方享有。

152. 技术合同纠纷

（1）技术委托开发合同纠纷
（2）技术合作开发合同纠纷
（3）技术转化合同纠纷
（4）技术转让合同纠纷
（5）技术许可合同纠纷
（6）技术咨询合同纠纷
（7）技术服务合同纠纷
（8）技术培训合同纠纷
（9）技术中介合同纠纷
（10）技术进口合同纠纷
（11）技术出口合同纠纷
（12）职务技术成果完成人奖励、报酬纠纷
（13）技术成果完成人署名权、荣誉权、奖励权纠纷

相关规范

》《中华人民共和国民法典》（2020年）

第八百四十九条 【技术成果的人身权

归属】完成技术成果的个人享有在有关技术成果文件上写明自己是技术成果完成者的权利和取得荣誉证书、奖励的权利。

第八百五十一条 【技术开发合同定义及合同形式】技术开发合同是当事人之间就新技术、新产品、新工艺、新品种或者新材料及其系统的研究开发所订立的合同。

技术开发合同包括委托开发合同和合作开发合同。

技术开发合同应当采用书面形式。

当事人之间就具有实用价值的科技成果实施转化订立的合同，参照适用技术开发合同的有关规定。

第八百五十二条 【委托开发合同的委托人义务】委托开发合同的委托人应当按照约定支付研究开发经费和报酬，提供技术资料，提出研究开发要求，完成协作事项，接受研究开发成果。

第八百五十三条 【委托开发合同的研究开发人义务】委托开发合同的研究开发人应当按照约定制定和实施研究开发计划，合理使用研究开发经费，按期完成研究开发工作，交付研究开发成果，提供有关的技术资料和必要的技术指导，帮助委托人掌握研究开发成果。

第八百五十四条 【委托开发合同的违约责任】委托开发合同的当事人违反约定造成研究开发工作停滞、延误或者失败的，应当承担违约责任。

第八百五十五条 【合作开发合同的当事人主要义务】合作开发合同的当事人应当按照约定进行投资，包括以技术进行投资，分工参与研究开发工作，协作配合研究开发工作。

第八百五十六条 【合作开发合同的违约责任】合作开发合同的当事人违反约定造成研究开发工作停滞、延误或者失败的，应当承担违约责任。

第八百五十七条 【技术开发合同解除】作为技术开发合同标的的技术已经由他人公开，致使技术开发合同的履行没有意义的，当事人可以解除合同。

第八百五十八条 【技术开发合同风险负担及通知义务】技术开发合同履行过程中，因出现无法克服的技术困难，致使研究开发失败或者部分失败的，该风险由当事人约定；没有约定或者约定不明确，依据本法第五百一十条的规定仍不能确定的，风险由当事人合理分担。

当事人一方发现前款规定的可能致使研究开发失败或者部分失败的情形时，应当及时通知另一方并采取适当措施减少损失；没有及时通知并采取适当措施，致使损失扩大的，应当就扩大的损失承担责任。

第八百五十九条 【委托开发合同的技术成果归属】委托开发完成的发明创造，除法律另有规定或者当事人另有约定外，申请专利的权利属于研究开发人。研究开发人取得专利权的，委托人可以依法实施该专利。

研究开发人转让专利申请权的，委托人享有以同等条件优先受让的权利。

第八百六十条 【合作开发合同的技术成果归属】合作开发完成的发明创造，申请专利的权利属于合作开发的当事人共有；当事人一方转让其共有的专利申请权的，其他各方享有以同等条件优先受让的权利。但是，当事人另有约定的除外。

合作开发的当事人一方声明放弃其共有的专利申请权的，除当事人另有约定外，可以由另一方单独申请或者由其他各方共同申请。申请人取得专利权的，放弃专利申请权的一方可以免费实施该专利。

合作开发的当事人一方不同意申请专利的，另一方或者其他各方不得申请专利。

第八百六十一条 【技术秘密成果归属与分享】委托开发或者合作开发完成的技术秘密成果的使用权、转让权以及收益的分配办法，由当事人约定；没有约定或者约定不明确，依据本法第五百一十条的规定仍不能确定的，在没有相同技术方案被授予专利权前，当事人均有使用和转让的权利。但是，委托开发的研究开发人不得在向委托人交付研究开发成果之前，将研究开发成果转让给第三人。

第八百六十二条 【技术转让合同和技术许可合同定义】技术转让合同是合法拥有技术的权利人，将现有特定的专利、专利申请、技术秘密的相关权利让与他人所订立的合同。

技术许可合同是合法拥有技术的权利人，将现有特定的专利、技术秘密的相关权利许可他人实施、使用所订立的合同。

技术转让合同和技术许可合同中关于提供实施技术的专用设备、原材料或者提供有关的技术咨询、技术服务的约定，属于合同的组成部分。

第八百六十三条 【技术转让合同和技术许可合同类型和形式】技术转让合同包括专利权转让、专利申请权转让、技术秘密转让等合同。

技术许可合同包括专利实施许可、技术秘密使用许可等合同。

技术转让合同和技术许可合同应当采用书面形式。

第八百六十九条 【技术秘密受让人和被许可人主要义务】技术秘密转让合同的受让人和技术秘密使用许可合同的被许可人应当按照约定使用技术，支付转让费、使用费，承担保密义务。

第八百七十三条 【被许可人和受让人违约责任】被许可人未按照约定支付使用费的，应当补交使用费并按照约定支付违约金；不补交使用费或者支付违约金的，应当停止实施专利或者使用技术秘密，交还技术资料，承担违约责任；实施专利或者使用技术秘密超越约定的范围的，未经许可人同意擅自许可第三人实施该专利或者使用该技术秘密的，应当停止违约行为，承担违约责任；违反约定的保密义务的，应当承担违约责任。

受让人承担违约责任，参照适用前款规定。

第八百七十七条 【技术进出口合同或者专利、专利申请合同法律适用】法律、行政法规对技术进出口合同或者专利、专利申请合同另有规定的，依照其规定。

《中华人民共和国促进科技成果转化法》(2015 年修正)

第四十四条 职务科技成果转化后，由科技成果完成单位对完成、转化该项科技成果做出重要贡献的人员给予奖励和报酬。

科技成果完成单位可以规定或者与科技人员约定奖励和报酬的方式、数额和时限。单位制定相关规定，应当充分听取本单位科技人员的意见，并在本单位公开相关规定。

《最高人民法院关于审理技术合同纠纷案件适用法律若干问题的解释》(2020 年 12 月 23 日修正)

第十七条 民法典第八百五十一条第一款所称“新技术、新产品、新工艺、新品种或者新材料及其系统”，包括当事人在订立技术合同时尚未掌握的产品、工艺、材料及其系统等技术方案，但对技术上没有创新的现有产品的改型、工艺变更、材料配方调整以及对技术成果的验证、测试和使用除外。

第十八条 民法典第八百五十一条第四款规定的“当事人之间就具有实用价值的科技成果实施转化订立的”技术转化合同，是指当事人之间就具有实用价值但尚未实现工业化应用的科技成果包括阶段性技术成果，以实现该科技成果工业化应用为目标，约定后续试验、开发和应用等内容的合同。

第十九条 民法典第八百五十五条所称“分工参与研究开发工作”，包括当事人按照约定的计划和分工，共同或者分别承担设计、工艺、试验、试制等工作。

技术开发合同当事人一方仅提供资金、设备、材料等物质条件或者承担辅助协作事项，另一方进行研究开发工作的，属于委托开发合同。

第二十条 民法典第八百六十一条所称“当事人均有使用和转让的权利”，包括当事人均有不经对方同意而自己使用或者以普通使用许可的方式许可他人使用技术秘密，并独占由此所获利益的权利。当事人一方将技术秘密成果的转让权让与他人，或者以独占或者排他使用许可的方式许可他人使用技术秘密，未经对方当事人同意或者追认的，应当认定该让与或者许可行为无效。

第二十一条　技术开发合同当事人依照民法典的规定或者约定自行实施专利或使用技术秘密，但因其不具备独立实施专利或者使用技术秘密的条件，以一个普通许可方式许可他人实施或者使用的，可以准许。

第二十二条　就尚待研究开发的技术成果或者不涉及专利、专利申请或者技术秘密的知识、技术、经验和信息所订立的合同，不属于民法典第八百六十二条规定的技术转让合同或者技术许可合同。

技术转让合同中关于让与人向受让人提供实施技术的专用设备、原材料或者提供有关的技术咨询、技术服务的约定，属于技术转让合同的组成部分。因此发生的纠纷，按照技术转让合同处理。

当事人以技术入股方式订立联营合同，但技术入股人不参与联营体的经营管理，并且以保底条款形式约定联营体或者联营对方支付其技术价款或者使用费的，视为技术转让合同或者技术许可合同。

153. 特许经营合同纠纷

相关规范

»《中华人民共和国民法典》（2020 年）

第四百六十七条　【非典型合同及涉外合同的法律适用】本法或者其他法律没有明文规定的合同，适用本编通则的规定，并可以参照适用本编或者其他法律最相类似合同的规定。

在中华人民共和国境内履行的中外合资经营企业合同、中外合作经营企业合同、中外合作勘探开发自然资源合同，适用中华人民共和国法律。

»《商业特许经营管理条例》（2007 年）

第三条　本条例所称商业特许经营（以下简称特许经营），是指拥有注册商标、企业标志、专利、专有技术等经营资源的企业（以下称特许人），以合同形式将其拥有的经营资源许可其他经营者（以下称被特许人）使用，被特许人按照合同约定在统一的经营模式下开展经营，并向特许人支付特许经营费用的经营活动。

企业以外的其他单位和个人不得作为特许人从事特许经营活动。

第十一条　从事特许经营活动，特许人和被特许人应当采用书面形式订立特许经营合同。

特许经营合同应当包括下列主要内容：

（一）特许人、被特许人的基本情况；

（二）特许经营的内容、期限；

（三）特许经营费用的种类、金额及其支付方式；

（四）经营指导、技术支持以及业务培训等服务的具体内容和提供方式；

（五）产品或者服务的质量、标准要求和保证措施；

（六）产品或者服务的促销与广告宣传；

（七）特许经营中的消费者权益保护和赔偿责任的承担；

（八）特许经营合同的变更、解除和终止；

（九）违约责任；

（十）争议的解决方式；

（十一）特许人与被特许人约定的其他事项。

第十二条　特许人和被特许人应当在特许经营合同中约定，被特许人在特许经营合同订立后一定期限内，可以单方解除合同。

第十三条　特许经营合同约定的特许经营期限应当不少于 3 年。但是，被特许人同意的除外。

特许人和被特许人续签特许经营合同的，不适用前款规定。

第十四条 特许人应当向被特许人提供特许经营操作手册，并按照约定的内容和方式为被特许人持续提供经营指导、技术支持、业务培训等服务。

第十五条 特许经营的产品或者服务的质量、标准应当符合法律、行政法规和国家有关规定的要求。

第十六条 特许人要求被特许人在订立特许经营合同前支付费用的，应当以书面形式向被特许人说明该部分费用的用途以及退还的条件、方式。

第十七条 特许人向被特许人收取的推广、宣传费用，应当按照合同约定的用途使用。推广、宣传费用的使用情况应当及时向被特许人披露。

第十八条 未经特许人同意，被特许人不得向他人转让特许经营权。

被特许人不得向他人泄露或者允许他人使用其所掌握的特许人的商业秘密。

154. 企业名称（商号）合同纠纷

（1）企业名称（商号）转让合同纠纷
（2）企业名称（商号）使用合同纠纷

相关规范

»《中华人民共和国民法典》（2020年）

第一百一十条第二款 【民事主体的人格权】法人、非法人组织享有名称权、名誉权和荣誉权。

第一千零一十三条 【名称权】法人、非法人组织享有名称权，有权依法决定、使用、变更、转让或者许可他人使用自己的名称。

第一千零一十四条 【姓名权或名称权不得被非法侵害】任何组织或者个人不得以干涉、盗用、假冒等方式侵害他人的姓名权或者名称权。

»《中华人民共和国商标法》（2019年修正）

第六十条 有本法第五十七条所列侵犯注册商标专用权行为之一，引起纠纷的，由当事人协商解决；不愿协商或者协商不成的，商标注册人或者利害关系人可以向人民法院起诉，也可以请求工商行政管理部门处理。

工商行政管理部门处理时，认定侵权行为成立的，责令立即停止侵权行为，没收、销毁侵权商品和主要用于制造侵权商品、伪造注册商标标识的工具，违法经营额五万元以上的，可以处违法经营额五倍以下的罚款，没有违法经营额或者违法经营额不足五万元的，可以处二十五万元以下的罚款。对五年内实施两次以上商标侵权行为或者有其他严重情节的，应当从重处罚。销售不知道是侵犯注册商标专用权的商品，能证明该商品是自己合法取得并说明提供者的，由工商行政管理部门责令停止销售。

对侵犯商标专用权的赔偿数额的争议，当事人可以请求进行处理的工商行政管理部门调解，也可以依照《中华人民共和国民事诉讼法》向人民法院起诉。经工商行政管理部门调解，当事人未达成协议或者调解书生效后不履行的，当事人可以依照《中华人民共和国民事诉讼法》向人民法院起诉。

»《中华人民共和国反不正当竞争法》（2019年修正）

第六条 经营者不得实施下列混淆行为，引人误认为是他人商品或者与他人存在特定联系：

（一）擅自使用与他人有一定影响的商品名称、包装、装潢等相同或者近似的标识；

（二）擅自使用他人有一定影响的企业

名称（包括简称、字号等）、社会组织名称（包括简称等）、姓名（包括笔名、艺名、译名等）；

（三）擅自使用他人有一定影响的域名主体部分、网站名称、网页等；

（四）其他足以引人误认为是他人商品或者与他人存在特定联系的混淆行为。

》《企业名称登记管理实施办法》（2004 修改）

第三十五条 预先核准的企业名称在有效期内，不得用于经营活动，不得转让。

企业变更名称，在其登记机关核准变更登记前，不得使用《企业名称变更核准通知书》上核准变更的企业名称从事经营活动，也不得转让。

》《商业特许经营管理条例》（2007 年）

第三条 本条例所称商业特许经营（以下简称特许经营），是指拥有注册商标、企业标志、专利、专有技术等经营资源的企业（以下称特许人），以合同形式将其拥有的经营资源许可其他经营者（以下称被特许人）使用，被特许人按照合同约定在统一的经营模式下开展经营，并向特许人支付特许经营费用的经营活动。

企业以外的其他单位和个人不得作为特许人从事特许经营活动。

》《企业名称登记管理规定》（2020 年修订）

第十九条 企业名称转让或者授权他人使用的，相关企业应当依法通过国家企业信用信息公示系统向社会公示。

第二十三条 使用企业名称应当遵守法律法规，诚实守信，不得损害他人合法权益。

人民法院或者企业登记机关依法认定企业名称应当停止使用的，企业应当自收到人民法院生效的法律文书或者企业登记机关的处理决定之日起 30 日内办理企业名称变更登记。名称变更前，由企业登记机关以统一社会信用代码代替其名称。企业逾期未办理变更登记的，企业登记机关将其列入经营异常名录；完成变更登记后，企业登记机关将其移出经营异常名录。

155. 特殊标志合同纠纷

相关规范

》《特殊标志管理条例》（1996 年）

第二条 本条例所称特殊标志，是指经国务院批准举办的全国性和国际性的文化、体育、科学研究及其他社会公益活动所使用的，由文字、图形组成的名称及缩写、会徽、吉祥物等标志。

第十三条 特殊标志所有人可以在与其公益活动相关的广告、纪念品及其他物品上使用该标志，并许可他人在国务院工商行政管理部门核准使用该标志的商品或者服务项目上使用。

第十四条 特殊标志的使用人应当是依法成立的企业、事业单位、社会团体、个体工商户。

特殊标志使用人应当同所有人签订书面使用合同。

特殊标志使用人应当自合同签订之日起 1 个月内，将合同副本报国务院工商行政管理部门备案，并报使用人所在地县级以上人民政府工商行政管理部门存查。

》《世界博览会标志保护条例》（2004 年）

第二条 本条例所称世界博览会标志，是指：

（一）中国 2010 年上海世界博览会申办机构的名称（包括全称、简称、译名和缩写，下同）、徽记或者其他标志；

（二）中国 2010 年上海世界博览会组织机构的名称、徽记或者其他标志；

（三）中国 2010 年上海世界博览会的名

称、会徽、会旗、吉祥物、会歌、主题词、口号；

（四）国际展览局的局旗。

第三条 本条例所称世界博览会标志权利人，是指中国2010年上海世界博览会组织机构和国际展览局。

中国2010年上海世界博览会组织机构为本条例第二条第（一）（二）（三）项规定的世界博览会标志的权利人。中国2010年上海世界博览会组织机构和国际展览局之间关于本条例第二条第（四）项规定的世界博览会标志的权利划分，依照中国2010年上海世界博览会《申办报告》《注册报告》和国际展览局《关于使用国际展览局局旗的规定》确定。

第四条 世界博览会标志权利人依照本条例享有世界博览会标志专有权。

未经世界博览会标志权利人许可，任何人不得为商业目的（含潜在商业目的，下同）使用世界博览会标志。

》《奥林匹克标志保护条例》（2018年修订）

第二条 本条例所称奥林匹克标志，是指：

（一）国际奥林匹克委员会的奥林匹克五环图案标志、奥林匹克旗、奥林匹克格言、奥林匹克徽记、奥林匹克会歌；

（二）奥林匹克、奥林匹亚、奥林匹克运动会及其简称等专有名称；

（三）中国奥林匹克委员会的名称、徽记、标志；

（四）中国境内申请承办奥林匹克运动会的机构的名称、徽记、标志；

（五）在中国境内举办的奥林匹克运动会的名称及其简称、吉祥物、会歌、火炬造型、口号、“主办城市名称+举办年份”等标志，以及其组织机构的名称、徽记；

（六）《奥林匹克宪章》和相关奥林匹克运动会主办城市合同中规定的其他与在中国境内举办的奥林匹克运动会有关的标志。

第三条 本条例所称奥林匹克标志权利人，是指国际奥林匹克委员会、中国奥林匹克委员会和中国境内申请承办奥林匹克运动会的机构、在中国境内举办的奥林匹克运动会的组织机构。

国际奥林匹克委员会、中国奥林匹克委员会和中国境内申请承办奥林匹克运动会的机构、在中国境内举办的奥林匹克运动会的组织机构之间的权利划分，依照《奥林匹克宪章》和相关奥林匹克运动会主办城市合同确定。

第四条 奥林匹克标志权利人依照本条例对奥林匹克标志享有专有权。

未经奥林匹克标志权利人许可，任何人不得为商业目的使用奥林匹克标志。

第五条 本条例所称为商业目的使用，是指以营利为目的，以下列方式利用奥林匹克标志：

（一）将奥林匹克标志用于商品、商品包装或者容器以及商品交易文书上；

（二）将奥林匹克标志用于服务项目中；

（三）将奥林匹克标志用于广告宣传、商业展览、营业性演出以及其他商业活动中；

（四）销售、进口、出口含有奥林匹克标志的商品；

（五）制造或者销售奥林匹克标志；

（六）其他以营利为目的利用奥林匹克标志的行为。

第六条 除本条例第五条规定外，利用与奥林匹克运动有关的元素开展活动，足以引人误认为与奥林匹克标志权利人之间有赞助或者其他支持关系，构成不正当竞争行为的，依照《中华人民共和国反不正当竞争法》处理。

156. 网络域名合同纠纷

（1）网络域名注册合同纠纷
（2）网络域名转让合同纠纷
（3）网络域名许可使用合同纠纷

相关规范

》《中国互联网络信息中心域名注册实施细则》（2012 年修订）

第四条　在中华人民共和国境内提供本实施细则规定的域名注册服务，须经工业和信息化部批准，并与中国互联网络信息中心签订协议。

第五条　从事“.CN”“.中国”“.公司”“.网络”域名的注册服务，应当具备以下条件：

（一）依法取得互联网信息服务增值电信业务经营许可证；

（二）在中华人民共和国境内设置有域名注册服务系统，且有专门从事域名注册服务的技术人员和客户服务人员；

（三）有为用户提供长期服务的信誉或者能力；

（四）有业务发展计划及相关技术方案；

（五）有健全的网络与信息安全保障措施；

（六）有健全的域名注册服务退出机制；

（七）符合国家其他有关规定。

第六条　拟从事“.CN”“.中国”“.公司”“.网络”域名注册服务的，应当与中国互联网络信息中心签署《合作意向书》。

第七条　持与中国互联网络信息中心签署的《合作意向书》向工业和信息化部申请并经批准成为域名注册服务机构的，应当与中国互联网络信息中心签订协议。

第八条　域名注册服务机构应当规范开展域名注册服务，并与申请者签订单独域名注册协议。

》《互联网域名管理办法》（2017 年）

第二条　在中华人民共和国境内从事互联网域名服务及其运行维护、监督管理等相关活动，应当遵守本办法。

本办法所称互联网域名服务（以下简称域名服务），是指从事域名根服务器运行和管理、顶级域名运行和管理、域名注册、域名解析等活动。

第三条　工业和信息化部对全国的域名服务实施监督管理，主要职责是：

（一）制定互联网域名管理规章及政策；

（二）制定中国互联网域名体系、域名资源发展规划；

（三）管理境内的域名根服务器运行机构和域名注册管理机构；

（四）负责域名体系的网络与信息安全管理；

（五）依法保护用户个人信息和合法权益；

（六）负责与域名有关的国际协调；

（七）管理境内的域名解析服务；

（八）管理其他与域名服务相关的活动。

第四条　各省、自治区、直辖市通信管理局对本行政区域内的域名服务实施监督管理，主要职责是：

（一）贯彻执行域名管理法律、行政法规、规章和政策；

（二）管理本行政区域内的域名注册服务机构；

（三）协助工业和信息化部对本行政区域内的域名根服务器运行机构和域名注册管理机构进行管理；

（四）负责本行政区域内域名系统的网络与信息安全管理；

（五）依法保护用户个人信息和合法权益；

（六）管理本行政区域内的域名解析服务；

（七）管理本行政区域内其他与域名服

务相关的活动。

第五条 中国互联网域名体系由工业和信息化部予以公告。根据域名发展的实际情况，工业和信息化部可以对中国互联网域名体系进行调整。

第六条 “.CN”和“.中国”是中国的国家顶级域名。

中文域名是中国互联网域名体系的重要组成部分。国家鼓励和支持中文域名系统的技术研究和推广应用。

第七条 提供域名服务，应当遵守国家相关法律法规，符合相关技术规范和标准。

第八条 任何组织和个人不得妨碍互联网域名系统的安全和稳定运行。

《最高人民法院关于审理涉及计算机网络域名民事纠纷案件适用法律若干问题的解释》（2020年12月23日修正）

第一条 对于涉及计算机网络域名注册、使用等行为的民事纠纷，当事人向人民法院提起诉讼，经审查符合民事诉讼法第一百一十九条规定的，人民法院应当受理。

第二条 涉及域名的侵权纠纷案件，由侵权行为地或者被告住所地的中级人民法院管辖。对难以确定侵权行为地和被告住所地的，原告发现该域名的计算机终端等设备所在地可以视为侵权行为地。

涉外域名纠纷案件包括当事人一方或者双方是外国人、无国籍人、外国企业或组织、国际组织，或者域名注册地在外国的域名纠纷案件。在中华人民共和国领域内发生的涉外域名纠纷案件，依照民事诉讼法第四编的规定确定管辖。

第三条 域名纠纷案件的案由，根据双方当事人争议的法律关系的性质确定，并在其前冠以计算机网络域名；争议的法律关系的性质难以确定的，可以通称为计算机网络域名纠纷案件。

第四条 人民法院审理域名纠纷案件，对符合以下各项条件的，应当认定被告注册、使用域名等行为构成侵权或者不正当竞争：

（一）原告请求保护的民事权益合法有效；

（二）被告域名或其主要部分构成对原告驰名商标的复制、模仿、翻译或音译；或者与原告的注册商标、域名等相同或近似，足以造成相关公众的误认；

（三）被告对该域名或其主要部分不享有权益，也无注册、使用该域名的正当理由；

（四）被告对该域名的注册、使用具有恶意。

第五条 被告的行为被证明具有下列情形之一的，人民法院应当认定其具有恶意：

（一）为商业目的将他人驰名商标注册为域名的；

（二）为商业目的注册、使用与原告的注册商标、域名等相同或近似的域名，故意造成与原告提供的产品、服务或者原告网站的混淆，误导网络用户访问其网站或其他在线站点的；

（三）曾要约高价出售、出租或者以其他方式转让该域名获取不正当利益的；

（四）注册域名后自己并不使用也未准备使用，而有意阻止权利人注册该域名的；

（五）具有其他恶意情形的。

被告举证证明在纠纷发生前其所持有的域名已经获得一定的知名度，且能与原告的注册商标、域名等相区别，或者具有其他情形足以证明其不具有恶意的，人民法院可以不认定被告具有恶意。

第六条 人民法院审理域名纠纷案件，根据当事人的请求以及案件的具体情况，可以对涉及的注册商标是否驰名依法作出认定。

第七条 人民法院认定域名注册、使用等行为构成侵权或者不正当竞争的，可以判令被告停止侵权、注销域名，或者依原告的请求判令由原告注册使用该域名；给权利人造成实际损害的，可以判令被告赔偿损失。

侵权人故意侵权且情节严重，原告有权向人民法院请求惩罚性赔偿。

157. 知识产权质押合同纠纷

相关规范

《中华人民共和国民法典》（2020 年）

第四百四十条　【权利质权的范围】债务人或者第三人有权处分的下列权利可以出质：

（一）汇票、本票、支票；

（二）债券、存款单；

（三）仓单、提单；

（四）可以转让的基金份额、股权；

（五）可以转让的注册商标专用权、专利权、著作权等知识产权中的财产权；

（六）现有的以及将有的应收账款；

（七）法律、行政法规规定可以出质的其他财产权利。

第四百四十四条　【以知识产权中的财产权出质的质权的设立及转让限制】以注册商标专用权、专利权、著作权等知识产权中的财产权出质的，质权自办理出质登记时设立。

知识产权中的财产权出质后，出质人不得转让或者许可他人使用，但是出质人与质权人协商同意的除外。出质人转让或者许可他人使用出质的知识产权中的财产权所得的价款，应当向质权人提前清偿债务或者提存。

《最高人民法院关于适用〈中华人民共和国民法典〉有关担保制度的解释》（法释〔2020〕28 号　2020 年 12 月 31 日）

第五十三条　当事人在动产和权利担保合同中对担保财产进行概括描述，该描述能够合理识别担保财产的，人民法院应当认定担保成立。

第五十四条　动产抵押合同订立后未办理抵押登记，动产抵押权的效力按照下列情形分别处理：

（一）抵押人转让抵押财产，受让人占有抵押财产后，抵押权人向受让人请求行使抵押权的，人民法院不予支持，但是抵押权人能够举证证明受让人知道或者应当知道已经订立抵押合同的除外；

（二）抵押人将抵押财产出租给他人并移转占有，抵押权人行使抵押权的，租赁关系不受影响，但是抵押权人能够举证证明承租人知道或者应当知道已经订立抵押合同的除外；

（三）抵押人的其他债权人向人民法院申请保全或者执行抵押财产，人民法院已经作出财产保全裁定或者采取执行措施，抵押权人主张对抵押财产优先受偿的，人民法院不予支持；

（四）抵押人破产，抵押权人主张对抵押财产优先受偿的，人民法院不予支持。

第五十五条　债权人、出质人与监管人订立三方协议，出质人以通过一定数量、品种等概括描述能够确定范围的货物为债务的履行提供担保，当事人有证据证明监管人系受债权人的委托监管并实际控制该货物的，人民法院应当认定质权于监管人实际控制货物之日起设立。监管人违反约定向出质人或者其他人放货、因保管不善导致货物毁损灭失，债权人请求监管人承担违约责任的，人民法院依法予以支持。

在前款规定情形下，当事人有证据证明监管人系受出质人委托监管该货物，或者虽然受债权人委托但是未实际履行监管职责，导致货物仍由出质人实际控制的，人民法院应当认定质权未设立。债权人可以基于质押合同的约定请求出质人承担违约责任，但是不得超过质权有效设立时出质人应当承担的责任范围。监管人未履行监管职责，债权人请求监管人承担责任的，人民法院依法予以支持。

第五十六条　买受人在出卖人正常经营活动中通过支付合理对价取得已被设立担保物权的动产，担保物权人请求就该动产优先受偿的，人民法院不予支持，但是有下列情形之一的除外：

（一）购买商品的数量明显超过一般买受人；

（二）购买出卖人的生产设备；

（三）订立买卖合同的目的在于担保出卖人或者第三人履行债务；

（四）买受人与出卖人存在直接或者间接的控制关系；

（五）买受人应当查询抵押登记而未查询的其他情形。

前款所称出卖人正常经营活动，是指出卖人的经营活动属于其营业执照明确记载的经营范围，且出卖人持续销售同类商品。前款所称担保物权人，是指已经办理登记的抵押权人、所有权保留买卖的出卖人、融资租赁合同的出租人。

《国家知识产权局注册商标专用权质押登记程序规定》（2020年）

第二条 自然人、法人或者其他组织以其注册商标专用权出质的，出质人与质权人应当订立书面合同，并向国家知识产权局办理质权登记。

质权登记申请应由质权人和出质人共同提出。质权人和出质人可以直接向国家知识产权局申请，也可以委托商标代理机构代理办理。在中国没有经常居所或者营业所的外国人或者外国企业应当委托代理机构办理。

第三条 办理注册商标专用权质权登记，出质人应当将在相同或者类似商品/服务上注册的相同或者近似商标一并办理质权登记。质权合同和质权登记申请书中应当载明出质的商标注册号。

共有商标办理质权登记的，除全体共有人另有约定的以外，应当取得其他共有人的同意。

第四条 申请注册商标专用权质权登记的，应提交下列文件：

（一）申请人签字或者盖章的《商标专用权质权登记申请书》；

（二）主合同和注册商标专用权质权合同；

（三）申请人签署的承诺书；

（四）委托商标代理机构办理的，还应当提交商标代理委托书。

上述文件为外文的，应当同时提交其中文译文。中文译文应当由翻译单位和翻译人员签字盖章确认。

第五条 注册商标专用权质权合同一般包括以下内容：

（一）出质人、质权人的姓名（名称）及住址；

（二）被担保的债权种类、数额；

（三）债务人履行债务的期限；

（四）出质注册商标的清单（列明注册商标的注册号、类别及专用期）；

（五）担保的范围；

（六）当事人约定的其他事项。

《专利权质押登记办法》（2021年）

第三条 以专利权出质的，出质人与质权人应当订立书面合同。

质押合同可以是单独订立的合同，也可以是主合同中的担保条款。

出质人和质权人应共同向国家知识产权局办理专利权质押登记，专利权质权自国家知识产权局登记时设立。

第八条 当事人提交的专利权质押合同应当包括以下与质押登记相关的内容：

（一）当事人的姓名或名称、地址；

（二）被担保债权的种类和数额；

（三）债务人履行债务的期限；

（四）专利权项数以及每项专利权的名称、专利号、申请日、授权公告日；

（五）质押担保的范围。

第九条 除本办法第八条规定的事项外，当事人可以在专利权质押合同中约定下列事项：

（一）质押期间专利权年费的缴纳；

（二）质押期间专利权的转让、实施许可；

（三）质押期间专利权被宣告无效或者专利权归属发生变更时的处理；

（四）实现质权时，相关技术资料的交付；

（五）已办理质押登记的同一申请人的实用新型有同样的发明创造于同日申请发明专利、质押期间该发明申请被授予专利权的情形处理。

十四、知识产权权属、侵权纠纷

158. 著作权权属、侵权纠纷

（1）著作权权属纠纷
（2）侵害作品发表权纠纷
（3）侵害作品署名权纠纷
（4）侵害作品修改权纠纷
（5）侵害保护作品完整权纠纷
（6）侵害作品复制权纠纷
（7）侵害作品发行权纠纷
（8）侵害作品出租权纠纷
（9）侵害作品展览权纠纷
（10）侵害作品表演权纠纷
（11）侵害作品放映权纠纷
（12）侵害作品广播权纠纷
（13）侵害作品信息网络传播权纠纷
（14）侵害作品摄制权纠纷
（15）侵害作品改编权纠纷
（16）侵害作品翻译权纠纷
（17）侵害作品汇编权纠纷
（18）侵害其他著作财产权纠纷
（19）出版者权权属纠纷
（20）表演者权权属纠纷
（21）录音录像制作者权权属纠纷
（22）广播组织权权属纠纷
（23）侵害出版者权纠纷
（24）侵害表演者权纠纷
（25）侵害录音录像制作者权纠纷
（26）侵害广播组织权纠纷
（27）计算机软件著作权权属纠纷
（28）侵害计算机软件著作权纠纷

相关规范

》《中华人民共和国民法典》（2020 年）

第一百二十三条　【知识产权的定义】 民事主体依法享有知识产权。

知识产权是权利人依法就下列客体享有的专有的权利：

（一）作品；
（二）发明、实用新型、外观设计；
（三）商标；
（四）地理标志；
（五）商业秘密；
（六）集成电路布图设计；
（七）植物新品种；
（八）法律规定的其他客体。

》《中华人民共和国涉外民事关系法律适用法》（2010 年）

第五十条　知识产权的侵权责任，适用被请求保护地法律，当事人也可以在侵权行为发生后协议选择适用法院地法律。

《中华人民共和国电子商务法》（2018年）

第四十二条 知识产权权利人认为其知识产权受到侵害的，有权通知电子商务平台经营者采取删除、屏蔽、断开链接、终止交易和服务等必要措施。通知应当包括构成侵权的初步证据。

电子商务平台经营者接到通知后，应当及时采取必要措施，并将该通知转送平台内经营者；未及时采取必要措施的，对损害的扩大部分与平台内经营者承担连带责任。

因通知错误造成平台内经营者损害的，依法承担民事责任。恶意发出错误通知，造成平台内经营者损失的，加倍承担赔偿责任。

第四十三条 平台内经营者接到转送的通知后，可以向电子商务平台经营者提交不存在侵权行为的声明。声明应当包括不存在侵权行为的初步证据。

电子商务平台经营者接到声明后，应当将该声明转送发出通知的知识产权权利人，并告知其可以向有关主管部门投诉或者向人民法院起诉。电子商务平台经营者在转送声明到达知识产权权利人后十五日内，未收到权利人已经投诉或者起诉通知的，应当及时终止所采取的措施。

第四十四条 电子商务平台经营者应当及时公示收到的本法第四十二条、第四十三条规定的通知、声明及处理结果。

第四十五条 电子商务平台经营者知道或者应当知道平台内经营者侵犯知识产权的，应当采取删除、屏蔽、断开链接、终止交易和服务等必要措施；未采取必要措施的，与侵权人承担连带责任。

《中华人民共和国著作权法》（2020年修正）

第五十二条 有下列侵权行为的，应当根据情况，承担停止侵害、消除影响、赔礼道歉、赔偿损失等民事责任：

（一）未经著作权人许可，发表其作品的；

（二）未经合作作者许可，将与他人合作创作的作品当作自己单独创作的作品发表的；

（三）没有参加创作，为谋取个人名利，在他人作品上署名的；

（四）歪曲、篡改他人作品的；

（五）剽窃他人作品的；

（六）未经著作权人许可，以展览、摄制视听作品的方法使用作品，或者以改编、翻译、注释等方式使用作品的，本法另有规定的除外；

（七）使用他人作品，应当支付报酬而未支付的；

（八）未经视听作品、计算机软件、录音录像制品的著作权人、表演者或者录音录像制作者许可，出租其作品或者录音录像制品的原件或者复制件的，本法另有规定的除外；

（九）未经出版者许可，使用其出版的图书、期刊的版式设计的；

（十）未经表演者许可，从现场直播或者公开传送其现场表演，或者录制其表演的；

（十一）其他侵犯著作权以及与著作权有关的权利的行为。

第五十三条 有下列侵权行为的，应当根据情况，承担本法第五十二条规定的民事责任；侵权行为同时损害公共利益的，由主管著作权的部门责令停止侵权行为，予以警告，没收违法所得，没收、无害化销毁处理侵权复制品以及主要用于制作侵权复制品的材料、工具、设备等，违法经营额五万元以上的，可以并处违法经营额一倍以上五倍以下的罚款；没有违法经营额、违法经营额难以计算或者不足五万元的，可以并处二十五万元以下的罚款；构成犯罪的，依法追究刑事责任：

（一）未经著作权人许可，复制、发行、表演、放映、广播、汇编、通过信息网络向公众传播其作品的，本法另有规定的除外；

（二）出版他人享有专有出版权的图书的；

（三）未经表演者许可，复制、发行录有其表演的录音录像制品，或者通过信息网络向公众传播其表演的，本法另有规定的除外；

（四）未经录音录像制作者许可，复制、发行、通过信息网络向公众传播其制作的录音录像制品的，本法另有规定的除外；

（五）未经许可，播放、复制或者通过信息网络向公众传播广播、电视的，本法另有规定的除外；

（六）未经著作权人或者与著作权有关的权利人许可，故意避开或者破坏技术措施的，故意制造、进口或者向他人提供主要用于避开、破坏技术措施的装置或者部件的，或者故意为他人避开或者破坏技术措施提供技术服务的，法律、行政法规另有规定的除外；

（七）未经著作权人或者与著作权有关的权利人许可，故意删除或者改变作品、版式设计、表演、录音录像制品或者广播、电视上的权利管理信息的，知道或者应当知道作品、版式设计、表演、录音录像制品或者广播、电视上的权利管理信息未经许可被删除或者改变，仍然向公众提供的，法律、行政法规另有规定的除外；

（八）制作、出售假冒他人署名的作品的。

第五十四条 侵犯著作权或者与著作权有关的权利的，侵权人应当按照权利人因此受到的实际损失或者侵权人的违法所得给予赔偿；权利人的实际损失或者侵权人的违法所得难以计算的，可以参照该权利使用费给予赔偿。对故意侵犯著作权或者与著作权有关的权利，情节严重的，可以在按照上述方法确定数额的一倍以上五倍以下给予赔偿。

权利人的实际损失、侵权人的违法所得、权利使用费难以计算的，由人民法院根据侵权行为的情节，判决给予五百元以上五百万元以下的赔偿。

赔偿数额还应当包括权利人为制止侵权行为所支付的合理开支。

人民法院为确定赔偿数额，在权利人已经尽了必要举证责任，而与侵权行为相关的账簿、资料等主要由侵权人掌握的，可以责令侵权人提供与侵权行为相关的账簿、资料等；侵权人不提供，或者提供虚假的账簿、资料等的，人民法院可以参考权利人的主张和提供的证据确定赔偿数额。

人民法院审理著作权纠纷案件，应权利人请求，对侵权复制品，除特殊情况外，责令销毁；对主要用于制造侵权复制品的材料、工具、设备等，责令销毁，且不予补偿；或者在特殊情况下，责令禁止前述材料、工具、设备等进入商业渠道，且不予补偿。

第五十八条 人民法院审理案件，对于侵犯著作权或者与著作权有关的权利的，可以没收违法所得、侵权复制品以及进行违法活动的财物。

第五十九条 复制品的出版者、制作者不能证明其出版、制作有合法授权的，复制品的发行者或者视听作品、计算机软件、录音录像制品的复制品的出租者不能证明其发行、出租的复制品有合法来源的，应当承担法律责任。

在诉讼程序中，被诉侵权人主张其不承担侵权责任的，应当提供证据证明已经取得权利人的许可，或者具有本法规定的不经权利人许可而可以使用的情形。

》《中华人民共和国著作权法实施条例》（2013年修订）

第九条 合作作品不可以分割使用的，其著作权由各合作作者共同享有，通过协商一致行使；不能协商一致，又无正当理由的，任何一方不得阻止他方行使除转让以外的其他权利，但是所得收益应当合理分配给所有合作作者。

第十条 著作权人许可他人将其作品摄制成电影作品和以类似摄制电影的方法创作的作品的，视为已同意对其作品进行必要的改动，但是这种改动不得歪曲篡改原作品。

第十二条 职务作品完成两年内，经单位同意，作者许可第三人以与单位使用的相同方式使用作品所获报酬，由作者与单位按约定的比例分配。

作品完成两年的期限，自作者向单位交付作品之日起计算。

第十三条 作者身份不明的作品，由作品原件的所有人行使除署名权以外的著作权。作者身份确定后，由作者或者其继承人行使著作权。

第十四条 合作作者之一死亡后，其对合作作品享有的著作权法第十条第一款第（五）项至第（十七）项规定的权利无人继承又无人受遗赠的，由其他合作作者享有。

第十五条 作者死亡后，其著作权中的署名权、修改权和保护作品完整权由作者的继承人或者受遗赠人保护。

著作权无人继承又无人受遗赠的，其署名权、修改权和保护作品完整权由著作权行政管理部门保护。

第十六条 国家享有著作权的作品的使用，由国务院著作权行政管理部门管理。

第十七条 作者生前未发表的作品，如果作者未明确表示不发表，作者死亡后50年内，其发表权可由继承人或者受遗赠人行使；没有继承人又无人受遗赠的，由作品原件的所有人行使。

第十八条 作者身份不明的作品，其著作权法第十条第一款第（五）项至第（十七）项规定的权利的保护期截止于作品首次发表后第50年的12月31日。作者身份确定后，适用著作权法第二十一条的规定。

第十九条 使用他人作品的，应当指明作者姓名、作品名称；但是，当事人另有约定或者由于作品使用方式的特性无法指明的除外。

第二十条 著作权法所称已经发表的作品，是指著作权人自行或者许可他人公之于众的作品。

第二十一条 依照著作权法有关规定，使用可以不经著作权人许可的已经发表的作品的，不得影响该作品的正常使用，也不得不合理地损害著作权人的合法利益。

第二十三条 使用他人作品应当同著作权人订立许可使用合同，许可使用的权利是专有使用权的，应当采取书面形式，但是报社、期刊社刊登作品除外。

第二十四条 著作权法第二十四条规定的专有使用权的内容由合同约定，合同没有约定或者约定不明的，视为被许可人有权排除包括著作权人在内的任何人以同样的方式使用作品；除合同另有约定外，被许可人许可第三人行使同一权利，必须取得著作权人的许可。

《最高人民法院关于审理著作权民事纠纷案件适用法律若干问题的解释》

（2020年12月23日修正）

第十一条 因作品署名顺序发生的纠纷，人民法院按照下列原则处理：有约定的按约定确定署名顺序；没有约定的，可以按照创作作品付出的劳动、作品排列、作者姓氏笔划等确定署名顺序。

第十二条 按照著作权法第十七条规定委托作品著作权属于受托人的情形，委托人在约定的使用范围内享有使用作品的权利；双方没有约定使用作品范围的，委托人可以在委托创作的特定目的范围内免费使用该作品。

第十三条 除著作权法第十一条第三款规定的情形外，由他人执笔，本人审阅定稿并以本人名义发表的报告、讲话等作品，著作权归报告人或者讲话人享有。著作权人可以支付执笔人适当的报酬。

第十四条 当事人合意以特定人物经历为题材完成的自传体作品，当事人对著作权权属有约定的，依其约定；没有约定的，著作权归该特定人物享有，执笔人或整理人对作品完成付出劳动的，著作权人可以向其支付适当的报酬。

第十五条 由不同作者就同一题材创作

的作品，作品的表达系独立完成并且有创作性的，应当认定作者各自享有独立著作权。

第十六条 通过大众传播媒介传播的单纯事实消息属于著作权法第五条第（二）项规定的时事新闻。传播报道他人采编的时事新闻，应当注明出处。

第十七条 著作权法第三十三条第二款规定的转载，是指报纸、期刊登载其他报刊已发表作品的行为。转载未注明被转载作品的作者和最初登载的报刊出处的，应当承担消除影响、赔礼道歉等民事责任。

第十八条 著作权法第二十二条第（十）项规定的室外公共场所的艺术作品，是指设置或者陈列在室外社会公众活动处所的雕塑、绘画、书法等艺术作品。

对前款规定艺术作品的临摹、绘画、摄影、录像人，可以对其成果以合理的方式和范围再行使用，不构成侵权。

第十九条 出版者、制作者应当对其出版、制作有合法授权承担举证责任，发行者、出租者应当对其发行或者出租的复制品有合法来源承担举证责任。举证不能的，依据著作权法第四十七条、第四十八条的相应规定承担法律责任。

第二十条 出版物侵害他人著作权的，出版者应当根据其过错、侵权程度及损害后果等承担赔偿损失的责任。

出版者对其出版行为的授权、稿件来源和署名、所编辑出版物的内容等未尽到合理注意义务的，依据著作权法第四十九条的规定，承担赔偿损失的责任。

出版者应对其已尽合理注意义务承担举证责任。

第二十一条 计算机软件用户未经许可或者超过许可范围商业使用计算机软件的，依据著作权法第四十八条第（一）项、《计算机软件保护条例》第二十四条第（一）项的规定承担民事责任。

»《最高人民法院关于审理侵害信息网络传播权民事纠纷案件适用法律若干问题的规定》（2020 年 12 月 23 号修正）

第一条 人民法院审理侵害信息网络传播权民事纠纷案件，在依法行使裁量权时，应当兼顾权利人、网络服务提供者和社会公众的利益。

第二条 本规定所称信息网络，包括以计算机、电视机、固定电话机、移动电话机等电子设备为终端的计算机互联网、广播电视网、固定通信网、移动通信网等信息网络，以及向公众开放的局域网络。

第三条 网络用户、网络服务提供者未经许可，通过信息网络提供权利人享有信息网络传播权的作品、表演、录音录像制品，除法律、行政法规另有规定外，人民法院应当认定其构成侵害信息网络传播权行为。

通过上传到网络服务器、设置共享文件或者利用文件分享软件等方式，将作品、表演、录音录像制品置于信息网络中，使公众能够在个人选定的时间和地点以下载、浏览或者其他方式获得的，人民法院应当认定其实施了前款规定的提供行为。

第四条 有证据证明网络服务提供者与他人以分工合作等方式共同提供作品、表演、录音录像制品，构成共同侵权行为的，人民法院应当判令其承担连带责任。网络服务提供者能够证明其仅提供自动接入、自动传输、信息存储空间、搜索、链接、文件分享技术等网络服务，主张其不构成共同侵权行为的，人民法院应予支持。

第五条 网络服务提供者以提供网页快照、缩略图等方式实质替代其他网络服务提供者向公众提供相关作品的，人民法院应当认定其构成提供行为。

前款规定的提供行为不影响相关作品的正常使用，且未不合理损害权利人对该作品的合法权益，网络服务提供者主张其未侵害信息网络传播权的，人民法院应予支持。

第六条 原告有初步证据证明网络服务

提供者提供了相关作品、表演、录音录像制品，但网络服务提供者能够证明其仅提供网络服务，且无过错的，人民法院不应认定为构成侵权。

第七条 网络服务提供者在提供网络服务时教唆或者帮助网络用户实施侵害信息网络传播权行为的，人民法院应当判令其承担侵权责任。

网络服务提供者以言语、推介技术支持、奖励积分等方式诱导、鼓励网络用户实施侵害信息网络传播权行为的，人民法院应当认定其构成教唆侵权行为。

网络服务提供者明知或者应知网络用户利用网络服务侵害信息网络传播权，未采取删除、屏蔽、断开链接等必要措施，或者提供技术支持等帮助行为的，人民法院应当认定其构成帮助侵权行为。

第八条 人民法院应当根据网络服务提供者的过错，确定其是否承担教唆、帮助侵权责任。网络服务提供者的过错包括对于网络用户侵害信息网络传播权行为的明知或者应知。

网络服务提供者未对网络用户侵害信息网络传播权的行为主动进行审查的，人民法院不应据此认定其具有过错。

网络服务提供者能够证明已采取合理、有效的技术措施，仍难以发现网络用户侵害信息网络传播权行为的，人民法院应当认定其不具有过错。

第九条 人民法院应当根据网络用户侵害信息网络传播权的具体事实是否明显，综合考虑以下因素，认定网络服务提供者是否构成应知：

（一）基于网络服务提供者提供服务的性质、方式及其引发侵权的可能性大小，应当具备的管理信息的能力；

（二）传播的作品、表演、录音录像制品的类型、知名度及侵权信息的明显程度；

（三）网络服务提供者是否主动对作品、表演、录音录像制品进行了选择、编辑、修改、推荐等；

（四）网络服务提供者是否积极采取了预防侵权的合理措施；

（五）网络服务提供者是否设置便捷程序接收侵权通知并及时对侵权通知作出合理的反应；

（六）网络服务提供者是否针对同一网络用户的重复侵权行为采取了相应的合理措施；

（七）其他相关因素。

第十条 网络服务提供者在提供网络服务时，对热播影视作品等以设置榜单、目录、索引、描述性段落、内容简介等方式进行推荐，且公众可以在其网页上直接以下载、浏览或者其他方式获得的，人民法院可以认定其应知网络用户侵害信息网络传播权。

第十一条 网络服务提供者从网络用户提供的作品、表演、录音录像制品中直接获得经济利益的，人民法院应当认定其对该网络用户侵害信息网络传播权的行为负有较高的注意义务。

网络服务提供者针对特定作品、表演、录音录像制品投放广告获取收益，或者获取与其传播的作品、表演、录音录像制品存在其他特定联系的经济利益，应当认定为前款规定的直接获得经济利益。网络服务提供者因提供网络服务而收取一般性广告费、服务费等，不属于本款规定的情形。

第十二条 有下列情形之一的，人民法院可以根据案件具体情况，认定提供信息存储空间服务的网络服务提供者应知网络用户侵害信息网络传播权：

（一）将热播影视作品等置于首页或者其他主要页面等能够为网络服务提供者明显感知的位置的；

（二）对热播影视作品等的主题、内容主动进行选择、编辑、整理、推荐，或者为其设立专门的排行榜的；

（三）其他可以明显感知相关作品、表演、录音录像制品为未经许可提供，仍未采取合理措施的情形。

第十三条 网络服务提供者接到权利人

以书信、传真、电子邮件等方式提交的通知及构成侵权的初步证据，未及时根据初步证据和服务类型采取必要措施的，人民法院应当认定其明知相关侵害信息网络传播权行为。

第十四条　人民法院认定网络服务提供者转送通知、采取必要措施是否及时，应当根据权利人提交通知的形式，通知的准确程度，采取措施的难易程度，网络服务的性质，所涉作品、表演、录音录像制品的类型、知名度、数量等因素综合判断。

第十五条　侵害信息网络传播权民事纠纷案件由侵权行为地或者被告住所地人民法院管辖。侵权行为地包括实施被诉侵权行为的网络服务器、计算机终端等设备所在地。侵权行为地和被告住所地均难以确定或者在境外的，原告发现侵权内容的计算机终端等设备所在地可以视为侵权行为地。

《最高人民法院印发〈关于审理涉电子商务平台知识产权民事案件的指导意见〉的通知》（法发〔2020〕32号　2020年9月10日）

三、电子商务平台经营者知道或者应当知道平台内经营者侵害知识产权的，应当根据权利的性质、侵权的具体情形和技术条件，以及构成侵权的初步证据、服务类型，及时采取必要措施。采取的必要措施应当遵循合理审慎的原则，包括但不限于删除、屏蔽、断开链接等下架措施。平台内经营者多次、故意侵害知识产权的，电子商务平台经营者有权采取终止交易和服务的措施。

四、依据电子商务法第四十一条、第四十二条、第四十三条的规定，电子商务平台经营者可以根据知识产权权利类型、商品或者服务的特点等，制定平台内通知与声明机制的具体执行措施。但是，有关措施不能对当事人依法维护权利的行为设置不合理的条件或者障碍。

五、知识产权权利人依据电子商务法第四十二条的规定，向电子商务平台经营者发出的通知一般包括：知识产权权利证明及权利人的真实身份信息；能够实现准确定位的被诉侵权商品或者服务信息；构成侵权的初步证据；通知真实性的书面保证等。通知应当采取书面形式。

通知涉及专利权的，电子商务平台经营者可以要求知识产权权利人提交技术特征或者设计特征对比的说明、实用新型或者外观设计专利权评价报告等材料。

六、人民法院认定通知人是否具有电子商务法第四十二条第三款所称的“恶意”，可以考量下列因素：提交伪造、变造的权利证明；提交虚假侵权对比的鉴定意见、专家意见；明知权利状态不稳定仍发出通知；明知通知错误仍不及时撤回或者更正；反复提交错误通知等。

电子商务平台经营者、平台内经营者以错误通知、恶意发出错误通知造成其损害为由，向人民法院提起诉讼的，可以与涉电子商务平台知识产权纠纷案件一并审理。

七、平台内经营者依据电子商务法第四十三条的规定，向电子商务平台经营者提交的不存在侵权行为的声明一般包括：平台内经营者的真实身份信息；能够实现准确定位、要求终止必要措施的商品或者服务信息；权属证明、授权证明等不存在侵权行为的初步证据；声明真实性的书面保证等。声明应当采取书面形式。

声明涉及专利权的，电子商务平台经营者可以要求平台内经营者提交技术特征或者设计特征对比的说明等材料。

八、人民法院认定平台内经营者发出声明是否具有恶意，可以考量下列因素：提供伪造或者无效的权利证明、授权证明；声明包含虚假信息或者具有明显误导性；通知已经附有认定侵权的生效裁判或者行政处理决定，仍发出声明；明知声明内容错误，仍不及时撤回或者更正等。

九、因情况紧急，电子商务平台经营者不立即采取商品下架等措施将会使其合法利益受到难以弥补的损害的，知识产权权利人可以依据《中华人民共和国民事诉讼法》第一百条、第一百零一条的规定，向人民法院申请采取保全措施。

因情况紧急，电子商务平台经营者不立即恢复商品链接、通知人不立即撤回通知或者停止发送通知等行为将会使其合法利益受到难以弥补的损害的，平台内经营者可以依据前款所述法律规定，向人民法院申请采取保全措施。

知识产权权利人、平台内经营者的申请符合法律规定的，人民法院应当依法予以支持。

十、人民法院判断电子商务平台经营者是否采取了合理的措施，可以考量下列因素：构成侵权的初步证据；侵权成立的可能性；侵权行为的影响范围；侵权行为的具体情节，包括是否存在恶意侵权、重复侵权情形；防止损害扩大的有效性；对平台内经营者利益可能的影响；电子商务平台的服务类型和技术条件等。

平台内经营者有证据证明通知所涉专利权已经被国家知识产权局宣告无效，电子商务平台经营者据此暂缓采取必要措施，知识产权权利人请求认定电子商务平台经营者未及时采取必要措施的，人民法院不予支持。

十一、电子商务平台经营者存在下列情形之一的，人民法院可以认定其“应当知道”侵权行为的存在：

（一）未履行制定知识产权保护规则、审核平台内经营者经营资质等法定义务；

（二）未审核平台内店铺类型标注为“旗舰店”“品牌店”等字样的经营者的权利证明；

（三）未采取有效技术手段，过滤和拦截包含“高仿”“假货”等字样的侵权商品链接、被投诉成立后再次上架的侵权商品链接；

（四）其他未履行合理审查和注意义务的情形。

《最高人民法院关于加强中医药知识产权司法保护的意见》（法发〔2022〕34 号　2022 年 12 月 21 日）

8. 加强中医药著作权及相关权利保护。依法把握作品认定标准，加强对中医药配方、秘方、诊疗技术收集考证、挖掘整理形成的智力成果保护和创作者权益保护。依法保护对中医药古籍版本整理形成的成果，鼓励创作中医药文化和科普作品，推动中医药文化传承发展。加强中医药遗传资源、传统文化、传统知识、民间文艺等知识产权保护，促进非物质文化遗产的整理和利用。依法保护对中医药传统知识等进行整理、研究形成的数据资源，支持中医药传统知识保护数据库建设，推进中医药数据开发利用。

指导案例

北京精雕科技有限公司诉上海奈凯电子科技有限公司侵害计算机软件著作权纠纷案（最高人民法院指导案例 48 号　2015 年 4 月 15 日发布）

【关键词】民事　侵害计算机软件著作权　捆绑销售　技术保护措施　权利滥用

【裁判要点】

计算机软件著作权人为实现软件与机器的捆绑销售，将软件运行的输出数据设定为特定文件格式，以限制其他竞争者的机器读取以该特定文件格式保存的数据，从而将其在软件上的竞争优势扩展到机器，不属于著作权法所规定的著作权人为保护其软件著作权而采取的技术措施。他人研发软件读取其设定的特定文件格式的，不构成侵害计算机软件著作权。

【基本案情】

原告北京精雕科技有限公司（以下简称精雕公司）诉称：原告自主开发了精雕 CNC 雕刻系统，该系统由精雕雕刻 CAD/CAM 软件（JDPaint 软件）、精雕数控系统、机械本体三大部分组成。该系统的使用通过两台计算机完成，一台是加工编程计算机，另一台是数控控制计算机。两台计算机运行两个不同的程序需要相互交换数据，即通过数据文件进行。具体是：JDPaint 软件通过加工编程计算机运行生成 Eng 格式的数据文件，再由运行于数控控制计算机上的控制软件接收该数据文件，将其变成加工指令。原告对上述 JDPaint 软件享有著作权，该软件不公开对外销售，只配备在原告自主生产的数控雕刻机上使用。2006 年初，原告发现被告上海奈凯电子科技有限公司（以下简称奈凯公司）在其网站上大力宣传其开发的 NC－1000 雕铣机数控系统全面支持精雕各种版本的 Eng 文件。被告上述数控系统中的 Ncstudio 软件能够读取 JDPaint 软件输出的 Eng 格式数据文件，而原告对 Eng 格式采取了加密措施。被告非法破译 Eng 格式的加密措施，开发、销售能够读取 Eng 格式数据文件的数控系统，属于故意避开或者破坏原告为保护软件著作权而采取的技术措施的行为，构成对原告软件著作权的侵犯。被告的行为使得其他数控雕刻机能够非法接收 Eng 文件，导致原告精雕雕刻机销量减少，造成经济损失。故请求法院判令被告立即停止支持精雕 JDPaint 各种版本输出 Eng 格式的数控系统的开发、销售及其他侵权行为，公开赔礼道歉，并赔偿损失 485000 元。

奈凯公司辩称：其开发的 Ncstudio 软件能够读取 JDPaint 软件输出的 Eng 格式数据文件，但 Eng 数据文件及该文件所使用的 Eng 格式不属于计算机软件著作权的保护范围，故被告的行为不构成侵权。请求法院驳回原告的诉讼请求。

法院经审理查明：原告精雕公司分别于 2001 年、2004 年取得国家版权局向其颁发的软著登字第 0011393 号、软著登字第 025028 号《计算机软件著作权登记证书》，登记其为精雕雕刻软件 JDPaintV4.0、JDPaintV5.0（两软件以下简称 JDPaint）的原始取得人。奈凯公司分别于 2004 年、2005 年取得国家版权局向其颁发的软著登字第 023060 号、软著登字第 041930 号《计算机软件著作权登记证书》，登记其为软件奈凯数控系统 V5.0、维宏数控运动控制系统 V3.0（两软件以下简称 Ncstudio）的原始取得人。

奈凯公司在其公司网站上宣称：2005 年 12 月，奈凯公司推出 NC－1000 雕铣机控制系统，该数控系统全面支持精雕各种版本 Eng 文件，该功能是针对用户对精雕 JDPaintV5.19 这一排版软件的酷爱而研发的。

精雕公司的 JDPaint 软件输出的 Eng 文件是数据文件，采用 Eng 格式。奈凯公司的 Ncstudio 软件能够读取 JDPaint 软件输出的 Eng 文件，即 Ncstudio 软件与 JDPaint 软件所输出的 Eng 文件兼容。

【裁判结果】

上海市第一中级人民法院于 2006 年 9 月 20 日作出（2006）沪一中民五（知）初字第 134 号民事判决：驳回原告精雕公司的诉讼请求。宣判后，精雕公司提出上诉。上海市高级人民法院于 2006 年 12 月 13 日作出（2006）沪高民三（知）终字第 110 号民事判决：驳回上诉，维持原判。

【裁判理由】

法院生效裁判认为：本案应解决的争议焦点是：一、原告精雕公司的 JDPaint 软件输出的、采取加密措施的 Eng 格式数据文件，是否属于计算机软件著作权的保护范围；二、奈凯公司研发能够读取 JDPaint 软件输出的 Eng 格式文件的软件的行为，是否构成《中华人民共和国著作权法》（以下简称《著作权法》）第四十八条第一款第六项、《计算机软件保护条例》第二十四条第一款第三项规定的“故意避开或者破坏著作权人为保护其软件著作权而采取的技术措施”的行为。

关于第一点。《计算机软件保护条例》第二条规定：“本条例所称计算机软件（下称软件），是指计算机程序及其有关文档。”第三条规定：“本条例下列用语的含义：（一）计算机程序，是指为了得到某种结果而可以由计算机等具有信息处理能力的装置执行的代码化指令序列，或者可以被自动转换成代码化指令序列的符号化指令序列或者符号化语句序列。同一计算机程序的源程序和目标程序为同一作品。（二）文档，是指用来描述程序的内容、组成、设计、功能规格、开发情况、测试结果及使用方法的文字资料和图表等，如程序设计说明书、流程图、用户手册等……”第四条规定：“受本条例保护的软件必须由开发者独立开发，并已固定在某种有形物体上。”根据上述规定，计算机软件著作权的保护范围是软件程序和文档。

本案中，Eng 文件是 JDPaint 软件在加工编程计算机上运行所生成的数据文件，其所使用的输出格式即 Eng 格式是计算机 JDPaint 软件的目标程序经计算机执行产生的结果。该格式数据文件本身不是代码化指令序列、符号化指令序列、符号化语句序列，也无法通过计算机运行和执行，对 Eng 格式文件的破解行为本身也不会直接造成对 JDPaint 软件的非法复制。此外，该文件所记录的数据并非原告精雕公司的 JDPaint 软件所固有，而是软件使用者输入雕刻加工信息而生成的，这些数据不属于 JDPaint 软件的著作权人精雕公司所有。因此，Eng 格式数据文件中包含的数据和文件格式均不属于 JDPaint 软件的程序组成部分，不属于计算机软件著作权的保护范围。

关于第二点。根据《著作权法》第四十八条第一款第六项、《计算机软件保护条例》第二十四条第一款第三项的规定，故意避开或者破坏著作权人为保护其软件著作权而采取的技术措施的行为，是侵犯软件著作权的行为。上述规定体现了对恶意规避技术措施的限制，是对计算机软件著作权的保护。但是，上述限制“恶意规避技术措施”的规定不能被滥用。上述规定主要限制的是针对受保护的软件著作权实施的恶意技术规避行为。著作权人为输出的数据设定特定文件格式，并对该文件格式采取加密措施，限制其他品牌的机器读取以该文件格式保存的数据，从而保证捆绑自己计算机软件的机器拥有市场竞争优势的行为，不属于上述规定所指的著作权人为保护其软件著作权而采取技术措施的行为。他人研发能够读取著作权人设定的特定文件格式的软件的行为，不构成对软件著作权的侵犯。

根据本案事实，JDPaint 输出的 Eng 格式文件是在精雕公司的“精雕 CNC 雕刻系统”中两个计算机程序间完成数据交换的文件。从设计目的而言，精雕公司采用 Eng 格式而没有采用通用格式完成数据交换，并不在于对 JDPaint 软件进行加密保护，而是希望只有“精雕 CNC 雕刻系统”能接收此种格式，只有与“精雕 CNC 雕刻系统”相捆绑的雕刻机床才可以使用该软件。精雕公司对 JDPaint 输出文件采用 Eng 格式，旨在限定 JDPaint 软件只能在“精雕 CNC 雕刻系统”中使用，其根本目的和真实意图在于建立和巩固 JDPaint 软件与其雕刻机床之间的捆绑关系。这种行为不属于为保护软件著作权而采取的技术保护措施。如果将对软件著作权的保护扩展到与软件捆绑在一起的产品上，必然超出我国著作权法对计算机软件著作权的保护范围。精雕公司在本案中采取的技术措施，不是为保护 JDPaint 软件著作权而采取的技术措施，而是为获取著作权利益之外利益而采取的技术措施。因此，精雕公司采取的技术措施不属于《著作权法》《计算机软件保护条例》所规定的著作权人为保护其软件著作权而采取的技术措施，奈凯公司开发能够读取 JDPaint 软件输出的 Eng 格式文件的软件的行为，并不属于故意避开和破坏著作权人为保护软件著作权而采取的技术措施的行为。

》石鸿林诉泰州华仁电子资讯有限公司侵害计算机软件著作权纠纷案（最高人民法院指导案例 49 号 2015 年 4 月 15 日发布）

【关键词】 民事 侵害计算机软件著作权 举证责任 侵权对比 缺陷性特征

【裁判要点】

在被告拒绝提供被控侵权软件的源程序或者目标程序，且由于技术上的限制，无法从被控侵权产品中直接读出目标程序的情形下，如果原、被告软件在设计缺陷方面基本相同，而被告又无正当理由拒绝提供其软件源程序或者目标程序以供直接比对，则考虑到原告的客观举证难度，可以判定原、被告计算机软件构成实质性相同，由被告承担侵权责任。

【基本案情】

原告石鸿林诉称：被告泰州华仁电子资讯有限公司（以下简称华仁公司）未经许可，长期大量复制、发行、销售与石鸿林计算机软件“S 型线切割机床单片机控制器系统软件 V1.0”相同的软件，严重损害其合法权益。故诉请判令华仁公司停止侵权，公开赔礼道歉，并赔偿原告经济损失 10 万元，为制止侵权行为所支付的证据保全公证费、诉讼代理费 9200 元以及鉴定费用。

被告华仁公司辩称：其公司 HR－Z 型线切割机床控制器所采用的系统软件系其独立开发完成，与石鸿林 S 型线切割机床单片机控制系统应无相同可能，且其公司产品与石鸿林生产的 S 型线切割机床单片机控制器的硬件及键盘布局也完全不同，请求驳回石鸿林的诉讼请求。

法院经审理查明：2000 年 8 月 1 日，石鸿林开发完成 S 型线切割机床单片机控制器系统软件。

2005 年 4 月 18 日获得国家版权局软著登字第 035260 号计算机软件著作权登记证书，证书载明软件名称为 S 型线切割机床单片机控制器系统软件 V1.0（以下简称 S 系列软件），著作权人为石鸿林，权利取得方式为原始取得。2005 年 12 月 20 日，泰州市海陵区公证处出具（2005）泰海证民内字第 1146 号公证书一份，对石鸿林以 660 元价格向华仁公司购买 HR－Z 线切割机床数控控制器（以下简称 HR－Z 型控制器）一台和取得销售发票（No：00550751）的购买过程，制作了保全公证工作记录、拍摄了所购控制器及其使用说明书、外包装的照片 8 张，并对该控制器进行了封存。

一审中，法院委托江苏省科技咨询中心对下列事项进行比对鉴定：（1）石鸿林本案中提供的软件源程序与其在国家版权局版权登记备案的软件源程序的同一性；（2）公证保全的华仁公司 HR－Z 型控制器系统软件与石鸿林获得版权登记的软件源程序代码相似性或者相同性。后江苏省科技咨询中心出具鉴定工作报告，因被告的软件主要固化在美国 ATMEL 公司的 AT89F51 和菲利普公司的 P89C58 两块芯片上，而代号为“AT89F51”的芯片是一块带自加密的微控制器，必须首先破解它的加密系统，才能读取固化其中的软件代码。而根据现有技术条件，无法解决芯片解密程序问题，因而根据现有鉴定材料难以作出客观、科学的鉴定结论。

二审中，法院根据原告石鸿林的申请，就以下事项组织技术鉴定：原告软件与被控侵权软件是否具有相同的软件缺陷及运行特征。经鉴定，中国版权保护中心版权鉴定委员会出具鉴定报告，结论为：通过运行原、被告软件，发现二者存在如下相同的缺陷情况：（1）二控制器连续加工程序段超过 2048 条后，均出现无法正常执行的情况；（2）在加工完整的一段程序后只让自动报警两声以下即按任意键关闭报警时，在下一次加工过程中加工回复线之前自动暂停后，二控制器均有偶然出现蜂鸣器响声 2 声的现象。

二审法院另查明：原、被告软件的使用说明书基本相同。两者对控制器功能的描述及技术指标基本相同；两者对使用操作的说明基本相同；两者在段落编排方式和多数语句的使用上基本相同。经二审法院多次释明，华仁公司始终拒绝提供被控侵权软件的源程序以供比对。

【裁判结果】

江苏省泰州市中级人民法院于 2006 年 12 月 8 日作出（2006）泰民三初字第 2 号民事判决：驳回原告石鸿林的诉讼请求。石鸿林提起上诉，江苏省高级人民法院于 2007 年 12 月 17 日作出（2007）苏民三终字第 0018 号民事判决：一、撤销江苏省泰州市中级人民法院（2006）泰民三初字第2号民事判决；二、华仁公司立即停止生产、销售侵犯石鸿林S型线切割机床单片机控制器系统软件V1.0著作权的产品；三、华仁公司于本判决生效之日起10日内赔偿石鸿林经济损失79200元；四、驳回石鸿林的其他诉讼请求。

【裁判理由】

法院生效裁判认为：根据现有证据，应当认定华仁公司侵犯了石鸿林S系列软件著作权。

一、本案的证明标准应根据当事人客观存在的举证难度合理确定

根据法律规定，当事人对自己提出的诉讼请求所依据的事实有责任提供证据加以证明。本案中，石鸿林主张华仁公司侵犯其S系列软件著作权，其须举证证明双方计算机软件之间构成相同或实质性相同。一般而言，石鸿林就此须举证证明两计算机软件的源程序或目标程序之间构成相同或实质性相同。但本案中，由于存在客观上的困难，石鸿林实际上无法提供被控侵权的HR－Z软件的源程序或目标程序，并进而直接证明两者的源程序或目标程序构成相同或实质性相同。1. 石鸿林无法直接获得被控侵权的计算机软件源程序或目标程序。由于被控侵权的HR－Z软件的源程序及目标程序处于华仁公司的实际掌握之中，因此在华仁公司拒绝提供的情况下，石鸿林实际无法提供HR－Z软件的源程序或目标程序以供直接对比。2. 现有技术手段无法从被控侵权的HR－Z型控制器中获得HR－Z软件源程序或目标程序。根据一审鉴定情况，HR－Z软件的目标程序系加载于HR－Z型控制器中的内置芯片上，由于该芯片属于加密芯片，无法从芯片中读出HR－Z软件的目标程序，并进而反向编译出源程序。因此，依靠现有技术手段无法从HR－Z型控制器中获得HR－Z软件源程序或目标程序。

综上，本案在华仁公司无正当理由拒绝提供软件源程序以供直接比对，石鸿林确因客观困难无法直接举证证明其诉讼主张的情形下，应从公平和诚实信用原则出发，合理把握证明标准的尺度，对石鸿林提供的现有证据能否形成高度盖然性优势进行综合判断。

二、石鸿林提供的现有证据能够证明被控侵权的HR－Z软件与石鸿林的S系列软件构成实质相同，华仁公司应就此承担提供相反证据的义务

本案中的现有证据能够证明以下事实：

1. 二审鉴定结论显示：通过运行安装HX－Z软件的HX－Z型控制器和安装HR－Z软件的HR－Z型控制器，发现二者存在前述相同的系统软件缺陷情况。

2. 二审鉴定结论显示：通过运行安装HX－Z软件的HX－Z型控制器和安装HR－Z软件的HR－Z型控制器，发现二者在加电运行时存在相同的特征性情况。

3. HX－Z和HR－Z型控制器的使用说明书基本相同。

4. HX－Z和HR－Z型控制器的整体外观和布局基本相同，主要包括面板、键盘的总体布局基本相同等。

据此，鉴于HX－Z和HR－Z软件存在共同的系统软件缺陷，根据计算机软件设计的一般性原理，在独立完成设计的情况下，不同软件之间出现相同的软件缺陷几率极小，而如果软件之间存在共同的软件缺陷，则软件之间的源程序相同的概率较大。同时结合两者在加电运行时存在相同的特征性情况、HX－Z和HR－Z型控制器的使用说明书基本相同、HX－Z和HR－Z型控制器的整体外观和布局基本相同等相关事实，法院认为石鸿林提供的现有证据能够形成高度盖然性优势，足以使法院相信HX－Z和HR－Z软件构成实质相同。同时，由于HX－Z软件是石鸿林对其S系列软件的改版，且HX－Z软件与S系列软件实质相同。因此，被控侵权的HR－Z软件与石鸿林的S系列软件亦构成实质相同，即华仁公司侵犯了石鸿林享有的S系列软件著作权。

三、华仁公司未能提供相反证据证明其诉讼主张，应当承担举证不能的不利后果

本案中，在石鸿林提供了上述证据证明其诉讼主张的情形下，华仁公司并未能提供

相反证据予以反证，依法应当承担举证不能的不利后果。经本院反复释明，华仁公司最终仍未提供被控侵权的 HR－Z 软件源程序以供比对。华仁公司虽提供了 DX－Z 线切割控制器微处理器固件程序系统 V3.0 的计算机软件著作权登记证书，但其既未证明该软件与被控侵权的 HR－Z 软件属于同一软件，又未证明被控侵权的 HR－Z 软件的完成时间早于石鸿林的 S 系列软件，或系其独立开发完成。尽管华仁公司还称，其二审中提供的 2004 年 5 月 19 日商业销售发票，可以证明其于 2004 年就开发完成了被控侵权软件。对此法院认为，该份发票上虽注明货物名称为 HR－Z 线切割控制器，但并不能当然推断出该控制器所使用的软件即为被控侵权的 HR－Z 软件，华仁公司也未就此进一步提供其他证据予以证实。同时结合该份发票并非正规的增值税发票、也未注明购货单位名称等一系列瑕疵，法院认为，华仁公司 2004 年就开发完成了被控侵权软件的诉讼主张缺乏事实依据，不予采纳。

综上，根据现有证据，同时在华仁公司持有被控侵权的 HR－Z 软件源程序且无正当理由拒不提供的情形下，应当认定被控侵权的 HR－Z 软件与石鸿林的 S 系列软件构成实质相同，华仁公司侵犯了石鸿林 S 系列软件著作权。

洪福远、邓春香诉贵州五福坊食品有限公司、贵州今彩民族文化研发有限公司著作权侵权纠纷案（最高人民法院指导案例 80 号　2017 年 3 月 6 日发布）

【关键词】　民事　著作权侵权　民间文学艺术衍生作品

【裁判要点】

民间文学艺术衍生作品的表达系独立完成且有创作性的部分，符合著作权法保护的作品特征的，应当认定作者对其独创性部分享有著作权。

【基本案情】

原告洪福远、邓春香诉称：原告洪福远创作完成的《和谐共生十二》作品，发表在 2009 年 8 月贵州人民出版社出版的《福远蜡染艺术》一书中。洪福远曾将该涉案作品的使用权（蜡染上使用除外）转让给原告邓春香，由邓春香维护著作财产权。被告贵州五福坊食品有限公司（以下简称五福坊公司）以促销为目的，擅自在其销售的商品上裁切性地使用了洪福远的上述画作。原告认为被告侵犯了洪福远的署名权和邓春香的著作财产权，请求法院判令：被告就侵犯著作财产权赔偿邓春香经济损失 20 万元；被告停止使用涉案图案，销毁涉案包装盒及产品册页；被告就侵犯洪福远著作人身权刊登声明赔礼道歉。

被告五福坊公司辩称：第一，原告起诉其拥有著作权的作品与贵州今彩民族文化研发有限公司（以下简称今彩公司）为五福坊公司设计的产品外包装上的部分图案，均借鉴了贵州黄平革家传统蜡染图案，被告使用今彩公司设计的产品外包装不构成侵权；第二，五福坊公司的产品外包装是委托本案第三人今彩公司设计的，五福坊公司在使用产品外包装时已尽到合理注意义务；第三，本案所涉作品在产品包装中位于右下角，整个作品面积只占产品外包装面积的二十分之一左右，对于产品销售的促进作用影响较小，原告起诉的赔偿数额 20 万元显然过高。原告的诉请没有事实和法律依据，故请求驳回原告的诉讼请求。

第三人今彩公司述称：其为五福坊公司进行广告设计、策划，2006 年 12 月创作完成“四季如意”的手绘原稿，直到 2011 年 10 月五福坊公司开发针对旅游市场的礼品，才重新截取该图案的一部分使用，图中的鸟纹、如意纹、铜鼓纹均源于贵州黄平革家蜡染的“原形”，原告作品中的鸟纹图案也源于贵州传统蜡染，原告方主张的作品不具有独创性，本案不存在侵权的事实基础，故原告的诉请不应支持。

法院经审理查明：原告洪福远从事蜡染艺术设计创作多年，先后被文化部授予“中国十大民间艺术家”“非物质文化遗产保护工作先进个人”等荣誉称号。2009年8月其创作完成的《和谐共生十二》作品发表在贵州人民出版社出版的《福远蜡染艺术》一书中，该作品借鉴了传统蜡染艺术的自然纹样和几何纹样的特征，色彩以靛蓝为主，描绘了一幅花、鸟共生的和谐图景。但该作品对鸟的外形进行了补充，对鸟的眼睛、嘴巴丰富了线条，使得鸟图形更加传神，对鸟的脖子、羽毛融入了作者个人的独创，使得鸟图形更为生动，对中间的铜鼓纹花也融合了作者自己的构思而有别于传统的蜡染艺术图案。2010年8月1日，原告洪福远与原告邓春香签订《作品使用权转让合同》，合同约定洪福远将涉案作品的使用权（蜡染上使用除外）转让给邓春香，由邓春香维护受让权利范围内的著作财产权。

被告五福坊公司委托第三人今彩公司进行产品的品牌市场形象策划设计服务，包括进行产品包装及配套设计、产品手册以及促销宣传品的设计等。根据第三人今彩公司的设计服务，五福坊公司在其生产销售的产品贵州辣子鸡、贵州小米渣、贵州猪肉干的外包装礼盒的左上角、右下角使用了蜡染花鸟图案和如意图案边框。洪福远认为五福坊公司使用了其创作的《和谐共生十二》作品，一方面侵犯了洪福远的署名权，割裂了作者与作品的联系，另一方面侵犯了邓春香的著作财产权。经比对查明，五福坊公司生产销售的上述三种产品外包装礼盒和产品手册上使用的蜡染花鸟图案与洪福远创作的《和谐共生十二》作品，在鸟与花图形的结构造型、线条的取舍与排列上一致，只是图案的底色和线条的颜色存在差别。

【裁判结果】

贵州省贵阳市中级人民法院于2015年9月18日作出（2015）筑知民初字第17号民事判决：一、被告贵州五福坊食品有限公司于本判决生效之日起10日内赔偿原告邓春香经济损失10万元；二、被告贵州五福坊食品有限公司在本判决生效后，立即停止使用涉案《和谐共生十二》作品；三、被告贵州五福坊食品有限公司于本判决生效之日起5日内销毁涉案产品贵州辣子鸡、贵州小米渣、贵州猪肉干的包装盒及产品宣传册页；四、驳回原告洪福远和邓春香的其余诉讼请求。一审宣判后，各方当事人均未上诉，判决已发生法律效力。

【裁判理由】

法院生效裁判认为：本案的争议焦点一是本案所涉《和谐共生十二》作品是否受著作权法保护；二是案涉产品的包装图案是否侵犯原告的著作权；三是如何确定本案的责任主体；四是本案的侵权责任方式如何判定；五是本案的赔偿数额如何确定。

关于第一个争议焦点，本案所涉原告洪福远的《和谐共生十二》画作中两只鸟尾部重合，中间采用铜鼓纹花连接而展示对称的美感，而这些正是传统蜡染艺术的自然纹样和几何纹样的主题特征，根据本案现有证据，可以认定涉案作品显然借鉴了传统蜡染艺术的表达方式，创作灵感直接来源于黄平革家蜡染背扇图案。但涉案作品对鸟的外形进行了补充，对鸟的眼睛、嘴巴丰富了线条，对鸟的脖子、羽毛融入了作者个人的独创，使得鸟图形更为传神生动，对中间的铜鼓纹花也融合了作者的构思而有别于传统的蜡染艺术图案。根据著作权法实施条例第二条“著作权法所称作品，是指文学、艺术和科学领域内具有独创性并能以某种有形形式复制的智力成果”的规定，本案所涉原告洪福远创作的《和谐共生十二》画作属于传统蜡染艺术作品的衍生作品，是对传统蜡染艺术作品的传承与创新，符合著作权法保护的作品特征，在洪福远具有独创性的范围内受著作权法的保护。

关于第二个争议焦点，根据著作权法实施条例第四条第九项“美术作品，是指绘画、书法、雕塑等以线条、色彩或者其他方式构成的有审美意义的平面或者立体的造型艺术作品”的规定，绘画作品主要是以线条、色彩等方式构成的有审美意义的平面造型艺术作品。经过庭审比对，本案所涉产品贵州辣子鸡等包装礼盒和产品手册中使用的花鸟图案与涉案《和谐共生十二》画作，在鸟与花图形的结构造型、线条的取舍与排列上一致，只是图案的底色和线条的颜色存在差别，就比对的效果来看图案的底色和线条的颜色差别已然成为侵权的掩饰手段而已，并非独创性的智力劳动；第三人今彩公司主张其设计、使用在五福坊公司产品包装礼盒和产品手册中的作品创作于2006年，但其没有提交任何证据可以佐证，而洪福远的涉案作品于2009年发表在《福远蜡染艺术》一书中，且书中画作直接注明了作品创作日期为2003年，由此可以认定洪福远的涉案作品创作并发表在先。在五福坊公司生产、销售涉案产品之前，洪福远即发表了涉案《和谐共生十二》作品，五福坊公司有机会接触到原告的作品。据此，可以认定第三人今彩公司有抄袭洪福远涉案作品的故意，五福坊公司在生产、销售涉案产品包装礼盒和产品手册中部分使用原告的作品，侵犯了原告对涉案绘画美术作品的复制权。

关于第三个争议焦点，庭前准备过程中，经法院向洪福远释明是否追加今彩公司为被告参加诉讼，是否需要变更诉讼请求，原告以书面形式表示不同意追加今彩公司为被告，并认为五福坊公司与今彩公司属于另一法律关系，不宜与本案合并审理。事实上，五福坊公司与今彩公司签订了合同书，合同约定被告生产的所有产品的外包装、广告文案、宣传品等皆由今彩公司设计，合同也约定如今彩公司提交的设计内容有侵权行为，造成的后果由今彩公司全部承担。但五福坊公司作为产品包装的委托方，并未举证证明其已尽到了合理的注意义务，且也是侵权作品的最终使用者和实际受益者，根据著作权法第四十八条第二款第一项“有下列侵权行为的，应当根据情况，承担停止侵害、消除影响、赔礼道歉、赔偿损失等民事责任……（一）未经著作权人许可，复制、发行、表演、放映、广播、汇编、通过信息网络向公众传播其作品的，本法另有规定的除外”、《最高人民法院关于审理著作权民事纠纷案件适用法律若干问题的解释》（以下简称《著作权纠纷案件解释》）第十九条、第二十条第二款的规定，五福坊公司依法应承担本案侵权的民事责任。五福坊公司与第三人今彩公司之间属另一法律关系，不属于本案的审理范围，当事人可另行主张解决。

关于第四个争议焦点，根据著作权法第四十七条、第四十八条规定，侵犯著作权或与著作权有关的权利的，应当根据案件的实际情况，承担停止侵害、消除影响、赔礼道歉、赔偿损失等民事责任。本案中，第一，原告方的部分著作人身权和财产权受到侵害，客观上产生相应的经济损失，对于原告方的第一项赔偿损失的请求，依法应当获得相应的支持；第二，无论侵权人有无过错，为防止损失的扩大，责令侵权人立即停止正在实施的侵犯他人著作权的行为，以保护权利人的合法权益，也是法律实施的目的，对于原告方第二项要求被告停止使用涉案图案，销毁涉案包装盒及产品册页的诉请，依法应予支持；第三，五福坊公司事实上并无主观故意，也没有重大过失，只是没有尽到合理的审查义务而基于法律的规定承担侵权责任，洪福远也未举证证明被告侵权行为造成其声誉的损害，故对于洪福远要求五福坊公司在《贵州都市报》综合版面刊登声明赔礼道歉的第三项诉请，不予支持。

关于第五个争议焦点，本案中，原告方并未主张为制止侵权行为所支出的合理费用，也没有举证证明为制止侵权行为所支出的任何费用。庭审中，原告方没有提交任何证据以证明其实际损失的多少，也没有提交任何证据以证明五福坊公司因侵权行为的违法所得。事实上，原告方的实际损失本身难以确定，被告方因侵权行为的违法所得也难以查清。根据《著作权纠纷案件解释》第二十五条第一款、第二款“权利人的实际损失或者侵权人的违法所得无法确定的，人民法院根据当事人的请求或者依职权适用著作权法第四十八条第二款（现为第四十九条第二款）的规定确定赔偿数额。人民法院在确定赔偿数额时，应当考虑作品类型、合理使用费、侵权行为性质、后果等情节综合确定”的规定，结合本案的客观实际，主要考量以下5个方面对侵犯著作权赔偿数额的影响：第一，洪福远的涉案《和谐共生十二》作品属于贵州传统蜡染艺术作品的衍生作品，著作权作品的创作是在传统蜡染艺术作品基础上的传承与创新，涉案作品中鸟图形的轮廓与对称的美感来源于传统艺术作品，作者构思的创新有一定的限度和相对局限的空间；第二，贵州蜡染有一定的区域特征和地理标志意义，以花、鸟、虫、鱼等为创作缘起的蜡染艺术作品在某种意义上属于贵州元素或贵州符号，五福坊公司作为贵州的本土企业，其使用贵州蜡染艺术作品符合民间文学艺术作品作为非物质文化遗产固有的民族性、区域性的基本特征要求；第三，根据洪福远与邓春香签订的《作品使用权转让合同》，洪福远已经将其创作的涉案《和谐共生十二》作品的使用权（蜡染上使用除外）转让给邓春香，即涉案作品的大部分著作财产权转让给了传统民间艺术传承区域外的邓春香，由邓春香维护涉案作品著作财产权，基于本案著作人身权与财产权的权利主体在传统民间艺术传承区域范围内外客观分离的状况，传承区域范围内的企业侵权行为产生的后果与影响并不显著；第四，洪福远几十年来执着于民族蜡染艺术的探索与追求，在创作中将传统的民族蜡染与中国古典文化有机地糅合，从而使蜡染艺术升华到一定高度，对区域文化的发展起到一定的推动作用。尽管涉案作品的大部分著作财产权已经转让给了传统民间艺术传承区域外的邓春香，但洪福远的创作价值以及其在蜡染艺术业内的声誉应得到尊重；第五，五福坊公司涉案产品贵州辣子鸡、贵州小米渣、贵州猪肉干的生产经营规模、销售渠道等应予以参考，根据五福坊公司提交的五福坊公司与广州卓凡彩色印刷有限公司的采购合同，尽管上述证据不一定完全客观反映五福坊公司涉案产品的生产经营状况，但在原告方无任何相反证据的情形下，被告的证明主张在合理范围内应为法律所允许。综合考量上述因素，参照贵州省当前的经济发展水平和人们的生活水平，酌情确定由五福坊公司赔偿邓春香经济损失10万元。

张晓燕诉雷献和、赵琪、山东爱书人音像图书有限公司著作权侵权纠纷案（最高人民法院指导案例81号 2017年3月6日发布）

【关键词】 民事　著作权侵权　影视作品　历史题材　实质相似

【裁判要点】

1. 根据同一历史题材创作的作品中的题材主线、整体线索脉络，是社会共同财富，属于思想范畴，不能为个别人所垄断，任何人都有权对此类题材加以利用并创作作品。

2. 判断作品是否构成侵权，应当从被诉侵权作品作者是否接触过权利人作品、被诉侵权作品与权利人作品之间是否构成实质相似等方面进行。在判断是否构成实质相似时，应比较作者在作品表达中的取舍、选择、安排、设计等是否相同或相似，不应从思想、情感、创意、对象等方面进行比较。

3. 按照著作权法保护作品的规定，人民法院应保护作者具有独创性的表达，即思想或情感的表现形式。对创意、素材、公有领域信息、创作形式、必要场景，以及具有唯一性或有限性的表达形式，则不予保护。

【基本案情】

原告张晓燕诉称：其于1999年12月开始改编创作《高原骑兵连》剧本，2000年8月根据该剧本筹拍20集电视连续剧《高原骑兵连》（以下将该剧本及其电视剧简称“张剧”），2000年12月该剧摄制完成，张晓燕系该剧著作权人。被告雷献和作为《高原骑兵连》的名誉制片人参与了该剧的摄制。被告雷献和作为第一编剧和制片人、被告赵琪作为第二编剧拍摄了电视剧《最后的骑兵》（以下将该电视剧及其剧本简称“雷剧”）。2009 年 7 月 1 日，张晓燕从被告山东爱书人音像图书有限公司购得《最后的骑兵》DVD 光盘，发现与“张剧”有很多雷同之处，主要人物关系、故事情节及其他方面相同或近似，“雷剧”对“张剧”剧本及电视剧构成侵权。故请求法院判令：三被告停止侵权，雷献和在《齐鲁晚报》上公开发表致歉声明并赔偿张晓燕剧本稿酬损失、剧本出版发行及改编费损失共计 80 万元。

被告雷献和辩称：“张剧”剧本根据张冠林的长篇小说《雪域河源》改编而成，“雷剧”最初由雷献和根据师永刚的长篇小说《天苍茫》改编，后由赵琪参照其小说《骑马挎枪走天涯》重写剧本定稿。2000 年上半年，张晓燕找到雷献和，提出合拍反映骑兵生活的电视剧。雷献和向张晓燕介绍了改编《天苍茫》的情况，建议合拍，张晓燕未同意。2000 年 8 月，雷献和与张晓燕签订了合作协议，约定拍摄制作由张晓燕负责，雷献和负责军事保障，不参与艺术创作，雷献和没有看到张晓燕的剧本。“雷剧”和“张剧”创作播出的时间不同，“雷剧”不可能影响“张剧”的发行播出。

法院经审理查明：“张剧”“雷剧”、《骑马挎枪走天涯》《天苍茫》，均系以 20 世纪 80 年代中期精简整编中骑兵部队撤（缩）编为主线展开的军旅、历史题材作品。短篇小说《骑马挎枪走天涯》发表于《解放军文艺》1996 年第 12 期总第 512 期；长篇小说《天苍茫》于 2001 年 4 月由解放军文艺出版社出版发行；“张剧”于 2004 年 5 月 17 日至 5 月 21 日由中央电视台第八套节目在上午时段以每天四集的速度播出；“雷剧”于 2004 年 5 月 19 日至 29 日由中央电视台第一套节目在晚上黄金时段以每天两集的速度播出。

《骑马挎枪走天涯》通过对骑兵连被撤销前后连长、指导员和一匹神骏的战马的描写，叙述了骑兵在历史上的辉煌、骑兵连被撤销、骑兵连官兵特别是骑兵连长对骑兵、战马的痴迷。《骑马挎枪走天涯》存在如下描述：神马（15 号军马）出身来历中透着的神秘、连长与军马的水乳交融、指导员孔越华的人物形象、连长作诗、父亲当过骑兵团长、骑兵在未来战争中发挥的重要作用、连长为保留骑兵连所做的努力、骑兵连最后被撤销、结尾处连长与神马的悲壮。“雷剧”中天马的来历也透着神秘，除了连长常问天的父亲曾为骑兵师长外，上述情节内容与《骑马挎枪走天涯》基本相似。

《天苍茫》是讲述中国军队最后一支骑兵连充满传奇与神秘历史的书，书中展示草原与骑兵的生活，如马与人的情感、最后一匹野马的基因价值，以及研究马语的老人，神秘的预言者，最后的野马在香港赛马场胜出的传奇故事。《天苍茫》中连长成天的父亲是原骑兵师的师长，司令员是山南骑兵连的第一任连长、成天父亲的老部下，成天从小暗恋司令员女儿兰静，指导员王青衣与兰静相爱，并促进成天与基因学者刘可可的爱情。最后连长为救被困沼泽的研究人员牺牲。雷剧中高波将前指导员跑得又快又稳性子好的“大喇嘛”牵来交给常问天作为临时坐骑。结尾连长为完成抓捕任务而牺牲。“雷剧”中有关指导员孔越华与连长常问天之间关系的描述与《天苍茫》中指导员王青衣与连长成天关系的情节内容有相似之处。

法院依法委托中国版权保护中心版权鉴定委员会对张剧与雷剧进行鉴定，结论如下：1. 主要人物设置及关系部分相似；2. 主要线索脉络即骑兵部队缩编（撤销）存在相似之处；3. 存在部分相同或者近似的情节，但除一处语言表达基本相同之外，这些情节的具体表达基本不同。语言表达基本相同的情节是指双方作品中男主人公表达“愿做牧马人”的话语的情节。“张剧”电视剧第四集秦冬季说：“草原为家，以马为伴，做个牧马人”；“雷剧”第十八集常问天说：“以草原为家，以马为伴，你看过电影《牧马人》吗？做个自由的牧马人。”

【裁判结果】

山东省济南市中级人民法院于2011年7月13日作出（2010）济民三初字第84号民事判决：驳回张晓燕的全部诉讼请求。张晓燕不服，提起上诉。山东省高级人民法院于2012年6月14日作出（2011）鲁民三终字第194号民事判决：驳回上诉，维持原判。张晓燕不服，向最高人民法院申请再审。最高人民法院经审查，于2014年11月28日作出（2013）民申字第1049号民事裁定：驳回张晓燕的再审申请。

【裁判理由】

法院生效裁判认为：本案的争议焦点是“雷剧”的剧本及电视剧是否侵害“张剧”的剧本及电视剧的著作权。

判断作品是否构成侵权，应当从被诉侵权作品的作者是否“接触”过要求保护的权利人作品、被诉侵权作品与权利人的作品之间是否构成“实质相似”两个方面进行判断。本案各方当事人对雷献和接触“张剧”剧本及电视剧并无争议，本案的核心问题在于两部作品是否构成实质相似。

我国著作权法所保护的是作品中作者具有独创性的表达，即思想或情感的表现形式，不包括作品中所反映的思想或情感本身。这里指的思想，包括对物质存在、客观事实、人类情感、思维方法的认识，是被描述、被表现的对象，属于主观范畴。思想者借助物质媒介，将构思诉诸形式表现出来，将意象转化为形象、将抽象转化为具体、将主观转化为客观、将无形转化为有形，为他人感知的过程即为创作，创作形成的有独创性的表达属于受著作权法保护的作品。著作权法保护的表达不仅指文字、色彩、线条等符号的最终形式，当作品的内容被用于体现作者的思想、情感时，内容也属于受著作权法保护的表达，但创意、素材或公有领域的信息、创作形式、必要场景或表达唯一或有限则被排除在著作权法的保护范围之外。必要场景，指选择某一类主题进行创作时，不可避免而必须采取某些事件、角色、布局、场景，这种表现特定主题不可或缺的表达方式不受著作权法保护；表达唯一或有限，指一种思想只有唯一一种或有限的表达形式，这些表达视为思想，也不给予著作权保护。在判断“雷剧”与“张剧”是否构成实质相似时，应比较两部作品中对于思想和情感的表达，将两部作品表达中作者的取舍、选择、安排、设计是否相同或相似，而不是离开表达看思想、情感、创意、对象等其他方面。结合张晓燕的主张，从以下几个方面进行分析判断：

关于张晓燕提出“雷剧”与“张剧”题材主线相同的主张，因“雷剧”与《骑马挎枪走天涯》都通过紧扣“英雄末路、骑兵绝唱”这一主题和情境描述了“最后的骑兵”在撤编前后发生的故事，可以认定“雷剧”题材主线及整体线索脉络来自《骑马挎枪走天涯》。“张剧”“雷剧”以及《骑马挎枪走天涯》《天苍茫》4部作品均系以20世纪80年代中期精简整编中骑兵部队撤（缩）编为主线展开的军旅历史题材作品，是社会的共同财富，不能为个别人所垄断，故4部作品的作者都有权以自己的方式对此类题材加以利用并创作作品。因此，即便“雷剧”与“张剧”题材主线存在一定的相似性，因题材主线不受著作权法保护，且“雷剧”的题材主线系来自最早发表的《骑马挎枪走天涯》，不能认定“雷剧”抄袭自“张剧”。

关于张晓燕提出“雷剧”与“张剧”人物设置与人物关系相同、相似的主张，鉴于前述4部作品均系以特定历史时期骑兵部队撤（缩）编为主线展开的军旅题材作品，除了《骑马挎枪走天涯》受短篇小说篇幅的限制，没有三角恋爱关系或军民关系外，其他3部作品中都包含三角恋爱关系、官兵上下关系、军民关系等人物设置和人物关系，这样的表现方式属于军旅题材作品不可避免地采取的必要场景，因表达方式有限，不受著作权法保护。

关于张晓燕提出“雷剧”与“张剧”语言表达及故事情节相同、相似的主张，从语言表达看，如“雷剧”中“做个自由的‘牧马人'"与"张剧"中"做个牧马人"语言表达基本相同，但该语言表达属于特定语境下的惯常用语，非独创性表达。从故事情节看，用于体现作者的思想与情感的故事情节属于表达的范畴，具有独创性的故事情节应受著作权法保护，但是，故事情节中仅部分元素相同、相似并不能当然得出故事情节相同、相似的结论。前述4部作品相同、相似的部分多属于公有领域素材或缺乏独创性的素材，有的仅为故事情节中的部分元素相同，但情节所展开的具体内容和表达的意义并不相同。二审法院认定"雷剧"与"张剧"6处相同、相似的故事情节，其中老部下关系、临时指定马匹等在《天苍茫》中也有相似的情节内容，其他部分虽在情节设计方面存在相同、相似之处，但有的仅为情节表达中部分元素的相同、相似，情节内容相同、相似的部分少且微不足道。

整体而言，"雷剧"与"张剧"具体情节展开不同、描写的侧重点不同、主人公性格不同、结尾不同，二者相同、相似的故事情节在"雷剧"中所占比例极低，且在整个故事情节中处于次要位置，不构成"雷剧"中的主要部分，不会导致读者和观众对两部作品产生相同、相似的欣赏体验，不能得出两部作品实质相似的结论。根据《最高人民法院关于审理著作权民事纠纷案件适用法律若干问题的解释》第十五条"由不同作者就同一题材创作的作品，作品的表达系独立完成并且有创作性的，应当认定作者各自享有独立著作权"的规定，"雷剧"与"张剧"属于由不同作者就同一题材创作的作品，两剧都有独创性，各自享有独立著作权。

左尚明舍家居用品（上海）有限公司诉北京中融恒盛木业有限公司、南京梦阳家具销售中心侵害著作权纠纷案（最高人民法院指导案例157号 2021年7月23日发布）

【关键词】 民事　侵害著作权　实用艺术作品　实用性　艺术性

【裁判要点】

对于具有独创性、艺术性、实用性、可复制性，且艺术性与实用性能够分离的实用艺术品，可以认定为实用艺术作品，并作为美术作品受著作权法的保护。受著作权法保护的实用艺术作品必须具有艺术性，著作权法保护的是实用艺术作品的艺术性而非实用性。

【基本案情】

2009年1月，原告左尚明舍家居用品（上海）有限公司（以下简称左尚明舍公司）设计了一款名称为"唐韵衣帽间家具"的家具图。同年7月，左尚明舍公司委托上海傲世摄影设计有限公司对其制作的系列家具拍摄照片。2011年9月、10月，左尚明舍公司先后在和家网、搜房网进行企业及产品介绍与宣传，同时展示了其生产的"唐韵衣帽间家具"产品照片。2013年12月10日，左尚明舍公司申请对"唐韵衣帽间组合柜"立体图案进行著作权登记。

被告南京梦阳家具销售中心（以下简称梦阳销售中心）为被告北京中融恒盛木业有限公司（以下简称中融公司）在南京地区的代理经销商。左尚明舍公司发现梦阳销售中心门店销售品牌为"越界"的"唐韵红木衣帽间"与"唐韵衣帽间组合柜"完全一致。左尚明舍公司认为，"唐韵衣帽间组合柜"属于实用艺术作品，中融公司侵犯了左尚明舍公司对该作品享有的复制权、发行权；梦阳销售中心侵犯了左尚明舍公司对该作品的发行权。2013年11月29日至2014年1月13日，左尚明舍公司对被诉侵权产品申请保全证据，并提起了本案诉讼。

将左尚明舍公司的"唐韵衣帽间家具"与被诉侵权产品"唐韵红木衣帽间"进行比对，二者相似之处在于：整体均呈L形，衣柜门板布局相似，配件装饰相同，板材花色纹路、整体造型相似等，上述相似部分主要体现在艺术方面；不同之处主要在于L形拐角角度和柜体内部空间分隔，体现于实用功能方面，且对整体视觉效果并无影响，不会使二者产生明显差异。

【裁判结果】

江苏省南京市中级人民法院于 2014 年 12 月 16 日作出（2014）宁知民初字第 126 号民事判决：驳回左尚明舍公司的诉讼请求。左尚明舍公司不服一审判决，提起上诉。江苏省高级人民法院于 2016 年 8 月 30 日作出（2015）苏知民终字第 00085 号民事判决：一、撤销江苏省南京市中级人民法院（2014）宁知民初字第 126 号民事判决；二、中融公司立即停止生产、销售侵害左尚明舍公司“唐韵衣帽间家具”作品著作权的产品的行为；三、梦阳销售中心立即停止销售侵害左尚明舍公司“唐韵衣帽间家具”作品著作权的产品的行为；四、中融公司于本判决生效之日起十日内赔偿左尚明舍公司经济损失（包括合理费用）30 万元；五、驳回左尚明舍公司的其他诉讼请求。中融公司不服，向最高人民法院申请再审。最高人民法院于 2018 年 12 月 29 日作出（2018）最高法民申 6061 号裁定，驳回中融公司的再审申请。

【裁判理由】

最高人民法院认为，本案主要争议焦点为：

一、关于左尚明舍公司的“唐韵衣帽间家具”是否构成受我国著作权法保护作品的问题

《中华人民共和国著作权法实施条例》（以下简称《实施条例》）第二条规定：“著作权法所称作品，是指文学、艺术和科学领域内具有独创性并能以某种有形形式复制的智力成果。”《实施条例》第四条第八项规定：“美术作品，是指绘画、书法、雕塑等以线条、色彩或者其他方式构成的具有审美意义的平面或者立体的造型艺术作品。”我国著作权法所保护的是作品中作者具有独创性的表达，而不保护作品中所反映的思想本身。实用艺术品本身既具有实用性，又具有艺术性。实用功能属于思想范畴不应受著作权法保护，作为实用艺术作品受到保护的仅仅在于其艺术性，即保护实用艺术作品上具有独创性的艺术造型或艺术图案，亦即该艺术品的结构或形式。作为美术作品中受著作权法保护的实用艺术作品，除同时满足关于作品的一般构成要件及其美术作品的特殊构成条件外，还应满足其实用性与艺术性可以相互分离的条件。在实用艺术品的实用性与艺术性不能分离的情况下，不能成为受著作权法保护的美术作品。

左尚明舍公司的“唐韵衣帽间家具”具备可复制性的特点，双方当事人对此并无争议。本案的核心问题在于“唐韵衣帽间家具”上是否具有具备独创性高度的艺术造型或艺术图案，该家具的实用功能与艺术美感能否分离。

首先，关于左尚明舍公司是否独立完成“唐韵衣帽间家具”的问题。左尚明舍公司向一审法院提交的设计图稿、版权登记证书、产品照片、销售合同、宣传报道等证据已经形成完整的证据链，足以证明该公司已于 2009 年独立完成“唐韵衣帽间家具”。中融公司主张左尚明舍公司的“唐韵衣帽间家具”系抄袭自他人的配件设计，并使用通用花色和通用设计，因其未提交足以证明其主张的证据，法院对其上述主张不予支持。

其次，关于左尚明舍公司完成的“唐韵衣帽间家具”是否具有独创性的问题。从板材花色设计方面看，左尚明舍公司“唐韵衣帽间家具”的板材花色系由其自行设计完成，并非采用木材本身的纹路，而是提取传统中式家具的颜色与元素用抽象手法重新设计，将传统中式与现代风格融合，在颜色的选择、搭配、纹理走向及深浅变化上均体现了其独特的艺术造型或艺术图案；从配件设计方面看，“唐韵衣帽间家具”使用纯手工黄铜配件，包括正面柜门及抽屉把手及抽屉四周镶有黄铜角花，波浪的斜边及镂空的设计。在家具上是否使用角花镶边，角花选用的图案，镶边的具体位置，均体现了左尚明舍公司的取舍、选择、设计、布局等创造性劳动；从中式家具风格看，“唐韵衣帽间家

具”右边采用了中式一一对称设计，给人以和谐的美感。因此，“唐韵衣帽间家具”具有审美意义，具备美术作品的艺术创作高度。

最后，关于左尚明舍公司“唐韵衣帽间家具”的实用功能是否能与艺术美感分离的问题。“唐韵衣帽间家具”之实用功能主要在于柜体内部置物空间设计，使其具备放置、陈列衣物等功能，以及柜体L形拐角设计，使其能够匹配具体家居环境进行使用。该家具的艺术美感主要体现在板材花色纹路、金属配件搭配、中式对称等设计上，通过在中式风格的基础上加入现代元素，产生古典与现代双重审美效果。改动“唐韵衣帽间家具”的板材花色纹路、金属配件搭配、中式对称等造型设计，其作为衣帽间家具放置、陈列衣物的实用功能并不会受到影响。因此，“唐韵衣帽间家具”的实用功能与艺术美感能够进行分离并独立存在。

因此，左尚明舍公司的“唐韵衣帽间家具”作为兼具实用功能和审美意义的立体造型艺术作品，属于受著作权法保护的美术作品。

二、关于中融公司是否侵害了左尚明舍公司主张保护涉案作品著作权的问题

判断被诉侵权产品是否构成侵害他人受著作权法保护的作品，应当从被诉侵权人是否“接触”权利人主张保护的作品、被诉侵权产品与权利人主张保护的作品之间是否构成“实质相似”两个方面进行判断。本案中，首先，根据二审法院查明的事实，中融公司提供的相关设计图纸不能完全反映被诉侵权产品“唐韵红木衣帽间”的设计元素，亦缺乏形成时间、设计人员组成等信息，不能充分证明被诉侵权产品由其自行设计且独立完成。左尚明舍公司的“唐韵衣帽间家具”作品形成及发表时间早于中融公司的被诉侵权产品。中融公司作为家具行业的经营者，具备接触左尚明舍公司“唐韵衣帽间家具”作品的条件。其次，如前所述，对于兼具实用功能和审美意义的美术作品，著作权法仅保护其具有艺术性的方面，而不保护其实用功能。判断左尚明舍公司的“唐韵衣帽间家具”作品与中融公司被诉侵权产品“唐韵红木衣帽间”是否构成实质性相似时，应从艺术性方面进行比较。将“唐韵衣帽间家具”与被诉侵权产品“唐韵红木衣帽间”进行比对，二者相似之处在于：整体均呈L形，衣柜门板布局相似，配件装饰相同，板材花色纹路、整体造型相似等，上述相似部分主要体现在艺术方面；不同之处主要在于L形拐角角度和柜体内部空间分隔，体现于实用功能方面，且对整体视觉效果并无影响，不会使二者产生明显差异。因此，中融公司的被诉侵权产品与左尚明舍公司的“唐韵衣帽间家具”作品构成实质性相似，中融公司侵害了左尚明舍公司涉案作品的著作权。

典型案例

北京微播视界科技有限公司与百度在线网络技术（北京）有限公司、百度网讯科技有限公司侵害作品信息网络传播权纠纷案

（《最高人民法院办公厅关于印发2018年中国法院10大知识产权案件和50件典型知识产权案例的通知》第五号 2019年4月17日）

【案情摘要】

北京微播视界科技有限公司（简称微播视界公司）是抖音平台的运营者。百度在线网络技术（北京）有限公司、百度网讯科技有限公司（合称百度公司）是伙拍平台的运营者。汶川特大地震十周年之际，2018年5月12日，抖音平台的加V用户“黑脸V”响应全国党媒信息公共平台（简称党媒平台）和人民网的倡议，使用给定素材，制作并在抖音平台上发布“5.12，我想对你说”短视频（简称“我想对你说”短视频）。经“黑脸V”授权，微播视界公司对“我想对你说”短视频在全球范围内享有独家排他的信息网络传播权及独家维权的权利。伙拍小视频手机软件上传播了“我想对你说”短视

频，该短视频播放页面上未显示有抖音和用户ID号水印。微播视界公司以“我想对你说”短视频构成以类似摄制电影的方法创作的作品（简称类电作品），百度公司上述传播和消除水印的行为侵犯了微播视界公司的信息网络传播权为由，提起诉讼。北京互联网法院一审认为，“我想对你说”短视频构成类电作品，百度公司作为提供信息存储空间的网络服务提供者，对于伙拍小视频手机软件用户提供的被控侵权短视频的行为，不具有主观过错，在履行了“通知－删除”义务后，不构成侵权行为，不应承担相关责任，判决驳回微播视界公司的全部诉讼请求。

【典型意义】

本案为2018年度“中国十大传媒法事例”之一，引发了各界的广泛关注。本案涉及短视频节目能否得到著作权法保护、给予何种程度的保护等一系列新类型法律问题的解决，对人民法院如何在著作权司法实践中平衡好创作与传播、权利人与网络服务提供者以及社会公众的利益关系，提出了新的挑战。与传统类型的电影作品相比，短视频时间较短，是否具备著作权法对保护客体提出的“独创性”要求，是本案双方当事人争议的焦点。人民法院在本案中充分贯彻合理确定不同领域知识产权的保护范围和保护强度的司法政策，根据著作权关于文学艺术类作品在作品特性、创作空间等方面的特点，充分考虑“互联网＋”背景下创新的需求和特点，合理确定了本案短视频节目独创性的尺度，正确划分了著作权范围与公共领域的界限，充分实现了保护知识产权与促进创新、推动产业发展和谐统一。

» NX计算机软件著作权侵权案（《最高人民法院知识产权法庭2020年10件技术类知识产权典型案例》第四号　2021年2月26日）

【基本案情】

西门子软件公司系NX系列软件的著作权人，其以沃福公司未经许可使用涉案软件进行产品设计和制造构成侵权为由，向广州知识产权法院提起诉讼。依西门子软件公司申请，广州知识产权法院赴沃福公司进行证据保全。其间，广州知识产权法院送达了保全裁定，详细说明了将采取的保全措施以及拒不配合保全的法律后果。经现场清点，沃福公司设计办公室共有26台电脑。在广州知识产权法院保全了17台电脑并查明其中9台电脑安装有涉案软件后，沃福公司突然采取对抗措施，通过拒不打开部分电脑、断电、抢夺法院相机、阻止法院工作人员离开等方式妨害证据保全，致使保全工作被迫终止。广州知识产权法院判令沃福公司停止侵权，并按照法定赔偿上限判决沃福公司赔偿西门子软件公司经济损失50万元及维权合理开支10万元。最高人民法院知识产权法庭综合考虑沃福公司的侵权数量、涉案软件价格、沃福公司在本案中无正当理由阻碍法院证据保全的情节等因素，改判沃福公司赔偿西门子软件公司经济损失261万余元及维权合理开支10万元。

【典型意义】

该案依法平等保护了涉外主体的合法权益，明确了诉讼参与人妨害证据保全的后果，将被诉侵权人在诉讼中的表现作为确定损害赔偿的考虑因素。该案判决加大对妨害证据保全的当事人惩处力度，对于引导当事人诚信诉讼具有重要导向意义。

» 上海玄霆娱乐信息科技有限公司与成都吉乾科技有限公司、四三九九网络股份有限公司侵害著作权纠纷案（《2020年中国法院10大知识产权案件》第七号　2021年4月16日）

【案情介绍】

《斗罗大陆》系唐家三少（张威）创作的奇幻小说。张威将该小说的游戏改编权独家授予上海玄霆娱乐信息科技有限公司（以下简称玄霆公司）。同时，张威还创作了《斗罗大陆外传：神界传说》。成都吉乾科技有限公司（以下简称吉乾公司）通过多次转授权获得《斗罗大陆外传：神界传说》的游戏改编权。后吉乾公司开发了新斗罗大陆（神界篇）游戏软件，并与四三九九网络股份有限公司（以下简称四三九九公司）签订了分成合作协议，协议载明游戏的著作权人是吉乾公司。玄霆公司认为，吉乾公司、四三九九公司未经许可，侵害了其对涉案《斗罗大陆》作品的改编权，遂诉至法院。一审、二审法院均认为，涉案游戏属于大型游戏，如对所有章节进行公证，玄霆公司需要支出巨大成本，无疑增加了权利人的举证难度和维权成本，有违公平、效率原则。电子游戏与小说是不同的作品表达方式，判断二者是否构成实质性相似时，不能仅以游戏使用小说文字数量的比重进行判断，应综合判断其是否使用了小说中独创性表达的人物、人物关系、技能、故事情节等元素，并考虑小说中独创性的内容在游戏中所占比重。在判断游戏所使用文字的比重时，可以对游戏资源库文件反编译，以辅助确定游戏是否使用了文字作品中具有独创性的内容。吉乾公司开发的游戏大量使用了《斗罗大陆》小说中人物和魂兽名称、人物关系、技能和故事情节等元素，与涉案《斗罗大陆》小说构成实质性相似。吉乾公司未经玄霆公司许可开发涉案游戏，侵害了玄霆公司享有的改编权，故判决吉乾公司赔偿损失及合理费用共计500万元。

【典型意义】

本案涉及手机游戏侵犯文字作品改编权的认定问题。首次通过对游戏软件资源库反编译，提取其中的内容与文字作品的内容进行比对的方式，确定侵权游戏利用他人作品独创性内容的比重，提高了审判效率、拓宽了审理思路，是维护文化创意产业健康发展、妥善处理涉互联网著作权保护新问题的鲜活司法实践。

杭州华泰一媒文化传媒有限公司诉深圳市道同科技发展有限公司侵害作品信息网络传播权案（《互联网十大典型案例》第二号　2021年5月31日）

【基本案情】

华泰公司主张道同公司未经其许可在道同公司运营的“第一女性时尚网”中发表华泰公司享有著作权的作品，侵害了华泰公司享有的信息网络传播权。华泰公司通过第三方存证平台对侵权事实予以取证，并将相关数据计算成哈希值上传至比特币区块链和Factom区块链中形成区块证据链存证，以此向法院请求判令道同公司承担侵权责任。人民法院经审理认为，根据电子证据审查标准，数秦公司作为独立于当事人的民事主体，其运营的保全网是符合法律规定的第三方存证平台，保全网通过可信度较高的谷歌开源程序进行固定侵权作品等电子数据，且该技术手段对目标网页进行抓取而形成的网页截图、源码信息、调用日志能相互印证，可清晰反映数据的来源、生成及传递路径，应当认定由此生成的电子数据具有可靠性。同时，保全网采用符合相关标准的区块链技术对上述电子数据进行了存证固定，确保了电子数据的完整性。故确认上述电子数据可以作为认定侵权的依据，认定道同公司侵害了华泰公司享有的信息网络传播权，判令道同公司赔偿华泰公司经济损失4000元。

【典型意义】

互联网时代下，电子证据大量涌现，以区块链为代表的新兴信息技术，为电子证据的取证存证带来了全新的变革，同时也亟待明确电子证据效力认定规则。本案系全国首次对区块链电子存证的法律效力进行认定的案件，为该种新型电子证据的认定提供了审查思路，明确了认定区块链存证效力的相关规则，有助于推动区块链技术与司法深度融合，对完善信息化时代下的网络诉讼规则、促进区块链技术发展具有重要意义。

【专家点评】

信息网络技术发展对著作权保护产生了

深远影响。为应对频发的著作权侵权行为，电子证据应运而生。“技术问题需要通过技术手段解决”，区块链技术作为一种去中心化的数据库，采用该技术等手段能够进行存证固定，为认定著作权侵权事实提供有效证据。为此，需要确立相关电子证据的存证取证规则，明确相关电子证据的认定效力。

作为全国首例区块链技术电子存证著作权侵权案，本案判决通过审查存证平台的资格、侵权网页取证技术手段可信度和区块链电子证据保存的完整性，明确了区块链这一新型电子证据的认定效力，并根据电子签名法的规定总结了这类电子证据认定效力的基本规则。人民法院明确利用区块链技术手段存证固定，应重点审核电子数据来源和内容的完整性、技术手段的安全性、方法的可靠性、证据形成的合法性和相关证据的关联性，并根据电子数据的相关法律规定综合判断其证据效力。在信息网络技术迅猛发展环境下，对人民法院如何运用新型电子证据认定侵权事实，如何完善我国电子证据认定规则，如何促进智慧法院建设与区块链技术发展，本案判决都具有重要示范意义。

明河社出版有限公司、完美世界（北京）软件有限公司与北京火谷网络科技股份有限公司、昆仑乐享网络技术有限公司、昆仑万维科技股份有限公司侵害改编权及不正当竞争纠纷案（《互联网十大典型案例》第七号　2021年5月31日）

【基本案情】

自2002年起，明河社是《金庸作品集》（包括《射雕英雄传》《神雕侠侣》《倚天屠龙记》《笑傲江湖》在内的十二部作品）在中国境内除以图书形式出版发行简体字中文版本以外的其他专有使用权的权利人。2013年，在征得明河社同意后，查良镛将上述授权内容中的部分权利内容即特定区域、特定期间内的移动终端游戏软件改编权及改编后游戏软件的商业开发权独家授权完美世界公司。火谷网于2013年4月30日开发完成涉案武侠Q传游戏。同年5月28日，火谷网与昆仑乐享公司签订独家授权协议，授权昆仑乐享公司在包括中国大陆在内的多个国家和地区独家运营该游戏。昆仑万维公司通过其网站进行涉案游戏的运营，并通过该网站提供涉案游戏软件的安卓及苹果系统客户端的下载。2014年3月，明河社及完美世界公司的代理人向公证机构申请对涉案游戏的界面进行了公证取证。涉案游戏共有人物卡牌、武功卡牌、配饰卡牌和阵法卡牌等四类卡牌，通过具体比对，涉案游戏在人物描述、武功描述、配饰描述、阵法描述、关卡设定等多个方面与涉案武侠小说中的相应内容存在对应关系或相似性。火谷网亦认可开发涉案游戏时借鉴和参考了涉案作品的相关元素。二审判决认定涉案游戏侵犯了涉案作品的改编权，判决火谷网、昆仑乐享公司、昆仑万维公司赔偿损失1600万元。

【典型意义】

本案是一起涉及如何认定网络游戏与文字作品间使用关系的典型案例。判决进一步明确了改编权的保护范围，为知名文学作品的市场开发和游戏产业的规范运营提供了指引，对类似案件的审理具有借鉴指导意义。判决判令火谷网、昆仑乐享公司、昆仑万维公司赔偿明河社损失1600万元，充分反映了知识产权的市场价值，切实保障了权利人获得足额赔偿，体现了加大知识产权保护力度的司法导向。本案入选“2019年度中国法院10大知识产权案件”。

【专家点评】

近年来，随着影视和游戏产业的发展，优秀原创作品的商业价值日益凸显，将优秀文学作品改编为网络游戏和影视作品，已经成为影视游戏产业的常见运营模式，本案即是一起擅自将他人武侠小说改编为网络游戏的典型案例。

涉案游戏对原告作品的使用方式，不同于通常的抄袭剽窃，被告在改编时并未完整使用涉案作品的故事情节，仅使用了涉案作品中的主要人物角色、人物关系、人物特征、武功招式以及武器、阵法、场景等创作要素。被告的行为是否构成侵害作者的改编权是本案的争议核心。二审法院采用“整体比对法”，并未先行剔除属于公有领域的部分或不受著作权法保护的成分，也未对单部武侠小说中被利用的内容进行量化计算，而是在引导当事人充分举证、阐述的基础上，根据高度盖然性证明标准和证据优势原则对实质性相似内容作出归纳和认定，在该事实基础上，对相似性内容是否属于受著作权法保护的独创性表达和被告涉案使用行为的属性进行分析，并在进行价值判断和利益衡量后，得出了被告的涉案游戏构成侵犯涉案武侠小说改编权的结论。

根据我国现行著作权法的规定，改编权，是指改编作品，创作出具有独创性的新作品的权利。该权利是著作权法赋予作者以创造性方式利用其作品的权利。在作品的利用方式更趋多元化网络环境下，对于改编权的保护力度将在很大程度上决定著作权的保护强度和作品的商业利用价值。基于上述分析，本案判决对于利用他人作品元素改编行为的著作权法律适用逻辑进行了层次分明的论述，厘清了侵害改编权与侵害复制权和合理使用及借鉴行为的边界，同时区分了著作权法与反不正当竞争法的适用规则，对于类似案件的审理具有指导意义，也为利用他人的文学作品从事商业开发和游戏产业的规范运营提供了规则指引。

159. 商标权权属、侵权纠纷

（1）商标权权属纠纷
（2）侵害商标权纠纷

相关规范

》《中华人民共和国民法典》（2020 年）

第一百二十三条　【知识产权的定义】 民事主体依法享有知识产权。

知识产权是权利人依法就下列客体享有的专有的权利：

……

（三）商标；

……

》《中华人民共和国涉外民事关系法律适用法》（2010 年）

第五十条　知识产权的侵权责任，适用被请求保护地法律，当事人也可以在侵权行为发生后协议选择适用法院地法律。

》《中华人民共和国电子商务法》（2018 年）

第四十二条　知识产权权利人认为其知识产权受到侵害的，有权通知电子商务平台经营者采取删除、屏蔽、断开链接、终止交易和服务等必要措施。通知应当包括构成侵权的初步证据。

电子商务平台经营者接到通知后，应当及时采取必要措施，并将该通知转送平台内经营者；未及时采取必要措施的，对损害的扩大部分与平台内经营者承担连带责任。

因通知错误造成平台内经营者损害的，依法承担民事责任。恶意发出错误通知，造成平台内经营者损失的，加倍承担赔偿责任。

第四十三条　平台内经营者接到转送的通知后，可以向电子商务平台经营者提交不存在侵权行为的声明。声明应当包括不存在侵权行为的初步证据。

电子商务平台经营者接到声明后，应当将该声明转送发出通知的知识产权权利人，并告知其可以向有关主管部门投诉或者向人民法院起诉。电子商务平台经营者在转送声明到达知识产权权利人后十五日内，未收到权利人已经投诉或者起诉通知的，应当及时终止所采取的措施。

第四十四条　电子商务平台经营者应当及时公示收到的本法第四十二条、第四十三条规定的通知、声明及处理结果。

第四十五条 电子商务平台经营者知道或者应当知道平台内经营者侵犯知识产权的，应当采取删除、屏蔽、断开链接、终止交易和服务等必要措施；未采取必要措施的，与侵权人承担连带责任。

《中华人民共和国商标法》(2019年修正)

第三十条 申请注册的商标，凡不符合本法有关规定或者同他人在同一种商品或者类似商品上已经注册的或者初步审定的商标相同或者近似的，由商标局驳回申请，不予公告。

第三十一条 两个或者两个以上的商标注册申请人，在同一种商品或者类似商品上，以相同或者近似的商标申请注册的，初步审定并公告申请在先的商标；同一天申请的，初步审定并公告使用在先的商标，驳回其他人的申请，不予公告。

第三十二条 申请商标注册不得损害他人现有的在先权利，也不得以不正当手段抢先注册他人已经使用并有一定影响的商标。

第三十三条 对初步审定公告的商标，自公告之日起三个月内，在先权利人、利害关系人认为违反本法第十三条第二款和第三款、第十五条、第十六条第一款、第三十条、第三十一条、第三十二条规定的，或者任何人认为违反本法第四条、第十条、第十一条、第十二条、第十九条第四款规定的，可以向商标局提出异议。公告期满无异议的，予以核准注册，发给商标注册证，并予公告。

第五十六条 注册商标的专用权，以核准注册的商标和核定使用的商品为限。

《中华人民共和国商标法实施条例》(2014年修订)

第七十五条 为侵犯他人商标专用权提供仓储、运输、邮寄、印制、隐匿、经营场所、网络商品交易平台等，属于商标法第五十七条第六项规定的提供便利条件。

第七十六条 在同一种商品或者类似商品上将与他人注册商标相同或者近似的标志作为商品名称或者商品装潢使用，误导公众的，属于商标法第五十七条第二项规定的侵犯注册商标专用权的行为。

第七十七条 对侵犯注册商标专用权的行为，任何人可以向工商行政管理部门投诉或者举报。

第七十八条 计算商标法第六十条规定的违法经营额，可以考虑下列因素：

（一）侵权商品的销售价格；

（二）未销售侵权商品的标价；

（三）已查清侵权商品实际销售的平均价格；

（四）被侵权商品的市场中间价格；

（五）侵权人因侵权所产生的营业收入；

（六）其他能够合理计算侵权商品价值的因素。

《最高人民法院关于审理商标民事纠纷案件适用法律若干问题的解释》(2020年12月23日修正)

第一条 下列行为属于商标法第五十七条第（七）项规定的给他人注册商标专用权造成其他损害的行为：

（一）将与他人注册商标相同或者相近似的文字作为企业的字号在相同或者类似商品上突出使用，容易使相关公众产生误认的；

（二）复制、摹仿、翻译他人注册的驰名商标或其主要部分在不相同或者不相类似商品上作为商标使用，误导公众，致使该驰名商标注册人的利益可能受到损害的；

（三）将与他人注册商标相同或者相近似的文字注册为域名，并且通过该域名进行相关商品交易的电子商务，容易使相关公众产生误认的。

第二条 依据商标法第十三条第二款的规定，复制、摹仿、翻译他人未在中国注册的驰名商标或其主要部分，在相同或者类似商品上作为商标使用，容易导致混淆的，应当承担停止侵害的民事法律责任。

《最高人民法院关于加强中医药知识产权司法保护的意见》（法发〔2022〕34 号　2022 年 12 月 21 日）

4. 加强中医药商业标志保护。加强中医药驰名商标、传统品牌和老字号司法保护，依法妥善处理历史遗留问题，促进中医药品牌传承发展。依法制裁中医药领域商标恶意注册行为，坚决惩治恶意诉讼，遏制权利滥用，努力营造诚实守信的社会环境。严厉打击中医药商标侵权行为，切实保障权利人合法权益，促进中医药品牌建设。

指导案例

兰建军、杭州小拇指汽车维修科技股份有限公司诉天津市小拇指汽车维修服务有限公司等侵害商标权及不正当竞争纠纷案（最高人民法院指导案例 30 号　2014 年 6 月 26 日发布）

【关键词】　民事　侵害商标权　不正当竞争　竞争关系

【裁判要点】

1. 经营者是否具有超越法定经营范围而违反行政许可法律法规的行为，不影响其依法行使制止商标侵权和不正当竞争的民事权利。

2. 反不正当竞争法并未限制经营者之间必须具有直接的竞争关系，也没有要求其从事相同行业。经营者之间具有间接竞争关系，行为人违背反不正当竞争法的规定，损害其他经营者合法权益的，也应当认定为不正当竞争行为。

【基本案情】

原告兰建军、杭州小拇指汽车维修科技股份有限公司（以下简称杭州小拇指公司）诉称：其依法享有“小拇指”注册商标专用权，而天津市小拇指汽车维修服务有限公司（以下简称天津小拇指公司）、天津市华商汽车进口配件公司（以下简称天津华商公司）在从事汽车维修及通过网站进行招商加盟过程中，多处使用了“小拇指”标识，且存在单独或突出使用“小拇指”的情形，侵害了其注册商标专用权；同时，天津小拇指公司擅自使用杭州小拇指公司在先的企业名称，构成对杭州小拇指公司的不正当竞争。故诉请判令天津小拇指公司立即停止使用“小拇指”字号进行经营，天津小拇指公司及天津华商公司停止商标侵权及不正当竞争行为、公开赔礼道歉、连带赔偿经济损失 630000 元及合理开支 24379.4 元，并承担案件诉讼费用。

被告天津小拇指公司、天津华商公司辩称：1. 杭州小拇指公司的经营范围并不含许可经营项目及汽车维修类，也未取得机动车维修的许可，且不具备“两店一年”的特许经营条件，属于超越经营范围的非法经营，故其权利不应得到保护。2. 天津小拇指公司、天津华商公司使用“小拇指”标识有合法来源，不构成商标侵权。3. 杭州小拇指公司并不从事汽车维修行业，双方不构成商业竞争关系，且不能证明其为知名企业，其主张企业名称权缺乏法律依据，天津小拇指公司、天津华商公司亦不构成不正当竞争，故请求驳回原告诉讼请求。

法院经审理查明：杭州小拇指公司成立于 2004 年 10 月 22 日，法定代表人为兰建军。其经营范围为：“许可经营项目：无；一般经营项目：服务；汽车玻璃修补的技术开发，汽车油漆快速修复的技术开发；批发、零售；汽车配件；含下属分支机构经营范围；其他无需报经审批的一切合法项目（上述经营范围不含国家法律法规规定禁止、限制和许可经营的项目。）凡以上涉及许可证制度的凭证经营。”其下属分支机构为杭州小拇指公司萧山分公司，该分公司成立于 2005 年 11 月 8 日，经营范围为：“汽车涂漆、玻璃安装。”该分公司于 2008 年 8 月 1 日取得的《道路运输经营许可证》载明的经营范围为：“维修（二类机动车维修：小型车辆维修）。”

2011 年 1 月 14 日，杭州小拇指公司取得第6573882号“小拇指”文字注册商标，核定服务项目（第35类）：连锁店的经营管理（工商管理辅助）；特许经营的商业管理；商业管理咨询；广告（截止）。该商标现在有效期内。2011年4月14日，兰建军将其拥有的第6573881号“小拇指”文字注册商标以独占使用许可的方式，许可给杭州小拇指公司使用。

杭州小拇指公司多次获中国连锁经营协会颁发的中国特许经营连锁120强证书，2009年杭州小拇指公司“小拇指汽车维修服务”被浙江省质量技术监督局认定为浙江服务名牌。

天津小拇指公司成立于2008年10月16日，法定代表人田俊山。其经营范围为：“小型客车整车修理、总成修理、整车维护、小修、维修救援、专项修理。（许可经营项目的经营期限以许可证为准）。”该公司于2010年7月28日取得的《天津市机动车维修经营许可证》载明类别为“二类（汽车维修）”，经营项目为“小型客车整车修理、总成修理、整车维护、小修、维修救援、专项维修”。有效期自2010年7月28日至2012年7月27日。

天津华商公司成立于1992年11月23日，法定代表人与天津小拇指公司系同一人，即田俊山。其经营范围为：“汽车配件、玻璃、润滑脂、轮胎、汽车装具；车身清洁维护、电气系统维修、涂漆；代办快件、托运、信息咨询；普通货物（以上经营范围涉及行业许可证的凭许可证件在有效期内经营，国家有专项专营规定的按规定办理）。”天津华商公司取得的《天津市机动车维修经营许可证》的经营项目为：“小型客车整车修理、总成修理、整车维护、小修、维修救援、专项修理”，类别为“二类（汽车维修）”，现在有效期内。

天津小拇指公司、天津华商公司在从事汽车维修及通过网站进行招商加盟过程中，多处使用了“小拇指 TIAN JIN XIAO MU ZHI”标识，且存在单独或突出使用“小拇指”的情形。

2008年6月30日，天津华商公司与杭州小拇指公司签订了《特许连锁经营合同》，许可天津华商公司在天津经营“小拇指”品牌汽车维修连锁中心，合同期限为2008年6月30日至2011年6月29日。该合同第三条第（4）项约定：“乙方（天津华商公司）设立加盟店，应以甲方（杭州小拇指公司）书面批准的名称开展经营活动。商号的限制使用（以下选择使用）：（√）未经甲方书面同意，乙方不得在任何场合和时间，以任何形式使用或对‘小拇指’或‘小拇指微修’等相关标志进行企业名称登记注册；未经甲方书面同意，不得将‘小拇指’或‘小拇指微修’名称加上任何前缀、后缀进行修改或补充；乙方不得注册含有‘小拇指’或‘小拇指微修’或与其相关或相近似字样的域名等，该限制包含对乙方的分支机构的限制。”2010年12月16日，天津华商公司与杭州小拇指公司因履行《特许连锁经营合同》发生纠纷，经杭州市仲裁委员会仲裁裁决解除合同。

另查明，杭州小拇指公司于2008年4月8日取得商务部商业特许经营备案。天津华商公司曾向商务部行政主管部门反映杭州小拇指公司违规从事特许经营活动应予撤销备案的问题。对此，浙江省商务厅《关于上报杭州小拇指汽车维修科技股份有限公司特许经营有关情况的函》记载：1. 杭州小拇指公司特许经营备案时已具备“两店一年”条件，符合《商业特许经营管理条例》第七条的规定，可以予以备案；2. 杭州小拇指公司主要负责“小拇指”品牌管理，不直接从事机动车维修业务，并且拥有自己的商标、专利、经营模式等经营资源，可以开展特许经营业务；3. 经向浙江省道路运输管理局有关负责人了解，杭州小拇指公司下属直营店拥有《道路运输经营许可证》，经营范围包含“三类机动车维修”或“二类机动车维修”，具备从事机动车维修的资质；4. 杭州小拇指公司授权许可，以及机动车维修经营不在特许经营许可范围内。

【裁判结果】

天津市第二中级人民法院于2012年9月17日作出（2012）二中民三知初字第47号民事判决：一、判决生效之日起天津市小拇指汽车维修服务有限公司立即停止侵害第6573881号和第6573882号“小拇指”文字注册商标的行为，即天津市小拇指汽车维修服务有限公司立即在其网站（www.tjxiaomuzhi.net）、宣传材料、优惠体验券及其经营场所（含分支机构）停止使用“小拇指 TIAN JIN XIAO MU ZHI”标识，并停止单独使用“小拇指”字样；二、判决生效之日起天津市华商汽车进口配件公司立即停止侵害第6573881号和第6573882号“小拇指”文字注册商标的行为，即天津市华商汽车进口配件公司立即停止在其网站（www.tjxiaomuzhi.com）使用“小拇指 TIAN JIN XIAO MU ZHI”标识；三、判决生效之日起十日内，天津市小拇指汽车维修服务有限公司、天津市华商汽车进口配件公司连带赔偿兰建军、杭州小拇指汽车维修科技股份有限公司经济损失及维权费用人民币50000元；四、驳回兰建军、杭州小拇指汽车维修科技股份有限公司的其他诉讼请求。宣判后，兰建军、杭州小拇指公司及天津小拇指公司、天津华商公司均提出上诉。天津市高级人民法院于2013年2月19日作出（2012）津高民三终字第0046号民事判决：一、维持天津市第二中级人民法院（2012）二中民三知初字47号民事判决第一、二、三项及逾期履行责任部分；二、撤销天津市第二中级人民法院（2012）二中民三知初字第47号民判决第四项；三、自本判决生效之日起，天津市小拇指汽车维修服务有限公司立即停止在其企业名称中使用“小拇指”字号；四、自本判决生效之日起十日内，天津市小拇指汽车维修服务有限公司赔偿杭州小拇指汽车维修科技股份有限公司经济损失人民币30000元；五、驳回兰建军、杭州小拇指汽车维修科技股份有限公司的其他上诉请求；六、驳回天津市小拇指汽车维修服务有限公司、天津市华商汽车进口配件公司的上诉请求。

【裁判理由】

法院生效裁判认为：本案的主要争议焦点为被告天津小拇指公司、天津华商公司的被诉侵权行为是否侵害了原告兰建军、杭州小拇指公司的注册商标专用权，以及是否构成对杭州小拇指公司的不正当竞争。

一、关于被告是否侵害了兰建军、杭州小拇指公司的注册商标专用权

天津小拇指公司、天津华商公司在从事汽车维修及通过网站进行招商加盟过程中，多处使用了“小拇指 TIAN JIN XIAO MU ZHI”标识，且存在单独或突出使用“小拇指”的情形，相关公众施以一般注意力，足以对服务的来源产生混淆，或误认天津小拇指公司与杭州小拇指公司之间存在特定联系。“小拇指 TIAN JIN XIAO MU ZHI”标识主体及最易识别部分“小拇指”字样与涉案注册商标相同，同时考虑天津小拇指公司在经营场所、网站及宣传材料中对“小拇指”的商标性使用行为，应当认定该标识与涉案的“小拇指”文字注册商标构成近似。据此，因天津小拇指公司、天津华商公司在与兰建军、杭州小拇指公司享有权利的第6573881号“小拇指”文字注册商标核定的相同服务项目上，未经许可而使用“小拇指 TIAN JIN XIAO MU ZHI”及单独使用“小拇指”字样，足以导致相关公众的混淆和误认，属于《中华人民共和国商标法》（简称《商标法》）第五十二条第（一）项规定的侵权行为。天津小拇指公司、天津华商公司通过其网站进行招商加盟的商业行为，根据《最高人民法院关于审理商标民事纠纷案件适用法律若干问题的解释》第十二条之规定，可以认定在与兰建军、杭州小拇指公司享有权利的第6573882号“小拇指”文字注册商标核定服务项目相类似的服务中使用了近似商标，且未经权利人许可，亦构成《商标法》第五十二条第（一）项规定的侵权行为。

二、被告是否构成对杭州小拇指公司的不正当竞争

该争议焦点涉及两个关键问题：一是经营者是否存在超越法定经营范围的违反行政许可法律法规行为及其民事权益能否得到法律保护；二是如何认定反不正当竞争法调整的竞争关系。

（一）关于经营者是否存在超越法定经营范围行为及其民事权益能否得到法律保护

天津小拇指公司、天津华商公司认为其行为不构成不正当竞争的一个主要理由在于，杭州小拇指公司未依法取得机动车维修的相关许可，超越法定经营范围从事特许经营且不符合法定条件，属于非法经营行为，杭州小拇指公司主张的民事权益不应得到法律保护。故本案中要明确天津小拇指公司、天津华商公司所指称杭州小拇指公司超越法定经营范围而违反行政许可法律法规的行为是否成立，以及相应民事权益能否受到法律保护的问题。

首先，对于超越法定经营范围违反有关行政许可法律法规的行为，应当依法由相应的行政主管部门进行认定，主张对方有违法经营行为的一方，应自行承担相应的举证责任。本案中，对于杭州小拇指公司是否存在非法从事机动车维修及特许经营业务的行为，从现有证据和事实看，难以得出肯定性的结论。经营汽车维修属于依法许可经营的项目，但杭州小拇指公司并未从事汽车维修业务，其实际从事的是授权他人在车辆清洁、保养和维修等服务中使用其商标，或以商业特许经营的方式许可其直营店、加盟商在经营活动中使用其“小拇指”品牌、专利技术等，这并不以其自身取得经营机动车维修业务的行政许可为前提条件。此外，杭州小拇指公司已取得商务部商业特许经营备案，杭州小拇指公司特许经营备案时已具备“两店一年”条件，其主要负责“小拇指”品牌管理，不直接从事机动车维修业务，并且拥有自己的商标、专利、经营模式等经营资源，可以开展特许经营业务。故本案依据现有证据，并不能认定杭州小拇指公司存在违反行政许可法律法规从事机动车维修或特许经营业务的行为。

其次，即使有关行为超越法定经营范围而违反行政许可法律法规，也应由行政主管部门依法查处，不必然影响有关民事权益受到侵害的主体提起民事诉讼的资格，亦不能以此作为被诉侵权者对其行为不构成侵权的抗辩。本案中，即使杭州小拇指公司超越法定经营范围而违反行政许可法律法规，这属于行政责任范畴，该行为并不影响其依法行使制止商标侵权和不正当竞争行为的民事权利，也不影响人民法院依法保护其民事权益。被诉侵权者以经营者超越法定经营范围而违反行政许可法律法规为由主张其行为不构成侵权的，人民法院不予支持。

（二）关于如何认定反不正当竞争法调整的竞争关系

经营者之间是否存在竞争关系是认定构成不正当竞争的关键。《中华人民共和国反不正当竞争法》（以下简称反不正当竞争法）第二条规定：“经营者在市场交易中，应当遵循自愿、平等、公平、诚实信用的原则，遵守公认的商业道德。本法所称的不正当竞争，是指经营者违反本法规定，损害其他经营者的合法权益，扰乱社会经济秩序的行为。本法所称的经营者，是指从事商品经营或者营利性服务（以下所称商品包括服务）的法人、其他经济组织和个人。”由此可见，反不正当竞争法并未限制经营者之间必须具有直接的或具体的竞争关系，也没有要求经营者从事相同行业。反不正当竞争法所规制的不正当竞争行为，是指损害其他经营者合法权益、扰乱经济秩序的行为，从直接损害对象看，受损害的是其他经营者的市场利益。因此，经营者之间具有间接竞争关系，行为人违背反不正当竞争法的规定，损害其他经营者合法权益的，也应当认定为不正当竞争行为。

本案中，被诉存在不正当竞争的天津小拇指公司与天津华商公司均从事汽车维修行

业。根据已查明的事实，杭州小拇指公司本身不具备从事机动车维修的资质，也并未实际从事汽车维修业务，但从其所从事的汽车玻璃修补、汽车油漆快速修复等技术开发活动，以及经授权许可使用的注册商标核定服务项目所包含的车辆保养和维修等可以认定，杭州小拇指公司通过将其拥有的企业标识、注册商标、专利、专有技术等经营资源许可其直营店或加盟店使用，使其成为“小拇指”品牌的运营商，以商业特许经营的方式从事与汽车维修相关的经营活动。因此，杭州小拇指公司是汽车维修市场的相关经营者，其与天津小拇指公司及天津华商公司之间存在间接竞争关系。

反不正当竞争法第五条第（三）项规定，禁止经营者擅自使用他人企业名称，引人误认为是他人的商品，以损害竞争对手。在认定原被告双方存在间接竞争关系的基础上，确定天津小拇指公司登记注册“小拇指”字号是否构成擅自使用他人企业名称的不正当竞争行为，应当综合考虑以下因素：

1. 杭州小拇指公司的企业字号是否具有一定的市场知名度。根据本案现有证据，杭州小拇指公司自 2004 年 10 月成立时起即以企业名称中的“小拇指”作为字号使用，并以商业特许经营的方式从事汽车维修行业，且专门针对汽车小擦小碰的微创伤修复，创立了“小拇指”汽车微修体系，截至 2011 年，杭州小拇指公司在全国已有加盟店 400 余个。虽然“小拇指”本身为既有词汇，但通过其直营店和加盟店在汽车维修领域的持续使用及宣传，“小拇指”汽车维修已在相关市场起到识别经营主体及与其他服务相区别的作用。2008 年 10 月天津小拇指公司成立时，杭州小拇指公司的“小拇指”字号及相关服务在相关公众中已具有一定的市场知名度。

2. 天津小拇指公司登记使用“小拇指”字号是否具有主观上的恶意。市场竞争中的经营者，应当遵循诚实信用原则，遵守公认的商业道德，尊重他人的市场劳动成果，登记企业名称时，理应负有对同行业在先字号予以避让的义务。本案中，天津华商公司作为被特许人，曾于 2008 年 6 月 30 日与作为“小拇指”品牌特许人的杭州小拇指公司签订《特许连锁经营合同》，法定代表人田俊山代表该公司在合同上签字，其知晓合同的相关内容。天津小拇指公司虽主张其与天津华商公司之间没有关联，是两个相互独立的法人，但两公司的法定代表人均为田俊山，且天津华商公司的网站内所显示的宣传信息及相关联系信息均直接指向天津小拇指公司，并且天津华商公司将其登记的经营地点作为天津小拇指公司天津总店的经营地点。故应认定，作为汽车维修相关市场的经营者，天津小拇指公司成立时，对杭州小拇指公司及其经营资源、发展趋势等应当知晓，但天津小拇指公司仍将“小拇指”作为企业名称中识别不同市场主体核心标识的企业字号，且不能提供使用“小拇指”作为字号的合理依据，其主观上明显具有“搭便车”及攀附他人商誉的意图。

3. 天津小拇指公司使用“小拇指”字号是否足以造成市场混淆。根据已查明事实，天津小拇指公司在其开办的网站及其他宣传材料中，均以特殊字体突出注明“汽车小划小碰怎么办？找天津小拇指”“天津小拇指专业特长”的字样，其“优惠体验券”中亦载明“汽车小划小痕，找天津小拇指”，其服务对象与杭州小拇指公司运营的“小拇指”汽车微修体系的消费群体多有重合。且自 2010 年起，杭州小拇指公司在天津地区的加盟店也陆续成立，两者的服务区域也已出现重合。故天津小拇指公司以“小拇指”为字号登记使用，必然会使相关公众误认两者存在某种渊源或联系，加之天津小拇指公司存在单独或突出使用“小拇指”汽车维修、“天津小拇指”等字样进行宣传的行为，足以使相关公众对市场主体和服务来源产生混淆和误认，容易造成竞争秩序的混乱。

综合以上分析，天津小拇指公司登记使用该企业名称本身违反了诚实信用原则，具有不正当性，且无论是否突出使用均难以避免产生市场混淆，已构成不正当竞争，应对此承担停止使用“小拇指”字号及赔偿相应经济损失的民事责任。

山东鲁锦实业有限公司诉鄄城县鲁锦工艺品有限责任公司、济宁礼之邦家纺有限公司侵害商标权及不正当竞争纠纷案（最高人民法院指导案例46号 2015年4月15日发布）

【关键词】 民事 商标侵权 不正当竞争 商品通用名称

【裁判要点】

判断具有地域性特点的商品通用名称，应当注意从以下方面综合分析：（1）该名称在某一地区或领域约定俗成，长期普遍使用并为相关公众认可；（2）该名称所指代的商品生产工艺经某一地区或领域群众长期共同劳动实践而形成；（3）该名称所指代的商品生产原料在某一地区或领域普遍生产。

【基本案情】

原告山东鲁锦实业有限公司（以下简称鲁锦公司）诉称：被告鄄城县鲁锦工艺品有限责任公司（以下简称鄄城鲁锦公司）、济宁礼之邦家纺有限公司（以下简称礼之邦公司）大量生产、销售标有“鲁锦”字样的鲁锦产品，侵犯其“鲁锦”注册商标专用权。鄄城鲁锦公司企业名称中含有原告的“鲁锦”注册商标字样，误导消费者，构成不正当竞争。“鲁锦”不是通用名称。请求判令二被告承担侵犯商标专用权和不正当竞争的法律责任。

被告鄄城鲁锦公司辩称：原告鲁锦公司注册成立前及鲁锦商标注册完成前，“鲁锦”已成为通用名称。按照有关规定，其属于“正当使用”，不构成商标侵权，也不构成不正当竞争。

被告礼之邦公司一审未作答辩，二审上诉称：“鲁锦”是鲁西南一带民间纯棉手工纺织品的通用名称，不知道“鲁锦”是鲁锦公司的注册商标，接到诉状后已停止相关使用行为，故不应承担赔偿责任。

法院经审理查明：鲁锦公司的前身嘉祥县瑞锦民间工艺品厂于1999年12月21日取得注册号为第1345914号的“鲁锦”文字商标，有效期为1999年12月21日至2009年12月20日，核定使用商品为第25类服装、鞋、帽类。鲁锦公司又于2001年11月14日取得注册号为第1665032号的“Lj + LUJIN”的组合商标，有效期为2001年11月14日至2011年11月13日，核定使用商品为第24类的“纺织物、棉织品、内衣用织物、纱布、纺织品、毛巾布、无纺布、浴巾、床单、纺织品家具罩等”。嘉祥县瑞锦民间工艺品厂于2001年2月9日更名为嘉祥县鲁锦实业有限公司，后于2007年6月11日更名为山东鲁锦实业有限公司。

鲁锦公司在获得“鲁锦”注册商标专用权后，在多家媒体多次宣传其产品及注册商标，并于2006年3月被“中华老字号”工作委员会接纳为会员单位。鲁锦公司经过多年努力及长期大量的广告宣传和市场推广，其“鲁锦”牌系列产品，特别是“鲁锦”牌服装在国内享有一定的知名度。2006年11月16日，“鲁锦”注册商标被审定为山东省著名商标。

2007年3月，鲁锦公司从礼之邦鲁锦专卖店购买到由鄄城鲁锦公司生产的同鲁锦公司注册商标所核定使用的商品相同或类似的商品，该商品上的标签（吊牌）、包装盒、包装袋及店堂门面上均带有“鲁锦”字样。在该店门面上“鲁锦”已被突出放大使用，其出具的发票上加盖的印章为礼之邦公司公章。

鄄城鲁锦公司于2003年3月3日成立，在产品上使用的商标是“精一坊文字 + 图形”组合商标，该商标已申请注册，但尚未核准。2007年9月，鄄城鲁锦公司申请撤销鲁锦公司已注册的第1345914号“鲁锦”商标，国家工商总局商标评审委员会已受理但未作出裁定。

一审法院根据鲁锦公司的申请，依法对鄄城鲁锦公司、礼之邦公司进行了证据保全，发现二被告处存有大量同“鲁锦”注册商标核准使用的商品同类或者类似的商品，该商品上的标签（吊牌）、包装盒、包装袋、商品标价签以及被告店堂门面上均带有原告注册商标“鲁锦”字样。被控侵权商品的标签（吊牌）、包装盒、包装袋上已将“鲁锦”文字放大，作为商品的名称或者商品装潢醒目突出使用，且包装袋上未标识生产商及其地址。

另查明：鲁西南民间织锦是一种山东民间纯棉手工纺织品，因其纹彩绚丽、灿烂似锦而得名，在鲁西南地区已有上千年的历史，是历史悠久的齐鲁文化的一部分。从20世纪80年代中期开始，鲁西南织锦开始被开发利用。1986年1月8日，在济南举行了“鲁西南织锦与现代生活展览汇报会”。1986年8月20日，在北京民族文化宫举办了“鲁锦与现代生活展”。1986年前后，《人民日报》《经济参考》《农民日报》等报刊发表“鲁锦”的专题报道，中央电视台、山东电视台也拍摄了多部“鲁锦”的专题片。自此，“鲁锦”作为山东民间手工棉纺织品的通称被广泛使用。此后，鲁锦的研究、开发和生产逐渐普及并不断发展壮大。1987年11月15日，为促进鲁锦文化与现代生活的进一步结合，加拿大国际发展署（CIDA）与中华全国妇女联合会共同在鄄城县杨屯村举行了双边合作项目——鄄城杨屯妇女鲁锦纺织联社培训班。

山东省及济宁、菏泽等地方史志资料在谈及历史、地方特产或传统工艺时，对“鲁锦”也多有记载，均认为“鲁锦”是流行在鲁西南地区广大农村的一种以棉纱为主要原料的传统纺织产品，是山东的主要民间美术品种之一。相关工具书及出版物也对“鲁锦”多有介绍，均认为“鲁锦”是山东民间手工织花棉布，以棉花为主要原料，手工织线、染色、织造，俗称“土布”或“手织布”，因此布色彩斑斓，似锦似绣，故称为“鲁锦”。

1995年12月25日，山东省文物局作出《关于建设“中国鲁锦博物馆”的批复》，同意菏泽地区文化局在鄄城县成立“中国鲁锦博物馆”。2006年12月23日，山东省人民政府公布第一批省级非物质文化遗产，其中山东省文化厅、鄄城县、嘉祥县申报的“鲁锦民间手工技艺”被评定为非物质文化遗产。2008年6月7日，国务院国发〔2008〕19号文件确定由山东省鄄城县、嘉祥县申报的“鲁锦织造技艺”被列入第二批国家级非物质文化遗产名录。

【裁判结果】

山东省济宁市中级人民法院于2008年8月25日作出（2007）济民五初字第6号民事判决：一、鄄城鲁锦公司于判决生效之日立即停止在其生产、销售的第25类服装类系列商品上使用“鲁锦”作为其商品名称或者商品装潢，并于判决生效之日起30日内，消除其现存被控侵权产品上标明的“鲁锦”字样；礼之邦公司立即停止销售鄄城鲁锦公司生产的被控侵权商品。二、鄄城鲁锦公司于判决生效之日起15日内赔偿鲁锦公司经济损失25万元；礼之邦公司赔偿鲁锦公司经济损失1万元。三、鄄城鲁锦公司于判决生效之日起30日内变更企业名称，变更后的企业名称中不得包含“鲁锦”文字；礼之邦公司于判决生效之日立即消除店堂门面上的“鲁锦”字样。宣判后，鄄城鲁锦公司与礼之邦公司提出上诉。山东省高级人民法院于2009年8月5日作出（2009）鲁民三终字第34号民事判决：撤销山东省济宁市中级人民法院（2007）济民五初字第6号民事判决；驳回鲁锦公司的诉讼请求。

【裁判理由】

法院生效裁判认为：根据本案事实可以认定，在1999年鲁锦公司将“鲁锦”注册为商标之前，已是山东民间手工棉纺织品的通用名称，“鲁锦”织造技艺为非物质文化遗产。鄄城鲁锦公司、济宁礼之邦公司的行为不构成商标侵权，也非不正当竞争。

首先，“鲁锦”已成为具有地域性特点的棉纺织品的通用名称。商品通用名称是指行业规范或社会公众约定俗成的对某一商品的通常称谓。该通用名称可以是行业规范规定的称谓，也可以是公众约定俗成的简称。鲁锦指鲁西南民间纯棉手工织锦，其纹彩绚丽、灿烂似锦，在鲁西南地区已有上千年的历史。“鲁锦”作为具有山东特色的手工纺织品的通用名称，为国家主流媒体、各类专业报纸以及山东省新闻媒体所公认，山东省、济宁、菏泽、嘉祥、鄄城的省市县三级史志资料均将“鲁锦”记载为传统鲁西南民间织锦的“新名”，有关工艺美术和艺术的工具书中也确认“鲁锦”就是产自山东的一种民间纯棉手工纺织品。“鲁锦”织造工艺历史悠久，在提到“鲁锦”时，人们想到的就是传统悠久的山东民间手工棉纺织品及其织造工艺。“鲁锦织造技艺”被确定为国家级非物质文化遗产。“鲁锦”代表的纯棉手工纺织生产工艺并非由某一自然人或企业法人发明而成，而是由山东地区特别是鲁西南地区人民群众长期劳动实践而形成。“鲁锦”代表的纯棉手工纺织品的生产原料亦非某一自然人或企业法人特定种植，而是山东不特定地区广泛种植的棉花。自20世纪80年代中期后，经过媒体的大量宣传，“鲁锦”已成为以棉花为主要原料、手工织线、染色、织造的山东地区民间手工纺织品的通称，且已在山东地区纺织行业领域内通用，并被相关社会公众所接受。综上，可以认定“鲁锦”是山东地区特别是鲁西南地区民间纯棉手工纺织品的通用名称。

关于鲁锦公司主张“鲁锦”这一名称不具有广泛性，在我国其他地方也出产老粗布，但不叫“鲁锦”。对此法院认为，对于具有地域性特点的商品通用名称，判断其广泛性应以特定产区及相关公众为标准，而不应以全国为标准。我国其他省份的手工棉纺织品不叫“鲁锦”，并不影响“鲁锦”专指山东地区特有的民间手工棉纺织品这一事实。关于鲁锦公司主张“鲁锦”不具有科学性，棉织品应称为“棉”而不应称为“锦”。对此法院认为，名称的确定与其是否符合科学没有必然关系，对于已为相关公众接受、指代明确、约定俗成的名称，即使有不科学之处，也不影响其成为通用名称。关于鲁锦公司还主张“鲁锦”不具有普遍性，山东省内有些经营者、消费者将这种民间手工棉纺织品称为“粗布”或“老土布”。对此法院认为，“鲁锦”这一称谓是20世纪80年代中期确定的新名称，经过多年宣传与使用，现已为相关公众所知悉和接受。“粗布”“老土布”等旧有名称的存在，不影响“鲁锦”通用名称的认定。

其次，注册商标中含有的本商品的通用名称，注册商标专用权人无权禁止他人正当使用。《中华人民共和国商标法实施条例》第四十九条规定：“注册商标中含有的本商品的通用名称、图形、型号，或者直接表示商品的质量、主要原料、功能、用途、重量、数量及其他特点，或者含有地名，注册商标专用权人无权禁止他人正当使用。”商标的作用主要为识别性，即消费者能够依不同的商标而区别相应的商品及服务的提供者。保护商标权的目的，就是防止对商品及服务的来源产生混淆。由于鲁锦公司“鲁锦”文字商标和“Lj + LUJIN”组合商标，与作为山东民间手工棉纺织品通用名称的“鲁锦”一致，其应具备的显著性区别特征因此趋于弱化。“鲁锦”虽不是鲁锦服装的通用名称，却是山东民间手工棉纺织品的通用名称。商标注册人对商标中通用名称部分不享有专用权，不影响他人将“鲁锦”作为通用名称正当使用。鲁西南地区有不少以鲁锦为面料生产床上用品、工艺品、服饰的厂家，这些厂家均可以正当使用“鲁锦”名称，在其产品上叙述性标明其面料采用鲁锦。

本案中，鄄城鲁锦公司在其生产的涉案产品的包装盒、包装袋上使用“鲁锦”两字，虽然在商品上使用了鲁锦公司商标中含有的商品通用名称，但仅是为了表明其产品采用鲁锦面料，其生产技艺具备鲁锦特点，并不具有侵犯鲁锦公司“鲁锦”注册商标专用权的主观恶意，也并非作为商业标识使用，属于正当使用，故不应认定为侵犯“鲁锦”注册商标专用权的行为。基于同样的理由，鄄城鲁锦公司在其企业名称中使用“鲁锦”字样，也系正当使用，不构成不正当竞争。礼之邦公司作为鲁锦制品的专卖店，同样有权使用“鲁锦”字样，亦不构成对“鲁锦”注册商标专用权的侵犯。

此外，鲁锦公司的“鲁锦”文字商标和“Lj + LUJIN”的组合商标已经国家商标局核准注册并核定使用于第25类、第24类商品上，该注册商标专用权应依法受法律保护。虽然鄄城鲁锦公司对此商标提出撤销申请，但在国家商标局商标评审委员会未撤销前，仍应依法保护上述有效注册商标。鉴于“鲁锦”是注册商标，为规范市场秩序，保护公平竞争，鄄城鲁锦公司在今后使用“鲁锦”字样以标明其产品面料性质的同时，应合理避让鲁锦公司的注册商标专用权，应在其产品包装上突出使用自己的“精一坊”商标，以显著区别产品来源，方便消费者识别。

» 成都同德福合川桃片有限公司诉重庆市合川区同德福桃片有限公司、余晓华侵害商标权及不正当竞争纠纷案（最高人民法院指导案例58号 2016年5月20日发布）

【关键词】 民事 侵害商标权 不正当竞争 老字号 虚假宣传

【裁判要点】

1. 与“老字号”无历史渊源的个人或企业将“老字号”或与其近似的字号注册为商标后，以“老字号”的历史进行宣传的，应认定为虚假宣传，构成不正当竞争。

2. 与“老字号”具有历史渊源的个人或企业在未违反诚实信用原则的前提下，将“老字号”注册为个体工商户字号或企业名称，未引人误认且未突出使用该字号的，不构成不正当竞争或侵犯注册商标专用权。

【基本案情】

原告（反诉被告）成都同德福合川桃片食品有限公司（以下简称成都同德福公司）诉称，成都同德福公司为“同德福 TONGDEFU 及图”商标权人，余晓华先后成立的个体工商户和重庆市合川区同德福桃片有限公司（以下简称重庆同德福公司），在其字号及生产的桃片外包装上突出使用了“同德福”，侵害了原告享有的“同德福 TONGDEFU 及图”注册商标专用权并构成不正当竞争。请求法院判令重庆同德福公司、余晓华停止使用并注销含有“同德福”字号的企业名称；停止侵犯原告商标专用权的行为，登报赔礼道歉、消除影响，赔偿原告经济、商誉损失50万元及合理开支5066.4元。

被告（反诉原告）重庆同德福公司、余晓华共同答辩并反诉称，重庆同德福公司的前身为始创于1898年的同德福斋铺，虽然同德福斋铺因公私合营而停止生产，但未中断独特技艺的代代相传。“同德福”第四代传人余晓华继承祖业先后注册了个体工商户和公司，规范使用其企业名称及字号，重庆同德福公司、余晓华的注册行为是善意的，不构成侵权。成都同德福公司与老字号“同德福”并没有直接的历史渊源，但其将“同德福”商标与老字号“同德福”进行关联的宣传，属于虚假宣传。而且，成都同德福公司擅自使用“同德福”知名商品名称，构成不正当竞争。请求法院判令成都同德福公司停止虚假宣传，在全国性报纸上登报消除影响；停止对“同德福”知名商品特有名称的侵权行为。

法院经审理查明：开业于1898年的同德福斋铺，在1916年至1956年间，先后由余鸿春、余复光、余永祚三代人经营。在20世纪20年代至50年代，“同德福”商号享有较高知名度。1956年，由于公私合营，同德福斋铺停止经营。1998年，合川市桃片厂温江分厂获准注册了第1215206号“同德福 TONGDEFU 及图”商标，核定使用范围为第30类，即糕点、桃片（糕点）、可可产品、人造咖啡。2000年11月7日，前述商标的注册人名义经核准变更为成都同德福公司。成都同德福公司的多种产品外包装使用了“老字号”“百年老牌”字样、“‘同德福牌’桃片简介：‘同德福牌’桃片创制于清乾隆年间（或1840年），有着悠久的历史文化”等字样。成都同德福公司网站中“公司简介”页面将《合川文史资料选辑（第二辑）》中关于同德福斋铺的历史用于其“同德福”牌合川桃片的宣传。

2002年1月4日，余永祚之子余晓华注册个体工商户，字号名称为合川市老字号同德福桃片厂，经营范围为桃片、小食品自产自销。2007年，其字号名称变更为重庆市合川区同德福桃片厂，后注销。2011年5月6日，重庆同德福公司成立，法定代表人为余晓华，经营范围为糕点（烘烤类糕点、熟粉类糕点）生产，该公司是第6626473号“余复光1898”图文商标、第7587928号“余晓华”图文商标的注册商标专用权人。重庆同德福公司的多种产品外包装使用了“老字号【同德福】商号，始创于清光绪二十三年（1898年）历史悠久”等介绍同德福斋铺历史及获奖情况的内容，部分产品在该段文字后注明“以上文字内容摘自《合川县志》”；“【同德福】颂：同德福，在合川，驰名远，开百年，做桃片，四代传，品质高，价亦廉，讲诚信，无欺言，买卖公，热情谈”；“合川桃片”“重庆市合川区同德福桃片有限公司”等字样。

【裁判结果】

重庆市第一中级人民法院于2013年7月3日作出（2013）渝一中法民初字第00273号民事判决：一、成都同德福公司立即停止涉案的虚假宣传行为。二、成都同德福公司就其虚假宣传行为于本判决生效之日起连续五日在其网站刊登声明消除影响。三、驳回成都同德福公司的全部诉讼请求。四、驳回重庆同德福公司、余晓华的其他反诉请求。一审宣判后，成都同德福公司不服，提起上诉。重庆市高级人民法院于2013年12月17日作出（2013）渝高法民终字00292号民事判决：驳回上诉，维持原判。

【裁判理由】

法院生效裁判认为：个体工商户余晓华及重庆同德福公司与成都同德福公司经营范围相似，存在竞争关系；其字号中包含“同德福”三个字与成都同德福公司的“同德福TONGDEFU及图”注册商标的文字部分相同，与该商标构成近似。其登记字号的行为是否构成不正当竞争关键在于该行为是否违反诚实信用原则。成都同德福公司的证据不足以证明“同德福TONGDEFU及图”商标已经具有相当知名度，即便他人将“同德福”登记为字号并规范使用，也不会引起相关公众误认，因而不能说明余晓华将个体工商户字号注册为“同德福”具有“搭便车”的恶意。而且，在20世纪20年代至50年代，“同德福”商号享有较高商誉。同德福斋铺先后由余鸿春、余复光、余永祚三代人经营，尤其是在余复光经营期间，同德福斋铺生产的桃片获得了较多荣誉。余晓华系余复光之孙、余永祚之子，基于同德福斋铺的商号曾经获得的知名度及其与同德福斋铺经营者之间的直系亲属关系，将个体工商户字号登记为“同德福”具有合理性。余晓华登记个体工商户字号的行为是善意的，并未违反诚实信用原则，不构成不正当竞争。基于经营的延续性，其变更个体工商户字号的行为以及重庆同德福公司登记公司名称的行为亦不构成不正当竞争。

从重庆同德福公司产品的外包装来看，重庆同德福公司使用的是企业全称，标注于外包装正面底部，“同德福”三字位于企业全称之中，与整体保持一致，没有以简称等形式单独突出使用，也没有为突出显示而采取任何变化，且整体文字大小、字形、颜色与其他部分相比并不突出。因此，重庆同德福公司在产品外包装上标注企业名称的行为系规范使用，不构成突出使用字号，也不构成侵犯商标权。就重庆同德福公司标注“同德福颂”的行为而言，“同德福颂”四字相对于其具体内容（三十六字打油诗）字体略大，但视觉上形成一个整体。其具体内容系根据史料记载的同德福斋铺曾经在商品外包装上使用过的一段类似文字改编，意在表明“同德福”商号的历史和经营理念，并非为突出“同德福”三个字。且重庆同德福公司的产品外包装使用了多项商业标识，其中“合川桃片”集体商标特别突出，其自有商标也比较明显，并同时标注了“合川桃片”地理标志及重庆市非物质文化遗产，相对于这些标识来看，“同德福颂”及其具体内容仅属于普通描述性文字，明显不具有商业标识的形式，也不够突出醒目，客观上不容易使消费者对商品来源产生误认，亦不具备替代商标的功能。因此，重庆同德福公司标注“同德福颂”的行为不属于侵犯商标权意义上的“突出使用”，不构成侵犯商标权。

成都同德福公司的网站上登载的部分“同德福牌”桃片的历史及荣誉，与史料记载的同德福斋铺的历史及荣誉一致，且在其网站上标注了史料来源，但并未举证证明其与同德福斋铺存在何种联系。此外，成都同德福公司还在其产品外包装标明其为“百年老牌”“老字号”“始创于清朝乾隆年间”等字样，而其“同德福 TONGDEFU 及图”商标核准注册的时间是1998年，就其采取前述标注行为的依据，成都同德福公司亦未举证证明。成都同德福公司的前述行为与事实不符，容易使消费者对于其品牌的起源、历史及其与同德福斋铺的关系产生误解，进而取得竞争上的优势，构成虚假宣传，应承担相应的停止侵权、消除影响的民事责任。

王碎永诉深圳歌力思服饰股份有限公司、杭州银泰世纪百货有限公司侵害商标权纠纷案（最高人民法院指导案例82号　2017年3月6日发布）

【关键词】　民事　侵害商标权　诚实信用　权利滥用

【裁判要点】

当事人违反诚实信用原则，损害他人合法权益，扰乱市场正当竞争秩序，恶意取得、行使商标权并主张他人侵权的，人民法院应当以构成权利滥用为由，判决对其诉讼请求不予支持。

【基本案情】

深圳歌力思服装实业有限公司成立于1999年6月8日。2008年12月18日，该公司通过受让方式取得第1348583号“歌力思”商标，该商标核定使用于第25类的服装等商品之上，核准注册于1999年12月。2009年11月19日，该商标经核准续展注册，有效期自2009年12月28日至2019年12月27日。深圳歌力思服装实业有限公司还是第4225104号“ELLASSAY”的商标注册人。该商标核定使用商品为第18类的（动物）皮；钱包；旅行包；文件夹（皮革制）；皮制带子；裘皮；伞；手杖；手提包；购物袋。注册有效期限自2008年4月14日至2018年4月13日。2011年11月4日，深圳歌力思服装实业有限公司更名为深圳歌力思服饰股份有限公司（以下简称歌力思公司，即本案一审被告人）。2012年3月1日，上述“歌力思”商标的注册人相应变更为歌力思公司。

一审原告王碎永于2011年6月申请注册了第7925873号“歌力思”商标，该商标核定使用商品为第18类的钱包、手提包等。王碎永还曾于2004年7月7日申请注册第4157840号“歌力思及图”商标。后因北京市高级人民法院于2014年4月2日作出的二审判决认定，该商标损害了歌力思公司的关联企业歌力思投资管理有限公司的在先字号权，因此不应予以核准注册。

自2011年9月起，王碎永先后在杭州、南京、上海、福州等地的“ELLASSAY”专柜，通过公证程序购买了带有“品牌中文名：歌力思，品牌英文名：ELLASSAY”字样吊牌的皮包。2012年3月7日，王碎永以歌力思公司及杭州银泰世纪百货有限公司（以下简称杭州银泰公司）生产、销售上述皮包的行为构成对王碎永拥有的“歌力思”

商标、“歌力思及图”商标权的侵害为由，提起诉讼。

【裁判结果】

杭州市中级人民法院于2013年2月1日作出（2012）浙杭知初字第362号民事判决，认为歌力思公司及杭州银泰公司生产、销售被诉侵权商品的行为侵害了王碎永的注册商标专用权，判决歌力思公司、杭州银泰公司承担停止侵权行为，赔偿王碎永经济损失及合理费用共计10万元及消除影响。歌力思公司不服，提起上诉。浙江省高级人民法院于2013年6月7日作出（2013）浙知终字第222号民事判决：驳回上诉、维持原判。歌力思公司及王碎永均不服，向最高人民法院申请再审。最高人民法院裁定提审本案，并于2014年8月14日作出（2014）民提字第24号判决：撤销一审、二审判决，驳回王碎永的全部诉讼请求。

【裁判理由】

法院生效裁判认为，诚实信用原则是一切市场活动参与者所应遵循的基本准则。一方面，它鼓励和支持人们通过诚实劳动积累社会财富和创造社会价值，并保护在此基础上形成的财产性权益，以及基于合法、正当的目的支配该财产性权益的自由和权利；另一方面，它又要求人们在市场活动中讲究信用、诚实不欺，在不损害他人合法利益、社会公共利益和市场秩序的前提下追求自己的利益。民事诉讼活动同样应当遵循诚实信用原则。一方面，它保障当事人有权在法律规定的范围内行使和处分自己的民事权利和诉讼权利；另一方面，它又要求当事人在不损害他人和社会公共利益的前提下，善意、审慎地行使自己的权利。任何违背法律目的和精神，以损害他人正当权益为目的，恶意取得并行使权利、扰乱市场正当竞争秩序的行为均属于权利滥用，其相关权利主张不应得到法律的保护和支持。

第4157840号“歌力思及图”商标迄今为止尚未被核准注册，王碎永无权据此对他人提起侵害商标权之诉。对于歌力思公司、杭州银泰公司的行为是否侵害王碎永的第7925873号“歌力思”商标权的问题，首先，歌力思公司拥有合法的在先权利基础。歌力思公司及其关联企业最早将“歌力思”作为企业字号使用的时间为1996年，最早在服装等商品上取得“歌力思”注册商标专用权的时间为1999年。经长期使用和广泛宣传，作为企业字号和注册商标的“歌力思”已经具有了较高的市场知名度，歌力思公司对前述商业标识享有合法的在先权利。其次，歌力思公司在本案中的使用行为系基于合法的权利基础，使用方式和行为性质均具有正当性。从销售场所来看，歌力思公司对被诉侵权商品的展示和销售行为均完成于杭州银泰公司的歌力思专柜，专柜通过标注歌力思公司的“ELLASSAY”商标等方式，明确表明了被诉侵权商品的提供者。在歌力思公司的字号、商标等商业标识已经具有较高的市场知名度，而王碎永未能举证证明其“歌力思”商标同样具有知名度的情况下，歌力思公司在其专柜中销售被诉侵权商品的行为，不会使普通消费者误认该商品来自于王碎永。从歌力思公司的具体使用方式来看，被诉侵权商品的外包装、商品内的显著部位均明确标注了“ELLASSAY”商标，而仅在商品吊牌之上使用了“品牌中文名：歌力思”的字样。由于“歌力思”本身就是歌力思公司的企业字号，且与其“ELLASSAY”商标具有互为指代关系，故歌力思公司在被诉侵权商品的吊牌上使用“歌力思”文字来指代商品生产者的做法并无明显不妥，不具有攀附王碎永“歌力思”商标知名度的主观意图，亦不会为普通消费者正确识别被诉侵权商品的来源制造障碍。在此基础上，杭州银泰公司销售被诉侵权商品的行为亦不为法律所禁止。最后，王碎永取得和行使“歌力思”商标权的行为难谓正当。“歌力思”商标由中文文字“歌力思”构成，与歌力思公司在先使用的企业字号及在先注册的“歌力思”商标的文字构成完全相同。“歌力思”本身为无固有含义的臆造词，具有较强的固有显著性，依常理判断，在完全没有接触或知悉的情况下，因巧合而出现雷同注册的可能性较低。作为地域接近、经营范围关联程度较高的商品经营者，王碎永对“歌力思”字号及商标完全不了解的可能性较低。在上述情形之下，王碎永仍在手提包、钱包等商品上申请注册“歌力思”商标，其行为难谓正当。王碎永以非善意取得的商标权对歌力思公司的正当使用行为提起的侵权之诉，构成权利滥用。

典型案例

优衣库商贸有限公司与广州市指南针会展服务有限公司、广州中唯企业管理咨询服务有限公司、优衣库商贸有限公司上海月星环球港店侵害商标权纠纷案（《最高人民法院办公厅关于印发2018年中国法院10大知识产权案件和50件典型知识产权案例的通知》第三号　2019年4月17日）

【案情摘要】

广州市指南针会展服务有限公司（简称指南针公司）与广州中唯企业管理咨询服务有限公司（简称中唯公司）为涉案商标的共有人，该商标核定使用商品为第25类。优衣库商贸有限公司（简称优衣库公司）与迅销（中国）商贸有限公司（简称迅销公司）共同经营“优衣库”品牌，在中国各地设有专营店。2012年11月3日，株式会社迅销向商标局申请G1133303号商标领土延伸。优衣库公司销售的高级轻型羽绒系列服装上有使用标识。指南针公司、中唯公司依据涉案注册商标专用权，在北京、上海、广东、浙江四地针对优衣库公司或迅销公司和不同门店提起了42起商标侵权诉讼。根据法院查明的事实，中唯公司和指南针公司分别持有注册商标共计2600余个，其中部分商标与他人知名商标在呼叫或者视觉上高度近似。指南针公司、中唯公司曾在华唯商标转让网上公开出售涉案商标，并向迅销公司提出诉争商标转让费800万元。上海市第二中级人民法院一审判决优衣库公司停止侵权，驳回其他诉讼请求。指南针公司、中唯公司、优衣库公司均不服，提起上诉。上海市高级人民法院二审判决驳回上诉，维持原判。优衣库公司不服，向最高人民法院申请再审。最高人民法院再审期间查明，迅销公司就涉案注册商标向商标评审委员会提出了无效宣告申请。经商标无效程序、法院一审、二审，涉案商标被宣告无效。最高人民法院提审后判决撤销一、二审判决，驳回指南针公司和中唯公司全部诉讼请求。

【典型意义】

“申请注册和使用商标，应当遵循诚实信用原则。”针对当前社会上部分经营主体违反诚实信用原则大规模注册与他人知名商标近似商标，有目标有预谋地利用司法程序企图获得不正当利益之行为，最高人民法院在判决中指出，指南针公司、中唯公司以不正当方式取得商标权后，目标明确指向优衣库公司等，意图将该商标高价转让，在未能成功转让该商标后，又分别以优衣库公司、迅销公司及其各自门店侵害该商标专用权为由，以基本相同的事实提起系列诉讼，在每个案件中均以优衣库公司或迅销公司及作为其门店的一家分公司作为共同被告起诉，利用优衣库公司或迅销公司门店众多的特点，形成全国范围内的批量诉讼，请求法院判令优衣库公司或迅销公司及其众多门店停止使用并索取赔偿，主观恶意明显，其行为明显违反诚实信用原则，对其借用司法资源以商标权谋取不正当利益之行为，依法不予保护。最高人民法院鲜明地表达了恶意取得并利用商标权谋取不正当利益之行为不受法律保护，对建设健康有序的商标秩序，净化市场环境，遏制利用不正当取得的商标权进行恶意诉讼具有典型意义。

» 鄂尔多斯公司与米琪公司侵害商标权纠纷案（《侵害知识产权民事案件适用惩罚性赔偿典型案例》第二号 2021年3月15日）

【基本案情】

鄂尔多斯公司于2004年2月14日取得注册商标专用权，该商标核定使用在第25类的围巾、服装、手套等商品上。2015年6月，鄂尔多斯公司发现米琪公司在其天猫网网站的“米琪服饰专营店”上销售的“羊绒线”产品上突出使用了涉案商标中的显著要素，即“鄂尔多斯”中文文字。鄂尔多斯公司提起侵权诉讼。北京知识产权法院认为，米琪公司实施被诉侵权行为的获利可以通过侵权产品销售总数、产品单价以及产品合理利润率三者之积确定。鄂尔多斯公司的“鄂尔多斯”系列商标具有较高的知名度，“天猫”店铺的产品利润率较高，实施被诉侵权行为给商标权人造成的损害更为严重。米琪公司作为“毛线、围巾线、羊绒线”等与服装存在紧密关联商品的经营者，理应知晓涉案商标的知名度，其在自营网店突出使用与涉案商标几乎完全相同的标识且侵权时间较长，主观恶意明显，侵权情节严重，按照米琪公司因侵权获利的两倍确定赔偿数额。

【典型意义】

该案充分体现了人民法院正确实施惩罚性赔偿制度和严厉制裁恶意侵害商标权行为的信心和决心。裁判文书的说理部分充分且清晰地阐述了认定“主观恶意”、确定惩罚性赔偿“基数”和“倍数”时所应考虑的因素，使判决形成的过程更透明，判决结果更具说服力。该案宣判后，双方当事人均未上诉，取得了良好的社会效果。

160. 专利权权属、侵权纠纷

（1）专利申请权权属纠纷
（2）专利权权属纠纷
（3）侵害发明专利权纠纷
（4）侵害实用新型专利权纠纷
（5）侵害外观设计专利权纠纷
（6）假冒他人专利纠纷
（7）发明专利临时保护期使用费纠纷
（8）职务发明创造发明人、设计人奖励、报酬纠纷
（9）发明创造发明人、设计人署名权纠纷
（10）标准必要专利使用费纠纷

相关规范

» 《中华人民共和国民法典》（2020年）

第一百二十三条　【知识产权的定义】 民事主体依法享有知识产权。

知识产权是权利人依法就下列客体享有的专有的权利：

……

（二）发明、实用新型、外观设计；

……

第一百七十九条　【承担民事责任的方式】 承担民事责任的方式主要有：

（一）停止侵害；

（二）排除妨碍；

（三）消除危险；

（四）返还财产；

（五）恢复原状；

（六）修理、重作、更换；

（七）继续履行；

（八）赔偿损失；

（九）支付违约金；

（十）消除影响、恢复名誉；

（十一）赔礼道歉。

法律规定惩罚性赔偿的，依照其规定。

本条规定的承担民事责任的方式，可以单独适用，也可以合并适用。

»《中华人民共和国涉外民事关系法律适用法》（2010年）

第五十条 知识产权的侵权责任，适用被请求保护地法律，当事人也可以在侵权行为发生后协议选择适用法院地法律。

»《中华人民共和国电子商务法》（2018年）

第四十二条 知识产权权利人认为其知识产权受到侵害的，有权通知电子商务平台经营者采取删除、屏蔽、断开链接、终止交易和服务等必要措施。通知应当包括构成侵权的初步证据。

电子商务平台经营者接到通知后，应当及时采取必要措施，并将该通知转送平台内经营者；未及时采取必要措施的，对损害的扩大部分与平台内经营者承担连带责任。

因通知错误造成平台内经营者损害的，依法承担民事责任。恶意发出错误通知，造成平台内经营者损失的，加倍承担赔偿责任。

第四十三条 平台内经营者接到转送的通知后，可以向电子商务平台经营者提交不存在侵权行为的声明。声明应当包括不存在侵权行为的初步证据。

电子商务平台经营者接到声明后，应当将该声明转送发出通知的知识产权权利人，并告知其可以向有关主管部门投诉或者向人民法院起诉。电子商务平台经营者在转送声明到达知识产权权利人后十五日内，未收到权利人已经投诉或者起诉通知的，应当及时终止所采取的措施。

第四十四条 电子商务平台经营者应当及时公示收到的本法第四十二条、第四十三条规定的通知、声明及处理结果。

第四十五条 电子商务平台经营者知道或者应当知道平台内经营者侵犯知识产权的，应当采取删除、屏蔽、断开链接、终止交易和服务等必要措施；未采取必要措施的，与侵权人承担连带责任。

»《中华人民共和国专利法》（2020年修正）

第六条 执行本单位的任务或者主要是利用本单位的物质技术条件所完成的发明创造为职务发明创造。职务发明创造申请专利的权利属于该单位，申请被批准后，该单位为专利权人。该单位可以依法处置其职务发明创造申请专利的权利和专利权，促进相关发明创造的实施和运用。

非职务发明创造，申请专利的权利属于发明人或者设计人；申请被批准后，该发明人或者设计人为专利权人。

利用本单位的物质技术条件所完成的发明创造，单位与发明人或者设计人订有合同，对申请专利的权利和专利权的归属作出约定的，从其约定。

第七条 对发明人或者设计人的非职务发明创造专利申请，任何单位或者个人不得压制。

第八条 两个以上单位或者个人合作完成的发明创造、一个单位或者个人接受其他单位或者个人委托所完成的发明创造，除另有协议的以外，申请专利的权利属于完成或者共同完成的单位或者个人；申请被批准后，申请的单位或者个人为专利权人。

第十一条 发明和实用新型专利权被授予后，除本法另有规定的以外，任何单位或者个人未经专利权人许可，都不得实施其专利，即不得为生产经营目的制造、使用、许诺销售、销售、进口其专利产品，或者使用其专利方法以及使用、许诺销售、销售、进口依照该专利方法直接获得的产品。

外观设计专利权被授予后，任何单位或

者个人未经专利权人许可，都不得实施其专利，即不得为生产经营目的制造、许诺销售、销售、进口其外观设计专利产品。

第十五条 被授予专利权的单位应当对职务发明创造的发明人或者设计人给予奖励；发明创造专利实施后，根据其推广应用的范围和取得的经济效益，对发明人或者设计人给予合理的报酬。

国家鼓励被授予专利权的单位实行产权激励，采取股权、期权、分红等方式，使发明人或者设计人合理分享创新收益。

第六十五条 未经专利权人许可，实施其专利，即侵犯其专利权，引起纠纷的，由当事人协商解决；不愿协商或者协商不成的，专利权人或者利害关系人可以向人民法院起诉，也可以请求管理专利工作的部门处理。管理专利工作的部门处理时，认定侵权行为成立的，可以责令侵权人立即停止侵权行为，当事人不服的，可以自收到处理通知之日起十五日内依照《中华人民共和国行政诉讼法》向人民法院起诉；侵权人期满不起诉又不停止侵权行为的，管理专利工作的部门可以申请人民法院强制执行。进行处理的管理专利工作的部门应当事人的请求，可以就侵犯专利权的赔偿数额进行调解；调解不成的，当事人可以依照《中华人民共和国民事诉讼法》向人民法院起诉。

第六十六条 专利侵权纠纷涉及新产品制造方法的发明专利的，制造同样产品的单位或者个人应当提供其产品制造方法不同于专利方法的证明。

专利侵权纠纷涉及实用新型专利或者外观设计专利的，人民法院或者管理专利工作的部门可以要求专利权人或者利害关系人出具由国务院专利行政部门对相关实用新型或者外观设计进行检索、分析和评价后作出的专利权评价报告，作为审理、处理专利侵权纠纷的证据；专利权人、利害关系人或者被控侵权人也可以主动出具专利权评价报告。

第六十七条 在专利侵权纠纷中，被控侵权人有证据证明其实施的技术或者设计属于现有技术或者现有设计的，不构成侵犯专利权。

第六十八条 假冒专利的，除依法承担民事责任外，由负责专利执法的部门责令改正并予公告，没收违法所得，可以处违法所得五倍以下的罚款；没有违法所得或者违法所得在五万元以下的，可以处二十五万元以下的罚款；构成犯罪的，依法追究刑事责任。

第七十一条 侵犯专利权的赔偿数额按照权利人因被侵权所受到的实际损失或者侵权人因侵权所获得的利益确定；权利人的损失或者侵权人获得的利益难以确定的，参照该专利许可使用费的倍数合理确定。对故意侵犯专利权，情节严重的，可以在按照上述方法确定数额的一倍以上五倍以下确定赔偿数额。

权利人的损失、侵权人获得的利益和专利许可使用费均难以确定的，人民法院可以根据专利权的类型、侵权行为的性质和情节等因素，确定给予三万元以上五百万元以下的赔偿。

赔偿数额还应当包括权利人为制止侵权行为所支付的合理开支。

人民法院为确定赔偿数额，在权利人已经尽力举证，而与侵权行为相关的账簿、资料主要由侵权人掌握的情况下，可以责令侵权人提供与侵权行为相关的账簿、资料；侵权人不提供或者提供虚假的账簿、资料的，人民法院可以参考权利人的主张和提供的证据判定赔偿数额。

》《中华人民共和国专利法实施细则》

（2010年修订）

第十三条 专利法所称发明人或者设计人，是指对发明创造的实质性特点作出创造性贡献的人。在完成发明创造过程中，只负责组织工作的人、为物质技术条件的利用提供方便的人或者从事其他辅助工作的人，不是发明人或者设计人。

第八十四条 下列行为属于假冒他人专利的行为：

（一）未经许可，在其制造或者销售的产品、产品的包装上标注他人的专利号；

（二）未经许可，在广告或者其他宣传材料中使用他人的专利号，使人将所涉及的技术误认为是他人的专利技术；

（三）未经许可，在合同中使用他人的专利号，使人将合同涉及的技术误认为是他人的专利技术；

（四）伪造或者变造他人的专利证书、专利文件或者专利申请文件。

（五）其他使公众混淆，将未被授予专利权的技术或者设计误认为是专利技术或者专利设计的行为。

专利权终止前依法在专利产品、依照专利方法直接获得的产品或者其包装上标注专利标识，在专利权终止后许诺销售、销售该产品的，不属于假冒专利行为。

销售不知道是假冒专利的产品，并且能够证明该产品合法来源的，由管理专利工作的部门责令停止销售，但免除罚款的处罚。

《最高人民法院关于审理侵犯专利权纠纷案件应用法律若干问题的解释》

（法释〔2009〕21 号　2009 年 12 月 28 日）

第五条　对于仅在说明书或者附图中描述而在权利要求中未记载的技术方案，权利人在侵犯专利权纠纷案件中将其纳入专利权保护范围的，人民法院不予支持。

第六条　专利申请人、专利权人在专利授权或者无效宣告程序中，通过对权利要求、说明书的修改或者意见陈述而放弃的技术方案，权利人在侵犯专利权纠纷案件中又将其纳入专利权保护范围的，人民法院不予支持。

第十二条　将侵犯发明或者实用新型专利权的产品作为零部件，制造另一产品的，人民法院应当认定属于专利法第十一条规定的使用行为；销售该另一产品的，人民法院应当认定属于专利法第十一条规定的销售行为。

将侵犯外观设计专利权的产品作为零部件，制造另一产品并销售的，人民法院应当认定属于专利法第十一条规定的销售行为，但侵犯外观设计专利权的产品在该另一产品中仅具有技术功能的除外。

对于前两款规定的情形，被诉侵权人之间存在分工合作的，人民法院应当认定为共同侵权。

第十三条　对于使用专利方法获得的原始产品，人民法院应当认定为专利法第十一条规定的依照专利方法直接获得的产品。

对于将上述原始产品进一步加工、处理而获得后续产品的行为，人民法院应当认定属于专利法第十一条规定的使用依照该专利方法直接获得的产品。

第十四条　被诉落入专利权保护范围的全部技术特征，与一项现有技术方案中的相应技术特征相同或者无实质性差异的，人民法院应当认定被诉侵权人实施的技术属于专利法第六十二条规定的现有技术。

被诉侵权设计与一个现有设计相同或者无实质性差异的，人民法院应当认定被诉侵权人实施的设计属于专利法第六十二条规定的现有设计。

第十五条　被诉侵权人以非法获得的技术或者设计主张先用权抗辩的，人民法院不予支持。

有下列情形之一的，人民法院应当认定属于专利法第六十九条第（二）项规定的已经作好制造、使用的必要准备：

（一）已经完成实施发明创造所必需的主要技术图纸或者工艺文件；

（二）已经制造或者购买实施发明创造所必需的主要设备或者原材料。

专利法第六十九条第（二）项规定的原有范围，包括专利申请日前已有的生产规模以及利用已有的生产设备或者根据已有的生产准备可以达到的生产规模。

先用权人在专利申请日后将其已经实施或作好实施必要准备的技术或设计转让或者许可他人实施，被诉侵权人主张该实施行为属于在原有范围内继续实施的，人民法院不予支持，但该技术或设计与原有企业一并转让或者承继的除外。

第十六条 人民法院依据专利法第六十五条第一款的规定确定侵权人因侵权所获得的利益，应当限于侵权人因侵犯专利权行为所获得的利益；因其他权利所产生的利益，应当合理扣除。

侵犯发明、实用新型专利权的产品系另一产品的零部件的，人民法院应当根据该零部件本身的价值及其在实现成品利润中的作用等因素合理确定赔偿数额。

侵犯外观设计专利权的产品为包装物的，人民法院应当按照包装物本身的价值及其在实现被包装产品利润中的作用等因素合理确定赔偿数额。

第十七条 产品或者制造产品的技术方案在专利申请日以前为国内外公众所知的，人民法院应当认定该产品不属于专利法第六十一条第一款规定的新产品。

第十八条 权利人向他人发出侵犯专利权的警告，被警告人或者利害关系人经书面催告权利人行使诉权，自权利人收到该书面催告之日起一个月内或者自书面催告发出之日起二个月内，权利人不撤回警告也不提起诉讼，被警告人或者利害关系人向人民法院提起请求确认其行为不侵犯专利权的诉讼的，人民法院应当受理。

第十九条 被诉侵犯专利权行为发生在2009年10月1日以前的，人民法院适用修改前的专利法；发生在2009年10月1日以后的，人民法院适用修改后的专利法。

被诉侵犯专利权行为发生在2009年10月1日以前且持续到2009年10月1日以后，依据修改前和修改后的专利法的规定侵权人均应承担赔偿责任的，人民法院适用修改后的专利法确定赔偿数额。

》《最高人民法院关于审理专利纠纷案件适用法律问题的若干规定》（2020年12月23日修正）

第四条 对申请日在2009年10月1日前（不含该日）的实用新型专利提起侵犯专利权诉讼，原告可以出具由国务院专利行政部门作出的检索报告；对申请日在2009年10月1日以后的实用新型或者外观设计专利提起侵犯专利权诉讼，原告可以出具由国务院专利行政部门作出的专利权评价报告。根据案件审理需要，人民法院可以要求原告提交检索报告或者专利权评价报告。原告无正当理由不提交的，人民法院可以裁定中止诉讼或者判令原告承担可能的不利后果。

侵犯实用新型、外观设计专利权纠纷案件的被告请求中止诉讼的，应当在答辩期内对原告的专利权提出宣告无效的请求。

第五条 人民法院受理的侵犯实用新型、外观设计专利权纠纷案件，被告在答辩期间内请求宣告该项专利权无效的，人民法院应当中止诉讼，但具备下列情形之一的，可以不中止诉讼：

（一）原告出具的检索报告或者专利权评价报告未发现导致实用新型或者外观设计专利权无效的事由的；

（二）被告提供的证据足以证明其使用的技术已经公知的；

（三）被告请求宣告该项专利权无效所提供的证据或者依据的理由明显不充分的；

（四）人民法院认为不应当中止诉讼的其他情形。

第六条 人民法院受理的侵犯实用新型、外观设计专利权纠纷案件，被告在答辩期间届满后请求宣告该项专利权无效的，人民法院不应当中止诉讼，但经审查认为有必要中止诉讼的除外。

第七条 人民法院受理的侵犯发明专利权纠纷案件或者经国务院专利行政部门审查维持专利权的侵犯实用新型、外观设计专利权纠纷案件，被告在答辩期间内请求宣告该项专利权无效的，人民法院可以不中止诉讼。

第八条 人民法院决定中止诉讼，专利权人或者利害关系人请求责令被告停止有关行为或者采取其他制止侵权损害继续扩大的措施，并提供了担保，人民法院经审查符合有关法律规定的，可以在裁定中止诉讼的同时一并作出有关裁定。

第十一条 人民法院受理的侵犯专利权纠纷案件，涉及权利冲突的，应当保护在先依法享有权利的当事人的合法权益。

第十二条 专利法第二十三条第三款所称的合法权利，包括就作品、商标、地理标志、姓名、企业名称、肖像，以及有一定影响的商品名称、包装、装潢等享有的合法权利或者权益。

第十三条 专利法第五十九条第一款所称的“发明或者实用新型专利权的保护范围以其权利要求的内容为准，说明书及附图可以用于解释权利要求的内容”，是指专利权的保护范围应当以权利要求记载的全部技术特征所确定的范围为准，也包括与该技术特征相等同的特征所确定的范围。

等同特征，是指与所记载的技术特征以基本相同的手段，实现基本相同的功能，达到基本相同的效果，并且本领域普通技术人员在被诉侵权行为发生时无需经过创造性劳动就能够联想到的特征。

第十四条 专利法第六十五条规定的权利人因被侵权所受到的实际损失可以根据专利权人的专利产品因侵权所造成销售量减少的总数乘以每件专利产品的合理利润所得之积计算。权利人销售量减少的总数难以确定的，侵权产品在市场上销售的总数乘以每件专利产品的合理利润所得之积可以视为权利人因被侵权所受到的实际损失。

专利法第六十五条规定的侵权人因侵权所获得的利益可以根据该侵权产品在市场上销售的总数乘以每件侵权产品的合理利润所得之积计算。侵权人因侵权所获得的利益一般按照侵权人的营业利润计算，对于完全以侵权为业的侵权人，可以按照销售利润计算。

第十五条 权利人的损失或者侵权人获得的利益难以确定，有专利许可使用费可以参照的，人民法院可以根据专利权的类型、侵权行为的性质和情节、专利许可的性质、范围、时间等因素，参照该专利许可使用费的倍数合理确定赔偿数额；没有专利许可使用费可以参照或者专利许可使用费明显不合理的，人民法院可以根据专利权的类型、侵权行为的性质和情节等因素，依照专利法第六十五条第二款的规定确定赔偿数额。

第十六条 权利人主张其为制止侵权行为所支付合理开支的，人民法院可以在专利法第六十五条确定的赔偿数额之外另行计算。

第十七条 侵犯专利权的诉讼时效为三年，自专利权人或者利害关系人知道或者应当知道权利受到损害以及义务人之日起计算。权利人超过三年起诉的，如果侵权行为在起诉时仍在继续，在该项专利权有效期内，人民法院应当判决被告停止侵权行为，侵权损害赔偿数额应当自权利人向人民法院起诉之日起向前推算三年计算。

第十八条 专利法第十一条、第六十九条所称的许诺销售，是指以做广告、在商店橱窗中陈列或者在展销会上展出等方式作出销售商品的意思表示。

第十九条 人民法院受理的侵犯专利权纠纷案件，已经过管理专利工作的部门作出侵权或者不侵权认定的，人民法院仍应当就当事人的诉讼请求进行全面审查。

》《最高人民法院关于审理侵犯专利权纠纷案件应用法律若干问题的解释（二）》（2020年12月23日修正）

第一条 权利要求书有两项以上权利要求的，权利人应当在起诉状中载明据以起诉被诉侵权人侵犯其专利权的权利要求。起诉状对此未记载或者记载不明的，人民法院应当要求权利人明确。经释明，权利人仍不予明确的，人民法院可以裁定驳回起诉。

第二条 权利人在专利侵权诉讼中主张的权利要求被国务院专利行政部门宣告无效的，审理侵犯专利权纠纷案件的人民法院可以裁定驳回权利人基于该无效权利要求的起诉。

有证据证明宣告上述权利要求无效的决定被生效的行政判决撤销的，权利人可以另行起诉。

专利权人另行起诉的，诉讼时效期间从本条第二款所称行政判决书送达之日起计算。

第三条 因明显违反专利法第二十六条第三款、第四款导致说明书无法用于解释权利要求，且不属于本解释第四条规定的情形，专利权因此被请求宣告无效的，审理侵犯专利权纠纷案件的人民法院一般应当裁定中止诉讼；在合理期限内专利权未被请求宣告无效的，人民法院可以根据权利要求的记载确定专利权的保护范围。

第四条 权利要求书、说明书及附图中的语法、文字、标点、图形、符号等存有歧义，但本领域普通技术人员通过阅读权利要求书、说明书及附图可以得出唯一理解的，人民法院应当根据该唯一理解予以认定。

第五条 在人民法院确定专利权的保护范围时，独立权利要求的前序部分、特征部分以及从属权利要求的引用部分、限定部分记载的技术特征均有限定作用。

第六条 人民法院可以运用与涉案专利存在分案申请关系的其他专利及其专利审查档案、生效的专利授权确权裁判文书解释涉案专利的权利要求。

专利审查档案，包括专利审查、复审、无效程序中专利申请人或者专利权人提交的书面材料，国务院专利行政部门制作的审查意见通知书、会晤记录、口头审理记录、生效的专利复审请求审查决定书和专利权无效宣告请求审查决定书等。

第七条 被诉侵权技术方案在包含封闭式组合物权利要求全部技术特征的基础上增加其他技术特征的，人民法院应当认定被诉侵权技术方案未落入专利权的保护范围，但该增加的技术特征属于不可避免的常规数量杂质的除外。

前款所称封闭式组合物权利要求，一般不包括中药组合物权利要求。

第八条 功能性特征，是指对于结构、组分、步骤、条件或其之间的关系等，通过其在发明创造中所起的功能或者效果进行限定的技术特征，但本领域普通技术人员仅通过阅读权利要求即可直接、明确地确定实现上述功能或者效果的具体实施方式的除外。

与说明书及附图记载的实现前款所称功能或者效果不可缺少的技术特征相比，被诉侵权技术方案的相应技术特征是以基本相同的手段，实现相同的功能，达到相同的效果，且本领域普通技术人员在被诉侵权行为发生时无需经过创造性劳动就能够联想到的，人民法院应当认定该相应技术特征与功能性特征相同或者等同。

第九条 被诉侵权技术方案不能适用于权利要求中使用环境特征所限定的使用环境的，人民法院应当认定被诉侵权技术方案未落入专利权的保护范围。

第十条 对于权利要求中以制备方法界定产品的技术特征，被诉侵权产品的制备方法与其不相同也不等同的，人民法院应当认定被诉侵权技术方案未落入专利权的保护范围。

第十一条 方法权利要求未明确记载技术步骤的先后顺序，但本领域普通技术人员阅读权利要求书、说明书及附图后直接、明确地认为该技术步骤应当按照特定顺序实施的，人民法院应当认定该步骤顺序对于专利权的保护范围具有限定作用。

第十二条 权利要求采用“至少”“不超过”等用语对数值特征进行界定，且本领域普通技术人员阅读权利要求书、说明书及附图后认为专利技术方案特别强调该用语对技术特征的限定作用，权利人主张与其不相同的数值特征属于等同特征的，人民法院不予支持。

第十三条 权利人证明专利申请人、专利权人在专利授权确权程序中对权利要求书、说明书及附图的限缩性修改或者陈述被明确否定的，人民法院应当认定该修改或者陈述未导致技术方案的放弃。

第十四条 人民法院在认定一般消费者对于外观设计所具有的知识水平和认知能力时，一般应当考虑被诉侵权行为发生时授权外观设计所属相同或者相近种类产品的设计空间。设计空间较大的，人民法院可以认定一般消费者通常不容易注意到不同设计之间的较小区别；设计空间较小的，人民法院可以认定一般消费者通常更容易注意到不同设计之间的较小区别。

第十五条　对于成套产品的外观设计专利，被诉侵权设计与其一项外观设计相同或者近似的，人民法院应当认定被诉侵权设计落入专利权的保护范围。

第十六条　对于组装关系唯一的组件产品的外观设计专利，被诉侵权设计与其组合状态下的外观设计相同或者近似的，人民法院应当认定被诉侵权设计落入专利权的保护范围。

对于各构件之间无组装关系或者组装关系不唯一的组件产品的外观设计专利，被诉侵权设计与其全部单个构件的外观设计均相同或者近似的，人民法院应当认定被诉侵权设计落入专利权的保护范围；被诉侵权设计缺少其单个构件的外观设计或者与之不相同也不近似的，人民法院应当认定被诉侵权设计未落入专利权的保护范围。

第十七条　对于变化状态产品的外观设计专利，被诉侵权设计与变化状态图所示各种使用状态下的外观设计均相同或者近似的，人民法院应当认定被诉侵权设计落入专利权的保护范围；被诉侵权设计缺少其一种使用状态下的外观设计或者与之不相同也不近似的，人民法院应当认定被诉侵权设计未落入专利权的保护范围。

第十八条　权利人依据专利法第十三条诉请在发明专利申请公布日至授权公告日期间实施该发明的单位或者个人支付适当费用的，人民法院可以参照有关专利许可使用费合理确定。

发明专利申请公布时申请人请求保护的范围与发明专利公告授权时的专利权保护范围不一致，被诉技术方案均落入上述两种范围的，人民法院应当认定被告在前款所称期间内实施了该发明；被诉技术方案仅落入其中一种范围的，人民法院应当认定被告在前款所称期间内未实施该发明。

发明专利公告授权后，未经专利权人许可，为生产经营目的使用、许诺销售、销售在本条第一款所称期间内已由他人制造、销售、进口的产品，且该他人已支付或者书面承诺支付专利法第十三条规定的适当费用的，对于权利人关于上述使用、许诺销售、销售行为侵犯专利权的主张，人民法院不予支持。

第十九条　产品买卖合同依法成立的，人民法院应当认定属于专利法第十一条规定的销售。

第二十条　对于将依照专利方法直接获得的产品进一步加工、处理而获得的后续产品，进行再加工、处理的，人民法院应当认定不属于专利法第十一条规定的“使用依照该专利方法直接获得的产品”。

第二十一条　明知有关产品系专门用于实施专利的材料、设备、零部件、中间物等，未经专利权人许可，为生产经营目的将该产品提供给他人实施了侵犯专利权的行为，权利人主张该提供者的行为属于民法典第一千一百六十九条规定的帮助他人实施侵权行为的，人民法院应予支持。

明知有关产品、方法被授予专利权，未经专利权人许可，为生产经营目的积极诱导他人实施了侵犯专利权的行为，权利人主张该诱导者的行为属于民法典第一千一百六十九条规定的教唆他人实施侵权行为的，人民法院应予支持。

第二十二条　对于被诉侵权人主张的现有技术抗辩或者现有设计抗辩，人民法院应当依照专利申请日时施行的专利法界定现有技术或者现有设计。

第二十三条　被诉侵权技术方案或者外观设计落入在先的涉案专利权的保护范围，被诉侵权人以其技术方案或者外观设计被授予专利权为由抗辩不侵犯涉案专利权的，人民法院不予支持。

第二十四条　推荐性国家、行业或者地方标准明示所涉必要专利的信息，被诉侵权人以实施该标准无需专利权人许可为由抗辩不侵犯该专利权的，人民法院一般不予支持。

推荐性国家、行业或者地方标准明示所涉必要专利的信息，专利权人、被诉侵权人协商该专利的实施许可条件时，专利权人故意违反其在标准制定中承诺的公平、合理、无歧视的许可义务，导致无法达成专利实施许可合同，且被诉侵权人在协商中无明显过错的，对于权利人请求停止标准实施行为的主张，人民法院一般不予支持。

本条第二款所称实施许可条件，应当由专利权人、被诉侵权人协商确定。经充分协商，仍无法达成一致的，可以请求人民法院确定。人民法院在确定上述实施许可条件时，应当根据公平、合理、无歧视的原则，综合考虑专利的创新程度及其在标准中的作用、标准所属的技术领域、标准的性质、标准实施的范围和相关的许可条件等因素。

法律、行政法规对实施标准中的专利另有规定的，从其规定。

》《最高人民法院关于审理技术合同纠纷案件适用法律若干问题的解释》

（2020年12月23日修正）

第一条 技术成果，是指利用科学技术知识、信息和经验作出的涉及产品、工艺、材料及其改进等的技术方案，包括专利、专利申请、技术秘密、计算机软件、集成电路布图设计、植物新品种等。

技术秘密，是指不为公众所知悉、具有商业价值并经权利人采取相应保密措施的技术信息。

第二条 民法典第八百四十七条第二款所称“执行法人或者非法人组织的工作任务”，包括：

（一）履行法人或者非法人组织的岗位职责或者承担其交付的其他技术开发任务；

（二）离职后一年内继续从事与其原所在法人或者非法人组织的岗位职责或者交付的任务有关的技术开发工作，但法律、行政法规另有规定的除外。

法人或者非法人组织与其职工就职工在职期间或者离职以后所完成的技术成果的权益有约定的，人民法院应当依约定确认。

第三条 民法典第八百四十七条第二款所称“物质技术条件”，包括资金、设备、器材、原材料、未公开的技术信息和资料等。

第四条 民法典第八百四十七条第二款所称“主要是利用法人或者非法人组织的物质技术条件”，包括职工在技术成果的研究开发过程中，全部或者大部分利用了法人或者非法人组织的资金、设备、器材或者原材料等物质条件，并且这些物质条件对形成该技术成果具有实质性的影响；还包括该技术成果实质性内容是在法人或者非法人组织尚未公开的技术成果、阶段性技术成果基础上完成的情形。但下列情况除外：

（一）对利用法人或者非法人组织提供的物质技术条件，约定返还资金或者交纳使用费的；

（二）在技术成果完成后利用法人或者非法人组织的物质技术条件对技术方案进行验证、测试的。

》《最高人民法院印发〈关于审理涉电子商务平台知识产权民事案件的指导意见〉的通知》

（法发〔2020〕32号 2020年9月10日）

三、电子商务平台经营者知道或者应当知道平台内经营者侵害知识产权的，应当根据权利的性质、侵权的具体情形和技术条件，以及构成侵权的初步证据、服务类型，及时采取必要措施。采取的必要措施应当遵循合理审慎的原则，包括但不限于删除、屏蔽、断开链接等下架措施。平台内经营者多次、故意侵害知识产权的，电子商务平台经营者有权采取终止交易和服务的措施。

四、依据电子商务法第四十一条、第四十二条、第四十三条的规定，电子商务平台经营者可以根据知识产权权利类型、商品或者服务的特点等，制定平台内通知与声明机制的具体执行措施。但是，有关措施不能对当事人依法维护权利的行为设置不合理的条件或者障碍。

五、知识产权权利人依据电子商务法第四十二条的规定，向电子商务平台经营者发出的通知一般包括：知识产权权利证明及权利人的真实身份信息；能够实现准确定位的被诉侵权商品或者服务信息；构成侵权的初步证据；通知真实性的书面保证等。通知应当采取书面形式。

通知涉及专利权的，电子商务平台经营者可以要求知识产权权利人提交技术特征或者设计特征对比的说明、实用新型或者外观设计专利权评价报告等材料。

六、人民法院认定通知人是否具有电子商务法第四十二条第三款所称的“恶意”，可以考量下列因素：提交伪造、变造的权利证明；提交虚假侵权对比的鉴定意见、专家意见；明知权利状态不稳定仍发出通知；明知通知错误仍不及时撤回或者更正；反复提交错误通知等。

电子商务平台经营者、平台内经营者以错误通知、恶意发出错误通知造成其损害为由，向人民法院提起诉讼的，可以与涉电子商务平台知识产权纠纷案件一并审理。

七、平台内经营者依据电子商务法第四十三条的规定，向电子商务平台经营者提交的不存在侵权行为的声明一般包括：平台内经营者的真实身份信息；能够实现准确定位、要求终止必要措施的商品或者服务信息；权属证明、授权证明等不存在侵权行为的初步证据；声明真实性的书面保证等。声明应当采取书面形式。

声明涉及专利权的，电子商务平台经营者可以要求平台内经营者提交技术特征或者设计特征对比的说明等材料。

八、人民法院认定平台内经营者发出声明是否具有恶意，可以考量下列因素：提供伪造或者无效的权利证明、授权证明；声明包含虚假信息或者具有明显误导性；通知已经附有认定侵权的生效裁判或者行政处理决定，仍发出声明；明知声明内容错误，仍不及时撤回或者更正等。

九、因情况紧急，电子商务平台经营者不立即采取商品下架等措施将会使其合法利益受到难以弥补的损害的，知识产权权利人可以依据《中华人民共和国民事诉讼法》第一百条、第一百零一条的规定，向人民法院申请采取保全措施。

因情况紧急，电子商务平台经营者不立即恢复商品链接、通知人不立即撤回通知或者停止发送通知等行为将会使其合法利益受到难以弥补的损害的，平台内经营者可以依据前款所述法律规定，向人民法院申请采取保全措施。

知识产权权利人、平台内经营者的申请符合法律规定的，人民法院应当依法予以支持。

十、人民法院判断电子商务平台经营者是否采取了合理的措施，可以考量下列因素：构成侵权的初步证据；侵权成立的可能性；侵权行为的影响范围；侵权行为的具体情节，包括是否存在恶意侵权、重复侵权情形；防止损害扩大的有效性；对平台内经营者利益可能的影响；电子商务平台的服务类型和技术条件等。

平台内经营者有证据证明通知所涉专利权已经被国家知识产权局宣告无效，电子商务平台经营者据此暂缓采取必要措施，知识产权权利人请求认定电子商务平台经营者未及时采取必要措施的，人民法院不予支持。

十一、电子商务平台经营者存在下列情形之一的，人民法院可以认定其“应当知道”侵权行为的存在：

（一）未履行制定知识产权保护规则、审核平台内经营者经营资质等法定义务；

（二）未审核平台内店铺类型标注为“旗舰店”“品牌店”等字样的经营者的权利证明；

（三）未采取有效技术手段，过滤和拦截包含“高仿”“假货”等字样的侵权商品链接、被投诉成立后再次上架的侵权商品链接；

（四）其他未履行合理审查和注意义务的情形。

《最高人民法院关于涉及发明专利等知识产权合同纠纷案件上诉管辖问题的通知》（法〔2022〕127号 2022年4月27日）

地方各级人民法院（含各知识产权法院）自2022年5月1日起作出的涉及发明专利、实用新型专利、植物新品种、集成电路布图设计、技术秘密、计算机软件的知识产权合同纠纷第一审裁判，应当在裁判文书中告知当事人，如不服裁判，上诉于上一级人民法院。

《最高人民法院关于加强中医药知识产权司法保护的意见》（法发〔2022〕34号 2022年12月21日）

3. 加强中医药专利保护。遵循中医药发展规律，准确把握中医药创新特点，完善中医药领域专利司法保护规则。正确把握中药组合物、中药提取物、中药剂型、中药制备方法、中医中药设备、医药用途等不同主题专利特点，依法加强中医药专利授权确权行政行为的司法审查，促进行政执法标准与司法裁判标准统一，不断满足中医药专利保护需求。结合中医药传统理论和行业特点，合理确定中医药专利权保护范围，完善侵权判断标准。严格落实药品专利纠纷早期解决机制，促进中药专利侵权纠纷及时解决。

指导案例

柏万清诉成都难寻物品营销服务中心等侵害实用新型专利权纠纷案（最高人民法院指导案例55号 2015年11月19日发布）

【关键词】 民事 侵害实用新型专利权 保护范围 技术术语 侵权对比

【裁判要点】

专利权的保护范围应当清楚，如果实用新型专利权的权利要求书的表述存在明显瑕疵，结合涉案专利说明书、附图、本领域的公知常识及相关现有技术等，不能确定权利要求中技术术语的具体含义而导致专利权的保护范围明显不清，则因无法将其与被诉侵权技术方案进行有实质意义的侵权对比，从而不能认定被诉侵权技术方案构成侵权。

【基本案情】

原告柏万清系专利号200420091540.7、名称为“防电磁污染服”实用新型专利（以下简称涉案专利）的专利权人。涉案专利权利要求1的技术特征为：A. 一种防电磁污染服，包括上装和下装；B. 服装的面料里设有起屏蔽作用的金属网或膜；C. 起屏蔽作用的金属网或膜由导磁率高而无剩磁的金属细丝或者金属粉末构成。该专利说明书载明，该专利的目的是提供一种成本低、保护范围宽和效果好的防电磁污染服。其特征在于所述服装在面料里设有由导磁率高而无剩磁的金属细丝或者金属粉末构成的起屏蔽保护作用的金属网或膜。所述金属细丝可用市售5到8丝的铜丝等，所述金属粉末可用如软铁粉末等。附图1、2表明，防护服是在不改变已有服装样式和面料功能的基础上，通过在面料里织进导电金属细丝或者以喷、涂、扩散、浸泡和印染等任一方式的加工方法将导电金属粉末与面料复合，构成带网眼的网状结构即可。

2010年5月28日，成都难寻物品营销服务中心销售了由上海添香实业有限公司生产的添香牌防辐射服上装，该产品售价490元，其技术特征是：a. 一种防电磁污染服上装；b. 服装的面料里设有起屏蔽作用的金属防护网；c. 起屏蔽作用的金属防护网由不锈钢金属纤维构成。7月19日，柏万清以成都难寻物品营销服务中心销售、上海添香实业有限公司生产的添香牌防辐射服上装（以下简称被诉侵权产品）侵犯涉案专利权为由，向四川省成都市中级人民法院提起民事诉讼，请求判令成都难寻物品营销服务中心立即停止销售被控侵权产品；上海添香实业有限公司停止生产、销售被控侵权产品，并赔偿经济损失 100 万元。

【裁判结果】

四川省成都市中级人民法院于 2011 年 2 月 18 日作出（2010）成民初字第 597 号民事判决，驳回柏万清的诉讼请求。宣判后，柏万清提起上诉。四川省高级人民法院于 2011 年 10 月 24 日作出（2011）川民终字第 391 号民事判决，驳回柏万清上诉，维持原判。柏万清不服，向最高人民法院申请再审，最高人民法院于 2012 年 12 月 28 日裁定驳回其再审申请。

【裁判理由】

法院生效裁判认为：本案争议焦点是上海添香实业有限公司生产、成都难寻物品营销服务中心销售的被控侵权产品是否侵犯柏万清的“防电磁污染服”实用新型专利权。《中华人民共和国专利法》第二十六条第四款规定：“权利要求书应当以说明书为依据，清楚、简要地限定要求专利保护的范围。”第五十九条第一款规定：“发明或者实用新型专利权的保护范围以其权利要求的内容为准，说明书及附图可以用于解释权利要求的内容。”可见，准确界定专利权的保护范围，是认定被诉侵权技术方案是否构成侵权的前提条件。如果权利要求书的撰写存在明显瑕疵，结合涉案专利说明书、附图、本领域的公知常识以及相关现有技术等，仍然不能确定权利要求中技术术语的具体含义，无法准确确定专利权的保护范围的，则无法将被诉侵权技术方案与之进行有意义的侵权对比。因此，对于保护范围明显不清楚的专利权，不能认定被诉侵权技术方案构成侵权。

本案中，涉案专利权利要求 1 的技术特征 C 中的“导磁率高”的具体范围难以确定。首先，根据柏万清提供的证据，虽然磁导率有时也被称为导磁率，但磁导率有绝对磁导率与相对磁导率之分，根据具体条件的不同还涉及起始磁导率 μi、最大磁导率 μm 等概念。不同概念的含义不同，计算方式也不尽相同。磁导率并非常数，磁场强度 H 发生变化时，即可观察到磁导率的变化。但是在涉案专利说明书中，既没有记载导磁率在涉案专利技术方案中是指相对磁导率还是绝对磁导率或者其他概念，又没有记载导磁率高的具体范围，也没有记载包括磁场强度 H 等在内的计算导磁率的客观条件。本领域技术人员根据涉案专利说明书，难以确定涉案专利中所称的导磁率高的具体含义。其次，从柏万清提交的相关证据来看，虽能证明有些现有技术中确实采用了高磁导率、高导磁率等表述，但根据技术领域以及磁场强度的不同，所谓高导磁率的含义十分宽泛，从 80 Gs/Oe 至 83.5 × 104 Gs/Oe 均被柏万清称为高导磁率。柏万清提供的证据并不能证明在涉案专利所属技术领域中，本领域技术人员对于高导磁率的含义或者范围有着相对统一的认识。最后，柏万清主张根据具体使用环境的不同，本领域技术人员可以确定具体的安全下限，从而确定所需的导磁率。该主张实际上是将能够实现防辐射目的的所有情形均纳入涉案专利权的保护范围，保护范围过于宽泛，亦缺乏事实和法律依据。

综上所述，根据涉案专利说明书以及柏万清提供的有关证据，本领域技术人员难以确定权利要求 1 技术特征 C 中“导磁率高”的具体范围或者具体含义，不能准确确定权利要求 1 的保护范围，无法将被诉侵权产品与之进行有实质意义的侵权对比。因此，二审判决认定柏万清未能举证证明被诉侵权产品落入涉案专利权的保护范围，并无不当。

威海嘉易烤生活家电有限公司诉永康市金仕德工贸有限公司、浙江天猫网络有限公司侵害发明专利权纠纷案（最高人民法院指导案例 83 号 2017 年 3 月 6 日发布）

【关键词】 民事 侵害发明专利权 有效通知 必要措施 网络服务提供者

连带责任

【裁判要点】

1. 网络用户利用网络服务实施侵权行为，被侵权人依据侵权责任法向网络服务提供者所发出的要求其采取必要措施的通知，包含被侵权人身份情况、权属凭证、侵权人网络地址、侵权事实初步证据等内容的，即属有效通知。网络服务提供者自行设定的投诉规则，不得影响权利人依法维护其自身合法权利。

2. 侵权责任法第三十六条第二款所规定的网络服务提供者接到通知后所应采取的必要措施包括但并不限于删除、屏蔽、断开链接。“必要措施”应遵循审慎、合理的原则，根据所侵害权利的性质、侵权的具体情形和技术条件等来加以综合确定。

【基本案情】

原告威海嘉易烤生活家电有限公司（以下简称嘉易烤公司）诉称：永康市金仕德工贸有限公司（以下简称金仕德公司）未经其许可，在天猫商城等网络平台上宣传并销售侵害其 ZL200980000002.8 号专利权的产品，构成专利侵权；浙江天猫网络有限公司（以下简称天猫公司）在嘉易烤公司投诉金仕德公司侵权行为的情况下，未采取有效措施，应与金仕德公司共同承担侵权责任。请求判令：1. 金仕德公司立即停止销售被诉侵权产品；2. 金仕德公司立即销毁库存的被诉侵权产品；3. 天猫公司撤销金仕德公司在天猫平台上所有的侵权产品链接；4. 金仕德公司、天猫公司连带赔偿嘉易烤公司 50 万元；5. 本案诉讼费用由金仕德公司、天猫公司承担。

金仕德公司答辩称：其只是卖家，并不是生产厂家，嘉易烤公司索赔数额过高。

天猫公司答辩称：1. 其作为交易平台，并不是生产销售侵权产品的主要经营方或者销售方；2. 涉案产品是否侵权不能确定；3. 涉案产品是否使用在先也不能确定；4. 在不能证明其为侵权方的情况下，由其连带赔偿 50 万元缺乏事实和法律依据，且其公司业已删除了涉案产品的链接，嘉易烤公司关于撤销金仕德公司在天猫平台上所有侵权产品链接的诉讼请求亦不能成立。

法院经审理查明：2009 年 1 月 16 日，嘉易烤公司及其法定代表人李琎熙共同向国家知识产权局申请了名称为“红外线加热烹调装置”的发明专利，并于 2014 年 11 月 5 日获得授权，专利号为 ZL200980000002.8。该发明专利的权利要求书记载：“1. 一种红外线加热烹调装置，其特征在于，该红外线加热烹调装置包括：托架，在其上部中央设有轴孔，且在其一侧设有控制电源的开关；受红外线照射就会被加热的旋转盘，作为在其上面可以盛食物的圆盘形容器，在其下部中央设有可拆装的插入到上述轴孔中的突起；支架，在上述托架的一侧纵向设置；红外线照射部，其设在上述支架的上端，被施加电源就会朝上述旋转盘照射红外线；上述托架上还设有能够从内侧拉出的接油盘；在上述旋转盘的突起上设有轴向的排油孔。”2015 年 1 月 26 日，涉案发明专利的专利权人变更为嘉易烤公司。涉案专利年费缴纳至 2016 年 1 月 15 日。

2015 年 1 月 29 日，嘉易烤公司的委托代理机构北京商专律师事务所向北京市海诚公证处申请证据保全公证，其委托代理人王永先、时寅在公证处监督下，操作计算机登入天猫网（网址为 http：//www.tmall.com），在一家名为“益心康旗舰店”的网上店铺购买了售价为 388 元的 3D 烧烤炉，并拷贝了该网店经营者的营业执照信息。同年 2 月 4 日，时寅在公证处监督下接收了寄件人名称为“益心康旗舰店”的快递包裹一个，内有韩文包装的 3D 烧烤炉及赠品、手写收据联和中文使用说明书、保修卡。公证员对整个证据保全过程进行了公证并制作了（2015）京海诚内民证字第 01494 号公证书。同年 2 月 10 日，嘉易烤公司委托案外人张一军向淘宝网知识产权保护平台上传了包含专利侵权分析报告和技术特征比对表在内的投诉材料，但淘宝网最终没有审核通过。同年 5 月 5 日，天猫公司向浙江省杭州市钱塘公证处申请证据保全公证，由其代理人刁曼丽在公证处的监督下操作电脑，在天猫网益心康旗舰店搜索“益心康3D烧烤炉韩式家用不粘电烤炉无烟烤肉机电烤盘铁板烧烤肉锅”，显示没有搜索到符合条件的商品。公证员对整个证据保全过程进行了公证并制作了（2015）浙杭钱证内字第10879号公证书。

一审庭审中，嘉易烤公司主张将涉案专利权利要求1作为本案要求保护的范围。经比对，嘉易烤公司认为除了开关位置的不同，被控侵权产品的技术特征完全落入了涉案专利权利要求1记载的保护范围，而开关位置的变化是业内普通技术人员不需要创造性劳动就可解决的，属于等同特征。两原审被告对比对结果不持异议。

另查明，嘉易烤公司为本案支出公证费4000元，代理服务费81000元。

【裁判结果】

浙江省金华市中级人民法院于2015年8月12日作出（2015）浙金知民初字第148号民事判决：一、金仕德公司立即停止销售侵犯专利号为ZL200980000002.8的发明专利权的产品的行为；二、金仕德公司于判决生效之日起十日内赔偿嘉易烤公司经济损失150000元（含嘉易烤公司为制止侵权而支出的合理费用）；三、天猫公司对上述第二项中金仕德公司赔偿金额的50000元承担连带赔偿责任；四、驳回嘉易烤公司的其他诉讼请求。一审宣判后，天猫公司不服，提起上诉。浙江省高级人民法院于2015年11月17日作出（2015）浙知终字第186号民事判决：驳回上诉，维持原判。

【裁判理由】

法院生效裁判认为：各方当事人对于金仕德公司销售的被诉侵权产品落入嘉易烤公司涉案专利权利要求1的保护范围，均不持异议，原审判决认定金仕德公司涉案行为构成专利侵权正确。关于天猫公司在本案中是否构成共同侵权，侵权责任法第三十六条第二款规定，网络用户利用网络服务实施侵权行为的，被侵权人有权通知网络服务提供者采取删除、屏蔽、断开链接等必要措施。网络服务提供者接到通知后未及时采取必要措施的，对损害的扩大部分与该网络用户承担连带责任。上述规定系针对权利人发现网络用户利用网络服务提供者的服务实施侵权行为后“通知”网络服务提供者采取必要措施，以防止侵权后果不当扩大的情形，同时还明确界定了此种情形下网络服务提供者所应承担的义务范围及责任构成。本案中，天猫公司涉案被诉侵权行为是否构成侵权应结合对天猫公司的主体性质、嘉易烤公司“通知”的有效性以及天猫公司在接到嘉易烤公司的“通知”后是否应当采取措施及所采取的措施的必要性和及时性等加以综合考量。

首先，天猫公司依法持有增值电信业务经营许可证，系信息发布平台的服务提供商，其在本案中为金仕德公司经营的“益心康旗舰店”销售涉案被诉侵权产品提供网络技术服务，符合侵权责任法第三十六条第二款所规定网络服务提供者的主体条件。

其次，天猫公司在二审庭审中确认嘉易烤公司已于2015年2月10日委托案外人张一军向淘宝网知识产权保护平台上传了包含被投诉商品链接及专利侵权分析报告、技术特征比对表在内的投诉材料，且根据上述投诉材料可以确定被投诉主体及被投诉商品。

侵权责任法第三十六条第二款所涉及的“通知”是认定网络服务提供者是否存在过错及应否就危害结果的不当扩大承担连带责任的条件。“通知”是指被侵权人就他人利用网络服务商的服务实施侵权行为的事实向网络服务提供者所发出的要求其采取必要技术措施，以防止侵权行为进一步扩大的行为。“通知”既可以是口头的，也可以是书面的。通常，“通知”内容应当包括权利人身份情况、权属凭证、证明侵权事实的初步证据以及指向明确的被诉侵权人网络地址等材料。符合上述条件的，即应视为有效通知。嘉易烤公司涉案投诉通知符合侵权责任法规定的“通知”的基本要件，属有效通知。

再次，经查，天猫公司对嘉易烤公司投

诉材料作出审核不通过的处理，其在回复中表明审核不通过原因是：烦请在实用新型、发明的侵权分析对比表表二中详细填写被投诉商品落入贵方提供的专利权利要求的技术点，建议采用图文结合的方式一一指出。(需注意，对比的对象为卖家发布的商品信息上的图片、文字)，并提供购买订单编号或双方会员名。

二审法院认为，发明或实用新型专利侵权的判断往往并非仅依赖表面或书面材料就可以作出，因此专利权人的投诉材料通常只需包括权利人身份、专利名称及专利号、被投诉商品及被投诉主体内容，以便投诉接受方转达被投诉主体。在本案中，嘉易烤公司的投诉材料已完全包含上述要素。至于侵权分析比对，天猫公司一方面认为其对卖家所售商品是否侵犯发明专利判断能力有限，另一方面却又要求投诉方“详细填写被投诉商品落入贵方提供的专利权利要求的技术点，建议采用图文结合的方式一一指出”，该院认为，考虑到互联网领域投诉数量巨大、投诉情况复杂的因素，天猫公司的上述要求基于其自身利益考量虽也具有一定的合理性，而且也有利于天猫公司对于被投诉行为的性质作出初步判断并采取相应的措施。但就权利人而言，天猫公司的前述要求并非权利人投诉通知有效的必要条件。况且，嘉易烤公司在本案的投诉材料中提供了多达 5 页的以图文并茂的方式表现的技术特征对比表，天猫公司仍以教条的、格式化的回复将技术特征对比作为审核不通过的原因之一，处置失当。至于天猫公司审核不通过并提出提供购买订单编号或双方会员名的要求，该院认为，本案中投诉方是否提供购买订单编号或双方会员名并不影响投诉行为的合法有效。而且，天猫公司所确定的投诉规制并不对权利人维权产生法律约束力，权利人只需在法律规定的框架内行使维权行为即可，投诉方完全可以根据自己的利益考量决定是否接受天猫公司所确定的投诉规制。更何况投诉方可能无需购买商品而通过其他证据加以证明，也可以根据他人的购买行为发现可能的侵权行为，甚至投诉方即使存在直接购买行为，但也可以基于某种经济利益或商业秘密的考量而拒绝提供。

最后，侵权责任法第三十六条第二款所规定的网络服务提供者接到通知后所应采取的必要措施包括但并不限于删除、屏蔽、断开链接。“必要措施”应根据所侵害权利的性质、侵权的具体情形和技术条件等来加以综合确定。

本案中，在确定嘉易烤公司的投诉行为合法有效之后，需要判断天猫公司在接受投诉材料之后的处理是否审慎、合理。该院认为，本案系侵害发明专利权纠纷。天猫公司作为电子商务网络服务平台的提供者，基于其公司对于发明专利侵权判断的主观能力、侵权投诉胜诉概率以及利益平衡等因素的考量，并不必然要求天猫公司在接受投诉后对被投诉商品立即采取删除和屏蔽措施，对被诉商品采取的必要措施应当秉承审慎、合理原则，以免损害被投诉人的合法权益。但是将有效的投诉通知材料转达被投诉人并通知被投诉人申辩当属天猫公司应当采取的必要措施之一。否则权利人投诉行为将失去任何意义，权利人的维权行为也将难以实现。网络服务平台提供者应该保证有效投诉信息传递的顺畅，而不应成为投诉信息的黑洞。被投诉人对于其或生产或销售的商品是否侵权，以及是否应主动自行停止被投诉行为，自会作出相应的判断及应对。而天猫公司未履行上述基本义务的结果导致被投诉人未收到任何警示从而造成损害后果的扩大。至于天猫公司在嘉易烤公司起诉后即对被诉商品采取删除和屏蔽措施，当属审慎、合理。综上，天猫公司在接到嘉易烤公司的通知后未及时采取必要措施，对损害的扩大部分应与金仕德公司承担连带责任。天猫公司就此提出的上诉理由不能成立。关于天猫公司所应承担责任的份额，一审法院综合考虑侵权持续的时间及天猫公司应当知道侵权事实的时间，确定天猫公司对金仕德公司赔偿数额的

50000 元承担连带赔偿责任，并无不当。

礼来公司诉常州华生制药有限公司侵害发明专利权纠纷案（最高人民法院指导案例 84 号　2017 年 3 月 6 日发布）

【关键词】　民事　侵害发明专利权　药品制备方法发明专利　保护范围　技术调查官　被诉侵权药品制备工艺查明

【裁判要点】

1. 药品制备方法专利侵权纠纷中，在无其他相反证据情形下，应当推定被诉侵权药品在药监部门的备案工艺为其实际制备工艺；有证据证明被诉侵权药品备案工艺不真实的，应当充分审查被诉侵权药品的技术来源、生产规程、批生产记录、备案文件等证据，依法确定被诉侵权药品的实际制备工艺。

2. 对于被诉侵权药品制备工艺等复杂的技术事实，可以综合运用技术调查官、专家辅助人、司法鉴定以及科技专家咨询等多种途径进行查明。

【基本案情】

2013 年 7 月 25 日，礼来公司（又称伊莱利利公司）向江苏省高级人民法院（以下简称江苏高院）诉称，礼来公司拥有涉案 91103346.7 号方法发明专利权，涉案专利方法制备的药物奥氮平为新产品。常州华生制药有限公司（以下简称华生公司）使用落入涉案专利权保护范围的制备方法生产药物奥氮平并面向市场销售，侵害了礼来公司的涉案方法发明专利权。为此，礼来公司提起本案诉讼，请求法院判令：1. 华生公司赔偿礼来公司经济损失人民币 151060000 元、礼来公司为制止侵权所支付的调查取证费和其他合理开支人民币 28800 元；2. 华生公司在其网站及《医药经济报》刊登声明，消除因其侵权行为给礼来公司造成的不良影响；3. 华生公司承担礼来公司因本案发生的律师费人民币 1500000 元；4. 华生公司承担本案的全部诉讼费用。

江苏高院一审查明：

涉案专利为英国利利工业公司 1991 年 4 月 24 日申请的名称为“制备一种噻吩并苯二氮杂化合物的方法”的第 91103346.7 号中国发明专利申请，授权公告日为 1995 年 2 月 19 日。2011 年 4 月 24 日涉案专利权期满终止。1998 年 3 月 17 日，涉案专利的专利权人变更为英国伊莱利利有限公司；2002 年 2 月 28 日专利权人变更为伊莱利利公司。

涉案专利授权公告的权利要求为：

1. 一种制备 2 – 甲基 – 10 – （4 – 甲基 – 1 – 哌嗪基） – 4H – 噻吩并［2，3， – b］［1，5］苯并二氮杂，或其酸加成盐的方法。

所述方法包括：

（a）使 N – 甲基哌嗪与下式化合物反应，

（略）

式中 Q 是一个可以脱落的基团，或

（b）使下式的化合物进行闭环反应

（略）

2001 年 7 月，中国医学科学院药物研究所（简称医科院药物所）和华生公司向国家药品监督管理局（简称国家药监局）申请奥氮平及其片剂的新药证书。2003 年 5 月 9 日，医科院药物所和华生公司获得国家药监局颁发的奥氮平原料药和奥氮平片《新药证书》，华生公司获得奥氮平和奥氮平片《药品注册批件》。新药申请资料中《原料药生产工艺的研究资料及文献资料》记载了制备工艺，即加入 4 – 氨基 – 2 – 甲基 – 10 – 苄基 – 噻吩并苯并二氮杂，盐酸盐，甲基哌嗪及二甲基甲酰胺搅拌，得粗品，收率 94.5%；加入 2 – 甲基 – 10 – 苄基 – （4 – 甲基 – 1 – 哌嗪基） – 4H – 噻吩并苯并二氮杂、冰醋酸、盐酸搅拌，然后用氢氧化钠中和后得粗品，收率 73.2%；再经过两次精制，总收率为 39.1%。从反应式分析，该过程就是以式四化合物与甲基哌嗪反应生成式五化合物，再对式五化合物脱苄基，得式一化合物。2003 年 8 月，华生公司向青岛市第七人民医院推销其生产的“华生 – 奥氮平”5mg – 新型抗精神病药，其产品宣传资料记载，奥氮平片主要成分为奥氮平，其化学名称为2-甲基-10-（4-甲基-1-哌嗪）-4H-噻吩并苯并二氮杂。

在另案审理中，根据江苏高院的委托，2011年8月25日，上海市科技咨询服务中心出具（2010）鉴字第19号《技术鉴定报告书》。该鉴定报告称，按华生公司备案的“原料药生产工艺的研究资料及文献资料”中记载的工艺进行实验操作，不能获得原料药奥氮平。鉴定结论为：华生公司备案资料中记载的生产原料药奥氮平的关键反应步骤缺乏真实性，该备案的生产工艺不可行。

经质证，伊莱利利公司认可该鉴定报告，华生公司对该鉴定报告亦不持异议，但是其坚持认为采取两步法是可以生产出奥氮平的，只是因为有些内容涉及商业秘密没有写入备案资料中，故专家依据备案资料生产不出来。

华生公司认为其未侵害涉案专利权，理由是：2003年至今，华生公司一直使用2008年补充报批的奥氮平备案生产工艺，该备案文件已于2010年9月8日获国家药监局批准，具备可行性。在礼来公司未提供任何证据证明华生公司的生产工艺的情况下，应以华生公司2008年奥氮平备案工艺作为认定侵权与否的比对工艺。

华生公司提交的2010年9月8日国家药监局《药品补充申请批件》中“申请内容”栏为：“（1）改变影响药品质量的生产工艺；（2）修改药品注册标准。”“审批结论”栏为：“经审查，同意本品变更生产工艺并修订质量标准。变更后的生产工艺在不改变原合成路线的基础上，仅对其制备工艺中所用溶剂和试剂进行调整。质量标准所附执行，有效期24个月。”

上述2010年《药品补充申请批件》所附《奥氮平药品补充申请注册资料》中5.1原料药生产工艺的研究资料及文献资料章节中5.1.1说明内容为：“根据我公司奥氮平原料药的实际生产情况，在不改变原来申报生产工艺路线的基础上，对奥氮平的制备工艺过程做了部分调整变更，对工艺进行优化，使奥氮平各中间体的质量得到进一步的提高和保证，其制备过程中的相关杂质得到有效控制。……由于工艺路线没有变更，并且最后一步的结晶溶剂亦没有变更，故化合物的结构及晶型不会改变。”

最高人民法院二审审理过程中，为准确查明本案所涉技术事实，根据民事诉讼法第七十九条、《最高人民法院关于适用〈中华人民共和国民事诉讼法〉的解释》（以下简称《民事诉讼法解释》）第一百二十二条之规定，对礼来公司的专家辅助人出庭申请予以准许；根据《民事诉讼法解释》第一百一十七条之规定，对华生公司的证人出庭申请予以准许；根据民事诉讼法第七十八条、《民事诉讼法解释》第二百二十七条之规定，通知出具（2014）司鉴定第02号《技术鉴定报告》的江苏省科技咨询中心工作人员出庭；根据《最高人民法院关于知识产权法院技术调查官参与诉讼活动若干问题的暂行规定》第二条、第十条之规定，首次指派技术调查官出庭，就相关技术问题与各方当事人分别询问了专家辅助人、证人及鉴定人。

最高人民法院二审另查明：

1999年10月28日，华生公司与医科院药物所签订《技术合同书》，约定医科院药物所将其研制开发的抗精神分裂药奥氮平及其制剂转让给华生公司，医科院药物所负责完成临床前报批资料并在北京申报临床；验收标准和方法按照新药审批标准，采用领取临床批件和新药证书方式验收；在其他条款中双方对新药证书和生产的报批作出了约定。

医科院药物所1999年10月填报的（京99）药申临字第82号《新药临床研究申请表》中，“制备工艺”栏绘制的反应路线如下：

1999年11月9日，北京市卫生局针对医科院药物所的新药临床研究申请作出《新药研制现场考核报告表》，“现场考核结论”栏记载：“该所具备研制此原料的条件，原始记录、实验资料基本完整，内容真实。”

2001年6月，医科院药物所和华生公司共同向国家药监局提交《新药证书、生产申请表》（〔2001〕京申产字第019号）。针对该申请，江苏省药监局2001年10月22日作出《新药研制现场考核报告表》，“现场考核结论”栏记载：“经现场考核，样品制备及检验原始记录基本完整，检验仪器条件基本具备，研制单位暂无原料药生产车间，现申请本品的新药证书。”

根据华生公司申请，江苏药监局2009年5月21日发函委托江苏省常州市食品药品监督管理局药品安全监管处对华生公司奥氮平生产现场进行检查和产品抽样，江苏药监局针对该检查和抽样出具了《药品注册生产现场检查报告》（受理号CXHB0800159），其中“检查结果”栏记载：“按照药品注册现场检查的有关要求，2009年7月7日对该品种的生产现场进行了第一次检查，该公司的机构和人员、生产和检验设施能满足该品种的生产要求，原辅材料等可溯源，主要原料均按规定量投料，生产过程按申报的工艺进行。2009年8月25日，按药品注册现场核查的有关要求，检查了70309001、70309002、70309003三批产品的批生产记录、检验记录、原料领用使用、库存情况记录等，已按抽样要求进行了抽样。”“综合评定结论”栏记载：“根据综合评定，现场检查结论为：通过。”

国家药监局2010年9月8日颁发给华生公司的《药品补充申请批件》所附《奥氮平药品补充申请注册资料》中，5.1“原料药生产工艺的研究资料及文献资料”之5.1.2“工艺路线”中绘制的反应路线如下：

2015年3月5日，江苏省科技咨询中心受上海市方达（北京）律师事务所委托出具（2014）司鉴字第02号《技术鉴定报告》，其“鉴定结论”部分记载：“1. 华生公司2008年向国家药监局备案的奥氮平制备工艺是可行的。2. 对比华生公司2008年向国家药监局备案的奥氮平制备工艺与礼来公司第91103346.7号方法专利，两者起始原料均为仲胺化物，但制备工艺路径不同，具体表现在：（1）反应中产生的关键中间体不同；（2）反应步骤不同：华生公司的是四步法，礼来公司是二步法；（3）反应条件不同：取代反应中，华生公司采用二甲基甲酰胺为溶媒，礼来公司采用二甲基亚砜和甲苯的混合溶剂为溶媒。”

二审庭审中，礼来公司明确其在本案中要求保护涉案专利权利要求1中的方法（a）。

【裁判结果】

江苏省高级人民法院于2014年10月14日作出（2013）苏民初字第0002号民事判决：1. 常州华生制药有限公司赔偿礼来公司经济损失及为制止侵权支出的合理费用人民币计350万元；2. 驳回礼来公司的其他诉讼请求。案件受理费人民币809744元，由礼来公司负担161950元，常州华生制药有限公司负担647794元。礼来公司、常州华生制药有限公司均不服，提起上诉。最高人民法院2016年5月31日作出（2015）民三终字第1号民事判决：1. 撤销江苏省高级人民法院（2013）苏民初字第0002号民事判决；2. 驳回礼来公司的诉讼请求。一、二审案件受理费各人民币809744元，由礼来公司负担323897元，常州华生制药有限公司负担1295591元。

【裁判理由】

法院生效裁判认为，《最高人民法院关于审理侵犯专利权纠纷案件应用法律若干问题的解释》第七条规定：“人民法院判定被诉侵权技术方案是否落入专利权的保护范围，应当审查权利人主张的权利要求所记载的全部技术特征。被诉侵权技术方案包含与权利要求记载的全部技术特征相同或者等同的技术特征的，人民法院应当认定其落入专利权的保护范围；被诉侵权技术方案的技术特征与权利要求记载的全部技术特征相比，缺少权利要求记载的一个以上的技术特征，或者有一个以上技术特征不相同也不等同的，人民法院应当认定其没有落入专利权的保护范围。”本案中，华生公司被诉生产销售的药品与涉案专利方法制备的产品相同，均为奥氮平，判定华生公司奥氮平制备工艺是否落入涉案专利权保护范围，涉及以下三个问题：

一、关于涉案专利权的保护范围

专利法第五十六条第一款规定：“发明或者实用新型专利权的保护范围以其权利要求的内容为准，说明书及附图可以用于解释权利要求。”本案中，礼来公司要求保护涉案专利权利要求1中的方法（a），该权利要求采取开放式的撰写方式，其中仅限定了参加取代反应的三环还原物及N－甲基哌嗪以及发生取代的基团，其保护范围涵盖了所有采用所述三环还原物与N－甲基哌嗪在Q基团处发生取代反应而生成奥氮平的制备方法，无论采用何种反应起始物、溶剂、反应条件，均在其保护范围之内。基于此，判定华生公司奥氮平制备工艺是否落入涉案专利权保护范围，关键在于两个技术方案反应路线的比对，而具体的反应起始物、溶剂、反应条件等均不纳入侵权比对范围，否则会不当限缩涉案专利权的保护范围，损害礼来公司的合法权益。

二、关于华生公司实际使用的奥氮平制备工艺

专利法第五十七条第二款规定：“专利侵权纠纷涉及新产品制造方法的发明专利的，制造同样产品的单位或者个人应当提供其产品制造方法不同于专利方法的证明。”本案中，双方当事人对奥氮平为专利法中所称的新产品不持异议，华生公司应就其奥氮平制备工艺不同于涉案专利方法承担举证责任。具体而言，华生公司应当提供证据证明其实际使用的奥氮平制备工艺反应路线未落入涉案专利权保护范围，否则，将因其举证不能而承担推定礼来公司侵权指控成立的法律后果。

本案中，华生公司主张其自2003年至今一直使用2008年向国家药监局补充备案工艺生产奥氮平，并提交了其2003年和2008年奥氮平批生产记录（一审补充证据6），2003年、2007年和2013年生产规程（一审补充证据7），《药品补充申请批件》（一审补充证据12）等证据证明其实际使用的奥氮平制备工艺。如前所述，本案的侵权判定关键在于两个技术方案反应路线的比对，华生公司2008年补充备案工艺的反应路线可见于其向国家药监局提交的《奥氮平药品补充申请注册资料》，其中5.1“原料药生产工艺的研究资料及文献资料”之5.1.2“工艺路线”图显示该反应路线为：先将“仲胺化物”中的仲氨基用苄基保护起来，制得“苄基化物”（苄基化），再进行闭环反应，生成“苄基取代的噻吩并苯并二氮杂”三环化合物（还原化物）。“还原化物”中的氨基被N－甲基哌嗪取代，生成“缩合物”，然后脱去苄基，制得奥氮平。本院认为，现有在案证据能够形成完整证据链，证明华生公司2003年至涉案专利权到期日期间一直使用其2008年补充备案工艺的反应路线生产奥氮平，主要理由如下：

首先，华生公司2008年向国家药监局提出奥氮平药品补充申请注册，在其提交的《奥氮平药品补充申请注册资料》中，明确记载了其奥氮平制备工艺的反应路线。针对该补充申请，江苏省药监部门于2009年7月7日和8月25日对华生公司进行了生产现场检查和产品抽样，并出具了《药品注册生产现场检查报告》（受理号CXHB0800159），该报告显示华生公司的“生产过程按申报的工艺进行”，三批样品“已按抽样要求进行了抽样”，现场检查结论为“通过”。也就是说，华生公司2008年补充备案工艺经过药监部门的现场检查，具备可行性。基于此，2010年9月8日，国家药监局向华生公司颁发了《药品补充申请批件》，同意华生公司奥氮平“变更生产工艺并修订质量标准”。对于华生公司2008年补充备案工艺的可行性，礼来公司专家辅助人在二审庭审中予以认可，江苏省科技咨询中心出具的（2014）司鉴字第02号《技术鉴定报告》在其鉴定结论部分也认为“华生公司2008年向国家药

监局备案的奥氮平制备工艺是可行的”。因此，在无其他相反证据的情形下，应当推定华生公司 2008 年补充备案工艺即为其取得《药品补充申请批件》后实际使用的奥氮平制备工艺。

其次，一般而言，适用于大规模工业化生产的药品制备工艺步骤烦琐，操作复杂，其形成不可能是一蹴而就的。从研发阶段到实际生产阶段，其长期的技术积累过程通常是在保持基本反应路线稳定的情况下，针对实际生产中发现的缺陷不断优化调整反应条件和操作细节。华生公司的奥氮平制备工艺受让于医科院药物所，双方于 1999 年 10 月 28 日签订了《技术转让合同》。按照合同约定，医科院药物所负责完成临床前报批资料并在北京申报临床。在医科院药物所 1999 年 10 月填报的（京 99）药申临字第 82 号《新药临床研究申请表》中，“制备工艺”栏绘制的反应路线显示，其采用了与华生公司 2008 年补充备案工艺相同的反应路线。针对该新药临床研究申请，北京市卫生局 1999 年 11 月 9 日作出《新药研制现场考核报告表》，确认“原始记录、实验资料基本完整，内容真实”。在此基础上，医科院药物所和华生公司按照《技术转让合同》的约定，共同向国家药监局提交新药证书、生产申请表［（2001）京申产字第 019 号］。针对该申请，江苏省药监局 2001 年 10 月 22 日作出《新药研制现场考核报告表》，确认“样品制备及检验原始记录基本完整”。通过包括前述考核在内的一系列审查后，2003 年 5 月 9 日，医科院药物所和华生公司获得国家药监局颁发的奥氮平原料药和奥氮平片《新药证书》。由此可见，华生公司自 1999 年即拥有了与其 2008 年补充备案工艺反应路线相同的奥氮平制备工艺，并以此申报新药注册，取得新药证书。因此，华生公司在 2008 补充备案工艺之前使用反应路线完全不同的其他制备工艺生产奥氮平的可能性不大。

最后，国家药监局 2010 年 9 月 8 日向华生公司颁发的《药品补充申请批件》“审批结论”栏记载：“变更后的生产工艺在不改变原合成路线的基础上，仅对其制备工艺中所用溶剂和试剂进行调整”，即国家药监局确认华生公司 2008 年补充备案工艺与其之前的制备工艺反应路线相同。华生公司在一审中提交了其 2003、2007 和 2013 年的生产规程，2003、2008 年的奥氮平批生产记录，华生公司主张上述证据涉及其商业秘密，一审法院组织双方当事人进行了不公开质证，确认其真实性和关联性。本院经审查，华生公司 2003、2008 年的奥氮平批生产记录是分别依据 2003、2007 年的生产规程进行实际生产所作的记录，上述生产规程和批生产记录均表明华生公司奥氮平制备工艺的基本反应路线与其 2008 年补充备案工艺的反应路线相同，只是在保持该基本反应路线不变的基础上对反应条件、溶剂等生产细节进行调整，不断优化，这样的技术积累过程是符合实际生产规律的。

综上，本院认为，华生公司 2008 年补充备案工艺真实可行，2003 年至涉案专利权到期日期间华生公司一直使用 2008 年补充备案工艺的反应路线生产奥氮平。

三、关于礼来公司的侵权指控是否成立

对比华生公司奥氮平制备工艺的反应路线和涉案方法专利，二者的区别在于反应步骤不同，关键中间体不同。具体而言，华生公司奥氮平制备工艺使用的三环还原物的胺基是被苄基保护的，由此在取代反应之前必然存在苄基化反应步骤以生成苄基化的三环还原物，相应的在取代反应后也必然存在脱苄基反应步骤以获得奥氮平。而涉案专利的反应路线中并未对三环还原物中的胺基进行苄基保护，从而不存在相应的苄基化反应步骤和脱除苄基的反应步骤。

《最高人民法院关于审理专利纠纷案件适用法律问题的若干规定》第十七条第二款规定：“等同特征，是指与所记载的技术特征以基本相同的手段，实现基本相同的功能，达到基本相同的效果，并且本领域普通技术人员在被诉侵权行为发生时无需经过创造性劳动就能够联想到的特征。”本案中，就华生公司奥氮平制备工艺的反应路线和涉案方法专利的区别而言，首先，苄基保护的三环还原物中间体与未加苄基保护的三环还原物中间体为不同的化合物，两者在化学反应特性上存在差异，即在未加苄基保护的三环还原物中间体上，可脱落的Q基团和胺基均可与N-甲基哌嗪发生反应，而苄基保护的三环还原物中间体由于其中的胺基被苄基保护，无法与N-甲基哌嗪发生不期望的取代反应，取代反应只能发生在Q基团处；相应地，涉案专利的方法中不存在取代反应前后的加苄基和脱苄基反应步骤。因此，两个技术方案在反应中间物和反应步骤上的差异较大。其次，由于增加了加苄基和脱苄基步骤，华生公司的奥氮平制备工艺在终产物收率方面会有所减损，而涉案专利由于不存在加苄基保护步骤和脱苄基步骤，收率不会因此而下降。故两个技术方案的技术效果如收率高低等方面存在较大差异。最后，尽管对所述三环还原物中的胺基进行苄基保护以减少副反应是化学合成领域的公知常识，但是这种改变是实质性的，加苄基保护的三环还原物中间体的反应特性发生了改变，增加反应步骤也使收率下降。而且加苄基保护为公知常识仅说明华生公司的奥氮平制备工艺相对于涉案专利方法改进有限，但并不意味着两者所采用的技术手段是基本相同的。

综上，华生公司的奥氮平制备工艺在三环还原物中间体是否为苄基化中间体以及由此增加的苄基化反应步骤和脱苄基步骤方面，与涉案专利方法是不同的，相应的技术特征也不属于基本相同的技术手段，达到的技术效果存在较大差异，未构成等同特征。因此，华生公司奥氮平制备工艺未落入涉案专利权保护范围。

综上所述，华生公司奥氮平制备工艺未落入礼来公司所有的涉案专利权的保护范围，一审判决认定事实和适用法律存在错误，依法予以纠正。

» 高仪股份公司诉浙江健龙卫浴有限公司侵害外观设计专利权纠纷案（最高人民法院指导案例85号 2017年3月6日发布）

【关键词】 民事 侵害外观设计专利 设计特征 功能性特征 整体视觉效果

【裁判要点】

1. 授权外观设计的设计特征体现了其不同于现有设计的创新内容，也体现了设计人对现有设计的创造性贡献。如果被诉侵权设计未包含授权外观设计区别于现有设计的全部设计特征，一般可以推定被诉侵权设计与授权外观设计不近似。

2. 对设计特征的认定，应当由专利权人对其所主张的设计特征进行举证。人民法院在听取各方当事人质证意见基础上，对证据进行充分审查，依法确定授权外观设计的设计特征。

3. 对功能性设计特征的认定，取决于外观设计产品的一般消费者看来该设计是否仅仅由特定功能所决定，而不需要考虑该设计是否具有美感。功能性设计特征对于外观设计的整体视觉效果不具有显著影响。功能性与装饰性兼具的设计特征对整体视觉效果的影响需要考虑其装饰性的强弱，装饰性越强，对整体视觉效果的影响越大，反之则越小。

【基本案情】

高仪股份公司（以下简称高仪公司）为“手持淋浴喷头（No. A4284410X2）”外观设计专利的权利人，该外观设计专利现合法有效。2012年11月，高仪公司以浙江健龙卫浴有限公司（以下简称健龙公司）生产、销售和许诺销售的丽雅系列等卫浴产品侵害其“手持淋浴喷头”外观设计专利权为由提起诉讼，请求法院判令健龙公司立即停止被诉侵权行为，销毁库存的侵权产品及专用于生产侵权产品的模具，并赔偿高仪公司经济损失20万元。经一审庭审比对，健龙公司被诉侵权产品与高仪公司涉案外观设计专利的相同之处为：二者属于同类产品，从整体上看，二者均是由喷头头部和手柄两个部分组成，被诉侵权产品头部出水面的形状与涉案专利相同，均表现为出水孔呈放射状分布在两端圆、中间长方形的区域内，边缘呈圆弧状。两者的不同之处为：1. 被诉侵权产品的喷头头部四周为斜面，从背面向出水口倾斜，而涉案专利主视图及左视图中显示其喷头头部四周为圆弧面；2. 被诉侵权产品头部的出水面与面板间仅由一根线条分隔，涉案专利头部的出水面与面板间由两条线条构成的带状分隔；3. 被诉侵权产品头部出水面的出水孔分布方式与涉案专利略有不同；4. 涉案专利的手柄上有长椭圆形的开关设计，被诉侵权产品没有；5. 涉案专利中头部与手柄的连接虽然有一定的斜角，但角度很小，几乎为直线形连接，被诉侵权产品头部与手柄的连接产生的斜角角度较大；6. 从涉案专利的仰视图看，手柄底部为圆形，被诉侵权产品仰视的底部为曲面扇形，涉案专利手柄下端为圆柱体，向与头部连接处方向逐步收缩压扁呈扁椭圆体，被诉侵权产品的手柄下端为扇面柱体，且向与喷头连接处过渡均为扇面柱体，过渡中的手柄中段有弧度的突起；7. 被诉侵权产品的手柄底端有一条弧形的装饰线，将手柄底端与产品的背面连成一体，涉案专利的手柄底端没有这样的设计；8. 涉案专利头部和手柄的长度比例与被诉侵权产品有所差别，两者的头部与手柄的连接处弧面亦有差别。

【裁判结果】

浙江省台州市中级人民法院于2013年3月5日作出（2012）浙台知民初字第573号民事判决，驳回高仪公司诉讼请求。高仪公司不服，提起上诉。浙江省高级人民法院于2013年9月27日作出（2013）浙知终字第255号民事判决：1. 撤销浙江省台州市中级人民法院（2012）浙台知民初字第573号民事判决；2. 健龙公司立即停止制造、许诺销售、销售侵害高仪公司“手持淋浴喷头”外观设计专利权的产品的行为，销毁库存的侵权产品；3. 健龙公司赔偿高仪公司经济损失（含高仪公司为制止侵权行为所支出的合理费用）人民币10万元；4. 驳回高仪公司的其他诉讼请求。健龙公司不服，提起再审申请。最高人民法院于2015年8月11日作出（2015）民提字第23号民事判决：1. 撤销二审判决；2. 维持一审判决。

【裁判理由】

法院生效裁判认为，本案的争议焦点在于被诉侵权产品外观设计是否落入涉案外观设计专利权的保护范围。

专利法第五十九条第二款规定：“外观设计专利权的保护范围以表示在图片或者照片中的该产品的外观设计为准，简要说明可以用于解释图片或者照片所表示的该产品的外观设计。”《最高人民法院关于审理侵犯专利权纠纷案件应用法律若干问题的解释》（以下简称《侵犯专利权纠纷案件解释》）第八条规定：“在与外观设计专利产品相同或者相近种类产品上，采用与授权外观设计相同或者近似的外观设计的，人民法院应当认定被诉侵权设计落入专利法第五十九条第二款规定的外观设计专利权的保护范围”；第十条规定：“人民法院应当以外观设计专利产品的一般消费者的知识水平和认知能力，判断外观设计是否相同或者近似。”本案中，被诉侵权产品与涉案外观设计专利产品相同，均为淋浴喷头类产品，因此，本案的关键问题是对于一般消费者而言，被诉侵权产品外观设计与涉案授权外观设计是否相同或者近似，具体涉及以下四个问题：

一、关于涉案授权外观设计的设计特征

外观设计专利制度的立法目的在于保护具有美感的创新性工业设计方案，一项外观设计应当具有区别于现有设计的可识别性创新设计才能获得专利授权，该创新设计即是授权外观设计的设计特征。通常情况下，外观设计的设计人都是以现有设计为基础进行创新。对于已有产品，获得专利权的外观设计一般会具有现有设计的部分内容，同时具有与现有设计不相同也不近似的设计内容，正是这部分设计内容使得该授权外观设计具有创新性，从而满足专利法第二十三条所规定的实质性授权条件：不属于现有设计也不存在抵触申请，并且与现有设计或者现有设计特征的组合相比具有明显区别。对于该部分设计内容的描述即构成授权外观设计的设计特征，其体现了授权外观设计不同于现有设计的创新内容，也体现了设计人对现有设计的创造性贡献。由于设计特征的存在，一般消费者容易将授权外观设计区别于现有设计，因此，其对外观设计产品的整体视觉效果具有显著影响，如果被诉侵权设计未包含授权外观设计区别于现有设计的全部设计特征，一般可以推定被诉侵权设计与授权外观设计不近似。

对于设计特征的认定，一般来说，专利权人可能将设计特征记载在简要说明中，也可能会在专利授权确权或者侵权程序中对设计特征作出相应陈述。根据“谁主张、谁举证”的证据规则，专利权人应当对其所主张的设计特征进行举证。另外，授权确权程序的目的在于对外观设计是否具有专利性进行审查，因此，该过程中有关审查文档的相关记载对确定设计特征有着重要的参考意义。理想状态下，对外观设计专利的授权确权，应当是在对整个现有设计检索后的基础上确定对比设计来评判其专利性，但是，由于检索数据库的限制、无效宣告请求人检索能力的局限等原因，授权确权程序中有关审查文档所确定的设计特征可能不是在穷尽整个现有设计的检索基础上得出的，因此，无论是专利权人举证证明的设计特征，还是通过授权确权有关审查文档记载确定的设计特征，如果第三人提出异议，都应当允许其提供反证予以推翻。人民法院在听取各方当事人质证意见的基础上，对证据进行充分审查，依法确定授权外观设计的设计特征。

本案中，专利权人高仪公司主张跑道状的出水面为涉案授权外观设计的设计特征，健龙公司对此不予认可。对此，法院生效裁判认为，首先，涉案授权外观设计没有简要说明记载其设计特征，高仪公司在二审诉讼中提交了12份淋浴喷头产品的外观设计专利文件，其中7份记载的公告日早于涉案专利的申请日，其所附图片表示的外观设计均未采用跑道状的出水面。在针对涉案授权外观设计的无效宣告请求审查程序中，专利复审委员会作出第17086号决定，认定涉案授权外观设计与最接近的对比设计证据1相比：“从整体形状上看，与在先公开的设计相比，本专利喷头及其各面过渡的形状、喷头正面出水区域的设计以及喷头宽度与手柄直径的比例具有较大差别，上述差别均是一般消费者容易关注的设计内容”，即该决定认定喷头出水面形状的设计为涉案授权外观设计的设计特征之一。其次，健龙公司虽然不认可跑道状的出水面为涉案授权外观设计的设计特征，但是在本案一、二审诉讼中其均未提交相应证据证明跑道状的出水面为现有设计。本案再审审查阶段，健龙公司提交200630113512.5号淋浴喷头外观设计专利视图拟证明跑道状的出水面已被现有设计所公开，经审查，该外观设计专利公告日早于涉案授权外观设计申请日，可以作为涉案授权外观设计的现有设计，但是其主视图和使用状态参考图所显示的出水面两端呈矩形而非呈圆弧形，其出水面并非跑道状。因此，对于健龙公司关于跑道状出水面不是涉案授权外观设计的设计特征的再审申请理由，本院不予支持。

二、关于涉案授权外观设计产品正常使用时容易被直接观察到的部位

认定授权外观设计产品正常使用时容易被直接观察到的部位，应当以一般消费者的视角，根据产品用途，综合考虑产品的各种使用状态得出。本案中，首先，涉案授权外观设计是淋浴喷头产品外观设计，淋浴喷头产品由喷头、手柄构成，二者在整个产品结构中所占空间比例相差不大。淋浴喷头产品可以手持，也可以挂于墙上使用，在其正常使用状态下，对于一般消费者而言，喷头、手柄及其连接处均是容易被直接观察到的部位。其次，第17086号决定认定在先申请的设计证据2与涉案授权外观设计采用了同样

的跑道状出水面，但是基于涉案授权外观设计的“喷头与手柄成一体，喷头及其与手柄连接的各面均为弧面且喷头前倾，此与在先申请的设计相比具有较大的差别，上述差别均是一般消费者容易关注的设计内容”，认定二者属于不相同且不相近似的外观设计。可见，淋浴喷头产品容易被直接观察到的部位并不仅限于其喷头头部出水面，在对淋浴喷头产品外观设计的整体视觉效果进行综合判断时，其喷头、手柄及其连接处均应作为容易被直接观察到的部位予以考虑。

三、关于涉案授权外观设计手柄上的推钮是否为功能性设计特征

外观设计的功能性设计特征是指那些在外观设计产品的一般消费者看来，由产品所要实现的特定功能唯一决定而不考虑美学因素的特征。通常情况下，设计人在进行产品外观设计时，会同时考虑功能因素和美学因素。在实现产品功能的前提下，遵循人文规律和法则对产品外观进行改进，即产品必须首先实现其功能，其次还要在视觉上具有美感。具体到一项外观设计的某一特征，大多数情况下均兼具功能性和装饰性，设计者会在能够实现特定功能的多种设计中选择一种其认为最具美感的设计，而仅由特定功能唯一决定的设计只有在少数特殊情况下存在。因此，外观设计的功能性设计特征包括两种：一是实现特定功能的唯一设计；二是实现特定功能的多种设计之一，但是该设计仅由所要实现的特定功能决定而与美学因素的考虑无关。对功能性设计特征的认定，不在于该设计是否因功能或技术条件的限制而不具有可选择性，而在于外观设计产品的一般消费者看来该设计是否仅仅由特定功能所决定，而不需要考虑该设计是否具有美感。一般而言，功能性设计特征对于外观设计的整体视觉效果不具有显著影响；而功能性与装饰性兼具的设计特征对整体视觉效果的影响需要考虑其装饰性的强弱，装饰性越强，对整体视觉效果的影响相对较大，反之则相对较小。

本案中，涉案授权外观设计与被诉侵权产品外观设计的区别之一在于后者缺乏前者在手柄位置上具有的一类跑道状推钮设计。推钮的功能是控制水流开关，是否设置推钮这一部件是由是否需要在淋浴喷头产品上实现控制水流开关的功能所决定的，但是，只要在淋浴喷头手柄位置设置推钮，该推钮的形状就可以有多种设计。当一般消费者看到淋浴喷头手柄上的推钮时，自然会关注其装饰性，考虑该推钮设计是否美观，而不是仅仅考虑该推钮是否能实现控制水流开关的功能。涉案授权外观设计的设计者选择将手柄位置的推钮设计为类跑道状，其目的也在于与其跑道状的出水面相协调，增加产品整体上的美感。因此，二审判决认定涉案授权外观设计中的推钮为功能性设计特征，适用法律错误，本院予以纠正。

四、关于被诉侵权产品外观设计与涉案授权外观设计是否构成相同或者近似

《侵犯专利权纠纷案件解释》第十一条规定，认定外观设计是否相同或者近似时，应当根据授权外观设计、被诉侵权设计的设计特征，以外观设计的整体视觉效果进行综合判断；对于主要由技术功能决定的设计特征，应当不予考虑。产品正常使用时容易被直接观察到的部位相对于其他部位、授权外观设计区别于现有设计的设计特征相对于授权外观设计的其他设计特征，通常对外观设计的整体视觉效果更具有影响。

本案中，被诉侵权产品外观设计与涉案授权外观设计相比，其出水孔分布在喷头正面跑道状的区域内，虽然出水孔的数量及其在出水面两端的分布与涉案授权外观设计存在些许差别，但是总体上，被诉侵权产品采用了与涉案授权外观设计高度近似的跑道状出水面设计。关于两者的区别设计特征，一审法院归纳了八个方面，对此双方当事人均无异议。对于这些区别设计特征，首先，如前所述，第 17086 号决定认定涉案外观设计专利的设计特征有三点：一是喷头及其各面过渡的形状，二是喷头出水面形状，三是喷头宽度与手柄直径的比例。除喷头出水面形

状这一设计特征之外，喷头及其各面过渡的形状、喷头宽度与手柄直径的比例等设计特征也对产品整体视觉效果产生显著影响。虽然被诉侵权产品外观设计采用了与涉案授权外观设计高度近似的跑道状出水面，但是，在喷头及其各面过渡的形状这一设计特征上，涉案授权外观设计的喷头、手柄及其连接各面均呈圆弧过渡，而被诉侵权产品外观设计的喷头、手柄及其连接各面均为斜面过渡，从而使得二者在整体设计风格上呈现明显差异。另外，对于非设计特征之外的被诉侵权产品外观设计与涉案授权外观设计相比的区别设计特征，只要其足以使两者在整体视觉效果上产生明显差异，也应予以考虑。其次，淋浴喷头产品的喷头、手柄及其连接处均为其正常使用时容易被直接观察到的部位，在对整体视觉效果进行综合判断时，在上述部位上的设计均应予以重点考查。具体而言，涉案授权外观设计的手柄上设置有一类跑道状推钮，而被诉侵权产品无此设计，因该推钮并非功能性设计特征，推钮的有无这一区别设计特征会对产品的整体视觉效果产生影响；涉案授权外观设计的喷头与手柄连接产生的斜角角度较小，而被诉侵权产品的喷头与手柄连接产生的斜角角度较大，从而使得两者在左视图上呈现明显差异。正是由于被诉侵权产品外观设计未包含涉案授权外观设计的全部设计特征，以及被诉侵权产品外观设计与涉案授权外观设计在手柄、喷头与手柄连接处的设计等区别设计特征，使得两者在整体视觉效果上呈现明显差异，两者既不相同也不近似，被诉侵权产品外观设计未落入涉案外观设计专利权的保护范围。二审判决仅重点考虑了涉案授权外观设计跑道状出水面的设计特征，而对于涉案授权外观设计的其他设计特征，以及淋浴喷头产品正常使用时其他容易被直接观察到的部位上被诉侵权产品外观设计与涉案授权外观设计专利的区别设计特征未予考虑，认定两者构成近似，适用法律错误，本院予以纠正。

综上，健龙公司生产、许诺销售、销售的被诉侵权产品外观设计与高仪公司所有的涉案授权外观设计既不相同也不近似，未落入涉案外观设计专利权保护范围，健龙公司生产、许诺销售、销售被诉侵权产品的行为不构成对高仪公司涉案专利权的侵害。二审判决适用法律错误，本院依法应予纠正。

瓦莱奥清洗系统公司诉厦门卢卡斯汽车配件有限公司等侵害发明专利权纠纷案（最高人民法院指导案例115号　2019年12月24日发布）

【关键词】　民事　发明专利权　功能性特征　先行判决　行为保全

【裁判要点】

1. 如果专利权利要求的某个技术特征已经限定或者隐含了特定结构、组分、步骤、条件或其相互之间的关系等，即使该技术特征同时还限定了其所实现的功能或者效果，亦不属于《最高人民法院关于审理侵犯专利权纠纷案件应用法律若干问题的解释（二）》第八条所称的功能性特征。

2. 在专利侵权诉讼程序中，责令停止被诉侵权行为的行为保全具有独立价值。当事人既申请责令停止被诉侵权行为，又申请先行判决停止侵害，人民法院认为需要作出停止侵害先行判决的，应当同时对行为保全申请予以审查；符合行为保全条件的，应当及时作出裁定。

【基本案情】

瓦莱奥清洗系统公司（以下简称瓦莱奥公司）是涉案“机动车辆的刮水器的连接器及相应的连接装置”发明专利的专利权人，该专利仍在保护期内。瓦莱奥公司于2016年向上海知识产权法院提起诉讼称，厦门卢卡斯汽车配件有限公司（以下简称卢卡斯公司）、厦门富可汽车配件有限公司（以下简称富可公司）未经许可制造、销售、许诺销售，陈少强未经许可制造、销售的雨刮器产品落入其专利权保护范围。瓦莱奥公司请求判令卢卡斯公司、富可公司和陈少强停止侵权，赔偿损失及制止侵权的合理开支暂计

600 万元，并请求人民法院先行判决卢卡斯公司、富可公司和陈少强立即停止侵害涉案专利权的行为。此外，瓦莱奥公司还提出了临时行为保全申请，请求法院裁定卢卡斯公司、富可公司、陈少强立即停止侵权行为。

【裁判结果】

上海知识产权法院于 2019 年 1 月 22 日作出先行判决，判令厦门卢卡斯汽车配件有限公司、厦门富可汽车配件有限公司于判决生效之日起立即停止对涉案发明专利权的侵害。厦门卢卡斯汽车配件有限公司、厦门富可汽车配件有限公司不服上述判决，向最高人民法院提起上诉。最高人民法院于 2019 年 3 月 27 日公开开庭审理本案，作出（2019）最高法知民终 2 号民事判决，并当庭宣判，判决驳回上诉，维持原判。

【裁判理由】

最高人民法院认为：

一、关于"在所述关闭位置，所述安全搭扣面对所述锁定元件延伸，用于防止所述锁定元件的弹性变形，并锁定所述连接器"的技术特征是否属于功能性特征以及被诉侵权产品是否具备上述特征的问题

第一，关于上述技术特征是否属于功能性特征的问题。功能性特征是指不直接限定发明技术方案的结构、组分、步骤、条件或其之间的关系等，而是通过其在发明创造中所起的功能或者效果对结构、组分、步骤、条件或其之间的关系等进行限定的技术特征。如果某个技术特征已经限定或者隐含了发明技术方案的特定结构、组分、步骤、条件或其之间的关系等，即使该技术特征还同时限定了其所实现的功能或者效果，原则上亦不属于《最高人民法院关于审理侵犯专利权纠纷案件应用法律若干问题的解释（二）》第八条所称的功能性特征，不应作为功能性特征进行侵权比对。前述技术特征实际上限定了安全搭扣与锁定元件之间的方位关系并隐含了特定结构——"安全搭扣面对所述锁定元件延伸"，该方位和结构所起到的作用是"防止所述锁定元件的弹性变形，并锁定所述连接器"。根据这一方位和结构关系，结合涉案专利说明书及其附图，特别是说明书第【0056】段关于"连接器的锁定由搭扣的垂直侧壁的内表面保证，内表面沿爪外侧表面延伸，因此，搭扣阻止爪向连接器外横向变形，因此连接器不能从钩形端解脱出来"的记载，本领域普通技术人员可以理解，"安全搭扣面对所述锁定元件延伸"，在延伸部分与锁定元件外表面的距离足够小的情况下，就可以起到防止锁定元件弹性变形并锁定连接器的效果。可见，前述技术特征的特点是，既限定了特定的方位和结构，又限定了该方位和结构的功能，且只有将该方位和结构及其所起到的功能结合起来理解，才能清晰地确定该方位和结构的具体内容。这种"方位或者结构 + 功能性描述"的技术特征虽有对功能的描述，但本质上仍是方位或者结构特征，不是《最高人民法院关于审理侵犯专利权纠纷案件应用法律若干问题的解释（二）》第八条意义上的功能性特征。

第二，关于被诉侵权产品是否具备前述技术特征的问题。涉案专利权利要求 1 的前述技术特征既限定了安全搭扣与锁定元件的方位和结构关系，又描述了安全搭扣所起到的功能，该功能对于确定安全搭扣与锁定元件的方位和结构关系具有限定作用。前述技术特征并非功能性特征，其方位、结构关系的限定和功能限定在侵权判定时均应予以考虑。本案中，被诉侵权产品的安全搭扣两侧壁内表面设有一对垂直于侧壁的凸起，当安全搭扣处于关闭位置时，其侧壁内的凸起朝向弹性元件的外表面，可以起到限制弹性元件变形张开、锁定弹性元件并防止刮水器臂从弹性元件中脱出的效果。被诉侵权产品在安全搭扣处于关闭位置时，安全搭扣两侧壁内表面垂直于侧壁的凸起朝向弹性元件的外表面，属于涉案专利权利要求 1 所称的"所述安全搭扣面对所述锁定元件延伸"的一种形式，且同样能够实现"防止所述锁定元件的弹性变形，并锁定所述连接器"的功能。因此，被诉侵权产品具备前述技术特征，落

入涉案专利权利要求1的保护范围。原审法院在认定上述特征属于功能性特征的基础上，认定被诉侵权产品具有与上述特征等同的技术特征，比对方法及结论虽有偏差，但并未影响本案侵权判定结果。

二、关于本案诉中行为保全申请的具体处理问题

本案需要考虑的特殊情况是，原审法院虽已作出关于责令停止侵害涉案专利权的先行判决，但并未生效，专利权人继续坚持其在一审程序中的行为保全申请。此时，第二审人民法院对于停止侵害专利权的行为保全申请，可以考虑如下情况，分别予以处理：如果情况紧急或者可能造成其他损害，专利权人提出行为保全申请，而第二审人民法院无法在行为保全申请处理期限内作出终审判决的，应当对行为保全申请单独处理，依法及时作出裁定；符合行为保全条件的，应当及时采取保全措施。此时，由于原审判决已经认定侵权成立，第二审人民法院可根据案情对该行为保全申请进行审查，且不要求必须提供担保。如果第二审人民法院能够在行为保全申请处理期限内作出终审判决的，可以及时作出判决并驳回行为保全申请。本案中，瓦莱奥公司坚持其责令卢卡斯公司、富可公司停止侵害涉案专利权的诉中行为保全申请，但是其所提交的证据并不足以证明发生了给其造成损害的紧急情况，且最高人民法院已经当庭作出判决，本案判决已经发生法律效力，另行作出责令停止侵害涉案专利权的行为保全裁定已无必要。对于瓦莱奥公司的诉中行为保全申请，不予支持。

深圳市卫邦科技有限公司诉李坚毅、深圳市远程智能设备有限公司专利权权属纠纷案（最高人民法院指导案例158号　2021年7月23日发布）

【关键词】　民事　专利权权属　职务发明创造　有关的发明创造

【裁判要点】

判断是否属于专利法实施细则第十二条第一款第三项规定的与在原单位承担的本职工作或者原单位分配的任务“有关的发明创造”时，应注重维护原单位、离职员工以及离职员工新任职单位之间的利益平衡，综合考虑以下因素作出认定：一是离职员工在原单位承担的本职工作或原单位分配的任务的具体内容；二是涉案专利的具体情况及其与本职工作或原单位分配的任务的相互关系；三是原单位是否开展了与涉案专利有关的技术研发活动，或者有关的技术是否具有其他合法来源；四是涉案专利（申请）的权利人、发明人能否对专利技术的研发过程或者来源作出合理解释。

【基本案情】

深圳市卫邦科技有限公司（以下简称卫邦公司）是一家专业从事医院静脉配液系列机器人产品及配液中心相关配套设备的研发、制造、销售及售后服务的高科技公司。2010年2月至2016年7月间，卫邦公司申请的多项专利均涉及自动配药设备和配药装置。其中，卫邦公司于2012年9月4日申请的102847473A号专利（以下简称473专利）主要用于注射科药液自动配置。

李坚毅于2012年9月24日入职卫邦公司生产、制造部门，并与卫邦公司签订《深圳市劳动合同》《员工保密合同》，约定由李坚毅担任该公司生产制造部门总监，主要工作是负责研发“输液配药机器人”相关产品。李坚毅任职期间，曾以部门经理名义在研发部门采购申请表上签字，在多份加盖“受控文件”的技术图纸审核栏处签名，相关技术图纸内容涉及“沙窝复合针装配”“蠕动泵输液针”“蠕动泵上盖连接板实验”“装配体”“左夹爪”“右夹爪”“机械手夹爪1”“机械手夹爪2”等，系有关自动配药装置的系列设计图。此外，卫邦公司提供的工作邮件显示，李坚毅以工作邮件的方式接收研发测试情况汇报，安排测试工作并对研发测试提出相应要求。且从邮件内容可知，李坚毅多次参与研发方案的会议讨论。

李坚毅与卫邦公司于2013年4月17日

解除劳动关系。李坚毅于 2013 年 7 月 12 日向国家知识产权局申请名称为“静脉用药自动配制设备和摆动型转盘式配药装置”、专利号为 201310293690. X 的发明专利（以下简称涉案专利）。李坚毅为涉案专利唯一的发明人。涉案专利技术方案的主要内容是采用机器人完成静脉注射用药配制过程的配药装置。李坚毅于 2016 年 2 月 5 日将涉案专利权转移至其控股的深圳市远程智能设备有限公司（以下简称远程公司）。李坚毅在入职卫邦公司前，并无从事与医疗器械、设备相关的行业从业经验或学历证明。

卫邦公司于 2016 年 12 月 8 日向一审法院提起诉讼，请求：1. 确认涉案专利的发明专利权归卫邦公司所有；2. 判令李坚毅、远程公司共同承担卫邦公司为维权所支付的合理开支 30000 元，并共同承担诉讼费。

【裁判结果】

广东省深圳市中级人民法院于 2018 年 6 月 8 日作出（2016）粤 03 民初 2829 号民事判决：一、确认卫邦公司为涉案专利的专利权人；二、李坚毅、远程公司共同向卫邦公司支付合理支出 3 万元。一审宣判后，李坚毅、远程公司不服，向广东省高级人民法院提起上诉。广东省高级人民法院于 2019 年 1 月 28 日作出（2018）粤民终 2262 号民事判决：驳回上诉，维持原判。李坚毅、远程公司不服，向最高人民法院申请再审。最高人民法院于 2019 年 12 月 30 日作出（2019）最高法民申 6342 号民事裁定，驳回李坚毅和远程公司的再审申请。

【裁判理由】

最高人民法院认为：本案的争议焦点为涉案专利是否属于李坚毅在卫邦公司工作期间的职务发明创造。

专利法第六条规定：“执行本单位的任务或者主要是利用本单位的物质技术条件所完成的发明创造为职务发明创造。职务发明创造申请专利的权利属于该单位。”专利法实施细则第十二条第一款第三项进一步规定：“退休、调离原单位后或者劳动、人事关系终止后 1 年内作出的，与其在原单位承担的本职工作或者原单位分配的任务有关的发明创造属于职务发明创造。”

发明创造是复杂的智力劳动，离不开必要的资金、技术和研发人员等资源的投入或支持，并承担相应的风险。在涉及与离职员工有关的职务发明创造的认定时，既要维护原单位对确属职务发明创造的科学技术成果享有的合法权利，鼓励和支持创新驱动发展，同时也不宜将专利法实施细则第十二条第一款第三项规定的“有关的发明创造”作过于宽泛的解释，导致在没有法律明确规定或者竞业限制协议等合同约定的情况下，不适当地限制研发人员的正常流动，或者限制研发人员在新的单位合法参与或开展新的技术研发活动。因此，在判断涉案发明创造是否属于专利法实施细则第十二条第一款第三项规定的“有关的发明创造”时，应注重维护原单位、离职员工以及离职员工新任职单位之间的利益平衡，综合考虑以下因素：一是离职员工在原单位承担的本职工作或原单位分配的任务的具体内容，包括工作职责、权限，能够接触、控制、获取的与涉案专利有关的技术信息等。二是涉案专利的具体情况，包括其技术领域，解决的技术问题，发明目的和技术效果，权利要求限定的保护范围，涉案专利相对于现有技术的“实质性特点”等，以及涉案专利与本职工作或原单位分配任务的相互关系。三是原单位是否开展了与涉案专利有关的技术研发活动，或者是否对有关技术具有合法的来源。四是涉案专利（申请）的权利人、发明人能否对于涉案专利的研发过程或者技术来源作出合理解释，相关因素包括涉案专利技术方案的复杂程度，需要的研发投入，以及权利人、发明人是否具有相应的知识、经验、技能或物质技术条件，是否有证据证明其开展了有关研发活动等。

结合本案一、二审法院查明的有关事实以及再审申请人提交的有关证据，围绕前述四个方面的因素，就本案争议焦点认定如下：

首先，关于李坚毅在卫邦公司任职期间承担的本职工作或分配任务的具体内容。第一，李坚毅于卫邦公司任职期间担任生产制造总监，直接从事配药设备和配药装置的研发管理等工作。其在再审申请书中，也认可其从事了“研发管理工作”。第二，李坚毅在卫邦公司任职期间，曾以部门经理名义，在研发部门采购申请表上签字，并在多份与涉案专利技术密切相关且加盖有“受控文件”的技术图纸审核栏处签字。第三，李坚毅多次参与卫邦公司内部与用药自动配药设备和配药装置技术研发有关的会议或讨论，还通过电子邮件接收研发测试情况汇报，安排测试工作，并对研发测试提出相应要求。综上，根据李坚毅在卫邦公司任职期间承担的本职工作或分配的任务，其能够直接接触、控制、获取卫邦公司内部与用药自动配制设备和配药装置技术研发密切相关的技术信息，且这些信息并非本领域普通的知识、经验或技能。因此，李坚毅在卫邦公司承担的本职工作或分配的任务与涉案专利技术密切相关。对于李坚毅有关其仅仅是进行研发管理，没有参与卫邦公司有关静脉配药装置的研发工作，卫邦公司的相关证据都不是真正涉及研发的必要文件等相关申请再审理由，本院均不予支持。

其次，关于涉案专利的具体情况及其与李坚毅的本职工作或分配任务的相互关系。第一，涉案专利涉及“静脉用药自动配制设备和摆动型转盘式配药装置”，其针对的技术问题是：“1. 药剂师双手的劳动强度很大，只能进行短时间的工作；2. 由于各药剂师技能不同、配药地点也不能强制固定，造成所配制的药剂药性不稳定；3. 化疗药剂对药剂师健康危害较大。”实现的技术效果是：“本发明采用机器人完成静脉注射用药的整个配制过程，采用机电一体化来控制配制的药剂量准确，提高了药剂配制质量；医务人员仅需要将预先的药瓶装入转盘工作盘和母液架，最后将配制好的母液瓶取下，极大地减少了医务人员双手的劳动强度；对人体有害的用药配制（比如化疗用药），由于药剂师可以不直接接触药瓶，采用隔离工具对药瓶进行装夹和取出，可以很大程度地减少化疗药液对人体的健康损害。”在涉案专利授权公告的权利要求 1 中，主要包括底座、转盘工作台、若干个用于固定药瓶的药瓶夹、具座、转盘座、转盘传动机构和转盘电机、近后侧的转盘工作台两边分别设有背光源和视觉传感器、机器人、夹具体、输液泵、输液管、针具固定座、针具夹头、前后摆动板、升降机构等部件。第二，卫邦公司于 2012 年 9 月 4 日申请的 473 专利的名称为“自动化配药系统的配药方法和自动化配药系统”，其针对的技术问题是：“医院中配制药物的方式均通过医护人员手工操作。……操作时医护人员工作强度高，而且有的药物具有毒性，对医护人员的安全有着较大的威胁。”发明目的是：“在于克服上述现有技术的不足，提供一种自动化配药系统的配药方法和自动化配药系统，其可实现自动配药，医护人员无需手动配制药液，大大降低了医护人员的劳动强度，有利于保障医护人员的健康安全。”实现的技术效果是：“提供一种自动化配药系统的配药方法和自动化配药系统，其可快速完成多组药液的配制，提高了配药的效率，大大降低了医护人员的劳动强度，有利于保障医护人员的健康安全。”473 专利的说明书中，还公开了“药液输入摇匀装置”“卡夹部件”“输液软管装填移载及药液分配装置”“用于折断安瓿瓶的断瓶装置”“母液瓶夹持装置”“母液瓶”“可一次容纳多个药瓶的输入转盘”等部件的具体结构和附图。将涉案专利与卫邦公司的 473 专利相比，二者解决的技术问题、发明目的、技术效果基本一致，二者技术方案高度关联。二审法院结合涉案专利的审查意见、引证专利检索，认定 473 专利属于可单独影响涉案专利权利要求的新颖性或创造性的文件，并无不当。第三，在卫邦公司提供的与李坚毅的本职工作有关的图纸中，涉及“输入模块新盖”“沙窝复合针装配”“蠕动泵输液针”“蠕动泵上盖连接板实验”“装配体”“左夹爪”“右夹爪”“机械手夹爪 1”“机械手夹爪 2”等与涉案专利密切相关的部件，相关图纸上均加盖“受控文件”章，在“审核”栏处均有李坚毅的签字。第四，在李坚毅与卫邦公司有关工作人员的往来电子邮件中，讨论的内容直接涉及转盘抱爪、母液上料方案、安瓿瓶掰断测试等与涉案专利技术方案密切相关的研发活动。综上，涉案专利与李坚毅在卫邦公司承担的本职工作或分配的任务密切相关。

再次，卫邦公司在静脉用药自动配制设备领域的技术研发是持续进行的。卫邦公司成立于 2002 年，经营范围包括医院静脉配液系列机器人产品及配液中心相关配套设备的研发、制造、销售及售后服务。其在 2010 年 2 月至 2016 年 7 月期间先后申请了 60 余项涉及医疗设备、方法及系统的专利，其中 44 项专利是在李坚毅入职卫邦公司前申请，且有多项专利涉及自动配药装置。因此，对于李坚毅主张卫邦公司在其入职前已经完成了静脉配药装置研发工作，涉案专利不属于职务发明创造的相关申请再审理由，本院不予支持。

最后，关于李坚毅、远程公司能否对涉案专利的研发过程或者技术来源作出合理解释。根据涉案专利说明书，涉案专利涉及“静脉用药自动配制设备和摆动型转盘式配药装置”，共有 13 页附图，约 60 个部件，技术方案复杂，研发难度大。李坚毅作为涉案专利唯一的发明人，在离职卫邦公司后不到 3 个月即以个人名义单独申请涉案专利，且不能对技术研发过程或者技术来源作出合理说明，不符合常理。而且，根据二审法院的认定，以及李坚毅一审提交的专利搜索网页打印件及自制专利状况汇总表，李坚毅作为发明人，最早于 2013 年 7 月 12 日申请了涉案专利以及 201320416724.5 号“静脉用药自动配制设备和采用视觉传感器的配药装置”实用新型专利，而在此之前，本案证据不能证明李坚毅具有能够独立研发涉案专利技术方案的知识水平和能力。

综上，综合考虑本案相关事实以及李坚毅、远程公司再审中提交的有关证据，一、二审法院认定涉案专利属于李坚毅在卫邦公司工作期间的职务发明创造并无不当。李坚毅、远程公司的申请再审理由均不能成立。

深圳敦骏科技有限公司诉深圳市吉祥腾达科技有限公司等侵害发明专利权纠纷案（最高人民法院指导案例 159 号　2021 年 7 月 23 日发布）

【关键词】　民事　侵害发明专利权　多主体实施的方法专利　侵权损害赔偿计算　举证责任　专利技术贡献度

【裁判要点】

1. 如果被诉侵权行为人以生产经营为目的，将专利方法的实质内容固化在被诉侵权产品中，该行为或者行为结果对专利权利要求的技术特征被全面覆盖起到了不可替代的实质性作用，终端用户在正常使用该被诉侵权产品时就能自然再现该专利方法过程，则应认定被诉侵权行为人实施了该专利方法，侵害了专利权人的权利。

2. 专利权人主张以侵权获利计算损害赔偿数额且对侵权规模事实已经完成初步举证，被诉侵权人无正当理由拒不提供有关侵权规模事实的相应证据材料，导致用于计算侵权获利的基础事实无法确定的，对被诉侵权人提出的应考虑涉案专利对其侵权获利的贡献度的抗辩，人民法院可以不予支持。

【基本案情】

原告深圳敦骏科技有限公司（以下简称敦骏公司）诉称：深圳市吉祥腾达科技有限公司（以下简称腾达公司）未经许可制造、许诺销售、销售，济南历下弘康电子产品经营部（以下简称弘康经营部）、济南历下昊威电子产品经营部（以下简称昊威经营部）未经许可销售的多款商用无线路由器（以下简称被诉侵权产品）落入其享有的名称为“一种简易访问网络运营商门户网站的方法”

（专利号为 ZL02123502.3，以下简称涉案专利）发明专利的专利权保护范围，请求判令腾达公司、弘康经营部、昊威经营部停止侵权，赔偿损失及制止侵权的合理开支共计500 万元。

被告腾达公司辩称：1. 涉案专利、被诉侵权产品访问任意网站时实现定向的方式不同，访问的过程亦不等同，腾达公司没有侵害敦骏公司的涉案专利权。并且，涉案专利保护的是一种网络接入认证方法，腾达公司仅是制造了被诉侵权产品，但并未使用涉案专利保护的技术方案，故其制造并销售被诉侵权产品的行为并不构成专利侵权；2. 敦骏公司诉请的赔偿数额过高且缺乏事实及法律依据，在赔偿额计算中应当考虑专利的技术贡献度、涉案专利技术存在替代方案等。

弘康经营部、昊威经营部共同辩称：其所销售的被诉侵权产品是从代理商处合法进货的，其不是被诉侵权产品的生产者，不应承担责任。

法院经审理查明：敦骏公司明确以涉案专利的权利要求 1 和 2 为依据主张权利，其内容为：1. 一种简易访问网络运营商门户网站的方法，其特征在于包括以下处理步骤：A. 接入服务器底层硬件对门户业务用户设备未通过认证前的第一个上行 HTTP 报文，直接提交给“虚拟 Web 服务器”，该“虚拟 Web 服务器”功能由接入服务器高层软件的“虚拟 Web 服务器”模块实现；B. 由该“虚拟 Web 服务器”虚拟成用户要访问的网站与门户业务用户设备建立 TCP 连接，“虚拟 Web 服务器”向接入服务器底层硬件返回含有重定向信息的报文，再由接入服务器底层硬件按正常的转发流程向门户业务用户设备发一个重定向到真正门户网站 Portal_ Server 的报文；C. 收到重定向报文后的门户业务用户设备的浏览器自动发起对真正门户网站 Portal_ Server 的访问。2. 根据权利要求 1 所述的一种简易访问网络运营商门户网站的方法，其特征在于：所述的步骤 A，由门户业务用户在浏览器上输入任何正确的域名、IP 地址或任何的数字，形成上行 IP 报文；所述的步骤 B，由“虚拟 Web 服务器”虚拟成该 IP 报文的 IP 地址的网站。

敦骏公司通过公证购买方式从弘康经营部、昊威经营部购得“Tenda 路由器 W15E”“Tenda 路由器 W20E 增强型”各一个，并在公证人员的监督下对“Tenda 路由器 W15E”访问网络运营商门户网站的过程进行了技术演示，演示结果表明使用“Tenda 路由器 W15E”过程中具有与涉案专利权利要求 1 和 2 相对应的方法步骤。

被诉侵权产品在京东商城官方旗舰店、“天猫”网站腾达旗舰店均有销售，且销量巨大。京东商城官方旗舰店网页显示有“腾达（Tenda）W15E”路由器的图片、京东价 199 元、累计评价 1 万 +，“腾达（Tenda）W20E”路由器、京东价 399 元、累计评价 1 万 +，“腾达（Tenda）G1”路由器、京东价 359 元、累计评价 1 万 + 等信息。“天猫”网站腾达旗舰店网页显示有“腾达（Tenda）W15E”路由器的图片、促销价 179 元、月销量 433、累计评价 4342、安装说明、技术支持等信息。

2018 年 12 月 13 日，一审法院依法作出通知书，主要内容为：限令腾达公司 10 日内向一审法院提交自 2015 年 7 月 2 日以来，关于涉案“路由器”产品生产、销售情况的完整资料和完整的财务账簿。逾期不提交，将承担相应的法律责任。但至二审判决作出时，腾达公司并未提交相关证据。

【裁判结果】

山东省济南市中级人民法院于 2019 年 5 月 6 日作出（2018）鲁 01 民初 1481 号民事判决：一、腾达公司立即停止制造、许诺销售、销售涉案的路由器产品；二、弘康经营部、昊威经营部立即停止销售涉案的路由器产品；三、腾达公司于判决生效之日起十日内赔偿敦骏公司经济损失及合理费用共计 500 万元；四、驳回敦骏公司的其他诉讼请求。一审案件受理费 46800 元，由腾达公司负担。宣判后，腾达公司向最高人民法院提起上诉。最高人民法院于 2019 年 12 月 6 日作出（2019）最高法知民终 147 号民事判决，驳回上诉，维持原判。

【裁判理由】

最高人民法院认为：本案焦点问题包括三个方面：

一、关于被诉侵权产品使用过程是否落入涉案专利权利要求的保护范围

首先，涉案专利权利要求 1 中的“第一个上行 HTTP 报文”不应解释为用户设备与其要访问的实际网站建立 TCP“三次握手”连接过程中的第一个报文，而应当解释为未通过认证的用户设备向接入服务器发送的第一个上行 HTTP 报文。其次，根据对被诉侵权产品进行的公证测试结果，被诉侵权产品的强制 Portal 过程与涉案专利权利要求 1 和 2 所限定的步骤方法相同，三款被诉侵权产品在“Web 认证开启”模式下的使用过程，全部落入涉案专利权利要求 1 和 2 的保护范围。

二、关于腾达公司的被诉侵权行为是否构成侵权

针对网络通信领域方法的专利侵权判定，应当充分考虑该领域的特点，充分尊重该领域的创新与发展规律，以确保专利权人的合法权利得到实质性保护，实现该行业的可持续创新和公平竞争。如果被诉侵权行为人以生产经营为目的，将专利方法的实质内容固化在被诉侵权产品中，该行为或者行为结果对专利权利要求的技术特征被全面覆盖起到了不可替代的实质性作用，也即终端用户在正常使用该被诉侵权产品时就能自然再现该专利方法过程的，则应认定被诉侵权行为人实施了该专利方法，侵害了专利权人的权利。本案中：1. 腾达公司虽未实施涉案专利方法，但其以生产经营为目的的制造、许诺销售、销售的被诉侵权产品，具备可直接实施专利方法的功能，在终端网络用户利用被诉侵权产品完整再现涉案专利方法的过程中，发挥着不可替代的实质性作用。2. 腾达公司从制造、许诺销售、销售被诉侵权产品的行为中获得不当利益与涉案专利存在密切关联。3. 因终端网络用户利用被诉侵权产品实施涉案专利方法的行为并不构成法律意义上的侵权行为，专利权人创新投入无法从直接实施专利方法的终端网络用户处获得应有回报，如专利权人的利益无法得到补偿，必将导致研发创新活动难以为继。另一方面，如前所述，腾达公司却因涉案专利获得了原本属于专利权人的利益，利益分配严重失衡，有失公平。综合以上因素，在本案的情形下，应当认定腾达公司制造、许诺销售、销售被诉侵权产品的行为具有侵权性质并应承担停止侵权、赔偿损失的民事责任。

三、关于一审判决确定的赔偿数额是否适当

专权利人主张以侵权获利确定赔偿额的，侵权规模即为损害赔偿计算的基础事实。专利权人对此项基础事实承担初步举证责任。在专利权人已经完成初步举证，被诉侵权人无正当理由拒不提供有关侵权规模基础事实的相应证据材料的情况下，对其提出的应考虑涉案专利对其侵权获利的贡献率等抗辩理由可不予考虑。具体到本案中：1. 敦骏公司主张依照侵权人因侵权获利计算赔偿额，并在一审中提交了腾达公司分别在京东网和天猫网的官方旗舰店销售被诉侵权产品数量、售价的证据，鉴于该销售数量和价格均来源于腾达公司自己在正规电商平台的官方旗舰店，数据较为可信，腾达公司虽指出将累计评价作为销量存在重复计算和虚报的可能性，但并未提交确切证据，且考虑到敦骏公司就此项事实的举证能力，应当认定敦骏公司已就侵权规模的基础事实完成了初步举证责任。2. 敦骏公司在一审中，依据其已提交的侵权规模的初步证据，申请腾达公司提交与被诉侵权产品相关的财务账簿、资料等，一审法院也根据本案实际情况，依法责令腾达公司提交能够反映被诉侵权产品生产、销售情况的完整的财务账簿资料等证据，但腾达公司并未提交。在一审法院因此适用相关司法解

释对敦骏公司的500万元高额赔偿予以全额支持、且二审中腾达公司就此提出异议的情况下，其仍然未提交相关的财务账簿等资料。由于本案腾达公司并不存在无法提交其所掌握的与侵权规模有关证据的客观障碍，故应认定腾达公司并未就侵权规模的基础事实完成最终举证责任。3. 根据现有证据，有合理理由相信，被诉侵权产品的实际销售数量远超敦骏公司所主张的数量。综上，在侵权事实较为清楚、且已有证据显示腾达公司实际侵权规模已远大于敦骏公司所主张赔偿的范围时，腾达公司如对一审法院确定的全额赔偿持有异议，应先就敦骏公司计算赔偿所依据的基础事实是否客观准确进行实质性抗辩，而不能避开侵权规模的基础事实不谈，另行主张专利技术贡献度等其他抗辩事由，据此对腾达公司二审中关于一审确定赔偿额过高的各项抗辩主张均不予理涉。

典型案例

无锡国威陶瓷电器有限公司、蒋国屏与常熟市林芝电热器件有限公司、苏宁易购集团股份有限公司侵害实用新型专利权纠纷案（《最高人民法院办公厅关于印发2018年中国法院10大知识产权案件和50件典型知识产权案例的通知》第二号 2019年4月17日）

【案情摘要】

蒋国屏是名称为“一种PTC发热器的导热铝管及PTC发热器”实用新型专利（即本案专利）的专利权人。无锡国威陶瓷电器有限公司（简称国威公司）为本案专利的独占实施被许可人。国威公司、蒋国屏以常熟市林芝电热器件有限公司（简称林芝公司）生产、销售的空调PTC加热器侵害其专利权为由，提起诉讼，要求停止侵权行为，赔偿其经济损失及合理支出共计1500万元。江苏省南京市中级人民法院一审认为，被诉侵权产品落入本案专利权利要求2的保护范围，判决林芝公司等停止侵权行为，酌定林芝公司赔偿国威公司、蒋国屏经济损失和合理开支共计100万元。国威公司、蒋国屏和林芝公司均不服，分别提起上诉。江苏省高级人民法院二审认为，被诉侵权产品缺少本案专利权利要求2的隐含技术特征，不落入专利权利要求2的保护范围。遂判决撤销一审判决，驳回国威公司、蒋国屏的诉讼请求。国威公司、蒋国屏不服，向最高人民法院申请再审。最高人民法院裁定提审本案。最高人民法院再审认为，二审判决关于本案专利权利要求2保护范围的解释有所不当，被诉侵权产品落入本案专利权利要求2的保护范围。遂判决撤销二审判决，变更经济损失数额共计937万余元。

【典型意义】

本案再审判决创新侵权损害赔偿认定机制，在损害赔偿认定方面具有典型性和指导性。对于可以体现出被诉侵权产品销售金额的证据，通过侵权产品销售总金额、利润率、贡献度计算出被诉侵权产品因侵权获得的利润；对于不能体现出被诉侵权产品具体销售金额的证据，依照法定赔偿确定损害赔偿数额。本案通过合理运用证据规则、经济分析方法等手段，特别是充分考虑了涉案专利对被诉侵权产品利润的贡献度等因素，终审改判赔偿权利人经济损失及合理开支近950万元，通过司法裁判努力实现侵权损害赔偿与知识产权市场价值的协调性和相称性，充分体现了严格保护知识产权的司法政策，切实保障了权利人获得充分赔偿。

161. 植物新品种权权属、侵权纠纷

（1）植物新品种申请权权属纠纷
（2）植物新品种权权属纠纷
（3）侵害植物新品种权纠纷
（4）植物新品种临时保护期使用费纠纷

相关规范

《中华人民共和国民法典》（2020 年）

第一百二十三条 【知识产权的定义】民事主体依法享有知识产权。

知识产权是权利人依法就下列客体享有的专有的权利：

……

（七）植物新品种；

……

第八百四十七条 【职务技术成果的财产权权属】职务技术成果的使用权、转让权属于法人或者非法人组织的，法人或者非法人组织可以就该项职务技术成果订立技术合同。法人或者非法人组织订立技术合同转让职务技术成果时，职务技术成果的完成人享有以同等条件优先受让的权利。

职务技术成果是执行法人或者非法人组织的工作任务，或者主要是利用法人或者非法人组织的物质技术条件所完成的技术成果。

第八百四十八条 【非职务技术成果的财产权权属】非职务技术成果的使用权、转让权属于完成技术成果的个人，完成技术成果的个人可以就该项非职务技术成果订立技术合同。

第八百五十九条 【委托开发合同的技术成果归属】委托开发完成的发明创造，除法律另有规定或者当事人另有约定外，申请专利的权利属于研究开发人。研究开发人取得专利权的，委托人可以依法实施该专利。

研究开发人转让专利申请权的，委托人享有以同等条件优先受让的权利。

第八百六十条 【合作开发合同的技术成果归属】合作开发完成的发明创造，申请专利的权利属于合作开发的当事人共有；当事人一方转让其共有的专利申请权的，其他各方享有以同等条件优先受让的权利。但是，当事人另有约定的除外。

合作开发的当事人一方声明放弃其共有的专利申请权的，除当事人另有约定外，可以由另一方单独申请或者由其他各方共同申请。申请人取得专利权的，放弃专利申请权的一方可以免费实施该专利。

合作开发的当事人一方不同意申请专利的，另一方或者其他各方不得申请专利。

第八百六十一条 【技术秘密成果归属与分享】委托开发或者合作开发完成的技术秘密成果的使用权、转让权以及收益的分配办法，由当事人约定；没有约定或者约定不明确，依据本法第五百一十条的规定仍不能确定的，在没有相同技术方案被授予专利权前，当事人均有使用和转让的权利。但是，委托开发的研究开发人不得在向委托人交付研究开发成果之前，将研究开发成果转让给第三人。

《中华人民共和国种子法》（2021 年修正）

第二十五条 国家实行植物新品种保护制度。对国家植物品种保护名录内经过人工选育或者发现的野生植物加以改良，具备新颖性、特异性、一致性、稳定性和适当命名的植物品种，由国务院农业农村、林业草原主管部门授予植物新品种权，保护植物新品种权所有人的合法权益。植物新品种权的内容和归属、授予条件、申请和受理、审查与批准，以及期限、终止和无效等依照本法、有关法律和行政法规规定执行。

国家鼓励和支持种业科技创新、植物新品种培育及成果转化。取得植物新品种权的

品种得到推广应用的，育种者依法获得相应的经济利益。

第二十六条 一个植物新品种只能授予一项植物新品种权。两个以上的申请人分别就同一个品种申请植物新品种权的，植物新品种权授予最先申请的人；同时申请的，植物新品种权授予最先完成该品种育种的人。

对违反法律，危害社会公共利益、生态环境的植物新品种，不授予植物新品种权。

第二十七条 授予植物新品种权的植物新品种名称，应当与相同或者相近的植物属或者种中已知品种的名称相区别。该名称经授权后即为该植物新品种的通用名称。

下列名称不得用于授权品种的命名：

（一）仅以数字表示的；

（二）违反社会公德的；

（三）对植物新品种的特征、特性或者育种者身份等容易引起误解的。

同一植物品种在申请新品种保护、品种审定、品种登记、推广、销售时只能使用同一个名称。生产推广、销售的种子应当与申请植物新品种保护、品种审定、品种登记时提供的样品相符。

第二十八条 植物新品种权所有人对其授权品种享有排他的独占权。植物新品种权所有人可以将植物新品种权许可他人实施，并按照合同约定收取许可使用费；许可使用费可以采取固定价款、从推广收益中提成等方式收取。

任何单位或者个人未经植物新品种权所有人许可，不得生产、繁殖和为繁殖而进行处理、许诺销售、销售、进口、出口以及为实施上述行为储存该授权品种的繁殖材料，不得为商业目的将该授权品种的繁殖材料重复使用于生产另一品种的繁殖材料。本法、有关法律、行政法规另有规定的除外。

实施前款规定的行为，涉及由未经许可使用授权品种的繁殖材料而获得的收获材料的，应当得到植物新品种权所有人的许可；但是，植物新品种权所有人对繁殖材料已有合理机会行使其权利的除外。

对实质性派生品种实施第二款、第三款规定行为的，应当征得原始品种的植物新品种权所有人的同意。

实质性派生品种制度的实施步骤和办法由国务院规定。

第二十九条 在下列情况下使用授权品种的，可以不经植物新品种权所有人许可，不向其支付使用费，但不得侵犯植物新品种权所有人依照本法、有关法律、行政法规享有的其他权利：

（一）利用授权品种进行育种及其他科研活动；

（二）农民自繁自用授权品种的繁殖材料。

第三十条 为了国家利益或者社会公共利益，国务院农业农村、林业草原主管部门可以作出实施植物新品种权强制许可的决定，并予以登记和公告。

取得实施强制许可的单位或者个人不享有独占的实施权，并且无权允许他人实施。

第七十二条 违反本法第二十八条规定，有侵犯植物新品种权行为的，由当事人协商解决，不愿协商或者协商不成的，植物新品种权所有人或者利害关系人可以请求县级以上人民政府农业农村、林业草原主管部门进行处理，也可以直接向人民法院提起诉讼。

县级以上人民政府农业农村、林业草原主管部门，根据当事人自愿的原则，对侵犯植物新品种权所造成的损害赔偿可以进行调解。调解达成协议的，当事人应当履行；当事人不履行协议或者调解未达成协议的，植物新品种权所有人或者利害关系人可以依法向人民法院提起诉讼。

侵犯植物新品种权的赔偿数额按照权利人因被侵权所受到的实际损失确定；实际损失难以确定的，可以按照侵权人因侵权所获得的利益确定。权利人的损失或者侵权人获得的利益难以确定的，可以参照该植物新品种权许可使用费的倍数合理确定。故意侵犯植物新品种权，情节严重的，可以在按照上述方法确定数额的一倍以上五倍以下确定赔偿数额。

权利人的损失、侵权人获得的利益和植物新品种权许可使用费均难以确定的，人民法院可以根据植物新品种权的类型、侵权行为的性质和情节等因素，确定给予五百万元以下的赔偿。

赔偿数额应当包括权利人为制止侵权行为所支付的合理开支。

县级以上人民政府农业农村、林业草原主管部门处理侵犯植物新品种权案件时，为了维护社会公共利益，责令侵权人停止侵权行为，没收违法所得和种子；货值金额不足五万元的，并处一万元以上二十五万元以下罚款；货值金额五万元以上的，并处货值金额五倍以上十倍以下罚款。

假冒授权品种的，由县级以上人民政府农业农村、林业草原主管部门责令停止假冒行为，没收违法所得和种子；货值金额不足五万元的，并处一万元以上二十五万元以下罚款；货值金额五万元以上的，并处货值金额五倍以上十倍以下罚款。

第七十三条　当事人就植物新品种的申请权和植物新品种权的权属发生争议的，可以向人民法院提起诉讼。

》《中华人民共和国植物新品种保护条例》（2014年修订）

第七条　执行本单位的任务或者主要是利用本单位的物质条件所完成的职务育种，植物新品种的申请权属于该单位；非职务育种，植物新品种的申请权属于完成育种的个人。申请被批准后，品种权属于申请人。

委托育种或者合作育种，品种权的归属由当事人在合同中约定；没有合同约定的，品种权属于受委托完成或者共同完成育种的单位或者个人。

第八条　一个植物新品种只能授予一项品种权。两个以上的申请人分别就同一个植物新品种申请品种权的，品种权授予最先申请的人；同时申请的，品种权授予最先完成该植物新品种育种的人。

第三十三条　品种权被授予后，在自初步审查合格公告之日起至被授予品种权之日止的期间，对未经申请人许可，为商业目的生产或者销售该授权品种的繁殖材料的单位和个人，品种权人享有追偿的权利。

第三十九条　未经品种权人许可，以商业目的生产或者销售授权品种的繁殖材料的，品种权人或者利害关系人可以请求省级以上人民政府农业、林业行政部门依据各自的职权进行处理，也可以直接向人民法院提起诉讼。

省级以上人民政府农业、林业行政部门依据各自的职权，根据当事人自愿的原则，对侵权所造成的损害赔偿可以进行调解。调解达成协议的，当事人应当履行；调解未达成协议的，品种权人或者利害关系人可以依照民事诉讼程序向人民法院提起诉讼。

省级以上人民政府农业、林业行政部门依据各自的职权处理品种权侵权案件时，为维护社会公共利益，可以责令侵权人停止侵权行为，没收违法所得和植物品种繁殖材料；货值金额5万元以上的，可处货值金额1倍以上5倍以下的罚款；没有货值金额或者货值金额5万元以下的，根据情节轻重，可处25万元以下的罚款。

第四十条　假冒授权品种的，由县级以上人民政府农业、林业行政部门依据各自的职权责令停止假冒行为，没收违法所得和植物品种繁殖材料；货值金额5万元以上的，处货值金额1倍以上5倍以下的罚款；没有货值金额或者货值金额5万元以下的，根据情节轻重，处25万元以下的罚款；情节严重，构成犯罪的，依法追究刑事责任。

》《中华人民共和国植物新品种保护条例实施细则（农业部分）》（2014年修订）

第七条　《条例》第七条所称执行本单位任务所完成的职务育种是指下列情形之一：

（一）在本职工作中完成的育种；

（二）履行本单位交付的本职工作之外

的任务所完成的育种；

（三）退职、退休或者调动工作后，3年内完成的与其在原单位承担的工作或者原单位分配的任务有关的育种。

《条例》第七条所称本单位的物质条件是指本单位的资金、仪器设备、试验场地以及单位所有的尚未允许公开的育种材料和技术资料等。

第八条 《条例》第八条所称完成新品种育种的人是指完成新品种育种的单位或者个人（以下简称育种者）。

第九条 完成新品种培育的人员（以下简称培育人）是指对新品种培育作出创造性贡献的人。仅负责组织管理工作、为物质条件的利用提供方便或者从事其他辅助工作的人不能被视为培育人。

第十条 一个植物新品种只能被授予一项品种权。

一个植物新品种由两个以上申请人分别于同一日内提出品种权申请的，由申请人自行协商确定申请权的归属；协商不能达成一致意见的，品种保护办公室可以要求申请人在指定期限内提供证据，证明自己是最先完成该新品种育种的人。逾期未提供证据的，视为撤回申请；所提供证据不足以作为判定依据的，品种保护办公室驳回申请。

《最高人民法院关于审理植物新品种纠纷案件若干问题的解释》（2020年12月23日修正）

第一条 人民法院受理的植物新品种纠纷案件主要包括以下几类：

（一）植物新品种申请驳回复审行政纠纷案件；

（二）植物新品种权无效行政纠纷案件；

（三）植物新品种权更名行政纠纷案件；

（四）植物新品种权强制许可纠纷案件；

（五）植物新品种权实施强制许可使用费纠纷案件；

（六）植物新品种申请权权属纠纷案件；

（七）植物新品种权权属纠纷案件；

（八）植物新品种申请权转让合同纠纷案件；

（九）植物新品种权转让合同纠纷案件；

（十）侵害植物新品种权纠纷案件；

（十一）假冒他人植物新品种权纠纷案件；

（十二）植物新品种培育人署名权纠纷案件；

（十三）植物新品种临时保护期使用费纠纷案件；

（十四）植物新品种行政处罚纠纷案件；

（十五）植物新品种行政复议纠纷案件；

（十六）植物新品种行政赔偿纠纷案件；

（十七）植物新品种行政奖励纠纷案件；

（十八）其他植物新品种权纠纷案件。

指导案例

天津天隆种业科技有限公司与江苏徐农种业科技有限公司侵害植物新品种权纠纷案（最高人民法院指导案例86号 2017年3月6日发布）

【关键词】 民事 侵害植物新品种权 相互授权许可

【裁判要点】

分别持有植物新品种父本与母本的双方当事人，因不能达成相互授权许可协议，导致植物新品种不能继续生产，损害双方各自利益，也不符合合作育种的目的。为维护社会公共利益，保障国家粮食安全，促进植物新品种转化实施，确保已广为种植的新品种继续生产，在衡量父本与母本对植物新品种生产具有基本相同价值基础上，人民法院可以直接判令双方当事人相互授权许可并相互免除相应的许可费。

【基本案情】

天津天隆种业科技有限公司（以下简称天隆公司）与江苏徐农种业科技有限公司（以下简称徐农公司）相互以对方为被告，分别向法院提起两起植物新品种侵权诉讼。

北方杂交粳稻工程技术中心（与辽宁省

稻作研究所为一套机构两块牌子）、徐州农科所共同培育成功的三系杂交粳稻9优418水稻品种，于2000年11月10日通过国家农作物品种审定。9优418水稻品种来源于母本9201A、父本C418。2003年12月30日，辽宁省稻作研究所向国家农业部提出C418水稻品种植物新品种权申请，于2007年5月1日获得授权，并许可天隆公司独占实施C418植物新品种权。2003年9月25日，徐州农科所就其选育的徐9201A水稻品种向国家农业部申请植物新品种权保护，于2007年1月1日获得授权。2008年1月3日，徐州农科所许可徐农公司独占实施徐9201A植物新品种权。经审理查明，徐农公司和天隆公司生产9优418使用的配组完全相同，都使用父本C418和母本徐9201A。

2010年11月14日，一审法院根据天隆公司申请，委托农业部合肥测试中心对天隆公司公证保全的被控侵权品种与授权品种C418是否存在亲子关系进行DNA鉴定。检验结论：利用国家标准GB/T20396－2006中的48个水稻SSR标记，对9优418和C418的DNA进行标记分析，结果显示，在测试的所有标记中，9优418完全继承了C418的带型，可以认定9优418与C418存在亲子关系。

2010年8月5日，一审法院根据徐农公司申请，委托农业部合肥测试中心对徐农公司公证保全的被控侵权品种与C418和徐9201A是否存在亲子关系进行鉴定。检验结论：利用国家标准GB/T20396－2006中的48个水稻SSR标记，对被控侵权品种与C418和徐9201A的DNA进行标记分析，结果显示：在测试的所有标记中，被控侵权品种完全继承了C418和徐9201A的带型，可以认定被控侵权品种与C418和徐9201A存在亲子关系。

根据天隆公司提交的C418品种权申请请求书，其说明书内容包括：C418是北方杂粳中心国际首创“籼粳架桥”制恢技术，和利用籼粳中间材料构建籼粳有利基因集团培育出形态倾籼且有特异亲和力的粳型恢复系。C418具有较好的特异亲和性，这是通过“籼粳架桥”方法培育出来的恢复系所具有的一种性能，体现在杂种一代更好地协调籼粳两大基因组生态差异和遗传差异，因而较好地解决了通常籼粳杂种存在的结实率偏低，籽粒充实度差，对温度敏感、早衰等障碍。C418具有籼粳综合优良性状，所配制的杂交组合一般都表现较高的结实率和一定的耐寒性。

根据徐农公司和徐州农科所共同致函天津市种子管理站，称其自主选育的中粳不育系徐9201A于1996年通过，在审定之前命名为“9201A”，简称“9A”，审定时命名为“徐9201A”。以徐9201A为母本先后选配出9优138、9优418、9优24等三系杂交粳稻组合。在2000年填报全国农作物品种审定申请书时关于亲本的内容仍沿用1995年配组时的品种来源9201A×C418。徐9201A于2003年7月申请农业部新品种权保护，在品种权申请请求书的品种说明中已注明徐9201A配组育成了9优138、9优418、9优24、9优686、9优88等杂交组合。徐9201A与9201A是同一个中粳稻不育系。天隆公司侵权使用9201A就是侵权使用徐9201A。

【裁判结果】

就天隆公司诉徐农公司一案，江苏省南京市中级人民法院于2011年8月31日作出（2009）宁民三初字第63号民事判决：一、徐农公司立即停止销售9优418杂交粳稻种子，未经权利人许可不得将植物新品种C418种子重复使用于生产9优418杂交粳稻种子；二、徐农公司于判决生效之日起十五日内赔偿天隆公司经济损失50万元；三、驳回天隆公司的其他诉讼请求。一审案件受理费15294元，由徐农公司负担。

就徐农公司诉天隆公司一案，江苏省南京市中级人民法院于2011年9月8日作出（2010）宁知民初字第069号民事判决：一、天隆公司于判决生效之日起立即停止对徐农公司涉案徐9201A植物新品种权之独占实施权的侵害；二、天隆公司于判决生效之日起10日内赔偿徐农公司经济损失200万元；三、驳回徐农公司的其他诉讼请求。

徐农公司、天隆公司不服一审判决，就上述两案分别提起上诉。江苏省高级人民法院于2013年12月29日合并作出（2011）苏知民终字第0194号、（2012）苏知民终字第0055号民事判决：一、撤销江苏省南京市中级人民法院（2009）宁民三初字第63号、（2010）宁知民初字第069号民事判决。二、天隆公司于本判决生效之日起十五日内补偿徐农公司50万元整。三、驳回天隆公司、徐农公司的其他诉讼请求。

【裁判理由】

法院生效裁判认为：在通常情况下，植物新品种权作为一种重要的知识产权应当受到尊重和保护。植物新品种保护条例第六条明确规定："完成育种的单位或者个人对其授权品种，享有排他的独占权。任何单位或者个人未经品种权所有人许可，不得为商业目的生产或者销售该授权品种的繁殖材料，不得为商业目的将该授权品种的繁殖材料重复使用于生产另一品种的繁殖材料"，但需要指出的是，该规定并不适用于本案情形。首先，9优418的合作培育源于20世纪90年代国内杂交水稻科研大合作，本身系无偿配组。9优418品种性状优良，在江苏、安徽、河南等地广泛种植，受到广大种植农户的普遍欢迎，已成为中粳杂交水稻的当家品种，而双方当事人相互指控对方侵权，本身也足以表明9优418品种具有较高的经济价值和市场前景，涉及辽宁稻作所与徐州农科所合作双方以及本案双方当事人的重大经济利益。在二审期间，法院做了大量调解工作，希望双方当事人能够相互授权许可，使9优418这一优良品种能够继续获得生产，双方当事人也均同意就涉案品种权相互授权许可，但仅因一审判令天隆公司赔偿徐农公司200万元，徐农公司赔偿天隆公司50万元，就其中的150万元赔偿差额双方当事人不能达成妥协，故调解不成。天隆公司与徐农公司不能达成妥协，致使9优418品种不能继续生产，不能认为仅关涉双方的利益，实际上已经损害了国家粮食安全战略的实施，有损公共利益，且不符合当初辽宁稻作所与徐州农科所合作育种的根本目的，也不符合促进植物新品种转化实施的根本要求。从表面上看，双方当事人的行为系维护各自的知识产权，但实际结果是损害知识产权的运用和科技成果的转化。鉴于该两案已关涉国家粮食生产安全等公共利益，影响9优418这一优良品种的推广，双方当事人在行使涉案植物新品种独占实施许可权时均应当受到限制，即在生产9优418水稻品种时，均应当允许对方使用己方的亲本繁殖材料，这一结果显然有利于辽宁稻作所与徐州农科所合作双方及本案双方当事人的共同利益，也有利于广大种植农户的利益，故一审判令该两案双方当事人相互停止侵权并赔偿对方损失不当，应予纠正。其次，9优418是三系杂交组合，综合双亲优良性状，杂种优势显著，其中母本不育系作用重要，而父本C418的选育也成功解决了三系杂交粳稻配套的重大问题，在9优418配组中父本与母本具有相同的地位及作用。法院判决，9优418水稻品种的合作双方徐州农科所和辽宁省稻作研究所及其本案当事人徐农公司和天隆公司均有权使用对方获得授权的亲本繁殖材料，且应当相互免除许可使用费，但仅限于生产和销售9优418这一水稻品种，不得用于其他商业目的。因徐农公司为推广9优418品种付出了许多商业努力并进行种植技术攻关，而天隆公司是在9优418品种已获得市场广泛认可的情况下进入该生产领域，其明显减少了推广该品种的市场成本，为体现公平合理，法院同时判令天隆公司给予徐农公司50万元的经济补偿。最后，鉴于双方当事人各自生产9优418，事实上存在着一定的市场竞争和利益冲突，法院告诫双方当事人应当遵守我国反不正当竞争法的相关规定，诚实经营，有序竞争，确保质量，尤其应当清晰标注各自的商业标识，防止发生新的争议和纠纷，共同维护好 9 优 418 品种的良好声誉。

莱州市金海种业有限公司诉张掖市富凯农业科技有限责任公司侵犯植物新品种权纠纷案（最高人民法院指导案例 92 号　2017 年 11 月 15 日发布）

【关键词】　民事　侵犯植物新品种权　玉米品种鉴定　DNA 指纹　检测　近似品种　举证责任

【裁判要点】

依据中华人民共和国农业行业标准《玉米品种鉴定 DNA 指纹方法》NY/T1432－2007 检测及判定标准的规定，品种间差异位点数等于 1，判定为近似品种；品种间差异位点数大于等于 2，判定为不同品种。品种间差异位点数等于 1，不足以认定不是同一品种。对差异位点数在两个以下的，应当综合其他因素判定是否为不同品种，如可采取扩大检测位点进行加测，以及提交审定样品进行测定等，举证责任由被诉侵权一方承担。

【基本案情】

2003 年 1 月 1 日，经农业部核准，“金海 5 号”被授予中华人民共和国植物新品种权，品种号为：CNA20010074.2，品种权人为莱州市金海农作物研究有限公司。2010 年 1 月 8 日，品种权人授权莱州市金海种业有限公司（以下简称“金海种业公司”）独家生产经营玉米杂交种“金海 5 号”，并授权金海种业公司对擅自生产销售该品种的侵权行为，可以以自己的名义独立提起诉讼。2011 年，张掖市富凯农业科技有限责任公司（以下简称“富凯公司”）在张掖市甘州区沙井镇古城村八社、十一社进行玉米制种。金海种业公司以富凯公司的制种行为侵害其“金海 5 号”玉米植物新品种权为由向张掖市中级人民法院（以下简称“张掖中院”）提起诉讼。张掖中院受理后，根据金海种业公司的申请，于 2011 年 9 月 13 日对沙井镇古城村八社、十一社种植的被控侵权玉米以活体玉米植株上随机提取玉米果穗，现场封存的方式进行证据保全，并委托北京市农科院玉米种子检测中心对被提取的样品与农业部植物新品种保护办公室植物新品种保藏中心保存的“金海 5 号”标准样品之间进行对比鉴定。该鉴定中心出具的检测报告结论为“无明显差异”。

张掖中院以构成侵权为由，判令富凯公司承担侵权责任。富凯公司不服，向甘肃省高级人民法院（以下简称“甘肃高院”）提出上诉，甘肃高院审理后以原审判决认定事实不清，裁定发回张掖中院重审。

案件发回重审后，张掖中院复函北京市农科院玉米种子检测中心，要求对“JA2011－098－006”号结论为“无明显差异”的检测报告给予补充鉴定或说明。该中心答复：“待测样品与农业部品种保护的对照样品金海 5 号比较，在 40 个点位上，仅有 1 个差异位点，依据行业标准判定为近似，结论为待测样品与对照样品无明显差异。这一结论应解读为：依据 DNA 指纹检测标准，将差异至少两个位点作为判定两个样品不同的充分条件，而对差异位点在两个以下的，表明依据该标准判定两个样品不同的条件不充分，因此不能得出待测样品与对照样品不同的结论。”经质证，金海种业公司对该检测报告不持异议。富凯公司认为检验报告载明差异位点数为“1”，说明被告并未侵权，故该检测报告不能作为本案证据予以采信。

【裁判结果】

张掖市中级人民法院以（2012）张中民初字第 28 号民事判决，判令：驳回莱州市金海种业有限公司的诉讼请求。莱州市金海种业有限公司不服，提出上诉。甘肃省高级人民法院于 2014 年 9 月 17 日作出（2013）甘民三终字第 63 号民事判决：一、撤销张掖市中级人民法院（2012）张中民初字第 28 号民事判决。二、张掖市富凯农业科技有限责任公司立即停止侵犯莱州市金海种业有限公司植物新品种权的行为，并赔偿莱州市金海种业有限公司经济损失 50 万元。

【裁判理由】

法院生效判决认为：未经品种权人许可，

为商业目的生产或销售授权品种的繁殖材料的，是侵犯植物新品种权的行为。而确定行为人生产、销售的植物新品种的繁殖材料是否是授权品种的繁殖材料，核心在于应用该繁殖材料培育的植物新品种的特征、特性，是否与授权品种的特征、特性相同。本案中，经人民法院委托鉴定，北京市农科院玉米种子检测中心出具的鉴定意见表明待测样品与授权样品“无明显差异”，但在DNA指纹图谱检测对比的40个位点上，有1个位点的差异。依据中华人民共和国农业行业标准《玉米品种鉴定DNA指纹方法NY/T1432－2007检测及判定标准》的规定：品种间差异位点数等于1，判定为近似品种；品种间差异位点数大于等于2，判定为不同品种。依据DNA指纹检测标准，将差异至少两个位点作为标准，来判定两个品种是否不同。品种间差异位点数等于1，不足以认定不是同一品种。DNA检测与DUS（田间观察检测）没有位点的直接对应性。对差异位点数在两个以下的，应当综合其他因素进行判定，如可采取扩大检测位点进行加测以及提交审定样品进行测定等。此时的举证责任应由被诉侵权的一方承担。由于植物新品种授权所依据的方式是DUS检测，而不是实验室的DNA指纹鉴定，因此，张掖市富凯农业科技有限责任公司如果提交相反的证据证明通过DUS检测，被诉侵权繁殖材料的特征、特性与授权品种的特征、特性不相同，则可以推翻前述结论。根据已查明的事实，被上诉人富凯公司经释明后仍未能提供相反的证据，亦不具备DUS检测的条件。因此，依据《最高人民法院关于审理侵犯植物新品种权纠纷案件具体应用法律问题的若干规定》第二条第一款“未经品种权人许可，为商业目的生产或销售授权品种的繁殖材料，或者为商业目的将授权品种的繁殖材料重复使用于生产另一品种的繁殖材料的，人民法院应当认定为侵犯植物新品种权”的规定，应认定富凯公司的行为构成侵犯植物新品种权。

关于侵权责任问题。依据《最高人民法院关于审理侵犯植物新品种权纠纷案件具体应用法律问题的若干规定》第六条之规定，富凯公司应承担停止侵害、赔偿损失的民事责任。由于本案的侵权行为发生在三年前，双方当事人均未能就被侵权人因侵权所受损失或侵权人因侵权所获利润予以充分举证，法院查明的侵权品种种植亩数是1000亩，综合考虑侵权行为的时间、性质、情节等因素，酌定赔偿50万元，并判令停止侵权行为。

山东登海先锋种业有限公司诉陕西农丰种业有限责任公司、山西大丰种业有限公司侵害植物新品种权纠纷案（最高人民法院指导案例100号 2018年12月19日发布）

【关键词】 民事 侵害植物新品种权 特征特性 DNA指纹鉴定 DUS测试报告 特异性

【裁判要点】

判断被诉侵权繁殖材料的特征特性与授权品种的特征特性相同是认定构成侵害植物新品种权的前提。当DNA指纹鉴定意见为两者相同或相近似时，被诉侵权方提交DUS测试报告证明通过田间种植，被控侵权品种与授权品种对比具有特异性，应当认定不构成侵害植物新品种权。

【基本案情】

先锋国际良种公司是“先玉335”植物新品种权的权利人，其授权山东登海先锋种业有限公司（以下简称“登海公司”）作为被许可人对侵害该植物新品种权提起民事诉讼。登海公司于2014年3月16日向陕西省西安市中级人民法院起诉称，2013年山西大丰种业有限公司（以下简称“大丰公司”）生产、陕西农丰种业有限责任公司（以下简称“农丰种业”）销售的外包装为“大丰30”的玉米种子侵害“先玉335”的植物新品种权。北京玉米种子检测中心于2013年6月9日对送检的被控侵权种子依据NY/T1432－2007玉米品种DNA指纹鉴定方法，使用

3730XL 型遗传分析仪，384 孔 PCR 仪进行检测，结论为，待测样品编号 YA2196 与对照样品编号 BGG253 “先玉 335” 比较位点数 40，差异位点数 0，结论为相同或极近似。

山西省农业种子总站于 2014 年 4 月 25 日出具的《“大丰 30” 玉米品种试验审定情况说明》记载：“大丰 30” 作为大丰公司 2011 年申请审定的品种，由于北京市农林科学院玉米研究中心所作的 DNA 指纹鉴定认为 “大丰 30” 与 “先玉 335” 的 40 个比较位点均无差异，判定结论为两个品种无明显差异，2011 年未通过审定。大丰公司提出异议，该站于 2011 年委托农业部植物新品种测试中心对 “大丰 30” 进行 DUS 测试，即特异性（Distinctness）、一致性（Uniformity）和稳定性（Stability）测试，结论为 “大丰 30” 具有特异性、一致性、稳定性，与 “先玉 335” 为不同品种。“大丰 30” 玉米种作为审定推广品种，于 2012 年 2 月通过山西省、陕西省农作物品种审定委员会的审定。

大丰公司在一审中提交了农业部植物新品种测试中心 2011 年 12 月出具的《农业植物新品种测试报告》原件，测试地点为农业部植物新品种测试（杨凌）分中心测试基地，依据的测试标准为《植物新品种 DUS 测试指南—玉米》，测试材料为农业部植物新品种测试中心提供，测试时期为一个生长周期。测试报告特异性一栏记载，近似品种名称：鉴 2011 - 001B 先玉 335，有差异性状：41 * 果穗：穗轴颖片青甙显色强度，申请品种描述：8 强到极强，近似品种描述：5 中。所附数据结果表记载，鉴 2011 - 001A（大丰 30）与鉴 2011 - 001B 的测试结果除 “41 * 果穗” 外，差别还在 “9 雄穗：花药花青甙显色强度”，分别为 “6 中到强、7 强” “24.2 * 植株：高度”，分别为 “5 中” “7 高” “27.2 * 果穗：长度” 分别为 “5 中” “3 短”。结论为，“大丰 30” 具有特异性、一致性、稳定性。

二审法院审理中，大丰公司提交了于 2014 年 4 月 28 日测试审核的《农业植物新品种 DUS 测试报告》，加盖有农业部植物新品种测试（杨凌）分中心和农业部植物新品种保护办公室的印鉴。该报告依据的测试标准为《植物新品种特异性、一致性和稳定性测试指南—玉米》。测试时期为两个生长周期 “2012 年 4 月 - 8 月、2013 年 4 月 - 8 月”，近似品种为 “先玉 335”。所记载的差异性状为：“11. 雄穗：花药花青甙显色强度，申请品种为 7. 强，近似品种为 6. 中到强” “41. 籽粒：形状，申请品种为 5. 楔形，近似品种为 4. 近楔形” “42. 果穗：穗轴颖片花青甙显色强度，申请品种为 9. 极强，近似品种为 6. 中到强”。测试结论为 “大丰 30” 具有特异性、一致性、稳定性。

【裁判结果】

陕西省西安市中级人民法院于 2014 年 9 月 29 日作出（2014）西中民四初字第 132 号判决，判令驳回登海公司的诉讼请求。登海公司不服，提出上诉。陕西省高级人民法院于 2015 年 3 月 20 日作出（2015）陕民三终字第 1 号判决，驳回上诉，维持原判。登海公司不服，向最高人民法院申请再审。最高人民法院于 2015 年 12 月 11 日作出（2015）民申字第 2633 号裁定，驳回登海公司的再审申请。

【裁判理由】

最高人民法院审查认为，本案主要涉及以下两个问题：

一、关于判断 “大丰 30” 具有特异性的问题

我国对主要农作物进行品种审定时，要求申请审定品种必须与已审定通过或本级品种审定委员会已受理的其他品种具有明显区别。“大丰 30” 在 2011 年的品种审定中，经 DNA 指纹鉴定，被认定与 “先玉 335” 无差异，视为同一品种而未能通过当年的品种审定。大丰公司对结论提出异议，主张两个品种在性状上有明显的差异，为不同品种，申请进行田间种植测试。根据《主要农作物品种审定办法》的规定，申请者对审定结果有异议的，可以向原审定委员会申请复审。品

种审定委员会办公室认为有必要的，可以在复审前安排一个生产周期的品种试验。大丰公司在一审中提交的DUS测试报告正是大丰公司提出异议后，山西省农业种子总站委托农业部植物新品种测试中心完成的测试。该测试报告由农业部植物新品种测试中心按照《主要农作物品种审定办法》的规定，指定相应的DUS测试机构进行田间种植，依据相关测试指南整理测试数据，进行性状描述，编制测试报告。该测试报告真实、合法，与争议的待证事实具有关联性。涉案DUS测试报告记载，“大丰30”与近似品种“先玉335”存在明显且可重现的差异，符合NY/T2232-2012《植物新品种特异性、一致性和稳定性测试指南—玉米》关于“当申请品种至少在一个性状与近似品种具有明显且可重现的差异时，即可判定申请品种具备特异性”的规定。因此，可以依据涉案测试报告认定“大丰30”具有特异性。

二、关于是否应当以DNA指纹鉴定意见认定存在侵权行为的问题

DNA指纹鉴定技术作为在室内进行基因型身份鉴定的方法，经济便捷，不受环境影响，测试周期短，有利于及时保护权利人的利益，同时能够提高近似品种特异性评价效率，实践中多用来检测品种的真实性、一致性，并基于分子标记技术构建了相关品种的指纹库。DNA指纹鉴定所采取的核心引物（位点）与DUS测试的性状特征之间并不一定具有对应性，而植物新品种权的审批机关对申请品种的特异性、一致性和稳定性进行实质审查所依据的是田间种植DUS测试。在主要农作物品种审定时，也是以申请审定品种的选育报告、比较试验报告等为基础，进行品种试验，针对品种在田间种植表现出的性状进行测试并作出分析和评价。因此，作为繁殖材料，其特征特性应当依据田间种植进行DUS测试所确定的性状特征为准。因此，DNA鉴定意见为相同或高度近似时，可直接进行田间成对DUS测试比较，通过田间表型确定身份。当被诉侵权一方主张以田间种植DUS测试确定的特异性结论推翻DNA指纹鉴定意见时，应当由其提交证据予以证明。由于大丰公司提交的涉案DUS测试报告证明，通过田间种植，“大丰30”与“先玉335”相比，具有特异性。根据认定侵害植物新品种权行为，以“被控侵权物的特征特性与授权品种的特征特性相同，或者特征特性不同是因为非遗传变异所导致”的判定规则，“大丰30”与“先玉335”的特征特性并不相同，并不存在“大丰30”侵害“先玉335”植物新品种权的行为。大丰公司生产、农丰种业销售的“大丰30”并未侵害“先玉335”的植物新品种权。综上，驳回登海公司的再审申请。

蔡新光诉广州市润平商业有限公司侵害植物新品种权纠纷案（最高人民法院指导案例160号 2021年7月23日发布）

【关键词】 民事 侵害植物新品种权 保护范围 繁殖材料 收获材料

【裁判要点】

1. 授权品种的繁殖材料是植物新品种权的保护范围，是品种权人行使排他独占权的基础。授权品种的保护范围不限于申请品种权时所采取的特定方式获得的繁殖材料，即使不同于植物新品种权授权阶段育种者所普遍使用的繁殖材料，其他植物材料可用于授权品种繁殖材料的，亦应当纳入植物新品种权的保护范围。

2. 植物材料被认定为某一授权品种的繁殖材料，必须同时满足以下要件：属于活体，具有繁殖能力，并且繁殖出的新个体与该授权品种的特征特性相同。植物材料仅可以用作收获材料而不能用作繁殖材料的，不属于植物新品种权保护的范围。

【基本案情】

蔡新光于2009年11月10日申请“三红蜜柚”植物新品种权，于2014年1月1日获准授权，品种权号为CNA20090677.9，保护期限为20年。农业农村部植物新品种保护办

公室作出的《农业植物新品种DUS测试现场考察报告》载明，品种暂定名称三红蜜柚，植物种类柑橘属，品种类型为无性繁殖，田间考察结果载明，申请品种的白皮层颜色为粉红，近似品种为白，具备特异性。考察结论为该申请品种具备特异性、一致性。所附照片载明，三红蜜柚果面颜色暗红、白皮层颜色粉红、果肉颜色紫，红肉蜜柚果面颜色黄绿、白皮层颜色白、果肉颜色红。以上事实有《植物新品种权证书》、植物新品种权年费缴费收据、《意见陈述书》《品种权申请请求书》《说明书》《著录项目变更申报书》《农业植物新品种DUS测试现场考察报告》等证据予以佐证。

蔡新光于2018年3月23日向广州知识产权法院提起诉讼，主张广州市润平商业有限公司（以下简称润平公司）连续大量销售“三红蜜柚”果实，侵害其获得的品种名称为“三红蜜柚”的植物新品种权。

润平公司辩称其所售被诉侵权蜜柚果实有合法来源，提供了甲方昆山润华商业有限公司广州黄埔分公司（以下简称润华黄埔公司）与乙方江山市森南食品有限公司（以下简称森南公司）签订的合同书，润华黄埔公司与森南公司于2017年7月18日签订2017年度商业合作条款，合同条款第六条第五款载明，在本合同签订日，双方已合作的有6家门店，包括润平公司。2018年1月8日，森南公司向润华黄埔公司开具发票以及销售货物或者提供应税劳务、服务清单，清单载明货物包括三红蜜柚650公斤。森南公司营业执照副本载明，森南公司为有限责任公司，成立于2013年2月22日，注册资本500万元，经营范围为预包装食品批发、零售；水果、蔬菜销售。森南公司《食品经营许可证》载明，经营项目为预包装食品销售；散装食品销售。该许可证有效期至2021年8月10日。

【裁判结果】

广州知识产权法院于2019年1月3日作出（2018）粤73民初732号民事判决，驳回蔡新光诉讼请求。宣判后，蔡新光不服，向最高人民法院提起上诉。最高人民法院于2019年12月10日作出（2019）最高法知民终14号民事判决，驳回上诉，维持原判。

【裁判理由】

最高人民法院认为：本案主要争议问题为润平公司销售被诉侵权蜜柚果实的行为是否构成对蔡新光三红蜜柚植物新品种权的侵害，其中，判断三红蜜柚植物新品种权的保护范围是本案的焦点。

本案中，虽然蔡新光在申请三红蜜柚植物新品种权时提交的是采用以嫁接方式获得的繁殖材料枝条，但并不意味着三红蜜柚植物新品种权的保护范围仅包括以嫁接方式获得的该繁殖材料，以其他方式获得的枝条也属于该品种的繁殖材料。随着科学技术的发展，不同于植物新品种权授权阶段繁殖材料的植物体也可能成为育种者选用的种植材料，即除枝条以外的其他种植材料也可能被育种者们普遍使用，在此情况下，该种植材料作为授权品种的繁殖材料，应当纳入植物新品种权的保护范围。原审判决认为侵权繁殖材料的繁育方式应当与该品种育种时所使用的材料以及繁育方式一一对应，认为将不同于获取品种权最初繁育方式的繁殖材料纳入植物新品种权的保护范围，与权利人申请新品种权过程中应当享有的权利失衡。该认定将申请植物新品种权时的繁育方式作为授权品种保护的依据，限制了植物新品种权的保护范围，缩小了植物新品种权人的合法权益，应当予以纠正。

我国相关法律、行政法规以及规章对繁殖材料进行了列举，但是对于某一具体品种如何判定植物体的哪些部分为繁殖材料，并未明确规定。判断是否为某一授权品种的繁殖材料，在生物学上必须同时满足以下条件：其属于活体，具有繁殖的能力，并且繁殖出的新个体与该授权品种的特征特性相同。被诉侵权蜜柚果实是否为三红蜜柚品种的繁殖材料，不仅需要判断该果实是否具有繁殖能力，还需要判断该果实繁殖出的新个体是否具有果面颜色暗红、果肉颜色紫、白皮层颜色粉红的形态特征，如果不具有该授权品种的特征特性，则不属于三红蜜柚品种权所保护的繁殖材料。

对于三红蜜柚果实能否作为繁殖材料，经审查，即便专门的科研单位，也难以通过三红蜜柚果实的籽粒繁育出蜜柚种苗。二审庭审中，蔡新光所请的专家辅助人称，柚子单胚，容易变异，该品种通过枝条、芽条、砧木或者分株进行繁殖，三红蜜柚果实有无籽粒以及籽粒是否退化具有不确定性。综合本案品种的具体情况，本案被诉侵权蜜柚果实的籽粒及其汁胞均不具备繁殖授权品种三红蜜柚的能力，不属于三红蜜柚品种的繁殖材料。被诉侵权蜜柚果实是收获材料而非繁殖材料，不属于植物新品种权保护的范围。如果目前在本案中将收获材料纳入植物新品种权的保护范围，有违种子法、植物新品种保护条例以及《最高人民法院关于审理侵犯植物新品种权纠纷案件具体应用法律问题的若干规定》的相关规定。

另外，植物体的不同部分可能有着多种不同的使用用途，可作繁殖目的进行生产，也可用于直接消费或观赏，同一植物材料有可能既是繁殖材料也是收获材料。对于既可作繁殖材料又可作收获材料的植物体，在侵权纠纷中能否认定为繁殖材料，应当审查销售者销售被诉侵权植物体的真实意图，即其意图是将该材料作为繁殖材料销售还是作为收获材料销售；对于使用者抗辩其属于使用行为而非生产行为，应当审查使用者的实际使用行为，即是将该收获材料直接用于消费还是将其用于繁殖授权品种。

综上所述，蔡新光关于被诉侵权蜜柚果实为三红蜜柚的繁殖材料、润平公司销售行为构成侵权的上诉主张不能成立，应予驳回。

典型案例

北京德农种业有限公司、河南省农业科学院与河南金博士种业股份有限公司侵害植物新品种权纠纷案

（《最高人民法院办公厅关于印发2018年中国法院10大知识产权案件和50件典型知识产权案例的通知》第六号　2019年4月17日）

【案情摘要】

“郑单958”玉米杂交品种是由母本“郑58”与已属于公有领域的父本“昌7-2”自交系品种杂交而成。“郑58”和“郑单958”的植物新品种权人分别为河南金博士种业股份有限公司（简称金博士公司）和河南省农业科学院（简称农科院）。农科院与北京德农种业有限公司（简称德农公司）签订《玉米杂交种“郑单958”许可合同》及补充协议，许可德农公司在一定期限内销售“郑单958”玉米杂交种并约定许可费用，对于德农公司为履行合同而进行制种生产过程中涉及第三方权益时应由德农公司负责解决。德农公司根据农科院的授权，在取得《农作物种子经营许可证》后，开始在甘肃省大量生产、销售“郑单958”。金博士公司认为德农公司未经许可，为商业之目的擅自使用“郑58”玉米自交系品种生产、繁育“郑单958”玉米杂交品种的行为，构成侵权并提起诉讼，要求德农公司停止侵权、赔偿金博士公司4952万元，并要求农科院承担连带责任。郑州市中级人民法院一审判决德农公司赔偿损失及合理开支4952万元，农科院在300万元内承担责任，驳回金博士公司其他诉讼请求。德农公司和农科院均提起上诉。河南省高级人民法院二审查明，农科院和金博士公司实行相互授权模式，德农公司接受许可生产过程中涉及第三方权益时应由德农公司负责，与农科院无关。故判决维持一审法院关于赔偿和合理支出的判项，撤销一审法院关于农科院承担连带责任的判项。

【典型意义】

本案是关于在玉米杂交种生产中涉及杂交种和其亲本的关系问题而引发的植物新品种侵权纠纷。该案涉及的“郑单958”玉米杂交种，因是由母本与父本自交系种杂交而成，只要生产繁育“郑单958”玉米杂交种，就必须使用母本“郑58”玉米自交系种。在生产繁育“郑单958”玉米杂交种时，不仅要得到“郑单958”杂交种权利人的许可，还要得到母本“郑58”自交系种权利人的同意。法院考虑到加强植物新品种权保护有助于推动国家三农政策，德农公司已经取得“郑单958”杂交种权人的授权许可，并已支付相应的使用费，为生产“郑单958”杂交种花费了大量的人力物力，若禁止德农公司使用母本“郑58”自交种生产“郑单958”玉米杂交种，将造成巨大的经济损失。因培育“郑单958”玉米杂交种仍需要使用母本“郑58”自交系种，通过支付一定的赔偿费能够弥补金博士公司的损失。综合以上因素，法院对金博士公司要求德农公司停止使用“郑58”自交系种生产“郑单958”玉米杂交种的请求未予支持。但根据侵权人的主观过错、获利情况、不停止使用“郑58”自交系种生产至保护期满的继续获利情况等因素，对权利人请求的4952万元的赔偿数额和合理支出予以全额支持，较好地平衡了各方当事人的利益。

某种业科技有限公司诉某农业产业发展有限公司侵害植物新品种权纠纷案［《人民法院贯彻实施民法典典型案例（第一批）》案例十二 2022年2月25日］

【典型意义】

种子是农业的“芯片”，种业知识产权保护事关国家粮食安全，事关农业科技自立自强。习近平总书记强调，要把种源安全提升到关系国家安全的战略高度，实现种业科技自立自强、种源自主可控。本案是适用民法典规定的惩罚性赔偿制度，打击种子套牌侵权、净化种业市场秩序的典型案件。民法典侵权责任编新增规定了知识产权侵权惩罚性赔偿制度，为各类知识产权纠纷适用惩罚性赔偿提供了一般规则，对于建设知识产权强国，保障经济社会高质量发展具有重要作用。本案中，审理法院秉持强化植物新品种权保护的司法理念，在侵权人拒不提供交易记录、相关账簿的情况下，依法适用举证妨碍制度，参考其宣传的交易额合理推定侵权获利达到100万元以上，并依法适用民法典及《种子法》规定的惩罚性赔偿制度，按照计算基数的二倍确定惩罚性赔偿金额为200万元，实际赔偿总额为基数的三倍。本案判决对于切实解决知识产权侵权维权难度大、赔偿数额低的问题，形成对恶意侵权行为的强有力威慑，彰显种业知识产权司法保护力度，具有积极示范作用。

【基本案情】

某种业科技有限公司为水稻新品种“金粳818”的独占实施被许可人。某农业产业发展有限公司在不具有种子生产经营许可证的情况下，未经许可在微信群内发布“农业产业链信息匹配”寻找潜在交易者，并收取会员费后提供种子交易信息，与买家商定交易价格、数量、交货时间后安排送交无标识、标签的白皮袋，或者包装标注为其他商品粮的“金粳818”种子。某种业科技有限公司诉请判令某农业产业发展有限公司停止侵权，并赔偿经济损失300万元。

【裁判结果】

生效裁判认为，某农业产业发展有限公司系被诉侵权种子的交易组织者、决策者，其行为构成销售侵权。由于该公司拒不提供相关账簿，故审理法院参考其宣传资料，综合考虑侵权情节推定侵权获利达到100万元以上，并以此为基数。该公司明知未经许可销售授权品种繁殖材料的侵权性质，所销售的被诉侵权种子部分包装未标注任何信息、部分包装标注为其他商品粮，试图掩盖侵权行为和逃避责任追究的意图明显，具有侵权恶意。其未取得种子生产经营许可证生产经营种子，可以认定为侵权行为情节严重。因此，审理法院依法适用惩罚性赔偿，按照基数的二倍确定惩罚性赔偿数额，全额支持权利人诉请。

162. 集成电路布图设计专有权权属、侵权纠纷

（1）集成电路布图设计专有权权属纠纷
（2）侵害集成电路布图设计专有权纠纷

相关规范

》《中华人民共和国民法典》（2020 年）

第一百二十三条 【知识产权的定义】 民事主体依法享有知识产权。

知识产权是权利人依法就下列客体享有的专有的权利：

……

（六）集成电路布图设计；

……

》《集成电路布图设计保护条例》（2001 年）

第七条 布图设计权利人享有下列专有权：

（一）对受保护的布图设计的全部或者其中任何具有独创性的部分进行复制；

（二）将受保护的布图设计、含有该布图设计的集成电路或者含有该集成电路的物品投入商业利用。

第八条 布图设计专有权经国务院知识产权行政部门登记产生。

未经登记的布图设计不受本条例保护。

第九条 布图设计专有权属于布图设计创作者，本条例另有规定的除外。

由法人或者其他组织主持，依据法人或者其他组织的意志而创作，并由法人或者其他组织承担责任的布图设计，该法人或者其他组织是创作者。

由自然人创作的布图设计，该自然人是创作者。

第十条 两个以上自然人、法人或者其他组织合作创作的布图设计，其专有权的归属由合作者约定；未作约定或者约定不明的，其专有权由合作者共同享有。

第十一条 受委托创作的布图设计，其专有权的归属由委托人和受托人双方约定；未作约定或者约定不明的，其专有权由受托人享有。

第十三条 布图设计专有权属于自然人的，该自然人死亡后，其专有权在本条例规定的保护期内依照继承法的规定转移。

布图设计专有权属于法人或者其他组织的，法人或者其他组织变更、终止后，其专有权在本条例规定的保护期内由承继其权利、义务的法人或者其他组织享有；没有承继其权利、义务的法人或者其他组织的，该布图设计进入公有领域。

第二十三条 下列行为可以不经布图设计权利人许可，不向其支付报酬：

（一）为个人目的或者单纯为评价、分析、研究、教学等目的而复制受保护的布图设计的；

（二）在依据前项评价、分析受保护的布图设计的基础上，创作出具有独创性的布图设计的；

（三）对自己独立创作的与他人相同的布图设计进行复制或者将其投入商业利用的。

第二十七条 取得使用布图设计非自愿许可的自然人、法人或者其他组织不享有独占的使用权，并且无权允许他人使用。

》《集成电路布图设计保护条例实施细则》（2001 年）

第十条 共有

布图设计是 2 个以上单位或者个人合作创作的，创作者应当共同申请布图设计登记；

有合同约定的，从其约定。

涉及共有的布图设计专有权的，每一个共同布图设计权利人在没有征得其他共同布图设计权利人同意的情况下，不得将其所持有的那一部分权利进行转让、出质或者与他人订立独占许可合同或者排他许可合同。

典型案例

“锂电池保护芯片”集成电路布图设计侵权案（《最高人民法院知识产权法庭2020年10件技术类知识产权典型案例》第八号　2021年2月26日）

【案号】

（2019）最高法知民终490号

【基本案情】

赛芯公司于2012年4月22日申请登记了名称为“集成控制器与开关管的单芯片负极保护的锂电池保护芯片”的集成电路布图设计，该集成电路布图设计专有权至今处于有效状态。赛芯公司主张裕昇公司、户某某等未经许可复制、销售的芯片与涉案集成电路布图设计实质相同，构成对其集成电路布图设计专有权的侵害，故诉至深圳中院，请求判令停止侵权，赔偿损失及维权合理费用100万元。深圳中院认为，被诉侵权芯片与涉案布图设计具有独创性的部分实质相同，构成侵权，判决裕昇公司赔偿赛芯公司经济损失50万元；户某某、黄某东、黄某亮对上述赔偿承担连带责任。裕昇公司、户某某、黄某东、黄某亮不服，向最高人民法院提起上诉。最高人民法院知识产权法庭经审理，依法驳回上诉，维持原判。

【典型意义】

该案是最高人民法院受理的首例侵害集成电路布图设计专有权纠纷二审案件。该案判决明确了集成电路布图设计登记行为的性质，以及集成电路布图设计独创性判断的基本思路，依法保护了集成电路布图设计权利人的利益，对于规范集成电路产业的创新发展具有指导意义。

苏州赛芯电子科技有限公司与深圳裕昇科技有限公司、户财欢、黄建东、黄赛亮侵害集成电路布图设计专有权纠纷案（《2020年中国法院10大知识产权案件》第四号　2021年4月16日）

【案情摘要】

苏州赛芯电子科技有限公司（以下简称赛芯公司）申请登记了名称为“集成控制器与开关管的单芯片负极保护的锂电池保护芯片”的集成电路布图设计。赛芯公司认为，深圳裕昇科技有限公司（以下简称裕昇公司）、户财欢、黄建东、黄赛亮未经许可，复制、销售的芯片与涉案集成电路布图设计实质相同，侵害了涉案集成电路布图设计专有权，故诉至广东省深圳市中级人民法院。一审法院认为，经鉴定，被诉侵权芯片与涉案布图设计具有独创性的部分实质相同，构成侵权，判决裕昇公司赔偿赛芯公司经济损失50万元；户财欢、黄建东、黄赛亮对上述赔偿承担连带责任。裕昇公司、户财欢、黄建东、黄赛亮不服，提起上诉称：涉案布图设计图样的纸件不清晰，不应得到保护；不能以芯片样品确定布图设计专有权的保护范围，且涉案布图设计不具有独创性。最高人民法院经审理认为，集成电路布图设计的保护并不以公开布图设计的内容为条件。集成电路布图设计的保护对象是为执行某种电子功能而对于元件、线路所作的具有独创性的三维配置，对于独创性的证明，不能过分加大权利人的举证责任。权利人主张其布图设计的三维配置整体或者部分具有独创性应受保护时，应当对其独创性进行解释或者说明，然后由被诉侵权人提供相反证据，在此基础上综合判断该布图设计的三维配置是否具备独创性。故驳回上诉，维持原判。

【典型意义】

本案是一起典型的侵害集成电路布图设计专有权纠纷案。判决厘清了集成电路布图设计登记行为的性质，明确了集成电路布图设计独创性判断的基本思路，对司法实践中的难点问题作出具体指引，有力地维护了集成电路布图设计权利人的利益。充分体现了人民法院加大对关键领域、重点环节知识产权司法保护力度，促进自主创新，提升核心竞争力的使命担当。

163. 侵害企业名称（商号）权纠纷

相关规范

》《中华人民共和国民法典》（2020年）

第一百一十条第二款　【民事主体的人格权】法人、非法人组织享有名称权、名誉权和荣誉权。

第一千零一十三条　【名称权】法人、非法人组织享有名称权，有权依法决定、使用、变更、转让或者许可他人使用自己的名称。

第一千零一十四条　【姓名权或名称权不得被非法侵害】任何组织或者个人不得以干涉、盗用、假冒等方式侵害他人的姓名权或者名称权。

》《中华人民共和国反不正当竞争法》（2019年修正）

第六条　经营者不得实施下列混淆行为，引人误认为是他人商品或者与他人存在特定联系：

（一）擅自使用与他人有一定影响的商品名称、包装、装潢等相同或者近似的标识；

（二）擅自使用他人有一定影响的企业名称（包括简称、字号等）、社会组织名称（包括简称等）、姓名（包括笔名、艺名、译名等）；

（三）擅自使用他人有一定影响的域名主体部分、网站名称、网页等；

（四）其他足以引人误认为是他人商品或者与他人存在特定联系的混淆行为。

》《企业名称登记管理实施办法》（2004年修订）

第三条　企业应当依法选择自己的名称，并申请登记注册。企业自成立之日起享有名称权。

第三十四条　外国（地区）企业名称，依据我国参加的国际公约、协定、条约等有关规定予以保护。

第四十一条　已经登记注册的企业名称，在使用中对公众造成欺骗或者误解的，或者损害他人合法权益的，应当认定为不适宜的企业名称予以纠正。

第四十二条　企业因名称与他人发生争议，可以向工商行政管理机关申请处理，也可以向人民法院起诉。

》《最高人民法院关于审理注册商标、企业名称与在先权利冲突的民事纠纷案件若干问题的规定》（2020年12月23日修正）

第一条　原告以他人注册商标使用的文字、图形等侵犯其著作权、外观设计专利权、企业名称权等在先权利为由提起诉讼，符合民事诉讼法第一百一十九条规定的，人民法院应当受理。

原告以他人使用在核定商品上的注册商标与其在先的注册商标相同或者近似为由提起诉讼的，人民法院应当根据民事诉讼法第一百二十四条第（三）项的规定，告知原告向有关行政主管机关申请解决。但原告以他人超出核定商品的范围或者以改变显著特征、拆分、组合等方式使用的注册商标，与其注册商标相同或者近似为由提起诉讼的，人民法院应当受理。

第二条　原告以他人企业名称与其在先的企业名称相同或者近似，足以使相关公众对其商品的来源产生混淆，违反反不正当竞争法第六条第（二）项的规定为由提起诉讼，符合民事诉讼法第一百一十九条规定的，人民法院应当受理。

第三条　人民法院应当根据原告的诉讼请求和争议民事法律关系的性质，按照民事案件案由规定，确定注册商标或者企业名称与在先权利冲突的民事纠纷案件的案由，并适用相应的法律。

第四条　被诉企业名称侵犯注册商标专用权或者构成不正当竞争的，人民法院可以根据原告的诉讼请求和案件具体情况，确定被告承担停止使用、规范使用等民事责任。

164. 侵害特殊标志专有权纠纷

相关规范

》《中华人民共和国涉外民事关系法律适用法》（2010年）

第五十条　知识产权的侵权责任，适用被请求保护地法律，当事人也可以在侵权行为发生后协议选择适用法院地法律。

》《特殊标志管理条例》（1996年）

第十三条　特殊标志所有人可以在与其公益活动相关的广告、纪念品及其他物品上使用该标志，并许可他人在国务院工商行政管理部门核准使用该标志的商品或者服务项目上使用。

第十六条　有下列行为之一的，由县级以上人民政府工商行政管理部门责令侵权人立即停止侵权行为，没收侵权商品，没收违法所得，并处违法所得5倍以下的罚款，没有违法所得的，处1万元以下的罚款：

（一）擅自使用与所有人的特殊标志相同或者近似的文字、图形或者其组合的；

（二）未经特殊标志所有人许可，擅自制造、销售其特殊标志或者将其特殊标志用于商业活动的；

（三）有给特殊标志所有人造成经济损失的其他行为的。

》《世界博览会标志保护条例》（2004年）

第二条　本条例所称世界博览会标志，是指：

（一）中国2010年上海世界博览会申办机构的名称（包括全称、简称、译名和缩写，下同）、徽记或者其他标志；

（二）中国2010年上海世界博览会组织机构的名称、徽记或者其他标志；

（三）中国2010年上海世界博览会的名称、会徽、会旗、吉祥物、会歌、主题词、口号；

（四）国际展览局的局旗。

第三条　本条例所称世界博览会标志权利人，是指中国2010年上海世界博览会组织机构和国际展览局。

中国2010年上海世界博览会组织机构为本条例第二条第（一）（二）（三）项规定的世界博览会标志的权利人。中国2010年上海世界博览会组织机构和国际展览局之间关于本条例第二条第（四）项规定的世界博览会标志的权利划分，依照中国2010年上海世界博览会《申办报告》《注册报告》和国际展览局《关于使用国际展览局局旗的规定》确定。

第四条　世界博览会标志权利人依照本条例享有世界博览会标志专有权。

未经世界博览会标志权利人许可，任何人不得为商业目的（含潜在商业目的，下同）使用世界博览会标志。

》《奥林匹克标志保护条例》（2018年修订）

第二条　本条例所称奥林匹克标志，是指：

（一）国际奥林匹克委员会的奥林匹克五环图案标志、奥林匹克旗、奥林匹克格言、奥林匹克徽记、奥林匹克会歌；

（二）奥林匹克、奥林匹亚、奥林匹克运动会及其简称等专有名称；

（三）中国奥林匹克委员会的名称、徽记、标志；

（四）中国境内申请承办奥林匹克运动会的机构的名称、徽记、标志；

（五）在中国境内举办的奥林匹克运动会的名称及其简称、吉祥物、会歌、火炬造型、口号、“主办城市名称＋举办年份”等标志，以及其组织机构的名称、徽记；

（六）《奥林匹克宪章》和相关奥林匹克运动会主办城市合同中规定的其他与在中国境内举办的奥林匹克运动会有关的标志。

第三条 本条例所称奥林匹克标志权利人，是指国际奥林匹克委员会、中国奥林匹克委员会和中国境内申请承办奥林匹克运动会的机构、在中国境内举办的奥林匹克运动会的组织机构。

国际奥林匹克委员会、中国奥林匹克委员会和中国境内申请承办奥林匹克运动会的机构、在中国境内举办的奥林匹克运动会的组织机构之间的权利划分，依照《奥林匹克宪章》和相关奥林匹克运动会主办城市合同确定。

第四条 奥林匹克标志权利人依照本条例对奥林匹克标志享有专有权。

未经奥林匹克标志权利人许可，任何人不得为商业目的使用奥林匹克标志。

165. 网络域名权属、侵权纠纷

（1）网络域名权属纠纷

（2）侵害网络域名纠纷

相关规范

»《中华人民共和国涉外民事关系法律适用法》（2010年）

第五十条 知识产权的侵权责任，适用被请求保护地法律，当事人也可以在侵权行为发生后协议选择适用法院地法律。

»《全国人民代表大会常务委员会关于加强网络信息保护的决定》（2012年）

一、国家保护能够识别公民个人身份和涉及公民个人隐私的电子信息。

任何组织和个人不得窃取或者以其他非法方式获取公民个人电子信息，不得出售或者非法向他人提供公民个人电子信息。

二、网络服务提供者和其他企业事业单位在业务活动中收集、使用公民个人电子信息，应当遵循合法、正当、必要的原则，明示收集、使用信息的目的、方式和范围，并经被收集者同意，不得违反法律、法规的规定和双方的约定收集、使用信息。

网络服务提供者和其他企业事业单位收集、使用公民个人电子信息，应当公开其收集、使用规则。

三、网络服务提供者和其他企业事业单位及其工作人员对在业务活动中收集的公民个人电子信息必须严格保密，不得泄露、篡改、毁损，不得出售或者非法向他人提供。

四、网络服务提供者和其他企业事业单位应当采取技术措施和其他必要措施，确保信息安全，防止在业务活动中收集的公民个人电子信息泄露、毁损、丢失。在发生或者可能发生信息泄露、毁损、丢失的情况时，应当立即采取补救措施。

五、网络服务提供者应当加强对其用户发布的信息的管理，发现法律、法规禁止发布或者传输的信息的，应当立即停止传输该信息，采取消除等处置措施，保存有关记录，并向有关主管部门报告。

六、网络服务提供者为用户办理网站接入服务，办理固定电话、移动电话等入网手续，或者为用户提供信息发布服务，应当在与用户签订协议或者确认提供服务时，要求用户提供真实身份信息。

七、任何组织和个人未经电子信息接收者同意或者请求，或者电子信息接收者明确表示拒绝的，不得向其固定电话、移动电话或者个人电子邮箱发送商业性电子信息。

八、公民发现泄露个人身份、散布个人隐私等侵害其合法权益的网络信息，或者受到商业性电子信息侵扰的，有权要求网络服务提供者删除有关信息或者采取其他必要措施予以制止。

九、任何组织和个人对窃取或者以其他非法方式获取、出售或者非法向他人提供公民个人电子信息的违法犯罪行为以及其他网络信息违法犯罪行为，有权向有关主管部门举报、控告；接到举报、控告的部门应当依法及时处理。被侵权人可以依法提起诉讼。

》《中国互联网络信息中心国家顶级域名争议解决办法》（2014年）

第二条　本办法适用于因互联网络域名的注册或者使用而引发的争议。所争议域名应当限于由中国互联网络信息中心负责管理的“.CN”、“.中国”域名。但是，所争议域名注册期限满两年的，域名争议解决机构不予受理。

第三条　域名争议由中国互联网络信息中心认可的争议解决机构受理解决。

争议解决机构应当根据本办法和《中国互联网络信息中心国家顶级域名争议解决办法程序规则》，制订相应的补充规则。

第四条　争议解决机构实行专家组负责争议解决的制度。专家组由一名或三名掌握互联网络及相关法律知识，具备较高职业道德，能够独立并中立地对域名争议作出裁决的专家组成。域名争议解决机构通过在线方式公布可供投诉人和被投诉人选择的专家名册。

第五条　任何人认为他人已注册的域名与其合法权益发生冲突的，均可以向争议解决机构提出投诉。

争议解决机构受理投诉后，应当按照程序规则的规定组成专家组，并由专家组根据本办法及程序规则，遵循"独立、中立、便捷"的原则，在专家组成立之日起14日内对争议做出裁决。

》《互联网域名管理办法》（2017年）

第二条　在中华人民共和国境内从事互联网域名服务及其运行维护、监督管理等相关活动，应当遵守本办法。

本办法所称互联网域名服务（以下简称域名服务），是指从事域名根服务器运行和管理、顶级域名运行和管理、域名注册、域名解析等活动。

第七条　提供域名服务，应当遵守国家相关法律法规，符合相关技术规范和标准。

第八条　任何组织和个人不得妨碍互联网域名系统的安全和稳定运行。

》《最高人民法院关于审理涉及计算机网络域名民事纠纷案件适用法律若干问题的解释》（2020年12月23日修正）

第四条　人民法院审理域名纠纷案件，对符合以下各项条件的，应当认定被告注册、使用域名等行为构成侵权或者不正当竞争：

（一）原告请求保护的民事权益合法有效；

（二）被告域名或其主要部分构成对原告驰名商标的复制、模仿、翻译或音译；或者与原告的注册商标、域名等相同或近似，足以造成相关公众的误认；

（三）被告对该域名或其主要部分不享有权益，也无注册、使用该域名的正当理由；

（四）被告对该域名的注册、使用具有恶意。

第五条　被告的行为被证明具有下列情形之一的，人民法院应当认定其具有恶意：

（一）为商业目的将他人驰名商标注册为域名的；

（二）为商业目的注册、使用与原告的注册商标、域名等相同或近似的域名，故意造成与原告提供的产品、服务或者原告网站的混淆，误导网络用户访问其网站或其他在线站点的；

（三）曾要约高价出售、出租或者以其他方式转让该域名获取不正当利益的；

（四）注册域名后自己并不使用也未准备使用，而有意阻止权利人注册该域名的；

（五）具有其他恶意情形的。

被告举证证明在纠纷发生前其所持有的域名已经获得一定的知名度，且能与原告的注册商标、域名等相区别，或者具有其他情形足以证明其不具有恶意的，人民法院可以不认定被告具有恶意。

第六条 人民法院审理域名纠纷案件，根据当事人的请求以及案件的具体情况，可以对涉及的注册商标是否驰名依法作出认定。

第七条 人民法院认定域名注册、使用等行为构成侵权或者不正当竞争的，可以判令被告停止侵权、注销域名，或者依原告的请求判令由原告注册使用该域名；给权利人造成实际损害的，可以判令被告赔偿损失。

侵权人故意侵权且情节严重，原告有权向人民法院请求惩罚性赔偿。

166. 发现权纠纷

相关规范

》《中华人民共和国科学技术进步法》（2021年修订）

第十八条 每年5月30日为全国科技工作者日。

国家建立和完善科学技术奖励制度，设立国家最高科学技术奖等奖项，对在科学技术进步活动中做出重要贡献的组织和个人给予奖励。具体办法由国务院规定。

国家鼓励国内外的组织或者个人设立科学技术奖项，对科学技术进步活动中做出贡献的组织和个人给予奖励。

》《国家科学技术奖励条例》（2020年修订）

第九条 国家自然科学奖授予在基础研究和应用基础研究中阐明自然现象、特征和规律，做出重大科学发现的个人。

前款所称重大科学发现，应当具备下列条件：

（一）前人尚未发现或者尚未阐明；

（二）具有重大科学价值；

（三）得到国内外自然科学界公认。

第三十条 获奖者剽窃、侵占他人的发现、发明或者其他科学技术成果的，或者以其他不正当手段骗取国家科学技术奖的，由国务院科学技术行政部门报国务院批准后撤销奖励，追回奖章、证书和奖金，并由所在单位或者有关部门依法给予处分。

167. 发明权纠纷

相关规范

》《中华人民共和国科学技术进步法》（2021年修订）

第十八条 每年5月30日为全国科技工作者日。

国家建立和完善科学技术奖励制度，设立国家最高科学技术奖等奖项，对在科学技术进步活动中做出重要贡献的组织和个人给予奖励。具体办法由国务院规定。

国家鼓励国内外的组织或者个人设立科学技术奖项，对科学技术进步活动中做出贡献的组织和个人给予奖励。

》《中华人民共和国专利法实施细则》（2010年修订）

第七十六条 被授予专利权的单位可以与发明人、设计人约定或者在其依法制定的规章制度中规定专利法第十六条规定的奖励、报酬的方式和数额。

企业、事业单位给予发明人或者设计人的奖励、报酬，按照国家有关财务、会计制度的规定进行处理。

第七十七条 被授予专利权的单位未与

发明人、设计人约定也未在其依法制定的规章制度中规定专利法第十六条规定的奖励的方式和数额的，应当自专利权公告之日起3个月内发给发明人或者设计人奖金。一项发明专利的奖金最低不少于3000元；一项实用新型专利或者外观设计专利的奖金最低不少于1000元。

由于发明人或者设计人的建议被其所属单位采纳而完成的发明创造，被授予专利权的单位应当从优发给奖金。

第七十八条　被授予专利权的单位未与发明人、设计人约定也未在其依法制定的规章制度中规定专利法第十六条规定的报酬的方式和数额的，在专利权有效期限内，实施发明创造专利后，每年应当从实施该项发明或者实用新型专利的营业利润中提取不低于2%或者从实施该项外观设计专利的营业利润中提取不低于0.2%，作为报酬给予发明人或者设计人，或者参照上述比例，给予发明人或者设计人一次性报酬；被授予专利权的单位许可其他单位或者个人实施其专利的，应当从收取的使用费中提取不低于10%，作为报酬给予发明人或者设计人。

》《最高人民法院关于加强中医药知识产权司法保护的意见》（法发〔2022〕34号　2022年12月21日）

10. 加强中医药创新主体合法权益保护。准确把握中医药传承与创新关系，依法保护以古代经典名方等为基础的中药新药研发，鼓励开展中医药技术创新活动。准确认定中医药企业提供的物质基础、临床试验条件与中医药研发人员的智力劳动对中医药技术成果形成所发挥的作用，准确界定职务发明与非职务发明的法律界限，依法支持对完成、转化中医药技术成果做出重要贡献的人员获得奖励和报酬的权利，不断激发中医药创新发展的潜力和活力。

168. 其他科技成果权纠纷

相关规范

》《中华人民共和国促进科技成果转化法》（2015年修正）

第十六条　科技成果持有者可以采用下列方式进行科技成果转化：

（一）自行投资实施转化；

（二）向他人转让该科技成果；

（三）许可他人使用该科技成果；

（四）以该科技成果作为合作条件，与他人共同实施转化；

（五）以该科技成果作价投资，折算股份或者出资比例；

（六）其他协商确定的方式。

第四十条　科技成果完成单位与其他单位合作进行科技成果转化的，应当依法由合同约定该科技成果有关权益的归属。合同未作约定的，按照下列原则办理：

（一）在合作转化中无新的发明创造的，该科技成果的权益，归该科技成果完成单位；

（二）在合作转化中产生新的发明创造的，该新发明创造的权益归合作各方共有；

（三）对合作转化中产生的科技成果，各方都有实施该项科技成果的权利，转让该科技成果应经合作各方同意。

第四十一条　科技成果完成单位与其他单位合作进行科技成果转化的，合作各方应当就保守技术秘密达成协议；当事人不得违反协议或者违反权利人有关保守技术秘密的要求，披露、允许他人使用该技术。

169. 确认不侵害知识产权纠纷

（1）确认不侵害专利权纠纷
（2）确认不侵害商标权纠纷
（3）确认不侵害著作权纠纷
（4）确认不侵害植物新品种权纠纷
（5）确认不侵害集成电路布图设计专用权纠纷
（6）确认不侵害计算机软件著作权纠纷

相关规范

》《最高人民法院关于审理侵犯专利权纠纷案件应用法律若干问题的解释》（法释〔2009〕21号　2009年12月28日）

第十八条　权利人向他人发出侵犯专利权的警告，被警告人或者利害关系人经书面催告权利人行使诉权，自权利人收到该书面催告之日起一个月内或者自书面催告发出之日起二个月内，权利人不撤回警告也不提起诉讼，被警告人或者利害关系人向人民法院提起请求确认其行为不侵犯专利权的诉讼的，人民法院应当受理。

》《最高人民法院关于审理专利纠纷案件适用法律问题的若干规定》（2020年12月23日修正）

第一条　人民法院受理下列专利纠纷案件：

1. 专利申请权权属纠纷案件；
2. 专利权权属纠纷案件；
3. 专利合同纠纷案件；
4. 侵害专利权纠纷案件；
5. 假冒他人专利纠纷案件；
6. 发明专利临时保护期使用费纠纷案件；
7. 职务发明创造发明人、设计人奖励、报酬纠纷案件；
8. 诉前申请行为保全纠纷案件；
9. 诉前申请财产保全纠纷案件；
10. 因申请行为保全损害责任纠纷案件；
11. 因申请财产保全损害责任纠纷案件；
12. 发明创造发明人、设计人署名权纠纷案件；
13. 确认不侵害专利权纠纷案件；
14. 专利权宣告无效后返还费用纠纷案件；
15. 因恶意提起专利权诉讼损害责任纠纷案件；
16. 标准必要专利使用费纠纷案件；
17. 不服国务院专利行政部门维持驳回申请复审决定案件；
18. 不服国务院专利行政部门专利权无效宣告请求决定案件；
19. 不服国务院专利行政部门实施强制许可决定案件；
20. 不服国务院专利行政部门实施强制许可使用费裁决案件；
21. 不服国务院专利行政部门行政复议决定案件；
22. 不服国务院专利行政部门作出的其他行政决定案件；
23. 不服管理专利工作的部门行政决定案件；
24. 确认是否落入专利权保护范围纠纷案件；
25. 其他专利纠纷案件。

典型案例

华为技术有限公司、华为终端有限公司、华为软件技术有限公司与康文森无线许可有限公司确认不侵害专利权及标准必要专利许可纠纷系列案（《2020 年中国法院 10 大知识产权案件》第二号　2021 年 4 月 16 日）

【案情摘要】

2018 年 1 月，华为技术有限公司、华为终端有限公司、华为软件技术有限公司（以下统称华为公司）向江苏省南京市中级人民法院提起本案诉讼，请求确认未侵害康文森无线许可有限公司（以下简称康文森公司）三项中国专利权并请求确认中国地区标准必要专利的许可费率。2018 年 4 月，为反制华为公司的本案诉讼，康文森公司向德国杜塞尔多夫法院提起专利侵权诉讼，请求判令华为公司停止侵权并赔偿损失。2019 年 9 月 16 日，一审法院判决确定华为公司及其中国关联公司与康文森公司所涉标准必要专利的许可费率。康文森公司不服一审判决，向最高人民法院提起上诉。在最高人民法院二审审理期间，2020 年 8 月 27 日，德国法院作出一审判决，认定华为公司及其德国关联公司侵害康文森公司欧洲专利，判令禁止华为公司及其德国关联公司提供、销售、使用或为上述目的进口或持有相关移动终端，销毁并召回侵权产品等。该判决可在康文森公司提供 240 万欧元担保后获得临时执行。该判决认定，康文森公司向华为公司提出的标准必要专利许可费率要约未违反公平、合理、无歧视（FRAND）原则。康文森公司的前述要约中多模 2G/3G/4G 移动终端产品的标准必要专利许可费率约为本三案一审判决所确定中国标准必要专利许可费率的 18.3 倍。当日，华为公司向最高人民法院提出行为保全申请，请求禁止康文森公司在最高人民法院终审判决作出前申请执行德国法院判决。最高人民法院在要求华为公司提供担保的基础上，作出行为保全裁定，即：康文森公司不得在最高人民法院终审判决前，申请执行上述德国判决。如违反本裁定，自违反之日起，处每日罚款人民币 100 万元，按日累计。该裁定于当日送达。康文森公司在复议期内提起复议。最高人民法院组织双方听证后，裁定驳回康文森公司的复议请求。

【典型意义】

本案是我国知识产权诉讼首例具有“禁诉令”性质的行为保全裁定，明确了采取禁止申请执行域外法院判决的行为保全措施时应考虑的必要性、损害程度、适应性、公共利益以及国际礼让因素等，并首次探索日罚金制度，初步构建起中国“禁诉令”的司法实践路径。本案裁定促成当事人最终达成全球一揽子和解协议，结束了在全球多个国家的平行诉讼，取得了良好的法律效果和社会效果。

170. 因申请知识产权临时措施损害责任纠纷

（1）因申请诉前停止侵害专利权损害责任纠纷

（2）因申请诉前停止侵害注册商标专用权损害责任纠纷

（3）因申请诉前停止侵害著作权损害责任纠纷

（4）因申请诉前停止侵害植物新品种权损害责任纠纷

（5）因申请海关知识产权保护措施损害责任纠纷

（6）因申请诉前停止侵害计算机软件著作权损害责任纠纷

（7）因申请诉前停止侵害集成电路布图设计专用权损害责任纠纷

相关规范

《中华人民共和国商标法》（2019年修正）

第六十五条 商标注册人或者利害关系人有证据证明他人正在实施或者即将实施侵犯其注册商标专用权的行为，如不及时制止将会使其合法权益受到难以弥补的损害的，可以依法在起诉前向人民法院申请采取责令停止有关行为和财产保全的措施。

第六十六条 为制止侵权行为，在证据可能灭失或者以后难以取得的情况下，商标注册人或者利害关系人可以依法在起诉前向人民法院申请保全证据。

《中华人民共和国专利法》（2020年修正）

第七十二条 专利权人或者利害关系人有证据证明他人正在实施或者即将实施侵犯专利权、妨碍其实现权利的行为，如不及时制止将会使其合法权益受到难以弥补的损害的，可以在起诉前依法向人民法院申请采取财产保全、责令作出一定行为或者禁止作出一定行为的措施。

第七十三条 为了制止专利侵权行为，在证据可能灭失或者以后难以取得的情况下，专利权人或者利害关系人可以在起诉前依法向人民法院申请保全证据。

《中华人民共和国著作权法》（2020年修正）

第五十六条 著作权人或者与著作权有关的权利人有证据证明他人正在实施或者即将实施侵犯其权利、妨碍其实现权利的行为，如不及时制止将会使其合法权益受到难以弥补的损害的，可以在起诉前依法向人民法院申请采取财产保全、责令作出一定行为或者禁止作出一定行为等措施。

第五十七条 为制止侵权行为，在证据可能灭失或者以后难以取得的情况下，著作权人或者与著作权有关的权利人可以在起诉前依法向人民法院申请保全证据。

《中华人民共和国民事诉讼法》（2021年修正）

第一百零三条 人民法院对于可能因当事人一方的行为或者其他原因，使判决难以执行或者造成当事人其他损害的案件，根据对方当事人的申请，可以裁定对其财产进行保全、责令其作出一定行为或者禁止其作出一定行为；当事人没有提出申请的，人民法院在必要时也可以裁定采取保全措施。

人民法院采取保全措施，可以责令申请人提供担保，申请人不提供担保的，裁定驳回申请。

人民法院接受申请后，对情况紧急的，必须在四十八小时内作出裁定；裁定采取保全措施的，应当立即开始执行。

第一百零四条 利害关系人因情况紧急，不立即申请保全将会使其合法权益受到难以弥补的损害的，可以在提起诉讼或者申请仲裁前向被保全财产所在地、被申请人住所地或者对案件有管辖权的人民法院申请采取保全措施。申请人应当提供担保，不提供担保的，裁定驳回申请。

人民法院接受申请后，必须在四十八小时内作出裁定；裁定采取保全措施的，应当立即开始执行。

申请人在人民法院采取保全措施后三十日内不依法提起诉讼或者申请仲裁的，人民法院应当解除保全。

第一百零五条 保全限于请求的范围，或者与本案有关的财物。

第一百零六条 财产保全采取查封、扣押、冻结或者法律规定的其他方法。人民法院保全财产后，应当立即通知被保全财产的人。

财产已被查封、冻结的，不得重复查封、冻结。

第一百零七条 财产纠纷案件，被申请人提供担保的，人民法院应当裁定解除保全。

第一百零八条 申请有错误的，申请人应当赔偿被申请人因保全所遭受的损失。

《集成电路布图设计保护条例》（2001 年）

第三十二条 布图设计权利人或者利害关系人有证据证明他人正在实施或者即将实施侵犯其专有权的行为，如不及时制止将会使其合法权益受到难以弥补的损害的，可以在起诉前依法向人民法院申请采取责令停止有关行为和财产保全的措施。

《中华人民共和国知识产权海关保护条例》（2018 年修订）

第二十八条 海关接受知识产权保护备案和采取知识产权保护措施的申请后，因知识产权权利人未提供确切情况而未能发现侵权货物、未能及时采取保护措施或者采取保护措施不力的，由知识产权权利人自行承担责任。

知识产权权利人请求海关扣留侵权嫌疑货物后，海关不能认定被扣留的侵权嫌疑货物侵犯知识产权权利人的知识产权，或者人民法院判定不侵犯知识产权权利人的知识产权的，知识产权权利人应当依法承担赔偿责任。

《最高人民法院关于审查知识产权纠纷行为保全案件适用法律若干问题的规定》（法释〔2018〕21 号 2018 年 12 月 12 日）

第二条 知识产权纠纷的当事人在判决、裁定或者仲裁裁决生效前，依据民事诉讼法第一百条、第一百零一条规定申请行为保全的，人民法院应当受理。

知识产权许可合同的被许可人申请诉前责令停止侵害知识产权行为的，独占许可合同的被许可人可以单独向人民法院提出申请；排他许可合同的被许可人在权利人不申请的情况下，可以单独提出申请；普通许可合同的被许可人经权利人明确授权以自己的名义起诉的，可以单独提出申请。

第四条 向人民法院申请行为保全，应当递交申请书和相应证据。申请书应当载明下列事项：

（一）申请人与被申请人的身份、送达地址、联系方式；

（二）申请采取行为保全措施的内容和期限；

（三）申请所依据的事实、理由，包括被申请人的行为将会使申请人的合法权益受到难以弥补的损害或者造成案件裁决难以执行等损害的具体说明；

（四）为行为保全提供担保的财产信息或资信证明，或者不需要提供担保的理由；

（五）其他需要载明的事项。

第五条 人民法院裁定采取行为保全措施前，应当询问申请人和被申请人，但因情况紧急或者询问可能影响保全措施执行等情形除外。

人民法院裁定采取行为保全措施或者裁定驳回申请的，应当向申请人、被申请人送达裁定书。向被申请人送达裁定书可能影响采取保全措施的，人民法院可以在采取保全措施后及时向被申请人送达裁定书，至迟不得超过五日。

当事人在仲裁过程中申请行为保全的，应当通过仲裁机构向人民法院提交申请书、仲裁案件受理通知书等相关材料。人民法院裁定采取行为保全措施或者裁定驳回申请的，应当将裁定书送达当事人，并通知仲裁机构。

第七条 人民法院审查行为保全申请，应当综合考量下列因素：

（一）申请人的请求是否具有事实基础和法律依据，包括请求保护的知识产权效力是否稳定；

（二）不采取行为保全措施是否会使申请人的合法权益受到难以弥补的损害或者造成案件裁决难以执行等损害；

（三）不采取行为保全措施对申请人造成的损害是否超过采取行为保全措施对被申请人造成的损害；

（四）采取行为保全措施是否损害社会公共利益；

（五）其他应当考量的因素。

第八条 人民法院审查判断申请人请求

保护的知识产权效力是否稳定，应当综合考量下列因素：

（一）所涉权利的类型或者属性；

（二）所涉权利是否经过实质审查；

（三）所涉权利是否处于宣告无效或者撤销程序中以及被宣告无效或者撤销的可能性；

（四）所涉权利是否存在权属争议；

（五）其他可能导致所涉权利效力不稳定的因素。

《最高人民法院关于涉网络知识产权侵权纠纷几个法律适用问题的批复》（法释〔2020〕9号　2020年9月12日）

一、知识产权权利人主张其权利受到侵害并提出保全申请，要求网络服务提供者、电子商务平台经营者迅速采取删除、屏蔽、断开链接等下架措施的，人民法院应当依法审查并作出裁定。

二、网络服务提供者、电子商务平台经营者收到知识产权权利人依法发出的通知后，应当及时将权利人的通知转送相关网络用户、平台内经营者，并根据构成侵权的初步证据和服务类型采取必要措施；未依法采取必要措施，权利人主张网络服务提供者、电子商务平台经营者对损害的扩大部分与网络用户、平台内经营者承担连带责任的，人民法院可以依法予以支持。

三、在依法转送的不存在侵权行为的声明到达知识产权权利人后的合理期限内，网络服务提供者、电子商务平台经营者未收到权利人已经投诉或者提起诉讼通知的，应当及时终止所采取的删除、屏蔽、断开链接等下架措施。因办理公证、认证手续等权利人无法控制的特殊情况导致的延迟，不计入上述期限，但该期限最长不超过20个工作日。

四、因恶意提交声明导致电子商务平台经营者终止必要措施并造成知识产权权利人损害，权利人依照有关法律规定请求相应惩罚性赔偿的，人民法院可以依法予以支持。

五、知识产权权利人发出的通知内容与客观事实不符，但其在诉讼中主张该通知系善意提交并请求免责，且能够举证证明的，人民法院依法审查属实后应当予以支持。

《最高人民法院关于依法加大知识产权侵权行为惩治力度的意见》（法发〔2020〕33号　2020年9月14日）

1. 对于侵害或者即将侵害涉及核心技术、知名品牌、热播节目等知识产权以及在展会上侵害或者即将侵害知识产权等将会造成难以弥补的损害的行为，权利人申请行为保全的，人民法院应当依法及时审查并作出裁定。

2. 权利人在知识产权侵权诉讼中既申请停止侵权的先行判决，又申请行为保全的，人民法院应当依法一并及时审查。

3. 权利人有初步证据证明存在侵害知识产权行为且证据可能灭失或者以后难以取得的情形，申请证据保全的，人民法院应当依法及时审查并作出裁定。涉及较强专业技术问题的证据保全，可以由技术调查官参与。

4. 对于已经被采取保全措施的被诉侵权产品或者其他证据，被诉侵权人擅自毁损、转移等，致使侵权事实无法查明的，人民法院可以推定权利人就该证据所涉证明事项的主张成立。属于法律规定的妨害诉讼情形的，依法采取强制措施。

171. 因恶意提起知识产权诉讼损害责任纠纷

相关规范

《中华人民共和国民法典》（2020年）

第一百七十六条　【民事义务与责任】民事主体依照法律规定或者按照当事人约定，履行民事义务，承担民事责任。

第一千一百六十五条　【过错责任原则】行为人因过错侵害他人民事权益造成损害的，应当承担侵权责任。

依照法律规定推定行为人有过错，其不能证明自己没有过错的，应当承担侵权责任。

》《中华人民共和国专利法》（2020 年修正）

第四十七条 宣告无效的专利权视为自始即不存在。

宣告专利权无效的决定，对在宣告专利权无效前人民法院作出并已执行的专利侵权的判决、调解书，已经履行或者强制执行的专利侵权纠纷处理决定，以及已经履行的专利实施许可合同和专利权转让合同，不具有追溯力。但是因专利权人的恶意给他人造成的损失，应当给予赔偿。

依照前款规定不返还专利侵权赔偿金、专利使用费、专利权转让费，明显违反公平原则的，应当全部或者部分返还。

》《中华人民共和国民事诉讼法》（2021 年修正）

第一百一十五条 当事人之间恶意串通，企图通过诉讼、调解等方式侵害他人合法权益的，人民法院应当驳回其请求，并根据情节轻重予以罚款、拘留；构成犯罪的，依法追究刑事责任。

》《最高人民法院关于适用〈中华人民共和国民事诉讼法〉的解释》（2022 年 3 月 22 日修正）

第一百九十条 民事诉讼法第一百一十五条规定的他人合法权益，包括案外人的合法权益、国家利益、社会公共利益。

第三人根据民事诉讼法第五十九条第三款规定提起撤销之诉，经审查，原案当事人之间恶意串通进行虚假诉讼的，适用民事诉讼法第一百一十五条规定处理。

第一百九十一条 单位有民事诉讼法第一百一十五条或者第一百一十六条规定行为的，人民法院应当对该单位进行罚款，并可以对其主要负责人或者直接责任人员予以罚款、拘留；构成犯罪的，依法追究刑事责任。

》《最高人民法院关于为促进消费提供司法服务和保障的意见》（法发〔2022〕35 号 2022 年 12 月 26 日）

19. 加强知识产权保护。严格实施知识产权侵权惩罚性赔偿制度，有效遏制知识产权侵权行为，通过加强司法保护促进科技创新成果的产出和运用，助力科技强国建设。依法整治知识产权领域虚假诉讼、恶意诉讼、滥用诉权等不诚信诉讼行为，积极为广大市场主体技术研发和科技创新创造良好法治环境。加大对“专精特新”中小企业关键核心技术和原始创新成果的司法保护力度，支持和引导市场主体通过技术进步和科技创新提升核心竞争力，积极发挥供给侧对消费升级的支撑引领作用。加强文化创意产品著作权保护，鼓励文化创意产品创作，助推优质文化资源开发和中华优秀传统文化创造性转化、创新性发展，助力增加优质文化产品和服务供给。

172. 专利权宣告无效后返还费用纠纷

相关规范

》《中华人民共和国专利法》（2020 年修正）

第四十七条 宣告无效的专利权视为自始即不存在。

宣告专利权无效的决定，对在宣告专利权无效前人民法院作出并已执行的专利侵权的判决、调解书，已经履行或者强制执行的专利侵权纠纷处理决定，以及已经履行的专利实施许可合同和专利权转让合同，不具有追溯力。但是因专利权人的恶意给他人造成的损失，应当给予赔偿。

依照前款规定不返还专利侵权赔偿金、专利使用费、专利权转让费，明显违反公平原则的，应当全部或者部分返还。

十五、不正当竞争纠纷

173. 仿冒纠纷

（1）擅自使用与他人有一定影响的商品名称、包装、装潢等相同或者近似的标识纠纷
（2）擅自使用他人有一定影响的企业名称、社会组织名称、姓名纠纷
（3）擅自使用他人有一定影响的域名主体部分、网站名称、网页纠纷

相关规范

《中华人民共和国反不正当竞争法》（2019年修正）

第六条 经营者不得实施下列混淆行为，引人误认为是他人商品或者与他人存在特定联系：

（一）擅自使用与他人有一定影响的商品名称、包装、装潢等相同或者近似的标识；

（二）擅自使用他人有一定影响的企业名称（包括简称、字号等）、社会组织名称（包括简称等）、姓名（包括笔名、艺名、译名等）；

（三）擅自使用他人有一定影响的域名主体部分、网站名称、网页等；

（四）其他足以引人误认为是他人商品或者与他人存在特定联系的混淆行为。

《最高人民法院关于适用〈中华人民共和国反不正当竞争法〉若干问题的解释》（法释〔2022〕9号 2022年3月16日）

第四条 具有一定的市场知名度并具有区别商品来源的显著特征的标识，人民法院可以认定为反不正当竞争法第六条规定的“有一定影响的”标识。

人民法院认定反不正当竞争法第六条规定的标识是否具有一定的市场知名度，应当综合考虑中国境内相关公众的知悉程度，商品销售的时间、区域、数额和对象，宣传的持续时间、程度和地域范围，标识受保护的情况等因素。

第五条 反不正当竞争法第六条规定的标识有下列情形之一的，人民法院应当认定其不具有区别商品来源的显著特征：

（一）商品的通用名称、图形、型号；

（二）仅直接表示商品的质量、主要原料、功能、用途、重量、数量及其他特点的标识；

（三）仅由商品自身的性质产生的形状，为获得技术效果而需有的商品形状以及使商品具有实质性价值的形状；

（四）其他缺乏显著特征的标识。

前款第一项、第二项、第四项规定的标识经过使用取得显著特征，并具有一定的市场知名度，当事人请求依据反不正当竞争法第六条规定予以保护的，人民法院应予支持。

第六条 因客观描述、说明商品而正当使用下列标识，当事人主张属于反不正当竞争法第六条规定的情形的，人民法院不予支持：

（一）含有本商品的通用名称、图形、型号；

（二）直接表示商品的质量、主要原料、功能、用途、重量、数量以及其他特点；

（三）含有地名。

第七条　反不正当竞争法第六条规定的标识或者其显著识别部分属于商标法第十条第一款规定的不得作为商标使用的标志，当事人请求依据反不正当竞争法第六条规定予以保护的，人民法院不予支持。

第八条　由经营者营业场所的装饰、营业用具的式样、营业人员的服饰等构成的具有独特风格的整体营业形象，人民法院可以认定为反不正当竞争法第六条第一项规定的“装潢”。

第九条　市场主体登记管理部门依法登记的企业名称，以及在中国境内进行商业使用的境外企业名称，人民法院可以认定为反不正当竞争法第六条第二项规定的“企业名称”。

有一定影响的个体工商户、农民专业合作社（联合社）以及法律、行政法规规定的其他市场主体的名称（包括简称、字号等），人民法院可以依照反不正当竞争法第六条第二项予以认定。

第十条　在中国境内将有一定影响的标识用于商品、商品包装或者容器以及商品交易文书上，或者广告宣传、展览以及其他商业活动中，用于识别商品来源的行为，人民法院可以认定为反不正当竞争法第六条规定的“使用”。

第十一条　经营者擅自使用与他人有一定影响的企业名称（包括简称、字号等）、社会组织名称（包括简称等）、姓名（包括笔名、艺名、译名等）、域名主体部分、网站名称、网页等近似的标识，引人误认为是他人商品或者与他人存在特定联系，当事人主张属于反不正当竞争法第六条第二项、第三项规定的情形的，人民法院应予支持。

第十二条　人民法院认定与反不正当竞争法第六条规定的“有一定影响的”标识相同或者近似，可以参照商标相同或者近似的判断原则和方法。

反不正当竞争法第六条规定的“引人误认为是他人商品或者与他人存在特定联系”，包括误认为与他人具有商业联合、许可使用、商业冠名、广告代言等特定联系。

在相同商品上使用相同或者视觉上基本无差别的商品名称、包装、装潢等标识，应当视为足以造成与他人有一定影响的标识相混淆。

第十三条　经营者实施下列混淆行为之一，足以引人误认为是他人商品或者与他人存在特定联系的，人民法院可以依照反不正当竞争法第六条第四项予以认定：

（一）擅自使用反不正当竞争法第六条第一项、第二项、第三项规定以外“有一定影响的”标识；

（二）将他人注册商标、未注册的驰名商标作为企业名称中的字号使用，误导公众。

第十四条　经营者销售带有违反反不正当竞争法第六条规定的标识的商品，引人误认为是他人商品或者与他人存在特定联系，当事人主张构成反不正当竞争法第六条规定的情形的，人民法院应予支持。

销售不知道是前款规定的侵权商品，能证明该商品是自己合法取得并说明提供者，经营者主张不承担赔偿责任的，人民法院应予支持。

第十五条　故意为他人实施混淆行为提供仓储、运输、邮寄、印制、隐匿、经营场所等便利条件，当事人请求依据民法典第一千一百六十九条第一款予以认定的，人民法院应予支持。

第二十三条　对于反不正当竞争法第二条、第八条、第十一条、第十二条规定的不正当竞争行为，权利人因被侵权所受到的实际损失、侵权人因侵权所获得的利益难以确定，当事人主张依据反不正当竞争法第十七条第四款确定赔偿数额的，人民法院应予支持。

第二十五条　依据反不正当竞争法第六

条的规定，当事人主张判令被告停止使用或者变更其企业名称的诉讼请求依法应予支持的，人民法院应当判令停止使用该企业名称。

指导案例

天津中国青年旅行社诉天津国青国际旅行社擅自使用他人企业名称纠纷案（最高人民法院指导案例29号 2014年6月26日发布）

【关键词】 民事 不正当竞争 擅用他人企业名称

【裁判要点】

1. 对于企业长期、广泛对外使用，具有一定市场知名度、为相关公众所知悉，已实际具有商号作用的企业名称简称，可以视为企业名称予以保护。

2. 擅自将他人已实际具有商号作用的企业名称简称作为商业活动中互联网竞价排名关键词，使相关公众产生混淆误认的，属于不正当竞争行为。

【基本案情】

原告天津中国青年旅行社（以下简称天津青旅）诉称：被告天津国青国际旅行社有限公司在其版权所有的网站页面、网站源代码以及搜索引擎中，非法使用原告企业名称全称及简称“天津青旅”，违反了反不正当竞争法的规定，请求判令被告立即停止不正当竞争行为、公开赔礼道歉、赔偿经济损失10万元，并承担诉讼费用。

被告天津国青国际旅行社有限公司（以下简称天津国青旅）辩称：“天津青旅”没有登记注册，并不由原告享有，原告主张的损失没有事实和法律依据，请求驳回原告诉讼请求。

法院经审理查明：天津中国青年旅行社于1986年11月1日成立，是从事国内及出入境旅游业务的国有企业，直属于共青团天津市委员会。共青团天津市委员会出具证明称，“天津青旅”是天津中国青年旅行社的企业简称。2007年，《今晚报》等媒体在报道天津中国青年旅行社承办的活动中已开始以“天津青旅”简称指代天津中国青年旅行社。天津青旅在报价单、旅游合同、与同行业经营者合作文件、发票等资料以及经营场所各门店招牌上等日常经营活动中，使用“天津青旅”作为企业的简称。天津国青国际旅行社有限公司于2010年7月6日成立，是从事国内旅游及入境旅游接待等业务的有限责任公司。

2010年底，天津青旅发现通过Google搜索引擎分别搜索“天津中国青年旅行社”或“天津青旅”，在搜索结果的第一名并标注赞助商链接的位置，分别显示“天津中国青年旅行社网上营业厅 www.lechuyou.com 天津国青网上在线营业厅，是您理想选择，出行提供优质、贴心、舒心的服务”或“天津青旅网上营业厅 www.lechuyou.com 天津国青网上在线营业厅，是您理想选择，出行提供优质、贴心、舒心的服务”，点击链接后进入网页是标称天津国青国际旅行社乐出游网的网站，网页顶端出现“天津国青国际旅行社－青年旅行社青旅/天津国旅”等字样，网页内容为天津国青旅游业务信息及报价，标称网站版权所有：乐出游网－天津国青，并标明了天津国青的联系电话和经营地址。同时，天津青旅通过百度搜索引擎搜索“天津青旅”，在搜索结果的第一名并标注推广链接的位置，显示“欢迎光临天津青旅重合同守信誉单位，汇集国内出境经典旅游线路，100%出团，天津青旅 400－611－5253 022.ctsgz.cn”，点击链接后进入网页仍然是上述标称天津国青乐出游网的网站。

【裁判结果】

天津市第二中级人民法院于2011年10月24日作出（2011）二中民三知初字第135号民事判决：一、被告天津国青国际旅行社有限公司立即停止侵害行为；二、被告于本判决生效之日起三十日内，在其公司网站上发布致歉声明持续15天；三、被告赔偿原告天津中国青年旅行社经济损失30000元；四、驳回原告其他诉讼请求。宣判后，天津国青旅提出上诉。天津市高级人民法院于 2012 年 3 月 20 日作出（2012）津高民三终字第 3 号民事判决：一、维持天津市第二中级人民法院上述民事判决第二、三、四项；二、变更判决第一项“被告天津国青国际旅行社有限公司立即停止侵害行为”为“被告天津国青国际旅行社有限公司立即停止使用‘天津中国青年旅行社’‘天津青旅’字样及作为天津国青国际旅行社有限公司网站的搜索链接关键词”；三、驳回被告其他上诉请求。

【裁判理由】

法院生效裁判认为：根据《最高人民法院关于审理不正当竞争民事案件应用法律若干问题的解释》第六条第一款规定：“企业登记主管机关依法登记注册的企业名称，以及在中国境内进行商业使用的外国（地区）企业名称，应当认定为反不正当竞争法第五条第（三）项规定的‘企业名称’。具有一定的市场知名度、为相关公众所知悉的企业名称中的字号，可以认定为反不正当竞争法第五条第（三）项规定的‘企业名称’。”因此，对于企业长期、广泛对外使用，具有一定市场知名度、为相关公众所知悉，已实际具有商号作用的企业名称简称，也应当视为企业名称予以保护。“天津中国青年旅行社”是原告 1986 年成立以来一直使用的企业名称，原告享有企业名称专用权。“天津青旅”作为其企业名称简称，于 2007 年就已被其在经营活动中广泛使用，相关宣传报道和客户也以“天津青旅”指代天津中国青年旅行社，经过多年在经营活动中使用和宣传，已享有一定市场知名度，为相关公众所知悉，已与天津中国青年旅行社之间建立起稳定的关联关系，具有可以识别经营主体的商业标识意义。所以，可以将“天津青旅”视为企业名称与“天津中国青年旅行社”共同加以保护。

《中华人民共和国反不正当竞争法》第五条第（三）项规定，经营者不得采用擅自使用他人的企业名称，引人误认为是他人的商品等不正当手段从事市场交易，损害竞争对手。因此，经营者擅自将他人的企业名称或简称作为互联网竞价排名关键词，使公众产生混淆误认，利用他人的知名度和商誉，达到宣传推广自己的目的的，属于不正当竞争行为，应当予以禁止。天津国青旅作为从事旅游服务的经营者，未经天津青旅许可，通过在相关搜索引擎中设置与天津青旅企业名称有关的关键词并在网站源代码中使用等手段，使相关公众在搜索“天津中国青年旅行社”和“天津青旅”关键词时，直接显示天津国青旅的网站链接，从而进入天津国青旅的网站联系旅游业务，达到利用网络用户的初始混淆争夺潜在客户的效果，主观上具有使相关公众在网络搜索、查询中产生误认的故意，客观上擅自使用“天津中国青年旅行社”及“天津青旅”，利用了天津青旅的企业信誉，损害了天津青旅的合法权益，其行为属于不正当竞争行为，依法应予制止。天津国青旅作为与天津青旅同业的竞争者，在明知天津青旅企业名称及简称享有较高知名度的情况下，仍擅自使用，有借他人之名为自己谋取不当利益的意图，主观恶意明显。依照《中华人民共和国民法通则》第一百二十条规定，天津国青旅应当承担停止侵害、消除影响、赔偿损失的法律责任。至于天津国青旅在网站网页顶端显示的“青年旅行社青旅”字样，并非原告企业名称的保护范围，不构成对原告的不正当竞争行为。

174. 商业贿赂不正当竞争纠纷

相关规范

»《中华人民共和国反不正当竞争法》
（2019 年修正）

第七条　经营者不得采用财物或者其他手段贿赂下列单位或者个人，以谋取交易机会或者竞争优势：

（一）交易相对方的工作人员；

（二）受交易相对方委托办理相关事务

的单位或者个人；

（三）利用职权或者影响力影响交易的单位或者个人。

经营者在交易活动中，可以以明示方式向交易相对方支付折扣，或者向中间人支付佣金。经营者向交易相对方支付折扣、向中间人支付佣金的，应当如实入账。接受折扣、佣金的经营者也应当如实入账。

经营者的工作人员进行贿赂的，应当认定为经营者的行为；但是，经营者有证据证明该工作人员的行为与为经营者谋取交易机会或者竞争优势无关的除外。

175. 虚假宣传纠纷

相关规范

《中华人民共和国反不正当竞争法》（2019年修正）

第八条 经营者不得对其商品的性能、功能、质量、销售状况、用户评价、曾获荣誉等作虚假或者引人误解的商业宣传，欺骗、误导消费者。

经营者不得通过组织虚假交易等方式，帮助其他经营者进行虚假或者引人误解的商业宣传。

《中华人民共和国广告法》（2021年修正）

第八条 广告中对商品的性能、功能、产地、用途、质量、成分、价格、生产者、有效期限、允诺等或者对服务的内容、提供者、形式、质量、价格、允诺等有表示的，应当准确、清楚、明白。

广告中表明推销的商品或者服务附带赠送的，应当明示所附带赠送商品或者服务的品种、规格、数量、期限和方式。

法律、行政法规规定广告中应当明示的内容，应当显著、清晰表示。

第十一条 广告内容涉及的事项需要取得行政许可的，应当与许可的内容相符合。

广告使用数据、统计资料、调查结果、文摘、引用语等引证内容的，应当真实、准确，并表明出处。引证内容有适用范围和有效期限的，应当明确表示。

第二十八条 广告以虚假或者引人误解的内容欺骗、误导消费者的，构成虚假广告。

广告有下列情形之一的，为虚假广告：

（一）商品或者服务不存在的；

（二）商品的性能、功能、产地、用途、质量、规格、成分、价格、生产者、有效期限、销售状况、曾获荣誉等信息，或者服务的内容、提供者、形式、质量、价格、销售状况、曾获荣誉等信息，以及与商品或者服务有关的允诺等信息与实际情况不符，对购买行为有实质性影响的；

（三）使用虚构、伪造或者无法验证的科研成果、统计资料、调查结果、文摘、引用语等信息作证明材料的；

（四）虚构使用商品或者接受服务的效果的；

（五）以虚假或者引人误解的内容欺骗、误导消费者的其他情形。

《最高人民法院关于审理网络消费纠纷案件适用法律若干问题的规定（一）》（法释〔2022〕8号 2022年3月1日）

第九条 电子商务经营者与他人签订的以虚构交易、虚构点击量、编造用户评价等方式进行虚假宣传的合同，人民法院应当依法认定无效。

第十一条 平台内经营者开设网络直播间销售商品，其工作人员在网络直播中因虚假宣传等给消费者造成损害，消费者主张平台内经营者承担赔偿责任的，人民法院应予支持。

《最高人民法院关于适用〈中华人民共和国反不正当竞争法〉若干问题的解释》（法释〔2022〕9号　2022年3月16日）

第十六条　经营者在商业宣传过程中，提供不真实的商品相关信息，欺骗、误导相关公众的，人民法院应当认定为反不正当竞争法第八条第一款规定的虚假的商业宣传。

第十七条　经营者具有下列行为之一，欺骗、误导相关公众的，人民法院可以认定为反不正当竞争法第八条第一款规定的“引人误解的商业宣传”：

（一）对商品作片面的宣传或者对比；

（二）将科学上未定论的观点、现象等当作定论的事实用于商品宣传；

（三）使用歧义性语言进行商业宣传；

（四）其他足以引人误解的商业宣传行为。

人民法院应当根据日常生活经验、相关公众一般注意力、发生误解的事实和被宣传对象的实际情况等因素，对引人误解的商业宣传行为进行认定。

第十八条　当事人主张经营者违反反不正当竞争法第八条第一款的规定并请求赔偿损失的，应当举证证明其因虚假或者引人误解的商业宣传行为受到损失。

《最高人民法院关于加强中医药知识产权司法保护的意见》（法发〔2022〕34号　2022年12月21日）

6. 维护中医药市场公平竞争秩序。坚持规范和发展并重，加强对中医药领域垄断行为的司法规制，维护统一开放、竞争有序的中医药市场。依法制裁虚假宣传、商业诋毁、擅自使用中医药知名企业名称及仿冒中药知名药品名称、包装、装潢等不正当竞争行为，强化中医药行业公平竞争意识，促进中医药事业健康有序发展，切实维护消费者合法权益和社会公共利益。

指导案例

广州王老吉大健康产业有限公司诉加多宝（中国）饮料有限公司虚假宣传纠纷案（最高人民法院指导案例161号　2021年7月23日发布）

【关键词】　民事　反不正当竞争　虚假宣传　广告语　引人误解　不正当占用商誉

【裁判要点】

人民法院认定广告是否构成反不正当竞争法规定的虚假宣传行为，应结合相关广告语的内容是否有歧义，是否易使相关公众产生误解以及行为人是否有虚假宣传的过错等因素判断。一方当事人基于双方曾经的商标使用许可合同关系以及自身为提升相关商标商誉所作出的贡献等因素，发布涉案广告语，告知消费者基本事实，符合客观情况，不存在易使相关公众误解的可能，也不存在不正当地占用相关商标的知名度和良好商誉的过错，不构成反不正当竞争法规定的虚假宣传行为。

【基本案情】

广州医药集团有限公司（以下简称广药集团）是第626155号、3980709号、9095940号“王老吉”系列注册商标的商标权人。上述商标核定使用的商品种类均为第32类：包括无酒精饮料、果汁、植物饮料等。1995年3月28日、9月14日，鸿道集团有限公司（以下简称鸿道集团）与广州羊城药业股份有限公司王老吉食品饮料分公司分别签订《商标使用许可合同》和《商标使用许可合同补充协议》，取得独家使用第626155号商标生产销售带有“王老吉”三个字的红色纸包装和罐装清凉茶饮料的使用权。1997年6月14日，陈鸿道被国家专利局授予《外观设计专利证书》，获得外观设计名称为“罐帖”的“王老吉”外观设计专利。2000年5月2日，广药集团（许可人）与鸿道集团（被许可人）签订《商标许可协议》，约定许可人授权被许可人使用第626155号

"王老吉"注册商标生产销售红色罐装及红色瓶装王老吉凉茶。被许可人未经许可人书面同意，不得将该商标再许可其他第三者使用，但属被许可人投资（包括全资或合资）的企业使用该商标时，不在此限，但需知会许可人；许可人除自身及其下属企业已生产销售的绿色纸包装"王老吉"清凉茶外，许可人不得在第32类商品（饮料类）上使用"王老吉"商标或授权第三者使用"王老吉"商标，双方约定许可的性质为独占许可，许可期限自2000年5月2日至2010年5月2日止。1998年9月，鸿道集团投资成立东莞加多宝食品饮料有限公司，后更名为广东加多宝饮料食品有限公司。加多宝（中国）饮料有限公司（以下简称加多宝中国公司）成立于2004年3月，属于加多宝集团关联企业。

此后，通过鸿道集团及其关联公司长期多渠道的营销、公益活动和广告宣传，培育红罐"王老吉"凉茶品牌，并获得众多荣誉，如罐装"王老吉"凉茶饮料在2003年被广东省佛山市中级人民法院认定为知名商品，"王老吉"罐装凉茶的装潢被认定为知名商品包装装潢；罐装"王老吉"凉茶多次被有关行业协会等评为"最具影响力品牌"；根据中国行业企业信息发布中心的证明，罐装"王老吉"凉茶在2007－2012年度均获得市场销量或销售额的第一名等。加多宝中国公司成立后开始使用前述"王老吉"商标生产红色罐装凉茶（罐身对称两面从上至下印有"王老吉"商标）。

2012年5月9日，中国国际经济贸易仲裁委员会对广药集团与鸿道集团之间的商标许可合同纠纷作出终局裁决：（一）《"王老吉"商标许可补充协议》和《关于"王老吉"商标使用许可合同的补充协议》无效；（二）鸿道集团停止使用"王老吉"商标。

2012年5月25日，广药集团与广州王老吉大健康产业有限公司（以下简称大健康公司）签订《商标使用许可合同》，许可大健康公司使用第3980709号"王老吉"商标。大健康公司在2012年6月份左右，开始生产"王老吉"红色罐装凉茶。

2013年3月，大健康公司在重庆市几处超市分别购买到外包装印有"全国销量领先的红罐凉茶改名加多宝"字样广告语的"加多宝"红罐凉茶产品及标有"全国销量领先的红罐凉茶改名加多宝"字样广告语的手提袋。根据重庆市公证处（2013）渝证字第17516号公证书载明，在"www. womai. com"中粮我买网网站上，有"加多宝"红罐凉茶产品销售，在销售页面上，有"全国销量领先的红罐凉茶改名加多宝"字样的广告宣传。根据（2013）渝证字第20363号公证书载明，在央视网广告频道VIP品牌俱乐部中，亦印有"全国销量领先的红罐凉茶改名加多宝"字样的"加多宝"红罐凉茶产品的广告宣传。2012年5月16日，人民网食品频道以"红罐王老吉改名'加多宝'配方工艺均不变"为题做了报道。2012年5月18日，搜狐新闻以"红罐王老吉改名加多宝"为题做了报道。2012年5月23日，中国食品报电子版以"加多宝就是以前的王老吉"为题做了报道；同日，网易新闻也以"红罐'王老吉'正式更名'加多宝'"为题做了报道，并标注信息来源于《北京晚报》。2012年6月1日，《中国青年报》以"加多宝凉茶全国上市红罐王老吉正式改名"为题做了报道。

大健康公司认为，上述广告内容与客观事实不符，使消费者形成错误认识，请求确认加多宝中国公司发布的包含涉案广告词的广告构成反不正当竞争法规定的不正当竞争，系虚假宣传，并判令立即停止发布包含涉案广告语或与之相似的广告词的电视、网络、报纸和杂志等媒体广告等。

【裁判结果】

重庆市第五中级人民法院于2014年6月26日作出（2013）渝五中法民初字第00345号民事判决：一、确认被告加多宝中国公司发布的包含"全国销量领先的红罐凉茶改名加多宝"广告词的宣传行为构成不正当竞争的虚假宣传行为；二、被告加多宝中国公司立即停止使用并销毁、删除和撤换包含“全国销量领先的红罐凉茶改名加多宝”广告词的产品包装和电视、网络、视频及平面媒体广告；三、被告加多宝中国公司在本判决生效后十日内在《重庆日报》上公开发表声明以消除影响（声明内容须经本院审核）；四、被告加多宝中国公司在本判决生效后十日内赔偿原告大健康公司经济损失及合理开支40万元；五、驳回原告大健康公司的其他诉讼请求。宣判后，加多宝中国公司和大健康公司提出上诉。重庆市高级人民法院于2015年12月15日作出（2014）渝高法民终字第00318号民事判决，驳回上诉，维持原判。加多宝中国公司不服，向最高人民法院申请再审。最高人民法院于2019年5月28日作出（2017）最高法民再151号民事判决：一、撤销重庆市高级人民法院（2014）渝高法民终字第00318号民事判决；二、撤销重庆市第五中级人民法院（2013）渝五中法民初字第00345号民事判决；三、驳回大健康公司的诉讼请求。

【裁判理由】

最高人民法院认为，加多宝中国公司使用“全国销量领先的红罐凉茶改名加多宝”广告语的行为是否构成虚假宣传，需要结合具体案情，根据日常生活经验，以相关公众的一般注意力，判断涉案广告语是否片面、是否有歧义，是否易使相关公众产生误解。

首先，从涉案广告语的含义看，加多宝中国公司对涉案广告语“全国销量领先的红罐凉茶改名加多宝”的描述和宣传是真实和符合客观事实的。根据查明的事实，鸿道集团自1995年取得“王老吉”商标的许可使用权后独家生产销售“王老吉”红罐凉茶，直到2012年5月9日中国国际经济贸易仲裁委员会对广药集团与鸿道集团之间的商标许可合同作出仲裁裁决，鸿道集团停止使用“王老吉”商标，在长达十七年的时间内加多宝中国公司及其关联公司作为“王老吉”商标的被许可使用人，通过多年的广告宣传和使用，已经使“王老吉”红罐凉茶在凉茶市场具有很高知名度和美誉度。根据中国行业企业信息发布中心的证明，罐装“王老吉”凉茶在2007－2012年度，均获得市场销量或销售额的第一名。而在“王老吉”商标许可使用期间，广药集团并不生产和销售“王老吉”红罐凉茶。因此，涉案广告语前半部分“全国销量领先的红罐凉茶”的描述与统计结论相吻合，不存在虚假情形，且其指向性也非常明确，指向的是加多宝中国公司及其关联公司生产和销售的“王老吉”红罐凉茶。2012年5月9日，“王老吉”商标许可协议被中国国际经济贸易仲裁委员会裁决无效，加多宝中国公司及其关联公司开始生产“加多宝”红罐凉茶，因此在涉案广告语后半部分宣称“改名加多宝”也是客观事实的描述。

其次，从反不正当竞争法规制虚假宣传的目的看，反不正当竞争法是通过制止对商品或者服务的虚假宣传行为，维护公平的市场竞争秩序。一方面，从不正当竞争行为人的角度分析，侵权人通过对产品或服务的虚假宣传，如对产地、性能、用途、生产期限、生产者等不真实或片面的宣传，获取市场竞争优势和市场机会，损害权利人的利益；另一方面，从消费者角度分析，正是由于侵权人对商品或服务的虚假宣传，使消费者发生误认误购，损害权利人的利益。因此，反不正当竞争法上的虚假宣传立足点在于引人误解的虚假宣传，如果对商品或服务的宣传并不会使相关公众产生误解，则不是反不正当竞争法上规制的虚假宣传行为。本案中，在商标使用许可期间，加多宝中国公司及其关联公司通过多年持续、大规模的宣传使用行为，不仅显著提升了王老吉红罐凉茶的知名度，而且向消费者传递王老吉红罐凉茶的实际经营主体为加多宝中国公司及其关联公司。由于加多宝中国公司及其关联公司在商标许可使用期间生产“王老吉”红罐凉茶已经具有很高知名度，相关公众普遍认知的是加多宝中国公司生产的“王老吉”红罐凉茶，而不是大健康公司于2012年6月份左右生产和销售的“王老吉”红罐凉茶。在加多宝中国公司及其关联公司不再生产“王老吉”红罐凉茶后，加多宝中国公司使用涉案广告语实际上是向相关公众行使告知义务，告知相关公众以前的“王老吉”红罐凉茶现在商标已经为加多宝，否则相关公众反而会误认为大健康公司生产的“王老吉”红罐凉茶为原来加多宝中国公司生产的“王老吉”红罐凉茶。因此，加多宝中国公司使用涉案广告语不存在易使相关公众误认误购的可能性，反而没有涉案广告语的使用，相关公众会发生误认误购的可能性。

再次，涉案广告语“全国销量领先的红罐凉茶改名加多宝”是否不正当地完全占用了“王老吉”红罐凉茶的知名度和良好商誉，使“王老吉”红罐凉茶无形中失去了原来拥有的知名度和商誉，并使相关公众误认为“王老吉”商标已经停止使用或不再使用。其一，虽然“王老吉”商标知名度和良好声誉是广药集团作为商标所有人和加多宝中国公司及其关联公司共同宣传使用的结果，但是“王老吉”商标知名度的提升和巨大商誉却主要源于加多宝中国公司及其关联公司在商标许可使用期间大量的宣传使用。加多宝中国公司使用涉案广告语即便占用了“王老吉”商标的一部分商誉，但由于“王老吉”商标商誉主要源于加多宝中国公司及其关联公司的贡献，因此这种占用具有一定合理性。其二，广药集团收回“王老吉”商标后，开始授权许可大健康公司生产“王老吉”红罐凉茶，这种使用行为本身即已获得了王老吉商标商誉和美誉度。其三，2012年6月大健康公司开始生产“王老吉”红罐凉茶，因此消费者看到涉案广告语客观上并不会误认为“王老吉”商标已经停止使用或不再使用，凝结在“王老吉”红罐凉茶上的商誉在大健康公司生产“王老吉”红罐凉茶后，自然为大健康公司所享有。其四，大健康公司是在商标许可合同仲裁裁决无效后才开始生产“王老吉”红罐凉茶，此前其并不生产红罐凉茶，因此涉案广告语并不能使其生产的“王老吉”红罐凉茶无形中失去了原来拥有的知名度和商誉。

本案中，涉案广告语虽然没有完整反映商标许可使用期间以及商标许可合同终止后，加多宝中国公司为何使用、终止使用并变更商标的相关事实，确有不妥，但是加多宝中国公司在商标许可合同终止后，为保有在商标许可期间其对“王老吉”红罐凉茶商誉提升所作出的贡献而享有的权益，将“王老吉”红罐凉茶改名“加多宝”的基本事实向消费者告知，其主观上并无明显不当；在客观上，基于广告语的简短扼要特点，以及“王老吉”商标许可使用情况、加多宝中国公司及其关联公司对提升“王老吉”商标商誉所作出的巨大贡献，消费者对王老吉红罐凉茶实际经营主体的认知，结合消费者的一般注意力、发生误解的事实和被宣传对象的实际情况，加多宝中国公司使用涉案广告语并不产生引人误解的效果，并未损害公平竞争的市场秩序和消费者的合法权益，不构成虚假宣传行为。即便部分消费者在看到涉案广告语后有可能产生“王老吉”商标改为“加多宝”商标，原来的“王老吉”商标已经停止使用或不再使用的认知，也属于商标许可使用关系中商标控制人与实际使用人相分离后，尤其是商标许可关系终止后，相关市场可能产生混淆的后果，但该混淆的后果并不必然产生反不正当竞争法上的“引人误解”的效果。

典型案例

南京尚居装饰工程有限公司诉南京飞日强装饰工程有限公司著作权侵权、虚假宣传纠纷案（《最高人民法院发布第一批涉互联网典型案例》第8号 2018年8月16日）

【基本案情】

原告南京尚居装饰工程有限公司（以下简称尚居公司）诉称，尚居公司成立于2005

年，历经 12 年的发展，已成为在南京及周边地区具有较高专业化、规模化、品牌化和产业化的装饰企业。2017 年，尚居公司发现同为装饰企业的南京飞日强装饰工程有限公司（以下简称飞日强公司）经营的网站从色彩、文字、图片、编排体例等方面抄袭了尚居公司网站的主要内容。此外，飞日强公司还将尚居公司的荣誉作为自己的荣誉广而告之，属于虚假宣传。故尚居公司请求法院判令飞日强公司立即删除侵犯尚居公司著作权及构成不正当竞争的网页内容并赔偿经济损失。

被告飞日强公司辩称，原告涉案网站的独创性不高，不足以构成著作权法意义上的作品，请求法院驳回原告诉请。

法院经审理查明，被告网站多处编排设计与原告网站存在相同或相似。首先，被告网站首页的页面布局，其公司 LOGO 显示位置和联系电话与原告基本一致，网页中部亦在相同位置使用与原告相同的图片及宣传文字，图片及文字在页面中排列方式与原告内容完全相同。主页部分的主题设置，其基本模块及下拉菜单内容与原告网站基本一致，仅将“品牌动态”变更为“最新活动”，主页背景图使用位置及文字描述与原告构成相同。其次，通过点击各主题进行浏览，被告网页呈现内容的方式及相应内容的编排位置均与原告网站相应版块构成相同或近似，部分网页内容包括文字、图片使用方式及排列位置、次序与原告完全一致。最后，被告在资质荣誉部分使用的“2013 年中国家居网络总评网年度人物”“365 家居宝十佳网络客服”“2009 长三角风尚设计装饰企业”等荣誉照片与原告亦完全相同。

【裁判结果】

南京铁路运输法院于 2017 年 9 月 18 日作出（2017）苏 8602 民初 564 号民事判决：被告南京飞日强装饰工程有限公司立即删除其网站侵害原告南京尚居装饰工程有限公司著作权及构成虚假宣传的网页内容；被告赔偿原告经济损失（含合理费用）共计人民币 220000 元。

【典型意义】

随着“互联网 +”模式的普及发展，越来越多的企业意识到依托电子平台或互联网宣传吸引优质资源和消费群体的重要性，而网站如同企业的电子名片，是企业向消费者传递服务信息及品质的高效途径，消费者可以足不出户地通过浏览网站来了解企业的业务特色、服务理念及信誉信息等。随之而来的是，企业网站被竞争对手“抄袭”现象也层出不穷。网站抄袭行为会使权利人通过网站布局、文案所呈现的独特视觉感受淡化，误导消费者，损害网站运营企业的经济利益。但如何对网站进行法律保护，网站是否构成著作权法意义上的作品，法律并无明确规定，这给司法实践造成了一定困扰。本案裁判认为，网站通过撰写源代码将文字、图片、声音等组合成多媒体并通过计算机输出设备进行展示，当网站版面的素材选取、表现形式及内容编排等达到一定独创性要求，网站整体可作为汇编作品进行保护。网站设计者通过创作构思将多种元素信息进行整合与排列，以营造丰富的视觉体验，网站版面设计过程本身亦是一种劳动创造，其特异性体现在对多媒体信息的选择与编排。精心挑选的内容、素材经过编排整合形成的网站版面表现形式符合汇编作品的概念与特征。著作权是为了保护在文学、艺术、科学领域作出了创造性劳动的人的利益，当网站设计达到一定独创性要求，应当依著作权法对权利人的合法权益进行保护。被告公司网站与原告网站高度近似的部分属于原告独创性地对内容的选择、整理与编排部分，故被告网站侵犯了原告著作权。

另外，经营者在市场交易中，应遵循自愿、平等、公平、诚实信用的原则，遵守公认的商业道德。经营者不得利用广告或者其他方法，对商品与服务质量、制作成分、性能、提供者等作引人误解的虚假宣传。网站页面能够起到一定区分和识别市场主体的作用，被告在其网站上擅自使用与原告相同的宣传用语、专属荣誉等，显然与实际情况不符。本案原、被告均属装饰企业，业务范围高度近似、注册地均在江苏省南京市，潜在顾客群存在交叉，两者存在竞争关系。被告上述行为实质破坏了正常的市场经营秩序，使得消费者对被告企业真实经营规模、信誉产生误解，本质上构成虚假宣传、不正当竞争，侵害了原告正常的商业利益。

某台资自行车公司诉广州两自行车公司虚假宣传纠纷案（《人民法院台胞权益保障十大典型案例》案例二　2021年12月14日）

【基本案情】

某台资自行车公司发现，广州两自行车公司在举行新产品战略及产品发布会过程中，将该台资自行车公司生产的销售量较大、市场竞争力较强的主打自行车产品，与该两家自行车公司的产品，从自行车车架、前叉、变速系统、刹车系统、轮组五个方面进行片面比对，刻意忽略产品其他要素，得出该两家公司生产的同样性能产品，只需该台资自行车公司产品一半价格的结论，以获取不正当竞争优势。该台资自行车公司遂诉至法院，主张广州两自行车公司为获取不正当竞争优势，构成虚假宣传等行为。

【裁判结果】

江苏省苏州市中级人民法院认为，广州两自行车公司通过对商品进行片面比对，主观上具有借某台资自行车公司品牌来扩大自己新产品市场影响力的故意，客观上使消费者误解该台资自行车公司产品性价比低而自身新产品物美价廉，以影响消费者对该台资自行车公司产品的认知评价和购买选择，构成引人误解的虚假宣传。故判决两公司赔偿该台资自行车公司经济损失50000元及合理开支4080元。

【典型意义】

最高人民法院“司法36条惠台措施”第2条强调，要加强产权司法保护和知识产权保护，让台湾同胞在大陆专心创业、放心投资、安心经营。

本案是一起典型的通过片面比对等不正当手段，造成消费者误解，以谋取不正当竞争优势的案件。在案件审理中，人民法院从完善市场结构和维护公平竞争的角度，依法判令不正当竞争者承担法律责任，彰显人民法院依法加大对破坏市场公平竞争秩序及搭便车行为打击力度、严格保护包括台胞台企在内的所有市场主体产权和知识产权的立场与决心，让台湾同胞切实感受到大陆良好的司法环境与营商环境，安心投资创业。

176. 侵害商业秘密纠纷

（1）侵害技术秘密纠纷

（2）侵害经营秘密纠纷

相关规范

《中华人民共和国劳动合同法》（2012年修正）

第二十三条　用人单位与劳动者可以在劳动合同中约定保守用人单位的商业秘密和与知识产权相关的保密事项。

对负有保密义务的劳动者，用人单位可以在劳动合同或者保密协议中与劳动者约定竞业限制条款，并约定在解除或者终止劳动合同后，在竞业限制期限内按月给予劳动者经济补偿。劳动者违反竞业限制约定的，应当按照约定向用人单位支付违约金。

第二十四条　竞业限制的人员限于用人单位的高级管理人员、高级技术人员和其他负有保密义务的人员。竞业限制的范围、地域、期限由用人单位与劳动者约定，竞业限制的约定不得违反法律、法规的规定。

在解除或者终止劳动合同后，前款规定的人员到与本单位生产或者经营同类产品、从事同类业务的有竞争关系的其他用人单位，或者自己开业生产或者经营同类产品、从事同类业务的竞业限制期限，不得超过二年。

《中华人民共和国反不正当竞争法》

（2019 年修正）

第九条　经营者不得实施下列侵犯商业秘密的行为：

（一）以盗窃、贿赂、欺诈、胁迫、电子侵入或者其他不正当手段获取权利人的商业秘密；

（二）披露、使用或者允许他人使用以前项手段获取的权利人的商业秘密；

（三）违反保密义务或者违反权利人有关保守商业秘密的要求，披露、使用或者允许他人使用其所掌握的商业秘密；

（四）教唆、引诱、帮助他人违反保密义务或者违反权利人有关保守商业秘密的要求，获取、披露、使用或者允许他人使用权利人的商业秘密。

经营者以外的其他自然人、法人和非法人组织实施前款所列违法行为的，视为侵犯商业秘密。

第三人明知或者应知商业秘密权利人的员工、前员工或者其他单位、个人实施本条第一款所列违法行为，仍获取、披露、使用或者允许他人使用该商业秘密的，视为侵犯商业秘密。

本法所称的商业秘密，是指不为公众所知悉、具有商业价值并经权利人采取相应保密措施的技术信息、经营信息等商业信息。

《最高人民法院关于审理侵犯商业秘密民事案件适用法律若干问题的规定》（法释〔2020〕7 号　2020 年 9 月 10 日）

第三条　权利人请求保护的信息在被诉侵权行为发生时不为所属领域的相关人员普遍知悉和容易获得的，人民法院应当认定为反不正当竞争法第九条第四款所称的不为公众所知悉。

第四条　具有下列情形之一的，人民法院可以认定有关信息为公众所知悉：

（一）该信息在所属领域属于一般常识或者行业惯例的；

（二）该信息仅涉及产品的尺寸、结构、材料、部件的简单组合等内容，所属领域的相关人员通过观察上市产品即可直接获得的；

（三）该信息已经在公开出版物或者其他媒体上公开披露的；

（四）该信息已通过公开的报告会、展览等方式公开的；

（五）所属领域的相关人员从其他公开渠道可以获得该信息的。

将为公众所知悉的信息进行整理、改进、加工后形成的新信息，符合本规定第三条规定的，应当认定该新信息不为公众所知悉。

第五条　权利人为防止商业秘密泄露，在被诉侵权行为发生以前所采取的合理保密措施，人民法院应当认定为反不正当竞争法第九条第四款所称的相应保密措施。

人民法院应当根据商业秘密及其载体的性质、商业秘密的商业价值、保密措施的可识别程度、保密措施与商业秘密的对应程度以及权利人的保密意愿等因素，认定权利人是否采取了相应保密措施。

第六条　具有下列情形之一，在正常情况下足以防止商业秘密泄露的，人民法院应当认定权利人采取了相应保密措施：

（一）签订保密协议或者在合同中约定保密义务的；

（二）通过章程、培训、规章制度、书面告知等方式，对能够接触、获取商业秘密的员工、前员工、供应商、客户、来访者等提出保密要求的；

（三）对涉密的厂房、车间等生产经营场所限制来访者或者进行区分管理的；

（四）以标记、分类、隔离、加密、封存、限制能够接触或者获取的人员范围等方式，对商业秘密及其载体进行区分和管理的；

（五）对能够接触、获取商业秘密的计算机设备、电子设备、网络设备、存储设备、软件等，采取禁止或者限制使用、访问、存储、复制等措施的；

（六）要求离职员工登记、返还、清除、

销毁其接触或者获取的商业秘密及其载体，继续承担保密义务的；

（七）采取其他合理保密措施的。

第七条 权利人请求保护的信息因不为公众所知悉而具有现实的或者潜在的商业价值的，人民法院经审查可以认定为反不正当竞争法第九条第四款所称的具有商业价值。

生产经营活动中形成的阶段性成果符合前款规定的，人民法院经审查可以认定该成果具有商业价值。

>>《最高人民法院关于审理技术合同纠纷案件适用法律若干问题的解释》

（2020年12月23日修正）

第一条 技术成果，是指利用科学技术知识、信息和经验作出的涉及产品、工艺、材料及其改进等的技术方案，包括专利、专利申请、技术秘密、计算机软件、集成电路布图设计、植物新品种等。

技术秘密，是指不为公众所知悉、具有商业价值并经权利人采取相应保密措施的技术信息。

>>《最高人民法院关于加强中医药知识产权司法保护的意见》（法发〔2022〕34号 2022年12月21日）

7. 加强中医药商业秘密及国家秘密保护。依法保护中医药商业秘密，有效遏制侵犯中医药商业秘密行为，促进中医药技术传承创新。准确把握信息披露与商业秘密保护的关系，依法保护中药因上市注册、补充申请、药品再注册等原因依法向行政机关披露的中医药信息。妥善处理中医药商业秘密保护与中医药领域从业者合理流动的关系，在依法保护商业秘密的同时，维护中医药领域从业者正当就业创业合法权益。对经依法认定属于国家秘密的传统中药处方组成和生产工艺实行特殊保护，严惩窃取、泄露中医药国家秘密行为。

典型案例

>> 鹤壁市反光材料有限公司与宋俊超、鹤壁睿明特科技有限公司、李建发侵害商业秘密纠纷案（《最高人民法院办公厅关于印发2017年中国法院10大知识产权案件和50件典型知识产权案例的通知》第9号 2018年4月16日）

【案情摘要】

宋俊超自2006年起在鹤壁市反光材料有限公司（以下简称反光材料公司）任业务员，主要负责部分省份的销售及客户拓展工作。反光材料公司与宋俊超先后签订两份劳动合同，并约定有保密条款和竞业限制条款。反光材料公司对其经营信息制定有保密制度，对客户及潜在客户信息采取了必要的保密措施，同时向宋俊超及其他业务员支付了保密费用。鹤壁市睿欣商贸有限公司（以下简称睿欣公司，即鹤壁睿明特科技有限公司前身）成立于2011年6月22日，经营范围为钢材、建材、五金交电、涂板、反光护栏。在睿欣公司经营期间，宋俊超以宋翔名义参与办理睿欣公司工商登记手续的相关工作。睿欣公司银行往来账目显示，自2011年8月1日至2015年7月31日期间，睿欣公司与反光材料公司的多笔交易客户重合，宋俊超以个人名义从睿欣公司账户取款多次。反光材料公司遂以侵害商业秘密为由，将宋俊超等诉至法院。一审法院认为，宋俊超、睿欣公司对反光材料公司的商业秘密构成共同侵权。二审法院认为，根据反光材料公司所提供的交易记录及客户来往票据，其中“品种”“规格”“数量”能够说明客户的独特需求，“成交日期”能够反映客户要货的规律，“单价”能够说明客户对价格的承受能力和价格成交底线，“备注”反映了客户的特殊信息。这些内容构成了反光材料公司经营信息的秘密点。上述经营信息涉及的客户已与反光材料公司形成了稳定的供货渠道，保持着良好的交易关系，在生产经营中具有实用性，能够为反光材料公司带来经济利益、竞争优势。

反光材料公司为上述经营信息制定了具体的保密制度，对客户及潜在客户信息采取了必要的保密措施，并与宋俊超明确约定了保密条款、竞业限制条款，向宋俊超及其他业务员支付了相应的保密费用，可以证明反光材料公司为上述经营信息采取了合理保密措施。综上，可以认定反光材料公司制作的客户名单构成商业秘密。宋俊超负有对反光材料公司的忠实义务，其中包括对工作中接触到的经营信息进行保密的义务，其明知公司的相关管理规定及客户名单的非公开性和商业价值，但仍私自与反光材料公司的客户进行交易，且与睿欣公司来往频繁，构成披露、使用、允许他人使用反光材料公司经营信息的行为，侵害了反光材料公司的商业秘密。睿欣公司不正当地获取、使用了宋俊超所掌握的反光材料公司拥有的商业秘密。宋俊超、睿欣公司对反光材料公司的商业秘密构成共同侵权。因睿欣公司已变更为睿明特公司，故侵权责任应由睿明特公司承担。

【典型意义】

本案是涉及商业秘密保护的典型案例。商业秘密案件因证据复杂、隐蔽，通常审理难度较大。特别是，因员工离职等带来的商业秘密保护问题一直是司法实践中的难点。本案判决对商业秘密案件中“不为公众所知悉”“保密措施”“商业价值”以及赔偿责任的确定等重要法律问题，结合案情进行了细致和全面的阐释，对类似案件的审理具有较强的规则指引意义。此外，本案还着重强调了员工离职后的保密义务，倡导了诚实信用的价值取向。

» “优选锯”侵害技术秘密纠纷案——

技术秘密侵权行为认定及责任承担（《人民法院反垄断和反不正当竞争典型案例》案例1 2021年9月27日）

【基本案情】

优铠（上海）机械有限公司（以下简称优铠公司）是一家制造、销售优选锯产品的公司，该公司主张其享有“边测量边锯切”的技术秘密，李某某、周某等人从优铠公司离职后成立了上海路启机械有限公司（以下简称路启公司），并利用优铠公司的技术秘密制造、销售优选锯产品。寿光市鲁丽木业股份有限公司（以下简称鲁丽公司）使用优选锯产品亦构成侵权。二审中，根据当事人的申请，最高人民法院组织各方当事人进行现场勘验并进行技术比对。最高人民法院经审理认为，根据二审勘验的实验结果，被诉侵权产品的锯切方式和结果遵循了涉案技术秘密的工艺流程，并且实现了涉案技术秘密的技术效果，属于侵害技术秘密的行为，故撤销一审判决，判令路启公司停止侵权，赔偿经济损失及合理开支600万元。同时，针对鲁丽公司无正当理由毁损人民法院查封证据的行为，对鲁丽公司作出罚款决定。

【典型意义】

本案涉及复杂的技术事实查明与法律适用问题，通过多次庭审逐步明确技术秘密的实质内涵，借助现场勘验手段查明侵权事实，合理分配举证责任以减轻权利人的举证负担，充分彰显了严惩不诚信行为、维护公平竞争秩序的司法导向。同时，针对当事人毁损重要证据的行为作出的罚款决定也表明了人民法院倡导诚实守信、惩戒失信，构建知识产权诉讼诚信体系的司法态度。

177. 低价倾销不正当竞争纠纷

相关规范

» 《中华人民共和国反垄断法》（2022年修正）

第二十二条 禁止具有市场支配地位的经营者从事下列滥用市场支配地位的行为：

（一）以不公平的高价销售商品或者以不公平的低价购买商品；

（二）没有正当理由，以低于成本的价格销售商品；

（三）没有正当理由，拒绝与交易相对

人进行交易；

（四）没有正当理由，限定交易相对人只能与其进行交易或者只能与其指定的经营者进行交易；

（五）没有正当理由搭售商品，或者在交易时附加其他不合理的交易条件；

（六）没有正当理由，对条件相同的交易相对人在交易价格等交易条件上实行差别待遇；

（七）国务院反垄断执法机构认定的其他滥用市场支配地位的行为。

具有市场支配地位的经营者不得利用数据和算法、技术以及平台规则等从事前款规定的滥用市场支配地位的行为。

本法所称市场支配地位，是指经营者在相关市场内具有能够控制商品价格、数量或者其他交易条件，或者能够阻碍、影响其他经营者进入相关市场能力的市场地位。

178. 捆绑销售不正当竞争纠纷

相关规范

》《中华人民共和国反垄断法》（2022年修正）

第二十二条 禁止具有市场支配地位的经营者从事下列滥用市场支配地位的行为：

（一）以不公平的高价销售商品或者以不公平的低价购买商品；

（二）没有正当理由，以低于成本的价格销售商品；

（三）没有正当理由，拒绝与交易相对人进行交易；

（四）没有正当理由，限定交易相对人只能与其进行交易或者只能与其指定的经营者进行交易；

（五）没有正当理由搭售商品，或者在交易时附加其他不合理的交易条件；

（六）没有正当理由，对条件相同的交易相对人在交易价格等交易条件上实行差别待遇；

（七）国务院反垄断执法机构认定的其他滥用市场支配地位的行为。

具有市场支配地位的经营者不得利用数据和算法、技术以及平台规则等从事前款规定的滥用市场支配地位的行为。

本法所称市场支配地位，是指经营者在相关市场内具有能够控制商品价格、数量或者其他交易条件，或者能够阻碍、影响其他经营者进入相关市场能力的市场地位。

指导案例

》吴小秦诉陕西广电网络传媒（集团）股份有限公司捆绑交易纠纷案（最高人民法院指导案例79号 2017年3月6日发布）

【关键词】 民事 捆绑交易 垄断 市场支配地位 搭售

【裁判要点】

1. 作为特定区域内唯一合法经营有线电视传输业务的经营者及电视节目集中播控者，在市场准入、市场份额、经营地位、经营规模等各要素上均具有优势，可以认定该经营者占有市场支配地位。

2. 经营者利用市场支配地位，将数字电视基本收视维护费和数字电视付费节目费捆绑在一起向消费者收取，侵害了消费者的消费选择权，不利于其他服务提供者进入数字电视服务市场。经营者即使存在两项服务分别收费的例外情形，也不足以否认其构成反垄断法所禁止的搭售。

【基本案情】

原告吴小秦诉称：2012年5月10日，其前往陕西广电网络传媒（集团）股份有限公司（以下简称广电公司）缴纳数字电视基本收视维护费得知，该项费用由每月25元调至30元，吴小秦遂缴纳了3个月费用90元，其中数字电视基本收视维护费75元、数字电视节目费15元。之后，吴小秦获悉数字电视节目应由用户自由选择，自愿订购。吴小秦认为，广电公司属于公用企业，在数字电视市场内具有支配地位，其收取数字电视节目费的行为剥夺了自己的自主选择权，构成搭售，故诉至法院，请求判令：确认被告 2012 年 5 月 10 日收取其数字电视节目费 15 元的行为无效，被告返还原告 15 元。

广电公司辩称：广电公司作为陕西省内唯一电视节目集中播控者，向选择收看基本收视节目之外的消费者收取费用，符合反垄断法的规定；广电公司具备陕西省有线电视市场支配地位，鼓励用户选择有线电视套餐，但并未滥用市场支配地位，强行规定用户在基本收视业务之外必须消费的服务项目，用户有自主选择权；垄断行为的认定属于行政权力，而不是司法权力，原告没有请求认定垄断行为无效的权利；广电公司虽然推出了一系列满足用户进行个性化选择的电视套餐，但从没有进行强制搭售的行为，保证了绝大多数群众收看更多电视节目的选择权利；故请求驳回原告要求确认广电公司增加节目并收取费用无效的请求；愿意积极解决吴小秦的第二项诉讼请求。

法院经审理查明：2012 年 5 月 10 日，吴小秦前往广电公司缴纳数字电视基本收视维护费时获悉，数字电视基本收视维护费每月最低标准由 25 元上调至 30 元。吴小秦缴纳了 2012 年 5 月 10 日至 8 月 9 日的数字电视基本收视维护费 90 元。广电公司向吴小秦出具的收费专用发票载明：数字电视基本收视维护费 75 元及数字电视节目费 15 元。之后，吴小秦通过广电公司客户服务中心（服务电话 96766）咨询，广电公司节目升级增加了不同的收费节目，有不同的套餐，其中最低套餐基本收视费每年 360 元，用户每次最少应缴纳 3 个月费用。广电公司是经陕西省政府批准，陕西境内唯一合法经营有线电视传输业务的经营者和唯一电视节目集中播控者。广电公司承认其在有线电视传输业务中在陕西省占有支配地位。

另查，2004 年 12 月 2 日国家发展改革委、国家广电总局印发的《有线电视基本收视维护费管理暂行办法》规定：有线电视基本收视维护费实行政府定价，收费标准由价格主管部门制定。2005 年 7 月 11 日国家广电总局关于印发《推进试点单位有线电视数字化整体转换的若干意见（试行）》的通知规定，各试点单位在推进整体转换过程中，要重视付费频道等新业务的推广，供用户自由选择，自愿订购。陕西省物价局于 2006 年 5 月 29 日出台的《关于全省数字电视基本收视维护费标准的通知》规定：数字电视基本收视维护费收费标准为：以居民用户收看一台电视机使用一个接收终端为计费单位。全省县城以上城市居民用户每主终端每月 25 元；有线数字电视用户可根据实际情况自愿选择按月、按季或按年度缴纳基本收视维护费。国家发展改革委、国家广电总局于 2009 年 8 月 25 日出台的《关于加强有线电视收费管理等有关问题的通知》指出：有线电视基本收视维护费实行政府定价；有线电视增值业务服务和数字电视付费节目收费，由有线电视运营机构自行确定。

二审中，广电公司提供了四份收费专用发票复印件，证明在 5 月 10 日前后，广电公司的营业厅收取过 25 元的月服务费，因无原件，吴小秦不予质证。庭后广电公司提供了其中三张的原件，双方进行了核对与质证。该票据上均显示一年交费金额为 300 元，即每月 25 元。广电公司提供了五张票据的原件，包括一审提供过原件的三张，交易地点均为咸阳市。由此证明广电公司在 5 月 10 日前后，提供过每月 25 元的收费服务。

再审中，广电公司提交了其 2016 年网站收费套餐截图、关于印发《2016 年大众业务实施办法（试行）的通知》、2016 年部分客户收费发票。

【裁判结果】

陕西省西安市中级人民法院于 2013 年 1 月 5 日作出（2012）西民四初字第 438 号民事判决：1. 确认陕西广电网络传媒（集团）股份有限公司 2012 年 5 月 10 日收取原告吴小秦数字电视节目费 15 元的行为无效；2. 陕西广电网络传媒（集团）股份有限公司于

本判决生效之日起十日内返还吴小秦15元。陕西广电网络传媒（集团）股份有限公司提起上诉，陕西省高级人民法院于2013年9月12日作出（2013）陕民三终字第38号民事判决：1. 撤销一审判决；2. 驳回吴小秦的诉讼请求。吴小秦不服二审判决，向最高人民法院提出再审申请。最高人民法院于2016年5月31日作出（2016）最高法民再98号民事判决：1. 撤销陕西省高级人民法院（2013）陕民三终字第38号民事判决；2. 维持陕西省西安市中级人民法院（2012）西民四初字第438号民事判决。

【裁判理由】

法院生效裁判认为：本案争议焦点包括，一是本案诉争行为是否违反了反垄断法第十七条第五项之规定，二是一审法院适用反垄断法是否适当。

一、关于本案诉争行为是否违反了反垄断法第十七条第五项之规定

反垄断法第十七条第五项规定，禁止具有市场支配地位的经营者没有正当理由搭售商品或者在交易时附加其他不合理的交易条件。本案中，广电公司在一审答辩中明确认可其“是经陕西省政府批准，陕西境内唯一合法经营有线电视传输业务的经营者。作为陕西省内唯一电视节目集中播控者，广电公司具备陕西省有线电视市场支配地位，鼓励用户选择更丰富的有线电视套餐，但并未滥用市场支配地位，也未强行规定用户在基本收视业务之外必须消费的服务项目。”二审中，广电公司虽对此不予认可，但并未举出其不具有市场支配地位的相应证据。再审审查过程中，广电公司对一、二审法院认定其具有市场支配地位的事实并未提出异议。鉴于广电公司作为陕西境内唯一合法经营有线电视传输业务的经营者，陕西省内唯一电视节目集中播控者，一、二审法院在查明事实的基础上认定在有线电视传输市场中，广电公司在市场准入、市场份额、经营地位、经营规模等各要素上均具有优势，占有支配地位，并无不当。

关于广电公司在向吴小秦提供服务时是否构成搭售的问题。反垄断法第十七条第五项规定禁止具有市场支配地位的经营者没有正当理由搭售商品。本案中，根据原审法院查明的事实，广电公司在提供服务时其工作人员告知吴小秦每月最低收费标准已从2012年3月起由25元上调为30元，每次最少缴纳一个季度，并未告知吴小秦可以单独缴纳数字电视基本收视维护费或者数字电视付费节目费。吴小秦通过广电公司客户服务中心（服务电话号码96766）咨询获悉，广电公司节目升级，增加了不同的收费节目，有不同的套餐，其中最低套餐基本收视费为每年360元，每月30元，用户每次最少应缴纳3个月费用。根据前述事实并结合广电公司给吴小秦开具的收费专用发票记载的收费项目——数字电视基本收视维护费75元及数字电视节目费15元的事实，可以认定广电公司实际上是将数字电视基本收视节目和数字电视付费节目捆绑在一起向吴小秦销售，并没有告知吴小秦是否可以单独选购数字电视基本收视服务的服务项目。此外，从广电公司客户服务中心（服务电话号码96766）的答复中亦可佐证广电公司在提供此服务时，是将数字电视基本收视维护费和数字电视付费节目费一起收取并提供。虽然广电公司在二审中提交了其向其他用户单独收取数字电视基本收视维护费的相关票据，但该证据仅能证明广电公司在收取该费用时存在客户服务中心说明的套餐之外的例外情形。再审中，广电公司并未对客户服务中心说明的套餐之外的例外情形作出合理解释，其提交的单独收取相关费用的票据亦发生在本案诉讼之后，不足以证明诉讼时的情形，对此不予采信。因此，存在客户服务中心说明的套餐之外的例外情形并不足以否认广电公司将数字电视基本收视维护费和数字电视付费节目费一起收取的普遍做法。二审法院认定广电公司不仅提供了组合服务，也提供了基本服务，证据不足，应予纠正。因此，现有证据不能证明普通消费者可以仅缴纳电视基本收视维护

费或者数字电视付费节目费，即不能证明消费者选择权的存在。二审法院在不能证明是否有选择权的情况下直接认为本案属于未告知消费者有选择权而涉及侵犯消费者知情权的问题，进而在此基础上，认定为广电公司的销售行为未构成反垄断法所规制的没有正当理由的搭售，事实和法律依据不足，应予纠正。

根据本院查明的事实，数字电视基本收视维护费和数字电视付费节目费属于两项单独的服务。在原审诉讼及本院诉讼中，广电公司未证明将两项服务一起提供符合提供数字电视服务的交易习惯；同时，如将数字电视基本收视维护费和数字电视付费节目费分别收取，现亦无证据证明会损害该两种服务的性能和使用价值；广电公司更未对前述行为说明其正当理由，在此情形下，广电公司利用其市场支配地位，将数字电视基本收视维护费和数字电视付费节目费一起收取，客观上影响消费者选择其他服务提供者提供相关数字付费节目，同时也不利于其他服务提供者进入电视服务市场，对市场竞争具有不利的效果。因此一审法院认定其违反了反垄断法第十七条第五项之规定，并无不当。吴小秦部分再审申请理由成立，予以支持。

二、关于一审法院适用反垄断法是否适当

本案诉讼中，广电公司在答辩中认为本案的发生实质上是一个有关吴小秦基于消费者权益保护法所应当享受的权利是否被侵犯的纠纷，而与垄断行为无关，认为一审法院不应当依照反垄断法及相关规定，认为其处于市场支配地位，从而确认其收费行为无效。根据《最高人民法院关于适用〈中华人民共和国民事诉讼法〉的解释》第二百二十六条及第二百二十八条的规定，人民法院应当根据当事人的诉讼请求、答辩意见以及证据交换的情况，归纳争议焦点，并就归纳的争议焦点征求当事人的意见。在法庭审理时，应当围绕当事人争议的事实、证据和法律适用等焦点问题进行。根据查明的事实，吴小秦在其诉状中明确主张“被告收取原告数字电视节目费，实际上是为原告在提供上述服务范围外增加提供服务内容，对此原告应当具有自主选择权。被告属于公用企业或者其他依法具有独占地位的经营者，在数字电视市场内具有支配地位。被告的上述行为违反了反垄断法第十七条第一款第五项关于‘禁止具有市场支配地位的经营者从事没有正当理由搭售商品，或者在交易时附加其他不合理的交易条件的滥用市场支配地位行为’，侵害了原告的合法权益。原告依照《最高人民法院关于审理因垄断行为引发的民事纠纷案件应用法律若干问题的规定》，提起民事诉讼，请求人民法院依法确认被告的捆绑交易行为无效，判令其返还原告 15 元。”在该诉状中，吴小秦并未主张其消费者权益受到损害，因此一审法院根据吴小秦的诉讼请求适用反垄断法进行审理，并无不当。

综上，广电公司在陕西省境内有线电视传输服务市场上具有市场支配地位，其将数字电视基本收视服务和数字电视付费节目服务捆绑在一起向吴小秦销售，违反了反垄断法第十七条第一款第五项之规定。吴小秦关于确认广电公司收取其数字电视节目费 15 元的行为无效和请求判令返还 15 元的再审请求成立。一审判决认定事实清楚，适用法律正确，应予维持，二审判决认定事实依据不足，适用法律有误，应予纠正。

179. 有奖销售纠纷

相关规范

»《中华人民共和国反不正当竞争法》
（2019 年修正）

第十条 经营者进行有奖销售不得存在下列情形：

（一）所设奖的种类、兑奖条件、奖金金额或者奖品等有奖销售信息不明确，影响兑奖；

（二）采用谎称有奖或者故意让内定人员中奖的欺骗方式进行有奖销售；

（三）抽奖式的有奖销售，最高奖的金额超过五万元。

»《国家工商行政管理局关于禁止有奖销售活动中不正当竞争行为的若干规定》（1993 年）

第二条 本规定所称有奖销售，是指经营者销售商品或者提供服务，附带性地向购买者提供物品、金钱或者其他经济上的利益的行为。包括：奖励所有购买者的附赠式有奖销售和奖励部分购买者的抽奖式有奖销售。

凡以抽签、摇号等带有偶然性的方法决定购买者是否中奖的，均属于抽奖方式。

经政府或者政府有关部门依法批准的有奖募捐及其他彩票发售活动，不适用本规定。

第三条 禁止下列欺骗性有奖销售行为：

（一）谎称有奖销售或者对所设奖的种类，中奖概率，最高奖金额，总金额，奖品种类、数量、质量、提供方法等作虚假不实的表示。

（二）采取不正当的手段故意让内定人员中奖。

（三）故意将设有中奖标志的商品、奖券不投放市场或者不与商品、奖券同时投放市场；故意将带有不同奖金金额或者奖品标志的商品、奖券按不同时间投放市场。

（四）其他欺骗性有奖销售行为。

前款第（四）项行为，由省级以上工商行政管理机关认定。省级工商行政管理机关作出的认定，应当报国家工商行政管理局备案。

第五条 经营者不得利用有奖销售手段推销质次价高的商品。

前款所称“质次价高”，由工商行政管理机关根据同期市场同类商品的价格、质量和购买者的投诉进行认定，必要时会同有关部门认定。

第六条 经营者举办有奖销售，应当向购买者明示其所设奖的种类、中奖概率、奖金金额或者奖品种类、兑奖时间、方式等事项。属于非现场即时开奖的抽奖式有奖销售，告知事项还应当包括开奖的时间、地点、方式和通知中奖者的时间、方式。

经营者对已经向公众明示的前款事项不得变更。

在销售现场即时开奖的有奖销售活动，对超过五百元以上奖的兑奖情况，经营者应当随时向购买者明示。

第七条 违反本规定第三条、第四条、第五条第一款的，由工商行政管理机关依照《反不正当竞争法》第二十六条的规定处罚。

违反本规定第六条，隐瞒事实真相的，视为欺骗性有奖销售，比照前款规定处理。

第八条 有关当事人因有奖销售活动中的不正当竞争行为而受到侵害的，可以根据《反不正当竞争法》第二十条的规定，向人民法院起诉，请求赔偿。

180. 商业诋毁纠纷

相关规范

»《中华人民共和国反不正当竞争法》（2019 年修正）

第十一条 经营者不得编造、传播虚假信息或者误导性信息，损害竞争对手的商业信誉、商品声誉。

»《中华人民共和国广告法》（2021 年修正）

第十三条 广告不得贬低其他生产经营者的商品或者服务。

《最高人民法院关于适用〈中华人民共和国反不正当竞争法〉若干问题的解释》（法释〔2022〕9号　2022年3月16日）

第十九条　当事人主张经营者实施了反不正当竞争法第十一条规定的商业诋毁行为的，应当举证证明其为该商业诋毁行为的特定损害对象。

第二十条　经营者传播他人编造的虚假信息或者误导性信息，损害竞争对手的商业信誉、商品声誉的，人民法院应当依照反不正当竞争法第十一条予以认定。

典型案例

"不粘锅"商业诋毁纠纷案——商业诋毁行为的认定（《人民法院反不正当竞争典型案例》案例2　2022年11月17日）

【基本案情】

苏泊尔公司认为，巴赫公司在多个媒体平台通过主持微博话题讨论、召开新闻发布会等形式明示或暗示苏泊尔公司生产、销售的"X晶盾不锈钢炒锅"侵害其"蜂窝不粘锅"专利权，损害苏泊尔公司的商业信誉，构成商业诋毁。中康公司与巴赫公司在人员、业务、财务等方面交叉混同，应对被诉行为承担连带责任。苏泊尔公司遂诉至法院，请求判令巴赫公司、中康公司停止侵害、消除影响、赔偿经济损失及合理费用。一审法院认为，巴赫公司将未定论的状态作为已定论的事实进行宣传散布，宣称苏泊尔公司模仿其专利，超出了正当维权的范畴，构成商业诋毁。遂判令巴赫公司停止侵害、消除影响并赔偿苏泊尔公司经济损失及合理支出共300万元。苏泊尔公司与巴赫公司均不服，提起上诉。浙江省高级人民法院二审判决维持关于判令巴赫公司消除影响、赔偿损失的判项，并加判巴赫公司立即停止传播、编造虚假信息或误导性信息的行为（立即删除相应平台发布的内容）。二审判决生效后，巴赫公司推诿执行、消极执行，人民法院对其处以30万元的罚款。

【典型意义】

本案是规制经营者实施商业诋毁行为的典型案例。涉案商业诋毁行为的传播渠道既包括传统媒体，也包括微博、直播等网络途径。本案从裁判内容到判决执行乃至采取司法处罚等各环节，充分体现了人民法院依法严厉制裁商业诋毁行为、维护公平竞争市场秩序的司法导向。

181. 串通投标不正当竞争纠纷

相关规范

《中华人民共和国招标投标法》（2017年修正）

第三十二条　投标人不得相互串通投标报价，不得排挤其他投标人的公平竞争，损害招标人或者其他投标人的合法权益。

投标人不得与招标人串通投标，损害国家利益、社会公共利益与他人的合法权益。

禁止投标人以向招标人或者评标委员会成员行贿的手段谋取中标。

第五十三条　投标人相互串通投标或者与招标人串通投标的，投标人以向招标人或者评标委员会成员行贿的手段谋取中标的，中标无效，处中标项目金额千分之五以上千分之十以下的罚款，对单位直接负责的主管人员和其他直接责任人员处单位罚款数额百分之五以上百分之十以下的罚款；有违法所得的，并处没收违法所得；情节严重的，取消其一年至二年内参加依法必须进行招标的项目的投标资格并予以公告，直至由工商行政管理机关吊销营业执照；构成犯罪的，依法追究刑事责任。给他人造成损失的，依法承担赔偿责任。

《中华人民共和国反不正当竞争法》（2019年修正）

第二条 经营者在生产经营活动中，应当遵循自愿、平等、公平、诚信的原则，遵守法律和商业道德。

本法所称的不正当竞争行为，是指经营者在生产经营活动中，违反本法规定，扰乱市场竞争秩序，损害其他经营者或者消费者的合法权益的行为。

本法所称的经营者，是指从事商品生产、经营或者提供服务（以下所称商品包括服务）的自然人、法人和非法人组织。

《最高人民法院关于加强中医药知识产权司法保护的意见》（法发〔2022〕34号 2022年12月21日）

6. 维护中医药市场公平竞争秩序。坚持规范和发展并重，加强对中医药领域垄断行为的司法规制，维护统一开放、竞争有序的中医药市场。依法制裁虚假宣传、商业诋毁、擅自使用中医药知名企业名称及仿冒中药知名药品名称、包装、装潢等不正当竞争行为，强化中医药行业公平竞争意识，促进中医药事业健康有序发展，切实维护消费者合法权益和社会公共利益。

182. 网络不正当竞争纠纷

相关规范

《中华人民共和国反不正当竞争法》（2019年修正）

第十二条 经营者利用网络从事生产经营活动，应当遵守本法的各项规定。

经营者不得利用技术手段，通过影响用户选择或者其他方式，实施下列妨碍、破坏其他经营者合法提供的网络产品或者服务正常运行的行为：

（一）未经其他经营者同意，在其合法提供的网络产品或者服务中，插入链接、强制进行目标跳转；

（二）误导、欺骗、强迫用户修改、关闭、卸载其他经营者合法提供的网络产品或者服务；

（三）恶意对其他经营者合法提供的网络产品或者服务实施不兼容；

（四）其他妨碍、破坏其他经营者合法提供的网络产品或者服务正常运行的行为。

第二十四条 经营者违反本法第十二条规定妨碍、破坏其他经营者合法提供的网络产品或者服务正常运行的，由监督检查部门责令停止违法行为，处十万元以上五十万元以下的罚款；情节严重的，处五十万元以上三百万元以下的罚款。

《最高人民法院关于适用〈中华人民共和国反不正当竞争法〉若干问题的解释》（法释〔2022〕9号 2022年3月16日）

第二十一条 未经其他经营者和用户同意而直接发生的目标跳转，人民法院应当认定为反不正当竞争法第十二条第二款第一项规定的“强制进行目标跳转”。

仅插入链接，目标跳转由用户触发的，人民法院应当综合考虑插入链接的具体方式、是否具有合理理由以及对用户利益和其他经营者利益的影响等因素，认定该行为是否违反反不正当竞争法第十二条第二款第一项的规定。

第二十二条 经营者事前未明确提示并经用户同意，以误导、欺骗、强迫用户修改、关闭、卸载等方式，恶意干扰或者破坏其他经营者合法提供的网络产品或者服务，人民法院应当依照反不正当竞争法第十二条第二款第二项予以认定。

第二十三条 对于反不正当竞争法第二条、第八条、第十一条、第十二条规定的不正当竞争行为，权利人因被侵权所受到的实际损失、侵权人因侵权所获得的利益难以确定，当事人主张依据反不正当竞争法第十七条第四款确定赔偿数额的，人民法院应予支持。

《最高人民法院印发〈关于审理涉电子商务平台知识产权民事案件的指导意见〉的通知》（法发〔2020〕32号　2020年9月10日）

三、电子商务平台经营者知道或者应当知道平台内经营者侵害知识产权的，应当根据权利的性质、侵权的具体情形和技术条件，以及构成侵权的初步证据、服务类型，及时采取必要措施。采取的必要措施应当遵循合理审慎的原则，包括但不限于删除、屏蔽、断开链接等下架措施。平台内经营者多次、故意侵害知识产权的，电子商务平台经营者有权采取终止交易和服务的措施。

四、依据电子商务法第四十一条、第四十二条、第四十三条的规定，电子商务平台经营者可以根据知识产权权利类型、商品或者服务的特点等，制定平台内通知与声明机制的具体执行措施。但是，有关措施不能对当事人依法维护权利的行为设置不合理的条件或者障碍。

五、知识产权权利人依据电子商务法第四十二条的规定，向电子商务平台经营者发出的通知一般包括：知识产权权利证明及权利人的真实身份信息；能够实现准确定位的被诉侵权商品或者服务信息；构成侵权的初步证据；通知真实性的书面保证等。通知应当采取书面形式。

通知涉及专利权的，电子商务平台经营者可以要求知识产权权利人提交技术特征或者设计特征对比的说明、实用新型或者外观设计专利权评价报告等材料。

六、人民法院认定通知人是否具有电子商务法第四十二条第三款所称的“恶意”，可以考量下列因素：提交伪造、变造的权利证明；提交虚假侵权对比的鉴定意见、专家意见；明知权利状态不稳定仍发出通知；明知通知错误仍不及时撤回或者更正；反复提交错误通知等。

电子商务平台经营者、平台内经营者以错误通知、恶意发出错误通知造成其损害为由，向人民法院提起诉讼的，可以与涉电子商务平台知识产权纠纷案件一并审理。

七、平台内经营者依据电子商务法第四十三条的规定，向电子商务平台经营者提交的不存在侵权行为的声明一般包括：平台内经营者的真实身份信息；能够实现准确定位、要求终止必要措施的商品或者服务信息；权属证明、授权证明等不存在侵权行为的初步证据；声明真实性的书面保证等。声明应当采取书面形式。

声明涉及专利权的，电子商务平台经营者可以要求平台内经营者提交技术特征或者设计特征对比的说明等材料。

八、人民法院认定平台内经营者发出声明是否具有恶意，可以考量下列因素：提供伪造或者无效的权利证明、授权证明；声明包含虚假信息或者具有明显误导性；通知已经附有认定侵权的生效裁判或者行政处理决定，仍发出声明；明知声明内容错误，仍不及时撤回或者更正等。

九、因情况紧急，电子商务平台经营者不立即采取商品下架等措施将会使其合法利益受到难以弥补的损害的，知识产权权利人可以依据《中华人民共和国民事诉讼法》第一百条、第一百零一条的规定，向人民法院申请采取保全措施。

因情况紧急，电子商务平台经营者不立即恢复商品链接、通知人不立即撤回通知或者停止发送通知等行为将会使其合法利益受到难以弥补的损害的，平台内经营者可以依据前款所述法律规定，向人民法院申请采取保全措施。

知识产权权利人、平台内经营者的申请符合法律规定的，人民法院应当依法予以支持。

十、人民法院判断电子商务平台经营者是否采取了合理的措施，可以考量下列因素：构成侵权的初步证据；侵权成立的可能性；侵权行为的影响范围；侵权行为的具体情节，包括是否存在恶意侵权、重复侵权情形；防止损害扩大的有效性；对平台内经营者利益可能的影响；电子商务平台的服务类型和技术条件等。

平台内经营者有证据证明通知所涉专利权已经被国家知识产权局宣告无效，电子商务平台经营者据此暂缓采取必要措施，知识产权权利人请求认定电子商务平台经营者未及时采取必要措施的，人民法院不予支持。

十一、电子商务平台经营者存在下列情形之一的，人民法院可以认定其“应当知道”侵权行为的存在：

（一）未履行制定知识产权保护规则、审核平台内经营者经营资质等法定义务；

（二）未审核平台内店铺类型标注为“旗舰店”“品牌店”等字样的经营者的权利证明；

（三）未采取有效技术手段，过滤和拦截包含“高仿”“假货”等字样的侵权商品链接、被投诉成立后再次上架的侵权商品链接；

（四）其他未履行合理审查和注意义务的情形。

《最高人民法院关于为加快建设全国统一大市场提供司法服务和保障的意见》（法发〔2022〕22号　2022年7月14日）

10. 支持建设统一的技术和数据市场。加强科技成果所有权、使用权、处置权、收益权司法保护，妥善处理因科技成果权属认定、权利转让、权利质押、价值认定和利益分配等产生的纠纷，依法支持科技创新成果市场化应用。依法保护数据权利人对数据控制、处理、收益等合法权益，以及数据要素市场主体以合法收集和自身生成数据为基础开发的数据产品的财产性权益，妥善审理因数据交易、数据市场不正当竞争等产生的各类案件，为培育数据驱动、跨界融合、共创共享、公平竞争的数据要素市场提供司法保障。加强数据产权属性、形态、权属、公共数据共享机制等法律问题研究，加快完善数据产权司法保护规则。

指导案例

北京百度网讯科技有限公司诉青岛奥商网络技术有限公司等不正当竞争纠纷案（最高人民法院指导案例45号　2015年4月15日发布）

【关键词】　民事　不正当竞争　网络服务　诚信原则

【裁判要点】

从事互联网服务的经营者，在其他经营者网站的搜索结果页面强行弹出广告的行为，违反诚实信用原则和公认的商业道德，妨碍其他经营者正当经营并损害其合法权益，可以依照《中华人民共和国反不正当竞争法》第二条的原则性规定认定为不正当竞争。

【基本案情】

原告北京百度网讯科技有限公司（以下简称百度公司）诉称：其拥有的www.baidu.com网站（以下简称百度网站）是中文搜索引擎网站。三被告青岛奥商网络技术有限公司（以下简称奥商网络公司）、中国联合网络通信有限公司青岛市分公司（以下简称联通青岛公司）、中国联合网络通信有限公司山东省分公司（以下简称联通山东公司）在山东省青岛地区，利用网通的互联网接入网络服务，在百度公司网站的搜索结果页面强行增加广告的行为，损害了百度公司的商誉和经济效益，违背了诚实信用原则，构成不正当竞争。请求判令：1. 奥商网络公司、联通青岛公司的行为构成对原告的不正当竞争行为，并停止该不正当竞争行为；第三人承担连带责任；2. 三被告在报上刊登声明以消除影响；3. 三被告共同赔偿原告经济损失480万元和因本案的合理支出10万元。

被告奥商网络公司辩称：其不存在不正当竞争行为，不应赔礼道歉和赔偿480万元。

被告联通青岛公司辩称：原告没有证据

证明其实施了被指控行为，没有提交证据证明遭受的实际损失，原告与其不存在竞争关系，应当驳回原告全部诉讼请求。

被告联通山东公司辩称：原告没有证据证明其实施了被指控的不正当竞争或侵权行为，承担连带责任没有法律依据。

第三人青岛鹏飞国际航空旅游服务有限公司（以下简称鹏飞航空公司）述称：本案与第三人无关。

法院经审理查明：百度公司经营范围为互联网信息服务业务，核准经营网址为www.baidu.com的百度网站，主要向网络用户提供互联网信息搜索服务。奥商网络公司经营范围包括网络工程建设、网络技术应用服务、计算机软件设计开发等，其网站为www.og.com.cn。该公司在上述网站“企业概况”中称其拥有4个网站：中国奥商网（www.og.com.cn）、讴歌网络营销伴侣（www.og.net.cn）、青岛电话实名网（www.0532114.org）、半岛人才网（www.job17.com）。该公司在其网站介绍其“网络直通车”业务时称：无需安装任何插件，广告网页强制出现。介绍“搜索通”产品表现形式时，以图文方式列举了下列步骤：第一步在搜索引擎对话框中输入关键词；第二步优先出现网络直通车广告位（5秒钟展现）；第三步同时点击上面广告位直接进入宣传网站新窗口；第四步5秒后原窗口自动展示第一步请求的搜索结果。该网站还以其他形式介绍了上述服务。联通青岛公司的经营范围包括因特网接入服务和信息服务等，青岛信息港（域名为qd.sd.cn）为其所有的网站。“电话实名”系联通青岛公司与奥商公司共同合作的一项语音搜索业务，网址为www.0532114.org的“114电话实名语音搜索”网站表明该网站版权所有人为联通青岛公司，独家注册中心为奥商网络公司。联通山东公司经营范围包括因特网接入服务和信息服务业务。其网站（www.sdcnc.cn）显示，联通青岛公司是其下属分公司。鹏飞航空公司经营范围包括航空机票销售代理等。

2009年4月14日，百度公司发现通过山东省青岛市网通接入互联网，登录百度网站（www.baidu.com），在该网站显示对话框中输入“鹏飞航空”，点击“百度一下”，弹出显示有“打折机票抢先拿就打114”的页面，迅速点击该页面，打开了显示地址为http://air.qd.sd.cn/的页面；输入“青岛人才网”，点击“百度一下”，弹出显示有“找好工作到半岛人才网www.job17.com”的页面，迅速点击该页面中显示的“马上点击”，打开了显示地址为http://www.job17.com/的页面；输入“电话实名”，点击“百度一下”，弹出显示有“查信息打114，语音搜索更好用”的页面，随后该页面转至相应的“电话实名”搜索结果页面。百度公司委托代理人利用公证处的计算机对登录百度搜索等网站操作过程予以公证，公证书记载了前述内容。经专家论证，所链接的网站（http://air.qd.sd.cn/）与联通山东公司的下属网站青岛信息港（www.qd.sd.cn）具有相同域（qd.sd.cn），网站air.qd.sd.cn是联通山东公司下属网站青岛站点所属。

【裁判结果】

山东省青岛市中级人民法院于2009年9月2日作出（2009）青民三初字第110号民事判决：一、奥商网络公司、联通青岛公司于本判决生效之日起立即停止针对百度公司的不正当竞争行为，即不得利用技术手段，使通过联通青岛公司提供互联网接入服务的网络用户，在登录百度网站进行关键词搜索时，弹出奥商网络公司、联通青岛公司的广告页面；二、奥商网络公司、联通青岛公司于本判决生效之日起十日内赔偿百度公司经济损失二十万元；三、奥商网络公司、联通青岛公司于本判决生效之日起十日内在各自网站首页位置刊登声明以消除影响，声明刊登时间应为连续的十五天；四、驳回百度公司的其他诉讼请求。宣判后，联通青岛公司、奥商网络公司提起上诉。山东省高级人民法院于2010年3月20日作出（2010）鲁民三终字第5-2号民事判决，驳回上诉，维持原判。

【裁判理由】

法院生效裁判认为：本案百度公司起诉奥商网络公司、联通青岛公司、联通山东公司，要求其停止不正当竞争行为并承担相应的民事责任。据此，判断原告的主张能否成立应按以下步骤进行：一、本案被告是否实施了被指控的行为；二、如果实施了被指控行为，该行为是否构成不正当竞争；三、如果构成不正当竞争，如何承担民事责任。

一、关于被告是否实施了被指控的行为

域名是互联网络上识别和定位计算机的层次结构式的字符标识。根据查明的事实，www. job17. com 系奥商网络公司所属的半岛人才网站，“电话实名语音搜索”系联通青岛公司与奥商网络公司合作经营的业务。域名 qd. sd. cn 属于联通青岛公司所有，并将其作为“青岛信息港”的域名实际使用。air. qd. sd. cn 作为 qd. sd. cn 的子域，是其上级域名 qd. sd. cn 分配与管理的。联通青岛公司作为域名 qd. sd. cn 的持有人否认域名 air. qd. sd. cn 为其所有，但没有提供证据予以证明，应认定在公证保全时该子域名的使用人为联通青岛公司。

在互联网上登录搜索引擎网站进行关键词搜索时，正常出现的应该是搜索引擎网站搜索结果页面，不应弹出与搜索引擎网站无关的其他页面，但是在联通青岛公司所提供的网络接入服务网络区域内，却出现了与搜索结果无关的广告页面强行弹出的现象。这种广告页面的弹出并非接入互联网的公证处计算机本身安装程序所导致，联通青岛公司既没有证据证明在其他网络接入服务商网络区域内会出现同样情况，又没有对在其网络接入服务区域内出现的上述情况给予合理解释，可以认定在联通青岛公司提供互联网接入服务的区域内，对于网络服务对象针对百度网站所发出的搜索请求进行了人为干预，使干预者想要发布的广告页面在正常搜索结果页面出现前强行弹出。

关于上述干预行为的实施主体问题，从查明的事实来看，奥商网络公司在其主页中对其“网络直通车”业务的介绍表明，其中关于广告强行弹出的介绍与公证保全的形式完全一致，且公证保全中所出现的弹出广告页面“半岛人才网”“114 电话语音搜索”均是其正在经营的网站或业务。因此，奥商网络公司是该干预行为的受益者，在其没有提供证据证明存在其他主体为其实施上述广告行为的情况下，可以认定奥商网络公司是上述干预行为的实施主体。

关于联通青岛公司是否被控侵权行为的实施主体问题，奥商网络公司这种干预行为不是通过在客户端计算机安装插件、程序等方式实现，而是在特定网络接入服务区域内均可实现，因此这种行为如果没有网络接入服务商的配合则无法实现。联通青岛公司没有证据证明奥商网络公司是通过非法手段干预其互联网接入服务而实施上述行为。同时，联通青岛公司是域名 air. qd. sd. cn 的所有人，因持有或使用域名而侵害他人合法权益的责任，由域名持有者承担。联通青岛公司与奥商网络公司合作经营电话实名业务，即联通青岛公司也是上述行为的受益人。因此，可以认定联通青岛公司也是上述干预行为的实施主体。

关于联通山东公司是否实施了干预行为，因联通山东公司、联通青岛公司同属于中国联合网络通信有限公司分支机构，无证据证明两公司具有开办和被开办的关系，也无证据证明联通山东公司参与实施了干预行为，联通青岛公司作为民事主体有承担民事责任的资格，故对联通山东公司的诉讼请求，不予支持。百度公司将鹏飞航空公司作为本案第三人，但是在诉状及庭审过程中并未指出第三人有不正当竞争行为，也未要求第三人承担民事责任，故将鹏飞航空公司作为第三人属于列举当事人不当，不予支持。

二、关于被控侵权行为是否构成不正当竞争

《中华人民共和国反不正当竞争法》（简称《反不正当竞争法》）第二章第五条至第十五条，对不正当竞争行为进行了列举式规定，对于没有在具体条文中列举的行为，只有按照公认的商业道德和普遍认识能够认定违反该法第二条原则性规定时，才可以认定为不正当竞争行为。判断经营者的行为构成不正当竞争，应当考虑以下方面：一是行为实施者是反不正当竞争法意义上的经营者；二是经营者从事商业活动时，没有遵循自愿、平等、公平、诚实信用原则，违反了反不正当竞争法律规定和公认的商业道德；三是经营者的不正当竞争行为损害了正当经营者的合法权益。

首先，根据《反不正当竞争法》第二条有关经营者的规定，经营者的确定并不要求原、被告属同一行业或服务类别，只要是从事商品经营或者营利性服务的市场主体，就可成为经营者。联通青岛公司、奥商网络公司与百度公司均属于从事互联网业务的市场主体，属于反不正当竞争法意义上的经营者。虽然联通青岛公司是互联网接入服务经营者，百度公司是搜索服务经营者，服务类别上不完全相同，但是联通青岛公司实施的在百度搜索结果出现之前弹出广告的商业行为，与百度公司的付费搜索模式存在竞争关系。

其次，在市场竞争中存在商业联系的经营者，违反诚信原则和公认商业道德，不正当地妨碍了其他经营者正当经营，并损害其他经营者合法权益的，可以依照《反不正当竞争法》第二条的原则性规定，认定为不正当竞争。尽管在互联网上发布广告、进行商业活动与传统商业模式有较大差异，但是从事互联网业务的经营者仍应当通过诚信经营、公平竞争来获得竞争优势，不能未经他人许可，利用他人的服务行为或市场份额来进行商业运作并从中获利。联通青岛公司与奥商网络公司实施的行为，是利用了百度网站搜索引擎在我国互联网用户中被广泛使用优势，利用技术手段，让使用联通青岛公司提供互联网接入服务的网络用户，在登录百度网站进行关键词搜索时，在正常搜索结果显示前强行弹出奥商公司发布的与搜索的关键词及内容有紧密关系的广告页面。这种行为诱使本可能通过百度公司搜索结果检索相应信息的网络用户点击该广告页面，影响了百度公司向网络用户提供付费搜索服务与推广服务，属于利用百度公司提供的搜索服务来为自己牟利。该行为既没有征得百度公司同意，又违背了使用其互联网接入服务用户的意志，容易导致上网用户误以为弹出的广告页面系百度公司所为，会使上网用户对百度公司提供服务的评价降低，对百度公司的商业信誉产生不利影响，损害了百度公司的合法权益，同时也违背了诚实信用和公认的商业道德，已构成不正当竞争。

三、关于民事责任的承担

由于联通青岛公司与奥商网络公司共同实施了不正当竞争行为，依照《中华人民共和国民法通则》第一百三十条的规定应当承担连带责任。依照《中华人民共和国民法通则》第一百三十四条、《反不正当竞争法》第二十条的规定，应当承担停止侵权、赔偿损失、消除影响的民事责任。首先，奥商网络公司、联通青岛公司应当立即停止不正当竞争行为，即不得利用技术手段使通过联通青岛公司提供互联网接入服务的网络用户，在登录百度网站进行关键词搜索时，弹出两被告的广告页面。其次，根据原告为本案支出的合理费用、被告不正当竞争行为的情节、持续时间等，酌定两被告共同赔偿经济损失20万元。最后，互联网用户在登录百度进行搜索时，面对弹出的广告页面，通常会认为该行为系百度公司所为。因此两被告的行为给百度公司造成了一定负面影响，应当承担消除影响的民事责任。由于该行为发生在互联网上，且发生在联通青岛公司提供互联网接入服务的区域内，故确定两被告应在其各自网站的首页上刊登消除影响的声明。

典型案例

“爱奇艺账号”不正当竞争纠纷案——VIP 账号分时出租行为的认定（《人民法院反垄断和反不正当竞争典型案例》案例 3 2021 年 9 月 27 日）

【基本案情】

北京爱奇艺科技有限公司（以下简称爱奇艺公司）是爱奇艺网和手机端爱奇艺 App 的经营者，用户支付相应对价成为爱奇艺 VIP 会员后能够享受跳过广告和观看 VIP 视频等会员特权。杭州龙魂网络科技有限公司（以下简称龙魂公司）、杭州龙境科技有限公司（以下简称龙境公司）通过运营的“马上玩”App 对其购买的爱奇艺 VIP 账号进行分时出租，使用户无须购买爱奇艺 VIP 账号、通过云流化技术手段即可限制爱奇艺 App 部分功能。爱奇艺公司诉至法院，要求消除影响并赔偿经济损失及合理开支 300 万元。一审法院认定龙魂公司、龙境公司的涉案行为构成不正当竞争，判令其停止侵权，并赔偿爱奇艺公司经济损失及合理开支共计 300 万元。龙魂公司、龙境公司不服一审判决，提起上诉。北京知识产权法院二审认定，龙魂公司、龙境公司的行为妨碍了爱奇艺公司合法提供的网络服务的正常运行，主观恶意明显。龙魂公司、龙境公司运用网络新技术向社会提供新产品并非基于促进行业新发展的需求，该行为从长远来看也将逐步降低市场活力，破坏竞争秩序和机制，阻碍网络视频市场的正常、有序发展，并最终造成消费者福祉的减损，具有不正当性。北京知识产权法院判决驳回上诉、维持一审判决。

【典型意义】

本案是对网络环境下新型不正当竞争行为进行有效规制的典型案例。该案体现了人民法院对互联网经营者与消费者合法利益的有效保护，同时也体现了人民法院对创新因素的考量。本案明确了网络视频行业中新商业模式的合理边界，彰显了人民法院促进网络平台有序发展，激发社会创新活力，打造公平竞争市场环境的司法导向。

“陆金所金融服务平台”不正当竞争纠纷案——网络抢购服务行为的认定（《人民法院反垄断和反不正当竞争典型案例》案例 4 2021 年 9 月 27 日）

【基本案情】

上海陆家嘴国际金融资产交易市场股份有限公司（以下简称陆金所公司）是知名互联网财富管理平台，上海陆金所互联网金融信息服务有限公司（以下简称陆金服公司）是其全资子公司。两者开设金融服务网站及手机应用（以下简称涉案平台），债权转让产品交易是其中的热门服务。为抢购债权转让产品，网站会员需经常登录涉案平台，频繁刷新关注债权转让产品信息。西安陆智投软件科技有限公司（以下简称陆智投公司）提供“陆金所代购工具”软件，用户通过安装运行该软件，无需关注涉案平台发布的债权转让产品信息即可根据预设条件实现自动抢购，并先于手动抢购的会员完成交易。陆金所公司、陆金服公司认为，陆智投公司的上述行为构成不正当竞争，诉至法院。上海市浦东新区人民法院认为，陆智投公司提供的抢购服务利用技术手段，为用户提供不正当的抢购优势，违反涉案平台既有的抢购规则并刻意绕过其监管措施，对涉案平台的用户粘性和营商环境造成严重破坏，应认定构成不正当竞争。上海市浦东新区人民法院判令陆智投公司停止涉案不正当竞争行为、公开消除影响，并全额支持了陆金所公司、陆金服公司的赔偿主张。

【典型意义】

网络抢购服务是互联网金融迅猛发展的伴生品。本案明确了互联网不正当竞争案件的审理思路及裁判规则，及时回应了社会关切，兼顾了科技金融企业的竞争利益与投资用户的消费者权益，更对维护金融平台营商环境具有重要意义。为科技金融行业有序发展提供了明确的规则指引。本案判决后当事人息诉服判，案件取得了较好的法律效果和社会效果。

数推公司、谭某不正当竞争纠纷案

——网络刷单行为的不正当竞争认定（《人民法院反垄断和反不正当竞争典型案例》案例7 2021年9月27日）

【基本案情】

数推（重庆）网络科技有限公司（以下简称数推公司）为自然人独资有限公司，谭某系数推公司执行董事兼总经理，是该公司的唯一股东。数推公司、谭某自2017年12月至2019年7月分别开设了“企鹅代商网”“金招代刷网”等6个网站接受客户订单，将订单转让或转托他人，利用网络技术手段，对深圳市腾讯计算机系统有限公司、腾讯科技（深圳）有限公司（以下简称两原告）的网站和产品服务内容信息的点击量、浏览量、阅读量进行虚假提高，并予以宣传，获取订单与转托刷量之间的差价。重庆市第五中级人民法院经审理认为，数推公司、谭某有偿提供虚假刷量服务的行为构成不正当竞争，判决数推公司与谭某连带赔偿两原告经济损失及合理开支共计120万元。

【典型意义】

本案是打击网络黑灰产业的典型案例，明确了互联网经营者有偿提供虚假刷量服务的行为违反诚实信用原则和商业道德，损害合法经营者、用户和消费者的权益，扰乱正常竞争秩序，应纳入反不正当竞争法予以规制。本案对反不正当竞争法第十二条规定的“其他”不正当竞争行为进行了有益探索，为审理涉及互联网黑灰产业的类似案件提供了裁判指引。

“App唤醒策略”不正当竞争纠纷案

——网络不正当竞争行为的认定（《人民法院反不正当竞争典型案例》案例4 2022年11月17日）

【基本案情】

支付宝公司系“支付宝”App支付功能的运营主体。经许可，支付宝公司在经营活动中使用“alipay”注册商标，并以www.alipay.com作为其官方网站的网址。斑马公司系“家政加”App的运营主体。支付宝公司认为，斑马公司无正当理由，在其开发、运营的“家政加”App中设置与“支付宝”App一致的链接，导致用户选择通过“支付宝”App进行付款结算时将被跳转至“家政加”App，该不正当竞争行为损害了支付宝公司的经济利益及商业信誉。支付宝公司遂诉至法院，请求判令斑马公司消除影响并赔偿经济损失及合理费用。上海市浦东新区人民法院认定斑马公司实施的上述行为构成不正当竞争，判令其承担消除影响及赔偿经济损失与合理支出共计48万余元的民事责任。斑马公司提起上诉后又撤回上诉，一审判决即生效。

【典型意义】

本案是规范互联网不正当竞争行为的典型案例。秉持对经营者利益、消费者利益及社会公共利益应当予以一体保护的精神，依法认定涉案被诉行为构成不正当竞争，有力制止了非法干扰他人软件运行的互联网不正当竞争行为，促进了科技金融服务市场电子收付领域的效率与安全。

十六、垄断纠纷

183. 垄断协议纠纷

（1）横向垄断协议纠纷
（2）纵向垄断协议纠纷

相关规范

>>《中华人民共和国反垄断法》（2022年修正）

第十六条 本法所称垄断协议，是指排除、限制竞争的协议、决定或者其他协同行为。

第十七条 禁止具有竞争关系的经营者达成下列垄断协议：

（一）固定或者变更商品价格；

（二）限制商品的生产数量或者销售数量；

（三）分割销售市场或者原材料采购市场；

（四）限制购买新技术、新设备或者限制开发新技术、新产品；

（五）联合抵制交易；

（六）国务院反垄断执法机构认定的其他垄断协议。

第十八条 禁止经营者与交易相对人达成下列垄断协议：

（一）固定向第三人转售商品的价格；

（二）限定向第三人转售商品的最低价格；

（三）国务院反垄断执法机构认定的其他垄断协议。

对前款第一项和第二项规定的协议，经营者能够证明其不具有排除、限制竞争效果的，不予禁止。

经营者能够证明其在相关市场的市场份额低于国务院反垄断执法机构规定的标准，并符合国务院反垄断执法机构规定的其他条件的，不予禁止。

第十九条 经营者不得组织其他经营者达成垄断协议或者为其他经营者达成垄断协议提供实质性帮助。

第六十条 经营者实施垄断行为，给他人造成损失的，依法承担民事责任。

经营者实施垄断行为，损害社会公共利益的，设区的市级以上人民检察院可以依法向人民法院提起民事公益诉讼。

>>《禁止垄断协议暂行规定》（2022年修正）

第五条 垄断协议是指排除、限制竞争的协议、决定或者其他协同行为。

协议或者决定可以是书面、口头等形式。

其他协同行为是指经营者之间虽未明确订立协议或者决定，但实质上存在协调一致的行为。

第六条 认定其他协同行为，应当考虑下列因素：

（一）经营者的市场行为是否具有一致性；

（二）经营者之间是否进行过意思联络或者信息交流；

（三）经营者能否对行为的一致性作出合理解释；

（四）相关市场的市场结构、竞争状况、市场变化等情况。

第七条　禁止具有竞争关系的经营者就商品或者服务（以下统称商品）价格达成下列垄断协议：

（一）固定或者变更价格水平、价格变动幅度、利润水平或者折扣、手续费等其他费用；

（二）约定采用据以计算价格的标准公式；

（三）限制参与协议的经营者的自主定价权；

（四）通过其他方式固定或者变更价格。

第八条　禁止具有竞争关系的经营者就限制商品的生产数量或者销售数量达成下列垄断协议：

（一）以限制产量、固定产量、停止生产等方式限制商品的生产数量，或者限制特定品种、型号商品的生产数量；

（二）以限制商品投放量等方式限制商品的销售数量，或者限制特定品种、型号商品的销售数量；

（三）通过其他方式限制商品的生产数量或者销售数量。

第九条　禁止具有竞争关系的经营者就分割销售市场或者原材料采购市场达成下列垄断协议：

（一）划分商品销售地域、市场份额、销售对象、销售收入、销售利润或者销售商品的种类、数量、时间；

（二）划分原料、半成品、零部件、相关设备等原材料的采购区域、种类、数量、时间或者供应商；

（三）通过其他方式分割销售市场或者原材料采购市场。

前款规定中的原材料还包括经营者生产经营所必需的技术和服务。

第十条　禁止具有竞争关系的经营者就限制购买新技术、新设备或者限制开发新技术、新产品达成下列垄断协议：

（一）限制购买、使用新技术、新工艺；

（二）限制购买、租赁、使用新设备、新产品；

（三）限制投资、研发新技术、新工艺、新产品；

（四）拒绝使用新技术、新工艺、新设备、新产品；

（五）通过其他方式限制购买新技术、新设备或者限制开发新技术、新产品。

第十一条　禁止具有竞争关系的经营者就联合抵制交易达成下列垄断协议：

（一）联合拒绝向特定经营者供应或者销售商品；

（二）联合拒绝采购或者销售特定经营者的商品；

（三）联合限定特定经营者不得与其具有竞争关系的经营者进行交易；

（四）通过其他方式联合抵制交易。

第十二条　禁止经营者与交易相对人就商品价格达成下列垄断协议：

（一）固定向第三人转售商品的价格水平、价格变动幅度、利润水平或者折扣、手续费等其他费用；

（二）限定向第三人转售商品的最低价格，或者通过限定价格变动幅度、利润水平或者折扣、手续费等其他费用限定向第三人转售商品的最低价格；

（三）通过其他方式固定转售商品价格或者限定转售商品最低价格。

第十三条　不属于本规定第七条至第十二条所列情形的其他协议、决定或者协同行为，有证据证明排除、限制竞争的，应当认定为垄断协议并予以禁止。

前款规定的垄断协议由市场监管总局负责认定，认定时应当考虑下列因素：

（一）经营者达成、实施协议的事实；

（二）市场竞争状况；

（三）经营者在相关市场中的市场份额及其对市场的控制力；

（四）协议对商品价格、数量、质量等方面的影响；

（五）协议对市场进入、技术进步等方

面的影响；

（六）协议对消费者、其他经营者的影响；

（七）与认定垄断协议有关的其他因素。

《最高人民法院关于审理因垄断行为引发的民事纠纷案件应用法律若干问题的规定》（2020 年 12 月 23 日修正）

第五条 民事纠纷案件立案时的案由并非垄断纠纷，被告以原告实施了垄断行为为由提出抗辩或者反诉且有证据支持，或者案件需要依据反垄断法作出裁判，但受诉人民法院没有垄断民事纠纷案件管辖权的，应当将案件移送有管辖权的人民法院。

第六条 两个或者两个以上原告因同一垄断行为向有管辖权的同一法院分别提起诉讼的，人民法院可以合并审理。

两个或者两个以上原告因同一垄断行为向有管辖权的不同法院分别提起诉讼的，后立案的法院在得知有关法院先立案的情况后，应当在七日内裁定将案件移送先立案的法院；受移送的法院可以合并审理。被告应当在答辩阶段主动向受诉人民法院提供其因同一行为在其他法院涉诉的相关信息。

第七条 被诉垄断行为属于反垄断法第十三条第一款第一项至第五项规定的垄断协议的，被告应对该协议不具有排除、限制竞争的效果承担举证责任。

第八条 被诉垄断行为属于反垄断法第十七条第一款规定的滥用市场支配地位的，原告应当对被告在相关市场内具有支配地位和其滥用市场支配地位承担举证责任。

被告以其行为具有正当性为由进行抗辩的，应当承担举证责任。

第九条 被诉垄断行为属于公用企业或者其他依法具有独占地位的经营者滥用市场支配地位的，人民法院可以根据市场结构和竞争状况的具体情况，认定被告在相关市场内具有支配地位，但有相反证据足以推翻的除外。

第十条 原告可以以被告对外发布的信息作为证明其具有市场支配地位的证据。被告对外发布的信息能够证明其在相关市场内具有支配地位的，人民法院可以据此作出认定，但有相反证据足以推翻的除外。

第十一条 证据涉及国家秘密、商业秘密、个人隐私或者其他依法应当保密的内容的，人民法院可以依职权或者当事人的申请采取不公开开庭、限制或者禁止复制、仅对代理律师展示、责令签署保密承诺书等保护措施。

第十二条 当事人可以向人民法院申请一至二名具有相应专门知识的人员出庭，就案件的专门性问题进行说明。

第十三条 当事人可以向人民法院申请委托专业机构或者专业人员就案件的专门性问题作出市场调查或者经济分析报告。经人民法院同意，双方当事人可以协商确定专业机构或者专业人员；协商不成的，由人民法院指定。

人民法院可以参照民事诉讼法及相关司法解释有关鉴定意见的规定，对前款规定的市场调查或者经济分析报告进行审查判断。

第十四条 被告实施垄断行为，给原告造成损失的，根据原告的诉讼请求和查明的事实，人民法院可以依法判令被告承担停止侵害、赔偿损失等民事责任。

根据原告的请求，人民法院可以将原告因调查、制止垄断行为所支付的合理开支计入损失赔偿范围。

第十五条 被诉合同内容、行业协会的章程等违反反垄断法或者其他法律、行政法规的强制性规定的，人民法院应当依法认定其无效。但是，该强制性规定不导致该民事法律行为无效的除外。

第十六条 因垄断行为产生的损害赔偿请求权诉讼时效期间，从原告知道或者应当知道权益受到损害以及义务人之日起计算。

原告向反垄断执法机构举报被诉垄断行为的，诉讼时效从其举报之日起中断。反垄断执法机构决定不立案、撤销案件或者决定终止调查的，诉讼时效期间从原告知道或者应当知道不立案、撤销案件或者终止调查之日起重新计算。反垄断执法机构调查后认定构成垄断行为的，诉讼时效期间从原告知道或者应当知道反垄断执法机构认定构成垄断行为的处理决定发生法律效力之日起重新计算。

原告知道或者应当知道权益受到损害以及义务人之日起超过三年，如果起诉时被诉垄断行为仍然持续，被告提出诉讼时效抗辩的，损害赔偿应当自原告向人民法院起诉之日起向前推算三年计算。自权利受到损害之日起超过二十年的，人民法院不予保护，有特殊情况的，人民法院可以根据权利人的申请决定延长。

《最高人民法院关于为加快建设全国统一大市场提供司法服务和保障的意见》（法发〔2022〕22号　2022年7月14日）

21. 依法打击垄断和不正当竞争行为。强化司法反垄断和反不正当竞争，依法制止垄断协议、滥用市场支配地位等垄断行为，严厉打击侵犯商业秘密、商标恶意抢注、攀附仿冒等不正当竞争行为，加强科技创新、信息安全、民生保障等重点领域不正当竞争案件审理。加强对平台企业垄断的司法规制，及时制止利用数据、算法、技术手段等方式排除、限制竞争行为，依法严惩强制“二选一”、大数据杀熟、低价倾销、强制搭售等破坏公平竞争、扰乱市场秩序行为，防止平台垄断和资本无序扩张。依法严厉打击自媒体运营者借助舆论影响力对企业进行敲诈勒索行为，以及恶意诋毁商家商业信誉、商品声誉等不正当竞争行为。完善竞争案件裁判规则，适时出台反垄断民事诉讼司法解释。

典型案例

“砖瓦协会”垄断纠纷案——横向垄断协议实施者损害赔偿请求权的认定（《人民法院反垄断和反不正当竞争典型案例》案例9　2021年9月27日）

【基本案情】

张某某主张其系在宜宾市砖瓦协会的发起人四川省宜宾市吴桥建材工业有限责任公司（以下简称吴桥公司）、宜宾县四和建材有限责任公司（以下简称四和公司）、曹某某等的胁迫下，加入该砖瓦协会，签订《停产整改合同》，并因该合同被迫停止生产。宜宾市砖瓦协会及其发起人通过广泛签订上述合同，迫使宜宾市部分砖瓦企业停产，通过减少砖瓦供应量，实现提高砖瓦价格，赢取不当利益，上述行为明显具有排除、限制竞争的目的，且在特定时间内实现了排除、限制竞争的效果，构成反垄断法规定的横向垄断协议。但宜宾市砖瓦协会和仍维持生产的砖瓦企业支付了少量停产扶持费后不再依照约定付款，其行为排除了张某某参与竞争，构成对反垄断法的违反，故诉至法院。一审法院认为，被诉行为构成对反垄断法的违反，侵害了张某某的权益，故判决吴桥公司、四和公司、曹某某、宜宾市砖瓦协会连带赔偿经济损失33.6万元、合理开支5000元。吴桥公司、曹某某、宜宾市砖瓦协会不服，向最高人民法院提起上诉。最高人民法院二审认为，该案核心问题是，张某某作为该案横向垄断协议的实施者之一，是否有权要求该垄断协议的其他实施者赔偿其所谓经济损失。鉴于横向垄断协议实施者主张损害赔偿，实质上是要求瓜分垄断利益，故判决撤销一审判决，驳回张某某的全部诉讼请求。

【典型意义】

横向垄断协议实施者要求其他实施者赔付其因实施该横向垄断协议遭受的损失，本质上是要求在横向垄断协议实施者之间对垄断利益作重新分配。该案阐明了垄断民事救济的宗旨和导向，明确了请求损害赔偿救济者，其行为必须正当合法的基本原则，揭示了横向垄断协议实施者要求其他实施者赔偿所谓损失的瓜分垄断利益本质，对于打击横向垄断行为、维护公平竞争秩序、引导行业协会良性发展具有重要意义。

» **"延安混凝土企业"合同纠纷及横向垄断协议纠纷案**——横向垄断协议的损害赔偿计算（《人民法院反垄断典型案例》案例5　2022年11月17日）

【基本案情】

嘉诚公司自2018年3月开始向福建三建公司供应混凝土。包含嘉诚公司在内的陕西省延安市宝塔区10家混凝土企业联合声明，自2018年7月1日开始，所有标号的混凝土每立方米在原价基础上上浮60元。2018年7月13日，嘉诚公司与福建三建公司达成口头协议，约定将混凝土每立方米单价全面上涨45元。同月，原陕西省工商局接到嘉诚公司等涉嫌垄断的举报，于2018年8月启动调查，但嘉诚公司对混凝土供应单价并未作出调整，亦未向福建三建公司告知相关情况。自2019年4月开始，福建三建公司和嘉诚公司通过签订补充协议，对同标号混凝土在先前价格基础上每立方米再次上涨25元。2019年8月，陕西省市场监管局对嘉诚公司和其他9家混凝土企业达成并实施垄断协议作出处罚决定。2019年9月底，嘉诚公司对福建三建公司的混凝土供应结束，10月双方组织结算。在嘉诚公司向福建三建公司主张欠付混凝土货款时，福建三建公司得知嘉诚公司因实施垄断行为被行政机关处罚，遂向陕西省西安市中级人民法院起诉，要求嘉诚公司赔偿相应损失。该院审理认为，当事人之间因形式上的契约自由不能成为实施垄断行为一方违法行为的合法外衣。经营者达成涨价协议对交易相对人造成损害的，应当承担相应的民事责任。关于横向垄断协议损害赔偿，对难以脱离当地供应市场或对技术支持需求较高的商品，应以垄断协议所固定价格与此前在自由市场竞争中与交易相对人所约定产品价格的差值进行计算。故判决福建三建公司向嘉诚公司支付欠付合同款约602万元并支付违约金；嘉诚公司向福建三建公司支付因实施横向垄断协议所造成的损害赔偿金约143万元。一审宣判后，双方均未上诉。

【典型意义】

本案是横向垄断协议的受害人在反垄断行政执法机关认定被诉垄断行为违法并作出行政处罚后提起民事损害赔偿诉讼的案件。反垄断民事诉讼是垄断行为受害人获得损害赔偿的基本途径，是反垄断法实施的重要方式。本案基于经济学原理和一般市场交易规律，对不同交易形态特征下的损害赔偿请求数额认定和计算路径进行了有益探索。本案同时也生动展现了反垄断行政执法与司法的有效衔接，对于形成反垄断法执法和司法合力、切实提升反垄断法实施效果具有典型意义。

184. 滥用市场支配地位纠纷

（1）垄断定价纠纷
（2）掠夺定价纠纷
（3）拒绝交易纠纷
（4）限定交易纠纷
（5）捆绑交易纠纷
（6）差别待遇纠纷

相关规范

» **《中华人民共和国反垄断法》**（2022年修正）

第二十二条　禁止具有市场支配地位的经营者从事下列滥用市场支配地位的行为：

（一）以不公平的高价销售商品或者以不公平的低价购买商品；

（二）没有正当理由，以低于成本的价格销售商品；

（三）没有正当理由，拒绝与交易相对

人进行交易；

（四）没有正当理由，限定交易相对人只能与其进行交易或者只能与其指定的经营者进行交易；

（五）没有正当理由搭售商品，或者在交易时附加其他不合理的交易条件；

（六）没有正当理由，对条件相同的交易相对人在交易价格等交易条件上实行差别待遇；

（七）国务院反垄断执法机构认定的其他滥用市场支配地位的行为。

具有市场支配地位的经营者不得利用数据和算法、技术以及平台规则等从事前款规定的滥用市场支配地位的行为。

本法所称市场支配地位，是指经营者在相关市场内具有能够控制商品价格、数量或者其他交易条件，或者能够阻碍、影响其他经营者进入相关市场能力的市场地位。

第二十三条 认定经营者具有市场支配地位，应当依据下列因素：

（一）该经营者在相关市场的市场份额，以及相关市场的竞争状况；

（二）该经营者控制销售市场或者原材料采购市场的能力；

（三）该经营者的财力和技术条件；

（四）其他经营者对该经营者在交易上的依赖程度；

（五）其他经营者进入相关市场的难易程度；

（六）与认定该经营者市场支配地位有关的其他因素。

第二十四条 有下列情形之一的，可以推定经营者具有市场支配地位：

（一）一个经营者在相关市场的市场份额达到二分之一的；

（二）两个经营者在相关市场的市场份额合计达到三分之二的；

（三）三个经营者在相关市场的市场份额合计达到四分之三的。

有前款第二项、第三项规定的情形，其中有的经营者市场份额不足十分之一的，不应当推定该经营者具有市场支配地位。

被推定具有市场支配地位的经营者，有证据证明不具有市场支配地位的，不应当认定其具有市场支配地位。

第六十条 经营者实施垄断行为，给他人造成损失的，依法承担民事责任。

经营者实施垄断行为，损害社会公共利益的，设区的市级以上人民检察院可以依法向人民法院提起民事公益诉讼。

《最高人民法院关于审理因垄断行为引发的民事纠纷案件应用法律若干问题的规定》（2020年12月23日修正）

第一条 本规定所称因垄断行为引发的民事纠纷案件（以下简称垄断民事纠纷案件），是指因垄断行为受到损失以及因合同内容、行业协会的章程等违反反垄断法而发生争议的自然人、法人或者非法人组织，向人民法院提起的民事诉讼案件。

第二条 原告直接向人民法院提起民事诉讼，或者在反垄断执法机构认定构成垄断行为的处理决定发生法律效力后向人民法院提起民事诉讼，并符合法律规定的其他受理条件的，人民法院应当受理。

第三条 第一审垄断民事纠纷案件，由知识产权法院，省、自治区、直辖市人民政府所在地的市、计划单列市中级人民法院以及最高人民法院指定的中级人民法院管辖。

第四条 垄断民事纠纷案件的地域管辖，根据案件具体情况，依照民事诉讼法及相关司法解释有关侵权纠纷、合同纠纷等的管辖规定确定。

第五条 民事纠纷案件立案时的案由并非垄断纠纷，被告以原告实施了垄断行为为由提出抗辩或者反诉且有证据支持，或者案件需要依据反垄断法作出裁判，但受诉人民法院没有垄断民事纠纷案件管辖权的，应当将案件移送有管辖权的人民法院。

第六条 两个或者两个以上原告因同一垄断行为向有管辖权的同一法院分别提起诉

讼的，人民法院可以合并审理。

两个或者两个以上原告因同一垄断行为向有管辖权的不同法院分别提起诉讼的，后立案的法院在得知有关法院先立案的情况后，应当在七日内裁定将案件移送先立案的法院；受移送的法院可以合并审理。被告应当在答辩阶段主动向受诉人民法院提供其因同一行为在其他法院涉诉的相关信息。

第七条 被诉垄断行为属于反垄断法第十三条第一款第一项至第五项规定的垄断协议的，被告应对该协议不具有排除、限制竞争的效果承担举证责任。

第八条 被诉垄断行为属于反垄断法第十七条第一款规定的滥用市场支配地位的，原告应当对被告在相关市场内具有支配地位和其滥用市场支配地位承担举证责任。

被告以其行为具有正当性为由进行抗辩的，应当承担举证责任。

第九条 被诉垄断行为属于公用企业或者其他依法具有独占地位的经营者滥用市场支配地位的，人民法院可以根据市场结构和竞争状况的具体情况，认定被告在相关市场内具有支配地位，但有相反证据足以推翻的除外。

第十条 原告可以以被告对外发布的信息作为证明其具有市场支配地位的证据。被告对外发布的信息能够证明其在相关市场内具有支配地位的，人民法院可以据此作出认定，但有相反证据足以推翻的除外。

第十一条 证据涉及国家秘密、商业秘密、个人隐私或者其他依法应当保密的内容的，人民法院可以依职权或者当事人的申请采取不公开开庭、限制或者禁止复制、仅对代理律师展示、责令签署保密承诺书等保护措施。

第十二条 当事人可以向人民法院申请一至二名具有相应专门知识的人员出庭，就案件的专门性问题进行说明。

第十三条 当事人可以向人民法院申请委托专业机构或者专业人员就案件的专门性问题作出市场调查或者经济分析报告。经人民法院同意，双方当事人可以协商确定专业机构或者专业人员；协商不成的，由人民法院指定。

人民法院可以参照民事诉讼法及相关司法解释有关鉴定意见的规定，对前款规定的市场调查或者经济分析报告进行审查判断。

第十四条 被告实施垄断行为，给原告造成损失的，根据原告的诉讼请求和查明的事实，人民法院可以依法判令被告承担停止侵害、赔偿损失等民事责任。

根据原告的请求，人民法院可以将原告因调查、制止垄断行为所支付的合理开支计入损失赔偿范围。

第十五条 被诉合同内容、行业协会的章程等违反反垄断法或者其他法律、行政法规的强制性规定的，人民法院应当依法认定其无效。但是，该强制性规定不导致该民事法律行为无效的除外。

第十六条 因垄断行为产生的损害赔偿请求权诉讼时效期间，从原告知道或者应当知道权益受到损害以及义务人之日起计算。

原告向反垄断执法机构举报被诉垄断行为的，诉讼时效从其举报之日起中断。反垄断执法机构决定不立案、撤销案件或者决定终止调查的，诉讼时效期间从原告知道或者应当知道不立案、撤销案件或者终止调查之日起重新计算。反垄断执法机构调查后认定构成垄断行为的，诉讼时效期间从原告知道或者应当知道反垄断执法机构认定构成垄断行为的处理决定发生法律效力之日起重新计算。

原告知道或者应当知道权益受到损害以及义务人之日起超过三年，如果起诉时被诉垄断行为仍然持续，被告提出诉讼时效抗辩的，损害赔偿应当自原告向人民法院起诉之日起向前推算三年计算。自权利受到损害之日起超过二十年的，人民法院不予保护，有特殊情况的，人民法院可以根据权利人的申请决定延长。

《最高人民法院关于为加快建设全国统一大市场提供司法服务和保障的意见》（法发〔2022〕22号 2022年7月14日）

21. 依法打击垄断和不正当竞争行为。强化司法反垄断和反不正当竞争，依法制止垄断协议、滥用市场支配地位等垄断行为，严厉打击侵犯商业秘密、商标恶意抢注、攀附仿冒等不正当竞争行为，加强科技创新、信息安全、民生保障等重点领域不正当竞争案件审理。加强对平台企业垄断的司法规制，及时制止利用数据、算法、技术手段等方式排除、限制竞争行为，依法严惩强制“二选一”、大数据杀熟、低价倾销、强制搭售等破坏公平竞争、扰乱市场秩序行为，防止平台垄断和资本无序扩张。依法严厉打击自媒体运营者借助舆论影响力对企业进行敲诈勒索行为，以及恶意诋毁商家商业信誉、商品声誉等不正当竞争行为。完善竞争案件裁判规则，适时出台反垄断民事诉讼司法解释。

《最高人民法院关于为促进消费提供司法服务和保障的意见》（法发〔2022〕35号 2022年12月26日）

24. 维护有利于促进消费的公平竞争市场秩序。依法规制具有市场支配地位的电子商务平台经营者等市场主体实施收取垄断高价、强制“二选一”等滥用市场支配地位行为。积极营造有利于小微企业、个体工商户发展的营商环境，遏制因垄断、不正当竞争导致市场竞争环境恶化而损害消费者权益的行为，充分发挥小微企业、个体工商户在丰富商品和服务供给、增加群众收入、促进消费发展中的作用。依法规范歧视性待遇、虚假宣传、刷单炒信、强制搭售等直接损害消费者权益的垄断和不正当竞争行为，积极营造公平竞争的市场环境。

指导案例

北京奇虎科技有限公司诉腾讯科技（深圳）有限公司、深圳市腾讯计算机系统有限公司滥用市场支配地位纠纷案（最高人民法院指导案例78号 2017年3月6日发布）

【关键词】 民事 滥用市场支配地位 垄断 相关市场

【裁判要点】

1. 在反垄断案件的审理中，界定相关市场通常是重要的分析步骤。但是，能否明确界定相关市场取决于案件具体情况。在滥用市场支配地位的案件中，界定相关市场是评估经营者的市场力量及被诉垄断行为对竞争影响的工具，其本身并非目的。如果通过排除或者妨碍竞争的直接证据，能够对经营者的市场地位及被诉垄断行为的市场影响进行评估，则不需要在每一个滥用市场支配地位的案件中，都明确而清楚地界定相关市场。

2. 假定垄断者测试（HMT）是普遍适用的界定相关市场的分析思路。在实际运用时，假定垄断者测试可以通过价格上涨（SSNIP）或质量下降（SSNDQ）等方法进行。互联网即时通信服务的免费特征使用户具有较高的价格敏感度，采用价格上涨的测试方法将导致相关市场界定过宽，应当采用质量下降的假定垄断者测试进行定性分析。

3. 基于互联网即时通信服务低成本、高覆盖的特点，在界定其相关地域市场时，应当根据多数需求者选择商品的实际区域、法律法规的规定、境外竞争者的现状及进入相关地域市场的及时性等因素，进行综合评估。

4. 在互联网领域中，市场份额只是判断市场支配地位的一项比较粗糙且可能具有误导性的指标，其在认定市场支配力方面的地位和作用必须根据案件具体情况确定。

【基本案情】

北京奇虎科技有限公司（以下简称奇虎公司）、奇智软件（北京）有限公司于2010

年10月29日发布扣扣保镖软件。2010年11月3日，腾讯科技（深圳）有限公司（以下简称腾讯公司）发布《致广大QQ用户的一封信》，在装有360软件的电脑上停止运行QQ软件。11月4日，奇虎公司宣布召回扣扣保镖软件。同日，360安全中心亦宣布，在国家有关部门的强力干预下，目前QQ和360软件已经实现了完全兼容。2010年9月，腾讯QQ即时通信软件与QQ软件管理一起打包安装，安装过程中并未提示用户将同时安装QQ软件管理。2010年9月21日，腾讯公司发出公告称，正在使用的QQ软件管理和QQ医生将自动升级为QQ电脑管家。奇虎公司诉至广东省高级人民法院，指控腾讯公司滥用其在即时通信软件及服务相关市场的市场支配地位。奇虎公司主张，腾讯公司和深圳市腾讯计算机系统有限公司（以下简称腾讯计算机公司）在即时通信软件及服务相关市场具有市场支配地位，两公司明示禁止其用户使用奇虎公司的360软件，否则停止QQ软件服务；拒绝向安装有360软件的用户提供相关的软件服务，强制用户删除360软件；采取技术手段，阻止安装了360浏览器的用户访问QQ空间，上述行为构成限制交易；腾讯公司和腾讯计算机公司将QQ软件管家与即时通信软件相捆绑，以升级QQ软件管家的名义安装QQ医生，构成捆绑销售。请求判令腾讯公司和腾讯计算机公司立即停止滥用市场支配地位的垄断行为，连带赔偿奇虎公司经济损失1.5亿元。

【裁判结果】

广东省高级人民法院于2013年3月20日作出（2011）粤高法民三初字第2号民事判决：驳回北京奇虎科技有限公司的诉讼请求。北京奇虎科技有限公司不服，提出上诉。最高人民法院于2014年10月8日作出（2013）民三终字第4号民事判决：驳回上诉、维持原判。

【裁判理由】

法院生效裁判认为：本案中涉及的争议焦点主要包括，一是如何界定本案中的相关市场，二是被上诉人是否具有市场支配地位，三是被上诉人是否构成反垄断法所禁止的滥用市场支配地位行为等几个方面。

一、如何界定本案中的相关市场

该争议焦点可以进一步细化为一些具体问题，择要概括如下：

首先，并非在任何滥用市场支配地位的案件中均必须明确而清楚地界定相关市场。竞争行为都是在一定的市场范围内发生和展开的，界定相关市场可以明确经营者之间竞争的市场范围及其面对的竞争约束。在滥用市场支配地位的案件中，合理地界定相关市场，对于正确认定经营者的市场地位、分析经营者的行为对市场竞争的影响、判断经营者行为是否违法，以及在违法情况下需承担的法律责任等关键问题，具有重要意义。因此，在反垄断案件的审理中，界定相关市场通常是重要的分析步骤。尽管如此，是否能够明确界定相关市场取决于案件具体情况，尤其是案件证据、相关数据的可获得性、相关领域竞争的复杂性等。在滥用市场支配地位案件的审理中，界定相关市场是评估经营者的市场力量及被诉垄断行为对竞争的影响的工具，其本身并非目的。即使不明确界定相关市场，也可以通过排除或者妨碍竞争的直接证据对被诉经营者的市场地位及被诉垄断行为可能的市场影响进行评估。因此，并非在每一个滥用市场支配地位的案件中均必须明确而清楚地界定相关市场。一审法院实际上已经对本案相关市场进行了界定，只是由于本案相关市场的边界具有模糊性，一审法院仅对其边界的可能性进行了分析而没有对相关市场的边界给出明确结论。有鉴于此，奇虎公司关于一审法院未对本案相关商品市场作出明确界定，属于本案基本事实认定不清的理由不能成立。

其次，关于“假定垄断者测试”方法可否适用于免费商品领域问题。法院生效裁判认为：第一，作为界定相关市场的一种分析思路，假定垄断者测试（HMT）具有普遍的适用性。实践中，假定垄断者测试的分析方法有多种，既可以通过数量不大但有意义且并非短暂的价格上涨（SSNIP）的方法进行，又可以通过数量不大但有意义且并非短暂的质量下降（SSNDQ）的方法进行。同时，作为一种分析思路或者思考方法，假定垄断者测试在实际运用时既可以通过定性分析的方法进行，又可以在条件允许的情况下通过定量分析的方法进行。第二，在实践中，选择何种方法进行假定垄断者测试取决于案件所涉市场竞争领域以及可获得的相关数据的具体情况。

如果特定市场领域的商品同质化特征比较明显，价格竞争是较为重要的竞争形式，则采用数量不大但有意义且并非短暂的价格上涨（SSNIP）的方法较为可行。但是如果在产品差异化非常明显且质量、服务、创新、消费者体验等非价格竞争成为重要竞争形式的领域，采用数量不大但有意义且并非短暂的价格上涨（SSNIP）的方法则存在较大困难。特别是，当特定领域商品的市场均衡价格为零时，运用 SSNIP 方法尤为困难。在运用 SSNIP 方法时，通常需要确定适当的基准价格，进行 5% －10% 幅度的价格上涨，然后确定需求者的反应。在基准价格为零的情况下，如果进行 5% －10% 幅度的价格增长，增长后其价格仍为零；如果将价格从零提升到一个较小的正价格，则相当于价格增长幅度的无限增大，意味着商品特性或者经营模式发生较大变化，因而难以进行 SSNIP 测试。第三，关于假定垄断者测试在本案中的可适用性问题。互联网服务提供商在互联网领域的竞争中更加注重质量、服务、创新等方面的竞争而不是价格竞争。在免费的互联网基础即时通信服务已经长期存在并成为通行商业模式的情况下，用户具有极高的价格敏感度，改变免费策略转而收取哪怕是较小数额的费用都可能导致用户的大量流失。同时，将价格由免费转变为收费也意味着商品特性和经营模式的重大变化，即由免费商品转变为收费商品，由间接盈利模式转变为直接盈利模式。在这种情况下，如果采取基于相对价格上涨的假定垄断者测试，很可能将不具有替代关系的商品纳入相关市场中，导致相关市场界定过宽。因此，基于相对价格上涨的假定垄断者测试并不完全适宜在本案中适用。尽管基于相对价格上涨的假定垄断者测试难以在本案中完全适用，但仍可以采取该方法的变通形式，例如基于质量下降的假定垄断者测试。由于质量下降程度较难评估以及相关数据难以获得，因此可以采用质量下降的假定垄断者测试进行定性分析而不是定量分析。

再次，关于本案相关市场是否应确定为互联网应用平台问题。上诉人认为，互联网应用平台与本案的相关市场界定无关；被上诉人则认为，互联网竞争实际上是平台的竞争，本案的相关市场范围远远超出了即时通信服务市场。法院生效裁判针对互联网领域平台竞争的特点，阐述了相关市场界定时应如何考虑平台竞争的特点及处理方式，认为：第一，互联网竞争一定程度地呈现出平台竞争的特征。被诉垄断行为发生时，互联网的平台竞争特征已经比较明显。互联网经营者通过特定的切入点进入互联网领域，在不同类型和需求的消费者之间发挥中介作用，以此创造价值。第二，判断本案相关商品市场是否应确定为互联网应用平台，其关键问题在于，网络平台之间为争夺用户注意力和广告主的相互竞争是否完全跨越了由产品或者服务特点所决定的界限，并给经营者施加了足够强大的竞争约束。这一问题的答案最终取决于实证检验。在缺乏确切的实证数据的情况下，至少注意如下方面：首先，互联网应用平台之间争夺用户注意力和广告主的竞争以其提供的关键核心产品或者服务为基础。其次，互联网应用平台的关键核心产品或者服务在属性、特征、功能、用途等方面上存在较大的不同。虽然广告主可能不关心这些产品或者服务的差异，只关心广告的价格和效果，因而可能将不同的互联网应用平台视为彼此可以替代，但是对于免费端的广大用户而言，其很难将不同平台提供的功能和用途完全不同的产品或者服务视为可以有效地相互替代。一个试图查找某个历史人物生平的用户通常会选择使用搜索引擎而不是即时通信，其几乎不会认为两者可以相互替代。再次，互联网应用平台关键核心产品或者服务的特性、功能、用途等差异决定了其所争夺的主要用户群体和广告主可能存在差异，因而在获取经济利益的模式、目标用户群、所提供的后续市场产品等方面存在较大区别。最后，本案中应该关注的是被上诉人是否利用了其在即时通信领域中可能的市场支配力量排除、限制互联网安全软件领域的竞争，将其在即时通信领域中可能存在的市场支配力量延伸到安全软件领域，这一竞争过程更多地发生在免费的用户端。鉴于上述理由，在本案相关市场界定阶段互联网平台竞争的特性不是主要考虑因素。第三，本案中对互联网企业平台竞争特征的考虑方式。相关市场界定的目的是为了明确经营者所面对的竞争约束，合理认定经营者的市场地位，并正确判断其行为对市场竞争的影响。即使不在相关市场界定阶段主要考虑互联网平台竞争的特性，但为了正确认定经营者的市场地位，仍然可以在识别经营者的市场地位和市场控制力时予以适当考虑。因此，对于本案，不在相关市场界定阶段主要考虑互联网平台竞争的特性并不意味着忽视这一特性，而是为了以更恰当的方式考虑这一特性。

最后，关于即时通信服务相关地域市场界定需要注意的问题。法院生效裁判认为：本案相关地域市场的界定，应从中国大陆地区的即时通信服务市场这一目标地域开始，对本案相关地域市场进行考察。因为基于互联网的即时通信服务可以低成本、低代价到达或者覆盖全球，并无额外的、值得关注的运输成本、价格成本或者技术障碍，所以在界定相关地域市场时，将主要考虑多数需求者选择商品的实际区域、法律法规的规定、境外竞争者的现状及其进入相关地域市场的及时性等因素。由于每一个因素均不是决定性的，因此需要根据上述因素进行综合评估。首先，中国大陆地区境内绝大多数用户均选择使用中国大陆地区范围内的经营者提供的即时通信服务。中国大陆地区境内用户对于国际即时通信产品并无较高的关注度。其次，我国有关互联网的行政法规规章等对经营即时通信服务规定了明确的要求和条件。我国对即时通信等增值电信业务实行行政许可制度，外国经营者通常不能直接进入我国大陆境内经营，需要以中外合资经营企业的方式进入并取得相应的行政许可。再次，位于境外的即时通信服务经营者的实际情况。在本案被诉垄断行为发生前，多数主要国际即时通信经营者例如MSN、雅虎、Skype、谷歌等均已经通过合资的方式进入中国大陆地区市场。因此，在被诉垄断行为发生时，尚未进入我国大陆境内的主要国际即时通信服务经营者已经很少。如果我国大陆境内的即时通信服务质量小幅下降，已没有多少境外即时通信服务经营者可供境内用户选择。最后，境外即时通信服务经营者在较短的时间内（例如一年）及时进入中国大陆地区并发展到足以制约境内经营者的规模存在较大困难。境外即时通信服务经营者首先需要通过合资方式建立企业、满足一系列许可条件并取得相应的行政许可，这在相当程度上延缓了境外经营者的进入时间。综上，本案相关地域市场应为中国大陆地区市场。

综合本案其他证据和实际情况，本案相关市场应界定为中国大陆地区即时通信服务市场，既包括个人电脑端即时通信服务，又包括移动端即时通信服务；既包括综合性即时通信服务，又包括文字、音频以及视频等非综合性即时通信服务。

二、被上诉人是否具有市场支配地位

对于经营者在相关市场中的市场份额在认定其市场支配力方面的地位和作用，法院生效裁判认为：市场份额在认定市场支配力方面的地位和作用必须根据案件具体情况确定。一般而言，市场份额越高，持续的时间越长，就越可能预示着市场支配地位的存在。尽管如此，市场份额只是判断市场支配地位的一项比较粗糙且可能具有误导性的指标。在市场进入比较容易，或者高市场份额源于经营者更高的市场效率或者提供了更优异的产品，或者市场外产品对经营者形成较强的竞争约束等情况下，高的市场份额并不能直接推断出市场支配地位的存在。特别是，互联网环境下的竞争存在高度动态的特征，相关市场的边界远不如传统领域那样清晰，在此情况下，更不能高估市场份额的指示作用，而应更多地关注市场进入、经营者的市场行为、对竞争的影响等有助于判断市场支配地位的具体事实和证据。

结合上述思路，法院生效裁判从市场份额、相关市场的竞争状况、被诉经营者控制商品价格、数量或者其他交易条件的能力、该经营者的财力和技术条件、其他经营者对该经营者在交易上的依赖程度、其他经营者进入相关市场的难易程度等方面，对被上诉人是否具有市场支配地位进行考量和分析。最终认定本案现有证据并不足以支持被上诉人具有市场支配地位的结论。

三、被上诉人是否构成反垄断法所禁止的滥用市场支配地位行为

法院生效裁判打破了传统的分析滥用市场支配地位行为的“三步法”，采用了更为灵活的分析步骤和方法，认为：原则上，如果被诉经营者不具有市场支配地位，则无需对其是否滥用市场支配地位进行分析，可以直接认定其不构成反垄断法所禁止的滥用市场支配地位行为。不过，在相关市场边界较为模糊、被诉经营者是否具有市场支配地位不甚明确时，可以进一步分析被诉垄断行为对竞争的影响效果，以检验关于其是否具有市场支配地位的结论正确与否。此外，即使被诉经营者具有市场支配地位，判断其是否构成滥用市场支配地位，也需要综合评估该行为对消费者和竞争造成的消极效果和可能具有的积极效果，进而对该行为的合法性与否作出判断。本案主要涉及两个方面的问题：

一是关于被上诉人实施的“产品不兼容”行为（用户二选一）是否构成反垄断法禁止的限制交易行为。根据反垄断法第十七条的规定，具有市场支配地位的经营者，没有正当理由，限定交易相对人只能与其进行交易或者只能与其指定的经营者进行交易的，构成滥用市场支配地位。上诉人主张，被上诉人没有正当理由，强制用户停止使用并卸载上诉人的软件，构成反垄断法所禁止的滥用市场支配地位限制交易行为。对此，法院生效裁判认为，虽然被上诉人实施的“产品不兼容”行为对用户造成了不便，但是并未导致排除或者限制竞争的明显效果。这一方面说明被上诉人实施的“产品不兼容”行为不构成反垄断法所禁止的滥用市场支配地位行为，也从另一方面佐证了被上诉人不具有市场支配地位的结论。

二是被上诉人是否构成反垄断法所禁止的搭售行为。根据反垄断法第十七条的规定，具有市场支配地位的经营者，没有正当理由搭售商品，或者在交易时附加其他不合理的交易条件的，构成滥用市场支配地位。上诉人主张，被上诉人将 QQ 软件管家与即时通信软件捆绑搭售，并且以升级 QQ 软件管家的名义安装 QQ 医生，不符合交易惯例、消费习惯或者商品的功能，消费者选择权受到了限制，不具有正当理由；一审判决关于被诉搭售行为产生排除、限制竞争效果的举证责任分配错误。对此，法院生效裁判认为，上诉人关于被上诉人实施了滥用市场支配地位行为的上诉理由不能成立。

典型案例

惠州市欢唱壹佰娱乐有限公司与中国音像著作权集体管理协会垄断纠纷案（《2020 年中国法院 10 大知识产权案件》第九号 2021 年 4 月 16 日）

【案情摘要】

惠州市欢唱壹佰娱乐有限公司（以下简称欢唱壹佰公司）曾三次向中国音像著作权集体管理协会（以下简称音集协）发送《签订著作权〈许可使用合同〉要求书》，要求

就音集协管理的相关曲目，直接与其签订使用合同。音集协复函均未同意，并要求其与案外人广州天合文化发展有限公司（以下简称天合公司）沟通相关事宜。欢唱壹佰公司遂向北京知识产权法院起诉称，音集协通过与天合公司合作的方式对其集体管理的音像制品或作品曲库系统进行授权签约，因天合公司提出不合理的签约条件导致双方协商无果，而音集协三次拒绝与欢唱壹佰公司直接签约。前述行为系将音集协这一非盈利性著作权集体管理组织引入天合公司商业性集体管理的捆绑交易行为，构成滥用市场支配地位的垄断行为。一审法院认为，本案的相关市场应界定为中国大陆地区类电影作品或音像制品在 KTV 经营中的许可使用服务市场，音集协目前是该相关市场中唯一的集体管理组织，其获得授权管理的类电影作品或音像制品具有明显的数量和规模优势，从而在 KTV 经营中具有很强的代表性，故应当认定其在相关市场具有支配地位。但根据现有证据，音集协与天合公司之间系委托代理关系，天合公司并非反垄断法第十七条第一款第（四）项所规定的音集协所指定的第三方经营者，尚不足以证明音集协实施了反垄断法第十七条第一款第（四）项、第（五）项规制的限定交易、附加不合理的交易条件等垄断行为。一审法院遂判决驳回欢唱壹佰公司的诉讼请求。

【典型意义】

本案涉及著作权集体管理组织运作机制、收费方式等诸多热点问题。判决明确了著作权集体管理组织仍受反垄断法规制，厘清了著作权集体管理组织的行为性质，及时回应了反垄断执法司法的实践需求。本案判决积极倡导加强集体管理组织的有序运行，有效保护权利人及各类经营者的合法权益，对推动文化产业有序发展、规范公平竞争的市场秩序具有重要意义。

“供水公司”滥用市场支配地位纠纷案——公用企业垄断行为的认定（《人民法院反垄断和反不正当竞争典型案例》案例 8　2021 年 9 月 27 日）

【基本案情】

永福县供水公司是自来水供水公用企业。吴某某向该公司申请用水，永福县供水公司要求其填写《用水报装申请表》，该申请表对用水和水表安装一并进行约定，并同时要求签订供水协议、缴纳安装工程预缴款。吴某某缴纳了水表费、安装费共计 2500 元。后吴某某不同意签订《个人用户供水安装工程施工协议》，要求自行购买水表，退还施工服务费。永福县供水公司未退款亦未给吴某某提供供水服务。吴某某认为永福县供水公司的行为构成捆绑交易等四项滥用市场支配地位行为，遂诉至法院。广西壮族自治区南宁市中级人民法院经审理认为，永福县供水公司在永福县所辖地域范围内的城市公共供水服务具有市场支配地位。永福县供水公司在该过程中并没有给予吴某某从别处购买供水设施材料和安装服务的选择权，据此认定永福县供水公司系以在用户申请供水时需同时购买供水设施安装的方式实施了捆绑交易行为，该合同应认定为无效。广西壮族自治区南宁市中级人民法院判决永福县供水公司返还吴某某安装费并支付利息，赔偿经济损失及合理开支。

【典型意义】

本案涉及公用企业垄断行为的认定。各类公用企业如自来水、电、燃气供应企业在初装时捆绑收取初装费、设备费时有发生。本案明确了公用企业市场支配地位以及滥用市场支配地位行为的认定标准，对同类案件具有借鉴意义。本案也为公用企业规范经营提供了清晰明确的行为指引，有助于公用企业在提供服务时避免滥用其市场支配地位，损害市场竞争。

185. 经营者集中纠纷

相关规范

《中华人民共和国反垄断法》（2022年修正）

第二十五条　经营者集中是指下列情形：

（一）经营者合并；

（二）经营者通过取得股权或者资产的方式取得对其他经营者的控制权；

（三）经营者通过合同等方式取得对其他经营者的控制权或者能够对其他经营者施加决定性影响。

第二十六条　经营者集中达到国务院规定的申报标准的，经营者应当事先向国务院反垄断执法机构申报，未申报的不得实施集中。

经营者集中未达到国务院规定的申报标准，但有证据证明该经营者集中具有或者可能具有排除、限制竞争效果的，国务院反垄断执法机构可以要求经营者申报。

经营者未依照前两款规定进行申报的，国务院反垄断执法机构应当依法进行调查。

第二十七条　经营者集中有下列情形之一的，可以不向国务院反垄断执法机构申报：

（一）参与集中的一个经营者拥有其他每个经营者百分之五十以上有表决权的股份或者资产的；

（二）参与集中的每个经营者百分之五十以上有表决权的股份或者资产被同一个未参与集中的经营者拥有的。

第二十八条　经营者向国务院反垄断执法机构申报集中，应当提交下列文件、资料：

（一）申报书；

（二）集中对相关市场竞争状况影响的说明；

（三）集中协议；

（四）参与集中的经营者经会计师事务所审计的上一会计年度财务会计报告；

（五）国务院反垄断执法机构规定的其他文件、资料。

申报书应当载明参与集中的经营者的名称、住所、经营范围、预定实施集中的日期和国务院反垄断执法机构规定的其他事项。

第二十九条　经营者提交的文件、资料不完备的，应当在国务院反垄断执法机构规定的期限内补交文件、资料。经营者逾期未补交文件、资料的，视为未申报。

第三十条　国务院反垄断执法机构应当自收到经营者提交的符合本法第二十八条规定的文件、资料之日起三十日内，对申报的经营者集中进行初步审查，作出是否实施进一步审查的决定，并书面通知经营者。国务院反垄断执法机构作出决定前，经营者不得实施集中。

国务院反垄断执法机构作出不实施进一步审查的决定或者逾期未作出决定的，经营者可以实施集中。

第三十一条　国务院反垄断执法机构决定实施进一步审查的，应当自决定之日起九十日内审查完毕，作出是否禁止经营者集中的决定，并书面通知经营者。作出禁止经营者集中的决定，应当说明理由。审查期间，经营者不得实施集中。

有下列情形之一的，国务院反垄断执法机构经书面通知经营者，可以延长前款规定的审查期限，但最长不得超过六十日：

（一）经营者同意延长审查期限的；

（二）经营者提交的文件、资料不准确，需要进一步核实的；

（三）经营者申报后有关情况发生重大变化的。

国务院反垄断执法机构逾期未作出决定的，经营者可以实施集中。

第三十二条　有下列情形之一的，国务院反垄断执法机构可以决定中止计算经营者集中的审查期限，并书面通知经营者：

（一）经营者未按照规定提交文件、资料，导致审查工作无法进行；

（二）出现对经营者集中审查具有重大

影响的新情况、新事实，不经核实将导致审查工作无法进行；

（三）需要对经营者集中附加的限制性条件进一步评估，且经营者提出中止请求。

自中止计算审查期限的情形消除之日起，审查期限继续计算，国务院反垄断执法机构应当书面通知经营者。

第三十三条 审查经营者集中，应当考虑下列因素：

（一）参与集中的经营者在相关市场的市场份额及其对市场的控制力；

（二）相关市场的市场集中度；

（三）经营者集中对市场进入、技术进步的影响；

（四）经营者集中对消费者和其他有关经营者的影响；

（五）经营者集中对国民经济发展的影响；

（六）国务院反垄断执法机构认为应当考虑的影响市场竞争的其他因素。

第三十四条 经营者集中具有或者可能具有排除、限制竞争效果的，国务院反垄断执法机构应当作出禁止经营者集中的决定。但是，经营者能够证明该集中对竞争产生的有利影响明显大于不利影响，或者符合社会公共利益的，国务院反垄断执法机构可以作出对经营者集中不予禁止的决定。

第三十五条 对不予禁止的经营者集中，国务院反垄断执法机构可以决定附加减少集中对竞争产生不利影响的限制性条件。

第三十六条 国务院反垄断执法机构应当将禁止经营者集中的决定或者对经营者集中附加限制性条件的决定，及时向社会公布。

第三十七条 国务院反垄断执法机构应当健全经营者集中分类分级审查制度，依法加强对涉及国计民生等重要领域的经营者集中的审查，提高审查质量和效率。

第三十八条 对外资并购境内企业或者以其他方式参与经营者集中，涉及国家安全的，除依照本法规定进行经营者集中审查外，还应当按照国家有关规定进行国家安全审查。

第六十条 经营者实施垄断行为，给他人造成损失的，依法承担民事责任。

经营者实施垄断行为，损害社会公共利益的，设区的市级以上人民检察院可以依法向人民法院提起民事公益诉讼。

》《最高人民法院关于审理因垄断行为引发的民事纠纷案件应用法律若干问题的规定》（2020年12月23日修正）

第一条 本规定所称因垄断行为引发的民事纠纷案件（以下简称垄断民事纠纷案件），是指因垄断行为受到损失以及因合同内容、行业协会的章程等违反反垄断法而发生争议的自然人、法人或者非法人组织，向人民法院提起的民事诉讼案件。

第二条 原告直接向人民法院提起民事诉讼，或者在反垄断执法机构认定构成垄断行为的处理决定发生法律效力后向人民法院提起民事诉讼，并符合法律规定的其他受理条件的，人民法院应当受理。

第六部分　劳动争议、人事争议

十七、劳动争议

186. 劳动合同纠纷

（1）确认劳动关系纠纷
（2）集体合同纠纷
（3）劳务派遣合同纠纷
（4）非全日制用工纠纷
（5）追索劳动报酬纠纷
（6）经济补偿金纠纷
（7）竞业限制纠纷

相关规范

»《中华人民共和国劳动争议调解仲裁法》（2007年）

第二条　中华人民共和国境内的用人单位与劳动者发生的下列劳动争议，适用本法：

（一）因确认劳动关系发生的争议；

（二）因订立、履行、变更、解除和终止劳动合同发生的争议；

（三）因除名、辞退和辞职、离职发生的争议；

（四）因工作时间、休息休假、社会保险、福利、培训以及劳动保护发生的争议；

（五）因劳动报酬、工伤医疗费、经济补偿或者赔偿金等发生的争议；

（六）法律、法规规定的其他劳动争议。

»《中华人民共和国涉外民事关系法律适用法》（2010年）

第四十三条　劳动合同，适用劳动者工作地法律；难以确定劳动者工作地的，适用用人单位主营业地法律。劳务派遣，可以适用劳务派出地法律。

»《中华人民共和国劳动合同法》（2012年修正）

第二十三条　用人单位与劳动者可以在劳动合同中约定保守用人单位的商业秘密和与知识产权相关的保密事项。

对负有保密义务的劳动者，用人单位可以在劳动合同或者保密协议中与劳动者约定竞业限制条款，并约定在解除或者终止劳动合同后，在竞业限制期限内按月给予劳动者经济补偿。劳动者违反竞业限制约定的，应当按照约定向用人单位支付违约金。

第二十四条　竞业限制的人员限于用人单位的高级管理人员、高级技术人员和其他负有保密义务的人员。竞业限制的范围、地域、期限由用人单位与劳动者约定，竞业限制的约定不得违反法律、法规的规定。

在解除或者终止劳动合同后，前款规定的人员到与本单位生产或者经营同类产品、从事同类业务的有竞争关系的其他用人单位，或者自己开业生产或者经营同类产品、从事同类业务的竞业限制期限，不得超过二年。

第五十一条 企业职工一方与用人单位通过平等协商，可以就劳动报酬、工作时间、休息休假、劳动安全卫生、保险福利等事项订立集体合同。集体合同草案应当提交职工代表大会或者全体职工讨论通过。

集体合同由工会代表企业职工一方与用人单位订立；尚未建立工会的用人单位，由上级工会指导劳动者推举的代表与用人单位订立。

第五十二条 企业职工一方与用人单位可以订立劳动安全卫生、女职工权益保护、工资调整机制等专项集体合同。

第五十三条 在县级以下区域内，建筑业、采矿业、餐饮服务业等行业可以由工会与企业方面代表订立行业性集体合同，或者订立区域性集体合同。

第五十四条 集体合同订立后，应当报送劳动行政部门；劳动行政部门自收到集体合同文本之日起十五日内未提出异议的，集体合同即行生效。

依法订立的集体合同对用人单位和劳动者具有约束力。行业性、区域性集体合同对当地本行业、本区域的用人单位和劳动者具有约束力。

第五十五条 集体合同中劳动报酬和劳动条件等标准不得低于当地人民政府规定的最低标准；用人单位与劳动者订立的劳动合同中劳动报酬和劳动条件等标准不得低于集体合同规定的标准。

第五十六条 用人单位违反集体合同，侵犯职工劳动权益的，工会可以依法要求用人单位承担责任；因履行集体合同发生争议，经协商解决不成的，工会可以依法申请仲裁、提起诉讼。

第五十八条 劳务派遣单位是本法所称用人单位，应当履行用人单位对劳动者的义务。劳务派遣单位与被派遣劳动者订立的劳动合同，除应当载明本法第十七条规定的事项外，还应当载明被派遣劳动者的用工单位以及派遣期限、工作岗位等情况。

劳务派遣单位应当与被派遣劳动者订立二年以上的固定期限劳动合同，按月支付劳动报酬；被派遣劳动者在无工作期间，劳务派遣单位应当按照所在地人民政府规定的最低工资标准，向其按月支付报酬。

第五十九条 劳务派遣单位派遣劳动者应当与接受以劳务派遣形式用工的单位（以下称用工单位）订立劳务派遣协议。劳务派遣协议应当约定派遣岗位和人员数量、派遣期限、劳动报酬和社会保险费的数额与支付方式以及违反协议的责任。

用工单位应当根据工作岗位的实际需要与劳务派遣单位确定派遣期限，不得将连续用工期限分割订立数个短期劳务派遣协议。

第六十条 劳务派遣单位应当将劳务派遣协议的内容告知被派遣劳动者。

劳务派遣单位不得克扣用工单位按照劳务派遣协议支付给被派遣劳动者的劳动报酬。

劳务派遣单位和用工单位不得向被派遣劳动者收取费用。

第六十一条 劳务派遣单位跨地区派遣劳动者的，被派遣劳动者享有的劳动报酬和劳动条件，按照用工单位所在地的标准执行。

第六十二条 用工单位应当履行下列义务：

（一）执行国家劳动标准，提供相应的劳动条件和劳动保护；

（二）告知被派遣劳动者的工作要求和劳动报酬；

（三）支付加班费、绩效奖金，提供与工作岗位相关的福利待遇；

（四）对在岗被派遣劳动者进行工作岗位所必需的培训；

（五）连续用工的，实行正常的工资调

整机制。

用工单位不得将被派遣劳动者再派遣到其他用人单位。

第六十三条　被派遣劳动者享有与用工单位的劳动者同工同酬的权利。用工单位无同类岗位劳动者的，参照用工单位所在地相同或者相近岗位劳动者的劳动报酬确定。

第六十五条　被派遣劳动者可以依照本法第三十六条、第三十八条的规定与劳务派遣单位解除劳动合同。

被派遣劳动者有本法第三十九条和第四十条第一项、第二项规定情形的，用工单位可以将劳动者退回劳务派遣单位，劳务派遣单位依照本法有关规定，可以与劳动者解除劳动合同。

第六十九条　非全日制用工双方当事人可以订立口头协议。

从事非全日制用工的劳动者可以与一个或者一个以上用人单位订立劳动合同；但是，后订立的劳动合同不得影响先订立的劳动合同的履行。

第七十条　非全日制用工双方当事人不得约定试用期。

第七十一条　非全日制用工双方当事人任何一方都可以随时通知对方终止用工。终止用工，用人单位不向劳动者支付经济补偿。

第七十二条　非全日制用工小时计酬标准不得低于用人单位所在地人民政府规定的最低小时工资标准。

非全日制用工劳动报酬结算支付周期最长不得超过十五日。

》《中华人民共和国劳动法》（2018年修正）

第二十四条　经劳动合同当事人协商一致，劳动合同可以解除。

第二十五条　劳动者有下列情形之一的，用人单位可以解除劳动合同：

（一）在试用期间被证明不符合录用条件的；

（二）严重违反劳动纪律或者用人单位规章制度的；

（三）严重失职，营私舞弊，对用人单位利益造成重大损害的；

（四）被依法追究刑事责任的。

第二十六条　有下列情形之一的，用人单位可以解除劳动合同，但是应当提前三十日以书面形式通知劳动者本人：

（一）劳动者患病或者非因工负伤，医疗期满后，不能从事原工作也不能从事由用人单位另行安排的工作的；

（二）劳动者不能胜任工作，经过培训或者调整工作岗位，仍不能胜任工作的；

（三）劳动合同订立时所依据的客观情况发生重大变化，致使原劳动合同无法履行，经当事人协商不能就变更劳动合同达成协议的。

第二十七条　用人单位濒临破产进行法定整顿期间或者生产经营状况发生严重困难，确需裁减人员的，应当提前三十日向工会或者全体职工说明情况，听取工会或者职工的意见，经向劳动行政部门报告后，可以裁减人员。

用人单位依据本条规定裁减人员，在六个月内录用人员的，应当优先录用被裁减的人员。

第二十八条　用人单位依据本法第二十四条、第二十六条、第二十七条的规定解除劳动合同的，应当依照国家有关规定给予经济补偿。

第三十二条　有下列情形之一的，劳动者可以随时通知用人单位解除劳动合同：

（一）在试用期内的；

（二）用人单位以暴力、威胁或者非法限制人身自由的手段强迫劳动的；

（三）用人单位未按照劳动合同约定支付劳动报酬或者提供劳动条件的。

第七十九条　劳动争议发生后，当事人可以向本单位劳动争议调解委员会申请调解；调解不成，当事人一方要求仲裁的，可以向劳动争议仲裁委员会申请仲裁。当事人一方也可以直接向劳动争议仲裁委员会申请仲裁。

对仲裁裁决不服的，可以向人民法院提起诉讼。

第九十一条 用人单位有下列侵害劳动者合法权益情形之一的，由劳动行政部门责令支付劳动者的工资报酬、经济补偿，并可以责令支付赔偿金：

（一）克扣或者无故拖欠劳动者工资的；

（二）拒不支付劳动者延长工作时间工资报酬的；

（三）低于当地最低工资标准支付劳动者工资的；

（四）解除劳动合同后，未依照本法规定给予劳动者经济补偿的。

《最高人民法院关于审理劳动争议案件适用法律问题的解释（一）》（法释〔2020〕26号 2020年12月29日）

第一条 劳动者与用人单位之间发生的下列纠纷，属于劳动争议，当事人不服劳动争议仲裁机构作出的裁决，依法提起诉讼的，人民法院应予受理：

（一）劳动者与用人单位在履行劳动合同过程中发生的纠纷；

（二）劳动者与用人单位之间没有订立书面劳动合同，但已形成劳动关系后发生的纠纷；

（三）劳动者与用人单位因劳动关系是否已经解除或者终止，以及应否支付解除或者终止劳动关系经济补偿金发生的纠纷；

（四）劳动者与用人单位解除或者终止劳动关系后，请求用人单位返还其收取的劳动合同定金、保证金、抵押金、抵押物发生的纠纷，或者办理劳动者的人事档案、社会保险关系等移转手续发生的纠纷；

（五）劳动者以用人单位未为其办理社会保险手续，且社会保险经办机构不能补办导致其无法享受社会保险待遇为由，要求用人单位赔偿损失发生的纠纷；

（六）劳动者退休后，与尚未参加社会保险统筹的原用人单位因追索养老金、医疗费、工伤保险待遇和其他社会保险待遇而发生的纠纷；

（七）劳动者因为工伤、职业病，请求用人单位依法给予工伤保险待遇发生的纠纷；

（八）劳动者依据劳动合同法第八十五条规定，要求用人单位支付加付赔偿金发生的纠纷；

（九）因企业自主进行改制发生的纠纷。

第二条 下列纠纷不属于劳动争议：

（一）劳动者请求社会保险经办机构发放社会保险金的纠纷；

（二）劳动者与用人单位因住房制度改革产生的公有住房转让纠纷；

（三）劳动者对劳动能力鉴定委员会的伤残等级鉴定结论或者对职业病诊断鉴定委员会的职业病诊断鉴定结论的异议纠纷；

（四）家庭或者个人与家政服务人员之间的纠纷；

（五）个体工匠与帮工、学徒之间的纠纷；

（六）农村承包经营户与受雇人之间的纠纷。

第三条 劳动争议案件由用人单位所在地或者劳动合同履行地的基层人民法院管辖。

劳动合同履行地不明确的，由用人单位所在地的基层人民法院管辖。

法律另有规定的，依照其规定。

第四条 劳动者与用人单位均不服劳动争议仲裁机构的同一裁决，向同一人民法院起诉的，人民法院应当并案审理，双方当事人互为原告和被告，对双方的诉讼请求，人民法院应当一并作出裁决。在诉讼过程中，一方当事人撤诉的，人民法院应当根据另一方当事人的诉讼请求继续审理。双方当事人就同一仲裁裁决分别向有管辖权的人民法院起诉的，后受理的人民法院应当将案件移送给先受理的人民法院。

第五条 劳动争议仲裁机构以无管辖权为由对劳动争议案件不予受理，当事人提起诉讼的，人民法院按照以下情形分别处理：

（一）经审查认为该劳动争议仲裁机构对案件确无管辖权的，应当告知当事人向有管辖权的劳动争议仲裁机构申请仲裁；

（二）经审查认为该劳动争议仲裁机构有管辖权的，应当告知当事人申请仲裁，并将审查意见书面通知该劳动争议仲裁机构；劳动争议仲裁机构仍不受理，当事人就该劳动争议事项提起诉讼的，人民法院应予受理。

第六条　劳动争议仲裁机构以当事人申请仲裁的事项不属于劳动争议为由，作出不予受理的书面裁决、决定或者通知，当事人不服依法提起诉讼的，人民法院应当分别情况予以处理：

（一）属于劳动争议案件的，应当受理；

（二）虽不属于劳动争议案件，但属于人民法院主管的其他案件，应当依法受理。

第七条　劳动争议仲裁机构以申请仲裁的主体不适格为由，作出不予受理的书面裁决、决定或者通知，当事人不服依法提起诉讼，经审查确属主体不适格的，人民法院不予受理；已经受理的，裁定驳回起诉。

第八条　劳动争议仲裁机构为纠正原仲裁裁决错误重新作出裁决，当事人不服依法提起诉讼的，人民法院应当受理。

第九条　劳动争议仲裁机构仲裁的事项不属于人民法院受理的案件范围，当事人不服依法提起诉讼的，人民法院不予受理；已经受理的，裁定驳回起诉。

第十条　当事人不服劳动争议仲裁机构作出的预先支付劳动者劳动报酬、工伤医疗费、经济补偿或者赔偿金的裁决，依法提起诉讼的，人民法院不予受理。

用人单位不履行上述裁决中的给付义务，劳动者依法申请强制执行的，人民法院应予受理。

第十一条　劳动争议仲裁机构作出的调解书已经发生法律效力，一方当事人反悔提起诉讼的，人民法院不予受理；已经受理的，裁定驳回起诉。

第十二条　劳动争议仲裁机构逾期未作出受理决定或仲裁裁决，当事人直接提起诉讼的，人民法院应予受理，但申请仲裁的案件存在下列事由的除外：

（一）移送管辖的；

（二）正在送达或者送达延误的；

（三）等待另案诉讼结果、评残结论的；

（四）正在等待劳动争议仲裁机构开庭的；

（五）启动鉴定程序或者委托其他部门调查取证的；

（六）其他正当事由。

当事人以劳动争议仲裁机构逾期未作出仲裁裁决为由提起诉讼的，应当提交该仲裁机构出具的受理通知书或者其他已接受仲裁申请的凭证、证明。

第十三条　劳动者依据劳动合同法第三十条第二款和调解仲裁法第十六条规定向人民法院申请支付令，符合民事诉讼法第十七章督促程序规定的，人民法院应予受理。

依据劳动合同法第三十条第二款规定申请支付令被人民法院裁定终结督促程序后，劳动者就劳动争议事项直接提起诉讼的，人民法院应当告知其先向劳动争议仲裁机构申请仲裁。

依据调解仲裁法第十六条规定申请支付令被人民法院裁定终结督促程序后，劳动者依据调解协议直接提起诉讼的，人民法院应予受理。

第十四条　人民法院受理劳动争议案件后，当事人增加诉讼请求的，如该诉讼请求与讼争的劳动争议具有不可分性，应当合并审理；如属独立的劳动争议，应当告知当事人向劳动争议仲裁机构申请仲裁。

第十五条　劳动者以用人单位的工资欠条为证据直接提起诉讼，诉讼请求不涉及劳动关系其他争议的，视为拖欠劳动报酬争议，人民法院按照普通民事纠纷受理。

第十六条　劳动争议仲裁机构作出仲裁裁决后，当事人对裁决中的部分事项不服，依法提起诉讼的，劳动争议仲裁裁决不发生法律效力。

第十七条　劳动争议仲裁机构对多个劳动者的劳动争议作出仲裁裁决后，部分劳动者对仲裁裁决不服，依法提起诉讼的，仲裁裁决对提起诉讼的劳动者不发生法律效力；对未提起诉讼的部分劳动者，发生法律效力，如其申请执行的，人民法院应当受理。

第十八条 仲裁裁决的类型以仲裁裁决书确定为准。仲裁裁决书未载明该裁决为终局裁决或者非终局裁决，用人单位不服该仲裁裁决向基层人民法院提起诉讼的，应当按照以下情形分别处理：

（一）经审查认为该仲裁裁决为非终局裁决的，基层人民法院应予受理；

（二）经审查认为该仲裁裁决为终局裁决的，基层人民法院不予受理，但应告知用人单位可以自收到不予受理裁定书之日起三十日内向劳动争议仲裁机构所在地的中级人民法院申请撤销该仲裁裁决；已经受理的，裁定驳回起诉。

第十九条 仲裁裁决书未载明该裁决为终局裁决或者非终局裁决，劳动者依据调解仲裁法第四十七条第一项规定，追索劳动报酬、工伤医疗费、经济补偿或者赔偿金，如果仲裁裁决涉及数项，每项确定的数额均不超过当地月最低工资标准十二个月金额的，应当按照终局裁决处理。

第二十条 劳动争议仲裁机构作出的同一仲裁裁决同时包含终局裁决事项和非终局裁决事项，当事人不服该仲裁裁决向人民法院提起诉讼的，应当按照非终局裁决处理。

第二十一条 劳动者依据调解仲裁法第四十八条规定向基层人民法院提起诉讼，用人单位依据调解仲裁法第四十九条规定向劳动争议仲裁机构所在地的中级人民法院申请撤销仲裁裁决的，中级人民法院应当不予受理；已经受理的，应当裁定驳回申请。

被人民法院驳回起诉或者劳动者撤诉的，用人单位可以自收到裁定书之日起三十日内，向劳动争议仲裁机构所在地的中级人民法院申请撤销仲裁裁决。

第二十二条 用人单位依据调解仲裁法第四十九条规定向中级人民法院申请撤销仲裁裁决，中级人民法院作出的驳回申请或者撤销仲裁裁决的裁定为终审裁定。

第二十三条 中级人民法院审理用人单位申请撤销终局裁决的案件，应当组成合议庭开庭审理。经过阅卷、调查和询问当事人，对没有新的事实、证据或者理由，合议庭认为不需要开庭审理的，可以不开庭审理。

中级人民法院可以组织双方当事人调解。达成调解协议的，可以制作调解书。一方当事人逾期不履行调解协议的，另一方可以申请人民法院强制执行。

第二十四条 当事人申请人民法院执行劳动争议仲裁机构作出的发生法律效力的裁决书、调解书，被申请人提出证据证明劳动争议仲裁裁决书、调解书有下列情形之一，并经审查核实的，人民法院可以根据民事诉讼法第二百三十七条规定，裁定不予执行：

（一）裁决的事项不属于劳动争议仲裁范围，或者劳动争议仲裁机构无权仲裁的；

（二）适用法律、法规确有错误的；

（三）违反法定程序的；

（四）裁决所根据的证据是伪造的；

（五）对方当事人隐瞒了足以影响公正裁决的证据的；

（六）仲裁员在仲裁该案时有索贿受贿、徇私舞弊、枉法裁决行为的；

（七）人民法院认定执行该劳动争议仲裁裁决违背社会公共利益的。

人民法院在不予执行的裁定书中，应当告知当事人在收到裁定书之次日起三十日内，可以就该劳动争议事项向人民法院提起诉讼。

第二十五条 劳动争议仲裁机构作出终局裁决，劳动者向人民法院申请执行，用人单位向劳动争议仲裁机构所在地的中级人民法院申请撤销的，人民法院应当裁定中止执行。

用人单位撤回撤销终局裁决申请或者其申请被驳回的，人民法院应当裁定恢复执行。仲裁裁决被撤销的，人民法院应当裁定终结执行。

用人单位向人民法院申请撤销仲裁裁决被驳回后，又在执行程序中以相同理由提出不予执行抗辩的，人民法院不予支持。

第二十六条　用人单位与其他单位合并的，合并前发生的劳动争议，由合并后的单位为当事人；用人单位分立为若干单位的，其分立前发生的劳动争议，由分立后的实际用人单位为当事人。

用人单位分立为若干单位后，具体承受劳动权利义务的单位不明确的，分立后的单位均为当事人。

第二十七条　用人单位招用尚未解除劳动合同的劳动者，原用人单位与劳动者发生的劳动争议，可以列新的用人单位为第三人。

原用人单位以新的用人单位侵权为由提起诉讼的，可以列劳动者为第三人。

原用人单位以新的用人单位和劳动者共同侵权为由提起诉讼的，新的用人单位和劳动者列为共同被告。

第二十八条　劳动者在用人单位与其他平等主体之间的承包经营期间，与发包方和承包方双方或者一方发生劳动争议，依法提起诉讼的，应当将承包方和发包方作为当事人。

第二十九条　劳动者与未办理营业执照、营业执照被吊销或者营业期限届满仍继续经营的用人单位发生争议的，应当将用人单位或者其出资人列为当事人。

第三十条　未办理营业执照、营业执照被吊销或者营业期限届满仍继续经营的用人单位，以挂靠等方式借用他人营业执照经营的，应当将用人单位和营业执照出借方列为当事人。

第三十一条　当事人不服劳动争议仲裁机构作出的仲裁裁决，依法提起诉讼，人民法院审查认为仲裁裁决遗漏了必须共同参加仲裁的当事人的，应当依法追加遗漏的人为诉讼当事人。

被追加的当事人应当承担责任的，人民法院应当一并处理。

第三十二条　用人单位与其招用的已经依法享受养老保险待遇或者领取退休金的人员发生用工争议而提起诉讼的，人民法院应当按劳务关系处理。

企业停薪留职人员、未达到法定退休年龄的内退人员、下岗待岗人员以及企业经营性停产放长假人员，因与新的用人单位发生用工争议而提起诉讼的，人民法院应当按劳动关系处理。

第三十三条　外国人、无国籍人未依法取得就业证件即与中华人民共和国境内的用人单位签订劳动合同，当事人请求确认与用人单位存在劳动关系的，人民法院不予支持。

持有《外国专家证》并取得《外国人来华工作许可证》的外国人，与中华人民共和国境内的用人单位建立用工关系的，可以认定为劳动关系。

第三十四条　劳动合同期满后，劳动者仍在原用人单位工作，原用人单位未表示异议的，视为双方同意以原条件继续履行劳动合同。一方提出终止劳动关系的，人民法院应予支持。

根据劳动合同法第十四条规定，用人单位应当与劳动者签订无固定期限劳动合同而未签订的，人民法院可以视为双方之间存在无固定期限劳动合同关系，并以原劳动合同确定双方的权利义务关系。

第三十五条　劳动者与用人单位就解除或者终止劳动合同办理相关手续、支付工资报酬、加班费、经济补偿或者赔偿金等达成的协议，不违反法律、行政法规的强制性规定，且不存在欺诈、胁迫或者乘人之危情形的，应当认定有效。

前款协议存在重大误解或者显失公平情形，当事人请求撤销的，人民法院应予支持。

第三十六条　当事人在劳动合同或者保密协议中约定了竞业限制，但未约定解除或者终止劳动合同后给予劳动者经济补偿，劳动者履行了竞业限制义务，要求用人单位按照劳动者在劳动合同解除或者终止前十二个月平均工资的30%按月支付经济补偿的，人民法院应予支持。

前款规定的月平均工资的30%低于劳动合同履行地最低工资标准的，按照劳动合同履行地最低工资标准支付。

第三十七条 当事人在劳动合同或者保密协议中约定了竞业限制和经济补偿，当事人解除劳动合同时，除另有约定外，用人单位要求劳动者履行竞业限制义务，或者劳动者履行了竞业限制义务后要求用人单位支付经济补偿的，人民法院应予支持。

第三十八条 当事人在劳动合同或者保密协议中约定了竞业限制和经济补偿，劳动合同解除或者终止后，因用人单位的原因导致三个月未支付经济补偿，劳动者请求解除竞业限制约定的，人民法院应予支持。

第三十九条 在竞业限制期限内，用人单位请求解除竞业限制协议的，人民法院应予支持。

在解除竞业限制协议时，劳动者请求用人单位额外支付劳动者三个月的竞业限制经济补偿的，人民法院应予支持。

第四十条 劳动者违反竞业限制约定，向用人单位支付违约金后，用人单位要求劳动者按照约定继续履行竞业限制义务的，人民法院应予支持。

第四十一条 劳动合同被确认为无效，劳动者已付出劳动的，用人单位应当按照劳动合同法第二十八条、第四十六条、第四十七条的规定向劳动者支付劳动报酬和经济补偿。

由于用人单位原因订立无效劳动合同，给劳动者造成损害的，用人单位应当赔偿劳动者因合同无效所造成的经济损失。

第四十二条 劳动者主张加班费的，应当就加班事实的存在承担举证责任。但劳动者有证据证明用人单位掌握加班事实存在的证据，用人单位不提供的，由用人单位承担不利后果。

第四十三条 用人单位与劳动者协商一致变更劳动合同，虽未采用书面形式，但已经实际履行了口头变更的劳动合同超过一个月，变更后的劳动合同内容不违反法律、行政法规且不违背公序良俗，当事人以未采用书面形式为由主张劳动合同变更无效的，人民法院不予支持。

第四十四条 因用人单位作出的开除、除名、辞退、解除劳动合同、减少劳动报酬、计算劳动者工作年限等决定而发生的劳动争议，用人单位负举证责任。

第四十五条 用人单位有下列情形之一，迫使劳动者提出解除劳动合同的，用人单位应当支付劳动者的劳动报酬和经济补偿，并可支付赔偿金：

（一）以暴力、威胁或者非法限制人身自由的手段强迫劳动的；

（二）未按照劳动合同约定支付劳动报酬或者提供劳动条件的；

（三）克扣或者无故拖欠劳动者工资的；

（四）拒不支付劳动者延长工作时间工资报酬的；

（五）低于当地最低工资标准支付劳动者工资的。

第四十六条 劳动者非因本人原因从原用人单位被安排到新用人单位工作，原用人单位未支付经济补偿，劳动者依据劳动合同法第三十八条规定与新用人单位解除劳动合同，或者新用人单位向劳动者提出解除、终止劳动合同，在计算支付经济补偿或赔偿金的工作年限时，劳动者请求把在原用人单位的工作年限合并计算为新用人单位工作年限的，人民法院应予支持。

用人单位符合下列情形之一的，应当认定属于“劳动者非因本人原因从原用人单位被安排到新用人单位工作”：

（一）劳动者仍在原工作场所、工作岗位工作，劳动合同主体由原用人单位变更为新用人单位；

（二）用人单位以组织委派或任命形式对劳动者进行工作调动；

（三）因用人单位合并、分立等原因导致劳动者工作调动；

（四）用人单位及其关联企业与劳动者轮流订立劳动合同；

（五）其他合理情形。

第四十七条 建立了工会组织的用人单位解除劳动合同符合劳动合同法第三十九条、

第四十条规定，但未按照劳动合同法第四十三条规定事先通知工会，劳动者以用人单位违法解除劳动合同为由请求用人单位支付赔偿金的，人民法院应予支持，但起诉前用人单位已经补正有关程序的除外。

第四十八条　劳动合同法施行后，因用人单位经营期限届满不再继续经营导致劳动合同不能继续履行，劳动者请求用人单位支付经济补偿的，人民法院应予支持。

第四十九条　在诉讼过程中，劳动者向人民法院申请采取财产保全措施，人民法院经审查认为申请人经济确有困难，或者有证据证明用人单位存在欠薪逃匿可能的，应当减轻或者免除劳动者提供担保的义务，及时采取保全措施。

人民法院作出的财产保全裁定中，应当告知当事人在劳动争议仲裁机构的裁决书或者在人民法院的裁判文书生效后三个月内申请强制执行。逾期不申请的，人民法院应当裁定解除保全措施。

第五十条　用人单位根据劳动合同法第四条规定，通过民主程序制定的规章制度，不违反国家法律、行政法规及政策规定，并已向劳动者公示的，可以作为确定双方权利义务的依据。

用人单位制定的内部规章制度与集体合同或者劳动合同约定的内容不一致，劳动者请求优先适用合同约定的，人民法院应予支持。

第五十一条　当事人在调解仲裁法第十条规定的调解组织主持下达成的具有劳动权利义务内容的调解协议，具有劳动合同的约束力，可以作为人民法院裁判的根据。

当事人在调解仲裁法第十条规定的调解组织主持下仅就劳动报酬争议达成调解协议，用人单位不履行调解协议确定的给付义务，劳动者直接提起诉讼的，人民法院可以按照普通民事纠纷受理。

第五十二条　当事人在人民调解委员会主持下仅就给付义务达成的调解协议，双方认为有必要的，可以共同向人民调解委员会所在地的基层人民法院申请司法确认。

第五十三条　用人单位对劳动者作出的开除、除名、辞退等处理，或者因其他原因解除劳动合同确有错误的，人民法院可以依法判决予以撤销。

对于追索劳动报酬、养老金、医疗费以及工伤保险待遇、经济补偿金、培训费及其他相关费用等案件，给付数额不当的，人民法院可以予以变更。

»《第八次全国法院民事商事审判工作会议（民事部分）纪要》（法〔2016〕399 号　2016 年 11 月 21 日）

26. 劳动人事仲裁机构作出仲裁裁决，当事人在法定期限内未提起诉讼但再次申请仲裁，劳动人事仲裁机构作出不予受理裁决、决定或通知，当事人不服提起诉讼，经审查认为前后两次申请仲裁事项属于不同事项的，人民法院予以受理；经审查认为属于同一事项的，人民法院不予受理，已经受理的裁定驳回起诉。

27. 当事人在仲裁阶段未提出超过仲裁申请期间的抗辩，劳动人事仲裁机构作出实体裁决后，当事人在诉讼阶段又以超过仲裁时效期间为由进行抗辩的，人民法院不予支持。

当事人未按照规定提出仲裁时效抗辩，又以仲裁时效期间届满为由申请再审或者提出再审抗辩的，人民法院不予支持。

»《最高人民法院关于为稳定就业提供司法服务和保障的意见》（法发〔2022〕36 号　2022 年 12 月 26 日）

7. 依法合理认定新就业形态劳动关系。平台企业及其用工合作单位与劳动者建立劳动关系的，应当订立书面劳动合同。未订立书面劳动合同，劳动者主张与平台企业或者用工合作单位存在劳动关系的，人民法院应当根据用工事实和劳动管理程度，综合考虑劳动者对工作时间及工作量的自主决定程度、劳动过程受管理控制程度、劳动者是否需要遵守有关工作规则、劳动纪律和奖惩办法、劳动者工作的持续性、劳动者能否决定或者改变交易价格等因素，依法审慎予以认定。平台企业或者用工合作单位要求劳动者登记为个体工商户后再签订承揽、合作等合同，或者以其他方式规避与劳动者建立劳动关系，劳动者请求根据实际履行情况认定劳动关系的，人民法院应当在查明事实的基础上依法作出相应认定。

10. 注重依法保护原则。积极贯彻落实国家助企纾困、促稳定促发展、复工复产等政策要求，正确理解和参照适用国务院有关行政主管部门以及省级人民政府等制定的相关政策文件，准确把握新阶段疫情防控各项政策，妥善处理涉疫情劳动争议案件，积极引导用人单位与职工协商，推动构建和谐劳动关系，确保用人单位有序复工复产，保障劳动者合法权益。坚持依法保护劳动者合法权益和促进用人单位稳定有序发展相结合，努力寻找用人单位和劳动者之间的最佳利益平衡点和结合点，保障劳动者合法权益和就业稳定，为用人单位生存发展、有序运转创造条件。

11. 妥善审理劳动合同纠纷案件。用人单位生产经营困难，按照法定程序经与职工代表大会讨论或者经与工会、职工代表等民主协商，对在合理期限内延迟支付工资、轮岗轮休等事项达成一致意见的，可以作为认定双方权利义务的依据。除依法按协商程序降低劳动报酬外，用人单位安排劳动者通过居家办公或者灵活办公等方式提供正常劳动，劳动者请求按正常工资标准支付其工资的，人民法院应当依法支持。依法妥善审理相关案件，积极引导和支持用人单位与劳动者依法协商，采取协商薪酬、调整工时、轮岗轮休、在岗培训等措施稳定工作岗位。

指导案例

中兴通讯（杭州）有限责任公司诉王鹏劳动合同纠纷案（最高人民法院指导案例18号 2013年11月8日发布）

【关键词】 民事 劳动合同 单方解除

【裁判要点】

劳动者在用人单位等级考核中居于末位等次，不等同于“不能胜任工作”，不符合单方解除劳动合同的法定条件，用人单位不能据此单方解除劳动合同。

【基本案情】

2005年7月，被告王鹏进入原告中兴通讯（杭州）有限责任公司（以下简称中兴通讯）工作，劳动合同约定王鹏从事销售工作，基本工资每月3840元。该公司的《员工绩效管理办法》规定：员工半年、年度绩效考核分别为S、A、C1、C2四个等级，分别代表优秀、良好、价值观不符、业绩待改进；S、A、C（C1、C2）等级的比例分别为20%、70%、10%；不胜任工作原则上考核为C2。王鹏原在该公司分销科从事销售工作，2009年1月后因分销科解散等原因，转岗至华东区从事销售工作。2008年下半年、2009年上半年及2010年下半年，王鹏的考核结果均为C2。中兴通讯认为，王鹏不能胜任工作，经转岗后，仍不能胜任工作，故在支付了部分经济补偿金的情况下解除了劳动合同。

2011年7月27日，王鹏提起劳动仲裁。同年10月8日，仲裁委作出裁决：中兴通讯支付王鹏违法解除劳动合同的赔偿金余额36596.28元。中兴通讯认为其不存在违法解除劳动合同的行为，故于同年11月1日诉至法院，请求判令不予支付解除劳动合同赔偿金余额。

【裁判结果】

浙江省杭州市滨江区人民法院于2011年12月6日作出（2011）杭滨民初字第885号民事判决：原告中兴通讯（杭州）有限责任

公司于本判决生效之日起十五日内一次性支付被告王鹏违法解除劳动合同的赔偿金余额36596.28元。宣判后，双方均未上诉，判决已发生法律效力。

【裁判理由】

法院生效裁判认为：为了保护劳动者的合法权益，构建和发展和谐稳定的劳动关系，《中华人民共和国劳动法》《中华人民共和国劳动合同法》对用人单位单方解除劳动合同的条件进行了明确限定。原告中兴通讯以被告王鹏不胜任工作，经转岗后仍不胜任工作为由，解除劳动合同，对此应负举证责任。根据《员工绩效管理办法》的规定，“C（C1、C2）考核等级的比例为10%”，虽然王鹏曾经考核结果为C2，但是C2等级并不完全等同于“不能胜任工作”，中兴通讯仅凭该限定考核等级比例的考核结果，不能证明劳动者不能胜任工作，不符合据此单方解除劳动合同的法定条件。虽然2009年1月王鹏从分销科转岗，但是转岗前后均从事销售工作，并存在分销科解散导致王鹏转岗这一根本原因，故不能证明王鹏系因不能胜任工作而转岗。因此，中兴通讯主张王鹏不胜任工作，经转岗后仍然不胜任工作的依据不足，存在违法解除劳动合同的情形，应当依法向王鹏支付经济补偿标准二倍的赔偿金。

» 聂美兰诉北京林氏兄弟文化有限公司确认劳动关系案（最高人民法院指导案例179号　2022年7月4日发布）

【关键词】　民事　确认劳动关系　合作经营　书面劳动合同

【裁判要点】

1. 劳动关系适格主体以“合作经营”等为名订立协议，但协议约定的双方权利义务内容、实际履行情况等符合劳动关系认定标准，劳动者主张与用人单位存在劳动关系的，人民法院应予支持。

2. 用人单位与劳动者签订的书面协议中包含工作内容、劳动报酬、劳动合同期限等符合劳动合同法第十七条规定的劳动合同条款，劳动者以用人单位未订立书面劳动合同为由要求支付二倍工资的，人民法院不予支持。

【相关法条】

《中华人民共和国劳动合同法》第10条、第17条、第82条

【基本案情】

2016年4月8日，聂美兰与北京林氏兄弟文化有限公司（以下简称林氏兄弟公司）签订了《合作设立茶叶经营项目的协议》，内容为：“第一条：双方约定，甲方出资进行茶叶项目投资，聘任乙方为茶叶经营项目经理，乙方负责公司的管理与经营。第二条：待项目启动后，双方相机共同设立公司，乙方可享有管理股份。第三条：利益分配：在公司设立之前，乙方按基本工资加业绩方式取酬。公司设立之后，按双方的持股比例进行分配。乙方负责管理和经营，取酬方式：基本工资+业绩、奖励+股份分红。第四条：双方在运营过程中，未尽事宜由双方友好协商解决。第五条：本合同正本一式两份，公司股东各执一份。”

协议签订后，聂美兰到该项目上工作，工作内容为负责《中国书画》艺术茶社的经营管理，主要负责接待、茶叶销售等工作。林氏兄弟公司的法定代表人林德汤按照每月基本工资10000元的标准，每月15日通过银行转账向聂美兰发放上一自然月工资。聂美兰请假需经林德汤批准，且实际出勤天数影响工资的实发数额。2017年5月6日林氏兄弟公司通知聂美兰终止合作协议。聂美兰实际工作至2017年5月8日。

聂美兰申请劳动仲裁，认为双方系劳动关系并要求林氏兄弟公司支付未签订书面劳动合同二倍工资差额，林氏兄弟公司主张双方系合作关系。北京市海淀区劳动人事争议仲裁委员会作出京海劳人仲字（2017）第9691号裁决：驳回聂美兰的全部仲裁请求。聂美兰不服仲裁裁决，于法定期限内向北京市海淀区人民法院提起诉讼。

【裁判结果】

北京市海淀区人民法院于2018年4月17日作出（2017）京0108民初45496号民事判决：一、确认林氏兄弟公司与聂美兰于2016年4月8日至2017年5月8日期间存在劳动关系；二、林氏兄弟公司于判决生效后七日内支付聂美兰2017年3月1日至2017年5月8日期间工资22758.62元；三、林氏兄弟公司于判决生效后七日内支付聂美兰2016年5月8日至2017年4月7日期间未签订劳动合同二倍工资差额103144.9元；四、林氏兄弟公司于判决生效后七日内支付聂美兰违法解除劳动关系赔偿金27711.51元；五、驳回聂美兰的其他诉讼请求。林氏兄弟公司不服一审判决，提出上诉。北京市第一中级人民法院于2018年9月26日作出（2018）京01民终5911号民事判决：一、维持北京市海淀区人民法院（2017）京0108民初45496号民事判决第一项、第二项、第四项；二、撤销北京市海淀区人民法院（2017）京0108民初45496号民事判决第三项、第五项；三、驳回聂美兰的其他诉讼请求。林氏兄弟公司不服二审判决，向北京市高级人民法院申请再审。北京市高级人民法院于2019年4月30日作出（2019）京民申986号民事裁定：驳回林氏兄弟公司的再审申请。

【裁判理由】

法院生效裁判认为：申请人林氏兄弟公司与被申请人聂美兰签订的《合作设立茶叶经营项目的协议》系自愿签订的，不违反强制性法律、法规规定，属有效合同。对于合同性质的认定，应当根据合同内容所涉及的法律关系，即合同双方所设立的权利义务来进行认定。双方签订的协议第一条明确约定聘任聂美兰为茶叶经营项目经理，“聘任”一词一般表明当事人有雇佣劳动者为其提供劳动之意；协议第三条约定了聂美兰的取酬方式，无论在双方设定的目标公司成立之前还是之后，聂美兰均可获得“基本工资”“业绩”等报酬，与合作经营中的收益分配明显不符。合作经营合同的典型特征是共同出资，共担风险，本案合同中既未约定聂美兰出资比例，也未约定共担风险，与合作经营合同不符。从本案相关证据上看，聂美兰接受林氏兄弟公司的管理，按月汇报员工的考勤、款项分配、开支、销售、工作计划、备用金的申请等情况，且所发工资与出勤天数密切相关。双方在履行合同过程中形成的关系，符合劳动合同中人格从属性和经济从属性的双重特征。故原判认定申请人与被申请人之间存在劳动关系并无不当。双方签订的合作协议还可视为书面劳动合同，虽缺少一些必备条款，但并不影响已约定的条款及效力，仍可起到固定双方劳动关系、权利义务的作用，二审法院据此依法改判是正确的。林氏兄弟公司于2017年5月6日向聂美兰出具了《终止合作协议通知》，告知聂美兰终止双方的合作，具有解除双方之间劳动关系的意思表示，根据《最高人民法院关于民事诉讼证据的若干规定》第六条，在劳动争议纠纷案件中，因用人单位作出的开除、除名、辞退、解除劳动合同等决定而发生的劳动争议，由用人单位负举证责任，林氏兄弟公司未能提供解除劳动关系原因的相关证据，应当承担不利后果。二审法院根据本案具体情况和相关证据所作的判决，并无不当。

孙贤锋诉淮安西区人力资源开发有限公司劳动合同纠纷案（最高人民法院指导案例180号　2022年7月4日发布）

【关键词】　民事　劳动合同　解除劳动合同　合法性判断

【裁判要点】

人民法院在判断用人单位单方解除劳动合同行为的合法性时，应当以用人单位向劳动者发出的解除通知的内容为认定依据。在案件审理过程中，用人单位超出解除劳动合同通知中载明的依据及事由，另行提出劳动者在履行劳动合同期间存在其他严重违反用人单位规章制度的情形，并据此主张符合解除劳动合同条件的，人民法院不予支持。

【相关法条】

《中华人民共和国劳动合同法》第 39 条

【基本案情】

2016 年 7 月 1 日，孙贤锋（乙方）与淮安西区人力资源开发有限公司（以下简称西区公司）（甲方）签订劳动合同，约定：劳动合同期限为自 2016 年 7 月 1 日起至 2019 年 6 月 30 日止；乙方工作地点为连云港，从事邮件收派与司机岗位工作；乙方严重违反甲方的劳动纪律、规章制度的，甲方可以立即解除本合同且不承担任何经济补偿；甲方违约解除或者终止劳动合同的，应当按照法律规定和本合同约定向乙方支付经济补偿金或赔偿金；甲方依法制定并通过公示的各项规章制度，如《员工手册》《奖励与处罚管理规定》《员工考勤管理规定》等文件作为本合同的附件，与本合同具有同等效力。之后，孙贤锋根据西区公司安排，负责江苏省灌南县堆沟港镇区域的顺丰快递收派邮件工作。西区公司自 2016 年 8 月 25 日起每月向孙贤锋银行账户结算工资，截至 2017 年 9 月 25 日，孙贤锋前 12 个月的平均工资为 6329.82 元。2017 年 9 月 12 日、10 月 3 日、10 月 16 日，孙贤锋先后存在工作时间未穿工作服、代他人刷考勤卡、在单位公共平台留言辱骂公司主管等违纪行为。事后，西区公司依据《奖励与处罚管理规定》，由用人部门负责人、建议部门负责人、工会负责人、人力资源部负责人共同签署确认，对孙贤锋上述违纪行为分别给予扣 2 分、扣 10 分、扣 10 分处罚，但具体扣分处罚时间难以认定。

2017 年 10 月 17 日，孙贤锋被所在单位用人部门以未及时上交履职期间的营业款项为由安排停工。次日，孙贤锋至所在单位刷卡考勤，显示刷卡信息无法录入。10 月 25 日，西区公司出具离职证明，载明孙贤锋自 2017 年 10 月 21 日从西区公司正式离职，已办理完毕手续，即日起与公司无任何劳动关系。10 月 30 日，西区公司又出具解除劳动合同通知书，载明孙贤锋在未履行请假手续也未经任何领导批准情况下，自 2017 年 10 月 20 日起无故旷工 3 天以上，依据国家的相关法律法规及单位规章制度，经单位研究决定自 2017 年 10 月 20 日起与孙贤锋解除劳动关系，限于 2017 年 11 月 15 日前办理相关手续，逾期未办理，后果自负。之后，孙贤锋向江苏省灌南县劳动人事争议仲裁委员会申请仲裁，仲裁裁决后孙贤锋不服，遂诉至法院，要求西区公司支付违法解除劳动合同赔偿金共计 68500 元。

西区公司在案件审理过程中提出，孙贤锋在职期间存在未按规定着工作服、代人打卡、谩骂主管以及未按照公司规章制度及时上交营业款项等违纪行为，严重违反用人单位规章制度；自 2017 年 10 月 20 日起，孙贤锋在未履行请假手续且未经批准的情况下无故旷工多日，依法自 2017 年 10 月 20 日起与孙贤锋解除劳动关系，符合法律规定。

【裁判结果】

江苏省灌南县人民法院于 2018 年 11 月 15 日作出（2018）苏 0724 民初 2732 号民事判决：一、被告西区公司于本判决发生法律效力之日起十日内支付原告孙贤锋经济赔偿金 18989.46 元。二、驳回原告孙贤锋的其他诉讼请求。西区公司不服，提起上诉。江苏省连云港市中级人民法院于 2019 年 4 月 22 日作出（2019）苏 07 民终 658 号民事判决：驳回上诉，维持原判。

【裁判理由】

法院生效裁判认为：用人单位单方解除劳动合同是根据劳动者存在违法违纪、违反劳动合同的行为，对其合法性的评价也应以作出解除劳动合同决定时的事实、证据和相关法律规定为依据。用人单位向劳动者送达的解除劳动合同通知书，是用人单位向劳动者作出解除劳动合同的意思表示，对用人单位具有法律约束力。解除劳动合同通知书明确载明解除劳动合同的依据及事由，人民法院审理解除劳动合同纠纷案件时应以该决定作出时的事实、证据和法律为标准进行审查，不宜超出解除劳动合同通知书所载明的内容和范围。否则，将偏离劳资双方所争议的解除劳动合同行为的合法性审查内容，导致法院裁判与当事人诉讼请求以及争议焦点不一致；同时，也违背民事主体从事民事活动所应当秉持的诚实信用这一基本原则，造成劳资双方权益保障的失衡。

本案中，孙贤锋与西区公司签订的劳动合同系双方真实意思表示，合法有效。劳动合同附件《奖励与处罚管理规定》作为用人单位的管理规章制度，不违反法律、行政法规的强制性规定，合法有效，对双方当事人均具有约束力。根据《奖励与处罚管理规定》，员工连续旷工 3 天（含）以上的，公司有权对其处以第五类处罚责任，即解除合同、永不录用。西区公司向孙贤锋送达的解除劳动合同通知书明确载明解除劳动合同的事由为孙贤锋无故旷工达 3 天以上，孙贤锋诉请法院审查的内容也是西区公司以其无故旷工达 3 天以上而解除劳动合同行为的合法性，故法院对西区公司解除劳动合同的合法性审查也应以解除劳动合同通知书载明的内容为限，而不能超出该诉争范围。虽然西区公司在庭审中另提出孙贤锋在工作期间存在不及时上交营业款、未穿工服、代他人刷考勤卡、在单位公共平台留言辱骂公司主管等其他违纪行为，也是严重违反用人单位规章制度，公司仍有权解除劳动合同，但是根据在案证据及西区公司的陈述，西区公司在已知孙贤锋存在上述行为的情况下，没有提出解除劳动合同，而是主动提出重新安排孙贤锋从事其他工作，在向孙贤锋出具解除劳动合同通知书时也没有将上述行为作为解除劳动合同的理由。对于西区公司在诉讼期间提出的上述主张，法院不予支持。

西区公司以孙贤锋无故旷工达 3 天以上为由解除劳动合同，应对孙贤锋无故旷工达 3 天以上的事实承担举证证明责任。但西区公司仅提供了本单位出具的员工考勤表为证，该考勤表未经孙贤锋签字确认，孙贤锋对此亦不予认可，认为是单位领导安排停工并提供刷卡失败视频为证。因孙贤锋在工作期间被安排停工，西区公司之后是否通知孙贤锋到公司报到、如何通知、通知时间等事实，西区公司均没有提供证据加以证明，故孙贤锋无故旷工 3 天以上的事实不清，西区公司应对此承担举证不能的不利后果，其以孙贤锋旷工违反公司规章制度为由解除劳动合同，缺乏事实依据，属于违法解除劳动合同。

郑某诉霍尼韦尔自动化控制（中国）有限公司劳动合同纠纷案（最高人民法院指导案例 181 号　2022 年 7 月 4 日发布）

【关键词】　民事　劳动合同　解除劳动合同　性骚扰　规章制度

【裁判要点】

用人单位的管理人员对被性骚扰员工的投诉，应采取合理措施进行处置。管理人员未采取合理措施或者存在纵容性骚扰行为、干扰对性骚扰行为调查等情形，用人单位以管理人员未尽岗位职责，严重违反规章制度为由解除劳动合同，管理人员主张解除劳动合同违法的，人民法院不予支持。

【相关法条】

《中华人民共和国劳动合同法》第 39 条

【基本案情】

郑某于 2012 年 7 月入职霍尼韦尔自动化控制（中国）有限公司（以下简称霍尼韦尔公司），担任渠道销售经理。霍尼韦尔公司建立有工作场所性骚扰防范培训机制，郑某接受过相关培训。霍尼韦尔公司《商业行为准则》规定经理和主管“应确保下属能畅所欲言且无须担心遭到报复，所有担忧或问题都能专业并及时地得以解决”，不允许任何报复行为。2017 年版《员工手册》规定：对他人实施性骚扰、违反公司《商业行为准则》、在公司内部调查中做虚假陈述的行为均属于会导致立即辞退的违纪行为。上述规章制度在实施前经过该公司工会沟通会议讨论。

郑某与霍尼韦尔公司签订的劳动合同约定郑某确认并同意公司现有的《员工手册》

及《商业行为准则》等规章制度作为本合同的组成部分。《员工手册》修改后，郑某再次签署确认书，表示已阅读、明白并愿接受2017年版《员工手册》内容，愿恪守公司政策作为在霍尼韦尔公司工作的前提条件。

2018年8月30日，郑某因认为下属女职工任某与郑某上级邓某（已婚）之间的关系有点僵，为“疏解”二人关系而找任某谈话。郑某提到昨天观察到邓某跟任某说了一句话，而任某没有回答，其还专门跑到任某处帮忙打圆场。任某提及其在刚入职时曾向郑某出示过间接上级邓某发送的性骚扰微信记录截屏，郑某当时对此答复“我就是不想掺和这个事”“我往后不想再回答你后面的事情”“我是觉得有点怪，我也不敢问”。谈话中，任某强调邓某是在对其进行性骚扰，邓某要求与其发展男女关系，并在其拒绝后继续不停骚扰，郑某不应责怪其不搭理邓某，也不要替邓某来对其进行敲打。郑某则表示“你如果这样干工作的话，让我很难过”，“你越端着，他越觉得我要把你怎么样”，“他这么直接，要是我的话，先靠近你，摸摸看，然后聊聊天。”

后至2018年11月，郑某以任某不合群等为由向霍尼韦尔公司人事部提出与任某解除劳动合同，但未能说明解除任某劳动合同的合理依据。人事部为此找任某了解情况。任某告知人事部其被间接上级邓某骚扰，郑某有意无意撮合其和邓某，其因拒绝骚扰行为而受到打击报复。霍尼韦尔公司为此展开调查。

2019年1月15日，霍尼韦尔公司对郑某进行调查，并制作了调查笔录。郑某未在调查笔录上签字，但对笔录记载的其对公司询问所做答复作出诸多修改。对于调查笔录中有无女员工向郑某反映邓某跟其说过一些不合适的话、对其进行性骚扰的提问所记录的“没有”的答复，郑某未作修改。

2019年1月31日，霍尼韦尔公司出具《单方面解除函》，以郑某未尽经理职责，在下属反映遭受间接上级骚扰后没有采取任何措施帮助下属不再继续遭受骚扰，反而对下属进行打击报复，在调查过程中就上述事实做虚假陈述为由，与郑某解除劳动合同。

2019年7月22日，郑某向上海市劳动争议仲裁委员会申请仲裁，要求霍尼韦尔公司支付违法解除劳动合同赔偿金368130元。该请求未得到仲裁裁决支持。郑某不服，以相同请求诉至上海市浦东新区人民法院。

【裁判结果】

上海市浦东新区人民法院于2020年11月30日作出（2020）沪0115民初10454号民事判决：驳回郑某的诉讼请求。郑某不服一审判决，提起上诉。上海市第一中级人民法院于2021年4月22日作出（2021）沪01民终2032号民事判决：驳回上诉，维持原判。

【裁判理由】

法院生效裁判认为，本案争议焦点在于：一、霍尼韦尔公司据以解除郑某劳动合同的《员工手册》和《商业行为准则》对郑某有无约束力；二、郑某是否存在足以解除劳动合同的严重违纪行为。

关于争议焦点一，霍尼韦尔公司据以解除郑某劳动合同的《员工手册》和《商业行为准则》对郑某有无约束力。在案证据显示，郑某持有异议的霍尼韦尔公司2017年版《员工手册》《商业行为准则》分别于2017年9月、2014年12月经霍尼韦尔公司工会沟通会议进行讨论。郑某与霍尼韦尔公司签订的劳动合同明确约定《员工手册》《商业行为准则》属于劳动合同的组成部分，郑某已阅读并理解和接受上述制度。在《员工手册》修订后，郑某亦再次签署确认书，确认已阅读、明白并愿接受2017年版《员工手册》，愿恪守公司政策作为在霍尼韦尔公司工作的前提条件。在此情况下，霍尼韦尔公司的《员工手册》《商业行为准则》应对郑某具有约束力。

关于争议焦点二，郑某是否存在足以解除劳动合同的严重违纪行为。一则，在案证据显示霍尼韦尔公司建立有工作场所性骚扰防范培训机制，郑某亦接受过相关培训。霍尼韦尔公司《商业行为准则》要求经理、主管等管理人员在下属提出担忧或问题时能够专业并及时帮助解决，不能进行打击报复。霍尼韦尔公司 2017 年版《员工手册》还将违反公司《商业行为准则》的行为列为会导致立即辞退的严重违纪行为范围。现郑某虽称相关女职工未提供受到骚扰的切实证据，其无法判断骚扰行为的真伪、对错，但从郑某在 2018 年 8 月 30 日谈话录音中对相关女职工初入职时向其出示的微信截屏所做的“我是觉得有点怪，我也不敢问”“我就是不想掺和这个事”的评述看，郑某本人亦不认为相关微信内容系同事间的正常交流，且郑某在相关女职工反复强调间接上级一直对她进行骚扰时，未见郑某积极应对帮助解决，反而说“他这么直接，要是我的话，先靠近你，摸摸看，然后聊聊天”。所为皆为积极促成自己的下级与上级发展不正当关系。郑某的行为显然有悖其作为霍尼韦尔公司部门主管应尽之职责，其相关答复内容亦有违公序良俗。此外，依据郑某自述，其在 2018 年 8 月 30 日谈话后应已明确知晓相关女职工与间接上级关系不好的原因，但郑某不仅未采取积极措施，反而认为相关女职工处理不当。在任某明确表示对郑某性骚扰的抗拒后，郑某于 2018 年 11 月中旬向人事经理提出任某性格不合群，希望公司能解除与任某的劳动合同，据此霍尼韦尔公司主张郑某对相关女职工进行打击报复，亦属合理推断。二则，霍尼韦尔公司 2017 年版《员工手册》明确规定在公司内部调查中做虚假陈述的行为属于会导致立即辞退的严重违纪行为。霍尼韦尔公司提供的 2019 年 1 月 15 日调查笔录显示郑某在调查过程中存在虚假陈述情况。郑某虽称该调查笔录没有按照其所述内容记录，其不被允许修改很多内容，但此主张与郑某对该调查笔录中诸多问题的答复都进行过修改的事实相矛盾，法院对此不予采信。该调查笔录可以作为认定郑某存在虚假陈述的判断依据。

综上，郑某提出的各项上诉理由难以成为其上诉主张成立的依据。霍尼韦尔公司主张郑某存在严重违纪行为，依据充分，不构成违法解除劳动合同。对郑某要求霍尼韦尔公司支付违法解除劳动合同赔偿金 368130 元的上诉请求，不予支持。

彭宇翔诉南京市城市建设开发（集团）有限责任公司追索劳动报酬纠纷案（最高人民法院指导案例 182 号 2022 年 7 月 4 日发布）

【关键词】 民事 追索劳动报酬 奖金 审批义务

【裁判要点】

用人单位规定劳动者在完成一定绩效后可以获得奖金，其无正当理由拒绝履行审批义务，符合奖励条件的劳动者主张获奖条件成就，用人单位应当按照规定发放奖金的，人民法院应予支持。

【相关法条】

《中华人民共和国劳动法》第 4 条、《中华人民共和国劳动合同法》第 3 条

【基本案情】

南京市城市建设开发（集团）有限责任公司（以下简称城开公司）于 2016 年 8 月制定《南京城开集团关于引进投资项目的奖励暂行办法》（以下简称《奖励办法》），规定成功引进商品房项目的，城开公司将综合考虑项目规模、年化平均利润值合并表等综合因素，以项目审定的预期利润或收益为奖励基数，按照 0.1% －0.5% 确定奖励总额。该奖励由投资开发部拟定各部门或其他人员的具体奖励构成后提出申请，经集团领导审议、审批后发放。2017 年 2 月，彭宇翔入职城开公司担任投资开发部经理。2017 年 6 月，投资开发部形成《会议纪要》，确定部门内部的奖励分配方案为总经理占部门奖金的 75%、其余项目参与人员占部门奖金的 25%。

彭宇翔履职期间，其所主导的投资开发部成功引进无锡红梅新天地、扬州 GZ051 地

块、如皋约克小镇、徐州焦庄、高邮鸿基万和城、徐州彭城机械六项目，后针对上述六项目投资开发部先后向城开公司提交了六份奖励申请。

直至彭宇翔自城开公司离职，城开公司未发放上述奖励。彭宇翔经劳动仲裁程序后，于法定期限内诉至法院，要求城开公司支付奖励 1689083 元。

案件审理过程中，城开公司认可案涉六项目初步符合《奖励办法》规定的受奖条件，但以无锡等三项目的奖励总额虽经审批但具体的奖金分配明细未经审批，及徐州等三项目的奖励申请未经审批为由，主张彭宇翔要求其支付奖金的请求不能成立。对于法院“如彭宇翔现阶段就上述项目继续提出奖励申请，城开公司是否启动审核程序”的询问，城开公司明确表示拒绝，并表示此后也不会再启动六项目的审批程序。此外，城开公司还主张，彭宇翔在无锡红梅新天地项目、如皋约克小镇项目中存在严重失职行为，二项目存在严重亏损，城开公司已就拿地业绩突出向彭宇翔发放过奖励，但均未提交充分的证据予以证明。

【裁判结果】

南京市秦淮区人民法院于 2018 年 9 月 11 日作出（2018）苏 0104 民初 6032 号民事判决：驳回彭宇翔的诉讼请求。彭宇翔不服，提起上诉。江苏省南京市中级人民法院于 2020 年 1 月 3 日作出（2018）苏 01 民终 10066 号民事判决：一、撤销南京市秦淮区人民法院（2018）苏 0104 民初 6032 号民事判决；二、城开公司于本判决生效之日起十五日内支付彭宇翔奖励 1259564. 4 元。

【裁判理由】

法院生效裁判认为：本案争议焦点为城开公司应否依据《奖励办法》向彭宇翔所在的投资开发部发放无锡红梅新天地等六项目奖励。

首先，从《奖励办法》设置的奖励对象来看，投资开发部以引进项目为主要职责，且在城开公司引进各类项目中起主导作用，故其系该文适格的被奖主体；从《奖励办法》设置的奖励条件来看，投资开发部已成功为城开公司引进符合城开公司战略发展目标的无锡红梅新天地、扬州 GZ051 地块、如皋约克小镇、徐州焦庄、高邮鸿基万和城、徐州彭城机械六项目，符合该文规定的受奖条件。故就案涉六项目而言，彭宇翔所在的投资开发部形式上已满足用人单位规定的奖励申领条件。城开公司不同意发放相应的奖励，应当说明理由并对此举证证明。但本案中城开公司无法证明无锡红梅新天地项目、如皋约克小镇项目存在亏损，也不能证明彭宇翔在二项目中确实存在失职行为，其关于彭宇翔不应重复获奖的主张亦因欠缺相应依据而无法成立。故而，城开公司主张彭宇翔所在的投资开发部实质不符合依据《奖励办法》获得奖励的理由法院不予采纳。

其次，案涉六项目奖励申请未经审核或审批程序尚未完成，不能成为城开公司拒绝支付彭宇翔项目奖金的理由。城开公司作为奖金的设立者，有权设定相应的考核标准、考核或审批流程。其中，考核标准系员工能否获奖的实质性评价因素，考核流程则属于城开公司为实现其考核权所设置的程序性流程。在无特殊规定的前提下，因流程本身并不涉及奖励评判标准，故而是否经过审批流程不能成为员工能否获得奖金的实质评价要素。城开公司也不应以六项目的审批流程未启动或未完成为由，试图阻却彭宇翔获取奖金的实体权利的实现。此外，对劳动者的奖励申请进行实体审批，不仅是用人单位的权利，也是用人单位的义务。本案中，《奖励办法》所设立的奖励系城开公司为鼓励员工进行创造性劳动所承诺给员工的超额劳动报酬，其性质上属于《国家统计局关于工资总额组成的规定》第 7 条规定中的“其他奖金”，此时《奖励办法》不仅应视为城开公司基于用工自主权而对员工行使的单方激励行为，还应视为城开公司与包括彭宇翔在内的不特定员工就该项奖励的获取形成的约定。现彭宇翔通过努力达到《奖励办法》所设奖励的获取条件，其向城开公司提出申请要求兑现该超额劳动报酬，无论是基于诚实信用原则，还是基于按劳取酬原则，城开公司皆有义务启动审核程序对该奖励申请进行核查，以确定彭宇翔关于奖金的权利能否实现。如城开公司拒绝审核，应说明合理理由。本案中，城开公司关于彭宇翔存在失职行为及案涉项目存在亏损的主张因欠缺事实依据不能成立，该公司也不能对不予审核的行为作出合理解释，其拒绝履行审批义务的行为已损害彭宇翔的合法权益，对此应承担相应的不利后果。

综上，法院认定案涉六项目奖励的条件成就，城开公司应当依据《奖励办法》向彭宇翔所在的投资开发部发放奖励。

房玥诉中美联泰大都会人寿保险有限公司劳动合同纠纷案（最高人民法院指导案例183号　2022年7月4日发布）

【关键词】　民事　劳动合同　离职　年终奖

【裁判要点】

年终奖发放前离职的劳动者主张用人单位支付年终奖的，人民法院应当结合劳动者的离职原因、离职时间、工作表现以及对单位的贡献程度等因素进行综合考量。用人单位的规章制度规定年终奖发放前离职的劳动者不能享有年终奖，但劳动合同的解除非因劳动者单方过失或主动辞职所导致，且劳动者已经完成年度工作任务，用人单位不能证明劳动者的工作业绩及表现不符合年终奖发放标准，年终奖发放前离职的劳动者主张用人单位支付年终奖的，人民法院应予支持。

【相关法条】

《中华人民共共和国劳动合同法》第40条

【基本案情】

房玥于2011年1月至中美联泰大都会人寿保险有限公司（以下简称大都会公司）工作，双方之间签订的最后一份劳动合同履行日期为2015年7月1日至2017年6月30日，约定房玥担任战略部高级经理一职。2017年10月，大都会公司对其组织架构进行调整，决定撤销战略部，房玥所任职的岗位因此被取消。双方就变更劳动合同等事宜展开了近两个月的协商，未果。12月29日，大都会公司以客观情况发生重大变化、双方未能就变更劳动合同协商达成一致，向房玥发出《解除劳动合同通知书》。房玥对解除决定不服，经劳动仲裁程序后起诉要求恢复与大都会公司之间的劳动关系并诉求2017年8月至12月未签劳动合同二倍工资差额、2017年度奖金等。大都会公司《员工手册》规定：年终奖金根据公司政策，按公司业绩、员工表现计发，前提是该员工在当年度10月1日前已入职，若员工在奖金发放月或之前离职，则不能享有。据查，大都会公司每年度年终奖会在次年3月份左右发放。

【裁判结果】

上海市黄浦区人民法院于2018年10月29日作出（2018）沪0101民初10726号民事判决：一、大都会公司于判决生效之日起七日内向原告房玥支付2017年8月至12月期间未签劳动合同双倍工资差额人民币192500元；二、房玥的其他诉讼请求均不予支持。房玥不服，上诉至上海市第二中级人民法院。上海市第二中级人民法院于2019年3月4日作出（2018）沪02民终11292号民事判决：一、维持上海市黄浦区人民法院（2018）沪0101民初10726号民事判决第一项；二、撤销上海市黄浦区人民法院（2018）沪0101民初10726号民事判决第二项；三、大都会公司于判决生效之日起七日内支付上诉人房玥2017年度年终奖税前人民币138600元；四、房玥的其他请求不予支持。

【裁判理由】

法院生效裁判认为：本案的争议焦点系用人单位以客观情况发生重大变化为依据解除劳动合同，导致劳动者不符合员工手册规定的年终奖发放条件时，劳动者是否可以获得相应的年终奖。对此，一审法院认为，大都会公司的《员工手册》明确规定了奖金发放情形，房玥在大都会公司发放2017年度奖金之前已经离职，不符合奖金发放情形，故对房玥要求2017年度奖金之请求不予支持。二审法院经过审理后认为，现行法律法规并没有强制规定年终奖应如何发放，用人单位有权根据本单位的经营状况、员工的业绩表现等，自主确定奖金发放与否、发放条件及发放标准，但是用人单位制定的发放规则仍应遵循公平合理原则，对于在年终奖发放之前已经离职的劳动者可否获得年终奖，应当结合劳动者离职的原因、时间、工作表现和对单位的贡献程度等多方面因素综合考量。本案中，大都会公司对其组织架构进行调整，双方未能就劳动合同的变更达成一致，导致劳动合同被解除。房玥在大都会公司工作至2017年12月29日，此后两日系双休日，表明房玥在2017年度已在大都会公司工作满一年；在大都会公司未举证房玥的2017年度工作业绩、表现等方面不符合规定的情况下，可以认定房玥在该年度为大都会公司付出了一整年的劳动且正常履行了职责，为大都会公司作出了应有的贡献。基于上述理由，大都会公司关于房玥在年终奖发放月之前已离职而不能享有该笔奖金的主张缺乏合理性。故对房玥诉求大都会公司支付2017年度年终奖，应予支持。

马筱楠诉北京搜狐新动力信息技术有限公司竞业限制纠纷案（最高人民法院指导案例184号 2022年7月4日发布）

【关键词】 民事 竞业限制 期限 约定无效

【裁判要点】

用人单位与劳动者在竞业限制条款中约定，因履行竞业限制条款发生争议申请仲裁和提起诉讼的期间不计入竞业限制期限的，属于劳动合同法第二十六条第一款第二项规定的“用人单位免除自己的法定责任、排除劳动者权利”的情形，应当认定为无效。

【相关法条】

《中华人民共和国劳动合同法》第23条第2款、第24条、第26条第1款

【基本案情】

马筱楠于2005年9月28日入职北京搜狐新动力信息技术有限公司（以下简称搜狐新动力公司），双方最后一份劳动合同期限自2014年2月1日起至2017年2月28日止，马筱楠担任高级总监。2014年2月1日，搜狐新动力公司（甲方）与马筱楠（乙方）签订《不竞争协议》，其中第3.3款约定：“……，竞业限制期限从乙方离职之日开始计算，最长不超过12个月，具体的月数根据甲方向乙方实际支付的竞业限制补偿费计算得出。但如因履行本协议发生争议而提起仲裁或诉讼时，则上述竞业限制期限应将仲裁和诉讼的审理期限扣除；即乙方应履行竞业限制义务的期限，在扣除仲裁和诉讼审理的期限后，不应短于上述约定的竞业限制月数。”2017年2月28日劳动合同到期，双方劳动关系终止。2017年3月24日，搜狐新动力公司向马筱楠发出《关于要求履行竞业限制义务和领取竞业限制经济补偿费的告知函》，要求其遵守《不竞争协议》，全面并适当履行竞业限制义务。马筱楠自搜狐新动力公司离职后，于2017年3月中旬与优酷公司开展合作关系，后于2017年4月底离开优酷公司，违反了《不竞争协议》。搜狐新动力公司以要求确认马筱楠违反竞业限制义务并双倍返还竞业限制补偿金、继续履行竞业限制义务、赔偿损失并支付律师费为由向北京市劳动人事争议仲裁委员会申请仲裁，仲裁委员会作出京劳人仲字〔2017〕第339号裁决：一、马筱楠一次性双倍返还搜狐新动力公司2017年3月、4月竞业限制补偿金共计177900元；二、马筱楠继续履行对搜狐新动力公司的竞业限制义务；三、驳回搜狐新动力公司的其他仲裁请求。马筱楠不服，于法定期限内向北京市海淀区人民法院提起诉讼。

【裁判结果】

北京市海淀区人民法院于2018年3月15日作出（2017）京0108民初45728号民事判决：一、马筱楠于判决生效之日起七日内向搜狐新动力公司双倍返还2017年3月、4月竞业限制补偿金共计177892元；二、确认马筱楠无需继续履行对搜狐新动力公司的竞业限制义务。搜狐新动力公司不服一审判决，提起上诉。北京市第一中级人民法院于2018年8月22日作出（2018）京01民终5826号民事判决：驳回上诉，维持原判。

【裁判理由】

法院生效裁判认为：本案争议焦点为《不竞争协议》第3.3款约定的竞业限制期限的法律适用问题。搜狐新动力公司上诉主张该协议第3.3款约定有效，马筱楠的竞业限制期限为本案仲裁和诉讼的实际审理期限加上12个月，以实际发生时间为准且不超过二年，但本院对其该项主张不予采信。

一、竞业限制协议的审查

法律虽然允许用人单位可以与劳动者约定竞业限制义务，但同时对双方约定竞业限制义务的内容作出了强制性规定，即以效力性规范的方式对竞业限制义务所适用的人员范围、竞业领域、限制期限均作出明确限制，且要求竞业限制约定不得违反法律、法规的规定，以期在保护用人单位商业秘密、维护公平竞争市场秩序的同时，亦防止用人单位不当运用竞业限制制度对劳动者的择业自由权造成过度损害。

二、“扣除仲裁和诉讼审理期限”约定的效力

本案中，搜狐新动力公司在《不竞争协议》第3.3款约定马筱楠的竞业限制期限应扣除仲裁和诉讼的审理期限，该约定实际上要求马筱楠履行竞业限制义务的期限为：仲裁和诉讼程序的审理期限+实际支付竞业限制补偿金的月数（最长不超过12个月）。从劳动者择业自由权角度来看，虽然法律对于仲裁及诉讼程序的审理期限均有法定限制，但就具体案件而言该期限并非具体确定的期间，将该期间作为竞业限制期限的约定内容，不符合竞业限制条款应具体明确的立法目的。加之劳动争议案件的特殊性，相当数量的案件需要经过“一裁两审”程序，上述约定使得劳动者一旦与用人单位发生争议，则其竞业限制期限将被延长至不可预期且相当长的一段期间，乃至达到二年。这实质上造成了劳动者的择业自由权在一定期间内处于待定状态。另一方面，从劳动者司法救济权角度来看，对于劳动者一方，如果其因履行《不竞争协议》与搜狐新动力公司发生争议并提起仲裁和诉讼，依照该协议第3.3款约定，仲裁及诉讼审理期间劳动者仍需履行竞业限制义务，即出现其竞业限制期限被延长的结果。如此便使劳动者陷入“寻求司法救济则其竞业限制期限被延长”“不寻求司法救济则其权益受损害”的两难境地，在一定程度上限制了劳动者的司法救济权利；而对于用人单位一方，该协议第3.3款使得搜狐新动力公司无需与劳动者进行协商，即可通过提起仲裁和诉讼的方式单方地、变相地延长劳动者的竞业限制期限，一定程度上免除了其法定责任。综上，法院认为，《不竞争协议》第3.3款中关于竞业限制期限应将仲裁和诉讼的审理期限扣除的约定，即“但如因履行本协议发生争议而提起仲裁或诉讼时……乙方应履行竞业限制义务的期限，在扣除仲裁和诉讼审理的期限后，不应短于上述约定的竞业限制月数”的部分，属于劳动合同法第二十六条第一款第二项规定的“用人单位免除自己的法定责任、排除劳动者权利”的情形，应属无效。而根据该法第二十七条规定，劳动合同部分无效，不影响其他部分效力的，其他部分仍然有效。

三、本案竞业限制期限的确定

据此，依据《不竞争协议》第3.3款仍有效部分的约定，马筱楠的竞业限制期限应依据搜狐新动力公司向其支付竞业限制补偿金的月数确定且最长不超过12个月。鉴于搜狐新动力公司已向马筱楠支付2017年3月至2018年2月期间共计12个月的竞业限制补

偿金，马筱楠的竞业限制期限已经届满，其无需继续履行对搜狐新动力公司的竞业限制义务。

王山诉万得信息技术股份有限公司竞业限制纠纷案（最高人民法院指导案例190号　2022年12月8日发布）

【关键词】　民事　竞业限制　审查标准　营业范围

【裁判要点】

人民法院在审理竞业限制纠纷案件时，审查劳动者自营或者新入职单位与原用人单位是否形成竞争关系，不应仅从依法登记的经营范围是否重合进行认定，还应当结合实际经营内容、服务对象或者产品受众、对应市场等方面是否重合进行综合判断。劳动者提供证据证明自营或者新入职单位与原用人单位的实际经营内容、服务对象或者产品受众、对应市场等不相同，主张不存在竞争关系的，人民法院应予支持。

【相关法条】

《中华人民共和国劳动合同法》第23条、第24条

【基本案情】

王山于2018年7月2日进入万得信息技术股份有限公司（以下简称万得公司）工作，双方签订了期限为2018年7月2日至2021年8月31日的劳动合同，约定王山就职智能数据分析工作岗位，月基本工资4500元、岗位津贴15500元，合计20000元。

2019年7月23日，王山、万得公司又签订《竞业限制协议》，对竞业行为、竞业限制期限、竞业限制补偿金等内容进行了约定。2020年7月27日，王山填写《辞职申请表》，以个人原因为由解除与万得公司的劳动合同。

2020年8月5日，万得公司向王山发出《关于竞业限制的提醒函》，载明："……您（即王山）从离职之日2020年7月27日起须承担竞业限制义务，不得到竞业企业范围内工作或任职。从本月起我们将向您支付竞业限制补偿金，请您在收到竞业限制补偿金的10日内，提供新单位签订的劳动合同及社保记录，若为无业状态的请由所在街道办事处等国家机关出具您的从业情况证明。若您违反竞业限制义务或其他义务，请于10日内予以改正，继续违反竞业协议约定的，则公司有权再次要求您按《竞业限制协议》约定承担违约金，违约金标准为20万元以上，并应将公司在离职后支付的竞业限制补偿金全部返还……"

2020年10月12日，万得公司向王山发出《法务函》，再次要求王山履行竞业限制义务。

另查明，万得公司的经营范围包括：计算机软硬件的开发、销售，计算机专业技术领域及产品的技术开发、技术转让、技术咨询、技术服务。

王山于2020年8月6日加入上海哔哩哔哩科技有限公司（以下简称哔哩哔哩公司），按照营业执照记载，该公司经营范围包括：信息科技、计算机软硬件、网络科技领域内的技术开发、技术转让、技术咨询、技术服务等。

王山、万得公司一致确认：王山竞业限制期限为2020年7月28日至2022年7月27日；万得公司已支付王山2020年7月28日至2020年9月27日竞业限制补偿金6796.92元。

2020年11月13日，万得公司向上海市浦东新区劳动人事争议仲裁委员会申请仲裁，要求王山：1. 按双方签订的《竞业限制协议》履行竞业限制义务；2. 返还2020年8月、9月支付的竞业限制补偿金6796元；3. 支付竞业限制违约金200万元。2021年2月25日，仲裁委员会作出裁决：王山按双方签订的《竞业限制协议》继续履行竞业限制义务，王山返还万得公司2020年8月、9月支付的竞业限制补偿金6796元，王山支付万得公司竞业限制违约金200万元。王山不服仲裁裁决，诉至法院。

【裁判结果】

上海市浦东新区人民法院于2021年6月29日作出（2021）沪0115民初35993号民事判决：一、王山与万得公司继续履行竞业限制义务；二、王山于本判决生效之日起十日内返还万得公司2020年7月28日至2020年9月27日竞业限制补偿金6796元；三、王山于本判决生效之日起十日内支付万得公司违反竞业限制违约金240000元。王山不服一审判决，提起上诉。上海市第一中级人民法院于2022年1月26日作出（2021）沪01民终12282号民事判决：一、维持上海市浦东新区人民法院（2021）沪0115民初35993号民事判决第一项；二、撤销上海市浦东新区人民法院（2021）沪0115民初35993号民事判决第二项、第三项；三、上诉人王山无需向被上诉人万得公司返还2020年7月28日至2020年9月27日竞业限制补偿金6796元；四、上诉人王山无需向被上诉人万得公司支付违反竞业限制违约金200万元。

【裁判理由】

法院生效裁判认为：关于王山是否违反了竞业限制协议的问题。所谓竞业限制是指对原用人单位负有保密义务的劳动者，于离职后在约定的期限内，不得生产、自营或为他人生产、经营与原用人单位有竞争关系的同类产品及业务，不得在与原用人单位具有竞争关系的用人单位任职。竞业限制制度的设置系为了防止劳动者利用其所掌握的原用人单位的商业秘密为自己或为他人谋利，从而抢占了原用人单位的市场份额，给原用人单位造成损失。所以考量劳动者是否违反竞业限制协议，最为核心的是应评判原用人单位与劳动者自营或者入职的单位之间是否形成竞争关系。

需要说明的是，正是因为竞业限制制度在保护用人单位权益的同时对劳动者的就业权利有一定的限制，所以在审查劳动者是否违反了竞业限制义务时，应当全面客观地审查劳动者自营或入职公司与原用人单位之间是否形成竞争关系。一方面考虑到实践中往往存在企业登记经营事项和实际经营事项不相一致的情形，另一方面考虑到经营范围登记类别是工商部门划分的大类，所以这种竞争关系的审查，不应拘泥于营业执照登记的营业范围，否则对劳动者抑或对用人单位都可能造成不公平。故在具体案件中，还可以从两家企业实际经营的内容是否重合、服务对象或者所生产产品的受众是否重合、所对应的市场是否重合等多角度进行审查，以还原事实之真相，从而能兼顾用人单位和劳动者的利益，以达到最终的平衡。

本案中，万得公司的经营范围为计算机软硬件的开发、销售、计算机专业技术领域及产品的技术开发、技术转让、技术咨询、技术服务。而哔哩哔哩公司的经营范围包括从事信息科技、计算机软硬件、网络科技领域内的技术开发、技术转让、技术咨询、技术服务等。对比两家公司的经营范围，确实存在一定的重合。但互联网企业往往在注册登记时，经营范围都包含了软硬件开发、技术咨询、技术转让、技术服务。若仅以此为据，显然会对互联网就业人员尤其是软件工程师再就业造成极大障碍，对社会人力资源造成极大的浪费，也有悖于竞业限制制度的立法本意。故在判断是否构成竞争关系时，还应当结合公司实际经营内容及受众等因素加以综合评判。

本案中，王山举证证明万得公司在其Wind金融手机终端上宣称Wind金融终端是数十万金融专业人士的选择、最佳的中国金融业生产工具和平台。而万得公司的官网亦介绍，“万得公司（下称Wind）是中国大陆领先的金融数据、信息和软件服务企业，在国内金融信息服务行业处于领先地位，是众多证券公司、基金管理公司、保险公司、银行、投资公司、媒体等机构不可或缺的重要合作伙伴，在国际市场中，Wind同样受到了众多中国证监会批准的合格境外机构投资者的青睐。此外，知名的金融学术研究机构和权威的监管机构同样是Wind的客户；权威的中英文媒体、研究报告、学术论文也经常引用 Wind 提供的数据……”由此可见，万得公司目前的经营模式主要是提供金融信息服务，其主要的受众为相关的金融机构或者金融学术研究机构。而反观哔哩哔哩公司，众所周知，其主营业务是文化社区和视频平台，即提供网络空间供用户上传视频、进行交流。其受众更广，尤其年轻人对其青睐有加。两者对比，不论是经营模式、对应市场还是受众，都存在显著差别。即使普通百姓，也能轻易判断两者之差异。虽然哔哩哔哩公司还涉猎游戏、音乐、影视等领域，但尚无证据显示其与万得公司经营的金融信息服务存在重合之处。在此前提下，万得公司仅以双方所登记的经营范围存在重合即主张两家企业形成竞争关系，尚未完成其举证义务。且万得公司在竞业限制协议中所附录的重点限制企业均为金融信息行业，足以表明万得公司自己也认为其主要的竞争对手应为金融信息服务企业。故一审法院仅以万得公司与哔哩哔哩公司的经营范围存在重合，即认定王山入职哔哩哔哩公司违反了竞业限制协议的约定，继而判决王山返还竞业限制补偿金并支付违反竞业限制违约金，有欠妥当。

关于王山是否应当继续履行竞业限制协议的问题。王山与万得公司签订的竞业限制协议不存在违反法律法规强制性规定的内容，故该协议合法有效，对双方均有约束力。因协议中约定双方竞业限制期限为 2020 年 7 月 28 日至 2022 年 7 月 27 日，目前尚在竞业限制期限内。故一审法院判决双方继续履行竞业限制协议，并无不当。王山主张无需继续履行竞业限制协议，没有法律依据。需要强调的是，根据双方的竞业限制协议，王山应当按时向万得公司报备工作情况，以供万得公司判断其是否违反了竞业限制协议。本案即是因为王山不履行报备义务导致万得公司产生合理怀疑，进而产生了纠纷。王山在今后履行竞业限制协议时，应恪守约定义务，诚信履行协议。

典型案例

牛某某诉某物流公司劳动合同纠纷案（《最高人民法院、中国残疾人联合会残疾人权益保护十大典型案例》案例九　2021 年 12 月 2 日）

【基本案情】

牛某某为左手大拇指缺失残疾。其 2019 年 10 月 10 日到某物流公司工作，担任叉车工。入职时提交了在有效期内的叉车证，入职体检合格。公司要求填写员工登记表，登记表上列明有无大病病史、家族病史、工伤史、传染病史，并列了“其他”栏。牛某某均勾选“无”。2020 年 7 月 4 日，某物流公司以牛某某隐瞒持有残疾人证，不接受公司安排的工作为由解除劳动合同。2020 年 7 月 10 日，牛某某申请仲裁，要求某物流公司支付违法解除劳动合同赔偿金 30000 元。2020 年 10 月 13 日，劳动人事争议仲裁委员会裁决某物流公司支付牛某某违法解除劳动合同赔偿金 5860 元。牛某某起诉请求某物流公司支付其违法解除劳动合同赔偿金 30000 元。

【裁判结果】

上海市浦东新区人民法院经审理认为，某物流公司招聘的系叉车工，牛某某已提供了有效期内的叉车证，入职时体检合格，从工作情况来看，牛某某是否持有残疾人证并不影响其从事叉车工的工作。故某物流公司以牛某某隐瞒残疾人证为由解除合同，理由不能成立，其解除劳动合同违法。遂判决某物流公司支付牛某某违法解除劳动合同赔偿金 5860 元。上海市第一中级人民法院维持一审判决。

【典型意义】

用人单位可以对劳动者进行管理，有权了解劳动者的基本情况，但该知情权应当是基于劳动合同能否履行的考量，与此无关的事项，用人单位不应享有过于宽泛的知情权。而且，劳动者身体残疾的原因不一而足，对工作的影响也不可一概而论。随着社会越来越重视对个人隐私的保护，在残疾不影响工作的情况下，劳动者可以不主动向用人单位披露其身有残疾的事实，而是作为一名普通人付出劳动，获得劳动报酬，这是现代社会应有的价值理念。用人单位本身承担着吸纳就业的社会责任，对残疾劳动者应当有必要的包容而不是歧视，更不能以此为由解除劳动合同。本案判决对维护残疾人劳动权益，保障残疾人平等参与社会生活起到了重要示范引领作用。

北京某科技公司诉台湾地区居民姜某某劳动争议纠纷案（《人民法院台胞权益保障十大典型案例》案例一　2021年12月14日）

【基本案情】

2019年1月24日，台湾地区居民姜某某入职北京某科技公司。姜某某入职后，在2019年5月1日至8月31日四个月里，该科技公司向其支付的工资低于双方约定的每月20000元标准。姜某某于2019年9月离职，随后以要求该科技公司支付上述四个月工资差额为由，向北京市海淀区劳动人事争议仲裁委员会申请仲裁。仲裁委员会裁决该科技公司支付姜某某工资差额27198元。

该科技公司不服仲裁裁决，起诉至北京市海淀区人民法院，称姜某某系台湾地区居民，未办理台港澳人员就业证，故其与姜某某不能成立劳动关系，仅构成劳务合同关系；而且，其已于2019年8月与姜某某协商降低劳务费标准，故无需向姜某某支付争议的工资差额。姜某某辩称，双方之间系劳动关系，科技公司应按约定工资标准支付工资差额。

【裁判结果】

北京市海淀区人民法院一审认为，2018年8月23日实施的《人力资源社会保障部关于香港澳门台湾居民在内地（大陆）就业有关事项的通知》规定："2018年7月28日起，港澳台人员在内地（大陆）就业不再需要办理《台港澳人员就业证》"，因此，姜某某具备建立劳动关系的主体资格，其自2019年1月24日入职北京某科技公司时，即与该科技公司建立劳动关系。就2019年5月至8月的争议工资差额，因该科技公司没有充分证据证明姜某某同意降薪，其应按照约定标准足额支付姜某某工资，差额部分应予补足，故判决该科技公司支付姜某某工资差额27198元。北京市第一中级人民法院二审维持原判。

【典型意义】

2019年3月26日，最高人民法院印发《关于为深化两岸融合发展提供司法服务的若干措施》（以下简称"司法36条惠台措施"），其中，第1条即提出依法保障台湾同胞在大陆学习、创业、就业、生活逐步享有同等待遇。本案是人民法院坚持公正高效司法，依法保障台湾同胞就业权益的一个典型案例。

本案涉及的一个核心问题是台湾地区居民在大陆建立劳动关系的主体资格。国务院于2018年7月28日印发《关于取消一批行政许可事项的决定》（以下简称《决定》），取消港澳台居民在内地（大陆）就业许可。为贯彻落实《决定》精神，最高人民法院对有关涉劳动争议司法解释及时作出调整，反映出保障港澳台居民在内地（大陆）平等就业的司法立场。本案中，人民法院准确理解和把握取消港澳台居民内地（大陆）就业许可的法律意义，依法认定北京某科技公司与姜某某之间存在劳动关系，传达出司法维护在大陆就业台湾同胞合法劳动权益的明确信号：在《决定》实施后，用人单位不得以台湾地区居民未办理就业证为由，认为其不具备建立劳动关系主体资格，进而否认双方存在劳动关系。这有利于纠正个别用人单位在涉台就业管理中的错误理解和做法，有利于公正高效维护台湾同胞合法权益，有利于进一步鼓励台湾同胞到大陆就业和进一步促进两岸融合发展。

187. 社会保险纠纷

(1) 养老保险待遇纠纷
(2) 工伤保险待遇纠纷
(3) 医疗保险待遇纠纷
(4) 生育保险待遇纠纷
(5) 失业保险待遇纠纷

相关规范

》《中华人民共和国劳动法》(2018 年修正)

第三条 劳动者享有平等就业和选择职业的权利、取得劳动报酬的权利、休息休假的权利、获得劳动安全卫生保护的权利、接受职业技能培训的权利、享受社会保险和福利的权利、提请劳动争议处理的权利以及法律规定的其他劳动权利。

劳动者应当完成劳动任务,提高职业技能,执行劳动安全卫生规程,遵守劳动纪律和职业道德。

第五条 国家采取各种措施,促进劳动就业,发展职业教育,制定劳动标准,调节社会收入,完善社会保险,协调劳动关系,逐步提高劳动者的生活水平。

第六十二条 女职工生育享受不少于九十天的产假。

第七十二条 社会保险基金按照保险类型确定资金来源,逐步实行社会统筹。用人单位和劳动者必须依法参加社会保险,缴纳社会保险费。

第七十三条 劳动者在下列情形下,依法享受社会保险待遇:

(一) 退休;
(二) 患病、负伤;
(三) 因工伤残或者患职业病;
(四) 失业;
(五) 生育。

劳动者死亡后,其遗属依法享受遗属津贴。

劳动者享受社会保险待遇的条件和标准由法律、法规规定。

劳动者享受的社会保险金必须按时足额支付。

第七十四条 社会保险基金经办机构依照法律规定收支、管理和运营社会保险基金,并负有使社会保险基金保值增值的责任。

社会保险基金监督机构依照法律规定,对社会保险基金的收支、管理和运营实施监督。

社会保险基金经办机构和社会保险基金监督机构的设立和职能由法律规定。

任何组织和个人不得挪用社会保险基金。

第七十五条 国家鼓励用人单位根据本单位实际情况为劳动者建立补充保险。

国家提倡劳动者个人进行储蓄性保险。

第一百条 用人单位无故不缴纳社会保险费的,由劳动行政部门责令其限期缴纳;逾期不缴的,可以加收滞纳金。

第一百零四条 国家工作人员和社会保险基金经办机构的工作人员挪用社会保险基金,构成犯罪的,依法追究刑事责任。

》《中华人民共和国社会保险法》(2018 年修正)

第八十四条 用人单位不办理社会保险登记的,由社会保险行政部门责令限期改正;逾期不改正的,对用人单位处应缴社会保险费数额一倍以上三倍以下的罚款,对其直接负责的主管人员和其他直接责任人员处五百元以上三千元以下的罚款。

第八十六条 用人单位未按时足额缴纳社会保险费的,由社会保险费征收机构责令限期缴纳或者补足,并自欠缴之日起,按日加收万分之五的滞纳金;逾期仍不缴纳的,由有关行政部门处欠缴数额一倍以上三倍以下的罚款。

第八十八条 以欺诈、伪造证明材料或者其他手段骗取社会保险待遇的,由社会保险行政部门责令退回骗取的社会保险金，处骗取金额二倍以上五倍以下的罚款。

《失业保险条例》（1999年）

第十四条 具备下列条件的失业人员，可以领取失业保险金：

（一）按照规定参加失业保险，所在单位和本人已按照规定履行缴费义务满1年的；

（二）非因本人意愿中断就业的；

（三）已办理失业登记，并有求职要求的。

失业人员在领取失业保险金期间，按照规定同时享受其他失业保险待遇。

第十五条 失业人员在领取失业保险金期间有下列情形之一的，停止领取失业保险金，并同时停止享受其他失业保险待遇：

（一）重新就业的；

（二）应征服兵役的；

（三）移居境外的；

（四）享受基本养老保险待遇的；

（五）被判刑收监执行或者被劳动教养的；

（六）无正当理由，拒不接受当地人民政府指定的部门或者机构介绍的工作的；

（七）有法律、行政法规规定的其他情形的。

第十六条 城镇企业事业单位应当及时为失业人员出具终止或者解除劳动关系的证明，告知其按照规定享受失业保险待遇的权利，并将失业人员的名单自终止或者解除劳动关系之日起7日内报社会保险经办机构备案。

城镇企业事业单位职工失业后，应当持本单位为其出具的终止或者解除劳动关系的证明，及时到指定的社会保险经办机构办理失业登记。失业保险金自办理失业登记之日起计算。

失业保险金由社会保险经办机构按月发放。社会保险经办机构为失业人员开具领取失业保险金的单证，失业人员凭单证到指定银行领取失业保险金。

第十七条 失业人员失业前所在单位和本人按照规定累计缴费时间满1年不足5年的，领取失业保险金的期限最长为12个月；累计缴费时间满5年不足10年的，领取失业保险金的期限最长为18个月；累计缴费时间10年以上的，领取失业保险金的期限最长为24个月。重新就业后，再次失业的，缴费时间重新计算，领取失业保险金的期限可以与前次失业应领取而尚未领取的失业保险金的期限合并计算，但是最长不得超过24个月。

第十八条 失业保险金的标准，按照低于当地最低工资标准、高于城市居民最低生活保障标准的水平，由省、自治区、直辖市人民政府确定。

第十九条 失业人员在领取失业保险金期间患病就医的，可以按照规定向社会保险经办机构申请领取医疗补助金。医疗补助金的标准由省、自治区、直辖市人民政府规定。

第二十条 失业人员在领取失业保险金期间死亡的，参照当地对在职职工的规定，对其家属一次性发给丧葬补助金和抚恤金。

第二十一条 单位招用的农民合同制工人连续工作满1年，本单位并已缴纳失业保险费，劳动合同期满未续订或者提前解除劳动合同的，由社会保险经办机构根据其工作时间长短，对其支付一次性生活补助。补助的办法和标准由省、自治区、直辖市人民政府规定。

第二十二条 城镇企业事业单位成建制跨统筹地区转移，失业人员跨统筹地区流动的，失业保险关系随之转迁。

第二十三条 失业人员符合城市居民最低生活保障条件的，按照规定享受城市居民最低生活保障待遇。

《工伤保险条例》（2010修订）

第三十条 职工因工作遭受事故伤害或者患职业病进行治疗，享受工伤医疗待遇。

职工治疗工伤应当在签订服务协议的医疗机构就医，情况紧急时可以先到就近的医疗机构急救。

治疗工伤所需费用符合工伤保险诊疗项目目录、工伤保险药品目录、工伤保险住院服务标准的，从工伤保险基金支付。工伤保险诊疗项目目录、工伤保险药品目录、工伤保险住院服务标准，由国务院社会保险行政部门会同国务院卫生行政部门、食品药品监督管理部门等部门规定。

职工住院治疗工伤的伙食补助费，以及经医疗机构出具证明，报经办机构同意，工伤职工到统筹地区以外就医所需的交通、食宿费用从工伤保险基金支付，基金支付的具体标准由统筹地区人民政府规定。

工伤职工治疗非工伤引发的疾病，不享受工伤医疗待遇，按照基本医疗保险办法处理。

工伤职工到签订服务协议的医疗机构进行工伤康复的费用，符合规定的，从工伤保险基金支付。

第三十三条第一款　职工因工作遭受事故伤害或者患职业病需要暂停工作接受工伤医疗的，在停工留薪期内，原工资福利待遇不变，由所在单位按月支付。

第三十四条　工伤职工已经评定伤残等级并经劳动能力鉴定委员会确认需要生活护理的，从工伤保险基金按月支付生活护理费。

生活护理费按照生活完全不能自理、生活大部分不能自理或者生活部分不能自理3个不同等级支付，其标准分别为统筹地区上年度职工月平均工资的50%、40%或者30%。

》《最高人民法院关于审理劳动争议案件适用法律问题的解释（一）》（法释〔2020〕26号　2020年12月29日）

第一条　劳动者与用人单位之间发生的下列纠纷，属于劳动争议，当事人不服劳动争议仲裁机构作出的裁决，依法提起诉讼的，人民法院应予受理：

（一）劳动者与用人单位在履行劳动合同过程中发生的纠纷；

（二）劳动者与用人单位之间没有订立书面劳动合同，但已形成劳动关系后发生的纠纷；

（三）劳动者与用人单位因劳动关系是否已经解除或者终止，以及应否支付解除或者终止劳动关系经济补偿金发生的纠纷；

（四）劳动者与用人单位解除或者终止劳动关系后，请求用人单位返还其收取的劳动合同定金、保证金、抵押金、抵押物发生的纠纷，或者办理劳动者的人事档案、社会保险关系等移转手续发生的纠纷；

（五）劳动者以用人单位未为其办理社会保险手续，且社会保险经办机构不能补办导致其无法享受社会保险待遇为由，要求用人单位赔偿损失发生的纠纷；

（六）劳动者退休后，与尚未参加社会保险统筹的原用人单位因追索养老金、医疗费、工伤保险待遇和其他社会保险待遇而发生的纠纷；

（七）劳动者因为工伤、职业病，请求用人单位依法给予工伤保险待遇发生的纠纷；

（八）劳动者依据劳动合同法第八十五条规定，要求用人单位支付加付赔偿金发生的纠纷；

（九）因企业自主进行改制发生的纠纷。

第二条　下列纠纷不属于劳动争议：

（一）劳动者请求社会保险经办机构发放社会保险金的纠纷；

（二）劳动者与用人单位因住房制度改革产生的公有住房转让纠纷；

（三）劳动者对劳动能力鉴定委员会的伤残等级鉴定结论或者对职业病诊断鉴定委员会的职业病诊断鉴定结论的异议纠纷；

（四）家庭或者个人与家政服务人员之间的纠纷；

（五）个体工匠与帮工、学徒之间的纠纷；

（六）农村承包经营户与受雇人之间的纠纷。

第三十二条　用人单位与其招用的已经依法享受养老保险待遇或者领取退休金的人员发生用工争议而提起诉讼的，人民法院应当按劳务关系处理。

企业停薪留职人员、未达到法定退休年龄的内退人员、下岗待岗人员以及企业经营性停产放长假人员，因与新的用人单位发生用工争议而提起诉讼的，人民法院应当按劳动关系处理。

《第八次全国法院民事商事审判工作会议（民事部分）纪要》（法〔2016〕399号 2016年11月21日）

9. 被侵权人有权获得工伤保险待遇或者其他社会保险待遇的，侵权人的侵权责任不因受害人获得社会保险而减轻或者免除。根据社会保险法第三十条和四十二条的规定，被侵权人有权请求工伤保险基金或者其他社会保险支付工伤保险待遇或者其他保险待遇。

10. 用人单位未依法缴纳工伤保险费，劳动者因第三人侵权造成人身损害并构成工伤，侵权人已经赔偿的，劳动者有权请求用人单位支付除医疗费之外的工伤保险待遇。用人单位先行支付工伤保险待遇的，可以就医疗费用在第三人应承担的赔偿责任范围内向其追偿。

《最高人民法院关于为稳定就业提供司法服务和保障的意见》（法发〔2022〕36号 2022年12月26日）

1. 推动落实阶段性缓缴社会保险费政策，减轻用人单位用工负担。依法受理因就业优惠政策实施引发的行政案件，坚决依法支持符合条件的用人单位享受阶段性降低社会保险费率、缓缴社会保险费、失业保险费稳岗返还等优惠政策，切实减轻用人单位在用工、社保等方面的经营压力和负担，帮助受疫情严重冲击的行业、中小微企业和个体工商户复工复产。妥善审理用人单位因拖欠社会保险费等被责令补缴的行政案件，依法依规考虑企业复工复产实际情况，可以通过延展补缴期限等方式协调解决，平衡好为用人单位减负与维护劳动者合法权益的关系，促进行政争议实质性化解。依法妥善审理社会保险纠纷案件，参保单位享受阶段性缓缴社会保险费政策，劳动者主张缓缴期间用人单位未依法缴纳社会保险费，依据劳动合同法第三十八条第一款第三项的规定解除劳动合同的，人民法院应当依法审慎处理。

9. 推动健全新业态用工综合治理机制。依法妥善审理涉新就业形态社会保险纠纷案件，支持完善基本养老保险、医疗保险参保办法，推动企业引导和支持不完全符合确立劳动关系情形的新就业形态劳动者，根据自身情况参加相应社会保险。依法妥善审理保险合同纠纷案件，促进平台企业通过购买人身意外、雇主责任等商业保险，提升平台灵活就业人员保障水平。妥善审理机动车交通事故责任纠纷、非机动车交通事故责任纠纷等案件，依法合理认定各方责任，推动平台企业制定注重遵守交通规则等社会秩序的算法规则和规章制度，强化外卖快递从业人员遵守交通规则等社会秩序意识。配合有关部门推动行业协会、头部企业或者企业代表与工会组织、职工代表开展协商，签订行业集体合同或者协议，推动制定行业劳动标准；畅通裁审衔接程序，完善多元化解机制，支持各类调解组织、法律援助机构等依法为新就业形态劳动者提供更加便捷、优质高效的纠纷调解、法律咨询、法律援助等服务。

188. 福利待遇纠纷

相关规范

《中华人民共和国劳动合同法》（2012年修正）

第十七条 劳动合同应当具备以下条款：

（一）用人单位的名称、住所和法定代表人或者主要负责人；

（二）劳动者的姓名、住址和居民身份证或者其他有效身份证件号码；

（三）劳动合同期限；

（四）工作内容和工作地点；

（五）工作时间和休息休假；

（六）劳动报酬；

（七）社会保险；

（八）劳动保护、劳动条件和职业危害防护；

（九）法律、法规规定应当纳入劳动合同的其他事项。

劳动合同除前款规定的必备条款外，用人单位与劳动者可以约定试用期、培训、保守秘密、补充保险和福利待遇等其他事项。

第六十二条　用工单位应当履行下列义务：

（一）执行国家劳动标准，提供相应的劳动条件和劳动保护；

（二）告知被派遣劳动者的工作要求和劳动报酬；

（三）支付加班费、绩效奖金，提供与工作岗位相关的福利待遇；

（四）对在岗被派遣劳动者进行工作岗位所必需的培训；

（五）连续用工的，实行正常的工资调整机制。

用工单位不得将被派遣劳动者再派遣到其他用人单位。

《中华人民共和国社会保险法》（2018修正）

第二十三条　职工应当参加职工基本医疗保险，由用人单位和职工按照国家规定共同缴纳基本医疗保险费。

无雇工的个体工商户、未在用人单位参加职工基本医疗保险的非全日制从业人员以及其他灵活就业人员可以参加职工基本医疗保险，由个人按照国家规定缴纳基本医疗保险费。

《中华人民共和国妇女权益保障法》（2022年修订）

第四十五条　实行男女同工同酬。妇女在享受福利待遇方面享有与男子平等的权利。

第四十六条　在晋职、晋级、评聘专业技术职称和职务、培训等方面，应当坚持男女平等的原则，不得歧视妇女。

《最高人民法院关于审理劳动争议案件适用法律问题的解释（一）》（法释〔2020〕26号　2020年12月29日）

第二条　下列纠纷不属于劳动争议：

（一）劳动者请求社会保险经办机构发放社会保险金的纠纷；

（二）劳动者与用人单位因住房制度改革产生的公有住房转让纠纷；

（三）劳动者对劳动能力鉴定委员会的伤残等级鉴定结论或者对职业病诊断鉴定委员会的职业病诊断鉴定结论的异议纠纷；

（四）家庭或者个人与家政服务人员之间的纠纷；

（五）个体工匠与帮工、学徒之间的纠纷；

（六）农村承包经营户与受雇人之间的纠纷。

十八、人事争议

189. 聘用合同纠纷

相关规范

《中华人民共和国劳动争议调解仲裁法》（2007年）

第二条 中华人民共和国境内的用人单位与劳动者发生的下列劳动争议，适用本法：

（一）因确认劳动关系发生的争议；

（二）因订立、履行、变更、解除和终止劳动合同发生的争议；

（三）因除名、辞退和辞职、离职发生的争议；

（四）因工作时间、休息休假、社会保险、福利、培训以及劳动保护发生的争议；

（五）因劳动报酬、工伤医疗费、经济补偿或者赔偿金等发生的争议；

（六）法律、法规规定的其他劳动争议。

第二十一条 劳动争议仲裁委员会负责管辖本区域内发生的劳动争议。

劳动争议由劳动合同履行地或者用人单位所在地的劳动争议仲裁委员会管辖。双方当事人分别向劳动合同履行地和用人单位所在地的劳动争议仲裁委员会申请仲裁的，由劳动合同履行地的劳动争议仲裁委员会管辖。

《中华人民共和国劳动法》（2018年修正）

第十六条 劳动合同是劳动者与用人单位确立劳动关系、明确双方权利和义务的协议。

建立劳动关系应当订立劳动合同。

第十七条 订立和变更劳动合同，应当遵循平等自愿、协商一致的原则，不得违反法律、行政法规的规定。

劳动合同依法订立即具有法律约束力，当事人必须履行劳动合同规定的义务。

第十八条 下列劳动合同无效：

（一）违反法律、行政法规的劳动合同；

（二）采取欺诈、威胁等手段订立的劳动合同。

无效的劳动合同，从订立的时候起，就没有法律约束力。确认劳动合同部分无效的，如果不影响其余部分的效力，其余部分仍然有效。

劳动合同的无效，由劳动争议仲裁委员会或者人民法院确认。

第十九条 劳动合同应当以书面形式订立，并具备以下条款：

（一）劳动合同期限；

（二）工作内容；

（三）劳动保护和劳动条件；

（四）劳动报酬；

（五）劳动纪律；

（六）劳动合同终止的条件；

（七）违反劳动合同的责任。

劳动合同除前款规定的必备条款外，当事人可以协商约定其他内容。

第二十条 劳动合同的期限分为有固定期限、无固定期限和以完成一定的工作为期限。

劳动者在同一用人单位连续工作满十年以上，当事人双方同意续延劳动合同的，如果劳动者提出订立无固定期限的劳动合同，应当订立无固定期限的劳动合同。

第二十一条　劳动合同可以约定试用期。试用期最长不得超过六个月。

第二十二条　劳动合同当事人可以在劳动合同中约定保守用人单位商业秘密的有关事项。

第二十三条　劳动合同期满或者当事人约定的劳动合同终止条件出现，劳动合同即行终止。

第二十四条　经劳动合同当事人协商一致，劳动合同可以解除。

第二十五条　劳动者有下列情形之一的，用人单位可以解除劳动合同：

（一）在试用期间被证明不符合录用条件的；

（二）严重违反劳动纪律或者用人单位规章制度的；

（三）严重失职，营私舞弊，对用人单位利益造成重大损害的；

（四）被依法追究刑事责任的。

第二十六条　有下列情形之一的，用人单位可以解除劳动合同，但是应当提前三十日以书面形式通知劳动者本人：

（一）劳动者患病或者非因工负伤，医疗期满后，不能从事原工作也不能从事由用人单位另行安排的工作的；

（二）劳动者不能胜任工作，经过培训或者调整工作岗位，仍不能胜任工作的；

（三）劳动合同订立时所依据的客观情况发生重大变化，致使原劳动合同无法履行，经当事人协商不能就变更劳动合同达成协议的。

第二十七条　用人单位濒临破产进行法定整顿期间或者生产经营状况发生严重困难，确需裁减人员的，应当提前三十日向工会或者全体职工说明情况，听取工会或者职工的意见，经向劳动行政部门报告后，可以裁减人员。

用人单位依据本条规定裁减人员，在六个月内录用人员的，应当优先录用被裁减的人员。

第二十八条　用人单位依据本法第二十四条、第二十六条、第二十七条的规定解除劳动合同的，应当依照国家有关规定给予经济补偿。

第二十九条　劳动者有下列情形之一的，用人单位不得依据本法第二十六条、第二十七条的规定解除劳动合同：

（一）患职业病或者因工负伤并被确认丧失或者部分丧失劳动能力的；

（二）患病或者负伤，在规定的医疗期内的；

（三）女职工在孕期、产期、哺乳期内的；

（四）法律、行政法规规定的其他情形。

第三十条　用人单位解除劳动合同，工会认为不适当的，有权提出意见。如果用人单位违反法律、法规或者劳动合同，工会有权要求重新处理；劳动者申请仲裁或者提起诉讼的，工会应当依法给予支持和帮助。

第三十一条　劳动者解除劳动合同，应当提前三十日以书面形式通知用人单位。

第三十二条　有下列情形之一的，劳动者可以随时通知用人单位解除劳动合同：

（一）在试用期内的；

（二）用人单位以暴力、威胁或者非法限制人身自由的手段强迫劳动的；

（三）用人单位未按照劳动合同约定支付劳动报酬或者提供劳动条件的。

第三十三条　企业职工一方与企业可以就劳动报酬、工作时间、休息休假、劳动安全卫生、保险福利等事项，签订集体合同。集体合同草案应当提交职工代表大会或者全体职工讨论通过。

集体合同由工会代表职工与企业签订；没有建立工会的企业，由职工推举的代表与企业签订。

第三十四条　集体合同签订后应当报送劳动行政部门；劳动行政部门自收到集体合同文本之日起十五日内未提出异议的，集体合同即行生效。

第三十五条　依法签订的集体合同对企

业和企业全体职工具有约束力。职工个人与企业订立的劳动合同中劳动条件和劳动报酬等标准不得低于集体合同的规定。

《最高人民法院关于人民法院审理事业单位人事争议案件若干问题的规定》(法释〔2003〕13号 2003年8月27日)

第一条 事业单位与其工作人员之间因辞职、辞退及履行聘用合同所发生的争议，适用《中华人民共和国劳动法》的规定处理。

第二条 当事人对依照国家有关规定设立的人事争议仲裁机构所作的人事争议仲裁裁决不服，自收到仲裁裁决之日起十五日内向人民法院提起诉讼的，人民法院应当依法受理。一方当事人在法定期间内不起诉又不履行仲裁裁决，另一方当事人向人民法院申请执行的，人民法院应当依法执行。

第三条 本规定所称人事争议是指事业单位与其工作人员之间因辞职、辞退及履行聘用合同所发生的争议。

《最高人民法院关于事业单位人事争议案件适用法律等问题的答复》(法函〔2004〕30号 2004年4月30日)

《最高人民法院关于人民法院审理事业单位人事争议案件若干问题的规定》第一条规定，“事业单位与其工作人员之间因辞职、辞退及履行聘用合同所发生的争议，适用《中华人民共和国劳动法》。”这里“适用《中华人民共和国劳动法》的规定处理”是指人民法院审理事业单位人事争议案件的程序运用《中华人民共和国劳动法》的相关规定。人民法院对事业单位人事争议案件的实体处理应当适用人事方面的法律规定，但涉及事业单位工作人员劳动权利的内容在人事法律中没有规定，适用《中华人民共和国劳动法》的有关规定。

190. 聘任合同纠纷

相关规范

《中华人民共和国劳动争议调解仲裁法》(2007年)

第二条 中华人民共和国境内的用人单位与劳动者发生的下列劳动争议，适用本法：

（一）因确认劳动关系发生的争议；

（二）因订立、履行、变更、解除和终止劳动合同发生的争议；

（三）因除名、辞退和辞职、离职发生的争议；

（四）因工作时间、休息休假、社会保险、福利、培训以及劳动保护发生的争议；

（五）因劳动报酬、工伤医疗费、经济补偿或者赔偿金等发生的争议；

（六）法律、法规规定的其他劳动争议。

第二十一条 劳动争议仲裁委员会负责管辖本区域内发生的劳动争议。

劳动争议由劳动合同履行地或者用人单位所在地的劳动争议仲裁委员会管辖。双方当事人分别向劳动合同履行地和用人单位所在地的劳动争议仲裁委员会申请仲裁的，由劳动合同履行地的劳动争议仲裁委员会管辖。

《中华人民共和国劳动法》(2018年修正)

第十六条 劳动合同是劳动者与用人单位确立劳动关系、明确双方权利和义务的协议。

建立劳动关系应当订立劳动合同。

第十七条 订立和变更劳动合同，应当遵循平等自愿、协商一致的原则，不得违反法律、行政法规的规定。

劳动合同依法订立即具有法律约束力，当事人必须履行劳动合同规定的义务。

>>《中华人民共和国公务员法》（2018 年修订）

第一百零五条　聘任制公务员与所在机关之间因履行聘任合同发生争议的，可以自争议发生之日起六十日内申请仲裁。

省级以上公务员主管部门根据需要设立人事争议仲裁委员会，受理仲裁申请。人事争议仲裁委员会由公务员主管部门的代表、聘用机关的代表、聘任制公务员的代表以及法律专家组成。

当事人对仲裁裁决不服的，可以自接到仲裁裁决书之日起十五日内向人民法院提起诉讼。仲裁裁决生效后，一方当事人不履行的，另一方当事人可以申请人民法院执行。

191. 辞职纠纷

相关规范

>>《中华人民共和国劳动争议调解仲裁法》（2007 年）

第二条　中华人民共和国境内的用人单位与劳动者发生的下列劳动争议，适用本法：

（一）因确认劳动关系发生的争议；

（二）因订立、履行、变更、解除和终止劳动合同发生的争议；

（三）因除名、辞退和辞职、离职发生的争议；

（四）因工作时间、休息休假、社会保险、福利、培训以及劳动保护发生的争议；

（五）因劳动报酬、工伤医疗费、经济补偿或者赔偿金等发生的争议；

（六）法律、法规规定的其他劳动争议。

第二十一条　劳动争议仲裁委员会负责管辖本区域内发生的劳动争议。

劳动争议由劳动合同履行地或者用人单位所在地的劳动争议仲裁委员会管辖。双方当事人分别向劳动合同履行地和用人单位所在地的劳动争议仲裁委员会申请仲裁的，由劳动合同履行地的劳动争议仲裁委员会管辖。

>>《中华人民共和国劳动法》（2018 年修正）

第二十三条　劳动合同期满或者当事人约定的劳动合同终止条件出现，劳动合同即行终止。

第二十四条　经劳动合同当事人协商一致，劳动合同可以解除。

第二十五条　劳动者有下列情形之一的，用人单位可以解除劳动合同：

（一）在试用期间被证明不符合录用条件的；

（二）严重违反劳动纪律或者用人单位规章制度的；

（三）严重失职，营私舞弊，对用人单位利益造成重大损害的；

（四）被依法追究刑事责任的。

第二十六条　有下列情形之一的，用人单位可以解除劳动合同，但是应当提前三十日以书面形式通知劳动者本人：

（一）劳动者患病或者非因工负伤，医疗期满后，不能从事原工作也不能从事由用人单位另行安排的工作的；

（二）劳动者不能胜任工作，经过培训或者调整工作岗位，仍不能胜任工作的；

（三）劳动合同订立时所依据的客观情况发生重大变化，致使原劳动合同无法履行，经当事人协商不能就变更劳动合同达成协议的。

第二十七条　用人单位濒临破产进行法定整顿期间或者生产经营状况发生严重困难，确需裁减人员的，应当提前三十日向工会或者全体职工说明情况，听取工会或者职工的意见，经向劳动行政部门报告后，可以裁减人员。

用人单位依据本条规定裁减人员，在六个月内录用人员的，应当优先录用被裁减的人员。

第二十八条　用人单位依据本法第二十四条、第二十六条、第二十七条的规定解除劳动合同的，应当依照国家有关规定给予经济补偿。

第二十九条 劳动者有下列情形之一的，用人单位不得依据本法第二十六条、第二十七条的规定解除劳动合同：

（一）患职业病或者因工负伤并被确认丧失或者部分丧失劳动能力的；

（二）患病或者负伤，在规定的医疗期内的；

（三）女职工在孕期、产期、哺乳期内的；

（四）法律、行政法规规定的其他情形。

第三十条 用人单位解除劳动合同，工会认为不适当的，有权提出意见。如果用人单位违反法律、法规或者劳动合同，工会有权要求重新处理；劳动者申请仲裁或者提起诉讼的，工会应当依法给予支持和帮助。

第三十一条 劳动者解除劳动合同，应当提前三十日以书面形式通知用人单位。

第三十二条 有下列情形之一的，劳动者可以随时通知用人单位解除劳动合同：

（一）在试用期内的；

（二）用人单位以暴力、威胁或者非法限制人身自由的手段强迫劳动的；

（三）用人单位未按照劳动合同约定支付劳动报酬或者提供劳动条件的。

»《最高人民法院关于人民法院审理事业单位人事争议案件若干问题的规定》（法释〔2003〕13号 2003年8月27日）

第一条 事业单位与其工作人员之间因辞职、辞退及履行聘用合同所发生的争议，适用《中华人民共和国劳动法》的规定处理。

第二条 当事人对依照国家有关规定设立的人事争议仲裁机构所作的人事争议仲裁裁决不服，自收到仲裁裁决之日起十五日内向人民法院提起诉讼的，人民法院应当依法受理。一方当事人在法定期间内不起诉又不履行仲裁裁决，另一方当事人向人民法院申请执行的，人民法院应当依法执行。

第三条 本规定所称人事争议是指事业单位与其工作人员之间因辞职、辞退及履行聘用合同所发生的争议。

»《最高人民法院关于事业单位人事争议案件适用法律等问题的答复》（法函〔2004〕30号 2004年4月30日）

《最高人民法院关于人民法院审理事业单位人事争议案件若干问题的规定》第一条规定，“事业单位与其工作人员之间因辞职、辞退及履行聘用合同所发生的争议，适用《中华人民共和国劳动法》。”这里“适用《中华人民共和国劳动法》的规定处理”是指人民法院审理事业单位人事争议案件的程序运用《中华人民共和国劳动法》的相关规定。人民法院对事业单位人事争议案件的实体处理应当适用人事方面的法律规定，但涉及事业单位工作人员劳动权利的内容在人事法律中没有规定，适用《中华人民共和国劳动法》的有关规定。

192. 辞退纠纷

»《中华人民共和国劳动合同法》（2012年修正）

第四十八条 用人单位违反本法规定解除或者终止劳动合同，劳动者要求继续履行劳动合同的，用人单位应当继续履行；劳动者不要求继续履行劳动合同或者劳动合同已经不能继续履行的，用人单位应当依照本法第八十七条规定支付赔偿金。

第八十二条 用人单位自用工之日起超过一个月不满一年未与劳动者订立书面劳动合同的，应当向劳动者每月支付二倍的工资。

用人单位违反本法规定不与劳动者订立无固定期限劳动合同的，自应当订立无固定期限劳动合同之日起向劳动者每月支付二倍的工资。

第八十五条 用人单位有下列情形之一

的，由劳动行政部门责令限期支付劳动报酬、加班费或者经济补偿；劳动报酬低于当地最低工资标准的，应当支付其差额部分；逾期不支付的，责令用人单位按应付金额百分之五十以上百分之一百以下的标准向劳动者加付赔偿金：

（一）未按照劳动合同的约定或者国家规定及时足额支付劳动者劳动报酬的；

（二）低于当地最低工资标准支付劳动者工资的；

（三）安排加班不支付加班费的；

（四）解除或者终止劳动合同，未依照本法规定向劳动者支付经济补偿的。

》《中华人民共和国公务员法》（2018年修订）

第一百零五条 聘任制公务员与所在机关之间因履行聘任合同发生争议的，可以自争议发生之日起六十日内申请仲裁。

省级以上公务员主管部门根据需要设立人事争议仲裁委员会，受理仲裁申请。人事争议仲裁委员会由公务员主管部门的代表、聘用机关的代表、聘任制公务员的代表以及法律专家组成。

当事人对仲裁裁决不服的，可以自接到仲裁裁决书之日起十五日内向人民法院提起诉讼。仲裁裁决生效后，一方当事人不履行的，另一方当事人可以申请人民法院执行。

》《中华人民共和国劳动合同法实施条例》（2008年）

第十条 劳动者非因本人原因从原用人单位被安排到新用人单位工作的，劳动者在原用人单位的工作年限合并计算为新用人单位的工作年限。原用人单位已经向劳动者支付经济补偿的，新用人单位在依法解除、终止劳动合同计算支付经济补偿的工作年限时，不再计算劳动者在原用人单位的工作年限。

》《事业单位人事管理条例》（2014年）

第三十七条 事业单位工作人员与所在单位发生人事争议的，依照《中华人民共和国劳动争议调解仲裁法》等有关规定处理。

第三十八条 事业单位工作人员对涉及本人的考核结果、处分决定等不服的，可以按照国家有关规定申请复核、提出申诉。

第三十九条 负有事业单位聘用、考核、奖励、处分、人事争议处理等职责的人员履行职责，有下列情形之一的，应当回避：

（一）与本人有利害关系的；

（二）与本人近亲属有利害关系的；

（三）其他可能影响公正履行职责的。

》《最高人民法院关于人民法院审理事业单位人事争议案件若干问题的规定》（法释〔2003〕13号 2003年8月27日）

第一条 事业单位与其工作人员之间因辞职、辞退及履行聘用合同所发生的争议，适用《中华人民共和国劳动法》的规定处理。

第二条 当事人对依照国家有关规定设立的人事争议仲裁机构所作的人事争议仲裁裁决不服，自收到仲裁裁决之日起十五日内向人民法院提起诉讼的，人民法院应当依法受理。一方当事人在法定期间内不起诉又不履行仲裁裁决，另一方当事人向人民法院申请执行的，人民法院应当依法执行。

第三条 本规定所称人事争议是指事业单位与其工作人员之间因辞职、辞退及履行聘用合同所发生的争议。

》《最高人民法院关于事业单位人事争议案件适用法律等问题的答复》（法函〔2004〕30号 2004年4月30日）

《最高人民法院关于人民法院审理事业单位人事争议案件若干问题的规定》第一条规定，“事业单位与其工作人员之间因辞职、辞退及履行聘用合同所发生的争议，适用

《中华人民共和国劳动法》。”这里“适用《中华人民共和国劳动法》的规定处理”是指人民法院审理事业单位人事争议案件的程序运用《中华人民共和国劳动法》的相关规定。人民法院对事业单位人事争议案件的实体处理应当适用人事方面的法律规定，但涉及事业单位工作人员劳动权利的内容在人事法律中没有规定，适用《中华人民共和国劳动法》的有关规定。

新民事案件案由规定

适用指引

2023年版

〔下〕

人民法院出版社 编

相关规范 · 指导案例 · 典型案例

人 民 法 院 出 版 社

总目录

下册目录

第七部分 海事海商纠纷

第十部分　非讼程序案件案由

五十三、第三人撤销之诉 ············ 980

五十四、执行程序中的异议之诉 ··· 991

第七部分　海事海商纠纷

十九、海事海商纠纷

193. 船舶碰撞损害责任纠纷

相关规范

》《中华人民共和国海商法》（1992 年）

第三条　本法所称船舶，是指海船和其他海上移动式装置，但是用于军事的、政府公务的船舶和 20 总吨以下的小型船艇除外。

前款所称船舶，包括船舶属具。

第一百六十五条　船舶碰撞，是指船舶在海上或者与海相通的可航水域发生接触造成损害的事故。

前款所称船舶，包括与本法和三条所指船舶碰撞的任何其他非用于军事的或者政府公务的船艇。

第一百六十六条　船舶发生碰撞，当事船舶的船长在不严重危及本船和船上人员安全的情况下，对于相碰的船舶和船上的人员必须尽力施救。

碰撞船舶的船长应当尽可能将其船舶名称、船籍港、出发港和目的港通知对方。

第一百六十七条　船舶发生碰撞，是由于不可抗力或者其他不能归责于任何一方的原因或者无法查明的原因造成的，碰撞各方互相不负赔偿责任。

第一百六十八条　船舶发生碰撞，是由于一船的过失造成的，由于过失的船舶负赔偿责任。

第一百六十九条　船舶发生碰撞，碰撞的船舶互有过失的，各船按照过失程度的比例负赔偿责任；过失程度相当或者过失程度的比例无法判定的，平均负赔偿责任。

互有过失的船舶，对碰撞造成的船舶以及船上货物和其他财产的损失，依照前款规定的比例负赔偿责任。碰撞造成第三人财产损失的，各船的赔偿责任均不超过其应当承担的比例。

互有过失的船舶，对造成的第三人的人身伤亡，负连带赔偿责任。一船连带支付的赔偿超过本条第一款规定的比例的，有权向其他有过失的船舶追偿。

第一百七十条　船舶因操纵不当或者不遵守航行规章，虽然实际上没有同其他船舶发生碰撞，但是使其他船舶以及船上的人员、货物或者其他财产遭受损失的，适用本章的规定。

《中华人民共和国海事诉讼特别程序法》(1999 年)

第八十二条 原告在起诉时、被告在答辩时，应当如实填写《海事事故调查表》。

第八十四条 当事人应当在开庭审理前完成举证。当事人完成举证并向海事法院出具完成举证说明书后，可以申请查阅有关船舶碰撞的事实证据材料。

《最高人民法院关于适用〈中华人民共和国海事诉讼特别程序法〉若干问题的解释》(法释〔2003〕3 号 2013 年 1 月 6 日)

第五十七条 《海事事故调查表》属于当事人对发生船舶碰撞基本事实的陈述。经对方当事人认可或者经法院查证属实，可以作为认定事实的依据。

第五十八条 有关船舶碰撞的事实证据材料指涉及船舶碰撞的经过、碰撞原因等方面的证据材料。

有关船舶碰撞的事实证据材料，在各方当事人完成举证后进行交换。当事人在完成举证前向法院申请查阅有关船舶碰撞的事实证据材料的，海事法院应予驳回。

第五十九条 海事诉讼特别程序法第八十五条规定的新的证据指非当事人所持有，在开庭前尚未掌握或者不能获得，因而在开庭前不能举证的证据。

第六十条 因船舶碰撞以外的海事海商案件需要进行船舶检验或者估价的，适用海事诉讼特别程序法第八十六条的规定。

第六十一条 依据《中华人民共和国海商法》第一百七十条的规定提起的诉讼和因船舶触碰造成损害提起的诉讼，参照海事诉讼特别程序法关于审理船舶碰撞案件的有关规定审理。

《最高人民法院关于审理发生在我国管辖海域相关案件若干问题的规定(二)》(法释〔2016〕17 号 2016 年 8 月 1 日)

第一条 当事人因船舶碰撞、海洋污染等事故受到损害，请求侵权人赔偿渔船、渔具、渔货损失以及收入损失的，人民法院应予支持。

当事人违反渔业法第二十三条，未取得捕捞许可证从事海上捕捞作业，依照前款规定主张收入损失的，人民法院不予支持。

《最高人民法院关于审理船舶碰撞纠纷案件若干问题的规定》(2020 年 12 月 23 日修正)

第四条 船舶碰撞产生的赔偿责任由船舶所有人承担，碰撞船舶在光船租赁期间并经依法登记的，由光船承租人承担。

第五条 因船舶碰撞发生的船上人员的人身伤亡属于海商法第一百六十九条第三款规定的第三人的人身伤亡。

第六条 碰撞船舶互有过失造成船载货物损失，船载货物的权利人对承运货物的本船提起违约赔偿之诉，或者对碰撞船舶一方或者双方提起侵权赔偿之诉的，人民法院应当依法予以受理。

第七条 船载货物的权利人因船舶碰撞造成其货物损失向承运货物的本船提起诉讼的，承运船舶可以依照海商法第一百六十九条第二款的规定主张按照过失程度的比例承担赔偿责任。

前款规定不影响承运人和实际承运人援用海商法第四章关于承运人抗辩理由和限制赔偿责任的规定。

第八条 碰撞船舶船载货物权利人或者第三人向碰撞船舶一方或者双方就货物或其他财产损失提出赔偿请求的，由碰撞船舶方提供证据证明过失程度的比例。无正当理由拒不提供证据的，由碰撞船舶一方承担全部赔偿责任或者由双方承担连带赔偿责任。

前款规定的证据指具有法律效力的判决书、裁定书、调解书和仲裁裁决书。对于碰撞船舶提交的国外的判决书、裁定书、调解书和仲裁裁决书，依照民事诉讼法第二百八十二条和第二百八十三条规定的程序审查。

第九条　因起浮、清除、拆毁由船舶碰撞造成的沉没、遇难、搁浅或被弃船舶及船上货物或者使其无害的费用提出的赔偿请求，责任人不能依照海商法第十一章的规定享受海事赔偿责任限制。

指导案例

江苏炜伦航运股份有限公司诉米拉达玫瑰公司船舶碰撞损害赔偿纠纷案（最高人民法院指导案例31号　2014年6月26日发布）

【关键词】　民事　船舶碰撞　损害赔偿　合意违反航行规则　责任认定

【裁判要点】

航行过程中，当事船舶协商不以《1972年国际海上避碰规则》确立的规则交会，发生碰撞事故后，双方约定的内容以及当事船舶在发生碰撞事故时违反约定的情形，不应作为人民法院判定双方责任的主要依据，仍应当以前述规则为准据，在综合分析紧迫局面形成原因、当事船舶双方过错程度及处置措施恰当与否的基础上，对事故责任作出认定。

【基本案情】

2008年6月3日晚，原告江苏炜伦航运股份有限公司所有的“炜伦06”轮与被告米拉达玫瑰公司所有的“MIRANDA ROSE”轮（以下简称“玫瑰”轮）在各自航次的航程中，在上海港圆圆沙警戒区相遇。当日23时27分，由外高桥集装箱码头开出的另一艘外轮“里约热内卢快航”轮与“玫瑰”轮联系后开始实施追越。23时32分，“里约热内卢快航”轮引航员呼叫“炜伦06”轮和位于“炜伦06”轮左前方约0.2海里的“正安8”轮，要求两轮与其绿灯交会。“正安8”轮予以拒绝并大角度向右调整航向，快速穿越到警戒区北侧驶离。“炜伦06”轮则在“里约热内卢快航”轮引航员执意要求下，同意绿灯交会。“玫瑰”轮随即与“炜伦06”轮联系，也要求绿灯交会，“炜伦06”轮也回复同意。23时38分，当“炜伦06”轮行至“玫瑰”轮船艏偏左方向，发现“玫瑰”轮显示红灯，立即联系“玫瑰”轮，要求其尽快向左调整航行。“炜伦06”轮随后开始减速，但“玫瑰”轮因“里约热内卢快航”轮追越尚未驶过让清，距离较近，无法向左调整航向。23时41分，“炜伦06”轮与“里约热内卢快航”轮近距离交会，位于“玫瑰”轮左前方、距离仅0.2海里。此时，“炜伦06”轮、“玫瑰”轮均觉察到危险，同时大角度向左转向。23时42分“炜伦06”轮右后部与“玫瑰”轮船艏右侧发生碰撞。事故造成原告遭受救助费、清污费、货物减损费、修理费等各项损失共计人民币4504605.75元。

原告遂以“玫瑰”轮违反双方关于“绿灯交会”的约定为由，诉请法院判令“玫瑰”轮承担80%的责任。被告则提出，原告应就涉案碰撞事故承担90%的责任，且原告主张的部分损失不合理。

【裁判结果】

上海海事法院于2011年9月20日作出（2010）沪海法海初字第24号民事判决：一、被告米拉达玫瑰公司应于本判决生效之日起十日内向原告江苏炜伦航运股份有限公司赔偿损失人民币2252302.79元；二、被告米拉达玫瑰公司应于本判决生效之日起十日内向原告江苏炜伦航运股份有限公司赔偿上述款项的利息损失，按照中国人民银行同期活期存款利率标准，从2008年6月3日起计算至判决生效之日止；三、对原告江苏炜伦航运股份有限公司的其他诉讼请求不予支持。宣判后，当事人双方均未上诉，判决已发生法律效力。

【裁判理由】

法院生效裁判认为：在两轮达成一致意

见前，两轮交叉相遇时，本应“红灯交会”。“玫瑰”轮为了自己进北槽航道出口方便，首先提出“绿灯交会”的提议。该提议违背了《1972年国际海上避碰规则》（以下简称《72避碰规则》）规定的其应承担的让路义务。但是，“炜伦06”轮同意了该违背规则的提议。此时，双方绿灯交会的意向应是指在整个避让过程中，双方都应始终向对方显示本船的绿灯舷侧。在这种特殊情况下，没有了《72避碰规则》意义上的“让路船”和“直航船”。因此，当两轮发生碰撞危险时，两轮应具有同等的避免碰撞的责任，两轮均应按照《72避碰规则》的相关规定，特别谨慎驾驶。但事实上，在达成绿灯交会的一致意向后，双方都认为对方会给自己让路，未能对所处水域的情况进行有效观察并对当时的局面和碰撞危险作出充分估计，直至紧迫危险形成后才采取行动，最终无法避免碰撞。综上，两轮均有瞭望疏忽、未使用安全航速、未能尽到特别谨慎驾驶的义务并尽早采取避免碰撞的行为，都违反了《72避碰规则》中有关瞭望、安全航速和避免碰撞的行动等规定，对碰撞事故的发生责任相当，应各承担50%的责任。

被告系“玫瑰”轮的船舶所有人，根据《最高人民法院关于审理船舶碰撞纠纷案件若干问题的规定》的规定，应就“玫瑰”轮在涉案碰撞事故中对原告造成的损失承担赔偿责任。法院根据双方提供的证据，核定了原告具体损失金额，按照被告应负的责任份额，依法作出如上判决。

典型案例

朝鲜豆满江船舶会社（Korea Tumangang Shipping Company）诉C. S. 海运株式会社（C.S. MARINE CO., LTD）船舶碰撞损害责任纠纷案

（《2019年全国海事审判典型案例》案例6 2020年9月7日）

【基本案情】

2015年9月21日起，朝鲜籍船舶“秃鲁峰3”（“TU RU BONG 3”）轮根据与案外人先锋事业所之间的租船合同，作为捕捞作业渔船的辅助船，在朝鲜半岛东部海域从事捕鱼加工作业。2015年10月1日，“秃鲁峰3”轮抛下了海锚，停泊于东经131°31.26′，北纬39°12.56′，在船艏船艉显示停泊灯和捕鱼信号灯，并为吸引鱿鱼，打开了12个工作灯。在大约北京时间00：55时，与韩国籍货船“海霓”轮相撞。其后，原告与被告就涉案纠纷协商不成，于2017年3月20日达成管辖权协议，约定就涉案船舶碰撞事故所产生的或与该碰撞事故有关的一切纠纷交由上海海事法院管辖。

【裁判结果】

上海海事法院一审认为，原、被告均系外国法人，本案具有涉外因素。双方当事人在诉前签订管辖权协议，合意选择本院行使涉案纠纷管辖权，审理过程中对此亦未持异议。根据《海事诉讼特别程序法》第八条“海事纠纷的当事人都是外国人、无国籍人、外国企业或者组织，当事人书面协议选择中华人民共和国海事法院管辖的，即使与纠纷有实际联系的地点不在中华人民共和国领域内，中华人民共和国海事法院对该纠纷也具有管辖权”的规定，本院对双方当事人书面协议选择本院管辖予以确认。庭审中，双方当事人均选择适用中华人民共和国法律处理本案纠纷。本院确认适用中华人民共和国法律处理本案纠纷。海商法及有关规定是调整船舶碰撞损害责任纠纷的特别法，应当优先

适用。同时，本案应当依据《1972 年国际海上避碰规则》的规定确定涉案双方船舶应当遵守的航行规则。根据事发当时情况和双方的过错程度，法院最终认定“海霓”轮应承担本起事故 80% 的责任，“秃鲁峰 3”轮应承担 20% 的责任。上海市高级人民法院经审理认为，一审判决事实查明清楚，适用法律正确，应予维持，判决驳回上诉，维持原判。

【典型意义】

本案涉及两艘外籍船舶在海上发生碰撞后，双方协议选择我国法院管辖并适用我国法律，充分体现了我国法院对当事人意思自治的尊重，更彰显了我国海事司法的国际影响力。本案的典型意义有两个方面：关于管辖问题，本案当事人均为外国企业、碰撞事故发生地并非位于我国管辖海域，其他与纠纷有实际联系的地点均不在我国境内，但双方当事人在诉前签订管辖权协议，合意选择上海海事法院行使涉案纠纷管辖权，符合《海事诉讼特别程序法》第八条的规定。关于法律适用问题，本案当事人在我国法院诉讼过程中均选择适用中华人民共和国法律处理本案纠纷，根据意思自治原则，允许当事人在海事侵权纠纷中协议选择法律适用，无论是从行为的民事侵权性质、法律效果以及国际私法的发展趋势来讲，都具有较为充分的理论和实践依据。

» 台湾地区某保险公司诉利比里亚某海运公司、台湾地区某海运公司、林某某、张某船舶碰撞损害赔偿纠纷案（《人民法院台胞权益保障十大典型案例》案例五　2021 年 12 月 14 日）

【基本案情】

台湾地区公务船舶“CG126”轮和利比里亚籍集装箱运输船“柏明”（YM CYPRESS）轮，在台湾地区台南国圣港外水域发生碰撞事故。台湾地区某保险公司作为“CG126”轮的保险人，进行保险赔偿后取得对“柏明”轮的代位求偿权。该保险公司通过诉前海事请求保全，在深圳蛇口港扣押了“柏明”轮，由此形成管辖权连结点，并向广州海事法院提起诉讼，请求判令利比里亚某海运公司（“柏明”轮船舶登记所有人）、台湾地区某海运公司（“柏明”轮船舶管理人和经营人）、林某某（当值船员）、张某（当值船员）连带赔偿损失及利息，并承担诉前扣押船舶申请费。案经广州海事法院一审后，又经广东省高级人民法院作出终审判决。

【裁判结果】

广东省高级人民法院经审理认为，“CG126”轮对碰撞事故负 75% 主要责任，“柏明”轮负 25% 次要责任，根据国家法律和司法解释中选择适用法律的规则，适用台湾地区民商事规则解决本案实体纠纷，最终判决利比里亚某海运公司、台湾地区某海运公司、张某连带赔偿台湾地区某保险公司船舶碰撞损失新台币 26350271.25 元及相应利息。

【典型意义】

本案系由发生在台湾地区水域的船舶碰撞事故引发。具体审理中，人民法院将法律适用作为处理实体争议的先决问题先予解决，根据国家法律和司法解释中选择适用法律的规则，在不违反法律基本原则和社会公共利益的前提下，准确适用台湾地区民商事规则。

特别是，涉案船舶分别是台湾地区公务船舶和台湾地区大型航运企业所属的利比里亚籍集装箱运输船，与大陆海事法院本无管辖权连结点。在此情况下，原告台湾地区某保险公司作为台湾地区公务船舶的保险人，通过在深圳申请扣押当事船舶形成连结点，在大陆法院提起诉讼，充分反映出台湾地区当事人对大陆司法公正性与专业性的信任，也反映出大陆法院在区际海事纠纷解决领域的影响力。

194. 船舶触碰损害责任纠纷

相关规范

》《中华人民共和国海商法》（1992 年）

第一百六十九条 船舶发生碰撞，碰撞的船舶互有过失的，各船按照过失程度的比例负赔偿责任；过失程度相当或者过失程度的比例无法判定的，平均负赔偿责任。

互有过失的船舶，对碰撞造成的船舶以及船上货物和其他财产的损失，依照前款规定的比例负赔偿责任。碰撞造成第三人财产损失的，各船的赔偿责任均不超过其应当承担的比例。

互有过失的船舶，对造成的第三人的人身伤亡，负连带赔偿责任。一船连带支付的赔偿超过本条第一款规定的比例的，有权向其他有过失的船舶追偿。

》《中华人民共和国海事诉讼特别程序法》（1999 年）

第六条 海事诉讼的地域管辖，依照《中华人民共和国民事诉讼法》的有关规定。

下列海事诉讼的地域管辖，依照以下规定：

（一）因海事侵权行为提起的诉讼，除依照《中华人民共和国民事诉讼法》第二十八条的规定以外，还可以由船籍港所在地海事法院管辖；

……

》《最高人民法院关于适用〈中华人民共和国海事诉讼特别程序法〉若干问题的解释》（法释〔2003〕3 号 2013 年 1 月 6 日）

第六十一条 依据《中华人民共和国海商法》第一百七十条的规定提起的诉讼和因船舶触碰造成损害提起的诉讼，参照海事诉讼特别程序法关于审理船舶碰撞案件的有关规定审理。

》《最高人民法院关于审理发生在我国管辖海域相关案件若干问题的规定（二）》（法释〔2016〕17 号 2016 年 8 月 1 日）

第一条 当事人因船舶碰撞、海洋污染等事故受到损害，请求侵权人赔偿渔船、渔具、渔货损失以及收入损失的，人民法院应予支持。

当事人违反渔业法第二十三条，未取得捕捞许可证从事海上捕捞作业，依照前款规定主张收入损失的，人民法院不予支持。

195. 船舶损坏空中设施、水下设施损害责任纠纷

相关规范

》《中华人民共和国海商法》（1992 年）

第一百六十九条 船舶发生碰撞，碰撞的船舶互有过失的，各船按照过失程度的比例负赔偿责任；过失程度相当或者过失程度的比例无法判定的，平均负赔偿责任。

互有过失的船舶，对碰撞造成的船舶以及船上货物和其他财产的损失，依照前款规定的比例负赔偿责任。碰撞造成第三人财产损失的，各船的赔偿责任均不超过其应当承担的比例。

互有过失的船舶，对造成的第三人的人身伤亡，负连带赔偿责任。一船连带支付的赔偿超过本条第一款规定的比例的，有权向其他有过失的船舶追偿。

》《最高人民法院关于审理船舶碰撞和触碰案件财产损害赔偿的规定》（2020 年 12 月 23 日修正）

十二、设施损害赔偿的计算：

期限：以实际停止使用期间扣除常规检

修的期间为限；

设施部分损坏或者全损，分别以合理的修复费用或者重新建造的费用，扣除已使用年限的折旧费计算；

设施使用的收益损失，以实际减少的净收益，即按停止使用前 3 个月的平均净盈利计算；部分使用并有收益的，应当扣减。

十六、本规定中下列用语的含义：

……

“设施”是指人为设置的固定或者可移动的构造物，包括固定平台、浮鼓、码头、堤坝、桥梁、敷设或者架设的电缆、管道等。

……

196. 船舶污染损害责任纠纷

相关规范

»《中华人民共和国民法典》（2020 年）

第一千二百二十九条　【污染环境、破坏生态致损的侵权责任】 因污染环境、破坏生态造成他人损害的，侵权人应当承担侵权责任。

第一千二百三十条　【环境污染、生态破坏侵权举证责任】 因污染环境、破坏生态发生纠纷，行为人应当就法律规定的不承担责任或者减轻责任的情形及其行为与损害之间不存在因果关系承担举证责任。

第一千二百三十一条　【两个以上侵权人的责任大小确定】 两个以上侵权人污染环境、破坏生态的，承担责任的大小，根据污染物的种类、浓度、排放量，破坏生态的方式、范围、程度，以及行为对损害后果所起的作用等因素确定。

第一千二百三十二条　【环境污染、生态破坏侵权的惩罚性赔偿】 侵权人违反法律规定故意污染环境、破坏生态造成严重后果的，被侵权人有权请求相应的惩罚性赔偿。

第一千二百三十三条　【因第三人的过错污染环境、破坏生态的侵权责任】 因第三人的过错污染环境、破坏生态的，被侵权人可以向侵权人请求赔偿，也可以向第三人请求赔偿。侵权人赔偿后，有权向第三人追偿。

»《中华人民共和国环境保护法》（2014 年修订）

第六十六条　提起环境损害赔偿诉讼的时效期间为三年，从当事人知道或者应当知道其受到损害时起计算。

»《中华人民共和国海洋环境保护法》（2017 年修正）

第三十三条　禁止向海域排放油类、酸液、碱液、剧毒废液和高、中水平放射性废水。

严格限制向海域排放低水平放射性废水；确需排放的，必须严格执行国家辐射防护规定。

严格控制向海域排放含有不易降解的有机物和重金属的废水。

第八十九条　造成海洋环境污染损害的责任者，应当排除危害，并赔偿损失；完全由于第三者的故意或者过失，造成海洋环境污染损害的，由第三者排除危害，并承担赔偿责任。

对破坏海洋生态、海洋水产资源、海洋保护区，给国家造成重大损失的，由依照本法规定行使海洋环境监督管理权的部门代表国家对责任者提出损害赔偿要求。

第九十一条　完全属于下列情形之一，经过及时采取合理措施，仍然不能避免对海洋环境造成污染损害的，造成污染损害的有关责任者免予承担责任：

（一）战争；

（二）不可抗拒的自然灾害；

（三）负责灯塔或者其他助航设备的主管部门，在执行职责时的疏忽，或者其他过失行为。

《最高人民法院关于审理海洋自然资源与生态环境损害赔偿纠纷案件若干问题的规定》(法释〔2017〕23号 2017年12月29日)

第三条 海洋环境保护法第五条规定的行使海洋环境监督管理权的机关，根据其职能分工提起海洋自然资源与生态环境损害赔偿诉讼，人民法院应予受理。

第四条 人民法院受理海洋自然资源与生态环境损害赔偿诉讼，应当在立案之日起五日内公告案件受理情况。

人民法院在审理中发现可能存在下列情形之一的，可以书面告知其他依法行使海洋环境监督管理权的机关：

（一）同一损害涉及不同区域或者不同部门；

（二）不同损害应由其他依法行使海洋环境监督管理权的机关索赔。

本规定所称不同损害，包括海洋自然资源与生态环境损害中不同种类和同种类但可以明确区分属不同机关索赔范围的损害。

第五条 在人民法院依照本规定第四条的规定发布公告之日起三十日内，或者书面告知之日起七日内，对同一损害有权提起诉讼的其他机关申请参加诉讼，经审查符合法定条件的，人民法院应当将其列为共同原告；逾期申请的，人民法院不予准许。裁判生效后另行起诉的，人民法院参照《最高人民法院关于审理环境民事公益诉讼案件适用法律若干问题的解释》第二十八条的规定处理。

对于不同损害，可以由各依法行使海洋环境监督管理权的机关分别提起诉讼；索赔人共同起诉或者在规定期限内申请参加诉讼的，人民法院依照民事诉讼法第五十二条第一款的规定决定是否按共同诉讼进行审理。

第六条 依法行使海洋环境监督管理权的机关请求造成海洋自然资源与生态环境损害的责任者承担停止侵害、排除妨碍、消除危险、恢复原状、赔礼道歉、赔偿损失等民事责任的，人民法院应当根据诉讼请求以及具体案情，合理判定责任者承担民事责任。

第七条 海洋自然资源与生态环境损失赔偿范围包括：

（一）预防措施费用，即为减轻或者防止海洋环境污染、生态恶化、自然资源减少所采取合理应急处置措施而发生的费用；

（二）恢复费用，即采取或者将要采取措施恢复或者部分恢复受损害海洋自然资源与生态环境功能所需费用；

（三）恢复期间损失，即受损害的海洋自然资源与生态环境功能部分或者完全恢复前的海洋自然资源损失、生态环境服务功能损失；

（四）调查评估费用，即调查、勘查、监测污染区域和评估污染等损害风险与实际损害所发生的费用。

典型案例

上海晟敏投资集团有限公司与普罗旺斯船东2008－1有限公司、法国达飞轮船有限公司、罗克韦尔航运有限公司船舶污染损害责任纠纷案

（《2019年度人民法院环境资源典型案例》第十六号 2020年5月8日）

【基本案情】

2013年3月，普罗旺斯船东2008－1有限公司（以下简称普罗旺斯公司）所有并由法国达飞轮船有限公司（以下简称达飞公司）光船租赁的“达飞佛罗里达”轮与罗克韦尔航运有限公司（以下简称罗克韦尔公司）所有的“舟山”轮发生碰撞，致使“达飞佛罗里达”轮泄漏燃油共计613.28吨。上海海事行政主管部门组织包括上海晟敏投资集团有限公司（以下简称晟敏公司）在内的各清污单位进行清污作业。另案生效法律文书认定，“达飞佛罗里达”轮与“舟山”轮对案涉碰撞事故各承担50%的责任。准许罗克韦尔公司设立非人身伤亡海事赔偿责任限制基金，普罗旺斯公司、达飞公司设立海事赔偿责任限制基金，晟敏公司在债权登记期

间就案涉费用申请债权登记并得以准许。晟敏公司诉至法院，请求普罗旺斯公司、达飞公司、罗克韦尔公司连带支付应急处置费2299.53万元及利息。

【裁判结果】

宁波海事法院一审认为，晟敏公司对碰撞事故引发的污染损害进行防污清污措施，有权向责任方主张由此产生的合理费用。综合全案证据材料，确认该合理费用数额为923.40万元。普罗旺斯公司、达飞公司分别为漏油船舶的所有人和登记光船承租人，应承担上述费用。罗克韦尔公司并非漏油船舶，不应承担连带责任。一审判决晟敏公司对普罗旺斯公司、达飞公司享有防污清污费923.40万元的债权，其就上述债权可参与普罗旺斯公司、达飞公司为案涉碰撞事故设立的非人身伤亡海事赔偿责任限制基金分配。浙江省高级人民法院二审维持原判。最高人民法院再审认为，原审确认的船舶使用费、作业人员费用标准过低，应予调整。除本金外，晟敏公司主张的防污清污费利息亦应支持。罗克韦尔公司系具有过错的第三人，应当按照其50%过错承担赔偿责任。最高人民法院改判普罗旺斯公司、达飞公司支付防污清污费人民币1580.46万元（含已预付费用人民币757.72万元）及利息；罗克韦尔公司支付防污清污费人民币790.23万元及利息。

【典型意义】

本案系船舶污染损害责任纠纷。近年来，船舶碰撞产生的燃油泄漏事件，是造成海洋污染的重要原因，污染后果往往特别严重。传统“谁漏油，谁负责”的观点难以保障海洋生态环境的治理修复。本案判决，依法适用国际公约、国内法和司法解释，认定碰撞船舶所有人作为有过错的第三人亦应承担赔偿责任，全面反映了对污染者与第三人实行无过错责任原则、过错责任原则的基本内涵，即原则上污染者负全责，另有过错者相应负责。本案的审理对于厘清船舶污染损害责任纠纷中的责任主体、责任份额及责任承担方式，为具有海上船舶溢油清除服务等资质的第三方公司参与海洋污染治理提供了司法支持，具有积极的示范意义。

197. 海上、通海水域污染损害责任纠纷

相关规范

》《中华人民共和国海洋环境保护法》（2017年修正）

第三十三条　禁止向海域排放油类、酸液、碱液、剧毒废液和高、中水平放射性废水。

严格限制向海域排放低水平放射性废水；确需排放的，必须严格执行国家辐射防护规定。

严格控制向海域排放含有不易降解的有机物和重金属的废水。

第八十九条　造成海洋环境污染损害的责任者，应当排除危害，并赔偿损失；完全由于第三者的故意或者过失，造成海洋环境污染损害的，由第三者排除危害，并承担赔偿责任。

对破坏海洋生态、海洋水产资源、海洋保护区，给国家造成重大损失的，由依照本法规定行使海洋环境监督管理权的部门代表国家对责任者提出损害赔偿要求。

第九十一条　完全属于下列情形之一，经过及时采取合理措施，仍然不能避免对海洋环境造成污染损害的，造成污染损害的有关责任者免予承担责任：

（一）战争；

（二）不可抗拒的自然灾害；

（三）负责灯塔或者其他助航设备的主管部门，在执行职责时的疏忽，或者其他过失行为。

《最高人民法院关于审理海洋自然资源与生态环境损害赔偿纠纷案件若干问题的规定》(法释〔2017〕23号 2017年12月29日)

第三条 海洋环境保护法第五条规定的行使海洋环境监督管理权的机关，根据其职能分工提起海洋自然资源与生态环境损害赔偿诉讼，人民法院应予受理。

第四条 人民法院受理海洋自然资源与生态环境损害赔偿诉讼，应当在立案之日起五日内公告案件受理情况。

人民法院在审理中发现可能存在下列情形之一的，可以书面告知其他依法行使海洋环境监督管理权的机关：

（一）同一损害涉及不同区域或者不同部门；

（二）不同损害应由其他依法行使海洋环境监督管理权的机关索赔。

本规定所称不同损害，包括海洋自然资源与生态环境损害中不同种类和同种类但可以明确区分属不同机关索赔范围的损害。

第五条 在人民法院依照本规定第四条的规定发布公告之日起三十日内，或者书面告知之日起七日内，对同一损害有权提起诉讼的其他机关申请参加诉讼，经审查符合法定条件的，人民法院应当将其列为共同原告；逾期申请的，人民法院不予准许。裁判生效后另行起诉的，人民法院参照《最高人民法院关于审理环境民事公益诉讼案件适用法律若干问题的解释》第二十八条的规定处理。

对于不同损害，可以由各依法行使海洋环境监督管理权的机关分别提起诉讼；索赔人共同起诉或者在规定期限内申请参加诉讼的，人民法院依照民事诉讼法第五十二条第一款的规定决定是否按共同诉讼进行审理。

第六条 依法行使海洋环境监督管理权的机关请求造成海洋自然资源与生态环境损害的责任者承担停止侵害、排除妨碍、消除危险、恢复原状、赔礼道歉、赔偿损失等民事责任的，人民法院应当根据诉讼请求以及具体案情，合理判定责任者承担民事责任。

第七条 海洋自然资源与生态环境损失赔偿范围包括：

（一）预防措施费用，即为减轻或者防止海洋环境污染、生态恶化、自然资源减少所采取合理应急处置措施而发生的费用；

（二）恢复费用，即采取或者将要采取措施恢复或者部分恢复受损害海洋自然资源与生态环境功能所需费用；

（三）恢复期间损失，即受损害的海洋自然资源与生态环境功能部分或者完全恢复前的海洋自然资源损失、生态环境服务功能损失；

（四）调查评估费用，即调查、勘查、监测污染区域和评估污染等损害风险与实际损害所发生的费用。

第十一条 海洋自然资源与生态环境损害赔偿诉讼当事人达成调解协议或者自行达成和解协议的，人民法院依照《最高人民法院关于审理环境民事公益诉讼案件适用法律若干问题的解释》第二十五条的规定处理。

第十二条 人民法院审理海洋自然资源与生态环境损害赔偿纠纷案件，本规定没有规定的，适用《最高人民法院关于审理环境侵权责任纠纷案件适用法律若干问题的解释》《最高人民法院关于审理环境民事公益诉讼案件适用法律若干问题的解释》等相关司法解释的规定。

在海上或者沿海陆域内从事活动，对中华人民共和国管辖海域内海洋自然资源与生态环境形成损害威胁，人民法院审理由此引起的赔偿纠纷案件，参照适用本规定。

人民法院审理因船舶引起的海洋自然资源与生态环境损害赔偿纠纷案件，法律、行政法规、司法解释另有特别规定的，依照其规定。

198. 海上、通海水域养殖损害责任纠纷

相关规范

《中华人民共和国民法典》（2020 年）

第一千二百二十九条　【污染环境、破坏生态致损的侵权责任】因污染环境、破坏生态造成他人损害的，侵权人应当承担侵权责任。

第一千二百三十二条　【环境污染、生态破坏侵权的惩罚性赔偿】侵权人违反法律规定故意污染环境、破坏生态造成严重后果的，被侵权人有权请求相应的惩罚性赔偿。

第一千二百三十三条　【因第三人的过错污染环境、破坏生态的侵权责任】因第三人的过错污染环境、破坏生态的，被侵权人可以向侵权人请求赔偿，也可以向第三人请求赔偿。侵权人赔偿后，有权向第三人追偿。

《中华人民共和国海洋环境保护法》（2017 年修正）

第三十三条　禁止向海域排放油类、酸液、碱液、剧毒废液和高、中水平放射性废水。

严格限制向海域排放低水平放射性废水；确需排放的，必须严格执行国家辐射防护规定。

严格控制向海域排放含有不易降解的有机物和重金属的废水。

第八十九条　造成海洋环境污染损害的责任者，应当排除危害，并赔偿损失；完全由于第三者的故意或者过失，造成海洋环境污染损害的，由第三者排除危害，并承担赔偿责任。

对破坏海洋生态、海洋水产资源、海洋保护区，给国家造成重大损失的，由依照本法规定行使海洋环境监督管理权的部门代表国家对责任者提出损害赔偿要求。

第九十一条　完全属于下列情形之一，经过及时采取合理措施，仍然不能避免对海洋环境造成污染损害的，造成污染损害的有关责任者免予承担责任：

（一）战争；

（二）不可抗拒的自然灾害；

（三）负责灯塔或者其他助航设备的主管部门，在执行职责时的疏忽，或者其他过失行为。

《最高人民法院关于审理海洋自然资源与生态环境损害赔偿纠纷案件若干问题的规定》（法释〔2017〕23 号　2017 年 12 月 29 日）

第三条　海洋环境保护法第五条规定的行使海洋环境监督管理权的机关，根据其职能分工提起海洋自然资源与生态环境损害赔偿诉讼，人民法院应予受理。

第四条　人民法院受理海洋自然资源与生态环境损害赔偿诉讼，应当在立案之日起五日内公告案件受理情况。

人民法院在审理中发现可能存在下列情形之一的，可以书面告知其他依法行使海洋环境监督管理权的机关：

（一）同一损害涉及不同区域或者不同部门；

（二）不同损害应由其他依法行使海洋环境监督管理权的机关索赔。

本规定所称不同损害，包括海洋自然资源与生态环境损害中不同种类和同种类但可以明确区分属不同机关索赔范围的损害。

第五条　在人民法院依照本规定第四条的规定发布公告之日起三十日内，或者书面告知之日起七日内，对同一损害有权提起诉讼的其他机关申请参加诉讼，经审查符合法定条件的，人民法院应当将其列为共同原告；逾期申请的，人民法院不予准许。裁判生效后另行起诉的，人民法院参照《最高人民法院关于审理环境民事公益诉讼案件适用法律若干问题的解释》第二十八条的规定处理。

对于不同损害，可以由各依法行使海洋

环境监督管理权的机关分别提起诉讼；索赔人共同起诉或者在规定期限内申请参加诉讼的，人民法院依照民事诉讼法第五十二条第一款的规定决定是否按共同诉讼进行审理。

第六条 依法行使海洋环境监督管理权的机关请求造成海洋自然资源与生态环境损害的责任者承担停止侵害、排除妨碍、消除危险、恢复原状、赔礼道歉、赔偿损失等民事责任的，人民法院应当根据诉讼请求以及具体案情，合理判定责任者承担民事责任。

第七条 海洋自然资源与生态环境损失赔偿范围包括：

（一）预防措施费用，即为减轻或者防止海洋环境污染、生态恶化、自然资源减少所采取合理应急处置措施而发生的费用；

（二）恢复费用，即采取或者将要采取措施恢复或者部分恢复受损害海洋自然资源与生态环境功能所需费用；

（三）恢复期间损失，即受损害的海洋自然资源与生态环境功能部分或者完全恢复前的海洋自然资源损失、生态环境服务功能损失；

（四）调查评估费用，即调查、勘查、监测污染区域和评估污染等损害风险与实际损害所发生的费用。

199. 海上、通海水域财产损害责任纠纷

相关规范

《中华人民共和国民法典》（2020年）

第一千一百六十七条 【危及他人人身、财产安全的责任承担方式】 侵权行为危及他人人身、财产安全的，被侵权人有权请求侵权人承担停止侵害、排除妨碍、消除危险等侵权责任。

第一千一百八十四条 【财产损失计算方式】 侵害他人财产的，财产损失按照损失发生时的市场价格或者其他合理方式计算。

第一千一百八十七条 【赔偿费用支付方式】 损害发生后，当事人可以协商赔偿费用的支付方式。协商不一致的，赔偿费用应当一次性支付；一次性支付确有困难的，可以分期支付，但是被侵权人有权请求提供相应的担保。

《中华人民共和国海商法》（1992年）

第一百六十九条 船舶发生碰撞，碰撞的船舶互有过失的，各船按照过失程度的比例负赔偿责任；过失程度相当或者过失程度的比例无法判定的，平均负赔偿责任。

互有过失的船舶，对碰撞造成的船舶以及船上货物和其他财产的损失，依照前款规定的比例负赔偿责任。碰撞造成第三人财产损失的，各船的赔偿责任均不超过其应当承担的比例。

互有过失的船舶，对造成的第三人的人身伤亡，负连带赔偿责任。一船连带支付的赔偿超过本条第一款规定的比例的，有权向其他有过失的船舶追偿。

典型案例

合理认定承运人提单批注义务维护提单在国际贸易中的流通性——福建元成豆业有限公司与复兴航运有限公司（REVIVAL SHIPPING CO., LTD,）海上财产损害责任纠纷案（《最高人民法院第三批涉“一带一路”建设典型案例》案例7 2022年2月28日）

【基本案情】

2017年2月28日，元成公司向外商订购的6万余吨散装巴西大豆装载于复兴公司所属“美嘉”轮，从巴西巴拉那瓜港运往中国福州松下港。元成公司经付款取得包括提单在内的信用证项下全套单据。货物运抵目的港后，元成公司在卸货过程中发现货物异常。经检验，货物中的大部分杂质、碳化粒、热损粒等随机分布在货舱内，说明该情况在装港即已存在，卸港未发现货物存在大规模水湿结块或霉变现象。元成公司委托进行验

残，结论为货物实际损失 20026172.98 元。元成公司以承运人违反批注义务签发了清洁提单，导致其丧失拒绝对外付款机会造成损失为由，诉请判令复兴公司赔偿货物价款损失、利息及其诉前扣船费等。

【裁判结果】

厦门海事法院审理认为，本案系涉外案件，双方当事人均援引中国法律尤其是《海商法》支持各自的主张，应视为双方当事人协议选择了适用中国法律解决争议。本案应根据《海商法》的相关规定判断复兴公司是否违反了法定义务以及是否存在过错。复兴公司未对案涉大豆品质指标作出批注不违反法定义务，其签发清洁提单没有过错，对元成公司不构成侵权。元成公司的损失起因于其贸易合同卖方未按货物品质证书所载的标准提供货物，是贸易合同项下的风险，不应由承运人承担。据此判决驳回元成公司的诉讼请求。元成公司提起上诉，二审期间又撤回上诉。

【典型意义】

本案是一起提单持有人以承运人未履行提单批注义务导致其丧失拒付信用证项下货款权利为由提出索赔的案例。《海商法》对承运人签发提单时对货物状况的批注仅作了原则性规定，实践中对如何把握批注标准存在争议。本案结合国际贸易、国际海运实践进行全面剖析，正确解释海商法规定，明确货物的等级和品质指标不属于承运人提单批注的范围；对承运人就货物表面状况的判断要求应建立在与作业条件相适应的基础上；在货物非正常颗粒未集中板结成块的情形下，承运人未作出货物表面状况不良的判断符合正常智识和通常判断标准等三项规则，认定承运人签发清洁提单未违反提单批注义务，妥善平衡了船货双方的利益，维护了提单在国际贸易中的流通性。

200. 海上、通海水域人身损害责任纠纷

相关规范

《中华人民共和国海商法》（1992 年）

第一百六十九条 船舶发生碰撞，碰撞的船舶互有过失的，各船按照过失程度的比例负赔偿责任；过失程度相当或者过失程度的比例无法判定的，平均负赔偿责任。

互有过失的船舶，对碰撞造成的船舶以及船上货物和其他财产的损失，依照前款规定的比例负赔偿责任。碰撞造成第三人财产损失的，各船的赔偿责任均不超过其应当承担的比例。

互有过失的船舶，对造成的第三人的人身伤亡，负连带赔偿责任。一船连带支付的赔偿超过本条第一款规定的比例的，有权向其他有过失的船舶追偿。

典型案例

统一人身伤亡赔偿标准 维护遇难船员家属权益——利比里亚籍“FS SANAGA”轮与“浙三渔 00011”轮碰撞引发的海上人身损害责任纠纷系列案（《“世界海员日”来临之际 最高法发布维护船员合法权益典型案例》案例 4 2020 年 6 月 24 日）

【基本案情】

2015 年 7 月 14 日，启邦萨那加有限公司所有的“FS SANAGA”轮（利比里亚籍集装箱船）与倪某某所有的“浙三渔 00011”轮（中国二门籍渔船）在宁波象山沿海水域发生碰撞，事故造成“浙三渔 00011”轮沉没，船上 14 名船员全部遇难。遇难船员中，除 1 名船员为城镇户籍外，其余 13 名均为农村户籍。吴某某等 14 名遇难船员家属诉至宁波海事法院，要求启邦萨那加有限公司、倪

某某作为碰撞两船的所有人连带承担人身损害赔偿责任，并主张应按照2015年度浙江城镇居民人均可支配收入计算死亡赔偿金。

【裁判结果】

宁波海事法院一审认为，14名遇难船员因“FS SANAGA”轮与“浙三渔00011”轮碰撞事故遇难，两船互有过失，依据《海商法》第一百六十九条第三款的规定，启邦萨那加有限公司、倪某某作为碰撞船舶所有人应就该碰撞造成的人身伤亡负连带赔偿责任。关于死亡赔偿金计算标准问题，《侵权责任法》第十七条规定：“因同一侵权行为造成多人死亡的，可以以相同数额确定死亡赔偿金。”涉案事故导致14名船员遇难，且无特殊情况排除该条的适用，故对于吴某某等以城镇标准计算死亡赔偿金的主张予以保护。宁波海事法院经核算各项损失后，判决14名遇难船员的家属在先期已获赔350万元的基础上，可再获赔1166万元。一审判决后，各方当事人均未上诉。

【典型意义】

多名受害人在同一侵权事件中死亡，应适用同一标准进行赔偿。如果因循多年来民事审判领域常采取的区分城镇和农村，依据不同赔偿标准分别进行赔偿的做法，不仅在结果上不尽公平，更是对普通民众朴素情感的极大挑战。城乡二元的人身损害赔偿标准系因特殊历史时期的客观原因造成，随着城乡一体化发展以及对人的生命健康平等保护的观念日益深入人心，打破城乡藩篱适用同一赔偿标准，实行“同命同价”的呼声日益高涨。本案中，因船舶碰撞事故导致14名船员遇难，其中1人为城镇户籍，根据《侵权责任法》第十七条关于“因同一侵权行为造成多人死亡的，可以以相同数额确定死亡赔偿金”的规定，结合中央提出的改革人身损害赔偿制度、统一城乡居民赔偿标准的精神，法院最终判决支持13名农村户籍遇难船员家属关于按照城镇标准计算死亡赔偿金的主张。本案在海事审判领域探索人身损害赔偿标准的统一，有利于进一步推进权利平等、以人为本的裁判理念。

樊某某、郭某某与黄某某、周某某、罗某某海上人身损害责任纠纷案

（《2020年全国海事审判典型案例》案例9 2020年8月17日）

【基本案情】

“珠香1746”渔船的船籍港为香港特别行政区，船舶所有人周某某为澳门特别行政区居民。2019年4月18日，“珠香1746”渔船在广东省珠海大万山岛南面作业时失去联系。经搜救，2021年4月21日确认该渔船沉没，船上包括周某某、周某某的哥嫂以及5名内地渔工无一生还。樊某某为遇难的内地渔工之一，其近亲属樊某某、郭某某，诉请船舶所有人周某某的继承人支付人身损害赔偿金。

【裁判结果】

广州海事法院借助与珠海市港澳流动渔民协会的合作平台，顺利解决了三名澳门当事人的送达问题，并选定澳门籍陪审员作为合议庭成员，联合珠海市港澳流动渔民协会开展调解工作，最终调解成功，出具民事调解书予以确认。目前，被告已主动履行全部义务。

【典型意义】

本案是涉港澳渔民海上人身损害责任纠纷案件。海事法院强化诉讼服务能力，探索适用网上授权委托见证，便利送达和庭审，实现智慧诉讼服务新模式，提高了涉港澳海事纠纷的诉讼效率，让当事人切实体会到智慧法院建设成果的便捷、灵活和高效；深化审判资源的融合引入，完善港澳人士担任陪审员制度，便利港澳法律的查明与适用；推动社会资源的高效利用，充分发挥珠海市港澳流动渔民协会广泛联系港澳流动渔民的优势，通过联合调解及时有效化解矛盾并促成当事人自愿履行，平等保护了内地和澳门当事人的合法权益，取得了很好的效果。本案的成功处理，为推进粤港澳法律规则衔接、机制对接，提升粤港澳法治深度合作，提供

了新理念、新途径和新方式，对助力粤港澳大湾区法治建设具有积极的作用。

201. 非法留置船舶、船载货物、船用燃油、船用物料损害责任纠纷

》《中华人民共和国民法典》（2020 年）

第四百四十七条　【留置权的定义】 债务人不履行到期债务，债权人可以留置已经合法占有的债务人的动产，并有权就该动产优先受偿。

前款规定的债权人为留置权人，占有的动产为留置财产。

》《中华人民共和国海商法》（1992 年）

第八十七条　应当向承运人支付的运费、共同海损分摊、滞期和费承运人为货物垫付的必要费用以及应当向承运人支付的其他费用没有付清，又没有提供适当担保的，承运人可以在合理的限度内留置货物。

第八十八条　承运人根据本法第八十七条规定留置的货物，自船舶达抵卸货港的次日起满六十日无人提取的，承运人可以申请法院裁定拍卖；货物易腐烂变质或者货物的保管费用可能超过其价值的，可以申请提前拍卖。

拍卖所得价款，用于清偿保管、拍卖货物的费用和运费以及应当向承运人支付的其他有关费用；不足的金额，承运人有权向托运人追偿；剩余的金额，退还托运人；无法退还、自拍卖之日起满一年又无人领取的，上缴国库。

第一百四十一条　承租人未向出租人支付租金或者合同的约定的其他款项的，出租人对船上属于承租人的货物和财产以及转租船舶的收入有留置权。

第一百六十一条　被拖方未按照约定支付拖航费和其他合理费用的，承拖方对被拖物有留置权。

202. 海上、通海水域货物运输合同纠纷

相关规范

》《中华人民共和国民法典》（2020 年）

第八百三十二条　【运输过程中货物毁损、灭失的责任承担】 承运人对运输过程中货物的毁损、灭失承担赔偿责任。但是，承运人证明货物的毁损、灭失是因不可抗力、货物本身的自然性质或者合理损耗以及托运人、收货人的过错造成的，不承担赔偿责任。

》《中华人民共和国海商法》（1992 年）

第四十一条　海上货物运输合同，是指承运人收取运费，负责将托运人托运的货物经海路由一港运至另一港的合同。

第四十二条　本章下列用语的含义：

（一）“承运人”，是指本人或者委托他人以本人名义与托运人订立海上货物运输合同的人。

（二）“实际承运人”，是指接受承运人委托，从事货物运输或者部分运输的人，包括接受转委托从事此项运输的其他人。

（三）“托运人”，是指：

1. 本人或者委托他人以本人名义或者委托他人为本人与承运人订立海上货物运输合同的人；

2. 本人或者委托他人以本人名义或者委托他人为本人将货物交给与海上货物运输合同有关的承运人的人。

（四）“收货人”，是指有权提取货物的人。

（五）“货物”，包括活动物和由托运人提供的用于集装货物的集装箱、货盘或者类似的装运器具。

第四十三条　承运人或者托运人可以要求书面确认海上货物运输合同的成立。但是，航次租船合同应当书面订立。电报、电传和传真具有书面效力。

第四十四条 海上货物运输合同和作为合同凭证的提单或者其他运输单证中的条款，违反本章规定的，无效。此类条款的无效，不影响该合同和提单或者其他运输单证中其他条款的效力。将货物的保险利益转让给承运人的条款或者类似条款，无效。

第四十五条 本法第四十四条的规定不影响承运人在本章规定的承运人责任和义务之外，增加其责任和义务。

《最高人民法院关于国内水路货物运输纠纷案件法律问题的指导意见》

（法发〔2012〕28号 2012年12月24日）

3. 根据《国内水路运输管理条例》和《国内水路运输经营资质管理规定》的有关规定，从事国内水路运输的企业和个人，应当达到并保持相应的经营资质条件，并在核定的经营范围内从事水路运输经营活动。没有取得国内水路运输经营资质的承运人签订的国内水路货物运输合同，人民法院应当根据合同法第五十二条第（五）项的规定认定合同无效。

4. 国内水路货物运输合同无效，但是承运人已经按照运输合同的约定将货物安全运输到约定地点，承运人请求托运人或者收货人参照合同的约定支付运费，人民法院可以适当予以保护。

国内水路货物运输合同无效，而且运输过程中货物发生了毁损、灭失，托运人或者收货人向承运人主张损失赔偿的，人民法院可以综合考虑托运人或者收货人和承运人对合同无效和货物损失的过错程度，依法判定相应的民事责任。

5. 人民法院审理国内水路货物运输纠纷案件过程中发现从事国内水路货物运输的承运人没有取得相应的运输经营资质，应及时向相关行政主管机关发出司法建议。

7. 国内水路货物运输合同履行完毕，托运人或者收货人没有按照约定支付运费、保管费或者其他运输费用，依照合同法第三百一十五条的规定，承运人对相应的运输货物享有留置权。人民法院在审查承运人的留置权时，应当重点审查承运人留置货物的数量是否是在合理的限度之内，以及承运人留置的货物是否是其合法占有的货物。债务人对留置货物是否具有所有权并不必然影响承运人留置权的行使，除非运输合同当事人对承运人的留置权另有特殊约定。

8. 没有运营资质的个体运输船舶的实际所有人，为了进入国内水路货物运输市场，规避国家有关水路运输经营资质的管理规定，将船舶所有权登记在具有水路运输经营资质的船舶运输企业名下，向该运输企业交纳管理费，并以该运输企业的名义从事国内水路货物运输活动，是国内水路货物运输中普遍存在的一种挂靠经营方式。这种挂靠经营方式导致挂靠船舶的所有权登记形同虚设，船舶管理混乱，被挂靠企业对挂靠船舶疏于安全管理，严重冲击了航运市场的安全秩序，导致大量国内水路货物运输纠纷的产生。人民法院在审理与船舶挂靠有关的合同纠纷时，应当严格依照现行船舶管理的法律规范确定法律关系，坚持合同相对性的基本原则，根据合同的签订主体和合同的履行等基本事实，准确认定合同当事人。

9. 挂靠船舶的实际所有人以自己的名义签订运输合同，应当认定其为运输合同承运人，承担相应的合同责任。

10. 挂靠船舶的实际所有人以被挂靠企业的名义签订运输合同，被挂靠企业亦签章予以确认，应当认定被挂靠企业为运输合同承运人，承担相应的合同责任。

11. 在没有签订水路货物运输合同的情形下，可以依照运单上承运人的记载判断运输合同的承运人。如果运单上仅仅加盖了承运船舶的船名章，应当认定该承运船舶的登记所有人为运输合同的承运人，承担相应的合同责任。

12. 挂靠船舶因侵权行为造成他人财产、人身损害，依据民法通则、侵权责任法、海商法和有关司法解释的规定，挂靠船舶的实际所有人和被挂靠企业应当承担连带赔偿责任。

指导案例

浙江隆达不锈钢有限公司诉 A. P. 穆勒－马士基有限公司海上货物运输合同纠纷案（最高人民法院指导案例108号　2019年2月25日发布）

【关键词】　民事　海上货物运输合同　合同变更　改港　退运　抗辩权

【裁判要点】

在海上货物运输合同中，依据合同法第三百零八条的规定，承运人将货物交付收货人之前，托运人享有要求变更运输合同的权利，但双方当事人仍要遵循合同法第五条规定的公平原则确定各方的权利和义务。托运人行使此项权利时，承运人也可相应行使一定的抗辩权。如果变更海上货物运输合同难以实现或者将严重影响承运人正常营运，承运人可以拒绝托运人改港或者退运的请求，但应当及时通知托运人不能变更的原因。

【基本案情】

2014年6月，浙江隆达不锈钢有限公司（以下简称隆达公司）由中国宁波港出口一批不锈钢无缝产品至斯里兰卡科伦坡港，货物报关价值为366918.97美元。隆达公司通过货代向A. P. 穆勒－马士基有限公司（以下简称马士基公司）订舱，涉案货物于同年6月28日装载于4个集装箱内装船出运，出运时隆达公司要求做电放处理。2014年7月9日，隆达公司通过货代向马士基公司发邮件称，发现货物运错目的地要求改港或者退运。马士基公司于同日回复，因货物距抵达目的港不足2天，无法安排改港，如需退运则需与目的港确认后回复。次日，隆达公司的货代询问货物退运是否可以原船带回，马士基公司于当日回复“原船退回不具有操作性，货物在目的港卸货后，需要由现在的收货人在目的港清关后，再向当地海关申请退运。海关批准后，才可以安排退运事宜”。2014年7月10日，隆达公司又提出“这个货要安排退运，就是因为清关清不了，所以才退回宁波的，有其他办法吗”。此后，马士基公司再未回复邮件。

涉案货物于2014年7月12日左右到达目的港。马士基公司应隆达公司的要求于2015年1月29日向其签发了编号603386880的全套正本提单。根据提单记载，托运人为隆达公司，收货人及通知方均为VENUSSTEEL PVT LTD，起运港中国宁波，卸货港科伦坡。2015年5月19日，隆达公司向马士基公司发邮件表示已按马士基公司要求申请退运。马士基公司随后告知隆达公司涉案货物已被拍卖。

【裁判结果】

宁波海事法院于2016年3月4日作出（2015）甬海法商初字第534号民事判决，认为隆达公司因未采取自行提货等有效措施导致涉案货物被海关拍卖，相应货损风险应由该公司承担，故驳回隆达公司的诉讼请求。一审判决后，隆达公司提出上诉。浙江省高级人民法院于2016年9月29日作出（2016）浙民终222号民事判决：撤销一审判决；马士基公司于判决送达之日起十日内赔偿隆达公司货物损失183459.49美元及利息。二审法院认为依据合同法第三百零八条，隆达公司在马士基公司交付货物前享有请求改港或退运的权利。在隆达公司提出退运要求后，马士基公司既未明确拒绝安排退运，也未通知隆达公司自行处理，对涉案货损应承担相应的赔偿责任，酌定责任比例为50%。马士基公司不服二审判决，向最高人民法院申请再审。最高人民法院于2017年12月29日作出（2017）最高法民再412号民事判决：撤销二审判决，维持一审判决。

【裁判理由】

最高人民法院认为，合同法与海商法有关调整海上运输关系、船舶关系的规定属于普通法与特别法的关系。根据海商法第八十九条的规定，船舶在装货港开航前，托运人可以要求解除合同。本案中，隆达公司在涉案货物海上运输途中请求承运人进行退运或者改港，因海商法未就航程中托运人要求变更运输合同的权利进行规定，故本案可适用合同法第三百零八条关于托运人要求变更运输合同权利的规定。基于特别法优先适用于普通法的法律适用基本原则，合同法第三百零八条规定的是一般运输合同，该条规定在适用于海上货物运输合同的情况下，应该受到海商法基本价值取向及强制性规定的限制。托运人依据合同法第三百零八条主张变更运输合同的权利不得致使海上货物运输合同中各方当事人利益显失公平，也不得使承运人违反对其他托运人承担的安排合理航线等义务，或剥夺承运人关于履行海上货物运输合同变更事项的相应抗辩权。

合同法总则规定的基本原则是合同法立法的准则，是适用于合同法全部领域的准则，也是合同法具体制度及规范的依据。依据合同法第三百零八条的规定，在承运人将货物交付收货人之前，托运人享有要求变更运输合同的权利，但双方当事人仍要遵循合同法第五条规定的公平原则确定各方的权利和义务。海上货物运输具有运输量大、航程预先拟定、航线相对固定等特殊性，托运人要求改港或者退运的请求有时不仅不易操作，还会妨碍承运人的正常营运或者给其他货物的托运人或收货人带来较大损害。在此情况下，如果要求承运人无条件服从托运人变更运输合同的请求，显失公平。因此，在海上货物运输合同下，托运人并非可以无限制地行使请求变更的权利，承运人也并非在任何情况下都应无条件服从托运人请求变更的指示。为合理平衡海上货物运输合同中各方当事人利益之平衡，在托运人行使要求变更权利的同时，承运人也相应地享有一定的抗辩权利。如果变更运输合同难以实现或者将严重影响承运人正常营运，承运人可以拒绝托运人改港或者退运的要求，但应当及时通知托运人不能执行的原因。如果承运人关于不能执行原因等抗辩成立，承运人未按照托运人退运或改港的指示执行则并无不当。

涉案货物采用的是国际班轮运输，载货船舶除运载隆达公司托运的 4 个集装箱外，还运载了其他货主托运的众多货物。涉案货物于 2014 年 6 月 28 日装船出运，于 2014 年 7 月 12 日左右到达目的港。隆达公司于 2014 年 7 月 9 日才要求马士基公司退运或者改港。马士基公司在航程已过大半，距离到达目的港只有两三天的时间，以航程等原因无法安排改港、原船退回不具有操作性为抗辩事由，符合案件事实情况，该抗辩事由成立，马士基公司未安排退运或者改港并无不当。

马士基公司将涉案货物运至目的港后，因无人提货，将货物卸载至目的港码头符合海商法第八十六条的规定。马士基公司于 2014 年 7 月 9 日通过邮件回复隆达公司距抵达目的港不足 2 日。隆达公司已了解货物到港的大体时间并明知涉案货物在目的港无人提货，但在长达 8 个月的时间里未采取措施处理涉案货物致其被海关拍卖。隆达公司虽主张马士基公司未尽到谨慎管货义务，但并未举证证明马士基公司存在管货不当的事实。隆达公司的该项主张缺乏依据。依据海商法第八十六条的规定，马士基公司卸货后所产生的费用和风险应由收货人承担，马士基公司作为承运人无需承担相应的风险。

典型案例

中国银行股份有限公司日照岚山支行与天津西南海运有限公司等海上货物运输合同纠纷案（《2018 年全国海事审判典型案例》 2019 年 9 月 11 日）

【基本案情】

中国银行股份有限公司日照岚山支行（以下简称岚山中行）根据授信长期为日照广信化工科技有限公司（以下简称广信公司）购买生产原料开立信用证，本案涉及岚山中行开立的 3 份 90 天远期不可撤销信用证，受益人均为发货人 MARUBENI CORPORATION（以下简称丸红公司）。鹰社海运公司代表承运人天津西南海运有限公司（以下简称西南公司）向丸红公司签发3套指示提单，均记载托运人为丸红公司，装货港韩国蔚山，卸货港中国连云港，货物品名聚合级丙烯，船名“HONG YU”轮。涉案货物于2017年3月27日运抵连云港，西南公司根据丸红公司出具的保函将货物存入广信公司指定的岸罐并由广信公司提取。岚山中行根据信用证贸易单证流程于4月14日取得涉案三套提单，三个月后因广信公司无力全额付款赎单，岚山中行垫付2033796.85美元。岚山中行后收回488086.33美元。为维护自身合法权益，岚山中行申请法院诉前扣押“HONG YU”轮，并依据所持有的涉案提单向西南公司主张无单放货，要求赔偿信用证项下实际垫付的款项及利息。西南公司抗辩称岚山中行明知依惯例广信公司必须无单提货，融资银行并非通常意义上的提单持有人，其所遭受的损失与无单放货行为之间无因果关系，西南公司不应承担赔偿责任。

【裁判结果】

宁波海事法院一审认为，岚山中行享有且未放弃《海商法》第七十一条规定的提单持有人权利，可以根据提单法律关系向承运人索赔，扣除岚山中行已收回的488086.33美元款项后，判决西南公司赔偿岚山中行经济损失1545710.52美元。西南公司不服一审判决，提起上诉。

浙江省高级人民法院二审认为，《最高人民法院关于审理无正本提单交付货物案件适用法律若干问题的规定》第二条并未将跟单信用证的开证行、具有商业利益的合作方等其他经合法流转持有正本提单的主体排除在外，岚山中行主张的垫付款项的实际损失金额未超出提单项下货物装船时的价值以及法律规定的无单放货的赔偿范围，判决驳回上诉，维持原判。

【典型意义】

本案是一起涉及信用证贸易融资因素的海上货物运输合同纠纷，具有三个方面的典型意义：一是从文义、目的解释角度对涉及提单持有人定义、承运人无单放货赔偿责任的法律、司法解释规定进行解读，确认信用证开证行可以享有正本提单人的法律地位和索赔权利。二是在认定无单放货导致损失上有所创新。《海商法》第五十五条仅规定了货物灭失赔偿额的上限和一般计算方法，银行在该规定限额以下主张实际垫付款损失，符合损失填补原则。三是对规范海上货物运输秩序具有积极意义。随着银行为企业提供贸易融资服务方式的变化，银行通过对提单的占有来维护自身的合法权益，符合商业需要，承运人对无单放货仍然应当承担赔偿责任。

海宁富兴塑胶有限公司诉宁波达源国际货运代理有限公司、顺翔船务代理（深圳）有限公司、太平船务（英国）有限公司海上货物运输合同纠纷案（《2019年全国海事审判典型案例》案例5　2020年9月7日）

【基本案情】

海宁富兴塑胶有限公司（以下简称富兴公司）与宁波达源国际货运代理有限公司（以下简称达源公司）之间存在长期货运代理关系。2018年2月，富兴公司因案涉出口巴西的货物委托达源公司向承运人订舱。顺翔船务代理（深圳）有限公司（以下简称顺翔公司）作为无船承运人接受达源公司订舱，于同年3月28日签发无船承运人提单，并通过达源公司交给富兴公司。太平船务（英国）有限公司（以下简称太平公司）于同日签发海运提单，交由顺翔公司。2018年5月3日，案涉货物卸离船舶由巴西纳维根特斯港海关控制，由巴西联邦税务局封锁，并于2018年5月8日被他人提取。案涉全套无船承运人提单仍由富兴公司持有，案涉全套海运提单仍由顺翔公司持有。

【裁判结果】

宁波海事法院一审认为，本案海上货物运输目的港为巴西纳维根特斯，根据目的港法律，承运人须向当地码头交付货物，顺翔公司对此已提供了相应证据，该事实也为我国法院多起案件所证明。根据《最高人民法院关于审理无正本提单交付货物案件适用法律若干问题的规定》（以下简称《无单交货司法解释》）第七条“承运人依照提单载明的卸货港所在地法律规定，必须将承运到港的货物交付给当地海关或者港口当局的，不承担无正本提单交付货物的民事责任”，承运人不承担无单放货的责任。综上，富兴公司未能证明案涉货物被放行系承运人向巴西海关提供了协助，即不能证明承运人存在过错，其向承运人主张赔偿没有依据。判决驳回富兴公司的诉讼请求。

浙江省高级人民法院二审认为，依据提单交付货物是承运人履行海上货物运输合同的基本义务。承运人援引《无单交货司法解释》第七条主张免责抗辩时，除了证明卸货港所在地国家法律有必须将承运到港的货物交付给当地海关或者港口当局的相关规定之外，还需证明其在向当地海关或者港口当局交付货物后丧失对货物的控制权。这也与《最高人民法院关于民事诉讼证据的若干规定》第五条第二款“对合同是否履行发生争议的，由负有履行义务的当事人承担举证责任”的规定相一致。根据查明的事实，巴西相关法律规定在进口货物中执行先清关后提货的海关政策，其目的是为了提高货物清关效率，简化进口程序，但并没有规定在巴西可以无单放货。顺翔公司与太平公司在庭审中亦认可，实践中巴西进口货物还需经承运人或其当地代理在巴西海关外贸综合系统（Siscomex Cargo）对相关货物进行解锁后，进口商方能提取货物。这也充分说明承运人将货物交给港口当局或海关后，仍然对货物交付具有控制权。故顺翔公司与太平公司仍需证明其在向当地海关或者港口当局交付货物后丧失对货物的控制权，或者货物在未经其允许的情况下被海关或港口当局擅自交付。本案一审中顺翔公司提交了巴西海关外贸综合系统的查询记录，证明巴西当地公证员于2018年12月21日登录该系统，显示案涉货物的状况已于2018年5月8日交付，同时船东对货物仍处于待定锁住状态，即未同意交付货物。该证据可以证明承运人在本案一审立案后仍未同意放行货物，结合太平公司签发的全套正本提单仍在顺翔公司手上的事实，可以认定太平公司与顺翔公司未向巴西海关提供正本提单或同意放行货物，故案涉货物被无单放货并非顺翔公司与太平公司的责任。在太平公司与顺翔公司已经举证证明上述事实的情况下，富兴公司未能进一步举证证明涉案货物的放行系顺翔公司与太平公司的故意行为，故其主张顺翔公司与太平公司承担赔偿责任缺乏事实和法律依据。综上，在进一步查明案件事实的基础上，判决驳回上诉，维持原判。

【典型意义】

随着南美国家进口货物清关政策的调整，实践中对相关国家港口允许承运人无单放货的法律及政策存在误读。如巴西（2013）1356号法令规定，在进口货物中执行先清关后提货的海关政策，其目的是为了提高货物清关效率，简化进口程序，但并没有规定在巴西可以无单放货。而且根据巴西实践，进口货物还需经承运人或其当地代理在巴西外贸货物系统（Siscomex Cargo）对相关货物进行解锁后，进口商方能提取货物。这也充分说明，承运人将货物交给港口当局或海关后，仍然对货物交付具有控制权。

因此，承运人援引《无单交货司法解释》第七条主张免责抗辩时，应承担更加严格的举证责任。除证明卸货港所在地国家法律有必须将承运到港的货物交付给当地海关或者港口当局的相关规定之外，还需证明其在向当地海关或者港口当局交付货物后丧失对货物的控制权，或者货物在未经其允许的情况下被海关或港口当局擅自交付。本案承运人通过巴西当地律师和公证员查询了巴西外贸货物系统的记录，证实了承运人并未同意放行货物，且案涉全套海运提单仍在其掌握之下，可以证明其对无单放货没有责任。本案确立了类似案件中船货双方的举证责任分配原则。

» 准确查明和适用外国法维护当事人合法权益——新鑫海航运有限公司（NEW GOLDEN SEA SHIPPING PTE. LTD.）与深圳市鑫联升国际物流有限公司、大连凯斯克有限公司海上货物运输合同纠纷案（《最高人民法院第三批涉“一带一路”建设典型案例》案例6　2022年2月28日）

【基本案情】

2017年2月25日，中远大连公司代理新鑫海公司签发提单，载明托运人鑫联升公司，装货港中国大连，卸货港印度那瓦舍瓦，共6个集装箱。该提单下的货物于2017年3月23日在卸货港卸船，新鑫海公司的卸货港代理向收货人发出提货通知。截至2019年12月5日，该提单下的集装箱货物仍堆存在码头，处于印度海关监管之下，无人提货。新鑫海公司起诉请求鑫联升公司返还集装箱或赔偿集装箱价值及利息，并连带支付滞箱费、堆存费、港杂费等费用及利息。

【裁判结果】

大连海事法院审理认为，新鑫海公司主张本案适用提单约定的法律，鑫联升公司提交的电放申请保函明确记载同意将提单中的所有条款（包括所有背面条款以及管辖权及法律适用条款）作为运输合同的一部分，鑫联升公司与新鑫海公司就法律适用达成了一致的意思表示。根据提单背面首要条款和法律适用条款的约定，本案应当适用提单背面条款第27条第1项约定的新加坡法律。根据委托查明的新加坡法律中与涉案争议相关的规定，判决：鑫联升公司向新鑫海公司支付滞箱费及利息、集装箱损失等。

【典型意义】

涉外案件审理中的核心程序问题在于如何确定适用的准据法，若准据法为域外法时，则需要对该域外法的具体内容准确查明并正确适用。域外法的准确查明和适用对于依法处理涉外民商事案件，营造法治化营商环境具有重要意义。本案系根据当事人约定适用新加坡法律审理的海上货物运输合同纠纷，法院通过委托法律查明服务机构查明新加坡法律中与涉案纠纷相关的规定并准确予以适用，判定双方当事人责任。一审判决后，双方当事人均未上诉，体现了当事人对本案诉讼程序和判决结果的认可，实现了准确查明、适用外国法定分止争的良好效果，为加快构建并完善域外法查明及适用的法律机制提供了有益的经验。

203. 海上、通海水域旅客运输合同纠纷

相关规范

» 《中华人民共和国海商法》（1992年）

第一百零七条　海上旅客运输合同，是指承运人以适合运送旅客的船舶经海路将旅客及其行李从一港运送至另一港，由旅客支付票款的合同。

第一百零八条　本章下列用语的含义：

（一）“承运人”，是指本人或者委托他人以本人名义与旅客订立海上旅客运输合同的人。

（二）“实际承运人”，是指接受承运人委托，从事旅客运送或者部分运送的人，包括接受转委托从事此项运送的其他人。

（三）“旅客”，是指根据海上旅客运输合同运送的人；经承运人同意，根据海上货物运输合同，随船护送货物的人，视为旅客。

（四）“行李”，是指根据海上旅客运输合同由承运人载运的任何物品和车辆，但是活动物除外。

（五）“自带行李”，是指旅客自行携带、保管或者放置在客舱中的行李。

第一百零九条 本章关于承运人责任的规定，适用于实际承运人。本章关于承运人的受雇人代理人责任的规定，适用于实际承运人的受雇人、代理人。

第一百一十条 旅客客票是海上旅客运输合同成立的凭证。

第一百一十一条 海上旅客运输的运送期间，自旅客登船时起至旅客离船时止。客票票价含接送费用的，运送期间并包括承运人经水路将旅客从岸上接到船上和从船上送到岸上的时间，但是不包括旅客在港站内、码头上或者在港口其他设施内的时间。

旅客的自带行李，运送期间同前款规定。旅客自带行李以外的其他行李。运送期间旅客将行李交付承运人或者承运人的受雇人、代理人时起至承运人或者承运人的受雇人、代理人交还旅客时止。

第一百一十二条 旅客无票乘船、越级乘船或者超程乘船，应当按照规定补足票款，承运人可以按照规定加收票款；拒不交付的，船长有权在适当地点令其离船，承运人有权向其追偿。

第一百一十五条 经承运人证明，旅客的人身伤亡或者行李的灭失、损坏，是由于旅客本人的过失或者旅客和承运人的共同过失造成的，可以免除或者相应减轻承运人的赔偿责任。

经承运人证明，旅客的人身伤亡或者行李的灭失、损坏，是由于旅客本人的故意造成的，或者旅客的人身伤亡是由于旅客本人健康状况造成的，承运人不负赔偿责任。

第一百一十六条 承运人对旅客的货币、金银、珠宝、有价证券或者其他贵重物品所发生的灭失、损失，不负赔偿责任。

旅客与承运人约定将前款规定的物品交由承运人保管的，承运人应当依照本法第一百一十七条的规定负赔偿责任；双方以书面约定的赔偿限额高于本法第一进一十七条的规定的，承运人应当按照约定的数额负赔偿责任。

第一百一十七条 除本条第四款规定的情形外，承运人在每次海上旅客运输中的赔偿责任限额，依照下列规定执行：

（一）旅客人身伤亡的，每名旅客不超过 46666 计算单位；

（二）旅客自带行李灭失或者损坏的，每名旅客不超过 833 计算单位；

（三）旅客车辆包括该车辆所载行李灭失或者损坏的，每一车辆不超过 3333 计算单位；

（四）本款第（二）（三）项以外的旅客其他行李灭失或者损坏的，每名旅客不超过 1200 计算单位。

承运人和旅客可以约定，承运人对旅客车辆和旅客车辆以外的其他行李损失的免赔额。但是对每一车辆损失的免赔额不得超过 117 计算单位，对每名旅客的车辆以外的其他行李损失的免赔额不得超过 13 计算单位。在计算每一车辆或者每名旅客的车辆以外的其他行李的损失赔偿数额时，应当扣除约定的承运人免赔额。承运人和旅客可以书面约定高于本条第一款规定的赔偿责任限额。

中华人民共和国港口之间的海上旅客运输，承运人的赔偿责任限额，由国务院交通主管部门制定，报国务院批准后施行。

第一百一十八条 经证明，旅客的人身伤亡或者行李的灭失、损坏，是由于承运人的故意或者明知可能造成损害而轻率地作为或者不作为造成的，承运人不得援用本法第一百一十六条和第一百一十七条限制赔偿责任的规定。

经证明，旅客的人身伤亡或者行李的灭失、损坏，是由于承运人的受雇人、代理人的故意或者明知可能造成损害而轻率地作为或者不作为造成的，承运人的受雇人、代理人不得援用本法第一百一十六条和第一百一十七条限制赔偿责任的规定。

第一百二十条 向承运人的受雇人、代理人提出的赔偿请求，受雇人或者代理人证明其行为是在受雇或者受委托的范围内的，有权援用本法第一百一十五条、第一百一十六条和第一百一十七条的抗辩理由和赔偿责任限制的规定。

第一百二十一条　承运人将旅客运送或者部分运送委托给实际承运人履行的，仍然应当依照本章规定，对全程运送负责。实际承运人履行运送，承运人应当对实际承运人的行为或者实际承运人的受雇人、代理人在受雇或者受委托的范围内行为负责。

第一百二十二条　承运人承担本章未规定的义务或者放弃本章赋予的权利的任何特别协议，经实际承运人书面明确同意的，对实际承运人发生效力；实际承运人是否同意，不影响此项特别协议对承运人的效力。

第一百二十三条　承运人与实际承运人均负有赔偿责任的，应当在此项责任限度内负连带责任。

第一百二十四条　就旅客的人身伤亡或者行李的灭失、损坏，分别向承运人、实际承运人以及他们的受雇人、代理人提出赔偿请求的，赔偿总额不得超过本法第一百一十七条规定的限额。

第一百二十五条　本法第一百二十一条至第一百二十四条的规定，不影响承运人和实际承运人之间相互追偿。

第一百二十六条　海上旅客运输合同中含有下列内容之一的条款无效：

（一）免除承运人对旅客应当承担的法定责任；

（二）降低本章规定的承运人责任限额；

（三）对本章规定的举证责任作出相反的约定；

（四）限制旅客提出赔偿请求的权利。

前款规定的合同条款的无效，不影响合同其他条款的效力。

第二百一十一条　海上旅客运输的旅客人身伤亡赔偿责任限制，按照 46666 计算单位乘以船舶证书规定的载客定额计算赔偿限额，但是最高不超过 25000000 计算单位。

中华人民共和国港口之间海上旅客运输的旅客人身伤亡，赔偿限额由国务院交通主管部门制定，报国务院批准后施行。

204. 海上、通海水域行李运输合同纠纷

相关规范

»《中华人民共和国民法典》（2020 年）

第八百一十七条　【行李携带及托运要求】旅客随身携带行李应当符合约定的限量和品类要求；超过限量或者违反品类要求携带行李的，应当办理托运手续。

第八百一十八条　【禁止旅客携带危险物品、违禁物品】旅客不得随身携带或者在行李中夹带易燃、易爆、有毒、有腐蚀性、有放射性以及可能危及运输工具上人身和财产安全的危险物品或者违禁物品。

旅客违反前款规定的，承运人可以将危险物品或者违禁物品卸下、销毁或者送交有关部门。旅客坚持携带或者夹带危险物品或者违禁物品的，承运人应当拒绝运输。

第八百二十四条　【旅客随身携带物品毁损、灭失的责任承担】在运输过程中旅客随身携带物品毁损、灭失，承运人有过错的，应当承担赔偿责任。

旅客托运的行李毁损、灭失的，适用货物运输的有关规定。

»《中华人民共和国海商法》（1992 年）

第一百零八条　本章下列用语的含义：

……

（四）"行李"是指根据海上旅客运输合同由承运人载运的任何物品和车辆，但是活动物除外。

（五）"自带行李"是指旅客自行携带、保管或者放置在客舱中的行李。

第一百一十三条　旅客不得随身携带或者在行李中夹带违禁品、或者易燃、易爆、有毒、有腐蚀性、有放射性以及有可能危及船上人身和财产安全的其他危险品。

承运人可以在任何时间、任何地点将旅客违反前款规定随身携带或者在行李中夹带的违禁品危险品卸下、销毁或者使之不能为害，或者送交有关部门，而不负赔偿责任。

旅客违反本条第一款规定，造成损害的，应当负赔偿责任。

第一百一十四条 在本法第一百一十一条规定的旅客及其行李的运送期间，因承运人或者承运人的受雇人、代理人在受雇或者受委托的范围内的过失引起事故，造成旅客人身伤亡或者行李灭失、损坏的，承运人应当负赔偿责任。

请求人对承运人或者承运人的受雇人、代理人的过失，应当负举证责任；但是，本条第三款和第四款规定的情形除外。

旅客的人身伤亡或者自带行李的灭失、损坏，是由于船舶的沉没、碰撞、搁浅、爆炸、火灾所引起或者是由于船舶的缺陷所引起的，承运人或者承运人的受雇人、代理人除非提出反证，应当视为其有过失。

旅客自带行李以外的其他行李的灭失或者损坏，不论由于何种事故所引起，承运人或者承运人的受雇人、代理人除非提出反证，应当视为其有过失。

205. 船舶经营管理合同纠纷

相关规范

»《中华人民共和国海商法》（1992 年）

第四条 中华人民共和国港口之间的海上运输和拖航，由悬挂中华人民共和国国旗的船舶经营。但是，法律、行政法规另有规定的除外。

非经国务院交通主管部门批准，外国籍船舶不得经营中华人民共和国港口之间的海上运输和拖航。

»《国内水路运输管理条例》（2017 年修订）

第二十五条 运输船舶的所有人、经营人可以委托船舶管理业务经营者为其提供船舶海务、机务管理等服务。

第二十六条 申请经营船舶管理业务，申请人应当符合下列条件：

（一）取得企业法人资格；

（二）有健全的安全管理制度；

（三）有与其申请管理的船舶运力相适应的海务、机务管理人员；

（四）法律、行政法规规定的其他条件。

第二十七条 经营船舶管理业务，应当经设区的市级以上地方人民政府负责水路运输管理的部门批准。

申请经营船舶管理业务，应当向前款规定的部门提交申请书和证明申请人符合本条例第二十六条规定条件的相关材料。

受理申请的部门应当自受理申请之日起 30 个工作日内审查完毕，作出准予许可或者不予许可的决定。予以许可的，发给船舶管理业务经营许可证件，并向国务院交通运输主管部门备案；不予许可的，应当书面通知申请人并说明理由。

第二十八条 船舶管理业务经营者接受委托提供船舶管理服务，应当与委托人订立书面合同，并将合同报所在地海事管理机构备案。

船舶管理业务经营者应当按照国家有关规定和合同约定履行有关船舶安全和防止污染的管理义务。

206. 船舶买卖合同纠纷

相关规范

»《中华人民共和国民法典》（2020 年）

第五百九十五条 **【买卖合同定义】**买卖合同是出卖人转移标的物的所有权于买受人，买受人支付价款的合同。

第五百九十六条　【买卖合同条款】买卖合同的内容一般包括标的物的名称、数量、质量、价款、履行期限、履行地点和方式、包装方式、检验标准和方法、结算方式、合同使用的文字及其效力等条款。

»《中华人民共和国海商法》（1992 年）

第九条　船舶所有权的取得、转让和消灭，应当向船舶登记机关登记；未经登记的，不得对抗第三人。船舶所有权的转让，应当签订书面合同。

第十条　船舶由两个以上的法人或者个人共有的，应当向船舶登记机关登记；未经登记的，不得对抗第三人。

»《最高人民法院关于印发〈全国法院贯彻实施民法典工作会议纪要〉的通知》（法〔2021〕94 号　2021 年 4 月 6 日）

6. 当事人对于合同是否成立发生争议，人民法院应当本着尊重合同自由，鼓励和促进交易的精神依法处理。能够确定当事人名称或者姓名、标的和数量的，人民法院一般应当认定合同成立，但法律另有规定或者当事人另有约定的除外。

对合同欠缺的当事人名称或者姓名、标的和数量以外的其他内容，当事人达不成协议的，人民法院依照民法典第四百六十六条、第五百一十条、第五百一十一条等规定予以确定。

207. 船舶建造合同纠纷

相关规范

»《中华人民共和国民法典》（2020 年）

第四百六十七条　【非典型合同及涉外合同的法律适用】本法或者其他法律没有明文规定的合同，适用本编通则的规定，并可以参照适用本编或者其他法律最相类似合同的规定。

在中华人民共和国境内履行的中外合资经营企业合同、中外合作经营企业合同、中外合作勘探开发自然资源合同，适用中华人民共和国法律。

第七百七十条　【承揽合同定义和承揽主要类型】承揽合同是承揽人按照定作人的要求完成工作，交付工作成果，定作人支付报酬的合同。

承揽包括加工、定作、修理、复制、测试、检验等工作。

第七百八十八条　【建设工程合同定义和种类】建设工程合同是承包人进行工程建设，发包人支付价款的合同。

建设工程合同包括工程勘察、设计、施工合同。

第八百零八条　【适用承揽合同】本章没有规定的，适用承揽合同的有关规定。

典型案例

» 哈皮那船舶公司（Harpina Owning Company Limited）与江苏天元船舶进出口有限公司、江苏新扬子造船有限公司和扬子鑫福造船有限公司船舶建造合同纠纷案（《最高人民法院发布十件海事诉讼典型案例》第 9 号　2018 年 8 月 8 日）

【基本案情】

2013 年底至 2014 年 6 月份，希腊卡迪夫海事有限公司（CardiffMarineInc.）以其设立的包括哈皮那公司在内的六家单船公司名义，与扬子江船业（控股）有限公司旗下的天元公司、新扬子公司、扬子公司等分别签订六份船舶建造协议。双方除第一艘船舶正常交接外，其余五艘船舶均存在争议。2017 年 3 月 1 日，哈皮那公司向武汉海事法院申请海事强制令，要求三被申请人立即交付“世外桃源”轮。同月 16 日，哈皮那公司又向伦敦海事仲裁委员会提出仲裁。此外，围绕其他几艘船舶的建造合同，相关各方还有3起在伦敦海事仲裁委员会进行的仲裁，以及1起在英国法院进行的诉讼。

【裁判结果】

在武汉海事法院的主持下，双方当事人达成和解：哈皮那公司等支付涉案款项、扬子江公司交付涉案船舶；哈皮那公司永久性地撤销英国伦敦仲裁并负担全部仲裁费用；双方当事人就本和解协议所涉事项不可撤销地相互放弃主张。为保证调解协议的顺利履行，武汉海事法院于调解协议达成当日即制作调解书并送达双方当事人，双方当事人都按期履行了各自义务。本案调解协议达成并履行后，卡迪夫海事有限公司和扬子江船业（控股）有限公司等相关当事人，按照本案调解模式，就其他船舶建造合同项下的纠纷，也分别达成调解协议并实际履行。

【典型意义】

本案系在国际航运市场持续走低背景下发生的涉外船舶建造合同纠纷，具有如下典型意义：第一，践行多元纠纷解决机制，维护各方当事人的合法权益。本案纠纷涉及多国当事人，通过一般诉讼程序解决耗时费力，执行难度大，武汉海事法院从提高效率、降低成本的角度出发，确立了调解方案，引导当事人理性面对和解决纠纷。调解结案，不仅使哈皮那公司及早将20万吨级的“世外桃源”轮投入运营，也避免了天元公司等可能面临的船舶营运损失索赔。第二，涉案纠纷的顺利调解解决，为卡迪夫公司和扬子江公司之间的诸多国际仲裁和诉讼，提供了可资借鉴的处理思路，在当事人都可接受的利益平衡点上，借鉴中国调解经验，最终解决了系列国际纠纷。

BOA BARGES AS 与南京奕淳船舶制造有限公司船舶建造合同纠纷案

（《2020年全国海事审判典型案例》案例6 2020年8月17日）

【基本案情】

挪威籍船东 BOA BARGES AS 与南京奕淳船舶制造有限公司（以下简称奕淳公司）就三份总价款近5000万美元的《半潜重型甲板货驳造船合同》发生争议。案涉合同约定的争议解决方式为向伦敦国际仲裁院申请仲裁并适用英国法。双方于2020年5月16日签订《补充协议》，将争议解决方式变更为由南京海事法院管辖并适用中国法。6月，BOA BARGES AS 向南京海事法院提起诉讼，请求判令奕淳公司返还预付款。

【裁判结果】

南京海事法院通过互联网办案方式组织调解，仅用时27天便促成双方当事人达成调解协议。

【典型意义】

我国是造船大国，但当前涉外船舶建造纠纷的争议解决方式一般约定为伦敦仲裁并适用英国法律。本案船舶建造合同的外国当事人在纠纷发生后，协议变更争议解决方式和适用法律的约定，主动选择向南京海事法院起诉并适用中国法律，既是基于对中国建设国际海事司法优选地的信任，也是对中国海事法院专业司法能力的充分认可。本案发生正值疫情期间，海事法院根据《最高人民法院关于依法妥善审理涉新冠肺炎疫情民事案件若干问题的指导意见（三）》的规定，优化立案及调解过程，允许外国当事人延期提交授权委托公证、认证文书，积极运用互联网办案方式组织多轮在线协商，并始终坚持平等保护中外当事人的合法权益，最终高效、圆满地化解矛盾纠纷，真正实现了“审判执行不停摆，公平正义不止步”。

208. 船舶修理合同纠纷

相关规范

《中华人民共和国民法典》（2020年）

第四百六十七条　【非典型合同及涉外合同的法律适用】本法或者其他法律没有明文规定的合同，适用本编通则的规定，并可以参照适用本编或者其他法律最相类似合同的规定。

在中华人民共和国境内履行的中外合资经营企业合同、中外合作经营企业合同、中外合作勘探开发自然资源合同，适用中华人民共和国法律。

第七百七十条　【承揽合同定义和承揽主要类型】承揽合同是承揽人按照定作人的要求完成工作，交付工作成果，定作人支付报酬的合同。

承揽包括加工、定作、修理、复制、测试、检验等工作。

第七百八十八条　【建设工程合同定义和种类】建设工程合同是承包人进行工程建设，发包人支付价款的合同。

建设工程合同包括工程勘察、设计、施工合同。

209. 船舶改建合同纠纷

相关规范

»《中华人民共和国民法典》（2020 年）

第四百六十七条　【非典型合同及涉外合同的法律适用】本法或者其他法律没有明文规定的合同，适用本编通则的规定，并可以参照适用本编或者其他法律最相类似合同的规定。

在中华人民共和国境内履行的中外合资经营企业合同、中外合作经营企业合同、中外合作勘探开发自然资源合同，适用中华人民共和国法律。

第七百七十条　【承揽合同定义和承揽主要类型】承揽合同是承揽人按照定作人的要求完成工作，交付工作成果，定作人支付报酬的合同。

承揽包括加工、定作、修理、复制、测试、检验等工作。

第七百八十八条　【建设工程合同定义和种类】建设工程合同是承包人进行工程建设，发包人支付价款的合同。

建设工程合同包括工程勘察、设计、施工合同。

第八百零八条　【适用承揽合同】本章没有规定的，适用承揽合同的有关规定。

210. 船舶拆解合同纠纷

相关规范

»《中华人民共和国民法典》（2020 年）

第四百六十七条　【非典型合同及涉外合同的法律适用】本法或者其他法律没有明文规定的合同，适用本编通则的规定，并可以参照适用本编或者其他法律最相类似合同的规定。

在中华人民共和国境内履行的中外合资经营企业合同、中外合作经营企业合同、中外合作勘探开发自然资源合同，适用中华人民共和国法律。

211. 船舶抵押合同纠纷

相关规范

»《中华人民共和国民法典》（2020 年）

第三百九十四条　【抵押权的定义】为担保债务的履行，债务人或者第三人不转移财产的占有，将该财产抵押给债权人的，债务人不履行到期债务或者发生当事人约定的实现抵押权的情形，债权人有权就该财产优先受偿。

前款规定的债务人或者第三人为抵押人，债权人为抵押权人，提供担保的财产为抵押财产。

第三百九十五条　【抵押财产的范围】债务人或者第三人有权处分的下列财产可以抵押：

（一）建筑物和其他土地附着物；

（二）建设用地使用权；

（三）海域使用权；

（四）生产设备、原材料、半成品、产品；

（五）正在建造的建筑物、船舶、航空器；

（六）交通运输工具；

（七）法律、行政法规未禁止抵押的其他财产。

抵押人可以将前款所列财产一并抵押。

第四百六十七条　【非典型合同及涉外合同的法律适用】本法或者其他法律没有明文规定的合同，适用本编通则的规定，并可以参照适用本编或者其他法律最相类似合同的规定。

在中华人民共和国境内履行的中外合资经营企业合同、中外合作经营企业合同、中外合作勘探开发自然资源合同，适用中华人民共和国法律。

《中华人民共和国海商法》（1992 年）

第十一条　船舶抵押权，是指抵押权人对于抵押人提供的作为债务担保的船舶，在抵押人不履行债务时，可以依法拍卖，从卖得的价款中优先受偿的权利。

第十二条　船舶所有人或者船舶所有人授权的人可以设定船舶抵押权。船舶抵押权的设定，应当签订书面合同。

第十四条　建造中的船舶可以设定船舶抵押权。

建造中的船舶办理抵押权登记，还应当向船舶登记机关提交船舶建造合同。

典型案例

法国巴黎银行（BNP PARIBAS）诉光汇宝石油轮有限公司（BRIGHT-OIL GEM TANKER LTD.）船舶抵押借款合同纠纷案（《2019 年全国海事审判典型案例》案例 8　2020 年 9 月 7 日）

【基本案情】

2016 年 10 月 28 日，法国巴黎银行（以下简称巴黎银行）与光汇宝石油轮有限公司（以下简称光汇公司）签订了一份贷款合同，主要内容为巴黎银行向光汇公司提供不超过 5200 万美元的贷款，光汇公司如未按合同期限还款，应承担逾期贷款罚息以及相应复利，光汇石油（控股）有限公司作为该笔贷款的保证人之一等。2016 年 11 月 1 日，双方又签订了一份抵押合同，约定：光汇公司以其名下的“光汇宝石”轮（M. T. BRIGHTOIL GEM）为前述贷款合同项下的所有债务提供抵押担保；如因本合同引起的任何争议，香港法院是解决争议的最适宜和最便利的法院，但巴黎银行有权向任何有管辖权的法院提起诉讼。为此，光汇公司向“光汇宝石”轮登记机关香港海事处船舶登记处和公司注册处办理了该轮的抵押权登记。同日，巴黎银行根据光汇公司的提款请求向其发放了 4550 万美元贷款。2017 年 10 月 3 日，保证人光汇石油（控股）有限公司的股票在香港证券交易所停止交易，且连续停止交易的期间超过了五天。巴黎银行以此停牌事件构成了贷款合同项下的违约事件为由，于同年 12 月 22 日向光汇公司发出了贷款提前到期通知。此后，光汇公司向巴黎银行分期支付了少量的本金、利息和逾期利息，仍有绝大部分贷款未能偿还。

2019 年 1 月 4 日，巴黎银行以光汇公司未能按期偿还贷款为由向海口海事法院申请诉前海事请求保全，请求扣押光汇公司名下的“光汇宝石”轮。海口海事法院依法作出（2019）琼 72 财保 1 号民事裁定及扣押船舶命令，将“光汇宝石”轮扣押于海南洋浦港。同年 1 月 28 日，巴黎银行向海口海事法院提起诉讼，请求判令：光汇公司在“光汇宝石”轮的价值范围内对巴黎银行主债权合同项下债权承担抵押担保责任；光汇公司按照主债权合同约定的利率支付欠款利息和逾期利息及其他诉讼请求。

诉讼期间，巴黎银行以光汇公司未提供担保且该轮长期停留于台风多发的热带海域、面临较大灭失风险为由，申请拍卖该轮。

2019年8月6日，海口海事法院作出(2019)琼72民初22号民事裁定，将“光汇宝石”轮通过网络司法拍卖平台予以拍卖，所得价款在支付因扣押和拍卖船舶的费用后全部存入海口海事法院代管款账户。

【裁判结果】

经海口海事法院主持调解，双方达成调解协议，主要内容为：双方确认应支付的贷款本息；光汇公司承担巴黎银行实现债权的费用以及行使抵押权产生的费用；上述款项从法院处置“光汇宝石”轮所得价款中，依照法定程序和受偿顺序拨付给巴黎银行；巴黎银行确保在收到上述款项后不再就涉案贷款合同和船舶抵押合同向光汇公司以及该轮的船舶管理人、经营人等提出索赔。海口海事法院作出民事调解书，依法审查并确认了该调解协议。

2019年11月20日10时，“光汇宝石”轮在淘宝网司法拍卖平台首轮拍卖中，由来自希腊的买受人莫林有限公司（MERLIN CO. LTD.）以人民币4.033亿元的价格竞得。11月28日，海口海事法院解除对“光汇宝石”轮的扣押，并于12月3日将该轮移交给买受人。目前，该轮拍卖引发的债权登记及确权诉讼案件已全部审结，拍卖款已分配完毕。

【典型意义】

本案的公正、高效、妥善处理，是海口海事法院贯彻落实习近平总书记“4·13”重要讲话精神，努力建设海南自贸区（港）法治化、国际化、便利化营商环境的生动实践范例。本案当事人约定了单方面、开放式管辖权条款，巴黎银行在有权向全球任何国家或地区的法院起诉的情况下，自愿主动选择到海口海事法院诉讼，充分体现了我国海事司法的国际公信力和影响力。在海口海事法院的主持下，经过多轮调解，被告光汇公司同意以“光汇宝石”轮拍卖价款偿还欠款。为了顺利拍卖“光汇宝石”轮，海口海事法院采用网络媒体及传统媒体相结合的方式展开宣传和推介。不仅在网站、微博、微信上发布拍卖信息，还通过《中国日报（海外版）》《人民法院报》《劳氏通讯》《贸易风》等多个渠道刊登了拍卖和债权登记公告。为了便于国内外买家了解船舶情况，海口海事法院开通了24小时咨询电话，先后组织4批意向买家登轮查看。经过32轮激烈竞价，最终该轮以人民币4.033亿元成功拍卖，创淘宝司法拍卖平台开通以来成交金额最高的船舶拍卖纪录，体现了网络司法拍卖方式的成功。

212. 航次租船合同纠纷

相关规范

»《中华人民共和国海商法》（1992年）

第四十七条　承运人在船舶开航前和开航当时，应当谨慎处理，使船舶处于适航状态，妥善配备船员、装备船舶和配备供应品，并使货舱、冷藏舱、冷气舱和其他载货处所适于并能安全收受、载运和保管货物。

第四十八条　承运人应当妥善地、谨慎地装载、搬移、积载、运输、保管照料和卸载所运货物。

第四十九条　承运人应当按照约定的或者习惯的或者地理上的船线将货物运往卸货港。船舶在海上为救助或者企图救助人命或者财产而发生的绕航或者其他合理绕航，不属于违反前款规定的行为。

第九十二条　航次租船合同，是指船舶出租人向承租人提供船舶或者船舶的部分舱位，装运约定的货物，从一港运至另一港，由承租人支付约定运费的合同。

第九十三条　航次租船合同的内容，主要包括出租人和承租人的名称、船名、船籍、载货重量、容积、货名、装货港和目的港、受载期限、装卸期限、运费、滞期费、速遣费以及其他有关事项。

第九十四条　本法第四十七条和第四十九条的规定，适用于航次租船合同的出租人。

本章其他有关合同当事人之间的权利、义务的规定，仅在航次租船合同没有约定或者没有不同约定时，适用于航次租船合同的出租人的承租人。

第九十五条 对按照航次租船合同运输的货物签发的提单，提单持有人不是承租人的，承运人与该提单持有人之间的权利、义务关系适用提单的约定。但是，提单中载明适用航次租船合同条款的，适用该航次租船合同的条款。

第九十六条 出租人应当提供约定的船舶；经承租人同意，可以更换船舶。但是提供的船舶或者更换的船舶不符合合同的约定的，承租人有权拒绝或者解除合同。因出租人过失未提供约定的船舶致使承租人遭受损失的，出租人应当负赔偿责任。

第九十七条 出租人在约定的受载期限内未能提供船舶的，承租人有权解除合同。但是，出租人将船舶延误情况和船舶抵达装货港的日期通知承租人的，承租人应当自收到通知时起四十八小时内，将是否解除合同的决定通知出租人。

因预期出租人过失延误提供船舶致使承租人遭受损失的，出租人应当负赔偿责任。

第九十八条 航次租船合同的装货、卸货期限及其计算办法，超过装货、卸货期限后的滞期费和提前完成装货、卸货的速运费，由双方约定。

第九十九条 承租人可以将其租用的船舶转租；转租后，原合同约定的权利和义务不受影响。

第一百条 承租人应当提供约定的货物；经出租人同意，可以更换货物。但是，更换的货物对出租人不利的，出租人有权拒绝或者解除合同。

因未提供约定的货物致使出租人遭受损失的，承租人应当负赔偿责任。

第一百零一条 出租人应当在合同约定的卸货港卸货。合同订有承租人选择卸货港条款的，在承租人未按照合同约定及时通知确定的卸货港时，船长可以从约定的选卸港中自行选定一港卸货。承租人未按照合同约定及时通知确定的卸货港。致使出租人遭受损失的，应当负赔偿责任。出租人未按照合同约定，擅自选定港口卸货致使承租人遭受损失的，应当负赔偿责任。

典型案例

深圳市恒通海船务有限公司与吉安恒康航运有限公司航次租船合同纠纷案（《2019年全国海事审判典型案例》案例3　2020年9月7日）

【基本案情】

深圳市恒通海船务有限公司（以下简称恒通海公司）于2015年9月23日与吉安恒康航运有限公司（以下简称吉安公司）签订航次租船合同，恒通海公司委托吉安公司从深圳运输3000吨散装玉米至湛江。吉安公司“吉安顺”轮到达湛江后，遭遇台风“彩虹”，船舶走锚，海水和雨水从舱盖的缝隙处流入舱内，货物受损，恒通海公司请求吉安公司赔偿货物损失，吉安公司辩称本案是由于不可抗力所致，并反诉恒通海公司要求赔偿船体损失。

【裁判结果】

广州海事法院一审认为，判断台风是否属于不可抗力需要结合案情具体分析。中央气象台、广东海事局网站发布了台风“彩虹”在海南琼海到广东湛江一带沿海登陆的预报，吉安公司疏于履行对天气预报的注意义务，并怠于履行采取防台措施的义务，其仅基于台风“彩虹”实际强度与预报强度不符，从而认为台风“彩虹”属于不可预见的抗辩主张没有事实依据，不予支持。吉安公司在“吉安顺”轮锚泊防台过程中，明知“吉安顺”轮货舱水密性较差，针对货物仅采取加盖三层帆布并用绳子加固舱盖的防台措施，单凭此防台措施，没有对舱盖的缝隙进行及时有效的处理，不足以保证货舱的水密性，也不足以保证货物的安全，具有管货过失。恒通海公司作为承租人，既未操纵驾驶船舶，亦不负责采取防台措施，仅凭其迟延卸货的事实，不足以导致“吉安顺”轮的损害。判决吉安公司赔偿恒通海公司货物损失及利息，并驳回吉安公司反诉请求。吉安公司不服一审判决，提起上诉。

广东省高级人民法院二审认为，吉安公司是专业运输公司，每日关注案涉船舶拟将航行相关海域天气情况系其基本工作要求，因台风来临前两天中央气象台、广东海事局网站已经对台风“彩虹”进行预报，此后于台风登陆前两天仍不断地对台风强度和路径予以修正，故一审法院认定台风“彩虹”对吉安公司而言属于可以预见的客观情况故未支持吉安公司关于不可抗力的主张并无不当，判决驳回上诉，维持原判。吉安公司不服二审判决，向最高人民法院申请再审。最高人民法院裁定驳回吉安公司的再审申请。

【典型意义】

在海上货物运输实务中，台风是一个较为常见的自然灾害，因台风引发货主、码头、船舶损失进而诉至法院的情况屡见不鲜，责任方往往抗辩台风构成不可抗力而免责。台风是否构成不可抗力，目前司法实践对该问题存在分歧。本案对不可抗力的三个构成要件进行分析。首先，判断台风是否属于不可抗力，系针对案件当事人在案涉事故发生时的判断，需要结合案情具体分析，在同一次台风事故中，不同的承运人预见能力不同，不同的承运船舶防风能力不同，不能以相同的要求来衡量不同的承运人。其次，如果责任人以台风预报误差为不可抗力理由的，应举证证明其基于不同级别的台风采取了何种防台措施，以及台风实际强度与预报强度之间的差异足以影响其防台措施的效果。再次，航运实践中，因台风造成货损的情况下，往往还同时存在承运人管货过失的因素，法官应正确区分管货过失与不可抗力之间就造成货损的原因力比例与作用大小，从而准确区分责任。本案对判断台风是否构成不可抗力的构成要件进行深入分析，为类似案件的处理提供了参考。

213. 船舶租用合同纠纷

（1）定期租船合同纠纷

（2）光船租赁合同纠纷

相关规范

»《中华人民共和国海商法》（1992 年）

第一百二十七条　本章关于出租人和承租人之间权利、义务的规定，仅在船舶租用合同没有约定或者没有不同的约定时适用。

第一百二十八条　船舶租用合同，包括定期租船合同和光船租赁合同，均应当书面订立。

第一百二十九条　定期租船合同，是指船舶出租人向承租人提供约定的由出租人配备船员的船舶，由承租人在约定的期间内按照约定的用途使用，并支付租金的合同。

第一百三十条　定期租船合同的内容，主要包括出租人和承租人的名称、船名、船籍、船级、吨位、容积、船速、燃料消耗、航区、用途、租船期间、交船和还船的时间和地点以及条件、租金及其支付，以及其他有关事项。

第一百四十四条　光船租赁合同，是指船舶出租人向承租人提供不配备船员的船舶，在约定的期间内由承租人占有、使用和营运，并向出租人支付租金的合同。

第一百四十五条　光船租赁合同的内容，主要包括出租人和承租人的名称、船名、船籍、船级、吨位、容积、航区、用途、租船期间、交船和还船的时间和地点以及条件、船舶检验、船舶的保养维修、租金及其支付、船舶保险、合同解除的时间和条件，以及其他有关事项。

第一百四十七条　在光船租赁期间，承租人负责船舶的保养、维修。

第一百四十八条　在光船租赁期间，承租人应当按照合同约定的船舶价值，以出租人同意的保险方式为船舶进行保险，并负担保险费用。

第一百四十九条 在光船租赁期间，因承租人对船舶占有、使用和营运的原因使出租人的利益受到影响或者遭受损失的，承租人应当负责消除影响或者赔偿损失。

因船舶所有权争议或者出租人所负的债务致使船舶被扣押的，出租人应当保证承租人的利益不受影响；致使承租人遭受损失的，出租人应当负赔偿责任。

第一百五十条 在光船租赁期间，未经出租人书面同意，承租人不得转让合同的权利和义务或者以光船租赁的方式将船舶进行转租。

第一百五十一条 未经承租人事先书面同意，出租人不得在光船租赁期间对船舶设定抵押权。

出租人违反前款规定，致使承租人遭受损失的，应当负赔偿责任。

第一百五十三条 本法第一百三十四条、第一百三十五条第一款、第一百四十二条和第一百四十三条的规定，适用于光船租赁合同。

第一百五十四条 订有租购条款的光船租赁合同，承租人按照合同约定向出租人付清租购费时，船舶所有权即归于承租人。

214. 船舶融资租赁合同纠纷

相关规范

»《中华人民共和国民法典》（2020 年）

第七百三十六条 【融资租赁合同内容和形式】 融资租赁合同的内容一般包括租赁物的名称、数量、规格、技术性能、检验方法，租赁期限，租金构成及其支付期限和方式、币种，租赁期限届满租赁物的归属等条款。

融资租赁合同应当采用书面形式。

»《中华人民共和国海商法》（1992 年）

第一百二十七条 本章关于出租人和承租人之间权利、义务的规定，仅在船舶租用合同没有约定或者没有不同的约定时适用。

第一百二十八条 船舶租用合同，包括定期租船合同和光船租赁合同，均应当书面订立。

第一百二十九条 定期租船合同，是指船舶出租人向承租人提供约定的由出租人配备船员的船舶，由承租人在约定的期间内按照约定的用途使用，并支付租金的合同。

第一百三十条 定期租船合同的内容，主要包括出租人和承租人的名称、船名、船籍、船级、吨位、容积、船速、燃料消耗、航区、用途、租船期间、交船和还船的时间和地点以及条件、租金及其支付，以及其他有关事项。

第一百四十一条 承租人未向出租人支付租金或者合同约定的其他款项的，出租人对船上属于承租人的货物和财产以及转租船舶的收入有留置权。

第一百四十二条 承租人向出租人交还船舶时，该传船舶当具有与出租人交船时相同的良好状态，但是船舶本身的自然磨损除外。

船舶未能保持与交船时相同的良好状态的，承租人应当负责修复或者给予赔偿。

第一百四十三条 经合理计算，完成最后航次的日期约为合同约定的还船日期，但可能超过合同约定的还船日期的，承租人有权超期用船以完成该航次。超期期间，承租人应当按照合同约定的租金率支付租金；市场的租金率高于合同约定的租金率的，承租人应当按照市场租金率支付租金。

第一百四十四条 光船租赁合同，是指船舶出租人向承租人提供不配备船员的船舶，在约定的期间内由承租人占有、使用和营运，并向出租人支付租金的合同。

第一百四十五条 光船租赁合同的内容，主要包括出租人和承租人的名称、船名、船籍、船级、吨位、容积、航区、用途、租船期间、交船和还船的时间和地点以及条件、船舶检验、船舶的保养维修、租金及其支付、船舶保险、合同解除的时间和条件，以及其他有关事项。

第一百四十七条　在光船租赁期间，承租人负责船舶的保养、维修。

第一百四十八条　在光船租赁期间，承租人应当按照合同约定的船舶价值，以出租人同意的保险方式为船舶进行保险，并负担保险费用。

第一百四十九条　在光船租赁期间，因承租人对船舶占有、使用和营运的原因使出租人的利益受到影响或者遭受损失的，承租人应当负责消除影响或者赔偿损失。

因船舶所有权争议或者出租人所负的债务致使船舶被扣押的，出租人应当保证承租人的利益不受影响；致使承租人遭受损失的，出租人应当负赔偿责任。

第一百五十条　在光船租赁期间，未经出租人书面同意，承租人不得转让合同的权利和义务或者以光船租赁的方式将船舶进行转租。

第一百五十一条　未经承租人事先书面同意，出租人不得在光船租赁期间对船舶设定抵押权。

出租人违反前款规定，致使承租人遭受损失的，应当负赔偿责任。

第一百五十三条　本法第一百三十四条、第一百三十五条第一款、第一百四十二条和第一百四十三条的规定，适用于光船租赁合同。

第一百五十四条　订有租购条款的光船租赁合同，承租人按照合同约定向出租人付清租购费时，船舶所有权即归于承租人。

215. 海上、通海水域运输船舶承包合同纠纷

相关规范

》《中华人民共和国民法典》（2020年）

第四百六十七条　【非典型合同及涉外合同的法律适用】本法或者其他法律没有明文规定的合同，适用本编通则的规定，并可以参照适用本编或者其他法律最相类似合同的规定。

在中华人民共和国境内履行的中外合资经营企业合同、中外合作经营企业合同、中外合作勘探开发自然资源合同，适用中华人民共和国法律。

216. 渔船承包合同纠纷

相关规范

》《中华人民共和国民法典》（2020年）

第四百六十七条　【非典型合同及涉外合同的法律适用】本法或者其他法律没有明文规定的合同，适用本编通则的规定，并可以参照适用本编或者其他法律最相类似合同的规定。

在中华人民共和国境内履行的中外合资经营企业合同、中外合作经营企业合同、中外合作勘探开发自然资源合同，适用中华人民共和国法律。

217. 船舶属具租赁合同纠纷

相关规范

》《中华人民共和国民法典》（2020年）

第七百零三条　【租赁合同定义】租赁

合同是出租人将租赁物交付承租人使用、收益，承租人支付租金的合同。

第七百零四条 【租赁合同主要内容】 租赁合同的内容一般包括租赁物的名称、数量、用途、租赁期限、租金及其支付期限和方式、租赁物维修等条款。

》《中华人民共和国海商法》（1992 年）

第三条 本法所称船舶，是指海船和其他海上移动式装置，但是用于军事的、政府公务的船舶和 20 总吨以下的小型船艇除外。

前款所称船舶，包括船舶属具。

218. 船舶属具保管合同纠纷

相关规范

》《中华人民共和国民法典》（2020 年）

第八百八十八条 【保管合同定义】 保管合同是保管人保管寄存人交付的保管物，并返还该物的合同。

寄存人到保管人处从事购物、就餐、住宿等活动，将物品存放在指定场所的，视为保管，但是当事人另有约定或者另有交易习惯的除外。

》《中华人民共和国海商法》（1992 年）

第三条 本法所称船舶，是指海船和其他海上移动式装置，但是用于军事的、政府公务的船舶和 20 总吨以下的小型船艇除外。

前款所称船舶，包括船舶属具。

219. 海运集装箱租赁合同纠纷

相关规范

》《中华人民共和国民法典》（2020 年）

第七百零三条 【租赁合同定义】 租赁合同是出租人将租赁物交付承租人使用、收益，承租人支付租金的合同。

第七百零四条 【租赁合同主要内容】 租赁合同的内容一般包括租赁物的名称、数量、用途、租赁期限、租金及其支付期限和方式、租赁物维修等条款。

第七百零五条 【租赁最长期限】 租赁期限不得超过二十年。超过二十年的，超过部分无效。

租赁期限届满，当事人可以续订租赁合同；但是，约定的租赁期限自续订之日起不得超过二十年。

第七百零六条 【租赁合同的登记备案手续对合同效力影响】 当事人未依照法律、行政法规规定办理租赁合同登记备案手续的，不影响合同的效力。

第七百零七条 【租赁合同形式】 租赁期限六个月以上的，应当采用书面形式。当事人未采用书面形式，无法确定租赁期限的，视为不定期租赁。

第七百零八条 【出租人交付租赁物义务和适租义务】 出租人应当按照约定将租赁物交付承租人，并在租赁期限内保持租赁物符合约定的用途。

第七百零九条 【承租人按约定使用租赁物的义务】 承租人应当按照约定的方法使用租赁物。对租赁物的使用方法没有约定或者约定不明确，依据本法第五百一十条的规定仍不能确定的，应当根据租赁物的性质使用。

第七百一十条 【承租人按约定使用租赁物的免责义务】 承租人按照约定的方法或者根据租赁物的性质使用租赁物，致使租赁物受到损耗的，不承担赔偿责任。

第七百一十一条 【租赁人未按约定使用租赁物的责任】 承租人未按照约定的方法或者未根据租赁物的性质使用租赁物，致使租赁物受到损失的，出租人可以解除合同并请求赔偿损失。

第七百一十二条 【出租人维修义务】 出租人应当履行租赁物的维修义务，但是当事人另有约定的除外。

第七百一十三条 【出租人不履行维修义务的法律后果】承租人在租赁物需要维修时可以请求出租人在合理期限内维修。出租人未履行维修义务的，承租人可以自行维修，维修费用由出租人负担。因维修租赁物影响承租人使用的，应当相应减少租金或者延长租期。

因承租人的过错致使租赁物需要维修的，出租人不承担前款规定的维修义务。

第七百一十四条 【承租人妥善保管租赁物义务】承租人应当妥善保管租赁物，因保管不善造成租赁物毁损、灭失的，应当承担赔偿责任。

第七百一十五条 【承租人对租赁物进行改善或增设他物】承租人经出租人同意，可以对租赁物进行改善或者增设他物。

承租人未经出租人同意，对租赁物进行改善或者增设他物的，出租人可以请求承租人恢复原状或者赔偿损失。

第七百一十六条 【承租人对租赁物转租】承租人经出租人同意，可以将租赁物转租给第三人。承租人转租的，承租人与出租人之间的租赁合同继续有效；第三人造成租赁物损失的，承租人应当赔偿损失。

承租人未经出租人同意转租的，出租人可以解除合同。

第七百一十七条 【超过承租人剩余租赁期限的转租期间效力】承租人经出租人同意将租赁物转租给第三人，转租期限超过承租人剩余租赁期限的，超过部分的约定对出租人不具有法律约束力，但是出租人与承租人另有约定的除外。

第七百一十八条 【推定出租人同意转租】出租人知道或者应当知道承租人转租，但是在六个月内未提出异议的，视为出租人同意转租。

第七百一十九条 【次承租人代位求偿权】承租人拖欠租金的，次承租人可以代承租人支付其欠付的租金和违约金，但是转租合同对出租人不具有法律约束力的除外。

次承租人代为支付的租金和违约金，可以充抵次承租人应当向承租人支付的租金；超出其应付的租金数额的，可以向承租人追偿。

第七百二十条 【租赁物收益归属】在租赁期限内因占有、使用租赁物获得的收益，归承租人所有，但是当事人另有约定的除外。

第七百二十一条 【租金支付期限】承租人应当按照约定的期限支付租金。对支付租金的期限没有约定或者约定不明确，依据本法第五百一十条的规定仍不能确定，租赁期限不满一年的，应当在租赁期限届满时支付；租赁期限一年以上的，应当在每届满一年时支付，剩余期限不满一年的，应当在租赁期限届满时支付。

第七百二十二条 【承租人违反支付租金义务的法律后果】承租人无正当理由未支付或者迟延支付租金的，出租人可以请求承租人在合理期限内支付；承租人逾期不支付的，出租人可以解除合同。

第七百二十三条 【出租人权利瑕疵担保责任】因第三人主张权利，致使承租人不能对租赁物使用、收益的，承租人可以请求减少租金或者不支付租金。

第三人主张权利的，承租人应当及时通知出租人。

第七百二十四条 【非承租人构成根本性违约承租人可以解除合同】有下列情形之一，非因承租人原因致使租赁物无法使用的，承租人可以解除合同：

（一）租赁物被司法机关或者行政机关依法查封、扣押；

（二）租赁物权属有争议；

（三）租赁物具有违反法律、行政法规关于使用条件的强制性规定情形。

第七百二十五条 【所有权变动不破租赁】租赁物在承租人按照租赁合同占有期限内发生所有权变动的，不影响租赁合同的效力。

第七百二十九条 【不可归责于承租人的租赁物毁损、灭失的法律后果】因不可归责于承租人的事由，致使租赁物部分或者全部毁损、灭失的，承租人可以请求减少租金或者不支付租金；因租赁物部分或者全部毁损、灭失，致使不能实现合同目的的，承租人可以解除合同。

第七百三十条　【租赁期限没有约定或约定不明确时的法律后果】当事人对租赁期限没有约定或者约定不明确，依据本法第五百一十条的规定仍不能确定的，视为不定期租赁；当事人可以随时解除合同，但是应当在合理期限之前通知对方。

第七百三十一条　【租赁物质量不合格时承租人解除权】租赁物危及承租人的安全或者健康的，即使承租人订立合同时明知该租赁物质量不合格，承租人仍然可以随时解除合同。

第七百三十二条　【房屋承租人死亡的租赁关系的处理】承租人在房屋租赁期限内死亡的，与其生前共同居住的人或者共同经营人可以按照原租赁合同租赁该房屋。

第七百三十三条　【租赁期限届满承租人返还租赁物】租赁期限届满，承租人应当返还租赁物。返还的租赁物应当符合按照约定或者根据租赁物的性质使用后的状态。

第七百三十四条　【租赁期限届满承租人继续使用租赁物及房屋承租人的优先承租权】租赁期限届满，承租人继续使用租赁物，出租人没有提出异议的，原租赁合同继续有效，但是租赁期限为不定期。

租赁期限届满，房屋承租人享有以同等条件优先承租的权利。

220. 海运集装箱保管合同纠纷

相关规范

》《中华人民共和国民法典》（2020年）

第八百八十八条　【保管合同定义】保管合同是保管人保管寄存人交付的保管物，并返还该物的合同。

寄存人到保管人处从事购物、就餐、住宿等活动，将物品存放在指定场所的，视为保管，但是当事人另有约定或者另有交易习惯的除外。

第八百八十九条　【保管费】寄存人应当按照约定向保管人支付保管费。

当事人对保管费没有约定或者约定不明确，依据本法第五百一十条的规定仍不能确定的，视为无偿保管。

第八百九十条　【保管合同成立时间】保管合同自保管物交付时成立，但是当事人另有约定的除外。

第八百九十一条　【保管人出具保管凭证义务】寄存人向保管人交付保管物的，保管人应当出具保管凭证，但是另有交易习惯的除外。

第八百九十二条　【保管人妥善保管义务】保管人应当妥善保管保管物。

当事人可以约定保管场所或者方法。除紧急情况或者为维护寄存人利益外，不得擅自改变保管场所或者方法。

第八百九十三条　【寄存人告知义务】寄存人交付的保管物有瑕疵或者根据保管物的性质需要采取特殊保管措施的，寄存人应当将有关情况告知保管人。寄存人未告知，致使保管物受损失的，保管人不承担赔偿责任；保管人因此受损失的，除保管人知道或者应当知道且未采取补救措施外，寄存人应当承担赔偿责任。

第八百九十四条　【保管人亲自保管保管物义务】保管人不得将保管物转交第三人保管，但是当事人另有约定的除外。

保管人违反前款规定，将保管物转交第三人保管，造成保管物损失的，应当承担赔偿责任。

第八百九十五条　【保管人不得使用或者许可他人使用保管物的义务】保管人不得使用或者许可第三人使用保管物，但是当事人另有约定的除外。

第八百九十六条　【保管人返还保管物及通知寄存人的义务】第三人对保管物主张

权利的，除依法对保管物采取保全或者执行措施外，保管人应当履行向寄存人返还保管物的义务。

第三人对保管人提起诉讼或者对保管物申请扣押的，保管人应当及时通知寄存人。

第八百九十七条 【保管人赔偿责任】保管期内，因保管人保管不善造成保管物毁损、灭失的，保管人应当承担赔偿责任。但是，无偿保管人证明自己没有故意或者重大过失的，不承担赔偿责任。

第八百九十八条 【寄存人声明义务】寄存人寄存货币、有价证券或者其他贵重物品的，应当向保管人声明，由保管人验收或者封存；寄存人未声明的，该物品毁损、灭失后，保管人可以按照一般物品予以赔偿。

第八百九十九条 【领取保管物】寄存人可以随时领取保管物。

当事人对保管期限没有约定或者约定不明确的，保管人可以随时请求寄存人领取保管物；约定保管期限的，保管人无特别事由，不得请求寄存人提前领取保管物。

第九百条 【返还保管物及其孳息】保管期限届满或者寄存人提前领取保管物的，保管人应当将原物及其孳息归还寄存人。

第九百零一条 【消费保管合同】保管人保管货币的，可以返还相同种类、数量的货币；保管其他可替代物的，可以按照约定返还相同种类、品质、数量的物品。

第九百零二条 【保管费支付期限】有偿的保管合同，寄存人应当按照约定的期限向保管人支付保管费。

当事人对支付期限没有约定或者约定不明确，依据本法第五百一十条的规定仍不能确定的，应当在领取保管物的同时支付。

第九百零三条 【保管人留置权】寄存人未按照约定支付保管费或者其他费用的，保管人对保管物享有留置权，但是当事人另有约定的除外。

221. 港口货物保管合同纠纷

相关规范

»《中华人民共和国民法典》（2020 年）

第八百八十八条 【保管合同定义】保管合同是保管人保管寄存人交付的保管物，并返还该物的合同。

寄存人到保管人处从事购物、就餐、住宿等活动，将物品存放在指定场所的，视为保管，但是当事人另有约定或者另有交易习惯的除外。

第八百八十九条 【保管费】寄存人应当按照约定向保管人支付保管费。

当事人对保管费没有约定或者约定不明确，依据本法第五百一十条的规定仍不能确定的，视为无偿保管。

第八百九十条 【保管合同成立时间】保管合同自保管物交付时成立，但是当事人另有约定的除外。

第八百九十一条 【保管人出具保管凭证义务】寄存人向保管人交付保管物的，保管人应当出具保管凭证，但是另有交易习惯的除外。

第八百九十二条 【保管人妥善保管义务】保管人应当妥善保管保管物。

当事人可以约定保管场所或者方法。除紧急情况或者为维护寄存人利益外，不得擅自改变保管场所或者方法。

第八百九十三条 【寄存人告知义务】寄存人交付的保管物有瑕疵或者根据保管物的性质需要采取特殊保管措施的，寄存人应当将有关情况告知保管人。寄存人未告知，致使保管物受损失的，保管人不承担赔偿责任；保管人因此受损失的，除保管人知道或者应当知道且未采取补救措施外，寄存人应当承担赔偿责任。

典型案例

中化国际（控股）股份有限公司诉大连港股份有限公司港口货物保管合同纠纷案（《2019年全国海事审判典型案例》案例4　2020年9月7日）

【基本案情】

2013年2月21日，中化国际（新加坡）有限公司（以下简称中化新加坡公司）与沈阳东方钢铁有限公司（以下简称沈阳东方公司）签订铁矿粉《买卖合同》，中化新加坡公司将货物委托运输（运输工具为“蓝月亮”轮）后取得指示提单。因沈阳东方公司未支付货款，中化新加坡公司于2013年9月30日将货物转卖给中化国际（控股）股份有限公司（以下简称中化公司），中化公司以提单换取了提货单，并向海关缴纳了关税。“蓝月亮”轮承载的铁矿粉运至大连港后卸于大连港股份有限公司（以下简称大连港公司）的矿石码头，由大连港公司依据其与沈阳东方公司签订的《委托港口作业合同》及单次《港口作业合同》仓储保管。其后，大连港公司根据沈阳东方公司提供的货物过户证明和其与中国铁路物资哈尔滨有限公司（以下简称中铁公司）签订的《仓储合同》向中铁公司出具了入库证明。就涉案货物的所有权，生效裁判文书确认属于中化公司所有。中化公司要求大连港公司配合提取货物被拒，遂诉至大连海事法院。

【裁判结果】

大连海事法院一审认为，仓储合同不以存货人是仓储物的所有权人为前提，沈阳东方公司与大连港公司之间的《委托港口作业合同》及单次《港口作业合同》均为有效合同。大连港公司向中铁公司出具的入库证明应当被认定为仓单，仓单记载的存货人和仓单持有人均是中铁公司。进口货物提货人应当提供仓单和加盖海关放行章的提货单才能提取货物。取得加盖海关放行章的提货单的是中化公司。向大连港公司出示仓单的人与出示提货单的人不一致，致使港口货物保管合同无法继续履行。生效判决书确认中化公司对货物具有所有权，依照《物权法》第三十九条规定，大连港公司在无法履行港口货物保管合同约定的货物交付义务的情况下，应当依据货物所有权人的要求将货物交付中化公司。遂判决大连港公司将“蓝月亮”轮卸下的B/L No. 6提单项下的25828湿吨铁矿粉交付中化公司。大连港公司不服一审判决向辽宁省高级人民法院提起上诉。

辽宁省高级人民法院二审认为，中化公司系货物的提单持有人和生效判决确认的所有权人，依照《物权法》第三十九条规定，中化公司有权行使对货物的占有权，大连港公司应向中化公司交付货物。沈阳东方公司没有获取提单，从未拟制占有过货物，所以只是与大连港公司存在意思表示约定的合同签订人，并非交付仓储物的存货人。大连港公司无权以存在其他存货人为由拒绝向中化公司放货，故判决驳回大连港公司的上诉，维持一审判决。中铁公司不服二审判决，向最高人民法院申请再审。

最高人民法院再审审查认为，生效判决已经确认涉案货物的所有权人为中化公司，中铁公司以其系善意取得为由提起第三人撤销之诉，其诉讼请求已被法院驳回。考虑到同时存在认定货物所有权人为中化公司而中铁公司并非善意取得的生效判决，大连港公司应向中化公司交付货物，故裁定驳回中铁公司的再审申请。

【典型意义】

本案涉及提货单权利人与仓单持有人分离时，港口经营人面临向谁交付货物的问题。一方面，仓储合同不以存货人是仓储物的所有权人为前提，港口经营人在签订港口货物保管合同时没有识别仓储物所有权人的法定义务。另一方面，在仓储合同未实际履行或无法继续履行时，港口经营人作为海关监管的企业法人，在海关准予放行后，经生效判决确认的进口货物所有权人有权要求其交付货物。本案判决一方面肯定了依法成立的仓储合同的效力，另一方面维护了进口货物实际所有权人的物权，在司法实践中公平维护了各市场主体的合法权益，促进了国际贸易顺畅有序发展，对于营造诚实信用的营商环境发挥了良好的指引作用。

222. 船舶代理合同纠纷

相关规范

》《中华人民共和国民法典》（2020 年）

第九百二十条 【委托权限】委托人可以特别委托受托人处理一项或者数项事务，也可以概括委托受托人处理一切事务。

第九百二十一条 【委托费用的预付和垫付】委托人应当预付处理委托事务的费用。受托人为处理委托事务垫付的必要费用，委托人应当偿还该费用并支付利息。

第九百二十二条 【受托人应当按照委托人的指示处理委托事务】受托人应当按照委托人的指示处理委托事务。需要变更委托人指示的，应当经委托人同意；因情况紧急，难以和委托人取得联系的，受托人应当妥善处理委托事务，但是事后应当将该情况及时报告委托人。

第九百二十三条 【受托人亲自处理委托事务】受托人应当亲自处理委托事务。经委托人同意，受托人可以转委托。转委托经同意或者追认的，委托人可以就委托事务直接指示转委托的第三人，受托人仅就第三人的选任及其对第三人的指示承担责任。转委托未经同意或者追认的，受托人应当对转委托的第三人的行为承担责任；但是，在紧急情况下受托人为了维护委托人的利益需要转委托第三人的除外。

第九百二十四条 【受托人的报告义务】受托人应当按照委托人的要求，报告委托事务的处理情况。委托合同终止时，受托人应当报告委托事务的结果。

第九百二十五条 【委托人介入权】受托人以自己的名义，在委托人的授权范围内与第三人订立的合同，第三人在订立合同时知道受托人与委托人之间的代理关系的，该合同直接约束委托人和第三人；但是，有确切证据证明该合同只约束受托人和第三人的除外。

第九百二十六条 【委托人对第三人的权利和第三人选择权】受托人以自己的名义与第三人订立合同时，第三人不知道受托人与委托人之间的代理关系的，受托人因第三人的原因对委托人不履行义务，受托人应当向委托人披露第三人，委托人因此可以行使受托人对第三人的权利。但是，第三人与受托人订立合同时如果知道该委托人就不会订立合同的除外。

受托人因委托人的原因对第三人不履行义务，受托人应当向第三人披露委托人，第三人因此可以选择受托人或者委托人作为相对人主张其权利，但是第三人不得变更选定的相对人。

委托人行使受托人对第三人的权利的，第三人可以向委托人主张其对受托人的抗辩。第三人选定委托人作为其相对人的，委托人可以向第三人主张其对受托人的抗辩以及受托人对第三人的抗辩。

第九百二十七条 【受托人转移利益】受托人处理委托事务取得的财产，应当转交给委托人。

第九百二十八条 【委托人支付报酬】受托人完成委托事务的，委托人应当按照约定向其支付报酬。

因不可归责于受托人的事由，委托合同解除或者委托事务不能完成的，委托人应当向受托人支付相应的报酬。当事人另有约定的，按照其约定。

第九百二十九条 【受托人的赔偿责任】有偿的委托合同，因受托人的过错造成委托人损失的，委托人可以请求赔偿损失。无偿的委托合同，因受托人的故意或者重大过失造成委托人损失的，委托人可以请求赔偿损失。

受托人超越权限造成委托人损失的，应

当赔偿损失。

第九百三十条　【委托人的赔偿责任】受托人处理委托事务时，因不可归责于自己的事由受到损失的，可以向委托人请求赔偿损失。

第九百三十一条　【委托人另行委托他人处理事务】委托人经受托人同意，可以在受托人之外委托第三人处理委托事务。因此造成受托人损失的，受托人可以向委托人请求赔偿损失。

第九百三十二条　【共同委托】两个以上的受托人共同处理委托事务的，对委托人承担连带责任。

第九百三十三条　【委托合同解除】委托人或者受托人可以随时解除委托合同。因解除合同造成对方损失的，除不可归责于该当事人的事由外，无偿委托合同的解除方应当赔偿因解除时间不当造成的直接损失，有偿委托合同的解除方应当赔偿对方的直接损失和合同履行后可以获得的利益。

第九百三十四条　【委托合同终止】委托人死亡、终止或者受托人死亡、丧失民事行为能力、终止的，委托合同终止；但是，当事人另有约定或者根据委托事务的性质不宜终止的除外。

第九百三十五条　【受托人继续处理委托事务】因委托人死亡或者被宣告破产、解散，致使委托合同终止将损害委托人利益的，在委托人的继承人、遗产管理人或者清算人承受委托事务之前，受托人应当继续处理委托事务。

第九百三十六条　【受托人的继承人等的义务】因受托人死亡、丧失民事行为能力或者被宣告破产、解散，致使委托合同终止的，受托人的继承人、遗产管理人、法定代理人或者清算人应当及时通知委托人。因委托合同终止将损害委托人利益的，在委托人作出善后处理之前，受托人的继承人、遗产管理人、法定代理人或者清算人应当采取必要措施。

》《国内水路运输管理条例》(2017年修订)

第二十九条　水路运输经营者可以委托船舶代理、水路旅客运输代理、水路货物运输代理业务的经营者，代办船舶进出港手续等港口业务，代为签订运输合同，代办旅客、货物承揽业务以及其他水路运输代理业务。

第三十条　船舶代理、水路旅客运输代理业务的经营者应当自企业设立登记之日起15个工作日内，向所在地设区的市级人民政府负责水路运输管理的部门备案。

第三十一条　船舶代理、水路旅客运输代理、水路货物运输代理业务的经营者接受委托提供代理服务，应当与委托人订立书面合同，按照国家有关规定和合同约定办理代理业务，不得强行代理，不得为未依法取得水路运输业务经营许可或者超越许可范围的经营者办理代理业务。

》《中华人民共和国国际海运条例》(2019年修订)

第二十三条　国际船舶代理经营者接受船舶所有人或者船舶承租人、船舶经营人的委托，可以经营下列业务：

（一）办理船舶进出港口手续，联系安排引航、靠泊和装卸；

（二）代签提单、运输合同，代办接受订舱业务；

（三）办理船舶、集装箱以及货物的报关手续；

（四）承揽货物、组织货载，办理货物、集装箱的托运和中转；

（五）代收运费，代办结算；

（六）组织客源，办理有关海上旅客运输业务；

（七）其他相关业务。

国际船舶代理经营者应当按照国家有关规定代扣代缴其所代理的外国国际船舶运输经营者的税款。

《中华人民共和国国际海运条例实施细则》（2019 年修正）

第三条　《海运条例》和本实施细则中下列用语的含义是：

……

（六）国际船舶代理经营者，是指依照中国法律设立从事《海运条例》第二十三条规定业务的中国企业法人。

……

223. 海上、通海水域货运代理合同纠纷

相关规范

《中华人民共和国民法典》（2020 年）

第九百二十条　【委托权限】委托人可以特别委托受托人处理一项或者数项事务，也可以概括委托受托人处理一切事务。

《中华人民共和国海商法》（1992 年）

第五十九条　经证明，货物的灭失、损坏或者迟延交付是由于承运人的故意或者明知可能造成损失而轻率地作为或者不作为造成的，承运人不得援用本法第五十六条或者第五十七条限制赔偿责任的规定。

经证明，货物的灭失、损坏或者迟延交付是由于承运人的受雇人、代理人的故意或者明知可能造成损失而轻率地作为或者不作为造成的，承运人的受雇人或者代理人不得援用本法第五十六条或者第五十七条限制赔偿责任的规定。

第六十条　承运人将货物运输或者部分运输委托给实际承运人履行的，承运人仍然应当依照本章规定对全部运输负责。对实际承运人承担的运输，承运人应当对实际承运人的行为或者实际承运人的受雇人、代理人在受雇或者受委托的范围内的行为负责。

虽有前款规定，在海上运输合同中明确约定合同所包括的特定的部分运输由承运人以外的指定的实际承运人履行的，合同可以同时约定，货物在指定的实际承运人掌管期间发生的灭失、损坏或者迟延交付，承运人不负赔偿责任。

第七十条　托运人对承运人、实际承运人所遭受的损失或者船舶所遭受的损坏，不负赔偿责任；但是，此种损失或者损坏是由于托运人或者托运人的受雇人、代理人的过失造成的除外。

托运人的受雇人、代理人对承运人、实际承运人所遭受的损失或者船舶所遭受的损坏，不负赔偿责任；但是，这种损失或者损坏是由于托运人的受雇人、代理人的过失造成的除外。

第一百零二条　本法所称多式联运合同，是指多式联运经营人以两种以上的不同运输方式，其中一种是海上运输方式，负责将货物从接收地运至目的地交付收货人，并收取全程运费的合同。

前款所称多式联运经营人，是指本人或者委托他人以本人名义与托运人订立多式联运合同的人。

《中华人民共和国国际货物运输代理业管理规定实施细则》（2003 年）

第二条　国际货物运输代理企业（以下简称国际货运代理企业）可以作为进出口货物收货人、发货人的代理人，也可以作为独立经营人，从事国际货运代理业务。

国际货运代理企业作为代理人从事国际货运代理业务，是指国际货运代理企业接受进出口货物收货人、发货人或其代理人的委托，以委托人名义或者以自己的名义办理有关业务，收取代理费或佣金的行为。

《最高人民法院关于审理海上货运代理纠纷案件若干问题的规定》（2020 年 12 月 23 日修正）

第一条　本规定适用于货运代理企业接

受委托人委托处理与海上货物运输有关的货运代理事务时发生的下列纠纷：

（一）因提供订舱、报关、报检、报验、保险服务所发生的纠纷；

（二）因提供货物的包装、监装、监卸、集装箱装拆箱、分拨、中转服务所发生的纠纷；

（三）因缮制、交付有关单证、费用结算所发生的纠纷；

（四）因提供仓储、陆路运输服务所发生的纠纷；

（五）因处理其他海上货运代理事务所发生的纠纷。

第二条 人民法院审理海上货运代理纠纷案件，认定货运代理企业因处理海上货运代理事务与委托人之间形成代理、运输、仓储等不同法律关系的，应分别适用相关的法律规定。

第三条 人民法院应根据书面合同约定的权利义务的性质，并综合考虑货运代理企业取得报酬的名义和方式、开具发票的种类和收费项目、当事人之间的交易习惯以及合同实际履行的其他情况，认定海上货运代理合同关系是否成立。

典型案例

准确界定合同当事人责任和风险负担促进物流业健康发展——上海捷喜国际货物运输代理有限公司与重庆市公路工程（集团）股份有限公司海上货运代理合同纠纷案（《最高人民法院第三批涉“一带一路”建设典型案例》案例8 2022年2月28日）

【基本案情】

2014年11月12日，捷喜货代公司与重庆公路公司签订运输协议，约定由捷喜货代公司代重庆公路公司办理161台车辆设备的出运事宜，装货港为中国上海港，卸货港为也门荷台达港（HODEIDAH）。货物运抵目的港顺利交货后，重庆公路公司未能按约向捷喜货代公司支付运输协议下的应付费用。2015年2月4日，重庆公路公司向捷喜货代公司出具付款承诺书，称由于也门局势不稳定和沙特国王突然离世，其无法在约定时间内从沙特项目基金收到工程预付款，故而拖欠捷喜货代公司费用，并承诺将于2015年3月2日前付清所有拖欠费用，但此后并未支付。庭审中，重庆公路公司以目的港所在国也门发生战乱为由，主张援引不可抗力免责。经查，涉案货物原本将用于重庆公路公司在也门承接的阿姆兰—亚丁高速公路项目建设，该项目团队人员在2015年3月的也门撤侨事件中已撤回国内，项目因此搁置。

【裁判结果】

上海海事法院审理认为，目的港所在国发生战乱，影响的是公路建设项目，重庆公路公司的偿付能力因此受到波及，但其不能因为无法收到公路建设项目下的合同款项而免除向捷喜货代公司承担的付款义务。故判决重庆公路公司支付所拖欠的费用。二审维持原判。

【典型意义】

“一带一路”沿线国家众多，政治、经济、民族、宗教、法律、文化、地理状况复杂各异。在“走出去”参与投资、合作、建设过程中，遭遇政局动荡、战乱、罢工、自然灾害等不可抗力事件或者其他不可预测的情势变更都在所难免，本案即是由此引发纠纷的一个典型事例。本案海上货物运输合同目的地也门是“一带一路”沿线国家之一，所运送的货物系用于国内企业通过海外竞标承接的重大基础设施建设项目。纠纷的产生与也门局势突变存在关联，因此准确划分合同当事人在类似事件下的责任界限和风险负担，对依法保障企业海外投资利益，鼓励和促进企业参与“一带一路”建设具有现实意义。本案判决明确了海上货运代理合同的委托人不能因其投资项目无法履行，而免除其在海上货运代理合同下对受托人应承担的合同义务，避免海外投资建设领域的意外风险向为之提供物流保障服务的航运产业链不当转嫁。该原则也同样适用于海上货物运输合同以及为海外投资项目提供诸如物资、融资等的其他相关合同的履行场合，可供今后处理类似涉“一带一路”案件以作借鉴。

224. 理货合同纠纷

相关规范

》《中华人民共和国民法典》（2020 年）

第四百六十七条 【非典型合同及涉外合同的法律适用】本法或者其他法律没有明文规定的合同，适用本编通则的规定，并可以参照适用本编或者其他法律最相类似合同的规定。

在中华人民共和国境内履行的中外合资经营企业合同、中外合作经营企业合同、中外合作勘探开发自然资源合同，适用中华人民共和国法律。

第五百七十七条 【违约责任】当事人一方不履行合同义务或者履行合同义务不符合约定的，应当承担继续履行、采取补救措施或者赔偿损失等违约责任。

第九百二十条 【委托权限】委托人可以特别委托受托人处理一项或者数项事务，也可以概括委托受托人处理一切事务。

第九百二十二条 【受托人应当按照委托人的指示处理委托事务】受托人应当按照委托人的指示处理委托事务。需要变更委托人指示的，应当经委托人同意；因情况紧急，难以和委托人取得联系的，受托人应当妥善处理委托事务，但是事后应当将该情况及时报告委托人。

第九百二十四条 【受托人的报告义务】受托人应当按照委托人的要求，报告委托事务的处理情况。委托合同终止时，受托人应当报告委托事务的结果。

第九百二十八条 【委托人支付报酬】受托人完成委托事务的，委托人应当按照约定向其支付报酬。

因不可归责于受托人的事由，委托合同解除或者委托事务不能完成的，委托人应当向受托人支付相应的报酬。当事人另有约定的，按照其约定。

第九百三十条 【委托人的赔偿责任】受托人处理委托事务时，因不可归责于自己的事由受到损失的，可以向委托人请求赔偿损失。

225. 船舶物料和备品供应合同纠纷

相关规范

》《中华人民共和国民法典》（2020 年）

第五百七十七条 【违约责任】当事人一方不履行合同义务或者履行合同义务不符合约定的，应当承担继续履行、采取补救措施或者赔偿损失等违约责任。

第五百九十五条 【买卖合同定义】买卖合同是出卖人转移标的物的所有权于买受人，买受人支付价款的合同。

第五百九十八条 【出卖人基本义务】出卖人应当履行向买受人交付标的物或者交付提取标的物的单证，并转移标的物所有权的义务。

第六百零一条 【标的物交付期限】出卖人应当按照约定的时间交付标的物。约定交付期限的，出卖人可以在该交付期限内的任何时间交付。

第六百零二条 【标的物交付期限不明时的处理】当事人没有约定标的物的交付期限或者约定不明确的，适用本法第五百一十条、第五百一十一条第四项的规定。

226. 船员劳务合同纠纷

相关规范

《中华人民共和国海商法》（1992 年）

第二十二条 下列各项海事请求具有船舶优先权：

（一）船长、船员和在船上工作的其他在编人员根据劳动法律、行政法规或者劳动合同所产生的工资、其他劳动报酬、船员遣返费用和社会保险费用的给付请求；

第三十一条 船员，是指包括船长在内的船上一切任职人员。

第三十二条 船长、驾驶员、轮机长、轮机员、电机员、报务员，必须由持有相应适任证书的人担任。

第三十三条 从事国际航行的船舶的中国籍船员，必须持有中华人民共和国港务监督机构颁发的海员证和有关证书。

第三十四条 船员的任用和劳动方面的权利、义务，本法没有规定的，适用有关法律、行政法规的规定。

《中华人民共和国劳动法》（2018 年修正）

第三条 劳动者享有平等就业和选择职业的权利、取得劳动报酬的权利、休息休假的权利、获得劳动安全卫生保护的权利、接受职业技能培训的权利、享受社会保险和福利的权利、提请劳动争议处理的权利以及法律规定的其他劳动权利。

劳动者应当完成劳动任务，提高职业技能，执行劳动安全卫生规程，遵守劳动纪律和职业道德。

第四条 用人单位应当依法建立和完善规章制度，保障劳动者享有劳动权利和履行劳动义务。

《中华人民共和国船员条例》（2020 年修订）

第二十一条 船员用人单位和船员应当按照国家有关规定参加工伤保险、医疗保险、养老保险、失业保险以及其他社会保险，并依法按时足额缴纳各项保险费用。

船员用人单位应当为在驶往或者驶经战区、疫区或者运输有毒、有害物质的船舶上工作的船员，办理专门的人身、健康保险，并提供相应的防护措施。

第二十二条 船舶上船员生活和工作的场所，应当符合国家船舶检验规范中有关船员生活环境、作业安全和防护的要求。

船员用人单位应当为船员提供必要的生活用品、防护用品、医疗用品，建立船员健康档案，并为船员定期进行健康检查，防治职业疾病。

船员在船工作期间患病或者受伤的，船员用人单位应当及时给予救治；船员失踪或者死亡的，船员用人单位应当及时做好相应的善后工作。

第二十三条 船员用人单位应当依照有关劳动合同的法律、法规和中华人民共和国缔结或者加入的有关船员劳动与社会保障国际条约的规定，与船员订立劳动合同。

船员用人单位不得招用未取得本条例规定证件的人员上船工作。

第二十四条 船员工会组织应当加强对船员合法权益的保护，指导、帮助船员与船员用人单位订立劳动合同。

第二十五条 船员用人单位应当根据船员职业的风险性、艰苦性、流动性等因素，向船员支付合理的工资，并按时足额发放给船员。任何单位和个人不得克扣船员的工资。

船员用人单位应当向在劳动合同有效期内的待派船员，支付不低于船员用人单位所在地人民政府公布的最低工资。

第二十六条 船员在船工作时间应当符合国务院交通主管部门规定的标准，不得疲劳值班。

船员除享有国家法定节假日的假期外，

还享有在船舶上每工作 2 个月不少于 5 日的年休假。

船员用人单位应当在船员年休假期间，向其支付不低于该船员在船工作期间平均工资的报酬。

第二十七条 船员在船工作期间，有下列情形之一的，可以要求遣返：

（一）船员的劳动合同终止或者依法解除的；

（二）船员不具备履行船上岗位职责能力的；

（三）船舶灭失的；

（四）未经船员同意，船舶驶往战区、疫区的；

（五）由于破产、变卖船舶、改变船舶登记或者其他原因，船员用人单位、船舶所有人不能继续履行对船员的法定或者约定义务的。

第二十八条 船员可以从下列地点中选择遣返地点：

（一）船员接受招用的地点或者上船任职的地点；

（二）船员的居住地、户籍所在地或者船籍登记国；

（三）船员与船员用人单位或者船舶所有人约定的地点。

第二十九条 船员的遣返费用由船员用人单位支付。遣返费用包括船员乘坐交通工具的费用、旅途中合理的食宿及医疗费用和 30 公斤行李的运输费用。

第三十条 船员的遣返权利受到侵害的，船员当时所在地民政部门或者中华人民共和国驻境外领事机构，应当向船员提供援助；必要时，可以直接安排船员遣返。民政部门或者中华人民共和国驻境外领事机构为船员遣返所垫付的费用，船员用人单位应当及时返还。

》《最高人民法院关于审理涉船员纠纷案件若干问题的规定》（法释〔2020〕11 号 2020 年 9 月 27 日）

第一条 船员与船舶所有人之间的劳动争议不涉及船员登船、在船工作、离船遣返，当事人直接向海事法院提起诉讼的，海事法院告知当事人依照《中华人民共和国劳动争议调解仲裁法》的规定处理。

第二条 船员与船舶所有人之间的劳务合同纠纷，当事人向原告住所地、合同签订地、船员登船港或者离船港所在地、被告住所地海事法院提起诉讼的，海事法院应予受理。

第三条 船员服务机构仅代理船员办理相关手续，或者仅为船员提供就业信息，且不属于劳务派遣情形，船员服务机构主张其与船员仅成立居间或委托合同关系的，应予支持。

第四条 船舶所有人以被挂靠单位的名义对外经营，船舶所有人未与船员签订书面劳动合同，其聘用的船员因工伤亡，船员主张被挂靠单位为承担工伤保险责任的单位的，应予支持。船舶所有人与船员成立劳动关系的除外。

第五条 与船员登船、在船工作、离船遣返无关的劳动争议提交劳动争议仲裁委员会仲裁，仲裁庭根据船员的申请，就船员工资和其他劳动报酬、工伤医疗费、经济补偿或赔偿金裁决先予执行的，移送地方人民法院审查。

船员申请扣押船舶的，仲裁庭应将扣押船舶申请提交船籍港所在地或者船舶所在地的海事法院审查，或交地方人民法院委托船籍港所在地或者船舶所在地的海事法院审查。

第六条 具有船舶优先权的海事请求，船员未依照《中华人民共和国海商法》第二十八条的规定请求扣押产生船舶优先权的船舶，仅请求确认其在一定期限内对该产生船舶优先权的船舶享有优先权的，应予支持。

前款规定的期限自优先权产生之日起以一年为限。

第七条 具有船舶优先权的海事请求，船员未申请限制船舶继续营运，仅申请对船舶采取限制处分、限制抵押等保全措施的，应予支持。船员主张该保全措施构成《中华人民共和国海商法》第二十八条规定的船舶扣押的，不予支持。

第八条 因登船、在船工作、离船遣返产生的下列工资、其他劳动报酬，船员主张船舶优先权的，应予支持：

（一）正常工作时间的报酬或基本工资；

（二）延长工作时间的加班工资，休息日、法定休假日加班工资；

（三）在船服务期间的奖金、相关津贴和补贴，以及特殊情况下支付的工资等；

（四）未按期支付上述款项产生的孳息。

《中华人民共和国劳动法》和《中华人民共和国劳动合同法》中规定的相关经济补偿金、赔偿金，未依据《中华人民共和国劳动合同法》第八十二条之规定签订书面劳动合同而应支付的双倍工资，以及因未按期支付本款规定的前述费用而产生的孳息，船员主张船舶优先权的，不予支持。

第九条 船员因登船、在船工作、离船遣返而产生的工资、其他劳动报酬、船员遣返费用、社会保险费用，船舶所有人未依约支付，第三方向船员垫付全部或部分费用，船员将相应的海事请求权转让给第三方，第三方就受让的海事请求权请求确认或行使船舶优先权的，应予支持。

第十条 船员境外工作期间被遗弃，或遭遇其他突发事件，船舶所有人或其财务担保人、船员外派机构未承担相应责任，船员请求财务担保人、船员外派机构从财务担保费用、海员外派备用金中先行支付紧急救助所需相关费用的，应予支持。

第十一条 对于船员工资构成是否涵盖船员登船、在船工作、离船遣返期间的工作日加班工资、休息日加班工资、法定休假日加班工资，当事人有约定并主张依据约定确定双方加班工资的，应予支持。但约定标准低于法定最低工资标准的，不予支持。

第十二条 标准工时制度下，船员就休息日加班主张加班工资，船舶所有人举证证明已做补休安排，不应按法定标准支付加班工资的，应予支持。综合计算工时工作制下，船员对综合计算周期内的工作时间总量超过标准工作时间总量的部分主张加班工资的，应予支持。

船员就法定休假日加班主张加班工资，船舶所有人抗辩对法定休假日加班已做补休安排，不应支付法定休假日加班工资的，对船舶所有人的抗辩不予支持。双方另有约定的除外。

第十三条 当事人对船员工资或其他劳动报酬的支付标准、支付方式未作约定或约定不明，当事人主张以同工种、同级别、同时期市场的平均标准确定的，应予支持。

第十四条 船员因受欺诈、受胁迫在禁渔期、禁渔区或使用禁用的工具、方法捕捞水产品，或者捕捞珍稀、濒危海洋生物，或者进行其他违法作业，对船员主张的登船、在船工作、离船遣返期间的船员工资、其他劳动报酬，应予支持。

船舶所有人举证证明船员对违法作业自愿且明知的，对船员的上述请求不予支持。

船舶所有人或者船员的行为应受行政处罚或涉嫌刑事犯罪的，依照相关法定程序处理。

第十五条 船员因劳务受到损害，船舶所有人举证证明船员自身存在过错，并请求判令船员自担相应责任的，对船舶所有人的抗辩予以支持。

第十六条 因第三人的原因遭受工伤，船员对第三人提起民事诉讼请求民事赔偿，第三人以船员已获得工伤保险待遇为由，抗辩其不应承担民事赔偿责任的，对第三人的抗辩不予支持。但船员已经获得医疗费用的，对船员关于医疗费用的诉讼请求不予支持。

第十七条 船员与船舶所有人之间的劳动合同具有涉外因素，当事人请求依照《中华人民共和国涉外民事关系法律适用法》第四十三条确定应适用的法律的，应予支持。

船员与船舶所有人之间的劳务合同，当事人没有选择应适用的法律，当事人主张适用劳务派出地、船舶所有人主营业地、船旗国法律的，应予支持。

船员与船员服务机构之间，以及船员服务机构与船舶所有人之间的居间或委托协议，当事人未选择应适用的法律，当事人主张适用与该合同有最密切联系的法律的，应予支持。

典型案例

开启船员权益保护绿色通道　促进邮轮经济持续健康发展——梁某某等诉钻石国际邮轮公司船员劳务合同纠纷系列案（《“世界海员日”来临之际 最高法发布维护船员合法权益典型案例》案例1　2020年6月24日）

【基本案情】

原告梁某某等196名船员根据其与船东的代理公司签订的《船员雇佣协议书》，于2017年至2019年期间在被告钻石国际邮轮公司所属的巴哈马籍“辉煌（GLORY SEA）”轮上担任水手、轮机员、服务员、厨工等职务。在此期间，钻石国际邮轮公司欠付梁某某等船员工资约人民币1200万元。船员在诉前提出财产保全请求，要求对“辉煌”轮采取司法扣押措施，上海海事法院裁定予以准许。钻石国际邮轮公司未向法院提供担保，船舶从2019年3月7日至2020年4月26日期间，一直被扣押在上海港吴淞口锚地。因钻石国际邮轮公司弃船且拒不提供担保，维持船舶安全和停泊等费用与日俱增，长期扣押存在诸多安全隐患。为此，船员在诉讼过程中申请拍卖“辉煌”轮，上海海事法院裁定予以准许，并启动司法拍卖程序，于2020年4月17日成功变卖船舶。

【裁判结果】

上海海事法院审理认为：原告梁某某等船员与船东代理公司签订《船员雇佣协议书》，在“辉煌”轮上任职，与被告钻石国际邮轮公司建立了船员劳务合同关系。现原告已履行了船员义务，而被告未支付劳动报酬，应承担赔偿损失的违约责任。依据《海商法》第二十二条第一款第一项的规定，船员在船期间所产生的工资、其他劳动报酬、船员遣返费用和社会保险费用的给付请求具有船舶优先权。故判令被告钻石国际邮轮公司支付船员工资人民币1200万元及其利息损失，并确认船员的请求享有船舶优先权。

【典型意义】

近年来邮轮产业发展迅速，邮轮船员权益保护的迫切性日益凸显。相较货运船舶，邮轮船员数量多、岗位杂，扣押看管维护成本高、风险大，司法拍卖处置难度高、周期长，一旦发生邮轮船员权益侵害事件，维权会面临更多障碍。本案涉及船员人数众多，其中三分之二为外籍船员。船东拖欠船员工资达人民币1200万元，并在船舶被扣押后弃船。为此，法院开启船员权益保护的“绿色通道”，立案、审判、执行整体协调推进。第一时间要求船员劳务派遣公司与船东互保协会遣返滞留在船的外籍船员，安排船舶看管公司进行管理，并在台风期间采取应对措施全天候保障邮轮安全。同时，加快案件审理节奏，在诉讼过程中及时启动船舶拍卖程序，妥善处理案外人对船舶拍卖的异议行为，积极克服疫情对邮轮处置的不利影响，两次拍卖之后成功变卖船舶。法院一系列举措既确保了司法程序依法规范有序，又避免了扣押成本和风险的进一步扩大，有效维护了196名船员的合法权益，充分体现了海事司法对船员权益保护的重视和对邮轮经济长期健康发展的支持，为今后处理此类案件提供了经验和借鉴。

船员横遭弃船孤悬海外　法院高效维权助力归家——利比里亚籍“奥维乐蒙（Avlemon）”轮船员劳务合同纠纷系列案（《“世界海员日”来临之际 最高法发布维护船员合法权益典型案例》案例3　2020年6月24日）

【基本案情】

2015年11月8日，“奥维乐蒙”轮交由太平洋公司修理。后因该轮经营人阿若艾尼亚海运公司未按约支付修理费，太平洋公司向法院申请诉前扣押“奥维乐蒙”轮，并提起仲裁。中国海事仲裁委员会于2018年1月裁决阿若艾尼亚海运公司向太平洋公司支付船舶修理费等费用，并确认太平洋公司对“奥维乐蒙”轮享有留置权。仲裁裁决生效后，太平洋公司向法院申请强制执行。因阿若艾尼亚海运公司及该轮登记所有人奥维乐蒙娜斯航运公司均未提供担保，该轮一直处于扣押状态。

船舶停靠在太平洋公司修理期间，阿若艾尼亚海运公司雇佣原告科列斯尼克·亚罗斯拉夫等13名乌克兰籍船员到“奥维乐蒙”轮担任船长等职务。自2017年12月底开始，该轮经营人、所有人不再提供船舶物资，“奥维乐蒙”轮断水、断电，船员生活无法得到保障。“奥维乐蒙”轮的代理安排船员入住宾馆并垫付了食宿费用。2018年4月8日，法院依法裁定拍卖“奥维乐蒙”轮。在拍卖“奥维乐蒙”轮的债权登记期间，13名船员就拖欠的船员工资、食宿、遣返费用向法院申请债权登记并提起诉讼。2018年8月21日，该轮成功拍卖。

【裁判结果】

宁波海事法院判决：阿若艾尼亚海运公司支付13名船员工资、遣返费、食宿费及相应利息；13名船员就上述债权对“奥维乐蒙”轮享有船舶优先权，有权在该轮拍卖款中优先受偿。

【典型意义】

该案为具有涉外因素的船员劳务合同纠纷。13名外籍船员因外籍船东“弃船”，被迫长期滞留船上，且被拖欠工资，缺乏基本的生活物资保障。法院在拍卖“奥维乐蒙”轮过程中，出于人道主义考虑，协调船东保赔协会、船舶代理机构等安排船员遣返，引导船员依法维权，保障了船员依《2006年海事劳工公约》和法院地法即我国法应享有的相关权益。对于船员遭船东“弃船”期间船舶代理机构等出于人道主义垫付的食宿费用，法院认可相应债权及其船舶优先权性质有利于鼓励相关单位垫付费用及时保障船员权益。涉案判决作出时，“奥维乐蒙”轮已成功拍卖，卖船款亦已汇入法院执行款账户。为保障船员利益尽早实现，在不危害其他债权人利益的前提下，法院对船舶拍卖款提前予以分配，在确保公平的前提下最大限度兼顾了效率。

公正高效司法　合理保障我国船员海外务工的劳动权益——骆某某等与阮某某船员劳务合同纠纷系列案（《“世界海员日”来临之际 最高法发布维护船员合法权益典型案例》案例5　2020年6月24日）

【基本案情】

2017年10月12日，骆某某等6人在非洲的坦桑尼亚与当地的船东富达公司和我国国内合资人阮某某签订《劳工出海打鱼捕捞项目合同书》。约定的工作地点位于非洲的坦桑尼亚海洋，富达公司和阮某某负责提供船只和捕捞工具，并承担骆某某等6人的工资、吃住、往返以及办理劳工手续费用等。此后，由于富达公司和阮某某拖欠骆某某等6人的劳动报酬，富达公司和阮某某共同向骆某某等6人出具了欠条并签订了附加协议。但履行期限届满后，富达公司和阮某某未能守约，骆某某等6人向当地的华助中心求助，该中心召集各方当事人进行调解未果。骆某某等6人回国后，考虑到富达公司是境外公司，如对其起诉将会耗时持久，故仅对阮某某提起诉讼，请求人民法院判令其向骆某某等6人支付拖欠的劳动报酬以及相应利息。

【裁判结果】

广州海事法院一审认为，从富达公司、阮某某与骆某某等6人签订的合同内容来看，在富达公司、阮某某提供船只和必要捕捞工具的情况下，骆某某等6人需完成约定的技术和管理工作，并由富达公司和阮某某支付约定的劳动报酬。据此，富达公司、阮某某和骆某某等6人之间成立船员劳务合同关系。《欠条》《附加协议》以及坦桑尼亚华助中心出具的《证明书》等证据进一步印证了富达公司、阮某某和骆某某等6人之间的船员劳务合同关系以及拖欠劳动报酬的事实。广州海事法院综合已有的证据，查明了相关事实，认定骆某某等6人与阮某某成立船员劳务合同关系，判令阮某某向骆某某等6人支付拖欠的劳动报酬。一审宣判后，阮某某不服提起上诉，广东省高级人民法院维持了一审判决。

【典型意义】

随着“一带一路”的深入推进，我国船员赴海外务工的情形越来越多，船员因产生于海外的劳务报酬问题，请求海事法院提供司法保护的案件日渐增多。普通船员自身的法律意识较为薄弱，维权能力不足。在海外务工被拖欠劳动报酬的情况下，又会遇到语言障碍、耗时持久、维权成本高等问题，难以在当地获得有效的司法保护。因此，该批船员选择了回国寻求司法救济。在诉讼过程中，为贯彻落实《最高人民法院关于人民法院为“一带一路”建设提供司法服务和保障的若干意见》的相关规定，海事法院对船员与雇主提供的证据进行综合审查认定，仔细推敲双方当事人在庭审中所陈述的意见，在充分把握案件所查明事实的情况下，支持了船员的合理诉讼请求，及时有效地保障了我国船员在海外务工的正当权益。

工资数额约定不明　依据同期市场标准确定——王某某诉被告钟某某、王某贵船员劳务合同纠纷案（《“世界海员日”来临之际 最高法发布维护船员合法权益典型案例》案例8　2020年6月24日）

【基本案情】

2018年8月24日，王某某经人介绍到钟某某经营的“辽大旅渔1039号”渔船上担任普通船员，双方口头约定工作时间自2018年8月24日至12月31日，工资为5万元。2019年1月1日，渔船靠港，王某某在船上继续工作至1月6日。工作期间，王某某请假11天，实际工作125天。钟某某通过微信转账、银行转账及现金方式实际给付28000元。另，王某贵系钟某某岳父，负责船员和船舶的日常管理。

大连海事法院审理过程中，双方对于工资标准发生争议，王某贵主张工作期间的工资标准为4万元，王某某主张工作期间的工资标准为5万元，并声称因其已在钟某某经营的渔船工作过一年，考虑到工作岗位熟悉，故双方口头商定的工资标准已低于同时期市场平均标准，王某贵所述工资标准则明显低于市场平均标准。

【裁判结果】

王某某与钟某某虽未签订书面船员劳务合同，但王某某已上船工作，钟某某也在王某某工作期间向其支付了部分工资，故双方之间存在船员劳务合同关系。依照《合同法》第一百零七条规定，当事人一方不履行合同义务或者履行合同义务不符合约定的，应当承担继续履行的违约责任。本案中，王某某已完成船员劳务工作，钟某某应及时全面履行工资给付义务，其拒不履行给付义务，应承担相应违约责任。故对王某某提出的给付拖欠工资主张，大连海事法院予以支持，并判决钟某某于本判决生效之日起十日内给付王某某工资20076元。双方当事人均未上诉。

【典型意义】

目前，规模较小的船公司或个体船东在船员用工方面不规范的现象不同程度存在，双方对工资仅有口头约定，或约定不明甚至未做约定的情况时常出现。无论是运输作业，还是渔船作业，在一定时期内，不同工种、不同级别的船员工资通常存在一个市场行情，有些信息平台定期发布相关的工资标准。在可以确定船员在一定时期内为船舶所有人提供了劳动或劳务的前提下，可根据船员的工种和级别，依据同时期的市场工资标准，确定船员应获得的工资数额。当事人之间对船员工资的标准未做书面约定并发生争议的，船员主张以不低于同时期市场平均标准确定工资标准，应予支持。

227. 海难救助合同纠纷

相关规范

《中华人民共和国海商法》（1992 年）

第一百七十一条 本章规定适用于在海上或者与海相通的河航水域，对遇险的船舶和其他财产进行救助。

第一百七十二条 本章下列用语的含义：

（一）“船舶”，是指本法第三条所称的船舶和与其发生救助关系的任何其他非用于军事的或者是政府公务的船艇。

（二）“财产”，是指非永久地和非有意地依附于岸线的任何财产，包括有风险的运费。

（三）“救助款项”，是指依照本章规定，被救助方应当向救助方支付的任何救助报酬、酬金或者补偿。

第一百七十三条 本章规定，不适用于海上已经就位的从事海底矿物资源的勘探、开发或者生产的固定式、浮动式平台和移动式近海钻井装置。

第一百七十四条 船长在不严重危及本船和船上人员安全的情况下，有义务尽力救助海上人命。

第一百七十五条 救助方与被救助方就海难救助达成协议，救助合同成立。

遇险船舶的船长有权代表船舶所有人订立救助合同。遇险船舶的船长或者船舶所有人有权代表船上财产所有人订立救助合同。

第一百七十六条 有下列情形之一，经一方当事人起诉或者双方当事人协议仲裁的，受理争议的法院或者仲裁机构可以判决或者裁决变更救助合同：

（一）合同在不正当的或者危险情况的影响下订立，合同条款显失公平的；

（二）根据合同支付的救助款项明显过高或者过低于实际提供的救助服务的。

第一百七十七条 在救助作业过程中，救助方对被救助方负有下列义务。

（一）以应有的谨慎进行救助。

（二）以应有的谨慎防止或者减少环境污染损害。

（三）在合同需要的情况下，寻求其他救助方援助；

（四）当被救助方合理地要求其他救助方参与救助作业时，接受此种要求，但是要求不合理的，原救助方的救助报酬金额不受影响。

第一百七十八条 在救助作业过程中，被救助方对救助方负有以下列义务：

（一）与救助方通力合作。

（二）以应有的谨慎防止或者减少环境污染损害。

（三）当获救的船舶或者其他财产已经被送至安全地点时，及时接受救助方提出的合理的移交要求。

第一百七十九条 救助方对遇险的船舶和其他财产的救助，取得效果的，有权获得救助报酬；救助未取得效果的，除本法第一百八十二条或其他法律另有规定或者合同另有约定外，无权获得救助款项。

第一百八十条 确定救助报酬，应当体现对救助作业的鼓励，并综合考虑下列各项因素。

（一）船舶和其他财产的获救的价值；

（二）救助方在防止或者减少环境污染损害方面的技能和努力；

（三）救助方的救助成效；

（四）危险的性质和程度；

（五）救助方在救助船舶、其他财产和人命方面的技能和努力；

（六）救助方所用的时间、支出的费用和遭受的损失；

（七）救助方或者救助设备所冒的责任风险和其他风险；

（八）救助方提供救助服务的及时性；

（九）用于救助作业的船舶和其他设备的可用性和使用情况；

（十）救助设备的备用状况、效能和设

备的价值。

救助报酬不得超过船舶和其他财产的获救价值。

第一百八十一条 船舶和其他财产的获救价值，是指船舶和其他财产获救后的估计价值或者实际出卖的收入，扣除有关税款和海关、检疫、检验费用以及进行卸载、保管、估价、出卖而产生的费用后的价值。

前款规定的价值不包括船员的获救的私人物品和旅客的获救的自带行李的价值。

第一百八十二条 对构成环境污染损害危险的船舶或者船上货物进行的救助，救助方依照本法第一百八十条规定获得的救助报酬，少于依照本条规定可以得到的特别补偿的，救助方有权依照本条规定，从船舶所有人处获得相当于救助费用的特别补偿。

救助人进行前款规定的救助作业，取得防止或者减少环境污染损害效果的，船舶所有人依照前款规定应当向救助方支付的特别补偿可以另行增加，增加的数额可以达到救助费用的百分之三十。受理争议的法院或者仲裁机构认为适当，并且考虑到本法第一百八十条第一款的规定，可以判决或者裁决进一步增加特别数额；但是，在任何情况下，增加部分不得超过救助费用的百分之一百。

本条所称救助费用，是指救助方在救助作业中直接支付的合理费用以及实际使用救助设备、投入救助人员的合理费用。确定救助费用应当考虑本法第一百八十条第一款（八）（九）（十）项的规定。

在任何情况下，本条规定的全部特别补偿，只有在超过救助方依照本法第一百八十条规定能够获得的救助报酬时，方可支付，支付金额为特别补偿超过救助报酬的差额部分。

由于救助方的过失未能防止或者减少环境污染损害的，可以全部或者部分地剥夺救助方获得特别补偿的权利。

本条规定不影响船舶所有人对其他被救助方的追偿权。

第一百八十三条 救助报酬的金额，应当由获救的船舶和其他财产的各所有人，按照船舶和其他各项财产各自的获救价值占全部获救价值的比例承担。

第一百八十四条 参加同一救助作业的各救助方的救助报酬，应当根据本法第一百八十条规定的标准。由各方协商确定；协商不成的，可以提请受理争议的法院判决或者经各方协议提请仲裁机构裁决。

第一百八十五条 在救助作业中救助人命的救助方，对获救人员不得请求酬金，但是有权从救助船舶或者其他财产、防止或者减少环境污染损害的救助方获得的救助款项中，获得合理的份额。

第一百八十六条 下列救助行为无权获得救助款项：

（一）正常履行拖航合同或者其服务合同的义务进行救助的，但是提供不属于履行上述义务的特殊劳务除外；

（二）不顾遇险的船舶的船长、船舶所有人或者其他财产所有人明确的和合理的拒绝，仍然进行救助的。

第一百八十七条 由于救助方的过失致使救助作业成为必需或者更加困难的，可能救助方有欺诈或者其他不诚实行为的，应当取消或者减少向救助方支付的救助款项。

第一百八十八条 被救助方在救助作业的结束后，应当根据救助方的要求，对救助款项提供满意的担保。

在不影响前款规定的情况下，获救船舶的船舶所有人应当在获救的货物交还前，尽力使货物的所有人对其应当承担的求助款项提供满意的担保。

在未根据救助人的要求对获救的船舶或者其他财产提供满意的提保以前，未经救助方同意，不得将获救的船舶和其他财产从救助作业完成后最初到达的港口或者地点移走。

指导案例

交通运输部南海救助局诉阿昌格罗斯投资公司、香港安达欧森有限公司上海代表处海难救助合同纠纷案

（最高人民法院指导案例 110 号　2019 年 2 月 25 日发布）

【关键词】　民事　海难救助合同　雇佣救助　救助报酬

【裁判要点】

1. 《1989 年国际救助公约》和我国海商法规定救助合同“无效果无报酬”，但均允许当事人对救助报酬的确定可以另行约定。若当事人明确约定，无论救助是否成功，被救助方均应支付报酬，且以救助船舶每马力小时和人工投入等作为计算报酬的标准时，则该合同系雇佣救助合同，而非上述国际公约和我国海商法规定的救助合同。

2. 在《1989 年国际救助公约》和我国海商法对雇佣救助合同没有具体规定的情况下，可以适用我国合同法的相关规定确定当事人的权利义务。

【基本案情】

交通运输部南海救助局（以下简称南海救助局）诉称：“加百利”轮在琼州海峡搁浅后，南海救助局受阿昌格罗斯投资公司（以下简称投资公司）委托提供救助、交通、守护等服务，但投资公司一直未付救助费用。请求法院判令投资公司和香港安达欧森有限公司上海代表处（以下简称上海代表处）连带支付救助费用 7240998.24 元及利息。

法院经审理查明：投资公司所属“加百利”轮系希腊籍油轮，载有卡宾达原油 54580 吨。2011 年 8 月 12 日 5 时左右在琼州海峡北水道附近搁浅，船舶及船载货物处于危险状态，严重威胁海域环境安全。事故发生后，投资公司立即授权上海代表处就“加百利”轮搁浅事宜向南海救助局发出紧急邮件，请南海救助局根据经验安排两艘拖轮进行救助，并表示同意南海救助局的报价。

8 月 12 日 20：40，上海代表处通过电子邮件向南海救助局提交委托书，委托南海救助局派出“南海救 116”轮和“南海救 101”轮到现场协助“加百利”轮出浅，承诺无论能否成功协助出浅，均同意按每马力小时 3.2 元的费率付费，计费周期为拖轮自其各自的值班待命点备车开始起算至上海代表处通知任务结束、拖轮回到原值班待命点为止。“南海救 116”轮和“南海救 101”轮只负责拖带作业，“加百利”轮脱浅作业过程中如发生任何意外南海救助局无需负责。另，请南海救助局派遣一组潜水队员前往“加百利”轮探摸，费用为：陆地调遣费 10000 元；水上交通费 55000 元；作业费每 8 小时 40000 元，计费周期为潜水员登上交通船开始起算，到作业完毕离开交通船上岸为止。8 月 13 日，投资公司还提出租用“南海救 201”轮将其两名代表从海口运送至“加百利”轮。南海救助局向上海代表处发邮件称，“南海救 201”轮费率为每马力小时 1.5 元，根据租用时间计算总费用。

与此同时，为预防危险局面进一步恶化造成海上污染，湛江海事局决定对“加百利”轮采取强制过驳减载脱浅措施。经湛江海事局组织安排，8 月 18 日“加百利”轮利用高潮乘潮成功脱浅，之后安全到达目的港广西钦州港。

南海救助局实际参与的救助情况如下：

南海救助局所属“南海救 116”轮总吨为 3681，总功率为 9000 千瓦（12240 马力）。“南海救 116”轮到达事故现场后，根据投资公司的指示，一直在事故现场对“加百利”轮进行守护，共工作 155.58 小时。

南海救助局所属“南海救 101”轮总吨为 4091，总功率为 13860 千瓦（18850 马力）。该轮未到达事故现场即返航。南海救助局主张该轮工作时间共计 13.58 小时。

南海救助局所属“南海救 201”轮总吨为 552，总功率为 4480 千瓦（6093 马力）。8 月 13 日，该轮运送 2 名船东代表登上搁浅船，工作时间为 7.83 小时。8 月 16 日，该轮运送相关人员及设备至搁浅船，工作时间

为 7.75 小时。8 月 18 日，该轮将相关人员及行李运送上过驳船，工作时间为 8.83 小时。

潜水队员未实际下水作业，工作时间为 8 小时。

另查明涉案船舶的获救价值为 30531856 美元，货物的获救价值为 48053870 美元，船舶的获救价值占全部获救价值的比例为 38.85%。

【裁判结果】

广州海事法院于 2014 年 3 月 28 日作出（2012）广海法初字第 898 号民事判决：一、投资公司向南海救助局支付救助报酬 6592913.58 元及利息；二、驳回南海救助局的其他诉讼请求。投资公司不服一审判决，提起上诉。广东省高级人民法院于 2015 年 6 月 16 日作出（2014）粤高法民四终字第 117 号民事判决：一、撤销广州海事法院（2012）广海法初字第 898 号民事判决；二、投资公司向南海救助局支付救助报酬 2561346.93 元及利息；三、驳回南海救助局的其他诉讼请求。南海救助局不服二审判决，申请再审。最高人民法院于 2016 年 7 月 7 日作出（2016）最高法民再 61 号民事判决：一、撤销广东省高级人民法院（2014）粤高法民四终字第 117 号民事判决；二、维持广州海事法院（2012）广海法初字第 898 号民事判决。

【裁判理由】

最高人民法院认为，本案系海难救助合同纠纷。中华人民共和国加入了《1989 年国际救助公约》（以下简称救助公约），救助公约所确立的宗旨在本案中应予遵循。因投资公司是希腊公司，“加百利”轮为希腊籍油轮，本案具有涉外因素。各方当事人在诉讼中一致选择适用中华人民共和国法律，根据《中华人民共和国涉外民事关系法律适用法》第三条的规定，适用中华人民共和国法律对本案进行审理。我国海商法作为调整海上运输关系、船舶关系的特别法，应优先适用。海商法没有规定的，适用我国合同法等相关法律的规定。

海难救助是一项传统的国际海事法律制度，救助公约和我国海商法对此作了专门规定。救助公约第十二条、海商法第一百七十九条规定了“无效果无报酬”的救助报酬支付原则，救助公约第十三条、海商法第一百八十条及第一百八十三条在该原则基础上进一步规定了报酬的评定标准与具体承担。上述条款是对当事人基于“无效果无报酬”原则确定救助报酬的海难救助合同的具体规定。与此同时，救助公约和我国海商法均允许当事人对救助报酬的确定另行约定。因此，在救助公约和我国海商法规定的“无效果无报酬”救助合同之外，还可以依当事人的约定形成雇佣救助合同。

根据本案查明的事实，投资公司与南海救助局经过充分磋商，明确约定无论救助是否成功，投资公司均应支付报酬，且“加百利”轮脱浅作业过程中如发生任何意外，南海救助局无需负责。依据该约定，南海救助局救助报酬的获得与否和救助是否有实际效果并无直接联系，而救助报酬的计算，是以救助船舶每马力小时，以及人工投入等事先约定的固定费率和费用作为依据，与获救财产的价值并无关联。因此，本案所涉救助合同不属于救助公约和我国海商法所规定的“无效果无报酬”救助合同，而属雇佣救助合同。

关于雇佣救助合同下的报酬支付条件及标准，救助公约和我国海商法并未作具体规定。一、二审法院依据海商法第一百八十条规定的相关因素对当事人在雇佣救助合同中约定的固定费率予以调整，属适用法律错误。本案应依据我国合同法的相关规定，对当事人的权利义务予以规范和确定。南海救助局以其与投资公司订立的合同为依据，要求投资公司全额支付约定的救助报酬并无不当。

综上，二审法院以一审判决确定的救助报酬数额为基数，依照海商法的规定，判令投资公司按照船舶获救价值占全部获救财产价值的比例支付救助报酬，适用法律和处理结果错误，应予纠正。一审判决适用法律错误，但鉴于一审判决对相关费率的调整是以当事人的合同约定为基础，南海救助局对此并未行使相关诉讼权利提出异议，一审判决结果可予维持。

228. 海上、通海水域打捞合同纠纷

相关规范

《中华人民共和国民法典》（2020年）

第四百六十七条　【非典型合同及涉外合同的法律适用】本法或者其他法律没有明文规定的合同，适用本编通则的规定，并可以参照适用本编或者其他法律最相类似合同的规定。

在中华人民共和国境内履行的中外合资经营企业合同、中外合作经营企业合同、中外合作勘探开发自然资源合同，适用中华人民共和国法律。

第五百七十七条　【违约责任】当事人一方不履行合同义务或者履行合同义务不符合约定的，应当承担继续履行、采取补救措施或者赔偿损失等违约责任。

《中华人民共和国打捞沉船管理办法》（1957年）

第三条　下列沉船应当进行打捞：

（一）妨碍船舶航行、航道整治或者工程建筑的沉船；

（二）有修复使用价值的沉船；

（三）虽无修复使用价值而有拆卸利用价值的沉船。

第五条　妨碍船舶航行、航道整治或者工程建筑的沉船，有关港（航）务主管机关应当根据具体情况规定申请期限和打捞期限，通知或公告沉船所有人。

沉船所有人必须在规定期限以内提出申请和进行打捞；否则，有关港（航）务主管机关可以进行打捞或者予以解体清除。

第六条　其他不属于第五条规定范围的沉船，沉船所有人应当自船舶沉没之日起一年以内提出打捞计划和完工期限，经有关港（航）务主管机关批准后进行打捞。

第七条　沉船所有人除遇有特殊情况向有关港（航）务主管机关申请延期并经核准外，在下列情况下即丧失各该沉船的所有权：

（一）妨碍船舶航行、航道整治或者工程建筑的沉船，在申请期限以内没有申请或者声明放弃；或者打捞期限届满，而没有完成打捞。

（二）其他不属于第五条规定范围的沉船自沉没之日起一年以内没有申请打捞；或者完工期限已经届满，而没有打捞。

第八条　有关港（航）务主管机关根据第四条规定所捞起的船体、船用器物、货物或者解体所得的钢材、机件等，在无法或者不易保管的情况下，可以作价处理。

沉船所有人自船舶沉没之日起一年以内，可以申请发还捞起的原物或者处理原物所得的价款，过期如不申请即丧失其所有权。

沉船所有人在领回原物或者价款时，应当偿还有关打捞、保管和处理等费用。

229. 海上、通海水域拖航合同纠纷

相关规范

《中华人民共和国海商法》（1992年）

第一百五十五条　海上拖航合同，是指承拖方用拖轮将被拖物经海路从一地拖至另一地，而由被拖方支付拖航费的合同。

本章规定不适用于在港区内对船舶提供的拖轮服务。

第一百五十六条　海上拖航合同应当书面订立。海上拖航合同的内容，主要包括承拖方和被拖方的名称和住所、拖轮和被拖物的名称和主要尺度、拖轮马力、起拖地和目

的地、起拖日期、拖航费及其支付方式，以及其他有关事项。

第一百五十七条　承拖方在起拖前和起拖当时，应当谨慎处理，使拖轮处于适航、适拖状态，妥善配备船员，配置拖航索具和配备供应品以及该航次必备的其他装置、设备。

被拖方在起拖前和起拖当时，应当做好被拖物的拖航准备，谨慎处理，使被拖物处于适拖状态，并向承拖方如实说明被拖物的情况，提供有关检验机构签发的被拖物适合拖航的证书和有关文件。

第一百五十八条　起拖前，因不可抗力或者其他不能归责于双方的原因致使合同不能履行的，双方均可以解除合同，并互相不负赔偿责任。除合同另有约定处，拖航费已经支付的，承拖方应当退还给被拖方。

第一百五十九条　起拖后，因不可抗力或者其他不能归责于双方的原因致使合同不能继续履行的，双方均可以解除合同，并互相不负赔偿责任。

第一百六十条　因不可抗力或者其他不能归责于双方的原因致使被拖物不能拖至目的地的，除合同另有约定外，承拖方可以在目的地的邻近地点或者拖轮船长选定的安全的港口或者锚泊地，将被拖物移交给被拖方或者其代理人，视为已经履行合同。

第一百六十一条　被拖方未按照约定支付拖航费和其他合理费用的，承拖方对被拖物有留置权。

第一百六十二条　在海上拖航过程中，承拖方或者被拖方遭受的损失，由一方的过失造成的，有过失的一方应当负赔偿责任；由双方过失造成的，各方按照过失程度的比例负赔偿责任。虽有前款规定，经承拖方证明，被拖方的损失是由于下列原因之一造成的，承拖方不负赔偿责任：

（一）拖轮船长、船员、引航员或者承拖的其他受雇人、代理人在驾驶拖轮或者管理拖轮中的过失；

（二）拖轮在海上救助或者企图救助人命或者财产时的过失。

本条规定仅在海上拖航合同没有约定或者没有不同约定的适用。

第一百六十三条　在海上拖航过程中，由于承拖方或者被拖方的过失，造成第三人人身伤亡或者财产损失的，承拖方和被拖方对第三人负连带赔偿责任。除合同另有约定外，一方连带支付的赔偿超过其应当承担的比例的，对另一方有追偿权。

第一百六十四条　拖轮所有人拖带其所有的或者经营的驳船载运货物，经海路由一港运至另一港的，视为海上货物运输。

230. 海上、通海水域保险合同纠纷

相关规范

»《中华人民共和国海商法》（1992 年）

第二百一十六条　海上保险合同，是指保险人按照约定，对被保险人遭受保险事故造成保险标的损失和产生的责任负责赔偿，而由被保险人支付保险费的合同。

前款所称保险事故，是指保险人与被保险人约定的任何海上事故，包括与海上航行有关的发生于内河或者陆上的事故。

第二百一十九条　保险标的的保险价值由保险人与被保险人约定。

（一）船舶的保险价值，是保险责任开始时船保险人与被保险人未约定保险价值的，保险价值依照下列规定计算：舶的价值，包括船壳、机器、设备的价值，以及船上燃料、物料、索具、给养、淡水的价值和保险费的总和；

（二）货物的保险价值，是保险责任开始时货物在起运地的发票价格或者非贸易商品及运地的实际价值以及运费和保险费的总和；

（三）运费的保险价值，是保险责任开始时承运人应收运费总额和保险费的总和；

（四）其他保险标的的保险价值，是保险责任开始时保险标的的实际价值和保险费的总和。

第二百二十条 保险金额由保险人与被保险人约定。保险金额不得超过保险价值；超过保险价值的，超过部分无效。

第二百二十一条 被保险人提出保险要求，经保险人同意承保，并就海上保险合同的条款达成协议后，合同成立。保险人应当及时向被保险人签发保险单或者其他保险单证，并在保险单或者其他保险单证中载明当事人双方约定的合同内容。

第二百三十七条 发生保险事故造成损失后，保险人应当及时向被保险人支付保险赔偿。

第二百三十八条 保险人赔偿保险事故造成的损失，以保险金额为限。保险金额低于保险价值的，在保险标的发生部分损失时，保险人按照保险金额与保险价值的比例负赔偿责任。

第二百四十五条 保险标的发生保险事故后灭失，或者受到严重损坏完全失去原有形体、效用，或者不能再归被保险人所拥有的，为实际全损。

第二百四十六条 船舶发生保险事故后，认为实际全损已经不可避免，或者为避免发生实际全损所需支付的费用超过保险价值的，为推定全损。

货物发生保险事故后，认为实际全损已经不可避免，或者为避免发生实际全损所需支付的费用与继续将货物运抵目的地的费用之和超过保险价值的，为推定全损。

第二百四十七条 不属于实际全损和推定全损的损失，为部分损失。

第二百五十一条 保险事故发生后，保险人向被保险人支付保险赔偿前，可以要求被保险人提供与确认保险事故性质和损失程度有关的证明和资料。

第二百五十二条 保险标的发生保险责任范围内的损失是由第三人造成的，被保险人向第三人要求赔偿的权利，自保险人支付赔偿之日起，相应转移给保险人。

被保险人应当向保险人提供必要的文件和其所需要知道的情况，并尽力协助保险人向第三人追偿。

》《最高人民法院关于审理海上保险纠纷案件若干问题的规定》（2020年12月23日修正）

第一条 审理海上保险合同纠纷案件，适用海商法的规定；海商法没有规定的，适用保险法的有关规定；海商法、保险法均没有规定的，适用民法典等其他相关法律的规定。

第二条 审理非因海上事故引起的港口设施或者码头作为保险标的的保险合同纠纷案件，适用保险法等法律的规定。

第三条 审理保险人因发生船舶触碰港口设施或者码头等保险事故，行使代位请求赔偿权利向造成保险事故的第三人追偿的案件，适用海商法的规定。

第四条 保险人知道被保险人未如实告知海商法第二百二十二条第一款规定的重要情况，仍收取保险费或者支付保险赔偿，保险人又以被保险人未如实告知重要情况为由请求解除合同的，人民法院不予支持。

第五条 被保险人未按照海商法第二百三十四条的规定向保险人支付约定的保险费的，保险责任开始前，保险人有权解除保险合同，但保险人已经签发保险单证的除外；保险责任开始后，保险人以被保险人未支付保险费请求解除合同的，人民法院不予支持。

第六条 保险人以被保险人违反合同约定的保证条款未立即书面通知保险人为由，要求从违反保证条款之日起解除保险合同的，人民法院应予支持。

第七条 保险人收到被保险人违反合同约定的保证条款书面通知后仍支付保险赔偿，又以被保险人违反合同约定的保证条款为由请求解除合同的，人民法院不予支持。

第八条 保险人收到被保险人违反合同约定的保证条款的书面通知后，就修改承保条件、增加保险费等事项与被保险人协商未能达成一致的，保险合同于违反保证条款之日解除。

第九条　在航次之中发生船舶转让的，未经保险人同意转让的船舶保险合同至航次终了时解除。船舶转让时起至航次终了时止的船舶保险合同的权利、义务由船舶出让人享有、承担，也可以由船舶受让人继受。

船舶受让人根据前款规定向保险人请求赔偿时，应当提交有效的保险单证及船舶转让合同的证明。

第十条　保险人与被保险人在订立保险合同时均不知道保险标的已经发生保险事故而遭受损失，或者保险标的已经不可能因发生保险事故而遭受损失的，不影响保险合同的效力。

第十一条　海上货物运输中因承运人无正本提单交付货物造成的损失不属于保险人的保险责任范围。保险合同当事人另有约定的，依约定。

第十二条　发生保险事故后，被保险人为防止或者减少损失而采取的合理措施没有效果，要求保险人支付由此产生的合理费用的，人民法院应予支持。

第十三条　保险人在行使代位请求赔偿权利时，未依照海事诉讼特别程序法的规定，向人民法院提交其已经向被保险人实际支付保险赔偿凭证的，人民法院不予受理；已经受理的，裁定驳回起诉。

第十四条　受理保险人行使代位请求赔偿权利纠纷案件的人民法院应当仅就造成保险事故的第三人与被保险人之间的法律关系进行审理。

第十五条　保险人取得代位请求赔偿权利后，以被保险人向第三人提起诉讼、提交仲裁、申请扣押船舶或者第三人同意履行义务为由主张诉讼时效中断的，人民法院应予支持。

第十六条　保险人取得代位请求赔偿权利后，主张享有被保险人因申请扣押船舶取得的担保权利的，人民法院应予支持。

指导案例

海南丰海粮油工业有限公司诉中国人民财产保险股份有限公司海南省分公司海上货物运输保险合同纠纷案（最高人民法院指导案例52号　2015年4月15日发布）

【关键词】　民事　海事　海上货物运输保险合同　一切险　外来原因

【裁判要点】

海上货物运输保险合同中的“一切险”，除包括平安险和水渍险的各项责任外，还包括被保险货物在运输途中由于外来原因所致的全部或部分损失。在被保险人不存在故意或者过失的情况下，由于相关保险合同中除外责任条款所列明情形之外的其他原因，造成被保险货物损失的，可以认定属于导致被保险货物损失的“外来原因”，保险人应当承担运输途中由该外来原因所致的一切损失。

【基本案情】

1995年11月28日，海南丰海粮油工业有限公司（以下简称丰海公司）在中国人民财产保险股份有限公司海南省分公司（以下简称海南人保）投保了由印度尼西亚籍“哈卡”轮（HAGAAG）所运载的自印度尼西亚杜迈港至中国洋浦港的4999.85吨桶装棕榈油，投保险别为一切险，货价为3574892.75美元，保险金额为3951258美元，保险费为18966美元。投保后，丰海公司依约向海南人保支付了保险费，海南人保向丰海公司发出了起运通知，签发了海洋货物运输保险单，并将海洋货物运输保险条款附于保单之后。根据保险条款规定，一切险的承保范围除包括平安险和水渍险的各项责任外，海南人保还“负责被保险货物在运输途中由于外来原因所致的全部或部分损失”。该条款还规定了5项除外责任。上述投保货物是由丰海公司以CNF价格向新加坡丰益私人有限公司（以下简称丰益公司）购买的。根据买卖合同约定，发货人丰益公司与船东代理梁国际代理有限公司（以下简称梁国际）签订一份租约。该租约约定由“哈卡”轮将丰海公司投保的货物5000吨棕榈油运至中国洋浦港，将另1000吨棕榈油运往香港。

1995年11月29日，“哈卡”轮的期租船人、该批货物的实际承运人印度尼西亚PT. SAMUDERA INDRA公司（以下简称PSI公司）签发了编号为DM/YPU/1490/95的已装船提单。该提单载明船舶为“哈卡”轮，装货港为印度尼西亚杜迈港，卸货港为中国洋浦港，货物唛头为BATCH NO. 80211/95，装货数量为4999.85吨，清洁、运费已付。据查，发货人丰益公司将运费支付给梁国际，梁国际已将运费支付给PSI公司。1995年12月14日，丰海公司向其开证银行付款赎单，取得了上述投保货物的全套（3份）正本提单。1995年11月23日至29日，“哈卡”轮在杜迈港装载31623桶、净重5999.82吨四海牌棕榈油起航后，由于“哈卡”轮船东印度尼西亚PT. PERUSAHAAN PELAYARAN BAHTERA BINTANG SELATAN公司（以下简称BBS公司）与该轮的期租船人PSI公司之间因船舶租金发生纠纷，“哈卡”轮中止了提单约定的航程并对外封锁了该轮的动态情况。

为避免投保货物的损失，丰益公司、丰海公司、海南人保多次派代表参加“哈卡”轮船东与期租船人之间的协商，但由于船东以未收到租金为由不肯透露“哈卡”轮行踪，多方会谈未果。此后，丰益公司、丰海公司通过多种渠道交涉并多方查找“哈卡”轮行踪，海南人保亦通过其驻外机构协助查找“哈卡”轮。直至1996年4月，“哈卡”轮走私至中国汕尾被我海警查获。根据广州市人民检察院穗检刑免字（1996）64号《免予起诉决定书》的认定，1996年1月至3月，“哈卡”轮船长埃里斯·伦巴克根据BBS公司指令，指挥船员将其中11325桶、2100多吨棕榈油转载到属同一船公司的“依瓦那”和“萨拉哈”货船上运走销售，又让船员将船名“哈卡”轮涂改为“伊莉莎2”号（ELIZA Ⅱ）。1996年4月，更改为“伊莉莎2”号的货船载剩余货物20298桶棕榈油走私至中国汕尾，4月16日被我海警查获。上述20298桶棕榈油已被广东省检察机关作为走私货物没收上缴国库。1996年6月6日丰海公司向海南人保递交索赔报告书，8月20日丰海公司再次向海南人保提出书面索赔申请，海南人保明确表示拒赔。丰海公司遂诉至海口海事法院。

丰海公司是海南丰源贸易发展有限公司和新加坡海源国际有限公司于1995年8月14日开办的中外合资经营企业。该公司成立后，就与海南人保建立了业务关系。1995年10月1日至同年11月28日（本案保险单签发前）就发生了4笔进口棕榈油保险业务，其中3笔投保的险别为一切险，另1笔为“一切险附加战争险”。该4笔保险均发生索赔，其中有因为一切险范围内的货物短少、破漏发生的赔付。

【裁判结果】

海口海事法院于1996年12月25日作出（1996）海商初字第096号民事判决：一、海南人保应赔偿丰海公司保险价值损失3593858.75美元；二、驳回丰海公司的其他诉讼请求。宣判后，海南人保提出上诉。海南省高级人民法院于1997年10月27日作出（1997）琼经终字第44号民事判决：撤销一审判决，驳回丰海公司的诉讼请求。丰海公司向最高人民法院申请再审。最高人民法院于2003年8月11日以（2003）民四监字第35号民事裁定，决定对本案进行提审，并于2004年7月13日作出（2003）民四提字第5号民事判决：一、撤销海南省高级人民法院（1997）琼经终字第44号民事判决；二、维持海口海事法院（1996）海商初字第096号民事判决。

【裁判理由】

最高人民法院认为：本案为国际海上货物运输保险合同纠纷，被保险人、保险货物的目的港等均在中华人民共和国境内，原审以中华人民共和国法律作为解决本案纠纷的准据法正确，双方当事人亦无异议。

丰海公司与海南人保之间订立的保险合同合法有效，双方的权利义务应受保险单及所附保险条款的约束。本案保险标的已经发生实际全损，对此发货人丰益公司没有过错，亦无证据证明被保险人丰海公司存在故意或过失。保险标的的损失是由于“哈卡”轮船东BBS公司与期租船人之间的租金纠纷，将船载货物运走销售和走私行为造成的。本案争议的焦点在于如何理解涉案保险条款中一切险的责任范围。

二审审理中，海南省高级人民法院认为，根据保险单所附的保险条款和保险行业惯例，一切险的责任范围包括平安险、水渍险和普通附加险（即偷窃提货不着险、淡水雨淋险、短量险、沾污险、渗漏险、碰损破碎险、串味险、受潮受热险、钩损险、包装破损险和锈损险），中国人民银行《关于〈海洋运输货物保险“一切险”条款解释的请示〉的复函》亦作了相同的明确规定。可见，丰海公司投保货物的损失不属于一切险的责任范围。此外，鉴于海南人保与丰海公司有长期的保险业务关系，在本案纠纷发生前，双方曾多次签订保险合同，并且海南人保还作过一切险范围内的赔付，所以丰海公司对本案保险合同的主要内容、免责条款及一切险的责任范围应该是清楚的，故认定一审判决适用法律错误。

根据涉案“海洋运输货物保险条款”的规定，一切险除了包括平安险、水渍险的各项责任外，还负责被保险货物在运输过程中由于各种外来原因所造成的损失。同时保险条款中还明确列明了五种除外责任，即：①被保险人的故意行为或过失所造成的损失；②属于发货人责任所引起的损失；③在保险责任开始前，被保险货物已存在的品质不良或数量短差所造成的损失；④被保险货物的自然损耗、本质缺陷、特性以及市价跌落、运输迟延所引起的损失；⑤本公司海洋运输货物战争险条款和货物运输罢工险条款规定的责任范围和除外责任。从上述保险条款的规定看，海洋运输货物保险条款中的一切险条款具有如下特点：

1. 一切险并非列明风险，而是非列明风险。在海洋运输货物保险条款中，平安险、水渍险为列明的风险，而一切险则为平安险、水渍险再加上未列明的运输途中由于外来原因造成的保险标的的损失。

2. 保险标的的损失必须是外来原因造成的。被保险人在向保险人要求保险赔偿时，必须证明保险标的的损失是因为运输途中外来原因引起的。外来原因可以是自然原因，亦可以是人为的意外事故。但是一切险承保的风险具有不确定性，要求是不能确定的、意外的、无法列举的承保风险。对于那些预期的、确定的、正常的危险，则不属于外来原因的责任范围。

3. 外来原因应当限于运输途中发生的，排除了运输发生以前和运输结束后发生的事故。只要被保险人证明损失并非因其自身原因，而是由于运输途中的意外事故造成的，保险人就应当承担保险赔偿责任。

根据保险法的规定，保险合同中规定有关于保险人责任免除条款的，保险人在订立合同时应当向投保人明确说明，未明确说明的，该条款仍然不能产生效力。据此，保险条款中列明的除外责任虽然不在保险人赔偿之列，但是应当以签订保险合同时，保险人已将除外责任条款明确告知被保险人为前提。否则，该除外责任条款不能约束被保险人。

关于中国人民银行的复函意见。在保监委成立之前，中国人民银行系保险行业的行政主管机关。1997年5月1日，中国人民银行致中国人民保险公司《关于〈海洋运输货物保险“一切险”条款解释的请示〉的复函》中，认为一切险承保的范围是平安险、水渍险及被保险货物在运输途中由于外来原因所致的全部或部分损失。并且进一步提出：外来原因仅指偷窃、提货不着、淡水雨淋等。1998年11月27日，中国人民银行在对《中保财产保险有限公司关于海洋运输货物保险条款解释》的复函中，再次明确一切险的责任范围包括平安险、水渍险及被保险货物在运输途中由于外来原因所致的全部或部分损失。其中外来原因所致的全部或部分损失是指11种一般附加险。鉴于中国人民银行的上述复函不是法律法规，亦不属于行政规章。根据《中华人民共和国立法法》的规定，国务院各部、委员会、中国人民银行、国家审计署以及具有行政管理职能的直属机构，可以根据法律和国务院的行政法规、决定、命令，在本部门的权限范围内，制定规章；部门规章规定的事项应当属于执行法律或者国务院的行政法规、决定、命令的事项。因此，保险条款亦不在职能部门有权制定的规章范围之内，故中国人民银行对保险条款的解释不能作为约束被保险人的依据。另外，中国人民银行关于一切险的复函属于对保险合同条款的解释。而对于平等主体之间签订的保险合同，依法只有人民法院和仲裁机构才有权作出约束当事人的解释。为此，上述复函不能约束被保险人。要使该复函所做解释成为约束被保险人的合同条款，只能是将其作为保险合同的内容附在保险单中。之所以产生中国人民保险公司向主管机关请示一切险的责任范围，主管机关对此作出答复，恰恰说明对于一切险的理解存在争议。而依据保险法第三十一条的规定，对于保险合同的条款，保险人与投保人、被保险人或者受益人有争议时，人民法院或者仲裁机关应当作有利于被保险人和受益人的解释。作为行业主管机关作出对本行业有利的解释，不能适用于非本行业的合同当事人。

综上，应认定本案保险事故属一切险的责任范围。二审法院认为丰海公司投保货物的损失不属一切险的责任范围错误，应予纠正。丰海公司的再审申请理由依据充分，应予支持。

231. 海上、通海水域保赔合同纠纷

相关规范

»《中华人民共和国海商法》（1992年）

第二百一十六条 海上保险合同，是指保险人按照约定，对被保险人遭受保险事故造成保险标的损失和产生的责任负责赔偿，而由被保险人支付保险费的合同。

前款所称保险事故，是指保险人与被保险人约定的任何海上事故，包括与海上航行有关的发生于内河或者陆上的事故。

第二百一十九条 保险标的的保险价值由保险人与被保险人约定。

保险人与被保险人未约定保险价值的，保险价值依照下列规定计算：

（一）船舶的保险价值，是保险责任开始时船舶的价值，包括船壳、机器、设备的价值，以及船上燃料、物料、索具、给养、淡水的价值和保险费的总和；

（二）货物的保险价值，是保险责任开始时货物在起运地的发票价格或者非贸易商品在起运地的实际价值以及运费和保险费的总和；

（三）运费的保险价值，是保险责任开始时承运人应收运费总额和保险费的总和；

（四）其他保险标的的保险价值，是保险责任开始时保险标的的实际价值和保险费的总和。

232. 海上、通海水域运输联营合同纠纷

相关规范

»《全民所有制工业企业转换经营机制条例》（2011年修订）

第十六条 企业享有联营、兼并权。

企业有权按照下列方式与其他企业、事业单位联营：

（一）与其他企业、事业单位组成新的经济实体，独立承担民事责任、具备法人条件的，经政府有关部门核准登记，取得法人资格；

（二）与其他企业、事业单位共同经营，联营各方按照出资比例或者协议的约定，承担民事责任；

（三）与其他企业、事业单位订立联营合同，确立各方的权利和义务。联营各方各自独立经营、各自承担民事责任。

企业按照自愿、有偿的原则，可以兼并其他企业，报政府主管部门备案。

233. 船舶营运借款合同纠纷

相关规范

》《中华人民共和国民法典》（2020 年）

第六百六十八条　【借款合同形式和内容】借款合同应当采用书面形式，但是自然人之间借款另有约定的除外。

借款合同的内容一般包括借款种类、币种、用途、数额、利率、期限和还款方式等条款。

第六百七十一条　【贷款人未按照约定提供借款以及借款人未按照约定收取借款的后果】贷款人未按照约定的日期、数额提供借款，造成借款人损失的，应当赔偿损失。

借款人未按照约定的日期、数额收取借款的，应当按照约定的日期、数额支付利息。

234. 海事担保合同纠纷

相关规范

》《中华人民共和国民法典》（2020 年）

第六百八十一条　【保证合同定义】保证合同是为保障债权的实现，保证人和债权人约定，当债务人不履行到期债务或者发生当事人约定的情形时，保证人履行债务或者承担责任的合同。

第六百九十二条　【保证期间】保证期间是确定保证人承担保证责任的期间，不发生中止、中断和延长。

债权人与保证人可以约定保证期间，但是约定的保证期间早于主债务履行期限或者与主债务履行期限同时届满的，视为没有约定；没有约定或者约定不明确的，保证期间为主债务履行期限届满之日起六个月。

债权人与债务人对主债务履行期限没有约定或者约定不明确的，保证期间自债权人请求债务人履行债务的宽限期届满之日起计算。

》《中华人民共和国海事诉讼特别程序法》（1999 年）

第六条　海事诉讼的地域管辖，依照《中华人民共和国民事诉讼法》的有关规定。

下列海事诉讼的地域管辖，依照以下规定：

……

（六）因海事担保纠纷提起的诉讼，由担保物所在地、被告住所地海事法院管辖；因船舶抵押纠纷提起的诉讼，还可以由船籍港所在地海事法院管辖；

……

第七十三条　海事担保包括本法规定的海事请求保全、海事强制令、海事证据保全等程序中所涉及的担保。

担保的方式为提供现金或者保证、设置抵押或者质押。

第七十四条　海事请求人的担保应当提交给海事法院；被请求人的担保可以提交给海事法院，也可以提供给海事请求人。

第七十五条　海事请求人提供的担保，其方式、数额由海事法院决定。被请求人提供的担保，其方式、数额由海事请求人和被请求人协商；协商不成的，由海事法院决定。

第七十六条 海事请求人要求被请求人就海事请求保全提供担保的数额，应当与其债权数额相当，但不得超过被保全的财产价值。

海事请求人提供担保的数额，应当相当于因其申请可能给被请求人造成的损失。具体数额由海事法院决定。

第七十八条 海事请求人请求担保的数额过高，造成被请求人损失的，应当承担赔偿责任。

》《最高人民法院关于适用〈中华人民共和国民法典〉有关担保制度的解释》（法释〔2020〕28号 2020年12月31日）

第三十七条 当事人以所有权、使用权不明或者有争议的财产抵押，经审查构成无权处分的，人民法院应当依照民法典第三百一十一条的规定处理。

当事人以依法被查封或者扣押的财产抵押，抵押权人请求行使抵押权，经审查查封或者扣押措施已经解除的，人民法院应予支持。抵押人以抵押权设立时财产被查封或者扣押为由主张抵押合同无效的，人民法院不予支持。

以依法被监管的财产抵押的，适用前款规定。

第三十八条 主债权未受全部清偿，担保物权人主张就担保财产的全部行使担保物权的，人民法院应予支持，但是留置权人行使留置权的，应当依照民法典第四百五十条的规定处理。

担保财产被分割或者部分转让，担保物权人主张就分割或者转让后的担保财产行使担保物权的，人民法院应予支持，但是法律或者司法解释另有规定的除外。

第三十九条 主债权被分割或者部分转让，各债权人主张就其享有的债权份额行使担保物权的，人民法院应予支持，但是法律另有规定或者当事人另有约定的除外。

主债务被分割或者部分转移，债务人自己提供物的担保，债权人请求以该担保财产担保全部债务履行的，人民法院应予支持；第三人提供物的担保，主张对未经其书面同意转移的债务不再承担担保责任的，人民法院应予支持。

第四十条 从物产生于抵押权依法设立前，抵押权人主张抵押权的效力及于从物的，人民法院应予支持，但是当事人另有约定的除外。

从物产生于抵押权依法设立后，抵押权人主张抵押权的效力及于从物的，人民法院不予支持，但是在抵押权实现时可以一并处分。

第四十一条 抵押权依法设立后，抵押财产被添附，添附物归第三人所有，抵押权人主张抵押权效力及于补偿金的，人民法院应予支持。

抵押权依法设立后，抵押财产被添附，抵押人对添附物享有所有权，抵押权人主张抵押权的效力及于添附物的，人民法院应予支持，但是添附导致抵押财产价值增加的，抵押权的效力不及于增加的价值部分。

抵押权依法设立后，抵押人与第三人因添附成为添附物的共有人，抵押权人主张抵押权的效力及于抵押人对共有物享有的份额的，人民法院应予支持。

本条所称添附，包括附合、混合与加工。

第四十二条 抵押权依法设立后，抵押财产毁损、灭失或者被征收等，抵押权人请求按照原抵押权的顺位就保险金、赔偿金或者补偿金等优先受偿的，人民法院应予支持。

给付义务人已经向抵押人给付了保险金、赔偿金或者补偿金，抵押权人请求给付义务人向其给付保险金、赔偿金或者补偿金的，人民法院不予支持，但是给付义务人接到抵押权人要求向其给付的通知后仍然向抵押人给付的除外。

抵押权人请求给付义务人向其给付保险金、赔偿金或者补偿金的，人民法院可以通知抵押人作为第三人参加诉讼。

第四十三条 当事人约定禁止或者限制

转让抵押财产但是未将约定登记，抵押人违反约定转让抵押财产，抵押权人请求确认转让合同无效的，人民法院不予支持；抵押财产已经交付或者登记，抵押权人请求确认转让不发生物权效力的，人民法院不予支持，但是抵押权人有证据证明受让人知道的除外；抵押权人请求抵押人承担违约责任的，人民法院依法予以支持。

当事人约定禁止或者限制转让抵押财产且已经将约定登记，抵押人违反约定转让抵押财产，抵押权人请求确认转让合同无效的，人民法院不予支持；抵押财产已经交付或者登记，抵押权人主张转让不发生物权效力的，人民法院应予支持，但是因受让人代替债务人清偿债务导致抵押权消灭的除外。

第四十四条 主债权诉讼时效期间届满后，抵押权人主张行使抵押权的，人民法院不予支持；抵押人以主债权诉讼时效期间届满为由，主张不承担担保责任的，人民法院应予支持。主债权诉讼时效期间届满前，债权人仅对债务人提起诉讼，经人民法院判决或者调解后未在民事诉讼法规定的申请执行时效期间内对债务人申请强制执行，其向抵押人主张行使抵押权的，人民法院不予支持。

主债权诉讼时效期间届满后，财产被留置的债务人或者对留置财产享有所有权的第三人请求债权人返还留置财产的，人民法院不予支持；债务人或者第三人请求拍卖、变卖留置财产并以所得价款清偿债务的，人民法院应予支持。

主债权诉讼时效期间届满的法律后果，以登记作为公示方式的权利质权，参照适用第一款的规定；动产质权、以交付权利凭证作为公示方式的权利质权，参照适用第二款的规定。

第四十五条 当事人约定当债务人不履行到期债务或者发生当事人约定的实现担保物权的情形，担保物权人有权将担保财产自行拍卖、变卖并就所得的价款优先受偿的，该约定有效。因担保人的原因导致担保物权人无法自行对担保财产进行拍卖、变卖，担保物权人请求担保人承担因此增加的费用的，人民法院应予支持。

当事人依照民事诉讼法有关“实现担保物权案件”的规定，申请拍卖、变卖担保财产，被申请人以担保合同约定仲裁条款为由主张驳回申请的，人民法院经审查后，应当按照以下情形分别处理：

（一）当事人对担保物权无实质性争议且实现担保物权条件已经成就的，应当裁定准许拍卖、变卖担保财产；

（二）当事人对实现担保物权有部分实质性争议的，可以就无争议的部分裁定准许拍卖、变卖担保财产，并告知可以就有争议的部分申请仲裁；

（三）当事人对实现担保物权有实质性争议的，裁定驳回申请，并告知可以向仲裁机构申请仲裁。

债权人以诉讼方式行使担保物权的，应当以债务人和担保人作为共同被告。

第四十六条 不动产抵押合同生效后未办理抵押登记手续，债权人请求抵押人办理抵押登记手续的，人民法院应予支持。

抵押财产因不可归责于抵押人自身的原因灭失或者被征收等导致不能办理抵押登记，债权人请求抵押人在约定的担保范围内承担责任的，人民法院不予支持；但是抵押人已经获得保险金、赔偿金或者补偿金等，债权人请求抵押人在其所获金额范围内承担赔偿责任的，人民法院依法予以支持。

因抵押人转让抵押财产或者其他可归责于抵押人自身的原因导致不能办理抵押登记，债权人请求抵押人在约定的担保范围内承担责任的，人民法院依法予以支持，但是不得超过抵押权能够设立时抵押人应当承担的责任范围。

第四十七条 不动产登记簿就抵押财产、被担保的债权范围等所作的记载与抵押合同约定不一致的，人民法院应当根据登记簿的记载确定抵押财产、被担保的债权范围等事项。

第四十八条 当事人申请办理抵押登记

手续时，因登记机构的过错致使其不能办理抵押登记，当事人请求登记机构承担赔偿责任的，人民法院依法予以支持。

第四十九条 以违法的建筑物抵押的，抵押合同无效，但是一审法庭辩论终结前已经办理合法手续的除外。抵押合同无效的法律后果，依照本解释第十七条的有关规定处理。

当事人以建设用地使用权依法设立抵押，抵押人以土地上存在违法的建筑物为由主张抵押合同无效的，人民法院不予支持。

第五十条 抵押人以划拨建设用地上的建筑物抵押，当事人以该建设用地使用权不能抵押或者未办理批准手续为由主张抵押合同无效或者不生效的，人民法院不予支持。抵押权依法实现时，拍卖、变卖建筑物所得的价款，应当优先用于补缴建设用地使用权出让金。

当事人以划拨方式取得的建设用地使用权抵押，抵押人以未办理批准手续为由主张抵押合同无效或者不生效的，人民法院不予支持。已经依法办理抵押登记，抵押权人主张行使抵押权的，人民法院应予支持。抵押权依法实现时所得的价款，参照前款有关规定处理。

第五十一条 当事人仅以建设用地使用权抵押，债权人主张抵押权的效力及于土地上已有的建筑物以及正在建造的建筑物已完成部分的，人民法院应予支持。债权人主张抵押权的效力及于正在建造的建筑物的续建部分以及新增建筑物的，人民法院不予支持。

当事人以正在建造的建筑物抵押，抵押权的效力范围限于已办理抵押登记的部分。当事人按照担保合同的约定，主张抵押权的效力及于续建部分、新增建筑物以及规划中尚未建造的建筑物的，人民法院不予支持。

抵押人将建设用地使用权、土地上的建筑物或者正在建造的建筑物分别抵押给不同债权人的，人民法院应当根据抵押登记的时间先后确定清偿顺序。

第五十二条 当事人办理抵押预告登记后，预告登记权利人请求就抵押财产优先受偿，经审查存在尚未办理建筑物所有权首次登记、预告登记的财产与办理建筑物所有权首次登记时的财产不一致、抵押预告登记已经失效等情形，导致不具备办理抵押登记条件的，人民法院不予支持；经审查已经办理建筑物所有权首次登记，且不存在预告登记失效等情形的，人民法院应予支持，并应当认定抵押权自预告登记之日起设立。

当事人办理了抵押预告登记，抵押人破产，经审查抵押财产属于破产财产，预告登记权利人主张就抵押财产优先受偿的，人民法院应当在受理破产申请时抵押财产的价值范围内予以支持，但是在人民法院受理破产申请前一年内，债务人对没有财产担保的债务设立抵押预告登记的除外

第五十三条 当事人在动产和权利担保合同中对担保财产进行概括描述，该描述能够合理识别担保财产的，人民法院应当认定担保成立。

第五十四条 动产抵押合同订立后未办理抵押登记，动产抵押权的效力按照下列情形分别处理：

（一）抵押人转让抵押财产，受让人占有抵押财产后，抵押权人向受让人请求行使抵押权的，人民法院不予支持，但是抵押权人能够举证证明受让人知道或者应当知道已经订立抵押合同的除外；

（二）抵押人将抵押财产出租给他人并移转占有，抵押权人行使抵押权的，租赁关系不受影响，但是抵押权人能够举证证明承租人知道或者应当知道已经订立抵押合同的除外；

（三）抵押人的其他债权人向人民法院申请保全或者执行抵押财产，人民法院已经作出财产保全裁定或者采取执行措施，抵押权人主张对抵押财产优先受偿的，人民法院不予支持；

（四）抵押人破产，抵押权人主张对抵押财产优先受偿的，人民法院不予支持。

第五十五条 债权人、出质人与监管人

订立三方协议，出质人以通过一定数量、品种等概括描述能够确定范围的货物为债务的履行提供担保，当事人有证据证明监管人系受债权人的委托监管并实际控制该货物的，人民法院应当认定质权于监管人实际控制货物之日起设立。监管人违反约定向出质人或者其他人放货、因保管不善导致货物毁损灭失，债权人请求监管人承担违约责任的，人民法院依法予以支持。

在前款规定情形下，当事人有证据证明监管人系受出质人委托监管该货物，或者虽然受债权人委托但是未实际履行监管职责，导致货物仍由出质人实际控制的，人民法院应当认定质权未设立。债权人可以基于质押合同的约定请求出质人承担违约责任，但是不得超过质权有效设立时出质人应当承担的责任范围。监管人未履行监管职责，债权人请求监管人承担责任的，人民法院依法予以支持。

第五十六条 买受人在出卖人正常经营活动中通过支付合理对价取得已被设立担保物权的动产，担保物权人请求就该动产优先受偿的，人民法院不予支持，但是有下列情形之一的除外：

（一）购买商品的数量明显超过一般买受人；

（二）购买出卖人的生产设备；

（三）订立买卖合同的目的在于担保出卖人或者第三人履行债务；

（四）买受人与出卖人存在直接或者间接的控制关系；

（五）买受人应当查询抵押登记而未查询的其他情形。

前款所称出卖人正常经营活动，是指出卖人的经营活动属于其营业执照明确记载的经营范围，且出卖人持续销售同类商品。前款所称担保物权人，是指已经办理登记的抵押权人、所有权保留买卖的出卖人、融资租赁合同的出租人。

第五十七条 担保人在设立动产浮动抵押并办理抵押登记后又购入或者以融资租赁方式承租新的动产，下列权利人为担保价款债权或者租金的实现而订立担保合同，并在该动产交付后十日内办理登记，主张其权利优先于在先设立的浮动抵押权的，人民法院应予支持：

（一）在该动产上设立抵押权或者保留所有权的出卖人；

（二）为价款支付提供融资而在该动产上设立抵押权的债权人；

（三）以融资租赁方式出租该动产的出租人。

买受人取得动产但未付清价款或者承租人以融资租赁方式占有租赁物但是未付清全部租金，又以标的物为他人设立担保物权，前款所列权利人为担保价款债权或者租金的实现而订立担保合同，并在该动产交付后十日内办理登记，主张其权利优先于买受人为他人设立的担保物权的，人民法院应予支持。

同一动产上存在多个价款优先权的，人民法院应当按照登记的时间先后确定清偿顺序。

235. 航道、港口疏浚合同纠纷

相关规范

》《中华人民共和国民法典》（2020年）

第四百六十七条 【非典型合同及涉外合同的法律适用】本法或者其他法律没有明文规定的合同，适用本编通则的规定，并可以参照适用本编或者其他法律最相类似合同的规定。

在中华人民共和国境内履行的中外合资经营企业合同、中外合作经营企业合同、中外合作勘探开发自然资源合同，适用中华人民共和国法律。

236. 船坞、码头建造合同纠纷

相关规范

《中华人民共和国民法典》（2020年）

第七百八十八条　【建设工程合同定义和种类】建设工程合同是承包人进行工程建设，发包人支付价款的合同。

建设工程合同包括工程勘察、设计、施工合同。

第七百八十九条　【建设工程合同的形式】建设工程合同应当采用书面形式。

第七百九十条　【建设工程招投标活动的原则】建设工程的招标投标活动，应当依照有关法律的规定公开、公平、公正进行。

第七百九十一条　【建设工程的发包、承包、分包】发包人可以与总承包人订立建设工程合同，也可以分别与勘察人、设计人、施工人订立勘察、设计、施工承包合同。发包人不得将应当由一个承包人完成的建设工程支解成若干部分发包给数个承包人。

总承包人或者勘察、设计、施工承包人经发包人同意，可以将自己承包的部分工作交由第三人完成。第三人就其完成的工作成果与总承包人或者勘察、设计、施工承包人向发包人承担连带责任。承包人不得将其承包的全部建设工程转包给第三人或者将其承包的全部建设工程支解以后以分包的名义分别转包给第三人。

禁止承包人将工程分包给不具备相应资质条件的单位。禁止分包单位将其承包的工程再分包。建设工程主体结构的施工必须由承包人自行完成。

237. 船舶检验合同纠纷

相关规范

《中华人民共和国民法典》（2020年）

第四百六十七条　【非典型合同及涉外合同的法律适用】本法或者其他法律没有明文规定的合同，适用本编通则的规定，并可以参照适用本编或者其他法律最相类似合同的规定。

在中华人民共和国境内履行的中外合资经营企业合同、中外合作经营企业合同、中外合作勘探开发自然资源合同，适用中华人民共和国法律。

《中华人民共和国船舶和海上设施检验条例》（2019年修订）

第六条　船舶检验分别由下列机构实施：

（一）船检局设置的船舶检验机构；

（二）省、自治区、直辖市人民政府交通主管部门设置的地方船舶检验机构；

（三）船检局委托、指定或者认可的检验机构。

前款所列机构，以下统称船舶检验机构。

第七条　中国籍船舶的所有人或者经营人，必须向船舶检验机构申请下列检验：

（一）建造或者改建船舶时，申请建造检验；

（二）营运中的船舶，申请定期检验；

（三）由外国籍船舶改为中国籍船舶的，申请初次检验。

238. 海事请求担保纠纷

相关规范

»《中华人民共和国海事诉讼特别程序法》（1999 年）

第六条　海事诉讼的地域管辖，依照《中华人民共和国民事诉讼法》的有关规定。

下列海事诉讼的地域管辖，依照以下规定：

……

（六）因海事担保纠纷提起的诉讼，由担保物所在地、被告住所地海事法院管辖；因船舶抵押纠纷提起的诉讼，还可以由船籍港所在地海事法院管辖；

……

第七十五条　海事请求人提供的担保，其方式、数额由海事法院决定。被请求人提供的担保，其方式、数额由海事请求人和被请求人协商；协商不成的，由海事法院决定。

第七十六条　海事请求人要求被请求人就海事请求保全提供担保的数额，应当与其债权数额相当，但不得超过被保全的财产价值。

海事请求人提供担保的数额，应当相当于因其申请可能给被请求人造成的损失。具体数额由海事法院决定。

第七十八条　海事请求人请求担保的数额过高，造成被请求人损失的，应当承担赔偿责任。

239. 海上、通海水域运输重大责任事故责任纠纷

相关规范

»《中华人民共和国民法典》（2020 年）

第一百七十六条　【民事义务与责任】民事主体依照法律规定或者按照当事人约定，履行民事义务，承担民事责任。

第一千一百六十五条　【过错责任原则】行为人因过错侵害他人民事权益造成损害的，应当承担侵权责任。

依照法律规定推定行为人有过错，其不能证明自己没有过错的，应当承担侵权责任。

第一千一百六十六条　【无过错责任原则】行为人造成他人民事权益损害，不论行为人有无过错，法律规定应当承担侵权责任的，依照其规定。

»《中华人民共和国海商法》（1992 年）

第四十七条　承运人在船舶开航前和开航当时，应当谨慎处理，使船舶处于适航状态，妥善配备船员、装备船舶和配备供应品，并使货舱、冷藏舱、冷气舱和其他载货处所适于并能安全收受、载运和保管货物。

第五十九条　经证明，货物的灭失、损坏或者迟延交付是由于承运人的故意或者明知可能造成损失而轻率地作为或者不作为造成的，承运人不得援用本法第五十六条或者第五十七条限制赔偿责任的规定。

经证明，货物的灭失、损坏或者迟延交付是由于承运人的受雇人、代理人的故意或者明知可能造成损失而轻率地作为或者不作为造成的，承运人的受雇人或者代理人不得援用本法第五十六条或者第五十七条限制赔偿责任的规定。

240. 港口作业重大责任事故责任纠纷

相关规范

»《中华人民共和国民法典》（2020 年）

第一百七十六条　【民事义务与责任】民事主体依照法律规定或者按照当事人约定，履行民事义务，承担民事责任。

第一千一百六十五条　【过错责任原

则】行为人因过错侵害他人民事权益造成损害的，应当承担侵权责任。

依照法律规定推定行为人有过错，其不能证明自己没有过错的，应当承担侵权责任。

第一千一百六十六条 【无过错责任原则】行为人造成他人民事权益损害，不论行为人有无过错，法律规定应当承担侵权责任的，依照其规定。

》《中华人民共和国港口法》（2018 年修正）

第三十二条 港口经营人必须依照《中华人民共和国安全生产法》等有关法律、法规和国务院交通主管部门有关港口安全作业规则的规定，加强安全生产管理，建立健全安全生产责任制等规章制度，完善安全生产条件，采取保障安全生产的有效措施，确保安全生产。

港口经营人应当依法制定本单位的危险货物事故应急预案、重大生产安全事故的旅客紧急疏散和救援预案以及预防自然灾害预案，保障组织实施。

第三十三条 港口行政管理部门应当依法制定可能危及社会公共利益的港口危险货物事故应急预案、重大生产安全事故的旅客紧急疏散和救援预案以及预防自然灾害预案，建立健全港口重大生产安全事故的应急救援体系。

第三十四条 船舶进出港口，应当依照有关水上交通安全的法律、行政法规的规定向海事管理机构报告。海事管理机构接到报告后，应当及时通报港口行政管理部门。

船舶载运危险货物进出港口，应当按照国务院交通主管部门的规定将危险货物的名称、特性、包装和进出港口的时间报告海事管理机构。海事管理机构接到报告后，应当在国务院交通主管部门规定的时间内作出是否同意的决定，通知报告人，并通报港口行政管理部门。但是，定船舶、定航线、定货种的船舶可以定期报告。

第三十五条 在港口内进行危险货物的装卸、过驳作业，应当按照国务院交通主管部门的规定将危险货物的名称、特性、包装和作业的时间、地点报告港口行政管理部门。港口行政管理部门接到报告后，应当在国务院交通主管部门规定的时间内作出是否同意的决定，通知报告人，并通报海事管理机构。

第三十六条 港口行政管理部门应当依法对港口安全生产情况实施监督检查，对旅客上下集中、货物装卸量较大或者有特殊用途的码头进行重点巡查；检查中发现安全隐患的，应当责令被检查人立即排除或者限期排除。

负责安全生产监督管理的部门和其他有关部门依照法律、法规的规定，在各自职责范围内对港口安全生产实施监督检查。

241. 港口作业纠纷

相关规范

》《中华人民共和国港口法》（2018 年修正）

第三十二条 港口经营人必须依照《中华人民共和国安全生产法》等有关法律、法规和国务院交通主管部门有关港口安全作业规则的规定，加强安全生产管理，建立健全安全生产责任制等规章制度，完善安全生产条件，采取保障安全生产的有效措施，确保安全生产。

港口经营人应当依法制定本单位的危险货物事故应急预案、重大生产安全事故的旅客紧急疏散和救援预案以及预防自然灾害预案，保障组织实施。

第三十三条 港口行政管理部门应当依法制定可能危及社会公共利益的港口危险货物事故应急预案、重大生产安全事故的旅客紧急疏散和救援预案以及预防自然灾害预案，建立健全港口重大生产安全事故的应急救援体系。

第三十四条 船舶进出港口，应当依照有关水上交通安全的法律、行政法规的规定向海事管理机构报告。海事管理机构接到报告后，应当及时通报港口行政管理部门。

船舶载运危险货物进出港口，应当按照国务院交通主管部门的规定将危险货物的名称、特性、包装和进出港口的时间报告海事管理机构。海事管理机构接到报告后，应当在国务院交通主管部门规定的时间内作出是否同意的决定，通知报告人，并通报港口行政管理部门。但是，定船舶、定航线、定货种的船舶可以定期报告。

第三十五条　在港口内进行危险货物的装卸、过驳作业，应当按照国务院交通主管部门的规定将危险货物的名称、特性、包装和作业的时间、地点报告港口行政管理部门。港口行政管理部门接到报告后，应当在国务院交通主管部门规定的时间内作出是否同意的决定，通知报告人，并通报海事管理机构。

第三十六条　港口行政管理部门应当依法对港口安全生产情况实施监督检查，对旅客上下集中、货物装卸量较大或者有特殊用途的码头进行重点巡查；检查中发现安全隐患的，应当责令被检查人立即排除或者限期排除。

负责安全生产监督管理的部门和其他有关部门依照法律、法规的规定，在各自职责范围内对港口安全生产实施监督检查。

242. 共同海损纠纷

相关规范

»《中华人民共和国海商法》（1992 年）

第一百九十三条　共同海损，是指在同一海上航程中，船舶、货物和其他财产遭遇共同危险，为了共同安全，有意地合理地采取措施所直接造成的特殊牺牲、支付的特殊费用。

无论在航程中或者在航程结束所发生的船舶或者货物因迟延所造成的损失，包括船期损失和行市损失以及其他间接损失，均不得列入共同海损。

第一百九十四条　船舶因发生意外、牺牲或者其他牺牲情况而损坏时，为了安全完成本航程，驶入避难港口、避难地点或者驶回装货港口、装货地点进行必要的修理，在该港口或者地点额外停留期间所支付的港口费，船员工资、给养，船舶所消耗的燃料、物料，为修理而卸载、储存、重装或者搬移船上货物、燃料、物料以及其他财产所造成的损失、支付的费用，应当列入共同海损。

第一百九十五条　为代替可以列为共同海损的特殊费用而支付的额外费用，可以作为代替费用列入共同海损；但是，列入共同海损的代替费用的金额，不得超过被代替的共同海损的特殊费用。

第一百九十六条　提出共同海损分摊请求的一方应当负举证责任，证明其损失应当列入共同海损。

第一百九十七条　引起共同海损特殊牺牲、特殊费用的事故，可能是由航程中一方的过失造成的，不影响该方要求分摊共同海损的权利；但是，非过失方或者过失方可以就此项过失提出赔偿请求或者进行抗辩。

第一百九十八条　船舶、货物和运费的共同海损牺牲的金额，依照下列规定确定；

（一）船舶共同海损牺牲的金额，按照实际支付的修理费，减除合理的以新换旧的扣减额计算船舶尚未修理的，按照牺牲金额造成合理贬值计算，但是不得超过估计的修理费。

船舶发生实际全损或者修理费用超过修复后的船舶价值的，共同海损牺牲金额按照该船舶在完好状态下的估计价值，减除不属于共同海损损坏的估计的修理费和该船舶受损后的价值价的余额计算。

（二）货物共同海损牺牲的金额，货物灭失的，按照货物在装船时的价值加保险费加运费，减除由于牺牲无需支付的运费计算。货物损坏，在就损坏程度达成协议前出售的，按照货物在装船时的价值加保险费加运费，与出售货物净得的差额计算。

（三）运费共同海损牺牲的金额，按照货物遭受牺牲造成的运费的损失金额，减除为取得这笔运费本应支付，但是由于牺牲无需支付的营运费用计算。

第一百九十九条 共同海损应当由受益方按照各自的分摊价值的比例分摊。

船舶、货物和运费的共同海损分摊价值，分别依照下列规定确定：

（一）船舶共同海损分摊价值，按照船舶在航程终止时的完好价值，减除不属于共同海损的损失金额计算，或者按照船舶在航程终止时的实际价值，加上共同海损牺牲的金额计算。

（二）货物共同海损分摊价值，按照货物在装船时的价值加保险费加运费，减除不属于共同海损的损失金额和承运人承担风险的运费计算。货物在抵达目的港以前售出的，按照出售净得金额，加上共同海损牺牲的金额计算。旅客的行李和私人物品，不分摊共同海损。

（三）运费分摊价值，按照承运人承担风险并于航程终止时有权收取的运费，减除为取得该项运费而在共同海损事故发生后，为完成本航程所支付的营运费用，加上共同海损牺牲的金额计算。

第二百条 未申报的货物或者谎报的货物，应当参加共同海损分摊；其遭受的特殊牺牲，不得列入共同海损。

不正当地以低于货物实际价值作为申报价值的，按照实际价值分摊共同海损；在发生共同海损牺牲时，按照申报价值计算牺牲金额。

第二百零一条 对共同海损特殊牺牲和垫付的共同海损特殊费用，应当计算利息，对垫付的共同海损特殊费用，除船员工资、给养和船舶消耗的燃料、物料外，应当计算手续费。

第二百零二条 经利益关系人要求，各分摊方应当提供共同海损担保。

以提供保证金方式进行共同海损担保的，保证金应当交由海损理算师以保管人名义存入银行。

保证金的提供、使用或者退还，不影响各方最终的分摊责任。

第二百零三条 共同海损理算，适用合同约定的理算规则；合同未约定的，适用本章的规定。

》《中华人民共和国海事诉讼特别程序法》（1999年）

第六条 海事诉讼的地域管辖，依照《中华人民共和国民事诉讼法》的有关规定。

下列海事诉讼的地域管辖，依照以下规定：

（一）因海事侵权行为提起的诉讼，除依照《中华人民共和国民事诉讼法》第二十九条至第三十一条的规定以外，还可以由船籍港所在地海事法院管辖；

……

第二十一条 下列海事请求，可以申请扣押船舶：

（九）共同海损；

第八十八条 当事人就共同海损的纠纷，可以协议委托理算机构理算，也可以直接向海事法院提起诉讼。海事法院受理未经理算的共同海损纠纷，可以委托理算机构理算。

第八十九条 理算机构作出的共同海损理算报告，当事人没有提出异议的，可以作为分摊责任的依据；当事人提出异议的，由海事法院决定是否采纳。

第九十条 当事人可以不受因同一海损事故提起的共同海损诉讼程序的影响，就非共同海损损失向责任人提起诉讼。

第九十一条 当事人就同一海损事故向受理共同海损案件的海事法院提起非共同海损的诉讼，以及对共同海损分摊向责任人提起追偿诉讼的，海事法院可以合并审理。

第九十二条 海事法院审理共同海损案件，应当在立案后一年内审结。有特殊情况需要延长的，由本院院长批准。

》《最高人民法院关于审理发生在我国管辖海域相关案件若干问题的规定（一）》（法释〔2016〕16号 2016年8月1日）

第五条 因在我国管辖海域内发生海损事故，请求损害赔偿提起的诉讼，由管辖该海域的海事法院、事故船舶最先到达地的海事法院、船舶被扣押地或者被告住所地海事法院管辖。

因在公海等我国管辖海域外发生海损事故，请求损害赔偿在我国法院提起的诉讼，由事故船舶最先到达地、船舶被扣押地或者被告住所地海事法院管辖。

事故船舶为中华人民共和国船舶的，还可以由船籍港所在地海事法院管辖。

243. 海洋开发利用纠纷

相关规范

》《中华人民共和国领海及毗连区法》（1992年）

第十一条 任何国际组织、外国的组织或者个人，在中华人民共和国领海内进行科学研究、海洋作业等活动，须经中华人民共和国政府或者其有关主管部门批准，遵守中华人民共和国法律、法规。

违反前款规定，非法进入中华人民共和国领海进行科学研究、海洋作业等活动的，由中华人民共和国有关机关依法处理。

》《中华人民共和国专属经济区和大陆架法》（1998年）

第三条 中华人民共和国在专属经济区为勘查、开发、养护和管理海床上覆水域、海床及其底土的自然资源，以及进行其他经济性开发和勘查，如利用海水、海流和风力生产能等活动，行使主权权利。

中华人民共和国对专属经济区的人工岛屿、设施和结构的建造、使用和海洋科学研究、海洋环境的保护和保全，行使管辖权。

本法所称专属经济区的自然资源，包括生物资源和非生物资源。

第四条 中华人民共和国为勘查大陆架和开发大陆架的自然资源，对大陆架行使主权权利。

中华人民共和国对大陆架的人工岛屿、设施和结构的建造、使用和海洋科学研究、海洋环境的保护和保全，行使管辖权。

中华人民共和国拥有授权和管理为一切目的在大陆架上进行钻探的专属权利。

本法所称大陆架的自然资源，包括海床和底土的矿物和其他非生物资源，以及属于定居种的生物，即在可捕捞阶段在海床上或者海床下不能移动或者其躯体须与海床或者底土保持接触才能移动的生物。

第五条 任何国际组织、外国的组织或者个人进入中华人民共和国的专属经济区从事渔业活动，必须经中华人民共和国主管机关批准，并遵守中华人民共和国的法律、法规及中华人民共和国与有关国家签订的条约、协定。

中华人民共和国主管机关有权采取各种必要的养护和管理措施，确保专属经济区的生物资源不受过度开发的危害。

第六条 中华人民共和国主管机关有权对专属经济区的跨界种群、高度洄游鱼种、海洋哺乳动物、源自中华人民共和国河流的溯河产卵种群、在中华人民共和国水域内度过大部分生命周期的降河产卵鱼种，进行养护和管理。

中华人民共和国对源自本国河流的溯河产卵种群，享有主要利益。

第七条 任何国际组织、外国的组织或者个人对中华人民共和国的专属经济区和大陆架的自然资源进行勘查、开发活动或者在中华人民共和国的大陆架上为任何目的进行钻探，必须经中华人民共和国主管机关批准，并遵守中华人民共和国的法律、法规。

第八条 中华人民共和国在专属经济区

和大陆架有专属权利建造并授权和管理建造、操作和使用人工岛屿、设施和结构。

中华人民共和国对专属经济区和大陆架的人工岛屿、设施和结构行使专属管辖权，包括有关海关、财政、卫生、安全和出境入境的法律和法规方面的管辖权。

中华人民共和国主管机关有权在专属经济区和大陆架的人工岛屿、设施和结构周围设置安全地带，并可以在该地带采取适当措施，确保航行安全以及人工岛屿、设施和结构的安全。

第九条 任何国际组织、外国的组织或者个人在中华人民共和国的专属经济区和大陆架进行海洋科学研究，必须经中华人民共和国主管机关批准，并遵守中华人民共和国的法律、法规。

第十条 中华人民共和国主管机关有权采取必要的措施，防止、减少和控制海洋环境的污染，保护和保全专属经济区和大陆架的海洋环境。

第十一条 任何国家在遵守国际法和中华人民共和国的法律、法规的前提下，在中华人民共和国的专属经济区享有航行、飞越的自由，在中华人民共和国的专属经济区和大陆架享有铺设海底电缆和管道的自由，以及与上述自由有关的其他合法使用海洋的便利。铺设海底电缆和管道的路线，必须经中华人民共和国主管机关同意。

第十二条 中华人民共和国在行使勘查、开发、养护和管理专属经济区的生物资源的主权权利时，为确保中华人民共和国的法律、法规得到遵守，可以采取登临、检查、逮捕、扣留和进行司法程序等必要的措施。

中华人民共和国对在专属经济区和大陆架违反中华人民共和国法律、法规的行为，有权采取必要措施，依法追究法律责任，并可以行使紧追权。

»《中华人民共和国海洋环境保护法》（2017年修正）

第二条 本法适用于中华人民共和国内水、领海、毗连区、专属经济区、大陆架以及中华人民共和国管辖的其他海域。

在中华人民共和国管辖海域内从事航行、勘探、开发、生产、旅游、科学研究及其他活动，或者在沿海陆域内从事影响海洋环境活动的任何单位和个人，都必须遵守本法。

在中华人民共和国管辖海域以外，造成中华人民共和国管辖海域污染的，也适用本法。

244. 船舶共有纠纷

相关规范

»《中华人民共和国民法典》（2020年）

第二百九十七条 【共有及其类型】 不动产或者动产可以由两个以上组织、个人共有。共有包括按份共有和共同共有。

第二百九十八条 【按份共有】 按份共有人对共有的不动产或者动产按照其份额享有所有权。

第二百九十九条 【共同共有】 共同共有人对共有的不动产或者动产共同享有所有权。

»《中华人民共和国海商法》（1992年）

第十条 船舶由两个以上的法人或者个人共有的，应当向船舶登记机关登记；未经登记的，不得对抗第三人。

245. 船舶权属纠纷

相关规范

»《中华人民共和国海商法》（1992年）

第九条 船舶所有权的取得、转让和消灭，应当向船舶登记机关登记；未经登记的，不得对抗第三人。

船舶所有权的转让，应当签订书面合同。

第十条　船舶由两个以上的法人或者个人共有的，应当向船舶登记机关登记；未经登记的，不得对抗第三人。

第十三条　设定船舶抵押权，由抵押权人和抵押人共同向船舶登记机关办理抵押权登记；未经登记的，不得对抗第三人。

船舶抵押权登记，包括下列主要项目：

（一）船舶抵押权人和抵押人的姓名或者名称、地址；

（二）被抵押船舶的名称、国籍、船舶所有权证书的颁发机关和证书号码；

（三）所担保的债权数额、利息率、受偿期限。

船舶抵押权的登记状况，允许公众查询。

第二十一条　船舶优先权，是指海事请求人依照本法第二十二条的规定，向船舶所有人、光船承租人、船舶经营人提出海事请求，对产生该海事请求的船舶具有优先受偿的权利。

246. 海运欺诈纠纷

相关规范

》《中华人民共和国民法典》（2020 年）

第一百四十八条　【以欺诈手段实施的民事法律行为的效力】一方以欺诈手段，使对方在违背真实意思的情况下实施的民事法律行为，受欺诈方有权请求人民法院或者仲裁机构予以撤销。

第一百四十九条　【受第三人欺诈的民事法律行为的效力】第三人实施欺诈行为，使一方在违背真实意思的情况下实施的民事法律行为，对方知道或者应当知道该欺诈行为的，受欺诈方有权请求人民法院或者仲裁机构予以撤销。

第一百五十条　【以胁迫手段实施的民事法律行为的效力】一方或者第三人以胁迫手段，使对方在违背真实意思的情况下实施的民事法律行为，受胁迫方有权请求人民法院或者仲裁机构予以撤销。

第一百五十一条　【显失公平的民事法律行为的效力】一方利用对方处于危困状态、缺乏判断能力等情形，致使民事法律行为成立时显失公平的，受损害方有权请求人民法院或者仲裁机构予以撤销。

第一百五十三条　【违反强制性规定及违背公序良俗的民事法律行为的效力】违反法律、行政法规的强制性规定的民事法律行为无效。但是，该强制性规定不导致该民事法律行为无效的除外。

违背公序良俗的民事法律行为无效。

第一百五十四条　【恶意串通的民事法律行为的效力】行为人与相对人恶意串通，损害他人合法权益的民事法律行为无效。

第一百五十七条　【民事法律行为无效、被撤销或确定不发生效力的法律后果】民事法律行为无效、被撤销或者确定不发生效力后，行为人因该行为取得的财产，应当予以返还；不能返还或者没有必要返还的，应当折价补偿。有过错的一方应当赔偿对方由此所受到的损失；各方都有过错的，应当各自承担相应的责任。法律另有规定的，依照其规定。

》《中华人民共和国海商法》（1992 年）

第一百八十七条　由于救助方的过失致使救助作业成为必需或者更加困难的，可能救助方有欺诈或者其他不诚实行为的，应当取消或者减少向救助方支付的救助款项。

247. 海事债权确权纠纷

相关规范

》《中华人民共和国海事诉讼特别程序法》（1999 年）

第一百一十一条　海事法院裁定强制拍卖船舶的公告发布后，债权人应当在公告期间，就与被拍卖船舶有关的债权申请登记。公告期间届满不登记的，视为放弃在本次拍卖船舶价款中受偿的权利。

第一百一十二条 海事法院受理设立海事赔偿责任限制基金的公告发布后，债权人应当在公告期间就与特定场合发生的海事事故有关的债权申请登记。公告期间届满不登记的，视为放弃债权。

第一百一十三条 债权人向海事法院申请登记债权的，应当提交书面申请，并提供有关债权证据。

债权证据，包括证明债权的具有法律效力的判决书、裁定书、调解书、仲裁裁决书和公证债权文书，以及其他证明具有海事请求的证据材料。

第一百一十四条 海事法院应当对债权人的申请进行审查，对提供债权证据的，裁定准予登记；对不提供债权证据的，裁定驳回申请。

第一百一十五条 债权人提供证明债权的判决书、裁定书、调解书、仲裁裁决书或者公证债权文书的，海事法院经审查认定上述文书真实合法的，裁定予以确认。

第一百一十六条 债权人提供其他海事请求证据的，应当在办理债权登记以后，在受理债权登记的海事法院提起确权诉讼。当事人之间有仲裁协议的，应当及时申请仲裁。

海事法院对确权诉讼作出的判决、裁定具有法律效力，当事人不得提起上诉。

第一百一十七条 海事法院审理并确认债权后，应当向债权人发出债权人会议通知书，组织召开债权人会议。

第一百一十八条 债权人会议可以协商提出船舶价款或者海事赔偿责任限制基金的分配方案，签订受偿协议。

受偿协议经海事法院裁定认可，具有法律效力。

债权人会议协商不成的，由海事法院依照《中华人民共和国海商法》以及其他有关法律规定的受偿顺序，裁定船舶价款或者海事赔偿责任限制基金的分配方案。

第一百一十九条 拍卖船舶所得价款及其利息，或者海事赔偿责任限制基金及其利息，应当一并予以分配。

分配船舶价款时，应当由责任人承担的诉讼费用，为保存、拍卖船舶和分配船舶价款产生的费用，以及为债权人的共同利益支付的其他费用，应当从船舶价款中先行拨付。

清偿债务后的余款，应当退还船舶原所有人或者海事赔偿责任限制基金设立人。

》《中华人民共和国民事诉讼法》（2021年修正）

第二百八十八条 外国法院作出的发生法律效力的判决、裁定，需要中华人民共和国人民法院承认和执行的，可以由当事人直接向中华人民共和国有管辖权的中级人民法院申请承认和执行，也可以由外国法院依照该国与中华人民共和国缔结或者参加的国际条约的规定，或者按照互惠原则，请求人民法院承认和执行。

第二百八十九条 人民法院对申请或者请求承认和执行的外国法院作出的发生法律效力的判决、裁定，依照中华人民共和国缔结或者参加的国际条约，或者按照互惠原则进行审查后，认为不违反中华人民共和国法律的基本原则或者国家主权、安全、社会公共利益的，裁定承认其效力，需要执行的，发出执行令，依照本法的有关规定执行。违反中华人民共和国法律的基本原则或者国家主权、安全、社会公共利益的，不予承认和执行。

第二百九十条 国外仲裁机构的裁决，需要中华人民共和国人民法院承认和执行的，应当由当事人直接向被执行人住所地或者其财产所在地的中级人民法院申请，人民法院应当依照中华人民共和国缔结或者参加的国际条约，或者按照互惠原则办理。

第八部分　与公司、证券、保险、票据等有关的民事纠纷

二十、与企业有关的纠纷

248. 企业出资人权益确认纠纷

相关规范

》《中华人民共和国民法典》（2020 年）

第二百五十七条　【国家出资的企业出资人制度】国家出资的企业，由国务院、地方人民政府依照法律、行政法规规定分别代表国家履行出资人职责，享有出资人权益。

第二百六十八条　【国家、集体和私人依法出资设立公司或其他企业】国家、集体和私人依法可以出资设立有限责任公司、股份有限公司或者其他企业。国家、集体和私人所有的不动产或者动产投到企业的，由出资人按照约定或者出资比例享有资产收益、重大决策以及选择经营管理者等权利并履行义务。

》《中华人民共和国中小企业促进法》（2017 年修订）

第五十条　国家保护中小企业及其出资人的财产权和其他合法权益。任何单位和个人不得侵犯中小企业财产及其合法收益。

》《中华人民共和国公司法》（2018 年修正）

第十五条　公司可以向其他企业投资；但是，除法律另有规定外，不得成为对所投资企业的债务承担连带责任的出资人。

第三十二条第一款　有限责任公司应当置备股东名册，记载下列事项：

……

（二）股东的出资额；

……

记载于股东名册的股东，可以依股东名册主张行使股东权利。

第八十一条　股份有限公司章程应当载明下列事项：

……

（四）公司股份总数、每股金额和注册资本；

（五）发起人的姓名或者名称、认购的股份数、出资方式和出资时间；

……

《企业国有资产监督管理暂行条例》（2019年修订）

第五条 国务院代表国家对关系国民经济命脉和国家安全的大型国有及国有控股、国有参股企业，重要基础设施和重要自然资源等领域的国有及国有控股、国有参股企业，履行出资人职责。国务院履行出资人职责的企业，由国务院确定、公布。

省、自治区、直辖市人民政府和设区的市、自治州级人民政府分别代表国家对由国务院履行出资人职责以外的国有及国有控股、国有参股企业，履行出资人职责。其中，省、自治区、直辖市人民政府履行出资人职责的国有及国有控股、国有参股企业，由省、自治区、直辖市人民政府确定、公布，并报国务院国有资产监督管理机构备案；其他由设区的市、自治州级人民政府履行出资人职责的国有及国有控股、国有参股企业，由设区的市、自治州级人民政府确定、公布，并报省、自治区、直辖市人民政府国有资产监督管理机构备案。

国务院，省、自治区、直辖市人民政府，设区的市、自治州级人民政府履行出资人职责的企业，以下统称所出资企业。

第十条 所出资企业及其投资设立的企业，享有有关法律、行政法规规定的企业经营自主权。

国有资产监督管理机构应当支持企业依法自主经营，除履行出资人职责以外，不得干预企业的生产经营活动。

第二十三条 国有资产监督管理机构决定其所出资企业的国有股权转让。其中，转让全部国有股权或者转让部分国有股权致使国家不再拥有控股地位的，报本级人民政府批准。

第二十四条 所出资企业投资设立的重要子企业的重大事项，需由所出资企业报国有资产监督管理机构批准的，管理办法由国务院国有资产监督管理机构另行制定，报国务院批准。

《最高人民法院关于审理中央级财政资金转为部分中央企业国家资本金有关纠纷案件的通知》（法〔2012〕295号 2012年12月11日）

一、有关中央企业就《通知》所涉中央级财政资金转为国家资本金引发的确认公司或企业出资人权益、返还资金等纠纷提起民事诉讼的，人民法院应予受理。《通知》发布前人民法院已经受理的相关案件，人民法院可以继续审理。

有关中央企业请求返还资金案件的案由为资金返还纠纷。

二、《通知》发布前，当事人之间就确认公司或企业出资人权益、资金返还等达成的协议，不违反国家相关政策规定的，其效力应予认可。

三、除人民法院已经受理的案件外，有关中央企业返还资金请求权的诉讼时效期间自《通知》第五条规定的期限届满之日起算。

当事人主张确认公司或企业出资人权益请求权不适用诉讼时效的规定。

249. 侵害企业出资人权益纠纷

相关规范

《中华人民共和国民法典》（2020年）

第二百五十七条 【国家出资的企业出资人制度】国家出资的企业，由国务院、地方人民政府依照法律、行政法规规定分别代表国家履行出资人职责，享有出资人权益。

第二百六十八条 【国家、集体和私人依法出资设立公司或其他企业】国家、集体和私人依法可以出资设立有限责任公司、股份有限公司或者其他企业。国家、集体和私人所有的不动产或者动产投到企业的，由出资人按照约定或者出资比例享有资产收益、重大决策以及选择经营管理者等权利并履行义务。

》《中华人民共和国公司法》（2018 年修正）

第十五条 公司可以向其他企业投资；但是，除法律另有规定外，不得成为对所投资企业的债务承担连带责任的出资人。

》《企业国有资产监督管理暂行条例》（2019 年修订）

第十一条 所出资企业应当努力提高经济效益，对其经营管理的企业国有资产承担保值增值责任。

所出资企业应当接受国有资产监督管理机构依法实施的监督管理，不得损害企业国有资产所有者和其他出资人的合法权益。

》《最高人民法院关于审理与企业改制相关民事纠纷案件若干问题的规定》（2020 年 12 月 23 日修正）

第十一条 企业在进行股份合作制改造时，参照公司法的有关规定，公告通知了债权人。企业股份合作制改造后，债权人就原企业资产管理人（出资人）隐瞒或者遗漏的债务起诉股份合作制企业的，如债权人在公告期内申报过该债权，股份合作制企业在承担民事责任后，可再向原企业资产管理人（出资人）追偿。如债权人在公告期内未申报过该债权，则股份合作制企业不承担民事责任，人民法院可告知债权人另行起诉原企业资产管理人（出资人）。

第三十三条 企业吸收合并或新设合并后，被兼并企业应当办理而未办理工商注销登记，债权人起诉被兼并企业的，人民法院应当根据企业兼并后的具体情况，告知债权人追加责任主体，并判令责任主体承担民事责任。

第三十四条 以收购方式实现对企业控股的，被控股企业的债务，仍由其自行承担。但因控股企业抽逃资金、逃避债务，致被控股企业无力偿还债务的，被控股企业的债务则由控股企业承担。

250. 企业公司制改造合同纠纷

相关规范

》《中华人民共和国全民所有制工业企业法》（2009 年修正）

第二条 全民所有制工业企业（以下简称企业）是依法自主经营、自负盈亏、独立核算的社会主义商品生产的经营单位。

企业的财产属于全民所有，国家依照所有权和经营权分离的原则授予企业经营管理。企业对国家授予其经营管理的财产享有占有、使用和依法处分的权利。

企业依法取得法人资格，以国家授予其经营管理的财产承担民事责任。

第十八条 企业合并或者分立，依照法律、行政法规的规定，由政府或者政府主管部门批准。

》《全民所有制工业企业转换经营机制条例》（2011 年修订）

第二条 企业转换经营机制的目标是：使企业适应市场的要求，成为依法自主经营、自负盈亏、自我发展、自我约束的商品生产和经营单位，成为独立享有民事权利和承担民事义务的企业法人。

第十四条 企业享有留用资金支配权。

企业在保证实现企业财产保值、增殖的前提下，有权自主确定税后留用利润中各项基金的比例和用途，报政府有关部门备案。

企业可以将生产发展基金用于购置固定资产、进行技术改造、开发新产品或者补充流动资金，也可以将折旧费、大修理费和其他生产性资金合并用于技术改造或者生产性投资。

企业有权拒绝任何部门和单位无偿调拨企业留用资金或者强令企业以折旧费、大修理费补交上交利润。国务院有特殊规定的，从其规定。

《最高人民法院关于审理与企业改制相关民事纠纷案件若干问题的规定》（2020年12月23日修正）

第四条 国有企业依公司法整体改造为国有独资有限责任公司的，原企业的债务，由改造后的有限责任公司承担。

第五条 企业通过增资扩股或者转让部分产权，实现他人对企业的参股，将企业整体改造为有限责任公司或者股份有限公司的，原企业债务由改造后的新设公司承担。

第六条 企业以其部分财产和相应债务与他人组建新公司，对所转移的债务债权人认可的，由新组建的公司承担民事责任；对所转移的债务未通知债权人或者虽通知债权人，而债权人不予认可的，由原企业承担民事责任。原企业无力偿还债务，债权人就此向新设公司主张债权的，新设公司在所接收的财产范围内与原企业承担连带民事责任。

第七条 企业以其优质财产与他人组建新公司，而将债务留在原企业，债权人以新设公司和原企业作为共同被告提起诉讼主张债权的，新设公司应当在所接收的财产范围内与原企业共同承担连带责任。

251. 企业股份合作制改造合同纠纷

相关规范

《轻工业集体企业股份合作制试行办法》（1993年）

第二条 股份合作制是按照合作制原则，吸引股份制形式，兼有劳动联合和资金联合的一种企业经营组织形式。

第三条 股份合作制企业（以下简称企业）是劳动群众自愿组合，自筹资金，并以股份形式投入，财产属于举办该企业的劳动群众集体所有与按股所有相结合，实行集体占有，共同劳动，民主管理，按劳分配，按股分红的社会主义集体所有制经济组织。

第四条 本办法适用于改组为股份合作制的轻工集体企业和新组合的股份合作制企业。

《农民股份合作企业暂行规定》（1997年修正）

第二条 本暂行规定所称农民股份合作企业是指，由三户以上劳动农民，按照协议，以资金、实物、技术、劳力等作为股份，自愿组织起来从事生产经营活动，接受国家计划指导，实行民主管理，以按劳分配为主，又有一定比例的股金分红，有公共积累，能独立承担民事责任，经依法批准建立的经济组织。

《最高人民法院关于审理与企业改制相关的民事纠纷案件若干问题的规定》（2020年12月23日修正）

第八条 由企业职工买断企业产权，将原企业改造为股份合作制的，原企业的债务，由改造后的股份合作制企业承担。

第九条 企业向其职工转让部分产权，由企业与职工共同组建股份合作制企业的，原企业的债务由改造后的股份合作制企业承担。

第十条 企业通过其职工投资增资扩股，将原企业改造为股份合作制企业的，原企业的债务由改造后的股份合作制企业承担。

第十一条 企业在进行股份合作制改造时，参照公司法的有关规定，公告通知了债权人。企业股份合作制改造后，债权人就原企业资产管理人（出资人）隐瞒或者遗漏的债务起诉股份合作制企业的，如债权人在公告期内申报过该债权，股份合作制企业在承担民事责任后，可再向原企业资产管理人（出资人）追偿。如债权人在公告期内未申报过该债权，则股份合作制企业不承担民事责任，人民法院可告知债权人另行起诉原企业资产管理人（出资人）。

252. 企业债权转股权合同纠纷

相关规范

>>《中华人民共和国民法典》（2020 年）

第五百四十三条 【协议变更合同】当事人协商一致，可以变更合同。

>>《金融资产管理公司条例》（2000 年）

第十六条 金融资产管理公司可以将收购国有银行不良贷款取得的债权转为对借款企业的股权。金融资产管理公司持有的股权，不受本公司净资产额或者注册资本的比例限制。

第十七条 实施债权转股权，应当贯彻国家产业政策，有利于优化经济结构，促进有关企业的技术进步和产品升级。

第十八条 实施债权转股权的企业，由国家经济贸易委员会向金融资产管理公司推荐。金融资产管理公司对被推荐的企业进行独立评审，制定企业债权转股权的方案并与企业签订债权转股权协议。债权转股权的方案和协议由国家经济贸易委员会会同财政部、中国人民银行审核，报国务院批准后实施。

第十九条 实施债权转股权的企业，应当按照现代企业制度的要求，转换经营机制，建立规范的公司法人治理结构，加强企业管理。有关地方人民政府应当帮助企业减员增效、下岗分流，分离企业办社会的职能。

第二十条 金融资产管理公司的债权转股权后，作为企业的股东，可以派员参加企业董事会、监事会，依法行使股东权利。

第二十一条 金融资产管理公司持有的企业股权，可以按照国家有关规定向境内外投资者转让，也可以由债权转股权企业依法回购。

第二十二条 企业实施债权转股权后，应当按照国家有关规定办理企业产权变更等有关登记。

第二十三条 国家经济贸易委员会负责组织、指导、协调企业债权转股权工作。

>>《国家经贸委、中国人民银行关于实施债权转股权若干问题的意见》（1999 年）

国务院决定，国有商业银行组建金融资产管理公司，依法处置银行原有的不良信贷资产。同时，为支持国有大中型企业实现三年改革与脱困的目标，金融资产管理公司作为投资主体实行债权转股权，企业相应增资减债，优化资产负债结构。为此，经国务院同意，特提出关于实施债权转股权若干问题的意见。

一、目的和原则

1. 盘活商业银行不良资产，加快不良资产的回收，增加资产流动性，防范和化解金融风险。

2. 加快实现债权转股权的国有大中型亏损企业转亏为盈。

3. 促进企业转换经营机制，加快建立现代企业制度。

实施债权转股权要与贯彻国家产业政策、优化经济结构相结合，促进企业技术进步和产品升级，增强企业竞争力，提高经济增长质量和效益。

二、选择企业的范围与条件

按照高标准、严要求的精神，目前选择债权转股权企业的范围和条件如下：

（一）选择企业的范围

1. “七五”“八五”期间和“九五”前两年主要依靠商业银行贷款（包括外币贷款）建成投产，因缺乏资本金和汇率变动等因素，负债过高导致亏损，难以归还贷款本息，通过债权转股权后可转亏为盈的工业企业。

2. 国家确定的521户重点企业中因改建、扩建致使负债过重，造成亏损或虚盈实亏，通过优化资产负债结构可转亏为盈的工业企业。

3. 被选企业同时应是1995年及以前年度向商业银行贷款形成不良债务的工业企业。有些地位重要、困难很大的企业，时限可以延至1996、1997、1998年。

4. 工业企业直接负债方，作为债权转股权的企业，必须具有独立企业法人资格。

5. 选择个别商贸企业，进行债权转股权企业的试点。

（二）被选企业必须具备的条件

1. 产品品种适销对路（国内有需求、可替代进口、可批量出口），质量符合要求，有市场竞争力。

2. 工艺装备为国内、国际先进水平，生产符合环保要求。

3. 企业管理水平较高，债权债务清楚，财务行为规范，符合“两则”要求。

4. 企业领导班子强，董事长、总经理善于经营管理。

5. 转换经营机制的方案符合现代企业制度的要求，各项改革措施有力，减员增效、下岗分流的任务落实并得到地方政府确认。

被选企业必须具备上述条件。凡不具备条件的企业应先行整顿，特别是领导班子达不到要求的，必须进行调整。

三、选择企业的操作程序

1. 国家经贸委按照选择范围和条件，严格把关，防止一哄而起。要在征求有关部门意见的基础上，通过双向选择，初步提出企业名单；组织国家有关部门和商业银行到企业调查了解生产经营、资产负债、市场销售、企业管理和内部改革等情况，向金融资产管理公司提出符合条件的企

业的建议名单。商业银行及金融资产管理公司也要向国家经贸委提供被剥离的不良信贷资产企业的情况，并就债权转股权问题交换意见。

2. 金融资产管理公司对建议名单中的企业经过独立评审，确认实施债权转股权的企业名单。评审中，要防止行政干预。必要时，可委托国内外中介机构评估、论证。

3. 国家经贸委、财政部、中国人民银行对金融管理公司确认的企业债权转股权的条件、方案，联合进行严格审核后，报国务院批准实施。

四、金融资产管理公司与企业的关系

1. 金融资产管理公司在债权转股权后，即成为企业的股东，对企业持股或控股，派员参加企业董事会、监事会，参与企业重大决策，但不参与企业的日常生产经营活动。

2. 企业按照《中华人民共和国公司法》规定进行改制，并认真建立规范的法人治理结构，重新进行工商注册登记。

3. 金融资产管理公司持有的股权，可按有关规定向境内外投资者转让，也可由债权转股权企业依法回购；符合上市条件的企业，可以上市。关系国计民生且国家必须控股的企业，在转让或上市时，要保证国家控股。

》《金融资产管理公司资产处置管理办法（修订）》（2008年）

第十六条 资产公司可通过追偿债务、租赁、转让、重组、资产置换、委托处置、债权转股权、资产证券化等多种方式处置资产。资产公司应在金融监管部门批准的业务许可范围内，探索处置方式，以实现处置收益最大化的目标。

》《最高人民法院关于审理与企业改制相关的民事纠纷案件若干问题的规定》（2020年12月23日修正）

第十四条 债权人与债务人自愿达成债权转股权协议，且不违反法律和行政法规强制性规定的，人民法院在审理相关的民事纠纷案件中，应当确认债权转股权协议有效。

政策性债权转股权，按照国务院有关部门的规定处理。

第十五条 债务人以隐瞒企业资产或者

虚列企业资产为手段，骗取债权人与其签订债权转股权协议，债权人在法定期间内行使撤销权的，人民法院应当予以支持。

债权转股权协议被撤销后，债权人有权要求债务人清偿债务。

第十六条　部分债权人进行债权转股权的行为，不影响其他债权人向债务人主张债权。

253. 企业分立合同纠纷

相关规范

》《中华人民共和国民法典》（2020 年）

第六十七条　【法人合并、分立后权利义务的享有和承担】法人合并的，其权利和义务由合并后的法人享有和承担。

法人分立的，其权利和义务由分立后的法人享有连带债权，承担连带债务，但是债权人和债务人另有约定的除外。

第五百二十九条　【因债权人原因致债务履行困难时的处理】债权人分立、合并或者变更住所没有通知债务人，致使履行债务发生困难的，债务人可以中止履行或者将标的物提存。

第五百四十三条　【协议变更合同】当事人协商一致，可以变更合同。

第五百四十五条　【债权转让】债权人可以将债权的全部或者部分转让给第三人，但是有下列情形之一的除外：

（一）根据债权性质不得转让；

（二）按照当事人约定不得转让；

（三）依照法律规定不得转让。

当事人约定非金钱债权不得转让的，不得对抗善意第三人。当事人约定金钱债权不得转让的，不得对抗第三人。

第五百四十六条　【债权转让通知】债权人转让债权，未通知债务人的，该转让对债务人不发生效力。

债权转让的通知不得撤销，但是经受让人同意的除外。

第五百四十七条　【债权转让时从权利一并变动】债权人转让债权的，受让人取得与债权有关的从权利，但是该从权利专属于债权人自身的除外。

受让人取得从权利不因该从权利未办理转移登记手续或者未转移占有而受到影响。

第五百四十八条　【债权转让时债务人抗辩权】债务人接到债权转让通知后，债务人对让与人的抗辩，可以向受让人主张。

第五百四十九条　【债权转让时债务人抵销权】有下列情形之一的，债务人可以向受让人主张抵销：

（一）债务人接到债权转让通知时，债务人对让与人享有债权，且债务人的债权先于转让的债权到期或者同时到期；

（二）债务人的债权与转让的债权是基于同一合同产生。

第五百五十条　【债权转让增加的履行费用的负担】因债权转让增加的履行费用，由让与人负担。

第五百五十一条　【债务转移】债务人将债务的全部或者部分转移给第三人的，应当经债权人同意。

债务人或者第三人可以催告债权人在合理期限内予以同意，债权人未作表示的，视为不同意。

第五百五十二条　【并存的债务承担】第三人与债务人约定加入债务并通知债权人，或者第三人向债权人表示愿意加入债务，债权人未在合理期限内明确拒绝的，债权人可以请求第三人在其愿意承担的债务范围内和债务人承担连带债务。

第五百五十三条　【债务转移时新债务人抗辩权】债务人转移债务的，新债务人可以主张原债务人对债权人的抗辩；原债务人对债权人享有债权的，新债务人不得向债权人主张抵销。

第五百五十四条　【债务转移时从债务一并转移】债务人转移债务的，新债务人应当承担与主债务有关的从债务，但是该从债务专属于原债务人自身的除外。

第五百五十五条 【合同权利义务一并转让】当事人一方经对方同意，可以将自己在合同中的权利和义务一并转让给第三人。

《中华人民共和国全民所有制工业企业法》（2009年修正）

第十八条 企业合并或者分立，依照法律、行政法规的规定，由政府或者政府主管部门批准。

《全民所有制工业企业转换经营机制条例》（2011年修订）

第三十一条 企业可以通过转产、停产整顿、合并、分立、解散、破产等方式，进行产品结构和组织结构调整，实现资源合理配置和企业的优胜劣汰。

第三十五条 经政府批准，企业可以分立。企业分立时，应当由分立各方签订分立协议，明确划分分立各方的财产和债权债务等。

《最高人民法院关于审理与企业改制相关的民事纠纷案件若干问题的规定》（2020年12月23日修正）

第八条 由企业职工买断企业产权，将原企业改造为股份合作制的，原企业的债务，由改造后的股份合作制企业承担。

第九条 企业向其职工转让部分产权，由企业与职工共同组建股份合作制企业的，原企业的债务由改造后的股份合作制企业承担。

第十条 企业通过其职工投资增资扩股，将原企业改造为股份合作制企业的，原企业的债务由改造后的股份合作制企业承担。

第十一条 企业在进行股份合作制改造时，参照公司法的有关规定，公告通知了债权人。企业股份合作制改造后，债权人就原企业资产管理人（出资人）隐瞒或者遗漏的债务起诉股份合作制企业的，如债权人在公告期内申报过该债权，股份合作制企业在承担民事责任后，可再向原企业资产管理人（出资人）追偿。如债权人在公告期内未申报过该债权，则股份合作制企业不承担民事责任，人民法院可告知债权人另行起诉原企业资产管理人（出资人）。

四、企业分立

第十二条 债权人向分立后的企业主张债权，企业分立时对原企业的债务承担有约定，并经债权人认可的，按照当事人的约定处理；企业分立时对原企业债务承担没有约定或者约定不明，或者虽然有约定但债权人不予认可的，分立后的企业应当承担连带责任。

第十三条 分立的企业在承担连带责任后，各分立的企业间对原企业债务承担有约定的，按照约定处理；没有约定或者约定不明的，根据企业分立时的资产比例分担。

254. 企业租赁经营合同纠纷

相关规范

《全民所有制小型工业企业租赁经营暂行条例》（1990年修订）

第三条 本条例所称租赁经营，是指在不改变企业的全民所有制性质的条件下，实行所有权与经营权的分离，国家授权单位为出租方将企业有期限地交给承租方经营，承租方向出租方交付租金并依照合同规定对企业实行自主经营的方式。

第六条 国家授权企业所在地方人民政府委托的部门为出租方，代表国家行使企业的出租权。

第七条 按照本条例规定承租经营企业的为承租方。

承租方可以采取下列形式承租经营企业：

（一）一个人承租经营企业（以下简称个人承租）；

（二）二至五人合伙承租经营企业（以

下简称合伙承租）；

（三）本企业全体职工承租经营企业（以下简称全员承租）；

（四）一个企业承租经营另一个企业（以下简称企业承租）；

（五）国家允许的其他租赁经营形式。

第八条 租赁期限每届为三至五年。承租方不得将企业转租。

第九条 承租经营者是指承租经营企业的个人，或者合伙承租、全员承租确定的厂长，或者承租企业派出的厂长。承租经营者是企业租赁期间的法定代表人，行使厂长职权，对企业全面负责。

第十条 承租经营者必须具备国家规定的厂长条件。

第十一条 承租方必须提供下列担保：

（一）个人承租的，必须出具与租赁企业资产成一定比例的个人财产（其中应当有一定比例的现金）作为担保，现金必须专款存入银行，并有不少于两名有相应财产可资担保的保证人；

（二）合伙承租、全员承租的承租成员必须出具与租赁企业资产成一定比例的个人财产（其中应当有一定比例的现金）作为担保，现金必须专款存入银行；

（三）企业承租的，必须出具与租赁企业资产成一定比例的留用资金作为担保，并存入银行。存入银行后，除征得出租方同意可作为流动资金参加周转外，不得挪作他用。

前款各项担保财产与租赁企业的资产的具体比例，由出租方所在地方人民政府根据具体情况确定。

第十二条 出租方在企业出租前必须会同有关部门对企业进行清产核资、清理债权债务、评估资产（包括有形资产和无形资产），根据行业和本企业资金利润率确定标底。

第十三条 出租方选择承租方的步骤：

（一）公布招标通告，进行招标登记，对招标登记者进行资格审查，确定投标者；

（二）组织投标者进厂考察，由投标者编制投标书，提出治厂方案；

（三）组织投标者公开答辩，对投标者进行综合考评，征求职工代表大会（职工大会）的意见，确定中标者。

第十五条 出租方选定承租方后，出租方与承租方必须订立租赁经营合同，按照国家有关规定办理法人变更登记手续。

第十六条 租赁期满，出租方同意承租方继续承租的，必须重新订立合同并按照国家有关规定办理法人变更登记手续。

租赁期满前六个月，出租方和承租方应当互相明确是否继续租赁关系。

第十七条 租赁经营合同应当采用书面形式。订立租赁经营合同的双方必须坚持自愿、平等、协商的原则。

租赁经营合同依照本条例订立，即具有法律约束力。

第十九条 未经协商同意，任何一方不得擅自变更、解除租赁经营合同。

第二十条 有下列情况之一，使租赁经营合同无法履行时，允许变更或者解除合同：

（一）由于不可抗力，或者由于一方当事人虽无过失但无法防止的外因；

（二）由于承租方经营管理不善达不到合同规定的年度经营目标；

（三）由于一方违约；

（四）由于合同规定的其他变更或者解除合同的条件出现。

第二十一条 租赁经营合同一方要求变更或者解除合同时，应当及时以书面形式通知对方，双方未达成书面协议以前，原合同仍然有效。

租赁经营合同一方接到另一方要求变更或者解除合同的书面通知后，应当自收到书面通知之日起十五日内作出书面答复，逾期未作出答复的，即视为默认。

第二十二条 租赁经营合同双方发生纠纷，应当协商解决。协商不成的，可以根据合同规定向工商行政管理机关申请调解或者仲裁。租赁经营合同任何一方对仲裁机关的仲裁决定不服的，可以在接到仲裁决定书之日起十日内向上一级仲裁机关申请复议。上一级仲裁机关作出的决定，即为终局裁决。逾期未申请复议，发生法律效力的仲裁决定，即为终局裁决。

租赁经营合同任何一方可以根据租赁经营合同规定直接向人民法院起诉。

第二十八条 出租方可视企业技术改造任务情况，将承租方交付租金的全部或者一部交给企业，用于生产发展和技术改造，或者清偿企业租赁前的债务及遗留亏损。

第二十九条 租赁经营企业实现的利润依法纳税后，分为承租方的收入（含租金）、企业生产发展基金、职工集体福利基金、职工奖励基金四部分，按照合同规定的比例进行分配。

第三十一条 企业租赁经营前的债权债务及遗留亏损的处理办法，按照租赁经营合同规定办理。

第三十五条 租赁经营合同解除时，出租方应当会同有关部门对承租方经营成果进行审查。凡达到租赁经营合同规定的经营总目标并按照租赁经营合同规定交付租金的，出租方应当根据企业的经营情况，商得职工代表大会（职工大会）的同意，从企业的风险保证金中按照承租方担保现金数额的一至五倍支付给承租方。承租方在租赁期内达不到租赁经营合同规定的经营总目标或者欠交租金时，应当以企业的风险保证金、预支的生活费（或承租成员的年度收入）抵补；不足部分，由承租方、保证人提供的担保财产抵补。保证人以其保证财产抵补后，有权向承租方追偿。

第三十六条 个人承租的承租经营者对保证人的风险补偿，应当从个人收入中支付并订立书面协议。

255. 企业出售合同纠纷

相关规范

《最高人民法院关于审理与企业改制相关的民事纠纷案件若干问题的规定》（2020年12月23日修正）

第十七条 以协议转让形式出售企业，企业出售合同未经有审批权的地方人民政府或其授权的职能部门审批的，人民法院在审理相关的民事纠纷案件时，应当确认该企业出售合同不生效。

第十八条 企业出售中，当事人双方恶意串通，损害国家利益的，人民法院在审理相关的民事纠纷案件时，应当确认该企业出售行为无效。

第十九条 企业出售中，出卖人实施的行为具有法律规定的撤销情形，买受人在法定期限内行使撤销权的，人民法院应当予以支持。

第二十条 企业出售合同约定的履行期限届满，一方当事人拒不履行合同，或者未完全履行合同义务，致使合同目的不能实现，对方当事人要求解除合同并要求赔偿损失的，人民法院应当予以支持。

第二十一条 企业出售合同约定的履行期限届满，一方当事人未完全履行合同义务，对方当事人要求继续履行合同并要求赔偿损失的，人民法院应当予以支持。双方当事人均未完全履行合同义务的，应当根据当事人的过错，确定各自应当承担的民事责任。

第二十二条 企业出售时，出卖人对所售企业的资产负债状况、损益状况等重大事项未履行如实告知义务，影响企业出售价格，买受人就此向人民法院起诉主张补偿的，人民法院应当予以支持。

第二十三条 企业出售合同被确认无效或者被撤销的，企业售出后买受人经营企业期间发生的经营盈亏，由买受人享有或者承担。

第二十四条　企业售出后，买受人将所购企业资产纳入本企业或者将所购企业变更为所属分支机构的，所购企业的债务，由买受人承担。但买卖双方另有约定，并经债权人认可的除外。

第二十五条　企业售出后，买受人将所购企业资产作价入股与他人重新组建新公司，所购企业法人予以注销的，对所购企业出售前的债务，买受人应当以其所有财产，包括在新组建公司中的股权承担民事责任。

第二十六条　企业售出后，买受人将所购企业重新注册为新的企业法人，所购企业法人被注销的，所购企业出售前的债务，应当由新注册的企业法人承担。但买卖双方另有约定，并经债权人认可的除外。

第二十七条　企业售出后，应当办理而未办理企业法人注销登记，债权人起诉该企业的，人民法院应当根据企业资产转让后的具体情况，告知债权人追加责任主体，并判令责任主体承担民事责任。

第二十八条　出售企业时，参照公司法的有关规定，出卖人公告通知了债权人。企业售出后，债权人就出卖人隐瞒或者遗漏的原企业债务起诉买受人的，如债权人在公告期内申报过该债权，买受人在承担民事责任后，可再行向出卖人追偿。如债权人在公告期内未申报过该债权，则买受人不承担民事责任。人民法院可告知债权人另行起诉出卖人。

第二十九条　出售企业的行为具有民法典第五百三十八条、第五百三十九条规定的情形，债权人在法定期限内行使撤销权的，人民法院应当予以支持。

256. 挂靠经营合同纠纷

相关规范

》《最高人民法院关于审理劳动争议案件适用法律问题的解释（一）》（法释〔2020〕26号　2020年12月29日）

第三十条　未办理营业执照、营业执照被吊销或者营业期限届满仍继续经营的用人单位，以挂靠等方式借用他人营业执照经营的，应当将用人单位和营业执照出借方列为当事人。

》《最高人民法院关于国内水路货物运输纠纷案件法律问题的指导意见》（法发〔2012〕28号　2012年12月24日）

8. 没有运营资质的个体运输船舶的实际所有人，为了进入国内水路货物运输市场，规避国家有关水路运输经营资质的管理规定，将船舶所有权登记在具有水路运输经营资质的船舶运输企业名下，向该运输企业交纳管理费，并以该运输企业的名义从事国内水路货物运输活动，是国内水路货物运输中普遍存在的一种挂靠经营方式。这种挂靠经营方式导致挂靠船舶的所有权登记形同虚设，船舶管理混乱，被挂靠企业对挂靠船舶疏于安全管理，严重冲击了航运市场的安全秩序，导致大量国内水路货物运输纠纷的产生。人民法院在审理与船舶挂靠有关的合同纠纷时，应当严格依照现行船舶管理的法律规范确定法律关系，坚持合同相对性的基本原则，根据合同的签订主体和合同的履行等基本事实，准确认定合同当事人。

9. 挂靠船舶的实际所有人以自己的名义签订运输合同，应当认定其为运输合同承运人，承担相应的合同责任。

10. 挂靠船舶的实际所有人以被挂靠企

业的名义签订运输合同，被挂靠企业亦签章予以确认，应当认定被挂靠企业为运输合同承运人，承担相应的合同责任。

11. 在没有签订水路货物运输合同的情形下，可以依照运单上承运人的记载判断运输合同的承运人。如果运单上仅仅加盖了承运船舶的船名章，应当认定该承运船舶的登记所有人为运输合同的承运人，承担相应的合同责任。

12. 挂靠船舶因侵权行为造成他人财产、人身损害，依据民法通则、侵权责任法、海商法和有关司法解释的规定，挂靠船舶的实际所有人和被挂靠企业应当承担连带赔偿责任。

257. 企业兼并合同纠纷

相关规范

《全民所有制工业企业转换经营机制条例》（2011年修订）

第十六条 企业享有联营、兼并权。

企业有权按照下列方式与其他企业、事业单位联营：

（一）与其他企业、事业单位组成新的经济实体，独立承担民事责任、具备法人条件的，经政府有关部门核准登记，取得法人资格；

（二）与其他企业、事业单位共同经营，联营各方按照出资比例或者协议的约定，承担民事责任；

（三）与其他企业、事业单位订立联营合同，确立各方的权利和义务。联营各方各自独立经营、各自承担民事责任。

企业按照自愿、有偿的原则，可以兼并其他企业，报政府主管部门备案。

《最高人民法院关于审理与企业改制相关的民事纠纷案件若干问题的规定》（2020年12月23日修正）

第三十条 企业兼并协议自当事人签字盖章之日起生效。需经政府主管部门批准的，兼并协议自批准之日起生效；未经批准的，企业兼并协议不生效。但当事人在一审法庭辩论终结前补办报批手续的，人民法院应当确认该兼并协议有效。

第三十一条 企业吸收合并后，被兼并企业的债务应当由兼并方承担。

第三十二条 企业新设合并后，被兼并企业的债务由新设合并后的企业法人承担。

第三十三条 企业吸收合并或新设合并后，被兼并企业应当办理而未办理工商注销登记，债权人起诉被兼并企业的，人民法院应当根据企业兼并后的具体情况，告知债权人追加责任主体，并判令责任主体承担民事责任。

第三十四条 以收购方式实现对企业控股的，被控股企业的债务，仍由其自行承担。但因控股企业抽逃资金、逃避债务，致被控股企业无力偿还债务的，被控股企业的债务则由控股企业承担。

《最高人民法院关于适用〈中华人民共和国民事诉讼法〉的解释》（2022年3月22日修正）

第六十三条 企业法人合并的，因合并前的民事活动发生的纠纷，以合并后的企业为当事人；企业法人分立的，因分立前的民事活动发生的纠纷，以分立后的企业为共同诉讼人。

258. 联营合同纠纷

相关规范

》《全民所有制工业企业法》（2009 年修正）

第三十四条　企业有权依照法律和国务院规定与其他企业、事业单位联营，向其他企业、事业单位投资，持有其他企业的股份。

企业有权依照国务院规定发行债券。

第六十六条　企业实行承包、租赁经营责任制的，除遵守本法规定外，发包方和承包方、出租方和承租方的权利、义务依照国务院有关规定执行。

联营企业、大型联合企业和股份企业，其领导体制依照国务院有关规定执行。

》《全民所有制工业企业转换经营机制条例》（2011 年修订）

第十六条　企业享有联营、兼并权。

企业有权按照下列方式与其他企业、事业单位联营：

（一）与其他企业、事业单位组成新的经济实体，独立承担民事责任、具备法人条件的，经政府有关部门核准登记，取得法人资格；

（二）与其他企业、事业单位共同经营、联营各方按照出资比例或者协议的约定，承担民事责任；

（三）与其他企业、事业单位订立联营合同，确立各方的权利和义务。联营各方各自独立经营、各自承担民事责任。

企业按照自愿、有偿的原则，可以兼并其他企业，报政府主管部门备案。

259. 企业承包经营合同纠纷

（1）中外合资经营企业承包经营合同纠纷

（2）中外合作经营企业承包经营合同纠纷

（3）外商独资企业承包经营合同纠纷

（4）乡镇企业承包经营合同纠纷

相关规范

》《中华人民共和国民法典》（2020 年）

第四百六十七条　【非典型合同及涉外合同的法律适用】本法或者其他法律没有明文规定的合同，适用本编通则的规定，并可以参照适用本编或者其他法律最相类似合同的规定。

在中华人民共和国境内履行的中外合资经营企业合同、中外合作经营企业合同、中外合作勘探开发自然资源合同，适用中华人民共和国法律。

》《中华人民共和国外商投资法》（2019 年）

第二条　在中华人民共和国境内（以下简称中国境内）的外商投资，适用本法。

本法所称外商投资，是指外国的自然人、企业或者其他组织（以下称外国投资者）直接或者间接在中国境内进行的投资活动，包括下列情形：

（一）外国投资者单独或者与其他投资者共同在中国境内设立外商投资企业；

（二）外国投资者取得中国境内企业的股份、股权、财产份额或者其他类似权益；

（三）外国投资者单独或者与其他投资者共同在中国境内投资新建项目；

（四）法律、行政法规或者国务院规定的其他方式的投资。

本法所称外商投资企业，是指全部或者部分由外国投资者投资，依照中国法律在中国境内经登记注册设立的企业。

第四条 国家对外商投资实行准入前国民待遇加负面清单管理制度。

前款所称准入前国民待遇，是指在投资准入阶段给予外国投资者及其投资不低于本国投资者及其投资的待遇；所称负面清单，是指国家规定在特定领域对外商投资实施的准入特别管理措施。国家对负面清单之外的外商投资，给予国民待遇。

负面清单由国务院发布或者批准发布。

中华人民共和国缔结或者参加的国际条约、协定对外国投资者准入待遇有更优惠规定的，可以按照相关规定执行。

第五条 国家依法保护外国投资者在中国境内的投资、收益和其他合法权益。

第六条 在中国境内进行投资活动的外国投资者、外商投资企业，应当遵守中国法律法规，不得危害中国国家安全、损害社会公共利益。

第二十八条 外商投资准入负面清单规定禁止投资的领域，外国投资者不得投资。

外商投资准入负面清单规定限制投资的领域，外国投资者进行投资应当符合负面清单规定的条件。

外商投资准入负面清单以外的领域，按照内外资一致的原则实施管理。

第三十一条 外商投资企业的组织形式、组织机构及其活动准则，适用《中华人民共和国公司法》《中华人民共和国合伙企业法》等法律的规定。

第三十二条 外商投资企业开展生产经营活动，应当遵守法律、行政法规有关劳动保护、社会保险的规定，依照法律、行政法规和国家有关规定办理税收、会计、外汇等事宜，并接受相关主管部门依法实施的监督检查。

第三十三条 外国投资者并购中国境内企业或者以其他方式参与经营者集中的，应当依照《中华人民共和国反垄断法》的规定接受经营者集中审查。

第三十四条 国家建立外商投资信息报告制度。外国投资者或者外商投资企业应当通过企业登记系统以及企业信用信息公示系统向商务主管部门报送投资信息。

外商投资信息报告的内容和范围按照确有必要的原则确定；通过部门信息共享能够获得的投资信息，不得再行要求报送。

第三十五条 国家建立外商投资安全审查制度，对影响或者可能影响国家安全的外商投资进行安全审查。

依法作出的安全审查决定为最终决定。

第三十六条 外国投资者投资外商投资准入负面清单规定禁止投资的领域的，由有关主管部门责令停止投资活动，限期处分股份、资产或者采取其他必要措施，恢复到实施投资前的状态；有违法所得的，没收违法所得。

外国投资者的投资活动违反外商投资准入负面清单规定的限制性准入特别管理措施的，由有关主管部门责令限期改正，采取必要措施满足准入特别管理措施的要求；逾期不改正的，依照前款规定处理。

外国投资者的投资活动违反外商投资准入负面清单规定的，除依照前两款规定处理外，还应当依法承担相应的法律责任。

《最高人民法院关于审理外商投资企业纠纷案件若干问题的规定（一）》

（2020年12月23日修正）

第一条 当事人在外商投资企业设立、变更等过程中订立的合同，依法律、行政法规的规定应当经外商投资企业审批机关批准后才生效的，自批准之日起生效；未经批准的，人民法院应当认定该合同未生效。当事人请求确认该合同无效的，人民法院不予支持。

前款所述合同因未经批准而被认定未生效的，不影响合同中当事人履行报批义务条款及因该报批义务而设定的相关条款的效力。

第二条 当事人就外商投资企业相关事项达成的补充协议对已获批准的合同不构成重大或实质性变更的，人民法院不应以未经外商投资企业审批机关批准为由认定该补充协议未生效。

前款规定的重大或实质性变更包括注册资本、公司类型、经营范围、营业期限、股东认缴的出资额、出资方式的变更以及公司合并、公司分立、股权转让等。

第三条 人民法院在审理案件中，发现经外商投资企业审批机关批准的外商投资企业合同具有法律、行政法规规定的无效情形的，应当认定合同无效；该合同具有法律、行政法规规定的可撤销情形，当事人请求撤销的，人民法院应予支持。

260. 中外合资经营企业合同纠纷

相关规范

»《中华人民共和国民法典》（2020 年）

第四百六十七条 【非典型合同及涉外合同的法律适用】 本法或者其他法律没有明文规定的合同，适用本编通则的规定，并可以参照适用本编或者其他法律最相类似合同的规定。

在中华人民共和国境内履行的中外合资经营企业合同、中外合作经营企业合同、中外合作勘探开发自然资源合同，适用中华人民共和国法律。

»《中华人民共和国外商投资法》（2019 年）

第二条 在中华人民共和国境内（以下简称中国境内）的外商投资，适用本法。

本法所称外商投资，是指外国的自然人、企业或者其他组织（以下称外国投资者）直接或者间接在中国境内进行的投资活动，包括下列情形：

（一）外国投资者单独或者与其他投资者共同在中国境内设立外商投资企业；

（二）外国投资者取得中国境内企业的股份、股权、财产份额或者其他类似权益；

（三）外国投资者单独或者与其他投资者共同在中国境内投资新建项目；

（四）法律、行政法规或者国务院规定的其他方式的投资。

本法所称外商投资企业，是指全部或者部分由外国投资者投资，依照中国法律在中国境内经登记注册设立的企业。

»《最高人民法院关于审理外商投资企业纠纷案件若干问题的规定（一）》（2020 年 12 月 23 日修正）

第一条 当事人在外商投资企业设立、变更等过程中订立的合同，依法律、行政法规的规定应当经外商投资企业审批机关批准后才生效的，自批准之日起生效；未经批准的，人民法院应当认定该合同未生效。当事人请求确认该合同无效的，人民法院不予支持。

前款所述合同因未经批准而被认定未生效的，不影响合同中当事人履行报批义务条款及因该报批义务而设定的相关条款的效力。

261. 中外合作经营企业合同纠纷

相关规范

»《中华人民共和国民法典》（2020 年）

第四百六十七条 【非典型合同及涉外合同的法律适用】 本法或者其他法律没有明文规定的合同，适用本编通则的规定，并可以参照适用本编或者其他法律最相类似合同的规定。

在中华人民共和国境内履行的中外合资经营企业合同、中外合作经营企业合同、中外合作勘探开发自然资源合同，适用中华人民共和国法律。

《中华人民共和国外商投资法》（2019年）

第二条 在中华人民共和国境内（以下简称中国境内）的外商投资，适用本法。

本法所称外商投资，是指外国的自然人、企业或者其他组织（以下称外国投资者）直接或者间接在中国境内进行的投资活动，包括下列情形：

（一）外国投资者单独或者与其他投资者共同在中国境内设立外商投资企业；

（二）外国投资者取得中国境内企业的股份、股权、财产份额或者其他类似权益；

（三）外国投资者单独或者与其他投资者共同在中国境内投资新建项目；

（四）法律、行政法规或者国务院规定的其他方式的投资。

本法所称外商投资企业，是指全部或者部分由外国投资者投资，依照中国法律在中国境内经登记注册设立的企业。

《最高人民法院关于审理外商投资企业纠纷案件若干问题的规定（一）》（2020年12月23日修正）

第一条 当事人在外商投资企业设立、变更等过程中订立的合同，依法律、行政法规的规定应当经外商投资企业审批机关批准后才生效的，自批准之日起生效；未经批准的，人民法院应当认定该合同未生效。当事人请求确认该合同无效的，人民法院不予支持。

前款所述合同因未经批准而被认定未生效的，不影响合同中当事人履行报批义务条款及因该报批义务而设定的相关条款的效力。

二十一、与公司有关的纠纷

262. 股东资格确认纠纷

相关规范

《中华人民共和国民法典》（2020年）

第一百二十五条 **【投资性权利】** 民事主体依法享有股权和其他投资性权利。

《中华人民共和国公司法》（2018年修正）

第三十二条 有限责任公司应当置备股东名册，记载下列事项：

（一）股东的姓名或者名称及住所；

（二）股东的出资额；

（三）出资证明书编号。

记载于股东名册的股东，可以依股东名册主张行使股东权利。

公司应当将股东的姓名或者名称向公司登记机关登记；登记事项发生变更的，应当办理变更登记。未经登记或者变更登记的，不得对抗第三人。

第三十三条 股东有权查阅、复制公司章程、股东会会议记录、董事会会议决议、监事会会议决议和财务会计报告。

股东可以要求查阅公司会计账簿。股东要求查阅公司会计账簿的，应当向公司提出书面请求，说明目的。公司有合理根据认为股东查阅会计账簿有不正当目的，可能损害公司合法利益的，可以拒绝提供查阅，并应当自股东提出书面请求之日起十五日内书面答复股东并说明理由。公司拒绝提供查阅的，股东可以请求人民法院要求公司提供查阅。

第七十四条 有下列情形之一的，对股东会该项决议投反对票的股东可以请求公司按照合理的价格收购其股权：

（一）公司连续五年不向股东分配利润，而公司该五年连续盈利，并且符合本法规定的分配利润条件的；

（二）公司合并、分立、转让主要财产的；

（三）公司章程规定的营业期限届满或者章程规定的其他解散事由出现，股东会会议通过决议修改章程使公司存续的。

自股东会会议决议通过之日起六十日内，股东与公司不能达成股权收购协议的，股东可以自股东会会议决议通过之日起九十日内向人民法院提起诉讼。

第一百三十条 公司发行记名股票的，应当置备股东名册，记载下列事项：

（一）股东的姓名或者名称及住所；

（二）各股东所持股份数；

（三）各股东所持股票的编号；

（四）各股东取得股份的日期。

发行无记名股票的，公司应当记载其股票数量、编号及发行日期。

第一百三十一条 国务院可以对公司发行本法规定以外的其他种类的股份，另行作出规定。

第一百四十条 无记名股票的转让，由股东将该股票交付给受让人后即发生转让的效力。

第一百四十一条 发起人持有的本公司股份，自公司成立之日起一年内不得转让。公司公开发行股份前已发行的股份，自公司股票在证券交易所上市交易之日起一年内不得转让。

公司董事、监事、高级管理人员应当向公司申报所持有的本公司的股份及其变动情况，在任职期间每年转让的股份不得超过其所持有本公司股份总数的百分之二十五；所持本公司股份自公司股票上市交易之日起一年内不得转让。上述人员离职后半年内，不得转让其所持有的本公司股份。公司章程可以对公司董事、监事、高级管理人员转让其所持有的本公司股份作出其他限制性规定。

》《中华人民共和国市场主体登记管理条例》（2021 年）

第八条 市场主体的一般登记事项包括：

（一）名称；

（二）主体类型；

（三）经营范围；

（四）住所或者主要经营场所；

（五）注册资本或者出资额；

（六）法定代表人、执行事务合伙人或者负责人姓名。

除前款规定外，还应当根据市场主体类型登记下列事项：

（一）有限责任公司股东、股份有限公司发起人、非公司企业法人出资人的姓名或者名称；

（二）个人独资企业的投资人姓名及居所；

（三）合伙企业的合伙人名称或者姓名、住所、承担责任方式；

（四）个体工商户的经营者姓名、住所、经营场所；

（五）法律、行政法规规定的其他事项。

第九条 市场主体的下列事项应当向登记机关办理备案：

（一）章程或者合伙协议；

（二）经营期限或者合伙期限；

（三）有限责任公司股东或者股份有限公司发起人认缴的出资数额，合伙企业合伙人认缴或者实际缴付的出资数额、缴付期限和出资方式；

（四）公司董事、监事、高级管理人员；

（五）农民专业合作社（联合社）成员；

（六）参加经营的个体工商户家庭成员姓名；

（七）市场主体登记联络员、外商投资企业法律文件送达接受人；

（八）公司、合伙企业等市场主体受益所有人相关信息；

（九）法律、行政法规规定的其他事项。

第十三条 除法律、行政法规或者国务院决定另有规定外，市场主体的注册资本或者出资额实行认缴登记制，以人民币表示。

出资方式应当符合法律、行政法规的规定。公司股东、非公司企业法人出资人、农民专业合作社（联合社）成员不得以劳务、信用、自然人姓名、商誉、特许经营权或者设定担保的财产等作价出资。

《最高人民法院关于适用〈中华人民共和国公司法〉若干问题的规定（三）》（2020年12月23日修正）

第二十二条 当事人之间对股权归属发生争议，一方请求人民法院确认其享有股权的，应当证明以下事实之一：

（一）已经依法向公司出资或者认缴出资，且不违反法律法规强制性规定；

（二）已经受让或者以其他形式继受公司股权，且不违反法律法规强制性规定。

第二十三条 当事人依法履行出资义务或者依法继受取得股权后，公司未根据公司法第三十一条、第三十二条的规定签发出资证明书、记载于股东名册并办理公司登记机关登记，当事人请求公司履行上述义务的，人民法院应予支持。

指导案例

宋文军诉西安市大华餐饮有限公司股东资格确认纠纷案（最高人民法院指导案例96号 2018年6月20日发布）

【关键词】 民事 股东资格确认 初始章程 股权转让限制 回购

【裁判要点】

国有企业改制为有限责任公司，其初始章程对股权转让进行限制，明确约定公司回购条款，只要不违反公司法等法律强制性规定，可认定为有效。有限责任公司按照初始章程约定，支付合理对价回购股东股权，且通过转让给其他股东等方式进行合理处置的，人民法院应予支持。

【基本案情】

西安市大华餐饮有限责任公司（以下简称大华公司）成立于1990年4月5日。2004年5月，大华公司由国有企业改制为有限责任公司，宋文军系大华公司员工，出资2万元成为大华公司的自然人股东。大华公司章程第三章“注册资本和股份”第十四条规定“公司股权不向公司以外的任何团体和个人出售、转让。公司改制一年后，经董事会批准后可在公司内部赠与、转让和继承。持股人死亡或退休经董事会批准后方可继承、转让或由企业收购，持股人若辞职、调离或被辞退、解除劳动合同的，人走股留，所持股份由企业收购……”，第十三章“股东认为需要规定的其他事项”下第六十六条规定“本章程由全体股东共同认可，自公司设立之日起生效”。该公司章程经大华公司全体股东签名通过。2006年6月3日，宋文军向公司提出解除劳动合同，并申请退出其所持有的公司的2万元股份。2006年8月28日，经大华公司法定代表人赵来锁同意，宋文军领到退出股金款2万元整。2007年1月8日，大华公司召开2006年度股东大会，大会应到股东107人，实到股东104人，代表股权占公司股份总数的93%，会议审议通过了宋文军、王培青、杭春国三位股东退股的申请并决议“其股金暂由公司收购保管，不得参与红利分配”。后宋文军以大华公司的回购行为违反法律规定，未履行法定程序且公司法规定股东不得抽逃出资等，请求依法确认其具有大华公司的股东资格。

【裁判结果】

西安市碑林区人民法院于2014年6月

10 日作出（2014）碑民初字第 01339 号民事判决，判令：驳回原告宋文军要求确认其具有被告西安市大华餐饮有限责任公司股东资格之诉讼请求。一审宣判后，宋文军提出上诉。西安市中级人民法院于 2014 年 10 月 10 日作出了（2014）西中民四终字第 00277 号民事判决书，驳回上诉，维持原判。终审宣判后，宋文军仍不服，向陕西省高级人民法院申请再审。陕西省高级人民法院于 2015 年 3 月 25 日作出（2014）陕民二申字第 00215 号民事裁定，驳回宋文军的再审申请。

【裁判理由】

法院生效裁判认为：通过听取再审申请人宋文军的再审申请理由及被申请人大华公司的答辩意见，本案的焦点问题如下：1. 大华公司的公司章程中关于“人走股留”的规定，是否违反了《中华人民共和国公司法》（以下简称《公司法》）的禁止性规定，该章程是否有效；2. 大华公司回购宋文军股权是否违反《公司法》的相关规定，大华公司是否构成抽逃出资。

针对第一个焦点问题，首先，大华公司章程第十四条规定，“公司股权不向公司以外的任何团体和个人出售、转让。公司改制一年后，经董事会批准后可以公司内部赠与、转让和继承。持股人死亡或退休经董事会批准后方可继承、转让或由企业收购，持股人若辞职、调离或被辞退、解除劳动合同的，人走股留，所持股份由企业收购”。依照《公司法》第二十五条第二款“股东应当在公司章程上签名、盖章”的规定，有限公司章程系公司设立时全体股东一致同意并对公司及全体股东产生约束力的规则性文件，宋文军在公司章程上签名的行为，应视为其对前述规定的认可和同意，该章程对大华公司及宋文军均产生约束力。其次，基于有限责任公司封闭性和人合性的特点，由公司章程对公司股东转让股权作出某些限制性规定，系公司自治的体现。在本案中，大华公司进行企业改制时，宋文军之所以成为大华公司的股东，其原因在于宋文军与大华公司具有劳动合同关系，如果宋文军与大华公司没有建立劳动关系，宋文军则没有成为大华公司股东的可能性。同理，大华公司章程将是否与公司具有劳动合同关系作为取得股东身份的依据继而作出“人走股留”的规定，符合有限责任公司封闭性和人合性的特点，亦系公司自治原则的体现，不违反公司法的禁止性规定。第三，大华公司章程第十四条关于股权转让的规定，属于对股东转让股权的限制性规定而非禁止性规定，宋文军依法转让股权的权利没有被公司章程所禁止，大华公司章程不存在侵害宋文军股权转让权利的情形。综上，本案一、二审法院均认定大华公司章程不违反《公司法》的禁止性规定，应为有效的结论正确，宋文军的这一再审申请理由不能成立。

针对第二个焦点问题，《公司法》第七十四条所规定的异议股东回购请求权具有法定的行使条件，即只有在“公司连续五年不向股东分配利润，而公司该五年连续盈利，并且符合本法规定的分配利润条件的；公司合并、分立、转让主要财产的；公司章程规定的营业期限届满或者章程规定的其他解散事由出现，股东会会议通过决议修改章程使公司存续的”三种情形下，异议股东有权要求公司回购其股权，对应的是公司是否应当履行回购异议股东股权的法定义务。而本案属于大华公司是否有权基于公司章程的约定及与宋文军的合意而回购宋文军股权，对应的是大华公司是否具有回购宋文军股权的权利，二者性质不同，《公司法》第七十四条不能适用于本案。在本案中，宋文军于 2006 年 6 月 3 日向大华公司提出解除劳动合同申请并于同日手书《退股申请》，提出“本人要求全额退股，年终盈利与亏损与我无关”，该《退股申请》应视为其真实意思表示。大华公司于 2006 年 8 月 28 日退还其全额股金款 2 万元，并于 2007 年 1 月 8 日召开股东大会审议通过了宋文军等三位股东的退股申请，大华公司基于宋文军的退股申请，依照公司章程的规定回购宋文军的股权，程序并无不当。另外，《公司法》所规定的抽逃出资专指公司股东抽逃其对于公司出资的行为，公司不能构成抽逃出资的主体，宋文军的这一再审申请理由不能成立。综上，裁定驳回再审申请人宋文军的再审申请。

典型案例

Carson 与纽鑫达公司股东资格确认纠纷案（《人民法院服务保障自由贸易试验区建设典型案例》案例 2　2022 年 2 月 28 日）

【基本案情】

美国公民 Carson 与我国公民张某、程某约定在我国境内设立一家贸易公司。按照当时我国法律的规定，外国自然人不能与国内自然人成立合资公司，三人遂签订《股份协议书》，约定以张某、程某名义成立纽鑫达公司。后 Carson 诉请确认张某名下部分纽鑫达公司股权系其所有，纽鑫达公司配合将该部分股权变更登记到 Carson 名下。

【裁判结果】

上海市浦东新区人民法院审理认为，根据《中华人民共和国外商投资法》的规定，外籍隐名股东显名的审查标准应符合以下三项条件：1. 实际投资者已实际投资；2. 名义股东以外的其他股东半数以上同意；3. 对外商投资负面清单内的限制类领域，人民法院及当事人在诉讼期间将实际投资者变更为股东，应征得外商投资企业主管机关的同意；对负面清单外的准入类领域，无需再征得外商投资企业主管机关的同意。Carson 的诉讼请求符合法律规定，故判决支持其诉请。纽鑫达公司不服，提起上诉。上海市第一中级人民法院二审判决驳回上诉，维持原判。

【典型意义】

《中华人民共和国外商投资法》对外资实施准入前国民待遇加负面清单管理制度，同时放开了国内自然人与外国投资者共同成立外商投资企业的限制。上述变化对外籍隐名股东要求显名的司法审查标准产生了重大影响。本案一、二审法院根据外商投资法关于外资市场准入的规定，及时调整相应审查标准，依法保护外国投资者权益，有利于打造自由贸易试验区法治化营商环境。

263. 股东名册记载纠纷

相关规范

《中华人民共和国民法典》（2020 年）

第一百二十五条　【投资性权利】民事主体依法享有股权和其他投资性权利。

《中华人民共和国公司法》（2018 年修正）

第三十一条　有限责任公司成立后，应当向股东签发出资证明书。

出资证明书应当载明下列事项：

（一）公司名称；

（二）公司成立日期；

（三）公司注册资本；

（四）股东的姓名或者名称、缴纳的出资额和出资日期；

（五）出资证明书的编号和核发日期。

出资证明书由公司盖章。

第三十二条　有限责任公司应当置备股东名册，记载下列事项：

（一）股东的姓名或者名称及住所；

（二）股东的出资额；

（三）出资证明书编号。

记载于股东名册的股东，可以依股东名册主张行使股东权利。

公司应当将股东的姓名或者名称及其出资额向公司登记机关登记；登记事项发生变更的，应当办理变更登记。未经登记或者变更登记的，不得对抗第三人。

第七十三条　依照本法第七十一条、第七十二条转让股权后，公司应当注销原股东的出资证明书，向新股东签发出资证明书，并相应修改公司章程和股东名册中有关股东及其出资额的记载。对公司章程的该项修改不需再由股东会表决。

《最高人民法院关于适用〈中华人民共和国公司法〉若干问题的规定（三）》（2020年12月23日修正）

第二十三条　当事人依法履行出资义务或者依法继受取得股权后，公司未根据公司法第三十一条、第三十二条的规定签发出资证明书、记载于股东名册并办理公司登记机关登记，当事人请求公司履行上述义务的，人民法院应予支持。

第二十四条　有限责任公司的实际出资人与名义出资人订立合同，约定由实际出资人出资并享有投资权益，以名义出资人为名义股东，实际出资人与名义股东对该合同效力发生争议的，如无法律规定的无效情形，人民法院应当认定该合同有效。

前款规定的实际出资人与名义股东因投资权益的归属发生争议，实际出资人以其实际履行了出资义务为由向名义股东主张权利的，人民法院应予支持。名义股东以公司股东名册记载、公司登记机关登记为由否认实际出资人权利的，人民法院不予支持。

实际出资人未经公司其他股东半数以上同意，请求公司变更股东、签发出资证明书、记载于股东名册、记载于公司章程并办理公司登记机关登记的，人民法院不予支持。

264. 请求变更公司登记纠纷

相关规范

《中华人民共和国民法典》（2020年）

第六十五条　**【法人实际情况与登记事项不一致的法律后果】**法人的实际情况与登记的事项不一致的，不得对抗善意相对人。

《中华人民共和国公司法》（2018年修正）

第三十二条　有限责任公司应当置备股东名册，记载下列事项：

（一）股东的姓名或者名称及住所；

（二）股东的出资额；

（三）出资证明书编号。

记载于股东名册的股东，可以依股东名册主张行使股东权利。

公司应当将股东的姓名或者名称及其出资额向公司登记机关登记；登记事项发生变更的，应当办理变更登记。未经登记或者变更登记的，不得对抗第三人。

第七十三条　依照本法第七十一条、第七十二条转让股权后，公司应当注销原股东的出资证明书，向新股东签发出资证明书，并相应修改公司章程和股东名册中有关股东及其出资额的记载。对公司章程的该项修改不需再由股东会表决。

第一百三十六条　公司发行新股募足股款后，必须向公司登记机关办理变更登记，并公告。

《最高人民法院关于适用〈中华人民共和国公司法〉若干问题的规定（三）》（2020年12月23日修正）

第二十七条　股权转让后尚未向公司登记机关办理变更登记，原股东将仍登记于其名下的股权转让、质押或者以其他方式处分，受让股东以其对于股权享有实际权利为由，请求认定处分股权行为无效的，人民法院可以参照民法典第三百一十一条的规定处理。

原股东处分股权造成受让股东损失，受让股东请求原股东承担赔偿责任、对于未及时办理变更登记有过错的董事、高级管理人员或者实际控制人承担相应责任的，人民法院应予支持；受让股东对于未及时办理变更登记也有过错的，可以适当减轻上述董事、高级管理人员或者实际控制人的责任。

第二十八条　冒用他人名义出资并将该

他人作为股东在公司登记机关登记的，冒名登记行为人应当承担相应责任；公司、其他股东或者公司债权人以未履行出资义务为由，请求被冒名登记为股东的承担补足出资责任或者对公司债务不能清偿部分的赔偿责任的，人民法院不予支持。

265. 股东出资纠纷

相关规范

《中华人民共和国民法典》（2020 年）

第一百二十五条 【投资性权利】 民事主体依法享有股权和其他投资性权利。

《中华人民共和国公司法》（2018 年修正）

第二十六条 有限责任公司的注册资本为在公司登记机关登记的全体股东认缴的出资额。

法律、行政法规以及国务院决定对有限责任公司注册资本实缴、注册资本最低限额另有规定的，从其规定。

第二十七条 股东可以用货币出资，也可以用实物、知识产权、土地使用权等可以用货币估价并可以依法转让的非货币财产作价出资；但是，法律、行政法规规定不得作为出资的财产除外。

对作为出资的非货币财产应当评估作价，核实财产，不得高估或者低估作价。法律、行政法规对评估作价有规定的，从其规定。

第二十八条 股东应当按期足额缴纳公司章程中规定的各自所认缴的出资额。股东以货币出资的，应当将货币出资足额存入有限责任公司在银行开设的账户；以非货币财产出资的，应当依法办理其财产权的转移手续。

股东不按照前款规定缴纳出资的，除应当向公司足额缴纳外，还应当向已按期足额缴纳出资的股东承担违约责任。

第二十九条 股东认足公司章程规定的出资后，由全体股东指定的代表或者共同委托的代理人向公司登记机关报送公司登记申请书、公司章程等文件，申请设立登记。

第三十条 有限责任公司成立后，发现作为设立公司出资的非货币财产的实际价额显著低于公司章程所定价额的，应当由交付该出资的股东补足其差额；公司设立时的其他股东承担连带责任。

第三十一条 有限责任公司成立后，应当向股东签发出资证明书。

出资证明书应当载明下列事项：

（一）公司名称；

（二）公司成立日期；

（三）公司注册资本；

（四）股东的姓名或者名称、缴纳的出资额和出资日期；

（五）出资证明书的编号和核发日期。

出资证明书由公司盖章。

第三十五条 公司成立后，股东不得抽逃出资。

第八十条 股份有限公司采取发起设立方式设立的，注册资本为在公司登记机关登记的全体发起人认购的股本总额。在发起人认购的股份缴足前，不得向他人募集股份。

股份有限公司采取募集方式设立的，注册资本为在公司登记机关登记的实收股本总额。

法律、行政法规以及国务院决定对股份有限公司注册资本实缴、注册资本最低限额另有规定的，从其规定。

第八十一条 股份有限公司章程应当载明下列事项：

……

（四）公司股份总数、每股金额和注册资本；

（五）发起人的姓名或者名称、认购的股份数、出资方式和出资时间；

……

第八十二条 发起人的出资方式，适用本法第二十七条的规定。

第八十三条　以发起设立方式设立股份有限公司的，发起人应当书面认足公司章程规定其认购的股份，并按照公司章程规定缴纳出资。以非货币财产出资的，应当依法办理其财产权的转移手续。

发起人不依照前款规定缴纳出资的，应当按照发起人协议承担违约责任。

发起人认足公司章程规定的出资后，应当选举董事会和监事会，由董事会向公司登记机关报送公司章程以及法律、行政法规规定的其他文件，申请设立登记。

第八十四条　以募集设立方式设立股份有限公司的，发起人认购的股份不得少于公司股份总数的百分之三十五；但是，法律、行政法规另有规定的，从其规定。

第九十一条　发起人、认股人缴纳股款或者交付抵作股款的出资后，除未按期募足股份、发起人未按期召开创立大会或者创立大会决议不设立公司的情形外，不得抽回其股本。

第九十三条　股份有限公司成立后，发起人未按照公司章程的规定缴足出资的，应当补缴；其他发起人承担连带责任。

股份有限公司成立后，发现作为设立公司出资的非货币财产的实际价额显著低于公司章程所定价额的，应当由交付该出资的发起人补足其差额；其他发起人承担连带责任。

第一百九十九条　公司的发起人、股东虚假出资，未交付或者未按期交付作为出资的货币或者非货币财产的，由公司登记机关责令改正，处以虚假出资金额百分之五以上百分之十五以下的罚款。

第二百条　公司的发起人、股东在公司成立后，抽逃其出资的，由公司登记机关责令改正，处以所抽逃出资金额百分之五以上百分之十五以下的罚款。

》《最高人民法院关于适用〈中华人民共和国公司法〉若干问题的规定（三）》（2020年12月23日修正）

第七条　出资人以不享有处分权的财产出资，当事人之间对于出资行为效力产生争议的，人民法院可以参照民法典第三百一十一条的规定予以认定。

以贪污、受贿、侵占、挪用等违法犯罪所得的货币出资后取得股权的，对违法犯罪行为予以追究、处罚时，应当采取拍卖或者变卖的方式处置其股权。

第八条　出资人以划拨土地使用权出资，或者以设定权利负担的土地使用权出资，公司、其他股东或者公司债权人主张认定出资人未履行出资义务的，人民法院应当责令当事人在指定的合理期间内办理土地变更手续或者解除权利负担；逾期未办理或者未解除的，人民法院应当认定出资人未依法全面履行出资义务。

第九条　出资人以非货币财产出资，未依法评估作价，公司、其他股东或者公司债权人请求认定出资人未履行出资义务的，人民法院应当委托具有合法资格的评估机构对该财产评估作价。评估确定的价额显著低于公司章程所定价额的，人民法院应当认定出资人未依法全面履行出资义务。

第十条　出资人以房屋、土地使用权或者需要办理权属登记的知识产权等财产出资，已经交付公司使用但未办理权属变更手续，公司、其他股东或者公司债权人主张认定出资人未履行出资义务的，人民法院应当责令当事人在指定的合理期间内办理权属变更手续；在前述期间内办理了权属变更手续的，人民法院应当认定其已经履行了出资义务；出资人主张自其实际交付财产给公司使用时享有相应股东权利的，人民法院应予支持。

出资人以前款规定的财产出资，已经办理权属变更手续但未交付给公司使用，公司或者其他股东主张其向公司交付、并在实际交付之前不享有相应股东权利的，人民法院应予支持。

»《最高人民法院关于印发〈全国法院民商事审判工作会议纪要〉的通知》（法〔2019〕254号 2019年11月8日）

6. **【股东出资应否加速到期】**在注册资本认缴制下，股东依法享有期限利益。债权人以公司不能清偿到期债务为由，请求未届出资期限的股东在未出资范围内对公司不能清偿的债务承担补充赔偿责任的，人民法院不予支持。但是，下列情形除外：

（1）公司作为被执行人的案件，人民法院穷尽执行措施无财产可供执行，已具备破产原因，但不申请破产的；

（2）在公司债务产生后，公司股东（大）会决议或以其他方式延长股东出资期限的。

7. **【表决权能否受限】**股东认缴的出资未届履行期限，对未缴纳部分的出资是否享有以及如何行使表决权等问题，应当根据公司章程来确定。公司章程没有规定的，应当按照认缴出资的比例确定。如果股东（大）会作出不按认缴出资比例而按实际出资比例或者其他标准确定表决权的决议，股东请求确认决议无效的，人民法院应当审查该决议是否符合修改公司章程所要求的表决程序，即必须经代表三分之二以上表决权的股东通过。符合的，人民法院不予支持；反之，则依法予以支持。

266. 新增资本认购纠纷

相关规范

»《中华人民共和国民法典》（2020年）

第一百二十五条　【投资性权利】民事主体依法享有股权和其他投资性权利。

»《中华人民共和国公司法》（2018年修正）

第三十四条　股东按照实缴的出资比例分取红利；公司新增资本时，股东有权优先按照实缴的出资比例认缴出资。但是，全体股东约定不按照出资比例分取红利或者不按照出资比例优先认缴出资的除外。

第一百三十三条　公司发行新股，股东大会应当对下列事项作出决议：

（一）新股种类及数额；

（二）新股发行价格；

（三）新股发行的起止日期；

（四）向原有股东发行新股的种类及数额。

第一百三十四条　公司经国务院证券监督管理机构核准公开发行新股时，必须公告新股招股说明书和财务会计报告，并制作认股书。

本法第八十七条、第八十八条的规定适用于公司公开发行新股。

第一百三十五条　公司发行新股，可以根据公司经营情况和财务状况，确定其作价方案。

第一百三十六条　公司发行新股募足股款后，必须向公司登记机关办理变更登记，并公告。

第一百七十八条　有限责任公司增加注册资本时，股东认缴新增资本的出资，依照本法设立有限责任公司缴纳出资的有关规定执行。

股份有限公司为增加注册资本发行新股时，股东认购新股，依照本法设立股份有限公司缴纳股款的有关规定执行。

»《最高人民法院关于适用〈中华人民共和国公司法〉若干问题的规定（三）》（2020年12月23日修正）

第十一条　出资人以其他公司股权出资，符合下列条件的，人民法院应当认定出资人已履行出资义务：

（一）出资的股权由出资人合法持有并依法可以转让；

（二）出资的股权无权利瑕疵或者权利负担；

（三）出资人已履行关于股权转让的法定手续；

（四）出资的股权已依法进行了价值评估。

股权出资不符合前款第（一）（二）（三）项的规定，公司、其他股东或者公司债权人请求认定出资人未履行出资义务的，人民法院应当责令该出资人在指定的合理期间内采取补正措施，以符合上述条件；逾期未补正的，人民法院应当认定其未依法全面履行出资义务。

股权出资不符合本条第一款第（四）项的规定，公司、其他股东或者公司债权人请求认定出资人未履行出资义务的，人民法院应当按照本规定第九条的规定处理。

第十三条　股东未履行或者未全面履行出资义务，公司或者其他股东请求其向公司依法全面履行出资义务的，人民法院应予支持。

公司债权人请求未履行或者未全面履行出资义务的股东在未出资本息范围内对公司债务不能清偿的部分承担补充赔偿责任的，人民法院应予支持；未履行或者未全面履行出资义务的股东已经承担上述责任，其他债权人提出相同请求的，人民法院不予支持。

股东在公司设立时未履行或者未全面履行出资义务，依照本条第一款或者第二款提起诉讼的原告，请求公司的发起人与被告股东承担连带责任的，人民法院应予支持；公司的发起人承担责任后，可以向被告股东追偿。

股东在公司增资时未履行或者未全面履行出资义务，依照本条第一款或者第二款提起诉讼的原告，请求未尽公司法第一百四十七条第一款规定的义务而使出资未缴足的董事、高级管理人员承担相应责任的，人民法院应予支持；董事、高级管理人员承担责任后，可以向被告股东追偿。

267. 股东知情权纠纷

相关规范

》《中华人民共和国公司法》（2018 年修正）

第三十三条　股东有权查阅、复制公司章程、股东会会议记录、董事会会议决议、监事会会议决议和财务会计报告。

股东可以要求查阅公司会计账簿。股东要求查阅公司会计账簿的，应当向公司提出书面请求，说明目的。公司有合理根据认为股东查阅会计账簿有不正当目的，可能损害公司合法利益的，可以拒绝提供查阅，并应当自股东提出书面请求之日起十五日内书面答复股东并说明理由。公司拒绝提供查阅的，股东可以请求人民法院要求公司提供查阅。

第九十六条　股份有限公司应当将公司章程、股东名册、公司债券存根、股东大会会议记录、董事会会议记录、监事会会议记录、财务会计报告置备于本公司。

第九十七条　股东有权查阅公司章程、股东名册、公司债券存根、股东大会会议记录、董事会会议决议、监事会会议决议、财务会计报告，对公司的经营提出建议或者质询。

第一百一十六条　公司应当定期向股东披露董事、监事、高级管理人员从公司获得报酬的情况。

第一百六十五条　有限责任公司应当依照公司章程规定的期限将财务会计报告送交各股东。

股份有限公司的财务会计报告应当在召开股东大会年会的二十日前置备于本公司，供股东查阅；公开发行股票的股份有限公司必须公告其财务会计报告。

《最高人民法院关于适用〈中华人民共和国公司法〉若干问题的规定(四)》(2020年12月23日修正)

第七条 股东依据公司法第三十三条、第九十七条或者公司章程的规定，起诉请求查阅或者复制公司特定文件材料的，人民法院应当依法予以受理。

公司有证据证明前款规定的原告在起诉时不具有公司股东资格的，人民法院应当驳回起诉，但原告有初步证据证明在持股期间其合法权益受到损害，请求依法查阅或者复制其持股期间的公司特定文件材料的除外。

第八条 有限责任公司有证据证明股东存在下列情形之一的，人民法院应当认定股东有公司法第三十三条第二款规定的“不正当目的”：

(一)股东自营或者为他人经营与公司主营业务有实质性竞争关系业务的，但公司章程另有规定或者全体股东另有约定的除外；

(二)股东为了向他人通报有关信息查阅公司会计账簿，可能损害公司合法利益的；

(三)股东在向公司提出查阅请求之日前的三年内，曾通过查阅公司会计账簿，向他人通报有关信息损害公司合法利益的；

(四)股东有不正当目的的其他情形。

第九条 公司章程、股东之间的协议等实质性剥夺股东依据公司法第三十三条、第九十七条规定查阅或者复制公司文件材料的权利，公司以此为由拒绝股东查阅或者复制的，人民法院不予支持。

第十条 人民法院审理股东请求查阅或者复制公司特定文件材料的案件，对原告诉讼请求予以支持的，应当在判决中明确查阅或者复制公司特定文件材料的时间、地点和特定文件材料的名录。

股东依据人民法院生效判决查阅公司文件材料的，在该股东在场的情况下，可以由会计师、律师等依法或者依据执业行为规范负有保密义务的中介机构执业人员辅助进行。

第十一条 股东行使知情权后泄露公司商业秘密导致公司合法利益受到损害，公司请求该股东赔偿相关损失的，人民法院应当予以支持。

根据本规定第十条辅助股东查阅公司文件材料的会计师、律师等泄露公司商业秘密导致公司合法利益受到损害，公司请求其赔偿相关损失的，人民法院应当予以支持。

第十二条 公司董事、高级管理人员等未依法履行职责，导致公司未依法制作或者保存公司法第三十三条、第九十七条规定的公司文件材料，给股东造成损失，股东依法请求负有相应责任的公司董事、高级管理人员承担民事赔偿责任的，人民法院应当予以支持。

268. 请求公司收购股份纠纷

《中华人民共和国公司法》(2018年修正)

第七十四条 有下列情形之一的，对股东会该项决议投反对票的股东可以请求公司按照合理的价格收购其股权：

(一)公司连续五年不向股东分配利润，而公司该五年连续盈利，并且符合本法规定的分配利润条件的；

(二)公司合并、分立、转让主要财产的；

(三)公司章程规定的营业期限届满或者章程规定的其他解散事由出现，股东会会议通过决议修改章程使公司存续的。

自股东会会议决议通过之日起六十日内，股东与公司不能达成股权收购协议的，股东可以自股东会会议决议通过之日起九十日内向人民法院提起诉讼。

第一百四十二条 公司不得收购本公司股份。但是，有下列情形之一的除外：

(一)减少公司注册资本；

(二)与持有本公司股份的其他公司合并；

(三)将股份用于员工持股计划或者股权激励；

（四）股东因对股东大会作出的公司合并、分立决议持异议，要求公司收购其股份；

（五）将股份用于转换上市公司发行的可转换为股票的公司债券；

（六）上市公司为维护公司价值及股东权益所必需。

公司因前款第（一）项、第（二）项规定的情形收购本公司股份的，应当经股东大会决议；公司因前款第（三）项、第（五）项、第（六）项规定的情形收购本公司股份的，可以依照公司章程的规定或者股东大会的授权，经三分之二以上董事出席的董事会会议决议。

公司依照本条第一款规定收购本公司股份后，属于第（一）项情形的，应当自收购之日起十日内注销；属于第（二）项、第（四）项情形的，应当在六个月内转让或者注销；属于第（三）项、第（五）项、第（六）项情形的，公司合计持有的本公司股份数不得超过本公司已发行股份总额的百分之十，并应当在三年内转让或者注销。

上市公司收购本公司股份的，应当依照《中华人民共和国证券法》的规定履行信息披露义务。上市公司因本条第一款第（三）项、第（五）项、第（六）项规定的情形收购本公司股份的，应当通过公开的集中交易方式进行。

公司不得接受本公司的股票作为质押权的标的。

269. 股权转让纠纷

相关规范

》《中华人民共和国公司法》（2018年修正）

第七十一条　有限责任公司的股东之间可以相互转让其全部或者部分股权。

股东向股东以外的人转让股权，应当经其他股东过半数同意。股东应就其股权转让事项书面通知其他股东征求同意，其他股东自接到书面通知之日起满三十日未答复的，视为同意转让。其他股东半数以上不同意转让的，不同意的股东应当购买该转让的股权；不购买的，视为同意转让。

经股东同意转让的股权，在同等条件下，其他股东有优先购买权。两个以上股东主张行使优先购买权的，协商确定各自的购买比例；协商不成的，按照转让时各自的出资比例行使优先购买权。

公司章程对股权转让另有规定的，从其规定。

第七十二条　人民法院依照法律规定的强制执行程序转让股东的股权时，应当通知公司及全体股东，其他股东在同等条件下有优先购买权。其他股东自人民法院通知之日起满二十日不行使优先购买权的，视为放弃优先购买权。

第七十五条　自然人股东死亡后，其合法继承人可以继承股东资格；但是，公司章程另有规定的除外。

第一百三十八条　股东转让其股份，应当在依法设立的证券交易场所进行或者按照国务院规定的其他方式进行。

第一百三十九条　记名股票，由股东以背书方式或者法律、行政法规规定的其他方式转让；转让后由公司将受让人的姓名或者名称及住所记载于股东名册。

股东大会召开前二十日内或者公司决定分配股利的基准日前五日内，不得进行前款规定的股东名册的变更登记。但是，法律对上市公司股东名册变更登记另有规定的，从其规定。

第一百四十条　无记名股票的转让，由股东将该股票交付给受让人后即发生转让的效力。

第一百四十一条　发起人持有的本公司股份，自公司成立之日起一年内不得转让。公司公开发行股份前已发行的股份，自公司股票在证券交易所上市交易之日起一年内不得转让。

公司董事、监事、高级管理人员应当向

公司申报所持有的本公司的股份及其变动情况，在任职期间每年转让的股份不得超过其所持有本公司股份总数的百分之二十五；所持本公司股份自公司股票上市交易之日起一年内不得转让。上述人员离职后半年内，不得转让其所持有的本公司股份。公司章程可以对公司董事、监事、高级管理人员转让其所持有的本公司股份作出其他限制性规定。

第一百四十四条 上市公司的股票，依照有关法律、行政法规及证券交易所交易规则上市交易。

》《最高人民法院关于适用〈中华人民共和国公司法〉若干问题的规定（四）》（2020 年 12 月 23 日修正）

第十六条 有限责任公司的自然人股东因继承发生变化时，其他股东主张依据公司法第七十一条第三款规定行使优先购买权的，人民法院不予支持，但公司章程另有规定或者全体股东另有约定的除外。

第十七条 有限责任公司的股东向股东以外的人转让股权，应就其股权转让事项以书面或者其他能够确认收悉的合理方式通知其他股东征求同意。其他股东半数以上不同意转让，不同意的股东不购买的，人民法院应当认定视为同意转让。

经股东同意转让的股权，其他股东主张转让股东应当向其以书面或者其他能够确认收悉的合理方式通知转让股权的同等条件的，人民法院应当予以支持。

经股东同意转让的股权，在同等条件下，转让股东以外的其他股东主张优先购买的，人民法院应当予以支持，但转让股东依据本规定第二十条放弃转让的除外。

第十八条 人民法院在判断是否符合公司法第七十一条第三款及本规定所称的“同等条件”时，应当考虑转让股权的数量、价格、支付方式及期限等因素。

第十九条 有限责任公司的股东主张优先购买转让股权的，应当在收到通知后，在公司章程规定的行使期间内提出购买请求。公司章程没有规定行使期间或者规定不明确的，以通知确定的期间为准，通知确定的期间短于三十日或者未明确行使期间的，行使期间为三十日。

第二十条 有限责任公司的转让股东，在其他股东主张优先购买后又不同意转让股权的，对其他股东优先购买的主张，人民法院不予支持，但公司章程另有规定或者全体股东另有约定的除外。其他股东主张转让股东赔偿其损失合理的，人民法院应当予以支持。

第二十一条 有限责任公司的股东向股东以外的人转让股权，未就其股权转让事项征求其他股东意见，或者以欺诈、恶意串通等手段，损害其他股东优先购买权，其他股东主张按照同等条件购买该转让股权的，人民法院应当予以支持，但其他股东自知道或者应当知道行使优先购买权的同等条件之日起三十日内没有主张，或者自股权变更登记之日起超过一年的除外。

前款规定的其他股东仅提出确认股权转让合同及股权变动效力等请求，未同时主张按照同等条件购买转让股权的，人民法院不予支持，但其他股东非因自身原因导致无法行使优先购买权，请求损害赔偿的除外。

股东以外的股权受让人，因股东行使优先购买权而不能实现合同目的的，可以依法请求转让股东承担相应民事责任。

第二十二条 通过拍卖向股东以外的人转让有限责任公司股权的，适用公司法第七十一条第二款、第三款或者第七十二条规定的“书面通知”“通知”“同等条件”时，根据相关法律、司法解释确定。

在依法设立的产权交易场所转让有限责任公司国有股权的，适用公司法第七十一条第二款、第三款或者第七十二条规定的“书面通知”“通知”“同等条件”时，可以参照产权交易场所的交易规则。

《最高人民法院关于印发〈全国法院民商事审判工作会议纪要〉的通知》（法〔2019〕254号 2019年11月8日）

8. **【有限责任公司的股权变动】** 当事人之间转让有限责任公司股权，受让人以其姓名或者名称已记载于股东名册为由主张其已经取得股权的，人民法院依法予以支持，但法律、行政法规规定应当办理批准手续生效的股权转让除外。未向公司登记机关办理股权变更登记的，不得对抗善意相对人。

9. **【侵犯优先购买权的股权转让合同的效力】** 审判实践中，部分人民法院对公司法司法解释（四）第21条规定的理解存在偏差，往往以保护其他股东的优先购买权为由认定股权转让合同无效。准确理解该条规定，既要注意保护其他股东的优先购买权，也要注意保护股东以外的股权受让人的合法权益，正确认定有限责任公司的股东与股东以外的股权受让人订立的股权转让合同的效力。一方面，其他股东依法享有优先购买权，在其主张按照股权转让合同约定的同等条件购买股权的情况下，应当支持其诉讼请求，除非出现该条第1款规定的情形。另一方面，为保护股东以外的股权受让人的合法权益，股权转让合同如无其他影响合同效力的事由，应当认定有效。其他股东行使优先购买权的，虽然股东以外的股权受让人关于继续履行股权转让合同的请求不能得到支持，但不影响其依约请求转让股东承担相应的违约责任。

指导案例

汤长龙诉周士海股权转让纠纷案（最高人民法院指导案例67号 2016年9月19日发布）

【关键词】 民事 股权转让 分期付款 合同解除

【裁判要点】

有限责任公司的股权分期支付转让款中发生股权受让人延迟或者拒付等违约情形，股权转让人要求解除双方签订的股权转让合同的，不适用《中华人民共和国合同法》第一百六十七条关于分期付款买卖中出卖人在买受人未支付到期价款的金额达到合同全部价款的五分之一时即可解除合同的规定。

【基本案情】

原告汤长龙与被告周士海于2013年4月3日签订《股权转让协议》及《股权转让资金分期付款协议》。双方约定：周士海将其持有的青岛变压器集团成都双星电器有限公司6.35%股权转让给汤长龙。股权合计710万元，分四期付清，即2013年4月3日付150万元；2013年8月2日付150万元；2013年12月2日付200万元；2014年4月2日付210万元。此协议双方签字生效，永不反悔。协议签订后，汤长龙于2013年4月3日依约向周士海支付第一期股权转让款150万元。因汤长龙逾期未支付约定的第二期股权转让款，周士海于同年10月11日，以公证方式向汤长龙送达了《关于解除协议的通知》，以汤长龙根本违约为由，提出解除双方签订的《股权转让资金分期付款协议》。次日，汤长龙即向周士海转账支付了第二期150万元股权转让款，并按照约定的时间和数额履行了后续第三、四期股权转让款的支付义务。周士海以其已经解除合同为由，如数退回汤长龙支付的4笔股权转让款。汤长龙遂向人民法院提起诉讼，要求确认周士海发出的解除协议通知无效，并责令其继续履行合同。

另查明，2013年11月7日，青岛变压器集团成都双星电器有限公司的变更（备案）登记中，周士海所持有的6.35%股权已经变更登记至汤长龙名下。

【裁判结果】

四川省成都市中级人民法院于2014年4月15日作出（2013）成民初字第1815号民事判决：驳回原告汤长龙的诉讼请求。汤长龙不服，提起上诉。四川省高级人民法院于2014年12月19日作出（2014）川民终字第432号民事判决：一、撤销原审判决；二、确认周士海要求解除双方签订的《股权转让资金分期付款协议》行为无效；三、汤长龙于本判决生效后十日内向周士海支付股权转让款710万元。周士海不服四川省高级人民法院的判决，以二审法院适用法律错误为由，向最高人民法院申请再审。最高人民法院于2015年10月26日作出（2015）民申字第2532号民事裁定，驳回周士海的再审申请。

【裁判理由】

法院生效判决认为：本案争议的焦点问题是周士海是否享有《中华人民共和国合同法》（以下简称《合同法》）第一百六十七条规定的合同解除权。

一、《合同法》第一百六十七条第一款规定："分期付款的买受人未支付到期价款的金额达到全部价款的五分之一的，出卖人可以要求买受人支付全部价款或解除合同。"第二款规定："出卖人解除合同的，可以向买受人要求支付该标的物的使用费。"《最高人民法院关于审理买卖合同纠纷案件适用法律问题的解释》第三十八条规定："合同法第一百六十七条第一款规定的'分期付款'，系指买受人将应付的总价款在一定期间内至少分三次向出卖人支付。分期付款买卖合同的约定违反合同法第一百六十七条第一款的规定，损害买受人利益，买受人主张该约定无效的，人民法院应予支持。"依据上述法律和司法解释的规定，分期付款买卖的主要特征为：一是买受人向出卖人支付总价款分三次以上，出卖人交付标的物之后买受人分两次以上向出卖人支付价款；二是多发、常见于经营者和消费者之间，一般是买受人作为消费者为满足生活消费而发生的交易；三是出卖人向买受人授予了一定信用，而作为授信人的出卖人在价款回收上存在一定风险，为保障出卖人剩余价款的回收，出卖人在一定条件下可以行使解除合同的权利。

本案系有限责任公司股东将股权转让给公司股东之外的其他人。尽管案涉股权的转让形式也是分期付款，但由于本案买卖的标的物是股权，因此具有与以消费为目的的一般买卖不同的特点：一是汤长龙受让股权是为参与公司经营管理并获取经济利益，并非满足生活消费；二是周士海作为有限责任公司的股权出让人，基于其所持股权一直存在于目标公司中的特点，其因分期回收股权转让款而承担的风险，与一般以消费为目的分期付款买卖中出卖人收回价款的风险并不同等；三是双方解除股权转让合同，也不存在向受让人要求支付标的物使用费的情况。综上特点，股权转让分期付款合同，与一般以消费为目的分期付款买卖合同有较大区别。对案涉《股权转让资金分期付款协议》不宜简单适用《合同法》第一百六十七条规定的合同解除权。

二、本案中，双方订立《股权转让资金分期付款协议》的合同目的能够实现。汤长龙和周士海订立《股权转让资金分期付款协议》的目的是转让周士海所持青岛变压器集团成都双星电器有限公司6.35%股权给汤长龙。根据汤长龙履行股权转让款的情况，除第2笔股权转让款150万元逾期支付两个月，其余3笔股权转让款均按约支付，周士海认为汤长龙逾期付款构成违约要求解除合同，退回了汤长龙所付710万元，不影响汤长龙按约支付剩余3笔股权转让款的事实的成立，且本案一、二审审理过程中，汤长龙明确表示愿意履行付款义务。因此，周士海签订案涉《股权转让资金分期付款协议》的合同目的能够得以实现。另查明，2013年11月7日，青岛变压器集团成都双星电器有限公司的变更（备案）登记中，周士海所持有的6.35%股权已经变更登记至汤长龙名下。

三、从诚实信用的角度，《合同法》第六十条规定："当事人应当按照约定全面履行自己的义务。当事人应当遵循诚实信用原则，根据合同的性质、目的和交易习惯履行通知、协助、保密等义务。"鉴于双方在股权转让合同上明确约定"此协议一式两份，双方签字生效，永不反悔"，因此周士海即使依据《合同法》第一百六十七条的规定，也应当首先选择要求汤长龙支付全部价款，而不是解除合同。

四、从维护交易安全的角度，一项有限责任公司的股权交易，关涉诸多方面，如其他股东对受让人汤长龙的接受和信任（过半数同意股权转让），记载到股东名册和在工商部门登记股权，社会成本和影响已经倾注其中。本案中，汤长龙受让股权后已实际参与公司经营管理、股权也已过户登记到其名下，如果不是汤长龙有根本违约行为，动辄撤销合同可能对公司经营管理的稳定产生不利影响。

综上所述，本案中，汤长龙主张的周士海依据《合同法》第一百六十七条之规定要求解除合同依据不足的理由，于法有据，应当予以支持。

典型案例

山西京海公司等诉莱芜钢铁集团莱芜矿业有限公司股权转让纠纷案

（《最高人民法院发布人民法院服务保障新时代生态文明建设典型案例》第 6 号　2018 年 6 月 4 日）

【基本案情】

2010 年 10 月 30 日，山西京海公司等三企业与莱芜矿业公司签订《转让合同》，约定山西京海公司等在尽可能短的时间内完成矿业权整合，并注册成立新公司，作为完成整合后的唯一矿业权人；莱芜矿业公司受让持有矿业权的新公司全部资产。合同签订后，山西京海公司等将矿山和实物资产全部交予莱芜矿业公司。此后，山西京海公司等将矿业权整合方案上报审批。2014 年 9 月 1 日，新矿业权人丰镇京海公司取得全部整合范围的矿业权。2012 年 5 月 29 日，莱芜矿业公司提出终止《转让合同》。2012 年 6 月 5 日，山西京海公司等回函声明不存在违约情况，拒绝接管财产。此后，双方多次函件往来。2012 年 8 月 15 日，莱芜矿业公司发出通知，要求山西京海公司等派员接管所有资产，返还预付款等。2014 年 9 月 11 日，山西京海公司函告莱芜矿业公司，要求莱芜矿业公司派员办理丰镇京海公司的全部股权转让手续。山西京海公司等向法院提起诉讼，请求莱芜矿业公司继续履行合同、支付剩余价款，配合将丰镇京海公司的全部股权变更登记至莱芜矿业公司，并赔偿拒绝履行合同的利息损失。莱芜矿业公司提出反诉，请求确认《转让合同》已解除，山西京海公司等连带返还预付款。

【裁判结果】

内蒙古自治区高级人民法院一审认为，本案性质为股权转让纠纷。山西京海公司等最终完成资源整合，不存在违约行为，莱芜矿业公司提出解除合同的行为不发生效力，合同应继续履行。遂判决莱芜矿业公司继续履行《转让合同》，支付剩余合同价款，配合将丰镇京海公司的全部股权变更登记至莱芜矿业公司。最高人民法院二审认为，矿业权登记在矿山法人企业名下，成为法人财产。虽然矿山法人股权转让可能造成公司资产架构、实际控制人等方面的变动，对矿业权的行使产生影响，但基于公司法人人格独立原则，公司股权转让与公司持有的矿业权转让性质不同，两者在交易主体、交易标的、审批程序、适用法律等方面均存在差别。山西京海公司等将矿业权和实物资产交付莱芜矿业公司，将完成整合后的矿业权划转到丰镇京海公司名下，其与莱芜矿业公司基于合同约定发生的是丰镇京海公司股权转让的法律关系，依法不需行政审批。合同解除权的行使应以符合约定或者法定解除条件为前提，即提出解除合同的一方当事人应以拥有约定解除权或者法定解除权为前提。莱芜矿业公司不具备约定或者法定合同解除权，其关于山西京海公司等未在法定期限三个月内提起异议之诉，解除合同通知当然发生效力的主张不能成立。山西京海公司曾催告莱芜矿业公司协助办理股权变更手续，莱芜矿业公司不予配合，致使股权变更约定未能履行，不利后果应由莱芜矿业公司承担。最高人民法院二审维持原判。

【典型意义】

本案系矿产资源整合过程中矿山法人企业股权转让引发的纠纷，如何准确认定合同性质是审理此类案件的重点和难点。本案中，转让人已将案涉矿业权登记在约定的目标公司名下，其与受让人之间基于合同约定发生的是新矿业权人股权转让的法律关系。矿业权人股权转让与矿业权转让性质不同，在不变更矿业权主体、不发生采矿权和探矿权权属变更的情况下，不宜将股权转让行为视同变相的矿业权转让行为。同时，本案判决明确合同解除权的行使应符合合同约定的解除条件或者法定的解除条件，对于依法确定解除合同通知效力，防止合同解除权的滥用、保护诚信履约方亦具有积极意义。

» **阐明外商投资准入负面清单实施后的外资合同效力规则依法保护外商投资者合法权益**——吉美投资有限公司（Ge Mei Investment Limited）与河南鹰城集团有限公司、张顺义、张磊股权转让纠纷案（《最高人民法院第三批涉“一带一路”建设典型案例》案例3　2022年2月28日）

【基本案情】

2012年7月，吉美公司与鹰城集团及华丰集团，经批准设立了外商投资企业鹰城房地产公司。2016年3月，吉美公司与鹰城集团签署《股权转让合同》，约定：吉美公司将其持有的鹰城房地产公司40%的股权，以1亿元价格转让给鹰城集团，鹰城集团于2016年3月31日前支付吉美公司。合同自各方签字或盖章之日起成立，自审批机关批准之日生效。2016年4月11日，平顶山商务局作出同意股权转让的批复，同日又发出通知书，根据鹰城房地产公司撤回申请，不再继续受理股权转让报批事项，故未作出批准证书。吉美公司据此提起诉讼，请求鹰城集团支付1亿元股权转让款。

【裁判结果】

最高人民法院审理认为，2016年10月1日起，我国对外商投资准入特别管理措施以外的外商投资企业的设立、变更，已由行政审批制转为备案管理制。对不属于外资准入负面清单的外商投资企业的股权转让合同，不再将审批作为认定合同生效的要件。当事人关于“自审批机关批准之日起生效”的约定，亦不再具有限定合同生效条件的意义，应当认定合同有效。鹰城集团最迟付款履行期间已经届满，故判决鹰城集团向吉美公司支付股权转让款1亿元。

【典型意义】

我国外商投资管理体制自2016年10月1日起实施重大改革，将运行多年的全面审批制改为普遍备案制与负面清单下的审批制。如何认定备案的性质以及履行期限跨越新法实施日的外商投资企业合同的效力，是司法实践中亟待解决的问题。本案的裁判规则指出，备案不再构成外商投资负面清单以外的外商投资企业合同的生效要件。相应地，未报批的该类外商投资企业股权转让合同亦为生效合同。该判决所确立的裁判规则对于指导外商投资企业纠纷的处理、保护外商投资者的合法权益具有重要意义。

270. 公司决议纠纷

（1）公司决议效力确认纠纷

（2）公司决议撤销纠纷

相关规范

» **《中华人民共和国民法典》**（2020年）

第八十五条　【决议的撤销】营利法人的权力机构、执行机构作出决议的会议召集程序、表决方式违反法律、行政法规、法人章程，或者决议内容违反法人章程的，营利法人的出资人可以请求人民法院撤销该决议。但是，营利法人依据该决议与善意相对人形成的民事法律关系不受影响。

《中华人民共和国公司法》（2018 年修正）

第二十二条　公司股东会或者股东大会、董事会的决议内容违反法律、行政法规的无效。

股东会或者股东大会、董事会的会议召集程序、表决方式违反法律、行政法规或者公司章程，或者决议内容违反公司章程的，股东可以自决议作出之日起六十日内，请求人民法院撤销。

股东依照前款规定提起诉讼的，人民法院可以应公司的请求，要求股东提供相应担保。

公司根据股东会或者股东大会、董事会决议已办理变更登记的，人民法院宣告该决议无效或者撤销该决议后，公司应当向公司登记机关申请撤销变更登记。

第四十二条　股东会会议由股东按照出资比例行使表决权；但是，公司章程另有规定的除外。

第四十三条　股东会的议事方式和表决程序，除本法有规定的外，由公司章程规定。

股东会会议作出修改公司章程、增加或者减少注册资本的决议，以及公司合并、分立、解散或者变更公司形式的决议，必须经代表三分之二以上表决权的股东通过。

《最高人民法院关于适用〈中华人民共和国公司法〉若干问题的规定（四）》（2020 年 12 月 23 日修正）

第一条　公司股东、董事、监事等请求确认股东会或者股东大会、董事会决议无效或者不成立的，人民法院应当依法予以受理。

第二条　依据民法典第八十五条、公司法第二十二条第二款请求撤销股东会或者股东大会、董事会决议的原告，应当在起诉时具有公司股东资格。

第三条　原告请求确认股东会或者股东大会、董事会决议不成立、无效或者撤销决议的案件，应当列公司为被告。对决议涉及的其他利害关系人，可以依法列为第三人。

一审法庭辩论终结前，其他有原告资格的人以相同的诉讼请求申请参加前款规定诉讼的，可以列为共同原告。

第四条　股东请求撤销股东会或者股东大会、董事会决议，符合民法典第八十五条、公司法第二十二条第二款规定的，人民法院应当予以支持，但会议召集程序或者表决方式仅有轻微瑕疵，且对决议未产生实质影响的，人民法院不予支持。

第五条　股东会或者股东大会、董事会决议存在下列情形之一，当事人主张决议不成立的，人民法院应当予以支持：

（一）公司未召开会议的，但依据公司法第三十七条第二款或者公司章程规定可以不召开股东会或者股东大会而直接作出决定，并由全体股东在决定文件上签名、盖章的除外；

（二）会议未对决议事项进行表决的；

（三）出席会议的人数或者股东所持表决权不符合公司法或者公司章程规定的；

（四）会议的表决结果未达到公司法或者公司章程规定的通过比例的；

（五）导致决议不成立的其他情形。

第六条　股东会或者股东大会、董事会决议被人民法院判决确认无效或者撤销的，公司依据该决议与善意相对人形成的民事法律关系不受影响。

指导案例

李建军诉上海佳动力环保科技有限公司公司决议撤销纠纷案（最高人民法院指导案例 10 号　2012 年 9 月 18 日发布）

【关键词】　民事　公司决议撤销　司法审查范围

【裁判要点】

人民法院在审理公司决议撤销纠纷案件中应当审查：会议召集程序、表决方式是否违反法律、行政法规或者公司章程以及决议内容是否违反公司章程。在未违反上述规定的前提下，解聘总经理职务的决议所依据的事实是否属实，理由是否成立，不属于司法审查范围。

【基本案情】

原告李建军诉称：被告上海佳动力环保科技有限公司（简称佳动力公司）免除其总经理职务的决议所依据的事实和理由不成立，且董事会的召集程序、表决方式及决议内容均违反了公司法的规定，请求法院依法撤销该董事会决议。

被告佳动力公司辩称：董事会的召集程序、表决方式及决议内容均符合法律和章程的规定，故董事会决议有效。

法院经审理查明：原告李建军系被告佳动力公司的股东，并担任总经理。佳动力公司股权结构为：葛永乐持股40%，李建军持股46%，王泰胜持股14%。三位股东共同组成董事会，由葛永乐担任董事长，另两人为董事。公司章程规定：董事会行使包括聘任或者解聘公司经理等职权；董事会须由三分之二以上的董事出席方才有效；董事会对所议事项作出的决定应由占全体股东三分之二以上的董事表决通过方才有效。2009年7月18日，佳动力公司董事长葛永乐召集并主持董事会，三位董事均出席，会议形成了“鉴于总经理李建军不经董事会同意私自动用公司资金在二级市场炒股，造成巨大损失，现免去其总经理职务，即日生效”等内容的决议。该决议由葛永乐、王泰胜及监事签名，李建军未在该决议上签名。

【裁判结果】

上海市黄浦区人民法院于2010年2月5日作出（2009）黄民二（商）初字第4569号民事判决：撤销被告佳动力公司于2009年7月18日形成的董事会决议。宣判后，佳动力公司提出上诉。上海市第二中级人民法院于2010年6月4日作出（2010）沪二中民四（商）终字第436号民事判决：一、撤销上海市黄浦区人民法院（2009）黄民二（商）初字第4569号民事判决；二、驳回李建军的诉讼请求。

【裁判理由】

法院生效裁判认为：根据《中华人民共和国公司法》第二十二条第二款的规定，董事会决议可撤销的事由包括：一、召集程序违反法律、行政法规或公司章程；二、表决方式违反法律、行政法规或公司章程；三、决议内容违反公司章程。从召集程序看，佳动力公司于2009年7月18日召开的董事会由董事长葛永乐召集，三位董事均出席董事会，该次董事会的召集程序未违反法律、行政法规或公司章程的规定。从表决方式看，根据佳动力公司章程规定，对所议事项作出的决定应由占全体股东三分之二以上的董事表决通过方才有效，上述董事会决议由三位股东（兼董事）中的两名表决通过，故在表决方式上未违反法律、行政法规或公司章程的规定。从决议内容看，佳动力公司章程规定董事会有权解聘公司经理，董事会决议内容中“总经理李建军不经董事会同意私自动用公司资金在二级市场炒股，造成巨大损失”的陈述，仅是董事会解聘李建军总经理职务的原因，而解聘李建军总经理职务的决议内容本身并不违反公司章程。

董事会决议解聘李建军总经理职务的原因如果不存在，并不导致董事会决议撤销。首先，公司法尊重公司自治，公司内部法律关系原则上由公司自治机制调整，司法机关原则上不介入公司内部事务；其次，佳动力公司的章程中未对董事会解聘公司经理的职权作出限制，并未规定董事会解聘公司经理必须要有一定原因，该章程内容未违反公司法的强制性规定，应认定有效，因此佳动力公司董事会可以行使公司章程赋予的权力作出解聘公司经理的决定。故法院应当尊重公司自治，无需审查佳动力公司董事会解聘公司经理的原因是否存在，即无需审查决议所依据的事实是否属实，理由是否成立。综上，原告李建军请求撤销董事会决议的诉讼请求不成立，依法予以驳回。

271. 公司设立纠纷

相关规范

»《中华人民共和国民法典》（2020 年）

第七十五条　【法人设立行为的法律后果】 设立人为设立法人从事的民事活动，其法律后果由法人承受；法人未成立的，其法律后果由设立人承受，设立人为二人以上的，享有连带债权，承担连带债务。

设立人为设立法人以自己的名义从事民事活动产生的民事责任，第三人有权选择请求法人或者设立人承担。

»《中华人民共和国公司法》（2018 年修正）

第二十三条　设立有限责任公司，应当具备下列条件：

（一）股东符合法定人数；

（二）有符合公司章程规定的全体股东认缴的出资额；

（三）股东共同制定公司章程；

（四）有公司名称，建立符合有限责任公司要求的组织机构；

（五）有公司住所。

第二十四条　有限责任公司由五十个以下股东出资设立。

第二十五条　有限责任公司章程应当载明下列事项：

（一）公司名称和住所；

（二）公司经营范围；

（三）公司注册资本；

（四）股东的姓名或者名称；

（五）股东的出资方式、出资额和出资时间；

（六）公司的机构及其产生办法、职权、议事规则；

（七）公司法定代表人；

（八）股东会会议认为需要规定的其他事项。

股东应当在公司章程上签名、盖章。

第二十六条　有限责任公司的注册资本为在公司登记机关登记的全体股东认缴的出资额。

法律、行政法规以及国务院决定对有限责任公司注册资本实缴、注册资本最低限额另有规定的，从其规定。

第二十七条　股东可以用货币出资，也可以用实物、知识产权、土地使用权等可以用货币估价并可以依法转让的非货币财产作价出资；但是，法律、行政法规规定不得作为出资的财产除外。

对作为出资的非货币财产应当评估作价，核实财产，不得高估或者低估作价。法律、行政法规对评估作价有规定的，从其规定。

第二十八条　股东应当按期足额缴纳公司章程中规定的各自所认缴的出资额。股东以货币出资的，应当将货币出资足额存入有限责任公司在银行开设的账户；以非货币财产出资的，应当依法办理其财产权的转移手续。

股东不按照前款规定缴纳出资的，除应当向公司足额缴纳外，还应当向已按期足额缴纳出资的股东承担违约责任。

第二十九条　股东认足公司章程规定的出资后，由全体股东指定的代表或者共同委托的代理人向公司登记机关报送公司登记申请书、公司章程等文件，申请设立登记。

第三十条　有限责任公司成立后，发现作为设立公司出资的非货币财产的实际价额显著低于公司章程所定价额的，应当由交付该出资的股东补足其差额；公司设立时的其他股东承担连带责任。

第三十一条　有限责任公司成立后，应当向股东签发出资证明书。

出资证明书应当载明下列事项：

（一）公司名称；

（二）公司成立日期；

（三）公司注册资本；

（四）股东的姓名或者名称、缴纳的出

资额和出资日期；

（五）出资证明书的编号和核发日期。

出资证明书由公司盖章。

第三十二条 有限责任公司应当置备股东名册，记载下列事项：

（一）股东的姓名或者名称及住所；

（二）股东的出资额；

（三）出资证明书编号。

记载于股东名册的股东，可以依股东名册主张行使股东权利。

公司应当将股东的姓名或者名称向公司登记机关登记；登记事项发生变更的，应当办理变更登记。未经登记或者变更登记的，不得对抗第三人。

第三十三条 股东有权查阅、复制公司章程、股东会会议记录、董事会会议决议、监事会会议决议和财务会计报告。

股东可以要求查阅公司会计账簿。股东要求查阅公司会计账簿的，应当向公司提出书面请求，说明目的。公司有合理根据认为股东查阅会计账簿有不正当目的，可能损害公司合法利益的，可以拒绝提供查阅，并应当自股东提出书面请求之日起十五日内书面答复股东并说明理由。公司拒绝提供查阅的，股东可以请求人民法院要求公司提供查阅。

第三十四条 股东按照实缴的出资比例分取红利；公司新增资本时，股东有权优先按照实缴的出资比例认缴出资。但是，全体股东约定不按照出资比例分取红利或者不按照出资比例优先认缴出资的除外。

第三十五条 公司成立后，股东不得抽逃出资。

第七十六条 设立股份有限公司，应当具备下列条件：

（一）发起人符合法定人数；

（二）有符合公司章程规定的全体发起人认购的股本总额或者募集的实收股本总额；

（三）股份发行、筹办事项符合法律规定；

（四）发起人制订公司章程，采用募集方式设立的经创立大会通过；

（五）有公司名称，建立符合股份有限公司要求的组织机构；

（六）有公司住所。

第七十七条 股份有限公司的设立，可以采取发起设立或者募集设立的方式。

发起设立，是指由发起人认购公司应发行的全部股份而设立公司。

募集设立，是指由发起人认购公司应发行股份的一部分，其余股份向社会公开募集或者向特定对象募集而设立公司。

第七十八条 设立股份有限公司，应当有二人以上二百人以下为发起人，其中须有半数以上的发起人在中国境内有住所。

第七十九条 股份有限公司发起人承担公司筹办事务。

发起人应当签订发起人协议，明确各自在公司设立过程中的权利和义务。

第八十条 股份有限公司采取发起设立方式设立的，注册资本为在公司登记机关登记的全体发起人认购的股本总额。在发起人认购的股份缴足前，不得向他人募集股份。

股份有限公司采取募集方式设立的，注册资本为在公司登记机关登记的实收股本总额。

法律、行政法规以及国务院决定对股份有限公司注册资本实缴、注册资本最低限额另有规定的，从其规定。

第八十一条 股份有限公司章程应当载明下列事项：

（一）公司名称和住所；

（二）公司经营范围；

（三）公司设立方式；

（四）公司股份总数、每股金额和注册资本；

（五）发起人的姓名或者名称、认购的股份数、出资方式和出资时间；

（六）董事会的组成、职权和议事规则；

（七）公司法定代表人；

（八）监事会的组成、职权和议事规则；

（九）公司利润分配办法；

（十）公司的解散事由与清算办法；

（十一）公司的通知和公告办法；

（十二）股东大会会议认为需要规定的其他事项。

第八十二条　发起人的出资方式，适用本法第二十七条的规定。

第八十三条　以发起设立方式设立股份有限公司的，发起人应当书面认足公司章程规定其认购的股份，并按照公司章程规定缴纳出资。以非货币财产出资的，应当依法办理其财产权的转移手续。

发起人不依照前款规定缴纳出资的，应当按照发起人协议承担违约责任。

发起人认足公司章程规定的出资后，应当选举董事会和监事会，由董事会向公司登记机关报送公司章程以及法律、行政法规规定的其他文件，申请设立登记。

第八十四条　以募集设立方式设立股份有限公司的，发起人认购的股份不得少于公司股份总数的百分之三十五；但是，法律、行政法规另有规定的，从其规定。

第八十五条　发起人向社会公开募集股份，必须公告招股说明书，并制作认股书。认股书应当载明本法第八十六条所列事项，由认股人填写认购股数、金额、住所，并签名、盖章。认股人按照所认购股数缴纳股款。

第八十六条　招股说明书应当附有发起人制订的公司章程，并载明下列事项：

（一）发起人认购的股份数；

（二）每股的票面金额和发行价格；

（三）无记名股票的发行总数；

（四）募集资金的用途；

（五）认股人的权利、义务；

（六）本次募股的起止期限及逾期未募足时认股人可以撤回所认股份的说明。

第八十七条　发起人向社会公开募集股份，应当由依法设立的证券公司承销，签订承销协议。

第八十八条　发起人向社会公开募集股份，应当同银行签订代收股款协议。

代收股款的银行应当按照协议代收和保存股款，向缴纳股款的认股人出具收款单据，并负有向有关部门出具收款证明的义务。

第八十九条　发行股份的股款缴足后，必须经依法设立的验资机构验资并出具证明。发起人应当自股款缴足之日起三十日内主持召开公司创立大会。创立大会由发起人、认股人组成。

发行的股份超过招股说明书规定的截止期限尚未募足的，或者发行股份的股款缴足后，发起人在三十日内未召开创立大会的，认股人可以按照所缴股款并加算银行同期存款利息，要求发起人返还。

第九十条　发起人应当在创立大会召开十五日前将会议日期通知各认股人或者予以公告。创立大会应有代表股份总数过半数的发起人、认股人出席，方可举行。

创立大会行使下列职权：

（一）审议发起人关于公司筹办情况的报告；

（二）通过公司章程；

（三）选举董事会成员；

（四）选举监事会成员；

（五）对公司的设立费用进行审核；

（六）对发起人用于抵作股款的财产的作价进行审核；

（七）发生不可抗力或者经营条件发生重大变化直接影响公司设立的，可以作出不设立公司的决议。

创立大会对前款所列事项作出决议，必须经出席会议的认股人所持表决权过半数通过。

第九十一条　发起人、认股人缴纳股款或者交付抵作股款的出资后，除未按期募足股份、发起人未按期召开创立大会或者创立大会决议不设立公司的情形外，不得抽回其股本。

第九十二条　董事会应于创立大会结束后三十日内，向公司登记机关报送下列文件，申请设立登记：

（一）公司登记申请书；

（二）创立大会的会议记录；

（三）公司章程；

（四）验资证明；

（五）法定代表人、董事、监事的任职文件及其身份证明；

（六）发起人的法人资格证明或者自然人身份证明；

（七）公司住所证明。

以募集方式设立股份有限公司公开发行股票的，还应当向公司登记机关报送国务院证券监督管理机构的核准文件。

第九十三条 股份有限公司成立后，发起人未按照公司章程的规定缴足出资的，应当补缴；其他发起人承担连带责任。

股份有限公司成立后，发现作为设立公司出资的非货币财产的实际价额显著低于公司章程所定价额的，应当由交付该出资的发起人补足其差额；其他发起人承担连带责任。

第九十四条 股份有限公司的发起人应当承担下列责任：

（一）公司不能成立时，对设立行为所产生的债务和费用负连带责任；

（二）公司不能成立时，对认股人已缴纳的股款，负返还股款并加算银行同期存款利息的连带责任；

（三）在公司设立过程中，由于发起人的过失致使公司利益受到损害的，应当对公司承担赔偿责任。

第九十五条 有限责任公司变更为股份有限公司时，折合的实收股本总额不得高于公司净资产额。有限责任公司变更为股份有限公司，为增加资本公开发行股份时，应当依法办理。

第九十六条 股份有限公司应当将公司章程、股东名册、公司债券存根、股东大会会议记录、董事会会议记录、监事会会议记录、财务会计报告置备于本公司。

第九十七条 股东有权查阅公司章程、股东名册、公司债券存根、股东大会会议记录、董事会会议决议、监事会会议决议、财务会计报告，对公司的经营提出建议或者质询。

》《最高人民法院关于适用〈中华人民共和国公司法〉若干问题的规定（三）》（2020年12月23日修正）

第二条 发起人为设立公司以自己名义对外签订合同，合同相对人请求该发起人承担合同责任的，人民法院应予支持；公司成立后合同相对人请求公司承担合同责任的，人民法院应予支持。

第三条 发起人以设立中公司名义对外签订合同，公司成立后合同相对人请求公司承担合同责任的，人民法院应予支持。

公司成立后有证据证明发起人利用设立中公司的名义为自己的利益与相对人签订合同，公司以此为由主张不承担合同责任的，人民法院应予支持，但相对人为善意的除外。

第四条 公司因故未成立，债权人请求全体或者部分发起人对设立公司行为所产生的费用和债务承担连带清偿责任的，人民法院应予支持。

部分发起人依照前款规定承担责任后，请求其他发起人分担的，人民法院应当判令其他发起人按照约定的责任承担比例分担责任；没有约定责任承担比例的，按照约定的出资比例分担责任；没有约定出资比例的，按照均等份额分担责任。

因部分发起人的过错导致公司未成立，其他发起人主张其承担设立行为所产生的费用和债务的，人民法院应当根据过错情况，确定过错一方的责任范围。

第五条 发起人因履行公司设立职责造成他人损害，公司成立后受害人请求公司承担侵权赔偿责任的，人民法院应予支持；公司未成立，受害人请求全体发起人承担连带赔偿责任的，人民法院应予支持。

公司或者无过错的发起人承担赔偿责任后，可以向有过错的发起人追偿。

272. 公司证照返还纠纷

相关规范

>>《中华人民共和国民法典》（2020年）

第一百七十九条　【承担民事责任的方式】 承担民事责任的方式主要有：

（一）停止侵害；

（二）排除妨碍；

（三）消除危险；

（四）返还财产；

（五）恢复原状；

（六）修理、重作、更换；

（七）继续履行；

（八）赔偿损失；

（九）支付违约金；

（十）消除影响、恢复名誉；

（十一）赔礼道歉。

法律规定惩罚性赔偿的，依照其规定。

本条规定的承担民事责任的方式，可以单独适用，也可以合并适用。

第二百三十五条　【返还原物请求权】 无权占有不动产或者动产的，权利人可以请求返还原物。

>>《中华人民共和国公司法》（2018年修正）

第一百四十七条　董事、监事、高级管理人员应当遵守法律、行政法规和公司章程，对公司负有忠实义务和勤勉义务。

董事、监事、高级管理人员不得利用职权收受贿赂或者其他非法收入，不得侵占公司的财产。

第一百四十九条　董事、监事、高级管理人员执行公司职务时违反法律、行政法规或者公司章程的规定，给公司造成损失的，应当承担赔偿责任。

273. 发起人责任纠纷

相关规范

>>《中华人民共和国公司法》（2018年修正）

第三十条　有限责任公司成立后，发现作为设立公司出资的非货币财产的实际价额显著低于公司章程所定价额的，应当由交付该出资的股东补足其差额；公司设立时的其他股东承担连带责任。

第八十三条　以发起设立方式设立股份有限公司的，发起人应当书面认足公司章程规定其认购的股份；一次缴纳的，应即缴纳全部出资；分期缴纳的，应即缴纳首期出资。以非货币财产出资的，应当依法办理其财产权的转移手续。

发起人不依照前款规定缴纳出资的，应当按照发起人协议承担违约责任。

发起人首次缴纳出资后，应当选举董事会和监事会，由董事会向公司登记机关报送公司章程、由依法设定的验资机构出具的验资证明以及法律、行政法规规定的其他文件，申请设立登记。

第九十三条　股份有限公司成立后，发起人未按照公司章程的规定缴足出资的，应当补缴；其他发起人承担连带责任。

股份有限公司成立后，发现作为设立公司出资的非货币财产的实际价额显著低于公司章程所定价额的，应当由交付该出资的发起人补足其差额；其他发起人承担连带责任。

第九十四条　股份有限公司的发起人应当承担下列责任：

（一）公司不能成立时，对设立行为所产生的债务和费用负连带责任；

（二）公司不能成立时，对认股人已缴纳的股款，负返还股款并加算银行同期存款利息的连带责任；

（三）在公司设立过程中，由于发起人

的过失致使公司利益受到损害的，应当对公司承担赔偿责任。

《最高人民法院关于适用〈中华人民共和国公司法〉若干问题的规定(三)》(2020年12月23日修正)

第一条 为设立公司而签署公司章程、向公司认购出资或者股份并履行公司设立职责的人，应当认定为公司的发起人，包括有限责任公司设立时的股东。

第二条 发起人为设立公司以自己名义对外签订合同，合同相对人请求该发起人承担合同责任的，人民法院应予支持；公司成立后合同相对人请求公司承担合同责任的，人民法院应予支持。

第三条 发起人以设立中公司名义对外签订合同，公司成立后合同相对人请求公司承担合同责任的，人民法院应予支持。

公司成立后有证据证明发起人利用设立中公司的名义为自己的利益与相对人签订合同，公司以此为由主张不承担合同责任的，人民法院应予支持，但相对人为善意的除外。

第四条 公司因故未成立，债权人请求全体或者部分发起人对设立公司行为所产生的费用和债务承担连带清偿责任的，人民法院应予支持。

部分发起人依照前款规定承担责任后，请求其他发起人分担的，人民法院应当判令其他发起人按照约定的责任承担比例分担责任；没有约定责任承担比例的，按照约定的出资比例分担责任；没有约定出资比例的，按照均等份额分担责任。

因部分发起人的过错导致公司未成立，其他发起人主张其承担设立行为所产生的费用和债务的，人民法院应当根据过错情况，确定过错一方的责任范围。

第五条 发起人因履行公司设立职责造成他人损害，公司成立后受害人请求公司承担侵权赔偿责任的，人民法院应予支持；公司未成立，受害人请求全体发起人承担连带赔偿责任的，人民法院应予支持。

公司或者无过错的发起人承担赔偿责任后，可以向有过错的发起人追偿。

第六条 股份有限公司的认股人未按期缴纳所认股份的股款，经公司发起人催缴后在合理期间内仍未缴纳，公司发起人对该股份另行募集的，人民法院应当认定该募集行为有效。认股人延期缴纳股款给公司造成损失，公司请求该认股人承担赔偿责任的，人民法院应予支持。

274. 公司盈余分配纠纷

相关规范

《中华人民共和国公司法》(2018年修正)

第三十四条 股东按照实缴的出资比例分取红利；公司新增资本时，股东有权优先按照实缴的出资比例认缴出资。但是，全体股东约定不按照出资比例分取红利或者不按照出资比例优先认缴出资的除外。

第一百六十六条 公司分配当年税后利润时，应当提取利润的百分之十列入公司法定公积金。公司法定公积金累计额为公司注册资本的百分之五十以上的，可以不再提取。

公司的法定公积金不足以弥补以前年度亏损的，在依照前款规定提取法定公积金之前，应当先用当年利润弥补亏损。

公司从税后利润中提取法定公积金后，经股东会或者股东大会决议，还可以从税后利润中提取任意公积金。

公司弥补亏损和提取公积金后所余税后利润，有限责任公司依照本法第三十五条的规定分配；股份有限公司按照股东持有的股份比例分配，但股份有限公司章程规定不按持股比例分配的除外。

股东会、股东大会或者董事会违反前款规定，在公司弥补亏损和提取法定公积金之前向股东分配利润的，股东必须将违反规定分配的利润退还公司。

公司持有的本公司股份不得分配利润。

》《最高人民法院关于适用〈中华人民共和国公司法〉若干问题的规定（四）》（2020年12月23日修正）

第十三条 股东请求公司分配利润案件，应当列公司为被告。

一审法庭辩论终结前，其他股东基于同一分配方案请求分配利润并申请参加诉讼的，应当列为共同原告。

第十四条 股东提交载明具体分配方案的股东会或者股东大会的有效决议，请求公司分配利润，公司拒绝分配利润且其关于无法执行决议的抗辩理由不成立的，人民法院应当判决公司按照决议载明的具体分配方案向股东分配利润。

第十五条 股东未提交载明具体分配方案的股东会或者股东大会决议，请求公司分配利润的，人民法院应当驳回其诉讼请求，但违反法律规定滥用股东权利导致公司不分配利润，给其他股东造成损失的除外。

》《最高人民法院关于适用〈中华人民共和国公司法〉若干问题的规定（五）》（2020年12月23日修正）

第四条 分配利润的股东会或者股东大会决议作出后，公司应当在决议载明的时间内完成利润分配。决议没有载明时间的，以公司章程规定的为准。决议、章程中均未规定时间或者时间超过一年的，公司应当自决议作出之日起一年内完成利润分配。

决议中载明的利润分配完成时间超过公司章程规定时间的，股东可以依据民法典第八十五条、公司法第二十二条第二款规定请求人民法院撤销决议中关于该时间的规定。

275. 损害股东利益责任纠纷

相关规范

》《中华人民共和国公司法》（2018年修正）

第一百五十二条 董事、高级管理人员违反法律、行政法规或者公司章程的规定，损害股东利益的，股东可以向人民法院提起诉讼。

》《最高人民法院关于适用〈中华人民共和国公司法〉若干问题的规定（三）》（2020年12月23日修正）

第二十六条 公司债权人以登记于公司登记机关的股东未履行出资义务为由，请求其对公司债务不能清偿的部分在未出资本息范围内承担补充赔偿责任，股东以其仅为名义股东而非实际出资人为由进行抗辩的，人民法院不予支持。

名义股东根据前款规定承担赔偿责任后，向实际出资人追偿的，人民法院应予支持。

276. 损害公司利益责任纠纷

相关规范

》《中华人民共和国民法典》（2020年）

第八十三条 **【出资人滥用权利的责任承担】**营利法人的出资人不得滥用出资人权利损害法人或者其他出资人的利益；滥用出资人权利造成法人或者其他出资人损失的，应当依法承担民事责任。

营利法人的出资人不得滥用法人独立地位和出资人有限责任损害法人债权人的利益；滥用法人独立地位和出资人有限责任，逃避债务，严重损害法人债权人的利益的，应当对法人债务承担连带责任。

第八十四条 【限制不当利用关联关系】营利法人的控股出资人、实际控制人、董事、监事、高级管理人员不得利用其关联关系损害法人的利益；利用关联关系造成法人损失的，应当承担赔偿责任。

》《中华人民共和国公司法》（2018年修正）

第二十条 公司股东应当遵守法律、行政法规和公司章程，依法行使股东权利，不得滥用股东权利损害公司或者其他股东的利益；不得滥用公司法人独立地位和股东有限责任损害公司债权人的利益。

公司股东滥用股东权利给公司或者其他股东造成损失的，应当依法承担赔偿责任。

公司股东滥用公司法人独立地位和股东有限责任，逃避债务，严重损害公司债权人利益的，应当对公司债务承担连带责任。

第一百四十七条 董事、监事、高级管理人员应当遵守法律、行政法规和公司章程，对公司负有忠实义务和勤勉义务。

董事、监事、高级管理人员不得利用职权收受贿赂或者其他非法收入，不得侵占公司的财产。

第一百四十八条 董事、高级管理人员不得有下列行为：

（一）挪用公司资金；

（二）将公司资金以其个人名义或者以其他个人名义开立账户存储；

（三）违反公司章程的规定，未经股东会、股东大会或者董事会同意，将公司资金借贷给他人或者以公司财产为他人提供担保；

（四）违反公司章程的规定或者未经股东会、股东大会同意，与本公司订立合同或者进行交易；

（五）未经股东会或者股东大会同意，利用职务便利为自己或者他人谋取属于公司的商业机会，自营或者为他人经营与所任职公司同类的业务；

（六）接受他人与公司交易的佣金归为己有；

（七）擅自披露公司秘密；

（八）违反对公司忠实义务的其他行为。

董事、高级管理人员违反前款规定所得的收入应当归公司所有。

第一百四十九条 董事、监事、高级管理人员执行公司职务时违反法律、行政法规或者公司章程的规定，给公司造成损失的，应当承担赔偿责任。

第一百五十一条 董事、高级管理人员有本法第一百五十条规定的情形的，有限责任公司的股东、股份有限公司连续一百八十日以上单独或者合计持有公司百分之一以上股份的股东，可以书面请求监事会或者不设监事会的有限责任公司的监事向人民法院提起诉讼；监事有本法第一百五十条规定的情形的，前述股东可以书面请求董事会或者不设董事会的有限责任公司的执行董事向人民法院提起诉讼。

监事会、不设监事会的有限责任公司的监事，或者董事会、执行董事收到前款规定的股东书面请求后拒绝提起诉讼，或者自收到请求之日起三十日内未提起诉讼，或者情况紧急、不立即提起诉讼将会使公司利益受到难以弥补的损害的，前款规定的股东有权为了公司的利益以自己的名义直接向人民法院提起诉讼。

他人侵犯公司合法权益，给公司造成损失的，本条第一款规定的股东可以依照前两款的规定向人民法院提起诉讼。

》《最高人民法院关于适用〈中华人民共和国公司法〉若干问题的规定（四）》（2020年12月23日修正）

第二十三条 监事会或者不设监事会的有限责任公司的监事依据公司法第一百五十一条第一款规定对董事、高级管理人员提起诉讼的，应当列公司为原告，依法由监事会主席或者不设监事会的有限责任公司的监事代表公司进行诉讼。

董事会或者不设董事会的有限责任公司

的执行董事依据公司法第一百五十一条第一款规定对监事提起诉讼的，或者依据公司法第一百五十一条第三款规定对他人提起诉讼的，应当列公司为原告，依法由董事长或者执行董事代表公司进行诉讼。

第二十四条 符合公司法第一百五十一条第一款规定条件的股东，依据公司法第一百五十一条第二款、第三款规定，直接对董事、监事、高级管理人员或者他人提起诉讼的，应当列公司为第三人参加诉讼。

一审法庭辩论终结前，符合公司法第一百五十一条第一款规定条件的其他股东，以相同的诉讼请求申请参加诉讼的，应当列为共同原告。

第二十五条 股东依据公司法第一百五十一条第二款、第三款规定直接提起诉讼的案件，胜诉利益归属于公司。股东请求被告直接向其承担民事责任的，人民法院不予支持。

第二十六条 股东依据公司法第一百五十一条第二款、第三款规定直接提起诉讼的案件，其诉讼请求部分或者全部得到人民法院支持的，公司应当承担股东因参加诉讼支付的合理费用。

》《最高人民法院关于适用〈中华人民共和国公司法〉若干问题的规定(五)》（2020 年 12 月 23 日修正）

第一条 关联交易损害公司利益，原告公司依据民法典第八十四条、公司法第二十一条规定请求控股股东、实际控制人、董事、监事、高级管理人员赔偿所造成的损失，被告仅以该交易已经履行了信息披露、经股东会或者股东大会同意等法律、行政法规或者公司章程规定的程序为由抗辩的，人民法院不予支持。

公司没有提起诉讼的，符合公司法第一百五十一条第一款规定条件的股东，可以依据公司法第一百五十一条第二款、第三款规定向人民法院提起诉讼。

第二条 关联交易合同存在无效、可撤销或者对公司不发生效力的情形，公司没有起诉合同相对方的，符合公司法第一百五十一条第一款规定条件的股东，可以依据公司法第一百五十一条第二款、第三款规定向人民法院提起诉讼。

277. 损害公司债权人利益责任纠纷

（1）股东损害公司债权人利益责任纠纷
（2）实际控制人损害公司债权人利益责任纠纷

相关规范

》《中华人民共和国公司法》（2018 年修正）

第二十条 公司股东应当遵守法律、行政法规和公司章程，依法行使股东权利，不得滥用股东权利损害公司或者其他股东的利益；不得滥用公司法人独立地位和股东有限责任损害公司债权人的利益。

公司股东滥用股东权利给公司或者其他股东造成损失的，应当依法承担赔偿责任。

公司股东滥用公司法人独立地位和股东有限责任，逃避债务，严重损害公司债权人利益的，应当对公司债务承担连带责任。

》《最高人民法院关于印发〈全国法院民商事审判工作会议纪要〉的通知》（法〔2019〕254 号 2019 年 11 月 8 日）

10. **【人格混同】** 认定公司人格与股东人格是否存在混同，最根本的判断标准是公司是否具有独立意思和独立财产，最主要的表现是公司的财产与股东的财产是否混同且无法区分。在认定是否构成人格混同时，应当综合考虑以下因素：

（1）股东无偿使用公司资金或者财产，

不作财务记载的；

（2）股东用公司的资金偿还股东的债务，或者将公司的资金供关联公司无偿使用，不作财务记载的；

（3）公司账簿与股东账簿不分，致使公司财产与股东财产无法区分的；

（4）股东自身收益与公司盈利不加区分，致使双方利益不清的；

（5）公司的财产记载于股东名下，由股东占有、使用的；

（6）人格混同的其他情形。

在出现人格混同的情况下，往往同时出现以下混同：公司业务和股东业务混同；公司员工与股东员工混同，特别是财务人员混同；公司住所与股东住所混同。人民法院在审理案件时，关键要审查是否构成人格混同，而不要求同时具备其他方面的混同，其他方面的混同往往只是人格混同的补强。

11.**【过度支配与控制】**公司控制股东对公司过度支配与控制，操纵公司的决策过程，使公司完全丧失独立性，沦为控制股东的工具或躯壳，严重损害公司债权人利益，应当否认公司人格，由滥用控制权的股东对公司债务承担连带责任。实践中常见的情形包括：

（1）母子公司之间或者子公司之间进行利益输送的；

（2）母子公司或者子公司之间进行交易，收益归一方，损失却由另一方承担的；

（3）先从原公司抽走资金，然后再成立经营目的相同或者类似的公司，逃避原公司债务的；

（4）先解散公司，再以原公司场所、设备、人员及相同或者相似的经营目的另设公司，逃避原公司债务的；

（5）过度支配与控制的其他情形。

控制股东或实际控制人控制多个子公司或者关联公司，滥用控制权使多个子公司或者关联公司财产边界不清、财务混同，利益相互输送，丧失人格独立性，沦为控制股东逃避债务、非法经营，甚至违法犯罪工具的，可以综合案件事实，否认子公司或者关联公司法人人格，判令承担连带责任。

12.**【资本显著不足】**资本显著不足指的是，公司设立后在经营过程中，股东实际投入公司的资本数额与公司经营所隐含的风险相比明显不匹配。股东利用较少资本从事力所不及的经营，表明其没有从事公司经营的诚意，实质是恶意利用公司独立人格和股东有限责任把投资风险转嫁给债权人。由于资本显著不足的判断标准有很大的模糊性，特别是要与公司采取“以小博大”的正常经营方式相区分，因此在适用时要十分谨慎，应当与其他因素结合起来综合判断。

13.**【诉讼地位】**人民法院在审理公司人格否认纠纷案件时，应当根据不同情形确定当事人的诉讼地位：

（1）债权人对债务人公司享有的债权已经由生效裁判确认，其另行提起公司人格否认诉讼，请求股东对公司债务承担连带责任的，列股东为被告，公司为第三人；

（2）债权人对债务人公司享有的债权提起诉讼的同时，一并提起公司人格否认诉讼，请求股东对公司债务承担连带责任的，列公司和股东为共同被告；

（3）债权人对债务人公司享有的债权尚未经生效裁判确认，直接提起公司人格否认诉讼，请求公司股东对公司债务承担连带责任的，人民法院应当向债权人释明，告知其追加公司为共同被告。债权人拒绝追加的，人民法院应当裁定驳回起诉。

278. 公司关联交易损害责任纠纷

相关规范

»《中华人民共和国民法典》（2020年）

第八十四条　【限制不当利用关联关系】营利法人的控股出资人、实际控制人、董事、监事、高级管理人员不得利用其关联关系损害法人的利益；利用关联关系造成法人损失的，应当承担赔偿责任。

《中华人民共和国公司法》（2018 年修正）

第二十一条 公司的控股股东、实际控制人、董事、监事、高级管理人员不得利用其关联关系损害公司利益。

违反前款规定，给公司造成损失的，应当承担赔偿责任。

第二百一十六条 本法下列用语的含义：

（四）关联关系，是指公司控股股东、实际控制人、董事、监事、高级管理人员与其直接或者间接控制的企业之间的关系，以及可能导致公司利益转移的其他关系。但是，国家控股的企业之间不仅因为同受国家控股而具有关联关系。

《最高人民法院关于适用〈中华人民共和国公司法〉若干问题的规定（五）》（2020 年 12 月 23 日修正）

第一条 关联交易损害公司利益，原告公司依据民法典第八十四条、公司法第二十一条规定请求控股股东、实际控制人、董事、监事、高级管理人员赔偿所造成的损失，被告仅以该交易已经履行了信息披露、经股东会或者股东大会同意等法律、行政法规或者公司章程规定的程序为由抗辩的，人民法院不予支持。

公司没有提起诉讼的，符合公司法第一百五十一条第一款规定条件的股东，可以依据公司法第一百五十一条第二款、第三款规定向人民法院提起诉讼。

第二条 关联交易合同存在无效、可撤销或者对公司不发生效力的情形，公司没有起诉合同相对方的，符合公司法第一百五十一条第一款规定条件的股东，可以依据公司法第一百五十一条第二款、第三款规定向人民法院提起诉讼。

第三条 董事任期届满前被股东会或者股东大会有效决议解除职务，其主张解除不发生法律效力的，人民法院不予支持。

董事职务被解除后，因补偿与公司发生纠纷提起诉讼的，人民法院应当依据法律、行政法规、公司章程的规定或者合同的约定，综合考虑解除的原因、剩余任期、董事薪酬等因素，确定是否补偿以及补偿的合理数额。

指导案例

徐工集团工程机械股份有限公司诉成都川交工贸有限责任公司等买卖合同纠纷案（最高人民法院指导案例 15 号 2013 年 1 月 31 日发布）

【关键词】 民事 关联公司 人格混同 连带责任

【裁判要点】

1. 关联公司的人员、业务、财务等方面交叉或混同，导致各自财产无法区分，丧失独立人格的，构成人格混同。

2. 关联公司人格混同，严重损害债权人利益的，关联公司相互之间对外部债务承担连带责任。

【基本案情】

原告徐工集团工程机械股份有限公司（以下简称徐工机械公司）诉称：成都川交工贸有限责任公司（以下简称川交工贸公司）拖欠其货款未付，而成都川交工程机械有限责任公司（以下简称川交机械公司）、四川瑞路建设工程有限公司（以下简称瑞路公司）与川交工贸公司人格混同，三个公司实际控制人王永礼以及川交工贸公司股东等人的个人资产与公司资产混同，均应承担连带清偿责任。请求判令：川交工贸公司支付所欠货款 10916405.71 元及利息；川交机械公司、瑞路公司及王永礼等个人对上述债务承担连带清偿责任。

被告川交工贸公司、川交机械公司、瑞路公司辩称：三个公司虽有关联，但并不混同，川交机械公司、瑞路公司不应对川交工贸公司的债务承担清偿责任。

王永礼等人辩称：王永礼等人的个人财产与川交工贸公司的财产并不混同，不应为川交工贸公司的债务承担清偿责任。

法院经审理查明：川交机械公司成立于1999年，股东为四川省公路桥梁工程总公司二公司、王永礼、倪刚、杨洪刚等。2001年，股东变更为王永礼、李智、倪刚。2008年，股东再次变更为王永礼、倪刚。瑞路公司成立于2004年，股东为王永礼、李智、倪刚。2007年，股东变更为王永礼、倪刚。川交工贸公司成立于2005年，股东为吴帆、张家蓉、凌欣、过胜利、汤维明、武竞、郭印，何万庆2007年入股。2008年，股东变更为张家蓉（占90%股份）、吴帆（占10%股份），其中张家蓉系王永礼之妻。在公司人员方面，三个公司经理均为王永礼，财务负责人均为凌欣，出纳会计均为卢鑫，工商手续经办人均为张梦；三个公司的管理人员存在交叉任职的情形，如过胜利兼任川交工贸公司副总经理和川交机械公司销售部经理的职务，且免去过胜利川交工贸公司副总经理职务的决定系由川交机械公司作出；吴帆既是川交工贸公司的法定代表人，又是川交机械公司的综合部行政经理。在公司业务方面，三个公司在工商行政管理部门登记的经营范围均涉及工程机械且部分重合，其中川交工贸公司的经营范围被川交机械公司的经营范围完全覆盖；川交机械公司系徐工机械公司在四川地区（攀枝花除外）的唯一经销商，但三个公司均从事相关业务，且相互之间存在共用统一格式的《销售部业务手册》《二级经销协议》、结算账户的情形；三个公司在对外宣传中区分不明，2008年12月4日重庆市公证处出具的《公证书》记载：通过因特网查询，川交工贸公司、瑞路公司在相关网站上共同招聘员工，所留电话号码、传真号码等联系方式相同；川交工贸公司、瑞路公司的招聘信息，包括大量关于川交机械公司的发展历程、主营业务、企业精神的宣传内容；部分川交工贸公司的招聘信息中，公司简介全部为对瑞路公司的介绍。在公司财务方面，三个公司共用结算账户，凌欣、卢鑫、汤维明、过胜利的银行卡中曾发生高达亿元的往来，资金的来源包括三个公司的款项，对外支付的依据仅为王永礼的签字；在川交工贸公司向其客户开具的收据中，有的加盖其财务专用章，有的则加盖瑞路公司财务专用章；在与徐工机械公司均签订合同、均有业务往来的情况下，三个公司于2005年8月共同向徐工机械公司出具《说明》，称因川交机械公司业务扩张而注册了另两个公司，要求所有债权债务、销售量均计算在川交工贸公司名下，并表示今后尽量以川交工贸公司名义进行业务往来；2006年12月，川交工贸公司、瑞路公司共同向徐工机械公司出具《申请》，以统一核算为由要求将2006年度的业绩、账务均计算至川交工贸公司名下。

另查明，2009年5月26日，卢鑫在徐州市公安局经侦支队对其进行询问时陈述：川交工贸公司目前已经垮了，但未注销。又查明：徐工机械公司未得到清偿的货款实为10511710.71元。

【裁判结果】

江苏省徐州市中级人民法院于2011年4月10日作出（2009）徐民二初字第0065号民事判决：一、川交工贸公司于判决生效后10日内向徐工机械公司支付货款10511710.71元及逾期付款利息；二、川交机械公司、瑞路公司对川交工贸公司的上述债务承担连带清偿责任；三、驳回徐工机械公司对王永礼、吴帆、张家蓉、凌欣、过胜利、汤维明、郭印、何万庆、卢鑫的诉讼请求。宣判后，川交机械公司、瑞路公司提起上诉，认为一审判决认定三个公司人格混同，属认定事实不清；认定川交机械公司、瑞路公司对川交工贸公司的债务承担连带责任，缺乏法律依据。徐工机械公司答辩请求维持一审判决。江苏省高级人民法院于2011年10月19日作出（2011）苏商终字第0107号民事判决：驳回上诉，维持原判。

【裁判理由】

法院生效裁判认为：针对上诉范围，二

审争议焦点为川交机械公司、瑞路公司与川交工贸公司是否人格混同，应否对川交工贸公司的债务承担连带清偿责任。

川交工贸公司与川交机械公司、瑞路公司人格混同。一是三个公司人员混同。三个公司的经理、财务负责人、出纳会计、工商手续经办人均相同，其他管理人员亦存在交叉任职的情形，川交工贸公司的人事任免存在由川交机械公司决定的情形。二是三个公司业务混同。三个公司实际经营中均涉及工程机械相关业务，经销过程中存在共用销售手册、经销协议的情形；对外进行宣传时信息混同。三是三个公司财务混同。三个公司使用共同账户，以王永礼的签字作为具体用款依据，对其中的资金及支配无法证明已作区分；三个公司与徐工机械公司之间的债权债务、业绩、账务及返利均计算在川交工贸公司名下。因此，三个公司之间表征人格的因素（人员、业务、财务等）高度混同，导致各自财产无法区分，已丧失独立人格，构成人格混同。

川交机械公司、瑞路公司应当对川交工贸公司的债务承担连带清偿责任。公司人格独立是其作为法人独立承担责任的前提。《中华人民共和国公司法》（以下简称《公司法》）第三条第一款规定："公司是企业法人，有独立的法人财产，享有法人财产权。公司以其全部财产对公司的债务承担责任。"公司的独立财产是公司独立承担责任的物质保证，公司的独立人格也突出地表现在财产的独立上。当关联公司的财产无法区分，丧失独立人格时，就丧失了独立承担责任的基础。《公司法》第二十条第三款规定："公司股东滥用公司法人独立地位和股东有限责任，逃避债务，严重损害公司债权人利益的，应当对公司债务承担连带责任。"本案中，三个公司虽在工商登记部门登记为彼此独立的企业法人，但实际上相互之间界线模糊、人格混同，其中川交工贸公司承担所有关联公司的债务却无力清偿，又使其他关联公司逃避巨额债务，严重损害了债权人的利益。上述行为违背了法人制度设立的宗旨，违背了诚实信用原则，其行为本质和危害结果与《公司法》第二十条第三款规定的情形相当，故参照《公司法》第二十条第三款的规定，川交机械公司、瑞路公司对川交工贸公司的债务应当承担连带清偿责任。

279. 公司合并纠纷

相关规范

»《中华人民共和国民法典》（2020 年）

第六十七条　【法人合并、分立后权利义务的享有和承担】法人合并的，其权利和义务由合并后的法人享有和承担。

法人分立的，其权利和义务由分立后的法人享有连带债权，承担连带债务，但是债权人和债务人另有约定的除外。

»《中华人民共和国公司法》（2018 年修正）

第二十二条　公司股东会或者股东大会、董事会的决议内容违反法律、行政法规的无效。

股东会或者股东大会、董事会的会议召集程序、表决方式违反法律、行政法规或者公司章程，或者决议内容违反公司章程的，股东可以自决议作出之日起六十日内，请求人民法院撤销。

股东依照前款规定提起诉讼的，人民法院可以应公司的请求，要求股东提供相应担保。

公司根据股东会或者股东大会、董事会决议已办理变更登记的，人民法院宣告该决议无效或者撤销该决议后，公司应当向公司登记机关申请撤销变更登记。

第一百七十三条　公司合并，应当由合并各方签订合并协议，并编制资产负债表及财产清单。公司应当自作出合并决议之日起十日内通知债权人，并于三十日内在报纸上公告。债权人自接到通知书之日起三十日内，未接到通知书的自公告之日起四十五日内，可以要求公司清偿债务或者提供相应的担保。

第一百七十四条 公司合并时，合并各方的债权、债务，应当由合并后存续的公司或者新设的公司承继。

280. 公司分立纠纷

相关规范

»《中华人民共和国民法典》（2020年）

第六十七条 【法人合并、分立后权利义务的享有和承担】 法人合并的，其权利和义务由合并后的法人享有和承担。

法人分立的，其权利和义务由分立后的法人享有连带债权，承担连带债务，但是债权人和债务人另有约定的除外。

»《中华人民共和国公司法》（2018年修正）

第一百七十五条 公司分立，其财产作相应的分割。

公司分立，应当编制资产负债表及财产清单。公司应当自作出分立决议之日起十日内通知债权人，并于三十日内在报纸上公告。

第一百七十六条 公司分立前的债务由分立后的公司承担连带责任。但是，公司在分立前与债权人就债务清偿达成的书面协议另有约定的除外。

281. 公司减资纠纷

相关规范

»《中华人民共和国公司法》（2018年修正）

第二十二条 公司股东会或者股东大会、董事会的决议内容违反法律、行政法规的无效。

股东会或者股东大会、董事会的会议召集程序、表决方式违反法律、行政法规或者公司章程，或者决议内容违反公司章程的，股东可以自决议作出之日起六十日内，请求人民法院撤销。

股东依照前款规定提起诉讼的，人民法院可以应公司的请求，要求股东提供相应担保。

公司根据股东会或者股东大会、董事会决议已办理变更登记的，人民法院宣告该决议无效或者撤销该决议后，公司应当向公司登记机关申请撤销变更登记。

第一百七十七条 公司需要减少注册资本时，必须编制资产负债表及财产清单。

公司应当自作出减少注册资本决议之日起十日内通知债权人，并于三十日内在报纸上公告。债权人自接到通知书之日起三十日内，未接到通知书的自公告之日起四十五日内，有权要求公司清偿债务或者提供相应的担保。

282. 公司增资纠纷

相关规范

»《中华人民共和国公司法》（2018年修正）

第二十二条 公司股东会或者股东大会、董事会的决议内容违反法律、行政法规的无效。

股东会或者股东大会、董事会的会议召集程序、表决方式违反法律、行政法规或者公司章程，或者决议内容违反公司章程的，股东可以自决议作出之日起六十日内，请求人民法院撤销。

股东依照前款规定提起诉讼的，人民法院可以应公司的请求，要求股东提供相应担保。

公司根据股东会或者股东大会、董事会

决议已办理变更登记的，人民法院宣告该决议无效或者撤销该决议后，公司应当向公司登记机关申请撤销变更登记。

第三十四条　股东按照实缴的出资比例分取红利；公司新增资本时，股东有权优先按照实缴的出资比例认缴出资。但是，全体股东约定不按照出资比例分取红利或者不按照出资比例优先认缴出资的除外。

第一百零三条　股东出席股东大会会议，所持每一股份有一表决权。但是，公司持有的本公司股份没有表决权。

股东大会作出决议，必须经出席会议的股东所持表决权过半数通过。但是，股东大会作出修改公司章程、增加或者减少注册资本的决议，以及公司合并、分立、解散或者变更公司形式的决议，必须经出席会议的股东所持表决权的三分之二以上通过。

第一百七十八条　有限责任公司增加注册资本时，股东认缴新增资本的出资，依照本法设立有限责任公司缴纳出资的有关规定执行。

股份有限公司为增加注册资本发行新股时，股东认购新股，依照本法设立股份有限公司缴纳股款的有关规定执行。

»《最高人民法院关于适用〈中华人民共和国公司法〉若干问题的规定（三）》（2020年12月23日修正）

第十三条　股东未履行或者未全面履行出资义务，公司或者其他股东请求其向公司依法全面履行出资义务的，人民法院应予支持。

公司债权人请求未履行或者未全面履行出资义务的股东在未出资本息范围内对公司债务不能清偿的部分承担补充赔偿责任的，人民法院应予支持；未履行或者未全面履行出资义务的股东已经承担上述责任，其他债权人提出相同请求的，人民法院不予支持。

股东在公司设立时未履行或者未全面履行出资义务，依照本条第一款或者第二款提起诉讼的原告，请求公司的发起人与被告股东承担连带责任的，人民法院应予支持；公司的发起人承担责任后，可以向被告股东追偿。

股东在公司增资时未履行或者未全面履行出资义务，依照本条第一款或者第二款提起诉讼的原告，请求未尽公司法第一百四十七条第一款规定的义务而使出资未缴足的董事、高级管理人员承担相应责任的，人民法院应予支持；董事、高级管理人员承担责任后，可以向被告股东追偿。

283. 公司解散纠纷

相关规范

»《中华人民共和国民法典》（2020年）

第六十八条　**【法人终止的原因】**有下列原因之一并依法完成清算、注销登记的，法人终止：

（一）法人解散；

（二）法人被宣告破产；

（三）法律规定的其他原因。

法人终止，法律、行政法规规定须经有关机关批准的，依照其规定。

第六十九条　**【法人解散的情形】**有下列情形之一的，法人解散：

（一）法人章程规定的存续期间届满或者法人章程规定的其他解散事由出现；

（二）法人的权力机构决议解散；

（三）因法人合并或者分立需要解散；

（四）法人依法被吊销营业执照、登记证书，被责令关闭或者被撤销；

（五）法律规定的其他情形。

»《中华人民共和国公司法》（2018年修正）

第一百八十二条　公司经营管理发生严重困难，继续存续会使股东利益受到重大损失，通过其他途径不能解决的，持有公司全部股东表决权百分之十以上的股东，可以请求人民法院解散公司。

《最高人民法院关于适用〈中华人民共和国公司法〉若干问题的规定（二）》（2020年12月23日修正）

第一条 单独或者合计持有公司全部股东表决权百分之十以上的股东，以下列事由之一提起解散公司诉讼，并符合公司法第一百八十二条规定的，人民法院应予受理：

（一）公司持续两年以上无法召开股东会或者股东大会，公司经营管理发生严重困难的；

（二）股东表决时无法达到法定或者公司章程规定的比例，持续两年以上不能做出有效的股东会或者股东大会决议，公司经营管理发生严重困难的；

（三）公司董事长期冲突，且无法通过股东会或者股东大会解决，公司经营管理发生严重困难的；

（四）经营管理发生其他严重困难，公司继续存续会使股东利益受到重大损失的情形。

股东以知情权、利润分配请求权等权益受到损害，或者公司亏损、财产不足以偿还全部债务，以及公司被吊销企业法人营业执照未进行清算等为由，提起解散公司诉讼的，人民法院不予受理。

第四条 股东提起解散公司诉讼应当以公司为被告。

原告以其他股东为被告一并提起诉讼的，人民法院应当告知原告将其他股东变更为第三人；原告坚持不予变更的，人民法院应当驳回原告对其他股东的起诉。

原告提起解散公司诉讼应当告知其他股东，或者由人民法院通知其参加诉讼。其他股东或者有关利害关系人申请以共同原告或者第三人身份参加诉讼的，人民法院应予准许。

第六条 人民法院关于解散公司诉讼作出的判决，对公司全体股东具有法律约束力。

人民法院判决驳回解散公司诉讼请求后，提起该诉讼的股东或者其他股东又以同一事实和理由提起解散公司诉讼的，人民法院不予受理。

指导案例

林方清诉常熟市凯莱实业有限公司、戴小明公司解散纠纷案（最高人民法院指导案例8号　2012年4月9日发布）

【关键词】 民事　公司解散　经营管理严重困难　公司僵局

【裁判要点】

公司法第一百八十三条将“公司经营管理发生严重困难”作为股东提起解散公司之诉的条件之一。判断“公司经营管理是否发生严重困难”，应从公司组织机构的运行状态进行综合分析。公司虽处于盈利状态，但其股东会机制长期失灵，内部管理有严重障碍，已陷入僵局状态，可以认定为公司经营管理发生严重困难。对于符合公司法及相关司法解释规定的其他条件的，人民法院可以依法判决公司解散。

【基本案情】

原告林方清诉称：常熟市凯莱实业有限公司（简称凯莱公司）经营管理发生严重困难，陷入公司僵局且无法通过其他方法解决，其权益遭受重大损害，请求解散凯莱公司。

被告凯莱公司及戴小明辩称：凯莱公司及其下属分公司运营状态良好，不符合公司解散的条件，戴小明与林方清的矛盾有其他解决途径，不应通过司法程序强制解散公司。

法院经审理查明：凯莱公司成立于2002年1月，林方清与戴小明系该公司股东，各占50%的股份，戴小明任公司法定代表人及执行董事，林方清任公司总经理兼公司监事。凯莱公司章程明确规定：股东会的决议须经代表二分之一以上表决权的股东通过，但对公司增加或减少注册资本、合并、解散、变更公司形式、修改公司章程作出决议时，必须经代表三分之二以上表决权的股东通过。股东会会议由股东按照出资比例行使表决权。

2006 年起，林方清与戴小明两人之间的矛盾逐渐显现。同年 5 月 9 日，林方清提议并通知召开股东会，由于戴小明认为林方清没有召集会议的权利，会议未能召开。同年 6 月 6 日、8 月 8 日、9 月 16 日、10 月 10 日、10 月 17 日，林方清委托律师向凯莱公司和戴小明发函称，因股东权益受到严重侵害，林方清作为享有公司股东会二分之一表决权的股东，已按公司章程规定的程序表决并通过了解散凯莱公司的决议，要求戴小明提供凯莱公司的财务账册等资料，并对凯莱公司进行清算。同年 6 月 17 日、9 月 7 日、10 月 13 日，戴小明回函称，林方清作出的股东会决议没有合法依据，戴小明不同意解散公司，并要求林方清交出公司财务资料。同年 11 月 15 日、25 日，林方清再次向凯莱公司和戴小明发函，要求凯莱公司和戴小明提供公司财务账册等供其查阅、分配公司收入、解散公司。

江苏常熟服装城管理委员会（简称服装城管委会）证明凯莱公司目前经营尚正常，且愿意组织林方清和戴小明进行调解。

另查明，凯莱公司章程载明监事行使下列权利：（1）检查公司财务；（2）对执行董事、经理执行公司职务时违反法律、法规或者公司章程的行为进行监督；（3）当董事和经理的行为损害公司的利益时，要求董事和经理予以纠正；（4）提议召开临时股东会。从 2006 年 6 月 1 日至今，凯莱公司未召开过股东会。服装城管委会调解委员会于 2009 年 12 月 15 日、16 日两次组织双方进行调解，但均未成功。

【裁判结果】

江苏省苏州市中级人民法院于 2009 年 12 月 8 日以（2006）苏中民二初字第 0277 号民事判决，驳回林方清的诉讼请求。宣判后，林方清提起上诉。江苏省高级人民法院于 2010 年 10 月 19 日以（2010）苏商终字第 0043 号民事判决，撤销一审判决，依法改判解散凯莱公司。

【裁判理由】

法院生效裁判认为：首先，凯莱公司的经营管理已发生严重困难。根据公司法第一百八十三条和《最高人民法院关于适用〈中华人民共和国公司法〉若干问题的规定（二）》（简称《公司法解释（二）》）第一条的规定，判断公司的经营管理是否出现严重困难，应当从公司的股东会、董事会或执行董事及监事会或监事的运行现状进行综合分析。“公司经营管理发生严重困难”的侧重点在于公司管理方面存有严重内部障碍，如股东会机制失灵、无法就公司的经营管理进行决策等，不应片面理解为公司资金缺乏、严重亏损等经营性困难。本案中，凯莱公司仅有戴小明与林方清两名股东，两人各占 50% 的股份，凯莱公司章程规定“股东会的决议须经代表二分之一以上表决权的股东通过”，且各方当事人一致认可该“二分之一以上”不包括本数。因此，只要两名股东的意见存有分歧、互不配合，就无法形成有效表决，显然影响公司的运营。凯莱公司已持续 4 年未召开股东会，无法形成有效股东会决议，也就无法通过股东会决议的方式管理公司，股东会机制已经失灵。执行董事戴小明作为互有矛盾的两名股东之一，其管理公司的行为，已无法贯彻股东会的决议。林方清作为公司监事不能正常行使监事职权，无法发挥监督作用。由于凯莱公司的内部机制已无法正常运行、无法对公司的经营作出决策，即使尚未处于亏损状况，也不能改变该公司的经营管理已发生严重困难的事实。

其次，由于凯莱公司的内部运营机制早已失灵，林方清的股东权、监事权长期处于无法行使的状态，其投资凯莱公司的目的无法实现，利益受到重大损失，且凯莱公司的僵局通过其他途径长期无法解决。《公司法解释（二）》第五条明确规定了“当事人不能协商一致使公司存续的，人民法院应当及时判决”。本案中，林方清在提起公司解散诉讼之前，已通过其他途径试图化解与戴小明之间的矛盾，服装城管委会也曾组织双方当事人调解，但双方仍不能达成一致意见。两审法院也基于慎用司法手段强制解散公司的考虑，积极进行调解，但均未成功。

此外，林方清持有凯莱公司50%的股份，也符合公司法关于提起公司解散诉讼的股东须持有公司10%以上股份的条件。

综上所述，凯莱公司已符合公司法及《公司法解释（二）》所规定的股东提起解散公司之诉的条件。二审法院从充分保护股东合法权益，合理规范公司治理结构，促进市场经济健康有序发展的角度出发，依法作出了上述判决。

284. 清算责任纠纷

相关规范

》《中华人民共和国民法典》（2020年）

第七十条 【法人解散后的清算】 法人解散的，除合并或者分立的情形外，清算义务人应当及时组成清算组进行清算。

法人的董事、理事等执行机构或者决策机构的成员为清算义务人。法律、行政法规另有规定的，依照其规定。

清算义务人未及时履行清算义务，造成损害的，应当承担民事责任；主管机关或者利害关系人可以申请人民法院指定有关人员组成清算组进行清算。

》《中华人民共和国公司法》（2018年修正）

第一百八十四条 清算组在清算期间行使下列职权：

（一）清理公司财产，分别编制资产负债表和财产清单；

（二）通知、公告债权人；

（三）处理与清算有关的公司未了结的业务；

（四）清缴所欠税款以及清算过程中产生的税款；

（五）清理债权、债务；

（六）处理公司清偿债务后的剩余财产；

（七）代表公司参与民事诉讼活动。

第一百八十五条 清算组应当自成立之日起十日内通知债权人，并于六十日内在报纸上公告。债权人应当自接到通知书之日起三十日内，未接到通知书的自公告之日起四十五日内，向清算组申报其债权。

债权人申报债权，应当说明债权的有关事项，并提供证明材料。清算组应当对债权进行登记。

在申报债权期间，清算组不得对债权人进行清偿。

第一百八十六条 清算组在清理公司财产、编制资产负债表和财产清单后，应当制定清算方案，并报股东会、股东大会或者人民法院确认。

公司财产在分别支付清算费用、职工的工资、社会保险费用和法定补偿金，缴纳所欠税款，清偿公司债务后的剩余财产，有限责任公司按照股东的出资比例分配，股份有限公司按照股东持有的股份比例分配。

清算期间，公司存续，但不得开展与清算无关的经营活动。公司财产在未依照前款规定清偿前，不得分配给股东。

第一百八十七条 清算组在清理公司财产、编制资产负债表和财产清单后，发现公司财产不足清偿债务的，应当依法向人民法院申请宣告破产。

公司经人民法院裁定宣告破产后，清算组应当将清算事务移交给人民法院。

第一百八十八条 公司清算结束后，清算组应当制作清算报告，报股东会、股东大会或者人民法院确认，并报送公司登记机关，申请注销公司登记，公告公司终止。

第一百八十九条 清算组成员应当忠于职守，依法履行清算义务。

清算组成员不得利用职权收受贿赂或者其他非法收入，不得侵占公司财产。

清算组成员因故意或者重大过失给公司或者债权人造成损失的，应当承担赔偿责任。

》《最高人民法院关于适用〈中华人民共和国公司法〉若干问题的规定（二）》（2020 年 12 月 23 日修正）

第十八条　有限责任公司的股东、股份有限公司的董事和控股股东未在法定期限内成立清算组开始清算，导致公司财产贬值、流失、毁损或者灭失，债权人主张其在造成损失范围内对公司债务承担赔偿责任的，人民法院应依法予以支持。

有限责任公司的股东、股份有限公司的董事和控股股东因怠于履行义务，导致公司主要财产、账册、重要文件等灭失，无法进行清算，债权人主张其对公司债务承担连带清偿责任的，人民法院应依法予以支持。

上述情形系实际控制人原因造成，债权人主张实际控制人对公司债务承担相应民事责任的，人民法院应依法予以支持。

第十九条　有限责任公司的股东、股份有限公司的董事和控股股东，以及公司的实际控制人在公司解散后，恶意处置公司财产给债权人造成损失，或者未经依法清算，以虚假的清算报告骗取公司登记机关办理法人注销登记，债权人主张其对公司债务承担相应赔偿责任的，人民法院应依法予以支持。

第二十条　公司解散应当在依法清算完毕后，申请办理注销登记。公司未经清算即办理注销登记，导致公司无法进行清算，债权人主张有限责任公司的股东、股份有限公司的董事和控股股东，以及公司的实际控制人对公司债务承担清偿责任的，人民法院应依法予以支持。

公司未经依法清算即办理注销登记，股东或者第三人在公司登记机关办理注销登记时承诺对公司债务承担责任，债权人主张其对公司债务承担相应民事责任的，人民法院应依法予以支持。

》《最高人民法院印发〈关于审理公司强制清算案件工作座谈会纪要〉的通知》（法发〔2009〕52 号　2009 年 11 月 4 日）

一、关于审理公司强制清算案件应当遵循的原则

1. 会议认为，公司作为现代企业的主要类型，在参与市场竞争时，不仅要严格遵循市场准入规则，也要严格遵循市场退出规则。公司强制清算作为公司退出市场机制的重要途径之一，是公司法律制度的重要组成部分。人民法院在审理此类案件时，应坚持以下原则：

第一，坚持清算程序公正原则。公司强制清算的目的在于有序结束公司存续期间的各种商事关系，合理调整众多法律主体的利益，维护正常的经济秩序。人民法院审理公司强制清算案件，应当严格依照法定程序进行，坚持在程序正义的基础上实现清算结果的公正。

第二，坚持清算效率原则。提高社会经济的整体效率，是公司强制清算制度追求的目标之一，要严格而不失快捷地使已经出现解散事由的公司退出市场，将其可能给各方利益主体造成的损失降至最低。人民法院审理强制清算案件，要严格按照法律规定及时有效地完成清算，保障债权人、股东等利害关系人的利益及时得到实现，避免因长期拖延清算给相关利害关系人造成不必要的损失，保障社会资源的有效利用。

第三，坚持利益均衡保护原则。公司强制清算中应当以维护公司各方主体利益平衡为原则，实现公司退出环节中的公平公正。人民法院在审理公司强制清算案件时，既要充分保护债权人利益，又要兼顾职工利益、股东利益和社会利益，妥善处理各方利益冲突，实现法律效果和社会效果的有机统一。

五、关于强制清算的申请

7. 公司债权人或者股东向人民法院申请强制清算应当提交清算申请书。申请书应当载明申请人、被申请人的基本情况和申请的事实和理由。同时，申请人应当向人民法院提交被申请人已经发生解散事由以及申请人对被申请人享有债权或者股权的有关证据。公司解散后已经自行成立清算组进行清算，但债权人或者股东以其故意拖延清算，或者存在其他违法清算可能严重损害债权人或者股东利益为由，申请人民法院强制清算的，申请人还应当向人民法院提交公司故意拖延清算，或者存在其他违法清算行为可能严重损害其利益的相应证据材料。

8. 申请人提交的材料需要更正、补充的，人民法院应当责令申请人于七日内予以更正、补充。申请人由于客观原因无法按时更正、补充的，应当向人民法院予以书面说明并提出延期申请，由人民法院决定是否延长期限。

六、关于对强制清算申请的审查

9. 审理强制清算案件的审判庭审查决定是否受理强制清算申请时，一般应当召开听证会。对于事实清楚、法律关系明确、证据确实充分的案件，经书面通知被申请人，其对书面审查方式无异议的，也可决定不召开听证会，而采用书面方式进行审查。

10. 人民法院决定召开听证会的，应当于听证会召开五日前通知申请人、被申请人，并送达相关申请材料。公司股东、实际控制人等利害关系人申请参加听证的，人民法院应予准许。听证会中，人民法院应当组织有关利害关系人对申请人是否具备申请资格、被申请人是否已经发生解散事由、强制清算申请是否符合法律规定等内容进行听证。因补充证据等原因需要再次召开听证会的，应在补充期限届满后十日内进行。

11. 人民法院决定不召开听证会的，应当及时通知申请人和被申请人，并向被申请人送达有关申请材料，同时告知被申请人若对申请人的申请有异议，应当自收到人民法院通知之日起七日内向人民法院书面提出。

》《最高人民法院关于印发〈全国法院民商事审判工作会议纪要〉的通知》

（法〔2019〕254 号　2019 年 11 月 8 日）

14. **【怠于履行清算义务的认定】**公司法司法解释（二）第 18 条第 2 款规定的“怠于履行义务”，是指有限责任公司的股东在法定清算事由出现后，在能够履行清算义务的情况下，故意拖延、拒绝履行清算义务，或者因过失导致无法进行清算的消极行为。股东举证证明其已经为履行清算义务采取了积极措施，或者小股东举证证明其既不是公司董事会或者监事会成员，也没有选派人员担任该机关成员，且从未参与公司经营管理，以不构成“怠于履行义务”为由，主张其不应当对公司债务承担连带清偿责任的，人民法院依法予以支持。

15. **【因果关系抗辩】**有限责任公司的股东举证证明其“怠于履行义务”的消极不作为与“公司主要财产、账册、重要文件等灭失，无法进行清算”的结果之间没有因果关系，主张其不应对公司债务承担连带清偿责任的，人民法院依法予以支持。

16. **【诉讼时效期间】**公司债权人请求股东对公司债务承担连带清偿责任，股东以公司债权人对公司的债权已经超过诉讼时效期间为由抗辩，经查证属实的，人民法院依法予以支持。

公司债权人以公司法司法解释（二）第 18 条第 2 款为依据，请求有限责任公司的股东对公司债务承担连带清偿责任的，诉讼时效期间自公司债权人知道或者应当知道公司无法进行清算之日起计算。

285. 上市公司收购纠纷

相关规范

》《中华人民共和国证券法》（2019 年修订）

第六十五条　通过证券交易所的证券交易，投资者持有或者通过协议、其他安排与他人共同持有一个上市公司已发行的有表决权股份达到百分之三十时，继续进行收购的，应当依法向该上市公司所有股东发出收购上市公司全部或者部分股份的要约。

收购上市公司部分股份的要约应当约定，被收购公司股东承诺出售的股份数额超过预定收购的股份数额的，收购人按比例进行收购。

第六十六条　依照前条规定发出收购要约，收购人必须公告上市公司收购报告书，并载明下列事项：

（一）收购人的名称、住所；

（二）收购人关于收购的决定；

（三）被收购的上市公司名称；

（四）收购目的；

（五）收购股份的详细名称和预定收购的股份数额；

（六）收购期限、收购价格；

（七）收购所需资金额及资金保证；

（八）公告上市公司收购报告书时持有被收购公司股份数占该公司已发行的股份总数的比例。

第六十七条　收购要约约定的收购期限不得少于三十日，并不得超过六十日。

第六十八条　在收购要约确定的承诺期限内，收购人不得撤销其收购要约。收购人需要变更收购要约的，应当及时公告，载明具体变更事项，且不得存在下列情形：

（一）降低收购价格；

（二）减少预定收购股份数额；

（三）缩短收购期限；

（四）国务院证券监督管理机构规定的其他情形。

第六十九条　收购要约提出的各项收购条件，适用于被收购公司的所有股东。

上市公司发行不同种类股份的，收购人可以针对不同种类股份提出不同的收购条件。

第七十条　采取要约收购方式的，收购人在收购期限内，不得卖出被收购公司的股票，也不得采取要约规定以外的形式和超出要约的条件买入被收购公司的股票。

第七十一条　采取协议收购方式的，收购人可以依照法律、行政法规的规定同被收购公司的股东以协议方式进行股份转让。

以协议方式收购上市公司时，达成协议后，收购人必须在三日内将该收购协议向国务院证券监督管理机构及证券交易所作出书面报告，并予公告。

在公告前不得履行收购协议。

二十二、合伙企业纠纷

286. 入伙纠纷

相关规范

》《中华人民共和国合伙企业法》（2006年修订）

第四十三条　新合伙人入伙，除合伙协议另有约定外，应当经全体合伙人一致同意，并依法订立书面入伙协议。

订立入伙协议时，原合伙人应当向新合伙人如实告知原合伙企业的经营状况和财务状况。

第四十四条　入伙的新合伙人与原合伙人享有同等权利，承担同等责任。入伙协议另有约定的，从其约定。

新合伙人对入伙前合伙企业的债务承担

无限连带责任。

287. 退伙纠纷

相关规范

《中华人民共和国合伙企业法》（2006年修订）

第四十五条 合伙协议约定合伙期限的，在合伙企业存续期间，有下列情形之一的，合伙人可以退伙：

（一）合伙协议约定的退伙事由出现；

（二）经全体合伙人一致同意；

（三）发生合伙人难以继续参加合伙的事由；

（四）其他合伙人严重违反合伙协议约定的义务。

第四十六条 合伙协议未约定合伙期限的，合伙人在不给合伙企业事务执行造成不利影响的情况下，可以退伙，但应当提前三十日通知其他合伙人。

第四十七条 合伙人违反本法第四十五条、第四十六条的规定退伙的，应当赔偿由此给合伙企业造成的损失。

第四十八条 合伙人有下列情形之一的，当然退伙：

（一）作为合伙人的自然人死亡或者被依法宣告死亡；

（二）个人丧失偿债能力；

（三）作为合伙人的法人或者其他组织依法被吊销营业执照、责令关闭、撤销，或者被宣告破产；

（四）法律规定或者合伙协议约定合伙人必须具有相关资格而丧失该资格；

（五）合伙人在合伙企业中的全部财产份额被人民法院强制执行。

合伙人被依法认定为无民事行为能力人或者限制民事行为能力人的，经其他合伙人一致同意，可以依法转为有限合伙人，普通合伙企业依法转为有限合伙企业。其他合伙人未能一致同意的，该无民事行为能力或者限制民事行为能力的合伙人退伙。

退伙事由实际发生之日为退伙生效日。

第四十九条 合伙人有下列情形之一的，经其他合伙人一致同意，可以决议将其除名：

（一）未履行出资义务；

（二）因故意或者重大过失给合伙企业造成损失；

（三）执行合伙事务时有不正当行为；

（四）发生合伙协议约定的事由。

对合伙人的除名决议应当书面通知被除名人。被除名人接到除名通知之日，除名生效，被除名人退伙。

被除名人对除名决议有异议的，可以自接到除名通知之日起三十日内，向人民法院起诉。

第五十条 合伙人死亡或者被依法宣告死亡的，对该合伙人在合伙企业中的财产份额享有合法继承权的继承人，按照合伙协议的约定或者经全体合伙人一致同意，从继承开始之日起，取得该合伙企业的合伙人资格。

有下列情形之一的，合伙企业应当向合伙人的继承人退还被继承合伙人的财产份额：

（一）继承人不愿意成为合伙人；

（二）法律规定或者合伙协议约定合伙人必须具有相关资格，而该继承人未取得该资格；

（三）合伙协议约定不能成为合伙人的其他情形。

合伙人的继承人为无民事行为能力人或者限制民事行为能力人的，经全体合伙人一致同意，可以依法成为有限合伙人，普通合伙企业依法转为有限合伙企业。全体合伙人未能一致同意的，合伙企业应当将被继承合伙人的财产份额退还该继承人。

第五十一条 合伙人退伙，其他合伙人应当与该退伙人按照退伙时的合伙企业财产状况进行结算，退还退伙人的财产份额。退伙人对给合伙企业造成的损失负有赔偿责任的，相应扣减其应当赔偿的数额。

退伙时有未了结的合伙企业事务的，待

该事务了结后进行结算。

第五十二条 退伙人在合伙企业中财产份额的退还办法，由合伙协议约定或者由全体合伙人决定，可以退还货币，也可以退还实物。

第五十三条 退伙人对基于其退伙前的原因发生的合伙企业债务，承担无限连带责任。

第五十四条 合伙人退伙时，合伙企业财产少于合伙企业债务的，退伙人应当依照本法第三十三条第一款的规定分担亏损。

288. 合伙企业财产份额转让纠纷

相关规范

》《中华人民共和国合伙企业法》（2006年修订）

第二十二条 除合伙协议另有约定外，合伙人向合伙人以外的人转让其在合伙企业中的全部或者部分财产份额时，须经其他合伙人一致同意。

合伙人之间转让在合伙企业中的全部或者部分财产份额时，应当通知其他合伙人。

第二十三条 合伙人向合伙人以外的人转让其在合伙企业中的财产份额的，在同等条件下，其他合伙人有优先购买权；但是，合伙协议另有约定的除外。

第四十二条 合伙人的自有财产不足清偿其与合伙企业无关的债务的，该合伙人可以以其从合伙企业中分取的收益用于清偿；债权人也可以依法请求人民法院强制执行该合伙人在合伙企业中的财产份额用于清偿。

人民法院强制执行合伙人的财产份额时，应当通知全体合伙人，其他合伙人有优先购买权；其他合伙人未购买，又不同意将该财产份额转让给他人的，依照本法第五十一条的规定为该合伙人办理退伙结算，或者办理削减该合伙人相应财产份额的结算。

第七十三条 有限合伙人可以按照合伙协议的约定向合伙人以外的人转让其在有限合伙企业中的财产份额，但应当提前三十日通知其他合伙人。

二十三、与破产有关的纠纷

289. 请求撤销个别清偿行为纠纷

相关规范

》《中华人民共和国企业破产法》（2006年）

第三十二条 人民法院受理破产申请前六个月内，债务人有本法第二条第一款规定的情形，仍对个别债权人进行清偿的，管理人有权请求人民法院予以撤销。但是，个别清偿使债务人财产受益的除外。

第三十四条 因本法第三十一条、第三十二条或者第三十三条规定的行为而取得的债务人的财产，管理人有权追回。

《最高人民法院关于适用〈中华人民共和国企业破产法〉若干问题的规定（二）》（2020年12月23日修正）

第九条 管理人依据企业破产法第三十一条和第三十二条的规定提起诉讼，请求撤销涉及债务人财产的相关行为并由相对人返还债务人财产的，人民法院应予支持。

管理人因过错未依法行使撤销权导致债务人财产不当减损，债权人提起诉讼主张管理人对其损失承担相应赔偿责任的，人民法院应予支持。

第十条 债务人经过行政清理程序转入破产程序的，企业破产法第三十一条和第三十二条规定的可撤销行为的起算点，为行政监管机构作出撤销决定之日。

债务人经过强制清算程序转入破产程序的，企业破产法第三十一条和第三十二条规定的可撤销行为的起算点，为人民法院裁定受理强制清算申请之日。

第十一条 人民法院根据管理人的请求撤销涉及债务人财产的以明显不合理价格进行的交易的，买卖双方应当依法返还从对方获取的财产或者价款。

因撤销该交易，对于债务人应返还受让人已支付价款所产生的债务，受让人请求作为共益债务清偿的，人民法院应予支持。

第十二条 破产申请受理前一年内债务人提前清偿的未到期债务，在破产申请受理前已经到期，管理人请求撤销该清偿行为的，人民法院不予支持。但是，该清偿行为发生在破产申请受理前六个月内且债务人有企业破产法第二条第一款规定情形的除外。

第十三条 破产申请受理后，管理人未依据企业破产法第三十一条的规定请求撤销债务人无偿转让财产、以明显不合理价格交易、放弃债权行为的，债权人依据民法典第五百三十八条、第五百三十九条等规定提起诉讼，请求撤销债务人上述行为并将因此追回的财产归入债务人财产的，人民法院应予受理。

相对人以债权人行使撤销权的范围超出债权人的债权抗辩的，人民法院不予支持。

第十四条 债务人对以自有财产设定担保物权的债权进行的个别清偿，管理人依据企业破产法第三十二条的规定请求撤销的，人民法院不予支持。但是，债务清偿时担保财产的价值低于债权额的除外。

第十五条 债务人经诉讼、仲裁、执行程序对债权人进行的个别清偿，管理人依据企业破产法第三十二条的规定请求撤销的，人民法院不予支持。但是，债务人与债权人恶意串通损害其他债权人利益的除外。

第十六条 债务人对债权人进行的以下个别清偿，管理人依据企业破产法第三十二条的规定请求撤销的，人民法院不予支持：

（一）债务人为维系基本生产需要而支付水费、电费等的；

（二）债务人支付劳动报酬、人身损害赔偿金的；

（三）使债务人财产受益的其他个别清偿。

290. 请求确认债务人行为无效纠纷

相关规范

《中华人民共和国企业破产法》（2006年）

第三十三条 涉及债务人财产的下列行为无效：

（一）为逃避债务而隐匿、转移财产的；

（二）虚构债务或者承认不真实的债务的。

《最高人民法院关于适用〈中华人民共和国企业破产法〉若干问题的规定（二）》（2020年12月23日修正）

第十七条 管理人依据企业破产法第三十三条的规定提起诉讼，主张被隐匿、转移财产的实际占有人返还债务人财产，或者主张债务人虚构债务或者承认不真实债务的行为无效并返还债务人财产的，人民法院应予支持。

291. 对外追收债权纠纷

相关规范

»《中华人民共和国企业破产法》（2006年）

第十七条　人民法院受理破产申请后，债务人的债务人或者财产持有人应当向管理人清偿债务或者交付财产。

债务人的债务人或者财产持有人故意违反前款规定向债务人清偿债务或者交付财产，使债权人受到损失的，不免除其清偿债务或者交付财产的义务。

»《最高人民法院关于适用〈中华人民共和国企业破产法〉若干问题的规定（二）》（2020年12月23日修正）

第二十三条　破产申请受理后，债权人就债务人财产向人民法院提起本规定第二十一条第一款所列诉讼的，人民法院不予受理。

债权人通过债权人会议或者债权人委员会，要求管理人依法向次债务人、债务人的出资人等追收债务人财产，管理人无正当理由拒绝追收，债权人会议依据企业破产法第二十二条的规定，申请人民法院更换管理人的，人民法院应予支持。

管理人不予追收，个别债权人代表全体债权人提起相关诉讼，主张次债务人或者债务人的出资人等向债务人清偿或者返还债务人财产，或者依法申请合并破产的，人民法院应予受理。

292. 追收未缴出资纠纷

相关规范

»《中华人民共和国企业破产法》（2007年）

第三十五条　人民法院受理破产申请后，债务人的出资人尚未完全履行出资义务的，管理人应当要求该出资人缴纳所认缴的出资，而不受出资期限的限制。

»《中华人民共和国公司法》（2018年修正）

第二十八条　股东应当按期足额缴纳公司章程中规定的各自所认缴的出资额。股东以货币出资的，应当将货币出资足额存入有限责任公司在银行开设的账户；以非货币财产出资的，应当依法办理其财产权的转移手续。

股东不按照前款规定缴纳出资的，除应当向公司足额缴纳外，还应当向已按期足额缴纳出资的股东承担违约责任。

第三十条　有限责任公司成立后，发现作为设立公司出资的非货币财产的实际价额显著低于公司章程所定价额的，应当由交付该出资的股东补足其差额；公司设立时的其他股东承担连带责任。

第九十三条　股份有限公司成立后，发起人未按照公司章程的规定缴足出资的，应当补缴；其他发起人承担连带责任。

股份有限公司成立后，发现作为设立公司出资的非货币财产的实际价额显著低于公司章程所定价额的，应当由交付该出资的发起人补足其差额；其他发起人承担连带责任。

»《最高人民法院关于适用〈中华人民共和国企业破产法〉若干问题的规定（二）》（2020年12月23日修正）

第二十条　管理人代表债务人提起诉讼，

主张出资人向债务人依法缴付未履行的出资或者返还抽逃的出资本息，出资人以认缴出资尚未届至公司章程规定的缴纳期限或者违反出资义务已经超过诉讼时效为由抗辩的，人民法院不予支持。

管理人依据公司法的相关规定代表债务人提起诉讼，主张公司的发起人和负有监督股东履行出资义务的董事、高级管理人员，或者协助抽逃出资的其他股东、董事、高级管理人员、实际控制人等，对股东违反出资义务或者抽逃出资承担相应责任，并将财产归入债务人财产的，人民法院应予支持。

》《最高人民法院关于适用〈中华人民共和国公司法〉若干问题的规定（三）》（2020年12月23日修正）

第十三条　股东未履行或者未全面履行出资义务，公司或者其他股东请求其向公司依法全面履行出资义务的，人民法院应予支持。

公司债权人请求未履行或者未全面履行出资义务的股东在未出资本息范围内对公司债务不能清偿的部分承担补充赔偿责任的，人民法院应予支持；未履行或者未全面履行出资义务的股东已经承担上述责任，其他债权人提出相同请求的，人民法院不予支持。

股东在公司设立时未履行或者未全面履行出资义务，依照本条第一款或者第二款提起诉讼的原告，请求公司的发起人与被告股东承担连带责任的，人民法院应予支持；公司的发起人承担责任后，可以向被告股东追偿。

股东在公司增资时未履行或者未全面履行出资义务，依照本条第一款或者第二款提起诉讼的原告，请求未尽公司法第一百四十七条第一款规定的义务而使出资未缴足的董事、高级管理人员承担相应责任的，人民法院应予支持；董事、高级管理人员承担责任后，可以向被告股东追偿。

第十八条　有限责任公司的股东未履行或者未全面履行出资义务即转让股权，受让人对此知道或者应当知道，公司请求该股东履行出资义务、受让人对此承担连带责任的，人民法院应予支持；公司债权人依照本规定第十三条第二款向该股东提起诉讼，同时请求前述受让人对此承担连带责任的，人民法院应予支持。

受让人根据前款规定承担责任后，向该未履行或者未全面履行出资义务的股东追偿的，人民法院应予支持。但是，当事人另有约定的除外。

第二十条　当事人之间对是否已履行出资义务发生争议，原告提供对股东履行出资义务产生合理怀疑证据的，被告股东应当就其已履行出资义务承担举证责任。

293. 追收抽逃出资纠纷

相关规范

》《中华人民共和国企业破产法》（2006年）

第二十五条　管理人履行下列职责：

……

（六）管理和处分债务人的财产；

（七）代表债务人参加诉讼、仲裁或者其他法律程序；

……

本法对管理人的职责另有规定的，适用其规定。

》《中华人民共和国公司法》（2018年修正）

第三十五条　公司成立后，股东不得抽逃出资。

第九十一条　发起人、认股人缴纳股款或者交付抵作股款的出资后，除未按期募足股份、发起人未按期召开创立大会或者创立大会决议不设立公司的情形外，不得抽回其股本。

》《最高人民法院关于适用〈中华人民共和国企业破产法〉若干问题的规定（二）》（2020 年 12 月 23 号修正）

第二十条　管理人代表债务人提起诉讼，主张出资人向债务人依法缴付未履行的出资或者返还抽逃的出资本息，出资人以认缴出资尚未届至公司章程规定的缴纳期限或者违反出资义务已经超过诉讼时效为由抗辩的，人民法院不予支持。

管理人依据公司法的相关规定代表债务人提起诉讼，主张公司的发起人和负有监督股东履行出资义务的董事、高级管理人员，或者协助抽逃出资的其他股东、董事、高级管理人员、实际控制人等，对股东违反出资义务或者抽逃出资承担相应责任，并将财产归入债务人财产的，人民法院应予支持。

第二十三条　破产申请受理后，债权人就债务人财产向人民法院提起本规定第二十一条第一款所列诉讼的，人民法院不予受理。

债权人通过债权人会议或者债权人委员会，要求管理人依法向次债务人、债务人的出资人等追收债务人财产，管理人无正当理由拒绝追收，债权人会议依据企业破产法第二十二条的规定，申请人民法院更换管理人的，人民法院应予支持。

管理人不予追收，个别债权人代表全体债权人提起相关诉讼，主张次债务人或者债务人的出资人等向债务人清偿或者返还债务人财产，或者依法申请合并破产的，人民法院应予受理。

》《最高人民法院关于适用〈中华人民共和国公司法〉若干问题的规定（三）》（2020 年 12 月 23 日修正）

第十二条　公司成立后，公司、股东或者公司债权人以相关股东的行为符合下列情形之一且损害公司权益为由，请求认定该股东抽逃出资的，人民法院应予支持：

（一）制作虚假财务会计报表虚增利润进行分配；

（二）通过虚构债权债务关系将其出资转出；

（三）利用关联交易将出资转出；

（四）其他未经法定程序将出资抽回的行为。

第十四条　股东抽逃出资，公司或者其他股东请求其向公司返还出资本息、协助抽逃出资的其他股东、董事、高级管理人员或者实际控制人对此承担连带责任的，人民法院应予支持。

公司债权人请求抽逃出资的股东在抽逃出资本息范围内对公司债务不能清偿的部分承担补充赔偿责任、协助抽逃出资的其他股东、董事、高级管理人员或者实际控制人对此承担连带责任的，人民法院应予支持；抽逃出资的股东已经承担上述责任，其他债权人提出相同请求的，人民法院不予支持。

294. 追收非正常收入纠纷

相关规范

》《中华人民共和国企业破产法》（2006 年）

第三十六条　债务人的董事、监事和高级管理人员利用职权从企业获取的非正常收入和侵占的企业财产，管理人应当追回。

》《最高人民法院关于适用〈中华人民共和国企业破产法〉若干问题的规定（二）》（2020 年 12 月 23 日修正）

第二十三条　破产申请受理后，债权人就债务人财产向人民法院提起本规定第二十一条第一款所列诉讼的，人民法院不予受理。

债权人通过债权人会议或者债权人委员会，要求管理人依法向次债务人、债务人的出资人等追收债务人财产，管理人无正当理由拒绝追收，债权人会议依据企业破产法第二十二条的规定，申请人民法院更换管理人的，人民法院应予支持。

管理人不予追收，个别债权人代表全体债权人提起相关诉讼，主张次债务人或者债务人的出资人等向债务人清偿或者返还债务人财产，或者依法申请合并破产的，人民法院应予受理。

第二十四条 债务人有企业破产法第二条第一款规定的情形时，债务人的董事、监事和高级管理人员利用职权获取的以下收入，人民法院应当认定为企业破产法第三十六条规定的非正常收入：

（一）绩效奖金；

（二）普遍拖欠职工工资情况下获取的工资性收入；

（三）其他非正常收入。

债务人的董事、监事和高级管理人员拒不向管理人返还上述债务人财产，管理人主张上述人员予以返还的，人民法院应予支持。

债务人的董事、监事和高级管理人员因返还第一款第（一）项、第（三）项非正常收入形成的债权，可以作为普通破产债权清偿。因返还第一款第（二）项非正常收入形成的债权，依据企业破产法第一百一十三条第三款的规定，按照该企业职工平均工资计算的部分作为拖欠职工工资清偿；高出该企业职工平均工资计算的部分，可以作为普通破产债权清偿。

第四十六条 债务人的股东主张以下列债务与债务人对其负有的债务抵销，债务人管理人提出异议的，人民法院应予支持：

（一）债务人股东因欠缴债务人的出资或者抽逃出资对债务人所负的债务；

（二）债务人股东滥用股东权利或者关联关系损害公司利益对债务人所负的债务。

295. 破产债权确认纠纷

（1）职工破产债权确认纠纷

（2）普通破产债权确认纠纷

相关规范

》《中华人民共和国企业破产法》（2006年）

第四十八条 债权人应当在人民法院确定的债权申报期限内向管理人申报债权。

债务人所欠职工的工资和医疗、伤残补助、抚恤费用，所欠的应当划入职工个人账户的基本养老保险、基本医疗保险费用，以及法律、行政法规规定应当支付给职工的补偿金，不必申报，由管理人调查后列出清单并予以公示。职工对清单记载有异议的，可以要求管理人更正；管理人不予更正的，职工可以向人民法院提起诉讼。

第五十六条 在人民法院确定的债权申报期限内，债权人未申报债权的，可以在破产财产最后分配前补充申报；但是，此前已进行的分配，不再对其补充分配。为审查和确认补充申报债权的费用，由补充申报人承担。

债权人未依照本法规定申报债权的，不得依照本法规定的程序行使权利。

第五十八条 依照本法第五十七条规定编制的债权表，应当提交第一次债权人会议核查。

债务人、债权人对债权表记载的债权无异议的，由人民法院裁定确认。

债务人、债权人对债权表记载的债权有异议的，可以向受理破产申请的人民法院提起诉讼。

《最高人民法院关于税务机关就破产企业欠缴税款产生的滞纳金提起的债权确认之诉应否受理问题的批复》

（法释〔2012〕9号　2012年6月4日）

青海省高级人民法院：

你院《关于税务机关就税款滞纳金提起债权确认之诉应否受理问题的请示》（青民他字〔2011〕1号）收悉。经研究，答复如下：

税务机关就破产企业欠缴税款产生的滞纳金提起的债权确认之诉，人民法院应依法受理。依照企业破产法、税收征收管理法的有关规定，破产企业在破产案件受理前因欠缴税款产生的滞纳金属于普通破产债权。对于破产案件受理后因欠缴税款产生的滞纳金，人民法院应当依照《最高人民法院关于审理企业破产案件若干问题的规定》第六十一条规定处理。

《最高人民法院关于适用〈中华人民共和国企业破产法〉若干问题的规定（二）》（2020年12月23日修正）

第二十二条　破产申请受理前，债权人就债务人财产向人民法院提起本规定第二十一条第一款所列诉讼，人民法院已经作出生效民事判决书或者调解书但尚未执行完毕的，破产申请受理后，相关执行行为应当依据企业破产法第十九条的规定中止，债权人应当依法向管理人申报相关债权。

第三十条　债务人占有的他人财产被违法转让给第三人，依据民法典第三百一十一条的规定第三人已善意取得财产所有权，原权利人无法取回该财产的，人民法院应当按照以下规定处理：

（一）转让行为发生在破产申请受理前的，原权利人因财产损失形成的债权，作为普通破产债权清偿；

（二）转让行为发生在破产申请受理后的，因管理人或者相关人员执行职务导致原权利人损害产生的债务，作为共益债务清偿。

第三十一条　债务人占有的他人财产被违法转让给第三人，第三人已向债务人支付了转让价款，但依据民法典第三百一十一条的规定未取得财产所有权，原权利人依法追回转让财产的，对因第三人已支付对价而产生的债务，人民法院应当按照以下规定处理：

（一）转让行为发生在破产申请受理前的，作为普通破产债权清偿；

（二）转让行为发生在破产申请受理后的，作为共益债务清偿。

第三十二条　债务人占有的他人财产毁损、灭失，因此获得的保险金、赔偿金、代偿物尚未交付给债务人，或者代偿物虽已交付给债务人但能与债务人财产予以区分的，权利人主张取回就此获得的保险金、赔偿金、代偿物的，人民法院应予支持。

保险金、赔偿金已经交付给债务人，或者代偿物已经交付给债务人且不能与债务人财产予以区分的，人民法院应当按照以下规定处理：

（一）财产毁损、灭失发生在破产申请受理前的，权利人因财产损失形成的债权，作为普通破产债权清偿；

（二）财产毁损、灭失发生在破产申请受理后的，因管理人或者相关人员执行职务导致权利人损害产生的债务，作为共益债务清偿。

债务人占有的他人财产毁损、灭失，没有获得相应的保险金、赔偿金、代偿物，或者保险金、赔偿物、代偿物不足以弥补其损失的部分，人民法院应当按照本条第二款的规定处理。

第三十六条　出卖人破产，其管理人决定解除所有权保留买卖合同，并依据企业破产法第十七条的规定要求买受人向其交付买卖标的物的，人民法院应予支持。

买受人以其不存在未依约支付价款或者履行完毕其他义务，或者将标的物出卖、出质或者作出其他不当处分情形抗辩的，人民法院不予支持。

买受人依法履行合同义务并依据本条第

一款将买卖标的物交付出卖人管理人后，买受人已支付价款损失形成的债权作为共益债务清偿。但是，买受人违反合同约定，出卖人管理人主张上述债权作为普通破产债权清偿的，人民法院应予支持。

《最高人民法院关于适用〈中华人民共和国企业破产法〉若干问题的规定（三）》（2020年12月23日修正）

第六条 管理人应当依照企业破产法第五十七条的规定对所申报的债权进行登记造册，详尽记载申报人的姓名、单位、代理人、申报债权额、担保情况、证据、联系方式等事项，形成债权申报登记册。

管理人应当依照企业破产法第五十七条的规定对债权的性质、数额、担保财产、是否超过诉讼时效期间、是否超过强制执行期间等情况进行审查、编制债权表并提交债权人会议核查。

债权表、债权申报登记册及债权申报材料在破产期间由管理人保管，债权人、债务人、债务人职工及其他利害关系人有权查阅。

第七条 已经生效法律文书确定的债权，管理人应当予以确认。

管理人认为债权人据以申报债权的生效法律文书确定的债权错误，或者有证据证明债权人与债务人恶意通过诉讼、仲裁或者公证机关赋予强制执行力公证文书的形式虚构债权债务的，应当依法通过审判监督程序向作出该判决、裁定、调解书的人民法院或者上一级人民法院申请撤销生效法律文书，或者向受理破产申请的人民法院申请撤销或者不予执行仲裁裁决、不予执行公证债权文书后，重新确定债权。

第八条 债务人、债权人对债权表记载的债权有异议的，应当说明理由和法律依据。经管理人解释或调整后，异议人仍然不服的，或者管理人不予解释或调整的，异议人应当在债权人会议核查结束后十五日内向人民法院提起债权确认的诉讼。当事人之间在破产申请受理前订立有仲裁条款或仲裁协议的，应当向选定的仲裁机构申请确认债权债务关系。

第九条 债务人对债权表记载的债权有异议向人民法院提起诉讼的，应将被异议债权人列为被告。债权人对债权表记载的他人债权有异议的，应将被异议债权人列为被告；债权人对债权表记载的本人债权有异议的，应将债务人列为被告。

对同一笔债权存在多个异议人，其他异议人申请参加诉讼的，应当列为共同原告。

《最高人民法院印发〈全国法院破产审判工作会议纪要〉的通知》（法〔2018〕53号 2018年3月4日）

27. 企业破产与职工权益保护。破产程序中要依法妥善处理劳动关系，推动完善职工欠薪保障机制，依法保护职工生存权。由第三方垫付的职工债权，原则上按照垫付的职工债权性质进行清偿；由欠薪保障基金垫付的，应按照企业破产法第一百一十三条第一款第二项的顺序清偿。债务人欠缴的住房公积金，按照债务人拖欠的职工工资性质清偿。

28. 破产债权的清偿原则和顺序。对于法律没有明确规定清偿顺序的债权，人民法院可以按照人身损害赔偿债权优先于财产性债权、私法债权优先于公法债权、补偿性债权优先于惩罚性债权的原则合理确定清偿顺序。因债务人侵权行为造成的人身损害赔偿，可以参照企业破产法第一百一十三条第一款第一项规定的顺序清偿，但其中涉及的惩罚性赔偿除外。破产财产依照企业破产法第一百一十三条规定的顺序清偿后仍有剩余的，可依次用于清偿破产受理前产生的民事惩罚性赔偿金、行政罚款、刑事罚金等惩罚性债权。

296. 取回权纠纷

（1）一般取回权纠纷
（2）出卖人取回权纠纷

相关规范

》《中华人民共和国企业破产法》（2006年）

第三十八条　人民法院受理破产申请后，债务人占有的不属于债务人的财产，该财产的权利人可以通过管理人取回。但是，本法另有规定的除外。

第三十九条　人民法院受理破产申请时，出卖人已将买卖标的物向作为买受人的债务人发运，债务人尚未收到且未付清全部价款的，出卖人可以取回在运途中的标的物。但是，管理人可以支付全部价款，请求出卖人交付标的物。

》《最高人民法院关于适用〈中华人民共和国企业破产法〉若干问题的规定（二）》（2020年12月23日修正）

第二十六条　权利人依据企业破产法第三十八条的规定行使取回权，应当在破产财产变价方案或者和解协议、重整计划草案提交债权人会议表决前向管理人提出。权利人在上述期限后主张取回相关财产的，应当承担延迟行使取回权增加的相关费用。

第二十七条　权利人依据企业破产法第三十八条的规定向管理人主张取回相关财产，管理人不予认可，权利人以债务人为被告向人民法院提起诉讼请求行使取回权的，人民法院应予受理。

权利人依据人民法院或者仲裁机关的相关生效法律文书向管理人主张取回所涉争议财产，管理人以生效法律文书错误为由拒绝其行使取回权的，人民法院不予支持。

第二十八条　权利人行使取回权时未依法向管理人支付相关的加工费、保管费、托运费、委托费、代销费等费用，管理人拒绝其取回相关财产的，人民法院应予支持。

第二十九条　对债务人占有的权属不清的鲜活易腐等不易保管的财产或者不及时变现价值将严重贬损的财产，管理人及时变价并提存变价款后，有关权利人就该变价款行使取回权的，人民法院应予支持。

第三十条　债务人占有的他人财产被违法转让给第三人，依据民法典第三百一十一条的规定第三人已善意取得财产所有权，原权利人无法取回该财产的，人民法院应当按照以下规定处理：

（一）转让行为发生在破产申请受理前的，原权利人因财产损失形成的债权，作为普通破产债权清偿；

（二）转让行为发生在破产申请受理后的，因管理人或者相关人员执行职务导致原权利人损害产生的债务，作为共益债务清偿。

第三十三条　管理人或者相关人员在执行职务过程中，因故意或者重大过失不当转让他人财产或者造成他人财产毁损、灭失，导致他人损害产生的债务作为共益债务，由债务人财产随时清偿不足弥补损失，权利人向管理人或者相关人员主张承担补充赔偿责任的，人民法院应予支持。

上述债务作为共益债务由债务人财产随时清偿后，债权人以管理人或者相关人员执行职务不当导致债务人财产减少给其造成损失为由提起诉讼，主张管理人或者相关人员承担相应赔偿责任的，人民法院应予支持。

第三十八条　买受人破产，其管理人决定解除所有权保留买卖合同，出卖人依据企业破产法第三十八条的规定主张取回买卖标的物的，人民法院应予支持。

出卖人取回买卖标的物，买受人管理人主张出卖人返还已支付价款的，人民法院应予支持。取回的标的物价值明显减少给出卖人造成损失的，出卖人可从买受人已支付价款中优先予以抵扣后，将剩余部分返还给买受人；对买受人已支付价款不足以弥补出卖人标的物价值减损损失形成的债权，出卖人主张作为共益债务清偿的，人民法院应予支持。

第三十九条 出卖人依据企业破产法第三十九条的规定，通过通知承运人或者实际占有人中止运输、返还货物、变更到达地，或者将货物交给其他收货人等方式，对在运途中标的物主张了取回权但未能实现，或者在货物未达管理人前已向管理人主张取回在运途中标的物，在买卖标的物到达管理人后，出卖人向管理人主张取回的，管理人应予准许。

出卖人对在运途中标的物未及时行使取回权，在买卖标的物到达管理人后向管理人行使在运途中标的物取回权的，管理人不应准许。

第四十条 债务人重整期间，权利人要求取回债务人合法占有的权利人的财产，不符合双方事先约定条件的，人民法院不予支持。但是，因管理人或者自行管理的债务人违反约定，可能导致取回物被转让、毁损、灭失或者价值明显减少的除外。

《最高人民法院印发〈关于推进破产案件依法高效审理的意见〉的通知》（法发〔2020〕14 号 2020 年 4 月 15 日）

8. 管理人应当及时接管债务人的财产、印章和账簿、文书等资料。债务人拒不移交的，人民法院可以根据管理人的申请或者依职权对直接责任人员处以罚款，并可以就债务人应当移交的内容和期限作出裁定。债务人不履行裁定确定的义务的，人民法院可以依照民事诉讼法执行程序的有关规定采取搜查、强制交付等必要措施予以强制执行。

接管过程中，对于债务人占有的不属于债务人的财产，权利人可以依据企业破产法第三十八条的规定向管理人主张取回。管理人不予认可的，权利人可以向破产案件受理法院提起诉讼请求行使取回权。诉讼期间不停止管理人的接管。

典型案例

扬州市海力精密机械制造有限公司诉安徽奥泰粉末冶金有限公司取回权案（《人民法院服务和保障长三角一体化发展典型案例》案例十二 2021 年 11 月 2 日）

【基本案情】

2013 年 9 月至 2015 年 5 月，扬州市海力精密机械制造有限公司（以下简称海力公司）与安徽奥泰粉末冶金有限公司（以下简称奥泰公司）先后签订了 5 份《工矿产品购销合同》，约定海力公司向奥泰公司提供 6 台全自动粉末成型机，合同总价款 3279075 元，并约定货款未付清前，设备所有权归海力公司所有。海力公司按约定向奥泰公司供应 6 台成型机，但奥泰公司仅支付货款 2122312.82 元。2017 年 7 月至 2018 年 1 月，奥泰公司将上述 6 台粉末成型机先后抵押给皖东农商行城中支行，并办理了抵押登记。2019 年 1 月 29 日，安徽省滁州市中级人民法院裁定受理奥泰公司破产清算案，并指定由安徽省滁州市琅琊区人民法院审理。同年 4 月，海力公司向奥泰公司管理人发出《通知书》，向管理人主张两台全自动粉末成型机的所有权，并征询管理人是否解除或者继续履行合同。管理人向海力公司复函称，海力公司对奥泰公司主张的两台全自动粉末成型机不再享有所有权，仅享有货款普通债权，要求海力公司申报债权。此后，海力公司向奥泰公司管理人提交了申报书，要求将奥泰公司欠付海力公司货款本金 1156763.18 元及利息 104108.686 元作为共益债务进行清偿，管理人不予认可。海力公司遂提起诉讼，请求确认奥泰公司所欠货款及利息为共益债务。

【裁判结果】

安徽省滁州市琅琊区人民法院一审判决：一、确认奥泰公司所欠海力公司货款 1156763.18 元为共益债务，以奥泰公司财产清偿；二、驳回海力公司的其他诉讼请求。一审判决后，奥泰公司提起上诉。安徽省滁州市中级人民法院判决：驳回上诉，维持原判。

【典型意义】

支持长三角一体化发展并上升为国家战略是党中央作出的重大决策部署。充分发挥审判职能作用，妥善审理涉民营企业案件，平等保护各类产权，营造法治化营商环境，依法服务和保障长三角区域一体化发展，是人民法院的重要职责。

本案涉及的主要问题是所有权保留买卖合同的买受人进入破产程序后，在出卖人无法取回合同标的物的情况下，买受人所欠货款能否作为共益债务进行清偿。本案中，奥泰公司与海力公司系长三角地区跨省企业，奥泰公司向海力公司购买全自动粉末成型机，约定了所有权保留条款。奥泰公司在尚未付清价款的情况下进入破产程序，并对合同标的物进行了处分，向皖东农商行城中支行设定抵押，导致海力公司无法取回；而奥泰公司管理人对所欠货款又不予认定为共益债务，致使海力公司利益受损。本案裁判体现了人民法院为长三角一体化发展提供司法服务和保障的自觉性，实现了当事人诉求在长三角区域法院无差别受理、同标准审理，平等保护长三角区域企业的合法民事权益，为优化长三角区域法治化营商环境提供了有力司法保障。

297. 破产抵销权纠纷

相关规范

»《中华人民共和国企业破产法》（2006年）

第四十条 债权人在破产申请受理前对债务人负有债务的，可以向管理人主张抵销。但是，有下列情形之一的，不得抵销：

（一）债务人的债务人在破产申请受理后取得他人对债务人的债权的；

（二）债权人已知债务人有不能清偿到期债务或者破产申请的事实，对债务人负担债务的；但是，债权人因为法律规定或者有破产申请一年前所发生的原因而负担债务的除外；

（三）债务人的债务人已知债务人有不能清偿到期债务或者破产申请的事实，对债务人取得债权的；但是，债务人的债务人因为法律规定或者有破产申请一年前所发生的原因而取得债权的除外。

»《最高人民法院关于适用〈中华人民共和国企业破产法〉若干问题的规定（二）》（2020年12月23日修正）

第四十一条 债权人依据企业破产法第四十条的规定行使抵销权，应当向管理人提出抵销主张。

管理人不得主动抵销债务人与债权人的互负债务，但抵销使债务人财产受益的除外。

第四十二条 管理人收到债权人提出的主张债务抵销的通知后，经审查无异议的，抵销自管理人收到通知之日起生效。

管理人对抵销主张有异议的，应当在约定的异议期限内或者自收到主张债务抵销的通知之日起三个月内向人民法院提起诉讼。无正当理由逾期提起的，人民法院不予支持。

人民法院判决驳回管理人提起的抵销无效诉讼请求的，该抵销自管理人收到主张债务抵销的通知之日起生效。

第四十三条 债权人主张抵销，管理人以下列理由提出异议的，人民法院不予支持：

（一）破产申请受理时，债务人对债权人负有的债务尚未到期；

（二）破产申请受理时，债权人对债务人负有的债务尚未到期；

（三）双方互负债务标的物种类、品质不同。

第四十四条 破产申请受理前六个月内，债务人有企业破产法第二条第一款规定的情形，债务人与个别债权人以抵销方式对个别债权人清偿，其抵销的债权债务属于企业破产法第四十条第（二）（三）项规定的情形之一，管理人在破产申请受理之日起三个月内向人民法院提起诉讼，主张该抵销无效的，人民法院应予支持。

第四十五条 企业破产法第四十条所列不得抵销情形的债权人，主张以其对债务人特定财产享有优先受偿权的债权，与债务人对其不享有优先受偿权的债权抵销，债务人管理人以抵销存在企业破产法第四十条规定的情形提出异议的，人民法院不予支持。但是，用以抵销的债权大于债权人享有优先受偿权财产价值的除外。

第四十六条 债务人的股东主张以下列债务与债务人对其负有的债务抵销，债务人管理人提出异议的，人民法院应予支持：

（一）债务人股东因欠缴债务人的出资或者抽逃出资对债务人所负的债务；

（二）债务人股东滥用股东权利或者关联关系损害公司利益对债务人所负的债务。

298. 别除权纠纷

相关规范

》《中华人民共和国企业破产法》（2006年）

第四十九条 债权人申报债权时，应当书面说明债权的数额和有无财产担保，并提交有关证据。申报的债权是连带债权的，应当说明。

第五十九条 依法申报债权的债权人为债权人会议的成员，有权参加债权人会议，享有表决权。

债权尚未确定的债权人，除人民法院能够为其行使表决权而临时确定债权额的外，不得行使表决权。

对债务人的特定财产享有担保权的债权人，未放弃优先受偿权利的，对于本法第六十一条第一款第七项、第十项规定的事项不享有表决权。

债权人可以委托代理人出席债权人会议，行使表决权。代理人出席债权人会议，应当向人民法院或者债权人会议主席提交债权人的授权委托书。

债权人会议应当有债务人的职工和工会的代表参加，对有关事项发表意见。

第一百零九条 对破产人的特定财产享有担保权的权利人，对该特定财产享有优先受偿的权利。

第一百一十条 享有本法第一百零九条规定权利的债权人行使优先受偿权利未能完全受偿的，其未受偿的债权作为普通债权；放弃优先受偿权利的，其债权作为普通债权。

第一百三十二条 本法施行后，破产人在本法公布之日前所欠职工的工资和医疗、伤残补助、抚恤费用，所欠的应当划入职工个人账户的基本养老保险、基本医疗保险费用，以及法律、行政法规规定应当支付给职工的补偿金，依照本法第一百一十三条的规定清偿后不足以清偿的部分，以本法第一百零九条规定的特定财产优先于对该特定财产享有担保权的权利人受偿。

》《最高人民法院关于适用〈中华人民共和国企业破产法〉若干问题的规定（二）》（2020年12月23日修正）

第四十五条 企业破产法第四十条所列不得抵销情形的债权人，主张以其对债务人特定财产享有优先受偿权的债权，与债务人对其不享有优先受偿权的债权抵销，债务人管理人以抵销存在企业破产法第四十条规定的情形提出异议的，人民法院不予支持。但是，用以抵销的债权大于债权人享有优先受偿权财产价值的除外。

指导案例

通州建总集团有限公司诉安徽天宇化工有限公司别除权纠纷案（最高人民法院指导案例 73 号 2016 年 12 月 28 日发布）

【关键词】 民事 别除权 优先受偿权 行使期限 起算点

【裁判要点】

符合《中华人民共和国破产法》第十八条规定的情形，建设工程施工合同视为解除的，承包人行使优先受偿权的期限应自合同解除之日起计算。

【基本案情】

2006 年 3 月，安徽天宇化工有限公司（以下简称安徽天宇公司）与通州建总集团有限公司（以下简称通州建总公司）签订了一份《建设工程施工合同》，安徽天宇公司将其厂区一期工程生产厂区的土建、安装工程发包给通州建总公司承建，合同约定，开工日期：暂定 2006 年 4 月 28 日（以实际开工报告为准），竣工日期：2007 年 3 月 1 日，合同工期总日历天数 300 天。发包方不按合同约定支付工程款，双方未达成延期付款协议，承包人可停止施工，由发包人承担违约责任。后双方又签订一份《合同补充协议》，对支付工程款又作了新的约定，并约定厂区工期为 113 天，生活区工期为 266 天。2006 年 5 月 23 日，监理公司下达开工令，通州建总公司遂组织施工，2007 年安徽天宇公司厂区的厂房等主体工程完工。后因安徽天宇公司未按合同约定支付工程款，致使工程停工，该工程至今未竣工。2011 年 7 月 30 日，双方在仲裁期间达成和解协议，约定如处置安徽天宇公司土地及建筑物偿债时，通州建总公司的工程款可优先受偿。后安徽天宇公司因不能清偿到期债务，江苏宏远建设集团有限公司向安徽省滁州市中级人民法院申请安徽天宇公司破产还债。安徽省滁州市中级人民法院于 2011 年 8 月 26 日作出（2011）滁民二破字第 00001 号民事裁定，裁定受理破产申请。2011 年 10 月 10 日，通州建总公司向安徽天宇公司破产管理人申报债权并主张对该工程享有优先受偿权。2013 年 7 月 19 日，安徽省滁州市中级人民法院作出（2011）滁民二破字第 00001 – 2 号民事裁定，宣告安徽天宇公司破产。通州建总公司于 2013 年 8 月 27 日提起诉讼，请求确认其债权享有优先受偿权。

【裁判结果】

安徽省滁州市中级人民法院于 2014 年 2 月 28 日作出（2013）滁民一初字第 00122 号民事判决：确认原告通州建总集团有限公司对申报的债权就其施工的被告安徽天宇化工有限公司生产厂区土建、安装工程享有优先受偿权。宣判后，安徽天宇化工有限公司提出上诉。安徽省高级人民法院于 2014 年 7 月 14 日作出（2014）皖民一终字第 00054 号民事判决，驳回上诉，维持原判。

【裁判理由】

法院生效裁判认为：本案双方当事人签订的建设工程施工合同虽约定了工程竣工时间，但涉案工程因安徽天宇公司未能按合同约定支付工程款导致停工。现没有证据证明在工程停工后至法院受理破产申请前，双方签订的建设施工合同已经解除或终止履行，也没有证据证明在法院受理破产申请后，破产管理人决定继续履行合同。根据《中华人民共和国破产法》第十八条“人民法院受理破产申请后，管理人对破产申请受理前成立而债务人和对方当事人均未履行完毕的合同有权决定解除或继续履行，并通知对方当事人。管理人自破产申请受理之日起二个月未通知对方当事人，或者自收到对方当事人催告之日起三十日内未答复的，视为解除合同”之规定，涉案建设工程施工合同在法院受理破产申请后已实际解除，本案建设工程无法正常竣工。按照最高人民法院全国民事审判工作会议纪要精神，因发包人的原因，合同解除或终止履行时已经超出合同约定的竣工日期的，承包人行使优先受偿权的期限自合同解除之日起计算，安徽天宇公司要求按合同约定的竣工日期起算优先受偿权行使时间的主张，缺乏依据，不予采信。2011 年 8 月 26 日，法院裁定受理对安徽天宇公司的破产申请，2011 年 10 月 10 日通州建总公司向安徽天宇公司的破产管理人申报债权并主张工程款优先受偿权，因此，通州建总公司主张优先受偿权的时间是 2011 年 10 月 10 日。安徽天宇公司认为通州建总公司行使优先受偿权的时间超过了破产管理之日六个月，与事实不符，不予支持。

299. 破产撤销权纠纷

相关规范

》《中华人民共和国企业破产法》（2006 年）

第三十一条 人民法院受理破产申请前一年内，涉及债务人财产的下列行为，管理人有权请求人民法院予以撤销：

（一）无偿转让财产的；

（二）以明显不合理的价格进行交易的；

（三）对没有财产担保的债务提供财产担保的；

（四）对未到期的债务提前清偿的；

（五）放弃债权的。

第三十四条 因本法第三十一条、第三十二条或者第三十三条规定的行为而取得的债务人的财产，管理人有权追回。

第一百二十六条 有义务列席债权人会议的债务人的有关人员，经人民法院传唤，无正当理由拒不列席债权人会议的，人民法院可以拘传，并依法处以罚款。债务人的有关人员违反本法规定，拒不陈述、回答，或者作虚假陈述、回答的，人民法院可以依法处以罚款。

》《最高人民法院关于适用〈中华人民共和国企业破产法〉若干问题的规定（二）》（2020 年 12 月 23 日修正）

第九条 管理人依据企业破产法第三十一条和第三十二条的规定提起诉讼，请求撤销涉及债务人财产的相关行为并由相对人返还债务人财产的，人民法院应予支持。

管理人因过错未依法行使撤销权导致债务人财产不当减损，债权人提起诉讼主张管理人对其损失承担相应赔偿责任的，人民法院应予支持。

第十条 债务人经过行政清理程序转入破产程序的，企业破产法第三十一条和第三十二条规定的可撤销行为的起算点，为行政监管机构作出撤销决定之日。

债务人经过强制清算程序转入破产程序的，企业破产法第三十一条和第三十二条规定的可撤销行为的起算点，为人民法院裁定受理强制清算申请之日。

第十三条 破产申请受理后，管理人未依据企业破产法第三十一条的规定请求撤销债务人无偿转让财产、以明显不合理价格交易、放弃债权行为的，债权人依据民法典第五百三十八条、第五百三十九条等规定提起诉讼，请求撤销债务人上述行为并将因此追回的财产归入债务人财产的，人民法院应予受理。

相对人以债权人行使撤销权的范围超出债权人的债权抗辩的，人民法院不予支持。

300. 损害债务人利益赔偿纠纷

相关规范

》《中华人民共和国企业破产法》（2006 年）

第一百二十五条 企业董事、监事或者高级管理人员违反忠实义务、勤勉义务，致使所在企业破产的，依法承担民事责任。

有前款规定情形的人员，自破产程序终结之日起三年内不得担任任何企业的董事、监事、高级管理人员。

第一百二十八条 债务人有本法第三十一条、第三十二条、第三十三条规定的行为，损害债权人利益的，债务人的法定代表人和其他直接责任人员依法承担赔偿责任。

》《中华人民共和国公司法》（2018 年修正）

第一百四十七条 董事、监事、高级管理人员应当遵守法律、行政法规和公司章程，对公司负有忠实义务和勤勉义务。

董事、监事、高级管理人员不得利用职权收受贿赂或者其他非法收入，不得侵占公司的财产。

第一百四十八条 董事、高级管理人员不得有下列行为：

（一）挪用公司资金；

（二）将公司资金以其个人名义或者以其他个人名义开立账户存储；

（三）违反公司章程的规定，未经股东会、股东大会或者董事会同意，将公司资金借贷给他人或者以公司财产为他人提供担保；

（四）违反公司章程的规定或者未经股东会、股东大会同意，与本公司订立合同或者进行交易；

（五）未经股东会或者股东大会同意，利用职务便利为自己或者他人谋取属于公司的商业机会，自营或者为他人经营与所任职公司同类的业务；

（六）接受他人与公司交易的佣金归为己有；

（七）擅自披露公司秘密；

（八）违反对公司忠实义务的其他行为。

董事、高级管理人员违反前款规定所得的收入应当归公司所有。

第一百四十九条 董事、监事、高级管理人员执行公司职务时违反法律、行政法规或者公司章程的规定，给公司造成损失的，应当承担赔偿责任。

301. 管理人责任纠纷

相关规范

》《中华人民共和国企业破产法》（2006 年）

第一百三十条 管理人未依照本法规定勤勉尽责，忠实执行职务的，人民法院可以依法处以罚款；给债权人、债务人或者第三人造成损失的，依法承担赔偿责任。

》《最高人民法院关于审理企业破产案件指定管理人的规定》（法释〔2007〕8 号 2007 年 4 月 12 日）

第三十九条 管理人申请辞去职务未获人民法院许可，但仍坚持辞职并不再履行管理人职责，或者人民法院决定更换管理人后，原管理人拒不向新任管理人移交相关事务，人民法院可以根据企业破产法第一百三十条的规定和具体情况，决定对管理人罚款。对社会中介机构为管理人的罚款 5 万元至 20 万元人民币，对个人为管理人的罚款 1 万元至 5 万元人民币。

管理人有前款规定行为或者无正当理由拒绝人民法院指定的，编制管理人名册的人民法院可以决定停止其担任管理人一年至三年，或者将其从管理人名册中除名。

》《最高人民法院印发〈全国法院破产审判工作会议纪要〉的通知》（法〔2018〕53 号 2018 年 3 月 4 日）

管理人是破产程序的主要推动者和破产事务的具体执行者。管理人的能力和素质不仅影响破产审判工作的质量，还关系到破产企业的命运与未来发展。要加快完善管理人制度，大力提升管理人职业素养和执业能力，强化对管理人的履职保障和有效监督，为改善企业经营、优化产业结构提供有力制度保障。

4. 完善管理人队伍结构。人民法院要指导编入管理人名册的中介机构采取适当方式吸收具有专业技术知识、企业经营能力的人员充实到管理人队伍中来，促进管理人队伍内在结构更加合理，充分发挥和提升管理人在企业病因诊断、资源整合等方面的重要作用。

5. 探索管理人跨区域执业。除从本地名册选择管理人外，各地法院还可以探索从外省、市管理人名册中选任管理人，确保重大破产案件能够遴选出最佳管理人。两家以上具备资质的中介机构请求联合担任同一破产案件管理人的，人民法院经审查符合自愿协商、优势互补、权责一致要求且确有必要的，可以准许。

6. 实行管理人分级管理。高级人民法院或者自行编制管理人名册的中级人民法院可以综合考虑管理人的专业水准、工作经验、执业操守、工作绩效、勤勉程度等因素，合理确定管理人等级，对管理人实行分级管理、定期考评。对债务人财产数量不多、债权债务关系简单的破产案件，可以在相应等级的管理人中采取轮候、抽签、摇号等随机方式指定管理人。

7. 建立竞争选定管理人工作机制。破产案件中可以引入竞争机制选任管理人，提升破产管理质量。上市公司破产案件、在本地有重大影响的破产案件或者债权债务关系复杂，涉及债权人、职工以及利害关系人人数较多的破产案件，在指定管理人时，一般应当通过竞争方式依法选定。

8. 合理划分法院和管理人的职能范围。人民法院应当支持和保障管理人依法履行职责，不得代替管理人作出本应由管理人自己作出的决定。管理人应当依法管理和处分债务人财产，审慎决定债务人内部管理事务，不得将自己的职责全部或者部分转让给他人。

9. 进一步落实管理人职责。在债务人自行管理的重整程序中，人民法院要督促管理人制订监督债务人的具体制度。在重整计划规定的监督期内，管理人应当代表债务人参加监督期开始前已经启动而尚未终结的诉讼、仲裁活动。重整程序、和解程序转入破产清算程序后，管理人应当按照破产清算程序继续履行管理人职责。

10. 发挥管理人报酬的激励和约束作用。人民法院可以根据破产案件的不同情况确定管理人报酬的支付方式，发挥管理人报酬在激励、约束管理人勤勉履职方面的积极作用。管理人报酬原则上应当根据破产案件审理进度和管理人履职情况分期支付。案情简单、耗时较短的破产案件，可以在破产程序终结后一次性向管理人支付报酬。

11. 管理人聘用其他人员费用负担的规制。管理人经人民法院许可聘用企业经营管理人员，或者管理人确有必要聘请其他社会中介机构或人员处理重大诉讼、仲裁、执行或审计等专业性较强工作，如所需费用需要列入破产费用的，应当经债权人会议同意。

12. 推动建立破产费用的综合保障制度。各地法院要积极争取财政部门支持，或采取从其他破产案件管理人报酬中提取一定比例等方式，推动设立破产费用保障资金，建立破产费用保障长效机制，解决因债务人财产不足以支付破产费用而影响破产程序启动的问题。

13. 支持和引导成立管理人协会。人民法院应当支持、引导、推动本辖区范围内管理人名册中的社会中介机构、个人成立管理人协会，加强对管理人的管理和约束，维护管理人的合法权益，逐步形成规范、稳定和自律的行业组织，确保管理人队伍既充满活力又规范有序发展。

《最高人民法院印发〈关于推进破产案件依法高效审理的意见〉的通知》

（法发〔2020〕14号　2020年4月15日）

二、完善债务人财产接管和调查方式

5. 人民法院根据案件具体情况，可以在破产申请受理审查阶段同步开展指定管理人的准备工作。管理人对于提高破产案件效率、降低破产程序成本作出实际贡献的，人民法院应当作为确定或者调整管理人报酬方案的考虑因素。

6. 管理人应当及时全面调查债务人涉及的诉讼和执行案件情况。破产案件受理法院可以根据管理人的申请或者依职权，及时向管理人提供通过该院案件管理系统查询到的有关债务人诉讼和执行案件的基本信息。债务人存在未结诉讼或者未执行完毕案件的，管理人应当及时将债务人进入破产程序的情况报告相关人民法院。

7. 管理人应当及时全面调查债务人财产状况。破产案件受理法院可以根据管理人的申请或者依职权，及时向管理人提供通过该院网络执行查控系统查询到的债务人财产信息。

8. 管理人应当及时接管债务人的财产、印章和账簿、文书等资料。债务人拒不移交的，人民法院可以根据管理人的申请或者依职权对直接责任人员处以罚款，并可以就债务人应当移交的内容和期限作出裁定。债务人不履行裁定确定的义务的，人民法院可以依照民事诉讼法执行程序的有关规定采取搜查、强制交付等必要措施予以强制执行。

接管过程中，对于债务人占有的不属于债务人的财产，权利人可以依据企业破产法第三十八条的规定向管理人主张取回。管理人不予认可的，权利人可以向破产案件受理法院提起诉讼请求行使取回权。诉讼期间不停止管理人的接管。

9. 管理人需要委托中介机构对债务人财产进行评估、鉴定、审计的，应当与有关中介机构签订委托协议。委托协议应当包括完成相应工作的时限以及违约责任。违约责任可以包括中介机构无正当理由未按期完成的，管理人有权另行委托，原中介机构已收取的费用予以退还或者未收取的费用不再收取等内容。

《最高人民法院关于适用〈中华人民共和国企业破产法〉若干问题的规定（二）》（2020年12月23日修正）

第九条 管理人依据企业破产法第三十一条和第三十二条的规定提起诉讼，请求撤销涉及债务人财产的相关行为并由相对人返还债务人财产的，人民法院应予支持。

管理人因过错未依法行使撤销权导致债务人财产不当减损，债权人提起诉讼主张管理人对其损失承担相应赔偿责任的，人民法院应予支持。

第三十三条 管理人或者相关人员在执行职务过程中，因故意或者重大过失不当转让他人财产或者造成他人财产毁损、灭失，导致他人损害产生的债务作为共益债务，由债务人财产随时清偿不足弥补损失，权利人向管理人或者相关人员主张承担补充赔偿责任的，人民法院应予支持。

上述债务作为共益债务由债务人财产随时清偿后，债权人以管理人或者相关人员执行职务不当导致债务人财产减少给其造成损失为由提起诉讼，主张管理人或者相关人员承担相应赔偿责任的，人民法院应予支持。

二十四、证券纠纷

302. 证券权利确认纠纷

（1）股票权利确认纠纷
（2）公司债券权利确认纠纷
（3）国债权利确认纠纷
（4）证券投资基金权利确认纠纷

相关规范

》《中华人民共和国民法典》（2020年）

第一百二十五条　【投资性权利】 民事主体依法享有股权和其他投资性权利。

》《中华人民共和国证券投资基金法》（2015年修正）

第二条　在中华人民共和国境内，通过公开发售基金份额募集证券投资基金（以下简称基金），由基金管理人管理，基金托管人托管，为基金份额持有人的利益，以资产组合方式进行证券投资活动，适用本法；本法未规定的，适用《中华人民共和国信托法》《中华人民共和国证券法》和其他有关法律、行政法规的规定。

》《中华人民共和国证券法》（2019年修订）

第二条　在中华人民共和国境内，股票、公司债券、存托凭证和国务院依法认定的其他证券的发行和交易，适用本法；本法未规定的，适用《中华人民共和国公司法》和其他法律、行政法规的规定。

政府债券、证券投资基金份额的上市交易，适用本法；其他法律、行政法规另有规定的，适用其规定。

资产支持证券、资产管理产品发行、交易的管理办法，由国务院依照本法的原则规定。

在中华人民共和国境外的证券发行和交易活动，扰乱中华人民共和国境内市场秩序，损害境内投资者合法权益的，依照本法有关规定处理并追究法律责任。

》《最高人民法院关于适用〈中华人民共和国公司法〉若干问题的规定（三）》（2020年12月23日修正）

第二十一条　当事人向人民法院起诉请求确认其股东资格的，应当以公司为被告，与案件争议股权有利害关系的人作为第三人参加诉讼。

第二十二条　当事人之间对股权归属发生争议，一方请求人民法院确认其享有股权的，应当证明以下事实之一：

（一）已经依法向公司出资或者认缴出资，且不违反法律法规强制性规定；

（二）已经受让或者以其他形式继受公司股权，且不违反法律法规强制性规定。

303. 证券交易合同纠纷

(1) 股票交易纠纷
(2) 公司债券交易纠纷
(3) 国债交易纠纷
(4) 证券投资基金交易纠纷

相关规范

》《中华人民共和国证券投资基金法》(2015 年修正)

第四十四条 基金合同应当约定基金的运作方式。

第四十五条 基金的运作方式可以采用封闭式、开放式或者其他方式。

采用封闭式运作方式的基金(以下简称封闭式基金),是指基金份额总额在基金合同期限内固定不变,基金份额持有人不得申请赎回的基金;采用开放式运作方式的基金(以下简称开放式基金),是指基金份额总额不固定,基金份额可以在基金合同约定的时间和场所申购或者赎回的基金。

采用其他运作方式的基金的基金份额发售、交易、申购、赎回的办法,由国务院证券监督管理机构另行规定。

》《中华人民共和国公司法》(2018 年修正)

第一百三十七条 股东持有的股份可以依法转让。

第一百三十八条 股东转让其股份,应当在依法设立的证券交易场所进行或者按照国务院规定的其他方式进行。

第一百三十九条 记名股票,由股东以背书方式或者法律、行政法规规定的其他方式转让;转让后由公司将受让人的姓名或者名称及住所记载于股东名册。

股东大会召开前二十日内或者公司决定分配股利的基准日前五日内,不得进行前款规定的股东名册的变更登记。但是,法律对上市公司股东名册变更登记另有规定的,从其规定。

第一百四十条 无记名股票的转让,由股东将该股票交付给受让人后即发生转让的效力。

》《中华人民共和国证券法》(2019 年修订)

第三条 证券的发行、交易活动,必须遵循公开、公平、公正的原则。

第四条 证券发行、交易活动的当事人具有平等的法律地位,应当遵守自愿、有偿、诚实信用的原则。

第五条 证券的发行、交易活动,必须遵守法律、行政法规;禁止欺诈、内幕交易和操纵证券市场的行为。

第三十五条 证券交易当事人依法买卖的证券,必须是依法发行并交付的证券。

非依法发行的证券,不得买卖。

第三十六条 依法发行的证券,《中华人民共和国公司法》和其他法律对其转让期限有限制性规定的,在限定的期限内不得转让。

上市公司持有百分之五以上股份的股东、实际控制人、董事、监事、高级管理人员,以及其他持有发行人首次公开发行前发行的股份或者上市公司向特定对象发行的股份的股东,转让其持有的本公司股份的,不得违反法律、行政法规和国务院证券监督管理机构关于持有期限、卖出时间、卖出数量、卖出方式、信息披露等规定,并应当遵守证券交易所的业务规则。

第三十七条 公开发行的证券,应当在依法设立的证券交易所上市交易或者在国务院批准的其他全国性证券交易场所交易。

非公开发行的证券,可以在证券交易所、国务院批准的其他全国性证券交易场所、按照国务院规定设立的区域性股权市场转让。

第三十八条 证券在证券交易所上市交

易，应当采用公开的集中交易方式或者国务院证券监督管理机构批准的其他方式。

第三十九条 证券交易当事人买卖的证券可以采用纸面形式或者国务院证券监督管理机构规定的其他形式。

304. 金融衍生品种交易纠纷

相关规范

《中华人民共和国证券法》（2019 年修订）

第二条 在中华人民共和国境内，股票、公司债券、存托凭证和国务院依法认定的其他证券的发行和交易，适用本法；本法未规定的，适用《中华人民共和国公司法》和其他法律、行政法规的规定。

政府债券、证券投资基金份额的上市交易，适用本法；其他法律、行政法规另有规定的，适用其规定。

资产支持证券、资产管理产品发行、交易的管理办法，由国务院依照本法的原则规定。

在中华人民共和国境外的证券发行和交易活动，扰乱中华人民共和国境内市场秩序，损害境内投资者合法权益的，依照本法有关规定处理并追究法律责任。

《中华人民共和国期货和衍生品法》（2022 年）

第三十条 依法设立的场所，经国务院授权的部门或者国务院期货监督管理机构审批，可以组织开展衍生品交易。

组织开展衍生品交易的场所制定的交易规则，应当公平保护交易参与各方合法权益和防范市场风险，并报国务院授权的部门或者国务院期货监督管理机构批准。

第三十一条 金融机构开展衍生品交易业务，应当依法经过批准或者核准，履行交易者适当性管理义务，并应当遵守国家有关监督管理规定。

第三十二条 衍生品交易采用主协议方式的，主协议、主协议项下的全部补充协议以及交易双方就各项具体交易作出的约定等，共同构成交易双方之间一个完整的单一协议，具有法律约束力。

第三十三条 本法第三十二条规定的主协议等合同范本，应当按照国务院授权的部门或者国务院期货监督管理机构的规定报送备案。

第三十四条 进行衍生品交易，可以依法通过质押等方式提供履约保障。

第三十五条 依法采用主协议方式从事衍生品交易的，发生约定的情形时，可以依照协议约定终止交易，并按净额对协议项下的全部交易盈亏进行结算。

依照前款规定进行的净额结算，不因交易任何一方依法进入破产程序而中止、无效或者撤销。

第三十六条 国务院授权的部门、国务院期货监督管理机构应当建立衍生品交易报告库，对衍生品交易标的、规模、对手方等信息进行集中收集、保存、分析和管理，并按照规定及时向市场披露有关信息。具体办法由国务院授权的部门、国务院期货监督管理机构规定。

第三十七条 衍生品交易，由国务院授权的部门或者国务院期货监督管理机构批准的结算机构作为中央对手方进行集中结算的，可以依法进行终止净额结算；结算财产应当优先用于结算和交割，不得被查封、冻结、扣押或者强制执行；在结算和交割完成前，任何人不得动用。

依法进行的集中结算，不因参与结算的任何一方依法进入破产程序而中止、无效或者撤销。

《银行业金融机构衍生产品交易业务管理办法》（2011 年修订）

第三条 本办法所称衍生产品是一种金融合约，其价值取决于一种或多种基础资产或指数，合约的基本种类包括远期、期货、掉期（互换）和期权。衍生产品还包括具有远期、期货、掉期（互换）和期权中一种或多种特征的混合金融工具。

第四条 本办法所称银行业金融机构衍生产品交易业务按照交易目的分为两类：

（一）套期保值类衍生产品交易。即银行业金融机构主动发起，为规避自有资产、负债的信用风险、市场风险或流动性风险而进行的衍生产品交易。此类交易需符合套期会计规定，并划入银行账户管理。

（二）非套期保值类衍生产品交易。即除套期保值类以外的衍生产品交易。包括由客户发起，银行业金融机构为满足客户需求提供的代客交易和银行业金融机构为对冲前述交易相关风险而进行的交易；银行业金融机构为承担做市义务持续提供市场买、卖双边价格，并按其报价与其他市场参与者进行的做市交易；以及银行业金融机构主动发起，运用自有资金，根据对市场走势的判断，以获利为目的进行的自营交易。此类交易划入交易账户管理。

第六条 银行业金融机构开办衍生产品交易业务，应当经中国银监会批准，接受中国银监会的监督与检查。获得衍生产品交易业务资格的银行业金融机构，应当从事与其自身风险管理能力相适应的业务活动。

第七条 银行业金融机构从事与外汇、商品、能源和股权有关的衍生产品交易以及场内衍生产品交易，应当具有中国银监会批准的衍生产品交易业务资格，并遵守国家外汇管理及其他相关规定。

305. 证券承销合同纠纷

（1）证券代销合同纠纷

（2）证券包销合同纠纷

相关规范

》《中华人民共和国公司法》（2018 年修正）

第八十七条 发起人向社会公开募集股份，应当由依法设立的证券公司承销，签订承销协议。

》《中华人民共和国证券法》（2019 年修订）

第二十六条 发行人向不特定对象发行的证券，法律、行政法规规定应当由证券公司承销的，发行人应当同证券公司签订承销协议。证券承销业务采取代销或者包销方式。

证券代销是指证券公司代发行人发售证券，在承销期结束时，将未售出的证券全部退还给发行人的承销方式。

证券包销是指证券公司将发行人的证券按照协议全部购入或者在承销期结束时将售后剩余证券全部自行购入的承销方式。

第二十七条 公开发行证券的发行人有权依法自主选择承销的证券公司。

第二十八条 证券公司承销证券，应当同发行人签订代销或者包销协议，载明下列事项：

（一）当事人的名称、住所及法定代表人姓名；

（二）代销、包销证券的种类、数量、金额及发行价格；

（三）代销、包销的期限及起止日期；

（四）代销、包销的付款方式及日期；

（五）代销、包销的费用和结算办法；

（六）违约责任；

（七）国务院证券监督管理机构规定的其他事项。

第二十九条 证券公司承销证券，应当对公开发行募集文件的真实性、准确性、完整性进行核查。发现有虚假记载、误导性陈述或者重大遗漏的，不得进行销售活动；已经销售的，必须立即停止销售活动，并采取纠正措施。

证券公司承销证券，不得有下列行为：

（一）进行虚假的或者误导投资者的广告宣传或者其他宣传推介活动；

（二）以不正当竞争手段招揽承销业务；

（三）其他违反证券承销业务规定的行为。

证券公司有前款所列行为，给其他证券承销机构或者投资者造成损失的，应当依法承担赔偿责任。

第三十条 向不特定对象发行证券聘请承销团承销的，承销团应当由主承销和参与承销的证券公司组成。

第三十一条 证券的代销、包销期限最长不得超过九十日。

证券公司在代销、包销期内，对所代销、包销的证券应当保证先行出售给认购人，证券公司不得为本公司预留所代销的证券和预先购入并留存所包销的证券。

第三十二条 股票发行采取溢价发行的，其发行价格由发行人与承销的证券公司协商确定。

第三十三条 股票发行采用代销方式，代销期限届满，向投资者出售的股票数量未达到拟公开发行股票数量百分之七十的，为发行失败。发行人应当按照发行价并加算银行同期存款利息返还股票认购人。

第三十四条 公开发行股票，代销、包销期限届满，发行人应当在规定的期限内将股票发行情况报国务院证券监督管理机构备案。

第一百八十三条 证券公司承销或者销售擅自公开发行或者变相公开发行的证券的，责令停止承销或者销售，没收违法所得，并处以违法所得一倍以上十倍以下的罚款；没有违法所得或者违法所得不足一百万元的，处以一百万元以上一千万元以下的罚款；情节严重的，并处暂停或者撤销相关业务许可。给投资者造成损失的，应当与发行人承担连带赔偿责任。对直接负责的主管人员和其他直接责任人员给予警告，并处以五十万元以上五百万元以下的罚款。

第一百八十四条 证券公司承销证券违反本法第二十九条规定的，责令改正，给予警告，没收违法所得，可以并处五十万元以上五百万元以下的罚款；情节严重的，暂停或者撤销相关业务许可。对直接负责的主管人员和其他直接责任人员给予警告，可以并处二十万元以上二百万元以下的罚款；情节严重的，并处以五十万元以上五百万元以下的罚款。

306. 证券投资咨询纠纷

相关规范

《中华人民共和国证券法》（2019 年修订）

第一百六十一条 证券投资咨询机构及其从业人员从事证券服务业务不得有下列行为：

（一）代理委托人从事证券投资；

（二）与委托人约定分享证券投资收益或者分担证券投资损失；

（三）买卖本证券投资咨询机构提供服务的证券；

（四）法律、行政法规禁止的其他行为。

有前款所列行为之一，给投资者造成损失的，应当依法承担赔偿责任。

第一百六十二条 证券服务机构应当妥善保存客户委托文件、核查和验证资料、工作底稿以及与质量控制、内部管理、业务经营有关的信息和资料，任何人不得泄露、隐匿、伪造、篡改或者毁损。上述信息和资料的保存期限不得少于十年，自业务委托结束之日起算。

第一百六十三条　证券服务机构为证券的发行、上市、交易等证券业务活动制作、出具审计报告及其他鉴证报告、资产评估报告、财务顾问报告、资信评级报告或者法律意见书等文件，应当勤勉尽责，对所依据的文件资料内容的真实性、准确性、完整性进行核查和验证。其制作、出具的文件有虚假记载、误导性陈述或者重大遗漏，给他人造成损失的，应当与委托人承担连带赔偿责任，但是能够证明自己没有过错的除外。

307. 证券资信评级服务合同纠纷

相关规范

»《中华人民共和国证券法》（2019 年修订）

第一百六十一条　证券投资咨询机构及其从业人员从事证券服务业务不得有下列行为：

（一）代理委托人从事证券投资；

（二）与委托人约定分享证券投资收益或者分担证券投资损失；

（三）买卖本证券投资咨询机构提供服务的证券；

（四）法律、行政法规禁止的其他行为。

有前款所列行为之一，给投资者造成损失的，应当依法承担赔偿责任。

第一百六十二条　证券服务机构应当妥善保存客户委托文件、核查和验证资料、工作底稿以及与质量控制、内部管理、业务经营有关的信息和资料，任何人不得泄露、隐匿、伪造、篡改或者毁损。上述信息和资料的保存期限不得少于十年，自业务委托结束之日起算。

第一百六十三条　证券服务机构为证券的发行、上市、交易等证券业务活动制作、出具审计报告及其他鉴证报告、资产评估报告、财务顾问报告、资信评级报告或者法律意见书等文件，应当勤勉尽责，对所依据的文件资料内容的真实性、准确性、完整性进行核查和验证。其制作、出具的文件有虚假记载、误导性陈述或者重大遗漏，给他人造成损失的，应当与委托人承担连带赔偿责任，但是能够证明自己没有过错的除外。

»《资信评级机构出具证券公司债券信用评级报告准则》（2003 年）

第五条　资信评级机构应建立健全统一的内部信用评级标准和程序，并在出具评级报告时保持所依据的标准和程序的一致性。

第十二条　评级结论应包括发行人名称、受评债券名称、信用级别及释义、评级结论的主要依据等，并简要说明本次评级的过程和发行人、受评债券的风险程度。

发行人为受评债券提供担保的，应对比说明有无担保情况下评级结论的差异。

第十四条　评级报告分析应当针对证券行业和发行人的特点，重点揭示风险，反映发行人及受评债券的信用水平及信用风险。

第十五条　评级报告分析可在显要位置作“特别风险提示”，必要时应详细分析该风险及其形成的原因，说明过去特别是最近一个会计年度曾经因该风险因素遭受的损失，判断将来遭受损失的可能程度。

308. 证券回购合同纠纷

（1）股票回购合同纠纷

（2）国债回购合同纠纷

（3）公司债券回购合同纠纷

（4）证券投资基金回购合同纠纷

（5）质押式证券回购纠纷

相关规范

《中国人民银行、财政部、中国证券监督管理委员会关于重申对进一步规范证券回购业务有关问题的通知》（1995年）

三、证券回购券种只能是国库券和经中国人民银行批准发行的金融债券；回购期限最长不得超过1年；回购资金不得用于固定资产投资，不得用于期货市场投资和股本投资，不得以贷款、拆借等任何名义用于企业。

四、回购方必须有百分之百的属于自己所有的国库券和金融债券，并将国库券和金融债券集中在中国人民银行省、自治区、直辖市、计划单列市分行指定的一家证券登记托管机构保管代保管单只能由该机构出具凡出具虚假代保管单的机构，比照全国人大《关于惩治破坏金融秩序犯罪的决定》中的第十条、第十五条等规定惩治返售方在回购期内不得动用回购证券禁止任何金融机构挪用个人或机构委托其保管的证券。

五、禁止任何金融机构以租券、借券等方式从事证券回购业务。

六、凡从事证券回购业务的金融机构必须在8月30日以前到当地人民银行逐笔填写《证券回购业务登记表》由人民银行省、自治区、直辖市、计划单列市分行汇总并报中国人民银行总行和财政部逾期不登记者，取消其从事证券回购业务的资格。

《全国银行间债券市场债券交易管理办法》（2000年）

第八条 下列机构可成为全国银行间债券市场参与者，从事债券交易业务：

（一）在中国境内具有法人资格的商业银行及其授权分支机构；

（二）在中国境内具有法人资格的非银行金融机构和非金融机构；

（三）经中国人民银行批准经营人民币业务的外国银行分行。

第九条 上述机构进入全国银行间债券市场，应签署债券回购主协议。

第十条 金融机构可直接进行债券交易和结算，也可委托结算代理人进行债券交易和结算；非金融机构应委托结算代理人进行债券交易和结算。

第十七条 以债券为质押进行回购交易，应办理登记；回购合同在办理质押登记后生效。

第十八条 合同一经成立，交易双方应全面履行合同规定的义务，不得擅自变更或解除合同。

第十九条 债券交易现券买卖价格或回购利率由交易双方自行确定。

第二十条 参与者进行债券交易不得在合同约定的价款或利息之外收取未经批准的其他费用。

第二十一条 回购期间，交易双方不得动用质押的债券。

第二十二条 回购期限最长为365天。回购到期应按照合同约定全额返还回购项下的资金，并解除质押关系，不得以任何方式展期。

309. 证券上市合同纠纷

相关规范

《中华人民共和国证券法》（2019年修订）

第四十七条 申请证券上市交易，应当符合证券交易所上市规则规定的上市条件。

证券交易所上市规则规定的上市条件，应当对发行人的经营年限、财务状况、最低公开发行比例和公司治理、诚信记录等提出要求。

第四十八条 上市交易的证券，有证券交易所规定的终止上市情形的，由证券交易所按照业务规则终止其上市交易。

证券交易所决定终止证券上市交易的，应当及时公告，并报国务院证券监督管理机构备案。

310. 证券交易代理合同纠纷

相关规范

》《中华人民共和国民法典》（2020年）

第一百六十四条　【代理人不当行为的法律后果】代理人不履行或者不完全履行职责，造成被代理人损害的，应当承担民事责任。

代理人和相对人恶意串通，损害被代理人合法权益的，代理人和相对人应当承担连带责任。

第一百六十五条　【授权委托书】委托代理授权采用书面形式的，授权委托书应当载明代理人的姓名或者名称、代理事项、权限和期限，并由被代理人签名或者盖章。

第一百七十一条　【无权代理】行为人没有代理权、超越代理权或者代理权终止后，仍然实施代理行为，未经被代理人追认的，对被代理人不发生效力。

相对人可以催告被代理人自收到通知之日起三十日内予以追认。被代理人未作表示的，视为拒绝追认。行为人实施的行为被追认前，善意相对人有撤销的权利。撤销应当以通知的方式作出。

行为人实施的行为未被追认的，善意相对人有权请求行为人履行债务或者就其受到的损害请求行为人赔偿。但是，赔偿的范围不得超过被代理人追认时相对人所能获得的利益。

相对人知道或者应当知道行为人无权代理的，相对人和行为人按照各自的过错承担责任。

第九百二十九条　【受托人的赔偿责任】有偿的委托合同，因受托人的过错造成委托人损失的，委托人可以请求赔偿损失。无偿的委托合同，因受托人的故意或者重大过失造成委托人损失的，委托人可以请求赔偿损失。

受托人超越权限造成委托人损失的，应当赔偿损失。

第九百三十条　【委托人的赔偿责任】受托人处理委托事务时，因不可归责于自己的事由受到损失的，可以向委托人请求赔偿损失。

第九百三十一条　【委托人另行委托他人处理事务】委托人经受托人同意，可以在受托人之外委托第三人处理委托事务。因此造成受托人损失的，受托人可以向委托人请求赔偿损失。

第九百三十二条　【共同委托】两个以上的受托人共同处理委托事务的，对委托人承担连带责任。

第九百三十三条　【委托合同解除】委托人或者受托人可以随时解除委托合同。因解除合同造成对方损失的，除不可归责于该当事人的事由外，无偿委托合同的解除方应当赔偿因解除时间不当造成的直接损失，有偿委托合同的解除方应当赔偿对方的直接损失和合同履行后可以获得的利益。

》《中华人民共和国证券法》（2019年修订）

第一百三十三条　证券公司接受证券买卖的委托，应当根据委托书载明的证券名称、买卖数量、出价方式、价格幅度等，按照交易规则代理买卖证券，如实进行交易记录；买卖成交后，应当按照规定制作买卖成交报告单交付客户。

证券交易中确认交易行为及其交易结果的对账单必须真实，保证账面证券余额与实际持有的证券相一致。

311. 证券上市保荐合同纠纷

相关规范

《中华人民共和国证券法》（2019年修订）

第十条 发行人申请公开发行股票、可转换为股票的公司债券，依法采取承销方式的，或者公开发行法律、行政法规规定实行保荐制度的其他证券的，应当聘请证券公司担任保荐人。

保荐人应当遵守业务规则和行业规范，诚实守信，勤勉尽责，对发行人的申请文件和信息披露资料进行审慎核查，督导发行人规范运作。

保荐人的管理办法由国务院证券监督管理机构规定。

第一百八十二条 保荐人出具有虚假记载、误导性陈述或者重大遗漏的保荐书，或者不履行其他法定职责的，责令改正，给予警告，没收业务收入，并处以业务收入一倍以上十倍以下的罚款；没有业务收入或者业务收入不足一百万元的，处以一百万元以上一千万元以下的罚款；情节严重的，并处暂停或者撤销保荐业务许可。对直接负责的主管人员和其他直接责任人员给予警告，并处以五十万元以上五百万元以下的罚款。

《证券发行上市保荐业务管理办法》（2020）

第二十六条 在发行保荐书和上市保荐书中，保荐机构应当就下列事项做出承诺：

（一）有充分理由确信发行人符合法律法规及中国证监会有关证券发行上市的相关规定；

（二）有充分理由确信发行人申请文件和信息披露资料不存在虚假记载、误导性陈述或者重大遗漏；

（三）有充分理由确信发行人及其董事在申请文件和信息披露资料中表达意见的依据充分合理；

（四）有充分理由确信申请文件和信息披露资料与证券服务机构发表的意见不存在实质性差异；

（五）保证所指定的保荐代表人及本保荐机构的相关人员已勤勉尽责，对发行人申请文件和信息披露资料进行了尽职调查、审慎核查；

（六）保证保荐书、与履行保荐职责有关的其他文件不存在虚假记载、误导性陈述或者重大遗漏；

（七）保证对发行人提供的专业服务和出具的专业意见符合法律、行政法规、中国证监会的规定和行业规范；

（八）自愿接受中国证监会依照本办法采取的监管措施；

（九）中国证监会规定的其他事项。

在实施证券发行注册制的板块，前款规定的上市保荐书承诺事项由证券交易所具体规定。

第二十七条 保荐机构提交发行保荐书后，应当配合中国证监会的审核，并承担下列工作：

（一）组织发行人及证券服务机构对中国证监会的意见进行答复；

（二）按照中国证监会的要求对涉及本次证券发行上市的特定事项进行尽职调查或者核查；

（三）指定保荐代表人与中国证监会职能部门进行专业沟通，保荐代表人在发行审核委员会会议上接受委员质询；

（四）中国证监会规定的其他工作。

在实施证券发行注册制的板块，保荐机构应当配合证券交易所、中国证监会的发行上市审核和注册工作，并按规定承担相应工作。

第二十八条 保荐机构应当针对发行人的具体情况，确定证券发行上市后持续督导的内容，督导发行人履行有关上市公司规范运作、信守承诺和信息披露等义务，审阅信息披露文件及向中国证监会、证券交易所提交的其他文件，并承担下列工作：

（一）督导发行人有效执行并完善防止控股股东、实际控制人、其他关联方违规占用发行人资源的制度；

（二）督导发行人有效执行并完善防止其董事、监事、高级管理人员利用职务之便损害发行人利益的内控制度；

（三）督导发行人有效执行并完善保障关联交易公允性和合规性的制度，并对关联交易发表意见；

（四）持续关注发行人募集资金的专户存储、投资项目的实施等承诺事项；

（五）持续关注发行人为他人提供担保等事项，并发表意见；

（六）中国证监会、证券交易所规定及保荐协议约定的其他工作。

312. 证券发行纠纷

（1）证券认购纠纷

（2）证券发行失败纠纷

相关规范

》《中华人民共和国公司法》（2018 年修正）

第二十六条 有限责任公司的注册资本为在公司登记机关登记的全体股东认缴的出资额。

法律、行政法规以及国务院决定对有限责任公司注册资本实缴、注册资本最低限额另有规定的，从其规定。

第二十七条 股东可以用货币出资，也可以用实物、知识产权、土地使用权等可以用货币估价并可以依法转让的非货币财产作价出资；但是，法律、行政法规规定不得作为出资的财产除外。

对作为出资的非货币财产应当评估作价，核实财产，不得高估或者低估作价。法律、行政法规对评估作价有规定的，从其规定。

第二十八条 股东应当按期足额缴纳公司章程中规定的各自所认缴的出资额。股东以货币出资的，应当将货币出资足额存入有限责任公司在银行开设的账户；以非货币财产出资的，应当依法办理其财产权的转移手续。

股东不按照前款规定缴纳出资的，除应当向公司足额缴纳外，还应当向已按期足额缴纳出资的股东承担违约责任。

》《中华人民共和国证券法》（2019 年修订）

第二十一条 国务院证券监督管理机构或者国务院授权的部门依照法定条件负责证券发行申请的注册。证券公开发行注册的具体办法由国务院规定。

按照国务院的规定，证券交易所等可以审核公开发行证券申请，判断发行人是否符合发行条件、信息披露要求，督促发行人完善信息披露内容。

依照前两款规定参与证券发行申请注册的人员，不得与发行申请人有利害关系，不得直接或者间接接受发行申请人的馈赠，不得持有所注册的发行申请的证券，不得私下与发行申请人进行接触。

第三十一条 证券的代销、包销期限最长不得超过九十日。

证券公司在代销、包销期内，对所代销、包销的证券应当保证先行出售给认购人，证券公司不得为本公司预留所代销的证券和预先购入并留存所包销的证券。

第三十二条 股票发行采取溢价发行的，其发行价格由发行人与承销的证券公司协商确定。

第三十三条 股票发行采用代销方式，代销期限届满，向投资者出售的股票数量未达到拟公开发行股票数量百分之七十的，为发行失败。发行人应当按照发行价并加算银行同期存款利息返还股票认购人。

《上市公司证券发行管理办法》（2020年）

第十二条 向原股东配售股份（简称“配股”），除符合本章第一节规定外，还应当符合下列规定：

（一）拟配售股份数量不超过本次配售股份前股本总额的百分之三十；

（二）控股股东应当在股东大会召开前公开承诺认配股份的数量；

（三）采用证券法规定的代销方式发行。

控股股东不履行认配股份的承诺，或者代销期限届满，原股东认购股票的数量未达到拟配售数量百分之七十的，发行人应当按照发行价并加算银行同期存款利息返还已经认购的股东。

第十三条 向不特定对象公开募集股份（简称“增发”），除符合本章第一节规定外，还应当符合下列规定：

（一）最近三个会计年度加权平均净资产收益率平均不低于百分之六。扣除非经常性损益后的净利润与扣除前的净利润相比，以低者作为加权平均净资产收益率的计算依据；

（二）除金融类企业外，最近一期末不存在持有金额较大的交易性金融资产和可供出售的金融资产、借予他人款项、委托理财等财务性投资的情形；

（三）发行价格应不低于公告招股意向书前二十个交易日公司股票均价或前一个交易日的均价。

《最高人民法院关于印发〈全国法院审理债券纠纷案件座谈会纪要〉的通知》（法〔2020〕185号 2020年7月15日）

五、关于发行人的民事责任

会议认为，民事责任追究是强化债券发行人信用约束的重要手段，各级人民法院要充分发挥审判职能作用，严格落实债券发行人及其相关人员的债券兑付和信息披露责任，依法打击公司控股股东、实际控制人随意支配发行人资产，甚至恶意转移资产等“逃废债”的行为。对于债券违约案件，要根据法律规定和合同约定，依法确定发行人的违约责任；对于债券欺诈发行和虚假陈述侵权民事案件，应当根据债券持有人和债券投资者的实际损失确定发行人的赔偿责任，依法提高债券市场违法违规成本。

21. 发行人的违约责任范围。债券发行人未能如约偿付债券当期利息或者到期本息的，债券持有人请求发行人支付当期利息或者到期本息，并支付逾期利息、违约金、实现债权的合理费用的，人民法院应当予以支持。

债券持有人以发行人出现债券募集文件约定的违约情形为由，要求发行人提前还本付息的，人民法院应当综合考量债券募集文件关于预期违约、交叉违约等的具体约定以及发生事件的具体情形予以判断。

债券持有人以发行人存在其他证券的欺诈发行、虚假陈述为由，请求提前解除合同并要求发行人承担还本付息等责任的，人民法院应当综合考量其他证券的欺诈发行、虚假陈述等行为是否足以导致合同目的不能实现等因素，判断是否符合提前解除合同的条件。

22. 债券欺诈发行和虚假陈述的损失计算。债券信息披露文件中就发行人财务业务信息等与其偿付能力相关的重要内容存在虚假记载、误导性陈述或者重大遗漏的，欺诈发行的债券认购人或者欺诈发行、虚假陈述行为实施日及之后、揭露日之前在交易市场上买入该债券的投资者，其损失按照如下方式计算：

（1）在起诉日之前已经卖出债券，或者在起诉时虽然持有债券，但在一审判决作出前已经卖出的，本金损失按投资人购买该债券所支付的加权平均价格扣减持有该债券期间收取的本金偿付（如有），与卖出该债券的加权平均价格的差额计算，并可加计实际损失确定之日至实际清偿之日止的利息。利息分段计算，在 2019 年 8 月 19 日之前，按照中国人民银行确定的同期同类贷款基准利率计算；在 2019 年 8 月 20 日之后，按照中国人民银行授权全国银行间同业拆借中心公布的贷款市场报价利率（LPR）标准计算。

（2）在一审判决作出前仍然持有该债券的，债券持有人请求按照本纪要第 21 条第一款的规定计算损失赔偿数额的，人民法院应当予以支持；债券持有人请求赔偿虚假陈述行为所导致的利息损失的，人民法院应当在综合考量欺诈发行、虚假陈述等因素的基础上，根据相关虚假陈述内容被揭露后的发行人真实信用状况所对应的债券发行利率或者债券估值，确定合理的利率赔偿标准。

23. 损失赔偿后债券的交还与注销。依照本纪要第 21 条、第 22 条第二项的规定请求发行人承担还本付息责任的，人民法院应当在一审判决作出前向债券登记结算机构调取本案当事人的债券交易情况，并通知债券登记结算机构冻结本案债券持有人所持有的相关债券。

人民法院判令发行人依照本纪要第 21 条、第 22 条第二项的规定承担还本付息责任的，无论债券持有人是否提出了由发行人赎回债券的诉讼请求，均应当在判项中明确债券持有人交回债券的义务，以及发行人依据生效法律文书申请债券登记结算机构注销该债券的权利。

24. 因果关系抗辩。债券持有人在债券信息披露文件中的虚假陈述内容被揭露后在交易市场买入债券的，对其依据本纪要第 22 条规定要求发行人承担责任的诉讼请求，人民法院不予支持。

债券投资人在债券信息披露文件中的虚假陈述内容被揭露后在交易市场买入该债券，其后又因发行人的其他信息披露文件中存在虚假记载、误导性陈述或者重大遗漏导致其信用风险进一步恶化所造成的损失，按照本纪要第 22 条的规定计算。

人民法院在认定债券信息披露文件中的虚假陈述内容对债券投资人交易损失的影响时，发行人及其他责任主体能够证明投资者通过内幕交易、操纵市场等方式卖出债券，导致交易价格明显低于卖出时的债券市场公允价值的，人民法院可以参考欺诈发行、虚假陈述行为揭露日之后的十个交易日的加权平均交易价格或前三十个交易日的市场估值确定该债券的市场公允价格，并以此计算债券投资者的交易损失。

发行人及其他责任主体能够证明债券持有人、债券投资者的损失部分或者全部是由于市场无风险利率水平变化（以同期限国债利率为参考）、政策风险等与欺诈发行、虚假陈述行为无关的其他因素造成的，人民法院在确定损失赔偿范围时，应当根据原因力的大小相应减轻或者免除赔偿责任。

人民法院在案件审理中，可以委托市场投资者认可的专业机构确定欺诈发行、虚假陈述行为对债券持有人和债券投资者损失的影响。

313. 证券返还纠纷

相关规范

》《中华人民共和国证券法》（2019 年修订）

第五十八条 任何单位和个人不得违反规定，出借自己的证券账户或者借用他人的证券账户从事证券交易。

第一百零六条 投资者应当与证券公司签订证券交易委托协议，并在证券公司实名开立账户，以书面、电话、自助终端、网络等方式，委托该证券公司代其买卖证券。

第一百零七条 证券公司为投资者开立账户，应当按照规定对投资者提供的身份信息进行核对。

证券公司不得将投资者的账户提供给他人使用。

投资者应当使用实名开立的账户进行

交易。

第一百五十七条 投资者委托证券公司进行证券交易，应当通过证券公司申请在证券登记结算机构开立证券账户。证券登记结算机构应当按照规定为投资者开立证券账户。

投资者申请开立账户，应当持有证明中华人民共和国公民、法人、合伙企业身份的合法证件。国家另有规定的除外。

第一百九十五条 违反本法第五十八条的规定，出借自己的证券账户或者借用他人的证券账户从事证券交易的，责令改正，给予警告，可以处五十万元以下的罚款。

》《证券登记结算管理办法》（2018年修正）

第十七条 投资者通过证券账户持有证券，证券账户用于记录投资者持有证券的余额及其变动情况。

第十八条 证券应当记录在证券持有人本人的证券账户内，但依据法律、行政法规和中国证监会的规定，证券记录在名义持有人证券账户内的，从其规定。

证券登记结算机构为依法履行职责，可以要求名义持有人提供其名下证券权益拥有人的相关资料。

第二十二条 投资者不得将本人的证券账户提供给他人使用。

第二十三条 证券登记结算机构应当根据业务规则，对开户代理机构开立证券账户的活动进行监督。开户代理机构违反业务规则的，证券登记结算机构可以根据业务规则暂停、取消其开户代理资格，并提请中国证监会按照相关规定采取暂停或撤销其相关证券业务许可；对直接负责的主管人员和其他直接责任人员，单处或并处警告、罚款、撤销任职资格或证券从业资格等处罚措施。

第二十四条 证券公司应当掌握其客户的资料及资信状况，并对其客户证券账户的使用情况进行监督。证券公司发现其客户在证券账户使用过程中存在违规行为的，应当按照证券登记结算机构的业务规则处理，并及时向证券登记结算机构和证券交易所报告。涉及法人以他人名义设立证券账户或者利用他人证券账户买卖证券的，还应当向中国证监会报告，由中国证监会依法予以处罚。

第二十五条 投资者在证券账户开立和使用过程中存在违规行为的，证券登记结算机构应当依法对违规证券账户采取限制使用、注销等处置措施。

314. 证券欺诈责任纠纷

（1）证券内幕交易责任纠纷
（2）操纵证券交易市场责任纠纷
（3）证券虚假陈述责任纠纷
（4）欺诈客户责任纠纷

相关规范

》《中华人民共和国证券法》（2019年修订）

第五十条 禁止证券交易内幕信息的知情人和非法获取内幕信息的人利用内幕信息从事证券交易活动。

第五十一条 证券交易内幕信息的知情人包括：

（一）发行人及其董事、监事、高级管理人员；

（二）持有公司百分之五以上股份的股东及其董事、监事、高级管理人员，公司的实际控制人及其董事、监事、高级管理人员；

（三）发行人控股或者实际控制的公司及其董事、监事、高级管理人员；

（四）由于所任公司职务或者因与公司业务往来可以获取公司有关内幕信息的人员；

（五）上市公司收购人或者重大资产交易方及其控股股东、实际控制人、董事、监事和高级管理人员；

（六）因职务、工作可以获取内幕信息

的证券交易场所、证券公司、证券登记结算机构、证券服务机构的有关人员；

（七）因职责、工作可以获取内幕信息的证券监督管理机构工作人员；

（八）因法定职责对证券的发行、交易或者对上市公司及其收购、重大资产交易进行管理可以获取内幕信息的有关主管部门、监管机构的工作人员；

（九）国务院证券监督管理机构规定的可以获取内幕信息的其他人员。

第五十二条　证券交易活动中，涉及发行人的经营、财务或者对该发行人证券的市场价格有重大影响的尚未公开的信息，为内幕信息。

本法第八十条第二款、第八十一条第二款所列重大事件属于内幕信息。

第五十三条　证券交易内幕信息的知情人和非法获取内幕信息的人，在内幕信息公开前，不得买卖该公司的证券，或者泄露该信息，或者建议他人买卖该证券。

持有或者通过协议、其他安排与他人共同持有公司百分之五以上股份的自然人、法人、非法人组织收购上市公司的股份，本法另有规定的，适用其规定。

内幕交易行为给投资者造成损失的，应当依法承担赔偿责任。

第五十四条　禁止证券交易场所、证券公司、证券登记结算机构、证券服务机构和其他金融机构的从业人员、有关监管部门或者行业协会的工作人员，利用因职务便利获取的内幕信息以外的其他未公开的信息，违反规定，从事与该信息相关的证券交易活动，或者明示、暗示他人从事相关交易活动。

利用未公开信息进行交易给投资者造成损失的，应当依法承担赔偿责任。

第五十五条　禁止任何人以下列手段操纵证券市场，影响或者意图影响证券交易价格或者证券交易量：

（一）单独或者通过合谋，集中资金优势、持股优势或者利用信息优势联合或者连续买卖；

（二）与他人串通，以事先约定的时间、价格和方式相互进行证券交易；

（三）在自己实际控制的账户之间进行证券交易；

（四）不以成交为目的，频繁或者大量申报并撤销申报；

（五）利用虚假或者不确定的重大信息，诱导投资者进行证券交易；

（六）对证券、发行人公开作出评价、预测或者投资建议，并进行反向证券交易；

（七）利用在其他相关市场的活动操纵证券市场；

（八）操纵证券市场的其他手段。

操纵证券市场行为给投资者造成损失的，应当依法承担赔偿责任。

第五十六条　禁止任何单位和个人编造、传播虚假信息或者误导性信息，扰乱证券市场。

禁止证券交易场所、证券公司、证券登记结算机构、证券服务机构及其从业人员，证券业协会、证券监督管理机构及其工作人员，在证券交易活动中作出虚假陈述或者信息误导。

各种传播媒介传播证券市场信息必须真实、客观，禁止误导。传播媒介及其从事证券市场信息报道的工作人员不得从事与其工作职责发生利益冲突的证券买卖。

编造、传播虚假信息或者误导性信息，扰乱证券市场，给投资者造成损失的，应当依法承担赔偿责任。

第五十七条　禁止证券公司及其从业人员从事下列损害客户利益的行为：

（一）违背客户的委托为其买卖证券；

（二）不在规定时间内向客户提供交易的确认文件；

（三）未经客户的委托，擅自为客户买卖证券，或者假借客户的名义买卖证券；

（四）为牟取佣金收入，诱使客户进行不必要的证券买卖；

（五）其他违背客户真实意思表示，损害客户利益的行为。

违反前款规定给客户造成损失的，应当依法承担赔偿责任。

第五十八条 任何单位和个人不得违反规定，出借自己的证券账户或者借用他人的证券账户从事证券交易。

《最高人民法院关于审理证券市场虚假陈述侵权民事赔偿案件的若干规定》（法释〔2022〕2号 2022年1月21日）

第一条 信息披露义务人在证券交易场所发行、交易证券过程中实施虚假陈述引发的侵权民事赔偿案件，适用本规定。

按照国务院规定设立的区域性股权市场中发生的虚假陈述侵权民事赔偿案件，可以参照适用本规定。

第二十条 发行人的控股股东、实际控制人组织、指使发行人实施虚假陈述，致使原告在证券交易中遭受损失的，原告起诉请求直接判令该控股股东、实际控制人依照本规定赔偿损失的，人民法院应当予以支持。

控股股东、实际控制人组织、指使发行人实施虚假陈述，发行人在承担赔偿责任后要求该控股股东、实际控制人赔偿实际支付的赔偿款、合理的律师费、诉讼费用等损失的，人民法院应当予以支持。

第二十一条 公司重大资产重组的交易对方所提供的信息不符合真实、准确、完整的要求，导致公司披露的相关信息存在虚假陈述，原告起诉请求判令该交易对方与发行人等责任主体赔偿由此导致的损失的，人民法院应当予以支持。

第二十二条 有证据证明发行人的供应商、客户，以及为发行人提供服务的金融机构等明知发行人实施财务造假活动，仍然为其提供相关交易合同、发票、存款证明等予以配合，或者故意隐瞒重要事实致使发行人的信息披露文件存在虚假陈述，原告起诉请求判令其与发行人等责任主体赔偿由此导致的损失的，人民法院应当予以支持。

第二十三条 承担连带责任的当事人之间的责任分担与追偿，按照民法典第一百七十八条的规定处理，但本规定第二十条第二款规定的情形除外。

保荐机构、承销机构等责任主体以存在约定为由，请求发行人或者其控股股东、实际控制人补偿其因虚假陈述所承担的赔偿责任的，人民法院不予支持。

《最高人民法院关于印发〈全国法院审理债券纠纷案件座谈会纪要〉的通知》（法〔2020〕185号 2020年7月15日）

9. 欺诈发行、虚假陈述案件的受理。债券持有人、债券投资者以自己受到欺诈发行、虚假陈述侵害为由，对欺诈发行、虚假陈述行为人提起的民事赔偿诉讼，符合民事诉讼法第一百一十九条规定的，人民法院应当予以受理。欺诈发行、虚假陈述行为人以债券持有人、债券投资者主张的欺诈发行、虚假陈述行为未经有关机关行政处罚或者生效刑事裁判文书认定为由请求不予受理或者驳回起诉的，人民法院不予支持。

11. 欺诈发行和虚假陈述案件的管辖。债券持有人、债券投资者以发行人、债券承销机构、债券服务机构等为被告提起的要求承担欺诈发行、虚假陈述民事责任的侵权纠纷案件，由省、直辖市、自治区人民政府所在的市、计划单列市和经济特区中级人民法院管辖。

多个被告中有发行人的，由发行人住所地有管辖权的人民法院管辖。

《最高人民法院 中国证券监督管理委员会关于适用〈最高人民法院关于审理证券市场虚假陈述侵权民事赔偿案件的若干规定〉有关问题的通知》（法〔2022〕23号 2022年1月21日）

一、人民法院受理证券市场虚假陈述侵权民事赔偿案件后，应当在十个工作日内将案件基本情况向发行人、上市或者挂牌公司所在辖区的中国证券监督管理委员会（以下简称中国证监会）派出机构通报，相关派出机构接到通报后应当及时向中国证监会报告。

二、当事人对自己的主张，应当提供证据加以证明。为了查明事实，人民法院可以依法向中国证监会有关部门或者派出机构调查收集有关证据。

人民法院和中国证监会有关部门或者派出机构在调查收集证据时要加强协调配合，以有利于监管部门履行监管职责与人民法院查明民事案件事实为原则。在充分沟通的基础上，人民法院依照《中华人民共和国民事诉讼法》及相关司法解释等规定调查收集证据，中国证监会有关部门或者派出机构依法依规予以协助配合。

人民法院调查收集的证据，应当按照法定程序当庭出示并由各方当事人质证。但是涉及国家秘密、工作秘密、商业秘密和个人隐私或者法律规定其他应当保密的证据，不得公开质证。

三、人民法院经审查，认为中国证监会有关部门或者派出机构对涉诉虚假陈述的立案调查不影响民事案件审理的，应当继续审理。

四、案件审理过程中，人民法院可以就诉争虚假陈述行为违反信息披露义务规定情况、对证券交易价格的影响、损失计算等专业问题征求中国证监会或者相关派出机构、证券交易场所、证券业自律管理组织、投资者保护机构等单位的意见。征求意见的时间，不计入案件审理期限。

五、取消前置程序后，人民法院要根据辖区内的实际情况，在法律规定的范围内积极开展专家咨询和专业人士担任人民陪审员的探索，中国证监会派出机构和有关部门要做好相关专家、专业人士担任人民陪审员的推荐等配合工作，完善证券案件审理体制机制，不断提升案件审理的专业化水平。

六、在协调沟通过程中，相关人员要严格遵守保密纪律和工作纪律，不得泄露国家秘密、工作秘密、商业秘密和个人隐私，不得对民事诉讼案件的审理和行政案件的调查施加不正当影响。

《最高人民法院关于证券市场虚假陈述侵权民事赔偿案件诉讼时效衔接适用相关问题的通知》（法〔2022〕36号 2022年1月29日）

《最高人民法院关于审理证券市场因虚假陈述引发的民事赔偿案件的若干规定》（法释〔2003〕2号，以下简称原司法解释）在规定前置程序的同时，将行政处罚决定或生效刑事判决作出之日作为诉讼时效的起算点。但是，根据《中华人民共和国民法典》第一百八十八条规定，诉讼时效期间自权利人知道或者应当知道权利受到损害以及义务人之日起计算。具体到证券市场上，投资者知道或者应当知道虚假陈述之日，是其知道或者应当知道权利受到损害以及义务人之日。在废除前置程序的情况下，以行政处罚决定或生效刑事判决作出之日起算诉讼时效不符合民法典等法律的规定。据此，《最高人民法院关于审理证券市场虚假陈述侵权民事赔偿案件的若干规定》（法释〔2022〕2号，以下简称《规定》）第三十二条规定，当事人主张以揭露日或更正日起算诉讼时效的，人民法院应当予以支持。由于新旧司法解释在诉讼时效方面的规定发生了明显变化，为避免出现投资者因未及时主张权利而无法得到救济的情况发生，充分保护投资者的诉讼权利和合法民事权利，现就《规定》施行后诉讼时效的衔接适用问题，通知如下：

一、在《规定》施行前国务院证券监督管理机构、国务院授权的部门及有关主管部门已经做出行政处罚决定的证券市场虚假陈述侵权民事赔偿案件，诉讼时效仍按照原司法解释第五条的规定计算。

二、在《规定》施行前国务院证券监督管理机构、国务院授权的部门及有关主管部门已经对虚假陈述进行立案调查，但尚未作出处罚决定的证券市场虚假陈述侵权民事赔偿案件，自立案调查日至《规定》施行之日已经超过三年，或者按照揭露日或更正日起算至《规定》施行之日诉讼时效期间已经届满或不足六个月的，从《规定》施行之日起诉讼时效继续计算六个月。

《最高人民法院关于为深化新三板改革、设立北京证券交易所提供司法保障的若干意见》（法发〔2022〕17号　2022年6月23日）

7. 依法支持证券中介机构服务中小企业挂牌上市融资。相较于沪深上市公司，新三板基础层、创新层和北京证券交易所的创新型中小企业处于发展早期，规模体量相对较小。各级人民法院在审理涉中小企业及其证券中介机构虚假陈述案件时，要立足被诉中小企业尚属创业成长阶段这一实际，准确完整理解《最高人民法院关于审理证券市场虚假陈述侵权民事赔偿案件的若干规定》（法释〔2022〕2号，以下简称《虚假陈述司法解释》）所秉持的证券中介机构责任承担与注意义务、注意能力和过错程度相适应原则，力戒“一刀切”。要准确适用《虚假陈述司法解释》第十七条至第十九条的规定，对服务中小企业的证券中介机构的过错认定，坚持排除职业怀疑后的合理信赖标准，提高裁判标准的包容性和精准性。要正确厘清新三板挂牌公司主办券商与上市公司保荐机构职责之间的差异，按照《虚假陈述司法解释》第二十三条的规定，审慎判定主办券商的责任范围，防止过分苛责证券中介机构产生“寒蝉效应”。

8. 按照“层层递进”的市场结构对虚假陈述民事责任予以区别对待。人民法院在认定虚假陈述内容是否符合《虚假陈述司法解释》第十条规定的重大性标准时，应当尊重创新型中小企业的创业期成长特点，对其信息披露质量的司法审查标准不宜等同于发展成熟期的沪深上市公司，做到宽严适度：对于财务报表中的不实记载系由会计差错造成的，在信息披露文件中的技术创新、研发预期等无法量化内容的宣传进行合理商业宣传的，以及信息披露文件中未予指明的相关事实对于判断发行人的财务、业务和经营状况等无足轻重的，人民法院可视情形根据《虚假陈述司法解释》第六条第一款、第十条第三款等规定，认定该虚假陈述内容不具有重大性，为创新型中小企业创业创新营造良好环境。因北京证券交易所上市公司的财务造假等违法违规行为，部分可能追溯至其在新三板挂牌期间，对于该类案件，人民法院要结合其跨新三板基础层、创新层和北京证券交易所期间的信息披露等行为，准确把握不同阶段的信息披露要求，综合认定其违法违规行为及其实施日等要素，不得随意延展其虚假陈述实施日的时间范围，防止上市中小企业民事赔偿责任不当扩大。要尊重新三板市场流动性及价格连续性与交易所市场存在较大差距的客观实际，人民法院在新三板挂牌公司虚假陈述案件损失计算上，不宜直接适用《虚假陈述司法解释》第二十七条和第二十八条的规定，而应主要根据第二十六条第五款的规定充分听取专业意见，以对相关行业企业进行投资时的通常估值方法等为参考，综合考量各项因素，合理确定投资者损失。

典型案例

投资者与上市公司虚假陈述赔偿纠纷案例（一）（《最高人民法院发布证券期货纠纷多元化解十大典型案例》第3号　2018年12月1日）

【案情介绍】

C上市公司因披露的公司年报隐瞒重大关联交易，构成虚假陈述侵权行为，受到证监会行政处罚。根据《最高人民法院关于审理证券市场因虚假陈述引发的民事赔偿案件的若干规定》，投资者在C公司虚假陈述行为实施日至揭露日之间购买C公司证券，在虚假陈述行为揭露日或更正日及以后，因卖出该证券发生亏损，或者因持续持有该证券而产生亏损的，可以向C公司索赔。此后100多名投资者以C公司构成证券虚假陈述侵权行为为由向上海市一中院提起诉讼，要求公司赔偿股价下跌给投资者造成的损失。法院立案后将案件委托给中证中小投资者服务中心进行调解。

在上海证监局的指导协调下，调解员对案情进行了深入研究，与双方当事人进行了细致沟通。调解员认为，本案争议点集中在虚假陈述侵权行为造成损失的计算方法和系统性风险的扣除上。现行规定没有对损失具体计算方法进行明确，实践中在计算相关股票的买入均价时，有先进先出法、加权平均法、移动加权平均法等方式，调解员通过搜集整理司法判例与实务资料，对各种计算方法的优劣进行归纳比较，对双方当事人各自坚持采用的方法进行一一核算；同时，以"佛山照明案""万福生科案"等案例中系统风险比例的计算方法为参考，对本案中系统性风险因素的扣除比例进行了测算。由于投资者对虚假陈述行为法律关系较为陌生，调解员耐心解释相关法规和判例情况，使投资者充分认识到股市投资行为本身的风险和股票市场的系统风险，提醒投资者充分权衡通过诉讼方式解决纠纷的较高时间和精力成本，并综合考虑C公司的偿债能力和发展需要，形成对所获赔偿的合理期望值。在上述工作基础上，调解员提出了调解方案。最终，100多名投资者和C公司正式签署调解协议，双方对调解结果均表示满意。

【典型意义】

此案的成功调解，对于上市公司虚假陈述纠纷化解具有积极示范作用。一是便捷高效化解矛盾。虚假陈述纠纷涉及投资者多、地域分布广、社会影响大，若处置不当极易引起上市公司股价波动等不良效应，影响公司发展和投资者切身利益。此前该类纠纷都以诉讼方式解决，但举证较难、诉讼周期长，双方耗时耗力。通过专业调解，有助于实现投资者权益救济和维护市场稳定、公司发展之间的平衡，实现"案结事了人和"的多赢局面。二是有效节约司法资源。此案之后，陆续有多家法院和相关调解组织建立诉调对接机制，委托、委派多起纠纷案件给调解组织受理，有利于快速定分止争，极大节约了司法资源，帮助投资者低成本维权。

》投资者与上市公司虚假陈述赔偿纠纷案例（二）（《最高人民法院发布证券期货纠纷多元化解十大典型案例》第4号　2018年12月1日）

【案情介绍】

2015年11月，证监会对H上市公司（以下简称H公司）立案调查，并下发《行政处罚及市场禁入事先告知书》，认定该公司构成《证券法》第193条规定的未按照规定披露信息和误导性陈述行为，拟对其进行行政处罚。2017年4月，多名投资者以H公司构成虚假陈述违法行为为由，向南京市中级人民法院（以下简称南京中院）提起诉讼，要求H公司赔偿其投资损失。南京中院受理了该批案件，并委托中证中小投资者服务中心（以下简称投资者服务中心）进行调解。

在江苏证监局的指导协调下，调解员细致了解了案件情况，与双方当事人积极进行了沟通。一方面告知H公司，由于其已收到证监会《行政处罚及市场禁入事先告知书》且已召开听证会，违法事实基本确定；同时，指出诉讼与调解是两种纠纷解决的方式，各有特点，前者具有强制性、公开性，程序严谨而复杂，后者是在中立第三方参与下的双方合意行为，更加快速及时，具有保密性和灵活性，从而提醒公司权衡不同方式的利弊，鼓励其主动赔偿，以达到更好化解矛盾纠纷的结果。另一方面告知投资者，上市公司虚假陈述诉讼一般而言周期较长，在这种情况下，如能通过调解方式与公司达成和解，投资者可以提前拿到赔偿，节约大量时间和精力成本。在主审法官主持和调解员组织的数轮磋商和斡旋下，2017年5月，双方于法院现场达成和解协议，由上市公司支付和解赔偿金，和解后投资者撤回对上市公司的起诉。该案成为资本市场上市公司虚假陈述赔偿案件中首例行政处罚前达成民事调解协议的案例。

【典型意义】

本案中，南京中院根据立案登记制改革要求，在证监会对H公司尚未作出行政处罚决定的情况下，受理了投资者诉H公司虚假陈述纠纷一案，保障了当事人的诉权。在监管部门指导下，投资者服务中心与南京中院紧密沟通、协调联动，积极发挥调解柔性解决纠纷的优势，督促公司主动与投资者和解，维护公司的公众形象，取得了双赢的效果。

本案的调解机制具有开创性，对于虚假陈述民事赔偿纠纷及时有效解决、降低投资者维权成本等具有示范作用，也为积极推进人民法院案件受理制度和证券民事赔偿案件行政前置程序改革提供了成功的实践探索。

315. 证券托管纠纷

相关规范

»《中华人民共和国证券投资基金法》（2015年修正）

第三十二条 基金托管人由依法设立的商业银行或者其他金融机构担任。

商业银行担任基金托管人的，由国务院证券监督管理机构会同国务院银行业监督管理机构核准；其他金融机构担任基金托管人的，由国务院证券监督管理机构核准。

第四十条 国务院证券监督管理机构、国务院银行业监督管理机构对有下列情形之一的基金托管人，可以取消其基金托管资格：

（一）连续三年没有开展基金托管业务的；

（二）违反本法规定，情节严重的；

（三）法律、行政法规规定的其他情形。

第四十一条 有下列情形之一的，基金托管人职责终止：

（一）被依法取消基金托管资格；

（二）被基金份额持有人大会解任；

（三）依法解散、被依法撤销或者被依法宣告破产；

（四）基金合同约定的其他情形。

第四十二条 基金托管人职责终止的，基金份额持有人大会应当在六个月内选任新基金托管人；新基金托管人产生前，由国务院证券监督管理机构指定临时基金托管人。

基金托管人职责终止的，应当妥善保管基金财产和基金托管业务资料，及时办理基金财产和基金托管业务的移交手续，新基金托管人或者临时基金托管人应当及时接收。

»《证券登记结算管理办法》（2018年修正）

第三十四条 投资者应当委托证券公司托管其持有的证券，证券公司应当将其自有证券和所托管的客户证券交由证券登记结算机构存管，但法律、行政法规和中国证监会另有规定的除外。

第三十六条 投资者买卖证券，应当与证券公司签订证券交易、托管与结算协议。

证券登记结算机构应当制定和公布证券交易、托管与结算协议中与证券登记结算业务有关的必备条款。必备条款应当包括但不限于以下内容：

（一）证券公司根据客户的委托，按照证券交易规则提出交易申报，根据成交结果完成其与客户的证券和资金的交收，并承担相应的交收责任；客户应当同意集中交易结束后，由证券公司委托证券登记结算机构办理其证券账户与证券公司证券交收账户之间的证券划付；

（二）实行质押式回购交易的，投资者和证券公司应当按照业务规则的规定向证券登记结算机构提交用于回购的质押券。投资者和证券公司之间债权债务关系不影响证券登记结算机构按照业务规则对证券公司提交的质押券行使质押权；

（三）客户出现资金交收违约时，证券

公司可以委托证券登记结算机构将客户净买入证券划付到其证券处置账户内，并要求客户在约定期限内补足资金。客户出现证券交收违约时，证券公司可以将相当于证券交收违约金额的资金暂不划付给该客户。

第三十七条 证券公司应当将其与客户之间建立、变更和终止证券托管关系的事项报送证券登记结算机构。

证券登记结算机构应当对上述事项加以记录。

316. 证券登记、存管、结算纠纷

相关规范

》《中华人民共和国证券法》（2019 年修订）

第一百四十五条 证券登记结算机构为证券交易提供集中登记、存管与结算服务，不以营利为目的，依法登记，取得法人资格。

设立证券登记结算机构必须经国务院证券监督管理机构批准。

第一百四十六条 设立证券登记结算机构，应当具备下列条件：

（一）自有资金不少于人民币二亿元；

（二）具有证券登记、存管和结算服务所必须的场所和设施；

（三）国务院证券监督管理机构规定的其他条件。

证券登记结算机构的名称中应当标明证券登记结算字样。

》《证券登记结算管理办法》（2018 年修正）

第二十六条 上市证券的发行人，应当委托证券登记结算机构办理其所发行证券的登记业务。

证券登记结算机构应当与委托其办理证券登记业务的证券发行人签订证券登记及服务协议，明确双方的权利义务。

证券登记结算机构应当制定并公布证券登记及服务协议的范本。

证券登记结算机构可以根据政府债券主管部门的要求办理上市政府债券的登记业务。

第三十四条 投资者应当委托证券公司托管其持有的证券，证券公司应当将其自有证券和所托管的客户证券交由证券登记结算机构存管，但法律、行政法规和中国证监会另有规定的除外。

第三十五条 证券登记结算机构为证券公司设立客户证券总账和自有证券总账，用以统计证券公司交存的客户证券和自有证券。

证券公司应当委托证券登记结算机构维护其客户及自有证券账户，但法律、行政法规和中国证监会另有规定的除外。

第四十一条 证券公司参与证券和资金的集中清算交收，应当向证券登记结算机构申请取得结算参与人资格，与证券登记结算机构签订结算协议，明确双方的权利义务。

没有取得结算参与人资格的证券公司，应当与结算参与人签订委托结算协议，委托结算参与人代其进行证券和资金的集中清算交收。

证券登记结算机构应当制定并公布结算协议和委托结算协议范本。

317. 融资融券交易纠纷

相关规范

》《证券公司融资融券业务管理办法》（2015 年）

第十条 证券公司经营融资融券业务，应当以自己的名义，在证券登记结算机构分别开立融券专用证券账户、客户信用交易担保证券账户、信用交易证券交收账户和信用交易资金交收账户。

融券专用证券账户用于记录证券公司持有的拟向客户融出的证券和客户归还的证券，

不得用于证券买卖；客户信用交易担保证券账户用于记录客户委托证券公司持有、担保证券公司因向客户融资融券所生债权的证券；信用交易证券交收账户用于客户融资融券交易的证券结算；信用交易资金交收账户用于客户融资融券交易的资金结算。

第十一条 证券公司经营融资融券业务，应当以自己的名义，在商业银行分别开立融资专用资金账户和客户信用交易担保资金账户。

融资专用资金账户用于存放证券公司拟向客户融出的资金及客户归还的资金；客户信用交易担保资金账户用于存放客户交存的、担保证券公司因向客户融资融券所生债权的资金。

第十三条 证券公司在向客户融资、融券前，应当与其签订载入中国证券业协会规定的必备条款的融资融券合同，明确约定下列事项：

（一）融资、融券的额度、期限、利率（费率）、利息（费用）的计算方式；

（二）保证金比例、维持担保比例、可充抵保证金的证券的种类及折算率、担保债权范围；

（三）追加保证金的通知方式、追加保证金的期限；

（四）客户清偿债务的方式及证券公司对担保物的处分权利；

（五）融资买入证券和融券卖出证券的权益处理；

（六）违约责任。

（七）其他有关事项。

第十四条 融资融券合同应当约定，证券公司客户信用交易担保证券账户内的证券和客户信用交易担保资金账户内的资金，为担保证券公司因融资融券所生对客户债权的信托财产。

证券公司与客户约定的融资、融券期限不得超过证券交易所规定的期限；融资利率、融券费率由证券公司与客户自主商定。

合约到期前，证券公司可以根据客户的申请为客户办理展期，每次展期期限不得超过证券交易所规定的期限。

证券公司在为客户办理合约展期前，应当对客户的信用状况、负债情况、维持担保比例水平等进行评估。

第十五条 证券公司与客户签订融资融券合同前，应当采用适当的方式向客户讲解业务规则和合同内容，明确告知客户权利、义务及风险，特别是关于违约处置的风险控制安排，并将融资融券交易风险揭示书交由客户书面确认。

第十八条 证券公司向客户融资，只能使用融资专用资金账户内的资金；向客户融券，只能使用融券专用证券账户内的证券。

客户融资买入、融券卖出的证券，不得超出证券交易所规定的范围。

客户在融券期间卖出其持有的、与所融入证券相同的证券的，应当符合证券交易所的规定，不得以违反规定卖出该证券的方式操纵市场。

第二十一条 客户融资买入证券的，应当以卖券还款或者直接还款的方式偿还向证券公司融入的资金。

客户融券卖出的，应当以买券还券或者直接还券的方式偿还向证券公司融入的证券。

客户融券卖出的证券暂停交易的，可以按照约定以现金等方式偿还向证券公司融入的证券。

第二十二条 客户融资买入或者融券卖出的证券暂停交易，且交易恢复日在融资融券债务到期日之后的，融资融券的期限顺延。融资融券合同另有约定的，从其约定。

第二十三条 客户融资买入或者融券卖出的证券预定终止交易，且最后交易日在融资融券债务到期日之前的，融资融券的期限缩短至最后交易日的前一交易日。融资融券合同另有约定的，从其约定。

第二十六条 证券公司应当在符合证券交易所规定的前提下，根据客户信用状况、担保物质量等情况，与客户约定最低维持担保比例、补足担保物的期限以及违约处置方式等。

证券公司应当逐日计算客户交存的担保物价值与其所欠债务的比例。当该比例低于约定的维持担保比例时，应当通知客户在约定的期限内补交担保物，客户经证券公司认可后，可以提交除可充抵保证金证券以外的其他证券、不动产、股权等资产。

客户未能按期交足担保物或者到期未偿还债务的，证券公司可以按照约定处分其担保物。

第三十四条　客户融入证券后、归还证券前，证券发行人分配投资收益、向证券持有人配售或者无偿派发证券、发行证券持有人有优先认购权的证券的，客户应当按照融资融券合同的约定，在偿还债务时，向证券公司支付与所融入证券可得利益相等的证券或者资金。

318. 客户交易结算资金纠纷

相关规范

»《中华人民共和国证券法》（2019 年修订）

第五十七条　禁止证券公司及其从业人员从事下列损害客户利益的行为：

（一）违背客户的委托为其买卖证券；

（二）不在规定时间内向客户提供交易的确认文件；

（三）未经客户的委托，擅自为客户买卖证券，或者假借客户的名义买卖证券；

（四）为牟取佣金收入，诱使客户进行不必要的证券买卖；

（五）其他违背客户真实意思表示，损害客户利益的行为。

违反前款规定给客户造成损失的，应当依法承担赔偿责任。

第一百三十一条　证券公司客户的交易结算资金应当存放在商业银行，以每个客户的名义单独立户管理。

证券公司不得将客户的交易结算资金和证券归入其自有财产。禁止任何单位或者个人以任何形式挪用客户的交易结算资金和证券。证券公司破产或者清算时，客户的交易结算资金和证券不属于其破产财产或者清算财产。非因客户本身的债务或者法律规定的其他情形，不得查封、冻结、扣划或者强制执行客户的交易结算资金和证券。

第一百五十九条　证券登记结算机构按照业务规则收取的各类结算资金和证券，必须存放于专门的清算交收账户，只能按业务规则用于已成交的证券交易的清算交收，不得被强制执行。

二十五、期货交易纠纷

319. 期货经纪合同纠纷

相关规范

《中华人民共和国期货和衍生品法》（2022 年）

第六十三条　期货公司经国务院期货监督管理机构核准可以从事下列期货业务：

（一）期货经纪；

（二）期货交易咨询；

（三）期货做市交易；

（四）其他期货业务。

期货公司从事资产管理业务的，应当符合《中华人民共和国证券投资基金法》等法律、行政法规的规定。

未经国务院期货监督管理机构核准，任何单位和个人不得设立或者变相设立期货公司，经营或者变相经营期货经纪业务、期货交易咨询业务，也不得以经营为目的使用“期货”、“期权”或者其他可能产生混淆或者误导的名称。

第六十五条　期货经营机构应当依法经营，勤勉尽责，诚实守信。期货经营机构应当建立健全内部控制制度，采取有效隔离措施，防范经营机构与客户之间、不同客户之间的利益冲突。

期货经营机构应当将其期货经纪业务、期货做市交易业务、资产管理业务和其他相关业务分开办理，不得混合操作。

期货经营机构应当依法建立并执行反洗钱制度。

第六十六条　期货经营机构接受交易者委托为其进行期货交易，应当签订书面委托合同，以自己的名义为交易者进行期货交易，交易结果由交易者承担。

期货经营机构从事经纪业务，不得接受交易者的全权委托。

第一百二十条　境内单位或者个人从事境外期货交易，应当委托具有境外期货经纪业务资格的境内期货经营机构进行，国务院另有规定的除外。

境内期货经营机构转委托境外期货经营机构从事境外期货交易的，该境外期货经营机构应当向国务院期货监督管理机构申请注册，接受国务院期货监督管理机构的监督管理，国务院期货监督管理机构另有规定的除外。

《期货交易管理条例》（2017 年修订）

第十七条　期货公司业务实行许可制度，由国务院期货监督管理机构按照其商品期货、金融期货业务种类颁发许可证。期货公司除申请经营境内期货经纪业务外，还可以申请经营境外期货经纪、期货投资咨询以及国务院期货监督管理机构规定的其他期货业务。

期货公司不得从事与期货业务无关的活动，法律、行政法规或者国务院期货监督管理机构另有规定的除外。

期货公司不得从事或者变相从事期货自营业务。

期货公司不得为其股东、实际控制人或者其他关联人提供融资，不得对外担保。

第十八条　期货公司从事经纪业务，接受客户委托，以自己的名义为客户进行期货交易，交易结果由客户承担。

第二十四条 期货公司接受客户委托为其进行期货交易，应当事先向客户出示风险说明书，经客户签字确认后，与客户签订书面合同。期货公司不得未经客户委托或者不按照客户委托内容，擅自进行期货交易。

期货公司不得向客户做获利保证；不得在经纪业务中与客户约定分享利益或者共担风险。

第三十条 期货公司经营期货经纪业务又同时经营其他期货业务的，应当严格执行业务分离和资金分离制度，不得混合操作。

《最高人民法院关于审理期货纠纷案件若干问题的规定》（2020年12月23日修正）

第十三条 有下列情形之一的，应当认定期货经纪合同无效：

（一）没有从事期货经纪业务的主体资格而从事期货经纪业务的；

（二）不具备从事期货交易主体资格的客户从事期货交易的；

（三）违反法律、行政法规的强制性规定的。

第十七条 期货公司接受客户全权委托进行期货交易的，对交易产生的损失，承担主要赔偿责任，赔偿额不超过损失的百分之八十，法律、行政法规另有规定的除外。

第十六条 期货公司在与客户订立期货经纪合同时，未提示客户注意《期货交易风险说明书》内容，并由客户签字或者盖章，对于客户在交易中的损失，应当依据民法典第五百条第三项的规定承担相应的赔偿责任。但是，根据以往交易结果记载，证明客户已有交易经历的，应当免除期货公司的责任。

第十八条 期货公司与客户签订的期货经纪合同对下达交易指令的方式未作约定或者约定不明确的，期货公司不能证明其所进行的交易是依据客户交易指令进行的，对该交易造成客户的损失，期货公司应当承担赔偿责任，客户予以追认的除外。

第十九条 期货公司执行非受托人的交易指令造成客户损失，应当由期货公司承担赔偿责任，非受托人承担连带责任，客户予以追认的除外。

第二十条 客户下达的交易指令没有品种、数量、买卖方向的，期货公司未予拒绝而进行交易造成客户的损失，由期货公司承担赔偿责任，客户予以追认的除外。

第二十一条 客户下达的交易指令数量和买卖方向明确，没有有效期限的，应当视为当日有效；没有成交价格的，应当视为按市价交易；没有开平仓方向的，应当视为开仓交易。

第二十二条 期货公司错误执行客户交易指令，除客户认可的以外，交易的后果由期货公司承担，并按下列方式分别处理：

（一）交易数量发生错误的，多于指令数量的部分由期货公司承担，少于指令数量的部分，由期货公司补足或者赔偿直接损失；

（二）交易价格超出客户指令价位范围的，交易差价损失或者交易结果由期货公司承担。

第二十三条 期货公司不当延误执行客户交易指令给客户造成损失的，应当承担赔偿责任，但由于市场原因致客户交易指令未能全部或者部分成交的，期货公司不承担责任。

第二十四条 期货公司超出客户指令价位的范围，将高于客户指令价格卖出或者低于客户指令价格买入后的差价利益占为己有的，客户要求期货公司返还的，人民法院应予支持，期货公司与客户另有约定的除外。

第二十五条 期货交易所未按交易规则规定的期限、方式，将交易或者持仓头寸的结算结果通知期货公司，造成期货公司损失的，由期货交易所承担赔偿责任。

期货公司未按期货经纪合同约定的期限、方式，将交易或者持仓头寸的结算结果通知客户，造成客户损失的，由期货公司承担赔偿责任。

《最高人民法院关于审理期货纠纷案件若干问题的规定（二）》（2020年12月23日修正）

第一条 以期货交易所为被告或者第三人的因期货交易所履行职责引起的商事案件，由期货交易所所在地的中级人民法院管辖。

第二条 期货交易所履行职责引起的商事案件是指：

（一）期货交易所会员及其相关人员、保证金存管银行及其相关人员、客户、其他期货市场参与者，以期货交易所违反法律法规以及国务院期货监督管理机构的规定，履行监督管理职责不当，造成其损害为由提起的商事诉讼案件；

（二）期货交易所会员及其相关人员、保证金存管银行及其相关人员、客户、其他期货市场参与者，以期货交易所违反其章程、交易规则、实施细则的规定以及业务协议的约定，履行监督管理职责不当，造成其损害为由提起的商事诉讼案件；

（三）期货交易所因履行职责引起的其他商事诉讼案件。

第三条 期货交易所为债务人，债权人请求冻结、划拨以下账户中资金或者有价证券的，人民法院不予支持：

（一）期货交易所会员在期货交易所保证金账户中的资金；

（二）期货交易所会员向期货交易所提交的用于充抵保证金的有价证券。

第四条 期货公司为债务人，债权人请求冻结、划拨以下账户中资金或者有价证券的，人民法院不予支持：

（一）客户在期货公司保证金账户中的资金；

（二）客户向期货公司提交的用于充抵保证金的有价证券。

第五条 实行会员分级结算制度的期货交易所的结算会员为债务人，债权人请求冻结、划拨结算会员以下资金或者有价证券的，人民法院不予支持：

（一）非结算会员在结算会员保证金账户中的资金；

（二）非结算会员向结算会员提交的用于充抵保证金的有价证券。

第六条 有证据证明保证金账户中有超过上述第三条、第四条、第五条规定的资金或者有价证券部分权益的，期货交易所、期货公司或者期货交易所结算会员在人民法院指定的合理期限内不能提出相反证据的，人民法院可以依法冻结、划拨超出部分的资金或者有价证券。

有证据证明期货交易所、期货公司、期货交易所结算会员自有资金与保证金发生混同，期货交易所、期货公司或者期货交易所结算会员在人民法院指定的合理期限内不能提出相反证据的，人民法院可以依法冻结、划拨相关账户内的资金或者有价证券。

第七条 实行会员分级结算制度的期货交易所或者其结算会员为债务人，债权人请求冻结、划拨期货交易所向其结算会员依法收取的结算担保金的，人民法院不予支持。

有证据证明结算会员在结算担保金专用账户中有超过交易所要求的结算担保金数额部分的，结算会员在人民法院指定的合理期限内不能提出相反证据的，人民法院可以依法冻结、划拨超出部分的资金。

第八条 人民法院在办理案件过程中，依法需要通过期货交易所、期货公司查询、冻结、划拨资金或者有价证券的，期货交易所、期货公司应当予以协助。应当协助而拒不协助的，按照《中华人民共和国民事诉讼法》第一百一十四条之规定办理。

320. 期货透支交易纠纷

相关规范

《最高人民法院关于审理期货纠纷案件若干问题的规定》（2020年12月23日修正）

第四条 人民法院应当依据民事诉讼法

第二十三条、第二十八条和第三十四条的规定确定期货纠纷案件的管辖。

第五条　在期货公司的分公司、营业部等分支机构进行期货交易的，该分支机构住所地为合同履行地。

因实物交割发生纠纷的，期货交易所住所地为合同履行地。

第六条　侵权与违约竞合的期货纠纷案件，依当事人选择的诉由确定管辖。当事人既以违约又以侵权起诉的，以当事人起诉状中在先的诉讼请求确定管辖。

第七条　期货纠纷案件由中级人民法院管辖。

高级人民法院根据需要可以确定部分基层人民法院受理期货纠纷案件。

第三十一条　期货交易所在期货公司没有保证金或者保证金不足的情况下，允许期货公司开仓交易或者继续持仓，应当认定为透支交易。

期货公司在客户没有保证金或者保证金不足的情况下，允许客户开仓交易或者继续持仓，应当认定为透支交易。

审查期货公司或者客户是否透支交易，应当以期货交易所规定的保证金比例为标准。

第三十二条　期货公司的交易保证金不足，期货交易所未按规定通知期货公司追加保证金的，由于行情向持仓不利的方向变化导致期货公司透支发生的扩大损失，期货交易所应当承担主要赔偿责任，赔偿额不超过损失的百分之六十。

客户的交易保证金不足，期货公司未按约定通知客户追加保证金的，由于行情向持仓不利的方向变化导致客户透支发生的扩大损失，期货公司应当承担主要赔偿责任，赔偿额不超过损失的百分之八十。

第三十三条　期货公司的交易保证金不足，期货交易所履行了通知义务，而期货公司未及时追加保证金，期货公司要求保留持仓并经书面协商一致的，对保留持仓期间造成的损失，由期货公司承担；穿仓造成的损失，由期货交易所承担。

客户的交易保证金不足，期货公司履行了通知义务而客户未及时追加保证金，客户要求保留持仓并经书面协商一致的，对保留持仓期间造成的损失，由客户承担；穿仓造成的损失，由期货公司承担。

第三十四条　期货交易所允许期货公司开仓透支交易的，对透支交易造成的损失，由期货交易所承担主要赔偿责任，赔偿额不超过损失的百分之六十。

期货公司允许客户开仓透支交易的，对透支交易造成的损失，由期货公司承担主要赔偿责任，赔偿额不超过损失的百分之八十。

第三十五条　期货交易所允许期货公司透支交易，并与其约定分享利益，共担风险的，对透支交易造成的损失，期货交易所承担相应的赔偿责任。

期货公司允许客户透支交易，并与其约定分享利益，共担风险的，对透支交易造成的损失，期货公司承担相应的赔偿责任。

»《最高人民法院关于审理期货纠纷案件若干问题的规定（二）》（2020年12月23日修正）

第一条　以期货交易所为被告或者第三人的因期货交易所履行职责引起的商事案件，由期货交易所所在地的中级人民法院管辖。

»《最高人民法院关于北京金融法院案件管辖的规定》（法释〔2021〕7号 2021年3月16日）

第一条　北京金融法院管辖北京市辖区内应由中级人民法院受理的下列第一审金融民商事案件……

»《最高人民法院关于上海金融法院案件管辖的规定》（2021年4月21日修正）

第一条　上海金融法院管辖上海市辖区内应由中级人民法院受理的下列第一审金融民商事案件……

《最高人民法院关于成渝金融法院案件管辖的规定》（法释〔2022〕20号 2022年12月20日）

第一条 成渝金融法院管辖重庆市以及四川省属于成渝地区双城经济圈范围内的应由中级人民法院受理的下列第一审金融民商事案件……

321. 期货强行平仓纠纷

相关规范

《中华人民共和国期货和衍生品法》（2022年）

第四十一条 结算参与人的保证金不符合期货结算机构业务规则规定标准的，期货结算机构应当按照业务规则的规定通知结算参与人在规定时间内追加保证金或者自行平仓；结算参与人未在规定时间内追加保证金或者自行平仓的，通知期货交易场所强行平仓。

交易者的保证金不符合结算参与人与交易者约定标准的，结算参与人应当按照约定通知交易者在约定时间内追加保证金或者自行平仓；交易者未在约定时间内追加保证金或者自行平仓的，按照约定强行平仓。

以有价证券等作为保证金，期货结算机构、结算参与人按照前两款规定强行平仓的，可以对有价证券等进行处置。

第八十七条 期货交易场所应当加强对期货交易的风险监测，出现异常情况的，期货交易场所可以依照业务规则，单独或者会同期货结算机构采取下列紧急措施，并立即报告国务院期货监督管理机构：

（一）调整保证金；

（二）调整涨跌停板幅度；

（三）调整会员、交易者的交易限额或持仓限额标准；

（四）限制开仓；

（五）强行平仓；

（六）暂时停止交易；

（七）其他紧急措施。

异常情况消失后，期货交易场所应当及时取消紧急措施。

《期货交易管理条例》（2017年修订）

第三十四条 期货交易所会员的保证金不足时，应当及时追加保证金或者自行平仓。会员未在期货交易所规定的时间内追加保证金或者自行平仓的，期货交易所应当将该会员的合约强行平仓，强行平仓的有关费用和发生的损失由该会员承担。

客户保证金不足时，应当及时追加保证金或者自行平仓。客户未在期货公司规定的时间内及时追加保证金或者自行平仓的，期货公司应当将该客户的合约强行平仓，强行平仓的有关费用和发生的损失由该客户承担。

《期货交易所管理办法》（2021年修正）

第八十四条 有根据认为会员或者客户违反期货交易所交易规则及其实施细则并且对市场正在产生或者即将产生重大影响，为防止违规行为后果进一步扩大，期货交易所可以对会员或者客户采取下列临时处置措施：

（一）限制入金；

（二）限制出金；

（三）限制开仓；

（四）提高保证金标准；

（五）限期平仓；

（六）强行平仓。

期货交易所按交易规则及其实施细则规定的程序采取前款第（四）项、第（五）项或者第（六）项措施的，应当在采取措施后及时报告中国证监会。

期货交易所对会员或者客户采取临时处置措施，应当按照期货交易所交易规则及其实施细则规定的方式通知会员或者客户，并列明采取临时处置措施的根据。

第一百零六条 中国证监会派出机构对期货交易所会员进行风险处置，采取监管措施的，经中国证监会批准，期货交易所应当在限制会员资金划转、限制会员开仓、移仓和强行平仓等方面予以配合。

》《最高人民法院关于审理期货纠纷案件若干问题的规定》（2020 年 12 月 23 日修正）

第四条　人民法院应当依据民事诉讼法第二十三条、第二十八条和第三十四条的规定确定期货纠纷案件的管辖。

第五条　在期货公司的分公司、营业部等分支机构进行期货交易的，该分支机构住所地为合同履行地。

因实物交割发生纠纷的，期货交易所住所地为合同履行地。

第六条　侵权与违约竞合的期货纠纷案件，依当事人选择的诉由确定管辖。当事人既以违约又以侵权起诉的，以当事人起诉状中在先的诉讼请求确定管辖。

第七条　期货纠纷案件由中级人民法院管辖。

高级人民法院根据需要可以确定部分基层人民法院受理期货纠纷案件。

第三十六条　期货公司的交易保证金不足，又未能按期货交易所规定的时间追加保证金的，按交易规则的规定处理；规定不明确的，期货交易所有权就其未平仓的期货合约强行平仓，强行平仓所造成的损失，由期货公司承担。

客户的交易保证金不足，又未能按期货经纪合同约定的时间追加保证金的，按期货经纪合同的约定处理；约定不明确的，期货公司有权就其未平仓的期货合约强行平仓，强行平仓造成的损失，由客户承担。

第三十七条　期货交易所因期货公司违规超仓或者其他违规行为而必须强行平仓的，强行平仓所造成的损失，由期货公司承担。

期货公司因客户违规超仓或者其他违规行为而必须强行平仓的，强行平仓所造成的损失，由客户承担。

第三十八条　期货公司或者客户交易保证金不足，符合强行平仓条件后，应当自行平仓而未平仓造成的扩大损失，由期货公司或者客户自行承担。法律、行政法规另有规定或者当事人另有约定的除外。

第三十九条　期货交易所或者期货公司强行平仓数额应当与期货公司或者客户需追加的保证金数额基本相当。因超量平仓引起的损失，由强行平仓者承担。

第四十条　期货交易所对期货公司、期货公司对客户未按期货交易所交易规则规定或者期货经纪合同约定的强行平仓条件、时间、方式进行强行平仓，造成期货公司或者客户损失的，期货交易所或者期货公司应当承担赔偿责任。

第四十一条　期货交易所依法或依交易规则强行平仓发生的费用，由被平仓的期货公司承担；期货公司承担责任后有权向有过错的客户追偿。

期货公司依法或依约定强行平仓所发生的费用，由客户承担。

》《最高人民法院关于审理期货纠纷案件若干问题的规定（二）》（2020 年 12 月 23 日修正）

第一条　以期货交易所为被告或者第三人的因期货交易所履行职责引起的商事案件，由期货交易所所在地的中级人民法院管辖。

322. 期货实物交割纠纷

相关规范

》《中华人民共和国期货和衍生品法》（2022 年）

第四十四条　期货合约到期时，交易者应当通过实物交割或者现金交割，了结到期未平仓合约。

在标准化期权合约规定的时间，合约的买方有权以约定的价格买入或者卖出标的物，或者按照约定进行现金差价结算，合约的卖方应当按照约定履行相应的义务。标准化期权合约的行权，由期货结算机构组织进行。

第四十五条 期货合约采取实物交割的，由期货结算机构负责组织货款与标准仓单等合约标的物权利凭证的交付。

期货合约采取现金交割的，由期货结算机构以交割结算价为基础，划付持仓双方的盈亏款项。

本法所称标准仓单，是指交割库开具并经期货交易场所登记的标准化提货凭证。

第四十六条 期货交易的实物交割在期货交易场所指定的交割库、交割港口或者其他符合期货交易场所要求的地点进行。实物交割不得限制交割总量。采用标准仓单以外的单据凭证或者其他方式进行实物交割的，期货交易场所应当明确规定交割各方的权利和义务。

》《期货交易管理条例》（2017 年修订）

第三十五条 期货交易的交割，由期货交易所统一组织进行。

交割仓库由期货交易所指定。期货交易所不得限制实物交割总量，并应当与交割仓库签订协议，明确双方的权利和义务。交割仓库不得有下列行为：

（一）出具虚假仓单；

（二）违反期货交易所业务规则，限制交割商品的入库、出库；

（三）泄露与期货交易有关的商业秘密；

（四）违反国家有关规定参与期货交易；

（五）国务院期货监督管理机构规定的其他行为。

第六十四条 期货交易所、非期货公司结算会员有下列行为之一的，责令改正，给予警告，没收违法所得：

……

（十）限制会员实物交割总量的；

……

有前款所列行为之一的，对直接负责的主管人员和其他直接责任人员给予纪律处分，处 1 万元以上 10 万元以下的罚款。

有本条第一款第二项所列行为的，应当责令退还多收取的手续费。

期货保证金安全存管监控机构有本条第一款第五项、第六项、第九项、第十一项、第十二项所列行为的，依照本条第一款、第二款的规定处罚、处分。期货保证金存管银行有本条第一款第九项、第十二项所列行为的，依照本条第一款、第二款的规定处罚、处分。

》《期货交易所管理办法》（2021 年修正）

第八十九条 期货交易所应当以适当方式发布下列信息：

（一）即时行情；

（二）持仓量、成交量排名情况；

（三）期货交易所交易规则及其实施细则规定的其他信息。

期货交易涉及商品实物交割的，期货交易所还应当发布标准仓单数量和可用库容情况。

》《最高人民法院关于审理期货纠纷案件若干问题的规定》（2020 年 12 月 23 日修正）

第四十二条 交割仓库未履行货物验收职责或者因保管不善给仓单持有人造成损失的，应当承担赔偿责任。

第四十三条 期货公司没有代客户履行申请交割义务的，应当承担违约责任；造成客户损失的，应当承担赔偿责任。

第四十四条 在交割日，卖方期货公司未向期货交易所交付标准仓单，或者买方期货公司未向期货交易所账户交付足额货款，构成交割违约。

构成交割违约的，违约方应当承担违约责任；具有民法典第五百六十三条第一款第四项规定情形的，对方有权要求终止交割或者要求违约方继续交割。

征购或者竞卖失败的，应当由违约方按照交易所有关赔偿办法的规定承担赔偿责任。

第四十五条 在期货合约交割期内，买方或者卖方客户违约的，期货交易所应当代期货公司、期货公司应当代客户向对方承担违约责任。

第四十六条 买方客户未在期货交易所交易规则规定的期限内对货物的质量、数量提出异议的，应视为其对货物的数量、质量无异议。

第四十七条 交割仓库不能在期货交易所交易规则规定的期限内，向标准仓单持有人交付符合期货合约要求的货物，造成标准仓单持有人损失的，交割仓库应当承担责任，期货交易所承担连带责任。

期货交易所承担责任后，有权向交割仓库追偿。

323. 期货保证合约纠纷

相关规范

»《中华人民共和国期货和衍生品法》（2022 年）

第二十二条 期货交易实行保证金制度，期货结算机构向结算参与人收取保证金，结算参与人向交易者收取保证金。保证金用于结算和履约保障。

保证金的形式包括现金，国债、股票、基金份额、标准仓单等流动性强的有价证券，以及国务院期货监督管理机构规定的其他财产。以有价证券等作为保证金的，可以依法通过质押等具有履约保障功能的方式进行。

期货结算机构、结算参与人收取的保证金的形式、比例等应当符合国务院期货监督管理机构的规定。

交易者进行标准化期权合约交易的，卖方应当缴纳保证金，买方应当支付权利金。

前款所称权利金是指买方支付的用于购买标准化期权合约的资金。

第四十条 期货结算机构、结算参与人收取的保证金、权利金等，应当与其自有资金分开，按照国务院期货监督管理机构的规定，在期货保证金存管机构专户存放，分别管理，禁止违规挪用。

第四十一条 结算参与人的保证金不符合期货结算机构业务规则规定标准的，期货结算机构应当按照业务规则的规定通知结算参与人在规定时间内追加保证金或者自行平仓；结算参与人未在规定时间内追加保证金或者自行平仓的，通知期货交易场所强行平仓。

交易者的保证金不符合结算参与人与交易者约定标准的，结算参与人应当按照约定通知交易者在约定时间内追加保证金或者自行平仓；交易者未在约定时间内追加保证金或者自行平仓的，按照约定强行平仓。

以有价证券等作为保证金，期货结算机构、结算参与人按照前两款规定强行平仓的，可以对有价证券等进行处置。

第四十二条 结算参与人在结算过程中违约的，期货结算机构按照业务规则动用结算参与人的保证金、结算担保金以及结算机构的风险准备金、自有资金等完成结算；期货结算机构以其风险准备金、自有资金等完成结算的，可以依法对该结算参与人进行追偿。

交易者在结算过程中违约的，其委托的结算参与人按照合同约定动用该交易者的保证金以及结算参与人的风险准备金和自有资金完成结算；结算参与人以其风险准备金和自有资金完成结算的，可以依法对该交易者进行追偿。

本法所称结算担保金，是指结算参与人以自有资金向期货结算机构缴纳的，用于担保履约的资金。

第四十三条 期货结算机构依照其业务规则收取和提取的保证金、权利金、结算担保金、风险准备金等资产，应当优先用于结算和交割，不得被查封、冻结、扣押或者强制执行。

在结算和交割完成之前，任何人不得动用用于担保履约和交割的保证金、进入交割环节的交割财产。

依法进行的结算和交割，不因参与结算的任何一方依法进入破产程序而中止、无效或者撤销。

《期货交易管理条例》（2017 年修订）

第十条 期货交易所应当依照本条例和国务院期货监督管理机构的规定，建立、健全各项规章制度，加强对交易活动的风险控制和对会员以及交易所工作人员的监督管理。期货交易所履行下列职责：

（一）提供交易的场所、设施和服务；

（二）设计合约，安排合约上市；

（三）组织并监督交易、结算和交割；

（四）为期货交易提供集中履约担保；

（五）按照章程和交易规则对会员进行监督管理；

（六）国务院期货监督管理机构规定的其他职责。

期货交易所不得直接或者间接参与期货交易。未经国务院期货监督管理机构审核并报国务院批准，期货交易所不得从事信托投资、股票投资、非自用不动产投资等与其职责无关的业务。

第三十六条 会员在期货交易中违约的，期货交易所先以该会员的保证金承担违约责任；保证金不足的，期货交易所应当以风险准备金和自有资金代为承担违约责任，并由此取得对该会员的相应追偿权。

客户在期货交易中违约的，期货公司先以该客户的保证金承担违约责任；保证金不足的，期货公司应当以风险准备金和自有资金代为承担违约责任，并由此取得对该客户的相应追偿权。

《最高人民法院关于审理期货纠纷案件若干问题的规定》（2020 年 12 月 23 日修正）

第四十八条 期货公司未按照每日无负债结算制度的要求，履行相应的金钱给付义务，期货交易所亦未代期货公司履行，造成交易对方损失的，期货交易所应当承担赔偿责任。

期货交易所代期货公司履行义务或者承担赔偿责任后，有权向不履行义务的一方追偿。

第四十九条 期货交易所未代期货公司履行期货合约，期货公司应当根据客户请求向期货交易所主张权利。

期货公司拒绝代客户向期货交易所主张权利的，客户可直接起诉期货交易所，期货公司可作为第三人参加诉讼。

第五十条 因期货交易所的过错导致信息发布、交易指令处理错误，造成期货公司或者客户直接经济损失的，期货交易所应当承担赔偿责任，但其能够证明系不可抗力的除外。

第五十一条 期货交易所依据有关规定对期货市场出现的异常情况采取合理的紧急措施造成客户损失的，期货交易所不承担赔偿责任。

期货公司执行期货交易所的合理的紧急措施造成客户损失的，期货公司不承担赔偿责任。

324. 期货交易代理合同纠纷

相关规范

《期货交易管理条例》（2017 年修订）

第十条、第三十六条

（参见“323. 期货保证合约纠纷”的相关规范）

《最高人民法院关于审理期货纠纷案件若干问题的规定》（2020 年 12 月 23 日修正）

第十六条 期货公司在与客户订立期货经纪合同时，未提示客户注意《期货交易风险说明书》内容，并由客户签字或者盖章，对于客户在交易中的损失，应当依据合同法

第四十二条第（三）项的规定承担相应的赔偿责任。但是，根据以往交易结果记载，证明客户已有交易经历的，应当免除期货公司的责任。

第十七条 期货公司接受客户全权委托进行期货交易的，对交易产生的损失，承担主要赔偿责任，赔偿额不超过损失的百分之八十，法律、行政法规另有规定的除外。

第十八条 期货公司与客户签订的期货经纪合同对下达交易指令的方式未作约定或者约定不明确的，期货公司不能证明其所进行的交易是依据客户交易指令进行的，对该交易造成客户的损失，期货公司应当承担赔偿责任，客户予以追认的除外。

第十九条 期货公司执行非受托人的交易指令造成客户损失，应当由期货公司承担赔偿责任，非受托人承担连带责任，客户予以追认的除外。

第二十条 客户下达的交易指令没有品种、数量、买卖方向的，期货公司未予拒绝而进行交易造成客户的损失，由期货公司承担赔偿责任，客户予以追认的除外。

第二十一条 客户下达的交易指令数量和买卖方向明确，没有有效期限的，应当视为当日有效；没有成交价格的，应当视为按市价交易；没有开平仓方向的，应当视为开仓交易。

第二十二条 期货公司错误执行客户交易指令，除客户认可的以外，交易的后果由期货公司承担，并按下列方式分别处理：

（一）交易数量发生错误的，多于指令数量的部分由期货公司承担，少于指令数量的部分，由期货公司补足或者赔偿直接损失；

（二）交易价格超出客户指令价位范围的，交易差价损失或者交易结果由期货公司承担。

第二十三条 期货公司不当延误执行客户交易指令给客户造成损失的，应当承担赔偿责任，但由于市场原因致客户交易指令未能全部或者部分成交的，期货公司不承担责任。

第二十四条 期货公司超出客户指令价位的范围，将高于客户指令价格卖出或者低于客户指令价格买入后的差价利益占为己有的，客户要求期货公司返还的，人民法院应予支持，期货公司与客户另有约定的除外。

第二十五条 期货交易所未按交易规则规定的期限、方式，将交易或者持仓头寸的结算结果通知期货公司，造成期货公司损失的，由期货交易所承担赔偿责任。

期货公司未按期货经纪合同约定的期限、方式，将交易或者持仓头寸的结算结果通知客户，造成客户损失的，由期货公司承担赔偿责任。

第二十六条 期货公司与客户对交易结算结果的通知方式未作约定或者约定不明确，期货公司未能提供证据证明已经发出上述通知的，对客户因继续持仓而造成扩大的损失，应当承担主要赔偿责任，赔偿额不超过损失的百分之八十。

第二十七条 客户对当日交易结算结果的确认，应当视为对该日之前所有持仓和交易结算结果的确认，所产生的交易后果由客户自行承担。

第二十八条 期货公司对交易结算结果提出异议，期货交易所未及时采取措施导致损失扩大的，对造成期货公司扩大的损失应当承担赔偿责任。

客户对交易结算结果提出异议，期货公司未及时采取措施导致损失扩大的，期货公司对造成客户扩大的损失应当承担赔偿责任。

第二十九条 期货公司对期货交易所或者客户对期货公司的交易结算结果有异议，而未在期货交易所交易规则规定或者期货经纪合同约定的时间内提出的，视为期货公司或者客户对交易结算结果已予以确认。

第三十条 期货公司进行混码交易的，客户不承担责任，但期货公司能够举证证明其已按照客户交易指令入市交易的，客户应当承担相应的交易结果。

325. 侵占期货交易保证金纠纷

相关规范

《期货公司监督管理办法》（2019年）

第四条 期货公司的股东、实际控制人和其他关联人不得滥用权利，不得占用期货公司资产或者挪用客户资产，不得侵害期货公司、客户的合法权益。

《最高人民法院关于审理期货纠纷案件若干问题的规定》（2020年12月23日修正）

第五十五条 期货公司挪用客户保证金，或者违反有关规定划转客户保证金造成客户损失的，应当承担赔偿责任。

326. 期货欺诈责任纠纷

相关规范

《中华人民共和国期货和衍生品法》（2022年）

第六条 期货交易和衍生品交易活动，应当遵守法律、行政法规和国家有关规定，遵循公开、公平、公正的原则，禁止欺诈、操纵市场和内幕交易的行为。

第五十一条 根据财产状况、金融资产状况、交易知识和经验、专业能力等因素，交易者可以分为普通交易者和专业交易者。专业交易者的标准由国务院期货监督管理机构规定。

普通交易者与期货经营机构发生纠纷的，期货经营机构应当证明其行为符合法律、行政法规以及国务院期货监督管理机构的规定，不存在误导、欺诈等情形。期货经营机构不能证明的，应当承担相应的赔偿责任。

《期货交易管理条例》（2017年修订）

第三条 从事期货交易活动，应当遵循公开、公平、公正和诚实信用的原则。禁止欺诈、内幕交易和操纵期货交易价格等违法行为。

第六十七条 期货公司有下列欺诈客户行为之一的，责令改正，给予警告，没收违法所得，并处违法所得1倍以上5倍以下的罚款；没有违法所得或者违法所得不满10万元的，并处10万元以上50万元以下的罚款；情节严重的，责令停业整顿或者吊销期货业务许可：

（一）向客户作获利保证或者不按照规定向客户出示风险说明书的；

（二）在经纪业务中与客户约定分享利益、共担风险的；

（三）不按照规定接受客户委托或者不按照客户委托内容擅自进行期货交易的；

（四）隐瞒重要事项或者使用其他不正当手段，诱骗客户发出交易指令的；

（五）向客户提供虚假成交回报的；

（六）未将客户交易指令下达到期货交易所的；

（七）挪用客户保证金的；

（八）不按照规定在期货保证金存管银行开立保证金账户，或者违规划转客户保证金的；

（九）国务院期货监督管理机构规定的其他欺诈客户的行为。

期货公司有前款所列行为之一的，对直接负责的主管人员和其他直接责任人员给予警告，并处1万元以上10万元以下的罚款；情节严重的，暂停或者撤销期货从业人员资格。

任何单位或者个人编造并且传播有关期货交易的虚假信息，扰乱期货交易市场的，依照本条第一款、第二款的规定处罚。

327. 操纵期货交易市场责任纠纷

相关规范

《中华人民共和国刑法修正案（六）》（2006年）

十一、将刑法第一百八十二条修改为："有下列情形之一，操纵证券、期货市场，情节严重的，处五年以下有期徒刑或者拘役，并处或者单处罚金；情节特别严重的，处五年以上十年以下有期徒刑，并处罚金：

（一）单独或者合谋，集中资金优势、持股或者持仓优势或者利用信息优势联合或者连续买卖，操纵证券、期货交易价格或者证券、期货交易量的；

（二）与他人串通，以事先约定的时间、价格和方式相互进行证券、期货交易，影响证券、期货交易价格或者证券、期货交易量的；

（三）在自己实际控制的账户之间进行证券交易，或者以自己为交易对象，自买自卖期货合约，影响证券、期货交易价格或者证券、期货交易量的；

（四）以其他方法操纵证券、期货市场的。

单位犯前款罪的，对单位判处罚金，并对其直接负责的主管人员和其他直接责任人员，依照前款的规定处罚。"

《中华人民共和国期货和衍生品法》（2022年）

第十二条 任何单位和个人不得操纵期货市场或者衍生品市场。

禁止以下列手段操纵期货市场，影响或者意图影响期货交易价格或者期货交易量：

（一）单独或者合谋，集中资金优势、持仓优势或者利用信息优势联合或者连续买卖合约；

（二）与他人串通，以事先约定的时间、价格和方式相互进行期货交易；

（三）在自己实际控制的账户之间进行期货交易；

（四）利用虚假或者不确定的重大信息，诱导交易者进行期货交易；

（五）不以成交为目的，频繁或者大量申报并撤销申报；

（六）对相关期货交易或者合约标的物的交易作出公开评价、预测或者投资建议，并进行反向操作或者相关操作；

（七）为影响期货市场行情囤积现货；

（八）在交割月或者临近交割月，利用不正当手段规避持仓限额，形成持仓优势；

（九）利用在相关市场的活动操纵期货市场；

（十）操纵期货市场的其他手段。

第五十七条 交易者提起操纵市场、内幕交易等期货民事赔偿诉讼时，诉讼标的是同一种类，且当事人一方人数众多的，可以依法推选代表人进行诉讼。

《期货交易管理条例》（2017年修订）

第三十九条 任何单位或者个人不得编造、传播有关期货交易的虚假信息，不得恶意串通、联手买卖或者以其他方式操纵期货交易价格。

第四十条 任何单位或者个人不得违规使用信贷资金、财政资金进行期货交易。

银行业金融机构从事期货交易融资或者担保业务的资格，由国务院银行业监督管理机构批准。

第七十条 任何单位或者个人有下列行为之一，操纵期货交易价格的，责令改正，没收违法所得，并处违法所得1倍以上5倍以下的罚款；没有违法所得或者违法所得不满20万元的，处20万元以上100万元以下的罚款：

（一）单独或者合谋，集中资金优势、持仓优势或者利用信息优势联合或者连续买卖合约，操纵期货交易价格的；

（二）蓄意串通，按事先约定的时间、价格和方式相互进行期货交易，影响期货交易价格或者期货交易量的；

（三）以自己为交易对象，自买自卖，影响期货交易价格或者期货交易量的；

（四）为影响期货市场行情囤积现货的；

（五）国务院期货监督管理机构规定的其他操纵期货交易价格的行为。

单位有前款所列行为之一的，对直接负责的主管人员和其他直接责任人员给予警告，并处1万元以上10万元以下的罚款。

328. 期货内幕交易责任纠纷

相关规范

》《中华人民共和国期货和衍生品法》（2022年）

第六条 期货交易和衍生品交易活动，应当遵守法律、行政法规和国家有关规定，遵循公开、公平、公正的原则，禁止欺诈、操纵市场和内幕交易的行为。

第五十七条 交易者提起操纵市场、内幕交易等期货民事赔偿诉讼时，诉讼标的是同一种类，且当事人一方人数众多的，可以依法推选代表人进行诉讼。

第一百二十六条 违反本法第十三条的规定从事内幕交易的，责令改正，没收违法所得，并处以违法所得一倍以上十倍以下的罚款；没有违法所得或者违法所得不足五十万元的，处以五十万元以上五百万元以下的罚款。单位从事内幕交易的，还应当对直接负责的主管人员和其他直接责任人员给予警告，并处以二十万元以上二百万元以下的罚款。

国务院期货监督管理机构、国务院授权的部门、期货交易场所、期货结算机构的工作人员从事内幕交易的，从重处罚。

内幕交易行为给交易者造成损失的，应当依法承担赔偿责任。

》《期货交易管理条例》（2017年修订）

第四十七条 国务院期货监督管理机构依法履行职责，可以采取下列措施：

（一）对期货交易所、期货公司及其他期货经营机构、非期货公司结算会员、期货保证金安全存管监控机构和交割仓库进行现场检查；

（二）进入涉嫌违法行为发生场所调查取证；

（三）询问当事人和与被调查事件有关的单位和个人，要求其对与被调查事件有关的事项作出说明；

（四）查阅、复制与被调查事件有关的财产权登记等资料；

（五）查阅、复制当事人和与被调查事件有关的单位和个人的期货交易记录、财务会计资料以及其他相关文件和资料；对可能被转移、隐匿或者毁损的文件和资料，可以予以封存；

（六）查询与被调查事件有关的单位的保证金账户和银行账户；

（七）在调查操纵期货交易价格、内幕交易等重大期货违法行为时，经国务院期货监督管理机构主要负责人批准，可以限制被调查事件当事人的期货交易，但限制的时间不得超过15个交易日；案情复杂的，可以延长至30个交易日；

（八）法律、行政法规规定的其他措施。

第六十九条 期货交易内幕信息的知情人或者非法获取期货交易内幕信息的人，在对期货交易价格有重大影响的信息尚未公开前，利用内幕信息从事期货交易，或者向他人泄露内幕信息，使他人利用内幕信息进行期货交易的，没收违法所得，并处违法所得1倍以上5倍以下的罚款；没有违法所得或者违法所得不满10万元的，处10万元以上50万元以下的罚款。单位从事内幕交易的，还应当对直接负责的主管人员和其他直接责任人员给予警告，并处3万元以上30万元以下的罚款。

国务院期货监督管理机构、期货交易所和期货保证金安全存管监控机构的工作人员进行内幕交易的，从重处罚。

329. 期货虚假信息责任纠纷

相关规范

《中华人民共和国期货和衍生品法》（2022 年）

第十六条　禁止任何单位和个人编造、传播虚假信息或者误导性信息，扰乱期货市场和衍生品市场。

禁止期货经营机构、期货交易场所、期货结算机构、期货服务机构及其从业人员，组织、开展衍生品交易的场所、机构及其从业人员，期货和衍生品行业协会、国务院期货监督管理机构、国务院授权的部门及其工作人员，在期货交易和衍生品交易及相关活动中作出虚假陈述或者信息误导。

各种传播媒介传播期货市场和衍生品市场信息应当真实、客观，禁止误导。传播媒介及其从事期货市场和衍生品市场信息报道的工作人员不得从事与其工作职责发生利益冲突的期货交易和衍生品交易及相关活动。

第一百二十七条　违反本法第十六条第一款、第三款的规定，编造、传播虚假信息或者误导性信息，扰乱期货市场、衍生品市场的，没收违法所得，并处以违法所得一倍以上十倍以下的罚款；没有违法所得或者违法所得不足二十万元的，处以二十万元以上二百万元以下的罚款。对直接负责的主管人员和其他直接责任人员给予警告，并处以十万元以上一百万元以下的罚款。

违反本法第十六条第二款的规定，在期货交易、衍生品交易活动中作出虚假陈述或者信息误导的，责令改正，处以二十万元以上二百万元以下的罚款；属于国家工作人员的，还应当依法给予处分。

传播媒介及其从事期货市场、衍生品市场信息报道的工作人员违反本法第十六条第三款的规定，从事与其工作职责发生利益冲突的期货交易、衍生品交易的，没收违法所得，并处以违法所得一倍以下的罚款，没有违法所得或者违法所得不足十万元的，处以十万元以下的罚款。

编造、传播有关期货交易、衍生品交易的虚假信息，或者在期货交易、衍生品交易中作出信息误导，给交易者造成损失的，应当依法承担赔偿责任。

《期货交易管理条例》（2017 年修订）

第六十七条　期货公司有下列欺诈客户行为之一的，责令改正，给予警告，没收违法所得，并处违法所得 1 倍以上 5 倍以下的罚款；没有违法所得或者违法所得不满 10 万元的，并处 10 万元以上 50 万元以下的罚款；情节严重的，责令停业整顿或者吊销期货业务许可证：

（一）向客户作获利保证或者不按照规定向客户出示风险说明书的；

（二）在经纪业务中与客户约定分享利益、共担风险的；

（三）不按照规定接受客户委托或者不按照客户委托内容擅自进行期货交易的；

（四）隐瞒重要事项或者使用其他不正当手段，诱骗客户发出交易指令的；

（五）向客户提供虚假成交回报的；

（六）未将客户交易指令下达到期货交易所的；

（七）挪用客户保证金的；

（八）不按照规定在期货保证金存管银行开立保证金账户，或者违规划转客户保证金；

（九）国务院期货监督管理机构规定的其他欺诈客户的行为。

期货公司有前款所列行为之一的，对直接负责的主管人员和其他直接责任人员给予警告，并处 1 万元以上 10 万元以下的罚款；情节严重的，暂停或者撤销任职资格、期货从业人员资格。

任何单位或者个人编造并且传播有关期货交易的虚假信息，扰乱期货交易市场的，依照本条第一款、第二款的规定处罚。

《最高人民法院关于审理期货纠纷案件若干问题的规定》（2020 年 12 月 23 日修正）

第五十二条 期货交易所、期货公司故意提供虚假信息误导客户下单的，由此造成客户的经济损失由期货交易所、期货公司承担。

二十六、信托纠纷

330. 民事信托纠纷

相关规范

《中华人民共和国信托法》（2001 年）

第六条 设立信托，必须有合法的信托目的。

第七条 设立信托，必须有确定的信托财产，并且该信托财产必须是委托人合法所有的财产。

本法所称财产包括合法的财产权利。

第八条 设立信托，应当采取书面形式。

书面形式包括信托合同、遗嘱或者法律、行政法规规定的其他书面文件等。

采取信托合同形式设立信托的，信托合同签订时，信托成立。采取其他书面形式设立信托的，受托人承诺信托时，信托成立。

第九条 设立信托，其书面文件应当载明下列事项：

（一）信托目的；

（二）委托人、受托人的姓名或者名称、住所；

（三）受益人或者受益人范围；

（四）信托财产的范围、种类及状况；

（五）受益人取得信托利益的形式、方法。

除前款所列事项外，可以载明信托期限、信托财产的管理方法、受托人的报酬、新受托人的选任方式、信托终止事由等事项。

第十条 设立信托，对于信托财产，有关法律、行政法规规定应当办理登记手续的，应当依法办理信托登记。

未依照前款规定办理信托登记的，应当补办登记手续；不补办的，该信托不产生效力。

第十一条 有下列情形之一的，信托无效：

（一）信托目的违反法律、行政法规或者损害社会公共利益；

（二）信托财产不能确定；

（三）委托人以非法财产或者本法规定不得设立信托的财产设立信托；

（四）专以诉讼或者讨债为目的设立信托；

（五）受益人或者受益人范围不能确定；

（六）法律、行政法规规定的其他情形。

第十二条 委托人设立信托损害其债权人利益的，债权人有权申请人民法院撤销该信托。

人民法院依照前款规定撤销信托的，不

影响善意受益人已经取得的信托利益。

本条第一款规定的申请权，自债权人知道或者应当知道撤销原因之日起一年内不行使的，归于消灭。

第十三条　设立遗嘱信托，应当遵守继承法关于遗嘱的规定。

遗嘱指定的人拒绝或者无能力担任受托人的，由受益人另行选任受托人；受益人为无民事行为能力人或者限制民事行为能力人的，依法由其监护人代行选任。遗嘱对选任受托人另有规定的，从其规定。

第十四条　受托人因承诺信托而取得的财产是信托财产。

受托人因信托财产的管理运用、处分或者其他情形而取得的财产，也归入信托财产。

法律、行政法规禁止流通的财产，不得作为信托财产。

法律、行政法规限制流通的财产，依法经有关主管部门批准后，可以作为信托财产。

331. 营业信托纠纷

相关规范

》《中华人民共和国信托法》（2001 年）

第二条　本法所称信托，是指委托人基于对受托人的信任，将其财产权委托给受托人，由受托人按委托人的意愿以自己的名义，为受益人的利益或者特定目的，进行管理或者处分的行为。

第三条　委托人、受托人、受益人（以下统称信托当事人）在中华人民共和国境内进行民事、营业、公益信托活动，适用本法。

第四条　受托人采取信托机构形式从事信托活动，其组织和管理由国务院制定具体办法。

第五条　信托当事人进行信托活动，必须遵守法律、行政法规，遵循自愿、公平和诚实信用原则，不得损害国家利益和社会公共利益。

》《信托公司管理办法》（2007 年 3 月 1 日）

第三十五条　信托公司开展关联交易，应以公平的市场价格进行，逐笔向中国银行业监督管理委员会事前报告，并按照有关规定进行信息披露。

第三十六条　信托公司经营信托业务，应依照信托文件约定以手续费或者佣金的方式收取报酬，中国银行业监督管理委员会另有规定的除外。

信托公司收取报酬，应当向受益人公开，并向受益人说明收费的具体标准。

第三十七条　信托公司违反信托目的处分信托财产，或者因违背管理职责、处理信托事务不当致使信托财产受到损失的，在恢复信托财产的原状或者予以赔偿前，信托公司不得请求给付报酬。

第三十八条　信托公司因处理信托事务而支出的费用、负担的债务，以信托财产承担，但应在信托合同中列明或明确告知受益人。信托公司以其固有财产先行支付的，对信托财产享有优先受偿的权利。因信托公司违背管理职责或者管理信托事务不当所负债务及所受到的损害，以其固有财产承担。

》《最高人民法院关于印发〈全国法院民商事审判工作会议纪要〉的通知》（法〔2019〕254 号　2019 年 11 月 8 日）

会议认为，从审判实践看，营业信托纠纷主要表现为事务管理信托纠纷和主动管理信托纠纷两种类型。在事务管理信托纠纷案件中，对信托公司开展和参与的多层嵌套、通道业务、回购承诺等融资活动，要以其实际构成的法律关系确定其效力，并在此基础上依法确定各方的权利义务。在主动管理信托纠纷案件中，应当重点审查受托人在“受人之托，忠人之事”的财产管理过程中，是否恪尽职守，履行了谨慎、有效管理等法定或者约定义务。

88. **【营业信托纠纷的认定】**信托公司

根据法律法规以及金融监督管理部门的监管规定，以取得信托报酬为目的接受委托人的委托，以受托人身份处理信托事务的经营行为，属于营业信托。由此产生的信托当事人之间的纠纷，为营业信托纠纷。

根据《关于规范金融机构资产管理业务的指导意见》的规定，其他金融机构开展的资产管理业务构成信托关系的，当事人之间的纠纷适用信托法及其他有关规定处理。

89. **【资产或者资产收益权转让及回购】**信托公司在资金信托成立后，以募集的信托资金受让特定资产或者特定资产收益权，属于信托公司在资金依法募集后的资金运用行为，由此引发的纠纷不应当认定为营业信托纠纷。如果合同中约定由转让方或者其指定的第三方在一定期间后以交易本金加上溢价款等固定价款无条件回购的，无论转让方所转让的标的物是否真实存在、是否实际交付或者过户，只要合同不存在法定无效事由，对信托公司提出的由转让方或者其指定的第三方按约定承担责任的诉讼请求，人民法院依法予以支持。

当事人在相关合同中同时约定采用信托公司受让目标公司股权、向目标公司增资方式并以相应股权担保债权实现的，应当认定在当事人之间成立让与担保法律关系。当事人之间的具体权利义务，根据本纪要第71条的规定加以确定。

90. **【劣后级受益人的责任承担】**信托文件及相关合同将受益人区分为优先级受益人和劣后级受益人等不同类别，约定优先级受益人以其财产认购信托计划份额，在信托到期后，劣后级受益人负有对优先级受益人从信托财产获得利益与其投资本金及约定收益之间的差额承担补足义务，优先级受益人请求劣后级受益人按照约定承担责任的，人民法院依法予以支持。

信托文件中关于不同类型受益人权利义务关系的约定，不影响受益人与受托人之间信托法律关系的认定。

91. **【增信文件的性质】**信托合同之外的当事人提供第三方差额补足、代为履行到期回购义务、流动性支持等类似承诺文件作为增信措施，其内容符合法律关于保证的规定的，人民法院应当认定当事人之间成立保证合同关系。其内容不符合法律关于保证的规定的，依据承诺文件的具体内容确定相应的权利义务关系，并根据案件事实情况确定相应的民事责任。

92. **【保底或者刚兑条款无效】**信托公司、商业银行等金融机构作为资产管理产品的受托人与受益人订立的含有保证本息固定回报、保证本金不受损失等保底或者刚兑条款的合同，人民法院应当认定该条款无效。受益人请求受托人对其损失承担与其过错相适应的赔偿责任的，人民法院依法予以支持。

实践中，保底或者刚兑条款通常不在资产管理产品合同中明确约定，而是以“抽屉协议”或者其他方式约定，不管形式如何，均应认定无效。

93. **【通道业务的效力】**当事人在信托文件中约定，委托人自主决定信托设立、信托财产运用对象、信托财产管理运用处分方式等事宜，自行承担信托资产的风险管理责任和相应风险损失，受托人仅提供必要的事务协助或者服务，不承担主动管理职责的，应当认定为通道业务。《中国人民银行、中国银行保险监督管理委员会、中国证券监督管理委员会、国家外汇管理局关于规范金融机构资产管理业务的指导意见》第22条在规定“金融机构不得为其他金融机构的资产管理产品提供规避投资范围、杠杆约束等监管要求的通道服务”的同时，也在第29条明确按照“新老划断”原则，将过渡期设置为截止2020年底，确保平稳过渡。在过渡期内，对通道业务中存在的利用信托通道掩盖风险，规避资金投向、资产分类、拨备计提和资本占用等监管规定，或者通过信托通道将表内资产虚假出表等信托业务，如果不存在其他无效事由，一方以信托目的违法违规为由请求确认无效的，人民法院不予支持。至于委托人和受托人之间的权利义务关系，应当依据信托文件的约定加以确定。

94. **【受托人的举证责任】**资产管理产品的委托人以受托人未履行勤勉尽责、公平对待客户等义务损害其合法权益为由，请求受托人承担损害赔偿责任的，应当由受托人举证证明其已经履行了义务。受托人不能举证证明，委托人请求其承担相应赔偿责任的，人民法院依法予以支持。

95. **【信托财产的诉讼保全】**信托财产在信托存续期间独立于委托人、受托人、受益人各自的固有财产。委托人将其财产委托给受托人进行管理，在信托依法设立后，该信托财产即独立于委托人未设立信托的其他固有财产。受托人因承诺信托而取得的信托财产，以及通过对信托财产的管理、运用、处分等方式取得的财产，均独立于受托人的固有财产。受益人对信托财产享有的权利表现为信托受益权，信托财产并非受益人的责任财产。因此，当事人因其与委托人、受托人或者受益人之间的纠纷申请对存管银行或者信托公司专门账户中的信托资金采取保全措施的，除符合《信托法》第 17 条规定的情形外，人民法院不应当准许。已经采取保全措施的，存管银行或者信托公司能够提供证据证明该账户为信托账户的，应当立即解除保全措施。对信托公司管理的其他信托财产的保全，也应当根据前述规则办理。

当事人申请对受益人的受益权采取保全措施的，人民法院应当根据《信托法》第 47 条的规定进行审查，决定是否采取保全措施。决定采取保全措施的，应当将保全裁定送达受托人和受益人。

96. **【信托公司固有财产的诉讼保全】**除信托公司作为被告外，原告申请对信托公司固有资金账户的资金采取保全措施的，人民法院不应准许。信托公司作为被告，确有必要对其固有财产采取诉讼保全措施的，必须强化善意执行理念，防范发生金融风险。要严格遵守相应的适用条件与法定程序，坚决杜绝超标的执行。在采取具体保全措施时，要尽量寻求依法平等保护各方利益的平衡点，优先采取方便执行且对信托公司正常经营影响最小的执行措施，能采取“活封”“活扣”措施的，尽量不进行“死封”“死扣”。在条件允许的情况下，可以为信托公司预留必要的流动资金和往来账户，最大限度降低对信托公司正常经营活动的不利影响。信托公司申请解除财产保全符合法律、司法解释规定情形的，应当在法定期限内及时解除保全措施。

332. 公益信托纠纷

相关规范

》《中华人民共和国信托法》（2001 年）

第六十条　为了下列公共利益目的之一而设立的信托，属于公益信托：

（一）救济贫困；

（二）救助灾民；

（三）扶助残疾人；

（四）发展教育、科技、文化、艺术、体育事业；

（五）发展医疗卫生事业；

（六）发展环境保护事业，维护生态环境；

（七）发展其他社会公益事业。

第六十二条　公益信托的设立和确定其受托人，应当经有关公益事业的管理机构（以下简称公益事业管理机构）批准。

未经公益事业管理机构的批准，不得以公益信托的名义进行活动。

公益事业管理机构对于公益信托活动应当给予支持。

第六十三条　公益信托的信托财产及其收益，不得用于非公益目的。

第六十四条　公益信托应当设置信托监察人。

信托监察人由信托文件规定。信托文件未规定的，由公益事业管理机构指定。

第六十五条　信托监察人有权以自己的

名义，为维护受益人的利益，提起诉讼或者实施其他法律行为。

第六十六条 公益信托的受托人未经公益事业管理机构批准，不得辞任。

第六十七条 公益事业管理机构应当检查受托人处理公益信托事务的情况及财产状况。

受托人应当至少每年一次作出信托事务处理情况及财产状况报告，经信托监察人认可后，报公益事业管理机构核准，并由受托人予以公告。

第六十八条 公益信托的受托人违反信托义务或者无能力履行其职责的，由公益事业管理机构变更受托人。

第六十九条 公益信托成立后，发生设立信托时不能预见的情形，公益事业管理机构可以根据信托目的，变更信托文件中的有关条款。

第七十条 公益信托终止的，受托人应当于终止事由发生之日起十五日内，将终止事由和终止日期报告公益事业管理机构。

第七十一条 公益信托终止的，受托人作出的处理信托事务的清算报告，应当经信托监察人认可后，报公益事业管理机构核准，并由受托人予以公告。

第七十二条 公益信托终止，没有信托财产权利归属人或者信托财产权利归属人是不特定的社会公众的，经公益事业管理机构批准，受托人应当将信托财产用于与原公益目的相近似的目的，或者将信托财产转移给具有近似目的的公益组织或者其他公益信托。

第七十三条 公益事业管理机构违反本法规定的，委托人、受托人或者受益人有权向人民法院起诉。

二十七、保险纠纷

333. 财产保险合同纠纷

（1）财产损失保险合同纠纷
（2）责任保险合同纠纷
（3）信用保险合同纠纷
（4）保证保险合同纠纷
（5）保险人代位求偿权纠纷

相关规范

》《中华人民共和国保险法》（2015 年修正）

第二十三条 保险人收到被保险人或者受益人的赔偿或者给付保险金的请求后，应当及时作出核定；情形复杂的，应当在三十日内作出核定，但合同另有约定的除外。保险人应当将核定结果通知被保险人或者受益人；对属于保险责任的，在与被保险人或者受益人达成赔偿或者给付保险金的协议后十日内，履行赔偿或者给付保险金义务。保险合同对赔偿或者给付保险金的期限有约定的，保险人应当按照约定履行赔偿或者给付保险金义务。

保险人未及时履行前款规定义务的，除支付保险金外，应当赔偿被保险人或者受益人因此受到的损失。

任何单位和个人不得非法干预保险人履行赔偿或者给付保险金的义务，也不得限制被保险人或者受益人取得保险金的权利。

第四十八条　保险事故发生时，被保险人对保险标的不具有保险利益的，不得向保险人请求赔偿保险金。

第四十九条　保险标的转让的，保险标的的受让人承继被保险人的权利和义务。

保险标的转让的，被保险人或者受让人应当及时通知保险人，但货物运输保险合同和另有约定的合同除外。

因保险标的转让导致危险程度显著增加的，保险人自收到前款规定的通知之日起三十日内，可以按照合同约定增加保险费或者解除合同。保险人解除合同的，应当将已收取的保险费，按照合同约定扣除自保险责任开始之日起至合同解除之日止应收的部分后，退还投保人。

被保险人、受让人未履行本条第二款规定的通知义务的，因转让导致保险标的的危险程度显著增加而发生的保险事故，保险人不承担赔偿保险金的责任。

第五十条　货物运输保险合同和运输工具航程保险合同，保险责任开始后，合同当事人不得解除合同。

第五十一条　被保险人应当遵守国家有关消防、安全、生产操作、劳动保护等方面的规定，维护保险标的的安全。

保险人可以按照合同约定对保险标的的安全状况进行检查，及时向投保人、被保险人提出消除不安全因素和隐患的书面建议。

投保人、被保险人未按照约定履行其对保险标的的安全应尽责任的，保险人有权要求增加保险费或者解除合同。

保险人为维护保险标的的安全，经被保险人同意，可以采取安全预防措施。

第五十九条　保险事故发生后，保险人已支付了全部保险金额，并且保险金额等于保险价值的，受损保险标的的全部权利归于保险人；保险金额低于保险价值的，保险人按照保险金额与保险价值的比例取得受损保险标的的部分权利。

第六十条　因第三者对保险标的的损害而造成保险事故的，保险人自向被保险人赔偿保险金之日起，在赔偿金额范围内代位行使被保险人对第三者请求赔偿的权利。

前款规定的保险事故发生后，被保险人已经从第三者取得损害赔偿的，保险人赔偿保险金时，可以相应扣减被保险人从第三者已取得的赔偿金额。

保险人依照本条第一款规定行使代位请求赔偿的权利，不影响被保险人就未取得赔偿的部分向第三者请求赔偿的权利。

第六十一条　保险事故发生后，保险人未赔偿保险金之前，被保险人放弃对第三者请求赔偿的权利的，保险人不承担赔偿保险金的责任。

保险人向被保险人赔偿保险金后，被保险人未经保险人同意放弃对第三者请求赔偿的权利的，该行为无效。

被保险人故意或者因重大过失致使保险人不能行使代位请求赔偿的权利的，保险人可以扣减或者要求返还相应的保险金。

第六十二条　除被保险人的家庭成员或者其组成人员故意造成本法第六十条第一款规定的保险事故外，保险人不得对被保险人的家庭成员或者其组成人员行使代位请求赔偿的权利。

第六十三条　保险人向第三者行使代位请求赔偿的权利时，被保险人应当向保险人提供必要的文件和所知道的有关情况。

第六十五条　保险人对责任保险的被保险人给第三者造成的损害，可以依照法律的规定或者合同的约定，直接向该第三者赔偿保险金。

责任保险的被保险人给第三者造成损害，被保险人对第三者应负的赔偿责任确定的，根据被保险人的请求，保险人应当直接向该第三者赔偿保险金。被保险人怠于请求的，第三者有权就其应获赔偿部分直接向保险人请求赔偿保险金。

责任保险的被保险人给第三者造成损害，被保险人未向该第三者赔偿的，保险人不得向被保险人赔偿保险金。

责任保险是指以被保险人对第三者依法

应负的赔偿责任为保险标的的保险。

第六十六条 责任保险的被保险人因给第三者造成损害的保险事故而被提起仲裁或者诉讼的，被保险人支付的仲裁或者诉讼费用以及其他必要的、合理的费用，除合同另有约定外，由保险人承担。

《最高人民法院关于适用〈中华人民共和国保险法〉若干问题的解释（二）》（2020年12月23日修正）

第一条 财产保险中，不同投保人就同一保险标的分别投保，保险事故发生后，被保险人在其保险利益范围内依据保险合同主张保险赔偿的，人民法院应予支持。

第二条 人身保险中，因投保人对被保险人不具有保险利益导致保险合同无效，投保人主张保险人退还扣减相应手续费后的保险费的，人民法院应予支持。

第三条 投保人或者投保人的代理人订立保险合同时没有亲自签字或者盖章，而由保险人或者保险人的代理人代为签字或者盖章的，对投保人不生效。但投保人已经交纳保险费的，视为其对代签字或者盖章行为的追认。

保险人或者保险人的代理人代为填写保险单证后经投保人签字或者盖章确认的，代为填写的内容视为投保人的真实意思表示。但有证据证明保险人或者保险人的代理人存在保险法第一百一十六条、第一百三十一条相关规定情形的除外。

第四条 保险人接受了投保人提交的投保单并收取了保险费，尚未作出是否承保的意思表示，发生保险事故，被保险人或者受益人请求保险人按照保险合同承担赔偿或者给付保险金责任，符合承保条件的，人民法院应予支持；不符合承保条件的，保险人不承担保险责任，但应当退还已经收取的保险费。

保险人主张不符合承保条件的，应承担举证责任。

第五条 保险合同订立时，投保人明知的与保险标的或者被保险人有关的情况，属于保险法第十六条第一款规定的投保人“应当如实告知”的内容。

第六条 投保人的告知义务限于保险人询问的范围和内容。当事人对询问范围及内容有争议的，保险人负举证责任。

保险人以投保人违反了对投保单询问表中所列概括性条款的如实告知义务为由请求解除合同的，人民法院不予支持。但该概括性条款有具体内容的除外。

第七条 保险人在保险合同成立后知道或者应当知道投保人未履行如实告知义务，仍然收取保险费，又依照保险法第十六条第二款的规定主张解除合同的，人民法院不予支持。

第八条 保险人未行使合同解除权，直接以存在保险法第十六条第四款、第五款规定的情形为由拒绝赔偿的，人民法院不予支持。但当事人就拒绝赔偿事宜及保险合同存续另行达成一致的情况除外。

第九条 保险人提供的格式合同文本中的责任免除条款、免赔额、免赔率、比例赔付或者给付等免除或者减轻保险人责任的条款，可以认定为保险法第十七条第二款规定的“免除保险人责任的条款”。

保险人因投保人、被保险人违反法定或者约定义务，享有解除合同权利的条款，不属于保险法第十七条第二款规定的“免除保险人责任的条款”。

第十条 保险人将法律、行政法规中的禁止性规定情形作为保险合同免责条款的免责事由，保险人对该条款作出提示后，投保人、被保险人或者受益人以保险人未履行明确说明义务为由主张该条款不成为合同内容的，人民法院不予支持。

第十一条 保险合同订立时，保险人在投保单或者保险单等其他保险凭证上，对保险合同中免除保险人责任的条款，以足以引起投保人注意的文字、字体、符号或者其他明显标志作出提示的，人民法院应当认定其履行了保险法第十七条第二款规定的提示义务。

保险人对保险合同中有关免除保险人责任条款的概念、内容及其法律后果以书面或者口头形式向投保人作出常人能够理解的解释说明的，人民法院应当认定保险人履行了保险法第十七条第二款规定的明确说明义务。

第十二条　通过网络、电话等方式订立的保险合同，保险人以网页、音频、视频等形式对免除保险人责任条款予以提示和明确说明的，人民法院可以认定其履行了提示和明确说明义务。

第十三条　保险人对其履行了明确说明义务负举证责任。

投保人对保险人履行了符合本解释第十一条第二款要求的明确说明义务在相关文书上签字、盖章或者以其他形式予以确认的，应当认定保险人履行了该项义务。但另有证据证明保险人未履行明确说明义务的除外。

第十四条　保险合同中记载的内容不一致的，按照下列规则认定：

（一）投保单与保险单或者其他保险凭证不一致的，以投保单为准。但不一致的情形系经保险人说明并经投保人同意的，以投保人签收的保险单或者其他保险凭证载明的内容为准；

（二）非格式条款与格式条款不一致的，以非格式条款为准；

（三）保险凭证记载的时间不同的，以形成时间在后的为准；

（四）保险凭证存在手写和打印两种方式的，以双方签字、盖章的手写部分的内容为准。

第十五条　保险法第二十三条规定的三十日核定期间，应自保险人初次收到索赔请求及投保人、被保险人或者受益人提供的有关证明和资料之日起算。

保险人主张扣除投保人、被保险人或者受益人补充提供有关证明和资料期间的，人民法院应予支持。扣除期间自保险人根据保险法第二十二条规定作出的通知到达投保人、被保险人或者受益人之日起，至投保人、被保险人或者受益人按照通知要求补充提供的有关证明和资料到达保险人之日止。

第十六条　保险人应以自己的名义行使保险代位求偿权。

根据保险法第六十条第一款的规定，保险人代位求偿权的诉讼时效期间应自其取得代位求偿权之日起算。

第十七条　保险人在其提供的保险合同格式条款中对非保险术语所作的解释符合专业意义，或者虽不符合专业意义，但有利于投保人、被保险人或者受益人的，人民法院应予认可。

第十八条　行政管理部门依据法律规定制作的交通事故认定书、火灾事故认定书等，人民法院应当依法审查并确认其相应的证明力，但有相反证据能够推翻的除外。

第十九条　保险事故发生后，被保险人或者受益人起诉保险人，保险人以被保险人或者受益人未要求第三者承担责任为由抗辩不承担保险责任的，人民法院不予支持。

财产保险事故发生后，被保险人就其所受损失从第三者取得赔偿后的不足部分提起诉讼，请求保险人赔偿的，人民法院应予依法受理。

第二十条　保险公司依法设立并取得营业执照的分支机构属于《中华人民共和国民事诉讼法》第四十八条规定的其他组织，可以作为保险合同纠纷案件的当事人参加诉讼。

第二十一条　本解释施行后尚未终审的保险合同纠纷案件，适用本解释；本解释施行前已经终审，当事人申请再审或者按照审判监督程序决定再审的案件，不适用本解释。

》《最高人民法院关于适用〈中华人民共和国保险法〉若干问题的解释（四）》（2020年12月23日修正）

第一条　保险标的已交付受让人，但尚未依法办理所有权变更登记，承担保险标的毁损灭失风险的受让人，依照保险法第四十八条、第四十九条的规定主张行使被保险人权利的，人民法院应予支持。

第二条 保险人已向投保人履行了保险法规定的提示和明确说明义务，保险标的受让人以保险标的转让后保险人未向其提示或者明确说明为由，主张免除保险人责任的条款不成为合同内容的，人民法院不予支持。

第三条 被保险人死亡，继承保险标的的当事人主张承继被保险人的权利和义务的，人民法院应予支持。

第四条 人民法院认定保险标的是否构成保险法第四十九条、第五十二条规定的"危险程度显著增加"时，应当综合考虑以下因素：

（一）保险标的用途的改变；

（二）保险标的使用范围的改变；

（三）保险标的所处环境的变化；

（四）保险标的因改装等原因引起的变化；

（五）保险标的使用人或者管理人的改变；

（六）危险程度增加持续的时间；

（七）其他可能导致危险程度显著增加的因素。

保险标的危险程度虽然增加，但增加的危险属于保险合同订立时保险人预见或者应当预见的保险合同承保范围的，不构成危险程度显著增加。

第五条 被保险人、受让人依法及时向保险人发出保险标的转让通知后，保险人作出答复前，发生保险事故，被保险人或者受让人主张保险人按照保险合同承担赔偿保险金的责任的，人民法院应予支持。

第六条 保险事故发生后，被保险人依照保险法第五十七条的规定，请求保险人承担为防止或者减少保险标的的损失所支付的必要、合理费用，保险人以被保险人采取的措施未产生实际效果为由抗辩的，人民法院不予支持。

第七条 保险人依照保险法第六十条的规定，主张代位行使被保险人因第三者侵权或者违约等享有的请求赔偿的权利的，人民法院应予支持。

第八条 投保人和被保险人为不同主体，因投保人对保险标的的损害而造成保险事故，保险人依法主张代位行使被保险人对投保人请求赔偿的权利的，人民法院应予支持，但法律另有规定或者保险合同另有约定的除外。

第九条 在保险人以第三者为被告提起的代位求偿权之诉中，第三者以被保险人在保险合同订立前已放弃对其请求赔偿的权利为由进行抗辩，人民法院认定上述放弃行为合法有效，保险人就相应部分主张行使代位求偿权的，人民法院不予支持。

保险合同订立时，保险人就是否存在上述放弃情形提出询问，投保人未如实告知，导致保险人不能代位行使请求赔偿的权利，保险人请求返还相应保险金的，人民法院应予支持，但保险人知道或者应当知道上述情形仍同意承保的除外。

第十条 因第三者对保险标的的损害而造成保险事故，保险人获得代位请求赔偿的权利的情况未通知第三者或者通知到达第三者前，第三者在被保险人已经从保险人处获赔的范围内又向被保险人作出赔偿，保险人主张代位行使被保险人对第三者请求赔偿的权利的，人民法院不予支持。保险人就相应保险金主张被保险人返还的，人民法院应予支持。

保险人获得代位请求赔偿的权利的情况已经通知到第三者，第三者又向被保险人作出赔偿，保险人主张代位行使请求赔偿的权利，第三者以其已经向被保险人赔偿为由抗辩的，人民法院不予支持。

第十一条 被保险人因故意或者重大过失未履行保险法第六十三条规定的义务，致使保险人未能行使或者未能全部行使代位请求赔偿的权利，保险人主张在其损失范围内扣减或者返还相应保险金的，人民法院应予支持。

第十二条 保险人以造成保险事故的第三者为被告提起代位求偿权之诉的，以被保险人与第三者之间的法律关系确定管辖法院。

第十三条 保险人提起代位求偿权之诉

时，被保险人已经向第三者提起诉讼的，人民法院可以依法合并审理。

保险人行使代位求偿权时，被保险人已经向第三者提起诉讼，保险人向受理该案的人民法院申请变更当事人，代位行使被保险人对第三者请求赔偿的权利，被保险人同意的，人民法院应予准许；被保险人不同意的，保险人可以作为共同原告参加诉讼。

第十四条　具有下列情形之一的，被保险人可以依照保险法第六十五条第二款的规定请求保险人直接向第三者赔偿保险金：

（一）被保险人对第三者所负的赔偿责任经人民法院生效裁判、仲裁裁决确认；

（二）被保险人对第三者所负的赔偿责任经被保险人与第三者协商一致；

（三）被保险人对第三者应负的赔偿责任能够确定的其他情形。

前款规定的情形下，保险人主张按照保险合同确定保险赔偿责任的，人民法院应予支持。

第十五条　被保险人对第三者应负的赔偿责任确定后，被保险人不履行赔偿责任，且第三者以保险人为被告或者以保险人与被保险人为共同被告提起诉讼时，被保险人尚未向保险人提出直接向第三者赔偿保险金的请求的，可以认定为属于保险法第六十五条第二款规定的“被保险人怠于请求”的情形。

第十六条　责任保险的被保险人因共同侵权依法承担连带责任，保险人以该连带责任超出被保险人应承担的责任份额为由，拒绝赔付保险金的，人民法院不予支持。保险人承担保险责任后，主张就超出被保险人责任份额的部分向其他连带责任人追偿的，人民法院应予支持。

第十七条　责任保险的被保险人对第三者所负的赔偿责任已经生效判决确认并已进入执行程序，但未获得清偿或者未获得全部清偿，第三者依法请求保险人赔偿保险金，保险人以前述生效判决已进入执行程序为由抗辩的，人民法院不予支持。

第十八条　商业责任险的被保险人向保险人请求赔偿保险金的诉讼时效期间，自被保险人对第三者应负的赔偿责任确定之日起计算。

第十九条　责任保险的被保险人与第三者就被保险人的赔偿责任达成和解协议且经保险人认可，被保险人主张保险人在保险合同范围内依据和解协议承担保险责任的，人民法院应予支持。

被保险人与第三者就被保险人的赔偿责任达成和解协议，未经保险人认可，保险人主张对保险责任范围以及赔偿数额重新予以核定的，人民法院应予支持。

第二十条　责任保险的保险人在被保险人向第三者赔偿之前向被保险人赔偿保险金，第三者依照保险法第六十五条第二款的规定行使保险金请求权时，保险人以其已向被保险人赔偿为由拒绝赔偿保险金的，人民法院不予支持。保险人向第三者赔偿后，请求被保险人返还相应保险金的，人民法院应予支持。

《最高人民法院关于印发〈全国法院民商事审判工作会议纪要〉的通知》

（法〔2019〕254 号　2019 年 11 月 8 日）

97. **【未依约支付保险费的合同效力】** 当事人在财产保险合同中约定以投保人支付保险费作为合同生效条件，但对该生效条件是否为全额支付保险费约定不明，已经支付了部分保险费的投保人主张保险合同已经生效的，人民法院依法予以支持。

98. **【仲裁协议对保险人的效力】** 被保险人和第三者在保险事故发生前达成的仲裁协议，对行使保险代位求偿权的保险人是否具有约束力，实务中存在争议。保险代位求偿权是一种法定债权转让，保险人在向被保险人赔偿保险金后，有权行使被保险人对第三者请求赔偿的权利。被保险人和第三者在保险事故发生前达成的仲裁协议，对保险人具有约束力。考虑到涉外民商事案件的处理常常涉及国际条约、国际惯例的适用，相关问题具有特殊性，故具有涉外因素的民商事纠纷案件中该问题的处理，不纳入本条规范的范围。

99. 【直接索赔的诉讼时效】商业责任保险的被保险人给第三者造成损害，被保险人对第三者应当承担的赔偿责任确定后，保险人应当根据被保险人的请求，直接向第三者赔偿保险金。被保险人怠于提出请求的，第三者有权依据《保险法》第65条第2款的规定，就其应获赔偿部分直接向保险人请求赔偿保险金。保险人拒绝赔偿的，第三者请求保险人直接赔偿保险金的诉讼时效期间的起算时间如何认定，实务中存在争议。根据诉讼时效制度的基本原理，第三者请求保险人直接赔偿保险金的诉讼时效期间，自其知道或者应当知道向保险人的保险金赔偿请求权行使条件成就之日起计算。

指导案例

华泰财产保险有限公司北京分公司诉李志贵、天安财产保险股份有限公司河北省分公司张家口支公司保险人代位求偿权纠纷案（最高人民法院指导案例25号　2014年1月26日发布）

【关键词】　民事诉讼　保险人代位求偿　管辖

【裁判要点】

因第三者对保险标的的损害造成保险事故，保险人向被保险人赔偿保险金后，代位行使被保险人对第三者请求赔偿的权利而提起诉讼的，应当根据保险人所代位的被保险人与第三者之间的法律关系，而不应当根据保险合同法律关系确定管辖法院。第三者侵害被保险人合法权益的，由侵权行为地或者被告住所地法院管辖。

【基本案情】

2011年6月1日，华泰财产保险有限公司北京分公司（简称华泰保险公司）与北京亚大锦都餐饮管理有限公司（简称亚大锦都餐饮公司）签订机动车辆保险合同，被保险车辆的车牌号为京A82368，保险期间自2011年6月5日0时起至2012年6月4日24时止。2011年11月18日，陈某某驾驶被保险车辆行驶至北京市朝阳区机场高速公路上时，与李志贵驾驶的车牌号为冀GA9120的车辆发生交通事故，造成被保险车辆受损。经交管部门认定，李志贵负事故全部责任。事故发生后，华泰保险公司依照保险合同的约定，向被保险人亚大锦都餐饮公司赔偿保险金83878元，并依法取得代位求偿权。基于肇事车辆系在天安财产保险股份有限公司河北省分公司张家口支公司（简称天安保险公司）投保了机动车交通事故责任强制保险，华泰保险公司于2012年10月诉至北京市东城区人民法院，请求判令被告肇事司机李志贵和天安保险公司赔偿83878元，并承担诉讼费用。

被告李志贵的住所地为河北省张家口市怀来县沙城镇，被告天安保险公司的住所地为张家口市怀来县沙城镇燕京路东108号，保险事故发生地为北京市朝阳区机场高速公路上，被保险车辆行驶证记载所有人的住址为北京市东城区工体北路新中西街8号。

【裁判结果】

北京市东城区人民法院于2012年12月17日作出（2012）东民初字第13663号民事裁定：对华泰保险公司的起诉不予受理。宣判后，当事人未上诉，裁定已发生法律效力。

【裁判理由】

法院生效裁判认为：根据《中华人民共和国保险法》第六十条的规定，保险人的代位求偿权是指保险人依法享有的，代位行使被保险人向造成保险标的损害负有赔偿责任的第三者请求赔偿的权利。保险人代位求偿权源于法律的直接规定，属于保险人的法定权利，并非基于保险合同而产生的约定权利。因第三者对保险标的的损害造成保险事故，保险人向被保险人赔偿保险金后，代位行使被保险人对第三者请求赔偿的权利而提起诉讼的，应根据保险人所代位的被保险人与第三者之间的法律关系确定管辖法院。第三者侵害被保险人合法权益，因侵权行为提起的诉讼，依据《中华人民共和国民事诉讼法》第二十八条的规定，由侵权行为地或者被告住所地法院管辖，而不适用财产保险合同纠纷管辖的规定，不应以保险标的物所在地作为管辖依据。本案中，第三者实施了道路交通侵权行为，造成保险事故，被保险人对第三者有侵权损害赔偿请求权；保险人行使代位权起诉第三者的，应当由侵权行为地或者被告住所地法院管辖。现二被告的住所地及侵权行为地均不在北京市东城区，故北京市东城区人民法院对该起诉没有管辖权，应裁定不予受理。

中国平安财产保险股份有限公司江苏分公司诉江苏镇江安装集团有限公司保险人代位求偿权纠纷案（最高人民法院指导案例74号　2016年12月28日发布）

【关键词】　民事　保险代位求偿权　财产保险合同　第三者对保险标的的损害　违约行为

【裁判要点】

因第三者的违约行为给被保险人的保险标的造成损害的，可以认定为属于《中华人民共和国保险法》第六十条第一款规定的"第三者对保险标的的损害"的情形。保险人由此依法向第三者行使代位求偿权的，人民法院应予支持。

【基本案情】

2008年10月28日，被保险人华东联合制罐有限公司（以下简称华东制罐公司）、华东联合制罐第二有限公司（以下简称华东制罐第二公司）与被告江苏镇江安装集团有限公司（以下简称镇江安装公司）签订《建设工程施工合同》，约定由镇江安装公司负责被保险人整厂机器设备迁建安装等工作。《建设工程施工合同》第二部分"通用条款"第38条约定："承包人按专用条款的约定分包所承包的部分工程，并与分包单位签订分包合同，未经发包人同意，承包人不得将承包工程的任何部分分包"；"工程分包不能解除承包人任何责任与义务。承包人应在分包场地派驻相应管理人员，保证本合同的履行。分包单位的任何违约行为或疏忽导致工程损害或给发包人造成其他损失，承包人承担连带责任"。《建设工程施工合同》第三部分"专用条款"第14条第（1）项约定"承包人不得将本工程进行分包施工"。"通用条款"第40条约定："工程开工前，发包人为建设工程和施工场地内的自有人员及第三人人员生命财产办理保险，支付保险费用"；"运至施工场地内用于工程的材料和待安装设备，由发包人办理保险，并支付保险费用"；"发包人可以将有关保险事项委托承包人办理，费用由发包人承担"；"承包人必须为从事危险作业的职工办理意外伤害保险，并为施工场地内自有人员生命财产和施工机械设备办理保险，支付保险费用"。

2008年11月16日，镇江安装公司与镇江亚民大件起重有限公司（以下简称亚民运输公司）公司签订《工程分包合同》，将前述合同中的设备吊装、运输分包给亚民运输公司。2008年11月20日，就上述整厂迁建设备安装工程，华东制罐公司、华东制罐第二公司向中国平安财产保险股份有限公司江苏分公司（以下简称平安财险公司）投保了安装工程一切险。投保单中记载被保险人为华东制罐公司及华东制罐第二公司，并明确记载承包人镇江安装公司不是被保险人。投保单"物质损失投保项目和投保金额"栏载明"安装项目投保金额为177465335.56元"。附加险中，还投保有"内陆运输扩展条款A"，约定每次事故财产损失赔偿限额为200万元。投保期限从2008年11月20日起至2009年7月31日止。投保单附有被安装机器设备的清单，其中包括：SEQUA彩印机2台，合计原值为29894340.88元。投保单所附保险条款中，对"内陆运输扩展条款A"作如下说明：经双方同意，鉴于被保险人已按约定交付了附加的保险费，保险公司负责赔偿被保险人的保险财产在中华人民共和国境内供货地点到保险单中列明的工地，除水运和空运以外的内陆运输途中因自然灾害或意外事故引起的损失，但被保险财产在运输时必须有合格的包装及装载。

2008 年 12 月 19 日 10 时 30 分许，亚民运输公司驾驶员姜玉才驾驶苏 L06069、苏 L003 挂重型半挂车，从旧厂区承运彩印机至新厂区的途中，在转弯时车上钢丝绳断裂，造成彩印机侧翻滑落地面损坏。平安财险公司接险后，对受损标的确定了清单。经镇江市公安局交通巡逻警察支队现场查勘，认定姜玉才负事故全部责任。后华东制罐公司、华东制罐第二公司、平安财险公司、镇江安装公司及亚民运输公司共同委托泛华保险公估有限公司（以下简称泛华公估公司）对出险事故损失进行公估，并均同意认可泛华公估公司的最终理算结果。2010 年 3 月 9 日，泛华公估公司出具了公估报告，结论：出险原因系设备运输途中翻落（意外事故）；保单责任成立；定损金额总损 1518431. 32 元、净损 1498431. 32 元；理算金额 1498431. 32 元。泛华公估公司收取了平安财险公司支付的 47900 元公估费用。

2009 年 12 月 2 日，华东制罐公司及华东制罐第二公司向镇江安装公司发出《索赔函》，称“该事故导致的全部损失应由贵司与亚民运输公司共同承担。我方已经向投保的中国平安财产保险股份有限公司镇江中心支公司报险。一旦损失金额确定，投保公司核实并先行赔付后，对赔付限额内的权益，将由我方让渡给投保公司行使。对赔付不足部分，我方将另行向贵司与亚民运输公司主张”。

2010 年 5 月 12 日，华东制罐公司、华东制罐第二公司向平安财险公司出具赔款收据及权益转让书，载明：已收到平安财险公司赔付的 1498431. 32 元。同意将上述赔款部分保险标的的一切权益转让给平安财险公司，同意平安财险公司以平安财险公司的名义向责任方追偿。后平安财险公司诉至法院，请求判令镇江安装公司支付赔偿款和公估费。

【裁判结果】

江苏省镇江市京口区人民法院于 2011 年 2 月 16 日作出（2010）京商初字第 1822 号民事判决：一、江苏镇江安装集团有限公司于判决生效后 10 日内给付中国平安财产保险股份有限公司江苏分公司 1498431. 32 元；二、驳回中国平安财产保险股份有限公司江苏分公司关于给付 47900 元公估费的诉讼请求。一审宣判后，江苏镇江安装集团有限公司向江苏省镇江市中级人民法院提起上诉。江苏省镇江市中级人民法院于 2011 年 4 月 12 日作出（2011）镇商终字第 0133 号民事判决：一、撤销镇江市京口区人民法院（2010）京商初字第 1822 号民事判决；二、驳回中国平安财产保险股份有限公司江苏分公司对江苏镇江安装集团有限公司的诉讼请求。二审宣判后，中国平安财产保险股份有限公司江苏分公司向江苏省高级人民法院申请再审。江苏省高级人民法院于 2014 年 5 月 30 日作出（2012）苏商再提字第 0035 号民事判决：一、撤销江苏省镇江市中级人民法院（2011）镇商终字第 0133 号民事判决；二、维持镇江市京口区人民法院（2010）京商初字第 1822 号民事判决。

【裁判理由】

法院生效裁判认为，本案的焦点问题是：1. 保险代位求偿权的适用范围是否限于侵权损害赔偿请求权；2. 镇江安装公司能否以华东制罐公司、华东制罐第二公司已购买相关财产损失险为由，拒绝保险人对其行使保险代位求偿权。

关于第一个争议焦点。《中华人民共和国保险法》（以下简称《保险法》）第六十条第一款规定：“因第三者对保险标的的损害而造成保险事故的，保险人自向被保险人赔偿保险金之日起，在赔偿金额范围内代位行使被保险人对第三者请求赔偿的权利。”该款使用的是“因第三者对保险标的的损害而造成保险事故”的表述，并未限制规定为“因第三者对保险标的的侵权损害而造成保险事故”。将保险代位求偿权的权利范围理解为限于侵权损害赔偿请求权，没有法律依据。从立法目的看，规定保险代位求偿权制度，在于避免财产保险的被保险人因保险事故的发生，分别从保险人及第三者获得赔偿，取得超出实际损失的不当利益，并因此增加道德风险。将《保险法》第六十条第一款中的“损害”理解为仅指“侵权损害”，不符合保险代位求偿权制度设立的目的。故保险人行使代位求偿权，应以被保险人对第三者享有损害赔偿请求权为前提，这里的赔偿请求权既可因第三者对保险标的实施的侵权行为而产生，亦可基于第三者的违约行为等产生，不应仅限于侵权赔偿请求权。本案平安财险公司是基于镇江安装公司的违约行为而非侵权行为行使代位求偿权，镇江安装公司对保险事故的发生是否有过错，对案件的处理并无影响。并且，《建设工程施工合同》约定“承包人不得将本工程进行分包施工”。因此，镇江安装公司关于其对保险事故的发生没有过错因而不应承担责任的答辩意见，不能成立。平安财险公司向镇江安装公司主张权利，主体适格，并无不当。

关于第二个争议焦点。镇江安装公司提出，在发包人与其签订的《建设工程施工合同》通用条款第40条中约定，待安装设备由发包人办理保险，并支付保险费用。从该约定可以看出，就工厂搬迁及设备的拆解安装事项，发包人与镇江安装公司共同商定办理保险，虽然保险费用由发包人承担，但该约定在双方的合同条款中体现，即该费用系双方承担，或者说，镇江安装公司在总承包费用中已经就保险费用作出了让步。由发包人向平安财险公司投保的业务，承包人也应当是被保险人。关于镇江安装公司的上述抗辩意见，《保险法》第十二条第二款、第六款分别规定：“财产保险的被保险人在保险事故发生时，对保险标的应当具有保险利益”；“保险利益是指投保人或者被保险人对保险标的具有的法律上承认的利益”。据此，不同主体对于同一保险标的可以具有不同的保险利益，可就同一保险标的投保与其保险利益相对应的保险险种，成立不同的保险合同，并在各自的保险利益范围内获得保险保障，从而实现利用保险制度分散各自风险的目的。因发包人和承包人对保险标的具有不同的保险利益，只有分别投保与其保险利益相对应的财产保险类别，才能获得相应的保险保障，二者不能相互替代。

发包人华东制罐公司和华东制罐第二公司作为保险标的的所有权人，其投保的安装工程一切险是基于对保险标的享有的所有权保险利益而投保的险种，旨在分散保险标的的损坏或灭失风险，性质上属于财产损失保险；附加险中投保的“内陆运输扩展条款A”约定“保险公司负责赔偿被保险人的保险财产在中华人民共和国境内供货地点到保险单中列明的工地，除水运和空运以外的内陆运输途中因自然灾害或意外事故引起的损失”，该项附加险在性质上亦属财产损失保险。镇江安装公司并非案涉保险标的所有权人，不享有所有权保险利益，其作为承包人对案涉保险标的享有责任保险利益，欲将施工过程中可能产生的损害赔偿责任转由保险人承担，应当投保相关责任保险，而不能借由发包人投保的财产损失保险免除自己应负的赔偿责任。其次，发包人不认可承包人的被保险人地位，案涉《安装工程一切险投保单》中记载的被保险人为华东制罐公司及华东制罐第二公司，并明确记载承包人镇江安装公司不是被保险人。因此，镇江安装公司关于“由发包人向平安财险公司投保的业务，承包人也应当是被保险人”的答辩意见，不能成立。《建设工程施工合同》明确约定“运至施工场地内用于工程的材料和待安装设备，由发包人办理保险，并支付保险费用”及“工程分包不能解除承包人任何责任与义务，分包单位的任何违约行为或疏忽导致工程损害或给发包人造成其他损失，承包人承担连带责任”。由此可见，发包人从未作出在保险赔偿范围内免除承包人赔偿责任的意思表示，双方并未约定在保险赔偿范围内免除承包人的赔偿责任。再次，在保险事故发生后，被保险人积极向承包人索赔并向平安财险公司出具了权益转让书。根据以上情况，镇江安装公司以其对保险标的也具有保险利益，且保险标的所有权人华东制罐公司和华东制罐第二公司已投保财产损失保险为由，主张免除其依建设工程施工合同应对两制罐公司承担的违约损害赔偿责任，并进而拒绝平安财险公司行使代位求偿权，没有法律依据，不予支持。

综上理由作出如上判决。

典型案例

中国平安财产保险股份有限公司广东分公司诉吴春田、北京亿心宜行汽车技术开发服务有限公司保险人代位求偿权纠纷案（《最高人民法院发布第一批涉互联网典型案例》第9号 2018年8月16日）

【基本案情】

中国平安财产保险股份有限公司广东分公司（以下简称平安保险公司）承保王司政名下车辆。保险期间内，王司政因饮酒不能驾驶，遂通过“e代驾”网络平台向北京亿心宜行汽车技术开发服务有限公司（以下简称亿心公司）请求有偿代驾服务，亿心公司接受后指派了吴春田提供代驾服务。王司政签署了由吴春田提供的《委托代驾服务协议》，王司政在委托方署名，吴春田、亿心公司在被委托方签名和签章。吴春田提供代驾服务时发生交通事故，据交警部门作出的事故认定书，吴春田负事故全部责任。此次交通事故，经平安保险公司定损并向王司政赔付了保险金159194元。王司政承诺将已获赔部分的追偿权转给平安保险公司。平安保险公司遂将吴春田、亿心公司起诉至法院，要求连带赔偿平安保险公司经济损失159194元。

【裁判结果】

广州市荔湾区人民法院作出（2016）粤0103民初5327号民事判决：一、北京亿心宜行汽车技术开发服务有限公司、吴春田共同于判决发生法律效力之日起十日内向中国平安财产保险股份有限公司广东分公司支付赔偿款124834元。二、驳回中国平安财产保险股份有限公司广东分公司的其他诉讼请求。广州市中级人民法院于2017年10月11日作出（2017）粤01民终13837号民事判决：一、撤销广州市荔湾区人民法院（2016）粤0103民初5327号民事判决第二项；二、变更广州市荔湾区人民法院（2016）粤0103民初5327号民事判决第一项为：北京亿心宜行汽车技术开发服务有限公司于判决发生法律效力之日起十日内向中国平安财产保险股份有限公司广东分公司支付赔偿款124834元；三、驳回中国平安财产保险股份有限公司广东分公司的其他诉讼请求。

【典型意义】

随着网络时代的兴起，通过网约代驾平台请求有偿代驾服务越来越常见，而在代驾服务期间发生事故进而引发纠纷的情形也时有发生。提供有偿网约代驾服务的主体并不具有车损险被保险人地位，代驾过程中发生事故造成车损，代驾司机负有责任的，保险人向被保险人赔偿后，有权在赔偿金额范围内行使代位求偿权。本案的处理，对厘清车主、网约代驾平台及保险人的责任，维护广大车主的切身利益和规范网络代驾行业的健康发展都具有积极的意义。不同于日常生活中亲朋借车或友情代驾行为，本案中代驾人系有偿提供代驾服务，并非为被保险人利益所为，对保险标的车辆也不存在占有利益，因此代驾人不能成为涉案保险合同的被保险人。代驾人作为第三人在提供有偿服务的过程中造成投保车辆受损并负全责，对被保险人的财产构成侵权，被保险人有权请求赔偿，保险公司亦可代位行使求偿权。

334. 人身保险合同纠纷

（1）人寿保险合同纠纷
（2）意外伤害保险合同纠纷
（3）健康保险合同纠纷

相关规范

》《中华人民共和国保险法》（2015 年修正）

第三十一条 投保人对下列人员具有保险利益：

（一）本人；

（二）配偶、子女、父母；

（三）前项以外与投保人有抚养、赡养或者扶养关系的家庭其他成员、近亲属；

（四）与投保人有劳动关系的劳动者。

除前款规定外，被保险人同意投保人为其订立合同的，视为投保人对被保险人具有保险利益。

订立合同时，投保人对被保险人不具有保险利益的，合同无效。

第三十二条 投保人申报的被保险人年龄不真实，并且其真实年龄不符合合同约定的年龄限制的，保险人可以解除合同，并按照合同约定退还保险单的现金价值。保险人行使合同解除权，适用本法第十六条第三款、第六款的规定。

投保人申报的被保险人年龄不真实，致使投保人支付的保险费少于应付保险费的，保险人有权更正并要求投保人补交保险费，或者在给付保险金时按照实付保险费与应付保险费的比例支付。

投保人申报的被保险人年龄不真实，致使投保人支付的保险费多于应付保险费的，保险人应当将多收的保险费退还投保人。

第三十三条 投保人不得为无民事行为能力人投保以死亡为给付保险金条件的人身保险，保险人也不得承保。

父母为其未成年子女投保的人身保险，不受前款规定限制。但是，因被保险人死亡给付的保险金总和不得超过国务院保险监督管理机构规定的限额。

第三十四条 以死亡为给付保险金条件的合同，未经被保险人同意并认可保险金额的，合同无效。

按照以死亡为给付保险金条件的合同所签发的保险单，未经被保险人书面同意，不得转让或者质押。

父母为其未成年子女投保的人身保险，不受本条第一款规定限制。

第三十五条 投保人可以按照合同约定向保险人一次支付全部保险费或者分期支付保险费。

第三十六条 合同约定分期支付保险费，投保人支付首期保险费后，除合同另有约定外，投保人自保险人催告之日起超过三十日未支付当期保险费，或者超过约定的期限六十日未支付当期保险费的，合同效力中止，或者由保险人按照合同约定的条件减少保险金额。

被保险人在前款规定期限内发生保险事故的，保险人应当按照合同约定给付保险金，但可以扣减欠交的保险费。

第三十七条 合同效力依照本法第三十六条规定中止的，经保险人与投保人协商并达成协议，在投保人补交保险费后，合同效力恢复。但是，自合同效力中止之日起满二年双方未达成协议的，保险人有权解除合同。

保险人依照前款规定解除合同的，应当按照合同约定退还保险单的现金价值。

第三十八条 保险人对人寿保险的保险费，不得用诉讼方式要求投保人支付。

第三十九条 人身保险的受益人由被保险人或者投保人指定。

投保人指定受益人时须经被保险人同意。投保人为与其有劳动关系的劳动者投保人身保险，不得指定被保险人及其近亲属以外的人为受益人。

被保险人为无民事行为能力人或者限制民事行为能力人的，可以由其监护人指定受益人。

第四十条 被保险人或者投保人可以指定一人或者数人为受益人。

受益人为数人的，被保险人或者投保人可以确定受益顺序和受益份额；未确定受益份额的，受益人按照相等份额享有受益权。

第四十一条 被保险人或者投保人可以变更受益人并书面通知保险人。保险人收到变更受益人的书面通知后，应当在保险单或者其他保险凭证上批注或者附贴批单。

投保人变更受益人时须经被保险人同意。

第四十二条 被保险人死亡后，有下列情形之一的，保险金作为被保险人的遗产，由保险人依照《中华人民共和国继承法》的规定履行给付保险金的义务：

（一）没有指定受益人，或者受益人指定不明无法确定的；

（二）受益人先于被保险人死亡，没有其他受益人的；

（三）受益人依法丧失受益权或者放弃受益权，没有其他受益人的。

受益人与被保险人在同一事件中死亡，且不能确定死亡先后顺序的，推定受益人死亡在先。

第四十三条 投保人故意造成被保险人死亡、伤残或者疾病的，保险人不承担给付保险金的责任。投保人已交足二年以上保险费的，保险人应当按照合同约定向其他权利人退还保险单的现金价值。

受益人故意造成被保险人死亡、伤残、疾病的，或者故意杀害被保险人未遂的，该受益人丧失受益权。

第四十四条 以被保险人死亡为给付保险金条件的合同，自合同成立或者合同效力恢复之日起二年内，被保险人自杀的，保险人不承担给付保险金的责任，但被保险人自杀时为无民事行为能力人的除外。

保险人依照前款规定不承担给付保险金责任的，应当按照合同约定退还保险单的现金价值。

第四十五条 因被保险人故意犯罪或者抗拒依法采取的刑事强制措施导致其伤残或者死亡的，保险人不承担给付保险金的责任。投保人已交足二年以上保险费的，保险人应当按照合同约定退还保险单的现金价值。

第四十六条 被保险人因第三者的行为而发生死亡、伤残或者疾病等保险事故的，保险人向被保险人或者受益人给付保险金后，不享有向第三者追偿的权利，但被保险人或者受益人仍有权向第三者请求赔偿。

第四十七条 投保人解除合同的，保险人应当自收到解除合同通知之日起三十日内，按照合同约定退还保险单的现金价值。

»《人身保险公司保险条款和保险费率管理办法》（2015 年修订）

第七条 人身保险分为人寿保险、年金保险、健康保险、意外伤害保险。

第八条 人寿保险是指以人的寿命为保险标的的人身保险。人寿保险分为定期寿险、终身寿险、两全保险等。

定期寿险是指以被保险人死亡为给付保险金条件，且保险期间为固定年限的人寿保险。

终身寿险是指以被保险人死亡为给付保险金条件，且保险期间为终身的人寿保险。

两全保险是指既包含以被保险人死亡为给付保险金条件，又包含以被保险人生存为给付保险金条件的人寿保险。

»《最高人民法院关于适用〈中华人民共和国保险法〉若干问题的解释（三）》（2020 年 12 月 23 日修正）

第一条 当事人订立以死亡为给付保险金条件的合同，根据保险法第三十四条的规定，“被保险人同意并认可保险金额”可以采取书面形式、口头形式或者其他形式；可以在合同订立时作出，也可以在合同订立后追认。

有下列情形之一的，应认定为被保险人同意投保人为其订立保险合同并认可保险金额：

（一）被保险人明知他人代其签名同意而未表示异议的；

（二）被保险人同意投保人指定的受益人的；

（三）有证据足以认定被保险人同意投保人为其投保的其他情形。

第二条 被保险人以书面形式通知保险人和投保人撤销其依据保险法第三十四条第一款规定所作出的同意意思表示的，可认定为保险合同解除。

第三条 人民法院审理人身保险合同纠纷案件时，应主动审查投保人订立保险合同时是否具有保险利益，以及以死亡为给付保险金条件的合同是否经过被保险人同意并认可保险金额。

第四条 保险合同订立后，因投保人丧失对被保险人的保险利益，当事人主张保险合同无效的，人民法院不予支持。

第五条 保险合同订立时，被保险人根据保险人的要求在指定医疗服务机构进行体检，当事人主张投保人如实告知义务免除的，人民法院不予支持。

保险人知道被保险人的体检结果，仍以投保人未就相关情况履行如实告知义务为由要求解除合同的，人民法院不予支持。

第六条 未成年人父母之外的其他履行监护职责的人为未成年人订立以死亡为给付保险金条件的合同，当事人主张参照保险法第三十三条第二款、第三十四条第三款的规定认定该合同有效的，人民法院不予支持，但经未成年人父母同意的除外。

第七条 当事人以被保险人、受益人或者他人已经代为支付保险费为由，主张投保人对应的交费义务已经履行的，人民法院应予支持。

第八条 保险合同效力依照保险法第三十六条规定中止，投保人提出恢复效力申请并同意补交保险费的，除被保险人的危险程度在中止期间显著增加外，保险人拒绝恢复效力的，人民法院不予支持。

保险人在收到恢复效力申请后，三十日内未明确拒绝的，应认定为同意恢复效力。

保险合同自投保人补交保险费之日恢复效力。保险人要求投保人补交相应利息的，人民法院应予支持。

第九条 投保人指定受益人未经被保险人同意的，人民法院应认定指定行为无效。

当事人对保险合同约定的受益人存在争议，除投保人、被保险人在保险合同之外另有约定外，按以下情形分别处理：

（一）受益人约定为‘法定’或者‘法定继承人’的，以民法典规定的法定继承人为受益人；

（二）受益人仅约定为身份关系，投保人与被保险人为同一主体的，根据保险事故发生时与被保险人的身份关系确定受益人；投保人与被保险人为不同主体的，根据保险合同成立时与被保险人的身份关系确定受益人；

（三）约定的受益人包括姓名和身份关系，保险事故发生时身份关系发生变化的，认定为未指定受益人。投保人指定受益人未经被保险人同意的，人民法院应认定指定行为无效。

第十条 投保人或者被保险人变更受益人，当事人主张变更行为自变更意思表示发出时生效的，人民法院应予支持。

投保人或者被保险人变更受益人未通知保险人，保险人主张变更对其不发生效力的，人民法院应予支持。

投保人变更受益人未经被保险人同意的，人民法院应认定变更行为无效。

第十一条 投保人或者被保险人在保险事故发生后变更受益人，变更后的受益人请求保险人给付保险金的，人民法院不予支持。

第十二条 投保人或者被保险人指定数人为受益人，部分受益人在保险事故发生前死亡、放弃受益权或者依法丧失受益权的，该受益人应得的受益份额按照保险合同的约定处理；保险合同没有约定或者约定不明的，该受益人应得的受益份额按照以下情形分别处理：

（一）未约定受益顺序和受益份额的，由其他受益人平均享有；

（二）未约定受益顺序但约定受益份额的，由其他受益人按照相应比例享有；

（三）约定受益顺序但未约定受益份额的，由同顺序的其他受益人平均享有；同一顺序没有其他受益人的，由后一顺序的受益人平均享有；

（四）约定受益顺序和受益份额的，由同顺序的其他受益人按照相应比例享有；同一顺序没有其他受益人的，由后一顺序的受益人按照相应比例享有。

第十三条 保险事故发生后，受益人将与本次保险事故相对应的全部或者部分保险金请求权转让给第三人，当事人主张该转让行为有效的，人民法院应予支持，但根据合同性质、当事人约定或者法律规定不得转让的除外。

第十四条 保险金根据保险法第四十二条规定作为被保险人的遗产，被保险人的继承人要求保险人给付保险金，保险人以其已向持有保险单的被保险人的其他继承人给付保险金为由抗辩的，人民法院应予支持。

第十五条 受益人与被保险人存在继承关系，在同一事件中死亡且不能确定死亡先后顺序的，人民法院应根据保险法第四十二条第二款的规定推定受益人死亡在先，并按照保险法及本解释的相关规定确定保险金归属。

第十六条 保险合同解除时，投保人与被保险人、受益人为不同主体，被保险人或者受益人要求退还保险单的现金价值的，人民法院不予支持，但保险合同另有约定的除外。

投保人故意造成被保险人死亡、伤残或者疾病，保险人依照保险法第四十三条规定退还保险单的现金价值的，其他权利人按照被保险人、被保险人继承人的顺序确定。

第十七条 投保人解除保险合同，当事人以其解除合同未经被保险人或者受益人同意为由主张解除行为无效的，人民法院不予支持，但被保险人或者受益人已向投保人支付相当于保险单现金价值的款项并通知保险人的除外。

第十八条 保险人给付费用补偿型的医疗费用保险金时，主张扣减被保险人从公费医疗或者社会医疗保险取得的赔偿金额的，应当证明该保险产品在厘定医疗费用保险费率时已经将公费医疗或者社会医疗保险部分相应扣除，并按照扣减后的标准收取保险费。

第十九条 保险合同约定按照基本医疗保险的标准核定医疗费用，保险人以被保险人的医疗支出超出基本医疗保险范围为由拒绝给付保险金的，人民法院不予支持；保险人有证据证明被保险人支出的费用超过基本医疗保险同类医疗费用标准，要求对超出部分拒绝给付保险金的，人民法院应予支持。

第二十条 保险人以被保险人未在保险合同约定的医疗服务机构接受治疗为由拒绝给付保险金的，人民法院应予支持，但被保险人因情况紧急必须立即就医的除外。

第二十一条 保险人以被保险人自杀为由拒绝给付保险金的，由保险人承担举证责任。

受益人或者被保险人的继承人以被保险人自杀时无民事行为能力为由抗辩的，由其承担举证责任。

第二十二条 保险法第四十五条规定的“被保险人故意犯罪”的认定，应当以刑事侦查机关、检察机关和审判机关的生效法律文书或者其他结论性意见为依据。

第二十三条 保险人主张根据保险法第四十五条的规定不承担给付保险金责任的，应当证明被保险人的死亡、伤残结果与其实施的故意犯罪或者抗拒依法采取的刑事强制措施的行为之间存在因果关系。

被保险人在羁押、服刑期间因意外或者疾病造成伤残或者死亡，保险人主张根据保险法第四十五条的规定不承担给付保险金责任的，人民法院不予支持。

第二十四条 投保人为被保险人订立以死亡为给付保险金条件的保险合同，被保险人被宣告死亡后，当事人要求保险人按照保险合同约定给付保险金的，人民法院应予支持。

被保险人被宣告死亡之日在保险责任期间之外，但有证据证明下落不明之日在保险责任期间之内，当事人要求保险人按照保险合同约定给付保险金的，人民法院应予支持。

第二十五条 被保险人的损失系由承保事故或者非承保事故、免责事由造成难以确定，当事人请求保险人给付保险金的，人民法院可以按照相应比例予以支持。

335. 再保险合同纠纷

相关规范

》《中华人民共和国保险法》（2015年修正）

第二十八条 保险人将其承担的保险业务，以分保形式部分转移给其他保险人的，为再保险。

应再保险接受人的要求，再保险分出人应当将其自负责任及原保险的有关情况书面告知再保险接受人。

第二十九条 再保险接受人不得向原保险的投保人要求支付保险费。

原保险的被保险人或者受益人不得向再保险接受人提出赔偿或者给付保险金的请求。

再保险分出人不得以再保险接受人未履行再保险责任为由，拒绝履行或者迟延履行其原保险责任。

第一百零三条 保险公司对每一危险单位，即对一次保险事故可能造成的最大损失范围所承担的责任，不得超过其实有资本金加公积金总和的百分之十；超过的部分应当办理再保险。

保险公司对危险单位的划分应当符合国务院保险监督管理机构的规定。

》《再保险业务管理规定》（2021年）

第六条 再保险分出人、再保险接受人和保险经纪人，对在办理再保险业务中知悉的商业秘密或其他应当保密的信息，负有保密义务。

第十一条 再保险业务分为寿险再保险和非寿险再保险。保险人对寿险再保险和非寿险再保险应当单独列账、分别核算。第十条 保险集团应当统筹制定集团的再保险战略，明确再保险战略与集团风险管理和资本管理战略的关系。集团再保险战略应包括集团的风险累积和净自留管理、信用风险管控、集团内保险公司的再保险授权管理、集团内分保战略等内容。

保险集团再保险战略的制定、实施、评估和调整由集团高级管理层负责，董事会或其授权的专业委员会应对再保险战略的制定和调整进行审批，并对实施情况进行监督。

第十二条 保险人应当依照《保险法》规定，确定当年总自留保险费和每一危险单位自留责任；超过的部分，应当办理再保险。

保险人对危险单位的划分应当符合银保监会的相关规定。

第十五条 再保险分出人应当及时将影响再保险定价和分保条件的重要信息向再保险接受人书面告知；再保险合同成立后，再保险分出人应当及时向再保险接受人提供重大赔案信息、赔款准备金等对再保险接受人的偿付能力计算、准备金计提及预期赔付有重大影响的信息。

第十六条 再保险分出人和再保险接受人应加强再保险合同管理，及时完成再保险合同文本或再保险合同简要文本的签订。

第二十五条 中国境内的专业再保险接受人，应当配备在中国境内有住所的专职再保险核保人和再保险核赔人。

》《再保险公司设立规定》（2002年）

第三条 设立再保险公司应经中国保监

会批准。依据业务经营范围，再保险公司可以分为人寿再保险公司、非人寿再保险公司和综合再保险公司。

第四条 经中国保监会批准，再保险公司可以经营以下全部或部分业务：

（一）人寿再保险业务

1、中国境内的再保险业务；

2、中国境内的转分保业务；

3、国际再保险业务。

（二）非人寿再保险业务

1、中国境内的再保险业务；

2、中国境内的转分保业务；

3、国际再保险业务。

（三）同时经营上述（一）（二）两项的全部或部分业务。

第五条 人寿再保险公司和非人寿再保险公司的实收货币资本金应不低于2亿元人民币或等值的可自由兑换货币；综合再保险公司的实收货币资本金应不低于3亿元人民币或等值的可自由兑换货币。外国保险公司的出资应当为可自由兑换货币。

第六条 再保险公司应当聘用经中国保监会认可的精算专业人员。

第七条 投资再保险公司的中资股东应符合中国保监会《向保险公司投资入股暂行规定》，其持股比例和股权变更，应遵守中国保监会的有关规定。

投资中外合资、外资独资再保险公司的外国保险公司，应符合中国加入世界贸易组织的有关承诺。

第八条 外国再保险公司在中国境内设立的分公司，其营运资金标准和设立要求，适用本规定。

第九条 香港特别行政区、澳门特别行政区和台湾地区的再保险公司在内地设立的分公司，比照本规定。

336. 保险经纪合同纠纷

相关规范

《中华人民共和国保险法》（2015年修正）

第一百一十八条 保险经纪人是基于投保人的利益，为投保人与保险人订立保险合同提供中介服务，并依法收取佣金的机构。

第一百一十九条 保险代理机构、保险经纪人应当具备国务院保险监督管理机构规定的条件，取得保险监督管理机构颁发的经营保险代理业务许可证、保险经纪业务许可证。

第一百二十条 以公司形式设立保险专业代理机构、保险经纪人，其注册资本最低限额适用《中华人民共和国公司法》的规定。

国务院保险监督管理机构根据保险专业代理机构、保险经纪人的业务范围和经营规模，可以调整其注册资本的最低限额，但不得低于《中华人民共和国公司法》规定的限额。

保险专业代理机构、保险经纪人的注册资本或者出资额必须为实缴货币资本。

第一百二十一条 保险专业代理机构、保险经纪人的高级管理人员，应当品行良好，熟悉保险法律、行政法规，具有履行职责所需的经营管理能力，并在任职前取得保险监督管理机构核准的任职资格。

第一百二十二条 个人保险代理人、保险代理机构的代理从业人员、保险经纪人的经纪从业人员，应当品行良好，具有从事保险代理业务或者保险经纪业务所需的专业能力。

第一百二十三条 保险代理机构、保险经纪人应当有自己的经营场所，设立专门账簿记载保险代理业务、经纪业务的收支情况。

第一百二十四条 保险代理机构、保险经纪人应当按照国务院保险监督管理机构的规定缴存保证金或者投保职业责任保险。

第一百二十五条 个人保险代理人在代为办理人寿保险业务时，不得同时接受两个以上保险人的委托。

第一百二十六条 保险人委托保险代理人代为办理保险业务，应当与保险代理人签订委托代理协议，依法约定双方的权利和义务。

第一百二十七条 保险代理人根据保险人的授权代为办理保险业务的行为，由保险人承担责任。

保险代理人没有代理权、超越代理权或者代理权终止后以保险人名义订立合同，使投保人有理由相信其有代理权的，该代理行为有效。保险人可以依法追究越权的保险代理人的责任。

第一百二十八条 保险经纪人因过错给投保人、被保险人造成损失的，依法承担赔偿责任。

第一百二十九条 保险活动当事人可以委托保险公估机构等依法设立的独立评估机构或者具有相关专业知识的人员，对保险事故进行评估和鉴定。

接受委托对保险事故进行评估和鉴定的机构和人员，应当依法、独立、客观、公正地进行评估和鉴定，任何单位和个人不得干涉。

前款规定的机构和人员，因故意或者过失给保险人或者被保险人造成损失的，依法承担赔偿责任。

第一百三十条 保险佣金只限于向保险代理人、保险经纪人支付，不得向其他人支付。

第一百三十一条 保险代理人、保险经纪人及其从业人员在办理保险业务活动中不得有下列行为：

（一）欺骗保险人、投保人、被保险人或者受益人；

（二）隐瞒与保险合同有关的重要情况；

（三）阻碍投保人履行本法规定的如实告知义务，或者诱导其不履行本法规定的如实告知义务；

（四）给予或者承诺给予投保人、被保险人或者受益人保险合同约定以外的利益；

（五）利用行政权力、职务或者职业便利以及其他不正当手段强迫、引诱或者限制投保人订立保险合同；

（六）伪造、擅自变更保险合同，或者为保险合同当事人提供虚假证明材料；

（七）挪用、截留、侵占保险费或者保险金；

（八）利用业务便利为其他机构或者个人牟取不正当利益；

（九）串通投保人、被保险人或者受益人，骗取保险金；

（十）泄露在业务活动中知悉的保险人、投保人、被保险人的商业秘密。

337. 保险代理合同纠纷

相关规范

»《中华人民共和国民法典》（2020年）

第九百二十九条 【受托人的赔偿责任】 有偿的委托合同，因受托人的过错造成委托人损失的，委托人可以请求赔偿损失。无偿的委托合同，因受托人的故意或者重大过失造成委托人损失的，委托人可以请求赔偿损失。

受托人超越权限造成委托人损失的，应当赔偿损失。

（关于保险合同的一般规定，参见“336. 保险经纪合同纠纷”中的相关规范）

338. 进出口信用保险合同纠纷

相关规范

》《最高人民法院关于审理出口信用保险合同纠纷案件适用相关法律问题的批复》（法释〔2013〕13号　2013年5月2日）

广东省高级人民法院：

你院《关于出口信用保险合同法律适用问题的请示》（粤高法〔2012〕442号）收悉。经研究，批复如下：

对出口信用保险合同的法律适用问题，保险法没有作出明确规定。鉴于出口信用保险的特殊性，人民法院审理出口信用保险合同纠纷案件，可以参照适用保险法的相关规定；出口信用保险合同另有约定的，从其约定。

（关于保险合同的一般规定，参见“333. 财产保险合同纠纷”中的相关规范）

339. 保险费纠纷

相关规范

》《中华人民共和国保险法》（2015年修正）

第十条　保险合同是投保人与保险人约定保险权利义务关系的协议。

投保人是指与保险人订立保险合同，并按照合同约定负有支付保险费义务的人。

保险人是指与投保人订立保险合同，并按照合同约定承担赔偿或者给付保险金责任的保险公司。

第十四条　保险合同成立后，投保人按照约定交付保险费，保险人按照约定的时间开始承担保险责任。

第十六条　订立保险合同，保险人就保险标的或者被保险人的有关情况提出询问的，投保人应当如实告知。

投保人故意或者因重大过失未履行前款规定的如实告知义务，足以影响保险人决定是否同意承保或者提高保险费率的，保险人有权解除合同。

前款规定的合同解除权，自保险人知道有解除事由之日起，超过三十日不行使而消灭。自合同成立之日起超过二年的，保险人不得解除合同；发生保险事故的，保险人应当承担赔偿或者给付保险金的责任。

投保人故意不履行如实告知义务的，保险人对于合同解除前发生的保险事故，不承担赔偿或者给付保险金的责任，并不退还保险费。

投保人因重大过失未履行如实告知义务，对保险事故的发生有严重影响的，保险人对于合同解除前发生的保险事故，不承担赔偿或者给付保险金的责任，但应当退还保险费。

保险人在合同订立时已经知道投保人未如实告知的情况的，保险人不得解除合同；发生保险事故的，保险人应当承担赔偿或者给付保险金的责任。

保险事故是指保险合同约定的保险责任范围内的事故。

第二十七条　未发生保险事故，被保险人或者受益人谎称发生了保险事故，向保险人提出赔偿或者给付保险金请求的，保险人有权解除合同，并不退还保险费。

投保人、被保险人故意制造保险事故的，保险人有权解除合同，不承担赔偿或者给付保险金的责任；除本法第四十三条规定外，不退还保险费。

保险事故发生后，投保人、被保险人或者受益人以伪造、变造的有关证明、资料或者其他证据，编造虚假的事故原因或者夸大损失程度的，保险人对其虚报的部分不承担赔偿或者给付保险金的责任。

投保人、被保险人或者受益人有前三款规定行为之一，致使保险人支付保险金或者支出费用的，应当退回或者赔偿。

第二十九条　再保险接受人不得向原保险的投保人要求支付保险费。

原保险的被保险人或者受益人不得向再保险接受人提出赔偿或者给付保险金的请求。

再保险分出人不得以再保险接受人未履行再保险责任为由，拒绝履行或者迟延履行其原保险责任。

》《最高人民法院关于适用〈中华人民共和国保险法〉若干问题的解释（二）》（2020年12月23日修正）

第四条　保险人接受了投保人提交的投保单并收取了保险费，尚未作出是否承保的意思表示，发生保险事故，被保险人或者受益人请求保险人按照保险合同承担赔偿或者给付保险金责任，符合承保条件的，人民法院应予支持；不符合承保条件的，保险人不承担保险责任，但应当退还已经收取的保险费。

保险人主张不符合承保条件的，应承担举证责任。

第七条　保险人在保险合同成立后知道或者应当知道投保人未履行如实告知义务，仍然收取保险费，又依照保险法第十六条第二款的规定主张解除合同的，人民法院不予支持。

二十八、票据纠纷

340. 票据付款请求权纠纷

相关规范

》《中华人民共和国票据法》（2004年修正）

第十六条　持票人对票据债务人行使票据权利，或者保全票据权利，应当在票据当事人的营业场所和营业时间内进行，票据当事人无营业场所的，应当在其住所进行。

第十七条　票据权利在下列期限内不行使而消灭：

（一）持票人对票据的出票人和承兑人的权利，自票据到期日起二年。见票即付的汇票、本票，自出票日起二年；

（二）持票人对支票出票人的权利，自出票日起六个月；

（三）持票人对前手的追索权，自被拒绝承兑或者被拒绝付款之日起六个月；

（四）持票人对前手的再追索权，自清偿日或者被提起诉讼之日起三个月。

票据的出票日、到期日由票据当事人依法确定。

第五十三条　持票人应当按照下列期限提示付款：

（一）见票即付的汇票，自出票日起一个月内向付款人提示付款；

（二）定日付款、出票后定期付款或者见票后定期付款的汇票，自到期日起十日内向承兑人提示付款。

持票人未按照前款规定期限提示付款的，在作出说明后，承兑人或者付款人仍应当继续对持票人承担付款责任。

通过委托收款银行或者通过票据交换系统向付款人提示付款的，视同持票人提示付款。

第五十四条 持票人依照前条规定提示付款的，付款人必须在当日足额付款。

第五十七条 付款人及其代理付款人付款时，应当审查汇票背书的连续，并审查提示付款人的合法身份证明或者有效证件。

付款人及其代理付款人以恶意或者有重大过失付款的，应当自行承担责任。

第五十八条 对定日付款、出票后定期付款或者见票后定期付款的汇票，付款人在到期日前付款的，由付款人自行承担所产生的责任。

第五十九条 汇票金额为外币的，按照付款日的市场汇价，以人民币支付。

汇票当事人对汇票支付的货币种类另有约定的，从其约定。

第六十条 付款人依法足额付款后，全体汇票债务人的责任解除。

》《最高人民法院关于审理票据纠纷案件若干问题的规定》（2020年12月23日修正）

第五条 付款请求权是持票人享有的第一顺序权利，追索权是持票人享有的第二顺序权利，即汇票到期被拒绝付款或者具有票据法第六十一条第二款所列情形的，持票人请求背书人、出票人以及汇票的其他债务人支付票据法第七十条第一款所列金额和费用的权利。

341. 票据追索权纠纷

相关规范

》《中华人民共和国票据法》（2004年修正）

第四条 票据出票人制作票据，应当按照法定条件在票据上签章，并按照所记载的事项承担票据责任。

持票人行使票据权利，应当按照法定程序在票据上签章，并出示票据。

其他票据债务人在票据上签章的，按照票据所记载的事项承担票据责任。

本法所称票据权利，是指持票人向票据债务人请求支付票据金额的权利，包括付款请求权和追索权。

本法所称票据责任，是指票据债务人向持票人支付票据金额的义务。

第六十一条 汇票到期被拒绝付款的，持票人可以对背书人、出票人以及汇票的其他债务人行使追索权。

汇票到期日前，有下列情形之一的，持票人也可以行使追索权：

（一）汇票被拒绝承兑的；

（二）承兑人或者付款人死亡、逃匿的；

（三）承兑人或者付款人被依法宣告破产的或者因违法被责令终止业务活动的。

第六十二条 持票人行使追索权时，应当提供被拒绝承兑或者被拒绝付款的有关证明。

持票人提示承兑或者提示付款被拒绝的，承兑人或者付款人必须出具拒绝证明，或者出具退票理由书。未出具拒绝证明或者退票理由书的，应当承担由此产生的民事责任。

第六十五条 持票人不能出示拒绝证明、退票理由书或者未按照规定期限提供其他合法证明的，丧失对其前手的追索权。但是，承兑人或者付款人仍应当对持票人承担责任。

第六十六条 持票人应当自收到被拒绝承兑或者被拒绝付款的有关证明之日起三日内，将被拒绝事由书面通知其前手；其前手应当自收到通知之日起三日内书面通知其再前手。持票人也可以同时向各汇票债务人发出书面通知。

未按照前款规定期限通知的，持票人仍可以行使追索权。因延期通知给其前手或者出票人造成损失的，由没有按照规定期限通知的汇票当事人，承担对该损失的赔偿责任，但是所赔偿的金额以汇票金额为限。

在规定期限内将通知按照法定地址或者约定的地址邮寄的，视为已经发出通知。

第六十七条　依照前条第一款所作的书面通知，应当记明汇票的主要记载事项，并说明该汇票已被退票。

第六十八条　汇票的出票人、背书人、承兑人和保证人对持票人承担连带责任。

持票人可以不按照汇票债务人的先后顺序，对其中任何一人、数人或者全体行使追索权。

持票人对汇票债务人中的一人或者数人已经进行追索的，对其他汇票债务人仍可以行使追索权。被追索人清偿债务后，与持票人享有同一权利。

第六十九条　持票人为出票人的，对其前手无追索权。持票人为背书人的，对其后手无追索权。

第七十条　持票人行使追索权，可以请求被追索人支付下列金额和费用：

（一）被拒绝付款的汇票金额；

（二）汇票金额自到期日或者提示付款日起至清偿日止，按照中国人民银行规定的利率计算的利息；

（三）取得有关拒绝证明和发出通知书的费用。

被追索人清偿债务时，持票人应当交出汇票和有关拒绝证明，并出具所收到利息和费用的收据。

第七十一条　被追索人依照前条规定清偿后，可以向其他汇票债务人行使再追索权，请求其他汇票债务人支付下列金额和费用：

（一）已清偿的全部金额；

（二）前项金额自清偿日起至再追索清偿日止，按照中国人民银行规定的利率计算的利息；

（三）发出通知书的费用。

行使再追索权的被追索人获得清偿时，应当交出汇票和有关拒绝证明，并出具所收到利息和费用的收据。

第七十二条　被追索人依照前二条规定清偿债务后，其责任解除。

第八十条第一款　本票的背书、保证、付款行为和追索权的行使，除本章规定外，适用本法第二章有关汇票的规定。

第九十三条第一款　支票的背书、付款行为和追索权的行使，除本章规定外，适用本法第二章有关汇票的规定。

>>《最高人民法院关于审理票据纠纷案件若干问题的规定》（2020 年 12 月 23 日修正）

第三条　依照票据法第三十六条的规定，票据被拒绝承兑、被拒绝付款或者汇票、支票超过提示付款期限后，票据持有人背书转让的，被背书人以背书人为被告行使追索权而提起诉讼的，人民法院应当依法受理。

第四条　持票人不先行使付款请求权而先行使追索权遭拒绝提起诉讼的，人民法院不予受理。除有票据法第六十一条第二款和本规定第三条所列情形外，持票人只能在首先向付款人行使付款请求权而得不到付款时，才可以行使追索权。

第五条　付款请求权是持票人享有的第一顺序权利，追索权是持票人享有的第二顺序权利，即汇票到期被拒绝付款或者具有票据法第六十一条第二款所列情形的，持票人请求背书人、出票人以及汇票的其他债务人支付票据法第七十条第一款所列金额和费用的权利。

342. 票据交付请求权纠纷

相关规范

>>《中华人民共和国票据法》（2004 年修正）

第二十条　出票是指出票人签发票据并将其交付给收款人的票据行为。

第二十七条　持票人可以将汇票权利转让给他人或者将一定的汇票权利授予他人行使。

出票人在汇票上记载“不得转让”字样的，汇票不得转让。

持票人行使第一款规定的权利时，应当背书并交付汇票。

背书是指在票据背面或者粘单上记载有关事项并签章的票据行为。

第五十五条 持票人获得付款的，应当在汇票上签收，并将汇票交给付款人。持票人委托银行收款的，受委托的银行将代收的汇票金额转账收入持票人账户，视同签收。

第七十条 持票人行使追索权，可以请求被追索人支付下列金额和费用：

（一）被拒绝付款的汇票金额；

（二）汇票金额自到期日或者提示付款日起至清偿日止，按照中国人民银行规定的利率计算的利息；

（三）取得有关拒绝证明和发出通知书的费用。

被追索人清偿债务时，持票人应当交出汇票和有关拒绝证明，并出具所收到利息和费用的收据。

》《中国人民银行关于印发〈支付结算办法〉的通知》（1997年9月19日）

第六十条 申请人应将银行汇票和解讫通知一并交付给汇票上记明的收款人。

收款人受理银行汇票时，应审查下列事项：

（一）银行汇票和解讫通知是否齐全、汇票号码和记载的内容是否一致；

（二）收款人是否确为本单位或本人；

（三）银行汇票是否在提示付款期限内；

（四）必须记载的事项是否齐全；

（五）出票人签章是否符合规定，是否有压数机压印的出票金额，并与大写出票金额一致；

（六）出票金额、出票日期、收款人名称是否更改，更改的其他记载事项是否由原记载人签章证明。

第六十一条 收款人受理申请人交付的银行汇票时，应在出票金额以内，根据实际需要的款项办理结算，并将实际结算金额和多余金额准确、清晰地填入银行汇票和解讫通知的有关栏内。未填明实际结算金额和多余金额或实际结算金额超过出票金额的，银行不予受理。

》《最高人民法院关于审理票据纠纷案件若干问题的规定》（2020年12月23日修正）

第六条 因票据纠纷提起的诉讼，依法由票据支付地或者被告住所地人民法院管辖。

票据支付地是指票据上载明的付款地，票据上未载明付款地的，汇票付款人或者代理付款人的营业场所、住所或者经常居住地，本票出票人的营业场所，支票付款人或者代理付款人的营业场所所在地为票据付款地。代理付款人即付款人的委托代理人，是指根据付款人的委托代为支付票据金额的银行、信用合作社等金融机构。

343. 票据返还请求权纠纷

相关规范

》《中华人民共和国票据法》（2004年修正）

第十二条 以欺诈、偷盗或者胁迫等手段取得票据的，或者明知有前列情形，出于恶意取得票据的，不得享有票据权利。

持票人因重大过失取得不符合本法规定的票据的，也不得享有票据权利。

第十八条 持票人因超过票据权利时效或者因票据记载事项欠缺而丧失票据权利的，仍享有民事权利，可以请求出票人或者承兑人返还其与未支付的票据金额相当的利益。

》《最高人民法院关于审理票据纠纷案件若干问题的规定》（2020年12月23日修正）

第二条 依照票据法第十条的规定，票据债务人（即出票人）以在票据未转让时的基础关系违法、双方不具有真实的交易关系和债权债务关系、持票人应付对价而未付对价为由，要求返还票据而提起诉讼的，人民法院应当依法受理。

第十二条 票据法第十七条第一款第（一）（二）项规定的持票人对票据的出票人和承兑人的权利，包括付款请求权和追索权。

第十五条 票据债务人依照票据法第九条、第十七条、第十八条、第二十二条和第三十一条的规定，对持票人提出下列抗辩的，人民法院应予支持：

（一）欠缺法定必要记载事项或者不符合法定格式的；

（二）超过票据权利时效的；

（三）人民法院作出的除权判决已经发生法律效力的；

（四）以背书方式取得但背书不连续的；

（五）其他依法不得享有票据权利的。

344. 票据损害责任纠纷

相关规范

»《中华人民共和国票据法》（2004 年修正）

第五十七条 付款人及其代理付款人付款时，应当审查汇票背书的连续，并审查提示付款人的合法身份证明或者有效证件。

付款人及其代理付款人以恶意或者有重大过失付款的，应当自行承担责任。

第六十二条 持票人行使追索权时，应当提供被拒绝承兑或者被拒绝付款的有关证明。

持票人提示承兑或者提示付款被拒绝的，承兑人或者付款人必须出具拒绝证明，或者出具退票理由书。未出具拒绝证明或者退票理由书的，应当承担由此产生的民事责任。

第六十五条 持票人不能出示拒绝证明、退票理由书或者未按照规定期限提供其他合法证明的，丧失对其前手的追索权。但是，承兑人或者付款人仍应当对持票人承担责任。

第六十六条 持票人应当自收到被拒绝承兑或者被拒绝付款的有关证明之日起三日内，将被拒绝事由书面通知其前手；其前手应当自收到通知之日起三日内书面通知其再前手。持票人也可以同时向各汇票债务人发出书面通知。

未按照前款规定期限通知的，持票人仍可以行使追索权。因延期通知给其前手或者出票人造成损失的，由没有按照规定期限通知的汇票当事人，承担对该损失的赔偿责任，但是所赔偿的金额以汇票金额为限。

在规定期限内将通知按照法定地址或者约定的地址邮寄的，视为已经发出通知。

第八十七条 支票的出票人所签发的支票金额不得超过其付款时在付款人处实有的存款金额。

出票人签发的支票金额超过其付款时在付款人处实有的存款金额的，为空头支票。禁止签发空头支票。

第一百零四条 金融机构工作人员在票据业务中玩忽职守，对违反本法规定的票据予以承兑、付款或者保证的，给予处分；造成重大损失，构成犯罪的，依法追究刑事责任。

由于金融机构工作人员因前款行为给当事人造成损失的，由该金融机构和直接责任人员依法承担赔偿责任。

第一百零五条 票据的付款人对见票即付或者到期的票据，故意压票，拖延支付的，由金融行政管理部门处以罚款，对直接责任人员给予处分。

票据的付款人故意压票，拖延支付，给持票人造成损失的，依法承担赔偿责任。

第一百零六条 依照本法规定承担赔偿责任以外的其他违反本法规定的行为，给他人造成损失的，应当依法承担民事责任。

>> **《最高人民法院关于审理票据纠纷案件若干问题的规定》**（2020年12月23日修正）

第六十条 票据保证无效的，票据的保证人应当承担与其过错相应的民事责任。

第六十六条 依照票据法第十四条、第一百零二条、第一百零三条的规定，伪造、变造票据者除应当依法承担刑事、行政责任外，给他人造成损失的，还应当承担民事赔偿责任。被伪造签章者不承担票据责任。

第六十七条 对票据未记载事项或者未完全记载事项作补充记载，补充事项超出授权范围的，出票人对补充后的票据应当承担票据责任。给他人造成损失的，出票人还应当承担相应的民事责任。

第六十八条 付款人或者代理付款人未能识别出伪造、变造的票据或者身份证件而错误付款，属于票据法第五十七条规定的"重大过失"，给持票人造成损失的，应当依法承担民事责任。付款人或者代理付款人承担责任后有权向伪造者、变造者依法追偿。

持票人有过错的，也应当承担相应的民事责任。

第六十九条 付款人及其代理付款人有下列情形之一的，应当自行承担责任：

（一）未依照票据法第五十七条的规定对提示付款人的合法身份证明或者有效证件以及汇票背书的连续性履行审查义务而错误付款的；

（二）公示催告期间对公示催告的票据付款的；

（三）收到人民法院的止付通知后付款的；

（四）其他以恶意或者重大过失付款的。

第七十二条 因出票人签发空头支票、与其预留本名的签名式样或者印鉴不符的支票给他人造成损失的，支票的出票人和背书人应当依法承担民事责任。

第七十四条 依照票据法第一百零四条的规定，由于金融机构工作人员在票据业务中玩忽职守，对违反票据法规定的票据予以承兑、付款、贴现或者保证，给当事人造成损失的，由该金融机构与直接责任人员依法承担连带责任。

第七十五条 依照票据法第一百零六条的规定，由于出票人制作票据，或者其他票据债务人未按照法定条件在票据上签章，给他人造成损失的，除应当按照所记载事项承担票据责任外，还应当承担相应的民事责任。

持票人明知或者应当知道前款情形而接受的，可以适当减轻出票人或者票据债务人的责任。

345. 票据利益返还请求权纠纷

相关规范

>> **《中华人民共和国票据法》**（2004年修正）

第十八条 持票人因超过票据权利时效或者因票据记载事项欠缺而丧失票据权利的，仍享有民事权利，可以请求出票人或者承兑人返还其与未支付的票据金额相当的利益。

346. 汇票回单签发请求权纠纷

相关规范

>> **《中华人民共和国票据法》**（2004年修正）

第四十一条 付款人对向其提示承兑的汇票，应当自收到提示承兑的汇票之日起三日内承兑或者拒绝承兑。

付款人收到持票人提示承兑的汇票时，应当向持票人签发收到汇票的回单。回单上应当记明汇票提示承兑日期并签章。

347. 票据保证纠纷

相关规范

《中华人民共和国票据法》（2004 年修正）

第四十五条 汇票的债务可以由保证人承担保证责任。

保证人由汇票债务人以外的他人担当。

第四十六条 保证人必须在汇票或者粘单上记载下列事项：

（一）表明“保证”的字样；

（二）保证人名称和住所；

（三）被保证人的名称；

（四）保证日期；

（五）保证人签章。

第四十七条 保证人在汇票或者粘单上未记载前条第（三）项的，已承兑的汇票，承兑人为被保证人；未承兑的汇票，出票人为被保证人。

保证人在汇票或者粘单上未记载前条第（四）项的，出票日期为保证日期。

第四十八条 保证不得附有条件；附有条件的，不影响对汇票的保证责任。

第四十九条 保证人对合法取得汇票的持票人所享有的汇票权利，承担保证责任。但是，被保证人的债务因汇票记载事项欠缺而无效的除外。

第五十条 被保证的汇票，保证人应当与被保证人对持票人承担连带责任。汇票到期后得不到付款的，持票人有权向保证人请求付款，保证人应当足额付款。

第五十一条 保证人为二人以上的，保证人之间承担连带责任。

第五十二条 保证人清偿汇票债务后，可以行使持票人对被保证人及其前手的追索权。

第八十条 本票的背书、保证、付款行为和追索权的行使，除本章规定外，适用本法第二章有关汇票的规定。

本票的出票行为，除本章规定外，适用本法第二十四条关于汇票的规定。

《最高人民法院关于审理票据纠纷案件若干问题的规定》（2020 年 12 月 23 日修正）

第五十九条 国家机关、以公益为目的的事业单位、社会团体作为票据保证人的，票据保证无效，但经国务院批准为使用外国政府或者国际经济组织贷款进行转贷，国家机关提供票据保证的除外。

第六十一条 保证人未在票据或者粘单上记载“保证”字样而另行签订保证合同或者保证条款的，不属于票据保证，人民法院应当适用《中华人民共和国民法典》的有关规定。

348. 确认票据无效纠纷

相关规范

《中华人民共和国票据法》（2004 年修正）

第八条 票据金额以中文大写和数码同时记载，二者必须一致，二者不一致的，票据无效。

第九条 票据上的记载事项必须符合本法的规定。

票据金额、日期、收款人名称不得更改，更改的票据无效。

对票据上的其他记载事项，原记载人可以更改，更改时应当由原记载人签章证明。

第二十二条 汇票必须记载下列事项：

（一）表明“汇票”的字样；

（二）无条件支付的委托；

（三）确定的金额；

（四）付款人名称；

（五）收款人名称；

（六）出票日期；

（七）出票人签章。

汇票上未记载前款规定事项之一的，汇票无效。

第七十五条 本票必须记载下列事项：

（一）表明“本票”的字样；

（二）无条件支付的承诺；

（三）确定的金额；

（四）收款人名称；

（五）出票日期；

（六）出票人签章。

本票上未记载前款规定事项之一的，本票无效。

第八十四条 支票必须记载下列事项：

（一）表明“支票”的字样；

（二）无条件支付的委托；

（三）确定的金额；

（四）付款人名称；

（五）出票日期；

（六）出票人签章。

支票上未记载前款规定事项之一的，支票无效。

《最高人民法院关于审理票据纠纷案件若干问题的规定》（2020年12月23日修正）

第三十九条 依照票据法第一百零八条以及经国务院批准的《票据管理实施办法》的规定，票据当事人使用的不是中国人民银行规定的统一格式票据的，按照《票据管理实施办法》的规定认定，但在中国境外签发的票据除外。

第四十条 票据出票人在票据上的签章上不符合票据法以及下述规定的，该签章不具有票据法上的效力：

（一）商业汇票上的出票人的签章，为该法人或者该单位的财务专用章或者公章加其法定代表人、单位负责人或者其授权的代理人的签名或者盖章；

（二）银行汇票上的出票人的签章和银行承兑汇票的承兑人的签章，为该银行汇票专用章加其法定代表人或者其授权的代理人的签名或者盖章；

（三）银行本票上的出票人的签章，为该银行的本票专用章加其法定代表人或者其授权的代理人的签名或者盖章；

（四）支票上的出票人的签章，出票人为单位的，为与该单位在银行预留签章一致的财务专用章或者公章加其法定代表人或者其授权的代理人的签名或者盖章；出票人为个人的，为与该个人在银行预留签章一致的签名或者盖章。

第四十一条 银行汇票、银行本票的出票人以及银行承兑汇票的承兑人在票据上未加盖规定的专用章而加盖该银行的公章，支票的出票人在票据上未加盖与该单位在银行预留签章一致的财务专用章而加盖该出票人公章的，签章人应当承担票据责任。

第四十二条 依照票据法第九条以及《票据管理实施办法》的规定，票据金额的中文大写与数码不一致，或者票据载明的金额、出票日期或者签发日期、收款人名称更改，或者违反规定加盖银行部门印章代替专用章，付款人或者代理付款人对此类票据付款的，应当承担责任。

第四十三条 因更改银行汇票的实际结算金额引起纠纷而提起诉讼，当事人请求认定汇票效力的，人民法院应当认定该银行汇票无效。

第四十四条 空白授权票据的持票人行使票据权利时未对票据必须记载事项补充完全，因付款人或者代理付款人拒绝接收该票据而提起诉讼的，人民法院不予支持。

第四十五条 票据的背书人、承兑人、保证人在票据上的签章不符合票据法以及《票据管理实施办法》规定的，或者无民事行为能力人、限制民事行为能力人在票据上签章的，其签章无效，但不影响人民法院对票据上其他签章效力的认定。

349. 票据代理纠纷

相关规范

《中华人民共和国票据法》（2004 年修正）

第五条 票据当事人可以委托其代理人在票据上签章，并应当在票据上表明其代理关系。

没有代理权而以代理人名义在票据上签章的，应当由签章人承担票据责任；代理人超越代理权限的，应当就其超越权限的部分承担票据责任。

350. 票据回购纠纷

相关规范

《中华人民共和国票据法》（2004 年修正）

第四条 票据出票人制作票据，应当按照法定条件在票据上签章，并按照所记载的事项承担票据责任。

持票人行使票据权利，应当按照法定程序在票据上签章，并出示票据。

其他票据债务人在票据上签章的，按照票据所记载的事项承担票据责任。

本法所称票据权利，是指持票人向票据债务人请求支付票据金额的权利，包括付款请求权和追索权。

本法所称票据责任，是指票据债务人向持票人支付票据金额的义务。

《中华人民共和国民事诉讼法》（2021 年修正）

第二十六条 因票据纠纷提起的诉讼，由票据支付地或者被告住所地人民法院管辖。

《中国人民银行关于印发〈支付结算办法〉的通知》（1997 年 9 月 19 日）

第九十三条 符合条件的商业汇票的持票人可持未到期的商业汇票连同贴现凭证向银行申请贴现。贴现银行可持未到期的商业汇票向其他银行转贴现，也可向中国人民银行申请再贴现。贴现、转贴现、再贴现时，应作成转让背书，并提供贴现申请人与其直接前手之间的增值税发票和商品发运单据复印件。

《中国农业银行商业汇票回购业务管理办法（试行）》（2002 年 7 月 19 日）

第一条 本办法所称商业汇票回购（以下简称票据回购）系指票据回购行将未到期的已贴现或转贴现的商业汇票（以下简称票据）以回购方式向总行进行融资的行为。

商业汇票包括银行承兑汇票和商业承兑汇票。

办理票据回购，票据不作背书，票据权利人仍为贴现或转贴现银行。

第三条 票据回购行（以下简称回购行）系指适用于本办法以回购方式向总行申请回购资金的分行和直属分行。总行对办理银行承兑汇票和商业承兑汇票的票据回购行进行授权管理。

《最高人民法院关于审理票据纠纷案件若干问题的规定》（2020 年 12 月 23 日修正）

第六条 因票据纠纷提起的诉讼，依法由票据支付地或者被告住所地人民法院管辖。

票据支付地是指票据上载明的付款地，票据上未载明付款地的，汇票付款人或者代理付款人的营业场所、住所或者经常居住地，本票出票人的营业场所，支票付款人或者代理付款人的营业场所所在地为票据付款地。代理付款人即付款人的委托代理人，是指根据付款人的委托代为支付票据金额的银行、信用合作社等金融机构。

二十九、信用证纠纷

351. 委托开立信用证纠纷

相关规范

»《最高人民法院关于审理信用证纠纷案件若干问题的规定》（2020年12月23日修正）

第三条 开证申请人与开证行之间因申请开立信用证而产生的欠款纠纷、委托人和受托人之间因委托开立信用证产生的纠纷、担保人为申请开立信用证或者委托开立信用证提供担保而产生的纠纷以及信用证项下融资产生的纠纷，适用本规定。

第四条 因申请开立信用证而产生的欠款纠纷、委托开立信用证纠纷和因此产生的担保纠纷以及信用证项下融资产生的纠纷应当适用中华人民共和国相关法律。涉外合同当事人对法律适用另有约定的除外。

352. 信用证开证纠纷

相关规范

»《跟单信用证统一惯例》（UCP600）（2007年）

第一条 UCP的适用范围

《跟单信用证统一惯例——2007年修订本，国际商会第600号出版物》（简称“UCP”）乃一套规则，适用于所有的其文本中明确表明受本惯例约束的跟单信用证（下称信用证）（在其可适用的范围内，包括备用信用证）。除非信用证明确修改或排除，本惯例各条文对信用证所有当事人均具有约束力。

第四条 信用证与合同

a. 就其性质而言，信用证与可能作为其开立基础的销售合同或其他合同是相互独立的交易，即使信用证中含有对此类合同的任何援引，银行也与该合同无关，且不受其约束。因此，银行关于承付、议付或履行信用证项下其他义务的承诺，不受申请人基于与开证行或与受益人之间的关系而产生的任何请求或抗辩的影响。

受益人在任何情况下不得利用银行之间或申请人与开证行之间的合同关系。

b. 开证行应劝阻申请人试图将基础合同、形式发票等文件作为信用证组成部分的做法。

第七条 开证行责任

a. 只要规定的单据提交给指定银行或开证行，并且构成相符交单，则开证行必须承付，如果信用证为以下情形之一：

i. 信用证规定由开证行即期付款，延期付款或承兑；

ii. 信用证规定由指定银行即期付款但其未付款；

iii. 信用证规定由指定银行延期付款但其未承诺延期付款，或虽已承诺延期付款，但未在到期日付款；

iv. 信用证规定由指定银行承兑，但其未承兑以其为付款人的汇票，或虽然承兑了汇票，但未在到期日付款。

v. 信用证规定由指定银行议付但其未

议付。

b. 开证行自开立信用证之时起即不可撤销地承担承付责任。

c. 指定银行承付或议付相符交单并将单据转给开证行之后，开证行即承担偿付该指定银行的责任。对承兑或延期付款信用证下相符交单金额的偿付应在到期日办理，无论指定银行是否在到期日之前预付或购买了单据。开证行偿付指定银行的责任独立于开证行对受益人的责任。

>>《最高人民法院关于审理信用证纠纷案件若干问题的规定》（2020年12月23日修正）

第三条 开证申请人与开证行之间因申请开立信用证而产生的欠款纠纷、委托人和受托人之间因委托开立信用证产生的纠纷、担保人为申请开立信用证或者委托开立信用证提供担保而产生的纠纷以及信用证项下融资产生的纠纷，适用本规定。

第四条 因申请开立信用证而产生的欠款纠纷、委托开立信用证纠纷和因此产生的担保纠纷以及信用证项下融资产生的纠纷应当适用中华人民共和国相关法律。涉外合同当事人对法律适用另有约定的除外。

第五条 开证行在作出付款、承兑或者履行信用证项下其他义务的承诺后，只要单据与信用证条款、单据与单据之间在表面上相符，开证行应当履行在信用证规定的期限内付款的义务。当事人以开证申请人与受益人之间的基础交易提出抗辩的，人民法院不予支持。具有本规定第八条的情形除外。

第六条 人民法院在审理信用证纠纷案件中涉及单证审查的，应当根据当事人约定适用的相关国际惯例或者其他规定进行；当事人没有约定的，应当按照国际商会《跟单信用证统一惯例》以及国际商会确定的相关标准，认定单据与信用证条款、单据与单据之间是否在表面上相符。

信用证项下单据与信用证条款之间、单据与单据之间在表面上不完全一致，但并不导致相互之间产生歧义的，不应认定为不符点。

第七条 开证行有独立审查单据的权利和义务，有权自行作出单据与信用证条款、单据与单据之间是否在表面上相符的决定，并自行决定接受或者拒绝接受单据与信用证条款、单据与单据之间的不符点。

开证行发现信用证项下存在不符点后，可以自行决定是否联系开证申请人接受不符点。开证申请人决定是否接受不符点，并不影响开证行最终决定是否接受不符点。开证行和开证申请人另有约定的除外。

开证行向受益人明确表示接受不符点的，应当承担付款责任。

开证行拒绝接受不符点时，受益人以开证申请人已接受不符点为由要求开证行承担信用证项下付款责任的，人民法院不予支持。

第八条 凡有下列情形之一的，应当认定存在信用证欺诈：

（一）受益人伪造单据或者提交记载内容虚假的单据；

（二）受益人恶意不交付货物或者交付的货物无价值；

（三）受益人和开证申请人或者其他第三方串通提交假单据，而没有真实的基础交易；

（四）其他进行信用证欺诈的情形。

第九条 开证申请人、开证行或者其他利害关系人发现有本规定第八条的情形，并认为将会给其造成难以弥补的损害时，可以向有管辖权的人民法院申请中止支付信用证项下的款项。

第十条 人民法院认定存在信用证欺诈的，应当裁定中止支付或者判决终止支付信用证项下款项，但有下列情形之一的除外：

（一）开证行的指定人、授权人已按照开证行的指令善意地进行了付款；

（二）开证行或者其指定人、授权人已对信用证项下票据善意地作出了承兑；

（三）保兑行善意地履行了付款义务；

（四）议付行善意地进行了议付。

指导案例

中国建设银行股份有限公司广州荔湾支行诉广东蓝粤能源发展有限公司等信用证开证纠纷案（最高人民法院指导案例111号 2019年2月25日发布）

【关键词】 民事 信用证开证 提单 真实意思表示 权利质押 优先受偿权

【裁判要点】

1. 提单持有人是否因受领提单的交付而取得物权以及取得何种类型的物权，取决于合同的约定。开证行根据其与开证申请人之间的合同约定持有提单时，人民法院应结合信用证交易的特点，对案涉合同进行合理解释，确定开证行持有提单的真实意思表示。

2. 开证行对信用证项下单据中的提单以及提单项下的货物享有质权的，开证行行使提单质权的方式与行使提单项下货物动产质权的方式相同，即对提单项下货物折价、变卖、拍卖后所得价款享有优先受偿权。

【基本案情】

中国建设银行股份有限公司广州荔湾支行（以下简称建行广州荔湾支行）与广东蓝粤能源发展有限公司（以下简称蓝粤能源公司）于2011年12月签订了《贸易融资额度合同》及《关于开立信用证的特别约定》等相关附件，约定该行向蓝粤能源公司提供不超过5.5亿元的贸易融资额度，包括开立等值额度的远期信用证。惠来粤东电力燃料有限公司（以下简称粤东电力）等担保人签订了保证合同等。2012年11月，蓝粤能源公司向建行广州荔湾支行申请开立8592万元的远期信用证。为开立信用证，蓝粤能源公司向建行广州荔湾支行出具了《信托收据》，并签订了《保证金质押合同》。《信托收据》确认自收据出具之日起，建行广州荔湾支行即取得上述信用证项下所涉单据和货物的所有权，建行广州荔湾支行为委托人和受益人，蓝粤能源公司为信托货物的受托人。信用证开立后，蓝粤能源公司进口了164998吨煤炭。建行广州荔湾支行承兑了信用证，并向蓝粤能源公司放款84867952.27元，用于蓝粤能源公司偿还建行首尔分行的信用证垫款。建行广州荔湾支行履行开证和付款义务后，取得了包括本案所涉提单在内的全套单据。蓝粤能源公司因经营状况恶化而未能付款赎单，故建行广州荔湾支行在本案审理过程中仍持有提单及相关单据。提单项下的煤炭因其他纠纷被广西防城港市港口区人民法院查封。建行广州荔湾支行提起诉讼，请求判令蓝粤能源公司向建行广州荔湾支行清偿信用证垫款本金84867952.27元及利息；确认建行广州荔湾支行对信用证项下164998吨煤炭享有所有权，并对处置该财产所得款项优先清偿上述信用证项下债务；粤东电力等担保人承担担保责任。

【裁判结果】

广东省广州市中级人民法院于2014年4月21日作出（2013）穗中法金民初字第158号民事判决，支持建行广州荔湾支行关于蓝粤能源公司还本付息以及担保人承担相应担保责任的诉请，但以信托收据及提单交付不能对抗第三人为由，驳回建行广州荔湾支行关于请求确认煤炭所有权以及优先受偿权的诉请。建行广州荔湾支行不服一审判决，提起上诉。广东省高级人民法院于2014年9月19日作出（2014）粤高法民二终字第45号民事判决，驳回上诉，维持原判。建行广州荔湾支行不服二审判决，向最高人民法院申请再审。最高人民法院于2015年10月19日作出（2015）民提字第126号民事判决，支持建行广州荔湾支行对案涉信用证项下提单对应货物处置所得价款享有优先受偿权，驳回其对案涉提单项下货物享有所有权的诉讼请求。

【裁判理由】

最高人民法院认为，提单具有债权凭证和所有权凭证的双重属性，但并不意味着谁持有提单谁就当然对提单项下货物享有所有权。对于提单持有人而言，其能否取得物权以及取得何种类型的物权，取决于当事人之间的合同约定。建行广州荔湾支行履行了开证及付款义务并取得信用证项下的提单，但是由于当事人之间没有移转货物所有权的意思表示，故不能认为建行广州荔湾支行取得提单即取得提单项下货物的所有权。虽然《信托收据》约定建行广州荔湾支行取得货物的所有权，并委托蓝粤能源公司处置提单项下的货物，但根据物权法定原则，该约定因构成让与担保而不能发生物权效力。然而，让与担保的约定虽不能发生物权效力，但该约定仍具有合同效力，且《关于开立信用证的特别约定》约定蓝粤能源公司违约时，建行广州荔湾支行有权处分信用证项下单据及货物，因此根据合同整体解释以及信用证交易的特点，表明当事人真实意思表示是通过提单的流转而设立提单质押。本案符合权利质押设立所须具备的书面质押合同和物权公示两项要件，建行广州荔湾支行作为提单持有人，享有提单权利质权。建行广州荔湾支行的提单权利质权如果与其他债权人对提单项下货物所可能享有的留置权、动产质权等权利产生冲突的，可在执行分配程序中依法予以解决。

353. 信用证议付纠纷

相关规范

»《跟单信用证统一惯例》（UCP600）（2007 年）

第二条　定义

就本惯例而言：

通知行 指应开证行的要求通知信用证的银行。

申请人 指要求开立信用证的一方。

银行工作日 指银行在其履行受本惯例约束的行为的地点通常开业的一天。

受益人 指接受信用证并享受其利益的一方。

相符交单 指与信用证条款、本惯例的相关适用条款以及国际标准银行实务一致的交单。

保兑 指保兑行在开证行承诺之外做出的承付或议付相符交单的确定承诺。

保兑行 指根据开证行的授权或要求对信用证加具保兑的银行。

信用证 指一项不可撤销的安排，无论其名称或描述如何，该项安排构成开证行对相符交单予以承付的确定承诺。

承付指：

a. 如果信用证为即期付款信用证，则即期付款。

b. 如果信用证为延期付款信用证，则承诺延期付款并在承诺到期日付款。

c. 如果信用证为承兑信用证，则承兑受益人开出的汇票并在汇票到期日付款。

开证行 指应申请人要求或者代表自己开出信用证的银行。

议付 指指定银行在相符交单下，在其应获偿付的银行工作日当天或之前向受益人预付或者同意预付款项，从而购买汇票（其付款人为指定银行以外的其他银行）及/或单据的行为。

指定银行 指信用证可在其处兑用的银行，如信用证可在任一银行兑用，则任何银行均为指定银行。

交单 指向开证行或指定银行提交信用证项下单据的行为，或指按此方式提交的单据。

交单人 指实施交单行为的受益人、银行或其他人。

第十二条　指定

a. 除非指定银行为保兑行，对于承付或议付的授权并不赋予指定银行承付或议付的义务，除非该指定银行明确表示同意并且告知受益人。

b. 开证行指定一银行承兑汇票或做出延期付款承诺，即为授权该指定银行预付或购买其已承兑的汇票或已做出的延期付款承诺。

c. 非保兑行的指定银行收到或审核并转递单据的行为并不使其承担承付或议付的责

任，也不构成其承付或议付的行为。

第十三条 银行之间的偿付安排

a. 如果信用证规定指定银行（“索偿行”）向另一方（“偿付行”）获取偿付时，必须同时规定该偿付是否按信用证开立时有效的 ICC 银行间偿付规则进行。

b. 如果信用证没有规定偿付遵守 ICC 银行间偿付规则，则按照以下规定：

i. 开证行必须给予偿付行有关偿付的授权，授权应符合信用证关于兑用方式的规定，且不应设定截止日。

ii. 开证行不应要求索偿行向偿付行提供与信用证条款相符的证明。

iii. 如果偿付行未按信用证条款见索即偿，开证行将承担利息损失以及产生的任何其他费用。

iv. 偿付行的费用应由开证行承担。然而，如果此项费用由受益人承担，开证行有责任在信用证及偿付授权中注明。如果偿付行的费用由受益人承担，该费用应在偿付时从付给索偿行的金额中扣取。如果偿付未发生，偿付行的费用仍由开证行负担。

c. 如果偿付行未能见索即偿，开证行不能免除偿付责任。

第十四条 单据审核标准

a. 按指定行事的指定银行、保兑行（如果有的话）及开证行须审核交单，并仅基于单据本身确定其是否在表面上构成相符交单。

b. 按指定行事的指定银行、保兑行（如有的话）及开证行各有从交单次日起至多五个银行工作日用以确定交单是否相符。这一期限不因在交单日当天或之后信用证截止日或最迟交单日届至而受到缩减或影响。

c. 如果单据中包含一份或多份受第十九、二十、二十一、二十二、二十三、二十四或二十五条规制的正本运输单据，则须由受益人或其代表在不迟于本惯例所指的发运日之后的二十一个日历日内交单，但是在任何情况下都不得迟于信用证的截止日。

d. 单据中的数据，在与信用证、单据本身以及国际标准银行实务参照解读时，无须与该单据本身中的数据、其他要求的单据或信用证中的数据等同一致、但不得矛盾。

e. 除商业发票外，其他单据中的货物、服务或履约行为的描述，如果有的话，可使用与信用证中的描述不矛盾的概括性用语。

f. 如果信用证要求提交运输单据、保险单据或者商业发票之外的单据，却未规定出单人或其数据内容，则只要提交的单据内容看似满足所要求单据的功能，且其他方面符合第十四条 d 款，银行将接受该单据。

g. 提交的非信用证所要求的单据将被不予理会，并可被退还给交单人。

h. 如果信用证含有一项条件，但未规定用以表明该条件得到满足的单据，银行将视为未作规定并不予理会。

i. 单据日期可以早于信用证的开立日期，但不得晚于交单日期。

j. 当受益人和申请人的地址出现在任何规定的单据中时，无须与信用证或其他规定单据中所载相同，但必须与信用证中规定的相应地址同在一国。联络细节（传真、电话、电子邮件及类似细节）作为受益人和申请人地址的一部分时将被不予理会。然而，如果申请人的地址和联络细节为第十九、二十、二十一、二十二、二十三、二十四或二十五条规定的运输单据上的收货人或通知方细节的一部分时，应与信用证规定的相同。

k. 在任何单据中注明的托运人或发货人无须为信用证的受益人。

l. 运输单据可以由任何人出具，无须为承运人、船东、船长或租船人，只要其符合第十九、二十、二十一、二十二、二十三或二十四条的要求。

第十五条 相符交单

a. 当开证行确定交单相符时，必须承付。

b. 当保兑行确定交单相符时，必须承付或者议付并将单据转递给开证行。

c. 当指定银行确定交单相符并承付或议付时，必须将单据转递给保兑行或开证行。

第十六条 不符单据、放弃及通知

a. 当按照指定行事的指定银行、保兑行（如有的话）或者开证行确定交单不符时，可以拒绝承付或议付。

b. 当开证行确定交单不符时，可以自行决定联系申请人放弃不符点。然而这并不能延长第十四条 b 款所指的期限。

c. 当按照指定行事的指定银行、保兑行（如有的话）或开证行决定拒绝承付或议付时，必须给予交单人一份单独的拒付通知。

该通知必须声明：

i. 银行拒绝承付或议付；及

ii. 银行拒绝承付或者议付所依据的每一个不符点；及

iii. a）银行留存单据听候交单人的进一步指示；或者

b）开证行留存单据直到其从申请人处接到放弃不符点的通知并同意接受该放弃，或者其同意接受对不符点的放弃之前从交单人处收到其进一步指示；或者

c）银行将退回单据；或者

d）银行将按之前从交单人处获得的指示处理。

d. 第十六条 c 款要求的通知必须以电讯方式，如不可能，则以其他快捷方式，在不迟于自交单之翌日起第五个银行工作日结束前发出。

e. 按照指定行事的指定银行、保兑行（如有的话）或开证行在按照第十六条 c 款 iii 项 a）或 b 发出了通知后，可以在任何时候将单据退还交单人。

f. 如果开证行或保兑行未能按照本条行事，则无权宣称交单不符。

g. 当开证行拒绝承付或保兑行拒绝承付或者议付，并且按照本条发出了拒付通知后，有权要求返还已偿付的款项及利息。

»《最高人民法院关于审理信用证纠纷案件若干问题的规定》（2020 年 12 月 23 日修正）

第十条　人民法院认定存在信用证欺诈的，应当裁定中止支付或者判决终止支付信用证项下款项，但有下列情形之一的除外：

（一）开证行的指定人、授权人已按照开证行的指令善意地进行了付款；

（二）开证行或者其指定人、授权人已对信用证项下票据善意地作出了承兑；

（三）保兑行善意地履行了付款义务；

（四）议付行善意地进行了议付。

第十四条　人民法院在审理信用证欺诈案件过程中，必要时可以将信用证纠纷与基础交易纠纷一并审理。

当事人以基础交易欺诈为由起诉的，可以将与案件有关的开证行、议付行或者其他信用证法律关系的利害关系人列为第三人；第三人可以申请参加诉讼，人民法院也可以通知第三人参加诉讼。

354. 信用证欺诈纠纷

相关规范

»《最高人民法院关于审理信用证纠纷案件若干问题的规定》（2020 年 12 月 23 日修正）

第八条　凡有下列情形之一的，应当认定存在信用证欺诈：

（一）受益人伪造单据或者提交记载内容虚假的单据；

（二）受益人恶意不交付货物或者交付的货物无价值；

（三）受益人和开证申请人或者其他第三方串通提交假单据，而没有真实的基础交易；

（四）其他进行信用证欺诈的情形。

第九条　开证申请人、开证行或者其他利害关系人发现有本规定第八条的情形，并认为将会给其造成难以弥补的损害时，可以向有管辖权的人民法院申请中止支付信用证项下的款项。

第十条　人民法院认定存在信用证欺诈的，应当裁定中止支付或者判决终止支付信

用证项下款项，但有下列情形之一的除外：

（一）开证行的指定人、授权人已按照开证行的指令善意地进行了付款；

（二）开证行或者其指定人、授权人已对信用证项下票据善意地作出了承兑；

（三）保兑行善意地履行了付款义务；

（四）议付行善意地进行了议付。

第十一条 当事人在起诉前申请中止支付信用证项下款项符合下列条件的，人民法院应予受理：

（一）受理申请的人民法院对该信用证纠纷案件享有管辖权；

（二）申请人提供的证据材料证明存在本规定第八条的情形；

（三）如不采取中止支付信用证项下款项的措施，将会使申请人的合法权益受到难以弥补的损害；

（四）申请人提供了可靠、充分的担保；

（五）不存在本规定第十条的情形。

当事人在诉讼中申请中止支付信用证项下款项的，应当符合前款第（二）（三）（四）（五）项规定的条件。

第十四条 人民法院在审理信用证欺诈案件过程中，必要时可以将信用证纠纷与基础交易纠纷一并审理。

当事人以基础交易欺诈为由起诉的，可以将与案件有关的开证行、议付行或者其他信用证法律关系的利害关系人列为第三人；第三人可以申请参加诉讼，人民法院也可以通知第三人参加诉讼。

第十五条 人民法院通过实体审理，认定构成信用证欺诈并且不存在本规定第十条的情形的，应当判决终止支付信用证项下的款项。

355. 信用证融资纠纷

相关规范

》《最高人民法院关于审理信用证纠纷案件若干问题的规定》（2020年12月23日修正）

第三条 开证申请人与开证行之间因申请开立信用证而产生的欠款纠纷、委托人和受托人之间因委托开立信用证产生的纠纷、担保人为申请开立信用证或者委托开立信用证提供担保而产生的纠纷以及信用证项下融资产生的纠纷，适用本规定。

第四条 因申请开立信用证而产生的欠款纠纷、委托开立信用证纠纷和因此产生的担保纠纷以及信用证项下融资产生的纠纷应当适用中华人民共和国相关法律。涉外合同当事人对法律适用另有约定的除外。

356. 信用证转让纠纷

相关规范

》《跟单信用证统一惯例》（UCP600）（2007年）

第三十八条 可转让信用证

a. 银行无办理信用证转让的义务，除非其明确同意。

b. 就本条而言：

可转让信用证系指特别注明“可转让（transferable）”字样的信用证。可转让信用证可应受益人（第一受益人）的要求转为全部或部分由另一受益人（第二受益人）兑用。

转让行系指办理信用证转让的指定银行，或当信用证规定可在任何银行兑用时，指开证行特别如此授权并实际办理转让的银行。开证行也可担任转让行。

已转让信用证指已由转让行转为可由第二受益人兑用的信用证。

c. 除非转让时另有约定，有关转让的所有费用（诸如佣金、手续费，成本或开支）须由第一受益人支付。

d. 只要信用证允许部分支款或部分发运，信用证可以分部分地转让给数名第二受益人。

已转让信用证不得应第二受益人的要求转让给任何其后受益人。第一受益人不视为其后受益人。

e. 任何转让要求须说明是否允许及在何条件下允许将修改通知第二受益人。已转让信用证须明确说明该项条件。

f. 如果信用证转让给数名第二受益人，其中一名或多名第二受益人对信用证修改的拒绝并不影响其他第二受益人接受修改。对接受者而言该已转让信用证即被相应修改，而对拒绝改的第二受益人而言，该信用证未被修改。

g. 已转让信用证须准确转载原证条款，包括保兑（如果有的话），但下列项目除外：

——信用证金额，

——规定的任何单价，

——截止日，

——交单期限，或

——最迟发运日或发运期间。

以上任何一项或全部均可减少或缩短。

必须投保的保险比例可以增加，以达到原信用证或本惯例规定的保险金额。

可用第一受益人的名称替换原证中的开证申请人名称。

如果原证特别要求开证申请人名称应在除发票以外的任何单据出现时，已转让信用证必须反映该项要求。

h. 第一受益人有权以自己的发票和汇票（如有的话）替换第二受益人的发票的汇票，其金额不得超过原信用证的金额。经过替换后，第一受益人可在原信用证项下支取自己发票与第二受益人发票间的差价（如有的话）。

i. 如果第一受益人应提交其自己的发票和汇票（如有的话），但未能在第一次要求的照办，或第一受益人提交的发票导致了第二受益人的交单中本不存在的不符点，而其未能在第一次要求时修正，转让行有权将从第二受益人处收到的单据照交开证行，并不再对第一受益人承担责任。

j. 在要求转让时，第一受益人可以要求在信用证转让后的兑用地点，在原信用证的截止日之前（包括截止日），对第二受益人承付或议付。本规定并不得损害第一受益人在第三十八条 h 款下的权利。

k. 第二受益人或代表第二受益人的交单必须交给转让行。

三十、 独立保函纠纷

357. 独立保函开立纠纷

相关规范

《国际商会见索即付保函统一规则》(URDG758)(2010 年)

第 11 条　修改

a. 当收到保函修改的指示后，担保人不论因何原因，不准备或无法作出该修改时，应毫不延迟地通知向其发出指示的一方。

b. 保函修改未经受益人同意，对受益人不具有约束力。但是，除非受益人拒绝该修改，担保人自修改书出具之时起即不可撤销地受其约束。

c. 根据保函条款作出的修改外，在受益人表示接受该修改或者作出仅符合修改后保函的交单之前，受益人可以在任何时候拒绝保函修改。

d. 通知方应将受益人接受或拒绝保函修改书的通知毫不延迟地通知给向其发送修改书的一方。

e. 对同一修改书的内容不允许部分接受，部分接受将视为拒绝该修改的通知。

f. 修改书中约定“除非在指定时间内拒绝否则该修改将生效”的条款应不予置理。

第 34 条　适用法律

a. 除非保函另有约定，保函的适用法律应为担保人开立保函的分支机构或营业场所所在地的法律。

b. 除非反担保函另有约定，反担保函的适用法律应为反担保人开立反担保函的分支机构或营业场所所在地的法律。

第 35 条　司法管辖

a. 除非保函另有约定，担保人与受益人之间有关保函的任何争议应由担保人开立保函的分支机构或营业场所所在地有管辖权的法院专属管辖。

b. 除非反担保函另有约定，反担保人与担保人之间有关反担保函的任何争议应由反担保人开立反担保函的分支机构或营业场所所在地有管辖权的法院专属管辖。

《最高人民法院关于审理独立保函纠纷案件若干问题的规定》(2020 年 12 月 23 日修正)

第一条　本规定所称的独立保函，是指银行或非银行金融机构作为开立人，以书面形式向受益人出具的，同意在受益人请求付款并提交符合保函要求的单据时，向其支付特定款项或在保函最高金额内付款的承诺。

前款所称的单据，是指独立保函载明的受益人应提交的付款请求书、违约声明、第三方签发的文件、法院判决、仲裁裁决、汇票、发票等表明发生付款到期事件的书面文件。

独立保函可以依保函申请人的申请而开立，也可以依另一金融机构的指示而开立。开立人依指示开立独立保函的，可以要求指示人向其开立用以保障追偿权的独立保函。

第二条　本规定所称的独立保函纠纷，是指在独立保函的开立、撤销、修改、转让、付款、追偿等环节产生的纠纷。

第三条　保函具有下列情形之一，当事人主张保函性质为独立保函的，人民法院应予支持，但保函未载明据以付款的单据和最高金额的除外：

（一）保函载明见索即付；

（二）保函载明适用国际商会《见索即付保函统一规则》等独立保函交易示范规则；

（三）根据保函文本内容，开立人的付款义务独立于基础交易关系及保函申请法律关系，其仅承担相符交单的付款责任。

当事人以独立保函记载了对应的基础交易为由，主张该保函性质为一般保证或连带保证的，人民法院不予支持。

当事人主张独立保函适用民法典关于一般保证或连带保证规定的，人民法院不予支持。

第四条　独立保函的开立时间为开立人发出独立保函的时间。

独立保函一经开立即生效，但独立保函载明生效日期或事件的除外。

独立保函未载明可撤销，当事人主张独立保函开立后不可撤销的，人民法院应予支持。

第五条　独立保函载明适用《见索即付保函统一规则》等独立保函交易示范规则，或开立人和受益人在一审法庭辩论终结前一致援引的，人民法院应当认定交易示范规则的内容构成独立保函条款的组成部分。

不具有前款情形，当事人主张独立保函适用相关交易示范规则的，人民法院不予支持。

第六条　受益人提交的单据与独立保函条款之间、单据与单据之间表面相符，受益人请求开立人依据独立保函承担付款责任的，人民法院应予支持。

开立人以基础交易关系或独立保函申请关系对付款义务提出抗辩的，人民法院不予支持，但有本规定第十二条情形的除外。

第七条　人民法院在认定是否构成表面相符时，应当根据独立保函载明的审单标准进行审查；独立保函未载明的，可以参照适用国际商会确定的相关审单标准。

单据与独立保函条款之间、单据与单据之间表面上不完全一致，但并不导致相互之间产生歧义的，人民法院应当认定构成表面相符。

第八条　开立人有独立审查单据的权利与义务，有权自行决定单据与独立保函条款之间、单据与单据之间是否表面相符，并自行决定接受或拒绝接受不符点。

开立人已向受益人明确表示接受不符点，受益人请求开立人承担付款责任的，人民法院应予支持。

开立人拒绝接受不符点，受益人以保函申请人已接受不符点为由请求开立人承担付款责任的，人民法院不予支持。

第九条　开立人依据独立保函付款后向保函申请人追偿的，人民法院应予支持，但受益人提交的单据存在不符点的除外。

第十条　独立保函未同时载明可转让和据以确定新受益人的单据，开立人主张受益人付款请求权的转让对其不发生效力的，人民法院应予支持。独立保函对受益人付款请求权的转让有特别约定的，从其约定。

第十一条　独立保函具有下列情形之一，当事人主张独立保函权利义务终止的，人民法院应予支持：

（一）独立保函载明的到期日或到期事件届至，受益人未提交符合独立保函要求的单据；

（二）独立保函项下的应付款项已经全部支付；

（三）独立保函的金额已减额至零；

（四）开立人收到受益人出具的免除独立保函项下付款义务的文件；

（五）法律规定或者当事人约定终止的其他情形。

独立保函具有前款权利义务终止的情形，受益人以其持有独立保函文本为由主张享有付款请求权的，人民法院不予支持。

第十二条　具有下列情形之一的，人民法院应当认定构成独立保函欺诈：

（一）受益人与保函申请人或其他人串

通，虚构基础交易的；

（二）受益人提交的第三方单据系伪造或内容虚假的；

（三）法院判决或仲裁裁决认定基础交易债务人没有付款或赔偿责任的；

（四）受益人确认基础交易债务已得到完全履行或者确认独立保函载明的付款到期事件并未发生的；

（五）受益人明知其没有付款请求权仍滥用该权利的其他情形。

第十三条 独立保函的申请人、开立人或指示人发现有本规定第十二条情形的，可以在提起诉讼或申请仲裁前，向开立人住所地或其他对独立保函欺诈纠纷案件具有管辖权的人民法院申请中止支付独立保函项下的款项，也可以在诉讼或仲裁过程中提出申请。

第十四条 人民法院裁定中止支付独立保函项下的款项，必须同时具备下列条件：

（一）止付申请人提交的证据材料证明本规定第十二条情形的存在具有高度可能性；

（二）情况紧急，不立即采取止付措施，将给止付申请人的合法权益造成难以弥补的损害；

（三）止付申请人提供了足以弥补被申请人因止付可能遭受损失的担保。

止付申请人以受益人在基础交易中违约为由请求止付的，人民法院不予支持。

开立人在依指示开立的独立保函项下已经善意付款的，对保障该开立人追偿权的独立保函，人民法院不得裁定止付。

第十五条 因止付申请错误造成损失，当事人请求止付申请人赔偿的，人民法院应予支持。

第十六条 人民法院受理止付申请后，应当在四十八小时内作出书面裁定。裁定应当列明申请人、被申请人和第三人，并包括初步查明的事实和是否准许止付申请的理由。

裁定中止支付的，应当立即执行。

止付申请人在止付裁定作出后三十日内未依法提起独立保函欺诈纠纷诉讼或申请仲裁的，人民法院应当解除止付裁定。

第十七条 当事人对人民法院就止付申请作出的裁定有异议的，可以在裁定书送达之日起十日内向作出裁定的人民法院申请复议。复议期间不停止裁定的执行。

人民法院应当在收到复议申请后十日内审查，并询问当事人。

第十八条 人民法院审理独立保函欺诈纠纷案件或处理止付申请，可以就当事人主张的本规定第十二条的具体情形，审查认定基础交易的相关事实。

第十九条 保函申请人在独立保函欺诈诉讼中仅起诉受益人的，独立保函的开立人、指示人可以作为第三人申请参加，或由人民法院通知其参加。

第二十条 人民法院经审理独立保函欺诈纠纷案件，能够排除合理怀疑地认定构成独立保函欺诈，并且不存在本规定第十四条第三款情形的，应当判决开立人终止支付独立保函项下被请求的款项。

第二十一条 受益人和开立人之间因独立保函而产生的纠纷案件，由开立人住所地或被告住所地人民法院管辖，独立保函载明由其他法院管辖或提交仲裁的除外。当事人主张根据基础交易合同争议解决条款确定管辖法院或提交仲裁的，人民法院不予支持。

独立保函欺诈纠纷案件由被请求止付的独立保函的开立人住所地或被告住所地人民法院管辖，当事人书面协议由其他法院管辖或提交仲裁的除外。当事人主张根据基础交易合同或独立保函的争议解决条款确定管辖法院或提交仲裁的，人民法院不予支持。

第二十二条 涉外独立保函未载明适用法律，开立人和受益人在一审法庭辩论终结前亦未就适用法律达成一致的，开立人和受益人之间因涉外独立保函而产生的纠纷适用开立人经常居所地法律；独立保函由金融机构依法登记设立的分支机构开立的，适用分支机构登记地法律。

涉外独立保函欺诈纠纷，当事人就适用法律不能达成一致的，适用被请求止付的独立保函的开立人经常居所地法律；独立保函由金融机构依法登记设立的分支机构开立的，适用分支机构登记地法律；当事人有共同经常居所地的，适用共同经常居所地法律。

涉外独立保函止付保全程序，适用中华人民共和国法律。

第二十三条　当事人约定在国内交易中适用独立保函，一方当事人以独立保函不具有涉外因素为由，主张保函独立性的约定无效的，人民法院不予支持。

第二十四条　对于按照特户管理并移交开立人占有的独立保函开立保证金，人民法院可以采取冻结措施，但不得扣划。保证金账户内的款项丧失开立保证金的功能时，人民法院可以依法采取扣划措施。

开立人已履行对外支付义务的，根据该开立人的申请，人民法院应当解除对开立保证金相应部分的冻结措施。

358. 独立保函付款纠纷

相关规范

本案由的相关规范参见“357. 独立保函开立纠纷”。

359. 独立保函追偿纠纷

相关规范

本案由的相关规范参见“357. 独立保函开立纠纷”。

360. 独立保函欺诈纠纷

相关规范

本案由的相关规范参见“357. 独立保函开立纠纷”。

指导案例

安徽省外经建设（集团）有限公司诉东方置业房地产有限公司保函欺诈纠纷案（最高人民法院指导案例109号　2019年2月25日发布）

【关键词】　民事　保函欺诈　基础交易审查　有限及必要原则　独立反担保函

【裁判要点】

1. 认定构成独立保函欺诈需对基础交易进行审查时，应坚持有限及必要原则，审查范围应限于受益人是否明知基础合同的相对人并不存在基础合同项下的违约事实，以及是否存在受益人明知自己没有付款请求权的事实。

2. 受益人在基础合同项下的违约情形，并不影响其按照独立保函的规定提交单据并进行索款的权利。

3. 认定独立反担保函项下是否存在欺诈时，即使独立保函存在欺诈情形，独立保函项下已经善意付款的，人民法院亦不得裁定止付独立反担保函项下款项。

【基本案情】

2010年1月16日，东方置业房地产有限公司（以下简称东方置业公司）作为开发方，与作为承包方的安徽省外经建设（集团）有限公司（以下简称外经集团公司）、作为施工方的安徽外经建设中美洲有限公司（以下简称外经中美洲公司）在哥斯达黎加共和国圣何塞市签订了《哥斯达黎加湖畔华府项目施工合同》（以下简称《施工合同》），约定承包方为三栋各十四层综合商住楼施工。外经集团公司于2010年5月26日向中国建设银行股份有限公司安徽省分行（以下简称建行安徽省分行）提出申请，并以哥斯达黎加银行作为转开行，向作为受益人的东方置业公司开立履约保函，保证事项为哥斯达黎加湖畔华府项目。2010年5月28日，哥斯达黎加银行开立编号为G051225的履约保函，担保人为建行安徽省分行，委托人为外经集团公司，受益人为东方置业公司，担保金额为2008000美元，有效期至2011年10月12日，后延期至2012年2月12日。保函说明：无条件的、不可撤销的、必须的、见索即付的保函。执行此保函需要受益人给哥斯达黎加银行中央办公室外贸部提交一式两份的证明文件，指明执行此保函的理由，另外由受益人出具公证过的声明指出通知外经中美洲公司因为违约而产生此请求的日期，并附上保函证明原件和已经出具过的修改件。建行安徽省分行同时向哥斯达黎加银行开具编号为34147020000289的反担保函，承诺自收到哥斯达黎加银行通知后二十日内支付保函项下的款项。反担保函是“无条件的、不可撤销的、随时要求支付的”，并约定“遵守国际商会出版的458号《见索即付保函统一规则》”。

《施工合同》履行过程中，2012年1月23日，建筑师Jose Brenes和Mauricio Mora出具《项目工程检验报告》。该报告认定了施工项目存在“施工不良”“品质低劣”且需要修改或修理的情形。2012年2月7日，外经中美洲公司以东方置业公司为被申请人向哥斯达黎加建筑师和工程师联合协会争议解决中心提交仲裁请求，认为东方置业公司拖欠应支付之已完成施工量的工程款及相应利息，请求解除合同并裁决东方置业公司赔偿损失。2月8日，东方置业公司向哥斯达黎加银行提交索赔声明、违约通知书、违约声明、《项目工程检验报告》等保函兑付文件，要求执行保函。2月10日，哥斯达黎加银行向建行安徽省分行发出电文，称东方置业公司提出索赔，要求支付G051225号银行保函项下2008000美元的款项，哥斯达黎加银行进而要求建行安徽省分行须于2012年2月16日前支付上述款项。2月12日，应外经中美洲公司申请，哥斯达黎加共和国行政诉讼法院第二法庭下达临时保护措施禁令，裁定哥斯达黎加银行暂停执行G051225号履约保函。

2月23日，外经集团公司向合肥市中级人民法院提起保函欺诈纠纷诉讼，同时申请中止支付G051225号保函、34147020000289号保函项下款项。一审法院于2月27日作出（2012）合民四初字第00005－1号裁定，裁定中止支付G051225号保函及34147020000289号保函项下款项，并于2月28日向建行安徽省分行送达了上述裁定。2月29日，建行安徽省分行向哥斯达黎加银行发送电文告知了一审法院已作出的裁定事由，并于当日向哥斯达黎加银行寄送了上述裁定书的复印件，哥斯达黎加银行于3月5日收到上述裁定书复印件。

3月6日，哥斯达黎加共和国行政诉讼法院第二法庭判决外经中美洲公司申请预防性措施败诉，解除了临时保护措施禁令。3月20日，应哥斯达黎加银行的要求，建行安徽省分行延长了34147020000289号保函的有效期。3月21日，哥斯达黎加银行向东方置业公司支付了G051225号保函项下款项。

2013年7月9日，哥斯达黎加建筑师和工程师联合协会做出仲裁裁决，该仲裁裁决认定东方置业公司在履行合同过程中严重违约，并裁决终止《施工合同》，东方置业公司向外经中美洲公司支付1号至18号工程进度款共计800058.45美元及利息；第19号工程因未获得开发商验收，相关工程款请求未予支持；因G051225号保函项下款项已经支付，不支持外经中美洲公司退还保函的请求。

【裁判结果】

安徽省合肥市中级人民法院于2014年4月9日作出（2012）合民四初字第00005号民事判决：一、东方置业公司针对G051225号履约保函的索赔行为构成欺诈；二、建行安徽省分行终止向哥斯达黎加银行支付编号为34147020000289的银行保函项下2008000美元的款项；三、驳回外经集团公司的其他诉讼请求。东方置业公司不服一审判决，提起上诉。安徽省高级人民法院于2015年3月19日作出（2014）皖民二终字第00389号民事判决：驳回上诉，维持原判。东方置业公司不服二审判决，向最高人民法院申请再审。

最高人民法院于2017年12月14日作出（2017）最高法民再134号民事判决：一、撤销安徽省高级人民法院（2014）皖民二终字第00389号、安徽省合肥市中级人民法院（2012）合民四初字第00005号民事判决；二、驳回外经集团公司的诉讼请求。

【裁判理由】

最高人民法院认为：第一，关于本案涉及的独立保函欺诈案件的识别依据、管辖权以及法律适用问题。本案争议的当事方东方置业公司及哥斯达黎加银行的经常居所地位于我国领域外，本案系涉外商事纠纷。根据《中华人民共和国涉外民事关系法律适用法》第八条"涉外民事关系的定性，适用法院地法"的规定，外经集团公司作为外经中美洲公司在国内的母公司，是涉案保函的开立申请人，其申请建行安徽省分行向哥斯达黎加银行开立见索即付的反担保保函，由哥斯达黎加银行向受益人东方置业公司转开履约保函。根据保函文本内容，哥斯达黎加银行与建行安徽省分行的付款义务均独立于基础交易关系及保函申请法律关系，因此，上述保函可以确定为见索即付独立保函，上述反担保保函可以确定为见索即付独立反担保保函。外经集团公司以保函欺诈为由向一审法院提起诉讼，本案性质为保函欺诈纠纷。被请求止付的独立反担保保函由建行安徽省分行开具，该分行所在地应当认定为外经集团公司主张的侵权结果发生地。一审法院作为侵权行为地法院对本案具有管辖权。因涉案保函载明适用《见索即付保函统一规则》，应当认定上述规则的内容构成争议保函的组成部分。根据《中华人民共和国涉外民事关系法律适用法》第四十四条"侵权责任，适用侵权行为地法律"的规定，《见索即付保函统一规则》未予涉及的保函欺诈之认定标准应适用中华人民共和国法律。我国没有加入《联合国独立保证与备用信用证公约》，本案当事人亦未约定适用上述公约或将公约有关内容作为国际交易规则订入保函，依据意思自治原则，《联合国独立保证与备用信用证公约》不应适用。

第二，关于东方置业公司作为受益人是否具有基础合同项下的初步证据证明其索赔请求具有事实依据的问题。

人民法院在审理独立保函及与独立保函相关的反担保案件时，对基础交易的审查，应当坚持有限原则和必要原则，审查的范围应当限于受益人是否明知基础合同的相对人并不存在基础合同项下的违约事实或者不存在其他导致独立保函付款的事实。否则，对基础合同的审查将会动摇独立保函"见索即付"的制度价值。

根据《最高人民法院关于贯彻执行〈中华人民共和国民法通则〉若干问题的意见（试行）》第六十八条的规定，欺诈主要表现为虚构事实与隐瞒真相。根据再审查明的事实，哥斯达黎加银行开立编号为G051225的履约保函，该履约保函明确规定了实现保函需要提交的文件为：说明执行保函理由的证明文件、通知外经中美洲公司执行保函请求的日期、保函证明原件和已经出具过的修改件。外经集团公司主张东方置业公司的行为构成独立保函项下的欺诈，应当提交证据证明东方置业公司在实现独立保函时具有下列行为之一：1. 为索赔提交内容虚假或者伪造的单据；2. 索赔请求完全没有事实基础和可信依据。本案中，保函担保的是"施工期间材料使用的质量和耐性，赔偿或补偿造成的损失，和/或承包方未履行义务的赔付"，意即，保函担保的是施工质量和其他违约行为。因此，受益人只需提交能够证明存在施工质量问题的初步证据，即可满足保函实现所要求的"说明执行保函理由的证明文件"。本案基础合同履行过程中，东方置业公司的项目监理人员 Jose Brenes 和 Mauricio Mora 于2012年1月23日出具《项目工程检验报告》。该报告认定了施工项目存在"施工不良""品质低劣"且需要修改或修理的情形，该《项目工程检验报告》构成证明存在施工质量问题的初步证据。

本案当事方在《施工合同》中以及在保

函项下并未明确约定实现保函时应向哥斯达黎加银行提交《项目工程检验报告》，因此，东方置业公司有权自主选择向哥斯达黎加银行提交“证明执行保函理由”之证明文件的类型，其是否向哥斯达黎加银行提交该报告不影响其保函项下权利的实现。另外，《施工合同》以及保函亦未规定上述报告须由AIA国际建筑师事务所或者具有美国建筑师协会国际会员身份的人员出具，因此，Jose-Brenes 和 Mauricio Mora 是否具有美国建筑师协会国际会员身份并不影响其作为发包方的项目监理人员出具《项目工程检验报告》。外经集团公司对 Jose Brenes 和 Mauricio Mora 均为发包方的项目监理人员身份是明知的，在其出具《项目工程检验报告》并领取工程款项时对 Jose Brenes 和 Mauricio Mora 的监理身份是认可的，其以自身认可的足以证明 Jose Brenes 和 Mauricio Mora 监理身份的证据反证 Jose Brenes 和 Mauricio Mora 出具的《项目工程检验报告》虚假，逻辑上无法自洽。因外经集团公司未能提供其他证据证明东方置业公司实现案涉保函完全没有事实基础或者提交虚假或伪造的文件，东方置业公司据此向哥斯达黎加银行申请实现保函权利具有事实依据。

综上，《项目工程检验报告》构成证明外经集团公司基础合同项下违约行为的初步证据，外经集团公司提供的证据不足以证明上述报告存在虚假或者伪造，亦不足以证明东方置业公司明知基础合同的相对人并不存在基础合同项下的违约事实或者不存在其他导致独立保函付款的事实而要求实现保函。东方置业公司基于外经集团公司基础合同项下的违约行为，依据合同的规定，提出实现独立保函项下的权利不构成保函欺诈。

第三，关于独立保函受益人基础合同项下的违约情形，是否必然构成独立保函项下的欺诈索款问题。

外经集团公司认为，根据《最高人民法院关于审理独立保函纠纷案件若干问题的规定》（以下简称独立保函司法解释）第十二条第三项、第四项、第五项，应当认定东方置业公司构成独立保函欺诈。根据独立保函司法解释第二十五条的规定，经庭审释明，外经集团公司仍坚持认为本案处理不应违反独立保函司法解释的规定精神。结合外经集团公司的主张，最高人民法院对上述涉及独立保函司法解释的相关问题作出进一步阐释。

独立保函独立于委托人和受益人之间的基础交易，出具独立保函的银行只负责审查受益人提交的单据是否符合保函条款的规定并有权自行决定是否付款，担保行的付款义务不受委托人与受益人之间基础交易项下抗辩权的影响。东方置业公司作为受益人，在提交证明存在工程质量问题的初步证据时，即使未启动任何诸如诉讼或者仲裁等争议解决程序并经上述程序确认相对方违约，都不影响其保函权利的实现。即使基础合同存在正在进行的诉讼或者仲裁程序，只要相关争议解决程序尚未做出基础交易债务人没有付款或者赔偿责任的最终认定，亦不影响受益人保函权利的实现。进而言之，即使生效判决或者仲裁裁决认定受益人构成基础合同项下的违约，该违约事实的存在亦不必然成为构成保函“欺诈”的充分必要条件。

本案中，保函担保的事项是施工质量和其他违约行为，而受益人未支付工程款项的违约事实与工程质量出现问题不存在逻辑上的因果关系，东方置业公司作为受益人，其自身在基础合同履行中存在的违约情形，并不必然构成独立保函项下的欺诈索款。独立保函司法解释第十二条第三项的规定内容，将独立保函欺诈认定的条件限定为“法院判决或仲裁裁决认定基础交易债务人没有付款或赔偿责任”，因此，除非保函另有约定，对基础合同的审查应当限定在保函担保范围内的履约事项，在将受益人自身在基础合同中是否存在违约行为纳入保函欺诈的审查范围时应当十分审慎。虽然哥斯达黎加建筑师和工程师联合协会作出仲裁裁决，认定东方置业公司在履行合同过程中违约，但上述仲裁程序于2012年2月7日由外经集团公司发动，东方置业公司并未提出反请求，2013 年 7 月 9 日做出的仲裁裁决仅针对外经集团公司的请求事项认定东方置业公司违约，但并未认定外经集团公司因对方违约行为的存在而免除付款或者赔偿责任。因此，不能依据上述仲裁裁决的内容认定东方置业公司构成独立保函司法解释第十二条第三项规定的保函欺诈。

另外，双方对工程质量发生争议的事实以及哥斯达黎加建筑师和工程师联合协会争议解决中心作出的《仲裁裁决书》中涉及工程质量问题部分的表述能够佐证，外经中美洲公司在《施工合同》项下的义务尚未完全履行，本案并不存在东方置业公司确认基础交易债务已经完全履行或者付款到期事件并未发生的情形。现有证据亦不能证明东方置业公司明知其没有付款请求权仍滥用权利。东方置业公司作为受益人，其自身在基础合同履行中存在的违约情形，虽经仲裁裁决确认但并未因此免除外经集团公司的付款或者赔偿责任。综上，即使按照外经集团公司的主张适用独立保函司法解释，本案情形亦不构成保函欺诈。

第四，关于本案涉及的与独立保函有关的独立反担保函问题。

基于独立保函的特点，担保人于债务人之外构成对受益人的直接支付责任，独立保函与主债务之间没有抗辩权上的从属性，即使债务人在某一争议解决程序中行使抗辩权，并不当然使独立担保人获得该抗辩利益。另外，即使存在受益人在独立保函项下的欺诈性索款情形，亦不能推定担保行在独立反担保函项下构成欺诈性索款。只有担保行明知受益人系欺诈性索款且违反诚实信用原则付款，并向反担保行主张独立反担保函项下款项时，才能认定担保行构成独立反担保函项下的欺诈性索款。

外经集团公司以保函欺诈为由提起本案诉讼，其应当举证证明哥斯达黎加银行明知东方置业公司存在独立保函欺诈情形，仍然违反诚信原则予以付款，并进而以受益人身份在见索即付独立反担保函项下提出索款请求并构成反担保函项下的欺诈性索款。现外经集团公司不仅不能证明哥斯达黎加银行向东方置业公司支付独立保函项下款项存在欺诈，亦没有举证证明哥斯达黎加银行在独立反担保函项下存在欺诈性索款情形，其主张止付独立反担保函项下款项没有事实依据。

典型案例

依法审查减额条款是否载入保函严格把握滥用付款请求权的认定标准

——中国水利水电第四工程局有限公司与中工国际工程股份有限公司独立保函欺诈纠纷案（《最高人民法院第三批涉“一带一路”建设典型案例》案例 2　2022 年 2 月 28 日）

【基本案情】

2013 年 10 月 2 日，中工国际公司与玻利维亚业主就蒙特罗——布洛布洛铁路 I 标段工程签订总承包合同。2014 年 4 月 4 日，中工国际公司与中水四局公司签订分包合同。经中水四局公司申请，建行铁路支行向中工国际公司开具了《预付款保函》。载明：“我行保证，我行将在收到你方出具的申明乙方未能按照合同规定履行合同义务的书面索赔通知的 7 个工作日内，无条件偿还不超过人民币 66315000 元的全部款项。你方无须提交任何证明文件。本保函自开具之日生效，有效期至甲方扣完预付款之前……”2015 年 11 月 3 日，玻利维亚业主解除了总承包合同。同月，中工国际公司向建行铁路支行发出《书面索赔通知书》，建行铁路支行向中水四局公司发出《催款通知书》。中水四局公司起诉请求确认中工国际公司索兑《预付款保函》的行为构成欺诈并终止支付保函项下款项。

【裁判结果】

最高人民法院审理认为，案涉工程预付款是中工国际公司为中水四局公司启动案涉工程提供的融资，在未全部扣还的情况下，无论预付款是否已经全部用于案涉工程，均不影响中工国际公司行使索赔权。预付款保函未约定减额条款，其金额不能因中水四局公司的履约情况自动调整。中工国际公司作为受益人，无须证明其索赔金额即是基础关系项下的应付金额，其全额索兑预付款保函不构成欺诈性索款。

【典型意义】

"一带一路"建设涉及大量中资企业在东道国承建基础设施的工程，具有建设周期长、合同金额大的特点。其中，预付款保函是保障承包工程顺利进行的重要金融工具。司法实践中，对于发生预付款保函载明的到期事件时，保函受益人是否仍然有权索兑以及保函受益人全额索兑是否属于滥用付款请求权进而构成欺诈性索款，存在理解不一致的情况。本案判决明确了在预付款保函没有明确记载减额条款时，受益人全额索兑预付款保函的行为不宜认定为滥用付款请求权，并对工程预付款性质、预付款保函的担保范围、预付款保函下欺诈例外等问题均作出了准确的认定，对于此类案件的办理具有重要的参考价值。

361. 独立保函转让纠纷

相关规范

本案由的相关规范参见"357. 独立保函开立纠纷"。

362. 独立保函通知纠纷

相关规范

本案由的相关规范参见"357. 独立保函开立纠纷"。

363. 独立保函撤销纠纷

相关规范

本案由的相关规范参见"357. 独立保函开立纠纷"。

第九部分　侵权责任纠纷

三十一、侵权责任纠纷

364. 监护人责任纠纷

相关规范

》《中华人民共和国民法典》（2020 年）

第一千一百八十八条　【监护人责任】无民事行为能力人、限制民事行为能力人造成他人损害的，由监护人承担侵权责任。监护人尽到监护职责的，可以减轻其侵权责任。

有财产的无民事行为能力人、限制民事行为能力人造成他人损害的，从本人财产中支付赔偿费用；不足部分，由监护人赔偿。

第一千一百八十九条　无民事行为能力人、限制民事行为能力人造成他人损害，监护人将监护职责委托给他人的，监护人应当承担侵权责任；受托人有过错的，承担相应的责任。

365. 用人单位责任纠纷

相关规范

》《中华人民共和国民法典》（2020 年）

第一百二十条　【侵权责任的承担】民事权益受到侵害的，被侵权人有权请求侵权人承担侵权责任。

第一千一百九十一条第一款　【用人单位责任和劳务派遣单位、劳务用工单位责任】用人单位的工作人员因执行工作任务造成他人损害的，由用人单位承担侵权责任。用人单位承担侵权责任后，可以向有故意或者重大过失的工作人员追偿。

366. 劳务派遣工作人员侵权责任纠纷

相关规范

《中华人民共和国民法典》（2020年）

第一百二十条　【侵权责任的承担】民事权益受到侵害的，被侵权人有权请求侵权人承担侵权责任。

第一千一百九十一条第一款　【用人单位责任和劳务派遣单位、劳务用工单位责任】用人单位的工作人员因执行工作任务造成他人损害的，由用人单位承担侵权责任。用人单位承担侵权责任后，可以向有故意或者重大过失的工作人员追偿。

《中华人民共和国职业教育法》（2022年修订）

第五十条　国家鼓励企业、事业单位安排实习岗位，接纳职业学校和职业培训机构的学生实习。接纳实习的单位应当保障学生在实习期间按照规定享受休息休假、获得劳动安全卫生保护、参加相关保险、接受职业技能指导等权利；对上岗实习的，应当签订实习协议，给予适当的劳动报酬。

职业学校和职业培训机构应当加强对实习实训学生的指导，加强安全生产教育，协商实习单位安排与学生所学专业相匹配的岗位，明确实习实训内容和标准，不得安排学生从事与所学专业无关的实习实训，不得违反相关规定通过人力资源服务机构、劳务派遣单位，或者通过非法从事人力资源服务、劳务派遣业务的单位或个人组织、安排、管理学生实习实训。

第六十六条　接纳职业学校和职业培训机构学生实习的单位违反本法规定，侵害学生休息休假、获得劳动安全卫生保护、参加相关保险、接受职业技能指导等权利的，依法承担相应的法律责任。

职业学校、职业培训机构违反本法规定，通过人力资源服务机构、劳务派遣单位或者非法从事人力资源服务、劳务派遣业务的单位或个人组织、安排、管理学生实习实训的，由教育行政部门、人力资源社会保障行政部门或者其他有关部门责令改正，没收违法所得，并处违法所得一倍以上五倍以下的罚款；违法所得不足一万元的，按一万元计算。

对前款规定的人力资源服务机构、劳务派遣单位或者非法从事人力资源服务、劳务派遣业务的单位或个人，由人力资源社会保障行政部门或者其他有关部门责令改正，没收违法所得，并处违法所得一倍以上五倍以下的罚款；违法所得不足一万元的，按一万元计算。

367. 提供劳务者致害责任纠纷

相关规范

《中华人民共和国民法典》（2020年）

第一千一百九十二条　【个人劳务关系中的侵权责任】个人之间形成劳务关系，提供劳务一方因劳务造成他人损害的，由接受劳务一方承担侵权责任。接受劳务一方承担侵权责任后，可以向有故意或者重大过失的提供劳务一方追偿。提供劳务一方因劳务受到损害的，根据双方各自的过错承担相应的责任。

提供劳务期间，因第三人的行为造成提供劳务一方损害的，提供劳务一方有权请求第三人承担侵权责任，也有权请求接受劳务一方给予补偿。接受劳务一方补偿后，可以向第三人追偿。

《最高人民法院关于审理人身损害赔偿案件适用法律若干问题的解释》（2022年4月24日修正）

第四条　无偿提供劳务的帮工人，在从事帮工活动中致人损害的，被帮工人应当承担赔偿责任。被帮工人承担赔偿责任后向有故意或者重大过失的帮工人追偿的，人民法院应予支持。被帮工人明确拒绝帮工的，不承担赔偿责任。

第五条　无偿提供劳务的帮工人因帮工活动遭受人身损害的，根据帮工人和被帮工人各自的过错承担相应的责任；被帮工人明确拒绝帮工的，被帮工人不承担赔偿责任，但可以在受益范围内予以适当补偿。

帮工人在帮工活动中因第三人的行为遭受人身损害的，有权请求第三人承担赔偿责任，也有权请求被帮工人予以适当补偿。被帮工人补偿后，可以向第三人追偿。

368. 提供劳务者受害责任纠纷

相关规范

》《中华人民共和国民法典》（2020 年）

第一千一百九十二条　【个人劳务关系中的侵权责任】个人之间形成劳务关系，提供劳务一方因劳务造成他人损害的，由接受劳务一方承担侵权责任。接受劳务一方承担侵权责任后，可以向有故意或者重大过失的提供劳务一方追偿。提供劳务一方因劳务受到损害的，根据双方各自的过错承担相应的责任。

提供劳务期间，因第三人的行为造成提供劳务一方损害的，提供劳务一方有权请求第三人承担侵权责任，也有权请求接受劳务一方给予补偿。接受劳务一方补偿后，可以向第三人追偿。

》《中华人民共和国职业教育法》（2022 年修订）

第五十条　国家鼓励企业、事业单位安排实习岗位，接纳职业学校和职业培训机构的学生实习。接纳实习的单位应当保障学生在实习期间按照规定享受休息休假、获得劳动安全卫生保护、参加相关保险、接受职业技能指导等权利；对上岗实习的，应当签订实习协议，给予适当的劳动报酬。

职业学校和职业培训机构应当加强对实习实训学生的指导，加强安全生产教育，协商实习单位安排与学生所学专业相匹配的岗位，明确实习实训内容和标准，不得安排学生从事与所学专业无关的实习实训，不得违反相关规定通过人力资源服务机构、劳务派遣单位，或者通过非法从事人力资源服务、劳务派遣业务的单位或个人组织、安排、管理学生实习实训。

第六十六条　接纳职业学校和职业培训机构学生实习的单位违反本法规定，侵害学生休息休假、获得劳动安全卫生保护、参加相关保险、接受职业技能指导等权利的，依法承担相应的法律责任。

职业学校、职业培训机构违反本法规定，通过人力资源服务机构、劳务派遣单位或者非法从事人力资源服务、劳务派遣业务的单位或个人组织、安排、管理学生实习实训的，由教育行政部门、人力资源社会保障行政部门或者其他有关部门责令改正，没收违法所得，并处违法所得一倍以上五倍以下的罚款；违法所得不足一万元的，按一万元计算。

对前款规定的人力资源服务机构、劳务派遣单位或者非法从事人力资源服务、劳务派遣业务的单位或个人，由人力资源社会保障行政部门或者其他有关部门责令改正，没收违法所得，并处违法所得一倍以上五倍以下的罚款；违法所得不足一万元的，按一万元计算。

》《最高人民法院关于审理人身损害赔偿案件适用法律若干问题的解释》（2022 年 4 月 24 日修正）

第四条　无偿提供劳务的帮工人，在从事帮工活动中致人损害的，被帮工人应当承担赔偿责任。被帮工人承担赔偿责任后向有故意或者重大过失的帮工人追偿的，人民法院应予支持。被帮工人明确拒绝帮工的，不承担赔偿责任。

第五条 无偿提供劳务的帮工人因帮工活动遭受人身损害的，根据帮工人和被帮工人各自的过错承担相应的责任；被帮工人明确拒绝帮工的，被帮工人不承担赔偿责任，但可以在受益范围内予以适当补偿。

帮工人在帮工活动中因第三人的行为遭受人身损害的，有权请求第三人承担赔偿责任，也有权请求被帮工人予以适当补偿。被帮工人补偿后，可以向第三人追偿。

369. 网络侵权责任纠纷

（1）网络侵害虚拟财产纠纷

相关规范

»《中华人民共和国民法典》（2020 年）

第一千一百九十四条 【网络侵权责任】 网络用户、网络服务提供者利用网络侵害他人民事权益的，应当承担侵权责任。法律另有规定的，依照其规定。

第一千一百九十五条 【网络服务提供者侵权补救措施与责任承担】 网络用户利用网络服务实施侵权行为的，权利人有权通知网络服务提供者采取删除、屏蔽、断开链接等必要措施。通知应当包括构成侵权的初步证据及权利人的真实身份信息。

网络服务提供者接到通知后，应当及时将该通知转送相关网络用户，并根据构成侵权的初步证据和服务类型采取必要措施；未及时采取必要措施的，对损害的扩大部分与该网络用户承担连带责任。

权利人因错误通知造成网络用户或者网络服务提供者损害的，应当承担侵权责任。法律另有规定的，依照其规定。

第一千一百九十六条 【不侵权声明】 网络用户接到转送的通知后，可以向网络服务提供者提交不存在侵权行为的声明。声明应当包括不存在侵权行为的初步证据及网络用户的真实身份信息。

网络服务提供者接到声明后，应当将该声明转送发出通知的权利人，并告知其可以向有关部门投诉或者向人民法院提起诉讼。网络服务提供者在转送声明到达权利人后的合理期限内，未收到权利人已经投诉或者提起诉讼通知的，应当及时终止所采取的措施。

第一千一百九十七条 【网络服务提供者的连带责任】 网络服务提供者知道或者应当知道网络用户利用其网络服务侵害他人民事权益，未采取必要措施的，与该网络用户承担连带责任。

»《中华人民共和国涉外民事关系法律适用法》（2010 年）

第四十六条 通过网络或者采用其他方式侵害姓名权、肖像权、名誉权、隐私权等人格权的，适用被侵权人经常居所地法律。

»《中华人民共和国网络安全法》（2016 年）

第四十四条 任何个人和组织不得窃取或者以其他非法方式获取个人信息，不得非法出售或者非法向他人提供个人信息。

第四十五条 依法负有网络安全监督管理职责的部门及其工作人员，必须对在履行职责中知悉的个人信息、隐私和商业秘密严格保密，不得泄露、出售或者非法向他人提供。

第七十四条 违反本法规定，给他人造成损害的，依法承担民事责任。

违反本法规定，构成违反治安管理行为的，依法给予治安管理处罚；构成犯罪的，依法追究刑事责任。

第七十六条 本法下列用语的含义：

（一）网络，是指由计算机或者其他信息终端及相关设备组成的按照一定的规则和程序对信息进行收集、存储、传输、交换、处理的系统。

（二）网络安全，是指通过采取必要措施，防范对网络的攻击、侵入、干扰、破坏和非法使用以及意外事故，使网络处于稳定可靠运行的状态，以及保障网络数据的完整性、保密性、可用性的能力。

（三）网络运营者，是指网络的所有者、管理者和网络服务提供者。

（四）网络数据，是指通过网络收集、存储、传输、处理和产生的各种电子数据。

（五）个人信息，是指以电子或者其他方式记录的能够单独或者与其他信息结合识别自然人个人身份的各种信息，包括但不限于自然人的姓名、出生日期、身份证件号码、个人生物识别信息、住址、电话号码等。

《中华人民共和国电子商务法》（2018年）

第六十条　电子商务争议可以通过协商和解，请求消费者组织、行业协会或者其他依法成立的调解组织调解，向有关部门投诉，提请仲裁，或者提起诉讼等方式解决。

第六十二条　在电子商务争议处理中，电子商务经营者应当提供原始合同和交易记录。因电子商务经营者丢失、伪造、篡改、销毁、隐匿或者拒绝提供前述资料，致使人民法院、仲裁机构或者有关机关无法查明事实的，电子商务经营者应当承担相应的法律责任。

第六十三条　电子商务平台经营者可以建立争议在线解决机制，制定并公示争议解决规则，根据自愿原则，公平、公正地解决当事人的争议。

第七十四条　电子商务经营者销售商品或者提供服务，不履行合同义务或者履行合同义务不符合约定，或者造成他人损害的，依法承担民事责任。

《最高人民法院关于审理利用信息网络侵害人身权益民事纠纷案件适用法律若干问题的规定》（2020年12月23日修正）

第一条　本规定所称的利用信息网络侵害人身权益民事纠纷案件，是指利用信息网络侵害他人姓名权、名称权、名誉权、荣誉权、肖像权、隐私权等人身权益引起的纠纷案件。

第二条　原告依据民法典第一千一百九十五条、第一千一百九十七条的规定起诉网络用户或者网络服务提供者的，人民法院应予受理。

原告仅起诉网络用户，网络用户请求追加涉嫌侵权的网络服务提供者为共同被告或者第三人的，人民法院应予准许。

原告仅起诉网络服务提供者，网络服务提供者请求追加可以确定的网络用户为共同被告或者第三人的，人民法院应予准许。

第三条　原告起诉网络服务提供者，网络服务提供者以涉嫌侵权的信息系网络用户发布为由抗辩的，人民法院可以根据原告的请求及案件的具体情况，责令网络服务提供者向人民法院提供能够确定涉嫌侵权的网络用户的姓名（名称）、联系方式、网络地址等信息。

网络服务提供者无正当理由拒不提供的，人民法院可以依据民事诉讼法第一百一十四条的规定对网络服务提供者采取处罚等措施。

原告根据网络服务提供者提供的信息请求追加网络用户为被告的，人民法院应予准许。

第四条　人民法院适用民法典第一千一百九十五条第二款的规定，认定网络服务提供者采取的删除、屏蔽、断开链接等必要措施是否及时，应当根据网络服务的类型和性质、有效通知的形式和准确程度、网络信息侵害权益的类型和程度等因素综合判断。

第五条　其发布的信息被采取删除、屏蔽、断开链接等措施的网络用户，主张网络服务提供者承担违约责任或者侵权责任，网络服务提供者以收到民法典第一千一百九十五条第一款规定的有效通知为由抗辩的，人民法院应予支持。

第六条　人民法院依据民法典第一千一百九十七条认定网络服务提供者是否“知道或者应当知道”，应当综合考虑下列因素：

（一）网络服务提供者是否以人工或者

自动方式对侵权网络信息以推荐、排名、选择、编辑、整理、修改等方式作出处理；

（二）网络服务提供者应当具备的管理信息的能力，以及所提供服务的性质、方式及其引发侵权的可能性大小；

（三）该网络信息侵害人身权益的类型及明显程度；

（四）该网络信息的社会影响程度或者一定时间内的浏览量；

（五）网络服务提供者采取预防侵权措施的技术可能性及其是否采取了相应的合理措施；

（六）网络服务提供者是否针对同一网络用户的重复侵权行为或者同一侵权信息采取了相应的合理措施；

（七）与本案相关的其他因素。

第七条 人民法院认定网络用户或者网络服务提供者转载网络信息行为的过错及其程度，应当综合以下因素：

（一）转载主体所承担的与其性质、影响范围相适应的注意义务；

（二）所转载信息侵害他人人身权益的明显程度；

（三）对所转载信息是否作出实质性修改，是否添加或者修改文章标题，导致其与内容严重不符以及误导公众的可能性。

第八条 网络用户或者网络服务提供者采取诽谤、诋毁等手段，损害公众对经营主体的信赖，降低其产品或者服务的社会评价，经营主体请求网络用户或者网络服务提供者承担侵权责任的，人民法院应依法予以支持。

第九条 网络用户或者网络服务提供者，根据国家机关依职权制作的文书和公开实施的职权行为等信息来源所发布的信息，有下列情形之一，侵害他人人身权益，被侵权人请求侵权人承担侵权责任的，人民法院应予支持：

（一）网络用户或者网络服务提供者发布的信息与前述信息来源内容不符；

（二）网络用户或者网络服务提供者以添加侮辱性内容、诽谤性信息、不当标题或者通过增删信息、调整结构、改变顺序等方式致人误解；

（三）前述信息来源已被公开更正，但网络用户拒绝更正或者网络服务提供者不予更正；

（四）前述信息来源已被公开更正，网络用户或者网络服务提供者仍然发布更正之前的信息。

第十条 被侵权人与构成侵权的网络用户或者网络服务提供者达成一方支付报酬，另一方提供删除、屏蔽、断开链接等服务的协议，人民法院应认定为无效。

擅自篡改、删除、屏蔽特定网络信息或者以断开链接的方式阻止他人获取网络信息，发布该信息的网络用户或者网络服务提供者请求侵权人承担侵权责任的，人民法院应予支持。接受他人委托实施该行为的，委托人与受托人承担连带责任。

第十一条 网络用户或者网络服务提供者侵害他人人身权益，造成财产损失或者严重精神损害，被侵权人依据民法典第一千一百八十二条和第一千一百八十三条的规定，请求其承担赔偿责任的，人民法院应予支持。

370. 违反安全保障义务责任纠纷

（1）经营场所、公共场所的经营者、管理者责任纠纷
（2）群众性活动组织者责任纠纷

相关规范

»《中华人民共和国民法典》（2020 年）

第一千一百九十八条 【安全保障义务人责任】 宾馆、商场、银行、车站、机场、体育场馆、娱乐场所等经营场所、公共场所的经营者、管理者或者群众性活动的组织者，

未尽到安全保障义务，造成他人损害的，应当承担侵权责任。

因第三人的行为造成他人损害的，由第三人承担侵权责任；经营者、管理者或者组织者未尽到安全保障义务的，承担相应的补充责任。经营者、管理者或者组织者承担补充责任后，可以向第三人追偿。

指导案例

李秋月等诉广州市花都区梯面镇红山村村民委员会违反安全保障义务责任纠纷案（最高人民法院指导案例140号 2020年10月9日发布）

【关键词】 民事 安全保障义务 公共场所 损害赔偿

【裁判要点】

公共场所经营管理者的安全保障义务，应限于合理限度范围内，与其管理和控制能力相适应。完全民事行为能力人因私自攀爬景区内果树采摘果实而不慎跌落致其自身损害，主张经营管理者承担赔偿责任的，人民法院不予支持。

【基本案情】

红山村景区为国家AAA级旅游景区，不设门票。广东省广州市花都区梯面镇红山村村民委员会（以下简称红山村村民委员会）系景区内情人堤河道旁杨梅树的所有人，其未向村民或游客提供免费采摘杨梅的活动。2017年5月19日下午，吴某私自上树采摘杨梅不慎从树上跌落受伤。随后，有村民将吴某送至红山村医务室，但当时医务室没有人员。有村民拨打120电话，但120救护车迟迟未到。后红山村村民李某1自行开车送吴某到广州市花都区梯面镇医院治疗。吴某于当天转至广州市中西医结合医院治疗，后因抢救无效于当天死亡。

红山村曾于2014年1月26日召开会议表决通过《红山村村规民约》，该村规民约第二条规定：每位村民要自觉维护村集体的各项财产利益，每个村民要督促自己的子女自觉维护村内的各项公共设施和绿化树木，如有村民故意破坏或损坏公共设施，要负责赔偿一切费用。

吴某系红山村村民，于1957年出生。李记坤系吴某的配偶，李秋月、李月如、李天托系吴某的子女。李秋月、李月如、李天托、李记坤向法院起诉，主张红山村村民委员会未尽到安全保障义务，在本案事故发生后，被告未采取及时和必要的救助措施，应对吴某的死亡承担责任。请求判令被告承担70%的人身损害赔偿责任631346.31元。

【裁判结果】

广东省广州市花都区人民法院于2017年12月22日作出（2017）粤0114民初6921号民事判决：一、被告广州市花都区梯面镇红山村村民委员会向原告李秋月、李月如、李天托、李记坤赔偿45096.17元，于本判决发生法律效力之日起10日内付清；二、驳回原告李秋月、李月如、李天托、李记坤的其他诉讼请求。宣判后，李秋月、李月如、李天托、李记坤与广州市花都区梯面镇红山村村民委员会均提出上诉。广东省广州市中级人民法院于2018年4月16日作出（2018）粤01民终4942号民事判决：驳回上诉，维持原判。二审判决生效后，广东省广州市中级人民法院于2019年11月14日作出（2019）粤01民监4号民事裁定，再审本案。广东省广州市中级人民法院于2020年1月20日作出（2019）粤01民再273号民事判决：一、撤销本院（2018）粤01民终4942号民事判决及广东省广州市花都区人民法院（2017）粤0114民初6921号民事判决；二、驳回李秋月、李月如、李天托、李记坤的诉讼请求。

【裁判理由】

法院生效裁判认为：本案的争议焦点是红山村村民委员会是否应对吴某的损害后果承担赔偿责任。

首先，红山村村民委员会没有违反安全保障义务。红山村村民委员会作为红山村景区的管理人，虽负有保障游客免遭损害的安全保障义务，但安全保障义务内容的确定应限于景区管理人的管理和控制能力的合理范围之内。红山村景区属于开放式景区，未向村民或游客提供采摘杨梅的活动，杨梅树本身并无安全隐患，若要求红山村村民委员会对景区内的所有树木加以围蔽、设置警示标志或采取其他防护措施，显然超过善良管理人的注意标准。从爱护公物、文明出行的角度而言，村民或游客均不应私自爬树采摘杨梅。吴某作为具有完全民事行为能力的成年人，应当充分预见攀爬杨梅树采摘杨梅的危险性，并自觉规避此类危险行为。故李秋月、李月如、李天托、李记坤主张红山村村民委员会未尽安全保障义务，缺乏事实依据。

其次，吴某的坠亡系其私自爬树采摘杨梅所致，与红山村村民委员会不具有法律上的因果关系。《红山村村规民约》规定：村民要自觉维护村集体的各项财产利益，包括公共设施和绿化树木等。该村规民约是红山村村民的行为准则和道德规范，形成红山村的公序良俗。吴某作为红山村村民，私自爬树采摘杨梅，违反了村规民约和公序良俗，导致了损害后果的发生，该损害后果与红山村村民委员会不具有法律上的因果关系。

最后，红山村村民委员会对吴某私自爬树坠亡的后果不存在过错。吴某坠亡系其自身过失行为所致，红山村村民委员会难以预见和防止吴某私自爬树可能产生的后果。吴某跌落受伤后，红山村村民委员会主任李某2及时拨打120电话求救，在救护车到达前，另有村民驾车将吴某送往医院救治。因此，红山村村民委员会对吴某损害后果的发生不存在过错。

综上所述，吴某因私自爬树采摘杨梅不慎坠亡，后果令人痛惜。虽然红山村为事件的发生地，杨梅树为红山村村民委员会集体所有，但吴某的私自采摘行为有违村规民约，与公序良俗相悖，且红山村村民委员会并未违反安全保障义务，不应承担赔偿责任。

支某1等诉北京市永定河管理处生命权、健康权、身体权纠纷案（最高人民法院指导案例141号　2020年10月9日发布）

【关键词】　民事　生命权纠纷　公共场所　安全保障义务

【裁判要点】

消力池属于禁止公众进入的水利工程设施，不属于侵权责任法第三十七条第一款规定的“公共场所”。消力池的管理人和所有人采取了合理的安全提示和防护措施，完全民事行为能力人擅自进入造成自身损害，请求管理人和所有人承担赔偿责任的，人民法院不予支持。

【基本案情】

2017年1月16日，北京市公安局丰台分局卢沟桥派出所接李某某110报警，称支某3外出遛狗未归，怀疑支某3掉在冰里了。接警后该所民警赶到现场开展查找工作，于当晚在永定河拦河闸自西向东第二闸门前消力池内发现一男子死亡，经家属确认为支某3。发现死者时永定河拦河闸南侧消力池内池水表面结冰，冰面高度与消力池池壁边缘基本持平，消力池外河道无水。北京市公安局丰台分局于2017年1月20日出具关于支某3死亡的调查结论（丰公治亡查字〔2017〕第021号），主要内容为：经过（现场勘察、法医鉴定、走访群众等）工作，根据所获证据，得出如下结论：一、该人系符合溺亡死亡；二、该人死亡不属于刑事案件。支某3家属对死因无异议。支某3遗体被发现的地点为永定河拦河闸下游方向闸西侧消力池，消力池系卢沟桥分洪枢纽水利工程（拦河闸）的组成部分。永定河卢沟桥分洪枢纽工程的日常管理、维护和运行由北京市永定河管理处负责。北京市水务局称事发地点周边安装了防护栏杆，在多处醒目位置设置了多个警示标牌，标牌注明管理单位为“北京市永定河管理处”。支某3的父母支某1、马某某，妻子李某某和女儿支某2向法院起诉，请求北京市永定河管理处承担损害赔偿责任。

【裁判结果】

北京市丰台区人民法院于 2019 年 1 月 28 日作出（2018）京 0106 民初 2975 号民事判决：驳回支某 1 等四人的全部诉讼请求。宣判后，支某 1 等四人提出上诉。北京市第二中级人民法院于 2019 年 4 月 23 日作出（2019）京 02 民终 4755 号民事判决：驳回上诉，维持原判。

【裁判理由】

本案主要争议在于支某 3 溺亡事故发生地点的查实、相应管理机关的确定，以及该管理机关是否应承担侵权责任。本案主要事实和法律争议认定如下：

一、关于支某 3 的死亡地点及管理机关的事实认定。首先，从死亡原因上看，公安机关经鉴定认定支某 3 死因系因溺水导致；从事故现场上看，支某 3 遗体发现地点为永定河拦河闸前消力池。根据受理支某 3 失踪查找的公安机关派出所出具工作记录可认定支某 3 溺亡地点为永定河拦河闸南侧的消力池内。其次，关于消力池的管理机关。现已查明北京市永定河管理处为永定河拦河闸的管理机关，北京市永定河管理处对此亦予以认可，并明确确认消力池属于其管辖范围，据此认定北京市永定河管理处系支某 3 溺亡地点的管理责任方。鉴于北京市永定河管理处系依法成立的事业单位，依法可独立承担相应民事责任，故北京市水务局、北京市丰台区水务局、北京市丰台区永定河管理所均非本案的适格被告，支某 1 等四人要求该三被告承担连带赔偿责任的主张无事实及法律依据，不予支持。

二、关于管理机关北京市永定河管理处是否应承担侵权责任的认定。首先，本案并不适用侵权责任法中安全保障义务条款。安全保障义务所保护的人与义务人之间常常存在较为紧密的关系，包括缔约磋商关系、合同法律关系等，违反安全保障义务的侵权行为是负有安全保障义务的人由于没有履行合理范围内的安全保障义务而实施的侵权行为。根据查明的事实，支某 3 溺亡地点位于永定河拦河闸侧面消力池。从性质上看，消力池系永定河拦河闸的一部分，属于水利工程设施的范畴，并非对外开放的冰场；从位置上来看，消力池位于拦河闸下方的永定河河道的中间处；从抵达路径来看，抵达消力池的正常路径，需要从永定河的沿河河堤下楼梯到达河道，再从永定河河道步行至拦河闸下方，因此无论是消力池的性质、消力池所处位置还是抵达消力池的路径而言，均难以认定消力池属于公共场所。北京市永定河管理处也不是群众性活动的组织者，故支某 1 等四人上诉主张四被上诉人未尽安全保障义务，与法相悖。其次，从侵权责任的构成上看，一方主张承担侵权责任，应就另一方存在违法行为、主观过错、损害后果且违法行为与损害后果之间具有因果关系等侵权责任构成要件承担举证责任。永定河道并非正常的活动、通行场所，依据一般常识即可知无论是进入河道或进入冰面的行为，均容易发生危及人身的危险，此类对危险后果的预见性，不需要专业知识就可知晓。支某 3 在明知进入河道、冰面行走存在风险的情况下，仍进入该区域并导致自身溺亡，其主观上符合过于自信的过失，应自行承担相应的损害后果。成年人应当是自身安危的第一责任人，不能把自己的安危寄托在国家相关机构的无时无刻的提醒之下，户外活动应趋利避害，不随意进入非群众活动场所是每一个公民应自觉遵守的行为规范。综上，北京市永定河管理处对支某 3 的死亡发生无过错，不应承担赔偿责任。在此需要指出，因支某 3 意外溺亡，造成支某 1、马某某老年丧子、支某 2 年幼丧父，其家庭境遇令人同情，法院对此予以理解，但是赔偿的责任方是否构成侵权则需法律上严格界定及证据上的支持，不能以情感或结果责任主义为导向将损失交由不构成侵权的他方承担。

典型案例

村民私自上树摘果坠亡索赔案——李某某等人诉某村委会违反安全保障义务责任纠纷案（《人民法院大力弘扬社会主义核心价值观十大典型民事案例》案例三 2020年5月13日）

核心价值：公序良俗、文明出行

【基本案情】

案涉某村为国家3A级旅游景区，不收门票，该村内河堤旁边栽种有杨梅树，该村村委会系杨梅树的所有人。杨梅树仅为观赏用途，该村委会未向村民或游客提供杨梅采摘旅游项目。吴某某系该村村民，其私自上树采摘杨梅不慎从树上跌落受伤。随后，该村委会主任拨打120救助，在急救车到来之前又有村民将吴某某送往市区医院治疗，吴某某于摔倒当日抢救无效死亡。吴某某子女李某某等人以某村委会未尽安全保障义务为由起诉该村委会承担赔偿责任共计60余万元。

【裁判结果】

广州市中级人民法院再审认为，安全保障义务内容的确定应限于管理人的管理和控制能力范围之内。案涉景区属于开放式景区，未向村民或游客提供采摘杨梅的旅游项目，杨梅树本身并无安全隐患，若要求某村委会对景区内的所有树木加以围蔽、设置警示标志或采取其他防护措施，显然超过善良管理人的注意标准。吴某某作为完全民事行为能力的成年人，应当充分预见攀爬杨梅树采摘杨梅的危险性，并自觉规避此类危险行为。吴某某私自爬树采摘杨梅，不仅违反了该村村规民约中关于村民要自觉维护村集体的各项财产利益的村民行为准则，也违反了爱护公物、文明出行的社会公德，有悖公序良俗。吴某某坠落受伤系其自身过失行为所致，某村委会难以预见并防止吴某某私自爬树可能产生的后果，不应认为某村委会未尽安全保障义务。事故发生后，某村委会亦未怠于组织救治。吴某某因私自爬树采摘杨梅不慎坠亡，后果令人痛惜，但某村委会对吴某某的死亡不存在过错，不应承担赔偿责任。

【典型意义】

本案是人民法院依职权再审改判不文明出行人自行承担损害后果的案件。再审判决旗帜鲜明地表明，司法可以同情弱者，但对于违背社会公德和公序良俗的行为不予鼓励、不予保护，如果“谁闹谁有理”“谁伤谁有理”，则公民共建文明社会的道德责任感将受到打击，长此以往，社会的道德水准将大打折扣。本案再审判决明确对吴某某的不文明出行行为作出了否定性评价，改判吴某某对坠亡后果自行担责，倡导社会公众遵守规则、文明出行、爱护公物、保护环境，共建共享与新时代相匹配的社会文明，取得了良好的社会效果。

原告周某诉被告张某、第三人张某某健康权纠纷案（《最高人民法院发布依法严惩侵害未成年人权益典型案例》第5号 2020年5月18日）

【基本案情】

第三人张某某未经行政机关许可、备案，在自住房内开办课外辅导班。被告张某在未取得相关资质的情况下，招收了原告周某等六名儿童，在张某某的培训场地开办中国舞培训班。2018年6月，周某练习下腰动作时，张某指示周某应加大下腰动作幅度，但未指导其适度动作，未予扶托保护，导致周某摔倒。周某回家当晚，发现有下肢肌力改变等症状，经多家医院住院治疗，后其伤情鉴定为三级伤残。周某遂提起诉讼，要求判令张某承担主要责任，张某某承担次要责任。

【裁判结果】

法院经审理认为，被告张某未取得相关资格证书，不具备儿童舞蹈教学的资格和能力，在培训教学中，未根据未成年人的生理特点合理安排练习和休息，在原告周某已连续多次下腰练习后指示周某加大动作幅度，且未予扶托保护，导致周某受到严重身体伤害。张某对周某受伤应承担主要过错责任。

第三人张某某未经主管机构批准、备案开办校外培训机构，对张某是否具备舞蹈教学的能力和资质进行审查和监督，对周某受伤应承担次要责任。判决被告张某赔偿原告周某各项损失 948168.26 元；第三人张某某赔偿原告周某各项损失 222542 元。

【典型意义】

近年来，校外教育培训市场繁荣，一定程度上为未成年人的全面发展提供了更多的选择。但由于监管机制和安全保障工作的不完善，未成年人在培训机构受到损害的事件屡见不鲜。培训机构及其从业人员因未履行安全保障义务导致未成年人受到伤害的，应当依法承担侵权责任。

本案也警示广大家长，在选择校外培训机构时，应认真审查培训机构的办学许可、备案登记情况，对培训机构的安全保障机制、培训人员的从业资质要尽可能有所了解，确保孩子在合法、规范、安全的培训机构接受教育。有关主管部门应当切实强化对校外培训机构的日常监管，对未经许可擅自开办的培训机构要及时取缔，对未履行从业人员资质审查、培训场所安全保障等义务的培训机构要依法惩处。

371. 教育机构责任纠纷

相关规范

»《中华人民共和国民法典》（2020 年）

第一千一百九十九条 【教育机构的过错推定责任】无民事行为能力人在幼儿园、学校或者其他教育机构学习、生活期间受到人身损害的，幼儿园、学校或者其他教育机构应当承担侵权责任；但是，能够证明尽到教育、管理职责的，不承担侵权责任。

第一千二百条 【教育机构的过错责任】限制民事行为能力人在学校或者其他教育机构学习、生活期间受到人身损害，学校或者其他教育机构未尽到教育、管理职责的，应当承担侵权责任。

第一千二百零一条 【在教育机构内第三人侵权时的责任分担】无民事行为能力人或者限制民事行为能力人在幼儿园、学校或者其他教育机构学习、生活期间，受到幼儿园、学校或者其他教育机构以外的第三人人身损害的，由第三人承担侵权责任；幼儿园、学校或者其他教育机构未尽到管理职责的，承担相应的补充责任。幼儿园、学校或者其他教育机构承担补充责任后，可以向第三人追偿。

372. 性骚扰损害责任纠纷

相关规范

»《中华人民共和国民法典》（2020 年）

第一千零一十条 【性骚扰】违背他人意愿，以言语、文字、图像、肢体行为等方式对他人实施性骚扰的，受害人有权依法请求行为人承担民事责任。

机关、企业、学校等单位应当采取合理的预防、受理投诉、调查处置等措施，防止和制止利用职权、从属关系等实施性骚扰。

»《中华人民共和国妇女权益保障法》（2022 年修订）

第二十三条 禁止违背妇女意愿，以言语、文字、图像、肢体行为等方式对其实施性骚扰。

受害妇女可以向有关单位和国家机关投诉。接到投诉的有关单位和国家机关应当及时处理，并书面告知处理结果。

受害妇女可以向公安机关报案，也可以向人民法院提起民事诉讼，依法请求行为人承担民事责任。

《最高人民法院关于确定民事侵权精神损害赔偿责任若干问题的解释》

（2020年12月23日修正）

第一条 因人身权益或者具有人身意义的特定物受到侵害，自然人或者其近亲属向人民法院提起诉讼请求精神损害赔偿的，人民法院应当依法予以受理。

第五条 精神损害的赔偿数额根据以下因素确定：

（一）侵权人的过错程度，但是法律另有规定的除外；

（二）侵权行为的目的、方式、场合等具体情节；

（三）侵权行为所造成的后果；

（四）侵权人的获利情况；

（五）侵权人承担责任的经济能力；

（六）受理诉讼法院所在地的平均生活水平。

《最高人民法院关于审理人身损害赔偿案件适用法律若干问题的解释》

（2022年4月24日修正）

第一条 因生命、身体、健康遭受侵害，赔偿权利人起诉请求赔偿义务人赔偿物质损害和精神损害的，人民法院应予受理。

本条所称“赔偿权利人”，是指因侵权行为或者其他致害原因直接遭受人身损害的受害人以及死亡受害人的近亲属。

本条所称“赔偿义务人”，是指因自己或者他人的侵权行为以及其他致害原因依法应当承担民事责任的自然人、法人或者非法人组织。

373. 产品责任纠纷

（1）产品生产者责任纠纷

（2）产品销售者责任纠纷

（3）产品运输者责任纠纷

（4）产品仓储者责任纠纷

相关规范

《中华人民共和国民法典》（2020年）

第五百六十六条 【合同解除的效力】 合同解除后，尚未履行的，终止履行；已经履行的，根据履行情况和合同性质，当事人可以请求恢复原状或者采取其他补救措施，并有权请求赔偿损失。

合同因违约解除的，解除权人可以请求违约方承担违约责任，但是当事人另有约定的除外。

主合同解除后，担保人对债务人应当承担的民事责任仍应当承担担保责任，但是担保合同另有约定的除外。

第一千二百零四条 【生产者和销售者对有过错第三人的追偿权】 因运输者、仓储者等第三人的过错使产品存在缺陷，造成他人损害的，产品的生产者、销售者赔偿后，有权向第三人追偿。

第一千二百零五条 【危及他人人身、财产安全的责任承担方式】 因产品缺陷危及他人人身、财产安全的，被侵权人有权请求生产者、销售者承担停止侵害、排除妨碍、消除危险等侵权责任。

第一千二百零六条 【流通后发现有缺陷的补救措施和侵权责任】 产品投入流通后发现存在缺陷的，生产者、销售者应当及时采取停止销售、警示、召回等补救措施；未及时采取补救措施或者补救措施不力造成损害扩大的，对扩大的损害也应当承担侵权责任。

依据前款规定采取召回措施的，生产者、销售者应当负担被侵权人因此支出的必要费用。

第一千二百零七条 【产品责任惩罚性赔偿】 明知产品存在缺陷仍然生产、销售，或者没有依据前条规定采取有效补救措施，造成他人死亡或者健康严重损害的，被侵权人有权请求相应的惩罚性赔偿。

《中华人民共和国消费者权益保护法》(2013 年修正)

第十九条 经营者发现其提供的商品或者服务存在缺陷，有危及人身、财产安全危险的，应当立即向有关行政部门报告和告知消费者，并采取停止销售、警示、召回、无害化处理、销毁、停止生产或者服务等措施。采取召回措施的，经营者应当承担消费者因商品被召回支出的必要费用。

《中华人民共和国涉外民事关系法律适用法》(2010 年)

第四十二条 消费者合同，适用消费者经常居所地法律；消费者选择适用商品、服务提供地法律或者经营者在消费者经常居所地没有从事相关经营活动的，适用商品、服务提供地法律。

第四十五条 产品责任，适用被侵权人经常居所地法律；被侵权人选择适用侵权人主营业地法律、损害发生地法律的，或者侵权人在被侵权人经常居所地没有从事相关经营活动的，适用侵权人主营业地法律或者损害发生地法律。

《中华人民共和国产品质量法》(2018 年修正)

第四十一条 因产品存在缺陷造成人身、缺陷产品以外的其他财产（以下简称他人财产）损害的，生产者应当承担赔偿责任。

生产者能够证明有下列情形之一的，不承担赔偿责任：

（一）未将产品投入流通的；

（二）产品投入流通时，引起损害的缺陷尚不存在的；

（三）将产品投入流通时的科学技术水平尚不能发现缺陷的存在的。

第四十二条 由于销售者的过错使产品存在缺陷，造成人身、他人财产损害的，销售者应当承担赔偿责任。

销售者不能指明缺陷产品的生产者也不能指明缺陷产品的供货者的，销售者应当承担赔偿责任。

第四十三条 因产品存在缺陷造成人身、他人财产损害的，受害人可以向产品的生产者要求赔偿，也可以向产品的销售者要求赔偿。属于产品的生产者的责任，产品的销售者赔偿的，产品的销售者有权向产品的生产者追偿。属于产品的销售者的责任，产品的生产者赔偿的，产品的生产者有权向产品的销售者追偿。

第四十四条 因产品存在缺陷造成受害人人身伤害的，侵害人应当赔偿医疗费、治疗期间的护理费、因误工减少的收入等费用；造成残疾的，还应当支付残疾者生活自助具费、生活补助费、残疾赔偿金以及由其扶养的人所必需的生活费等费用；造成受害人死亡的，并应当支付丧葬费、死亡赔偿金以及由死者生前扶养的人所必需的生活费等费用。

因产品存在缺陷造成受害人财产损失的，侵害人应当恢复原状或者折价赔偿。受害人因此遭受其他重大损失的，侵害人应当赔偿损失。

第四十五条 因产品存在缺陷造成损害要求赔偿的诉讼时效期间为二年，自当事人知道或者应当知道其权益受到损害时起计算。

因产品存在缺陷造成损害要求赔偿的请求权，在造成损害的缺陷产品交付最初消费者满十年丧失；但是，尚未超过明示的安全使用期的除外。

《中华人民共和国电子商务法》(2018 年)

第三十八条 电子商务平台经营者知道或者应当知道平台内经营者销售的商品或者提供的服务不符合保障人身、财产安全的要求，或者有其他侵害消费者合法权益行为，未采取必要措施的，依法与该平台内经营者承担连带责任。

对关系消费者生命健康的商品或者服务，电子商务平台经营者对平台内经营者的资质资格未尽到审核义务，或者对消费者未尽到安全保障义务，造成消费者损害的，依法承担相应的责任。

《最高人民法院关于为加快建设全国统一大市场提供司法服务和保障的意见》（法发〔2022〕22号　2022年7月14日）

19. 助力提升商品质量。坚决惩处制售假冒伪劣商品、危害食品药品安全等违法犯罪行为。依法从严惩处制假售假、套牌侵权、危害种质资源等危害种业安全犯罪，促进国家种业资源统一保护。依法审理因商品质量引发的合同、侵权纠纷案件，准确适用惩罚性赔偿制度，注重运用民事手段助推商品质量提升。依法审理涉产品质量行政纠纷案件，支持行政机关深化质量认证制度改革，加强全供应链、全产业链、产品全生命周期管理。研究制定审理危害生产安全犯罪案件司法解释，促进安全生产形势持续好转。

典型案例

高效审结国际商事案件明晰产品跨境召回责任——广东本草药业集团有限公司与意大利贝斯迪大药厂产品责任纠纷案（《最高人民法院第三批涉"一带一路"建设典型案例》案例1　2022年2月28日）

【基本案情】

贝斯迪大药厂（Bruschettini S. R. L）指定香港Aprontech公司在中国独家销售细菌溶解物"兰菌净"。2013年11月，本草公司与Aprontech公司签订《独家经销协议》，从该公司进口"兰菌净"，在内地独家销售。2016年1月，国家食品药品监督管理总局发布公告，要求停止进口"兰菌净"，并责令召回。因贝斯迪大药厂未召回"兰菌净"，导致本草公司尚未销售的234719瓶库存产品无法处理。本草公司起诉要求贝斯迪大药厂赔偿其库存产品的损失及利息等。

【裁判结果】

最高人民法院审理认为，本草公司与贝斯迪大药厂未成立合同关系，其不能向贝斯迪大药厂主张合同权利。但贝斯迪大药厂作为生产者，在负有召回义务的情况下，怠于采取召回措施，给本草公司造成了损失，系不作为方式的侵权，应对本草公司承担侵权赔偿责任。故判决贝斯迪大药厂向本草公司赔偿库存"兰菌净"的损失和利息、分销商退回"兰菌净"的损失和利息、库存的处理费用等。

【典型意义】

该案是最高人民法院第一国际商事法庭实体审理的"第一案"，也是其作出的首个国际商事判决。该案根据《最高人民法院关于设立国际商事法庭若干问题的规定》，实行一审终审制，判决一经作出即生效，以公正高效的争议解决优势极大地满足了商事主体高效率解决纠纷的需求，并对国际商事法庭的运行和发展作出了有益的探索。该案系因跨境销售的缺陷产品召回而引起的赔偿纠纷。针对境内销售商能否超越合同相对性原则，直接向境外生产商索赔这一法律问题，首次明确了裁判规则，即确认境外生产商作为缺陷产品的最终责任主体，在其怠于履行产品召回责任的情况下，境内销售商可以在履行召回义务后，依据侵权责任法的规定向境外生产商直接主张侵权赔偿责任。该归责原则对今后类似纠纷案件的解决具有示范指导作用。

374. 机动车交通事故责任纠纷

相关规范

《中华人民共和国民法典》（2020年）

第一百二十条　【侵权责任的承担】民事权益受到侵害的，被侵权人有权请求侵权人承担侵权责任。

第一千二百零八条　【机动车交通事故

责任的法律适用】机动车发生交通事故造成损害的，依照道路交通安全法律和本法的有关规定承担赔偿责任。

第一千二百零九条 【机动车所有人、管理人与使用人不一致时的侵权责任】因租赁、借用等情形机动车所有人、管理人与使用人不是同一人时，发生交通事故造成损害，属于该机动车一方责任的，由机动车使用人承担赔偿责任；机动车所有人、管理人对损害的发生有过错的，承担相应的赔偿责任。

第一千二百一十条 【转让并交付但未办理登记的机动车侵权责任】当事人之间已经以买卖或者其他方式转让并交付机动车但是未办理登记，发生交通事故造成损害，属于该机动车一方责任的，由受让人承担赔偿责任。

第一千二百一十一条 【挂靠机动车侵权责任】以挂靠形式从事道路运输经营活动的机动车，发生交通事故造成损害，属于该机动车一方责任的，由挂靠人和被挂靠人承担连带责任。

第一千二百一十二条 【未经允许驾驶他人机动车侵权责任】未经允许驾驶他人机动车，发生交通事故造成损害，属于该机动车一方责任的，由机动车使用人承担赔偿责任；机动车所有人、管理人对损害的发生有过错的，承担相应的赔偿责任，但是本章另有规定的除外。

第一千二百一十三条 【交通事故责任承担主体赔偿顺序】机动车发生交通事故造成损害，属于该机动车一方责任的，先由承保机动车强制保险的保险人在强制保险责任限额范围内予以赔偿；不足部分，由承保机动车商业保险的保险人按照保险合同的约定予以赔偿；仍然不足或者没有投保机动车商业保险的，由侵权人赔偿。

第一千二百一十四条 【拼装车或报废车侵权责任】以买卖或者其他方式转让拼装或者已经达到报废标准的机动车，发生交通事故造成损害的，由转让人和受让人承担连带责任。

第一千二百一十五条 【盗窃、抢劫或抢夺机动车侵权责任】盗窃、抢劫或者抢夺的机动车发生交通事故造成损害的，由盗窃人、抢劫人或者抢夺人承担赔偿责任。盗窃人、抢劫人或者抢夺人与机动车使用人不是同一人，发生交通事故造成损害，属于该机动车一方责任的，由盗窃人、抢劫人或者抢夺人与机动车使用人承担连带责任。

保险人在机动车强制保险责任限额范围内垫付抢救费用的，有权向交通事故责任人追偿。

第一千二百一十六条 【肇事后逃逸责任及受害人救济】机动车驾驶人发生交通事故后逃逸，该机动车参加强制保险的，由保险人在机动车强制保险责任限额范围内予以赔偿；机动车不明、该机动车未参加强制保险或者抢救费用超过机动车强制保险责任限额，需要支付被侵权人人身伤亡的抢救、丧葬等费用的，由道路交通事故社会救助基金垫付。道路交通事故社会救助基金垫付后，其管理机构有权向交通事故责任人追偿。

第一千二百一十七条 【好意同乘的责任承担】非营运机动车发生交通事故造成无偿搭乘人损害，属于该机动车一方责任的，应当减轻其赔偿责任，但是机动车使用人有故意或者重大过失的除外。

》《中华人民共和国道路交通安全法》
（2021年修正）

第七十六条 机动车发生交通事故造成人身伤亡、财产损失的，由保险公司在机动车第三者责任强制保险责任限额范围内予以赔偿；不足的部分，按照下列规定承担赔偿责任：

（一）机动车之间发生交通事故的，由有过错的一方承担赔偿责任；双方都有过错的，按照各自过错的比例分担责任。

（二）机动车与非机动车驾驶人、行人之间发生交通事故，非机动车驾驶人、行人没有过错的，由机动车一方承担赔偿责任；有证据证明非机动车驾驶人、行人有过错的，根据过错程度适当减轻机动车一方的赔偿责任；机动车一方没有过错的，承担不超过百分之十的赔偿责任。

交通事故的损失是由非机动车驾驶人、行人故意碰撞机动车造成的，机动车一方不承担赔偿责任。

《最高人民法院关于适用〈中华人民共和国民法典〉时间效力的若干规定》（法释〔2020〕15 号　2020 年 12 月 19 日）

第十八条　民法典施行前，因非营运机动车发生交通事故造成无偿搭乘人损害引起的民事纠纷案件，适用民法典第一千二百一十七条的规定。

《最高人民法院关于审理道路交通事故损害赔偿案件适用法律若干问题的解释》（2020 年 12 月 23 日修正）

第一条　机动车发生交通事故造成损害，机动车所有人或者管理人有下列情形之一，人民法院应当认定其对损害的发生有过错，并适用民法典第一千二百零九条的规定确定其相应的赔偿责任：

（一）知道或者应当知道机动车存在缺陷，且该缺陷是交通事故发生原因之一的；

（二）知道或者应当知道驾驶人无驾驶资格或者未取得相应驾驶资格的；

（三）知道或者应当知道驾驶人因饮酒、服用国家管制的精神药品或者麻醉药品，或者患有妨碍安全驾驶机动车的疾病等依法不能驾驶机动车的；

（四）其他应当认定机动车所有人或者管理人有过错的。

第二条　被多次转让但是未办理登记的机动车发生交通事故造成损害，属于该机动车一方责任，当事人请求由最后一次转让并交付的受让人承担赔偿责任的，人民法院应予支持。

第三条　套牌机动车发生交通事故造成损害，属于该机动车一方责任，当事人请求由套牌机动车的所有人或者管理人承担赔偿责任的，人民法院应予支持；被套牌机动车所有人或者管理人同意套牌的，应当与套牌机动车的所有人或者管理人承担连带责任。

第四条　拼装车、已达到报废标准的机动车或者依法禁止行驶的其他机动车被多次转让，并发生交通事故造成损害，当事人请求由所有的转让人和受让人承担连带责任的，人民法院应予支持。

第五条　接受机动车驾驶培训的人员，在培训活动中驾驶机动车发生交通事故造成损害，属于该机动车一方责任，当事人请求驾驶培训单位承担赔偿责任的，人民法院应予支持。

第六条　机动车试乘过程中发生交通事故造成试乘人损害，当事人请求提供试乘服务者承担赔偿责任的，人民法院应予支持。试乘人有过错的，应当减轻提供试乘服务者的赔偿责任。

第七条　因道路管理维护缺陷导致机动车发生交通事故造成损害，当事人请求道路管理者承担相应赔偿责任的，人民法院应予支持。但道路管理者能够证明已经依照法律、法规、规章的规定，或者按照国家标准、行业标准、地方标准的要求尽到安全防护、警示等管理维护义务的除外。

依法不得进入高速公路的车辆、行人，进入高速公路发生交通事故造成自身损害，当事人请求高速公路管理者承担赔偿责任的，适用民法典第一千二百四十三条的规定。

第八条　未按照法律、法规、规章或者国家标准、行业标准、地方标准的强制性规定设计、施工，致使道路存在缺陷并造成交通事故，当事人请求建设单位与施工单位承担相应赔偿责任的，人民法院应予支持。

第九条　机动车存在产品缺陷导致交通事故造成损害，当事人请求生产者或者销售者依照民法典第七编第四章的规定承担赔偿责任的，人民法院应予支持。

第十条　多辆机动车发生交通事故造成第三人损害，当事人请求多个侵权人承担赔偿责任的，人民法院应当区分不同情况，依照民法典第一千一百七十条、第一千一百七十一条、第一千一百七十二条的规定，确定侵权人承担连带责任或者按份责任。

第十一条 道路交通安全法第七十六条规定的“人身伤亡”，是指机动车发生交通事故侵害被侵权人的生命权、身体权、健康权等人身权益所造成的损害，包括民法典第一千一百七十九条和第一千一百八十三条规定的各项损害。

道路交通安全法第七十六条规定的“财产损失”，是指因机动车发生交通事故侵害被侵权人的财产权益所造成的损失。

第十二条 因道路交通事故造成下列财产损失，当事人请求侵权人赔偿的，人民法院应予支持：

（一）维修被损坏车辆所支出的费用、车辆所载物品的损失、车辆施救费用；

（二）因车辆灭失或者无法修复，为购买交通事故发生时与被损坏车辆价值相当的车辆重置费用；

（三）依法从事货物运输、旅客运输等经营性活动的车辆，因无法从事相应经营活动所产生的合理停运损失；

（四）非经营性车辆因无法继续使用，所产生的通常替代性交通工具的合理费用。

第十四条 投保人允许的驾驶人驾驶机动车致使投保人遭受损害，当事人请求承保交强险的保险公司在责任限额范围内予以赔偿的，人民法院应予支持，但投保人为本车上人员的除外。

第十五条 有下列情形之一导致第三人人身损害，当事人请求保险公司在交强险责任限额范围内予以赔偿，人民法院应予支持：

（一）驾驶人未取得驾驶资格或者未取得相应驾驶资格的；

（二）醉酒、服用国家管制的精神药品或者麻醉药品后驾驶机动车发生交通事故的；

（三）驾驶人故意制造交通事故的。

保险公司在赔偿范围内向侵权人主张追偿权的，人民法院应予支持。追偿权的诉讼时效期间自保险公司实际赔偿之日起计算。

第十六条 未依法投保交强险的机动车发生交通事故造成损害，当事人请求投保义务人在交强险责任限额范围内予以赔偿的，人民法院应予支持。

投保义务人和侵权人不是同一人，当事人请求投保义务人和侵权人在交强险责任限额范围内承担相应责任的，人民法院应予支持。

第十七条 具有从事交强险业务资格的保险公司违法拒绝承保、拖延承保或者违法解除交强险合同，投保义务人在向第三人承担赔偿责任后，请求该保险公司在交强险责任限额范围内承担相应赔偿责任的，人民法院应予支持。

第十八条 多辆机动车发生交通事故造成第三人损害，损失超出各机动车交强险责任限额之和的，由各保险公司在各自责任限额范围内承担赔偿责任；损失未超出各机动车交强险责任限额之和，当事人请求由各保险公司按照其责任限额与责任限额之和的比例承担赔偿责任的，人民法院应予支持。

依法分别投保交强险的牵引车和挂车连接使用时发生交通事故造成第三人损害，当事人请求由各保险公司在各自的责任限额范围内平均赔偿的，人民法院应予支持。

多辆机动车发生交通事故造成第三人损害，其中部分机动车未投保交强险，当事人请求先由已承保交强险的保险公司在责任限额范围内予以赔偿的，人民法院应予支持。保险公司就超出其应承担的部分向未投保交强险的投保义务人或者侵权人行使追偿权的，人民法院应予支持。

第十九条 同一交通事故的多个被侵权人同时起诉的，人民法院应当按照各被侵权人的损失比例确定交强险的赔偿数额。

第二十条 机动车所有权在交强险合同有效期内发生变动，保险公司在交通事故发生后，以该机动车未办理交强险合同变更手续为由主张免除赔偿责任的，人民法院不予支持。

机动车在交强险合同有效期内发生改装、使用性质改变等导致危险程度增加的情形，发生交通事故后，当事人请求保险公司在责任限额范围内予以赔偿的，人民法院应予支持。

前款情形下，保险公司另行起诉请求投保义务人按照重新核定后的保险费标准补足当期保险费的，人民法院应予支持。

第二十一条 当事人主张交强险人身伤亡保险金请求权转让或者设定担保的行为无效的，人民法院应予支持。

第二十二条 人民法院审理道路交通事故损害赔偿案件，应当将承保交强险的保险公司列为共同被告。但该保险公司已经在交强险责任限额范围内予以赔偿且当事人无异议的除外。

人民法院审理道路交通事故损害赔偿案件，当事人请求将承保商业三者险的保险公司列为共同被告的，人民法院应予准许。

第二十三条 被侵权人因道路交通事故死亡，无近亲属或者近亲属不明，未经法律授权的机关或者有关组织向人民法院起诉主张死亡赔偿金的，人民法院不予受理。

侵权人以已向未经法律授权的机关或者有关组织支付死亡赔偿金为理由，请求保险公司在交强险责任限额范围内予以赔偿的，人民法院不予支持。

被侵权人因道路交通事故死亡，无近亲属或者近亲属不明，支付被侵权人医疗费、丧葬费等合理费用的单位或者个人，请求保险公司在交强险责任限额范围内予以赔偿的，人民法院应予支持。

第二十四条 公安机关交通管理部门制作的交通事故认定书，人民法院应依法审查并确认其相应的证明力，但有相反证据推翻的除外。

第二十五条 机动车在道路以外的地方通行时引发的损害赔偿案件，可以参照适用本解释的规定。

指导案例

赵春明等诉烟台市福山区汽车运输公司卫德平等机动车交通事故责任纠纷案（最高人民法院指导案例19号 2013年11月8日发布）

【关键词】 民事 机动车交通事故责任 套牌 连带责任

【裁判要点】

机动车所有人或者管理人将机动车号牌出借他人套牌使用，或者明知他人套牌使用其机动车号牌不予制止，套牌机动车发生交通事故造成他人损害的，机动车所有人或者管理人应当与套牌机动车所有人或者管理人承担连带责任。

【基本案情】

2008年11月25日5时30分许，被告林则东驾驶套牌的鲁F41703货车在同三高速公路某段行驶时，与同向行驶的被告周亚平驾驶的客车相撞，两车冲下路基，客车翻滚致车内乘客冯永菊当场死亡。经交警部门认定，货车司机林则东负主要责任，客车司机周亚平负次要责任，冯永菊不负事故责任。原告赵春明、赵某某、冯某某、侯某某分别系死者冯永菊的丈夫、儿子、父亲和母亲。

鲁F41703号牌在车辆管理部门登记的货车并非肇事货车，该号牌登记货车的所有人系被告烟台市福山区汽车运输公司（以下简称福山公司），实际所有人系被告卫德平，该货车在被告永安财产保险股份有限公司烟台中心支公司（以下简称永安保险公司）投保机动车第三者责任强制保险。

套牌使用鲁F41703号牌的货车（肇事货车）实际所有人为被告卫广辉，林则东系卫广辉雇佣的司机。据车辆管理部门登记信息反映，鲁F41703号牌登记货车自2004年4月26日至2008年7月2日，先后15次被以损坏或灭失为由申请补领号牌和行驶证。2007年8月23日卫广辉申请补领行驶证的申请表上有福山公司的签章。事发后，福山公司曾派人到交警部门处理相关事宜。审理中，卫广辉表示，卫德平对套牌事宜知情并收取套牌费，事发后卫广辉还向卫德平借用鲁 F41703 号牌登记货车的保单去处理事故，保单仍在卫广辉处。

发生事故的客车的登记所有人系被告朱荣明，但该车辆几经转手，现实际所有人系周亚平，朱荣明对该客车既不支配也未从该车运营中获益。被告上海腾飞建设工程有限公司（以下简称腾飞公司）系周亚平的雇主，但事发时周亚平并非履行职务。该客车在中国人民财产保险股份有限公司上海市分公司（以下简称人保公司）投保了机动车第三者责任强制保险。

【裁判结果】

上海市宝山区人民法院于 2010 年 5 月 18 日作出（2009）宝民一（民）初字第 1128 号民事判决：一、被告卫广辉、林则东赔偿四原告丧葬费、精神损害抚慰金、死亡赔偿金、交通费、误工费、住宿费、被扶养人生活费和律师费共计 396863 元；二、被告周亚平赔偿四原告丧葬费、精神损害抚慰金、死亡赔偿金、交通费、误工费、住宿费、被扶养人生活费和律师费共计 170084 元；三、被告福山公司、卫德平对上述判决主文第一项的赔偿义务承担连带责任；被告卫广辉、林则东、周亚平对上述判决主文第一、二项的赔偿义务互负连带责任；四、驳回四原告的其余诉讼请求。宣判后，卫德平提起上诉。上海市第二中级人民法院于 2010 年 8 月 5 日作出（2010）沪二中民一（民）终字第 1353 号民事判决：驳回上诉，维持原判。

【裁判理由】

法院生效裁判认为：根据本案交通事故责任认定，肇事货车司机林则东负事故主要责任，而卫广辉是肇事货车的实际所有人，也是林则东的雇主，故卫广辉和林则东应就本案事故损失连带承担主要赔偿责任。永安保险公司承保的鲁 F41703 货车并非实际肇事货车，其也不知道鲁 F41703 机动车号牌被肇事货车套牌，故永安保险公司对本案事故不承担赔偿责任。根据交通事故责任认定，本案客车司机周亚平对事故负次要责任，周亚平也是该客车的实际所有人，故周亚平应对本案事故损失承担次要赔偿责任。朱荣明虽系该客车的登记所有人，但该客车已几经转手，朱荣明既不支配该车，也未从该车运营中获益，故其对本案事故不承担责任。周亚平虽受雇于腾飞公司，但本案事发时周亚平并非在为腾飞公司履行职务，故腾飞公司对本案亦不承担责任。至于承保该客车的人保公司，因死者冯永菊系车内人员，依法不适用机动车交通事故责任强制保险，故人保公司对本案不承担责任。另，卫广辉和林则东一方、周亚平一方虽各自应承担的责任比例有所不同，但车祸的发生系两方的共同侵权行为所致，故卫广辉、林则东对于周亚平的应负责任份额，周亚平对于卫广辉、林则东的应负责任份额，均应互负连带责任。

鲁 F41703 货车的登记所有人福山公司和实际所有人卫德平，明知卫广辉等人套用自己的机动车号牌而不予阻止，且提供方便，纵容套牌货车在公路上行驶，福山公司与卫德平的行为已属于出借机动车号牌给他人使用的情形，该行为违反了《中华人民共和国道路交通安全法》等有关机动车管理的法律规定。将机动车号牌出借他人套牌使用，将会纵容不符合安全技术标准的机动车通过套牌在道路上行驶，增加道路交通的危险性，危及公共安全。套牌机动车发生交通事故造成损害，号牌出借人同样存在过错，对于肇事的套牌车一方应负的赔偿责任，号牌出借人应当承担连带责任。故福山公司和卫德平应对卫广辉与林则东一方的赔偿责任份额承担连带责任。

荣宝英诉王阳、永诚财产保险股份有限公司江阴支公司机动车交通事故责任纠纷案（最高人民法院指导案例 24 号 2014 年 1 月 26 日发布）

【关键词】 民事 交通事故 过错责任

【裁判要点】

交通事故的受害人没有过错，其体质状况对损害后果的影响不属于可以减轻侵权人责任的法定情形。

【基本案情】

原告荣宝英诉称：被告王阳驾驶轿车与其发生刮擦，致其受伤。该事故经江苏省无锡市公安局交通巡逻警察支队滨湖大队（简称滨湖交警大队）认定：王阳负事故的全部责任，荣宝英无责。原告要求下述两被告赔偿医疗费用30006元、住院伙食补助费414元、营养费1620元、残疾赔偿金27658.05元、护理费6000元、交通费800元、精神损害抚慰金10500元，并承担本案诉讼费用及鉴定费用。

被告永诚财产保险股份有限公司江阴支公司（简称永诚保险公司）辩称：对于事故经过及责任认定没有异议，其愿意在交强险限额范围内予以赔偿；对于医疗费用30006元、住院伙食补助费414元没有异议；因鉴定意见结论中载明“损伤参与度评定为75%，其个人体质的因素占25%”，故确定残疾赔偿金应当乘以损伤参与度系数0.75，认可20743.54元；对于营养费认可1350元，护理费认可3300元，交通费认可400元，鉴定费用不予承担。

被告王阳辩称：对于事故经过及责任认定没有异议，原告的损失应当由永诚保险公司在交强险限额范围内优先予以赔偿；鉴定费用请求法院依法判决，其余各项费用同意保险公司意见；其已向原告赔偿20000元。

法院经审理查明：2012年2月10日14时45分许，王阳驾驶号牌为苏MT1888的轿车，沿江苏省无锡市滨湖区蠡湖大道由北往南行驶至蠡湖大道大通路口人行横道线时，碰擦行人荣宝英致其受伤。2月11日，滨湖交警大队作出《道路交通事故认定书》，认定王阳负事故的全部责任，荣宝英无责。事故发生当天，荣宝英即被送往医院治疗，发生医疗费用30006元，王阳垫付20000元。荣宝英治疗恢复期间，以每月2200元聘请一名家政服务人员。号牌苏MT1888轿车在永诚保险公司投保了机动车交通事故责任强制保险，保险期间为2011年8月17日0时起至2012年8月16日24时止。原、被告一致确认荣宝英的医疗费用为30006元、住院伙食补助费为414元、精神损害抚慰金为10500元。

荣宝英申请并经无锡市中西医结合医院司法鉴定所鉴定，结论为：1. 荣宝英左桡骨远端骨折的伤残等级评定为十级；左下肢损伤的伤残等级评定为九级。损伤参与度评定为75%，其个人体质的因素占25%。2. 荣宝英的误工期评定为150日，护理期评定为60日，营养期评定为90日。一审法院据此确认残疾赔偿金27658.05元扣减25%为20743.54元。

【裁判结果】

江苏省无锡市滨湖区人民法院于2013年2月8日作出（2012）锡滨民初字第1138号判决：一、被告永诚保险公司于本判决生效后十日内赔偿荣宝英医疗费用、住院伙食补助费、营养费、残疾赔偿金、护理费、交通费、精神损害抚慰金共计45343.54元。二、被告王阳于本判决生效后十日内赔偿荣宝英医疗费用、住院伙食补助费、营养费、鉴定费共计4040元。三、驳回原告荣宝英的其他诉讼请求。宣判后，荣宝英向江苏省无锡市中级人民法院提出上诉。无锡市中级人民法院经审理于2013年6月21日以原审适用法律错误为由作出（2013）锡民终字第497号民事判决：一、撤销无锡市滨湖区人民法院（2012）锡滨民初字第1138号民事判决。二、被告永诚保险公司于本判决生效后十日内赔偿荣宝英52258.05元。三、被告王阳于本判决生效后十日内赔偿荣宝英4040元。四、驳回原告荣宝英的其他诉讼请求。

【裁判理由】

法院生效裁判认为：《中华人民共和国侵权责任法》第二十六条规定：“被侵权人对损害的发生也有过错的，可以减轻侵权人的责任。”《中华人民共和国道路交通安全法》第七十六条第一款第（二）项规定，机动车与非机动车驾驶人、行人之间发生交通事故，非机动车驾驶人、行人没有过错的，由机动车一方承担赔偿责任；有证据证明非机动车驾驶人、行人有过错的，根据过错程度适当减轻机动车一方的赔偿责任。因此，交通事故中在计算残疾赔偿金是否应当扣减时应当根据受害人对损失的发生或扩大是否存在过错进行分析。本案中，虽然原告荣宝英的个人体质状况对损害后果的发生具有一定的影响，但这不是侵权责任法等法律规定的过错，荣宝英不应因个人体质状况对交通事故导致的伤残存在一定影响而自负相应责任，原审判决以伤残等级鉴定结论中将荣宝英个人体质状况“损伤参与度评定为75%”为由，在计算残疾赔偿金时作相应扣减属适用法律错误，应予纠正。

从交通事故受害人发生损伤及造成损害后果的因果关系看，本起交通事故的引发系肇事者王阳驾驶机动车穿越人行横道线时，未尽到安全注意义务碰擦行人荣宝英所致；本起交通事故造成的损害后果系受害人荣宝英被机动车碰撞、跌倒发生骨折所致，事故责任认定荣宝英对本起事故不负责任，其对事故的发生及损害后果的造成均无过错。虽然荣宝英年事已高，但其年老骨质疏松仅是事故造成后果的客观因素，并无法律上的因果关系。因此，受害人荣宝英对于损害的发生或者扩大没有过错，不存在减轻或者免除加害人赔偿责任的法定情形。同时，机动车应当遵守文明行车、礼让行人的一般交通规则和社会公德。本案所涉事故发生在人行横道线上，正常行走的荣宝英对将被机动车碰撞这一事件无法预见，而王阳驾驶机动车在路经人行横道线时未依法减速慢行、避让行人，导致事故发生。因此，依法应当由机动车一方承担事故引发的全部赔偿责任。

根据我国道路交通安全法的相关规定，机动车发生交通事故造成人身伤亡、财产损失的，由保险公司在机动车第三者责任强制保险责任限额范围内予以赔偿。而我国交强险立法并未规定在确定交强险责任时应依据受害人体质状况对损害后果的影响作相应扣减，保险公司的免责事由也仅限于受害人故意造成交通事故的情形，即便是投保机动车无责，保险公司也应在交强险无责限额内予以赔偿。因此，对于受害人符合法律规定的赔偿项目和标准的损失，均属交强险的赔偿范围，参照“损伤参与度”确定损害赔偿责任和交强险责任均没有法律依据。

375. 非机动车交通事故责任纠纷

相关规范

》《中华人民共和国道路交通安全法》

（2021年修正）

第十八条 依法应当登记的非机动车，经公安机关交通管理部门登记后，方可上道路行驶。

依法应当登记的非机动车的种类，由省、自治区、直辖市人民政府根据当地实际情况规定。

非机动车的外形尺寸、质量、制动器、车铃和夜间反光装置，应当符合非机动车安全技术标准。

第三十五条 机动车、非机动车实行右侧通行。

第三十六条 根据道路条件和通行需要，道路划分为机动车道、非机动车道和人行道的，机动车、非机动车、行人实行分道通行。没有划分机动车道、非机动车道和人行道的，机动车在道路中间通行，非机动车和行人在道路两侧通行。

第五十七条 驾驶非机动车在道路上行驶应当遵守有关交通安全的规定。非机动车应当在非机动车道内行驶；在没有非机动车道的道路上，应当靠车行道的右侧行驶。

第五十八条 残疾人机动轮椅车、电动自行车在非机动车道内行驶时，最高时速不得超过十五公里。

第五十九条 非机动车应当在规定地点停放。未设停放地点的，非机动车停放不得妨碍其他车辆和行人通行。

第六十条 驾驭畜力车，应当使用驯服的牲畜；驾驭畜力车横过道路时，驾驭人应当下车牵引牲畜；驾驭人离开车辆时，应当拴系牲畜。

第六十一条 行人应当在人行道内行走，没有人行道的靠路边行走。

第六十二条 行人通过路口或者横过道路，应当走人行横道或者过街设施；通过有交通信号灯的人行横道，应当按照交通信号灯指示通行；通过没有交通信号灯、人行横道的路口，或者在没有过街设施的路段横过道路，应当在确认安全后通过。

第六十三条 行人不得跨越、倚坐道路隔离设施，不得扒车、强行拦车或者实施妨碍道路交通安全的其他行为。

第六十四条 学龄前儿童以及不能辨认或者不能控制自己行为的精神疾病患者、智力障碍者在道路上通行，应当由其监护人、监护人委托的人或者对其负有管理、保护职责的人带领。

盲人在道路上通行，应当使用盲杖或者采取其他导盲手段，车辆应当避让盲人。

第六十五条 行人通过铁路道口时，应当按照交通信号或者管理人员的指挥通行；没有交通信号和管理人员的，应当在确认无火车驶临后，迅速通过。

第六十六条 乘车人不得携带易燃易爆等危险物品，不得向车外抛洒物品，不得有影响驾驶人安全驾驶的行为。

376. 医疗损害责任纠纷

（1）侵害患者知情同意权责任纠纷

（2）医疗产品责任纠纷

相关规范

《中华人民共和国民法典》（2020 年）

第一百二十条 【侵权责任的承担】 民事权益受到侵害的，被侵权人有权请求侵权人承担侵权责任。

第一千二百一十八条 【医疗损害责任归责原则和责任承担主体】 患者在诊疗活动中受到损害，医疗机构或者其医务人员有过错的，由医疗机构承担赔偿责任。

第一千二百一十九条 【医务人员说明义务和患者知情同意权】 医务人员在诊疗活动中应当向患者说明病情和医疗措施。需要实施手术、特殊检查、特殊治疗的，医务人员应当及时向患者具体说明医疗风险、替代医疗方案等情况，并取得其明确同意；不能或者不宜向患者说明的，应当向患者的近亲属说明，并取得其明确同意。

医务人员未尽到前款义务，造成患者损害的，医疗机构应当承担赔偿责任。

第一千二百二十条 【紧急情况下知情同意的特殊规定】 因抢救生命垂危的患者等紧急情况，不能取得患者或者其近亲属意见的，经医疗机构负责人或者授权的负责人批准，可以立即实施相应的医疗措施。

第一千二百二十一条 【诊疗活动中医务人员过错的界定】 医务人员在诊疗活动中未尽到与当时的医疗水平相应的诊疗义务，造成患者损害的，医疗机构应当承担赔偿责任。

第一千二百二十二条 【推定医疗机构有过错的情形】 患者在诊疗活动中受到损

害，有下列情形之一的，推定医疗机构有过错：

（一）违反法律、行政法规、规章以及其他有关诊疗规范的规定；

（二）隐匿或者拒绝提供与纠纷有关的病历资料；

（三）遗失、伪造、篡改或者违法销毁病历资料。

第一千二百二十三条 【药品、消毒产品、医疗器械的缺陷，或者输入不合格血液的侵权责任】因药品、消毒产品、医疗器械的缺陷，或者输入不合格的血液造成患者损害的，患者可以向药品上市许可持有人、生产者、血液提供机构请求赔偿，也可以向医疗机构请求赔偿。患者向医疗机构请求赔偿的，医疗机构赔偿后，有权向负有责任的药品上市许可持有人、生产者、血液提供机构追偿。

第一千二百二十四条 【医疗机构免责情形】患者在诊疗活动中受到损害，有下列情形之一的，医疗机构不承担赔偿责任：

（一）患者或者其近亲属不配合医疗机构进行符合诊疗规范的诊疗；

（二）医务人员在抢救生命垂危的患者等紧急情况下已经尽到合理诊疗义务；

（三）限于当时的医疗水平难以诊疗。

前款第一项情形中，医疗机构或者其医务人员也有过错的，应当承担相应的赔偿责任。

第一千二百二十五条 【医疗机构对病历资料的义务、患者对病历资料的权利】医疗机构及其医务人员应当按照规定填写并妥善保管住院志、医嘱单、检验报告、手术及麻醉记录、病理资料、护理记录等病历资料。

患者要求查阅、复制前款规定的病历资料的，医疗机构应当及时提供。

第一千二百二十六条 【患者隐私和个人信息保护】医疗机构及其医务人员应当对患者的隐私和个人信息保密。泄露患者的隐私和个人信息，或者未经患者同意公开其病历资料的，应当承担侵权责任。

第一千二百二十七条 【禁止违规过度检查】医疗机构及其医务人员不得违反诊疗规范实施不必要的检查。

第一千二百二十八条 【维护医疗机构及其医务人员合法权益】医疗机构及其医务人员的合法权益受法律保护。

干扰医疗秩序，妨碍医务人员工作、生活，侵害医务人员合法权益的，应当依法承担法律责任。

》《最高人民法院关于审理医疗损害责任纠纷案件适用法律若干问题的解释》（2020年12月23日修正）

第二条 患者因同一伤病在多个医疗机构接受诊疗受到损害，起诉部分或者全部就诊的医疗机构的，应予受理。

患者起诉部分就诊的医疗机构后，当事人依法申请追加其他就诊的医疗机构为共同被告或者第三人的，应予准许。必要时，人民法院可以依法追加相关当事人参加诉讼。

第三条 患者因缺陷医疗产品受到损害，起诉部分或者全部医疗产品的生产者、销售者、药品上市许可持有人和医疗机构的，应予受理。

患者仅起诉医疗产品的生产者、销售者、药品上市许可持有人、医疗机构中部分主体，当事人依法申请追加其他主体为共同被告或者第三人的，应予准许。必要时，人民法院可以依法追加相关当事人参加诉讼。

患者因输入不合格的血液受到损害提起侵权诉讼的，参照适用前两款规定。

第四条 患者依据民法典第一千二百一十八条规定主张医疗机构承担赔偿责任的，应当提交到该医疗机构就诊、受到损害的证据。

患者无法提交医疗机构或者其医务人员有过错、诊疗行为与损害之间具有因果关系的证据，依法提出医疗损害鉴定申请的，人民法院应予准许。

医疗机构主张不承担责任的，应当就民法典第一千二百二十四条第一款规定情形等抗辩事由承担举证证明责任。

第五条 患者依据民法典第一千二百一十九条规定主张医疗机构承担赔偿责任的，应当按照前条第一款规定提交证据。

实施手术、特殊检查、特殊治疗的，医疗机构应当承担说明义务并取得患者或者患者近亲属明确同意，但属于民法典第一千二百二十条规定情形的除外。医疗机构提交患者或者患者近亲属明确同意证据的，人民法院可以认定医疗机构尽到说明义务，但患者有相反证据足以反驳的除外。

第六条 民法典第一千二百二十二条规定的病历资料包括医疗机构保管的门诊病历、住院志、体温单、医嘱单、检验报告、医学影像检查资料、特殊检查（治疗）同意书、手术同意书、手术及麻醉记录、病理资料、护理记录、出院记录以及国务院卫生行政主管部门规定的其他病历资料。

患者依法向人民法院申请医疗机构提交由其保管的与纠纷有关的病历资料等，医疗机构未在人民法院指定期限内提交的，人民法院可以依照民法典第一千二百二十二条第二项规定推定医疗机构有过错，但是因不可抗力等客观原因无法提交的除外。

第七条 患者依据民法典第一千二百二十三条规定请求赔偿的，应当提交使用医疗产品或者输入血液、受到损害的证据。

患者无法提交使用医疗产品或者输入血液与损害之间具有因果关系的证据，依法申请鉴定的，人民法院应予准许。

医疗机构，医疗产品的生产者、销售者、药品上市许可持有人或者血液提供机构主张不承担责任的，应当对医疗产品不存在缺陷或者血液合格等抗辩事由承担举证证明责任。

第八条 当事人依法申请对医疗损害责任纠纷中的专门性问题进行鉴定的，人民法院应予准许。

当事人未申请鉴定，人民法院对前款规定的专门性问题认为需要鉴定的，应当依职权委托鉴定。

第九条 当事人申请医疗损害鉴定的，由双方当事人协商确定鉴定人。

当事人就鉴定人无法达成一致意见，人民法院提出确定鉴定人的方法，当事人同意的，按照该方法确定；当事人不同意的，由人民法院指定。

鉴定人应当从具备相应鉴定能力、符合鉴定要求的专家中确定。

第十条 委托医疗损害鉴定的，当事人应当按照要求提交真实、完整、充分的鉴定材料。提交的鉴定材料不符合要求的，人民法院应当通知当事人更换或者补充相应材料。

在委托鉴定前，人民法院应当组织当事人对鉴定材料进行质证。

第十一条 委托鉴定书，应当有明确的鉴定事项和鉴定要求。鉴定人应当按照委托鉴定的事项和要求进行鉴定。

下列专门性问题可以作为申请医疗损害鉴定的事项：

（一）实施诊疗行为有无过错；

（二）诊疗行为与损害后果之间是否存在因果关系以及原因力大小；

（三）医疗机构是否尽到了说明义务、取得患者或者患者近亲属明确同意的义务；

（四）医疗产品是否有缺陷、该缺陷与损害后果之间是否存在因果关系以及原因力的大小；

（五）患者损伤残疾程度；

（六）患者的护理期、休息期、营养期；

（七）其他专门性问题。

鉴定要求包括鉴定人的资质、鉴定人的组成、鉴定程序、鉴定意见、鉴定期限等。

第十二条 鉴定意见可以按照导致患者损害的全部原因、主要原因、同等原因、次要原因、轻微原因或者与患者损害无因果关系，表述诊疗行为或者医疗产品等造成患者损害的原因力大小。

第十三条 鉴定意见应当经当事人质证。

当事人申请鉴定人出庭作证，经人民法院审查同意，或者人民法院认为鉴定人有必要出庭的，应当通知鉴定人出庭作证。双方当事人同意鉴定人通过书面说明、视听传输技术或者视听资料等方式作证的，可以准许。

鉴定人因健康原因、自然灾害等不可抗力或者其他正当理由不能按期出庭的，可以延期开庭；经人民法院许可，也可以通过书面说明、视听传输技术或者视听资料等方式作证。

无前款规定理由，鉴定人拒绝出庭作证，当事人对鉴定意见又不认可的，对该鉴定意见不予采信。

第十四条 当事人申请通知一至二名具有医学专门知识的人出庭，对鉴定意见或者案件的其他专门性事实问题提出意见，人民法院准许的，应当通知具有医学专门知识的人出庭。

前款规定的具有医学专门知识的人提出的意见，视为当事人的陈述，经质证可以作为认定案件事实的根据。

第十五条 当事人自行委托鉴定人作出的医疗损害鉴定意见，其他当事人认可的，可予采信。

当事人共同委托鉴定人作出的医疗损害鉴定意见，一方当事人不认可的，应当提出明确的异议内容和理由。经审查，有证据足以证明异议成立的，对鉴定意见不予采信；异议不成立的，应予采信。

第十六条 对医疗机构或者其医务人员的过错，应当依据法律、行政法规、规章以及其他有关诊疗规范进行认定，可以综合考虑患者病情的紧急程度、患者个体差异、当地的医疗水平、医疗机构与医务人员资质等因素。

第十七条 医务人员违反民法典第一千二百一十九条第一款规定义务，但未造成患者人身损害，患者请求医疗机构承担损害赔偿责任的，不予支持。

第十八条 因抢救生命垂危的患者等紧急情况且不能取得患者意见时，下列情形可以认定为民法典第一千二百二十条规定的不能取得患者近亲属意见：

（一）近亲属不明的；

（二）不能及时联系到近亲属的；

（三）近亲属拒绝发表意见的；

（四）近亲属达不成一致意见的；

（五）法律、法规规定的其他情形。

前款情形，医务人员经医疗机构负责人或者授权的负责人批准立即实施相应医疗措施，患者因此请求医疗机构承担赔偿责任的，不予支持；医疗机构及其医务人员怠于实施相应医疗措施造成损害，患者请求医疗机构承担赔偿责任的，应予支持。

第十九条 两个以上医疗机构的诊疗行为造成患者同一损害，患者请求医疗机构承担赔偿责任的，应当区分不同情况，依照民法典第一千一百六十八条、第一千一百七十一条或者第一千一百七十二条的规定，确定各医疗机构承担的赔偿责任。

第二十条 医疗机构邀请本单位以外的医务人员对患者进行诊疗，因受邀医务人员的过错造成患者损害的，由邀请医疗机构承担赔偿责任。

第二十一条 因医疗产品的缺陷或者输入不合格血液受到损害，患者请求医疗机构，缺陷医疗产品的生产者、销售者、药品上市许可持有人或者血液提供机构承担赔偿责任的，应予支持。

医疗机构承担赔偿责任后，向缺陷医疗产品的生产者、销售者、药品上市许可持有人或者血液提供机构追偿的，应予支持。

因医疗机构的过错使医疗产品存在缺陷或者血液不合格，医疗产品的生产者、销售者、药品上市许可持有人或者血液提供机构承担赔偿责任后，向医疗机构追偿的，应予支持。

第二十二条 缺陷医疗产品与医疗机构的过错诊疗行为共同造成患者同一损害，患者请求医疗机构与医疗产品的生产者、销售者、药品上市许可持有人承担连带责任的，应予支持。

医疗机构或者医疗产品的生产者、销售者、药品上市许可持有人承担赔偿责任后，向其他责任主体追偿的，应当根据诊疗行为与缺陷医疗产品造成患者损害的原因力大小确定相应的数额。

输入不合格血液与医疗机构的过错诊疗行为共同造成患者同一损害的，参照适用前两款规定。

第二十三条 医疗产品的生产者、销售者、药品上市许可持有人明知医疗产品存在缺陷仍然生产、销售，造成患者死亡或者健康严重损害，被侵权人请求生产者、销售者、药品上市许可持有人赔偿损失及二倍以下惩罚性赔偿的，人民法院应予支持。

第二十四条 被侵权人同时起诉两个以上医疗机构承担赔偿责任，人民法院经审理，受诉法院所在地的医疗机构依法不承担赔偿责任，其他医疗机构承担赔偿责任的，残疾赔偿金、死亡赔偿金的计算，按下列情形分别处理：

（一）一个医疗机构承担责任的，按照该医疗机构所在地的赔偿标准执行；

（二）两个以上医疗机构均承担责任的，可以按照其中赔偿标准较高的医疗机构所在地标准执行。

第二十五条 患者死亡后，其近亲属请求医疗损害赔偿的，适用本解释；支付患者医疗费、丧葬费等合理费用的人请求赔偿该费用的，适用本解释。

本解释所称的“医疗产品”包括药品、消毒产品、医疗器械等。

》《第八次全国法院民事商事审判工作会议（民事部分）纪要》（法〔2016〕399号 2016年11月21日）

11. 患者一方请求医疗机构承担侵权责任，应证明与医疗机构之间存在医疗关系及受损害的事实。对于是否存在医疗关系，应综合挂号单、交费单、病历、出院证明以及其他能够证明存在医疗行为的证据加以认定。

12. 对当事人所举证据材料，应根据法律、法规及司法解释的相关规定进行综合审查。因当事人采取伪造、篡改、涂改等方式改变病历资料内容，或者遗失、销毁、抢夺病历，致使医疗行为与损害后果之间的因果关系或医疗机构及其医务人员的过错无法认定的，改变或者遗失、销毁、抢夺病历资料一方当事人应承担相应的不利后果；制作方对病历资料内容存在的明显矛盾或错误不能作出合理解释的，应承担相应的不利后果；病历仅存在错别字、未按病历规范格式书写等形式瑕疵的，不影响对病历资料真实性的认定。

》《最高人民法院关于为促进消费提供司法服务和保障的意见》（法发〔2022〕35号 2022年12月26日）

13. 妥善处理医疗健康服务和体育消费纠纷。依法审理医疗损害责任纠纷案件，积极保护患者等各方当事人的合法权益。依法惩处涉医违法犯罪，严惩“医闹”，维护正常医疗秩序，构建和谐医患关系。积极引导医疗机构等主体增加高质量的医疗、养生保健、康复、健康旅游等服务，助力推进健康中国建设。准确适用自甘风险等民事法律制度，妥善处理体育消费中产生的各类纠纷，促进群众体育消费，助力实施全民健身战略。

377. 环境污染责任纠纷

（1）大气污染责任纠纷
（2）水污染责任纠纷
（3）土壤污染责任纠纷
（4）电子废物污染责任纠纷
（5）固体废物污染责任纠纷
（6）噪声污染责任纠纷
（7）光污染责任纠纷
（8）放射性污染责任纠纷

相关规范

》《中华人民共和国民法典》（2020年）

第一百二十条 【侵权责任的承担】 民事权益受到侵害的，被侵权人有权请求侵权人承担侵权责任。

第一千二百二十九条 【污染环境、破坏生态致损的侵权责任】因污染环境、破坏生态造成他人损害的，侵权人应当承担侵权责任。

第一千二百三十条 【环境污染、生态破坏侵权举证责任】因污染环境、破坏生态发生纠纷，行为人应当就法律规定的不承担责任或者减轻责任的情形及其行为与损害之间不存在因果关系承担举证责任。

第一千二百三十一条 【两个以上侵权人的责任大小确定】两个以上侵权人污染环境、破坏生态的，承担责任的大小，根据污染物的种类、浓度、排放量，破坏生态的方式、范围、程度，以及行为对损害后果所起的作用等因素确定。

第一千二百三十二条 【环境污染、生态破坏侵权的惩罚性赔偿】侵权人违反法律规定故意污染环境、破坏生态造成严重后果的，被侵权人有权请求相应的惩罚性赔偿。

第一千二百三十三条 【因第三人的过错污染环境、破坏生态的侵权责任】因第三人的过错污染环境、破坏生态的，被侵权人可以向侵权人请求赔偿，也可以向第三人请求赔偿。侵权人赔偿后，有权向第三人追偿。

»《中华人民共和国环境保护法》（2014年修订）

第五十八条 对污染环境、破坏生态，损害社会公共利益的行为，符合下列条件的社会组织可以向人民法院提起诉讼：

（一）依法在设区的市级以上人民政府民政部门登记；

（二）专门从事环境保护公益活动连续五年以上且无违法记录。

符合前款规定的社会组织向人民法院提起诉讼，人民法院应当依法受理。

提起诉讼的社会组织不得通过诉讼牟取经济利益。

第六十四条 因污染环境和破坏生态造成损害的，应当依照《中华人民共和国侵权责任法》的有关规定承担侵权责任。

第六十五条 环境影响评价机构、环境监测机构以及从事环境监测设备和防治污染设施维护、运营的机构，在有关环境服务活动中弄虚作假，对造成的环境污染和生态破坏负有责任的，除依照有关法律法规规定予以处罚外，还应当与造成环境污染和生态破坏的其他责任者承担连带责任。

第六十六条 提起环境损害赔偿诉讼的时效期间为三年，从当事人知道或者应当知道其受到损害时起计算。

»《中华人民共和国水污染防治法》（2017年修正）

第二条 本法适用于中华人民共和国领域内的江河、湖泊、运河、渠道、水库等地表水体以及地下水体的污染防治。

海洋污染防治适用《中华人民共和国海洋环境保护法》。

第九十七条 因水污染引起的损害赔偿责任和赔偿金额的纠纷，可以根据当事人的请求，由环境保护主管部门或者海事管理机构、渔业主管部门按照职责分工调解处理；调解不成的，当事人可以向人民法院提起诉讼。当事人也可以直接向人民法院提起诉讼。

»《中华人民共和国大气污染防治法》（2018年修正）

第七条 企业事业单位和其他生产经营者应当采取有效措施，防止、减少大气污染，对所造成的损害依法承担责任。

公民应当增强大气环境保护意识，采取低碳、节俭的生活方式，自觉履行大气环境保护义务。

第一百二十五条 排放大气污染物造成损害的，应当依法承担侵权责任。

»《中华人民共和国土壤污染防治法》（2018年）

第二条 在中华人民共和国领域及管辖的其他海域从事土壤污染防治及相关活动，

适用本法。

本法所称土壤污染，是指因人为因素导致某种物质进入陆地表层土壤，引起土壤化学、物理、生物等方面特性的改变，影响土壤功能和有效利用，危害公众健康或者破坏生态环境的现象。

第九十六条 污染土壤造成他人人身或者财产损害的，应当依法承担侵权责任。

土壤污染责任人无法认定，土地使用权人未依照本法规定履行土壤污染风险管控和修复义务，造成他人人身或者财产损害的，应当依法承担侵权责任。

土壤污染引起的民事纠纷，当事人可以向地方人民政府生态环境等主管部门申请调解处理，也可以向人民法院提起诉讼。

第九十七条 污染土壤损害国家利益、社会公共利益的，有关机关和组织可以依照《中华人民共和国环境保护法》《中华人民共和国民事诉讼法》《中华人民共和国行政诉讼法》等法律的规定向人民法院提起诉讼。

》《中华人民共和国固体废物污染环境防治法》(2020年修订)

第二条 固体废物污染环境的防治适用本法。

固体废物污染海洋环境的防治和放射性固体废物污染环境的防治不适用本法。

第五条 固体废物污染环境防治坚持污染担责的原则。

产生、收集、贮存、运输、利用、处置固体废物的单位和个人，应当采取措施，防止或者减少固体废物对环境的污染，对所造成的环境污染依法承担责任。

第一百二十一条 固体废物污染环境、破坏生态，损害国家利益、社会公共利益的，有关机关和组织可以依照《中华人民共和国环境保护法》《中华人民共和国民事诉讼法》《中华人民共和国行政诉讼法》等法律的规定向人民法院提起诉讼。

》《中华人民共和国湿地保护法》(2021年)

第二条 在中华人民共和国领域及管辖的其他海域内从事湿地保护、利用、修复及相关管理活动，适用本法。

本法所称湿地，是指具有显著生态功能的自然或者人工的、常年或者季节性积水地带、水域，包括低潮时水深不超过六米的海域，但是水田以及用于养殖的人工的水域和滩涂除外。国家对湿地实行分级管理及名录制度。

江河、湖泊、海域等的湿地保护、利用及相关管理活动还应当适用《中华人民共和国水法》、《中华人民共和国防洪法》、《中华人民共和国水污染防治法》、《中华人民共和国海洋环境保护法》、《中华人民共和国长江保护法》、《中华人民共和国渔业法》、《中华人民共和国海域使用管理法》等有关法律的规定。

》《中华人民共和国噪声污染防治法》(2021年)

第二条 本法所称噪声，是指在工业生产、建筑施工、交通运输和社会生活中产生的干扰周围生活环境的声音。

本法所称噪声污染，是指超过噪声排放标准或者未依法采取防控措施产生噪声，并干扰他人正常生活、工作和学习的现象。

第八十六条 受到噪声侵害的单位和个人，有权要求侵权人依法承担民事责任。

对赔偿责任和赔偿金额纠纷，可以根据当事人的请求，由相应的负有噪声污染防治监督管理职责的部门、人民调解委员会调解处理。

国家鼓励排放噪声的单位、个人和公共场所管理者与受到噪声侵害的单位和个人友好协商，通过调整生产经营时间、施工作业时间，采取减少振动、降低噪声措施，支付补偿金、异地安置等方式，妥善解决噪声纠纷。

《中华人民共和国黑土地保护法》（2022 年）

第十八条 农业投入品生产者、经营者和使用者应当依法对农药、肥料、农用薄膜等农业投入品的包装物、废弃物进行回收以及资源化利用或者无害化处理，不得随意丢弃，防止黑土地污染。

县级人民政府应当采取措施，支持农药、肥料、农用薄膜等农业投入品包装物、废弃物的回收以及资源化利用或者无害化处理。

第十九条 从事畜禽养殖的单位和个人，应当科学开展畜禽粪污无害化处理和资源化利用，以畜禽粪污就地就近还田利用为重点，促进黑土地绿色种养循环农业发展。

县级以上人民政府应当支持开展畜禽粪污无害化处理和资源化利用。

第二十条 任何组织和个人不得破坏黑土地资源和生态环境。禁止盗挖、滥挖和非法买卖黑土。国务院自然资源主管部门会同农业农村、水行政、公安、交通运输、市场监督管理等部门应当建立健全保护黑土地资源监督管理制度，提高对盗挖、滥挖、非法买卖黑土和其他破坏黑土地资源、生态环境行为的综合治理能力。

第二十一条 建设项目不得占用黑土地；确需占用的，应当依法严格审批，并补充数量和质量相当的耕地。

建设项目占用黑土地的，应当按照规定的标准对耕作层的土壤进行剥离。剥离的黑土应当就近用于新开垦耕地和劣质耕地改良、被污染耕地的治理、高标准农田建设、土地复垦等。建设项目主体应当制定剥离黑土的再利用方案，报自然资源主管部门备案。具体办法由四省区人民政府分别制定。

第三十五条 造成黑土地污染、水土流失的，分别依照污染防治、水土保持等有关法律法规的规定从重处罚。

《中华人民共和国农产品质量安全法》（2022 年修订）

第六十六条 违反本法规定，在特定农产品禁止生产区域种植、养殖、捕捞、采集特定农产品或者建立特定农产品生产基地的，由县级以上地方人民政府农业农村主管部门责令停止违法行为，没收农产品和违法所得，并处违法所得一倍以上三倍以下罚款。

违反法律、法规规定，向农产品产地排放或者倾倒废水、废气、固体废物或者其他有毒有害物质的，依照有关环境保护法律、法规的规定处理、处罚；造成损害的，依法承担赔偿责任。

《中华人民共和国黄河保护法》（2022 年）

第一百一十九条 违反本法规定，在黄河流域破坏自然资源和生态、污染环境、妨碍防洪安全、破坏文化遗产等造成他人损害的，侵权人应当依法承担侵权责任。

违反本法规定，造成黄河流域生态环境损害的，国家规定的机关或者法律规定的组织有权请求侵权人承担修复责任、赔偿损失和相关费用。

《中华人民共和国畜牧法》（2022 年修订）

第四十六条 畜禽养殖场应当保证畜禽粪污无害化处理和资源化利用设施的正常运转，保证畜禽粪污综合利用或者达标排放，防止污染环境。违法排放或者因管理不当污染环境的，应当排除危害，依法赔偿损失。

国家支持建设畜禽粪污收集、储存、粪污无害化处理和资源化利用设施，推行畜禽粪污养分平衡管理，促进农用有机肥利用和种养结合发展。

《最高人民法院关于审理环境侵权责任纠纷案件适用法律若干问题的解释》（2020 年 12 月 23 日修正）

第一条 因污染环境、破坏生态造成他人损害，不论侵权人有无过错，侵权人应当承担侵权责任。

侵权人以排污符合国家或者地方污染物排放标准为由主张不承担责任的，人民法院不予支持。

侵权人不承担责任或者减轻责任的情形，适用海洋环境保护法、水污染防治法、大气污染防治法等环境保护单行法的规定；相关环境保护单行法没有规定的，适用民法典的规定。

第二条 两个以上侵权人共同实施污染环境、破坏生态行为造成损害，被侵权人根据民法典第一千一百六十八条规定请求侵权人承担连带责任的，人民法院应予支持。

第三条 两个以上侵权人分别实施污染环境、破坏生态行为造成同一损害，每一个侵权人的污染环境、破坏生态行为都足以造成全部损害，被侵权人根据民法典第一千一百七十一条规定请求侵权人承担连带责任的，人民法院应予支持。

两个以上侵权人分别实施污染环境、破坏生态行为造成同一损害，每一个侵权人的污染环境、破坏生态行为都不足以造成全部损害，被侵权人根据民法典第一千一百七十二条规定请求侵权人承担责任的，人民法院应予支持。

两个以上侵权人分别实施污染环境、破坏生态行为造成同一损害，部分侵权人的污染环境、破坏生态行为足以造成全部损害，部分侵权人的污染环境、破坏生态行为只造成部分损害，被侵权人根据民法典第一千一百七十一条规定请求足以造成全部损害的侵权人与其他侵权人就共同造成的损害部分承担连带责任，并对全部损害承担责任的，人民法院应予支持。

第四条 两个以上侵权人污染环境、破坏生态，对侵权人承担责任的大小，人民法院应当根据污染物的种类、浓度、排放量、危害性，有无排污许可证、是否超过污染物排放标准、是否超过重点污染物排放总量控制指标，破坏生态的方式、范围、程度，以及行为对损害后果所起的作用等因素确定。

第五条 被侵权人根据民法典第一千二百三十三条规定分别或者同时起诉侵权人、第三人的，人民法院应予受理。

被侵权人请求第三人承担赔偿责任的，人民法院应当根据第三人的过错程度确定其相应赔偿责任。

侵权人以第三人的过错污染环境、破坏生态造成损害为由主张不承担责任或者减轻责任的，人民法院不予支持。

第六条 被侵权人根据民法典第七编第七章的规定请求赔偿的，应当提供证明以下事实的证据材料：

（一）侵权人排放了污染物或者破坏了生态；

（二）被侵权人的损害；

（三）侵权人排放的污染物或者其次生污染物、破坏生态行为与损害之间具有关联性。

第七条 侵权人举证证明下列情形之一的，人民法院应当认定其污染环境、破坏生态行为与损害之间不存在因果关系：

（一）排放污染物、破坏生态的行为没有造成该损害可能的；

（二）排放的可造成该损害的污染物未到达该损害发生地的；

（三）该损害于排放污染物、破坏生态行为实施之前已发生的；

（四）其他可以认定污染环境、破坏生态行为与损害之间不存在因果关系的情形。

第八条 对查明环境污染、生态破坏案件事实的专门性问题，可以委托具备相关资格的司法鉴定机构出具鉴定意见或者由负有环境资源保护监督管理职责的部门推荐的机构出具检验报告、检测报告、评估报告或者监测数据。

第九条 当事人申请通知一至两名具有专门知识的人出庭，就鉴定意见或者污染物认定、损害结果、因果关系、修复措施等专业问题提出意见的，人民法院可以准许。当事人未申请，人民法院认为有必要的，可以进行释明。

具有专门知识的人在法庭上提出的意见，

经当事人质证，可以作为认定案件事实的根据。

第十条　负有环境资源保护监督管理职责的部门或者其委托的机构出具的环境污染、生态破坏事件调查报告、检验报告、检测报告、评估报告或者监测数据等，经当事人质证，可以作为认定案件事实的根据。

第十一条　对于突发性或者持续时间较短的环境污染、生态破坏行为，在证据可能灭失或者以后难以取得的情况下，当事人或者利害关系人根据民事诉讼法第八十一条规定申请证据保全的，人民法院应当准许。

第十二条　被申请人具有环境保护法第六十三条规定情形之一，当事人或者利害关系人根据民事诉讼法第一百条或者第一百零一条规定申请保全的，人民法院可以裁定责令被申请人立即停止侵害行为或者采取防治措施。

第十三条　人民法院应当根据被侵权人的诉讼请求以及具体案情，合理判定侵权人承担停止侵害、排除妨碍、消除危险、修复生态环境、赔礼道歉、赔偿损失等民事责任。

第十四条　被侵权人请求修复生态环境的，人民法院可以依法裁判侵权人承担环境修复责任，并同时确定其不履行环境修复义务时应当承担的环境修复费用。

侵权人在生效裁判确定的期限内未履行环境修复义务的，人民法院可以委托其他人进行环境修复，所需费用由侵权人承担。

第十五条　被侵权人起诉请求侵权人赔偿因污染环境、破坏生态造成的财产损失、人身损害以及为防止损害发生和扩大、清除污染、修复生态环境而采取必要措施所支出的合理费用的，人民法院应予支持。

第十六条　下列情形之一，应当认定为环境保护法第六十五条规定的弄虚作假：

（一）环境影响评价机构明知委托人提供的材料虚假而出具严重失实的评价文件的；

（二）环境监测机构或者从事环境监测设备维护、运营的机构故意隐瞒委托人超过污染物排放标准或者超过重点污染物排放总量控制指标的事实的；

（三）从事防治污染设施维护、运营的机构故意不运行或者不正常运行环境监测设备或者防治污染设施的；

（四）有关机构在环境服务活动中其他弄虚作假的情形。

第十七条　本解释适用于审理因污染环境、破坏生态造成损害的民事案件，但法律和司法解释对环境民事公益诉讼案件另有规定的除外。

相邻污染侵害纠纷、劳动者在职业活动中因受污染损害发生的纠纷，不适用本解释。

第十八条　本解释施行后，人民法院尚未审结的一审、二审案件适用本解释规定。本解释施行前已经作出生效裁判的案件，本解释施行后依法再审的，不适用本解释。

指导案例

吕金奎等79人诉山海关船舶重工有限责任公司海上污染损害责任纠纷案（最高人民法院指导案例127号　2019年12月26日发布）

【关键词】　民事　海上污染损害责任　污染物排放标准

【裁判要点】

根据海洋环境保护法等有关规定，海洋环境污染中的“污染物”不限于国家或者地方环境标准明确列举的物质。污染者向海水水域排放未纳入国家或者地方环境标准的含有铁物质等成分的污水，造成渔业生产者养殖物损害的，污染者应当承担环境侵权责任。

【基本案情】

2010年8月2日上午，秦皇岛山海关老龙头东海域海水出现异常。当日11时30分，秦皇岛市环境保护局接到举报，安排环境监察、监测人员，协同秦皇岛市山海关区渤海乡副书记、纪委书记等相关人员到达现场，对海岸情况进行巡查。根据现场巡查情况，海水呈红褐色、浑浊。秦皇岛市环境保护局的工作人员同时对海水进行取样监测，并于

8月3日作出《监测报告》对海水水质进行分析，分析结果显示海水 pH 值 8.28、悬浮物 24mg/L、石油类 0.082mg/L、化学需氧量 2.4mg/L、亚硝酸盐氮 0.032mg/L、氨氮 0.018mg/L、硝酸盐氮 0.223mg/L、无机氮 0.273mg/L、活性磷酸盐 0.006mg/L、铁 13.1mg/L。

大连海事大学海事司法鉴定中心（以下简称司法鉴定中心）接受法院委托，就涉案海域污染状况以及污染造成的养殖损失等问题进行鉴定。《鉴定意见》的主要内容：（一）关于海域污染鉴定。1. 鉴定人采取卫星遥感技术，选取 NOAA 卫星 2010 年 8 月 2 日北京时间 5 时 44 分和 9 时 51 分两幅图像，其中 5 时 44 分图像显示山海关船舶重工有限责任公司（以下简称山船重工公司）附近海域存在一片污染海水异常区，面积约 5 平方千米；9 时 51 分图像显示距山船重工公司以南约 4 千米海域存在污染海水异常区，面积约 10 平方千米。2. 对污染源进行分析，通过排除赤潮、大面积的海洋溢油等污染事故，确定卫星图像上污染海水异常区应由大型企业污水排放或泄漏引起。根据山船重工公司系山海关老龙头附近临海唯一大型企业，修造船舶会产生大量污水，船坞刨锈污水中铁含量很高，一旦泄漏将严重污染附近海域，推测出污染海水源地系山船重工公司，泄漏时间约在 2010 年 8 月 2 日北京时间 0 时至 4 时之间。3. 对养殖区受污染海水进行分析，确定了王丽荣等 21 人的养殖区地理坐标，并将上述当事人的养殖区地理坐标和污染水域的地理坐标一起显示在电子海图上，得出污染水域覆盖了全部养殖区的结论。（二）关于养殖损失分析。鉴定人对水质环境进行评价，得出涉案海域水质中悬浮物、铁及石油类含量较高，已远远超过《渔业水质标准》和《海水水质标准》，污染最严重的因子为铁，对渔业和养殖水域危害程度较大。同时，确定吕金国等人存在养殖损失。

山船重工公司对《鉴定意见》养殖损失部分发表质证意见，主要内容为认定海水存在铁含量超标的污染无任何事实根据和鉴定依据。1. 鉴定人评价养殖区水质环境的唯一依据是秦皇岛市环境保护局出具的《监测报告》，而该报告在格式和内容上均不符合《海洋监测规范》的要求，分析铁含量所采用的标准是针对地面水、地下水及工业废水的规定，《监测报告》对污染事实无任何证明力；2.《鉴定意见》采用的《渔业水质标准》和《海水水质标准》中，不存在对海水中铁含量的规定和限制，故铁含量不是判断海洋渔业水质标准的指标。即使铁含量是指标之一，其达到多少才能构成污染损害，亦无相关标准。

又查明，《鉴定意见》鉴定人之一在法院审理期间提交《分析报告》，主要内容：（一）介绍分析方法。（二）对涉案海域污水污染事故进行分析。1. 对山海关老龙头海域卫星图像分析和解译。2. 污染海水漂移扩散分析。3. 污染源分析。因卫星图像上污染海水异常区灰度值比周围海水稍低，故排除海洋赤潮可能；因山海关老龙头海域无油井平台，且 8 月 2 日前后未发生大型船舶碰撞、触礁搁浅事故，故排除海洋溢油可能。据此，推测污染海水区应由大型企业污水排放或泄漏引起，山船重工公司为山海关老龙头附近临海唯一大型企业，修造船舶会产生大量污水，船坞刨锈污水中铁含量较高，向外泄漏将造成附近海域严重污染。4. 养殖区受污染海水分析。将养殖区地理坐标和污染水域地理坐标一起显示在电子海图上，得出污染水域覆盖全部养殖区的结论。

吕金奎等 79 人诉至法院，以山船重工公司排放的大量红色污水造成扇贝大量死亡，使其受到重大经济损失为由，请求判令山船重工公司赔偿。

【裁判结果】

天津海事法院于 2013 年 12 月 9 日作出（2011）津海法事初字第 115 号民事判决：一、驳回原告吕金奎等 50 人的诉讼请求；二、驳回原告吕金国等 29 人的诉讼请求。宣判后，吕金奎等 79 人提出上诉。天津市高级人民法院于2014年11月11日作出（2014）津高民四终字第22号民事判决：一、撤销天津海事法院（2011）津海法事初字第115号民事判决；二、山海关船舶重工有限责任公司于本判决送达之日起十五日内赔偿王丽荣等21人养殖损失共计1377696元；三、驳回吕金奎等79人的其他诉讼请求。

【裁判理由】

法院生效裁判认为，《中华人民共和国侵权责任法》第六十六条规定，因污染环境发生纠纷，污染者应当就法律规定的不承担责任或者减轻责任的情形及其行为与损害之间不存在因果关系承担举证责任。吕金奎等79人应当就山船重工公司实施了污染行为、该行为使自己受到了损害之事实承担举证责任，并提交污染行为和损害之间可能存在因果关系的初步证据；山船重工公司应当就法律规定的不承担责任或者减轻责任的情形及行为与损害之间不存在因果关系承担举证责任。

关于山船重工公司是否实施污染行为。吕金奎等79人为证明污染事实发生，提交了《鉴定意见》《分析报告》《监测报告》以及秦皇岛市环境保护局出具的函件等予以证明。关于上述证据对涉案污染事实的证明力，原审法院依据吕金奎等79人的申请委托司法鉴定中心进行鉴定，该司法鉴定中心业务范围包含海事类司法鉴定，三位鉴定人均具有相应的鉴定资质，对鉴定单位和鉴定人的资质予以确认。而且，《分析报告》能够与秦皇岛市山海关区在《询问笔录》中的陈述以及秦皇岛市环境保护局出具的函件相互佐证，上述证据可以证实秦皇岛山海关老龙头海域在2010年8月2日发生污染的事实。《中华人民共和国海洋环境保护法》第九十五条第一项规定："海洋环境污染损害，是指直接或者间接地把物质或者能量引入海洋环境，产生损害海洋生物资源、危害人体健康、妨害渔业和海上其他合法活动、损害海水使用素质和减损环境质量等有害影响。"《鉴定意见》根据污染海水异常区灰度值比周围海水稍低的现象，排除海洋赤潮的可能；通过山海关老龙头海域无油井平台以及2010年8月2日未发生大型船舶碰撞、触礁搁浅等事实，排除海洋溢油的可能；进而，根据《监测报告》中海水呈红褐色、浑浊，铁含量为13.1mg/L的监测结果，得出涉案污染事故系严重污水排放或泄漏导致的推论。同时，根据山船重工公司为山海关老龙头附近临海唯一大型企业以及公司的主营业务为船舶修造的事实，得出污染系山船重工公司在修造大型船舶过程中泄漏含铁量较高的刨锈污水导致的结论。山船重工公司虽不认可《鉴定意见》的上述结论，但未能提出足以反驳的相反证据和理由，故对《鉴定意见》中关于污染源分析部分的证明力予以确认，并据此认定山船重工公司实施了向海水中泄漏含铁量较高污水的污染行为。

关于吕金奎等79人是否受到损害。《鉴定意见》中海域污染鉴定部分在确定了王丽荣等21人养殖区域的基础上，进一步通过将养殖区地理坐标与污染海水区地理坐标一起显示在电子海图上的方式，得出污染海水区全部覆盖养殖区的结论。据此，认定王丽荣等21人从事养殖且养殖区域受到了污染。

关于污染行为和损害之间的因果关系。王丽荣等21人在完成上述证明责任的基础上，还应提交证明污染行为和损害之间可能存在因果关系的初步证据。《鉴定意见》对山海关老龙头海域水质进行分析，其依据秦皇岛市环境保护局出具的《监测报告》将该海域水质评价为悬浮物、铁物质及石油含量较高，污染最严重的因子为铁，对渔业和养殖水域危害程度较大。至此，王丽荣等21人已完成海上污染损害赔偿纠纷案件的证明责任。山船重工公司主张其非侵权行为人，应就法律规定的不承担责任或者减轻责任的情形及行为与损害之间不存在因果关系承担举证责任。山船重工公司主张因《鉴定意见》采用的评价标准中不存在对海水中铁含量的规定和限制，故铁不是评价海水水质的标准；且即使铁含量是标准之一，其达到多少才能构成污染损害亦无相关指标。对此，人民法院认为：第一，《中华人民共和国海洋环境保护法》明确规定，只要行为人将物质或者能量引入海洋造成损害，即视为污染；《中华人民共和国侵权责任法》第六十五条亦未将环境污染责任限定为排污超过国家标准或者地方标准。故，无论国家或地方标准中是否规定了某类物质的排放控制要求，或排污是否符合国家或地方规定的标准，只要能够确定污染行为造成环境损害，行为人就须承担赔偿责任。第二，我国现行有效评价海水水质的《渔业水质标准》和《海水水质标准》实施后长期未进行修订，其中列举的项目已不足以涵盖当今可能造成污染的全部物质。据此，《渔业水质标准》和《海水水质标准》并非判断某类物质是否造成污染损害的唯一依据。第三，秦皇岛市环境保护局亦在《秦皇岛市环保局复核意见》中表示，因国家对海水中铁物质含量未明确规定污染物排放标准，故是否影响海水养殖需相关部门专家进一步论证。本案中，出具《鉴定意见》的鉴定人具备海洋污染鉴定的专业知识，其通过对相关背景资料进行分析判断，作出涉案海域水质中铁物质对渔业和养殖水域危害程度较大的评价，具有科学性，应当作为认定涉案海域被铁物质污染的依据。

李劲诉华润置地（重庆）有限公司环境污染责任纠纷案（最高人民法院指导案例 128 号　2019 年 12 月 26 日发布）

【关键词】　民事　环境污染责任　光污染　损害认定　可容忍度

【裁判要点】

由于光污染对人身的伤害具有潜在性、隐蔽性和个体差异性等特点，人民法院认定光污染损害，应当依据国家标准、地方标准、行业标准，是否干扰他人正常生活、工作和学习，以及是否超出公众可容忍度等进行综合认定。对于公众可容忍度，可以根据周边居民的反映情况、现场的实际感受及专家意见等判断。

【基本案情】

原告李劲购买位于重庆市九龙坡区谢家湾正街×小区×幢×－×－×的住宅一套，并从 2005 年入住至今。被告华润置地（重庆）有限公司开发建设的万象城购物中心与原告住宅相隔一条双向六车道的公路，双向六车道中间为轻轨线路。万象城购物中心与原告住宅之间无其他遮挡物。在正对原告住宅的万象城购物中心外墙上安装有一块 LED 显示屏用于播放广告等，该 LED 显示屏广告位从 2014 年建成后开始投入运营，每天播放宣传资料及视频广告等，其产生强光直射入原告住宅房间，给原告的正常生活造成影响。

2014 年 5 月，原告小区的业主向市政府公开信箱投诉反映：从 5 月 3 日开始，谢家湾华润二十四城的万象城的巨型 LED 屏幕开始工作，LED 巨屏的强光直射进其房间，造成严重的光污染，并且宣传片的音量巨大，影响了其日常生活，希望有关部门让万象城减小音量并且调低 LED 屏幕亮度。2014 年 9 月，黄杨路×小区居民向市政府公开信箱投诉反映：万象城有块巨型 LED 屏幕通宵播放资料广告，产生太强光线，导致夜间无法睡眠，无法正常休息。万象城大屏夜间光污染严重影响周边小区高层住户，请相关部门解决，禁止夜间播放，或者禁止通宵播放，只能在晚上八点前播放，并调低亮度。2018 年 2 月，原告小区的住户向市政府公开信箱投诉反映：万象城户外广告大屏就是住户的噩梦，该广告屏每天播放视频广告，光线极强还频繁闪动，住在对面的业主家里夜间如同白昼，严重影响老人和小孩休息，希望相关部门尽快对其进行整改。

本案审理过程中，人民法院组织原、被告双方于 2018 年 8 月 11 日晚到现场进行了查看，正对原告住宅的一块 LED 显示屏正在播放广告视频，产生的光线较强，可直射入原告住宅居室，当晚该 LED 显示屏播放广告视频至 20 时 58 分关闭。被告公司员工称该 LED 显示屏面积为 $160m^2$。

就案涉光污染问题是否能进行环境监测的问题，人民法院向重庆市九龙坡区生态环境监测站进行了咨询，该站负责人表示，国家与重庆市均无光污染环境监测方面的规范及技术指标，所以监测站无法对光污染问题开展环境监测。重庆法院参与环境资源审判专家库专家、重庆市永川区生态环境监测站副站长也表示从环保方面光污染没有具体的标准，但从民事法律关系的角度，可以综合其余证据判断是否造成光污染。从本案原告提交的证据看，万象城电子显示屏对原告的损害客观存在，主要体现为影响原告的正常休息。就 LED 显示屏产生的光辐射相关问题，法院向重庆大学建筑城规学院教授、中国照明学会副理事长以及重庆大学建筑城规学院高级工程师、中国照明学会理事等专家作了咨询，专家表示，LED 的光辐射一是对人有视觉影响，其中失能眩光和不舒适眩光对人的眼睛有影响；另一方面是生物影响：人到晚上随着光照强度下降，渐渐入睡，是褪黑素和皮质醇两种激素发生作用的结果——褪黑素晚上上升、白天下降，皮质醇相反。如果光辐射太强，使人生物钟紊乱，长期就会有影响。另外 LED 的白光中有蓝光成分，蓝光对人的视网膜有损害，而且不可修复。但户外蓝光危害很难检测，时间、强度的标准是多少，有待标准出台确定。关于光照亮度对人的影响，有研究结论认为一般在 400cd/m^2 以下对人的影响会小一点，但动态广告屏很难适用。对于亮度的规范，不同部门编制的规范对亮度的限值不同，但 LED 显示屏与直射的照明灯光还是有区别，以 LED 显示屏的相关国家标准来认定比较合适。

【裁判结果】

重庆市江津区人民法院于 2018 年 12 月 28 日作出（2018）渝 0116 民初 6093 号判决：一、被告华润置地（重庆）有限公司从本判决生效之日起，立即停止其在运行重庆市九龙坡区谢家湾正街万象城购物中心正对原告李劲位于重庆市九龙坡区谢家湾正街×小区×幢住宅外墙上的一块 LED 显示屏时对原告李劲的光污染侵害：1. 前述 LED 显示屏在 5 月 1 日至 9 月 30 日期间开启时间应在 8：30 之后，关闭时间应在 22：00 之前；在 10 月 1 日至 4 月 30 日期间开启时间应在 8：30 之后，关闭时间应在 21：50 之前。2. 前述 LED 显示屏在每日 19：00 后的亮度值不得高于 600cd/m^2。二、驳回原告李劲的其余诉讼请求。一审宣判后，双方当事人均未提出上诉，判决已发生法律效力。

【裁判理由】

法院生效裁判认为：保护环境是我国的基本国策，一切单位和个人都有保护环境的义务。《中华人民共和国民法总则》第九条规定："民事主体从事民事活动，应当有利于节约资源、保护生态环境。"《中华人民共和国物权法》第九十条规定："不动产权利人不得违反国家规定弃置固体废物，排放大气污染物、水污染物、噪声、光、电磁波辐射等有害物质。"《中华人民共和国环境保护法》第四十二条第一款规定："排放污染物的企业事业单位和其他生产经营者，应当采取措施，防治在生产建设或者其他活动中产生的废气、废水、废渣、医疗废物、粉尘、恶臭气体、放射性物质以及噪声、振动、光辐射、电磁辐射等对环境的污染和危害。"本案系环境污染责任纠纷，根据《中华人民共和国侵权责任法》第六十五条规定："因污染环境造成损害的，污染者应当承担侵权责任。"环境污染侵权责任属特殊侵权责任，其构成要件包括以下三个方面：一是污染者有污染环境的行为；二是被侵权人有损害事实；三是污染者污染环境的行为与被侵权人的损害之间有因果关系。

一、关于被告是否有污染环境的行为

被告华润置地（重庆）有限公司作为万象城购物中心的建设方和经营管理方，其在正对原告住宅的购物中心外墙上设置 LED 显示屏播放广告、宣传资料等，产生的强光直射进入原告的住宅居室。根据原告提供的照片、视频资料等证据，以及组织双方当事人到现场查看的情况，可以认定被告使用 LED

显示屏播放广告、宣传资料等所产生的强光已超出了一般公众普遍可容忍的范围，就大众的认知规律和切身感受而言，该强光会严重影响相邻人群的正常工作和学习，干扰周围居民正常生活和休息，已构成由强光引起的光污染。被告使用LED显示屏播放广告、宣传资料等造成光污染的行为已构成污染环境的行为。

二、关于被侵权人的损害事实

环境污染的损害事实主要包含污染环境的行为致使当事人的财产、人身受到损害以及环境受到损害的事实。环境污染侵权的损害后果不同于一般侵权的损害后果，不仅包括症状明显并可计量的损害结果，还包括那些症状不明显或者暂时无症状且暂时无法用计量方法反映的损害结果。本案系光污染纠纷，光污染对人身的伤害具有潜在性和隐蔽性等特点，被侵权人往往在开始受害时显露不出明显的受损害症状，其所遭受的损害往往暂时无法用精确的计量方法来反映。但随着时间的推移，损害会逐渐显露。参考本案专家意见，光污染对人的影响除了能够感知的对视觉的影响外，太强的光辐射还会造成人生物钟紊乱，短时间看不出影响，但长期会带来影响。本案中，被告使用LED显示屏播放广告、宣传资料等所产生的强光，已超出了一般人可容忍的程度，影响了相邻居住的原告等居民的正常生活和休息。根据日常生活经验法则，被告运行LED显示屏产生的光污染势必会给原告等人的身心健康造成损害，这也为公众所普遍认可。综上，被告运行LED显示屏产生的光污染已致使原告居住的环境权益受损，并导致原告的身心健康受到损害。

三、被告是否应承担污染环境的侵权责任

《中华人民共和国侵权责任法》第六十六条规定："因污染环境发生纠纷，污染者应当就法律规定的不承担责任或者减轻责任的情形及其行为与损害之间不存在因果关系承担举证责任。"本案中，原告已举证证明被告有污染环境的行为及原告的损害事实。被告需对其在本案中存在法律规定的不承担责任或者减轻责任的情形，或被告污染行为与损害之间不存在因果关系承担举证责任。但被告并未提交证据对前述情形予以证实，对此被告应承担举证不能的不利后果，应承担污染环境的侵权责任。根据《最高人民法院关于审理环境侵权责任纠纷案件适用法律若干问题的解释》第十三条规定："人民法院应当根据被侵权人的诉讼请求以及具体案情，合理判定污染者承担停止侵害、排除妨碍、消除危险、恢复原状、赔礼道歉、赔偿损失等民事责任。"环境侵权的损害不同于一般的人身损害和财产损害，对侵权行为人承担的侵权责任有其独特的要求。由于环境侵权是通过环境这一媒介侵害到一定地区不特定的多数人的人身、财产权益，而且一旦出现可用计量方法反映的损害，其后果往往已无法弥补和消除。因此在环境侵权中，侵权行为人实施了污染环境的行为，即使还未出现可计量的损害后果，即应承担相应的侵权责任。本案中，从市民的投诉反映看，被告作为万象城购物中心的经营管理者，其在生产经营过程中，理应认识到使用LED显示屏播放广告、宣传资料等发出的强光会对居住在对面以及周围住宅小区的原告等人造成影响，并负有采取必要措施以减少对原告等人影响的义务。但被告仍然一直使用LED显示屏播放广告、宣传资料等，其产生的强光明显超出了一般人可容忍的程度，构成光污染，严重干扰了周边人群的正常生活，对原告等人的环境权益造成损害，进而损害了原告等人的身心健康。因此即使原告尚未出现明显症状，其生活受到光污染侵扰、环境权益受到损害也是客观存在的事实，故被告应承担停止侵害、排除妨碍等民事责任。

典型案例

东莞市沙田镇人民政府诉李永明固体废物污染责任纠纷案（《生态环境保护典型案例》第3号 2019年3月2日）

【基本案情】

生效刑事判决认定，2016年3至5月，李永明违反国家规定向沙田镇泥洲村倾倒了约60车600吨重金属超标的电镀废料，严重污染环境，其行为已构成污染环境罪。2016年7至9月，东莞市沙田镇人民政府（以下简称沙田镇政府）先后两次委托检测机构对污染项目进行检测，分别支出检测费用17500元、31650元。2016年8至9月，东莞市环境保护局召开专家咨询会，沙田镇政府为此支付专家评审费13800元。沙田镇政府委托有关企业处理电镀废料共支出2941000元。2016年12月，经对案涉被污染地再次检测，确认重金属含量已符合环保要求，暂无须进行生态修复，沙田镇政府为此支付检测费用19200元。沙田镇政府委托法律服务所代理本案，支付法律服务费39957元。

【裁判结果】

广东省东莞市第二人民法院一审认为，沙田镇政府为清理沙田镇泥洲村渡口边的固体废物支出检测费用68350元、专家评审费13800元、污泥处理费2941000元，以上合计3023150元。沙田镇政府系委托具有资质的公司或个人来处理对应事务，并提交了资质文件、合同以及付款单据予以证明。李永明倾倒的固体废物数量占沙田镇政府已处理的固体废物总量的25.6%，故李永明按照比例应承担的损失数额为773926.4元。沙田镇政府为本案支出的法律服务费亦应由李永明承担。沙田镇政府对于侵权行为的发生及其损害结果均不存在过错。一审法院判决李永明向沙田镇政府赔偿电镀废料处理费、检测费、专家评审费773926.4元，法律服务费39957元。广东省东莞市中级人民法院二审判决李永明向沙田镇政府赔偿电镀废料处理费、检测费、专家评审费773926.4元。

【典型意义】

本案系固体废物污染责任纠纷。生态环境是人民群众健康生活的重要因素，也是需要刑事和民事法律共同保护的重要法益。生效刑事判决审理查明的事实，在无相反证据足以推翻的情况下，可以作为民事案件认定事实的根据。本案审理法院正确适用《环境保护法》，在依法惩治污染环境罪的同时，对于沙田镇政府处理环境污染产生的损失依法予以支持，体现了“谁污染、谁治理”的原则，全面反映了污染环境犯罪成本，起到了很好的震慑作用。本案对于责任的划分，特别是对地方政府是否存在监管漏洞、处理环境污染是否及时的审查判断，也起到了一定的规范、指引作用。本案的审理和判决对于教育企业和个人依法生产、督促政府部门加强监管有着较好的推动和示范作用。

孟德玉诉天津东南新城城市建设投资有限公司噪声污染责任纠纷案（《2019年度人民法院环境资源典型案例》第十二号 2020年5月8日）

【基本案情】

2015年10月，孟德玉购买天津东南新城城市建设投资有限公司（以下简称东南新城公司）开发建设的住宅楼一楼住宅一套。因东南新城公司设置于该住宅楼下的地下供热管道及供热泵存在噪声，孟德玉自2015年12月1日起在外租房居住。天津市津南区环境监察支队对案涉房屋进行了噪音检测。检测报告显示，案涉房屋夜间室内噪声等效声级值（Leq）为：主卧37.8，小卧37.0，次卧33.6，客厅39.1。孟德玉诉至法院，要求判令东南新城公司消除侵害，并赔偿其在外租房费用6.60万元。

【裁判结果】

天津市津南区人民法院一审认为，东南新城公司作为房地产开发企业，未能依照《住宅设计规范》（GB50096－1999）的相关规定对公共用电机房进行隔声减震处理，造成案涉房屋噪声排放标准高于《社会生活环境噪声排放标准》（GB22337－2008）规定的排放限值，应对由此造成的噪声污染承担责任。一审法院判决，东南新城公司在5个月的期间内对案涉供热设备及管道进行降噪改造达到《社会生活环境噪声排放标准》规定的标准，并赔偿孟德玉租房费用损失2.75万元。天津市第二中级人民法院二审维持原判。

【典型意义】

本案系商品房住宅楼内地下供热管道及供热泵噪声污染纠纷案件。本案参照《社会生活环境噪声排放标准》，认定住宅楼内供热管道、供热泵持续发出噪声，干扰居民正常生活并超过国家规定的环境噪声排放标准，构成噪声污染，具有妥当性和合理性。本案判决东南新城公司进行降噪改造并赔偿相应损失，同时考虑改造措施及住房人居住需求，限定明确的改造期限，有利于裁判结果的有效执行，督促房地产开发企业自觉承担消除住宅噪声污染的社会责任，维护人民群众宁静生活的权益。

》中山市围垦有限公司与苏洪新等5人、中山市慈航农业投资有限公司土壤污染责任纠纷案（《2019年度人民法院环境资源典型案例》第十五号 2020年5月8日）

【基本案情】

中山市围垦有限公司（以下简称围垦公司）系案涉地块土地使用权人。2015年3月，围垦公司将案涉地块租赁给中山市慈航农业投资有限公司（以下简称慈航公司）经营使用。2016年6月，慈航公司擅自将上述地块转租给苏洪新填土。2016年8月，经万荣均介绍，胡锦勇分两次将李日祥经营的洗水场内的废弃物运输至苏洪新处用于上述填土工程。胡胜栋亦参与了上述运输行为。2017年7月，中山市环境科学学会针对上述污染行为提起环境公益诉讼。广东省广州市第二中级人民法院2018年9月作出生效民事判决，判令李日祥等5人、慈航公司共同赔偿生态环境受到损害至恢复原状期间服务功能损失费用205.21万元，修复案涉地块（原为水塘）水质至地表水第Ⅲ类标准、土壤第Ⅲ类标准。围垦公司于本案诉至法院，请求苏洪新等5人、慈航公司连带清偿因委托第三方清运、处理案涉违法倾倒的固体废物以及打井钻探取样、检测支付的费用共计102.87万元，并恢复案涉污染土地原状、实施案涉土地的土壤修复、周边生态环境修复和周边水体的净化处理。

【裁判结果】

广东省中山市第一人民法院一审认为，围垦公司作为案涉土地使用权人，可就案涉土地污染受到的人身、财产损害提起民事诉讼并就其实际损害获得赔偿。但围垦公司关于委托第三方清运、处理案涉违法倾倒固体废物以及打井钻探取样、检测支付费用等诉讼请求，证据不足，不予支持；关于案涉污染土地恢复原状、土壤及周边环境修复的诉讼请求，已包含在另案环境公益诉讼判决范围内。一审判决驳回围垦公司的诉讼请求。广东省中山市中级人民法院二审维持原判。

【典型意义】

本案系土壤（水）污染责任纠纷案件。其典型性在于，针对同一污染行为，环境公益诉讼和私益诉讼之间应如何衔接。《最高人民法院关于适用〈中华人民共和国民事诉讼法〉的解释》第二百八十八条规定："人民法院受理公益诉讼案件，不影响同一侵权行为的受害人根据民事诉讼法第一百一十九条规定提起诉讼。"本案中，围垦公司作为案涉地块的土地使用权人，有权就其因案涉地块污染受到的人身、财产损害提起诉讼。但应就其主张负有举证证明责任，举证不能的，应承担不利法律后果。同时，受害人在私益诉讼中亦可就与其人身、财产合法权益保护密切相关的生态环境修复提出主张。本案系因公益诉讼另案生效判决在先，该案已委托专业机构对环境损害进行鉴定评估，确定了生态环境损害费用和污染治理的可行性修复方案，受害人亦应受该案生效判决既判力约束，故对其已在公益诉讼生效判决范围之内的诉讼请求，不再重复支持。本案的正确审理，对厘清环境公益诉讼和私益诉讼之间的关系，引导当事人进行合理化诉讼安排，具有示范意义。

中国生物多样性保护与绿色发展基金会诉深圳市速美环保有限公司、浙江淘宝网络有限公司大气污染责任纠纷案（《2019年度人民法院环境资源典型案例》第三十一号 2020年5月8日）

【基本案情】

深圳市速美环保有限公司（以下简称速美公司）于2015年9月起在淘宝网销售汽车用品，主要销售产品为使机动车尾气年检蒙混过关的所谓“年检神器”产品，已售出3万余件，销售金额约为300余万元。中国生物多样性保护与绿色发展基金会（以下简称绿发会）提起环境民事公益诉讼，请求判令：速美公司和浙江淘宝网络有限公司（以下简称淘宝公司）赔礼道歉；速美公司停止生产案涉非法产品；淘宝公司对速美公司停止提供第三方交易平台服务；二者以连带责任方式承担生态环境修复费用1.52亿元（具体数额以评估鉴定报告为准）及绿发会就诉讼所支相关费用。

【裁判结果】

浙江省杭州市中级人民法院一审认为，速美公司宣传产品能通过弄虚作假方式规避机动车年检，教唆或协助部分机动车主实施侵权行为，损害社会公共利益。淘宝网已尽审查义务、及时采取删除措施，无需承担连带责任。鉴于环境污染事实客观存在，依据《最高人民法院关于审理环境民事公益诉讼案件适用法律若干问题的解释》，判决：速美公司在国家级媒体上向社会公众道歉（内容需经法院审核）；速美公司向绿发会支付律师费、差旅费、相关工作人员必要开支等15万元，并赔偿大气污染环境修复费用350万元（款项专用于我国大气污染环境治理）。浙江省高级人民法院二审维持原判。

【典型意义】

本案系社会组织提起的涉大气污染环境民事公益诉讼案件，已入选2019年度中国十大影响性诉讼。本案中，速美公司销售使机动车尾气年检蒙混过关的所谓“年检神器”，造成不特定地区大气污染物的增加，导致环境污染，应承担环境侵权责任。人民法院在鉴定困难的情况下，结合污染破坏环境的范围和程度、生态环境的稀缺性、生态环境恢复的难易程度、防治污染设备的运行成本、被告因侵害行为所获得的利益及其过程、程度等因素，合理确定生态环境修复费用，符合《最高人民法院关于审理环境民事公益诉讼案件适用法律若干问题的解释》的规定。本案判决同时指出，淘宝公司作为信息平台服务提供商，应加强网络平台信息管理，建立行之有效的检索及监管制度。本案的审理，在生态环境修复费用的合理确定上，对类案处理具有指导意义，亦有利于在网络时代督促销售企业及网络平台确立应有的生态环境保护责任意识。

义马市朝阳志峰养殖厂诉河南省义马市联创化工有限责任公司水污染责任纠纷案（《黄河流域生态环境司法保护典型案例》第四号 2020年6月5日）

【基本案情】

义马市朝阳志峰养殖厂（以下简称志峰养殖厂）是2017年6月经工商登记注册的个体工商户，经营范围为鸡饲养、养殖淡水鱼。该养殖厂毗邻黄河支流涧河，鱼塘用水系涧河渗入。2018年2月，河南省义马市联创化工有限责任公司（以下简称联创化工公司）向涧河上游水域倾倒工业废水，导致位于涧河下游的志峰养殖厂中养鱼塘、钓鱼塘水质均被污染，所饲养鱼苗全部死亡。志峰养殖厂诉至法院，请求判令联创化工公司赔偿其鱼塘死鱼损失、钓鱼经营损失、养鸡损失并承担修复鱼塘、养鸡环境修复责任及环境修复费用等。

【裁判结果】

河南省义马市人民法院一审认为，联创化工公司向涧河水体排放污染物的行为以及志峰养殖厂所养殖鱼死亡的事实均可认定，且志峰养殖厂养殖鱼水体位于联创化工公司向涧河排污的下游段，具有一定关联性，应由联创化工公司就其排污行为与志峰养殖厂养殖鱼死亡之间不存在因果关系承担举证责任。联创化工公司未能举证证明其排污行为与志峰养殖厂养殖鱼死亡之间不存在因果关系，故联创化工公司作为环境污染者，依法应对志峰养殖厂承担侵权责任。一审法院依据鉴定意见，判决联创化工公司赔偿志峰养殖厂养鱼塘及钓鱼塘损失 89600 元及律师费，承担环境修复费用 24400 元。

【典型意义】

本案系上游排污引发下游损害的典型水污染纠纷案件。环境侵权纠纷的原告需就污染行为和损害后果之间存在关联性承担初步举证责任。本案中，人民法院基于原被告在地理位置上具有上下游关系，认定关联性成立并将因果关系不存在的举证责任转移给被告承担，系对环境侵权因果关系举证责任分配规则的正确适用。同时，本案裁判明确了受害人在私益诉讼中亦可就与其人身、财产合法权益保护密切相关的生态环境修复提出主张，该修复费用必须用于修复生态环境。本案的正确审理，落实了损害担责原则，对于在私益诉讼中如何处理好与维护生态环境公共利益的衔接关系亦具有示范作用。

378. 生态破坏责任纠纷

相关规范

»《中华人民共和国民法典》（2020 年）

第一千二百三十四条　【生态环境修复责任】违反国家规定造成生态环境损害，生态环境能够修复的，国家规定的机关或者法律规定的组织有权请求侵权人在合理期限内承担修复责任。侵权人在期限内未修复的，国家规定的机关或者法律规定的组织可以自行或者委托他人进行修复，所需费用由侵权人负担。

第一千二百三十五条　【公益诉讼的赔偿范围】违反国家规定造成生态环境损害的，国家规定的机关或者法律规定的组织有权请求侵权人赔偿下列损失和费用：

（一）生态环境受到损害至修复完成期间服务功能丧失导致的损失；

（二）生态环境功能永久性损害造成的损失；

（三）生态环境损害调查、鉴定评估等费用；

（四）清除污染、修复生态环境费用；

（五）防止损害的发生和扩大所支出的合理费用。

»《中华人民共和国渔业法》（2013 年修正）

第四十七条　造成渔业水域生态环境破坏或者渔业污染事故的，依照《中华人民共和国海洋环境保护法》和《中华人民共和国水污染防治法》的规定追究法律责任。

»《中华人民共和国环境保护法》（2014 年修订）

第五十八条　对污染环境、破坏生态，损害社会公共利益的行为，符合下列条件的社会组织可以向人民法院提起诉讼：

（一）依法在设区的市级以上人民政府民政部门登记；

（二）专门从事环境保护公益活动连续五年以上且无违法记录。

符合前款规定的社会组织向人民法院提起诉讼，人民法院应当依法受理。

提起诉讼的社会组织不得通过诉讼牟取经济利益。

《中华人民共和国海洋环境保护法》(2017年修正)

第八十九条　造成海洋环境污染损害的责任者，应当排除危害，并赔偿损失；完全由于第三者的故意或者过失，造成海洋环境污染损害的，由第三者排除危害，并承担赔偿责任。

对破坏海洋生态、海洋水产资源、海洋保护区，给国家造成重大损失的，由依照本法规定行使海洋环境监督管理权的部门代表国家对责任者提出损害赔偿要求。

《中华人民共和国森林法》(2019年修订)

第六十八条　破坏森林资源造成生态环境损害的，县级以上人民政府自然资源主管部门、林业主管部门可以依法向人民法院提起诉讼，对侵权人提出损害赔偿要求。

《最高人民法院关于审理生态环境损害赔偿案件的若干规定（试行）》(2020年12月23日修正)

第一条　具有下列情形之一，省级、市地级人民政府及其指定的相关部门、机构，或者受国务院委托行使全民所有自然资源资产所有权的部门，因与造成生态环境损害的自然人、法人或者其他组织经磋商未达成一致或者无法进行磋商的，可以作为原告提起生态环境损害赔偿诉讼：

（一）发生较大、重大、特别重大突发环境事件的；

（二）在国家和省级主体功能区规划中划定的重点生态功能区、禁止开发区发生环境污染、生态破坏事件的；

（三）发生其他严重影响生态环境后果的。

前款规定的市地级人民政府包括设区的市，自治州、盟、地区，不设区的地级市，直辖市的区、县人民政府。

第二条　下列情形不适用本规定：

（一）因污染环境、破坏生态造成人身损害、个人和集体财产损失要求赔偿的；

（二）因海洋生态环境损害要求赔偿的。

第三条　第一审生态环境损害赔偿诉讼案件由生态环境损害行为实施地、损害结果发生地或者被告住所地的中级以上人民法院管辖。

经最高人民法院批准，高级人民法院可以在辖区内确定部分中级人民法院集中管辖第一审生态环境损害赔偿诉讼案件。

中级人民法院认为确有必要的，可以在报请高级人民法院批准后，裁定将本院管辖的第一审生态环境损害赔偿诉讼案件交由具备审理条件的基层人民法院审理。

生态环境损害赔偿诉讼案件由人民法院环境资源审判庭或者指定的专门法庭审理。

第四条　人民法院审理第一审生态环境损害赔偿诉讼案件，应当由法官和人民陪审员组成合议庭进行。

第五条　原告提起生态环境损害赔偿诉讼，符合民事诉讼法和本规定并提交下列材料的，人民法院应当登记立案：

（一）证明具备提起生态环境损害赔偿诉讼原告资格的材料；

（二）符合本规定第一条规定情形之一的证明材料；

（三）与被告进行磋商但未达成一致或者因客观原因无法与被告进行磋商的说明；

（四）符合法律规定的起诉状，并按照被告人数提出副本。

第六条　原告主张被告承担生态环境损害赔偿责任的，应当就以下事实承担举证责任：

（一）被告实施了污染环境、破坏生态的行为或者具有其他应当依法承担责任的情形；

（二）生态环境受到损害，以及所需修复费用、损害赔偿等具体数额；

（三）被告污染环境、破坏生态的行为与生态环境损害之间具有关联性。

第七条　被告反驳原告主张的，应当提供证据加以证明。被告主张具有法律规定的不承担责任或者减轻责任情形的，应当承担举证责任。

第八条 已为发生法律效力的刑事裁判所确认的事实，当事人在生态环境损害赔偿诉讼案件中无须举证证明，但有相反证据足以推翻的除外。

对刑事裁判未予确认的事实，当事人提供的证据达到民事诉讼证明标准的，人民法院应当予以认定。

第九条 负有相关环境资源保护监督管理职责的部门或者其委托的机构在行政执法过程中形成的事件调查报告、检验报告、检测报告、评估报告、监测数据等，经当事人质证并符合证据标准的，可以作为认定案件事实的根据。

第十条 当事人在诉前委托具备环境司法鉴定资质的鉴定机构出具的鉴定意见，以及委托国务院环境资源保护监督管理相关主管部门推荐的机构出具的检验报告、检测报告、评估报告、监测数据等，经当事人质证并符合证据标准的，可以作为认定案件事实的根据。

第十一条 被告违反国家规定造成生态环境损害的，人民法院应当根据原告的诉讼请求以及具体案情，合理判决被告承担修复生态环境、赔偿损失、停止侵害、排除妨碍、消除危险、赔礼道歉等民事责任。

第十二条 受损生态环境能够修复的，人民法院应当依法判决被告承担修复责任，并同时确定被告不履行修复义务时应承担的生态环境修复费用。

生态环境修复费用包括制定、实施修复方案的费用，修复期间的监测、监管费用，以及修复完成后的验收费用、修复效果后评估费用等。

原告请求被告赔偿生态环境受到损害至修复完成期间服务功能损失的，人民法院根据具体案情予以判决。

第十三条 受损生态环境无法修复或者无法完全修复，原告请求被告赔偿生态环境功能永久性损害造成的损失的，人民法院根据具体案情予以判决。

第十四条 原告请求被告承担下列费用的，人民法院根据具体案情予以判决：

（一）实施应急方案、清除污染以及为防止损害的发生和扩大所支出的合理费用；

（二）为生态环境损害赔偿磋商和诉讼支出的调查、检验、鉴定、评估等费用；

（三）合理的律师费以及其他为诉讼支出的合理费用。

第十五条 人民法院判决被告承担的生态环境服务功能损失赔偿资金、生态环境功能永久性损害造成的损失赔偿资金，以及被告不履行生态环境修复义务时所应承担的修复费用，应当依照法律、法规、规章予以缴纳、管理和使用。

第十六条 在生态环境损害赔偿诉讼案件审理过程中，同一损害生态环境行为又被提起民事公益诉讼，符合起诉条件的，应当由受理生态环境损害赔偿诉讼案件的人民法院受理并由同一审判组织审理。

第十七条 人民法院受理因同一损害生态环境行为提起的生态环境损害赔偿诉讼案件和民事公益诉讼案件，应先中止民事公益诉讼案件的审理，待生态环境损害赔偿诉讼案件审理完毕后，就民事公益诉讼案件未被涵盖的诉讼请求依法作出裁判。

第十八条 生态环境损害赔偿诉讼案件的裁判生效后，有权提起民事公益诉讼的国家规定的机关或者法律规定的组织就同一损害生态环境行为有证据证明存在前案审理时未发现的损害，并提起民事公益诉讼的，人民法院应予受理。

民事公益诉讼案件的裁判生效后，有权提起生态环境损害赔偿诉讼的主体就同一损害生态环境行为有证据证明存在前案审理时未发现的损害，并提起生态环境损害赔偿诉讼的，人民法院应予受理。

第十九条 实际支出应急处置费用的机关提起诉讼主张该费用的，人民法院应予受理，但人民法院已经受理就同一损害生态环境行为提起的生态环境损害赔偿诉讼案件且该案原告已经主张应急处置费用的除外。

生态环境损害赔偿诉讼案件原告未主张应急处置费用，因同一损害生态环境行为实际支出应急处置费用的机关提起诉讼主张该费用的，由受理生态环境损害赔偿诉讼案件的人民法院受理并由同一审判组织审理。

第二十条　经磋商达成生态环境损害赔偿协议的，当事人可以向人民法院申请司法确认。

人民法院受理申请后，应当公告协议内容，公告期间不少于三十日。公告期满后，人民法院经审查认为协议的内容不违反法律法规强制性规定且不损害国家利益、社会公共利益的，裁定确认协议有效。裁定书应当写明案件的基本事实和协议内容，并向社会公开。

第二十一条　一方当事人在期限内未履行或者未全部履行发生法律效力的生态环境损害赔偿诉讼案件裁判或者经司法确认的生态环境损害赔偿协议的，对方当事人可以向人民法院申请强制执行。需要修复生态环境的，依法由省级、市地级人民政府及其指定的相关部门、机构组织实施。

第二十二条　人民法院审理生态环境损害赔偿案件，本规定没有规定的，参照适用《最高人民法院关于审理环境民事公益诉讼案件适用法律若干问题的解释》《最高人民法院关于审理环境侵权责任纠纷案件适用法律若干问题的解释》等相关司法解释的规定。

»《最高人民法院关于审理森林资源民事纠纷案件适用法律若干问题的解释》（法释〔2022〕16号　2022年6月13日）

第十七条　违反国家规定造成森林生态环境损害，生态环境能够修复的，国家规定的机关或者法律规定的组织依据民法典第一千二百三十四条的规定，请求侵权人在合理期限内以补种树木、恢复植被、恢复林地土壤性状、投放相应生物种群等方式承担修复责任的，人民法院依法予以支持。

人民法院判决侵权人承担修复责任的，可以同时确定其在期限内不履行修复义务时应承担的森林生态环境修复费用。

第十八条　人民法院判决侵权人承担森林生态环境修复责任的，可以根据鉴定意见，或者参考林业主管部门、林业调查规划设计单位、相关科研机构和人员出具的专业意见，合理确定森林生态环境修复方案，明确侵权人履行修复义务的具体要求。

第十九条　人民法院依据民法典第一千二百三十五条的规定确定侵权人承担的森林生态环境损害赔偿金额，应当综合考虑受损森林资源在调节气候、固碳增汇、保护生物多样性、涵养水源、保持水土、防风固沙等方面的生态环境服务功能，予以合理认定。

第二十条　当事人请求以认购经核证的林业碳汇方式替代履行森林生态环境损害赔偿责任的，人民法院可以综合考虑各方当事人意见、不同责任方式的合理性等因素，依法予以准许。

第二十一条　当事人请求以森林管护、野生动植物保护、社区服务等劳务方式替代履行森林生态环境损害赔偿责任的，人民法院可以综合考虑侵权人的代偿意愿、经济能力、劳动能力、赔偿金额、当地相应工资标准等因素，决定是否予以准许，并合理确定劳务代偿方案。

第二十二条　侵权人自愿交纳保证金作为履行森林生态环境修复义务担保的，在其不履行修复义务时，人民法院可以将保证金用于支付森林生态环境修复费用。

指导案例

»江苏省人民政府诉安徽海德化工科技有限公司生态环境损害赔偿案（最高人民法院指导案例129号　2019年12月26日发布）

【关键词】　民事　生态环境损害赔偿诉讼　分期支付

【裁判要点】

企业事业单位和其他生产经营者将生产经营过程中产生的危险废物交由不具备危险废物处置资质的企业或者个人进行处置，造成环境污染的，应当承担生态环境损害责任。人民法院可以综合考虑企业事业单位和其他生产经营者的主观过错、经营状况等因素，在责任人提供有效担保后判决其分期支付赔偿费用。

【基本案情】

2014年4月28日，安徽海德化工科技有限公司（以下简称海德公司）营销部经理杨峰将该公司在生产过程中产生的29.1吨废碱液，交给无危险废物处置资质的李宏生等人处置。李宏生等人将上述废碱液交给无危险废物处置资质的孙志才处置。2014年4月30日，孙志才等人将废碱液倾倒进长江，造成了严重环境污染。2014年5月7日，杨峰将海德公司的20吨废碱液交给李宏生等人处置，李宏生等人将上述废碱液交给孙志才处置。孙志才等人于2014年5月7日及同年6月17日，分两次将废碱液倾倒进长江，造成江苏省靖江市城区5月9日至11日集中式饮用水源中断取水40多个小时。2014年5月8日至9日，杨峰将53.34吨废碱液交给李宏生等人处置，李宏生等人将上述废碱液交给丁卫东处置。丁卫东等人于2014年5月14日将该废碱液倾倒进新通扬运河，导致江苏省兴化市城区集中式饮用水源中断取水超过14小时。上述污染事件发生后，靖江市环境保护局和靖江市人民检察院联合委托江苏省环境科学学会对污染损害进行评估。江苏省环境科学学会经调查、评估，于2015年6月作出了《评估报告》。江苏省人民政府向江苏省泰州市中级人民法院提起诉讼，请求判令海德公司赔偿生态环境修复费用3637.90万元，生态环境服务功能损失费用1818.95万元，承担评估费用26万元及诉讼费等。

【裁判结果】

江苏省泰州市中级人民法院于2018年8月16日作出（2017）苏12民初51号民事判决：一、被告安徽海德化工科技有限公司赔偿环境修复费用3637.90万元；二、被告安徽海德化工科技有限公司赔偿生态环境服务功能损失费用1818.95万元；三、被告安徽海德化工科技有限公司赔偿评估费用26万元。宣判后，安徽海德化工科技有限公司提出上诉，江苏省高级人民法院于2018年12月4日作出（2018）苏民终1316号民事判决：一、维持江苏省泰州市中级人民法院（2017）苏12民初51号民事判决。安徽海德化工科技有限公司应于本判决生效之日起六十日内将赔偿款项5482.85万元支付至泰州市环境公益诉讼资金账户。二、安徽海德化工科技有限公司在向江苏省泰州市中级人民法院提供有效担保后，可于本判决生效之日起六十日内支付上述款项的20%（1096.57万元），并于2019年12月4日、2020年12月4日、2021年12月4日、2022年12月4日前各支付上述款项的20%（每期1096.57万元）。如有一期未按时履行，江苏省人民政府可以就全部未赔偿款项申请法院强制执行。如安徽海德化工科技有限公司未按本判决指定的期限履行给付义务，应当依照《中华人民共和国民事诉讼法》第二百五十三条之规定，加倍支付迟延履行期间的债务利息。

【裁判理由】

法院生效裁判认为，海德公司作为化工企业，对其在生产经营过程中产生的危险废物废碱液，负有防止污染环境的义务。海德公司放任该公司营销部负责人杨峰将废碱液交给不具备危险废物处置资质的个人进行处置，导致废碱液被倾倒进长江和新通扬运河，严重污染环境。《中华人民共和国环境保护法》第六十四条规定，因污染环境和破坏生态造成损害的，应当依照《中华人民共和国侵权责任法》的有关规定承担侵权责任。《中华人民共和国侵权责任法》第六十五条规定，因污染环境造成损害的，污染者应当承担侵权责任。《中华人民共和国侵权责任法》第十五条将恢复原状、赔偿损失确定为承担责任的方式。环境修复费用、生态环境服务功能损失、评估费等均为恢复原状、赔偿损失等法律责任的具体表现形式。依照《中华人民共和国侵权责任法》第十五条第一款第六项、第六十五条,《最高人民法院关于审理环境侵权责任纠纷案件适用法律若干问题的解释》第一条第一款、第十三条之规定,判决海德公司承担侵权赔偿责任并无不当。

海德公司以企业负担过重、资金紧张,如短期内全部支付赔偿将导致企业破产为由,申请分期支付赔偿费用。为保障保护生态环境与经济发展的有效衔接,江苏省人民政府在庭后表示,在海德公司能够提供证据证明其符合国家经济结构调整方向、能够实现绿色生产转型,在有效提供担保的情况下,同意海德公司依照《中华人民共和国民事诉讼法》第二百三十一条之规定,分五期支付赔偿款。

379. 高度危险责任纠纷

(1) 民用核设施、核材料损害责任纠纷
(2) 民用航空器损害责任纠纷
(3) 占有、使用高度危险物损害责任纠纷
(4) 高度危险活动损害责任纠纷
(5) 遗失、抛弃高度危险物损害责任纠纷
(6) 非法占有高度危险物损害责任纠纷

相关规范

»《中华人民共和国民法典》(2020 年)

第一百二十条 【侵权责任的承担】 民事权益受到侵害的,被侵权人有权请求侵权人承担侵权责任。

第一千二百三十六条 【高度危险责任的一般规定】 从事高度危险作业造成他人损害的,应当承担侵权责任。

第一千二百三十七条 【民用核设施或者核材料致害责任】 民用核设施或者运入运出核设施的核材料发生核事故造成他人损害的,民用核设施的营运单位应当承担侵权责任;但是,能够证明损害是因战争、武装冲突、暴乱等情形或者受害人故意造成的,不承担责任。

第一千二百三十八条 【民用航空器致害责任】 民用航空器造成他人损害的,民用航空器的经营者应当承担侵权责任;但是,能够证明损害是因受害人故意造成的,不承担责任。

第一千二百三十九条 【占有或使用高度危险物致害责任】 占有或者使用易燃、易爆、剧毒、高放射性、强腐蚀性、高致病性等高度危险物造成他人损害的,占有人或者使用人应当承担侵权责任;但是,能够证明损害是因受害人故意或者不可抗力造成的,不承担责任。被侵权人对损害的发生有重大过失的,可以减轻占有人或者使用人的责任。

第一千二百四十条 【从事高空、高压、地下挖掘活动或者使用高速轨道运输工具致害责任】 从事高空、高压、地下挖掘活动或者使用高速轨道运输工具造成他人损害的,经营者应当承担侵权责任;但是,能够证明损害是因受害人故意或者不可抗力造成的,不承担责任。被侵权人对损害的发生有重大过失的,可以减轻经营者的责任。

第一千二百四十一条 【遗失、抛弃高度危险物致害责任】 遗失、抛弃高度危险物造成他人损害的,由所有人承担侵权责任。所有人将高度危险物交由他人管理的,由管理人承担侵权责任;所有人有过错的,与管理人承担连带责任。

第一千二百四十二条 【非法占有高度危险物致害责任】 非法占有高度危险物造成他人损害的,由非法占有人承担侵权责任。所有人、管理人不能证明对防止非法占有尽到高度注意义务的,与非法占有人承担连带

责任。

第一千二百四十三条　【高度危险场所安全保障责任】未经许可进入高度危险活动区域或者高度危险物存放区域受到损害，管理人能够证明已经采取足够安全措施并尽到充分警示义务的，可以减轻或者不承担责任。

第一千二百四十四条　【高度危险责任赔偿限额】承担高度危险责任，法律规定赔偿限额的，依照其规定，但是行为人有故意或者重大过失的除外。

《中华人民共和国放射性污染防治法》（2003 年）

第五十九条　因放射性污染造成他人损害的，应当依法承担民事责任。

《中华人民共和国核安全法》（2017 年）

第九十条　因核事故造成他人人身伤亡、财产损失或者环境损害的，核设施营运单位应当按照国家核损害责任制度承担赔偿责任，但能够证明损害是因战争、武装冲突、暴乱等情形造成的除外。

为核设施营运单位提供设备、工程以及服务等的单位不承担核损害赔偿责任。核设施营运单位与其有约定的，在承担赔偿责任后，可以按照约定追偿。

核设施营运单位应当通过投保责任保险、参加互助机制等方式，作出适当的财务保证安排，确保能够及时、有效履行核损害赔偿责任。

《中华人民共和国民用航空法》（2021 年修正）

第一百五十七条　因飞行中的民用航空器或者从飞行中的民用航空器上落下的人或者物，造成地面（包括水面，下同）上的人身伤亡或者财产损害的，受害人有权获得赔偿；但是，所受损害并非造成损害的事故的直接后果，或者所受损害仅是民用航空器依照国家有关的空中交通规则在空中通过造成的，受害人无权要求赔偿。

前款所称飞行中，是指自民用航空器为实际起飞而使用动力时起至着陆冲程终了时止；就轻于空气的民用航空器而言，飞行中是指自其离开地面时起至其重新着地时止。

《中华人民共和国体育法》（2022 年修订）

第九十条　国家鼓励建立健全运动员伤残保险、体育意外伤害保险和场所责任保险制度。

大型体育赛事活动组织者应当和参与者协商投保体育意外伤害保险。

高危险性体育赛事活动组织者应当投保体育意外伤害保险。

高危险性体育项目经营者应当投保体育意外伤害保险和场所责任保险。

第一百零五条　经营高危险性体育项目，应当符合下列条件，并向县级以上地方人民政府体育行政部门提出申请：

（一）相关体育设施符合国家标准；

（二）具有达到规定数量的取得相应国家职业资格证书或者职业技能等级证书的社会体育指导人员和救助人员；

（三）具有相应的安全保障、应急救援制度和措施。

县级以上地方人民政府体育行政部门应当自收到申请之日起三十日内进行实地核查，并作出批准或者不予批准的决定。予以批准的，应当发给许可证；不予批准的，应当书面通知申请人并说明理由。

国务院体育行政部门会同有关部门制定、调整高危险性体育项目目录并予以公布。

第一百零六条　举办高危险性体育赛事活动，应当符合下列条件，并向县级以上地方人民政府体育行政部门提出申请：

（一）配备具有相应资格或者资质的专业技术人员；

（二）配置符合相关标准和要求的场地、器材和设施；

（三）制定通信、安全、交通、卫生健

康、食品、应急救援等相关保障措施。

县级以上地方人民政府体育行政部门应当自收到申请之日起三十日内进行实地核查，并作出批准或者不予批准的决定。

国务院体育行政部门会同有关部门制定、调整高危险性体育赛事活动目录并予以公布。

》《最高人民法院关于适用〈中华人民共和国民法典〉时间效力的若干规定》（法释〔2020〕15号 2020年12月19日）

第十九条 民法典施行前，从建筑物中抛掷物品或者从建筑物上坠落的物品造成他人损害引起的民事纠纷案件，适用民法典第一千二百五十四条的规定。

380. 饲养动物损害责任纠纷

相关规范

》《中华人民共和国民法典》（2020年）

第一百二十条 【侵权责任的承担】民事权益受到侵害的，被侵权人有权请求侵权人承担侵权责任。

第一千二百四十五条 【饲养动物致害责任的一般规定】饲养的动物造成他人损害的，动物饲养人或者管理人应当承担侵权责任；但是，能够证明损害是因被侵权人故意或者重大过失造成的，可以不承担或者减轻责任。

第一千二百四十六条 【违反规定未对动物采取安全措施致害责任】违反管理规定，未对动物采取安全措施造成他人损害的，动物饲养人或者管理人应当承担侵权责任；但是，能够证明损害是因被侵权人故意造成的，可以减轻责任。

第一千二百四十七条 【禁止饲养的危险动物致害责任】禁止饲养的烈性犬等危险动物造成他人损害的，动物饲养人或者管理人应当承担侵权责任。

第一千二百四十八条 【动物园的动物致害责任】动物园的动物造成他人损害的，动物园应当承担侵权责任；但是，能够证明尽到管理职责的，不承担侵权责任。

第一千二百四十九条 【遗弃、逃逸的动物致害责任】遗弃、逃逸的动物在遗弃、逃逸期间造成他人损害的，由动物原饲养人或者管理人承担侵权责任。

第一千二百五十条 【因第三人的过错致使动物致害责任】因第三人的过错致使动物造成他人损害的，被侵权人可以向动物饲养人或者管理人请求赔偿，也可以向第三人请求赔偿。动物饲养人或者管理人赔偿后，有权向第三人追偿。

第一千二百五十一条 【饲养动物应履行的义务】饲养动物应当遵守法律法规，尊重社会公德，不得妨碍他人生活。

381. 建筑物和物件损害责任纠纷

（1）物件脱落、坠落损害责任纠纷
（2）建筑物、构筑物倒塌、塌陷损害责任纠纷
（3）高空抛物、坠物损害责任纠纷
（4）堆放物倒塌、滚落、滑落损害责任纠纷
（5）公共道路妨碍通行损害责任纠纷
（6）林木折断、倾倒、果实坠落损害责任纠纷
（7）地面施工、地下设施损害责任纠纷

相关规范

》《中华人民共和国民法典》（2020年）

第一百二十条　【侵权责任的承担】民事权益受到侵害的，被侵权人有权请求侵权人承担侵权责任。

第一千二百五十二条　【建筑物、构筑物或者其他设施倒塌、塌陷致害责任】建筑物、构筑物或者其他设施倒塌、塌陷造成他人损害的，由建设单位与施工单位承担连带责任，但是建设单位与施工单位能够证明不存在质量缺陷的除外。建设单位、施工单位赔偿后，有其他责任人的，有权向其他责任人追偿。

因所有人、管理人、使用人或者第三人的原因，建筑物、构筑物或者其他设施倒塌、塌陷造成他人损害的，由所有人、管理人、使用人或者第三人承担侵权责任。

第一千二百五十三条　【建筑物、构筑物或者其他设施及其搁置物、悬挂物脱落、坠落致害责任】建筑物、构筑物或者其他设施及其搁置物、悬挂物发生脱落、坠落造成他人损害，所有人、管理人或者使用人不能证明自己没有过错的，应当承担侵权责任。所有人、管理人或者使用人赔偿后，有其他责任人的，有权向其他责任人追偿。

第一千二百五十四条　【不明抛掷物、坠落物致害责任】禁止从建筑物中抛掷物品。从建筑物中抛掷物品或者从建筑物上坠落的物品造成他人损害的，由侵权人依法承担侵权责任；经调查难以确定具体侵权人的，除能够证明自己不是侵权人的外，由可能加害的建筑物使用人给予补偿。可能加害的建筑物使用人补偿后，有权向侵权人追偿。

物业服务企业等建筑物管理人应当采取必要的安全保障措施防止前款规定情形的发生；未采取必要的安全保障措施的，应当依法承担未履行安全保障义务的侵权责任。

发生本条第一款规定的情形的，公安等机关应当依法及时调查，查清责任人。

第一千二百五十五条　【堆放物倒塌、滚落或者滑落致害责任】堆放物倒塌、滚落或者滑落造成他人损害，堆放人不能证明自己没有过错的，应当承担侵权责任。

第一千二百五十六条　【在公共道路上堆放、倾倒、遗撒妨碍通行的物品致害责任】在公共道路上堆放、倾倒、遗撒妨碍通行的物品造成他人损害的，由行为人承担侵权责任。公共道路管理人不能证明已经尽到清理、防护、警示等义务的，应当承担相应的责任。

第一千二百五十七条　【林木折断、倾倒或者果实坠落等致人损害的侵权责任】因林木折断、倾倒或者果实坠落等造成他人损害，林木的所有人或者管理人不能证明自己没有过错的，应当承担侵权责任。

第一千二百五十八条　【公共场所或者道路上施工致害责任和窨井等地下设施致害责任】在公共场所或者道路上挖掘、修缮安装地下设施等造成他人损害，施工人不能证明已经设置明显标志和采取安全措施的，应当承担侵权责任。

窨井等地下设施造成他人损害，管理人不能证明尽到管理职责的，应当承担侵权责任。

》《最高人民法院关于依法妥善审理高空抛物、坠物案件的意见》（法发〔2019〕25号　2019年11月14日）

10. 综合运用民事诉讼证据规则。人民法院在适用侵权责任法第八十七条裁判案件时，对能够证明自己不是侵权人的“可能加害的建筑物使用人”，依法予以免责。要加大依职权调查取证力度，积极主动向物业服务企业、周边群众、技术专家等询问查证，加强与公安部门、基层组织等沟通协调，充分运用日常生活经验法则，最大限度查找确定直接侵权人并依法判决其承担侵权责任。

11. 区分坠落物、抛掷物的不同法律适用规则。建筑物及其搁置物、悬挂物发生脱落、坠落造成他人损害的，所有人、管理人或者使用人不能证明自己没有过错的，人民法院应当适用侵权责任法第八十五条的规定，依法判决其承担侵权责任；有其他责任人的，所有人、管理人或者使用人赔偿后向其他责任人主张追偿权的，人民法院应予支持。从建筑物中抛掷物品造成他人损害的，应当尽量查明直接侵权人，并依法判决其承担侵权责任。

12. 依法确定物业服务企业的责任。物业服务企业不履行或者不完全履行物业服务合同约定或者法律法规规定、相关行业规范确定的维修、养护、管理和维护义务，造成建筑物及其搁置物、悬挂物发生脱落、坠落致使他人损害的，人民法院依法判决其承担侵权责任。有其他责任人的，物业服务企业承担责任后，向其他责任人行使追偿权的，人民法院应予支持。物业服务企业隐匿、销毁、篡改或者拒不向人民法院提供相应证据，导致案件事实难以认定的，应当承担相应的不利后果。

典型案例

» 庾某娴诉黄某辉高空抛物损害责任纠纷案 [《人民法院贯彻实施民法典典型案例（第一批）》案例十三　2022 年 2 月 25 日]

【典型意义】

本案是人民法院首次适用《民法典》第一千二百五十四条判决高空抛物者承担赔偿责任，切实维护人民群众“头顶上的安全”的典型案例。民法典侵权责任编明确禁止从建筑物中抛掷物品，进一步完善了高空抛物的治理规则。本案依法判决高空抛物者承担赔偿责任，有利于通过公正裁判树立行为规则，进一步强化高空抛物、坠物行为预防和惩治工作，也有利于更好地保障居民合法权益，切实增强人民群众的幸福感、安全感。

【基本案情】

2019 年 5 月 26 日，庾某娴在位于广州杨箕的自家小区花园散步，经过黄某辉楼下时，黄某辉家小孩在房屋阳台从 35 楼抛下一瓶矿泉水，水瓶掉落到庾某娴身旁，导致其惊吓、摔倒，随后被送往医院救治。次日，庾某娴亲属与黄某辉一起查看监控，确认了上述事实后，双方签订确认书，确认矿泉水瓶系黄某辉家小孩从阳台扔下，同时黄某辉向庾某娴支付 1 万元赔偿。庾某娴住院治疗 22 天才出院，其后又因此事反复入院治疗，累计超过 60 天，且被鉴定为十级伤残。由于黄某辉拒绝支付剩余治疗费，庾某娴遂向法院提起诉讼。

【裁判结果】

法院生效裁判认为，庾某娴散步时被从高空抛下的水瓶惊吓摔倒受伤，经监控录像显示水瓶由黄某辉租住房屋阳台抛下，有视频及庾某娴、黄某辉签订的确认书证明。双方确认抛物者为无民事行为能力人，黄某辉是其监护人，庾某娴要求黄某辉承担赔偿责任，黄某辉亦同意赔偿。涉案高空抛物行为发生在民法典实施前，但为了更好地保护公民、法人和其他组织的权利和利益，根据《时间效力规定》第十九条规定，民法典施行前，从建筑物中抛掷物品或者从建筑物上坠落的物品造成他人损害引起的民事纠纷案件，适用《民法典》第一千二百五十四条的规定。2021 年 1 月 4 日，审理法院判决黄某辉向庾某娴赔偿医疗费、护理费、交通费、住院伙食补助费、残疾赔偿金、鉴定费合计 8.3 万元；精神损害抚慰金 1 万元。

382. 触电人身损害责任纠纷

相关规范

»《中华人民共和国民法典》（2020 年）

第一百二十条　【侵权责任的承担】 民事权益受到侵害的，被侵权人有权请求侵权人承担侵权责任。

》《中华人民共和国电力法》（2018 年修正）

第五十九条 电力企业或者用户违反供用电合同，给对方造成损失的，应当依法承担赔偿责任。

电力企业违反本法第二十八条、第二十九条第一款的规定，未保证供电质量或者未事先通知用户中断供电，给用户造成损失的，应当依法承担赔偿责任。

第六十条 因电力运行事故给用户或者第三人造成损害的，电力企业应当依法承担赔偿责任。

电力运行事故由下列原因之一造成的，电力企业不承担赔偿责任：

（一）不可抗力；

（二）用户自身的过错。

因用户或者第三人的过错给电力企业或者其他用户造成损害的，该用户或者第三人应当依法承担赔偿责任。

383. 义务帮工人受害责任纠纷

相关规范

》《中华人民共和国民法典》（2020 年）

第一百二十条 【侵权责任的承担】 民事权益受到侵害的，被侵权人有权请求侵权人承担侵权责任。

》《最高人民法院关于审理人身损害赔偿案件适用法律若干问题的解释》（2022 年 4 月 24 日修正）

第四条 无偿提供劳务的帮工人，在从事帮工活动中致人损害的，被帮工人应当承担赔偿责任。被帮工人承担赔偿责任后向有故意或者重大过失的帮工人追偿的，人民法院应予支持。被帮工人明确拒绝帮工的，不承担赔偿责任。

第五条 无偿提供劳务的帮工人因帮工活动遭受人身损害的，根据帮工人和被帮工人各自的过错承担相应的责任；被帮工人明确拒绝帮工的，被帮工人不承担赔偿责任，但可以在受益范围内予以适当补偿。

帮工人在帮工活动中因第三人的行为遭受人身损害的，有权请求第三人承担赔偿责任，也有权请求被帮工人予以适当补偿。被帮工人补偿后，可以向第三人追偿。

384. 见义勇为人受害责任纠纷

相关规范

》《中华人民共和国民法典》（2020 年）

第一百八十三条 【因保护他人民事权益受损时的责任承担与补偿办法】 因保护他人民事权益使自己受到损害的，由侵权人承担民事责任，受益人可以给予适当补偿。没有侵权人、侵权人逃逸或者无力承担民事责任，受害人请求补偿的，受益人应当给予适当补偿。

》《最高人民法院关于适用〈中华人民共和国民法典〉总则编若干问题的解释》（法释〔2022〕6 号 2022 年 2 月 24 日）

第三十四条 因保护他人民事权益使自己受到损害，受害人依据民法典第一百八十三条的规定请求受益人适当补偿的，人民法院可以根据受害人所受损失和已获赔偿的情况、受益人受益的多少及其经济条件等因素确定受益人承担的补偿数额。

》《最高人民法院关于为稳定就业提供司法服务和保障的意见》（法发〔2022〕36 号 2022 年 12 月 26 日）

8. 加强新就业形态劳动者合法权益保障。不完全符合确立劳动关系情形但企业对劳动者进行劳动管理的，可以结合新业态劳动者权益保障指导意见有关规定，依法保障劳动者权益。依法保护劳动者按照约定或者法律规定获得劳动报酬的权利；劳动者因不可抗力、见义勇为、紧急救助以及工作量或者劳动强度明显不合理等非主观因素，超时完成工作任务或者受到消费者差评，主张不能因此扣减应得报酬的，人民法院应当依法支持。推动完善劳动者因执行工作任务遭受损害的责任分担机制。依法认定与用工管理相关的算法规则效力，保护劳动者取得劳动报酬、休息休假等基本合法权益；与用工管理相关的算法规则存在不符合日常生活经验法则、未考虑遵守交通规则等客观因素或者其他违背公序良俗情形，劳动者主张该算法规则对其不具有法律约束力或者请求赔偿因该算法规则不合理造成的损害的，人民法院应当依法支持。

指导案例

张庆福、张殿凯诉朱振彪生命权纠纷案（最高人民法院指导案例98号 2018年12月19日发布）

【关键词】　民事　生命权　见义勇为

【裁判要点】

行为人非因法定职责、法定义务或约定义务，为保护国家、社会公共利益或者他人的人身、财产安全，实施阻止不法侵害者逃逸的行为，人民法院可以认定为见义勇为。

【基本案情】

原告张庆福、张殿凯诉称：2017年1月9日，被告朱振彪驾驶奥迪小轿车追赶骑摩托车的张永焕。后张永焕弃车在前面跑，被告朱振彪也下车在后面继续追赶，最终导致张永焕在迁曹线90公里495米处（滦南路段）撞上火车身亡。朱振彪在追赶过程中散布和传递了张永焕撞死人的失实信息；在张永焕用语言表示自杀并撞车实施自杀行为后，朱振彪仍然追赶，超过了必要限度；追赶过程中，朱振彪手持木凳、木棍，对张永焕的生命造成了威胁，并数次谩骂张永焕，对张永焕的死亡存在主观故意和明显过错，对张永焕死亡应承担赔偿责任。

被告朱振彪辩称：被告追赶交通肇事逃逸者张永焕的行为属于见义勇为行为，主观上无过错，客观上不具有违法性，该行为与张永焕死亡结果之间不存在因果关系，对张永焕的意外死亡不承担侵权责任。

法院经审理查明：2017年1月9日11时许，张永焕由南向北驾驶两轮摩托车行驶至古柳线青坨鹏盛水产门口，与张雨来无证驾驶同方向行驶的无牌照两轮摩托车追尾相撞，张永焕跌倒、张雨来倒地受伤、摩托车受损，后张永焕起身驾驶摩托车驶离现场。此事故经曹妃甸交警部门认定：张永焕负主要责任，张雨来负次要责任。

事发当时，被告朱振彪驾车经过肇事现场，发现肇事逃逸行为即驾车追赶。追赶过程中，朱振彪多次向柳赞边防派出所、曹妃甸公安局110指挥中心等公安部门电话报警。报警内容主要是：柳赞镇一道档北两辆摩托车相撞，有人受伤，另一方骑摩托车逃逸，报警人正在跟随逃逸人，请出警。朱振彪驾车追赶张永焕过程中不时喊“这个人把人怼了逃跑呢”等内容。张永焕驾驶摩托车行至滦南县胡各庄镇西梁各庄村内时，弃车从南门进入该村村民郑如深家，并从郑如深家过道屋拿走菜刀一把，从北门走出。朱振彪见张永焕拿刀，即从郑如深家中拿起一个木凳，继续追赶。后郑如深赶上朱振彪，将木凳讨回，朱振彪则拿一木棍继续追赶。追赶过程中，有朱振彪喊“你怼死人了往哪跑！警察马上就来了”，张永焕称“一会儿我就把自己砍了”，朱振彪说“你把刀扔了我就不追你了”之类的对话。

走出西梁各庄村后，张永焕跑上滦海公路，有向过往车辆冲撞的行为。在被李江波驾驶的面包车撞倒后，张永焕随即又站起来，在路上行走一段后，转向铁路方向的开阔地跑去。在此过程中，曹妃甸区交通局路政执法大队副大队长郑作亮等人加入，与朱振彪一起继续追赶，并警告路上车辆，小心慢行，这个人想往车上撞。

张永焕走到迁曹铁路时，翻过护栏，沿路堑而行，朱振彪亦翻过护栏继续跟随。朱振彪边追赶边劝阻张永焕说：被撞到的那个人没事儿，你也有家人，知道了会惦记你的，你自首就中了。2017 年 1 月 9 日 11 时 56 分，张永焕自行走向两铁轨中间，51618 次火车机车上的视频显示，朱振彪挥动上衣，向驶来的列车示警。2017 年 1 月 9 日 12 时 02 分，张永焕被由北向南行驶的 51618 次火车撞倒，后经检查被确认死亡。

在朱振彪跟随张永焕的整个过程中，两人始终保持一定的距离，未曾有过身体接触。朱振彪有劝张永焕投案的语言，也有责骂张永焕的言辞。

另查明，张雨来在与张永焕发生交通事故受伤后，当日先后被送到曹妃甸区医院、唐山市工人医院救治，于当日回家休养，至今未进行伤情鉴定。张永焕死亡后其第一顺序法定继承人有二人，即其父张庆福、其子张殿凯。

2017 年 10 月 11 日，大秦铁路股份有限公司大秦车务段滦南站作为甲方，与原告张殿凯作为乙方，双方签订《铁路交通事故处理协议》，协议内容“2017 年 1 月 9 日 12 时 02 分，51618 次列车运行在曹北站至滦南站之间 90 公里 495 米处，将擅自进入铁路线路的张永焕撞死，构成一般 B 类事故；死者张永焕负事故全部责任；铁路方在无过错情况下，赔偿原告张殿凯 4 万元”。

【裁判结果】

河北省滦南县人民法院于 2018 年 2 月 12 日作出（2017）冀 0224 民初 3480 号民事判决：驳回原告张庆福、张殿凯的诉讼请求。一审宣判后，原告张庆福、张殿凯不服，提出上诉。审理过程中，上诉人张庆福、张殿凯撤回上诉。河北省唐山市中级人民法院于 2018 年 2 月 28 日作出（2018）冀 02 民终 2730 号民事裁定：准许上诉人张庆福、张殿凯撤回上诉。一审判决已发生法律效力。

【裁判理由】

法院生效裁判认为：张庆福、张殿凯在本案二审审理期间提出撤回上诉的请求，不违反法律规定，准许撤回上诉。

本案焦点问题是被告朱振彪行为是否具有违法性；被告朱振彪对张永焕的死亡是否具有过错；被告朱振彪的行为与张永焕的死亡结果之间是否具备法律上的因果关系。

首先，案涉道路交通事故发生后张雨来受伤倒地昏迷，张永焕驾驶摩托车逃离。被告朱振彪作为现场目击人，及时向公安机关电话报警，并驱车、徒步追赶张永焕，敦促其投案，其行为本身不具有违法性。同时，根据《中华人民共和国道路交通安全法》第七十条规定，交通肇事发生后，车辆驾驶人应当立即停车、保护现场、抢救伤者，张永焕肇事逃逸的行为违法。被告朱振彪作为普通公民，挺身而出，制止正在发生的违法犯罪行为，属于见义勇为，应予以支持和鼓励。

其次，从被告朱振彪的行为过程看，其并没有侵害张永焕生命权的故意和过失。根据被告朱振彪的手机视频和机车行驶影像记录，双方始终未发生身体接触。在张永焕持刀声称自杀意图阻止他人追赶的情况下，朱振彪拿起木凳、木棍属于自我保护的行为。在张永焕声称撞车自杀，意图阻止他人追赶的情况下，朱振彪和路政人员进行了劝阻并提醒来往车辆。考虑到交通事故事发突然，当时张雨来处于倒地昏迷状态，在此情况下被告朱振彪未能准确判断张雨来伤情，在追赶过程中有时喊话传递的信息不准确或语言不文明，但不构成民事侵权责任过错，也不影响追赶行为的性质。在张永焕为逃避追赶，跨越铁路围栏、进入火车运行区间之后，被告朱振彪及时予以高声劝阻提醒，同时挥衣向火车司机示警，仍未能阻止张永焕死亡结果的发生。故该结果与朱振彪的追赶行为之间不具有法律上的因果关系。

综上，原告张庆福、张殿凯一审中提出的诉讼请求理据不足，不予支持。

385. 公证损害责任纠纷

相关规范

《中华人民共和国民法典》（2020年）

第一百二十条　【侵权责任的承担】民事权益受到侵害的，被侵权人有权请求侵权人承担侵权责任。

《中华人民共和国公证法》（2017年修正）

第四十三条　公证机构及其公证员因过错给当事人、公证事项的利害关系人造成损失的，由公证机构承担相应的赔偿责任；公证机构赔偿后，可以向有故意或者重大过失的公证员追偿。

当事人、公证事项的利害关系人与公证机构因赔偿发生争议的，可以向人民法院提起民事诉讼。

《最高人民法院关于审理涉及公证活动相关民事案件的若干规定》（2020年12月23日修正）

第一条　当事人、公证事项的利害关系人依照公证法第四十三条规定向人民法院起诉请求民事赔偿的，应当以公证机构为被告，人民法院应作为侵权责任纠纷案件受理。

第二条　当事人、公证事项的利害关系人起诉请求变更、撤销公证书或者确认公证书无效的，人民法院不予受理，告知其依照公证法第三十九条规定可以向出具公证书的公证机构提出复查。

第三条　当事人、公证事项的利害关系人对公证书所公证的民事权利义务有争议的，可以依照公证法第四十条规定就该争议向人民法院提起民事诉讼。

当事人、公证事项的利害关系人对具有强制执行效力的公证债权文书的民事权利义务有争议直接向人民法院提起民事诉讼的，人民法院依法不予受理。但是，公证债权文书被人民法院裁定不予执行的除外。

第四条　当事人、公证事项的利害关系人提供证据证明公证机构及其公证员在公证活动中具有下列情形之一的，人民法院应当认定公证机构有过错：

（一）为不真实、不合法的事项出具公证书的；

（二）毁损、篡改公证书或者公证档案的；

（三）泄露在执业活动中知悉的商业秘密或者个人隐私的；

（四）违反公证程序、办证规则以及国务院司法行政部门制定的行业规范出具公证书的；

（五）公证机构在公证过程中未尽到充分的审查、核实义务，致使公证书错误或者不真实的；

（六）对存在错误的公证书，经当事人、公证事项的利害关系人申请仍不予纠正或者补正的；

（七）其他违反法律、法规、国务院司法行政部门强制性规定的情形。

第五条　当事人提供虚假证明材料申请公证致使公证书错误造成他人损失的，当事人应当承担赔偿责任。公证机构依法尽到审查、核实义务的，不承担赔偿责任；未依法尽到审查、核实义务的，应当承担与其过错相应的补充赔偿责任；明知公证证明的材料虚假或者与当事人恶意串通的，承担连带赔偿责任。

第六条　当事人、公证事项的利害关系人明知公证机构所出具的公证书不真实、不合法而仍然使用造成自己损失，请求公证机构承担赔偿责任的，人民法院不予支持。

386. 防卫过当损害责任纠纷

相关规范

《中华人民共和国民法典》（2020 年）

第一百八十一条　【正当防卫】因正当防卫造成损害的，不承担民事责任。

正当防卫超过必要的限度，造成不应有的损害的，正当防卫人应当承担适当的民事责任。

《最高人民法院关于适用〈中华人民共和国民法典〉总则编若干问题的解释》（法释〔2022〕6 号　2022 年 2 月 24 日）

第三十条　为了使国家利益、社会公共利益、本人或者他人的人身权利、财产权利以及其他合法权益免受正在进行的不法侵害，而针对实施侵害行为的人采取的制止不法侵害的行为，应当认定为民法典第一百八十一条规定的正当防卫。

第三十一条　对于正当防卫是否超过必要的限度，人民法院应当综合不法侵害的性质、手段、强度、危害程度和防卫的时机、手段、强度、损害后果等因素判断。

经审理，正当防卫没有超过必要限度的，人民法院应当认定正当防卫人不承担责任。正当防卫超过必要限度的，人民法院应当认定正当防卫人在造成不应有的损害范围内承担部分责任；实施侵害行为的人请求正当防卫人承担全部责任的，人民法院不予支持。

实施侵害行为的人不能证明防卫行为造成不应有的损害，仅以正当防卫人采取的反击方式和强度与不法侵害不相当为由主张防卫过当的，人民法院不予支持。

《最高人民法院、最高人民检察院、公安部关于依法适用正当防卫制度的指导意见》（法发〔2020〕31 号　2020 年 8 月 28 日）

2. 立足具体案情，依法准确认定。要立足防卫人防卫时的具体情境，综合考虑案件发生的整体经过，结合一般人在类似情境下的可能反应，依法准确把握防卫的时间、限度等条件。要充分考虑防卫人面临不法侵害时的紧迫状态和紧张心理，防止在事后以正常情况下冷静理性、客观精确的标准去评判防卫人。

3. 坚持法理情统一，维护公平正义。认定是否构成正当防卫、是否防卫过当以及对防卫过当裁量刑罚时，要注重查明前因后果，分清是非曲直，确保案件处理于法有据、于理应当、于情相容，符合人民群众的公平正义观念，实现法律效果与社会效果的有机统一。

12. 准确认定“明显超过必要限度”。防卫是否“明显超过必要限度”，应当综合不法侵害的性质、手段、强度、危害程度和防卫的时机、手段、强度、损害后果等情节，考虑双方力量对比，立足防卫人防卫时所处情境，结合社会公众的一般认知作出判断。在判断不法侵害的危害程度时，不仅要考虑已经造成的损害，还要考虑造成进一步损害的紧迫危险性和现实可能性。不应当苛求防卫人必须采取与不法侵害基本相当的反击方式和强度。通过综合考量，对于防卫行为与不法侵害相差悬殊、明显过激的，应当认定防卫明显超过必要限度。

13. 准确认定“造成重大损害”。“造成重大损害”是指造成不法侵害人重伤、死亡。造成轻伤及以下损害的，不属于重大损害。防卫行为虽然明显超过必要限度但没有造成重大损害的，不应认定为防卫过当。

387. 紧急避险损害责任纠纷

相关规范

》《中华人民共和国民法典》（2020 年）

第一百八十二条 【紧急避险】 因紧急避险造成损害的，由引起险情发生的人承担民事责任。

危险由自然原因引起的，紧急避险人不承担民事责任，可以给予适当补偿。

紧急避险采取措施不当或者超过必要的限度，造成不应有的损害的，紧急避险人应当承担适当的民事责任。

》《最高人民法院关于适用〈中华人民共和国民法典〉总则编若干问题的解释》（法释〔2022〕6 号 2022 年 2 月 24 日）

第三十二条 为了使国家利益、社会公共利益、本人或者他人的人身权利、财产权利以及其他合法权益免受正在发生的急迫危险，不得已而采取紧急措施的，应当认定为民法典第一百八十二条规定的紧急避险。

第三十三条 对于紧急避险是否采取措施不当或者超过必要的限度，人民法院应当综合危险的性质、急迫程度、避险行为所保护的权益以及造成的损害后果等因素判断。

经审理，紧急避险采取措施并无不当且没有超过必要限度的，人民法院应当认定紧急避险人不承担责任。紧急避险采取措施不当或者超过必要限度的，人民法院应当根据紧急避险人的过错程度、避险措施造成不应有的损害的原因力大小、紧急避险人是否为受益人等因素认定紧急避险人在造成的不应有的损害范围内承担相应的责任。

388. 驻香港、澳门特别行政区军人执行职务侵权责任纠纷

相关规范

》《中华人民共和国香港特别行政区驻军法》（1996 年）

第二十三条 香港驻军人员违反香港特别行政区的法律，侵害香港居民、香港驻军以外的其他人的民事权利的，当事人可以通过协商、调解解决；不愿通过协商、调解解决或者协商、调解不成的，被侵权人可以向法院提起诉讼。香港驻军人员非执行职务的行为引起的民事侵权案件，由香港特别行政区法院管辖；执行职务的行为引起的民事侵权案件，由中华人民共和国最高人民法院管辖，侵权行为的损害赔偿适用香港特别行政区法律。

》《中华人民共和国澳门特别行政区驻军法》（1999 年）

第二十三条 澳门驻军人员违反澳门特别行政区的法律，侵害澳门居民、澳门驻军以外的其他人的民事权利的，当事人可以通过协商、调解解决；不愿通过协商、调解解决或者协商、调解不成的，被侵权人可以向法院提起诉讼。澳门驻军人员非执行职务的行为引起的民事侵权案件，由澳门特别行政区法院管辖；执行职务的行为引起的民事侵权案件，由中华人民共和国最高人民法院管辖，侵权行为的损害赔偿适用澳门特别行政区法律。

389. 铁路运输损害责任纠纷

（1）铁路运输人身损害责任纠纷
（2）铁路运输财产损害责任纠纷

相关规范

《中华人民共和国民法典》（2020年）

第一百二十条 【侵权责任的承担】 民事权益受到侵害的，被侵权人有权请求侵权人承担侵权责任。

《中华人民共和国铁路法》（2015年修正）

第五十八条 因铁路行车事故及其他铁路运营事故造成人身伤亡的，铁路运输企业应当承担赔偿责任；如果人身伤亡是因不可抗力或者由于受害人自身的原因造成的，铁路运输企业不承担赔偿责任。

违章通过平交道口或者人行过道，或者在铁路线路上行走、坐卧造成的人身伤亡，属于受害人自身的原因造成的人员伤亡。

《最高人民法院关于审理铁路运输人身损害赔偿纠纷案件适用法律若干问题的解释》（2021年12月8日修正）

第二条 铁路运输人身损害的受害人以及死亡受害人的近亲属为赔偿权利人，有权请求赔偿。

第三条 赔偿权利人要求对方当事人承担侵权责任的，由事故发生地、列车最先到达地或者被告住所地铁路运输法院管辖。

前款规定的地区没有铁路运输法院的，由高级人民法院指定的其他人民法院管辖。

第四条 铁路运输造成人身损害的，铁路运输企业应当承担赔偿责任；法律另有规定的，依照其规定。

第五条 铁路行车事故及其他铁路运营事故造成人身损害，有下列情形之一的，铁路运输企业不承担赔偿责任：

（一）不可抗力造成的；

（二）受害人故意以卧轨、碰撞等方式造成的；

（三）法律规定铁路运输企业不承担赔偿责任的其他情形造成的。

第六条 因受害人的过错行为造成人身损害，依照法律规定应当由铁路运输企业承担赔偿责任的，根据受害人的过错程度可以适当减轻铁路运输企业的赔偿责任，并按照以下情形分别处理：

（一）铁路运输企业未充分履行安全防护、警示等义务，铁路运输企业承担事故主要责任的，应当在全部损害的百分之九十至百分之六十之间承担赔偿责任；铁路运输企业承担事故同等责任的，应当在全部损害的百分之六十至百分之五十之间承担赔偿责任；铁路运输企业承担事故次要责任的，应当在全部损害的百分之四十至百分之十之间承担赔偿责任；

（二）铁路运输企业已充分履行安全防护、警示等义务，受害人仍施以过错行为的，铁路运输企业应当在全部损害的百分之十以内承担赔偿责任。

铁路运输企业已充分履行安全防护、警示等义务，受害人不听从值守人员劝阻强行通过铁路平交道口、人行过道，或者明知危险后果仍然无视警示规定沿铁路线路纵向行走、坐卧故意造成人身损害的，铁路运输企业不承担赔偿责任，但是有证据证明并非受害人故意造成损害的除外。

第七条 铁路运输造成无民事行为能力人人身损害的，铁路运输企业应当承担赔偿责任；监护人有过错的，按照过错程度减轻铁路运输企业的赔偿责任。

铁路运输造成限制民事行为能力人人身损害的，铁路运输企业应当承担赔偿责任；监护人或者受害人自身有过错的，按照过错程度减轻铁路运输企业的赔偿责任。

第八条 铁路机车车辆与机动车发生碰

撞造成机动车驾驶人员以外的人人身损害的，由铁路运输企业与机动车一方对受害人承担连带赔偿责任。铁路运输企业与机动车一方之间的责任份额根据各自责任大小确定；难以确定责任大小的，平均承担责任。对受害人实际承担赔偿责任超出应当承担份额的一方，有权向另一方追偿。

铁路机车车辆与机动车发生碰撞造成机动车驾驶人员人身损害的，按照本解释第四条至第六条的规定处理。

第九条 在非铁路运输企业实行监护的铁路无人看守道口发生事故造成人身损害的，由铁路运输企业按照本解释的有关规定承担赔偿责任。道口管理单位有过错的，铁路运输企业对赔偿权利人承担赔偿责任后，有权向道口管理单位追偿。

第十条 对于铁路桥梁、涵洞等设施负有管理、维护等职责的单位，因未尽职责使该铁路桥梁、涵洞等设施不能正常使用，导致行人、车辆穿越铁路线路造成人身损害的，铁路运输企业按照本解释有关规定承担赔偿责任后，有权向该单位追偿。

第十一条 有权作出事故认定的组织依照《铁路交通事故应急救援和调查处理条例》等有关规定制作的事故认定书，经庭审质证，对于事故认定书所认定的事实，当事人没有相反证据和理由足以推翻的，人民法院应当作为认定事实的根据。

第十二条 在专用铁路及铁路专用线上因运输造成人身损害，依法应当由肇事工具或者设备的所有人、使用人或者管理人承担赔偿责任的，适用本解释。

第十三条 本院以前发布的司法解释与本解释不一致的，以本解释为准。

390. 水上运输损害责任纠纷

（1）水上运输人身损害责任纠纷
（2）水上运输财产损害责任纠纷

相关规范

》《中华人民共和国民法典》（2020 年）

第一百二十条 【侵权责任的承担】 民事权益受到侵害的，被侵权人有权请求侵权人承担侵权责任。

第一千一百六十五条 【过错责任原则】 行为人因过错侵害他人民事权益造成损害的，应当承担侵权责任。

依照法律规定推定行为人有过错，其不能证明自己没有过错的，应当承担侵权责任。

第一千一百六十六条 【无过错责任原则】 行为人造成他人民事权益损害，不论行为人有无过错，法律规定应当承担侵权责任的，依照其规定。

391. 航空运输损害责任纠纷

（1）航空运输人身损害责任纠纷
（2）航空运输财产损害责任纠纷

相关规范

》《中华人民共和国民法典》（2020 年）

第一百二十条 【侵权责任的承担】 民事权益受到侵害的，被侵权人有权请求侵权人承担侵权责任。

》《中华人民共和国民用航空法》（2021 年修正）

第一百二十四条 因发生在民用航空器上或者在旅客上、下民用航空器过程中的事件，造成旅客人身伤亡的，承运人应当承担责任；但是，旅客的人身伤亡完全是由于旅客本人的健康状况造成的，承运人不承担责任。

第一百二十五条 因发生在民用航空器上或者在旅客上、下民用航空器过程中的事件，造成旅客随身携带物品毁灭、遗失或者损坏的，承运人应当承担责任。因发生在航空运输期间的事件，造成旅客的托运行李毁灭、遗失或者损坏的，承运人应当承担责任。

旅客随身携带物品或者托运行李的毁灭、遗失或者损坏完全是由于行李本身的自然属性、质量或者缺陷造成的，承运人不承担责任。

本章所称行李，包括托运行李和旅客随身携带的物品。

因发生在航空运输期间的事件，造成货物毁灭、遗失或者损坏的，承运人应当承担责任；但是，承运人证明货物的毁灭、遗失或者损坏完全是由于下列原因之一造成的，不承担责任：

（一）货物本身的自然属性、质量或者缺陷；

（二）承运人或者其受雇人、代理人以外的人包装货物的，货物包装不良；

（三）战争或者武装冲突；

（四）政府有关部门实施的与货物入境、出境或者过境有关的行为。

本条所称航空运输期间，是指在机场内、民用航空器上或者机场外降落的任何地点，托运行李、货物处于承运人掌管之下的全部期间。

航空运输期间，不包括机场外的任何陆路运输、海上运输、内河运输过程；但是，此种陆路运输、海上运输、内河运输是为了履行航空运输合同而装载、交付或者转运，在没有相反证据的情况下，所发生的损失视为在航空运输期间发生的损失。

第一百二十六条 旅客、行李或者货物在航空运输中因延误造成的损失，承运人应当承担责任；但是，承运人证明本人或者其受雇人、代理人为了避免损失的发生，已经采取一切必要措施或者不可能采取此种措施的，不承担责任。

第一百二十七条 在旅客、行李运输中，经承运人证明，损失是由索赔人的过错造成或者促成的，应当根据造成或者促成此种损失的过错的程度，相应免除或者减轻承运人的责任。旅客以外的其他人就旅客死亡或者受伤提出赔偿请求时，经承运人证明，死亡或者受伤是旅客本人的过错造成或者促成的，同样应当根据造成或者促成此种损失的过错的程度，相应免除或者减轻承运人的责任。

在货物运输中，经承运人证明，损失是由索赔人或者代行权利人的过错造成或者促成的，应当根据造成或者促成此种损失的过错的程度，相应免除或者减轻承运人的责任。

第一百二十八条 国内航空运输承运人的赔偿责任限额由国务院民用航空主管部门制定，报国务院批准后公布执行。

旅客或者托运人在交运托运行李或者货物时，特别声明在目的地点交付时的利益，并在必要时支付附加费的，除承运人证明旅客或者托运人声明的金额高于托运行李或者货物在目的地点交付时的实际利益外，承运人应当在声明金额范围内承担责任；本法第一百二十九条的其他规定，除赔偿责任限额外，适用于国内航空运输。

第一百二十九条 国际航空运输承运人的赔偿责任限额按照下列规定执行：

（一）对每名旅客的赔偿责任限额为16600计算单位；但是，旅客可以同承运人书面约定高于本项规定的赔偿责任限额。

（二）对托运行李或者货物的赔偿责任限额，每公斤为17计算单位。旅客或者托运人在交运托运行李或者货物时，特别声明在目的地点交付时的利益，并在必要时支付附加费的，除承运人证明旅客或者托运人声明的金额高于托运行李或者货物在目的地点交付时的实际利益外，承运人应当在声明金额范围内承担责任。

托运行李或者货物的一部分或者托运行

李、货物中的任何物件毁灭、遗失、损坏或者延误的，用以确定承运人赔偿责任限额的重量，仅为该一包件或者数包件的总重量；但是，因托运行李或者货物的一部分或者托运行李、货物中的任何物件的毁灭、遗失、损坏或者延误，影响同一份行李票或者同一份航空货运单所列其他包件的价值的，确定承运人的赔偿责任限额时，此种包件的总重量也应当考虑在内。

（三）对每名旅客随身携带的物品的赔偿责任限额为 332 计算单位。

第一百三十条　任何旨在免除本法规定的承运人责任或者降低本法规定的赔偿责任限额的条款，均属无效；但是，此种条款的无效，不影响整个航空运输合同的效力。

第一百三十一条　有关航空运输中发生的损失的诉讼，不论其根据如何，只能依照本法规定的条件和赔偿责任限额提出，但是不妨碍谁有权提起诉讼以及他们各自的权利。

第一百三十二条　经证明，航空运输中的损失是由于承运人或者其受雇人、代理人的故意或者明知可能造成损失而轻率地作为或者不作为造成的，承运人无权援用本法第一百二十八条、第一百二十九条有关赔偿责任限制的规定；证明承运人的受雇人、代理人有此种作为或者不作为的，还应当证明该受雇人、代理人是在受雇、代理范围内行事。

第一百三十三条　就航空运输中的损失向承运人的受雇人、代理人提起诉讼时，该受雇人、代理人证明他是在受雇、代理范围内行事的，有权援用本法第一百二十八条、第一百二十九条有关赔偿责任限制的规定。

在前款规定情形下，承运人及其受雇人、代理人的赔偿总额不得超过法定的赔偿责任限额。

经证明，航空运输中的损失是由于承运人的受雇人、代理人的故意或者明知可能造成损失而轻率地作为或者不作为造成的，不适用本条第一款和第二款的规定。

第一百三十四条　旅客或者收货人收受托运行李或者货物而未提出异议，为托运行李或者货物已经完好交付并与运输凭证相符的初步证据。

托运行李或者货物发生损失的，旅客或者收货人应当在发现损失后向承运人提出异议。托运行李发生损失的，至迟应当自收到托运行李之日起七日内提出；货物发生损失的，至迟应当自收到货物之日起十四日内提出。托运行李或者货物发生延误的，至迟应当自托运行李或者货物交付旅客或者收货人处置之日起二十一日内提出。

任何异议均应当在前款规定的期间内写在运输凭证上或者另以书面提出。

除承运人有欺诈行为外，旅客或者收货人未在本条第二款规定的期间内提出异议的，不能向承运人提出索赔诉讼。

第一百三十五条　航空运输的诉讼时效期间为二年，自民用航空器到达目的地点、应当到达目的地点或者运输终止之日起计算。

第一百三十六条　由几个航空承运人办理的连续运输，接受旅客、行李或者货物的每一个承运人应当受本法规定的约束，并就其根据合同办理的运输区段作为运输合同的订约一方。

对前款规定的连续运输，除合同明文约定第一承运人应当对全程运输承担责任外，旅客或者其继承人只能对发生事故或者延误的运输区段的承运人提起诉讼。

托运行李或者货物的毁灭、遗失、损坏或者延误，旅客或者托运人有权对第一承运人提起诉讼，旅客或者收货人有权对最后承运人提起诉讼，旅客、托运人和收货人均可以对发生毁灭、遗失、损坏或者延误的运输区段的承运人提起诉讼。上述承运人应当对旅客、托运人或者收货人承担连带责任。

第一百五十七条　因飞行中的民用航空器或者从飞行中的民用航空器上落下的人或者物，造成地面（包括水面，下同）上的人身伤亡或者财产损害的，受害人有权获得赔偿；但是，所受损害并非造成损害的事故的直接后果，或者所受损害仅是民用航空器依照国家有关的空中交通规则在空中通过造成的，受害人无权要求赔偿。

前款所称飞行中，是指自民用航空器为实际起飞而使用动力时起至着陆冲程终了时止；就轻于空气的民用航空器而言，飞行中是指自其离开地面时起至其重新着地时止。

第一百五十八条 本法第一百五十七条规定的赔偿责任，由民用航空器的经营人承担。

前款所称经营人，是指损害发生时使用民用航空器的人。民用航空器的使用权已经直接或者间接地授予他人，本人保留对该民用航空器的航行控制权的，本人仍被视为经营人。

经营人的受雇人、代理人在受雇、代理过程中使用民用航空器，无论是否在其受雇、代理范围内行事，均视为经营人使用民用航空器。

民用航空器登记的所有人应当被视为经营人，并承担经营人的责任；除非在判定其责任的诉讼中，所有人证明经营人是他人，并在法律程序许可的范围内采取适当措施使该人成为诉讼当事人之一。

第一百五十九条 未经对民用航空器有航行控制权的人同意而使用民用航空器，对地面第三人造成损害的，有航行控制权的人除证明本人已经适当注意防止此种使用外，应当与该非法使用人承担连带责任。

第一百六十条 损害是武装冲突或者骚乱的直接后果，依照本章规定应当承担责任的人不承担责任。

依照本章规定应当承担责任的人对民用航空器的使用权业经国家机关依法剥夺的，不承担责任。

392. 因申请财产保全损害责任纠纷

相关规范

》《中华人民共和国民法典》（2020年）

第一百二十条 【侵权责任的承担】 民事权益受到侵害的，被侵权人有权请求侵权人承担侵权责任。

》《中华人民共和国民事诉讼法》（2021年修正）

第一百零三条 人民法院对于可能因当事人一方的行为或者其他原因，使判决难以执行或者造成当事人其他损害的案件，根据对方当事人的申请，可以裁定对其财产进行保全、责令其作出一定行为或者禁止其作出一定行为；当事人没有提出申请的，人民法院在必要时也可以裁定采取保全措施。

人民法院采取保全措施，可以责令申请人提供担保，申请人不提供担保的，裁定驳回申请。

人民法院接受申请后，对情况紧急的，必须在四十八小时内作出裁定；裁定采取保全措施的，应当立即开始执行。

第一百零四条 利害关系人因情况紧急，不立即申请保全将会使其合法权益受到难以弥补的损害的，可以在提起诉讼或者申请仲裁前向被保全财产所在地、被申请人住所地或者对案件有管辖权的人民法院申请采取保全措施。申请人应当提供担保，不提供担保的，裁定驳回申请。

人民法院接受申请后，必须在四十八小时内作出裁定；裁定采取保全措施的，应当立即开始执行。

申请人在人民法院采取保全措施后三十日内不依法提起诉讼或者申请仲裁的，人民法院应当解除保全。

第一百零五条 保全限于请求的范围，

或者与本案有关的财物。

第一百零六条 财产保全采取查封、扣押、冻结或者法律规定的其他方法。人民法院保全财产后，应当立即通知被保全财产的人。

财产已被查封、冻结的，不得重复查封、冻结。

第一百零七条 财产纠纷案件，被申请人提供担保的，人民法院应当裁定解除保全。

第一百零八条 申请有错误的，申请人应当赔偿被申请人因保全所遭受的损失。

393. 因申请行为保全损害责任纠纷

相关规范

》《中华人民共和国民事诉讼法》（2021年修正）

第一百零三条 人民法院对于可能因当事人一方的行为或者其他原因，使判决难以执行或者造成当事人其他损害的案件，根据对方当事人的申请，可以裁定对其财产进行保全、责令其作出一定行为或者禁止其作出一定行为；当事人没有提出申请的，人民法院在必要时也可以裁定采取保全措施。

人民法院采取保全措施，可以责令申请人提供担保，申请人不提供担保的，裁定驳回申请。

人民法院接受申请后，对情况紧急的，必须在四十八小时内作出裁定；裁定采取保全措施的，应当立即开始执行。

第一百零四条 利害关系人因情况紧急，不立即申请保全将会使其合法权益受到难以弥补的损害的，可以在提起诉讼或者申请仲裁前向被保全财产所在地、被申请人住所地或者对案件有管辖权的人民法院申请采取保全措施。申请人应当提供担保，不提供担保的，裁定驳回申请。

人民法院接受申请后，必须在四十八小时内作出裁定；裁定采取保全措施的，应当立即开始执行。

申请人在人民法院采取保全措施后三十日内不依法提起诉讼或者申请仲裁的，人民法院应当解除保全。

第一百零五条 保全限于请求的范围，或者与本案有关的财物。

第一百零八条 申请有错误的，申请人应当赔偿被申请人因保全所遭受的损失。

》《最高人民法院关于审查知识产权纠纷行为保全案件适用法律若干问题的规定》（法释〔2018〕21号 2018年12月12日）

第三条 申请诉前行为保全，应当向被申请人住所地具有相应知识产权纠纷管辖权的人民法院或者对案件具有管辖权的人民法院提出。

当事人约定仲裁的，应当向前款规定的人民法院申请行为保全。

第四条 向人民法院申请行为保全，应当递交申请书和相应证据。申请书应当载明下列事项：

（一）申请人与被申请人的身份、送达地址、联系方式；

（二）申请采取行为保全措施的内容和期限；

（三）申请所依据的事实、理由，包括被申请人的行为将会使申请人的合法权益受到难以弥补的损害或者造成案件裁决难以执行等损害的具体说明；

（四）为行为保全提供担保的财产信息或资信证明，或者不需要提供担保的理由；

（五）其他需要载明的事项。

第五条 人民法院裁定采取行为保全措施前，应当询问申请人和被申请人，但因情况紧急或者询问可能影响保全措施执行等情形除外。

人民法院裁定采取行为保全措施或者裁定驳回申请的，应当向申请人、被申请人送达裁定书。向被申请人送达裁定书可能影响采取保全措施的，人民法院可以在采取保全措施后及时向被申请人送达裁定书，至迟不得超过五日。

当事人在仲裁过程中申请行为保全的，应当通过仲裁机构向人民法院提交申请书、仲裁案件受理通知书等相关材料。人民法院裁定采取行为保全措施或者裁定驳回申请的，应当将裁定书送达当事人，并通知仲裁机构。

第六条 有下列情况之一，不立即采取行为保全措施即足以损害申请人利益的，应当认定属于民事诉讼法第一百条、第一百零一条规定的“情况紧急”：

（一）申请人的商业秘密即将被非法披露；

（二）申请人的发表权、隐私权等人身权利即将受到侵害；

（三）诉争的知识产权即将被非法处分；

（四）申请人的知识产权在展销会等时效性较强的场合正在或者即将受到侵害；

（五）时效性较强的热播节目正在或者即将受到侵害；

（六）其他需要立即采取行为保全措施的情况。

第七条 人民法院审查行为保全申请，应当综合考量下列因素：

（一）申请人的请求是否具有事实基础和法律依据，包括请求保护的知识产权效力是否稳定；

（二）不采取行为保全措施是否会使申请人的合法权益受到难以弥补的损害或者造成案件裁决难以执行等损害；

（三）不采取行为保全措施对申请人造成的损害是否超过采取行为保全措施对被申请人造成的损害；

（四）采取行为保全措施是否损害社会公共利益；

（五）其他应当考量的因素。

394. 因申请证据保全损害责任纠纷

相关规范

《中华人民共和国民法典》（2020年）

第一百二十条 【侵权责任的承担】 民事权益受到侵害的，被侵权人有权请求侵权人承担侵权责任。

《中华人民共和国民事诉讼法》（2021年修正）

第八十四条 在证据可能灭失或者以后难以取得的情况下，当事人可以在诉讼过程中向人民法院申请保全证据，人民法院也可以主动采取保全措施。

因情况紧急，在证据可能灭失或者以后难以取得的情况下，.利害关系人可以在提起诉讼或者申请仲裁前向证据所在地、被申请人住所地或者对案件有管辖权的人民法院申请保全证据。

证据保全的其他程序，参照适用本法第九章保全的有关规定。

《最高人民法院关于民事诉讼证据的若干规定》（2019年12月25日修正）

第二十五条 当事人或者利害关系人根据民事诉讼法第八十一条的规定申请证据保全的，申请书应当载明需要保全的证据的基本情况、申请保全的理由以及采取何种保全措施等内容。

当事人根据民事诉讼法第八十一条第一款的规定申请证据保全的，应当在举证期限届满前向人民法院提出。

法律、司法解释对诉前证据保全有规定的，依照其规定办理。

第二十六条 当事人或者利害关系人申请采取查封、扣押等限制保全标的物使用、流通等保全措施，或者保全可能对证据持有人造成损失的，人民法院应当责令申请人提供相应的担保。

担保方式或者数额由人民法院根据保全措施对证据持有人的影响、保全标的物的价值、当事人或者利害关系人争议的诉讼标的金额等因素综合确定。

第二十七条　人民法院进行证据保全，可以要求当事人或者诉讼代理人到场。

根据当事人的申请和具体情况，人民法院可以采取查封、扣押、录音、录像、复制、鉴定、勘验等方法进行证据保全，并制作笔录。

在符合证据保全目的的情况下，人民法院应当选择对证据持有人利益影响最小的保全措施。

第二十八条　申请证据保全错误造成财产损失，当事人请求申请人承担赔偿责任的，人民法院应予支持。

第二十九条　人民法院采取诉前证据保全措施后，当事人向其他有管辖权的人民法院提起诉讼的，采取保全措施的人民法院应当根据当事人的申请，将保全的证据及时移交受理案件的人民法院。

395. 因申请先予执行损害责任纠纷

相关规范

》《中华人民共和国民法典》（2020年）

第一百二十条　**【侵权责任的承担】**民事权益受到侵害的，被侵权人有权请求侵权人承担侵权责任。

》《中华人民共和国民事诉讼法》（2021年修正）

第一百零九条　人民法院对下列案件，根据当事人的申请，可以裁定先予执行：

（一）追索赡养费、扶养费、抚养费、抚恤金、医疗费用的；

（二）追索劳动报酬的；

（三）因情况紧急需要先予执行的。

第一百一十条　人民法院裁定先予执行的，应当符合下列条件：

（一）当事人之间权利义务关系明确，不先予执行将严重影响申请人的生活或者生产经营的；

（二）被申请人有履行能力。

人民法院可以责令申请人提供担保，申请人不提供担保的，驳回申请。申请人败诉的，应当赔偿被申请人因先予执行遭受的财产损失。

》《最高人民法院关于适用〈中华人民共和国民事诉讼法〉的解释》（2022年3月22日修正）

第一百六十九条　民事诉讼法规定的先予执行，人民法院应当在受理案件后终审判决作出前采取。先予执行应当限于当事人诉讼请求的范围，并以当事人的生活、生产经营的急需为限。

第一百七十条　民事诉讼法第一百零九条第三项规定的情况紧急，包括：

（一）需要立即停止侵害、排除妨碍的；

（二）需要立即制止某项行为的；

（三）追索恢复生产、经营急需的保险理赔费的；

（四）需要立即返还社会保险金、社会救助资金的；

（五）不立即返还款项，将严重影响权利人生活和生产经营的。

第十部分　非讼程序案件案由

三十二、选民资格案件

396. 申请确定选民资格

相关规范

《中华人民共和国民事诉讼法》（2021年修正）

第一百八十八条　公民不服选举委员会对选民资格的申诉所作的处理决定，可以在选举日的五日以前向选区所在地基层人民法院起诉。

第一百八十九条　人民法院受理选民资格案件后，必须在选举日前审结。

审理时，起诉人、选举委员会的代表和有关公民必须参加。

人民法院的判决书，应当在选举日前送达选举委员会和起诉人，并通知有关公民。

《中华人民共和国全国人民代表大会和地方各级人民代表大会选举法》（2020年修正）

第二十七条　选民登记按选区进行，经登记确认的选民资格长期有效。每次选举前对上次选民登记以后新满十八周岁的、被剥夺政治权利期满后恢复政治权利的选民，予以登记。对选民经登记后迁出原选区的，列入新迁入的选区的选民名单；对死亡的和依照法律被剥夺政治权利的人，从选民名单上除名。

精神病患者不能行使选举权利的，经选举委员会确认，不列入选民名单。

第二十八条　选民名单应在选举日的二十日以前公布，实行凭选民证参加投票选举的，并应当发给选民证。

第二十九条　对于公布的选民名单有不同意见的，可以在选民名单公布之日起五日内向选举委员会提出申诉。选举委员会对申诉意见，应在三日内作出处理决定。申诉人如果对处理决定不服，可以在选举日的五日以前向人民法院起诉，人民法院应在选举日以前作出判决。人民法院的判决为最后决定。

《最高人民法院关于军事法院管辖民事案件若干问题的规定》（2020年12月23日修正）

第一条　下列民事案件，由军事法院管辖：

（一）双方当事人均为军人或者军队单位的案件，但法律另有规定的除外；

（二）涉及机密级以上军事秘密的案件；

（三）军队设立选举委员会的选民资格案件；

（四）认定营区内无主财产案件。

三十三、宣告失踪、宣告死亡案件

397. 申请宣告自然人失踪

相关规范

》《中华人民共和国民法典》（2020 年）

第四十条 【宣告失踪的条件】 自然人下落不明满二年的，利害关系人可以向人民法院申请宣告该自然人为失踪人。

第四十一条 【下落不明的时间计算】 自然人下落不明的时间自其失去音讯之日起计算。战争期间下落不明的，下落不明的时间自战争结束之日或者有关机关确定的下落不明之日起计算。

》《中华人民共和国涉外民事关系法律适用法》（2010 年）

第十三条 宣告失踪或者宣告死亡，适用自然人经常居所地法律。

》《中华人民共和国民事诉讼法》（2021 年修正）

第一百九十条 公民下落不明满二年，利害关系人申请宣告其失踪的，向下落不明人住所地基层人民法院提出。

申请书应当写明失踪的事实、时间和请求，并附有公安机关或者其他有关机关关于该公民下落不明的书面证明。

第一百九十二条 人民法院受理宣告失踪、宣告死亡案件后，应当发出寻找下落不明人的公告。宣告失踪的公告期间为三个月，宣告死亡的公告期间为一年。因意外事件下落不明，经有关机关证明该公民不可能生存的，宣告死亡的公告期间为三个月。

公告期间届满，人民法院应当根据被宣告失踪、宣告死亡的事实是否得到确认，作出宣告失踪、宣告死亡的判决或者驳回申请的判决。

》《最高人民法院关于适用〈中华人民共和国民事诉讼法〉的解释》（2022 年 3 月 22 日修正）

第二百一十七条 夫妻一方下落不明，另一方诉至人民法院，只要求离婚，不申请宣告下落不明人失踪或者死亡的案件，人民法院应当受理，对下落不明人公告送达诉讼文书。

第三百四十一条 宣告失踪或者宣告死亡案件，人民法院可以根据申请人的请求，清理下落不明人的财产，并指定案件审理期间的财产管理人。公告期满后，人民法院判决宣告失踪的，应当同时依照民法典第四十二条的规定指定失踪人的财产代管人。

第三百四十二条 失踪人的财产代管人经人民法院指定后，代管人申请变更代管的，比照民事诉讼法特别程序的有关规定进行审理。申请理由成立的，裁定撤销申请人的代管人身份，同时另行指定财产代管人；申请理由不成立的，裁定驳回申请。

失踪人的其他利害关系人申请变更代管

的，人民法院应当告知其以原指定的代管人为被告起诉，并按普通程序进行审理。

第三百四十三条 人民法院判决宣告公民失踪后，利害关系人向人民法院申请宣告失踪人死亡，自失踪之日起满四年的，人民法院应当受理，宣告失踪的判决即是该公民失踪的证明，审理中仍应依照民事诉讼法第一百九十二条规定进行公告。

第三百四十四条 符合法律规定的多个利害关系人提出宣告失踪、宣告死亡申请的，列为共同申请人。

第三百四十五条 寻找下落不明人的公告应当记载下列内容：

（一）被申请人应当在规定期间内向受理法院申报其具体地址及其联系方式。否则，被申请人将被宣告失踪、宣告死亡；

（二）凡知悉被申请人生存现状的人，应当在公告期间内将其所知道情况向受理法院报告。

第三百四十六条 人民法院受理宣告失踪、宣告死亡案件后，作出判决前，申请人撤回申请的，人民法院应当裁定终结案件，但其他符合法律规定的利害关系人加入程序要求继续审理的除外。

»《最高人民法院关于适用〈中华人民共和国民法典〉总则编若干问题的解释》（法释〔2022〕6号 2022年2月24日）

第十四条 人民法院审理宣告失踪案件时，下列人员应当认定为民法典第四十条规定的利害关系人：

（一）被申请人的近亲属；

（二）依据民法典第一千一百二十八条、第一千一百二十九条规定对被申请人有继承权的亲属；

（三）债权人、债务人、合伙人等与被申请人有民事权利义务关系的民事主体，但是不申请宣告失踪不影响其权利行使、义务履行的除外。

398. 申请撤销宣告失踪判决

相关规范

»《中华人民共和国民法典》（2020年）

第四十五条 【失踪宣告的撤销】 失踪人重新出现，经本人或者利害关系人申请，人民法院应当撤销失踪宣告。

失踪人重新出现，有权请求财产代管人及时移交有关财产并报告财产代管情况。

»《中华人民共和国民事诉讼法》（2021年修正）

第一百九十三条 被宣告失踪、宣告死亡的公民重新出现，经本人或者利害关系人申请，人民法院应当作出新判决，撤销原判决。

»《最高人民法院关于适用〈中华人民共和国民事诉讼法〉的解释》（2022年3月22日修正）

第三百四十六条 人民法院受理宣告失踪、宣告死亡案件后，作出判决前，申请人撤回申请的，人民法院应当裁定终结案件，但其他符合法律规定的利害关系人加入程序要求继续审理的除外。

399. 申请为失踪人财产指定、变更代管人

相关规范

»《中华人民共和国民法典》（2020年）

第四十二条 【失踪人的财产代管人】 失踪人的财产由其配偶、成年子女、父母或者其他愿意担任财产代管人的人代管。

代管有争议，没有前款规定的人，或者前款规定的人无代管能力的，由人民法院指

定的人代管。

第四十四条　财产代管人不履行代管职责、侵害失踪人财产权益或者丧失代管能力的，失踪人的利害关系人可以向人民法院申请变更财产代管人。

财产代管人有正当理由的，可以向人民法院申请变更财产代管人。

人民法院变更财产代管人的，变更后的财产代管人有权请求原财产代管人及时移交有关财产并报告财产代管情况。

》《最高人民法院关于适用〈中华人民共和国民事诉讼法〉的解释》（2022年3月22日修正）

第三百四十一条至第三百四十三条

（参见“397. 申请宣告自然人失踪”的相关规范）

400. 申请宣告自然人死亡

相关规范

》《中华人民共和国民法典》（2020年）

第四十六条　【宣告死亡的条件】自然人有下列情形之一的，利害关系人可以向人民法院申请宣告该自然人死亡：

（一）下落不明满四年；

（二）因意外事件，下落不明满二年。

因意外事件下落不明，经有关机关证明该自然人不可能生存的，申请宣告死亡不受二年时间的限制。

第四十七条　【宣告死亡的优先适用】对同一自然人，有的利害关系人申请宣告死亡，有的利害关系人申请宣告失踪，符合本法规定的宣告死亡条件的，人民法院应当宣告死亡。

第四十八条　【被宣告死亡的人死亡日期的确定】被宣告死亡的人，人民法院宣告死亡的判决作出之日视为其死亡的日期；因意外事件下落不明宣告死亡的，意外事件发生之日视为其死亡的日期。

第四十九条　【被宣告死亡期间的民事法律行为效力】自然人被宣告死亡但是并未死亡的，不影响该自然人在被宣告死亡期间实施的民事法律行为的效力。

》《中华人民共和国民事诉讼法》（2021年修正）

第一百九十一条第二款　申请书应当写明下落不明的事实、时间和请求，并附有公安机关或者其他有关机关关于该公民下落不明的书面证明。

第一百九十二条　人民法院受理宣告失踪、宣告死亡案件后，应当发出寻找下落不明人的公告。宣告失踪的公告期间为三个月，宣告死亡的公告期间为一年。因意外事件下落不明，经有关机关证明该公民不可能生存的，宣告死亡的公告期间为三个月。

公告期间届满，人民法院应当根据被宣告失踪、宣告死亡的事实是否得到确认，作出宣告失踪、宣告死亡的判决或者驳回申请的判决。

》《最高人民法院关于适用〈中华人民共和国民事诉讼法〉的解释》（2022年3月22日修正）

第三百四十一条至第三百四十三条

（参见“397. 申请宣告自然人失踪”的相关规范）

401. 申请撤销宣告自然人死亡判决

相关规范

》《中华人民共和国民法典》（2020年）

第五十条　【死亡宣告的撤销】被宣告死亡的人重新出现，经本人或者利害关系人申请，人民法院应当撤销死亡宣告。

第五十一条　【宣告死亡、撤销死亡宣告对婚姻关系的影响】被宣告死亡的人的婚姻关系，自死亡宣告之日起消除。死亡宣告被撤销的，婚姻关系自撤销死亡宣告之日起自行恢复。但是，其配偶再婚或者向婚姻登记机关书面声明不愿意恢复的除外。

第五十二条　【撤销死亡宣告对收养关系的影响】被宣告死亡的人在被宣告死亡期间，其子女被他人依法收养的，在死亡宣告被撤销后，不得以未经本人同意为由主张收养行为无效。

第五十三条　【死亡宣告撤销后的财产返还】被撤销死亡宣告的人有权请求依照本法第六编取得其财产的民事主体返还财产；无法返还的，应当给予适当补偿。

利害关系人隐瞒真实情况，致使他人被宣告死亡而取得其财产的，除应当返还财产外，还应当对由此造成的损失承担赔偿责任。

》《中华人民共和国民事诉讼法》（2021年修正）

第一百九十三条　被宣告失踪、宣告死亡的公民重新出现，经本人或者利害关系人申请，人民法院应当作出新判决，撤销原判决。

》《最高人民法院关于适用〈中华人民共和国民事诉讼法〉的解释》（2022年3月22日修正）

第三百四十六条　人民法院受理宣告失踪、宣告死亡案件后，作出判决前，申请人撤回申请的，人民法院应当裁定终结案件，但其他符合法律规定的利害关系人加入程序要求继续审理的除外。

三十四、认定自然人无民事行为能力、限制民事行为能力案件

402. 申请宣告自然人无民事行为能力

相关规范

》《中华人民共和国民法典》（2020年）

第二十四条　【无民事行为能力人或限制民事行为能力人的认定与恢复】不能辨认或者不能完全辨认自己行为的成年人，其利害关系人或者有关组织，可以向人民法院申请认定该成年人为无民事行为能力人或者限制民事行为能力人。

被人民法院认定为无民事行为能力人或者限制民事行为能力人的，经本人、利害关系人或者有关组织申请，人民法院可以根据其智力、精神健康恢复的状况，认定该成年人恢复为限制民事行为能力人或者完全民事行为能力人。

本条规定的有关组织包括：居民委员会、村民委员会、学校、医疗机构、妇女联合会、残疾人联合会、依法设立的老年人组织、民政部门等。

》《中华人民共和国民事诉讼法》（2021年修正）

第一百九十四条　申请认定公民无民事行为能力或者限制民事行为能力，由利害关系人或者有关组织向该公民住所地基层人民

法院提出。

申请书应当写明该公民无民事行为能力或者限制民事行为能力的事实和根据。

第一百九十五条　人民法院受理申请后，必要时应当对被请求认定为无民事行为能力或者限制民事行为能力的公民进行鉴定。申请人已提供鉴定意见的，应当对鉴定意见进行审查。

第一百九十六条　人民法院审理认定公民无民事行为能力或者限制民事行为能力的案件，应当由该公民的近亲属为代理人，但申请人除外。近亲属互相推诿的，由人民法院指定其中一人为代理人。该公民健康情况许可的，还应当询问本人的意见。

人民法院经审理认定申请有事实根据的，判决该公民为无民事行为能力或者限制民事行为能力人；认定申请没有事实根据的，应当判决予以驳回。

第一百九十七条　人民法院根据被认定为无民事行为能力人、限制民事行为能力人本人、利害关系人或者有关组织的申请，证实该公民无民事行为能力或者限制民事行为能力的原因已经消除的，应当作出新判决，撤销原判决。

»《最高人民法院关于适用〈中华人民共和国民事诉讼法〉的解释》（2022年3月22日修正）

第三百四十七条　在诉讼中，当事人的利害关系人或者有关组织提出该当事人不能辨认或者不能完全辨认自己的行为，要求宣告该当事人无民事行为能力或者限制民事行为能力的，应由利害关系人或者有关组织向人民法院提出申请，由受诉人民法院按照特别程序立案审理，原诉讼中止。

第三百五十条　申请认定公民无民事行为能力或者限制民事行为能力的案件，被申请人没有近亲属的，人民法院可以指定经被申请人住所地的居民委员会、村民委员会或者民政部门同意，且愿意担任代理人的个人或者组织为代理人。

没有前款规定的代理人的，由被申请人住所地的居民委员会、村民委员会或者民政部门担任代理人。

代理人可以是一人，也可以是同一顺序中的两人。

403. 申请宣告自然人限制民事行为能力

相关规范

本案由的相关规范参见“402. 申请宣告自然人无民事行为能力”。

404. 申请宣告自然人恢复限制民事行为能力

相关规范

»《中华人民共和国民法典》（2020年）

第二十四条　【无民事行为能力人或限制民事行为能力人的认定与恢复】不能辨认或者不能完全辨认自己行为的成年人，其利害关系人或者有关组织，可以向人民法院申请认定该成年人为无民事行为能力人或者限制民事行为能力人。

被人民法院认定为无民事行为能力人或者限制民事行为能力人的，经本人、利害关系人或者有关组织申请，人民法院可以根据其智力、精神健康恢复的状况，认定该成年人恢复为限制民事行为能力人或者完全民事行为能力人。

本条规定的有关组织包括：居民委员会、村民委员会、学校、医疗机构、妇女联合会、残疾人联合会、依法设立的老年人组织、民政部门等。

》《中华人民共和国民事诉讼法》（2021年修正）

第一百九十七条 人民法院根据被认定为无民事行为能力人、限制民事行为能力人本人、利害关系人或者有关组织的申请，证实该公民无民事行为能力或者限制民事行为能力的原因已经消除的，应当作出新判决，撤销原判决。

405. 申请宣告自然人恢复完全民事行为能力

相关规范

本案由的相关规范参见“404. 申请宣告自然人恢复限制民事行为能力”。

三十五、指定遗产管理人案件

406. 申请指定遗产管理人

相关规范

》《中华人民共和国民法典》（2020年）

第一千一百四十五条 【遗产管理人的选任】继承开始后，遗嘱执行人为遗产管理人；没有遗嘱执行人的，继承人应当及时推选遗产管理人；继承人未推选的，由继承人共同担任遗产管理人；没有继承人或者继承人均放弃继承的，由被继承人生前住所地的民政部门或者村民委员会担任遗产管理人。

第一千一百四十六条 【遗产管理人的指定】对遗产管理人的确定有争议的，利害关系人可以向人民法院申请指定遗产管理人。

第一千一百四十七条 【遗产管理人的职责】遗产管理人应当履行下列职责：

（一）清理遗产并制作遗产清单；

（二）向继承人报告遗产情况；

（三）采取必要措施防止遗产毁损、灭失；

（四）处理被继承人的债权债务；

（五）按照遗嘱或者依照法律规定分割遗产；

（六）实施与管理遗产有关的其他必要行为。

第一千一百四十八条 【遗产管理人未尽职责的民事责任】遗产管理人应当依法履行职责，因故意或者重大过失造成继承人、受遗赠人、债权人损害的，应当承担民事责任。

第一千一百四十九条 【遗产管理人的报酬】遗产管理人可以依照法律规定或者按照约定获得报酬。

》《最高人民法院关于为实施积极应对人口老龄化国家战略提供司法服务和保障的意见》（法发〔2022〕15号 2022年3月29日）

5. 依法妥善审理涉老年人继承纠纷案件。落实民法典遗产管理人制度，依法确定遗产管理人，保障遗产妥善管理、顺利分割。要依法保护各类遗嘱形式，切实尊重老年人立遗嘱时的真实意愿，保障老年人遗产处分权。依法认定各类遗赠扶养协议效力，满足养老形式多样化需求。

典型案例

欧某士申请指定遗产管理人案［《人民法院贯彻实施民法典典型案例（第一批）》案例九　2022 年 2 月 25 日］

【典型意义】

侨乡涉侨房产因年代久远、继承人散落海外往往析产确权困难，存在管养维护责任长期处于搁置或争议状态的窘境，不少历史风貌建筑因此而残破贬损。本案中，审理法院巧用民法典新创设的遗产管理人法律制度，创造性地在可查明的继承人中引入管养房屋方案“竞标”方式，让具有管养维护遗产房屋优势条件的部分继承人担任侨房遗产管理人，妥善解决了涉侨祖宅的管养维护问题，充分彰显了民法典以人为本、物尽其用的价值追求，为侨乡历史建筑的司法保护开创了一条全新路径。

【基本案情】

厦门市思明区某处房屋原业主为魏姜氏（19 世纪生人）。魏姜氏育有三女一子，该四支继承人各自向下已经延嗣到第五代，但其中儿子一支无任何可查信息，幼女一支散落海外情况不明，仅长女和次女两支部分继承人居住在境内。因继承人无法穷尽查明，长女和次女两支继承人曾历经两代、长达十年的继承诉讼，仍未能顺利实现继承析产。民法典实施后，长女一支继承人以欧某士为代表提出，可由生活在境内的可查明信息的两支继承人共同管理祖宅；次女一支继承人则提出，遗产房屋不具有共同管理的条件，应由现实际居住在境内且别无住处的次女一支继承人中的陈某萍和陈某芬担任遗产管理人。

【裁判结果】

生效裁判认为，魏姜氏遗产的多名继承人目前下落不明、信息不明，遗产房屋将在较长时间内不能明确所有权人，其管养维护责任可能长期无法得到有效落实，确有必要在析产分割条件成就前尽快依法确定管理责任人。而魏姜氏生前未留有遗嘱，未指定其遗嘱执行人或遗产管理人，在案各继承人之间就遗产管理问题又分歧巨大，未能协商达成一致意见，故当秉承最有利于遗产保护、管理、债权债务清理的原则，在综合考虑被继承人内心意愿、各继承人与被继承人亲疏远近关系、各继承人管理保护遗产的能力水平等方面因素，确定案涉遗产房屋的合适管理人。次女魏某燕一支在魏姜氏生前尽到主要赡养义务，与产权人关系较为亲近，且历代长期居住在遗产房屋内并曾主持危房改造，与遗产房屋有更深的历史情感联系，对周边人居环境更为熟悉，更有实际能力履行管养维护职责，更有能力清理遗产上可能存在的债权债务；长女魏某静一支可查后人现均居住于漳州市，客观上无法对房屋尽到充分、周到的管养维护责任。故，由魏某静一支继承人跨市管理案涉遗产房屋暂不具备客观条件；魏某燕一支继承人能够协商支持由陈某萍、陈某芬共同管理案涉遗产房屋，符合遗产效用最大化原则。因此判决指定陈某萍、陈某芬为魏姜氏房屋的遗产管理人。

三十六、认定财产无主案件

407. 申请认定财产无主

相关规范

《中华人民共和国民法典》（2020年）

第一千一百六十条 【无人继承遗产的归属】无人继承又无人受遗赠的遗产，归国家所有，用于公益事业；死者生前是集体所有制组织成员的，归所在集体所有制组织所有。

《中华人民共和国民事诉讼法》（2021年修正）

第一百九十八条 申请认定财产无主，由公民、法人或者其他组织向财产所在地基层人民法院提出。

申请书应当写明财产的种类、数量以及要求认定财产无主的根据。

第一百九十九条 人民法院受理申请后，经审查核实，应当发出财产认领公告。公告满一年无人认领的，判决认定财产无主，收归国家或者集体所有。

《最高人民法院关于适用〈中华人民共和国民事诉讼法〉的解释》（2022年3月22日修正）

第三百四十八条 认定财产无主案件，公告期间有人对财产提出请求的，人民法院应当裁定终结特别程序，告知申请人另行起诉，适用普通程序审理。

第三百七十二条 适用特别程序作出的判决、裁定，当事人、利害关系人认为有错误的，可以向作出该判决、裁定的人民法院提出异议。人民法院经审查，异议成立或者部分成立的，作出新的判决、裁定撤销或者改变原判决、裁定；异议不成立的，裁定驳回。

对人民法院作出的确认调解协议、准许实现担保物权的裁定，当事人有异议的，应当自收到裁定之日起十五日内提出；利害关系人有异议的，自知道或者应当知道其民事权益受到侵害之日起六个月内提出。

第四百六十条 发生法律效力的实现担保物权裁定、确认调解协议裁定、支付令，由作出裁定、支付令的人民法院或者与其同级的被执行财产所在地的人民法院执行。

认定财产无主的判决，由作出判决的人民法院将无主财产收归国家或者集体所有。

典型案例

温州海事局申请认定财产无主案

（《最高人民法院发布十件海事诉讼典型案例》第8号 2018年8月8日）

【基本案情】

2016年10月20日，温州海事局接到报警，在瓯越大桥下游发现一艘船舶搁浅。经查，该船装载有燃料油，无证书或标识，也无船员在船。经救助，温州海事局于当天将船舶脱浅后转移至船坞内，船上油品转驳存放。经进一步调查，未找到该船船东或船员，遇险船舶也无任何证书或身份标识，船舶所有权情况无法证实，也无任何人主张权利。

温州海事局遂向宁波海事法院申请认定财产无主。

【裁判结果】

宁波海事法院立案受理后，发出财产认领公告。因认定财产无主公告期为 1 年，船舶及船载油品长期存放，将持续发生保管费用，造成财产贬损，温州海事局申请提前拍卖无名船舶及船载油品，保留所得款项。宁波海事法院裁定予以准许，无名船舶及油品各以人民币 10.7 万元和 62.4 万元拍卖成交。涉案无名船舶由买受人买受后，在温州海事局的监督下被拆解处理。公告期满后，因无人认领，宁波海事法院依法作出判决，认定涉案船舶及船载油品为无主财产，拍卖所得价款在扣除公告、评估以及保存、拍卖费用后，余款收归国家所有。

【典型意义】

本案具有以下典型意义：第一，为依法及时处置无人认领船舶和船载货物提供了可行办法，为有效解决无人认领、无人管控船舶及船载货物处置难、保管难等问题，提供了一条可行的司法途径。第二，为打击海上走私等非法行为提供司法保障。近年来，我国沿海地区油品、冻品等走私猖獗，一些走私分子为逃避打击而弃船弃货，船舶因权属不明而难以处置，制约了海上执法行动的有效开展。通过申请认定财产无主程序，提前处置无人认领船舶及船载货物，并在海事部门监督下进行拆解，可以有效避免上述法律风险，堵住船舶和货物再次流入市场的漏洞。第三，能动司法，及时处置无主财产，避免保管费用和风险持续增加。根据海事诉讼特别程序法关于诉讼中拍卖船舶和船载货物的规定，在公告期间裁定提前拍卖无名船舶及船载油品，减轻了执法部门因保管和处置船舶及船载货物而带来的财政负担。

408. 申请撤销认定财产无主判决

相关规范

»《中华人民共和国民事诉讼法》（2021 年修正）

第二百条　判决认定财产无主后，原财产所有人或者继承人出现，在民法典规定的诉讼时效期间可以对财产提出请求，人民法院审查属实后，应当作出新判决，撤销原判决。

三十七、确认调解协议案件

409. 申请司法确认调解协议

相关规范

《中华人民共和国民事诉讼法》（2021年修正）

第二百零一条 经依法设立的调解组织调解达成调解协议，申请司法确认的，由双方当事人自调解协议生效之日起三十日内，共同向下列人民法院提出：

（一）人民法院邀请调解组织开展先行调解的，向作出邀请的人民法院提出；

（二）调解组织自行开展调解的，向当事人住所地、标的物所在地、调解组织所在地的基层人民法院提出；调解协议所涉纠纷应当由中级人民法院管辖的，向相应的中级人民法院提出。

第二百零二条 人民法院受理申请后，经审查，符合法律规定的，裁定调解协议有效，一方当事人拒绝履行或者未全部履行的，对方当事人可以向人民法院申请执行；不符合法律规定的，裁定驳回申请，当事人可以通过调解方式变更原调解协议或者达成新的调解协议，也可以向人民法院提起诉讼。

《中华人民共和国人民调解法》（2010年）

第三十三条 经人民调解委员会调解达成调解协议后，双方当事人认为有必要的，可以自调解协议生效之日起三十日内共同向人民法院申请司法确认，人民法院应当及时对调解协议进行审查，依法确认调解协议的效力。

人民法院依法确认调解协议有效，一方当事人拒绝履行或者未全部履行的，对方当事人可以向人民法院申请强制执行。

人民法院依法确认调解协议无效的，当事人可以通过人民调解方式变更原调解协议或者达成新的调解协议，也可以向人民法院提起诉讼。

《最高人民法院关于人民调解协议司法确认程序的若干规定》（法释〔2011〕5号 2011年3月3日）

第一条 当事人根据《中华人民共和国人民调解法》第三十三条的规定共同向人民法院申请确认调解协议的，人民法院应当依法受理。

第二条 当事人申请确认调解协议的，由主持调解的人民调解委员会所在地基层人民法院或者它派出的法庭管辖。

人民法院在立案前委派人民调解委员会调解并达成调解协议，当事人申请司法确认的，由委派的人民法院管辖。

第三条 当事人申请确认调解协议，应当向人民法院提交司法确认申请书、调解协议和身份证明、资格证明，以及与调解协议相关的财产权利证明等证明材料，并提供双方当事人的送达地址、电话号码等联系方式。委托他人代为申请的，必须向人民法院提交由委托人签名或者盖章的授权委托书。

第四条 人民法院收到当事人司法确认申请，应当在三日内决定是否受理。人民法院决定受理的，应当编立“调确字”案号，并及时向当事人送达受理通知书。双方当事人同时到法院申请司法确认的，人民法院可以当即受理并作出是否确认的决定。

有下列情形之一的，人民法院不予受理：

（一）不属于人民法院受理民事案件的范围或者不属于接受申请的人民法院管辖的；

（二）确认身份关系的；

（三）确认收养关系的；

（四）确认婚姻关系的。

第五条　人民法院应当自受理司法确认申请之日起十五日内作出是否确认的决定。因特殊情况需要延长的，经本院院长批准，可以延长十日。

在人民法院作出是否确认的决定前，一方或者双方当事人撤回司法确认申请的，人民法院应当准许。

第六条　人民法院受理司法确认申请后，应当指定一名审判人员对调解协议进行审查。人民法院在必要时可以通知双方当事人同时到场，当面询问当事人。当事人应当向人民法院如实陈述申请确认的调解协议的有关情况，保证提交的证明材料真实、合法。人民法院在审查中，认为当事人的陈述或者提供的证明材料不充分、不完备或者有疑义的，可以要求当事人补充陈述或者补充证明材料。当事人无正当理由未按时补充或者拒不接受询问的，可以按撤回司法确认申请处理。

第七条　具有下列情形之一的，人民法院不予确认调解协议效力：

（一）违反法律、行政法规强制性规定的；

（二）侵害国家利益、社会公共利益的；

（三）侵害案外人合法权益的；

（四）损害社会公序良俗的；

（五）内容不明确，无法确认的；

（六）其他不能进行司法确认的情形。

第八条　人民法院经审查认为调解协议符合确认条件的，应当作出确认决定书；决定不予确认调解协议效力的，应当作出不予确认决定书。

第九条　人民法院依法作出确认决定后，一方当事人拒绝履行或者未全部履行的，对方当事人可以向作出确认决定的人民法院申请强制执行。

第十条　案外人认为经人民法院确认的调解协议侵害其合法权益的，可以自知道或者应当知道权益被侵害之日起一年内，向作出确认决定的人民法院申请撤销确认决定。

第十一条　人民法院办理人民调解协议司法确认案件，不收取费用。

第十二条　人民法院可以将调解协议不予确认的情况定期或者不定期通报同级司法行政机关和相关人民调解委员会。

第十三条　经人民法院建立的调解员名册中的调解员调解达成协议后，当事人申请司法确认的，参照本规定办理。人民法院立案后委托他人调解达成的协议的司法确认，按照《最高人民法院关于人民法院民事调解工作若干问题的规定》（法释〔2004〕12号）的有关规定办理。

》《最高人民法院关于适用〈中华人民共和国民事诉讼法〉的解释》（2022年3月22日修正）

第三百五十一条　申请司法确认调解协议的，双方当事人应当本人或者由符合民事诉讼法第六十一条规定的代理人依照民事诉讼法第二百零一条的规定提出申请。

第三百五十二条　调解组织自行开展的调解，有两个以上调解组织参与的，符合民事诉讼法第二百零一条规定的各调解组织所在地人民法院均有管辖权。

双方当事人可以共同向符合民事诉讼法第二百零一条规定的其中一个有管辖权的人民法院提出申请；双方当事人共同向两个以上有管辖权的人民法院提出申请的，由最先立案的人民法院管辖。

第三百五十三条　当事人申请司法确认调解协议，可以采用书面形式或者口头形式。当事人口头申请的，人民法院应当记入笔录，并由当事人签名、捺印或者盖章。

第三百五十四条　当事人申请司法确认调解协议，应当向人民法院提交调解协议、调解组织主持调解的证明，以及与调解协议相关的财产权利证明等材料，并提供双方当事人的身份、住所、联系方式等基本信息。

当事人未提交上述材料的，人民法院应当要求当事人限期补交。

第三百五十五条 当事人申请司法确认调解协议，有下列情形之一的，人民法院裁定不予受理：

（一）不属于人民法院受理范围的；

（二）不属于收到申请的人民法院管辖的；

（三）申请确认婚姻关系、亲子关系、收养关系等身份关系无效、有效或者解除的；

（四）涉及适用其他特别程序、公示催告程序、破产程序审理的；

（五）调解协议内容涉及物权、知识产权确权的。

人民法院受理申请后，发现有上述不予受理情形的，应当裁定驳回当事人的申请。

第三百五十六条 人民法院审查相关情况时，应当通知双方当事人共同到场对案件进行核实。

人民法院经审查，认为当事人的陈述或者提供的证明材料不充分、不完备或者有疑义的，可以要求当事人限期补充陈述或者补充证明材料。必要时，人民法院可以向调解组织核实有关情况。

第三百五十七条 确认调解协议的裁定作出前，当事人撤回申请的，人民法院可以裁定准许。

当事人无正当理由未在限期内补充陈述、补充证明材料或者拒不接受询问的，人民法院可以按撤回申请处理。

第三百五十八条 经审查，调解协议有下列情形之一的，人民法院应当裁定驳回申请：

（一）违反法律强制性规定的；

（二）损害国家利益、社会公共利益、他人合法权益的；

（三）违背公序良俗的；

（四）违反自愿原则的；

（五）内容不明确的；

（六）其他不能进行司法确认的情形。

》《最高人民法院关于适用〈中华人民共和国民法典〉总则编若干问题的解释》（法释〔2022〕6号 2022年2月24日）

第十六条 人民法院审理宣告死亡案件时，被申请人的配偶、父母、子女，以及依据民法典第一千一百二十九条规定对被申请人有继承权的亲属应当认定为民法典第四十六条规定的利害关系人。

符合下列情形之一的，被申请人的其他近亲属，以及依据民法典第一千一百二十八条规定对被申请人有继承权的亲属应当认定为民法典第四十六条规定的利害关系人：

（一）被申请人的配偶、父母、子女均已死亡或者下落不明的；

（二）不申请宣告死亡不能保护其相应合法权益的。

被申请人的债权人、债务人、合伙人等民事主体不能认定为民法典第四十六条规定的利害关系人，但是不申请宣告死亡不能保护其相应合法权益的除外。

第十七条 自然人在战争期间下落不明的，利害关系人申请宣告死亡的期间适用民法典第四十六条第一款第一项的规定，自战争结束之日或者有关机关确定的下落不明之日起计算。

410. 申请撤销确认调解协议裁定

相关规范

本案由的相关规范参见“409. 申请司法确认调解协议”。

三十八、实现担保物权案件

411. 申请实现担保物权

相关规范

》《中华人民共和国民法典》（2020 年）

第四百一十条　【抵押权的实现】债务人不履行到期债务或者发生当事人约定的实现抵押权的情形，抵押权人可以与抵押人协议以抵押财产折价或者以拍卖、变卖该抵押财产所得的价款优先受偿。协议损害其他债权人利益的，其他债权人可以请求人民法院撤销该协议。

抵押权人与抵押人未就抵押权实现方式达成协议的，抵押权人可以请求人民法院拍卖、变卖抵押财产。

抵押财产折价或者变卖的，应当参照市场价格。

》《中华人民共和国民事诉讼法》（2021 年修正）

第二百零三条　申请实现担保物权，由担保物权人以及其他有权请求实现担保物权的人依照民法典等法律，向担保财产所在地或者担保物权登记地基层人民法院提出。

第二百零四条　人民法院受理申请后，经审查，符合法律规定的，裁定拍卖、变卖担保财产，当事人依据该裁定可以向人民法院申请执行；不符合法律规定的，裁定驳回申请，当事人可以向人民法院提起诉讼。

》《最高人民法院关于适用〈中华人民共和国民事诉讼法〉的解释》（2022 年 3 月 22 日修正）

第三百五十九条　民事诉讼法第二百零三条规定的担保物权人，包括抵押权人、质权人、留置权人；其他有权请求实现担保物权的人，包括抵押人、出质人、财产被留置的债务人或者所有权人等。

第三百六十条　实现票据、仓单、提单等有权利凭证的权利质权案件，可以由权利凭证持有人住所地人民法院管辖；无权利凭证的权利质权，由出质登记地人民法院管辖。

第三百六十一条　实现担保物权案件属于海事法院等专门人民法院管辖的，由专门人民法院管辖。

第三百六十二条　同一债权的担保物有多个且所在地不同，申请人分别向有管辖权的人民法院申请实现担保物权的，人民法院应当依法受理。

第三百六十三条　依照民法典第三百九十二条的规定，被担保的债权既有物的担保又有人的担保，当事人对实现担保物权的顺序有约定，实现担保物权的申请违反该约定的，人民法院裁定不予受理；没有约定或者约定不明的，人民法院应当受理。

第三百六十四条　同一财产上设立多个担保物权，登记在先的担保物权尚未实现的，不影响后顺位的担保物权人向人民法院申请实现担保物权。

第三百六十五条　申请实现担保物权，应当提交下列材料：

（一）申请书。申请书应当记明申请人、被申请人的姓名或者名称、联系方式等基本信息，具体的请求和事实、理由；

（二）证明担保物权存在的材料，包括主合同、担保合同、抵押登记证明或者他项权利证书，权利质权的权利凭证或者质权出质登记证明等；

（三）证明实现担保物权条件成就的材料；

（四）担保财产现状的说明；

（五）人民法院认为需要提交的其他材料。

第三百六十六条 人民法院受理申请后，应当在五日内向被申请人送达申请书副本、异议权利告知书等文书。

被申请人有异议的，应当在收到人民法院通知后的五日内向人民法院提出，同时说明理由并提供相应的证据材料。

第三百六十七条 实现担保物权案件可以由审判员一人独任审查。担保财产标的额超过基层人民法院管辖范围的，应当组成合议庭进行审查。

第三百六十八条 人民法院审查实现担保物权案件，可以询问申请人、被申请人、利害关系人，必要时可以依职权调查相关事实。

第三百六十九条 人民法院应当就主合同的效力、期限、履行情况，担保物权是否有效设立、担保财产的范围、被担保的债权范围、被担保的债权是否已届清偿期等担保物权实现的条件，以及是否损害他人合法权益等内容进行审查。

被申请人或者利害关系人提出异议的，人民法院应当一并审查。

第三百七十条 人民法院审查后，按下列情形分别处理：

（一）当事人对实现担保物权无实质性争议且实现担保物权条件成就的，裁定准许拍卖、变卖担保财产；

（二）当事人对实现担保物权有部分实质性争议的，可以就无争议部分裁定准许拍卖、变卖担保财产；

（三）当事人对实现担保物权有实质性争议的，裁定驳回申请，并告知申请人向人民法院提起诉讼。

第三百七十一条 人民法院受理申请后，申请人对担保财产提出保全申请的，可以按照民事诉讼法关于诉讼保全的规定办理。

412. 申请撤销准许实现担保物权裁定

相关规范

»《最高人民法院关于适用〈中华人民共和国民事诉讼法〉的解释》（2022年3月22日修正）

第三百七十二条 适用特别程序作出的判决、裁定，当事人、利害关系人认为有错误的，可以向作出该判决、裁定的人民法院提出异议。人民法院经审查，异议成立或者部分成立的，作出新的判决、裁定撤销或者改变原判决、裁定；异议不成立的，裁定驳回。

对人民法院作出的确认调解协议、准许实现担保物权的裁定，当事人有异议的，应当自收到裁定之日起十五日内提出；利害关系人有异议的，自知道或者应当知道其民事权益受到侵害之日起六个月内提出。

三十九、监护权特别程序案件

413. 申请确定监护人

相关规范

》《中华人民共和国民法典》（2020年）

第二十七条 【未成年人的监护人】父母是未成年子女的监护人。

未成年人的父母已经死亡或者没有监护能力的，由下列有监护能力的人按顺序担任监护人：

（一）祖父母、外祖父母；

（二）兄、姐；

（三）其他愿意担任监护人的个人或者组织，但是须经未成年人住所地的居民委员会、村民委员会或者民政部门同意。

第二十八条 【无、限制民事行为能力的成年人的监护人】无民事行为能力或者限制民事行为能力的成年人，由下列有监护能力的人按顺序担任监护人：

（一）配偶；

（二）父母、子女；

（三）其他近亲属；

（四）其他愿意担任监护人的个人或者组织，但是须经被监护人住所地的居民委员会、村民委员会或者民政部门同意。

第二十九条 【遗嘱指定监护人】被监护人的父母担任监护人的，可以通过遗嘱指定监护人。

第三十条 【协议确定监护人】依法具有监护资格的人之间可以协议确定监护人。协议确定监护人应当尊重被监护人的真实意愿。

第三十一条 【监护争议解决程序】对监护人的确定有争议的，由被监护人住所地的居民委员会、村民委员会或者民政部门指定监护人，有关当事人对指定不服的，可以向人民法院申请指定监护人；有关当事人也可以直接向人民法院申请指定监护人。

居民委员会、村民委员会、民政部门或者人民法院应当尊重被监护人的真实意愿，按照最有利于被监护人的原则在依法具有监护资格的人中指定监护人。

依据本条第一款规定指定监护人前，被监护人的人身权利、财产权利以及其他合法权益处于无人保护状态的，由被监护人住所地的居民委员会、村民委员会、法律规定的有关组织或者民政部门担任临时监护人。

》《最高人民法院关于适用〈中华人民共和国民事诉讼法〉的解释》（2022年3月22日修正）

第三百四十九条 被指定的监护人不服居民委员会、村民委员会或者民政部门指定，应当自接到通知之日起三十日内向人民法院提出异议。经审理，认为指定并无不当的，裁定驳回异议；指定不当的，判决撤销指定，同时另行指定监护人。判决书应当送达异议人、原指定单位及判决指定的监护人。

有关当事人依照民法典第三十一条第一款规定直接向人民法院申请指定监护人的，适用特别程序审理，判决指定监护人。判决书应当送达申请人、判决指定的监护人。

《最高人民法院关于适用〈中华人民共和国民法典〉总则编若干问题的解释》（法释〔2022〕6号　2022年2月24日）

第六条　人民法院认定自然人的监护能力，应当根据其年龄、身心健康状况、经济条件等因素确定；认定有关组织的监护能力，应当根据其资质、信用、财产状况等因素确定。

第七条　担任监护人的被监护人父母通过遗嘱指定监护人，遗嘱生效时被指定的人不同意担任监护人的，人民法院应当适用民法典第二十七条、第二十八条的规定确定监护人。

未成年人由父母担任监护人，父母中的一方通过遗嘱指定监护人，另一方在遗嘱生效时有监护能力，有关当事人对监护人的确定有争议的，人民法院应当适用民法典第二十七条第一款的规定确定监护人。

第八条　未成年人的父母与其他依法具有监护资格的人订立协议，约定免除具有监护能力的父母的监护职责的，人民法院不予支持。协议约定在未成年人的父母丧失监护能力时由该具有监护资格的人担任监护人的，人民法院依法予以支持。

依法具有监护资格的人之间依据民法典第三十条的规定，约定由民法典第二十七条第二款、第二十八条规定的不同顺序的人共同担任监护人，或者由顺序在后的人担任监护人的，人民法院依法予以支持。

典型案例

困境儿童指定监护人案——柳州市儿童福利院申请确定监护人纠纷案（《人民法院大力弘扬社会主义核心价值观十大典型民事案例》案例十　2020年5月13日）

核心价值：未成年人保护

【基本案情】

绍某某自幼母亲下落不明，其满月后不久，便被其父绍某甲抱送至大姑母绍某乙家中抚养。2013年，绍某甲、绍某乙的丈夫相继去世，而绍某乙患有严重眼疾且无固定生活来源，无法继续照顾绍某某，绍某某被安置在其小姑母绍某丙家中生活。然而，绍某丙无暇照看绍某某，无法保障绍某某读书、吃饭等生活成长的基本需求，导致绍某某长期处于流浪状态。2018年1月，绍某某在政府等有关部门的帮助下进入柳州市救助站进行临时保护。2018年2月，柳州市救助站以绍某某属困境儿童身份为由，将其转移至柳州市儿童福利院生活至今。同年8月，柳州市民政局和儿童福利院、柳北区政府与绍某某所在街道社区多次协商后，书面确认由柳州市儿童福利院担任绍某某合法监护人，并向法院提交了指定监护人申请书。本案由柳州市柳北区政府督办，柳北区人民检察院支持起诉。

【裁判结果】

柳州市柳北区人民法院认为，对绍某某有监护资格的人员均已丧失监护能力或不愿意担任监护人，儿童福利院作为民政局下属的事业单位，对未成年人负有社会救助职责。为切实保障绍某某的合法权益，使其能在有合法监护人监护的情况下，尽快解决落户及正常上学等实际问题，该院依法判决，指定柳州市儿童福利院为绍某某的合法监护人。

【典型意义】

儿童是家庭的希望，是国家和民族的未来，确保儿童健康成长是全社会共同的责任。本案系广西壮族自治区首例由检察机关支持起诉的困境儿童指定监护人案件，审理法院从充分保护未成年人合法权益的角度出发，通过法律程序指定社会福利机构作为监护人，这是人民法院在家事审判改革中进行的有益探索和实践。该案判决依法保护了未成年人的合法权益，充分体现了司法的人文关怀。

414. 申请指定监护人

相关规范

》《中华人民共和国民法典》（2020 年）

第二十九条　【遗嘱指定监护人】被监护人的父母担任监护人的，可以通过遗嘱指定监护人。

第三十条　【协议确定监护人】依法具有监护资格的人之间可以协议确定监护人。协议确定监护人应当尊重被监护人的真实意愿。

第三十一条　【监护争议解决程序】对监护人的确定有争议的，由被监护人住所地的居民委员会、村民委员会或者民政部门指定监护人，有关当事人对指定不服的，可以向人民法院申请指定监护人；有关当事人也可以直接向人民法院申请指定监护人。

居民委员会、村民委员会、民政部门或者人民法院应当尊重被监护人的真实意愿，按照最有利于被监护人的原则在依法具有监护资格的人中指定监护人。

依据本条第一款规定指定监护人前，被监护人的人身权利、财产权利以及其他合法权益处于无人保护状态的，由被监护人住所地的居民委员会、村民委员会、法律规定的有关组织或者民政部门担任临时监护人。

监护人被指定后，不得擅自变更；擅自变更的，不免除被指定的监护人的责任。

》《最高人民法院关于适用〈中华人民共和国民法典〉总则编若干问题的解释》（法释〔2022〕6 号　2022 年 2 月 24 日）

第九条　人民法院依据民法典第三十一条第二款、第三十六条第一款的规定指定监护人时，应当尊重被监护人的真实意愿，按照最有利于被监护人的原则指定，具体参考以下因素：

（一）与被监护人生活、情感联系的密切程度；

（二）依法具有监护资格的人的监护顺序；

（三）是否有不利于履行监护职责的违法犯罪等情形；

（四）依法具有监护资格的人的监护能力、意愿、品行等。

人民法院依法指定的监护人一般应当是一人，由数人共同担任监护人更有利于保护被监护人利益的，也可以是数人。

第十条　有关当事人不服居民委员会、村民委员会或者民政部门的指定，在接到指定通知之日起三十日内向人民法院申请指定监护人的，人民法院经审理认为指定并无不当，依法裁定驳回申请；认为指定不当，依法判决撤销指定并另行指定监护人。

有关当事人在接到指定通知之日起三十日后提出申请的，人民法院应当按照变更监护关系处理。

典型案例

》柳州市社会福利院申请作为无民事行为能力人指定监护人案（《人民法院老年人权益保护十大典型案例》案例十　2021 年 2 月 24 日）

【关键词】社会福利机构　老年人监护

【基本案情】

被申请人孙某某，自幼智力残疾，生活无法自理，一直随其母生活。2008 年，孙某某母亲年迈卧床，其所在单位主动将母子二人送至柳州市社会福利院，并办理自费入院手续。2011 年母亲因病过世后，孙某某在福利院的照看下生活至今。福利院为了更好尽到监护职责，分别向民政局和孙某某所在社区居委会反映情况，经多部门协商认为，在找寻孙某某亲人无果的情况下，继续由福利院照顾较好。2018 年 3 月，福利院委托广西脑科医院对孙某某身体情况进行司法鉴定。5

月，福利院向法院申请依法宣告孙某某为无民事行为能力人，并指定福利院作为其合法监护人。

【裁判结果】

广西壮族自治区柳州市柳北区人民法院审理认为，被申请人孙某某经广西脑科医院司法鉴定所法医精神病鉴定为无民事行为能力人。另，法院主动依职权调查查明，被申请人孙某某在柳州市社会福利院居住生活了8年，无配偶、无子女；其母亲人事档案显示，孙某某的近亲属有父亲、哥哥，但无二人具体信息。孙某某长期置于无人监护的处境，柳州市社会福利院已实际保护被监护人的身体健康，照顾被监护人的生活，管理和保护被监护人的财产，对被监护人进行管理和教育等。为更好地维护孙某某的利益，指定柳州市社会福利院作为孙某某的合法监护人。若孙某某的父亲、哥哥出现，可依法另行主张权利。

【典型意义】

老年人是社会弱势群体，保障其合法权益是全社会的共同责任。在法定顺位监护人多年缺失，无人履行监护职责的情况下，从充分保护和落实无民事行为能力人合法权益的角度出发，经法律程序指定、已形成长期基本生活依赖且担负实际监护责任的社会福利机构作为监护人，是依法保障老年人权益的有益尝试和探索，取得了良好的法律效果和社会效果。本案审理贯彻了家事案件多元化处理原则，法院与政府相关部门之间通力协作，体现了相关职能部门通过司法途径维护和保障老年人合法权益的努力。

415. 申请变更监护人

相关规范

《中华人民共和国民法典》（2020年）

第三十一条第四款 **【监护争议解决程序】**监护人被指定后，不得擅自变更，擅自变更的，不免除被指定的监护人的责任。

《最高人民法院关于适用〈中华人民共和国民事诉讼法〉的解释》（2022年3月22日修正）

第十条 不服指定监护或者变更监护关系的案件，可以由被监护人住所地人民法院管辖。

《最高人民法院关于适用〈中华人民共和国民法典〉总则编若干问题的解释》（法释〔2022〕6号 2022年2月24日）

第十二条 监护人、其他依法具有监护资格的人之间就监护人是否有民法典第三十九条第一款第二项、第四项规定的应当终止监护关系的情形发生争议，申请变更监护人的，人民法院应当依法受理。经审理认为理由成立的，人民法院依法予以支持。

被依法指定的监护人与其他具有监护资格的人之间协议变更监护人的，人民法院应当尊重被监护人的真实意愿，按照最有利于被监护人的原则作出裁判。

第十三条 监护人因患病、外出务工等原因在一定期限内不能完全履行监护职责，将全部或者部分监护职责委托给他人，当事人主张受托人因此成为监护人的，人民法院不予支持。

典型案例

广州市黄埔区民政局与陈某金申请变更监护人案［《人民法院贯彻实施民法典典型案例（第一批）》案例一 2022年2月25日］

【典型意义】

习近平总书记强调："孩子们成长得更好，是我们最大的心愿。"本案是人民法院、人民检察院和民政部门联动护航困境少年的典型范例。民法典和新修订的《未成年人保护法》完善了公职监护人制度，明确规定在没有依法具有监护资格的人时，由民政部门承担未成年人的监护责任。审理法院以判决形式确定由民政部门担任监护人，为民政部门规范适用相关法律履行公职监护职责提供了司法实践样本，推动民法典确立的以家庭、社会和国家为一体的多元监护格局落实落地。

【基本案情】

吴某，2010年10月28日出生，于2011年8月22日被收养。吴某为智力残疾三级，其养父母于2012年和2014年先后因病死亡，后由其养祖母陈某金作为监护人。除每月500余元农村养老保险及每年2000余元社区股份分红外，陈某金无其他经济收入来源，且陈某金年事已高并有疾病在身。吴某的外祖父母也年事已高亦无经济收入来源。2018年起，陈某金多次向街道和区民政局申请将吴某送往儿童福利机构养育、照料。为妥善做好吴某的后期监护，广州市黄埔区民政局依照民法典相关规定向人民法院申请变更吴某的监护人为民政部门，广州市黄埔区人民检察院出庭支持民政部门的变更申请。

【裁判结果】

生效裁判认为，被监护人吴某为未成年人，且智力残疾三级，养父母均已去世，陈某金作为吴某的养祖母，年事已高并有疾病在身，经济状况较差，已无能力抚养吴某。鉴于陈某金已不适宜继续承担吴某的监护职责，而吴某的外祖父母同样不具备监护能力，且陈某金同意将吴某的监护权变更给广州市黄埔区民政局，将吴某的监护人由陈某金变更为广州市黄埔区民政局不仅符合法律规定，还可以为吴某提供更好的生活、教育环境，更有利于吴某的健康成长。故判决自2021年7月23日起，吴某的监护人由陈某金变更为广州市黄埔区民政局。

416. 申请撤销监护人资格

相关规范

»《中华人民共和国民法典》（2020年）

第三十六条　【撤销监护人资格】监护人有下列情形之一的，人民法院根据有关个人或者组织的申请，撤销其监护人资格，安排必要的临时监护措施，并按照最有利于被监护人的原则依法指定监护人：

（一）实施严重损害被监护人身心健康的行为；

（二）怠于履行监护职责，或者无法履行监护职责且拒绝将监护职责部分或者全部委托给他人，导致被监护人处于危困状态；

（三）实施严重侵害被监护人合法权益的其他行为。

本条规定的有关个人、组织包括：其他依法具有监护资格的人，居民委员会、村民委员会、学校、医疗机构、妇女联合会、残疾人联合会、未成年人保护组织、依法设立的老年人组织、民政部门等。

前款规定的个人和民政部门以外的组织未及时向人民法院申请撤销监护人资格的，民政部门应当向人民法院申请。

»《最高人民法院关于适用〈中华人民共和国民法典〉婚姻家庭编的解释（一）》（法释〔2020〕22号　2020年12月29日）

第六十二条　无民事行为能力人的配偶有民法典第三十六条第一款规定行为，其他有监护资格的人可以要求撤销其监护资格，并依法指定新的监护人；变更后的监护人代理无民事行为能力一方提起离婚诉讼的，人民法院应予受理。

《最高人民法院关于适用〈中华人民共和国民法典〉总则编若干问题的解释》（法释〔2022〕6号　2022年2月24日）

第十一条　具有完全民事行为能力的成年人与他人依据民法典第三十三条的规定订立书面协议事先确定自己的监护人后，协议的任何一方在该成年人丧失或者部分丧失民事行为能力前请求解除协议的，人民法院依法予以支持。该成年人丧失或者部分丧失民事行为能力后，协议确定的监护人无正当理由请求解除协议的，人民法院不予支持。

该成年人丧失或者部分丧失民事行为能力后，协议确定的监护人有民法典第三十六条第一款规定的情形之一，该条第二款规定的有关个人、组织申请撤销其监护人资格的，人民法院依法予以支持。

《最高人民法院关于适用〈中华人民共和国民事诉讼法〉的解释》（2022年3月22日修正）

第三百四十九条　被指定的监护人不服居民委员会、村民委员会或者民政部门指定，应当自接到通知之日起三十日内向人民法院提出异议。经审理，认为指定并无不当的，裁定驳回异议；指定不当的，判决撤销指定，同时另行指定监护人。判决书应当送达异议人、原指定单位及判决指定的监护人。

有关当事人依照民法典第三十一条第一款规定直接向人民法院申请指定监护人的，适用特别程序审理，判决指定监护人。判决书应当送达申请人、判决指定的监护人。

《最高人民法院、最高人民检察院、公安部、民政部关于依法处理监护人侵害未成年人权益行为若干问题的意见》（法发〔2014〕24号　2014年12月18日）

27. 下列单位和人员（以下简称有关单位和人员）有权向人民法院申请撤销监护人资格：

（一）未成年人的其他监护人，祖父母、外祖父母、兄、姐，关系密切的其他亲属、朋友；

（二）未成年人住所地的村（居）民委员会，未成年人父、母所在单位；

（三）民政部门及其设立的未成年人救助保护机构；

（四）共青团、妇联、关工委、学校等团体和单位。

申请撤销监护人资格，一般由前款中负责临时照料未成年人的单位和人员提出，也可以由前款中其他单位和人员提出。

28. 有关单位和人员向人民法院申请撤销监护人资格的，应当提交相关证据。

有包含未成年人基本情况、监护存在问题、监护人悔过情况、监护人接受教育辅导情况、未成年人身心健康状况以及未成年人意愿等内容的调查评估报告的，应当一并提交。

29. 有关单位和人员向公安机关、人民检察院申请出具相关案件证明材料的，公安机关、人民检察院应当提供证明案件事实的基本材料或者书面说明。

30. 监护人因监护侵害行为被提起公诉的案件，人民检察院应当书面告知未成年人及其临时照料人有权依法申请撤销监护人资格。

对于监护侵害行为符合本意见第35条规定情形而相关单位和人员没有提起诉讼的，人民检察院应当书面建议当地民政部门或者未成年人救助保护机构向人民法院申请撤销监护人资格。

31. 申请撤销监护人资格案件，由未成人住所地、监护人住所地或者侵害行为地基层人民法院管辖。

人民法院受理撤销监护人资格案件，不收取诉讼费用。

32. 人民法院审理撤销监护人资格案件，比照民事诉讼法规定的特别程序进行，在一个月内审理结案。有特殊情况需要延长的，由本院院长批准。

33. 人民法院应当全面审查调查评估报告等证据材料，听取被申请人、有表达能力的未成年人以及村（居）民委员会、学校、邻居等的意见。

34. 人民法院根据案件需要可以聘请适当的社会人士对未成年人进行社会观护，并可以引入心理疏导和测评机制，组织专业社会工作者、儿童心理问题专家等专业人员参与诉讼，为未成年人和被申请人提供心理辅导和测评服务。

35. 被申请人有下列情形之一的，人民法院可以判决撤销其监护人资格：

（一）性侵害、出卖、遗弃、虐待、暴力伤害未成年人，严重损害未成年人身心健康的；

（二）将未成年人置于无人监管和照看的状态，导致未成年人面临死亡或者严重伤害危险，经教育不改的；

（三）拒不履行监护职责长达六个月以上，导致未成年人流离失所或者生活无着的；

（四）有吸毒、赌博、长期酗酒等恶习无法正确履行监护职责或者因服刑等原因无法履行监护职责，且拒绝将监护职责部分或者全部委托给他人，致使未成年人处于困境或者危险状态的；

（五）胁迫、诱骗、利用未成年人乞讨，经公安机关和未成年人救助保护机构等部门三次以上批评教育拒不改正，严重影响未成年人正常生活和学习的；

（六）教唆、利用未成年人实施违法犯罪行为，情节恶劣的；

（七）有其他严重侵害未成年人合法权益行为的。

36. 判决撤销监护人资格，未成年人有其他监护人的，应当由其他监护人承担监护职责。其他监护人应当采取措施避免未成年人继续受到侵害。

没有其他监护人的，人民法院根据最有利于未成年人的原则，在民法通则第十六条第二款、第四款规定的人员和单位中指定监护人。指定个人担任监护人的，应当综合考虑其意愿、品行、身体状况、经济条件、与未成年人的生活情感联系以及有表达能力的未成年人的意愿等。

没有合适人员和其他单位担任监护人的，人民法院应当指定民政部门担任监护人，由其所属儿童福利机构收留抚养。

37. 判决不撤销监护人资格的，人民法院可以根据需要走访未成年人及其家庭，也可以向当地民政部门、辖区公安派出所、村（居）民委员会、共青团、妇联、未成年人所在学校、监护人所在单位等发出司法建议，加强对未成年人的保护和对监护人的监督指导。

38. 被撤销监护人资格的侵害人，自监护人资格被撤销之日起三个月至一年内，可以书面向人民法院申请恢复监护人资格，并应当提交相关证据。

人民法院应当将前款内容书面告知侵害人和其他监护人、指定监护人。

39. 人民法院审理申请恢复监护人资格案件，按照变更监护关系的案件审理程序进行。

人民法院应当征求未成年人现任监护人和有表达能力的未成年人的意见，并可以委托申请人住所地的未成年人救助保护机构或者其他未成年人保护组织，对申请人监护意愿、悔改表现、监护能力、身心状况、工作生活情况等进行调查，形成调查评估报告。

申请人正在服刑或者接受社区矫正的，人民法院应当征求刑罚执行机关或者社区矫正机构的意见。

40. 人民法院经审理认为申请人确有悔改表现并且适宜担任监护人的，可以判决恢复其监护人资格，原指定监护人的监护人资格终止。

申请人具有下列情形之一的，一般不得判决恢复其监护人资格：

（一）性侵害、出卖未成年人的；

（二）虐待、遗弃未成年人六个月以上、多次遗弃未成年人，并且造成重伤以上严重后果的；

（三）因监护侵害行为被判处五年有期徒刑以上刑罚的。

41. 撤销监护人资格诉讼终结后六个月内，未成年人及其现任监护人可以向人民法院申请人身安全保护裁定。

42. 被撤销监护人资格的父、母应当继续负担未成年人的抚养费用和因监护侵害行为产生的各项费用。相关单位和人员起诉的，人民法院应予支持。

43. 民政部门应当根据有关规定，将符合条件的受监护侵害的未成年人纳入社会救助和相关保障范围。

44. 民政部门担任监护人的，承担抚养职责的儿童福利机构可以送养未成年人。

送养未成年人应当在人民法院作出撤销监护人资格判决一年后进行。侵害人有本意见第40条第2款规定情形的，不受一年后送养的限制。

《最高人民法院关于为实施积极应对人口老龄化国家战略提供司法服务和保障的意见》（法发〔2022〕15号 2022年3月29日）

7. 完善老年人监护制度。妥善审理监护权纠纷案件，最大程度尊重老年当事人的真实意愿。依法认定老年人通过意定监护协议确定的监护人，督促其依法履行监护责任。对于侵犯无民事行为能力、限制民事行为能力老年人合法权益的监护人，依法撤销其监护人资格，为老年人安排必要的临时监护措施，按照最有利于被监护人的原则依法指定监护人，保护老年人人身权利、财产权利及其他合法权益。

典型案例

林某虐待子女被撤销监护人资格案

——全国首例撤销监护人资格判决（《保护未成年人权益十大优秀案例》第3号 2019年5月31日）

【基本案情】

被申请人林某，女，系福建省某县村民。林某于2004年生育小龙，因小龙的生父一直身份不明，故小龙自出生后一直随林某共同生活。林某曾有过三四次不成功的婚姻，生活中不但对小龙疏于管教，经常让小龙挨饿，而且多次殴打小龙，致使小龙后背满是伤疤。自2013年8月始，当地政府、妇联、村委会干部及派出所民警多次对林某进行批评教育，但林某仍拒不悔改。2014年5月29日凌晨，林某再次用菜刀划伤小龙的后背、双臂。同年6月13日，该村村民委员会以被申请人林某长期对小龙的虐待行为已严重影响小龙的身心健康为由，向法院提出请求依法撤销林某对小龙监护人资格的申请。审理期间，法院征求小龙的意见，其表示不愿意随其母林某共同生活。

【裁判结果】

法院经审理认为，监护人应当履行监护职责，保护被监护人的身体健康、照顾被监护人的生活，对被监护人进行管理和教育，履行相应的监护职责。被申请人林某作为小龙的监护人，采取打骂等手段对小龙长期虐待，经有关单位教育后仍拒不悔改，继续对小龙实施虐待，其行为已经严重损害小龙的身心健康，故不宜再担任小龙的监护人。依法撤销林某对小龙的监护人资格，并依法指定该村民委员会担任小龙的监护人。

【典型意义】

本案受理后，该县人民法院主动探索由村民委员会作为申请主体申请撤销监护失当未成年人的监护权转移工作，并根据法律的有关规定，在没有其他近亲属和朋友可以担任监护人的情况下，按照最有利于被监护人成长的原则，指定当地村民委员会担任小龙的监护人，通过充分发挥审判职能作用向社会表达一种对未成年人关爱的新视角。宣判后，该院还主动与市、县有关部门积极沟通，对小龙做了及时妥善安置，切实维护未成年人的合法权益。

最高人民法院、最高人民检察院、公安部、民政部于2014年12月18日联合发布了《关于依法处理监护人侵害未成年人权益行为若干问题的意见》（以下简称《意见》），对各级人民法院处理监护权撤销案件的相关问题作了较为明确的规定。该《意见》颁布之前，我国关于监护权撤销制度的规定主要是《民法通则》第18条和《未成年人保护法》第53条，有关规定较为笼统模糊。本案在《意见》出台之前即作出了撤销监护人资格的判决，是开我国撤销监护权之先例，直接推动了《意见》的颁布，为《意见》中有关有权申请撤销监护人资格的主体及撤销后的安置问题等规定的出台，贡献了实践经验。本案例于2015年被全国妇联评为首届全国维护妇女儿童权益十大案例。

» 梅河口市儿童福利院与张某柔申请撤销监护人资格案［《人民法院贯彻实施民法典典型案例（第一批）》案例二 2022年2月25日］

【典型意义】

未成年人是祖国的未来和民族的希望，进一步加强未成年人司法保护是新时代对人民法院工作提出的更高要求。本案是适用民法典相关规定，依法撤销监护人资格的典型案例。民法典扩大了监护人的范围，进一步严格了监护责任，对撤销监护人资格的情形作出了明确规定。本案中，未成年人生母构成遗弃罪，为切实保护未成年人合法权益，梅河口市儿童福利院申请撤销监护人资格并申请指定其作为监护人。人民法院依法判决支持其申请，彰显了司法的态度和温度。

【基本案情】

2021年3月14日3时许，张某柔在吉林省梅河口市某烧烤店内生育一女婴（非婚生，暂无法确认生父），随后将女婴遗弃在梅河口市某村露天垃圾箱内。当日9时30分许，女婴被群众发现并报案，梅河口市公安局民警将女婴送至医院抢救治疗。2021年3月21日，女婴出院并被梅河口市儿童福利院抚养至今，取名“党心”（化名）。张某柔因犯遗弃罪，被判刑。目前，张某柔仍不履行抚养义务，其近亲属亦无抚养意愿。梅河口市儿童福利院申请撤销张某柔监护人资格，并申请由该福利院作为党心的监护人。梅河口市人民检察院出庭支持梅河口市儿童福利院的申请。

【裁判结果】

生效裁判认为，父母是未成年子女的法定监护人，有保护被监护人的身体健康、照顾被监护人的生活、管理和保护被监护人的财产等义务。张某柔的遗弃行为严重损害了被监护人的身心健康和合法权益，依照民法典第三十六条规定，其监护人资格应当予以撤销。梅河口市儿童福利院作为为全市孤儿和残疾儿童提供社会服务的机构，能够解决党心的教育、医疗、心理疏导等一系列问题。从对未成年人特殊、优先保护原则和未成年人最大利益原则出发，由梅河口市儿童福利院作为党心的监护人，更有利于保护其生活、受教育、医疗保障等权利，故指定梅河口市儿童福利院为党心的监护人。

417. 申请恢复监护人资格

相关规范

» 《中华人民共和国民法典》（2020年）

第三十八条　【恢复监护人资格】被监护人的父母或者子女被人民法院撤销监护人资格后，除对被监护人实施故意犯罪的外，确有悔改表现的，经其申请，人民法院可以在尊重被监护人真实意愿的前提下，视情况恢复其监护人资格，人民法院指定的监护人与被监护人的监护关系同时终止。

《最高人民法院、最高人民检察院、公安部、民政部关于依法处理监护人侵害未成年人权益行为若干问题的意见》（法发〔2014〕24号 2014年12月18日）

40. 人民法院经审理认为申请人确有悔改表现并且适宜担任监护人的，可以判决恢复其监护人资格，原指定监护人的监护人资格终止。

申请人具有下列情形之一的，一般不得判决恢复其监护人资格：

（一）性侵害、出卖未成年人的；

（二）虐待、遗弃未成年人六个月以上、多次遗弃未成年人，并且造成重伤以上严重后果的；

（三）因监护侵害行为被判处五年有期徒刑以上刑罚的。

四十、督促程序案件

418. 申请支付令

相关规范

《中华人民共和国劳动合同法》（2012年修正）

第三十条 用人单位应当按照劳动合同约定和国家规定，向劳动者及时足额支付劳动报酬。

用人单位拖欠或者未足额支付劳动报酬的，劳动者可以依法向当地人民法院申请支付令，人民法院应当依法发出支付令。

《中华人民共和国民事诉讼法》（2021年修正）

第二百二十一条 债权人请求债务人给付金钱、有价证券，符合下列条件的，可以向有管辖权的基层人民法院申请支付令：

（一）债权人与债务人没有其他债务纠纷的；

（二）支付令能够送达债务人的。

申请书应当写明请求给付金钱或者有价证券的数量和所根据的事实、证据。

第二百二十二条 债权人提出申请后，人民法院应当在五日内通知债权人是否受理。

第二百二十三条 人民法院受理申请后，经审查债权人提供的事实、证据，对债权债务关系明确、合法的，应当在受理之日起十五日内向债务人发出支付令；申请不成立的，裁定予以驳回。

债务人应当自收到支付令之日起十五日内清偿债务，或者向人民法院提出书面异议。

债务人在前款规定的期间不提出异议又不履行支付令的，债权人可以向人民法院申请执行。

第二百二十四条 人民法院收到债务人提出的书面异议后，经审查，异议成立的，应当裁定终结督促程序，支付令自行失效。

支付令失效的，转入诉讼程序，但申请支付令的一方当事人不同意提起诉讼的除外。

》《最高人民法院关于适用〈中华人民共和国民事诉讼法〉的解释》（2022年3月22日修正）

第四百二十五条　两个以上人民法院都有管辖权的，债权人可以向其中一个基层人民法院申请支付令。

债权人向两个以上有管辖权的基层人民法院申请支付令的，由最先立案的人民法院管辖。

第四百二十六条　人民法院收到债权人的支付令申请书后，认为申请书不符合要求的，可以通知债权人限期补正。人民法院应当自收到补正材料之日起五日内通知债权人是否受理。

第四百二十七条　债权人申请支付令，符合下列条件的，基层人民法院应当受理，并在收到支付令申请书后五日内通知债权人：

（一）请求给付金钱或者汇票、本票、支票、股票、债券、国库券、可转让的存款单等有价证券；

（二）请求给付的金钱或者有价证券已到期且数额确定，并写明了请求所根据的事实、证据；

（三）债权人没有对待给付义务；

（四）债务人在我国境内且未下落不明；

（五）支付令能够送达债务人；

（六）收到申请书的人民法院有管辖权；

（七）债权人未向人民法院申请诉前保全。

不符合前款规定的，人民法院应当在收到支付令申请书后五日内通知债权人不予受理。

基层人民法院受理申请支付令案件，不受债权金额的限制。

第四百二十八条　人民法院受理申请后，由审判员一人进行审查。经审查，有下列情形之一的，裁定驳回申请：

（一）申请人不具备当事人资格的；

（二）给付金钱或者有价证券的证明文件没有约定逾期给付利息或者违约金、赔偿金，债权人坚持要求给付利息或者违约金、赔偿金的；

（三）要求给付的金钱或者有价证券属于违法所得的；

（四）要求给付的金钱或者有价证券尚未到期或者数额不确定的。

人民法院受理支付令申请后，发现不符合本解释规定的受理条件的，应当在受理之日起十五日内裁定驳回申请。

第四百二十九条　向债务人本人送达支付令，债务人拒绝接收的，人民法院可以留置送达。

第四百三十条　有下列情形之一的，人民法院应当裁定终结督促程序，已发出支付令的，支付令自行失效：

（一）人民法院受理支付令申请后，债权人就同一债权债务关系又提起诉讼的；

（二）人民法院发出支付令之日起三十日内无法送达债务人的；

（三）债务人收到支付令前，债权人撤回申请的。

第四百三十一条　债务人在收到支付令后，未在法定期间提出书面异议，而向其他人民法院起诉的，不影响支付令的效力。

债务人超过法定期间提出异议的，视为未提出异议。

第四百三十二条　债权人基于同一债权债务关系，在同一支付令申请中向债务人提出多项支付请求，债务人仅就其中一项或者几项请求提出异议的，不影响其他各项请求的效力。

第四百三十三条　债权人基于同一债权债务关系，就可分之债向多个债务人提出支付请求，多个债务人中的一人或者几人提出异议的，不影响其他请求的效力。

第四百三十四条　对设有担保的债务的主债务人发出的支付令，对担保人没有拘束力。

债权人就担保关系单独提起诉讼的，支付令自人民法院受理案件之日起失效。

第四百三十五条　经形式审查，债务人提出的书面异议有下列情形之一的，应当认定异议成立，裁定终结督促程序，支付令自行失效：

（一）本解释规定的不予受理申请情形的；

（二）本解释规定的裁定驳回申请情形的；

（三）本解释规定的应当裁定终结督促程序情形的；

（四）人民法院对是否符合发出支付令条件产生合理怀疑的。

第四百三十六条 债务人对债务本身没有异议，只是提出缺乏清偿能力、延缓债务清偿期限、变更债务清偿方式等异议的，不影响支付令的效力。

人民法院经审查认为异议不成立的，裁定驳回。

债务人的口头异议无效。

第四百三十七条 人民法院作出终结督促程序或者驳回异议裁定前，债务人请求撤回异议的，应当裁定准许。

债务人对撤回异议反悔的，人民法院不予支持。

第四百三十八条 支付令失效后，申请支付令的一方当事人不同意提起诉讼的，应当自收到终结督促程序裁定之日起七日内向受理申请的人民法院提出。

申请支付令的一方当事人不同意提起诉讼的，不影响其向其他有管辖权的人民法院提起诉讼。

第四百三十九条 支付令失效后，申请支付令的一方当事人自收到终结督促程序裁定之日起七日内未向受理申请的人民法院表明不同意提起诉讼的，视为向受理申请的人民法院起诉。

债权人提出支付令申请的时间，即为向人民法院起诉的时间。

第四百四十条 债权人向人民法院申请执行支付令的期间，适用民事诉讼法第二百四十六条的规定。

第四百四十一条 人民法院院长发现本院已经发生法律效力的支付令确有错误，认为需要撤销的，应当提交本院审判委员会讨论决定后，裁定撤销支付令，驳回债权人的申请。

四十一、 公示催告程序案件

419. 申请公示催告

相关规范

»《中华人民共和国票据法》（2004 年修正）

第十五条 票据丧失，失票人可以及时通知票据的付款人挂失止付，但是，未记载付款人或者无法确定付款人及其代理付款人的票据除外。

收到挂失止付通知的付款人，应当暂停支付。

失票人应当在通知挂失止付后三日内，也可以在票据丧失后，依法向人民法院申请公示催告，或者向人民法院提起诉讼。

»《中华人民共和国民事诉讼法》（2021 年修正）

第二百二十五条 按照规定可以背书转让的票据持有人，因票据被盗、遗失或者灭失，可以向票据支付地的基层人民法院申请公示催告。依照法律规定可以申请公示催告的其他事项，适用本章规定。

申请人应当向人民法院递交申请书，写明票面金额、发票人、持票人、背书人等票据主要内容和申请的理由、事实。

第二百二十六条　人民法院决定受理申请，应当同时通知支付人停止支付，并在三日内发出公告，催促利害关系人申报权利。公示催告的期间，由人民法院根据情况决定，但不得少于六十日。

第二百二十七条　支付人收到人民法院停止支付的通知，应当停止支付，至公示催告程序终结。

公示催告期间，转让票据权利的行为无效。

第二百二十八条　利害关系人应当在公示催告期间向人民法院申报。

人民法院收到利害关系人的申报后，应当裁定终结公示催告程序，并通知申请人和支付人。

申请人或者申报人可以向人民法院起诉。

第二百二十九条　没有人申报的，人民法院应当根据申请人的申请，作出判决，宣告票据无效。判决应当公告，并通知支付人。自判决公告之日起，申请人有权向支付人请求支付。

第二百三十条　利害关系人因正当理由不能在判决前向人民法院申报的，自知道或者应当知道判决公告之日起一年内，可以向作出判决的人民法院起诉。

»《最高人民法院关于适用〈中华人民共和国民事诉讼法〉的解释》（2022年3月22日修正）

第四百四十二条　民事诉讼法第二百二十五条规定的票据持有人，是指票据被盗、遗失或者灭失前的最后持有人。

第四百四十三条　人民法院收到公示催告的申请后，应当立即审查，并决定是否受理。经审查认为符合受理条件的，通知予以受理，并同时通知支付人停止支付；认为不符合受理条件的，七日内裁定驳回申请。

第四百四十四条　因票据丧失，申请公示催告的，人民法院应结合票据存根、丧失票据的复印件、出票人关于签发票据的证明、申请人合法取得票据的证明、银行挂失止付通知书、报案证明等证据，决定是否受理。

第四百四十五条　人民法院依照民事诉讼法第二百二十六条规定发出的受理申请的公告，应当写明下列内容：

（一）公示催告申请人的姓名或者名称；

（二）票据的种类、号码、票面金额、出票人、背书人、持票人、付款期限等事项以及其他可以申请公示催告的权利凭证的种类、号码、权利范围、权利人、义务人、行权日期等事项；

（三）申报权利的期间；

（四）在公示催告期间转让票据等权利凭证，利害关系人不申报的法律后果。

第四百四十六条　公告应当在有关报纸或者其他媒体上刊登，并于同日公布于人民法院公告栏内。人民法院所在地有证券交易所的，还应当同日在该交易所公布。

第四百四十七条　公告期间不得少于六十日，且公示催告期间届满日不得早于票据付款日后十五日。

第四百四十八条　在申报期届满后、判决作出之前，利害关系人申报权利的，应当适用民事诉讼法第二百二十八条第二款、第三款规定处理。

第四百四十九条　利害关系人申报权利，人民法院应当通知其向法院出示票据，并通知公示催告申请人在指定的期间查看该票据。公示催告申请人申请公示催告的票据与利害关系人出示的票据不一致的，应当裁定驳回利害关系人的申报。

第四百五十条　在申报权利的期间无人申报权利，或者申报被驳回的，申请人应当自公示催告期间届满之日起一个月内申请作出判决。逾期不申请判决的，终结公示催告程序。

裁定终结公示催告程序的，应当通知申请人和支付人。

第四百五十一条 判决公告之日起，公示催告申请人有权依据判决向付款人请求付款。

付款人拒绝付款，申请人向人民法院起诉，符合民事诉讼法第一百二十二条规定的起诉条件的，人民法院应予受理。

第四百五十二条 适用公示催告程序审理案件，可由审判员一人独任审理；判决宣告票据无效的，应当组成合议庭审理。

第四百五十三条 公示催告申请人撤回申请，应在公示催告前提出；公示催告期间申请撤回的，人民法院可以径行裁定终结公示催告程序。

第四百五十四条 人民法院依照民事诉讼法第二百二十七条规定通知支付人停止支付，应当符合有关财产保全的规定。支付人收到停止支付通知后拒不止付的，除可依照民事诉讼法第一百一十四条、第一百一十七条规定采取强制措施外，在判决后，支付人仍应承担付款义务。

第四百五十五条 人民法院依照民事诉讼法第二百二十八条规定终结公示催告程序后，公示催告申请人或者申报人向人民法院提起诉讼，因票据权利纠纷提起的，由票据支付地或者被告住所地人民法院管辖；因非票据权利纠纷提起的，由被告住所地人民法院管辖。

第四百五十六条 依照民事诉讼法第二百二十八条规定制作的终结公示催告程序的裁定书，由审判员、书记员署名，加盖人民法院印章。

第四百五十七条 依照民事诉讼法第二百三十条的规定，利害关系人向人民法院起诉的，人民法院可按票据纠纷适用普通程序审理。

第四百五十八条 民事诉讼法第二百三十条规定的正当理由，包括：

（一）因发生意外事件或者不可抗力致使利害关系人无法知道公告事实的；

（二）利害关系人因被限制人身自由而无法知道公告事实，或者虽然知道公告事实，但无法自己或者委托他人代为申报权利的；

（三）不属于法定申请公示催告情形的；

（四）未予公告或者未按法定方式公告的；

（五）其他导致利害关系人在判决作出前未能向人民法院申报权利的客观事由。

第四百五十九条 根据民事诉讼法第二百三十条的规定，利害关系人请求人民法院撤销除权判决的，应当将申请人列为被告。

利害关系人仅诉请确认其为合法持票人的，人民法院应当在裁判文书中写明，确认利害关系人为票据权利人的判决作出后，除权判决即被撤销。

四十二、公司清算案件

420. 申请公司清算

相关规范

»《中华人民共和国民法典》（2020 年）

第六十八条 【法人终止的原因】 有下列原因之一并依法完成清算、注销登记的，法人终止：

（一）法人解散；

（二）法人被宣告破产；

（三）法律规定的其他原因。

法人终止，法律、行政法规规定须经有关机关批准的，依照其规定。

»《中华人民共和国公司法》（2018 年修正）

第一百八十条 公司因下列原因解散：

（一）公司章程规定的营业期限届满或者公司章程规定的其他解散事由出现；

（二）股东会或者股东大会决议解散；

（三）因公司合并或者分立需要解散；

（四）依法被吊销营业执照、责令关闭或者被撤销；

（五）人民法院依照本法第一百八十三条的规定予以解散。

第一百八十一条 公司有本法第一百八十条第（一）项情形的，可以通过修改公司章程而存续。

依照前款规定修改公司章程，有限责任公司须经持有三分之二以上表决权的股东通过，股份有限公司须经出席股东大会会议的股东所持表决权的三分之二以上通过。

第一百八十二条 公司经营管理发生严重困难，继续存续会使股东利益受到重大损失，通过其他途径不能解决的，持有公司全部股东表决权百分之十以上的股东，可以请求人民法院解散公司。

第一百八十三条 公司因本法第一百八十条第（一）项、第（二）项、第（四）项、第（五）项规定而解散的，应当在解散事由出现之日起十五日内成立清算组，开始清算。有限责任公司的清算组由股东组成，股份有限公司的清算组由董事或者股东大会确定的人员组成。逾期不成立清算组进行清算的，债权人可以申请人民法院指定有关人员组成清算组进行清算。人民法院应当受理该申请，并及时组织清算组进行清算。

第一百八十四条 清算组在清算期间行使下列职权：

（一）清理公司财产，分别编制资产负债表和财产清单；

（二）通知、公告债权人；

（三）处理与清算有关的公司未了结的业务；

（四）清缴所欠税款以及清算过程中产生的税款；

（五）清理债权、债务；

（六）处理公司清偿债务后的剩余财产；

（七）代表公司参与民事诉讼活动。

第一百八十五条 清算组应当自成立之日起十日内通知债权人，并于六十日内在报纸上公告。债权人应当自接到通知书之日起三十日内，未接到通知书的自公告之日起四十五日内，向清算组申报其债权。

债权人申报债权，应当说明债权的有关事项，并提供证明材料。清算组应当对债权进行登记。

在申报债权期间，清算组不得对债权人进行清偿。

第一百八十六条 清算组在清理公司财产、编制资产负债表和财产清单后，应当制定清算方案，并报股东会、股东大会或者人民法院确认。

公司财产在分别支付清算费用、职工的工资、社会保险费用和法定补偿金，缴纳所欠税款，清偿公司债务后的剩余财产，有限责任公司按照股东的出资比例分配，股份有限公司按照股东持有的股份比例分配。

清算期间，公司存续，但不得开展与清算无关的经营活动。公司财产在未依照前款规定清偿前，不得分配给股东。

第一百八十七条 清算组在清理公司财产、编制资产负债表和财产清单后，发现公司财产不足清偿债务的，应当依法向人民法院申请宣告破产。

公司经人民法院裁定宣告破产后，清算组应当将清算事务移交给人民法院。

第一百八十八条 公司清算结束后，清算组应当制作清算报告，报股东会、股东大会或者人民法院确认，并报送公司登记机关，申请注销公司登记，公告公司终止。

》《最高人民法院关于适用〈中华人民共和国公司法〉若干问题的规定（二）》（2020年12月23日修正）

第七条 公司应当依照民法典第七十条、公司法第一百八十三条的规定，在解散事由出现之日起十五日内成立清算组，开始自行清算。

有下列情形之一，债权人、公司股东、董事或其他利害关系人申请人民法院指定清算组进行清算的，人民法院应予受理：

（一）公司解散逾期不成立清算组进行清算的；

（二）虽然成立清算组但故意拖延清算的；

（三）违法清算可能严重损害债权人或者股东利益的。

第九条 人民法院指定的清算组成员有下列情形之一的，人民法院可以根据债权人、公司股东、董事或其他利害关系人的申请，或者依职权更换清算组成员：

（一）有违反法律或者行政法规的行为；

（二）丧失执业能力或者民事行为能力；

（三）有严重损害公司或者债权人利益的行为。

》《最高人民法院关于审理公司强制清算案件工作座谈会纪要》（法发〔2009〕52号 2009年11月4日）

7. 公司债权人或者股东向人民法院申请强制清算应当提交清算申请书。申请书应当载明申请人、被申请人的基本情况和申请的事实和理由。同时，申请人应当向人民法院提交被申请人已经发生解散事由以及申请人对被申请人享有债权或者股权的有关证据。公司解散后已经自行成立清算组进行清算，但债权人或者股东以其故意拖延清算，或者存在其他违法清算可能严重损害债权人或者股东利益为由，申请人民法院强制清算的，申请人还应当向人民法院提交公司故意拖延清算，或者存在其他违法清算行为可能严重损害其利益的相应证据材料。

8. 申请人提交的材料需要更正、补充的，人民法院应当责令申请人于七日内予以更正、补充。申请人由于客观原因无法按时更正、补充的，应当向人民法院予以书面说明并提出延期申请，由人民法院决定是否延长期限。

9. 审理强制清算案件的审判庭审查决定是否受理强制清算申请时，一般应当召开听证会。对于事实清楚、法律关系明确、证据确实充分的案件，经书面通知被申请人，其对书面审查方式无异议的，也可决定不召开听证会，而采用书面方式进行审查。

10. 人民法院决定召开听证会的，应当

于听证会召开五日前通知申请人、被申请人，并送达相关申请材料。公司股东、实际控制人等利害关系人申请参加听证的，人民法院应予准许。听证会中，人民法院应当组织有关利害关系人对申请人是否具备申请资格、被申请人是否已经发生解散事由、强制清算申请是否符合法律规定等内容进行听证。因补充证据等原因需要再次召开听证会的，应在补充期限届满后十日内进行。

11. 人民法院决定不召开听证会的，应当及时通知申请人和被申请人，并向被申请人送达有关申请材料，同时告知被申请人若对申请人的申请有异议，应当自收到人民法院通知之日起七日内向人民法院书面提出。

12. 人民法院应当在听证会召开之日或者自异议期满之日起十日内，依法作出是否受理强制清算申请的裁定。

13. 被申请人就申请人对其是否享有债权或者股权，或者对被申请人是否发生解散事由提出异议的，人民法院对申请人提出的强制清算申请应不予受理。申请人可就有关争议单独提起诉讼或者仲裁予以确认后，另行向人民法院提起强制清算申请。但对上述异议事项已有生效法律文书予以确认，以及发生被吊销企业法人营业执照、责令关闭或者被撤销等解散事由有明确、充分证据的除外。

14. 申请人提供被申请人自行清算中故意拖延清算，或者存在其他违法清算可能严重损害债权人或者股东利益的相应证据材料后，被申请人未能举出相反证据的，人民法院对申请人提出的强制清算申请应予受理。债权人申请强制清算，被申请人的主要财产、账册、重要文件等灭失，或者被申请人人员下落不明，导致无法清算的，人民法院不得以此为由不予受理。

15. 人民法院受理强制清算申请后，经审查发现强制清算申请不符合法律规定的，可以裁定驳回强制清算申请。

16. 人民法院裁定不予受理或者驳回受理申请，申请人不服的，可以向上一级人民法院提起上诉。

17. 人民法院裁定受理公司强制清算申请前，申请人请求撤回其申请的，人民法院应予准许。

18. 公司因公司章程规定的营业期限届满或者公司章程规定的其他解散事由出现，或者股东会、股东大会决议自愿解散的，人民法院受理强制清算申请后，清算组对股东进行剩余财产分配前，申请人以公司修改章程，或者股东会、股东大会决议公司继续存续为由，请求撤回强制清算申请的，人民法院应予准许。

19. 公司因依法被吊销营业执照、责令关闭或者被撤销，或者被人民法院判决强制解散的，人民法院受理强制清算申请后，清算组对股东进行剩余财产分配前，申请人向人民法院申请撤回强制清算申请的，人民法院应不予准许。但申请人有证据证明相关行政决定被撤销，或者人民法院作出解散公司判决后当事人又达成公司存续和解协议的除外。

21. 人民法院裁定受理强制清算申请前，申请人请求撤回申请，人民法院准许的，强制清算案件的申请费不再从被申请人财产中予以拨付；人民法院受理强制清算申请后，申请人请求撤回申请，人民法院准许的，已经从被申请人财产中优先拨付的强制清算案件申请费不予退回。

30. 人民法院受理强制清算申请前已经开始，人民法院受理强制清算申请时尚未审结的有关被强制清算公司的民事诉讼，由原受理法院继续审理，但应依法将原法定代表人变更为清算组负责人。

31. 人民法院受理强制清算申请后，就强制清算公司的权利义务产生争议的，应当向受理强制清算申请的人民法院提起诉讼，并由清算组负责人代表清算中公司参加诉讼活动。受理强制清算申请的人民法院对此类案件，可以适用民事诉讼法第三十七条和第三十九条的规定确定审理法院。上述案件在受理法院内部各审判庭之间按照业务分工进行审理。人民法院受理强制清算申请后，就强制清算公司的权利义务产生争议，当事人双方就产生争议约定有明确有效的仲裁条款的，应当按照约定通过仲裁方式解决。

四十三、破产程序案件

421. 申请破产清算

相关规范

》《中华人民共和国民法典》（2020年）

第六十八条　【法人终止的原因】 有下列原因之一并依法完成清算、注销登记的，法人终止：

（一）法人解散；

（二）法人被宣告破产；

（三）法律规定的其他原因。

法人终止，法律、行政法规规定须经有关机关批准的，依照其规定。

第六十九条　【法人解散的情形】 有下列情形之一的，法人解散：

（一）法人章程规定的存续期间届满或者法人章程规定的其他解散事由出现；

（二）法人的权力机构决议解散；

（三）因法人合并或者分立需要解散；

（四）法人依法被吊销营业执照、登记证书，被责令关闭或者被撤销；

（五）法律规定的其他情形。

第七十条　【法人解散后的清算】 法人解散的，除合并或者分立的情形外，清算义务人应当及时组成清算组进行清算。

法人的董事、理事等执行机构或者决策机构的成员为清算义务人。法律、行政法规另有规定的，依照其规定。

清算义务人未及时履行清算义务，造成损害的，应当承担民事责任；主管机关或者利害关系人可以申请人民法院指定有关人员组成清算组进行清算。

第七十一条　【清算适用的法律依据】 法人的清算程序和清算组职权，依照有关法律的规定；没有规定的，参照适用公司法律的有关规定。

第七十二条　【清算中法人地位、清算后剩余财产的处理和法人终止】 清算期间法人存续，但是不得从事与清算无关的活动。

法人清算后的剩余财产，按照法人章程的规定或者法人权力机构的决议处理。法律另有规定的，依照其规定。

清算结束并完成法人注销登记时，法人终止；依法不需要办理法人登记的，清算结束时，法人终止。

第七十三条　【法人破产】 法人被宣告破产的，依法进行破产清算并完成法人注销登记时，法人终止。

》《中华人民共和国企业破产法》（2006年）

第二条　企业法人不能清偿到期债务，并且资产不足以清偿全部债务或者明显缺乏清偿能力的，依照本法规定清理债务。

企业法人有前款规定情形，或者有明显丧失清偿能力可能的，可以依照本法规定进行重整。

第七条　债务人有本法第二条规定的情形，可以向人民法院提出重整、和解或者破产清算申请。

债务人不能清偿到期债务，债权人可以向人民法院提出对债务人进行重整或者破产清算的申请。

企业法人已解散但未清算或者未清算完毕，资产不足以清偿债务的，依法负有清算责任的人应当向人民法院申请破产清算。

第九条 人民法院受理破产申请前，申请人可以请求撤回申请。

第一百三十四条 商业银行、证券公司、保险公司等金融机构有本法第二条规定情形的，国务院金融监督管理机构可以向人民法院提出对该金融机构进行重整或者破产清算的申请。国务院金融监督管理机构依法对出现重大经营风险的金融机构采取接管、托管等措施的，可以向人民法院申请中止以该金融机构为被告或者被执行人的民事诉讼程序或者执行程序。

金融机构实施破产的，国务院可以依据本法和其他有关法律的规定制定实施办法。

》《中华人民共和国公司法》（2018 年修正）

第一百八十七条 清算组在清理公司财产、编制资产负债表和财产清单后，发现公司财产不足清偿债务的，应当依法向人民法院申请宣告破产。

公司经人民法院裁定宣告破产后，清算组应当将清算事务移交给人民法院。

》《最高人民法院关于审理企业破产案件若干问题的规定》（法释〔2002〕23 号 2002 年 7 月 30 日）

第一条 企业破产案件由债务人住所地人民法院管辖。债务人住所地指债务人的主要办事机构所在地。债务人无办事机构的，由其注册地人民法院管辖。

第二条 基层人民法院一般管辖县、县级市或者区的工商行政管理机关核准登记企业的破产案件；

中级人民法院一般管辖地区、地级市（含本级）以上的工商行政管理机关核准登记企业的破产案件；

纳入国家计划调整的企业破产案件，由中级人民法院管辖。

第三条 上级人民法院审理下级人民法院管辖的企业破产案件，或者将本院管辖的企业破产案件移交下级人民法院审理，以及下级人民法院需要将自己管辖的企业破产案件交由上级人民法院审理的，依照民事诉讼法第三十九条的规定办理；省、自治区、直辖市范围内因特殊情况需对个别企业破产案件的地域管辖作调整的，须经共同上级人民法院批准。

第四十七条 人民法院应当自裁定宣告企业破产之日起十五日内成立清算组。

第四十八条 清算组成员可以从破产企业上级主管部门、清算中介机构以及会计、律师中产生，也可以从政府财政、工商管理、计委、经委、审计、税务、物价、劳动、社会保险、土地管理、国有资产管理、人事等部门中指定。人民银行分（支）行可以按照有关规定派人参加清算组。

第四十九条 清算组经人民法院同意可以聘请破产清算机构、律师事务所、会计事务所等中介机构承担一定的破产清算工作。中介机构就清算工作向清算组负责。

》《最高人民法院关于适用〈中华人民共和国企业破产法〉若干问题的规定（一）》（法释〔2011〕22 号 2011 年 9 月 9 日）

第五条 企业法人已解散但未清算或者未在合理期限内清算完毕，债权人申请债务人破产清算的，除债务人在法定异议期限内举证证明其未出现破产原因外，人民法院应当受理。

第六条 债权人申请债务人破产的，应当提交债务人不能清偿到期债务的有关证据。债务人对债权人的申请未在法定期限内向人民法院提出异议，或者异议不成立的，人民法院应当依法裁定受理破产申请。

受理破产申请后，人民法院应当责令债

务人依法提交其财产状况说明、债务清册、债权清册、财务会计报告等有关材料，债务人拒不提交的，人民法院可以对债务人的直接责任人员采取罚款等强制措施。

第七条 人民法院收到破产申请时，应当向申请人出具收到申请及所附证据的书面凭证。

人民法院收到破产申请后应当及时对申请人的主体资格、债务人的主体资格和破产原因，以及有关材料和证据等进行审查，并依据企业破产法第十条的规定作出是否受理的裁定。

人民法院认为申请人应当补充、补正相关材料的，应当自收到破产申请之日起五日内告知申请人。当事人补充、补正相关材料的期间不计入企业破产法第十条规定的期限。

》《最高人民法院关于个人独资企业清算是否可以参照适用企业破产法规定的破产清算程序的批复》（法释〔2012〕16号 2012年12月11日）

贵州省高级人民法院：

你院《关于个人独资企业清算是否可以参照适用破产清算程序的请示》（〔2012〕黔高研请字第2号）收悉。经研究，批复如下：

根据《中华人民共和国企业破产法》第一百三十五条的规定，在个人独资企业不能清偿到期债务，并且资产不足以清偿全部债务或者明显缺乏清偿能力的情况下，可以参照适用企业破产法规定的破产清算程序进行清算。

根据《中华人民共和国个人独资企业法》第三十一条的规定，人民法院参照适用破产清算程序裁定终结个人独资企业的清算程序后，个人独资企业的债权人仍然可以就其未获清偿的部分向投资人主张权利。

》《最高人民法院关于适用〈中华人民共和国企业破产法〉若干问题的规定（二）》（2020年12月23日修正）

第五条 破产申请受理后，有关债务人财产的执行程序未依照企业破产法第十九条的规定中止的，采取执行措施的相关单位应当依法予以纠正。依法执行回转的财产，人民法院应当认定为债务人财产。

第六条 破产申请受理后，对于可能因有关利益相关人的行为或者其他原因，影响破产程序依法进行的，受理破产申请的人民法院可以根据管理人的申请或者依职权，对债务人的全部或者部分财产采取保全措施。

第七条 对债务人财产已采取保全措施的相关单位，在知悉人民法院已裁定受理有关债务人的破产申请后，应当依照企业破产法第十九条的规定及时解除对债务人财产的保全措施。

第八条 人民法院受理破产申请后至破产宣告前裁定驳回破产申请，或者依据企业破产法第一百零八条的规定裁定终结破产程序的，应当及时通知原已采取保全措施并已依法解除保全措施的单位按照原保全顺位恢复相关保全措施。

在已依法解除保全的单位恢复保全措施或者表示不再恢复之前，受理破产申请的人民法院不得解除对债务人财产的保全措施。

第四十七条 人民法院受理破产申请后，当事人提起的有关债务人的民事诉讼案件，应当依据企业破产法第二十一条的规定，由受理破产申请的人民法院管辖。

受理破产申请的人民法院管辖的有关债务人的第一审民事案件，可以依据民事诉讼法第三十八条的规定，由上级人民法院提审，或者报请上级人民法院批准后交下级人民法院审理。

受理破产申请的人民法院，如对有关债务人的海事纠纷、专利纠纷、证券市场因虚假陈述引发的民事赔偿纠纷等案件不能行使管辖权的，可以依据民事诉讼法第三十七条的规定，由上级人民法院指定管辖。

》《最高人民法院印发〈全国法院破产审判工作会议纪要〉的通知》（法〔2018〕53 号　2018 年 3 月 4 日）

23. 破产宣告的条件。人民法院受理破产清算申请后，第一次债权人会议上无人提出重整或和解申请的，管理人应当在债权审核确认和必要的审计、资产评估后，及时向人民法院提出宣告破产的申请。人民法院受理破产和解或重整申请后，债务人出现应当宣告破产的法定原因时，人民法院应当依法宣告债务人破产。

24. 破产宣告的程序及转换限制。相关主体向人民法院提出宣告破产申请的，人民法院应当自收到申请之日起七日内作出破产宣告裁定并进行公告。债务人被宣告破产后，不得再转入重整程序或和解程序。

30. 破产清算程序的终结。人民法院终结破产清算程序应当以查明债务人财产状况、明确债务人财产的分配方案、确保破产债权获得依法清偿为基础。破产申请受理后，经管理人调查，债务人财产不足以清偿破产费用且无人代为清偿或垫付的，人民法院应当依管理人申请宣告破产并裁定终结破产清算程序。

422. 申请破产重整

相关规范

》《中华人民共和国企业破产法》（2006 年）

第二条　企业法人不能清偿到期债务，并且资产不足以清偿全部债务或者明显缺乏清偿能力的，依照本法规定清理债务。

企业法人有前款规定情形，或者有明显丧失清偿能力可能的，可以依照本法规定进行重整。

第七条　债务人有本法第二条规定的情形，可以向人民法院提出重整、和解或者破产清算申请。

债务人不能清偿到期债务，债权人可以向人民法院提出对债务人进行重整或者破产清算的申请。

企业法人已解散但未清算或者未清算完毕，资产不足以清偿债务的，依法负有清算责任的人应当向人民法院申请破产清算。

第八条　向人民法院提出破产申请，应当提交破产申请书和有关证据。

破产申请书应当载明下列事项：

（一）申请人、被申请人的基本情况；

（二）申请目的；

（三）申请的事实和理由；

（四）人民法院认为应当载明的其他事项。

债务人提出申请的，还应当向人民法院提交财产状况说明、债务清册、债权清册、有关财务会计报告、职工安置预案以及职工工资的支付和社会保险费用的缴纳情况。

第九条　人民法院受理破产申请前，申请人可以请求撤回申请。

第七十条　债务人或者债权人可以依照本法规定，直接向人民法院申请对债务人进行重整。

债权人申请对债务人进行破产清算的，在人民法院受理破产申请后、宣告债务人破产前，债务人或者出资额占债务人注册资本十分之一以上的出资人，可以向人民法院申请重整。

第七十一条　人民法院经审查认为重整申请符合本法规定的，应当裁定债务人重整，并予以公告。

第一百三十四条　商业银行、证券公司、保险公司等金融机构有本法第二条规定情形的，国务院金融监督管理机构可以向人民法院提出对该金融机构进行重整或者破产清算的申请。国务院金融监督管理机构依法对出现重大经营风险的金融机构采取接管、托管等措施的，可以向人民法院申请中止以该金融机构为被告或者被执行人的民事诉讼程序或者执行程序。

金融机构实施破产的，国务院可以依据本法和其他有关法律的规定制定实施办法。

《最高人民法院关于审理企业破产案件若干问题的规定》（法释〔2002〕23号 2002年7月30日）

第二条 基层人民法院一般管辖县、县级市或者区的工商行政管理机关核准登记企业的破产案件；

中级人民法院一般管辖地区、地级市（含本级）以上的工商行政管理机关核准登记企业的破产案件；

纳入国家计划调整的企业破产案件，由中级人民法院管辖。

《最高人民法院关于适用〈中华人民共和国企业破产法〉若干问题的规定（二）》（2020年12月23日修正）

第四条 债务人对按份享有所有权的共有财产的相关份额，或者共同享有所有权的共有财产的相应财产权利，以及依法分割共有财产所得部分，人民法院均应认定为债务人财产。

人民法院宣告债务人破产清算，属于共有财产分割的法定事由。人民法院裁定债务人重整或者和解的，共有财产的分割应当依据民法典第三百零三条的规定进行；基于重整或者和解的需要必须分割共有财产，管理人请求分割的，人民法院应予准许。

因分割共有财产导致其他共有人损害产生的债务，其他共有人请求作为共益债务清偿的，人民法院应予支持。

第四十条 债务人重整期间，权利人要求取回债务人合法占有的权利人的财产，不符合双方事先约定条件的，人民法院不予支持。但是，因管理人或者自行管理的债务人违反约定，可能导致取回物被转让、毁损、灭失或者价值明显减少的除外。

《最高人民法院印发〈全国法院破产审判工作会议纪要〉的通知》（法〔2018〕53号 2018年3月4日）

14. 重整企业的识别审查。破产重整的对象应当是具有挽救价值和可能的困境企业；对于僵尸企业，应通过破产清算，果断实现市场出清。人民法院在审查重整申请时，根据债务人的资产状况、技术工艺、生产销售、行业前景等因素，能够认定债务人明显不具备重整价值以及拯救可能性的，应裁定不予受理。

15. 重整案件的听证程序。对于债权债务关系复杂、债务规模较大，或者涉及上市公司重整的案件，人民法院在审查重整申请时，可以组织申请人、被申请人听证。债权人、出资人、重整投资人等利害关系人经人民法院准许，也可以参加听证。听证期间不计入重整申请审查期限。

16. 重整计划的制定及沟通协调。人民法院要加强与管理人或债务人的沟通，引导其分析债务人陷于困境的原因，有针对性地制定重整计划草案，促使企业重新获得盈利能力，提高重整成功率。人民法院要与政府建立沟通协调机制，帮助管理人或债务人解决重整计划草案制定中的困难和问题。

17. 重整计划的审查与批准。重整不限于债务减免和财务调整，重整的重点是维持企业的营运价值。人民法院在审查重整计划时，除合法性审查外，还应审查其中的经营方案是否具有可行性。重整计划中关于企业重新获得盈利能力的经营方案具有可行性、表决程序合法、内容不损害各表决组中反对者的清偿利益的，人民法院应当自收到申请之日起三十日内裁定批准重整计划。

18. 重整计划草案强制批准的条件。人民法院应当审慎适用企业破产法第八十七条第二款，不得滥用强制批准权。确需强制批准重整计划草案的，重整计划草案除应当符合企业破产法第八十七条第二款规定外，如债权人分多组的，还应当至少有一组已经通过重整计划草案，且各表决组中反对者能够获得的清偿利益不低于依照破产清算程序所能获得的利益。

19. 重整计划执行中的变更条件和程序。债务人应严格执行重整计划，但因出现国家政策调整、法律修改变化等特殊情况，导致原重整计划无法执行的，债务人或管理人可以申请变更重整计划一次。债权人会议决议同意变更重整计划的，应自决议通过之日起十日内提请人民法院批准。债权人会议决议不同意或者人民法院不批准变更申请的，人民法院经管理人或者利害关系人请求，应当裁定终止重整计划的执行，并宣告债务人破产。

20. 重整计划变更后的重新表决与裁定批准。人民法院裁定同意变更重整计划的，债务人或者管理人应当在六个月内提出新的重整计划。变更后的重整计划应提交给因重整计划变更而遭受不利影响的债权人组和出资人组进行表决。表决、申请人民法院批准以及人民法院裁定是否批准的程序与原重整计划的相同。

21. 重整后企业正常生产经营的保障。企业重整后，投资主体、股权结构、公司治理模式、经营方式等与原企业相比，往往发生了根本变化，人民法院要通过加强与政府的沟通协调，帮助重整企业修复信用记录，依法获取税收优惠，以利于重整企业恢复正常生产经营。

22. 探索推行庭外重组与庭内重整制度的衔接。在企业进入重整程序之前，可以先由债权人与债务人、出资人等利害关系人通过庭外商业谈判，拟定重组方案。重整程序启动后，可以重组方案为依据拟定重整计划草案提交人民法院依法审查批准。

指导案例

江苏省纺织工业（集团）进出口有限公司及其五家子公司实质合并破产重整案（最高人民法院指导案例163号　2021年9月18日发布）

【关键词】　民事　破产重整　实质合并破产　关联企业　债转股　预表决

【裁判要点】

1. 当事人申请对关联企业合并破产的，人民法院应当对合并破产的必要性、正当性进行审查。关联企业成员的破产应当以适用单个破产程序为原则，在关联企业成员之间出现法人人格高度混同、区分各关联企业成员财产成本过高、严重损害债权人公平清偿利益的情况下，可以依申请例外适用关联企业实质合并破产方式进行审理。

2. 采用实质合并破产方式的，各关联企业成员之间的债权债务归于消灭，各成员的财产作为合并后统一的破产财产，由各成员的债权人作为一个整体在同一程序中按照法定清偿顺位公平受偿。合并重整后，各关联企业原则上应当合并为一个企业，但债权人会议表决各关联企业继续存续，人民法院审查认为确有需要的，可以准许。

3. 合并重整中，重整计划草案的制定应当综合考虑进入合并的关联企业的资产及经营优势、合并后债权人的清偿比例、出资人权益调整等因素，保障各方合法权益；同时，可以灵活设计“现金＋债转股”等清偿方案，通过“预表决”方式事先征求债权人意见并以此为基础完善重整方案，推动重整的顺利进行。

【基本案情】

申请人：江苏省纺织工业（集团）进出口有限公司、江苏省纺织工业（集团）轻纺进出口有限公司、江苏省纺织工业（集团）针织进出口有限公司、江苏省纺织工业（集团）机电进出口有限公司、无锡新苏纺国际贸易有限公司、江苏省纺织工业（集团）服装进出口有限公司共同的管理人。

被申请人：江苏省纺织工业（集团）进出口有限公司、江苏省纺织工业（集团）轻纺进出口有限公司、江苏省纺织工业（集团）针织进出口有限公司、江苏省纺织工业（集团）机电进出口有限公司、无锡新苏纺国际贸易有限公司、江苏省纺织工业（集团）服装进出口有限公司。

2017年1月24日，南京市中级人民法院（以下简称南京中院）根据镇江福源纺织科技有限公司的申请，裁定受理江苏省纺织工业（集团）进出口有限公司（以下简称省纺织进出口公司）破产重整案，并于同日指定江苏东恒律师事务所担任管理人。2017年6月14日，南京中院裁定受理省纺织进出口公司对江苏省纺织工业（集团）轻纺进出口有限公司（以下简称省轻纺公司）、江苏省纺织工业（集团）针织进出口有限公司（以下简称省针织公司）、江苏省纺织工业（集团）机电进出口有限公司（以下简称省机电公司）、无锡新苏纺国际贸易有限公司（以下简称无锡新苏纺公司）的重整申请及省轻纺公司对江苏省纺织工业（集团）服装进出口有限公司（以下简称省服装公司）的重整申请（其中，省纺织进出口公司对无锡新苏纺公司的重整申请经请示江苏省高级人民法院，指定由南京中院管辖）。同日，南京中院指定江苏东恒律师事务所担任管理人，在程序上对六家公司进行协调审理。2017年8月11日，管理人以省纺织进出口公司、省轻纺公司、省针织公司、省机电公司、无锡新苏纺公司、省服装公司等六家公司人格高度混同为由，向南京中院申请对上述六家公司进行实质合并重整。

法院经审理查明：

一、案涉六家公司股权情况

省纺织进出口公司注册资本5500万元，其中江苏省纺织（集团）总公司（以下简称省纺织集团）出资占60.71%，公司工会出资占39.29%。省轻纺公司、省针织公司、省机电公司、无锡新苏纺公司、省服装公司（以下简称五家子公司）注册资本分别为1000万元、500万元、637万元、1000万元、1000万元，省纺织进出口公司在五家子公司均出资占51%，五家子公司的其余股份均由职工持有。

二、案涉六家公司经营管理情况

1. 除无锡新苏纺公司外，其余案涉公司均登记在同一地址，法定代表人存在互相交叉任职的情况，且五家子公司的法定代表人均为省纺织进出口公司的高管人员，财务人员及行政人员亦存在共用情形，其中五家子公司与省纺织进出口公司共用财务人员进行会计核算，付款及报销最终审批人员相同。

2. 省纺织进出口公司和五家子公司间存在业务交叉混同情形，五家子公司的业务由省纺织进出口公司具体安排，且省纺织进出口公司与五家子公司之间存在大量关联债务及担保。

为防止随意对关联企业进行合并，损害公司的独立人格，损害部分债权人等利益相关者的合法权益，在收到合并重整申请后，南京中院对申请人提出的申请事项和事实理由进行了审查，同时组织债权人代表、债务人代表、职工代表、管理人、审计机构等进行全面的听证，听取各方关于公司是否存在混同事实的陈述，同时对管理人清理的债权债务情况、审计报告，以及各方提交的证据进行全面的审核，并听取了各方对于合并破产重整的意见。

【裁判结果】

依照企业破产法第一条、第二条规定，南京中院于2017年9月29日作出（2017）苏01破1、6、7、8、9、10号民事裁定：省轻纺公司、省针织公司、省机电公司、无锡新苏纺公司、省服装公司与省纺织进出口公司合并重整。

依照企业破产法第八十六条第二款之规定，南京中院于2017年12月8日作出（2017）苏01破1、6、7、8、9、10号之二民事裁定：一、批准省纺织进出口公司、省轻纺公司、省针织公司、省机电公司、无锡新苏纺公司、省服装公司合并重整计划；二、终止省纺织进出口公司、省轻纺公司、省针织公司、省机电公司、无锡新苏纺公司、省服装公司合并重整程序。

【裁判理由】

法院生效裁判认为：公司人格独立是公司制度的基石，关联企业成员的破产亦应以适用单个破产程序为原则。但当关联企业成员之间存在法人人格高度混同、区分各关联企业成员财产成本过高、严重损害债权人公平清偿利益时，可以适用关联企业实质合并破产方式进行审理，从而保障全体债权人能够公平受偿。

本案中，案涉六家公司存在人格高度混同情形，主要表现在：人员任职高度交叉，未形成完整独立的组织架构；共用财务及审批人员，缺乏独立的财务核算体系；业务高度交叉混同，形成高度混同的经营体，客观上导致六家公司收益难以正当区分；六家公司之间存在大量关联债务及担保，导致各公司的资产不能完全相互独立，债权债务清理极为困难。在此情形下，法院认为，及时对各关联企业进行实质性的合并，符合破产法关于公平清理债权债务、公平保护债权人、债务人合法权益的原则要求。企业破产法的立法宗旨在于规范破产程序，公平清理债权债务，公平保护全体债权人和债务人的合法权益，从而维护社会主义市场经济秩序。在关联企业存在人格高度混同及不当利益输送的情形下，不仅严重影响各关联企业的债权人公平受偿，同时也严重影响了社会主义市场经济的公平竞争原则，从根本上违反了企业破产法的实质精神。在此情形下，对人格高度混同的关联企业进行合并重整，纠正关联企业之间不当利益输送、相互控制等违法违规行为，保障各关联企业的债权人公平实现债权，符合法律规定。具体到债权人而言，在分别重整的情形下，各关联企业中的利益实质输入企业的普通债权人将获得额外清偿，而利益实质输出企业的普通债权人将可能遭受损失。因此，在关联企业法人人格高度混同的情况下，单独重整将可能导致普通债权人公平受偿的权利受到损害。进行合并后的整体重整，部分账面资产占优势的关联企业债权人的债权清偿率，虽然可能较分别重整有所降低，使其利益表面上受损，但此种差异的根源在于各关联企业之间先前的不当关联关系，合并重整进行债务清偿正是企业破产法公平清理债权债务的体现。

依照企业破产法第一条、第二条规定，南京中院于 2017 年 9 月 29 日作出（2017）苏01 破 1、6、7、8、9、10 号民事裁定：省轻纺公司、省针织公司、省机电公司、无锡新苏纺公司、省服装公司与省纺织进出口公司合并重整。

合并重整程序启动后，管理人对单个企业的债权进行合并处理，同一债权人对六家公司同时存在债权债务的，经合并进行抵销后对债权余额予以确认，六家关联企业相互之间的债权债务在合并中作抵销处理，并将合并后的全体债权人合为一个整体进行分组。根据破产法规定，债权人分为有财产担保债权组、职工债权组、税款债权组、普通债权组，本案因全体职工的劳动关系继续保留，不涉及职工债权清偿问题，且税款已按期缴纳，故仅将债权人分为有财产担保债权组和普通债权组。同时设出资人组对出资人权益调整方案进行表决。

鉴于省纺织进出口公司作为省内具有较高影响力的纺织外贸企业，具有优质的经营资质及资源，同时五家子公司系外贸企业的重要平台，故重整计划以省纺织进出口公司等六家公司作为整体，引入投资人，综合考虑进入合并的公司的资产及经营优势、合并后债权人的清偿、出资人权益的调整等，予以综合设计编制。其中重点内容包括：

一、引入优质资产进行重组，盘活企业经营。进入重整程序前，案涉六家公司已陷入严重的经营危机，重整能否成功的关键在于是否能够真正盘活企业经营。基于此，本案引入苏豪控股、省纺织集团等公司作为重整投资方，以所持上市公司股权等优质资产对省纺织进出口公司进行增资近 12 亿元。通过优质资产的及时注入对企业进行重组，形成新的经济增长因子，盘活关联企业的整体资源，提高债务清偿能力，恢复企业的经营能力，为重塑企业核心竞争力和顺利推进重整方案执行奠定了坚实基础。同时，作为外贸企业，员工的保留是企业能够获得重生的重要保障。重整计划制定中，根据外贸企业特点，保留全部职工，并通过职工股权注入的方式，形成企业经营的合力和保障，从而保障重整成功后的企业能够真正获得重生。

二、调整出资人权益，以“现金＋债转股”的方式统一清偿债务，并引入“预表决”机制。案涉六家公司均系外贸公司，自有资产较少，在债务清偿方式上，通过先行对部分企业资产进行处置，提供偿债资金来源。在清偿方式上，对有财产担保、无财产担保债权人进行统一的区分。对有财产担保的债权人，根据重整程序中已处置的担保财产价值及未处置的担保财产的评估价值，确定有财产担保的债权人优先受偿的金额，对有财产担保债权人进行全额现金清偿。对无财产担保的普通债权人，采用部分现金清偿、部分以股权置换债权（债转股）的方式清偿的复合型清偿方式，保障企业的造血、重生能力，最大化保障债权人的利益。其中，将增资入股股东的部分股权与债权人的债权进行置换（债转股部分），具体而言，即重整投资方省纺织集团以所持（将其所持的）省纺织进出口公司的部分股份，交由管理人按比例置换债权人所持有的债权的方式进行清偿，省纺织集团免除省纺织进出口公司及五家子公司对其负有的因置换而产生的债务。清偿完毕后，债权人放弃对省纺织进出口公司及五家子公司的全部剩余债权。由于采用了“现金＋债转股”的复合型清偿方式，债权人是否愿意以此种方式进行受偿，是能否重整成功的关键。因此，本案引入了“预表决”机制，在重整计划草案的制定中，由管理人就债转股的必要性、可行性及清偿的具体方法进行了预先的说明，并由债权人对此预先书面发表意见，在此基础上制定完善重整计划草案，并提交债权人会议审议表决。从效果看，通过“债转股”方式清偿债务，在重整计划制定过程中进行预表决，较好地保障了债权人的知情权和选择权，自主发表意见，从而使“债转股”清偿方式得以顺利进行。

2017 年 11 月 22 日，案涉六家公司合并重整后召开第一次债权人会议。管理人向债权人会议提交了合并重整计划草案，各关联企业继续存续。经表决，有财产担保债权组 100% 同意，普通债权组亦 93.6% 表决通过计划草案，出资人组会议也 100% 表决通过出资人权益调整方案。法院经审查认为，合并重整计划制定、表决程序合法，内容符合法律规定，公平对待债权人，对出资人权益调整公平、公正，经营方案具有可行性。依照《中华人民共和国企业破产法》第八十六条第二款之规定，南京中院于 2017 年 12 月 8 日作出（2017）苏 01 破 1、6、7、8、9、10 号之二民事裁定：一、批准省纺织进出口公司、省轻纺公司、省针织公司、省机电公司、无锡新苏纺公司、省服装公司合并重整计划；二、终止省纺织进出口公司、省轻纺公司、省针织公司、省机电公司、无锡新苏纺公司、省服装公司合并重整程序。

江苏苏醇酒业有限公司及关联公司实质合并破产重整案（最高人民法院指导案例 164 号　2021 年 9 月 18 日发布）

【关键词】　民事　破产重整　实质合并破产　投资人试生产　利益衡平　监督

【裁判要点】

在破产重整过程中，破产企业面临生产许可证等核心优质资产灭失、机器设备闲置贬损等风险，投资人亦希望通过试生产全面了解企业经营实力的，管理人可以向人民法院申请由投资人先行投入部分资金进行试生产。破产企业核心资产的存续直接影响到破产重整目的的实现，管理人的申请有利于恢复破产企业持续经营能力，有利于保障各方当事人的利益，该试生产申请符合破产保护理念，人民法院经审查，可以准许。同时，投资人试生产在获得准许后，应接受人民法院、管理人及债权人的监督，以公平保护各方的合法权益。

【基本案情】

江苏苏醇酒业有限公司（以下简称苏醇

公司）是江苏省睢宁县唯一一家拥有酒精生产许可证的企业，对于地方经济发展具有重要影响。2013 年以来，由于企业盲目扩张，经营管理混乱，造成资金链断裂，并引发多起诉讼。徐州得隆生物科技有限公司、徐州瑞康食品科技有限公司系苏醇公司关联企业，三家公司均是从事农产品深加工的生物科技公司。截至破产重整受理前，三家公司资产总额 1.25 亿元，负债总额 4.57 亿元，资产负债率达 365.57%。2017 年 12 月 29 日，三家公司以引进投资人、重振企业为由，分别向江苏省睢宁县人民法院（以下简称睢宁法院）申请破产重整。睢宁法院经审查认为，三家公司基础和发展前景较好，酒精生产资质属于稀缺资源，具有重整价值，遂于 2018 年 1 月 12 日分别裁定受理三家公司的破产重整申请。因三家公司在经营、财务、人员、管理等方面出现高度混同，且区分各关联企业成员财产的成本过高，遂依照《全国法院破产审判工作会议纪要》第 32 条规定，依据管理人的申请，于 2018 年 6 月 25 日裁定三家公司实质合并破产重整。

重整期间，投资人徐州常青生物科技有限公司在对苏醇公司的现状进场调查后提出：苏醇公司已经停产停业多年，其核心资产酒精生产许可证已经脱审，面临灭失风险，还存在职工流失、机器设备闲置贬损以及消防、环保等安全隐患等影响重整的情况。同时，企业原管理层早已陷于瘫痪状态，无能力继续进行相关工作，公司账面无可用资金供管理人化解危机。在此情况下，管理人提出由重整投资人先行投入部分资金恢复企业部分产能的方案。

【裁判结果】

2018 年 6 月 25 日，江苏省睢宁县人民法院作出（2018）苏 0324 破 1 号民事裁定书，裁定江苏苏醇酒业有限公司、徐州得隆生物科技有限公司、徐州瑞康食品科技有限公司实质合并破产重整。2019 年 7 月 5 日，江苏省睢宁县人民法院作出（2018）苏 0324 破 1 号之四决定书，准许投资人徐州常青生物科技有限公司进行试生产。2019 年 11 月 30 日、12 月 1 日，江苏苏醇酒业有限公司第二次债权人会议召开，各代表债权组均表决通过了江苏苏醇酒业有限公司破产管理人提交的重整计划草案。江苏苏醇酒业有限公司破产管理人向江苏省睢宁县人民法院提请批准江苏苏醇酒业有限公司重整计划草案。江苏省睢宁县人民法院依照企业破产法第八十六条之规定，于 2019 年 12 月 2 日作出（2018）苏 0324 破 1 号之一裁定：一、批准江苏苏醇酒业有限公司重整计划；二、终止江苏苏醇酒业有限公司重整程序。同时，依法预留两个月监督期。

【裁判理由】

法院生效裁判认为，破产管理人所提出的债务人面临的相关问题真实存在，如企业赖以生存的酒精生产许可证灭失，则该企业的核心资产将不复存在，重整亦将失去意义。因债务人目前没有足够的资金供管理人使用，由投资人先行投入资金进行试生产可以解决重整过程中企业所面临的困境，亦能使企业资产保值、增值，充分保障债务人及债权人利益，维护社会稳定，更有利于重整后企业的发展。破产管理人的申请，符合破产保护理念，亦不违反法律法规的相关规定，应予以准许。

关于是否允许投资人试生产的问题，法院在作出决定前，主要考虑了以下因素：

一、试生产的必要性

首先，破产企业面临着严峻的形势：一是苏醇公司面临停产停业后酒精生产许可证脱审、生产资格将被取消风险，且该资质灭失后难以再行获得，重整也将失去意义；二是该企业还面临环保、消防验收、机器设备长时间闲置受损等外部压力；三是原企业内部技术人员流失严重，职工因企业停产生活困难，极易产生群体事件；四是企业管理层陷于瘫痪状态，无能力继续进行相关工作，公司账面无可用资金供管理人化解危机。

其次，投资人参与重整程序最大的风险在于投入的资金及资产的安全性，投资人希望通过试生产全面了解企业实际状况及生产活力与动能，为重整后恢复经营提供保障。

再次，苏醇公司作为当地生物科技领域的原龙头企业，对区域产业链的优化、转型及发展起到举足轻重的作用，在经济高质量发展的需求下，当地党委、政府亟须企业恢复产能，带动上下游产业发展，解决就业问题，维护社会稳定。

综上，如不准许投资人进行试生产，则会给企业造成不可挽回的巨大损失，一旦失去酒精生产许可证，该企业的核心资产就不复存在，即便最后重整成功，企业也失去了核心竞争力。因此，允许投资人试生产是必要而迫切的。

二、试生产的利益衡平

成熟的破产重整制度应具有以下良性效果：通过重整拯救处于困境但又有存在价值的企业，使其恢复盈利能力，继续经营，使企业职工就业生存权得到保障，债权人的债权得到合理的清偿，投资人的收益得到实现，各方的利益得到公平保护，从而实现社会安定、经济的稳定和发展。因此，在进行利益衡平时，一些核心的价值理念是公司重整时必须充分考虑的，这些理念就是公平与效率，灵活性与可预见性。允许企业试生产可以均衡各方利益，一是在投资人试生产前，债务人现有资产已经审计、评估后予以确认，根据管理人与投资人达成的投资协议，重整企业的偿债资金数额、来源也已确定，投资人进场试生产与重整企业清偿债务之间并不产生冲突；二是投资人投入部分资金进行试生产，有利于投资人充分了解企业情况及运营能力，为重整后企业发展打下基础；三是试生产能够恢复重整企业部分产能，使企业优质资产保值、增值；四是可以保障债权人的债权不受贬损，提高受偿比例；五是重整企业恢复一定规模的生产亦能解决破产企业因停产而面临的环保、消防安全、职工稳定等迫切问题，对企业重整有利无害。

三、试生产的法律及理论依据

首先，虽然企业破产法及相关司法解释对于投资人能否在接管企业前，提前进场进行试生产，没有具体法律规定，但为了实现破产法的拯救功能，在特定情况下，准许投资人进场试生产，通过市场化、法治化途径挽救困境企业，是符合我国破产审判需要的。

其次，虽然投资人试生产可以解决投资人接管企业前，企业面临的上述问题，但为了避免投资人不合理的生产方式，损害破产重整中其他权利主体的利益，其试生产仍应以取得法院或债权人的批准或同意为宜，并接受法院、管理人以及债权人的监督。

再次，由于我国现行破产法律规定尚不完善，在破产审判工作中，人民法院应强化服务大局意识，自觉增强工作的预见性和创造性，用创新思维解决破产重整过程中遇到的新困难、新问题，探索为企业破产重整提供长效保障机制。

综上，为了维护各方主体的利益，确保重整后的企业能够迅速复工复产，实现企业重整的社会价值和经济价值，睢宁法院在获得各方利益主体同意的前提下，遂允许投资人提前进场试生产。

四、试生产的社会价值

一是法院批准企业在重整期间进行试生产，通过破产程序与企业试生产同步进行，可以保证重整与复工复产无缝衔接、平稳过渡，全力保障尚具潜质企业涅槃重生。二是在疫情防控背景下，试生产为企业复工复产排忧解难，使消毒防疫物资迅速驰援一线，体现了人民法院的司法担当，为辖区民营企业，特别是中小微企业的发展营造了优质高效的营商环境，用精准的司法服务为企业复工复产提供了高质量的司法保障。三是该企业系区域生物科技领域的潜质企业，对经济产业结构优化、转型、升级具有显著推动作用，适应经济高质量发展的大局要求。

重庆金江印染有限公司、重庆川江针纺有限公司破产管理人申请实质合并破产清算案（最高人民法院指导案例 165 号　2021 年 9 月 18 日发布）

【关键词】　民事　破产清算　实质合并破产　关联企业/听证

【裁判要点】

1. 人民法院审理关联企业破产清算案件，应当尊重关联企业法人人格的独立性，对各企业法人是否具备破产原因进行单独审查并适用单个破产程序为原则。当关联企业之间存在法人人格高度混同、区分各关联企业财产的成本过高、严重损害债权人公平清偿利益时，破产管理人可以申请对已进入破产程序的关联企业进行实质合并破产清算。

2. 人民法院收到实质合并破产清算申请后，应当及时组织申请人、被申请人、债权人代表等利害关系人进行听证，并综合考虑关联企业之间资产的混同程度及其持续时间、各企业之间的利益关系、债权人整体清偿利益、增加企业重整的可能性等因素，依法作出裁定。

【基本案情】

2015 年 7 月 16 日，重庆市江津区人民法院裁定受理重庆金江印染有限公司（以下简称金江公司）破产清算申请，并于 2015 年 9 月 14 日依法指定重庆丽达律师事务所担任金江公司管理人。2016 年 6 月 1 日，重庆市江津区人民法院裁定受理重庆川江针纺有限公司（以下简称川江公司）破产清算申请，于 2016 年 6 月 12 日依法指定重庆丽达律师事务所担任川江公司管理人。

金江公司与川江公司存在以下关联关系：1. 实际控制人均为冯秀乾。川江公司的控股股东为冯秀乾，金江公司的控股股东为川江公司，冯秀乾同时也是金江公司的股东，且两公司的法定代表人均为冯秀乾。冯秀乾实际上是两公司的实际控制人。2. 生产经营场所混同。金江公司生产经营场地主要在江津区广兴镇工业园区，川江公司自 2012 年转为贸易公司后，没有生产厂房，经营中所需的库房也是与金江公司共用，其购买的原材料均直接进入金江公司的库房。3. 人员混同。川江公司与金江公司的管理人员存在交叉，且公司发展后期所有职工的劳动关系均在金江公司，但部分职工处理的仍是川江公司的事务，在人员工作安排及管理上两公司并未完全独立。4. 主营业务混同。金江公司的主营业务收入主要来源于印染加工及成品布销售、针纺加工及产品销售，川江公司的主营业务收入来源于针纺毛线和布的原材料及成品销售。金江公司的原材料大部分是通过川江公司购买而来，所加工的产品也主要通过川江公司转售第三方，川江公司从中赚取一定的差价。5. 资产及负债混同。两公司对经营性财产如流动资金的安排使用上混同度较高，且均与冯秀乾的个人账户往来较频繁，无法严格区分。在营业成本的分担和经营利润的分配等方面也无明确约定，往往根据实际利润及税务处理需求进行调整。两公司对外借款也存在相互担保的情况。

2016 年 4 月 21 日、11 月 14 日重庆市江津区人民法院分别宣告金江公司、川江公司破产。两案审理过程中，金江公司、川江公司管理人以两公司法人人格高度混同，且严重损害债权人利益为由，书面申请对两公司进行实质合并破产清算。2016 年 11 月 9 日，重庆市江津区人民法院召开听证会，对管理人的申请进行听证。金江公司、川江公司共同委托代理人、金江公司债权人会议主席、债权人委员会成员、川江公司债权人会议主席等参加了听证会。

另查明，2016 年 8 月 5 日川江公司第一次债权人会议、2016 年 11 月 18 日金江公司第二次债权人会议均表决通过了管理人提交的金江公司、川江公司进行实质合并破产清算的报告。

【裁判结果】

重庆市江津区人民法院于 2016 年 11 月 18 日作出（2015）津法民破字第 00001 号之四民事裁定：对金江公司、川江公司进行实质合并破产清算。重庆市江津区人民法院于

2016年11月21日作出(2015)津法民破字第00001号之五民事裁定:认可《金江公司、川江公司合并清算破产财产分配方案》。重庆市江津区人民法院于2017年1月10日作出(2015)津法民破字第00001号之六民事裁定:终结金江公司、川江公司破产程序。

【裁判理由】

法院生效裁判认为,公司作为企业法人,依法享有独立的法人人格及独立的法人财产。人民法院在审理企业破产案件时,应当尊重企业法人人格的独立性。根据企业破产法第二条规定,企业法人破产应当具备资不抵债,不足以清偿全部债务或者明显缺乏清偿能力等破产原因。因此,申请关联企业破产清算一般应单独审查是否具备破产原因后,决定是否分别受理。但受理企业破产后,发现关联企业法人人格高度混同、关联企业间债权债务难以分离、严重损害债权人公平清偿利益时,可以对关联企业进行实质合并破产清算。本案中,因金江公司不能清偿到期债务、并且资产不足以清偿全部债务,法院于2015年7月16日裁定受理金江公司破产清算申请。因川江公司不能清偿到期债务且明显缺乏清偿能力,法院于2016年6月1日裁定受理川江公司破产清算申请。在审理过程中,发现金江公司与川江公司自1994年、2002年成立以来,两公司的人员、经营业务、资产均由冯秀乾个人实际控制,在经营管理、主营业务、资产及负债方面存在高度混同,金江公司与川江公司已经丧失法人财产独立性和法人意志独立性,并显著、广泛、持续到2016年破产清算期间,两公司法人人格高度混同。另外,金江公司与川江公司在管理成本、债权债务等方面也无法完全区分,真实性亦无法确认。同时,川江公司将85252480.23元经营负债转入金江公司、将21266615.90元对外集资负债结算给金江公司等行为,已经损害了金江公司及其债权人的利益。根据金江公司和川江公司管理人实质合并破产清算申请,法院组织申请人、被申请人、债权人委员会成员等利害关系人进行听证,查明两公司法人人格高度混同、相互经营中两公司债权债务无从分离且分别清算将严重损害债权人公平清偿利益,故管理人申请金江公司、川江公司合并破产清算符合实质合并的条件。

典型案例

江苏磐宇科技有限公司重整案 [《全国法院服务保障疫情防控期间复工复产民商事典型案例(第二批)》第2号 2020年3月31日]

【案情简介】

江苏磐宇科技有限公司(以下简称磐宇公司)成立于2005年1月,是拥有多项高级资质和专利的医疗器械生产企业。由于公司经营不善导致流动性危机,于2017年8月17日被江苏省南通市中级人民法院裁定进入破产程序。

鉴于磐宇公司的市场准入资质属于稀缺资源,单纯通过破产清算程序难以最大限度实现企业价值和债权人利益,经与债权人沟通,管理人制定了重整计划草案,经债权人会议表决通过后,法院于2019年7月29日裁定批准,磐宇公司进入重整计划执行期。

2020年1月新冠疫情暴发后,磐宇公司按期执行重整计划受到重大影响,与此同时,医用口罩防疫物资一度十分紧缺,江苏省药品监督管理局临时紧急许可磐宇公司生产医用防护口罩,使其成为南通市区唯一一家生产N95医用防护口罩的企业。

为了保障防疫部门医用口罩的有效供给,同时避免重整计划不能按期执行导致公司被宣告破产,法院根据管理人的申请作出裁定,延长磐宇公司重整计划执行期限。

后经政府相关部门批准后,磐宇公司已于2020年2月复工,日生产N95口罩2万至3万只。此后,法院与南通市发改委、工信局积极协调修复磐宇公司相关信用问题,为磐宇公司取得生产原料提供了保障,并为企业成功重整创造了新的机遇。

【典型意义】

本案是法院依法延长重整计划执行期，避免疫情影响导致企业重整失败，并支持防疫物资生产的典型案例。企业破产重整案件中，债务人应严格执行重整计划，但因出现国家政策调整、法律修改变化或其他客观原因导致原重整计划无法按期执行的，债务人或管理人可以申请变更重整计划。

本案在重整计划执行期间遇到新冠疫情，这一无法预见、无法避免，并且不能克服的客观现象，法院依法延长重整计划执行期限，以避免因不可抗力导致重整失败而转为破产清算，丧失挽救企业的机会。

同时，面对重整企业信用修复的重重困难，法院充分发挥破产案件审理中法院与政府协调联动机制的作用，协调处理好重整企业信用修复工作，既为破产企业进一步顺利执行重整计划奠定良好基础，又维护了重整企业生产医用防护口罩等防疫物资的生产能力，适应抗疫这一公共利益的需要。该案系法律效果、社会效果有机统一的成功实践。

安顺市顺成市场开发有限公司重整案［《全国法院服务保障疫情防控期间复工复产民商事典型案例（第二批）》第4号　2020年3月31日］

【案情简介】

安顺市顺成市场开发有限公司（以下简称顺成公司）于2013年3月11日注册成立，其开发建设的西秀产业园农产品批发市场项目（以下简称安顺农贸城），系安顺市规模最大的水果、蔬菜一级批发市场，作为安顺市民的“菜篮子”工程，发挥着不可或缺的作用。自2016年以来，顺成公司自身因经营管理不善，资金链断裂，大量债务不能清偿。经债权人申请，贵州省安顺市中级人民法院于2019年7月30日裁定受理顺成公司重整。

进入重整程序后，根据管理人对顺成公司财产和营业事务的调查情况，法院依法许可顺城公司继续经营，维持了其商铺租金、大棚租金、车辆停车费等收入，并用于支付员工工资和完善二期工程等。后在法院多次协调下，管理人于2020年1月1日正式接管安顺农贸城，从而恢复了顺成公司现金流和自身造血功能，为顺城公司进一步重整创造了条件。

在疫情防控期间，安顺农贸城是安顺地区唯一允许经营农产品的集中场所，但同时又是病毒传播的高风险区域。对此，法院提前组织管理人，并邀请商会、政府部门相关人员召开协调会提前防控，指导管理人制定《安顺市农贸批发市场疫情防控工作方案》《安顺市农贸产品批发市场新冠肺炎疫情防护宣传手册》，作出《关于疫情防控期间破产管理人的工作提示》，就疫情防控、安全管理、资产管理等方面继续深入排查，在确保重整工作顺利推进的同时，保障了疫情期间当地农产品稳定供应。

【典型意义】

本案是充分发挥司法职能，积极挽救困境企业，保障民生的典型案例。顺城公司陷入困境后，通过及时进入重整程序，有效进行破产保护，维持了企业的持续经营。安顺农贸城的顺利接管，不仅为疫情防控期间稳定物价、保障民生发挥了重要作用，而且也为顺城公司重整提供了重要基础。

顺成公司重整之初，债权人表示不理解，认为企业破产即等于企业死亡。但随着破产重整程序的依法推进，安顺农贸城经营管理权的稳定过渡，加之经历了疫情期间的考验，重整制度挽救企业的价值得到了有效彰显，顺成公司的重整程序得到债权人、政府、商会等的理解和支持，为下一步重整工作的开展创造了良好基础。

江苏苏醇酒业有限公司及关联公司合并重整案［《全国法院服务保障疫情防控期间复工复产民商事典型案例（第二批）》第6号　2020年3月31日］

【案情简介】

江苏苏醇酒业有限公司原为生产白酒和消毒用酒精等产品的股份制企业，由于市场行情变化及经营不善等原因导致资不抵债，江苏省睢宁县人民法院于2018年6月25日裁定该企业及其两家关联公司适用实质合并破产重整。2019年12月2日，法院裁定批准该企业重整计划，并预留监督期两个月。

在监督期内，正处当地疫情防控关键时期，为确保重整计划顺利执行，法院多次实地走访监管，对企业重整计划执行过程中存在的股权变更、项目审核、环境整治、用工组织等多个问题进行调研并及时协助解决。同时，对企业信用记录修复、银行贷款获取等工作开展情况进行全面跟进，切实消除企业后顾之忧，全力助推企业安全生产、合法经营和足量供应，保证防疫物资尽快驰援战“疫”一线。

其间，法院还针对该企业在疫情期间遇到的劳动用工等法律问题进行解答，向企业就疫情期间如何规范、合法生产经营提出了法律意见和建议。目前，该企业日产酒精110吨，自疫情防控工作部署以来已向防疫一线供应消毒用酒精2000余吨，极大的缓解了一线防疫的物资需求。

【典型意义】

本案是充分发挥司法职能，帮助困境企业恢复生产经营能力的典型案件。法院批准企业在重整期间进行试生产，全力保障尚具潜质企业破茧重生，使得破产重整与企业试生产同步进行，保证破产重整无缝衔接、平稳过渡。

在监督期内，法院根据疫情防控需要深入企业，为企业复工复产排忧解难，体现了人民法院在疫情防控期间的司法担当，为辖区民营企业，特别是中小企业的发展营造了高效优质营商环境，用精准的司法服务为企业复工复产提供司法保障。

423. 申请破产和解

相关规范

》《中华人民共和国企业破产法》（2006年）

第二条 企业法人不能清偿到期债务，并且资产不足以清偿全部债务或者明显缺乏清偿能力的，依照本法规定清理债务。

企业法人有前款规定情形，或者有明显丧失清偿能力可能的，可以依照本法规定进行重整。

第七条 债务人有本法第二条规定的情形，可以向人民法院提出重整、和解或者破产清算申请。

债务人不能清偿到期债务，债权人可以向人民法院提出对债务人进行重整或者破产清算的申请。

企业法人已解散但未清算或者未清算完毕，资产不足以清偿债务的，依法负有清算责任的人应当向人民法院申请破产清算。

第九十五条 债务人可以依照本法规定，直接向人民法院申请和解；也可以在人民法院受理破产申请后、宣告债务人破产前，向人民法院申请和解。

债务人申请和解，应当提出和解协议草案。

第九十六条 人民法院经审查认为和解申请符合本法规定的，应当裁定和解，予以公告，并召集债权人会议讨论和解协议草案。

对债务人的特定财产享有担保权的权利人，自人民法院裁定和解之日起可以行使权利。

》《最高人民法院关于审理企业破产案件若干问题的规定》（法释〔2002〕23号 2002年7月30日）

第二十五条 人民法院受理企业破产案件后，在破产程序终结前，债务人可以向人民法院申请和解。人民法院在破产案件审理过程中，可以根据债权人、债务人具体情况向双方提出和解建议。

人民法院作出破产宣告裁定前，债权人会议与债务人达成和解协议并经人民法院裁定认可的，由人民法院发布公告，中止破产程序。

人民法院作出破产宣告裁定后，债权人会议与债务人达成和解协议并经人民法院裁定认可，由人民法院裁定中止执行破产宣告裁定，并公告中止破产程序。

第二十六条　债务人不按和解协议规定的内容清偿全部债务的，相关债权人可以申请人民法院强制执行。

第二十七条　债务人不履行或者不能履行和解协议的，经债权人申请，人民法院应当裁定恢复破产程序。和解协议系在破产宣告前达成的，人民法院应当在裁定恢复破产程序的同时裁定宣告债务人破产。

》《最高人民法院关于适用〈中华人民共和国企业破产法〉若干问题的规定（二）》（2020年12月23日修正）

第四条　债务人对按份享有所有权的共有财产的相关份额，或者共同享有所有权的共有财产的相应财产权利，以及依法分割共有财产所得部分，人民法院均应认定为债务人财产。

人民法院宣告债务人破产清算，属于共有财产分割的法定事由。人民法院裁定债务人重整或者和解的，共有财产的分割应当依据民法典第三百零三条的规定进行；基于重整或者和解的需要必须分割共有财产，管理人请求分割的，人民法院应予准许。

因分割共有财产导致其他共有人损害产生的债务，其他共有人请求作为共益债务清偿的，人民法院应予支持。

第四十条　债务人重整期间，权利人要求取回债务人合法占有的权利人的财产，不符合双方事先约定条件的，人民法院不予支持。但是，因管理人或者自行管理的债务人违反约定，可能导致取回物被转让、毁损、灭失或者价值明显减少的除外。

典型案例

》山东济南某食品有限公司合并破产和解案（《依法平等保护民营企业家人身财产安全十大典型案例》第6号 2019年5月21日）

【案情简介】

济南某食品有限公司始建于1981年，主要生产冷冻饮品、糕点等，济南某实业有限公司是该食品有限公司投资的关联企业。经过近40年的发展，两公司成为年生产能力超8万吨，年产值达8亿元，拥有7000家零售网点的行业龙头企业。企业蓬勃发展的同时，积累大量房地产用于经营或出租。后因两公司互保联保、对外担保导致资金链断裂，于2015年底被迫停产。企业资产被多家法院查封冻结，面临拍卖抵偿担保之债的境地，经市政府成立专门清算小组进行清算仍无法解困。2016年9月5日，济南中院裁定受理债权人对两公司的破产清算申请，该案涉及债权人总计840余户，债权总额8.7亿元，其中仅企业向职工、家属及其他个人借款金额即高达5亿余元。进入破产程序前，部分债权人通过各种手段向企业及实际控制人追讨债务，民间矛盾极为尖锐，在社会上造成了广泛的不良影响。

针对两公司现实情况，继续实施破产清算，势必造成企业主体的消亡、知名品牌的消失，同时也会导致债权人清偿比率低、职工失业等一系列问题。在充分论证企业资产现状、债权人需求和职工就业等因素后，济南中院经与管理人、企业负责人共同研究，最终确定了两公司合并和解的努力方向，实施“瘦身式和解”方案，即剥离债务人非核心资产，战略性处置两公司不动产用以清偿债务，仅保留核心生产线以保障公司畅销冷食生产销售的核心竞争力，最终实现企业瘦身并摆脱债务泥潭的目的。经共同努力，

2017年10月17日，济南中院裁定认可两公司合并和解协议。历时一年一个月，合并和解最终取得成功，实现了840余户债权人权益最大化，保障了职工利益，挽救了知名企业。

【典型意义】

本案创新适用破产和解程序，提升企业偿债能力，保存核心生产力，剥离非主营资产，高比例清偿债权，实现了企业整体脱困重生。破产和解程序的适用，能够延续企业文化，保持企业股东、管理层、职工的整体稳定，避免破产重整中新投资者与原企业员工的基因排异，具有程序便于操作、无须分组表决，司法成本相对较低的优势。该案是关联企业合并破产的有益尝试，也是运用法治化、市场化思维挽救有价值企业的有益探索，实现了相关利害关系人多方共赢，有力维护了社会和谐稳定，取得了良好的法律效果和社会效果。这一案件的成功处置，对于人民法院正确适用破产和解程序，帮助企业提升偿债能力，实现企业整体脱困重生具有典型意义。

424. 申请对破产财产追加分配

相关规范

》《中华人民共和国企业破产法》（2006年）

第四十三条 破产费用和共益债务由债务人财产随时清偿。

债务人财产不足以清偿所有破产费用和共益债务的，先行清偿破产费用。

债务人财产不足以清偿所有破产费用或者共益债务的，按照比例清偿。

债务人财产不足以清偿破产费用的，管理人应当提请人民法院终结破产程序。人民法院应当自收到请求之日起十五日内裁定终结破产程序，并予以公告。

第一百二十条 破产人无财产可供分配的，管理人应当请求人民法院裁定终结破产程序。

管理人在最后分配完结后，应当及时向人民法院提交破产财产分配报告，并提请人民法院裁定终结破产程序。

人民法院应当自收到管理人终结破产程序的请求之日起十五日内作出是否终结破产程序的裁定。裁定终结的，应当予以公告。

第一百二十三条 自破产程序依照本法第四十三条第四款或者第一百二十条的规定终结之日起二年内，有下列情形之一的，债权人可以请求人民法院按照破产财产分配方案进行追加分配：

（一）发现有依照本法第三十一条、第三十二条、第三十三条、第三十六条规定应当追回的财产的；

（二）发现破产人有应当供分配的其他财产的。

有前款规定情形，但财产数量不足以支付分配费用的，不再进行追加分配，由人民法院将其上交国库。

》《最高人民法院关于审理企业破产案件若干问题的规定》（法释〔2002〕23号 2002年7月30日）

第九十八条 破产程序终结后出现可供分配的财产的，应当追加分配。追加分配的财产，除企业破产法第四十条规定的由人民法院追回的财产外，还包括破产程序中因纠正错误支出收回的款项，因权利被承认追回的财产，债权人放弃的财产和破产程序终结后实现的财产权利等。

四十四、申请诉前停止侵害知识产权案件

425. 申请诉前停止侵害专利权

相关规范

《中华人民共和国专利法》（2020年修正）

第七十二条　专利权人或者利害关系人有证据证明他人正在实施或者即将实施侵犯专利权、妨碍其实现权利的行为，如不及时制止将会使其合法权益受到难以弥补的损害的，可以在起诉前依法向人民法院申请采取财产保全、责令作出一定行为或者禁止作出一定行为的措施。

第七十三条　为了制止专利侵权行为，在证据可能灭失或者以后难以取得的情况下，专利权人或者利害关系人可以在起诉前依法向人民法院申请保全证据。

《最高人民法院关于审查知识产权纠纷行为保全案件适用法律若干问题的规定》（法释〔2018〕21号　2018年12月12日）

第二条　知识产权纠纷的当事人在判决、裁定或者仲裁裁决生效前，依据民事诉讼法第一百条、第一百零一条规定申请行为保全的，人民法院应当受理。

知识产权许可合同的被许可人申请诉前责令停止侵害知识产权行为的，独占许可合同的被许可人可以单独向人民法院提出申请；排他许可合同的被许可人在权利人不申请的情况下，可以单独提出申请；普通许可合同的被许可人经权利人明确授权以自己的名义起诉的，可以单独提出申请。

第三条　申请诉前行为保全，应当向被申请人住所地具有相应知识产权纠纷管辖权的人民法院或者对案件具有管辖权的人民法院提出。

当事人约定仲裁的，应当向前款规定的人民法院申请行为保全。

第四条　向人民法院申请行为保全，应当递交申请书和相应证据。申请书应当载明下列事项：

（一）申请人与被申请人的身份、送达地址、联系方式；

（二）申请采取行为保全措施的内容和期限；

（三）申请所依据的事实、理由，包括被申请人的行为将会使申请人的合法权益受到难以弥补的损害或者造成案件裁决难以执行等损害的具体说明；

（四）为行为保全提供担保的财产信息或资信证明，或者不需要提供担保的理由；

（五）其他需要载明的事项。

第五条　人民法院裁定采取行为保全措施前，应当询问申请人和被申请人，但因情况紧急或者询问可能影响保全措施执行等情形除外。

人民法院裁定采取行为保全措施或者裁定驳回申请的，应当向申请人、被申请人送达裁定书。向被申请人送达裁定书可能影响采取保全措施的，人民法院可以在采取保全措施后及时向被申请人送达裁定书，至迟不得超过五日。

当事人在仲裁过程中申请行为保全的，应当通过仲裁机构向人民法院提交申请书、仲裁案件受理通知书等相关材料。人民法院裁定采取行为保全措施或者裁定驳回申请的，应当将裁定书送达当事人，并通知仲裁机构。

第六条 有下列情况之一，不立即采取行为保全措施即足以损害申请人利益的，应当认定属于民事诉讼法第一百条、第一百零一条规定的“情况紧急”：

（一）申请人的商业秘密即将被非法披露；

（二）申请人的发表权、隐私权等人身权利即将受到侵害；

（三）诉争的知识产权即将被非法处分；

（四）申请人的知识产权在展销会等时效性较强的场合正在或者即将受到侵害；

（五）时效性较强的热播节目正在或者即将受到侵害；

（六）其他需要立即采取行为保全措施的情况。

第七条 人民法院审查行为保全申请，应当综合考量下列因素：

（一）申请人的请求是否具有事实基础和法律依据，包括请求保护的知识产权效力是否稳定；

（二）不采取行为保全措施是否会使申请人的合法权益受到难以弥补的损害或者造成案件裁决难以执行等损害；

（三）不采取行为保全措施对申请人造成的损害是否超过采取行为保全措施对被申请人造成的损害；

（四）采取行为保全措施是否损害社会公共利益；

（五）其他应当考量的因素。

第八条 人民法院审查判断申请人请求保护的知识产权效力是否稳定，应当综合考量下列因素：

（一）所涉权利的类型或者属性；

（二）所涉权利是否经过实质审查；

（三）所涉权利是否处于宣告无效或者撤销程序中以及被宣告无效或者撤销的可能性；

（四）所涉权利是否存在权属争议；

（五）其他可能导致所涉权利效力不稳定的因素。

第九条 申请人以实用新型或者外观设计专利权为依据申请行为保全的，应当提交由国务院专利行政部门作出的检索报告、专利权评价报告或者专利复审委员会维持该专利权有效的决定。申请人无正当理由拒不提交的，人民法院应当裁定驳回其申请。

第十条 在知识产权与不正当竞争纠纷行为保全案件中，有下列情形之一的，应当认定属于民事诉讼法第一百零一条规定的“难以弥补的损害”：

（一）被申请人的行为将会侵害申请人享有的商誉或者发表权、隐私权等人身性质的权利且造成无法挽回的损害；

（二）被申请人的行为将会导致侵权行为难以控制且显著增加申请人损害；

（三）被申请人的侵害行为将会导致申请人的相关市场份额明显减少；

（四）对申请人造成其他难以弥补的损害。

第十一条 申请人申请行为保全的，应当依法提供担保。

申请人提供的担保数额，应当相当于被申请人可能因执行行为保全措施所遭受的损失，包括责令停止侵权行为所涉产品的销售收益、保管费用等合理损失。

在执行行为保全措施过程中，被申请人可能因此遭受的损失超过申请人担保数额的，人民法院可以责令申请人追加相应的担保。申请人拒不追加的，可以裁定解除或者部分解除保全措施。

第十二条 人民法院采取的行为保全措施，一般不因被申请人提供担保而解除，但是申请人同意的除外。

第十三条 人民法院裁定采取行为保全措施的，应当根据申请人的请求或者案件具体情况等因素合理确定保全措施的期限。

裁定停止侵害知识产权行为的效力，一

般应当维持至案件裁判生效时止。

人民法院根据申请人的请求、追加担保等情况，可以裁定继续采取保全措施。申请人请求续行保全措施的，应当在期限届满前七日内提出。

第十四条　当事人不服行为保全裁定申请复议的，人民法院应当在收到复议申请后十日内审查并作出裁定。

第十五条　人民法院采取行为保全的方法和措施，依照执行程序相关规定处理。

第十六条　有下列情形之一的，应当认定属于民事诉讼法第一百零五条规定的“申请有错误”：

（一）申请人在采取行为保全措施后三十日内不依法提起诉讼或者申请仲裁；

（二）行为保全措施因请求保护的知识产权被宣告无效等原因自始不当；

（三）申请责令被申请人停止侵害知识产权或者不正当竞争，但生效裁判认定不构成侵权或者不正当竞争；

（四）其他属于申请有错误的情形。

第十七条　当事人申请解除行为保全措施，人民法院收到申请后经审查符合《最高人民法院关于适用〈中华人民共和国民事诉讼法〉的解释》第一百六十六条规定的情形的，应当在五日内裁定解除。

申请人撤回行为保全申请或者申请解除行为保全措施的，不因此免除民事诉讼法第一百零五条规定的赔偿责任。

第十八条　被申请人依据民事诉讼法第一百零五条规定提起赔偿诉讼，申请人申请诉前行为保全后没有起诉或者当事人约定仲裁的，由采取保全措施的人民法院管辖；申请人已经起诉的，由受理起诉的人民法院管辖。

第十九条　申请人同时申请行为保全、财产保全或者证据保全的，人民法院应当依法分别审查不同类型保全申请是否符合条件，并作出裁定。

为避免被申请人实施转移财产、毁灭证据等行为致使保全目的无法实现，人民法院可以根据案件具体情况决定不同类型保全措施的执行顺序。

《最高人民法院关于北京、上海、广州知识产权法院案件管辖的规定》

（2020年12月23日修正）

第一条　知识产权法院管辖所在市辖区内的下列第一审案件：

（一）专利、植物新品种、集成电路布图设计、技术秘密、计算机软件民事和行政案件；

（二）对国务院部门或者县级以上地方人民政府所作的涉及著作权、商标、不正当竞争等行政行为提起诉讼的行政案件；

（三）涉及驰名商标认定的民事案件。

《最高人民法院关于审理专利纠纷案件适用法律问题的若干规定》（2020年12月23日修正）

第二条　因侵犯专利权行为提起的诉讼，由侵权行为地或者被告住所地人民法院管辖。

侵权行为地包括：被诉侵犯发明、实用新型专利权的产品的制造、使用、许诺销售、销售、进口等行为的实施地；专利方法使用行为的实施地，依照该专利方法直接获得的产品的使用、许诺销售、销售、进口等行为的实施地；外观设计专利产品的制造、许诺销售、销售、进口等行为的实施地；假冒他人专利的行为实施地。上述侵权行为的侵权结果发生地。

第三条　原告仅对侵权产品制造者提起诉讼，未起诉销售者，侵权产品制造地与销售地不一致的，制造地人民法院有管辖权；以制造者与销售者为共同被告起诉的，销售地人民法院有管辖权。

销售者是制造者分支机构，原告在销售地起诉侵权产品制造者制造、销售行为的，销售地人民法院有管辖权。

典型案例

“网易云音乐”侵害信息网络传播权诉前行为保全案（《最高人民法院发布知识产权纠纷行为保全典型案例》第4号 2018年12月13日）

武汉市中级人民法院认为，申请人深圳市腾讯计算机系统有限公司对涉案623首音乐作品依法享有信息网络传播权，广州网易计算机系统有限公司等五被申请人以互联网络、移动手机“网易云音乐”畅听流量包、内置“网易云音乐”移动手机客户端等方式，向公众大量提供涉案音乐作品，该行为涉嫌侵犯腾讯公司对涉案音乐作品依法享有的信息网络传播权，且被申请人向公众提供的音乐作品数量较大。在网络环境下，该行为如不及时禁止，将会使广州网易不当利用他人权利获得的市场份额进一步快速增长，损害了腾讯公司的利益，且这种损害将难以弥补，理应禁止各被申请人通过网络传播623首音乐作品涉嫌侵权部分的行为。

426. 申请诉前停止侵害注册商标专用权

相关规范

《中华人民共和国商标法》（2019年修正）

第六十五条 商标注册人或者利害关系人有证据证明他人正在实施或者即将实施侵犯其注册商标专用权的行为，如不及时制止将会使其合法权益受到难以弥补的损害的，可以依法在起诉前向人民法院申请采取责令停止有关行为和财产保全的措施。

《最高人民法院关于审查知识产权纠纷行为保全案件适用法律若干问题的规定》（法释〔2018〕21号 2018年12月12日）

第二条至第十九条

（参见“425. 申请诉前停止侵害专利权”的相关规范）

427. 申请诉前停止侵害著作权

相关规范

《中华人民共和国著作权法》（2020年修正）

第五十六条 著作权人或者与著作权有关的权利人有证据证明他人正在实施或者即将实施侵犯其权利、妨碍其实现权利的行为，如不及时制止将会使其合法权益受到难以弥补的损害的，可以在起诉前依法向人民法院申请采取财产保全、责令作出一定行为或者禁止作出一定行为等措施。

《计算机软件保护条例》（2013年修订）

第二十六条 软件著作权人有证据证明他人正在实施或者即将实施侵犯其权利的行为，如不及时制止，将会使其合法权益受到难以弥补的损害的，可以依照《中华人民共和国著作权法》第五十条的规定，在提起诉讼前向人民法院申请采取责令停止有关行为和财产保全的措施。

《最高人民法院关于审查知识产权纠纷行为保全案件适用法律若干问题的规定》（法释〔2018〕21号 2018年12月12日）

第二条至第十九条

（参见“425. 申请诉前停止侵害专利权”的相关规范）

》《最高人民法院关于审理著作权民事纠纷案件适用法律若干问题的解释》（2020 年 12 月 23 日修正）

第二十八条　人民法院采取保全措施的，依据民事诉讼法及《最高人民法院关于审查知识产权纠纷行为保全案件适用法律若干问题的规定》的有关规定办理。

428. 申请诉前停止侵害植物新品种权

相关规范

》《最高人民法院关于审查知识产权纠纷行为保全案件适用法律若干问题的规定》（法释〔2018〕21 号　2018 年 12 月 12 日）

第二条至第十九条

（参见“425. 申请诉前停止侵害专利权”的相关规范）

》《最高人民法院关于审理侵害植物新品种权纠纷案件具体应用法律问题的若干规定》（2020 年 12 月 23 日修正）

第五条　品种权人或者利害关系人向人民法院提起侵害植物新品种权诉讼前，可以提出行为保全或者证据保全请求，人民法院经审查作出裁定。

人民法院采取证据保全措施时，可以根据案件具体情况，邀请有关专业技术人员按照相应的技术规程协助取证。

429. 申请诉前停止侵害计算机软件著作权

相关规范

》《中华人民共和国著作权法》（2020 年修正）

第五十六条　著作权人或者与著作权有关的权利人有证据证明他人正在实施或者即将实施侵犯其权利、妨碍其实现权利的行为，如不及时制止将会使其合法权益受到难以弥补的损害的，可以在起诉前依法向人民法院申请采取财产保全、责令作出一定行为或者禁止作出一定行为等措施。

》《计算机软件保护条例》（2013 年修订）

第八条　软件著作权人享有下列各项权利：

（一）发表权，即决定软件是否公之于众的权利；

（二）署名权，即表明开发者身份，在软件上署名的权利；

（三）修改权，即对软件进行增补、删节，或者改变指令、语句顺序的权利；

（四）复制权，即将软件制作一份或者多份的权利；

（五）发行权，即以出售或者赠与方式向公众提供软件的原件或者复制件的权利；

（六）出租权，即有偿许可他人临时使用软件的权利，但是软件不是出租的主要标的的除外；

（七）信息网络传播权，即以有线或者无线方式向公众提供软件，使公众可以在其个人选定的时间和地点获得软件的权利；

（八）翻译权，即将原软件从一种自然语言文字转换成另一种自然语言文字的权利；

（九）应当由软件著作权人享有的其他权利。

软件著作权人可以许可他人行使其软件著作权，并有权获得报酬。

软件著作权人可以全部或者部分转让其软件著作权，并有权获得报酬。

第二十三条 除《中华人民共和国著作权法》或者本条例另有规定外，有下列侵权行为的，应当根据情况，承担停止侵害、消除影响、赔礼道歉、赔偿损失等民事责任：

（一）未经软件著作权人许可，发表或者登记其软件的；

（二）将他人软件作为自己的软件发表或者登记的；

（三）未经合作者许可，将与他人合作开发的软件作为自己单独完成的软件发表或者登记的；

（四）在他人软件上署名或者更改他人软件上的署名的；

（五）未经软件著作权人许可，修改、翻译其软件的；

（六）其他侵犯软件著作权的行为。

第二十四条 除《中华人民共和国著作权法》、本条例或者其他法律、行政法规另有规定外，未经软件著作权人许可，有下列侵权行为的，应当根据情况，承担停止侵害、消除影响、赔礼道歉、赔偿损失等民事责任；同时损害社会公共利益的，由著作权行政管理部门责令停止侵权行为，没收违法所得，没收、销毁侵权复制品，可以并处罚款；情节严重的，著作权行政管理部门并可以没收主要用于制作侵权复制品的材料、工具、设备等；触犯刑律的，依照刑法关于侵犯著作权罪、销售侵权复制品罪的规定，依法追究刑事责任：

（一）复制或者部分复制著作权人的软件的；

（二）向公众发行、出租、通过信息网络传播著作权人的软件的；

（三）故意避开或者破坏著作权人为保护其软件著作权而采取的技术措施的；

（四）故意删除或者改变软件权利管理电子信息的；

（五）转让或者许可他人行使著作权人的软件著作权的。

有前款第一项或者第二项行为的，可以并处每件 100 元或者货值金额 1 倍以上 5 倍以下的罚款；有前款第三项、第四项或者第五项行为的，可以并处 20 万元以下的罚款。

第二十五条 侵犯软件著作权的赔偿数额，依照《中华人民共和国著作权法》第四十九条的规定确定。

第二十六条 软件著作权人有证据证明他人正在实施或者即将实施侵犯其权利的行为，如不及时制止，将会使其合法权益受到难以弥补的损害的，可以依照《中华人民共和国著作权法》第五十条的规定，在提起诉讼前向人民法院申请采取责令停止有关行为和财产保全的措施。

第二十七条 为了制止侵权行为，在证据可能灭失或者以后难以取得的情况下，软件著作权人可以依照《中华人民共和国著作权法》第五十一条的规定，在提起诉讼前向人民法院申请保全证据。

»《最高人民法院关于审查知识产权纠纷行为保全案件适用法律若干问题的规定》（法释〔2018〕21 号 2018 年 12 月 12 日）

第二条至第十九条参见“425. 申请诉前停止侵害专利权”的相关规范。

430. 申请诉前停止侵害集成电路布图设计专用权

相关规范

»《集成电路布图设计保护条例》（2001 年）

第三十条 除本条例另有规定的外，未经布图设计权利人许可，有下列行为之一的，行为人必须立即停止侵权行为，并承担赔偿责任：

（一）复制受保护的布图设计的全部或者其中任何具有独创性的部分的；

（二）为商业目的进口、销售或者以其他方式提供受保护的布图设计、含有该布图设计的集成电路或者含有该集成电路的物品的。

侵犯布图设计专有权的赔偿数额，为侵权人所获得的利益或者被侵权人所受到的损失，包括被侵权人为制止侵权行为所支付的合理开支。

第三十一条　未经布图设计权利人许可，使用其布图设计，即侵犯其布图设计专有权，引起纠纷的，由当事人协商解决；不愿协商或者协商不成的，布图设计权利人或者利害关系人可以向人民法院起诉，也可以请求国务院知识产权行政部门处理。国务院知识产权行政部门处理时，认定侵权行为成立的，可以责令侵权人立即停止侵权行为，没收、销毁侵权产品或者物品。当事人不服的，可以自收到处理通知之日起 15 日内依照《中华人民共和国行政诉讼法》向人民法院起诉；侵权人期满不起诉又不停止侵权行为的，国务院知识产权行政部门可以请求人民法院强制执行。应当事人的请求，国务院知识产权行政部门可以就侵犯布图设计专有权的赔偿数额进行调解；调解不成的，当事人可以依照《中华人民共和国民事诉讼法》向人民法院起诉。

第三十二条　布图设计权利人或者利害关系人有证据证明他人正在实施或者即将实施侵犯其专有权的行为，如不及时制止将会使其合法权益受到难以弥补的损害的，可以在起诉前依法向人民法院申请采取责令停止有关行为和财产保全的措施。

第三十三条　在获得含有受保护的布图设计的集成电路或者含有该集成电路的物品时，不知道也没有合理理由应当知道其中含有非法复制的布图设计，而将其投入商业利用的，不视为侵权。

前款行为人得到其中含有非法复制的布图设计的明确通知后，可以继续将现有的存货或者此前的订货投入商业利用，但应当向布图设计权利人支付合理的报酬。

第三十四条　国务院知识产权行政部门的工作人员在布图设计管理工作中玩忽职守、滥用职权、徇私舞弊，构成犯罪的，依法追究刑事责任；尚不构成犯罪的，依法给予行政处分。

》《最高人民法院关于审查知识产权纠纷行为保全案件适用法律若干问题的规定》（法释〔2018〕21 号　2018 年 12 月 12 日）

第二条至第十九条

（参见“425. 申请诉前停止侵害专利权”的相关规范）

》《最高人民法院关于开展涉及集成电路布图设计案件审判工作的通知》（法发〔2001〕24 号　2001 年 10 月 30 日）

三、关于诉前申请采取责令停止有关行为措施的适用

对于申请人民法院采取诉前责令停止侵犯布图设计专有权行为措施的，应当参照《最高人民法院关于对诉前停止侵犯专利权行为适用法律问题的若干规定》执行。

四十五、申请保全案件

431. 申请诉前财产保全

相关规范

《中华人民共和国商标法》（2019年修正）

第六十五条 商标注册人或者利害关系人有证据证明他人正在实施或者即将实施侵犯其注册商标专用权的行为，如不及时制止将会使其合法权益受到难以弥补的损害的，可以依法在起诉前向人民法院申请采取责令停止有关行为和财产保全的措施。

《中华人民共和国著作权法》（2020年修正）

第五十六条 著作权人或者与著作权有关的权利人有证据证明他人正在实施或者即将实施侵犯其权利、妨碍其实现权利的行为，如不及时制止将会使其合法权益受到难以弥补的损害的，可以在起诉前依法向人民法院申请采取财产保全、责令作出一定行为或者禁止作出一定行为等措施。

《中华人民共和国民事诉讼法》（2021年修正）

第一百零三条 人民法院对于可能因当事人一方的行为或者其他原因，使判决难以执行或者造成当事人其他损害的案件，根据对方当事人的申请，可以裁定对其财产进行保全、责令其作出一定行为或者禁止其作出一定行为；当事人没有提出申请的，人民法院在必要时也可以裁定采取保全措施。

人民法院采取保全措施，可以责令申请人提供担保，申请人不提供担保的，裁定驳回申请。

人民法院接受申请后，对情况紧急的，必须在四十八小时内作出裁定；裁定采取保全措施的，应当立即开始执行。

第一百零四条 利害关系人因情况紧急，不立即申请保全将会使其合法权益受到难以弥补的损害的，可以在提起诉讼或者申请仲裁前向被保全财产所在地、被申请人住所地或者对案件有管辖权的人民法院申请采取保全措施。申请人应当提供担保，不提供担保的，裁定驳回申请。

人民法院接受申请后，必须在四十八小时内作出裁定；裁定采取保全措施的，应当立即开始执行。

申请人在人民法院采取保全措施后三十日内不依法提起诉讼或者申请仲裁的，人民法院应当解除保全。

第一百零五条 保全限于请求的范围，或者与本案有关的财物。

第一百零六条 财产保全采取查封、扣押、冻结或者法律规定的其他方法。人民法院保全财产后，应当立即通知被保全财产的人。

财产已被查封、冻结的，不得重复查封、冻结。

第一百零七条 财产纠纷案件，被申请人提供担保的，人民法院应当裁定解除保全。

第一百零八条 申请有错误的，申请人应当赔偿被申请人因保全所遭受的损失。

第一百一十一条 当事人对保全或者先

予执行的裁定不服的，可以申请复议一次。复议期间不停止裁定的执行。

《最高人民法院关于审查知识产权纠纷行为保全案件适用法律若干问题的规定》（法释〔2018〕21号 2018年12月12日）

第十九条 申请人同时申请行为保全、财产保全或者证据保全的，人民法院应当依法分别审查不同类型保全申请是否符合条件，并作出裁定。

为避免被申请人实施转移财产、毁灭证据等行为致使保全目的无法实现，人民法院可以根据案件具体情况决定不同类型保全措施的执行顺序。

《最高人民法院关于人民法院办理财产保全案件若干问题的规定》（2020年12月23日修正）

第一条 当事人、利害关系人申请财产保全，应当向人民法院提交申请书，并提供相关证据材料。

申请书应当载明下列事项：

（一）申请保全人与被保全人的身份、送达地址、联系方式；

（二）请求事项和所根据的事实与理由；

（三）请求保全数额或者争议标的；

（四）明确的被保全财产信息或者具体的被保全财产线索；

（五）为财产保全提供担保的财产信息或资信证明，或者不需要提供担保的理由；

（六）其他需要载明的事项。

法律文书生效后，进入执行程序前，债权人申请财产保全的，应当写明生效法律文书的制作机关、文号和主要内容，并附生效法律文书副本。

第二条 人民法院进行财产保全，由立案、审判机构作出裁定，一般应当移送执行机构实施。

第三条 仲裁过程中，当事人申请财产保全的，应当通过仲裁机构向人民法院提交申请书及仲裁案件受理通知书等相关材料。人民法院裁定采取保全措施或者裁定驳回申请的，应当将裁定书送达当事人，并通知仲裁机构。

第四条 人民法院接受财产保全申请后，应当在五日内作出裁定；需要提供担保的，应当在提供担保后五日内作出裁定；裁定采取保全措施的，应当在五日内开始执行。对情况紧急的，必须在四十八小时内作出裁定；裁定采取保全措施的，应当立即开始执行。

第五条 人民法院依照民事诉讼法第一百条规定责令申请保全人提供财产保全担保的，担保数额不超过请求保全数额的百分之三十；申请保全的财产系争议标的的，担保数额不超过争议标的的价值的百分之三十。

利害关系人申请诉前财产保全的，应当提供相当于请求保全数额的担保；情况特殊的，人民法院可以酌情处理。

财产保全期间，申请保全人提供的担保不足以赔偿可能给被保全人造成的损失的，人民法院可以责令其追加相应的担保；拒不追加的，可以裁定解除或者部分解除保全。

第六条 申请保全人或第三人为财产保全提供财产担保的，应当向人民法院出具担保书。担保书应当载明担保人、担保方式、担保范围、担保财产及其价值、担保责任承担等内容，并附相关证据材料。

第三人为财产保全提供保证担保的，应当向人民法院提交保证书。保证书应当载明保证人、保证方式、保证范围、保证责任承担等内容，并附相关证据材料。

对财产保全担保，人民法院经审查，认为违反民法典、公司法等有关法律禁止性规定的，应当责令申请保全人在指定期限内提供其他担保；逾期未提供的，裁定驳回申请。

第七条 保险人以其与申请保全人签订财产保全责任险合同的方式为财产保全提供担保的，应当向人民法院出具担保书。

担保书应当载明，因申请财产保全错误，由保险人赔偿被保全人因保全所遭受的损失等内容，并附相关证据材料。

第八条 金融监管部门批准设立的金融机构以独立保函形式为财产保全提供担保的，人民法院应当依法准许。

第九条 当事人在诉讼中申请财产保全，有下列情形之一的，人民法院可以不要求提供担保：

（一）追索赡养费、扶养费、抚育费、抚恤金、医疗费用、劳动报酬、工伤赔偿、交通事故人身损害赔偿的；

（二）婚姻家庭纠纷案件中遭遇家庭暴力且经济困难的；

（三）人民检察院提起的公益诉讼涉及损害赔偿的；

（四）因见义勇为遭受侵害请求损害赔偿的；

（五）案件事实清楚、权利义务关系明确，发生保全错误可能性较小的；

（六）申请保全人为商业银行、保险公司等由金融监管部门批准设立的具有独立偿付债务能力的金融机构及其分支机构的。

法律文书生效后，进入执行程序前，债权人申请财产保全的，人民法院可以不要求提供担保。

第十条 当事人、利害关系人申请财产保全，应当向人民法院提供明确的被保全财产信息。

当事人在诉讼中申请财产保全，确因客观原因不能提供明确的被保全财产信息，但提供了具体财产线索的，人民法院可以依法裁定采取财产保全措施。

第十一条 人民法院依照本规定第十条第二款规定作出保全裁定的，在该裁定执行过程中，申请保全人可以向已经建立网络执行查控系统的执行法院，书面申请通过该系统查询被保全人的财产。

申请保全人提出查询申请的，执行法院可以利用网络执行查控系统，对裁定保全的财产或者保全数额范围内的财产进行查询，并采取相应的查封、扣押、冻结措施。

人民法院利用网络执行查控系统未查询到可供保全财产的，应当书面告知申请保全人。

第十二条 人民法院对查询到的被保全人财产信息，应当依法保密。除依法保全的财产外，不得泄露被保全人其他财产信息，也不得在财产保全、强制执行以外使用相关信息。

第十三条 被保全人有多项财产可供保全的，在能够实现保全目的的情况下，人民法院应当选择对其生产经营活动影响较小的财产进行保全。

人民法院对厂房、机器设备等生产经营性财产进行保全时，指定被保全人保管的，应当允许其继续使用。

第十四条 被保全财产系机动车、航空器等特殊动产的，除被保全人下落不明的以外，人民法院应当责令被保全人书面报告该动产的权属和占有、使用等情况，并予以核实。

第十五条 人民法院应当依据财产保全裁定采取相应的查封、扣押、冻结措施。

可供保全的土地、房屋等不动产的整体价值明显高于保全裁定载明金额的，人民法院应当对该不动产的相应价值部分采取查封、扣押、冻结措施，但该不动产在使用上不可分或者分割会严重减损其价值的除外。

对银行账户内资金采取冻结措施的，人民法院应当明确具体的冻结数额。

第十六条 人民法院在财产保全中采取查封、扣押、冻结措施，需要有关单位协助办理登记手续的，有关单位应当在裁定书和协助执行通知书送达后立即办理。针对同一财产有多个裁定书和协助执行通知书的，应当按照送达的时间先后办理登记手续。

第十七条 利害关系人申请诉前财产保全，在人民法院采取保全措施后三十日内依法提起诉讼或者申请仲裁的，诉前财产保全措施自动转为诉讼或仲裁中的保全措施；进入执行程序后，保全措施自动转为执行中的查封、扣押、冻结措施。

依前款规定，自动转为诉讼、仲裁中的

保全措施或者执行中的查封、扣押、冻结措施的，期限连续计算，人民法院无需重新制作裁定书。

第十八条 申请保全人申请续行财产保全的，应当在保全期限届满七日前向人民法院提出；逾期申请或者不申请的，自行承担不能续行保全的法律后果。

人民法院进行财产保全时，应当书面告知申请保全人明确的保全期限届满日以及前款有关申请续行保全的事项。

第十九条 再审审查期间，债务人申请保全生效法律文书确定给付的财产的，人民法院不予受理。

再审审理期间，原生效法律文书中止执行，当事人申请财产保全的，人民法院应当受理。

第二十条 财产保全期间，被保全人请求对被保全财产自行处分，人民法院经审查，认为不损害申请保全人和其他执行债权人合法权益的，可以准许，但应当监督被保全人按照合理价格在指定期限内处分，并控制相应价款。

被保全人请求对作为争议标的的被保全财产自行处分的，须经申请保全人同意。

人民法院准许被保全人自行处分被保全财产的，应当通知申请保全人；申请保全人不同意的，可以依照民事诉讼法第二百二十五条规定提出异议。

第二十一条 保全法院在首先采取查封、扣押、冻结措施后超过一年未对被保全财产进行处分的，除被保全财产系争议标的外，在先轮候查封、扣押、冻结的执行法院可以商请保全法院将被保全财产移送执行。但司法解释另有特别规定的，适用其规定。

保全法院与在先轮候查封、扣押、冻结的执行法院就移送被保全财产发生争议的，可以逐级报请共同的上级法院指定该财产的执行法院。

共同的上级法院应当根据被保全财产的种类及所在地、各债权数额与被保全财产价值之间的关系等案件具体情况指定执行法院，并督促其在指定期限内处分被保全财产。

第二十二条 财产纠纷案件，被保全人或第三人提供充分有效担保请求解除保全，人民法院应当裁定准许。被保全人请求对作为争议标的的财产解除保全的，须经申请保全人同意。

第二十三条 人民法院采取财产保全措施后，有下列情形之一的，申请保全人应当及时申请解除保全：

（一）采取诉前财产保全措施后三十日内不依法提起诉讼或者申请仲裁的；

（二）仲裁机构不予受理仲裁申请、准许撤回仲裁申请或者按撤回仲裁申请处理的；

（三）仲裁申请或者请求被仲裁裁决驳回的；

（四）其他人民法院对起诉不予受理、准许撤诉或者按撤诉处理的；

（五）起诉或者诉讼请求被其他人民法院生效裁判驳回的；

（六）申请保全人应当申请解除保全的其他情形。

人民法院收到解除保全申请后，应当在五日内裁定解除保全；对情况紧急的，必须在四十八小时内裁定解除保全。

申请保全人未及时申请人民法院解除保全，应当赔偿被保全人因财产保全所遭受的损失。

被保全人申请解除保全，人民法院经审查认为符合法律规定的，应当在本条第二款规定的期间内裁定解除保全。

第二十四条 财产保全裁定执行中，人民法院发现保全裁定的内容与被保全财产的实际情况不符的，应当予以撤销、变更或补正。

第二十五条 申请保全人、被保全人对保全裁定或者驳回申请裁定不服的，可以自裁定书送达之日起五日内向作出裁定的人民法院申请复议一次。人民法院应当自收到复议申请后十日内审查。

对保全裁定不服申请复议的，人民法院经审查，理由成立的，裁定撤销或变更；理由不成立的，裁定驳回。

对驳回申请裁定不服申请复议的，人民法院经审查，理由成立的，裁定撤销，并采取保全措施；理由不成立的，裁定驳回。

第二十六条 申请保全人、被保全人、利害关系人认为保全裁定实施过程中的执行行为违反法律规定提出书面异议的，人民法院应当依照民事诉讼法第二百二十五条规定审查处理。

第二十七条 人民法院对诉讼争议标的以外的财产进行保全，案外人对保全裁定或者保全裁定实施过程中的执行行为不服，基于实体权利对被保全财产提出书面异议的，人民法院应当依照民事诉讼法第二百二十七条规定审查处理并作出裁定。案外人、申请保全人对该裁定不服的，可以自裁定送达之日起十五日内向人民法院提起执行异议之诉。

人民法院裁定案外人异议成立后，申请保全人在法律规定的期间内未提起执行异议之诉的，人民法院应当自起诉期限届满之日起七日内对该被保全财产解除保全。

第二十八条 海事诉讼中，海事请求人申请海事请求保全，适用《中华人民共和国海事诉讼特别程序法》及相关司法解释。

》《最高人民法院关于适用〈中华人民共和国民事诉讼法〉的解释》（2022年3月22日修正）

第一百五十二条 人民法院依照民事诉讼法第一百零三条、第一百零四条规定，在采取诉前保全、诉讼保全措施时，责令利害关系人或者当事人提供担保的，应当书面通知。

利害关系人申请诉前保全的，应当提供担保。申请诉前财产保全的，应当提供相当于请求保全数额的担保；情况特殊的，人民法院可以酌情处理。申请诉前行为保全的，担保的数额由人民法院根据案件的具体情况决定。

在诉讼中，人民法院依申请或者依职权采取保全措施的，应当根据案件的具体情况，决定当事人是否应当提供担保以及担保的数额。

第一百六十条 当事人向采取诉前保全措施以外的其他有管辖权的人民法院起诉的，采取诉前保全措施的人民法院应当将保全手续移送受理案件的人民法院。诉前保全的裁定视为受移送人民法院作出的裁定。

432. 申请诉前行为保全

相关规范

》《中华人民共和国民事诉讼法》（2021年修正）

第一百零三条 人民法院对于可能因当事人一方的行为或者其他原因，使判决难以执行或者造成当事人其他损害的案件，根据对方当事人的申请，可以裁定对其财产进行保全、责令其作出一定行为或者禁止其作出一定行为；当事人没有提出申请的，人民法院在必要时也可以裁定采取保全措施。

人民法院采取保全措施，可以责令申请人提供担保，申请人不提供担保的，裁定驳回申请。

人民法院接受申请后，对情况紧急的，必须在四十八小时内作出裁定；裁定采取保全措施的，应当立即开始执行。

第一百零四条 利害关系人因情况紧急，不立即申请保全将会使其合法权益受到难以弥补的损害的，可以在提起诉讼或者申请仲裁前向被保全财产所在地、被申请人住所地或者对案件有管辖权的人民法院申请采取保全措施。申请人应当提供担保，不提供担保的，裁定驳回申请。

人民法院接受申请后，必须在四十八小时内作出裁定；裁定采取保全措施的，应当立即开始执行。

申请人在人民法院采取保全措施后三十日内不依法提起诉讼或者申请仲裁的，人民法院应当解除保全。

››《最高人民法院关于审查知识产权纠纷行为保全案件适用法律若干问题的规定》（法释〔2018〕21 号　2018 年 12 月 12 日）

第二条至第十九条

（参见“425. 申请诉前停止侵害专利权”的相关规范）

››《最高人民法院关于适用〈中华人民共和国民事诉讼法〉的解释》（2022 年 3 月 22 日修正）

第一百五十二条　人民法院依照民事诉讼法第一百零三条、第一百零四条规定，在采取诉前保全、诉讼保全措施时，责令利害关系人或者当事人提供担保的，应当书面通知。

利害关系人申请诉前保全的，应当提供担保。申请诉前财产保全的，应当提供相当于请求保全数额的担保；情况特殊的，人民法院可以酌情处理。申请诉前行为保全的，担保的数额由人民法院根据案件的具体情况决定。

在诉讼中，人民法院依申请或者依职权采取保全措施的，应当根据案件的具体情况，决定当事人是否应当提供担保以及担保的数额。

第一百六十条　当事人向采取诉前保全措施以外的其他有管辖权的人民法院起诉的，采取诉前保全措施的人民法院应当将保全手续移送受理案件的人民法院。诉前保全的裁定视为受移送人民法院作出的裁定。

典型案例

›› 许赞有因申请停止侵害专利权损害责任纠纷案（《最高人民法院发布知识产权纠纷行为保全典型案例》第 5 号　2018 年 12 月 13 日）

江苏省高级人民法院认为：根据我国民事诉讼法的立法精神，申请人最终败诉应当是申请错误的认定标准之一。专利的稳定性具有一定的相对性，一项有效的专利权随时都存在被宣告无效的可能，许赞有关于其不可能预见到会败诉的主张不予以支持。此外，先行责令被告立即停止侵犯专利权是在认定侵权成立的判决作出之前对被申请人的权利采取的限制措施，必然会给被申请人造成一定的损失。鉴于此，法律并未将申请先行责令被告立即停止侵犯专利权规定为申请人维权必须要采取的措施，是否提出申请由申请人自行决定。同时，为了有效弥补错误申请给被申请人造成的损失，法律规定申请人在申请先行责令被告立即停止侵犯专利权的同时应当提供相应的担保。据此，对其申请先行责令被告立即停止侵犯专利权的风险，申请人也应当是明知的。因此，许赞有在其申请先行责令江苏拜特进出口贸易有限公司、江苏省淮安市康拜特地毯有限公司立即停止侵犯专利权时，应充分意识到其提出该申请的风险。许赞有关于其申请没有过错因而不应承担相应赔偿责任的主张没有法律依据，不予支持。

433. 申请诉前证据保全

相关规范

››《中华人民共和国商标法》（2019 年修正）

第六十六条　为制止侵权行为，在证据可能灭失或者以后难以取得的情况下，商标注册人或者利害关系人可以依法在起诉前向人民法院申请保全证据。

››《中华人民共和国著作权法》（2020 年修正）

第五十七条　为制止侵权行为，在证据可能灭失或者以后难以取得的情况下，著作权人或者与著作权有关的权利人可以在起诉前依法向人民法院申请保全证据。

《中华人民共和国民事诉讼法》（2021年）

第八十四条 在证据可能灭失或者以后难以取得的情况下，当事人可以在诉讼过程中向人民法院申请保全证据，人民法院也可以主动采取保全措施。因情况紧急，在证据可能灭失或者以后难以取得的情况下，利害关系人可以在提起诉讼或者申请仲裁前向证据所在地、被申请人住所地或者对案件有管辖权的人民法院申请保全证据。证据保全的其他程序，参照适用本法第九章保全的有关规定。

《计算机软件保护条例》（2013年修订）

第二十七条 为了制止侵权行为，在证据可能灭失或者以后难以取得的情况下，软件著作权人可以依照《中华人民共和国著作权法》第五十一条的规定，在提起诉讼前向人民法院申请保全证据。

《最高人民法院关于审理商标案件有关管辖和法律适用范围问题的解释》（法释〔2002〕1号 2002年1月9日）

第七条 对商标法修改决定施行前发生的侵犯商标专用权行为，商标注册人或者利害关系人于该决定施行后在起诉前向人民法院提出申请采取责令停止侵权行为或者保全证据措施的，适用修改后商标法第五十七条、第五十八条的规定。

《最高人民法院关于审查知识产权纠纷行为保全案件适用法律若干问题的规定》（法释〔2018〕21号 2018年12月12日）

第十九条 申请人同时申请行为保全、财产保全或者证据保全的，人民法院应当依法分别审查不同类型保全申请是否符合条件，并作出裁定。

为避免被申请人实施转移财产、毁灭证据等行为致使保全目的无法实现，人民法院可以根据案件具体情况决定不同类型保全措施的执行顺序。

《最高人民法院关于民事诉讼证据的若干规定》（2019年12月25日修正）

第二十九条 人民法院采取诉前证据保全措施后，当事人向其他有管辖权的人民法院提起诉讼的，采取保全措施的人民法院应当根据当事人的申请，将保全的证据及时移交受理案件的人民法院。

第三十一条 当事人申请鉴定，应当在人民法院指定期间内提出，并预交鉴定费用。逾期不提出申请或者不预交鉴定费用的，视为放弃申请。

对需要鉴定的待证事实负有举证责任的当事人，在人民法院指定期间内无正当理由不提出鉴定申请或者不预交鉴定费用，或者拒不提供相关材料，致使待证事实无法查明的，应当承担举证不能的法律后果。

《最高人民法院关于审理侵害植物新品种权纠纷案件具体应用法律问题的若干规定》（2020年12月23日修正）

第五条 品种权人或者利害关系人向人民法院提起侵害植物新品种权诉讼前，可以提出行为保全或者证据保全请求，人民法院经审查作出裁定。

人民法院采取证据保全措施时，可以根据案件具体情况，邀请有关专业技术人员按照相应的技术规程协助取证。

434. 申请仲裁前财产保全

相关规范

《中华人民共和国仲裁法》（2017 年修正）

第二十八条　一方当事人因另一方当事人的行为或者其他原因，可能使裁决不能执行或者难以执行的，可以申请财产保全。

当事人申请财产保全的，仲裁委员会应当将当事人的申请依照民事诉讼法的有关规定提交人民法院。

申请有错误的，申请人应当赔偿被申请人因财产保全所遭受的损失。

《最高人民法院关于人民法院办理财产保全案件若干问题的规定》（2020 年 12 月 23 日修正）

第十七条　利害关系人申请诉前财产保全，在人民法院采取保全措施后三十日内依法提起诉讼或者申请仲裁的，诉前财产保全措施自动转为诉讼或仲裁中的保全措施；进入执行程序后，保全措施自动转为执行中的查封、扣押、冻结措施。

依前款规定，自动转为诉讼、仲裁中的保全措施或者执行中的查封、扣押、冻结措施的，期限连续计算，人民法院无需重新制作裁定书。

第二十三条　人民法院采取财产保全措施后，有下列情形之一的，申请保全人应当及时申请解除保全：

（一）采取诉前财产保全措施后三十日内不依法提起诉讼或者申请仲裁的；

（二）仲裁机构不予受理仲裁申请、准许撤回仲裁申请或者按撤回仲裁申请处理的；

（三）仲裁申请或者请求被仲裁裁决驳回的；

（四）其他人民法院对起诉不予受理、准许撤诉或者按撤诉处理的；

（五）起诉或者诉讼请求被其他人民法院生效裁判驳回的；

（六）申请保全人应当申请解除保全的其他情形。

人民法院收到解除保全申请后，应当在五日内裁定解除保全；对情况紧急的，必须在四十八小时内裁定解除保全。

申请保全人未及时申请人民法院解除保全，应当赔偿被保全人因财产保全所遭受的损失。

被保全人申请解除保全，人民法院经审查认为符合法律规定的，应当在本条第二款规定的期间内裁定解除保全。

435. 申请仲裁前行为保全

相关规范

《最高人民法院关于审查知识产权纠纷行为保全案件适用法律若干问题的规定》（法释〔2018〕21 号　2018 年 12 月 12 日）

第二条至第十九条

（参见“425. 申请诉前停止侵害专利权”的相关规范）

436. 申请仲裁前证据保全

相关规范

《中华人民共和国仲裁法》（2017 年修正）

第四十六条　在证据可能灭失或者以后难以取得的情况下，当事人可以申请证据保全。当事人申请证据保全的，仲裁委员会应当将当事人的申请提交证据所在地的基层人民法院。

第四十八条　仲裁庭应当将开庭情况记

人笔录。当事人和其他仲裁参与人认为对自己陈述的记录有遗漏或者差错的，有权申请补正。如果不予补正，应当记录该申请。

笔录由仲裁员、记录人员、当事人和其他仲裁参与人签名或者盖章。

》《中华人民共和国商标法》（2019 年修正）

第六十六条 为制止侵权行为，在证据可能灭失或者以后难以取得的情况下，商标注册人或者利害关系人可以依法在起诉前向人民法院申请保全证据。

》《中华人民共和国著作权法》（2020 年修正）

第五十七条 为制止侵权行为，在证据可能灭失或者以后难以取得的情况下，著作权人或者与著作权有关的权利人可以在起诉前依法向人民法院申请保全证据。

》《最高人民法院关于审理商标案件有关管辖和法律适用范围问题的解释》（法释〔2002〕1 号　2002 年 1 月 9 日）

第七条 对商标法修改决定施行前发生的侵犯商标专用权行为，商标注册人或者利害关系人于该决定施行后在起诉前向人民法院提出申请采取责令停止侵权行为或者保全证据措施的，适用修改后商标法第五十七条、第五十八条的规定。

437. 仲裁程序中的财产保全

相关规范

》《中华人民共和国仲裁法》（2017 年修正）

第二十八条 一方当事人因另一方当事人的行为或者其他原因，可能使裁决不能执行或者难以执行的，可以申请财产保全。

当事人申请财产保全的，仲裁委员会应当将当事人的申请依照民事诉讼法的有关规定提交人民法院。

申请有错误的，申请人应当赔偿被申请人因财产保全所遭受的损失。

》《中华人民共和国民事诉讼法》（2021 年修正）

第一百零三条 人民法院对于可能因当事人一方的行为或者其他原因，使判决难以执行或者造成当事人其他损害的案件，根据对方当事人的申请，可以裁定对其财产进行保全、责令其作出一定行为或者禁止其作出一定行为；当事人没有提出申请的，人民法院在必要时也可以裁定采取保全措施。

人民法院采取保全措施，可以责令申请人提供担保，申请人不提供担保的，裁定驳回申请。

人民法院接受申请后，对情况紧急的，必须在四十八小时内作出裁定；裁定采取保全措施的，应当立即开始执行。

第一百零四条 利害关系人因情况紧急，不立即申请保全将会使其合法权益受到难以弥补的损害的，可以在提起诉讼或者申请仲裁前向被保全财产所在地、被申请人住所地或者对案件有管辖权的人民法院申请采取保全措施。申请人应当提供担保，不提供担保的，裁定驳回申请。

人民法院接受申请后，必须在四十八小时内作出裁定；裁定采取保全措施的，应当立即开始执行。

申请人在人民法院采取保全措施后三十日内不依法提起诉讼或者申请仲裁的，人民法院应当解除保全。

第二百七十九条 当事人申请采取保全的，中华人民共和国的涉外仲裁机构应当将当事人的申请，提交被申请人住所地或者财产所在地的中级人民法院裁定。

第二百八十条 经中华人民共和国涉外仲裁机构裁决的，当事人不得向人民法院起诉。一方当事人不履行仲裁裁决的，对方当事人可以向被申请人住所地或者财产所在地的中级人民法院申请执行。

第二百八十一条　对中华人民共和国涉外仲裁机构作出的裁决，被申请人提出证据证明仲裁裁决有下列情形之一的，经人民法院组成合议庭审查核实，裁定不予执行：

（一）当事人在合同中没有订有仲裁条款或者事后没有达成书面仲裁协议的；

（二）被申请人没有得到指定仲裁员或者进行仲裁程序的通知，或者由于其他不属于被申请人负责的原因未能陈述意见的；

（三）仲裁庭的组成或者仲裁的程序与仲裁规则不符的；

（四）裁决的事项不属于仲裁协议的范围或者仲裁机构无权仲裁的。

人民法院认定执行该裁决违背社会公共利益的，裁定不予执行。

»《最高人民法院关于人民法院执行工作若干问题的规定（试行）》（2020年12月23日修正）

9. 在国内仲裁过程中，当事人申请财产保全，经仲裁机构提交人民法院的，由被申请人住所地或被申请保全的财产所在地的基层人民法院裁定并执行；申请证据保全的，由证据所在地的基层人民法院裁定并执行。

10. 在涉外仲裁过程中，当事人申请财产保全，经仲裁机构提交人民法院的，由被申请人住所地或被申请保全的财产所在地的中级人民法院裁定并执行；申请证据保全的，由证据所在地的中级人民法院裁定并执行。

»《最高人民法院关于适用〈中华人民共和国民事诉讼法〉的解释》（2022年3月22日修正）

第五百四十条　依照民事诉讼法第二百七十九条规定，中华人民共和国涉外仲裁机构将当事人的保全申请提交人民法院裁定的，人民法院可以进行审查，裁定是否进行保全。裁定保全的，应当责令申请人提供担保，申请人不提供担保的，裁定驳回申请。

当事人申请证据保全，人民法院经审查认为无需提供担保的，申请人可以不提供担保。

438. 仲裁程序中的证据保全

相关规范

»《中华人民共和国仲裁法》（2017年修正）

第四十六条　在证据可能灭失或者以后难以取得的情况下，当事人可以申请证据保全。当事人申请证据保全的，仲裁委员会应当将当事人的申请提交证据所在地的基层人民法院。

第六十八条　涉外仲裁的当事人申请证据保全的，涉外仲裁委员会应当将当事人的申请提交证据所在地的中级人民法院。

»《最高人民法院关于人民法院执行工作若干问题的规定（试行）》（2020年12月23日修正）

9. 在国内仲裁过程中，当事人申请财产保全，经仲裁机构提交人民法院的，由被申请人住所地或被申请保全的财产所在地的基层人民法院裁定并执行；申请证据保全的，由证据所在地的基层人民法院裁定并执行。

10. 在涉外仲裁过程中，当事人申请财产保全，经仲裁机构提交人民法院的，由被申请人住所地或被申请保全的财产所在地的中级人民法院裁定并执行；申请证据保全的，由证据所在地的中级人民法院裁定并执行。

439. 申请执行前财产保全

相关规范

》《最高人民法院关于人民法院民事执行中查封、扣押、冻结财产的规定》（2020年12月23日修正）

第二十九条 财产保全裁定和先予执行裁定的执行适用本规定。

》《最高人民法院关于适用〈中华人民共和国民事诉讼法〉的解释》（2022年3月22日修正）

第一百六十三条 法律文书生效后，进入执行程序前，债权人因对方当事人转移财产等紧急情况，不申请保全将可能导致生效法律文书不能执行或者难以执行的，可以向执行法院申请采取保全措施。债权人在法律文书指定的履行期间届满后五日内不申请执行的，人民法院应当解除保全。

440. 申请中止支付信用证项下款项

相关规范

》《最高人民法院关于审理信用证纠纷案件若干问题的规定》（2020年12月23日修正）

第八条 凡有下列情形之一的，应当认定存在信用证欺诈：

（一）受益人伪造单据或者提交记载内容虚假的单据；

（二）受益人恶意不交付货物或者交付的货物无价值；

（三）受益人和开证申请人或者其他第三方串通提交假单据，而没有真实的基础交易；

（四）其他进行信用证欺诈的情形。

第九条 开证申请人、开证行或者其他利害关系人发现有本规定第八条的情形，并认为将会给其造成难以弥补的损害时，可以向有管辖权的人民法院申请中止支付信用证项下的款项。

第十条 人民法院认定存在信用证欺诈的，应当裁定中止支付或者判决终止支付信用证项下款项，但有下列情形之一的除外：

（一）开证行的指定人、授权人已按照开证行的指令善意地进行了付款；

（二）开证行或者其指定人、授权人已对信用证项下票据善意地作出了承兑；

（三）保兑行善意地履行了付款义务；

（四）议付行善意地进行了议付。

第十一条 当事人在起诉前申请中止支付信用证项下款项符合下列条件的，人民法院应予受理：

（一）受理申请的人民法院对该信用证纠纷案件享有管辖权；

（二）申请人提供的证据材料证明存在本规定第八条的情形；

（三）如不采取中止支付信用证项下款项的措施，将会使申请人的合法权益受到难以弥补的损害；

（四）申请人提供了可靠、充分的担保；

（五）不存在本规定第十条的情形。

当事人在诉讼中申请中止支付信用证项下款项的，应当符合前款第（二）（三）（四）（五）项规定的条件。

第十二条 人民法院接受中止支付信用证项下款项申请后，必须在四十八小时内作出裁定；裁定中止支付的，应当立即开始执行。

人民法院作出中止支付信用证项下款项的裁定，应当列明申请人、被申请人和第三人。

第十三条 当事人对人民法院作出中止支付信用证项下款项的裁定有异议的，可以在裁定书送达之日起十日内向上一级人民法院申请复议。上一级人民法院应当自收到复议申请之日起十日内作出裁定。

复议期间，不停止原裁定的执行。

441. 申请中止支付保函项下款项

相关规范

》《中华人民共和国民事诉讼法》（2021年修正）

第一百零四条　利害关系人因情况紧急，不立即申请保全将会使其合法权益受到难以弥补的损害的，可以在提起诉讼或者申请仲裁前向被保全财产所在地、被申请人住所地或者对案件有管辖权的人民法院申请采取保全措施。申请人应当提供担保，不提供担保的，裁定驳回申请。

人民法院接受申请后，必须在四十八小时内作出裁定；裁定采取保全措施的，应当立即开始执行。

申请人在人民法院采取保全措施后三十日内不依法提起诉讼或者申请仲裁的，人民法院应当解除保全。

第一百零五条　保全限于请求的范围，或者与本案有关的财物。

第一百零六条　财产保全采取查封、扣押、冻结或者法律规定的其他方法。人民法院保全财产后，应当立即通知被保全财产的人。

财产已被查封、冻结的，不得重复查封、冻结。

》《最高人民法院关于审理独立保函纠纷案件若干问题的规定》（2020年12月23日修正）

第十二条　具有下列情形之一的，人民法院应当认定构成独立保函欺诈：

（一）受益人与保函申请人或其他人串通，虚构基础交易的；

（二）受益人提交的第三方单据系伪造或内容虚假的；

（三）法院判决或仲裁裁决认定基础交易债务人没有付款或赔偿责任的；

（四）受益人确认基础交易债务已得到完全履行或者确认独立保函载明的付款到期事件并未发生的；

（五）受益人明知其没有付款请求权仍滥用该权利的其他情形。

第十三条　独立保函的申请人、开立人或指示人发现有本规定第十二条情形的，可以在提起诉讼或申请仲裁前，向开立人住所地或其他对独立保函欺诈纠纷案件具有管辖权的人民法院申请中止支付独立保函项下的款项，也可以在诉讼或仲裁过程中提出申请。

第十四条　人民法院裁定中止支付独立保函项下的款项，必须同时具备下列条件：

（一）止付申请人提交的证据材料证明本规定第十二条情形的存在具有高度可能性；

（二）情况紧急，不立即采取止付措施，将给止付申请人的合法权益造成难以弥补的损害；

（三）止付申请人提供了足以弥补被申请人因止付可能遭受损失的担保。

止付申请人以受益人在基础交易中违约为由请求止付的，人民法院不予支持。

开立人在依指示开立的独立保函项下已经善意付款的，对保障该开立人追偿权的独立保函，人民法院不得裁定止付。

第十五条　因止付申请错误造成损失，当事人请求止付申请人赔偿的，人民法院应予支持。

第十六条　人民法院受理止付申请后，应当在四十八小时内作出书面裁定。裁定应当列明申请人、被申请人和第三人，并包括初步查明的事实和是否准许止付申请的理由。

裁定中止支付的，应当立即执行。

止付申请人在止付裁定作出后三十日内未依法提起独立保函欺诈纠纷诉讼或申请仲裁的，人民法院应当解除止付裁定。

第十七条　当事人对人民法院就止付申

请作出的裁定有异议的，可以在裁定书送达之日起十日内向作出裁定的人民法院申请复议。复议期间不停止裁定的执行。

人民法院应当在收到复议申请后十日内审查，并询问当事人。

第十八条 人民法院审理独立保函欺诈纠纷案件或处理止付申请，可以就当事人主张的本规定第十二条的具体情形，审查认定基础交易的相关事实。

四十六、申请人身安全保护令案件

442. 申请人身安全保护令

相关规范

》《中华人民共和国反家庭暴力法》（2016年）

第二十三条 当事人因遭受家庭暴力或者面临家庭暴力的现实危险，向人民法院申请人身安全保护令的，人民法院应当受理。

当事人是无民事行为能力人、限制民事行为能力人，或者因受到强制、威吓等原因无法申请人身安全保护令的，其近亲属、公安机关、妇女联合会、居民委员会、村民委员会、救助管理机构可以代为申请。

第二十四条 申请人身安全保护令应当以书面方式提出；书面申请确有困难的，可以口头申请，由人民法院记入笔录。

第二十五条 人身安全保护令案件由申请人或者被申请人居住地、家庭暴力发生地的基层人民法院管辖。

第二十六条 人身安全保护令由人民法院以裁定形式作出。

第二十七条 作出人身安全保护令，应当具备下列条件：

（一）有明确的被申请人；

（二）有具体的请求；

（三）有遭受家庭暴力或者面临家庭暴力现实危险的情形。

第二十八条 人民法院受理申请后，应当在七十二小时内作出人身安全保护令或者驳回申请；情况紧急的，应当在二十四小时内作出。

第二十九条 人身安全保护令可以包括下列措施：

（一）禁止被申请人实施家庭暴力；

（二）禁止被申请人骚扰、跟踪、接触申请人及其相关近亲属；

（三）责令被申请人迁出申请人住所；

（四）保护申请人人身安全的其他措施。

第三十条 人身安全保护令的有效期不超过六个月，自作出之日起生效。人身安全保护令失效前，人民法院可以根据申请人的申请撤销、变更或者延长。

第三十一条 申请人对驳回申请不服或者被申请人对人身安全保护令不服的，可以自裁定生效之日起五日内向作出裁定的人民法院申请复议一次。人民法院依法作出人身安全保护令的，复议期间不停止人身安全保护令的执行。

第三十二条 人民法院作出人身安全保护令后，应当送达申请人、被申请人、公安机关以及居民委员会、村民委员会等有关组织。人身安全保护令由人民法院执行，公安机关以及居民委员会、村民委员会等应当协助执行。

第三十三条　加害人实施家庭暴力，构成违反治安管理行为的，依法给予治安管理处罚；构成犯罪的，依法追究刑事责任。

第三十四条　被申请人违反人身安全保护令，构成犯罪的，依法追究刑事责任；尚不构成犯罪的，人民法院应当给予训诫，可以根据情节轻重处以一千元以下罚款、十五日以下拘留。

《最高人民法院关于人身安全保护令案件相关程序问题的批复》（法释〔2016〕15号　2016年7月11日）

北京市高级人民法院：

你院《关于人身安全保护令案件相关程序问题的请示》（京高法〔2016〕45号）收悉。经研究，批复如下：一、关于人身安全保护令案件是否收取诉讼费的问题。同意你院倾向性意见，即向人民法院申请人身安全保护令，不收取诉讼费用。二、关于申请人身安全保护令是否需要提供担保的问题。同意你院倾向性意见，即根据《中华人民共和国反家庭暴力法》请求人民法院作出人身安全保护令的，申请人不需要提供担保。三、关于人身安全保护令案件适用程序等问题。人身安全保护令案件适用何种程序，反家庭暴力法中没有作出直接规定。人民法院可以比照特别程序进行审理。家事纠纷案件中的当事人向人民法院申请人身安全保护令的，由审理该案的审判组织作出是否发出人身安全保护令的裁定；如果人身安全保护令的申请人在接受其申请的人民法院并无正在进行的家事案件诉讼，由法官以独任审理的方式审理。至于是否需要就发出人身安全保护令问题听取被申请人的意见，则由承办法官视案件的具体情况决定。四、关于复议问题。对于人身安全保护令的被申请人提出的复议申请和人身安全保护令的申请人就驳回裁定提出的复议申请，可以由原审判组织进行复议；人民法院认为必要的，也可以另行指定审判组织进行复议。

《最高人民法院关于办理人身安全保护令案件适用法律若干问题的规定》

（法释〔2022〕17号　2022年7月14日）

第一条　当事人因遭受家庭暴力或者面临家庭暴力的现实危险，依照反家庭暴力法向人民法院申请人身安全保护令的，人民法院应当受理。

向人民法院申请人身安全保护令，不以提起离婚等民事诉讼为条件。

第二条　当事人因年老、残疾、重病等原因无法申请人身安全保护令，其近亲属、公安机关、民政部门、妇女联合会、居民委员会、村民委员会、残疾人联合会、依法设立的老年人组织、救助管理机构等，根据当事人意愿，依照反家庭暴力法第二十三条规定代为申请的，人民法院应当依法受理。

第三条　家庭成员之间以冻饿或者经常性侮辱、诽谤、威胁、跟踪、骚扰等方式实施的身体或者精神侵害行为，应当认定为反家庭暴力法第二条规定的“家庭暴力”。

第四条　反家庭暴力法第三十七条规定的“家庭成员以外共同生活的人”一般包括共同生活的儿媳、女婿、公婆、岳父母以及其他有监护、扶养、寄养等关系的人。

第五条　当事人及其代理人对因客观原因不能自行收集的证据，申请人民法院调查收集，符合《最高人民法院关于适用〈中华人民共和国民事诉讼法〉的解释》第九十四条第一款规定情形的，人民法院应当调查收集。

人民法院经审查，认为办理案件需要的证据符合《最高人民法院关于适用〈中华人民共和国民事诉讼法〉的解释》第九十六条规定的，应当调查收集。

第六条　人身安全保护令案件中，人民法院根据相关证据，认为申请人遭受家庭暴力或者面临家庭暴力现实危险的事实存在较大可能性的，可以依法作出人身安全保护令。

前款所称“相关证据”包括：

（一）当事人的陈述；

（二）公安机关出具的家庭暴力告诫书、行政处罚决定书；

（三）公安机关的出警记录、讯问笔录、询问笔录、接警记录、报警回执等；

（四）被申请人曾出具的悔过书或者保证书等；

（五）记录家庭暴力发生或者解决过程等的视听资料；

（六）被申请人与申请人或者其近亲属之间的电话录音、短信、即时通讯信息、电子邮件等；

（七）医疗机构的诊疗记录；

（八）申请人或者被申请人所在单位、民政部门、居民委员会、村民委员会、妇女联合会、残疾人联合会、未成年人保护组织、依法设立的老年人组织、救助管理机构、反家暴社会公益机构等单位收到投诉、反映或者求助的记录；

（九）未成年子女提供的与其年龄、智力相适应的证言或者亲友、邻居等其他证人证言；

（十）伤情鉴定意见；

（十一）其他能够证明申请人遭受家庭暴力或者面临家庭暴力现实危险的证据。

第七条 人民法院可以通过在线诉讼平台、电话、短信、即时通讯工具、电子邮件等简便方式询问被申请人。被申请人未发表意见的，不影响人民法院依法作出人身安全保护令。

第八条 被申请人认可存在家庭暴力行为，但辩称申请人有过错的，不影响人民法院依法作出人身安全保护令。

第九条 离婚等案件中，当事人仅以人民法院曾作出人身安全保护令为由，主张存在家庭暴力事实的，人民法院应当根据《最高人民法院关于适用〈中华人民共和国民事诉讼法〉的解释》第一百零八条的规定，综合认定是否存在该事实。

第十条 反家庭暴力法第二十九条第四项规定的“保护申请人人身安全的其他措施”可以包括下列措施：

（一）禁止被申请人以电话、短信、即时通讯工具、电子邮件等方式侮辱、诽谤、威胁申请人及其相关近亲属；

（二）禁止被申请人在申请人及其相关近亲属的住所、学校、工作单位等经常出入场所的一定范围内从事可能影响申请人及其相关近亲属正常生活、学习、工作的活动。

第十一条 离婚案件中，判决不准离婚或者调解和好后，被申请人违反人身安全保护令实施家庭暴力的，可以认定为民事诉讼法第一百二十七条第七项规定的“新情况、新理由”。

第十二条 被申请人违反人身安全保护令，符合《中华人民共和国刑法》第三百一十三条规定的，以拒不执行判决、裁定罪定罪处罚；同时构成其他犯罪的，依照刑法有关规定处理。

》《最高人民法院、全国妇联、教育部、公安部、民政部、司法部、卫生健康委关于加强人身安全保护令制度贯彻实施的意见》（法发〔2022〕10号 2022年3月3日）

十一、人民法院应当建立人身安全保护令案件受理“绿色通道”，加大依职权调取证据力度，依法及时作出人身安全保护令。各基层人民法院及其派出人民法庭应当在立案大厅或者诉讼服务中心为当事人申请人身安全保护令提供导诉服务。

十二、坚持最有利于未成年人原则。各部门就家庭暴力事实听取未成年人意见或制作询问笔录时，应当充分考虑未成年人身心特点，提供适宜的场所环境，采取未成年人能够理解的问询方式，保护其隐私和安全。必要时，可安排心理咨询师或社会工作者协助开展工作。未成年人作为受害人的人身安全保护令案件中，人民法院可以通知法律援助机构为其提供法律援助。未成年子女作为证人提供证言的，可不出庭作证。

十三、各部门在接受涉家庭暴力投诉、反映、求助或者处理婚姻家庭纠纷过程中，发现当事人遭受家庭暴力或者面临家庭暴力现实危险的，应当主动告知其可以向人民法院申请人身安全保护令。

十四、人民法院在作出人身安全保护令后，应当在24小时内向当事人送达，同时送达当地公安派出所、居民委员会、村民委员会，也可以视情况送达当地妇女联合会、学校、未成年人保护组织、残疾人联合会、依法设立的老年人组织等。

十五、人民法院在送达人身安全保护令时，应当注重释明和说服教育，督促被申请人遵守人身安全保护令，告知其违反人身安全保护令的法律后果。被申请人不履行或者违反人身安全保护令的，申请人可以向人民法院申请强制执行。被申请人违反人身安全保护令，尚不构成犯罪的，人民法院应当给予训诫，可以根据情节轻重处以一千元以下罚款、十五日以下拘留。

十六、人民法院在送达人身安全保护令时，可以向当地公安派出所、居民委员会、村民委员会、妇女联合会、学校等一并送达协助执行通知书，协助执行通知书中应当明确载明协助事项。相关单位应当按照协助执行通知书的内容予以协助。

十七、人身安全保护令有效期内，公安机关协助执行的内容可以包括：协助督促被申请人遵守人身安全保护令；在人身安全保护令有效期内，被申请人违反人身安全保护令的，公安机关接警后应当及时出警，制止违法行为；接到报警后救助、保护受害人，并搜集、固定证据；发现被申请人违反人身安全保护令的，将情况通报人民法院等。

《最高人民法院关于为实施积极应对人口老龄化国家战略提供司法服务和保障的意见》（法发〔2022〕15号　2022年3月29日）

6. 贯彻实施反家庭暴力法，保护老年家庭成员人身、财产安全。推动完善各部门共同参与的反家暴宏观体系。加强对家庭暴力受害老年人举证的指导，加大心理疏导和帮扶力度。建立人身安全保护令案件受理“绿色通道”，加大依职权调取证据力度，依法及时作出、送达人身安全保护令。加强与公安机关、居民委员会、村民委员会等部门协作配合，充分利用协助执行制度，保障人身安全保护令切实发挥作用。建立定期回访、跟踪机制，拓展反家暴延伸服务范围。

典型案例

林小某申请人身安全保护令案（《最高人民法院人身安全保护令十大典型案例》案例六　2020年11月25日）

【基本案情】

申请人林小某（女）与被申请人林某系亲生父女关系，林小某从小跟随爷爷奶奶长大，从未见过母亲。后林小某转学到林某所在地读初中，平时住校，周末与林某一同居住。林小某发现林某有偷看其洗澡并抚摸其身体等性侵害行为，这对林小某的身体、心理等方面造成了严重的伤害。林小某感到害怕不安，周末就到同学家居住以躲避父亲。林某找不到林小某，便到学校威胁和发微信威胁林小某，导致其不敢上晚自习。老师发现并与林小某谈话后，林小某在班主任陪同下报警，配合民警调查，并委托社工组织向法院申请人身安全保护令。

【裁判结果】

广西壮族自治区钦州市钦北区人民法院裁定：一、禁止林某对受害人林小某实施家庭暴力；二、禁止林某骚扰、接触林小某。同时，将人身安全保护令向林小某的在校老师和班主任，林小某和林某居住地的派出所和居委会进行了送达和告知。

【典型意义】

本案中，学校在发现和制止未成年人受到家庭暴力侵害方面发挥了重要作用。公安部门接到受害人报警后，联系了社工组织，为受害人提供心理疏导及法律救助。社工组织接到救助申请后，第一时间到学校了解情况，为未成年人申请人身安全保护令。法院依法签发人身安全保护令后，林小某也转学同爷爷奶奶一起生活。人民法院在审理相关案件中，主动延伸司法服务，贯彻“特殊保护、优先保护”理念，较好地维护了未成年人的合法权益。

吴某某申请人身安全保护令案（《最高人民法院人身安全保护令十大典型案例》案例八 2020年11月25日）

【基本案情】

申请人吴某某（女）与被申请人杨某某（男）2009年相识后成为男女朋友，并居住在一起。2018年农历春节过后吴某某向杨某某提出分手，杨某某同意。2018年4、5月，杨某某开始对吴某某进行跟踪、骚扰、殴打并强行闯入吴某某的住所和工作场地，限制吴某某的人身自由，抢夺吴某某住所的钥匙、手机，在吴某某住所地张贴污蔑、辱骂、威胁吴某某的材料。吴某某多次向住所地、工作场地所在的派出所报警，杨某某在经警察教育、警告之后仍屡教不改，并且变本加厉骚扰吴某某。吴某某向法院申请人身安全保护令。

【裁判结果】

四川省成都市成华区人民法院裁定：一、禁止杨某某对吴某某实施暴力行为；二、禁止杨某某对吴某某及其家属实施骚扰、跟踪、接触；三、禁止杨某某接近、进入吴某某的住所及工作场所。

【典型意义】

本案是一起同居关系的一方申请人身安全保护令的案件。《反家庭暴力法》不仅预防和制止的是家庭成员之间的暴力行为，还包括家庭成员以外共同生活的人之间实施的暴力行为。同居关系中暴力受害者的人身权利应当受到法律保护，同居关系的一方若遭受家庭暴力或者面临家庭暴力的现实危险，人民法院也可依当事人申请作出人身安全保护令。

洪某违反人身安全保护令案（《最高人民法院人身安全保护令十大典型案例》案例十 2020年11月25日）

【基本案情】

申请人包某（女）与被申请人洪某原系恋人关系，双方共同居住生活。洪某在因琐事引起的争执过程中殴打包某，导致包某头皮裂伤和血肿。包某提出分手，并搬离共同居所。分手后，洪某仍然通过打电话、发微信以及到包某住所蹲守的方式对其进行骚扰。包某不堪其扰，遂报警，民警对洪某进行了批评教育。包某担心洪某继续实施家庭暴力，向法院申请人身安全保护令。重庆市巴南区人民法院依法作出人身安全保护令。洪某收到人身安全保护令后，无视禁止，继续通过打电话、发短信和微信的方式骚扰包某，威胁包某与其和好继续交往，其间发送的消息达300余条。

【裁判结果】

重庆市巴南区人民法院决定，对洪某处以1000元罚款和15日拘留。

【典型意义】

本案是一起典型的针对家庭暴力作出人身安全保护令和对违反人身安全保护令予以司法惩戒的案例，主要有以下几点典型意义：第一，通过作出人身安全保护令，依法保护家庭暴力受害者的合法权利，彰显了法治的应有之义。中国几千年来都有“法不入家门”的历史传统，但随着时代的更迭和进步，对妇女儿童等弱势群体的利益保护已经得到社会的普遍认可。家庭成员以外共同生活的人可以被认定为是拟制家庭成员，根据《反家庭暴力法》第三十七条的规定，家庭成员以外共同生活的人可以申请人身安全保护令。第二，依法对公然违抗法院裁判文书的行为予以惩戒，彰显了遵法守法的底线。人身安全保护令不仅仅是一纸文书，它是人民法院依法作出的具有法律效力的裁判文书，相关人员必须严格遵守，否则应承担相应的法律后果。无视人身安全保护令，公然违抗法院裁判文书的行为已经触碰司法底线，必须予以严惩。第三，通过严惩家暴行为，对施暴者起到震慑作用，弘扬了社会文明的价值取向。“法不入家门”已经成为历史，反对家庭暴力是社会文明进步的标志。通过罚款、拘留等司法强制措施严惩违反人身安全保护令的施暴者，让反家暴不再停留在仅仅发布相关禁令的司法层面，对施暴者予以震慑，推动整个社会反家暴态势的良性发展。

» 卢某某申请人身安全保护令案（《最高人民法院、中国残疾人联合会残疾人权益保护十大典型案例》案例四 2021年12月2日）

【基本案情】

卢某某（女）系二级智力残疾，王某某与卢某某为夫妻关系。因婚前缺乏了解，婚后感情基础差，王某某在婚姻生活中稍有不满，即对卢某某及其父母拳脚相加，实施家庭暴力。卢某某为此提起离婚诉讼，并提交了公安机关的报警回执、受案回执、询问笔录、家庭暴力告诫书等证据。案件受理后，法院邀请区残联共同走访卢某某及其家人，向当事人及其单位了解具体情况，委托区残联对卢某某遭受家庭暴力的程度以及存在家庭暴力的现实危险等进行综合评估。经调查评估后，区残联以卢某某遭受家庭暴力且受到威胁不敢申请人身安全保护令为由，代卢某某向法院申请人身安全保护令。

【裁判结果】

福建省莆田市城厢区人民法院经审查认为，卢某某系二级智力残疾，残联曾为其发放残疾人证。现残联依法履行法律赋予的救助服务职责，以卢某某遭受家庭暴力危险无法申请人身安全保护令为由代卢某某提出申请，符合法律规定。遂裁定，禁止王某某对卢某某及其近亲属实施家庭暴力，禁止王某某在距离卢某某工作单位200米范围内活动。

【典型意义】

残疾人是社会特殊困难群体，需要全社会格外关心、加倍爱护。司法实践中，由于残疾人自身的生理缺陷，导致诉讼能力较弱，因受到威胁等原因不敢申请人身安全保护令。本案是全国首例由残联代为申请的人身安全保护令，较好地将最高人民法院和中国残疾人联合会共同印发的《关于在审判执行工作中切实维护残疾人合法权益的意见》融入司法审判实践中，既是反家暴审判的一次有益尝试，也是回应残疾人司法需求和司法服务的具体体现。

四十七、申请人格权侵害禁令案件

443. 申请人格权侵害禁令

相关规范

《中华人民共和国民法典》（2020年）

第九百九十七条　【人格权行为禁令】 民事主体有证据证明行为人正在实施或者即将实施侵害其人格权的违法行为，不及时制止将使其合法权益受到难以弥补的损害的，有权依法向人民法院申请采取责令行为人停止有关行为的措施。

《中华人民共和国反家庭暴力法》（2016年）

第二十三条 当事人因遭受家庭暴力或者面临家庭暴力的现实危险，向人民法院申请人身安全保护令的，人民法院应当受理。

当事人是无民事行为能力人、限制民事行为能力人，或者因受到强制、威吓等原因无法申请人身安全保护令的，其近亲属、公安机关、妇女联合会、居民委员会、村民委员会、救助管理机构可以代为申请。

第二十四条 申请人身安全保护令应当以书面方式提出；书面申请确有困难的，可以口头申请，由人民法院记入笔录。

第二十五条 人身安全保护令案件由申请人或者被申请人居住地、家庭暴力发生地的基层人民法院管辖。

第二十六条 人身安全保护令由人民法院以裁定形式作出。

第二十七条 作出人身安全保护令，应当具备下列条件：

（一）有明确的被申请人；

（二）有具体的请求；

（三）有遭受家庭暴力或者面临家庭暴力现实危险的情形。

第二十八条 人民法院受理申请后，应当在七十二小时内作出人身安全保护令或者驳回申请；情况紧急的，应当在二十四小时内作出。

第二十九条 人身安全保护令可以包括下列措施：

（一）禁止被申请人实施家庭暴力；

（二）禁止被申请人骚扰、跟踪、接触申请人及其相关近亲属；

（三）责令被申请人迁出申请人住所；

（四）保护申请人人身安全的其他措施。

第三十条 人身安全保护令的有效期不超过六个月，自作出之日起生效。人身安全保护令失效前，人民法院可以根据申请人的申请撤销、变更或者延长。

第三十一条 申请人对驳回申请不服或者被申请人对人身安全保护令不服的，可以自裁定生效之日起五日内向作出裁定的人民法院申请复议一次。人民法院依法作出人身安全保护令的，复议期间不停止人身安全保护令的执行。

第三十二条 人民法院作出人身安全保护令后，应当送达申请人、被申请人、公安机关以及居民委员会、村民委员会等有关组织。人身安全保护令由人民法院执行，公安机关以及居民委员会、村民委员会等应当协助执行。

》《最高人民法院关于人身安全保护令案件相关程序问题的批复》（法释〔2016〕15号 2016年7月11日）

北京市高级人民法院：

你院《关于人身安全保护令案件相关程序问题的请示》（京高法〔2016〕45号）收悉。经研究，批复如下：

一、关于人身安全保护令案件是否收取诉讼费的问题。同意你院倾向性意见，即向人民法院申请人身安全保护令，不收取诉讼费用。

二、关于申请人身安全保护令是否需要提供担保的问题。同意你院倾向性意见，即根据《中华人民共和国反家庭暴力法》请求人民法院作出人身安全保护令的，申请人不需要提供担保。

三、关于人身安全保护令案件适用程序等问题。人身安全保护令案件适用何种程序，反家庭暴力法中没有作出直接规定。人民法院可以比照特别程序进行审理。家事纠纷案件中的当事人向人民法院申请人身安全保护令的，由审理该案的审判组织作出是否发出人身安全保护令的裁定；如果人身安全保护令的申请人在接受其申请的人民法院并无正在进行的家事案件诉讼，由法官以独任审理的方式审理。至于是否需要就发出人身安全保护令问题听取被申请人的意见，则由承办法官视案件的具体情况决定。

四、关于复议问题。对于人身安全保护令的被申请人提出的复议申请和人身安全保护令的申请人就驳回裁定提出的复议申请，可以由原审判组织进行复议；人民法院认为必要的，也可以另行指定审判组织进行复议。

四十八、仲裁程序案件

444. 申请确认仲裁协议效力

相关规范

》《中华人民共和国仲裁法》（2017年修正）

第十六条 仲裁协议包括合同中订立的仲裁条款和以其他书面方式在纠纷发生前或者纠纷发生后达成的请求仲裁的协议。

仲裁协议应当具有下列内容：

（一）请求仲裁的意思表示；

（二）仲裁事项；

（三）选定的仲裁委员会。

第十七条 有下列情形之一的，仲裁协议无效：

（一）约定的仲裁事项超出法律规定的仲裁范围的；

（二）无民事行为能力人或者限制民事行为能力人订立的仲裁协议；

（三）一方采取胁迫手段，迫使对方订立仲裁协议的。

第十八条 仲裁协议对仲裁事项或者仲裁委员会没有约定或者约定不明确的，当事人可以补充协议；达不成补充协议的，仲裁协议无效。

第十九条 仲裁协议独立存在，合同的变更、解除、终止或者无效，不影响仲裁协议的效力。

仲裁庭有权确认合同的效力。

第二十条 人对仲裁协议的效力有异议

的，可以请求仲裁委员会作出决定或者请求人民法院作出裁定。一方请求仲裁委员会作出决定，另一方请求人民法院作出裁定的，由人民法院裁定。

当事人对仲裁协议的效力有异议，应当在仲裁庭首次开庭前提出。

《最高人民法院关于审理仲裁司法审查案件若干问题的规定》（法释〔2017〕22号　2017年12月26日）

第二条　各中级人民法院或者专门人民法院办理涉外涉港澳台仲裁司法审查案件，经审查拟认定仲裁协议无效，不予执行或者撤销我国内地仲裁机构的仲裁裁决，不予认可和执行香港特别行政区、澳门特别行政区、台湾地区仲裁裁决，不予承认和执行外国仲裁裁决，应当向本辖区所属高级人民法院报核；高级人民法院经审查拟同意的，应当向最高人民法院报核。待最高人民法院审核后，方可依最高人民法院的审核意见作出裁定。

各中级人民法院或者专门人民法院办理非涉外涉港澳台仲裁司法审查案件，经审查拟认定仲裁协议无效，不予执行或者撤销我国内地仲裁机构的仲裁裁决，应当向本辖区所属高级人民法院报核；待高级人民法院审核后，方可依高级人民法院的审核意见作出裁定。

指导案例

运裕有限公司与深圳市中苑城商业投资控股有限公司申请确认仲裁协议效力案（最高人民法院指导案例196号　2022年12月27日发布）

【关键词】　民事　申请确认仲裁协议效力　仲裁条款成立

【裁判要点】

1. 当事人以仲裁条款未成立为由请求确认仲裁协议不存在的，人民法院应当按照申请确认仲裁协议效力案件予以审查。

2. 仲裁条款独立存在，其成立、效力与合同其他条款是独立、可分的。当事人在订立合同时对仲裁条款进行磋商并就提交仲裁达成合意的，合同成立与否不影响仲裁条款的成立、效力。

【相关法条】

《中华人民共和国仲裁法》第16条、第19条、第20条第1款

【基本案情】

中国旅游集团有限公司（以下简称中旅公司），原名为中国旅游集团公司、中国港中旅集团公司，是国有独资公司。香港中旅（集团）有限公司（以下简称香港中旅公司）是中旅公司的全资子公司，注册于香港。运裕有限公司（以下简称运裕公司）是香港中旅公司的全资子公司，注册于英属维尔京群岛。新劲公司是运裕公司的全资子公司，亦注册于英属维尔京群岛。

2016年3月24日，中旅公司作出《关于同意挂牌转让NEWPOWERENTERPRISES-INC. 100%股权的批复》，同意运裕公司依法合规转让其所持有的新劲公司100%的股权。2017年3月29日，运裕公司通过北交所公开挂牌转让其持有的新劲公司100%的股权。深圳市中苑城商业投资控股有限公司（以下简称中苑城公司）作为意向受让人与运裕公司等就签订案涉项目的产权交易合同等事宜开展磋商。

2017年5月9日，港中旅酒店有限公司（中旅公司的全资子公司）投资管理部经理张欣发送电子邮件给深圳市泰隆金融控股集团有限公司（中苑城公司的上级集团公司）风控法务张瑞瑞。电子邮件的附件《产权交易合同》，系北交所提供的标准文本，载明甲方为运裕公司，乙方为中苑城公司，双方根据合同法和《企业国有产权转让管理暂行办法》等相关法律、法规、规章的规定，就运裕公司向中苑城公司转让其拥有的新劲公司100%股权签订《产权交易合同》。合同第十六条管辖及争议解决方式：16.1本合同及产权交易中的行为均适用中华人民共和国法

律；16.2 有关本合同的解释或履行，当事人之间发生争议的，应由双方协商解决；协商解决不成的，提交北京仲裁委员会仲裁。上述电子邮件的附件《债权清偿协议》第十二条约定：本协议适用中华人民共和国法律。有关本协议的解释或履行，当事人之间发生争议的，应由各方协商解决；协商解决不成的，任何一方均有权提交北京仲裁委员会以仲裁方式解决。

2017 年 5 月 10 日，张瑞瑞发送电子邮件给张欣、刘祯，内容为："附件为我们公司对合同的一个修改意见，请贵公司在基于平等、公平的原则及合同签订后的有效原则慎重考虑加以确认。"在该邮件的附件中，《产权交易合同》文本第十六条"管辖及争议解决方式"修改为"16.1 本合同及产权交易中的行为均适用中华人民共和国法律。16.2 有关本合同的解释或履行，当事人之间发生争议的，应由双方协商解决；协商解决不成的，提交深圳国际仲裁院仲裁"；《债权清偿协议》文本第十二条修改为"本协议适用中华人民共和国法律。有关本协议的解释或履行，当事人之间发生争议的，应由各方协商解决；协商解决不成的，任何一方均有权提交深圳国际仲裁院以仲裁方式解决"。

2017 年 5 月 11 日 13 时 42 分，张欣发送电子邮件给张瑞瑞和中苑城公司高级管理人员李俊，针对中苑城公司对两个合同文本提出的修改意见进行了回应，并表示"现将修订后的合同草签版发送给贵司，请接到附件内容后尽快回复意见。贵方与我司确认后的合同将被提交至北交所及我司内部审批流程，经北交所及我司集团公司最终确认后方可签署（如有修改我司会再与贵司确认）"。该邮件附件《产权交易合同》（草签版）第十六条"管辖及争议解决方式"与《债权清偿协议》（草签版）第十二条和上述 5 月 10 日张瑞瑞发送给张欣、刘祯的电子邮件附件中的有关内容相同。同日 18 时 39 分，张瑞瑞发送电子邮件给张欣，内容为"附件为我司签署完毕的《产权交易合同》（草签版）及《债权清偿协议》（草签版）、项目签约说明函等扫描件，请查收并回复"。该邮件附件《产权交易合同》（草签版）和《债权清偿协议》（草签版）的管辖及争议解决方式的内容与张欣在同日发送电子邮件附件中的有关内容相同。中苑城公司在合同上盖章，并将该文本送达运裕公司。

2017 年 5 月 17 日，张欣发送电子邮件给李俊，载明："深圳项目我司集团最终审批流程目前正进行中，如审批顺利计划可在本周五上午在北京维景国际大酒店举办签约仪式，具体情况待我司确认后通知贵司。现将《产权交易合同》及《债权清偿协议》拟签署版本提前发送给贵司以便核对。"该邮件附件 1 为《股权转让项目产权交易合同》（拟签署版），附件 2 为《股权转让项目债权清偿协议》（拟签署版）。上述两个合同文本中的仲裁条款仍与草签版相同。

2017 年 10 月 27 日，运裕公司发函中苑城公司取消交易。2018 年 4 月 4 日，中苑城公司根据《产权交易合同》（草签版）第 16.2 条及《债权清偿协议》（草签版）第十二条的约定，向深圳国际仲裁院提出仲裁申请，将运裕公司等列为共同被申请人。在仲裁庭开庭前，运裕公司等分别向广东省深圳市中级人民法院提起诉讼，申请确认仲裁协议不存在。该院于 2018 年 9 月 11 日立案，形成了本案和另外两个关联案件。在该院审查期间，最高人民法院认为，本案及关联案件有重大法律意义，由国际商事法庭审查有利于统一适用法律，且有利于提高纠纷解决效率，故依照民事诉讼法第三十八条第一款、《最高人民法院关于设立国际商事法庭若干问题的规定》第二条第五项之规定，裁定本案由最高人民法院第一国际商事法庭审查。

【裁判结果】

最高人民法院于 2019 年 9 月 18 日作出（2019）最高法民特 1 号民事裁定，驳回运裕有限公司的申请。

【裁判理由】

最高人民法院认为：运裕公司在中苑城

公司申请仲裁后，以仲裁条款未成立为由，向人民法院申请确认双方之间不存在有效的仲裁条款。虽然这不同于要求确认仲裁协议无效，但是仲裁协议是否存在与是否有效同样直接影响到纠纷解决方式，同样属于需要解决的先决问题，因而要求确认当事人之间不存在仲裁协议也属于广义的对仲裁协议效力的异议。仲裁法第二十条第一款规定："当事人对仲裁协议的效力有异议的，可以请求仲裁委员会作出决定或者请求人民法院作出裁定。据此，当事人以仲裁条款未成立为由要求确认仲裁协议不存在的，属于申请确认仲裁协议效力案件，人民法院应予立案审查。"

在确认仲裁协议效力时，首先要确定准据法。涉外民事关系法律适用法第十八条规定："当事人可以协议选择仲裁协议适用的法律。当事人没有选择的，适用仲裁机构所在地法律或者仲裁地法律。"在法庭询问时，各方当事人均明确表示同意适用中华人民共和国法律确定案涉仲裁协议效力。因此，本案仲裁协议适用中华人民共和国法律。

仲裁法第十六条第一款规定："仲裁协议包括合同中订立的仲裁条款和以其他书面方式在纠纷发生前或者纠纷发生后达成的请求仲裁的协议。"可见，合同中的仲裁条款和独立的仲裁协议这两种类型，都属于仲裁协议，仲裁条款的成立和效力的认定也适用关于仲裁协议的法律规定。

仲裁协议独立性是广泛认可的一项基本法律原则，是指仲裁协议与主合同是可分的，互相独立，它们的存在与效力，以及适用于它们的准据法都是可分的。由于仲裁条款是仲裁协议的主要类型，仲裁条款与合同其他条款出现在同一文件中，赋予仲裁条款独立性，比强调独立的仲裁协议具有独立性更有实践意义，甚至可以说仲裁协议独立性主要是指仲裁条款和主合同是可分的。对于仲裁协议的独立性，中华人民共和国法律和司法解释均有规定。仲裁法第十九条第一款规定："仲裁协议独立存在，合同的变更、解除、终止或者无效，不影响仲裁协议的效力。"从上下文关系看，该条是在仲裁法第十六条明确了仲裁条款属于仲裁协议之后，规定了仲裁协议的独立性。因此，仲裁条款独立于合同。对于仲裁条款能否完全独立于合同而成立，仲裁法的规定似乎不是特别清晰，不如已成立合同的变更、解除、终止或者无效不影响仲裁协议效力的规定那么明确。在司法实践中，合同是否成立与其中的仲裁条款是否成立这两个问题常常纠缠不清。但是，仲裁法第十九条第一款开头部分"仲裁协议独立存在"，是概括性、总领性的表述，应当涵盖仲裁协议是否存在即是否成立的问题，之后的表述则是进一步强调列举的几类情形也不能影响仲裁协议的效力。《最高人民法院关于适用〈中华人民共和国仲裁法〉若干问题的解释》第十条第二款进一步明确："当事人在订立合同时就争议达成仲裁协议的，合同未成立不影响仲裁协议的效力。"因此，在确定仲裁条款效力包括仲裁条款是否成立时，可以先行确定仲裁条款本身的效力；在确有必要时，才考虑对整个合同的效力包括合同是否成立进行认定。本案亦依此规则，先根据本案具体情况来确定仲裁条款是否成立。

仲裁条款是否成立，主要是指当事人双方是否有将争议提交仲裁的合意，即是否达成了仲裁协议。仲裁协议是一种合同，判断双方是否就仲裁达成合意，应适用合同法关于要约、承诺的规定。从本案磋商情况看，当事人双方一直共同认可将争议提交仲裁解决。本案最早的《产权交易合同》，系北交所提供的标准文本，连同《债权清偿协议》由运裕公司等一方发给中苑城公司，两份合同均包含将争议提交北京仲裁委员会仲裁的条款。之后，当事人就仲裁机构进行了磋商。运裕公司等一方发出的合同草签版的仲裁条款，已将仲裁机构确定为深圳国际仲裁院。就仲裁条款而言，这是运裕公司等发出的要约。中苑城公司在合同草签版上盖章，表示同意，并于2017年5月11日将盖章合同文本送达运裕公司，这是中苑城公司的承诺。根据合同法第二十五条、第二十六条相关规定，承诺通知到达要约人时生效，承诺生效时合同成立。因此，《产权交易合同》《债权清偿协议》中的仲裁条款于 2017 年 5 月 11 日分别在两个合同的各方当事人之间成立。之后，当事人就合同某些其他事项进行交涉，但从未对仲裁条款有过争议。鉴于运裕公司等并未主张仲裁条款存在法定无效情形，故应当认定双方当事人之间存在有效的仲裁条款，双方争议应由深圳国际仲裁院进行仲裁。虽然运裕公司等没有在最后的合同文本上盖章，其法定代表人也未在文本上签字，不符合合同经双方法定代表人或授权代表签字并盖章后生效的要求，但根据《最高人民法院关于适用〈中华人民共和国仲裁法〉若干问题的解释》第十条第二款的规定，即使合同未成立，仲裁条款的效力也不受影响。在当事人已达成仲裁协议的情况下，对于本案合同是否成立的问题无需再行认定，该问题应在仲裁中解决。综上，运裕公司的理由和请求不能成立，人民法院驳回其申请。

» 深圳市实正共盈投资控股有限公司与深圳市交通运输局申请确认仲裁协议效力案（最高人民法院指导案例 197 号　2022 年 12 月 27 日发布）

【关键词】　民事　申请确认仲裁协议效力　首次开庭　重新仲裁

【裁判要点】

当事人未在仲裁庭首次开庭前对仲裁协议的效力提出异议的，应当认定当事人接受仲裁庭对案件的管辖权。虽然案件重新进入仲裁程序，但仍是对同一纠纷进行的仲裁程序，当事人在重新仲裁开庭前对仲裁协议效力提出异议的，不属于《中华人民共和国仲裁法》第二十条第二款规定的“在仲裁庭首次开庭前提出”的情形。

【相关法条】

《中华人民共和国仲裁法》第 20 条第 2 款

【基本案情】

深圳市实正共盈投资控股有限公司（以下简称实正共盈公司）诉称：实正共盈公司与深圳市交通运输局的纠纷由深圳国际仲裁院于 2020 年 2 月 20 日作出重新裁决的决定，该案目前尚未重新组庭，处于首次开庭前的阶段。两个案件程序相互独立，现在提起确认仲裁协议的效力时间应当被认定为首次开庭前，一审裁定依据《最高人民法院关于适用〈中华人民共和国仲裁法〉若干问题的解释》第十三条规定属于法律适用错误。

广东省深圳市交通运输局辩称：案涉仲裁案件于 2017 年 8 月 18 日首次开庭审理，庭审过程中，实正共盈公司当庭确认其对仲裁庭已经进行的程序没有异议，实正共盈公司已认可深圳国际仲裁院对案涉仲裁案件的管辖，其无权因案件进入重新仲裁程序而获得之前放弃的权利。一审裁定适用法律正确。

法院经审理查明：华南国际经济贸易仲裁委员会（又名深圳国际仲裁院，曾名中国国际经济贸易仲裁委员会华南分会、中国国际经济贸易仲裁委员会深圳分会）于 2016 年受理本案所涉仲裁案件。2017 年 8 月 18 日，仲裁庭进行开庭审理，在仲裁申请人陈述和固定仲裁请求依据的事实和理由前，仲裁庭询问“双方当事人对本案已经进行的程序，是否有异议”，本案申请人回答“没有异议”；在庭审结束时，本案申请人表示，“截至目前对于已经进行的仲裁程序”没有异议。2018 年 3 月 29 日，华南国际经济贸易仲裁委员会作出裁决书。该裁决作出后，实正共盈公司向深圳市中级人民法院申请不予执行该仲裁裁决。法院经审查认为，可以由仲裁庭重新仲裁，由于仲裁庭在法院指定的期限内已同意重新仲裁，故不予执行仲裁裁决的审查程序应予终结。2020 年 2 月 26 日，法院裁定终结该案审查程序。

【裁判结果】

广东省深圳市中级人民法院于 2020 年 6 月 3 日作出（2020）粤 03 民特 249 号民事裁定，驳回申请人实正共盈公司的申请。实正共盈公司不服，向广东省高级人民法院提起上诉。广东省高级人民法院于2020年9月18日作出（2020）粤民终2212号民事裁定，驳回上诉，维持原裁定。

【裁判理由】

法院生效裁判认为：《中华人民共和国仲裁法》第二十条第二款规定："当事人对仲裁协议的效力有异议，应当在仲裁庭首次开庭前提出"，当事人未在仲裁庭首次开庭前对仲裁协议的效力提出异议的，视为当事人接受仲裁庭对案件的管辖权。本案虽然进入重新仲裁程序，但仍为同一纠纷，实正共盈公司在仲裁过程中未对仲裁协议效力提出异议并确认对仲裁程序无异议，其行为在重新仲裁过程中仍具有效力。根据《最高人民法院关于适用〈中华人民共和国仲裁法〉若干问题的解释》第十三条"依照仲裁法第二十条第二款的规定，当事人在仲裁庭首次开庭前没有对仲裁协议的效力提出异议，而后向人民法院申请确认仲裁协议无效的，人民法院不予受理"的规定，一审法院不应受理实正共盈公司提出的确认仲裁协议效力申请。一审法院受理本案后，根据《最高人民法院审理仲裁司法审查案件若干问题的规定》第八条第一款"人民法院立案后发现不符合受理条件的，裁定驳回申请"的规定，裁定驳回实正共盈公司的申请，并无不当。

典型案例

锐速公司申请确认仲裁协议效力案

（《人民法院服务保障自由贸易试验区建设典型案例》案例1　2022年2月28日）

【基本案情】

国家体育总局冬季管理中心（以下简称冬运中心）与星际集团签署《合作协议》，约定冬运中心授权星际集团负责国际雪联自由式滑雪空中技巧世界杯中国站的运营，并约定因协议产生的纠纷，任何一方均可提交中国国际经济贸易仲裁委员会北京总会依据该委员会当时有效的仲裁规则解决。锐速公司加入《合作协议》，与星际集团共同享有《合作协议》项下相应权利与义务。其后，三方签署《补充协议二》，约定变更锐速公司全权承办赛事，星际集团协助锐速公司，并就锐速公司赛事承办工作与该补充协议的履行向冬运中心承担补充责任。2019年，冬运中心作为申请人，以锐速公司、星际集团为被申请人，向中国国际经济贸易仲裁委员会提起仲裁申请。2021年1月，锐速公司向北京市第四中级人民法院申请确认仲裁协议无效。

【裁判结果】

北京市第四中级人民法院审查认为，冬运中心系以平等主体身份与星际集团、锐速公司订立体育赛事运营合作协议，而非代表政府进行特许经营，故本案纠纷属于平等主体之间的商事合同纠纷，依法可仲裁。《合作协议》中的仲裁条款明确约定了仲裁机构，其合法有效。锐速公司作为《合作协议》的加入方，知悉协议内容，在加入时已表明遵守协议全部条款，其应受《合作协议》中仲裁条款的约束。故裁定驳回锐速公司的申请。

【典型意义】

推动体育产业高质量发展、促进体育消费新增长，是北京建设国家服务业扩大开放综合示范区和中国（北京）自由贸易试验区的重要内容。本案对国际体育赛事运营合作协议的可仲裁性予以确认，展现了支持体育仲裁的司法立场，为体育产业运营过程中产生的商事纠纷通过仲裁解决营造良好法治环境，对于我国体育产业的健康发展具有积极促进作用。

445. 申请撤销仲裁裁决

相关规范

》《中华人民共和国仲裁法》（2017年修正）

第五十八条　当事人提出证据证明裁决有下列情形之一的，可以向仲裁委员会所在地的中级人民法院申请撤销裁决：

（一）没有仲裁协议的；

（二）裁决的事项不属于仲裁协议的范围或者仲裁委员会无权仲裁的；

（三）仲裁庭的组成或者仲裁的程序违反法定程序的；

（四）裁决所根据的证据是伪造的；

（五）对方当事人隐瞒了足以影响公正裁决的证据的；

（六）仲裁员在仲裁该案时有索贿受贿，徇私舞弊，枉法裁决行为的。

人民法院经组成合议庭审查核实裁决有前款规定情形之一的，应当裁定撤销。

人民法院认定该裁决违背社会公共利益的，应当裁定撤销。

第五十九条　当事人申请撤销裁决的，应当自收到裁决书之日起六个月内提出。

第六十条　人民法院应当在受理撤销裁决申请之日起两个月内作出撤销裁决或者驳回申请的裁定。

第六十一条　人民法院受理撤销裁决的申请后，认为可以由仲裁庭重新仲裁的，通知仲裁庭在一定期限内重新仲裁，并裁定中止撤销程序。仲裁庭拒绝重新仲裁的，人民法院应当裁定恢复撤销程序。

第七十条　当事人提出证据证明涉外仲裁裁决有民事诉讼法第二百五十八条第一款规定的情形之一的，经人民法院组成合议庭审查核实，裁定撤销。

》《中华人民共和国民事诉讼法》（2021年修正）

第二百八十一条　对中华人民共和国涉外仲裁机构作出的裁决，被申请人提出证据证明仲裁裁决有下列情形之一的，经人民法院组成合议庭审查核实，裁定不予执行：

（一）当事人在合同中没有订有仲裁条款或者事后没有达成书面仲裁协议的；

（二）被申请人没有得到指定仲裁员或者进行仲裁程序的通知，或者由于其他不属于被申请人负责的原因未能陈述意见的；

（三）仲裁庭的组成或者仲裁的程序与仲裁规则不符的；

（四）裁决的事项不属于仲裁协议的范围或者仲裁机构无权仲裁的。

人民法院认定执行该裁决违背社会公共利益的，裁定不予执行。

》《最高人民法院关于审理仲裁司法审查案件若干问题的规定》（法释〔2017〕22号　2017年12月26日）

第六条　申请人向人民法院申请执行或者撤销我国内地仲裁机构的仲裁裁决、申请承认和执行外国仲裁裁决的，应当提交申请书及裁决书正本或者经证明无误的副本。

申请书应当载明下列事项：

（一）申请人或者被申请人为自然人的，应当载明其姓名、性别、出生日期、国籍及住所；为法人或者其他组织的，应当载明其名称、住所以及法定代表人或者代表人的姓名和职务；

（二）裁决书的主要内容及生效日期；

（三）具体的请求和理由。

当事人提交的外文申请书、裁决书及其他文件，应当附有中文译本。

第二十一条　人民法院受理的申请确认涉及香港特别行政区、澳门特别行政区、台湾地区仲裁协议效力的案件，申请执行或者撤销我国内地仲裁机构作出的涉及香港特别行政区、澳门特别行政区、台湾地区仲裁裁决的案件，参照适用涉外仲裁司法审查案件的规定审查。

指导案例

>> 中国工商银行股份有限公司岳阳分行与刘友良申请撤销仲裁裁决案（最高人民法院指导案例198号 2022年12月27日发布）

【关键词】 民事 申请撤销仲裁裁决 仲裁协议 实际施工人

【裁判要点】

实际施工人并非发包人与承包人签订的施工合同的当事人，亦未与发包人、承包人订立有效仲裁协议，不应受发包人与承包人的仲裁协议约束。实际施工人依据发包人与承包人的仲裁协议申请仲裁，仲裁机构作出仲裁裁决后，发包人请求撤销仲裁裁决的，人民法院应予支持。

【相关法条】

《中华人民共和国仲裁法》第58条

【基本案情】

2012年8月30日，中国工商银行股份有限公司岳阳分行（以下简称工行岳阳分行）与湖南巴陵建设有限公司（以下简称巴陵公司）签订《装修工程施工合同》，工行岳阳分行将其办公大楼整体装修改造内部装饰项目发包给巴陵公司，同时在合同第15.11条约定“本合同发生争议时，先由双方协商解决，协商不成时，向岳阳仲裁委员会申请仲裁解决。”2012年9月10日，巴陵公司与刘友良签订《内部项目责任承包合同书》，巴陵公司将工行岳阳分行办公大楼整体装修改造内部装饰项目的工程内容及保修以大包干方式承包给刘友良，并收取一定的管理费及相关保证金。2013年7月23日，工行岳阳分行与巴陵公司又签订了《装饰安装工程施工补充合同》，工行岳阳分行将其八楼主机房碳纤维加固、防水、基层装饰、外屏管道整修、室内拆旧及未进入决算的相关工程发包给巴陵公司。由于工行岳阳分行未能按照约定支付工程款，2017年7月4日，刘友良以工行岳阳分行为被申请人向岳阳仲裁委员会申请仲裁。2017年8月7日，工行岳阳分行以其与刘友良未达成仲裁协议为由提出仲裁管辖异议。2017年8月8日，岳阳仲裁委员会以岳仲决字〔2017〕8号决定驳回了工行岳阳分行的仲裁管辖异议。2017年12月22日，岳阳仲裁委员会作出岳仲决字〔2017〕696号裁决，裁定工行岳阳分行向刘友良支付到期应付工程价款及违约金。工行岳阳分行遂向湖南省岳阳市中级人民法院申请撤销该仲裁裁决。

【裁判结果】

湖南省岳阳市中级人民法院于2018年11月12日作出（2018）湘06民特1号民事裁定，撤销岳阳仲裁委员会岳仲决字〔2017〕696号裁决。

【裁判理由】

法院生效裁判认为，仲裁协议是当事人达成的自愿将他们之间业已产生或可能产生的有关特定的无论是契约性还是非契约性的法律争议的全部或特定争议提交仲裁的合意。仲裁协议是仲裁机构取得管辖权的依据，是仲裁合法性、正当性的基础，其集中体现了仲裁自愿原则和协议仲裁制度。本案中，工行岳阳分行与巴陵公司签订的《装修工程施工合同》第15.11条约定“本合同发生争议时，先由双方协商解决，协商不成时，向岳阳仲裁委员会申请仲裁”，故工行岳阳分行与巴陵公司之间因工程款结算及支付引起的争议应当通过仲裁解决。但刘友良作为实际施工人，其并非工行岳阳分行与巴陵公司签订的《装修工程施工合同》的当事人，刘友良与工行岳阳分行及巴陵公司之间均未达成仲裁合意，不受该合同中仲裁条款的约束。除非另有约定，刘友良无权援引工行岳阳分行与巴陵公司之间《装修工程施工合同》中的仲裁条款向合同当事方主张权利。刘友良以巴陵公司的名义施工，巴陵公司作为《装修工程施工合同》的主体仍然存在并承担相应的权利义务，案件当事人之间并未构成《最高人民法院关于适用〈中华人民共和国仲裁法〉若干问题的解释》第八条规定的合同仲裁条款“承继”情形，亦不构成上述解释第九条规定的合同主体变更情形。2004 年《最高人民法院关于审理建设工程施工合同纠纷案件适用法律问题的解释》第二十六条虽然规定实际施工人可以发包人为被告主张权利且发包人只在欠付工程款的范围内对实际施工人承担责任，但上述内容仅规定了实际施工人对发包人的诉权以及发包人承担责任的范围，不应视为实际施工人援引《装修工程施工合同》中仲裁条款的依据。综上，工行岳阳分行与刘友良之间不存在仲裁协议，岳阳仲裁委员会基于刘友良的申请以仲裁方式解决工行岳阳分行与刘友良之间的工程款争议无法律依据。实际施工人依据发包人与承包人的仲裁协议申请仲裁，仲裁机构作出仲裁裁决后，发包人请求撤销仲裁裁决的，人民法院应予支持。

高哲宇与深圳市云丝路创新发展基金企业、李斌申请撤销仲裁裁决案

（最高人民法院指导案例 199 号　2022 年 12 月 27 日发布）

【关键词】　民事　申请撤销仲裁裁决　比特币　社会公共利益

【裁判要点】

仲裁裁决裁定被申请人赔偿与比特币等值的美元，再将美元折算成人民币，属于变相支持比特币与法定货币之间的兑付交易，违反了国家对虚拟货币金融监管的规定，违背了社会公共利益，人民法院应当裁定撤销仲裁裁决。

【相关法条】

《中华人民共和国仲裁法》第 58 条

【基本案情】

2017 年 12 月 2 日，深圳市云丝路创新发展基金企业（以下简称云丝路企业）、高哲宇、李斌签订了《股权转让协议》，根据该协议约定，云丝路企业将其持有的深圳极驱科技有限公司（以下简称极驱公司）5% 股权以 55 万元转让给高哲宇；李斌同意代替高哲宇向云丝路企业支付 30 万元股权转让款，高哲宇直接向云丝路企业支付 25 万元股权转让款，同时高哲宇将李斌委托其进行理财的比特币全部归还至李斌的电子钱包。该协议签订后，高哲宇未履行合同义务。

云丝路企业、李斌向深圳仲裁委员会申请仲裁，主要请求为：变更云丝路企业持有的极驱公司 5% 股权到高哲宇名下，高哲宇向云丝路企业支付股权款 25 万元，高哲宇向李斌归还与比特币资产相等价值的美金 493158.40 美元及利息，高哲宇支付李斌违约金 10 万元。

仲裁庭经审理认为，高哲宇未依照案涉合同的约定交付双方共同约定并视为有财产意义的比特币等，构成违约，应予赔偿。仲裁庭参考李斌提供的 okcoin.com 网站公布的合同约定履行时点有关比特币收盘价的公开信息，估算应赔偿的财产损失为 401780 美元。仲裁庭裁决，变更云丝路企业持有的极驱公司 5% 股权至高哲宇名下；高哲宇向云丝路企业支付股权转让款 25 万元；高哲宇向李斌支付 401780 美元（按裁决作出之日的美元兑人民币汇率结算为人民币）；高哲宇向李斌支付违约金 10 万元。

高哲宇认为该仲裁裁决违背社会公共利益，请求人民法院予以撤销。

【裁判结果】

广东省深圳市中级人民法院于 2020 年 4 月 26 日作出（2018）粤 03 民特 719 号民事裁定，撤销深圳仲裁委员会（2018）深仲裁字第 64 号仲裁裁决。

【裁判理由】

法院生效裁判认为：《中国人民银行工业和信息化部中国银行业监督管理委员会中国证券监督管理委员会中国保险监督管理委员会关于防范比特币风险的通知》（银发〔2013〕289 号）明确规定，比特币不具有与货币等同的法律地位，不能且不应作为货币在市场上流通使用。2017 年中国人民银行等七部委联合发布关于防范代币发行融资风险的公告，重申了上述规定，同时从防范金融

风险的角度，进一步提出任何所谓的代币融资交易平台不得从事法定货币与代币、虚拟货币相互之间的兑换业务，不得买卖或作为中央对手方买卖代币或虚拟货币，不得为代币或虚拟货币提供定价、信息中介等服务。上述文件实质上禁止了比特币的兑付、交易及流通，炒作比特币等行为涉嫌从事非法金融活动，扰乱金融秩序，影响金融稳定。涉案仲裁裁决高哲宇赔偿李斌与比特币等值的美元，再将美元折算成人民币，实质上是变相支持了比特币与法定货币之间的兑付、交易，与上述文件精神不符，违背了社会公共利益，该仲裁裁决应予撤销。

四十九、海事诉讼特别程序案件

446. 申请海事请求保全

（1）申请扣押船舶
（2）申请拍卖扣押船舶
（3）申请扣押船载货物
（4）申请拍卖扣押船载货物
（5）申请扣押船用燃油及船用物料
（6）申请拍卖扣押船用燃油及船用物料

相关规范

»《中华人民共和国海事诉讼特别程序法》（1999年）

第十二条 海事请求保全是指海事法院根据海事请求人的申请，为保障其海事请求的实现，对被请求人的财产所采取的强制措施。

第十三条 当事人在起诉前申请海事请求保全，应当向被保全的财产所在地海事法院提出。

第十四条 海事请求保全不受当事人之间关于该海事请求的诉讼管辖协议或者仲裁协议的约束。

第十五条 海事请求人申请海事请求保全，应当向海事法院提交书面申请。申请书应当载明海事请求事项、申请理由、保全的标的物以及要求提供担保的数额，并附有关证据。

第十六条 海事法院受理海事请求保全申请，可以责令海事请求人提供担保。海事请求人不提供的，驳回其申请。

第十七条 海事法院接受申请后，应当在四十八小时内作出裁定。裁定采取海事请求保全措施的，应当立即执行；对不符合海事请求保全条件的，裁定驳回其申请。

当事人对裁定不服的，可以在收到裁定书之日起五日内申请复议一次。海事法院应当在收到复议申请之日起五日内作出复议决定。复议期间不停止裁定的执行。

利害关系人对海事请求保全提出异议，海事法院经审查，认为理由成立的，应当解除对其财产的保全。

第十八条 被请求人提供担保，或者当事人有正当理由申请解除海事请求保全的，海事法院应当及时解除保全。

海事请求人在本法规定的期间内，未提起诉讼或者未按照仲裁协议申请仲裁的，海事法院应当及时解除保全或者返还担保。

第十九条　海事请求保全执行后，有关海事纠纷未进入诉讼或者仲裁程序的，当事人就该海事请求，可以向采取海事请求保全的海事法院或者其他有管辖权的海事法院提起诉讼，但当事人之间订有诉讼管辖协议或者仲裁协议的除外。

第二十条　海事请求人申请海事请求保全错误的，应当赔偿被请求人或者利害关系人因此所遭受的损失。

第二十一条　下列海事请求，可以申请扣押船舶：

（一）船舶营运造成的财产灭失或者损坏；

（二）与船舶营运直接有关的人身伤亡；

（三）海难救助；

（四）船舶对环境、海岸或者有关利益方造成的损害或者损害威胁；为预防、减少或者消除此种损害而采取的措施；为此种损害而支付的赔偿；为恢复环境而实际采取或者准备采取的合理措施的费用；第三方因此种损害而蒙受或者可能蒙受的损失；以及与本项所指的性质类似的损害、费用或者损失；

（五）与起浮、清除、回收或者摧毁沉船、残骸、搁浅船、被弃船或者使其无害有关的费用，包括与起浮、清除、回收或者摧毁仍在或者曾在该船上的物件或者使其无害的费用，以及与维护放弃的船舶和维持其船员有关的费用；

（六）船舶的使用或者租用的协议；

（七）货物运输或者旅客运输的协议；

（八）船载货物（包括行李）或者与其有关的灭失或者损坏；

（九）共同海损；

（十）拖航；

（十一）引航；

（十二）为船舶营运、管理、维护、维修提供物资或者服务；

（十三）船舶的建造、改建、修理、改装或者装备；

（十四）港口、运河、码头、港湾以及其他水道规费和费用；

（十五）船员的工资和其他款项，包括应当为船员支付的遣返费和社会保险费；

（十六）为船舶或者船舶所有人支付的费用；

（十七）船舶所有人或者光船承租人应当支付或者他人为其支付的船舶保险费（包括互保会费）；

（十八）船舶所有人或者光船承租人应当支付的或者他人为其支付的与船舶有关的佣金、经纪费或者代理费；

（十九）有关船舶所有权或者占有的纠纷；

（二十）船舶共有人之间有关船舶的使用或者收益的纠纷；

（二十一）船舶抵押权或者同样性质的权利；

（二十二）因船舶买卖合同产生的纠纷。

第二十二条　非因本法第二十一条规定的海事请求不得申请扣押船舶，但为执行判决、仲裁裁决以及其他法律文书的除外。

第二十三条　有下列情形之一的，海事法院可以扣押当事船舶：

（一）船舶所有人对海事请求负有责任，并且在实施扣押时是该船的所有人；

（二）船舶的光船承租人对海事请求负有责任，并且在实施扣押时是该船的光船承租人或者所有人；

（三）具有船舶抵押权或者同样性质的权利的海事请求；

（四）有关船舶所有权或者占有的海事请求；

（五）具有船舶优先权的海事请求。

海事法院可以扣押对海事请求负有责任的船舶所有人、光船承租人、定期租船人或者航次租船人在实施扣押时所有的其他船舶，但与船舶所有权或者占有有关的请求除外。

从事军事、政府公务的船舶不得被扣押。

第二十四条　海事请求人不得因同一海事请求申请扣押已被扣押过的船舶，但有下列情形之一的除外：

（一）被请求人未提供充分的担保；

（二）担保人有可能不能全部或者部分履行担保义务；

（三）海事请求人因合理的原因同意释放被扣押的船舶或者返还已提供的担保；或者不能通过合理措施阻止释放被扣押的船舶或者返还已提供的担保。

第二十五条 海事请求人申请扣押当事船舶，不能立即查明被请求人名称的，不影响申请的提出。

第二十六条 海事法院在发布或者解除扣押船舶命令的同时，可以向有关部门发出协助执行通知书，通知书应当载明协助执行的范围和内容，有关部门有义务协助执行。海事法院认为必要，可以直接派员登轮监护。

第二十七条 海事法院裁定对船舶实施保全后，经海事请求人同意，可以采取限制船舶处分或者抵押等方式允许该船舶继续营运。

第二十八条 海事请求保全扣押船舶的期限为三十日。

海事请求人在三十日内提起诉讼或者申请仲裁以及在诉讼或者仲裁过程中申请扣押船舶的，扣押船舶不受前款规定期限的限制。

第二十九条 船舶扣押期间届满，被请求人不提供担保，而且船舶不宜继续扣押的，海事请求人可以在提起诉讼或者申请仲裁后，向扣押船舶的海事法院申请拍卖船舶。

第三十条 海事法院收到拍卖船舶的申请后，应当进行审查，作出准予或者不准予拍卖船舶的裁定。

当事人对裁定不服的，可以在收到裁定书之日起五日内申请复议一次。海事法院应当在收到复议申请之日起五日内作出复议决定。复议期间停止裁定的执行。

第三十一条 海事请求人提交拍卖船舶申请后，又申请终止拍卖的，是否准许由海事法院裁定。海事法院裁定终止拍卖船舶的，为准备拍卖船舶所发生的费用由海事请求人承担。

第三十三条 海事法院应当在拍卖船舶三十日前，向被拍卖船舶登记国的登记机关和已知的船舶优先权人、抵押权人和船舶所有人发出通知。

通知内容包括被拍卖船舶的名称、拍卖船舶的时间和地点、拍卖船舶的理由和依据以及债权登记等。

通知方式包括书面方式和能够确认收悉的其他适当方式。

第三十四条 拍卖船舶由拍卖船舶委员会实施。拍卖船舶委员会由海事法院指定的本院执行人员和聘请的拍卖师、验船师三人或者五人组成。

拍卖船舶委员会组织对船舶鉴定、估价；组织和主持拍卖；与竞买人签订拍卖成交确认书；办理船舶移交手续。

拍卖船舶委员会对海事法院负责，受海事法院监督。

第三十七条 买受人在签署拍卖成交确认书后，应当立即交付不低于百分之二十的船舶价款，其余价款在成交之日起七日内付清，但拍卖船舶委员会与买受人另有约定的除外。

第三十八条 买受人付清全部价款后，原船舶所有人应当在指定的期限内于船舶停泊地以船舶现状向买受人移交船舶。拍卖船舶委员会组织和监督船舶的移交，并在船舶移交后与买受人签署船舶移交完毕确认书。

移交船舶完毕，海事法院发布解除扣押船舶命令。

第三十九条 船舶移交后，海事法院应当通过报纸或者其他新闻媒体发布公告，公布船舶已经公开拍卖并移交给买受人。

第四十条 买受人接收船舶后，应当持拍卖成交确认书和有关材料，向船舶登记机关办理船舶所有权登记手续。原船舶所有人应当向原船舶登记机关办理船舶所有权注销登记。原船舶所有人不办理船舶所有权注销登记的，不影响船舶所有权的转让。

第四十一条 竞买人之间恶意串通的，拍卖无效。参与恶意串通的竞买人应当承担拍卖船舶费用并赔偿有关损失。海事法院可以对参与恶意串通的竞买人处最高应价百分之十以上百分之三十以下的罚款。

第四十二条　除本节规定的以外，拍卖适用《中华人民共和国拍卖法》的有关规定。

第四十三条　执行程序中拍卖被扣押船舶清偿债务的，可以参照本节有关规定。

第四十四条　海事请求人为保障其海事请求的实现，可以申请扣押船载货物。

申请扣押的船载货物，应当属于被请求人所有。

第四十五条　海事请求人申请扣押船载货物的价值，应当与其债权数额相当。

第四十六条　海事请求保全扣押船载货物的期限为十五日。

海事请求人在十五日内提起诉讼或者申请仲裁以及在诉讼或者仲裁过程中申请扣押船载货物的，扣押船载货物不受前款规定期限的限制。

第四十七条　船载货物扣押期间届满，被请求人不提供担保，而且货物不宜继续扣押的，海事请求人可以在提起诉讼或者申请仲裁后，向扣押船载货物的海事法院申请拍卖货物。

对无法保管、不易保管或者保管费用可能超过其价值的物品，海事请求人可以申请提前拍卖。

第四十八条　海事法院收到拍卖船载货物的申请后，应当进行审查，在七日内作出准予或者不准予拍卖船载货物的裁定。

当事人对裁定不服的，可以在收到裁定书之日起五日内申请复议一次。海事法院应当在收到复议申请之日起五日内作出复议决定。复议期间停止裁定的执行。

第四十九条　拍卖船载货物由海事法院指定的本院执行人员和聘请的拍卖师组成的拍卖组织实施，或者由海事法院委托的机构实施。

拍卖船载货物，本节没有规定的，参照本章第二节拍卖船舶的有关规定。

第五十条　海事请求人对与海事请求有关的船用燃油、船用物料申请海事请求保全，适用本节规定。

》《最高人民法院关于适用〈中华人民共和国海事诉讼特别程序法〉若干问题的解释》（2008 年 12 月 16 日修正）

第十五条　除海事法院及其上级人民法院外，地方人民法院对当事人提出的船舶保全申请应不予受理；地方人民法院为执行生效法律文书需要扣押和拍卖船舶的，应当委托船籍港所在地或者船舶所在地的海事法院执行。

第十八条　海事诉讼特别程序法第十二条规定的被请求人的财产包括船舶、船载货物、船用燃油以及船用物料。对其他财产的海事请求保全适用民事诉讼法有关财产保全的规定。

第十九条　海事诉讼特别程序法规定的船载货物指处于承运人掌管之下，尚未装船或者已经装载于船上以及已经卸载的货物。

第二十条　海事诉讼特别程序法第十三条规定的被保全的财产所在地指船舶的所在地或者货物的所在地。当事人在诉讼前对已经卸载但在承运人掌管之下的货物申请海事请求保全，如果货物所在地不在海事法院管辖区域的，可以向卸货港所在地的海事法院提出，也可以向货物所在地的地方人民法院提出。

第二十一条　诉讼或者仲裁前申请海事请求保全适用海事诉讼特别程序法第十四条的规定。外国法院已受理相关海事案件或者有关纠纷已经提交仲裁，但涉案财产在中华人民共和国领域内，当事人向财产所在地的海事法院提出海事请求保全申请的，海事法院应当受理。

》《最高人民法院关于扣押与拍卖船舶适用法律若干问题的规定》（法释〔2015〕6 号　2015 年 2 月 28 日）

第一条　海事请求人申请对船舶采取限

制处分或者抵押等保全措施的，海事法院可以依照民事诉讼法的有关规定，裁定准许并通知船舶登记机关协助执行。

前款规定的保全措施不影响其他海事请求人申请扣押船舶。

第二条 海事法院应不同海事请求人的申请，可以对本院或其他海事法院已经扣押的船舶采取扣押措施。

先申请扣押船舶的海事请求人未申请拍卖船舶的，后申请扣押船舶的海事请求人可以依据海事诉讼特别程序法第二十九条的规定，向准许其扣押申请的海事法院申请拍卖船舶。

第三条 船舶因光船承租人对海事请求负有责任而被扣押的，海事请求人依据海事诉讼特别程序法第二十九条的规定，申请拍卖船舶用于清偿光船承租人经营该船舶产生的相关债务的，海事法院应予准许。

第四条 海事请求人申请扣押船舶的，海事法院应当责令其提供担保。但因船员劳务合同、海上及通海水域人身损害赔偿纠纷申请扣押船舶，且事实清楚、权利义务关系明确的，可以不要求提供担保。

第五条 海事诉讼特别程序法第七十六条第二款规定的海事请求人提供担保的具体数额，应当相当于船舶扣押期间可能产生的各项维持费用与支出、因扣押造成的船期损失和被请求人为使船舶解除扣押而提供担保所支出的费用。

船舶扣押后，海事请求人提供的担保不足以赔偿可能给被请求人造成损失的，海事法院应责令其追加担保。

第六条 案件终审后，海事请求人申请返还其所提供担保的，海事法院应将该申请告知被请求人，被请求人在三十日内未提起相关索赔诉讼的，海事法院可以准许海事请求人返还担保的申请。

被请求人同意返还，或生效法律文书认定被请求人负有责任，且赔偿或给付金额与海事请求人要求被请求人提供担保的数额基本相当的，海事法院可以直接准许海事请求人返还担保的申请。

第七条 船舶扣押期间由船舶所有人或光船承租人负责管理。

船舶所有人或光船承租人不履行船舶管理职责的，海事法院可委托第三人或者海事请求人代为管理，由此产生的费用由船舶所有人或光船承租人承担，或在拍卖船舶价款中优先拨付。

第八条 船舶扣押后，海事请求人依据海事诉讼特别程序法第十九条的规定，向其他有管辖权的海事法院提起诉讼的，可以由扣押船舶的海事法院继续实施保全措施。

第九条 扣押船舶裁定执行前，海事请求人撤回扣押船舶申请的，海事法院应当裁定予以准许，并终结扣押船舶裁定的执行。

扣押船舶裁定作出后因客观原因无法执行的，海事法院应当裁定终结执行。

第十条 船舶拍卖未能成交，需要再次拍卖的，适用拍卖法第四十五条关于拍卖日七日前发布拍卖公告的规定。

第十一条 拍卖船舶由拍卖船舶委员会实施，海事法院不另行委托拍卖机构进行拍卖。

第十二条 海事法院拍卖船舶应当依据评估价确定保留价。保留价不得公开。

第一次拍卖时，保留价不得低于评估价的百分之八十；因流拍需要再行拍卖的，可以酌情降低保留价，但降低的数额不得超过前次保留价的百分之二十。

第十三条 对经过两次拍卖仍然流拍的船舶，可以进行变卖。变卖价格不得低于评估价的百分之五十。

第十四条 依照本规定第十三条变卖仍未成交的，经已受理登记债权三分之二以上份额的债权人同意，可以低于评估价的百分之五十进行变卖处理。仍未成交的，海事法院可以解除船舶扣押。

第十五条 船舶经海事法院拍卖、变卖后，对该船舶已采取的其他保全措施效力消灭。

第十六条 海事诉讼特别程序法第一百

一十一条规定的申请债权登记期间的届满之日，为拍卖船舶公告最后一次发布之日起第六十日。

前款所指公告为第一次拍卖时的拍卖船舶公告。

第十七条　海事法院受理债权登记申请后，应当在船舶被拍卖、变卖成交后，依照海事诉讼特别程序法第一百一十四条的规定作出是否准予的裁定。

第十八条　申请拍卖船舶的海事请求人未经债权登记，直接要求参与拍卖船舶价款分配的，海事法院应予准许。

第十九条　海事法院裁定终止拍卖船舶的，应当同时裁定终结债权登记受偿程序，当事人已经缴纳的债权登记申请费予以退还。

第二十条　当事人在债权登记前已经就有关债权提起诉讼的，不适用海事诉讼特别程序法第一百一十六条第二款的规定，当事人对海事法院作出的判决、裁定可以依法提起上诉。

第二十一条　债权人依照海事诉讼特别程序法第一百一十六条第一款的规定提起确权诉讼后，需要判定碰撞船舶过失程度比例的，当事人对海事法院作出的判决、裁定可以依法提起上诉。

第二十二条　海事法院拍卖、变卖船舶所得价款及其利息，先行拨付海事诉讼特别程序法第一百一十九条第二款规定的费用后，依法按照下列顺序进行分配：

（一）具有船舶优先权的海事请求；

（二）由船舶留置权担保的海事请求；

（三）由船舶抵押权担保的海事请求；

（四）与被拍卖、变卖船舶有关的其他海事请求。

依据海事诉讼特别程序法第二十三条第二款的规定申请扣押船舶的海事请求人申请拍卖船舶的，在前款规定海事请求清偿后，参与船舶价款的分配。

依照前款规定分配后的余款，按照民事诉讼法及相关司法解释的规定执行。

第二十三条　当事人依照民事诉讼法第十五章第七节的规定，申请拍卖船舶实现船舶担保物权的，由船舶所在地或船籍港所在地的海事法院管辖，按照海事诉讼特别程序法以及本规定关于船舶拍卖受偿程序的规定处理。

第二十四条　海事法院的上级人民法院扣押与拍卖船舶的，适用本规定。

执行程序中拍卖被扣押船舶清偿债务的，适用本规定。

典型案例

舟山外代货运有限公司诉大连丰海远洋渔业有限公司申请海事请求保全损害责任纠纷案（《2019年全国海事审判典型案例》案例2　2020年9月7日）

【基本案情】

大连丰海远洋渔业有限公司（以下简称丰海远洋）因与舟山外代货运有限公司（以下简称舟山外代）海上货物运输损害赔偿纠纷一案，于2004年3月3日，向大连海事法院起诉舟山外代并提出诉讼保全申请，请求扣押舟山外代所有的“盛福”轮并责令其提供120万元人民币的可靠担保。2004年3月7日，大连海事法院扣押了“盛福”轮，责令“盛福”轮所有人舟山外代（实为经营人及共有人）提供120万元人民币的可靠担保。因为舟山外代没有提供可靠担保，6月12日丰海远洋向大连海事法院提出拍卖船舶申请。6月21日，大连海事法院对停泊在舟山港的“盛福”轮予以拍卖。“盛福”轮拍卖所得款项扣除相关费用（评估费、公告费、差旅费）后，未进行债权分配，余款8214006.50元人民币一直存放于大连海事法院账户。

关于以上案件的裁判情况，大连海事法院于2005年8月11日作出一审判决：舟山外代向丰海远洋支付赔偿款770200元人民币。舟山外代不服提出上诉。辽宁省高级人民法院发回重审。大连海事法院经重审认为丰海远洋索要鱼货款不属于请求赔偿，无须适用诉讼时效，遂判决：舟山外代于本判决生效之日起30日内向丰海远洋交付119.7吨鱼货的拍卖款167837141印尼盾，折合131564元人民币。舟山外代不服提起上诉。2010年3月17日，辽宁省高级人民法院作出了（2008）辽民三终字第215号民事判决，认为丰海远洋与舟山外代之间法律关系为海上货物运输合同关系，适用一年的诉讼时效，丰海远洋起诉已过诉讼时效，遂撤销一审判决，驳回丰海远洋的诉讼请求。但该判决中认定"舟山货运（为本案中舟山外代）对丰海远洋的货损应承担赔偿责任"。

舟山外代认为丰海远洋错误申请法院扣押、拍卖船舶的行为，造成舟山外代扣船期间船期损失，遂向大连海事法院起诉请求丰海远洋赔偿其相关损失及本案诉讼费用。

【裁判结果】

大连海事法院一审认为，丰海远洋的财产保全申请并不构成错误，不应负赔偿责任。遂判决驳回舟山外代的诉讼请求。辽宁省高级人民法院二审驳回上诉，维持原判。

最高人民法院再审认为，因申请保全错误致被申请人遭受损失属于侵权行为的范畴，法律并未专门规定适用过错推定或者无过错责任原则，因此该行为属于一般侵权行为，应当适用过错责任原则。依据谁主张谁举证之举证责任分配规则，保全损害赔偿请求人应就申请保全行为具备以上要件进行充分举证。（2008）辽民三终字第215号案件经过一、二审法院各两次审理，历经多年，其争议的核心问题即是丰海远洋的诉讼请求权是否超过了诉讼时效期间。对于该问题，专业法官尚且有争议，如要求申请人在案件审结之前即知晓该争议法律问题的结论无疑是对申请人苛予了过于严格的注意义务要求。根据（2008）辽民三终字第215号判决的认定，舟山外代应承担赔偿责任。丰海远洋提出保全申请系基于舟山外代对涉案海事请求负有责任的认识，该认识得到了法院生效判决的认可，系具备一定证据和法律支持的合理认识。丰海远洋提出海事请求保全申请已尽到了一般人应尽到的合理、谨慎的注意义务，无故意或重大过失，亦未有证据证明丰海远洋提出海事请求保全申请存在明显违法或程序不当。最高人民法院遂裁定驳回舟山外代的再审申请。

【典型意义】

本案的意义在于以基本民法理论作为逻辑工具进行推演，一方面明晰了相关法律规定的价值取向，一方面统一了认定当事人申请保全错误的裁判尺度。第一，关于当事人申请保全错误如何认定，《海事诉讼特别程序法》和《民事诉讼法》都规定得比较简单，没有进一步明确如何界定申请保全错误行为。本案再审裁定回到一般民法理论，依据《侵权责任法》的相关规定，认定申请保全错误属侵权行为的范畴，在特别法无相关规定的情况下，应依据《侵权责任法》的有关规定判断保全申请是否存在过错。对于因申请财产保全错误侵害他人合法权益的，法律并未专门规定适用过错推定或者无过错责任原则，因此该行为属于一般侵权行为，应当适用过错责任原则。第二，本案统一了认定当事人申请保全错误的裁判尺度。对于申请人的诉请未得到法院支持是否即可认定申请错误，不能一概而论。申请人在提出财产保全时，并不知晓也无从知晓案件的最终判决结果，当事人对诉争事实和权利义务的判断未必与法院的裁判结果一致，如果仅以保全申请人的诉讼请求是否得到支持作为判断申请保全是否错误的依据，则对当事人申请保全所应尽到的注意义务要求过于严苛，将有碍于善意当事人依法通过诉讼保全程序维护自己的合法权益。依据本案再审裁定，若当事人基于合理的认识，为了维护其自身合法权益申请法院保全，已尽到了一般人应尽到的合理、谨慎的注意义务，无故意或重大过失，则不应该认为当事人申请保全存在错误。第三，本案明晰了相关法律规定的价值取向。诉讼保全的目的是为了保证判决执行，但同时还应防止债权人滥用诉讼保全侵害债务人权益。两项利益的比较上，债权人的可能诉讼利益与其滥用权利之间，需要利益衡量。依据我国目前的状况，债务人逃避执行属于更为普遍并亟待遏制的现象。因此，对保全申请人主观过错程度的裁量标准不应过于严苛，仅应在其存在故意或者重大过失的情况，才能认定申请保全存在过错。

【一审案号】（2011）大海长事外初字第1号

【二审案号】（2018）辽民终332号

【再审案号】　（2018）最高法民申6289号

447. 申请海事支付令

相关规范

»《中华人民共和国海事诉讼特别程序法》（1999年）

第九十九条　债权人基于海事事由请求债务人给付金钱或者有价证券，符合《中华人民共和国民事诉讼法》有关规定的，可以向有管辖权的海事法院申请支付令。

债务人是外国人、无国籍人、外国企业或者组织，但在中华人民共和国领域内有住所、代表机构或者分支机构并能够送达支付令的，债权人可以向有管辖权的海事法院申请支付令。

»《中华人民共和国民事诉讼法》（2021年修正）

第二百二十一条　债权人请求债务人给付金钱、有价证券，符合下列条件的，可以向有管辖权的基层人民法院申请支付令：

（一）债权人与债务人没有其他债务纠纷的；

（二）支付令能够送达债务人的。

申请书应当写明请求给付金钱或者有价证券的数量和所根据的事实、证据。

第二百二十二条　债权人提出申请后，人民法院应当在五日内通知债权人是否受理。

第二百二十三条　人民法院受理申请后，经审查债权人提供的事实、证据，对债权债务关系明确、合法的，应当在受理之日起十五日内向债务人发出支付令；申请不成立的，裁定予以驳回。

债务人应当自收到支付令之日起十五日内清偿债务，或者向人民法院提出书面异议。

债务人在前款规定的期间不提出异议又不履行支付令的，债权人可以向人民法院申请执行。

第二百二十四条　人民法院收到债务人提出的书面异议后，经审查，异议成立的，应当裁定终结督促程序，支付令自行失效。

支付令失效的，转入诉讼程序，但申请支付令的一方当事人不同意提起诉讼的除外。

»《最高人民法院关于适用〈中华人民共和国民事诉讼法〉的解释》（2022年3月22日修正）

第四百二十五条　两个以上人民法院都有管辖权的，债权人可以向其中一个基层人民法院申请支付令。

债权人向两个以上有管辖权的基层人民法院申请支付令的，由最先立案的人民法院管辖。

第四百二十六条　人民法院收到债权人的支付令申请书后，认为申请书不符合要求的，可以通知债权人限期补正。人民法院应当自收到补正材料之日起五日内通知债权人是否受理。

第四百二十七条　债权人申请支付令，符合下列条件的，基层人民法院应当受理，并在收到支付令申请书后五日内通知债权人：

（一）请求给付金钱或者汇票、本票、支票、股票、债券、国库券、可转让的存款单等有价证券；

（二）请求给付的金钱或者有价证券已到期且数额确定，并写明了请求所根据的事实、证据；

（三）债权人没有对待给付义务；

（四）债务人在我国境内且未下落不明；

（五）支付令能够送达债务人；

（六）收到申请书的人民法院有管辖权；

（七）债权人未向人民法院申请诉前保全。

不符合前款规定的，人民法院应当在收到支付令申请书后五日内通知债权人不予受理。

基层人民法院受理申请支付令案件，不受债权金额的限制。

第四百二十八条 人民法院受理申请后，由审判员一人进行审查。经审查，有下列情形之一的，裁定驳回申请：

（一）申请人不具备当事人资格的；

（二）给付金钱或者有价证券的证明文件没有约定逾期给付利息或者违约金、赔偿金，债权人坚持要求给付利息或者违约金、赔偿金的；

（三）要求给付的金钱或者有价证券属于违法所得的；

（四）要求给付的金钱或者有价证券尚未到期或者数额不确定的。

人民法院受理支付令申请后，发现不符合本解释规定的受理条件的，应当在受理之日起十五日内裁定驳回申请。

第四百二十九条 向债务人本人送达支付令，债务人拒绝接收的，人民法院可以留置送达。

第四百三十条 有下列情形之一的，人民法院应当裁定终结督促程序，已发出支付令的，支付令自行失效：

（一）人民法院受理支付令申请后，债权人就同一债权债务关系又提起诉讼的；

（二）人民法院发出支付令之日起三十日内无法送达债务人的；

（三）债务人收到支付令前，债权人撤回申请的。

第四百三十一条 债务人在收到支付令后，未在法定期间提出书面异议，而向其他人民法院起诉的，不影响支付令的效力。

债务人超过法定期间提出异议的，视为未提出异议。

第四百三十二条 债权人基于同一债权债务关系，在同一支付令申请中向债务人提出多项支付请求，债务人仅就其中一项或者几项请求提出异议的，不影响其他各项请求的效力。

第四百三十三条 债权人基于同一债权债务关系，就可分之债向多个债务人提出支付请求，多个债务人中的一人或者几人提出异议的，不影响其他请求的效力。

第四百三十四条 对设有担保的债务的主债务人发出的支付令，对担保人没有拘束力。

债权人就担保关系单独提起诉讼的，支付令自人民法院受理案件之日起失效。

第四百三十五条 经形式审查，债务人提出的书面异议有下列情形之一的，应当认定异议成立，裁定终结督促程序，支付令自行失效：

（一）本解释规定的不予受理申请情形的；

（二）本解释规定的裁定驳回申请情形的；

（三）本解释规定的应当裁定终结督促程序情形的；

（四）人民法院对是否符合发出支付令条件产生合理怀疑的。

第四百三十六条 债务人对债务本身没有异议，只是提出缺乏清偿能力、延缓债务清偿期限、变更债务清偿方式等异议的，不影响支付令的效力。

人民法院经审查认为异议不成立的，裁定驳回。

债务人的口头异议无效。

第四百三十七条 人民法院作出终结督促程序或者驳回异议裁定前，债务人请求撤回异议的，应当裁定准许。

债务人对撤回异议反悔的，人民法院不予支持。

第四百三十八条 支付令失效后，申请支付令的一方当事人不同意提起诉讼的，应当自收到终结督促程序裁定之日起七日内向受理申请的人民法院提出。

申请支付令的一方当事人不同意提起诉讼的，不影响其向其他有管辖权的人民法院提起诉讼。

第四百三十九条　支付令失效后，申请支付令的一方当事人自收到终结督促程序裁定之日起七日内未向受理申请的人民法院表明不同意提起诉讼的，视为向受理申请的人民法院起诉。

债权人提出支付令申请的时间，即为向人民法院起诉的时间。

第四百四十条　债权人向人民法院申请执行支付令的期间，适用民事诉讼法第二百四十六条的规定。

第四百四十一条　人民法院院长发现本院已经发生法律效力的支付令确有错误，认为需要撤销的，应当提交本院审判委员会讨论决定后，裁定撤销支付令，驳回债权人的申请。

448. 申请海事强制令

相关规范

》《中华人民共和国海事诉讼特别程序法》（1999年）

第五十一条　海事强制令是指海事法院根据海事请求人的申请，为使其合法权益免受侵害，责令被请求人作为或者不作为的强制措施。

第五十二条　当事人在起诉前申请海事强制令，应当向海事纠纷发生地海事法院提出。

第五十三条　海事强制令不受当事人之间关于该海事请求的诉讼管辖协议或者仲裁协议的约束。

第五十四条　海事请求人申请海事强制令，应当向海事法院提交书面申请。申请书应当载明申请理由，并附有关证据。

第五十五条　海事法院受理海事强制令申请，可以责令海事请求人提供担保。海事请求人不提供的，驳回其申请。

第五十六条　作出海事强制令，应当具备下列条件：

（一）请求人有具体的海事请求；

（二）需要纠正被请求人违反法律规定或者合同约定的行为；

（三）情况紧急，不立即作出海事强制令将造成损害或者使损害扩大。

第五十七条　海事法院接受申请后，应当在四十八小时内作出裁定。裁定作出海事强制令的，应当立即执行；对不符合海事强制令条件的，裁定驳回其申请。

第五十八条　当事人对裁定不服的，可以在收到裁定书之日起五日内申请复议一次。海事法院应当在收到复议申请之日起五日内作出复议决定。复议期间不停止裁定的执行。

利害关系人对海事强制令提出异议，海事法院经审查，认为理由成立的，应当裁定撤销海事强制令。

第五十九条　被请求人拒不执行海事强制令的，海事法院可以根据情节轻重处以罚款、拘留；构成犯罪的，依法追究刑事责任。

对个人的罚款金额，为一千元以上三万元以下。对单位的罚款金额，为三万元以上十万元以下。

拘留的期限，为十五日以下。

第六十条　海事请求人申请海事强制令错误的，应当赔偿被请求人或者利害关系人因此所遭受的损失。

第六十一条　海事强制令执行后，有关海事纠纷未进入诉讼或者仲裁程序的，当事人就该海事请求，可以向作出海事强制令的海事法院或者其他有管辖权的海事法院提起诉讼，但当事人之间订有诉讼管辖协议或者仲裁协议的除外。

《最高人民法院关于适用〈中华人民共和国海事诉讼特别程序法〉若干问题的解释》（2008年12月16日修正）

第四十一条 诉讼或者仲裁前申请海事强制令的，适用海事诉讼特别程序法第五十三条的规定。

外国法院已受理相关海事案件或者有关纠纷已经提交仲裁的，当事人向中华人民共和国的海事法院提出海事强制令申请，并向法院提供可以执行海事强制令的相关证据的，海事法院应当受理。

第四十二条 海事法院根据海事诉讼特别程序法第五十七条规定，准予申请人海事强制令申请的，应当制作民事裁定书并发布海事强制令。

第四十三条 海事强制令由海事法院执行。被申请人、其他相关单位或者个人不履行海事强制令的，海事法院应当依据民事诉讼法的有关规定强制执行。

第四十四条 利害关系人对海事法院作出海事强制令的民事裁定提出异议，海事法院经审查认为理由不成立的，应当书面通知利害关系人。

第四十五条 海事强制令发布后十五日内，被请求人未提出异议，也未就相关的海事纠纷提起诉讼或者申请仲裁的，海事法院可以应申请人的请求，返还其提供的担保。

第四十六条 被请求人依据海事诉讼特别程序法第六十条的规定要求海事请求人赔偿损失的，由发布海事强制令的海事法院受理。

典型案例

浙江石油化工有限公司与宁波新诺亚供应链管理有限公司申请海事强制令案（《人民法院服务和保障长三角一体化发展典型案例》案例九　2021年11月2日）

【基本案情】

2018年以来，浙江石油化工有限公司（以下简称浙江石化公司）进口一批吸附剂催化剂、反应器及系统零部件，价值约6.6亿元。该批货物主要用于建设4000万吨/年炼化一体化特大型石化企业，总投资1730亿元，是目前世界投资最大的单体产业项目。浙江石化公司委托宁波新诺亚供应链管理有限公司（以下简称宁波新诺亚公司）办理进口货代业务，货物存放于世天威（宁波保税区）物流有限公司、宁波梅山保税港区四海物流有限公司、宁波龙星物流有限公司相关仓库。双方因仓储费用结算等方面原因产生纠纷，宁波新诺亚公司遂指令仓库不予放货。

由于争议金额仅1000万元左右，远低于被扣货物价值，如不及时解决，后续可能导致浙江石化公司日均损失1000余万元的严重后果，且对项目投产进度造成重大影响。在协商无果后，浙江石化公司以宁波新诺亚公司未按合同履行交付其代理清关的货物为由，于2019年7月18日向宁波海事法院申请海事强制令，要求责令宁波新诺亚公司立即交付相关合同项下的所有吸附剂催化剂、反应器及系统零部件，浙江石化公司并向法院提供中国人民财产保险股份有限公司宁波分公司1500万元的担保函及该请求人的担保函作为担保。

【裁判结果】

宁波海事法院认为，宁波新诺亚公司依约不享有货物留置权，其拒不交付货物的行为属于需要纠正的违约行为，且案涉货物系浙江石化公司重点工程急需物资，情况紧急，双方之间的纠纷可另行通过合法途径解决。2019年7月25日，该院裁定：一、准许请求人浙江石化公司的海事强制令申请；二、责令被请求人宁波新诺亚公司立即交付存放于世天威（宁波保税区）物流有限公司、宁波梅山保税港区四海物流有限公司、宁波龙星物流有限公司相关仓库的相关合同项下的所有吸附剂催化剂、反应器及系统零部件。后宁波新诺亚公司提起复议，宁波海事法院驳回宁波新诺亚公司的复议申请，维持原民事裁定。

同日，宁波海事法院发出海事强制令，命令宁波新诺亚公司立即向浙江石化公司交付货物，并于次日向宁波港国际物流有限公司发出协助执行通知书。

【典型意义】

长三角地区港口资源丰富，自然条件优良，“形成合力分工、相互协作的世界级港口群”是《长江三角洲区域一体化发展规划纲要》针对长三角地区港口发展提出的具体要求。港口经济的发展离不开海事司法审判的保障和服务，海事强制令就是海事诉讼中一项重要的诉讼制度。海事强制令的作用在于及时控制事态的恶性发展，避免因长时间的案件审理给当事人的合法权益造成难以弥补的损害，防止后续判决难以执行。

本案中，人民法院根据案件实际情况，在请求人提供充分担保的情况下，依法支持了请求人的海事强制令请求，成功处置因扣货引发的纠纷，避免了因诉讼产生的额外损失无限扩大。既保证了原告的合法权益，又将涉诉企业的经济损失降至最低。

公正、高效、权威审理海事案件是海事法院的重要职责，也是维护地区发展利益、增强长三角地区经济发展动能的有力保障。海事法院发挥审判职能作用，灵活适用海事强制令制度，从保障民营企业合法经营的立场出发，完善司法服务举措，提升司法服务水平，为企业健康发展排忧解难，彰显了司法的温度和力量。

449. 申请海事证据保全

相关规范

》《中华人民共和国海事诉讼特别程序法》（1999 年）

第六十二条　海事证据保全是指海事法院根据海事请求人的申请，对有关海事请求的证据予以提取、保存或者封存的强制措施。

第六十三条　当事人在起诉前申请海事证据保全，应当向被保全的证据所在地海事法院提出。

第六十四条　海事证据保全不受当事人之间关于该海事请求的诉讼管辖协议或者仲裁协议的约束。

第六十五条　海事请求人申请海事证据保全，应当向海事法院提交书面申请。申请书应当载明请求保全的证据、该证据与海事请求的联系、申请理由。

第六十六条　海事法院受理海事证据保全申请，可以责令海事请求人提供担保。海事请求人不提供的，驳回其申请。

第六十七条　采取海事证据保全，应当具备下列条件：

（一）请求人是海事请求的当事人；

（二）请求保全的证据对该海事请求具有证明作用；

（三）被请求人是与请求保全的证据有关的人；

（四）情况紧急，不立即采取证据保全就会使该海事请求的证据灭失或者难以取得。

第六十八条　海事法院接受申请后，应当在四十八小时内作出裁定。裁定采取海事证据保全措施的，应当立即执行；对不符合海事证据保全条件的，裁定驳回其申请。

第六十九条　当事人对裁定不服的，可以在收到裁定书之日起五日内申请复议一次。海事法院应当在收到复议申请之日起五日内作出复议决定。复议期间不停止裁定的执行。

被请求人申请复议的理由成立的，应当将保全的证据返还被请求人。

利害关系人对海事证据保全提出异议，海事法院经审查，认为理由成立的，应当裁定撤销海事证据保全；已经执行的，应当将与利害关系人有关的证据返还利害关系人。

第七十条 海事法院进行海事证据保全，根据具体情况，可以对证据予以封存，也可以提取复制件、副本，或者进行拍照、录相，制作节录本、调查笔录等。确有必要的，也可以提取证据原件。

第七十一条 海事请求人申请海事证据保全错误的，应当赔偿被请求人或者利害关系人因此所遭受的损失。

第七十二条 海事证据保全后，有关海事纠纷未进入诉讼或者仲裁程序的，当事人就该海事请求，可以向采取证据保全的海事法院或者其他有管辖权的海事法院提起诉讼，但当事人之间订有诉讼管辖协议或者仲裁协议的除外。

»《最高人民法院关于适用〈中华人民共和国海事诉讼特别程序法〉若干问题的解释》（2008 年 12 月 16 日修正）

第四十七条 诉讼前申请海事证据保全，适用海事诉讼特别程序法第六十四条的规定。

外国法院已受理相关海事案件或者有关纠纷已经提交仲裁，当事人向中华人民共和国的海事法院提出海事证据保全申请，并提供被保全的证据在中华人民共和国领域内的相关证据的，海事法院应当受理。

第四十八条 海事请求人申请海事证据保全，申请书除应当依照海事诉讼特别程序法第六十五条的规定载明相应内容外，还应当载明证据收集、调取的有关线索。

第四十九条 海事请求人在采取海事证据保全的海事法院提起诉讼后，可以申请复制保全的证据材料；相关海事纠纷在中华人民共和国领域内的其他海事法院或者仲裁机构受理的，受诉法院或者仲裁机构应海事请求人的申请可以申请复制保全的证据材料。

第五十条 利害关系人对海事法院作出的海事证据保全裁定提出异议，海事法院经审查认为理由不成立的，应当书面通知利害关系人。

第五十一条 被请求人依据海事诉讼特别程序法第七十一条的规定要求海事请求人赔偿损失的，由采取海事证据保全的海事法院受理。

450. 申请设立海事赔偿责任限制基金

相关规范

»《中华人民共和国海商法》（1992 年）

第二百零四条 船舶所有人、救助人，对本法第二百零七条所列海事赔偿请求，可以依照本章规定限制赔偿责任。

前款所称的船舶所有人，包括船舶承租人和船舶经营人。

第二百零五条 本法第二百零七条所列海事赔偿请求，不是向船舶所有人、救助人本人提出，而是向他们对其行为、过失负有责任的人员提出的，这些人员可以依照本章规定限制赔偿责任。

第二百零六条 被保险人依照本章规定可以限制赔偿责任的，对该海事赔偿请求承担责任的保险人，有权依照本章规定享受相同的赔偿责任限制。

第二百零七条 下列海事赔偿请求，除本法第二百零八条和第二百零九条另有规定外，无论赔偿责任的基础有何不同，责任人均可以依照本章规定限制赔偿责任：

（一）在船上发生的或者与船舶营运、救助作业直接相关的人身伤亡或者财产的灭失、损坏，包括对港口工程、港池、航道和助航设施造成的损坏，以及由此引起的相应损失的赔偿请求；

（二）海上货物运输因迟延交付或者旅

客及其行李运输因迟延到达造成损失的赔偿请求；

（三）与船舶营运或者救助作业直接相关的，侵犯非合同权利的行为造成其他损失的赔偿请求；

（四）责任人以外的其他人，为避免或者减少责任人依照本章规定可以限制赔偿责任的损失而采取措施的赔偿请求，以及因此项措施造成进一步损失的赔偿请求。

前款所列赔偿请求，无论提出的方式有何不同，均可以限制赔偿责任。但是，第（四）项涉及责任人以合同约定支付的报酬，责任人的支付责任不得援用本条赔偿责任限制的规定。

《中华人民共和国海事诉讼特别程序法》（1999 年）

第一百零一条　船舶所有人、承租人、经营人、救助人、保险人在发生海事事故后，依法申请责任限制的，可以向海事法院申请设立海事赔偿责任限制基金。

船舶造成油污损害的，船舶所有人及其责任保险人或者提供财务保证的其他人为取得法律规定的责任限制的权利，应当向海事法院设立油污损害的海事赔偿责任限制基金。

设立责任限制基金的申请可以在起诉前或者诉讼中提出，但最迟应当在一审判决作出前提出。

第一百零二条　当事人在起诉前申请设立海事赔偿责任限制基金的，应当向事故发生地、合同履行地或者船舶扣押地海事法院提出。

第一百零三条　设立海事赔偿责任限制基金，不受当事人之间关于诉讼管辖协议或者仲裁协议的约束。

第一百零四条　申请人向海事法院申请设立海事赔偿责任限制基金，应当提交书面申请。申请书应当载明申请设立海事赔偿责任限制基金的数额、理由，以及已知的利害关系人的名称、地址和通讯方法，并附有关证据。

第一百零五条　海事法院受理设立海事赔偿责任限制基金申请后，应当在七日内向已知的利害关系人发出通知，同时通过报纸或者其他新闻媒体发布公告。

通知和公告包括下列内容：

（一）申请人的名称；

（二）申请的事实和理由；

（三）设立海事赔偿责任限制基金事项；

（四）办理债权登记事项；

（五）需要告知的其他事项。

第一百零六条　利害关系人对申请人申请设立海事赔偿责任限制基金有异议的，应当在收到通知之日起七日内或者未收到通知的在公告之日起三十日内，以书面形式向海事法院提出。

海事法院收到利害关系人提出的书面异议后，应当进行审查，在十五日内作出裁定。异议成立的，裁定驳回申请人的申请；异议不成立的，裁定准予申请人设立海事赔偿责任限制基金。

当事人对裁定不服的，可以在收到裁定书之日起七日内提起上诉。第二审人民法院应当在收到上诉状之日起十五日内作出裁定。

第一百零七条　利害关系人在规定的期间内没有提出异议的，海事法院裁定准予申请人设立海事赔偿责任限制基金。

第一百零八条　准予申请人设立海事赔偿责任限制基金的裁定生效后，申请人应当在海事法院设立海事赔偿责任限制基金。

设立海事赔偿责任限制基金可以提供现金，也可以提供经海事法院认可的担保。

海事赔偿责任限制基金的数额，为海事赔偿责任限额和自事故发生之日起至基金设立之日止的利息。以担保方式设立基金的，担保数额为基金数额及其在基金设立期间的利息。

以现金设立基金的，基金到达海事法院指定帐户之日为基金设立之日。以担保设立基金的，海事法院接受担保之日为基金设立之日。

第一百零九条　设立海事赔偿责任限制

基金以后，当事人就有关海事纠纷应当向设立海事赔偿责任限制基金的海事法院提起诉讼，但当事人之间订有诉讼管辖协议或者仲裁协议的除外。

第一百一十条 申请人申请设立海事赔偿责任限制基金错误的，应当赔偿利害关系人因此所遭受的损失。

《最高人民法院关于适用〈中华人民共和国海事诉讼特别程序法〉若干问题的解释》（2008年12月16日修正）

第七十九条 海事诉讼特别程序法第一百零一条规定的船舶所有人指有关船舶证书上载明的船舶所有人。

第八十条 海事事故发生在中华人民共和国领域外的，船舶发生事故后进入中华人民共和国领域内的第一到达港视为海事诉讼特别程序法第一百零二条规定的事故发生地。

第八十一条 当事人在诉讼中申请设立海事赔偿责任限制基金的，应当向受理相关海事纠纷案件的海事法院提出，但当事人之间订有有效诉讼管辖协议或者仲裁协议的除外。

第八十二条 设立海事赔偿责任限制基金应当通过报纸或者其他新闻媒体连续公告三日。如果涉及的船舶是可以航行于国际航线的，应当通过对外发行的报纸或者其他新闻媒体发布公告。

第八十三条 利害关系人依据海事诉讼特别程序法第一百零六条的规定对申请人设立海事赔偿责任限制基金提出异议的，海事法院应当对设立基金申请人的主体资格、事故所涉及的债权性质和申请设立基金的数额进行审查。

第八十四条 准予申请人设立海事赔偿责任限制基金的裁定生效后，申请人应当在三日内在海事法院设立海事赔偿责任限制基金。申请人逾期未设立基金的，按自动撤回申请处理。

第八十五条 海事诉讼特别程序法第一百零八条规定的担保指中华人民共和国境内的银行或者其他金融机构所出具的担保。

第八十六条 设立海事赔偿责任限制基金后，向基金提出请求的任何人，不得就该项索赔对设立或以其名义设立基金的人的任何其他财产，行使任何权利。

《最高人民法院关于审理海事赔偿责任限制相关纠纷案件的若干规定》
（2020年12月23日修正）

第二条 同一海事事故中，不同的责任人在起诉前依据海事诉讼特别程序法第一百零二条的规定向不同的海事法院申请设立海事赔偿责任限制基金的，后立案的海事法院应当依照民事诉讼法的规定，将案件移送先立案的海事法院管辖。

第三条 责任人在诉讼中申请设立海事赔偿责任限制基金的，应当向受理相关海事纠纷案件的海事法院提出。

相关海事纠纷由不同海事法院受理，责任人申请设立海事赔偿责任限制基金的，应当依据诉讼管辖协议向最先立案的海事法院提出；当事人之间未订立诉讼管辖协议的，向最先立案的海事法院提出。

第四条 海事赔偿责任限制基金设立后，设立基金的海事法院对海事请求人就与海事事故相关纠纷向责任人提起的诉讼具有管辖权。

海事请求人向其他海事法院提起诉讼的，受理案件的海事法院应当依照民事诉讼法的规定，将案件移送设立海事赔偿责任限制基金的海事法院，但当事人之间订有诉讼管辖协议的除外。

第五条 海事诉讼特别程序法第一百零六条第二款规定的海事法院在十五日内作出裁定的期间，自海事法院受理设立海事赔偿责任限制基金申请的最后一次公告发布之次日起第三十日开始计算。

第六条 海事诉讼特别程序法第一百一十二条规定的申请债权登记期间的届满之日，为海事法院受理设立海事赔偿责任限制基金申请的最后一次公告发布之次日起第六十日。

第七条 债权人申请登记债权，符合有关规定的，海事法院应当在海事赔偿责任限制基金设立后，依照海事诉讼特别程序法第一百一十四条的规定作出裁定；海事赔偿责任限制基金未依法设立的，海事法院应当裁定终结债权登记程序。债权人已经交纳的申请费由申请设立海事赔偿责任限制基金的人负担。

第八条 海事赔偿责任限制基金设立后，海事请求人基于责任人依法不能援引海事赔偿责任限制抗辩的海事赔偿请求，可以对责任人的财产申请保全。

第九条 海事赔偿责任限制基金设立后，海事请求人就同一海事事故产生的属于海商法第二百零七条规定的可以限制赔偿责任的海事赔偿请求，以行使船舶优先权为由申请扣押船舶的，人民法院不予支持。

第十条 债权人提起确权诉讼时，依据海商法第二百零九条的规定主张责任人无权限制赔偿责任的，应当以书面形式提出。案件的审理不适用海事诉讼特别程序法规定的确权诉讼程序，当事人对海事法院作出的判决、裁定可以依法提起上诉。

两个以上债权人主张责任人无权限制赔偿责任的，海事法院可以将相关案件合并审理。

第十一条 债权人依据海事诉讼特别程序法第一百一十六条第一款的规定提起确权诉讼后，需要判定碰撞船舶过失程度比例的，案件的审理不适用海事诉讼特别程序法规定的确权诉讼程序，当事人对海事法院作出的判决、裁定可以依法提起上诉。

第十二条 海商法第二百零四条规定的船舶经营人是指登记的船舶经营人，或者接受船舶所有人委托实际使用和控制船舶并应当承担船舶责任的人，但不包括无船承运业务经营者。

第十三条 责任人未申请设立海事赔偿责任限制基金，不影响其在诉讼中对海商法第二百零七条规定的海事请求提出海事赔偿责任限制抗辩。

第十四条 责任人未提出海事赔偿责任限制抗辩的，海事法院不应主动适用海商法关于海事赔偿责任限制的规定进行裁判。

第十五条 责任人在一审判决作出前未提出海事赔偿责任限制抗辩，在二审、再审期间提出的，人民法院不予支持。

第十六条 责任人对海商法第二百零七条规定的海事赔偿请求未提出海事赔偿责任限制抗辩，债权人依据有关生效裁判文书或者仲裁裁决书，申请执行责任人海事赔偿责任限制基金以外的财产的，人民法院应予支持，但债权人以上述文书作为债权证据申请登记债权并经海事法院裁定准予的除外。

第十七条 海商法第二百零七条规定的可以限制赔偿责任的海事赔偿请求不包括因沉没、遇难、搁浅或者被弃船舶的起浮、清除、拆毁或者使之无害提起的索赔，或者因船上货物的清除、拆毁或者使之无害提起的索赔。

由于船舶碰撞致使责任人遭受前款规定的索赔，责任人就因此产生的损失向对方船舶追偿时，被请求人主张依据海商法第二百零七条的规定限制赔偿责任的，人民法院应予支持。

第十八条 海商法第二百零九条规定的“责任人”是指海事事故的责任人本人。

第十九条 海事请求人以发生海事事故的船舶不适航为由主张责任人无权限制赔偿责任，但不能证明引起赔偿请求的损失是由于责任人本人的故意或者明知可能造成损失而轻率地作为或者不作为造成的，人民法院不予支持。

第二十条 海事赔偿责任限制基金应当以人民币设立，其数额按法院准予设立基金的裁定生效之日的特别提款权对人民币的换算办法计算。

第二十一条 海商法第二百一十三条规定的利息，自海事事故发生之日起至基金设立之日止，按同期全国银行间同业拆借中心公布的贷款市场报价利率计算。

以担保方式设立海事赔偿责任限制基金的，基金设立期间的利息按同期全国银行间同业拆借中心公布的贷款市场报价利率计算。

第二十二条 本规定施行前已经终审的案件，人民法院进行再审时，不适用本规定。

指导案例

中海发展股份有限公司货轮公司申请设立海事赔偿责任限制基金案（最高人民法院指导案例16号 2013年1月31日发布）

【关键词】 海事诉讼 海事赔偿责任限制基金 海事赔偿责任限额计算

【裁判要点】

1. 对于申请设立海事赔偿责任限制基金的，法院仅就申请人主体资格、事故所涉及的债权性质和申请设立基金的数额进行程序性审查。有关申请人实体上应否享有海事赔偿责任限制，以及事故所涉债权除限制性债权外是否同时存在其他非限制性债权等问题，不影响法院依法作出准予设立海事赔偿责任限制基金的裁定。

2. 《中华人民共和国海商法》第二百一十条第二款规定的"从事中华人民共和国港口之间的运输的船舶"，应理解为发生海事事故航次正在从事中华人民共和国港口之间运输的船舶。

【基本案情】

中海发展股份有限公司货轮公司（以下简称货轮公司）所属的"宁安11"轮，于2008年5月23日从秦皇岛运载电煤前往上海外高桥码头，5月26日在靠泊码头过程中触碰码头的2号卸船机，造成码头和机器受损。货轮公司遂于2009年3月9日向上海海事法院申请设立海事赔偿责任限制基金。货轮公司申请设立非人身伤亡海事赔偿责任限制基金，数额为2242643计算单位（折合人民币25442784.84元）和自事故发生之日起至基金设立之日止的利息。

上海外高桥发电有限责任公司、上海外高桥第二发电有限责任公司作为第一异议人，中国人民财产保险股份有限公司上海市分公司、中国大地财产保险股份有限公司上海分公司、中国平安财产保险股份有限公司上海分公司、安诚财产保险股份有限公司上海分公司、中国太平洋财产保险股份有限公司上海分公司、中国大地财产保险股份有限公司营业部、永诚财产保险股份有限公司上海分公司等7位异议人作为第二异议人，分别针对货轮公司的上述申请，向上海海事法院提出了书面异议。上海海事法院于2009年5月27日就此项申请和异议召开了听证会。

第一异议人称："宁安11"轮系因船长的错误操作行为导致了事故发生，应对本次事故负全部责任，故申请人无权享受海事赔偿责任限制。"宁安11"轮是一艘可以从事国际远洋运输的船舶，不属于从事中国港口之间货物运输的船舶，不适用交通部《关于不满300总吨船舶及沿海运输、沿海作业船舶海事赔偿限额的规定》（以下简称《船舶赔偿限额规定》）第四条规定的限额，而应适用《中华人民共和国海商法》（以下简称《海商法》）第二百一十条第一款第（二）项规定的限额。

第二异议人称：事故所涉及的债权性质虽然大部分属于限制性债权，但其中清理残骸费用应当属于非限制性债权，申请人无权就此项费用申请限制赔偿责任。其他异议意见和理由同第一异议人。

上海海事法院经审理查明：申请人系"宁安11"轮登记的船舶所有人。涉案船舶触碰事故所造成的码头和机器损坏，属于与船舶营运直接相关的财产损失。另，"宁安11"轮总吨位为26358吨，营业运输证载明的核定经营范围为"国内沿海及长江中下游各港间普通货物运输"。

【裁判结果】

上海海事法院于2009年6月10日作出（2009）沪海法限字第1号民事裁定，驳回异议人的异议，准许申请人设立海事赔偿责任限制基金，基金数额为人民币

25442784.84 元和该款自 2008 年 5 月 26 日起至基金设立之日止的银行利息。宣判后，异议人中国人民财产保险股份有限公司上海市分公司提出上诉。上海市高级人民法院于 2009 年 7 月 27 日作出（2009）沪高民四（海）限字第 1 号民事裁定，驳回上诉，维持原裁定。

【裁判理由】

法院生效裁判认为：根据《最高人民法院关于适用〈中华人民共和国海事诉讼特别程序法〉若干问题的解释》第八十三条的规定，申请设立海事赔偿责任限制基金，应当对申请人的主体资格、事故所涉及的债权性质和申请设立基金的数额进行审查。

货轮公司是“宁安 11”轮的船舶登记所有人，属于《海商法》第二百零四条和《中华人民共和国海事诉讼特别程序法》第一百零一条第一款规定的可以申请设立海事赔偿责任限制基金的主体。异议人提出的申请人所属船舶应当对事故负全责，其无权享受责任限制的意见，因涉及对申请人是否享有赔偿责任限制实体权利的判定，而该问题应在案件的实体审理中解决，故对第一异议人的该异议不作处理。

鉴于涉案船舶触碰事故所造成的码头和机器损坏，属于与船舶营运直接相关的财产损失，依据《海商法》第二百零七条的规定，责任人可以限制赔偿责任。因此，第二异议人提出的清理残骸费用属于非限制性债权，申请人无权享有该项赔偿责任限制的意见，不影响法院准予申请人就所涉限制性债权事项提出的设立海事赔偿责任限制基金申请。

关于“宁安 11”轮是否属于《海商法》第二百一十条第二款规定的“从事中华人民共和国港口之间的运输的船舶”，进而应按照何种标准计算赔偿限额的问题。鉴于“宁安 11”轮营业运输证载明的核定经营范围为“国内沿海及长江中下游各港间普通货物运输”，涉案事故发生时其所从事的也正是从秦皇岛港至上海港航次的运营。因此，该船舶应认定为“从事中华人民共和国港口之间的运输的船舶”，而不宜以船舶适航证书上记载的船舶可航区域或者船舶有能力航行的区域来确定。为此，异议人提出的“宁安 11”轮所准予航行的区域为近海，是一艘可以从事国际远洋运输船舶的意见不予采纳。申请人据此申请适用《海商法》第二百一十条第二款和《船舶赔偿限额规定》第四条规定的标准计算涉案限制基金的数额并无不当。异议人有关适用《海商法》第二百一十条第一款第（二）项规定计算涉案基金数额的主张及理由，依据不足，不予采纳。

鉴于事故发生之日国际货币基金组织未公布特别提款权与人民币之间的换算比率，申请人根据次日公布的比率 1∶11.345 计算，异议人并无异议，涉案船舶的总吨位为 26358 吨，因此，涉案海事赔偿责任限额为〔（26358－500）×167＋167000〕×50%＝2242643 特别提款权，折合人民币 25442784.84 元，基金数额应为人民币 25442784.84 元和该款自事故发生之日起至基金设立之日止按中国人民银行同期活期存款利率计算的利息。

阿斯特克有限公司申请设立海事赔偿责任限制基金案（最高人民法院指导案例 112 号　2019 年 2 月 25 日发布）

【关键词】　民事　海事赔偿责任限制基金　事故原则　一次事故　多次事故

【裁判要点】

海商法第二百一十二条确立海事赔偿责任限制实行“一次事故，一个限额，多次事故，多个限额”的原则。判断一次事故还是多次事故的关键是分析事故之间是否因同一原因所致。如果因同一原因发生多个事故，且原因链没有中断的，应认定为一次事故。如果原因链中断并再次发生事故，则应认定为形成新的独立事故。

【基本案情】

阿斯特克有限公司向天津海事法院提出申请称，其所属的“艾依”轮收到养殖损害索赔请求。对于该次事故所造成的非人身伤亡损失，阿斯特克有限公司作为该轮的船舶所有人申请设立海事赔偿责任限制基金，责任限额为 422510 特别提款权及该款项自 2014 年 6 月 5 日起至基金设立之日止的利息。

众多养殖户作为利害关系人提出异议，认为阿斯特克有限公司应当分别设立限制基金，而不能就整个航次设立一个限制基金。

法院查明：涉案船舶韩国籍“艾依”轮的所有人为阿斯特克有限公司，船舶总吨位为 2030 吨。2014 年 6 月 5 日，“艾依”轮自秦皇岛开往天津港装货途中，在河北省昌黎县、乐亭县海域驶入养殖区域，造成了相关养殖户的养殖损失。

另查明，“艾依”轮在本案损害事故发生时使用英版 1249 号海图，该海图已标明本案损害事故发生的海域设置了养殖区，并划定了养殖区范围。涉案船舶为执行涉案航次所预先设定的航线穿越该养殖区。

再查明，郭金武与刘海忠的养殖区相距约 500 米左右，涉案船舶航行时间约 2 分钟；刘海忠与李卫国等人的养殖区相距约 9000 米左右，涉案船舶航行时间约 30 分钟。

【裁判结果】

天津海事法院于 2014 年 11 月 10 日作出（2014）津海法限字第 1 号民事裁定：一、准许阿斯特克有限公司提出的设立海事赔偿责任限制基金的申请。二、海事赔偿责任限制基金数额为 422510 特别提款权及利息（利息自 2014 年 6 月 5 日起至基金设立之日止，按中国人民银行确定的金融机构同期一年期贷款基准利率计算）。三、阿斯特克有限公司应在裁定生效之日起三日内以人民币或法院认可的担保设立海事赔偿责任限制基金（基金的人民币数额按本裁定生效之日的特别提款权对人民币的换算办法计算）。逾期不设立基金的，按自动撤回申请处理。郭金武、刘海忠不服一审裁定，向天津市高级人民法院提起上诉。天津市高级人民法院于 2015 年 1 月 19 日作出（2015）津高民四终字第 10 号民事裁定：驳回上诉，维持原裁定。郭金武、刘海忠、李卫国、赵来军、齐永平、李建永、齐秀奎不服二审裁定，申请再审。最高人民法院于 2015 年 8 月 10 日作出（2015）民申字第 853 号民事裁定，提审本案，并于 2015 年 9 月 29 日作出（2015）民提字第 151 号民事裁定：一、撤销天津市高级人民法院（2015）津高民四终字第 10 号民事裁定。二、撤销天津海事法院（2014）津海法限字第 1 号民事裁定。三、驳回阿斯特克有限公司提出的设立海事赔偿责任限制基金的申请。

【裁判理由】

最高人民法院认为，海商法第二百一十二条确立海事赔偿责任限制实行事故原则，即“一次事故，一个限额，多次事故，多个限额”。判断一次还是多次事故的关键是分析两次事故之间是否因同一原因所致。如果因同一原因发生多个事故，但原因链没有中断，则应认定为一个事故。如果原因链中断，有新的原因介入，则新的原因与新的事故构成新的因果关系，形成新的独立事故。就本案而言，涉案“艾依”轮所使用的英版海图明确标注了养殖区范围，但船员却将航线设定到养殖区，本身存在重大过错。涉案船舶在预知所经临的海域可能存在大面积养殖区的情形下，应加强瞭望义务，保证航行安全，避免冲撞养殖区造成损失。根据涉案船舶航行轨迹，涉案船舶实际驶入了郭金武经营的养殖区。鉴于损害事故发生于中午时分，并无夜间的视觉障碍，如船员谨慎履行瞭望和驾驶义务，应能注意到海面上悬挂养殖物浮球的存在。在昌黎县海洋局出具证据证明郭金武遭受实际损害的情形下，可以推定船员未履行谨慎瞭望义务，导致第一次侵权行为发生。依据航行轨迹，船舶随后进入刘海忠的养殖区，由于郭金武与刘海忠的养殖区毗邻，相距约 500 米，基于船舶运动的惯性及船舶驾驶规律，涉案船舶在当时情形下无法采取合理措施避让刘海忠的养殖区，致使第二次侵权行为发生。从原因上分析，两次损害行为均因船舶驶入郭金武养殖区之前，船员疏于瞭望的过失所致，属同一原因，且原因链并未中断，故应将两次侵权行为认定为一次事故。船舶驶离刘海忠的养殖区进入开阔海域，航行约9000米，时长约半小时后进入李卫国等人的养殖区再次造成损害事故。在进入李卫国等人的养殖区之前，船员应有较为充裕的时间调整驾驶疏忽的心理状态，且在预知航行前方还有养殖区存在的情形下，更应加强瞭望义务，避免再次造成损害。涉案船舶显然未尽到谨慎驾驶的义务，致使第二次损害事故的发生。两次事故之间无论从时间关系还是从主观状态均无关联性，第二次事故的发生并非第一次事故自然延续所致，两次事故之间并无因果关系。阿斯特克有限公司主张在整个事故发生过程中船员错误驶入的心理状态没有变化，原因链没有中断的理由不能成立。虽然两次事故的发生均因“同一性质的原因”，即船员疏忽驾驶所致，但并非基于“同一原因”，引起两次事故。依据“一次事故，一次限额”的原则，涉案船舶应分别针对两次事故设立不同的责任限制基金。一、二审法院未能全面考察养殖区的位置、两次事故之间的因果关系及当事人的主观状态，作出涉案船舶仅造成一次事故，允许涉案船舶设立一个基金的认定错误，依法应予纠正。

典型案例

中燃航运（大连）有限责任公司申请设立海事赔偿责任限制基金案

（《2018年全国海事审判典型案例》2019年9月11日）

【基本案情】

2017年3月9日，中燃航运（大连）有限责任公司（以下简称中燃公司）所有的中国籍“中燃39”轮与朝鲜籍“昆山”轮（M. V KUM SAN）在中国连云港海域发生碰撞造成损失。“中燃39”轮为沿海运输船舶，总吨2548吨，中燃公司就船舶碰撞引起的可以限制赔偿责任的非人身伤亡海事赔偿请求，向大连海事法院申请设立海事赔偿责任限制基金，基金数额按照《关于不满300总吨及沿海运输、沿海作业船舶海事赔偿责任限额的规定》（以下简称《责任限额规定》），为254508特别提款权所换算的人民币数额及其利息。“昆山”轮所有人朝鲜金山船务公司没有向法院申请设立海事赔偿责任限制基金，其与“昆山”轮所载货物的收货人大连欧亚贸易有限公司就设立基金提出异议，认为应当按照《海商法》第二百一十条的规定确定基金数额。

【裁判结果】

大连海事法院认为，“中燃39”轮总吨2548吨，从事中国港口之间的运输，依照《海商法》第二百一十条第二款关于“总吨位不满300吨的船舶，从事中华人民共和国港口之间的运输的船舶，以及从事沿海作业的船舶，其赔偿限额由国务院交通主管部门制定，报国务院批准后施行”的规定，“中燃39”轮的赔偿限额应适用《责任限额规定》。但根据该规定第五条，同一事故中当事船舶的海事赔偿限额，有适用《海商法》第二百一十条或者本规定第三条规定的，其他当事船舶的海事赔偿限额应当同样适用。与“中燃39”轮发生碰撞的“昆山”轮所有人虽然没有向法院申请设立海事赔偿责任限制基金，但该轮总吨5852吨，从事国际运输，其海事赔偿限额应当适用《海商法》第二百一十条的规定，故“中燃39”轮作为同一事故的其他当事船舶，海事赔偿限额也应当同样适用《海商法》第二百一十条的规定。综上，法院裁定准许中燃公司设立海事赔偿责任限制基金，基金数额为非人身伤亡赔偿限额509016特别提款权所换算的人民币数额及其利息。一审裁定现已生效。

【典型意义】

依照国务院批准施行的《责任限额规定》，不满300总吨及沿海运输、沿海作业船舶的海事赔偿限额，为从事国际运输及作业船舶海事赔偿限额的50%，但也存在例外情形，即同一事故中的当事船舶应适用同一海事赔偿限额的规定，且以较高的限额规定为准。中燃公司主张，只有在同一事故中的当事船舶权利人均主张享受海事赔偿责任限制或均申请设立海事赔偿责任限制基金时，才能适用上述“同一事故中的当事船舶适用同一规定”的规则。由于“昆山”轮所有人没有向法院申请设立海事赔偿责任限制基金，故本案不适用上述规则。法院认为，同一事故中当事船舶的海事赔偿限额有应当适用《海商法》第二百一十条规定情形的，其他当事船舶的海事赔偿限额也同样适用《海商法》第二百一十条的规定，而不考虑权利人是否实际申请设立海事赔偿责任限制基金。法院正确解读“同一事故中当事船舶适用同一规定”的规则，平等保护了中外当事人的合法权益，充分体现了中国法院公正审理涉外海事案件的态度。

【案号】（2017）辽 72 民特 104 号

韩某某申请设立海事赔偿责任限制基金案（《2018 年全国海事审判典型案例》 2019 年 9 月 11 日）

【基本案情】

“湘张家界货 3003”轮所有人为韩某某，总吨 2071 吨，该轮持有长江中下游及其支流省际普通货船运输许可证、内河船舶适航证书，准予航行 A 级航区，作自卸砂船用。2016 年 5 月 9 日，“湘张家界货 3003”轮在闽江口 D9 浮返航进港途中，与“恩基 1”轮发生碰撞，造成“恩基 1”轮及船载货物受损。韩某某向法院申请设立海事赔偿责任限制基金。

【裁判结果】

厦门海事法院一审认为，韩某某系“湘张家界货 3003”轮的登记所有人，该轮虽为内河船舶，但根据其提供的《内河船舶适航证书》，该轮航行区域为长江中下游及其支流省际内河航线，而且发生涉案事故时，正航行于闽江口，属于国务院批准施行的《关于不满 300 总吨及沿海运输、沿海作业船舶海事赔偿责任限额的规定》（以下简称《责任限额规定》）第四条规定的“300 总吨以上从事中华人民共和国港口之间货物运输或者沿海作业的船舶”。一审裁定准许韩某某提出的设立海事赔偿责任限制基金的申请。相关利害关系人不服一审裁定，提起上诉。

福建省高级人民法院二审认为，涉案船舶“湘张家界货 3003”轮虽为内河船舶，但其在沿海海域从事航行作业属于《责任限额规定》第四条所规定的从事沿海作业的船舶，依法可以申请设立海事赔偿责任限制基金。二审裁定驳回上诉，维持一审裁定。相关利害关系人不服二审裁定，提起再审。

最高人民法院再审认为，“湘张家界货 3003”轮持有长江中下游及其支流省际普通货船运输许可证、内河船舶适航证书，准予航行 A 级航区，为内河船舶。涉案船舶碰撞事故发生在福建闽江口，并非“湘张家界货 3003”轮准予航行的航区。“湘张家界货 3003”轮的船舶性质及准予航行航区不因该船实际航行区域而改变。“湘张家界货 3003”轮作为内河船舶，不属于《责任限额规定》适用的船舶范围。再审撤销一、二审裁定，驳回韩某某设立海事赔偿责任限制基金的申请。

【典型意义】

《海商法》第三条规定的船舶仅限于海船，关于内河船舶在海上航行是否适用海事赔偿责任限制制度，司法实践中存在争议。国务院批准施行的《责任限额规定》源于《海商法》第二百一十条的授权，其规定的“从事中华人民共和国港口之间货物运输或者沿海作业的船舶”仍应限定为海船。受利益驱动，近年来内河船舶非法从事海上运输的问题非常突出，严重威胁着人员、财产和环境的安全。最高人民法院在该案中进一步明确，内河船舶性质及准予航行航区不因该船实际航行区域而改变，对于规范航运秩序、统一类似案件裁判尺度具有积极意义。

【一审案号】（2016）闽 72 民特 90 号

【二审案号】（2016）闽民终 1587 号

【再审案号】(2018) 最高法民再453号

451. 申请船舶优先权催告

相关规范

》《中华人民共和国海事诉讼特别程序法》(1999年)

第一百二十条 船舶转让时，受让人可以向海事法院申请船舶优先权催告，催促船舶优先权人及时主张权利，消灭该船舶附有的船舶优先权。

第一百二十一条 受让人申请船舶优先权催告的，应当向转让船舶交付地或者受让人住所地海事法院提出。

第一百二十二条 申请船舶优先权催告，应当向海事法院提交申请书、船舶转让合同、船舶技术资料等文件。申请书应当载明船舶的名称、申请船舶优先权催告的事实和理由。

第一百二十三条 海事法院在收到申请书以及有关文件后，应当进行审查，在七日内作出准予或者不准予申请的裁定。

受让人对裁定不服的，可以申请复议一次。

第一百二十四条 海事法院在准予申请的裁定生效后，应当通过报纸或者其他新闻媒体发布公告，催促船舶优先权人在催告期间主张船舶优先权。

船舶优先权催告期间为六十日。

第一百二十五条 船舶优先权催告期间，船舶优先权人主张权利的，应当在海事法院办理登记；不主张权利的，视为放弃船舶优先权。

第一百二十六条 船舶优先权催告期间届满，无人主张船舶优先权的，海事法院应当根据当事人的申请作出判决，宣告该转让船舶不附有船舶优先权。判决内容应当公告。

》《最高人民法院关于适用〈中华人民共和国海事诉讼特别程序法〉若干问题的解释》(2008年12月16日修正)

第九十二条 船舶转让合同订立后船舶实际交付前，受让人即可申请船舶优先权催告。

受让人不能提供原船舶证书的，不影响船舶优先权催告申请的提出。

第九十三条 海事诉讼特别程序法第一百二十条规定的受让人指船舶转让中的买方和有买船意向的人，但受让人申请海事法院作出除权判决时，必须提交其已经实际受让船舶的证据。

第九十四条 船舶受让人对不准予船舶优先权催告申请的裁定提出复议的，海事法院应当在七日内作出复议决定。

第九十五条 海事法院准予船舶优先权催告申请的裁定生效后，应当通过报纸或者其他新闻媒体连续公告三日。优先权催告的船舶为可以航行于国际航线的，应当通过对外发行的报纸或者其他新闻媒体发布公告。

第九十六条 利害关系人在船舶优先权催告期间提出优先权主张的，海事法院应当裁定优先权催告程序终结。

452. 申请海事债权登记与受偿

相关规范

》《中华人民共和国海事诉讼特别程序法》(1999年)

第一百一十一条 海事法院裁定强制拍卖船舶的公告发布后，债权人应当在公告期间，就与被拍卖船舶有关的债权申请登记。公告期间届满不登记的，视为放弃在本次拍卖船舶价款中受偿的权利。

第一百一十二条 海事法院受理设立海事赔偿责任限制基金的公告发布后，债权人应当在公告期间就与特定场合发生的海事事故有关的债权申请登记。公告期间届满不登记的，视为放弃债权。

第一百一十三条 债权人向海事法院申请登记债权的，应当提交书面申请，并提供有关债权证据。

债权证据，包括证明债权的具有法律效力的判决书、裁定书、调解书、仲裁裁决书和公证债权文书，以及其他证明具有海事请求的证据材料。

第一百一十四条 海事法院应当对债权人的申请进行审查，对提供债权证据的，裁定准予登记；对不提供债权证据的，裁定驳回申请。

第一百一十五条 债权人提供证明债权的判决书、裁定书、调解书、仲裁裁决书或者公证债权文书的，海事法院经审查认定上述文书真实合法的，裁定予以确认。

第一百一十六条 债权人提供其他海事请求证据的，应当在办理债权登记以后，在受理债权登记的海事法院提起确权诉讼。当事人之间有仲裁协议的，应当及时申请仲裁。

海事法院对确权诉讼作出的判决、裁定具有法律效力，当事人不得提起上诉。

第一百一十七条 海事法院审理并确认债权后，应当向债权人发出债权人会议通知书，组织召开债权人会议。

第一百一十八条 债权人会议可以协商提出船舶价款或者海事赔偿责任限制基金的分配方案，签订受偿协议。

受偿协议经海事法院裁定认可，具有法律效力。

债权人会议协商不成的，由海事法院依照《中华人民共和国海商法》以及其他有关法律规定的受偿顺序，裁定船舶价款或者海事赔偿责任限制基金的分配方案。

第一百一十九条 拍卖船舶所得价款及其利息，或者海事赔偿责任限制基金及其利息，应当一并予以分配。

分配船舶价款时，应当由责任人承担的诉讼费用，为保存、拍卖船舶和分配船舶价款产生的费用，以及为债权人的共同利益支付的其他费用，应当从船舶价款中先行拨付。

清偿债务后的余款，应当退还船舶原所有人或者海事赔偿责任限制基金设立人。

《最高人民法院关于适用〈中华人民共和国海事诉讼特别程序法〉若干问题的解释》（2008年12月16日修正）

第八十七条 海事诉讼特别程序法第一百一十一条规定的与被拍卖船舶有关的债权指与被拍卖船舶有关的海事债权。

第八十八条 海事诉讼特别程序法第一百一十五条规定的判决书、裁定书、调解书和仲裁裁决书指我国国内的判决书、裁定书、调解书和仲裁裁决书。对于债权人提供的国外的判决书、裁定书、调解书和仲裁裁决书，适用民事诉讼法第二百六十六条和第二百六十七条规定的程序审查。

第八十九条 在债权登记前，债权人已向受理债权登记的海事法院以外的海事法院起诉的，受理案件的海事法院应当将案件移送至登记债权的海事法院一并审理，但案件已经进入二审的除外。

第九十条 债权人依据海事诉讼特别程序法第一百一十六条规定向受理债权登记的海事法院提起确权诉讼的，应当在办理债权登记后七日内提起。

第九十一条 海事诉讼特别程序法第一百一十九条第二款规定的三项费用按顺序拨付。

五十、申请承认与执行法院判决、仲裁裁决案件

453. 申请执行海事仲裁裁决

相关规范

》《中华人民共和国海事诉讼特别程序法》（1999 年）

第十一条　当事人申请执行海事仲裁裁决，申请承认和执行外国法院判决、裁定以及国外海事仲裁裁决的，向被执行的财产所在地或者被执行人住所地海事法院提出。被执行的财产所在地或者被执行人住所地没有海事法院的，向被执行的财产所在地或者被执行人住所地的中级人民法院提出。

》《中华人民共和国仲裁法》（2017 年修正）

第六十二条　当事人应当履行裁决。一方当事人不履行的，另一方当事人可以依照民事诉讼法的有关规定向人民法院申请执行。受申请的人民法院应当执行。

第七十二条　涉外仲裁委员会作出的发生法律效力的仲裁裁决，当事人请求执行的，如果被执行人或者其财产不在中华人民共和国领域内，应当由当事人直接向有管辖权的外国法院申请承认和执行。

》《中华人民共和国民事诉讼法》（2021 年修正）

第二百七十八条　涉外经济贸易、运输和海事中发生的纠纷，当事人在合同中订有仲裁条款或者事后达成书面仲裁协议，提交中华人民共和国涉外仲裁机构或者其他仲裁机构仲裁的，当事人不得向人民法院起诉。

第二百八十条　经中华人民共和国涉外仲裁机构裁决的，当事人不得向人民法院起诉。一方当事人不履行仲裁裁决的，对方当事人可以向被申请人住所地或者财产所在地的中级人民法院申请执行。

》《最高人民法院关于适用〈中华人民共和国海事诉讼特别程序法〉若干问题的解释》（2008 年 12 月 16 日修正）

第十三条　当事人根据海事诉讼特别程序法第十一条的规定申请执行海事仲裁裁决，申请承认和执行国外海事仲裁裁决的，由被执行的财产所在地或者被执行人住所地的海事法院管辖；被执行的财产为船舶的，无论该船舶是否在海事法院管辖区域范围内，均由海事法院管辖。船舶所在地没有海事法院的，由就近的海事法院管辖。

前款所称财产所在地和被执行人住所地是指海事法院行使管辖权的地域。

第十四条　认定海事仲裁协议效力案件，由被申请人住所地、合同履行地或者约定的仲裁机构所在地的海事法院管辖。

《最高人民法院关于审理仲裁司法审查案件若干问题的规定》（法释〔2017〕22号　2017年12月26日）

第二条　各中级人民法院或者专门人民法院办理涉外涉港澳台仲裁司法审查案件，经审查拟认定仲裁协议无效，不予执行或者撤销我国内地仲裁机构的仲裁裁决，不予认可和执行香港特别行政区、澳门特别行政区、台湾地区仲裁裁决，不予承认和执行外国仲裁裁决，应当向本辖区所属高级人民法院报核；高级人民法院经审查拟同意的，应当向最高人民法院报核。待最高人民法院审核后，方可依最高人民法院的审核意见作出裁定。

各中级人民法院或者专门人民法院办理非涉外涉港澳台仲裁司法审查案件，经审查拟认定仲裁协议无效，不予执行或者撤销我国内地仲裁机构的仲裁裁决，应当向本辖区所属高级人民法院报核；待高级人民法院审核后，方可依高级人民法院的审核意见作出裁定。

第四条　申请人向两个以上有管辖权的人民法院提出申请的，由最先立案的人民法院管辖。

第六条　申请人向人民法院申请执行或者撤销我国内地仲裁机构的仲裁裁决、申请承认和执行外国仲裁裁决的，应当提交申请书及裁决书正本或者经证明无误的副本。

申请书应当载明下列事项：

（一）申请人或者被申请人为自然人的，应当载明其姓名、性别、出生日期、国籍及住所；为法人或者其他组织的，应当载明其名称、住所以及法定代表人或者代表人的姓名和职务；

（二）裁决书的主要内容及生效日期；

（三）具体的请求和理由。

当事人提交的外文申请书、裁决书及其他文件，应当附有中文译本。

第七条　申请人提交的文件不符合第五条、第六条的规定，经人民法院释明后提交的文件仍然不符合规定的，裁定不予受理。

申请人向对案件不具有管辖权的人民法院提出申请，人民法院应当告知其向有管辖权的人民法院提出申请，申请人仍不变更申请的，裁定不予受理。

申请人对不予受理的裁定不服的，可以提起上诉。

454. 申请执行知识产权仲裁裁决

相关规范

《中华人民共和国仲裁法》（2017年修正）

第六十二条　当事人应当履行裁决。一方当事人不履行的，另一方当事人可以依照民事诉讼法的有关规定向人民法院申请执行。受申请的人民法院应当执行。

第六十三条　被申请人提出证据证明裁决有民事诉讼法第二百一十三条第二款规定的情形之一的，经人民法院组成合议庭审查核实，裁定不予执行。

第六十四条　一方当事人申请执行裁决，另一方当事人申请撤销裁决的，人民法院应当裁定中止执行。

人民法院裁定撤销裁决的，应当裁定终结执行。撤销裁决的申请被裁定驳回的，人民法院应当裁定恢复执行。

《中华人民共和国民事诉讼法》（2021年修正）

第二百八十一条　对中华人民共和国涉外仲裁机构作出的裁决，被申请人提出证据证明仲裁裁决有下列情形之一的，经人民法院组成合议庭审查核实，裁定不予执行：

（一）当事人在合同中没有订有仲裁条款或者事后没有达成书面仲裁协议的；

（二）被申请人没有得到指定仲裁员或者进行仲裁程序的通知，或者由于其他不属于被申请人负责的原因未能陈述意见的；

（三）仲裁庭的组成或者仲裁的程序与

仲裁规则不符的；

（四）裁决的事项不属于仲裁协议的范围或者仲裁机构无权仲裁的。

人民法院认定执行该裁决违背社会公共利益的，裁定不予执行。

455. 申请执行涉外仲裁裁决

相关规范

》《中华人民共和国仲裁法》（2017年修正）

第六十五条 涉外经济贸易、运输和海事中发生的纠纷的仲裁，适用本章规定。本章没有规定的，适用本法其他有关规定。

第六十六条 涉外仲裁委员会可以由中国国际商会组织设立。

涉外仲裁委员会由主任一人、副主任若干人和委员会若干人组成。

涉外仲裁委员会的主任、副主任和委员可以由中国国际商会聘任。

第六十七条 涉外仲裁委员会可以从具有法律、经济贸易、科学技术等专门知识的外籍人士中聘任仲裁员。

第六十八条 涉外仲裁的当事人申请证据保全的，涉外仲裁委员会应当将当事人的申请提交证据所在地的中级人民法院。

第六十九条 涉外仲裁的仲裁庭可以将开庭情况记入笔录。或者作出笔录要点，笔录要点可以由当事人和其他仲裁参与人签字或者盖章。

第七十条 当事人提出证据证明涉外仲裁裁决有民事诉讼法第二百五十八条第一款规定的情形之一的，经人民法院组成合议庭审查核实，裁定撤销。①

第七十一条 被申请人提出证据证明涉外仲裁裁决有民事诉讼法第二百五十八条第一款规定的情形之一的，经人民法院组成合议庭审查核实，裁定不予执行。

第七十二条 涉外仲裁委员会作出的发生法律效力的仲裁裁决，当事人请求执行的，如果被执行人或者其财产不在中华人民共和国领域内，应当由当事人直接向有管辖权的外国法院申请承认和执行。

第七十三条 涉外仲裁规则可以由中国国际商会依照本法和民事诉讼法的有关规定制定。

》《中华人民共和国民事诉讼法》（2021年修正）

第二百七十八条 涉外经济贸易、运输和海事中发生的纠纷，当事人在合同中订有仲裁条款或者事后达成书面仲裁协议，提交中华人民共和国涉外仲裁机构或者其他仲裁机构仲裁的，当事人不得向人民法院起诉。

当事人在合同中没有订有仲裁条款或者事后没有达成书面仲裁协议的，可以向人民法院起诉。

第二百七十九条 当事人申请采取保全的，中华人民共和国的涉外仲裁机构应当将当事人的申请，提交被申请人住所地或者财产所在地的中级人民法院裁定。

第二百八十条 经中华人民共和国涉外仲裁机构裁决的，当事人不得向人民法院起诉。一方当事人不履行仲裁裁决的，对方当事人可以向被申请人住所地或者财产所在地的中级人民法院申请执行。

第二百八十一条 对中华人民共和国涉外仲裁机构作出的裁决，被申请人提出证据证明仲裁裁决有下列情形之一的，经人民法院组成合议庭审查核实，裁定不予执行：

（一）当事人在合同中没有订有仲裁条款或者事后没有达成书面仲裁协议的；

（二）被申请人没有得到指定仲裁员或者进行仲裁程序的通知，或者由于其他不属于被申请人负责的原因未能陈述意见的；

（三）仲裁庭的组成或者仲裁的程序与

---

① 本条规定援引的2012年《民事诉讼法》第258条，现为《民事诉讼法》第281条，除条文序号外，法条内容未改动。特此说明，下同。

仲裁规则不符的；

（四）裁决的事项不属于仲裁协议的范围或者仲裁机构无权仲裁的。

人民法院认定执行该裁决违背社会公共利益的，裁定不予执行。

456. 申请认可和执行香港特别行政区法院民事判决

相关规范

《最高人民法院关于内地与香港特别行政区法院相互认可和执行当事人协议管辖的民商事案件判决的安排》

（法释〔2008〕9号　2008年7月3日）

第一条　内地人民法院和香港特别行政区法院在具有书面管辖协议的民商事案件中作出的须支付款项的具有执行力的终审判决，当事人可以根据本安排向内地人民法院或者香港特别行政区法院申请认可和执行。

第二条　本安排所称“具有执行力的终审判决”：

（一）在内地是指：

1. 最高人民法院的判决；

2. 高级人民法院、中级人民法院以及经授权管辖第一审涉外、涉港澳台民商事案件的基层人民法院（名单附后）依法不准上诉或者已经超过法定期限没有上诉的第一审判决，第二审判决和依照审判监督程序由上一级人民法院提审后作出的生效判决。

（二）在香港特别行政区是指终审法院、高等法院上诉法庭及原讼法庭和区域法院作出的生效判决。

本安排所称判决，在内地包括判决书、裁定书、调解书、支付令；在香港特别行政区包括判决书、命令和诉讼费评定证明书。

当事人向香港特别行政区法院申请认可和执行判决后，内地人民法院对该案件依法再审的，由作出生效判决的上一级人民法院提审。

第三条　本安排所称“书面管辖协议”，是指当事人为解决与特定法律关系有关的已经发生或者可能发生的争议，自本安排生效之日起，以书面形式明确约定内地人民法院或者香港特别行政区法院具有唯一管辖权的协议。

本条所称“特定法律关系”，是指当事人之间的民商事合同，不包括雇佣合同以及自然人因个人消费、家庭事宜或者其他非商业目的而作为协议一方的合同。

本条所称“书面形式”是指合同书、信件和数据电文（包括电报、电传、传真、电子数据交换和电子邮件）等可以有形地表现所载内容、可以调取以备日后查用的形式。

书面管辖协议可以由一份或者多份书面形式组成。

除非合同另有规定，合同中的管辖协议条款独立存在，合同的变更、解除、终止或者无效，不影响管辖协议条款的效力。

第四条　申请认可和执行符合本安排规定的民商事判决，在内地向被申请人住所地、经常居住地或者财产所在地的中级人民法院提出，在香港特别行政区向香港特别行政区高等法院提出。

第五条　被申请人住所地、经常居住地或者财产所在地在内地不同的中级人民法院辖区的，申请人应当选择向其中一个人民法院提出认可和执行的申请，不得分别向两个或者两个以上人民法院提出申请。

被申请人的住所地、经常居住地或者财产所在地，既在内地又在香港特别行政区的，申请人可以同时分别向两地法院提出申请，两地法院分别执行判决的总额，不得超过判决确定的数额。已经部分或者全部执行判决的法院应当根据对方法院的要求提供已执行判决的情况。

第六条　申请人向有关法院申请认可和执行判决的，应当提交以下文件：

（一）请求认可和执行的申请书；

（二）经作出终审判决的法院盖章的判决书副本；

（三）作出终审判决的法院出具的证明书，证明该判决属于本安排第二条所指的终审判决，在判决作出地可以执行；

（四）身份证明材料：

1. 申请人为自然人的，应当提交身份证或者经公证的身份证复印件；

2. 申请人为法人或者其他组织的，应当提交经公证的法人或者其他组织注册登记证书的复印件；

3. 申请人是外国籍法人或者其他组织的，应当提交相应的公证和认证材料。

向内地人民法院提交的文件没有中文文本的，申请人应当提交证明无误的中文译本。

执行地法院对于本条所规定的法院出具的证明书，无需另行要求公证。

第七条　请求认可和执行申请书应当载明下列事项：

（一）当事人为自然人的，其姓名、住所；当事人为法人或者其他组织的，法人或者其他组织的名称、住所以及法定代表人或者主要负责人的姓名、职务和住所；

（二）申请执行的理由与请求的内容，被申请人的财产所在地以及财产状况；

（三）判决是否在原审法院地申请执行以及已执行的情况。

第八条　申请人申请认可和执行内地人民法院或者香港特别行政区法院判决的程序，依据执行地法律的规定。本安排另有规定的除外。

申请人申请认可和执行的期间为二年。

前款规定的期间，内地判决到香港特别行政区申请执行的，从判决规定履行期间的最后一日起计算，判决规定分期履行的，从规定的每次履行期间的最后一日起计算，判决未规定履行期间的，从判决生效之日起计算；香港特别行政区判决到内地申请执行的，从判决可强制执行之日起计算，该日为判决上注明的判决日期，判决对履行期间另有规定的，从规定的履行期间届满后开始计算。

第九条　对申请认可和执行的判决，原审判决中的债务人提供证据证明有下列情形之一的，受理申请的法院经审查核实，应当裁定不予认可和执行：

（一）根据当事人协议选择的原审法院地的法律，管辖协议属于无效。但选择法院已经判定该管辖协议为有效的除外；

（二）判决已获完全履行；

（三）根据执行地的法律，执行地法院对该案享有专属管辖权；

（四）根据原审法院地的法律，未曾出庭的败诉一方当事人未经合法传唤或者虽经合法传唤但未获依法律规定的答辩时间。但原审法院根据其法律或者有关规定公告送达的，不属于上述情形；

（五）判决是以欺诈方法取得的；

（六）执行地法院就相同诉讼请求作出判决，或者外国、境外地区法院就相同诉讼请求作出判决，或者有关仲裁机构作出仲裁裁决，已经为执行地法院所认可或者执行的。

内地人民法院认为在内地执行香港特别行政区法院判决违反内地社会公共利益，或者香港特别行政区法院认为在香港特别行政区执行内地人民法院判决违反香港特别行政区公共政策的，不予认可和执行。

第十条　对于香港特别行政区法院作出的判决，判决确定的债务人已经提出上诉，或者上诉程序尚未完结的，内地人民法院审查核实后，可以中止认可和执行程序。经上诉，维持全部或者部分原判决的，恢复认可和执行程序；完全改变原判决的，终止认可和执行程序。

内地地方人民法院就已经作出的判决按照审判监督程序作出提审裁定，或者最高人民法院作出提起再审裁定的，香港特别行政区法院审查核实后，可以中止认可和执行程序。再审判决维持全部或者部分原判决的，恢复认可和执行程序；再审判决完全改变原判决的，终止认可和执行程序。

第十一条　根据本安排而获认可的判决与执行地法院的判决效力相同。

第十二条　当事人对认可和执行与否的裁定不服的，在内地可以向上一级人民法院申请复议，在香港特别行政区可以根据其法律规定提出上诉。

第十三条 在法院受理当事人申请认可和执行判决期间，当事人依相同事实再行提起诉讼的，法院不予受理。

已获认可和执行的判决，当事人依相同事实再行提起诉讼的，法院不予受理。

对于根据本安排第九条不予认可和执行的判决，申请人不得再行提起认可和执行的申请，但是可以按照执行地的法律依相同案件事实向执行地法院提起诉讼。

第十四条 法院受理认可和执行判决的申请之前或者之后，可以按照执行地法律关于财产保全或者禁制资产转移的规定，根据申请人的申请，对被申请人的财产采取保全或强制措施。

第十五条 当事人向有关法院申请执行判决，应当根据执行地有关诉讼收费的法律和规定交纳执行费或者法院费用。

第十六条 内地与香港特别行政区法院相互认可和执行的标的范围，除判决确定的数额外，还包括根据该判决须支付的利息、经法院核定的律师费以及诉讼费，但不包括税收和罚款。

在香港特别行政区诉讼费是指经法官或者司法常务官在诉讼费评定证明书中核定或者命令支付的诉讼费用。

《最高人民法院关于内地与香港特别行政区法院相互认可和执行婚姻家庭民事案件判决的安排》（法释〔2022〕4号 2022年2月14日）

第一条 当事人向香港特别行政区法院申请认可和执行内地人民法院就婚姻家庭民事案件作出的生效判决，或者向内地人民法院申请认可和执行香港特别行政区法院就婚姻家庭民事案件作出的生效判决的，适用本安排。

当事人向香港特别行政区法院申请认可内地民政部门所发的离婚证，或者向内地人民法院申请认可依据《婚姻制度改革条例》（香港法例第178章）第V部、第VA部规定解除婚姻的协议书、备忘录的，参照适用本安排。

第二条 本安排所称生效判决：

（一）在内地，是指第二审判决，依法不准上诉或者超过法定期限没有上诉的第一审判决，以及依照审判监督程序作出的上述判决；

（二）在香港特别行政区，是指终审法院、高等法院上诉法庭及原讼法庭和区域法院作出的已经发生法律效力的判决，包括依据香港法律可以在生效后作出更改的命令。

前款所称判决，在内地包括判决、裁定、调解书，在香港特别行政区包括判决、命令、判令、讼费评定证明书、定额讼费证明书，但不包括双方依据其法律承认的其他国家和地区法院作出的判决。

第三条 本安排所称婚姻家庭民事案件：

（一）在内地是指：

1. 婚内夫妻财产分割纠纷案件；
2. 离婚纠纷案件；
3. 离婚后财产纠纷案件；
4. 婚姻无效纠纷案件；
5. 撤销婚姻纠纷案件；
6. 夫妻财产约定纠纷案件；
7. 同居关系子女抚养纠纷案件；
8. 亲子关系确认纠纷案件；
9. 抚养纠纷案件；
10. 扶养纠纷案件（限于夫妻之间扶养纠纷）；
11. 确认收养关系纠纷案件；
12. 监护权纠纷案件（限于未成年子女监护权纠纷）；
13. 探望权纠纷案件；
14. 申请人身安全保护令案件。

（二）在香港特别行政区是指：

1. 依据香港法例第179章《婚姻诉讼条例》第III部作出的离婚绝对判令；
2. 依据香港法例第179章《婚姻诉讼条例》第IV部作出的婚姻无效绝对判令；
3. 依据香港法例第192章《婚姻法律程

序与财产条例》作出的在讼案待决期间提供赡养费令；

4. 依据香港法例第 13 章《未成年人监护条例》、第 16 章《分居令及赡养令条例》、第 192 章《婚姻法律程序与财产条例》第 II 部、第 IIA 部作出的赡养令；

5. 依据香港法例第 13 章《未成年人监护条例》、第 192 章《婚姻法律程序与财产条例》第 II 部、第 IIA 部作出的财产转让及出售财产令；

6. 依据香港法例第 182 章《已婚者地位条例》作出的有关财产的命令；

7. 依据香港法例第 192 章《婚姻法律程序与财产条例》在双方在生时作出的修改赡养协议的命令；

8. 依据香港法例第 290 章《领养条例》作出的领养令；

9. 依据香港法例第 179 章《婚姻诉讼条例》、第 429 章《父母与子女条例》作出的父母身份、婚生地位或者确立婚生地位的宣告；

10. 依据香港法例第 13 章《未成年人监护条例》、第 16 章《分居令及赡养令条例》、第 192 章《婚姻法律程序与财产条例》作出的管养令；

11. 就受香港法院监护的未成年子女作出的管养令；

12. 依据香港法例第 189 章《家庭及同居关系暴力条例》作出的禁制骚扰令、驱逐令、重返令或者更改、暂停执行就未成年子女的管养令、探视令。

第四条　申请认可和执行本安排规定的判决：

（一）在内地向申请人住所地、经常居住地或者被申请人住所地、经常居住地、财产所在地的中级人民法院提出；

（二）在香港特别行政区向区域法院提出。

申请人应当向符合前款第一项规定的其中一个人民法院提出申请。向两个以上有管辖权的人民法院提出申请的，由最先立案的人民法院管辖。

第五条　申请认可和执行本安排第一条第一款规定的判决的，应当提交下列材料：

（一）申请书；

（二）经作出生效判决的法院盖章的判决副本；

（三）作出生效判决的法院出具的证明书，证明该判决属于本安排规定的婚姻家庭民事案件生效判决；

（四）判决为缺席判决的，应当提交法院已经合法传唤当事人的证明文件，但判决已经对此予以明确说明或者缺席方提出申请的除外；

（五）经公证的身份证件复印件。

申请认可本安排第一条第二款规定的离婚证或者协议书、备忘录的，应当提交下列材料：

（一）申请书；

（二）经公证的离婚证复印件，或者经公证的协议书、备忘录复印件；

（三）经公证的身份证件复印件。

向内地人民法院提交的文件没有中文文本的，应当提交准确的中文译本。

第六条　申请书应当载明下列事项：

（一）当事人的基本情况，包括姓名、住所、身份证件信息、通讯方式等；

（二）请求事项和理由，申请执行的，还需提供被申请人的财产状况和财产所在地；

（三）判决是否已在其他法院申请执行和执行情况。

第七条　申请认可和执行判决的期间、程序和方式，应当依据被请求方法律的规定。

第八条　法院应当尽快审查认可和执行的请求，并作出裁定或者命令。

第九条　申请认可和执行的判决，被申请人提供证据证明有下列情形之一的，法院审查核实后，不予认可和执行：

（一）根据原审法院地法律，被申请人未经合法传唤，或者虽经合法传唤但未获得合理的陈述、辩论机会的；

（二）判决是以欺诈方法取得的；

（三）被请求方法院受理相关诉讼后，请求方法院又受理就同一争议提起的诉讼并作出判决的；

（四）被请求方法院已经就同一争议作出判决，或者已经认可和执行其他国家和地区法院就同一争议所作出的判决的。

内地人民法院认为认可和执行香港特别行政区法院判决明显违反内地法律的基本原则或者社会公共利益，香港特别行政区法院认为认可和执行内地人民法院判决明显违反香港特别行政区法律的基本原则或者公共政策的，不予认可和执行。

申请认可和执行的判决涉及未成年子女的，在根据前款规定审查决定是否认可和执行时，应当充分考虑未成年子女的最佳利益。

第十条 被请求方法院不能对判决的全部判项予以认可和执行时，可以认可和执行其中的部分判项。

第十一条 对于香港特别行政区法院作出的判决，一方当事人已经提出上诉，内地人民法院审查核实后，可以中止认可和执行程序。经上诉，维持全部或者部分原判决的，恢复认可和执行程序；完全改变原判决的，终止认可和执行程序。

内地人民法院就已经作出的判决裁定再审的，香港特别行政区法院审查核实后，可以中止认可和执行程序。经再审，维持全部或者部分原判决的，恢复认可和执行程序；完全改变原判决的，终止认可和执行程序。

第十二条 在本安排下，内地人民法院作出的有关财产归一方所有的判项，在香港特别行政区将被视为命令一方向另一方转让该财产。

第十三条 被申请人在内地和香港特别行政区均有可供执行财产的，申请人可以分别向两地法院申请执行。

两地法院执行财产的总额不得超过判决确定的数额。应对方法院要求，两地法院应当相互提供本院执行判决的情况。

第十四条 内地与香港特别行政区法院相互认可和执行的财产给付范围，包括判决确定的给付财产和相应的利息、迟延履行金、诉讼费，不包括税收、罚款。

前款所称诉讼费，在香港特别行政区是指讼费评定证明书、定额讼费证明书核定或者命令支付的费用。

第十五条 被请求方法院就认可和执行的申请作出裁定或者命令后，当事人不服的，在内地可以于裁定送达之日起十日内向上一级人民法院申请复议，在香港特别行政区可以依据其法律规定提出上诉。

第十六条 在审理婚姻家庭民事案件期间，当事人申请认可和执行另一地法院就同一争议作出的判决的，应当受理。受理后，有关诉讼应当中止，待就认可和执行的申请作出裁定或者命令后，再视情终止或者恢复诉讼。

第十七条 审查认可和执行判决申请期间，当事人就同一争议提起诉讼的，不予受理；已经受理的，驳回起诉。

判决获得认可和执行后，当事人又就同一争议提起诉讼的，不予受理。

判决未获认可和执行的，申请人不得再次申请认可和执行，但可以就同一争议向被请求方法院提起诉讼。

第十八条 被请求方法院在受理认可和执行判决的申请之前或者之后，可以依据其法律规定采取保全或者强制措施。

第十九条 申请认可和执行判决的，应当依据被请求方有关诉讼收费的法律和规定交纳费用。

第二十条 内地与香港特别行政区法院自本安排生效之日起作出的判决，适用本安排。

第二十一条 本安排在执行过程中遇有问题或者需要修改的，由最高人民法院和香港特别行政区政府协商解决。

第二十二条 本安排自 2022 年 2 月 15 日起施行。

457. 申请认可和执行香港特别行政区仲裁裁决

相关规范

》《最高人民法院关于内地与香港特别行政区相互执行仲裁裁决的安排》

（法释〔2000〕3 号　2000 年 1 月 24 日）

一、在内地或者香港特区作出的仲裁裁决，一方当事人不履行仲裁裁决的，另一方当事人可以向被申请人住所地或者财产所在地的有关法院申请执行。

二、上条所述的有关法院，在内地指被申请人住所地或者财产所在地的中级人民法院，在香港特区指香港特区高等法院。

被申请人住所地或者财产所在地在内地不同的中级人民法院辖区内的，申请人可以选择其中一个人民法院申请执行裁决，不得分别向两个或者两个以上人民法院提出申请。

被申请人的住所地或者财产所在地，既在内地又在香港特区的，申请人不得同时分别向两地有关法院提出申请。只有一地法院执行不足以偿还其债务时，才可就不足部分向另一地法院申请执行。两地法院先后执行仲裁裁决的总额，不得超过裁决数额。

三、申请人向有关法院申请执行在内地或者香港特区作出的仲裁裁决的，应当提交以下文书：

（一）执行申请书；

（二）仲裁裁决书；

（三）仲裁协议。

四、执行申请书的内容应当载明下列事项：

（一）申请人为自然人的情况下，该人的姓名、地址；申请人为法人或者其他组织的情况下，该法人或其他组织的名称、地址及法定代表人姓名；

（二）被申请人为自然人的情况下，该人的姓名、地址；被申请人为法人或者其他组织的情况下，该法人或其他组织的名称、地址及法定代表人姓名；

（三）申请人为法人或者其他组织的，应当提交企业注册登记的副本。申请人是外国籍法人或者其他组织的，应当提交相应的公证和认证材料；

（四）申请执行的理由与请求的内容，被申请人的财产所在地及财产状况；

执行申请书应当以中文文本提出，裁决书或者仲裁协议没有中文文本的，申请人应当提交正式证明的中文译本。

五、申请人向有关法院申请执行内地或者香港特区仲裁裁决的期限依据执行地法律有关时限的规定。

六、有关法院接到申请人申请后，应当按执行地法律程序处理及执行。

七、在内地或者香港特区申请执行的仲裁裁决，被申请人接到通知后，提出证据证明有下列情形之一的，经审查核实，有关法院可裁定不予执行：

（一）仲裁协议当事人依对其适用的法律属于某种无行为能力的情形；或者该项仲裁协议依约定的准据法无效；或者未指明以何种法律为准时，依仲裁裁决地的法律是无效的；

（二）被申请人未接到指派仲裁员的适当通知，或者因他故未能陈述意见的；

（三）裁决所处理的争议不是交付仲裁的标的或者不在仲裁协议条款之内，或者裁决载有关于交付仲裁范围以外事项的决定的；但交付仲裁事项的决定可与未交付仲裁的事项划分时，裁决中关于交付仲裁事项的决定部分应当予以执行；

（四）仲裁庭的组成或者仲裁庭程序与当事人之间的协议不符，或者在有关当事人没有这种协议时与仲裁地的法律不符的；

（五）裁决对当事人尚无约束力，或者业经仲裁地的法院或者按仲裁地的法律撤销或者停止执行的。

有关法院认定依执行地法律，争议事项不能以仲裁解决的，则可不予执行该裁决。

内地法院认定在内地执行该仲裁裁决违反内地社会公共利益，或者香港特区法院决定在香港特区执行该仲裁裁决违反香港特区的公共政策，则可不予执行该裁决。

八、申请人向有关法院申请执行在内地或者香港特区作出的仲裁裁决，应当根据执行地法院有关诉讼收费的办法交纳执行费用。

九、1997 年 7 月 1 日以后申请执行在内地或者香港特区作出的仲裁裁决按本安排执行。

十、对 1997 年 7 月 1 日至本安排生效之日的裁决申请问题，双方同意：1997 年 7 月 1 日至本安排生效之日因故未能向内地或者香港特区法院申请执行，申请人为法人或者其他组织的，可以在本安排生效后六个月内提出；如申请人为自然人的，可以在本安排生效后一年内提出。

对于内地或香港特区法院在 1997 年 7 月 1 日至本安排生效之日拒绝受理或者拒绝执行仲裁裁决的案件，应允许当事人重新申请。

《最高人民法院关于内地与香港特别行政区相互执行仲裁裁决的补充安排》（法释〔2020〕13 号 2020 年 11 月 26 日）

依据《最高人民法院关于内地与香港特别行政区相互执行仲裁裁决的安排》（以下简称《安排》）第十一条的规定，最高人民法院与香港特别行政区政府经协商，作出如下补充安排：

一、《安排》所指执行内地或者香港特别行政区仲裁裁决的程序，应解释为包括认可和执行内地或者香港特别行政区仲裁裁决的程序。

二、将《安排》序言及第一条修改为：“根据《中华人民共和国香港特别行政区基本法》第九十五条的规定，经最高人民法院与香港特别行政区（以下简称香港特区）政府协商，现就仲裁裁决的相互执行问题作出如下安排：

“一、内地人民法院执行按香港特区《仲裁条例》作出的仲裁裁决，香港特区法院执行按《中华人民共和国仲裁法》作出的仲裁裁决，适用本安排。”

三、将《安排》第二条第三款修改为：“被申请人在内地和香港特区均有住所地或者可供执行财产的，申请人可以分别向两地法院申请执行。应对方法院要求，两地法院应当相互提供本方执行仲裁裁决的情况。两地法院执行财产的总额，不得超过裁决确定的数额。”

四、在《安排》第六条中增加一款作为第二款：“有关法院在受理执行仲裁裁决申请之前或者之后，可以依申请并按照执行地法律规定采取保全或者强制措施。”

典型案例

华夏航运（新加坡）有限公司申请执行香港仲裁裁决案（《内地与香港特别行政区发布 10 起相互执行仲裁裁决的典型案例》 内地人民法院案例第一号 2020 年 11 月 27 日）

【案号】

（2018）粤 72 认港 1 号、（2019）粤 72 认港 1 号

【基本案情】

2012 年 2 月 1 日，华夏航运（新加坡）有限公司（以下简称华夏公司）与东海运输有限公司（以下简称东海公司）签订包运合同，约定由东海公司运载华夏公司货物，因该包运合同产生的所有争议提交香港仲裁，适用英国法。同年 4 月 21 日，华夏公司向东海公司发送电子邮件，确认双方在前述包运合同的基础上达成补充合同，约定新增一批货物运输，其他条款和条件适用包运合同。后双方就补充合同的履行发生争议，华夏公司于 2016 年 2 月 16 日在香港提起仲裁。香港仲裁庭分别作出首次终局裁决和费用终局裁决，裁决东海公司支付相应赔偿款项及相关仲裁费用。

仲裁裁决生效后，华夏公司向广州海事

法院申请认可和执行上述两份仲裁裁决。东海公司答辩认为，华夏公司提交的仲裁协议未经公证认证，也未提交经过正式证明的中文译本；涉案货物运输系补充合同约定内容，补充合同是当事人双方通过电话形式口头达成的，未约定仲裁条款或者仲裁协议，东海公司亦从未认可仲裁庭具有管辖权；执行仲裁裁决将违反内地仲裁法关于仲裁协议必须明示的要求以及民法总则关于意思表示的有关规定，违反社会公共利益。

【裁判结果】

广州海事法院认为，第一，华夏公司申请认可和执行仲裁裁决的文书符合《最高人民法院关于内地与香港特别行政区相互执行仲裁裁决的安排》（以下简称《安排》）关于形式要件的要求。第二，仲裁协议成立与否属于对仲裁协议效力的审查范围，并且，因双方当事人未对确认仲裁协议效力的准据法作出约定，根据《安排》第七条第（一）项，应依据仲裁地法律即香港法律对涉案仲裁协议是否成立进行审查。而依据香港法律有关规定，涉案电子邮件记载的合同并入条款构成有效成立的仲裁协议。第三，违反内地法律有关规定，并不能等同于违反内地社会公共利益，除非认可和执行仲裁裁决将造成严重损害内地法律基本原则的后果。内地仲裁法对仲裁协议的明示要求和民法总则对意思表示的要求，不属于内地法律的基本原则范围。基于以上理由，裁定认可和执行涉案两份仲裁裁决。另，根据华夏公司的申请，广州海事法院于作出认可和执行仲裁裁决的裁定前，对东海公司在招商银行深圳分行的存款予以冻结。

【典型意义】

第一，明确仲裁协议成立与否属于仲裁协议效力审查范围。仲裁协议是当事人申请认可和执行仲裁裁决时必须提交的文书，其直接关系到仲裁庭是否具有管辖权。对仲裁协议效力的审查，是认可和执行仲裁裁决需要解决的先决问题。为此，《安排》第七条第（一）项明确规定仲裁协议无效的，裁定不予执行。但是，仲裁协议无效作广义理解还是狭义理解，是否包括仲裁协议不成立的情形，在实践中存在争议。本案没有局限于字面意思，而是从条文本意出发，认为仲裁协议是否成立是仲裁协议是否有效的前提，属于仲裁协议效力的审查范畴。仲裁协议无效应包括仲裁协议不成立的情形。

第二，在作出认可和执行裁定前，依申请采取保全措施。法院在受理认可和执行仲裁裁决申请之前或者之后，可否对被申请人的财产采取保全措施，《安排》并未明确规定，实践中理解也不一致。本案参照《关于内地与澳门特别行政区相互认可和执行仲裁裁决的安排》，并根据《民事诉讼法》及其司法解释有关规定，依当事人申请，分别在当事人申请认可和执行仲裁裁决前，采取诉前保全措施；在当事人申请认可和执行仲裁裁决后、法院作出认可和执行裁定之前，采取诉中保全措施。审理法院通过预防性救济措施促进裁决顺利执行，有利于保护当事人合法权益。

大卫戴恩咨询有限公司、布拉姆利有限公司申请执行香港仲裁裁决案

（《内地与香港特别行政区发布10起相互执行仲裁裁决的典型案例》　内地人民法院案例第三号　2020年11月27日）

【案号】

（2020）京04认港5号

【基本案情】

大卫戴恩咨询有限公司（DAVID DEIN CONSULTANCY LIMITED）（以下简称大卫戴恩公司）、布拉姆利有限公司（BRAMLEY CORPORATION LTD）（以下简称布拉姆利公司）分别与北京中赫国安足球俱乐部有限责任公司（以下简称国安俱乐部）于2018年8月24日签署了相同的《顾问协议》各一份，约定将争议提交至香港国际仲裁中心以仲裁方式解决，准据法为英格兰法律。2018年11月21日，国安俱乐部据此向香港国际仲裁中心提交仲裁通知。后大卫戴恩公司、布拉姆利

利公司提出反请求。香港国际仲裁中心就此于2020年3月5日作出了案号为HKIAC/A18211的裁决：国安俱乐部对《顾问协议》构成了毁约性违约；国安俱乐部应向大卫戴恩公司、布拉姆利公司支付相关费用及利息。

仲裁裁决生效后，大卫戴恩公司、布拉姆利公司依据《最高人民法院关于内地与香港特别行政区相互执行仲裁裁决的安排》（以下简称《安排》）向北京市第四中级人民法院申请认可和执行该仲裁裁决。被申请人国安俱乐部答辩称，人民法院应裁定不予认可和执行该仲裁裁决，并提出涉案仲裁协议无效、仲裁庭的组成与当事人之间的协议以及香港特别行政区法律不符、仲裁庭程序与当事人之间的协议不符、违反社会公共利益、金额不予认可等理由。

【裁判结果】

北京市第四中级人民法院经审查认为，第一，本案当事人仅约定合同的准据法为英格兰实体法，未明确确认涉外仲裁协议效力应适用的法律，因仲裁机构所在地和仲裁地均在香港，故应适用香港《仲裁条例》进行审查，依规定该协议有效。第二，依据仲裁时香港国际仲裁中心有效的2018年版港仲规则，仲裁庭的组成并不违反该规则。仲裁员与二公司的董事均在英国足协任职，并不必然表明仲裁员与二公司之间具有利益关系或者利害关系。仲裁庭的公开事项当事人已知情，并不需要披露和认定程序违法。第三，申请人提供的部分仲裁文书抄送、账单费用支出并不证明存在仲裁程序与协议不符，上述情况属于在仲裁程序中公开事项，并不违反保密条款。第四，社会公共利益应是关系到全体社会成员的利益，为社会公众所享有，不同于合同当事人的利益，虽然国安俱乐部的部分资产属于国有资产，但不能将与其有关的所有事项均认定为社会公共利益。故裁定认可和执行香港特别行政区香港国际仲裁中心HKIAC/AC18211号仲裁裁决。

【典型意义】

1. 本案明确了当事人援引《安排》第七条中“仲裁庭的组成或者仲裁庭程序与当事人之间的协议不符”条款，提出仲裁员存在披露、回避等程序问题时，法院应依据仲裁规则，结合社会生活经验合理判断，以是否足以影响仲裁的公正性和独立性为原则进行审查。本案中，仲裁员因工作、生活、学习等社会活动需要而与人接触、交往，以及在同一组织任职等情况并不一定构成回避规则中规定的利害关系或其他影响公正仲裁的关系，对于与仲裁员独立性以及与公正仲裁无关的内容，可以不予披露。

2. 本案对社会公共利益进行了阐释，具有一定参考意义。社会公共利益应是关系到全体社会成员的利益，为社会公众所享有，为整个社会发展存在所需要，具有公共性和社会性，不同于合同当事人的利益。涉案仲裁处理的争议为平等民事主体间的合同争议，处理结果仅影响合同当事人，不涉及社会公共利益。虽然本案被申请人国安俱乐部的部分资产属于国有资产，但不能将与其有关的所有事项均认定为社会公共利益。

458. 申请认可和执行澳门特别行政区法院民事判决

相关规范

》《最高人民法院关于内地与澳门特别行政区相互认可和执行民商事判决的安排》（法释〔2006〕2号 2006年3月21日）

第一条 内地与澳门特别行政区民商事案件（在内地包括劳动争议案件，在澳门特别行政区包括劳动民事案件）判决的相互认可和执行，适用本安排。

本安排亦适用于刑事案件中有关民事损害赔偿的判决、裁定。

本安排不适用于行政案件。

第二条 本安排所称“判决”，在内地包括：判决、裁定、决定、调解书、支付令；

在澳门特别行政区包括：裁判、判决、确认和解的裁定、法官的决定或者批示。

本安排所称“被请求方”，指内地或者澳门特别行政区双方中，受理认可和执行判决申请的一方。

第三条 一方法院作出的具有给付内容的生效判决，当事人可以向对方有管辖权的法院申请认可和执行。

没有给付内容，或者不需要执行，但需要通过司法程序予以认可的判决，当事人可以向对方法院单独申请认可，也可以直接以该判决作为证据在对方法院的诉讼程序中使用。

第四条 内地有权受理认可和执行判决申请的法院为被申请人住所地、经常居住地或者财产所在地的中级人民法院。两个或者两个以上中级人民法院均有管辖权的，申请人应当选择向其中一个中级人民法院提出申请。

澳门特别行政区有权受理认可判决申请的法院为中级法院，有权执行的法院为初级法院。

第五条 被申请人在内地和澳门特别行政区均有可供执行财产的，申请人可以向一地法院提出执行申请。

申请人向一地法院提出执行申请的同时，可以向另一地法院申请查封、扣押或者冻结被执行人的财产。待一地法院执行完毕后，可以根据该地法院出具的执行情况证明，就不足部分向另一地法院申请采取处分财产的执行措施。

两地法院执行财产的总额，不得超过依据判决和法律规定所确定的数额。

第六条 请求认可和执行判决的申请书，应当载明下列事项：

（一）申请人或者被申请人为自然人的，应当载明其姓名及住所；为法人或者其它组织的，应当载明其名称及住所，以及其法定代表人或者主要负责人的姓名、职务和住所；

（二）请求认可和执行的判决的案号和判决日期；

（三）请求认可和执行判决的理由、标的，以及该判决在判决作出地法院的执行情况。

第七条 申请书应当附生效判决书副本，或者经作出生效判决的法院盖章的证明书，同时应当附作出生效判决的法院或者有权限机构出具的证明下列事项的相关文件：

（一）传唤属依法作出，但判决书已经证明的除外；

（二）无诉讼行为能力人依法得到代理，但判决书已经证明的除外；

（三）根据判决作出地的法律，判决已经送达当事人，并已生效；

（四）申请人为法人的，应当提供法人营业执照副本或者法人登记证明书；

（五）判决作出地法院发出的执行情况证明。

如被请求方法院认为已充分了解有关事项时，可以免除提交相关文件。

被请求方法院对当事人提供的判决书的真实性有疑问时，可以请求作出生效判决的法院予以确认。

第八条 申请书应当用中文制作。所附司法文书及其相关文件未用中文制作的，应当提供中文译本。其中法院判决书未用中文制作的，应当提供由法院出具的中文译本。

第九条 法院收到申请人请求认可和执行判决的申请后，应当将申请书送达被申请人。

被申请人有权提出答辩。

第十条 被请求方法院应当尽快审查认可和执行的请求，并作出裁定。

第十一条 被请求方法院经审查核实存在下列情形之一的，裁定不予认可：

（一）根据被请求方的法律，判决所确认的事项属被请求方法院专属管辖；

（二）在被请求方法院已存在相同诉讼，该诉讼先于待认可判决的诉讼提起，且被请求方法院具有管辖权；

（三）被请求方法院已认可或者执行被请求方法院以外的法院或仲裁机构就相同诉

讼作出的判决或仲裁裁决；

（四）根据判决作出地的法律规定，败诉的当事人未得到合法传唤，或者无诉讼行为能力人未依法得到代理；

（五）根据判决作出地的法律规定，申请认可和执行的判决尚未发生法律效力，或者因再审被裁定中止执行；

（六）在内地认可和执行判决将违反内地法律的基本原则或者社会公共利益；在澳门特别行政区认可和执行判决将违反澳门特别行政区法律的基本原则或者公共秩序。

第十二条 法院就认可和执行判决的请求作出裁定后，应当及时送达。

当事人对认可与否的裁定不服的，在内地可以向上一级人民法院提请复议，在澳门特别行政区可以根据其法律规定提起上诉；对执行中作出的裁定不服的，可以根据被请求方法律的规定，向上级法院寻求救济。

第十三条 经裁定予以认可的判决，与被请求方法院的判决具有同等效力。判决有给付内容的，当事人可以向该方有管辖权的法院申请执行。

第十四条 被请求方法院不能对判决所确认的所有请求予以认可和执行时，可以认可和执行其中的部分请求。

第十五条 法院受理认可和执行判决的申请之前或者之后，可以按照被请求方法律关于财产保全的规定，根据申请人的申请，对被申请人的财产采取保全措施。

第十六条 在被请求方法院受理认可和执行判决的申请期间，或者判决已获认可和执行，当事人再行提起相同诉讼的，被请求方法院不予受理。

第十七条 对于根据本安排第十一条（一）（四）（六）项不予认可的判决，申请人不得再行提起认可和执行的申请。但根据被请求方的法律，被请求方法院有管辖权的，当事人可以就相同案件事实向当地法院另行提起诉讼。

本安排第十一条（五）项所指的判决，在不予认可的情形消除后，申请人可以再行提起认可和执行的申请。

第十八条 为适用本安排，由一方有权限公共机构（包括公证员）作成或者公证的文书正本、副本及译本，免除任何认证手续而可以在对方使用。

第十九条 申请人依据本安排申请认可和执行判决，应当根据被请求方法律规定，交纳诉讼费用、执行费用。

申请人在生效判决作出地获准缓交、减交、免交诉讼费用的，在被请求方法院申请认可和执行判决时，应当享有同等待遇。

第二十条 对民商事判决的认可和执行，除本安排有规定的以外，适用被请求方的法律规定。

459. 申请认可和执行澳门特别行政区仲裁裁决

相关规范

》《最高人民法院关于内地与澳门特别行政区相互认可和执行仲裁裁决的安排》（法释〔2007〕17号　2007年12月12日）

第一条 内地人民法院认可和执行澳门特别行政区仲裁机构及仲裁员按照澳门特别行政区仲裁法规在澳门作出的民商事仲裁裁决，澳门特别行政区法院认可和执行内地仲裁机构依据《中华人民共和国仲裁法》在内地作出的民商事仲裁裁决，适用本安排。

本安排没有规定的，适用认可和执行地的程序法律规定。

第二条 在内地或者澳门特别行政区作出的仲裁裁决，一方当事人不履行的，另一方当事人可以向被申请人住所地、经常居住地或者财产所在地的有关法院申请认可和执行。

内地有权受理认可和执行仲裁裁决申请的法院为中级人民法院。两个或者两个以上中级人民法院均有管辖权的，当事人应当选择向其中一个中级人民法院提出申请。

澳门特别行政区有权受理认可仲裁裁决申请的法院为中级法院，有权执行的法院为初级法院。

第三条　被申请人的住所地、经常居住地或者财产所在地分别在内地和澳门特别行政区的，申请人可以向一地法院提出认可和执行申请，也可以分别向两地法院提出申请。

当事人分别向两地法院提出申请的，两地法院都应当依法进行审查。予以认可的，采取查封、扣押或者冻结被执行人财产等执行措施。仲裁地法院应当先进行执行清偿；另一地法院在收到仲裁地法院关于经执行债权未获清偿情况的证明后，可以对申请人未获清偿的部分进行执行清偿。两地法院执行财产的总额，不得超过依据裁决和法律规定所确定的数额。

第四条　申请人向有关法院申请认可和执行仲裁裁决的，应当提交以下文件或者经公证的副本：

（一）申请书；

（二）申请人身份证明；

（三）仲裁协议；

（四）仲裁裁决书或者仲裁调解书。

上述文件没有中文文本的，申请人应当提交经正式证明的中文译本。

第五条　申请书应当包括下列内容：

（一）申请人或者被申请人为自然人的，应当载明其姓名及住所；为法人或者其他组织的，应当载明其名称及住所，以及其法定代表人或者主要负责人的姓名、职务和住所；申请人是外国籍法人或者其他组织的，应当提交相应的公证和认证材料；

（二）请求认可和执行的仲裁裁决书或者仲裁调解书的案号或识别资料和生效日期；

（三）申请认可和执行仲裁裁决的理由及具体请求，以及被申请人财产所在地、财产状况及该仲裁裁决的执行情况。

第六条　申请人向有关法院申请认可和执行内地或者澳门特别行政区仲裁裁决的期限，依据认可和执行地的法律确定。

第七条　对申请认可和执行的仲裁裁决，被申请人提出证据证明有下列情形之一的，经审查核实，有关法院可以裁定不予认可：

（一）仲裁协议一方当事人依对其适用的法律在订立仲裁协议时属于无行为能力的；或者依当事人约定的准据法，或当事人没有约定适用的准据法而依仲裁地法律，该仲裁协议无效的；

（二）被申请人未接到选任仲裁员或者进行仲裁程序的适当通知，或者因他故未能陈述意见的；

（三）裁决所处理的争议不是提交仲裁的争议，或者不在仲裁协议范围之内；或者裁决载有超出当事人提交仲裁范围的事项的决定，但裁决中超出提交仲裁范围的事项的决定与提交仲裁事项的决定可以分开的，裁决中关于提交仲裁事项的决定部分可以予以认可；

（四）仲裁庭的组成或者仲裁程序违反了当事人的约定，或者在当事人没有约定时与仲裁地的法律不符的；

（五）裁决对当事人尚无约束力，或者业经仲裁地的法院撤销或者拒绝执行的。

有关法院认定，依执行地法律，争议事项不能以仲裁解决的，不予认可和执行该裁决。

内地法院认定在内地认可和执行该仲裁裁决违反内地法律的基本原则或者社会公共利益，澳门特别行政区法院认定在澳门特别行政区认可和执行该仲裁裁决违反澳门特别行政区法律的基本原则或者公共秩序，不予认可和执行该裁决。

第八条　申请人依据本安排申请认可和执行仲裁裁决的，应当根据执行地法律的规定，交纳诉讼费用。

第九条　一方当事人向一地法院申请执行仲裁裁决，另一方当事人向另一地法院申请撤销该仲裁裁决，被执行人申请中止执行且提供充分担保的，执行法院应当中止执行。

根据经认可的撤销仲裁裁决的判决、裁定，执行法院应当终结执行程序；撤销仲裁裁决申请被驳回的，执行法院应当恢复执行。

当事人申请中止执行的，应当向执行法院提供其他法院已经受理申请撤销仲裁裁决案件的法律文书。

第十条 受理申请的法院应当尽快审查认可和执行的请求，并作出裁定。

第十一条 法院在受理认可和执行仲裁裁决申请之前或者之后，可以依当事人的申请，按照法院地法律规定，对被申请人的财产采取保全措施。

第十二条 由一方有权限公共机构（包括公证员）作成的文书正本或者经公证的文书副本及译本，在适用本安排时，可以免除认证手续在对方使用。

第十三条 本安排实施前，当事人提出的认可和执行仲裁裁决的请求，不适用本安排。

自1999年12月20日至本安排实施前，澳门特别行政区仲裁机构及仲裁员作出的仲裁裁决，当事人向内地申请认可和执行的期限，自本安排实施之日起算。

460. 申请认可和执行台湾地区法院民事判决

相关规范

》《最高人民法院关于认可和执行台湾地区法院民事判决的规定》（法释〔2015〕13号 2015年6月29日）

第一条 台湾地区法院民事判决的当事人可以根据本规定，作为申请人向人民法院申请认可和执行台湾地区有关法院民事判决。

第二条 本规定所称台湾地区法院民事判决，包括台湾地区法院作出的生效民事判决、裁定、和解笔录、调解笔录、支付命令等。

申请认可台湾地区法院在刑事案件中作出的有关民事损害赔偿的生效判决、裁定、和解笔录的，适用本规定。

申请认可由台湾地区乡镇市调解委员会等出具并经台湾地区法院核定，与台湾地区法院生效民事判决具有同等效力的调解文书的，参照适用本规定。

第三条 申请人同时提出认可和执行台湾地区法院民事判决申请的，人民法院先按照认可程序进行审查，裁定认可后，由人民法院执行机构执行。

申请人直接申请执行的，人民法院应当告知其一并提交认可申请；坚持不申请认可的，裁定驳回其申请。

第四条 申请认可台湾地区法院民事判决的案件，由申请人住所地、经常居住地或者被申请人住所地、经常居住地、财产所在地中级人民法院或者专门人民法院受理。

申请人向两个以上有管辖权的人民法院申请认可的，由最先立案的人民法院管辖。

申请人向被申请人财产所在地人民法院申请认可的，应当提供财产存在的相关证据。

第五条 对申请认可台湾地区法院民事判决的案件，人民法院应当组成合议庭进行审查。

第六条 申请人委托他人代理申请认可台湾地区法院民事判决的，应当向人民法院提交由委托人签名或者盖章的授权委托书。

台湾地区、香港特别行政区、澳门特别行政区或者外国当事人签名或者盖章的授权委托书应当履行相关的公证、认证或者其他证明手续，但授权委托书在人民法院法官的见证下签署或者经中国大陆公证机关公证证明是在中国大陆签署的除外。

第七条 申请人申请认可台湾地区法院民事判决，应当提交申请书，并附有台湾地区有关法院民事判决文书和民事判决确定证明书的正本或者经证明无误的副本。台湾地区法院民事判决为缺席判决的，申请人应当同时提交台湾地区法院已经合法传唤当事人的证明文件，但判决已经对此予以明确说明的除外。

申请书应当记明以下事项：

（一）申请人和被申请人姓名、性别、

年龄、职业、身份证件号码、住址（申请人或者被申请人为法人或者其他组织的，应当记明法人或者其他组织的名称、地址、法定代表人或者主要负责人姓名、职务）和通讯方式；

（二）请求和理由；

（三）申请认可的判决的执行情况；

（四）其他需要说明的情况。

第八条　对于符合本规定第四条和第七条规定条件的申请，人民法院应当在收到申请后七日内立案，并通知申请人和被申请人，同时将申请书送达被申请人；不符合本规定第四条和第七条规定条件的，应当在七日内裁定不予受理，同时说明不予受理的理由；申请人对裁定不服的，可以提起上诉。

第九条　申请人申请认可台湾地区法院民事判决，应当提供相关证明文件，以证明该判决真实并且已经生效。

申请人可以申请人民法院通过海峡两岸调查取证司法互助途径查明台湾地区法院民事判决的真实性和是否生效以及当事人得到合法传唤的证明文件；人民法院认为必要时，也可以就有关事项依职权通过海峡两岸司法互助途径向台湾地区请求调查取证。

第十条　人民法院受理认可台湾地区法院民事判决的申请之前或者之后，可以按照民事诉讼法及相关司法解释的规定，根据申请人的申请，裁定采取保全措施。

第十一条　人民法院受理认可台湾地区法院民事判决的申请后，当事人就同一争议起诉的，不予受理。

一方当事人向人民法院起诉后，另一方当事人向人民法院申请认可的，对于认可的申请不予受理。

第十二条　案件虽经台湾地区有关法院判决，但当事人未申请认可，而是就同一争议向人民法院起诉的，应予受理。

第十三条　人民法院受理认可台湾地区法院民事判决的申请后，作出裁定前，申请人请求撤回申请的，可以裁定准许。

第十四条　人民法院受理认可台湾地区法院民事判决的申请后，应当在立案之日起六个月内审结。有特殊情况需要延长的，报请上一级人民法院批准。

通过海峡两岸司法互助途径送达文书和调查取证的期间，不计入审查期限。

第十五条　台湾地区法院民事判决具有下列情形之一的，裁定不予认可：

（一）申请认可的民事判决，是在被申请人缺席又未经合法传唤或者在被申请人无诉讼行为能力又未得到适当代理的情况下作出的；

（二）案件系人民法院专属管辖的；

（三）案件双方当事人订有有效仲裁协议，且无放弃仲裁管辖情形的；

（四）案件系人民法院已作出判决或者中国大陆的仲裁庭已作出仲裁裁决的；

（五）香港特别行政区、澳门特别行政区或者外国的法院已就同一争议作出判决且已为人民法院所认可或者承认的；

（六）台湾地区、香港特别行政区、澳门特别行政区或者外国的仲裁庭已就同一争议作出仲裁裁决且已为人民法院所认可或者承认的。

认可该民事判决将违反一个中国原则等国家法律的基本原则或者损害社会公共利益的，人民法院应当裁定不予认可。

第十六条　人民法院经审查能够确认台湾地区法院民事判决真实并且已经生效，而且不具有本规定第十五条所列情形的，裁定认可其效力；不能确认该民事判决的真实性或者已经生效的，裁定驳回申请人的申请。

裁定驳回申请的案件，申请人再次申请并符合受理条件的，人民法院应予受理。

第十七条　经人民法院裁定认可的台湾地区法院民事判决，与人民法院作出的生效判决具有同等效力。

第十八条　人民法院依据本规定第十五条和第十六条作出的裁定，一经送达即发生法律效力。

当事人对上述裁定不服的，可以自裁定送达之日起十日内向上一级人民法院申请复议。

第十九条 对人民法院裁定不予认可的台湾地区法院民事判决，申请人再次提出申请的，人民法院不予受理，但申请人可以就同一争议向人民法院起诉。

第二十条 申请人申请认可和执行台湾地区法院民事判决的期间，适用民事诉讼法第二百三十九条的规定，但申请认可台湾地区法院有关身份关系的判决除外。

申请人仅申请认可而未同时申请执行的，申请执行的期间自人民法院对认可申请作出的裁定生效之日起重新计算。

第二十一条 人民法院在办理申请认可和执行台湾地区法院民事判决案件中作出的法律文书，应当依法送达案件当事人。

461. 申请认可和执行台湾地区仲裁裁决

相关规范

《最高人民法院关于认可和执行台湾地区仲裁裁决的规定》（法释〔2015〕14号 2015年6月29日）

第一条 台湾地区仲裁裁决的当事人可以根据本规定，作为申请人向人民法院申请认可和执行台湾地区仲裁裁决。

第二条 本规定所称台湾地区仲裁裁决是指，有关常设仲裁机构及临时仲裁庭在台湾地区按照台湾地区仲裁规定就有关民商事争议作出的仲裁裁决，包括仲裁判断、仲裁和解和仲裁调解。

第三条 申请人同时提出认可和执行台湾地区仲裁裁决申请的，人民法院先按照认可程序进行审查，裁定认可后，由人民法院执行机构执行。

申请人直接申请执行的，人民法院应当告知其一并提交认可申请；坚持不申请认可的，裁定驳回其申请。

第四条 申请认可台湾地区仲裁裁决的案件，由申请人住所地、经常居住地或者被申请人住所地、经常居住地、财产所在地中级人民法院或者专门人民法院受理。

申请人向两个以上有管辖权的人民法院申请认可的，由最先立案的人民法院管辖。

申请人向被申请人财产所在地人民法院申请认可的，应当提供财产存在的相关证据。

第五条 对申请认可台湾地区仲裁裁决的案件，人民法院应当组成合议庭进行审查。

第六条 申请人委托他人代理申请认可台湾地区仲裁裁决的，应当向人民法院提交由委托人签名或者盖章的授权委托书。

台湾地区、香港特别行政区、澳门特别行政区或者外国当事人签名或者盖章的授权委托书应当履行相关的公证、认证或者其他证明手续，但授权委托书在人民法院法官的见证下签署或者经中国大陆公证机关公证证明是在中国大陆签署的除外。

第七条 申请人申请认可台湾地区仲裁裁决，应当提交以下文件或者经证明无误的副本：

（一）申请书；

（二）仲裁协议；

（三）仲裁判断书、仲裁和解书或者仲裁调解书。

申请书应当记明以下事项：

（一）申请人和被申请人姓名、性别、年龄、职业、身份证件号码、住址（申请人或者被申请人为法人或者其他组织的，应当记明法人或者其他组织的名称、地址、法定代表人或者主要负责人姓名、职务）和通讯方式；

（二）申请认可的仲裁判断书、仲裁和解书或者仲裁调解书的案号或者识别资料和生效日期；

（三）请求和理由；

（四）被申请人财产所在地、财产状况及申请认可的仲裁裁决的执行情况；

（五）其他需要说明的情况。

第八条 对于符合本规定第四条和第七条规定条件的申请，人民法院应当在收到申请后七日内立案，并通知申请人和被申请人，同时将申请书送达被申请人；不符合本规定第四条和第七条规定条件的，应当在七日内裁定不予受理，同时说明不予受理的理由；申请人对裁定不服的，可以提起上诉。

第九条　申请人申请认可台湾地区仲裁裁决，应当提供相关证明文件，以证明该仲裁裁决的真实性。

申请人可以申请人民法院通过海峡两岸调查取证司法互助途径查明台湾地区仲裁裁决的真实性；人民法院认为必要时，也可以就有关事项依职权通过海峡两岸司法互助途径向台湾地区请求调查取证。

第十条　人民法院受理认可台湾地区仲裁裁决的申请之前或者之后，可以按照民事诉讼法及相关司法解释的规定，根据申请人的申请，裁定采取保全措施。

第十一条　人民法院受理认可台湾地区仲裁裁决的申请后，当事人就同一争议起诉的，不予受理。

当事人未申请认可，而是就同一争议向人民法院起诉的，亦不予受理，但仲裁协议无效的除外。

第十二条　人民法院受理认可台湾地区仲裁裁决的申请后，作出裁定前，申请人请求撤回申请的，可以裁定准许。

第十三条　人民法院应当尽快审查认可台湾地区仲裁裁决的申请，决定予以认可的，应当在立案之日起两个月内作出裁定；决定不予认可或者驳回申请的，应当在作出决定前按有关规定自立案之日起两个月内上报最高人民法院。

通过海峡两岸司法互助途径送达文书和调查取证的期间，不计入审查期限。

第十四条　对申请认可和执行的仲裁裁决，被申请人提出证据证明有下列情形之一的，经审查核实，人民法院裁定不予认可：

（一）仲裁协议一方当事人依对其适用的法律在订立仲裁协议时属于无行为能力的；或者依当事人约定的准据法，或当事人没有约定适用的准据法而依台湾地区仲裁规定，该仲裁协议无效的；或者当事人之间没有达成书面仲裁协议的，但申请认可台湾地区仲裁调解的除外；

（二）被申请人未接到选任仲裁员或进行仲裁程序的适当通知，或者由于其他不可归责于被申请人的原因而未能陈述意见的；

（三）裁决所处理的争议不是提交仲裁的争议，或者不在仲裁协议范围之内；或者裁决载有超出当事人提交仲裁范围的事项的决定，但裁决中超出提交仲裁范围的事项的决定与提交仲裁事项的决定可以分开的，裁决中关于提交仲裁事项的决定部分可以予以认可；

（四）仲裁庭的组成或者仲裁程序违反当事人的约定，或者在当事人没有约定时与台湾地区仲裁规定不符的；

（五）裁决对当事人尚无约束力，或者业经台湾地区法院撤销或者驳回执行申请的。

依据国家法律，该争议事项不能以仲裁解决的，或者认可该仲裁裁决将违反一个中国原则等国家法律的基本原则或损害社会公共利益的，人民法院应当裁定不予认可。

第十五条　人民法院经审查能够确认台湾地区仲裁裁决真实，而且不具有本规定第十四条所列情形的，裁定认可其效力；不能确认该仲裁裁决真实性的，裁定驳回申请。

裁定驳回申请的案件，申请人再次申请并符合受理条件的，人民法院应予受理。

第十六条　人民法院依据本规定第十四条和第十五条作出的裁定，一经送达即发生法律效力。

第十七条　一方当事人向人民法院申请认可或者执行台湾地区仲裁裁决，另一方当事人向台湾地区法院起诉撤销该仲裁裁决，被申请人申请中止认可或者执行并且提供充分担保的，人民法院应当中止认可或者执行程序。

申请中止认可或者执行的，应当向人民法院提供台湾地区法院已经受理撤销仲裁裁决案件的法律文书。

台湾地区法院撤销该仲裁裁决的，人民

法院应当裁定不予认可或者裁定终结执行；台湾地区法院驳回撤销仲裁裁决请求的，人民法院应当恢复认可或者执行程序。

第十八条 对人民法院裁定不予认可的台湾地区仲裁裁决，申请人再次提出申请的，人民法院不予受理。但当事人可以根据双方重新达成的仲裁协议申请仲裁，也可以就同一争议向人民法院起诉。

第十九条 申请人申请认可和执行台湾地区仲裁裁决的期间，适用民事诉讼法第二百三十九条的规定。

申请人仅申请认可而未同时申请执行的，申请执行的期间自人民法院对认可申请作出的裁定生效之日起重新计算。

第二十条 人民法院在办理申请认可和执行台湾地区仲裁裁决案件中所作出的法律文书，应当依法送达案件当事人。

462. 申请承认和执行外国法院民事判决、裁定

相关规范

»《中华人民共和国民事诉讼法》（2021年修正）

第二百八十八条 外国法院作出的发生法律效力的判决、裁定，需要中华人民共和国人民法院承认和执行的，可以由当事人直接向中华人民共和国有管辖权的中级人民法院申请承认和执行，也可以由外国法院依照该国与中华人民共和国缔结或者参加的国际条约的规定，或者按照互惠原则，请求人民法院承认和执行。

第二百八十九条 人民法院对申请或者请求承认和执行的外国法院作出的发生法律效力的判决、裁定，依照中华人民共和国缔结或者参加的国际条约，或者按照互惠原则进行审查后，认为不违反中华人民共和国法律的基本原则或者国家主权、安全、社会公共利益的，裁定承认其效力，需要执行的，发出执行令，依照本法的有关规定执行。违反中华人民共和国法律的基本原则或者国家主权、安全、社会公共利益的，不予承认和执行。

»《最高人民法院关于适用〈中华人民共和国民事诉讼法〉的解释》（2022年3月22日修正）

第五百四十一条 申请人向人民法院申请承认和执行外国法院作出的发生法律效力的判决、裁定，应当提交申请书，并附外国法院作出的发生法律效力的判决、裁定正本或者经证明无误的副本以及中文译本。外国法院判决、裁定为缺席判决、裁定的，申请人应当同时提交该外国法院已经合法传唤的证明文件，但判决、裁定已经对此予以明确说明的除外。

中华人民共和国缔结或者参加的国际条约对提交文件有规定的，按照规定办理。

第五百四十二条 当事人向中华人民共和国有管辖权的中级人民法院申请承认和执行外国法院作出的发生法律效力的判决、裁定的，如果该法院所在国与中华人民共和国没有缔结或者共同参加国际条约，也没有互惠关系的，裁定驳回申请，但当事人向人民法院申请承认外国法院作出的发生法律效力的离婚判决的除外。

承认和执行申请被裁定驳回的，当事人可以向人民法院起诉。

第五百四十三条 对临时仲裁庭在中华人民共和国领域外作出的仲裁裁决，一方当事人向人民法院申请承认和执行的，人民法院应当依照民事诉讼法第二百九十条规定处理。

第五百四十四条 对外国法院作出的发生法律效力的判决、裁定或者外国仲裁裁决，需要中华人民共和国法院执行的，当事人应当先向人民法院申请承认。人民法院经审查，裁定承认后，再根据民事诉讼法第三编的规定予以执行。

当事人仅申请承认而未同时申请执行的，

人民法院仅对应否承认进行审查并作出裁定。

第五百四十五条　当事人申请承认和执行外国法院作出的发生法律效力的判决、裁定或者外国仲裁裁决的期间，适用民事诉讼法第二百四十六条的规定。

当事人仅申请承认而未同时申请执行的，申请执行的期间自人民法院对承认申请作出的裁定生效之日起重新计算。

第五百四十六条　承认和执行外国法院作出的发生法律效力的判决、裁定或者外国仲裁裁决的案件，人民法院应当组成合议庭进行审查。

人民法院应当将申请书送达被申请人。被申请人可以陈述意见。

人民法院经审查作出的裁定，一经送达即发生法律效力。

典型案例

积极适用互惠原则承认和执行外国法院判决——崔某与尹某申请承认和执行韩国法院判决案（《最高人民法院第三批涉“一带一路”建设典型案例》案例10　2022年2月28日）

【基本案情】

2009年11月6日，韩国居民尹某向崔某借款8000万韩元。因尹某未归还借款，崔某向韩国水原地方法院起诉。2017年7月20日，韩国水原地方法院作出判决，判令尹某向崔某支付8000万韩元及利息。因尹某经常居所地为青岛市城阳区，且其主要财产均在我国境内，崔某向青岛市中级人民法院申请承认并执行韩国水原地方法院作出的上述判决。

【裁判结果】

青岛市中级人民法院审查认为，韩国首尔地方法院曾对山东省潍坊市中级人民法院的民事判决予以承认，可以根据互惠原则对符合条件的韩国法院民商事判决予以承认和执行。案涉韩国判决依据韩国民事诉讼法送达，已经发生法律效力，且判决的承认和执行不违反我国法律的基本原则或者国家主权、安全、社会公共利益，故裁定予以承认和执行。

【典型意义】

互惠原则的适用，不仅影响一国法院对外国判决的承认和执行，也会影响本国判决在国外法院的承认和执行。韩国首尔地方法院曾对山东省潍坊市中级人民法院的一份判决予以认可。该院在其对我国法院生效判决予以确认的判决书中阐述，如其以互惠关系承认中国法院判决，但中国法院仍以与韩国不存在互惠关系为由拒绝承认韩国法院判决的，则其将不再继续维持两国之间存在互惠关系。本案基于互惠原则，对韩国法院的判决予以承认和执行，积极维护中韩之间的互惠关系，推进两国间判决的承认和，对于促进两国之间经贸合作交流、增强“一带一路”参与市场主体的信心，具有积极作用。

463. 申请承认和执行外国仲裁裁决

相关规范

《承认及执行外国仲裁裁决公约》（1958年）

第一条　一、仲裁裁决，因自然人或法人间之争议而产生且在声请承认及执行地所在国以外之国家领土内作成者，其承认及执行适用本公约。本公约对于仲裁裁决经声请承认及执行地所在国认为非内国裁决者，亦适用之。

二、“仲裁裁决”一词不仅指专案选派之仲裁员所作裁决，亦指当事人提请仲裁之常设仲裁机关所作裁决。

三、任何国家得于签署、批准或加入本公约时，或于本公约第十条通知推广适用时，本交互原则声明该国适用本公约，以承认及执行在另一缔约国领土内作成之裁决为限。任何国家亦得声明，该国唯于争议起于法律关系，不论其为契约性质与否，而依提出声明国家之国内法认为系属商事关系者，始适用本公约。

第二条 一、当事人以书面协定承允彼此间所发生或可能发生之一切或任何争议，如关涉可以仲裁解决事项之确定法律关系，不论为契约性质与否，应提交仲裁时，各缔约国应承认此项协定。

二、称“书面协定”者，谓当事人所签订或在互换函电中所载明之契约仲裁条款或仲裁协定。

三、当事人就诉讼事项订有本条所称之协定者，缔约国法院受理诉讼时应依当事人一造之请求，命当事人提交仲裁，但前述协定经法院认定无效、失效或不能实行者不在此限。

第三条 各缔约国应承认仲裁裁决具有拘束力，并依援引裁决地之程序规则及下列各条所载条件执行之。承认或执行适用本公约之仲裁裁决时，不得较承认或执行内国仲裁裁决附加过苛之条件或征收过多之费用。

》《中华人民共和国民事诉讼法》（2021年修正）

第二百九十条 国外仲裁机构的裁决，需要中华人民共和国人民法院承认和执行的，应当由当事人直接向被执行人住所地或者其财产所在地的中级人民法院申请，人民法院应当依照中华人民共和国缔结或者参加的国际条约，或者按照互惠原则办理。

》《最高人民法院关于适用〈中华人民共和国民事诉讼法〉的解释》（2022年3月22日修正）

第五百四十三条 对临时仲裁庭在中华人民共和国领域外作出的仲裁裁决，一方当事人向人民法院申请承认和执行的，人民法院应当依照民事诉讼法第二百九十条规定处理。

第五百四十四条 对外国法院作出的发生法律效力的判决、裁定或者外国仲裁裁决，需要中华人民共和国法院执行的，当事人应当先向人民法院申请承认。人民法院经审查，裁定承认后，再根据民事诉讼法第三编的规定予以执行。

当事人仅申请承认而未同时申请执行的，人民法院仅对应否承认进行审查并作出裁定。

第五百四十五条 当事人申请承认和执行外国法院作出的发生法律效力的判决、裁定或者外国仲裁裁决的期间，适用民事诉讼法第二百四十六条的规定。

当事人仅申请承认而未同时申请执行的，申请执行的期间自人民法院对承认申请作出的裁定生效之日起重新计算。

第五百四十六条 承认和执行外国法院作出的发生法律效力的判决、裁定或者外国仲裁裁决的案件，人民法院应当组成合议庭进行审查。

人民法院应当将申请书送达被申请人。被申请人可以陈述意见。

人民法院经审查作出的裁定，一经送达即发生法律效力。

》《最高人民法院关于审理仲裁司法审查案件若干问题的规定》（法释〔2017〕22号 2017年12月26日）

第三条 外国仲裁裁决与人民法院审理的案件存在关联，被申请人住所地、被申请人财产所在地均不在我国内地，申请人申请承认外国仲裁裁决的，由受理关联案件的人民法院管辖。受理关联案件的人民法院为基层人民法院的，申请承认外国仲裁裁决的案件应当由该基层人民法院的上一级人民法院管辖。受理关联案件的人民法院是高级人民法院或者最高人民法院的，由上述法院决定自行审查或者指定中级人民法院审查。

外国仲裁裁决与我国内地仲裁机构审理的案件存在关联，被申请人住所地、被申请人财产所在地均不在我国内地，申请人申请承认外国仲裁裁决的，由受理关联案件的仲裁机构所在地的中级人民法院管辖。

指导案例

斯万斯克蜂蜜加工公司申请承认和执行外国仲裁裁决案（最高人民法院指导案例200号　2022年12月27日发布）

【关键词】　民事　申请承认和执行外国仲裁裁决　快速仲裁　临时仲裁

【裁判要点】

仲裁协议仅约定通过快速仲裁解决争议，未明确约定仲裁机构的，由临时仲裁庭作出裁决，不属于《承认及执行外国仲裁裁决公约》第五条第一款规定的情形，被申请人以采用临时仲裁不符合仲裁协议约定为由，主张不予承认和执行该临时仲裁裁决的，人民法院不予支持。

【相关法条】

1.《中华人民共和国民事诉讼法》第290条（本案适用的是2017年6月27日修正的《中华人民共和国民事诉讼法》第283条）

2.《承认及执行外国仲裁裁决公约》第5条

【基本案情】

2013年5月17日，卖方南京常力蜂业有限公司（以下简称常力蜂业公司）与买方斯万斯克蜂蜜加工公司（SvenskHonungsfora－－dlingAB）（以下简称斯万斯克公司）签订了编号为NJRS13001的英文版蜂蜜销售《合同》，约定的争议解决条款为“in case of disputes governed by Swedish law and that disputes should be settled by Expedited Arbitration in Sweden.”（中文直译为：“在受瑞典法律管辖的情况下，争议应在瑞典通过快速仲裁解决。”）。另《合同》约定了相应的质量标准：蜂蜜其他参数符合欧洲（2001/112/EC，2001年12月20日），无美国污仔病、微粒子虫、瓦螨病等。

在合同履行过程中，双方因蜂蜜品质问题发生纠纷。2015年2月23日，斯万斯克公司以常力蜂业公司为被申请人就案涉《合同》向瑞典斯德哥尔摩商会仲裁院申请仲裁，请求常力蜂业公司赔偿。该仲裁院于2015年12月18日以其无管辖权为由作出SCCF2015/023仲裁裁决，驳回了斯万斯克公司的申请。

2016年3月22日，斯万斯克公司再次以常力蜂业公司为被申请人就案涉《合同》在瑞典申请临时仲裁。在仲裁审查期间，临时仲裁庭及斯德哥尔摩地方法院向常力蜂业公司及该公司法定代表人邮寄了相应材料，但截至2017年5月4日，临时仲裁庭除了收到常力蜂业公司关于陈述《合同》没有约定仲裁条款、不应适用瑞典法的两份电子邮件外，未收到其他任何意见。此后临时仲裁庭收到常力蜂业公司代理律师提交的关于反对仲裁庭管辖权及延长提交答辩书的意见书。2018年3月5日、6日，临时仲裁庭组织双方当事人进行了听证。听证中，常力蜂业公司的代理人对仲裁庭的管辖权不再持异议，常力蜂业公司的法定代表人赵上生也未提出相应异议。该临时仲裁庭于2018年6月9日依据瑞典仲裁法作出仲裁裁决：1. 常力蜂业公司违反了《合同》约定，应向斯万斯克公司支付286230美元及相应利息；2. 常力蜂业公司应向斯万斯克公司赔偿781614瑞典克朗、1021718.45港元。

2018年11月22日，斯万斯克公司向江苏省南京市中级人民法院申请承认和执行上述仲裁裁决。

法院审查期间，双方均认为应当按照瑞典法律来理解《合同》中的仲裁条款。斯万斯克公司认为争议解决条款的中文意思是“如发生任何争议，应适用瑞典法律并在瑞典通过快速仲裁解决”。而常力蜂业公司则认为上述条款的中文意思是“为瑞典法律管辖下的争议在瑞典进行快速仲裁解决”。

【裁判结果】

江苏省南京市中级人民法院于2019年7月15日作出（2018）苏01协外认8号民事裁定，承认和执行由PeterThorp、StureLarsson和NilsEliasson组成的临时仲裁庭于2018年6

月9日针对斯万斯克公司与常力蜂业公司关于NJRS13001《合同》作出的仲裁裁决。

【裁判理由】

法院生效裁判认为：依据查明及认定的事实，由PeterThorp、StureLarsson和NilsEliasson组成的临时仲裁庭作出的案涉仲裁裁决不具有《承认及执行外国仲裁裁决公约》第五条第一款乙、丙、丁项规定的不予承认和执行的情形，也不违反我国加入该公约时所作出的保留性声明条款，或违反我国公共政策或争议事项不能以仲裁解决的情形，故对该裁决应当予以承认和执行。

关于临时仲裁裁决的程序是否存在与仲裁协议不符的情形。该项争议系双方对《合同》约定的争议解决条款“in case of disputes governed by Swedish law and that disputes should be settled by Expedited Arbitration in Sweden.”的理解问题。从双方对该条款中文意思的表述看，双方对在瑞典通过快速仲裁解决争端并无异议，仅对快速仲裁是否可以通过临时仲裁解决发生争议。快速仲裁相对于普通仲裁而言，更加高效、便捷、经济，其核心在于简化了仲裁程序、缩短了仲裁时间、降低了仲裁费用等，从而使当事人的争议以较为高效和经济的方式得到解决。而临时仲裁庭相对于常设的仲裁机构而言，也具有高效、便捷、经济的特点。具体到本案，双方同意通过快速仲裁的方式解决争议，但该快速仲裁并未排除通过临时仲裁的方式解决，当事人在仲裁听证过程中也没有对临时仲裁提出异议，在此情形下，由临时仲裁庭作出裁决，符合双方当事人的合意。故应认定案涉争议通过临时仲裁庭处理，并不存在与仲裁协议不符的情形。

典型案例

>> 明晰仲裁裁决籍属认定规则明确外国仲裁裁决在中国作出的裁决视为涉外仲裁裁决——美国布兰特伍德工业有限公司申请承认和执行外国仲裁裁决案（《最高人民法院第三批涉“一带一路”建设典型案例》案例9 2022年2月28日）

【基本案情】

正启公司为买方，布兰特伍德公司为卖方，在广州签订《合同》及《补充协议》，《合同》第16条争议解决方式约定：“凡因本合同引起的或与本合同有关的任何争议，双方应通过友好协商解决。如果协商不能解决，应提交国际商会仲裁委员会根据国际惯例在项目所在地进行仲裁。该仲裁委员会作出的裁决是终局性的，对双方均有约束力。除仲裁委员会另有规定外，仲裁费用由败诉一方负担。仲裁语言为中、英双语。”该仲裁条款中所称的“项目”系《补充协议》第3条所列明的“广州猎德污水处理厂四期工程”，地点在中国广州。后因合同履行发生争议，布兰特伍德公司向国际商会国际仲裁院秘书处提起仲裁申请。该院独任仲裁员在广州作出《终局裁决》。后布兰特伍德公司向广州市中级人民法院申请承认和执行前述仲裁裁决。

【裁判结果】

广州市中级人民法院审查认为，案涉裁决系外国仲裁机构在我国内地作出的仲裁裁决，可视为我国涉外仲裁裁决。被申请人不履行裁决的，布兰特伍德公司可以参照民事诉讼法关于执行涉外仲裁裁决的规定向被申请人住所地或财产所在地的中级人民法院申请执行。布兰特伍德公司依据《纽约公约》或《关于内地与香港特别行政区相互执行仲裁裁决的安排》申请承认和执行仲裁裁决，法律依据显属错误，故裁定终结审查。布兰特伍德公司可依法另行提起执行申请。

【典型意义】

该案经报核至最高人民法院同意，首次明确了境外仲裁机构在我国内地作出的仲裁裁决籍属的认定规则，将该类裁决视为我国涉外仲裁裁决，确认该类裁决能够在我国内地直接申请执行，有利于提升我国仲裁制度的国际化水平，树立了“仲裁友好型”的司法形象，对于我国仲裁业务的对外开放及仲裁国际化发展具有里程碑意义。

第十一部分　特殊诉讼程序案件案由

五十一、与宣告失踪、宣告死亡案件有关的纠纷

464. 失踪人债务支付纠纷

相关规范

»《中华人民共和国民法典》（2020年）

第四十三条　【财产代管人的职责】财产代管人应当妥善管理失踪人的财产，维护其财产权益。

失踪人所欠税款、债务和应付的其他费用，由财产代管人从失踪人的财产中支付。

财产代管人因故意或者重大过失造成失踪人财产损失的，应当承担赔偿责任。

465. 被撤销死亡宣告人请求返还财产纠纷

相关规范

»《中华人民共和国民法典》（2020年）

第五十三条　【死亡宣告撤销后的财产返还】被撤销死亡宣告的人有权请求依照本法第六编取得其财产的民事主体返还财产；无法返还的，应当给予适当补偿。

利害关系人隐瞒真实情况，致使他人被宣告死亡而取得其财产的，除应当返还财产外，还应当对由此造成的损失承担赔偿责任。

五十二、公益诉讼

466. 生态环境保护民事公益诉讼

（1）环境污染民事公益诉讼

（2）生态破坏民事公益诉讼

（3）生态环境损害赔偿诉讼

相关规范

《中华人民共和国民法典》（2020年）

第一千二百三十四条 【生态环境修复责任】违反国家规定造成生态环境损害，生态环境能够修复的，国家规定的机关或者法律规定的组织有权请求侵权人在合理期限内承担修复责任。侵权人在期限内未修复的，国家规定的机关或者法律规定的组织可以自行或者委托他人进行修复，所需费用由侵权人负担。

第一千二百三十五条 【公益诉讼的赔偿范围】违反国家规定造成生态环境损害的，国家规定的机关或者法律规定的组织有权请求侵权人赔偿下列损失和费用：

（一）生态环境受到损害至修复完成期间服务功能丧失导致的损失；

（二）生态环境功能永久性损害造成的损失；

（三）生态环境损害调查、鉴定评估等费用；

（四）清除污染、修复生态环境费用；

（五）防止损害的发生和扩大所支出的合理费用。

《中华人民共和国环境保护法》（2014年修订）

第五十八条 对污染环境、破坏生态，损害社会公共利益的行为，符合下列条件的社会组织可以向人民法院提起诉讼：

（一）依法在设区的市级以上人民政府民政部门登记；

（二）专门从事环境保护公益活动连续五年以上且无违法记录。

符合前款规定的社会组织向人民法院提起诉讼，人民法院应当依法受理。

提起诉讼的社会组织不得通过诉讼牟取经济利益。

《中华人民共和国海洋环境保护法》（2017年修正）

第八十九条 造成海洋环境污染损害的责任者，应当排除危害，并赔偿损失；完全由于第三者的故意或者过失，造成海洋环境污染损害的，由第三者排除危害，并承担赔偿责任。

对破坏海洋生态、海洋水产资源、海洋保护区，给国家造成重大损失的，由依照本法规定行使海洋环境监督管理权的部门代表国家对责任者提出损害赔偿要求。

《中华人民共和国民事诉讼法》（2021年修正）

第五十八条 对污染环境、侵害众多消费者合法权益等损害社会公共利益的行为，法律规定的机关和有关组织可以向人民法院提起诉讼。

《最高人民法院关于审理环境民事公益诉讼案件适用法律若干问题的解释》(2020年12月23日修正)

第一条 法律规定的机关和有关组织依据民事诉讼法第五十五条、环境保护法第五十八条等法律的规定，对已经损害社会公共利益或者具有损害社会公共利益重大风险的污染环境、破坏生态的行为提起诉讼，符合民事诉讼法第一百一十九条第二项、第三项、第四项规定的，人民法院应予受理。

第二条 依照法律、法规的规定，在设区的市级以上人民政府民政部门登记的社会团体、基金会以及社会服务机构等，可以认定为环境保护法第五十八条规定的社会组织。

第三条 设区的市，自治州、盟、地区，不设区的地级市，直辖市的区以上人民政府民政部门，可以认定为环境保护法第五十八条规定的“设区的市级以上人民政府民政部门”。

第四条 社会组织章程确定的宗旨和主要业务范围是维护社会公共利益，且从事环境保护公益活动的，可以认定为环境保护法第五十八条规定的“专门从事环境保护公益活动”。

社会组织提起的诉讼所涉及的社会公共利益，应与其宗旨和业务范围具有关联性。

第五条 社会组织在提起诉讼前五年内未因从事业务活动违反法律、法规的规定受过行政、刑事处罚的，可以认定为环境保护法第五十八条规定的“无违法记录”。

第六条 第一审环境民事公益诉讼案件由污染环境、破坏生态行为发生地、损害结果地或者被告住所地的中级以上人民法院管辖。

中级人民法院认为确有必要的，可以在报请高级人民法院批准后，裁定将本院管辖的第一审环境民事公益诉讼案件交由基层人民法院审理。

同一原告或者不同原告对同一污染环境、破坏生态行为分别向两个以上有管辖权的人民法院提起环境民事公益诉讼的，由最先立案的人民法院管辖，必要时由共同上级人民法院指定管辖。

第七条 经最高人民法院批准，高级人民法院可以根据本辖区环境和生态保护的实际情况，在辖区内确定部分中级人民法院受理第一审环境民事公益诉讼案件。

中级人民法院管辖环境民事公益诉讼案件的区域由高级人民法院确定。

第八条 提起环境民事公益诉讼应当提交下列材料：

（一）符合民事诉讼法第一百二十一条规定的起诉状，并按照被告人数提出副本；

（二）被告的行为已经损害社会公共利益或者具有损害社会公共利益重大风险的初步证明材料；

（三）社会组织提起诉讼的，应当提交社会组织登记证书、章程、起诉前连续五年的年度工作报告书或者年检报告书，以及由其法定代表人或者负责人签字并加盖公章的无违法记录的声明。

第九条 人民法院认为原告提出的诉讼请求不足以保护社会公共利益的，可以向其释明变更或者增加停止侵害、修复生态环境等诉讼请求。

第十条 人民法院受理环境民事公益诉讼后，应当在立案之日起五日内将起诉状副本发送被告，并公告案件受理情况。

有权提起诉讼的其他机关和社会组织在公告之日起三十日内申请参加诉讼，经审查符合法定条件的，人民法院应当将其列为共同原告；逾期申请的，不予准许。

公民、法人和其他组织以人身、财产受到损害为由申请参加诉讼的，告知其另行起诉。

第十一条 检察机关、负有环境资源保护监督管理职责的部门及其他机关、社会组织、企业事业单位依据民事诉讼法第十五条的规定，可以通过提供法律咨询、提交书面意见、协助调查取证等方式支持社会组织依法提起环境民事公益诉讼。

第十二条　人民法院受理环境民事公益诉讼后，应当在十日内告知对被告行为负有环境资源保护监督管理职责的部门。

第十三条　原告请求被告提供其排放的主要污染物名称、排放方式、排放浓度和总量、超标排放情况以及防治污染设施的建设和运行情况等环境信息，法律、法规、规章规定被告应当持有或者有证据证明被告持有而拒不提供，如果原告主张相关事实不利于被告的，人民法院可以推定该主张成立。

第十四条　对于审理环境民事公益诉讼案件需要的证据，人民法院认为必要的，应当调查收集。

对于应当由原告承担举证责任且为维护社会公共利益所必要的专门性问题，人民法院可以委托具备资格的鉴定人进行鉴定。

第十五条　当事人申请通知有专门知识的人出庭，就鉴定人作出的鉴定意见或者就因果关系、生态环境修复方式、生态环境修复费用以及生态环境受到损害至修复完成期间服务功能丧失导致的损失等专门性问题提出意见的，人民法院可以准许。

前款规定的专家意见经质证，可以作为认定事实的根据。

第十六条　原告在诉讼过程中承认的对己方不利的事实和认可的证据，人民法院认为损害社会公共利益的，应当不予确认。

第十七条　环境民事公益诉讼案件审理过程中，被告以反诉方式提出诉讼请求的，人民法院不予受理。

第十八条　对污染环境、破坏生态，已经损害社会公共利益或者具有损害社会公共利益重大风险的行为，原告可以请求被告承担停止侵害、排除妨碍、消除危险、修复生态环境、赔偿损失、赔礼道歉等民事责任。

第十九条　原告为防止生态环境损害的发生和扩大，请求被告停止侵害、排除妨碍、消除危险的，人民法院可以依法予以支持。

原告为停止侵害、排除妨碍、消除危险采取合理预防、处置措施而发生的费用，请求被告承担的，人民法院可以依法予以支持。

第二十条　原告请求修复生态环境的，人民法院可以依法判决被告将生态环境修复到损害发生之前的状态和功能。无法完全修复的，可以准许采用替代性修复方式。

人民法院可以在判决被告修复生态环境的同时，确定被告不履行修复义务时应承担的生态环境修复费用；也可以直接判决被告承担生态环境修复费用。

生态环境修复费用包括制定、实施修复方案的费用，修复期间的监测、监管费用，以及修复完成后的验收费用、修复效果后评估费用等。

第二十一条　原告请求被告赔偿生态环境受到损害至修复完成期间服务功能丧失导致的损失、生态环境功能永久性损害造成的损失的，人民法院可以依法予以支持。

第二十二条　原告请求被告承担以下费用的，人民法院可以依法予以支持：

（一）生态环境损害调查、鉴定评估等费用；

（二）清除污染以及防止损害的发生和扩大所支出的合理费用；

（三）合理的律师费以及为诉讼支出的其他合理费用。

第二十三条　生态环境修复费用难以确定或者确定具体数额所需鉴定费用明显过高的，人民法院可以结合污染环境、破坏生态的范围和程度，生态环境的稀缺性，生态环境恢复的难易程度，防治污染设备的运行成本，被告因侵害行为所获得的利益以及过错程度等因素，并可以参考负有环境资源保护监督管理职责的部门的意见、专家意见等，予以合理确定。

第二十四条　人民法院判决被告承担的生态环境修复费用、生态环境受到损害至修复完成期间服务功能丧失导致的损失、生态环境功能永久性损害造成的损失等款项，应当用于修复被损害的生态环境。

其他环境民事公益诉讼中败诉原告所需承担的调查取证、专家咨询、检验、鉴定等必要费用，可以酌情从上述款项中支付。

第二十五条 环境民事公益诉讼当事人达成调解协议或者自行达成和解协议后，人民法院应当将协议内容公告，公告期间不少于三十日。

公告期满后，人民法院审查认为调解协议或者和解协议的内容不损害社会公共利益的，应当出具调解书。当事人以达成和解协议为由申请撤诉的，不予准许。

调解书应当写明诉讼请求、案件的基本事实和协议内容，并应当公开。

第二十六条 负有环境资源保护监督管理职责的部门依法履行监管职责而使原告诉讼请求全部实现，原告申请撤诉的，人民法院应予准许。

第二十七条 法庭辩论终结后，原告申请撤诉的，人民法院不予准许，但本解释第二十六条规定的情形除外。

第二十八条 环境民事公益诉讼案件的裁判生效后，有权提起诉讼的其他机关和社会组织就同一污染环境、破坏生态行为另行起诉，有下列情形之一的，人民法院应予受理：

（一）前案原告的起诉被裁定驳回的；

（二）前案原告申请撤诉被裁定准许的，但本解释第二十六条规定的情形除外。

环境民事公益诉讼案件的裁判生效后，有证据证明存在前案审理时未发现的损害，有权提起诉讼的机关和社会组织另行起诉的，人民法院应予受理。

第二十九条 法律规定的机关和社会组织提起环境民事公益诉讼的，不影响因同一污染环境、破坏生态行为受到人身、财产损害的公民、法人和其他组织依据民事诉讼法第一百一十九条的规定提起诉讼。

第三十条 已为环境民事公益诉讼生效裁判认定的事实，因同一污染环境、破坏生态行为依据民事诉讼法第一百一十九条规定提起诉讼的原告、被告均无需举证证明，但原告对该事实有异议并有相反证据足以推翻的除外。

对于环境民事公益诉讼生效裁判就被告是否存在法律规定的不承担责任或者减轻责任的情形、行为与损害之间是否存在因果关系、被告承担责任的大小等所作的认定，因同一污染环境、破坏生态行为依据民事诉讼法第一百一十九条规定提起诉讼的原告主张适用的，人民法院应予支持，但被告有相反证据足以推翻的除外。被告主张直接适用对其有利的认定的，人民法院不予支持，被告仍应举证证明。

第三十一条 被告因污染环境、破坏生态在环境民事公益诉讼和其他民事诉讼中均承担责任，其财产不足以履行全部义务的，应当先履行其他民事诉讼生效裁判所确定的义务，但法律另有规定的除外。

第三十二条 发生法律效力的环境民事公益诉讼案件的裁判，需要采取强制执行措施的，应当移送执行。

第三十三条 原告交纳诉讼费用确有困难，依法申请缓交的，人民法院应予准许。

败诉或者部分败诉的原告申请减交或者免交诉讼费用的，人民法院应当依照《诉讼费用交纳办法》的规定，视原告的经济状况和案件的审理情况决定是否准许。

第三十四条 社会组织有通过诉讼违法收受财物等牟取经济利益行为的，人民法院可以根据情节轻重依法收缴其非法所得、予以罚款；涉嫌犯罪的，依法移送有关机关处理。

社会组织通过诉讼牟取经济利益的，人民法院应当向登记管理机关或者有关机关发送司法建议，由其依法处理。

》《最高人民法院关于审理生态环境损害赔偿案件的若干规定（试行）》

（2020年12月23日修正）

第一条 具有下列情形之一，省级、市地级人民政府及其指定的相关部门、机构，或者受国务院委托行使全民所有自然资源资产所有权的部门，因与造成生态环境损害的自然人、法人或者其他组织经磋商未达成一致或者无法进行磋商的，可以作为原告提起生态环境损害赔偿诉讼：

（一）发生较大、重大、特别重大突发环境事件的；

（二）在国家和省级主体功能区规划中划定的重点生态功能区、禁止开发区发生环境污染、生态破坏事件的；

（三）发生其他严重影响生态环境后果的。

前款规定的市地级人民政府包括设区的市，自治州、盟、地区，不设区的地级市，直辖市的区、县人民政府。

第二条　下列情形不适用本规定：

（一）因污染环境、破坏生态造成人身损害、个人和集体财产损失要求赔偿的；

（二）因海洋生态环境损害要求赔偿的。

第三条　第一审生态环境损害赔偿诉讼案件由生态环境损害行为实施地、损害结果发生地或者被告住所地的中级以上人民法院管辖。

经最高人民法院批准，高级人民法院可以在辖区内确定部分中级人民法院集中管辖第一审生态环境损害赔偿诉讼案件。

中级人民法院认为确有必要的，可以在报请高级人民法院批准后，裁定将本院管辖的第一审生态环境损害赔偿诉讼案件交由具备审理条件的基层人民法院审理。

生态环境损害赔偿诉讼案件由人民法院环境资源审判庭或者指定的专门法庭审理。

第四条　人民法院审理第一审生态环境损害赔偿诉讼案件，应当由法官和人民陪审员组成合议庭进行。

第五条　原告提起生态环境损害赔偿诉讼，符合民事诉讼法和本规定并提交下列材料的，人民法院应当登记立案：

（一）证明具备提起生态环境损害赔偿诉讼原告资格的材料；

（二）符合本规定第一条规定情形之一的证明材料；

（三）与被告进行磋商但未达成一致或者因客观原因无法与被告进行磋商的说明；

（四）符合法律规定的起诉状，并按照被告人数提出副本。

第六条　原告主张被告承担生态环境损害赔偿责任的，应当就以下事实承担举证责任：

（一）被告实施了污染环境、破坏生态的行为或者具有其他应当依法承担责任的情形；

（二）生态环境受到损害，以及所需修复费用、损害赔偿等具体数额；

（三）被告污染环境、破坏生态的行为与生态环境损害之间具有关联性。

第七条　被告反驳原告主张的，应当提供证据加以证明。被告主张具有法律规定的不承担责任或者减轻责任情形的，应当承担举证责任。

第八条　已为发生法律效力的刑事裁判所确认的事实，当事人在生态环境损害赔偿诉讼案件中无须举证证明，但有相反证据足以推翻的除外。

对刑事裁判未予确认的事实，当事人提供的证据达到民事诉讼证明标准的，人民法院应当予以认定。

第九条　负有相关环境资源保护监督管理职责的部门或者其委托的机构在行政执法过程中形成的事件调查报告、检验报告、检测报告、评估报告、监测数据等，经当事人质证并符合证据标准的，可以作为认定案件事实的根据。

第十条　当事人在诉前委托具备环境司法鉴定资质的鉴定机构出具的鉴定意见，以及委托国务院环境资源保护监督管理相关主管部门推荐的机构出具的检验报告、检测报告、评估报告、监测数据等，经当事人质证并符合证据标准的，可以作为认定案件事实的根据。

第十一条　被告违反国家规定造成生态环境损害的，人民法院应当根据原告的诉讼请求以及具体案情，合理判决被告承担修复生态环境、赔偿损失、停止侵害、排除妨碍、消除危险、赔礼道歉等民事责任。

第十二条 受损生态环境能够修复的，人民法院应当依法判决被告承担修复责任，并同时确定被告不履行修复义务时应承担的生态环境修复费用。

生态环境修复费用包括制定、实施修复方案的费用，修复期间的监测、监管费用，以及修复完成后的验收费用、修复效果后评估费用等。

原告请求被告赔偿生态环境受到损害至修复完成期间服务功能损失的，人民法院根据具体案情予以判决。

第十三条 受损生态环境无法修复或者无法完全修复，原告请求被告赔偿生态环境功能永久性损害造成的损失的，人民法院根据具体案情予以判决。

第十四条 原告请求被告承担下列费用的，人民法院根据具体案情予以判决：

（一）实施应急方案、清除污染以及为防止损害的发生和扩大所支出的合理费用；

（二）为生态环境损害赔偿磋商和诉讼支出的调查、检验、鉴定、评估等费用；

（三）合理的律师费以及其他为诉讼支出的合理费用。

第十五条 人民法院判决被告承担的生态环境服务功能损失赔偿资金、生态环境功能永久性损害造成的损失赔偿资金，以及被告不履行生态环境修复义务时所应承担的修复费用，应当依照法律、法规、规章予以缴纳、管理和使用。

第十六条 在生态环境损害赔偿诉讼案件审理过程中，同一损害生态环境行为又被提起民事公益诉讼，符合起诉条件的，应当由受理生态环境损害赔偿诉讼案件的人民法院受理并由同一审判组织审理。

第十七条 人民法院受理因同一损害生态环境行为提起的生态环境损害赔偿诉讼案件和民事公益诉讼案件，应先中止民事公益诉讼案件的审理，待生态环境损害赔偿诉讼案件审理完毕后，就民事公益诉讼案件未被涵盖的诉讼请求依法作出裁判。

第十八条 生态环境损害赔偿诉讼案件的裁判生效后，有权提起民事公益诉讼的国家规定的机关或者法律规定的组织就同一损害生态环境行为有证据证明存在前案审理时未发现的损害，并提起民事公益诉讼的，人民法院应予受理。

民事公益诉讼案件的裁判生效后，有权提起生态环境损害赔偿诉讼的主体就同一损害生态环境行为有证据证明存在前案审理时未发现的损害，并提起生态环境损害赔偿诉讼的，人民法院应予受理。

第十九条 实际支出应急处置费用的机关提起诉讼主张该费用的，人民法院应予受理，但人民法院已经受理就同一损害生态环境行为提起的生态环境损害赔偿诉讼案件且该案原告已经主张应急处置费用的除外。

生态环境损害赔偿诉讼案件原告未主张应急处置费用，因同一损害生态环境行为实际支出应急处置费用的机关提起诉讼主张该费用的，由受理生态环境损害赔偿诉讼案件的人民法院受理并由同一审判组织审理。

第二十条 经磋商达成生态环境损害赔偿协议的，当事人可以向人民法院申请司法确认。

人民法院受理申请后，应当公告协议内容，公告期间不少于三十日。公告期满后，人民法院经审查认为协议的内容不违反法律法规强制性规定且不损害国家利益、社会公共利益的，裁定确认协议有效。裁定书应当写明案件的基本事实和协议内容，并向社会公开。

第二十一条 一方当事人在期限内未履行或者未全部履行发生法律效力的生态环境损害赔偿诉讼案件裁判或者经司法确认的生态环境损害赔偿协议的，对方当事人可以向人民法院申请强制执行。需要修复生态环境的，依法由省级、市地级人民政府及其指定的相关部门、机构组织实施。

第二十二条 人民法院审理生态环境损害赔偿案件，本规定没有规定的，参照适用《最高人民法院关于审理环境民事公益诉讼案件适用法律若干问题的解释》《最高人民法院关于审理环境侵权责任纠纷案件适用法律若干问题的解释》等相关司法解释的规定。

》《最高人民法院关于适用〈中华人民共和国民事诉讼法〉的解释》（2022年3月22日修正）

第二百八十二条 环境保护法、消费者权益保护法等法律规定的机关和有关组织对污染环境、侵害众多消费者合法权益等损害社会公共利益的行为，根据民事诉讼法第五十八条规定提起公益诉讼，符合下列条件的，人民法院应当受理：

（一）有明确的被告；

（二）有具体的诉讼请求；

（三）有社会公共利益受到损害的初步证据；

（四）属于人民法院受理民事诉讼的范围和受诉人民法院管辖。

第二百八十三条 公益诉讼案件由侵权行为地或者被告住所地中级人民法院管辖，但法律、司法解释另有规定的除外。

因污染海洋环境提起的公益诉讼，由污染发生地、损害结果地或者采取预防污染措施地海事法院管辖。

对同一侵权行为分别向两个以上人民法院提起公益诉讼的，由最先立案的人民法院管辖，必要时由它们的共同上级人民法院指定管辖。

第二百八十四条 人民法院受理公益诉讼案件后，应当在十日内书面告知相关行政主管部门。

第二百八十五条 人民法院受理公益诉讼案件后，依法可以提起诉讼的其他机关和有关组织，可以在开庭前向人民法院申请参加诉讼。人民法院准许参加诉讼的，列为共同原告。

第二百八十六条 人民法院受理公益诉讼案件，不影响同一侵权行为的受害人根据民事诉讼法第一百二十二条规定提起诉讼。

第二百八十七条 对公益诉讼案件，当事人可以和解，人民法院可以调解。

当事人达成和解或者调解协议后，人民法院应当将和解或者调解协议进行公告。公告期间不得少于三十日。

公告期满后，人民法院经审查，和解或者调解协议不违反社会公共利益的，应当出具调解书；和解或者调解协议违反社会公共利益的，不予出具调解书，继续对案件进行审理并依法作出裁判。

第二百八十八条 公益诉讼案件的原告在法庭辩论终结后申请撤诉的，人民法院不予准许。

第二百八十九条 公益诉讼案件的裁判发生法律效力后，其他依法具有原告资格的机关和有关组织就同一侵权行为另行提起公益诉讼的，人民法院裁定不予受理，但法律、司法解释另有规定的除外。

》《最高人民法院、最高人民检察院关于办理海洋自然资源与生态环境公益诉讼案件若干问题的规定》（法释〔2022〕15号 2022年5月10日）

第一条 本规定适用于损害行为发生地、损害结果地或者采取预防措施地在海洋环境保护法第二条第一款规定的海域内，因破坏海洋生态、海洋水产资源、海洋保护区而提起的民事公益诉讼、刑事附带民事公益诉讼和行政公益诉讼。

第二条 依据海洋环境保护法第八十九条第二款规定，对破坏海洋生态、海洋水产资源、海洋保护区，给国家造成重大损失的，应当由依照海洋环境保护法规定行使海洋环境监督管理权的部门，在有管辖权的海事法院对侵权人提起海洋自然资源与生态环境损害赔偿诉讼。

有关部门根据职能分工提起海洋自然资源与生态环境损害赔偿诉讼的，人民检察院可以支持起诉。

指导案例

中国生物多样性保护与绿色发展基金会诉宁夏瑞泰科技股份有限公司环境污染公益诉讼案（最高人民法院指导案例75号 2016年12月28日发布）

【关键词】 民事 环境污染公益诉讼 专门从事环境保护公益活动的社会组织

【裁判要点】

1. 社会组织的章程虽未载明维护环境公共利益，但工作内容属于保护环境要素及生态系统的，应认定符合《最高人民法院关于审理环境民事公益诉讼案件适用法律若干问题的解释》（以下简称《解释》）第四条关于“社会组织章程确定的宗旨和主要业务范围是维护社会公共利益”的规定。

2. 《解释》第四条规定的“环境保护公益活动”，既包括直接改善生态环境的行为，也包括与环境保护相关的有利于完善环境治理体系、提高环境治理能力、促进全社会形成环境保护广泛共识的活动。

3. 社会组织起诉的事项与其宗旨和业务范围具有对应关系，或者与其所保护的环境要素及生态系统具有一定联系的，应认定符合《解释》第四条关于“与其宗旨和业务范围具有关联性”的规定。

【基本案情】

2015年8月13日，中国环境保护与绿色发展基金会（以下简称绿发会）向宁夏回族自治区中卫市中级人民法院提起诉讼称：宁夏瑞泰科技股份有限公司（以下简称瑞泰公司）在生产过程中违规将超标废水直接排入蒸发池，造成腾格里沙漠严重污染，截至起诉时仍然没有整改完毕。请求判令瑞泰公司：（一）停止非法污染环境行为；（二）对造成环境污染的危险予以消除；（三）恢复生态环境或者成立沙漠环境修复专项基金并委托具有资质的第三方进行修复；（四）针对第二项和第三项诉讼请求，由法院组织原告、技术专家、法律专家、人大代表、政协委员共同验收；（五）赔偿环境修复前生态功能损失；（六）在全国性媒体上公开赔礼道歉等。

绿发会向法院提交了基金会法人登记证书，显示绿发会是在中华人民共和国民政部登记的基金会法人。绿发会提交的2010至2014年度检查证明材料，显示其在提起本案公益诉讼前五年年检合格。绿发会亦提交了五年内未因从事业务活动违反法律、法规的规定而受到行政、刑事处罚的无违法记录声明。此外，绿发会章程规定，其宗旨为“广泛动员全社会关心和支持生物多样性保护和绿色发展事业，保护国家战略资源，促进生态文明建设和人与自然和谐，构建人类美好家园”。在案件的一审、二审及再审期间，绿发会向法院提交了其自1985年成立至今，一直实际从事包括举办环境保护研讨会、组织生态考察、开展环境保护宣传教育、提起环境民事公益诉讼等活动的相关证据材料。

【裁判结果】

宁夏回族自治区中卫市中级人民法院于2015年8月19日作出（2015）卫民公立字第6号民事裁定，以绿发会不能认定为《中华人民共和国环境保护法》（以下简称《环境保护法》）第五十八条规定的“专门从事环境保护公益活动”的社会组织为由，裁定对绿发会的起诉不予受理。绿发会不服，向宁夏回族自治区高级人民法院提起上诉。该院于2015年11月6日作出（2015）宁民公立终字第6号民事裁定，驳回上诉，维持原裁定。绿发会又向最高人民法院申请再审。最高人民法院于2016年1月22日作出（2015）民申字第3377号民事裁定，裁定提审本案；并于2016年1月28日作出（2016）最高法民再47号民事裁定，裁定本案由宁夏回族自治区中卫市中级人民法院立案受理。

【裁判理由】

法院生效裁判认为：本案系社会组织提起的环境污染公益诉讼。本案的争议焦点是绿发会应否认定为专门从事环境保护公益活动的社会组织。

《中华人民共和国民事诉讼法》第五十五条规定了环境民事公益诉讼制度，明确法律规定的机关和有关组织可以提起环境公益诉讼。《环境保护法》第五十八条规定：“对污染环境、破坏生态，损害社会公共利益的行为，符合下列条件的社会组织可以向人民法院提起诉讼：（一）依法在设区的市级以上人民政府民政部门登记；（二）专门从事环境保护公益活动连续五年以上且无违法记录。符合前款规定的社会组织向人民法院提起诉讼，人民法院应当依法受理。”《解释》第四条进一步明确了对于社会组织“专门从事环境保护公益活动”的判断标准，即“社会组织章程确定的宗旨和主要业务范围是维护社会公共利益，且从事环境保护公益活动的，可以认定为《环境保护法》第五十八条规定的‘专门从事环境保护公益活动’。社会组织提起的诉讼所涉及的社会公共利益，应与其宗旨和业务范围具有关联性”。有关本案绿发会是否可以作为“专门从事环境保护公益活动”的社会组织提起本案诉讼，应重点从其宗旨和业务范围是否包含维护环境公共利益，是否实际从事环境保护公益活动，以及所维护的环境公共利益是否与其宗旨和业务范围具有关联性等三个方面进行审查。

一、关于绿发会章程规定的宗旨和业务范围是否包含维护环境公共利益的问题。社会公众所享有的在健康、舒适、优美环境中生存和发展的共同利益，表现形式多样。对于社会组织宗旨和业务范围是否包含维护环境公共利益，应根据其内涵而非简单依据文字表述作出判断。社会组织章程即使未写明维护环境公共利益，但若其工作内容属于保护各种影响人类生存和发展的天然的和经过人工改造的自然因素的范畴，包括对大气、水、海洋、土地、矿藏、森林、草原、湿地、野生生物、自然遗迹、人文遗迹、自然保护区、风景名胜区、城市和乡村等环境要素及其生态系统的保护，均可以认定为宗旨和业务范围包含维护环境公共利益。

我国1992年签署的联合国《生物多样性公约》指出，生物多样性是指陆地、海洋和其他水生生态系统及其所构成的生态综合体，包括物种内部、物种之间和生态系统的多样性。《环境保护法》第三十条规定，“开发利用自然资源，应当合理开发，保护生物多样性，保障生态安全，依法制定有关生态保护和恢复治理方案并予以实施。引进外来物种以及研究、开发和利用生物技术，应当采取措施，防止对生物多样性的破坏。”可见，生物多样性保护是环境保护的重要内容，亦属维护环境公共利益的重要组成部分。

绿发会章程中明确规定，其宗旨为“广泛动员全社会关心和支持生物多样性保护和绿色发展事业，保护国家战略资源，促进生态文明建设和人与自然和谐，构建人类美好家园”，符合联合国《生物多样性公约》和《环境保护法》保护生物多样性的要求。同时，“促进生态文明建设”“人与自然和谐”“构建人类美好家园”等内容契合绿色发展理念，亦与环境保护密切相关，属于维护环境公共利益的范畴。故应认定绿发会的宗旨和业务范围包含维护环境公共利益内容。

二、关于绿发会是否实际从事环境保护公益活动的问题。环境保护公益活动，不仅包括植树造林、濒危物种保护、节能减排、环境修复等直接改善生态环境的行为，还包括与环境保护有关的宣传教育、研究培训、学术交流、法律援助、公益诉讼等有利于完善环境治理体系，提高环境治理能力，促进全社会形成环境保护广泛共识的活动。绿发会在本案一审、二审及再审期间提交的历史沿革、公益活动照片、环境公益诉讼立案受理通知书等相关证据材料，虽未经质证，但在立案审查阶段，足以显示绿发会自1985年成立以来长期实际从事包括举办环境保护研讨会、组织生态考察、开展环境保护宣传教育、提起环境民事公益诉讼等环境保护活动，符合《环境保护法》和《解释》的规定。同时，上述证据亦证明绿发会从事环境保护公益活动的时间已满五年，符合《环境保护法》第五十八条关于社会组织从事环境保护公益活动应连续五年以上的规定。

三、关于本案所涉及的社会公共利益与绿发会宗旨和业务范围是否具有关联性的问题。依据《解释》第四条的规定，社会组织提起的公益诉讼涉及的环境公共利益，应与社会组织的宗旨和业务范围具有一定关联。此项规定旨在促使社会组织所起诉的环境公共利益保护事项与其宗旨和业务范围具有对应或者关联关系，以保证社会组织具有相应的诉讼能力。因此，即使社会组织起诉事项与其宗旨和业务范围不具有对应关系，但若与其所保护的环境要素或者生态系统具有一定的联系，亦应基于关联性标准确认其主体资格。本案环境公益诉讼系针对腾格里沙漠污染提起。沙漠生物群落及其环境相互作用所形成的复杂而脆弱的沙漠生态系统，更加需要人类的珍惜利用和悉心呵护。绿发会起诉认为瑞泰公司将超标废水排入蒸发池，严重破坏了腾格里沙漠本已脆弱的生态系统，所涉及的环境公共利益之维护属于绿发会宗旨和业务范围。

此外，绿发会提交的基金会法人登记证书显示，绿发会是在中华人民共和国民政部登记的基金会法人。绿发会提交的2010至2014年度检查证明材料，显示其在提起本案公益诉讼前五年年检合格。绿发会还按照《解释》第五条的规定提交了其五年内未因从事业务活动违反法律、法规的规定而受到行政、刑事处罚的无违法记录声明。据此，绿发会亦符合《环境保护法》第五十八条，《解释》第二条、第三条、第五条对提起环境公益诉讼社会组织的其他要求，具备提起环境民事公益诉讼的主体资格。

重庆市人民政府、重庆两江志愿服务发展中心诉重庆藏金阁物业管理有限公司、重庆首旭环保科技有限公司生态环境损害赔偿、环境民事公益诉讼案（最高人民法院指导案例130号　2019年12月26日发布）

【关键词】民事　生态环境损害赔偿诉讼　环境民事公益诉讼　委托排污　共同侵权　生态环境修复费用　虚拟治理成本法

【裁判要点】

1. 取得排污许可证的企业，负有确保其排污处理设备正常运行且排放物达到国家和地方排放标准的法定义务，委托其他单位处理的，应当对受托单位履行监管义务；明知受托单位违法排污不予制止甚或提供便利的，应当对环境污染损害承担连带责任。

2. 污染者向水域排污造成生态环境损害，生态环境修复费用难以计算的，可以根据环境保护部门关于生态环境损害鉴定评估有关规定，采用虚拟治理成本法对损害后果进行量化，根据违法排污的污染物种类、排污量及污染源排他性等因素计算生态环境损害量化数额。

【基本案情】

重庆藏金阁电镀工业园（又称藏金阁电镀工业中心）位于重庆市江北区港城工业园区内，是该工业园区内唯一的电镀工业园，园区内有若干电镀企业入驻。重庆藏金阁物业管理有限公司（以下简称藏金阁公司）为园区入驻企业提供物业管理服务，并负责处理企业产生的废水。藏金阁公司领取了排放污染物许可证，并拥有废水处理的设施设备。2013年12月5日，藏金阁公司与重庆首旭环保科技有限公司（以下简称首旭公司）签订为期4年的《电镀废水处理委托运行承包管理运行协议》（以下简称《委托运行协议》），首旭公司承接藏金阁电镀工业中心废水处理项目，该电镀工业中心的废水由藏金阁公司交给首旭公司使用藏金阁公司所有的废水处理设备进行处理。2016年4月21日，重庆市环境监察总队执法人员在对藏金阁公司的废水处理站进行现场检查时，发现废水处理站中两个总铬反应器和一个综合反应器设施均未运行，生产废水未经处理便排入外环境。2016 年 4 月 22 日至 26 日期间，经执法人员采样监测分析发现外排废水重金属超标，违法排放废水总铬浓度为 55.5mg/L，总锌浓度为 2.85x102mg/L，总铜浓度为 27.2mg/L，总镍浓度为 41mg/L，分别超过《电镀污染物排放标准》（GB21900－2008）的规定标准 54.5 倍、189 倍、53.4 倍、81 倍，对生态环境造成严重影响和损害。2016 年 5 月 4 日，执法人员再次进行现场检查，发现藏金阁废水处理站 1 号综合废水调节池的含重金属废水通过池壁上的 120mm 口径管网未经正常处理直接排放至外环境并流入港城园区市政管网再进入长江。经监测，1 号池内渗漏的废水中六价铬浓度为 6.10mg/L，总铬浓度为 10.9mg/L，分别超过国家标准 29.5 倍、9.9 倍。从 2014 年 9 月 1 日至 2016 年 5 月 5 日违法排放废水量共计 145624 吨。还查明，2014 年 8 月，藏金阁公司将原废酸收集池改造为 1 号综合废水调节池，传送废水也由地下管网改为高空管网作业。该池池壁上原有 110mm 和 120mm 口径管网各一根，改造时只封闭了 110mm 口径管网，而未封闭 120mm 口径管网，该未封闭管网系埋于地下的暗管。首旭公司自 2014 年 9 月起，在明知池中有一根 120mm 管网可以连通外环境的情况下，仍然一直利用该管网将未经处理的含重金属废水直接排放至外环境。

受重庆市人民政府委托，重庆市环境科学研究院对藏金阁公司和首旭公司违法排放超标废水造成生态环境损害进行鉴定评估，并于 2017 年 4 月出具《鉴定评估报告书》。该评估报告载明：本事件污染行为明确，污染物迁移路径合理，污染源与违法排放至外环境的废水中污染物具有同源性，且污染源具有排他性。污染行为发生持续时间为 2014 年 9 月 1 日至 2016 年 5 月 5 日，违法排放废水共计 145624 吨，其主要污染因子为六价铬、总铬、总锌、总镍等，对长江水体造成严重损害。《鉴定评估报告书》采用《生态环境损害鉴定评估技术指南总纲》《环境损害鉴定评估推荐方法（第Ⅱ版）》推荐的虚拟治理成本法对生态环境损害进行量化，按 22 元/吨的实际治理费用作为单位虚拟治理成本，再乘以违法排放废水数量，计算出虚拟治理成本为 320.3728 万元。违法排放废水点为长江干流主城区段水域，适用功能类别属Ⅲ类水体，根据虚拟治理成本法的“污染修复费用的确定原则”Ⅲ类水体的倍数范围为虚拟治理成本的 4.5－6 倍，本次评估选取最低倍数 4.5 倍，最终评估出二被告违法排放废水造成的生态环境污染损害量化数额为 1441.6776 万元（即 320.3728 万元 ×4.5＝1441.6776 万元）。重庆市环境科学研究院是环境保护部《关于印发〈环境损害鉴定评估推荐机构名录（第一批）〉的通知》中确认的鉴定评估机构。

2016 年 6 月 30 日，重庆市环境监察总队以藏金阁公司从 2014 年 9 月 1 日至 2016 年 5 月 5 日通过 1 号综合调节池内的 120mm 口径管网将含重金属废水未经废水处理站总排口便直接排入港城园区市政废水管网进入长江为由，作出行政处罚决定，对藏金阁公司罚款 580.72 万元。藏金阁公司不服申请行政复议，重庆市环境保护局作出维持行政处罚决定的复议决定。后藏金阁公司诉至重庆市渝北区人民法院，要求撤销行政处罚决定和行政复议决定。重庆市渝北区人民法院于 2017 年 2 月 28 日作出（2016）渝 0112 行初 324 号行政判决，驳回藏金阁公司的诉讼请求。判决后，藏金阁公司未提起上诉，该判决发生法律效力。

2016 年 11 月 28 日，重庆市渝北区人民检察院向重庆市渝北区人民法院提起公诉，指控首旭公司、程龙（首旭公司法定代表人）等构成污染环境罪，应依法追究刑事责任。重庆市渝北区人民法院于 2016 年 12 月 29 日作出（2016）渝 0112 刑初 1615 号刑事判决，判决首旭公司、程龙等人构成污染环境罪。判决后，未提起抗诉和上诉，该判决发生法律效力。

【裁判结果】

重庆市第一中级人民法院于2017年12月22日作出（2017）渝01民初773号民事判决：一、被告重庆藏金阁物业管理有限公司和被告重庆首旭环保科技有限公司连带赔偿生态环境修复费用1441.6776万元，于本判决生效后十日内交付至重庆市财政局专用账户，由原告重庆市人民政府及其指定的部门和原告重庆两江志愿服务发展中心结合本区域生态环境损害情况用于开展替代修复；二、被告重庆藏金阁物业管理有限公司和被告重庆首旭环保科技有限公司于本判决生效后十日内，在省级或以上媒体向社会公开赔礼道歉；三、被告重庆藏金阁物业管理有限公司和被告重庆首旭环保科技有限公司在本判决生效后十日内给付原告重庆市人民政府鉴定费5万元，律师费19.8万元；四、被告重庆藏金阁物业管理有限公司和被告重庆首旭环保科技有限公司在本判决生效后十日内给付原告重庆两江志愿服务发展中心律师费8万元；五、驳回原告重庆市人民政府和原告重庆两江志愿服务发展中心其他诉讼请求。判决后，各方当事人在法定期限内均未提出上诉，判决发生法律效力。

【裁判理由】

法院生效裁判认为，重庆市人民政府依据《生态环境损害赔偿制度改革试点方案》规定，有权提起生态环境损害赔偿诉讼，重庆两江志愿服务发展中心具备合法的环境公益诉讼主体资格，二原告基于不同的规定而享有各自的诉权，均应依法予以保护。鉴于两案原告基于同一污染事实与相同被告提起诉讼，诉讼请求基本相同，故将两案合并审理。

本案的争议焦点为：

一、关于《鉴定评估报告书》认定的污染物种类、污染源排他性、违法排放废水计量以及损害量化数额是否准确

首先，关于《鉴定评估报告书》认定的污染物种类、污染源排他性和违法排放废水计量是否准确的问题。污染物种类、污染源排他性及违法排放废水计量均已被（2016）渝0112行初324号行政判决直接或者间接确认，本案中二被告并未提供相反证据来推翻原判决，故对《鉴定评估报告书》依据的上述环境污染事实予以确认。具体而言，一是关于污染物种类的问题。除了生效刑事判决所认定的总铬和六价铬之外，二被告违法排放的废水中还含有重金属物质如总锌、总镍等，该事实得到了江北区环境监测站、重庆市环境监测中心出具的环境监测报告以及（2016）渝0112行初324号生效行政判决的确认，也得到了首旭公司法定代表人程龙在调查询问中的确认。二是关于污染源排他性的问题。二被告辩称，江北区环境监测站出具的江环（监）字〔2016〕第JD009号分析报告单确定的取样点W4、W6位置高于藏金阁废水处理站，因而该两处检出污染物超标不可能由二被告的行为所致。由于被污染水域具有流动性的特征和自净功能，水质得到一定程度的恢复，鉴定机构在鉴定时客观上已无法再在废水处理站周围提取到违法排放废水行为持续时所流出的废水样本，故只能依据环境行政执法部门在查处二被告违法行为时通过取样所固定的违法排放废水样本进行鉴定。在对藏金阁废水处理情况进行环保执法的过程中，先后在多个取样点进行过数次监测取样，除江环（监）字〔2016〕第JD009号分析报告单以外，江北区环境监测站与重庆市环境监测中心还出具了数份监测报告，重庆市环境监察总队的行政处罚决定和重庆市环境保护局的复议决定是在对上述监测报告进行综合评定的基础上作出的，并非单独依据其中一份分析报告书或者监测报告作出。环保部门在整个行政执法包括取样等前期执法过程中，其行为的合法性和合理性已经得到了生效行政判决的确认。同时，上述监测分析结果显示废水中的污染物系电镀行业排放的重金属废水，在案证据证实涉案区域唯有藏金阁一家电镀工业园，而且环

境监测结果与藏金阁废水处理站违法排放废水种类一致，以上事实证明上述取水点排出的废水来源仅可能来自于藏金阁废水处理站，故可以认定污染物来源具有排他性。三是关于违法排污计量的问题。根据生效刑事判决和行政判决的确认，并结合行政执法过程中的调查询问笔录，可以认定铬调节池的废水进入1号综合废水调节池，利用1号池安装的120mm口径管网将含重金属的废水直接排入外环境并进入市政管网这一基本事实。经庭审查明，《鉴定评估报告书》综合证据，采用用水总量减去消耗量、污泥含水量、在线排水量、节假日排水量的方式计算出违法排放废水量，其所依据的证据和事实或者已得到被告方认可或生效判决确认，或者相关行政行为已通过行政诉讼程序的合法性审查，其所采用的计量方法具有科学性和合理性。综上，藏金阁公司和首旭公司提出的污染物种类、违法排放废水量和污染源排他性认定有误的异议不能成立。

其次，关于《鉴定评估报告书》认定的损害量化数额是否准确的问题。原告方委托重庆市环境科学研究院就本案的生态环境损害进行鉴定评估并出具了《鉴定评估报告书》，该报告确定二被告违法排污造成的生态环境损害量化数额为1441.6776万元。经查，重庆市环境科学研究院是环境保护部《关于印发〈环境损害鉴定评估推荐机构名录（第一批）〉的通知》中确立的鉴定评估机构，委托其进行本案的生态环境损害鉴定评估符合司法解释之规定，其具备相应鉴定资格。根据环境保护部组织制定的《生态环境损害鉴定评估技术指南总纲》《环境损害鉴定评估推荐方法（第Ⅱ版）》，鉴定评估可以采用虚拟治理成本法对事件造成的生态环境损害进行量化，量化结果可以作为生态环境损害赔偿的依据。鉴于本案违法排污行为持续时间长、违法排放数量大，且长江水体处于流动状态，难以直接计算生态环境修复费用，故《鉴定评估报告书》采用虚拟治理成本法对损害结果进行量化并无不当。《鉴定评估报告书》将22元/吨确定为单位实际治理费用，系根据重庆市环境监察总队现场核查藏金阁公司财务凭证，并结合对藏金阁公司法定代表人孙启良的调查询问笔录而确定。《鉴定评估报告书》根据《环境损害鉴定评估推荐方法（第Ⅱ版）》，Ⅲ类地表水污染修复费用的确定原则为虚拟治理成本的4.5-6倍，结合本案污染事实，取最小倍数即4.5倍计算得出损害量化数额为320.3728万元×4.5=1441.6776万元，亦无不当。

综上所述，《鉴定评估报告书》的鉴定机构和鉴定评估人资质合格，鉴定评估委托程序合法，鉴定评估项目负责人亦应法庭要求出庭接受质询，鉴定评估所依据的事实有生效法律文书支撑，采用的计算方法和结论科学有据，故对《鉴定评估报告书》及所依据的相关证据予以采信。

二、关于藏金阁公司与首旭公司是否构成共同侵权

首旭公司是明知1号废水调节池池壁上存在120mm口径管网并故意利用其违法排污的直接实施主体，其理应对损害后果承担赔偿责任，对此应无疑义。本争议焦点的核心问题在于如何评价藏金阁公司的行为，其与首旭公司是否构成共同侵权。法院认为，藏金阁公司与首旭公司构成共同侵权，应当承担连带责任。

第一，我国实行排污许可制，该制度是国家对排污者进行有效管理的手段，取得排污许可证的企业即是排污单位，负有依法排污的义务，否则将承担相应法律责任。藏金阁公司持有排污许可证，必须确保按照许可证的规定和要求排放。藏金阁公司以委托运行协议的形式将废水处理交由专门从事环境治理业务（含工业废水运营）的首旭公司作业，该行为并不为法律所禁止。但是，无论是自行排放还是委托他人排放，藏金阁公司都必须确保其废水处理站正常运行，并确保排放物达到国家和地方排放标准，这是取得排污许可证企业的法定责任，该责任不能通过民事约定来解除。申言之，藏金阁公司作

为排污主体，具有监督首旭公司合法排污的法定责任，依照《委托运行协议》其也具有监督首旭公司日常排污情况的义务，本案违法排污行为持续了1年8个月的时间，藏金阁公司显然未尽监管义务。

第二，无论是作为排污设备产权人和排污主体的法定责任，还是按照双方协议约定，藏金阁公司均应确保废水处理设施设备正常、完好。2014年8月藏金阁公司将废酸池改造为1号废水调节池并将地下管网改为高空管网作业时，未按照正常处理方式对池中的120mm口径暗管进行封闭，藏金阁公司亦未举证证明不封闭暗管的合理合法性，而首旭公司正是通过该暗管实施违法排放，也就是说，藏金阁公司明知为首旭公司提供的废水处理设备留有可以实施违法排放的管网，据此可以认定其具有违法故意，且客观上为违法排放行为的完成提供了条件。

第三，待处理的废水是由藏金阁公司提供给首旭公司的，那么藏金阁公司知道需处理的废水数量，同时藏金阁公司作为排污主体，负责向环保部门缴纳排污费，其也知道合法排放的废水数量，加之作为物业管理部门，其对于园区企业产生的实际用水量亦是清楚的，而这几个数据结合起来，即可确知违法排放行为的存在，因此可以认定藏金阁公司知道首旭公司在实施违法排污行为，但其却放任首旭公司违法排放废水，同时还继续将废水交由首旭公司处理，可以视为其与首旭公司形成了默契，具有共同侵权的故意，并共同造成了污染后果。

第四，环境侵权案件具有侵害方式的复合性、侵害过程的复杂性、侵害后果的隐蔽性和长期性，其证明难度尤其是对于排污企业违法排污主观故意的证明难度较高，且本案又涉及对环境公益的侵害，故应充分考虑到此类案件的特殊性，通过准确把握举证证明责任和归责原则来避免责任逃避和公益受损。综上，根据本案事实和证据，藏金阁公司与首旭公司构成环境污染共同侵权的证据已达到高度盖然性的民事证明标准，应当认定藏金阁公司和首旭公司对于违法排污存在主观上的共同故意和客观上的共同行为，二被告构成共同侵权，应承担连带责任。

中华环保联合会诉德州晶华集团振华有限公司大气污染责任民事公益诉讼案（最高人民法院指导案例131号 2019年12月26日发布）

【关键词】 民事　环境民事公益诉讼　大气污染责任　损害社会公共利益　重大风险

【裁判要点】

企业事业单位和其他生产经营者多次超过污染物排放标准或者重点污染物排放总量控制指标排放污染物，环境保护行政管理部门作出行政处罚后仍未改正，原告依据《最高人民法院关于审理环境民事公益诉讼案件适用法律若干问题的解释》第一条规定的“具有损害社会公共利益重大风险的污染环境、破坏生态的行为”对其提起环境民事公益诉讼的，人民法院应予受理。

【基本案情】

被告德州晶华集团振华有限公司（以下简称振华公司）成立于2000年，经营范围包括电力生产、平板玻璃、玻璃空心砖、玻璃深加工、玻璃制品制造等。2002年12月，该公司600T/D优质超厚玻璃项目通过环境影响评价的审批，2003年11月，通过“三同时”验收。2007年11月，该公司高档优质汽车原片项目通过环境影响评价的审批，2009年2月，通过“三同时”验收。

根据德州市环境保护监测中心站的监测，2012年3月、5月、8月、12月，2013年1月、5月、8月，振华公司废气排放均能达标。2013年11月、2014年1月、5月、6月、11月，2015年2月排放二氧化硫、氮氧化物及烟粉尘存在超标排放情况。德州市环境保护局分别于2013年12月、2014年9月、2014年11月、2015年2月对振华公司进行行政处罚，处罚数额均为10万元。2014年12月，山东省环境保护厅对其进行行政处罚。处罚数额 10 万元。2015 年 3 月 23 日，德州市环境保护局责令振华公司立即停产整治，2015 年 4 月 1 日之前全部停产，停止超标排放废气污染物。原告中华环保联合会起诉之后，2015 年 3 月 27 日，振华公司生产线全部放水停产，并于德城区天衢工业园以北养马村新选厂址，原厂区准备搬迁。

本案审理阶段，为证明被告振华公司超标排放造成的损失，2015 年 12 月，原告中华环保联合会与环境保护部环境规划院订立技术咨询合同，委托其对振华公司排放大气污染物致使公私财产遭受损失的数额，包括污染行为直接造成的财产损坏、减少的实际价值，以及为防止污染扩大、消除污染而采取必要合理措施所产生的费用进行鉴定。2016 年 5 月，环境保护部环境规划院环境风险与损害鉴定评估研究中心根据已经双方质证的人民法院调取的证据作出评估意见，鉴定结果为：振华公司位于德州市德城区市区内，周围多为居民小区，原有浮法玻璃生产线三条，1#浮法玻璃生产线已于 2011 年 10 月全面停产，2#生产线 600t/d 优质超厚玻璃生产线和 3#生产线 400t/d 高档优质汽车玻璃原片生产线仍在生产。1. 污染物性质，主要为烟粉尘、二氧化硫和氮氧化物。根据《德州晶华集团振华有限公司关于落实整改工作的情况汇报》有关资料显示：截至 2015 年 3 月 17 日，振华公司浮法二线未安装或未运行脱硫和脱硝治理设施；浮法三线除尘、脱硫设施已于 2014 年 9 月投入运行；2. 污染物超标排放时段的确认，二氧化硫超标排放时段为 2014 年 6 月 10 日 –2014 年 8 月 17 日，共计 68 天，氮氧化物超标排放时段为 2013 年 11 月 5 日 –2014 年 6 月 23 日、2014 年 10 月 22 日 –2015 年 1 月 27 日，共计 327 天，烟粉尘超标排放时段为 2013 年 11 月 5 日 –2014 年 6 月 23 日，共计 230 天；3. 污染物排放量，在鉴定时段内，由于企业未安装脱硫设施造成二氧化硫全部直接排放进入大气的超标排放量为 255 吨，由于企业未安装脱硝设施造成氮氧化物全部直接排放进入大气的排放量为 589 吨，由于企业未安装除尘设施或除尘设施处理能力不够造成烟粉尘部分直接排放进入大气的排放量为 19 吨；4. 单位污染物处理成本，根据数据库资料，二氧化硫单位治理成本为 0.56 万元/吨，氮氧化物单位治理成本为 0.68 万元/吨，烟粉尘单位治理成本为 0.33 万元/吨；5. 虚拟治理成本，根据《环境空气质量标准》《环境损害鉴定评估推荐方法（第Ⅱ版）》《突发环境事件应急处置阶段环境损害评估技术规范》，本案项目处环境功能二类区，生态环境损害数额为虚拟治理成本的 3 –5 倍，本报告取参数 5，二氧化硫虚拟治理成本共计 713 万元，氮氧化物虚拟治理成本 2002 万元，烟粉尘虚拟治理成本 31 万元。鉴定结论：被告企业在鉴定期间超标向空气排放二氧化硫共计 255 吨、氮氧化物共计 589 吨、烟粉尘共计 19 吨，单位治理成本分别按 0.56 万元/吨、0.68 万元/吨、0.33 万元/吨计算，虚拟治理成本分别为 713 万元、2002 万元、31 万元，共计 2746 万元。

【裁判结果】

德州市中级人民法院于 2016 年 7 月 20 日作出（2015）德中环公民初字第 1 号民事判决：一、被告德州晶华集团振华有限公司于本判决生效之日起 30 日内赔偿因超标排放污染物造成的损失 2198.36 万元，支付至德州市专项基金账户，用于德州市大气环境质量修复；二、被告德州晶华集团振华有限公司在省级以上媒体向社会公开赔礼道歉；三、被告德州晶华集团振华有限公司于本判决生效之日起 10 日内支付原告中华环保联合会所支出的评估费 10 万元；四、驳回原告中华环保联合会其他诉讼请求。

【裁判理由】

法院生效裁判认为，根据《最高人民法院关于审理环境民事公益诉讼案件适用法律若干问题的解释》第一条规定，法律规定的机关和有关组织依据民事诉讼法第五十五条、环境保护法第五十八条等法律的规定，对已经损害社会公共利益或者具有损害社会公共利益重大风险的污染环境、破坏生态的行为提起诉讼，符合民事诉讼法第一百一十九条第二项、第三项、第四项规定的，人民法院应予受理；第十八条规定，对污染环境、破坏生态，已经损害社会公共利益或者具有损害社会公共利益重大风险的行为，原告可以请求被告承担停止侵害、排除妨碍、消除危险、恢复原状、赔偿损失、赔礼道歉等民事责任。法院认为，企业事业单位和其他生产经营者超过污染物排放标准或者重点污染物排放总量控制指标排放污染物的行为可以视为是具有损害社会公共利益重大风险的行为。被告振华公司超量排放的二氧化硫、氮氧化物、烟粉尘会影响大气的服务价值功能。其中，二氧化硫、氮氧化物是酸雨的前导物，超量排放可致酸雨从而造成财产及人身损害，烟粉尘的超量排放将影响大气能见度及清洁度，亦会造成财产及人身损害。被告振华公司自2013年11月起，多次超标向大气排放二氧化硫、氮氧化物、烟粉尘等污染物，经环境保护行政管理部门多次行政处罚仍未改正，其行为属于司法解释规定的“具有损害社会公共利益重大风险的行为”，故被告振华公司是本案的适格被告。

中国生物多样性保护与绿色发展基金会诉秦皇岛方圆包装玻璃有限公司大气污染责任民事公益诉讼案（最高人民法院指导案例132号　2019年12月26日发布）

【关键词】　民事　环境民事公益诉讼　大气污染责任　降低环境风险　减轻赔偿责任

【裁判要点】

在环境民事公益诉讼期间，污染者主动改进环保设施，有效降低环境风险的，人民法院可以综合考虑超标排污行为的违法性、过错程度、治理污染设施的运行成本以及防污采取的有效措施等因素，适当减轻污染者的赔偿责任。

【基本案情】

被告秦皇岛方圆包装玻璃有限公司（以下简称方圆公司）系主要从事各种玻璃包装瓶生产加工的企业，现拥有玻璃窑炉四座。在生产过程中，因超标排污被秦皇岛市海港区环境保护局（以下简称海港区环保局）多次作出行政处罚。2015年2月12日，方圆公司与无锡格润环保科技有限公司签订《玻璃窑炉脱硝脱硫除尘总承包合同》，对方圆公司的四座窑炉进行脱硝脱硫除尘改造，合同总金额3617万元。

2016年中国生物多样性保护与绿色发展基金会（以下简称中国绿发会）对方圆公司提起环境公益诉讼后，方圆公司加快了脱硝脱硫除尘改造提升进程。2016年6月15日，方圆公司通过了海港区环保局的环保验收。2016年7月22日，中国绿发会组织相关专家对方圆公司脱硝脱硫除尘设备运行状况进行了考查，并提出相关建议。2016年6月17日、2017年6月17日，环保部门为方圆公司颁发《河北省排放污染物许可证》。2016年12月2日，方圆公司再次投入1965万元，为四座窑炉增设脱硝脱硫除尘备用设备一套。

方圆公司于2015年3月18日缴纳行政罚款8万元。中国绿发会2016年提起公益诉讼后，方圆公司自2016年4月13日起至2016年11月23日止，分24次缴纳行政罚款共计1281万元。

2017年7月25日，中国绿发会向法院提交《关于诉讼请求及证据说明》，确认方圆公司非法排放大气污染物而对环境造成的损害期间从行政处罚认定发生损害时起至环保部门验收合格为止。法院委托环境保护部环境规划院环境风险与损害鉴定评估研究中心对方圆公司因排放大气污染物对环境造成的损害数额及采取替代修复措施修复被污染的大气环境所需费用进行鉴定，起止日期为2015年10月28日（行政处罚认定损害发生日）至2016年6月15日（环保达标日）。

2017年11月，鉴定机构作出《方圆公司大气污染物超标排放环境损害鉴定意见》，按照虚拟成本法计算方圆公司在鉴定时间段内向大气超标排放颗粒物总量约为2.06t，二氧化硫超标排放总量约为33.45t，氮氧化物超标排放总量约为75.33t，方圆公司所在秦皇岛地区为空气功能区Ⅱ类。按照规定，环境空气Ⅱ类区生态损害数额为虚拟治理成本的3－5倍，鉴定报告中取3倍计算对大气环境造成损害数额分别约为0.74万元、27.10万元和127.12万元，共计154.96万元。

另查明，2015年3月，河北广播网、燕赵都市网的网页显示，因被上诉人方圆公司未安装除尘脱硝脱硫设施超标排放大气污染物被按日连续处罚200多万元。对于该网页显示内容的真实性，被上诉人方圆公司予以认可，故对其在2015年10月28日之前存在超标排污的事实予以确认。

【裁判结果】

河北省秦皇岛市中级人民法院于2018年4月10日作出（2016）冀03民初40号民事判决：一、秦皇岛方圆包装玻璃有限公司赔偿因超标排放大气污染物造成的损失154.96万元，上述费用分3期支付至秦皇岛市专项资金账户（每期51.65万元，第一期于判决生效之日起7日内支付，第二、三期分别于判决生效后第二、第三年的12月31日前支付），用于秦皇岛地区的环境修复。二、秦皇岛方圆包装玻璃有限公司于判决生效后30日内在全国性媒体上刊登因污染大气环境行为的致歉声明（内容须经一审法院审核后发布）。如秦皇岛方圆包装玻璃有限公司未履行上述义务，河北省秦皇岛市中级人民法院将本判决书内容在全国性的媒体公布，相关费用由秦皇岛方圆包装玻璃有限公司承担。三、秦皇岛方圆包装玻璃有限公司于判决生效后15日内支付中国生物多样性保护与绿色发展基金会因本案支出的合理费用3万元。四、驳回中国生物多样性保护与绿色发展基金会的其他诉讼请求。案件受理费80元，由秦皇岛方圆包装玻璃有限公司负担，鉴定费用15万元由秦皇岛方圆包装玻璃有限公司负担（已支付）。宣判后，中国生物多样性保护与绿色发展基金会提出上诉。河北省高级人民法院于2018年11月5日作出（2018）冀民终758号民事判决：驳回上诉，维持原判。

【裁判理由】

法院生效判决认为，《最高人民法院关于审理环境民事公益诉讼案件适用法律若干问题的解释》第二十三条规定，生态环境修复费用难以确定的，人民法院可以结合污染环境、破坏生态的范围和程度、防止污染设备的运行成本、污染企业因侵权行为所得的利益以及过错程度等因素予以合理确定。本案中，方圆公司于2015年2月与无锡市格瑞环保科技有限公司签订《玻璃窑炉脱硝脱硫除尘总承包合同》，对其四座窑炉配备的环保设施进行升级改造，合同总金额3617万元，体现了企业防污整改的守法意识。方圆公司在环保设施升级改造过程中出现超标排污行为，虽然行为具有违法性，但在超标排污受到行政处罚后，方圆公司积极缴纳行政罚款共计1280余万元，其超标排污行为受到行政制裁。在提起本案公益诉讼后，方圆公司加快了环保设施的升级改造，并在环保设施验收合格后，再次投资1965万元建造一套备用排污设备，是秦皇岛地区首家实现大气污染治理环保设备开二备一的企业。

《中华人民共和国环境保护法》第一条、第四条规定了保护环境、防止污染，促进经济可持续发展的立法目的，体现了保护与发展并重原则。环境公益诉讼在强调环境损害救济的同时，亦应兼顾预防原则。本案诉讼过程中，方圆公司加快环保设施的整改进度，积极承担行政责任，并在其安装的环保设施验收合格后，出资近2000万元再行配备一套环保设施，以确保生产过程中环保设施的稳定运行，大大降低了再次造成环境污染的风险与可能性。方圆公司自愿投入巨资进行污染防治，是在中国绿发会一审提出“环境损害赔偿与环境修复费用”的诉讼请求之外实施的维护公益行为，实现了《中华人民共和国环境保护法》第五条规定的“保护优先，预防为主”的立法意图，以及环境民事公益诉讼风险预防功能，具有良好的社会导向作用。人民法院综合考虑方圆公司在企业生产过程中超标排污行为的违法性、过错程度、治理污染的运行成本以及防污采取的积极措施等因素，对于方圆公司在一审鉴定环境损害时间段之前的超标排污造成的损害予以折抵，维持一审法院依据鉴定意见判决环境损害赔偿及修复费用的数额。

重庆市绿色志愿者联合会诉恩施自治州建始磺厂坪矿业有限责任公司水污染责任民事公益诉讼案（最高人民法院指导案例134号　2019年12月26日发布）

【关键词】　民事　环境民事公益诉讼　停止侵害　恢复生产　附条件　环境影响评价

【裁判要点】

环境民事公益诉讼中，人民法院判令污染者停止侵害的，可以责令其重新进行环境影响评价，在环境影响评价文件经审查批准及配套建设的环境保护设施经验收合格之前，污染者不得恢复生产。

【基本案情】

原告重庆市绿色志愿者联合会（以下简称重庆绿联会）对被告恩施自治州建始磺厂坪矿业有限责任公司（以下简称建始磺厂坪矿业公司）提起环境民事公益诉讼，诉请判令被告停止侵害，承担生态环境修复责任。重庆市人民检察院第二分院支持起诉。

法院经审理查明，千丈岩水库位于重庆市巫山县、奉节县和湖北省建始县交界地带。水库设计库容405万立方米，2008年开始建设，2013年12月6日被重庆市人民政府确认为集中式饮用水源保护区，供应周边5万余人的生活饮用和生产用水。湖北省建始县毗邻重庆市巫山县，被告建始磺厂坪矿业公司选矿厂位于建始县业州镇郭家淌国有高岩子林场，距离巫山县千丈岩水库直线距离约2.6公里，该地区属喀斯特地貌的山区，地下裂缝纵横，暗河较多。建始磺厂坪矿业公司硫铁矿选矿项目于2009年编制可行性研究报告，2010年4月23日取得恩施土家族苗族自治州发展和改革委员会批复。2010年7月开展环境影响评价工作，2011年5月16日取得恩施土家族苗族自治州环境保护局环境影响评价批复。2012年开工建设，2014年6月基本完成，但水污染防治设施等未建成。建始磺厂坪矿业公司选矿厂硫铁矿生产中因有废水和尾矿排放，属于排放污染物的建设项目。其项目建设可行性报告中明确指出尾矿库库区为自然成库的岩溶洼地，库区岩溶表现为岩溶裂隙和溶洞。同时，尾矿库工程安全预评价报告载明：“建议评价报告作下列修改和补充：1. 对库区渗漏分单元进行评价，提出对策措施；2. 对尾矿库运行后可能存在的排洪排水问题进行补充评价。”但建始磺厂坪矿业公司实际并未履行修改和补充措施。

2014年8月10日，建始磺厂坪矿业公司选矿厂使用硫铁矿原矿约500吨、乙基钠黄药、2号油进行违法生产，产生的废水、尾矿未经处理就排入临近有溶洞漏斗发育的自然洼地。2014年8月12日，巫山县红椿乡村民反映千丈岩水库饮用水源取水口水质出现异常，巫山县启动重大突发环境事件应急预案。应急监测结果表明，被污染水体无重金属毒性，但具有有机物毒性，COD（化学需氧量）、Fe（铁）分别超标0.25倍、30.3倍，悬浮物高达260mg/L。重庆市相关部门将污染水体封存在水库内，对受污染水体实施药物净化等应急措施。

千丈岩水库水污染事件发生后，环境保护部明确该起事件已构成重大突发环境事件。环境保护部环境规划院环境风险与损害鉴定评估研究中心作出《重庆市巫山县红椿乡千丈岩水库突发环境事件环境损害评估报告》。该报告对本次环境污染的污染物质、突发环境事件造成的直接经济损失、本次污染对水库生态环境影响的评价等进行评估。并判断该次事件对水库的水生生态环境没有造成长期的不良影响，无需后续的生态环境修复，无需进行进一步的中长期损害评估。湖北省环保厅于2014年9月4日作出行政处罚决定，认定磺厂坪矿业公司硫铁矿选矿项目水污染防治设施未建成，擅自投入生产，非法将生产产生的废水和尾矿排放、倾倒至厂房下方的洼地内，造成废水和废渣经洼地底部裂隙渗漏，导致千丈岩水库水体污染。责令停止生产直至验收合格，限期采取治理措施消除污染，并处罚款1000000元。行政处罚决定作出后，建始磺厂坪矿业公司仅缴纳了罚款1000000元，但并未采取有效消除污染的治理措施。

2015年4月26日，法院依原告申请，委托北京师范大学对千丈岩环境污染事件的生态修复及其费用予以鉴定，北京师范大学鉴定认为：1. 建始磺厂坪矿业公司系此次千丈岩水库生态环境损害的唯一污染源，责任主体清楚，环境损害因果关系清晰。2. 对《重庆市巫山县红椿乡千丈岩水库突发环境事件环境损害评估报告》评价的对水库生态环境没有造成长期的不良影响，无需后续生态环境修复，无需进行中长期损害评估的结论予以认可。3. 本次污染土壤的生态环境损害评估认定：经过9个月后，事发区域土壤中的乙基钠黄药已得到降解，不会对当地生态环境再次带来损害，但洼地土壤中的Fe污染物未发生自然降解，超出当地生态基线，短期内不能自然恢复，将对千丈岩水库及周边生态环境带来潜在污染风险，需采取人工干预方式进行生态修复。根据《突发环境事件应急处置阶段环境损害评估推荐方法》〔环办（2014）118号〕，采用虚拟治理成本法计算洼地土壤生态修复费用约需991000元。4. 建议后续进一步制定详细的生态修复方案，开展事故区域生态环境损害的修复，并做好后期监管工作，确保千丈岩水库的饮水安全和周边生态环境安全。在案件审理过程中，重庆绿联会申请通知鉴定人出庭，就生态修复接受质询并提出意见。鉴定人王金生教授认为，土壤元素本身不是控制性指标，就饮用水安全而言，洼地土壤中的Fe高于饮用水安全标准；被告建始磺厂坪矿业公司选矿厂所处位置地下暗河众多，地区降水量大，污染饮用水的风险较高。

【裁判结果】

重庆市万州区人民法院于2016年1月14日作出（2014）万法环公初字第00001号民事判决：一、恩施自治州建始磺厂坪矿业有限责任公司立即停止对巫山县千丈岩水库饮用水源的侵害，重新进行环境影响评价，未经批复和环境保护设施未经验收，不得生产；二、恩施自治州建始磺厂坪矿业有限责任公司在判决生效后180日内，对位于恩施自治州建始县业州镇郭家淌国有高岩子林场选矿厂洼地土壤制定修复方案进行生态修复，逾期不履行修复义务或修复不合格，由恩施自治州建始磺厂坪矿业有限责任公司承担修复费用991000元支付至指定的账号；三、恩施自治州建始磺厂坪矿业有限责任公司对其污染生态环境，损害公共利益的行为在国家级媒体上赔礼道歉；四、恩施自治州建始磺厂坪矿业有限责任公司支付重庆市绿色志愿者联合会为本案诉讼而产生的合理费用及律师费共计150000元；五、驳回重庆市绿色志愿者联合会的其他诉讼请求。一审宣判后，恩施自治州建始磺厂坪矿业有限责任公司不服，提起上诉。重庆市第二中级人民法院于2016年9月13日作出（2016）渝02民终77号民事判决：驳回上诉，维持原判。

【裁判理由】

法院生效裁判认为，本案的焦点问题之一为是否需判令停止侵害并重新作出环境影响评价。

环境侵权行为对环境的污染、生态资源的破坏往往具有不可逆性，被污染的环境、被破坏的生态资源很多时候难以恢复，单纯事后的经济赔偿不足以弥补对生态环境所造成的损失，故对于环境侵权行为应注重防患于未然，才能真正实现环境保护的目的。本案建始磺厂坪矿业公司只是暂时停止了生产行为，其“三同时”工作严重滞后、环保设施未建成等违法情形并未实际消除，随时可能恢复违法生产。由于建始磺厂坪矿业公司先前的污染行为，导致相关区域土壤中部分生态指标超过生态基线，因当地降水量大，又地处喀斯特地貌山区，裂隙和溶洞较多，暗河纵横，而其中的暗河水源正是千丈岩水库的聚水来源，污染风险明显存在。考虑到建始磺厂坪矿业公司的违法情形尚未消除、项目所处区域地质地理条件复杂特殊，在不能确保恢复生产不会再次造成环境污染的前提下，应当禁止其恢复生产，才能有效避免当地生态环境再次遭受污染破坏，亦可避免在今后发现建始磺厂坪矿业公司重新恢复违法生产后需另行诉讼的风险，减轻当事人诉累、节约司法资源。故建始磺厂坪矿业公司虽在起诉之前已停止生产，仍应判令其对千丈岩水库饮用水源停止侵害。

此外，千丈岩水库开始建设于 2008 年，而建始磺厂坪矿业公司项目的环境影响评价工作开展于 2010 年 7 月，并于 2011 年 5 月 16 日才取得当地环境行政主管部门的批复。《中华人民共和国环境影响评价法》第二十三条规定："建设项目可能造成跨行政区域的不良环境影响，有关环境保护行政主管部门对该项目的环境影响评价结论有争议的，其环境影响评价文件由共同的上一级环境保护行政主管部门审批。"考虑到该项目的性质、与水库之间的相对位置及当地特殊的地质地理条件，本应在当时项目的环境影响评价中着重考虑对千丈岩水库的影响，但由于两者分处不同省级行政区域，导致当时的环境影响评价并未涉及千丈岩水库，可见该次环境影响评价是不全面且有着明显不足的。由于新增加了千丈岩水库这一需要重点考量的环境保护目标，导致原有的环境影响评价依据发生变化，在已发生重大突发环境事件的现实情况下，涉案项目在防治污染、防止生态破坏的措施方面显然也需要作出重大变动。根据《中华人民共和国环境影响评价法》第二十四条第一款"建设项目的环境影响评价文件经批准后，建设项目的性质、规模、地点、采用的生产工艺或者防治污染、防止生态破坏的措施发生重大变动的，建设单位应当重新报批建设项目的环境影响评价文件"及《中华人民共和国水污染防治法》第十七条第三款"建设项目的水污染防治设施，应当与主体工程同时设计、同时施工、同时投入使用。水污染防治设施应当经过环境保护主管部门验收，验收不合格的，该建设项目不得投入生产或者使用"的规定，鉴于千丈岩水库的重要性、作为一级饮用水水源保护区的环境敏感性及涉案项目对水库潜在的巨大污染风险，在应当作为重点环境保护目标纳入建设项目环境影响评价而未能纳入且客观上已经造成重大突发环境事件的情况下，考虑到原有的环境影响评价依据已经发生变化，出于对重点环境保护目标的保护及公共利益的维护，建始磺厂坪矿业公司应在考虑对千丈岩水库环境影响的基础上重新对项目进行环境影响评价并履行法定审批手续，未经批复和环境保护设施未经验收，不得生产。

江苏省徐州市人民检察院诉苏州其安工艺品有限公司等环境民事公益诉讼案（最高人民法院指导案例 135 号 2019 年 12 月 26 日发布）

【关键词】 民事　环境民事公益诉讼　环境信息　不利推定

【裁判要点】

在环境民事公益诉讼中，原告有证据证明被告产生危险废物并实施了污染物处置行为，被告拒不提供其处置污染物情况等环境信息，导致无法查明污染物去向的，人民法院可以推定原告主张的环境污染事实成立。

【基本案情】

2015 年 5、6 月份，苏州其安工艺品有限公司（以下简称其安公司）将其工业生产活动中产生的 83 桶硫酸废液，以每桶 1300－3600 元不等的价格，交由黄克峰处置。黄克峰将上述硫酸废液运至苏州市区其租用的场院内，后以每桶 2000 元的价格委托何传义处置，何传义又以每桶1000元的价格委托王克义处置。王克义到物流园马路边等处随机联系外地牌号货车车主或司机，分多次将上述83桶硫酸废液直接从黄克峰存放处运出，要求他们带出苏州后随意处置，共支出运费43000元。其中，魏以东将15桶硫酸废液从苏州运至沛县经济开发区后，在农地里倾倒3桶，余下12桶被丢弃在某工地上。除以上15桶之外，其余68桶硫酸废液王克义无法说明去向。2015年12月，沛县环保部门巡查时发现12桶硫酸废液。经鉴定，确定该硫酸废液是危险废物。2016年10月，其安公司将12桶硫酸废液合法处置，支付费用116740.08元。

2017年8月2日，江苏省沛县人民检察院对其安公司、江晓鸣、黄克峰、何传义、王克义、魏以东等向徐州铁路运输法院提起公诉，该案经江苏省徐州市中级人民法院二审后，终审判决认定其安公司、江晓鸣、黄克峰、何传义、王克义、魏以东等构成污染环境罪。

江苏省徐州市人民检察院在履行职责中发现以上破坏生态环境的行为后，依法公告了准备提起本案诉讼的相关情况，公告期内未有法律规定的机关和有关组织提起诉讼。2018年5月，江苏省徐州市人民检察院向江苏省徐州市中级人民法院提起本案诉讼，请求判令其安公司、黄克峰、何传义、王克义、魏以东连带赔偿倾倒3桶硫酸废液和非法处置68桶硫酸废液造成的生态环境修复费用，并支付其为本案支付的专家辅助人咨询费、公告费，要求五被告共同在省级媒体上公开赔礼道歉。

【裁判结果】

江苏省徐州市中级人民法院于2018年9月28日作出（2018）苏03民初256号民事判决：一、苏州其安工艺品有限公司、黄克峰、何传义、王克义、魏以东于判决生效后三十日内，连带赔偿因倾倒3桶硫酸废液所产生的生态环境修复费用204415元，支付至徐州市环境保护公益金专项资金账户；二、苏州其安工艺品有限公司、黄克峰、何传义、王克义于判决生效后三十日内，连带赔偿因非法处置68桶硫酸废液所产生的生态环境修复费用4630852元，支付至徐州市环境保护公益金专项资金账户；三、苏州其安工艺品有限公司、黄克峰、何传义、王克义、魏以东于判决生效后三十日内连带支付江苏省徐州市人民检察院为本案支付的合理费用3800元；四、苏州其安工艺品有限公司、黄克峰、何传义、王克义、魏以东于判决生效后三十日内共同在省级媒体上就非法处置硫酸废液行为公开赔礼道歉。一审宣判后，各当事人均未上诉，判决已发生法律效力。

【裁判理由】

法院生效裁判认为：

一、关于在沛县经济开发区倾倒3桶硫酸废液造成的生态环境损害，五被告应否承担连带赔偿责任及赔偿数额如何确定问题

《中华人民共和国固体废物污染环境防治法》（以下简称固体废物法）第五十五条规定："产生危险废物的单位，必须按照国家有关规定处置危险废物，不得擅自倾倒、堆放"。第五十七条规定："从事收集、贮存、处置危险废物经营活动的单位，必须向县级以上人民政府环境保护行政主管部门申请领取经营许可证……禁止无经营许可证或者不按照经营许可证规定从事危险废物收集、贮存、利用、处置的经营活动"。本案中，其安公司明知黄克峰无危险废物经营许可证，仍将危险废物硫酸废液交由其处置；黄克峰、何传义、王克义、魏以东明知自己无危险废物经营许可证，仍接收其安公司的硫酸废液并非法处置。其安公司与黄克峰、何传义、王克义、魏以东分别实施违法行为，层层获取非法利益，最终导致危险废物被非法处置，对此造成的生态环境损害，应当承担赔偿责任。五被告的行为均系生态环境遭受损害的必要条件，构成共同侵权，应当在各自参与非法处置危险废物的数量范围内承担连带责任。

本案中，倾倒3桶硫酸废液污染土壤的

事实客观存在，但污染发生至今长达三年有余，且倾倒地已进行工业建设，目前已无法将受损的土壤完全恢复。根据《环境损害鉴定评估推荐方法（第Ⅱ版）》和原环境保护部《关于虚拟治理成本法适用情形与计算方法的说明》（以下简称《虚拟治理成本法说明》），对倾倒3桶硫酸废液所产生的生态环境修复费用，可以适用"虚拟治理成本法"予以确定，其计算公式为：污染物排放量×污染物单位治理成本×受损害环境敏感系数。公益诉讼起诉人委托的技术专家提出的倾倒3桶硫酸废液所致生态环境修复费用为204415元（4.28×6822.92×7）的意见，理据充分，应予采纳。该项生态环境损害系其安公司、黄克峰、何传义、王克义、魏以东五被告的共同违法行为所致，五被告应连带承担204415元的赔偿责任。

二、关于五被告应否就其余68桶硫酸废液承担生态环境损害赔偿责任，赔偿数额如何确定问题

根据固体废物法等法律法规，我国实行危险废物转移联单制度，申报登记危险废物的流向、处置情况等，是危险废物产生单位的法定义务；如实记载危险废物的来源、去向、处置情况等，是危险废物经营单位的法定义务；产生、收集、贮存、运输、利用、处置危险废物的单位和个人，均应设置危险废物识别标志，均有采取措施防止危险废物污染环境的法定义务。本案中，其安公司对硫酸废液未履行申报登记义务，未依法申请领取危险废物转移联单，黄克峰、何传义、王克义三被告非法从事危险废物经营活动，没有记录硫酸废液的流向及处置情况等，其安公司、黄克峰、何传义、王克义四被告逃避国家监管，非法转移危险废物，不能说明68桶硫酸废液的处置情况，没有采取措施防止硫酸废液污染环境，且68桶硫酸废液均没有设置危险废物识别标志，而容器上又留有出水口，即使运出苏州后被整体丢弃，也存在液体流出污染环境甚至危害人身财产安全的极大风险。因此，根据《最高人民法院关于审理环境民事公益诉讼案件适用法律若干问题的解释》第十三条"原告请求被告提供其排放的主要污染物名称、排放方式、排放浓度和总量、超标排放情况以及防治污染设施的建设和运行情况等环境信息，法律、法规、规章规定被告应当持有或者有证据证明被告持有而拒不提供，如果原告主张相关事实不利于被告的，人民法院可以推定该主张成立"之规定，本案应当推定其余68桶硫酸废液被非法处置并污染了环境的事实成立。

关于该项损害的赔偿数额。根据《虚拟治理成本法说明》，该项损害的具体情况不明确，其产生的生态环境修复费用，也可以适用"虚拟治理成本法"予以确定。如前所述，68桶硫酸废液的重量仍应以每桶1.426吨计算，共计96.96吨；单位治理成本仍应确定为6822.92元。关于受损害环境敏感系数。本案非法处置68桶硫酸废液实际损害的环境介质及环境功能区类别不明，可能损害的环境介质包括土壤、地表水或地下水中的一种或多种。而不同的环境介质、不同的环境功能区类别，其所对应的环境功能区敏感系数不同，存在2－11等多种可能。公益诉讼起诉人主张适用的系数7，处于环境敏感系数的中位，对应Ⅱ类地表水、Ⅱ类土壤、Ⅲ类地下水，而且本案中已经查明的3桶硫酸废液实际污染的环境介质即为Ⅱ类土壤。同时，四被告也未能举证证明68桶硫酸废液实际污染了敏感系数更低的环境介质。因此，公益诉讼起诉人的主张具有合理性，同时体现了对逃避国家监管、非法转移处置危险废物违法行为的适度惩罚，应予采纳。综上，公益诉讼起诉人主张非法处置68桶硫酸废液产生的生态环境修复费用为4630852元（96.96×6822.92×7），应予支持。同时，如果今后查明68桶硫酸废液实际污染了敏感系数更高的环境介质，以上修复费用尚不足以弥补生态环境损害的，法律规定的机关和有关组织仍可以就新发现的事实向被告另行主张。该项生态环境损害系其安公司、黄克峰、何传义、王克义四被告的共同违法行为所致，四被

告应连带承担4630852元的赔偿责任。

综上所述，生态文明建设是关系中华民族永续发展的根本大计，生态环境没有替代品，保护生态环境人人有责。产生、收集、贮存、运输、利用、处置危险废物的单位和个人，必须严格履行法律义务，切实采取措施防止危险废物对环境的污染。被告其安公司、黄克峰、何传义、王克义、魏以东没有履行法律义务，逃避国家监管，非法转移处置危险废物，任由危险废物污染环境，对此造成的生态环境损害，应当依法承担侵权责任。

典型案例

中华环境保护基金会诉中化重庆涪陵化工有限公司环境污染民事公益诉讼案（《长江流域生态环境司法保护典型案例》第六号　2021年2月25日）

【基本案情】

中化重庆涪陵化工有限公司（以下简称涪陵化工公司）将生产过程中产生的磷石膏直接堆放在长江边长达18年，覆盖面积达700多亩，最深处达125米，造成当地生态环境损害严重，并对长江生态安全产生重大威胁。经媒体曝光后，涪陵化工公司立即制定环境问题整改处置方案，并报请重庆市环保监管部门批准。2017年1月，中华环境保护基金会以涪陵化工公司超标排放污染物等行为违法，给当地环境带来极大破坏为由提起环境民事公益诉讼，请求判令涪陵化工公司立即停止环境侵害行为，赔偿相应的修复费用以及生态环境服务功能损失费或采取替代性修复方式。重庆市人民检察院第三分院依法支持起诉。

【裁判结果】

重庆市第三中级人民法院一审审理中，中华环境保护基金会与涪陵化工公司达成如下调解协议：一是涪陵化工公司承诺严格贯彻落实重庆市及当地环保主管部门批复同意的环境问题整改处置方案，在2019年12月31日前完成封场、覆土、复绿等环境整治工作；二是涪陵化工公司支付803700.80元，用于本案或者本地区大气环境、水环境修复或替代性修复等公益用途。一审法院经审查认为，上述协议内容符合法律规定，不违反社会公共利益，予以确认。在一审法院监督下，涪陵化工公司已完成调解书确定的各项义务。

【典型意义】

本案系长江边磷石膏尾矿库引发的环境污染民事公益诉讼。总磷是长江首要超标污染因子，磷石膏尾矿库通过渗滤液渗漏等方式污染土壤、地下水等，对长江构成巨大威胁。本案中，人民法院探索建立以法院为主导的案件执行机制，充分延伸环境资源审判职能，及时向有关单位发出司法建议，形成监督合力，确保涪陵化工公司按时按约履行调解书。同时，积极构建生态环境修复协调联动机制，邀请检察机关、环境资源行政主管部门共同制定生态环境修复评估标准，对修复工作进行联合巡检；邀请人大代表、政协委员对案件执行工作进行监督。本案的审判和执行过程创新完善环境民事公益诉讼案件执行机制，充分体现出人民法院在服务和保障长江流域生态文明建设中的主动担当作为。

北京市朝阳区自然之友环境研究所诉中国水电顾问集团新平开发有限公司等环境污染责任民事公益诉讼案（《长江流域生态环境司法保护典型案例》第七号　2021年2月25日）

【基本案情】

中国水电顾问集团新平开发有限公司（以下简称新平公司）开发建设云南红河戛洒江一级水电站。根据《云南省生态保护红线》附件1《云南省生态保护红线分布图》所示，案涉水电站淹没区大部分被划入红河（元江）干热河谷及山原水土保持生态保护红线范围，在该区域内，绿孔雀为重点保护物种。2017年7月，生态环境部责令新平公司就该项目建设开展环境影响后评价，后评价工作完成前，不得蓄水发电。之后，新平公司即停止对案涉水电站建设项目的施工。北京市朝阳区自然之友环境研究所（以下简称自然之友）以案涉水电站一旦蓄水将导致绿孔雀栖息地被淹没、绿孔雀存在灭绝可能，并危害生长在该区域陈氏苏铁、破坏当地珍贵的干热河谷季雨林生态系统为由，提起环境民事公益诉讼。

【裁判结果】

云南省昆明市中级人民法院一审认为，本案系预防性环境公益诉讼，根据《最高人民法院关于审理环境民事公益诉讼案件适用法律若干问题的解释》第八条的规定，自然之友已举证证明案涉水电站的淹没区是绿孔雀频繁活动区域，构成其生物学上的栖息地，一旦淹没很可能会对绿孔雀的生存造成严重损害。同时，案涉水电站原环境影响报告书未涉及陈氏苏铁的保护，若继续建设将使该区域珍稀动植物的生存面临重大风险。故判决新平公司立即停止案涉水电站项目建设，待其按生态环境部要求完成环境影响后评价及备案工作后，再由相关行政主管部门视具体情况依法作出决定。云南省高级人民法院二审维持一审判决。

【典型意义】

本案系珍稀野生动植物保护预防性环境民事公益诉讼案件。预防性公益诉讼是环境资源审判落实预防为主原则的重要体现，突破了有损害才有救济的传统理念，将生态环境保护的阶段提升至事中甚至事前，有助于加大生态环境保护力度，避免生态环境遭受损害或者防止损害的进一步扩大。本案中，自然之友已举证证明案涉水电站如果继续建设，势必导致国家Ⅰ级重点保护动物绿孔雀和国家Ⅰ级重点保护植物陈氏苏铁的生存环境被淹没，导致该区域的生物多样性和遗传资源遭受直观预测且不可逆转的损害。人民法院贯彻落实习近平总书记“共抓大保护、不搞大开发”重要指示精神，依法判定新平公司停止基于现有环境影响评价下的水电站建设项目，责令完善相关手续，为长江流域生物多样性保护提供有力司法保障。

中国生物多样性保护与绿色发展基金会诉雅砻江流域水电开发有限公司环境民事公益诉讼案（《长江流域生态环境司法保护典型案例》第八号 2021年2月25日）

【基本案情】

雅砻江上的牙根梯级电站由雅砻江流域水电开发有限公司（以下简称雅砻江公司）负责建设和管理，现处于项目预可研阶段，水电站及其辅助工程（公路等）尚未开工建设。中国生物多样性保护与绿色发展基金会（以下简称绿发会）认为，雅江县麻郎措乡沃洛希村（音译）附近的五小叶槭种群是当今世界上残存最大的五小叶槭种群，是唯一还有自然繁衍能力的种群。牙根梯级电站即将修建，根据五小叶槭雅江种群的分布区海拔高度和水电站水位高度对比数值，牙根梯级水电站以及配套的公路建设将直接威胁到五小叶槭的生存，对社会公共利益构成直接威胁。绿发会遂提起本案诉讼。

【裁判结果】

四川省甘孜藏族自治州中级人民法院一审认为，鉴于五小叶槭在生物多样性红色名录中的等级及牙根梯级电站建成后可能存在对案涉地五小叶槭原生存环境造成破坏、影响其生存的潜在风险，可能损害社会公共利益。考虑到牙根梯级电站现处在项目预可研阶段，故判决雅砻江公司应当将五小叶槭的生存环境作为牙根梯级电站项目可研阶段环境评价工作的重要内容，环境影响报告书经环境保护行政主管部门审批通过后，才能继续开展下一步的工作。

【典型意义】

本案系全国首例针对珍稀野生植物的预防性公益诉讼。长江上游是我国水能资源蕴藏丰富的地区，也是自然环境良好、生物物种丰富、地质条件脆弱的生态功能区。本案中，人民法院依法处理好生态环境保护与经济发展的关系，将生态优先的原则贯穿到水电规划开发的全过程，在进行项目可行性研究时充分尊重五小叶槭的生存环境，成功避免了环境安全与效益价值的冲突。同时，五小叶槭虽未列入我国《国家重点保护野生植物名录》，但世界自然保护联盟已将其评估为“极度濒危”、列入红色名录，人民法院判令雅砻江公司采取预防性措施保护五小叶槭生存环境，充分体现了我国作为《生物多样性公约》缔约国的责任和担当。

467. 英雄烈士保护民事公益诉讼

》《中华人民共和国民法典》（2020 年）

第一百八十五条　【侵害英烈等的姓名、肖像、名誉、荣誉的民事责任】 侵害英雄烈士等的姓名、肖像、名誉、荣誉，损害社会公共利益的，应当承担民事责任。

》《中华人民共和国英雄烈士保护法》（2018 年）

第二十五条　对侵害英雄烈士的姓名、肖像、名誉、荣誉的行为，英雄烈士的近亲属可以依法向人民法院提起诉讼。

英雄烈士没有近亲属或者近亲属不提起诉讼的，检察机关依法对侵害英雄烈士的姓名、肖像、名誉、荣誉，损害社会公共利益的行为向人民法院提起诉讼。

负责英雄烈士保护工作的部门和其他有关部门在履行职责过程中发现第一款规定的行为，需要检察机关提起诉讼的，应当向检察机关报告。

英雄烈士近亲属依照第一款规定提起诉讼的，法律援助机构应当依法提供法律援助服务。

第二十六条　以侮辱、诽谤或者其他方式侵害英雄烈士的姓名、肖像、名誉、荣誉，损害社会公共利益的，依法承担民事责任；构成违反治安管理行为的，由公安机关依法给予治安管理处罚；构成犯罪的，依法追究刑事责任。

》《最高人民法院、最高人民检察院关于检察公益诉讼案件适用法律若干问题的解释》（法释〔2018〕6 号　2018 年 3 月 1 日）

第四条　人民检察院以公益诉讼起诉人身份提起公益诉讼，依照民事诉讼法、行政诉讼法享有相应的诉讼权利，履行相应的诉讼义务，但法律、司法解释另有规定的除外。

第五条　市（分、州）人民检察院提起的第一审民事公益诉讼案件，由侵权行为地或者被告住所地中级人民法院管辖。

基层人民检察院提起的第一审行政公益诉讼案件，由被诉行政机关所在地基层人民法院管辖。

典型案例

》董存瑞、黄继光英雄烈士名誉权纠纷公益诉讼案——杭州市西湖区人民检察院诉瞿某某侵害烈士名誉权公益诉讼案（《人民法院大力弘扬社会主义核心价值观十大典型民事案例》案例一　2020 年 5 月 13 日）

【基本案情】

瞿某某在其经营的网络店铺中出售两款贴画，一款印有“董存瑞舍身炸碉堡”形象及显著文字“连长 你骗我！两面都有胶!!”，另一款印有“黄继光舍身堵机枪口”形象及显著文字“为了妹子，哥愿意往火坑跳！”杭州市某居民在该店购买了上述印有董存瑞、黄继光宣传形象及配文的贴画后，认为案涉网店经营者侵害了董存瑞、黄继光的名誉并伤害了其爱国情感，遂向杭州市西湖区检察院举报。

西湖区检察院发布公告通知董存瑞、黄继光近亲属提起民事诉讼。公告期满后，无符合条件的原告起诉，西湖区检察院遂向杭州互联网法院提起民事公益诉讼。

【裁判结果】

杭州互联网法院认为，英雄烈士是国家的精神坐标，是民族的不朽脊梁。英雄烈士董存瑞在“解放战争”中舍身炸碉堡，英雄烈士黄继光在“抗美援朝”战争中舍身堵枪眼，用鲜血和生命谱写了惊天动地的壮歌，体现了崇高的革命气节和伟大的爱国精神，是社会主义核心价值观的重要体现。任何人都不得歪曲、丑化、亵渎、否定英雄烈士的事迹和精神。被告瞿某某作为中华人民共和国公民，应当崇尚、铭记、学习、捍卫英雄烈士，不得侮辱、诽谤英雄烈士的名誉。其通过网络平台销售亵渎英雄烈士形象贴画的行为，已对英雄烈士名誉造成贬损，且主观上属明知，构成对董存瑞、黄继光的名誉侵权。同时，被告瞿某某多年从事网店销售活动，应知图片一经发布即可能被不特定人群查看，商品一经上线便可能扩散到全国各地，但其仍然在网络平台发布、销售上述贴画，造成了恶劣的社会影响，损害了社会公共利益，依法应当承担民事法律责任。该院判决瞿某某立即停止侵害英雄烈士董存瑞、黄继光名誉权的行为，即销毁库存、不得再继续销售案涉贴画，并于判决生效之日起十日内在国家级媒体公开赔礼道歉、消除影响。

【典型意义】

核心价值：革命英烈保护

董存瑞、黄继光等英雄烈士的事迹和精神是中华民族共同的历史记忆和宝贵的精神财富。对英烈事迹的亵渎，不仅侵害了英烈本人的名誉权，给英烈亲属造成精神痛苦，也伤害了社会公众的民族和历史感情，损害了社会公共利益。互联网名誉侵权案件具有传播速度快、社会影响大等特点，该两案系全国首次通过互联网审理涉英烈保护民事公益诉讼案件，明确侵权结果发生地法院对互联网民事公益诉讼案件具有管辖权，有利于高效、精准打击利用互联网侵害英雄烈士权益不法行为，为网络空间注入尊崇英雄、热爱英雄、景仰英雄的法治能量。

》淮安谢勇烈士名誉权纠纷公益诉讼案——淮安市人民检察院诉曾某侵害烈士名誉权公益诉讼案（《人民法院大力弘扬社会主义核心价值观十大典型民事案例》案例二　2020年5月13日）

【基本案情】

江苏省淮安某小区一高层住宅发生火灾，消防战士谢勇在解救被困群众时坠楼壮烈牺牲，公安部和江苏省有关部门追认谢勇同志“革命烈士”称号，追记一等功以及追授谢勇“灭火救援勇士”荣誉称号。被告曾某对谢勇烈士救火牺牲一事在微信群中公然发表“不死是狗熊，死了就是英雄”“自己操作失误掉下来死了能怪谁，真不知道部队平时是怎么训练的”“别说拘留、坐牢我多（都）不怕”等侮辱性言论，歪曲烈士谢勇英勇牺牲的事实。谢勇的近亲属表示对曾某的侵权行为不提起民事诉讼，并支持检察机关提起诉讼追究曾某侵权责任。江苏省淮安市人民检察院遂向淮安市中级人民法院提起民事公益诉讼，请求判令曾某通过媒体公开赔礼道歉、消除影响。

【裁判结果】

淮安市中级人民法院认为，英烈精神是弘扬社会主义核心价值观和爱国主义精神的体现，全社会都应当认识到对英雄烈士合法权益保护的重要意义，有责任维护英雄烈士的名誉和荣誉等民事权益。本案中，被告曾某利用微信群，发表带有侮辱性质的不实言论，歪曲烈士谢勇英勇牺牲的事实。因该微信群成员较多且易于传播，被告的此种行为对谢勇烈士不畏艰难、不惧牺牲、无私奉献的精神造成了负面影响，已经超出了言论自由的范畴，构成了对谢勇烈士名誉的侵害。网络不是法外之地，任何人不得肆意歪曲、亵渎英雄事迹和精神。诋毁烈士形象是对社会公德的严重挑战，被告曾某的行为侵犯社会公共利益，该院判令曾某应当在当地地级市一级报纸上公开赔礼道歉。

【典型意义】

核心价值：当代英烈保护

本案是《中华人民共和国英雄烈士保护法》实施后全国首例适用该法进行审判的案件，是以检察机关提起公益诉讼方式保护当代消防英烈名誉、维护社会公共利益的典型案例。本案中，谢勇烈士的英雄事迹和精神为国家所褒扬，成为全社会、全民族宝贵的精神遗产，其名誉、荣誉等人格权益已经上升为社会公共利益，不容亵渎。曾某利用成员众多、易于传播的微信群，故意发表带有侮辱性质的不实言论，歪曲烈士谢勇英勇牺牲的事实，诋毁烈士形象，已经超出了言论自由的范畴，侵害了谢勇烈士人格权益和社会公共利益，应承担相应的法律责任。本案裁判顺应时代要求，回应民众呼声，通过释法说理匡扶正义，传播社会正能量，弘扬时代主旋律，对营造崇尚英烈、敬重英烈、捍卫英烈精神的社会环境以及引导公众树立正确的历史观、民族观、文化观，起到积极作用。

» 杭州市上城区人民检察院诉某网络科技有限公司英雄烈士保护民事公益诉讼案 ［《人民法院贯彻实施民法典典型案例（第一批）》案例三 2022 年 2 月 25 日］

【典型意义】

英雄烈士是一个国家和民族精神的体现，是引领社会风尚的标杆，加强对英烈姓名、名誉、荣誉等的法律保护，对于促进社会尊崇英烈、扬善抑恶、弘扬社会主义核心价值观意义重大。为更好地弘扬英雄烈士精神，增强民族凝聚力，维护社会公共利益，民法典第一百八十五条对英雄烈士等的人格利益保护作出了特别规定。本案适用民法典的规定，认定将雷锋姓名用于商业广告和营利宣传，曲解了雷锋精神，构成对雷锋同志人格利益的侵害，损害了社会公共利益，依法应当承担相应法律责任，为网络空间注入缅怀英烈、热爱英烈、敬仰英烈的法治正能量。

【基本案情】

被告某网络科技有限公司将其付费会员称为“雷锋会员”，将其提供服务的平台称为“雷锋社群”，将其注册运营的微信公众号称为“雷锋哥”，在微信公众号上发布有“雷锋会员”“雷锋社群”等文字的宣传海报和文章，并在公司住所地悬挂“雷锋社群”文字标识。该公司以“雷锋社群”名义多次举办“创业广交会”“电商供应链大会”“全球云选品对接会”等商业活动，并以“雷锋社群会费”等名目收取客户费用 16 笔，金额共计 308464 元。公益诉讼起诉人诉称，要求被告立即停止在经营项目中以雷锋的名义进行宣传，并在浙江省内省级媒体就使用雷锋姓名赔礼道歉。

【裁判结果】

生效裁判认为，英雄的事迹和精神是中华民族共同的历史记忆和精神财富，雷锋同志的姓名作为一种重要的人格利益，应当受到保护。某网络科技有限公司使用的“雷锋”文字具有特定意义，确系社会公众所广泛认知的雷锋同志之姓名。该公司明知雷锋同志的姓名具有特定的意义，仍擅自将其用于开展网络商业宣传，会让公众对“雷锋社群”等称谓产生误解，侵犯了英雄烈士的人格利益。将商业运作模式假“雷锋精神”之名推广，既曲解了“雷锋精神”，与社会公众的一般认知相背离，也损害了承载于其上的人民群众的特定感情，对营造积极健康的网络环境产生负面影响，侵害了社会公共利益。故判决被告停止使用雷锋同志姓名的行为（包括停止使用“雷锋哥”微信公众号名称、“雷锋社群”名称、“雷锋会员”名称），并在浙江省内省级报刊向社会公众发表赔礼道歉的声明。

468. 未成年人保护民事公益诉讼

相关规范

《中华人民共和国未成年人保护法》（2018 年）

第一百零六条 未成年人合法权益受到侵犯，相关组织和个人未代为提起诉讼的，人民检察院可以督促、支持其提起诉讼；涉及公共利益的，人民检察院有权提起公益诉讼。

469. 消费者权益保护民事公益诉讼

相关规范

《中华人民共和国消费者权益保护法》（2013 年）

第四十七条 对侵害众多消费者合法权益的行为，中国消费者协会以及在省、自治区、直辖市设立的消费者协会，可以向人民法院提起诉讼。

《最高人民法院关于审理食品药品纠纷案件适用法律若干问题的规定》（法释〔2013〕28 号 2013 年 12 月 23 日）

第十七条 消费者与化妆品、保健品等产品的生产者、销售者、广告经营者、广告发布者、推荐者、检验机构等主体之间的纠纷，参照适用本规定。

消费者协会依法提起公益诉讼的，参照适用本规定。

《最高人民法院关于审理消费民事公益诉讼案件适用法律若干问题的解释》（2020 年 12 月 23 日修正）

第二条 经营者提供的商品或者服务具有下列情形之一的，适用消费者权益保护法第四十七条规定：

（一）提供的商品或者服务存在缺陷，侵害众多不特定消费者合法权益的；

（二）提供的商品或者服务可能危及消费者人身、财产安全，未作出真实的说明和明确的警示，未标明正确使用商品或者接受服务的方法以及防止危害发生方法的；对提供的商品或者服务质量、性能、用途、有效期限等信息作虚假或引人误解宣传的；

（三）宾馆、商场、餐馆、银行、机场、车站、港口、影剧院、景区、体育场馆、娱乐场所等经营场所存在危及消费者人身、财产安全危险的；

（四）以格式条款、通知、声明、店堂告示等方式，作出排除或者限制消费者权利、减轻或者免除经营者责任、加重消费者责任等对消费者不公平、不合理规定的；

（五）其他侵害众多不特定消费者合法权益或者具有危及消费者人身、财产安全危险等损害社会公共利益的行为。

第三条 消费民事公益诉讼案件管辖适用《最高人民法院关于适用〈中华人民共和国民事诉讼法〉的解释》第二百八十五条的有关规定。

经最高人民法院批准，高级人民法院可以根据本辖区实际情况，在辖区内确定部分中级人民法院受理第一审消费民事公益诉讼案件。

第四条 提起消费民事公益诉讼应当提交下列材料：

（一）符合民事诉讼法第一百二十一条规定的起诉状，并按照被告人数提交副本；

（二）被告的行为侵害众多不特定消费者合法权益或者具有危及消费者人身、财产安全危险等损害社会公共利益的初步证据；

（三）消费者组织就涉诉事项已按照消

费者权益保护法第三十七条第四项或者第五项的规定履行公益性职责的证明材料。

第五条　人民法院认为原告提出的诉讼请求不足以保护社会公共利益的，可以向其释明变更或者增加停止侵害等诉讼请求。

第六条　人民法院受理消费民事公益诉讼案件后，应当公告案件受理情况，并在立案之日起十日内书面告知相关行政主管部门。

第七条　人民法院受理消费民事公益诉讼案件后，依法可以提起诉讼的其他机关或者社会组织，可以在一审开庭前向人民法院申请参加诉讼。

人民法院准许参加诉讼的，列为共同原告；逾期申请的，不予准许。

第八条　有权提起消费民事公益诉讼的机关或者社会组织，可以依据民事诉讼法第八十一条规定申请保全证据。

第九条　人民法院受理消费民事公益诉讼案件后，因同一侵权行为受到损害的消费者申请参加诉讼的，人民法院应当告知其根据民事诉讼法第一百一十九条规定主张权利。

第十条　消费民事公益诉讼案件受理后，因同一侵权行为受到损害的消费者请求对其根据民事诉讼法第一百一十九条规定提起的诉讼予以中止，人民法院可以准许。

第十一条　消费民事公益诉讼案件审理过程中，被告提出反诉的，人民法院不予受理。

第十二条　原告在诉讼中承认对己方不利的事实，人民法院认为损害社会公共利益的，不予确认。

第十三条　原告在消费民事公益诉讼案件中，请求被告承担停止侵害、排除妨碍、消除危险、赔礼道歉等民事责任的，人民法院可予支持。

经营者利用格式条款或者通知、声明、店堂告示等，排除或者限制消费者权利、减轻或者免除经营者责任、加重消费者责任，原告认为对消费者不公平、不合理主张无效的，人民法院应依法予以支持。

第十四条　消费民事公益诉讼案件裁判生效后，人民法院应当在十日内书面告知相关行政主管部门，并可发出司法建议。

第十五条　消费民事公益诉讼案件的裁判发生法律效力后，其他依法具有原告资格的机关或者社会组织就同一侵权行为另行提起消费民事公益诉讼的，人民法院不予受理。

第十六条　已为消费民事公益诉讼生效裁判认定的事实，因同一侵权行为受到损害的消费者根据民事诉讼法第一百一十九条规定提起的诉讼，原告、被告均无需举证证明，但当事人对该事实有异议并有相反证据足以推翻的除外。

消费民事公益诉讼生效裁判认定经营者存在不法行为，因同一侵权行为受到损害的消费者根据民事诉讼法第一百一十九条规定提起的诉讼，原告主张适用的，人民法院可予支持，但被告有相反证据足以推翻的除外。被告主张直接适用对其有利认定的，人民法院不予支持，被告仍应承担相应举证证明责任。

第十七条　原告为停止侵害、排除妨碍、消除危险采取合理预防、处置措施而发生的费用，请求被告承担的，人民法院应依法予以支持。

第十八条　原告及其诉讼代理人对侵权行为进行调查、取证的合理费用、鉴定费用、合理的律师代理费用，人民法院可根据实际情况予以相应支持。

五十三、第三人撤销之诉

470. 第三人撤销之诉

相关规范

《中华人民共和国民事诉讼法》（2021年修正）

第五十九条 对当事人双方的诉讼标的，第三人认为有独立请求权的，有权提起诉讼。

对当事人双方的诉讼标的，第三人虽然没有独立请求权，但案件处理结果同他有法律上的利害关系的，可以申请参加诉讼，或者由人民法院通知他参加诉讼。人民法院判决承担民事责任的第三人，有当事人的诉讼权利义务。

前两款规定的第三人，因不能归责于本人的事由未参加诉讼，但有证据证明发生法律效力的判决、裁定、调解书的部分或者全部内容错误，损害其民事权益的，可以自知道或者应当知道其民事权益受到损害之日起六个月内，向作出该判决、裁定、调解书的人民法院提起诉讼。人民法院经审理，诉讼请求成立的，应当改变或者撤销原判决、裁定、调解书；诉讼请求不成立的，驳回诉讼请求。

《最高人民法院关于适用〈中华人民共和国民事诉讼法〉的解释》（2022年3月22日修正）

第二百九十条 第三人对已经发生法律效力的判决、裁定、调解书提起撤销之诉的，应当自知道或者应当知道其民事权益受到损害之日起六个月内，向作出生效判决、裁定、调解书的人民法院提出，并应当提供存在下列情形的证据材料：

（一）因不能归责于本人的事由未参加诉讼；

（二）发生法律效力的判决、裁定、调解书的全部或者部分内容错误；

（三）发生法律效力的判决、裁定、调解书内容错误损害其民事权益。

第二百九十一条 人民法院应当在收到起诉状和证据材料之日起五日内送交对方当事人，对方当事人可以自收到起诉状之日起十日内提出书面意见。

人民法院应当对第三人提交的起诉状、证据材料以及对方当事人的书面意见进行审查。必要时，可以询问双方当事人。

经审查，符合起诉条件的，人民法院应当在收到起诉状之日起三十日内立案。不符合起诉条件的，应当在收到起诉状之日起三十日内裁定不予受理。

第二百九十二条 人民法院对第三人撤销之诉案件，应当组成合议庭开庭审理。

第二百九十三条 民事诉讼法第五十九条第三款规定的因不能归责于本人的事由未参加诉讼，是指没有被列为生效判决、裁定、调解书当事人，且无过错或者无明显过错的情形。包括：

（一）不知道诉讼而未参加的；

（二）申请参加未获准许的；

（三）知道诉讼，但因客观原因无法参加的；

（四）因其他不能归责于本人的事由未参加诉讼的。

第二百九十四条 民事诉讼法第五十九条第三款规定的判决、裁定、调解书的部分或者全部内容，是指判决、裁定的主文，调解书中处理当事人民事权利义务的结果。

第二百九十五条 对下列情形提起第三人撤销之诉的，人民法院不予受理：

（一）适用特别程序、督促程序、公示催告程序、破产程序等非讼程序处理的案件；

（二）婚姻无效、撤销或者解除婚姻关系等判决、裁定、调解书中涉及身份关系的内容；

（三）民事诉讼法第五十七条规定的未参加登记的权利人对代表人诉讼案件的生效裁判；

（四）民事诉讼法第五十八条规定的损害社会公共利益行为的受害人对公益诉讼案件的生效裁判。

第二百九十六条 第三人提起撤销之诉，人民法院应当将该第三人列为原告，生效判决、裁定、调解书的当事人列为被告，但生效判决、裁定、调解书中没有承担责任的无独立请求权的第三人列为第三人。

第二百九十七条 受理第三人撤销之诉案件后，原告提供相应担保，请求中止执行的，人民法院可以准许。

第二百九十八条 对第三人撤销或者部分撤销发生法律效力的判决、裁定、调解书内容的请求，人民法院经审理，按下列情形分别处理：

（一）请求成立且确认其民事权利的主张全部或部分成立的，改变原判决、裁定、调解书内容的错误部分；

（二）请求成立，但确认其全部或部分民事权利的主张不成立，或者未提出确认其民事权利请求的，撤销原判决、裁定、调解书内容的错误部分；

（三）请求不成立的，驳回诉讼请求。

对前款规定裁判不服的，当事人可以上诉。

原判决、裁定、调解书的内容未改变或者未撤销的部分继续有效。

第二百九十九条 第三人撤销之诉案件审理期间，人民法院对生效判决、裁定、调解书裁定再审的，受理第三人撤销之诉的人民法院应当裁定将第三人的诉讼请求并入再审程序。但有证据证明原审当事人之间恶意串通损害第三人合法权益的，人民法院应当先行审理第三人撤销之诉案件，裁定中止再审诉讼。

第三百条 第三人诉讼请求并入再审程序审理的，按照下列情形分别处理：

（一）按照第一审程序审理的，人民法院应当对第三人的诉讼请求一并审理，所作的判决可以上诉；

（二）按照第二审程序审理的，人民法院可以调解，调解达不成协议的，应当裁定撤销原判决、裁定、调解书，发回一审法院重审，重审时应当列明第三人。

第三百零一条 第三人提起撤销之诉后，未中止生效判决、裁定、调解书执行的，执行法院对第三人依照民事诉讼法第二百三十四条规定提出的执行异议，应予审查。第三人不服驳回执行异议裁定，申请对原判决、裁定、调解书再审的，人民法院不予受理。

案外人对人民法院驳回其执行异议裁定不服，认为原判决、裁定、调解书内容错误损害其合法权益的，应当根据民事诉讼法第二百三十四条规定申请再审，提起第三人撤销之诉的，人民法院不予受理。

》《最高人民法院关于印发〈全国法院民商事审判工作会议纪要〉的通知》

（法〔2019〕254 号 2019 年 11 月 8 日）

120.**【债权人能否提起第三人撤销之诉】**第三人撤销之诉中的第三人仅局限于《民事诉讼法》第 56 条规定的有独立请求权及无独立请求权的第三人，而且一般不包括债权人。但是，设立第三人撤销之诉的目的在于，救济第三人享有的因不能归责于本人的事由未参加诉讼但因生效裁判文书内容错误受到损害的民事权益，因此，债权人在下列情况下可以提起第三人撤销之诉：

（1）该债权是法律明确给予特殊保护的债权，如《合同法》第286条规定的建设工程价款优先受偿权，《海商法》第22条规定的船舶优先权；

（2）因债务人与他人的权利义务被生效裁判文书确定，导致债权人本来可以对《合同法》第74条和《企业破产法》第31条规定的债务人的行为享有撤销权而不能行使的；

（3）债权人有证据证明，裁判文书主文确定的债权内容部分或者全部虚假的。

债权人提起第三人撤销之诉还要符合法律和司法解释规定的其他条件。对于除此之外的其他债权，债权人原则上不得提起第三人撤销之诉。

指导案例

高光诉三亚天通国际酒店有限公司、海南博超房地产开发有限公司等第三人撤销之诉案（最高人民法院指导案例148号　2021年2月19日发布）

【关键词】　民事　第三人撤销之诉　公司法人　股东　原告主体资格

【裁判要点】

公司股东对公司法人与他人之间的民事诉讼生效裁判不具有直接的利益关系，不符合民事诉讼法第五十六条规定的第三人条件，其以股东身份提起第三人撤销之诉的，人民法院不予受理。

【基本案情】

2005年11月3日，高光和邹某某作为公司股东（发起人）发起成立海南博超房地产开发有限公司（以下简称博超公司），高光、邹某某出资比例各占50%，邹某某任该公司执行董事、法定代表人。

2011年6月16日，博超公司、三亚南海岸旅游服务有限公司（以下简称南海岸公司）、三亚天通国际酒店有限公司（以下简称天通公司）、北京天时房地产开发有限公司（以下简称天时公司）四方共同签署了《协议书》，对位于海南省三亚市三亚湾海坡开发区的碧海华云酒店（现为天通国际酒店）的现状、投资额及酒店产权确认、酒店产权过户手续的办理、工程结算及结算资料的移交、违约责任等方面均作明确约定。2012年8月1日，天通公司以博超公司和南海岸公司为被告、天时公司为第三人向海南省高级人民法院提起合资、合作开发房地产合同纠纷之诉，提出碧海华云酒店（现为天通国际酒店）房屋所有权（含房屋占用范围内的土地使用权）归天通公司所有以及博超公司向天通公司支付违约金720万元等诉讼请求。海南省高级人民法院作出（2012）琼民一初字第3号民事判决，支持了天通公司的诉讼请求，判决作出后，各方当事人均未提出上诉。

2012年8月28日，高光以博超公司经营管理发生严重困难，继续存续将会使股东利益遭受重大损失为由起诉请求解散公司。2013年9月12日，海南省海口市中级人民法院作出（2013）海中法民二初字第5号民事判决，判决解散博超公司。博超公司不服该判决，提出上诉。2013年12月19日，海南省高级人民法院就该案作出（2013）琼民二终字第35号民事判决，判决驳回上诉，维持原判。2014年9月18日，海口市中级人民法院指定海南天皓律师事务所担任博超公司管理人，负责博超公司的清算。

2015年4月20日，博超公司管理人以天通公司、天时公司、南海岸公司为被告，向海南省高级人民法院起诉：请求确认博超公司于2011年6月16日签订的《协议书》无效，将位于海南省三亚市三亚湾路海坡度假区15370.84平方米的土地使用权及29851.55平方米的地上建筑物返还过户登记至博超公司管理人名下。海南省高级人民法院裁定驳回了博超公司管理人的起诉。诉讼过程中，天时公司、天通公司收到该案诉讼文书后与博超公司管理人联系并向其提供了（2012）琼民一初字第3号民事判决的复印件。高光遂据此向海南省高级人民法院就（2012）琼民一初字第3号民事判决提起本案第三人撤销之诉。

【裁判结果】

海南省高级人民法院于2016年8月23日作出（2015）琼民一初字第43号民事裁定书，驳回原告高光的起诉。高光不服，提起上诉。最高人民法院于2017年6月22日作出（2017）最高法民终63号民事裁定书，驳回上诉，维持原裁定。

【裁判理由】

最高人民法院认为：本案系高光针对已生效的海南省高级人民法院（2012）琼民一初字第3号民事判决而提起的第三人撤销之诉。第三人撤销之诉制度的设置功能，主要是为了保护受错误生效裁判损害的未参加原诉的第三人的合法权益。由于第三人本人以外的原因未能参加原诉，导致人民法院作出了错误裁判，在这种情形下，法律赋予本应参加原诉的第三人有权通过另诉的方式撤销原生效裁判。因此，提起第三人撤销之诉的主体必须符合本应作为第三人参加原诉的身份条件。本案中，高光不符合以第三人身份参加该案诉讼的条件。

1. 高光对（2012）琼民一初字第3号民事判决案件的诉讼标的没有独立请求权，不属于该案有独立请求权的第三人。有独立请求权的第三人，是指对当事人之间争议的诉讼标的，有权以独立的实体权利人的资格提出诉讼请求的主体。在（2012）琼民一初字第3号民事判决案件中，天通公司基于其与博超公司订立的《协议书》提出各项诉讼请求，海南省高级人民法院基于《协议书》的约定进行审理并作出判决。高光只是博超公司的股东之一，并不是《协议书》的合同当事人一方，其无权基于该协议约定提出诉讼请求。

2. 高光不属于（2012）琼民一初字第3号民事判决案件无独立请求权的第三人。无独立请求权的第三人，是指虽然对当事人双方的诉讼标的没有独立请求权，但案件处理结果同他有法律上的利害关系的主体。第三人同案件处理结果存在的法律上的利害关系，可能是直接的，也可能是间接的。本案中，（2012）琼民一初字第3号民事判决只确认了博超公司应承担的法律义务，未判决高光承担民事责任，故高光与（2012）琼民一初字第3号民事判决的处理结果并不存在直接的利害关系。关于是否存在间接利害关系的问题。通常来说，股东和公司之间系天然的利益共同体。公司股东对公司财产享有资产收益权，公司的对外交易活动、民事诉讼的胜败结果一般都会影响到公司的资产情况，从而间接影响到股东的收益权利。从这个角度看，股东与公司进行的民事诉讼的处理结果具有法律上的间接利害关系。但是，由于公司利益和股东利益具有一致性，公司对外活动应推定为股东整体意志的体现，公司在诉讼活动中的主张也应认定为代表股东的整体利益。因此，虽然公司诉讼的处理结果会间接影响到股东的利益，但股东的利益和意见已经在诉讼过程中由公司所代表和表达，则不应再追加股东作为第三人参加诉讼。本案中，虽然高光是博超公司的股东，但博超公司与南海岸公司、天时公司、天通公司的诉讼活动中，股东的意见已为博超公司所代表，则作为股东的高光不应再以无独立请求权的第三人身份参加该案诉讼。至于不同股东之间的分歧所导致的利益冲突，应由股东与股东之间、股东与公司之间依法另行处理。

》长沙广大建筑装饰有限公司诉中国工商银行股份有限公司广州粤秀支行、林传武、长沙广大建筑装饰有限公司广州分公司等第三人撤销之诉案（最高人民法院指导案例149号 2021年2月19日发布）

【关键词】 民事　第三人撤销之诉　公司法人　分支机构　原告主体资格

【裁判要点】

公司法人的分支机构以自己的名义从事民事活动，并独立参加民事诉讼，人民法院判决分支机构对外承担民事责任，公司法人对该生效裁判提起第三人撤销之诉的，其不符合民事诉讼法第五十六条规定的第三人条件，人民法院不予受理。

【基本案情】

2011 年 7 月 12 日，林传武与中国工商银行股份有限公司广州粤秀支行（以下简称工商银行粤秀支行）签订《个人借款/担保合同》。长沙广大建筑装饰有限公司广州分公司（以下简称长沙广大广州分公司）出具《担保函》，为林传武在工商银行粤秀支行的贷款提供连带责任保证。后因林传武欠付款项，工商银行粤秀支行向法院起诉林传武、长沙广大广州分公司等，请求林传武偿还欠款本息，长沙广大广州分公司承担连带清偿责任。此案经广东省广州市天河区人民法院一审、广州市中级人民法院二审，判令林传武清偿欠付本金及利息等，其中一项为判令长沙广大广州分公司对林传武的债务承担连带清偿责任。

2017 年，长沙广大建筑装饰有限公司（以下简称长沙广大公司）向广州市中级人民法院提起第三人撤销之诉，以生效判决没有将长沙广大公司列为共同被告参与诉讼，并错误认定《担保函》性质，导致长沙广大公司无法主张权利，请求撤销广州市中级人民法院作出的（2016）粤 01 民终第 15617 号民事判决。

【裁判结果】

广州市中级人民法院于 2017 年 12 月 4 日作出（2017）粤 01 民撤 10 号民事裁定：驳回原告长沙广大建筑装饰有限公司的起诉。宣判后，长沙广大建筑装饰有限公司提起上诉。广东省高级人民法院于 2018 年 6 月 22 日作出（2018）粤民终 1151 号民事裁定：驳回上诉，维持原裁定。

【裁判理由】

法院生效裁判认为：民事诉讼法第五十六条规定："对当事人双方的诉讼标的，第三人认为有独立请求权的，有权提起诉讼。对当事人双方的诉讼标的，第三人虽然没有独立请求权，但案件处理结果同他有法律上的利害关系的，可以申请参加诉讼，或者由人民法院通知他参加诉讼。人民法院判决承担民事责任的第三人，有当事人的诉讼权利义务。前两款规定的第三人，因不能归责于本人的事由未参加诉讼，但有证据证明发生法律效力的判决、裁定、调解书的部分或者全部内容错误，损害其民事权益的，可以自知道或者应当知道其民事权益受到损害之日起六个月内，向作出该判决、裁定、调解书的人民法院提起诉讼。……"依据上述法律规定，提起第三人撤销之诉的"第三人"是指有独立请求权的第三人，或者案件处理结果同他有法律上的利害关系的无独立请求权第三人，但不包括当事人双方。在已经生效的（2016）粤 01 民终 15617 号案件中，被告长沙广大广州分公司系长沙广大公司的分支机构，不是法人，但其依法设立并领取工商营业执照，具有一定的运营资金和在核准的经营范围内经营业务的行为能力。根据民法总则第七十四条第二款"分支机构以自己的名义从事民事活动，产生的民事责任由法人承担；也可以先以该分支机构管理的财产承担，不足以承担的，由法人承担。"的规定，长沙广大公司在（2016）粤 01 民终 15617 号案件中，属于承担民事责任的当事人，其诉讼地位不是民事诉讼法第五十六条规定的第三人。因此，长沙广大公司以第三人的主体身份提出本案诉讼不符合第三人撤销之诉的法定适用条件。

中国民生银行股份有限公司温州分行诉浙江山口建筑工程有限公司、青田依利高鞋业有限公司第三人撤销之诉案（最高人民法院指导案例 150 号　2021 年 2 月 19 日发布）

【关键词】　民事　第三人撤销之诉　建设工程价款优先受偿权　抵押权　原告主体资格

【裁判要点】

建设工程价款优先受偿权与抵押权指向

同一标的物，抵押权的实现因建设工程价款优先受偿权的有无以及范围大小受到影响的，应当认定抵押权的实现同建设工程价款优先受偿权案件的处理结果有法律上的利害关系，抵押权人对确认建设工程价款优先受偿权的生效裁判具有提起第三人撤销之诉的原告主体资格。

【基本案情】

中国民生银行股份有限公司温州分行（以下简称温州民生银行）因与青田依利高鞋业有限公司（以下简称青田依利高鞋业公司）、浙江依利高鞋业有限公司等金融借款合同纠纷一案诉至浙江省温州市中级人民法院（以下简称温州中院），温州中院判令：一、浙江依利高鞋业有限公司于判决生效之日起十日内偿还温州民生银行借款本金5690万元及期内利息、期内利息复利、逾期利息；二、如浙江依利高鞋业有限公司未在上述第一项确定的期限内履行还款义务，温州民生银行有权以拍卖、变卖被告青田县依利高鞋业公司提供抵押的坐落于青田县船寮镇赤岩工业区房产及工业用地的所得价款优先受偿……。上述判决生效后，因该案各被告未在判决确定的期限内履行义务，温州民生银行向温州中院申请强制执行。

在执行过程中，温州民生银行于2017年2月28日获悉，浙江省青田县人民法院向温州中院发出编号为（2016）浙1121执2877号的《参与执行分配函》，以（2016）浙1121民初1800号民事判决为依据，要求温州中院将该判决确认的浙江山口建筑工程有限公司（以下简称山口建筑公司）对青田依利高鞋业公司享有的559.3万元建设工程款债权优先于抵押权和其他债权受偿，对坐落于青田县船寮镇赤岩工业区建设工程项目折价或拍卖所得价款优先受偿。

温州民生银行认为案涉建设工程于2011年10月21日竣工验收合格，但山口建筑公司直至2016年4月20日才向法院主张优先受偿权，显然已超过了六个月的期限，故请求撤销（2016）浙1121民初1800号民事判决，并确认山口建筑公司就案涉建设工程项目折价、拍卖或变卖所得价款不享有优先受偿权。

【裁判结果】

浙江省云和县人民法院于2017年12月25日作出（2017）浙1125民撤1号民事判决：一、撤销浙江省青田县人民法院（2016）浙1121民初1800号民事判决书第一项；二、驳回原告中国民生银行股份有限公司温州分行的其他诉讼请求。一审宣判后，浙江山口建筑工程有限公司不服，向浙江省丽水市中级人民法院提起上诉。丽水市中级人民法院于2018年4月25日作出（2018）浙11民终446号民事判决书，判决驳回上诉，维持原判。浙江山口建筑工程有限公司不服，向浙江省高级人民法院申请再审。浙江省高级人民法院于2018年12月14日作出（2018）浙民申3524号民事裁定书，驳回浙江山口建筑工程有限公司的再审申请。

【裁判理由】

法院生效裁判认为：第三人撤销之诉的审理对象是原案生效裁判，为保障生效裁判的权威性和稳定性，第三人撤销之诉的立案审查相比一般民事案件更加严格。正如山口建筑公司所称，《最高人民法院关于适用〈中华人民共和国民事诉讼法〉的解释》第二百九十二条规定，第三人提起撤销之诉的，应当提供存在发生法律效力的判决、裁定、调解书的全部或者部分内容错误情形的证据材料，即在受理阶段需对原生效裁判内容是否存在错误从证据材料角度进行一定限度的实质审查。但前述司法解释规定本质上仍是对第三人撤销之诉起诉条件的规定，起诉条件与最终实体判决的证据要求存在区别，前述司法解释规定并不意味着第三人在起诉时就要完成全部的举证义务，第三人在提起撤销之诉时应对原案判决可能存在错误并损害其民事权益的情形提供初步证据材料加以证明。温州民生银行提起撤销之诉时已经提供证据材料证明自己是同一标的物上的抵押权人，山口建筑公司依据原案生效判决第一项要求参与抵押物折价或者拍卖所得价款的分配将直接影响温州民生银行债权的优先受偿，而且山口建筑公司自案涉工程竣工验收至提起原案诉讼远远超过六个月期限，山口建筑公司主张在六个月内行使建设工程价款优先权时并未采取起诉、仲裁等具备公示效果的方式。因此，从起诉条件审查角度看，温州民生银行已经提供初步证据证明原案生效判决第一项内容可能存在错误并将损害其抵押权的实现。其提起诉讼要求撤销原案生效判决主文第一项符合法律规定的起诉条件。

台州德力奥汽车部件制造有限公司诉浙江建环机械有限公司管理人浙江安天律师事务所、中国光大银行股份有限公司台州温岭支行第三人撤销之诉案（最高人民法院指导案例151号　2021年2月19日发布）

【关键词】　民事　第三人撤销之诉　破产程序　个别清偿行为　原告主体资格

【裁判要点】

在银行承兑汇票的出票人进入破产程序后，对付款银行于法院受理破产申请前六个月内从出票人还款账户划扣票款的行为，破产管理人提起请求撤销个别清偿行为之诉，法院判决予以支持的，汇票的保证人与该生效判决具有法律上的利害关系，具有提起第三人撤销之诉的原告主体资格。

【基本案情】

2014年3月21日，中国光大银行股份有限公司台州温岭支行（以下简称光大银行温岭支行）分别与浙江建环机械有限公司（以下简称建环公司）、台州德力奥汽车部件制造有限公司（以下简称德力奥公司）等签订《综合授信协议》《最高额保证合同》，约定光大银行温岭支行在2014年4月1日至2015年3月31日期间向建环公司提供最高额520万元的授信额度，德力奥公司等为该授信协议项下最高本金余额520万元提供连带责任保证。2014年4月2日，光大银行温岭支行与建环公司签订《银行承兑协议》，建环公司提供50%保证金（260万元），光大银行温岭支行向建环公司出具承兑汇票520万元，汇票到期日为2014年10月2日。2014年10月2日，陈某1将260万元汇至陈某2兴业银行的账户，然后陈某2将260万元汇至其在光大银行温岭支行的账户，再由陈某2将260万元汇至建环公司在光大银行温岭支行的还款账户。2014年10月8日，光大银行温岭支行在建环公司的上述账户内扣划2563430.83元，并陆续支付持票人承兑汇票票款共37笔，合计520万元。

2015年1月4日，浙江省玉环县人民法院受理建环公司的破产重整申请，并指定浙江安天律师事务所担任管理人（以下简称建环公司管理人）。因重整不成，浙江省玉环县人民法院裁定终结建环公司的重整程序并宣告其破产清算。2016年10月13日，建环公司管理人提起请求撤销个别清偿行为之诉，浙江省玉环县人民法院于2017年1月10日作出（2016）浙1021民初7201号民事判决，判令光大银行温岭支行返还建环公司管理人2563430.83元及利息损失。光大银行温岭支行不服提起上诉，浙江省台州市中级人民法院于2017年7月10日作出（2016）浙10民终360号二审判决：驳回上诉，维持原判。

2018年1月，光大银行温岭支行因保证合同纠纷一案将德力奥公司等诉至温岭市人民法院。原、被告均不服一审判决，上诉至台州市中级人民法院，二审判决德力奥公司等连带偿还光大银行温岭支行垫付款本金及利息等。

德力奥公司遂向台州市中级人民法院起诉撤销浙江省玉环县人民法院（2016）浙1021民初7201号民事判决第一项及台州市中级人民法院（2016）浙10民终360号民事判决。

【裁判结果】

台州市中级人民法院于2019年3月15日作出（2018）浙10民撤2号民事判决：

驳回原告台州德力奥汽车部件制造有限公司的诉讼请求。台州德力奥汽车部件制造有限公司不服，上诉至浙江省高级人民法院。浙江省高级人民法院于2019年7月15日作出（2019）浙民终330号民事判决：一、撤销台州市中级人民法院（2018）浙10民撤2号民事判决；二、撤销台州市中级人民法院（2016）浙10民终360号民事判决和浙江省玉环县人民法院（2016）浙1021民初7201号民事判决第一项“限被告中国光大银行股份有限公司台州温岭支行于判决生效后一个月内返还原告浙江建环机械有限公司管理人浙江安天律师事务所人民币2563430.83元，并从2016年10月13日起按中国人民银行规定的同期同类贷款基准利率赔偿利息损失”；三、改判浙江省玉环县人民法院（2016）浙1021民初7201号民事判决第二项“驳回原告浙江建环机械有限公司管理人浙江安天律师事务所的其余诉讼请求”为“驳回原告浙江建环机械有限公司管理人浙江安天律师事务所的全部诉讼请求”；四、驳回台州德力奥汽车部件制造有限公司的其他诉讼请求。浙江建环机械有限公司管理人浙江安天律师事务所不服，向最高人民法院申请再审。最高人民法院于2020年5月27日作出（2020）最高法民申2033号民事裁定：驳回浙江建环机械有限公司管理人浙江安天律师事务所的再审申请。

【裁判理由】

最高人民法院认为：关于德力奥公司是否有权提起第三人撤销之诉的问题。若案涉汇票到期前建环公司未能依约将票款足额存入其在光大银行温岭支行的账户，基于票据无因性以及光大银行温岭支行作为银行承兑汇票的第一责任人，光大银行温岭支行须先行向持票人兑付票据金额，然后再向出票人（本案即建环公司）追偿，德力奥公司依约亦需承担连带偿付责任。由于案涉汇票到期前，建环公司依约将票款足额存入了其在光大银行温岭支行的账户，光大银行温岭支行向持票人兑付了票款，故不存在建环公司欠付光大银行温岭支行票款的问题，德力奥公司亦就无须承担连带偿付责任。但是，由于建环公司破产管理人针对建环公司在汇票到期前向其在光大银行温岭支行账户的汇款行为提起请求撤销个别清偿行为之诉，若建环公司破产管理人的诉求得到支持，德力奥公司作为建环公司申请光大银行温岭支行开具银行承兑汇票的保证人即要承担连带还款责任，故原案的处理结果与德力奥公司有法律上的利害关系，应当认定德力奥公司属于民事诉讼法第五十六条规定的无独立请求权第三人。

» 鞍山市中小企业信用担保中心诉汪薇、鲁金英第三人撤销之诉案（最高人民法院指导案例152号　2021年2月19日发布）

【关键词】　民事　第三人撤销之诉　撤销权　原告主体资格

【裁判要点】

债权人申请强制执行后，被执行人与他人在另外的民事诉讼中达成调解协议，放弃其取回财产的权利，并大量减少债权，严重影响债权人债权实现，符合合同法第七十四条规定的债权人行使撤销权条件的，债权人对民事调解书具有提起第三人撤销之诉的原告主体资格。

【基本案情】

2008年12月，鞍山市中小企业信用担保中心（以下简称担保中心）与台安县农村信用合作社黄沙坨信用社（以下简称黄沙坨信用社）签订保证合同，为汪薇经营的鞍山金桥生猪良种繁育养殖厂（以下简称养殖厂）在该信用社的贷款提供连带责任担保。汪薇向担保中心出具一份个人连带责任保证书，为借款人的债务提供反担保。后因养殖厂及汪薇没有偿还贷款，担保中心于2010年4月向黄沙坨信用社支付代偿款2973197.54元。2012年担保中心以养殖厂、汪薇等为被告起诉至铁东区人民法院，要求养殖厂及汪薇等偿还代偿款。辽宁省鞍山市铁东区人民法院于2013年6月作出判决：（一）汪薇于该判决书生效之日起十五日内给付担保中心代偿银行欠款2973197.54元及银行利息；（二）张某某以其已办理的抵押房产对前款判项中的本金及利息承担抵押担保责任；（三）驳回担保中心的其他诉讼请求。该判决已经发生法律效力。

2010年12月汪薇将养殖厂转让给鲁金英，转让费450万元，约定合同签订后立即给付163万余元，余款于2011年12月1日全部给付。如鲁金英不能到期付款，养殖厂的所有资产仍归汪薇，首付款作违约金归汪薇所有。合同签订后，鲁金英支付了约定的首付款。汪薇将养殖厂交付鲁金英，但鲁金英未按约定支付剩余转让款。2014年1月，铁东区人民法院基于担保中心的申请，从鲁金英处执行其欠汪薇资产转让款30万元，将该款交给了担保中心。

汪薇于2013年11月起诉鲁金英，请求判令养殖厂的全部资产归其所有；鲁金英承担违约责任。辽宁省鞍山市中级人民法院经审理认为，汪薇与鲁金英签订的《资产转让合同书》合法有效，鲁金英未按合同约定期限支付余款构成违约。据此作出（2013）鞍民三初字第66号民事判决：1. 鲁金英将养殖厂的资产归还汪薇所有；2. 鲁金英赔偿汪薇实际损失及违约金1632573元。其中应扣除鲁金英代汪薇偿还的30万元，实际履行中由汪薇给付鲁金英30万元。鲁金英向辽宁省高级人民法院提起上诉。该案二审期间，汪薇和鲁金英自愿达成调解协议。辽宁省高级人民法院于2014年8月作出（2014）辽民二终字第00183号民事调解书予以确认。调解协议主要内容为养殖厂归鲁金英所有，双方同意将原转让款450万元变更为3132573元，鲁金英已给付汪薇1632573元，再给付150万元，不包括鲁金英已给付担保中心的30万元等。

鲁金英依据调解书向担保中心、执行法院申请回转已被执行的30万元，担保中心知悉汪薇和鲁金英买卖合同纠纷诉讼及调解书内容，随即提起本案第三人撤销之诉。

【裁判结果】

辽宁省高级人民法院于2017年5月23日作出（2016）辽民撤8号民事判决：一、撤销辽宁省高级人民法院（2014）辽民二终字第00183号民事调解书和鞍山市中级人民法院（2013）鞍民三初字第66号民事判决书；二、被告鲁金英于判决生效之日起十日内，将金桥生猪良种繁育养殖厂的资产归还被告汪薇所有；三、被告鲁金英已给付被告汪薇的首付款1632573元作为实际损失及违约金赔偿汪薇，但应从中扣除代替汪薇偿还担保中心的30万元，即实际履行中由汪薇给付鲁金英30万元。鲁金英不服，提起上诉。最高人民法院于2018年5月30日作出（2017）最高法民终626号民事判决：一、维持辽宁省高级人民法院（2016）辽民撤8号民事判决第一项；二、撤销辽宁省高级人民法院（2016）辽民撤8号民事判决第二项、第三项；三、驳回鞍山市中小企业信用担保中心的其他诉讼请求。

【裁判理由】

最高人民法院判决认为，本案中，虽然担保中心与汪薇之间基于贷款代偿形成的债权债务关系，与汪薇和鲁金英之间因转让养殖厂形成的买卖合同关系属两个不同法律关系，但是，汪薇系为创办养殖厂与担保中心形成案涉债权债务关系，与黄沙坨信用社签订借款合同的主体亦为养殖厂，故汪薇和鲁金英转让的养殖厂与担保中心对汪薇债权的形成存在关联关系。在汪薇与鲁金英因养殖厂转让发生纠纷提起诉讼时，担保中心对汪薇的债权已经生效民事判决确认并已进入执行程序。在该案诉讼及判决执行过程中，铁东区人民法院已裁定冻结了汪薇对养殖厂（投资人鲁金英）的到期债权。鲁金英亦已向铁东区人民法院确认其欠付汪薇转让款及数额，同意通过法院向担保中心履行，并已实际给付了30万元。铁东区人民法院也对养殖厂的相关财产予以查封冻结，并向养殖厂送达了协助执行通知书。故汪薇与鲁金英因养殖厂资产转让合同权利义务的变化与上述对汪薇财产的执行存在直接牵连关系，并可能影响担保中心的利益。合同法第七十四条规定：“债务人以明显不合理的低价转让财产，对债权人造成损害，并且受让人知道该情形的，债权人也可以请求人民法院撤销债务人的行为。”因本案汪薇和鲁金英系在诉讼中达成以3132573元交易价转让养殖厂的协议，该协议经人民法院作出（2014）辽民二终字第00183号民事调解书予以确认并已发生法律效力。在此情形下，担保中心认为汪薇与鲁金英该资产转让行为符合合同法第七十四条规定的情形，却无法依据合同法第七十四条规定另行提起诉讼行使撤销权。故本案担保中心与汪薇之间虽然属于债权债务关系，但基于担保中心对汪薇债权形成与汪薇转让的养殖厂之间的关联关系，法院对汪薇因养殖厂转让形成的到期债权在诉讼和执行程序中采取的保全和执行措施使得汪薇与鲁金英买卖合同纠纷案件处理结果对担保中心利益产生的影响，以及担保中心主张受损害的民事权益因（2014）辽民二终字第00183号民事调解书而存在根据合同法第七十四条提起撤销权诉讼障碍等本案基本事实，可以认定汪薇和鲁金英买卖合同纠纷案件处理结果与担保中心具有法律上的利害关系，担保中心有权提起本案第三人撤销之诉。

» 永安市燕诚房地产开发有限公司诉郑耀南、远东（厦门）房地产发展有限公司等第三人撤销之诉案（最高人民法院指导案例153号　2021年2月19日发布）

【关键词】　民事　第三人撤销之诉　财产处分行为

【裁判要点】

债权人对确认债务人处分财产行为的生效裁判提起第三人撤销之诉的，在出现债务人进入破产程序、无财产可供执行等影响债权人债权实现的情形时，应当认定债权人知道或者应当知道该生效裁判损害其民事权益，提起诉讼的六个月期间开始起算。

【基本案情】

2003年5月，福建省高级人民法院受理郑耀南诉远东（厦门）房地产发展有限公司（以下简称远东厦门公司）借款纠纷一案。2003年6月2日，该院作出（2003）闽民初字第2号民事调解书，确认远东厦门公司共结欠郑耀南借款本息共计人民币123129527.72元，之后的利息郑耀南自愿放弃；如果远东厦门公司未按还款计划返还任何一期欠款，郑耀南有权要求提前清偿所有未返还欠款。远东厦门公司由在香港注册的远东房地产发展有限公司（以下简称香港远东公司）独资设立，法定代表人为张琼月。雷远思为永安市燕诚房地产开发有限公司（以下简称燕诚公司）法定代表人。张琼月与雷远思同为香港远东公司股东、董事，各持香港远东公司50%股份。雷远思曾向福建省人民检察院申诉，该院于2003年8月19日向福建省高级人民法院发出《检察建议书》，建议对（2003）闽民初字第2号案件依法再审。福建省高级人民法院向福建省公安厅出具《犯罪线索移送函》，认为郑耀南与张琼月涉嫌恶意串通侵占远东厦门公司资产，进而损害香港远东公司的合法权益。

2015年4月8日，郑耀南与高某珍签订《债权转让协议书》并进行了公证，约定把（2003）闽民初字第2号民事调解书项下的全部债权转让给高某珍；截止协议签订之日，债权转让的对价已支付完毕；协议签署后，高某珍可以自己名义直接向远东厦门公司主张上述全部债权权益，享有合法的债权人权益。2015年4月10日，远东厦门公司声明知悉债权转让事宜。

2015年12月21日，福建省厦门市中级人民法院裁定受理案外人对远东厦门公司的破产清算申请，并指定福建英合律师事务所为破产管理人。破产管理人于2016年3月15日向燕诚公司发出《远东厦门公司破产一案告知函》，告知远东厦门公司债权人查阅债权申报材料事宜，其中破产管理人目前接受的债权申报信息统计如下：1. ……5. 燕诚公司申报 14158920 元；6. 高某珍申报 312294743.65 元；合计 725856487.91 元。如债权人在查阅债权申报材料后，对他人申报的债权有异议，请于 3 月 18 日前向破产管理人书面提出。

燕诚公司以（2003）闽民初字第 2 号案件是当事人恶意串通转移资产的虚假诉讼、影响其作为破产债权人的利益为由，向福建省高级人民法院提交诉状请求撤销（2003）闽民初字第 2 号民事调解书。

【裁判结果】

福建省高级人民法院于 2017 年 7 月 31 日作出（2016）闽民撤 6 号民事裁定书，驳回永安市燕诚房地产开发有限公司的起诉。永安市燕诚房地产开发有限公司不服一审裁定，向最高人民法院提起上诉。最高人民法院于 2018 年 9 月 21 日作出（2017）最高法民终 885 号民事裁定：一、撤销福建省高级人民法院（2016）闽民撤 6 号民事裁定；二、指令福建省高级人民法院审理。

【裁判理由】

最高人民法院认为：根据民事诉讼法第五十六条第三款的规定，第三人可以自知道或者应当知道其民事权益受到损害之日起六个月内，向人民法院提起诉讼。该六个月起诉期间的起算点，为当事人知道或者应当知道其民事权益受到损害之日。本案中，在远东厦门公司有足够资产清偿所有债务的前提下，（2003）闽民初字第 2 号民事调解书对燕诚公司债权的实现没有影响；在远东厦门公司正常生产经营的情况下，亦难以确定（2003）闽民初字第 2 号民事调解书会对燕城公司的债权造成损害。但是，在远东厦门公司因不能足额清偿所欠全部债务而进入破产程序，燕诚公司、郑耀南债权的受让人高某珍均系其破产债权人，且高某珍依据（2003）闽民初字第 2 号民事调解书申报债权的情况下，燕诚公司破产债权的实现程度会因高某珍破产债权所依据的（2003）闽民初字第 2 号民事调解书而受到损害，故应认定燕诚公司在获知远东厦门公司进入破产程序的信息后才会知道或者应当知道其民事权益受到损害。燕诚公司于 2016 年 3 月 15 日签收破产管理人制作的有关债权人申报材料，其于 2016 年 9 月 12 日向福建省高级人民法院提交诉状请求撤销（2003）闽民初字第 2 号民事调解书，未超过六个月的起诉期间。虽然燕诚公司时任总经理雷远思于 2003 年 7 月就（2003）闽民初字第 2 号案件提出过申诉，但其系以香港远东公司股东、董事以及远东厦门公司董事、总经理的身份为保护远东厦门公司的利益而非燕诚公司的债权提出的申诉，且此时燕诚公司是否因（2003）闽民初字第 2 号民事调解书而遭受损害并不确定，也就不存在其是否知道或者应当知道，进而依照民事诉讼法第五十六条第三款的规定起算六个月起诉期间的问题。

五十四、执行程序中的异议之诉

471. 执行异议之诉

（1）案外人执行异议之诉

（2）申请执行人执行异议之诉

相关规范

》《中华人民共和国民事诉讼法》（2021年修正）

第二百三十二条　当事人、利害关系人认为执行行为违反法律规定的，可以向负责执行的人民法院提出书面异议。当事人、利害关系人提出书面异议的，人民法院应当自收到书面异议之日起十五日内审查，理由成立的，裁定撤销或者改正；理由不成立的，裁定驳回。当事人、利害关系人对裁定不服的，可以自裁定送达之日起十日内向上一级人民法院申请复议。

第二百三十四条　执行过程中，案外人对执行标的提出书面异议的，人民法院应当自收到书面异议之日起十五日内审查，理由成立的，裁定中止对该标的的执行；理由不成立的，裁定驳回。案外人、当事人对裁定不服，认为原判决、裁定错误的，依照审判监督程序办理；与原判决、裁定无关的，可以自裁定送达之日起十五日内向人民法院提起诉讼。

第二百六十三条　有下列情形之一的，人民法院应当裁定中止执行：

（二）案外人对执行标的提出确有理由的异议的；

……

》《最高人民法院关于适用〈中华人民共和国民事诉讼法〉执行程序若干问题的解释》（2020年12月23日修正）

第十四条　案外人对执行标的主张所有权或者有其他足以阻止执行标的转让、交付的实体权利的，可以依照民事诉讼法第二百二十七条的规定，向执行法院提出异议。

第十五条　案外人异议审查期间，人民法院不得对执行标的进行处分。

案外人向人民法院提供充分、有效的担保请求解除对异议标的的查封、扣押、冻结的，人民法院可以准许；申请执行人提供充分、有效的担保请求继续执行的，应当继续执行。

因案外人提供担保解除查封、扣押、冻结有错误，致使该标的无法执行的，人民法院可以直接执行担保财产；申请执行人提供担保请求继续执行有错误，给对方造成损失的，应当予以赔偿。

第十六条　案外人执行异议之诉审理期间，人民法院不得对执行标的进行处分。申请执行人请求人民法院继续执行并提供相应担保的，人民法院可以准许。

案外人请求解除查封、扣押、冻结或者申请执行人请求继续执行有错误，给对方造成损失的，应当予以赔偿。

《最高人民法院关于人民法院办理执行异议和复议案件若干问题的规定》

（2020年12月23日修正）

第一条 异议人提出执行异议或者复议申请人申请复议，应当向人民法院提交申请书。申请书应当载明具体的异议或者复议请求、事实、理由等内容，并附下列材料：

（一）异议人或者复议申请人的身份证明；

（二）相关证据材料；

（三）送达地址和联系方式。

第二条 执行异议符合民事诉讼法第二百二十五条或者第二百二十七条规定条件的，人民法院应当在三日内立案，并在立案后三日内通知异议人和相关当事人。不符合受理条件的，裁定不予受理；立案后发现不符合受理条件的，裁定驳回申请。

执行异议申请材料不齐备的，人民法院应当一次性告知异议人在三日内补足，逾期未补足的，不予受理。

异议人对不予受理或者驳回申请裁定不服的，可以自裁定送达之日起十日内向上一级人民法院申请复议。上一级人民法院审查后认为符合受理条件的，应当裁定撤销原裁定，指令执行法院立案或者对执行异议进行审查。

第三条 执行法院收到执行异议后三日内既不立案又不作出不予受理裁定，或者受理后无正当理由超过法定期限不作出异议裁定的，异议人可以向上一级人民法院提出异议。上一级人民法院审查后认为理由成立的，应当指令执行法院在三日内立案或者在十五日内作出异议裁定。

第四条 执行案件被指定执行、提级执行、委托执行后，当事人、利害关系人对原执行法院的执行行为提出异议的，由提出异议时负责该案件执行的人民法院审查处理；受指定或者受委托的人民法院是原执行法院的下级人民法院的，仍由原执行法院审查处理。

执行案件被指定执行、提级执行、委托执行后，案外人对原执行法院的执行标的提出异议的，参照前款规定处理。

第五条 有下列情形之一的，当事人以外的自然人、法人和非法人组织，可以作为利害关系人提出执行行为异议：

（一）认为人民法院的执行行为违法，妨碍其轮候查封、扣押、冻结的债权受偿的；

（二）认为人民法院的拍卖措施违法，妨碍其参与公平竞价的；

（三）认为人民法院的拍卖、变卖或者以物抵债措施违法，侵害其对执行标的的优先购买权的；

（四）认为人民法院要求协助执行的事项超出其协助范围或者违反法律规定的；

（五）认为其他合法权益受到人民法院违法执行行为侵害的。

第六条 当事人、利害关系人依照民事诉讼法第二百二十五条规定提出异议的，应当在执行程序终结之前提出，但对终结执行措施提出异议的除外。

案外人依照民事诉讼法第二百二十七条规定提出异议的，应当在异议指向的执行标的执行终结之前提出；执行标的由当事人受让的，应当在执行程序终结之前提出。

第七条 当事人、利害关系人认为执行过程中或者执行保全、先予执行裁定过程中的下列行为违法提出异议的，人民法院应当依照民事诉讼法第二百二十五条规定进行审查：

（一）查封、扣押、冻结、拍卖、变卖、以物抵债、暂缓执行、中止执行、终结执行等执行措施；

（二）执行的期间、顺序等应当遵守的法定程序；

（三）人民法院作出的侵害当事人、利害关系人合法权益的其他行为。

被执行人以债权消灭、丧失强制执行效力等执行依据生效之后的实体事由提出排除执行异议的，人民法院应当参照民事诉讼法第二百二十五条规定进行审查。

除本规定第十九条规定的情形外，被执

行人以执行依据生效之前的实体事由提出排除执行异议的，人民法院应当告知其依法申请再审或者通过其他程序解决。

第八条 案外人基于实体权利既对执行标的提出排除执行异议又作为利害关系人提出执行行为异议的，人民法院应当依照民事诉讼法第二百二十七条规定进行审查。

案外人既基于实体权利对执行标的提出排除执行异议又作为利害关系人提出与实体权利无关的执行行为异议的，人民法院应当分别依照民事诉讼法第二百二十七条和第二百二十五条规定进行审查。

第九条 被限制出境的人认为对其限制出境错误的，可以自收到限制出境决定之日起十日内向上一级人民法院申请复议。上一级人民法院应当自收到复议申请之日起十五日内作出决定。复议期间，不停止原决定的执行。

第十条 当事人不服驳回不予执行公证债权文书申请的裁定的，可以自收到裁定之日起十日内向上一级人民法院申请复议。上一级人民法院应当自收到复议申请之日起三十日内审查，理由成立的，裁定撤销原裁定，不予执行该公证债权文书；理由不成立的，裁定驳回复议申请。复议期间，不停止执行。

第十一条 人民法院审查执行异议或者复议案件，应当依法组成合议庭。

指令重新审查的执行异议案件，应当另行组成合议庭。

办理执行实施案件的人员不得参与相关执行异议和复议案件的审查。

第十二条 人民法院对执行异议和复议案件实行书面审查。案情复杂、争议较大的，应当进行听证。

第十三条 执行异议、复议案件审查期间，异议人、复议申请人申请撤回异议、复议申请的，是否准许由人民法院裁定。

第十四条 异议人或者复议申请人经合法传唤，无正当理由拒不参加听证，或者未经法庭许可中途退出听证，致使人民法院无法查清相关事实的，由其自行承担不利后果。

第十五条 当事人、利害关系人对同一执行行为有多个异议事由，但未在异议审查过程中一并提出，撤回异议或者被裁定驳回异议后，再次就该执行行为提出异议的，人民法院不予受理。

案外人撤回异议或者被裁定驳回异议后，再次就同一执行标的提出异议的，人民法院不予受理。

第十六条 人民法院依照民事诉讼法第二百二十五条规定作出裁定时，应当告知相关权利人申请复议的权利和期限。

人民法院依照民事诉讼法第二百二十七条规定作出裁定时，应当告知相关权利人提起执行异议之诉的权利和期限。

人民法院作出其他裁定和决定时，法律、司法解释规定了相关权利人申请复议的权利和期限的，应当进行告知。

第十七条 人民法院对执行行为异议，应当按照下列情形，分别处理：

（一）异议不成立的，裁定驳回异议；

（二）异议成立的，裁定撤销相关执行行为；

（三）异议部分成立的，裁定变更相关执行行为；

（四）异议成立或者部分成立，但执行行为无撤销、变更内容的，裁定异议成立或者相应部分异议成立。

第十八条 执行过程中，第三人因书面承诺自愿代被执行人偿还债务而被追加为被执行人后，无正当理由反悔并提出异议的，人民法院不予支持。

第十九条 当事人互负到期债务，被执行人请求抵销，请求抵销的债务符合下列情形的，除依照法律规定或者按照债务性质不得抵销的以外，人民法院应予支持：

（一）已经生效法律文书确定或者经申请执行人认可；

（二）与被执行人所负债务的标的物种类、品质相同。

第二十条 金钱债权执行中，符合下列情形之一，被执行人以执行标的系本人及所扶养家属维持生活必需的居住房屋为由提出异议的，人民法院不予支持：

（一）对被执行人有扶养义务的人名下有其他能够维持生活必需的居住房屋的；

（二）执行依据生效后，被执行人为逃避债务转让其名下其他房屋的；

（三）申请执行人按照当地廉租住房保障面积标准为被执行人及所扶养家属提供居住房屋，或者同意参照当地房屋租赁市场平均租金标准从该房屋的变价款中扣除五至八年租金的。

执行依据确定被执行人交付居住的房屋，自执行通知送达之日起，已经给予三个月的宽限期，被执行人以该房屋系本人及所扶养家属维持生活的必需品为由提出异议的，人民法院不予支持。

第二十一条 当事人、利害关系人提出异议请求撤销拍卖，符合下列情形之一的，人民法院应予支持：

（一）竞买人之间、竞买人与拍卖机构之间恶意串通，损害当事人或者其他竞买人利益的；

（二）买受人不具备法律规定的竞买资格的；

（三）违法限制竞买人参加竞买或者对不同的竞买人规定不同竞买条件的；

（四）未按照法律、司法解释的规定对拍卖标的物进行公告的；

（五）其他严重违反拍卖程序且损害当事人或者竞买人利益的情形。

当事人、利害关系人请求撤销变卖的，参照前款规定处理。

第二十二条 公证债权文书对主债务和担保债务同时赋予强制执行效力的，人民法院应予执行；仅对主债务赋予强制执行效力未涉及担保债务的，对担保债务的执行申请不予受理；仅对担保债务赋予强制执行效力未涉及主债务的，对主债务的执行申请不予受理。

人民法院受理担保债务的执行申请后，被执行人仅以担保合同不属于赋予强制执行效力的公证债权文书范围为由申请不予执行的，不予支持。

第二十三条 上一级人民法院对不服异议裁定的复议申请审查后，应当按照下列情形，分别处理：

（一）异议裁定认定事实清楚，适用法律正确，结果应予维持的，裁定驳回复议申请，维持异议裁定；

（二）异议裁定认定事实错误，或者适用法律错误，结果应予纠正的，裁定撤销或者变更异议裁定；

（三）异议裁定认定基本事实不清、证据不足的，裁定撤销异议裁定，发回作出裁定的人民法院重新审查，或者查清事实后作出相应裁定；

（四）异议裁定遗漏异议请求或者存在其他严重违反法定程序的情形，裁定撤销异议裁定，发回作出裁定的人民法院重新审查；

（五）异议裁定对应当适用民事诉讼法第二百二十七条规定审查处理的异议，错误适用民事诉讼法第二百二十五条规定审查处理的，裁定撤销异议裁定，发回作出裁定的人民法院重新作出裁定。

除依照本条第一款第三、四、五项发回重新审查或者重新作出裁定的情形外，裁定撤销或者变更异议裁定且执行行为可撤销、变更的，应当同时撤销或者变更该裁定维持的执行行为。

人民法院对发回重新审查的案件作出裁定后，当事人、利害关系人申请复议的，上一级人民法院复议后不得再次发回重新审查。

第二十四条 对案外人提出的排除执行异议，人民法院应当审查下列内容：

（一）案外人是否系权利人；

（二）该权利的合法性与真实性；

（三）该权利能否排除执行。

第二十五条 对案外人的异议，人民法院应当按照下列标准判断其是否系权利人：

（一）已登记的不动产，按照不动产登记簿判断；未登记的建筑物、构筑物及其附属设施，按照土地使用权登记簿、建设工程规划许可、施工许可等相关证据判断；

（二）已登记的机动车、船舶、航空器等特定动产，按照相关管理部门的登记判断；未登记的特定动产和其他动产，按照实际占有情况判断；

（三）银行存款和存管在金融机构的有价证券，按照金融机构和登记结算机构登记的账户名称判断；有价证券由具备合法经营资质的托管机构名义持有的，按照该机构登记的实际出资人账户名称判断；

银行存款和存管在金融机构的有价证券，按照金融机构和登记结算机构登记的账户名称判断；有价证券由具备合法经营资质的托管机构名义持有的，按照该机构登记的实际投资人账户名称判断；

（四）股权按照工商行政管理机关的登记和企业信用信息公示系统公示的信息判断；

（五）其他财产和权利，有登记的，按照登记机构的登记判断；无登记的，按照合同等证明财产权属或者权利人的证据判断。

案外人依据另案生效法律文书提出排除执行异议，该法律文书认定的执行标的权利人与依照前款规定得出的判断不一致的，依照本规定第二十六条规定处理。

第二十六条　金钱债权执行中，案外人依据执行标的被查封、扣押、冻结前作出的另案生效法律文书提出排除执行异议，人民法院应当按照下列情形，分别处理：

（一）该法律文书系就案外人与被执行人之间的权属纠纷以及租赁、借用、保管等不以转移财产权属为目的的合同纠纷，判决、裁决执行标的归属于案外人或者向其返还执行标的且其权利能够排除执行的，应予支持；

（二）该法律文书系就案外人与被执行人之间除前项所列合同之外的债权纠纷，判决、裁决执行标的归属于案外人或者向其交付、返还执行标的的，不予支持。

（三）该法律文书系案外人受让执行标的的拍卖、变卖成交裁定或者以物抵债裁定且其权利能够排除执行的，应予支持。

金钱债权执行中，案外人依据执行标的被查封、扣押、冻结后作出的另案生效法律文书提出排除执行异议的，人民法院不予支持。

非金钱债权执行中，案外人依据另案生效法律文书提出排除执行异议，该法律文书对执行标的权属作出不同认定的，人民法院应当告知案外人依法申请再审或者通过其他程序解决。

申请执行人或者案外人不服人民法院依照本条第一、二款规定作出的裁定，可以依照民事诉讼法第二百二十七条规定提起执行异议之诉。

第二十七条　申请执行人对执行标的依法享有对抗案外人的担保物权等优先受偿权，人民法院对案外人提出的排除执行异议不予支持，但法律、司法解释另有规定的除外。

第二十八条　金钱债权执行中，买受人对登记在被执行人名下的不动产提出异议，符合下列情形且其权利能够排除执行的，人民法院应予支持：

（一）在人民法院查封之前已签订合法有效的书面买卖合同；

（二）在人民法院查封之前已合法占有该不动产；

（三）已支付全部价款，或者已按照合同约定支付部分价款且将剩余价款按照人民法院的要求交付执行；

（四）非因买受人自身原因未办理过户登记。

第二十九条　金钱债权执行中，买受人对登记在被执行的房地产开发企业名下的商品房提出异议，符合下列情形且其权利能够排除执行的，人民法院应予支持：

（一）在人民法院查封之前已签订合法有效的书面买卖合同；

（二）所购商品房系用于居住且买受人名下无其他用于居住的房屋；

（三）已支付的价款超过合同约定总价款的百分之五十。

第三十条　金钱债权执行中，对被查封的办理了受让物权预告登记的不动产，受让人提出停止处分异议的，人民法院应予支持；符合物权登记条件，受让人提出排除执行异议的，应予支持。

第三十一条 承租人请求在租赁期内阻止向受让人移交占有被执行的不动产，在人民法院查封之前已签订合法有效的书面租赁合同并占有使用该不动产的，人民法院应予支持。

承租人与被执行人恶意串通，以明显不合理的低价承租被执行的不动产或者伪造交付租金证据的，对其提出的阻止移交占有的请求，人民法院不予支持。

第三十二条 本规定施行后尚未审查终结的执行异议和复议案件，适用本规定。本规定施行前已经审查终结的执行异议和复议案件，人民法院依法提起执行监督程序的，不适用本规定。

》《最高人民法院关于人民法院办理财产保全案件若干问题的规定》（2020年12月23日修正）

第二十七条 人民法院对诉讼争议标的以外的财产进行保全，案外人对保全裁定或者保全裁定实施过程中的执行行为不服，基于实体权利对被保全财产提出书面异议的，人民法院应当依照民事诉讼法第二百二十七条规定审查处理并作出裁定。案外人、申请保全人对该裁定不服的，可以自裁定送达之日起十五日内向人民法院提起执行异议之诉。

人民法院裁定案外人异议成立后，申请保全人在法律规定的期间内未提起执行异议之诉的，人民法院应当自起诉期限届满之日起七日内对该被保全财产解除保全。

》《最高人民法院关于民事执行中变更、追加当事人若干问题的规定》（2020年12月23日修正）

第三十二条 被申请人或申请人对执行法院依据本规定第十四条第二款、第十七条至第二十一条规定作出的变更、追加裁定或驳回申请裁定不服的，可以自裁定书送达之日起十五日内，向执行法院提起执行异议之诉。

被申请人提起执行异议之诉的，以申请人为被告。申请人提起执行异议之诉的，以被申请人为被告。

第三十三条 被申请人提起的执行异议之诉，人民法院经审理，按照下列情形分别处理：

（一）理由成立的，判决不得变更、追加被申请人为被执行人或者判决变更责任范围；

（二）理由不成立的，判决驳回诉讼请求。

诉讼期间，人民法院不得对被申请人争议范围内的财产进行处分。申请人请求人民法院继续执行并提供相应担保的，人民法院可以准许。

第三十四条 申请人提起的执行异议之诉，人民法院经审理，按照下列情形分别处理：

（一）理由成立的，判决变更、追加被申请人为被执行人并承担相应责任或者判决变更责任范围；

（二）理由不成立的，判决驳回诉讼请求。

》《最高人民法院关于适用〈中华人民共和国民事诉讼法〉的解释》（2022年3月22日修正）

第三百零二条 根据民事诉讼法第二百三十四条规定，案外人、当事人对执行异议裁定不服，自裁定送达之日起十五日内向人民法院提起执行异议之诉的，由执行法院管辖。

第三百零三条 案外人提起执行异议之诉，除符合民事诉讼法第一百二十二条规定外，还应当具备下列条件：

（一）案外人的执行异议申请已经被人民法院裁定驳回；

（二）有明确的排除对执行标的执行的

诉讼请求，且诉讼请求与原判决、裁定无关；

（三）自执行异议裁定送达之日起十五日内提起。

人民法院应当在收到起诉状之日起十五日内决定是否立案。

第三百零四条　申请执行人提起执行异议之诉，除符合民事诉讼法第一百二十二条规定外，还应当具备下列条件：

（一）依案外人执行异议申请，人民法院裁定中止执行；

（二）有明确的对执行标的继续执行的诉讼请求，且诉讼请求与原判决、裁定无关；

（三）自执行异议裁定送达之日起十五日内提起。

人民法院应当在收到起诉状之日起十五日内决定是否立案。

第三百零五条　案外人提起执行异议之诉的，以申请执行人为被告。被执行人反对案外人异议的，被执行人为共同被告；被执行人不反对案外人异议的，可以列被执行人为第三人。

第三百零六条　申请执行人提起执行异议之诉的，以案外人为被告。被执行人反对申请执行人主张的，以案外人和被执行人为共同被告；被执行人不反对申请执行人主张的，可以列被执行人为第三人。

第三百零七条　申请执行人对中止执行裁定未提起执行异议之诉，被执行人提起执行异议之诉的，人民法院告知其另行起诉。

第三百零八条　人民法院审理执行异议之诉案件，适用普通程序。

第三百零九条　案外人或者申请执行人提起执行异议之诉的，案外人应当就其对执行标的享有足以排除强制执行的民事权益承担举证证明责任。

第三百一十条　对案外人提起的执行异议之诉，人民法院经审理，按照下列情形分别处理：

（一）案外人就执行标的享有足以排除强制执行的民事权益的，判决不得执行该执行标的；

（二）案外人就执行标的不享有足以排除强制执行的民事权益的，判决驳回诉讼请求。

案外人同时提出确认其权利的诉讼请求的，人民法院可以在判决中一并作出裁判。

第三百一十一条　对申请执行人提起的执行异议之诉，人民法院经审理，按照下列情形分别处理：

（一）案外人就执行标的不享有足以排除强制执行的民事权益的，判决准许执行该执行标的；

（二）案外人就执行标的享有足以排除强制执行的民事权益的，判决驳回诉讼请求。

第三百一十二条　对案外人执行异议之诉，人民法院判决不得对执行标的执行的，执行异议裁定失效。

对申请执行人执行异议之诉，人民法院判决准许对该执行标的执行的，执行异议裁定失效，执行法院可以根据申请执行人的申请或者依职权恢复执行。

第三百一十三条　案外人执行异议之诉审理期间，人民法院不得对执行标的进行处分。申请执行人请求人民法院继续执行并提供相应担保的，人民法院可以准许。

被执行人与案外人恶意串通，通过执行异议、执行异议之诉妨害执行的，人民法院应当依照民事诉讼法第一百一十六条规定处理。申请执行人因此受到损害的，可以提起诉讼要求被执行人、案外人赔偿。

第三百一十四条　人民法院对执行标的裁定中止执行后，申请执行人在法律规定的期间内未提起执行异议之诉的，人民法院应当自起诉期限届满之日起七日内解除对该执行标的采取的执行措施。

第四百六十二条　根据民事诉讼法第二百三十四条规定，案外人对执行标的提出异议的，应当在该执行标的执行程序终结前提出。

第四百六十三条　案外人对执行标的提出的异议，经审查，按照下列情形分别处理：

（一）案外人对执行标的不享有足以排

除强制执行的权益的，裁定驳回其异议；

（二）案外人对执行标的享有足以排除强制执行的权益的，裁定中止执行。

驳回案外人执行异议裁定送达案外人之日起十五日内，人民法院不得对执行标的进行处分。

第四百七十七条 在执行中，被执行人通过仲裁程序将人民法院查封、扣押、冻结的财产确权或者分割给案外人的，不影响人民法院执行程序的进行。

案外人不服的，可以根据民事诉讼法第二百三十四条规定提出异议。

《最高人民法院关于印发〈全国法院民商事审判工作会议纪要〉的通知》

（法〔2019〕254 号 2019 年 11 月 8 日）

119. **【案外人执行异议之诉的审理】** 案外人执行异议之诉以排除对特定标的物的执行为目的，从程序上而言，案外人依据《民事诉讼法》第 227 条提出执行异议被驳回的，即可向执行人民法院提起执行异议之诉。人民法院对执行异议之诉的审理，一般应当就案外人对执行标的物是否享有权利、享有什么样的权利、权利是否足以排除强制执行进行判断。至于是否作出具体的确权判项，视案外人的诉讼请求而定。案外人未提出确权或者给付诉讼请求的，不作出确权判项，仅在裁判理由中进行分析判断并作出是否排除执行的判项即可。但案外人既提出确权、给付请求，又提出排除执行请求的，人民法院对该请求是否支持、是否排除执行，均应当在具体判项中予以明确。执行异议之诉不以否定作为执行依据的生效裁判为目的，案外人如认为裁判确有错误的，只能通过申请再审或者提起第三人撤销之诉的方式进行救济。

123. **【案外人依据另案生效裁判对非金钱债权的执行提起执行异议之诉】** 审判实践中，案外人有时依据另案生效裁判所认定的与执行标的物有关的权利提起执行异议之诉，请求排除对标的物的执行。此时，鉴于作为执行依据的生效裁判与作为案外人提出执行异议依据的生效裁判，均涉及对同一标的物权属或给付的认定，性质上属于两个生效裁判所认定的权利之间可能产生的冲突，人民法院在审理执行异议之诉时，需区别不同情况作出判断：如果作为执行依据的生效裁判是确权裁判，不论作为执行异议依据的裁判是确权裁判还是给付裁判，一般不应据此排除执行，但人民法院应当告知案外人对作为执行依据的确权裁判申请再审；如果作为执行依据的生效裁判是给付标的物的裁判，而作为提出异议之诉依据的裁判是确权裁判，一般应据此排除执行，此时人民法院应告知其对该确权裁判申请再审；如果两个裁判均属给付标的物的裁判，人民法院需依法判断哪个裁判所认定的给付权利具有优先性，进而判断是否可以排除执行。

124. **【案外人依据另案生效裁判对金钱债权的执行提起执行异议之诉】** 作为执行依据的生效裁判并未涉及执行标的物，只是执行中为实现金钱债权对特定标的物采取了执行措施。对此种情形，《最高人民法院关于人民法院办理执行异议和复议案件若干问题的规定》第 26 条规定了解决案外人执行异议的规则，在审理执行异议之诉时可以参考适用。依据该条规定，作为案外人提起执行异议之诉依据的裁判将执行标的物确权给案外人，可以排除执行；作为案外人提起执行异议之诉依据的裁判，未将执行标的物确权给案外人，而是基于不以转移所有权为目的的有效合同（如租赁、借用、保管合同），判令向案外人返还执行标的物的，其性质属于物权请求权，亦可以排除执行；基于以转移所有权为目的的有效合同（如买卖合同），判令向案外人交付标的物的，其性质属于债权请求权，不能排除执行。

应予注意的是，在金钱债权执行中，如果案外人提出执行异议之诉依据的生效裁判认定以转移所有权为目的的合同（如买卖合同）无效或应当解除，进而判令向案外人返还执行标的物的，此时案外人享有的是物权性质的返还请求权，本可排除金钱债权的执行，但在双务合同无效的情况下，双方互负返还义务，在案外人未返还价款的情况下，如果允许其排除金钱债权的执行，将会使申请执行人既执行不到被执行人名下的财产，又执行不到本应返还给被执行人的价款，显然有失公允。为平衡各方当事人的利益，只有在案外人已经返还价款的情况下，才能排除普通债权人的执行。反之，案外人未返还价款的，不能排除执行。

指导案例

王四光诉中天建设集团有限公司、白山和丰置业有限公司案外人执行异议之诉案（最高人民法院指导案例154号　2021年2月19日发布）

【关键词】　民事　案外人执行异议之诉　与原判决、裁定无关　建设工程价款优先受偿权

【裁判要点】

在建设工程价款强制执行过程中，房屋买受人对强制执行的房屋提起案外人执行异议之诉，请求确认其对案涉房屋享有可以排除强制执行的民事权益，但不否定原生效判决确认的债权人所享有的建设工程价款优先受偿权的，属于民事诉讼法第二百二十七条规定的“与原判决、裁定无关”的情形，人民法院应予依法受理。

【基本案情】

2016年10月29日，吉林省高级人民法院就中天建设集团公司（以下简称中天公司）起诉白山和丰置业有限公司（以下简称和丰公司）建设工程施工合同纠纷一案作出（2016）吉民初19号民事判决：和丰公司支付中天公司工程款42746020元及利息，设备转让款23万元，中天公司可就春江花园B1、B2、B3、B4栋及B区16、17、24栋折价、拍卖款优先受偿。判决生效后，中天公司向吉林省高级人民法院申请执行上述判决，该院裁定由吉林省白山市中级人民法院执行。2017年11月10日，吉林省白山市中级人民法院依中天公司申请作出（2017）吉06执82号（之五）执行裁定，查封春江花园B1、B2、B3、B4栋的11××-××号商铺。

王四光向吉林省白山市中级人民法院提出执行异议，吉林省白山市中级人民法院于2017年11月24日作出（2017）吉06执异87号执行裁定，驳回王四光的异议请求。此后，王四光以其在查封上述房屋之前已经签订书面买卖合同并占有使用该房屋为由，向吉林省白山市中级人民法院提起案外人执行异议之诉，请求法院判令：依法解除查封，停止执行王四光购买的白山市浑江区春江花园B1、B2、B3、B4栋的11××-××号商铺。

2013年11月26日，和丰公司（出卖人）与王四光（买受人）签订《商品房买卖合同》，约定：出卖人以出让方式取得位于吉林省白山市星泰桥北的土地使用权，出卖人经批准在上述地块上建设商品房春江花园；买受人购买的商品房为预售商品房……买受人按其他方式按期付款，其他方式为买受人已付清总房款的50%以上，剩余房款10日内通过办理银行按揭贷款的方式付清；出卖人应当在2014年12月31日前按合同约定将商品房交付买受人；商品房预售的，自该合同生效之日起30天内，由出卖人向产权处申请登记备案。

2014年2月17日，贷款人（抵押权人）招商银行股份有限公司、借款人王四光、抵押人王四光、保证人和丰公司共同签订《个人购房借款及担保合同》，合同约定抵押人愿意以其从售房人处购买的该合同约定的房产的全部权益抵押给贷款人，作为偿还该合同项下贷款本息及其他一切相关费用的担保。2013年11月26日，和丰公司向王四光出具购房收据。白山市不动产登记中心出具的不动产档案查询证明显示：抵押人王四光以不动产权证号为白山房权证白BQ字第×××××××号，建筑面积5339.04平方米的房产为招商银行股份有限公司通化分行设立预购

商品房抵押权预告。2013 年 8 月 23 日，涉案商铺在产权部门取得商品房预售许可证，并办理了商品房预售许可登记。2018 年 12 月 26 日，吉林省电力有限公司白山供电公司出具历月电费明细，显示春江花园 B1－4 号门市 2017 年 1 月至 2018 年 2 月用电情况。

白山市房屋产权管理中心出具的《查询证明》载明："经查询，白山和丰置业有限公司 B－1、2、3、4#楼在 2013 年 8 月 23 日已办理商品房预售许可登记。没有办理房屋产权初始登记，因开发单位未到房屋产权管理中心申请办理。"

【裁判结果】

吉林省白山市中级人民法院于 2018 年 4 月 18 日作出（2018）吉06 民初 12 号民事判决：一、不得执行白山市浑江区春江花园 B1、B2、B3、B4 栋 11××－××号商铺；二、驳回王四光其他诉讼请求。中天建设集团公司不服一审判决向吉林省高级人民法院提起上诉。吉林省高级人民法院于 2018 年 9 月 4 日作出（2018）吉民终 420 号民事裁定：一、撤销吉林省白山市中级人民法院（2018）吉06 民初 12 号民事判决；二、驳回王四光的起诉。王四光对裁定不服，向最高人民法院申请再审。最高人民法院于 2019 年 3 月 28 日作出（2019）最高法民再 39 号民事裁定：一、撤销吉林省高级人民法院（2018）吉民终 420 号民事裁定；二、指令吉林省高级人民法院对本案进行审理。

【裁判理由】

最高人民法院认为，根据王四光在再审中的主张，本案再审审理的重点是王四光提起的执行异议之诉是否属于民事诉讼法第二百二十七条规定的案外人的执行异议"与原判决、裁定无关"的情形。

根据民事诉讼法第二百二十七条规定的文义，该条法律规定的案外人的执行异议"与原判决、裁定无关"是指案外人提出的执行异议不含有其认为原判决、裁定错误的主张。案外人主张排除建设工程价款优先受偿权的执行与否定建设工程价款优先受偿权权利本身并非同一概念。前者是案外人在承认或至少不否认对方权利的前提下，对两种权利的执行顺位进行比较，主张其根据有关法律和司法解释的规定享有的民事权益可以排除他人建设工程价款优先受偿权的执行；后者是从根本上否定建设工程价款优先受偿权权利本身，主张诉争建设工程价款优先受偿权不存在。简而言之，当事人主张其权益在特定标的的执行上优于对方的权益，不能等同于否定对方权益的存在；当事人主张其权益会影响生效裁判的执行，也不能等同于其认为生效裁判错误。根据王四光提起案外人执行异议之诉的请求和具体理由，并没有否定原生效判决确认的中天公司所享有的建设工程价款优先受偿权，王四光提起案外执行异议之诉意在请求法院确认其对案涉房屋享有可以排除强制执行的民事权益；如果一、二审法院支持王四光关于执行异议的主张也并不动摇生效判决关于中天公司享有建设工程价款优先受偿权的认定，仅可能影响该生效判决的具体执行。王四光的执行异议并不包含其认为已生效的（2016）吉民初 19 号民事判决存在错误的主张，属于民事诉讼法第二百二十七条规定的案外人的执行异议"与原判决、裁定无关"的情形。二审法院认定王四光作为案外人对执行标的物主张排除执行的异议实质上是对上述生效判决的异议，应当依照审判监督程序办理，据此裁定驳回王四光的起诉，属于适用法律错误，再审法院予以纠正。鉴于二审法院并未作出实体判决，根据具体案情，再审法院裁定撤销二审裁定，指令二审法院继续审理本案。

中国建设银行股份有限公司怀化市分行诉中国华融资产管理股份有限公司湖南省分公司等案外人执行异议之诉案（最高人民法院指导案例155号　2021年2月19日发布）

【关键词】　民事　案外人执行异议之诉　与原判决、裁定无关　抵押权

【裁判要点】

在抵押权强制执行中，案外人以其在抵押登记之前购买了抵押房产，享有优先于抵押权的权利为由提起执行异议之诉，主张依据《最高人民法院关于人民法院办理执行异议和复议案件若干问题的规定》排除强制执行，但不否认抵押权人对抵押房产的优先受偿权的，属于民事诉讼法第二百二十七条规定的“与原判决、裁定无关”的情形，人民法院应予依法受理。

【基本案情】

中国华融资产管理股份有限公司湖南省分公司（以下简称华融湖南分公司）与怀化英泰建设投资有限公司（以下简称英泰公司）、东星建设工程集团有限公司（以下简称东星公司）、湖南辰溪华中水泥有限公司（以下简称华中水泥公司）、谢某某、陈某某合同纠纷一案，湖南省高级人民法院（以下简称湖南高院）于2014年12月12日作出（2014）湘高法民二初字第32号民事判决（以下简称第32号判决），判决解除华融湖南分公司与英泰公司签订的《债务重组协议》，由英泰公司向华融湖南分公司偿还债务9800万元及重组收益、违约金和律师代理费，东星公司、华中水泥公司、谢某某、陈某某承担连带清偿责任。未按期履行清偿义务的，华融湖南分公司有权以英泰公司已办理抵押登记的房产3194.52平方米、2709.09平方米及相应土地使用权作为抵押物折价或者以拍卖、变卖该抵押物所得价款优先受偿。双方均未上诉，该判决生效。英泰公司未按期履行第32号判决所确定的清偿义务，华融湖南分公司向湖南高院申请强制执行。湖南高院执行立案后，作出拍卖公告拟拍卖第32号判决所确定华融湖南分公司享有优先受偿权的案涉房产。

中国建设银行股份有限公司怀化市分行（以下简称建行怀化分行）以其已签订房屋买卖合同且支付购房款为由向湖南高院提出执行异议。该院于2017年12月12日作出（2017）湘执异75号执行裁定书，驳回建行怀化分行的异议请求。建行怀化分行遂提起案外人执行异议之诉，请求不得执行案涉房产，确认华融湖南分公司对案涉房产的优先受偿权不得对抗建行怀化分行。

【裁判结果】

湖南省高级人民法院于2018年9月10日作出（2018）湘民初10号民事裁定：驳回中国建设银行股份有限公司怀化市分行的起诉。中国建设银行股份有限公司怀化市分行不服上述裁定，向最高人民法院提起上诉。最高人民法院于2019年9月23日作出（2019）最高法民终603号裁定：一、撤销湖南省高级人民法院（2018）湘民初10号民事裁定；二、本案指令湖南省高级人民法院审理。

【裁判理由】

最高人民法院认为，民事诉讼法第二百二十七条规定：“执行过程中，案外人对执行标的提出书面异议的，人民法院应当自收到书面异议之日起十五日内审查，理由成立的，裁定中止对该标的的执行；理由不成立的，裁定驳回。案外人、当事人对裁定不服，认为原判决、裁定错误的，依照审判监督程序办理；与原判决、裁定无关的，可以自裁定送达之日起十五日内向人民法院提起诉讼。”《最高人民法院关于适用〈中华人民共和国民事诉讼法〉的解释》（以下简称《民事诉讼法解释》）第三百零五条进一步规定：“案外人提起执行异议之诉，除符合民事诉讼法第一百一十九条规定外，还应当具备下列条件：（一）案外人的执行异议申请已经被人民法院裁定驳回；（二）有明确的排除对执行标的的执行的诉讼请求，且诉讼请求与

原判决、裁定无关；（三）自执行异议裁定送达之日起十五日内提起。人民法院应当在收到起诉状之日起十五日内决定是否立案。”可见，《民事诉讼法解释》第三百零五条明确，案外人提起执行异议之诉，应当符合“诉讼请求与原判决、裁定无关”这一条件。因此，民事诉讼法第二百二十七条规定的“与原判决、裁定无关”应为“诉讼请求”与原判决、裁定无关。

华融湖南分公司申请强制执行所依据的原判决即第32号判决的主文内容是判决英泰公司向华融湖南分公司偿还债务9800万元及重组收益、违约金和律师代理费，华融湖南分公司有权以案涉房产作为抵押物折价或者以拍卖、变卖该抵押物所得价款优先受偿。本案中，建行怀化分行一审诉讼请求是排除对案涉房产的强制执行，确认华融湖南分公司对案涉房产的优先受偿权不得对抗建行怀化分行，起诉理由是其签订购房合同、支付购房款及占有案涉房产在办理抵押之前，进而主张排除对案涉房产的强制执行。建行怀化分行在本案中并未否定华融湖南分公司对案涉房产享有的抵押权，也未请求纠正第32号判决，实际上其诉请解决的是基于房屋买卖对案涉房产享有的权益与华融湖南分公司对案涉房产所享有的抵押权之间的权利顺位问题，这属于“与原判决、裁定无关”的情形，是执行异议之诉案件审理的内容，应予立案审理。

王岩岩诉徐意君、北京市金陛房地产发展有限责任公司案外人执行异议之诉案（最高人民法院指导案例156号 2021年2月19日发布）

【关键词】 民事 案外人执行异议之诉 排除强制执行 选择适用

【裁判要点】

《最高人民法院关于人民法院办理执行异议和复议案件若干问题的规定》第二十八条规定了不动产买受人排除金钱债权执行的权利，第二十九条规定了消费者购房人排除金钱债权执行的权利。案外人对登记在被执行的房地产开发企业名下的商品房请求排除强制执行的，可以选择适用第二十八条或者第二十九条规定；案外人主张适用第二十八条规定的，人民法院应予审查。

【基本案情】

2007年，徐意君因商品房委托代理销售合同纠纷一案将北京市金陛房地产发展有限责任公司（以下简称金陛公司）诉至北京市第二中级人民法院（以下简称北京二中院）。北京二中院经审理判决解除徐意君与金陛公司所签《协议书》，金陛公司返还徐意君预付款、资金占用费、违约金、利息等。判决后双方未提起上诉，该判决已生效。后因金陛公司未主动履行判决，徐意君于2009年向北京二中院申请执行。北京二中院裁定查封了涉案房屋。

涉案房屋被查封后，王岩岩以与金陛公司签订合法有效《商品房买卖合同》，支付了全部购房款，已合法占有房屋且非因自己原因未办理过户手续等理由向北京二中院提出执行异议，请求依法中止对该房屋的执行。北京二中院驳回了王岩岩的异议请求。王岩岩不服该裁定，向北京二中院提起案外人执行异议之诉。王岩岩再审请求称，仅需符合《最高人民法院关于人民法院办理执行异议和复议案件若干问题的规定》（以下简称《异议复议规定》）第二十八条或第二十九条中任一条款的规定，法院即应支持其执行异议。二审判决错误适用了第二十九条进行裁判，而没有适用第二十八条，存在法律适用错误。

【裁判结果】

北京市第二中级人民法院于2015年6月19日作出（2015）二中民初字第00461号判决：停止对北京市朝阳区儒林苑×楼×单元×房屋的执行程序。徐意君不服一审判决，向北京市高级人民法院提起上诉。北京市高级人民法院于2015年12月30日作出（2015）高民终字第3762号民事判决：一、撤销北京市第二中级人民法院（2015）二中民初字第 00461 号民事判决；二、驳回王岩岩之诉讼请求。王岩岩不服二审判决，向最高人民法院申请再审。最高人民法院于 2016 年 4 月 29 日作出（2016）最高法民申 254 号裁定：指令北京市高级人民法院再审本案。

【裁判理由】

最高人民法院认为，《异议复议规定》第二十八条适用于金钱债权执行中，买受人对登记在被执行人名下的不动产提出异议的情形。而第二十九条则适用于金钱债权执行中，买受人对登记在被执行的房地产开发企业名下的商品房提出异议的情形。上述两条文虽然适用于不同的情形，但是如果被执行人为房地产开发企业，且被执行的不动产为登记于其名下的商品房，同时符合了“登记在被执行人名下的不动产”与“登记在被执行的房地产开发企业名下的商品房”两种情形，则《异议复议规定》第二十八条与第二十九条适用上产生竞合。案外人对登记在被执行的房地产开发企业名下的商品房请求排除强制执行的，可以选择适用第二十八条或者第二十九条规定；案外人主张适用第二十八条规定的，人民法院应予审查。本案一审判决经审理认为王岩岩符合《异议复议规定》第二十八条规定的情形，具有能够排除执行的权利，而二审判决则认为现有证据难以确定王岩岩符合《异议复议规定》第二十九条的规定，没有审查其是否符合《异议复议规定》第二十八条规定的情形，就直接驳回了王岩岩的诉讼请求，适用法律确有错误。

关于王岩岩是否支付了购房款的问题。王岩岩主张其已经支付了全部购房款，并提交了金陛公司开具的付款收据、《商品房买卖合同》、证人证言及部分取款记录等予以佐证，金陛公司对王岩岩付款之事予以认可。上述证据是否足以证明王岩岩已经支付了购房款，应当在再审审理过程中，根据审理情况查明相关事实后予以认定。

472. 追加、变更被执行人异议之诉

相关规范

»《中华人民共和国民事诉讼法》（2021 年修正）

第二百三十二条　当事人、利害关系人认为执行行为违反法律规定的，可以向负责执行的人民法院提出书面异议。当事人、利害关系人提出书面异议的，人民法院应当自收到书面异议之日起十五日内审查，理由成立的，裁定撤销或者改正；理由不成立的，裁定驳回。当事人、利害关系人对裁定不服的，可以自裁定送达之日起十日内向上一级人民法院申请复议。

»《最高人民法院关于适用〈中华人民共和国民事诉讼法〉执行程序若干问题的解释》（2020 年 12 月 23 日修正）

第十七条　多个债权人对同一被执行人申请执行或者对执行财产申请参与分配的，执行法院应当制作财产分配方案，并送达各债权人和被执行人。债权人或者被执行人对分配方案有异议的，应当自收到分配方案之日起十五日内向执行法院提出书面异议。

第十八条　债权人或者被执行人对分配方案提出书面异议的，执行法院应当通知未提出异议的债权人或被执行人。

未提出异议的债权人、被执行人收到通知之日起十五日内未提出反对意见的，执行法院依异议人的意见对分配方案审查修正后进行分配；提出反对意见的，应当通知异议人。异议人可以自收到通知之日起十五日内，以提出反对意见的债权人、被执行人为被告，向执行法院提起诉讼；异议人逾期未提起诉讼的，执行法院依原分配方案进行分配。

诉讼期间进行分配的，执行法院应当将

与争议债权数额相应的款项予以提存。

《最高人民法院关于民事执行中变更、追加当事人若干问题的规定》

（2020年12月23日修正）

第十四条 作为被执行人的合伙企业，不能清偿生效法律文书确定的债务，申请执行人申请变更、追加普通合伙人为被执行人的，人民法院应予支持。

作为被执行人的有限合伙企业，财产不足以清偿生效法律文书确定的债务，申请执行人申请变更、追加未按期足额缴纳出资的有限合伙人为被执行人，在未足额缴纳出资的范围内承担责任的，人民法院应予支持。

第十七条 作为被执行人的营利法人，财产不足以清偿生效法律文书确定的债务，申请执行人申请变更、追加未缴纳或未足额缴纳出资的股东、出资人或依公司法规定对该出资承担连带责任的发起人为被执行人，在尚未缴纳出资的范围内依法承担责任的，人民法院应予支持。

第十八条 作为被执行人的营利法人，财产不足以清偿生效法律文书确定的债务，申请执行人申请变更、追加抽逃出资的股东、出资人为被执行人，在抽逃出资的范围内承担责任的，人民法院应予支持。

第十九条 作为被执行人的公司，财产不足以清偿生效法律文书确定的债务，其股东未依法履行出资义务即转让股权，申请执行人申请变更、追加该原股东或依公司法规定对该出资承担连带责任的发起人为被执行人，在未依法出资的范围内承担责任的，人民法院应予支持。

第二十条 作为被执行人的一人有限责任公司，财产不足以清偿生效法律文书确定的债务，股东不能证明公司财产独立于自己的财产，申请执行人申请变更、追加该股东为被执行人，对公司债务承担连带责任的，人民法院应予支持。

第二十一条 作为被执行人的公司，未经清算即办理注销登记，导致公司无法进行清算，申请执行人申请变更、追加有限责任公司的股东、股份有限公司的董事和控股股东为被执行人，对公司债务承担连带清偿责任的，人民法院应予支持。

第三十条 被申请人、申请人或其他执行当事人对执行法院作出的变更、追加裁定或驳回申请裁定不服的，可以自裁定书送达之日起十日内向上一级人民法院申请复议，但依据本规定第三十二条的规定应当提起诉讼的除外。

第三十二条 被申请人或申请人对执行法院依据本规定第十四条第二款、第十七条至第二十一条规定作出的变更、追加裁定或驳回申请裁定不服的，可以自裁定书送达之日起十五日内，向执行法院提起执行异议之诉。

被申请人提起执行异议之诉的，以申请人为被告。申请人提起执行异议之诉的，以被申请人为被告。

第三十三条 被申请人提起的执行异议之诉，人民法院经审理，按照下列情形分别处理：

（一）理由成立的，判决不得变更、追加被申请人为被执行人或者判决变更责任范围；

（二）理由不成立的，判决驳回诉讼请求。

诉讼期间，人民法院不得对被申请人争议范围内的财产进行处分。申请人请求人民法院继续执行并提供相应担保的，人民法院可以准许。

第三十四条 申请人提起的执行异议之诉，人民法院经审理，按照下列情形分别处理：

（一）理由成立的，判决变更、追加被申请人为被执行人并承担相应责任或者判决变更责任范围；

（二）理由不成立的，判决驳回诉讼请求。

473. 执行分配方案异议之诉

相关规范

》《中华人民共和国民事诉讼法》（2021年修正）

第二百三十二条　当事人、利害关系人认为执行行为违反法律规定的，可以向负责执行的人民法院提出书面异议。当事人、利害关系人提出书面异议的，人民法院应当自收到书面异议之日起十五日内审查，理由成立的，裁定撤销或者改正；理由不成立的，裁定驳回。当事人、利害关系人对裁定不服的，可以自裁定送达之日起十日内向上一级人民法院申请复议。

》《最高人民法院关于适用〈中华人民共和国民事诉讼法〉执行程序若干问题的解释》（2020年12月23日修正）

第十七条　多个债权人对同一被执行人申请执行或者对执行财产申请参与分配的，执行法院应当制作财产分配方案，并送达各债权人和被执行人。债权人或者被执行人对分配方案有异议的，应当自收到分配方案之日起十五日内向执行法院提出书面异议。

第十八条　债权人或者被执行人对分配方案提出书面异议的，执行法院应当通知未提出异议的债权人或被执行人。

未提出异议的债权人、被执行人收到通知之日起十五日内未提出反对意见的，执行法院依异议人的意见对分配方案审查修正后进行分配；提出反对意见的，应当通知异议人。异议人可以自收到通知之日起十五日内，以提出反对意见的债权人、被执行人为被告，向执行法院提起诉讼；异议人逾期未提起诉讼的，执行法院依原分配方案进行分配。

诉讼期间进行分配的，执行法院应当将与争议债权数额相应的款项予以提存。